International Standards on Auditing (ISAs)

International Standards on Auditing (ISAs)

IDW Textausgabe Englisch - Deutsch

Englisch:
2010 International Standard on Quality Control (ISQC 1)
und International Standards on Auditing (ISAs) des IAASB

Deutsch:
Von der IFAC und der EU-Kommission genehmigte Übersetzung
des Instituts der Wirtschaftsprüfer in Deutschland e.V.
in Kooperation mit dem Institut Österreichischer Wirtschaftsprüfer
und der Treuhand-Kammer, Schweizerische Kammer der
Wirtschaftsprüfer und Steuerexperten

Düsseldorf 2011

Bibliografische Information der Deutschen Bibliothek

Die Deutsche Bibliothek verzeichnet diese Publikation in der Deutschen Nationalbibliografie: detaillierte bibliografische Daten sind im Internet über http://www.d-nb.de abrufbar.

ISBN 978-3-8021-1822-7

Die IDW Verlag GmbH ist ein Unternehmen des Instituts der Wirtschaftsprüfer in Deutschland e.V. (IDW).

www.idw-verlag.de

Das Werk einschließlich aller seiner Teile ist urheberrechtlich geschützt. Jede Verwertung außerhalb der engen Grenzen des Urheberrechtsgesetzes ist ohne vorherige schriftliche Einwilligung des Verlages unzulässig und strafbar. Dies gilt insbesondere für Vervielfältigungen, Übersetzungen, Mikroverfilmungen und die Einspeicherung und Verbreitung in elektronischen Systemen. Es wird darauf hingewiesen, dass im Werk verwendete Markennamen und Produktbezeichnungen dem marken-, kennzeichen- oder urheberrechtlichen Schutz unterliegen.

Die Angaben in diesem Werk wurden sorgfältig erstellt und entsprechen dem Wissensstand bei Redaktionsschluss. Da Hinweise und Fakten jedoch dem Wandel der Rechtsprechung und der Gesetzgebung unterliegen, kann für die Richtigkeit und Vollständigkeit der Angaben in diesem Werk keine Haftung übernommen werden. Gleichfalls werden die in diesem Werk abgedruckten Texte und Abbildungen einer üblichen Kontrolle unterzogen; das Auftreten von Druckfehlern kann jedoch gleichwohl nicht völlig ausgeschlossen werden, so dass für aufgrund von Druckfehlern fehlerhafte Texte und Abbildungen ebenfalls keine Haftung übernommen werden kann.

Copyrights

Die von dem International Auditing and Assurance Standards Board (IAASB) der International Federation of Accountants (IFAC) im April 2010 in englischer Sprache veröffentlichten ISA und ISQC 1 wurden vom Institut der Wirtschaftsprüfer in Deutschland e.V. (IDW) im Dezember 2010 ins Deutsche übersetzt und werden mit Genehmigung der IFAC vervielfältigt. Der Übersetzungsprozess der ISA und des ISQC 1 wurde von IFAC geprüft und die Übersetzung wurde in Übereinstimmung mit dem „Policy Statement – Policy for Translating and Reproducing Standards Issued by IFAC" vorgenommen. Der genehmigte Text sämtlicher ISA und des ISQC 1 ist nur der von der IFAC in englischer Sprache veröffentlichte Text.

Englischer Text der ISA und des ISQC 1 © 2010 International Federation of Accountants (IFAC). Alle Rechte vorbehalten.

Deutscher Text der ISA und des ISQC 1 © 2010 International Federation of Accountants (IFAC). Alle Rechte vorbehalten.

Quelle des englischen Textes der ISA und des ISQC 1: Originaltitel "Handbook of International Quality Control, Auditing, Review, Other Assurance, and Related Services Pronouncements" 2010 Edition, Part 1, International Federation of Accountants, ISBN 978-1-60815-052-6.

The ISAs and ISQC 1 published by the International Auditing and Assurance Standards Board (IAASB) of the International Federation of Accountants (IFAC) in April 2010 in the English language, have been translated into German by the Institut der Wirtschaftsprüfer in Deutschland e.V. (IDW) in December 2010, and are reproduced with the permission of IFAC. The process for translating the ISAs and ISQC 1 was considered by IFAC and the translation was conducted in accordance with "Policy Statement – Policy for Translating and Reproducing Standards Issued by IFAC." The approved text of all ISAs and ISQC 1 is that published by IFAC in the English language.

English language text of ISAs and ISQC 1 © 2010 by the International Federation of Accountants (IFAC). All rights reserved.

German language text of ISAs and ISQC 1 © 2010 by the International Federation of Accountants (IFAC). All rights reserved.

Source of the English language text of ISAs and ISQC 1: Original title "Handbook of International Quality Control, Auditing, Review, Other Assurance, and Related Services Pronouncements" 2010 Edition, Part 1, International Federation of Accountants, ISBN 978-1-60815-052-6.

Satz: Griebsch & Rochol Druck GmbH & Co. KG, Hamm
Druck und Bindung: Bercker Graphischer Betrieb GmbH & Co. KG, Kevelaer
PN 32612/0/0   KN 11215

PREFACE TO THE 1ST EDITION

Pursuant to Article 26 (1) of the EU Directive on statutory audits, European Union member states shall require that statutory audits of financial statements be performed in compliance with international auditing standards when these have been adopted at EU level. The member states may apply national auditing standards as long as the Commission has not adopted an international auditing standard. To date, the Commission has not adopted any international auditing standards. Consequently, in Germany, the national auditing standards promulgated by the Institut der Wirtschaftsprüfer (IDW Auditing Standards) that are based on legal requirements continue to apply. In Austria the national legal regulations, supplemented especially by the professional standards promulgated by the Kammer der Wirtschaftstreuhänder (KWT) and the Institut Österreichischer Wirtschaftsprüfer (iwp), continue to apply. In Switzerland the Swiss Auditing Standards of the Treuhand-Kammer continue to apply. Nevertheless, the IDW, iwp and the Treuhand-Kammer transpose ISQC 1 and the ISAs into each of their respective national quality control standards and auditing pronouncements.

Furthermore, audit firms whose networks are members of the so-called Forum of Firms (FoF) already apply the ISAs and ISQC 1. Since the Standards are thereby applied directly or indirectly in over 126 countries around the world, auditors of the financial statements of subsidiaries of foreign based groups are also often required to apply ISQC 1 in their practice and the ISAs in the audits of the financial statements of these subsidiaries.

Given the practical relevance of the International Standards already evident today and their potential future adoption by the European Commission, the IDW, iwp, and Treuhand-Kammer undertook a major joint project over the last two years to create a high quality German translation of ISQC 1 and the ISAs. In order to secure a proper official translation, this translation was also provided to the European Commission. In accordance with prescribed procedures the European Commission performed a detailed review of the appropriateness of the translation. In accordance with these procedures, the translation was amended and then approved by the European Commission. The translation of ISQC 1 and all of the ISAs (that is, also including ISAs 800, 805 and 810, which are not being considered for adoption by the European Commission) was also carried out in accordance with the IFAC Policy for Translating and Reproducing Standards Issued by the International Federation of Accountants.

This edition represents the only official German translation of ISQC 1 and the ISAs. In this edition the original English text is presented on the left page and the German translation on the right page. This allows the reader to work with the German version and, where necessary, to refer to the English text. Translator's notes in the German translation help German language readers better understand the significance of certain translated terms and indicate the use of different terms in Austria or Switzerland. However, the translator's notes do not represent a part of the official version approved by the European Commission.

To provide German language readers with a better understanding of the terms used within the ISAs and ISQC 1, this book includes a separate list of all terms defined in the English original supplemented by the German terms used in the translation. This list is supplemented by a further list of these terms without definitions, in German alphabetical order together with the equivalent English term.

VORWORT ZUR 1. AUFLAGE

Nach § 26 Abs. 1 der EU Abschlussprüferrichtlinie sind die Mitgliedstaaten der Europäischen Union verpflichtet, für gesetzliche Abschlussprüfungen die Beachtung der internationalen Prüfungsstandards vorzuschreiben, wenn diese auf EU-Ebene angenommen worden sind. Die Mitgliedstaaten dürfen nationale Prüfungsstandards anwenden, solange die Kommission einen internationalen Prüfungsstandard nicht übernommen hat. Bis dato hat die Kommission keine internationalen Prüfungsstandards übernommen. Demzufolge gelten in Deutschland weiterhin die auf nationalen gesetzlichen Regelungen aufbauenden vom Institut der Wirtschaftsprüfer (IDW) herausgegebenen nationalen Prüfungsstandards (IDW Prüfungsstandards). In Österreich gelten dementsprechend die nationalen gesetzlichen Regelungen, ergänzt insbesondere durch die von der Kammer der Wirtschaftstreuhänder (KWT) und dem Institut Österreichischer Wirtschaftsprüfer (iwp) verlautbarten fachlichen Regelungen. In der Schweiz bleiben die Schweizer Prüfungsstandards der Treuhand-Kammer weiterhin in Kraft. Jedoch transformieren das IDW und das iwp sowie die Treuhand-Kammer ISQC 1 sowie die ISA in ihre jeweiligen nationalen Qualitätssicherungsstandards bzw. Prüfungsverlautbarungen.

Außerdem werden die ISA bzw. ISQC 1 schon heute von Prüfungspraxen angewendet, deren Netzwerke Mitglied im sog. Forum of Firms (FoF) sind. Da die Standards somit direkte bzw. indirekte Anwendung in über 126 Ländern der Welt finden, werden auch die Abschlussprüfer von Tochtergesellschaften von Konzernen mit Hauptsitz im Ausland oft dazu verpflichtet, ISQC 1 in ihrer Praxis und die ISA in den Prüfungen der Abschlüsse dieser Tochtergesellschaften anzuwenden.

Vor dem Hintergrund der schon heute zu beobachtenden praktischen Relevanz der internationalen Standards und ihrer möglichen künftigen Übernahme durch die Europäische Kommission haben das IDW, das iwp sowie die Treuhand-Kammer in den letzten zwei Jahren ein gemeinsames Projekt unternommen, eine qualitativ hochwertige deutsche Übersetzung des ISQC 1 und der ISA zu erarbeiten. Diese Übersetzung wurde auch der EU-Kommission zur Sicherung einer sachgerechten amtlichen Übersetzung zur Verfügung gestellt. In Übereinstimmung mit den Verfahrensvorschriften führte die Europäische Kommission eine detaillierte Überprüfung der Angemessenheit der Übersetzung durch. Im Rahmen dieses Verfahrens wurde die Übersetzung überarbeitet und anschließend von der Europäischen Kommission genehmigt. Die Übersetzung des ISQC 1 und sämtlicher ISA (d.h. einschließlich ISA 800, 805 und 810, die nicht für eine Übernahme durch die Europäische Kommission anstehen) erfolgte ferner unter Beachtung der IFAC-Richtlinien zur Übersetzung und Wiedergabe von Standards.

Diese Textausgabe ist die einzige offizielle deutsche Übersetzung des ISQC 1 und der ISA. In der Textausgabe wird der englischen Originalfassung auf der linken Seite die deutsche Übersetzung auf der rechten Seite gegenübergestellt. Dies ermöglicht dem Leser, mit der deutschen Fassung zu arbeiten und bei Bedarf auf den englischen Text zurückzugreifen. Anmerkungen des Übersetzers in der deutschen Übersetzung helfen deutschsprachigen Lesern, die Bedeutung bestimmter übersetzter Begriffe besser zu verstehen und weisen auf die Verwendung unterschiedlicher Begriffe in Österreich oder der Schweiz hin. Die Anmerkungen des Übersetzers sind jedoch nicht Bestandteil der durch die EU-Kommission genehmigten Fassung.

Um dem deutschsprachigen Leser ein besseres Verständnis der in den ISA sowie im ISQC 1 verwendeten Begriffe zu ermöglichen, enthält die Textausgabe eine gesonderte Aufstellung aller im englischen Original verwandten Definitionen, ergänzt um den in der Übersetzung gebrauchten deutschen Begriff. Diese Aufstellung wird ergänzt durch eine Übersicht der Begriffe in alphabetischer Reihenfolge auf Deutsch ohne Definitionen, zusammen mit den entsprechenden englischen Begriffen.

SUMMARY OF CONTENTS

INTERNATIONAL STANDARDS ON QUALITY CONTROL (ISQCs)

ISQC 1:	Quality Control for Firms that Perform Audits and Reviews of Financial Statements, and Other Assurance and Related Services Engagements	2

AUDITS OF HISTORICAL FINANCIAL INFORMATION

200–299 General Principles and Responsibilities

ISA 200:	Overall Objectives of the Independent Auditor and the Conduct of an Audit in Accordance with International Standards on Auditing	48
ISA 210:	Agreeing the Terms of Audit Engagements	90
ISA 220:	Quality Control for an Audit of Financial Statements	122
ISA 230:	Audit Documentation	146
ISA 240:	The Auditor's Responsibilities Relating to Fraud in an Audit of Financial Statements	164
ISA 250:	Consideration of Laws and Regulations in an Audit of Financial Statements	226
ISA 260:	Communication with Those Charged with Governance	246
ISA 265:	Communicating Deficiencies in Internal Control to Those Charged with Governance and Management	280

300–499 Risk Assessment and Response to Assessed Risks

ISA 300:	Planning an Audit of Financial Statements	296
ISA 315:	Identifying and Assessing the Risks of Material Misstatement through Understanding the Entity and Its Environment	314
ISA 320:	Materiality in Planning and Performing an Audit	380
ISA 330:	The Auditor's Responses to Assessed Risks	394
ISA 402:	Audit Considerations Relating to an Entity Using a Service Organization	426
ISA 450:	Evaluation of Misstatements Identified during the Audit	458

500–599 Audit Evidence

ISA 500:	Audit Evidence	474
ISA 501:	Audit Evidence – Specific Considerations for Selected Items	498
ISA 505:	External Confirmations	514
ISA 510:	Initial Audit Engagements – Opening Balances	530
ISA 520:	Analytical Procedures	548
ISA 530:	Audit Sampling	560
ISA 540:	Auditing Accounting Estimates, Including Fair Value Accounting Estimates, and Related Disclosures	584
ISA 550:	Related Parties	644
ISA 560:	Subsequent Events	680
ISA 570:	Going Concern	696
ISA 580:	Written Representations	718

INHALTSÜBERSICHT

INTERNATIONALE QUALITÄTSSICHERUNGSSTANDARDS (ISQC)

ISQC 1:	Qualitätssicherung für Praxen, die Abschlussprüfungen und prüferische Durchsichten von Abschlüssen sowie andere betriebswirtschaftliche Prüfungen und Aufträge zu verwandten Dienstleistungen durchführen	3

PRÜFUNGEN VON HISTORISCHEN FINANZINFORMATIONEN

200–299 Allgemeine Grundsätze und Verantwortlichkeiten

ISA 200:	Übergreifende Zielsetzungen des unabhängigen Prüfers und Grundsätze einer Prüfung in Übereinstimmung mit den International Standards on Auditing	49
ISA 210:	Vereinbarung der Auftragsbedingungen für Prüfungsaufträge	91
ISA 220:	Qualitätssicherung bei einer Abschlussprüfung	123
ISA 230:	Prüfungsdokumentation	147
ISA 240:	Die Verantwortung des Abschlussprüfers bei dolosen Handlungen	165
ISA 250:	Berücksichtigung der Auswirkungen von Gesetzen und anderen Rechtsvorschriften auf den Abschluss bei einer Abschlussprüfung	227
ISA 260:	Kommunikation mit den für die Überwachung Verantwortlichen	247
ISA 265:	Mitteilung über Mängel im internen Kontrollsystem an die für die Überwachung Verantwortlichen und das Management	281

300–499 Risikobeurteilung und Reaktion auf beurteilte Risiken

ISA 300:	Planung einer Abschlussprüfung	297
ISA 315:	Identifizierung und Beurteilung der Risiken wesentlicher falscher Darstellungen aus dem Verstehen der Einheit und ihres Umfelds	315
ISA 320:	Die Wesentlichkeit bei der Planung und Durchführung einer Abschlussprüfung	381
ISA 330:	Die Reaktionen des Abschlussprüfers auf beurteilte Risiken	395
ISA 402:	Überlegungen bei der Abschlussprüfung von Einheiten, die Dienstleister in Anspruch nehmen	427
ISA 450:	Die Beurteilung der während der Abschlussprüfung festgestellten falschen Darstellungen	459

500–599 Prüfungsnachweise

ISA 500:	Prüfungsnachweise	475
ISA 501:	Prüfungsnachweise – besondere Überlegungen zu ausgewählten Sachverhalten	499
ISA 505:	Externe Bestätigungen	515
ISA 510:	Eröffnungsbilanzwerte bei Erstprüfungsaufträgen	531
ISA 520:	Analytische Prüfungshandlungen	549
ISA 530:	Stichprobenprüfungen	561
ISA 540:	Die Prüfung geschätzter Werte in der Rechnungslegung, einschliesslich geschätzter Zeitwerte, und der damit zusammenhängenden Abschlussangaben	585
ISA 550:	Nahe stehende Personen	645
ISA 560:	Ereignisse nach dem Abschlussstichtag	681
ISA 570:	Fortführung der Unternehmenstätigkeit	697
ISA 580:	Schriftliche Erklärungen	719

Summary of Contents

600–699 Using the Work of Others

ISA 600:	Special Considerations–Audits of Group Financial Statements (Including the Work of Component Auditors)	742
ISA 610:	Using the Work of Internal Auditors	810
ISA 620:	Using the Work of an Auditor's Expert	820

700–799 Audit Conclusions and Reporting

ISA 700:	Forming an Opinion and Reporting on Financial Statements	848
ISA 705:	Modifications to the Opinion in the Independent Auditor's Report	888
ISA 706:	Emphasis of Matter Paragraphs and Other Matter Paragraphs in the Independent Auditor's Report	928
ISA 710:	Comparative Information – Corresponding Figures and Comparative Financial Statements	946
ISA 720:	The Auditor's Responsibilities Relating to Other Information in Documents Containing Audited Financial Statements	974

800–899 Specialized Areas

ISA 800:	Special Considerations – Audits of Financial Statements Prepared in Accordance with Special Purpose Frameworks	984
ISA 805:	Special Considerations – Audits of Single Financial Statements and Specific Elements, Accounts or Items of a Financial Statement	1010
ISA 810:	Engagements to Report on Summary Financial Statements	1042

List of Terms Defined in ISQC 1 and the ISAs with their definitions   1076

600–699 Verwertung der Arbeit Anderer

ISA 600:	Besondere Überlegungen zu Konzernabschlussprüfungen (einschliesslich der Tätigkeit von Teilbereichsprüfern)	743
ISA 610:	Verwertung der Arbeit interner Prüfer	811
ISA 620:	Verwertung der Arbeit eines Sachverständigen des Abschlussprüfers	821

700–799 Schlussfolgerungen der Abschlussprüfung und Erteilung des Vermerks

ISA 700:	Bildung eines Prüfungsurteils und Erteilung eines Vermerks zum Abschluss	849
ISA 705:	Modifizierungen des Prüfungsurteils im Vermerk des unabhängigen Abschlussprüfers	889
ISA 706:	Hervorhebung eines Sachverhalts und Hinweis auf sonstige Sachverhalte durch Absätze im Vermerk des unabhängigen Abschlussprüfers	929
ISA 710:	Vergleichsinformationen – Vergleichszahlen und Vergleichsabschlüsse	947
ISA 720:	Die Pflichten des Abschlussprüfers im Zusammenhang mit sonstigen Informationen in Dokumenten, die den geprüften Abschluss enthalten	975

800–899 Besondere Bereiche

ISA 800:	Besondere Überlegungen bei Prüfungen von Abschlüssen, die aufgestellt sind in Übereinstimmung mit einem Regelwerk für einen speziellen Zweck	985
ISA 805:	Besondere Überlegungen bei Prüfungen von einzelnen Finanzaufstellungen und bestimmten Bestandteilen, Konten oder Posten einer Finanzaufstellung	1011
ISA 810:	Auftrag zur Erteilung eines Vermerks zu einem verdichteten Abschluss	1043

Liste der im ISQC 1 und in den ISA definierten Begriffe samt Definitionen   1077

Register der Begriffe in ISQC 1 und ISA Deutsch/Englisch   1112

INTERNATIONAL STANDARD ON QUALITY CONTROL 1

QUALITY CONTROL FOR FIRMS THAT PERFORM AUDITS AND REVIEWS OF FINANCIAL STATEMENTS, AND OTHER ASSURANCE AND RELATED SERVICES ENGAGEMENTS

(Effective as of December 15, 2009)

CONTENTS

	Paragraph
Introduction	
Scope of this ISQC	1–3
Authority of this ISQC	4–9
Effective Date	10
Objective	11
Definitions	12
Requirements	
Applying, and Complying with, Relevant Requirements	13–15
Elements of a System of Quality Control	16–17
Leadership Responsibilities for Quality within the Firm	18–19
Relevant Ethical Requirements	20–25
Acceptance and Continuance of Client Relationships and Specific Engagements	26–28
Human Resources	29–31
Engagement Performance	32–47
Monitoring	48–56
Documentation of the System of Quality Control	57–59
Application and Other Explanatory Material	
Applying, and Complying with, Relevant Requirements	A1
Elements of a System of Quality Control	A2–A3
Leadership Responsibilities for Quality within the Firm	A4–A6
Relevant Ethical Requirements	A7–A17
Acceptance and Continuance of Client Relationships and Specific Engagements	A18–A23
Human Resources	A24–A31
Engagement Performance	A32–A63
Monitoring	A64–A72
Documentation of the System of Quality Control	A73–A75

International Standard on Quality Control (ISQC) 1, "Quality Control for Firms that Perform Audits and Reviews of Financial Statements, and Other Assurance and Related Services Engagements" should be read in conjunction with ISA 200, "Overall Objectives of the Independent Auditor and the Conduct of an Audit in Accordance with International Standards on Auditing."

Qualitätssicherung für Praxen, die Abschlussprüfungen und prüferische Durchsichten von Abschlüssen sowie andere betriebswirtschaftliche Prüfungen und Aufträge zu verwandten Dienstleistungen durchführen   ISQC 1

INTERNATIONAL STANDARD ON QUALITY CONTROL 1

QUALITÄTSSICHERUNG FÜR PRAXEN, DIE ABSCHLUSSPRÜFUNGEN UND PRÜFERISCHE DURCHSICHTEN VON ABSCHLÜSSEN SOWIE ANDERE BETRIEBSWIRTSCHAFTLICHE PRÜFUNGEN UND AUFTRÄGE ZU VERWANDTEN DIENSTLEISTUNGEN DURCHFÜHREN

(gilt ab dem 15.12.2009)

INHALTSVERZEICHNIS

	Textziffer
Einleitung	
Anwendungsbereich	1-3
Verbindlichkeit	4-9
Anwendungszeitpunkt	10
Ziel	11
Definitionen	12
Anforderungen	
Anwendung und Einhaltung der relevanten Anforderungen	13-15
Bestandteile eines Qualitätssicherungssystems	16-17
Führungsverantwortung für die Qualität innerhalb der Praxis	18-19
Relevante berufliche Verhaltensanforderungen	20-25
Annahme und Fortführung von Mandantenbeziehungen und bestimmten Aufträgen	26-28
Personalwesen	29-31
Auftragsdurchführung	32-47
Nachschau	48-56
Dokumentation des Qualitätssicherungssystems	57-59
Anwendungshinweise und sonstige Erläuterungen	
Anwendung und Einhaltung der relevanten Anforderungen	A1
Bestandteile eines Qualitätssicherungssystems	A2-A3
Führungsverantwortung für die Qualität innerhalb der Praxis	A4-A6
Relevante berufliche Verhaltensanforderungen	A7-A17
Annahme und Fortführung von Mandantenbeziehungen und bestimmten Aufträgen	A18-A23
Personalwesen	A24-A31
Auftragsdurchführung	A32-A63
Nachschau	A64-A72
Dokumentation des Qualitätssicherungssystems	A73-A75

International Standard on Quality Control (ISQC) 1 „Qualitätssicherung für Praxen, die Abschlussprüfungen und prüferische Durchsichten von Abschlüssen sowie andere betriebswirtschaftliche Prüfungen und Aufträge zu verwandten Dienstleistungen durchführen" ist im Zusammenhang mit ISA 200 „Übergreifende Zielsetzungen des unabhängigen Prüfers und Grundsätze einer Prüfung in Übereinstimmung mit den International Standards on Auditing" zu lesen.

Introduction

Scope of this ISQC

1. This International Standard on Quality Control (ISQC) deals with a firm's responsibilities for its system of quality control for audits and reviews of financial statements, and other assurance and related services engagements. This ISQC is to be read in conjunction with relevant ethical requirements.

2. Other pronouncements of the International Auditing and Assurance Standards Board (IAASB) set out additional standards and guidance on the responsibilities of firm personnel regarding quality control procedures for specific types of engagements. ISA 220,[1] for example, deals with quality control procedures for audits of financial statements.

3. A system of quality control consists of policies designed to achieve the objective set out in paragraph 11 and the procedures necessary to implement and monitor compliance with those policies.

Authority of this ISQC

4. This ISQC applies to all firms of professional accountants in respect of audits and reviews of financial statements, and other assurance and related services engagements. The nature and extent of the policies and procedures developed by an individual firm to comply with this ISQC will depend on various factors such as the size and operating characteristics of the firm, and whether it is part of a network.

5. This ISQC contains the objective of the firm in following the ISQC, and requirements designed to enable the firm to meet that stated objective. In addition, it contains related guidance in the form of application and other explanatory material, as discussed further in paragraph 8, and introductory material that provides context relevant to a proper understanding of the ISQC, and definitions.

6. The objective provides the context in which the requirements of this ISQC are set, and is intended to assist the firm in:
   - Understanding what needs to be accomplished; and
   - Deciding whether more needs to be done to achieve the objective.

7. The requirements of this ISQC are expressed using "shall."

8. Where necessary, the application and other explanatory material provides further explanation of the requirements and guidance for carrying them out. In particular, it may:
   - Explain more precisely what a requirement means or is intended to cover; and
   - Include examples of policies and procedures that may be appropriate in the circumstances.

   While such guidance does not in itself impose a requirement, it is relevant to the proper application of the requirements. The application and other explanatory material may also provide background information on matters addressed in this ISQC. Where appropriate, additional considerations specific to public sector audit organizations or smaller firms are included within the application and other explanatory material. These additional considerations assist in the application of the requirements in this ISQC. They do not, however, limit or reduce the responsibility of the firm to apply and comply with the requirements in this ISQC.

9. This ISQC includes, under the heading "Definitions," a description of the meanings attributed to certain terms for purposes of this ISQC. These are provided to assist in the consistent application and interpretation of this ISQC, and are not intended to override definitions that may be established for other purposes, whether in law, regulation or otherwise. The Glossary of Terms relating to International Standards issued by the IAASB in the *Handbook of International Quality Control, Auditing, Review, Other Assurance, and Related Services Pronouncements* published by IFAC includes the terms defined in this ISQC. It also includes descriptions of other terms found in this ISQC to assist in common and consistent interpretation and translation.

---

1) ISA 220, "Quality Control for an Audit of Financial Statements."

Qualitätssicherung für Praxen, die Abschlussprüfungen und prüferische Durchsichten von Abschlüssen sowie andere betriebswirtschaftliche Prüfungen und Aufträge zu verwandten Dienstleistungen durchführen ISQC 1

Einleitung

Anwendungsbereich

1. Dieser International Standard on Quality Control (ISQC) behandelt die Verpflichtungen einer Praxis für ihr Qualitätssicherungssystem zur Durchführung von Abschlussprüfungen und prüferischen Durchsichten[*)] von Abschlüssen sowie von anderen betriebswirtschaftlichen Prüfungen und Aufträgen zu verwandten Dienstleistungen. Dieser ISQC ist im Zusammenhang mit den relevanten beruflichen Verhaltensanforderungen zu lesen.

2. Andere Verlautbarungen des International Auditing and Assurance Standards Board (IAASB) legen zusätzliche Standards fest und geben erläuternde Hinweise zu den Pflichten des Fachpersonals der Praxis zu Qualitätssicherungsmaßnahmen bei bestimmten Arten von Aufträgen. Bspw. behandelt ISA 220[1)] Qualitätssicherungsmaßnahmen bei Abschlussprüfungen.

3. Ein Qualitätssicherungssystem besteht aus Regelungen, die darauf ausgerichtet sind, das in Textziffer 11 genannte Ziel zu erreichen, sowie aus den notwendigen Maßnahmen zur Umsetzung dieser Regelungen und zur Nachschau ihrer Einhaltung.

Verbindlichkeit

4. Dieser ISQC gilt für alle Praxen, in denen Berufsangehörige tätig sind, in Bezug auf Abschlussprüfungen und prüferische Durchsichten von Abschlüssen sowie andere betriebswirtschaftliche Prüfungen und Aufträge zu verwandten Dienstleistungen. Art und Umfang der Regelungen und Maßnahmen, die von einer einzelnen Praxis zur Einhaltung dieses ISQC entwickelt werden, hängen von verschiedenen Faktoren ab, z. B. von der Größe und den betrieblichen Eigenschaften der Praxis und davon, ob die Praxis Teil eines Netzwerks ist.

5. Dieser ISQC enthält das Ziel der Praxis, den ISQC zu befolgen, sowie Anforderungen, die es der Praxis ermöglichen sollen, dieses genannte Ziel zu erreichen. Außerdem enthält dieser ISQC damit zusammenhängende erläuternde Hinweise in Form von Anwendungshinweisen und sonstigen Erläuterungen, wie in Textziffer 8 weiter behandelt, sowie einleitende Hinweise, die den relevanten Zusammenhang für das richtige Verständnis des ISQC liefern, sowie Definitionen.

6. Das Ziel liefert den Zusammenhang, in dem die Anforderungen dieses ISQC festgelegt sind, und soll die Praxis dabei unterstützen,

    • zu verstehen, was erreicht werden muss, und
    • zu entscheiden, ob Weiteres unternommen werden muss, um das Ziel zu erreichen.

7. Die Anforderungen dieses ISQC sind als Verpflichtungen ausgedrückt.

8. Soweit erforderlich, liefern die Anwendungshinweise und sonstigen Erläuterungen eine weiterführende Erläuterung der Anforderungen und Hinweise zu deren Ausführung. Insbesondere können sie

    • genauer erläutern, was eine Anforderung bedeutet oder abdecken soll.
    • Beispiele für Regelungen und Maßnahmen enthalten, die unter den gegebenen Umständen geeignet sein können.

   Obwohl solche erläuternden Hinweise an sich keine Anforderung auferlegen, sind sie für die richtige Anwendung der Anforderungen relevant. Die Anwendungshinweise und sonstigen Erläuterungen können auch Hintergrundinformationen zu Sachverhalten geben, die in diesem ISQC angesprochen werden. Wo dies angemessen ist, enthalten die Anwendungshinweise und sonstigen Erläuterungen zusätzliche Überlegungen für Prüfungsorganisationen im öffentlichen Sektor oder für kleinere Praxen. Diese zusätzlichen Überlegungen sind für die Anwendung der in diesem ISQC enthaltenen Anforderungen hilfreich, ohne jedoch die Pflicht der Praxis zur Anwendung und Einhaltung dieser Anforderungen einzuschränken oder zu verringern.

9. Dieser ISQC schließt unter der Überschrift „Definitionen" eine Beschreibung der Bedeutungen ein, die bestimmten Begriffen für Zwecke dieses ISQC beigemessen werden. Diese Bedeutungen werden dargelegt, um die konsistente Anwendung und Auslegung dieses ISQC zu unterstützen, und sollen keine Definitionen außer Kraft setzen, die für andere Zwecke festgelegt sein können, sei es in Gesetzen, anderen Rechtsvorschriften oder anderweitig. Das Begriffsglossar zu den internationalen Standards, das vom IAASB in dem von der IFAC veröffentlichten *Handbook of International Quality Control, Auditing, Review, Other Assurance, and Related Services Pronouncements* herausgegeben wird, enthält die in diesem ISQC definierten Begriffe. Außerdem enthält es Beschreibungen von anderen in diesem

---

1) ISA 220 „Qualitätssicherung bei einer Abschlussprüfung".
*) In der Schweiz: Review.

5

Effective Date

10. Systems of quality control in compliance with this ISQC are required to be established by December 15, 2009.

Objective

11. The objective of the firm is to establish and maintain a system of quality control to provide it with reasonable assurance that:
    (a) The firm and its personnel comply with professional standards and applicable legal and regulatory requirements; and
    (b) Reports issued by the firm or engagement partners are appropriate in the circumstances.

Definitions

12. In this ISQC, the following terms have the meanings attributed below:
    (a) Date of report – The date selected by the practitioner to date the report.
    (b) Engagement documentation – The record of work performed, results obtained, and conclusions the practitioner reached (terms such as "working papers" or "workpapers" are sometimes used).
    (c) Engagement partner[2] – The partner or other person in the firm who is responsible for the engagement and its performance, and for the report that is issued on behalf of the firm, and who, where required, has the appropriate authority from a professional, legal or regulatory body.
    (d) Engagement quality control review – A process designed to provide an objective evaluation, on or before the date of the report, of the significant judgments the engagement team made and the conclusions it reached in formulating the report. The engagement quality control review process is for audits of financial statements of listed entities, and those other engagements, if any, for which the firm has determined an engagement quality control review is required.
    (e) Engagement quality control reviewer – A partner, other person in the firm, suitably qualified external person, or a team made up of such individuals, none of whom is part of the engagement team, with sufficient and appropriate experience and authority to objectively evaluate the significant judgments the engagement team made and the conclusions it reached in formulating the report.
    (f) Engagement team – All partners and staff performing the engagement, and any individuals engaged by the firm or a network firm who perform procedures on the engagement. This excludes external experts engaged by the firm or a network firm.
    (g) Firm – A sole practitioner, partnership or corporation or other entity of professional accountants.
    (h) Inspection – In relation to completed engagements, procedures designed to provide evidence of compliance by engagement teams with the firm's quality control policies and procedures.
    (i) Listed entity – An entity whose shares, stock or debt are quoted or listed on a recognized stock exchange, or are marketed under the regulations of a recognized stock exchange or other equivalent body.

---

[2] "Engagement partner," "partner," and "firm" should be read as referring to their public sector equivalents where relevant.

ISQC zu findenden Begriffen, um eine einheitliche und konsistente Auslegung und Übersetzung zu unterstützen.

Anwendungszeitpunkt

10. Qualitätssicherungssysteme in Übereinstimmung mit diesem ISQC müssen bis zum 15.12.2009 eingerichtet werden.

Ziel

11. Das Ziel der Praxis besteht darin, ein Qualitätssicherungssystem einzurichten und aufrechtzuerhalten, um hinreichende Sicherheit darüber zu erlangen, dass

    (a) die Praxis und ihr Fachpersonal berufliche Standards sowie maßgebende gesetzliche und andere rechtliche Anforderungen einhalten und

    (b) die von der Praxis oder von den Auftragsverantwortlichen erteilten Vermerke[*] unter den gegebenen Umständen angemessen sind.

Definitionen

12. Für die Zwecke dieses ISQC gelten die nachstehenden Begriffsbestimmungen:

    (a) Datum des Vermerks – Das Datum, auf das der Berufsangehörige den Vermerk datiert.

    (b) Auftragsdokumentation – Die Aufzeichnungen über die durchgeführte Arbeit, erzielten Ergebnisse und vom Berufsangehörigen gezogenen Schlussfolgerungen (mitunter werden Begriffe wie „Arbeitspapiere" verwendet).

    (c) Der Auftragsverantwortliche[2] – Der Partner oder eine andere Person in der Praxis, der/die für den Auftrag und dessen Durchführung sowie für den im Namen der Praxis erteilten Vermerk verantwortlich ist und der/die, soweit erforderlich, durch eine Berufsorganisation, eine rechtlich zuständige Stelle oder eine Aufsichtsbehörde entsprechend ermächtigt ist.

    (d) Auftragsbegleitende Qualitätssicherung – Ein Prozess, der zum oder vor dem Datum des Vermerks eine objektive Einschätzung der bedeutsamen Beurteilungen des Auftragsteams und der von diesem beim Abfassen des Vermerks gezogenen Schlussfolgerungen liefern soll. Der Prozess der auftragsbegleitenden Qualitätssicherung ist für die Prüfung von Abschlüssen kapitalmarktnotierter Einheiten und für diejenigen anderen Aufträge vorgesehen, für welche die Praxis entschieden hat, dass eine auftragsbegleitende Qualitätssicherung erforderlich ist.

    (e) Auftragsbegleitender Qualitätssicherer – Ein Partner oder eine andere Person in der Praxis, eine in geeigneter Weise qualifizierte externe natürliche Person oder ein aus solchen nicht zum Auftragsteam gehörenden Personen bestehendes Team mit ausreichender und angemessener Erfahrung und Befugnis, um die bedeutsamen Beurteilungen des Auftragsteams und die von diesem beim Abfassen des Vermerks gezogenen Schlussfolgerungen objektiv einzuschätzen.

    (f) Auftragsteam – Alle Partner und fachlichen Mitarbeiter, die den Auftrag durchführen, sowie alle von der Praxis oder von einem Mitglied des Netzwerks beauftragten natürlichen Personen, die auftragsbezogene Handlungen durchführen, mit Ausnahme von der Praxis oder von einem Mitglied des Netzwerks beauftragter externer Sachverständiger.

    (g) Praxis[**] – ein einzelner Berufsangehöriger, eine Personenvereinigung, eine Kapitalgesellschaft oder eine andere aus Berufsangehörigen bestehende Einheit.

    (h) Auftragsprüfung – Maßnahmen, die darauf ausgerichtet sind, nachzuweisen, ob die Auftragsteams im Zusammenhang mit abgeschlossenen Aufträgen die Regelungen und Maßnahmen der Praxis zur Qualitätssicherung eingehalten haben.

    (i) Kapitalmarktnotierte Einheit – Eine Einheit, deren Anteile, Aktien oder Schuldverschreibungen an einer anerkannten Wertpapierbörse[***] notiert sind oder nach den Vorschriften einer anerkannten Wertpapierbörse oder einer vergleichbaren Einrichtung gehandelt werden.

---

2) Sofern relevant, sind die Begriffe „der Auftragsverantwortliche", „Partner" und „Praxis" so zu lesen, dass sie sich auf ihr Pendant im öffentlichen Sektor beziehen.

*) Der Begriff „Vermerk" schließt auch andere Formen der Berichterstattung mit ein.

**) Im Zusammenhang mit den ISA zur Abschlussprüfung sind damit die Berufspraxen der in dem jeweiligen Rechtsraum zur gesetzlichen Abschlussprüfung berechtigten Abschlussprüfer (z.B. Wirtschaftsprüferpraxis) angesprochen.

***) In Deutschland: regulierter Markt; in Österreich: geregelter Markt.

(j) Monitoring – A process comprising an ongoing consideration and evaluation of the firm's system of quality control, including a periodic inspection of a selection of completed engagements, designed to provide the firm with reasonable assurance that its system of quality control is operating effectively.

(k) Network firm – A firm or entity that belongs to a network.

(l) Network – A larger structure:
   (i) That is aimed at cooperation, and
   (ii) That is clearly aimed at profit or cost-sharing or shares common ownership, control or management, common quality control policies and procedures, common business strategy, the use of a common brand name, or a significant part of professional resources.

(m) Partner – Any individual with authority to bind the firm with respect to the performance of a professional services engagement.

(n) Personnel – Partners and staff.

(o) Professional standards – IAASB Engagement Standards, as defined in the IAASB's *Preface to the International Standards on Quality Control, Auditing, Review, Other Assurance and Related Services*, and relevant ethical requirements.

(p) Reasonable assurance – In the context of this ISQC, a high, but not absolute, level of assurance.

(q) Relevant ethical requirements – Ethical requirements to which the engagement team and engagement quality control reviewer are subject, which ordinarily comprise Parts A and B of the International Ethics Standards Board for Accountants' *Code of Ethics for Professional Accountants* (IESBA Code) together with national requirements that are more restrictive.

(r) Staff – Professionals, other than partners, including any experts the firm employs.

(s) Suitably qualified external person – An individual outside the firm with the competence and capabilities to act as an engagement partner, for example, a partner of another firm, or an employee (with appropriate experience) of either a professional accountancy body whose members may perform audits and reviews of historical financial information, or other assurance or related services engagements, or of an organization that provides relevant quality control services.

Requirements

Applying, and Complying with, Relevant Requirements

13. Personnel within the firm responsible for establishing and maintaining the firm's system of quality control shall have an understanding of the entire text of this ISQC, including its application and other explanatory material, to understand its objective and to apply its requirements properly.

14. The firm shall comply with each requirement of this ISQC unless, in the circumstances of the firm, the requirement is not relevant to the services provided in respect of audits and reviews of financial statements, and other assurance and related services engagements. (Ref: Para. A1)

15. The requirements are designed to enable the firm to achieve the objective stated in this ISQC. The proper application of the requirements is therefore expected to provide a sufficient basis for the achievement of the objective. However, because circumstances vary widely and all such circumstances cannot be anticipated, the firm shall consider whether there are particular matters or circumstances that require the firm to establish policies and procedures in addition to those required by this ISQC to meet the stated objective.

(j) Nachschau*⁾ – Ein Prozess, der eine laufende Abwägung und Beurteilung des Qualitätssicherungssystems der Praxis umfasst (einschließlich periodischer Prüfungen einer Auswahl von abgeschlossenen Aufträgen) und der darauf ausgerichtet ist, der Praxis hinreichende Sicherheit darüber zu verschaffen, dass ihr Qualitätssicherungssystem wirksam funktioniert.

(k) Mitglied eines Netzwerks – Eine Praxis oder Einheit, die einem Netzwerk angehört.

(l) Netzwerk – Eine breitere Struktur, die
  (i) auf Kooperation ausgerichtet ist und
  (ii) eindeutig auf Gewinn- oder Kostenteilung abzielt oder ein gemeinsames Eigentum, gemeinsame Kontrolle oder Führung, gemeinsame Regelungen und Maßnahmen zur Qualitätssicherung oder eine gemeinsame Geschäftsstrategie aufweist oder in der ein Markenname oder ein bedeutender Teil beruflicher Ressourcen gemeinsam genutzt werden.

(m) Partner – Jede natürliche Person, die befugt ist, die Praxis bei der Durchführung eines Auftrags über berufliche Dienstleistungen zu binden.

(n) Fachpersonal – Partner und fachliche Mitarbeiter.

(o) Berufliche Standards – Die IAASB Engagement Standards, wie im *Preface to the International Standards on Quality Control, Auditing, Review, Other Assurance and Related Services* des IAASB definiert, und relevante berufliche Verhaltensanforderungen.

(p) Hinreichende Sicherheit – Im Kontext dieses ISQC ein hoher, jedoch kein absoluter Grad an Sicherheit.

(q) Relevante berufliche Verhaltensanforderungen – Berufliche Verhaltensanforderungen, denen das Auftragsteam und der auftragsbegleitende Qualitätssicherer unterliegen. Diese umfassen normalerweise die Teile A und B des *Code of Ethics for Professional Accountants* des International Ethics Standards Board for Accountants (IESBA-Kodex) zusammen mit restriktiveren nationalen Anforderungen.

(r) Fachliche Mitarbeiter – Fachkräfte, mit Ausnahme der Partner, einschließlich aller von der Praxis beschäftigten Sachverständigen.

(s) Angemessen qualifizierte externe Person – Eine natürliche Person außerhalb der Praxis, welche die Kompetenz und die Fähigkeiten besitzt, um als Auftragsverantwortlicher tätig zu sein, zum Beispiel ein Partner aus einer anderen Praxis oder ein Mitarbeiter (mit entsprechender Erfahrung) entweder einer Berufsorganisation, deren Mitglieder befugt sind, Prüfungen und prüferische Durchsichten von vergangenheitsorientierten Finanzinformationen**⁾ oder andere betriebswirtschaftliche Prüfungen oder Aufträge zu verwandten Dienstleistungen durchzuführen, oder einer Organisation, die relevante Dienstleistungen zur Qualitätssicherung erbringt.

Anforderungen

Anwendung und Einhaltung der relevanten Anforderungen

13. Das Fachpersonal der Praxis, das für die Einrichtung und Aufrechterhaltung des Qualitätssicherungssystems der Praxis verantwortlich ist, muss ein Verständnis von dem gesamten Text dieses ISQC (einschließlich der Anwendungshinweise und sonstigen Erläuterungen) besitzen, um das Ziel des ISQC zu verstehen und die darin enthaltenen Anforderungen richtig anzuwenden.

14. Die Praxis muss jede Anforderung dieses ISQC einhalten, es sei denn, die Anforderung ist unter den gegebenen Umständen der Praxis für die erbrachten Dienstleistungen zu Abschlussprüfungen und prüferischen Durchsichten von Abschlüssen sowie anderen betriebswirtschaftlichen Prüfungen und Aufträgen zu verwandten Dienstleistungen nicht relevant. (Vgl. Tz. A1)

15. Die Anforderungen sind darauf ausgerichtet, es der Praxis zu ermöglichen, das in diesem ISQC genannte Ziel zu erreichen. Die richtige Anwendung der Anforderungen schafft erwartungsgemäß eine ausreichende Grundlage dafür, dass das Ziel erreicht wird. Da sich jedoch die Gegebenheiten stark unterscheiden und nicht alle diese Gegebenheiten vorgesehen werden können, muss die Praxis abwägen, ob bestimmte Sachverhalte oder Gegebenheiten vorliegen, aufgrund derer die Praxis

---

*) In Österreich und der Schweiz: Überwachung (auch Monitoring).

**) Zu den vergangenheitsorientierten Finanzinformationen gehören a) Finanzaufstellungen (Abschlüsse (Jahres-, Konzern-, Zwischenabschlüsse) und sonstige Finanzaufstellungen (z.B. Bilanz, Gewinn- und Verlustrechnung, Kapitalflussrechnung, Einnahmen-Überschuss-Rechnung, Vermögensaufstellung)), b) Posten einer Finanzaufstellung (z.B. Vorräte, Forderungen aus Lieferungen und Leistungen, Personalaufwand) sowie c) sonstige aus der Buchführung entnommene Finanzinformationen (z.B. ein bestimmter Geschäftsvorfall oder Vermögenswert oder eine bestimmte Schuld).

Elements of a System of Quality Control

16. The firm shall establish and maintain a system of quality control that includes policies and procedures that address each of the following elements:

    (a) Leadership responsibilities for quality within the firm.

    (b) Relevant ethical requirements.

    (c) Acceptance and continuance of client relationships and specific engagements.

    (d) Human resources.

    (e) Engagement performance.

    (f) Monitoring.

17. The firm shall document its policies and procedures and communicate them to the firm's personnel. (Ref: Para. A2–A3)

Leadership Responsibilities for Quality within the Firm

18. The firm shall establish policies and procedures designed to promote an internal culture recognizing that quality is essential in performing engagements. Such policies and procedures shall require the firm's chief executive officer (or equivalent) or, if appropriate, the firm's managing board of partners (or equivalent) to assume ultimate responsibility for the firm's system of quality control. (Ref: Para. A4–A5)

19. The firm shall establish policies and procedures such that any person or persons assigned operational responsibility for the firm's system of quality control by the firm's chief executive officer or managing board of partners has sufficient and appropriate experience and ability, and the necessary authority, to assume that responsibility. (Ref: Para. A6)

Relevant Ethical Requirements

20. The firm shall establish policies and procedures designed to provide it with reasonable assurance that the firm and its personnel comply with relevant ethical requirements. (Ref: Para. A7–A10)

Independence

21. The firm shall establish policies and procedures designed to provide it with reasonable assurance that the firm, its personnel and, where applicable, others subject to independence requirements (including network firm personnel) maintain independence where required by relevant ethical requirements. Such policies and procedures shall enable the firm to: (Ref: Para. A10)

    (a) Communicate its independence requirements to its personnel and, where applicable, others subject to them; and

    (b) Identify and evaluate circumstances and relationships that create threats to independence, and to take appropriate action to eliminate those threats or reduce them to an acceptable level by applying safeguards, or, if considered appropriate, to withdraw from the engagement, where withdrawal is possible under applicable law or regulation.

22. Such policies and procedures shall require: (Ref: Para. A10)

    (a) Engagement partners to provide the firm with relevant information about client engagements, including the scope of services, to enable the firm to evaluate the overall impact, if any, on independence requirements;

    (b) Personnel to promptly notify the firm of circumstances and relationships that create a threat to independence so that appropriate action can be taken; and

    (c) The accumulation and communication of relevant information to appropriate personnel so that:

        (i) The firm and its personnel can readily determine whether they satisfy independence requirements;

Regelungen und Maßnahmen zusätzlich zu den in diesem ISQC geforderten festlegen muss, um das genannte Ziel zu erreichen.

Bestandteile eines Qualitätssicherungssystems

16. Die Praxis muss ein Qualitätssicherungssystem einrichten und aufrechterhalten, das Regelungen und Maßnahmen zu jedem der folgenden Bestandteile beinhaltet:
    (a) Führungsverantwortung für die Qualität innerhalb der Praxis
    (b) relevante berufliche Verhaltensanforderungen
    (c) Annahme und Fortführung von Mandantenbeziehungen und bestimmten Aufträgen
    (d) Personalwesen
    (e) Auftragsdurchführung
    (f) Nachschau.

17. Die Praxis muss ihre Regelungen und Maßnahmen dokumentieren und dem Fachpersonal der Praxis mitteilen. (Vgl. Tz. A2–A3)

Führungsverantwortung für die Qualität innerhalb der Praxis

18. Die Praxis muss Regelungen und Maßnahmen festlegen zur Förderung einer internen Kultur, die berücksichtigt, dass Qualität bei der Auftragsdurchführung von entscheidender Bedeutung ist. Durch solche Regelungen und Maßnahmen muss der Chief Executive Officer der Praxis (oder ein Verantwortlicher mit entsprechender Funktion) oder, falls dies angemessen ist, das geschäftsführende Gremium von Partnern (oder ein entsprechendes Gremium) der Praxis verpflichtet werden, die Letztverantwortung für das Qualitätssicherungssystem der Praxis zu übernehmen. (Vgl. Tz. A4-A5)

19. Die Praxis muss Regelungen und Maßnahmen festlegen, die gewährleisten, dass alle Personen, denen vom Chief Executive Officer der Praxis oder vom geschäftsführenden Gremium von Partnern operative Verantwortung für das Qualitätssicherungssystem der Praxis übertragen wird, über ausreichende und angemessene Erfahrung und Fähigkeiten sowie über die notwendige Befugnis verfügen, um diese Verantwortung übernehmen zu können. (Vgl. Tz. A6)

Relevante berufliche Verhaltensanforderungen

20. Die Praxis muss Regelungen und Maßnahmen festlegen, die darauf ausgerichtet sind, der Praxis hinreichende Sicherheit darüber zu verschaffen, dass sie und ihr Fachpersonal die relevanten beruflichen Verhaltensanforderungen einhalten. (Vgl. Tz. A7–A10)

Unabhängigkeit

21. Die Praxis muss Regelungen und Maßnahmen festlegen, die darauf ausgerichtet sind, der Praxis hinreichende Sicherheit darüber zu verschaffen, dass sie und ihr Fachpersonal sowie - sofern einschlägig - andere Personen, die Unabhängigkeitsanforderungen unterliegen (einschließlich Fachpersonal von Mitgliedern eines Netzwerks), ihre Unabhängigkeit wahren, wenn dies durch die relevanten beruflichen Verhaltensanforderungen verlangt wird. Diese Regelungen und Maßnahmen müssen die Praxis in die Lage versetzen, (Vgl. Tz. A10)
    (a) ihre Unabhängigkeitsanforderungen ihrem Fachpersonal und – sofern einschlägig – anderen Personen, die diesen Anforderungen unterliegen, mitzuteilen sowie
    (b) Umstände und Beziehungen festzustellen und zu beurteilen, die Gefährdungen der Unabhängigkeit hervorrufen, und geeignete Schritte in Form von Schutzmaßnahmen zu ergreifen, um diese Gefährdungen zu beseitigen oder auf ein vertretbares Maß zu verringern, oder den Auftrag niederzulegen, wenn dies als angemessen erachtet wird und eine Niederlegung nach den maßgebenden Gesetzen oder anderen Rechtsvorschriften möglich ist.

22. Diese Regelungen und Maßnahmen müssen die folgenden Anforderungen beinhalten: (Vgl. Tz. A10)
    (a) Die Auftragsverantwortlichen müssen der Praxis alle relevanten Informationen zu Aufträgen, einschließlich des Leistungsumfangs, liefern, damit die Praxis die etwaige Gesamtauswirkung auf Unabhängigkeitsanforderungen beurteilen kann,
    (b) das Fachpersonal muss die Praxis unverzüglich über Umstände und Beziehungen unterrichten, die eine Gefährdung der Unabhängigkeit hervorrufen, damit geeignete Maßnahmen ergriffen werden können, und
    (c) relevante Informationen müssen zusammengestellt und dem betreffenden Fachpersonal mitgeteilt werden, damit
        (i) die Praxis und ihr Fachpersonal problemlos feststellen können, ob sie die Unabhängigkeitsanforderungen erfüllen,

(ii) The firm can maintain and update its records relating to independence; and

(iii) The firm can take appropriate action regarding identified threats to independence that are not at an acceptable level.

23. The firm shall establish policies and procedures designed to provide it with reasonable assurance that it is notified of breaches of independence requirements, and to enable it to take appropriate actions to resolve such situations. The policies and procedures shall include requirements for: (Ref: Para. A10)

  (a) Personnel to promptly notify the firm of independence breaches of which they become aware;

  (b) The firm to promptly communicate identified breaches of these policies and procedures to:

    (i) The engagement partner who, with the firm, needs to address the breach; and

    (ii) Other relevant personnel in the firm and, where appropriate, the network, and those subject to the independence requirements who need to take appropriate action; and

  (c) Prompt communication to the firm, if necessary, by the engagement partner and the other individuals referred to in subparagraph 23(b)(ii) of the actions taken to resolve the matter, so that the firm can determine whether it should take further action.

24. At least annually, the firm shall obtain written confirmation of compliance with its policies and procedures on independence from all firm personnel required to be independent by relevant ethical requirements. (Ref: Para. A10–A11)

25. The firm shall establish policies and procedures: (Ref: Para. A10)

  (a) Setting out criteria for determining the need for safeguards to reduce the familiarity threat to an acceptable level when using the same senior personnel on an assurance engagement over a long period of time; and

  (b) Requiring, for audits of financial statements of listed entities, the rotation of the engagement partner and the individuals responsible for engagement quality control review, and, where applicable, others subject to rotation requirements, after a specified period in compliance with relevant ethical requirements. (Ref: Para. A12–A17)

Acceptance and Continuance of Client Relationships and Specific Engagements

26. The firm shall establish policies and procedures for the acceptance and continuance of client relationships and specific engagements, designed to provide the firm with reasonable assurance that it will only undertake or continue relationships and engagements where the firm:

  (a) Is competent to perform the engagement and has the capabilities, including time and resources, to do so; (Ref: Para. A18, A23)

  (b) Can comply with relevant ethical requirements; and

  (c) Has considered the integrity of the client, and does not have information that would lead it to conclude that the client lacks integrity. (Ref: Para. A19–A20, A23)

27. Such policies and procedures shall require:

  (a) The firm to obtain such information as it considers necessary in the circumstances before accepting an engagement with a new client, when deciding whether to continue an existing engagement, and when considering acceptance of a new engagement with an existing client. (Ref: Para. A21, A23)

  (b) If a potential conflict of interest is identified in accepting an engagement from a new or an existing client, the firm to determine whether it is appropriate to accept the engagement.

  (c) If issues have been identified, and the firm decides to accept or continue the client relationship or a specific engagement, the firm to document how the issues were resolved.

Qualitätssicherung für Praxen, die Abschlussprüfungen und prüferische Durchsichten von Abschlüssen sowie andere betriebswirtschaftliche Prüfungen und Aufträge zu verwandten Dienstleistungen durchführen   **ISQC 1**

      (ii)   die Praxis ihre Aufzeichnungen zum Thema Unabhängigkeit führen und aktualisieren kann und

      (iii)   die Praxis geeignete Maßnahmen gegen festgestellte Gefährdungen der Unabhängigkeit, die über ein vertretbares Maß hinausgehen, ergreifen kann.

23. Die Praxis muss Regelungen und Maßnahmen festlegen, die darauf ausgerichtet sind, der Praxis hinreichende Sicherheit darüber zu verschaffen, dass sie über Verstöße gegen Unabhängigkeitsanforderungen unterrichtet wird, und sie in die Lage versetzen, geeignete Maßnahmen zur Klärung solcher Situationen zu ergreifen. Die Regelungen und Maßnahmen müssen die folgenden Anforderungen beinhalten: (Vgl. Tz. A10)

    (a) Das Fachpersonal muss die Praxis umgehend über Verstöße gegen Unabhängigkeitsanforderungen unterrichten, die ihm bekannt werden,

    (b) die Praxis muss festgestellte Verstöße gegen diese Regelungen und Maßnahmen umgehend den folgenden Personen mitteilen:

        (i)   dem Auftragsverantwortlichen, der sich gemeinsam mit der Praxis mit dem Verstoß zu befassen hat, und

        (ii)   weiterem relevantem Fachpersonal der Praxis und - sofern angebracht - des Netzwerks sowie Personen, die den Unabhängigkeitsanforderungen unterliegen und die angemessene Maßnahmen zu ergreifen haben, und

    (c) der Auftragsverantwortliche und die anderen in Untertextziffer 23(b)(ii) genannten Personen müssen der Praxis, falls erforderlich, umgehend mitteilen, welche Maßnahmen zur Klärung des Sachverhalts ergriffen wurden, damit die Praxis feststellen kann, ob weitere Maßnahmen zu ergreifen sind.

24. Mindestens jährlich muss die Praxis von ihrem gesamten Fachpersonal, das nach den relevanten beruflichen Verhaltensanforderungen zur Unabhängigkeit verpflichtet ist, eine schriftliche Bestätigung darüber einholen, dass die Regelungen und Maßnahmen der Praxis zur Unabhängigkeit eingehalten werden. (Vgl. Tz. A10-A11)

25. Die Praxis muss Regelungen und Maßnahmen einführen, durch die (Vgl. Tz. A10)

    (a) Kriterien festgelegt werden, nach denen die Notwendigkeit von Schutzmaßnahmen festgestellt werden kann, um die Gefährdung durch zu große Vertrautheit auf ein vertretbares Maß zu verringern, wenn dasselbe leitende Fachpersonal über einen langen Zeitraum bei einer betriebswirtschaftlichen Prüfung eingesetzt wird, und

    (b) für Abschlussprüfungen bei kapitalmarktnotierten Einheiten festgeschrieben wird, dass in Übereinstimmung mit den relevanten beruflichen Verhaltensanforderungen nach einem bestimmten Zeitraum eine Rotation des Auftragsverantwortlichen und der für die auftragsbegleitende Qualitätssicherung zuständigen Personen sowie – sofern einschlägig – anderen Personen, die Rotationsanforderungen unterliegen, erfolgen muss. (Vgl. Tz. A12–A17)

Annahme und Fortführung von Mandantenbeziehungen und bestimmten Aufträgen

26. Die Praxis muss Regelungen und Maßnahmen zur Annahme und Fortführung von Mandantenbeziehungen und bestimmten Aufträgen festlegen, die darauf ausgerichtet sind, der Praxis hinreichende Sicherheit darüber zu verschaffen, dass sie nur Beziehungen und Aufträge annimmt bzw. fortführt, bei denen sie

    (a) die Kompetenz zur Durchführung des Auftrags sowie die dafür notwendigen Fähigkeiten, einschließlich Zeit und Ressourcen, besitzt, (Vgl. Tz. A18, A23)

    (b) die relevanten beruflichen Verhaltensanforderungen einhalten kann und

    (c) die Integrität des Mandanten abgewogen hat und keine Informationen besitzt, die sie zu der Schlussfolgerung führen würden, dass die Integrität des Mandanten nicht gegeben ist. (Vgl. Tz. A19-A20, A23)

27. Diese Regelungen und Maßnahmen müssen verlangen, dass

    (a) die Praxis die Informationen einholt, die sie unter den gegebenen Umständen für erforderlich hält, wenn sie einen Auftrag von einem neuen Mandanten annimmt, wenn sie darüber entscheidet, ein bestehendes Auftragsverhältnis fortzusetzen, und wenn sie abwägt, einen neuen Auftrag von einem bestehenden Mandanten anzunehmen (Vgl. Tz. A21, A23),

    (b) wenn bei der Annahme eines Auftrags von einem neuen oder einem bestehenden Mandanten ein möglicher Interessenkonflikt festgestellt wird, die Praxis entscheidet, ob es angemessen ist, den Auftrag anzunehmen,

    (c) wenn Probleme festgestellt wurden und die Praxis beschließt, die Mandantenbeziehung oder einen bestimmten Auftrag anzunehmen bzw. fortzuführen, die Praxis dokumentiert, wie die Probleme gelöst wurden.

28. The firm shall establish policies and procedures on continuing an engagement and the client relationship, addressing the circumstances where the firm obtains information that would have caused it to decline the engagement had that information been available earlier. Such policies and procedures shall include consideration of:

    (a) The professional and legal responsibilities that apply to the circumstances, including whether there is a requirement for the firm to report to the person or persons who made the appointment or, in some cases, to regulatory authorities; and

    (b) The possibility of withdrawing from the engagement or from both the engagement and the client relationship. (Ref: Para. A22–A23)

Human Resources

29. The firm shall establish policies and procedures designed to provide it with reasonable assurance that it has sufficient personnel with the competence, capabilities, and commitment to ethical principles necessary to:

    (a) Perform engagements in accordance with professional standards and applicable legal and regulatory requirements; and

    (b) Enable the firm or engagement partners to issue reports that are appropriate in the circumstances. (Ref: Para. A24–A29)

Assignment of Engagement Teams

30. The firm shall assign responsibility for each engagement to an engagement partner and shall establish policies and procedures requiring that:

    (a) The identity and role of the engagement partner are communicated to key members of client management and those charged with governance;

    (b) The engagement partner has the appropriate competence, capabilities, and authority to perform the role; and

    (c) The responsibilities of the engagement partner are clearly defined and communicated to that partner. (Ref: Para. A30)

31. The firm shall also establish policies and procedures to assign appropriate personnel with the necessary competence, and capabilities to:

    (a) Perform engagements in accordance with professional standards and applicable legal and regulatory requirements; and

    (b) Enable the firm or engagement partners to issue reports that are appropriate in the circumstances. (Ref: Para. A31)

Engagement Performance

32. The firm shall establish policies and procedures designed to provide it with reasonable assurance that engagements are performed in accordance with professional standards and applicable legal and regulatory requirements, and that the firm or the engagement partner issue reports that are appropriate in the circumstances. Such policies and procedures shall include:

    (a) Matters relevant to promoting consistency in the quality of engagement performance; (Ref: Para. A32–A33)

    (b) Supervision responsibilities; and (Ref: Para. A34)

    (c) Review responsibilities. (Ref: Para. A35)

33. The firm's review responsibility policies and procedures shall be determined on the basis that work of less experienced team members is reviewed by more experienced engagement team members.

Consultation

34. The firm shall establish policies and procedures designed to provide it with reasonable assurance that:

    (a) Appropriate consultation takes place on difficult or contentious matters;

    (b) Sufficient resources are available to enable appropriate consultation to take place;

28. Die Praxis muss Regelungen und Maßnahmen zur Fortführung eines Auftrags und der Mandantenbeziehung festlegen, die sich mit den Umständen befassen, unter denen die Praxis Informationen erlangt, die dazu geführt hätten, dass sie den Auftrag abgelehnt hätte, wenn diese Informationen früher verfügbar gewesen wären. Diese Regelungen und Maßnahmen haben zu berücksichtigen

    (a) die unter den gegebenen Umständen geltenden beruflichen und rechtlichen Pflichten, einschließlich der Frage, ob die Praxis verpflichtet ist, den Sachverhalt den für die Bestellung verantwortlichen Personen oder in manchen Fällen Aufsichtsbehörden zu melden, und

    (b) die Möglichkeit, den Auftrag niederzulegen oder sowohl den Auftrag als auch die Mandantenbeziehung zu beenden. (Vgl. Tz. A22-A23)

Personalwesen

29. Die Praxis muss Regelungen und Maßnahmen festlegen, die darauf ausgerichtet sind, der Praxis hinreichende Sicherheit darüber zu verschaffen, dass sie über ausreichendes Fachpersonal mit der Kompetenz, den Fähigkeiten und der Bindung an die beruflichen Verhaltensgrundsätze verfügt, das notwendig ist, um

    (a) Aufträge in Übereinstimmung mit den beruflichen Standards sowie maßgebenden gesetzlichen und anderen rechtlichen Anforderungen durchzuführen und

    (b) es der Praxis oder den Auftragsverantwortlichen zu ermöglichen, Vermerke zu erteilen, die unter den gegebenen Umständen angemessen sind. (Vgl. Tz. A24-A29)

Bestimmung des Auftragsteams

30. Die Praxis muss für jeden Auftrag einen Verantwortlichen bestimmen sowie Regelungen und Maßnahmen festlegen, die verlangen, dass

    (a) die Identität und Rolle des Auftragsverantwortlichen den Mitgliedern des Managements des Mandanten in Schlüsselfunktionen und den für die Überwachung Verantwortlichen mitgeteilt werden,

    (b) der Auftragsverantwortliche die Kompetenz, Fähigkeiten und Befugnis besitzt, die erforderlich sind, um seine Funktion auszuüben, und

    (c) die Pflichten des Auftragsverantwortlichen klar definiert und diesem mitgeteilt werden. (Vgl. Tz. A30)

31. Die Praxis muss außerdem Regelungen und Maßnahmen zur Bestimmung geeigneten Fachpersonals mit den notwendigen Kompetenzen und Fähigkeiten festlegen, um

    (a) Aufträge in Übereinstimmung mit den beruflichen Standards sowie maßgebenden gesetzlichen und anderen rechtlichen Anforderungen durchzuführen und

    (b) es der Praxis oder den Auftragsverantwortlichen zu ermöglichen, Vermerke zu erteilen, die unter den gegebenen Umständen angemessen sind. (Vgl. Tz. A31)

Auftragsdurchführung

32. Die Praxis muss Regelungen und Maßnahmen festlegen, die darauf ausgerichtet sind, der Praxis hinreichende Sicherheit darüber zu verschaffen, dass Aufträge in Übereinstimmung mit den beruflichen Standards sowie maßgebenden gesetzlichen und anderen rechtlichen Anforderungen durchgeführt werden und dass die Praxis bzw. der Auftragsverantwortliche Vermerke erteilt, die unter den gegebenen Umständen angemessen sind. Diese Regelungen und Maßnahmen müssen beinhalten

    (a) Sachverhalte, die für die Förderung einer gleichmäßigen Qualität der Auftragsdurchführung relevant sind, (Vgl. Tz. A32-A33)

    (b) Überwachungspflichten und (Vgl. Tz. A34)

    (c) die Verpflichtung zur Durchsicht. (Vgl. Tz. A35)

33. Die Regelungen und Maßnahmen der Praxis bezogen auf die Verpflichtung zur Durchsicht sind auf der Grundlage festzulegen, dass die Arbeit der weniger erfahrenen Auftragsteammitglieder durch erfahrenere Auftragsteammitglieder durchgesehen wird.

Konsultation

34. Die Praxis muss Regelungen und Maßnahmen festlegen, die darauf ausgerichtet sind, der Praxis hinreichende Sicherheit darüber zu verschaffen, dass

    (a) zu schwierigen oder umstrittenen Sachverhalten eine angemessene Konsultation durchgeführt wird,

    (b) ausreichende Ressourcen verfügbar sind, damit eine angemessene Konsultation durchgeführt werden kann,

(c) The nature and scope of, and conclusions resulting from, such consultations are documented and are agreed by both the individual seeking consultation and the individual consulted; and

(d) Conclusions resulting from consultations are implemented. (Ref: Para. A36–A40)

Engagement Quality Control Review

35. The firm shall establish policies and procedures requiring, for appropriate engagements, an engagement quality control review that provides an objective evaluation of the significant judgments made by the engagement team and the conclusions reached in formulating the report. Such policies and procedures shall:

   (a) Require an engagement quality control review for all audits of financial statements of listed entities;

   (b) Set out criteria against which all other audits and reviews of historical financial information and other assurance and related services engagements shall be evaluated to determine whether an engagement quality control review should be performed; and (Ref: Para. A41)

   (c) Require an engagement quality control review for all engagements, if any, meeting the criteria established in compliance with subparagraph 35(b).

36. The firm shall establish policies and procedures setting out the nature, timing and extent of an engagement quality control review. Such policies and procedures shall require that the engagement report not be dated until the completion of the engagement quality control review. (Ref: Para. A42–A43)

37. The firm shall establish policies and procedures to require the engagement quality control review to include:

   (a) Discussion of significant matters with the engagement partner;

   (b) Review of the financial statements or other subject matter information and the proposed report;

   (c) Review of selected engagement documentation relating to significant judgments the engagement team made and the conclusions it reached; and

   (d) Evaluation of the conclusions reached in formulating the report and consideration of whether the proposed report is appropriate. (Ref: Para. A44)

38. For audits of financial statements of listed entities, the firm shall establish policies and procedures to require the engagement quality control review to also include consideration of the following:

   (a) The engagement team's evaluation of the firm's independence in relation to the specific engagement;

   (b) Whether appropriate consultation has taken place on matters involving differences of opinion or other difficult or contentious matters, and the conclusions arising from those consultations; and

   (c) Whether documentation selected for review reflects the work performed in relation to the significant judgments and supports the conclusions reached. (Ref: Para. A45–A46)

Criteria for the Eligibility of Engagement Quality Control Reviewers

39. The firm shall establish policies and procedures to address the appointment of engagement quality control reviewers and establish their eligibility through:

   (a) The technical qualifications required to perform the role, including the necessary experience and authority; and (Ref: Para. A47)

(c) Art und Umfang dieser Konsultationen sowie die daraus resultierenden Schlussfolgerungen dokumentiert sind und Einvernehmen zwischen dem Konsultierenden und dem Konsultierten über Art und Umfang dieser Konsultationen sowie über die daraus resultierenden Schlussfolgerungen erzielt worden ist, sowie

(d) aus diesen Konsultationen resultierende Schlussfolgerungen umgesetzt wurden. (Vgl. Tz. A36-A40)

Auftragsbegleitende Qualitätssicherung

35. Die Praxis muss Regelungen und Maßnahmen festlegen, die bei Aufträgen, bei denen es sachgerecht ist, eine auftragsbegleitende Qualitätssicherung verlangen, die eine objektive Einschätzung der bedeutsamen Beurteilungen des Auftragsteams und der beim Abfassen des Vermerks gezogenen Schlussfolgerungen liefert. Diese Regelungen und Maßnahmen müssen

   (a) für alle Abschlussprüfungen bei kapitalmarktnotierten Einheiten eine auftragsbegleitende Qualitätssicherung verlangen,

   (b) Kriterien festlegen, anhand derer alle sonstigen Prüfungen und prüferischen Durchsichten von vergangenheitsorientierten Finanzinformationen sowie alle anderen betriebswirtschaftlichen Prüfungen und Aufträge zu verwandten Dienstleistungen zu beurteilen sind, um festzulegen, ob eine auftragsbegleitende Qualitätssicherung durchzuführen ist, und (Vgl. Tz. A41)

   (c) für alle eventuellen Aufträge, die den in Übereinstimmung mit Untertextziffer 35(b) festgelegten Kriterien entsprechen, eine auftragsbegleitende Qualitätssicherung verlangen.

36. Die Praxis muss Regelungen und Maßnahmen festlegen, die Art, zeitliche Einteilung und Umfang einer auftragsbegleitenden Qualitätssicherung regeln. Diese Regelungen und Maßnahmen müssen vorsehen, dass der Vermerk zum Auftrag nicht vor dem Abschluss der auftragsbegleitenden Qualitätssicherung datiert wird. (Vgl. Tz. A42-A43)

37. Die Praxis muss Regelungen und Maßnahmen festlegen, nach denen die auftragsbegleitende Qualitätssicherung Folgendes einschließen muss:

   (a) Besprechung bedeutsamer Sachverhalte mit dem Auftragsverantwortlichen,

   (b) Durchsicht des Abschlusses oder anderer Sachverhaltsinformationen*⁾ sowie des vorgeschlagenen Vermerks,

   (c) Durchsicht ausgewählter Auftragsdokumentation im Zusammenhang mit bedeutsamen Beurteilungen des Auftragsteams und dessen Schlussfolgerungen sowie

   (d) Einschätzung der beim Abfassen des Vermerks gezogenen Schlussfolgerungen und Einschätzung, ob der vorgeschlagene Vermerk angemessen ist. (Vgl. Tz. A44)

38. Für Abschlussprüfungen bei kapitalmarktnotierten Einheiten muss die Praxis Regelungen und Maßnahmen festlegen, nach denen die auftragsbegleitende Qualitätssicherung auch Folgendes berücksichtigen muss:

   (a) die vom Auftragsteam vorgenommene Beurteilung der Unabhängigkeit der Praxis im Zusammenhang mit dem jeweiligen Auftrag

   (b) ob bei Meinungsverschiedenheiten oder sonstigen schwierigen oder umstrittenen Sachverhalten eine angemessene Konsultation durchgeführt wurde und welche Schlussfolgerungen sich daraus ergeben haben

   (c) ob die für die Durchsicht ausgewählte Dokumentation die im Zusammenhang mit den bedeutsamen Beurteilungen durchgeführte Arbeit widerspiegelt und die gezogenen Schlussfolgerungen stützt. (Vgl. Tz. A45-A46)

Auswahlkriterien für die auftragsbegleitenden Qualitätssicherer

39. Die Praxis muss Regelungen und Maßnahmen festlegen, die sich mit der Bestimmung der auftragsbegleitenden Qualitätssicherer befassen und die folgenden Auswahlkriterien enthalten:

   (a) die für diese Funktion erforderlichen fachlichen Qualifikationen, einschließlich der notwendigen Erfahrung und Befugnis, und (Vgl. Tz. A47)

---

*) Textziffer 8 des International Framework for Assurance Engagements definiert *subject matter information* (Sachverhaltsinformationen) als das Ergebnis einer Beurteilung oder Messung des *subject matter* (Sachverhalts) unter Anwendung der Kriterien, d.h. als Abbildung des Sachverhalts. Bspw. wird durch einen Abschluss oder Abschlussbestandteile die Vermögens-, Finanz- und Ertragslage abgebildet. Andere Sachverhaltsinformationen sind Informationen, die im Rahmen eines anderen oder erweiterten Auftrags durch eine betriebswirtschaftliche Prüfung oder einen Auftrag zu verwandten Dienstleistungen untersucht bzw. erstellt werden (z. B. eine Beschreibung des rechnungslegungsbezogenen IKS nach ISAE 3402 oder ein Nachhaltigkeitsbericht).

(b) The degree to which an engagement quality control reviewer can be consulted on the engagement without compromising the reviewer's objectivity. (Ref: Para. A48)

40. The firm shall establish policies and procedures designed to maintain the objectivity of the engagement quality control reviewer. (Ref: Para. A49–A51)

41. The firm's policies and procedures shall provide for the replacement of the engagement quality control reviewer where the reviewer's ability to perform an objective review may be impaired.

Documentation of the Engagement Quality Control Review

42. The firm shall establish policies and procedures on documentation of the engagement quality control review which require documentation that:

    (a) The procedures required by the firm's policies on engagement quality control review have been performed;

    (b) The engagement quality control review has been completed on or before the date of the report; and

    (c) The reviewer is not aware of any unresolved matters that would cause the reviewer to believe that the significant judgments the engagement team made and the conclusions it reached were not appropriate.

Differences of Opinion

43. The firm shall establish policies and procedures for dealing with and resolving differences of opinion within the engagement team, with those consulted and, where applicable, between the engagement partner and the engagement quality control reviewer. (Ref: Para. A52–A53)

44. Such policies and procedures shall require that:

    (a) Conclusions reached be documented and implemented; and

    (b) The report not be dated until the matter is resolved.

Engagement Documentation

Completion of the assembly of final engagement files

45. The firm shall establish policies and procedures for engagement teams to complete the assembly of final engagement files on a timely basis after the engagement reports have been finalized. (Ref: Para. A54–A55)

Confidentiality, safe custody, integrity, accessibility and retrievability of engagement documentation

46. The firm shall establish policies and procedures designed to maintain the confidentiality, safe custody, integrity, accessibility and retrievability of engagement documentation. (Ref: Para. A56–A59)

Retention of engagement documentation

47. The firm shall establish policies and procedures for the retention of engagement documentation for a period sufficient to meet the needs of the firm or as required by law or regulation. (Ref: Para. A60–A63)

Monitoring

Monitoring the firm's quality control policies and procedures

48. The firm shall establish a monitoring process designed to provide it with reasonable assurance that the policies and procedures relating to the system of quality control are relevant, adequate, and operating effectively. This process shall:

    (a) Include an ongoing consideration and evaluation of the firm's system of quality control including, on a cyclical basis, inspection of at least one completed engagement for each engagement partner;

    (b) Require responsibility for the monitoring process to be assigned to a partner or partners or other persons with sufficient and appropriate experience and authority in the firm to assume that responsibility; and

    (c) Require that those performing the engagement or the engagement quality control review are not involved in inspecting the engagements. (Ref: Para. A64–A68)

(b) das Ausmaß, in dem ein auftragsbegleitender Qualitätssicherer zu dem Auftrag konsultiert werden kann, ohne dass dessen Objektivität gefährdet wird. (Vgl. Tz. 48)

40. Die Praxis muss Regelungen und Maßnahmen festlegen, die darauf ausgerichtet sind, die Objektivität des auftragsbegleitenden Qualitätssicherers zu wahren. (Vgl. Tz. A49-A51)

41. Die Regelungen und Maßnahmen der Praxis müssen den Austausch des auftragsbegleitenden Qualitätssicherers für den Fall vorsehen, dass dessen Fähigkeit zur Durchführung einer objektiven Überprüfung möglicherweise beeinträchtigt ist.

Dokumentation der auftragsbegleitenden Qualitätssicherung

42. Die Praxis muss Regelungen und Maßnahmen zur Dokumentation der auftragsbegleitenden Qualitätssicherung festlegen, die eine Dokumentation darüber verlangen, dass

(a) die Maßnahmen, die nach den Regelungen der Praxis zur auftragsbegleitenden Qualitätssicherung erforderlich sind, durchgeführt wurden,

(b) die auftragsbegleitende Qualitätssicherung zum oder vor dem Datum des Vermerks abgeschlossen wurde und

(c) dem Qualitätssicherer keine ungeklärten Sachverhalte bekannt sind, die ihn zu der Annahme veranlassen würden, dass die bedeutsamen Beurteilungen und die Schlussfolgerungen des Auftragsteams nicht angemessen waren.

Meinungsverschiedenheiten

43. Die Praxis muss Regelungen und Maßnahmen festlegen, nach denen Meinungsverschiedenheiten innerhalb des Auftragsteams, mit den Konsultierten oder – sofern anwendbar – zwischen dem Auftragsverantwortlichen und dem auftragsbegleitenden Qualitätssicherer behandelt und geklärt werden. (Vgl. Tz. A52-A53)

44. Diese Regelungen und Maßnahmen müssen verlangen, dass

(a) die gezogenen Schlussfolgerungen dokumentiert und umgesetzt werden und

(b) der Vermerk nicht vor Klärung des Sachverhalts datiert wird.

Auftragsdokumentation

Abschluss der Zusammenstellung der endgültigen Auftragsakten

45. Die Praxis muss Regelungen und Maßnahmen festlegen, nach denen die Auftragsteams die Zusammenstellung der endgültigen Auftragsakten in angemessener Zeit nach der Fertigstellung der Vermerke zu Aufträgen abzuschließen haben. (Vgl. Tz. A54-A55)

Vertraulichkeit, sichere Verwahrung, Integrität, Zugänglichkeit und Rückholbarkeit der Auftragsdokumentation

46. Die Praxis muss Regelungen und Maßnahmen festlegen, die darauf ausgerichtet sind, die Vertraulichkeit, sichere Verwahrung, Integrität, Zugänglichkeit und Rückholbarkeit der Auftragsdokumentation aufrechtzuerhalten. (Vgl. Tz. A56-A59)

Aufbewahrung der Auftragsdokumentation

47. Die Praxis muss Regelungen und Maßnahmen festlegen zur Aufbewahrung der Auftragsdokumentation für einen Zeitraum, der ausreicht, um den Bedürfnissen der Praxis zu genügen, oder wie es nach Gesetzen oder anderen Rechtsvorschriften erforderlich ist. (Vgl. Tz. A60-A63)

Nachschau

Nachschau der Regelungen und Maßnahmen der Praxis zur Qualitätssicherung

48. Die Praxis muss einen Nachschauprozess einrichten, der darauf ausgerichtet ist, der Praxis hinreichende Sicherheit darüber zu verschaffen, dass die Regelungen und Maßnahmen zum Qualitätssicherungssystem relevant und angemessen sind und wirksam funktionieren. Dieser Prozess muss

(a) eine laufende Abwägung und Beurteilung des Qualitätssicherungssystems der Praxis umfassen, einschließlich einer Prüfung auf wiederkehrender Basis mindestens eines abgeschlossenen Auftrags für jeden Auftragsverantwortlichen,

(b) vorsehen, dass die Verantwortung für den Nachschauprozess einem oder mehreren Partnern oder anderen Personen übertragen wird, die innerhalb der Praxis über ausreichende und angemessene Erfahrung und Befugnis verfügen, um diese Verantwortung übernehmen zu können, und

(c) vorsehen, dass die Personen, die den Auftrag oder die auftragsbegleitende Qualitätssicherung durchführen, nicht an der Auftragsprüfung beteiligt sind. (Vgl. Tz. A64-A68)

Evaluating, Communicating and Remedying Identified Deficiencies

49. The firm shall evaluate the effect of deficiencies noted as a result of the monitoring process and determine whether they are either:

    (a) Instances that do not necessarily indicate that the firm's system of quality control is insufficient to provide it with reasonable assurance that it complies with professional standards and applicable legal and regulatory requirements, and that the reports issued by the firm or engagement partners are appropriate in the circumstances; or

    (b) Systemic, repetitive or other significant deficiencies that require prompt corrective action.

50. The firm shall communicate to relevant engagement partners and other appropriate personnel deficiencies noted as a result of the monitoring process and recommendations for appropriate remedial action. (Ref: Para. A69)

51. Recommendations for appropriate remedial actions for deficiencies noted shall include one or more of the following:

    (a) Taking appropriate remedial action in relation to an individual engagement or member of personnel;

    (b) The communication of the findings to those responsible for training and professional development;

    (c) Changes to the quality control policies and procedures; and

    (d) Disciplinary action against those who fail to comply with the policies and procedures of the firm, especially those who do so repeatedly.

52. The firm shall establish policies and procedures to address cases where the results of the monitoring procedures indicate that a report may be inappropriate or that procedures were omitted during the performance of the engagement. Such policies and procedures shall require the firm to determine what further action is appropriate to comply with relevant professional standards and applicable legal and regulatory requirements and to consider whether to obtain legal advice.

53. The firm shall communicate at least annually the results of the monitoring of its system of quality control to engagement partners and other appropriate individuals within the firm, including the firm's chief executive officer or, if appropriate, its managing board of partners. This communication shall be sufficient to enable the firm and these individuals to take prompt and appropriate action where necessary in accordance with their defined roles and responsibilities. Information communicated shall include the following:

    (a) A description of the monitoring procedures performed.

    (b) The conclusions drawn from the monitoring procedures.

    (c) Where relevant, a description of systemic, repetitive or other significant deficiencies and of the actions taken to resolve or amend those deficiencies.

54. Some firms operate as part of a network and, for consistency, may implement some of their monitoring procedures on a network basis. Where firms within a network operate under common monitoring policies and procedures designed to comply with this ISQC, and these firms place reliance on such a monitoring system, the firm's policies and procedures shall require that:

    (a) At least annually, the network communicate the overall scope, extent and results of the monitoring process to appropriate individuals within the network firms; and

    (b) The network communicate promptly any identified deficiencies in the system of quality control to appropriate individuals within the relevant network firm or firms so that the necessary action can be taken,

    in order that engagement partners in the network firms can rely on the results of the monitoring process implemented within the network, unless the firms or the network advise otherwise.

Complaints and Allegations

55. The firm shall establish policies and procedures designed to provide it with reasonable assurance that it deals appropriately with:

Beurteilung, Kommunikation und Beseitigung von festgestellten Mängeln

49. Die Praxis muss die Auswirkungen von Mängeln, die als Ergebnis des Nachschauprozesses festgestellt wurden, beurteilen und feststellen, ob es sich

    (a) entweder um Einzelfälle handelt, die nicht notwendigerweise darauf hindeuten, dass das Qualitätssicherungssystem der Praxis nicht ausreicht, um ihr hinreichende Sicherheit darüber zu verschaffen, dass sie die beruflichen Standards sowie maßgebende gesetzliche und andere rechtliche Anforderungen einhält und dass die von der Praxis oder von den Auftragsverantwortlichen erteilten Vermerke unter den gegebenen Umständen angemessen sind,

    (b) oder um systemimmanente wiederholt auftretende oder sonstige bedeutsame Mängel handelt, die unverzügliche Korrekturmaßnahmen erfordern.

50. Die Praxis muss Mängel, die als Ergebnis des Nachschauprozesses festgestellt wurden, sowie Empfehlungen zu geeigneten Abhilfemaßnahmen den jeweiligen Auftragsverantwortlichen und anderem zuständigem Fachpersonal mitteilen. (Vgl. Tz. A69)

51. Empfehlungen zu geeigneten Abhilfemaßnahmen für festgestellte Mängel müssen einen oder mehrere der folgenden Punkte einschließen:

    (a) geeignete Abhilfemaßnahmen für einen einzelnen Auftrag oder in Bezug auf einen einzelnen Partner bzw. fachlichen Mitarbeiter

    (b) Mitteilung der Feststellungen an die für Fortbildung und berufliche Entwicklung Verantwortlichen

    (c) Änderungen der Regelungen und Maßnahmen zur Qualitätssicherung

    (d) disziplinarische Maßnahmen gegen diejenigen, welche die Regelungen und Maßnahmen der Praxis nicht einhalten, insbesondere wenn dies wiederholt geschieht.

52. Die Praxis muss Regelungen und Maßnahmen für Fälle festlegen, in denen die Ergebnisse der Nachschauverfahren darauf hindeuten, dass ein Vermerk möglicherweise nicht angemessen ist oder dass bei der Durchführung des Auftrags Maßnahmen ausgelassen wurden. Diese Regelungen und Maßnahmen müssen verlangen, dass die Praxis festlegt, welche weiteren Handlungen angemessen sind, um relevante berufliche Standards sowie maßgebende gesetzliche und andere rechtliche Anforderungen einzuhalten, und erwägt, ob rechtlicher Rat eingeholt werden soll.

53. Die Praxis muss mindestens jährlich die Ergebnisse der Nachschau über ihr Qualitätssicherungssystem den Auftragsverantwortlichen und anderen zuständigen Personen innerhalb der Praxis mitteilen, einschließlich des Chief Executive Officer der Praxis oder - sofern einschlägig - des geschäftsführenden Gremiums von Partnern. Diese Mitteilungen müssen ausreichen, um die Praxis und die betreffenden Personen in die Lage zu versetzen, bei Bedarf unverzüglich geeignete Maßnahmen in Übereinstimmung mit den für sie definierten Funktionen und Verantwortlichkeiten zu ergreifen. Die Mitteilungen müssen Folgendes beinhalten:

    (a) eine Beschreibung der durchgeführten Nachschauverfahren

    (b) die aus den Nachschauverfahren gezogenen Schlussfolgerungen

    (c) sofern relevant, eine Beschreibung von systemimmanenten wiederholt auftretenden oder sonstigen bedeutsamen Mängeln sowie der Maßnahmen, die zur Behebung dieser Mängel oder als Abhilfe ergriffen wurden.

54. Manche Praxen werden als Teil eines Netzwerks betrieben, und aus Gründen der Einheitlichkeit werden einige der Nachschauverfahren möglicherweise im Netzwerk implementiert. Wenn Mitglieder eines Netzwerks gemeinsamen Regelungen und Maßnahmen zur Nachschau unterliegen, die in Einklang mit diesem ISQC ausgestaltet sind, und sich auf ein solches Nachschausystem verlassen, müssen die Regelungen und Maßnahmen der Praxis verlangen, dass

    (a) das Netzwerk mindestens jährlich den entsprechenden Personen seiner Mitglieder Art, Umfang und Ergebnisse des Nachschauprozesses insgesamt mitteilt und

    (b) das Netzwerk festgestellte Mängel im Qualitätssicherungssystem umgehend den entsprechenden Personen des betreffenden Mitglieds mitteilt, damit die notwendigen Maßnahmen ergriffen werden können,

    damit die Auftragsverantwortlichen in den Praxen eines Netzwerks sich auf die Ergebnisse des im Netzwerk implementierten Nachschauprozesses stützen können, es sei denn, die Praxen oder das Netzwerk teilen ihnen etwas anderes mit.

Beschwerden und Vorwürfe

55. Die Praxis muss Regelungen und Maßnahmen festlegen, die darauf ausgerichtet sind, der Praxis hinreichende Sicherheit darüber zu verschaffen, dass sie angemessen umgeht mit

(a) Complaints and allegations that the work performed by the firm fails to comply with professional standards and applicable legal and regulatory requirements; and

(b) Allegations of non-compliance with the firm's system of quality control.

As part of this process, the firm shall establish clearly defined channels for firm personnel to raise any concerns in a manner that enables them to come forward without fear of reprisals. (Ref: Para. A70)

56. If during the investigations into complaints and allegations, deficiencies in the design or operation of the firm's quality control policies and procedures or non-compliance with the firm's system of quality control by an individual or individuals are identified, the firm shall take appropriate actions as set out in paragraph 51. (Ref: Para. A71–A72)

Documentation of the System of Quality Control

57. The firm shall establish policies and procedures requiring appropriate documentation to provide evidence of the operation of each element of its system of quality control. (Ref: Para. A73–A75)

58. The firm shall establish policies and procedures that require retention of documentation for a period of time sufficient to permit those performing monitoring procedures to evaluate the firm's compliance with its system of quality control, or for a longer period if required by law or regulation.

59. The firm shall establish policies and procedures requiring documentation of complaints and allegations and the responses to them.

***

Application and Other Explanatory Material

Applying, and Complying with, Relevant Requirements

Considerations Specific to Smaller Firms (Ref: Para. 14)

A1. This ISQC does not call for compliance with requirements that are not relevant, for example, in the circumstances of a sole practitioner with no staff. Requirements in this ISQC such as those for policies and procedures for the assignment of appropriate personnel to the engagement team (see paragraph 31), for review responsibilities (see paragraph 33), and for the annual communication of the results of monitoring to engagement partners within the firm (see paragraph 53) are not relevant in the absence of staff.

Elements of a System of Quality Control (Ref: Para. 17)

A2. In general, communication of quality control policies and procedures to firm personnel includes a description of the quality control policies and procedures and the objectives they are designed to achieve, and the message that each individual has a personal responsibility for quality and is expected to comply with these policies and procedures. Encouraging firm personnel to communicate their views or concerns on quality control matters recognizes the importance of obtaining feedback on the firm's system of quality control.

Considerations Specific to Smaller Firms

A3. Documentation and communication of policies and procedures for smaller firms may be less formal and extensive than for larger firms.

Leadership Responsibilities for Quality within the Firm

Promoting an Internal Culture of Quality (Ref: Para. 18)

A4. The firm's leadership and the examples it sets significantly influence the internal culture of the firm. The promotion of a quality-oriented internal culture depends on clear, consistent and frequent actions and messages from all levels of the firm's management that emphasize the firm's quality control policies and procedures, and the requirement to:

(a) perform work that complies with professional standards and applicable legal and regulatory requirements; and

(b) issue reports that are appropriate in the circumstances.

(a) Beschwerden und Vorwürfen, dass die von der Praxis durchgeführte Arbeit beruflichen Standards sowie maßgebenden gesetzlichen und anderen rechtlichen Anforderungen nicht entspricht, und
(b) Vorwürfen, dass gegen das Qualitätssicherungssystem der Praxis verstoßen wurde.

Als Teil dieses Prozesses muss die Praxis klar definierte Kommunikationswege einrichten, mit deren Hilfe das Fachpersonal der Praxis eventuelle Bedenken in einer Art und Weise vorbringen kann, ohne dass es Repressalien zu befürchten hat. (Vgl. Tz. A70)

56. Wenn bei den Untersuchungen von Beschwerden und Vorwürfen Mängel in Ausgestaltung oder Funktion der Regelungen und Maßnahmen der Praxis zur Qualitätssicherung oder Verstöße einzelner oder mehrerer Personen gegen das Qualitätssicherungssystem der Praxis festgestellt werden, muss die Praxis geeignete Maßnahmen ergreifen, wie sie in Textziffer 51 dargelegt sind. (Vgl. Tz. A71-A72)

Dokumentation des Qualitätssicherungssystems

57. Die Praxis muss Regelungen und Maßnahmen festlegen, die eine angemessene Dokumentation verlangen, um nachzuweisen, dass jeder Bestandteil des Qualitätssicherungssystems der Praxis funktioniert. (Vgl. Tz. A73-A75)
58. Die Praxis muss Regelungen und Maßnahmen festlegen, welche die Aufbewahrung der Dokumentation für einen Zeitraum verlangen, der ausreicht, damit diejenigen, die Nachschauverfahren durchführen, die Einhaltung des Qualitätssicherungssystems innerhalb der Praxis beurteilen können, oder für einen längeren Zeitraum, falls Gesetze oder andere Rechtsvorschriften dies verlangen.
59. Die Praxis muss Regelungen und Maßnahmen festlegen, welche die Dokumentation von Beschwerden und Vorwürfen und der Reaktionen darauf erfordern.

***

Anwendungshinweise und sonstige Erläuterungen

Anwendung und Einhaltung der relevanten Anforderungen

Spezifische Überlegungen zu kleineren Praxen (Vgl. Tz. 14)

A1. In diesem ISQC wird nicht die Einhaltung von Anforderungen gefordert, die nicht relevant sind (bspw. bei einem Berufsangehörigen in Einzelpraxis ohne fachliche Mitarbeiter). In diesem ISQC enthaltene Anforderungen wie diejenigen zu Regelungen und Maßnahmen zur Bestimmung geeigneten Fachpersonals für das Auftragsteam (siehe Textziffer 31), zur Verpflichtung zur Durchsicht (siehe Textziffer 33) und zur jährlichen Mitteilung der Ergebnisse der Nachschau an die Auftragsverantwortlichen innerhalb der Praxis (siehe Textziffer 53) sind nicht relevant, wenn keine fachlichen Mitarbeiter vorhanden sind.

Bestandteile eines Qualitätssicherungssystems (Vgl. Tz. 17)

A2. Im Allgemeinen werden in der entsprechenden Mitteilung an das Fachpersonal der Praxis die Regelungen und Maßnahmen zur Qualitätssicherung sowie die damit verfolgten Ziele beschrieben, und die Botschaft vermittelt, dass jeder Einzelne eine persönliche Verantwortung für Qualität trägt und dass die Einhaltung dieser Regelungen und Maßnahmen erwartet wird. Durch die Ermutigung des Fachpersonals der Praxis, seine Ansichten oder Bedenken zu Fragen der Qualitätssicherung mitzuteilen, wird anerkannt, wie wichtig es ist, Rückmeldungen zum Qualitätssicherungssystem der Praxis zu erhalten.

Spezifische Überlegungen zu kleineren Praxen

A3. Die Dokumentation und Kommunikation von Regelungen und Maßnahmen kann bei kleineren Praxen weniger formalisiert und umfangreich sein als bei größeren Praxen.

Führungsverantwortung für die Qualität innerhalb der Praxis

Förderung einer internen Qualitätskultur (Vgl. Tz. 18)

A4. Die Führung der Praxis und die von ihr gesetzten Beispiele haben maßgeblichen Einfluss auf die interne Kultur der Praxis. Die Förderung einer qualitätsorientierten internen Kultur hängt ab von der Klarheit, Konsistenz und Häufigkeit der Maßnahmen und Mitteilungen sämtlicher Managementebenen der Praxis, welche die Regelungen und Maßnahmen der Praxis zur Qualitätssicherung sowie die Anforderungen betonen zur
(a) Durchführung von Arbeiten, die den beruflichen Standards sowie maßgebenden gesetzlichen und anderen rechtlichen Anforderungen entsprechen, und
(b) Erteilung von Vermerken, die unter den gegebenen Umständen angemessen sind.

Such actions and messages encourage a culture that recognizes and rewards high quality work. These actions and messages may be communicated by, but are not limited to, training seminars, meetings, formal or informal dialogue, mission statements, newsletters, or briefing memoranda. They may be incorporated in the firm's internal documentation and training materials, and in partner and staff appraisal procedures such that they will support and reinforce the firm's view on the importance of quality and how, practically, it is to be achieved.

A5. Of particular importance in promoting an internal culture based on quality is the need for the firm's leadership to recognize that the firm's business strategy is subject to the overriding requirement for the firm to achieve quality in all the engagements that the firm performs. Promoting such an internal culture includes:

(a) Establishment of policies and procedures that address performance evaluation, compensation, and promotion (including incentive systems) with regard to its personnel, in order to demonstrate the firm's overriding commitment to quality;

(b) Assignment of management responsibilities so that commercial considerations do not override the quality of work performed; and

(c) Provision of sufficient resources for the development, documentation and support of its quality control policies and procedures.

Assigning Operational Responsibility for the Firm's System of Quality Control (Ref: Para. 19)

A6. Sufficient and appropriate experience and ability enables the person or persons responsible for the firm's system of quality control to identify and understand quality control issues and to develop appropriate policies and procedures. Necessary authority enables the person or persons to implement those policies and procedures.

Relevant Ethical Requirements

Compliance with Relevant Ethical Requirements (Ref: Para. 20)

A7. The IESBA Code establishes the fundamental principles of professional ethics, which include:

(a) Integrity;

(b) Objectivity;

(c) Professional competence and due care;

(d) Confidentiality; and

(e) Professional behavior.

A8. Part B of the IESBA Code illustrates how the conceptual framework is to be applied in specific situations. It provides examples of safeguards that may be appropriate to address threats to compliance with the fundamental principles and also provides examples of situations where safeguards are not available to address the threats.

A9. The fundamental principles are reinforced in particular by:

- The leadership of the firm;
- Education and training;
- Monitoring; and
- A process for dealing with non-compliance.

Definition of "Firm," "Network" and "Network Firm" (Ref: Para. 20–25)

A10. The definitions of "firm," "network" or "network firm" in relevant ethical requirements may differ from those set out in this ISA. For example, the IESBA Code[3] defines the "firm" as:

(a) A sole practitioner, partnership or corporation of professional accountants;

(b) An entity that controls such parties through ownership, management or other means; and

(c) An entity controlled by such parties through ownership, management or other means.

The IESBA Code also provides guidance in relation to the terms "network" and "network firm."

---

3) IESBA *Code of Ethics for Professional Accountants.*

Solche Maßnahmen und Mitteilungen fördern eine Kultur, in der qualitativ hochwertige Arbeit anerkannt und belohnt wird. Diese Maßnahmen und Mitteilungen können durch Fortbildungsseminare, Besprechungen, formellen oder informellen Dialog, Leitbilder, Rundschreiben oder Memoranden bekannt gemacht werden, sind aber nicht hierauf beschränkt. Sie können in die praxisinternen Dokumentations- und Fortbildungsunterlagen sowie in Personalbeurteilungsverfahren für Partner und fachliche Mitarbeiter integriert werden, so dass die von der Praxis vertretenen Ansichten zur Bedeutung der Qualität und zu der Frage, wie diese praktisch erreicht werden soll, untermauert und verstärkt werden.

A5. Von besonderer Bedeutung bei der Förderung einer auf Qualität basierenden internen Kultur ist die Notwendigkeit, dass die Führung der Praxis erkennt, dass die Geschäftsstrategie der Praxis der vorrangigen Anforderung an die Praxis unterliegt, in allen durchgeführten Aufträgen Qualität zu erreichen. Die Förderung einer solchen internen Kultur schließt Folgendes ein:

(a) Festlegung von Regelungen und Maßnahmen zur Leistungsbeurteilung, Vergütung und Beförderung (einschließlich Anreizsystemen) für das Fachpersonal, um die vorrangige Bindung der Praxis an die Qualität zu verdeutlichen,

(b) Zuweisung von Managementverantwortung in einer Weise, dass geschäftliche Überlegungen keinen Vorrang vor der Qualität der durchgeführten Arbeit erhalten,

(c) Bereitstellung ausreichender Ressourcen für Entwicklung, Dokumentation und Unterstützung der Regelungen und Maßnahmen zur Qualitätssicherung.

Zuweisung der betrieblichen Verantwortung für das Qualitätssicherungssystem der Praxis (Vgl. Tz. 19)

A6. Ausreichende und angemessene Erfahrung und Fähigkeiten befähigen den oder die für das Qualitätssicherungssystem der Praxis Verantwortlichen, Probleme im Bereich der Qualitätssicherung zu erkennen, zu verstehen und geeignete Regelungen sowie Maßnahmen zu entwickeln. Die notwendige Befugnis ermöglicht es dieser/n Person(en), diese Regelungen und Maßnahmen umzusetzen.

Relevante berufliche Verhaltensanforderungen

Einhaltung der relevanten beruflichen Verhaltensanforderungen (Vgl. Tz. 20)

A7. Der IESBA-Kodex legt die fundamentalen Grundsätze für das berufliche Verhalten fest. Diese sind:

(a) Integrität,

(b) Objektivität,

(c) berufliche Kompetenz und erforderliche Sorgfalt,

(d) Verschwiegenheit und

(e) berufswürdiges Verhalten.

A8. In Teil B des IESBA-Kodex wird erläutert, wie das Rahmenkonzept in bestimmten Situationen anzuwenden ist. Dieser Teil enthält Beispiele für Schutzmaßnahmen, die geeignet sein können, um Gefährdungen der Einhaltung der fundamentalen Grundsätze zu begegnen, sowie Beispiele für Situationen, in denen keine Schutzmaßnahmen gegen die Gefährdungen verfügbar sind.

A9. Die fundamentalen Grundsätze werden insbesondere verstärkt durch

- die Führung der Praxis,
- Aus- und Fortbildung,
- Nachschau und
- einen Prozess für den Umgang mit Verstößen.

Definition der Begriffe „Praxis", „Netzwerk" und „Mitglied eines Netzwerks" (Vgl. Tz. 20–25)

A10. Die Definitionen der Begriffe „Praxis", „Netzwerk" und „Mitglied eines Netzwerks" in den relevanten beruflichen Verhaltensanforderungen können von den in diesem ISQC enthaltenen Definitionen abweichen. So ist bspw. der Begriff „Praxis" im IESBA-Kodex[3)] definiert als

(a) ein einzelner Berufsangehöriger oder eine aus Berufsangehörigen bestehende Personenvereinigung oder Kapitalgesellschaft,

(b) eine Einheit, die diese Parteien durch Eigentum, Management oder auf andere Weise beherrscht, und

(c) eine Einheit, die von diesen Parteien durch Eigentumsrechte, Management oder auf andere Weise beherrscht wird.

Der IESBA-Kodex enthält auch erläuternde Hinweise zu den Begriffen „Netzwerk" und „Mitglied eines Netzwerks".

---

3) IESBA *Code of Ethics for Professional Accountants.*

In complying with the requirements in paragraphs 20–25, the definitions used in the relevant ethical requirements apply in so far as is necessary to interpret those ethical requirements.

Written Confirmation (Ref: Para. 24)

A11. Written confirmation may be in paper or electronic form. By obtaining confirmation and taking appropriate action on information indicating non-compliance, the firm demonstrates the importance that it attaches to independence and makes the issue current for, and visible to, its personnel.

Familiarity Threat (Ref: Para. 25)

A12. The IESBA Code discusses the familiarity threat that may be created by using the same senior personnel on an assurance engagement over a long period of time and the safeguards that might be appropriate to address such threats.

A13. Determining appropriate criteria to address familiarity threat may include matters such as:

- The nature of the engagement, including the extent to which it involves a matter of public interest; and
- The length of service of the senior personnel on the engagement.

Examples of safeguards include rotating the senior personnel or requiring an engagement quality control review.

A14. The IESBA Code recognizes that the familiarity threat is particularly relevant in the context of financial statement audits of listed entities. For these audits, the IESBA Code requires the rotation of the key audit partner[4] after a pre-defined period, normally no more than seven years, and provides related standards and guidance. National requirements may establish shorter rotation periods.

Considerations specific to public sector audit organizations

A15. Statutory measures may provide safeguards for the independence of public sector auditors. However, threats to independence may still exist regardless of any statutory measures designed to protect it. Therefore, in establishing the policies and procedures required by paragraphs 20–25, the public sector auditor may have regard to the public sector mandate and address any threats to independence in that context.

A16. Listed entities as referred to in paragraphs 25 and A14 are not common in the public sector. However, there may be other public sector entities that are significant due to size, complexity or public interest aspects, and which consequently have a wide range of stakeholders. Therefore, there may be instances when a firm determines, based on its quality control policies and procedures, that a public sector entity is significant for the purposes of expanded quality control procedures.

A17. In the public sector, legislation may establish the appointments and terms of office of the auditor with engagement partner responsibility. As a result, it may not be possible to comply strictly with the engagement partner rotation requirements envisaged for listed entities. Nonetheless, for public sector entities considered significant, as noted in paragraph A16, it may be in the public interest for public sector audit organizations to establish policies and procedures to promote compliance with the spirit of rotation of engagement partner responsibility.

Acceptance and Continuance of Client Relationships and Specific Engagements

Competence, Capabilities, and Resources (Ref: Para. 26(a))

A18. Consideration of whether the firm has the competence, capabilities, and resources to undertake a new engagement from a new or an existing client involves reviewing the specific requirements of the engagement and the existing partner and staff profiles at all relevant levels, and including whether:

---

4) As defined in the IESBA Code.

Qualitätssicherung für Praxen, die Abschlussprüfungen und prüferische Durchsichten von Abschlüssen sowie andere betriebswirtschaftliche Prüfungen und Aufträge zu verwandten Dienstleistungen durchführen	ISQC 1

In Übereinstimmung mit den Anforderungen in den Textziffern 20-25 gelten die in den relevanten beruflichen Verhaltensanforderungen verwendeten Definitionen insoweit, wie es zur Interpretation dieser beruflichen Verhaltensanforderungen notwendig ist.

Schriftliche Bestätigung (Vgl. Tz. 24)

A11. Eine schriftliche Bestätigung kann in Papier- oder elektronischer Form erfolgen. Durch das Einholen einer Bestätigung und das Ergreifen geeigneter Maßnahmen bei Vorliegen von Informationen, die auf Verstöße hindeuten, zeigt die Praxis, welche Bedeutung der Unabhängigkeit beigemessen wird, macht das Problem für das Fachpersonal sichtbar und sorgt dafür, dass es nicht in Vergessenheit gerät.

Gefährdung durch persönliche Vertrautheit (Vgl. Tz. 25)

A12. Im IESBA-Kodex werden die Gefährdung durch persönliche Vertrautheit, die entstehen kann, wenn dasselbe leitende Fachpersonal über einen langen Zeitraum an einer betriebswirtschaftlichen Prüfung arbeitet, und die Schutzmaßnahmen erörtert, mit denen einer solchen Gefährdung möglicherweise begegnet werden kann.

A13. Die Festlegung von angemessenen Kriterien, um einer Gefährdung durch persönliche Vertrautheit entgegenzuwirken, kann Sachverhalte einschließen wie

- die Art des Auftrags, einschließlich des Ausmaßes, in dem ein Sachverhalt des öffentlichen Interesses berührt wird, und
- die Dauer des Einsatzes des leitenden Fachpersonals bei dem Auftrag.[*]

Zu den möglichen Schutzmaßnahmen gehören ein Auswechseln des an dem Auftrag beteiligten leitenden Fachpersonals oder das Erfordernis einer auftragsbegleitenden Qualitätssicherung.

A14. Im IESBA-Kodex wird der Tatsache Rechnung getragen, dass die Gefährdung durch persönliche Vertrautheit besonders im Zusammenhang mit Abschlussprüfungen bei kapitalmarktnotierten Einheiten relevant ist. Für diese Prüfungen fordert der IESBA-Kodex, dass der Hauptverantwortliche für die Abschlussprüfung[4] nach einem vorab festgelegten Zeitraum, normalerweise nach spätestens sieben Jahren, ausgewechselt wird, und liefert damit zusammenhängende Standards sowie erläuternde Hinweise. In nationalen Anforderungen können kürzere Rotationszeiträume festgelegt sein.

Spezifische Überlegungen zu Prüfungsorganisationen im öffentlichen Sektor

A15. Gesetzliche Maßnahmen können Schutzmaßnahmen für die Unabhängigkeit von Abschlussprüfern im öffentlichen Sektor darstellen. Trotz gesetzlicher Maßnahmen zum Schutz der Unabhängigkeit können jedoch Gefährdungen der Unabhängigkeit bestehen. Daher kann der Abschlussprüfer im öffentlichen Sektor bei der Festlegung der nach den Textziffern 20-25 erforderlichen Regelungen und Maßnahmen das Mandat im öffentlichen Sektor berücksichtigen und damit zusammenhängenden Gefährdungen der Unabhängigkeit begegnen.

A16. Die in den Textziffern 25 und A14 erwähnten kapitalmarktnotierten Einheiten sind im öffentlichen Sektor nicht üblich.[**] Es kann jedoch andere Einheiten des öffentlichen Sektors geben, die aufgrund von Größe, Komplexität oder Aspekten des öffentlichen Interesses bedeutsam sind und bei denen folglich ein breites Spektrum von Interessenten vorhanden ist. Daher kann es Fälle geben, in denen eine Praxis auf der Grundlage ihrer Regelungen und Maßnahmen zur Qualitätssicherung festlegt, dass eine Einheit des öffentlichen Sektors für die Zwecke erweiterter Qualitätssicherungsmaßnahmen bedeutsam ist.

A17. Im öffentlichen Sektor können Bestellung und Amtszeit des für den Auftrag verantwortlichen Abschlussprüfers durch Gesetze festgelegt sein. Daher ist es unter Umständen nicht möglich, die für kapitalmarktnotierte Einheiten vorgesehenen Anforderungen an die Rotation des Auftragsverantwortlichen strikt einzuhalten. Gleichwohl kann es bei Einheiten des öffentlichen Sektors, die gemäß Textziffer A16 als bedeutsam angesehen werden, im öffentlichen Interesse liegen, dass Prüfungsorganisationen im öffentlichen Sektor Regelungen und Maßnahmen festlegen, um die Einhaltung des Grundsatzes der Rotation des Auftragsverantwortlichen zu fördern.

Annahme und Fortführung von Mandantenbeziehungen und bestimmten Aufträgen

Kompetenz, Fähigkeiten und Ressourcen (Vgl. Tz. 26(a))

A18. Bei der Einschätzung, ob die Praxis die Kompetenz, Fähigkeiten und Ressourcen besitzt, um einen neuen Auftrag von einem neuen oder von einem bestehenden Mandanten anzunehmen, überprüft die Praxis die spezifischen Anforderungen des Auftrags sowie die Profile der vorhandenen Partner und fachlichen Mitarbeiter auf allen relevanten Ebenen. Dies schließt die Frage ein, ob

---

4) Wie im IESBA-Kodex definiert.
*) Gedacht ist an wiederholte Beauftragungen desselben Mandanten.
**) Diese Aussage trifft für Deutschland, Österreich und die Schweiz nicht zu.

- Firm personnel have knowledge of relevant industries or subject matters;

- Firm personnel have experience with relevant regulatory or reporting requirements, or the ability to gain the necessary skills and knowledge effectively;

- The firm has sufficient personnel with the necessary competence and capabilities;
- Experts are available, if needed;
- Individuals meeting the criteria and eligibility requirements to perform engagement quality control review are available, where applicable; and
- The firm is able to complete the engagement within the reporting deadline.

Integrity of Client (Ref: Para. 26(c))

A19. With regard to the integrity of a client, matters to consider include, for example:

- The identity and business reputation of the client's principal owners, key management, and those charged with its governance.
- The nature of the client's operations, including its business practices.
- Information concerning the attitude of the client's principal owners, key management and those charged with its governance towards such matters as aggressive interpretation of accounting standards and the internal control environment.
- Whether the client is aggressively concerned with maintaining the firm's fees as low as possible.
- Indications of an inappropriate limitation in the scope of work.
- Indications that the client might be involved in money laundering or other criminal activities.
- The reasons for the proposed appointment of the firm and non-reappointment of the previous firm.
- The identity and business reputation of related parties.

The extent of knowledge a firm will have regarding the integrity of a client will generally grow within the context of an ongoing relationship with that client.

A20. Sources of information on such matters obtained by the firm may include the following:

- Communications with existing or previous providers of professional accountancy services to the client in accordance with relevant ethical requirements, and discussions with other third parties.
- Inquiry of other firm personnel or third parties such as bankers, legal counsel and industry peers.
- Background searches of relevant databases.

Continuance of Client Relationship (Ref: Para. 27(a))

A21. Deciding whether to continue a client relationship includes consideration of significant matters that have arisen during the current or previous engagements, and their implications for continuing the relationship. For example, a client may have started to expand its business operations into an area where the firm does not possess the necessary expertise.

Withdrawal (Ref: Para. 28)

A22. Policies and procedures on withdrawal from an engagement or from both the engagement and the client relationship address issues that include the following:

- Discussing with the appropriate level of the client's management and those charged with its governance the appropriate action that the firm might take based on the relevant facts and circumstances.
- If the firm determines that it is appropriate to withdraw, discussing with the appropriate level of the client's management and those charged with its governance withdrawal from the engagement or from both the engagement and the client relationship, and the reasons for the withdrawal.

- das Fachpersonal der Praxis über Kenntnisse der relevanten Branchen bzw. der zugrundeliegenden Sachverhalte verfügt,
- das Fachpersonal der Praxis Erfahrung mit den relevanten rechtlichen Anforderungen bzw. Berichterstattungsanforderungen besitzt oder die Möglichkeit besteht, die notwendigen Fähigkeiten und Kenntnisse in wirksamer Weise zu erwerben,
- die Praxis genügend Fachpersonal mit den notwendigen Kompetenzen und Fähigkeiten hat,
- bei Bedarf Sachverständige zur Verfügung stehen,
- Personen zur Verfügung stehen, welche die Kriterien und Auswahlanforderungen erfüllen, um eine auftragsbegleitende Qualitätssicherung durchzuführen, sofern anwendbar, und
- die Praxis in der Lage ist, den Auftrag innerhalb der Berichterstattungsfrist abzuschließen.

Integrität des Mandanten (Vgl. Tz. 26(c))

A19. Im Zusammenhang mit der Integrität eines Mandanten sind z. B. die folgenden Sachverhalte zu berücksichtigen:
- Identität und geschäftlicher Ruf der Haupteigentümer des Mandanten und des Managements in Schlüsselfunktionen sowie der für die Überwachung Verantwortlichen
- die Art der Geschäfte des Mandanten, einschließlich seines Geschäftsgebarens
- Informationen über die Haltung der Haupteigentümer des Mandanten und des Managements in Schlüsselfunktionen sowie der für die Überwachung Verantwortlichen zu Fragen wie einer aggressiven Auslegung von Rechnungslegungsstandards und dem internen Kontrollumfeld
- aggressive Bemühungen des Mandanten, die Honorare der Praxis so niedrig wie möglich zu halten
- Anzeichen für eine unangemessene Beschränkung des Umfangs des Auftrags
- Anzeichen für eine mögliche Verwicklung des Mandanten in Geldwäsche oder andere kriminelle Aktivitäten
- die Gründe für die vorgeschlagene Bestellung der Praxis und für die Nichtwiederbestellung der vorherigen Praxis
- Identität und geschäftlicher Ruf von nahe stehenden Personen.

Normalerweise nimmt der Umfang der Kenntnisse einer Praxis über die Integrität eines Mandanten im Laufe der Mandantenbeziehung zu.

A20. Zu Quellen von Informationen über diese Sachverhalte, die von der Praxis eingeholt werden, kann Folgendes gehören:
- Kommunikation mit derzeitigen oder ehemaligen Anbietern der Dienstleistungen einer Praxis an den Mandanten in Übereinstimmung mit den relevanten beruflichen Verhaltensanforderungen und Gespräche mit anderen Dritten
- Befragungen von anderem Fachpersonal der Praxis oder von Dritten (z. B. Banken, Rechtsberatern und anderen Unternehmen der betreffenden Branche)
- Hintergrundinformationen aus relevanten Datenbanken.

Fortführung der Mandantenbeziehung (Vgl. Tz. 27(a))

A21. Bei der Entscheidung darüber, ob eine Mandantenbeziehung fortgeführt werden soll, werden unter anderem bedeutsame Sachverhalte berücksichtigt, die sich im Laufe des derzeitigen Auftrags oder der vorhergehenden Aufträge ergeben haben, sowie deren Auswirkungen im Hinblick auf die Fortführung der Beziehung. Ein Mandant könnte bspw. damit begonnen haben, seine Geschäftstätigkeit auf einen Bereich auszuweiten, in dem die Praxis nicht über die notwendigen Fachkenntnisse verfügt.

Niederlegung (Vgl. Tz. 28)

A22. Regelungen und Maßnahmen zur Niederlegung des Auftrags oder sowohl zur Niederlegung des Auftrags als auch zur Beendigung der Mandantenbeziehung befassen sich unter anderem mit den folgenden Aspekten:
- Gespräche mit der angemessenen Managementebene des Mandanten und mit den für die Überwachung Verantwortlichen über geeignete Maßnahmen, welche die Praxis auf der Grundlage der relevanten Tatsachen und Umstände ergreifen könnte,
- falls die Praxis feststellt, dass eine Niederlegung angemessen ist, Gespräche mit der angemessenen Managementebene des Mandanten und mit den für die Überwachung Verantwortlichen über die Niederlegung des Auftrags oder über sowohl die Niederlegung des Auftrag als auch die Beendigung der Mandantenbeziehung sowie über die Gründe hierfür,

- Considering whether there is a professional, legal or regulatory requirement for the firm to remain in place, or for the firm to report the withdrawal from the engagement, or from both the engagement and the client relationship, together with the reasons for the withdrawal, to regulatory authorities.

- Documenting significant matters, consultations, conclusions and the basis for the conclusions.

Considerations Specific to Public Sector Audit Organizations (Ref: Para. 26–28)

A23. In the public sector, auditors may be appointed in accordance with statutory procedures. Accordingly, certain of the requirements and considerations regarding the acceptance and continuance of client relationships and specific engagements as set out paragraphs 26–28 and A18–A22 may not be relevant. Nonetheless, establishing policies and procedures as described may provide valuable information to public sector auditors in performing risk assessments and in carrying out reporting responsibilities.

Human Resources (Ref: Para. 29)

A24. Personnel issues relevant to the firm's policies and procedures related to human resources include, for example:
- Recruitment.
- Performance evaluation.
- Capabilities, including time to perform assignments.
- Competence.
- Career development.
- Promotion.
- Compensation.
- The estimation of personnel needs.

Effective recruitment processes and procedures help the firm select individuals of integrity who have the capacity to develop the competence and capabilities necessary to perform the firm's work and possess the appropriate characteristics to enable them to perform competently.

A25. Competence can be developed through a variety of methods, including the following:
- Professional education.
- Continuing professional development, including training.
- Work experience.
- Coaching by more experienced staff, for example, other members of the engagement team.
- Independence education for personnel who are required to be independent.

A26. The continuing competence of the firm's personnel depends to a significant extent on an appropriate level of continuing professional development so that personnel maintain their knowledge and capabilities. Effective policies and procedures emphasize the need for continuing training for all levels of firm personnel, and provide the necessary training resources and assistance to enable personnel to develop and maintain the required competence and capabilities.

A27. The firm may use a suitably qualified external person, for example, when internal technical and training resources are unavailable.

A28. Performance evaluation, compensation and promotion procedures give due recognition and reward to the development and maintenance of competence and commitment to ethical principles. Steps a firm may take in developing and maintaining competence and commitment to ethical principles include:

- Making personnel aware of the firm's expectations regarding performance and ethical principles;

- Providing personnel with evaluation of, and counseling on, performance, progress and career development; and

- Erwägung, ob die Praxis aufgrund von beruflichen, gesetzlichen oder anderen rechtlichen Anforderungen verpflichtet ist, entweder den Auftrag bzw. die Mandantenbeziehung fortzuführen oder die Niederlegung des Auftrags oder sowohl die Niederlegung des Auftrags als auch die Beendigung der Mandantenbeziehung zusammen mit den Gründen hierfür den Aufsichtsbehörden zu melden,
- Dokumentation der bedeutsamen Sachverhalte, Konsultationen, Schlussfolgerungen und Grundlage für die Schlussfolgerungen.

Spezifische Überlegungen zu Prüfungsorganisationen im öffentlichen Sektor (Vgl. Tz. 26–28)

A23. Im öffentlichen Sektor können Abschlussprüfer in Übereinstimmung mit gesetzlich vorgeschriebenen Verfahren bestellt werden. Dementsprechend können möglicherweise bestimmte der in den Textziffern 26-28 und A18-A22 dargelegten Anforderungen und Überlegungen zur Annahme und Fortführung von Mandantenbeziehungen und bestimmten Aufträgen nicht relevant sein. Gleichwohl kann die beschriebene Festlegung von Regelungen und Maßnahmen Abschlussprüfern im öffentlichen Sektor wertvolle Informationen bei der Durchführung von Risikobeurteilungen und der Ausübung von Berichtspflichten liefern.

Personalwesen (Vgl. Tz. 29)

A24. Personalfragen, die für die Regelungen und Maßnahmen der Praxis im Zusammenhang mit dem Personalwesen relevant sind, schließen bspw. ein:
- Einstellung
- Leistungsbeurteilung
- Fähigkeiten unter Berücksichtigung der benötigten Zeit zur Durchführung von zugeteilten Aufgaben
- Kompetenz
- Karriereentwicklung
- Beförderung
- Vergütung
- Einschätzung des Personalbedarfs.

Wirksame Einstellungsprozesse und -verfahren erleichtern der Praxis die Auswahl von integren Personen, die in der Lage sind, die notwendigen Kompetenzen und Fähigkeiten für die Durchführung der Arbeit der Praxis zu entwickeln, und die geeigneten Eigenschaften besitzen, um die Arbeit kompetent durchführen zu können.

A25. Kompetenz kann durch unterschiedliche Methoden entwickelt werden, u. a.:
- berufliche Ausbildung
- laufende berufliche Fortbildung, einschließlich Schulungsmaßnahmen
- Erfahrungen aus praktischer Tätigkeit
- Coaching durch erfahrenere fachliche Mitarbeiter, z. B. andere Auftragsteammitglieder
- Unabhängigkeitsschulung für Fachpersonal, das unabhängig sein muss.

A26. Die fortdauernde Kompetenz des Fachpersonals einer Praxis hängt in einem bedeutsamen Ausmaß von einem angemessenen Stand des Personalentwicklungsprogramms ab, damit das Fachpersonal seine Kenntnisse und Fähigkeiten erhält. Wirksame Regelungen und Maßnahmen betonen die Notwendigkeit der ständigen Fortbildung auf allen Ebenen des Fachpersonals der Praxis und stellen die notwendigen Schulungsressourcen und die notwendige Unterstützung bereit, damit das Fachpersonal die benötigten Kompetenzen und Fähigkeiten entwickeln und aufrechterhalten kann.

A27. Die Praxis kann eine in geeigneter Weise qualifizierte externe Person bspw. dann einsetzen, wenn interne fachliche Ressourcen und Schulungsressourcen nicht verfügbar sind.

A28. Maßnahmen zur Leistungsbeurteilung, Vergütung und Beförderung beinhalten eine angemessene Anerkennung und Honorierung der Entwicklung und Aufrechterhaltung von Kompetenz und die Bindung an berufliche Verhaltensgrundsätze. Zu den Schritten, die eine Praxis zur Entwicklung und Aufrechterhaltung von Kompetenz und Bindung an berufliche Verhaltensgrundsätze ergreifen kann, gehören:
- dem Fachpersonal die Erwartungen der Praxis im Hinblick auf Leistung und berufliche Verhaltensgrundsätze bewusst zu machen,
- dem Fachpersonal eine Einschätzung der Leistung, der Fortschritte und der Karriereentwicklung zur Verfügung zu stellen und es hierzu zu beraten sowie

- Helping personnel understand that advancement to positions of greater responsibility depends, among other things, upon performance quality and adherence to ethical principles, and that failure to comply with the firm's policies and procedures may result in disciplinary action.

Considerations Specific to Smaller Firms

A29. The size and circumstances of the firm will influence the structure of the firm's performance evaluation process. Smaller firms, in particular, may employ less formal methods of evaluating the performance of their personnel.

Assignment of Engagement Teams

Engagement Partners (Ref: Para. 30)

A30. Policies and procedures may include systems to monitor the workload and availability of engagement partners so as to enable these individuals to have sufficient time to adequately discharge their responsibilities.

Engagement Teams (Ref: Para. 31)

A31. The firm's assignment of engagement teams and the determination of the level of supervision required, include for example, consideration of the engagement team's:
- Understanding of, and practical experience with, engagements of a similar nature and complexity through appropriate training and participation;
- Understanding of professional standards and applicable legal and regulatory requirements;
- Technical knowledge and expertise, including knowledge of relevant information technology;
- Knowledge of relevant industries in which the clients operate;
- Ability to apply professional judgment; and
- Understanding of the firm's quality control policies and procedures.

Engagement Performance

Consistency in the Quality of Engagement Performance (Ref: Para. 32(a))

A32. The firm promotes consistency in the quality of engagement performance through its policies and procedures. This is often accomplished through written or electronic manuals, software tools or other forms of standardized documentation, and industry or subject matter-specific guidance materials. Matters addressed may include:

- How engagement teams are briefed on the engagement to obtain an understanding of the objectives of their work.
- Processes for complying with applicable engagement standards.
- Processes of engagement supervision, staff training and coaching.
- Methods of reviewing the work performed, the significant judgments made and the form of report being issued.
- Appropriate documentation of the work performed and of the timing and extent of the review.
- Processes to keep all policies and procedures current.

A33. Appropriate teamwork and training assist less experienced members of the engagement team to clearly understand the objectives of the assigned work.

Supervision (Ref: Para. 32(b))

A34. Engagement supervision includes the following:
- Tracking the progress of the engagement;
- Considering the competence and capabilities of individual members of the engagement team, whether they have sufficient time to carry out their work, whether they understand their instructions and whether the work is being carried out in accordance with the planned approach to the engagement;

- dem Fachpersonal zu verstehen helfen, dass ein Aufstieg in Positionen mit größerer Verantwortung unter anderem von der Qualität der Leistung und von der Einhaltung der beruflichen Verhaltensgrundsätze abhängt und dass die Nichteinhaltung der Regelungen und Maßnahmen der Praxis disziplinarische Maßnahmen nach sich ziehen kann.

Spezifische Überlegungen zu kleineren Praxen

A29. Größe und Gegebenheiten der Praxis haben Einfluss auf den Aufbau des von der Praxis angewendeten Leistungsbeurteilungsprozesses. Insbesondere kleinere Praxen können zur Beurteilung der Leistung ihres Fachpersonals weniger formelle Methoden anwenden.

Bestimmung des Auftragsteams

Auftragsverantwortliche (Vgl. Tz. 30)

A30. Die Regelungen und Maßnahmen können Systeme zur Überwachung der Arbeitsbelastung und Verfügbarkeit der Auftragverantwortlichen beinhalten, mit deren Hilfe gewährleistet wird, dass diese genügend Zeit haben, um ihren Verpflichtungen angemessen gerecht zu werden.

Auftragsteams (Vgl. Tz. 31)

A31. Bei der Bestimmung von Auftragsteams durch die Praxis und die Festlegung des erforderlichen Grads an Überwachung werden bspw. die folgenden Eigenschaften des Auftragsteams berücksichtigt:
- Verständnis von Aufträgen ähnlicher Art und Komplexität und praktische Erfahrung mit ihnen aufgrund angemessener Fortbildung und Einbindung
- Verständnis von beruflichen Standards sowie maßgebenden gesetzlichen und anderen rechtlichen Anforderungen
- fachliche Kenntnisse und Expertenwissen, einschließlich Expertenwissen in relevanter IT
- Kenntnisse über die relevanten Branchen, in denen die Mandanten tätig sind
- Fähigkeit zur Anwendung von pflichtgemäßem Ermessen
- Verständnis von den Regelungen und Maßnahmen der Praxis zur Qualitätssicherung.

Auftragsdurchführung

Gleichmäßige Qualität bei der Auftragsdurchführung (Vgl. Tz. 32(a))

A32. Die Praxis fördert durch ihre Regelungen und Maßnahmen eine gleichmäßige Qualität bei der Auftragsdurchführung. Dies wird häufig mit Hilfe von Handbüchern in Papier- oder elektronischer Form, Software-Tools oder anderen Formen der standardisierten Dokumentation sowie spezifischen Anleitungen zu den einzelnen Branchen bzw. Sachverhalten erreicht. Unter anderem können die folgenden Punkte aufgegriffen werden:
- Vorgehensweise bei der Einweisung von Auftragsteams, um ein Verständnis von den Zielen ihrer Arbeit zu gewinnen
- Prozesse zur Einhaltung der für den Auftrag maßgebenden Standards
- Prozesse zur Überwachung der Auftragsabwicklung sowie zur Fortbildung und Einarbeitung der fachlichen Mitarbeiter
- Methoden zur Durchsicht der durchgeführten Arbeit, der bedeutsamen Beurteilungen und der Form des erteilten Vermerks
- angemessene Dokumentation der durchgeführten Arbeit sowie von zeitlicher Einteilung und Umfang der Durchsicht
- Prozesse, mit deren Hilfe alle Regelungen und Maßnahmen auf dem jeweils aktuellen Stand gehalten werden.

A33. Angemessene Teamarbeit und Fortbildung unterstützen weniger erfahrene Mitglieder des Auftragsteams dabei, die Ziele der ihnen zugeteilten Arbeit klar zu verstehen.

Überwachung der Auftragsabwicklung (Vgl. Tz. 32(b))

A34. Zur Überwachung der Auftragsabwicklung gehört Folgendes:
- Verfolgung des Auftragsfortschritts,
- Einschätzung der Kompetenzen und Fähigkeiten einzelner Mitglieder des Auftragsteams, einschließlich der Frage, ob diese genügend Zeit haben, um ihre Arbeit zu erledigen, ob sie ihre Anweisungen verstehen und ob die Arbeit gemäß dem für den Auftrag geplanten Ansatz ausgeführt wird,

- Addressing significant matters arising during the engagement, considering their significance and modifying the planned approach appropriately; and
- Identifying matters for consultation or consideration by more experienced engagement team members during the engagement.

Review (Ref: Para. 32(c))

A35. A review consists of consideration of whether:
- The work has been performed in accordance with professional standards and applicable legal and regulatory requirements;
- Significant matters have been raised for further consideration;
- Appropriate consultations have taken place and the resulting conclusions have been documented and implemented;
- There is a need to revise the nature, timing and extent of work performed;

- The work performed supports the conclusions reached and is appropriately documented;
- The evidence obtained is sufficient and appropriate to support the report; and
- The objectives of the engagement procedures have been achieved.

Consultation (Ref: Para. 34)

A36. Consultation includes discussion at the appropriate professional level, with individuals within or outside the firm who have specialized expertise.

A37. Consultation uses appropriate research resources as well as the collective experience and technical expertise of the firm. Consultation helps to promote quality and improves the application of professional judgment. Appropriate recognition of consultation in the firm's policies and procedures helps to promote a culture in which consultation is recognized as a strength and encourages personnel to consult on difficult or contentious matters.

A38. Effective consultation on significant technical, ethical and other matters within the firm or, where applicable, outside the firm can be achieved when those consulted:
- Are given all the relevant facts that will enable them to provide informed advice; and

- Have appropriate knowledge, seniority and experience,

and when conclusions resulting from consultations are appropriately documented and implemented.

A39. Documentation of consultations with other professionals that involve difficult or contentious matters that is sufficiently complete and detailed contributes to an understanding of:
- The issue on which consultation was sought; and
- The results of the consultation, including any decisions taken, the basis for those decisions and how they were implemented.

Considerations Specific to Smaller Firms

A40. A firm needing to consult externally, for example, a firm without appropriate internal resources, may take advantage of advisory services provided by:

- Other firms;
- Professional and regulatory bodies; or
- Commercial organizations that provide relevant quality control services.

Before contracting for such services, consideration of the competence and capabilities of the external provider helps the firm to determine whether the external provider is suitably qualified for that purpose.

Engagement Quality Control Review

Criteria for an Engagement Quality Control Review (Ref: Para. 35(b))

A41. Criteria for determining which engagements, other than audits of financial statements of listed entities, are to be subject to an engagement quality control review may include, for example:

- The nature of the engagement, including the extent to which it involves a matter of public interest.

- Ansprechen bedeutsamer Sachverhalte, die während des Auftrags auftreten, Einschätzung ihrer Bedeutsamkeit und entsprechende Modifikation des geplanten Ansatzes sowie
- Erkennen von Sachverhalten zur Konsultation oder zur Einschätzung durch erfahrenere Mitglieder des Auftragsteams während des Auftrags.

Durchsicht (Vgl. Tz. 32(c))

A35. Eine Durchsicht besteht aus der Einschätzung, ob
- die Arbeit in Übereinstimmung mit den beruflichen Standards sowie maßgebenden gesetzlichen und anderen rechtlichen Anforderungen durchgeführt wurde,
- bedeutsame Sachverhalte zur weiteren Abwägung vorgebracht wurden,
- angemessene Konsultationen durchgeführt wurden und ob die resultierenden Schlussfolgerungen dokumentiert und umgesetzt wurden,
- die Notwendigkeit besteht, Art, zeitliche Einteilung und Umfang der durchgeführten Arbeit anzupassen,
- die durchgeführte Arbeit die gezogenen Schlussfolgerungen stützt und angemessen dokumentiert ist,
- die erlangten Nachweise ausreichend und geeignet sind, um den Vermerk zu stützen, und ob
- die Ziele der auftragsbezogenen Handlungen erreicht wurden.

Konsultation (Vgl. Tz. 34)

A36. Die Konsultation beinhaltet Gespräche auf der jeweils angemessenen fachlichen Ebene mit Personen innerhalb oder außerhalb der Praxis, die über spezielle Fachkenntnisse verfügen.

A37. Bei der Konsultation werden angemessene Recherche-Ressourcen sowie die kollektive Erfahrung und das kollektive fachliche Expertenwissen der Praxis genutzt. Die Konsultation trägt zur Förderung der Qualität bei und verbessert die Anwendung von pflichtgemäßem Ermessen. Die angemessene Anerkennung der Konsultation in den Regelungen und Maßnahmen der Praxis trägt dazu bei, eine Kultur zu fördern, in der die Konsultation als Stärke anerkannt und das Fachpersonal ermutigt wird, bei schwierigen oder umstrittenen Sachverhalten von dieser Möglichkeit Gebrauch zu machen.

A38. Die wirksame Konsultation zu bedeutsamen fachlichen, beruflichen und anderen Sachverhalten innerhalb oder – sofern anwendbar – außerhalb der Praxis kann erreicht werden, wenn die Konsultierten
- über alle relevanten Tatsachen informiert werden, die es ihnen ermöglichen, fundierten Rat zu erteilen, und
- geeignete Kenntnisse und Erfahrungen sowie die geeignete hierarchische Stellung besitzen

und wenn Schlussfolgerungen aus der Konsultation angemessen dokumentiert und umgesetzt werden.

A39. Eine ausreichend vollständige und ausführliche Dokumentation der Konsultation anderer Berufsangehöriger zu schwierigen oder umstrittenen Sachverhalten trägt bei zu einem Verständnis von
- dem Sachverhalt, zu dem konsultiert wurde, und
- den Ergebnissen der Konsultation, einschließlich eventueller Entscheidungen sowie deren Grundlage und Umsetzung.

Spezifische Überlegungen zu kleineren Praxen

A40. Wenn eine Praxis (z. B. eine Praxis, die nicht über angemessene interne Ressourcen verfügt) darauf angewiesen ist, extern zu konsultieren, kann sie Beratungsdienstleistungen in Anspruch nehmen, die erbracht werden von
- anderen Praxen
- Berufsorganisationen und Aufsichtsbehörden
- gewerblichen Organisationen, die relevante Dienstleistungen zur Qualitätssicherung erbringen.

Bevor Verträge über solche Dienstleistungen geschlossen werden, hilft die Einschätzung der Kompetenzen und Fähigkeiten des externen Anbieters der Praxis bei der Feststellung, ob der Anbieter für diesen Zweck in geeigneter Weise qualifiziert ist.

Auftragsbegleitende Qualitätssicherung

Kriterien für eine auftragsbegleitende Qualitätssicherung (Vgl. Tz. 35(b))

A41. Zu den Kriterien für die Feststellung, welche Aufträge über Abschlussprüfungen bei kapitalmarktnotierten Einheiten hinaus einer auftragsbegleitenden Qualitätssicherung zu unterziehen sind, können bspw. gehören:
- die Art des Auftrags, einschließlich des Ausmaßes des damit verbundenen öffentlichen Interesses

- The identification of unusual circumstances or risks in an engagement or class of engagements.

- Whether laws or regulations require an engagement quality control review.

Nature, Timing and Extent of the Engagement Quality Control Review (Ref: Para. 36–37)

A42. The engagement report is not dated until the completion of the engagement quality control review. However, documentation of the engagement quality control review may be completed after the date of the report.

A43. Conducting the engagement quality control review in a timely manner at appropriate stages during the engagement allows significant matters to be promptly resolved to the engagement quality control reviewer's satisfaction on or before the date of the report.

A44. The extent of the engagement quality control review may depend, among other things, on the complexity of the engagement, whether the entity is a listed entity, and the risk that the report might not be appropriate in the circumstances. The performance of an engagement quality control review does not reduce the responsibilities of the engagement partner.

Engagement Quality Control Review of a Listed Entity (Ref: Para. 38)

A45. Other matters relevant to evaluating the significant judgments made by the engagement team that may be considered in an engagement quality control review of an audit of financial statements of a listed entity include:
- Significant risks identified during the engagement and the responses to those risks.
- Judgments made, particularly with respect to materiality and significant risks.
- The significance and disposition of corrected and uncorrected misstatements identified during the engagement.
- The matters to be communicated to management and those charged with governance and, where applicable, other parties such as regulatory bodies.

These other matters, depending on the circumstances, may also be applicable for engagement quality control reviews for audits of the financial statements of other entities as well as reviews of financial statements and other assurance and related services engagements.

Considerations specific to public sector audit organizations

A46. Although not referred to as listed entities, as described in paragraph A16, certain public sector entities may be of sufficient significance to warrant performance of an engagement quality control review.

Criteria for the Eligibility of Engagement Quality Control Reviewers

Sufficient and Appropriate Technical Expertise, Experience and Authority (Ref: Para. 39(a))

A47. What constitutes sufficient and appropriate technical expertise, experience and authority depends on the circumstances of the engagement. For example, the engagement quality control reviewer for an audit of the financial statements of a listed entity is likely to be an individual with sufficient and appropriate experience and authority to act as an audit engagement partner on audits of financial statements of listed entities.

Consultation with the Engagement Quality Control Reviewer (Ref: Para. 39(b))

A48. The engagement partner may consult the engagement quality control reviewer during the engagement, for example, to establish that a judgment made by the engagement partner will be acceptable to the engagement quality control reviewer. Such consultation avoids identification of differences of opinion at a late stage of the engagement and need not compromise the engagement quality control reviewer's eligibility to perform the role. Where the nature and extent of the consultations become significant the reviewer's objectivity may be compromised unless care is taken by both the engagement team and the reviewer to maintain the reviewer's objectivity. Where this is not possible, another individual within the firm or a suitably qualified external person may be appointed to take on the role of either the engagement quality control reviewer or the person to be consulted on the engagement.

- die Feststellung ungewöhnlicher Umstände oder Risiken bei einem Auftrag oder bei einer Art von Aufträgen
- die Frage, ob Gesetze oder andere Rechtsvorschriften eine auftragsbegleitende Qualitätssicherung verlangen.

Art, zeitliche Einteilung und Umfang der auftragsbegleitenden Qualitätssicherung (Vgl. Tz. 36-37)

A42. Der Vermerk zum Auftrag wird nicht vor dem Abschluss der auftragsbegleitenden Qualitätssicherung datiert. Die Dokumentation der auftragsbegleitenden Qualitätssicherung kann jedoch nach dem Datum des Vermerks abgeschlossen werden.

A43. Die zeitgerechte Durchführung der auftragsbegleitenden Qualitätssicherung zu geeigneten Abschnitten während des Auftrags ermöglicht die umgehende Klärung bedeutsamer Sachverhalte zur Zufriedenheit des auftragsbegleitenden Qualitätssicherers zum oder vor dem Datum des Vermerks.

A44. Der Umfang der auftragsbegleitenden Qualitätssicherung kann unter anderem abhängen von der Komplexität des Auftrags, von der Frage, ob es sich bei der Einheit um eine kapitalmarktnotierte Einheit handelt, sowie von dem Risiko, dass der Vermerk unter den gegebenen Umständen nicht angemessen sein könnte. Durch eine auftragsbegleitende Qualitätssicherung wird die Verantwortung des Auftragsverantwortlichen nicht verringert.

Auftragsbegleitende Qualitätssicherung bei kapitalmarktnotierten Einheiten (Vgl. Tz. 38)

A45. Zu den sonstigen für die Einschätzung von bedeutsamen Beurteilungen des Auftragsteams relevanten Sachverhalten, die bei der auftragsbegleitenden Qualitätssicherung einer Prüfung des Abschlusses einer kapitalmarktnotierten Einheit berücksichtigt werden können, gehören:
- bedeutsame Risiken, die während der Prüfung festgestellt wurden, und die Reaktionen darauf,
- vorgenommene Beurteilungen, besonders im Hinblick auf Wesentlichkeit und bedeutsame Risiken,
- Bedeutung und Behandlung von während des Auftrags festgestellten korrigierten und nicht korrigierten falschen Darstellungen,
- die Sachverhalte, die dem Management und den für die Überwachung Verantwortlichen sowie ggf. anderen Parteien wie Aufsichtsbehörden mitzuteilen sind.

Diese sonstigen Sachverhalte können je nach den gegebenen Umständen auch für auftragsbegleitende Qualitätssicherungen bei der Prüfung von Abschlüssen anderer Einheiten und bei prüferischen Durchsichten von Abschlüssen sowie bei anderen betriebswirtschaftlichen Prüfungen und Aufträgen zu verwandten Dienstleistungen einschlägig sein.

Spezifische Überlegungen zu Prüfungsorganisationen im öffentlichen Sektor

A46. Bestimmte Einheiten des öffentlichen Sektors können von ausreichender Bedeutung sein, um die Durchführung einer auftragsbegleitenden Qualitätssicherung zu rechtfertigen, auch wenn sie nicht als kapitalmarktnotierte Einheiten bezeichnet werden, wie in Textziffer A16 beschrieben.

Auswahlkriterien für die auftragsbegleitenden Qualitätssicherer

Ausreichende und angemessene Fachkenntnisse, Erfahrung und Befugnis (Vgl. Tz. 39(a))

A47. Was ausreichende und angemessene Fachkenntnisse, Erfahrung und Befugnis ausmacht, hängt von den Umständen des Auftrags ab. Bspw. wird der auftragsbegleitende Qualitätssicherer für Abschlussprüfungen bei kapitalmarktnotierten Einheiten wahrscheinlich eine Person mit ausreichender und angemessener Erfahrung und Befugnis sein, um Abschlussprüfungen bei kapitalmarktnotierten Einheiten als für den Prüfungsauftrag Verantwortlicher durchzuführen.

Konsultation mit dem auftragsbegleitenden Qualitätssicherer (Vgl. Tz. 39(b))

A48. Der Auftragsverantwortliche kann während des Auftrags den auftragsbegleitenden Qualitätssicherer konsultieren, bspw. um sicherzustellen, dass eine von dem Auftragsverantwortlichen vorgenommene Beurteilung für den auftragsbegleitenden Qualitätssicherer vertretbar ist. Eine solche Konsultation vermeidet, dass zu einem späten Zeitpunkt des Auftrags Meinungsverschiedenheiten festgestellt werden, und macht es dem auftragsbegleitenden Qualitätssicherer nicht notwendigerweise unmöglich, seine Funktion auszuüben. Wenn Art und Umfang der Konsultationen bedeutsam werden, kann die Objektivität des Qualitätssicherers beeinträchtigt werden, wenn nicht sowohl das Auftragsteam als auch der Qualitätssicherer selbst dafür Sorge tragen, dass dessen Objektivität gewahrt bleibt. Wenn dies nicht möglich ist, kann eine andere Person innerhalb der Praxis oder eine in geeigneter Weise qualifizierte externe Person für den Auftrag entweder zum auftragsbegleitenden Qualitätssicherer oder zum Ansprechpartner für die Konsultation bestimmt werden.

Objectivity of the Engagement Quality Control Reviewer (Ref: Para. 40)

A49. The firm is required to establish policies and procedures designed to maintain objectivity of the engagement quality control reviewer. Accordingly, such policies and procedures provide that the engagement quality control reviewer:

- Where practicable, is not selected by the engagement partner;
- Does not otherwise participate in the engagement during the period of review;
- Does not make decisions for the engagement team; and
- Is not subject to other considerations that would threaten the reviewer's objectivity.

Considerations specific to smaller firms

A50. It may not be practicable, in the case of firms with few partners, for the engagement partner not to be involved in selecting the engagement quality control reviewer. Suitably qualified external persons may be contracted where sole practitioners or small firms identify engagements requiring engagement quality control reviews. Alternatively, some sole practitioners or small firms may wish to use other firms to facilitate engagement quality control reviews. Where the firm contracts suitably qualified external persons, the requirements in paragraphs 39–41 and guidance in paragraphs A47–A48 apply.

Considerations specific to public sector audit organizations

A51. In the public sector, a statutorily appointed auditor (for example, an Auditor General, or other suitably qualified person appointed on behalf of the Auditor General) may act in a role equivalent to that of engagement partner with overall responsibility for public sector audits. In such circumstances, where applicable, the selection of the engagement quality control reviewer includes consideration of the need for independence from the audited entity and the ability of the engagement quality control reviewer to provide an objective evaluation.

Differences of Opinion (Ref: Para. 43)

A52. Effective procedures encourage identification of differences of opinion at an early stage, provide clear guidelines as to the successive steps to be taken thereafter, and require documentation regarding the resolution of the differences and the implementation of the conclusions reached.

A53. Procedures to resolve such differences may include consulting with another practitioner or firm, or a professional or regulatory body.

Engagement Documentation

Completion of the Assembly of Final Engagement Files (Ref: Para. 45)

A54. Law or regulation may prescribe the time limits by which the assembly of final engagement files for specific types of engagement is to be completed. Where no such time limits are prescribed in law or regulation, paragraph 45 requires the firm to establish time limits that reflect the need to complete the assembly of final engagement files on a timely basis. In the case of an audit, for example, such a time limit would ordinarily not be more than 60 days after the date of the auditor's report.

A55. Where two or more different reports are issued in respect of the same subject matter information of an entity, the firm's policies and procedures relating to time limits for the assembly of final engagement files address each report as if it were for a separate engagement. This may, for example, be the case when the firm issues an auditor's report on a component's financial information for group consolidation purposes and, at a subsequent date, an auditor's report on the same financial information for statutory purposes.

Objektivität des auftragsbegleitenden Qualitätssicherers (Vgl. Tz. 40)

A49. Die Praxis muss Regelungen und Maßnahmen festlegen, die darauf ausgerichtet sind, die Objektivität des auftragsbegleitenden Qualitätssicherers zu wahren. Dementsprechend sorgen diese Regelungen und Maßnahmen dafür, dass der auftragsbegleitende Qualitätssicherer

- nicht von dem Auftragsverantwortlichen ausgewählt wird, soweit dies praktisch durchführbar ist,
- während des Überprüfungszeitraums nicht anderweitig an der Durchführung des Auftrags beteiligt ist,
- keine Entscheidungen für das Auftragsteam trifft und
- nicht anderen Überlegungen unterworfen ist, durch welche die Objektivität des Qualitätssicherers gefährdet würde.

Spezifische Überlegungen zu kleineren Praxen

A50. Bei Praxen mit wenigen Partnern kann es praktisch nicht durchführbar sein, dass der Auftragsverantwortliche nicht an der Auswahl des auftragsbegleitenden Qualitätssicherers beteiligt ist. In geeigneter Weise qualifizierte externe Personen können hinzugezogen werden, wenn Berufsangehörige in Einzelpraxis oder kleine Praxen feststellen, dass Aufträge eine auftragsbegleitende Qualitätssicherung erfordern. Alternativ werden manche Berufsangehörigen in Einzelpraxis oder kleinen Praxen möglicherweise andere Praxen hinzuziehen wollen, um eine auftragsbegleitende Qualitätssicherung zu ermöglichen. Wenn die Praxis in geeigneter Weise qualifizierte externe Personen hinzuzieht, finden die Anforderungen in den Textziffern 39–41 und die erläuternden Hinweise in den Textziffern A47–A48 Anwendung.

Spezifische Überlegungen zu Prüfungsorganisationen im öffentlichen Sektor

A51. Im öffentlichen Sektor kann ein gesetzlich festgelegter Abschlussprüfer (bspw. ein öffentlicher Prüfer[*] oder eine andere im Namen des öffentlichen Prüfers bestellte Person mit geeigneter Qualifikation) in einer Funktion tätig sein, die derjenigen des Auftragsverantwortlichen mit der Gesamtverantwortung für Abschlussprüfungen im öffentlichen Sektor entspricht. In diesen Fällen schließt - soweit relevant - die Auswahl des auftragsbegleitenden Qualitätssicherers die Notwendigkeit der Unabhängigkeit von der geprüften Einheit und die Fähigkeit des auftragsbegleitenden Qualitätssicherers zur Abgabe einer objektiven Beurteilung ein.

Meinungsverschiedenheiten (Vgl. Tz. 43)

A52. Wirksame Maßnahmen fördern die frühzeitige Feststellung von Meinungsverschiedenheiten, liefern klare Richtlinien zu den in der Folge zu durchlaufenden Schritten und verlangen eine Dokumentation zur Klärung der Meinungsverschiedenheiten und zur Umsetzung der gezogenen Schlussfolgerungen.

A53. Maßnahmen zur Klärung solcher Meinungsverschiedenheiten können die Konsultation mit anderen Berufsangehörigen bzw. Praxen, bei einer Berufsorganisation oder bei einer Aufsichtsbehörde einschließen.

Auftragsdokumentation

Abschluss der Zusammenstellung der endgültigen Auftragsakten (Vgl. Tz. 45)

A54. Gesetze oder andere Rechtsvorschriften können die Fristen vorschreiben, innerhalb derer die Zusammenstellung der endgültigen Auftragsakten bei bestimmten Auftragsarten abzuschließen ist. Wenn solche Fristen nicht in Gesetzen oder anderen Rechtsvorschriften vorgeschrieben sind, muss die Praxis nach Textziffer 45 Fristen festlegen, welche die Notwendigkeit widerspiegeln, die Zusammenstellung der endgültigen Auftragsakten in angemessener Zeit abzuschließen. Bei einer Abschlussprüfung bspw. beträgt diese Frist in der Regel höchstens 60 Tage nach dem Datum des Vermerks des Abschlussprüfers.

A55. Wenn zwei oder mehr unterschiedliche Vermerke zu denselben Sachverhaltsinformationen einer Einheit erteilt werden, wird jeder Vermerk nach den Regelungen und Maßnahmen der Praxis zu Fristen für die Zusammenstellung der endgültigen Auftragsakten so behandelt, als würde er sich auf einen gesonderten Auftrag beziehen. Dies kann bspw. der Fall sein, wenn die Praxis einen Vermerk des Abschlussprüfers zu den für Zwecke der Konsolidierung im Konzern aufgestellten Finanzinformationen eines Teilbereichs erteilt und zu einem späteren Zeitpunkt einen Vermerk des Abschlussprüfers zu denselben Finanzinformationen erteilt, die für gesetzliche Zwecke erstellt wurden.

---

[*] Hierbei kann es sich bspw. um einen Rechnungshof, ein Prüfungsamt (in Deutschland) oder eine Finanzkontrolle (in der Schweiz) handeln.

Confidentiality, Safe Custody, Integrity, Accessibility and Retrievability of Engagement Documentation (Ref: Para. 46)

A56. Relevant ethical requirements establish an obligation for the firm's personnel to observe at all times the confidentiality of information contained in engagement documentation, unless specific client authority has been given to disclose information, or there is a legal or professional duty to do so. Specific laws or regulations may impose additional obligations on the firm's personnel to maintain client confidentiality, particularly where data of a personal nature are concerned.

A57. Whether engagement documentation is in paper, electronic or other media, the integrity, accessibility or retrievability of the underlying data may be compromised if the documentation could be altered, added to or deleted without the firm's knowledge, or if it could be permanently lost or damaged. Accordingly, controls that the firm designs and implements to avoid unauthorized alteration or loss of engagement documentation may include those that:

- Enable the determination of when and by whom engagement documentation was created, changed or reviewed;
- Protect the integrity of the information at all stages of the engagement, especially when the information is shared within the engagement team or transmitted to other parties via the Internet;
- Prevent unauthorized changes to the engagement documentation; and
- Allow access to the engagement documentation by the engagement team and other authorized parties as necessary to properly discharge their responsibilities.

A58. Controls that the firm designs and implements to maintain the confidentiality, safe custody, integrity, accessibility and retrievability of engagement documentation may include the following:

- The use of a password among engagement team members to restrict access to electronic engagement documentation to authorized users.
- Appropriate back-up routines for electronic engagement documentation at appropriate stages during the engagement.
- Procedures for properly distributing engagement documentation to the team members at the start of the engagement, processing it during engagement, and collating it at the end of engagement.
- Procedures for restricting access to, and enabling proper distribution and confidential storage of, hardcopy engagement documentation.

A59. For practical reasons, original paper documentation may be electronically scanned for inclusion in engagement files. In such cases, the firm's procedures designed to maintain the integrity, accessibility, and retrievability of the documentation may include requiring the engagement teams to:

- Generate scanned copies that reflect the entire content of the original paper documentation, including manual signatures, cross-references and annotations;
- Integrate the scanned copies into the engagement files, including indexing and signing off on the scanned copies as necessary; and
- Enable the scanned copies to be retrieved and printed as necessary.

There may be legal, regulatory or other reasons for a firm to retain original paper documentation that has been scanned.

Retention of Engagement Documentation (Ref: Para. 47)

A60. The needs of the firm for retention of engagement documentation, and the period of such retention, will vary with the nature of the engagement and the firm's circumstances, for example, whether the engagement documentation is needed to provide a record of matters of continuing significance to future engagements. The retention period may also depend on other factors, such as whether local law or regulation prescribes specific retention periods for certain types of engagements, or whether there are generally accepted retention periods in the jurisdiction in the absence of specific legal or regulatory requirements.

Vertraulichkeit, sichere Verwahrung, Integrität, Zugänglichkeit und Rückholbarkeit der Auftragsdokumentation (Vgl. Tz. 46)

A56. Nach den relevanten beruflichen Verhaltensanforderungen ist das Fachpersonal der Praxis verpflichtet, zu jeder Zeit die Vertraulichkeit der in der Auftragsdokumentation enthaltenen Informationen zu wahren, sofern nicht eine besondere Berechtigung durch den Mandanten zur Bekanntgabe von Informationen erteilt wurde oder dafür eine gesetzliche oder berufliche Pflicht besteht. Bestimmte Gesetze oder andere Rechtsvorschriften können dem Fachpersonal der Praxis zusätzliche Verpflichtungen zur Wahrung der Mandantenvertraulichkeit auferlegen, insbesondere wenn es um persönliche Daten geht.

A57. Unabhängig davon, ob die Auftragsdokumentation auf Papier, einem elektronischen oder sonstigen Medium vorliegt, können Integrität, Zugänglichkeit oder Rückholbarkeit der zugrunde liegenden Daten beeinträchtigt werden, wenn die Dokumentation ohne Kenntnis der Praxis geändert, ergänzt oder gelöscht werden könnte oder wenn sie dauerhaft verloren gehen oder beschädigt werden könnte. Dementsprechend können Kontrollen, welche die Praxis ausgestaltet und einrichtet, um eine unautorisierte Änderung oder einen Verlust der Auftragsdokumentation zu vermeiden, solche einschließen, die

- die Feststellung ermöglichen, wann und von wem die Auftragsdokumentation erstellt, geändert oder durchgesehen wurde,
- die Integrität der Informationen in allen Phasen des Auftrags schützen, insbesondere wenn die Informationen innerhalb des Auftragsteams ausgetauscht oder über das Internet an andere Parteien übermittelt werden,
- unautorisierte Änderungen an der Auftragsdokumentation verhindern und
- dem Auftragsteam und anderen autorisierten Parteien den Zugang zur Auftragsdokumentation so weit ermöglichen, wie es zur ordnungsgemäßen Erfüllung ihrer Pflichten nötig ist.

A58. Kontrollen, welche die Praxis ausgestaltet und einrichtet, um die Vertraulichkeit, sichere Verwahrung, Integrität, Zugänglichkeit und Rückholbarkeit der Auftragsdokumentation aufrechtzuerhalten, können die folgenden einschließen:

- Verwendung eines Passworts unter den Mitgliedern des Auftragsteams, um den Zugang zu elektronischer Auftragsdokumentation auf autorisierte Nutzer zu beschränken,
- geeignete Datensicherungsroutinen für eine elektronische Auftragsdokumentation zu geeigneten Abschnitten während des Auftrags,
- Verfahren zur richtigen Verteilung der Auftragsdokumentation an die Auftragsteammitglieder zu Beginn des Auftrags sowie zur Verarbeitung während des Auftrags und zur Zusammentragung am Ende des Auftrags
- Verfahren zur Beschränkung des Zugangs zu der gedruckten Auftragsdokumentation sowie zu deren richtiger Verteilung und vertraulicher Aufbewahrung.

A59. Aus praktischen Gründen kann die ursprüngliche Papierdokumentation zur Einbeziehung in die Auftragsakten elektronisch gescannt werden. In solchen Fällen können die Maßnahmen der Wirtschaftsprüferpraxis zur Wahrung der Integrität, Zugänglichkeit und Rückholbarkeit der Dokumentation verlangen, dass die Auftragsteams

- gescannte Kopien erstellen, welche den gesamten Inhalt der ursprünglichen Papierdokumentation widerspiegeln, einschließlich manueller Unterschriften, Querverweisen und Anmerkungen,
- die gescannten Kopien in die Auftragsakten integrieren, erforderlichenfalls einschließlich Indexierung und Unterzeichnung der gescannten Kopien, und
- ermöglichen, dass die gescannten Kopien bei Bedarf zurückgeholt und ausgedruckt werden.

Es können gesetzliche, andere rechtliche oder sonstige Gründe dafür bestehen, dass eine Praxis eine ursprüngliche Papierdokumentation aufbewahrt, die gescannt wurde.

Aufbewahrung der Auftragsdokumentation (Vgl. Tz. 47)

A60. Die Notwendigkeit der Praxis zur Aufbewahrung der Auftragsdokumentation und die Frist der Aufbewahrung unterscheiden sich je nach der Art des Auftrags und den Umständen der Praxis, bspw. in Abhängigkeit davon, ob die Auftragsdokumentation benötigt wird, um Aufzeichnungen über Sachverhalte mit anhaltender Bedeutung für zukünftige Aufträge bereitzustellen. Die Aufbewahrungsfrist kann auch von anderen Faktoren abhängen, bspw. davon, ob örtliche Gesetze oder andere Rechtsvorschriften bestimmte Aufbewahrungsfristen für bestimmte Auftragsarten vorschreiben oder ob in dem betreffenden Rechtsraum mangels bestimmter gesetzlicher oder anderer rechtlicher Anforderungen allgemein anerkannte Aufbewahrungsfristen gelten.

A61. In the specific case of audit engagements, the retention period would ordinarily be no shorter than five years from the date of the auditor's report, or, if later, the date of the group auditor's report.

A62. Procedures that the firm adopts for retention of engagement documentation include those that enable the requirements of paragraph 47 to be met during the retention period, for example to:

- Enable the retrieval of, and access to, the engagement documentation during the retention period, particularly in the case of electronic documentation since the underlying technology may be upgraded or changed over time;
- Provide, where necessary, a record of changes made to engagement documentation after the engagement files have been completed; and
- Enable authorized external parties to access and review specific engagement documentation for quality control or other purposes.

Ownership of engagement documentation

A63. Unless otherwise specified by law or regulation, engagement documentation is the property of the firm. The firm may, at its discretion, make portions of, or extracts from, engagement documentation available to clients, provided such disclosure does not undermine the validity of the work performed, or, in the case of assurance engagements, the independence of the firm or its personnel.

Monitoring

Monitoring the Firm's Quality Control Policies and Procedures (Ref: Para. 48)

A64. The purpose of monitoring compliance with quality control policies and procedures is to provide an evaluation of:

- Adherence to professional standards and applicable legal and regulatory requirements;
- Whether the system of quality control has been appropriately designed and effectively implemented; and
- Whether the firm's quality control policies and procedures have been appropriately applied, so that reports that are issued by the firm or engagement partners are appropriate in the circumstances.

A65. Ongoing consideration and evaluation of the system of quality control include matters such as the following:

- Analysis of:
  - New developments in professional standards and applicable legal and regulatory requirements, and how they are reflected in the firm's policies and procedures where appropriate;
  - Written confirmation of compliance with policies and procedures on independence;
  - Continuing professional development, including training; and
  - Decisions related to acceptance and continuance of client relationships and specific engagements.
- Determination of corrective actions to be taken and improvements to be made in the system, including the provision of feedback into the firm's policies and procedures relating to education and training.
- Communication to appropriate firm personnel of weaknesses identified in the system, in the level of understanding of the system, or compliance with it.
- Follow-up by appropriate firm personnel so that necessary modifications are promptly made to the quality control policies and procedures.

A66. Inspection cycle policies and procedures may, for example, specify a cycle that spans three years. The manner in which the inspection cycle is organized, including the timing of selection of individual engagements, depends on many factors, such as the following:

- The size of the firm.
- The number and geographic location of offices.
- The results of previous monitoring procedures.

A61. In dem konkreten Fall von Prüfungsaufträgen beträgt die Aufbewahrungsfrist in der Regel nicht weniger als fünf Jahre ab dem Datum des Vermerks des Abschlussprüfers oder dem Datum des Vermerks des Konzernabschlussprüfers, wenn dieses Datum später liegt.

A62. Zu den Maßnahmen, welche die Praxis für die Aufbewahrung der Auftragsdokumentation anwendet, gehören diejenigen, welche die Erfüllung der Anforderungen von Textziffer 47 während der Aufbewahrungsfrist ermöglichen, bspw. um
- die Rückholung und die Zugänglichkeit der Auftragsdokumentation während der Aufbewahrungsfrist zu ermöglichen, insbesondere bei elektronischer Dokumentation, da die zugrunde liegende Technik möglicherweise im Laufe der Zeit aufgerüstet oder verändert wird,
- erforderlichenfalls Aufzeichnungen bereitzustellen über Änderungen der Auftragsdokumentation, die nach Fertigstellung der Auftragsakten vorgenommen wurden, und
- autorisierten externen Parteien den Zugang zu einer bestimmten Auftragsdokumentation und deren Durchsicht für Qualitätssicherungs- oder andere Zwecke zu ermöglichen.

Eigentum an der Auftragsdokumentation

A63. Sofern nicht in Gesetzen oder anderen Rechtsvorschriften anderweitig festgelegt, ist die Auftragsdokumentation Eigentum der Praxis. Die Praxis darf nach ihrem Ermessen Teile der Auftragsdokumentation oder Auszüge daraus den Mandanten zur Verfügung stellen, vorausgesetzt, eine solche Bekanntgabe beeinträchtigt nicht die Gültigkeit der durchgeführten Arbeit oder, im Falle von betriebswirtschaftlichen Prüfungen, die Unabhängigkeit der Praxis bzw. ihres Fachpersonals.

Nachschau

Nachschau der Regelungen und Maßnahmen der Praxis zur Qualitätssicherung (Vgl. Tz. 48)

A64. Die Einhaltung der Regelungen und Maßnahmen zur Qualitätssicherung wird überwacht, um eine Beurteilung der folgenden Aspekte zu ermöglichen:
- Einhaltung von beruflichen Standards sowie maßgebenden gesetzlichen und anderen rechtlichen Anforderungen,
- Frage, ob das Qualitätssicherungssystem angemessen ausgestaltet und wirksam eingerichtet wurde, und
- Frage, ob die Regelungen und Maßnahmen der Praxis zur Qualitätssicherung in angemessener Weise angewendet wurden, so dass von der Praxis oder von den Auftragsverantwortlichen erteilte Vermerke unter den gegebenen Umständen angemessen sind.

A65. Eine laufende Abwägung und Beurteilung des eingesetzten Qualitätssicherungssystems beinhaltet unter anderem Folgendes:
- Analyse von
  - neuen Entwicklungen bei beruflichen Standards sowie bei maßgebenden gesetzlichen und anderen rechtlichen Anforderungen und - sofern angebracht - wie diese in den Regelungen und Maßnahmen der Praxis wiedergegeben werden,
  - schriftlichen Bestätigungen darüber, dass die Regelungen und Maßnahmen zur Unabhängigkeit eingehalten werden,
  - beruflicher Weiterentwicklung, einschließlich Fortbildung, und
  - Entscheidungen über Annahme und Fortführung von Mandantenbeziehungen und bestimmten Aufträgen
- Festlegung von erforderlichen Korrekturmaßnahmen und Verbesserungen im System, einschließlich der Bereitstellung von Rückmeldungen zu den Regelungen und Maßnahmen der Praxis zur Aus- und Fortbildung,
- Mitteilung von festgestellten Schwachstellen im System, im Grad des Verständnisses vom System oder in der Einhaltung des Systems an das betreffende Fachpersonal der Praxis
- Nachfassen durch zuständiges Fachpersonal der Praxis, damit notwendige Modifikationen der Regelungen und Maßnahmen zur Qualitätssicherung unverzüglich vorgenommen werden.

A66. Regelungen und Maßnahmen für den Zyklus der Auftragsprüfung können bspw. einen Zyklus festlegen, der drei Jahre umfasst. Die Organisation dieses Zyklus, einschließlich der zeitlichen Einteilung für die Auswahl einzelner Aufträge, hängt von vielen Faktoren ab, z. B. den folgenden:
- Größe der Praxis
- Anzahl und geographischer Standort der Niederlassungen
- Ergebnisse vorhergehender Nachschauverfahren

- The degree of authority both personnel and offices have (for example, whether individual offices are authorized to conduct their own inspections or whether only the head office may conduct them).
- The nature and complexity of the firm's practice and organization.
- The risks associated with the firm's clients and specific engagements.

A67. The inspection process includes the selection of individual engagements, some of which may be selected without prior notification to the engagement team. In determining the scope of the inspections, the firm may take into account the scope or conclusions of an independent external inspection program. However, an independent external inspection program does not act as a substitute for the firm's own internal monitoring program.

Considerations Specific to Smaller Firms

A68. In the case of small firms, monitoring procedures may need to be performed by individuals who are responsible for design and implementation of the firm's quality control policies and procedures, or who may be involved in performing the engagement quality control review. A firm with a limited number of persons may choose to use a suitably qualified external person or another firm to carry out engagement inspections and other monitoring procedures. Alternatively, the firm may establish arrangements to share resources with other appropriate organizations to facilitate monitoring activities.

Communicating Deficiencies (Ref: Para. 50)

A69. The reporting of identified deficiencies to individuals other than the relevant engagement partners need not include an identification of the specific engagements concerned, although there may be cases where such identification may be necessary for the proper discharge of the responsibilities of the individuals other than the engagement partners.

Complaints and Allegations

Source of Complaints and Allegations (Ref: Para. 55)

A70. Complaints and allegations (which do not include those that are clearly frivolous) may originate from within or outside the firm. They may be made by firm personnel, clients or other third parties. They may be received by engagement team members or other firm personnel.

Investigation Policies and Procedures (Ref: Para. 56)

A71. Policies and procedures established for the investigation of complaints and allegations may include for example, that the partner supervising the investigation:
- Has sufficient and appropriate experience;
- Has authority within the firm; and
- Is otherwise not involved in the engagement.

The partner supervising the investigation may involve legal counsel as necessary.

Considerations specific to smaller firms

A72. It may not be practicable, in the case of firms with few partners, for the partner supervising the investigation not to be involved in the engagement. These small firms and sole practitioners may use the services of a suitably qualified external person or another firm to carry out the investigation into complaints and allegations.

Documentation of the System of Quality Control (Ref: Para. 57)

A73. The form and content of documentation evidencing the operation of each of the elements of the system of quality control is a matter of judgment and depends on a number of factors, including the following:

- The size of the firm and the number of offices.
- The nature and complexity of the firm's practice and organization.

For example, large firms may use electronic databases to document matters such as independence confirmations, performance evaluations and the results of monitoring inspections.

Qualitätssicherung für Praxen, die Abschlussprüfungen und prüferische Durchsichten von Abschlüssen sowie andere betriebswirtschaftliche Prüfungen und Aufträge zu verwandten Dienstleistungen durchführen   **ISQC 1**

- Grad der Befugnis bei Fachpersonal und Niederlassungen (bspw. ob einzelne Niederlassungen befugt sind, eigene Auftragsprüfungen durchzuführen, oder ob diese nur von der Zentrale durchgeführt werden dürfen)
- Art und Komplexität der Geschäftstätigkeit und der Organisation der Praxis
- mit den Mandanten der Praxis und mit bestimmten Aufträgen verbundene Risiken.

A67. Der Prozess der Auftragsprüfung beinhaltet die Auswahl einzelner Aufträge, von denen einige ohne vorherige Benachrichtigung des Auftragsteams ausgewählt werden können. Bei der Festlegung von Art und Umfang der Auftragsprüfungen kann die Praxis Art und Umfang oder Ergebnisse eines unabhängigen externen Auftragsprüfungsprogramms hinzuziehen. Ein solches Programm ist jedoch kein Ersatz für das eigene interne Nachschauprogramm der Praxis.

Spezifische Überlegungen zu kleineren Praxen

A68. Bei kleinen Praxen kann es erforderlich sein, dass Nachschauverfahren von den Personen durchgeführt werden, die für die Ausgestaltung und Einrichtung der Regelungen und Maßnahmen der Praxis zur Qualitätssicherung verantwortlich sind oder die möglicherweise in die auftragsbegleitende Qualitätssicherung eingebunden sind. Eine Praxis mit einer begrenzten Anzahl von Personen wird sich möglicherweise dafür entscheiden, für Auftragsprüfungen und andere Nachschauverfahren eine in geeigneter Weise qualifizierte externe Person oder eine andere Praxis hinzuzuziehen. Alternativ kann die Praxis Vereinbarungen schließen, nach denen Ressourcen mit anderen geeigneten Organisationen gemeinsam genutzt werden, um Nachschauaktivitäten zu ermöglichen.

Mitteilung von Mängeln (Vgl. Tz. 50)

A69. In der Berichterstattung festgestellter Mängel an andere Personen als die für die jeweiligen Aufträge Verantwortlichen müssen die einzelnen betroffenen Aufträge nicht genannt werden, wenngleich es Fälle geben kann, in denen möglicherweise eine solche Nennung notwendig ist, damit diese Personen ihren Verpflichtungen ordnungsgemäß nachkommen können.

Beschwerden und Vorwürfe

Ursprung von Beschwerden und Vorwürfen (Vgl. Tz. 55)

A70. Beschwerden und Vorwürfe (mit Ausnahme derjenigen, die zweifelsfrei unseriös sind) können sowohl innerhalb als auch außerhalb der Praxis erhoben werden. Sie können vom Praxispersonal, von Mandanten oder von anderen Dritten ausgehen. Empfänger können Mitglieder des betreffenden Prüfungsteams oder andere Mitarbeiter der Praxis sein.

Regelungen und Verfahren für Untersuchungen (Vgl. Tz. 56)

A71. Für die Untersuchung von Beschwerden und Vorwürfen festgeschriebene Regelungen und Maßnahmen können bspw. beinhalten, dass der Partner, der die Untersuchung beaufsichtigt,
- über ausreichende und angemessene Erfahrung verfügt,
- Befugnis innerhalb der Praxis besitzt und
- nicht anderweitig in den Auftrag eingebunden ist.

Bei Bedarf kann dieser Partner auch einen Rechtsberater hinzuziehen.

Spezifische Überlegungen zu kleineren Praxen

A72. Bei Praxen mit nur wenigen Partnern kann es praktisch nicht durchführbar sein, dass der Partner, der die Untersuchung beaufsichtigt, nicht in den Auftrag eingebunden ist. Diese kleinen Praxen und Berufsangehörige in Einzelpraxis können für die Untersuchung von Beschwerden und Vorwürfen die Dienstleistungen einer in geeigneter Weise qualifizierten externen Person oder einer anderen Praxis in Anspruch nehmen.

Dokumentation des Qualitätssicherungssystems (Vgl. Tz. 57)

A73. Form und Inhalt der Dokumentation zum Nachweis, dass jeder einzelne Bestandteil des eingesetzten Qualitätssicherungssystems funktionsfähig ist, sind eine Frage des Ermessens und hängen von mehreren Faktoren ab, wie etwa:
- Größe der Praxis und Anzahl der Niederlassungen
- Art und Komplexität der Geschäftstätigkeit und Organisation der Praxis.

In großen Praxen können bspw. elektronische Datenbanken eingesetzt werden, um etwa Unabhängigkeitsbestätigungen, Leistungsbeurteilungen und die Ergebnisse von Nachschauprüfungen zu dokumentieren.

A74. Appropriate documentation relating to monitoring includes, for example:
- Monitoring procedures, including the procedure for selecting completed engagements to be inspected.
- A record of the evaluation of:
  - Adherence to professional standards and applicable legal and regulatory requirements;
  - Whether the system of quality control has been appropriately designed and effectively implemented; and
  - Whether the firm's quality control policies and procedures have been appropriately applied, so that reports that are issued by the firm or engagement partners are appropriate in the circumstances.
- Identification of the deficiencies noted, an evaluation of their effect, and the basis for determining whether and what further action is necessary.

Considerations Specific to Smaller Firms

A75. Smaller firms may use more informal methods in the documentation of their systems of quality control such as manual notes, checklists and forms.

A74. Eine angemessene Dokumentation zur Nachschau beinhaltet bspw.
- Nachschauverfahren, einschließlich des Verfahrens zur Auswahl abgeschlossener Aufträge für die Prüfung
- Aufzeichnungen über die Beurteilung folgender Aspekte:
  - Einhaltung von beruflichen Standards sowie maßgebenden gesetzlichen und anderen rechtlichen Anforderungen
  - Frage, ob das Qualitätssicherungssystem angemessen ausgestaltet und wirksam eingerichtet wurde,
  - Frage, ob die Regelungen und Maßnahmen der Praxis zur Qualitätssicherung in angemessener Weise angewendet wurden, so dass von der Praxis oder von den Auftragsverantwortlichen erteilte Vermerke unter den gegebenen Umständen angemessen sind
- Nennung der festgestellten Mängel, Beurteilung ihrer Auswirkungen sowie die Grundlage für eine Entscheidung über eventuell notwendige weitere Maßnahmen.

Spezifische Überlegungen zu kleineren Praxen

A75. Kleinere Praxen können bei der Dokumentation ihrer Qualitätssicherungssysteme weniger formale Methoden anwenden (z. B. handschriftliche Notizen, Checklisten und Formulare).

INTERNATIONAL STANDARD ON AUDITING 200

OVERALL OBJECTIVES OF THE INDEPENDENT AUDITOR AND THE CONDUCT OF AN AUDIT IN ACCORDANCE WITH INTERNATIONAL STANDARDS ON AUDITING

(Effective for audits of financial statements for periods beginning on or after December 15, 2009)

CONTENTS

	Paragraph
Introduction	
Scope of this ISA	1–2
An Audit of Financial Statements	3–9
Effective Date	10
Overall Objectives of the Auditor	11–12
Definitions	13
Requirements	
Ethical Requirements Relating to an Audit of Financial Statements	14
Professional Skepticism	15
Professional Judgment	16
Sufficient Appropriate Audit Evidence and Audit Risk	17
Conduct of an Audit in Accordance with ISAs	18–24
Application and Other Explanatory Material	
An Audit of Financial Statements	A1–A13
Ethical Requirements Relating to an Audit of Financial Statements	A14–A17
Professional Skepticism	A18–A22
Professional Judgment	A23–A27
Sufficient Appropriate Audit Evidence and Audit Risk	A28–A52
Conduct of an Audit in Accordance with ISAs	A53–A76

INTERNATIONAL STANDARD ON AUDITING 200

ÜBERGREIFENDE ZIELSETZUNGEN DES UNABHÄNGIGEN PRÜFERS UND GRUNDSÄTZE EINER PRÜFUNG IN ÜBEREINSTIMMUNG MIT DEN INTERNATIONAL STANDARDS ON AUDITING

(gilt für die Prüfung von Abschlüssen für Zeiträume, die am oder nach dem 15.12.2009 beginnen)

INHALTSVERZEICHNIS

	Textziffer
Einleitung	
Anwendungsbereich	1–2
Abschlussprüfung	3–9
Anwendungszeitpunkt	10
Übergreifende Zielsetzungen des Abschlussprüfers	11–12
Definitionen	13
Anforderungen	
Berufliche Verhaltensanforderungen bei Abschlussprüfungen	14
Kritische Grundhaltung	15
Pflichtgemäßes Ermessen	16
Ausreichende geeignete Prüfungsnachweise und Prüfungsrisiko	17
Grundsätze einer Prüfung in Übereinstimmung mit den ISA	18–24
Anwendungshinweise und sonstige Erläuterungen	
Abschlussprüfung	A1–A13
Berufliche Verhaltensanforderungen bei Abschlussprüfungen	A14–A17
Kritische Grundhaltung	A18–A22
Pflichtgemäßes Ermessen	A23–A27
Ausreichende geeignete Prüfungsnachweise und Prüfungsrisiko	A28–A52
Grundsätze einer Prüfung in Übereinstimmung mit den ISA	A53–A76

Introduction

Scope of this ISA

1. This International Standard on Auditing (ISA) deals with the independent auditor's overall responsibilities when conducting an audit of financial statements in accordance with ISAs. Specifically, it sets out the overall objectives of the independent auditor, and explains the nature and scope of an audit designed to enable the independent auditor to meet those objectives. It also explains the scope, authority and structure of the ISAs, and includes requirements establishing the general responsibilities of the independent auditor applicable in all audits, including the obligation to comply with the ISAs. The independent auditor is referred to as "the auditor" hereafter.

2. ISAs are written in the context of an audit of financial statements by an auditor. They are to be adapted as necessary in the circumstances when applied to audits of other historical financial information. ISAs do not address the responsibilities of the auditor that may exist in legislation, regulation or otherwise in connection with, for example, the offering of securities to the public. Such responsibilities may differ from those established in the ISAs. Accordingly, while the auditor may find aspects of the ISAs helpful in such circumstances, it is the responsibility of the auditor to ensure compliance with all relevant legal, regulatory or professional obligations.

An Audit of Financial Statements

3. The purpose of an audit is to enhance the degree of confidence of intended users in the financial statements. This is achieved by the expression of an opinion by the auditor on whether the financial statements are prepared, in all material respects, in accordance with an applicable financial reporting framework. In the case of most general purpose frameworks, that opinion is on whether the financial statements are presented fairly, in all material respects, or give a true and fair view in accordance with the framework. An audit conducted in accordance with ISAs and relevant ethical requirements enables the auditor to form that opinion. (Ref: Para. A1)

4. The financial statements subject to audit are those of the entity, prepared by management of the entity with oversight from those charged with governance. ISAs do not impose responsibilities on management or those charged with governance and do not override laws and regulations that govern their responsibilities. However, an audit in accordance with ISAs is conducted on the premise that management and, where appropriate, those charged with governance have acknowledged certain responsibilities that are fundamental to the conduct of the audit. The audit of the financial statements does not relieve management or those charged with governance of their responsibilities. (Ref: Para. A2–A11)

5. As the basis for the auditor's opinion, ISAs require the auditor to obtain reasonable assurance about whether the financial statements as a whole are free from material misstatement, whether due to fraud or error. Reasonable assurance is a high level of assurance. It is obtained when the auditor has obtained sufficient appropriate audit evidence to reduce audit risk (that is, the risk that the auditor expresses an inappropriate opinion when the financial statements are materially misstated) to an acceptably low level.

Einleitung

Anwendungsbereich

1. Dieser International Standard on Auditing (ISA) behandelt die übergreifenden Pflichten des unabhängigen Prüfers bei der Durchführung einer Abschlussprüfung in Übereinstimmung mit den ISA. Insbesondere werden die übergreifenden Zielsetzungen für den unabhängigen Prüfer dargelegt sowie Art und Umfang einer Prüfung erläutert, die darauf ausgelegt ist, dem unabhängigen Prüfer das Erreichen dieser Zielsetzungen zu ermöglichen. Außerdem erläutert dieser ISA den Anwendungsbereich, den Verbindlichkeitsgrad sowie den Aufbau der ISA und enthält Anforderungen, die die für alle Prüfungen geltenden allgemeinen Pflichten des unabhängigen Prüfers einschließlich der Verpflichtung zur Einhaltung der ISA festlegen. Der unabhängige Prüfer wird nachfolgend als „der Abschlussprüfer" bezeichnet.[*]

2. ISA sind im Kontext einer von einem Abschlussprüfer durchgeführten Abschlussprüfung verfasst. Sie sind erforderlichenfalls an die jeweiligen Umstände anzupassen, wenn sie auf die Prüfung anderer vergangenheitsorientierter Finanzinformationen[**] angewendet werden. Die ISA sprechen nicht die Pflichten des Abschlussprüfers an, die aufgrund von Gesetzen oder anderen Rechtsvorschriften oder auf andere Weise im Zusammenhang mit bspw. Angeboten von Wertpapieren an die Öffentlichkeit bestehen können. Solche Pflichten können sich von den in den ISA festgelegten unterscheiden. Demzufolge ist der Abschlussprüfer – obwohl er die Aspekte der ISA unter diesen Umständen als hilfreich erachten kann – verpflichtet, die Einhaltung aller einschlägigen sich aus Gesetzen, anderen Rechtsvorschriften oder beruflichen Regelungen ergebenden Pflichten sicherzustellen.

Abschlussprüfung

3. Der Zweck einer Abschlussprüfung besteht darin, das Maß an Vertrauen der vorgesehenen Nutzer in den Abschluss zu erhöhen. Dies wird dadurch erreicht, dass der Abschlussprüfer ein Prüfungsurteil darüber abgibt, ob der Abschluss in allen wesentlichen Belangen in Übereinstimmung mit einem maßgebenden Regelwerk der Rechnungslegung aufgestellt wurde. Bei den meisten Regelwerken für allgemeine Zwecke bezieht sich dieses Prüfungsurteil darauf, ob der Abschluss in Übereinstimmung mit dem Regelwerk eine in allen wesentlichen Belangen sachgerechte Gesamtdarstellung vermittelt.[***] Eine Abschlussprüfung, die in Übereinstimmung mit den ISA und den maßgebenden beruflichen Verhaltensanforderungen durchgeführt wird, ermöglicht es dem Abschlussprüfer, dieses Prüfungsurteil abzugeben. (Vgl. Tz. A1)

4. Die der Prüfung unterliegenden Abschlüsse einer Einheit[****] sind solche, die vom Management der Einheit unter Aufsicht der für die Überwachung Verantwortlichen aufgestellt wurden. ISA legen dem Management oder den für die Überwachung Verantwortlichen keine Pflichten auf und setzen Gesetze und andere Rechtsvorschriften nicht außer Kraft, die deren Pflichten regeln. Eine Abschlussprüfung in Übereinstimmung mit den ISA wird jedoch unter der Voraussetzung durchgeführt, dass das Management und ggf. die für die Überwachung Verantwortlichen bestimmte Pflichten anerkannt haben, die für die Durchführung der Abschlussprüfung grundlegend sind. Die Prüfung des Abschlusses befreit das Management oder die für die Überwachung Verantwortlichen nicht von diesen Pflichten. (Vgl. Tz. A2-A11)

5. Als Grundlage für das Prüfungsurteil muss der Abschlussprüfer nach den ISA hinreichende Sicherheit darüber erlangen, ob der Abschluss als Ganzes frei von einer wesentlichen - beabsichtigten oder unbeabsichtigten - falschen Darstellung ist. Hinreichende Sicherheit ist ein hoher Grad an Sicherheit. Er wird erreicht, wenn der Abschlussprüfer ausreichende geeignete Prüfungsnachweise erlangt hat, um das Prüfungsrisiko (d.h. das Risiko, dass der Abschlussprüfer ein unangemessenes Prüfungsurteil abgibt, wenn

---

[*] Die ISA 200 bis 720 sind im Kontext der Abschlussprüfung verfasst. In Tz. 2 wird der Anwendungsbereich erweitert. In den ISA 800 ff. wird „independent auditor" daher anders übersetzt.

[**] Zu den vergangenheitsorientierten Finanzinformationen gehören a) Finanzaufstellungen (Abschlüsse (Jahres-, Konzern-, Zwischenabschlüsse) und sonstige Finanzaufstellungen (z.B. Bilanz, Gewinn- und Verlustrechnung, Kapitalflussrechnung, Einnahmen-Überschuss-Rechnung, Vermögensaufstellung)), b) Posten einer Finanzaufstellung (z.B. Vorräte, Forderungen aus Lieferungen und Leistungen, Personalaufwand) sowie c) sonstige aus der Buchführung entnommene Finanzinformationen (z.B. ein bestimmter Geschäftsvorfall oder Vermögenswert oder eine bestimmte Schuld).

[***] Für Zwecke der Abschlussprüfung formuliert das IAASB folgende Zielsetzungen: „whether the financial statements are presented fairly or give a true and fair view". Für andere Zwecke können diese Zielsetzungen abweichen. In Deutschland wird von der „Vermittlung eines den tatsächlichen Verhältnissen entsprechenden Bildes" und in Österreich von der „Vermittlung eines möglichst getreuen Bildes" gesprochen.

[****] Der Begriff „Einheit" wird für *entity* neu eingeführt. Bei der zu prüfenden Einheit kann es sich um ein Unternehmen, einen Einzelkaufmann, eine Gesellschaft bürgerlichen Rechts (Schweiz: einfache Gesellschaft), eine Gebietskörperschaft, eine Anstalt des öffentlichen Rechts, einen Konzern oder eine nicht rechtlich abgegrenzte wirtschaftliche Einheit handeln. Eine Übersetzung mit „Unternehmen" oder „Gesellschaft" wäre deshalb unzureichend. So kann sich *entity* sogar auf eine nicht selbständige Niederlassung oder Sparte beziehen, für die eigenständig Rechnung gelegt wird.

However, reasonable assurance is not an absolute level of assurance, because there are inherent limitations of an audit which result in most of the audit evidence on which the auditor draws conclusions and bases the auditor's opinion being persuasive rather than conclusive. (Ref: Para. A28–A52)

6. The concept of materiality is applied by the auditor both in planning and performing the audit, and in evaluating the effect of identified misstatements on the audit and of uncorrected misstatements, if any, on the financial statements.[1)] In general, misstatements, including omissions, are considered to be material if, individually or in the aggregate, they could reasonably be expected to influence the economic decisions of users taken on the basis of the financial statements. Judgments about materiality are made in the light of surrounding circumstances, and are affected by the auditor's perception of the financial information needs of users of the financial statements, and by the size or nature of a misstatement, or a combination of both. The auditor's opinion deals with the financial statements as a whole and therefore the auditor is not responsible for the detection of misstatements that are not material to the financial statements as a whole.

7. The ISAs contain objectives, requirements and application and other explanatory material that are designed to support the auditor in obtaining reasonable assurance. The ISAs require that the auditor exercise professional judgment and maintain professional skepticism throughout the planning and performance of the audit and, among other things:

- Identify and assess risks of material misstatement, whether due to fraud or error, based on an understanding of the entity and its environment, including the entity's internal control.

- Obtain sufficient appropriate audit evidence about whether material misstatements exist, through designing and implementing appropriate responses to the assessed risks.

- Form an opinion on the financial statements based on conclusions drawn from the audit evidence obtained.

8. The form of opinion expressed by the auditor will depend upon the applicable financial reporting framework and any applicable law or regulation. (Ref: Para. A12–A13)

9. The auditor may also have certain other communication and reporting responsibilities to users, management, those charged with governance, or parties outside the entity, in relation to matters arising from the audit. These may be established by the ISAs or by applicable law or regulation.[2)]

Effective Date

10. This ISA is effective for audits of financial statements for periods beginning on or after December 15, 2009.

Overall Objectives of the Auditor

11. In conducting an audit of financial statements, the overall objectives of the auditor are:

   (a) To obtain reasonable assurance about whether the financial statements as a whole are free from material misstatement, whether due to fraud or error, thereby enabling the auditor to express an opinion on whether the financial statements are prepared, in all material respects, in accordance with an applicable financial reporting framework; and

---

[1)] ISA 320, "Materiality in Planning and Performing an Audit" and ISA 450, "Evaluation of Misstatements Identified during the Audit."
[2)] See, for example, ISA 260, "Communication with Those Charged with Governance;" and ISA 240, "The Auditor's Responsibilities Relating to Fraud in an Audit of Financial Statements," paragraph 43.

der Abschluss wesentliche falsche Darstellungen enthält) auf ein vertretbar niedriges Maß zu reduzieren. Hinreichende Sicherheit ist jedoch kein absoluter Grad an Sicherheit, da inhärente Grenzen einer Abschlussprüfung bestehen, die dazu führen, dass die meisten Prüfungsnachweise, aus denen der Abschlussprüfer Schlussfolgerungen zieht und auf die der Abschlussprüfer das Prüfungsurteil stützt, eher überzeugend als abschließend beweiskräftig sind. (Vgl. Tz. A28-A52)

6. Der Abschlussprüfer wendet das Konzept der Wesentlichkeit sowohl bei der Planung und Durchführung der Prüfung an als auch bei der Beurteilung der Auswirkungen von festgestellten falschen Darstellungen auf die Prüfung und von ggf. nicht korrigierten falschen Darstellungen auf den Abschluss.[1] Im Allgemeinen werden falsche Darstellungen, einschließlich fehlender Darstellungen, als wesentlich angesehen, wenn vernünftigerweise erwartet werden kann, dass sie einzeln oder in der Summe die wirtschaftlichen Entscheidungen von Nutzern beeinflussen, die diese auf der Grundlage des Abschlusses treffen. Beurteilungen der Wesentlichkeit werden vor dem Hintergrund der Begleitumstände getroffen und werden beeinflusst durch die Vorstellung des Abschlussprüfers über die Finanzinformationsbedürfnisse von Abschlussnutzern sowie durch Umfang oder Art einer falschen Darstellung oder durch eine Kombination von beidem. Das Prüfungsurteil bezieht sich auf den Abschluss als Ganzes. Deshalb ist der Abschlussprüfer nicht für die Aufdeckung falscher Darstellungen verantwortlich, die für den Abschluss als Ganzes nicht wesentlich sind.

7. Die ISA enthalten Ziele, Anforderungen sowie Anwendungshinweise und sonstige Erläuterungen, die darauf ausgerichtet sind, den Abschlussprüfer beim Erlangen hinreichender Sicherheit zu unterstützen. Nach den ISA muss der Abschlussprüfer während der gesamten Planung und Durchführung der Abschlussprüfung pflichtgemäßes Ermessen ausüben und eine kritische Grundhaltung beibehalten sowie u.a.

    - auf der Grundlage eines Verständnisses von der Einheit und ihrem Umfeld, einschließlich des internen Kontrollsystems (IKS) der Einheit, Risiken wesentlicher - beabsichtigter oder unbeabsichtigter - falscher Darstellungen identifizieren und beurteilen;
    - durch die Planung und Umsetzung von angemessenen Reaktionen auf die beurteilten Risiken ausreichende geeignete Prüfungsnachweise darüber erlangen, ob wesentliche falsche Darstellungen vorhanden sind;
    - auf der Grundlage von Schlussfolgerungen aus den erlangten Prüfungsnachweisen ein Prüfungsurteil über den Abschluss bilden.

8. Die Formulierung des vom Abschlussprüfer abgegebenen Prüfungsurteils hängt von dem maßgebenden Regelwerk der Rechnungslegung und von maßgebenden Gesetzen oder anderen Rechtsvorschriften ab. (Vgl. Tz. A12-A13)

9. Der Abschlussprüfer kann auch bestimmte andere Kommunikations- und Berichtspflichten gegenüber den Nutzern, dem Management, den für die Überwachung Verantwortlichen oder Dritten außerhalb der Einheit im Zusammenhang mit sich aus der Prüfung ergebenden Sachverhalten haben. Diese Pflichten können durch die ISA oder durch maßgebende Gesetze oder andere Rechtsvorschriften festgelegt werden.[2]

Anwendungszeitpunkt

10. Dieser ISA gilt für die Prüfung von Abschlüssen für Zeiträume, die am oder nach dem 15.12.2009 beginnen.

Übergreifende Zielsetzungen des Abschlussprüfers

11. Bei der Durchführung einer Abschlussprüfung bestehen die übergreifenden Zielsetzungen des Abschlussprüfers darin,

    (a) hinreichende Sicherheit darüber zu erlangen, ob der Abschluss als Ganzes frei von einer wesentlichen - beabsichtigten oder unbeabsichtigten - falschen Darstellung ist, so dass der Abschlussprüfer in der Lage ist, ein Prüfungsurteil darüber abzugeben, ob der Abschluss in allen wesentlichen Belangen in Übereinstimmung mit einem maßgebenden Regelwerk der Rechnungslegung aufgestellt wurde, und

---

1) ISA 320 „Die Wesentlichkeit bei der Planung und Durchführung einer Abschlussprüfung" und ISA 450 „Die Beurteilung der während der Abschlussprüfung festgestellten falschen Darstellungen".
2) Siehe bspw. ISA 260 „Kommunikation mit den für die Überwachung Verantwortlichen" und ISA 240 „Die Verantwortung des Abschlussprüfers bei dolosen Handlungen", Textziffer 43.

(b) To report on the financial statements, and communicate as required by the ISAs, in accordance with the auditor's findings.

12. In all cases when reasonable assurance cannot be obtained and a qualified opinion in the auditor's report is insufficient in the circumstances for purposes of reporting to the intended users of the financial statements, the ISAs require that the auditor disclaim an opinion or withdraw (or resign)[3] from the engagement, where withdrawal is possible under applicable law or regulation.

Definitions

13. For purposes of the ISAs, the following terms have the meanings attributed below:

    (a) Applicable financial reporting framework – The financial reporting framework adopted by management and, where appropriate, those charged with governance in the preparation of the financial statements that is acceptable in view of the nature of the entity and the objective of the financial statements, or that is required by law or regulation.

    The term "fair presentation framework" is used to refer to a financial reporting framework that requires compliance with the requirements of the framework and:

    (i) Acknowledges explicitly or implicitly that, to achieve fair presentation of the financial statements, it may be necessary for management to provide disclosures beyond those specifically required by the framework; or

    (ii) Acknowledges explicitly that it may be necessary for management to depart from a requirement of the framework to achieve fair presentation of the financial statements. Such departures are expected to be necessary only in extremely rare circumstances.

    The term "compliance framework" is used to refer to a financial reporting framework that requires compliance with the requirements of the framework, but does not contain the acknowledgements in (i) or (ii) above.

    (b) Audit evidence – Information used by the auditor in arriving at the conclusions on which the auditor's opinion is based. Audit evidence includes both information contained in the accounting records underlying the financial statements and other information. For purposes of the ISAs:

    (i) Sufficiency of audit evidence is the measure of the quantity of audit evidence. The quantity of the audit evidence needed is affected by the auditor's assessment of the risks of material misstatement and also by the quality of such audit evidence.

    (ii) Appropriateness of audit evidence is the measure of the quality of audit evidence; that is, its relevance and its reliability in providing support for the conclusions on which the auditor's opinion is based.

    (c) Audit risk – The risk that the auditor expresses an inappropriate audit opinion when the financial statements are materially misstated. Audit risk is a function of the risks of material misstatement and detection risk.

    (d) Auditor – The person or persons conducting the audit, usually the engagement partner or other members of the engagement team, or, as applicable, the firm. Where an ISA expressly intends that a requirement or responsibility be fulfilled by the engagement partner, the term "engagement partner" rather than "auditor" is used. "Engagement partner" and "firm" are to be read as referring to their public sector equivalents where relevant.

---

[3] In the ISAs, only the term "withdrawal" is used.

(b) in Übereinstimmung mit den Feststellungen des Abschlussprüfers einen Vermerk zum Abschluss zu erteilen und – wie in den ISA gefordert – zu kommunizieren.*⁾

12. In allen Fällen, in denen keine hinreichende Sicherheit erlangt werden kann und ein eingeschränktes Prüfungsurteil im Vermerk des Abschlussprüfers unter den gegebenen Umständen für die Berichterstattung an die vorgesehenen Nutzer des Abschlusses unzureichend ist, wird in den ISA gefordert, dass der Abschlussprüfer die Abgabe eines Prüfungsurteils verweigert oder das Mandat niederlegt (oder aufgibt)[3], sofern eine Niederlegung nach den einschlägigen Gesetzen oder anderen Rechtsvorschriften zulässig ist.

Definitionen

13. Für die Zwecke der ISA gelten die nachstehenden Begriffsbestimmungen:

(a) Maßgebendes Regelwerk der Rechnungslegung – Das vom Management und ggf. von den für die Überwachung Verantwortlichen bei der Aufstellung des Abschlusses gewählte Regelwerk der Rechnungslegung, das angesichts der Art der Einheit und der Zielsetzung des Abschlusses akzeptabel ist oder durch Gesetze oder andere Rechtsvorschriften vorgegeben wird.

Der Begriff „Regelwerk zur sachgerechten Gesamtdarstellung"**⁾ wird für ein Regelwerk der Rechnungslegung verwendet, das die Einhaltung der Anforderungen des Regelwerks verlangt, und

(i) explizit oder implizit anerkennt, dass es notwendig sein kann, dass das Management Abschlussangaben***⁾ macht, die über die ausdrücklich von dem Regelwerk geforderten hinausgehen, um eine sachgerechte Gesamtdarstellung des Abschlusses zu erreichen, oder

(ii) explizit anerkennt, dass es für das Management notwendig sein kann, von einer Anforderung des Regelwerks abzuweichen, um eine sachgerechte Gesamtdarstellung des Abschlusses zu erreichen. Solche Abweichungen sind erwartungsgemäß nur in äußerst seltenen Fällen notwendig.

Der Begriff „Regelwerk zur Normentsprechung"****⁾ wird für ein Regelwerk der Rechnungslegung verwendet, das die Einhaltung der Anforderungen des Regelwerks verlangt, jedoch nicht die in den vorstehenden Punkten (i) oder (ii) genannten Anerkennungen beinhaltet.

(b) Prüfungsnachweise – Informationen, die vom Abschlussprüfer zur Ableitung der Schlussfolgerungen verwendet werden, auf denen das Prüfungsurteil basiert. Prüfungsnachweise umfassen sowohl Informationen, die in den dem Abschluss zugrundeliegenden Unterlagen der Rechnungslegung enthalten sind, als auch sonstige Informationen. Für Zwecke der ISA gilt:

(i) „Ausreichender Umfang von Prüfungsnachweisen" ist das Maß für die Quantität der Prüfungsnachweise. Die Quantität der benötigten Prüfungsnachweise wird sowohl durch die vom Abschlussprüfer vorgenommene Beurteilung der Risiken wesentlicher falscher Darstellungen als auch durch die Qualität dieser Prüfungsnachweise beeinflusst.

(ii) „Eignung von Prüfungsnachweisen" ist das Maß für die Qualität der Prüfungsnachweise, d.h. ihre Relevanz und Verlässlichkeit zur Unterstützung der Schlussfolgerungen, auf denen das Prüfungsurteil basiert.

(c) Prüfungsrisiko – Das Risiko, dass der Abschlussprüfer ein unangemessenes Prüfungsurteil abgibt, wenn der Abschluss wesentliche falsche Darstellungen enthält. Das Prüfungsrisiko ist eine Funktion der Risiken wesentlicher falscher Darstellungen und des Entdeckungsrisikos.

(d) Abschlussprüfer – Die Person(en), die die Prüfung durchführt/en. Üblicherweise handelt es sich dabei um den Auftragsverantwortlichen oder andere Mitglieder des Prüfungsteams oder ggf. die Prüfungspraxis*****⁾. Wenn ein ISA ausdrücklich vorsieht, dass der Auftragsverantwortliche eine Anforderung oder eine Pflicht zu erfüllen hat, wird der Begriff „der Auftragsverantwortliche" anstelle des Begriffs „Abschlussprüfer" verwendet. Soweit einschlägig sind die Begriffe „der Auftragsverantwortliche" und „Prüfungspraxis" so zu verstehen, dass sie sich auf ihr Pendant im öffentlichen Sektor beziehen.

---

3) In den ISA wird nur der Begriff „Niederlegung" verwendet.
*) Der Begriff „kommunizieren" wird verwendet, um erkennbar zu machen, dass ein Informationsaustausch zwischen den beiden beteiligten Partnern in beide Richtungen gehen und schriftlich oder mündlich erfolgen kann.
**) In den ISA als „fair presentation framework" bezeichnet.
***) Abschlussposten und andere Angaben im Abschluss.
****) In den ISA als „compliance framework" bezeichnet.
*****) In der Schweiz: Prüfungsunternehmen.

(e) Detection risk – The risk that the procedures performed by the auditor to reduce audit risk to an acceptably low level will not detect a misstatement that exists and that could be material, either individually or when aggregated with other misstatements.

(f) Financial statements – A structured representation of historical financial information, including related notes, intended to communicate an entity's economic resources or obligations at a point in time or the changes therein for a period of time in accordance with a financial reporting framework. The related notes ordinarily comprise a summary of significant accounting policies and other explanatory information. The term "financial statements" ordinarily refers to a complete set of financial statements as determined by the requirements of the applicable financial reporting framework, but can also refer to a single financial statement.

(g) Historical financial information – Information expressed in financial terms in relation to a particular entity, derived primarily from that entity's accounting system, about economic events occurring in past time periods or about economic conditions or circumstances at points in time in the past.

(h) Management – The person(s) with executive responsibility for the conduct of the entity's operations. For some entities in some jurisdictions, management includes some or all of those charged with governance, for example, executive members of a governance board, or an owner-manager.

(i) Misstatement – A difference between the amount, classification, presentation, or disclosure of a reported financial statement item and the amount, classification, presentation, or disclosure that is required for the item to be in accordance with the applicable financial reporting framework. Misstatements can arise from error or fraud.

Where the auditor expresses an opinion on whether the financial statements are presented fairly, in all material respects, or give a true and fair view, misstatements also include those adjustments of amounts, classifications, presentation, or disclosures that, in the auditor's judgment, are necessary for the financial statements to be presented fairly, in all material respects, or to give a true and fair view.

(j) Premise, relating to the responsibilities of management and, where appropriate, those charged with governance, on which an audit is conducted – That management and, where appropriate, those charged with governance have acknowledged and understand that they have the following responsibilities that are fundamental to the conduct of an audit in accordance with ISAs. That is, responsibility:

　(i) For the preparation of the financial statements in accordance with the applicable financial reporting framework, including, where relevant, their fair presentation;

　(ii) For such internal control as management and, where appropriate, those charged with governance determine is necessary to enable the preparation of financial statements that are free from material misstatement, whether due to fraud or error; and

　(iii) To provide the auditor with:
　　a. Access to all information of which management and, where appropriate, those charged with governance are aware that is relevant to the preparation of the financial statements such as records, documentation and other matters;
　　b. Additional information that the auditor may request from management and, where appropriate, those charged with governance for the purpose of the audit; and

(e) Entdeckungsrisiko – Das Risiko, dass eine vorhandene falsche Darstellung, die entweder einzeln oder in der Summe mit anderen falschen Darstellungen wesentlich sein könnte, nicht durch die Handlungen aufgedeckt wird, die der Abschlussprüfer durchführt, um das Prüfungsrisiko auf ein vertretbar niedriges Maß zu reduzieren.

(f) Abschluss – Eine strukturierte Darstellung vergangenheitsorientierter Finanzinformationen unter Einschluss der damit zusammenhängenden Angaben. mit der beabsichtigt wird, in Übereinstimmung mit einem Regelwerk der Rechnungslegung über die wirtschaftlichen Ressourcen oder Verpflichtungen einer Einheit zu einem bestimmten Zeitpunkt oder deren Veränderungen für einen bestimmten Zeitraum zu kommunizieren. Die damit zusammenhängenden Angaben enthalten in der Regel eine Zusammenfassung bedeutsamer Rechnungslegungsmethoden und andere erläuternde Informationen. Der Begriff „Abschluss" bezieht sich normalerweise auf einen vollständigen Abschluss, so wie durch die Anforderungen des maßgebenden Regelwerks der Rechnungslegung festgelegt, kann jedoch auch eine einzelne Finanzaufstellung[*] betreffen.

(g) Vergangenheitsorientierte Finanzinformationen – In Begriffen des Rechnungswesens ausgedrückte Informationen bezüglich einer bestimmten Einheit, die hauptsächlich aus dem Buchführungssystem der betreffenden Einheit abgeleitet werden, über wirtschaftliche Ereignisse in vergangenen Zeiträumen oder über wirtschaftliche Gegebenheiten oder Umstände zu bestimmten Zeitpunkten in der Vergangenheit.

(h) Management – Die Person(en) mit Verantwortung für die Geschäftstätigkeit der Einheit. Bei einigen Einheiten gehören in manchen Rechtsräumen einige oder alle für die Überwachung Verantwortlichen zum Management (bspw. geschäftsführende Mitglieder eines gemeinsamen Führungs- und -Überwachungsgremiums oder ein Gesellschafter-Geschäftsführer).

(i) Falsche Darstellung – Eine Abweichung zwischen dem Betrag, dem Ausweis, der Darstellung oder der Angabe eines im Abschluss abgebildeten Sachverhalts und dem Betrag, dem Ausweis, der Darstellung oder der Angabe, der/die in Übereinstimmung mit dem maßgebenden Regelwerk der Rechnungslegung für den Sachverhalt erforderlich wäre. Falsche Darstellungen können aus Irrtümern oder aus dolosen Handlungen resultieren.

Wenn der Abschlussprüfer ein Prüfungsurteil darüber abgibt, ob der Abschluss in allen wesentlichen Belangen insgesamt sachgerecht dargestellt ist oder ein den tatsächlichen Verhältnissen entsprechendes Bild vermittelt, umfassen falsche Darstellungen auch solche Angleichungen von Beträgen, Ausweisen, Darstellungen oder Angaben, die nach der Beurteilung des Abschlussprüfers notwendig sind, damit der Abschluss in allen wesentlichen Belangen insgesamt sachgerecht dargestellt ist oder ein den tatsächlichen Verhältnissen entsprechendes Bild vermittelt.

(j) Voraussetzung, unter der eine Abschlussprüfung durchgeführt wird und die sich auf die Pflichten des Managements und - sofern angebracht - der für die Überwachung Verantwortlichen bezieht – Dass das Management und – sofern angebracht - die für die Überwachung Verantwortlichen anerkannt und verstanden haben, dass ihnen die nachfolgend genannten Pflichten obliegen, die für die Durchführung einer Prüfung in Übereinstimmung mit den ISA grundlegend sind. Das heißt, sie haben die Verantwortung

  (i) für die Aufstellung des Abschlusses in Übereinstimmung mit dem maßgebenden Regelwerk der Rechnungslegung, einschließlich einer sachgerechten Gesamtdarstellung des Abschlusses, sofern dies relevant ist;

  (ii) für ein internes Kontrollsystem, wie es das Management und – sofern angebracht - die für die Überwachung Verantwortlichen für notwendig befinden, um die Aufstellung eines Abschlusses zu ermöglichen, der frei von wesentlichen - beabsichtigten oder unbeabsichtigten - falschen Darstellungen ist;

  (iii) dafür, dem Abschlussprüfer Folgendes zu verschaffen

    a. Zugang zu allen Informationen, die dem Management und – sofern angebracht - den für die Überwachung Verantwortlichen bekannt und die für die Aufstellung des Abschlusses relevant sind (z.B. Aufzeichnungen, Dokumentationen und Sonstiges);

    b. zusätzliche Informationen, die der Abschlussprüfer zum Zwecke der Abschlussprüfung vom Management und - sofern angebracht - von den für die Überwachung Verantwortlichen verlangen kann und

---

[*] Einzelne Finanzaufstellungen können bspw. zeitpunkt- oder zeitraumbezogene Abschlussbestandteile oder die anderen in Textziffer A8 genannten Aufstellungen sein.

c. Unrestricted access to persons within the entity from whom the auditor determines it necessary to obtain audit evidence.

In the case of a fair presentation framework, (i) above may be restated as "for the preparation and *fair* presentation of the financial statements in accordance with the financial reporting framework," or "for the preparation of financial statements *that give a true and fair view* in accordance with the financial reporting framework."

The "premise, relating to the responsibilities of management and, where appropriate, those charged with governance, on which an audit is conducted" may also be referred to as the "premise."

(k) Professional judgment – The application of relevant training, knowledge and experience, within the context provided by auditing, accounting and ethical standards, in making informed decisions about the courses of action that are appropriate in the circumstances of the audit engagement.

(l) Professional skepticism – An attitude that includes a questioning mind, being alert to conditions which may indicate possible misstatement due to error or fraud, and a critical assessment of audit evidence.

(m) Reasonable assurance – In the context of an audit of financial statements, a high, but not absolute, level of assurance.

(n) Risk of material misstatement – The risk that the financial statements are materially misstated prior to audit. This consists of two components, described as follows at the assertion level:

   (i) Inherent risk – The susceptibility of an assertion about a class of transaction, account balance or disclosure to a misstatement that could be material, either individually or when aggregated with other misstatements, before consideration of any related controls.

   (ii) Control risk – The risk that a misstatement that could occur in an assertion about a class of transaction, account balance or disclosure and that could be material, either individually or when aggregated with other misstatements, will not be prevented, or detected and corrected, on a timely basis by the entity's internal control.

(o) Those charged with governance – The person(s) or organization(s) (for example, a corporate trustee) with responsibility for overseeing the strategic direction of the entity and obligations related to the accountability of the entity. This includes overseeing the financial reporting process. For some entities in some jurisdictions, those charged with governance may include management personnel, for example, executive members of a governance board of a private or public sector entity, or an owner-manager.

Requirements

Ethical Requirements Relating to an Audit of Financial Statements

14. The auditor shall comply with relevant ethical requirements, including those pertaining to independence, relating to financial statement audit engagements. (Ref: Para. A14–A17)

Professional Skepticism

15. The auditor shall plan and perform an audit with professional skepticism recognizing that circumstances may exist that cause the financial statements to be materially misstated. (Ref: Para. A18–A22)

Professional Judgment

16. The auditor shall exercise professional judgment in planning and performing an audit of financial statements. (Ref: Para. A23–A27)

Sufficient Appropriate Audit Evidence and Audit Risk

17. To obtain reasonable assurance, the auditor shall obtain sufficient appropriate audit evidence to reduce audit risk to an acceptably low level and thereby enable the auditor to draw reasonable conclusions on which to base the auditor's opinion. (Ref: Para. A28–A52)

Übergreifende Zielsetzungen des unabhängigen Prüfers und Grundsätze einer Prüfung in Übereinstimmung mit den International Standards on Auditing — ISA 200

    c. uneingeschränkten Zugang zu Personen innerhalb der Einheit, von denen der Abschlussprüfer es für notwendig hält, Prüfungsnachweise einzufordern.

Bei einem Regelwerk zur sachgerechten Gesamtdarstellung kann (i) ersetzt werden durch „für die Aufstellung und *sachgerechte* Gesamtdarstellung des Abschlusses in Übereinstimmung mit dem Regelwerk der Rechnungslegung" oder „für die Aufstellung eines Abschlusses, der in Übereinstimmung mit dem Regelwerk der Rechnungslegung *ein den tatsächlichen Verhältnissen entsprechendes Bild* vermittelt".

Die „Voraussetzung, unter der eine Abschlussprüfung durchgeführt wird und die sich auf die Pflichten des Managements und – sofern angebracht - der für die Überwachung Verantwortlichen bezieht " wird auch als die „Voraussetzung" bezeichnet.

(k) Pflichtgemäßes Ermessen – Das Anwenden von relevanter Aus- und Fortbildung, Kenntnis und Erfahrung im Zusammenhang mit Prüfungs-, Rechnungslegungs- und beruflichen Standards, um fundierte Entscheidungen über die Vorgehensweise zu treffen, die unter den Umständen des Prüfungsauftrags angemessen ist.

(l) Kritische Grundhaltung – Eine Einstellung, zu der eine hinterfragende Haltung, eine Aufmerksamkeit für Umstände, die auf mögliche falsche Darstellungen aufgrund von Irrtümern oder dolosen Handlungen hindeuten können, und eine kritische Beurteilung von Prüfungsnachweisen gehören.

(m) Hinreichende Sicherheit – Im Kontext einer Abschlussprüfung ein hoher, jedoch kein absoluter Grad an Sicherheit.

(n) Risiko wesentlicher falscher Darstellungen – Das Risiko, dass der Abschluss vor der Abschlussprüfung wesentliche falsche Darstellungen enthält. Dieses Risiko besteht aus zwei Komponenten, die auf Aussageebene folgendermaßen umschrieben sind:

    (i) Inhärentes Risiko – Die Anfälligkeit einer Aussage über eine Art von Geschäftsvorfällen, Kontensalden oder Abschlussangaben für eine falsche Darstellung, die entweder einzeln oder in der Summe mit anderen falschen Darstellungen wesentlich sein könnte, vor Berücksichtigung von damit zusammenhängenden Kontrollen.

    (ii) Kontrollrisiko – Das Risiko, dass eine falsche Darstellung, die bei einer Aussage über eine Art von Geschäftsvorfällen, Kontensalden oder Abschlussangaben auftreten könnte und die entweder einzeln oder in der Summe mit anderen falschen Darstellungen wesentlich sein könnte, vom IKS der Einheit nicht verhindert oder rechtzeitig aufgedeckt und korrigiert wird.

(o) Die für die Überwachung Verantwortlichen – Die Person(en) oder Organisation(en) (z.B. eine als Treuhänder eingesetzte juristische Person), die verantwortlich ist/sind für die Aufsicht über die strategische Ausrichtung der Einheit und über die Verpflichtungen im Zusammenhang mit der Rechenschaft der Einheit. Dazu gehört die Aufsicht über den Rechnungslegungsprozess. Bei einigen Einheiten können in manchen Rechtsräumen Mitglieder des Managements zu den für die Überwachung Verantwortlichen gehören (bspw. geschäftsführende Mitglieder eines gemeinsamen Führungs- oder Überwachungsgremiums einer Einheit im privaten oder öffentlichen Sektor oder ein Gesellschafter-Geschäftsführer).

Anforderungen

Berufliche Verhaltensanforderungen bei Abschlussprüfungen

14. Der Abschlussprüfer muss die bei Aufträgen zur Abschlussprüfung relevanten beruflichen Verhaltensanforderungen, einschließlich derjenigen zur Unabhängigkeit, einhalten. (Vgl. Tz. A14-A17)

Kritische Grundhaltung

15. Der Abschlussprüfer muss eine Prüfung mit einer kritischen Grundhaltung planen und durchführen im Bewusstsein, dass Umstände bestehen können, die dazu führen, dass der Abschluss wesentliche falsche Darstellungen enthält. (Vgl. Tz. A18-A22)

Pflichtgemäßes Ermessen

16. Der Abschlussprüfer muss bei der Planung und Durchführung einer Abschlussprüfung pflichtgemäßes Ermessen ausüben. (Vgl. Tz. A23-A27)

Ausreichende geeignete Prüfungsnachweise und Prüfungsrisiko

17. Um eine hinreichende Sicherheit zu erreichen, muss der Abschlussprüfer ausreichende geeignete Prüfungsnachweise erlangen, um das Prüfungsrisiko auf ein vertretbar niedriges Maß zu reduzieren und es dem Abschlussprüfer dadurch zu ermöglichen, vertretbare Schlussfolgerungen als Grundlage für das Prüfungsurteil zu ziehen. (Vgl. Tz. A28-A52)

Conduct of an Audit in Accordance with ISAs

Complying with ISAs Relevant to the Audit

18. The auditor shall comply with all ISAs relevant to the audit. An ISA is relevant to the audit when the ISA is in effect and the circumstances addressed by the ISA exist. (Ref: Para. A53–A57)

19. The auditor shall have an understanding of the entire text of an ISA, including its application and other explanatory material, to understand its objectives and to apply its requirements properly. (Ref: Para. A58–A66)

20. The auditor shall not represent compliance with ISAs in the auditor's report unless the auditor has complied with the requirements of this ISA and all other ISAs relevant to the audit.

Objectives Stated in Individual ISAs

21. To achieve the overall objectives of the auditor, the auditor shall use the objectives stated in relevant ISAs in planning and performing the audit, having regard to the interrelationships among the ISAs, to: (Ref: Para. A67–A69)

    (a) Determine whether any audit procedures in addition to those required by the ISAs are necessary in pursuance of the objectives stated in the ISAs; and (Ref: Para. A70)

    (b) Evaluate whether sufficient appropriate audit evidence has been obtained. (Ref: Para. A71)

Complying with Relevant Requirements

22. Subject to paragraph 23, the auditor shall comply with each requirement of an ISA unless, in the circumstances of the audit:

    (a) The entire ISA is not relevant; or

    (b) The requirement is not relevant because it is conditional and the condition does not exist. (Ref: Para. A72–A73)

23. In exceptional circumstances, the auditor may judge it necessary to depart from a relevant requirement in an ISA. In such circumstances, the auditor shall perform alternative audit procedures to achieve the aim of that requirement. The need for the auditor to depart from a relevant requirement is expected to arise only where the requirement is for a specific procedure to be performed and, in the specific circumstances of the audit, that procedure would be ineffective in achieving the aim of the requirement. (Ref: Para. A74)

Failure to Achieve an Objective

24. If an objective in a relevant ISA cannot be achieved, the auditor shall evaluate whether this prevents the auditor from achieving the overall objectives of the auditor and thereby requires the auditor, in accordance with the ISAs, to modify the auditor's opinion or withdraw from the engagement (where withdrawal is possible under applicable law or regulation). Failure to achieve an objective represents a significant matter requiring documentation in accordance with ISA 230.[4] (Ref: Para. A75–A76)

***

Application and Other Explanatory Material

An Audit of Financial Statements

Scope of the Audit (Ref: Para. 3)

A1. The auditor's opinion on the financial statements deals with whether the financial statements are prepared, in all material respects, in accordance with the applicable financial reporting framework. Such an opinion is common to all audits of financial statements. The auditor's opinion therefore does not assure, for example, the future viability of the entity nor the efficiency or effectiveness with which management has conducted the affairs of the entity. In some jurisdictions, however, applicable law or regulation may

---

4) ISA 230, "Audit Documentation," paragraph 8(c).

Grundsätze einer Prüfung in Übereinstimmung mit den ISA

Einhaltung von für die Prüfung relevanten ISA

18. Der Abschlussprüfer muss alle für die Prüfung relevanten ISA einhalten. Ein ISA ist für die Prüfung relevant, wenn er in Kraft getreten ist und wenn die von dem ISA angesprochenen Umstände vorliegen. (Vgl. Tz. A53-A57)

19. Der Abschlussprüfer muss ein Verständnis des gesamten Textes eines ISA (einschließlich der darin enthaltenen Anwendungshinweise und sonstigen Erläuterungen) haben, um die Ziele des ISA zu verstehen und dessen Anforderungen sachgerecht anzuwenden. (Vgl. Tz. A58-A66)

20. Der Abschlussprüfer darf im Vermerk des Abschlussprüfers nicht auf die Einhaltung der ISA hinweisen, wenn der Abschlussprüfer nicht die Anforderungen dieses ISA und sämtlicher anderen für die Prüfung relevanten ISA eingehalten hat.

In einzelnen ISA genannte Ziele

21. Um die übergreifenden Zielsetzungen zu erreichen, muss sich der Abschlussprüfer bei der Planung und Durchführung der Prüfung an den in den relevanten ISA genannten Zielen unter Berücksichtigung der wechselseitigen Beziehungen zwischen den ISA orientieren, um (Vgl. Tz. A67-A69)

    (a) festzustellen, ob bei der Orientierung an den in den ISA genannten Zielen Prüfungshandlungen zusätzlich zu den in den ISA geforderten notwendig sind, und (Vgl. Tz. A70)

    (b) zu beurteilen, ob ausreichende geeignete Prüfungsnachweise erlangt wurden. (Vgl. Tz. A71)

Einhaltung relevanter Anforderungen

22. Vorbehaltlich der Textziffer 23 muss der Abschlussprüfer jede Anforderung eines ISA einhalten, sofern nicht unter den Umständen der Prüfung

    (a) der gesamte ISA nicht relevant ist oder

    (b) die Anforderung nicht relevant ist, weil sie bedingt ist und diese Bedingung nicht erfüllt ist. (Vgl. Tz. A72-A73)

23. In Ausnahmefällen kann es der Abschlussprüfer als notwendig erachten, von einer relevanten Anforderung in einem ISA abzuweichen. In solchen Fällen muss der Abschlussprüfer alternative Prüfungshandlungen durchführen, um den Zweck dieser Anforderung zu erreichen. Die Notwendigkeit, dass der Abschlussprüfer von einer relevanten Anforderung abweichen muss, entsteht erwartungsgemäß nur, wenn sich die Anforderung auf eine bestimmte durchzuführende Prüfungshandlung bezieht, die unter den besonderen Umständen der Prüfung zum Erreichen des Zwecks der Anforderung nicht wirksam wäre. (Vgl. Tz. A74)

Nichterreichen eines Ziels

24. Wenn ein Ziel in einem relevanten ISA nicht erreicht werden kann, muss der Abschlussprüfer beurteilen, ob dadurch das Erreichen der übergreifenden Zielsetzungen verhindert wird und somit der Abschlussprüfer in Übereinstimmung mit dem ISA das Prüfungsurteil zu modifizieren oder das Mandat niederzulegen hat (sofern eine Niederlegung nach den einschlägigen Gesetzen oder anderen Rechtsvorschriften zulässig ist). Das Nichterreichen eines Ziels stellt einen bedeutsamen Sachverhalt dar, der nach ISA 230 zu dokumentieren ist.[4] (Vgl. Tz. A75-A76)

***

Anwendungshinweise und sonstige Erläuterungen

Abschlussprüfung

Prüfungsumfang (Vgl. Tz. 3)

A1. Das Urteil des Abschlussprüfers über den Abschluss bezieht sich darauf, ob der Abschluss in allen wesentlichen Belangen in Übereinstimmung mit dem maßgebenden Regelwerk der Rechnungslegung aufgestellt wurde. Ein solches Prüfungsurteil ist allen Abschlussprüfungen gemeinsam. Daher wird mit dem Prüfungsurteil bspw. weder eine Aussage zur zukünftigen Lebensfähigkeit der Einheit noch zur Wirtschaftlichkeit oder zur Wirksamkeit getroffen, mit der das Management die Tätigkeiten der Einheit

---

4) ISA 230 „Prüfungsdokumentation", Textziffer 8(c).

require auditors to provide opinions on other specific matters, such as the effectiveness of internal control, or the consistency of a separate management report with the financial statements. While the ISAs include requirements and guidance in relation to such matters to the extent that they are relevant to forming an opinion on the financial statements, the auditor would be required to undertake further work if the auditor had additional responsibilities to provide such opinions.

Preparation of the Financial Statements (Ref: Para. 4)

A2. Law or regulation may establish the responsibilities of management and, where appropriate, those charged with governance in relation to financial reporting. However, the extent of these responsibilities, or the way in which they are described, may differ across jurisdictions. Despite these differences, an audit in accordance with ISAs is conducted on the premise that management and, where appropriate, those charged with governance have acknowledged and understand that they have responsibility:

(a) For the preparation of the financial statements in accordance with the applicable financial reporting framework, including, where relevant, their fair presentation;

(b) For such internal control as management and, where appropriate, those charged with governance determine is necessary to enable the preparation of financial statements that are free from material misstatement, whether due to fraud or error; and

(c) To provide the auditor with:

(i) Access to all information of which management and, where appropriate, those charged with governance are aware that is relevant to the preparation of the financial statements such as records, documentation and other matters;

(ii) Additional information that the auditor may request from management and, where appropriate, those charged with governance for the purpose of the audit; and

(iii) Unrestricted access to persons within the entity from whom the auditor determines it necessary to obtain audit evidence.

A3. The preparation of the financial statements by management and, where appropriate, those charged with governance requires:

- The identification of the applicable financial reporting framework, in the context of any relevant laws or regulations.
- The preparation of the financial statements in accordance with that framework.
- The inclusion of an adequate description of that framework in the financial statements.

The preparation of the financial statements requires management to exercise judgment in making accounting estimates that are reasonable in the circumstances, as well as to select and apply appropriate accounting policies. These judgments are made in the context of the applicable financial reporting framework.

A4. The financial statements may be prepared in accordance with a financial reporting framework designed to meet:

- The common financial information needs of a wide range of users (that is, "general purpose financial statements"); or
- The financial information needs of specific users (that is, "special purpose financial statements").

A5. The applicable financial reporting framework often encompasses financial reporting standards established by an authorized or recognized standards setting organization, or legislative or regulatory requirements. In some cases, the financial reporting framework may encompass both financial reporting standards established by an authorized or recognized standards setting organization and legislative or regulatory requirements. Other sources may provide direction on the application of the applicable financial reporting framework. In some cases, the applicable financial reporting framework may encompass such other sources, or may even consist only of such sources. Such other sources may include:

durchgeführt hat. In manchen Rechtsräumen können jedoch maßgebende Gesetze und andere Rechtsvorschriften den Abschlussprüfer verpflichten, Prüfungsurteile zu anderen bestimmten Sachverhalten abzugeben, z.b. zur Wirksamkeit des IKS oder zur Übereinstimmung eines separaten Lageberichts mit dem Abschluss. Obwohl die ISA Anforderungen und erläuternde Hinweise zu solchen Sachverhalten enthalten, soweit sie für die Bildung eines Prüfungsurteils zum Abschluss relevant sind, muss der Abschlussprüfer weitere Arbeiten durchführen, wenn ihm zusätzliche Pflichten zur Abgabe solcher Prüfungsurteile obliegen.

Aufstellung des Abschlusses (Vgl. Tz. 4)

A2. Gesetze oder andere Rechtsvorschriften können Pflichten des Managements und ggf. der für die Überwachung Verantwortlichen zur Rechnungslegung festlegen. Der Umfang dieser Pflichten oder die Art und Weise, in der diese beschrieben sind, können jedoch in den unterschiedlichen Rechtsräumen variieren. Trotz dieser Unterschiede wird eine Abschlussprüfung in Übereinstimmung mit den ISA unter der Voraussetzung durchgeführt, dass das Management und ggf. die für die Überwachung Verantwortlichen anerkennen und verstehen, dass sie für Folgendes verantwortlich sind:

(a) Aufstellung des Abschlusses in Übereinstimmung mit dem maßgebenden Regelwerk der Rechnungslegung, einschließlich einer sachgerechten Gesamtdarstellung des Abschlusses, sofern dies relevant ist;

(b) ein internes Kontrollsystem, wie es das Management und - sofern angebracht - die für die Überwachung Verantwortlichen für notwendig befinden, um die Aufstellung eines Abschlusses zu ermöglichen, der frei von wesentlichen - beabsichtigten oder unbeabsichtigten - falschen Darstellungen ist;

(c) dafür, dem Abschlussprüfer Folgendes zu verschaffen:

   (i) Zugang zu allen Informationen, die dem Management und - sofern angebracht - den für die Überwachung Verantwortlichen bekannt sind und die für die Aufstellung des Abschlusses relevant sind (z.B. Aufzeichnungen, Dokumentationen und Sonstiges);

   (ii) zusätzliche Informationen, die der Abschlussprüfer zum Zwecke der Abschlussprüfung vom Management und - sofern angebracht - von den für die Überwachung Verantwortlichen verlangen kann und

   (iii) uneingeschränkten Zugang zu Personen innerhalb der Einheit, von denen der Abschlussprüfer es für notwendig hält, Prüfungsnachweise einzufordern.

A3. Die Aufstellung des Abschlusses durch das Management und ggf. die für die Überwachung Verantwortlichen erfordert:

   • die Bestimmung des maßgebenden Regelwerks der Rechnungslegung vor dem Hintergrund der relevanten Gesetze oder anderen Rechtsvorschriften;

   • die Aufstellung des Abschlusses in Übereinstimmung mit diesem Regelwerk;

   • die Einfügung einer angemessenen Beschreibung dieses Regelwerks im Abschluss.

Bei der Aufstellung des Abschlusses muss das Management Ermessen ausüben, um geschätzte Werte in der Rechnungslegung zu ermitteln, die unter den gegebenen Umständen vertretbar sind, sowie um geeignete Rechnungslegungsmethoden auszuwählen und anzuwenden. Diese Ermessensentscheidungen werden im Rahmen des maßgebenden Regelwerks der Rechnungslegung getroffen.

A4. Der Abschluss kann in Übereinstimmung mit einem Regelwerk der Rechnungslegung aufgestellt werden, das darauf ausgerichtet ist, Folgendem gerecht zu werden:

   • den gemeinsamen Finanzinformationsbedürfnissen eines breiten Spektrums von Nutzern (d.h. ein „Abschluss für allgemeine Zwecke") oder

   • den Finanzinformationsbedürfnissen bestimmter Nutzer (d.h. ein „Abschluss für einen speziellen Zweck").

A5. Das maßgebende Regelwerk der Rechnungslegung umfasst häufig Rechnungslegungsstandards, die von einer autorisierten oder anerkannten standardsetzenden Organisation festgelegt wurden, bzw. gesetzliche oder andere rechtliche Anforderungen. In manchen Fällen kann das Regelwerk der Rechnungslegung sowohl Rechnungslegungsstandards, die von einer autorisierten oder anerkannten standardsetzenden Organisation festgelegt wurden, als auch gesetzliche oder andere rechtliche Anforderungen umfassen. Andere Quellen können eine Anleitung zur Anwendung des maßgebenden Regelwerks der Rechnungslegung bieten. In einigen Fällen kann das maßgebende Regelwerk der Rechnungslegung solche anderen Quellen beinhalten oder sogar ausschließlich daraus bestehen. Zu solchen anderen Quellen können gehören:

- The legal and ethical environment, including statutes, regulations, court decisions, and professional ethical obligations in relation to accounting matters;
- Published accounting interpretations of varying authority issued by standards setting, professional or regulatory organizations;
- Published views of varying authority on emerging accounting issues issued by standards setting, professional or regulatory organizations;
- General and industry practices widely recognized and prevalent; and
- Accounting literature.

Where conflicts exist between the financial reporting framework and the sources from which direction on its application may be obtained, or among the sources that encompass the financial reporting framework, the source with the highest authority prevails.

A6. The requirements of the applicable financial reporting framework determine the form and content of the financial statements. Although the framework may not specify how to account for or disclose all transactions or events, it ordinarily embodies sufficient broad principles that can serve as a basis for developing and applying accounting policies that are consistent with the concepts underlying the requirements of the framework.

A7. Some financial reporting frameworks are fair presentation frameworks, while others are compliance frameworks. Financial reporting frameworks that encompass primarily the financial reporting standards established by an organization that is authorized or recognized to promulgate standards to be used by entities for preparing general purpose financial statements are often designed to achieve fair presentation, for example, International Financial Reporting Standards (IFRSs) issued by the International Accounting Standards Board (IASB).

A8. The requirements of the applicable financial reporting framework also determine what constitutes a complete set of financial statements. In the case of many frameworks, financial statements are intended to provide information about the financial position, financial performance and cash flows of an entity. For such frameworks, a complete set of financial statements would include a balance sheet; an income statement; a statement of changes in equity; a cash flow statement; and related notes. For some other financial reporting frameworks, a single financial statement and the related notes might constitute a complete set of financial statements:

- For example, the International Public Sector Accounting Standard (IPSAS), "Financial Reporting Under the Cash Basis of Accounting" issued by the International Public Sector Accounting Standards Board states that the primary financial statement is a statement of cash receipts and payments when a public sector entity prepares its financial statements in accordance with that IPSAS.
- Other examples of a single financial statement, each of which would include related notes, are:
    - Balance sheet.
    - Statement of income or statement of operations.
    - Statement of retained earnings.
    - Statement of cash flows.
    - Statement of assets and liabilities that does not include owner's equity.
    - Statement of changes in owners' equity.
    - Statement of revenue and expenses.
    - Statement of operations by product lines.

- das rechtliche und berufliche Umfeld, einschließlich Gesetzen und anderen Rechtsvorschriften, Gerichtsurteilen und Berufspflichten im Zusammenhang mit der Rechnungslegung;
- veröffentlichte Interpretationen zur Rechnungslegung von unterschiedlicher Verbindlichkeit, die von standardsetzenden, beruflichen oder mit der Aufsicht befassten Organisationen herausgegeben wurden;
- veröffentlichte Auffassungen von unterschiedlicher Verbindlichkeit zu auftretenden Fragen der Rechnungslegung, die von standardsetzenden, beruflichen oder mit der Aufsicht befassten Organisationen herausgegeben wurden;
- allgemeiner und branchenspezifischer Handelsbrauch, der anerkannt und weit verbreitet ist;
- Literatur zur Rechnungslegung.

Bei bestehenden Konflikten zwischen dem Regelwerk der Rechnungslegung und den Quellen, aus denen eine Anleitung zur Anwendung des Regelwerks abgeleitet werden kann, oder zwischen den Quellen, die das Regelwerk umfasst, ist die Quelle mit der höchsten Verbindlichkeit maßgebend.

A6. Die Anforderungen des maßgebenden Regelwerks der Rechnungslegung legen Form und Inhalt des Abschlusses fest. Obwohl in dem Regelwerk möglicherweise nicht für alle Geschäftsvorfälle oder Ereignisse festgelegt ist, wie sie in der Rechnungslegung abzubilden oder im Abschluss anzugeben sind, enthält es normalerweise ausreichende allgemeine Grundsätze, die als Grundlage für die Entwicklung und Anwendung von Rechnungslegungsmethoden dienen können, die mit den den Anforderungen des Regelwerks zugrunde liegenden Konzepten übereinstimmen.

A7. Manche Regelwerke der Rechnungslegung sind Regelwerke zur sachgerechten Gesamtdarstellung, während andere Regelwerke zur Normentsprechung sind. Regelwerke der Rechnungslegung, die hauptsächlich die Rechnungslegungsstandards umfassen, die von einer Organisation festgelegt wurden, die autorisiert oder anerkannt ist, Standards zu veröffentlichen, die von Einheiten für die Aufstellung von Abschlüssen für allgemeine Zwecke anzuwenden sind, sind häufig darauf ausgerichtet, eine sachgerechte Gesamtdarstellung zu erzielen (bspw. die vom International Accounting Standards Board (IASB) herausgegebenen International Financial Reporting Standards (IFRSs)).

A8. Die Anforderungen des maßgebenden Regelwerks der Rechnungslegung legen auch fest, woraus ein vollständiger Abschluss besteht. Im Falle vieler Regelwerke soll der Abschluss Informationen über die Vermögens-, Finanz- und Ertragslage sowie die Cashflows einer Einheit liefern. Bei solchen Regelwerken umfasst ein vollständiger Abschluss eine Bilanz, eine Gewinn- und Verlustrechnung*), eine Eigenkapitalveränderungsrechnung, eine Kapitalflussrechnung**) und damit zusammenhängende Angaben. Bei einigen anderen Regelwerken der Rechnungslegung können eine einzelne Finanzaufstellung und die damit zusammenhängenden Angaben einen vollständigen Abschluss bilden:

- Beispielsweise wird in dem vom International Public Sector Accounting Standards Board herausgegebenen International Public Sector Accounting Standard (IPSAS) mit dem Titel „Financial Reporting Under the Cash Basis of Accounting" festgelegt, dass bei der Aufstellung des Abschlusses einer Einheit des öffentlichen Sektors eine Einnahmen-Ausgaben-Rechnung die maßgeblichste Finanzaufstellung darstellt.
- Andere Beispiele für eine einzelne Finanzaufstellung, die jeweils die damit zusammenhängenden Angaben einschließt, sind:
  - Bilanz
  - Gewinn- und Verlustrechnung oder Betriebsergebnisrechnung
  - Aufstellung einbehaltener Gewinne und des Bilanzgewinns
  - Kapitalflussrechnung
  - Aufstellung über das Nettovermögen
  - Eigenkapitalveränderungsrechnung
  - Aufstellung über Erlöse und Aufwendungen
  - Betriebsergebnisrechnung nach Produktlinien

---

*) In der Schweiz: Erfolgsrechnung.
**) In Österreich und in der Schweiz: Geldflussrechnung.

A9. ISA 210 establishes requirements and provides guidance on determining the acceptability of the applicable financial reporting framework.[5] ISA 800 deals with special considerations when financial statements are prepared in accordance with a special purpose framework.[6]

A10. Because of the significance of the premise to the conduct of an audit, the auditor is required to obtain the agreement of management and, where appropriate, those charged with governance that they acknowledge and understand that they have the responsibilities set out in paragraph A2 as a precondition for accepting the audit engagement.[7]

Considerations Specific to Audits in the Public Sector

A11. The mandates for audits of the financial statements of public sector entities may be broader than those of other entities. As a result, the premise, relating to management's responsibilities, on which an audit of the financial statements of a public sector entity is conducted may include additional responsibilities, such as the responsibility for the execution of transactions and events in accordance with law, regulation or other authority.[8]

Form of the Auditor's Opinion (Ref: Para. 8)

A12. The opinion expressed by the auditor is on whether the financial statements are prepared, in all material respects, in accordance with the applicable financial reporting framework. The form of the auditor's opinion, however, will depend upon the applicable financial reporting framework and any applicable law or regulation. Most financial reporting frameworks include requirements relating to the presentation of the financial statements; for such frameworks, *preparation* of the financial statements in accordance with the applicable financial reporting framework includes *presentation*.

A13. Where the financial reporting framework is a fair presentation framework, as is generally the case for general purpose financial statements, the opinion required by the ISAs is on whether the financial statements are presented fairly, in all material respects, or give a true and fair view. Where the financial reporting framework is a compliance framework, the opinion required is on whether the financial statements are prepared, in all material respects, in accordance with the framework. Unless specifically stated otherwise, references in the ISAs to the auditor's opinion cover both forms of opinion.

Ethical Requirements Relating to an Audit of Financial Statements (Ref: Para. 14)

A14. The auditor is subject to relevant ethical requirements, including those pertaining to independence, relating to financial statement audit engagements. Relevant ethical requirements ordinarily comprise Parts A and B of the International Ethics Standards Board for Accountants' *Code of Ethics for Professional Accountants* (IESBA Code) related to an audit of financial statements together with national requirements that are more restrictive.

A15. Part A of the IESBA Code establishes the fundamental principles of professional ethics relevant to the auditor when conducting an audit of financial statements and provides a conceptual framework for applying those principles. The fundamental principles with which the auditor is required to comply by the IESBA Code are:

(a) Integrity;

(b) Objectivity;

(c) Professional competence and due care;

(d) Confidentiality; and

(e) Professional behavior.

Part B of the IESBA Code illustrates how the conceptual framework is to be applied in specific situations.

---

5) ISA 210, "Agreeing the Terms of Audit Engagements," paragraph 6(a).
6) ISA 800, "Special Considerations—Audits of Financial Statements Prepared in Accordance with Special Purpose Frameworks," paragraph 8.
7) ISA 210, paragraph 6(b).
8) See paragraph A57.

A9. ISA 210 enthält Anforderungen und erläuternde Hinweise zur Feststellung der Eignung des maßgebenden Regelwerks der Rechnungslegung.[5] ISA 800 behandelt besondere Überlegungen für den Fall, dass ein Abschluss in Übereinstimmung mit einem Regelwerk für einen speziellen Zweck aufgestellt wird.[6]

A10. Aufgrund der Bedeutung der Voraussetzung[*] für die Durchführung einer Abschlussprüfung muss der Abschlussprüfer als Vorbedingung für die Annahme des Prüfungsauftrags das Einverständnis des Managements und - sofern angebracht - der für die Überwachung Verantwortlichen dahingehend einholen, dass sie die in Textziffer A2 genannten Pflichten anerkennen und verstehen.[7]

Spezifische Überlegungen zu Prüfungen im öffentlichen Sektor

A11. Die Aufträge zur Abschlussprüfung bei Einheiten des öffentlichen Sektors können umfangreicher sein als diejenigen bei anderen Einheiten. Daher kann die auf die Pflichten des Managements bezogene Voraussetzung, unter der eine Prüfung des Abschlusses einer Einheit des öffentlichen Sektors durchgeführt wird, zusätzliche Pflichten einschließen (z. B. die Pflicht, Geschäftsvorfälle und Ereignisse in Übereinstimmung mit den Gesetzen, anderen Rechtsvorschriften oder sonstigen amtlichen Vorgaben auszuführen).[8]

Form des Prüfungsurteils (Vgl. Tz. 8)

A12. Das vom Abschlussprüfer abgegebene Prüfungsurteil bezieht sich darauf, ob der Abschluss in allen wesentlichen Belangen in Übereinstimmung mit dem maßgebenden Regelwerk der Rechnungslegung aufgestellt wurde. Die Form des Prüfungsurteils hängt jedoch von dem maßgebenden Regelwerk der Rechnungslegung und von maßgebenden Gesetzen oder anderen Rechtsvorschriften ab. Die meisten Regelwerke der Rechnungslegung enthalten Anforderungen zur Darstellung des Abschlusses. Bei solchen Regelwerken schließt die *Aufstellung* des Abschlusses in Übereinstimmung mit dem maßgebenden Regelwerk der Rechnungslegung die *Darstellung* ein.

A13. Wenn es sich bei dem Regelwerk der Rechnungslegung um ein Regelwerk zur sachgerechten Gesamtdarstellung handelt, wie es i.d.R. bei Abschlüssen für allgemeine Zwecke der Fall ist, bezieht sich das in den ISA geforderte Prüfungsurteil darauf, ob der Abschluss in allen wesentlichen Belangen insgesamt sachgerecht dargestellt ist oder ein den tatsächlichen Verhältnissen entsprechendes Bild vermittelt. Wenn es sich bei dem Regelwerk der Rechnungslegung um ein Regelwerk zur Normentsprechung handelt, bezieht sich das geforderte Prüfungsurteil darauf, ob der Abschluss in allen wesentlichen Belangen in Übereinstimmung mit dem Regelwerk aufgestellt wurde. Sofern nicht ausdrücklich anders angegeben, sind – wenn in den ISA auf das Prüfungsurteil Bezug genommen wird - beide Formen des Prüfungsurteils gemeint.

Berufliche Verhaltensanforderungen bei Abschlussprüfungen (Vgl. Tz. 14)

A14. Der Abschlussprüfer unterliegt den für Aufträge zur Abschlussprüfung relevanten beruflichen Verhaltensanforderungen (einschließlich Unabhängigkeitsanforderungen). Relevante berufliche Verhaltensanforderungen umfassen in der Regel die Teile A und B des *Code of Ethics for Professional Accountants* des International Ethics Standards Board for Accountants (IESBA-Kodex) für Abschlussprüfungen zusammen mit restriktiveren nationalen Anforderungen.

A15. Teil A des IESBA-Kodex legt die fundamentalen Grundsätze für das berufliche Verhalten fest, die für den Abschlussprüfer bei der Durchführung einer Abschlussprüfung relevant sind, und bestimmt ein Rahmenkonzept für deren Anwendung. Die fundamentalen Grundsätze, die der Abschlussprüfer nach dem IESBA-Kodex einzuhalten hat, sind:

(a) Integrität
(b) Objektivität
(c) berufliche Kompetenz und erforderliche Sorgfalt
(d) Verschwiegenheit
(e) berufswürdiges Verhalten.

In Teil B des IESBA-Kodex wird erläutert, wie das Rahmenkonzept in bestimmten Situationen anzuwenden ist.

---

5) ISA 210 „Vereinbarung der Auftragsbedingungen für Prüfungsaufträge", Textziffer 6(a).
6) ISA 800 „Besondere Überlegungen bei Prüfungen von Abschlüssen, die aufgestellt sind in Übereinstimmung mit einem Regelwerk für einen speziellen Zweck", Textziffer 8.
7) ISA 210, Textziffer 6(b).
8) Vgl. Textziffer A57.
*) Vgl. oben Textziffer 13 (j).

A16. In the case of an audit engagement it is in the public interest and, therefore, required by the IESBA Code, that the auditor be independent of the entity subject to the audit. The IESBA Code describes independence as comprising both independence of mind and independence in appearance. The auditor's independence from the entity safeguards the auditor's ability to form an audit opinion without being affected by influences that might compromise that opinion. Independence enhances the auditor's ability to act with integrity, to be objective and to maintain an attitude of professional skepticism.

A17. International Standard on Quality Control (ISQC) 1,[9] or national requirements that are at least as demanding,[10] deal with the firm's responsibilities to establish and maintain its system of quality control for audit engagements. ISQC 1 sets out the responsibilities of the firm for establishing policies and procedures designed to provide it with reasonable assurance that the firm and its personnel comply with relevant ethical requirements, including those pertaining to independence.[11] ISA 220 sets out the engagement partner's responsibilities with respect to relevant ethical requirements. These include remaining alert, through observation and making inquiries as necessary, for evidence of non-compliance with relevant ethical requirements by members of the engagement team, determining the appropriate action if matters come to the engagement partner's attention that indicate that members of the engagement team have not complied with relevant ethical requirements, and forming a conclusion on compliance with independence requirements that apply to the audit engagement.[12] ISA 220 recognizes that the engagement team is entitled to rely on a firm's system of quality control in meeting its responsibilities with respect to quality control procedures applicable to the individual audit engagement, unless information provided by the firm or other parties suggests otherwise.

Professional Skepticism (Ref: Para. 15)

A18. Professional skepticism includes being alert to, for example:
- Audit evidence that contradicts other audit evidence obtained.
- Information that brings into question the reliability of documents and responses to inquiries to be used as audit evidence.
- Conditions that may indicate possible fraud.
- Circumstances that suggest the need for audit procedures in addition to those required by the ISAs.

A19. Maintaining professional skepticism throughout the audit is necessary if the auditor is, for example, to reduce the risks of:
- Overlooking unusual circumstances.
- Over generalizing when drawing conclusions from audit observations.
- Using inappropriate assumptions in determining the nature, timing and extent of the audit procedures and evaluating the results thereof.

A20. Professional skepticism is necessary to the critical assessment of audit evidence. This includes questioning contradictory audit evidence and the reliability of documents and responses to inquiries and other information obtained from management and those charged with governance. It also includes consideration of the sufficiency and appropriateness of audit evidence obtained in the light of the circumstances, for example, in the case where fraud risk factors exist and a single document, of a nature that is susceptible to fraud, is the sole supporting evidence for a material financial statement amount.

---

9) ISQC 1, "Quality Control for Firms that Perform Audits and Reviews of Financial Statements, and Other Assurance and Related Services Engagements."
10) ISA 220, "Quality Control for an Audit of Financial Statements," paragraph 2.
11) ISQC 1, paragraphs 20–25.
12) ISA 220, paragraphs 9–12.

A16. Bei einem Abschlussprüfungsauftrag liegt es im öffentlichen Interesse und wird daher im IESBA-Kodex gefordert, dass der Abschlussprüfer unabhängig von der geprüften Einheit ist. Nach der Beschreibung im IESBA-Kodex umfasst Unabhängigkeit sowohl eine innere Unabhängigkeit als auch eine äußere Unabhängigkeit. Die Unabhängigkeit von der Einheit stellt sicher, dass der Abschlussprüfer in der Lage ist, ein Prüfungsurteil zu bilden, ohne dass er Einflüssen unterliegt, die dieses Prüfungsurteil beeinträchtigen könnten. Unabhängigkeit erhöht die Fähigkeit des Abschlussprüfers, integer zu handeln, objektiv zu sein und eine kritische Grundhaltung beizubehalten.

A17. International Standard on Quality Control (ISQC) 1[9] oder nationale Anforderungen, die zumindest ebenso anspruchsvoll sind,[10] behandeln die Pflichten der Prüfungspraxis zur Festlegung und Aufrechterhaltung ihres Qualitätssicherungssystems für Abschlussprüfungsaufträge. ISQC 1 legt die Pflichten der Prüfungspraxis zur Festlegung von Regelungen und Maßnahmen fest, die darauf ausgerichtet sind, der Praxis hinreichende Sicherheit darüber zu verschaffen, dass sie und ihr Fachpersonal die relevanten beruflichen Verhaltensanforderungen (einschließlich der Unabhängigkeitsanforderungen) einhalten.[11] In ISA 220 werden die Pflichten des Auftragsverantwortlichen im Hinblick auf die relevanten beruflichen Verhaltensanforderungen geregelt. Dazu gehört, durch Beobachtungen und Durchführung erforderlicher Befragungen auf Anhaltspunkte für die Nichtbeachtung relevanter beruflicher Verhaltensanforderungen durch Mitglieder des Prüfungsteams zu achten; geeignete Maßnahmen für den Fall festzulegen, dass der Auftragsverantwortliche auf Sachverhalte aufmerksam wird, die darauf hindeuten, dass Mitglieder des Prüfungsteams die relevanten beruflichen Verhaltensanforderungen nicht eingehalten haben und eine Schlussfolgerung über die Einhaltung der für den Prüfungsauftrag geltenden Unabhängigkeitsanforderungen zu ziehen.[12] ISA 220 räumt ein, dass das Prüfungsteam berechtigt ist, sich bei der Erfüllung seiner Pflichten zu den für den einzelnen Prüfungsauftrag geltenden Qualitätssicherungsmaßnahmen auf das Qualitätssicherungssystem der Prüfungspraxis zu verlassen, sofern nicht von dieser Praxis oder von anderen Parteien erhaltene Informationen etwas anderes nahe legen. ISA 220 räumt ein, dass das Prüfungsteam berechtigt ist, sich bei der Erfüllung seiner Pflichten zu den für den einzelnen Prüfungsauftrag geltenden Qualitätssicherungsmaßnahmen auf das Qualitätssicherungssystem der Prüfungspraxis zu verlassen, sofern nicht von dieser Praxis oder von anderen Parteien erhaltene Informationen etwas anderes nahe legen.

Kritische Grundhaltung (Vgl. Tz. 15)

A18. Eine kritische Grundhaltung schließt Aufmerksamkeit ein bspw. für:
- Prüfungsnachweise, die im Widerspruch zu anderen erlangten Prüfungsnachweisen stehen;
- Informationen, welche die Verlässlichkeit von Dokumenten und Antworten auf Befragungen in Frage stellen, die als Prüfungsnachweise verwendet werden sollen;
- Gegebenheiten, die auf mögliche dolose Handlungen hindeuten können;
- Umstände, welche die Notwendigkeit von Prüfungshandlungen zusätzlich zu den in den ISA geforderten nahe legen.

A19. Die Beibehaltung einer kritischen Grundhaltung während der gesamten Prüfung ist notwendig, wenn der Abschlussprüfer bspw. die folgenden Risiken zu reduzieren hat:
- Übersehen ungewöhnlicher Umstände;
- zu starke Verallgemeinerung beim Ziehen von Schlussfolgerungen aus Prüfungsbeobachtungen;
- Treffen ungeeigneter Annahmen bei der Festlegung von Art, zeitlicher Einteilung und Umfang der Prüfungshandlungen und bei der Beurteilung ihrer Ergebnisse.

A20. Für die kritische Beurteilung von Prüfungsnachweisen bedarf es einer kritischen Grundhaltung. Dazu gehören das Infragestellen von widersprüchlichen Prüfungsnachweisen sowie der Verlässlichkeit von Dokumenten, der Antworten auf Befragungen und sonstigen Informationen, die der Abschlussprüfer vom Management und den für die Überwachung Verantwortlichen erhalten hat. Außerdem gehört dazu das Abwägen der Frage, ob die erlangten Prüfungsnachweise vor dem Hintergrund der gegebenen Umstände ausreichend und geeignet sind (bspw. wenn Risikofaktoren für dolose Handlungen bestehen und ein einzelnes Dokument, das von seiner Art her für dolose Handlungen anfällig ist, der einzige unterstützende Nachweis für einen wesentlichen Abschlussposten ist).

---

9) ISQC 1 „Qualitätssicherung für Praxen, die Abschlussprüfungen und prüferische Durchsichten von Abschlüssen sowie andere betriebswirtschaftliche Prüfungen und Aufträge zu verwandten Dienstleistungen durchführen".
10) ISA 220 „Qualitätssicherung bei einer Abschlussprüfung", Textziffer 2.
11) ISQC 1, Textziffern 20-25.
12) ISA 220, Textziffern 9-12.

A21. The auditor may accept records and documents as genuine unless the auditor has reason to believe the contrary. Nevertheless, the auditor is required to consider the reliability of information to be used as audit evidence.[13] In cases of doubt about the reliability of information or indications of possible fraud (for example, if conditions identified during the audit cause the auditor to believe that a document may not be authentic or that terms in a document may have been falsified), the ISAs require that the auditor investigate further and determine what modifications or additions to audit procedures are necessary to resolve the matter.[14]

A22. The auditor cannot be expected to disregard past experience of the honesty and integrity of the entity's management and those charged with governance. Nevertheless, a belief that management and those charged with governance are honest and have integrity does not relieve the auditor of the need to maintain professional skepticism or allow the auditor to be satisfied with less than persuasive audit evidence when obtaining reasonable assurance.

Professional Judgment (Ref: Para. 16)

A23. Professional judgment is essential to the proper conduct of an audit. This is because interpretation of relevant ethical requirements and the ISAs and the informed decisions required throughout the audit cannot be made without the application of relevant knowledge and experience to the facts and circumstances. Professional judgment is necessary in particular regarding decisions about:

- Materiality and audit risk.
- The nature, timing and extent of audit procedures used to meet the requirements of the ISAs and gather audit evidence.
- Evaluating whether sufficient appropriate audit evidence has been obtained, and whether more needs to be done to achieve the objectives of the ISAs and thereby, the overall objectives of the auditor.
- The evaluation of management's judgments in applying the entity's applicable financial reporting framework.
- The drawing of conclusions based on the audit evidence obtained, for example, assessing the reasonableness of the estimates made by management in preparing the financial statements.

A24. The distinguishing feature of the professional judgment expected of an auditor is that it is exercised by an auditor whose training, knowledge and experience have assisted in developing the necessary competencies to achieve reasonable judgments.

A25. The exercise of professional judgment in any particular case is based on the facts and circumstances that are known by the auditor. Consultation on difficult or contentious matters during the course of the audit, both within the engagement team and between the engagement team and others at the appropriate level within or outside the firm, such as that required by ISA 220,[15] assist the auditor in making informed and reasonable judgments.

A26. Professional judgment can be evaluated based on whether the judgment reached reflects a competent application of auditing and accounting principles and is appropriate in the light of, and consistent with, the facts and circumstances that were known to the auditor up to the date of the auditor's report.

A27. Professional judgment needs to be exercised throughout the audit. It also needs to be appropriately documented. In this regard, the auditor is required to prepare audit documentation sufficient to enable an experienced auditor, having no previous connection with the audit, to understand the significant professional judgments made in reaching conclusions on significant matters arising during the audit.[16] Professional judgment is not to be used as the justification for decisions that are not otherwise supported by the facts and circumstances of the engagement or sufficient appropriate audit evidence.

---

13) ISA 500, "Audit Evidence," paragraphs 7–9.
14) ISA 240, paragraph 13; ISA 500, paragraph 11; ISA 505, "External Confirmations," paragraphs 10–11, and 16.
15) ISA 220, paragraph 18.
16) ISA 230, paragraph 8.

A21. Der Abschlussprüfer darf von der Echtheit der Aufzeichnungen und Dokumente ausgehen, außer wenn der Abschlussprüfer Grund zur gegenteiligen Annahme hat. Dennoch muss der Abschlussprüfer abwägen, ob die Informationen, die als Prüfungsnachweise verwendet werden sollen, verlässlich sind.[13] Bei Zweifeln an der Verlässlichkeit von Informationen oder bei Anzeichen für mögliche dolose Handlungen (bspw. wenn der Abschlussprüfer während der Prüfung auf Gegebenheiten stösst, die ihn zu der Annahme veranlassen, dass möglicherweise ein Dokument nicht echt ist oder Bestimmungen in einem Dokument gefälscht wurden), muss der Abschlussprüfer nach den ISA weitere Untersuchungen durchführen und festlegen, wie die Prüfungshandlungen angepasst oder ergänzt werden müssen, um den Sachverhalt zu klären.[14]

A22. Vom Abschlussprüfer kann nicht erwartet werden, dass die bisher mit der Aufrichtigkeit und Integrität des Managements der Einheit und der für die Überwachung Verantwortlichen gemachten Erfahrungen außer Acht gelassen werden. Dennoch befreit die Überzeugung, dass das Management und die für die Überwachung Verantwortlichen aufrichtig und integer sind, den Abschlussprüfer nicht von der erforderlichen Beibehaltung einer kritischen Grundhaltung. Auch darf sich der Abschlussprüfer beim Erzielen einer hinreichenden Sicherheit nicht mit nicht völlig überzeugenden Prüfungsnachweisen zufrieden geben.

Pflichtgemäßes Ermessen (Vgl. Tz. 16)

A23. Pflichtgemäßes Ermessen ist für die ordnungsmäßige Durchführung einer Prüfung von entscheidender Bedeutung , weil die Auslegung der relevanten beruflichen Verhaltensanforderungen und der ISA sowie die fundierten Entscheidungen, die während der gesamten Prüfung erforderlich sind, ohne die Anwendung relevanter Kenntnisse und Erfahrungen auf die gegebenen Tatsachen und Umstände nicht möglich sind. Pflichtgemäßes Ermessen ist insbesondere notwendig für Entscheidungen über:
- Wesentlichkeit und Prüfungsrisiko;
- Art, zeitliche Einteilung und Umfang von Prüfungshandlungen, die dazu dienen, die Anforderungen der ISA zu erfüllen und Prüfungsnachweise zu erlangen;
- die Beurteilung, ob ausreichende geeignete Prüfungsnachweise erlangt wurden und ob weitere Maßnahmen durchgeführt werden müssen, um die Ziele der ISA und damit die übergreifenden Zielsetzungen des Abschlussprüfers zu erreichen;
- die Beurteilung der Ermessensentscheidungen des Managements bei der Anwendung des für die Einheit maßgebenden Regelwerks der Rechnungslegung;
- das Ziehen von Schlussfolgerungen auf der Grundlage der erlangten Prüfungsnachweise (bspw. die Beurteilung der Vertretbarkeit der geschätzten Werte, die vom Management bei der Aufstellung des Abschlusses ermittelt wurden).

A24. Das von einem Abschlussprüfer erwartete pflichtgemäße Ermessen zeichnet sich dadurch aus, dass es von einem Abschlussprüfer ausgeübt wird, dessen Aus- und Fortbildung, Kenntnisse und Erfahrungen zur Entwicklung der notwendigen Kompetenzen beigetragen haben, um angemessene Beurteilungen zu erzielen.

A25. Die Ausübung des pflichtgemäßen Ermessens stützt sich in jedem Einzelfall auf die dem Abschlussprüfer bekannten Tatsachen und Umstände. Die Konsultation zu schwierigen oder umstrittenen Sachverhalten im Laufe der Prüfung, sowohl innerhalb des Prüfungsteams als auch zwischen dem Prüfungsteam und anderen Personen auf geeigneter Ebene innerhalb oder außerhalb der Prüfungspraxis, wie es z. B. in ISA 220[15] gefordert wird, unterstützt den Abschlussprüfer bei der Vornahme fundierter und vertretbarer Beurteilungen.

A26. Pflichtgemäßes Ermessen kann danach beurteilt werden, ob das Urteil, zu dem der Abschlussprüfer gelangt ist, eine kompetente Anwendung von Prüfungs- und Rechnungslegungsgrundsätzen widerspiegelt und angesichts der Tatsachen und Umstände, die dem Abschlussprüfer bis zum Datum des Vermerks des Abschlussprüfers bekannt waren, vertretbar ist und mit diesen Tatsachen und Umständen in Einklang steht.

A27. Pflichtgemäßes Ermessen muss während der gesamten Abschlussprüfung ausgeübt und zudem angemessen dokumentiert werden. In dieser Hinsicht muss der Abschlussprüfer eine Prüfungsdokumentation anfertigen, die ausreicht, einen erfahrenen Abschlussprüfer, der zuvor nicht mit der Abschlussprüfung befasst war, in die Lage zu versetzen, die bedeutsamen Beurteilungen auf der Grundlage pflichtgemäßen Ermessens zu verstehen, die im Zusammenhang mit den Schlussfolgerungen zu bedeutsamen Sachverhalten getroffen wurden, die sich während der Abschlussprüfung ergeben.[16]

---

13) ISA 500 „Prüfungsnachweise", Textziffern 7-9.
14) ISA 240, Textziffer 13, ISA 500, Textziffer 11, und ISA 505 „Externe Bestätigungen", Textziffern 10-11 und 16.
15) ISA 220, Textziffer 18.
16) ISA 230, Textziffer 8.

Sufficient Appropriate Audit Evidence and Audit Risk (Ref: Para. 5 and 17)

Sufficiency and Appropriateness of Audit Evidence

A28. Audit evidence is necessary to support the auditor's opinion and report. It is cumulative in nature and is primarily obtained from audit procedures performed during the course of the audit. It may, however, also include information obtained from other sources such as previous audits (provided the auditor has determined whether changes have occurred since the previous audit that may affect its relevance to the current audit[17]) or a firm's quality control procedures for client acceptance and continuance. In addition to other sources inside and outside the entity, the entity's accounting records are an important source of audit evidence. Also, information that may be used as audit evidence may have been prepared by an expert employed or engaged by the entity. Audit evidence comprises both information that supports and corroborates management's assertions, and any information that contradicts such assertions. In addition, in some cases, the absence of information (for example, management's refusal to provide a requested representation) is used by the auditor, and therefore, also constitutes audit evidence. Most of the auditor's work in forming the auditor's opinion consists of obtaining and evaluating audit evidence.

A29. The sufficiency and appropriateness of audit evidence are interrelated. Sufficiency is the measure of the quantity of audit evidence. The quantity of audit evidence needed is affected by the auditor's assessment of the risks of misstatement (the higher the assessed risks, the more audit evidence is likely to be required) and also by the quality of such audit evidence (the higher the quality, the less may be required). Obtaining more audit evidence, however, may not compensate for its poor quality.

A30. Appropriateness is the measure of the quality of audit evidence; that is, its relevance and its reliability in providing support for the conclusions on which the auditor's opinion is based. The reliability of evidence is influenced by its source and by its nature, and is dependent on the individual circumstances under which it is obtained.

A31. Whether sufficient appropriate audit evidence has been obtained to reduce audit risk to an acceptably low level, and thereby enable the auditor to draw reasonable conclusions on which to base the auditor's opinion, is a matter of professional judgment. ISA 500 and other relevant ISAs establish additional requirements and provide further guidance applicable throughout the audit regarding the auditor's considerations in obtaining sufficient appropriate audit evidence.

Audit Risk

A32. Audit risk is a function of the risks of material misstatement and detection risk. The assessment of risks is based on audit procedures to obtain information necessary for that purpose and evidence obtained throughout the audit. The assessment of risks is a matter of professional judgment, rather than a matter capable of precise measurement.

A33. For purposes of the ISAs, audit risk does not include the risk that the auditor might express an opinion that the financial statements are materially misstated when they are not. This risk is ordinarily insignificant. Further, audit risk is a technical term related to the process of auditing; it does not refer to the auditor's business risks such as loss from litigation, adverse publicity, or other events arising in connection with the audit of financial statements.

---

17) ISA 315, "Identifying and Assessing the Risks of Material Misstatement through Understanding the Entity and Its Environment," paragraph 9.

Pflichtgemäßes Ermessen darf nicht als Rechtfertigung für Entscheidungen dienen, die ansonsten nicht durch die Tatsachen und Umstände des Auftrags oder durch ausreichende geeignete Prüfungsnachweise gestützt werden.

Ausreichende geeignete Prüfungsnachweise und Prüfungsrisiko (Vgl. Tz. 5 und 17)

Ausreichender Umfang und Eignung von Prüfungsnachweisen

A28. Prüfungsnachweise sind notwendig, um das Prüfungsurteil und den Vermerk des Abschlussprüfers zu stützen. Sie sind ihrem Wesen nach kumulativ und werden hauptsächlich aus im Laufe der Prüfung durchgeführten Prüfungshandlungen erlangt. Sie können jedoch auch Informationen einschließen, die aus anderen Quellen stammen, beispielsweise aus vorherigen Prüfungen (vorausgesetzt, der Abschlussprüfer hat festgestellt, ob seit der vorherigen Prüfung Änderungen eingetreten sind, die sich auf ihre Relevanz für die laufende Prüfung auswirken können[17]) oder aus den Qualitätssicherungsmaßnahmen einer Prüfungspraxis zur Annahme und Fortführung des Mandats. Neben anderen Quellen innerhalb und außerhalb der Einheit sind die Unterlagen der Rechnungslegung der Einheit eine wichtige Quelle für Prüfungsnachweise. Informationen, die als Prüfungsnachweise verwendet werden können, können auch von einem Sachverständigen erstellt worden sein, der bei der Einheit angestellt ist oder von ihr beauftragt wird. Prüfungsnachweise umfassen sowohl Informationen, welche die Aussagen des Managements stützen und untermauern, als auch Informationen, die im Widerspruch zu diesen Aussagen stehen. In manchen Fällen wird zudem das Fehlen von Informationen (zum Beispiel die Weigerung des Managements, eine verlangte Erklärung abzugeben) vom Abschlussprüfer genutzt und stellt daher ebenfalls einen Prüfungsnachweis dar. Der größte Teil der Tätigkeit des Abschlussprüfers bei der Bildung des Prüfungsurteils besteht in der Einholung und Beurteilung von Prüfungsnachweisen.

A29. Ausreichender Umfang und Eignung von Prüfungsnachweisen stehen in einer Wechselbeziehung. Ausreichender Umfang ist das Maß für die Quantität der Prüfungsnachweise. Die Quantität der benötigten Prüfungsnachweise hängt ab von der durch den Abschlussprüfer vorgenommenen Beurteilung der Risiken falscher Darstellungen (je höher die beurteilten Risiken, desto mehr Prüfungsnachweise sind voraussichtlich erforderlich) und von der Qualität dieser Prüfungsnachweise (je höher die Qualität, desto weniger Nachweise sind möglicherweise erforderlich). Das Einholen einer größeren Menge an Prüfungsnachweisen ist jedoch möglicherweise kein Ausgleich für deren schlechte Qualität.

A30. Eignung ist das Maß für die Qualität von Prüfungsnachweisen, d.h. ihre Relevanz und Verlässlichkeit als Unterstützung für die Schlussfolgerungen, auf denen das Prüfungsurteil beruht. Die Verlässlichkeit von Nachweisen wird durch ihre Quelle und ihre Art beeinflusst und hängt von den individuellen Umständen ab, unter denen sie erlangt werden.

A31. Die Beurteilung, ob ausreichende geeignete Prüfungsnachweise erlangt wurden, um das Prüfungsrisiko auf ein vertretbar niedriges Maß zu reduzieren und den Abschlussprüfer dadurch in die Lage zu versetzen, vertretbare Schlussfolgerungen als Grundlage für das Prüfungsurteil zu ziehen, liegt im pflichtgemäßen Ermessen des Abschlussprüfers. ISA 500 und andere relevante ISA enthalten zusätzliche, für die gesamte Abschlussprüfung geltende Anforderungen und weitere Hinweise zu den Überlegungen des Abschlussprüfers im Zusammenhang mit der Einholung ausreichender geeigneter Prüfungsnachweise.

Prüfungsrisiko

A32. Das Prüfungsrisiko ist eine Funktion der Risiken wesentlicher falscher Darstellungen und des Entdeckungsrisikos. Die Beurteilung von Risiken basiert auf Prüfungshandlungen zum Erlangen von Informationen, die zu diesem Zweck notwendig sind, und auf Nachweisen, die während der gesamten Abschlussprüfung erlangt wurden. Die Beurteilung von Risiken liegt im pflichtgemäßen Ermessen des Abschlussprüfers und ist nicht genau messbar.

A33. Für Zwecke der ISA umfasst das Prüfungsrisiko nicht das Risiko, dass der Abschlussprüfer in seinem Prüfungsurteil zum Ausdruck bringen könnte, dass der Abschluss wesentliche falsche Darstellungen enthält, obwohl dies nicht der Fall ist. Dieses Risiko ist normalerweise nicht bedeutsam. Der Begriff „Prüfungsrisiko" ist ferner ein fachlicher Begriff, der sich auf den Abschlussprüfungsprozess bezieht und nicht auf die Geschäftsrisiken des Abschlussprüfers (z. B. Verluste aus Rechtsstreitigkeiten, nachteilige Werbung oder andere Ereignisse, die im Zusammenhang mit der Abschlussprüfung eintreten).

---

17) ISA 315 „Identifizierung und Beurteilung der Risiken wesentlicher falscher Darstellungen aus dem Verstehen der Einheit und ihres Umfelds", Textziffer 9.

Risks of Material Misstatement

A34. The risks of material misstatement may exist at two levels:
- The overall financial statement level; and
- The assertion level for classes of transactions, account balances, and disclosures.

A35. Risks of material misstatement at the overall financial statement level refer to risks of material misstatement that relate pervasively to the financial statements as a whole and potentially affect many assertions.

A36. Risks of material misstatement at the assertion level are assessed in order to determine the nature, timing and extent of further audit procedures necessary to obtain sufficient appropriate audit evidence. This evidence enables the auditor to express an opinion on the financial statements at an acceptably low level of audit risk. Auditors use various approaches to accomplish the objective of assessing the risks of material misstatement. For example, the auditor may make use of a model that expresses the general relationship of the components of audit risk in mathematical terms to arrive at an acceptable level of detection risk. Some auditors find such a model to be useful when planning audit procedures.

A37. The risks of material misstatement at the assertion level consist of two components: inherent risk and control risk. Inherent risk and control risk are the entity's risks; they exist independently of the audit of the financial statements.

A38. Inherent risk is higher for some assertions and related classes of transactions, account balances, and disclosures than for others. For example, it may be higher for complex calculations or for accounts consisting of amounts derived from accounting estimates that are subject to significant estimation uncertainty. External circumstances giving rise to business risks may also influence inherent risk. For example, technological developments might make a particular product obsolete, thereby causing inventory to be more susceptible to overstatement. Factors in the entity and its environment that relate to several or all of the classes of transactions, account balances, or disclosures may also influence the inherent risk related to a specific assertion. Such factors may include, for example, a lack of sufficient working capital to continue operations or a declining industry characterized by a large number of business failures.

A39. Control risk is a function of the effectiveness of the design, implementation and maintenance of internal control by management to address identified risks that threaten the achievement of the entity's objectives relevant to preparation of the entity's financial statements. However, internal control, no matter how well designed and operated, can only reduce, but not eliminate, risks of material misstatement in the financial statements, because of the inherent limitations of internal control. These include, for example, the possibility of human errors or mistakes, or of controls being circumvented by collusion or inappropriate management override. Accordingly, some control risk will always exist. The ISAs provide the conditions under which the auditor is required to, or may choose to, test the operating effectiveness of controls in determining the nature, timing and extent of substantive procedures to be performed.[18]

A40. The ISAs do not ordinarily refer to inherent risk and control risk separately, but rather to a combined assessment of the "risks of material misstatement." However, the auditor may make separate or combined assessments of inherent and control risk depending on preferred audit techniques or methodologies and practical considerations. The assessment of the risks of material misstatement may be expressed in quantitative terms, such as in percentages, or in non-quantitative terms. In any case, the need for the auditor to make appropriate risk assessments is more important than the different approaches by which they may be made.

A41. ISA 315 establishes requirements and provides guidance on identifying and assessing the risks of material misstatement at the financial statement and assertion levels.

---

18) ISA 330, "The Auditor's Reponses to Assessed Risks," paragraphs 7–17.

Risiken wesentlicher falscher Darstellungen

A34. Die Risiken wesentlicher falscher Darstellungen können auf zwei Ebenen bestehen:
- der Gesamtabschlussebene und
- der Aussageebene für Arten von Geschäftsvorfällen, Kontensalden sowie Abschlussangaben.

A35. „Risiken wesentlicher falscher Darstellungen auf Gesamtabschlussebene" beziehen sich auf Risiken wesentlicher falscher Darstellungen, die sich auf den Abschluss als Ganzes auswirken und möglicherweise viele Aussagen betreffen.

A36. Risiken wesentlicher falscher Darstellungen auf Aussageebene werden beurteilt, um Art, zeitliche Einteilung und Umfang weiterer Prüfungshandlungen festzulegen, die notwendig sind, um ausreichende geeignete Prüfungsnachweise zu erlangen. Diese Nachweise ermöglichen es dem Abschlussprüfer, mit einem vertretbar niedrigen Maß an Prüfungsrisiko ein Prüfungsurteil zum Abschluss abzugeben. Abschlussprüfer wenden verschiedene Ansätze an, um das Ziel der Beurteilung der Risiken wesentlicher falscher Darstellungen zu erreichen. So kann der Abschlussprüfer bspw. ein Modell anwenden, das die allgemeine Beziehung der Komponenten des Prüfungsrisikos mathematisch ausdrückt, um ein vertretbares Maß an Entdeckungsrisiko zu erreichen. Manche Abschlussprüfer halten ein solches Modell bei der Planung von Prüfungshandlungen für nützlich.

A37. Die Risiken wesentlicher falscher Darstellungen auf Aussageebene bestehen aus zwei Komponenten: inhärentes Risiko und Kontrollrisiko. Das inhärente Risiko und das Kontrollrisiko sind die Risiken der Einheit und bestehen unabhängig von der Abschlussprüfung.

A38. Das inhärente Risiko ist bei manchen Aussagen und damit zusammenhängenden Arten von Geschäftsvorfällen, Kontensalden sowie Abschlussangaben höher als bei anderen. Es kann bspw. höher sein bei komplexen Berechnungen oder bei Konten, die sich aus Beträgen zusammensetzen, die aus geschätzten Werten in der Rechnungslegung mit bedeutsamer Schätzunsicherheit abgeleitet wurden. Äußere Umstände, die sich auf Geschäftsrisiken auswirken, können das inhärente Risiko ebenfalls beeinflussen. So könnte bspw. ein bestimmtes Produkt durch technologische Entwicklungen veraltet werden, wodurch der Bestand anfälliger für eine Überbewertung wird. Auch Faktoren, welche die Einheit und ihr Umfeld betreffen, die sich auf mehrere oder alle Arten von Geschäftsvorfällen, Kontensalden oder Abschlussangaben beziehen, können das mit einer bestimmten Aussage verbundene inhärente Risiko beeinflussen. Zu solchen Faktoren können bspw. das Fehlen eines ausreichenden Betriebskapitals für die Fortführung der Geschäftstätigkeit oder eine Verschlechterung in der Branche gehören, die durch eine hohe Anzahl von Konkursen gekennzeichnet ist.

A39. Das Kontrollrisiko ist eine Funktion der Wirksamkeit von Konzeption, Einrichtung und Aufrechterhaltung des IKS durch das Management, um auf identifizierte Risiken zu reagieren, die das Erreichen von Zielen der Einheit bedrohen, die wiederum für die Aufstellung ihres Abschlusses relevant sind. Das IKS kann jedoch, wie gut es auch immer konzipiert ist und funktioniert, aufgrund seiner inhärenten Grenzen die Risiken wesentlicher falscher Darstellungen im Abschluss nur reduzieren, aber nicht beseitigen. Zu diesen Grenzen gehört bspw. die Möglichkeit, dass menschliche Irrtümer oder Fehler begangen werden oder dass Kontrollen durch betrügerisches Zusammenwirken oder durch das unangemessene Außerkraftsetzen durch das Management umgangen werden. Folglich wird immer ein gewisses Kontrollrisiko bestehen. Die ISA enthalten die Bedingungen, unter denen der Abschlussprüfer bei der Festlegung von Art, zeitlicher Einteilung und Umfang der durchzuführenden aussagebezogenen Prüfungshandlungen[*)] entweder verpflichtet ist, die Wirksamkeit von Kontrollen zu testen oder sich dafür entscheidet.[18)]

A40. Die ISA beziehen sich normalerweise nicht getrennt auf das inhärente Risiko und das Kontrollrisiko, sondern vielmehr auf eine kombinierte Beurteilung der „Risiken wesentlicher falscher Darstellungen". Je nach bevorzugten Prüfungstechniken oder -methoden sowie praktischen Überlegungen kann der Abschlussprüfer jedoch getrennte oder kombinierte Beurteilungen des inhärenten Risikos und des Kontrollrisikos vornehmen. Die Beurteilung der Risiken wesentlicher falscher Darstellungen kann quantitativ (z. B. in Prozentsätzen) oder nicht quantitativ ausgedrückt werden. In jedem Fall ist das Erfordernis, dass der Abschlussprüfer angemessene Risikobeurteilungen durchführt, wichtiger als die unterschiedlichen Ansätze, mit denen sie vorgenommen werden können.

A41. ISA 315 enthält Anforderungen und erläuternde Hinweise zur Feststellung und Beurteilung der Risiken wesentlicher falscher Darstellungen auf Abschluss- und Aussageebene.

---

18) ISA 330 „Die Reaktionen des Abschlussprüfers auf beurteilte Risiken", Textziffern 7-17.
*) In Österreich: materielle Prüfungshandlungen.

Detection Risk

A42. For a given level of audit risk, the acceptable level of detection risk bears an inverse relationship to the assessed risks of material misstatement at the assertion level. For example, the greater the risks of material misstatement the auditor believes exists, the less the detection risk that can be accepted and, accordingly, the more persuasive the audit evidence required by the auditor.

A43. Detection risk relates to the nature, timing and extent of the auditor's procedures that are determined by the auditor to reduce audit risk to an acceptably low level. It is therefore a function of the effectiveness of an audit procedure and of its application by the auditor. Matters such as:

- adequate planning;
- proper assignment of personnel to the engagement team;
- the application of professional skepticism; and
- supervision and review of the audit work performed,

assist to enhance the effectiveness of an audit procedure and of its application and reduce the possibility that an auditor might select an inappropriate audit procedure, misapply an appropriate audit procedure, or misinterpret the audit results.

A44. ISA 300 [19] and ISA 330 establish requirements and provide guidance on planning an audit of financial statements and the auditor's responses to assessed risks. Detection risk, however, can only be reduced, not eliminated, because of the inherent limitations of an audit. Accordingly, some detection risk will always exist.

Inherent Limitations of an Audit

A45. The auditor is not expected to, and cannot, reduce audit risk to zero and cannot therefore obtain absolute assurance that the financial statements are free from material misstatement due to fraud or error. This is because there are inherent limitations of an audit, which result in most of the audit evidence on which the auditor draws conclusions and bases the auditor's opinion being persuasive rather than conclusive. The inherent limitations of an audit arise from:

- The nature of financial reporting;
- The nature of audit procedures; and
- The need for the audit to be conducted within a reasonable period of time and at a reasonable cost.

The Nature of Financial Reporting

A46. The preparation of financial statements involves judgment by management in applying the requirements of the entity's applicable financial reporting framework to the facts and circumstances of the entity. In addition, many financial statement items involve subjective decisions or assessments or a degree of uncertainty, and there may be a range of acceptable interpretations or judgments that may be made. Consequently, some financial statement items are subject to an inherent level of variability which cannot be eliminated by the application of additional auditing procedures. For example, this is often the case with respect to certain accounting estimates. Nevertheless, the ISAs require the auditor to give specific consideration to whether accounting estimates are reasonable in the context of the applicable financial reporting framework and related disclosures, and to the qualitative aspects of the entity's accounting practices, including indicators of possible bias in management's judgments.[20]

The Nature of Audit Procedures

A47. There are practical and legal limitations on the auditor's ability to obtain audit evidence. For example:

---

[19] ISA 300, "Planning an Audit of Financial Statements."
[20] ISA 540, "Auditing Accounting Estimates, Including Fair Value Accounting Estimates, and Related Disclosures," and ISA 700, "Forming an Opinion and Reporting on Financial Statements," paragraph 12.

Entdeckungsrisiko

A42. Für ein gegebenes Maß an Prüfungsrisiko steht das vertretbare Maß an Entdeckungsrisiko im umgekehrten Verhältnis zu den beurteilten Risiken wesentlicher falscher Darstellungen auf Aussageebene. Je höher bspw. die Risiken wesentlicher falscher Darstellungen sind, die nach Ansicht des Abschlussprüfers bestehen, desto niedriger ist das vertretbare Entdeckungsrisiko und desto überzeugender müssen folglich die vom Abschlussprüfer verlangten Prüfungsnachweise sein.

A43. Das Entdeckungsrisiko bezieht sich auf Art, zeitliche Einteilung und Umfang der Prüfungshandlungen, die vom Abschlussprüfer festgelegt werden, um das Prüfungsrisiko auf ein vertretbar niedriges Maß zu reduzieren. Es ist daher eine Funktion der Wirksamkeit einer Prüfungshandlung und ihrer Anwendung durch den Abschlussprüfer. Sachverhalte wie z.B.

- angemessene Planung,
- geeignete Zuordnung von Mitarbeitern für das Prüfungsteam,
- Einnahme einer kritischen Grundhaltung sowie
- Überwachung und Durchsicht der durchgeführten Prüfungsarbeiten

tragen dazu bei, die Wirksamkeit einer Prüfungshandlung und ihrer Anwendung zu erhöhen und die Möglichkeit zu reduzieren, dass ein Abschlussprüfer eine ungeeignete Prüfungshandlung wählt, eine geeignete Prüfungshandlung falsch anwendet oder die Prüfungsergebnisse falsch interpretieren könnte.

A44. ISA 300[19] und ISA 330 enthalten Anforderungen und erläuternde Hinweise zur Planung einer Abschlussprüfung und zu den Reaktionen des Abschlussprüfers auf beurteilte Risiken. Das Entdeckungsrisiko kann jedoch aufgrund der inhärenten Grenzen einer Abschlussprüfung nur reduziert, aber nicht beseitigt werden. Folglich wird immer ein gewisses Entdeckungsrisiko bestehen.

Inhärente Grenzen einer Abschlussprüfung

A45. Vom Abschlussprüfer wird weder erwartet, das Prüfungsrisiko auf Null zu reduzieren, noch ist dies möglich. Deshalb kann keine absolute Sicherheit darüber erlangt werden, dass der Abschluss frei von wesentlichen - beabsichtigten oder unbeabsichtigten - falschen Darstellungen ist. Dies liegt daran, dass inhärente Grenzen einer Abschlussprüfung bestehen, die dazu führen, dass die meisten Prüfungsnachweise, aus denen der Abschlussprüfer Schlussfolgerungen zieht und auf die das Prüfungsurteil gestützt ist, eher überzeugend als abschließend beweiskräftig sind. Die inhärenten Grenzen einer Abschlussprüfung ergeben sich aus:

- dem Wesen der Rechnungslegung,
- dem Wesen von Prüfungshandlungen und
- der Notwendigkeit, die Prüfung innerhalb eines vertretbaren Zeitraums und zu vertretbaren Kosten durchzuführen.

Wesen der Rechnungslegung

A46. Bei der Aufstellung des Abschlusses wendet das Management nach seinem Ermessen die Anforderungen des für die Einheit maßgebenden Regelwerks der Rechnungslegung auf die für die Einheit gegebenen Tatsachen und Umstände an. Darüber hinaus beinhalten viele Abschlussposten subjektive Entscheidungen oder Beurteilungen oder einen Grad an Unsicherheit und es kann ein Spektrum von vertretbaren möglichen Auslegungen oder Beurteilungen geben. Folglich unterliegen manche Abschlussposten einem inhärenten Maß an Veränderlichkeit, das durch die Anwendung zusätzlicher Prüfungshandlungen nicht beseitigt werden kann. Dies gilt bspw. häufig für bestimmte geschätzte Werte in der Rechnungslegung. Dennoch ist der Abschlussprüfer nach den ISA verpflichtet, besondere Überlegungen dazu anzustellen, ob geschätzte Werte in der Rechnungslegung im Rahmen des maßgebenden Regelwerks der Rechnungslegung und mit den geschätzten Werten zusammenhängende Abschlussangaben vertretbar sind, sowie zu den qualitativen Aspekten der Bilanzierungsweise der Einheit. Dies schließt Anzeichen für eine mögliche Einseitigkeit in den Ermessensentscheidungen des Managements ein.[20]

Wesen von Prüfungshandlungen

A47. Der Möglichkeit des Abschlussprüfers, Prüfungsnachweise zu erlangen, sind praktische und gesetzliche Grenzen gesetzt. Zum Beispiel

---

19) ISA 300 „Planung einer Abschlussprüfung".
20) ISA 540 „Die Prüfung geschätzter Werte in der Rechnungslegung, einschließlich geschätzter Zeitwerte, und der damit zusammenhängenden Abschlussangaben", und ISA 700 „Bildung eines Prüfungsurteils und Erteilung eines Vermerks zum Abschluss", Textziffer 12.

- There is the possibility that management or others may not provide, intentionally or unintentionally, the complete information that is relevant to the preparation of the financial statements or that has been requested by the auditor. Accordingly, the auditor cannot be certain of the completeness of information, even though the auditor has performed audit procedures to obtain assurance that all relevant information has been obtained.
- Fraud may involve sophisticated and carefully organized schemes designed to conceal it. Therefore, audit procedures used to gather audit evidence may be ineffective for detecting an intentional misstatement that involves, for example, collusion to falsify documentation which may cause the auditor to believe that audit evidence is valid when it is not. The auditor is neither trained as nor expected to be an expert in the authentication of documents.

- An audit is not an official investigation into alleged wrongdoing. Accordingly, the auditor is not given specific legal powers, such as the power of search, which may be necessary for such an investigation.

Timeliness of Financial Reporting and the Balance between Benefit and Cost

A48. The matter of difficulty, time, or cost involved is not in itself a valid basis for the auditor to omit an audit procedure for which there is no alternative or to be satisfied with audit evidence that is less than persuasive. Appropriate planning assists in making sufficient time and resources available for the conduct of the audit. Notwithstanding this, the relevance of information, and thereby its value, tends to diminish over time, and there is a balance to be struck between the reliability of information and its cost. This is recognized in certain financial reporting frameworks (see, for example, the IASB's "Framework for the Preparation and Presentation of Financial Statements"). Therefore, there is an expectation by users of financial statements that the auditor will form an opinion on the financial statements within a reasonable period of time and at a reasonable cost, recognizing that it is impracticable to address all information that may exist or to pursue every matter exhaustively on the assumption that information is in error or fraudulent until proved otherwise.

A49. Consequently, it is necessary for the auditor to:
- Plan the audit so that it will be performed in an effective manner;
- Direct audit effort to areas most expected to contain risks of material misstatement, whether due to fraud or error, with correspondingly less effort directed at other areas; and
- Use testing and other means of examining populations for misstatements.

A50. In light of the approaches described in paragraph A49, the ISAs contain requirements for the planning and performance of the audit and require the auditor, among other things, to:
- Have a basis for the identification and assessment of risks of material misstatement at the financial statement and assertion levels by performing risk assessment procedures and related activities;[21] and
- Use testing and other means of examining populations in a manner that provides a reasonable basis for the auditor to draw conclusions about the population.[22]

Other Matters that Affect the Inherent Limitations of an Audit

A51. In the case of certain assertions or subject matters, the potential effects of the inherent limitations on the auditor's ability to detect material misstatements are particularly significant. Such assertions or subject matters include:
- Fraud, particularly fraud involving senior management or collusion. See ISA 240 for further discussion.

---

21) ISA 315, paragraphs 5–10.
22) ISA 330; ISA 500; ISA 520, "Analytical Procedures;" ISA 530, "Audit Sampling."

Übergreifende Zielsetzungen des unabhängigen Prüfers und Grundsätze einer Prüfung in Übereinstimmung mit den International Standards on Auditing — ISA 200

- besteht die Möglichkeit, dass das Management oder andere absichtlich oder unabsichtlich nicht die vollständigen Informationen liefern, die für die Aufstellung des Abschlusses relevant sind oder die vom Abschlussprüfer angefordert wurden. Folglich kann sich der Abschlussprüfer nicht über die Vollständigkeit der Informationen sicher sein, auch wenn der Abschlussprüfer Prüfungshandlungen durchgeführt hat, um sich zu vergewissern, dass alle relevanten Informationen erhalten wurden;
- liegt bei dolosen Handlungen möglicherweise eine wohl durchdachte und sorgfältig organisierte Vorgehensweise zur Verschleierung vor. Daher können Prüfungshandlungen zur Einholung von Prüfungsnachweisen nicht wirksam sein zum Aufdecken einer absichtlichen falschen Darstellung, bei der es bspw. um eine durch betrügerisches Zusammenwirken gefälschte Dokumentation geht, wodurch der Abschlussprüfer möglicherweise dazu verleitet wird zu glauben, dass Prüfungsnachweise gültig sind, obwohl dies nicht der Fall ist. Der Abschlussprüfer ist weder als Sachverständiger für die Prüfung der Echtheit von Dokumenten ausgebildet noch wird dies von ihm erwartet;
- ist eine Abschlussprüfung keine amtliche Untersuchung von behauptetem Fehlverhalten. Folglich hat der Abschlussprüfer keine besonderen gesetzlichen Befugnisse, z.B. Durchsuchungsbefugnisse, die möglicherweise für eine solche Untersuchung notwendig sind.

Zeitgerechtigkeit der Rechnungslegung und Ausgewogenheit von Nutzen und Kosten

A48. Schwierigkeitsgrad, Zeit oder damit verbundene Kosten sind als solche kein berechtigter Grund dafür, dass der Abschlussprüfer eine Prüfungshandlung weglässt, für die es keine Alternative gibt, oder sich mit Prüfungsnachweisen zufrieden gibt, die weniger als überzeugend sind. Eine geeignete Planung unterstützt den Abschlussprüfer dabei, genügend Zeit und Ressourcen für die Durchführung der Prüfung verfügbar zu machen. Ungeachtet dessen nimmt in der Regel die Relevanz von Informationen und somit deren Wert im Laufe der Zeit ab, und es gilt, einen Ausgleich zwischen der Verlässlichkeit von Informationen und deren Kosten zu finden. Dem wird in bestimmten Regelwerken der Rechnungslegung Rechnung getragen (siehe bspw. das „Rahmenkonzept für die Aufstellung und Darstellung von Abschlüssen" des IASB). Daher erwarten die Nutzer eines Abschlusses, dass der Abschlussprüfer sich innerhalb eines vertretbaren Zeitraums und zu vertretbaren Kosten ein Prüfungsurteil bildet, wobei sie sich darüber bewusst sind, dass es praktisch nicht durchführbar ist, allen vorliegenden Informationen – in der Annahme, dass Informationen falsch oder manipuliert sind – vertieft nachzugehen oder jeden Sachverhalt umfassend zu verfolgen, bis das Gegenteil bewiesen ist.

A49. Folglich muss der Abschlussprüfer
- die Prüfung so planen, dass sie in wirksamer Weise durchgeführt wird,
- die Prüfungsarbeiten auf Bereiche ausrichten, von denen am meisten erwartet wird, dass sie Risiken wesentlicher - beabsichtigter oder unbeabsichtigter - falscher Darstellungen beinhalten, wobei entsprechend weniger Arbeiten in anderen Bereichen vorgenommen werden, und
- Test- und andere Verfahren zur Untersuchung von Grundgesamtheiten auf falsche Darstellungen anwenden.

A50. Vor dem Hintergrund der in Textziffer A49 beschriebenen Ansätze enthalten die ISA Anforderungen an die Planung und Durchführung der Abschlussprüfung und verlangen vom Abschlussprüfer unter anderem,
- eine Grundlage für die Feststellung und Beurteilung der Risiken wesentlicher falscher Darstellungen auf Abschluss- und Aussageebene zu haben, indem der Abschlussprüfer Prüfungshandlungen zur Risikobeurteilung und damit zusammenhängende Tätigkeiten durchführt,[21] und
- Test- und andere Verfahren zur Untersuchung von Grundgesamtheiten so anzuwenden, dass sie für den Abschlussprüfer eine hinreichende Grundlage bilden, auf der der Abschlussprüfer Schlussfolgerungen über die Grundgesamtheit ziehen kann.[22]

Andere sich auf die inhärenten Grenzen einer Abschlussprüfung auswirkende Sachverhalte

A51. Bei bestimmten Aussagen oder Sachverhalten sind die potenziellen Auswirkungen der inhärenten Grenzen für die Möglichkeit des Abschlussprüfers, wesentliche falsche Darstellungen aufzudecken, besonders bedeutsam. Zu solchen Aussagen oder Sachverhalten gehören
- dolose Handlungen, insbesondere solche, an denen das obere Management beteiligt ist oder die betrügerisches Zusammenwirken einschließen. ISA 240 enthält weitere Erörterungen;

---

21) ISA 315, Textziffern 5-10.
22) ISA 330, ISA 500, ISA 520 „Analytische Prüfungshandlungen" und ISA 530 „Stichprobenprüfungen".

- The existence and completeness of related party relationships and transactions. See ISA 550[23] for further discussion.
- The occurrence of non-compliance with laws and regulations. See ISA 250[24] for further discussion.
- Future events or conditions that may cause an entity to cease to continue as a going concern. See ISA 570[25] for further discussion.

Relevant ISAs identify specific audit procedures to assist in mitigating the effect of the inherent limitations.

A52. Because of the inherent limitations of an audit, there is an unavoidable risk that some material misstatements of the financial statements may not be detected, even though the audit is properly planned and performed in accordance with ISAs. Accordingly, the subsequent discovery of a material misstatement of the financial statements resulting from fraud or error does not by itself indicate a failure to conduct an audit in accordance with ISAs. However, the inherent limitations of an audit are not a justification for the auditor to be satisfied with less than persuasive audit evidence. Whether the auditor has performed an audit in accordance with ISAs is determined by the audit procedures performed in the circumstances, the sufficiency and appropriateness of the audit evidence obtained as a result thereof and the suitability of the auditor's report based on an evaluation of that evidence in light of the overall objectives of the auditor.

Conduct of an Audit in Accordance with ISAs

Nature of the ISAs (Ref: Para. 18)

A53. The ISAs, taken together, provide the standards for the auditor's work in fulfilling the overall objectives of the auditor. The ISAs deal with the general responsibilities of the auditor, as well as the auditor's further considerations relevant to the application of those responsibilities to specific topics.

A54. The scope, effective date and any specific limitation of the applicability of a specific ISA is made clear in the ISA. Unless otherwise stated in the ISA, the auditor is permitted to apply an ISA before the effective date specified therein.

A55. In performing an audit, the auditor may be required to comply with legal or regulatory requirements in addition to the ISAs. The ISAs do not override law or regulation that governs an audit of financial statements. In the event that such law or regulation differs from the ISAs, an audit conducted only in accordance with law or regulation will not automatically comply with ISAs.

A56. The auditor may also conduct the audit in accordance with both ISAs and auditing standards of a specific jurisdiction or country. In such cases, in addition to complying with each of the ISAs relevant to the audit, it may be necessary for the auditor to perform additional audit procedures in order to comply with the relevant standards of that jurisdiction or country.

Considerations Specific to Audits in the Public Sector

A57. The ISAs are relevant to engagements in the public sector. The public sector auditor's responsibilities, however, may be affected by the audit mandate, or by obligations on public sector entities arising from law, regulation or other authority (such as ministerial directives, government policy requirements, or resolutions of the legislature), which may encompass a broader scope than an audit of financial statements in accordance with the ISAs. These additional responsibilities are not dealt with in the ISAs. They may be dealt with in the pronouncements of the International Organization of Supreme Audit Institutions or national standard setters, or in guidance developed by government audit agencies.

---

23) ISA 550, "Related Parties."
24) ISA 250, "Consideration of Laws and Regulations in an Audit of Financial Statements."
25) ISA 570, "Going Concern."

- Vorliegen und Vollständigkeit von Beziehungen zu nahe stehenden Personen und Transaktionen mit ihnen.. ISA 550[23)] enthält weitere Erörterungen;
- Auftreten von Verstößen gegen Gesetze und andere Rechtsvorschriften. ISA 250[24)] enthält weitere Erörterungen;
- zukünftige Ereignisse oder Gegebenheiten, die veranlassen können, dass eine Einheit ihre Unternehmenstätigkeit nicht fortführt. ISA 570[25)] enthält weitere Erörterungen.

In den relevanten ISA werden bestimmte Prüfungshandlungen festgelegt, die zur Abschwächung der Auswirkungen der inhärenten Grenzen beitragen.

A52. Aufgrund der inhärenten Grenzen einer Abschlussprüfung besteht ein unvermeidbares Risiko, dass wesentliche falsche Darstellungen im Abschluss möglicherweise nicht aufgedeckt werden, obwohl die Abschlussprüfung in Übereinstimmung mit den ISA ordnungsgemäß geplant und durchgeführt wird. Folglich deutet die spätere Aufdeckung einer wesentlichen - beabsichtigten oder unbeabsichtigten - falschen Darstellung im Abschluss an sich nicht darauf hin, dass eine Abschlussprüfung nicht in Übereinstimmung mit den ISA durchgeführt wurde. Die inhärenten Grenzen einer Abschlussprüfung sind jedoch keine Rechtfertigung dafür, dass der Abschlussprüfer sich mit Prüfungsnachweisen zufrieden gibt, die weniger als überzeugend sind. Ob der Abschlussprüfer eine Abschlussprüfung in Übereinstimmung mit den ISA durchgeführt hat, wird bestimmt durch die Prüfungshandlungen, die unter den gegebenen Umständen durchgeführt wurden durch den ausreichenden Umfang und die Eignung der als Ergebnis daraus erlangten Prüfungsnachweise und durch die Angemessenheit des Vermerks des Abschlussprüfers auf der Grundlage der Beurteilung dieser Nachweise vor dem Hintergrund der übergreifenden Zielsetzungen des Abschlussprüfers.

Grundsätze einer Prüfung in Übereinstimmung mit den ISA

Wesen der ISA (Vgl. Tz. 18)

A53. Die ISA enthalten zusammen genommen die Standards für die Tätigkeit des Abschlussprüfers zur Erfüllung der übergreifenden Zielsetzungen. Gegenstand der ISA sind die allgemeinen Pflichten des Abschlussprüfers sowie die weiteren Überlegungen, die für die Anwendung dieser Pflichten auf bestimmte Aufgabenstellungen relevant sind.

A54. Anwendungsbereich, Anwendungszeitpunkt und besondere Beschränkungen der Anwendbarkeit eines bestimmten ISA sind im ISA eindeutig festgelegt. Sofern in dem betreffenden ISA nicht anders angegeben, darf der Abschlussprüfer einen ISA vor dem darin genannten Anwendungszeitpunkt anwenden.

A55. Bei der Durchführung einer Abschlussprüfung muss der Abschlussprüfer möglicherweise zusätzlich zu den ISA gesetzliche oder andere rechtliche Anforderungen einhalten. Die ISA setzen Gesetze oder andere Rechtsvorschriften, die eine Abschlussprüfung regeln, nicht außer Kraft. Falls diese Gesetze oder anderen Rechtsvorschriften von den ISA abweichen, werden durch eine Abschlussprüfung, die nur in Übereinstimmung mit den Gesetzen oder anderen Rechtsvorschriften durchgeführt wird, nicht automatisch die ISA eingehalten.

A56. Der Abschlussprüfer kann die Abschlussprüfung auch in Übereinstimmung mit sowohl den ISA als auch Prüfungsstandards eines bestimmten Rechtsraumes oder Landes durchführen. In solchen Fällen kann es notwendig sein, dass der Abschlussprüfer zusätzlich zur Einhaltung der einzelnen prüfungsrelevanten ISA zusätzliche Prüfungshandlungen durchführt, um die relevanten Standards des betreffenden Rechtsraumes oder Landes einzuhalten.

Spezifische Überlegungen zu Prüfungen im öffentlichen Sektor

A57. Die ISA sind für Aufträge im öffentlichen Sektor relevant. Die Pflichten des Abschlussprüfers im öffentlichen Sektor können jedoch beeinflusst werden durch das Prüfungsmandat oder durch Verpflichtungen der Einheiten des öffentlichen Sektors, die sich aus Gesetzen, anderen Rechtsvorschriften oder sonstigen amtlichen Vorgaben ergeben (so wie ministerielle Anweisungen, regierungspolitische Anforderungen oder Beschlüsse gesetzgebender Körperschaften), was einen umfassenderen Bereich beinhalten kann als eine Abschlussprüfung in Übereinstimmung mit den ISA. Diese zusätzlichen Pflichten sind nicht Gegenstand der ISA. Möglicherweise werden sie in den Verlautbarungen der International Organization of Supreme Audit Institutions oder nationaler standardsetzender Einrichtungen oder in erläuternden Hinweisen behandelt, die von Prüfungsbehörden entwickelt wurden.

---

23) ISA 550 „Nahe stehende Personen".
24) ISA 250 „Berücksichtigung der Auswirkungen von Gesetzen und anderen Rechtsvorschriften auf den Abschluss bei einer Abschlussprüfung".
25) ISA 570 „Fortführung der Unternehmenstätigkeit".

Contents of the ISAs (Ref: Para. 19)

A58. In addition to objectives and requirements (requirements are expressed in the ISAs using "shall"), an ISA contains related guidance in the form of application and other explanatory material. It may also contain introductory material that provides context relevant to a proper understanding of the ISA, and definitions. The entire text of an ISA, therefore, is relevant to an understanding of the objectives stated in an ISA and the proper application of the requirements of an ISA.

A59. Where necessary, the application and other explanatory material provides further explanation of the requirements of an ISA and guidance for carrying them out. In particular, it may:
- Explain more precisely what a requirement means or is intended to cover.
- Include examples of procedures that may be appropriate in the circumstances.

While such guidance does not in itself impose a requirement, it is relevant to the proper application of the requirements of an ISA. The application and other explanatory material may also provide background information on matters addressed in an ISA.

A60. Appendices form part of the application and other explanatory material. The purpose and intended use of an appendix are explained in the body of the related ISA or within the title and introduction of the appendix itself.

A61. Introductory material may include, as needed, such matters as explanation of:
- The purpose and scope of the ISA, including how the ISA relates to other ISAs.
- The subject matter of the ISA.
- The respective responsibilities of the auditor and others in relation to the subject matter of the ISA.
- The context in which the ISA is set.

A62. An ISA may include, in a separate section under the heading "Definitions," a description of the meanings attributed to certain terms for purposes of the ISAs. These are provided to assist in the consistent application and interpretation of the ISAs, and are not intended to override definitions that may be established for other purposes, whether in law, regulation or otherwise. Unless otherwise indicated, those terms will carry the same meanings throughout the ISAs. The Glossary of Terms relating to International Standards issued by the International Auditing and Assurance Standards Board in the *Handbook of International Quality Control, Auditing, Review, Other Assurance, and Related Services Pronouncements* published by IFAC contains a complete listing of terms defined in the ISAs. It also includes descriptions of other terms found in ISAs to assist in common and consistent interpretation and translation.

A63. When appropriate, additional considerations specific to audits of smaller entities and public sector entities are included within the application and other explanatory material of an ISA. These additional considerations assist in the application of the requirements of the ISA in the audit of such entities. They do not, however, limit or reduce the responsibility of the auditor to apply and comply with the requirements of the ISAs.

Considerations Specific to Smaller Entities

A64. For purposes of specifying additional considerations to audits of smaller entities, a "smaller entity" refers to an entity which typically possesses qualitative characteristics such as:

(a) Concentration of ownership and management in a small number of individuals (often a single individual – either a natural person or another enterprise that owns the entity provided the owner exhibits the relevant qualitative characteristics); and

(b) One or more of the following:
 (i) Straightforward or uncomplicated transactions;
 (ii) Simple record-keeping;
 (iii) Few lines of business and few products within business lines;
 (iv) Few internal controls;

Inhalt der ISA (Vgl. Tz. 19)

A58. Neben Zielen und Anforderungen (Anforderungen werden in den ISA als Verpflichtung ausgedrückt) enthält ein ISA damit zusammenhängende erläuternde Hinweise in Form von Anwendungshinweisen und sonstigen Erläuterungen. Darüber hinaus kann er einleitende Hinweise zum Kontext, die für das richtige Verständnis des ISA relevant sind, und Definitionen enthalten. Daher ist der gesamte Text eines ISA relevant für das Verständnis der in einem ISA genannten Ziele und für die richtige Anwendung der Anforderungen eines ISA.

A59. Soweit erforderlich, liefern die Anwendungshinweise und sonstigen Erläuterungen eine weiterführende Erläuterung der Anforderungen eines ISA und Hinweise zu deren Ausführung. Insbesondere können sie

- genauer erläutern, was eine Anforderung bedeutet oder abdecken soll;
- Beispiele für Prüfungshandlungen enthalten, die unter den gegebenen Umständen geeignet sein können.

Obwohl solche erläuternden Hinweise an sich keine Anforderung auferlegen, sind sie für die richtige Anwendung der Anforderungen eines ISA relevant. Die Anwendungshinweise und sonstigen Erläuterungen können auch Hintergrundinformationen zu Sachverhalten geben, die in einem ISA angesprochen werden.

A60. Anlagen bilden einen Teil der Anwendungshinweise und sonstigen Erläuterungen. Ziel und Anwendungszweck einer Anlage werden im Haupttext des dazugehörigen ISA oder im Titel und in der Einleitung der Anlage selbst erläutert.

A61. Je nach Bedarf können einleitende Hinweise Sachverhalte einschließen wie eine Erläuterung

- von Zweck und Anwendungsbereich des ISA, einschließlich des Zusammenhangs dieses ISA mit anderen ISA;
- des Gegenstands des ISA;
- der jeweiligen Pflichten des Abschlussprüfers und anderer Personen in Bezug auf den Gegenstand des ISA;
- des Kontextes, in dem der ISA steht.

A62. Ein ISA kann in einem separaten Abschnitt unter der Überschrift „Definitionen" eine Beschreibung der Bedeutungen einschließen, die bestimmten Begriffen für Zwecke der ISA beigemessen werden. Diese Bedeutungen werden gegeben, um die konsistente Anwendung und Auslegung der ISA zu unterstützen, und sollen keine Definitionen außer Kraft setzen, die möglicherweise für andere Zwecke festgelegt sind, sei es in Gesetzen, anderen Rechtsvorschriften oder anderweitig. Sofern nicht anders angegeben, haben diese Begriffe in den gesamten ISA dieselbe Bedeutung. Das Begriffsglossar zu den internationalen Standards, das vom International Auditing and Assurance Standards Board in dem von der IFAC veröffentlichten *Handbook of International Quality Control, Auditing, Review, Other Assurance, and Related Services Pronouncements* herausgegeben wird, enthält eine vollständige Auflistung der in den ISA definierten Begriffe. Außerdem enthält es Beschreibungen anderer in den ISA vorhandener Begriffe, die zu einer einheitlichen und konsistenten Auslegung und Übersetzung beitragen.

A63. Wo dies angemessen ist, enthalten die Anwendungshinweise und sonstigen Erläuterungen eines ISA zusätzliche Überlegungen zu Prüfungen von kleineren Einheiten und Einheiten des öffentlichen Sektors. Diese zusätzlichen Überlegungen sind für die Anwendung der Anforderungen des ISA bei der Prüfung solcher Einheiten hilfreich, ohne jedoch die Pflicht des Abschlussprüfers zur Anwendung und Einhaltung der in den ISA enthaltenen Anforderungen einzuschränken oder zu mindern.

Spezifische Überlegungen zu kleineren Einheiten

A64. Zwecks der Bestimmung zusätzlicher Überlegungen für die Abschlussprüfungen von kleineren Einheiten bezieht sich der Begriff „kleinere Einheit" auf eine Einheit, die typischerweise qualitative Merkmale aufweist wie

(a) Konzentration von Eigentum und Management auf eine kleine Anzahl von Personen (häufig eine einzelne Person – Eigentümer der Einheit ist entweder eine natürliche Person oder ein anderes Unternehmen, unter der Voraussetzung, dass der Eigentümer die relevanten qualitativen Merkmale aufweist), und

(b) eines oder mehrere der folgenden Merkmale:

   (i) überschaubare oder nicht komplexe Geschäftsvorfälle,

   (ii) einfache Aufzeichnungen,

   (iii) wenige Geschäftszweige und wenige Produkte innerhalb der Geschäftszweige,

   (iv) wenige interne Kontrollen,

(v) Few levels of management with responsibility for a broad range of controls; or

(vi) Few personnel, many having a wide range of duties.

These qualitative characteristics are not exhaustive, they are not exclusive to smaller entities, and smaller entities do not necessarily display all of these characteristics.

A65. The considerations specific to smaller entities included in the ISAs have been developed primarily with unlisted entities in mind. Some of the considerations, however, may be helpful in audits of smaller listed entities.

A66. The ISAs refer to the proprietor of a smaller entity who is involved in running the entity on a day-to-day basis as the "owner-manager."

Objectives Stated in Individual ISAs (Ref: Para. 21)

A67. Each ISA contains one or more objectives which provide a link between the requirements and the overall objectives of the auditor. The objectives in individual ISAs serve to focus the auditor on the desired outcome of the ISA, while being specific enough to assist the auditor in:

- Understanding what needs to be accomplished and, where necessary, the appropriate means of doing so; and
- Deciding whether more needs to be done to achieve them in the particular circumstances of the audit.

A68. Objectives are to be understood in the context of the overall objectives of the auditor stated in paragraph 11 of this ISA. As with the overall objectives of the auditor, the ability to achieve an individual objective is equally subject to the inherent limitations of an audit.

A69. In using the objectives, the auditor is required to have regard to the interrelationships among the ISAs. This is because, as indicated in paragraph A53, the ISAs deal in some cases with general responsibilities and in others with the application of those responsibilities to specific topics. For example, this ISA requires the auditor to adopt an attitude of professional skepticism; this is necessary in all aspects of planning and performing an audit but is not repeated as a requirement of each ISA. At a more detailed level, ISA 315 and ISA 330 contain, among other things, objectives and requirements that deal with the auditor's responsibilities to identify and assess the risks of material misstatement and to design and perform further audit procedures to respond to those assessed risks, respectively; these objectives and requirements apply throughout the audit. An ISA dealing with specific aspects of the audit (for example, ISA 540) may expand on how the objectives and requirements of such ISAs as ISA 315 and ISA 330 are to be applied in relation to the subject of the ISA but does not repeat them. Thus, in achieving the objective stated in ISA 540, the auditor has regard to the objectives and requirements of other relevant ISAs.

Use of Objectives to Determine Need for Additional Audit Procedures (Ref: Para. 21(a))

A70. The requirements of the ISAs are designed to enable the auditor to achieve the objectives specified in the ISAs, and thereby the overall objectives of the auditor. The proper application of the requirements of the ISAs by the auditor is therefore expected to provide a sufficient basis for the auditor's achievement of the objectives. However, because the circumstances of audit engagements vary widely and all such circumstances cannot be anticipated in the ISAs, the auditor is responsible for determining the audit procedures necessary to fulfill the requirements of the ISAs and to achieve the objectives. In the circumstances of an engagement, there may be particular matters that require the auditor to perform audit procedures in addition to those required by the ISAs to meet the objectives specified in the ISAs.

Use of Objectives to Evaluate Whether Sufficient Appropriate Audit Evidence Has Been Obtained (Ref: Para. 21(b))

A71. The auditor is required to use the objectives to evaluate whether sufficient appropriate audit evidence has been obtained in the context of the overall objectives of the auditor. If as a result the auditor concludes that the audit evidence is not sufficient and appropriate, then the auditor may follow one or more of the following approaches to meeting the requirement of paragraph 21(b):

(v) wenige Managementebenen mit Verantwortung für ein breites Spektrum von Kontrollen oder
(vi) wenige Mitarbeiter, von denen viele einen großen Aufgabenbereich haben.

Diese qualitativen Merkmale sind nicht erschöpfend und gelten nicht ausschließlich für kleinere Einheiten, und kleinere Einheiten weisen nicht unbedingt alle diese Merkmale auf.

A65. Die in den ISA enthaltenen spezifischen Überlegungen zu kleineren Einheiten wurden hauptsächlich für nicht kapitalmarktnotierte Einheiten entwickelt. Gleichwohl können manche der Überlegungen bei Prüfungen von kleineren kapitalmarktnotierten Einheiten hilfreich sein.

A66. In den ISA wird der Eigentümer einer kleineren Einheit, der in das Tagesgeschäft der Einheit eingebunden ist, als „Gesellschafter-Geschäftsführer" bezeichnet.

In einzelnen ISA genannte Ziele (Vgl. Tz. 21)

A67. Jeder ISA enthält eines oder mehrere Ziele, welche die Anforderungen und die übergreifenden Zielsetzungen des Abschlussprüfers miteinander verknüpfen. Die Ziele in einzelnen ISA dienen dazu, das Augenmerk des Abschlussprüfers auf das gewünschte Ergebnis des ISA zu richten. Sie sind gleichzeitig spezifisch genug, um den Abschlussprüfer dabei zu unterstützen,

- zu verstehen, was erreicht werden muss und welche Mittel ggf. dafür geeignet sind und

- zu entscheiden, ob weitere Maßnahmen zu ergreifen sind, um die Ziele unter den besonderen Umständen der Prüfung zu erreichen.

A68. Ziele sind im Zusammenhang mit den in Textziffer 11 dieses ISA genannten übergreifenden Zielsetzungen des Abschlussprüfers zu verstehen. Wie die übergreifenden Zielsetzungen des Abschlussprüfers unterliegt auch die Fähigkeit, ein einzelnes Ziel zu erreichen, gleichermaßen den inhärenten Grenzen einer Abschlussprüfung.

A69. Wenn sich der Abschlussprüfer an den Zielen orientiert, sind die wechselseitigen Beziehungen zwischen den ISA zu beachten, da die ISA, wie in Textziffer A53 beschrieben, in manchen Fällen allgemeine Pflichten behandeln und in anderen die Anwendung dieser Pflichten auf bestimmte Themen. So muss der Abschlussprüfer bspw. nach diesem ISA eine kritische Grundhaltung einnehmen; dies ist für alle Aspekte der Planung und Durchführung einer Abschlussprüfung notwendig, wird jedoch nicht als Anforderung in jedem ISA wiederholt. Auf einer detaillierteren Stufe enthalten ISA 315 und ISA 330 unter anderem Ziele und Anforderungen, in denen es um die Pflichten des Abschlussprüfers zur Feststellung und Beurteilung der Risiken wesentlicher falscher Darstellungen bzw. zur Planung und Durchführung weiterer Prüfungshandlungen als Reaktion auf diese beurteilten Risiken geht. Diese Ziele und Anforderungen gelten für die gesamte Abschlussprüfung. In einem ISA, der bestimmte Aspekte der Abschlussprüfung behandelt (z. B. ISA 540), wird möglicherweise näher darauf eingegangen, wie die Ziele und Anforderungen solcher ISA wie ISA 315 und ISA 330 in Bezug auf den Gegenstand des ISA anzuwenden sind, ohne dass jedoch die Ziele und Anforderungen in dem ISA wiederholt werden. Somit berücksichtigt der Abschlussprüfer die Ziele und Anforderungen anderer relevanter ISA, um das in ISA 540 genannte Ziel zu erreichen.

Anwendung von Zielen zur Feststellung der Notwendigkeit für zusätzliche Prüfungshandlungen (Vgl. Tz. 21(a))

A70. Die Anforderungen der ISA sind darauf ausgerichtet, es dem Abschlussprüfer zu ermöglichen, die in den ISA genannten Ziele und somit die übergreifenden Zielsetzungen des Abschlussprüfers zu erreichen. Die richtige Anwendung der in den ISA enthaltenen Anforderungen durch den Abschlussprüfer schafft erwartungsgemäß eine ausreichende Grundlage dafür, dass der Abschlussprüfer die Ziele erreicht. Da sich jedoch die Gegebenheiten bei den Prüfungsaufträgen stark unterscheiden und nicht alle diese Umstände in den ISA vorhergesehen werden können, ist der Abschlussprüfer dafür verantwortlich, die notwendigen Prüfungshandlungen festzulegen, um die Anforderungen der ISA zu erfüllen und die Ziele zu erreichen. Unter den Gegebenheiten eines Auftrags können bestimmte Sachverhalte vorhanden sein, aufgrund derer der Abschlussprüfer zusätzliche Prüfungshandlungen zu den in den ISA geforderten durchführen muss, um die in den ISA genannten Ziele zu erreichen.

Heranziehen von Zielen zur Beurteilung, ob ausreichende geeignete Prüfungsnachweise erlangt wurden (Vgl. Tz. 21(b))

A71. Der Abschlussprüfer muss die Ziele heranziehen, um zu beurteilen, ob im Zusammenhang mit den übergreifenden Zielsetzungen ausreichende geeignete Prüfungsnachweise erlangt wurden. Wenn der Abschlussprüfer im Ergebnis zu dem Schluss kommt, dass die Prüfungsnachweise nicht ausreichend und geeignet sind, kann der Abschlussprüfer einen oder mehrere der folgenden Ansätze verfolgen, um die Anforderung von Textziffer 21(b) zu erfüllen:

- Evaluate whether further relevant audit evidence has been, or will be, obtained as a result of complying with other ISAs;
- Extend the work performed in applying one or more requirements; or
- Perform other procedures judged by the auditor to be necessary in the circumstances.

Where none of the above is expected to be practical or possible in the circumstances, the auditor will not be able to obtain sufficient appropriate audit evidence and is required by the ISAs to determine the effect on the auditor's report or on the auditor's ability to complete the engagement.

Complying with Relevant Requirements

Relevant Requirements (Ref: Para. 22)

A72. In some cases, an ISA (and therefore all of its requirements) may not be relevant in the circumstances. For example, if an entity does not have an internal audit function, nothing in ISA 610[26] is relevant.

A73. Within a relevant ISA, there may be conditional requirements. Such a requirement is relevant when the circumstances envisioned in the requirement apply and the condition exists. In general, the conditionality of a requirement will either be explicit or implicit, for example:

- The requirement to modify the auditor's opinion if there is a limitation of scope[27] represents an explicit conditional requirement.
- The requirement to communicate significant deficiencies in internal control identified during the audit to those charged with governance,[28] which depends on the existence of such identified significant deficiencies; and the requirement to obtain sufficient appropriate audit evidence regarding the presentation and disclosure of segment information in accordance with the applicable financial reporting framework,[29] which depends on that framework requiring or permitting such disclosure, represent implicit conditional requirements.
- In some cases, a requirement may be expressed as being conditional on applicable law or regulation. For example, the auditor may be required to withdraw from the audit engagement, *where withdrawal is possible under applicable law or regulation*, or the auditor may be required to do something, *unless prohibited by law or regulation*. Depending on the jurisdiction, the legal or regulatory permission or prohibition may be explicit or implicit.

Departure from a Requirement (Ref: Para. 23)

A74. ISA 230 establishes documentation requirements in those exceptional circumstances where the auditor departs from a relevant requirement.[30] The ISAs do not call for compliance with a requirement that is not relevant in the circumstances of the audit.

Failure to Achieve an Objective (Ref: Para. 24)

A75. Whether an objective has been achieved is a matter for the auditor's professional judgment. That judgment takes account of the results of audit procedures performed in complying with the requirements of the ISAs, and the auditor's evaluation of whether sufficient appropriate audit evidence has been obtained and whether more needs to be done in the particular circumstances of the audit to achieve the objectives stated

---

26) ISA 610, "Using the Work of Internal Auditors."
27) ISA 705, "Modifications to the Opinion in the Independent Auditor's Report," paragraph 13.
28) ISA 265, "Communicating Deficiencies in Internal Control to Those Charged with Governance and Management," paragraph 9.
29) ISA 501, "Audit Evidence—Specific Considerations for Selected Items," paragraph 13.
30) ISA 230, paragraph 12.

- Beurteilung, ob aus dem Einhalten anderer ISA weitere relevante Prüfungsnachweise erlangt wurden oder noch erlangt werden,
- Ausweitung der durchgeführten Tätigkeiten, um einer oder mehreren Anforderungen zu entsprechen, oder
- Durchführung anderer Prüfungshandlungen, die der Abschlussprüfer unter den gegebenen Umständen als notwendig erachtet.

Wenn unter den gegebenen Umständen erwartet wird, dass keiner der vorstehenden Ansätze praktisch durchführbar oder möglich ist, wird der Abschlussprüfer nicht in der Lage sein, ausreichende geeignete Prüfungsnachweise zu erlangen und muss nach den ISA die sich daraus ergebenden Auswirkungen auf den Vermerk des Abschlussprüfers oder auf die Möglichkeit des Abschlussprüfers zur Beendigung des Auftrags bestimmen.

Einhaltung von relevanten Anforderungen

Relevante Anforderungen (Vgl. Tz. 22)

A72. In manchen Fällen kann ein ISA (und daher alle darin enthaltenen Anforderungen) unter den gegebenen Umständen nicht relevant sein. Verfügt eine Einheit bspw. über keine interne Revision[*], ist keine der Anforderungen aus ISA 610[26] relevant.

A73. Ein relevanter ISA kann Anforderungen enthalten, die an eine Bedingung geknüpft sind. Eine solche Anforderung ist relevant, wenn die darin vorgesehenen Umstände zutreffen und die Bedingung gegeben ist. Im Allgemeinen ist die Bedingtheit einer Anforderung entweder explizit oder implizit. Dies gilt bspw. für

- die Anforderung, das Prüfungsurteil zu modifizieren, wenn ein Prüfungshemmnis[**] vorliegt.[27] Sie stellt eine explizite, an eine Bedingung geknüpfte Anforderung dar;
- die Anforderung, während der Prüfung festgestellte bedeutsame Mängel im IKS den für die Überwachung Verantwortlichen mitzuteilen[28]. Diese Anforderung hängt vom Vorhandensein solcher festgestellter bedeutsamer Mängel ab. Die Anforderung, ausreichende geeignete Prüfungsnachweise zur Angabe und Darstellung von Segmentinformationen im Abschluss in Übereinstimmung mit dem maßgebenden Regelwerk der Rechnungslegung zu erlangen,[29] hängt von dem Regelwerk ab, in dem eine solche Angabe im Abschluss gefordert oder gestattet wird. Hierbei handelt es sich um implizite, an Bedingungen geknüpfte Anforderungen.
- In einigen Fällen kann eine Anforderung abhängig von einschlägigen Gesetzen oder anderen Rechtsvorschriften vorgesehen sein. Bspw. kann der Abschlussprüfer in den Fällen verpflichtet sein, das Prüfungsmandat niederzulegen, *in denen eine Niederlegung unter den einschlägigen Gesetzen und anderen Rechtsvorschriften möglich ist*. Der Abschlussprüfer kann auch verpflichtet sein, etwas zu tun, *falls dies nicht durch Gesetze oder andere Rechtsvorschriften verboten ist*. Abhängig vom Rechtsraum kann eine solche auf Gesetzen oder anderen Rechtsvorschriften beruhende Genehmigung oder ein solches Verbot explizit oder implizit sein.

Abweichung von einer Anforderung (Vgl. Tz. 23)

A74. ISA 230 enthält Dokumentationsanforderungen für die Ausnahmefälle, in denen der Abschlussprüfer von einer relevanten Anforderung abweicht.[30] Die ISA verlangen nicht die Einhaltung einer Anforderung, die unter den Umständen der Prüfung nicht relevant ist.

Nichterreichung eines Ziels (Vgl. Tz. 24)

A75. Die Beurteilung, ob ein Ziel erreicht wurde, liegt im pflichtgemäßen Ermessen des Abschlussprüfers. Bei dieser Beurteilung berücksichtigt der Abschlussprüfer die Ergebnisse der Prüfungshandlungen, die in Übereinstimmung mit den Anforderungen der ISA durchgeführt wurden, sowie die Einschätzung, ob ausreichende geeignete Prüfungsnachweise erlangt wurden und ob unter den besonderen Umständen der

---

26) ISA 610 „Verwertung der Arbeit interner Prüfer".
27) ISA 705 „Modifizierungen des Prüfungsurteils im Vermerk des unabhängigen Abschlussprüfers", Textziffer 13.
28) ISA 265 „Mitteilung über Mängel im internen Kontrollsystem an die für die Überwachung Verantwortlichen und das Management", Textziffer 9.
29) ISA 501 „Prüfungsnachweise – Besondere Überlegungen zu ausgewählten Sachverhalten", Textziffer 13.
30) ISA 230, Textziffer 12.
*) Die Funktion der internen Revision wird mit „interne Revision" bezeichnet. Diese Funktion wird regelmäßig durch eine eigenständige organisatorische Einheit ausgeübt, die mit „Interne Revision" bezeichnet wird.
**) In der Schweiz: Beschränkung des Prüfungsumfangs.

in the ISAs. Accordingly, circumstances that may give rise to a failure to achieve an objective include those that:
- Prevent the auditor from complying with the relevant requirements of an ISA.
- Result in its not being practicable or possible for the auditor to carry out the additional audit procedures or obtain further audit evidence as determined necessary from the use of the objectives in accordance with paragraph 21, for example, due to a limitation in the available audit evidence.

A76. Audit documentation that meets the requirements of ISA 230 and the specific documentation requirements of other relevant ISAs provides evidence of the auditor's basis for a conclusion about the achievement of the overall objectives of the auditor. While it is unnecessary for the auditor to document separately (as in a checklist, for example) that individual objectives have been achieved, the documentation of a failure to achieve an objective assists the auditor's evaluation of whether such a failure has prevented the auditor from achieving the overall objectives of the auditor.

Abschlussprüfung weitere Maßnahmen zu ergreifen sind, um die in den ISA genannten Ziele zu erreichen. Folglich gehören zu den Umständen, die zur Nichterreichung eines Ziels führen können, diejenigen, die
- den Abschlussprüfer daran hindern, die relevanten Anforderungen eines ISA einzuhalten;
- dazu führen, dass es für den Abschlussprüfer praktisch nicht durchführbar oder nicht möglich ist, die zusätzlichen Prüfungshandlungen durchzuführen oder weitere Prüfungsnachweise zu erlangen, die der Abschlussprüfer in Orientierung an den Zielen in Übereinstimmung mit Textziffer 21 als notwendig festgelegt hat (bspw. aufgrund einer Beschränkung der verfügbaren Prüfungsnachweise).

A76. Eine Prüfungsdokumentation, welche die Anforderungen von ISA 230 und die besonderen Dokumentationsanforderungen anderer relevanter ISA erfüllt, beinhaltet Nachweise über die Grundlage des Abschlussprüfers zur Schlussfolgerung, dass er seine übergreifenden Zielsetzungen erreicht hat. Während es nicht erforderlich ist, dass der Abschlussprüfer das Erreichen einzelner Ziele gesondert (bspw. in einer Checkliste) dokumentiert, hilft die Dokumentation über die Nichterreichung eines Ziels dem Abschlussprüfer bei der Beurteilung, ob eine solche Nichterreichung verhindert hat, die übergreifenden Zielsetzungen des Abschlussprüfers zu erreichen.

INTERNATIONAL STANDARD ON AUDITING 210
AGREEING THE TERMS OF AUDIT ENGAGEMENTS
(Effective for audits of financial statements for periods beginning on or after December 15, 2009)

CONTENTS

	Paragraph
Introduction	
Scope of this ISA	1
Effective Date	2
Objective	3
Definitions	4–5
Requirements	
Preconditions for an Audit	6–8
Agreement on Audit Engagement Terms	9–12
Recurring Audits	13
Acceptance of a Change in the Terms of the Audit Engagement	14–17
Additional Considerations in Engagement Acceptance	18–21
Application and Other Explanatory Material	
Scope of this ISA	A1
Preconditions for an Audit	A2–A20
Agreement on Audit Engagement Terms	A21–A27
Recurring Audits	A28
Acceptance of a Change in the Terms of the Audit Engagement	A29–A33
Additional Considerations in Engagement Acceptance	A34–A37
Appendix 1: Example of an Audit Engagement Letter	
Appendix 2: Determining the Acceptability of General Purpose Frameworks	

International Standard on Auditing (ISA) 210, "Agreeing the Terms of Audit Engagements" should be read in conjunction with ISA 200 "Overall Objectives of the Independent Auditor and the Conduct of an Audit in Accordance with International Standards on Auditing."

INTERNATIONAL STANDARD ON AUDITING 210
VEREINBARUNG DER AUFTRAGSBEDINGUNGEN FÜR PRÜFUNGSAUFTRÄGE

(gilt für die Prüfung von Abschlüssen für Zeiträume, die am oder nach dem 15.12.2009 beginnen)

INHALTSVERZEICHNIS

	Textziffer
Einleitung	
Anwendungsbereich	1
Anwendungszeitpunkt	2
Ziel	3
Definitionen	4-5
Anforderungen	
Vorbedingungen für eine Abschlussprüfung	6-8
Die Vereinbarung der Auftragsbedingungen für Prüfungsaufträge	9-12
Folgeprüfungen	13
Annahme einer Änderung der Auftragsbedingungen für den Prüfungsauftrag	14-17
Zusätzliche Überlegungen bei der Auftragsannahme	18-21
Anwendungshinweise und sonstige Erläuterungen	
Anwendungsbereich	A1
Vorbedingungen für eine Abschlussprüfung	A2-A20
Die Vereinbarung der Auftragsbedingungen für Prüfungsaufträge	A21-A27
Folgeprüfungen	A28
Annahme einer Änderung der Auftragsbedingungen für den Prüfungsauftrag	A29-A33
Zusätzliche Überlegungen bei der Auftragsannahme	A34-A37
Anlage 1: Beispiel für ein Auftragsbestätigungsschreiben	
Anlage 2: Bestimmung der Akzeptabilität von Regelwerken für allgemeine Zwecke	

International Standard on Auditing (ISA) 210 „Vereinbarung der Auftragsbedingungen für Prüfungsaufträge" ist im Zusammenhang mit ISA 200 „Übergreifende Zielsetzungen des unabhängigen Prüfers und Grundsätze einer Prüfung in Übereinstimmung mit den International Standards on Auditing" zu lesen.

Introduction

Scope of this ISA

1. This International Standard on Auditing (ISA) deals with the auditor's responsibilities in agreeing the terms of the audit engagement with management and, where appropriate, those charged with governance. This includes establishing that certain preconditions for an audit, responsibility for which rests with management and, where appropriate, those charged with governance, are present. ISA 220[1] deals with those aspects of engagement acceptance that are within the control of the auditor. (Ref: Para. A1)

Effective Date

2. This ISA is effective for audits of financial statements for periods beginning on or after December 15, 2009.

Objective

3. The objective of the auditor is to accept or continue an audit engagement only when the basis upon which it is to be performed has been agreed, through:

    (a) Establishing whether the preconditions for an audit are present; and

    (b) Confirming that there is a common understanding between the auditor and management and, where appropriate, those charged with governance of the terms of the audit engagement.

Definitions

4. For purposes of the ISAs, the following term has the meaning attributed below:

    Preconditions for an audit – The use by management of an acceptable financial reporting framework in the preparation of the financial statements and the agreement of management and, where appropriate, those charged with governance to the premise[2] on which an audit is conducted.

5. For the purposes of this ISA, references to "management" should be read hereafter as "management and, where appropriate, those charged with governance."

Requirements

Preconditions for an Audit

6. In order to establish whether the preconditions for an audit are present, the auditor shall:

    (a) Determine whether the financial reporting framework to be applied in the preparation of the financial statements is acceptable; and (Ref: Para. A2–A10)

    (b) Obtain the agreement of management that it acknowledges and understands its responsibility: (Ref: Para. A11–A14, A20)

    (i) For the preparation of the financial statements in accordance with the applicable financial reporting framework, including where relevant their fair presentation; (Ref: Para. A15)

    (ii) For such internal control as management determines is necessary to enable the preparation of financial statements that are free from material misstatement, whether due to fraud or error; and (Ref: Para. A16–A19)

    (iii) To provide the auditor with:

    a. Access to all information of which management is aware that is relevant to the preparation of the financial statements such as records, documentation and other matters;

    b. Additional information that the auditor may request from management for the purpose of the audit; and

---

1) ISA 220, "Quality Control for an Audit of Financial Statements."
2) ISA 200, "Overall Objectives of the Independent Auditor and the Conduct of an Audit in Accordance with International Standards on Auditing," paragraph 13.

Vereinbarung der Auftragsbedingungen für Prüfungsaufträge | **ISA 210**

Einleitung

Anwendungsbereich

1. Dieser International Standard on Auditing (ISA) behandelt die Pflichten des Abschlussprüfers bei der Vereinbarung der Bedingungen des Prüfungsauftrags mit dem Management und – sofern einschlägig – mit den für die Überwachung Verantwortlichen. Dazu gehört es festzustellen, dass bestimmte Vorbedingungen für eine Abschlussprüfung gegeben sind, die in der Verantwortung des Managements und – sofern einschlägig – der für die Überwachung Verantwortlichen liegen. ISA 220[1)] behandelt die Aspekte der Auftragsannahme, die in der Kontrolle des Abschlussprüfers liegen. (Vgl. Tz. A1)

Anwendungszeitpunkt

2. Dieser ISA gilt für die Prüfung von Abschlüssen für Zeiträume, die am oder nach dem 15.12.2009 beginnen.

Ziel

3. Das Ziel des Abschlussprüfers besteht darin, einen Prüfungsauftrag nur dann anzunehmen oder fortzuführen, wenn die Grundlagen für dessen Durchführung vereinbart wurden durch

    (a) die Feststellung, ob die Vorbedingungen für eine Abschlussprüfung gegeben sind, und

    (b) die Bestätigung, dass der Abschlussprüfer und das Management sowie – sofern einschlägig – die für die Überwachung Verantwortlichen ein gemeinsames Verständnis über die Bedingungen des Prüfungsauftrags haben.

Definitionen

4. Für die Zwecke der ISA gilt die nachstehende Begriffsbestimmung:

    Vorbedingungen für eine Abschlussprüfung – Die Anwendung eines akzeptablen Regelwerks der Rechnungslegung durch das Management bei der Aufstellung des Abschlusses sowie das Einverständnis des Managements und – sofern einschlägig – der für die Überwachung Verantwortlichen mit der Voraussetzung[2)], unter der eine Abschlussprüfung durchgeführt wird.

5. Für die Zwecke dieses ISA ist der Begriff „Management" nachfolgend im Sinne von „Management und – soweit einschlägig – die für die Überwachung Verantwortlichen" zu verstehen.

Anforderungen

Vorbedingungen für eine Abschlussprüfung

6. Um festzustellen, ob die Vorbedingungen für eine Abschlussprüfung gegeben sind, muss der Abschlussprüfer

    (a) bestimmen, ob das bei der Aufstellung des Abschlusses anzuwendende Regelwerk der Rechnungslegung akzeptabel ist, und (Vgl. Tz. A2-A10)

    (b) Einvernehmen mit dem Management erzielen, dass das Management seine Verantwortung anerkennt und versteht (Vgl. Tz. A11-A14, A20)

     (i) für die Aufstellung des Abschlusses in Übereinstimmung mit dem maßgebenden Regelwerk der Rechnungslegung, einschließlich einer sachgerechten Gesamtdarstellung des Abschlusses, sofern dies relevant ist, (Vgl. Tz. A15)

     (ii) für ein internes Kontrollsystem (IKS), wie es das Management für notwendig befindet, um die Aufstellung eines Abschlusses zu ermöglichen, der frei von wesentlichen – beabsichtigten oder unbeabsichtigten – falschen Darstellungen ist, sowie (Vgl. Tz. A16-A19)

     (iii) dafür, dem Abschlussprüfer

      a. Zugang zu allen dem Management bekannten Informationen, die für die Aufstellung des Abschlusses relevant sind (z. B. Aufzeichnungen, Dokumentationen und Sonstiges) zu verschaffen,

      b. zusätzliche Informationen, die der Abschlussprüfer zum Zwecke der Abschlussprüfung vom Management verlangen kann, bereitzustellen und

---

[1)] ISA 220 „Qualitätssicherung bei einer Abschlussprüfung".
[2)] ISA 200 „Übergreifende Zielsetzungen des unabhängigen Prüfers und Grundsätze einer Prüfung in Übereinstimmung mit den International Standards on Auditing", Textziffer 13.

c. Unrestricted access to persons within the entity from whom the auditor determines it necessary to obtain audit evidence.

Limitation on Scope Prior to Audit Engagement Acceptance

7. If management or those charged with governance impose a limitation on the scope of the auditor's work in the terms of a proposed audit engagement such that the auditor believes the limitation will result in the auditor disclaiming an opinion on the financial statements, the auditor shall not accept such a limited engagement as an audit engagement, unless required by law or regulation to do so.

Other Factors Affecting Audit Engagement Acceptance

8. If the preconditions for an audit are not present, the auditor shall discuss the matter with management. Unless required by law or regulation to do so, the auditor shall not accept the proposed audit engagement:

   (a) If the auditor has determined that the financial reporting framework to be applied in the preparation of the financial statements is unacceptable, except as provided in paragraph 19; or

   (b) If the agreement referred to in paragraph 6(b) has not been obtained.

Agreement on Audit Engagement Terms

9. The auditor shall agree the terms of the audit engagement with management or those charged with governance, as appropriate. (Ref: Para. A21)

10. Subject to paragraph 11, the agreed terms of the audit engagement shall be recorded in an audit engagement letter or other suitable form of written agreement and shall include: (Ref: Para. A22–A25)

    (a) The objective and scope of the audit of the financial statements;

    (b) The responsibilities of the auditor;

    (c) The responsibilities of management;

    (d) Identification of the applicable financial reporting framework for the preparation of the financial statements; and

    (e) Reference to the expected form and content of any reports to be issued by the auditor and a statement that there may be circumstances in which a report may differ from its expected form and content.

11. If law or regulation prescribes in sufficient detail the terms of the audit engagement referred to in paragraph 10, the auditor need not record them in a written agreement, except for the fact that such law or regulation applies and that management acknowledges and understands its responsibilities as set out in paragraph 6(b). (Ref: Para. A22, A26–A27)

12. If law or regulation prescribes responsibilities of management similar to those described in paragraph 6(b), the auditor may determine that the law or regulation includes responsibilities that, in the auditor's judgment, are equivalent in effect to those set out in that paragraph. For such responsibilities that are equivalent, the auditor may use the wording of the law or regulation to describe them in the written agreement. For those responsibilities that are not prescribed by law or regulation such that their effect is equivalent, the written agreement shall use the description in paragraph 6(b). (Ref: Para. A26)

Vereinbarung der Auftragsbedingungen für Prüfungsaufträge ISA 210

c. unbeschränkten Zugang zu Personen innerhalb der Einheit*), von denen der Abschlussprüfer es für notwendig hält, Prüfungsnachweise einzufordern, zu verschaffen.

*Prüfungshemmnis**) vor Annahme des Prüfungsauftrags*

7. Falls das Management oder die für die Überwachung Verantwortlichen durch die Bedingungen eines vorgeschlagenen Prüfungsauftrags den Umfang der Tätigkeit des Abschlussprüfers derart einschränken, dass die Einschränkung nach Ansicht des Abschlussprüfers dazu führen wird, dass die Nichtabgabe eines Prüfungsurteils zu dem Abschluss zu erklären ist, darf der Abschlussprüfer einen solchen eingeschränkten Auftrag nicht als Prüfungsauftrag annehmen, sofern dies nicht aufgrund von Gesetzen oder anderen Rechtsvorschriften geboten ist.

Andere Faktoren, welche die Annahme des Prüfungsauftrags beeinflussen

8. Falls die Vorbedingungen für eine Abschlussprüfung nicht gegeben sind, muss der Abschlussprüfer den Sachverhalt mit dem Management besprechen. Sofern es nicht aufgrund von Gesetzen oder anderen Rechtsvorschriften geboten ist, darf der Abschlussprüfer den vorgeschlagenen Prüfungsauftrag nicht annehmen,

   (a) wenn der Abschlussprüfer festgestellt hat, dass das bei der Aufstellung des Abschlusses anzuwendende Regelwerk der Rechnungslegung nicht akzeptabel ist (es sei denn, die in Textziffer 19 beschriebenen Umstände liegen vor) oder

   (b) wenn das in Textziffer 6(b) genannte Einverständnis nicht erzielt wurde.

Die Vereinbarung der Auftragsbedingungen für Prüfungsaufträge

9. Der Abschlussprüfer muss die Bedingungen des Prüfungsauftrags mit dem Management oder – soweit einschlägig – mit den für die Überwachung Verantwortlichen vereinbaren. (Vgl. Tz. A21)

10. Vorbehaltlich der Textziffer 11 müssen die vereinbarten Bedingungen des Prüfungsauftrags in einem Auftragsbestätigungsschreiben oder in einer anderen geeigneten Form von schriftlicher Vereinbarung festgehalten werden und Folgendes umfassen: (Vgl. Tz. A22-A25)

    (a) Ziel und Umfang der Abschlussprüfung,
    (b) die Verantwortung des Abschlussprüfers,
    (c) die Verantwortung des Managements,
    (d) Angabe des für die Aufstellung des Abschlusses maßgebenden Regelwerks der Rechnungslegung und
    (e) Hinweis auf die voraussichtliche Form und den voraussichtlichen Inhalt von Vermerken, die vom Abschlussprüfer zu erteilen sind, sowie eine Erklärung, dass Gegebenheiten vorliegen können, unter denen ein Vermerk von der voraussichtlichen Form und dem voraussichtlichen Inhalt abweichen kann.

11. Wenn Gesetze oder andere Rechtsvorschriften die in Textziffer 10 genannten Bedingungen des Prüfungsauftrags ausreichend detailliert vorschreiben, hat der Abschlussprüfer nur in eine schriftliche Vereinbarung aufzunehmen, dass die Gesetze oder anderen Rechtsvorschriften Anwendung finden und dass das Management seine in Textziffer 6(b) genannte Verantwortung anerkennt und versteht. (Vgl. Tz. A22, A26-A27)

12. Wenn Gesetze oder andere Rechtsvorschriften ähnliche Pflichten des Managements vorschreiben wie die in Textziffer 6(b) beschriebenen, kann der Abschlussprüfer feststellen, dass diese Gesetze oder anderen Rechtsvorschriften Pflichten enthalten, die nach Beurteilung des Abschlussprüfers in ihrer Wirkung den in dieser Textziffer genannten Pflichten entsprechen. Für solche gleichbedeutenden Pflichten kann der Abschlussprüfer den Wortlaut der Gesetze oder anderen Rechtsvorschriften verwenden, um diese in der schriftlichen Vereinbarung zu beschreiben. Für Pflichten, die durch Gesetze oder andere Rechtsvorschriften nicht so vorgeschrieben sind, dass sie in ihrer Wirkung gleichbedeutend sind, ist in der schriftlichen Vereinbarung die in Textziffer 6(b) enthaltene Beschreibung zu verwenden. (Vgl. Tz. A26)

---

*) Der Begriff „Einheit" wird für *entity* neu eingeführt. Bei der zu prüfenden Einheit kann es sich um ein Unternehmen, einen Einzelkaufmann, eine Gesellschaft bürgerlichen Rechts (Schweiz: einfache Gesellschaft), eine Gebietskörperschaft, eine Anstalt des öffentlichen Rechts, einen Konzern oder eine nicht rechtlich abgegrenzte wirtschaftliche Einheit handeln. Eine Übersetzung mit „Unternehmen" oder „Gesellschaft" wäre deshalb unzureichend. So kann sich *entity* sogar auf eine nicht selbständige Niederlassung oder Sparte beziehen, für die eigenständig Rechnung gelegt wird.

**) In der Schweiz: Beschränkung des Prüfungsumfangs.

Recurring Audits

13. On recurring audits, the auditor shall assess whether circumstances require the terms of the audit engagement to be revised and whether there is a need to remind the entity of the existing terms of the audit engagement. (Ref: Para. A28)

Acceptance of a Change in the Terms of the Audit Engagement

14. The auditor shall not agree to a change in the terms of the audit engagement where there is no reasonable justification for doing so. (Ref: Para. A29–A31)

15. If, prior to completing the audit engagement, the auditor is requested to change the audit engagement to an engagement that conveys a lower level of assurance, the auditor shall determine whether there is reasonable justification for doing so. (Ref: Para. A32–A33)

16. If the terms of the audit engagement are changed, the auditor and management shall agree on and record the new terms of the engagement in an engagement letter or other suitable form of written agreement.

17. If the auditor is unable to agree to a change of the terms of the audit engagement and is not permitted by management to continue the original audit engagement, the auditor shall:

    (a) Withdraw from the audit engagement where possible under applicable law or regulation; and

    (b) Determine whether there is any obligation, either contractual or otherwise, to report the circumstances to other parties, such as those charged with governance, owners or regulators.

Additional Considerations in Engagement Acceptance

Financial Reporting Standards Supplemented by Law or Regulation

18. If financial reporting standards established by an authorized or recognized standards setting organization are supplemented by law or regulation, the auditor shall determine whether there are any conflicts between the financial reporting standards and the additional requirements. If such conflicts exist, the auditor shall discuss with management the nature of the additional requirements and shall agree whether:

    (a) The additional requirements can be met through additional disclosures in the financial statements; or

    (b) The description of the applicable financial reporting framework in the financial statements can be amended accordingly.

    If neither of the above actions is possible, the auditor shall determine whether it will be necessary to modify the auditor's opinion in accordance with ISA 705.[3] (Ref: Para. A34)

Financial Reporting Framework Prescribed by Law or Regulation—Other Matters Affecting Acceptance

19. If the auditor has determined that the financial reporting framework prescribed by law or regulation would be unacceptable but for the fact that it is prescribed by law or regulation, the auditor shall accept the audit engagement only if the following conditions are present: (Ref: Para. A35)

    (a) Management agrees to provide additional disclosures in the financial statements required to avoid the financial statements being misleading; and

    (b) It is recognized in the terms of the audit engagement that:

        (i) The auditor's report on the financial statements will incorporate an Emphasis of Matter paragraph, drawing users' attention to the additional disclosures, in accordance with ISA 706;[4] and

        (ii) Unless the auditor is required by law or regulation to express the auditor's opinion on the financial statements by using the phrases "present fairly, in all material respects," or "give a

---

[3] ISA 705, "Modifications to the Opinion in the Independent Auditor's Report."
[4] ISA 706, "Emphasis of Matter Paragraphs and Other Matter Paragraphs in the Independent Auditor's Report."

Folgeprüfungen

13. Bei Folgeprüfungen muss der Abschlussprüfer beurteilen, ob die Umstände es erforderlich machen, die Bedingungen des Prüfungsauftrags zu ändern, und ob es notwendig ist, die Einheit an die bestehenden Bedingungen des Prüfungsauftrags zu erinnern. (Vgl. Tz. A28)

Annahme einer Änderung der Auftragsbedingungen für den Prüfungsauftrag

14. Der Abschlussprüfer darf einer Änderung der Bedingungen des Prüfungsauftrags nicht zustimmen, wenn es dafür keine vertretbare Begründung gibt. (Vgl. Tz. A29-A31)
15. Wenn der Abschlussprüfer vor dem Abschluss des Prüfungsauftrags aufgefordert wird, den Prüfungsauftrag in einen Auftrag umzuwandeln, der einen geringeren Grad an Prüfungssicherheit liefert, muss der Abschlussprüfer entscheiden, ob es dafür eine vertretbare Begründung gibt. (Vgl. Tz. A32-A33)
16. Wenn die Bedingungen des Prüfungsauftrags geändert werden, müssen der Abschlussprüfer und das Management sich auf die neuen Auftragsbedingungen einigen und diese in einem Auftragsbestätigungsschreiben oder in einer anderen geeigneten Form von schriftlicher Vereinbarung festhalten.
17. Wenn der Abschlussprüfer einer Änderung der Bedingungen des Prüfungsauftrags nicht zustimmen kann und das Management dem Abschlussprüfer die Fortführung des ursprünglichen Prüfungsauftrags nicht gestattet, muss der Abschlussprüfer

    (a) das Mandat niederlegen, wenn dies nach den maßgebenden Gesetzen oder anderen Rechtsvorschriften möglich ist, und

    (b) feststellen, ob vertragliche oder anderweitige Pflichten bestehen, die Umstände Dritten zu melden (z. B. den für die Überwachung Verantwortlichen, Eigentümern oder Aufsichtsbehörden).

Zusätzliche Überlegungen bei der Auftragsannahme

Durch Gesetze oder andere Rechtsvorschriften ergänzte Rechnungslegungsstandards

18. Wenn Rechnungslegungsstandards, die von einer autorisierten oder anerkannten standardsetzenden Organisation festgelegt wurden, durch Gesetze oder andere Rechtsvorschriften ergänzt werden, muss der Abschlussprüfer feststellen, ob zwischen den Rechnungslegungsstandards und den zusätzlichen Anforderungen Konflikte bestehen. Wenn dies der Fall ist, muss der Abschlussprüfer mit dem Management die Art der zusätzlichen Anforderungen besprechen und sich darüber einigen, ob

    (a) den zusätzlichen Anforderungen durch zusätzliche Angaben im Abschluss entsprochen werden kann oder

    (b) die Beschreibung des maßgebenden Regelwerks der Rechnungslegung im Abschluss entsprechend geändert werden kann.

    Wenn keine der vorstehenden Maßnahmen möglich ist, muss der Abschlussprüfer entscheiden, ob das Prüfungsurteil in Übereinstimmung mit ISA 705[3)] modifiziert werden muss. (Vgl. Tz. A34)

Durch Gesetze oder andere Rechtsvorschriften vorgeschriebenes Regelwerk der Rechnungslegung – Andere die Auftragsannahme beeinflussende Sachverhalte

19. Wenn der Abschlussprüfer festgestellt hat, dass das durch Gesetz oder andere Rechtsvorschriften vorgeschriebene Regelwerk der Rechnungslegung nicht akzeptabel wäre, wenn es nicht durch Gesetz oder andere Rechtsvorschriften vorgeschrieben wäre, darf der Abschlussprüfer den Prüfungsauftrag nur annehmen, wenn die folgenden Gegebenheiten vorliegen: (Vgl. Tz. A35)

    (a) Das Management erklärt sich damit einverstanden, zusätzliche Angaben im Abschluss vorzunehmen, die erforderlich sind, um zu vermeiden, dass der Abschluss irreführend ist, und

    (b) in den Bedingungen des Prüfungsauftrags wird anerkannt, dass

    (i) der Vermerk des Abschlussprüfers zum Abschluss in Übereinstimmung mit ISA 706[4)] einen Absatz zur Hervorhebung eines Sachverhalts enthalten wird, der die Aufmerksamkeit der Leser auf die zusätzlichen Abschlussangaben[*)] lenkt, und

    (ii) das Prüfungsurteil zum Abschluss nicht die Formulierungen enthält, dass der Abschluss in Übereinstimmung mit dem maßgebenden Regelwerk der Rechnungslegung „in allen wesentlichen Belangen insgesamt sachgerecht dargestellt ist" oder „ein den tatsächlichen

---

[3)] ISA 705 „Modifizierungen des Prüfungsurteils im Vermerk des unabhängigen Abschlussprüfers".
[4)] ISA 706 „Hervorhebung eines Sachverhalts und Hinweis auf sonstige Sachverhalte durch Absätze im Vermerk des unabhängigen Abschlussprüfers".
[*)] Abschlussposten und andere Angaben im Abschluss.

true and fair view" in accordance with the applicable financial reporting framework, the auditor's opinion on the financial statements will not include such phrases.

20. If the conditions outlined in paragraph 19 are not present and the auditor is required by law or regulation to undertake the audit engagement, the auditor shall:

    (a) Evaluate the effect of the misleading nature of the financial statements on the auditor's report; and

    (b) Include appropriate reference to this matter in the terms of the audit engagement.

Auditor's Report Prescribed by Law or Regulation

21. In some cases, law or regulation of the relevant jurisdiction prescribes the layout or wording of the auditor's report in a form or in terms that are significantly different from the requirements of ISAs. In these circumstances, the auditor shall evaluate:

    (a) Whether users might misunderstand the assurance obtained from the audit of the financial statements and, if so,

    (b) Whether additional explanation in the auditor's report can mitigate possible misunderstanding.[5]

If the auditor concludes that additional explanation in the auditor's report cannot mitigate possible misunderstanding, the auditor shall not accept the audit engagement, unless required by law or regulation to do so. An audit conducted in accordance with such law or regulation does not comply with ISAs. Accordingly, the auditor shall not include any reference within the auditor's report to the audit having been conducted in accordance with ISAs.[6] (Ref: Para. A36–A37)

***

Application and Other Explanatory Material

Scope of this ISA (Ref: Para. 1)

A1. Assurance engagements, which include audit engagements, may only be accepted when the practitioner considers that relevant ethical requirements such as independence and professional competence will be satisfied, and when the engagement exhibits certain characteristics.[7] The auditor's responsibilities in respect of ethical requirements in the context of the acceptance of an audit engagement and in so far as they are within the control of the auditor are dealt with in ISA 220.[8] This ISA deals with those matters (or preconditions) that are within the control of the entity and upon which it is necessary for the auditor and the entity's management to agree.

Preconditions for an Audit

The Financial Reporting Framework (Ref: Para. 6(a))

A2. A condition for acceptance of an assurance engagement is that the criteria referred to in the definition of an assurance engagement are suitable and available to intended users.[9] Criteria are the benchmarks used to evaluate or measure the subject matter including, where relevant, benchmarks for presentation and disclosure. Suitable criteria enable reasonably consistent evaluation or measurement of a subject matter within the context of professional judgment. For purposes of the ISAs, the applicable financial reporting framework provides the criteria the auditor uses to audit the financial statements, including where relevant their fair presentation.

---

5) ISA 706.
6) See also ISA 700, "Forming an Opinion and Reporting on Financial Statements," paragraph 43.
7) "International Framework for Assurance Engagements," paragraph 17.
8) ISA 220, paragraphs 9–11.
9) "International Framework for Assurance Engagements," paragraph 17(b)(ii).

Verhältnissen entsprechendes Bild vermittelt", sofern der Abschlussprüfer nicht aufgrund von Gesetzen oder anderen Rechtsvorschriften das Prüfungsurteil zum Abschluss unter Verwendung dieser Formulierungen abgeben muss.

20. Wenn die in Textziffer 19 dargelegten Gegebenheiten nicht vorliegen und der Abschlussprüfer den Prüfungsauftrag aufgrund von Gesetzen oder anderen Rechtsvorschriften durchzuführen hat, muss der Abschlussprüfer

   (a) die Auswirkungen der irreführenden Beschaffenheit des Abschlusses auf den Vermerk des Abschlussprüfers beurteilen und

   (b) in den Bedingungen des Prüfungsauftrags in angemessener Weise auf diesen Sachverhalt hinweisen.

Durch Gesetze oder andere Rechtsvorschriften vorgeschriebener Vermerk des Abschlussprüfers

21. In manchen Fällen schreiben Gesetze oder andere Rechtsvorschriften des relevanten Rechtsraums den Aufbau oder Wortlaut des Vermerks des Abschlussprüfers in einer Form oder in Formulierungen vor, die sich erheblich von den Anforderungen der ISA unterscheidet. In diesen Fällen muss der Abschlussprüfer beurteilen,

   (a) ob Nutzer die aus der Abschlussprüfung erlangte Sicherheit missverstehen könnten, und, wenn dies der Fall ist,

   (b) ob ein mögliches Missverständnis durch eine zusätzliche Erläuterung im Vermerk des Abschlussprüfers abgemildert werden kann.[5]

Wenn der Abschlussprüfer zu dem Schluss kommt, dass ein mögliches Missverständnis nicht durch eine zusätzliche Erläuterung im Vermerk des Abschlussprüfers abgemildert werden kann, darf der Abschlussprüfer den Prüfungsauftrag nicht annehmen, sofern dies nicht aufgrund von Gesetzen oder anderen Rechtsvorschriften verlangt ist. Eine Abschlussprüfung, die in Übereinstimmung mit solchen Gesetzen oder anderen Rechtsvorschriften durchgeführt wird, stimmt nicht mit den ISA überein. Folglich darf der Abschlussprüfer im Vermerk des Abschlussprüfers nicht darauf hinweisen, dass die Prüfung in Übereinstimmung mit den ISA durchgeführt wurde.[6] (Vgl. Tz. A36-A37)

***

Anwendungshinweise und sonstige Erläuterungen

Anwendungsbereich (Vgl. Tz. 1)

A1. Betriebswirtschaftliche Prüfungsaufträge – zu denen auch Abschlussprüfungen zählen – dürfen nur angenommen werden, wenn der Berufsangehörige[*] der Ansicht ist, dass die relevanten beruflichen Verhaltensanforderungen, wie Unabhängigkeit und berufliche Kompetenz, erfüllt werden, und wenn der Auftrag bestimmte Merkmale aufweist.[7] Die Pflichten des Abschlussprüfers im Hinblick auf berufliche Verhaltensanforderungen im Zusammenhang mit der Annahme eines Prüfungsauftrags, die in der Kontrolle des Abschlussprüfers liegen, werden in ISA 220 behandelt.[8] Dieser ISA behandelt die Sachverhalte (oder Vorbedingungen), die in der Kontrolle der Einheit liegen und über die der Abschlussprüfer und das Management der Einheit Einigung erzielen müssen.

Vorbedingungen für eine Abschlussprüfung

Das Regelwerk der Rechnungslegung (Vgl. Tz. 6(a))

A2. Eine Bedingung für die Annahme eines betriebswirtschaftlichen Prüfungsauftrags besteht darin, dass die in der Definition eines solchen Auftrags genannten Kriterien geeignet und für die vorgesehenen Nutzer verfügbar sind.[9] Kriterien sind die Richtwerte (benchmarks), die dazu dienen, den Prüfungsgegenstand zu beurteilen oder zu bewerten, einschließlich – sofern relevant – Richtwerte für die Darstellung und für Angaben. Geeignete Kriterien ermöglichen eine hinreichend konsistente Beurteilung oder Bewertung eines Prüfungsgegenstands im Rahmen des pflichtgemäßen Ermessens. Für Zwecke der ISA liefert das

---

5) ISA 706.
6) Siehe auch ISA 700 „Bildung eines Prüfungsurteils und Erteilung eines Vermerks zum Abschluss", Textziffer 43.
7) „International Framework for Assurance Engagements", Textziffer 17.
8) ISA 220, Textziffern 9-11.
9) „International Framework for Assurance Engagements", Textziffer 17(b)(ii).
*) Der im englischen Text verwendete Begriff „practitioner" wird in den ISA definiert als „a professional accountant in public practice".

A3. Without an acceptable financial reporting framework, management does not have an appropriate basis for the preparation of the financial statements and the auditor does not have suitable criteria for auditing the financial statements. In many cases the auditor may presume that the applicable financial reporting framework is acceptable, as described in paragraphs A8–A9.

Determining the Acceptability of the Financial Reporting Framework

A4. Factors that are relevant to the auditor's determination of the acceptability of the financial reporting framework to be applied in the preparation of the financial statements include:

- The nature of the entity (for example, whether it is a business enterprise, a public sector entity or a not-for-profit organization);
- The purpose of the financial statements (for example, whether they are prepared to meet the common financial information needs of a wide range of users or the financial information needs of specific users);
- The nature of the financial statements (for example, whether the financial statements are a complete set of financial statements or a single financial statement); and
- Whether law or regulation prescribes the applicable financial reporting framework.

A5. Many users of financial statements are not in a position to demand financial statements tailored to meet their specific information needs. While all the information needs of specific users cannot be met, there are financial information needs that are common to a wide range of users. Financial statements prepared in accordance with a financial reporting framework designed to meet the common financial information needs of a wide range of users are referred to as general purpose financial statements.

A6. In some cases, the financial statements will be prepared in accordance with a financial reporting framework designed to meet the financial information needs of specific users. Such financial statements are referred to as special purpose financial statements. The financial information needs of the intended users will determine the applicable financial reporting framework in these circumstances. ISA 800 discusses the acceptability of financial reporting frameworks designed to meet the financial information needs of specific users.[10]

A7. Deficiencies in the applicable financial reporting framework that indicate that the framework is not acceptable may be encountered after the audit engagement has been accepted. When use of that framework is prescribed by law or regulation, the requirements of paragraphs 19–20 apply. When use of that framework is not prescribed by law or regulation, management may decide to adopt another framework that is acceptable. When management does so, as required by paragraph 16, new terms of the audit engagement are agreed to reflect the change in the framework as the previously agreed terms will no longer be accurate.

General purpose frameworks

A8. At present, there is no objective and authoritative basis that has been generally recognized globally for judging the acceptability of general purpose frameworks. In the absence of such a basis, financial reporting standards established by organizations that are authorized or recognized to promulgate standards to be used by certain types of entities are presumed to be acceptable for general purpose financial statements prepared by such entities, provided the organizations follow an established and transparent process involving deliberation and consideration of the views of a wide range of stakeholders. Examples of such financial reporting standards include:

- International Financial Reporting Standards (IFRSs) promulgated by the International Accounting Standards Board;

---

[10] ISA 800, "Special Considerations—Audits of Financial Statements Prepared in Accordance with Special Purpose Frameworks," paragraph 8.

Vereinbarung der Auftragsbedingungen für Prüfungsaufträge ISA 210

maßgebende Regelwerk der Rechnungslegung die Kriterien, die der Abschlussprüfer zur Prüfung des Abschlusses anwendet, – sofern relevant – einschließlich dessen sachgerechter Gesamtdarstellung.

A3. Ohne ein akzeptables Regelwerk der Rechnungslegung besitzt das Management keine angemessene Grundlage für die Aufstellung des Abschlusses, und der Abschlussprüfer verfügt nicht über geeignete Kriterien für die Prüfung des Abschlusses. In vielen Fällen kann der Abschlussprüfer voraussetzen, dass das maßgebende Regelwerk der Rechnungslegung akzeptabel ist, wie dies in den Textziffern A8-A9 beschrieben wurde.

Bestimmung der Akzeptabilität des Regelwerks der Rechnungslegung

A4. Zu den Faktoren, die für die Bestimmung der Akzeptabilität des bei der Aufstellung des Abschlusses anzuwendenden Regelwerks der Rechnungslegung durch den Abschlussprüfer relevant sind, gehören

- die Art der Einheit (bspw. ob es sich um ein gewerbliches Unternehmen, eine Einheit des öffentlichen Sektors oder eine gemeinnützige Organisation handelt),
- der Zweck des Abschlusses (bspw. ob er aufgestellt wird, um den gemeinsamen Informationsbedürfnissen eines breiten Spektrums von Nutzern oder um den Informationsbedürfnissen von bestimmten Nutzern von Finanzinformationen gerecht zu werden),
- die Art der Finanzaufstellungen (bspw. ob es sich bei den Finanzaufstellungen um einen vollständigen Abschluss oder um eine einzelne Finanzaufstellung handelt) und
- ob Gesetze oder andere Rechtsvorschriften das maßgebende Regelwerk der Rechnungslegung vorschreiben.

A5. Viele Nutzer von Abschlüssen haben nicht die Möglichkeit, Abschlüsse zu verlangen, die darauf zugeschnitten sind, ihre spezifischen Informationsbedürfnisse zu erfüllen. Es ist zwar nicht möglich, allen Informationsbedürfnissen von bestimmten Nutzern gerecht zu werden, jedoch gibt es Finanzinformationsbedürfnisse, die einem breiten Spektrum von Nutzern gemein sind. Ein Abschluss, der in Übereinstimmung mit einem Regelwerk der Rechnungslegung aufgestellt wird, das darauf zugeschnitten ist, den gemeinsamen Informationsbedürfnissen eines breiten Spektrums von Nutzern von Finanzinformationen gerecht zu werden, wird als Abschluss für allgemeine Zwecke bezeichnet.

A6. In manchen Fällen wird der Abschluss in Übereinstimmung mit einem Regelwerk der Rechnungslegung aufgestellt, das darauf zugeschnitten ist, den Informationsbedürfnissen von bestimmten Nutzern von Finanzinformationen gerecht zu werden. Ein solcher Abschluss wird als Abschluss für einen speziellen Zweck bezeichnet. In diesen Fällen wird das maßgebende Regelwerk der Rechnungslegung durch die Informationsbedürfnisse der vorgesehenen Nutzer der Finanzinformationen bestimmt. In ISA 800 wird die Akzeptabilität von Regelwerken der Rechnungslegung besprochen, die darauf zugeschnitten sind, den Informationsbedürfnissen von bestimmten Nutzern von Finanzinformationen gerecht zu werden.[10]

A7. Unzulänglichkeiten im maßgebenden Regelwerk der Rechnungslegung, die darauf hindeuten, dass das Regelwerk nicht akzeptabel ist, können sich nach der Annahme des Prüfungsauftrags herausstellen. Wenn die Anwendung eines solchen Regelwerks aufgrund von Gesetzen oder anderen Rechtsvorschriften vorgeschrieben ist, finden die unter den Textziffern 19-20 aufgeführten Anforderungen Anwendung. Wenn die Anwendung eines solchen Regelwerks nicht aufgrund von Gesetzen oder anderen Rechtsvorschriften vorgeschrieben ist, kann das Management sich dafür entscheiden, ein anderes akzeptables Regelwerk anzuwenden. Wie nach Textziffer 16 erforderlich, werden in diesem Fall neue Bedingungen des Prüfungsauftrags vereinbart, um den Wechsel des Regelwerks widerzuspiegeln, da die zuvor vereinbarten Bedingungen nicht mehr zutreffend sind.

Regelwerke für allgemeine Zwecke

A8. Gegenwärtig gibt es keine weltweit allgemein anerkannte objektive und maßgebende Grundlage für die Ermittlung der Akzeptabilität von Regelwerken für allgemeine Zwecke. Mangels einer solchen Grundlage gelten Rechnungslegungsstandards, die von Organisationen festgelegt wurden, die zur Veröffentlichung oder Verbreitung von Standards autorisiert oder anerkannt sind, die von bestimmten Arten von Einheiten anzuwenden sind, als akzeptabel für die von diesen Einheiten aufgestellten Abschlüsse für allgemeine Zwecke. Dies gilt unter der Voraussetzung, dass die Organisationen ein eingeführtes und transparentes Verfahren befolgen, bei dem die Ansichten eines breiten Spektrums von Interessenten abgewogen und berücksichtigt werden. Beispiele für solche Rechnungslegungsstandards sind

- die vom International Accounting Standards Board veröffentlichten International Financial Reporting Standards (IFRS),

---

[10] ISA 800 „Besondere Überlegungen bei Prüfungen von Abschlüssen, die aufgestellt sind in Übereinstimmung mit einem Regelwerk für einen speziellen Zweck", Textziffer 8.

- International Public Sector Accounting Standards (IPSASs) promulgated by the International Public Sector Accounting Standards Board; and
- Accounting principles promulgated by an authorized or recognized standards setting organization in a particular jurisdiction, provided the organization follows an established and transparent process involving deliberation and consideration of the views of a wide range of stakeholders.

These financial reporting standards are often identified as the applicable financial reporting framework in law or regulation governing the preparation of general purpose financial statements.

Financial reporting frameworks prescribed by law or regulation

A9. In accordance with paragraph 6(a), the auditor is required to determine whether the financial reporting framework, to be applied in the preparation of the financial statements, is acceptable. In some jurisdictions, law or regulation may prescribe the financial reporting framework to be used in the preparation of general purpose financial statements for certain types of entities. In the absence of indications to the contrary, such a financial reporting framework is presumed to be acceptable for general purpose financial statements prepared by such entities. In the event that the framework is not considered to be acceptable, paragraphs 19–20 apply.

Jurisdictions that do not have standards setting organizations or prescribed financial reporting frameworks

A10. When an entity is registered or operating in a jurisdiction that does not have an authorized or recognized standards setting organization, or where use of the financial reporting framework is not prescribed by law or regulation, management identifies a financial reporting framework to be applied in the preparation of the financial statements. Appendix 2 contains guidance on determining the acceptability of financial reporting frameworks in such circumstances.

Agreement of the Responsibilities of Management (Ref: Para. 6(b))

A11. An audit in accordance with ISAs is conducted on the premise that management has acknowledged and understands that it has the responsibilities set out in paragraph 6(b).[11] In certain jurisdictions, such responsibilities may be specified in law or regulation. In others, there may be little or no legal or regulatory definition of such responsibilities. ISAs do not override law or regulation in such matters. However, the concept of an independent audit requires that the auditor's role does not involve taking responsibility for the preparation of the financial statements or for the entity's related internal control, and that the auditor has a reasonable expectation of obtaining the information necessary for the audit in so far as management is able to provide or procure it. Accordingly, the premise is fundamental to the conduct of an independent audit. To avoid misunderstanding, agreement is reached with management that it acknowledges and understands that it has such responsibilities as part of agreeing and recording the terms of the audit engagement in paragraphs 9–12.

A12. The way in which the responsibilities for financial reporting are divided between management and those charged with governance will vary according to the resources and structure of the entity and any relevant law or regulation, and the respective roles of management and those charged with governance within the entity. In most cases, management is responsible for execution while those charged with governance have oversight of management. In some cases, those charged with governance will have, or will assume, responsibility for approving the financial statements or monitoring the entity's internal control related to financial reporting. In larger or public entities, a subgroup of those charged with governance, such as an audit committee, may be charged with certain oversight responsibilities.

A13. ISA 580 requires the auditor to request management to provide written representations that it has fulfilled certain of its responsibilities.[12] It may therefore be appropriate to make management aware that receipt of such written representations will be expected, together with written representations required by other ISAs

---

11) ISA 200, paragraph A2.
12) ISA 580, "Written Representations," paragraphs 10–11.

Vereinbarung der Auftragsbedingungen für Prüfungsaufträge　　　　ISA 210

- die vom International Public Sector Accounting Standards Board veröffentlichten International Public Sector Accounting Standards (IPSAS) und
- Rechnungslegungsgrundsätze, die von einer autorisierten oder anerkannten standardsetzenden Organisation in einem bestimmten Rechtsraum veröffentlicht werden, vorausgesetzt, die Organisation befolgt ein eingeführtes und transparentes Verfahren, bei dem die Ansichten eines breiten Spektrums von Interessenten abgewogen und berücksichtigt werden.

Diese Rechnungslegungsstandards werden in Gesetzen oder anderen Rechtsvorschriften, welche die Aufstellung von Abschlüssen für allgemeine Zwecke regeln, häufig als das maßgebende Regelwerk der Rechnungslegung bezeichnet.

Durch Gesetze oder andere Rechtsvorschriften vorgeschriebene Regelwerke der Rechnungslegung

A9. In Übereinstimmung mit Textziffer 6(a) muss der Abschlussprüfer feststellen, ob das bei der Aufstellung des Abschlusses anzuwendende Regelwerk der Rechnungslegung akzeptabel ist. In manchen Rechtsräumen können Gesetze oder andere Rechtsvorschriften das Regelwerk der Rechnungslegung vorschreiben, das von bestimmten Arten von Einheiten bei der Aufstellung eines Abschlusses für allgemeine Zwecke anzuwenden ist. Wenn keine gegenteiligen Anzeichen vorliegen, gilt ein solches Regelwerk der Rechnungslegung als akzeptabel für die von solchen Einheiten aufgestellten Abschlüsse für allgemeine Zwecke. Wenn das Regelwerk nicht als akzeptabel angesehen wird, finden die Textziffern 19-20 Anwendung.

Rechtsräume ohne standardsetzende Organisationen oder vorgeschriebene Regelwerke der Rechnungslegung

A10. Wenn eine Einheit in einem Rechtsraum registriert oder tätig ist, in dem es keine autorisierte oder anerkannte standardsetzende Organisation gibt oder in dem die Anwendung des Regelwerks der Rechnungslegung nicht durch Gesetze oder andere Rechtsvorschriften vorgeschrieben ist, bestimmt das Management ein Regelwerk der Rechnungslegung, das bei der Aufstellung des Abschlusses anzuwenden ist. Anlage 2 enthält erläuternde Hinweise zur Ermittlung der Akzeptabilität von Regelwerken der Rechnungslegung in solchen Fällen.

Vereinbarung über die Verantwortung des Managements (Vgl. Tz. 6(b))

A11. Eine Abschlussprüfung in Übereinstimmung mit den ISA wird unter der Voraussetzung durchgeführt, dass das Management anerkannt hat und versteht, dass es die in Textziffer 6(b) genannten Pflichten hat.[11] In bestimmten Rechtsräumen können diese Pflichten in Gesetzen oder anderen Rechtsvorschriften festgelegt sein, während dies in anderen Rechtsräumen möglicherweise nur in geringem Umfang oder gar nicht der Fall ist. Gesetze oder andere Rechtsvorschriften zu solchen Aspekten werden durch die ISA nicht aufgehoben. Nach dem Konzept einer unabhängigen Abschlussprüfung ist es jedoch zwingend, dass die Funktion des Abschlussprüfers nicht die Übernahme der Verantwortung für die Aufstellung des Abschlusses oder für das damit verbundene IKS der Einheit einschließt und dass der Abschlussprüfer die begründete Erwartung hat, die für die Abschlussprüfung notwendigen Informationen zu erlangen, soweit das Management in der Lage ist, diese beizubringen oder zu beschaffen. Dementsprechend ist diese Voraussetzung grundlegend für die Durchführung einer unabhängigen Abschlussprüfung. Um Missverständnisse zu vermeiden, wird mit dem Management als Teil der Vereinbarung und der schriftlich festgehaltenen Auftragsbedingungen eine Vereinbarung getroffen, dass es anerkennt und versteht, dass es solche Pflichten hat, wie diese in den Textziffern 9-12 festgelegt sind.

A12. Die Weise, in der die Pflichten für die Rechnungslegung zwischen dem Management und den für die Überwachung Verantwortlichen aufgeteilt werden, unterscheidet sich je nach den Ressourcen und der Struktur der Einheit sowie den relevanten Gesetzen oder anderen Rechtsvorschriften und den jeweiligen Funktionen des Managements und der für die Überwachung Verantwortlichen innerhalb der Einheit. In den meisten Fällen ist das Management für die Ausführung verantwortlich, während die für die Überwachung Verantwortlichen die Aufsicht über das Management haben. In manchen Fällen besitzen oder übernehmen die für die Überwachung Verantwortlichen die Verantwortung für die Genehmigung des Abschlusses oder für die Überwachung des rechnungslegungsbezogenen IKS der Einheit. In größeren oder öffentlichen Einheiten kann eine Untergruppe der für die Überwachung Verantwortlichen (z. B. ein Prüfungsausschuss) mit bestimmten Aufsichtspflichten betraut sein.

A13. Nach ISA 580 muss der Abschlussprüfer das Management auffordern, schriftliche Erklärungen darüber abzugeben, dass es bestimmte seiner Pflichten erfüllt hat.[12] Daher kann es angemessen sein, das Management darauf hinzuweisen, dass erwartet wird, dass diese schriftlichen Erklärungen zusammen mit

---

11) ISA 200, Textziffer A2.
12) ISA 580 „Schriftliche Erklärungen", Textziffern 10-11.

and, where necessary, written representations to support other audit evidence relevant to the financial statements or one or more specific assertions in the financial statements.

A14. Where management will not acknowledge its responsibilities, or agree to provide the written representations, the auditor will be unable to obtain sufficient appropriate audit evidence.[13] In such circumstances, it would not be appropriate for the auditor to accept the audit engagement, unless law or regulation requires the auditor to do so. In cases where the auditor is required to accept the audit engagement, the auditor may need to explain to management the importance of these matters, and the implications for the auditor's report.

Preparation of the Financial Statements (Ref: Para. 6(b)(i))

A15. Most financial reporting frameworks include requirements relating to the presentation of the financial statements; for such frameworks, *preparation* of the financial statements in accordance with the financial reporting framework includes *presentation*. In the case of a fair presentation framework the importance of the reporting objective of fair presentation is such that the premise agreed with management includes specific reference to fair presentation, or to the responsibility to ensure that the financial statements will "give a true and fair view" in accordance with the financial reporting framework.

Internal Control (Ref: Para. 6(b)(ii))

A16. Management maintains such internal control as it determines is necessary to enable the preparation of financial statements that are free from material misstatement, whether due to fraud or error. Internal control, no matter how effective, can provide an entity with only reasonable assurance about achieving the entity's financial reporting objectives due to the inherent limitations of internal control.[14]

A17. An independent audit conducted in accordance with the ISAs does not act as a substitute for the maintenance of internal control necessary for the preparation of financial statements by management. Accordingly, the auditor is required to obtain the agreement of management that it acknowledges and understands its responsibility for internal control. However, the agreement required by paragraph 6(b)(ii) does not imply that the auditor will find that internal control maintained by management has achieved its purpose or will be free of deficiencies.

A18. It is for management to determine what internal control is necessary to enable the preparation of the financial statements. The term "internal control" encompasses a wide range of activities within components that may be described as the control environment; the entity's risk assessment process; the information system, including the related business processes relevant to financial reporting, and communication; control activities; and monitoring of controls. This division, however, does not necessarily reflect how a particular entity may design, implement and maintain its internal control, or how it may classify any particular component.[15] An entity's internal control (in particular, its accounting books and records, or accounting systems) will reflect the needs of management, the complexity of the business, the nature of the risks to which the entity is subject, and relevant laws or regulation.

A19. In some jurisdictions, law or regulation may refer to the responsibility of management for the adequacy of accounting books and records, or accounting systems. In some cases, general practice may assume a distinction between accounting books and records or accounting systems on the one hand, and internal control or controls on the other. As accounting books and records, or accounting systems, are an integral part of internal control as referred to in paragraph A18, no specific reference is made to them in paragraph 6(b)(ii) for the description of the responsibility of management. To avoid misunderstanding, it may be appropriate for the auditor to explain to management the scope of this responsibility.

---

13) ISA 580, paragraph A26.
14) ISA 315, "Identifying and Assessing the Risks of Material Misstatement through Understanding the Entity and Its Environment," paragraph A46.
15) ISA 315, paragraph A51 and Appendix 1.

Vereinbarung der Auftragsbedingungen für Prüfungsaufträge ISA 210

den schriftlichen Erklärungen, die nach anderen ISA erforderlich sind, sowie erforderlichenfalls schriftliche Erklärungen zur Abstützung anderer Prüfungsnachweise für den Abschluss oder für eine oder mehrere spezifische Aussagen im Abschluss eingehen.

A14. Wenn das Management seine Pflichten nicht anerkennt oder sich nicht damit einverstanden erklärt, die schriftlichen Erklärungen abzugeben, wird der Abschlussprüfer nicht in der Lage sein, ausreichende geeignete Prüfungsnachweise zu erlangen.[13] In solchen Fällen wäre es nicht angemessen, dass der Abschlussprüfer den Prüfungsauftrag annimmt, sofern nicht Gesetze oder andere Rechtsvorschriften dies vom Abschlussprüfer verlangen. In Fällen, in denen der Abschlussprüfer verpflichtet ist, den Prüfungsauftrag anzunehmen, kann es notwendig sein, dass der Abschlussprüfer dem Management die Bedeutung dieser Sachverhalte und die Auswirkungen auf den Vermerk des Abschlussprüfers erläutert.

Aufstellung des Abschlusses (Vgl. Tz. 6(b)(i))

A15. Die meisten Regelwerke der Rechnungslegung enthalten Anforderungen zur Darstellung des Abschlusses. Bei diesen Regelwerken schließt die *Aufstellung* des Abschlusses in Übereinstimmung mit dem Regelwerk der Rechnungslegung die *Darstellung* ein. Bei einem Regelwerk zur sachgerechten Gesamtdarstellung*) bedingt die Bedeutung des Rechnungslegungsziels einer sachgerechten Gesamtdarstellung, dass die mit dem Management vereinbarte Voraussetzung eine besondere Bezugnahme auf die sachgerechte Gesamtdarstellung bzw. auf die Verpflichtung beinhaltet, sicherzustellen, dass der Abschluss in Übereinstimmung mit dem Regelwerk der Rechnungslegung ein „den tatsächlichen Verhältnissen entsprechendes Bild vermittelt".

Internes Kontrollsystem (Vgl. Tz. 6(b)(ii))

A16. Das Management hält ein solches internes Kontrollsystem (IKS) aufrecht, das es für notwendig erachtet, um sich in die Lage zu versetzen, einen Abschluss aufzustellen, der frei von wesentlichen – beabsichtigten oder unbeabsichtigten – falschen Darstellungen ist. Aufgrund seiner inhärenten Grenzen kann das IKS unabhängig von seiner Wirksamkeit einer Einheit nur mit hinreichender Sicherheit das Erreichen ihrer Rechnungslegungsziele ermöglichen.[14]

A17. Eine in Übereinstimmung mit den ISA durchgeführte unabhängige Abschlussprüfung dient nicht als Ersatz für die Aufrechterhaltung eines IKS, das für die Aufstellung des Abschlusses durch das Management notwendig ist. Dementsprechend muss der Abschlussprüfer das Einverständnis des Managements darüber einholen, dass es seine Verantwortung für ein IKS anerkennt und versteht. Das nach Textziffer 6(b)(ii) erforderliche Einverständnis bedeutet jedoch nicht, dass der Abschlussprüfer feststellen wird, dass das vom Management aufrechterhaltene IKS seinen Zweck erfüllt hat oder frei von Mängeln ist.

A18. Es ist vom Management zu entscheiden, welches IKS notwendig ist, um die Aufstellung des Abschlusses zu ermöglichen. Der Begriff „internes Kontrollsystem" umfasst ein breites Spektrum von Aktivitäten innerhalb von Teilbereichen, die beschrieben werden können als das Kontrollumfeld, der Risikobeurteilungsprozess der Einheit, das rechnungslegungsbezogene Informationssystem, einschließlich der damit verbundenen Geschäftsprozesse, sowie Kommunikation, Kontrollaktivitäten und Überwachung von Kontrollen. Diese Unterteilung spiegelt jedoch nicht notwendigerweise wider, wie eine bestimmte Einheit ihr IKS ausgestaltet, einrichtet und aufrechterhält oder wie sie einzelne Komponenten möglicherweise klassifiziert.[15] Das IKS einer Einheit (insbesondere ihre Bücher und Unterlagen der Rechnungslegung oder ihre Buchführungssysteme) spiegelt die Bedürfnisse des Managements, die Komplexität des Geschäfts, die Art der Risiken, denen die Einheit unterliegt, sowie relevante Gesetze oder andere Rechtsvorschriften wider.

A19. In manchen Rechtsräumen können sich Gesetze oder andere Rechtsvorschriften auf die Verantwortung des Managements für die Angemessenheit der Bücher und Unterlagen der Rechnungslegung oder der Buchführungssysteme beziehen. In manchen Fällen kann man in der allgemeinen Praxis eine Unterscheidung zwischen Büchern und Unterlagen der Rechnungslegung oder Buchführungssystemen einerseits und dem IKS oder Kontrollen andererseits annehmen. Da Bücher und Unterlagen der Rechnungslegung oder Buchführungssysteme ein integraler Bestandteil des IKS sind (wie in Textziffer A18 erwähnt), wird in Textziffer 6(b)(ii) für die Beschreibung der Verantwortung des Managements nicht ausdrücklich auf diese Bezug genommen. Zur Vermeidung von Missverständnissen kann es angemessen sein, dass der Abschlussprüfer dem Management den Umfang dieser Verantwortung erläutert.

---

[13] ISA 580, Textziffer A26.
[14] ISA 315 „Identifizierung und Beurteilung der Risiken wesentlicher falscher Darstellungen aus dem Verstehen der Einheit und ihres Umfelds", Textziffer A46.
[15] ISA 315, Textziffer A51 und Anlage 1.
*) In den ISA als „fair presentation framework" bezeichnet.

Considerations Relevant to Smaller Entities (Ref: Para. 6(b))

A20. One of the purposes of agreeing the terms of the audit engagement is to avoid misunderstanding about the respective responsibilities of management and the auditor. For example, when a third party has assisted with the preparation of the financial statements, it may be useful to remind management that the preparation of the financial statements in accordance with the applicable financial reporting framework remains its responsibility.

Agreement on Audit Engagement Terms

Agreeing the Terms of the Audit Engagement (Ref: Para. 9)

A21. The roles of management and those charged with governance in agreeing the terms of the audit engagement for the entity depend on the governance structure of the entity and relevant law or regulation.

Audit Engagement Letter or Other Form of Written Agreement[16] (Ref: Para. 10–11)

A22. It is in the interests of both the entity and the auditor that the auditor sends an audit engagement letter before the commencement of the audit to help avoid misunderstandings with respect to the audit. In some countries, however, the objective and scope of an audit and the responsibilities of management and of the auditor may be sufficiently established by law, that is, they prescribe the matters described in paragraph 10. Although in these circumstances paragraph 11 permits the auditor to include in the engagement letter only reference to the fact that relevant law or regulation applies and that management acknowledges and understands its responsibilities as set out in paragraph 6(b), the auditor may nevertheless consider it appropriate to include the matters described in paragraph 10 in an engagement letter for the information of management.

Form and Content of the Audit Engagement Letter

A23. The form and content of the audit engagement letter may vary for each entity. Information included in the audit engagement letter on the auditor's responsibilities may be based on ISA 200.[17] Paragraphs 6(b) and 12 of this ISA deal with the description of the responsibilities of management. In addition to including the matters required by paragraph 10, an audit engagement letter may make reference to, for example:

- Elaboration of the scope of the audit, including reference to applicable legislation, regulations, ISAs, and ethical and other pronouncements of professional bodies to which the auditor adheres.
- The form of any other communication of results of the audit engagement.
- The fact that because of the inherent limitations of an audit, together with the inherent limitations of internal control, there is an unavoidable risk that some material misstatements may not be detected, even though the audit is properly planned and performed in accordance with ISAs.
- Arrangements regarding the planning and performance of the audit, including the composition of the audit team.
- The expectation that management will provide written representations (see also paragraph A13).
- The agreement of management to make available to the auditor draft financial statements and any accompanying other information in time to allow the auditor to complete the audit in accordance with the proposed timetable.
- The agreement of management to inform the auditor of facts that may affect the financial statements, of which management may become aware during the period from the date of the auditor's report to the date the financial statements are issued.
- The basis on which fees are computed and any billing arrangements.
- A request for management to acknowledge receipt of the audit engagement letter and to agree to the terms of the engagement outlined therein.

---

16) In the paragraphs that follow, any reference to an audit engagement letter is to be taken as a reference to an audit engagement letter or other suitable form of written agreement.
17) ISA 200, paragraphs 3–9.

Für kleinere Einheiten relevante Überlegungen (Vgl. Tz. 6(b))

A20. Einer der Zwecke der Vereinbarung der Bedingungen des Prüfungsauftrags besteht darin, Missverständnisse über die jeweiligen Pflichten des Managements und des Abschlussprüfers zu vermeiden. Wenn bspw. ein Dritter bei der Aufstellung des Abschlusses mitgewirkt hat, kann es nützlich sein, das Management daran zu erinnern, dass es für die Aufstellung des Abschlusses in Übereinstimmung mit dem maßgebenden Regelwerk der Rechnungslegung verantwortlich bleibt.

Die Vereinbarung der Auftragsbedingungen für Prüfungsaufträge

Vereinbaren der Bedingungen des Prüfungsauftrags (Vgl. Tz. 9)

A21. Die Funktionen des Managements und der für die Überwachung Verantwortlichen beim Vereinbaren der Bedingungen des Prüfungsauftrags für die Einheit hängen von der Überwachungsstruktur der Einheit und von relevanten Gesetzen oder anderen Rechtsvorschriften ab.

Auftragsbestätigungsschreiben oder andere Form von schriftlicher Vereinbarung[16] (Vgl. Tz. 10-11)

A22. Es liegt im Interesse sowohl der Einheit als auch des Abschlussprüfers, dass der Abschlussprüfer vor Beginn der Abschlussprüfung ein Auftragsbestätigungsschreiben versendet, um dazu beizutragen, Missverständnisse über die Abschlussprüfung zu vermeiden. In manchen Ländern können jedoch Ziel und Umfang einer Abschlussprüfung sowie die Pflichten des Managements und des Abschlussprüfers in ausreichendem Maße durch Gesetze festgelegt sein, d. h. die Gesetze schreiben die in Textziffer 10 beschriebenen Sachverhalte vor. Obwohl es dem Abschlussprüfer in diesen Fällen nach Textziffer 11 gestattet ist, in dem Auftragsbestätigungsschreiben nur auf die Tatsache hinzuweisen, dass relevante Gesetze oder andere Rechtsvorschriften Anwendung finden und dass das Management seine in Textziffer 6(b) genannten Pflichten anerkennt und versteht, kann der Abschlussprüfer es gleichwohl für angemessen halten, die in Textziffer 10 beschriebenen Sachverhalte zur Information des Managements in ein Auftragsbestätigungsschreiben einzubeziehen.

Form und Inhalt des Auftragsbestätigungsschreibens

A23. Form und Inhalt des Auftragsbestätigungsschreibens können für jede Einheit unterschiedlich sein. Im Auftragsbestätigungsschreiben enthaltene Informationen zu den Pflichten des Abschlussprüfers können auf ISA 200 basieren.[17] In den Textziffern 6(b) und 12 des vorliegenden ISA werden die Pflichten des Managements behandelt. Neben den nach Textziffer 10 erforderlichen Sachverhalten kann in einem Auftragsbestätigungsschreiben bspw. auf Folgendes Bezug genommen werden :

- ausführliche Darstellung des Umfangs der Abschlussprüfung, einschließlich Bezugnahme auf maßgebende Gesetze und andere Rechtsvorschriften, ISA sowie berufliche und andere Verlautbarungen von Berufsorganisationen, die der Abschlussprüfer befolgt
- die Form jeglicher anderer Kommunikation von Ergebnissen des Prüfungsauftrags
- die Tatsache, dass aufgrund der inhärenten Grenzen einer Abschlussprüfung zusammen mit den inhärenten Grenzen des IKS ein unvermeidbares Risiko besteht, dass einige wesentliche falsche Darstellungen möglicherweise nicht aufgedeckt werden, obwohl die Prüfung in Übereinstimmung mit den ISA ordnungsgemäß geplant und durchgeführt wird
- Vereinbarungen über die Planung und Durchführung der Abschlussprüfung, einschließlich der Zusammensetzung des Prüfungsteams
- die Erwartung, dass das Management schriftliche Erklärungen abgibt (siehe auch Textziffer A13)
- die Einwilligung des Managements, dem Abschlussprüfer rechtzeitig einen Entwurf des Abschlusses und sonstige Begleitinformationen zur Verfügung zu stellen, um es dem Abschlussprüfer zu ermöglichen, die Abschlussprüfung in dem beabsichtigten Zeitplan abzuschließen
- die Einwilligung des Managements, den Abschlussprüfer über Tatsachen, die sich auf den Abschluss auswirken können, zu informieren, von denen das Management möglicherweise in dem Zeitraum vom Datum des Vermerks des Abschlussprüfers bis zum Datum der Herausgabe des Abschlusses Kenntnis erlangt
- die Berechnungsgrundlage des Honorars und Vereinbarungen zur Rechnungsstellung
- die Aufforderung, dass das Management den Empfang des Auftragsbestätigungsschreibens bestätigt und mit den darin dargelegten Auftragsbedingungen einverstanden ist.

---

[16] In den nachfolgenden Textziffern ist der Begriff „Auftragsbestätigungsschreiben" als Auftragsbestätigungsschreiben oder eine andere geeignete Form von schriftlicher Vereinbarung zu verstehen.
[17] ISA 200, Textziffern 3-9.

A24. When relevant, the following points could also be made in the audit engagement letter:

- Arrangements concerning the involvement of other auditors and experts in some aspects of the audit.
- Arrangements concerning the involvement of internal auditors and other staff of the entity.
- Arrangements to be made with the predecessor auditor, if any, in the case of an initial audit.
- Any restriction of the auditor's liability when such possibility exists.
- A reference to any further agreements between the auditor and the entity.
- Any obligations to provide audit working papers to other parties.

An example of an audit engagement letter is set out in Appendix 1.

Audits of Components

A25. When the auditor of a parent entity is also the auditor of a component, the factors that may influence the decision whether to send a separate audit engagement letter to the component include the following:

- Who appoints the component auditor;
- Whether a separate auditor's report is to be issued on the component;
- Legal requirements in relation to audit appointments;
- Degree of ownership by parent; and
- Degree of independence of the component management from the parent entity.

Responsibilities of Management Prescribed by Law or Regulation (Ref: Para. 11–12)

A26. If, in the circumstances described in paragraphs A22 and A27, the auditor concludes that it is not necessary to record certain terms of the audit engagement in an audit engagement letter, the auditor is still required by paragraph 11 to seek the written agreement from management that it acknowledges and understands that it has the responsibilities set out in paragraph 6(b). However, in accordance with paragraph 12, such written agreement may use the wording of the law or regulation if such law or regulation establishes responsibilities for management that are equivalent in effect to those described in paragraph 6(b). The accounting profession, audit standards setter, or audit regulator in a jurisdiction may have provided guidance as to whether the description in law or regulation is equivalent.

Considerations specific to public sector entities

A27. Law or regulation governing the operations of public sector audits generally mandate the appointment of a public sector auditor and commonly set out the public sector auditor's responsibilities and powers, including the power to access an entity's records and other information. When law or regulation prescribes in sufficient detail the terms of the audit engagement, the public sector auditor may nonetheless consider that there are benefits in issuing a fuller audit engagement letter than permitted by paragraph 11.

Recurring Audits (Ref: Para. 13)

A28. The auditor may decide not to send a new audit engagement letter or other written agreement each period. However, the following factors may make it appropriate to revise the terms of the audit engagement or to remind the entity of existing terms:

- Any indication that the entity misunderstands the objective and scope of the audit.
- Any revised or special terms of the audit engagement.
- A recent change of senior management.
- A significant change in ownership.
- A significant change in nature or size of the entity's business.
- A change in legal or regulatory requirements.

A24. Sofern relevant, könnten die folgenden Punkte ebenfalls in dem Auftragsbestätigungsschreiben festgehalten werden:
- Vereinbarungen über die Einbindung von anderen Abschlussprüfern und von Sachverständigen bei einigen Aspekten der Abschlussprüfung
- Vereinbarungen über die Einbindung interner Prüfer und anderer Mitarbeiter der Einheit
- mit einem eventuell vorherigen Abschlussprüfer zu treffende Vereinbarungen im Falle einer Erstprüfung
- eine Beschränkung der Haftung des Abschlussprüfers, wenn dies möglich ist
- eine Bezugnahme auf weitere Vereinbarungen zwischen dem Abschlussprüfer und der Einheit
- Verpflichtungen zur Weitergabe von Arbeitspapieren zu der Abschlussprüfung an Dritte.

Ein Beispiel für ein Auftragsbestätigungsschreiben ist in Anlage 1 enthalten.

Abschlussprüfungen von Teilbereichen

A25. Wenn der Abschlussprüfer einer Muttereinheit auch der Abschlussprüfer eines Teilbereichs ist, können folgende Faktoren die Entscheidung beeinflussen, ob ein gesondertes Auftragsbestätigungsschreiben an den Teilbereich zu senden ist:
- wer den Teilbereichsprüfer bestellt,
- ob ein gesonderter Vermerk des Abschlussprüfers für den Teilbereich zu erteilen ist,
- rechtliche Anforderungen zur Bestellung der Abschlussprüfer,
- Eigentumsanteil der Muttergesellschaft und
- Grad der Unabhängigkeit des Teilbereichsmanagements von der Muttereinheit.

Durch Gesetze oder andere Rechtsvorschriften vorgeschriebene Pflichten des Managements (Vgl. Tz. 11-12)

A26. Wenn der Abschlussprüfer unter den in den Textziffern A22 und A27 beschriebenen Umständen zu dem Schluss kommt, dass es nicht notwendig ist, bestimmte Bedingungen des Prüfungsauftrags in einem Auftragsbestätigungsschreiben festzuhalten, muss der Abschlussprüfer sich nach Textziffer 11 dennoch um das schriftliche Einverständnis des Managements bemühen, dass es seine in Textziffer 6(b) genannten Pflichten anerkennt und versteht. In Übereinstimmung mit Textziffer 12 kann jedoch in einer solchen schriftlichen Vereinbarung der Wortlaut der betreffenden Gesetze oder anderen Rechtsvorschriften verwendet werden, wenn in diesen Gesetzen oder anderen Rechtsvorschriften Pflichten des Managements festgelegt sind, die in ihrer Wirkung den in Textziffer 6(b) beschriebenen Pflichten entsprechen. Möglicherweise stellen der Berufsstand, die Prüfungsstandards setzende Organisation oder die Aufsichtsbehörde für Abschlussprüfungen in einem Rechtsraum erläuternde Hinweise dazu bereit, ob die Beschreibung in Gesetzen oder anderen Rechtsvorschriften gleichbedeutend ist.

Spezifische Überlegungen zu Einheiten des öffentlichen Sektors

A27. Im Allgemeinen schreiben Gesetze oder andere Rechtsvorschriften, welche den Ablauf von Abschlussprüfungen im öffentlichen Sektor regeln, die Bestellung eines Abschlussprüfers im öffentlichen Sektor vor und legen üblicherweise die Pflichten und Befugnisse des Abschlussprüfers im öffentlichen Sektor fest. Hierzu gehört auch die Befugnis, auf die Aufzeichnungen und sonstigen Informationen einer Einheit zuzugreifen. Wenn Gesetze oder andere Rechtsvorschriften die Bedingungen des Prüfungsauftrags ausreichend detailliert vorschreiben, kann der Abschlussprüfer im öffentlichen Sektor dennoch der Ansicht sein, dass es vorteilhaft ist, ein umfangreicheres Auftragsbestätigungsschreiben zu erstellen, als nach Textziffer 11 vorgesehen.

Folgeprüfungen (Vgl. Tz. 13)

A28. Der Abschlussprüfer kann sich dafür entscheiden, nicht für jeden Zeitraum ein neues Auftragsbestätigungsschreiben oder eine andere schriftliche Vereinbarung zu versenden. Aufgrund der folgenden Faktoren kann es jedoch angemessen sein, die Auftragsbedingungen zu ändern oder die Einheit an die bestehenden Bedingungen zu erinnern:
- Hinweise darauf, dass die Einheit Ziel und Umfang der Abschlussprüfung missversteht
- geänderte oder besondere Bedingungen des Prüfungsauftrags
- ein vor kurzem erfolgter Wechsel im oberen Management
- eine bedeutende Änderung der Eigentumsverhältnisse
- eine bedeutende Änderung in Art oder Umfang der Geschäftstätigkeit der Einheit
- eine Änderung gesetzlicher oder anderer rechtlicher Anforderungen

- A change in the financial reporting framework adopted in the preparation of the financial statements.
- A change in other reporting requirements.

Acceptance of a Change in the Terms of the Audit Engagement

Request to Change the Terms of the Audit Engagement (Ref: Para. 14)

A29. A request from the entity for the auditor to change the terms of the audit engagement may result from a change in circumstances affecting the need for the service, a misunderstanding as to the nature of an audit as originally requested or a restriction on the scope of the audit engagement, whether imposed by management or caused by other circumstances. The auditor, as required by paragraph 14, considers the justification given for the request, particularly the implications of a restriction on the scope of the audit engagement.

A30. A change in circumstances that affects the entity's requirements or a misunderstanding concerning the nature of the service originally requested may be considered a reasonable basis for requesting a change in the audit engagement.

A31. In contrast, a change may not be considered reasonable if it appears that the change relates to information that is incorrect, incomplete or otherwise unsatisfactory. An example might be where the auditor is unable to obtain sufficient appropriate audit evidence regarding receivables and the entity asks for the audit engagement to be changed to a review engagement to avoid a qualified opinion or a disclaimer of opinion.

Request to Change to a Review or a Related Service (Ref: Para. 15)

A32. Before agreeing to change an audit engagement to a review or a related service, an auditor who was engaged to perform an audit in accordance with ISAs may need to assess, in addition to the matters referred to in paragraphs A29–A31 above, any legal or contractual implications of the change.

A33. If the auditor concludes that there is reasonable justification to change the audit engagement to a review or a related service, the audit work performed to the date of change may be relevant to the changed engagement; however, the work required to be performed and the report to be issued would be those appropriate to the revised engagement. In order to avoid confusing the reader, the report on the related service would not include reference to:

(a) The original audit engagement; or

(b) Any procedures that may have been performed in the original audit engagement, except where the audit engagement is changed to an engagement to undertake agreed-upon procedures and thus reference to the procedures performed is a normal part of the report.

Additional Considerations in Engagement Acceptance

Financial Reporting Standards Supplemented by Law or Regulation (Ref: Para. 18)

A34. In some jurisdictions, law or regulation may supplement the financial reporting standards established by an authorized or recognized standards setting organization with additional requirements relating to the preparation of financial statements. In those jurisdictions, the applicable financial reporting framework for the purposes of applying the ISAs encompasses both the identified financial reporting framework and such additional requirements provided they do not conflict with the identified financial reporting framework. This may, for example, be the case when law or regulation prescribes disclosures in addition to those required by the financial reporting standards or when they narrow the range of acceptable choices that can be made within the financial reporting standards.[18]

---

[18] ISA 700, paragraph 15, includes a requirement regarding the evaluation of whether the financial statements adequately refer to or describe the applicable financial reporting framework.

Vereinbarung der Auftragsbedingungen für Prüfungsaufträge ISA 210

- eine Änderung des bei der Aufstellung des Abschlusses angewendeten Regelwerks der Rechnungslegung
- eine Änderung sonstiger Berichtspflichten.

Annahme einer Änderung der Auftragsbedingungen für den Prüfungsauftrag

Anforderung zur Änderung der Bedingungen für den Prüfungsauftrag (Vgl. Tz. 14)

A29. Eine Aufforderung der Einheit an den Abschlussprüfer, die Bedingungen für den Prüfungsauftrag zu ändern, kann resultieren aus einer Änderung der Umstände, die sich auf die Notwendigkeit für die Dienstleistung auswirken, aus einem Missverständnis über die ursprünglich gewünschte Art einer Abschlussprüfung oder aus einer Beschränkung des Umfangs des Prüfungsauftrags, ob diese nun durch das Management auferlegt oder durch andere Umstände hervorgerufen wurde. Wie nach Textziffer 14 erforderlich, wägt der Abschlussprüfer die Begründung für die Aufforderung (insbesondere die Auswirkungen einer Beschränkung des Umfangs des Prüfungsauftrags) ab.

A30. Eine Änderung der Umstände, die sich auf die Anforderungen der Einheit auswirkt, oder ein Missverständnis über die Art der ursprünglich gewünschten Dienstleistung kann eine vertretbare Grundlage dafür sein, eine Änderung des Prüfungsauftrags zu verlangen.

A31. Dagegen kann eine Änderung als nicht vertretbar angesehen werden, wenn es den Anschein hat, dass die Änderung in Beziehung zu Informationen steht, die unrichtig, unvollständig oder anderweitig nicht zufrieden stellend sind. Ein Beispiel könnte sein, dass der Abschlussprüfer nicht in der Lage ist, ausreichende geeignete Prüfungsnachweise zu den Forderungen zu erlangen und die Einheit verlangt, den Prüfungsauftrag in einen Auftrag zur prüferischen Durchsicht*) umzuwandeln, um ein eingeschränktes Prüfungsurteil oder die Erklärung der Nichtabgabe eines Prüfungsurteils zu vermeiden.

Aufforderung zur Umwandlung in eine prüferische Durchsicht oder eine verwandte Dienstleistung (Vgl. Tz. 15)

A32. Vor der Zustimmung zur Umwandlung eines Prüfungsauftrags in eine prüferische Durchsicht oder eine verwandte Dienstleistung kann ein Abschlussprüfer, der mit der Durchführung einer Abschlussprüfung in Übereinstimmung mit den ISA beauftragt wurde, zusätzlich zu den in den Textziffern A29-A31 genannten Sachverhalten rechtliche oder vertragliche Auswirkungen der Umwandlung beurteilen müssen.

A33. Wenn der Abschlussprüfer zu dem Schluss kommt, dass es eine vertretbare Begründung dafür gibt, den Prüfungsauftrag in eine prüferische Durchsicht oder eine verwandte Dienstleistung umzuwandeln, kann die bis zum Datum der Umwandlung durchgeführte Prüfungsarbeit für den geänderten Auftrag relevant sein. Die durchzuführende Arbeit und der zu erteilende Vermerk sind dann jedoch diejenigen, die zu dem geänderten Auftrag passen. Um eine Verwirrung des Lesers zu vermeiden, würde der Vermerk zu der entsprechenden Dienstleistung keine Bezugnahme enthalten auf

(a) den ursprünglichen Prüfungsauftrag oder

(b) Prüfungshandlungen, die möglicherweise bei dem ursprünglichen Prüfungsauftrag durchgeführt wurden, außer wenn der Prüfungsauftrag in einen Auftrag zur Durchführung vereinbarter Untersuchungshandlungen umgewandelt wird und somit eine Bezugnahme auf die durchgeführten Prüfungshandlungen ein üblicher Teil des Vermerks ist.

Zusätzliche Überlegungen bei der Auftragsannahme

Durch Gesetze oder andere Rechtsvorschriften ergänzte Rechnungslegungsstandards (Vgl. Tz. 18)

A34. In manchen Rechtsräumen können Gesetze oder andere Rechtsvorschriften die von einer autorisierten oder anerkannten standardsetzenden Organisation festgelegten Rechnungslegungsstandards um zusätzliche Anforderungen für die Aufstellung des Abschlusses ergänzen. In diesen Rechtsräumen umfasst das maßgebende Regelwerk der Rechnungslegung für die Zwecke der Anwendung der ISA sowohl das festgelegte Regelwerk der Rechnungslegung als auch diese zusätzlichen Anforderungen, vorausgesetzt, dass diese nicht im Widerspruch zu dem festgelegten Regelwerk der Rechnungslegung stehen. Dies kann bspw. der Fall sein, wenn Gesetze oder andere Rechtsvorschriften Abschlussangaben zusätzlich zu den nach den Rechnungslegungsstandards erforderlichen Angaben vorschreiben oder den Bereich der annehmbaren Wahlmöglichkeiten innerhalb der Rechnungslegungsstandards einschränken.[18]

---

18) ISA 700, Textziffer 15, enthält eine Anforderung zu der Beurteilung, ob der Abschluss in angemessener Weise auf das maßgebende Regelwerk der Rechnungslegung Bezug nimmt oder dieses beschreibt.
*) In der Schweiz: Review.

Financial Reporting Framework Prescribed by Law or Regulation – Other Matters Affecting Acceptance (Ref: Para. 19)

A35. Law or regulation may prescribe that the wording of the auditor's opinion use the phrases "present fairly, in all material respects" or "give a true and fair view" in a case where the auditor concludes that the applicable financial reporting framework prescribed by law or regulation would otherwise have been unacceptable. In this case, the terms of the prescribed wording of the auditor's report are significantly different from the requirements of ISAs (see paragraph 21).

Auditor's Report Prescribed by Law or Regulation (Ref: Para. 21)

A36. ISAs require that the auditor shall not represent compliance with ISAs unless the auditor has complied with all of the ISAs relevant to the audit.[19] When law or regulation prescribes the layout or wording of the auditor's report in a form or in terms that are significantly different from the requirements of ISAs and the auditor concludes that additional explanation in the auditor's report cannot mitigate possible misunderstanding, the auditor may consider including a statement in the auditor's report that the audit is not conducted in accordance with ISAs. The auditor is, however, encouraged to apply ISAs, including the ISAs that address the auditor's report, to the extent practicable, notwithstanding that the auditor is not permitted to refer to the audit being conducted in accordance with ISAs.

Considerations Specific to Public Sector Entities

A37. In the public sector, specific requirements may exist within the legislation governing the audit mandate; for example, the auditor may be required to report directly to a minister, the legislature or the public if the entity attempts to limit the scope of the audit.

---

19) ISA 200, paragraph 20.

Durch Gesetze oder andere Rechtsvorschriften vorgeschriebenes Regelwerk der Rechnungslegung – Andere die Auftragsannahme beeinflussende Sachverhalte (Vgl. Tz. 19)

A35. Gesetze oder andere Rechtsvorschriften können vorschreiben, dass der Wortlaut des Prüfungsurteils die Formulierungen „vermittelt in allen wesentlichen Belangen eine sachgerechte Gesamtdarstellung" oder „ein den tatsächlichen Verhältnissen entsprechendes Bild" enthält, in einem Fall, in dem der Abschlussprüfer zu dem Schluss kommt, dass das durch Gesetze oder andere Rechtsvorschriften vorgeschriebene maßgebende Regelwerk der Rechnungslegung andernfalls nicht akzeptabel gewesen wäre. In diesem Fall unterscheidet sich die Formulierung des vorgeschriebenen Wortlauts des Vermerks des Abschlussprüfers erheblich von den Anforderungen der ISA (siehe Textziffer 21).

Durch Gesetze oder andere Rechtsvorschriften vorgeschriebener Vermerk des Abschlussprüfers (Vgl. Tz. 21)

A36. Nach den ISA darf der Abschlussprüfer nicht auf die Einhaltung der ISA hinweisen, wenn der Abschlussprüfer nicht sämtliche für die Prüfung relevanten ISA eingehalten hat.[19] Wenn Gesetze oder andere Rechtsvorschriften den Aufbau oder Wortlaut des Vermerks des Abschlussprüfers in einer Form oder Hinsicht vorschreiben, die sich erheblich von den Anforderungen der ISA unterscheidet, und der Abschlussprüfer zu dem Schluss kommt, dass ein mögliches Missverständnis nicht durch zusätzliche Erläuterungen im Vermerk des Abschlussprüfers abgemildert werden kann, kann der Abschlussprüfer erwägen, in den Vermerk des Abschlussprüfers eine Erklärung darüber einzubeziehen, dass die Abschlussprüfung nicht in Übereinstimmung mit den ISA durchgeführt wurde. Der Abschlussprüfer ist jedoch aufgefordert, die ISA, einschließlich derjenigen, die den Vermerk des Abschlussprüfers behandeln, anzuwenden, soweit dies praktisch durchführbar ist, auch wenn der Abschlussprüfer nicht darauf hinweisen darf, dass die Abschlussprüfung in Übereinstimmung mit den ISA durchgeführt wurde.

Spezifische Überlegungen zu Einheiten des öffentlichen Sektors

A37. Im öffentlichen Sektor können in den Gesetzen, welche das Prüfungsmandat regeln, spezifische Anforderungen enthalten sein, . Bspw. kann es sein, dass der Abschlussprüfer direkt einem Ministerium, der gesetzgebenden Körperschaft oder der Öffentlichkeit berichten muss, wenn die Einheit versucht, den Prüfungsumfang einzuschränken.

---

[19] ISA 200, Textziffer 20.

ISA 210 Agreeing the Terms of Audit Engagements

Appendix 1
(Ref: Para. A23–24)

Example of an Audit Engagement Letter

The following is an example of an audit engagement letter for an audit of general purpose financial statements prepared in accordance with International Financial Reporting Standards. This letter is not authoritative but is intended only to be a guide that may be used in conjunction with the considerations outlined in this ISA. It will need to be varied according to individual requirements and circumstances. It is drafted to refer to the audit of financial statements for a single reporting period and would require adaptation if intended or expected to apply to recurring audits (see paragraph 13 of this ISA). It may be appropriate to seek legal advice that any proposed letter is suitable.

***

To the appropriate representative of management or those charged with governance of ABC Company:[1]

[*The objective and scope of the audit*]

You[2] have requested that we audit the financial statements of ABC Company, which comprise the balance sheet as at December 31, 20X1, and the income statement, statement of changes in equity and cash flow statement for the year then ended, and a summary of significant accounting policies and other explanatory information. We are pleased to confirm our acceptance and our understanding of this audit engagement by means of this letter. Our audit will be conducted with the objective of our expressing an opinion on the financial statements.

[*The responsibilities of the auditor*]

We will conduct our audit in accordance with International Standards on Auditing (ISAs). Those standards require that we comply with ethical requirements and plan and perform the audit to obtain reasonable assurance about whether the financial statements are free from material misstatement. An audit involves performing procedures to obtain audit evidence about the amounts and disclosures in the financial statements. The procedures selected depend on the auditor's judgment, including the assessment of the risks of material misstatement of the financial statements, whether due to fraud or error. An audit also includes evaluating the appropriateness of accounting policies used and the reasonableness of accounting estimates made by management, as well as evaluating the overall presentation of the financial statements.

Because of the inherent limitations of an audit, together with the inherent limitations of internal control, there is an unavoidable risk that some material misstatements may not be detected, even though the audit is properly planned and performed in accordance with ISAs.

In making our risk assessments, we consider internal control relevant to the entity's preparation of the financial statements in order to design audit procedures that are appropriate in the circumstances, but not for the purpose of expressing an opinion on the effectiveness of the entity's internal control. However, we will communicate to you in writing concerning any significant deficiencies in internal control relevant to the audit of the financial statements that we have identified during the audit.

[*The responsibilities of management and identification of the applicable financial reporting framework (for purposes of this example it is assumed that the auditor has not determined that the law or regulation prescribes those responsibilities in appropriate terms; the descriptions in paragraph 6(b) of this ISA are therefore used).*]

---

1) The addressees and references in the letter would be those that are appropriate in the circumstances of the engagement, including the relevant jurisdiction. It is important to refer to the appropriate persons – see paragraph A21.

2) Throughout this letter, references to "you," "we," "us," "management," "those charged with governance" and "auditor" would be used or amended as appropriate in the circumstances.

Vereinbarung der Auftragsbedingungen für Prüfungsaufträge ISA 210

Anlage 1
(Vgl. Tz. A23-24)

Beispiel für ein Auftragsbestätigungsschreiben

Nachfolgend ist ein Beispiel für ein Auftragsbestätigungsschreiben für die Prüfung eines Abschlusses für allgemeine Zwecke aufgeführt, der in Übereinstimmung mit den International Financial Reporting Standards aufgestellt wurde. Dieses Schreiben ist nicht verpflichtend, sondern soll lediglich eine Orientierungshilfe sein, die in Verbindung mit den in diesem ISA dargelegten Überlegungen verwendet werden kann. Sie muss entsprechend den einzelnen Anforderungen und Umständen geändert werden. Das Schreiben wurde unter Bezug auf die Prüfung eines Abschlusses für einen einzelnen Berichtszeitraum entworfen und müsste angepasst werden, wenn es bestimmungs- oder erwartungsgemäß auf Folgeprüfungen angewendet werden soll (siehe Textziffer 13 dieses ISA). Es kann angemessen sein, rechtlichen Rat zu der Eignung eines geplanten Schreibens einzuholen.

***

An den zuständigen Vertreter des Managements oder der für die Überwachung Verantwortlichen der ABC Gesellschaft:[1)]

[Ziel und Umfang der Abschlussprüfung]

Sie[2)] haben uns darum gebeten, den Abschluss der ABC Gesellschaft – bestehend aus der Bilanz zum 31.12.20X1, der Gewinn- und Verlustrechnung[*)], Eigenkapitalveränderungsrechnung und Kapitalflussrechnung[**)] für das an diesem Stichtag endende Geschäftsjahr sowie einer Zusammenfassung[***)] bedeutsamer Rechnungslegungsmethoden und anderen erläuternden Informationen – zu prüfen. Gerne bestätigen wir mit diesem Schreiben die Annahme und unser Verständnis des Prüfungsauftrags. Unsere Abschlussprüfung wird mit dem Ziel durchgeführt, ein Prüfungsurteil über den Abschluss abzugeben.

[Die Pflichten des Abschlussprüfers]

Wir werden unsere Abschlussprüfung in Übereinstimmung mit den International Standards on Auditing (ISA) durchführen. Nach diesen Standards haben wir die beruflichen Verhaltensanforderungen einzuhalten und die Prüfung so zu planen und durchzuführen, dass eine hinreichende Sicherheit darüber erlangt wird, ob der Abschluss frei von wesentlichen falschen Darstellungen ist. Eine Abschlussprüfung beinhaltet das Durchführen von Prüfungshandlungen, um Prüfungsnachweise für die im Abschluss enthaltenen Wertansätze und sonstigen Angaben zu erlangen. Die Auswahl der Prüfungshandlungen liegt im pflichtgemäßen Ermessen des Abschlussprüfers. Dies schließt die Beurteilung der Risiken wesentlicher – beabsichtigter oder unbeabsichtigter – falscher Darstellungen im Abschluss ein. Eine Abschlussprüfung umfasst auch die Beurteilung der Angemessenheit der angewendeten Rechnungslegungsmethoden und der Vertretbarkeit der vom Management ermittelten geschätzten Werte in der Rechnungslegung sowie die Beurteilung der Gesamtdarstellung des Abschlusses.

Aufgrund der inhärenten Grenzen einer Abschlussprüfung, zusammen mit den inhärenten Grenzen des internen Kontrollsystems, besteht ein unvermeidbares Risiko, dass einige wesentliche falsche Darstellungen möglicherweise nicht aufgedeckt werden, obwohl die Prüfung in Übereinstimmung mit den ISA ordnungsgemäß geplant und durchgeführt wird.

Bei unserer Risikobeurteilung berücksichtigen wir das für die Aufstellung des Abschlusses durch die Einheit relevante interne Kontrollsystem, um Prüfungshandlungen zu planen, die unter den gegebenen Umständen angemessen sind, jedoch nicht mit dem Ziel, ein Prüfungsurteil zur Wirksamkeit des internen Kontrollsystems der Einheit abzugeben. Wir werden Ihnen jedoch jedwede bedeutsamen Mängel im internen Kontrollsystem schriftlich mitteilen, die sich auf die Abschlussprüfung beziehen und die wir während der Prüfung festgestellt haben.

[Die Pflichten des Managements und die Bestimmung des maßgebenden Regelwerks der Rechnungslegung (für Zwecke dieses Beispiels wird vorausgesetzt, dass der Abschlussprüfer nicht festgestellt hat, dass Gesetze oder andere Rechtsvorschriften diese Pflichten in angemessener Form vorschreiben; daher werden die in Textziffer 6(b) dieses ISA enthaltenen Beschreibungen verwendet).]

---

1) Die Empfänger und Bezugnahmen wären in dem Schreiben diejenigen, die unter den gegebenen Umständen des Auftrags, einschließlich des relevanten Rechtsraums, zutreffend sind. Es ist wichtig, sich an die zuständigen Personen zu wenden (siehe Textziffer A21).

2) Bezugnahmen auf „Sie", „wir", „uns", „Management", „die für die Überwachung Verantwortlichen" und „Abschlussprüfer" sind im gesamten Schreiben den Umständen entsprechend zu verwenden bzw. zu ändern.

*) In der Schweiz: Erfolgsrechnung.

**) In der Schweiz: Geldflussrechnung.

***) In Deutschland, Österreich und der Schweiz: Anhang.

Our audit will be conducted on the basis that [management and, where appropriate, those charged with governance]³⁾ acknowledge and understand that they have responsibility:

(a) For the preparation and fair presentation of the financial statements in accordance with International Financial Reporting Standards;⁴⁾
(b) For such internal control as [management] determines is necessary to enable the preparation of financial statements that are free from material misstatement, whether due to fraud or error; and

(c) To provide us with:
  (i) Access to all information of which [management] is aware that is relevant to the preparation of the financial statements such as records, documentation and other matters;
  (ii) Additional information that we may request from [management] for the purpose of the audit; and
  (iii) Unrestricted access to persons within the entity from whom we determine it necessary to obtain audit evidence.

As part of our audit process, we will request from [management and, where appropriate, those charged with governance], written confirmation concerning representations made to us in connection with the audit.

We look forward to full cooperation from your staff during our audit.

[Other relevant information]

[*Insert other information, such as fee arrangements, billings and other specific terms, as appropriate.*]

[Reporting]

[*Insert appropriate reference to the expected form and content of the auditor's report.*]

The form and content of our report may need to be amended in the light of our audit findings.

Please sign and return the attached copy of this letter to indicate your acknowledgement of, and agreement with, the arrangements for our audit of the financial statements including our respective responsibilities.

XYZ & Co.
Acknowledged and agreed on behalf of ABC Company by
(signed)
....
Name and Title
Date

---

3) Use terminology as appropriate in the circumstances.
4) Or, if appropriate, "For the preparation of financial statements that give a true and fair view in accordance with International Financial Reporting Standards."

Vereinbarung der Auftragsbedingungen für Prüfungsaufträge ISA 210

Unsere Abschlussprüfung wird auf der Grundlage durchgeführt, dass [das Management und – sofern einschlägig – die für die Überwachung Verantwortlichen][3] anerkennen und verstehen, dass sie verantwortlich sind

(a) für die Aufstellung und sachgerechte Gesamtdarstellung des Abschlusses in Übereinstimmung mit den International Financial Reporting Standards,[4]

(b) für ein internes Kontrollsystem, wie es [das Management] für notwendig hält, um die Aufstellung eines Abschlusses zu ermöglichen, der frei von wesentlichen – beabsichtigten oder unbeabsichtigten – falschen Darstellungen ist, sowie

(c) dafür, uns

  (i) Zugang zu allen dem [Management] bekannten Informationen, die für die Aufstellung des Abschlusses relevant sind (z. B. Aufzeichnungen, Dokumentationen und Sonstiges), zu verschaffen,

  (ii) zusätzliche Informationen, die wir zum Zwecke der Abschlussprüfung vom [Management] verlangen können, bereitzustellen und

  (iii) unbeschränkten Zugang zu Personen innerhalb der Einheit, von denen wir es für notwendig halten, Prüfungsnachweise einzufordern, zu verschaffen.

Als Teil unseres Prüfungsprozesses werden wir vom [Management und – sofern angebracht – von den für die Überwachung Verantwortlichen] schriftliche Bestätigungen zu Erklärungen verlangen, die uns gegenüber im Zusammenhang mit der Abschlussprüfung abgegeben wurden.

Wir freuen uns auf die umfassende Mitwirkung ihrer Mitarbeiter während unserer Prüfung.

[Sonstige relevante Informationen]

[Sofern zutreffend, sonstige Informationen einfügen (z. B. Honorarvereinbarungen, Bedingungen für die Rechnungsstellung und andere spezifische Bedingungen).]

[Erteilung des Vermerks]

[Zutreffende Bezugnahme auf die erwartete Form und den erwarteten Inhalt des Vermerks des Abschlussprüfers einfügen.]

Vor dem Hintergrund unserer Prüfungsfeststellungen kann es notwendig sein, dass Form und Inhalt unseres Vermerks geändert werden müssen.

Bitte senden Sie die beigefügte Ausfertigung dieses Schreibens unterschrieben zurück, wodurch Sie die Vereinbarungen für unsere Abschlussprüfung einschließlich unserer jeweiligen Pflichten anerkennen und sich damit einverstanden erklären.

XYZ & Co.

Anerkannt und zugestimmt im Namen der ABC Gesellschaft durch

(Unterschrift)

……………………

Name und Titel

Datum

---

3) Den unter den gegebenen Umständen zutreffenden Begriff verwenden.

4) Oder ggf. „die Aufstellung eines Abschlusses, der in Übereinstimmung mit den International Financial Reporting Standards ein den tatsächlichen Verhältnissen entsprechendes Bild vermittelt".

Appendix 2
(Ref: Para. A10)

Determining the Acceptability of General Purpose Frameworks

Jurisdictions that Do Not Have Authorized or Recognized Standards Setting Organizations or Financial Reporting Frameworks Prescribed by Law or Regulation

1. As explained in paragraph A10 of this ISA, when an entity is registered or operating in a jurisdiction that does not have an authorized or recognized standards setting organization, or where use of the financial reporting framework is not prescribed by law or regulation, management identifies an applicable financial reporting framework. Practice in such jurisdictions is often to use the financial reporting standards established by one of the organizations described in paragraph A8 of this ISA.

2. Alternatively, there may be established accounting conventions in a particular jurisdiction that are generally recognized as the financial reporting framework for general purpose financial statements prepared by certain specified entities operating in that jurisdiction. When such a financial reporting framework is adopted, the auditor is required by paragraph 6(a) of this ISA to determine whether the accounting conventions collectively can be considered to constitute an acceptable financial reporting framework for general purpose financial statements. When the accounting conventions are widely used in a particular jurisdiction, the accounting profession in that jurisdiction may have considered the acceptability of the financial reporting framework on behalf of the auditors. Alternatively, the auditor may make this determination by considering whether the accounting conventions exhibit attributes normally exhibited by acceptable financial reporting frameworks (see paragraph 3 below), or by comparing the accounting conventions to the requirements of an existing financial reporting framework considered to be acceptable (see paragraph 4 below).

3. Acceptable financial reporting frameworks normally exhibit the following attributes that result in information provided in financial statements that is useful to the intended users:

    (a) Relevance, in that the information provided in the financial statements is relevant to the nature of the entity and the purpose of the financial statements. For example, in the case of a business enterprise that prepares general purpose financial statements, relevance is assessed in terms of the information necessary to meet the common financial information needs of a wide range of users in making economic decisions. These needs are ordinarily met by presenting the financial position, financial performance and cash flows of the business enterprise.

    (b) Completeness, in that transactions and events, account balances and disclosures that could affect conclusions based on the financial statements are not omitted.

    (c) Reliability, in that the information provided in the financial statements:

        (i) Where applicable, reflects the economic substance of events and transactions and not merely their legal form; and

        (ii) Results in reasonably consistent evaluation, measurement, presentation and disclosure, when used in similar circumstances.

    (d) Neutrality, in that it contributes to information in the financial statements that is free from bias.

    (e) Understandability, in that the information in the financial statements is clear and comprehensive and not subject to significantly different interpretation.

4. The auditor may decide to compare the accounting conventions to the requirements of an existing financial reporting framework considered to be acceptable. For example, the auditor may compare the accounting conventions to IFRSs. For an audit of a small entity, the auditor may decide to compare the accounting conventions to a financial reporting framework specifically developed for such entities by an authorized or recognized standards setting organization. When the auditor makes such a comparison and differences are identified, the decision as to whether the accounting conventions adopted in the preparation of the financial statements constitute an acceptable financial reporting framework includes considering the reasons for the differences and whether application of the accounting conventions, or the description of the financial reporting framework in the financial statements, could result in financial statements that are misleading.

Anlage 2
(Vgl. Tz. A10)

Bestimmung der Akzeptabilität von Regelwerken für allgemeine Zwecke

Rechtsräume ohne autorisierte oder anerkannte standardsetzende Organisationen oder durch Gesetze oder andere Rechtsvorschriften vorgeschriebene Regelwerke der Rechnungslegung

1. Wie in Textziffer A10 dieses ISA erläutert, bestimmt das Management ein maßgebendes Regelwerk der Rechnungslegung, wenn eine Einheit in einem Rechtsraum registriert oder tätig ist, in dem es keine autorisierte oder anerkannte standardsetzende Organisation gibt oder in dem die Anwendung des Regelwerks der Rechnungslegung nicht durch Gesetze oder andere Rechtsvorschriften vorgeschrieben ist. In solchen Rechtsräumen ist es häufig Praxis, die Rechnungslegungsstandards anzuwenden, die durch eine der in Textziffer A8 dieses ISA beschriebenen Organisationen festgelegt wurden.

2. Alternativ können in einem bestimmten Rechtsraum etablierte Rechnungslegungskonventionen bestehen, die allgemein als das Regelwerk der Rechnungslegung für Abschlüsse für allgemeine Zwecke anerkannt sind, die von bestimmten in diesem Rechtsraum tätigen Einheiten aufgestellt werden. Wenn ein solches Regelwerk der Rechnungslegung angewendet wird, muss der Abschlussprüfer nach Textziffer 6(a) dieses ISA bestimmen, ob die Rechnungslegungskonventionen insgesamt als ein akzeptables Regelwerk der Rechnungslegung für Abschlüsse für allgemeine Zwecke angesehen werden können. Wenn die Rechnungslegungskonventionen in einem bestimmten Rechtsraum breite Anwendung finden, hat der Berufsstand in diesem Rechtsraum möglicherweise die Akzeptabilität des Regelwerks der Rechnungslegung im Interesse der Abschlussprüfer beurteilt. Alternativ kann der Abschlussprüfer diese Entscheidung treffen, indem beurteilt wird, ob die Rechnungslegungskonventionen Eigenschaften aufweisen, die akzeptable Regelwerke der Rechnungslegung normalerweise aufweisen (siehe Textziffer 3 unten), oder indem die Rechnungslegungskonventionen mit den Anforderungen eines bestehenden, für akzeptabel gehaltenen Regelwerks der Rechnungslegung verglichen werden (siehe Textziffer 4 unten).

3. Akzeptable Regelwerke der Rechnungslegung weisen normalerweise die folgenden Eigenschaften auf, die zu Informationen im Abschluss führen, die für die vorgesehenen Nutzer dienlich sind:

   (a) Relevanz insofern, als die im Abschluss enthaltenen Informationen für die Art der Einheit und für den Zweck des Abschlusses relevant sind. Beispielsweise wird die Relevanz bei einem gewerblichen Unternehmen, das einen Abschluss für allgemeine Zwecke aufstellt, gemessen an den Informationen, die notwendig sind, um den gemeinsamen Informationsbedürfnissen eines breiten Spektrums von Nutzern von Finanzinformationen bei wirtschaftlichen Entscheidungen gerecht zu werden. Diese Bedürfnisse werden normalerweise dadurch erfüllt, dass die Vermögens-, Finanz- und Ertragslage sowie die Cashflows[*)] des gewerblichen Unternehmens dargestellt werden.

   (b) Vollständigkeit insofern, als dass Geschäftsvorfälle und Ereignisse, Kontensalden und Abschlussangaben, die auf dem Abschluss basierende Schlussfolgerungen beeinflussen könnten, nicht weggelassen werden.

   (c) Verlässlichkeit insofern, als dass die im Abschluss enthaltenen Informationen

   (i) sofern angebracht – die wirtschaftliche Substanz von Ereignissen und Geschäftsvorfällen und nicht nur deren rechtlichen Gehalt widerspiegeln und

   (ii) bei Verwendung unter ähnlichen Umständen zu einer hinreichend konsistenten Beurteilung, Bemessung, Darstellung und Angabe führen.

   (d) Neutralität insofern, als dass das Regelwerk zu Informationen im Abschluss beiträgt, die frei von Einseitigkeit sind.

   (e) Verständlichkeit insofern, als dass die Informationen im Abschluss klar und umfassend sind und nicht zu erheblichen Auslegungsunterschieden führen.

4. Der Abschlussprüfer kann sich dafür entscheiden, die Rechnungslegungskonventionen mit den Anforderungen eines bestehenden, für akzeptabel gehaltenen Regelwerks der Rechnungslegung zu vergleichen. Beispielsweise kann der Abschlussprüfer die Rechnungslegungskonventionen mit den IFRS vergleichen. Für die Prüfung einer kleinen Einheit kann der Abschlussprüfer sich dafür entscheiden, die Rechnungslegungskonventionen mit einem Regelwerk der Rechnungslegung zu vergleichen, das von einer autorisierten oder anerkannten standardsetzenden Organisationen speziell für solche Einheiten entwickelt wurde. Wenn der Abschlussprüfer einen solchen Vergleich anstellt und Unterschiede feststellt, sind bei der Entscheidung darüber, ob die bei der Aufstellung des Abschlusses angewendeten Rechnungslegungskonventionen ein akzeptables Regelwerk der Rechnungslegung darstellen, die Gründe für

---

*) In der Schweiz: Geldflüsse.

ISA 210   **Agreeing the Terms of Audit Engagements**

5. A conglomeration of accounting conventions devised to suit individual preferences is not an acceptable financial reporting framework for general purpose financial statements. Similarly, a compliance framework will not be an acceptable financial reporting framework, unless it is generally accepted in the particular jurisdictions by preparers and users.

Vereinbarung der Auftragsbedingungen für Prüfungsaufträge ISA 210

die Unterschiede sowie die Frage zu berücksichtigen, ob die Anwendung der Rechnungslegungskonventionen oder die Beschreibung des Regelwerks der Rechnungslegung im Abschluss dazu führen könnten, dass der Abschluss irreführend ist.

5. Eine Ansammlung von Rechnungslegungskonventionen, die entwickelt wurde, um einzelnen Präferenzen dienlich zu sein, ist kein akzeptables Regelwerk der Rechnungslegung für Abschlüsse für allgemeine Zwecke. Entsprechend ist ein Regelwerk zur Normentsprechung[*)] kein akzeptables Regelwerk der Rechnungslegung, es sei denn, es ist in den betreffenden Rechtsräumen unter den Aufstellern und Nutzern allgemein anerkannt.

---

*) In den ISA als „compliance framework" bezeichnet.

INTERNATIONAL STANDARD ON AUDITING 220

QUALITY CONTROL FOR AN AUDIT OF FINANCIAL STATEMENTS

(Effective for audits of financial statements for periods beginning on or after December 15, 2009)

CONTENTS

	Paragraph
Introduction	
Scope of this ISA	1
System of Quality Control and Role of Engagement Teams	2–4
Effective Date	5
Objective	6
Definitions	7
Requirements	
Leadership Responsibilities for Quality on Audits	8
Relevant Ethical Requirements	9–11
Acceptance and Continuance of Client Relationships and Audit Engagements	12–13
Assignment of Engagement Teams	14
Engagement Performance	15–22
Monitoring	23
Documentation	24–25
Application and Other Explanatory Material	
System of Quality Control and Role of Engagement Teams	A1–A2
Leadership Responsibilities for Quality on Audits	A3
Relevant Ethical Requirements	A4–A7
Acceptance and Continuance of Client Relationships and Audit Engagements	A8–A9
Assignment of Engagement Teams	A10–A12
Engagement Performance	A13–A31
Monitoring	A32–A34
Documentation	A35

International Standard on Auditing (ISA) 220, "Quality Control for an Audit of Financial Statements" should be read in conjunction with ISA 200 "Overall Objectives of the Independent Auditor and the Conduct of an Audit in Accordance with International Standards on Auditing."

INTERNATIONAL STANDARD ON AUDITING 220
QUALITÄTSSICHERUNG BEI EINER ABSCHLUSSPRÜFUNG

(gilt für die Prüfung von Abschlüssen für Zeiträume, die am oder nach dem 15.12.2009 beginnen)

INHALTSVERZEICHNIS

	Textziffer
Einleitung	
Anwendungsbereich	1
Qualitätssicherungssystem und Rolle der Prüfungsteams	2-4
Anwendungszeitpunkt	5
Ziel	6
Definitionen	7
Anforderungen	
Führungsverantwortung für die Qualität von Abschlussprüfungen	8
Relevante berufliche Verhaltensanforderungen	9-11
Annahme und Fortführung von Mandantenbeziehungen und Prüfungsaufträgen	12-13
Bestimmung des Prüfungsteams	14
Auftragsdurchführung	15-22
Nachschau	23
Dokumentation	24-25
Anwendungshinweise und sonstige Erläuterungen	
Qualitätssicherungssystem und Rolle der Prüfungsteams	A1-A2
Führungsverantwortung für die Qualität von Abschlussprüfungen	A3
Relevante berufliche Verhaltensanforderungen	A4-A7
Annahme und Fortführung von Mandantenbeziehungen und Prüfungsaufträgen	A8-A9
Bestimmung des Prüfungsteams	A10-A12
Auftragsdurchführung	A13-A31
Nachschau	A32-A34
Dokumentation	A35

International Standard on Auditing (ISA) 220 „Qualitätssicherung bei einer Abschlussprüfung" ist im Zusammenhang mit ISA 200 „Übergreifende Zielsetzungen des unabhängigen Prüfers und Grundsätze einer Prüfung in Übereinstimmung mit den International Standards on Auditing" zu lesen.

Introduction

Scope of this ISA

1. This International Standard on Auditing (ISA) deals with the specific responsibilities of the auditor regarding quality control procedures for an audit of financial statements. It also addresses, where applicable, the responsibilities of the engagement quality control reviewer. This ISA is to be read in conjunction with relevant ethical requirements.

System of Quality Control and Role of Engagement Teams

2. Quality control systems, policies and procedures are the responsibility of the audit firm. Under ISQC 1, the firm has an obligation to establish and maintain a system of quality control to provide it with reasonable assurance that:

    (a) The firm and its personnel comply with professional standards and applicable legal and regulatory requirements; and

    (b) Reports issued by the firm or engagement partners are appropriate in the circumstances.[1]

    This ISA is premised on the basis that the firm is subject to ISQC 1 or to national requirements that are at least as demanding. (Ref: Para. A1)

3. Within the context of the firm's system of quality control, engagement teams have a responsibility to implement quality control procedures that are applicable to the audit engagement and provide the firm with relevant information to enable the functioning of that part of the firm's system of quality control relating to independence.

4. Engagement teams are entitled to rely on the firm's system of quality control, unless information provided by the firm or other parties suggests otherwise. (Ref: Para. A2)

Effective Date

5. This ISA is effective for audits of financial statements for periods beginning on or after December 15, 2009.

Objective

6. The objective of the auditor is to implement quality control procedures at the engagement level that provide the auditor with reasonable assurance that:

    (a) The audit complies with professional standards and applicable legal and regulatory requirements; and

    (b) The auditor's report issued is appropriate in the circumstances.

Definitions

7. For purposes of the ISAs, the following terms have the meanings attributed below:

    (a) Engagement partner[2] – The partner or other person in the firm who is responsible for the audit engagement and its performance, and for the auditor's report that is issued on behalf of the firm, and who, where required, has the appropriate authority from a professional, legal or regulatory body.

    (b) Engagement quality control review – A process designed to provide an objective evaluation, on or before the date of the auditor's report, of the significant judgments the engagement team made and the conclusions it reached in formulating the auditor's report. The engagement quality control review process is for audits of financial statements of listed entities and those other audit engagements, if any, for which the firm has determined an engagement quality control review is required.

    (c) Engagement quality control reviewer – A partner, other person in the firm, suitably qualified external person, or a team made up of such individuals, none of whom is part of the engagement team, with

---

1) ISQC 1, "Quality Control for Firms that Perform Audits and Reviews of Financial Statements, and Other Assurance and Related Services Engagements," paragraph 11.
2) "Engagement partner," "partner," and "firm" should be read as referring to their public sector equivalents where relevant.

Einleitung

Anwendungsbereich

1. Dieser International Standard on Auditing (ISA) behandelt die besonderen Pflichten des Abschlussprüfers im Zusammenhang mit Qualitätssicherungsmaßnahmen bei einer Abschlussprüfung. Außerdem werden in diesem ISA - sofern einschlägig - die Pflichten des auftragsbegleitenden Qualitätssicherers behandelt. Dieser ISA ist im Zusammenhang mit den relevanten beruflichen Verhaltensanforderungen zu lesen.

Qualitätssicherungssystem und Rolle der Prüfungsteams

2. Systeme, Regelungen und Maßnahmen zur Qualitätssicherung liegen in der Verantwortung der Prüfungspraxis. Nach ISQC 1 ist die Praxis dazu verpflichtet, ein Qualitätssicherungssystem einzurichten und aufrechtzuerhalten, das ihr hinreichende Sicherheit darüber verschafft, dass

    (a) die Praxis und ihr Fachpersonal berufliche Standards sowie maßgebende gesetzliche und andere rechtliche Anforderungen einhalten und

    (b) von der Praxis oder von den Auftragsverantwortlichen erteilte Vermerke unter den Umständen angemessen sind.[1]

    Dieser ISA beruht auf der Grundlage, dass die Praxis ISQC 1 oder mindestens so anspruchsvollen nationalen Anforderungen unterliegt. (Vgl. Tz. A1)

3. Im Zusammenhang mit dem Qualitätssicherungssystem der Praxis sind die Prüfungsteams dafür verantwortlich, die für den Prüfungsauftrag geltenden Qualitätssicherungsmaßnahmen umzusetzen und der Praxis relevante Informationen zu verschaffen, um das Funktionieren des Teils des Qualitätssicherungssystems zu ermöglichen, welcher die Unabhängigkeit betrifft.

4. Die Prüfungsteams sind berechtigt, sich auf das Qualitätssicherungssystem der Praxis zu verlassen, sofern nicht von der Praxis oder von anderen Parteien erhaltene Informationen etwas anderes nahe legen. (Vgl. Tz. A2)

Anwendungszeitpunkt

5. Dieser ISA gilt für die Prüfung von Abschlüssen für Zeiträume, die am oder nach dem 15.12.2009 beginnen.

Ziel

6. Das Ziel des Abschlussprüfers besteht darin, Qualitätssicherungsmaßnahmen auf Auftragsebene umzusetzen, die dem Abschlussprüfer hinreichende Sicherheit darüber verschaffen, dass

    (a) die Abschlussprüfung den beruflichen Standards sowie maßgebenden gesetzlichen und anderen rechtlichen Anforderungen entspricht und

    (b) der erteilte Vermerk des Abschlussprüfers unter den gegebenen Umständen angemessen ist.

Definitionen

7. Für die Zwecke der ISA gelten folgende Begriffsbestimmungen:

    (a) Der Auftragsverantwortliche[2] – Der Partner oder eine andere Person in der Praxis, der/die für den Prüfungsauftrag und dessen Durchführung sowie für den im Namen der Praxis erteilten Vermerk des Abschlussprüfers verantwortlich ist und der/die, soweit erforderlich, durch eine Berufsorganisation, eine rechtlich zuständige Stelle oder eine Aufsichtsbehörde entsprechend ermächtigt ist.

    (b) Auftragsbegleitende Qualitätssicherung – Ein Prozess, der zum oder vor dem Datum des Vermerks des Abschlussprüfers eine objektive Einschätzung der bedeutsamen Beurteilungen des Prüfungsteams und der von diesem beim Abfassen des Vermerks des Abschlussprüfers gezogenen Schlussfolgerungen liefern soll. Der Prozess der auftragsbegleitenden Qualitätssicherung ist für die Prüfung von Abschlüssen kapitalmarktnotierter Einheiten und für diejenigen anderen Prüfungsaufträge vorgesehen, für welche die Praxis entschieden hat, dass eine auftragsbegleitende Qualitätssicherung erforderlich ist.

    (c) Auftragsbegleitender Qualitätssicherer – Ein Partner oder eine andere Person in der Praxis, eine in geeigneter Weise qualifizierte externe natürliche Person oder ein aus solchen nicht zum

---

[1] ISQC 1 „Qualitätssicherung für Praxen, die Abschlussprüfungen und prüferische Durchsichten von Abschlüssen sowie andere betriebswirtschaftliche Prüfungen und Aufträge zu verwandten Dienstleistungen durchführen", Textziffer 11.

[2] Sofern relevant, sind die Begriffe „der Auftragsverantwortliche", „Partner" und „Praxis" so zu lesen, dass sie sich auf ihr Pendant im öffentlichen Sektor beziehen.

sufficient and appropriate experience and authority to objectively evaluate the significant judgments the engagement team made and the conclusions it reached in formulating the auditor's report.

(d) Engagement team – All partners and staff performing the engagement, and any individuals engaged by the firm or a network firm who perform audit procedures on the engagement. This excludes an auditor's external expert engaged by the firm or a network firm.[3]

(e) Firm – A sole practitioner, partnership or corporation or other entity of professional accountants.

(f) Inspection – In relation to completed audit engagements, procedures designed to provide evidence of compliance by engagement teams with the firm's quality control policies and procedures.

(g) Listed entity – An entity whose shares, stock or debt are quoted or listed on a recognized stock exchange, or are marketed under the regulations of a recognized stock exchange or other equivalent body.

(h) Monitoring – A process comprising an ongoing consideration and evaluation of the firm's system of quality control, including a periodic inspection of a selection of completed engagements, designed to provide the firm with reasonable assurance that its system of quality control is operating effectively.

(i) Network firm – A firm or entity that belongs to a network.

(j) Network – A larger structure:

    (i) That is aimed at cooperation, and

    (ii) That is clearly aimed at profit or cost-sharing or shares common ownership, control or management, common quality control policies and procedures, common business strategy, the use of a common brand name, or a significant part of professional resources.

(k) Partner – Any individual with authority to bind the firm with respect to the performance of a professional services engagement.

(l) Personnel – Partners and staff.

(m) Professional standards – International Standards on Auditing (ISAs) and relevant ethical requirements.

(n) Relevant ethical requirements – Ethical requirements to which the engagement team and engagement quality control reviewer are subject, which ordinarily comprise Parts A and B of the International Ethics Standards Board for Accountants' *Code of Ethics for Professional Accountants* (IESBA Code) related to an audit of financial statements together with national requirements that are more restrictive.

(o) Staff – Professionals, other than partners, including any experts the firm employs.

(p) Suitably qualified external person – An individual outside the firm with the competence and capabilities to act as an engagement partner, for example, a partner of another firm, or an employee (with appropriate experience) of either a professional accountancy body whose members may perform audits of historical financial information or of an organization that provides relevant quality control services.

---

[3] ISA 620, "Using the Work of an Auditor's Expert," paragraph 6(a), defines the term "auditor's expert."

Prüfungsteam gehörenden Personen bestehendes Team mit ausreichender und angemessener Erfahrung und Befugnis, um die bedeutsamen Beurteilungen des Prüfungsteams und die von diesem beim Abfassen des Vermerks des Abschlussprüfers gezogenen Schlussfolgerungen objektiv einzuschätzen.

(d) Prüfungsteam – Alle Partner und fachlichen Mitarbeiter, die den Auftrag durchführen, sowie alle von der Praxis oder von einem Mitglied des Netzwerks beauftragten natürlichen Personen, die Prüfungshandlungen im Rahmen des Auftrags durchführen, mit Ausnahme eines von der Praxis oder von einem Mitglied des Netzwerks beauftragten externen Sachverständigen des Abschlussprüfers.[3]

(e) Praxis[*] – ein einzelner Berufsangehöriger, eine Personenvereinigung, eine Kapitalgesellschaft oder eine andere aus Berufsangehörigen bestehende Einheit.

(f) Auftragsprüfung – Maßnahmen, die darauf ausgerichtet sind nachzuweisen, ob die Prüfungsteams im Zusammenhang mit abgeschlossenen Prüfungsaufträgen die Regelungen und Maßnahmen der Praxis zur Qualitätssicherung eingehalten haben.

(g) Kapitalmarktnotierte Einheit – Eine Einheit, deren Anteile, Aktien oder Schuldverschreibungen an einer anerkannten Wertpapierbörse[**] notiert sind oder nach den Vorschriften einer anerkannten Wertpapierbörse oder einer vergleichbaren Einrichtung gehandelt werden.

(h) Nachschau[***] – Ein Prozess, der eine laufende Abwägung und Beurteilung des Qualitätssicherungssystems der Praxis umfasst (einschließlich periodischer Prüfungen einer Auswahl von abgeschlossenen Aufträgen) und der darauf ausgerichtet ist, der Praxis hinreichende Sicherheit darüber zu verschaffen, dass ihr Qualitätssicherungssystem wirksam funktioniert.

(i) Mitglied eines Netzwerks – Eine Praxis oder Einheit, die einem Netzwerk angehört.

(j) Netzwerk – Eine breitere Struktur, die
  (i) auf Kooperation ausgerichtet ist und
  (ii) eindeutig auf Gewinn- oder Kostenteilung abzielt oder ein gemeinsames Eigentum, gemeinsame Kontrolle oder Führung, gemeinsame Regelungen und Maßnahmen zur Qualitätssicherung oder eine gemeinsame Geschäftsstrategie aufweist oder in der ein Markenname oder ein bedeutender Teil beruflicher Ressourcen gemeinsam genutzt werden.

(k) Partner – Jede natürliche Person, die befugt ist, die Praxis bei der Durchführung eines Auftrags über berufliche Dienstleistungen zu binden.

(l) Fachpersonal – Partner und fachliche Mitarbeiter.

(m) Berufliche Standards – International Standards on Auditing (ISA) und relevante berufliche Verhaltensanforderungen.

(n) Relevante berufliche Verhaltensanforderungen – Berufliche Verhaltensanforderungen, denen das Prüfungsteam und der auftragsbegleitende Qualitätssicherer unterliegen. Diese umfassen normalerweise die Teile A und B des *Code of Ethics for Professional Accountants* des International Ethics Standards Board for Accountants (IESBA-Kodex) für Abschlussprüfungen zusammen mit restriktiveren nationalen Anforderungen.

(o) Fachliche Mitarbeiter – Fachkräfte, mit Ausnahme der Partner, einschließlich aller von der Praxis beschäftigten Sachverständigen.

(p) Angemessen qualifizierte externe Person – Eine natürliche Person außerhalb der Praxis, welche die Kompetenz und die Fähigkeiten besitzt, um als Auftragsverantwortlicher tätig zu sein, zum Beispiel ein Partner aus einer anderen Praxis oder ein Mitarbeiter (mit entsprechender Erfahrung) entweder einer Berufsorganisation, deren Mitglieder befugt sind, Prüfungen von vergangenheitsorientierten Finanzinformationen durchzuführen, oder einer Organisation, die relevante Dienstleistungen zur Qualitätssicherung erbringt.

---

3) Der Begriff „Sachverständiger des Abschlussprüfers" ist in ISA 620 „Verwertung der Arbeit eines Sachverständigen des Abschlussprüfers", Textziffer 6(a), definiert.

*) Im Zusammenhang mit den ISAs zur Abschlussprüfung sind damit die Berufspraxen der in dem jeweiligen Rechtsraum zur gesetzlichen Abschlussprüfung berechtigten Abschlussprüfer (z.B. Wirtschaftsprüferpraxis) angesprochen.

**) In Deutschland: regulierter Markt; in Österreich: geregelter Markt.

***) In der Schweiz: Überwachung (auch Monitoring).

Requirements

Leadership Responsibilities for Quality on Audits

8. The engagement partner shall take responsibility for the overall quality on each audit engagement to which that partner is assigned. (Ref: Para. A3)

Relevant Ethical Requirements

9. Throughout the audit engagement, the engagement partner shall remain alert, through observation and making inquiries as necessary, for evidence of non-compliance with relevant ethical requirements by members of the engagement team. (Ref: Para. A4–A5)

10. If matters come to the engagement partner's attention through the firm's system of quality control or otherwise that indicate that members of the engagement team have not complied with relevant ethical requirements, the engagement partner, in consultation with others in the firm, shall determine the appropriate action. (Ref: Para. A5)

Independence

11. The engagement partner shall form a conclusion on compliance with independence requirements that apply to the audit engagement. In doing so, the engagement partner shall: (Ref: Para. A5)

    (a) Obtain relevant information from the firm and, where applicable, network firms, to identify and evaluate circumstances and relationships that create threats to independence;

    (b) Evaluate information on identified breaches, if any, of the firm's independence policies and procedures to determine whether they create a threat to independence for the audit engagement; and

    (c) Take appropriate action to eliminate such threats or reduce them to an acceptable level by applying safeguards, or, if considered appropriate, to withdraw from the audit engagement, where withdrawal is possible under applicable law or regulation. The engagement partner shall promptly report to the firm any inability to resolve the matter for appropriate action. (Ref: Para. A6–A7)

Acceptance and Continuance of Client Relationships and Audit Engagements

12. The engagement partner shall be satisfied that appropriate procedures regarding the acceptance and continuance of client relationships and audit engagements have been followed, and shall determine that conclusions reached in this regard are appropriate. (Ref: Para. A8–A9)

13. If the engagement partner obtains information that would have caused the firm to decline the audit engagement had that information been available earlier, the engagement partner shall communicate that information promptly to the firm, so that the firm and the engagement partner can take the necessary action. (Ref: Para. A9)

Assignment of Engagement Teams

14. The engagement partner shall be satisfied that the engagement team, and any auditor's experts who are not part of the engagement team, collectively have the appropriate competence and capabilities to:

    (a) Perform the audit engagement in accordance with professional standards and applicable legal and regulatory requirements; and

    (b) Enable an auditor's report that is appropriate in the circumstances to be issued. (Ref: Para. A10–A12)

Engagement Performance

Direction, Supervision and Performance

15. The engagement partner shall take responsibility for:

    (a) The direction, supervision and performance of the audit engagement in compliance with professional standards and applicable legal and regulatory requirements; and (Ref: Para. A13–A15, A20)

    (b) The auditor's report being appropriate in the circumstances.

Anforderungen

Führungsverantwortung für die Qualität von Abschlussprüfungen

8. Der Auftragsverantwortliche hat bei jedem ihm zugeteilten Prüfungsauftrag die Verantwortung für die Gesamtqualität zu übernehmen. (Vgl. Tz. A3)

Relevante berufliche Verhaltensanforderungen

9. Der Auftragsverantwortliche muss während des Prüfungsauftrags durch Beobachtung und Befragungen – soweit erforderlich – auf Anzeichen für Verstöße gegen die relevanten beruflichen Verhaltensanforderungen durch Mitglieder des Prüfungsteams achten. (Vgl. Tz. A4-A5)

10. Wenn der Auftragsverantwortliche durch das Qualitätssicherungssystem der Praxis oder anderweitig auf Sachverhalte aufmerksam wird, die darauf hindeuten, dass Mitglieder des Prüfungsteams gegen die relevanten beruflichen Verhaltensanforderungen verstoßen haben, hat der Auftragsverantwortliche nach Konsultation mit Anderen in der Praxis die geeigneten Maßnahmen festzulegen. (Vgl. Tz. A5)

Unabhängigkeit

11. Der Auftragsverantwortliche muss eine Schlussfolgerung über die Einhaltung der für den Prüfungsauftrag geltenden Unabhängigkeitsanforderungen ziehen. Dabei muss der Auftragsverantwortliche (Vgl. Tz. A5)

    (a) relevante Informationen von der Praxis und – sofern einschlägig – von Mitgliedern eines Netzwerks einholen, um Umstände und Beziehungen festzustellen und zu beurteilen, die Gefährdungen der Unabhängigkeit hervorrufen;

    (b) Informationen zu etwaigen festgestellten Verstößen gegen die Regelungen und Verfahren der Praxis zur Unabhängigkeit beurteilen, um festzustellen, ob diese bei dem Prüfungsauftrag eine Gefährdung der Unabhängigkeit hervorrufen, und

    (c) geeignete Maßnahmen ergreifen durch die Anwendung von Schutzmaßnahmen, um solche Gefährdungen zu beseitigen oder auf ein vertretbares Maß zu verringern, oder den Prüfungsauftrag niederlegen, wenn dies als angebracht erachtet wird und eine Niederlegung nach den maßgebenden Gesetzen oder anderen Rechtsvorschriften möglich ist. Der Auftragsverantwortliche muss der Praxis eine fehlende Möglichkeit zur Lösung der Frage umgehend mitteilen, damit geeignete Maßnahmen ergriffen werden können. (Vgl. Tz. A6-A7)

Annahme und Fortführung von Mandantenbeziehungen und Prüfungsaufträgen

12. Der Auftragsverantwortliche muss davon überzeugt sein, dass geeignete Verfahren zur Annahme und Fortführung von Mandantenbeziehungen[*] und Prüfungsaufträgen befolgt wurden und muss feststellen, dass die in dieser Hinsicht gezogenen Schlussfolgerungen angemessen sind. (Vgl. Tz. A8-A9)

13. Falls der Auftragsverantwortliche Informationen erlangt, die dazu geführt hätten, dass die Praxis den Prüfungsauftrag abgelehnt hätte, wenn diese Informationen früher verfügbar gewesen wären, muss der Auftragsverantwortliche diese Informationen umgehend der Praxis mitteilen, so dass die Praxis und der Auftragsverantwortliche die notwendigen Maßnahmen ergreifen können. (Vgl. Tz. A9)

Bestimmung des Prüfungsteams

14. Der Auftragsverantwortliche muss davon überzeugt sein, dass das Prüfungsteam und alle Sachverständigen des Abschlussprüfers, die nicht dem Prüfungsteam angehören, insgesamt über die angemessenen Kompetenzen und Fähigkeiten verfügen, um

    (a) den Prüfungsauftrag in Übereinstimmung mit den beruflichen Standards und maßgebenden gesetzlichen und anderen rechtlichen Anforderungen durchzuführen und

    (b) die Erteilung eines Vermerks des Abschlussprüfers zu ermöglichen, der unter den gegebenen Umständen angemessen ist. (Vgl. Tz. A10-A12)

Auftragsdurchführung

Anleitung, Überwachung und Durchführung

15. Der Auftragsverantwortliche muss die Verantwortung übernehmen für

    (a) die Anleitung, Überwachung und Durchführung des Prüfungsauftrags in Übereinstimmung mit den beruflichen Standards sowie maßgebenden gesetzlichen und anderen rechtlichen Anforderungen und (Vgl. Tz. A13-A15, A20)

    (b) die Angemessenheit des Vermerks des Abschlussprüfers unter den gegebenen Umständen.

---

[*] In Österreich: Klientenbeziehungen.

Reviews

16. The engagement partner shall take responsibility for reviews being performed in accordance with the firm's review policies and procedures. (Ref: Para. A16–A17, A20)

17. On or before the date of the auditor's report, the engagement partner shall, through a review of the audit documentation and discussion with the engagement team, be satisfied that sufficient appropriate audit evidence has been obtained to support the conclusions reached and for the auditor's report to be issued. (Ref: Para. A18–A20)

Consultation

18. The engagement partner shall:
    (a) Take responsibility for the engagement team undertaking appropriate consultation on difficult or contentious matters;
    (b) Be satisfied that members of the engagement team have undertaken appropriate consultation during the course of the engagement, both within the engagement team and between the engagement team and others at the appropriate level within or outside the firm;
    (c) Be satisfied that the nature and scope of, and conclusions resulting from, such consultations are agreed with the party consulted; and
    (d) Determine that conclusions resulting from such consultations have been implemented. (Ref: Para. A21–A22)

Engagement Quality Control Review

19. For audits of financial statements of listed entities, and those other audit engagements, if any, for which the firm has determined that an engagement quality control review is required, the engagement partner shall:
    (a) Determine that an engagement quality control reviewer has been appointed;
    (b) Discuss significant matters arising during the audit engagement, including those identified during the engagement quality control review, with the engagement quality control reviewer; and
    (c) Not date the auditor's report until the completion of the engagement quality control review. (Ref: Para. A23–A25)

20. The engagement quality control reviewer shall perform an objective evaluation of the significant judgments made by the engagement team, and the conclusions reached in formulating the auditor's report. This evaluation shall involve:
    (a) Discussion of significant matters with the engagement partner;
    (b) Review of the financial statements and the proposed auditor's report;
    (c) Review of selected audit documentation relating to the significant judgments the engagement team made and the conclusions it reached; and
    (d) Evaluation of the conclusions reached in formulating the auditor's report and consideration of whether the proposed auditor's report is appropriate. (Ref: Para. A26–A27, A29–A31)

21. For audits of financial statements of listed entities, the engagement quality control reviewer, on performing an engagement quality control review, shall also consider the following:

    (a) The engagement team's evaluation of the firm's independence in relation to the audit engagement;

    (b) Whether appropriate consultation has taken place on matters involving differences of opinion or other difficult or contentious matters, and the conclusions arising from those consultations; and

    (c) Whether audit documentation selected for review reflects the work performed in relation to the significant judgments and supports the conclusions reached. (Ref: Para. A28–A31)

Differences of Opinion

22. If differences of opinion arise within the engagement team, with those consulted or, where applicable, between the engagement partner and the engagement quality control reviewer, the engagement team shall follow the firm's policies and procedures for dealing with and resolving differences of opinion.

Durchsichten

16. Der Auftragsverantwortliche muss die Verantwortung dafür übernehmen, dass Durchsichten in Übereinstimmung mit den von der Praxis angewandten Regelungen und Verfahren für Durchsichten durchgeführt werden. (Vgl. Tz. A16-A17, A20)

17. Zum oder vor dem Datum des Vermerks des Abschlussprüfers muss der Auftragsverantwortliche durch eine Durchsicht der Prüfungsdokumentation und durch Besprechungen mit dem Prüfungsteam davon überzeugt sein, dass ausreichende geeignete Prüfungsnachweise zur Abstützung der gezogenen Schlussfolgerungen und für die Erteilung des Vermerks des Abschlussprüfers erlangt wurden. (Vgl. Tz. A18-A20)

Konsultation

18. Der Auftragsverantwortliche muss

    (a) die Verantwortung dafür übernehmen, dass das Prüfungsteam eine angemessene Konsultation zu schwierigen oder umstrittenen Sachverhalten durchführt;

    (b) davon überzeugt sein, dass die Mitglieder des Prüfungsteams im Laufe der Prüfung eine angemessene Konsultation durchgeführt haben, sowohl innerhalb des Prüfungsteams als auch zwischen dem Prüfungsteam und Anderen auf geeigneter Ebene innerhalb oder außerhalb der Praxis;

    (c) davon überzeugt sein, dass Art und Umfang dieser Konsultationen sowie die daraus resultierenden Schlussfolgerungen mit der konsultierten Stelle abgestimmt sind, und

    (d) feststellen, dass die aus diesen Konsultationen resultierenden Schlussfolgerungen umgesetzt wurden. (Vgl. Tz. A21-A22)

Auftragsbegleitende Qualitätssicherung

19. Bei der Prüfung von Abschlüssen kapitalmarktnotierter Einheiten und bei etwaigen anderen Prüfungsaufträgen, für welche die Praxis bestimmt hat, dass eine auftragsbegleitende Qualitätssicherung erforderlich ist, hat der Auftragsverantwortliche

    (a) festzustellen, dass ein auftragsbegleitender Qualitätssicherer bestimmt wurde;

    (b) bedeutsame Sachverhalte, die sich während der Abschlussprüfung ergeben (einschließlich derjenigen, die während der auftragsbegleitenden Qualitätssicherung festgestellt werden), mit dem auftragsbegleitenden Qualitätssicherer zu besprechen, und

    (c) den Vermerk des Abschlussprüfers nicht vor Abschluss der auftragsbegleitenden Qualitätssicherung zu datieren. (Vgl. Tz. A23-A25)

20. Der auftragsbegleitende Qualitätssicherer muss eine objektive Einschätzung der bedeutsamen Beurteilungen des Prüfungsteams und der beim Abfassen des Vermerks des Abschlussprüfers gezogenen Schlussfolgerungen durchführen. Diese Einschätzung muss Folgendes einschließen:

    (a) Besprechung bedeutsamer Sachverhalte mit dem Auftragsverantwortlichen;

    (b) Durchsicht des Abschlusses und des vorgeschlagenen Vermerks des Abschlussprüfers;

    (c) Durchsicht ausgewählter Teile der Prüfungsdokumentation, welche die bedeutsamen Beurteilungen des Prüfungsteams und dessen Schlussfolgerungen betreffen;

    (d) Einschätzung der beim Abfassen des Vermerks des Abschlussprüfers gezogenen Schlussfolgerungen und Abwägung, ob der vorgeschlagene Vermerk des Abschlussprüfers angemessen ist. (Vgl. Tz. A26-A27, A29-A31)

21. Bei der Prüfung von Abschlüssen kapitalmarktnotierter Einheiten muss der auftragsbegleitende Qualitätssicherer im Rahmen der Durchführung einer auftragsbegleitenden Qualitätssicherung außerdem Folgendes berücksichtigen:

    (a) die vom Prüfungsteam vorgenommene Beurteilung der Unabhängigkeit der Praxis im Zusammenhang mit dem Prüfungsauftrag;

    (b) ob bei Meinungsverschiedenheiten oder sonstigen schwierigen oder umstrittenen Sachverhalten eine angemessene Konsultation durchgeführt wurde und welche Schlussfolgerungen sich daraus ergeben haben;

    (c) ob die für die Durchsicht ausgewählte Prüfungsdokumentation die zu den bedeutsamen Beurteilungen durchgeführte Arbeit widerspiegelt und die gezogenen Schlussfolgerungen stützt. (Vgl. Tz. A28-A31)

Meinungsverschiedenheiten

22. Wenn Meinungsverschiedenheiten innerhalb des Prüfungsteams, mit den konsultierten Personen oder ggf. zwischen dem Auftragsverantwortlichen und dem auftragsbegleitenden Qualitätssicherer auftreten, muss das Prüfungsteam die Regelungen und Maßnahmen der Praxis zum Umgang mit Meinungsverschiedenheiten und zu ihrer Beilegung befolgen.

Monitoring

23. An effective system of quality control includes a monitoring process designed to provide the firm with reasonable assurance that its policies and procedures relating to the system of quality control are relevant, adequate, and operating effectively. The engagement partner shall consider the results of the firm's monitoring process as evidenced in the latest information circulated by the firm and, if applicable, other network firms and whether deficiencies noted in that information may affect the audit engagement. (Ref: Para A32–A34)

Documentation

24. The auditor shall include in the audit documentation:[4]
    (a) Issues identified with respect to compliance with relevant ethical requirements and how they were resolved.
    (b) Conclusions on compliance with independence requirements that apply to the audit engagement, and any relevant discussions with the firm that support these conclusions.
    (c) Conclusions reached regarding the acceptance and continuance of client relationships and audit engagements.
    (d) The nature and scope of, and conclusions resulting from, consultations undertaken during the course of the audit engagement. (Ref: Para. A35)
25. The engagement quality control reviewer shall document, for the audit engagement reviewed, that:
    (a) The procedures required by the firm's policies on engagement quality control review have been performed;
    (b) The engagement quality control review has been completed on or before the date of the auditor's report; and
    (c) The reviewer is not aware of any unresolved matters that would cause the reviewer to believe that the significant judgments the engagement team made and the conclusions it reached were not appropriate.

***

Application and Other Explanatory Material

System of Quality Control and Role of Engagement Teams (Ref: Para. 2)

A1. ISQC 1, or national requirements that are at least as demanding, deals with the firm's responsibilities to establish and maintain its system of quality control for audit engagements. The system of quality control includes policies and procedures that address each of the following elements:

- Leadership responsibilities for quality within the firm;
- Relevant ethical requirements;
- Acceptance and continuance of client relationships and specific engagements;
- Human resources;
- Engagement performance; and
- Monitoring.

National requirements that deal with the firm's responsibilities to establish and maintain a system of quality control are at least as demanding as ISQC 1 when they address all the elements referred to in this paragraph and impose obligations on the firm that achieve the aims of the requirements set out in ISQC 1.

Reliance on the Firm's System of Quality Control (Ref: Para. 4)

A2. Unless information provided by the firm or other parties suggest otherwise, the engagement team may rely on the firm's system of quality control in relation to, for example:

---

4) ISA 230, "Audit Documentation," paragraphs 8-11, and A6.

Nachschau

23. Ein wirksames Qualitätssicherungssystem schließt einen Nachschauprozess ein, der darauf ausgerichtet ist, der Praxis hinreichende Sicherheit darüber zu verschaffen, dass ihre Regelungen und Maßnahmen zum Qualitätssicherungssystem relevant und angemessen sind und wirksam funktionieren. Der Auftragsverantwortliche muss die Ergebnisse des Nachschauprozesses der Praxis, wie sie sich in den jüngsten Informationen niedergeschlagen haben, die von der Praxis und – soweit anwendbar – von anderen Mitgliedern des Netzwerks verteilt wurden, berücksichtigen und abwägen, ob in diesen Informationen festgehaltene Mängel Auswirkungen auf den Prüfungsauftrag haben können. (Vgl. Tz. A32-A34)

Dokumentation

24. Der Abschlussprüfer muss in der Prüfungsdokumentation Folgendes festhalten:[4]
    (a) festgestellte Probleme bei der Einhaltung der relevanten beruflichen Verhaltensanforderungen und wie diese gelöst wurden;
    (b) Schlussfolgerungen über die Einhaltung der für den Prüfungsauftrag geltenden Unabhängigkeitsanforderungen sowie relevante Besprechungen mit der Praxis, die diese Schlussfolgerungen stützen;
    (c) Schlussfolgerungen zur Annahme und Fortführung von Mandantenbeziehungen und Prüfungsaufträgen;
    (d) Art und Umfang von im Laufe der Abschlussprüfung durchgeführten Konsultationen und daraus resultierende Schlussfolgerungen. (Vgl. Tz. A35)

25. Der auftragsbegleitende Qualitätssicherer muss für den überprüften Prüfungsauftrag dokumentieren, dass
    (a) die Maßnahmen, die nach den Regelungen der Praxis zur auftragsbegleitenden Qualitätssicherung erforderlich sind, durchgeführt wurden;
    (b) die auftragsbegleitende Qualitätssicherung zum oder vor dem Datum des Vermerks des Abschlussprüfers abgeschlossen wurde und
    (c) dem Qualitätssicherer keine ungeklärten Sachverhalte bekannt sind, die diesen zu der Annahme veranlassen würden, dass die bedeutsamen Beurteilungen und die Schlussfolgerungen des Prüfungsteams nicht angemessen waren.

***

Anwendungshinweise und sonstige Erläuterungen

Qualitätssicherungssystem und Rolle der Prüfungsteams (Vgl. Tz. 2)

A1. ISQC 1 oder nationale Anforderungen, die mindestens so anspruchsvoll sind, behandeln die Pflichten der Praxis zur Einrichtung und Aufrechterhaltung ihres Qualitätssicherungssystems für Prüfungsaufträge. Das Qualitätssicherungssystem beinhaltet Regelungen und Maßnahmen zu jedem der folgenden Bestandteile:
- Führungsverantwortung für die Qualität innerhalb der Praxis;
- relevante berufliche Verhaltensanforderungen;
- Annahme und Fortführung von Mandantenbeziehungen und bestimmten Aufträgen;
- Personalwesen;
- Durchführung des Auftrags und
- Nachschau.

Nationale Anforderungen zu den Pflichten der Praxis zur Einrichtung und Aufrechterhaltung eines Qualitätssicherungssystems sind mindestens so anspruchsvoll wie ISQC 1, wenn sie sich auf sämtliche in dieser Textziffer genannten Bestandteile beziehen und der Praxis Verpflichtungen auferlegen, welche die Ziele der in ISQC 1 enthaltenen Anforderungen erreichen.

Verlass auf das Qualitätssicherungssystem der Praxis (Vgl. Tz. 4)

A2. Sofern nicht Informationen, die von der Praxis oder von anderen Parteien bereitgestellt wurden, etwas anderes nahe legen, kann sich das Prüfungsteam auf das Qualitätssicherungssystem der Praxis verlassen bspw. in Bezug auf die

---

[4] ISA 230 „Prüfungsdokumentation", Textziffern 8-11 und A6.

- Competence of personnel through their recruitment and formal training.
- Independence through the accumulation and communication of relevant independence information.
- Maintenance of client relationships through acceptance and continuance systems.
- Adherence to applicable legal and regulatory requirements through the monitoring process.

Leadership Responsibilities for Quality on Audits (Ref: Para. 8)

A3. The actions of the engagement partner and appropriate messages to the other members of the engagement team, in taking responsibility for the overall quality on each audit engagement, emphasize:

(a) The importance to audit quality of:
  (i) Performing work that complies with professional standards and applicable legal and regulatory requirements;
  (ii) Complying with the firm's quality control policies and procedures as applicable;
  (iii) Issuing auditor's reports that are appropriate in the circumstances; and
  (iv) The engagement team's ability to raise concerns without fear of reprisals; and
(b) The fact that quality is essential in performing audit engagements.

Relevant Ethical Requirements

Compliance with Relevant Ethical Requirements (Ref: Para. 9)

A4. The IESBA Code establishes the fundamental principles of professional ethics, which include:
  (a) Integrity;
  (b) Objectivity;
  (c) Professional competence and due care;
  (d) Confidentiality; and
  (e) Professional behavior.

Definition of "Firm," "Network" and "Network Firm" (Ref: Para. 9–11)

A5. The definitions of "firm," "network" or "network firm" in relevant ethical requirements may differ from those set out in this ISA. For example, the IESBA Code defines the "firm" as:

(a) A sole practitioner, partnership or corporation of professional accountants;
(b) An entity that controls such parties through ownership, management or other means; and
(c) An entity controlled by such parties through ownership, management or other means.

The IESBA Code also provides guidance in relation to the terms "network" and "network firm."

In complying with the requirements in paragraphs 9–11, the definitions used in the relevant ethical requirements apply in so far as is necessary to interpret those ethical requirements.

Threats to Independence (Ref: Para. 11(c))

A6. The engagement partner may identify a threat to independence regarding the audit engagement that safeguards may not be able to eliminate or reduce to an acceptable level. In that case, as required by paragraph 11(c), the engagement partner reports to the relevant person(s) within the firm to determine appropriate action, which may include eliminating the activity or interest that creates the threat, or withdrawing from the audit engagement, where withdrawal is possible under applicable law or regulation.

Considerations Specific to Public Sector Entities

A7. Statutory measures may provide safeguards for the independence of public sector auditors. However, public sector auditors or audit firms carrying out public sector audits on behalf of the statutory auditor

- Kompetenz des Fachpersonals durch dessen Einstellung und strukturierte Aus- und Fortbildung;
- Unabhängigkeit durch die Sammlung und Kommunikation der relevanten Informationen zur Unabhängigkeit;
- Verwaltung von Mandantenbeziehungen durch Systeme zur Annahme und Fortführung sowie
- Einhaltung von maßgebenden gesetzlichen und anderen rechtlichen Anforderungen durch den Nachschauprozess.

Führungsverantwortung für die Qualität von Abschlussprüfungen (Vgl. Tz. 8)

A3. Die Maßnahmen des Auftragsverantwortlichen und angemessene Mitteilungen an die anderen Mitglieder des Prüfungsteams bei der Übernahme der Verantwortung für die Gesamtqualität bei jedem Prüfungsauftrag betonen

    (a) die Bedeutung von Folgendem für die Qualität der Abschlussprüfung:

        (i) Durchführung von Arbeiten, die beruflichen Standards sowie maßgebenden gesetzlichen und anderen rechtlichen Anforderungen entsprechen;

        (ii) Einhaltung der Regelungen und Maßnahmen der Praxis zur Qualitätssicherung, sofern anwendbar;

        (iii) Erteilung von Vermerken des Abschlussprüfers, die unter den gegebenen Umständen angemessen sind;

        (iv) Möglichkeit des Prüfungsteams, Bedenken zu äußern, ohne Repressalien zu fürchten;

    (b) die Tatsache, dass Qualität bei der Durchführung von Prüfungsaufträgen unerlässlich ist.

Relevante berufliche Verhaltensanforderungen

Einhaltung der relevanten beruflichen Verhaltensanforderungen (Vgl. Tz. 9)

A4. Der IESBA-Kodex legt die fundamentalen Grundsätze für das berufliche Verhalten fest. Diese sind:

    (a) Integrität;

    (b) Objektivität;

    (c) berufliche Kompetenz und erforderliche Sorgfalt;

    (d) Verschwiegenheit und

    (e) berufswürdiges Verhalten.

Definition der Begriffe „Praxis", „Netzwerk" und „Mitglied eines Netzwerks" (Vgl. Tz. 9-11)

A5. Die Definitionen der Begriffe „Praxis", „Netzwerk" oder „Mitglied eines Netzwerks" in den relevanten beruflichen Verhaltensanforderungen können von den in diesem ISA enthaltenen Definitionen abweichen. So ist bspw. der Begriff „Praxis" im IESBA-Kodex definiert als

    (a) ein einzelner Berufsangehöriger oder eine aus Berufsangehörigen bestehende Personenvereinigung oder Kapitalgesellschaft,

    (b) eine Einheit, die diese Parteien durch Eigentum, Management oder auf andere Weise beherrscht, und

    (c) eine Einheit, die von diesen Parteien durch Eigentumsrechte, Management oder auf andere Weise beherrscht wird.

Der IESBA-Kodex enthält auch erläuternde Hinweise zu den Begriffen „Netzwerk" und „Mitglied eines Netzwerks".

In Übereinstimmung mit den Anforderungen in den Textziffern 9-11 gelten die in den relevanten beruflichen Verhaltensanforderungen verwendeten Definitionen insoweit, wie es zur Interpretation dieser beruflichen Verhaltensanforderungen notwendig ist.

Gefährdungen der Unabhängigkeit (Vgl. Tz. 11(c))

A6. Der Auftragsverantwortliche kann eine Gefährdung der Unabhängigkeit im Zusammenhang mit dem Prüfungsauftrag feststellen, die möglicherweise durch Schutzmaßnahmen nicht beseitigt oder auf ein vertretbares Maß verringert werden kann. Wie nach Textziffer 11(c) erforderlich, erstattet in diesem Fall der Auftragsverantwortliche den relevanten Personen innerhalb der Praxis Bericht, damit geeignete Maßnahmen beschlossen werden können. Dazu kann die Beseitigung der Tätigkeit oder des Interesses gehören, die bzw. das die Gefährdung hervorruft, oder die Niederlegung des Prüfungsauftrags, sofern eine Niederlegung nach den maßgebenden Gesetzen oder anderen Rechtsvorschriften möglich ist.

Spezifische Überlegungen zu Einheiten des öffentlichen Sektors

A7. Gesetzliche Maßnahmen können Schutzmaßnahmen für die Unabhängigkeit von Abschlussprüfern im öffentlichen Sektor bewirken. Es kann jedoch notwendig sein, dass Abschlussprüfer im öffentlichen

may, depending on the terms of the mandate in a particular jurisdiction, need to adapt their approach in order to promote compliance with the spirit of paragraph 11. This may include, where the public sector auditor's mandate does not permit withdrawal from the engagement, disclosure through a public report, of circumstances that have arisen that would, if they were in the private sector, lead the auditor to withdraw.

Acceptance and Continuance of Client Relationships and Audit Engagements (Ref: Para. 12)

A8. ISQC 1 requires the firm to obtain information considered necessary in the circumstances before accepting an engagement with a new client, when deciding whether to continue an existing engagement, and when considering acceptance of a new engagement with an existing client.[5] Information such as the following assists the engagement partner in determining whether the conclusions reached regarding the acceptance and continuance of client relationships and audit engagements are appropriate:

- The integrity of the principal owners, key management and those charged with governance of the entity;
- Whether the engagement team is competent to perform the audit engagement and has the necessary capabilities, including time and resources;
- Whether the firm and the engagement team can comply with relevant ethical requirements; and
- Significant matters that have arisen during the current or previous audit engagement, and their implications for continuing the relationship.

Considerations Specific to Public Sector Entities (Ref: Para. 12–13)

A9. In the public sector, auditors may be appointed in accordance with statutory procedures. Accordingly, certain of the requirements and considerations regarding the acceptance and continuance of client relationships and audit engagements as set out in paragraphs 12, 13 and A8 may not be relevant. Nonetheless, information gathered as a result of the process described may be valuable to public sector auditors in performing risk assessments and in carrying out reporting responsibilities.

Assignment of Engagement Teams (Ref: Para. 14)

A10. An engagement team includes a person using expertise in a specialized area of accounting or auditing, whether engaged or employed by the firm, if any, who performs audit procedures on the engagement. However, a person with such expertise is not a member of the engagement team if that person's involvement with the engagement is only consultation. Consultations are addressed in paragraphs 18, A21 and A22.

A11. When considering the appropriate competence and capabilities expected of the engagement team as a whole, the engagement partner may take into consideration such matters as the team's:

- Understanding of, and practical experience with, audit engagements of a similar nature and complexity through appropriate training and participation.
- Understanding of professional standards and applicable legal and regulatory requirements.
- Technical expertise, including expertise with relevant information technology and specialized areas of accounting or auditing.
- Knowledge of relevant industries in which the client operates.
- Ability to apply professional judgment.
- Understanding of the firm's quality control policies and procedures.

Considerations Specific to Public Sector Entities

A12. In the public sector, additional appropriate competence may include skills that are necessary to discharge the terms of the audit mandate in a particular jurisdiction. Such competence may include an understanding of the applicable reporting arrangements, including reporting to the legislature or other governing body or in the public interest. The wider scope of a public sector audit may include, for example, some aspects of performance auditing or a comprehensive assessment of compliance with law, regulation or other authority and preventing and detecting fraud and corruption.

---

5) ISQC 1, paragraph 27(a).

Qualitätssicherung bei einer Abschlussprüfung — ISA 220

Sektor oder Praxen, die im Auftrag des gesetzlichen Abschlussprüfers Abschlussprüfungen im öffentlichen Sektor durchführen, je nach den Bedingungen des Mandats in einem bestimmten Rechtsraum ihren Ansatz anpassen müssen, um die Einhaltung von Textziffer 11 in deren Sinne zu fördern. Wenn das Mandat des Abschlussprüfers im öffentlichen Sektor keine Niederlegung des Auftrags erlaubt, kann dazu die durch einen öffentlichen Bericht erfolgende Bekanntmachung von eingetretenen Umständen gehören, die im privaten Sektor dazu führen würden, dass der Abschlussprüfer den Auftrag niederlegt.

Annahme und Fortführung von Mandantenbeziehungen und Prüfungsaufträgen (Vgl. Tz. 12)

A8. Nach ISQC 1 muss die Praxis vor der Annahme eines Auftrags von einem neuen Mandanten, bei der Entscheidung, ob ein bestehender Auftrag fortgeführt werden soll, und bei der Erwägung, einen neuen Auftrag von einem bestehenden Mandanten anzunehmen, Informationen einholen, die sie unter den gegebenen Umständen für notwendig hält.[5] Informationen wie die folgenden helfen dem Auftragsverantwortlichen bei der Feststellung, ob die gezogenen Schlussfolgerungen zur Annahme und Fortführung von Mandantenbeziehungen und Prüfungsaufträgen angemessen sind:

- die Integrität der Haupteigentümer, Mitglieder des Managements in Schlüsselfunktionen und der für die Überwachung Verantwortlichen der Einheit;
- ob das Prüfungsteam kompetent ist, den Prüfungsauftrag durchzuführen und über die notwendigen Fähigkeiten, einschließlich Zeit und Ressourcen, verfügt;
- ob die Praxis und das Prüfungsteam die relevanten beruflichen Verhaltensanforderungen einhalten können;
- bedeutsame Sachverhalte, die sich während des laufenden oder des vorhergehenden Prüfungsauftrags ergeben haben, und deren Auswirkungen für die Fortführung der Beziehung.

Spezifische Überlegungen zu Einheiten des öffentlichen Sektors (Vgl. Tz. 12-13)

A9. Im öffentlichen Sektor kann es sein, dass Abschlussprüfer in Übereinstimmung mit gesetzlich vorgeschriebenen Verfahren bestellt werden. Dementsprechend sind möglicherweise bestimmte der in den Textziffern 12, 13 und A8 dargelegten Anforderungen und Überlegungen zur Annahme und Fortführung von Mandantenbeziehungen und Prüfungsaufträgen nicht relevant. Gleichwohl können Informationen, die als Ergebnis des beschriebenen Prozesses gesammelt wurden, für Abschlussprüfer im öffentlichen Sektor bei der Durchführung von Risikobeurteilungen und bei der Ausübung von Berichtspflichten wertvoll sein.

Bestimmung des Prüfungsteams (Vgl. Tz. 14)

A10. Zum Prüfungsteam gehört eine etwa von der Praxis beauftragte oder angestellte Person mit Expertenwissen auf einem Spezialgebiet der Rechnungslegung oder der Prüfung, die im Rahmen des Auftrags Prüfungshandlungen durchführt. Eine Person mit solchem Expertenwissen ist jedoch kein Mitglied des Prüfungsteams, wenn die Einbindung dieser Person in den Auftrag nur in Form der Konsultation erfolgt. Die Konsultation wird in den Textziffern 18 und A21-A22 behandelt.

A11. Wenn der Auftragsverantwortliche Überlegungen zu den angemessenen Kompetenzen und Fähigkeiten anstellt, die vom Prüfungsteam als Ganzes erwartet werden, kann der Auftragsverantwortliche das Team betreffende Sachverhalte wie die folgenden berücksichtigen:

- Verständnis von Prüfungsaufträgen ähnlicher Art und Komplexität und praktische Erfahrung mit ihnen aufgrund angemessener Fortbildung und Einbindung;
- Verständnis von beruflichen Standards sowie maßgebenden gesetzlichen und anderen rechtlichen Anforderungen;
- fachliches Expertenwissen, einschließlich Expertenwissen in relevanter IT und auf Spezialgebieten der Rechnungslegung oder Prüfung;
- Kenntnisse über die relevanten Branchen, in denen der Mandant tätig ist;
- Fähigkeit zur Anwendung von pflichtgemäßem Ermessen;
- Verständnis von den Regelungen und Maßnahmen der Praxis zur Qualitätssicherung.

Spezifische Überlegungen zu Einheiten des öffentlichen Sektors

A12. Im öffentlichen Sektor kann eine zusätzliche angemessene Kompetenz Fähigkeiten einschließen, die notwendig sind, um die Bedingungen des Prüfungsmandats in einem bestimmten Rechtsraum zu erfüllen. Zu dieser Kompetenz kann ein Verständnis von den maßgebenden Regelungen zur Berichterstattung gehören, einschließlich Berichterstattung an die gesetzgebende Körperschaft oder eine andere Behörde oder Berichterstattung im öffentlichen Interesse. Zum breiteren Umfang einer Abschlussprüfung im öffentlichen Sektor können bspw. einige Aspekte der Wirtschaftlichkeitsprüfung oder eine umfassende

---

[5] ISQC 1, Textziffer 27(a).

Engagement Performance

Direction, Supervision and Performance (Ref: Para. 15(a))

A13. Direction of the engagement team involves informing the members of the engagement team of matters such as:

- Their responsibilities, including the need to comply with relevant ethical requirements, and to plan and perform an audit with professional skepticism as required by ISA 200.[6]

- Responsibilities of respective partners where more than one partner is involved in the conduct of an audit engagement.

- The objectives of the work to be performed.

- The nature of the entity's business.

- Risk-related issues.

- Problems that may arise.

- The detailed approach to the performance of the engagement.

Discussion among members of the engagement team allows less experienced team members to raise questions with more experienced team members so that appropriate communication can occur within the engagement team.

A14. Appropriate teamwork and training assist less experienced members of the engagement team to clearly understand the objectives of the assigned work.

A15. Supervision includes matters such as:

- Tracking the progress of the audit engagement.

- Considering the competence and capabilities of individual members of the engagement team, including whether they have sufficient time to carry out their work, whether they understand their instructions and whether the work is being carried out in accordance with the planned approach to the audit engagement.

- Addressing significant matters arising during the audit engagement, considering their significance and modifying the planned approach appropriately.

- Identifying matters for consultation or consideration by more experienced engagement team members during the audit engagement.

Reviews

Review Responsibilities (Ref: Para. 16)

A16. Under ISQC 1, the firm's review responsibility policies and procedures are determined on the basis that work of less experienced team members is reviewed by more experienced team members.[7]

A17. A review consists of consideration whether, for example:

- The work has been performed in accordance with professional standards and applicable legal and regulatory requirements;

- Significant matters have been raised for further consideration;

- Appropriate consultations have taken place and the resulting conclusions have been documented and implemented;

- There is a need to revise the nature, timing and extent of work performed;

- The work performed supports the conclusions reached and is appropriately documented;

- The evidence obtained is sufficient and appropriate to support the auditor's report; and

- The objectives of the engagement procedures have been achieved.

---

[6] ISA 200, "Overall Objectives of the Independent Auditor and the Conduct of an Audit in Accordance with International Standards on Auditing," paragraph 15.

[7] ISQC 1, paragraph 33.

Beurteilung der Einhaltung von Gesetzen und anderen Rechtsvorschriften oder sonstigen amtlichen Vorgaben sowie die Verhinderung und Aufdeckung von dolosen Handlungen und Korruption gehören.

Auftragsdurchführung

Anleitung, Überwachung und Durchführung (Vgl. Tz. 15(a))

A13. Zur Anleitung des Prüfungsteams gehört es, die Mitglieder des Prüfungsteams über Sachverhalte zu informieren wie

- ihre Pflichten, einschließlich der Notwendigkeit zur Einhaltung der relevanten beruflichen Verhaltensanforderungen sowie zur Planung und Durchführung einer Abschlussprüfung mit einer kritischen Grundhaltung, wie sie von ISA 200 gefordert ist[6];
- die Pflichten der jeweiligen Partner, wenn mehr als ein Partner an der Durchführung eines Prüfungsauftrags beteiligt ist;
- die Ziele der durchzuführenden Arbeiten;
- die Art der Geschäftstätigkeit der Einheit;
- risikobezogene Fragen;
- Probleme, die auftreten können;
- den detaillierten Ansatz für die Durchführung des Auftrags.

Besprechungen unter Mitgliedern des Prüfungsteams ermöglichen es weniger erfahrenen Teammitgliedern, erfahreneren Teammitgliedern Fragen zu stellen, so dass eine angemessene Kommunikation innerhalb des Prüfungsteams stattfinden kann.

A14. Angemessene Teamarbeit und Schulungsmaßnahmen unterstützen weniger erfahrene Mitglieder des Prüfungsteams dabei, die Ziele der ihnen zugeteilten Arbeit klar zu verstehen.

A15. Zur Überwachung gehören Sachverhalte wie

- Verfolgung der Fortschritte des Prüfungsauftrags;
- Einschätzung der Kompetenzen und Fähigkeiten einzelner Mitglieder des Prüfungsteams, einschließlich der Frage, ob diese genügend Zeit haben, um ihre Arbeit zu erledigen, ob sie ihre Anweisungen verstehen und ob die Arbeit gemäß dem für den Prüfungsauftrag geplanten Ansatz ausgeführt wird;
- Ansprechen bedeutsamer Sachverhalte, die während des Prüfungsauftrags auftreten, Einschätzung ihrer Bedeutsamkeit und entsprechende Modifikation des geplanten Ansatzes;
- Erkennen von Sachverhalten zur Konsultation oder zur Einschätzung durch erfahrenere Mitglieder des Prüfungsteams während des Prüfungsauftrags.

Durchsichten

Verpflichtung zur Durchsicht (Vgl. Tz. 16)

A16. Nach ISQC 1 werden die Regelungen und Maßnahmen der Praxis im Zusammenhang mit der Verpflichtung zur Durchsicht auf der Grundlage festgelegt, dass die Arbeit der weniger erfahrenen Teammitglieder durch erfahrenere Teammitglieder durchgesehen wird.[7]

A17. Eine Durchsicht besteht aus der Einschätzung, bspw. ob

- die Arbeit in Übereinstimmung mit den beruflichen Standards sowie maßgebenden gesetzlichen und anderen rechtlichen Anforderungen durchgeführt wurde;
- bedeutsame Sachverhalte zur weiteren Abwägung vorgebracht wurden;
- angemessene Konsultationen durchgeführt wurden und ob die resultierenden Schlussfolgerungen dokumentiert und umgesetzt wurden;
- die Notwendigkeit besteht, Art, zeitliche Einteilung und Umfang der durchgeführten Arbeit anzupassen;
- die durchgeführte Arbeit die gezogenen Schlussfolgerungen stützt und angemessen dokumentiert ist;
- die erlangten Nachweise ausreichend und geeignet sind, um den Vermerk des Abschlussprüfers zu stützen, und
- die Ziele der Prüfungshandlungen erreicht wurden.

---

6) ISA 200 „Übergreifende Zielsetzungen des unabhängigen Prüfers und Grundsätze einer Prüfung in Übereinstimmung mit den International Standards on Auditing", Textziffer 15.
7) ISQC 1, Textziffer 33.

The Engagement Partner's Review of Work Performed (Ref: Para. 17)

A18. Timely reviews of the following by the engagement partner at appropriate stages during the engagement allow significant matters to be resolved on a timely basis to the engagement partner's satisfaction on or before the date of the auditor's report:

- Critical areas of judgment, especially those relating to difficult or contentious matters identified during the course of the engagement;
- Significant risks; and
- Other areas the engagement partner considers important.

The engagement partner need not review all audit documentation, but may do so. However, as required by ISA 230, the partner documents the extent and timing of the reviews.[8]

A19. An engagement partner taking over an audit during the engagement may apply the review procedures as described in paragraph A18 to review the work performed to the date of a change in order to assume the responsibilities of an engagement partner.

Considerations Relevant Where a Member of the Engagement Team with Expertise in a Specialized Area of Accounting or Auditing Is Used (Ref: Para. 15–17)

A20. Where a member of the engagement team with expertise in a specialized area of accounting or auditing is used, direction, supervision and review of that engagement team member's work may include matters such as:

- Agreeing with that member the nature, scope and objectives of that member's work; and the respective roles of, and the nature, timing and extent of communication between that member and other members of the engagement team.
- Evaluating the adequacy of that member's work including the relevance and reasonableness of that member's findings or conclusions and their consistency with other audit evidence.

Consultation (Ref: Para. 18)

A21. Effective consultation on significant technical, ethical and other matters within the firm or, where applicable, outside the firm can be achieved when those consulted:

- Are given all the relevant facts that will enable them to provide informed advice; and
- Have appropriate knowledge, seniority and experience.

A22. It may be appropriate for the engagement team to consult outside the firm, for example, where the firm lacks appropriate internal resources. They may take advantage of advisory services provided by other firms, professional and regulatory bodies, or commercial organizations that provide relevant quality control services.

Engagement Quality Control Review

Completion of the Engagement Quality Control Review before Dating of the Auditor's Report (Ref: Para. 19(c))

A23. ISA 700 requires the auditor's report to be dated no earlier than the date on which the auditor has obtained sufficient appropriate evidence on which to base the auditor's opinion on the financial statements.[9] In cases of an audit of financial statements of listed entities or when an engagement meets the criteria for an engagement quality control review, such a review assists the auditor in determining whether sufficient appropriate evidence has been obtained.

A24. Conducting the engagement quality control review in a timely manner at appropriate stages during the engagement allows significant matters to be promptly resolved to the engagement quality control reviewer's satisfaction on or before the date of the auditor's report.

A25. Completion of the engagement quality control review means the completion by the engagement quality control reviewer of the requirements in paragraphs 20–21, and where applicable, compliance with paragraph 22. Documentation of the engagement quality control review may be completed after the date

---

8) ISA 230, paragraph 9(c).
9) ISA 700, "Forming an Opinion and Reporting on Financial Statements," paragraph 41.

Qualitätssicherung bei einer Abschlussprüfung | **ISA 220**

Durchsicht der durchgeführten Arbeit durch den Auftragsverantwortlichen (Vgl. Tz. 17)

A18. Zeitgerechte Durchsichten der folgenden Punkte durch den Auftragsverantwortlichen zu geeigneten Abschnitten während der Prüfung ermöglichen die Klärung bedeutsamer Sachverhalte in angemessener Zeit zur Zufriedenheit des Auftragsverantwortlichen zum oder vor dem Datum des Vermerks des Abschlussprüfers:

- kritische Beurteilungsbereiche, insbesondere solche im Zusammenhang mit schwierigen oder umstrittenen Sachverhalten, die im Laufe des Auftrags festgestellt wurden;
- bedeutsame Risiken und
- sonstige Bereiche, die der Auftragsverantwortliche für wichtig hält.

Der Auftragsverantwortliche muss nicht die gesamte Prüfungsdokumentation durchsehen, kann sich aber dafür entscheiden. Wie nach ISA 230 erforderlich, dokumentiert der Verantwortliche jedoch Umfang und zeitliche Einteilung der Durchsichten.[8]

A19. Ein Auftragsverantwortlicher, der eine Abschlussprüfung während der Prüfung übernimmt, kann die in Textziffer A18 beschriebene Durchsicht durchführen, um die bis zum Zeitpunkt des Wechsels durchgeführte Arbeit durchzusehen und die Pflichten eines Auftragsverantwortlichen zu übernehmen.

Relevante Überlegungen bei Einsatz eines Mitglieds des Prüfungsteams mit Expertenwissen auf einem Spezialgebiet der Rechnungslegung oder Prüfung (Vgl. Tz. 15-17)

A20. Wenn ein Mitglied des Prüfungsteams mit Expertenwissen auf einem Spezialgebiet der Rechnungslegung oder Prüfung eingesetzt wird, können Anleitung, Überwachung und Durchsicht der Arbeit dieses Mitglieds Sachverhalte einschließen wie

- Vereinbarungen mit diesem Mitglied über Art, Umfang und Ziele von dessen Arbeit, die jeweiligen Rollen dieses Mitglieds und anderer Mitglieder des Prüfungsteams sowie über Art, zeitliche Einteilung und Umfang ihrer Kommunikation;
- Einschätzung der Angemessenheit der Arbeit dieses Mitglieds, einschließlich der Relevanz und Vertretbarkeit seiner Feststellungen oder Schlussfolgerungen und deren Übereinstimmung mit anderen Prüfungsnachweisen.

Konsultation (Vgl. Tz. 18)

A21. Eine wirksame Konsultation zu bedeutsamen fachlichen, beruflichen und anderen Sachverhalten innerhalb oder ggf. außerhalb der Praxis kann erreicht werden, wenn die konsultierten Personen

- über alle relevanten Tatsachen informiert werden, die es ihnen ermöglichen, fundierten Rat zu erteilen, und
- geeignete Kenntnisse und Erfahrungen sowie die geeignete hierarchische Stellung besitzen.

A22. Es kann angemessen sein, dass das Prüfungsteam außerhalb der Praxis konsultiert, bspw. wenn die Praxis nicht über geeignete interne Ressourcen verfügt. Dazu kann das Team Beratungsdienstleistungen von anderen Praxen, Berufsorganisationen, Aufsichtsbehörden oder gewerblichen Organisationen nutzen, die relevante Dienstleistungen zur Qualitätssicherung erbringen.

Auftragsbegleitende Qualitätssicherung

Abschluss der auftragsbegleitenden Qualitätssicherung vor der Datierung des Vermerks des Abschlussprüfers (Vgl. Tz. 19(c))

A23. Nach ISA 700 darf das Datum des Vermerks des Abschlussprüfers nicht vor dem Datum liegen, an dem der Abschlussprüfer ausreichende geeignete Nachweise als Grundlage für das Prüfungsurteil über den Abschluss erlangt hat.[9] Bei der Prüfung von Abschlüssen kapitalmarktnotierter Einheiten oder wenn ein Auftrag die Kriterien für eine auftragsbegleitende Qualitätssicherung erfüllt, unterstützt eine solche Qualitätssicherung den Abschlussprüfer bei der Feststellung, ob ausreichende geeignete Nachweise erlangt wurden.

A24. Die zeitgerechte Durchführung der auftragsbegleitenden Qualitätssicherung zu geeigneten Abschnitten während der Prüfung ermöglicht die umgehende Klärung bedeutsamer Sachverhalte zur Zufriedenheit des auftragsbegleitenden Qualitätssicherers zum oder vor dem Datum des Vermerks des Abschlussprüfers.

A25. Mit dem Abschluss der auftragsbegleitenden Qualitätssicherung ist die Erfüllung der Anforderungen in den Textziffern 20-21 und - sofern einschlägig - die Einhaltung von Textziffer 22 durch den auftragsbegleitenden Qualitätssicherer gemeint. Die Dokumentation der auftragsbegleitenden

---

8) ISA 230, Textziffer 9(c).
9) ISA 700 „Bildung eines Prüfungsurteils und Erteilung eines Vermerks zum Abschluss", Textziffer 41.

of the auditor's report as part of the assembly of the final audit file. ISA 230 establishes requirements and provides guidance in this regard.[10]

Nature, Timing and Extent of Engagement Quality Control Review (Ref: Para. 20)

A26. Remaining alert for changes in circumstances allows the engagement partner to identify situations in which an engagement quality control review is necessary, even though at the start of the engagement, such a review was not required.

A27. The extent of the engagement quality control review may depend, among other things, on the complexity of the audit engagement, whether the entity is a listed entity, and the risk that the auditor's report might not be appropriate in the circumstances. The performance of an engagement quality control review does not reduce the responsibilities of the engagement partner for the audit engagement and its performance.

Engagement Quality Control Review of Listed Entities (Ref: Para. 21)

A28. Other matters relevant to evaluating the significant judgments made by the engagement team that may be considered in an engagement quality control review of a listed entity include:

- Significant risks identified during the engagement in accordance with ISA 315,[11] and the responses to those risks in accordance with ISA 330,[12] including the engagement team's assessment of, and response to, the risk of fraud in accordance with ISA 240.[13]

- Judgments made, particularly with respect to materiality and significant risks.

- The significance and disposition of corrected and uncorrected misstatements identified during the audit.

- The matters to be communicated to management and those charged with governance and, where applicable, other parties such as regulatory bodies.

These other matters, depending on the circumstances, may also be applicable for engagement quality control reviews for audits of financial statements of other entities.

Considerations Specific to Smaller Entities (Ref: Para. 20–21)

A29. In addition to the audits of financial statements of listed entities, an engagement quality control review is required for audit engagements that meet the criteria established by the firm that subjects engagements to an engagement quality control review. In some cases, none of the firm's audit engagements may meet the criteria that would subject them to such a review.

Considerations Specific to Public Sector Entities (Ref: Para. 20–21)

A30. In the public sector, a statutorily appointed auditor (for example, an Auditor General, or other suitably qualified person appointed on behalf of the Auditor General), may act in a role equivalent to that of engagement partner with overall responsibility for public sector audits. In such circumstances, where applicable, the selection of the engagement quality control reviewer includes consideration of the need for independence from the audited entity and the ability of the engagement quality control reviewer to provide an objective evaluation.

A31. Listed entities as referred to in paragraphs 21 and A28 are not common in the public sector. However, there may be other public sector entities that are significant due to size, complexity or public interest aspects, and which consequently have a wide range of stakeholders. Examples include state owned corporations and public utilities. Ongoing transformations within the public sector may also give rise to new types of significant entities. There are no fixed objective criteria on which the determination of significance is based. Nonetheless, public sector auditors evaluate which entities may be of sufficient significance to warrant performance of an engagement quality control review.

---

10) ISA 230, paragraphs 14-16.
11) ISA 315, "Identifying and Assessing the Risks of Material Misstatement through Understanding the Entity and Its Environment."
12) ISA 330, "The Auditor's Responses to Assessed Risks."
13) ISA 240, "The Auditor's Responsibilities Relating to Fraud in an Audit of Financial Statements."

Qualitätssicherung bei einer Abschlussprüfung　　　　　　　　　　　　　　　　　ISA 220

Qualitätssicherung kann nach dem Datum des Vermerks des Abschlussprüfers als Teil der Zusammenstellung der endgültigen Prüfungsakte abgeschlossen werden. ISA 230 enthält diesbezügliche Anforderungen und erläuternde Hinweise.[10]

Art, zeitliche Einteilung und Umfang der auftragsbegleitenden Qualitätssicherung (Vgl. Tz. 20)

A26. Das stetige Achten auf veränderte Umstände ermöglicht es dem Auftragsverantwortlichen, Situationen zu erkennen, in denen eine auftragsbegleitende Qualitätssicherung notwendig ist, auch wenn diese zu Beginn des Auftrags nicht erforderlich war.

A27. Der Umfang der auftragsbegleitenden Qualitätssicherung kann unter anderem abhängen von der Komplexität des Prüfungsauftrags, davon, ob es sich bei der Einheit um eine kapitalmarktnotierte Einheit handelt, sowie von dem Risiko, dass der Vermerk des Abschlussprüfers unter den gegebenen Umständen nicht angemessen sein könnte. Die Durchführung einer auftragsbegleitenden Qualitätssicherung verringert nicht die Verantwortung des Auftragsverantwortlichen für den Prüfungsauftrag und dessen Durchführung.

Auftragsbegleitende Qualitätssicherung bei kapitalmarktnotierten Einheiten (Vgl. Tz. 21)

A28. Zu den sonstigen für die Einschätzung von bedeutsamen Beurteilungen des Prüfungsteams relevanten Sachverhalten, die bei der auftragsbegleitenden Qualitätssicherung einer kapitalmarktnotierten Einheit berücksichtigt werden können, gehören:
- bedeutsame Risiken, die in Übereinstimmung mit ISA 315[11] während der Prüfung festgestellt wurden, und die Reaktion auf diese Risiken in Übereinstimmung mit ISA 330[12], einschließlich der vom Prüfungsteam vorgenommenen Beurteilung des Risikos doloser Handlungen und der Reaktion darauf in Übereinstimmung mit ISA 240[13];
- vorgenommene Beurteilungen, besonders im Hinblick auf Wesentlichkeit und bedeutsame Risiken;
- Bedeutung und Behandlung von während der Abschlussprüfung festgestellten korrigierten und nicht korrigierten falschen Darstellungen;
- die Sachverhalte, die dem Management und den für die Überwachung Verantwortlichen sowie ggf. anderen Parteien wie Aufsichtsbehörden mitzuteilen sind.

Diese sonstigen Sachverhalte können je nach den gegebenen Umständen auch für auftragsbegleitende Qualitätssicherungen bei der Prüfung von Abschlüssen anderer Einheiten einschlägig sein.

Spezifische Überlegungen zu kleineren Einheiten (Vgl. Tz. 20-21)

A29. Zusätzlich zu den Prüfungen von Abschlüssen kapitalmarktnotierter Einheiten ist eine auftragsbegleitende Qualitätssicherung für solche Prüfungsaufträge erforderlich, welche die Kriterien erfüllen, die von der Praxis festgelegt wurden, die Aufträge einer auftragsbegleitenden Qualitätssicherung unterzieht. In manchen Fällen kann es sein, dass keiner der Prüfungsaufträge der Praxis die Kriterien für eine solche Qualitätssicherung erfüllt.

Spezifische Überlegungen zu Einheiten des öffentlichen Sektors (Vgl. Tz. 20-21)

A30. Im öffentlichen Sektor kann ein gesetzlich festgelegter Abschlussprüfer (bspw. ein öffentlicher Prüfer[*] oder eine andere im Namen des öffentlichen Prüfers bestellte Person mit geeigneter Qualifikation) in einer Funktion tätig sein, die derjenigen des Auftragsverantwortlichen mit der Gesamtverantwortung für Abschlussprüfungen im öffentlichen Sektor entspricht. In diesen Fällen schließt - soweit relevant - die Auswahl des auftragsbegleitenden Qualitätssicherers die Notwendigkeit der Unabhängigkeit von der geprüften Einheit und die Fähigkeit des auftragsbegleitenden Qualitätssicherers zur Abgabe einer objektiven Beurteilung ein.

A31. Die in den Textziffern 21 und A28 erwähnten kapitalmarktnotierten Einheiten sind im öffentlichen Sektor nicht üblich.[**] Es kann jedoch andere Einheiten des öffentlichen Sektors geben, die aufgrund von Größe, Komplexität oder Aspekten des öffentlichen Interesses bedeutsam sind und bei denen folglich ein breites Spektrum von Interessenten vorhanden ist. Dazu gehören bspw. staatliche Körperschaften und öffentliche Versorger. Durch ständige Umwandlungen innerhalb des öffentlichen Sektors können zudem neue Arten von bedeutsamen Einheiten entstehen. Es gibt keine festen objektiven Kriterien, auf die sich die Feststellung der Bedeutsamkeit stützt. Gleichwohl beurteilen Abschlussprüfer im öffentlichen Sektor,

---

10) ISA 230, Textziffern 14-16.
11) ISA 315 „Identifizierung und Beurteilung der Risiken wesentlicher falscher Darstellungen aus dem Verstehen der Einheit und ihres Umfelds".
12) ISA 330 „Die Reaktionen des Abschlussprüfers auf beurteilte Risiken".
13) ISA 240 „Die Verantwortung des Abschlussprüfers bei dolosen Handlungen".
*) Hierbei kann es sich bspw. um einen Rechnungshof, ein Prüfungsamt (in Deutschland) oder eine Finanzkontrolle (in der Schweiz) handeln.
**) Diese Aussage trifft für Deutschland, Österreich und die Schweiz nicht zu.

Monitoring (Ref: Para. 23)

A32. ISQC 1 requires the firm to establish a monitoring process designed to provide it with reasonable assurance that the policies and procedures relating to the system of quality control are relevant, adequate and operating effectively.[14]

A33. In considering deficiencies that may affect the audit engagement, the engagement partner may have regard to measures the firm took to rectify the situation that the engagement partner considers are sufficient in the context of that audit.

A34. A deficiency in the firm's system of quality control does not necessarily indicate that a particular audit engagement was not performed in accordance with professional standards and applicable legal and regulatory requirements, or that the auditor's report was not appropriate.

Documentation

Documentation of Consultations (Ref: Para. 24(d))

A35. Documentation of consultations with other professionals that involve difficult or contentious matters that is sufficiently complete and detailed contributes to an understanding of:
- The issue on which consultation was sought; and
- The results of the consultation, including any decisions taken, the basis for those decisions and how they were implemented.

---

[14] ISQC 1, paragraph 48.

welche Einheiten von ausreichender Bedeutung sein können, um die Durchführung einer auftragsbegleitenden Qualitätssicherung zu rechtfertigen.

Nachschau (Vgl. Tz. 23)

A32. Nach ISQC 1 muss die Praxis einen Nachschauprozess einrichten, der darauf ausgerichtet ist, der Praxis hinreichende Sicherheit darüber zu verschaffen, dass die Regelungen und Maßnahmen des Qualitätssicherungssystems relevant und angemessen sind und wirksam funktionieren.[14]

A33. Bei der Einschätzung von Mängeln, die sich auf den Prüfungsauftrag auswirken können, kann der Auftragsverantwortliche von der Praxis ergriffene Maßnahmen zur Behebung der Situation berücksichtigen, die der Auftragsverantwortliche im Kontext dieser Abschlussprüfung für ausreichend hält.

A34. Ein Mangel im Qualitätssicherungssystem der Praxis deutet nicht notwendigerweise darauf hin, dass ein bestimmter Prüfungsauftrag nicht in Übereinstimmung mit den beruflichen Standards sowie maßgebenden gesetzlichen und anderen rechtlichen Anforderungen durchgeführt wurde oder dass der Vermerk des Abschlussprüfers nicht angemessen war.

Dokumentation

Dokumentation von Konsultationen (Vgl. Tz. 24(d))

A35. Eine ausreichend vollständige und detaillierte Dokumentation der Konsultationen mit anderen Fachkräften zu schwierigen oder umstrittenen Sachverhalten trägt zu einem Verständnis folgender Punkte bei:
- dem Sachverhalt, zu dem konsultiert wurde, und
- den Ergebnissen der Konsultation, einschließlich eventuell getroffener Entscheidungen sowie deren Grundlage und Umsetzung.

---

14) ISQC 1, Textziffer 48.

INTERNATIONAL STANDARD ON AUDITING 230

AUDIT DOCUMENTATION

(Effective for audits of financial statements for periods beginning on or after December 15, 2009)

CONTENTS

	Paragraph
Introduction	
Scope of this ISA	1
Nature and Purposes of Audit Documentation	2–3
Effective Date	4
Objective	5
Definitions	6
Requirements	
Timely Preparation of Audit Documentation	7
Documentation of the Audit Procedures Performed and Audit Evidence Obtained	8–13
Assembly of the Final Audit File	14–16
Application and Other Explanatory Material	
Timely Preparation of Audit Documentation	A1
Documentation of the Audit Procedures Performed and Audit Evidence Obtained	A2–A20
Assembly of the Final Audit File	A21–A24
Appendix: Specific Audit Documentation Requirements in Other ISAs	

International Standard on Auditing (ISA) 230, "Audit Documentation" should be read in conjunction with ISA 200, "Overall Objectives of the Independent Auditor and the Conduct of an Audit in Accordance with International Standards on Auditing."

INTERNATIONAL STANDARD ON AUDITING 230
PRÜFUNGSDOKUMENTATION
(gilt für die Prüfung von Abschlüssen für Zeiträume, die am oder nach dem 15.12.2009 beginnen)

INHALTSVERZEICHNIS

	Textziffer
Einleitung	
Anwendungsbereich	1
Wesen und Zweck der Prüfungsdokumentation	2-3
Anwendungszeitpunkt	4
Ziel	5
Definitionen	6
Anforderungen	
Zeitgerechte Erstellung der Prüfungsdokumentation	7
Dokumentation der durchgeführten Prüfungshandlungen und der erlangten Prüfungsnachweise	8-13
Zusammenstellung der endgültigen Prüfungsakte	14-16
Anwendungshinweise und sonstige Erläuterungen	
Zeitgerechte Erstellung der Prüfungsdokumentation	A1
Dokumentation der durchgeführten Prüfungshandlungen und der erlangten Prüfungsnachweise	A2-A20
Zusammenstellung der endgültigen Prüfungsakte	A21-A24
Anlage: Besondere Anforderungen an die Prüfungsdokumentation in anderen ISA	

International Standard on Auditing (ISA) 230 „Prüfungsdokumentation" ist im Zusammenhang mit ISA 200 „Übergreifende Zielsetzungen des unabhängigen Prüfers und Grundsätze einer Prüfung in Übereinstimmung mit den International Standards on Auditing" zu lesen.

Introduction

Scope of this ISA

1. This International Standard on Auditing (ISA) deals with the auditor's responsibility to prepare audit documentation for an audit of financial statements. The Appendix lists other ISAs that contain specific documentation requirements and guidance. The specific documentation requirements of other ISAs do not limit the application of this ISA. Law or regulation may establish additional documentation requirements.

Nature and Purposes of Audit Documentation

2. Audit documentation that meets the requirements of this ISA and the specific documentation requirements of other relevant ISAs provides:

    (a) Evidence of the auditor's basis for a conclusion about the achievement of the overall objectives of the auditor;[1] and

    (b) Evidence that the audit was planned and performed in accordance with ISAs and applicable legal and regulatory requirements.

3. Audit documentation serves a number of additional purposes, including the following:

    - Assisting the engagement team to plan and perform the audit.
    - Assisting members of the engagement team responsible for supervision to direct and supervise the audit work, and to discharge their review responsibilities in accordance with ISA 220.[2]
    - Enabling the engagement team to be accountable for its work.
    - Retaining a record of matters of continuing significance to future audits.
    - Enabling the conduct of quality control reviews and inspections in accordance with ISQC 1[3] or national requirements that are at least as demanding.[4]
    - Enabling the conduct of external inspections in accordance with applicable legal, regulatory or other requirements.

Effective Date

4. This ISA is effective for audits of financial statements for periods beginning on or after December 15, 2009.

Objective

5. The objective of the auditor is to prepare documentation that provides:

    (a) A sufficient and appropriate record of the basis for the auditor's report; and

    (b) Evidence that the audit was planned and performed in accordance with ISAs and applicable legal and regulatory requirements.

Definitions

6. For purposes of the ISAs, the following terms have the meanings attributed below:

    (a) Audit documentation – The record of audit procedures performed, relevant audit evidence obtained, and conclusions the auditor reached (terms such as "working papers" or "workpapers" are also sometimes used).

---

1) ISA 200, "Overall Objectives of the Independent Auditor and the Conduct of an Audit in Accordance with International Standards on Auditing," paragraph 11.
2) ISA 220, "Quality Control for an Audit of Financial Statements," paragraphs 15–17.
3) ISQC 1, "Quality Control for Firms that Perform Audits and Reviews of Financial Statements, and Other Assurance and Related Services Engagements," paragraphs 32–33, 35–38, and 48.
4) ISA 220, paragraph 2.

Einleitung

Anwendungsbereich

1. Dieser International Standard on Auditing (ISA) behandelt die Pflicht des Abschlussprüfers, bei einer Abschlussprüfung eine Prüfungsdokumentation zu erstellen. In der Anlage sind andere ISA aufgeführt, die besondere Dokumentationsanforderungen und erläuternde Hinweise enthalten. Die besonderen Dokumentationsanforderungen anderer ISA schränken die Anwendung dieses ISA nicht ein. Durch Gesetze oder andere Rechtsvorschriften können zusätzliche Dokumentationsanforderungen festgelegt werden.

Wesen und Zweck der Prüfungsdokumentation

2. Eine Prüfungsdokumentation, welche die Anforderungen dieses ISA und die besonderen Dokumentationsanforderungen anderer relevanter ISA erfüllt, dient als
   (a) Nachweis für die Grundlage der Schlussfolgerung, die der Abschlussprüfer über das Erreichen seiner übergreifenden Zielsetzungen zieht[1] und
   (b) Nachweis dafür, dass die Prüfung in Übereinstimmung mit den ISA und den maßgebenden gesetzlichen und anderen rechtlichen Anforderungen geplant und durchgeführt wurde.

3. Die Prüfungsdokumentation dient einer Reihe weiterer Zwecke, einschließlich Folgender:
   - das Prüfungsteam bei der Planung und Durchführung der Prüfung zu unterstützen
   - die für die Überwachung der Auftragsabwicklung verantwortlichen Mitglieder des Prüfungsteams bei der Anleitung und Überwachung der Prüfungstätigkeit sowie bei der Erfüllung ihrer Verpflichtung zur Durchsicht der Prüfungsergebnisse in Übereinstimmung mit ISA 220[2] zu unterstützen
   - das Prüfungsteam in die Lage zu versetzen, über seine Tätigkeit Rechenschaft ablegen zu können
   - die Aufzeichnungen über Sachverhalte mit bleibender Bedeutung für zukünftige Prüfungen aufzubewahren
   - die Durchführung von auftragsbegleitender Qualitätssicherung und Auftragsprüfungen im Rahmen der Nachschau in Übereinstimmung mit ISQC 1[3] oder nationalen Anforderungen, die mindestens so anspruchsvoll sind,[4] zu ermöglichen
   - die Durchführung von externen Untersuchungen in Übereinstimmung mit den maßgebenden gesetzlichen und anderen rechtlichen Anforderungen zu ermöglichen.

Anwendungszeitpunkt

4. Dieser ISA gilt für die Prüfung von Abschlüssen für Zeiträume, die am oder nach dem 15.12.2009 beginnen.

Ziel

5. Das Ziel des Abschlussprüfers ist die Erstellung einer Dokumentation, die
   (a) eine ausreichende und geeignete Aufzeichnung der Grundlage für den Vermerk des Abschlussprüfers bietet und
   (b) Nachweise darüber liefert, dass die Prüfung in Übereinstimmung mit den ISA und den maßgebenden gesetzlichen und anderen rechtlichen Anforderungen geplant und durchgeführt wurde.

Definitionen

6. Für die Zwecke der ISA gelten die nachstehenden Begriffsbestimmungen:
   (a) Prüfungsdokumentation – Die Aufzeichnung der durchgeführten Prüfungshandlungen, der erlangten relevanten Prüfungsnachweise und der vom Abschlussprüfer gezogenen Schlussfolgerungen (mitunter werden auch Begriffe wie „Arbeitspapiere" verwendet).

---

1) ISA 200 „Übergreifende Zielsetzungen des unabhängigen Prüfers und Grundsätze einer Prüfung in Übereinstimmung mit den International Standard on Auditing", Textziffer 11.
2) ISA 220 „Qualitätssicherung bei einer Abschlussprüfung", Textziffern 15-17.
3) ISQC 1 „Qualitätssicherung für Praxen, die Abschlussprüfungen und prüferische Durchsichten von Abschlüssen sowie andere betriebswirtschaftliche Prüfungen und Aufträge zu verwandten Dienstleistungen durchführen", Textziffern 32-33, 35-38 und 48.
4) ISA 220, Textziffer 2.

(b) Audit file – One or more folders or other storage media, in physical or electronic form, containing the records that comprise the audit documentation for a specific engagement.

(c) Experienced auditor – An individual (whether internal or external to the firm) who has practical audit experience, and a reasonable understanding of:

    (i) Audit processes;

    (ii) ISAs and applicable legal and regulatory requirements;

    (iii) The business environment in which the entity operates; and

    (iv) Auditing and financial reporting issues relevant to the entity's industry.

Requirements

Timely Preparation of Audit Documentation

7. The auditor shall prepare audit documentation on a timely basis. (Ref: Para. A1)

Documentation of the Audit Procedures Performed and Audit Evidence Obtained

Form, Content and Extent of Audit Documentation

8. The auditor shall prepare audit documentation that is sufficient to enable an experienced auditor, having no previous connection with the audit, to understand: (Ref: Para. A2–A5, A16–A17)

    (a) The nature, timing and extent of the audit procedures performed to comply with the ISAs and applicable legal and regulatory requirements; (Ref: Para. A6–A7)

    (b) The results of the audit procedures performed, and the audit evidence obtained; and

    (c) Significant matters arising during the audit, the conclusions reached thereon, and significant professional judgments made in reaching those conclusions. (Ref: Para. A8–A11)

9. In documenting the nature, timing and extent of audit procedures performed, the auditor shall record:

    (a) The identifying characteristics of the specific items or matters tested; (Ref: Para. A12)

    (b) Who performed the audit work and the date such work was completed; and

    (c) Who reviewed the audit work performed and the date and extent of such review. (Ref: Para. A13)

10. The auditor shall document discussions of significant matters with management, those charged with governance, and others, including the nature of the significant matters discussed and when and with whom the discussions took place. (Ref: Para. A14)

11. If the auditor identified information that is inconsistent with the auditor's final conclusion regarding a significant matter, the auditor shall document how the auditor addressed the inconsistency. (Ref: Para. A15)

Departure from a Relevant Requirement

12. If, in exceptional circumstances, the auditor judges it necessary to depart from a relevant requirement in an ISA, the auditor shall document how the alternative audit procedures performed achieve the aim of that requirement, and the reasons for the departure. (Ref: Para. A18–A19)

Matters Arising after the Date of the Auditor's Report

13. If, in exceptional circumstances, the auditor performs new or additional audit procedures or draws new conclusions after the date of the auditor's report, the auditor shall document: (Ref: Para. A20)

Prüfungsdokumentation   ISA 230

(b) Prüfungsakte – Ein oder mehrere Ordner oder andere Aufbewahrungsmedien in physischer oder elektronischer Form, welche die Aufzeichnungen enthalten, aus denen die Prüfungsdokumentation für einen bestimmten Auftrag besteht.

(c) Erfahrener Prüfer – Eine Person (innerhalb oder außerhalb der Prüfungspraxis*)), die über praktische Prüfungserfahrung verfügt und ein ausreichendes Verständnis besitzt von

(i) Prüfungsprozessen,

(ii) den ISA und den maßgebenden gesetzlichen und anderen rechtlichen Anforderungen,

(iii) dem Geschäftsumfeld, in dem die Einheit**) tätig ist, und

(iv) Prüfungs- und Rechnungslegungsfragen, die für die Branche relevant sind, der die Einheit angehört.

Anforderungen

Zeitgerechte Erstellung der Prüfungsdokumentation

7. Der Abschlussprüfer hat die Prüfungsdokumentation zeitgerecht zu erstellen. (Vgl. Tz. A1)

Dokumentation der durchgeführten Prüfungshandlungen und der erlangten Prüfungsnachweise

Form, Inhalt und Umfang der Prüfungsdokumentation

8. Der Abschlussprüfer hat die Prüfungsdokumentation so zu erstellen, dass sie ausreicht, einen erfahrenen, zuvor nicht mit der Prüfung befassten Prüfer in die Lage zu versetzen, Folgendes zu verstehen: (vgl. Tz. A2-A5, A16-A17)

(a) Art, zeitliche Einteilung und Umfang der Prüfungshandlungen, die durchgeführt wurden, um die ISA und maßgebende gesetzliche und andere rechtlichen Anforderungen einzuhalten (vgl. Tz. A6-A7),

(b) die Ergebnisse der durchgeführten Prüfungshandlungen und die erlangten Prüfungsnachweise sowie

(c) bedeutsame Sachverhalte, die sich während der Prüfung ergeben, die dazu gezogenen Schlussfolgerungen und bedeutsame Beurteilungen nach pflichtgemäßem Ermessen, die im Zusammenhang mit diesen Schlussfolgerungen getroffen wurden (vgl. Tz. A8-A11).

9. Bei der Dokumentation von Art, zeitlicher Einteilung und Umfang der durchgeführten Prüfungshandlungen hat der Abschlussprüfer Folgendes aufzuzeichnen:

(a) die kennzeichnenden Merkmale der geprüften Elemente oder Sachverhalte (vgl. Tz. A12),

(b) von wem die Prüfungsarbeit durchgeführt und wann sie abgeschlossen wurde sowie

(c) von wem, wann und in welchem Umfang die durchgeführte Prüfungsarbeit durchgesehen wurde (vgl. Tz. A13).

10. Der Abschlussprüfer hat Gespräche mit dem Management, den für die Überwachung Verantwortlichen und anderen Personen über bedeutsame Sachverhalte zu dokumentieren. Dies schließt die Thematik der besprochenen bedeutsamen Sachverhalte, das Datum und die Gesprächspartner ein. (Vgl. Tz. A14)

11. Sofern der Abschlussprüfer Informationen erkannt hat, die nicht mit seiner endgültigen Schlussfolgerung zu einem bedeutsamen Sachverhalt in Einklang stehen, hat er zu dokumentieren, wie mit dieser Unstimmigkeit umgegangen wurde. (Vgl. Tz. A15)

Abweichung von einer relevanten Anforderung

12. Erachtet der Abschlussprüfer es in Ausnahmefällen als notwendig, von einer relevanten Anforderung eines ISA abzuweichen, hat er zu dokumentieren, wie mit den durchgeführten alternativen Prüfungshandlungen das Ziel dieser Anforderung erreicht wird, und die Gründe für die Abweichung anzugeben. (Vgl. Tz. A18-A19)

Sachverhalte, die nach dem Datum des Vermerks des Abschlussprüfers bekannt werden

13. Führt der Abschlussprüfer in Ausnahmefällen nach dem Datum des Vermerks des Abschlussprüfers neue oder zusätzliche Prüfungshandlungen durch oder zieht neue Schlussfolgerungen, hat er Folgendes zu dokumentieren (vgl. Tz. A20):

---

*) In der Schweiz: Prüfungsunternehmen.

**) Der Begriff „Einheit" wird für *entity* neu eingeführt. Bei der zu prüfenden Einheit kann es sich um ein Unternehmen, einen Einzelkaufmann, eine Gesellschaft bürgerlichen Rechts (Schweiz: einfache Gesellschaft), eine Gebietskörperschaft, eine Anstalt des öffentlichen Rechts, einen Konzern oder eine nicht rechtlich abgegrenzte wirtschaftliche Einheit handeln. Eine Übersetzung mit „Unternehmen" oder „Gesellschaft" wäre deshalb unzureichend. So kann sich *entity* sogar auf eine nicht selbständige Niederlassung oder Sparte beziehen, für die eigenständig Rechnung gelegt wird.

(a) The circumstances encountered;

(b) The new or additional audit procedures performed, audit evidence obtained, and conclusions reached, and their effect on the auditor's report; and

(c) When and by whom the resulting changes to audit documentation were made and reviewed.

Assembly of the Final Audit File

14. The auditor shall assemble the audit documentation in an audit file and complete the administrative process of assembling the final audit file on a timely basis after the date of the auditor's report. (Ref: Para. A21–A22)

15. After the assembly of the final audit file has been completed, the auditor shall not delete or discard audit documentation of any nature before the end of its retention period. (Ref: Para. A23)

16. In circumstances other than those envisaged in paragraph 13 where the auditor finds it necessary to modify existing audit documentation or add new audit documentation after the assembly of the final audit file has been completed, the auditor shall, regardless of the nature of the modifications or additions, document: (Ref: Para. A24)

    (a) The specific reasons for making them; and

    (b) When and by whom they were made and reviewed.

***

Application and Other Explanatory Material

Timely Preparation of Audit Documentation (Ref: Para. 7)

A1. Preparing sufficient and appropriate audit documentation on a timely basis helps to enhance the quality of the audit and facilitates the effective review and evaluation of the audit evidence obtained and conclusions reached before the auditor's report is finalized. Documentation prepared after the audit work has been performed is likely to be less accurate than documentation prepared at the time such work is performed.

Documentation of the Audit Procedures Performed and Audit Evidence Obtained

Form, Content and Extent of Audit Documentation (Ref: Para. 8)

A2. The form, content and extent of audit documentation depend on factors such as:
- The size and complexity of the entity.
- The nature of the audit procedures to be performed.
- The identified risks of material misstatement.
- The significance of the audit evidence obtained.
- The nature and extent of exceptions identified.
- The need to document a conclusion or the basis for a conclusion not readily determinable from the documentation of the work performed or audit evidence obtained.
- The audit methodology and tools used.

A3. Audit documentation may be recorded on paper or on electronic or other media. Examples of audit documentation include:
- Audit programs.
- Analyses.
- Issues memoranda.
- Summaries of significant matters.
- Letters of confirmation and representation.
- Checklists.
- Correspondence (including e-mail) concerning significant matters.

Prüfungsdokumentation ISA 230

(a) die gegebenen Umstände,

(b) die neu oder zusätzlich durchgeführten Prüfungshandlungen, die erlangten Prüfungsnachweise und die gezogenen Schlussfolgerungen sowie deren Auswirkung auf den Vermerk des Abschlussprüfers und

(c) wann und von wem die resultierenden Änderungen der Prüfungsdokumentation vorgenommen und durchgesehen wurden.

Zusammenstellung der endgültigen Prüfungsakte

14. Der Abschlussprüfer hat die Prüfungsdokumentation in einer Prüfungsakte zusammenzustellen und den redaktionellen Prozess der Zusammenstellung der endgültigen Prüfungsakte in angemessener Zeit nach dem Datum des Vermerks des Abschlussprüfers abzuschließen. (Vgl. Tz. A21-A22)

15. Nachdem der Abschlussprüfer die Zusammenstellung der endgültigen Prüfungsakte abgeschlossen hat, darf er jegliche Art von Prüfungsdokumentation nicht vor dem Ende des jeweiligen Aufbewahrungszeitraums löschen oder entfernen. (Vgl. Tz. A23)

16. In anderen Fällen als den in Textziffer 13 angesprochenen, in denen es der Abschlussprüfer als notwendig erachtet, nach Abschluss der Zusammenstellung der endgültigen Prüfungsakte die bestehende Prüfungsdokumentation zu ändern oder eine neue Prüfungsdokumentation hinzuzufügen, hat er unabhängig von der Art der Änderungen oder Ergänzungen Folgendes zu dokumentieren (vgl. Tz. A24):

(a) die spezifischen Gründe für deren Vornahme und

(b) wann und von wem diese vorgenommen und durchgesehen wurden.

***

Anwendungshinweise und sonstige Erläuterungen

Zeitgerechte Erstellung der Prüfungsdokumentation (vgl. Tz. 7)

A1. Die zeitgerechte Erstellung einer ausreichenden und geeigneten Prüfungsdokumentation dient der Verbesserung der Prüfungsqualität und erleichtert die effektive Durchsicht und Beurteilung der erlangten Prüfungsnachweise sowie der gezogenen Schlussfolgerungen vor der Fertigstellung des Vermerks des Abschlussprüfers. Eine Dokumentation, die nach Durchführung der Prüfungsarbeit erstellt wird, ist wahrscheinlich weniger genau als eine Dokumentation, die während der Prüfungsdurchführung erstellt wird.

Dokumentation der durchgeführten Prüfungshandlungen und der erlangten Prüfungsnachweise

Form, Inhalt und Umfang der Prüfungsdokumentation (vgl. Tz. 8)

A2. Form, Inhalt und Umfang der Prüfungsdokumentation hängen ab von Faktoren wie:
- Größe und Komplexität der Einheit
- Art der durchzuführenden Prüfungshandlungen
- festgestellte Risiken wesentlicher falscher Darstellungen
- Bedeutung der erlangten Prüfungsnachweise
- Art und Umfang der erkannten Auffälligkeiten
- Notwendigkeit zur Dokumentation einer Schlussfolgerung oder der Grundlage für eine Schlussfolgerung, die nicht ohne Weiteres aus der Dokumentation der durchgeführten Arbeit oder aus den erlangten Prüfungsnachweisen feststellbar ist
- angewendete Prüfungsmethode und Prüfungshilfsmittel.

A3. Die Prüfungsdokumentation kann auf Papier oder auf elektronischen oder anderen Medien aufgezeichnet werden. Zur Prüfungsdokumentation gehören bspw.:
- Prüfungsprogramme
- Analysen
- Memoranden zu besonderen Sachverhalten
- Zusammenfassungen bedeutsamer Sachverhalte
- schriftliche Bestätigungen und Erklärungen
- Checklisten
- Schriftverkehr (einschließlich E-Mail) zu bedeutsamen Sachverhalten.

The auditor may include abstracts or copies of the entity's records (for example, significant and specific contracts and agreements) as part of audit documentation. Audit documentation, however, is not a substitute for the entity's accounting records.

A4. The auditor need not include in audit documentation superseded drafts of working papers and financial statements, notes that reflect incomplete or preliminary thinking, previous copies of documents corrected for typographical or other errors, and duplicates of documents.

A5. Oral explanations by the auditor, on their own, do not represent adequate support for the work the auditor performed or conclusions the auditor reached, but may be used to explain or clarify information contained in the audit documentation.

Documentation of Compliance with ISAs (Ref: Para. 8(a))

A6. In principle, compliance with the requirements of this ISA will result in the audit documentation being sufficient and appropriate in the circumstances. Other ISAs contain specific documentation requirements that are intended to clarify the application of this ISA in the particular circumstances of those other ISAs. The specific documentation requirements of other ISAs do not limit the application of this ISA. Furthermore, the absence of a documentation requirement in any particular ISA is not intended to suggest that there is no documentation that will be prepared as a result of complying with that ISA.

A7. Audit documentation provides evidence that the audit complies with the ISAs. However, it is neither necessary nor practicable for the auditor to document every matter considered, or professional judgment made, in an audit. Further, it is unnecessary for the auditor to document separately (as in a checklist, for example) compliance with matters for which compliance is demonstrated by documents included within the audit file. For example:

- The existence of an adequately documented audit plan demonstrates that the auditor has planned the audit.
- The existence of a signed engagement letter in the audit file demonstrates that the auditor has agreed the terms of the audit engagement with management or, where appropriate, those charged with governance.
- An auditor's report containing an appropriately qualified opinion on the financial statements demonstrates that the auditor has complied with the requirement to express a qualified opinion under the circumstances specified in the ISAs.
- In relation to requirements that apply generally throughout the audit, there may be a number of ways in which compliance with them may be demonstrated within the audit file:
    - For example, there may be no single way in which the auditor's professional skepticism is documented. But the audit documentation may nevertheless provide evidence of the auditor's exercise of professional skepticism in accordance with the ISAs. Such evidence may include specific procedures performed to corroborate management's responses to the auditor's inquiries.
    - Similarly, that the engagement partner has taken responsibility for the direction, supervision and performance of the audit in compliance with the ISAs may be evidenced in a number of ways within the audit documentation. This may include documentation of the engagement partner's timely involvement in aspects of the audit, such as participation in the team discussions required by ISA 315.[5]

Documentation of Significant Matters and Related Significant Professional Judgments (Ref: Para. 8(c))

A8. Judging the significance of a matter requires an objective analysis of the facts and circumstances. Examples of significant matters include:
- Matters that give rise to significant risks (as defined in ISA 315).[6]

---

5) ISA 315, "Identifying and Assessing the Risks of Material Misstatement through Understanding the Entity and Its Environment," paragraph 10.
6) ISA 315, paragraph 4(e).

Der Abschlussprüfer kann Auszüge oder Kopien der Aufzeichnungen der Einheit (bspw. bedeutsame und spezifische Verträge und Vereinbarungen) als Teil der Prüfungsdokumentation einbeziehen. Die Prüfungsdokumentation ist jedoch kein Ersatz für die Buchführung der Einheit.

A4. Es ist nicht erforderlich, dass der Abschlussprüfer überholte Entwürfe von Arbeitspapieren und Abschlüssen, Notizen über unvollständige oder vorläufige Überlegungen, frühere Kopien von Dokumenten, die aufgrund von Rechtschreib- oder sonstigen Fehlern korrigiert wurden, sowie Duplikate von bereits vorhandenen Arbeitspapieren in die Prüfungsdokumentation einbezieht.

A5. Mündliche Erläuterungen des Abschlussprüfers allein stellen keine ausreichende Abstützung für die von ihm durchgeführten Arbeiten oder gezogenen Schlussfolgerungen dar, können jedoch verwendet werden, um in der Prüfungsdokumentation enthaltene Informationen zu erläutern oder zu verdeutlichen.

Dokumentation der Einhaltung der ISA (vgl. Tz. 8(a))

A6. Die Einhaltung der Anforderungen dieses ISA führt grundsätzlich dazu, dass die Prüfungsdokumentation unter den gegebenen Umständen ausreichend und geeignet ist. Andere ISA enthalten besondere Dokumentationsanforderungen, welche die Anwendung dieses ISA unter den jeweiligen Umständen der anderen ISA verdeutlichen sollen. Die besonderen Dokumentationsanforderungen anderer ISA schränken die Anwendung dieses ISA nicht ein. Darüber hinaus ist das Fehlen einer Dokumentationsanforderung in einem bestimmten ISA nicht so zu verstehen, dass infolge der Einhaltung des betreffenden ISA keine Dokumentation erstellt wird.

A7. Die Prüfungsdokumentation liefert Nachweise darüber, dass die Prüfung mit den ISA übereinstimmt. Es ist jedoch für den Abschlussprüfer weder notwendig noch praktisch durchführbar, bei einer Prüfung alle berücksichtigten Sachverhalte oder nach pflichtgemäßem Ermessen vorgenommenen Beurteilungen zu dokumentieren. Ferner ist es nicht erforderlich, dass der Abschlussprüfer die Übereinstimmung mit Sachverhalten separat (bspw. in einer Checkliste) dokumentiert, wenn diese bereits durch in der Prüfungsakte enthaltene Dokumente nachgewiesen wird. Beispiele:

- Das Vorliegen eines angemessen dokumentierten Prüfungsplans weist nach, dass der Abschlussprüfer die Prüfung geplant hat.
- Das Vorliegen eines unterschriebenen Auftragsbestätigungsschreibens in der Prüfungsakte weist nach, dass der Abschlussprüfer die Bedingungen des Prüfungsauftrags mit dem Management oder ggf. mit den für die Überwachung Verantwortlichen vereinbart hat.
- Ein Vermerk des Abschlussprüfers, der ein in angemessener Weise eingeschränktes Prüfungsurteil zum Abschluss enthält, weist nach, dass der Abschlussprüfer die Anforderung eingehalten hat, ein eingeschränktes Prüfungsurteil unter den in den ISA genannten Umständen abzugeben.
- Für die Anforderungen, die allgemein während der gesamten Prüfung gelten, können mehrere Möglichkeiten bestehen, um die Einhaltung der Anforderungen in der Prüfungsakte nachzuweisen:
    - Bspw. kann es nicht nur einen einzigen Weg geben, die kritische Grundhaltung des Abschlussprüfers zu belegen. Dennoch kann die Prüfungsdokumentation den Nachweis dafür liefern, dass der Abschlussprüfer eine kritische Grundhaltung in Übereinstimmung mit den ISA eingenommen hat. Solche Nachweise können spezifische Handlungen umfassen, die durchgeführt werden, um die Antworten des Managements auf die Befragungen des Abschlussprüfers zu stützen.
    - Entsprechend kann in der Prüfungsdokumentation auf unterschiedliche Weise nachgewiesen werden, dass der für den Auftrag Verantwortliche seiner Pflicht zur Anleitung, Überwachung und Durchführung der Prüfung in Übereinstimmung mit den ISA nachgekommen ist. Dazu kann die Dokumentation der zeitlichen Einbindung des für den Auftrag Verantwortlichen in bestimmte Aspekte der Prüfung gehören, z. B. die in ISA 315[5)] geforderte Teilnahme an den Teambesprechungen.

Dokumentation bedeutsamer Sachverhalte und der Ausübung pflichtgemäßen Ermessens bei damit zusammenhängenden bedeutsamen Beurteilungen (vgl. Tz. 8(c))

A8. Die Beurteilung der Bedeutung eines Sachverhalts erfordert eine objektive Analyse der gegebenen Tatsachen und Umstände. Bedeutsame Sachverhalte sind bspw.:
- Sachverhalte, die bedeutsame Risiken zur Folge haben (wie in ISA 315 definiert)[6)]

---

5) ISA 315 „Identifizierung und Beurteilung der Risiken wesentlicher falscher Darstellungen aus dem Verstehen der Einheit und ihres Umfelds", Textziffer 10.
6) ISA 315, Textziffer 4(e).

- Results of audit procedures indicating (a) that the financial statements could be materially misstated, or (b) a need to revise the auditor's previous assessment of the risks of material misstatement and the auditor's responses to those risks.

- Circumstances that cause the auditor significant difficulty in applying necessary audit procedures.

- Findings that could result in a modification to the audit opinion or the inclusion of an Emphasis of Matter paragraph in the auditor's report.

A9. An important factor in determining the form, content and extent of audit documentation of significant matters is the extent of professional judgment exercised in performing the work and evaluating the results. Documentation of the professional judgments made, where significant, serves to explain the auditor's conclusions and to reinforce the quality of the judgment. Such matters are of particular interest to those responsible for reviewing audit documentation, including those carrying out subsequent audits when reviewing matters of continuing significance (for example, when performing a retrospective review of accounting estimates).

A10. Some examples of circumstances in which, in accordance with paragraph 8, it is appropriate to prepare audit documentation relating to the use of professional judgment include, where the matters and judgments are significant:

- The rationale for the auditor's conclusion when a requirement provides that the auditor "shall consider" certain information or factors, and that consideration is significant in the context of the particular engagement.

- The basis for the auditor's conclusion on the reasonableness of areas of subjective judgments (for example, the reasonableness of significant accounting estimates).

- The basis for the auditor's conclusions about the authenticity of a document when further investigation (such as making appropriate use of an expert or of confirmation procedures) is undertaken in response to conditions identified during the audit that caused the auditor to believe that the document may not be authentic.

A11. The auditor may consider it helpful to prepare and retain as part of the audit documentation a summary (sometimes known as a completion memorandum) that describes the significant matters identified during the audit and how they were addressed, or that includes cross-references to other relevant supporting audit documentation that provides such information. Such a summary may facilitate effective and efficient reviews and inspections of the audit documentation, particularly for large and complex audits. Further, the preparation of such a summary may assist the auditor's consideration of the significant matters. It may also help the auditor to consider whether, in light of the audit procedures performed and conclusions reached, there is any individual relevant ISA objective that the auditor cannot achieve that would prevent the auditor from achieving the overall objectives of the auditor.

Identification of Specific Items or Matters Tested, and of the Preparer and Reviewer (Ref: Para. 9)

A12. Recording the identifying characteristics serves a number of purposes. For example, it enables the engagement team to be accountable for its work and facilitates the investigation of exceptions or inconsistencies. Identifying characteristics will vary with the nature of the audit procedure and the item or matter tested. For example:

- For a detailed test of entity-generated purchase orders, the auditor may identify the documents selected for testing by their dates and unique purchase order numbers.

- For a procedure requiring selection or review of all items over a specific amount from a given population, the auditor may record the scope of the procedure and identify the population (for example, all journal entries over a specified amount from the journal register).

- For a procedure requiring systematic sampling from a population of documents, the auditor may identify the documents selected by recording their source, the starting point and the sampling

Prüfungsdokumentation ISA 230

- Ergebnisse von Prüfungshandlungen, die darauf hindeuten, dass (a) der Abschluss wesentliche falsche Darstellungen enthalten könnte oder (b) eine Notwendigkeit dafür besteht, die frühere Beurteilung der Risiken wesentlicher falscher Darstellungen durch den Abschlussprüfer sowie seine Reaktionen auf diese Risiken zu berichtigen
- Umstände, die dem Abschlussprüfer die Anwendung notwendiger Prüfungshandlungen erheblich erschweren
- Feststellungen, die zu einer Modifizierung des Prüfungsurteils oder zur Aufnahme eines Absatzes zur Hervorhebung eines Sachverhalts in den Vermerk des Abschlussprüfers führen könnten.

A9. Ein wichtiger Faktor bei der Festlegung von Form, Inhalt und Umfang der Prüfungsdokumentation über bedeutsame Sachverhalte ist das Ausmaß des ausgeübten pflichtgemäßen Ermessens im Rahmen der Durchführung der Tätigkeit und der Auswertung der Ergebnisse. In bedeutsamen Fällen dient die Dokumentation des ausgeübten pflichtgemäßen Ermessens dazu, die Schlussfolgerungen des Abschlussprüfers zu erläutern und die Qualität der Beurteilung zu stärken. Solche Sachverhalte sind von besonderem Interesse für die Personen, die für die Durchsicht der Prüfungsdokumentation verantwortlich sind, einschließlich derjenigen, die Folgeprüfungen durchführen, wenn sie Sachverhalte mit bleibender Bedeutung durchgehen (bspw. im Rahmen einer nachträglichen Überprüfung von Schätzungen).

A10. Einige Beispiele für Umstände, in denen es in Übereinstimmung mit Textziffer 8 angemessen ist, eine Prüfungsdokumentation zur Anwendung pflichtgemäßen Ermessens bei bedeutsamen Sachverhalten und Beurteilungen zu erstellen, sind u.a.:

- die Begründung für die Schlussfolgerung des Abschlussprüfers, wenn eine Anforderung vorsieht, dass dieser bestimmte Informationen oder Faktoren abzuwägen hat, und diese Abwägung im Zusammenhang mit dem betreffenden Auftrag bedeutsam ist
- die Grundlage für die Schlussfolgerung des Abschlussprüfers über die Angemessenheit von Bereichen mit subjektiven Beurteilungen (bspw. die Angemessenheit von bedeutsamen Schätzungen)
- die Grundlage für die Schlussfolgerungen des Abschlussprüfers über die Echtheit eines Dokuments, wenn eine weitere Untersuchung (z. B. die angemessene Einbindung eines Sachverständigen oder Einholung von Bestätigungen) als Reaktion auf Bedingungen vorgenommen wird, die während der Prüfung festgestellt wurden und die den Abschlussprüfer zu der Annahme veranlasst haben, dass das Dokument möglicherweise nicht echt ist.

A11. Der Abschlussprüfer kann es als hilfreich erachten, als Teil der Prüfungsdokumentation eine Zusammenfassung (auch als Schlussmemorandum bezeichnet) zu erstellen und aufzubewahren, in der die während der Prüfung festgestellten bedeutsamen Sachverhalte sowie die Art und Weise, wie mit ihnen umgegangen wurde, beschrieben werden, oder die Querverweise auf eine andere relevante unterstützende Prüfungsdokumentation enthält, die diese Informationen bereithält. Eine solche Zusammenfassung kann, insbesondere bei umfangreichen und komplexen Prüfungen, wirksame und wirtschaftliche Durchsichten der und Einsichtnahmen in die Prüfungsdokumentation erleichtern. Weiterhin kann die Erarbeitung einer solchen Zusammenfassung die Erwägungen des Abschlussprüfers bei bedeutsamen Sachverhalten unterstützen. Zudem kann sie für den Abschlussprüfer bei der Überlegung hilfreich sein, ob angesichts der durchgeführten Prüfungshandlungen und der gezogenen Schlussfolgerungen es ein relevantes ISA-Ziel gibt, das er nicht erfüllen kann und das ihn daran hindern würde, die übergreifenden Zielsetzungen zu erreichen.

Identifizierung geprüfter Elemente oder Sachverhalte sowie der Personen, die die Prüfungsdokumentation erstellt bzw. durchgesehen haben (vgl. Tz. 9)

A12. Die Aufzeichnung der kennzeichnenden Merkmale dient mehreren Zwecken. So ermöglicht sie bspw. dem Prüfungsteam, über seine Tätigkeit Rechenschaft abzulegen und erleichtert die Untersuchung von Auffälligkeiten oder Unstimmigkeiten. Die kennzeichnenden Merkmale unterscheiden sich nach der Art der Prüfungshandlung und des geprüften Elements oder Sachverhalts. Beispiele:

- Für eine detaillierte Prüfung der von einer Einheit erstellten Bestellungen kann der Abschlussprüfer die zur Prüfung ausgewählten Dokumente anhand des Datums und der eindeutigen Bestellnummern identifizieren.
- Für eine Handlung, welche die Auswahl oder Durchsicht aller Elemente einer gegebenen Grundgesamtheit, die einen bestimmten Betrag überschreiten, erfordert, kann der Abschlussprüfer den Umfang der Handlung aufzeichnen und die Grundgesamtheit definieren (bspw. alle Einträge des Journals, die einen bestimmten Betrag überschreiten).
- Für eine Handlung, die systematische Stichprobenprüfungen aus einer Grundgesamtheit von Dokumenten erfordert, kann der Abschlussprüfer die ausgewählten Dokumente identifizieren, indem

interval (for example, a systematic sample of shipping reports selected from the shipping log for the period from April 1 to September 30, starting with report number 12345 and selecting every 125th report).

- For a procedure requiring inquiries of specific entity personnel, the auditor may record the dates of the inquiries and the names and job designations of the entity personnel.

- For an observation procedure, the auditor may record the process or matter being observed, the relevant individuals, their respective responsibilities, and where and when the observation was carried out.

A13. ISA 220 requires the auditor to review the audit work performed through review of the audit documentation.[7] The requirement to document who reviewed the audit work performed does not imply a need for each specific working paper to include evidence of review. The requirement, however, means documenting what audit work was reviewed, who reviewed such work, and when it was reviewed.

Documentation of Discussions of Significant Matters with Management, Those Charged with Governance, and Others (Ref: Para. 10)

A14. The documentation is not limited to records prepared by the auditor but may include other appropriate records such as minutes of meetings prepared by the entity's personnel and agreed by the auditor. Others with whom the auditor may discuss significant matters may include other personnel within the entity, and external parties, such as persons providing professional advice to the entity.

Documentation of How Inconsistencies Have Been Addressed (Ref: Para. 11)

A15. The requirement to document how the auditor addressed inconsistencies in information does not imply that the auditor needs to retain documentation that is incorrect or superseded.

Considerations Specific to Smaller Entities (Ref. Para. 8)

A16. The audit documentation for the audit of a smaller entity is generally less extensive than that for the audit of a larger entity. Further, in the case of an audit where the engagement partner performs all the audit work, the documentation will not include matters that might have to be documented solely to inform or instruct members of an engagement team, or to provide evidence of review by other members of the team (for example, there will be no matters to document relating to team discussions or supervision). Nevertheless, the engagement partner complies with the overriding requirement in paragraph 8 to prepare audit documentation that can be understood by an experienced auditor, as the audit documentation may be subject to review by external parties for regulatory or other purposes.

A17. When preparing audit documentation, the auditor of a smaller entity may also find it helpful and efficient to record various aspects of the audit together in a single document, with cross-references to supporting working papers as appropriate. Examples of matters that may be documented together in the audit of a smaller entity include the understanding of the entity and its internal control, the overall audit strategy and audit plan, materiality determined in accordance with ISA 320,[8] assessed risks, significant matters noted during the audit, and conclusions reached.

Departure from a Relevant Requirement (Ref: Para. 12)

A18. The requirements of the ISAs are designed to enable the auditor to achieve the objectives specified in the ISAs, and thereby the overall objectives of the auditor. Accordingly, other than in exceptional circumstances, the ISAs call for compliance with each requirement that is relevant in the circumstances of the audit.

---

7) ISA 220, paragraph 17.
8) ISA 320, "Materiality in Planning and Performing an Audit."

Prüfungsdokumentation ISA 230

er ihre Herkunft, den Startpunkt und das Stichprobenintervall aufzeichnet (bspw. eine systematische Stichprobe anhand der aus dem Ausgangsbuch ausgewählten Ausgangsscheine für den Zeitraum vom 1. April bis zum 30. September, wobei mit Schein Nummer 12345 begonnen und jeder 125. Schein ausgewählt wird).

- Für eine Handlung, die Befragungen bestimmter Mitarbeiter der Einheit erfordert, kann der Abschlussprüfer die Daten der Befragungen sowie die Namen und Positionen der Mitarbeiter aufzeichnen.

- Für eine Beobachtungshandlung kann der Abschlussprüfer den beobachteten Prozess oder Sachverhalt, die relevanten Personen, deren jeweilige Verantwortungsbereiche sowie Ort und Datum der Beobachtung aufzeichnen.

A13. Gemäß ISA 220 hat der Abschlussprüfer die durchgeführten Prüfungsarbeiten zu überprüfen, indem er die Prüfungsdokumentation durchsieht.[7] Die Anforderung, nach der zu dokumentieren ist, wer die durchgeführten Prüfungsarbeiten durchgesehen hat, bedeutet nicht, dass jedes einzelne Arbeitspapier einen Nachweis der Durchsicht enthalten muss. Gemäß der Anforderung ist jedoch zu dokumentieren, welche Prüfungsarbeiten durchgesehen wurden, von wem die Arbeiten durchgesehen wurden und wann die Durchsicht vorgenommen wurde.

Dokumentation von Gesprächen mit dem Management, den für die Überwachung Verantwortlichen und anderen Personen über bedeutsame Sachverhalte (vgl. Tz. 10)

A14. Die Dokumentation ist nicht auf vom Abschlussprüfer erstellte Aufzeichnungen beschränkt, sondern kann auch andere geeignete Aufzeichnungen einschließen, z. B. Sitzungsprotokolle, die von Mitarbeitern der Einheit erstellt wurden und denen der Abschlussprüfer zugestimmt hat. Zu anderen Personen, mit denen der Abschlussprüfer bedeutsame Sachverhalte besprechen kann, können andere Mitarbeiter der Einheit sowie externe Parteien gehören, z. B. Personen, welche die Einheit fachlich beraten.

Dokumentation, wie mit Umstimmigkeiten umgegangen wurde (vgl. Tz. 11)

A15. Die Anforderung zu dokumentieren, wie er mit Unstimmigkeiten in Informationen umgegangen ist, bedeutet nicht, dass der Abschlussprüfer eine fehlerhafte oder überholte Dokumentation aufbewahren muss.

Spezielle Überlegungen zu kleineren Einheiten (vgl. Tz. 8)

A16. Die Prüfungsdokumentation bei der Prüfung einer kleineren Einheit ist im Allgemeinen weniger umfangreich als diejenige bei der Prüfung einer größeren Einheit. Darüber hinaus umfasst die Dokumentation im Falle einer Prüfung, bei der die gesamte Prüfungsarbeit von dem für den Auftrag Verantwortlichen durchgeführt wird, keine Sachverhalte, die möglicherweise nur dokumentiert werden müssten, um Mitglieder eines Prüfungsteams zu informieren oder anzuweisen oder um Nachweise für eine Durchsicht durch andere Mitglieder des Teams bereitzustellen (bspw. sind keine Sachverhalte in Bezug auf Teambesprechungen oder die Überwachung der Auftragsabwicklung zu dokumentieren). Dennoch hält der für den Auftrag Verantwortliche die übergeordnete Anforderung in Textziffer 8 zur Erstellung einer für einen erfahrenen Prüfer verständlichen Prüfungsdokumentation ein, da die Prüfungsdokumentation möglicherweise einer Durchsicht externer Parteien zu Aufsichts- oder anderen Zwecken unterliegt.

A17. Bei der Erstellung der Prüfungsdokumentation kann der Abschlussprüfer einer kleineren Einheit es außerdem als hilfreich und effizient erachten, verschiedene Aspekte der Prüfung, zusammen in einem einzigen Dokument aufzuzeichnen, mit Querverweisen auf unterstützende Arbeitspapiere, sofern dies angemessen ist. Zu den Beispielen für Sachverhalte, die bei der Prüfung einer kleineren Einheit zusammen dokumentiert werden können, gehören das Verstehen der Einheit und ihres internen Kontrollsystems (IKS), die Prüfungsstrategie und der Prüfungsplan, die in Übereinstimmung mit ISA 320[8] festgelegten Wesentlichkeitsgrenzen, beurteilte Risiken, bedeutsame Sachverhalte, die während der Prüfung festgestellt wurden, sowie gezogene Schlussfolgerungen.

Abweichung von einer relevanten Anforderung (vgl. Tz. 12)

A18. Die Anforderungen der ISA sind darauf angelegt, den Abschlussprüfer in die Lage zu versetzen, die in den ISA bestimmten Ziele zu erreichen und dabei die übergreifenden Zielsetzungen des Abschlussprüfers zu erreichen. Dementsprechend wird in den ISA, außer in Ausnahmefällen, die Einhaltung jeder einzelnen Anforderung gefordert, die unter den Umständen der Prüfung relevant ist.

---

7) ISA 220, Textziffer 17.
8) ISA 320 „Die Wesentlichkeit bei der Planung und Durchführung einer Abschlussprüfung".

A19. The documentation requirement applies only to requirements that are relevant in the circumstances. A requirement is not relevant[9] only in the cases where:

(a) The entire ISA is not relevant (for example, if an entity does not have an internal audit function, nothing in ISA 610[10] is relevant); or

(b) The requirement is conditional and the condition does not exist (for example, the requirement to modify the auditor's opinion where there is an inability to obtain sufficient appropriate audit evidence, and there is no such inability).

Matters Arising after the Date of the Auditor's Report (Ref: Para. 13)

A20. Examples of exceptional circumstances include facts which become known to the auditor after the date of the auditor's report but which existed at that date and which, if known at that date, might have caused the financial statements to be amended or the auditor to modify the opinion in the auditor's report.[11] The resulting changes to the audit documentation are reviewed in accordance with the review responsibilities set out in ISA 220,[12] with the engagement partner taking final responsibility for the changes.

Assembly of the Final Audit File (Ref: Para. 14–16)

A21. ISQC 1 (or national requirements that are at least as demanding) requires firms to establish policies and procedures for the timely completion of the assembly of audit files.[13] An appropriate time limit within which to complete the assembly of the final audit file is ordinarily not more than 60 days after the date of the auditor's report.[14]

A22. The completion of the assembly of the final audit file after the date of the auditor's report is an administrative process that does not involve the performance of new audit procedures or the drawing of new conclusions. Changes may, however, be made to the audit documentation during the final assembly process if they are administrative in nature. Examples of such changes include:

- Deleting or discarding superseded documentation.
- Sorting, collating and cross-referencing working papers.
- Signing off on completion checklists relating to the file assembly process.

- Documenting audit evidence that the auditor has obtained, discussed and agreed with the relevant members of the engagement team before the date of the auditor's report.

A23. ISQC 1 (or national requirements that are at least as demanding) requires firms to establish policies and procedures for the retention of engagement documentation.[15] The retention period for audit engagements ordinarily is no shorter than five years from the date of the auditor's report, or, if later, the date of the group auditor's report.[16]

A24. An example of a circumstance in which the auditor may find it necessary to modify existing audit documentation or add new audit documentation after file assembly has been completed is the need to clarify existing audit documentation arising from comments received during monitoring inspections performed by internal or external parties.

---

9) ISA 200, paragraph 22.
10) ISA 610, "Using the Work of Internal Auditors."
11) ISA 560, "Subsequent Events," paragraph 14.
12) ISA 220, paragraph 16.
13) ISQC 1, paragraph 45.
14) ISQC 1, paragraph A54.
15) ISQC 1, paragraph 47.
16) ISQC 1, paragraph A61.

A19. Die Dokumentationsanforderung gilt nur für Anforderungen, die unter den gegebenen Umständen relevant sind. Eine Anforderung ist nur in den Fällen nicht relevant[9], in denen
   (a) der gesamte ISA nicht relevant ist (bspw. sind keine der Anforderungen in ISA 610[10] relevant, wenn die Einheit über keine interne Revision[*] verfügt) oder
   (b) die Anforderung an eine Bedingung geknüpft und diese nicht erfüllt ist (bspw. die Anforderung, das Prüfungsurteil zu modifizieren für den Fall, dass es unmöglich ist, ausreichende geeignete Prüfungsnachweise zu erlangen, und eine solche Unmöglichkeit nicht gegeben ist).

Sachverhalte, die nach dem Datum des Vermerks des Abschlussprüfers bekannt werden (vgl. Tz. 13)

A20. Zu den Beispielen für Ausnahmefälle gehören Tatsachen, die dem Abschlussprüfer erst nach dem Datum des Vermerks des Abschlussprüfers bekannt werden, jedoch zu diesem Datum bereits bestanden, und die für den Fall, dass sie zu diesem Datum bereits bekannt gewesen wären, möglicherweise zu einer Änderung des Abschlusses geführt hätten oder den Abschlussprüfer dazu veranlasst hätten, das Prüfungsurteil im Vermerk des Abschlussprüfers zu modifizieren.[11] Die hieraus folgenden Änderungen der Prüfungsdokumentation werden in Übereinstimmung mit den in ISA 220[12] geregelten Pflichten durchgesehen, wobei dem für den Auftrag Verantwortlichen die endgültige Verantwortung für die Änderungen obliegt.

Zusammenstellung der endgültigen Prüfungsakte (vgl. Tz. 14-16)

A21. Nach ISQC 1 (oder nationalen Anforderungen, die mindestens so anspruchsvoll sind) haben Praxen Regelungen und Maßnahmen für den zeitgerechten Abschluss der Zusammenstellung der Prüfungsakte einzuführen.[13] In der Regel gilt für die Frist, innerhalb derer die Zusammenstellung der endgültigen Prüfungsakte abzuschließen ist, ein Zeitraum von höchstens 60 Tagen nach dem Datum des Vermerks des Abschlussprüfers als angemessen.[14]

A22. Der Abschluss der Zusammenstellung der endgültigen Prüfungsakte nach dem Datum des Vermerks des Abschlussprüfers ist ein redaktioneller Prozess, der nicht die Durchführung neuer Prüfungshandlungen oder das Ziehen neuer Schlussfolgerungen umfasst. Während des Prozesses der endgültigen Zusammenstellung können jedoch Änderungen an der Prüfungsdokumentation vorgenommen werden, wenn diese redaktioneller Art sind. Zu solchen Änderungen gehören bspw.:
- Löschen oder Entfernen überholter Dokumentation
- Sortieren und Ordnen von Arbeitspapieren sowie Einfügen von Querverweisen in Arbeitspapiere
- Abzeichnen von Vollständigkeitschecklisten im Zusammenhang mit dem Prozess der Zusammenstellung der Prüfungsakte
- Dokumentieren von Prüfungsnachweisen, die der Abschlussprüfer vor dem Datum des Vermerks des Abschlussprüfers erlangt und mit den relevanten Mitgliedern des Prüfungsteams erörtert und abgestimmt hat.

A23. Nach ISQC 1 (oder nationalen Anforderungen, die mindestens so anspruchsvoll sind) haben Praxen Regelungen und Maßnahmen für die Aufbewahrung der Auftragsdokumentation einzuführen.[15] Die Aufbewahrungsfrist bei Prüfungsaufträgen beträgt in der Regel mindestens fünf Jahre[**] ab dem Datum des Vermerks des Abschlussprüfers oder dem Datum des Vermerks des Konzernabschlussprüfers, wenn dieses Datum später liegt.[16]

A24. Ein Beispiel für einen Fall, in dem der Abschlussprüfer es als notwendig erachten kann, nach dem Abschluss der Zusammenstellung der Akte eine bestehende Prüfungsdokumentation zu ändern oder eine neue Prüfungsdokumentation hinzuzufügen, ist die Notwendigkeit zur Verdeutlichung einer bestehenden Prüfungsdokumentation, die sich aus Anmerkungen interner oder externer Parteien bei der Durchführung von Überwachungsmaßnahmen ergeben.

---

9) ISA 200, Textziffer 22.
10) ISA 610 „Verwertung der Arbeit interner Prüfer".
11) ISA 560 „Ereignisse nach dem Abschlussstichtag", Textziffer 14.
12) ISA 220, Textziffer 16.
13) ISQC 1, Textziffer 45.
14) ISQC 1, Textziffer A54.
15) ISQC 1, Textziffer 47.
16) ISQC 1, Textziffer A61.
*) Die Funktion der internen Revision wird mit „interne Revision" bezeichnet. Diese Funktion wird regelmäßig durch eine eigenständige organisatorische Einheit ausgeübt, die mit „Interne Revision" bezeichnet wird.
**) Die Aufbewahrungsfrist beträgt in Deutschland und in der Schweiz zehn Jahre; in Österreich beträgt sie sieben Jahre.

Appendix
(Ref: Para. 1)

Specific Audit Documentation Requirements in Other ISAs

This appendix identifies paragraphs in other ISAs in effect for audits of financial statements for periods beginning on or after December 15, 2009 that contain specific documentation requirements. The list is not a substitute for considering the requirements and related application and other explanatory material in ISAs.

- ISA 210, "Agreeing the Terms of Audit Engagements" – paragraphs 10–12
- ISA 220, "Quality Control for an Audit of Financial Statements" – paragraphs 24–25
- ISA 240, "The Auditor's Responsibilities Relating to Fraud in an Audit of Financial Statements" – paragraphs 44–47
- ISA 250, "Consideration of Laws and Regulations in an Audit of Financial Statements" – paragraph 29

- ISA 260, "Communication with Those Charged with Governance" – paragraph 23
- ISA 300, "Planning an Audit of Financial Statements" – paragraph 12
- ISA 315, "Identifying and Assessing the Risks of Material Misstatement through Understanding the Entity and Its Environment" – paragraph 32
- ISA 320, "Materiality in Planning and Performing an Audit" – paragraph 14
- ISA 330, "The Auditor's Responses to Assessed Risks" – paragraphs 28–30
- ISA 450, "Evaluation of Misstatements Identified during the Audit" – paragraph 15

- ISA 540, "Auditing Accounting Estimates, Including Fair Value Accounting Estimates, and Related Disclosures" – paragraph 23
- ISA 550, "Related Parties" – paragraph 28
- ISA 600, "Special Considerations—Audits of Group Financial Statements (Including the Work of Component Auditors)" – paragraph 50
- ISA 610, "Using the Work of Internal Auditors" – paragraph 13

Anlage
(Vgl. Tz. 1)

Besondere Anforderungen und erläuternde Hinweise zur Prüfungsdokumentation in anderen ISA

In dieser Anlage sind Textziffern anderer ISA aufgeführt, die besondere Dokumentationsanforderungen enthalten, die für Prüfungen von Abschlüssen für Zeiträume gelten, die am oder nach dem 15.12.2009 beginnen. Die Liste ersetzt nicht die Berücksichtigung der Anforderungen und der damit zusammenhängenden Anwendungshinweise und sonstigen Erläuterungen der ISA.

- ISA 210 „Vereinbarung der Auftragsbedingungen für Prüfungsaufträge", Textziffern 10-12
- ISA 220 „Qualitätssicherung bei einer Abschlussprüfung", Textziffern 24-25
- ISA 240 „Die Verantwortung des Abschlussprüfers bei dolosen Handlungen", Textziffern 44-47
- ISA 250 „Berücksichtigung der Auswirkungen von Gesetzen und anderen Rechtsvorschriften auf den Abschluss bei einer Abschlussprüfung", Textziffer 29
- ISA 260 „Kommunikation mit den für die Überwachung Verantwortlichen", Textziffer 23
- ISA 300 „Planung einer Abschlussprüfung", Textziffer 12
- ISA 315 „Identifizierung und Beurteilung der Risiken wesentlicher falscher Darstellungen aus dem Verstehen der Einheit und ihres Umfelds", Textziffer 32
- ISA 320 „Die Wesentlichkeit bei der Planung und Durchführung einer Abschlussprüfung", Textziffer 14
- ISA 330 „Die Reaktionen des Abschlussprüfers auf beurteilte Risiken", Textziffern 28-30
- ISA 450 „Die Beurteilung der während der Abschlussprüfung festgestellten falschen Darstellungen", Textziffer 15
- ISA 540 „Die Prüfung geschätzter Werte in der Rechnungslegung, einschließlich geschätzter Zeitwerte, und der damit zusammenhängenden Abschlussangaben", Textziffer 23
- ISA 550 „Nahe stehende Personen", Textziffer 28
- ISA 600 „Besondere Überlegungen zu Konzernabschlussprüfungen (einschließlich der Tätigkeit von Teilbereichsprüfern)", Textziffer 50
- ISA 610 „Verwertung der Arbeit interner Prüfer", Textziffer 13

INTERNATIONAL STANDARD ON AUDITING 240

THE AUDITOR'S RESPONSIBILITIES RELATING TO FRAUD IN AN AUDIT OF FINANCIAL STATEMENTS

(Effective for audits of financial statements for periods beginning on or after December 15, 2009)

CONTENTS

	Paragraph
Introduction	
Scope of this ISA	1
Characteristics of Fraud	2–3
Responsibility for the Prevention and Detection of Fraud	4–8
Effective Date	9
Objectives	10
Definitions	11
Requirements	
Professional Skepticism	12–14
Discussion among the Engagement Team	15
Risk Assessment Procedures and Related Activities	16–24
Identification and Assessment of the Risks of Material Misstatement Due to Fraud	25–27
Responses to the Assessed Risks of Material Misstatement Due to Fraud	28–33
Evaluation of Audit Evidence	34–37
Auditor Unable to Continue the Engagement	38
Written Representations	39
Communications to Management and with Those Charged with Governance	40–42
Communications to Regulatory and Enforcement Authorities	43
Documentation	44–47
Application and Other Explanatory Material	
Characteristics of Fraud	A1–A6
Professional Skepticism	A7–A9
Discussion among the Engagement Team	A10–A11
Risk Assessment Procedures and Related Activities	A12–A27
Identification and Assessment of the Risks of Material Misstatement Due to Fraud	A28–A32
Responses to the Assessed Risks of Material Misstatement Due to Fraud	A33–A48
Evaluation of Audit Evidence	A49–A53
Auditor Unable to Continue the Engagement	A54–A57
Written Representations	A58–A59
Communications to Management and with Those Charged with Governance	A60–A64
Communications to Regulatory and Enforcement Authorities	A65–A67
Appendix 1: Examples of Fraud Risk Factors	
Appendix 2: Examples of Possible Audit Procedures to Address the Assessed Risks of Material Misstatement Due to Fraud	
Appendix 3: Examples of Circumstances that Indicate the Possibility of Fraud	

International Standard on Auditing (ISA) 240, "The Auditor's Responsibilities Relating to Fraud in an Audit of Financial Statements" should be read in conjunction with ISA 200, "Overall Objectives of the Independent Auditor and the Conduct of an Audit in Accordance with International Standards on Auditing."

INTERNATIONAL STANDARD ON AUDITING 240
DIE VERANTWORTUNG DES ABSCHLUSSPRÜFERS BEI DOLOSEN HANDLUNGEN

(gilt für die Prüfung von Abschlüssen für Zeiträume, die am oder nach dem 15.12.2009 beginnen)

INHALTSVERZEICHNIS

	Textziffer
Einleitung	
Anwendungsbereich	1
Merkmale doloser Handlungen	2-3
Verantwortung für die Verhinderung und Aufdeckung doloser Handlungen	4-8
Anwendungszeitpunkt	9
Ziele	10
Definitionen	11
Anforderungen	
Kritische Grundhaltung	12-14
Besprechung im Prüfungsteam	15
Prüfungshandlungen zur Risikobeurteilung und damit zusammenhängende Tätigkeiten	16-24
Identifizierung und Beurteilung der Risiken wesentlicher falscher Darstellungen aufgrund von dolosen Handlungen	25-27
Reaktionen auf die beurteilten Risiken wesentlicher falscher Darstellungen aufgrund von dolosen Handlungen	28-33
Beurteilung der Prüfungsnachweise	34-37
Unmöglichkeit für den Abschlussprüfer zur Fortführung des Auftrags	38
Schriftliche Erklärungen	39
Mitteilungen an das Management und Kommunikation mit den für die Überwachung Verantwortlichen	40-42
Mitteilungen an Aufsichtsbehörden und Überwachungsstellen	43
Dokumentation	44-47
Anwendungshinweise und sonstige Erläuterungen	
Merkmale doloser Handlungen	A1-A6
Kritische Grundhaltung	A7-A9
Besprechung im Prüfungsteam	A10-A11
Prüfungshandlungen zur Risikobeurteilung und damit zusammenhängende Tätigkeiten	A12-A27
Identifizierung und Beurteilung der Risiken wesentlicher falscher Darstellungen aufgrund von dolosen Handlungen	A28-A32
Reaktionen auf die beurteilten Risiken wesentlicher falscher Darstellungen aufgrund von dolosen Handlungen	A33-A48
Beurteilung der Prüfungsnachweise	A49-A53
Unmöglichkeit für den Abschlussprüfer zur Fortführung des Auftrags	A54-A57
Schriftliche Erklärungen	A58-A59
Mitteilungen an das Management und Kommunikation mit den für die Überwachung Verantwortlichen	A60-A64
Mitteilungen an Aufsichtsbehörden und Überwachungsstellen	A65-A67
Anlage 1: Beispiele für Risikofaktoren für dolose Handlungen	
Anlage 2: Beispiele für mögliche Prüfungshandlungen, um den beurteilten Risiken wesentlicher falscher Darstellungen aufgrund von dolosen Handlungen zu begegnen	
Anlage 3: Beispiele für Umstände, die auf mögliche dolose Handlungen hindeuten	

International Standard on Auditing (ISA) 240 „Die Verantwortung des Abschlussprüfers bei dolosen Handlungen" ist im Zusammenhang mit ISA 200 „Übergreifende Zielsetzungen des unabhängigen Prüfers und Grundsätze einer Prüfung in Übereinstimmung mit den International Standards on Auditing" zu lesen.

Introduction

Scope of this ISA

1. This International Standard on Auditing (ISA) deals with the auditor's responsibilities relating to fraud in an audit of financial statements. Specifically, it expands on how ISA 315[1] and ISA 330[2] are to be applied in relation to risks of material misstatement due to fraud.

Characteristics of Fraud

2. Misstatements in the financial statements can arise from either fraud or error. The distinguishing factor between fraud and error is whether the underlying action that results in the misstatement of the financial statements is intentional or unintentional.

3. Although fraud is a broad legal concept, for the purposes of the ISAs, the auditor is concerned with fraud that causes a material misstatement in the financial statements. Two types of intentional misstatements are relevant to the auditor – misstatements resulting from fraudulent financial reporting and misstatements resulting from misappropriation of assets. Although the auditor may suspect or, in rare cases, identify the occurrence of fraud, the auditor does not make legal determinations of whether fraud has actually occurred. (Ref: Para. A1–A6)

Responsibility for the Prevention and Detection of Fraud

4. The primary responsibility for the prevention and detection of fraud rests with both those charged with governance of the entity and management. It is important that management, with the oversight of those charged with governance, place a strong emphasis on fraud prevention, which may reduce opportunities for fraud to take place, and fraud deterrence, which could persuade individuals not to commit fraud because of the likelihood of detection and punishment. This involves a commitment to creating a culture of honesty and ethical behavior which can be reinforced by an active oversight by those charged with governance. Oversight by those charged with governance includes considering the potential for override of controls or other inappropriate influence over the financial reporting process, such as efforts by management to manage earnings in order to influence the perceptions of analysts as to the entity's performance and profitability.

Responsibilities of the Auditor

5. An auditor conducting an audit in accordance with ISAs is responsible for obtaining reasonable assurance that the financial statements taken as a whole are free from material misstatement, whether caused by fraud or error. Owing to the inherent limitations of an audit, there is an unavoidable risk that some material misstatements of the financial statements may not be detected, even though the audit is properly planned and performed in accordance with the ISAs.[3]

6. As described in ISA 200,[4] the potential effects of inherent limitations are particularly significant in the case of misstatement resulting from fraud. The risk of not detecting a material misstatement resulting from fraud is higher than the risk of not detecting one resulting from error. This is because fraud may involve sophisticated and carefully organized schemes designed to conceal it, such as forgery, deliberate failure to record transactions, or intentional misrepresentations being made to the auditor. Such attempts at concealment may be even more difficult to detect when accompanied by collusion. Collusion may cause the auditor to believe that audit evidence is persuasive when it is, in fact, false. The auditor's ability to

---

1) ISA 315, "Identifying and Assessing the Risks of Material Misstatement through Understanding the Entity and Its Environment."
2) ISA 330, "The Auditor's Responses to Assessed Risks."
3) ISA 200, "Overall Objectives of the Independent Auditor and the Conduct of an Audit in Accordance with International Standards on Auditing," paragraph A51.
4) ISA 200, paragraph A51.

Einleitung

Anwendungsbereich

1. Gegenstand dieses International Standard on Auditing (ISA) sind die Pflichten des Abschlussprüfers im Zusammenhang mit dolosen Handlungen im Rahmen der Abschlussprüfung. Insbesondere wird ausgeführt, wie ISA 315[1] und ISA 330[2] im Hinblick auf Risiken wesentlicher falscher Darstellungen aufgrund von dolosen Handlungen anzuwenden sind.

Merkmale doloser Handlungen

2. Falsche Darstellungen im Abschluss können entweder aus dolosen Handlungen oder aus Irrtümern resultieren. Dolose Handlungen und Irrtümer unterscheiden sich darin, ob die zugrunde liegende Handlung, die zu der falschen Darstellung im Abschluss führt, absichtlich oder unabsichtlich erfolgt ist.

3. Obwohl „dolose Handlungen" ein weit gefasster juristischer Begriff ist, befasst sich der Abschlussprüfer für die Zwecke der ISA mit dolosen Handlungen, die zu wesentlichen falschen Darstellungen im Abschluss führen. Für den Abschlussprüfer sind zwei Arten von absichtlich falschen Darstellungen relevant: solche, die aus Manipulationen der Rechnungslegung resultieren, und solche, die aus Vermögensschädigungen resultieren. Obwohl der Abschlussprüfer möglicherweise dolose Handlungen vermutet oder in seltenen Fällen identifiziert, trifft er keine rechtliche Feststellung zu der Frage, ob tatsächlich dolose Handlungen stattgefunden haben. (Vgl. Tz. A1-A6)

Verantwortung für die Verhinderung und Aufdeckung doloser Handlungen

4. Die Hauptverantwortung für die Verhinderung und Aufdeckung doloser Handlungen liegt sowohl bei den für die Überwachung der Einheit[*] Verantwortlichen als auch beim Management. Es ist wichtig, dass das Management, unter der Aufsicht der für die Überwachung Verantwortlichen, ein besonderes Augenmerk auf die Verhinderung doloser Handlungen legt, womit Gelegenheiten zum Begehen doloser Handlungen eingeschränkt werden können, sowie auf die Abschreckung vor dolosen Handlungen, die Einzelne dazu bewegen könnte, aufgrund der Wahrscheinlichkeit einer Aufdeckung und Bestrafung keine dolosen Handlungen zu begehen. Dazu gehört eine Selbstverpflichtung zur Schaffung einer Kultur von Ehrlichkeit und ethischem Verhalten, die durch eine aktive Aufsicht seitens der für die Überwachung Verantwortlichen gestärkt werden kann. Aufsicht durch die für die Überwachung Verantwortlichen schließt die Abwägung der Möglichkeit ein, dass Kontrollen außer Kraft gesetzt werden oder anderweitig unangemessener Einfluss auf den Rechnungslegungsprozess genommen wird, so bspw. Bemühungen des Managements, die Ergebnisse so zu steuern, dass die Wahrnehmung von Analysten zur Leistung und Rentabilität der Einheit beeinflusst wird.

Pflichten des Abschlussprüfers

5. Ein Abschlussprüfer, der eine Prüfung in Übereinstimmung mit den ISA durchführt, ist dafür verantwortlich, hinreichende Sicherheit darüber zu erlangen, dass der Abschluss als Ganzes frei von einer wesentlichen - beabsichtigten oder unbeabsichtigten - falschen Darstellung ist. Aufgrund der inhärenten Grenzen einer Abschlussprüfung besteht ein unvermeidbares Risiko, dass wesentliche falsche Darstellungen im Abschluss möglicherweise nicht aufgedeckt werden, obwohl die Prüfung in Übereinstimmung mit den ISA ordnungsgemäß geplant und durchgeführt wird.[3]

6. Wie in ISA 200[4] dargelegt, sind die inhärenten Grenzen besonders bedeutend im Falle von falschen Darstellungen, die auf dolose Handlungen zurückgehen. Das Risiko, dass aus dolosen Handlungen resultierende wesentliche falsche Darstellungen nicht aufgedeckt werden, ist höher als das Risiko, dass aus Irrtümern resultierende wesentliche falsche Darstellungen nicht aufgedeckt werden. Dies liegt daran, dass bei dolosen Handlungen möglicherweise eine wohl durchdachte und sorgfältig organisierte Vorgehensweise zur Verschleierung vorliegt, z.B. Fälschung, absichtliche Nichterfassung von Geschäftsvorfällen oder absichtliche Falschdarstellungen gegenüber dem Abschlussprüfer. Solche

---

1) ISA 315 „Identifizierung und Beurteilung der Risiken wesentlicher falscher Darstellungen aus dem Verstehen der Einheit und ihres Umfelds".
2) ISA 330 „Die Reaktionen des Abschlussprüfers auf beurteilte Risiken".
3) ISA 200 „Übergreifende Zielsetzungen des unabhängigen Prüfers und Grundsätze einer Prüfung in Übereinstimmung mit den International Standards on Auditing", Textziffern A51-A52.
4) ISA 200, Textziffer A51.
*) Der Begriff „Einheit" wird für *entity* neu eingeführt. Bei der zu prüfenden Einheit kann es sich um ein Unternehmen, einen Einzelkaufmann, eine Gesellschaft bürgerlichen Rechts (Schweiz: einfache Gesellschaft), eine Gebietskörperschaft, eine Anstalt des öffentlichen Rechts, einen Konzern oder eine nicht rechtlich abgegrenzte wirtschaftliche Einheit handeln. Eine Übersetzung mit „Unternehmen" oder „Gesellschaft" wäre deshalb unzureichend. So kann sich *entity* sogar auf eine nicht selbständige Niederlassung oder Sparte beziehen, für die eigenständig Rechnung gelegt wird.

detect a fraud depends on factors such as the skillfulness of the perpetrator, the frequency and extent of manipulation, the degree of collusion involved, the relative size of individual amounts manipulated, and the seniority of those individuals involved. While the auditor may be able to identify potential opportunities for fraud to be perpetrated, it is difficult for the auditor to determine whether misstatements in judgment areas such as accounting estimates are caused by fraud or error.

7. Furthermore, the risk of the auditor not detecting a material misstatement resulting from management fraud is greater than for employee fraud, because management is frequently in a position to directly or indirectly manipulate accounting records, present fraudulent financial information or override control procedures designed to prevent similar frauds by other employees.

8. When obtaining reasonable assurance, the auditor is responsible for maintaining professional skepticism throughout the audit, considering the potential for management override of controls and recognizing the fact that audit procedures that are effective for detecting error may not be effective in detecting fraud. The requirements in this ISA are designed to assist the auditor in identifying and assessing the risks of material misstatement due to fraud and in designing procedures to detect such misstatement.

Effective Date

9. This ISA is effective for audits of financial statements for periods beginning on or after December 15, 2009.

Objectives

10. The objectives of the auditor are:

    (a) To identify and assess the risks of material misstatement of the financial statements due to fraud;

    (b) To obtain sufficient appropriate audit evidence regarding the assessed risks of material misstatement due to fraud, through designing and implementing appropriate responses; and

    (c) To respond appropriately to fraud or suspected fraud identified during the audit.

Definitions

11. For purposes of the ISAs, the following terms have the meanings attributed below:

    (a) Fraud – An intentional act by one or more individuals among management, those charged with governance, employees, or third parties, involving the use of deception to obtain an unjust or illegal advantage.

    (b) Fraud risk factors – Events or conditions that indicate an incentive or pressure to commit fraud or provide an opportunity to commit fraud.

Requirements

Professional Skepticism

12. In accordance with ISA 200[5], the auditor shall maintain professional skepticism throughout the audit, recognizing the possibility that a material misstatement due to fraud could exist, notwithstanding the

---

5) ISA 200, paragraph 15.

Verschleierungsversuche sind möglicherweise noch schwerer aufzudecken, wenn sie mit betrügerischem Zusammenwirken mit Anderen verbunden sind. Durch betrügerisches Zusammenwirken kann der Abschlussprüfer dazu verleitet werden zu glauben, dass Prüfungsnachweise überzeugend sind, obwohl sie tatsächlich falsch sind. Die Fähigkeit des Abschlussprüfers, eine dolose Handlung aufzudecken, hängt von verschiedenen Faktoren ab, wie z.B. Geschicklichkeit des Täters, Häufigkeit und Umfang der Manipulation, Grad des betrügerischen Zusammenwirkens, relative Größe der einzelnen manipulierten Beträge und Stellung der Beteiligten in der Unternehmenshierarchie. Obwohl der Abschlussprüfer möglicherweise in der Lage ist, potentielle Gelegenheiten zum Begehen doloser Handlungen zu identifizieren, ist es für ihn doch schwierig festzustellen, ob falsche Darstellungen in Bereichen, die mit Ermessensentscheidungen verbunden sind, z.B. bei geschätzten Werten in der Rechnungslegung, auf dolose Handlungen oder auf Irrtümer zurückzuführen sind.

7. Darüber hinaus ist das Risiko, dass der Abschlussprüfer aus dolosen Handlungen des Managements resultierende wesentliche falsche Darstellungen nicht aufdeckt, größer als das entsprechende Risiko bei dolosen Handlungen von Mitarbeitern, da das Management häufig in der Lage ist, Rechnungslegungsunterlagen direkt oder indirekt zu manipulieren, manipulierte Finanzinformationen vorzulegen oder Kontrollen außer Kraft zu setzen, mit denen ähnliche dolose Handlungen durch andere Mitarbeiter verhindert werden sollen.

8. Um eine hinreichende Sicherheit zu erreichen, hat der Abschlussprüfer dafür Sorge zu tragen, während der gesamten Prüfung eine kritische Grundhaltung beizubehalten, die Möglichkeit einer Außerkraftsetzung von Kontrollen durch das Management in Betracht zu ziehen und sich der Tatsache bewusst zu sein, dass Prüfungshandlungen, mit denen Irrtümer wirksam aufgedeckt werden können, möglicherweise bei der Aufdeckung von dolosen Handlungen nicht wirksam sind. Die in diesem ISA aufgeführten Anforderungen sollen dem Abschlussprüfer dabei helfen, die Risiken wesentlicher falscher Darstellungen aufgrund von dolosen Handlungen zu identifizieren und zu beurteilen sowie Prüfungshandlungen zu planen, um solche falschen Darstellungen aufzudecken.

Anwendungszeitpunkt

9. Dieser ISA gilt für die Prüfung von Abschlüssen für Zeiträume, die am oder nach dem 15.12.2009 beginnen.

Ziele

10. Die Ziele des Abschlussprüfers sind,
    (a) die Risiken wesentlicher falscher Darstellungen im Abschluss aufgrund von dolosen Handlungen zu identifizieren und zu beurteilen,
    (b) durch die Planung und Umsetzung angemessener Reaktionen ausreichende geeignete Prüfungsnachweise in Bezug auf die beurteilten Risiken wesentlicher falscher Darstellungen aufgrund von dolosen Handlungen zu erhalten und
    (c) in angemessener Weise auf die in einer Abschlussprüfung entdeckten oder vermuteten dolosen Handlungen zu reagieren.

Definitionen

11. Für die Zwecke der ISA gelten die nachstehenden Begriffsbestimmungen:
    (a) Dolose Handlung – Eine absichtliche Handlung einer oder mehrerer Personen aus dem Kreis des Managements, der für die Überwachung Verantwortlichen, der Mitarbeiter oder Dritter, wobei durch Täuschung ein ungerechtfertigter oder rechtswidriger Vorteil erlangt werden soll.
    (b) Risikofaktoren für dolose Handlungen – Ereignisse oder Gegebenheiten, die auf einen Anreiz oder Druck zum Begehen doloser Handlungen hindeuten oder eine Gelegenheit zum Begehen doloser Handlungen bieten.

Anforderungen

Kritische Grundhaltung

12. In Übereinstimmung mit ISA 200[5)] muss der Abschlussprüfer während der gesamten Prüfung eine kritische Grundhaltung beibehalten und sich der Möglichkeit bewusst sein, dass ungeachtet seiner

---

5) ISA 200, Textziffer 15.

auditor's past experience of the honesty and integrity of the entity's management and those charged with governance. (Ref: Para. A7–A8)

13. Unless the auditor has reason to believe the contrary, the auditor may accept records and documents as genuine. If conditions identified during the audit cause the auditor to believe that a document may not be authentic or that terms in a document have been modified but not disclosed to the auditor, the auditor shall investigate further. (Ref: Para. A9)

14. Where responses to inquiries of management or those charged with governance are inconsistent, the auditor shall investigate the inconsistencies.

Discussion among the Engagement Team

15. ISA 315 requires a discussion among the engagement team members and a determination by the engagement partner of which matters are to be communicated to those team members not involved in the discussion.[6] This discussion shall place particular emphasis on how and where the entity's financial statements may be susceptible to material misstatement due to fraud, including how fraud might occur. The discussion shall occur setting aside beliefs that the engagement team members may have that management and those charged with governance are honest and have integrity. (Ref: Para. A10–A11)

Risk Assessment Procedures and Related Activities

16. When performing risk assessment procedures and related activities to obtain an understanding of the entity and its environment, including the entity's internal control, required by ISA 315,[7] the auditor shall perform the procedures in paragraphs 17–24 to obtain information for use in identifying the risks of material misstatement due to fraud.

Management and Others within the Entity

17. The auditor shall make inquiries of management regarding:

   (a) Management's assessment of the risk that the financial statements may be materially misstated due to fraud, including the nature, extent and frequency of such assessments; (Ref: Para. A12–A13)

   (b) Management's process for identifying and responding to the risks of fraud in the entity, including any specific risks of fraud that management has identified or that have been brought to its attention, or classes of transactions, account balances, or disclosures for which a risk of fraud is likely to exist; (Ref: Para. A14)

   (c) Management's communication, if any, to those charged with governance regarding its processes for identifying and responding to the risks of fraud in the entity; and

   (d) Management's communication, if any, to employees regarding its views on business practices and ethical behavior.

18. The auditor shall make inquiries of management, and others within the entity as appropriate, to determine whether they have knowledge of any actual, suspected or alleged fraud affecting the entity. (Ref: Para. A15–A17)

19. For those entities that have an internal audit function, the auditor shall make inquiries of internal audit to determine whether it has knowledge of any actual, suspected or alleged fraud affecting the entity, and to obtain its views about the risks of fraud. (Ref: Para. A18)

---

6) ISA 315, paragraph 10.
7) ISA 315, paragraphs 5–24.

bisherigen Erfahrung mit der Ehrlichkeit und Integrität des Managements der Einheit und der für die Überwachung Verantwortlichen wesentliche falsche Darstellungen aufgrund von dolosen Handlungen vorliegen können. (Vgl. Tz. A7-A8)

13. Der Abschlussprüfer darf von der Echtheit der Aufzeichnungen und Dokumente ausgehen, es sei denn, es besteht Grund zur gegenteiligen Annahme. Wenn während der Prüfung festgestellte Umstände den Abschlussprüfer zu der Auffassung veranlassen, dass ein Dokument möglicherweise nicht authentisch ist oder dass Bedingungen in einem Dokument geändert, aber dem Abschlussprüfer gegenüber nicht offen gelegt wurden, sind weitere Untersuchungen durchzuführen. (Vgl. Tz. A9)

14. Wenn Antworten des Managements oder der für die Überwachung Verantwortlichen auf Befragungen unstimmig sind, hat der Abschlussprüfer die Unstimmigkeiten zu untersuchen.

Besprechung im Prüfungsteam

15. ISA 315 erfordert eine Besprechung zwischen den Mitgliedern des Prüfungsteams und eine Festlegung durch den Auftragsverantwortlichen, welche Sachverhalte den an der Besprechung nicht beteiligten Mitgliedern des Teams mitzuteilen sind.[6] Bei dieser Besprechung muss besondere Betonung auf die Frage gelegt werden, in welcher Weise und an welchen Stellen der Abschluss der Einheit für wesentliche falsche Darstellungen aufgrund von dolosen Handlungen anfällig sein könnte. Dies schließt die Frage ein, wie es zu dolosen Handlungen kommen könnte. In der Besprechung dürfen mögliche Überzeugungen von Mitgliedern des Prüfungsteams, dass das Management und die für die Überwachung Verantwortlichen ehrlich und integer sind, keine Rolle spielen. (Vgl. Tz. A10-A11)

Prüfungshandlungen zur Risikobeurteilung und damit zusammenhängende Tätigkeiten

16. Bei der Durchführung von Prüfungshandlungen zur Risikobeurteilung und damit zusammenhängenden Tätigkeiten, durch die das nach ISA 315[7] erforderliche Verständnis von der Einheit und ihrem Umfeld, einschließlich ihres internen Kontrollsystems (IKS), gewonnen wird, muss der Abschlussprüfer die in den Textziffern 17-24 aufgeführten Prüfungshandlungen durchführen, um Informationen zu erlangen, die zur Identifizierung der Risiken wesentlicher falscher Darstellungen aufgrund von dolosen Handlungen herangezogen werden.

Management sowie weitere Personen innerhalb der Einheit

17. Der Abschlussprüfer muss Befragungen des Managements zu folgenden Aspekten durchführen:
    (a) Beurteilung des Risikos durch das Management, dass der Abschluss aufgrund von dolosen Handlungen wesentliche falsche Darstellungen enthält, einschließlich Art, Umfang und Häufigkeit solcher Beurteilungen (Vgl. Tz. A12-A13)
    (b) Prozess des Managements zur Identifizierung der Risiken doloser Handlungen in der Einheit und zur Reaktion auf diese. Hierzu gehören auch bestimmte vom Management identifizierte oder dem Management zur Kenntnis gebrachte Risiken doloser Handlungen sowie die Arten von Geschäftsvorfällen, Kontensalden oder Abschlussangaben[*], bei denen wahrscheinlich ein Risiko doloser Handlungen besteht (Vgl. Tz. A14)
    (c) sofern gegeben, Berichterstattung des Managements an die für die Überwachung Verantwortlichen über die Prozesse zur Identifizierung der Risiken doloser Handlungen in der Einheit und zur Reaktion darauf
    (d) sofern gegeben, Kommunikation des Managements über seine Ansichten zu Geschäftsgebaren und ethischem Verhalten gegenüber den Mitarbeitern.

18. Der Abschlussprüfer muss Befragungen des Managements sowie – soweit angemessen – weiterer Personen innerhalb der Einheit durchführen, um festzustellen, ob diese Kenntnis von vorliegenden, vermuteten oder behaupteten dolosen Handlungen mit Auswirkung auf die Einheit haben. (Vgl. Tz. A15-A17)

19. Bei Einheiten mit interner Revision[**] muss der Abschlussprüfer Befragungen der mit der internen Revision befassten Personen durchführen, um festzustellen, ob diese Kenntnis von vorliegenden, vermuteten oder behaupteten dolosen Handlungen mit Auswirkungen auf die Einheit haben, und um zu erfahren, wie deren Ansichten zu den Risiken doloser Handlungen sind. (Vgl. Tz. A18)

---

6) ISA 315, Textziffer 10.
7) ISA 315, Textziffern 5-24.
*) Abschlussposten und andere Angaben im Abschluss.
**) Die Funktion der internen Revision wird mit „interne Revision" bezeichnet. Diese Funktion wird regelmäßig durch eine eigenständige organisatorische Einheit ausgeübt, die mit „Interne Revision" bezeichnet wird.

Those Charged with Governance

20. Unless all of those charged with governance are involved in managing the entity,[8] the auditor shall obtain an understanding of how those charged with governance exercise oversight of management's processes for identifying and responding to the risks of fraud in the entity and the internal control that management has established to mitigate these risks. (Ref: Para. A19–A21)

21. Unless all of those charged with governance are involved in managing the entity, the auditor shall make inquiries of those charged with governance to determine whether they have knowledge of any actual, suspected or alleged fraud affecting the entity. These inquiries are made in part to corroborate the responses to the inquiries of management.

Unusual or Unexpected Relationships Identified

22. The auditor shall evaluate whether unusual or unexpected relationships that have been identified in performing analytical procedures, including those related to revenue accounts, may indicate risks of material misstatement due to fraud.

Other Information

23. The auditor shall consider whether other information obtained by the auditor indicates risks of material misstatement due to fraud. (Ref: Para. A22)

Evaluation of Fraud Risk Factors

24. The auditor shall evaluate whether the information obtained from the other risk assessment procedures and related activities performed indicates that one or more fraud risk factors are present. While fraud risk factors may not necessarily indicate the existence of fraud, they have often been present in circumstances where frauds have occurred and therefore may indicate risks of material misstatement due to fraud. (Ref: Para. A23–A27)

Identification and Assessment of the Risks of Material Misstatement Due to Fraud

25. In accordance with ISA 315, the auditor shall identify and assess the risks of material misstatement due to fraud at the financial statement level, and at the assertion level for classes of transactions, account balances and disclosures.[9]

26. When identifying and assessing the risks of material misstatement due to fraud, the auditor shall, based on a presumption that there are risks of fraud in revenue recognition, evaluate which types of revenue, revenue transactions or assertions give rise to such risks. Paragraph 47 specifies the documentation required where the auditor concludes that the presumption is not applicable in the circumstances of the engagement and, accordingly, has not identified revenue recognition as a risk of material misstatement due to fraud. (Ref: Para. A28–A30)

27. The auditor shall treat those assessed risks of material misstatement due to fraud as significant risks and accordingly, to the extent not already done so, the auditor shall obtain an understanding of the entity's related controls, including control activities, relevant to such risks. (Ref: Para. A31–A32)

Responses to the Assessed Risks of Material Misstatement Due to Fraud

Overall Responses

28. In accordance with ISA 330, the auditor shall determine overall responses to address the assessed risks of material misstatement due to fraud at the financial statement level.[10] (Ref: Para. A33)

---

8) ISA 260, "Communication with Those Charged with Governance," paragraph 13.
9) ISA 315, paragraph 25.
10) ISA 330, paragraph 5.

Für die Überwachung Verantwortliche

20. Sofern nicht alle für die Überwachung Verantwortlichen in die Managementtätigkeit der Einheit eingebunden sind,[8] muss der Abschlussprüfer ein Verständnis von der Art und Weise gewinnen, in der die für die Überwachung Verantwortlichen die Aufsicht über die Prozesse des Managements zur Identifizierung der Risiken doloser Handlungen in der Einheit und zur Reaktion darauf sowie über das vom Management zur Milderung dieser Risiken eingerichtete IKS ausüben. (Vgl. Tz. A19-A21)

21. Sofern nicht alle für die Überwachung Verantwortlichen in die Managementtätigkeit der Einheit eingebunden sind, muss der Abschlussprüfer Befragungen der für die Überwachung Verantwortlichen durchführen, um festzustellen, ob diese Kenntnis von vorliegenden, vermuteten oder behaupteten dolosen Handlungen mit Auswirkungen auf die Einheit haben. Diese Befragungen dienen teilweise dazu, die Antworten aus den Befragungen des Managements zu bekräftigen.

Festgestellte ungewöhnliche oder unerwartete Verhältnisse

22. Der Abschlussprüfer muss beurteilen, ob ungewöhnliche oder unerwartete Verhältnisse, die bei der Durchführung analytischer Prüfungshandlungen festgestellt wurden, auch im Hinblick auf Erlöskonten, möglicherweise auf Risiken wesentlicher falscher Darstellungen aufgrund von dolosen Handlungen hindeuten.

Andere Informationen

23. Der Abschlussprüfer muss Überlegungen anstellen, ob andere von ihm erlangte Informationen auf Risiken wesentlicher falscher Darstellungen aufgrund von dolosen Handlungen hindeuten. (Vgl. Tz. A22)

Beurteilung von Risikofaktoren für dolose Handlungen

24. Der Abschlussprüfer muss beurteilen, ob die bei den anderen Prüfungshandlungen zur Risikobeurteilung und damit zusammenhängenden Tätigkeiten erlangten Informationen darauf hindeuten, dass ein oder mehrere Risikofaktoren für dolose Handlungen vorliegen. Obwohl Risikofaktoren für dolose Handlungen nicht notwendigerweise auf das Vorliegen doloser Handlungen hindeuten, lagen sie doch häufig in Fällen vor, in denen es zu dolosen Handlungen gekommen ist, und können deshalb auf Risiken wesentlicher falscher Darstellungen aufgrund von dolosen Handlungen hindeuten. (Vgl. Tz. A23-A27)

Identifizierung und Beurteilung der Risiken wesentlicher falscher Darstellungen aufgrund von dolosen Handlungen

25. In Übereinstimmung mit ISA 315 muss der Abschlussprüfer die Risiken wesentlicher falscher Darstellungen aufgrund von dolosen Handlungen auf Abschlussebene sowie auf Aussageebene für Arten von Geschäftsvorfällen, für Kontensalden und für Abschlussangaben identifizieren und beurteilen.[9]

26. Bei der Identifizierung und Beurteilung von Risiken wesentlicher falscher Darstellungen aufgrund von dolosen Handlungen muss der Abschlussprüfer von der Vermutung ausgehen, dass bei der Erlöserfassung Risiken doloser Handlungen bestehen, und beurteilen, welche Erlösarten, erlösrelevante Geschäftsvorfälle oder Aussagen solche Risiken zur Folge haben. Textziffer 47 beschreibt die erforderliche Dokumentation für den Fall, dass der Abschlussprüfer zu dem Schluss gelangt, dass diese Vermutung unter den Umständen des Auftrages nicht zutrifft und entsprechend bei der Erlöserfassung kein Risiko wesentlicher falscher Darstellungen aufgrund von dolosen Handlungen identifiziert wurde. (Vgl. Tz. A28-A30)

27. Der Abschlussprüfer muss die beurteilten Risiken wesentlicher falscher Darstellungen aufgrund von dolosen Handlungen als bedeutsame Risiken behandeln und entsprechend - soweit noch nicht geschehen - ein Verständnis von den diesbezüglich vorhandenen Kontrollen der Einheit, einschließlich der dafür relevanten Kontrollaktivitäten, gewinnen. (Vgl. Tz. A31-A32)

Reaktionen auf die beurteilten Risiken wesentlicher falscher Darstellungen aufgrund von dolosen Handlungen

Allgemeine Reaktionen

28. In Übereinstimmung mit ISA 330 muss der Abschlussprüfer allgemeine Reaktionen auf die beurteilten Risiken wesentlicher falscher Darstellungen aufgrund von dolosen Handlungen auf Abschlussebene festlegen.[10] (Vgl. Tz. A33)

---

[8] ISA 260 „Kommunikation mit den für die Überwachung Verantwortlichen", Textziffer 13.
[9] ISA 315, Textziffer 25.
[10] ISA 330, Textziffer 5.

29. In determining overall responses to address the assessed risks of material misstatement due to fraud at the financial statement level, the auditor shall:

    (a) Assign and supervise personnel taking account of the knowledge, skill and ability of the individuals to be given significant engagement responsibilities and the auditor's assessment of the risks of material misstatement due to fraud for the engagement; (Ref: Para. A34–A35)

    (b) Evaluate whether the selection and application of accounting policies by the entity, particularly those related to subjective measurements and complex transactions, may be indicative of fraudulent financial reporting resulting from management's effort to manage earnings; and

    (c) Incorporate an element of unpredictability in the selection of the nature, timing and extent of audit procedures. (Ref: Para. A36)

Audit Procedures Responsive to Assessed Risks of Material Misstatement Due to Fraud at the Assertion Level

30. In accordance with ISA 330, the auditor shall design and perform further audit procedures whose nature, timing and extent are responsive to the assessed risks of material misstatement due to fraud at the assertion level.[11] (Ref: Para. A37–A40)

Audit Procedures Responsive to Risks Related to Management Override of Controls

31. Management is in a unique position to perpetrate fraud because of management's ability to manipulate accounting records and prepare fraudulent financial statements by overriding controls that otherwise appear to be operating effectively. Although the level of risk of management override of controls will vary from entity to entity, the risk is nevertheless present in all entities. Due to the unpredictable way in which such override could occur, it is a risk of material misstatement due to fraud and thus a significant risk.

32. Irrespective of the auditor's assessment of the risks of management override of controls, the auditor shall design and perform audit procedures to:

    (a) Test the appropriateness of journal entries recorded in the general ledger and other adjustments made in the preparation of the financial statements. In designing and performing audit procedures for such tests, the auditor shall:

        (i) Make inquiries of individuals involved in the financial reporting process about inappropriate or unusual activity relating to the processing of journal entries and other adjustments;

        (ii) Select journal entries and other adjustments made at the end of a reporting period; and

        (iii) Consider the need to test journal entries and other adjustments throughout the period. (Ref: Para. A41–A44)

    (b) Review accounting estimates for biases and evaluate whether the circumstances producing the bias, if any, represent a risk of material misstatement due to fraud. In performing this review, the auditor shall:

        (i) Evaluate whether the judgments and decisions made by management in making the accounting estimates included in the financial statements, even if they are individually reasonable, indicate a possible bias on the part of the entity's management that may represent a risk of material misstatement due to fraud. If so, the auditor shall reevaluate the accounting estimates taken as a whole; and

        (ii) Perform a retrospective review of management judgments and assumptions related to significant accounting estimates reflected in the financial statements of the prior year. (Ref: Para. A45–A47)

---

11) ISA 330, paragraph 6.

29. Bei der Festlegung allgemeiner Reaktionen auf die beurteilten Risiken wesentlicher falscher Darstellungen aufgrund von dolosen Handlungen auf Abschlussebene muss der Abschlussprüfer Folgendes durchführen:
   (a) Zuordnung und Überwachung der Mitarbeiter unter Berücksichtigung der Kenntnisse, Fertigkeiten und Fähigkeiten der Personen, denen im Rahmen des Auftrages bedeutsame Pflichten übertragen werden sollen, und der vom Abschlussprüfer für den Auftrag getroffenen Beurteilung der Risiken wesentlicher falscher Darstellungen aufgrund von dolosen Handlungen (Vgl. Tz. A34-A35)
   (b) Beurteilung, ob die von der Einheit ausgewählten und angewandten Rechnungslegungsmethoden, besonders im Hinblick auf subjektive Bewertungen und komplexe Geschäftsvorfälle, möglicherweise auf Manipulationen der Rechnungslegung hindeuten, die aus einer versuchten Ergebnisbeeinflussung durch das Management resultieren
   (c) Einbau eines Überraschungsmoments bei der Auswahl von Art, zeitlicher Einteilung und Umfang der Prüfungshandlungen. (Vgl. Tz. A36)

Prüfungshandlungen als Reaktion auf beurteilte Risiken wesentlicher falscher Darstellungen aufgrund von dolosen Handlungen auf Aussageebene

30. In Übereinstimmung mit ISA 330 hat der Abschlussprüfer weitere Prüfungshandlungen zu planen und durchzuführen, deren Art, zeitliche Einteilung und Umfang auf die beurteilten Risiken wesentlicher falscher Darstellungen aufgrund von dolosen Handlungen auf Aussageebene ausgerichtet sind.[11] (Vgl. Tz. A37-A40)

Prüfungshandlungen als Reaktion auf Risiken im Zusammenhang mit einer Außerkraftsetzung von Kontrollen durch das Management

31. Das Management ist in einer besonders guten Position, um dolose Handlungen zu begehen, da es in der Lage ist, Rechnungslegungsunterlagen zu manipulieren und einen manipulierten Abschluss aufzustellen, indem es Kontrollen außer Kraft setzt, die ansonsten wirksam zu funktionieren scheinen. Obwohl das Risiko einer Außerkraftsetzung von Kontrollen durch das Management in jeder Einheit unterschiedlich hoch ist, besteht es dennoch in allen Einheiten. Da unvorhersehbar ist, in welcher Art und Weise eine solche Außerkraftsetzung vorkommen könnte, handelt es sich um ein Risiko wesentlicher falscher Darstellungen aufgrund von dolosen Handlungen und damit um ein bedeutsames Risiko.

32. Unabhängig davon, wie der Abschlussprüfer die Risiken einer Außerkraftsetzung von Kontrollen durch das Management beurteilt, muss er Prüfungshandlungen planen und durchführen, um
   (a) die Angemessenheit von im Hauptbuch erfassten Journaleinträgen und von anderen bei der Abschlussaufstellung vorgenommenen Anpassungen zu prüfen. Bei der Planung und Durchführung der entsprechenden Prüfungshandlungen muss der Abschlussprüfer
      (i) am Rechnungslegungsprozess beteiligte Personen über unangemessene oder ungewöhnliche Aktivitäten im Rahmen der Verarbeitung von Journaleinträgen und anderen Anpassungen befragen,
      (ii) zum Ende eines Berichtszeitraums vorgenommene Journaleinträge und andere Anpassungen auswählen sowie
      (iii) die Notwendigkeit abwägen, Journaleinträge und andere Anpassungen aus dem gesamten Berichtszeitraum zu prüfen. (Vgl. Tz. A41-A44)
   (b) geschätzte Werte in der Rechnungslegung auf Einseitigkeiten durchzusehen und – sofern vorliegend – zu beurteilen, ob die Umstände, die zu der Einseitigkeit geführt haben, ein Risiko wesentlicher falscher Darstellungen aufgrund von dolosen Handlungen darstellen. Im Rahmen dieser Durchsicht muss der Abschlussprüfer
      (i) bewerten, ob die Beurteilungen und Entscheidungen, die das Management bei der Ermittlung der im Abschluss enthaltenen geschätzten Werte getroffen hat, auch wenn sie einzeln vertretbar sind, möglicherweise auf eine Einseitigkeit des Managements der Einheit hindeuten, die möglicherweise ein Risiko wesentlicher falscher Darstellungen aufgrund von dolosen Handlungen darstellt. Wenn dies der Fall ist, muss der Abschlussprüfer die geschätzten Werte in der Rechnungslegung insgesamt neu beurteilen.
      (ii) die Beurteilungen und Annahmen des Managements im Zusammenhang mit bedeutsamen geschätzten Werten, die sich im Abschluss des Vorjahres widerspiegeln, im Nachhinein durchsehen. (Vgl. Tz. A45-A47)

---

11) ISA 330, Textziffer 6.

(c) For significant transactions that are outside the normal course of business for the entity, or that otherwise appear to be unusual given the auditor's understanding of the entity and its environment and other information obtained during the audit, the auditor shall evaluate whether the business rationale (or the lack thereof) of the transactions suggests that they may have been entered into to engage in fraudulent financial reporting or to conceal misappropriation of assets. (Ref: Para. A48)

33. The auditor shall determine whether, in order to respond to the identified risks of management override of controls, the auditor needs to perform other audit procedures in addition to those specifically referred to above (that is, where there are specific additional risks of management override that are not covered as part of the procedures performed to address the requirements in paragraph 32).

Evaluation of Audit Evidence (Ref: Para. A49)

34. The auditor shall evaluate whether analytical procedures that are performed near the end of the audit, when forming an overall conclusion as to whether the financial statements are consistent with the auditor's understanding of the entity, indicate a previously unrecognized risk of material misstatement due to fraud. (Ref: Para. A50)

35. If the auditor identifies a misstatement, the auditor shall evaluate whether such a misstatement is indicative of fraud. If there is such an indication, the auditor shall evaluate the implications of the misstatement in relation to other aspects of the audit, particularly the reliability of management representations, recognizing that an instance of fraud is unlikely to be an isolated occurrence. (Ref: Para. A51)

36. If the auditor identifies a misstatement, whether material or not, and the auditor has reason to believe that it is or may be the result of fraud and that management (in particular, senior management) is involved, the auditor shall reevaluate the assessment of the risks of material misstatement due to fraud and its resulting impact on the nature, timing and extent of audit procedures to respond to the assessed risks. The auditor shall also consider whether circumstances or conditions indicate possible collusion involving employees, management or third parties when reconsidering the reliability of evidence previously obtained. (Ref: Para. A52)

37. If the auditor confirms that, or is unable to conclude whether, the financial statements are materially misstated as a result of fraud the auditor shall evaluate the implications for the audit. (Ref: Para. A53)

Auditor Unable to Continue the Engagement

38. If, as a result of a misstatement resulting from fraud or suspected fraud, the auditor encounters exceptional circumstances that bring into question the auditor's ability to continue performing the audit, the auditor shall:

    (a) Determine the professional and legal responsibilities applicable in the circumstances, including whether there is a requirement for the auditor to report to the person or persons who made the audit appointment or, in some cases, to regulatory authorities;

    (b) Consider whether it is appropriate to withdraw from the engagement, where withdrawal is possible under applicable law or regulation; and

    (c) If the auditor withdraws:

    (i) Discuss with the appropriate level of management and those charged with governance the auditor's withdrawal from the engagement and the reasons for the withdrawal; and

    (ii) Determine whether there is a professional or legal requirement to report to the person or persons who made the audit appointment or, in some cases, to regulatory authorities, the auditor's withdrawal from the engagement and the reasons for the withdrawal. (Ref: Para. A54–A57)

Written Representations

39. The auditor shall obtain written representations from management and, where appropriate, those charged with governance that:

(c) Bei bedeutsamen Geschäftsvorfällen, die sich außerhalb des gewöhnlichen Geschäftsverlaufs der Einheit ergeben oder die – ausgehend von dem Verständnis, das der Abschlussprüfer von der Einheit und ihrem Umfeld gewonnen hat, und von anderen im Rahmen der Prüfung erlangten Informationen – in anderer Hinsicht ungewöhnlich erscheinen, muss der Abschlussprüfer beurteilen, ob der wirtschaftliche Beweggrund (bzw. das Fehlen eines solchen) die Vermutung nahe legt, dass die Geschäftsvorfälle möglicherweise dazu dienen, die Rechnungslegung zu manipulieren oder Vermögensschädigungen zu verschleiern. (Vgl. Tz. A48)

33. Der Abschlussprüfer muss festlegen, ob als Reaktion auf die identifizierten Risiken einer Außerkraftsetzung von Kontrollen durch das Management zusätzlich zu den oben im Einzelnen aufgeführten Prüfungshandlungen noch weitere durchzuführen sind (d. h. wenn bestimmte zusätzliche Risiken einer Außerkraftsetzung von Kontrollen durch das Management bestehen, die nicht im Rahmen der Prüfungshandlungen, mit denen die in Textziffer 32 aufgeführten Anforderungen erfüllt werden, abgedeckt sind).

Beurteilung der Prüfungsnachweise (vgl. Tz. A49)

34. Der Abschlussprüfer muss beurteilen, ob analytische Prüfungshandlungen, die gegen Ende der Abschlussprüfung für die Bildung eines Gesamturteils durchgeführt werden, um festzustellen, ob der Abschluss mit dem Verständnis des Abschlussprüfers von der Einheit vereinbar ist, auf ein bisher nicht erkanntes Risiko wesentlicher falscher Darstellungen aufgrund von dolosen Handlungen hindeuten. (Vgl. Tz. A50)

35. Stellt der Abschlussprüfer eine falsche Darstellung fest, muss er beurteilen, ob diese möglicherweise auf dolose Handlungen hindeutet. Ist dies der Fall, muss der Abschlussprüfer die Auswirkungen der falschen Darstellung auf andere Aspekte der Prüfung beurteilen, insbesondere auf die Verlässlichkeit der Erklärungen des Managements, und sich dabei bewusst sein, dass eine dolose Handlung wahrscheinlich kein isoliertes Ereignis ist. (Vgl. Tz. A51)

36. Stellt der Abschlussprüfer eine falsche Darstellung fest (ob diese wesentlich ist oder nicht) und hat er Grund zu der Annahme, dass diese das Ergebnis doloser Handlungen ist oder sein könnte und dass das Management (insbesondere das obere Management) daran beteiligt ist, muss der Abschlussprüfer die beurteilten Risiken wesentlicher falscher Darstellungen aufgrund von dolosen Handlungen und die daraus resultierenden Auswirkungen auf Art, zeitliche Einteilung und Umfang der Prüfungshandlungen als Reaktion auf diese Risiken neu beurteilen. Außerdem muss er bei der Neubeurteilung der Verlässlichkeit der zuvor erhaltenen Prüfungsnachweise abwägen, ob Umstände oder Gegebenheiten darauf hindeuten, dass möglicherweise betrügerisches Zusammenwirken unter Beteiligung von Mitarbeitern, Management oder Dritten vorliegt. (Vgl. Tz. A52)

37. Stellt der Abschlussprüfer fest, dass der Abschluss infolge doloser Handlungen wesentlich falsch dargestellt ist, oder kann er keine diesbezügliche Schlussfolgerung treffen, so muss er die Auswirkungen für die Prüfung abwägen. (Vgl. Tz. A53)

Unmöglichkeit für den Abschlussprüfer zur Fortführung des Auftrags

38. Falls der Abschlussprüfer als Folge einer aus dolosen Handlungen oder vermuteten dolosen Handlungen resultierenden falschen Darstellung auf außergewöhnliche Umstände stößt, durch die in Frage gestellt wird, ob die Prüfung fortgeführt werden kann, muss er

    (a) feststellen, welche beruflichen und rechtlichen Pflichten unter den gegebenen Umständen zu beachten sind, einschließlich der Frage, ob eine Berichterstattung des Abschlussprüfers an die für seine Bestellung zuständige(n) Person(en) oder in bestimmten Fällen die Aufsichtsbehörden erforderlich ist,

    (b) abwägen, ob eine Mandatsniederlegung angemessen ist, sofern eine solche Niederlegung nach den einschlägigen Gesetzen oder anderen Rechtsvorschriften zulässig ist sowie

    (c) im Falle einer Mandatsniederlegung

    (i) mit der angemessenen Managementebene und den für die Überwachung Verantwortlichen Gespräche über die Niederlegung des Mandates und die Gründe dafür führen sowie

    (ii) feststellen, ob eine berufliche oder rechtliche Verpflichtung besteht, die Niederlegung des Mandates und die Gründe dafür den für die Bestellung des Abschlussprüfers zuständige(n) Person(en) oder in manchen Fällen den Aufsichtsbehörden mitzuteilen. (Vgl. Tz. A54-A57)

Schriftliche Erklärungen

39. Der Abschlussprüfer muss schriftliche Erklärungen des Managements und – sofern angebracht – der für die Überwachung Verantwortlichen zu den folgenden Punkten einholen:

(a) They acknowledge their responsibility for the design, implementation and maintenance of internal control to prevent and detect fraud;

(b) They have disclosed to the auditor the results of management's assessment of the risk that the financial statements may be materially misstated as a result of fraud;

(c) They have disclosed to the auditor their knowledge of fraud, or suspected fraud, affecting the entity involving:

    (i) Management;

    (ii) Employees who have significant roles in internal control; or

    (iii) Others where the fraud could have a material effect on the financial statements; and

(d) They have disclosed to the auditor their knowledge of any allegations of fraud, or suspected fraud, affecting the entity's financial statements communicated by employees, former employees, analysts, regulators or others. (Ref: Para. A58–A59)

Communications to Management and with Those Charged with Governance

40. If the auditor has identified a fraud or has obtained information that indicates that a fraud may exist, the auditor shall communicate these matters on a timely basis to the appropriate level of management in order to inform those with primary responsibility for the prevention and detection of fraud of matters relevant to their responsibilities. (Ref: Para. A60)

41. Unless all of those charged with governance are involved in managing the entity, if the auditor has identified or suspects fraud involving:

    (a) management;

    (b) employees who have significant roles in internal control; or

    (c) others where the fraud results in a material misstatement in the financial statements,

the auditor shall communicate these matters to those charged with governance on a timely basis. If the auditor suspects fraud involving management, the auditor shall communicate these suspicions to those charged with governance and discuss with them the nature, timing and extent of audit procedures necessary to complete the audit. (Ref: Para. A61–A63)

42. The auditor shall communicate with those charged with governance any other matters related to fraud that are, in the auditor's judgment, relevant to their responsibilities. (Ref: Para. A64)

Communications to Regulatory and Enforcement Authorities

43. If the auditor has identified or suspects a fraud, the auditor shall determine whether there is a responsibility to report the occurrence or suspicion to a party outside the entity. Although the auditor's professional duty to maintain the confidentiality of client information may preclude such reporting, the auditor's legal responsibilities may override the duty of confidentiality in some circumstances. (Ref: Para. A65–A67)

Documentation

44. The auditor shall include the following in the audit documentation[12] of the auditor's understanding of the entity and its environment and the assessment of the risks of material misstatement required by ISA 315:[13]

    (a) The significant decisions reached during the discussion among the engagement team regarding the susceptibility of the entity's financial statements to material misstatement due to fraud; and

---

12) ISA 230, "Audit Documentation," paragraphs 8–11, and paragraph A6.
13) ISA 315, paragraph 32.

(a) Sie erkennen ihre Verantwortung für die Planung, Einrichtung und Aufrechterhaltung des IKS zur Verhinderung und Aufdeckung doloser Handlungen an.

(b) Sie haben dem Abschlussprüfer die Ergebnisse der Beurteilung des Managements über das Risiko mitgeteilt, dass der Abschluss infolge doloser Handlungen wesentliche falsche Darstellungen enthalten könnte.

(c) Sie haben dem Abschlussprüfer alle ihnen bekannten oder vermuteten dolosen Handlungen mit Auswirkungen auf die Einheit mitgeteilt, an denen die folgenden Personengruppen beteiligt sind:
   (i) das Management
   (ii) Mitarbeiter mit bedeutenden Funktionen im Rahmen des IKS oder
   (iii) andere Personen, deren dolose Handlungen wesentliche Auswirkungen auf den Abschluss haben könnten.

(d) Sie haben dem Abschlussprüfer alle ihnen bekannten Vorwürfe von dolosen Handlungen oder vermuteten dolosen Handlungen mit Auswirkung auf den Abschluss der Einheit zur Kenntnis gebracht, die von Mitarbeitern, ehemaligen Mitarbeitern, Analysten, Aufsichtsbehörden oder anderen mitgeteilt worden sind. (Vgl. Tz. A58-A59)

Mitteilungen an das Management und Kommunikation mit den für die Überwachung Verantwortlichen

40. Hat der Abschlussprüfer eine dolose Handlung festgestellt oder Informationen erlangt, die auf eine mögliche dolose Handlung hindeuten, so hat er diese Sachverhalte in angemessener Zeit der angemessenen Managementebene mitzuteilen, um diejenigen, welche die Hauptverantwortung für die Verhinderung und Aufdeckung doloser Handlungen tragen, über Sachverhalte zu informieren, die für ihren Verantwortungsbereich relevant sind. (Vgl. Tz. A60)

41. Sofern nicht alle für die Überwachung Verantwortlichen in die Managementtätigkeit der Einheit eingebunden sind, gilt: Wenn der Abschlussprüfer dolose Handlungen feststellt oder vermutet, an denen
   (a) das Management,
   (b) Mitarbeiter mit bedeutenden Funktionen im Rahmen des IKS beteiligt sind oder
   (c) andere Personen und die dolose Handlung wesentliche falsche Darstellungen im Abschluss nach sich zieht,

   hat der Abschlussprüfer diese Sachverhalte in angemessener Zeit den für die Überwachung Verantwortlichen mitzuteilen. Wenn der Abschlussprüfer vermutet, dass dolose Handlungen unter Beteiligung des Managements erfolgen, ist diese Vermutung den für die Überwachung Verantwortlichen mitzuteilen und mit ihnen Art, zeitliche Einteilung und Umfang der Prüfungshandlungen zu besprechen, die notwendig sind, um die Prüfung abzuschließen. (Vgl. Tz. A61-A63)

42. Der Abschlussprüfer muss sich mit den für die Überwachung Verantwortlichen über alle anderen Sachverhalte im Zusammenhang mit dolosen Handlungen austauschen, die nach der Beurteilung des Abschlussprüfers für deren Verantwortungsbereich relevant sind. (Vgl. Tz. A64)

Mitteilungen an Aufsichtsbehörden und Überwachungsstellen

43. Wenn eine dolose Handlung festgestellt oder vermutet wird, muss der Abschlussprüfer feststellen, ob eine Pflicht besteht, die Feststellung oder Vermutung einem Dritten außerhalb der Einheit mitzuteilen. Obwohl die berufliche Pflicht des Abschlussprüfers zur Verschwiegenheit über Mandanteninformationen eine solche Mitteilung möglicherweise ausschließt, können Fälle eintreten, in denen die rechtlichen Pflichten des Abschlussprüfers die Verschwiegenheitspflicht außer Kraft setzen. (Vgl. Tz. A65-A67)

Dokumentation

44. In die Prüfungsdokumentation[12] über das Verstehen des Abschlussprüfers von der Einheit und ihrem Umfeld sowie die Beurteilung der Risiken wesentlicher falscher Darstellungen - wie dies nach ISA 315 gefordert ist[13] - muss der Abschlussprüfer Folgendes aufnehmen:
   (a) die bedeutsamen Entscheidungen, die im Rahmen der Besprechung im Prüfungsteam zur Anfälligkeit des Abschlusses der Einheit für wesentliche falsche Darstellungen aufgrund von dolosen Handlungen getroffen wurden, sowie

---

12) ISA 230 „Prüfungsdokumentation", Textziffern 8-11 und A6.
13) ISA 315, Textziffer 32.

ISA 240

(b) The identified and assessed risks of material misstatement due to fraud at the financial statement level and at the assertion level.

45. The auditor shall include the following in the audit documentation of the auditor's responses to the assessed risks of material misstatement required by ISA 330:[14]

    (a) The overall responses to the assessed risks of material misstatement due to fraud at the financial statement level and the nature, timing and extent of audit procedures, and the linkage of those procedures with the assessed risks of material misstatement due to fraud at the assertion level; and

    (b) The results of the audit procedures, including those designed to address the risk of management override of controls.

46. The auditor shall include in the audit documentation communications about fraud made to management, those charged with governance, regulators and others.

47. If the auditor has concluded that the presumption that there is a risk of material misstatement due to fraud related to revenue recognition is not applicable in the circumstances of the engagement, the auditor shall include in the audit documentation the reasons for that conclusion.

***

Application and Other Explanatory Material

Characteristics of Fraud (Ref: Para. 3)

A1. Fraud, whether fraudulent financial reporting or misappropriation of assets, involves incentive or pressure to commit fraud, a perceived opportunity to do so and some rationalization of the act. For example:

- Incentive or pressure to commit fraudulent financial reporting may exist when management is under pressure, from sources outside or inside the entity, to achieve an expected (and perhaps unrealistic) earnings target or financial outcome – particularly since the consequences to management for failing to meet financial goals can be significant. Similarly, individuals may have an incentive to misappropriate assets, for example, because the individuals are living beyond their means.

- A perceived opportunity to commit fraud may exist when an individual believes internal control can be overridden, for example, because the individual is in a position of trust or has knowledge of specific deficiencies in internal control.

- Individuals may be able to rationalize committing a fraudulent act. Some individuals possess an attitude, character or set of ethical values that allow them knowingly and intentionally to commit a dishonest act. However, even otherwise honest individuals can commit fraud in an environment that imposes sufficient pressure on them.

A2. Fraudulent financial reporting involves intentional misstatements including omissions of amounts or disclosures in financial statements to deceive financial statement users. It can be caused by the efforts of management to manage earnings in order to deceive financial statement users by influencing their perceptions as to the entity's performance and profitability. Such earnings management may start out with small actions or inappropriate adjustment of assumptions and changes in judgments by management. Pressures and incentives may lead these actions to increase to the extent that they result in fraudulent financial reporting. Such a situation could occur when, due to pressures to meet market expectations or a desire to maximize compensation based on performance, management intentionally takes positions that lead to fraudulent financial reporting by materially misstating the financial statements. In some entities, management may be motivated to reduce earnings by a material amount to minimize tax or to inflate earnings to secure bank financing.

---

14) ISA 330, paragraph 28.

(b) die identifizierten und beurteilten Risiken wesentlicher falscher Darstellungen aufgrund von dolosen Handlungen auf Abschluss- und auf Aussageebene.

45. In die Prüfungsdokumentation zu den nach ISA 330[14] erforderlichen Reaktionen des Abschlussprüfers auf die beurteilten Risiken wesentlicher falscher Darstellungen muss der Abschlussprüfer Folgendes aufnehmen:
    (a) die allgemeinen Reaktionen auf die beurteilten Risiken wesentlicher falscher Darstellungen aufgrund von dolosen Handlungen auf Abschlussebene sowie die Art, zeitliche Einteilung und den Umfang der Prüfungshandlungen sowie die Verknüpfung dieser Prüfungshandlungen mit den beurteilten Risiken wesentlicher falscher Darstellungen aufgrund von dolosen Handlungen auf Aussageebene sowie
    (b) die Ergebnisse der Prüfungshandlungen, einschließlich derjenigen, die auf das Risiko einer Außerkraftsetzung von Kontrollen durch das Management ausgerichtet sind.

46. Der Abschlussprüfer muss in die Prüfungsdokumentation Mitteilungen über dolose Handlungen aufnehmen, die er an das Management, an die für die Überwachung Verantwortlichen, an die Aufsichtsbehörden und an andere gerichtet hat.

47. Falls der Abschlussprüfer zu dem Schluss gelangt ist, dass die Vermutung eines Risikos wesentlicher falscher Darstellungen aufgrund von dolosen Handlungen bei der Erlöserfassung unter den Umständen des Auftrages nicht zutrifft, muss er in die Prüfungsdokumentation die Gründe für diese Schlussfolgerung aufnehmen.

* * *

Anwendungshinweise und sonstige Erläuterungen

Merkmale doloser Handlungen (vgl. Tz. 3)

A1. Dolose Handlungen - ob es sich dabei um Manipulationen der Rechnungslegung oder um Vermögensschädigungen handelt - gehen mit einem Anreiz oder Druck zum Begehen doloser Handlungen, mit der Wahrnehmung einer Gelegenheit dazu und mit einer inneren Rechtfertigung der Tat einher. Beispiele:
- Ein Anreiz oder Druck zu Manipulationen der Rechnungslegung kann bestehen, wenn das Management von Stellen außerhalb oder innerhalb der Einheit unter Druck gesetzt wird, ein erwartetes (und vielleicht unrealistisches) Ergebnisziel zu erreichen – besonders wenn die Konsequenzen für das Management aus dem Verfehlen finanzieller Ziele bedeutsam sein können. Ebenso kann ein Anreiz für Vermögensschädigungen bspw. dann bestehen, wenn die Täter über ihre Verhältnisse leben.
- Eine wahrgenommene Gelegenheit zum Begehen doloser Handlungen kann bestehen, wenn eine Person davon ausgeht, dass sie sich über das IKS hinwegsetzen kann, bspw. weil sie eine Vertrauensstellung genießt oder Kenntnis über bestimmte Mängel im IKS hat.
- Es besteht die Möglichkeit, dass Täter dolose Handlungen innerlich rechtfertigen können. Einstellung, Charakter oder ethische Werte ermöglichen es manchen Personen, wissentlich und mit Absicht eine unlautere Tat zu begehen. Doch können auch ansonsten ehrliche Personen dolose Handlungen begehen, wenn sie in ihrem Umfeld ausreichend stark unter Druck gesetzt werden.

A2. Manipulationen der Rechnungslegung bedeuten absichtlich falsche Darstellungen, einschließlich der Unterlassung von Betrags- oder sonstigen Angaben im Abschluss, um die Nutzer des Abschlusses zu täuschen. Sie können verursacht werden durch das Bemühen des Managements, die Ergebnisse in einer Art und Weise zu beeinflussen, um die Nutzer des Abschlusses zu täuschen, indem deren Wahrnehmung von Leistung und Rentabilität der Einheit beeinflusst wird. Eine solche Ergebnisbeeinflussung kann mit kleinen Eingriffen oder unangemessenen Korrekturen von Annahmen und Änderungen von Beurteilungen durch das Management beginnen. Druck und Anreize können dazu führen, dass diese Eingriffe einen solchen Umfang erreichen, dass sie Manipula-tionen der Finanzberichterstattung darstellen. Ein solcher Fall könnte dann eintreten, wenn das Management aufgrund von Zwängen, Erwartungen des Marktes zu erfüllen, oder eines Begehrens, die leistungsbasierte Vergütung zu maximieren, bewusst eine Haltung einnimmt, die zu Manipulationen der Rechnungslegung durch wesentliche falsche Darstellungen im Abschluss führt. In manchen Einheiten könnte für das Management eine Veranlassung vorliegen, die

---

14) ISA 330, Textziffer 28.

A3. Fraudulent financial reporting may be accomplished by the following:
- Manipulation, falsification (including forgery), or alteration of accounting records or supporting documentation from which the financial statements are prepared.
- Misrepresentation in, or intentional omission from, the financial statements of events, transactions or other significant information.
- Intentional misapplication of accounting principles relating to amounts, classification, manner of presentation, or disclosure.

A4. Fraudulent financial reporting often involves management override of controls that otherwise may appear to be operating effectively. Fraud can be committed by management overriding controls using such techniques as:
- Recording fictitious journal entries, particularly close to the end of an accounting period, to manipulate operating results or achieve other objectives.
- Inappropriately adjusting assumptions and changing judgments used to estimate account balances.
- Omitting, advancing or delaying recognition in the financial statements of events and transactions that have occurred during the reporting period.
- Concealing, or not disclosing, facts that could affect the amounts recorded in the financial statements.
- Engaging in complex transactions that are structured to misrepresent the financial position or financial performance of the entity.
- Altering records and terms related to significant and unusual transactions.

A5. Misappropriation of assets involves the theft of an entity's assets and is often perpetrated by employees in relatively small and immaterial amounts. However, it can also involve management who are usually more able to disguise or conceal misappropriations in ways that are difficult to detect. Misappropriation of assets can be accomplished in a variety of ways including:

- Embezzling receipts (for example, misappropriating collections on accounts receivable or diverting receipts in respect of written-off accounts to personal bank accounts).
- Stealing physical assets or intellectual property (for example, stealing inventory for personal use or for sale, stealing scrap for resale, colluding with a competitor by disclosing technological data in return for payment).
- Causing an entity to pay for goods and services not received (for example, payments to fictitious vendors, kickbacks paid by vendors to the entity's purchasing agents in return for inflating prices, payments to fictitious employees).
- Using an entity's assets for personal use (for example, using the entity's assets as collateral for a personal loan or a loan to a related party).

Misappropriation of assets is often accompanied by false or misleading records or documents in order to conceal the fact that the assets are missing or have been pledged without proper authorization.

Considerations Specific to Public Sector Entities

A6. The public sector auditor's responsibilities relating to fraud may be a result of law, regulation or other authority applicable to public sector entities or separately covered by the auditor's mandate. Consequently, the public sector auditor's responsibilities may not be limited to consideration of risks of material misstatement of the financial statements, but may also include a broader responsibility to consider risks of fraud.

Ergebnisse um einen wesentlichen Betrag zu verringern, um die Steuerlast zu minimieren oder die Ergebnisse nach oben zu treiben, um eine Bankfinanzierung zu sichern.

A3. Manipulationen der Rechnungslegung können begangen werden durch
- Manipulation, Verfälschung (einschließlich Nachbildung) oder Änderung von Rechnungslegungsaufzeichnungen oder unterstützender Dokumentation, aus denen der Abschluss aufgestellt wird
- Falschdarstellung im Abschluss oder absichtliche Auslassung von Ereignissen, Geschäftsvorfällen oder anderen bedeutsamen Informationen
- Absichtlich falsche Anwendung von Rechnungslegungsgrundsätzen im Hinblick auf Ansatz, Bewertung, Ausweis oder Angaben im Abschluss.

A4. Zu Manipulationen der Rechnungslegung gehört häufig eine Außerkraftsetzung von Kontrollen durch das Management, die ansonsten wirksam zu funktionieren scheinen. Das Management kann dolose Handlungen bspw. dadurch begehen, dass es Kontrollen mit folgenden Mitteln außer Kraft setzt:
- Aufzeichnung fiktiver Journaleinträge, besonders kurz vor dem Abschlussstichtag, um operative Ergebnisse zu manipulieren oder andere Ziele zu verfolgen
- Unangemessene Korrekturen von Annahmen und Änderungen von Beurteilungen, auf deren Grundlage Kontensalden geschätzt werden
- Auslassung, Vorziehen oder Aufschieben der Erfassung von Ereignissen und Geschäftsvorfällen im Abschluss, die während des Berichtszeitraums stattgefunden haben
- Verschleierung oder Nichtangabe von Tatsachen, die sich auf die im Abschluss enthaltenen Beträge auswirken könnten
- Durchführung komplexer Geschäftsvorfälle, die so strukturiert sind, dass die Vermögens- oder Ertragslage der Einheit falsch dargestellt wird
- Änderung von Aufzeichnungen und Konditionen im Zusammenhang mit bedeutsamen und ungewöhnlichen Geschäftsvorfällen.

A5. Vermögensschädigungen bedeuten Entwendung von Vermögenswerten einer Einheit und werden häufig von Mitarbeitern in relativ kleinen und unwesentlichen Beträgen begangen. Doch kann auch das Management daran beteiligt sein, das normalerweise mehr Möglichkeiten hat, Vermögensschädigungen so zu verschleiern oder zu verbergen, dass dies schwer aufzudecken ist. Vermögensschädigungen können auf unterschiedliche Art und Weise verursacht werden, unter anderem durch
- Unterschlagung eingegangener Zahlungen (bspw. Veruntreuung beim Inkasso von Forderungen oder Umleitung von Zahlungseingängen für abgeschriebene Konten auf private Bankkonten),
- Entwendung von Vermögenswerten oder geistigem Eigentum (bspw. Entwendung von Vorräten zum privaten Gebrauch oder zum Verkauf, Entwendung von Ausschuss zum Weiterverkauf, betrügerisches Zusammenwirken mit einem Wettbewerber durch Offenlegung verfahrenstechnischer Daten gegen Bezahlung),
- Veranlassung von Zahlungen durch die Einheit für nicht erhaltene Güter und Dienstleistungen (bspw. Zahlungen an fiktive Lieferanten, Bestechungsgelder, die von Lieferanten als Gegenleistung für überhöhte Einkaufspreise an die Einkäufer der Einheit gezahlt werden, oder Zahlungen an fiktive Mitarbeiter),
- Verwendung von Vermögenswerten der Einheit für private Zwecke (bspw. als Sicherheit für private Darlehen oder für Darlehen an nahestehende Personen).

Vermögensschädigungen sind häufig mit falschen oder irreführenden Aufzeichnungen oder Dokumenten verbunden, mit deren Hilfe die Tatsache verschleiert werden soll, dass die Vermögenswerte fehlen oder ohne ordnungsgemäße Autorisierung verpfändet wurden.

Spezifische Überlegungen zu Einheiten des öffentlichen Sektors

A6. Die Pflichten des Abschlussprüfers im öffentlichen Sektor im Zusammenhang mit dolosen Handlungen können sich aus Gesetzen, anderen Rechtsvorschriften oder sonstigen amtlichen Vorgaben ergeben, die für Einheiten des öffentlichen Sektors maßgebend sind oder separat unter das Mandat des Abschlussprüfers fallen. Folglich sind die Pflichten des Abschlussprüfers im öffentlichen Sektor möglicherweise nicht darauf beschränkt, Risiken wesentlicher falscher Darstellungen im Abschluss abzuwägen, sondern umfassen möglicherweise auch eine erweiterte Verantwortung zur Berücksichtigung der Risiken doloser Handlungen.

Professional Skepticism (Ref: Para. 12–14)

A7. Maintaining professional skepticism requires an ongoing questioning of whether the information and audit evidence obtained suggests that a material misstatement due to fraud may exist. It includes considering the reliability of the information to be used as audit evidence and the controls over its preparation and maintenance where relevant. Due to the characteristics of fraud, the auditor's professional skepticism is particularly important when considering the risks of material misstatement due to fraud.

A8. Although the auditor cannot be expected to disregard past experience of the honesty and integrity of the entity's management and those charged with governance, the auditor's professional skepticism is particularly important in considering the risks of material misstatement due to fraud because there may have been changes in circumstances.

A9. An audit performed in accordance with ISAs rarely involves the authentication of documents, nor is the auditor trained as or expected to be an expert in such authentication.[15] However, when the auditor identifies conditions that cause the auditor to believe that a document may not be authentic or that terms in a document have been modified but not disclosed to the auditor, possible procedures to investigate further may include:

- Confirming directly with the third party.
- Using the work of an expert to assess the document's authenticity.

Discussion among the Engagement Team (Ref: Para. 15)

A10. Discussing the susceptibility of the entity's financial statements to material misstatement due to fraud with the engagement team:

- Provides an opportunity for more experienced engagement team members to share their insights about how and where the financial statements may be susceptible to material misstatement due to fraud.
- Enables the auditor to consider an appropriate response to such susceptibility and to determine which members of the engagement team will conduct certain audit procedures.
- Permits the auditor to determine how the results of audit procedures will be shared among the engagement team and how to deal with any allegations of fraud that may come to the auditor's attention.

A11. The discussion may include such matters as:

- An exchange of ideas among engagement team members about how and where they believe the entity's financial statements may be susceptible to material misstatement due to fraud, how management could perpetrate and conceal fraudulent financial reporting, and how assets of the entity could be misappropriated.

- A consideration of circumstances that might be indicative of earnings management and the practices that might be followed by management to manage earnings that could lead to fraudulent financial reporting.

- A consideration of the known external and internal factors affecting the entity that may create an incentive or pressure for management or others to commit fraud, provide the opportunity for fraud to be perpetrated, and indicate a culture or environment that enables management or others to rationalize committing fraud.

- A consideration of management's involvement in overseeing employees with access to cash or other assets susceptible to misappropriation.

- A consideration of any unusual or unexplained changes in behavior or lifestyle of management or employees which have come to the attention of the engagement team.

---

15) ISA 200, paragraph A47.

Kritische Grundhaltung (vgl. Tz. 12-14)

A7. Die Beibehaltung einer kritischen Grundhaltung erfordert das ständige Hinterfragen, ob die erhaltenen Informationen und Prüfungsnachweise zu der Vermutung Anlass geben, dass möglicherweise wesentliche falsche Darstellungen aufgrund von dolosen Handlungen bestehen. Dazu gehören die Abwägung der Verlässlichkeit der Informationen, die als Prüfungsnachweise verwendet werden sollen, sowie - wo dies relevant ist - die Berücksichtigung der Kontrollen für deren Erstellung und Aufrechterhaltung. Aufgrund der Charakteristika doloser Handlungen ist die kritische Grundhaltung des Abschlussprüfers bei der Abwägung der Risiken wesentlicher falscher Darstellungen aufgrund von dolosen Handlungen besonders wichtig.

A8. Obwohl vom Abschlussprüfer nicht erwartet werden kann, dass er seine bisherigen Erfahrungen mit der Ehrlichkeit und Integrität des Managements der Einheit und der für die Überwachung Verantwortlichen außer Acht lässt, ist seine kritische Grundhaltung bei der Abwägung der Risiken wesentlicher falscher Darstellungen aufgrund von dolosen Handlungen insbesondere wichtig, weil sich die Umstände möglicherweise geändert haben.

A9. Bei einer in Übereinstimmung mit den ISA durchgeführten Abschlussprüfung wird selten die Echtheit von Dokumenten geprüft, noch ist der Abschlussprüfer als Sachverständiger für solche Echtheitsprüfungen ausgebildet oder wird dies von ihm erwartet.[15] Wenn der Abschlussprüfer jedoch Umstände feststellt, die zu der Auffassung Anlass geben, dass ein Dokument möglicherweise nicht echt ist oder dass Bestimmungen in einem Dokument geändert, dem Abschlussprüfer gegenüber aber nicht offen gelegt wurden, kann die weitere Untersuchung Folgendes beinhalten:

- Einholung einer Bestätigung direkt bei dem betreffenden Dritten
- Verwertung der Arbeit eines Sachverständigen, um zu beurteilen, ob das Dokument echt ist.

Besprechung im Prüfungsteam (vgl. Tz. 15)

A10. Eine Besprechung im Prüfungsteam über die Anfälligkeit des Abschlusses der Einheit für wesentliche falsche Darstellungen aufgrund von dolosen Handlungen bedeutet:

- Erfahrenere Mitglieder des Prüfungsteams erhalten die Gelegenheit, ihre Erkenntnisse darüber einzubringen, in welcher Weise und an welchen Stellen der Abschluss für wesentliche falsche Darstellungen aufgrund von dolosen Handlungen anfällig sein könnte.
- Der Abschlussprüfer erhält die Möglichkeit, eine angemessene Reaktion auf eine solche Anfälligkeit abzuwägen und festzulegen, welche Mitglieder des Prüfungsteams bestimmte Prüfungshandlungen durchführen werden.
- Dem Abschlussprüfer erlaubt sie festzulegen, wie die Ergebnisse von Prüfungshandlungen innerhalb des Prüfungsteams weiterzugeben sind und wie mit Vorwürfen umzugehen ist, dass dolose Handlungen vorliegen, wenn diese dem Abschlussprüfer bekannt werden.

A11. Die Besprechung kann bspw. Folgendes beinhalten:

- Gedankenaustausch zwischen den Mitgliedern des Prüfungsteams darüber, in welcher Weise und an welchen Stellen der Abschluss der Einheit für wesentliche falsche Darstellungen aufgrund von dolosen Handlungen anfällig sein könnte, in welcher Weise das Management Manipulationen der Rechnungslegung begehen und verschleiern könnte und in welcher Weise der Einheit Vermögensschädigungen zugefügt werden könnten
- Abwägung der Umstände, die möglicherweise auf eine Ergebnisbeeinflussung hindeuten, und der Praktiken, die vom Management für diesen Zweck angewendet werden und zu Manipulationen der Rechnungslegung führen könnten
- Abwägung der bekannten externen und internen Faktoren mit Auswirkung auf die Einheit, aus denen sich möglicherweise für das Management oder für andere ein Anreiz oder Druck zum Begehen doloser Handlungen ergibt oder die eine Gelegenheit zum Begehen doloser Handlungen bieten sowie auf eine Kultur bzw. ein Umfeld hindeuten, die es dem Management oder anderen ermöglichen, das Begehen doloser Handlungen innerlich zu rechtfertigen
- Berücksichtigung der Beteiligung des Managements an der Überwachung der Mitarbeiter mit Zugang zu Barmitteln oder zu anderen Vermögenswerten, die für Vermögensschädigungen anfällig sind
- Erwägung ungewöhnlicher oder unerklärter Veränderungen in Verhalten oder Lebensstil von Management oder Mitarbeitern, die dem Prüfungsteam bekannt geworden sind

---

15) ISA 200, Textziffer A47.

- An emphasis on the importance of maintaining a proper state of mind throughout the audit regarding the potential for material misstatement due to fraud.
- A consideration of the types of circumstances that, if encountered, might indicate the possibility of fraud.
- A consideration of how an element of unpredictability will be incorporated into the nature, timing and extent of the audit procedures to be performed.
- A consideration of the audit procedures that might be selected to respond to the susceptibility of the entity's financial statement to material misstatement due to fraud and whether certain types of audit procedures are more effective than others.
- A consideration of any allegations of fraud that have come to the auditor's attention.
- A consideration of the risk of management override of controls.

Risk Assessment Procedures and Related Activities

Inquiries of Management

Management's Assessment of the Risk of Material Misstatement Due to Fraud (Ref: Para. 17(a))

A12. Management accepts responsibility for the entity's internal control and for the preparation of the entity's financial statements. Accordingly, it is appropriate for the auditor to make inquiries of management regarding management's own assessment of the risk of fraud and the controls in place to prevent and detect it. The nature, extent and frequency of management's assessment of such risk and controls may vary from entity to entity. In some entities, management may make detailed assessments on an annual basis or as part of continuous monitoring. In other entities, management's assessment may be less structured and less frequent. The nature, extent and frequency of management's assessment are relevant to the auditor's understanding of the entity's control environment. For example, the fact that management has not made an assessment of the risk of fraud may in some circumstances be indicative of the lack of importance that management places on internal control.

Considerations specific to smaller entities

A13. In some entities, particularly smaller entities, the focus of management's assessment may be on the risks of employee fraud or misappropriation of assets.

Management's Process for Identifying and Responding to the Risks of Fraud (Ref: Para. 17(b))

A14. In the case of entities with multiple locations management's processes may include different levels of monitoring of operating locations, or business segments. Management may also have identified particular operating locations or business segments for which a risk of fraud may be more likely to exist.

Inquiry of Management and Others within the Entity (Ref: Para. 18)

A15. The auditor's inquiries of management may provide useful information concerning the risks of material misstatements in the financial statements resulting from employee fraud. However, such inquiries are unlikely to provide useful information regarding the risks of material misstatement in the financial statements resulting from management fraud. Making inquiries of others within the entity may provide individuals with an opportunity to convey information to the auditor that may not otherwise be communicated.

A16. Examples of others within the entity to whom the auditor may direct inquiries about the existence or suspicion of fraud include:
- Operating personnel not directly involved in the financial reporting process.
- Employees with different levels of authority.
- Employees involved in initiating, processing or recording complex or unusual transactions and those who supervise or monitor such employees.
- In-house legal counsel.

- Betonung, wie wichtig es ist, während der gesamten Prüfung im Hinblick auf die Möglichkeit wesentlicher falscher Darstellungen aufgrund von dolosen Handlungen aufmerksam zu bleiben
- Abwägung der Arten von Umständen, deren Eintreten auf mögliche dolose Handlungen hindeuten könnte
- Abwägung, in welcher Weise ein Überraschungsmoment in Art, zeitlicher Einteilung und Umfang der durchzuführenden Prüfungshandlungen eingebaut wird
- Abwägung der Prüfungshandlungen, die als Reaktion auf die Anfälligkeit des Abschlusses der Einheit für wesentliche falsche Darstellungen aufgrund von dolosen Handlungen ausgewählt werden könnten, und eine Abwägung der Frage, ob bestimmte Arten von Prüfungshandlungen wirksamer sind als andere
- Berücksichtigung von dem Abschlussprüfer bekannt gewordenen Vorwürfen, dass dolose Handlungen vorliegen
- Berücksichtigung des Risikos einer Außerkraftsetzung von Kontrollen durch das Management.

Prüfungshandlungen zur Risikobeurteilung und damit zusammenhängende Tätigkeiten

Befragungen des Managements

Beurteilung des Risikos wesentlicher falscher Darstellungen aufgrund von dolosen Handlungen durch das Management (vgl. Tz. 17(a))

A12. Das Management erkennt die Verantwortung für das IKS der Einheit und für die Aufstellung des Abschlusses der Einheit an. Entsprechend ist es für den Abschlussprüfer angemessen, das Management zu dessen eigener Beurteilung des Risikos doloser Handlungen und zu den vorhandenen Kontrollen zur Verhinderung und Aufdeckung doloser Handlungen zu befragen. Art, Umfang und Häufigkeit der Beurteilung dieses Risikos und der dazugehörigen Kontrollen durch das Management sind in jeder Einheit unterschiedlich. In manchen Einheiten nimmt das Management möglicherweise jährlich oder im Rahmen einer ständigen Überwachung detaillierte Beurteilungen vor. In anderen Einheiten ist die Beurteilung durch das Management möglicherweise weniger strukturiert und wird weniger häufig durchgeführt. Art, Umfang und Häufigkeit der Beurteilung durch das Management sind für das Verständnis des Abschlussprüfers vom Kontrollumfeld der Einheit relevant. Beispielsweise kann die Tatsache, dass das Management keine Beurteilung des Risikos doloser Handlungen durchgeführt hat, in einigen Fällen darauf hindeuten, dass das Management dem IKS keine ausreichende Bedeutung beimisst.

Spezifische Überlegungen zu kleineren Einheiten

A13. In manchen Einheiten, besonders in kleineren, kann das Management sein Augenmerk bei der Beurteilung auf die Risiken doloser Handlungen durch Mitarbeiter bzw. Risiken von Vermögensschädigungen richten.

Prozess des Managements zur Identifizierung der Risiken doloser Handlungen und Reaktion darauf (vgl. Tz. 17(b))

A14. Bei Einheiten mit mehreren Standorten können die Prozesse des Managements verschiedene Überwachungsebenen für Betriebsstandorte oder Geschäftssegmente umfassen. Außerdem hat das Management möglicherweise bestimmte Betriebsstandorte oder Geschäftssegmente identifiziert, für die ein Risiko doloser Handlungen mit einer höheren Wahrscheinlichkeit bestehen kann.

Befragungen des Managements sowie weiterer Personen innerhalb der Einheit (vgl. Tz. 18)

A15. Die Befragungen des Managements durch den Abschlussprüfer können nützliche Informationen zu den Risiken wesentlicher falscher Darstellungen im Abschluss liefern, die aus dolosen Handlungen durch Mitarbeiter resultieren. Es ist jedoch unwahrscheinlich, dass solche Befragungen nützliche Informationen zu den Risiken wesentlicher falscher Darstellungen im Abschluss liefern, die aus dolosen Handlungen des Managements resultieren. Die Durchführung von Befragungen weiterer Personen innerhalb der Einheit kann diesen eine Gelegenheit bieten, dem Abschlussprüfer Informationen zukommen zu lassen, die sonst möglicherweise nicht mitgeteilt würden.

A16. Zu den weiteren Personen innerhalb der Einheit, die der Abschlussprüfer zu vorliegenden oder vermuteten dolosen Handlungen befragen kann, gehören bspw.:
- Betriebspersonal, das nicht direkt in den Rechnungslegungsprozess eingebunden ist,
- Mitarbeiter aus unterschiedlichen Hierarchieebenen,
- Mitarbeiter, die komplexe oder ungewöhnliche Geschäftsvorfälle auslösen, verarbeiten oder aufzeichnen, und die für diese Mitarbeiter zuständigen Aufsichtspersonen,
- Mitarbeiter der hausinternen Rechtsabteilung,

- Chief ethics officer or equivalent person.
- The person or persons charged with dealing with allegations of fraud.

A17. Management is often in the best position to perpetrate fraud. Accordingly, when evaluating management's responses to inquiries with an attitude of professional skepticism, the auditor may judge it necessary to corroborate responses to inquiries with other information.

Inquiry of Internal Audit (Ref: Para. 19)

A18. ISA 315 and ISA 610 establish requirements and provide guidance in audits of those entities that have an internal audit function.[16] In carrying out the requirements of those ISAs in the context of fraud, the auditor may inquire about specific internal audit activities including, for example:

- The procedures performed, if any, by the internal auditors during the year to detect fraud.
- Whether management has satisfactorily responded to any findings resulting from those procedures.

Obtaining an Understanding of Oversight Exercised by Those Charged with Governance (Ref: Para. 20)

A19. Those charged with governance of an entity oversee the entity's systems for monitoring risk, financial control and compliance with the law. In many countries, corporate governance practices are well developed and those charged with governance play an active role in oversight of the entity's assessment of the risks of fraud and of the relevant internal control. Since the responsibilities of those charged with governance and management may vary by entity and by country, it is important that the auditor understands their respective responsibilities to enable the auditor to obtain an understanding of the oversight exercised by the appropriate individuals.[17]

A20. An understanding of the oversight exercised by those charged with governance may provide insights regarding the susceptibility of the entity to management fraud, the adequacy of internal control over risks of fraud, and the competency and integrity of management. The auditor may obtain this understanding in a number of ways, such as by attending meetings where such discussions take place, reading the minutes from such meetings or making inquiries of those charged with governance.

Considerations Specific to Smaller Entities

A21. In some cases, all of those charged with governance are involved in managing the entity. This may be the case in a small entity where a single owner manages the entity and no one else has a governance role. In these cases, there is ordinarily no action on the part of the auditor because there is no oversight separate from management.

Consideration of Other Information (Ref: Para. 23)

A22. In addition to information obtained from applying analytical procedures, other information obtained about the entity and its environment may be helpful in identifying the risks of material misstatement due to fraud. The discussion among team members may provide information that is helpful in identifying such risks. In addition, information obtained from the auditor's client acceptance and retention processes, and experience gained on other engagements performed for the entity, for example, engagements to review interim financial information, may be relevant in the identification of the risks of material misstatement due to fraud.

Evaluation of Fraud Risk Factors (Ref: Para. 24)

A23. The fact that fraud is usually concealed can make it very difficult to detect. Nevertheless, the auditor may identify events or conditions that indicate an incentive or pressure to commit fraud or provide an opportunity to commit fraud (fraud risk factors). For example:

---

16) ISA 315, paragraph 23, and ISA 610, "Using the Work of Internal Auditors."
17) ISA 260, paragraphs A1–A8, discuss with whom the auditor communicates when the entity's governance structure is not well defined.

- Chief Ethics Officer*⁾ oder Personen mit äquivalenter Funktion sowie
- die Personen, die sich mit Vorwürfen zu befassen haben, dass dolose Handlungen vorliegen.

A17. Das Management hat häufig die besten Möglichkeiten, dolose Handlungen zu begehen. Entsprechend kann der Abschlussprüfer bei der Beurteilung der Antworten des Managements auf Befragungen mit einer kritischen Grundhaltung zu der Auffassung gelangen, dass es notwendig ist, die Antworten auf die Befragungen durch andere Informationen zu untermauern.

Befragung von Mitarbeitern in der Internen Revision (Vgl. Tz. 19)

A18. ISA 315 und ISA 610 enthalten Anforderungen[16] und erläuternde Hinweise zu Prüfungen in Einheiten mit interner Revision. Um den Anforderungen dieser ISA im Zusammenhang mit dolosen Handlungen gerecht zu werden, kann der Abschlussprüfer Befragungen zu bestimmten Tätigkeiten der internen Revision durchführen, zum Beispiel zu folgenden Aspekten:
- Prüfungshandlungen, welche die interne Revision ggf. im Laufe des Jahres durchgeführt hat, um dolose Handlungen aufzudecken
- ob das Management zufriedenstellend auf Ergebnisse dieser Prüfungshandlungen reagiert hat.

Gewinnung eines Verständnisses von der Aufsicht durch die für die Überwachung Verantwortlichen (vgl. Tz. 20)

A19. Die für die Überwachung einer Einheit Verantwortlichen überwachen die Systeme der Einheit zur Risikoüberwachung, zum Controlling**⁾ sowie zur Einhaltung der Gesetze. In vielen Ländern sind die Praktiken im Bereich Führung und Überwachung einer Einheit gut entwickelt und die für die Überwachung Verantwortlichen spielen bei der Aufsicht über die Beurteilung der Risiken doloser Handlungen und das relevante IKS der Einheit eine aktive Rolle. Da die Pflichten der für die Überwachung Verantwortlichen und des Managements je nach Einheit und Land unterschiedlich sein können, ist es wichtig, dass der Abschlussprüfer die jeweiligen Pflichten versteht, damit er ein Verständnis von der Aufsicht, die von den entsprechenden Personen ausgeübt wird, erhält.[17]

A20. Ein Verständnis von der Aufsicht, die von den für die Überwachung Verantwortlichen ausgeübt wird, kann Einblicke in die Anfälligkeit der Einheit für dolose Handlungen des Managements, die Eignung des auf Risiken von dolosen Handlungen bezogenen IKS sowie die Kompetenz und die Integrität des Managements liefern. Dieses Verständnis kann der Abschlussprüfer auf unterschiedliche Weise gewinnen, z.B. durch Teilnahme an Sitzungen, bei denen solche Themen erörtert werden, durch Lesen der Protokolle aus solchen Sitzungen oder durch Befragungen der für die Überwachung Verantwortlichen.

Spezifische Überlegungen zu kleineren Einheiten

A21. In einigen Fällen sind alle für die Überwachung Verantwortlichen in das Management der Einheit eingebunden. Dies kann in einer kleinen Einheit der Fall sein, in der ein einziger Gesellschafter Geschäftsführer ist und niemand anders eine Überwachungsfunktion ausübt. In diesen Fällen ergreift der Abschlussprüfer normalerweise keine Maßnahmen, da keine vom Management getrennte Überwachung vorhanden ist.

Berücksichtigung anderer Informationen (vgl. Tz. 23)

A22. Zusätzlich zu Informationen, die durch analytische Prüfungshandlungen erlangt werden, können andere Informationen zur Einheit und zu ihrem Umfeld hilfreich sein, um die Risiken wesentlicher falscher Darstellungen aufgrund von dolosen Handlungen zu identifizieren. Die Besprechung im Prüfungsteam kann Informationen liefern, die bei der Identifizierung solcher Risiken hilfreich sind. Darüber hinaus sind Informationen, die der Abschlussprüfer bei der Annahme und Fortführung der Mandantenbeziehung erlangt hat, und Erfahrungen aus der Durchführung anderer Aufträge für die Einheit, z.B. aus Aufträgen zur prüferischen Durchsicht von unterjährigen Finanzinformationen, ggf. relevant, wenn es um die Identifizierung der Risiken wesentlicher falscher Darstellungen aufgrund von dolosen Handlungen geht.

Beurteilung von Risikofaktoren für dolose Handlungen (vgl. Tz. 24)

A23. Die Tatsache, dass dolose Handlungen normalerweise verschleiert werden, kann deren Aufdeckung sehr erschweren. Dennoch kann es sein, dass der Abschlussprüfer Ereignisse oder Gegebenheiten identifiziert, die auf einen Anreiz oder Druck zum Begehen doloser Handlungen hindeuten oder eine Gelegenheit zum Begehen doloser Handlungen bieten (Risikofaktoren für dolose Handlungen). Beispiele:

---

16) ISA 315, Textziffer 23 und ISA 610 „Verwertung der Arbeit interner Prüfer".
17) In ISA 260, Textziffer A1-A8, wird erörtert, mit wem der Abschlussprüfer kommuniziert, wenn die Leitungs- und Überwachungsstruktur der Einheit nicht klar definiert ist.
*) Für die Corporate Governance der Einheit verantwortliche Führungskraft.
**) In der Schweiz: Finanzkontrolle.

- The need to meet expectations of third parties to obtain additional equity financing may create pressure to commit fraud;
- The granting of significant bonuses if unrealistic profit targets are met may create an incentive to commit fraud; and
- A control environment that is not effective may create an opportunity to commit fraud.

A24. Fraud risk factors cannot easily be ranked in order of importance. The significance of fraud risk factors varies widely. Some of these factors will be present in entities where the specific conditions do not present risks of material misstatement. Accordingly, the determination of whether a fraud risk factor is present and whether it is to be considered in assessing the risks of material misstatement of the financial statements due to fraud requires the exercise of professional judgment.

A25. Examples of fraud risk factors related to fraudulent financial reporting and misappropriation of assets are presented in Appendix 1. These illustrative risk factors are classified based on the three conditions that are generally present when fraud exists:

- An incentive or pressure to commit fraud;
- A perceived opportunity to commit fraud; and
- An ability to rationalize the fraudulent action.

Risk factors reflective of an attitude that permits rationalization of the fraudulent action may not be susceptible to observation by the auditor. Nevertheless, the auditor may become aware of the existence of such information. Although the fraud risk factors described in Appendix 1 cover a broad range of situations that may be faced by auditors, they are only examples and other risk factors may exist.

A26. The size, complexity, and ownership characteristics of the entity have a significant influence on the consideration of relevant fraud risk factors. For example, in the case of a large entity, there may be factors that generally constrain improper conduct by management, such as:

- Effective oversight by those charged with governance.
- An effective internal audit function.
- The existence and enforcement of a written code of conduct.

Furthermore, fraud risk factors considered at a business segment operating level may provide different insights when compared with those obtained when considered at an entity-wide level.

Considerations Specific to Smaller Entities

A27. In the case of a small entity, some or all of these considerations may be inapplicable or less relevant. For example, a smaller entity may not have a written code of conduct but, instead, may have developed a culture that emphasizes the importance of integrity and ethical behavior through oral communication and by management example. Domination of management by a single individual in a small entity does not generally, in and of itself, indicate a failure by management to display and communicate an appropriate attitude regarding internal control and the financial reporting process. In some entities, the need for management authorization can compensate for otherwise deficient controls and reduce the risk of employee fraud. However, domination of management by a single individual can be a potential deficiency in internal control since there is an opportunity for management override of controls.

Identification and Assessment of the Risks of Material Misstatement Due to Fraud

Risks of Fraud in Revenue Recognition (Ref: Para. 26)

A28. Material misstatement due to fraudulent financial reporting relating to revenue recognition often results from an overstatement of revenues through, for example, premature revenue recognition or recording fictitious revenues. It may result also from an understatement of revenues through, for example, improperly shifting revenues to a later period.

- Die Notwendigkeit, Erwartungen Dritter zu erfüllen, um eine zusätzliche Eigenfinanzierung zu erhalten, kann Druck erzeugen, der möglicherweise zum Begehen doloser Handlungen führt.
- Durch die Gewährung erheblicher Boni für das Erreichen unrealistischer Gewinnziele kann ein Anreiz zum Begehen doloser Handlungen geschaffen werden.
- Ein Kontrollumfeld, das nicht wirksam ist, kann eine Gelegenheit zum Begehen doloser Handlungen bieten.

A24. Risikofaktoren für dolose Handlungen lassen sich nicht ohne weiteres in eine Rangordnung bringen. Die Bedeutsamkeit der Risikofaktoren für dolose Handlungen ist sehr unterschiedlich. Einige dieser Faktoren liegen in Einheiten vor, in denen die spezifischen Gegebenheiten keine Risiken wesentlicher falscher Darstellungen aufzeigen. Entsprechend erfordert die Feststellung, ob ein Risikofaktor für dolose Handlungen vorliegt und bei der Beurteilung der Risiken wesentlicher falscher Darstellungen im Abschluss aufgrund von dolosen Handlungen zu berücksichtigen ist, pflichtgemäßes Ermessen des Abschlussprüfers.

A25. Beispiele für Risikofaktoren für dolose Handlungen im Zusammenhang mit Manipulationen der Rechnungslegung und Vermögensschädigungen sind in Anlage 1 aufgeführt. Diese Risikofaktoren dienen der Veranschaulichung und sind auf der Grundlage der drei Bedingungen klassifiziert, die bei Vorliegen doloser Handlungen im Allgemeinen erfüllt sind:
- ein Anreiz oder Druck zum Begehen doloser Handlungen,
- die Wahrnehmung einer Gelegenheit zum Begehen doloser Handlungen sowie
- die Fähigkeit, das Begehen doloser Handlungen innerlich zu rechtfertigen.

Auch wenn Risikofaktoren vom Abschlussprüfer nicht beobachtet werden können, in denen sich eine Einstellung widerspiegelt, die es Tätern ermöglicht, das Begehen doloser Handlungen innerlich zu rechtfertigen, kann dem Abschlussprüfer dennoch bekannt werden, dass solche Informationen vorliegen. Obwohl die in Anlage 1 beschriebenen Risikofaktoren für dolose Handlungen viele unterschiedliche Situationen abdecken, mit denen Abschlussprüfer konfrontiert werden können, handelt es sich lediglich um Beispiele und können noch andere Risikofaktoren vorliegen.

A26. Größe, Komplexität und Eigentümerstruktur der Einheit haben auf die Beurteilung der relevanten Risikofaktoren für dolose Handlungen bedeutenden Einfluss. Bei einer großen Einheit können bspw. Faktoren vorliegen, durch die unkorrektes Verhalten des Managements im Allgemeinen eingeschränkt wird, unter anderem:
- eine wirksame Aufsicht durch die für die Überwachung Verantwortlichen
- eine wirksame interne Revision
- Vorhandensein und Durchsetzung eines schriftlich niedergelegten Verhaltenskodex.

Außerdem liefert eine Beurteilung von Risikofaktoren für dolose Handlungen auf Betriebsebene eines Geschäftssegments möglicherweise andere Erkenntnisse als eine Beurteilung dieser Risikofaktoren für die gesamte Einheit.

Spezifische Überlegungen zu kleineren Einheiten

A27. Bei kleinen Einheiten treffen diese Überlegungen (oder einige davon) möglicherweise nicht zu oder sind weniger relevant. Beispielsweise verfügt eine kleinere Einheit möglicherweise nicht über einen schriftlich niedergelegten Verhaltenskodex, sondern hat stattdessen eine Kultur entwickelt, in der die Bedeutung von Integrität und ethischem Verhalten durch mündliche Kommunikation und durch die Vorbildfunktion des Managements betont wird. Wird in einer kleinen Einheit das Management von einer einzelnen Person beherrscht, deutet dies an sich im Allgemeinen nicht darauf hin, dass das Management keine angemessene Einstellung zum IKS und zum Rechnungslegungsprozess zeigt und kommuniziert. In manchen Einheiten kann die Notwendigkeit einer Autorisierung durch das Management ansonsten mangelhafte Kontrollen kompensieren und das Risiko doloser Handlungen der Mitarbeiter reduzieren. Wird das Management von einer einzelnen Person beherrscht, ist dies jedoch ein möglicher Mangel im IKS, da sich dem Management die Gelegenheit bietet, Kontrollen außer Kraft zu setzen.

Identifizierung und Beurteilung der Risiken wesentlicher falscher Darstellungen aufgrund von dolosen Handlungen

Risiken doloser Handlungen bei der Erfassung von Erlösen (vgl. Tz. 26)

A28. Wesentliche falsche Darstellungen aufgrund von Manipulationen der Rechnungslegung bei der Erlöserfassung resultieren häufig aus dem Ausweis zu hoher Erlöse, bspw. durch vorzeitige Erlöserfassung oder durch Aufzeichnung fiktiver Erlöse. Sie können auch aus dem Ausweis zu niedriger Erlöse resultieren, bspw. durch eine unangemessene Verschiebung von Erlösen in einen späteren Berichtszeitraum.

A29. The risks of fraud in revenue recognition may be greater in some entities than others. For example, there may be pressures or incentives on management to commit fraudulent financial reporting through inappropriate revenue recognition in the case of listed entities when, for example, performance is measured in terms of year over year revenue growth or profit. Similarly, for example, there may be greater risks of fraud in revenue recognition in the case of entities that generate a substantial portion of revenues through cash sales.

A30. The presumption that there are risks of fraud in revenue recognition may be rebutted. For example, the auditor may conclude that there is no risk of material misstatement due to fraud relating to revenue recognition in the case where a there is a single type of simple revenue transaction, for example, leasehold revenue from a single unit rental property.

Identifying and Assessing the Risks of Material Misstatement Due to Fraud and Understanding the Entity's Related Controls (Ref: Para. 27)

A31. Management may make judgments on the nature and extent of the controls it chooses to implement, and the nature and extent of the risks it chooses to assume.[18] In determining which controls to implement to prevent and detect fraud, management considers the risks that the financial statements may be materially misstated as a result of fraud. As part of this consideration, management may conclude that it is not cost effective to implement and maintain a particular control in relation to the reduction in the risks of material misstatement due to fraud to be achieved.

A32. It is therefore important for the auditor to obtain an understanding of the controls that management has designed, implemented and maintained to prevent and detect fraud. In doing so, the auditor may learn, for example, that management has consciously chosen to accept the risks associated with a lack of segregation of duties. Information from obtaining this understanding may also be useful in identifying fraud risks factors that may affect the auditor's assessment of the risks that the financial statements may contain material misstatement due to fraud.

Responses to the Assessed Risks of Material Misstatement Due to Fraud

Overall Responses (Ref: Para. 28)

A33. Determining overall responses to address the assessed risks of material misstatement due to fraud generally includes the consideration of how the overall conduct of the audit can reflect increased professional skepticism, for example, through:

- Increased sensitivity in the selection of the nature and extent of documentation to be examined in support of material transactions.
- Increased recognition of the need to corroborate management explanations or representations concerning material matters.

It also involves more general considerations apart from the specific procedures otherwise planned; these considerations include the matters listed in paragraph 29, which are discussed below.

Assignment and Supervision of Personnel (Ref: Para. 29(a))

A34. The auditor may respond to identified risks of material misstatement due to fraud by, for example, assigning additional individuals with specialized skill and knowledge, such as forensic and IT experts, or by assigning more experienced individuals to the engagement.

A35. The extent of supervision reflects the auditor's assessment of risks of material misstatement due to fraud and the competencies of the engagement team members performing the work.

Unpredictability in the Selection of Audit Procedures (Ref: Para. 29(c))

A36. Incorporating an element of unpredictability in the selection of the nature, timing and extent of audit procedures to be performed is important as individuals within the entity who are familiar with the audit

---

[18] ISA 315, paragraph A48.

A29. Die bei der Erlöserfassung bestehenden Risiken doloser Handlungen sind in manchen Einheiten größer als in anderen. Für das Management kann bspw. bei kapitalmarktnotierten Einheiten ein Anreiz oder Druck zu Manipulationen der Rechnungslegung in Form einer unangemessenen Erlöserfassung bestehen, wenn z.B. die Leistung am Umsatzwachstum im Jahresvergleich oder am Gewinn gemessen wird. Ebenso können bspw. größere Risiken doloser Handlungen bei der Erlöserfassung bestehen, wenn ein Unternehmen einen erheblichen Teil seiner Erlöse durch Barverkäufe erwirtschaftet.

A30. Die Vermutung, dass bei der Erlöserfassung Risiken doloser Handlungen bestehen, kann widerlegt werden. Beispielsweise kann der Abschlussprüfer zu der Schlussfolgerung gelangen, dass bei der Erlöserfassung kein Risiko wesentlicher falscher Darstellungen aufgrund von dolosen Handlungen besteht, wenn nur einfache erlösrelevante Geschäftsvorfälle einer einzigen Art vorliegen, z.B. Mieterlöse aus einer einzigen vermieteten Immobilie.

Identifizierung und Beurteilung der Risiken wesentlicher falscher Darstellungen aufgrund von dolosen Handlungen und Verständnis der diesbezüglich vorhandenen Kontrollen der Einheit (vgl. Tz. 27)

A31. Das Management kann ggf. Art und Umfang der Kontrollen beurteilen, die es vorsieht einzurichten, sowie Art und Ausmaß der Risiken, die es bereit ist einzugehen.[18] Bei der Festlegung, welche Kontrollen zur Verhinderung und Aufdeckung doloser Handlungen eingerichtet werden sollen, wägt das Management die Risiken ab, dass der Abschluss als Folge von dolosen Handlungen wesentliche falsche Darstellungen enthalten könnte. Als Teil dieser Abwägung kann das Management zu dem Schluss gelangen, dass es im Verhältnis zur erreichbaren Reduzierung der Risiken wesentlicher falscher Darstellungen aufgrund von dolosen Handlungen zu kostspielig ist, eine bestimmte Kontrolle einzurichten und aufrechtzuerhalten.

A32. Daher ist es wichtig, dass der Abschlussprüfer ein Verständnis von den Kontrollen gewinnt, die das Management geplant, eingerichtet und aufrechterhalten hat, um dolose Handlungen zu verhindern und aufzudecken. Dabei kann der Abschlussprüfer bspw. erfahren, dass sich das Management bewusst dafür entschieden hat, die mit einer fehlenden Funktionstrennung verbundenen Risiken hinzunehmen. Informationen aus der Gewinnung dieses Verständnisses können den Abschlussprüfer außerdem unterstützen, Risikofaktoren für dolose Handlungen zu identifizieren, die sich möglicherweise auf die Beurteilung des Abschlussprüfers zu Risiken wesentlicher falscher Darstellungen im Abschluss aufgrund von dolosen Handlungen auswirken.

Reaktionen auf die beurteilten Risiken wesentlicher falscher Darstellungen aufgrund von dolosen Handlungen

Allgemeine Reaktionen (vgl. Tz. 28)

A33. Grundsätzlich umfasst die Festlegung allgemeiner Reaktionen auf die beurteilten Risiken wesentlicher falscher Darstellungen aufgrund von dolosen Handlungen die Abwägung, wie bei der gesamten Durchführung der Prüfung verstärkt eine kritische Grundhaltung berücksichtigt werden kann, bspw. durch:

- erhöhte Sensibilität bei der Auswahl von Art und Umfang der zu untersuchenden Dokumente als Grundlage wesentlicher Geschäftsvorfälle
- ein stärkeres Bewusstsein für die Notwendigkeit, Erläuterungen oder Erklärungen des Managements zu wesentlichen Sachverhalten zu bestätigen.

Außerdem umfasst dies, abgesehen von den ansonsten geplanten spezifischen Prüfungshandlungen, auch eher allgemeinere Überlegungen, unter anderem die in Textziffer 29 aufgeführten Sachverhalte, die im Folgenden erläutert werden.

Zuordnung und Überwachung der Mitarbeiter (vgl. Tz. 29(a))

A34. Auf identifizierte Risiken wesentlicher falscher Darstellungen aufgrund von dolosen Handlungen kann der Abschlussprüfer bspw. durch Hinzuziehung zusätzlicher Personen mit speziellen Fähigkeiten und Fachkenntnissen (z.B. Betrugs- oder IT-Sachverständige) oder durch Zuordnung erfahrenerer Mitarbeiter zu dem Auftrag reagieren.

A35. Der Umfang der Überwachung spiegelt die vom Abschlussprüfer getroffene Beurteilung der Risiken wesentlicher falscher Darstellungen aufgrund von dolosen Handlungen sowie die Kompetenzen der an der Prüfungsdurchführung beteiligten Mitglieder des Prüfungsteams wider.

Überraschungsmoment bei der Auswahl von Prüfungshandlungen (vgl. Tz. 29(c))

A36. Das Einbauen eines Überraschungsmoments bei der Auswahl von Art, zeitlicher Einteilung und Umfang der durchzuführenden Prüfungshandlungen ist wichtig, da Personen innerhalb der Einheit, die mit den

---

18) ISA 315, Textziffer A48.

procedures normally performed on engagements may be more able to conceal fraudulent financial reporting. This can be achieved by, for example:

- Performing substantive procedures on selected account balances and assertions not otherwise tested due to their materiality or risk.
- Adjusting the timing of audit procedures from that otherwise expected.
- Using different sampling methods.
- Performing audit procedures at different locations or at locations on an unannounced basis.

Audit Procedures Responsive to Assessed Risks of Material Misstatement Due to Fraud at the Assertion Level (Ref: Para. 30)

A37. The auditor's responses to address the assessed risks of material misstatement due to fraud at the assertion level may include changing the nature, timing and extent of audit procedures in the following ways:

- The nature of audit procedures to be performed may need to be changed to obtain audit evidence that is more reliable and relevant or to obtain additional corroborative information. This may affect both the type of audit procedures to be performed and their combination. For example:

    o Physical observation or inspection of certain assets may become more important or the auditor may choose to use computer-assisted audit techniques to gather more evidence about data contained in significant accounts or electronic transaction files.

    o The auditor may design procedures to obtain additional corroborative information. For example, if the auditor identifies that management is under pressure to meet earnings expectations, there may be a related risk that management is inflating sales by entering into sales agreements that include terms that preclude revenue recognition or by invoicing sales before delivery. In these circumstances, the auditor may, for example, design external confirmations not only to confirm outstanding amounts, but also to confirm the details of the sales agreements, including date, any rights of return and delivery terms. In addition, the auditor might find it effective to supplement such external confirmations with inquiries of non-financial personnel in the entity regarding any changes in sales agreements and delivery terms.

- The timing of substantive procedures may need to be modified. The auditor may conclude that performing substantive testing at or near the period end better addresses an assessed risk of material misstatement due to fraud. The auditor may conclude that, given the assessed risks of intentional misstatement or manipulation, audit procedures to extend audit conclusions from an interim date to the period end would not be effective. In contrast, because an intentional misstatement – for example, a misstatement involving improper revenue recognition – may have been initiated in an interim period, the auditor may elect to apply substantive procedures to transactions occurring earlier in or throughout the reporting period.

- The extent of the procedures applied reflects the assessment of the risks of material misstatement due to fraud. For example, increasing sample sizes or performing analytical procedures at a more detailed level may be appropriate. Also, computer-assisted audit techniques may enable more extensive testing of electronic transactions and account files. Such techniques can be used to select sample transactions from key electronic files, to sort transactions with specific characteristics, or to test an entire population instead of a sample.

üblichen, im Rahmen eines Auftrages durchgeführten Prüfungshandlungen vertraut sind, Manipulationen der Rechnungslegung möglicherweise leichter verschleiern können. Dies kann bspw. erreicht werden durch:

- Durchführung aussagebezogener Prüfungshandlungen*) an ausgewählten Kontensalden und Aussagen, die nicht ohnehin aufgrund ihrer Wesentlichkeit oder Risiken geprüft werden
- Änderung der zeitlichen Einteilung von Prüfungshandlungen gegenüber der sonst erwarteten Einteilung
- Anwendung unterschiedlicher Stichprobenverfahren
- Durchführung von Prüfungshandlungen an unterschiedlichen Standorten oder unangemeldete Durchführung von Prüfungshandlungen an Standorten.

Prüfungshandlungen als Reaktion auf beurteilte Risiken wesentlicher falscher Darstellungen aufgrund von dolosen Handlungen auf Aussageebene (vgl. Tz. 30)

A37. Zu den Reaktionen des Abschlussprüfers auf die beurteilten Risiken wesentlicher falscher Darstellungen aufgrund von dolosen Handlungen auf Aussageebene kann gehören, dass Art, zeitliche Einteilung und Umfang von Prüfungshandlungen folgendermaßen geändert werden:

- Die Art der durchzuführenden Prüfungshandlungen muss ggf. geändert werden, um verlässlichere und relevantere Prüfungsnachweise oder zusätzliche Informationen zur Bestätigung einzuholen. Dies kann sich sowohl auf die Art der durchzuführenden Prüfungshandlungen als auch auf deren Kombination auswirken. Beispiele:
    - Möglicherweise erlangen die körperliche Beobachtung oder Inaugenschein-/ Einsichtnahme bestimmter Vermögenswerte größere Bedeutung oder der Abschlussprüfer beschließt, IT-gestützte Prüfungstechniken anzuwenden, um mehr Prüfungsnachweise über Daten einzuholen, die zu bedeutenden Konten oder Geschäftsvorfällen in elektronischer Form vorliegen.
    - Der Abschlussprüfer kann Prüfungshandlungen planen, um zusätzliche Informationen zur Bestätigung einzuholen. Wenn der Abschlussprüfer bspw. feststellt, dass das Management unter Druck steht, Ergebniserwartungen zu erfüllen, kann damit das Risiko einhergehen, dass das Management den Umsatz in die Höhe treibt, indem es Kaufverträge mit Bedingungen abschließt, die eine Erlöserfassung ausschließen, oder Verkäufe vor der Lieferung in Rechnung stellt. Unter diesen Umständen kann der Abschlussprüfer bspw. externe Bestätigungen so planen, dass sie sich nicht nur auf offene Beträge beziehen, sondern auch auf Einzelheiten in Kaufverträgen wie Datum, Rückgaberechte und Lieferbedingungen. Darüber hinaus könnte es der Abschlussprüfer als wirksam erachten, neben der Einholung solcher externer Bestätigungen auch Befragungen von nicht im Finanz- und Rechnungswesen tätigen Mitarbeitern der Einheit zu etwaigen Änderungen an Kaufverträgen und Lieferbedingungen durchzuführen.
- Die zeitliche Einteilung aussagebezogener Prüfungshandlungen muss ggf. geändert werden. Der Abschlussprüfer kann zu dem Schluss gelangen, dass die Durchführung aussagebezogener Prüfungshandlungen am oder in zeitlicher Nähe zum Abschlussstichtag einem beurteilten Risiko wesentlicher falscher Darstellungen aufgrund von dolosen Handlungen besser gerecht wird. Außerdem kann der Abschlussprüfer zu dem Schluss gelangen, dass angesichts der beurteilten Risiken absichtlich falscher Darstellungen oder einer Manipulation die Prüfungshandlungen, die zur Übernahme von Schlussfolgerungen aus der Zwischenprüfung zum Abschlussstichtag dienen, ggf. nicht wirksam sind. Da eine absichtlich falsche Darstellung – bspw. wenn es sich um eine unzulässige Erlöserfassung handelt – möglicherweise unterjährig ausgelöst wurde, kann sich der Abschlussprüfer andererseits dafür entscheiden, aussagebezogene Prüfungshandlungen auf diejenigen Geschäftsvorfälle zu beziehen, die sich zu einem früheren Zeitpunkt des Berichtszeitraums oder im gesamten Berichtszeitraum ereignet haben.
- Der Umfang der angewendeten Prüfungshandlungen richtet sich danach, wie die Risiken wesentlicher falscher Darstellungen aufgrund von dolosen Handlungen beurteilt werden. Beispielsweise kann es angemessen sein, den Stichprobenumfang zu vergrößern oder analytische Prüfungshandlungen mit einem höheren Genauigkeitsgrad durchzuführen. Außerdem können IT-gestützte Prüfungstechniken eine umfassendere Prüfung automatisierter Geschäftsvorfälle oder elektronisch gespeicherter Konteninhalte ermöglichen. Derartige Techniken können zur stichprobenartigen Auswahl von Geschäftsvorfällen aus besonders wichtigen elektronisch

---

*) In Österreich: materielle Prüfungshandlungen.

A38. If the auditor identifies a risk of material misstatement due to fraud that affects inventory quantities, examining the entity's inventory records may help to identify locations or items that require specific attention during or after the physical inventory count. Such a review may lead to a decision to observe inventory counts at certain locations on an unannounced basis or to conduct inventory counts at all locations on the same date.

A39. The auditor may identify a risk of material misstatement due to fraud affecting a number of accounts and assertions. These may include asset valuation, estimates relating to specific transactions (such as acquisitions, restructurings, or disposals of a segment of the business), and other significant accrued liabilities (such as pension and other post-employment benefit obligations, or environmental remediation liabilities). The risk may also relate to significant changes in assumptions relating to recurring estimates. Information gathered through obtaining an understanding of the entity and its environment may assist the auditor in evaluating the reasonableness of such management estimates and underlying judgments and assumptions. A retrospective review of similar management judgments and assumptions applied in prior periods may also provide insight about the reasonableness of judgments and assumptions supporting management estimates.

A40. Examples of possible audit procedures to address the assessed risks of material misstatement due to fraud, including those that illustrate the incorporation of an element of unpredictability, are presented in Appendix 2. The appendix includes examples of responses to the auditor's assessment of the risks of material misstatement resulting from both fraudulent financial reporting, including fraudulent financial reporting resulting from revenue recognition, and misappropriation of assets.

Audit Procedures Responsive to Risks Related to Management Override of Controls

Journal Entries and Other Adjustments (Ref: Para. 32(a))

A41. Material misstatement of financial statements due to fraud often involve the manipulation of the financial reporting process by recording inappropriate or unauthorized journal entries. This may occur throughout the year or at period end, or by management making adjustments to amounts reported in the financial statements that are not reflected in journal entries, such as through consolidating adjustments and reclassifications.

A42. Further, the auditor's consideration of the risks of material misstatement associated with inappropriate override of controls over journal entries is important since automated processes and controls may reduce the risk of inadvertent error but do not overcome the risk that individuals may inappropriately override such automated processes, for example, by changing the amounts being automatically passed to the general ledger or to the financial reporting system. Furthermore, where IT is used to transfer information automatically, there may be little or no visible evidence of such intervention in the information systems.

A43. When identifying and selecting journal entries and other adjustments for testing and determining the appropriate method of examining the underlying support for the items selected, the following matters are of relevance:

- *The assessment of the risks of material misstatement due to fraud* – the presence of fraud risk factors and other information obtained during the auditor's assessment of the risks of material misstatement due to fraud may assist the auditor to identify specific classes of journal entries and other adjustments for testing.

- *Controls that have been implemented over journal entries and other adjustments* – effective controls over the preparation and posting of journal entries and other adjustments may reduce the extent of substantive testing necessary, provided that the auditor has tested the operating effectiveness of the controls.

A38. gespeicherten Datensätzen, zur Sortierung von Geschäftsvorfällen mit bestimmten Merkmalen oder zur Prüfung einer ganzen Grundgesamtheit statt einer Stichprobe verwendet werden.

A38. Wenn der Abschlussprüfer ein Risiko wesentlicher falscher Darstellungen aufgrund von dolosen Handlungen feststellt, das den Vorratsbestand betrifft, kann eine Untersuchung der von der Einheit geführten Inventuraufzeichnungen helfen, Standorte oder Posten zu identifizieren, die während oder nach der körperlichen Inventur besondere Aufmerksamkeit erfordern. Eine solche Durchsicht kann zu der Entscheidung führen, die Inventurdurchführung an bestimmten Standorten unangemeldet zu beobachten oder Inventuren an allen Standorten zum selben Zeitpunkt durchzuführen.

A39. Der Abschlussprüfer kann ein Risiko wesentlicher falscher Darstellungen aufgrund von dolosen Handlungen feststellen, das eine Reihe von Konten und Aussagen betrifft. Dazu gehören ggf. die Bewertung von Vermögenswerten, Schätzungen im Zusammenhang mit bestimmten Geschäftsvorfällen (z.B. Akquisitionen, Umstrukturierungen oder Veräußerungen von Geschäftssegmenten) sowie sonstige bedeutsame Rückstellungen (z.B. für Pensionen und andere Verpflichtungen aus Leistungen nach Beendigung des Arbeitsverhältnisses oder für Verpflichtungen aus Sanierungsmaßnahmen im Umweltbereich). Das Risiko kann sich auch auf bedeutsame Änderungen von Annahmen im Zusammenhang mit wiederkehrenden Schätzungen beziehen. Informationen, die eingeholt wurden, um ein Verständnis von der Einheit und ihrem Umfeld zu gewinnen, können dem Abschlussprüfer dabei helfen, die Plausibilität solcher Schätzungen des Managements sowie der zugrunde liegenden Beurteilungen und Annahmen zu würdigen. Eine Abstimmung ähnlicher Beurteilungen und Annahmen des Managements aus früheren Berichtszeiträumen im Nachhinein kann ebenfalls Erkenntnisse über die Plausibilität von Beurteilungen und Annahmen liefern, auf die sich Schätzungen des Managements stützen.

A40. Beispiele für mögliche Prüfungshandlungen, mit denen den beurteilten Risiken wesentlicher falscher Darstellungen aufgrund von dolosen Handlungen begegnet werden soll und die den Einbau eines Überraschungsmoments veranschaulichen, sind in Anlage 2 aufgeführt. Die Anlage enthält Beispiele für Reaktionen auf die vom Abschlussprüfer getroffene Beurteilung der Risiken wesentlicher falscher Darstellungen, die sowohl aus Manipulationen der Rechnungslegung, einschließlich Manipulationen bei der Erlöserfassung, als auch aus Vermögensschädigungen resultieren können.

Prüfungshandlungen als Reaktion auf Risiken einer Außerkraftsetzung von Kontrollen durch das Management

Journaleinträge und andere Anpassungen (vgl. Tz. 32(a))

A41. Wesentliche falsche Darstellungen im Abschluss aufgrund von dolosen Handlungen sind häufig verbunden mit Manipulationen des Rechnungslegungsprozesses, bei denen unangemessene oder unautorisierte Journaleinträge erfasst werden. Dies kann im Laufe des Jahres oder zum Abschlussstichtag sowie dadurch geschehen, dass das Management Veränderungen an im Abschluss ausgewiesenen Beträgen vornimmt, die sich nicht in Journaleinträgen widerspiegeln, z.B. durch Konsolidierungsbuchungen und Umgliederungen.

A42. Außerdem ist es wichtig, dass der Abschlussprüfer die Risiken wesentlicher falscher Darstellungen berücksichtigt, die mit einer unangemessenen Außerkraftsetzung von Kontrollen für Journaleinträge verbunden sind, da mit automatisierten Prozessen und Kontrollen zwar das Risiko von Irrtümern verringert werden kann, nicht aber das Risiko auszuschalten ist, dass einzelne Personen solche automatisierten Prozesse in unangemessener Weise außer Kraft setzen, indem sie bspw. die Beträge ändern, die automatisch in das Hauptbuch oder in das Finanzberichterstattungssystem übertragen werden. Darüber hinaus können beim Einsatz von IT, um Informationen automatisch zu übertragen, in den Informationssystemen möglicherweise nur wenige oder gar keine sichtbaren Beweise für solche Eingriffe zurückbleiben.

A43. Bei der Identifizierung und Auswahl von zu prüfenden Journaleinträgen und anderen Anpassungen sowie bei der Festlegung der angemessenen Vorgehensweise zur Prüfung des zugrunde liegenden Nachweises für ausgewählte Posten sind die folgenden Gegebenheiten relevant:

- *Die Beurteilung der Risiken wesentlicher falscher Darstellungen aufgrund von dolosen Handlungen*: Das Vorliegen von Risikofaktoren für dolose Handlungen und andere Informationen, die der Abschlussprüfer während der Beurteilung der Risiken wesentlicher falscher Darstellungen aufgrund von dolosen Handlungen erlangt hat, können dem Abschlussprüfer dabei helfen, bestimmte Arten von Journaleinträgen und anderen Anpassungen zur Prüfung auszuwählen.

- *Eingerichtete Kontrollen zu den Journaleinträgen und andere Anpassungen*: Bei wirksamen Kontrollen zur Vorbereitung und Buchung von Journaleinträgen und anderen Anpassungen kann der Umfang der notwendigen aussagebezogenen Prüfungen reduziert werden, sofern der Abschlussprüfer die Wirksamkeit der Kontrollen getestet hat.

- *The entity's financial reporting process and the nature of evidence that can be obtained* – for many entities routine processing of transactions involves a combination of manual and automated steps and procedures. Similarly, the processing of journal entries and other adjustments may involve both manual and automated procedures and controls. Where information technology is used in the financial reporting process, journal entries and other adjustments may exist only in electronic form.

- *The characteristics of fraudulent journal entries or other adjustments* – inappropriate journal entries or other adjustments often have unique identifying characteristics. Such characteristics may include entries (a) made to unrelated, unusual, or seldom-used accounts, (b) made by individuals who typically do not make journal entries, (c) recorded at the end of the period or as post-closing entries that have little or no explanation or description, (d) made either before or during the preparation of the financial statements that do not have account numbers, or (e) containing round numbers or consistent ending numbers.

- *The nature and complexity of the accounts* – inappropriate journal entries or adjustments may be applied to accounts that (a) contain transactions that are complex or unusual in nature, (b) contain significant estimates and period-end adjustments, (c) have been prone to misstatements in the past, (d) have not been reconciled on a timely basis or contain unreconciled differences, (e) contain inter-company transactions, or (f) are otherwise associated with an identified risk of material misstatement due to fraud. In audits of entities that have several locations or components, consideration is given to the need to select journal entries from multiple locations.

- *Journal entries or other adjustments processed outside the normal course of business* – non standard journal entries may not be subject to the same level of internal control as those journal entries used on a recurring basis to record transactions such as monthly sales, purchases and cash disbursements.

A44. The auditor uses professional judgment in determining the nature, timing and extent of testing of journal entries and other adjustments. However, because fraudulent journal entries and other adjustments are often made at the end of a reporting period, paragraph 32(a)(ii) requires the auditor to select the journal entries and other adjustments made at that time. Further, because material misstatements in financial statements due to fraud can occur throughout the period and may involve extensive efforts to conceal how the fraud is accomplished, paragraph 32(a)(iii) requires the auditor to consider whether there is also a need to test journal entries and other adjustments throughout the period.

Accounting Estimates (Ref: Para. 32(b))

A45. The preparation of the financial statements requires management to make a number of judgments or assumptions that affect significant accounting estimates and to monitor the reasonableness of such estimates on an ongoing basis. Fraudulent financial reporting is often accomplished through intentional misstatement of accounting estimates. This may be achieved by, for example, understating or overstating all provisions or reserves in the same fashion so as to be designed either to smooth earnings over two or more accounting periods, or to achieve a designated earnings level in order to deceive financial statement users by influencing their perceptions as to the entity's performance and profitability.

A46. The purpose of performing a retrospective review of management judgments and assumptions related to significant accounting estimates reflected in the financial statements of the prior year is to determine whether there is an indication of a possible bias on the part of management. It is not intended to call into question the auditor's professional judgments made in the prior year that were based on information available at the time.

A47. A retrospective review is also required by ISA 540.[19] That review is conducted as a risk assessment procedure to obtain information regarding the effectiveness of management's prior period estimation

---

19) ISA 540, "Auditing Accounting Estimates, Including Fair Value Accounting Estimates, and Related Disclosures," paragraph 9.

- *Der Rechnungslegungsprozess der Einheit und die Art der möglichen Prüfungsnachweise:* Bei vielen Einheiten erfolgt die routinemäßige Verarbeitung von Geschäftsvorfällen mit Hilfe einer Kombination aus manuellen und automatisierten Schritten und Verfahren. Ebenso kann die Verarbeitung von Journaleinträgen und anderen Anpassungen sowohl manuelle als auch automatisierte Verfahren und Kontrollen beinhalten. Wenn im Rechnungslegungsprozess IT eingesetzt wird, liegen Journaleinträge und andere Anpassungen möglicherweise ausschließlich in elektronischer Form vor.
- *Die Merkmale manipulierter Journaleinträge oder anderer Anpassungen*: Unangemessene Journaleinträge oder andere Anpassungen weisen häufig eindeutige Merkmale auf. Zu diesen Merkmalen gehören möglicherweise Einträge, die a) auf nicht zusammenhängenden, ungewöhnlichen oder selten verwendeten Konten erfolgt sind, b) von Personen vorgenommen wurden, die typischerweise keine Journaleinträge vornehmen, c) zum Ende des Geschäftsjahres oder als nachträgliche Abschlussbuchung aufgezeichnet wurden und wenige oder gar keine Erläuterungen oder Beschreibungen enthalten, d) vor oder während der Abschlussaufstellung vorgenommen wurden und keine Kontonummern enthalten oder e) runde Zahlen oder Zahlen mit denselben Endziffern enthalten.
- *Art und Komplexität der Konten*: Unangemessene Journaleinträge oder Anpassungen können auf Konten erfolgen, die a) komplexe oder ungewöhnliche Geschäftsvorfälle enthalten, b) bedeutsame Schätzungen und Anpassungen zum Abschlussstichtag enthalten, c) in der Vergangenheit für falsche Darstellungen anfällig waren, d) nicht in angemessener Zeit abgestimmt wurden oder nicht abgestimmte Differenzen enthalten, e) konzerninterne Geschäftsvorfälle enthalten oder f) anderweitig mit einem identifizierten Risiko wesentlicher falscher Darstellungen aufgrund von dolosen Handlungen verbunden sind. Bei Prüfungen von Einheiten mit mehreren Standorten oder Teilbereichen wird beachtet, inwieweit die Notwendigkeit besteht, Journaleinträge von mehreren Standorten auszuwählen.
- *Außerhalb des gewöhnlichen Geschäftsverlaufs verarbeitete Journaleinträge oder andere Anpassungen*: Nicht standardisierte Journaleinträge unterliegen möglicherweise nicht in demselben Maße dem IKS wie wiederkehrende Journaleinträge zur Erfassung von Geschäftsvorfällen (z.B. monatliche Umsätze, Beschaffungen oder Auszahlungen).

A44. Der Abschlussprüfer legt Art, zeitliche Einteilung und Umfang der Prüfungen von Journaleinträgen und anderen Anpassungen nach pflichtgemäßem Ermessen fest. Da manipulierte Journaleinträge und andere Anpassungen häufig am Ende eines Berichtszeitraums vorgenommen werden, erfordert Textziffer 32(a)(ii), dass der Abschlussprüfer die zu diesem Zeitpunkt vorgenommenen Journaleinträge und anderen Anpassungen auswählt. Da wesentliche falsche Darstellungen im Abschluss aufgrund von dolosen Handlungen aber während des gesamten Berichtszeitraums auftreten können und das Begehen der dolosen Handlungen möglicherweise mit großer Mühe verschleiert wird, erfordert Textziffer 32(a)(iii), dass der Abschlussprüfer abwägt, ob auch eine Notwendigkeit besteht, Journaleinträge und Anpassungen aus dem gesamten Berichtszeitraum zu prüfen.

Geschätzte Werte in der Rechnungslegung (vgl. Tz. 32(b))

A45. Die Aufstellung des Abschlusses verlangt vom Management eine Reihe von Beurteilungen oder Annahmen, die sich auf bedeutsame geschätzte Werte in der Rechnungslegung auswirken, sowie die laufende Überwachung der Plausibilität solcher Schätzungen. Manipulationen der Rechnungslegung erfolgen häufig durch absichtlich falsche Darstellung von geschätzten Werten in der Rechnungslegung. Dies kann bspw. erreicht werden, indem alle Rückstellungen in gleicher Weise zu niedrig bzw. zu hoch angesetzt werden, um so entweder die Ergebnisse über zwei oder mehr Berichtszeiträume zu glätten oder ein bestimmtes Ergebnisniveau zu erreichen, um die Nutzer des Abschlusses dadurch zu täuschen, dass ihre Vorstellung von Leistung und Rentabilität der Einheit beeinflusst wird.

A46. Der Zweck, im Nachhinein eine Durchsicht der Beurteilungen und Annahmen des Managements im Zusammenhang mit bedeutsamen geschätzten Werten vorzunehmen, die sich im Abschluss des Vorjahres widerspiegeln, besteht darin festzustellen, ob Anzeichen für eine mögliche Einseitigkeit des Managements vorliegen. Sie soll nicht dazu dienen, die Beurteilungen in Frage zu stellen, die der Abschlussprüfer im Vorjahr nach pflichtgemäßem Ermessen und auf der Grundlage der zu diesem Zeitpunkt verfügbaren Informationen getroffen hat.

A47. Eine rückwirkende Durchsicht wird auch in ISA 540 gefordert.[19] Diese Durchsicht wird als eine Maßnahme zur Risikobeurteilung durchgeführt, um Einschätzungen über die Wirksamkeit des

---

19) ISA 540 „Die Prüfung geschätzter Werte in der Rechnungslegung, einschließlich geschätzter Zeitwerte, und der damit zusammenhängenden Abschlussangaben", Textziffer 9.

process, audit evidence about the outcome, or where applicable, the subsequent re-estimation of prior period accounting estimates that is pertinent to making current period accounting estimates, and audit evidence of matters, such as estimation uncertainty, that may be required to be disclosed in the financial statements. As a practical matter, the auditor's review of management judgments and assumptions for biases that could represent a risk of material misstatement due to fraud in accordance with this ISA may be carried out in conjunction with the review required by ISA 540.

Business Rationale for Significant Transactions (Ref: Para. 32(c))

A48. Indicators that may suggest that significant transactions that are outside the normal course of business for the entity, or that otherwise appear to be unusual, may have been entered into to engage in fraudulent financial reporting or to conceal misappropriation of assets include:

- The form of such transactions appears overly complex (for example, the transaction involves multiple entities within a consolidated group or multiple unrelated third parties).

- Management has not discussed the nature of and accounting for such transactions with those charged with governance of the entity, and there is inadequate documentation.

- Management is placing more emphasis on the need for a particular accounting treatment than on the underlying economics of the transaction.

- Transactions that involve non-consolidated related parties, including special purpose entities, have not been properly reviewed or approved by those charged with governance of the entity.

- The transactions involve previously unidentified related parties or parties that do not have the substance or the financial strength to support the transaction without assistance from the entity under audit.

Evaluation of Audit Evidence (Ref: Para. 34–37)

A49. ISA 330 requires the auditor, based on the audit procedures performed and the audit evidence obtained, to evaluate whether the assessments of the risks of material misstatement at the assertion level remain appropriate.[20] This evaluation is primarily a qualitative matter based on the auditor's judgment. Such an evaluation may provide further insight about the risks of material misstatement due to fraud and whether there is a need to perform additional or different audit procedures. Appendix 3 contains examples of circumstances that may indicate the possibility of fraud.

Analytical Procedures Performed Near the End of the Audit in Forming an Overall Conclusion (Ref: Para. 34)

A50. Determining which particular trends and relationships may indicate a risk of material misstatement due to fraud requires professional judgment. Unusual relationships involving year-end revenue and income are particularly relevant. These might include, for example: uncharacteristically large amounts of income being reported in the last few weeks of the reporting period or unusual transactions; or income that is inconsistent with trends in cash flow from operations.

Consideration of Identified Misstatements (Ref: Para. 35–37)

A51. Since fraud involves incentive or pressure to commit fraud, a perceived opportunity to do so or some rationalization of the act, an instance of fraud is unlikely to be an isolated occurrence. Accordingly, misstatements, such as numerous misstatements at a specific location even though the cumulative effect is not material, may be indicative of a risk of material misstatement due to fraud.

A52. The implications of identified fraud depend on the circumstances. For example, an otherwise insignificant fraud may be significant if it involves senior management. In such circumstances, the reliability of evidence previously obtained may be called into question, since there may be doubts about the

---

20) ISA 330, paragraph 25.

Schätzprozesses des Managements im Vorjahr, über Prüfungsnachweise zu dem Ergebnis oder – sofern anwendbar – nachfolgende Neueinschätzungen von Schätzwerten der Vorperiode vorzunehmen, die benötigt werden zur Ermittlung der Schätzwerte der gegenwärtigen Periode oder als Prüfungsnachweise zu Sachverhalten wie der Schätzunsicherheit, die im Abschluss anzugeben sein können. Aus praktischen Gründen kann die Durchsicht der Beurteilungen und Annahmen des Managements auf Einseitigkeit, die ein Risiko einer wesentlichen falschen Darstellung aufgrund von dolosen Handlungen nach diesem Standard darstellen könnte, im Zusammenhang mit der Durchsicht nach ISA 540 vorgenommen werden.

Wirtschaftlicher Hintergrund bedeutsamer Geschäftsvorfälle (vgl. Tz. 32(c))

A48. Zu den Anzeichen, welche die Vermutung nahe legen können, dass bedeutsame Geschäftsvorfälle, die sich außerhalb des gewöhnlichen Geschäftsverlaufs der Einheit ergeben oder in anderer Hinsicht ungewöhnlich erscheinen, möglicherweise dazu dienen, die Rechnungslegung zu manipulieren oder Vermögensschädigungen zu verschleiern, gehören:
- Die Form dieser Geschäftsvorfälle erscheint übermäßig komplex (z.B. Beteiligung mehrerer Einheiten innerhalb des Konsolidierungskreises oder mehrerer nicht nahestehender Dritter an dem Geschäftsvorfall).
- Das Management hat die Art dieser Geschäftsvorfälle und deren Abbildung in der Rechnungslegung nicht mit den für die Überwachung der Einheit Verantwortlichen erörtert, und die Dokumentation ist unzureichend.
- Das Management richtet sein Augenmerk mehr auf die Notwendigkeit einer bestimmten Behandlung des Geschäftsvorfalls in der Rechnungslegung als auf dessen wirtschaftliche Grundlagen.
- Geschäftsvorfälle mit Beteiligung nicht konsolidierter nahestehender Personen, einschließlich Zweckgesellschaften, wurden nicht ordnungsgemäß von den für die Überwachung der Einheit Verantwortlichen überprüft oder genehmigt.
- An den Geschäftsvorfällen sind bisher nicht identifizierte nahestehende Personen beteiligt oder Parteien, die nicht über die Substanz oder die Finanzstärke verfügen, um das Geschäft ohne Unterstützung seitens der zu prüfenden Einheit abzuwickeln.

Beurteilung der Prüfungsnachweise (vgl. Tz. 34-37)

A49. Gemäß ISA 330 ist der Abschlussprüfer verpflichtet, auf der Grundlage der durchgeführten Prüfungshandlungen und der erhaltenen Prüfungsnachweise einzuschätzen, ob die Beurteilungen der Risiken wesentlicher falscher Darstellungen auf Aussageebene weiterhin angemessen sind.[20] Diese Einschätzung ist hauptsächlich qualitativer Natur und liegt im Ermessen des Abschlussprüfers. Eine solche Einschätzung kann weitere Erkenntnisse über die Risiken wesentlicher falscher Darstellungen aufgrund von dolosen Handlungen liefern und zur Klärung der Frage beitragen, ob die Notwendigkeit besteht, zusätzliche oder andere Prüfungshandlungen durchzuführen. Anlage 3 enthält Beispiele für Umstände, die auf die Möglichkeit doloser Handlungen hindeuten können.

Analytische Prüfungshandlungen, die gegen Ende der Abschlussprüfung zur Bildung eines Gesamturteils durchgeführt werden (vgl. Tz. 34)

A50. Die Feststellung, welche besonderen Trends und Verhältnisse möglicherweise auf ein Risiko wesentlicher falscher Darstellungen aufgrund von dolosen Handlungen hindeuten, erfordert pflichtgemäßes Ermessen des Abschlussprüfers. Ungewöhnliche Verhältnisse in Bezug auf Erlöse und Erträge zum Jahresende sind besonders relevant. Dazu könnten bspw. untypisch hohe, in den letzten Wochen des Berichtszeitraums ausgewiesene Erträge oder ungewöhnliche Geschäftsvorfälle sowie Erträge gehören, die mit der Entwicklung des Cashflows aus der gewöhnlichen Geschäftstätigkeit nicht vereinbar sind.

Beurteilung festgestellter falscher Darstellungen (vgl. Tz. 35-37)

A51. Da dolose Handlungen mit einem Anreiz oder Druck zum Begehen doloser Handlungen, mit der Wahrnehmung einer Gelegenheit dazu oder mit einer inneren Rechtfertigung der Tat verbunden sind, ist eine dolose Handlung wahrscheinlich kein isoliertes Ereignis. Entsprechend deuten falsche Darstellungen möglicherweise auf ein Risiko wesentlicher falscher Darstellungen aufgrund von dolosen Handlungen hin (z.B. zahlreiche falsche Darstellungen an einem bestimmten Standort, auch wenn diese kumulativ nicht wesentlich sind).

A52. Die Auswirkungen einer festgestellten dolosen Handlung hängen von den Umständen ab. Eine ansonsten unbedeutende dolose Handlung kann bspw. bedeutsam sein, wenn das obere Management beteiligt ist. Unter solchen Umständen kann die Verlässlichkeit der zuvor erhaltenen Prüfungsnachweise in Frage

---

20) ISA 330, Textziffer 25.

completeness and truthfulness of representations made and about the genuineness of accounting records and documentation. There may also be a possibility of collusion involving employees, management or third parties.

A53. ISA 450[21] and ISA 700[22] establish requirements and provide guidance on the evaluation and disposition of misstatements and the effect on the auditor's opinion in the auditor's report.

Auditor Unable to Continue the Engagement (Ref: Para. 38)

A54. Examples of exceptional circumstances that may arise and that may bring into question the auditor's ability to continue performing the audit include:

- The entity does not take the appropriate action regarding fraud that the auditor considers necessary in the circumstances, even where the fraud is not material to the financial statements;

- The auditor's consideration of the risks of material misstatement due to fraud and the results of audit tests indicate a significant risk of material and pervasive fraud; or

- The auditor has significant concern about the competence or integrity of management or those charged with governance.

A55. Because of the variety of the circumstances that may arise, it is not possible to describe definitively when withdrawal from an engagement is appropriate. Factors that affect the auditor's conclusion include the implications of the involvement of a member of management or of those charged with governance (which may affect the reliability of management representations) and the effects on the auditor of a continuing association with the entity.

A56. The auditor has professional and legal responsibilities in such circumstances and these responsibilities may vary by country. In some countries, for example, the auditor may be entitled to, or required to, make a statement or report to the person or persons who made the audit appointment or, in some cases, to regulatory authorities. Given the exceptional nature of the circumstances and the need to consider the legal requirements, the auditor may consider it appropriate to seek legal advice when deciding whether to withdraw from an engagement and in determining an appropriate course of action, including the possibility of reporting to shareholders, regulators or others.[23]

Considerations Specific to Public Sector Entities

A57. In many cases in the public sector, the option of withdrawing from the engagement may not be available to the auditor due to the nature of the mandate or public interest considerations.

Written Representations (Ref: Para. 39)

A58. ISA 580[24] establishes requirements and provides guidance on obtaining appropriate representations from management and, where appropriate, those charged with governance in the audit. In addition to acknowledging that they have fulfilled their responsibility for the preparation of the financial statements, it is important that, irrespective of the size of the entity, management and, where appropriate, those charged with governance acknowledge their responsibility for internal control designed, implemented and maintained to prevent and detect fraud.

A59. Because of the nature of fraud and the difficulties encountered by auditors in detecting material misstatements in the financial statements resulting from fraud, it is important that the auditor obtain a written representation from management and, where appropriate, those charged with governance confirming that they have disclosed to the auditor:

---

21) ISA 450, "Evaluation of Misstatements Identified during the Audit."
22) ISA 700, "Forming an Opinion and Reporting on Financial Statements."
23) The IESBA *Code of Ethics for Professional Accountants* provides guidance on communications with an auditor replacing the existing auditor.
24) ISA 580, "Written Representations."

gestellt werden, da möglicherweise Zweifel an der Vollständigkeit und Glaubhaftigkeit der abgegebenen Erklärungen sowie an der Echtheit von Rechnungslegungsunterlagen und Dokumentation bestehen. Außerdem besteht die Möglichkeit, dass ein betrügerisches Zusammenwirken unter Beteiligung von Mitarbeitern, Management oder Dritten vorliegt.

A53. ISA 450[21] und ISA 700[22] enthalten Anforderungen und erläuternde Hinweise zur Beurteilung und Behandlung falscher Darstellungen und zu deren Auswirkungen auf das Prüfungsurteil im Vermerk des Abschlussprüfers.

Unmöglichkeit für den Abschlussprüfer zur Fortführung des Auftrags (vgl. Tz. 38)

A54. Zu den Beispielen für außergewöhnliche Umstände, die eintreten können und durch die möglicherweise in Frage gestellt wird, ob der Abschlussprüfer die Prüfung fortführen kann, gehören:
- Die Einheit ergreift nicht die angemessenen Maßnahmen im Hinblick auf dolose Handlungen, welche der Abschlussprüfer unter den gegebenen Umständen für notwendig hält, auch wenn die dolosen Handlungen keine wesentlichen Auswirkungen auf den Abschluss haben.
- Die vom Abschlussprüfer vorgenommene Beurteilung der Risiken wesentlicher falscher Darstellungen aufgrund von dolosen Handlungen und die Ergebnisse der Prüfungshandlungen deuten auf ein bedeutsames Risiko wesentlicher und umfassender doloser Handlungen hin.
- Der Abschlussprüfer hat erhebliche Bedenken hinsichtlich der Kompetenz oder Integrität des Managements oder der für die Überwachung Verantwortlichen.

A55. Wegen der Verschiedenartigkeit der Umstände, die eintreten können, kann nicht abschließend dargelegt werden, wann eine Mandatsniederlegung angemessen ist. Zu den Faktoren, welche die Schlussfolgerung des Abschlussprüfers beeinflussen, gehören die Konsequenzen aus einer Beteiligung von Mitgliedern des Managements oder der für die Überwachung Verantwortlichen (die sich auf die Verlässlichkeit von Erklärungen des Managements auswirken kann) sowie die Auswirkungen daraus, dass der Abschlussprüfer fortlaufend mit der Einheit in Verbindung gebracht wird.

A56. Unter diesen Umständen hat der Abschlussprüfer berufliche und gesetzliche Pflichten zu beachten, die je nach Land unterschiedlich sein können. In einigen Ländern kann der Abschlussprüfer bspw. das Recht haben oder verpflichtet sein, eine Erklärung abzugeben bzw. den Sachverhalt den für die Prüferbestellung zuständigen Personen oder in manchen Fällen den Aufsichtsbehörden mitzuteilen. Angesichts der Außergewöhnlichkeit der Umstände und der Notwendigkeit, die rechtlichen Anforderungen zu berücksichtigen, kann es der Abschlussprüfer für angemessen halten, rechtlichen Rat einzuholen, wenn es um die Entscheidung geht, ein Mandat niederzulegen und eine angemessene Vorgehensweise festzulegen. Hierzu gehört auch eine mögliche Berichterstattung an Anteilseigner, Aufsichtsbehörden oder andere.[23]

Spezifische Überlegungen zu Einheiten des öffentlichen Sektors

A57. In vielen Fällen hat ein Abschlussprüfer im öffentlichen Sektor aufgrund der Art des Mandates oder aufgrund von Abwägungen des öffentlichen Interesses u.U. nicht die Möglichkeit, das Mandat niederzulegen.

Schriftliche Erklärungen (vgl. Tz. 39)

A58. ISA 580[24] enthält Anforderungen und erläuternde Hinweise zur Einholung angemessener Erklärungen des Managements und – sofern angebracht – der für die Überwachung Verantwortlichen im Rahmen der Abschlussprüfung. Ungeachtet der Größe der Einheit ist es wichtig, dass das Management und – sofern angebracht – die für die Überwachung Verantwortlichen neben der Anerkennung, dass sie ihre Verantwortung für die Aufstellung des Abschlusses erfüllt haben, auch ihre Verantwortung für die Planung, Einrichtung und Aufrechterhaltung des IKS zur Verhinderung und Aufdeckung doloser Handlungen anerkennen.

A59. Aufgrund der Merkmale doloser Handlungen sowie der Schwierigkeiten, auf die Abschlussprüfer stoßen, wenn es darum geht, aus dolosen Handlungen resultierende wesentliche falsche Darstellungen im Abschluss aufzudecken, ist es wichtig, dass der Abschlussprüfer eine schriftliche Erklärung des Managements und – sofern angebracht – der für die Überwachung Verantwortlichen einholt, in der diese bestätigen, dem Abschlussprüfer Folgendes bekannt gegeben zu haben:

---

21) ISA 450 „Die Beurteilung der während der Abschlussprüfung festgestellten falschen Darstellungen".
22) ISA 700 „Bildung eines Prüfungsurteils und Erteilung eines Vermerks zum Abschluss".
23) Der *IESBA Code of Ethics for Professional Accountants* enthält Hinweise zur Kommunikation mit einem Abschlussprüfer, der den derzeitigen Abschlussprüfer ersetzt.
24) ISA 580 „Schriftliche Erklärungen".

(a) The results of management's assessment of the risk that the financial statements may be materially misstated as a result of fraud; and
(b) Their knowledge of actual, suspected or alleged fraud affecting the entity.

Communications to Management and with Those Charged with Governance

Communication to Management (Ref: Para. 40)

A60. When the auditor has obtained evidence that fraud exists or may exist, it is important that the matter be brought to the attention of the appropriate level of management as soon as practicable. This is so even if the matter might be considered inconsequential (for example, a minor defalcation by an employee at a low level in the entity's organization). The determination of which level of management is the appropriate one is a matter of professional judgment and is affected by such factors as the likelihood of collusion and the nature and magnitude of the suspected fraud. Ordinarily, the appropriate level of management is at least one level above the persons who appear to be involved with the suspected fraud.

Communication with Those Charged with Governance (Ref: Para. 41)

A61. The auditor's communication with those charged with governance may be made orally or in writing. ISA 260 identifies factors the auditor considers in determining whether to communicate orally or in writing.[25] Due to the nature and sensitivity of fraud involving senior management, or fraud that results in a material misstatement in the financial statements, the auditor reports such matters on a timely basis and may consider it necessary to also report such matters in writing.

A62. In some cases, the auditor may consider it appropriate to communicate with those charged with governance when the auditor becomes aware of fraud involving employees other than management that does not result in a material misstatement. Similarly, those charged with governance may wish to be informed of such circumstances. The communication process is assisted if the auditor and those charged with governance agree at an early stage in the audit about the nature and extent of the auditor's communications in this regard.

A63. In the exceptional circumstances where the auditor has doubts about the integrity or honesty of management or those charged with governance, the auditor may consider it appropriate to obtain legal advice to assist in determining the appropriate course of action.

Other Matters Related to Fraud (Ref: Para. 42)

A64. Other matters related to fraud to be discussed with those charged with governance of the entity may include, for example:

- Concerns about the nature, extent and frequency of management's assessments of the controls in place to prevent and detect fraud and of the risk that the financial statements may be misstated.

- A failure by management to appropriately address identified significant deficiencies in internal control, or to appropriately respond to an identified fraud.

- The auditor's evaluation of the entity's control environment, including questions regarding the competence and integrity of management.

- Actions by management that may be indicative of fraudulent financial reporting, such as management's selection and application of accounting policies that may be indicative of management's effort to manage earnings in order to deceive financial statement users by influencing their perceptions as to the entity's performance and profitability.

- Concerns about the adequacy and completeness of the authorization of transactions that appear to be outside the normal course of business.

---

25) ISA 260, paragraph A38.

(a) die Ergebnisse der Beurteilung des Risikos, dass der Abschluss aufgrund von dolosen Handlungen wesentliche falsche Darstellungen enthalten könnte, durch das Management

(b) deren Kenntnis von vorliegenden, vermuteten oder behaupteten dolosen Handlungen mit Auswirkung auf die Einheit.

Mitteilungen an das Management und Kommunikation mit den für die Überwachung Verantwortlichen

Mitteilungen an das Management (vgl. Tz. 40)

A60. Wenn der Abschlussprüfer Nachweise dafür erlangt hat, dass dolose Handlungen vorliegen oder vorliegen können, ist es wichtig, dass der Sachverhalt der angemessenen Managementebene mitgeteilt wird, sobald dies praktisch durchführbar ist. Dies gilt auch dann, wenn der Sachverhalt als belanglos angesehen werden könnte (z.B. geringfügige Unterschlagung durch einen Mitarbeiter auf einer niedrigen Hierarchieebene der Einheit). Die Festlegung, welche Managementebene angemessen ist, liegt im pflichtgemäßen Ermessen des Abschlussprüfers und wird beeinflusst durch Faktoren wie die Wahrscheinlichkeit von betrügerischem Zusammenwirken sowie die Art und das Ausmaß der vermuteten dolosen Handlungen. Normalerweise liegt die angemessene Managementebene mindestens eine Ebene oberhalb der Personen, die an den vermuteten dolosen Handlungen beteiligt zu sein scheinen.

Kommunikation mit den für die Überwachung Verantwortlichen (vgl. Tz. 41)

A61. Die Kommunikation zwischen dem Abschlussprüfer und den für die Überwachung Verantwortlichen kann in mündlicher oder schriftlicher Form erfolgen. In ISA 260 werden Faktoren genannt, die der Abschlussprüfer bei der Entscheidung zwischen mündlicher und schriftlicher Kommunikation abwägt.[25)] Aufgrund der Merkmale und der Sensibilität doloser Handlungen, an denen das obere Management beteiligt ist, oder doloser Handlungen, die zu wesentlichen falschen Darstellungen im Abschluss führen, meldet der Abschlussprüfer solche Sachverhalte in angemessener Zeit und kann es für erforderlich erachten, dies auch in schriftlicher Form zu tun.

A62. In einigen Fällen kann es der Abschlussprüfer für angemessen halten, mit den für die Überwachung Verantwortlichen zu kommunizieren, wenn dolose Handlungen bekannt werden, an denen Mitarbeiter außerhalb des Managements beteiligt sind und die nicht zu wesentlichen falschen Darstellungen führen. Ebenso können die für die Überwachung Verantwortlichen wünschen, über solche Umstände informiert zu werden. Es kann dem Kommunikationsprozess dienen, wenn der Abschlussprüfer und die für die Überwachung Verantwortlichen sich in einem frühen Prüfungsstadium über Art und Umfang der diesbezüglichen Mitteilungen des Abschlussprüfers einigen.

A63. In den seltenen Ausnahmefällen, in denen der Abschlussprüfer Zweifel an der Integrität oder Ehrlichkeit des Managements oder der für die Überwachung Verantwortlichen hat, kann er es ggf. für angemessen halten, rechtlichen Rat einzuholen, um bei der Entscheidung über die den Umständen angemessene Vorgehensweise Unterstützung zu erhalten.

Weitere Sachverhalte im Zusammenhang mit dolosen Handlungen (vgl. Tz. 42)

A64. Weitere Sachverhalte im Zusammenhang mit dolosen Handlungen, die mit den für die Überwachung der Einheit Verantwortlichen zu erörtern sind, können einschließen

- Bedenken zu Art, Umfang und Häufigkeit, mit denen das Management die Kontrollen zur Verhinderung und Aufdeckung doloser Handlungen sowie das Risiko, dass der Abschluss falsche Darstellungen enthalten könnte, beurteilt,

- Versäumnis des Managements, sich in angemessener Weise mit festgestellten bedeutsamen Mängeln im IKS auseinander zu setzen oder in angemessener Weise auf festgestellte dolose Handlungen zu reagieren,

- Beurteilung des Kontrollumfeldes der Einheit durch den Abschlussprüfer, einschließlich Fragen zur Kompetenz und Integrität des Managements,

- Maßnahmen des Managements können auf Manipulationen der Rechnungslegung hindeuten (z.B. Auswahl und Anwendung von Rechnungslegungsmethoden durch das Management, die möglicherweise auf ein Bemühen des Managements hindeuten, die Ergebnisse in einer Art und Weise zu steuern, durch die Nutzer des Abschlusses getäuscht werden sollen, indem ihre Wahrnehmung von Leistung und Rentabilität der Einheit beeinflusst wird),

- Bedenken zur Angemessenheit und Vollständigkeit der Autorisierung von Geschäftsvorfällen, die scheinbar außerhalb des gewöhnlichen Geschäftsverlaufs der Einheit liegen.

---

25) ISA 260, Textziffer A38.

Communications to Regulatory and Enforcement Authorities (Ref: Para. 43)

A65. The auditor's professional duty to maintain the confidentiality of client information may preclude reporting fraud to a party outside the client entity. However, the auditor's legal responsibilities vary by country and, in certain circumstances, the duty of confidentiality may be overridden by statute, the law or courts of law. In some countries, the auditor of a financial institution has a statutory duty to report the occurrence of fraud to supervisory authorities. Also, in some countries the auditor has a duty to report misstatements to authorities in those cases where management and those charged with governance fail to take corrective action.

A66. The auditor may consider it appropriate to obtain legal advice to determine the appropriate course of action in the circumstances, the purpose of which is to ascertain the steps necessary in considering the public interest aspects of identified fraud.

Considerations Specific to Public Sector Entities

A67. In the public sector, requirements for reporting fraud, whether or not discovered through the audit process, may be subject to specific provisions of the audit mandate or related law, regulation or other authority.

Mitteilungen an Aufsichtsbehörden und Überwachungsstellen (vgl. Tz. 43)

A65. Aufgrund seiner beruflichen Pflicht, die Vertraulichkeit von Mandanteninformationen zu wahren, kann der Abschlussprüfer daran gehindert sein, einer Partei außerhalb der Einheit über dolose Handlungen zu berichten. Die rechtlichen Pflichten des Abschlussprüfers sind jedoch je nach Land unterschiedlich. In bestimmten Fällen kann die Verschwiegenheitspflicht durch Gesetzgebung oder Rechtsprechung außer Kraft gesetzt werden. In manchen Ländern ist der Abschlussprüfer eines Finanzinstituts gesetzlich verpflichtet, den Aufsichtsbehörden über das Auftreten doloser Handlungen zu berichten. Außerdem ist der Abschlussprüfer in einigen Ländern verpflichtet, den Behörden über falsche Darstellungen zu berichten in den Fällen, in denen das Management und die für die Überwachung Verantwortlichen keine Korrekturmaßnahmen ergreifen.

A66. Der Abschlussprüfer kann es für angemessen halten, zur Festlegung der den Umständen angemessenen Vorgehensweise rechtlichen Rat einzuholen, mit dem Ziel, die notwendigen Schritte unter Berücksichtigung des öffentlichen Interesses an festgestellten dolosen Handlungen zu ermitteln.

Spezifische Überlegungen zu Einheiten des öffentlichen Sektors

A67. Im öffentlichen Sektor können für die Berichterstattung über dolose Handlungen (ungeachtet dessen, ob diese durch den Abschlussprüfungsprozess aufgedeckt wurden) ggf. spezifische Bestimmungen des Prüfungsmandates oder damit zusammenhängende Gesetze, andere Rechtsvorschriften oder sonstige amtliche Vorgaben gelten.

ISA 240 The Auditor's Responsibilities Relating to Fraud in an Audit of Financial Statements

Appendix 1
(Ref: Para. A25)

Examples of Fraud Risk Factors

The fraud risk factors identified in this Appendix are examples of such factors that may be faced by auditors in a broad range of situations. Separately presented are examples relating to the two types of fraud relevant to the auditor's consideration – that is, fraudulent financial reporting and misappropriation of assets. For each of these types of fraud, the risk factors are further classified based on the three conditions generally present when material misstatements due to fraud occur: (a) incentives/pressures, (b) opportunities, and (c) attitudes/rationalizations. Although the risk factors cover a broad range of situations, they are only examples and, accordingly, the auditor may identify additional or different risk factors. Not all of these examples are relevant in all circumstances, and some may be of greater or lesser significance in entities of different size or with different ownership characteristics or circumstances. Also, the order of the examples of risk factors provided is not intended to reflect their relative importance or frequency of occurrence.

Risk Factors Relating to Misstatements Arising from Fraudulent Financial Reporting

The following are examples of risk factors relating to misstatements arising from fraudulent financial reporting.

Incentives/Pressures

Financial stability or profitability is threatened by economic, industry, or entity operating conditions, such as (or as indicated by):

- High degree of competition or market saturation, accompanied by declining margins.
- High vulnerability to rapid changes, such as changes in technology, product obsolescence, or interest rates.
- Significant declines in customer demand and increasing business failures in either the industry or overall economy.
- Operating losses making the threat of bankruptcy, foreclosure, or hostile takeover imminent.
- Recurring negative cash flows from operations or an inability to generate cash flows from operations while reporting earnings and earnings growth.
- Rapid growth or unusual profitability especially compared to that of other companies in the same industry.
- New accounting, statutory, or regulatory requirements.

Excessive pressure exists for management to meet the requirements or expectations of third parties due to the following:

- Profitability or trend level expectations of investment analysts, institutional investors, significant creditors, or other external parties (particularly expectations that are unduly aggressive or unrealistic), including expectations created by management in, for example, overly optimistic press releases or annual report messages.
- Need to obtain additional debt or equity financing to stay competitive – including financing of major research and development or capital expenditures.
- Marginal ability to meet exchange listing requirements or debt repayment or other debt covenant requirements.
- Perceived or real adverse effects of reporting poor financial results on significant pending transactions, such as business combinations or contract awards.

Information available indicates that the personal financial situation of management or those charged with governance is threatened by the entity's financial performance arising from the following:

Anlage 1
(Vgl. Tz. A25)

Beispiele für Risikofaktoren für dolose Handlungen

Die in dieser Anlage genannten Risikofaktoren für dolose Handlungen sind Beispiele für Faktoren, mit denen Abschlussprüfer in vielen unterschiedlichen Situationen konfrontiert werden können. Beispiele für die beiden für den Abschlussprüfer relevanten Arten doloser Handlungen, d.h. für Manipulationen der Rechnungslegung und für Vermögensschädigungen, sind separat aufgeführt. Für jede dieser Arten doloser Handlungen sind die Risikofaktoren auf der Grundlage der drei Bedingungen, die bei Vorliegen wesentlicher falscher Darstellungen aufgrund von dolosen Handlungen im Allgemeinen erfüllt sind, genauer klassifiziert: a) Anreize bzw. Druck, b) Gelegenheiten und c) Einstellung bzw. innere Rechtfertigung. Obwohl die Risikofaktoren viele unterschiedliche Situationen abdecken, handelt es sich lediglich um Beispiele und entsprechend kann der Abschlussprüfer möglicherweise zusätzliche oder andere Risikofaktoren feststellen. Nicht alle diese Beispiele sind unter allen Umständen relevant, und einige davon sind möglicherweise in Einheiten von unterschiedlicher Größe bzw. mit unterschiedlichen Eigentümerstrukturen oder Umständen mehr oder weniger bedeutsam. Außerdem ist die Reihenfolge, in der die Beispiele für Risikofaktoren aufgeführt sind, nicht so zu verstehen, dass sie deren relative Wichtigkeit oder die Häufigkeit ihres Eintritts widerspiegeln.

Risikofaktoren für aus Manipulationen der Rechnungslegung resultierende falsche Darstellungen

Im Folgenden sind Beispiele für Risikofaktoren für aus Manipulationen der Rechnungslegung resultierende falsche Darstellungen aufgeführt.

Anreize bzw. Druck

Die finanzielle Stabilität oder die Rentabilität wird durch gesamtwirtschaftliche, branchenspezifische oder betriebliche Bedingungen der Einheit bedroht, zum Beispiel durch die folgenden Faktoren (die zumindest Anzeichen für eine solche Bedrohung sind):

- hoher Grad an Wettbewerb oder Marktsättigung, verbunden mit abnehmenden Gewinnspannen
- starke Anfälligkeit bei schnellen Veränderungen, z.B. Änderungen in der Technologie, Veraltung von Produkten oder Zinsschwankungen
- erhebliche Rückgänge der Kundennachfrage und Zunahme der Insolvenzen entweder in der Branche oder auf gesamtwirtschaftlicher Ebene
- operative Verluste, so dass eine Bedrohung aus Insolvenz, Zwangsvollstreckung oder feindlicher Übernahme unmittelbar bevorsteht
- wiederkehrende negative Cashflows aus der gewöhnlichen Geschäftstätigkeit oder das Unvermögen, positive zu generieren, obwohl Gewinne und Gewinnwachstum ausgewiesen werden
- schnelles Wachstum oder ungewöhnlich hohe Rentabilität, besonders im Vergleich zu anderen Unternehmen derselben Branche
- neue Anforderungen an die Rechnungslegung sowie gesetzliche oder andere rechtliche Anforderungen.

Aufgrund der folgenden Faktoren steht das Management unter übermäßigem Druck, die Anforderungen oder Erwartungen Dritter zu erfüllen:

- Rentabilitäts- oder Entwicklungserwartungen von Finanzanalysten, institutionellen Anlegern, wichtigen Gläubigern oder anderen Dritten (insbesondere Erwartungen, die übermäßig aggressiv oder unrealistisch sind), einschließlich Erwartungen, die vom Management bspw. in übertrieben optimistischen Presseerklärungen oder Mitteilungen zum Geschäftsbericht geweckt wurden
- Notwendigkeit, zusätzliche Fremd- oder Eigenfinanzierung zu erlangen, um wettbewerbsfähig zu bleiben – einschließlich der Finanzierung größerer Forschungs- und Entwicklungsaufwendungen oder Investitionsausgaben
- geringe Fähigkeit, Börsenzulassungsvorschriften sowie Rückzahlungsverpflichtungen für Darlehen oder sonstige Verpflichtungen im Zusammenhang mit Schulden zu erfüllen
- befürchtete oder tatsächliche nachteilige Auswirkungen bei Ausweis schlechter Finanzergebnisse für bedeutsame schwebende Geschäftsvorfälle, z.B. Unternehmenszusammenschlüsse oder zu erwartende Auftragsvergaben.

Verfügbare Informationen deuten darauf hin, dass die persönliche finanzielle Situation des Managements oder der für die Überwachung Verantwortlichen aufgrund der folgenden Faktoren durch die finanzielle Leistungskraft der Einheit bedroht ist:

- Significant financial interests in the entity.
- Significant portions of their compensation (for example, bonuses, stock options, and earn-out arrangements) being contingent upon achieving aggressive targets for stock price, operating results, financial position, or cash flow.[1]
- Personal guarantees of debts of the entity.

There is excessive pressure on management or operating personnel to meet financial targets established by those charged with governance, including sales or profitability incentive goals.

Opportunities

The nature of the industry or the entity's operations provides opportunities to engage in fraudulent financial reporting that can arise from the following:

- Significant related-party transactions not in the ordinary course of business or with related entities not audited or audited by another firm.
- A strong financial presence or ability to dominate a certain industry sector that allows the entity to dictate terms or conditions to suppliers or customers that may result in inappropriate or non-arm's-length transactions.
- Assets, liabilities, revenues, or expenses based on significant estimates that involve subjective judgments or uncertainties that are difficult to corroborate.
- Significant, unusual, or highly complex transactions, especially those close to period end that pose difficult "substance over form" questions.
- Significant operations located or conducted across international borders in jurisdictions where differing business environments and cultures exist.
- Use of business intermediaries for which there appears to be no clear business justification.
- Significant bank accounts or subsidiary or branch operations in tax-haven jurisdictions for which there appears to be no clear business justification.

The monitoring of management is not effective as a result of the following:

- Domination of management by a single person or small group (in a non owner-managed business) without compensating controls.
- Oversight by those charged with governance over the financial reporting process and internal control is not effective.

There is a complex or unstable organizational structure, as evidenced by the following:

- Difficulty in determining the organization or individuals that have controlling interest in the entity.
- Overly complex organizational structure involving unusual legal entities or managerial lines of authority.
- High turnover of senior management, legal counsel, or those charged with governance.

Internal control components are deficient as a result of the following:

- Inadequate monitoring of controls, including automated controls and controls over interim financial reporting (where external reporting is required).
- High turnover rates or employment of accounting, internal audit, or information technology staff that are not effective.
- Accounting and information systems that are not effective, including situations involving significant deficiencies in internal control.

Attitudes/Rationalizations

- Communication, implementation, support, or enforcement of the entity's values or ethical standards by management, or the communication of inappropriate values or ethical standards, that are not effective.

---

[1] Management incentive plans may be contingent upon achieving targets relating only to certain accounts or selected activities of the entity, even though the related accounts or activities may not be material to the entity as a whole.

- erhebliche finanzielle Interessen an der Einheit
- erhebliche Teile ihrer Vergütung (z.B. Boni, Aktienoptionen und Earn-Out-Vereinbarungen) sind von der Erreichung aggressiver Ziele für Aktienkurs, operative Ergebnisse, Vermögenslage oder Cashflow abhängig[1)]
- persönliche Garantien für Schulden der Einheit.

Management oder Betriebspersonal stehen unter übermäßigem Druck, von den für die Überwachung Verantwortlichen festgelegte finanzielle Ziele zu erreichen, einschließlich Anreizziele für Umsatz oder Rentabilität.

Gelegenheiten

Die Art der Branche oder der Geschäftstätigkeit der Einheit bieten Gelegenheiten zu Manipulationen der Rechnungslegung, die aus Folgendem resultieren können:
- bedeutsame Geschäftsvorfälle mit nahestehenden Personen außerhalb des gewöhnlichen Geschäftsbetriebs oder mit nahestehenden Einheiten, die nicht oder von einer anderen Praxis geprüft werden
- starke finanzielle Präsenz oder Fähigkeit, eine bestimmte Branche zu beherrschen, die es der Einheit ermöglicht, Konditionen für Lieferanten oder Kunden zu bestimmen, aus denen möglicherweise unangemessene oder nicht auf Marktpreisen basierende Geschäftsvorfälle resultieren
- Vermögenswerte, Schulden, Erträge oder Aufwendungen auf der Grundlage von bedeutsamen Schätzungen, die mit schwer überprüfbaren subjektiven Beurteilungen oder Unsicherheiten verbunden sind
- bedeutsame, ungewöhnliche oder hoch komplexe Geschäftsvorfälle, besonders solche kurz vor dem Abschlussstichtag, die schwierige Fragen zu deren wirtschaftlicher Betrachtungsweise aufwerfen
- bedeutsame grenzüberschreitende Geschäfte, die in ausländischen Rechtsräumen mit unterschiedlichem Geschäftsumfeld und unterschiedlicher Geschäftskultur abgeschlossen oder abgewickelt wurden
- Hinzuziehung von Vermittlern, wenn dafür kein geschäftlicher Grund ersichtlich ist
- bedeutsame Bankkonten bzw. Tochtergesellschaften oder Niederlassungen in Steueroasen, für die kein eindeutiger geschäftlicher Grund ersichtlich ist.

Die Überwachung des Managements ist aufgrund der folgenden Faktoren nicht wirksam:
- Beherrschung des Managements durch eine einzelne Person oder eine kleine Gruppe (in einer Einheit, die keinen Gesellschafter-Geschäftsführer hat) ohne ausgleichende Kontrollen
- nicht wirksame Aufsicht über den Rechnungslegungsprozess und das IKS durch die für die Überwachung Verantwortlichen.

Die Organisationsstruktur ist komplex oder instabil, was sich an Folgendem zeigen kann:
- Schwierigkeiten bei der Feststellung der Organisation oder der Personen, die eine Beteiligung mit beherrschendem Einfluss an der Einheit halten
- übermäßig komplexe Organisationsstruktur mit ungewöhnlichen Rechtsformen oder ungewöhnlichen Weisungsbefugnissen im Management
- hohe Fluktuation im oberen Management, bei den Rechtsberatern oder bei den für die Überwachung Verantwortlichen.

Komponenten des IKS sind aufgrund der folgenden Faktoren unzulänglich:
- unzureichende Überwachung von Kontrollen, einschließlich automatisierter Kontrollen und Kontrollen für die Zwischenberichterstattung (wenn diese veröffentlicht werden muss)
- hohe Fluktuation oder unzulängliche Eignung der Mitarbeiter in Rechnungswesen, interner Revision oder im Bereich IT
- unzulängliche Buchführungs- und Informationssysteme, einschließlich Situationen mit bedeutsamen Mängeln im IKS.

Einstellung bzw. innere Rechtfertigung
- Unwirksame Kommunikation, Umsetzung, Unterstützung oder Durchsetzung der für die Einheit geltenden Werte oder ethischen Standards durch das Management oder Kommunikation unangemessener Werte oder ethischer Standards.

---

1) Anreizpläne für das Management sind möglicherweise von der Erreichung von Zielen abhängig, die sich nur auf bestimmte Konten oder ausgewählte Tätigkeiten der Einheit beziehen, auch wenn die betreffenden Konten bzw. Tätigkeiten für die Einheit als Ganzes nicht von wesentlicher Bedeutung sind.

- Nonfinancial management's excessive participation in or preoccupation with the selection of accounting policies or the determination of significant estimates.
- Known history of violations of securities laws or other laws and regulations, or claims against the entity, its senior management, or those charged with governance alleging fraud or violations of laws and regulations.
- Excessive interest by management in maintaining or increasing the entity's stock price or earnings trend.
- The practice by management of committing to analysts, creditors, and other third parties to achieve aggressive or unrealistic forecasts.
- Management failing to remedy known significant deficiencies in internal control on a timely basis.
- An interest by management in employing inappropriate means to minimize reported earnings for tax-motivated reasons.
- Low morale among senior management.
- The owner-manager makes no distinction between personal and business transactions.
- Dispute between shareholders in a closely held entity.
- Recurring attempts by management to justify marginal or inappropriate accounting on the basis of materiality.
- The relationship between management and the current or predecessor auditor is strained, as exhibited by the following:
    - Frequent disputes with the current or predecessor auditor on accounting, auditing, or reporting matters.
    - Unreasonable demands on the auditor, such as unrealistic time constraints regarding the completion of the audit or the issuance of the auditor's report.
    - Restrictions on the auditor that inappropriately limit access to people or information or the ability to communicate effectively with those charged with governance.
    - Domineering management behavior in dealing with the auditor, especially involving attempts to influence the scope of the auditor's work or the selection or continuance of personnel assigned to or consulted on the audit engagement.

Risk Factors Arising from Misstatements Arising from Misappropriation of Assets

Risk factors that relate to misstatements arising from misappropriation of assets are also classified according to the three conditions generally present when fraud exists: incentives/pressures, opportunities, and attitudes/rationalization. Some of the risk factors related to misstatements arising from fraudulent financial reporting also may be present when misstatements arising from misappropriation of assets occur. For example, ineffective monitoring of management and other deficiencies in internal control may be present when misstatements due to either fraudulent financial reporting or misappropriation of assets exist. The following are examples of risk factors related to misstatements arising from misappropriation of assets.

Incentives/Pressures

Personal financial obligations may create pressure on management or employees with access to cash or other assets susceptible to theft to misappropriate those assets.

Adverse relationships between the entity and employees with access to cash or other assets susceptible to theft may motivate those employees to misappropriate those assets. For example, adverse relationships may be created by the following:

- Known or anticipated future employee layoffs.
- Recent or anticipated changes to employee compensation or benefit plans.
- Promotions, compensation, or other rewards inconsistent with expectations.

- Übermäßige Beteiligung des nicht für die Finanzen verantwortlichen Managements bei der Auswahl von Rechnungslegungsmethoden oder der Festlegung bedeutsamer Schätzungen.
- Aus der Vergangenheit bekannte Verletzungen der Wertpapiergesetze oder sonstiger Rechtsvorschriften sowie Ansprüche gegen die Einheit bzw. das obere Management oder gegen die für die Überwachung Verantwortlichen, in denen Verstöße gegen oder Verletzungen von Gesetzen und anderen Rechtsvorschriften behauptet werden.
- Übermäßiges Interesse des Managements an der Erhaltung oder Erhöhung des Aktienkurses oder des Ergebnistrends der Einheit.
- Praxis des Managements, sich gegenüber Analysten, Gläubigern oder anderen Dritten zur Erfüllung aggressiver oder unrealistischer Prognosen zu verpflichten.
- Versäumnis des Managements, bekannte bedeutsame Mängel im IKS in angemessener Zeit abzustellen.
- Interesse des Managements am Einsatz unangemessener Mittel, um die ausgewiesenen Ergebnisse aus steuerlichen Gründen zu minimieren.
- Niedrige Moral im oberen Management.
- Fehlende Unterscheidung zwischen privaten und geschäftlichen Transaktionen durch den Gesellschafter-Geschäftsführer.
- Auseinandersetzung zwischen Anteilseignern in einer Einheit mit kleinem Anteilseignerkreis.
- Wiederkehrende Versuche des Managements, eine grenzwertige bzw. unangemessene Rechnungslegung unter Abstellen auf Wesentlichkeitsüberlegungen zu rechtfertigen.
- Die Beziehung zwischen dem Management und der derzeitigen oder vorherigen Abschlussprüfer ist angespannt, was sich in Folgendem zeigt:
    o häufige Auseinandersetzungen mit dem derzeitigen oder vorherigen Abschlussprüfer über Fragen von Rechnungslegung, Prüfung oder Berichterstattung
    o unangemessene Anforderungen an den Abschlussprüfer, z.B. unrealistische zeitliche Einschränkungen im Hinblick auf die Beendigung der Prüfung oder die Erteilung des Vermerks des Abschlussprüfers
    o Beschränkungen für den Abschlussprüfer, durch die der Zugang zu Personen oder Informationen oder die Möglichkeit einer wirksamen Kommunikation mit den für die Überwachung Verantwortlichen in unangemessener Weise eingeschränkt wird
    o dominierendes Verhalten des Managements in der Zusammenarbeit mit dem Abschlussprüfer, besonders Versuche einer Einflussnahme auf Art und Umfang der Arbeit des Abschlussprüfers sowie auf Auswahl oder Beibehaltung von Mitarbeitern, die mit dem Auftrag zur Abschlussprüfung betraut oder um fachlichen Rat gebeten werden.

Risikofaktoren für aus Vermögensschädigungen resultierende falsche Darstellungen

Risikofaktoren für aus Vermögensschädigungen resultierende falsche Darstellungen sind ebenfalls nach den drei Bedingungen klassifiziert, die bei Vorliegen doloser Handlungen im Allgemeinen erfüllt sind: Anreize bzw. Druck, Gelegenheiten und Einstellung bzw. innere Rechtfertigung. Einige der Risikofaktoren für aus Manipulationen der Rechnungslegung resultierende falsche Darstellungen liegen möglicherweise auch bei aus Vermögensschädigungen resultierenden falschen Darstellungen vor. Beispielsweise können eine unwirksame Überwachung des Managements und sonstige Mängel im IKS sowohl bei falschen Darstellungen aufgrund von Manipulationen der Rechnungslegung als auch bei falschen Darstellungen aufgrund von Vermögensschädigungen vorliegen. Im Folgenden sind Beispiele für Risikofaktoren für aus Vermögensschädigungen resultierende falsche Darstellungen aufgeführt.

Anreize bzw. Druck

Private finanzielle Verpflichtungen können das Management oder Mitarbeiter mit Zugang zu Barmitteln oder zu anderen Vermögenswerten, die für Entwendung anfällig sind, unter Druck setzen, Vermögensschädigungen zu begehen.

Ein gestörtes Verhältnis zwischen der Einheit und Mitarbeitern mit Zugang zu Barmitteln oder zu anderen Vermögenswerten, die für Entwendung anfällig sind, kann diese Mitarbeiter dazu motivieren, Vermögensschädigungen zu begehen. Ein gestörtes Verhältnis kann bspw. entstehen durch:
- bekannte oder erwartete zukünftige Entlassungen
- kürzlich erfolgte oder erwartete Änderungen von Vergütungs- oder Leistungsplänen für Mitarbeiter
- Beförderungen, Vergütungen oder sonstige Belohnungen, die den Erwartungen nicht entsprechen.

Opportunities

Certain characteristics or circumstances may increase the susceptibility of assets to misappropriation. For example, opportunities to misappropriate assets increase when there are the following:

- Large amounts of cash on hand or processed.
- Inventory items that are small in size, of high value, or in high demand.
- Easily convertible assets, such as bearer bonds, diamonds, or computer chips.
- Fixed assets which are small in size, marketable, or lacking observable identification of ownership.

Inadequate internal control over assets may increase the susceptibility of misappropriation of those assets. For example, misappropriation of assets may occur because there is the following:

- Inadequate segregation of duties or independent checks.
- Inadequate oversight of senior management expenditures, such as travel and other re-imbursements.
- Inadequate management oversight of employees responsible for assets, for example, inadequate supervision or monitoring of remote locations.
- Inadequate job applicant screening of employees with access to assets.
- Inadequate record keeping with respect to assets.
- Inadequate system of authorization and approval of transactions (for example, in purchasing).
- Inadequate physical safeguards over cash, investments, inventory, or fixed assets.
- Lack of complete and timely reconciliations of assets.
- Lack of timely and appropriate documentation of transactions, for example, credits for merchandise returns.
- Lack of mandatory vacations for employees performing key control functions.
- Inadequate management understanding of information technology, which enables information technology employees to perpetrate a misappropriation.
- Inadequate access controls over automated records, including controls over and review of computer systems event logs.

Attitudes/Rationalizations

- Disregard for the need for monitoring or reducing risks related to misappropriations of assets.
- Disregard for internal control over misappropriation of assets by overriding existing controls or by failing to take appropriate remedial action on known deficiencies in internal control.
- Behavior indicating displeasure or dissatisfaction with the entity or its treatment of the employee.
- Changes in behavior or lifestyle that may indicate assets have been misappropriated.
- Tolerance of petty theft.

Gelegenheiten

Bestimmte Merkmale oder Umstände können bei Vermögenswerten zu einer höheren Anfälligkeit für Vermögensschädigungen führen. Gelegenheiten für Vermögensschädigungen ergeben sich bspw. dann in verstärktem Maße, wenn Folgendes gegeben ist:

- große Barbeträge in der Kasse oder im Umlauf
- Vorratsposten von geringer Größe bzw. hohem Wert oder mit starker Nachfrage
- leicht in Bargeld umwandelbare Vermögenswerte, z.B. Inhaberwertpapiere, Diamanten oder Computerchips
- Werte des Anlagevermögens, die klein bzw. marktgängig sind oder keine erkennbare Eigentumskennzeichnung aufweisen.

Ein unzureichendes IKS über Vermögenswerte kann zu einer höheren Anfälligkeit für Vermögensschädigungen führen. Vermögensschädigungen können bspw. aufgrund der folgenden Faktoren auftreten:

- unzureichende Funktionstrennung oder unzureichende unabhängige Kontrollen
- unzureichende Überwachung der Aufwendungen des oberen Managements, z.B. Reisespesen und sonstige Rückerstattungen
- unzureichende Überwachung der für Vermögenswerte verantwortlichen Mitarbeiter seitens des Managements, z.B. unzureichende Beaufsichtigung oder Überwachung entfernter Standorte
- unzureichende Überprüfung künftiger Mitarbeiter mit Zugang zu Vermögenswerten im Rahmen des Einstellungsverfahrens
- unzureichende Aufzeichnungen von Vermögenswerten
- unzureichendes System für Autorisierung und Genehmigung von Geschäftsvorfällen (z.B. im Einkauf)
- unzureichende physische Sicherheitsvorrichtungen für Barmittel, Wertpapiere, Vorräte oder Gegenstände des Anlagevermögens
- Fehlen vollständiger und zeitgerechter Kontoabstimmungen für Vermögenswerte
- Fehlen einer zeitgerechten und angemessenen Dokumentation von Geschäftsvorfällen, z.B. Gutschriften für Retouren
- Fehlen einer Urlaubspflicht für Mitarbeiter mit besonders wichtigen Kontrollfunktionen
- unzureichendes Verständnis des Managements von der IT, aufgrund dessen IT-Mitarbeiter Vermögensschädigungen begehen können
- unzureichende Zugriffskontrollen für automatisierte Aufzeichnungen, einschließlich Kontrollen und Überprüfungen von Ereignisprotokollen aus Computersystemen.

Einstellung bzw. innere Rechtfertigung

- Missachtung der Notwendigkeit einer Überwachung oder Reduzierung der Risiken von Vermögensschädigungen
- Missachtung des IKS im Hinblick auf Vermögensschädigungen durch Außerkraftsetzung vorliegender Kontrollen oder durch die Nichtvornahme von Maßnahmen, welche die bekannten Mängel im IKS abstellen
- Verhalten, das auf Unmut oder auf Unzufriedenheit mit der Einheit oder mit deren Behandlung des Mitarbeiters hindeutet
- Veränderungen in Verhalten oder Lebensstil, die möglicherweise darauf hindeuten, dass Vermögensschädigungen begangen wurden
- Duldung von Bagatelldiebstählen.

Appendix 2
(Ref: Para. A40)

Examples of Possible Audit Procedures to Address the Assessed Risks of Material Misstatement Due to Fraud

The following are examples of possible audit procedures to address the assessed risks of material misstatement due to fraud resulting from both fraudulent financial reporting and misappropriation of assets. Although these procedures cover a broad range of situations, they are only examples and, accordingly they may not be the most appropriate nor necessary in each circumstance. Also the order of the procedures provided is not intended to reflect their relative importance.

Consideration at the Assertion Level

Specific responses to the auditor's assessment of the risks of material misstatement due to fraud will vary depending upon the types or combinations of fraud risk factors or conditions identified, and the classes of transactions, account balances, disclosures and assertions they may affect.

The following are specific examples of responses:

- Visiting locations or performing certain tests on a surprise or unannounced basis. For example, observing inventory at locations where auditor attendance has not been previously announced or counting cash at a particular date on a surprise basis.

- Requesting that inventories be counted at the end of the reporting period or on a date closer to period end to minimize the risk of manipulation of balances in the period between the date of completion of the count and the end of the reporting period.

- Altering the audit approach in the current year. For example, contacting major customers and suppliers orally in addition to sending written confirmation, sending confirmation requests to a specific party within an organization, or seeking more or different information.

- Performing a detailed review of the entity's quarter-end or year-end adjusting entries and investigating any that appear unusual as to nature or amount.

- For significant and unusual transactions, particularly those occurring at or near year-end, investigating the possibility of related parties and the sources of financial resources supporting the transactions.

- Performing substantive analytical procedures using disaggregated data. For example, comparing sales and cost of sales by location, line of business or month to expectations developed by the auditor.

- Conducting interviews of personnel involved in areas where a risk of material misstatement due to fraud has been identified, to obtain their insights about the risk and whether, or how, controls address the risk.

- When other independent auditors are auditing the financial statements of one or more subsidiaries, divisions or branches, discussing with them the extent of work necessary to be performed to address the assessed risk of material misstatement due to fraud resulting from transactions and activities among these components.

- If the work of an expert becomes particularly significant with respect to a financial statement item for which the assessed risk of misstatement due to fraud is high, performing additional procedures relating to some or all of the expert's assumptions, methods or findings to determine that the findings are not unreasonable, or engaging another expert for that purpose.

- Performing audit procedures to analyze selected opening balance sheet accounts of previously audited financial statements to assess how certain issues involving accounting estimates and judgments, for example, an allowance for sales returns, were resolved with the benefit of hindsight.

Anlage 2
(Vgl. Tz. A40)

Beispiele für mögliche Prüfungshandlungen, um den beurteilten Risiken wesentlicher falscher Darstellungen aufgrund von dolosen Handlungen zu begegnen

Im Folgenden sind Beispiele für mögliche Prüfungshandlungen aufgeführt, um den beurteilten Risiken wesentlicher falscher Darstellungen aufgrund von dolosen Handlungen zu begegnen, und zwar sowohl von Manipulationen der Rechnungslegung als auch von Vermögensschädigungen. Obwohl diese Prüfungshandlungen viele unterschiedliche Situationen abdecken, handelt es sich lediglich um Beispiele und entsprechend sind sie möglicherweise nicht in jedem Fall am besten geeignet oder erforderlich. Außerdem spiegelt die Reihenfolge, in der die Prüfungshandlungen aufgeführt sind, nicht deren relative Wichtigkeit wider.

Überlegungen auf Aussageebene

Spezifische Reaktionen auf die vom Abschlussprüfer beurteilten Risiken wesentlicher falscher Darstellungen aufgrund von dolosen Handlungen hängen ab von der Art oder Kombination der identifizierten Risikofaktoren für dolose Handlungen oder Gegebenheiten sowie von den Arten von Geschäftsvorfällen, Kontensalden, Abschlussangaben und Aussagen, auf die sich diese auswirken können.

Im Folgenden sind spezifische Beispiele für Reaktionen aufgeführt:

- Standorte können unangemeldet besucht oder bestimmte Prüfungen ohne vorherige Ankündigung durchgeführt werden. Dazu gehört bspw. die Beobachtung einer Inventur an Standorten, an denen vorab kein Abschlussprüfer angemeldet wurde, oder eine überraschende Zählung der Barmittel zu einem bestimmten Zeitpunkt.
- Forderung, dass die Inventur auf das Ende des Berichtszeitraums oder in größere zeitliche Nähe zum Abschlussstichtag verlegt wird, um das Risiko zu minimieren, dass Salden im Zeitraum zwischen dem Abschluss der Inventur und dem Ende des Berichtszeitraums manipuliert werden.
- Änderung des Prüfungsansatzes im laufenden Jahr. Dazu gehört bspw. die mündliche Kontaktaufnahme mit den wichtigsten Kunden und Lieferanten, zusätzlich zur Versendung von schriftlichen Bestätigungen, Versendung von Bestätigungsanfragen bei bestimmten Personen innerhalb einer Organisation sowie die Suche nach zusätzlichen oder anderen Informationen.
- Eine detaillierte Durchsicht der von der Einheit zum Quartals- oder Jahresende vorgenommenen Anpassungsbuchungen und Untersuchung der ungewöhnlich erscheinenden Buchungsarten oder Beträge.
- Bei bedeutsamen und ungewöhnlichen Geschäftsvorfällen, besonders denjenigen am oder in zeitlicher Nähe zum Jahresende: Untersuchung der Möglichkeit einer Beteiligung nahestehender Personen sowie der Herkunft der Finanzmittel für diese Geschäftsvorfälle.
- Durchführung aussagebezogener analytischer Prüfungshandlungen unter Verwendung nicht aggregierter Daten. Dazu gehört bspw. der Vergleich von nach Standort, Geschäftszweig oder Monat aufgeschlüsselten Erlösen und Erlöskosten mit vom Abschlussprüfer entwickelten Erwartungen.
- Befragung von Mitarbeitern, die in Bereichen tätig sind, in denen ein Risiko wesentlicher falscher Darstellungen aufgrund von dolosen Handlungen identifiziert wurde, über ihre Erkenntnisse über das Risiko sowie darüber, ob und in welcher Weise dem Risiko mit Kontrollen begegnet wird.
- Wenn andere unabhängige Abschlussprüfer den Abschluss für eine oder mehrere Tochtergesellschaften, Geschäftssparten oder Niederlassungen prüfen: Erörterung mit diesen, in welchem Umfang Prüfungsarbeiten durchgeführt werden müssen, um dem beurteilten Risiko wesentlicher falscher Darstellungen aufgrund von dolosen Handlungen zu begegnen, das aus Geschäftsvorfällen und Aktivitäten zwischen diesen Teilbereichen resultiert.
- Wenn die Arbeit eines Sachverständigen im Hinblick auf einen Abschlussposten, für den das beurteilte Risiko falscher Darstellungen aufgrund von dolosen Handlungen hoch ist, besondere Bedeutung erlangt: Durchführung zusätzlicher Prüfungshandlungen für einige oder alle Annahmen, Methoden oder Ergebnisse des Sachverständigen, um festzustellen, ob die Ergebnisse plausibel sind oder ein weiterer Sachverständiger für diesen Zweck hinzuzuziehen ist.
- Durchführung von Prüfungshandlungen zur Analyse ausgewählter Eröffnungsbilanzkonten aus einem zuvor geprüften Abschluss, um im Nachhinein zu beurteilen, wie bestimmte Sachverhalte im Zusammenhang mit Schätzungen und Beurteilungen in der Rechnungslegung (z.B. mit einer Rückstellung für Retouren) gelöst wurden.

ISA 240   The Auditor's Responsibilities Relating to Fraud in an Audit of Financial Statements

- Performing procedures on account or other reconciliations prepared by the entity, including considering reconciliations performed at interim periods.
- Performing computer-assisted techniques, such as data mining to test for anomalies in a population.
- Testing the integrity of computer-produced records and transactions.
- Seeking additional audit evidence from sources outside of the entity being audited.

Specific Responses — Misstatement Resulting from Fraudulent Financial Reporting

Examples of responses to the auditor's assessment of the risks of material misstatement due to fraudulent financial reporting are as follows:

Revenue Recognition

- Performing substantive analytical procedures relating to revenue using disaggregated data, for example, comparing revenue reported by month and by product line or business segment during the current reporting period with comparable prior periods. Computer-assisted audit techniques may be useful in identifying unusual or unexpected revenue relationships or transactions.
- Confirming with customers certain relevant contract terms and the absence of side agreements, because the appropriate accounting often is influenced by such terms or agreements and basis for rebates or the period to which they relate are often poorly documented. For example, acceptance criteria, delivery and payment terms, the absence of future or continuing vendor obligations, the right to return the product, guaranteed resale amounts, and cancellation or refund provisions often are relevant in such circumstances.
- Inquiring of the entity's sales and marketing personnel or in-house legal counsel regarding sales or shipments near the end of the period and their knowledge of any unusual terms or conditions associated with these transactions.
- Being physically present at one or more locations at period end to observe goods being shipped or being readied for shipment (or returns awaiting processing) and performing other appropriate sales and inventory cutoff procedures.
- For those situations for which revenue transactions are electronically initiated, processed, and recorded, testing controls to determine whether they provide assurance that recorded revenue transactions occurred and are properly recorded.

Inventory Quantities

- Examining the entity's inventory records to identify locations or items that require specific attention during or after the physical inventory count.
- Observing inventory counts at certain locations on an unannounced basis or conducting inventory counts at all locations on the same date.
- Conducting inventory counts at or near the end of the reporting period to minimize the risk of inappropriate manipulation during the period between the count and the end of the reporting period.
- Performing additional procedures during the observation of the count, for example, more rigorously examining the contents of boxed items, the manner in which the goods are stacked (for example, hollow squares) or labeled, and the quality (that is, purity, grade, or concentration) of liquid substances such as perfumes or specialty chemicals. Using the work of an expert may be helpful in this regard.
- Comparing the quantities for the current period with prior periods by class or category of inventory, location or other criteria, or comparison of quantities counted with perpetual records.
- Using computer-assisted audit techniques to further test the compilation of the physical inventory counts – for example, sorting by tag number to test tag controls or by item serial number to test the possibility of item omission or duplication.

- Prüfungshandlungen zu Kontenabstimmungen oder sonstige Abstimmungen, die von der Einheit erstellt wurden, einschließlich einer Beurteilung von unterjährigen Abstimmungen.
- Anwendung IT-gestützter Techniken, z.B. „Data Mining" zur Prüfung von Abweichungen innerhalb einer Grundgesamtheit.
- Prüfung der Integrität IT-generierter Aufzeichnungen und Geschäftsvorfälle.
- Einholung zusätzlicher Prüfungsnachweise aus Quellen außerhalb der geprüften Einheit.

Spezifische Reaktionen auf aus Manipulationen der Rechnungslegung resultierende falsche Darstellungen

Beispiele für Reaktionen auf die Risikobeurteilung des Abschlussprüfers im Hinblick auf wesentliche falsche Darstellungen aufgrund von Manipulationen der Rechnungslegung sind:

Erfassung von Erlösen

- Durchführung aussagebezogener analytischer Prüfungshandlungen im Hinblick auf die Erlöse unter Verwendung von nicht aggregierten Daten, bspw. Vergleiche von nach Monat und nach Produktlinie oder Geschäftssegment aufgeschlüsselten Erlösdaten für den laufenden Berichtszeitraum mit vergleichbaren früheren Zeiträumen. IT-gestützte Prüfungstechniken können hilfreich sein, um ungewöhnliche oder unerwartete erlösrelevante Beziehungen bzw. Geschäftsvorfälle festzustellen.
- Einholung von Kundenbestätigungen für bestimmte relevante Vertragsbedingungen sowie für das Nicht-Vorhandensein von Nebenvereinbarungen, da die angemessene Rechnungslegung häufig durch solche Bedingungen oder Vereinbarungen beeinflusst wird und die Grundlage für Preisnachlässe oder der Zeitraum, den sie betreffen, häufig schlecht dokumentiert sind. Beispielsweise sind Abnahmekriterien, Liefer- und Zahlungsbedingungen, das Fehlen zukünftiger oder fortdauernder Verpflichtungen von Lieferanten, das Recht auf Rücksendung des Produktes, Weiterverkäufe in garantierter Höhe sowie Bestimmungen zu Stornierung oder Rückerstattungen in solchen Fällen häufig relevant.
- Befragungen von Verkaufs- und Marketingpersonal der Einheit oder von Mitarbeitern der internen Rechtsabteilung zu Verkäufen oder Lieferungen am oder in zeitlicher Nähe zum Abschlussstichtag und zu ihrer Kenntnis von ungewöhnlichen Konditionen in Verbindung mit diesen Geschäftsvorfällen.
- Persönliche Anwesenheit des Abschlussprüfers an einem oder mehreren Standorten zum Abschlussstichtag, um die Versendung von Gütern bzw. die Vorbereitungen dafür zu beobachten (oder Retouren in Augenschein zu nehmen, deren Verarbeitung ansteht) sowie Durchführung weiterer angemessener Periodenabgrenzungsverfahren für Verkäufe und Vorräte.
- Falls erlösrelevante Geschäftsvorfälle elektronisch ausgelöst, verarbeitet und aufgezeichnet werden, Durchführung von Funktionsprüfungen, um festzustellen, ob die betreffenden Kontrollen die Sicherheit bieten, dass aufgezeichnete erlösrelevante Geschäftsvorfälle stattgefunden haben und ordnungsgemäß erfasst werden.

Vorratsbestände

- Untersuchung der von der Einheit geführten Inventuraufzeichnungen zur Identifikation von Standorten oder Posten, die während oder nach der Inventur besondere Aufmerksamkeit erfordern.
- Unangemeldete Beobachtung der Inventur an bestimmten Standorten oder Durchführung von Inventuren an allen Standorten zum selben Zeitpunkt.
- Durchführung von Inventuren am oder in zeitlicher Nähe zum Ende des Berichtszeitraums, um das Risiko zu minimieren, dass in dem Zeitraum zwischen der Inventur und dem Ende des Berichtszeitraums Manipulationen stattfinden.
- Durchführung zusätzlicher Prüfungshandlungen während der Beobachtung der Inventur, bspw. eine eingehendere Untersuchung des Inhalts bei abgepackten Gütern, der Art und Weise, in der die Güter gestapelt (z.B. Hohlräume) oder etikettiert werden, sowie der Qualität (d.h. Reinheit, Güteklasse oder Konzentration) von flüssigen Stoffen wie Parfümen oder Spezialchemikalien. Die Verwertung der Arbeit eines Sachverständigen kann in dieser Hinsicht hilfreich sein.
- Vergleich der Mengen für den laufenden Berichtszeitraum nach Vorratsart bzw. -kategorie, Standort oder anderen Kriterien mit früheren Zeiträumen oder Vergleich der bei der Inventur ermittelten Mengen mit fortlaufenden Aufzeichnungen.
- Weitere Prüfung der Zusammenstellung der Inventurdaten mit Hilfe IT-gestützter Prüfungstechniken, z.B. Sortierung nach Etikettennummer, um die Etikettenkontrollen zu prüfen, oder nach Seriennummer, um zu prüfen, ob möglicherweise Posten ausgelassen oder dupliziert wurden.

Management Estimates
- Using an expert to develop an independent estimate for comparison to management's estimate.

- Extending inquiries to individuals outside of management and the accounting department to corroborate management's ability and intent to carry out plans that are relevant to developing the estimate.

Specific Responses — Misstatements Due to Misappropriation of Assets

Differing circumstances would necessarily dictate different responses. Ordinarily, the audit response to an assessed risk of material misstatement due to fraud relating to misappropriation of assets will be directed toward certain account balances and classes of transactions. Although some of the audit responses noted in the two categories above may apply in such circumstances, the scope of the work is to be linked to the specific information about the misappropriation risk that has been identified.

Examples of responses to the auditor's assessment of the risk of material misstatements due to misappropriation of assets are as follows:

- Counting cash or securities at or near year-end.
- Confirming directly with customers the account activity (including credit memo and sales return activity as well as dates payments were made) for the period under audit.
- Analyzing recoveries of written-off accounts.
- Analyzing inventory shortages by location or product type.
- Comparing key inventory ratios to industry norm.
- Reviewing supporting documentation for reductions to the perpetual inventory records.

- Performing a computerized match of the vendor list with a list of employees to identify matches of addresses or phone numbers.
- Performing a computerized search of payroll records to identify duplicate addresses, employee identification or taxing authority numbers or bank accounts.
- Reviewing personnel files for those that contain little or no evidence of activity, for example, lack of performance evaluations.
- Analyzing sales discounts and returns for unusual patterns or trends.

- Confirming specific terms of contracts with third parties.
- Obtaining evidence that contracts are being carried out in accordance with their terms.
- Reviewing the propriety of large and unusual expenses.
- Reviewing the authorization and carrying value of senior management and related party loans.

- Reviewing the level and propriety of expense reports submitted by senior management.

Schätzungen des Managements
- Entwicklung eines unabhängigen Schätzwertes unter Hinzuziehung eines Sachverständigen zum anschließenden Vergleich der Schätzung durch das Management.
- Ausweitung von Befragungen auf Personen außerhalb von Management und Rechnungswesen zur Bestätigung, dass das Management fähig ist und beabsichtigt, Pläne umzusetzen, die für die Entwicklung der Schätzung relevant sind.

Spezifische Reaktionen auf aus Vermögensschädigungen resultierende falsche Darstellungen

Unterschiedliche Umstände erfordern stets unterschiedliche Reaktionen. Normalerweise richtet sich die Reaktion des Abschlussprüfers auf ein beurteiltes Risiko wesentlicher falscher Darstellungen aufgrund von dolosen Handlungen im Zusammenhang mit Vermögensschädigungen auf bestimmte Kontensalden und Arten von Geschäftsvorfällen. Obwohl einige der oben für die zwei Kategorien genannten Reaktionen des Abschlussprüfers möglicherweise in derartigen Fälle zutreffen, müssen Art und Umfang der Prüfungsarbeit mit den spezifischen Informationen zu dem identifizierten Risiko von Vermögensschädigungen verbunden werden.

Beispiele für Reaktionen auf die Risikobeurteilung des Abschlussprüfers im Hinblick auf wesentliche falsche Darstellungen aufgrund von Vermögensschädigungen sind:

- Zählung von Barmitteln oder Wertpapieren am oder in zeitlicher Nähe zum Jahresende
- Einholung von Bestätigungen beim Kunden für die Kontobewegungen (einschließlich Gutschriften und Retouren sowie Zahlungszeitpunkte) während des zu prüfenden Zeitraums
- Analyse der Werterholung bereits wertberichtigter Kontensalden
- Analyse von Fehlmengen bei den Vorräten nach Standort oder nach Produkttyp
- Vergleich von besonders wichtigen Kennzahlen für die Vorräte mit dem Branchenstandard
- Durchsicht der unterstützenden Dokumentation auf Reduzierungen der fortlaufenden Inventuraufzeichnungen
- IT-gestützter Abgleich der Liste der Verkäufer mit einer Liste der Mitarbeiter zur Feststellung von Übereinstimmungen von Adressen oder Telefonnummern
- IT-gestützte Durchsuchung der Aufzeichnungen für die Lohnbuchhaltung zur Feststellung doppelter Adressen, Personal- oder Steuernummern sowie Bankkonten
- Durchsicht der Personalakten auf solche, die wenige oder keine Nachweise für Aktivitäten, z.B. keine Leistungsbeurteilungen, enthalten
- Analyse von Preisnachlässen und Retouren auf ungewöhnliche Muster oder eine ungewöhnliche Entwicklung im Zeitablauf
- Einholung von externen Bestätigungen bzgl. bestimmter Vertragsbedingungen
- Einholung von Nachweisen, dass Verträge in Übereinstimmung mit ihren Bedingungen ausgeführt werden
- Durchsicht von großen und ungewöhnlichen Aufwendungen auf ihre Ordnungsmäßigkeit
- Durchsicht der Genehmigung von Darlehen an das obere Management und nahestehende Personen sowie deren Buchwert
- Durchsicht von Höhe und Korrektheit der vom oberen Management eingereichten Spesenabrechnungen.

Appendix 3
(Ref: Para. A49)

Examples of Circumstances that Indicate the Possibility of Fraud

The following are examples of circumstances that may indicate the possibility that the financial statements may contain a material misstatement resulting from fraud.

Discrepancies in the accounting records, including:
- Transactions that are not recorded in a complete or timely manner or are improperly recorded as to amount, accounting period, classification, or entity policy.
- Unsupported or unauthorized balances or transactions.
- Last-minute adjustments that significantly affect financial results.
- Evidence of employees' access to systems and records inconsistent with that necessary to perform their authorized duties.
- Tips or complaints to the auditor about alleged fraud.

Conflicting or missing evidence, including:
- Missing documents.
- Documents that appear to have been altered.
- Unavailability of other than photocopied or electronically transmitted documents when documents in original form are expected to exist.
- Significant unexplained items on reconciliations.
- Unusual balance sheet changes, or changes in trends or important financial statement ratios or relationships – for example, receivables growing faster than revenues.
- Inconsistent, vague, or implausible responses from management or employees arising from inquiries or analytical procedures.
- Unusual discrepancies between the entity's records and confirmation replies.
- Large numbers of credit entries and other adjustments made to accounts receivable records.
- Unexplained or inadequately explained differences between the accounts receivable sub-ledger and the control account, or between the customer statements and the accounts receivable sub-ledger.
- Missing or non-existent cancelled checks in circumstances where cancelled checks are ordinarily returned to the entity with the bank statement.
- Missing inventory or physical assets of significant magnitude.
- Unavailable or missing electronic evidence, inconsistent with the entity's record retention practices or policies.
- Fewer responses to confirmations than anticipated or a greater number of responses than anticipated.
- Inability to produce evidence of key systems development and program change testing and implementation activities for current-year system changes and deployments.

Problematic or unusual relationships between the auditor and management, including:
- Denial of access to records, facilities, certain employees, customers, vendors, or others from whom audit evidence might be sought.
- Undue time pressures imposed by management to resolve complex or contentious issues.
- Complaints by management about the conduct of the audit or management intimidation of engagement team members, particularly in connection with the auditor's critical assessment of audit evidence or in the resolution of potential disagreements with management.
- Unusual delays by the entity in providing requested information.
- Unwillingness to facilitate auditor access to key electronic files for testing through the use of computer-assisted audit techniques.
- Denial of access to key IT operations staff and facilities, including security, operations, and systems development personnel.
- An unwillingness to add or revise disclosures in the financial statements to make them more complete and understandable.

Anlage 3
(Vgl. Tz. A49)

Beispiele für Umstände, die auf mögliche dolose Handlungen hindeuten

Im Folgenden sind Beispiele für Umstände aufgeführt, die möglicherweise darauf hindeuten, dass der Abschluss aus dolosen Handlungen resultierende falsche Darstellungen enthalten könnte.

Unstimmigkeiten in den Rechnungslegungsunterlagen, u.a.:
- Geschäftsvorfälle, die nicht vollständig oder zeitgerecht erfasst werden oder die im Hinblick auf Betrag, Berichtszeitraum, Ausweis oder Regelungen der Einheit falsch aufgezeichnet werden
- unbelegte oder unautorisierte Salden oder Geschäftsvorfälle
- Anpassungen in letzter Minute, die sich erheblich auf die Finanzergebnisse auswirken
- Beweise für Zugriffe von Mitarbeitern auf Systeme und Aufzeichnungen, die nicht mit der Erfüllung der jeweiligen zugewiesenen Aufgaben vereinbar sind
- Hinweise oder Beschwerden an den Abschlussprüfer über behauptete dolose Handlungen

Widersprüchliche oder fehlende Nachweise, einschließlich:
- fehlende Dokumente
- anscheinend geänderte Dokumente
- Nicht-Verfügbarkeit anderer als fotokopierter oder elektronisch übertragener Dokumente, an deren Stelle Originale erwartet werden
- bedeutsame unerklärte Posten im Zusammenhang mit Kontenabstimmungen
- ungewöhnliche Bilanzänderungen sowie Änderungen der Entwicklung im Zeitablauf bzw. wichtiger Kennzahlen oder Beziehungen im Abschluss (z.B. schnelleres Wachstum der Forderungen als der Erlöse)
- inkonsistente, vage oder unplausible Antworten von Management oder Mitarbeitern im Rahmen von Befragungen oder analytischen Prüfungshandlungen
- ungewöhnliche Unstimmigkeiten zwischen den Aufzeichnungen der Einheit und eingeholten Bestätigungen
- große Anzahl von Gutschriftbuchungen und anderen Anpassungen in der Debitorenbuchhaltung
- nicht oder nur unzureichend erklärte Differenzen zwischen der Debitoren-Buchhaltung und dem Abstimmkonto oder zwischen den Kundenkontoauszügen und der Debitoren-Buchhaltung
- fehlende oder nicht vorhandene gesperrte Schecks in Fällen, in denen die Einheit normalerweise gesperrte Schecks zusammen mit dem Bankkontoauszug zurückerhält
- fehlende Vorräte oder sonstige Vermögenswerte von erheblichem Ausmaß
- nicht verfügbare oder fehlende elektronische Nachweise, ohne dass dies mit den Gepflogenheiten oder Regelungen der Einheit im Bereich der Aufbewahrung von Aufzeichnungen vereinbar ist
- weniger Antworten auf Bestätigungsanfragen als erwartet oder größere Anzahl von Antworten als erwartet
- fehlende Möglichkeit, Nachweise für besonders wichtige Aktivitäten bei Systementwicklung sowie Prüfung und Implementierung von Programmänderungen im Hinblick auf Systemänderungen und -einsatz im laufenden Jahr vorzulegen

Problematische oder ungewöhnliche Beziehungen zwischen Abschlussprüfer und Management, u.a.:
- Verweigerung des Zugangs zu Aufzeichnungen und Einrichtungen sowie zu bestimmten Mitarbeitern, Kunden, Lieferanten oder anderen Personen, bei denen Prüfungsnachweise eingeholt werden könnten
- unangemessener Zeitdruck seitens des Managements bei der Lösung komplexer oder strittiger Probleme
- Beschwerden des Managements über die Durchführung der Prüfung oder Einschüchterung von Mitgliedern des Prüfungsteams durch das Management, besonders im Zusammenhang mit der kritischen Beurteilung von Prüfungsnachweisen durch den Abschlussprüfer oder bei der Klärung möglicher Meinungsverschiedenheiten mit dem Management
- ungewöhnliche Verzögerungen seitens der Einheit bei der Bereitstellung angeforderter Informationen
- fehlende Bereitschaft, dem Abschlussprüfer Zugriff auf besonders wichtige elektronische Dateien zu gewähren, die dieser mit Hilfe IT-gestützter Prüfungstechniken prüfen möchte
- Verweigerung des Zugangs zu besonders wichtigen IT-Mitarbeitern und -Einrichtungen, einschließlich Personal aus den Bereichen Sicherheit, Betrieb und Systementwicklung
- fehlende Bereitschaft, Abschlussangaben hinzuzufügen oder zu berichtigen und so den Abschluss zu vervollständigen und verständlicher zu machen

- An unwillingness to address identified deficiencies in internal control on a timely basis.

Other
- Unwillingness by management to permit the auditor to meet privately with those charged with governance.
- Accounting policies that appear to be at variance with industry norms.
- Frequent changes in accounting estimates that do not appear to result from changed circumstances.
- Tolerance of violations of the entity's code of conduct.

- fehlende Bereitschaft, sich in angemessener Zeit mit festgestellten Mängeln im IKS auseinander zu setzen

Sonstiges
- fehlende Bereitschaft des Managements, dem Abschlussprüfer vertrauliche Gespräche mit den für die Überwachung Verantwortlichen zu gestatten
- Rechnungslegungsmethoden, die von den Branchenstandards abzuweichen scheinen
- häufige Änderungen geschätzter Werte in der Rechnungslegung, die nicht aus veränderten Umständen zu resultieren scheinen
- Duldung von Verstößen gegen den Verhaltenskodex der Einheit.

INTERNATIONAL STANDARD ON AUDITING 250

CONSIDERATION OF LAWS AND REGULATIONS IN AN AUDIT OF FINANCIAL STATEMENTS

(Effective for audits of financial statements for periods beginning on or after December 15, 2009)

CONTENTS

	Paragraph
Introduction	
Scope of this ISA	1
Effect of Laws and Regulations	2
Responsibility for Compliance with Laws and Regulations	3–8
Effective Date	9
Objectives	10
Definition	11
Requirements	
The Auditor's Consideration of Compliance with Laws and Regulations	12–17
Audit Procedures When Non-Compliance is Identified or Suspected	18–21
Reporting of Identified or Suspected Non-Compliance	22–28
Documentation	29
Application and Other Explanatory Material	
Responsibility for Compliance with Laws and Regulations	A1–A6
The Auditor's Consideration of Compliance with Laws and Regulations	A7–A12
Audit Procedures When Non-Compliance is Identified or Suspected	A13–18
Reporting of Identified or Suspected Non-Compliance	A19–A20
Documentation	A21

International Standard on Auditing (ISA) 250, "Consideration of Laws and Regulations in an Audit of Financial Statements" should be read in conjunction with ISA 200 "Overall Objectives of the Independent Auditor and the Conduct of an Audit in Accordance with International Standards on Auditing."

INTERNATIONAL STANDARD ON AUDITING 250

BERÜCKSICHTIGUNG DER AUSWIRKUNGEN VON GESETZEN UND ANDEREN RECHTSVORSCHRIFTEN AUF DEN ABSCHLUSS BEI EINER ABSCHLUSSPRÜFUNG

(gilt für die Prüfung von Abschlüssen für Zeiträume, die am oder nach dem 15.12.2009 beginnen)

INHALTSVERZEICHNIS

	Textziffer
Einleitung	
Anwendungsbereich	1
Auswirkungen von Gesetzen und anderen Rechtsvorschriften	2
Verantwortung für die Einhaltung von Gesetzen und anderen Rechtsvorschriften	3-8
Anwendungszeitpunkt	9
Ziele	10
Definition	11
Anforderungen	
Erwägungen des Abschlussprüfers zur Einhaltung von Gesetzen und anderen Rechtsvorschriften	12-17
Prüfungshandlungen bei festgestellten oder vermuteten Verstößen	18-21
Berichterstattung über festgestellte oder vermutete Verstöße	22-28
Dokumentation	29
Anwendungshinweise und sonstige Erläuterungen	
Verantwortung für die Einhaltung von Gesetzen und anderen Rechtsvorschriften	A1-A6
Erwägungen des Abschlussprüfers zur Einhaltung von Gesetzen und anderen Rechtsvorschriften	A7-A12
Prüfungshandlungen bei festgestellten oder vermuteten Verstößen	A13-A18
Berichterstattung über festgestellte oder vermutete Verstöße	A19-A20
Dokumentation	A21

International Standard on Auditing (ISA) 250 „Berücksichtigung der Auswirkungen von Gesetzen und anderen Rechtsvorschriften auf den Abschluss bei einer Abschlussprüfung" ist im Zusammenhang mit ISA 200 „Übergreifende Zielsetzungen des unabhängigen Prüfers und Grundsätze einer Prüfung in Übereinstimmung mit den International Standards on Auditing" zu lesen.

Introduction

Scope of this ISA

1. This International Standard on Auditing (ISA) deals with the auditor's responsibility to consider laws and regulations in an audit of financial statements. This ISA does not apply to other assurance engagements in which the auditor is specifically engaged to test and report separately on compliance with specific laws or regulations.

Effect of Laws and Regulations

2. The effect on financial statements of laws and regulations varies considerably. Those laws and regulations to which an entity is subject constitute the legal and regulatory framework. The provisions of some laws or regulations have a direct effect on the financial statements in that they determine the reported amounts and disclosures in an entity's financial statements. Other laws or regulations are to be complied with by management or set the provisions under which the entity is allowed to conduct its business but do not have a direct effect on an entity's financial statements. Some entities operate in heavily regulated industries (such as banks and chemical companies). Others are subject only to the many laws and regulations that relate generally to the operating aspects of the business (such as those related to occupational safety and health, and equal employment opportunity). Non-compliance with laws and regulations may result in fines, litigation or other consequences for the entity that may have a material effect on the financial statements.

Responsibility for Compliance with Laws and Regulations (Ref: Para. A1–A6)

3. It is the responsibility of management, with the oversight of those charged with governance, to ensure that the entity's operations are conducted in accordance with the provisions of laws and regulations, including compliance with the provisions of laws and regulations that determine the reported amounts and disclosures in an entity's financial statements.

Responsibility of the Auditor

4. The requirements in this ISA are designed to assist the auditor in identifying material misstatement of the financial statements due to non-compliance with laws and regulations. However, the auditor is not responsible for preventing non-compliance and cannot be expected to detect non-compliance with all laws and regulations.

5. The auditor is responsible for obtaining reasonable assurance that the financial statements, taken as a whole, are free from material misstatement, whether caused by fraud or error.[1] In conducting an audit of financial statements, the auditor takes into account the applicable legal and regulatory framework. Owing to the inherent limitations of an audit, there is an unavoidable risk that some material misstatements in the financial statements may not be detected, even though the audit is properly planned and performed in accordance with the ISAs.[2] In the context of laws and regulations, the potential effects of inherent limitations on the auditor's ability to detect material misstatements are greater for such reasons as the following:

---

1) ISA 200, "Overall Objectives of the Independent Auditor and the Conduct of an Audit in Accordance with International Standards on Auditing," paragraph 5.
2) ISA 200, paragraphs A51-A52.

Einleitung

Anwendungsbereich

1. Dieser International Standard on Auditing (ISA) behandelt die Pflicht des Abschlussprüfers zur Berücksichtigung der Auswirkungen von Gesetzen und anderen Rechtsvorschriften auf den Abschluss bei einer Abschlussprüfung.*) Dieser ISA gilt nicht für andere betriebswirtschaftliche Prüfungsaufträge, bei denen der Prüfer gesondert mit einer eigenständigen Prüfung und Berichterstattung über die Einhaltung bestimmter Gesetze oder anderer Rechtsvorschriften beauftragt wird.

Auswirkungen von Gesetzen und anderen Rechtsvorschriften

2. Die Auswirkungen von Gesetzen und anderen Rechtsvorschriften auf den Abschluss sind sehr unterschiedlich. Die Gesetze und anderen Rechtsvorschriften, denen eine Einheit**) unterliegt, stellen den gesetzlichen und sonstigen regulatorischen Rechtsrahmen dar. Die Bestimmungen mancher Gesetze oder anderer Rechtsvorschriften wirken sich unmittelbar auf den Abschluss aus, da sie die auszuweisenden Beträge und Angaben im Abschluss einer Einheit festlegen. Sonstige Gesetze oder andere Rechtsvorschriften sind zwar vom Management einzuhalten oder setzen die Bestimmungen, nach denen die Einheit ihre Geschäftstätigkeit ausüben darf, haben jedoch keine unmittelbaren Auswirkungen auf den Abschluss einer Einheit. Manche Einheiten sind in stark regulierten Branchen tätig (z. B. Banken und Chemieunternehmen), während andere nur den zahlreichen Gesetzen und anderen Rechtsvorschriften unterliegen, die sich allgemein auf die betrieblichen Aspekte der Geschäftstätigkeit beziehen (z. B. diejenigen im Zusammenhang mit Sicherheit und Gesundheit am Arbeitsplatz sowie Gleichstellung bei der Einstellung). Verstöße gegen Gesetze und andere Rechtsvorschriften können mit Geldbußen, Rechtsstreitigkeiten oder anderen Konsequenzen für die Einheit verbunden sein, die wesentliche Auswirkungen auf den Abschluss haben können.

Verantwortung für die Einhaltung von Gesetzen und anderen Rechtsvorschriften
(Vgl. Tz. A1-A6)

3. Es liegt in der Verantwortung des Managements, unter Aufsicht der für die Überwachung Verantwortlichen sicherzustellen, dass die Geschäftstätigkeit der Einheit in Übereinstimmung mit den Bestimmungen der Gesetze und anderer Rechtsvorschriften ausgeübt wird. Dies schließt die Einhaltung der Bestimmungen in Gesetzen und anderen Rechtsvorschriften ein, durch welche die auszuweisenden Beträge und Angaben im Abschluss einer Einheit festgelegt werden.

Pflichten des Abschlussprüfers

4. Die Anforderungen in diesem ISA sollen dem Abschlussprüfer bei der Feststellung wesentlicher falscher Darstellungen im Abschluss aufgrund von Verstößen gegen Gesetze und andere Rechtsvorschriften helfen. Der Abschlussprüfer ist jedoch weder dafür verantwortlich, Verstöße zu verhindern, noch kann vom Abschlussprüfer die Aufdeckung der Verstöße gegen sämtliche Gesetze und andere Rechtsvorschriften erwartet werden.

5. Der Abschlussprüfer ist dafür verantwortlich, hinreichende Sicherheit darüber zu erlangen, dass der Abschluss als Ganzes frei von einer wesentlichen - beabsichtigten oder unbeabsichtigten - falschen Darstellung ist.[1] Bei der Durchführung einer Abschlussprüfung berücksichtigt der Abschlussprüfer den maßgeblichen gesetzlichen und sonstigen regulatorischen Rechtsrahmen. Aufgrund der inhärenten Grenzen einer Abschlussprüfung besteht ein unvermeidbares Risiko, dass einige wesentliche falsche Darstellungen im Abschluss möglicherweise nicht aufgedeckt werden, obwohl die Prüfung in Übereinstimmung mit den ISA ordnungsgemäß geplant und durchgeführt worden ist.[2] Im Zusammenhang mit Gesetzen und anderen Rechtsvorschriften sind die möglichen Auswirkungen der inhärenten Grenzen

---

1) ISA 200 „Übergreifende Zielsetzungen des unabhängigen Prüfers und Grundsätze einer Prüfung in Übereinstimmung mit den International Standards on Auditing", Textziffer 5.
2) ISA 200, Textziffern A51-A52.
*) Die ISA sind vor dem Hintergrund von standardbasierten Regelwerken der Rechnungslegung formuliert. Sofern ein Regelwerk der Rechnungslegung auf gesetzlicher Grundlage beruht, gehören die entsprechenden Vorschriften (z.B. in Deutschland die Regelungen des Dritten Buches des HGB, in Österreich des UGB) nach der Systematik der ISA zum Regelwerk. Die Vorschriften des Rechtsrahmens wirken sich direkt (z.B. Steuergesetze) oder indirekt (z.B. durch Bußgelder) auf den Abschluss aus, ohne zu bestimmen, wie die Sachverhalte im Abschluss abzubilden sind.
**) Der Begriff „Einheit" wird für *entity* neu eingeführt. Bei der zu prüfenden Einheit kann es sich um ein Unternehmen, einen Einzelkaufmann, eine Gesellschaft bürgerlichen Rechts (Schweiz: einfache Gesellschaft), eine Gebietskörperschaft, eine Anstalt des öffentlichen Rechts, einen Konzern oder eine nicht rechtlich abgegrenzte wirtschaftliche Einheit handeln. Eine Übersetzung mit „Unternehmen" oder „Gesellschaft" wäre deshalb unzureichend. So kann sich *entity* sogar auf eine nicht selbständige Niederlassung oder Sparte beziehen, für die eigenständig Rechnung gelegt wird.

- There are many laws and regulations, relating principally to the operating aspects of an entity, that typically do not affect the financial statements and are not captured by the entity's information systems relevant to financial reporting.
- Non-compliance may involve conduct designed to conceal it, such as collusion, forgery, deliberate failure to record transactions, management override of controls or intentional misrepresentations being made to the auditor.
- Whether an act constitutes non-compliance is ultimately a matter for legal determination by a court of law.

Ordinarily, the further removed non-compliance is from the events and transactions reflected in the financial statements, the less likely the auditor is to become aware of it or to recognize the non-compliance.

6. This ISA distinguishes the auditor's responsibilities in relation to compliance with two different categories of laws and regulations as follows:

    (a) The provisions of those laws and regulations generally recognized to have a direct effect on the determination of material amounts and disclosures in the financial statements such as tax and pension laws and regulations (see paragraph 13); and

    (b) Other laws and regulations that do not have a direct effect on the determination of the amounts and disclosures in the financial statements, but compliance with which may be fundamental to the operating aspects of the business, to an entity's ability to continue its business, or to avoid material penalties (for example, compliance with the terms of an operating license, compliance with regulatory solvency requirements, or compliance with environmental regulations); non-compliance with such laws and regulations may therefore have a material effect on the financial statements (see paragraph 14).

7. In this ISA, differing requirements are specified for each of the above categories of laws and regulations. For the category referred to in paragraph 6(a), the auditor's responsibility is to obtain sufficient appropriate audit evidence regarding compliance with the provisions of those laws and regulations. For the category referred to in paragraph 6(b), the auditor's responsibility is limited to undertaking specified audit procedures to help identify non-compliance with those laws and regulations that may have a material effect on the financial statements.

8. The auditor is required by this ISA to remain alert to the possibility that other audit procedures applied for the purpose of forming an opinion on financial statements may bring instances of identified or suspected non-compliance to the auditor's attention. Maintaining professional skepticism throughout the audit, as required by ISA 200,[3] is important in this context, given the extent of laws and regulations that affect the entity.

Effective Date

9. This ISA is effective for audits of financial statements for periods beginning on or after December 15, 2009.

Objectives

10. The objectives of the auditor are:

    (a) To obtain sufficient appropriate audit evidence regarding compliance with the provisions of those laws and regulations generally recognized to have a direct effect on the determination of material amounts and disclosures in the financial statements;

    (b) To perform specified audit procedures to help identify instances of non-compliance with other laws and regulations that may have a material effect on the financial statements; and

    (c) To respond appropriately to non-compliance or suspected non-compliance with laws and regulations identified during the audit.

---

3) ISA 200, paragraph 15.

für die Fähigkeit des Abschlussprüfers, wesentliche falsche Darstellungen aufzudecken, aus Gründen wie den folgenden größer:
- Es gibt viele, hauptsächlich auf die betrieblichen Aspekte einer Einheit bezogene Gesetze und andere Rechtsvorschriften, die in der Regel keine Auswirkungen auf den Abschluss haben und nicht von den rechnungslegungsbezogenen Informationssystemen der Einheit erfasst werden.
- Verstöße können mit einem Verhalten zu deren Verschleierung einhergehen (z. B. betrügerische Absprachen, Fälschungen, absichtliche Nichtaufzeichnungen von Geschäftsvorfällen, Außerkraftsetzung von Kontrollen durch das Management oder absichtlich falsche Darstellungen gegenüber dem Abschlussprüfer).
- Ob eine Handlung einen Verstoß darstellt, ist letztlich eine Angelegenheit für eine gerichtliche Entscheidung.

In der Regel gilt, dass je weiter der Verstoß von den im Abschluss abgebildeten Ereignissen und Geschäftsvorfällen entfernt ist, desto geringer die Wahrscheinlichkeit ist, dass der Abschlussprüfer auf den Verstoß aufmerksam wird oder ihn erkennt.

6. Dieser ISA unterscheidet die Pflichten des Abschlussprüfers im Hinblick auf die Einhaltung nach zwei verschiedenen Kategorien von Gesetzen und anderen Rechtsvorschriften wie folgt:
   (a) Bestimmungen in Gesetzen und anderen Rechtsvorschriften, denen im Allgemeinen eine unmittelbare Auswirkung auf die Festlegung wesentlicher Beträge und Angaben im Abschluss beigemessen wird, z. B. Gesetze und andere Rechtsvorschriften zur Besteuerung und betrieblichen Altersvorsorge (siehe Textziffer 13), und
   (b) sonstige Gesetze und andere Rechtsvorschriften, die keine unmittelbare Auswirkung auf die Festlegung der Beträge und Angaben im Abschluss haben, deren Einhaltung jedoch grundlegend für die betrieblichen Aspekte der Geschäftstätigkeit, für die Fähigkeit einer Einheit zur Fortführung ihrer Geschäftstätigkeit oder zur Vermeidung wesentlicher Strafen ist (z. B. die Einhaltung der Bedingungen einer Betriebserlaubnis oder die Einhaltung von rechtlichen Solvenzanforderungen oder Umweltschutzvorschriften). Verstöße gegen solche Gesetze und andere Rechtsvorschriften können daher wesentliche Auswirkungen auf den Abschluss haben (siehe Textziffer 14).

7. In diesem ISA werden unterschiedliche Anforderungen für jede der vorstehenden Kategorien von Gesetzen und anderen Rechtsvorschriften festgelegt. Bei der in Textziffer 6(a) genannten Kategorie besteht die Pflicht des Abschlussprüfers darin, ausreichende geeignete Prüfungsnachweise über die Einhaltung der Bestimmungen der betreffenden Gesetze und anderen Rechtsvorschriften zu erlangen. Bei der in Textziffer 6(b) genannten Kategorie ist die Pflicht des Abschlussprüfers auf die Vornahme bestimmter Prüfungshandlungen begrenzt, die dazu beitragen, Verstöße gegen Gesetze und andere Rechtsvorschriften zu erkennen, die wesentliche Auswirkungen auf den Abschluss haben können.

8. Nach diesem ISA muss der Abschlussprüfer stets auf die Möglichkeit achten, dass andere Prüfungshandlungen, die zur Bildung eines Prüfungsurteils zu dem Abschluss durchgeführt werden, den Abschlussprüfer auf Fälle von festgestellten oder vermuteten Verstößen aufmerksam machen können. Die Beibehaltung einer kritischen Grundhaltung während der gesamten Prüfung, wie sie in ISA 200[3)] gefordert wird, ist in diesem Zusammenhang wichtig angesichts des Ausmaßes der die Einheit betreffenden Gesetze und anderen Rechtsvorschriften.

Anwendungszeitpunkt

9. Dieser ISA gilt für die Prüfung von Abschlüssen für Zeiträume, die am oder nach dem 15.12.2009 beginnen.

Ziele

10. Die Ziele des Abschlussprüfers sind,
    (a) ausreichende geeignete Prüfungsnachweise für die Einhaltung der Bestimmungen in Gesetzen und anderen Rechtsvorschriften zu erlangen, denen im Allgemeinen eine unmittelbare Auswirkung auf die Festlegung wesentlicher Beträge und Angaben im Abschluss beigemessen wird,
    (b) bestimmte Prüfungshandlungen durchzuführen, die dazu beitragen, Fälle von Verstößen gegen sonstige Gesetze und andere Rechtsvorschriften, die wesentliche Auswirkungen auf den Abschluss haben können, zu erkennen und
    (c) den während der Prüfung festgestellten tatsächlichen oder vermuteten Verstößen gegen Gesetze und andere Rechtsvorschriften angemessen zu begegnen.

[3)] ISA 200, Textziffer 15.

Definition

11. For the purposes of this ISA, the following term has the meaning attributed below:

    Non-compliance – Acts of omission or commission by the entity, either intentional or unintentional, which are contrary to the prevailing laws or regulations. Such acts include transactions entered into by, or in the name of, the entity, or on its behalf, by those charged with governance, management or employees. Non-compliance does not include personal misconduct (unrelated to the business activities of the entity) by those charged with governance, management or employees of the entity.

Requirements

The Auditor's Consideration of Compliance with Laws and Regulations

12. As part of obtaining an understanding of the entity and its environment in accordance with ISA 315,[4] the auditor shall obtain a general understanding of:
    (a) The legal and regulatory framework applicable to the entity and the industry or sector in which the entity operates; and
    (b) How the entity is complying with that framework. (Ref: Para. A7)

13. The auditor shall obtain sufficient appropriate audit evidence regarding compliance with the provisions of those laws and regulations generally recognized to have a direct effect on the determination of material amounts and disclosures in the financial statements. (Ref: Para. A8)

14. The auditor shall perform the following audit procedures to help identify instances of non-compliance with other laws and regulations that may have a material effect on the financial statements: (Ref: Para. A9–A10)
    (a) Inquiring of management and, where appropriate, those charged with governance, as to whether the entity is in compliance with such laws and regulations; and
    (b) Inspecting correspondence, if any, with the relevant licensing or regulatory authorities.

15. During the audit, the auditor shall remain alert to the possibility that other audit procedures applied may bring instances of non-compliance or suspected non-compliance with laws and regulations to the auditor's attention. (Ref: Para. A11)

16. The auditor shall request management and, where appropriate, those charged with governance, to provide written representations that all known instances of non-compliance or suspected non-compliance with laws and regulations whose effects should be considered when preparing financial statements have been disclosed to the auditor. (Ref: Para. A12)

17. In the absence of identified or suspected non-compliance, the auditor is not required to perform audit procedures regarding the entity's compliance with laws and regulations, other than those set out in paragraphs 12–16.

Audit Procedures When Non-Compliance Is Identified or Suspected

18. If the auditor becomes aware of information concerning an instance of non-compliance or suspected non-compliance with laws and regulations, the auditor shall obtain: (Ref: Para. A13)
    (a) An understanding of the nature of the act and the circumstances in which it has occurred; and
    (b) Further information to evaluate the possible effect on the financial statements. (Ref: Para. A14)

19. If the auditor suspects there may be non-compliance, the auditor shall discuss the matter with management and, where appropriate, those charged with governance. If management or, as appropriate, those charged with governance do not provide sufficient information that supports that the entity is in compliance with laws and regulations and, in the auditor's judgment, the effect of the suspected non-

---

[4] ISA 315, "Identifying and Assessing the Risks of Material Misstatement through Understanding the Entity and Its Environment," paragraph 11.

Definition

11. Für die Zwecke dieses ISA gilt die nachstehende Begriffsbestimmung:

    Verstoß – Absichtliches oder unabsichtliches Tun oder Unterlassen durch die Einheit, das gegen die geltenden Gesetze oder anderen Rechtsvorschriften verstößt. Zu solchen Handlungen gehören Vorgänge, die durch die Einheit, in deren Namen oder auf deren Rechnung, durch die für die Überwachung Verantwortlichen, das Management oder Mitarbeiter getätigt werden. Verstöße umfassen kein persönliches Fehlverhalten (das nicht mit den Geschäftstätigkeiten der Einheit im Zusammenhang steht) durch die für die Überwachung Verantwortlichen, das Management oder Mitarbeiter der Einheit.

Anforderungen

Erwägungen des Abschlussprüfers zur Einhaltung von Gesetzen und anderen Rechtsvorschriften

12. Als Bestandteil des Gewinnens eines Verständnisses von der Einheit und ihrem Umfeld in Übereinstimmung mit ISA 315[4)] muss der Abschlussprüfer ein allgemeines Verständnis erlangen von

    (a) dem für die Einheit und für die Branche sowie für den Bereich, in dem sie tätig ist, maßgeblichen gesetzlichen und sonstigen regulatorischen Rechtsrahmen und

    (b) der Art und Weise, in der die Einheit diesen Rahmen einhält. (Vgl. Tz. A7)

13. Der Abschlussprüfer muss ausreichende geeignete Prüfungsnachweise für die Einhaltung der Bestimmungen in Gesetzen und anderen Rechtsvorschriften erlangen, denen im Allgemeinen eine unmittelbare Auswirkung auf die Festlegung wesentlicher Beträge und Angaben im Abschluss beigemessen wird. (Vgl. Tz. A8)

14. Der Abschlussprüfer muss die folgenden Prüfungshandlungen durchführen, die dazu beitragen, Fälle von Verstößen gegen sonstige Gesetze und andere Rechtsvorschriften festzustellen, die wesentliche Auswirkungen auf den Abschluss haben können: (Vgl. Tz. A9–A10)

    (a) Befragungen des Managements und erforderlichenfalls der für die Überwachung Verantwortlichen, ob die Einheit solche Gesetze und andere Rechtsvorschriften einhält

    (b) Einsichtnahme in ggf. vorhandenen Schriftverkehr mit den zuständigen Genehmigungs- oder Aufsichtsbehörden.

15. Während der Abschlussprüfung muss der Abschlussprüfer stets auf die Möglichkeit achten, dass ihm durch andere durchgeführte Prüfungshandlungen Fälle tatsächlicher oder vermuteter Verstöße gegen Gesetze und andere Rechtsvorschriften zur Kenntnis gelangen können. (Vgl. Tz. A11)

16. Der Abschlussprüfer muss das Management und erforderlichenfalls die für die Überwachung Verantwortlichen auffordern, schriftliche Erklärungen darüber abzugeben, dass dem Abschlussprüfer alle bekannten Fälle tatsächlicher oder vermuteter Verstöße gegen Gesetze und andere Rechtsvorschriften, deren Auswirkungen bei der Aufstellung des Abschlusses zu berücksichtigen sind, mitgeteilt wurden. (Vgl. Tz. A12)

17. Wenn keine festgestellten oder vermuteten Verstöße vorliegen, muss der Abschlussprüfer im Hinblick auf die Einhaltung von Gesetzen und anderen Rechtsvorschriften durch die Einheit keine anderen als die in den Textziffern 12–16 erläuterten Prüfungshandlungen durchführen.

Prüfungshandlungen bei festgestellten oder vermuteten Verstößen

18. Wenn dem Abschlussprüfer Informationen zu einem Fall eines tatsächlichen oder vermuteten Verstoßes gegen Gesetze und andere Rechtsvorschriften bekannt werden, muss er (Vgl. Tz. A13)

    (a) ein Verständnis von der Art der Handlung und von den Umständen erlangen, unter denen sie vorgenommen wurde, und

    (b) weitere Informationen einholen, um die möglichen Auswirkungen auf den Abschluss zu beurteilen. (Vgl. Tz. A14)

19. Wenn der Abschlussprüfer vermutet, dass möglicherweise ein Verstoß vorliegt, muss er den Sachverhalt mit dem Management und – soweit angebracht – mit den für die Überwachung Verantwortlichen erörtern. Wenn das Management und – sofern angebracht – die für die Überwachung Verantwortlichen keine ausreichenden Informationen liefern, die belegen, dass die Einheit Gesetze und andere Rechtsvorschriften

---

4) ISA 315 „Identifizierung und Beurteilung der Risiken wesentlicher falscher Darstellungen aus dem Verstehen der Einheit und ihres Umfelds", Textziffer 11.

ISA 250   Consideration of Laws and Regulations in an Audit of Financial Statements

compliance may be material to the financial statements, the auditor shall consider the need to obtain legal advice. (Ref: Para. A15–A16)

20. If sufficient information about suspected non-compliance cannot be obtained, the auditor shall evaluate the effect of the lack of sufficient appropriate audit evidence on the auditor's opinion.

21. The auditor shall evaluate the implications of non-compliance in relation to other aspects of the audit, including the auditor's risk assessment and the reliability of written representations, and take appropriate action. (Ref: Para. A17–A18)

Reporting of Identified or Suspected Non-Compliance

Reporting Non-Compliance to Those Charged with Governance

22. Unless all of those charged with governance are involved in management of the entity, and therefore are aware of matters involving identified or suspected non-compliance already communicated by the auditor,[5] the auditor shall communicate with those charged with governance matters involving non-compliance with laws and regulations that come to the auditor's attention during the course of the audit, other than when the matters are clearly inconsequential.

23. If, in the auditor's judgment, the non-compliance referred to in paragraph 22 is believed to be intentional and material, the auditor shall communicate the matter to those charged with governance as soon as practicable.

24. If the auditor suspects that management or those charged with governance are involved in non-compliance, the auditor shall communicate the matter to the next higher level of authority at the entity, if it exists, such as an audit committee or supervisory board. Where no higher authority exists, or if the auditor believes that the communication may not be acted upon or is unsure as to the person to whom to report, the auditor shall consider the need to obtain legal advice.

Reporting Non-Compliance in the Auditor's Report on the Financial Statements

25. If the auditor concludes that the non-compliance has a material effect on the financial statements, and has not been adequately reflected in the financial statements, the auditor shall, in accordance with ISA 705, express a qualified opinion or an adverse opinion on the financial statements.[6]

26. If the auditor is precluded by management or those charged with governance from obtaining sufficient appropriate audit evidence to evaluate whether non-compliance that may be material to the financial statements has, or is likely to have, occurred, the auditor shall express a qualified opinion or disclaim an opinion on the financial statements on the basis of a limitation on the scope of the audit in accordance with ISA 705.

27. If the auditor is unable to determine whether non-compliance has occurred because of limitations imposed by the circumstances rather than by management or those charged with governance, the auditor shall evaluate the effect on the auditor's opinion in accordance with ISA 705.

Reporting Non-Compliance to Regulatory and Enforcement Authorities

28. If the auditor has identified or suspects non-compliance with laws and regulations, the auditor shall determine whether the auditor has a responsibility to report the identified or suspected non-compliance to parties outside the entity. (Ref: Para. A19–A20)

Documentation

29. The auditor shall include in the audit documentation identified or suspected non-compliance with laws and regulations and the results of discussion with management and, where applicable, those charged with governance and other parties outside the entity.[7] (Ref: Para. A21)

---

5) ISA 260, "Communication with Those Charged with Governance," paragraph 13.
6) ISA 705, "Modifications to the Opinion in the Independent Auditor's Report," paragraphs 7–8.
7) ISA 230, "Audit Documentation," paragraphs 8–11, and A6.

einhält, und die Auswirkungen des vermuteten Verstoßes auf den Abschluss nach Beurteilung des Abschlussprüfers wesentlich sein können, muss der Abschlussprüfer die Notwendigkeit zur Einholung von rechtlichem Rat abwägen. (Vgl. Tz. A15–A16)

20. Wenn keine ausreichenden Informationen über einen vermuteten Verstoß erlangt werden können, hat der Abschlussprüfer die Auswirkungen des Fehlens ausreichender geeigneter Prüfungsnachweise für das Prüfungsurteil zu beurteilen.

21. Der Abschlussprüfer muss die Folgen eines Verstoßes im Verhältnis zu anderen Aspekten der Prüfung einschließlich der Risikobeurteilung des Abschlussprüfers und der Verlässlichkeit schriftlicher Erklärungen beurteilen und geeignete Maßnahmen ergreifen. (Vgl. Tz. A17–A18)

Berichterstattung über festgestellte oder vermutete Verstöße

Berichterstattung über Verstöße an die für die Überwachung Verantwortlichen

22. Sofern nicht alle für die Überwachung Verantwortlichen in das Management der Einheit eingebunden sind und daher Kenntnis von bereits vom Abschlussprüfer mitgeteilten Sachverhalten über festgestellte oder vermutete Verstöße haben,[5] muss sich der Abschlussprüfer mit den für die Überwachung Verantwortlichen über Sachverhalte im Zusammenhang mit Verstößen gegen Gesetze und andere Rechtsvorschriften austauschen, auf die der Abschlussprüfer im Laufe der Prüfung aufmerksam wird, falls diese Sachverhalte nicht offensichtlich unbeachtlich sind.

23. Beurteilt der Abschlussprüfer die in Textziffer 22 genannten Verstöße als absichtlich und wesentlich, muss er den Sachverhalt den für die Überwachung Verantwortlichen mitteilen, sobald dies praktisch durchführbar ist.

24. Wenn der Abschlussprüfer vermutet, dass das Management oder die für die Überwachung Verantwortlichen an Verstößen beteiligt sind, muss er den Sachverhalt einer vorhandenen nächsthöheren Hierarchieebene der Einheit (z. B. einem Prüfungsausschuss oder einem Aufsichtsrat) mitteilen. Wenn keine höhere Hierarchieebene vorhanden ist, wenn der Abschlussprüfer der Meinung ist, dass aus der Mitteilung möglicherweise keine Konsequenzen gezogen werden, oder wenn er im Zweifel darüber ist, wem gegenüber zu berichten ist, muss der Abschlussprüfer die Notwendigkeit zur Einholung von rechtlichem Rat erwägen.

Berichterstattung über Verstöße im Vermerk des Abschlussprüfers zum Abschluss

25. Wenn der Abschlussprüfer zu der Schlussfolgerung kommt, dass die Verstöße wesentliche Auswirkungen auf den Abschluss haben und nicht zutreffend im Abschluss abgebildet wurden, ist in Übereinstimmung mit ISA 705 ein eingeschränktes oder ein versagtes Prüfungsurteil[*] zu dem Abschluss abzugeben.[6]

26. Wenn der Abschlussprüfer vom Management oder von den für die Überwachung Verantwortlichen daran gehindert wird, ausreichende geeignete Prüfungsnachweise für die Beurteilung einzuholen, ob ein Verstoß, der für den Abschluss möglicherweise wesentlich ist, tatsächlich oder wahrscheinlich begangen wurde, hat der Abschlussprüfer in Übereinstimmung mit ISA 705 aufgrund eines Prüfungshemmnisses[**] ein eingeschränktes Prüfungsurteil abzugeben oder die Nichtabgabe eines Prüfungsurteils zu erklären.

27. Wenn der Abschlussprüfer aufgrund von Beschränkungen, die durch die gegebenen Umstände und nicht durch das Management oder die für die Überwachung Verantwortlichen bedingt waren, nicht feststellen kann, ob ein Verstoß stattgefunden hat, muss der Abschlussprüfer in Übereinstimmung mit ISA 705 die Auswirkungen auf das Prüfungsurteil einschätzen.

Berichterstattung über Verstöße an Aufsichtsbehörden und Überwachungsstellen

28. Wenn der Abschlussprüfer Verstöße gegen Gesetze und andere Rechtsvorschriften festgestellt hat oder vermutet, muss er entscheiden, ob für ihn eine Verpflichtung besteht, Dritten außerhalb der Einheit über die festgestellten oder vermuteten Verstöße zu berichten. (Vgl. Tz. A19–A20)

Dokumentation

29. Der Abschlussprüfer hat festgestellte oder vermutete Verstöße gegen Gesetze und andere Rechtsvorschriften sowie die Ergebnisse von Gesprächen mit dem Management und erforderlichenfalls mit den für die Überwachung Verantwortlichen und Dritten außerhalb der Einheit in die Prüfungsdokumentation aufzunehmen.[7] (Vgl. Tz. A21)

---

5) ISA 260 „Kommunikation mit den für die Überwachung Verantwortlichen", Textziffer 13.
6) ISA 705 „Modifizierungen des Prüfungsurteils im Vermerk des unabhängigen Abschlussprüfers", Textziffern 7-8.
7) ISA 230 „Prüfungsdokumentation", Textziffern 8-11 und A6.
*) In der Schweiz: verneinendes Prüfungsurteil.
**) In der Schweiz: Beschränkung des Prüfungsumfangs.

***

Application and Other Explanatory Material
Responsibility for Compliance with Laws and Regulations (Ref: Para. 3–8)

A1. It is the responsibility of management, with the oversight of those charged with governance, to ensure that the entity's operations are conducted in accordance with laws and regulations. Laws and regulations may affect an entity's financial statements in different ways: for example, most directly, they may affect specific disclosures required of the entity in the financial statements or they may prescribe the applicable financial reporting framework. They may also establish certain legal rights and obligations of the entity, some of which will be recognized in the entity's financial statements. In addition, laws and regulations may impose penalties in cases of non-compliance.

A2. The following are examples of the types of policies and procedures an entity may implement to assist in the prevention and detection of non-compliance with laws and regulations:

- Monitoring legal requirements and ensuring that operating procedures are designed to meet these requirements.
- Instituting and operating appropriate systems of internal control.
- Developing, publicizing and following a code of conduct.
- Ensuring employees are properly trained and understand the code of conduct.
- Monitoring compliance with the code of conduct and acting appropriately to discipline employees who fail to comply with it.
- Engaging legal advisors to assist in monitoring legal requirements.
- Maintaining a register of significant laws and regulations with which the entity has to comply within its particular industry and a record of complaints.

In larger entities, these policies and procedures may be supplemented by assigning appropriate responsibilities to the following:

- An internal audit function.
- An audit committee.
- A compliance function.

Responsibility of the Auditor

A3. Non-compliance by the entity with laws and regulations may result in a material misstatement of the financial statements. Detection of non-compliance, regardless of materiality, may affect other aspects of the audit including, for example, the auditor's consideration of the integrity of management or employees.

A4. Whether an act constitutes non-compliance with laws and regulations is a matter for legal determination, which is ordinarily beyond the auditor's professional competence to determine. Nevertheless, the auditor's training, experience and understanding of the entity and its industry or sector may provide a basis to recognize that some acts, coming to the auditor's attention, may constitute non-compliance with laws and regulations.

A5. In accordance with specific statutory requirements, the auditor may be specifically required to report, as part of the audit of the financial statements, on whether the entity complies with certain provisions of laws or regulations. In these circumstances, ISA 700[8] or ISA 800[9] deal with how these audit responsibilities are addressed in the auditor's report. Furthermore, where there are specific statutory reporting requirements, it may be necessary for the audit plan to include appropriate tests for compliance with these provisions of the laws and regulations.

---

8) ISA 700, "Forming an Opinion and Reporting on Financial Statements," paragraph 38.
9) ISA 800 "Special Considerations–Audits of Financial Statements Prepared in Accordance with Special Purpose Frameworks," paragraph 11.

***

Anwendungshinweise und sonstige Erläuterungen

Verantwortung für die Einhaltung von Gesetzen und anderen Rechtsvorschriften (Vgl. Tz. 3-8)

A1. Es liegt in der Verantwortung des Managements, unter Aufsicht der für die Überwachung Verantwortlichen sicherzustellen, dass die Geschäftstätigkeit der Einheit in Übereinstimmung mit Gesetzen und anderen Rechtsvorschriften ausgeübt wird. Gesetze und andere Rechtsvorschriften können sich auf unterschiedliche Weise auf den Abschluss einer Einheit auswirken. Beispielsweise können sie sich ganz unmittelbar auf bestimmte Angaben auswirken, welche die Einheit im Abschluss zu machen hat, oder sie können das maßgebende Regelwerk der Rechnungslegung bestimmen. Sie können auch bestimmte gesetzliche Rechte und Pflichten der Einheit enthalten, von denen sich einige im Abschluss der Einheit niederschlagen werden. Darüber hinaus können durch Gesetze und andere Rechtsvorschriften in Fällen von Verstößen Strafen auferlegt werden.

A2. Im Folgenden sind Beispiele für die Arten von Regelungen und Verfahren aufgeführt, die eine Einheit einrichten kann und die dazu beitragen, Verstöße gegen Gesetze und andere Rechtsvorschriften zu verhindern und aufzudecken:

- Verfolgung der rechtlichen Anforderungen und Sicherstellung, dass die betrieblichen Verfahren so ausgelegt sind, dass diese Anforderungen erfüllt werden
- Aufbau und Betrieb geeigneter interner Kontrollsysteme
- Entwicklung, Bekanntmachung und Befolgung eines Verhaltenskodex
- Sicherstellung, dass Mitarbeiter angemessen ausgebildet sind und den Verhaltenskodex verstehen
- Überwachung der Einhaltung des Verhaltenskodex und Ergreifen angemessener Disziplinarmaßnahmen gegenüber Mitarbeitern, die gegen den Kodex verstoßen
- Hinzuziehung von Rechtsberatern zur Unterstützung der Verfolgung rechtlicher Anforderungen
- Führen eines Verzeichnisses von bedeutsamen Gesetzen und anderen Rechtsvorschriften, welche die Einheit in der betreffenden Branche einzuhalten hat, sowie eines Beschwerdeverzeichnisses.

In größeren Einheiten können diese Regelungen und Maßnahmen durch Delegation angemessener Verantwortlichkeiten an die folgenden Stellen ergänzt werden:

- eine Stelle mit interner Revisionsfunktion
- einen Prüfungsausschuss
- eine Compliancefunktion.

Pflichten des Abschlussprüfers

A3. Verstöße der Einheit gegen Gesetze und andere Rechtsvorschriften können zu wesentlichen falschen Darstellungen im Abschluss führen. Die Aufdeckung von Verstößen kann sich unabhängig von deren Wesentlichkeit auf andere Aspekte der Prüfung auswirken, z. B. auf die vom Abschlussprüfer vorgenommene Beurteilung der Integrität des Managements oder von Mitarbeitern.

A4. Ob eine Handlung einen Verstoß gegen Gesetze und andere Rechtsvorschriften darstellt, ist Gegenstand rechtlicher Entscheidung, die normalerweise außerhalb der beruflichen Kompetenz des Abschlussprüfers liegt. Gleichwohl können Ausbildung, Erfahrung und Verständnis des Abschlussprüfers von der Einheit und der Branche oder dem Bereich, in dem sie tätig ist, eine Grundlage dafür sein, erkennen zu können, dass einige Handlungen, auf die der Abschlussprüfer aufmerksam wird, möglicherweise Verstöße gegen Gesetze und andere Rechtsvorschriften darstellen.

A5. Aufgrund von besonderen gesetzlichen Anforderungen kann der Abschlussprüfer ausdrücklich dazu verpflichtet sein, als Teil der Abschlussprüfung darüber zu berichten, ob die Einheit bestimmte Vorschriften in Gesetzen oder anderen Rechtsvorschriften einhält. Wie unter diesen Umständen im Vermerk des Abschlussprüfers auf solche Prüfungspflichten eingegangen wird, wird in ISA 700[8] bzw. ISA 800[9] behandelt. Bestehen spezifische gesetzliche Berichterstattungsanforderungen, kann es darüber hinaus erforderlich sein, dass das Prüfungsprogramm geeignete Prüfungen der Einhaltung dieser Bestimmungen der Gesetze und anderen Rechtsvorschriften umfasst.

---

[8] ISA 700 „Bildung eines Prüfungsurteils und Erteilung eines Vermerks zum Abschluss", Textziffer 38.
[9] ISA 800 „Besondere Überlegungen bei Prüfungen von Abschlüssen, die aufgestellt sind in Übereinstimmung mit einem Regelwerk für einen speziellen Zweck", Textziffer 11.

Considerations Specific to Public Sector Entities

A6. In the public sector, there may be additional audit responsibilities with respect to the consideration of laws and regulations which may relate to the audit of financial statements or may extend to other aspects of the entity's operations.

The Auditor's Consideration of Compliance with Laws and Regulations

Obtaining an Understanding of the Legal and Regulatory Framework (Ref: Para. 12)

A7. To obtain a general understanding of the legal and regulatory framework, and how the entity complies with that framework, the auditor may, for example:

- Use the auditor's existing understanding of the entity's industry, regulatory and other external factors;

- Update the understanding of those laws and regulations that directly determine the reported amounts and disclosures in the financial statements;

- Inquire of management as to other laws or regulations that may be expected to have a fundamental effect on the operations of the entity;

- Inquire of management concerning the entity's policies and procedures regarding compliance with laws and regulations; and

- Inquire of management regarding the policies or procedures adopted for identifying, evaluating and accounting for litigation claims.

Laws and Regulations Generally Recognized to Have a Direct Effect on the Determination of Material Amounts and Disclosures in the Financial Statements (Ref: Para. 13)

A8. Certain laws and regulations are well-established, known to the entity and within the entity's industry or sector, and relevant to the entity's financial statements (as described in paragraph 6(a)). They could include those that relate to, for example:

- The form and content of financial statements;
- Industry-specific financial reporting issues;
- Accounting for transactions under government contracts; or
- The accrual or recognition of expenses for income tax or pension costs.

Some provisions in those laws and regulations may be directly relevant to specific assertions in the financial statements (for example, the completeness of income tax provisions), while others may be directly relevant to the financial statements as a whole (for example, the required statements constituting a complete set of financial statements). The aim of the requirement in paragraph 13 is for the auditor to obtain sufficient appropriate audit evidence regarding the determination of amounts and disclosures in the financial statements in compliance with the relevant provisions of those laws and regulations.

Non-compliance with other provisions of such laws and regulations and other laws and regulations may result in fines, litigation or other consequences for the entity, the costs of which may need to be provided for in the financial statements, but are not considered to have a direct effect on the financial statements as described in paragraph 6(a).

Procedures to Identify Instances of Non-Compliance – Other Laws and Regulations (Ref: Para. 14)

A9. Certain other laws and regulations may need particular attention by the auditor because they have a fundamental effect on the operations of the entity (as described in paragraph 6(b)). Non-compliance with laws and regulations that have a fundamental effect on the operations of the entity may cause the entity to cease operations, or call into question the entity's continuance as a going concern. For example, non-compliance with the requirements of the entity's license or other entitlement to perform its operations could have such an impact (for example, for a bank, non-compliance with capital or investment requirements). There are also many laws and regulations relating principally to the operating aspects of

Spezifische Überlegungen zu Einheiten des öffentlichen Sektors

A6. Im öffentlichen Sektor können im Hinblick auf die Berücksichtigung von Gesetzen und anderen Rechtsvorschriften zusätzliche Prüfungspflichten bestehen, die sich auf die Abschlussprüfung beziehen oder auf andere Aspekte der Geschäftstätigkeit der Einheit erstrecken können.

Erwägungen des Abschlussprüfers zur Einhaltung von Gesetzen und anderen Rechtsvorschriften

Gewinnung eines Verständnisses von dem gesetzlichen und anderen regulatorischen Rahmen (Vgl. Tz. 12)

A7. Um ein allgemeines Verständnis von dem gesetzlichen und anderen regulatorischen Rahmen sowie von der Art und Weise zu gewinnen, in der die Einheit diesen Rahmen einhält, kann der Abschlussprüfer bspw.

- das vorhandene Verständnis von den die Einheit betreffenden branchenbezogenen, rechtlichen und anderen externen Faktoren nutzen,
- das Verständnis von Gesetzen und anderen Rechtsvorschriften, durch welche die auszuweisenden Beträge und Angaben im Abschluss unmittelbar festgelegt werden, aktualisieren,
- Befragungen des Managements zu sonstigen Gesetzen oder anderen Rechtsvorschriften, von denen erwartet werden kann, dass sie grundlegende Auswirkungen auf die Geschäftstätigkeit der Einheit haben, durchführen,
- Befragungen des Managements zu den die Einhaltung von Gesetzen und anderen Rechtsvorschriften betreffenden Regelungen und Verfahren der Einheit durchführen sowie
- Befragungen des Managements zu den Regelungen oder Verfahren, die zur Feststellung, Beurteilung und Abbildung von Rechtsstreitigkeiten im Abschluss eingesetzt werden, durchführen.

Gesetze und andere Rechtsvorschriften, denen im Allgemeinen eine unmittelbare Auswirkung auf die Festlegung wesentlicher Beträge und Angaben im Abschluss beigemessen wird (Vgl. Tz. 13)

A8. Bestimmte Gesetze und andere Rechtsvorschriften sind gängig, in der Einheit sowie in deren Branche oder Bereich bekannt und für den Abschluss der Einheit maßgeblich (wie in Textziffer 6(a) beschrieben). Dazu können diejenigen gehören, die bspw. bezogen sind auf

- die Form und den Inhalt des Abschlusses,
- branchenspezifische Fragen der Finanzberichterstattung,
- die Bilanzierung von Geschäftsvorfällen im Zusammenhang mit öffentlichen Aufträgen oder
- die Abgrenzung oder den Ansatz[*)] von Aufwendungen für Ertragsteuern oder Pensionsverpflichtungen.

Einige Regeln in diesen Gesetzen und anderen Rechtsvorschriften können direkt für bestimmte Aussagen im Abschluss relevant sein (bspw. für die Vollständigkeit von Ertragsteuerrückstellungen), während andere für den Abschluss als Ganzes direkt relevant sein können (bspw. die erforderlichen Bestandteile, die einen vollständigen Abschluss ausmachen). Das Ziel der Anforderung in Textziffer 13 fordert vom Abschlussprüfer, ausreichende geeignete Prüfungsnachweise zur Festlegung von Beträgen und Angaben im Abschluss unter Beachtung der einschlägigen Regelungen dieser Gesetze und anderen Rechtsvorschriften zu beschaffen.

Verstöße gegen andere Regelungen dieser Gesetze und anderen Rechtsvorschriften sowie gegen sonstige Gesetze und andere Rechtsvorschriften können Geldbußen, Rechtsstreitigkeiten oder andere Konsequenzen für die Einheit nach sich ziehen, deren Aufwendungen im Abschluss zu berücksichtigen sein können, ohne dass ihnen – wie in Textziffer 6(a) beschrieben – unmittelbare Auswirkungen auf den Abschluss beigemessen werden.

Prüfungshandlungen zur Feststellung von Fällen von Verstößen gegen sonstige Gesetze und andere Rechtsvorschriften (Vgl. Tz. 14)

A9. Bestimmte sonstige Gesetze und andere Rechtsvorschriften können die besondere Aufmerksamkeit des Abschlussprüfers erfordern, da sie grundlegende Auswirkungen auf die Geschäftstätigkeit der Einheit haben (wie in Textziffer 6(b) beschrieben). Verstöße gegen Gesetze und andere Rechtsvorschriften, die grundlegende Auswirkungen auf die Geschäftstätigkeit der Einheit haben, können dazu führen, dass die Einheit den Geschäftsbetrieb einstellen oder die Fortführung ihrer Unternehmenstätigkeit in Frage stellen muss. Beispielsweise könnten Verstöße gegen die Anforderungen der Betriebserlaubnis der Einheit oder gegen eine andere Genehmigung zur Ausübung ihrer Geschäftstätigkeit eine solche Auswirkung haben

---

[*)] In der Schweiz: Erfassung.

the entity that typically do not affect the financial statements and are not captured by the entity's information systems relevant to financial reporting.

A10. As the financial reporting consequences of other laws and regulations can vary depending on the entity's operations, the audit procedures required by paragraph 14 are directed to bringing to the auditor's attention instances of non-compliance with laws and regulations that may have a material effect on the financial statements.

Non-Compliance Brought to the Auditor's Attention by Other Audit Procedures (Ref: Para. 15)

A11. Audit procedures applied to form an opinion on the financial statements may bring instances of non-compliance or suspected non-compliance with laws and regulations to the auditor's attention. For example, such audit procedures may include:
- Reading minutes;
- Inquiring of the entity's management and in-house legal counsel or external legal counsel concerning litigation, claims and assessments; and
- Performing substantive tests of details of classes of transactions, account balances or disclosures.

Written Representations (Ref: Para. 16)

A12. Because the effect on financial statements of laws and regulations can vary considerably, written representations provide necessary audit evidence about management's knowledge of identified or suspected non-compliance with laws and regulations, whose effects may have a material effect on the financial statements. However, written representations do not provide sufficient appropriate audit evidence on their own and, accordingly, do not affect the nature and extent of other audit evidence that is to be obtained by the auditor.[10]

Audit Procedures When Non-Compliance is Identified or Suspected

Indications of Non-Compliance with Laws and Regulations (Ref: Para. 18)

A13. If the auditor becomes aware of the existence of, or information about, the following matters, it may be an indication of non-compliance with laws and regulations:
- Investigations by regulatory organizations and government departments or payment of fines or penalties.
- Payments for unspecified services or loans to consultants, related parties, employees or government employees.
- Sales commissions or agent's fees that appear excessive in relation to those ordinarily paid by the entity or in its industry or to the services actually received.
- Purchasing at prices significantly above or below market price.
- Unusual payments in cash, purchases in the form of cashiers' checks payable to bearer or transfers to numbered bank accounts.
- Unusual transactions with companies registered in tax havens.
- Payments for goods or services made other than to the country from which the goods or services originated.
- Payments without proper exchange control documentation.
- Existence of an information system which fails, whether by design or by accident, to provide an adequate audit trail or sufficient evidence.
- Unauthorized transactions or improperly recorded transactions.
- Adverse media comment.

Matters Relevant to the Auditor's Evaluation (Ref: Para. 18(b))

A14. Matters relevant to the auditor's evaluation of the possible effect on the financial statements include:

---

10) ISA 580, "Written Representations," paragraph 4.

Berücksichtigung der Auswirkungen von Gesetzen und anderen Rechtsvorschriften auf den Abschluss bei einer Abschlussprüfung

(bspw. bei einer Bank Verstöße gegen Eigenkapital- oder Anlageanforderungen). Darüber hinaus gibt es viele, hauptsächlich auf die betrieblichen Aspekte der Einheit bezogene Gesetze und andere Rechtsvorschriften, die typischerweise keine Auswirkungen auf den Abschluss haben und nicht von den rechnungslegungsbezogenen Informationssystemen der Einheit erfasst werden.

A10. Da sich die Konsequenzen sonstiger Gesetze und anderer Rechtsvorschriften für die Rechnungslegung je nach der Geschäftstätigkeit der Einheit unterscheiden können, sind die nach Textziffer 14 erforderlichen Prüfungshandlungen darauf ausgerichtet, die Aufmerksamkeit des Abschlussprüfers auf Fälle von Verstößen gegen Gesetze und andere Rechtsvorschriften zu lenken, die möglicherweise wesentliche Auswirkungen auf den Abschluss haben.

Verstöße, auf die der Abschlussprüfer durch andere Prüfungshandlungen aufmerksam wird (Vgl. Tz. 15)

A11. Der Abschlussprüfer kann durch Prüfungshandlungen, die zur Bildung eines Urteils zu dem Abschluss durchgeführt wurden, auf Fälle tatsächlicher oder vermuteter Verstöße gegen Gesetze und andere Rechtsvorschriften aufmerksam werden. Zu solchen Prüfungshandlungen können bspw. gehören:
- Lesen von Protokollen
- Befragungen des Managements der Einheit sowie der hausinternen Rechtsberater der Einheit oder der externen Rechtsberater zu Rechtsstreitigkeiten, Ansprüchen und Bescheiden
- Durchführung von aussagebezogenen Einzelfallprüfungen zu Geschäftsvorfällen, Kontensalden oder Abschlussangaben.

Schriftliche Erklärungen (Vgl. Tz. 16)

A12. Da sich die Auswirkungen von Gesetzen und anderen Rechtsvorschriften auf den Abschluss erheblich unterscheiden können, liefern schriftliche Erklärungen notwendige Prüfungsnachweise über die Kenntnis des Managements von festgestellten oder vermuteten Verstößen gegen Gesetze und andere Rechtsvorschriften, deren Folgen sich möglicherweise wesentlich auf den Abschluss auswirken. Schriftliche Erklärungen stellen jedoch für sich alleine keine ausreichenden geeigneten Prüfungsnachweise dar und wirken sich folglich nicht auf Art und Umfang anderer vom Abschlussprüfer einzuholender Prüfungsnachweise aus.[10]

Prüfungshandlungen bei festgestellten oder vermuteten Verstößen

Anzeichen für Verstöße gegen Gesetze und andere Rechtsvorschriften (Vgl. Tz. 18)

A13. Falls dem Abschlussprüfer das Vorliegen der folgenden Sachverhalte oder Informationen über diese bekannt werden, kann dies ein Anzeichen für Verstöße gegen Gesetze und andere Rechtsvorschriften sein:
- Untersuchungen durch Aufsichtsorganisationen und Regierungsstellen oder Zahlung von Geldbußen oder -strafen
- Zahlungen für nicht näher angegebene Dienstleistungen oder Darlehen an Berater, nahe stehende Personen, Mitarbeiter oder staatliche Bedienstete
- Verkaufsprovisionen oder Vertreterhonorare, die im Vergleich zu den üblicherweise von der Einheit oder in der betreffenden Branche gezahlten oder im Vergleich zu den tatsächlich erhaltenen Dienstleistungen überhöht erscheinen
- Einkäufe zu Preisen, die erheblich über oder unter dem Marktpreis liegen
- unübliche Barzahlungen, per Barscheck bezahlte Einkäufe oder Überweisungen auf Nummernkonten
- unübliche Transaktionen mit in Steueroasen ansässigen Unternehmen
- Zahlungen für Waren oder Dienstleistungen in Länder, aus denen die Waren oder Dienstleistungen nicht bezogen wurden
- Zahlungen ohne angemessene Dokumentation über Devisenkontrollen
- Informationssystem, das aufgrund seiner Konzeption oder zufällig keine angemessene Prüfspur oder keine ausreichenden Nachweise liefert
- nicht autorisierte oder nicht korrekt aufgezeichnete Geschäftsvorfälle
- negative Medienberichte.

Für die Beurteilung durch den Abschlussprüfer relevante Sachverhalte (Vgl. Tz. 18(b))

A14. Sachverhalte, die für die vom Abschlussprüfer vorgenommene Beurteilung der möglichen Auswirkungen auf den Abschluss relevant sind, schließen ein:

---

10) ISA 580 „Schriftliche Erklärungen", Textziffer 4.

- The potential financial consequences of non-compliance with laws and regulations on the financial statements including, for example, the imposition of fines, penalties, damages, threat of expropriation of assets, enforced discontinuation of operations, and litigation.
- Whether the potential financial consequences require disclosure.
- Whether the potential financial consequences are so serious as to call into question the fair presentation of the financial statements, or otherwise make the financial statements misleading.

Audit Procedures (Ref: Para. 19)

A15. The auditor may discuss the findings with those charged with governance where they may be able to provide additional audit evidence. For example, the auditor may confirm that those charged with governance have the same understanding of the facts and circumstances relevant to transactions or events that have led to the possibility of non-compliance with laws and regulations.

A16. If management or, as appropriate, those charged with governance do not provide sufficient information to the auditor that the entity is in fact in compliance with laws and regulations, the auditor may consider it appropriate to consult with the entity's in-house legal counsel or external legal counsel about the application of the laws and regulations to the circumstances, including the possibility of fraud, and the possible effects on the financial statements. If it is not considered appropriate to consult with the entity's legal counsel or if the auditor is not satisfied with the legal counsel's opinion, the auditor may consider it appropriate to consult the auditor's own legal counsel as to whether a contravention of a law or regulation is involved, the possible legal consequences, including the possibility of fraud, and what further action, if any, the auditor would take.

Evaluating the Implications of Non-Compliance (Ref: Para. 21)

A17. As required by paragraph 21, the auditor evaluates the implications of non-compliance in relation to other aspects of the audit, including the auditor's risk assessment and the reliability of written representations. The implications of particular instances of non-compliance identified by the auditor will depend on the relationship of the perpetration and concealment, if any, of the act to specific control activities and the level of management or employees involved, especially implications arising from the involvement of the highest authority within the entity.

A18. In exceptional cases, the auditor may consider whether withdrawal from the engagement, where withdrawal is possible under applicable law or regulation, is necessary when management or those charged with governance do not take the remedial action that the auditor considers appropriate in the circumstances, even when the non-compliance is not material to the financial statements. When deciding whether withdrawal from the engagement is necessary, the auditor may consider seeking legal advice. If withdrawal from the engagement is not possible, the auditor may consider alternative actions, including describing the non-compliance in an Other Matter paragraph in the auditor's report.[11]

Reporting of Identified or Suspected Non-Compliance

Reporting Non-Compliance to Regulatory and Enforcement Authorities (Ref: Para. 28)

A19. The auditor's professional duty to maintain the confidentiality of client information may preclude reporting identified or suspected non-compliance with laws and regulations to a party outside the entity. However, the auditor's legal responsibilities vary by jurisdiction and, in certain circumstances, the duty of confidentiality may be overridden by statute, the law or courts of law. In some jurisdictions, the auditor of a financial institution has a statutory duty to report the occurrence, or suspected occurrence, of non-compliance with laws and regulations to supervisory authorities. Also, in some jurisdictions, the auditor has a duty to report misstatements to authorities in those cases where management and, where applicable, those charged with governance fail to take corrective action. The auditor may consider it appropriate to obtain legal advice to determine the appropriate course of action.

---

11) ISA 706, "Emphasis of Matter Paragraphs and Other Matter Paragraphs in the Independent Auditor's Report," paragraph 8.

Berücksichtigung der Auswirkungen von Gesetzen und anderen Rechtsvorschriften auf den Abschluss bei einer Abschlussprüfung ISA 250

- die möglichen finanziellen Konsequenzen von Verstößen gegen Gesetze und andere Rechtsvorschriften für den Abschluss (z.B. Auferlegung von Geldbußen, Geldstrafen oder Schadensersatz, drohende Enteignung von Vermögenswerten, erzwungene Einstellung des Geschäftsbetriebs sowie Rechtsstreitigkeiten)
- die Frage, ob die möglichen finanziellen Konsequenzen im Abschluss anzugeben sind
- die Frage, ob die möglichen finanziellen Konsequenzen so schwerwiegend sind, dass sie die sachgerechte Gesamtdarstellung des Abschlusses in Frage stellen oder anderweitig dazu führen, dass der Abschluss irreführend ist.

Prüfungshandlungen (Vgl. Tz. 19)

A15. Der Abschlussprüfer kann die Ergebnisse mit den für die Überwachung Verantwortlichen erörtern, wenn diese möglicherweise in der Lage sind, zusätzliche Prüfungsnachweise zu liefern. So kann der Abschlussprüfer sich bspw. davon überzeugen, dass die für die Überwachung Verantwortlichen dasselbe Verständnis von den für Geschäftsvorfälle oder Ereignisse relevanten Tatsachen und Umständen besitzen, die dazu geführt haben, dass Verstöße gegen Gesetze und andere Rechtsvorschriften möglich waren.

A16. Falls das Management oder - soweit angebracht - die für die Überwachung Verantwortlichen dem Abschlussprüfer keine ausreichenden Informationen darüber beibringen, dass die Einheit die Gesetze und anderen Rechtsvorschriften tatsächlich einhält, kann der Abschlussprüfer es für angemessen halten, beim hausinternen Rechtsberater der Einheit oder bei externen Rechtsberatern Rat darüber einzuholen, ob die Gesetze und anderen Rechtsvorschriften den Umständen entsprechend angewendet werden. Dies schließt die Möglichkeit von dolosen Handlungen sowie die möglichen Auswirkungen auf den Abschluss ein. Falls es nicht angebracht erscheint, den Rechtsberater der Einheit zu Rate zu ziehen, oder dessen Beurteilung den Abschlussprüfer nicht zufriedenstellt, kann der Abschlussprüfer es für angemessen halten, bei seinem eigenen Rechtsberater Rat darüber einzuholen, ob ein Verstoß gegen Gesetze und andere Rechtsvorschriften vorliegt, welches die möglichen rechtlichen Konsequenzen sind, einschließlich der Möglichkeit, dass es sich um dolose Handlungen handelt, und wie ggf. weiter vorzugehen ist.

Beurteilung der Auswirkungen von Verstößen (Vgl. Tz. 21)

A17. Wie nach Textziffer 21 erforderlich, beurteilt der Abschlussprüfer die Auswirkungen von Verstößen im Verhältnis zu anderen Aspekten der Prüfung, einschließlich der Beurteilung des Risikos durch den Abschlussprüfer und der Verlässlichkeit schriftlicher Erklärungen. Die Auswirkungen bestimmter vom Abschlussprüfer festgestellter Fälle von Verstößen hängen ab vom Zusammenhang des Vergehens und ggf. seiner Verschleierung mit bestimmten Kontrollaktivitäten sowie mit der beteiligten Management- oder Mitarbeiterebene. Dies gilt insbesondere für Auswirkungen, die aus einer Beteiligung der höchsten Hierarchieebene innerhalb der Einheit resultieren.

A18. In Ausnahmefällen kann der Abschlussprüfer abwägen, ob eine Mandatsniederlegung - sofern nach den einschlägigen Gesetzen oder anderen Rechtsvorschriften zulässig - notwendig ist, wenn das Management oder die für die Überwachung Verantwortlichen nicht die Abhilfemaßnahmen ergreifen, die der Abschlussprüfer unter den gegebenen Umständen für angemessen erachtet. Dies gilt auch dann, wenn die Verstöße keine wesentlichen Auswirkungen auf den Abschluss haben. Bei der Entscheidung, ob eine Mandatsniederlegung notwendig ist, kann der Abschlussprüfer die Einholung von rechtlichem Rat erwägen. Wenn die Niederlegung des Mandats nicht möglich ist, kann der Abschlussprüfer alternative Maßnahmen erwägen. Hierzu gehört auch die Beschreibung der Verstöße in einem Absatz zum Hinweis auf sonstige Sachverhalte im Vermerk des Abschlussprüfers.[11]

Berichterstattung über festgestellte oder vermutete Verstöße

Berichterstattung über Verstöße an Aufsichtsbehörden und Überwachungsstellen (Vgl. Tz. 28)

A19. Die berufliche Pflicht zur Wahrung der Vertraulichkeit von Mandanteninformationen kann den Abschlussprüfer daran hindern, Dritten außerhalb der Einheit über festgestellte oder vermutete Verstöße gegen Gesetze und andere Rechtsvorschriften zu berichten. Die rechtlichen Pflichten des Abschlussprüfers sind jedoch je nach Rechtsraum unterschiedlich, und in bestimmten Fällen kann die Verschwiegenheitspflicht durch Gesetzgebung oder Rechtsprechung außer Kraft gesetzt werden. In manchen Rechtsräumen ist der Abschlussprüfer eines Finanzinstitutes gesetzlich verpflichtet, tatsächliche oder vermutete Verstöße gegen Gesetze und andere Rechtsvorschriften den Aufsichtsbehörden zu melden. Außerdem ist der Abschlussprüfer in einigen Rechtsräumen verpflichtet, falsche Darstellungen den Behörden in den Fällen zu melden, in denen das Management und ggf. die für die Überwachung

---

11) ISA 706 „Hervorhebung eines Sachverhalts und Hinweis auf sonstige Sachverhalte durch Absätze im Vermerk des unabhängigen Abschlussprüfers", Textziffer 8.

ISA 250 — Consideration of Laws and Regulations in an Audit of Financial Statements

Considerations Specific to Public Sector Entities

A20. A public sector auditor may be obliged to report on instances of non-compliance to the legislature or other governing body or to report them in the auditor's report.

Documentation (Ref: Para. 29)

A21. The auditor's documentation of findings regarding identified or suspected non-compliance with laws and regulations may include, for example:
- Copies of records or documents.
- Minutes of discussions held with management, those charged with governance or parties outside the entity.

Berücksichtigung der Auswirkungen von Gesetzen und anderen Rechtsvorschriften auf den Abschluss bei einer Abschlussprüfung
ISA 250

Verantwortlichen keine korrigierenden Maßnahmen ergreifen. Der Abschlussprüfer kann es für angemessen halten, zur Entscheidung über die angemessene Vorgehensweise rechtlichen Rat einzuholen.

Spezifische Überlegungen zu Einheiten des öffentlichen Sektors

A20. Ein Abschlussprüfer im öffentlichen Sektor kann verpflichtet sein, Fälle von Verstößen der gesetzgebenden Körperschaft oder sonstigen Regierungsbehörden zu melden oder im Vermerk des Abschlussprüfers darüber zu berichten.

Dokumentation (Vgl. Tz. 29)

A21. Die Dokumentation des Abschlussprüfers zu den Feststellungen über entdeckte oder vermutete Verstöße gegen Gesetze und andere Rechtsvorschriften kann bspw. Folgendes umfassen:
- Kopien von Aufzeichnungen oder Dokumenten
- Protokolle über Gespräche mit dem Management, den für die Überwachung Verantwortlichen oder Dritten außerhalb der Einheit.

INTERNATIONAL STANDARD ON AUDITING 260

COMMUNICATION WITH THOSE CHARGED WITH GOVERNANCE

(Effective for audits of financial statements for periods beginning on or after December 15, 2009)

CONTENTS

	Paragraph
Introduction	
Scope of this ISA	1–3
The Role of Communication	4–7
Effective Date	8
Objectives	9
Definitions	10
Requirements	
Those Charged with Governance	11–13
Matters to Be Communicated	14–17
The Communication Process	18–22
Documentation	23
Application and Other Explanatory Material	
Those Charged with Governance	A1–A8
Matters to Be Communicated	A9–A27
The Communication Process	A28–A44
Documentation	A45
Appendix 1: Specific Requirements in ISQC 1 and Other ISAs that Refer to Communications with Those Charged with Governance	
Appendix 2: Qualitative Aspects of Accounting Practices	

International Standard on Auditing (ISA) 260, "Communication with Those Charged with Governance" should be read in conjunction with ISA 200, "Overall Objectives of the Independent Auditor and the Conduct of an Audit in Accordance with International Standards on Auditing."

INTERNATIONAL STANDARD ON AUDITING 260
KOMMUNIKATION MIT DEN FÜR DIE ÜBERWACHUNG VERANTWORTLICHEN

(gilt für die Prüfung von Abschlüssen für Zeiträume, die am oder nach dem 15.12.2009 beginnen)

INHALTSVERZEICHNIS

	Textziffer
Einleitung	
Anwendungsbereich	1-3
Die Funktion der Kommunikation	4-7
Anwendungszeitpunkt	8
Ziele	9
Definitionen	10
Anforderungen	
Die für die Überwachung Verantwortlichen	11-13
Zu kommunizierende Sachverhalte	14-17
Der Kommunikationsprozess	18-22
Dokumentation	23
Anwendungshinweise und sonstige Erläuterungen	
Die für die Überwachung Verantwortlichen	A1-A8
Zu kommunizierende Sachverhalte	A9-A27
Der Kommunikationsprozess	A28-A44
Dokumentation	A45
Anlage 1: Besondere Anforderungen an die Kommunikation mit den für die Überwachung Verantwortlichen in ISQC 1 und anderen ISA	
Anlage 2: Qualitative Aspekte von Vorgehen bei der Rechnungslegung	

International Standard on Auditing (ISA) 260 „Kommunikation mit den für die Überwachung Verantwortlichen" ist im Zusammenhang mit ISA 200 „Übergreifende Zielsetzungen des unabhängigen Prüfers und Grundsätze einer Prüfung in Übereinstimmung mit den International Standards on Auditing" zu lesen.

Introduction

Scope of this ISA

1. This International Standard on Auditing (ISA) deals with the auditor's responsibility to communicate with those charged with governance in an audit of financial statements. Although this ISA applies irrespective of an entity's governance structure or size, particular considerations apply where all of those charged with governance are involved in managing an entity, and for listed entities. This ISA does not establish requirements regarding the auditor's communication with an entity's management or owners unless they are also charged with a governance role.

2. This ISA is written in the context of an audit of financial statements, but may also be applicable, adapted as necessary in the circumstances, to audits of other historical financial information when those charged with governance have a responsibility to oversee the preparation of the other historical financial information.

3. Recognizing the importance of effective two-way communication in an audit of financial statements, this ISA provides an overarching framework for the auditor's communication with those charged with governance, and identifies some specific matters to be communicated with them. Additional matters to be communicated, which complement the requirements of this ISA, are identified in other ISAs (see Appendix 1). In addition, ISA 265[1] establishes specific requirements regarding the communication of significant deficiencies in internal control the auditor has identified during the audit to those charged with governance. Further matters, not required by this or other ISAs, may be required to be communicated by law or regulation, by agreement with the entity, or by additional requirements applicable to the engagement, for example, the standards of a national professional accountancy body. Nothing in this ISA precludes the auditor from communicating any other matters to those charged with governance. (Ref: Para. A24-A27)

The Role of Communication

4. This ISA focuses primarily on communications from the auditor to those charged with governance. Nevertheless, effective two-way communication is important in assisting:

   (a) The auditor and those charged with governance in understanding matters related to the audit in context, and in developing a constructive working relationship. This relationship is developed while maintaining the auditor's independence and objectivity;

   (b) The auditor in obtaining from those charged with governance information relevant to the audit. For example, those charged with governance may assist the auditor in understanding the entity and its environment, in identifying appropriate sources of audit evidence, and in providing information about specific transactions or events; and

   (c) Those charged with governance in fulfilling their responsibility to oversee the financial reporting process, thereby reducing the risks of material misstatement of the financial statements.

5. Although the auditor is responsible for communicating matters required by this ISA, management also has a responsibility to communicate matters of governance interest to those charged with governance. Communication by the auditor does not relieve management of this responsibility. Similarly, communication by management with those charged with governance of matters that the auditor is required to communicate does not relieve the auditor of the responsibility to also communicate them.

---

[1] ISA 265, "Communicating Deficiencies in Internal Control to Those Charged with Governance and Management."

Einleitung

Anwendungsbereich

1. Dieser International Standard on Auditing (ISA) behandelt die Pflicht des Abschlussprüfers zur Kommunikation mit den für die Überwachung Verantwortlichen im Rahmen einer Abschlussprüfung. Obwohl dieser ISA unabhängig von der Führungs- und Überwachungsstruktur oder der Größe einer Einheit*) Anwendung findet, gelten besondere Überlegungen für die Fälle, in denen alle für die Überwachung Verantwortlichen in das Management einer Einheit eingebunden sind und für kapitalmarktnotierte Einheiten. In diesem ISA werden keine Anforderungen an die Kommunikation des Abschlussprüfers mit dem Management oder den Eigentümern einer Einheit festgelegt, sofern diese nicht auch eine Überwachungsfunktion haben.

2. Dieser ISA ist im Zusammenhang mit Abschlussprüfungen abgefasst, kann jedoch - erforderlichenfalls unter Anpassung an die jeweiligen Umstände - auch bei Prüfungen anderer vergangenheitsorientierter Finanzinformationen angewendet werden, wenn die für die Überwachung Verantwortlichen verantwortlich sind für die Aufsicht über die Aufstellung dieser Finanzinformationen.

3. Angesichts der Bedeutung einer wirksamen wechselseitigen Kommunikation während einer Abschlussprüfung stellt dieser ISA ein übergreifendes Regelwerk für die Kommunikation des Abschlussprüfers mit den für die Überwachung Verantwortlichen dar und nennt einige spezifische Sachverhalte, über die mit diesen zu kommunizieren ist. Zusätzliche zu kommunizierende Sachverhalte, welche die Anforderungen dieses ISA ergänzen, werden in anderen ISA genannt (siehe Anlage 1). Zusätzlich legt ISA 265[1)] besondere Anforderungen für die Mitteilung an die für die Überwachung Verantwortlichen über bedeutsame Mängel im internen Kontrollsystem fest, die der Abschlussprüfer im Rahmen der Abschlussprüfung entdeckt hat. Für weitere Sachverhalte, zu denen nach diesem oder anderen ISA eine Kommunikation nicht erforderlich ist, kann sich eine solche Verpflichtung ergeben aufgrund von Gesetzen oder anderen Rechtsvorschriften, einer Vereinbarung mit der Einheit oder zusätzlichen für den Auftrag maßgebenden Anforderungen, bspw. den Standards einer nationalen Berufsorganisation. Der Abschlussprüfer wird durch keine Anforderungen in diesem ISA daran gehindert, sich mit den für die Überwachung Verantwortlichen über sonstige Sachverhalte auszutauschen. (Vgl. Tz. A24-A27)

Die Funktion der Kommunikation

4. Der Schwerpunkt dieses ISA liegt hauptsächlich auf Mitteilungen des Abschlussprüfers an die für die Überwachung Verantwortlichen. Dennoch ist eine wirksame wechselseitige Kommunikation wichtig zur Unterstützung

   (a) des Abschlussprüfers und der für die Überwachung Verantwortlichen, um den Zusammenhang prüfungsbezogener Sachverhalte zu verstehen und um unter Beibehaltung der Unabhängigkeit und Objektivität des Abschlussprüfers eine konstruktive Arbeitsbeziehung zu entwickeln;

   (b) des Abschlussprüfers, um prüfungsrelevante Informationen von den für die Überwachung Verantwortlichen zu erlangen. Beispielsweise können die für die Überwachung Verantwortlichen den Abschlussprüfer unterstützen beim Verstehen der Einheit und ihres Umfelds, bei der Identifizierung von geeigneten Quellen für Prüfungsnachweise und durch die Bereitstellung von Informationen zu bestimmten Geschäftsvorfällen oder Ereignissen;

   (c) der für die Überwachung Verantwortlichen, um ihrer Verantwortung für die Aufsicht über den Rechnungslegungsprozess gerecht zu werden, wodurch die Risiken wesentlicher falscher Darstellungen im Abschluss verringert werden.

5. Obwohl der Abschlussprüfer zur Kommunikation der nach diesem ISA erforderlichen Sachverhalte verpflichtet ist, hat auch das Management die Pflicht, den für die Überwachung Verantwortlichen überwachungsrelevante Sachverhalte mitzuteilen. Durch die Kommunikation des Abschlussprüfers wird das Management nicht von dieser Pflicht befreit. Ebenso wird der Abschlussprüfer durch die Kommunikation des Managements mit den für die Überwachung Verantwortlichen über Sachverhalte, die

---

1) ISA 265 „Mitteilung über Mängel im internen Kontrollsystem an die für die Überwachung Verantwortlichen und das Management".

*) Der Begriff „Einheit" wird für *entity* neu eingeführt. Bei der zu prüfenden Einheit kann es sich um ein Unternehmen, einen Einzelkaufmann, eine Gesellschaft bürgerlichen Rechts (Schweiz: einfache Gesellschaft), eine Gebietskörperschaft, eine Anstalt des öffentlichen Rechts, einen Konzern oder eine nicht rechtlich abgegrenzte wirtschaftliche Einheit handeln. Eine Übersetzung mit „Unternehmen" oder „Gesellschaft" wäre deshalb unzureichend. So kann sich *entity* sogar auf eine nicht selbständige Niederlassung oder Sparte beziehen, für die eigenständig Rechnung gelegt wird.

ISA 260

Communication of these matters by management may, however, affect the form or timing of the auditor's communication with those charged with governance.

6. Clear communication of specific matters required to be communicated by ISAs is an integral part of every audit. ISAs do not, however, require the auditor to perform procedures specifically to identify any other matters to communicate with those charged with governance.

7. Law or regulation may restrict the auditor's communication of certain matters with those charged with governance. For example, laws or regulations may specifically prohibit a communication, or other action, that might prejudice an investigation by an appropriate authority into an actual, or suspected, illegal act. In some circumstances, potential conflicts between the auditor's obligations of confidentiality and obligations to communicate may be complex. In such cases, the auditor may consider obtaining legal advice.

Effective Date

8. This ISA is effective for audits of financial statements for periods beginning on or after December 15, 2009.

Objectives

9. The objectives of the auditor are:

   (a) To communicate clearly with those charged with governance the responsibilities of the auditor in relation to the financial statement audit, and an overview of the planned scope and timing of the audit;

   (b) To obtain from those charged with governance information relevant to the audit;

   (c) To provide those charged with governance with timely observations arising from the audit that are significant and relevant to their responsibility to oversee the financial reporting process; and

   (d) To promote effective two-way communication between the auditor and those charged with governance.

Definitions

10. For purposes of the ISAs, the following terms have the meanings attributed below:

    (a) Those charged with governance – The person(s) or organization(s) (for example, a corporate trustee) with responsibility for overseeing the strategic direction of the entity and obligations related to the accountability of the entity. This includes overseeing the financial reporting process. For some entities in some jurisdictions, those charged with governance may include management personnel, for example, executive members of a governance board of a private or public sector entity, or an owner-manager. For discussion of the diversity of governance structures, see paragraphs A1-A8.

    (b) Management – The person(s) with executive responsibility for the conduct of the entity's operations. For some entities in some jurisdictions, management includes some or all of those charged with governance, for example, executive members of a governance board, or an owner-manager.

Requirements

Those Charged with Governance

11. The auditor shall determine the appropriate person(s) within the entity's governance structure with whom to communicate. (Ref: Para. A1-A4)

Communication with a Subgroup of Those Charged with Governance

12. If the auditor communicates with a subgroup of those charged with governance, for example, an audit committee, or an individual, the auditor shall determine whether the auditor also needs to communicate with the governing body. (Ref: Para. A5-A7)

vom Abschlussprüfer mitzuteilen sind, nicht von der Pflicht befreit, diese ebenfalls mitzuteilen. Die Mitteilung dieser Sachverhalte durch das Management kann sich jedoch auf die Form oder die Zeitpunkte der Kommunikation des Abschlussprüfers mit den für die Überwachung Verantwortlichen auswirken.

6. Eine klare Kommunikation über spezifische nach den ISA mitzuteilende Sachverhalte ist integraler Bestandteil jeder Prüfung. Nach den ISA ist es jedoch nicht erforderlich, dass der Abschlussprüfer gezielt Handlungen durchführt, um weitere Sachverhalte zur Kommunikation mit den für die Überwachung Verantwortlichen festzustellen.

7. Durch Gesetze oder andere Rechtsvorschriften kann die Kommunikation des Abschlussprüfers mit den für die Überwachung Verantwortlichen über bestimmte Sachverhalte beschränkt sein. So können bspw. Gesetze oder andere Rechtsvorschriften eine bestimmte Kommunikation oder andere Maßnahmen ausdrücklich untersagen, welche die Untersuchung einer vorliegenden oder vermuteten gesetzwidrigen Handlung durch eine zuständige Behörde beeinflussen könnte. In manchen Fällen können mögliche Konflikte zwischen den Verschwiegenheits- und den Kommunikationsverpflichtungen des Abschlussprüfers komplex sein. In solchen Fällen kann der Abschlussprüfer die Einholung von rechtlichem Rat erwägen.

Anwendungszeitpunkt

8. Dieser ISA gilt für die Prüfung von Abschlüssen für Zeiträume, die am oder nach dem 15.12.2009 beginnen.

Ziele

9. Die Ziele des Abschlussprüfers sind
   (a) klare Kommunikation mit den für die Überwachung Verantwortlichen über die Pflichten des Abschlussprüfers bei der Abschlussprüfung sowie über einen Überblick zu dem geplanten Umfang und der geplanten zeitlichen Einteilung der Prüfung,
   (b) Erlangen prüfungsrelevanter Informationen von den für die Überwachung Verantwortlichen,
   (c) zeitgerechte Information der für die Überwachung Verantwortlichen über Beobachtungen, die aus der Prüfung resultieren und die für deren Verantwortung zur Aufsicht über den Rechnungslegungsprozess bedeutsam und relevant sind, sowie
   (d) Förderung einer wirksamen wechselseitigen Kommunikation zwischen dem Abschlussprüfer und den für die Überwachung Verantwortlichen.

Definitionen

10. Für die Zwecke der ISA gelten die nachstehenden Begriffsbestimmungen:
    (a) Die für die Überwachung Verantwortlichen – Die Person(en) oder Organisation(en) (z. B. ein eingesetzter Treuhänder), die verantwortlich sind für die Aufsicht über die strategische Ausrichtung der Einheit und über die Verpflichtungen im Zusammenhang mit der Rechenschaftslegung der Einheit. Dazu gehört die Aufsicht über den Rechnungslegungsprozess. Bei einigen Einheiten in manchen Rechtsräumen können Mitglieder des Managements zu den für die Überwachung Verantwortlichen gehören (bspw. geschäftsführende Mitglieder eines Überwachungsgremiums einer Einheit im privaten oder öffentlichen Sektor oder ein Gesellschafter-Geschäftsführer). In den Textziffern A1-A8 wird die Vielfalt von Führungs- und Überwachungsstrukturen behandelt.
    (b) Management – Die Person(en) mit geschäftsführender Verantwortung für die Geschäftstätigkeit der Einheit. Bei einigen Einheiten in manchen Rechtsräumen umfasst das Management einige oder alle der für die Überwachung Verantwortlichen (bspw. geschäftsführende Mitglieder eines Überwachungsgremiums oder einen Gesellschafter-Geschäftsführer).

Anforderungen

Die für die Überwachung Verantwortlichen

11. Der Abschlussprüfer hat eine oder mehrere geeignete Personen innerhalb der Überwachungsstruktur der Einheit zu ermitteln, mit denen zu kommunizieren ist. (Vgl. Tz. A1-A4)

Kommunikation mit einer Untergruppe der für die Überwachung Verantwortlichen

12. Falls der Abschlussprüfer mit einer Untergruppe der für die Überwachung Verantwortlichen kommuniziert (bspw. mit einem Prüfungsausschuss oder einer Einzelperson), hat der Abschlussprüfer festzustellen, ob auch mit dem Gesamtgremium zu kommunizieren ist. (Vgl. Tz. A5-A7)

When All of Those Charged with Governance Are Involved in Managing the Entity

13. In some cases, all of those charged with governance are involved in managing the entity, for example, a small business where a single owner manages the entity and no one else has a governance role. In these cases, if matters required by this ISA are communicated with person(s) with management responsibilities, and those person(s) also have governance responsibilities, the matters need not be communicated again with those same person(s) in their governance role. These matters are noted in paragraph 16(c). The auditor shall nonetheless be satisfied that communication with person(s) with management responsibilities adequately informs all of those with whom the auditor would otherwise communicate in their governance capacity. (Ref: Para. A8)

Matters to Be Communicated

The Auditor's Responsibilities in Relation to the Financial Statement Audit

14. The auditor shall communicate with those charged with governance the responsibilities of the auditor in relation to the financial statement audit, including that:

    (a) The auditor is responsible for forming and expressing an opinion on the financial statements that have been prepared by management with the oversight of those charged with governance; and

    (b) The audit of the financial statements does not relieve management or those charged with governance of their responsibilities. (Ref: Para. A9-A10)

Planned Scope and Timing of the Audit

15. The auditor shall communicate with those charged with governance an overview of the planned scope and timing of the audit. (Ref: Para. A11-A15)

Significant Findings from the Audit

16. The auditor shall communicate with those charged with governance: (Ref: Para. A16)

    (a) The auditor's views about significant qualitative aspects of the entity's accounting practices, including accounting policies, accounting estimates and financial statement disclosures. When applicable, the auditor shall explain to those charged with governance why the auditor considers a significant accounting practice, that is acceptable under the applicable financial reporting framework, not to be most appropriate to the particular circumstances of the entity; (Ref: Para. A17)

    (b) Significant difficulties, if any, encountered during the audit; (Ref: Para. A18)

    (c) Unless all of those charged with governance are involved in managing the entity:

       (i) Significant matters, if any, arising from the audit that were discussed, or subject to correspondence with management; and (Ref: Para. A19)

       (ii) Written representations the auditor is requesting; and

    (d) Other matters, if any, arising from the audit that, in the auditor's professional judgment, are significant to the oversight of the financial reporting process. (Ref: Para. A20)

Auditor Independence

17. In the case of listed entities, the auditor shall communicate with those charged with governance:

    (a) A statement that the engagement team and others in the firm as appropriate, the firm and, when applicable, network firms have complied with relevant ethical requirements regarding independence; and

    (b) (i) All relationships and other matters between the firm, network firms, and the entity that, in the auditor's professional judgment, may reasonably be thought to bear on independence. This

Fälle, in denen alle für die Überwachung Verantwortlichen in das Management der Einheit eingebunden sind

13. In manchen Fällen sind alle für die Überwachung Verantwortlichen in das Management der Einheit eingebunden (bspw. in einer kleinen Einheit, in der ein Alleineigentümer die Geschäfte führt und niemand anders eine Überwachungsfunktion ausübt). Wenn in diesen Fällen über die nach diesem Standard erforderlichen Sachverhalte mit einer oder mehreren Personen mit Managementverantwortung kommuniziert wird und diese Person(en) auch Überwachungsverantwortung trägt/tragen, müssen die Sachverhalte nicht erneut mit derselben/denselben Person(en) in ihrer Überwachungsfunktion erörtert werden. Diese Sachverhalte werden in Textziffer 16(c) genannt. Dennoch muss sich der Abschlussprüfer davon überzeugen, dass durch die Kommunikation mit einer oder mehreren Personen mit Managementverantwortung alle diejenigen Personen angemessen informiert werden, mit denen der Abschlussprüfer sonst in ihrer Überwachungseigenschaft kommunizieren würde. (Vgl. Tz. A8)

Zu kommunizierende Sachverhalte

Die Pflichten des Abschlussprüfers bei der Abschlussprüfung

14. Der Abschlussprüfer hat sich mit den für die Überwachung Verantwortlichen über die Pflichten des Abschlussprüfers bei der Abschlussprüfung auszutauschen, einschließlich der Tatsache, dass

    (a) der Abschlussprüfer für die Bildung und Abgabe eines Prüfungsurteils über den Abschluss verantwortlich ist, der vom Management unter der Aufsicht der für die Überwachung Verantwortlichen aufgestellt wurde, und

    (b) die Prüfung des Abschlusses das Management oder die für die Überwachung Verantwortlichen nicht von ihren Pflichten befreit. (Vgl. Tz. A9-A10)

Geplanter Umfang und geplante zeitliche Einteilung der Prüfung

15. Der Abschlussprüfer hat mit den für die Überwachung Verantwortlichen hinsichtlich eines Überblicks über den geplanten Umfang und die geplante zeitliche Einteilung der Prüfung zu kommunizieren. (Vgl. Tz. A11-A15)

Bedeutsame Ergebnisse der Prüfung

16. Der Abschlussprüfer hat mit den für die Überwachung Verantwortlichen zu kommunizieren über (Vgl. Tz. A16)

    (a) seine Ansichten zu bedeutsamen qualitativen Aspekten des Vorgehens der Einheit bei der Rechnungslegung unter Einschluss der Rechnungslegungsmethoden, der Schätzungen in der Rechnungslegung und der Abschlussangaben. Sofern dies zutrifft, hat der Abschlussprüfer den für die Überwachung Verantwortlichen zu erläutern, warum der Abschlussprüfer ein bedeutsames Vorgehen bei der Rechnungslegung, das nach dem maßgebenden Regelwerk der Rechnungslegung vertretbar ist, unter den jeweiligen Umständen der Einheit nicht für am besten geeignet hält; (Vgl. Tz. A17)

    (b) ggf. während der Prüfung aufgetretene schwerwiegende Probleme; (Vgl. Tz. A18)

    (c) sofern nicht alle für die Überwachung Verantwortlichen in das Management der Einheit eingebunden sind:

    (i) ggf. bedeutsame aus der Prüfung resultierende Sachverhalte, die mit dem Management besprochen wurden oder Gegenstand des Schriftverkehrs mit dem Management waren, und (Vgl. Tz. A19)

    (ii) vom Abschlussprüfer angeforderte schriftliche Erklärungen;

    (d) ggf. sonstige aus der Prüfung resultierende Sachverhalte, die der Abschlussprüfer nach pflichtgemäßem Ermessen als bedeutsam für die Aufsicht über den Rechnungslegungsprozess erachtet. (Vgl. Tz. A20)

Unabhängigkeit des Abschlussprüfers

17. Bei kapitalmarktnotierten Einheiten hat der Abschlussprüfer mit den für die Überwachung Verantwortlichen zu kommunizieren über

    (a) eine Erklärung, dass das Prüfungsteam und, soweit erforderlich, andere Personen in der Praxis[*], die Praxis und, sofern dies zutrifft, Mitglieder eines Netzwerks die relevanten beruflichen Unabhängigkeitsanforderungen eingehalten haben;

    (b) (i) alle Beziehungen und sonstigen Sachverhalte zwischen der Praxis, Mitgliedern eines Netzwerks und der Einheit, von denen nach pflichtgemäßem Ermessen des Abschlussprüfers

---

[*] In der Schweiz: Unternehmen.

shall include total fees charged during the period covered by the financial statements for audit and non-audit services provided by the firm and network firms to the entity and components controlled by the entity. These fees shall be allocated to categories that are appropriate to assist those charged with governance in assessing the effect of services on the independence of the auditor; and

(ii) The related safeguards that have been applied to eliminate identified threats to independence or reduce them to an acceptable level. (Ref: Para. A21-A23)

The Communication Process

Establishing the Communication Process

18. The auditor shall communicate with those charged with governance the form, timing and expected general content of communications. (Ref: Para. A28-A36)

Forms of Communication

19. The auditor shall communicate in writing with those charged with governance regarding significant findings from the audit if, in the auditor's professional judgment, oral communication would not be adequate. Written communications need not include all matters that arose during the course of the audit. (Ref: Para. A37-A39)

20. The auditor shall communicate in writing with those charged with governance regarding auditor independence when required by paragraph 17.

Timing of Communications

21. The auditor shall communicate with those charged with governance on a timely basis. (Ref: Para. A40-A41)

Adequacy of the Communication Process

22. The auditor shall evaluate whether the two-way communication between the auditor and those charged with governance has been adequate for the purpose of the audit. If it has not, the auditor shall evaluate the effect, if any, on the auditor's assessment of the risks of material misstatement and ability to obtain sufficient appropriate audit evidence, and shall take appropriate action. (Ref: Para. A42-A44)

Documentation

23. Where matters required by this ISA to be communicated are communicated orally, the auditor shall include them in the audit documentation, and when and to whom they were communicated. Where matters have been communicated in writing, the auditor shall retain a copy of the communication as part of the audit documentation.[2] (Ref: Para. A45)

***

Application and Other Explanatory Material

Those Charged with Governance (Ref: Para. 11)

A1. Governance structures vary by jurisdiction and by entity, reflecting influences such as different cultural and legal backgrounds, and size and ownership characteristics. For example:

- In some jurisdictions, a supervisory (wholly or mainly non-executive) board exists that is legally separate from an executive (management) board (a "two-tier board" structure). In other jurisdictions, both the supervisory and executive functions are the legal responsibility of a single, or unitary, board (a "one-tier board" structure).

---

[2] ISA 230, "Audit Documentation," paragraphs 8-11, and A6.

vernünftigerweise angenommen werden kann, dass sie sich auf die Unabhängigkeit auswirken können. Dabei sind die gesamten Honorare einzubeziehen, die während des im Abschluss abgebildeten Zeitraums für prüfungsbezogene und nichtprüfungsbezogene Dienstleistungen berechnet wurden, die von der Praxis und von Mitgliedern eines Netzwerks für die Einheit und für von der Einheit kontrollierte Teilbereiche erbracht wurden. Diese Honorare sind Kategorien zuzuordnen, die geeignet sind, die für die Überwachung Verantwortlichen bei der Beurteilung der Auswirkungen von Dienstleistungen auf die Unabhängigkeit des Abschlussprüfers zu unterstützen;

(ii) die damit zusammenhängenden Schutzmaßnahmen, die getroffen wurden, um identifizierte Gefährdungen der Unabhängigkeit zu beseitigen oder auf ein vertretbares Maß zu verringern. (Vgl. Tz. A21-A23)

Der Kommunikationsprozess

Festlegung des Kommunikationsprozesses

18. Der Abschlussprüfer hat sich mit den für die Überwachung Verantwortlichen über die Form, die Zeitpunkte und den erwarteten, allgemeinen Inhalt der Kommunikation auszutauschen. (Vgl. Tz. A28-A36)

Formen der Kommunikation

19. Der Abschlussprüfer hat über bedeutsame Ergebnisse der Prüfung mit den für die Überwachung Verantwortlichen schriftlich zu kommunizieren, falls nach pflichtgemäßem Ermessen des Abschlussprüfers eine mündliche Kommunikation nicht angemessen ist. Schriftliche Mitteilungen müssen nicht alle Sachverhalte enthalten, die sich im Laufe der Prüfung ergeben haben. (Vgl. Tz. A37-A39)

20. Der Abschlussprüfer hat über die Unabhängigkeit schriftlich mit den für die Überwachung Verantwortlichen zu kommunizieren, wenn dies nach Textziffer 17 erforderlich ist.

Zeitpunkte der Kommunikation

21. Der Abschlussprüfer hat in angemessener Zeit mit den für die Überwachung Verantwortlichen zu kommunizieren. (Vgl. Tz. A40-A41)

Angemessenheit des Kommunikationsprozesses

22. Der Abschlussprüfer hat zu beurteilen, ob die wechselseitige Kommunikation zwischen ihm und den für die Überwachung Verantwortlichen für den Zweck der Prüfung angemessen war. Wenn dies nicht der Fall war, hat der Abschlussprüfer mögliche Auswirkungen auf die Beurteilung der Risiken wesentlicher falscher Darstellungen und auf die Möglichkeit, ausreichende geeignete Prüfungsnachweise zu erlangen, zu beurteilen und geeignete Maßnahmen zu ergreifen. (Vgl. Tz. A42-A44)

Dokumentation

23. Werden Sachverhalte, die nach diesem ISA zu kommunizieren sind, mündlich ausgetauscht, hat der Abschlussprüfer diese und den Zeitpunkt sowie den Empfänger der Mitteilung in die Prüfungsdokumentation aufzunehmen. Wurden Sachverhalte schriftlich ausgetauscht, hat der Abschlussprüfer eine Kopie der Mitteilung als Bestandteil der Prüfungsdokumentation aufzubewahren.[2] (Vgl. Tz. A45)

***

Anwendungshinweise und sonstige Erläuterungen

Die für die Überwachung Verantwortlichen (Vgl. Tz. 11)

A1. Überwachungsstrukturen sind je nach Rechtsraum und Einheit unterschiedlich und spiegeln dabei Einflüsse wie unterschiedliche kulturelle und rechtliche Hintergründe sowie Größen- und Eigentumsmerkmale wieder. Beispiele:

- In manchen Rechtsräumen ist ein (überhaupt oder überwiegend nicht an der Geschäftsführung beteiligtes) Aufsichtsgremium vorhanden, das rechtlich von einem geschäftsführenden Gremium (Managementgremium) getrennt ist (Struktur der getrennten Unternehmensleitung und -überwachung). In anderen Rechtsräumen liegen sowohl die Aufsichts- als auch die

---

[2] ISA 230 „Prüfungsdokumentation", Textziffern 8-11 und A6.

- In some entities, those charged with governance hold positions that are an integral part of the entity's legal structure, for example, company directors. In others, for example, some government entities, a body that is not part of the entity is charged with governance.

- In some cases, some or all of those charged with governance are involved in managing the entity. In others, those charged with governance and management comprise different persons.

- In some cases, those charged with governance are responsible for approving[3] the entity's financial statements (in other cases management has this responsibility).

A2. In most entities, governance is the collective responsibility of a governing body, such as a board of directors, a supervisory board, partners, proprietors, a committee of management, a council of governors, trustees, or equivalent persons. In some smaller entities, however, one person may be charged with governance, for example, the owner-manager where there are no other owners, or a sole trustee. When governance is a collective responsibility, a subgroup such as an audit committee or even an individual, may be charged with specific tasks to assist the governing body in meeting its responsibilities. Alternatively, a subgroup or individual may have specific, legally identified responsibilities that differ from those of the governing body.

A3. Such diversity means that it is not possible for this ISA to specify for all audits the person(s) with whom the auditor is to communicate particular matters. Also, in some cases, the appropriate person(s) with whom to communicate may not be clearly identifiable from the applicable legal framework or other engagement circumstances, for example, entities where the governance structure is not formally defined, such as some family-owned entities, some not-for-profit organizations, and some government entities. In such cases, the auditor may need to discuss and agree with the engaging party the relevant person(s) with whom to communicate. In deciding with whom to communicate, the auditor's understanding of an entity's governance structure and processes obtained in accordance with ISA 315[4] is relevant. The appropriate person(s) with whom to communicate may vary depending on the matter to be communicated.

A4. ISA 600 includes specific matters to be communicated by group auditors with those charged with governance.[5] When the entity is a component of a group, the appropriate person(s) with whom the component auditor communicates depends on the engagement circumstances and the matter to be communicated. In some cases, a number of components may be conducting the same businesses within the same system of internal control and using the same accounting practices. Where those charged with governance of those components are the same (for example, common board of directors), duplication may be avoided by dealing with these components concurrently for the purpose of communication.

Communication with a Subgroup of Those Charged with Governance (Ref: Para. 12)

A5. When considering communicating with a subgroup of those charged with governance, the auditor may take into account such matters as:
- The respective responsibilities of the subgroup and the governing body.
- The nature of the matter to be communicated.

---

3) As described at paragraph A40 of ISA 700, "Forming an Opinion and Reporting on Financial Statements," having responsibility for approving in this context means having the authority to conclude that all the statements that comprise the financial statements, including the related notes, have been prepared.

4) ISA 315, "Identifying and Assessing the Risks of Material Misstatement through Understanding the Entity and Its Environment."

5) ISA 600, "Special Considerations – Audits of Group Financial Statements (Including the Work of Component Auditors)," paragraphs 46-49.

Kommunikation mit den für die Überwachung Verantwortlichen　　　ISA 260

- Geschäftsführungsfunktion in der rechtlichen Verantwortung eines einzigen oder einheitlichen Gremiums (Struktur der einheitlichen Unternehmensleitung und -überwachung).[*]
- In manchen Einheiten haben die für die Überwachung Verantwortlichen Positionen inne, die (bspw. als Geschäftsführer eines Unternehmens) integraler Bestandteil der Rechtsstruktur der Einheit sind. In anderen Einheiten (bspw. in manchen Einheiten der öffentlichen Hand) obliegt die Überwachung dagegen einem Gremium, das nicht der Einheit angehört.
- In manchen Fällen sind einige oder alle für die Überwachung Verantwortlichen in das Management der Einheit eingebunden, während in anderen Einheiten die für die Überwachung Verantwortlichen und das Management aus unterschiedlichen Personen bestehen.
- In manchen Fällen sind die für die Überwachung Verantwortlichen für die Genehmigung[3] des Abschlusses der Einheit verantwortlich (in anderen Fällen hat das Management diese Verantwortung).

A2. In den meisten Einheiten liegt die Überwachung in der gemeinsamen Verantwortung eines überwachenden Gremiums (z.B. Vorstandsgremium, Aufsichtsrat, Partnerausschuss, Eigentümerausschuss, Managementausschuss, Verwaltungsrat, Treuhänderausschuss oder entsprechende Personen). In manchen kleineren Einheiten kann jedoch eine einzige Person für die Überwachung verantwortlich sein (bspw. ein Allein-Gesellschafter-Geschäftsführer oder ein alleiniger Treuhänder). Wenn die Überwachung in gemeinsamer Verantwortung liegt, kann eine Untergruppe (z.B. ein Prüfungsausschuss) oder sogar eine Einzelperson mit spezifischen Aufgaben betraut sein, um das überwachende Gremium bei der Erfüllung seiner Verpflichtungen zu unterstützen. Alternativ kann eine Untergruppe oder eine Einzelperson spezifische, gesetzlich festgelegte Verpflichtungen haben, die sich von denjenigen des überwachenden Gremiums unterscheiden.

A3. Eine solche Vielfalt bedeutet, dass es nicht möglich ist, in diesem ISA für alle Prüfungen die Person(en) zu benennen, mit der/denen der Abschlussprüfer bestimmte Sachverhalte auszutauschen hat. Zudem kann/können in manchen Fällen die geeignete(n) Person(en), mit der/denen der Abschlussprüfer zu kommunizieren hat, nicht eindeutig anhand des maßgebenden Rechtsrahmens oder anderer Umstände des Auftrags identifizierbar sein (bspw. bei Einheiten, in denen die Führungs- und Überwachungsstruktur nicht formal definiert ist, wie dies manchmal der Fall ist bei in Familienbesitz befindlichen Einheiten, bei gemeinnützigen Organisationen und bei Einheiten der öffentlichen Hand). In solchen Fällen kann es erforderlich sein, dass der Abschlussprüfer mit der beauftragenden Partei die relevante(n) Person(en), mit der/denen zu kommunizieren ist, bespricht und vereinbart. Bei dieser Entscheidung ist das in Übereinstimmung mit ISA 315[4] gewonnene Verständnis des Abschlussprüfers von der Führungs- und Überwachungsstruktur sowie den entsprechenden Prozessen einer Einheit von Bedeutung. Die geeignete(n) Person(en), mit der/denen der Abschlussprüfer zu kommunizieren hat, kann/können je nach dem zu kommunizierenden Sachverhalt unterschiedlich sein.

A4. ISA 600 enthält spezifische Sachverhalte, über die Konzernabschlussprüfer mit den für die Überwachung Verantwortlichen zu kommunizieren haben.[5] Wenn die Einheit ein Teilbereich eines Konzerns ist, richten sich die geeigneten Personen, mit denen der Teilbereichsprüfer kommuniziert, nach den Umständen des Auftrags und dem zu kommunizierenden Sachverhalt. In manchen Fällen können mehrere Teilbereiche dieselbe Geschäftstätigkeit innerhalb desselben IKS ausüben und dasselbe Vorgehen bei der Rechnungslegung haben. Wenn die für die Überwachung Verantwortlichen für diese Teilbereiche dieselben sind (z. B. ein gemeinsames Vorstandsgremium), kann doppelte Arbeit vermieden werden, indem diese Teilbereiche für die Zwecke der Kommunikation gleichzeitig behandelt werden.

Kommunikation mit einer Untergruppe der für die Überwachung Verantwortlichen (Vgl. Tz. 12)

A5. Wenn der Abschlussprüfer erwägt, mit einer Untergruppe der für die Überwachung Verantwortlichen zu kommunizieren, kann er die folgenden Sachverhalte berücksichtigen:
- die jeweilige Verantwortung der Untergruppe und des Überwachungsgremiums
- die Art des zu kommunizierenden Sachverhalts

---

[3] Wie in Textziffer A40 des ISA 700 „Bildung eines Prüfungsurteils und Erteilung eines Vermerks zum Abschluss" beschrieben, bedeutet die Verantwortung für die Genehmigung in diesem Zusammenhang die Befugnis haben zu beschließen, dass sämtliche Finanzaufstellungen, aus denen der Abschluss besteht, einschließlich der damit verbundenen Angaben, aufgestellt wurden.

[4] ISA 315 „Identifizierung und Beurteilung der Risiken wesentlicher falscher Darstellungen aus dem Verstehen der Einheit und ihres Umfelds".

[5] ISA 600 „Besondere Überlegungen zu Konzernabschlussprüfungen (einschließlich der Tätigkeit von Teilbereichsprüfern)", Textziffern 46-49.

[*] Die Verordnung (EG) 2157/2001 des Rates vom 8. Oktober 2001 über das Statut der Europäischen Gesellschaft verwendet die Begriffe „dualistisches System" und „monoistisches System".

- Relevant legal or regulatory requirements.
- Whether the subgroup has the authority to take action in relation to the information communicated, and can provide further information and explanations the auditor may need.

A6. When deciding whether there is also a need to communicate information, in full or in summary form, with the governing body, the auditor may be influenced by the auditor's assessment of how effectively and appropriately the subgroup communicates relevant information with the governing body. The auditor may make explicit in agreeing the terms of engagement that, unless prohibited by law or regulation, the auditor retains the right to communicate directly with the governing body.

A7. Audit committees (or similar subgroups with different names) exist in many jurisdictions. Although their specific authority and functions may differ, communication with the audit committee, where one exists, has become a key element in the auditor's communication with those charged with governance. Good governance principles suggest that:

- The auditor will be invited to regularly attend meetings of the audit committee.
- The chair of the audit committee and, when relevant, the other members of the audit committee, will liaise with the auditor periodically.
- The audit committee will meet the auditor without management present at least annually.

When All of Those Charged with Governance Are Involved in Managing the Entity (Ref: Para.13)

A8. In some cases, all of those charged with governance are involved in managing the entity, and the application of communication requirements is modified to recognize this position. In such cases, communication with person(s) with management responsibilities may not adequately inform all of those with whom the auditor would otherwise communicate in their governance capacity. For example, in a company where all directors are involved in managing the entity, some of those directors (for example, one responsible for marketing) may be unaware of significant matters discussed with another director (for example, one responsible for the preparation of the financial statements).

Matters to Be Communicated

The Auditor's Responsibilities in Relation to the Financial Statement Audit (Ref: Para. 14)

A9. The auditor's responsibilities in relation to the financial statement audit are often included in the engagement letter or other suitable form of written agreement that records the agreed terms of the engagement. Providing those charged with governance with a copy of that engagement letter or other suitable form of written agreement may be an appropriate way to communicate with them regarding such matters as:

- The auditor's responsibility for performing the audit in accordance with ISAs, which is directed towards the expression of an opinion on the financial statements. The matters that ISAs require to be communicated, therefore, include significant matters arising from the audit of the financial statements that are relevant to those charged with governance in overseeing the financial reporting process.
- The fact that ISAs do not require the auditor to design procedures for the purpose of identifying supplementary matters to communicate with those charged with governance.
- When applicable, the auditor's responsibility for communicating particular matters required by law or regulation, by agreement with the entity or by additional requirements applicable to the engagement, for example, the standards of a national professional accountancy body.

A10. Law or regulation, an agreement with the entity or additional requirements applicable to the engagement may provide for broader communication with those charged with governance. For example, (a) an agreement with the entity may provide for particular matters to be communicated when they arise from

- relevante gesetzliche oder andere rechtliche Anforderungen
- ob die Untergruppe befugt ist, Maßnahmen im Zusammenhang mit den kommunizierten Informationen zu ergreifen, und weitere Informationen und Erläuterungen liefern kann, die der Abschlussprüfer möglicherweise benötigt.

A6. Bei der Entscheidung, ob es auch notwendig ist, Informationen vollständig oder in zusammengefasster Form mit dem Überwachungsgremium auszutauschen, kann sich der Abschlussprüfer von der Beurteilung darüber leiten lassen, wie wirksam und angemessen die Untergruppe mit dem überwachenden Gremium über relevante Informationen kommuniziert. Bei der Vereinbarung der Auftragsbedingungen kann der Abschlussprüfer ausdrücklich darauf hinweisen, dass er sich das Recht vorbehält, direkt mit dem überwachenden Gremium zu kommunizieren, sofern dies nicht durch Gesetze oder andere Rechtsvorschriften verboten ist.

A7. In vielen Rechtsräumen sind Prüfungsausschüsse (oder ähnliche Untergruppen mit unterschiedlichen Bezeichnungen) vorhanden. Sofern ein solcher besteht, ist die Kommunikation mit dem Prüfungsausschuss zu einem besonders wichtigen Bestandteil der Kommunikation des Abschlussprüfers mit den für die Überwachung Verantwortlichen geworden, auch wenn sich deren spezifische Befugnisse und Funktionen unterscheiden können. Gute Grundsätze zur Überwachung einer Einheit sind dadurch gekennzeichnet, dass

- der Abschlussprüfer zur regelmäßigen Teilnahme an Sitzungen des Prüfungsausschusses eingeladen wird
- der Vorsitzende und, sofern relevant, die anderen Mitglieder des Prüfungsausschusses in regelmäßiger Verbindung mit dem Abschlussprüfer stehen
- der Prüfungsausschuss mindestens jährlich ohne Anwesenheit des Managements mit dem Abschlussprüfer zusammenkommt.

Fälle, in denen alle für die Überwachung Verantwortlichen in das Management der Einheit eingebunden sind (Vgl. Tz. 13)

A8. In manchen Fällen sind alle für die Überwachung Verantwortlichen in das Management der Einheit eingebunden, und die Anwendung der Kommunikationsanforderungen ist angepasst, um dieser Stellung Rechnung zu tragen. In solchen Fällen werden durch die Kommunikation mit Personen, die Managementverantwortung tragen, möglicherweise nicht alle diejenigen Personen angemessen informiert, mit denen der Abschlussprüfer sonst in ihrer Überwachungsfunktion kommunizieren würde. Beispielsweise haben in einem Unternehmen, in dem alle Mitglieder des geschäftsführenden Gremiums in die Leitung der Einheit eingebunden sind, möglicherweise einige von ihnen (z.B. der für Marketing Zuständige) keine Kenntnis von bedeutsamen Sachverhalten, die mit einem anderen Mitglied (z.B. dem für die Aufstellung des Abschlusses Zuständigen) besprochen werden.

Zu kommunizierende Sachverhalte

Die Pflichten des Abschlussprüfers bei der Abschlussprüfung (Vgl. Tz. 14)

A9. Die Pflichten des Abschlussprüfers bei der Abschlussprüfung sind häufig im Auftragsbestätigungsschreiben oder in einer anderen geeigneten Form von schriftlicher Vereinbarung enthalten, in der die vereinbarten Auftragsbedingungen festgehalten sind. Es kann eine geeignete Möglichkeit sein, den für die Überwachung Verantwortlichen eine Kopie dieses Auftragsbestätigungsschreibens oder der anderen geeigneten Form von schriftlicher Vereinbarung zur Verfügung zu stellen, um sich mit ihnen über Sachverhalte wie die folgenden auszutauschen:

- Die Pflicht des Abschlussprüfers zur Durchführung der Prüfung in Übereinstimmung mit den ISA, die auf die Abgabe eines Prüfungsurteils zum Abschluss ausgerichtet ist. Zu den Sachverhalten, die nach den ISA zu erörtern sind, gehören daher bedeutsame Sachverhalte, die sich aus der Abschlussprüfung ergeben und für die für die Überwachung Verantwortlichen im Rahmen ihrer Aufsicht über den Rechnungslegungsprozess relevant sind.
- Die Tatsache, dass der Abschlussprüfer nach den ISA keine Handlungen zur Feststellung weiterer Sachverhalte zur Kommunikation mit den für die Überwachung Verantwortlichen planen muss.
- Gegebenenfalls die Pflicht des Abschlussprüfers zur Mitteilung bestimmter Sachverhalte, die aufgrund von Gesetzen oder anderen Rechtsvorschriften, einer Vereinbarung mit der Einheit oder zusätzlichen für den Auftrag maßgebenden Anforderungen (bspw. die Standards einer nationalen Berufsorganisation) erforderlich sind.

A10. Gesetze oder andere Rechtsvorschriften, eine Vereinbarung mit der Einheit oder zusätzliche für den Auftrag maßgebende Anforderungen können eine umfangreichere Kommunikation mit den für die Überwachung Verantwortlichen vorsehen. So kann bspw. (a) eine Vereinbarung mit der Einheit vorsehen,

services provided by a firm or network firm other than the financial statement audit; or (b) the mandate of a public sector auditor may provide for matters to be communicated that come to the auditor's attention as a result of other work, such as performance audits.

Planned Scope and Timing of the Audit (Ref: Para. 15)

A11. Communication regarding the planned scope and timing of the audit may:

    (a) Assist those charged with governance to understand better the consequences of the auditor's work, to discuss issues of risk and the concept of materiality with the auditor, and to identify any areas in which they may request the auditor to undertake additional procedures; and

    (b) Assist the auditor to understand better the entity and its environment.

A12. Care is required when communicating with those charged with governance about the planned scope and timing of the audit so as not to compromise the effectiveness of the audit, particularly where some or all of those charged with governance are involved in managing the entity. For example, communicating the nature and timing of detailed audit procedures may reduce the effectiveness of those procedures by making them too predictable.

A13. Matters communicated may include:
- How the auditor proposes to address the significant risks of material misstatement, whether due to fraud or error.
- The auditor's approach to internal control relevant to the audit.
- The application of the concept of materiality in the context of an audit.[6]

A14. Other planning matters that it may be appropriate to discuss with those charged with governance include:
- Where the entity has an internal audit function, the extent to which the auditor will use the work of internal audit, and how the external and internal auditors can best work together in a constructive and complementary manner.
- The views of those charged with governance of:
  - The appropriate person(s) in the entity's governance structure with whom to communicate.
  - The allocation of responsibilities between those charged with governance and management.
  - The entity's objectives and strategies, and the related business risks that may result in material misstatements.
  - Matters those charged with governance consider warrant particular attention during the audit, and any areas where they request additional procedures to be undertaken.
  - Significant communications with regulators.
  - Other matters those charged with governance consider may influence the audit of the financial statements.
- The attitudes, awareness, and actions of those charged with governance concerning (a) the entity's internal control and its importance in the entity, including how those charged with governance oversee the effectiveness of internal control, and (b) the detection or possibility of fraud.
- The actions of those charged with governance in response to developments in accounting standards, corporate governance practices, exchange listing rules, and related matters.
- The responses of those charged with governance to previous communications with the auditor.

---

[6] ISA 320, "Materiality in Planning and Performing an Audit."

dass bestimmte Sachverhalte zu kommunizieren sind, wenn sie aus anderen Dienstleistungen als der Abschlussprüfung resultieren, die durch die Praxis oder ein Mitglied des Netzwerks erbracht werden, oder (b) der Auftrag eines Abschlussprüfers im öffentlichen Sektor vorsehen, dass Sachverhalte zu kommunizieren sind, die dem Abschlussprüfer bei anderen Tätigkeiten (z.B. Wirtschaftlichkeitsprüfungen) bekannt werden.

Geplanter Umfang und geplante zeitliche Einteilung der Prüfung (Vgl. Tz. 15)

A11. Die Kommunikation über den geplanten Umfang und die geplante zeitliche Einteilung der Prüfung kann
    (a) die für die Überwachung Verantwortlichen dabei unterstützen, die Konsequenzen der Tätigkeit des Abschlussprüfers besser zu verstehen, Risikofragen und das Konzept der Wesentlichkeit mit dem Abschlussprüfer zu besprechen und Gebiete zu erkennen, in denen sie vom Abschlussprüfer die Vornahme zusätzlicher Prüfungshandlungen fordern, und
    (b) den Abschlussprüfer dabei unterstützen, die Einheit und ihr Umfeld besser zu verstehen.

A12. Bei der Kommunikation mit den für die Überwachung Verantwortlichen über den geplanten Umfang und die geplante zeitliche Einteilung der Prüfung ist Sorgfalt geboten, um die Wirksamkeit der Prüfung nicht zu beeinträchtigen, insbesondere wenn einige oder alle für die Überwachung Verantwortlichen in das Management der Einheit eingebunden sind. Wenn bspw. Art und zeitliche Einteilung von detaillierten Prüfungshandlungen mitgeteilt werden, kann dadurch die Wirksamkeit dieser Handlungen verringert werden, indem diese allzu vorhersehbar werden.

A13. Zu den zu kommunizierenden Sachverhalten können gehören:
    - die Art und Weise, in der der Abschlussprüfer beabsichtigt, den bedeutsamen Risiken wesentlicher - beabsichtigter oder unbeabsichtigter - falscher Darstellungen zu begegnen
    - der Ansatz des Abschlussprüfers bei prüfungsrelevanten internen Kontrollen
    - die Anwendung des Konzepts der Wesentlichkeit im Zusammenhang mit einer Prüfung.[6]

A14. Zu den weiteren Planungssachverhalten, deren Besprechung mit den für die Überwachung Verantwortlichen sinnvoll sein kann, gehören:
    - falls die Einheit über eine interne Revision[*] verfügt, der Umfang, in dem der Abschlussprüfer deren Arbeit nutzt, und die Art und Weise, in der Abschlussprüfer und interne Prüfer am besten in einer konstruktiven und sich ergänzenden Weise zusammenarbeiten können;
    - die Ansichten der für die Überwachung Verantwortlichen zu
        - den geeigneten Personen in der Überwachungsstruktur der Einheit, mit denen zu kommunizieren ist
        - der Zuordnung von Verantwortlichkeiten zwischen den für die Überwachung Verantwortlichen und dem Management
        - den Zielen und Strategien der Einheit sowie den damit verbundenen Geschäftsrisiken, die wesentliche falsche Darstellungen zur Folge haben können
        - Sachverhalten, die nach Ansicht der für die Überwachung Verantwortlichen besonderer Aufmerksamkeit bei der Prüfung bedürfen, und Gebieten, in denen die für die Überwachung Verantwortlichen die Vornahme zusätzlicher Prüfungshandlungen fordern
        - der Kommunikation mit den Aufsichtsbehörden über bedeutsame Sachverhalte
        - anderen Sachverhalten, die nach Ansicht der für die Überwachung Verantwortlichen die Abschlussprüfung beeinflussen können
    - die Einstellungen, das Bewusstsein und die Maßnahmen der für die Überwachung Verantwortlichen in Bezug auf (a) das IKS der Einheit und dessen Bedeutung in der Einheit, einschließlich der Art und Weise, in der die für die Überwachung Verantwortlichen die Wirksamkeit des IKS beaufsichtigen, und (b) die Aufdeckung oder die Möglichkeit doloser Handlungen
    - die Maßnahmen der für die Überwachung Verantwortlichen als Reaktion auf Entwicklungen bei Rechnungslegungsstandards, in der Praxis der Unternehmensführung und -überwachung, bei Börsenbestimmungen und damit zusammenhängenden Sachverhalten
    - die Reaktionen der für die Überwachung Verantwortlichen auf frühere Kommunikation mit dem Abschlussprüfer.

---

[6] ISA 320 „Die Wesentlichkeit bei der Planung und Durchführung einer Abschlussprüfung".
[*] Die Funktion der internen Revision wird mit „interne Revision" bezeichnet. Diese Funktion wird regelmäßig durch eine eigenständige organisatorische Einheit ausgeübt, die mit „Interne Revision" bezeichnet wird.

A15. While communication with those charged with governance may assist the auditor to plan the scope and timing of the audit, it does not change the auditor's sole responsibility to establish the overall audit strategy and the audit plan, including the nature, timing and extent of procedures necessary to obtain sufficient appropriate audit evidence.

Significant Findings from the Audit (Ref: Para. 16)

A16. The communication of findings from the audit may include requesting further information from those charged with governance in order to complete the audit evidence obtained. For example, the auditor may confirm that those charged with governance have the same understanding of the facts and circumstances relevant to specific transactions or events.

Significant Qualitative Aspects of Accounting Practices (Ref: Para. 16(a))

A17. Financial reporting frameworks ordinarily allow for the entity to make accounting estimates, and judgments about accounting policies and financial statement disclosures. Open and constructive communication about significant qualitative aspects of the entity's accounting practices may include comment on the acceptability of significant accounting practices. Appendix 2 identifies matters that may be included in this communication.

Significant Difficulties Encountered during the Audit (Ref: Para. 16(b))

A18. Significant difficulties encountered during the audit may include such matters as:

- Significant delays in management providing required information.

- An unnecessarily brief time within which to complete the audit.

- Extensive unexpected effort required to obtain sufficient appropriate audit evidence.

- The unavailability of expected information.

- Restrictions imposed on the auditor by management.

- Management's unwillingness to make or extend its assessment of the entity's ability to continue as a going concern when requested.

In some circumstances, such difficulties may constitute a scope limitation that leads to a modification of the auditor's opinion.[7]

Significant Matters Discussed, or Subject to Correspondence with Management (Ref: Para. 16(c)(i))

A19. Significant matters discussed, or subject to correspondence with management may include such matters as:

- Business conditions affecting the entity, and business plans and strategies that may affect the risks of material misstatement.

- Concerns about management's consultations with other accountants on accounting or auditing matters.

- Discussions or correspondence in connection with the initial or recurring appointment of the auditor regarding accounting practices, the application of auditing standards, or fees for audit or other services.

Other Significant Matters Relevant to the Financial Reporting Process (Ref: Para. 16(d))

A20. Other significant matters arising from the audit that are directly relevant to those charged with governance in overseeing the financial reporting process may include such matters as material misstatements of fact or material inconsistencies in information accompanying the audited financial statements that have been corrected.

---

[7] ISA 705, "Modifications to the Opinion in the Independent Auditor's Report."

A15. Obwohl die Kommunikation mit den für die Überwachung Verantwortlichen den Abschlussprüfer bei der Planung des Umfangs und der zeitlichen Einteilung der Prüfung unterstützen kann, ändert sie nichts an der alleinigen Verantwortung des Abschlussprüfers für die Festlegung der Prüfungsstrategie und des Prüfungsprogramms, einschließlich Art, zeitlicher Einteilung und Umfang von Prüfungshandlungen, die notwendig sind, um ausreichende geeignete Prüfungsnachweise zu erlangen.

Bedeutsame Ergebnisse der Prüfung (Vgl. Tz. 16)

A16. Die Kommunikation von Ergebnissen der Prüfung kann einschließen, weitere Informationen von den für die Überwachung Verantwortlichen zur Vervollständigung der erlangten Prüfungsnachweise anzufordern. So kann sich der Abschlussprüfer bspw. vergewissern, dass die für die Überwachung Verantwortlichen dasselbe Verständnis von den Tatsachen und Umständen besitzen, die für bestimmte Geschäftsvorfälle oder Ereignisse relevant sind.

Bedeutsame qualitative Aspekte des Vorgehens bei der Rechnungslegung (Vgl. Tz. 16(a))

A17. Die Regelwerke der Rechnungslegung räumen üblicherweise die Möglichkeit ein, dass die Einheit Schätzungen in der Rechnungslegung und Beurteilungen über die angewandten Rechnungslegungsmethoden sowie über Angaben im Abschluss vornimmt. Eine offene und konstruktive Kommunikation über bedeutsame qualitative Aspekte des Vorgehens bei der Rechnungslegung in der Einheit kann Anmerkungen zur Vertretbarkeit eines solchen Vorgehens einschließen. In Anlage 2 sind Sachverhalte genannt, die in diese Kommunikation einbezogen werden können.

Schwerwiegende während der Prüfung aufgetretene Probleme (Vgl. Tz. 16(b))

A18. Zu schwerwiegenden während der Prüfung aufgetretenen Problemen können die folgenden Sachverhalte gehören:
- bedeutsame Verzögerungen bei der Bereitstellung von erforderlichen Informationen durch das Management
- unnötig kurzer Zeitraum, innerhalb dessen die Prüfung abgeschlossen sein muss
- umfangreicher unerwarteter Arbeitsaufwand, der erforderlich ist, um ausreichende geeignete Prüfungsnachweise zu erlangen
- Nicht-Verfügbarkeit von erwarteten Informationen
- Beschränkungen, die dem Abschlussprüfer vom Management auferlegt werden
- fehlende Bereitschaft des Managements, auf entsprechende Aufforderung seine Beurteilung über die Fähigkeit der Einheit zur Unternehmensfortführung vorzunehmen oder auszuweiten.

In manchen Fällen können solche Probleme ein Prüfungshemmnis[*)] darstellen, das zu einer Modifizierung des Prüfungsurteils führt.[7)]

Bedeutsame Sachverhalte, die besprochen wurden oder Gegenstand des Schriftverkehrs mit dem Management waren (Vgl. Tz. 16(c)(i))

A19. Zu bedeutsamen Sachverhalten, die besprochen wurden oder Gegenstand des Schriftverkehrs mit dem Management waren, können bspw. gehören:
- wirtschaftliche Verhältnisse, die sich auf die Einheit auswirken, sowie Geschäftspläne und -strategien, die sich auf die Risiken wesentlicher falscher Darstellungen auswirken können
- Bedenken gegen die Einholung von fachlichem Rat zu Rechnungslegungs- oder Prüfungsfragen bei anderen Berufsangehörigen durch das Management
- Besprechungen oder Schriftverkehr im Zusammenhang mit der Erst- oder Folgebestellung des Abschlussprüfers, die das Vorgehen bei der Rechnungslegung, die Anwendung von Prüfungsstandards oder die Honorare für Prüfungs- oder andere Dienstleistungen betreffen.

Andere bedeutsame Sachverhalte, die für den Rechnungslegungsprozess relevant sind (Vgl. Tz. 16(d))

A20. Zu anderen aus der Prüfung resultierenden bedeutsamen Sachverhalten, die für die Aufsicht der für die Überwachung Verantwortlichen über den Rechnungslegungsprozess unmittelbar relevant sind, können solche Sachverhalte wie wesentliche falsche Darstellungen von Tatsachen oder wesentliche Unstimmigkeiten bei mit dem Abschluss zusammen veröffentlichten Informationen gehören, die korrigiert wurden.

---

7) ISA 705 „Modifizierungen des Prüfungsurteils im Vermerk des unabhängigen Abschlussprüfers".
*) In der Schweiz: Beschränkung des Prüfungsumfangs.

Auditor Independence (Ref: Para. 17)

A21. The auditor is required to comply with relevant ethical requirements, including those pertaining to independence, relating to financial statement audit engagements.[8]

A22. The relationships and other matters, and safeguards to be communicated, vary with the circumstances of the engagement, but generally address:

    (a) Threats to independence, which may be categorized as: self-interest threats, self-review threats, advocacy threats, familiarity threats, and intimidation threats; and

    (b) Safeguards created by the profession, legislation or regulation, safeguards within the entity, and safeguards within the firm's own systems and procedures.

The communication required by paragraph 17(a) may include an inadvertent violation of relevant ethical requirements as they relate to auditor independence, and any remedial action taken or proposed.

A23. The communication requirements relating to auditor independence that apply in the case of listed entities may also be relevant in the case of some other entities, particularly those that may be of significant public interest because, as a result of their business, their size or their corporate status, they have a wide range of stakeholders. Examples of entities that are not listed entities, but where communication of auditor independence may be appropriate, include public sector entities, credit institutions, insurance companies, and retirement benefit funds. On the other hand, there may be situations where communications regarding independence may not be relevant, for example, where all of those charged with governance have been informed of relevant facts through their management activities. This is particularly likely where the entity is owner-managed, and the auditor's firm and network firms have little involvement with the entity beyond a financial statement audit.

Supplementary Matters (Ref: Para. 3)

A24. The oversight of management by those charged with governance includes ensuring that the entity designs, implements and maintains appropriate internal control with regard to reliability of financial reporting, effectiveness and efficiency of operations and compliance with applicable laws and regulations.

A25. The auditor may become aware of supplementary matters that do not necessarily relate to the oversight of the financial reporting process but which are, nevertheless, likely to be significant to the responsibilities of those charged with governance in overseeing the strategic direction of the entity or the entity's obligations related to accountability. Such matters may include, for example, significant issues regarding governance structures or processes, and significant decisions or actions by senior management that lack appropriate authorization.

A26. In determining whether to communicate supplementary matters with those charged with governance, the auditor may discuss matters of this kind of which the auditor has become aware with the appropriate level of management, unless it is inappropriate to do so in the circumstances.

A27. If a supplementary matter is communicated, it may be appropriate for the auditor to make those charged with governance aware that:

    (a) Identification and communication of such matters is incidental to the purpose of the audit, which is to form an opinion on the financial statements;

    (b) No procedures were carried out with respect to the matter other than any that were necessary to form an opinion on the financial statements; and

    (c) No procedures were carried out to determine whether other such matters exist.

---

[8] ISA 200, "Overall Objectives of the Independent Auditor and the Conduct of an Audit in Accordance with International Standards on Auditing," paragraph 14.

Unabhängigkeit des Abschlussprüfers (Vgl. Tz. 17)

A21. Der Abschlussprüfer ist verpflichtet, die relevanten beruflichen Verhaltensanforderungen einzuhalten. Diese schließen die auf die Unabhängigkeit bezogenen ein, welche die Aufträge zur Abschlussprüfung betreffen.[8]

A22. Die Beziehungen, anderen Sachverhalte und Schutzmaßnahmen, die zu kommunizieren sind, gestalten sich unterschiedlich in Abhängigkeit von den Umständen des Auftrags, betreffen jedoch im Allgemeinen

(a) Gefährdungen der Unabhängigkeit, die kategorisiert werden können in Gefährdungen durch Eigeninteresse, Gefährdungen durch Selbstprüfung, Gefährdungen durch Interessenvertretung, Gefährdungen durch zu große Vertrautheit und Gefährdungen durch Einschüchterung, sowie

(b) Schutzmaßnahmen, die durch den Berufsstand oder durch Gesetze oder andere Rechtsvorschriften geschaffen werden, Schutzmaßnahmen innerhalb der Einheit und Schutzmaßnahmen innerhalb der praxiseigenen Systeme und Verfahren.

Die nach Textziffer 17(a) erforderliche Kommunikation kann sich auf eine unbeabsichtigte Verletzung relevanter beruflicher Anforderungen zur Unabhängigkeit des Abschlussprüfers sowie vorgenommene oder vorgeschlagene Abhilfemaßnahmen beziehen.

A23. Die Kommunikationsanforderungen zur Unabhängigkeit des Abschlussprüfers, die für kapitalmarktnotierte Einheiten maßgebend sind, können auch für andere Einheiten relevant sein, insbesondere für diejenigen, die von erheblichem öffentlichen Interesse sein können, weil bei ihnen aufgrund ihrer Geschäftstätigkeit, ihrer Größe oder ihres Unternehmensstatus ein breites Spektrum von Interessenten vorhanden ist. Zu den Beispielen für Einheiten, die keine kapitalmarktnotierten Einheiten sind, bei denen jedoch eine Kommunikation über die Unabhängigkeit des Abschlussprüfers angemessen sein kann, zählen auch Einheiten des öffentlichen Sektors, Kreditinstitute, Versicherungsunternehmen und Pensionsfonds. Es kann auch Situationen geben, in denen eine Kommunikation über Unabhängigkeit möglicherweise nicht relevant ist (bspw. wenn alle für die Überwachung Verantwortlichen durch ihre Managementtätigkeiten über relevante Tatsachen informiert wurden). Dies ist besonders wahrscheinlich, wenn die Einheit eigentümergeführt ist und die Praxis, für die der Abschlussprüfer tätig ist, sowie Mitglieder eines Netzwerks über eine Abschlussprüfung hinaus nur einen geringen Bezug zu der Einheit haben.

Zusätzliche Sachverhalte (Vgl. Tz. 3)

A24. Die Aufsicht über das Management durch die für die Überwachung Verantwortlichen schließt es ein sicherzustellen, dass die Einheit ein angemessenes IKS gestaltet, umsetzt und aufrechterhält im Zusammenhang mit der Verlässlichkeit der Rechnungslegung, der Wirksamkeit und Wirtschaftlichkeit der Geschäftstätigkeit sowie der Einhaltung der maßgebenden gesetzlichen und anderen rechtlichen Vorschriften.

A25. Dem Abschlussprüfer können zusätzliche Sachverhalte bekannt werden, die zwar nicht notwendigerweise mit der Aufsicht über den Rechnungslegungsprozess zusammenhängen, jedoch wahrscheinlich trotzdem für die Pflichten der für die Überwachung Verantwortlichen im Rahmen ihrer Aufsicht über die strategische Ausrichtung der Einheit oder für die Verpflichtungen der Einheit zur Rechenschaftslegung bedeutsam sind. Zu solchen Sachverhalten können bspw. bedeutsame Fragen im Zusammenhang mit Führungs- und Überwachungsstrukturen oder -prozessen sowie bedeutsame Entscheidungen oder Maßnahmen des oberen Managements ohne angemessene Autorisierung gehören.

A26. Bei der Festlegung, ob mit den für die Überwachung Verantwortlichen über zusätzliche Sachverhalte zu kommunizieren ist, kann der Abschlussprüfer derartige Sachverhalte, die ihm bekannt geworden sind, mit der geeigneten Managementebene besprechen, sofern dies unter den gegebenen Umständen nicht unangemessen ist.

A27. Wenn ein zusätzlicher Sachverhalt mitgeteilt wird, kann es angemessen sein, dass der Abschlussprüfer die für die Überwachung Verantwortlichen darauf hinweist, dass

(a) die Feststellung und Kommunikation derartiger Sachverhalte für den Zweck der Prüfung, d.h. die Bildung eines Prüfungsurteils über den Abschluss, nebensächlich ist,

(b) im Hinblick auf den Sachverhalt keine anderen Handlungen durchgeführt wurden als diejenigen, die zur Bildung eines Prüfungsurteils über den Abschluss notwendig waren, und

(c) keine Handlungen durchgeführt wurden, um festzustellen, ob andere derartige Sachverhalte vorliegen.

---

8) ISA 200 „Übergreifende Zielsetzungen des unabhängigen Prüfers und Grundsätze einer Prüfung in Übereinstimmung mit den International Standards on Auditing", Textziffer 14.

The Communication Process

Establishing the Communication Process (Ref: Para. 18)

A28. Clear communication of the auditor's responsibilities, the planned scope and timing of the audit, and the expected general content of communications helps establish the basis for effective two-way communication.

A29. Matters that may also contribute to effective two-way communication include discussion of:

- The purpose of communications. When the purpose is clear, the auditor and those charged with governance are better placed to have a mutual understanding of relevant issues and the expected actions arising from the communication process.

- The form in which communications will be made.

- The person(s) in the audit team and amongst those charged with governance who will communicate regarding particular matters.

- The auditor's expectation that communication will be two-way, and that those charged with governance will communicate with the auditor matters they consider relevant to the audit, for example, strategic decisions that may significantly affect the nature, timing and extent of audit procedures, the suspicion or the detection of fraud, and concerns with the integrity or competence of senior management.

- The process for taking action and reporting back on matters communicated by the auditor.

- The process for taking action and reporting back on matters communicated by those charged with governance.

A30. The communication process will vary with the circumstances, including the size and governance structure of the entity, how those charged with governance operate, and the auditor's view of the significance of matters to be communicated. Difficulty in establishing effective two-way communication may indicate that the communication between the auditor and those charged with governance is not adequate for the purpose of the audit (see paragraph A44).

Considerations Specific to Smaller Entities

A31. In the case of audits of smaller entities, the auditor may communicate in a less structured manner with those charged with governance than in the case of listed or larger entities.

Communication with Management

A32. Many matters may be discussed with management in the ordinary course of an audit, including matters required by this ISA to be communicated with those charged with governance. Such discussions recognize management's executive responsibility for the conduct of the entity's operations and, in particular, management's responsibility for the preparation of the financial statements.

A33. Before communicating matters with those charged with governance, the auditor may discuss them with management, unless that is inappropriate. For example, it may not be appropriate to discuss questions of management's competence or integrity with management. In addition to recognizing management's executive responsibility, these initial discussions may clarify facts and issues, and give management an opportunity to provide further information and explanations. Similarly, when the entity has an internal audit function, the auditor may discuss matters with the internal auditor before communicating with those charged with governance.

Communication with Third Parties

A34. Those charged with governance may wish to provide third parties, for example, bankers or certain regulatory authorities, with copies of a written communication from the auditor. In some cases, disclosure to third parties may be illegal or otherwise inappropriate. When a written communication prepared for those charged with governance is provided to third parties, it may be important in the circumstances that

Kommunikation mit den für die Überwachung Verantwortlichen — ISA 260

Der Kommunikationsprozess

Festlegung des Kommunikationsprozesses (Vgl. Tz. 18)

A28. Eine klare Kommunikation der Pflichten des Abschlussprüfers, des geplanten Umfangs und der geplanten zeitlichen Einteilung der Prüfung sowie des erwarteten allgemeinen Inhalts der Kommunikation kann nützlich sein, um die Grundlage für eine wirksame wechselseitige Kommunikation zu schaffen.

A29. Zu Sachverhalten, die weiter zu einer wirksamen wechselseitigen Kommunikation beitragen können, gehört die Besprechung

- des Zwecks der Kommunikation. Wenn der Zweck klar ist, sind der Abschlussprüfer und die für die Überwachung Verantwortlichen besser in der Lage, zu einem gegenseitigen Verständnis von relevanten Fragen und den erwarteten Maßnahmen zu gelangen, die sich aus dem Kommunikationsprozess ergeben;
- der Form, in der die Kommunikation erfolgen wird;
- der Person(en) im Prüfungsteam und unter den für die Überwachung Verantwortlichen, mit der/denen die Kommunikation über bestimmte Sachverhalte erfolgen wird;
- der Erwartung des Abschlussprüfers, dass die Kommunikation wechselseitig sein wird und dass sich die für die Überwachung Verantwortlichen mit dem Abschlussprüfer über Sachverhalte austauschen werden, die nach ihrer Ansicht für die Prüfung relevant sind (bspw. strategische Entscheidungen, die sich erheblich auf Art, zeitliche Einteilung und Umfang von Prüfungshandlungen auswirken können, vermutete oder aufgedeckte dolose Handlungen und Bedenken über die Integrität oder Kompetenz des oberen Managements);
- des Prozesses, mit dem zu solchen Sachverhalten, die vom Abschlussprüfer kommuniziert wurden, Maßnahmen ergriffen werden und zurück berichtet wird;
- des Prozesses, mit dem zu solchen Sachverhalten, die von den für die Überwachung Verantwortlichen kommuniziert wurden, Maßnahmen ergriffen werden und zurück berichtet wird.

A30. Der Kommunikationsprozess verändert sich in Abhängigkeit von den gegebenen Umständen, einschließlich der Größe sowie der Führungs- und Überwachungsstruktur der Einheit, der Art und Weise, in der die für die Überwachung Verantwortlichen tätig sind, und der Auffassung des Abschlussprüfers über die Bedeutung von zu kommunizierenden Sachverhalten. Schwierigkeiten beim Herstellen einer wirksamen wechselseitigen Kommunikation können darauf hindeuten, dass die Kommunikation zwischen dem Abschlussprüfer und den für die Überwachung Verantwortlichen dem Zweck der Prüfung nicht angemessen ist (siehe Textziffer A44).

Spezielle Überlegungen zu kleineren Einheiten

A31. Bei Prüfungen von kleineren Einheiten kann sich der Abschlussprüfer in einer weniger formalen Weise mit den für die Überwachung Verantwortlichen austauschen als bei kapitalmarktnotierten oder größeren Einheiten.

Kommunikation mit dem Management

A32. Im Rahmen des üblichen Ablaufs einer Prüfung können viele Sachverhalte mit dem Management besprochen werden, einschließlich der Sachverhalte, über die nach diesem ISA mit den für die Überwachung Verantwortlichen zu kommunizieren ist. Durch solche Besprechungen wird der Führungsverantwortung des Managements für die Ausübung der Geschäftstätigkeit der Einheit und insbesondere seiner Verantwortung für die Aufstellung des Abschlusses Rechnung getragen.

A33. Bevor der Abschlussprüfer Sachverhalte mit den für die Überwachung Verantwortlichen erörtert, kann der Abschlussprüfer sie mit dem Management besprechen, sofern dies nicht unangemessen ist. Es kann bspw. unangemessen sein, Fragen der Kompetenz oder Integrität des Managements mit diesem zu besprechen. Ergänzend dazu, dass diese ersten Besprechungen die Führungsverantwortung des Managements anerkennen, können sie Tatsachen und Probleme verdeutlichen und dem Management die Gelegenheit geben, weitere Informationen und Erläuterungen bereitzustellen. In gleicher Weise kann der Abschlussprüfer vor der Kommunikation mit den für die Überwachung Verantwortlichen Sachverhalte mit dem internen Prüfer besprechen, wenn die Einheit über eine interne Revision verfügt.

Kommunikation mit Dritten

A34. Die für die Überwachung Verantwortlichen wünschen möglicherweise, dass Dritten (bspw. Banken oder bestimmten Aufsichtsbehörden) Kopien einer schriftlichen Mitteilung des Abschlussprüfers zur Verfügung gestellt werden. In manchen Fällen kann die Offenlegung gegenüber Dritten gesetzwidrig oder anderweitig unangemessen sein. Wenn eine schriftliche Mitteilung, welche für die für die Überwachung

the third parties be informed that the communication was not prepared with them in mind, for example, by stating in written communications with those charged with governance:

- (a) That the communication has been prepared for the sole use of those charged with governance and, where applicable, the group management and the group auditor, and should not be relied upon by third parties;
- (b) That no responsibility is assumed by the auditor to third parties; and
- (c) Any restrictions on disclosure or distribution to third parties.

A35. In some jurisdictions the auditor may be required by law or regulation to, for example:

- Notify a regulatory or enforcement body of certain matters communicated with those charged with governance. For example, in some countries the auditor has a duty to report misstatements to authorities where management and those charged with governance fail to take corrective action;

- Submit copies of certain reports prepared for those charged with governance to relevant regulatory or funding bodies, or other bodies such as a central authority in the case of some public sector entities; or
- Make reports prepared for those charged with governance publicly available.

A36. Unless required by law or regulation to provide a third party with a copy of the auditor's written communications with those charged with governance, the auditor may need the prior consent of those charged with governance before doing so.

Forms of Communication (Ref: Para. 19-20)

A37. Effective communication may involve structured presentations and written reports as well as less structured communications, including discussions. The auditor may communicate matters other than those identified in paragraphs 19 and 20 either orally or in writing. Written communications may include an engagement letter that is provided to those charged with governance.

A38. In addition to the significance of a particular matter, the form of communication (for example, whether to communicate orally or in writing, the extent of detail or summarization in the communication, and whether to communicate in a structured or unstructured manner) may be affected by such factors as:

- Whether the matter has been satisfactorily resolved.
- Whether management has previously communicated the matter.
- The size, operating structure, control environment, and legal structure of the entity.
- In the case of an audit of special purpose financial statements, whether the auditor also audits the entity's general purpose financial statements.
- Legal requirements. In some jurisdictions, a written communication with those charged with governance is required in a prescribed form by local law.
- The expectations of those charged with governance, including arrangements made for periodic meetings or communications with the auditor.
- The amount of ongoing contact and dialogue the auditor has with those charged with governance.
- Whether there have been significant changes in the membership of a governing body.

A39. When a significant matter is discussed with an individual member of those charged with governance, for example, the chair of an audit committee, it may be appropriate for the auditor to summarize the matter in later communications so that all of those charged with governance have full and balanced information.

Verantwortlichen erstellt wurde, Dritten zur Verfügung gestellt wird, kann es unter den gegebenen Umständen wichtig sein, Letztere darüber zu informieren, dass die Mitteilung nicht für sie erstellt wurde, bspw. indem in der schriftlichen Kommunikation mit den für die Überwachung Verantwortlichen festgehalten wird, dass

(a) die Mitteilung zur alleinigen Verwendung durch die für die Überwachung Verantwortlichen und ggf. durch das Konzernmanagement und den Konzernabschlussprüfer erstellt wurde und sich Dritte nicht darauf stützen dürfen,

(b) der Abschlussprüfer keine Verantwortung gegenüber Dritten trägt und

(c) die Offenlegung gegenüber Dritten oder die Verteilung an diese beschränkt ist.

A35. In manchen Rechtsräumen kann der Abschlussprüfer aufgrund von Gesetzen oder anderen Rechtsvorschriften bspw. dazu verpflichtet sein,

- einer Aufsichtsbehörde oder Überwachungsstelle bestimmte Sachverhalte mitzuteilen, über die der Abschlussprüfer mit den für die Überwachung Verantwortlichen kommuniziert hat. In manchen Ländern ist der Abschlussprüfer bspw. verpflichtet, falsche Darstellungen in den Fällen den Behörden zu melden, in denen das Management und die für die Überwachung Verantwortlichen keine Korrekturmaßnahmen vornehmen;
- Kopien bestimmter Berichte, welche für die für die Überwachung Verantwortlichen erstellt wurden, den zuständigen Aufsichts- oder Trägerbehörden oder anderen Behörden vorzulegen, z. B. einer Zentralbehörde im Falle mancher Einheiten des öffentlichen Sektors, oder
- Berichte, welche für die für die Überwachung Verantwortlichen erstellt wurden, öffentlich zugänglich zu machen.

A36. Sofern es nicht aufgrund von Gesetzen oder anderen Rechtsvorschriften erforderlich ist, Dritten eine Kopie der schriftlichen Kommunikation des Abschlussprüfers mit den für die Überwachung Verantwortlichen zur Verfügung zu stellen, kann der Abschlussprüfer hierfür die vorherige Zustimmung der für die Überwachung Verantwortlichen benötigen.

Formen der Kommunikation (Vgl. Tz. 19-20)

A37. Eine wirksame Kommunikation kann strukturierte Darstellungen und schriftliche Berichte sowie eine weniger formale Kommunikation (einschließlich Besprechungen) umfassen. Der Abschlussprüfer kann andere Sachverhalte als die in den Textziffern 19 und 20 genannten entweder mündlich oder schriftlich kommunizieren. Zur schriftlichen Kommunikation kann ein Auftragsbestätigungsschreiben gehören, das den für die Überwachung Verantwortlichen zur Verfügung gestellt wird.

A38. Neben der Bedeutung eines bestimmten Sachverhalts kann die Form der Kommunikation (z. B. die Frage, ob die Kommunikation mündlich oder schriftlich erfolgen soll, der Grad der Detaillierung oder Zusammenfassung der Kommunikation und die Frage, ob die Kommunikation strukturiert oder unstrukturiert erfolgen soll) von folgenden Faktoren beeinflusst werden:

- ob der Sachverhalt zufrieden stellend gelöst wurde
- ob das Management den Sachverhalt zuvor mitgeteilt hat
- Größe, Betriebsstruktur, Kontrollumfeld und rechtliche Struktur der Einheit
- bei der Prüfung eines Abschlusses für einen speziellen Zweck von der Frage, ob der Abschlussprüfer auch den Abschluss der Einheit für allgemeine Zwecke prüft
- rechtlichen Anforderungen; in manchen Rechtsräumen verlangen dort geltende Gesetze eine schriftliche Kommunikation mit den für die Überwachung Verantwortlichen in einer vorgeschriebenen Form
- den Erwartungen der für die Überwachung Verantwortlichen, einschließlich getroffener Regelungen über regelmäßige Sitzungen oder Kommunikation mit dem Abschlussprüfer
- dem Umfang an ständigem Kontakt und Dialog zwischen dem Abschlussprüfer und den für die Überwachung Verantwortlichen
- ob bedeutsame Änderungen in der Zusammensetzung eines Führungs- oder Überwachungsgremiums eingetreten sind.

A39. Wenn ein bedeutsamer Sachverhalt mit einem einzelnen Mitglied der für die Überwachung Verantwortlichen besprochen wird (bspw. mit dem Vorsitzenden eines Prüfungsausschusses), kann es angemessen sein, dass der Abschlussprüfer den Sachverhalt bei einer späteren Kommunikation zusammenfasst, so dass alle für die Überwachung Verantwortlichen über vollständige und ausgewogene Informationen verfügen.

Timing of Communications (Ref: Para. 21)

A40. The appropriate timing for communications will vary with the circumstances of the engagement. Relevant circumstances include the significance and nature of the matter, and the action expected to be taken by those charged with governance. For example:

- Communications regarding planning matters may often be made early in the audit engagement and, for an initial engagement, may be made as part of agreeing the terms of the engagement.

- It may be appropriate to communicate a significant difficulty encountered during the audit as soon as practicable if those charged with governance are able to assist the auditor to overcome the difficulty, or if it is likely to lead to a modified opinion. Similarly, the auditor may communicate orally to those charged with governance as soon as practicable significant deficiencies in internal control that the auditor has identified, prior to communicating these in writing as required by ISA 265.[9]

- Communications regarding independence may be appropriate whenever significant judgments are made about threats to independence and related safeguards, for example, when accepting an engagement to provide non-audit services, and at a concluding discussion. A concluding discussion may also be an appropriate time to communicate findings from the audit, including the auditor's views about the qualitative aspects of the entity's accounting practices.

- When auditing both general purpose and special purpose financial statements, it may be appropriate to coordinate the timing of communications.

A41. Other factors that may be relevant to the timing of communications include:

- The size, operating structure, control environment, and legal structure of the entity being audited.
- Any legal obligation to communicate certain matters within a specified timeframe.
- The expectations of those charged with governance, including arrangements made for periodic meetings or communications with the auditor.
- The time at which the auditor identifies certain matters, for example, the auditor may not identify a particular matter (for example, noncompliance with a law) in time for preventive action to be taken, but communication of the matter may enable remedial action to be taken.

Adequacy of the Communication Process (Ref: Para. 22)

A42. The auditor need not design specific procedures to support the evaluation of the two-way communication between the auditor and those charged with governance; rather, that evaluation may be based on observations resulting from audit procedures performed for other purposes. Such observations may include:

- The appropriateness and timeliness of actions taken by those charged with governance in response to matters raised by the auditor. Where significant matters raised in previous communications have not been dealt with effectively, it may be appropriate for the auditor to inquire as to why appropriate action has not been taken, and to consider raising the point again. This avoids the risk of giving an impression that the auditor is satisfied that the matter has been adequately addressed or is no longer significant.

- The apparent openness of those charged with governance in their communications with the auditor.

- The willingness and capacity of those charged with governance to meet with the auditor without management present.

- The apparent ability of those charged with governance to fully comprehend matters raised by the auditor, for example, the extent to which those charged with governance probe issues, and question recommendations made to them.

---

9) ISA 265, paragraphs 9 and A14.

Zeitpunkte der Kommunikation (Vgl. Tz. 21)

A40. Die angemessenen Zeitpunkte der Kommunikation hängen von den Umständen des Auftrags ab. Zu den relevanten Umständen gehören die Bedeutung und Art des Sachverhalts sowie die Maßnahmen, die von den für die Überwachung Verantwortlichen erwartet werden. Beispiele:

- Eine Kommunikation über Planungssachverhalte kann häufig zu einem frühen Zeitpunkt der Prüfung und bei einem Erstauftrag als Teil der Vereinbarung der Auftragsbedingungen erfolgen.
- Es kann angemessen sein, während der Prüfung aufgetretene schwerwiegende Probleme zu kommunizieren, sobald dies praktisch durchführbar ist, wenn die für die Überwachung Verantwortlichen in der Lage sind, den Abschlussprüfer bei der Bewältigung der Probleme zu unterstützen, oder wenn diese wahrscheinlich zu einem modifizierten Prüfungsurteil führen. Ebenso kann der Abschlussprüfer - sobald dies praktisch durchführbar ist - den für die Überwachung Verantwortlichen bedeutsame, vom Abschlussprüfer festgestellte Mängel im IKS mündlich mitteilen, bevor diese, wie durch ISA 265 gefordert[9], schriftlich mitgeteilt werden.
- Eine Kommunikation über die Unabhängigkeit kann immer dann angemessen sein, wenn bedeutsame Beurteilungen über Gefährdungen der Unabhängigkeit und damit zusammenhängende Schutzmaßnahmen vorgenommen werden (bspw. bei der Annahme eines Auftrags zur Erbringung von nichtprüfungsbezogenen Dienstleistungen), und bei einer Abschlussbesprechung. Eine Abschlussbesprechung kann auch ein geeigneter Zeitpunkt sein, um Ergebnisse der Prüfung einschließlich der Ansichten des Abschlussprüfers zu qualitativen Aspekten des Vorgehens bei der Rechnungslegung der Einheit zu kommunizieren.
- Wenn sowohl der Abschluss für allgemeine Zwecke als auch ein Abschluss für einen speziellen Zweck geprüft wird, kann es angemessen sein, die Zeitpunkte der Kommunikation zu koordinieren.

A41. Zu den anderen Faktoren, die für den Zeitpunkt der Kommunikation relevant sein können, gehören:

- Größe, Betriebsstruktur, Kontrollumfeld und rechtliche Struktur der geprüften Einheit
- gesetzliche Verpflichtungen zur Kommunikation bestimmter Sachverhalte innerhalb eines festgelegten Zeitrahmens
- die Erwartungen der für die Überwachung Verantwortlichen, einschließlich getroffener Regelungen über regelmäßige Sitzungen oder Kommunikation mit dem Abschlussprüfer
- der Zeitpunkt, zu dem der Abschlussprüfer bestimmte Sachverhalte feststellt. So ist es bspw. möglich, dass der Abschlussprüfer einen bestimmten Sachverhalt (z. B. einen Gesetzesverstoß) zwar nicht so rechtzeitig feststellt, dass Präventivmaßnahmen ergriffen werden können, jedoch die Mitteilung des Sachverhalts es ermöglichen kann, Abhilfemaßnahmen zu ergreifen.

Angemessenheit des Kommunikationsprozesses (Vgl. Tz. 22)

A42. Es ist nicht erforderlich, dass der Abschlussprüfer spezielle Handlungen plant, um die Beurteilung der wechselseitigen Kommunikation zwischen ihm und den für die Überwachung Verantwortlichen zu unterstützen. Diese Beurteilung kann vielmehr auf Beobachtungen basieren, die aus zu anderen Zwecken durchgeführten Handlungen resultieren. Zu solchen Beobachtungen kann Folgendes gehören:

- die Angemessenheit und Rechtzeitigkeit von Maßnahmen, die von den für die Überwachung Verantwortlichen als Reaktion auf vom Abschlussprüfer mitgeteilte Sachverhalte ergriffen werden. Wenn bedeutsame Sachverhalte, die bei früherer Kommunikation mitgeteilt wurden, nicht wirksam behandelt wurden, kann es angemessen sein, dass der Abschlussprüfer die für die Überwachung Verantwortlichen darüber befragt, warum keine geeigneten Maßnahmen ergriffen wurden, und erwägt, den Punkt erneut anzuschneiden. Dadurch wird das Risiko vermieden, dass der Eindruck entsteht, der Abschlussprüfer sei davon überzeugt, dass der Sachverhalt angemessen aufgegriffen wurde oder nicht mehr bedeutsam ist
- die erkennbare Offenheit der für die Überwachung Verantwortlichen bei ihrer Kommunikation mit dem Abschlussprüfer
- die Bereitschaft und Fähigkeit der für die Überwachung Verantwortlichen, mit dem Abschlussprüfer zu Sitzungen ohne Anwesenheit des Managements zusammenzukommen
- die erkennbare Fähigkeit der für die Überwachung Verantwortlichen, die vom Abschlussprüfer mitgeteilten Sachverhalte vollständig zu verstehen, bspw. den Umfang, in dem die für die Überwachung Verantwortlichen Sachverhalte untersuchen und ihnen gegebene Empfehlungen hinterfragen

---

9) ISA 265, Textziffern 9 und A14.

- Difficulty in establishing with those charged with governance a mutual understanding of the form, timing and expected general content of communications.
- Where all or some of those charged with governance are involved in managing the entity, their apparent awareness of how matters discussed with the auditor affect their broader governance responsibilities, as well as their management responsibilities.
- Whether the two-way communication between the auditor and those charged with governance meets applicable legal and regulatory requirements.

A43. As noted in paragraph 4, effective two-way communication assists both the auditor and those charged with governance. Further, ISA 315 identifies participation by those charged with governance, including their interaction with internal audit, if any, and external auditors, as an element of the entity's control environment.[10] Inadequate two-way communication may indicate an unsatisfactory control environment and influence the auditor's assessment of the risks of material misstatements. There is also a risk that the auditor may not have obtained sufficient appropriate audit evidence to form an opinion on the financial statements.

A44. If the two-way communication between the auditor and those charged with governance is not adequate and the situation cannot be resolved, the auditor may take such actions as:

- Modifying the auditor's opinion on the basis of a scope limitation.
- Obtaining legal advice about the consequences of different courses of action.
- Communicating with third parties (for example, a regulator), or a higher authority in the governance structure that is outside the entity, such as the owners of a business (for example, shareholders in a general meeting), or the responsible government minister or parliament in the public sector.
- Withdrawing from the engagement, where withdrawal is possible under applicable law or regulation.

Documentation (Ref: Para. 23)

A45. Documentation of oral communication may include a copy of minutes prepared by the entity retained as part of the audit documentation where those minutes are an appropriate record of the communication.

---

10) ISA 315, paragraph A70.

- Schwierigkeiten, mit den für die Überwachung Verantwortlichen ein gegenseitiges Verständnis über die Form, den Zeitpunkt und den erwarteten allgemeinen Inhalt der Kommunikation zu schaffen
- für den Fall, dass alle oder einige der für die Überwachung Verantwortlichen in das Management der Einheit eingebunden sind, inwieweit erkennbar wird, dass diese sich darüber bewusst sind, wie sich mit dem Abschlussprüfer besprochene Sachverhalte auf ihre weitere Überwachungs- und Managementverantwortung auswirken
- ob die wechselseitige Kommunikation zwischen dem Abschlussprüfer und den für die Überwachung Verantwortlichen die maßgebenden gesetzlichen und anderen rechtlichen Anforderungen erfüllt.

A43. Wie in Textziffer 4 erwähnt, ist eine wirksame wechselseitige Kommunikation sowohl für den Abschlussprüfer als auch für die für die Überwachung Verantwortlichen nützlich. Darüber hinaus wird in ISA 315 die Mitwirkung der für die Überwachung Verantwortlichen einschließlich ihrer Zusammenarbeit mit der ggf. vorhandenen internen Revision und den externen Prüfern als ein Element des Kontrollumfelds der Einheit genannt.[10] Eine unzureichende wechselseitige Kommunikation kann auf ein unzulängliches Kontrollumfeld hindeuten und die Beurteilung der Risiken wesentlicher falscher Darstellungen durch den Abschlussprüfer beeinflussen. Außerdem besteht das Risiko, dass der Abschlussprüfer keine ausreichenden geeigneten Prüfungsnachweise für die Bildung eines Prüfungsurteils über den Abschluss erlangt.

A44. Wenn die wechselseitige Kommunikation zwischen dem Abschlussprüfer und den für die Überwachung Verantwortlichen unzureichend ist und die Situation nicht behoben werden kann, kann der Abschlussprüfer zu Maßnahmen wie den folgenden greifen:
- Modifizierung des Prüfungsurteils auf der Grundlage eines Prüfungshemmnisses
- Einholung von rechtlichem Rat zu den Konsequenzen verschiedener Vorgehensweisen
- Kommunikation mit Dritten (z. B. einer Aufsichtsbehörde) oder einer höheren Hierarchiestufe in der Führungs- und Überwachungsstruktur außerhalb der Einheit wie etwa den Eigentümern eines Unternehmens (bspw. Aktionäre auf einer Hauptversammlung) oder im öffentlichen Sektor dem zuständigen Ministerium oder dem Parlament
- Mandatsniederlegung, sofern eine Niederlegung nach den einschlägigen Gesetzen oder anderen Rechtsvorschriften zulässig ist.

Dokumentation (Vgl. Tz. 23)

A45. Die Dokumentation mündlicher Kommunikation kann Kopien von der Einheit erstellter Protokolle einschließen, die als Teil der Prüfungsdokumentation aufbewahrt werden, sofern diese Protokolle eine angemessene Aufzeichnung der Kommunikation darstellen.

---

10) ISA 315, Textziffer A70.

Appendix 1
(Ref: Para. 3)

Specific Requirements in ISQC 1 and Other ISAs that Refer to Communications with Those Charged With Governance

This appendix identifies paragraphs in ISQC 1[1] and other ISAs in effect for audits of financial statements for periods beginning on or after December 15, 2009 that require communication of specific matters with those charged with governance. The list is not a substitute for considering the requirements and related application and other explanatory material in ISAs.

- ISQC 1, "Quality Control for Firms that Perform Audits and Reviews of Financial Statements, and Other Assurance and Related Services Engagements" – paragraph 30(a)

- ISA 240, "The Auditor's Responsibilities Relating to Fraud in an Audit of Financial Statements" – paragraphs 21, 38(c)(i) and 40-42

- ISA 250, "Consideration of Laws and Regulations in an Audit of Financial Statements" – paragraphs 14, 19 and 22–24

- ISA 265, "Communicating Deficiencies in Internal Control to Those Charged with Governance and Management" – paragraph 9

- ISA 450, "Evaluation of Misstatements Identified during the Audit" – paragraphs 12-13

- ISA 505, "External Confirmations" – paragraph 9

- ISA 510, "Initial Audit Engagements-Opening Balances" – paragraph 7

- ISA 550, "Related Parties" – paragraph 27

- ISA 560, "Subsequent Events" – paragraphs 7(b)-(c), 10(a), 13(b), 14(a) and 17

- ISA 570, "Going Concern" – paragraph 23

- ISA 600, "Special Considerations-Audits of Group Financial Statements (Including the Work of Component Auditors)" – paragraph 49

- ISA 705, "Modifications to the Opinion in the Independent Auditor's Report" – paragraphs 12, 14, 19(a) and 28

- ISA 706, "Emphasis of Matter Paragraphs and Other Matter Paragraphs in the Independent Auditor's Report" – paragraph 9

- ISA 710, "Comparative Information—Corresponding Figures and Comparative Financial Statements" – paragraph 18

- ISA 720, "The Auditor's Responsibilities Relating to Other Information in Documents Containing Audited Financial Statements" – paragraphs 10, 13 and 16

---

1) ISQC 1, "Quality Control for Firms that Perform Audits and Reviews of Financial Statements, and Other Assurance and Related Services Engagements."

Anlage 1
(Vgl. Tz. 3)

Besondere Anforderungen an die Kommunikation mit den für die Überwachung Verantwortlichen in ISQC 1 und anderen ISA

In dieser Anlage sind Textziffern in ISQC 1[1)] und anderen ISA, die für Prüfungen von Abschlüssen für Zeiträume gelten, die am oder nach dem 15.12.2009 beginnen, nach denen die Kommunikation über bestimmte Sachverhalte mit den für die Überwachung Verantwortlichen erforderlich ist. Die Liste ist kein Ersatz für die Berücksichtigung der Anforderungen und der damit zusammenhängenden Anwendungshinweise und sonstigen Erläuterungen in ISA.

- ISQC 1 „Qualitätssicherung für Praxen, die Abschlussprüfungen und prüferische Durchsichten von Abschlüssen sowie andere betriebswirtschaftliche Prüfungen und Aufträge zu verwandten Dienstleistungen durchführen", Textziffer 30(a)
- ISA 240 „Die Verantwortung des Abschlussprüfers bei dolosen Handlungen", Textziffern 21, 38(c)(i) und 40-42
- ISA 250 „Berücksichtigung der Auswirkungen von Gesetzen und anderen Rechtsvorschriften auf den Abschluss bei einer Abschlussprüfung", Textziffern 14, 19 und 22-24
- ISA 265 „Mitteilung über Mängel im internen Kontrollsystem an die für die Überwachung Verantwortlichen und das Management", Textziffer 9
- ISA 450 „Die Beurteilung der während der Abschlussprüfung festgestellten falschen Darstellungen", Textziffern 12-13
- ISA 505 „Externe Bestätigungen", Textziffer 9
- ISA 510 „Eröffnungsbilanzwerte bei Erstprüfungsaufträgen", Textziffer 7
- ISA 550 „Nahe stehende Personen", Textziffer 27
- ISA 560 „Ereignisse nach dem Abschlussstichtag", Textziffern 7(b)-(c), 10(a), 13(b), 14(a) und 17
- ISA 570 „Fortführung der Unternehmenstätigkeit", Textziffer 23
- ISA 600 „Besondere Überlegungen zu Konzernabschlussprüfungen (einschließlich der Tätigkeit von Teilbereichsprüfern)", Textziffer 49
- ISA 705 „Modifizierungen des Prüfungsurteils im Vermerk des unabhängigen Abschlussprüfers"[*)], Textziffern 12, 14, 19(a) und 28
- ISA 706 „Hervorhebung eines Sachverhalts und Hinweis auf sonstige Sachverhalte durch Absätze im Vermerk des unabhängigen Abschlussprüfers", Textziffer 9
- ISA 710 „Vergleichsinformationen – Vergleichszahlen und Vergleichsabschlüsse", Textziffer 18
- ISA 720 „Die Pflichten des Abschlussprüfers im Zusammenhang mit sonstigen Informationen in Dokumenten, die den geprüften Abschluss enthalten", Textziffern 10, 13 und 16

---

1) ISQC 1 „Qualitätssicherung für Praxen, die Abschlussprüfungen und prüferische Durchsichten von Abschlüssen sowie andere betriebswirtschaftliche Prüfungen und Aufträge zu verwandten Dienstleistungen durchführen".

*) In Deutschland und Österreich wird die Bezeichnung „Bestätigungsvermerk des Abschlussprüfers", in der Schweiz „Bericht des Abschlussprüfers" verwendet.

Appendix 2
(Ref: Para. 16(a), A17)

Qualitative Aspects of Accounting Practices

The communication required by paragraph 16(a), and discussed in paragraph A17, may include such matters as:

Accounting Policies

- The appropriateness of the accounting policies to the particular circumstances of the entity, having regard to the need to balance the cost of providing information with the likely benefit to users of the entity's financial statements. Where acceptable alternative accounting policies exist, the communication may include identification of the financial statement items that are affected by the choice of significant accounting policies as well as information on accounting policies used by similar entities.

- The initial selection of, and changes in significant accounting policies, including the application of new accounting pronouncements. The communication may include: the effect of the timing and method of adoption of a change in accounting policy on the current and future earnings of the entity; and the timing of a change in accounting policies in relation to expected new accounting pronouncements.

- The effect of significant accounting policies in controversial or emerging areas (or those unique to an industry, particularly when there is a lack of authoritative guidance or consensus).

- The effect of the timing of transactions in relation to the period in which they are recorded.

Accounting Estimates

- For items for which estimates are significant, issues discussed in ISA 540,[1] including, for example:
    - Management's identification of accounting estimates.
    - Management's process for making accounting estimates.
    - Risks of material misstatement.
    - Indicators of possible management bias.
    - Disclosure of estimation uncertainty in the financial statements.

Financial Statement Disclosures

- The issues involved, and related judgments made, in formulating particularly sensitive financial statement disclosures (for example, disclosures related to revenue recognition, remuneration, going concern, subsequent events, and contingency issues).

- The overall neutrality, consistency and clarity of the disclosures in the financial statements.

Related Matters

- The potential effect on the financial statements of significant risks, exposures and uncertainties, such as pending litigation, that are disclosed in the financial statements.

- The extent to which the financial statements are affected by unusual transactions, including non-recurring amounts recognized during the period, and the extent to which such transactions are separately disclosed in the financial statements.

- The factors affecting asset and liability carrying values, including the entity's bases for determining useful lives assigned to tangible and intangible assets. The communication may explain how factors affecting carrying values were selected and how alternative selections would have affected the financial statements.

---

[1] ISA 540, "Auditing Accounting Estimates, Including Fair Value Accounting Estimates, and Related Disclosures."

Anlage 2
(Vgl. Tz. 16(a) und A17)

Qualitative Aspekte von Verfahren der Rechnungslegung

Die gemäß Textziffer 16(a) erforderliche und in Textziffer A17 behandelte Kommunikation kann folgende Sachverhalte einschließen:

Rechnungslegungsmethoden

- Die Eignung der Rechnungslegungsmethoden für die jeweiligen Gegebenheiten in der Einheit unter Berücksichtigung der Notwendigkeit, die Kosten für die Bereitstellung von Informationen mit dem wahrscheinlichen Nutzen für Nutzer des Abschlusses der Einheit abzuwägen. Wenn vertretbare alternative Rechnungslegungsmethoden vorhanden sind, kann die Kommunikation die Identifizierung der Abschlussposten, die von der Wahl bedeutsamer Rechnungslegungsmethoden beeinflusst werden, sowie Informationen zu Rechnungslegungsmethoden, die von ähnlichen Einheiten angewendet werden, einschließen.
- Die anfängliche Auswahl und die Änderungen bedeutsamer Rechnungslegungsmethoden, einschließlich der Anwendung neuer Verlautbarungen zur Rechnungslegung. Die Kommunikation kann einschließen die Auswirkungen des Zeitpunkts und der Methode der Anwendung von Änderungen der Rechnungslegungsmethoden auf die aktuellen oder zukünftigen Ergebnisse der Einheit sowie den Zeitpunkt von Änderungen der Rechnungslegungsmethoden bei erwarteten neuen Verlautbarungen zur Rechnungslegung.
- Die Auswirkungen bedeutsamer Rechnungslegungsmethoden in umstrittenen oder neu entstehenden Bereichen (oder branchenspezifischen Bereichen, insbesondere solchen, für die es keine verbindliche Anleitung oder herrschende Meinung gibt).
- Die Auswirkungen des Zeitpunkts von Geschäftsvorfällen auf die Periode, in der sie abgebildet werden.

Geschätzte Werte in der Rechnungslegung

- Bei Posten, bei denen Schätzungen bedeutsam sind, die in ISA 540[1] behandelten Sachverhalte, einschließlich bspw.:
  - Bestimmung von geschätzten Werten in der Rechnungslegung durch das Management
  - Prozess des Managements zur Ermittlung von geschätzten Werten in der Rechnungslegung
  - Risiken wesentlicher falscher Darstellungen
  - Anzeichen für eine mögliche Einseitigkeit des Managements
  - Angabe von Schätzunsicherheiten im Abschluss.

Angaben im Abschluss

- Die mit der Formulierung von besonders sensitiven Angaben im Abschluss verbundenen Fragen und damit zusammenhängenden Beurteilungen (z. B. Angaben zu Erlöserfassung, Vergütung, Fortführung der Unternehmenstätigkeit, Ereignissen nach dem Abschlussstichtag und Sachverhalten im Zusammenhang mit Eventualverbindlichkeiten).
- Die Neutralität, Konsistenz und Klarheit der Angaben im Abschluss insgesamt.

Verwandte Sachverhalte

- Die möglichen Auswirkungen von im Abschluss angegebenen bedeutsamen Risiken, Gefährdungen und Unsicherheiten (z. B. anhängigen Rechtsstreitigkeiten) auf den Abschluss.
- Der Umfang, in dem sich ungewöhnliche Geschäftsvorfälle, einschließlich nicht wiederkehrender Beträge, die während des betreffenden Zeitraums angesetzt werden, auf den Abschluss auswirken, und der Umfang, in dem solche Geschäftsvorfälle gesondert im Abschluss angegeben werden.
- Die Faktoren, die sich auf die Buchwerte von Vermögenswerten und Schulden auswirken, einschließlich der Grundlagen, welche die Einheit bei der Festlegung der den materiellen und immateriellen Vermögenswerten zugeordneten Nutzungsdauer verwendet. Im Rahmen der Kommunikation kann erläutert werden, wie Faktoren, die sich auf Buchwerte auswirken, ausgewählt wurden und wie sich alternative Auswahlentscheidungen auf den Abschluss ausgewirkt hätten.

---

1) ISA 540 „Die Prüfung geschätzter Werte in der Rechnungslegung, einschließlich geschätzter Zeitwerte, und der damit zusammenhängenden Abschlussangaben".

- The selective correction of misstatements, for example, correcting misstatements with the effect of increasing reported earnings, but not those that have the effect of decreasing reported earnings.

- Die selektive Korrektur falscher Darstellungen, bspw. die Korrektur falscher Darstellungen, die sich in Form einer Erhöhung der ausgewiesenen Ergebnisse auswirken, jedoch nicht derjenigen, die sich in Form einer Verringerung der ausgewiesenen Ergebnisse auswirken.

INTERNATIONAL STANDARD ON AUDITING 265

COMMUNICATING DEFICIENCIES IN INTERNAL CONTROL TO THOSE CHARGED WITH GOVERNANCE AND MANAGEMENT

(Effective for audits of financial statements for periods beginning on or after December 15, 2009)

CONTENTS

	Paragraph
Introduction	
Scope of this ISA	1–3
Effective Date	4
Objective	5
Definitions	6
Requirements	7–11
Application and Other Explanatory Material	
Determination of Whether Deficiencies in Internal Control Have Been Identified	A1–A4
Significant Deficiencies in Internal Control	A5–A11
Communication of Deficiencies in Internal Control	A12–A30

International Standard on Auditing (ISA) 265, "Communicating Deficiencies in Internal Control to Those Charged with Governance and Management" should be read in conjunction with ISA 200, "Overall Objectives of the Independent Auditor and the Conduct of an Audit in Accordance with International Standards on Auditing."

INTERNATIONAL STANDARD ON AUDITING 265

MITTEILUNG ÜBER MÄNGEL IM INTERNEN KONTROLLSYSTEM AN DIE FÜR DIE ÜBERWACHUNG VERANTWORTLICHEN UND DAS MANAGEMENT

(gilt für die Prüfung von Abschlüssen für Zeiträume, die am oder nach dem 15.12.2009 beginnen)

INHALTSVERZEICHNIS

	Textziffer
Einleitung	
Anwendungsbereich	1-3
Anwendungszeitpunkt	4
Ziel	5
Definitionen	6
Anforderungen	7-11
Anwendungshinweise und sonstige Erläuterungen	
Entscheidung, ob Mängel im internen Kontrollsystem festgestellt wurden	A1-A4
Bedeutsame Mängel im internen Kontrollsystem	A5-A11
Mitteilung über Mängel im internen Kontrollsystem	A12-A30

International Standard on Auditing (ISA) 265 „Mitteilung über Mängel im internen Kontrollsystem an die für die Überwachung Verantwortlichen und das Management" ist im Zusammenhang mit ISA 200 „Übergreifende Zielsetzungen des unabhängigen Prüfers und Grundsätze einer Prüfung in Übereinstimmung mit den International Standards on Auditing" zu lesen.

Introduction

Scope of this ISA

1. This International Standard on Auditing (ISA) deals with the auditor's responsibility to communicate appropriately to those charged with governance and management deficiencies in internal control[1] that the auditor has identified in an audit of financial statements. This ISA does not impose additional responsibilities on the auditor regarding obtaining an understanding of internal control and designing and performing tests of controls over and above the requirements of ISA 315 and ISA 330.[2] ISA 260[3] establishes further requirements and provides guidance regarding the auditor's responsibility to communicate with those charged with governance in relation to the audit.

2. The auditor is required to obtain an understanding of internal control relevant to the audit when identifying and assessing the risks of material misstatement.[4] In making those risk assessments, the auditor considers internal control in order to design audit procedures that are appropriate in the circumstances, but not for the purpose of expressing an opinion on the effectiveness of internal control. The auditor may identify deficiencies in internal control not only during this risk assessment process but also at any other stage of the audit. This ISA specifies which identified deficiencies the auditor is required to communicate to those charged with governance and management.

3. Nothing in this ISA precludes the auditor from communicating to those charged with governance and management other internal control matters that the auditor has identified during the audit.

Effective Date

4. This ISA is effective for audits of financial statements for periods beginning on or after December 15, 2009.

Objective

5. The objective of the auditor is to communicate appropriately to those charged with governance and management deficiencies in internal control that the auditor has identified during the audit and that, in the auditor's professional judgment, are of sufficient importance to merit their respective attentions.

Definitions

6. For purposes of the ISAs, the following terms have the meanings attributed below:

    (a) Deficiency in internal control – This exists when:

    (i) A control is designed, implemented or operated in such a way that it is unable to prevent, or detect and correct, misstatements in the financial statements on a timely basis; or

    (ii) A control necessary to prevent, or detect and correct, misstatements in the financial statements on a timely basis is missing.

    (b) Significant deficiency in internal control – A deficiency or combination of deficiencies in internal control that, in the auditor's professional judgment, is of sufficient importance to merit the attention of those charged with governance. (Ref: Para. A5)

Requirements

7. The auditor shall determine whether, on the basis of the audit work performed, the auditor has identified one or more deficiencies in internal control. (Ref: Para. A1–A4)

---

[1] ISA 315, "Identifying and Assessing the Risks of Material Misstatement through Understanding the Entity and Its Environment," paragraphs 4 and 12.
[2] ISA 330, "The Auditor's Responses to Assessed Risks."
[3] ISA 260, "Communication with Those Charged with Governance."
[4] ISA 315, paragraph 12. Paragraphs A60–A65 provide guidance on controls relevant to the audit.

Einleitung

Anwendungsbereich

1. Dieser International Standard on Auditing (ISA) behandelt die Pflicht des Abschlussprüfers, Mängel im internen Kontrollsystem (IKS)[1], die er bei einer Abschlussprüfung festgestellt hat, den für die Überwachung Verantwortlichen und dem Management in geeigneter Weise mitzuteilen. Dieser ISA erlegt dem Abschlussprüfer keine zusätzlichen, über ISA 315 und ISA 330[2] hinausgehenden Pflichten darüber auf, ein Verständnis vom IKS zu gewinnen und Funktionsprüfungen zu planen und durchzuführen. ISA 260[3] legt weitere Anforderungen fest und gibt erläuternde Hinweise zur Pflicht des Abschlussprüfers, im Zusammenhang mit der Abschlussprüfung mit den für die Überwachung Verantwortlichen zu kommunizieren.

2. Bei der Feststellung und Beurteilung der Risiken wesentlicher falscher Darstellungen muss der Abschlussprüfer ein Verständnis über das für die Abschlussprüfung relevante IKS gewinnen.[4] Im Rahmen der Beurteilung dieser Risiken berücksichtigt der Abschlussprüfer das IKS, um Prüfungshandlungen zu planen, die unter den gegebenen Umständen angemessen sind, jedoch nicht mit dem Ziel, ein Urteil zur Wirksamkeit des IKS abzugeben. Der Abschlussprüfer kann Mängel im IKS nicht nur während dieses Risikobeurteilungsprozesses, sondern auch in jedem anderen Prüfungsstadium erkennen. In diesem ISA wird festgelegt, welche festgestellten Mängel der Abschlussprüfer den für die Überwachung Verantwortlichen und dem Management mitzuteilen hat.

3. Nichts in diesem ISA hindert den Abschlussprüfer daran, den für die Überwachung Verantwortlichen und dem Management sonstige vom Abschlussprüfer während der Prüfung festgestellte Sachverhalte im Zusammenhang mit dem IKS mitzuteilen.

Anwendungszeitpunkt

4. Dieser ISA gilt für die Prüfung von Abschlüssen für Zeiträume, die am oder nach dem 15.12.2009 beginnen.

Ziel

5. Das Ziel des Abschlussprüfers besteht darin, den für die Überwachung Verantwortlichen und dem Management in geeigneter Weise Mängel im IKS mitzuteilen, die er während der Prüfung festgestellt hat und die nach seinem pflichtgemäßen Ermessen bedeutsam genug sind, um deren entsprechende Aufmerksamkeit zu verdienen.

Definitionen

6. Für die Zwecke der ISA gelten die nachstehenden Begriffsbestimmungen:
   (a) Mangel im IKS – Liegt vor, wenn
      (i) eine Kontrolle so ausgestaltet ist, eingerichtet ist oder angewendet wird, dass mit ihr falsche Darstellungen im Abschluss in angemessener Zeit nicht verhindert oder aufgedeckt und korrigiert werden können, oder
      (ii) eine Kontrolle fehlt, die notwendig ist, um falsche Darstellungen im Abschluss in angemessener Zeit zu verhindern oder aufzudecken und zu korrigieren.
   (b) Bedeutsamer Mangel im IKS – Ein Mangel oder eine Kombination von Mängeln im IKS, die nach pflichtgemäßem Ermessen des Abschlussprüfers bedeutsam genug ist, um die Aufmerksamkeit der für die Überwachung Verantwortlichen zu verdienen. (Vgl. Tz. A5)

Anforderungen

7. Der Abschlussprüfer muss entscheiden, ob auf der Grundlage der durchgeführten Prüfungstätigkeit ein oder mehrere Mängel im IKS festgestellt wurden. (Vgl. Tz. A1-A4)

---

1) ISA 315 „Identifizierung und Beurteilung der Risiken wesentlicher falscher Darstellungen aus dem Verstehen der Einheit und ihres Umfelds", Textziffern 4 und 12.
2) ISA 330 „Die Reaktionen des Abschlussprüfers auf beurteilte Risiken".
3) ISA 260 „Kommunikation mit den für die Überwachung Verantwortlichen".
4) ISA 315, Textziffer 12. Die Textziffern A60-A65 enthalten erläuternde Hinweise zu für die Abschlussprüfung relevanten Kontrollen.

8. If the auditor has identified one or more deficiencies in internal control, the auditor shall determine, on the basis of the audit work performed, whether, individually or in combination, they constitute significant deficiencies. (Ref: Para. A5–A11)

9. The auditor shall communicate in writing significant deficiencies in internal control identified during the audit to those charged with governance on a timely basis. (Ref: Para. A12–A18, A27)

10. The auditor shall also communicate to management at an appropriate level of responsibility on a timely basis: (Ref: Para. A19, A27)

    (a) In writing, significant deficiencies in internal control that the auditor has communicated or intends to communicate to those charged with governance, unless it would be inappropriate to communicate directly to management in the circumstances; and (Ref: Para. A14, A20–A21)

    (b) Other deficiencies in internal control identified during the audit that have not been communicated to management by other parties and that, in the auditor's professional judgment, are of sufficient importance to merit management's attention. (Ref: Para. A22–A26)

11. The auditor shall include in the written communication of significant deficiencies in internal control:

    (a) A description of the deficiencies and an explanation of their potential effects; and (Ref: Para. A28)

    (b) Sufficient information to enable those charged with governance and management to understand the context of the communication. In particular, the auditor shall explain that: (Ref: Para. A29–A30)

     (i) The purpose of the audit was for the auditor to express an opinion on the financial statements;

     (ii) The audit included consideration of internal control relevant to the preparation of the financial statements in order to design audit procedures that are appropriate in the circumstances, but not for the purpose of expressing an opinion on the effectiveness of internal control; and

     (iii) The matters being reported are limited to those deficiencies that the auditor has identified during the audit and that the auditor has concluded are of sufficient importance to merit being reported to those charged with governance.

***

Application and Other Explanatory Material

Determination of Whether Deficiencies in Internal Control Have Been Identified (Ref: Para. 7)

A1. In determining whether the auditor has identified one or more deficiencies in internal control, the auditor may discuss the relevant facts and circumstances of the auditor's findings with the appropriate level of management. This discussion provides an opportunity for the auditor to alert management on a timely basis to the existence of deficiencies of which management may not have been previously aware. The level of management with whom it is appropriate to discuss the findings is one that is familiar with the internal control area concerned and that has the authority to take remedial action on any identified deficiencies in internal control. In some circumstances, it may not be appropriate for the auditor to discuss the auditor's findings directly with management, for example, if the findings appear to call management's integrity or competence into question (see paragraph A20).

A2. In discussing the facts and circumstances of the auditor's findings with management, the auditor may obtain other relevant information for further consideration, such as:
- Management's understanding of the actual or suspected causes of the deficiencies.
- Exceptions arising from the deficiencies that management may have noted, for example, misstatements that were not prevented by the relevant information technology (IT) controls.
- A preliminary indication from management of its response to the findings.

8. Hat der Abschlussprüfer einen oder mehrere Mängel im IKS festgestellt, muss er auf der Grundlage der durchgeführten Prüfungstätigkeit entscheiden, ob die Mängel einzeln oder in Kombination bedeutsame Mängel darstellen. (Vgl. Tz. A5-A11)

9. Der Abschlussprüfer muss während der Prüfung festgestellte bedeutsame Mängel im IKS in angemessener Zeit den für die Überwachung Verantwortlichen schriftlich mitteilen. (Vgl. Tz. A12-A18, A27)

10. Außerdem muss der Abschlussprüfer dem Management auf geeigneter Verantwortungsebene in angemessener Zeit Folgendes mitteilen: (Vgl. Tz. A19, A27)

    (a) in schriftlicher Form bedeutsame Mängel im IKS, die der Abschlussprüfer den für die Überwachung Verantwortlichen mitgeteilt hat oder mitteilen will, sofern nicht eine direkte Mitteilung an das Management unter den gegebenen Umständen unangemessen wäre, und (Vgl. Tz. A14, A20-A21)

    (b) sonstige während der Prüfung festgestellte Mängel im IKS, die dem Management nicht durch Dritte mitgeteilt wurden und die nach pflichtgemäßem Ermessen des Abschlussprüfers bedeutsam genug sind, um die Aufmerksamkeit des Managements zu verdienen. (Vgl. Tz. A22-A26)

11. Der Abschlussprüfer muss in die schriftliche Mitteilung über bedeutsame Mängel im IKS Folgendes einbeziehen:

    (a) eine Beschreibung der Mängel und eine Erläuterung ihrer möglichen Auswirkungen sowie (Vgl. Tz. A28)

    (b) ausreichende Informationen, um es den für die Überwachung Verantwortlichen und dem Management zu ermöglichen, den Zusammenhang der Mitteilung zu verstehen. Insbesondere muss der Abschlussprüfer erläutern, dass (Vgl. Tz. A29-A30)

        (i) der Zweck der Abschlussprüfung darin lag, dass der Abschlussprüfer ein Prüfungsurteil über den Abschluss abgibt,

        (ii) die Abschlussprüfung eine Betrachtung des für die Aufstellung des Abschlusses relevante IKS umfasst hat, um Prüfungshandlungen zu planen, die unter den Umständen angemessen sind, jedoch nicht mit dem Ziel, ein Prüfungsurteil zur Wirksamkeit des IKS abzugeben, und

        (iii) die berichteten Sachverhalte auf die Mängel beschränkt sind, die der Abschlussprüfer während der Prüfung festgestellt hat und dass der Abschlussprüfer zu dem Schluss gekommen ist, dass sie so bedeutsam sind, dass sie eine Berichterstattung an die für die Überwachung Verantwortlichen verdienen.

**

Anwendungshinweise und sonstige Erläuterungen

Entscheidung, ob Mängel im IKS festgestellt wurden (Vgl. Tz. 7)

A1. Bei der Entscheidung, ob der Abschlussprüfer einen oder mehrere Mängel im IKS festgestellt hat, kann der Abschlussprüfer die relevanten Tatsachen und Umstände seiner Feststellungen mit der geeigneten Managementebene besprechen. Diese Besprechung bietet dem Abschlussprüfer die Möglichkeit, das Management in angemessener Zeit auf das Vorhandensein von Mängeln aufmerksam zu machen, die diesem möglicherweise bisher nicht bekannt waren. Die geeignete Managementebene für die Besprechung der Feststellungen ist eine Ebene, die mit dem betreffenden Bereich des IKS vertraut ist und die befugt ist, Abhilfemaßnahmen für jegliche festgestellte Mängel im IKS zu ergreifen. In manchen Fällen ist es möglicherweise nicht sachgerecht, dass der Abschlussprüfer die Feststellungen direkt mit dem Management bespricht. Dies gilt bspw., wenn die Feststellungen den Anschein haben, dass sie die Integrität oder Kompetenz des Managements in Frage stellen (siehe Textziffer A20).

A2. Bespricht der Abschlussprüfer die Tatsachen und Umstände der Feststellungen mit dem Management, kann er andere relevante Informationen für weitere Überlegungen erlangen, z. B.:

- das Verständnis des Managements von den tatsächlichen oder vermuteten Ursachen der Mängel
- Abweichungen, die auf Mängel zurückzuführen sind, die das Management möglicherweise bemerkt hat (bspw. falsche Darstellungen, die nicht durch die relevanten IT-Kontrollen verhindert wurden)
- ein vorläufiger Hinweis des Managements auf seine Reaktion auf die Feststellungen.

Considerations Specific to Smaller Entities

A3. While the concepts underlying control activities in smaller entities are likely to be similar to those in larger entities, the formality with which they operate will vary. Further, smaller entities may find that certain types of control activities are not necessary because of controls applied by management. For example, management's sole authority for granting credit to customers and approving significant purchases can provide effective control over important account balances and transactions, lessening or removing the need for more detailed control activities.

A4. Also, smaller entities often have fewer employees which may limit the extent to which segregation of duties is practicable. However, in a small owner-managed entity, the owner-manager may be able to exercise more effective oversight than in a larger entity. This higher level of management oversight needs to be balanced against the greater potential for management override of controls.

Significant Deficiencies in Internal Control (Ref: Para. 6(b), 8)

A5. The significance of a deficiency or a combination of deficiencies in internal control depends not only on whether a misstatement has actually occurred, but also on the likelihood that a misstatement could occur and the potential magnitude of the misstatement. Significant deficiencies may therefore exist even though the auditor has not identified misstatements during the audit.

A6. Examples of matters that the auditor may consider in determining whether a deficiency or combination of deficiencies in internal control constitutes a significant deficiency include:

- The likelihood of the deficiencies leading to material misstatements in the financial statements in the future.
- The susceptibility to loss or fraud of the related asset or liability.
- The subjectivity and complexity of determining estimated amounts, such as fair value accounting estimates.
- The financial statement amounts exposed to the deficiencies.
- The volume of activity that has occurred or could occur in the account balance or class of transactions exposed to the deficiency or deficiencies.
- The importance of the controls to the financial reporting process; for example:
  - General monitoring controls (such as oversight of management).
  - Controls over the prevention and detection of fraud.
  - Controls over the selection and application of significant accounting policies.
  - Controls over significant transactions with related parties.
  - Controls over significant transactions outside the entity's normal course of business.
  - Controls over the period-end financial reporting process (such as controls over non-recurring journal entries).
- The cause and frequency of the exceptions detected as a result of the deficiencies in the controls.
- The interaction of the deficiency with other deficiencies in internal control.

A7. Indicators of significant deficiencies in internal control include, for example:
- Evidence of ineffective aspects of the control environment, such as:
  - Indications that significant transactions in which management is financially interested are not being appropriately scrutinized by those charged with governance.

Spezifische Überlegungen zu kleineren Einheiten

A3. Während die den Kontrollaktivitäten zugrunde liegenden Konzepte in kleineren und größeren Einheiten*⁾ wahrscheinlich ähnlich sind, wird deren förmliche Umsetzung unterschiedlich ausfallen. Darüber hinaus können kleinere Einheiten zu der Feststellung gelangen, dass bestimmte Arten von Kontrollaktivitäten aufgrund der vom Management angewendeten Kontrollen für sie nicht notwendig sind. Beispielsweise kann die alleinige Berechtigung des Managements zur Genehmigung von Krediten an Kunden und von bedeutsamen Anschaffungen eine wirksame Kontrolle über wichtige Kontensalden und Geschäftsvorfälle bieten, wodurch die Notwendigkeit weitergehender Kontrollaktivitäten sich verringert oder ganz entfällt.

A4. Außerdem haben kleinere Einheiten häufig weniger Mitarbeiter, was die praktische Durchführbarkeit von Funktionstrennungen einschränken kann. Allerdings kann in einer kleinen Einheit mit Gesellschafter-Geschäftsführer dieser möglicherweise eine wirksamere Überwachung ausüben als in einer größeren Einheit. Dieser höhere Grad an Überwachung durch das Management muss gegen die größere Möglichkeit der Außerkraftsetzung von Kontrollen durch das Management abgewogen werden.

Bedeutsame Mängel im IKS (Vgl. Tz. 6(b), 8)

A5. Die Bedeutsamkeit eines Mangels oder einer Kombination von Mängeln im IKS hängt nicht nur davon ab, ob tatsächlich eine falsche Darstellung vorgelegen hat, sondern auch von der Wahrscheinlichkeit, dass es zu einer falschen Darstellung kommen könnte, und von ihrem möglichen Ausmaß. Daher können bedeutsame Mängel auch dann vorhanden sein, wenn der Abschlussprüfer während der Prüfung keine falschen Darstellungen festgestellt hat.

A6. Zu den Beispielen für Sachverhalte, die der Abschlussprüfer bei der Entscheidung berücksichtigen kann, ob ein Mangel oder eine Kombination von Mängeln im IKS einen bedeutsamen Mangel darstellt, gehören:
- die Wahrscheinlichkeit, dass die Mängel in der Zukunft zu wesentlichen falschen Darstellungen im Abschluss führen
- die Anfälligkeit der betreffenden Vermögenswerte oder Schulden für Verlust oder dolose Handlungen
- die Subjektivität und Komplexität der Ermittlung von geschätzten Beträgen wie geschätzten Zeitwerten in der Rechnungslegung
- die Beträge im Abschluss, die den Mängeln ausgesetzt sind
- das Ausmaß der Kontenbewegungen, das bei dem Kontensaldo oder bei der Art von Geschäftsvorfällen, die dem Mangel bzw. den Mängeln ausgesetzt sind, stattfindet oder stattfinden könnte
- die Bedeutung der Kontrollen für den Rechnungslegungsprozess, bspw.
  - allgemeine Überwachungskontrollen (z. B. Aufsicht des Managements)
  - Kontrollen über die Verhinderung und Aufdeckung von dolosen Handlungen
  - Kontrollen über die Auswahl und Anwendung bedeutsamer Rechnungslegungsmethoden
  - Kontrollen über bedeutsame Transaktionen mit nahe stehenden Personen
  - Kontrollen über bedeutsame Transaktionen außerhalb des gewöhnlichen Geschäftsverlaufs der Einheit
  - Kontrollen über den Rechnungslegungsprozess zum Abschlussstichtag (z. B. Kontrollen über nicht wiederkehrende Journaleinträge)
- Ursache und Häufigkeit der Abweichungen, die als Folge der Mängel in den Kontrollen festgestellt wurden
- die Wechselbeziehung des Mangels mit anderen Mängeln im IKS

A7. Zu Anzeichen für bedeutsame Mängel im IKS gehören bspw.:
- Nachweise für unwirksame Aspekte des Kontrollumfelds, z. B.:
  - Anzeichen dafür, dass bedeutsame Geschäftsvorfälle, an denen das Management finanziell beteiligt ist, von den für die Überwachung Verantwortlichen nicht in angemessener Weise eingehend untersucht werden

---

*) Der Begriff „Einheit" wird für *entity* neu eingeführt. Bei der zu prüfenden Einheit kann es sich um ein Unternehmen, einen Einzelkaufmann, eine Gesellschaft bürgerlichen Rechts (Schweiz: einfache Gesellschaft), eine Gebietskörperschaft, eine Anstalt des öffentlichen Rechts, einen Konzern oder eine nicht rechtlich abgegrenzte wirtschaftliche Einheit handeln. Eine Übersetzung mit „Unternehmen" oder „Gesellschaft" wäre deshalb unzureichend. So kann sich *entity* sogar auf eine nicht selbständige Niederlassung oder Sparte beziehen, für die eigenständig Rechnung gelegt wird.

- - Identification of management fraud, whether or not material, that was not prevented by the entity's internal control.
  - Management's failure to implement appropriate remedial action on significant deficiencies previously communicated.
- Absence of a risk assessment process within the entity where such a process would ordinarily be expected to have been established.
- Evidence of an ineffective entity risk assessment process, such as management's failure to identify a risk of material misstatement that the auditor would expect the entity's risk assessment process to have identified.
- Evidence of an ineffective response to identified significant risks (for example, absence of controls over such a risk).
- Misstatements detected by the auditor's procedures that were not prevented, or detected and corrected, by the entity's internal control.
- Restatement of previously issued financial statements to reflect the correction of a material misstatement due to error or fraud.
- Evidence of management's inability to oversee the preparation of the financial statements.

A8. Controls may be designed to operate individually or in combination to effectively prevent, or detect and correct, misstatements.[5] For example, controls over accounts receivable may consist of both automated and manual controls designed to operate together to prevent, or detect and correct, misstatements in the account balance. A deficiency in internal control on its own may not be sufficiently important to constitute a significant deficiency. However, a combination of deficiencies affecting the same account balance or disclosure, relevant assertion, or component of internal control may increase the risks of misstatement to such an extent as to give rise to a significant deficiency.

A9. Law or regulation in some jurisdictions may establish a requirement (particularly for audits of listed entities) for the auditor to communicate to those charged with governance or to other relevant parties (such as regulators) one or more specific types of deficiency in internal control that the auditor has identified during the audit. Where law or regulation has established specific terms and definitions for these types of deficiency and requires the auditor to use these terms and definitions for the purpose of the communication, the auditor uses such terms and definitions when communicating in accordance with the legal or regulatory requirement.

A10. Where the jurisdiction has established specific terms for the types of deficiency in internal control to be communicated but has not defined such terms, it may be necessary for the auditor to use judgment to determine the matters to be communicated further to the legal or regulatory requirement. In doing so, the auditor may consider it appropriate to have regard to the requirements and guidance in this ISA. For example, if the purpose of the legal or regulatory requirement is to bring to the attention of those charged with governance certain internal control matters of which they should be aware, it may be appropriate to regard such matters as being generally equivalent to the significant deficiencies required by this ISA to be communicated to those charged with governance.

A11. The requirements of this ISA remain applicable notwithstanding that law or regulation may require the auditor to use specific terms or definitions.

Communication of Deficiencies in Internal Control

Communication of Significant Deficiencies in Internal Control to Those Charged with Governance (Ref: Para. 9)

A12. Communicating significant deficiencies in writing to those charged with governance reflects the importance of these matters, and assists those charged with governance in fulfilling their oversight

---

[5] ISA 315, paragraph A66.

Mitteilung über Mängel im internen Kontrollsystem an die für die Überwachung Verantwortlichen und das Management ISA 265

- ○ Feststellung von dolosen Handlungen des Managements, ob wesentlicher Art oder nicht, die durch das IKS der Einheit nicht verhindert wurden
- ○ Versäumnis des Managements, geeignete Abhilfemaßnahmen für zuvor mitgeteilte bedeutsame Mängel umzusetzen.
- Fehlen eines Risikobeurteilungsprozesses innerhalb der Einheit, wenn normalerweise erwartet würde, dass ein solcher Prozess eingerichtet wurde
- Nachweise für einen unwirksamen Risikobeurteilungsprozess der Einheit (z. B. das Versäumnis des Managements, ein Risiko wesentlicher falscher Darstellungen festzustellen, das nach Erwartung des Abschlussprüfers durch den Risikobeurteilungsprozess der Einheit festgestellt worden sein müsste)
- Nachweise für eine unwirksame Reaktion auf festgestellte bedeutsame Risiken (z. B. Fehlen von Kontrollen über ein solches Risiko)
- durch die Prüfungshandlungen des Abschlussprüfers aufgedeckte falsche Darstellungen, die nicht durch das IKS der Einheit verhindert oder aufgedeckt und korrigiert wurden
- Anpassung eines zuvor herausgegebenen Abschlusses, um die Korrektur einer wesentlichen – unbeabsichtigten oder beabsichtigten – falschen Darstellung wiederzugeben
- Nachweise für das Unvermögen des Managements, die Aufstellung des Abschlusses zu beaufsichtigen.

A8. Kontrollen können darauf ausgerichtet sein, einzeln oder in Kombination wirksam zu sein, um falsche Darstellungen wirksam zu verhindern oder aufzudecken und zu korrigieren.[5] Bspw. können Kontrollen über Forderungen aus sowohl automatisierten als auch manuellen Kontrollen bestehen, die zusammen wirken sollen, um falsche Darstellungen in dem Kontensaldo zu verhindern oder aufzudecken und zu korrigieren. Ein Mangel im IKS ist möglicherweise für sich alleine nicht bedeutsam genug, um einen bedeutsamen Mangel darzustellen. Durch eine Kombination von Mängeln, die sich auf dieselben Kontensalden oder Abschlussangaben[*], relevanten Aussagen oder Komponenten des IKS auswirken, können jedoch die Risiken falscher Darstellungen derart ansteigen, dass ein bedeutsamer Mangel die Folge ist.

A9. In manchen Rechtsräumen können Gesetze oder andere Rechtsvorschriften die Anforderung (insbesondere für Abschlussprüfungen von kapitalmarktnotierten Einheiten) enthalten, dass der Abschlussprüfer den für die Überwachung Verantwortlichen oder anderen relevanten Parteien (z. B. Aufsichtsbehörden) eine oder mehrere bestimmte Arten von Mängeln im IKS mitteilt, die der Abschlussprüfer während der Prüfung festgestellt hat. Wenn Gesetze oder andere Rechtsvorschriften bestimmte Bezeichnungen und Definitionen für diese Arten von Mängeln festlegen und deren Anwendung durch den Abschlussprüfer für die Zwecke der Kommunikation verlangen, wendet der Abschlussprüfer diese Bezeichnungen und Definitionen bei der Kommunikation in Übereinstimmung mit der gesetzlichen oder anderen rechtlichen Anforderung an.

A10. Wenn in dem betreffenden Rechtsraum bestimmte Bezeichnungen für die mitzuteilenden Arten von Mängeln im IKS festgelegt sind, ohne dass diese Bezeichnungen jedoch definiert sind, kann es notwendig sein, dass der Abschlussprüfer die mitzuteilenden Sachverhalte über die gesetzliche oder andere rechtliche Anforderung hinaus nach pflichtgemäßem Ermessen bestimmt. Dabei kann der Abschlussprüfer es für angemessen halten, die in diesem ISA enthaltenen Anforderungen und erläuternden Hinweise zu beachten. Wenn bspw. der Zweck der gesetzlichen oder anderen rechtlichen Anforderung darin besteht, die für die Überwachung Verantwortlichen auf bestimmte Sachverhalte im Zusammenhang mit dem IKS aufmerksam zu machen, die diesen bekannt sein sollen, kann es angemessen sein, diese Sachverhalte als im Allgemeinen gleichbedeutend zu den bedeutsamen Mängeln anzusehen, die nach diesem ISA den für die Überwachung Verantwortlichen mitzuteilen sind.

A11. Die Anforderungen dieses ISA bleiben auch dann anwendbar, wenn der Abschlussprüfer möglicherweise aufgrund von Gesetzen oder anderen Rechtsvorschriften bestimmte Bezeichnungen oder Definitionen verwenden muss.

Mitteilung über Mängel im IKS

Mitteilung über bedeutsame Mängel im IKS an die für die Überwachung Verantwortlichen (Vgl. Tz. 9)

A12. Die schriftliche Kommunikation über bedeutsame Mängel an die für die Überwachung Verantwortlichen spiegelt die Bedeutung dieser Sachverhalte wider und unterstützt die für die Überwachung

---

5) ISA 315, Textziffer A66.
*) Abschlussposten und andere Angaben im Abschluss.

responsibilities. ISA 260 establishes relevant considerations regarding communication with those charged with governance when all of them are involved in managing the entity.[6]

A13. In determining when to issue the written communication, the auditor may consider whether receipt of such communication would be an important factor in enabling those charged with governance to discharge their oversight responsibilities. In addition, for listed entities in certain jurisdictions, those charged with governance may need to receive the auditor's written communication before the date of approval of the financial statements in order to discharge specific responsibilities in relation to internal control for regulatory or other purposes. For other entities, the auditor may issue the written communication at a later date. Nevertheless, in the latter case, as the auditor's written communication of significant deficiencies forms part of the final audit file, the written communication is subject to the overriding requirement[7] for the auditor to complete the assembly of the final audit file on a timely basis. ISA 230 states that an appropriate time limit within which to complete the assembly of the final audit file is ordinarily not more than 60 days after the date of the auditor's report.[8]

A14. Regardless of the timing of the written communication of significant deficiencies, the auditor may communicate these orally in the first instance to management and, when appropriate, to those charged with governance to assist them in taking timely remedial action to minimize the risks of material misstatement. Doing so, however, does not relieve the auditor of the responsibility to communicate the significant deficiencies in writing, as this ISA requires.

A15. The level of detail at which to communicate significant deficiencies is a matter of the auditor's professional judgment in the circumstances. Factors that the auditor may consider in determining an appropriate level of detail for the communication include, for example:

- The nature of the entity. For example, the communication required for a public interest entity may be different from that for a non-public interest entity.

- The size and complexity of the entity. For example, the communication required for a complex entity may be different from that for an entity operating a simple business.

- The nature of significant deficiencies that the auditor has identified.

- The entity's governance composition. For example, more detail may be needed if those charged with governance include members who do not have significant experience in the entity's industry or in the affected areas.

- Legal or regulatory requirements regarding the communication of specific types of deficiency in internal control.

A16. Management and those charged with governance may already be aware of significant deficiencies that the auditor has identified during the audit and may have chosen not to remedy them because of cost or other considerations. The responsibility for evaluating the costs and benefits of implementing remedial action rests with management and those charged with governance. Accordingly, the requirement in paragraph 9 applies regardless of cost or other considerations that management and those charged with governance may consider relevant in determining whether to remedy such deficiencies.

A17. The fact that the auditor communicated a significant deficiency to those charged with governance and management in a previous audit does not eliminate the need for the auditor to repeat the communication if remedial action has not yet been taken. If a previously communicated significant deficiency remains, the current year's communication may repeat the description from the previous communication, or simply reference the previous communication. The auditor may ask management or, where appropriate, those charged with governance, why the significant deficiency has not yet been remedied. A failure to act, in the absence of a rational explanation, may in itself represent a significant deficiency.

---

6) ISA 260, paragraph 13.
7) ISA 230, "Audit Documentation," paragraph 14.
8) ISA 230, paragraph A21.

Mitteilung über Mängel im internen Kontrollsystem an die für die Überwachung Verantwortlichen und das Management   ISA 265

Verantwortlichen bei der Erfüllung ihrer Aufsichtspflichten. ISA 260 schreibt relevante Überlegungen zur Kommunikation mit den für die Überwachung Verantwortlichen fest, wenn alle aus diesem Personenkreis in das Management der Einheit eingebunden sind.[6]

A13. Bei der Entscheidung, wann die schriftliche Mitteilung herauszugeben ist, kann der Abschlussprüfer abwägen, ob der Erhalt dieser Mitteilung einen wichtigen Faktor dabei darstellen würde, den für die Überwachung Verantwortlichen die Erfüllung ihrer Aufsichtspflichten zu ermöglichen. Ferner benötigen die in kapitalmarktnotierten Einheiten in bestimmten Rechtsräumen für die Überwachung Verantwortlichen möglicherweise die schriftliche Mitteilung des Abschlussprüfers vor dem Datum der Genehmigung des Abschlusses, um bestimmte Pflichten im Zusammenhang mit dem IKS zu Aufsichts- oder anderen Zwecken erfüllen zu können. Bei anderen Einheiten kann der Abschlussprüfer die schriftliche Mitteilung zu einem späteren Zeitpunkt herausgeben. Da jedoch im letztgenannten Fall die schriftliche Mitteilung des Abschlussprüfers über bedeutsame Mängel Teil der endgültigen Prüfungsakte ist, unterliegt die schriftliche Mitteilung der übergreifenden Anforderung[7], die Zusammenstellung der endgültigen Prüfungsakte zeitgerecht abzuschließen. Nach ISA 230 gilt für die Frist, innerhalb derer die Zusammenstellung der endgültigen Prüfungsakte abzuschließen ist, in der Regel ein Zeitraum von höchstens 60 Tagen nach dem Datum des Vermerks des Abschlussprüfers als angemessen.[8]

A14. Unabhängig vom Zeitpunkt der schriftlichen Mitteilung von bedeutsamen Mängeln kann der Abschlussprüfer diese Mängel dem Management und – sofern angebracht – den für die Überwachung Verantwortlichen zunächst mündlich mitteilen, um sie dabei zu unterstützen, zeitgerechte Abhilfemaßnahmen zur Minimierung der Risiken wesentlicher falscher Darstellungen zu ergreifen. Dies befreit den Abschlussprüfer jedoch nicht von der Pflicht, die bedeutsamen Mängel schriftlich mitzuteilen, wie dies nach diesem ISA erforderlich ist.

A15. Der Detaillierungsgrad, in dem bedeutsame Mängel mitzuteilen sind, liegt im pflichtgemäßen Ermessen des Abschlussprüfers unter den gegebenen Umständen. Zu den Faktoren, die der Abschlussprüfer bei der Bestimmung eines angemessenen Detaillierungsgrads für die Mitteilung berücksichtigen kann, gehören bspw.

- die Art der Einheit: So kann sich bspw. die erforderliche Mitteilung für eine Einheit von öffentlichem Interesse von derjenigen für eine Einheit, die nicht von öffentlichem Interesse ist, unterscheiden.
- Größe und Komplexität der Einheit: So kann sich bspw. die für eine komplexe Einheit erforderliche Mitteilung von derjenigen für eine Einheit, die eine einfache Geschäftstätigkeit ausübt, unterscheiden.
- die Art der vom Abschlussprüfer festgestellten bedeutsamen Mängel
- die Überwachungsstruktur der Einheit: Beispielsweise kann ein höherer Detaillierungsgrad erforderlich sein, wenn zu den für die Überwachung Verantwortlichen Mitglieder gehören, die keine wesentlichen Erfahrungen in der Branche, in der die Einheit tätig ist, oder auf den betroffenen Gebieten besitzen.
- gesetzliche oder andere rechtliche Anforderungen an die Kommunikation bestimmter Arten von Mängeln im IKS.

A16. Möglicherweise haben das Management und die für die Überwachung Verantwortlichen bereits Kenntnis von bedeutsamen Mängeln, die der Abschlussprüfer während der Prüfung festgestellt hat, und haben beschlossen, diese aus Kosten- oder anderen Erwägungen nicht zu beheben. Die Verantwortung für die Beurteilung von Kosten und Nutzen der Umsetzung von Abhilfemaßnahmen liegt beim Management und bei den für die Überwachung Verantwortlichen. Dementsprechend gilt die Anforderung in Textziffer 9 unabhängig von Kosten- oder anderen Erwägungen, die das Management und die für die Überwachung Verantwortlichen möglicherweise bei der Entscheidung, ob solche Mängel behoben werden sollen, für relevant halten.

A17. Die Tatsache, dass der Abschlussprüfer den für die Überwachung Verantwortlichen und dem Management bei einer vorhergehenden Abschlussprüfung einen bedeutsamen Mangel mitgeteilt hat, befreit den Abschlussprüfer nicht von der Notwendigkeit, die Mitteilung zu wiederholen, wenn noch keine Abhilfemaßnahmen ergriffen worden sind. Wenn ein zuvor mitgeteilter bedeutsamer Mangel weiterhin besteht, kann in der Mitteilung für das laufende Jahr die Beschreibung aus der vorherigen Mitteilung wiederholt oder einfach auf die vorherige Mitteilung Bezug genommen werden. Der Abschlussprüfer kann das Management oder – sofern angebracht – die für die Überwachung Verantwortlichen fragen, warum der

---

6) ISA 260, Textziffer 13.
7) ISA 230 „Prüfungsdokumentation", Textziffer 14.
8) ISA 230, Textziffer A21.

Considerations Specific to Smaller Entities

A18. In the case of audits of smaller entities, the auditor may communicate in a less structured manner with those charged with governance than in the case of larger entities.

Communication of Deficiencies in Internal Control to Management (Ref: Para. 10)

A19. Ordinarily, the appropriate level of management is the one that has responsibility and authority to evaluate the deficiencies in internal control and to take the necessary remedial action. For significant deficiencies, the appropriate level is likely to be the chief executive officer or chief financial officer (or equivalent) as these matters are also required to be communicated to those charged with governance. For other deficiencies in internal control, the appropriate level may be operational management with more direct involvement in the control areas affected and with the authority to take appropriate remedial action.

Communication of Significant Deficiencies in Internal Control to Management (Ref: Para. 10(a))

A20. Certain identified significant deficiencies in internal control may call into question the integrity or competence of management. For example, there may be evidence of fraud or intentional non-compliance with laws and regulations by management, or management may exhibit an inability to oversee the preparation of adequate financial statements that may raise doubt about management's competence. Accordingly, it may not be appropriate to communicate such deficiencies directly to management.

A21. ISA 250 establishes requirements and provides guidance on the reporting of identified or suspected non-compliance with laws and regulations, including when those charged with governance are themselves involved in such non-compliance.[9] ISA 240 establishes requirements and provides guidance regarding communication to those charged with governance when the auditor has identified fraud or suspected fraud involving management.[10]

Communication of Other Deficiencies in Internal Control to Management (Ref: Para. 10(b))

A22. During the audit, the auditor may identify other deficiencies in internal control that are not significant deficiencies but that may be of sufficient importance to merit management's attention. The determination as to which other deficiencies in internal control merit management's attention is a matter of professional judgment in the circumstances, taking into account the likelihood and potential magnitude of misstatements that may arise in the financial statements as a result of those deficiencies.

A23. The communication of other deficiencies in internal control that merit management's attention need not be in writing but may be oral. Where the auditor has discussed the facts and circumstances of the auditor's findings with management, the auditor may consider an oral communication of the other deficiencies to have been made to management at the time of these discussions. Accordingly, a formal communication need not be made subsequently.

A24. If the auditor has communicated deficiencies in internal control other than significant deficiencies to management in a prior period and management has chosen not to remedy them for cost or other reasons, the auditor need not repeat the communication in the current period. The auditor is also not required to repeat information about such deficiencies if it has been previously communicated to management by other parties, such as internal auditors or regulators. It may, however, be appropriate for the auditor to re-communicate these other deficiencies if there has been a change of management, or if new information has come to the auditor's attention that alters the prior understanding of the auditor and management regarding the deficiencies. Nevertheless, the failure of management to remedy other deficiencies in internal control that were previously communicated may become a significant deficiency requiring communication with those charged with governance. Whether this is the case depends on the auditor's judgment in the circumstances.

---

9) ISA 250, "Consideration of Laws and Regulations in an Audit of Financial Statements," paragraphs 22–28.

10) ISA 240, "The Auditor's Responsibilities Relating to Fraud in an Audit of Financial Statements," paragraph 41.

bedeutsame Mangel noch nicht behoben worden ist. Das Versäumnis, Maßnahmen zu ergreifen, kann bei fehlender rationaler Erklärung selbst einen bedeutsamen Mangel darstellen.

Spezifische Überlegungen zu kleineren Einheiten

A18. Bei Prüfungen von kleineren Einheiten kann sich der Abschlussprüfer in einer weniger strukturierten Weise mit den für die Überwachung Verantwortlichen austauschen als bei größeren Einheiten.

Mitteilung über Mängel im IKS an das Management (Vgl. Tz. 10)

A19. Üblicherweise ist die geeignete Managementebene diejenige, welche die Verantwortung und Befugnis hat, die Mängel im IKS zu beurteilen und die notwendigen Abhilfemaßnahmen zu ergreifen. Bei bedeutsamen Mängeln ist die geeignete Ebene wahrscheinlich der Chief Executive Officer oder der Chief Financial Officer (oder eine Person mit entsprechender Funktion), da diese Sachverhalte auch den für die Überwachung Verantwortlichen mitzuteilen sind. Bei anderen Mängeln im IKS kann die geeignete Ebene das Management des jeweiligen Geschäftsbereichs sein, die unmittelbarer in die betroffenen Kontrollbereiche eingebunden ist und befugt ist, geeignete Abhilfemaßnahmen zu ergreifen.

Mitteilung über bedeutsame Mängel im IKS an das Management (Vgl. Tz. 10(a))

A20. Bestimmte festgestellte bedeutsame Mängel im IKS können die Integrität oder Kompetenz des Managements in Frage stellen. Beispielsweise können Nachweise für dolose Handlungen oder absichtliche Verstöße gegen Gesetze und andere Rechtsvorschriften durch das Management vorliegen, oder das Management kann ein Unvermögen zeigen, die Aufstellung eines angemessenen Abschlusses zu beaufsichtigen, was Zweifel an der Kompetenz des Managements aufwerfen kann. Dementsprechend ist es möglicherweise nicht angemessen, solche Mängel dem Management direkt mitzuteilen.

A21. ISA 250 enthält Anforderungen und erläuternde Hinweise zur Berichterstattung über festgestellte oder vermutete Verstöße gegen Gesetze und andere Rechtsvorschriften, einschließlich der Fälle, in denen die für die Überwachung Verantwortlichen selbst an solchen Verstößen beteiligt sind.[9] ISA 240 enthält Anforderungen und erläuternde Hinweise zu Mitteilungen an die für die Überwachung Verantwortlichen, wenn der Abschlussprüfer tatsächliche oder vermutete dolose Handlungen unter Beteiligung des Managements festgestellt hat.[10]

Mitteilung über andere Mängel im IKS an das Management (Vgl. Tz. 10(b))

A22. Während der Abschlussprüfung kann der Abschlussprüfer andere Mängel im IKS feststellen, die keine bedeutsamen Mängel sind, jedoch wichtig genug sein können, um die Aufmerksamkeit des Managements zu verdienen. Die Entscheidung, welche anderen Mängel im IKS die Aufmerksamkeit des Managements verdienen, liegt im pflichtgemäßen Ermessen des Abschlussprüfers unter den gegebenen Umständen unter Berücksichtigung der Wahrscheinlichkeit und des möglichen Ausmaßes von falschen Darstellungen, die als Folge dieser Mängel im Abschluss auftreten können.

A23. Die Mitteilung von anderen Mängeln im IKS, welche die Aufmerksamkeit des Managements verdienen, muss nicht schriftlich, sondern kann mündlich erfolgen. Wenn der Abschlussprüfer die Tatsachen und Umstände der Feststellungen mit dem Management besprochen hat, kann der Abschlussprüfer davon ausgehen, dass bei diesen Besprechungen eine mündliche Mitteilung der anderen Mängel an das Management erfolgt ist. Dementsprechend ist nachträglich keine formale Mitteilung erforderlich.

A24. Wenn der Abschlussprüfer dem Management in einem vorhergehenden Zeitraum Mängel im IKS mitgeteilt hat, die keine bedeutsamen Mängel sind, und das Management beschlossen hat, diese aus Kosten- oder anderen Gründen nicht zu beheben, muss der Abschlussprüfer die Mitteilung im laufenden Zeitraum nicht wiederholen. Ebenso muss der Abschlussprüfer Informationen über solche Mängel nicht wiederholen, wenn diese dem Management bereits durch Dritte (z. B. durch interne Prüfer oder durch Aufsichtsbehörden) mitgeteilt wurden. Es kann jedoch angemessen sein, dass der Abschlussprüfer diese anderen Mängel erneut mitteilt, wenn ein Wechsel des Managements stattgefunden hat oder wenn der Abschlussprüfer auf neue Informationen aufmerksam geworden ist, durch die sich das vorherige Verständnis des Abschlussprüfers und des Managements von den Mängeln ändert. Gleichwohl kann das Versäumnis des Managements, andere Mängel im IKS zu beheben, die ihm zuvor mitgeteilt wurden, zu einem bedeutsamen Mangel werden, über den sich der Abschlussprüfer mit den für die Überwachung Verantwortlichen austauschen muss. Ob dies der Fall ist, hängt von der Beurteilung des Abschlussprüfers unter den gegebenen Umständen ab.

---

9) ISA 250 „Berücksichtigung der Auswirkungen von Gesetzen und anderen Rechtsvorschriften auf den Abschluss bei einer Abschlussprüfung", Textziffern 22-28.
10) ISA 240 „Die Verantwortung des Abschlussprüfers bei dolosen Handlungen", Textziffer 41.

A25. In some circumstances, those charged with governance may wish to be made aware of the details of other deficiencies in internal control the auditor has communicated to management, or be briefly informed of the nature of the other deficiencies. Alternatively, the auditor may consider it appropriate to inform those charged with governance of the communication of the other deficiencies to management. In either case, the auditor may report orally or in writing to those charged with governance as appropriate.

A26. ISA 260 establishes relevant considerations regarding communication with those charged with governance when all of them are involved in managing the entity.[11]

Considerations Specific to Public Sector Entities (Ref: Para. 9–10)

A27. Public sector auditors may have additional responsibilities to communicate deficiencies in internal control that the auditor has identified during the audit, in ways, at a level of detail and to parties not envisaged in this ISA. For example, significant deficiencies may have to be communicated to the legislature or other governing body. Law, regulation or other authority may also mandate that public sector auditors report deficiencies in internal control, irrespective of the significance of the potential effects of those deficiencies. Further, legislation may require public sector auditors to report on broader internal control-related matters than the deficiencies in internal control required to be communicated by this ISA, for example, controls related to compliance with legislative authorities, regulations, or provisions of contracts or grant agreements.

Content of Written Communication of Significant Deficiencies in Internal Control (Ref: Para. 11)

A28. In explaining the potential effects of the significant deficiencies, the auditor need not quantify those effects. The significant deficiencies may be grouped together for reporting purposes where it is appropriate to do so. The auditor may also include in the written communication suggestions for remedial action on the deficiencies, management's actual or proposed responses, and a statement as to whether or not the auditor has undertaken any steps to verify whether management's responses have been implemented.

A29. The auditor may consider it appropriate to include the following information as additional context for the communication:

- An indication that if the auditor had performed more extensive procedures on internal control, the auditor might have identified more deficiencies to be reported, or concluded that some of the reported deficiencies need not, in fact, have been reported.

- An indication that such communication has been provided for the purposes of those charged with governance, and that it may not be suitable for other purposes.

A30. Law or regulation may require the auditor or management to furnish a copy of the auditor's written communication on significant deficiencies to appropriate regulatory authorities. Where this is the case, the auditor's written communication may identify such regulatory authorities.

---

11) ISA 260, paragraph 13.

A25. Mitunter wollen die für die Überwachung Verantwortlichen über die Details anderer Mängel im IKS unterrichtet werden, die der Abschlussprüfer dem Management mitgeteilt hat, oder kurz über die Art anderer Mängel informiert werden. Alternativ kann der Abschlussprüfer es für angemessen halten, die für die Überwachung Verantwortlichen über die Kommunikation der anderen Mängel an das Management zu informieren. In beiden Fällen kann der Abschlussprüfer den für die Überwachung Verantwortlichen je nachdem, wie dies angebracht ist, mündlich oder schriftlich Bericht erstatten.

A26. ISA 260 legt relevante Überlegungen zur Kommunikation mit den für die Überwachung Verantwortlichen fest, wenn alle aus diesem Personenkreis in das Management der Einheit eingebunden sind.[11]

Spezifische Überlegungen zu Einheiten des öffentlichen Sektors (Vgl. Tz. 9-10)

A27. Abschlussprüfer im öffentlichen Sektor können zusätzliche Pflichten zur Kommunikation von Mängeln im IKS haben, die der Abschlussprüfer während der Prüfung festgestellt hat, in einer Weise, mit einem Detaillierungsgrad und an Parteien, die in diesem ISA nicht vorgesehen sind. So kann die Pflicht bestehen, bedeutsame Mängel der gesetzgebenden Körperschaft oder einem anderen Verwaltungsgremium mitzuteilen. Gesetze, andere Rechtsvorschriften oder sonstige amtliche Vorgaben können auch verlangen, dass Abschlussprüfer im öffentlichen Sektor über Mängel im IKS ungeachtet der Bedeutung der möglichen Auswirkungen dieser Mängel berichten. Darüber hinaus kann es aufgrund von Gesetzen erforderlich sein, dass Abschlussprüfer im öffentlichen Sektor über umfassendere Sachverhalte im Zusammenhang mit dem IKS als die nach diesem ISA mitzuteilenden Mängel im IKS berichten (bspw. Kontrollen im Zusammenhang mit der Einhaltung von gesetzlichen Weisungen, anderen Rechtsvorschriften oder Bestimmungen von Verträgen oder Zuwendungsvereinbarungen).

Inhalt von schriftlichen Mitteilungen über bedeutsame Mängel im IKS (Vgl. Tz. 11)

A28. Bei der Erläuterung der möglichen Auswirkungen bedeutsamer Mängel muss der Abschlussprüfer diese Auswirkungen nicht quantifizieren. Bedeutsame Mängel können für Berichterstattungszwecke in Gruppen zusammengefasst werden, sofern dies angemessen ist. Der Abschlussprüfer kann in die schriftliche Mitteilung auch Vorschläge für Abhilfemaßnahmen für die Mängel und die tatsächlichen oder geplanten Reaktionen des Managements sowie eine Erklärung darüber einbeziehen, ob der Abschlussprüfer Schritte unternommen hat, um zu prüfen, ob die Reaktionen des Managements umgesetzt wurden.

A29. Der Abschlussprüfer kann es für angemessen halten, die folgenden Informationen als zusätzlichen Hintergrund in die Mitteilung aufzunehmen:
- den Hinweis, dass der Abschlussprüfer möglicherweise mehr zu berichtende Mängel festgestellt hätte oder zu dem Schluss gekommen wäre, dass einige der berichteten Mängel eigentlich nicht hätten berichtet werden müssen, wenn umfangreichere Prüfungshandlungen zum IKS durchgeführt worden wären
- den Hinweis, dass diese Mitteilung für die Zwecke der für die Überwachung Verantwortlichen abgegeben wurde und möglicherweise nicht für andere Zwecke geeignet ist.

A30. Der Abschlussprüfer oder das Management kann aufgrund von Gesetzen oder anderen Rechtsvorschriften verpflichtet sein, den zuständigen Aufsichtsbehörden eine Kopie der schriftlichen Mitteilung über bedeutsame Mängel zukommen zu lassen. In diesem Fall können diese Aufsichtsbehörden in der schriftlichen Mitteilung des Abschlussprüfers genannt sein.

---

11) ISA 260, Textziffer 13.

INTERNATIONAL STANDARD ON AUDITING 300
PLANNING AN AUDIT OF FINANCIAL STATEMENTS

(Effective for audits of financial statements for periods beginning on or after December 15, 2009)

CONTENTS

	Paragraph
Introduction	
Scope of this ISA	1
The Role and Timing of Planning	2
Effective Date	3
Objective	4
Requirements	
Involvement of Key Engagement Team Members	5
Preliminary Engagement Activities	6
Planning Activities	7–11
Documentation	12
Additional Considerations in Initial Audit Engagements	13
Application and Other Explanatory Material	
The Role and Timing of Planning	A1–A3
Involvement of Key Engagement Team Members	A4
Preliminary Engagement Activities	A5–A7
Planning Activities	A8–A15
Documentation	A16–A19
Additional Considerations in Initial Audit Engagements	A20
Appendix: Considerations in Establishing the Overall Audit Strategy	

International Standard on Auditing (ISA) 300, "Planning an Audit of Financial Statements" should be read in conjunction with ISA 200, "Overall Objectives of the Independent Auditor and the Conduct of an Audit in Accordance with International Standards on Auditing."

INTERNATIONAL STANDARD ON AUDITING 300
PLANUNG EINER ABSCHLUSSPRÜFUNG

(gilt für die Prüfung von Abschlüssen für Zeiträume, die am oder nach dem 15.12.2009 beginnen)

INHALTSVERZEICHNIS

	Textziffer
Einleitung	
Anwendungsbereich	1
Funktion und zeitliche Einteilung der Planung	2
Anwendungszeitpunkt	3
Ziel	4
Anforderungen	
Einbindung von Mitgliedern des Prüfungsteams mit Schlüsselfunktionen	5
Vorbereitende Maßnahmen	6
Planungsaktivitäten	7-11
Dokumentation	12
Zusätzliche Überlegungen bei Erstprüfungen	13
Anwendungshinweise und sonstige Erläuterungen	
Funktion und zeitliche Einteilung der Planung	A1-A3
Einbindung von Mitgliedern des Prüfungsteams mit Schlüsselfunktionen	A4
Vorbereitende Maßnahmen	A5-A7
Planungsaktivitäten	A8-A15
Dokumentation	A16-A19
Zusätzliche Überlegungen bei Erstprüfungen	A20
Anlage: Überlegungen bei der Entwicklung der Prüfungsstrategie	

International Standard on Auditing (ISA) 300 „Planung einer Abschlussprüfung" ist im Zusammenhang mit ISA 200 „Übergreifende Zielsetzungen des unabhängigen Prüfers und Grundsätze einer Prüfung in Übereinstimmung mit den International Standards on Auditing" zu lesen.

Introduction

Scope of this ISA

1. This International Standard on Auditing (ISA) deals with the auditor's responsibility to plan an audit of financial statements. This ISA is written in the context of recurring audits. Additional considerations in an initial audit engagement are separately identified.

The Role and Timing of Planning

2. Planning an audit involves establishing the overall audit strategy for the engagement and developing an audit plan. Adequate planning benefits the audit of financial statements in several ways, including the following: (Ref: Para. A1–A3)

    - Helping the auditor to devote appropriate attention to important areas of the audit.

    - Helping the auditor identify and resolve potential problems on a timely basis.

    - Helping the auditor properly organize and manage the audit engagement so that it is performed in an effective and efficient manner.

    - Assisting in the selection of engagement team members with appropriate levels of capabilities and competence to respond to anticipated risks, and the proper assignment of work to them.

    - Facilitating the direction and supervision of engagement team members and the review of their work.

    - Assisting, where applicable, in coordination of work done by auditors of components and experts.

Effective Date

3. This ISA is effective for audits of financial statements for periods beginning on or after December 15, 2009.

Objective

4. The objective of the auditor is to plan the audit so that it will be performed in an effective manner.

Requirements

Involvement of Key Engagement Team Members

5. The engagement partner and other key members of the engagement team shall be involved in planning the audit, including planning and participating in the discussion among engagement team members. (Ref: Para. A4)

Preliminary Engagement Activities

6. The auditor shall undertake the following activities at the beginning of the current audit engagement:

    (a) Performing procedures required by ISA 220 regarding the continuance of the client relationship and the specific audit engagement;[1]

    (b) Evaluating compliance with relevant ethical requirements, including independence, in accordance with ISA 220;[2] and

    (c) Establishing an understanding of the terms of the engagement, as required by ISA 210.[3] (Ref: Para. A5–A7)

Planning Activities

7. The auditor shall establish an overall audit strategy that sets the scope, timing and direction of the audit, and that guides the development of the audit plan.

---

1) ISA 220, "Quality Control for an Audit of Financial Statements," paragraphs 12–13.
2) ISA 220, paragraphs 9–11.
3) ISA 210, "Agreeing the Terms of Audit Engagements," paragraphs 9–13.

Planung einer Abschlussprüfung | ISA 300

Einleitung

Anwendungsbereich

1. Gegenstand dieses International Standard on Auditing (ISA) ist die Pflicht des Abschlussprüfers, eine Abschlussprüfung zu planen. Dieser ISA ist im Kontext von Folgeprüfungen formuliert. Zusätzliche Überlegungen zu einer Erstprüfung werden separat behandelt.

Funktion und zeitliche Einteilung der Planung

2. Zur Planung einer Prüfung gehören die Entwicklung der Prüfungsstrategie für den Auftrag und die Entwicklung eines Prüfungsprogramms. Eine adäquate Planung bringt für die Abschlussprüfung mehrere Vorteile mit sich, u.a. (Vgl. A1-A3)

   - unterstützt sie den Abschlussprüfer, damit wichtigen Gebieten der Prüfung angemessene Aufmerksamkeit gewidmet wird;
   - unterstützt sie den Abschlussprüfer, damit mögliche Probleme rechtzeitig festgestellt und gelöst werden können;
   - unterstützt sie den Abschlussprüfer, damit der Prüfungsauftrag ordnungsgemäß organisiert und gehandhabt wird, so dass er wirksam und wirtschaftlich durchgeführt werden kann;
   - unterstützt sie bei der Auswahl von Mitgliedern des Prüfungsteams mit angemessenen Fähigkeiten und angemessener Kompetenz, um auf erwartete Risiken zu reagieren, und bei der richtigen Zuordnung von Arbeiten an diese;
   - erleichtert sie die Anleitung und Überwachung der Mitglieder des Prüfungsteams sowie die Durchsicht ihrer Arbeit;
   - unterstützt sie, sofern einschlägig, die Koordination der Arbeit von Abschlussprüfern der Teilbereiche und von Sachverständigen.

Anwendungszeitpunkt

3. Dieser ISA gilt für die Prüfung von Abschlüssen für Zeiträume, die am oder nach dem 15.12.2009 beginnen.

Ziel

4. Das Ziel des Abschlussprüfers besteht darin, die Prüfung so zu planen, dass sie wirksam durchgeführt wird.

Anforderungen

Einbindung von Mitgliedern des Prüfungsteams mit Schlüsselfunktionen

5. Der für den Auftrag Verantwortliche und andere Mitglieder des Prüfungsteams mit Schlüsselfunktionen müssen in die Planung der Prüfung eingebunden werden; dazu gehören auch die Planung der Besprechung im Prüfungsteam und die Teilnahme daran. (Vgl. Tz. A4)

Vorbereitende Maßnahmen

6. Zu Beginn der laufenden Abschlussprüfung muss der Abschlussprüfer die folgenden Maßnahmen vornehmen:

   (a) Durchführung der nach ISA 220 erforderlichen Prüfungshandlungen im Hinblick auf die Fortführung der Mandantenbeziehung und des konkreten Auftrags zur Abschlussprüfung[1]
   (b) Beurteilung der Einhaltung der relevanten beruflichen Verhaltensanforderungen, einschließlich Unabhängigkeit, in Übereinstimmung mit ISA 220[2]
   (c) Verständigung über die Auftragsbedingungen, wie nach ISA 210[3] erforderlich. (Vgl. Tz. A5-A7)

Planungsaktivitäten

7. Der Abschlussprüfer muss eine Prüfungsstrategie entwickeln, in der Art und Umfang sowie zeitliche Einteilung und Ausrichtung der Prüfung festgelegt werden und die bei der Entwicklung des Prüfungsprogramms als Leitfaden dient.

---

[1] ISA 220 „Qualitätssicherung bei einer Abschlussprüfung", Textziffern 12-13.
[2] ISA 220, Textziffern 9-11.
[3] ISA 210 „Vereinbarung der Auftragsbedingungen für Prüfungsaufträge", Textziffern 9-13.

8. In establishing the overall audit strategy, the auditor shall:
   (a) Identify the characteristics of the engagement that define its scope;
   (b) Ascertain the reporting objectives of the engagement to plan the timing of the audit and the nature of the communications required;
   (c) Consider the factors that, in the auditor's professional judgment, are significant in directing the engagement team's efforts;
   (d) Consider the results of preliminary engagement activities and, where applicable, whether knowledge gained on other engagements performed by the engagement partner for the entity is relevant; and
   (e) Ascertain the nature, timing and extent of resources necessary to perform the engagement. (Ref: Para. A8–A11)
9. The auditor shall develop an audit plan that shall include a description of:
   (a) The nature, timing and extent of planned risk assessment procedures, as determined under ISA 315.[4]
   (b) The nature, timing and extent of planned further audit procedures at the assertion level, as determined under ISA 330.[5]
   (c) Other planned audit procedures that are required to be carried out so that the engagement complies with ISAs. (Ref: Para. A12)
10. The auditor shall update and change the overall audit strategy and the audit plan as necessary during the course of the audit. (Ref: Para. A13)
11. The auditor shall plan the nature, timing and extent of direction and supervision of engagement team members and the review of their work. (Ref: Para. A14–A15)

Documentation

12. The auditor shall include in the audit documentation:[6]
    (a) The overall audit strategy;
    (b) The audit plan; and
    (c) Any significant changes made during the audit engagement to the overall audit strategy or the audit plan, and the reasons for such changes. (Ref: Para. A16–A19)

Additional Considerations in Initial Audit Engagements

13. The auditor shall undertake the following activities prior to starting an initial audit:
    (a) Performing procedures required by ISA 220 regarding the acceptance of the client relationship and the specific audit engagement;[7] and
    (b) Communicating with the predecessor auditor, where there has been a change of auditors, in compliance with relevant ethical requirements. (Ref: Para. A20)

***

Application and Other Explanatory Material

The Role and Timing of Planning (Ref: Para. 2)

A1. The nature and extent of planning activities will vary according to the size and complexity of the entity, the key engagement team members' previous experience with the entity, and changes in circumstances that occur during the audit engagement.

---

[4] ISA 315, "Identifying and Assessing the Risks of Material Misstatement through Understanding the Entity and Its Environment."
[5] ISA 330, "The Auditor's Responses to Assessed Risks."
[6] ISA 230, "Audit Documentation," paragraphs 8–11, and A6.
[7] ISA 220, paragraphs 12–13.

Planung einer Abschlussprüfung ISA 300

8. Bei der Entwicklung der Prüfungsstrategie muss der Abschlussprüfer
   (a) die Merkmale des Auftrages feststellen, durch die dessen Umfang definiert wird,
   (b) die Berichterstattungsziele für den Auftrag ermitteln, um die zeitliche Einteilung der Prüfung und die Art der erforderlichen Kommunikation zu planen,
   (c) die Faktoren berücksichtigen, die nach pflichtgemäßem Ermessen des Abschlussprüfers für die Ausrichtung der Arbeit des Prüfungsteams bedeutsam sind,
   (d) die Ergebnisse von vorbereitenden Maßnahmen berücksichtigen und ggf. Überlegungen anstellen, ob Kenntnisse relevant sind, die im Rahmen der Durchführung anderer Aufträge durch den Auftragsverantwortlichen gewonnen wurden, sowie
   (e) die Art, die zeitliche Einteilung und den Umfang der für die Durchführung des Auftrages notwendigen Ressourcen ermitteln. (Vgl. Tz. A8-A11)
9. Der Abschlussprüfer muss ein Prüfungsprogramm entwickeln, in dem Folgendes beschrieben wird:
   (a) Art, zeitliche Einteilung und Umfang der geplanten Prüfungshandlungen zur Risikobeurteilung, wie nach ISA 315[4)] erforderlich
   (b) Art, zeitliche Einteilung und Umfang der geplanten weiteren Prüfungshandlungen auf Aussageebene, wie nach ISA 330[5)] erforderlich
   (c) andere geplante Prüfungshandlungen, die durchgeführt werden müssen, damit die Prüfung den ISA entspricht. (Vgl. Tz. A12)
10. Der Abschlussprüfer muss die Prüfungsstrategie und das Prüfungsprogramm im Laufe der Prüfung bei Bedarf aktualisieren und ändern. (Vgl. Tz. A13)
11. Der Abschlussprüfer muss Art, zeitliche Einteilung und Umfang der Anleitung und Überwachung der Mitglieder des Prüfungsteams sowie die Durchsicht ihrer Arbeit planen. (Vgl. Tz. A14-A15)

Dokumentation

12. Der Abschlussprüfer hat in die Prüfungsdokumentation[6)] Folgendes aufzunehmen:
    (a) die Prüfungsstrategie,
    (b) das Prüfungsprogramm sowie
    (c) während der Abschlussprüfung vorgenommene bedeutsame Änderungen an Prüfungsstrategie oder Prüfungsprogramm und die Gründe für diese Änderungen. (Vgl. Tz. A16-A19)

Zusätzliche Überlegungen bei Erstprüfungen

13. Vor Beginn einer Erstprüfung muss der Abschlussprüfer die folgenden Maßnahmen durchführen:
    (a) Durchführung der nach ISA 220 erforderlichen Maßnahmen beim Eingehen der Mandantenbeziehung und bei der Annahme des konkreten Auftrages zur Abschlussprüfung[7)] sowie
    (b) Kommunikation mit dem vorherigen Abschlussprüfer, wenn ein Wechsel des Abschlussprüfers stattgefunden hat, in Übereinstimmung mit relevanten beruflichen Verhaltensanforderungen. (Vgl. Tz. A20)

* * *

Anwendungshinweise und sonstige Erläuterungen
Funktion und zeitliche Einteilung der Planung (Vgl. Tz. 2)

A1. Art und Umfang von Planungsaktivitäten hängen ab von der Größe und Komplexität der Einheit[*)], von den bisherigen Erfahrungen von Mitgliedern des Prüfungsteams in Schlüsselfunktionen mit der Einheit und von veränderten Umständen, die während der Abschlussprüfung eintreten.

---

4) ISA 315 „Identifizierung und Beurteilung der Risiken wesentlicher falscher Darstellungen aus dem Verstehen der Einheit und ihres Umfelds".
5) ISA 330 „Die Reaktionen des Abschlussprüfers auf beurteilte Risiken".
6) ISA 230 „Prüfungsdokumentation", Textziffern 8-11 und A6.
7) ISA 220, Textziffern 12-13.
*) Der Begriff „Einheit" wird für *entity* neu eingeführt. Bei der zu prüfenden Einheit kann es sich um ein Unternehmen, einen Einzelkaufmann, eine Gesellschaft bürgerlichen Rechts (Schweiz: einfache Gesellschaft), eine Gebietskörperschaft, eine Anstalt des öffentlichen Rechts, einen Konzern oder eine nicht rechtlich abgegrenzte wirtschaftliche Einheit handeln. Eine Übersetzung mit „Unternehmen" oder „Gesellschaft" wäre deshalb unzureichend. So kann sich *entity* sogar auf eine nicht selbständige Niederlassung oder Sparte beziehen, für die eigenständig Rechnung gelegt wird.

A2. Planning is not a discrete phase of an audit, but rather a continual and iterative process that often begins shortly after (or in connection with) the completion of the previous audit and continues until the completion of the current audit engagement. Planning, however, includes consideration of the timing of certain activities and audit procedures that need to be completed prior to the performance of further audit procedures. For example, planning includes the need to consider, prior to the auditor's identification and assessment of the risks of material misstatement, such matters as:

- The analytical procedures to be applied as risk assessment procedures.
- Obtaining a general understanding of the legal and regulatory framework applicable to the entity and how the entity is complying with that framework.
- The determination of materiality.
- The involvement of experts.
- The performance of other risk assessment procedures.

A3. The auditor may decide to discuss elements of planning with the entity's management to facilitate the conduct and management of the audit engagement (for example, to coordinate some of the planned audit procedures with the work of the entity's personnel). Although these discussions often occur, the overall audit strategy and the audit plan remain the auditor's responsibility. When discussing matters included in the overall audit strategy or audit plan, care is required in order not to compromise the effectiveness of the audit. For example, discussing the nature and timing of detailed audit procedures with management may compromise the effectiveness of the audit by making the audit procedures too predictable.

Involvement of Key Engagement Team Members (Ref: Para. 5)

A4. The involvement of the engagement partner and other key members of the engagement team in planning the audit draws on their experience and insight, thereby enhancing the effectiveness and efficiency of the planning process.[8]

Preliminary Engagement Activities (Ref: Para. 6)

A5. Performing the preliminary engagement activities specified in paragraph 6 at the beginning of the current audit engagement assists the auditor in identifying and evaluating events or circumstances that may adversely affect the auditor's ability to plan and perform the audit engagement.

A6. Performing these preliminary engagement activities enables the auditor to plan an audit engagement for which, for example:
- The auditor maintains the necessary independence and ability to perform the engagement.
- There are no issues with management integrity that may affect the auditor's willingness to continue the engagement.
- There is no misunderstanding with the client as to the terms of the engagement.

A7. The auditor's consideration of client continuance and relevant ethical requirements, including independence, occurs throughout the audit engagement as conditions and changes in circumstances occur. Performing initial procedures on both client continuance and evaluation of relevant ethical requirements (including independence) at the beginning of the current audit engagement means that they are completed prior to the performance of other significant activities for the current audit engagement. For continuing audit engagements, such initial procedures often occur shortly after (or in connection with) the completion of the previous audit.

---

[8] ISA 315, paragraph 10, establishes requirements and provides guidance on the engagement team's discussion of the susceptibility of the entity to material misstatements of the financial statements. ISA 240, "The Auditor's Responsibilities Relating to Fraud in an Audit of Financial Statements," paragraph 15, provides guidance on the emphasis given during this discussion to the susceptibility of the entity's financial statements to material misstatement due to fraud.

A2. Die Planung ist keine separate Prüfungsphase, sondern eher ein fortwährender und iterativer Prozess, der häufig kurz nach (oder im Zusammenhang mit) der Beendigung der vorherigen Prüfung beginnt und bis zur Beendigung der laufenden Abschlussprüfung andauert. Die Planung beinhaltet jedoch die Berücksichtigung der zeitlichen Einteilung bestimmter Aktivitäten und Prüfungshandlungen, die abgeschlossen werden müssen, bevor weitere Prüfungshandlungen durchgeführt werden können. Beispielsweise ist es bei der Planung notwendig, vor der Identifizierung und Beurteilung von Risiken wesentlicher falscher Darstellungen durch den Abschlussprüfer sich u.a. zu befassen mit

- den analytischen Prüfungshandlungen, die zur Risikobeurteilung anzuwenden sind,
- der Gewinnung eines allgemeinen Verständnisses des für die Einheit maßgebenden Rechtsrahmens und hinsichtlich der Frage, wie die Einheit diesen Rahmen einhält,
- der Festlegung der Wesentlichkeit,
- der Hinzuziehung von Sachverständigen,
- der Durchführung anderer Prüfungshandlungen zur Risikobeurteilung.

A3. Der Abschlussprüfer kann sich dafür entscheiden, Teile der Planung mit dem Management der Einheit zu erörtern, um so die Durchführung und die Handhabung des Prüfungsauftrags zu erleichtern (z.B. um einige der geplanten Prüfungshandlungen mit der Arbeit von Mitarbeitern der Einheit zu koordinieren). Obwohl diese Erörterungen häufig stattfinden, bleibt der Abschlussprüfer für die Prüfungsstrategie und das Prüfungsprogramm verantwortlich. Werden Sachverhalte erörtert, die in der Prüfungsstrategie oder im Prüfungsprogramm enthalten sind, muss sorgfältig darauf geachtet werden, dass damit die Wirksamkeit der Prüfung nicht beeinträchtigt wird. Werden bspw. Art und zeitliche Einteilung von Prüfungshandlungen im Detail mit dem Management erörtert, kann dies die Wirksamkeit der Prüfung beeinträchtigen, wenn dadurch die Prüfungshandlungen zu vorhersehbar werden.

Einbindung von Mitgliedern des Prüfungsteams mit Schlüsselfunktionen (vgl. Tz. 5)

A4. Durch die Einbindung des für den Auftrag Verantwortlichen und anderer Mitglieder des Prüfungsteams mit Schlüsselfunktionen in die Planung der Prüfung werden deren Erfahrungen und Erkenntnisse genutzt, so dass Wirksamkeit und Wirtschaftlichkeit des Planungsprozesses verbessert werden.[8]

Vorbereitende Maßnahmen (vgl. Tz. 6)

A5. Die Durchführung der in Textziffer 6 genannten vorbereitenden Maßnahmen zu Beginn der laufenden Abschlussprüfung hilft dem Abschlussprüfer dabei, Ereignisse oder Umstände zu identifizieren und zu beurteilen, die sich nachteilig auf die Möglichkeit des Abschlussprüfers auswirken können, den Prüfungsauftrag zu planen und durchzuführen.

A6. Die Durchführung dieser vorbereitenden Maßnahmen versetzt den Abschlussprüfer in die Lage, einen Prüfungsauftrag zu planen, bei dem bspw.

- der Abschlussprüfer sich die notwendige Unabhängigkeit und die Fähigkeit bewahrt, den Auftrag durchzuführen,
- keine Fragen zur Integrität des Managements bestehen, die sich auf die Bereitschaft des Abschlussprüfers zur Fortführung des Auftrages auswirken können und
- keine Missverständnisse mit dem Mandanten über die Auftragsbedingungen bestehen.

A7. Die Einschätzung des Abschlussprüfers zur Fortführung der Mandantenbeziehung und zu den relevanten beruflichen Verhaltensanforderungen, einschließlich der Unabhängigkeitsanforderungen, wird bei gegebenen Voraussetzungen und Änderungen in den Umständen während des gesamten Prüfungsauftrags angepasst. Die vorbereitenden Prüfungsmaßnahmen zur Fortführung der Mandantenbeziehung und zu den relevanten beruflichen Verhaltensanforderungen (einschließlich der Unabhängigkeit) zu Beginn des gegenwärtigen Prüfungsauftrags durchzuführen bedeutet, dass sie vor der Durchführung anderer wesentlicher Maßnahmen des Prüfungsauftrags abgeschlossen sind. Bei Folgeprüfungsaufträgen werden diese vorbereitenden Maßnahmen häufig kurz nach (oder im Zusammenhang mit) der Beendigung der vorherigen Prüfung durchgeführt.

---

[8] ISA 315 „Identifizierung und Beurteilung der Risiken wesentlicher falscher Darstellungen aus dem Verstehen der Einheit und ihres Umfelds" enthält Anforderungen und erläuternde Hinweise zur Besprechung des Prüfungsteams hinsichtlich der Anfälligkeit der Einheit für wesentliche falsche Darstellungen im Abschluss. ISA 240 „Die Verantwortung des Abschlussprüfers bei dolosen Handlungen" enthält Hinweise dazu, dass ein Schwerpunkt dieser Besprechung auf die Anfälligkeit des Abschlusses der Einheit für wesentliche falsche Darstellungen aufgrund von dolosen Handlungen gelegt wird.

Planning Activities

The Overall Audit Strategy (Ref: Para. 7–8)

A8. The process of establishing the overall audit strategy assists the auditor to determine, subject to the completion of the auditor's risk assessment procedures, such matters as:

- The resources to deploy for specific audit areas, such as the use of appropriately experienced team members for high risk areas or the involvement of experts on complex matters;

- The amount of resources to allocate to specific audit areas, such as the number of team members assigned to observe the inventory count at material locations, the extent of review of other auditors' work in the case of group audits, or the audit budget in hours to allocate to high risk areas;

- When these resources are to be deployed, such as whether at an interim audit stage or at key cutoff dates; and
- How such resources are managed, directed and supervised, such as when team briefing and debriefing meetings are expected to be held, how engagement partner and manager reviews are expected to take place (for example, on-site or off-site), and whether to complete engagement quality control reviews.

A9. The Appendix lists examples of considerations in establishing the overall audit strategy.

A10. Once the overall audit strategy has been established, an audit plan can be developed to address the various matters identified in the overall audit strategy, taking into account the need to achieve the audit objectives through the efficient use of the auditor's resources. The establishment of the overall audit strategy and the detailed audit plan are not necessarily discrete or sequential processes, but are closely inter-related since changes in one may result in consequential changes to the other.

Considerations Specific to Smaller Entities

A11. In audits of small entities, the entire audit may be conducted by a very small audit team. Many audits of small entities involve the engagement partner (who may be a sole practitioner) working with one engagement team member (or without any engagement team members). With a smaller team, co-ordination of, and communication between, team members are easier. Establishing the overall audit strategy for the audit of a small entity need not be a complex or time-consuming exercise; it varies according to the size of the entity, the complexity of the audit, and the size of the engagement team. For example, a brief memorandum prepared at the completion of the previous audit, based on a review of the working papers and highlighting issues identified in the audit just completed, updated in the current period based on discussions with the owner-manager, can serve as the documented audit strategy for the current audit engagement if it covers the matters noted in paragraph 8.

The Audit Plan (Ref: Para. 9)

A12. The audit plan is more detailed than the overall audit strategy in that it includes the nature, timing and extent of audit procedures to be performed by engagement team members. Planning for these audit procedures takes place over the course of the audit as the audit plan for the engagement develops. For example, planning of the auditor's risk assessment procedures occurs early in the audit process. However, planning the nature, timing and extent of specific further audit procedures depends on the outcome of those risk assessment procedures. In addition, the auditor may begin the execution of further audit procedures for some classes of transactions, account balances and disclosures before planning all remaining further audit procedures.

Changes to Planning Decisions during the Course of the Audit (Ref: Para. 10)

A13. As a result of unexpected events, changes in conditions, or the audit evidence obtained from the results of audit procedures, the auditor may need to modify the overall audit strategy and audit plan and thereby the resulting planned nature, timing and extent of further audit procedures, based on the revised consideration of assessed risks. This may be the case when information comes to the auditor's attention that differs significantly from the information available when the auditor planned the audit procedures. For example,

Planungsaktivitäten

Die Prüfungsstrategie (vgl. Tz. 7-8)

A8. Unter der Voraussetzung, dass die Prüfungshandlungen des Abschlussprüfers zur Risikobeurteilung beendet sind, hilft der Prozess der Entwicklung der Prüfungsstrategie dem Abschlussprüfer dabei, Faktoren wie die folgenden festzulegen:

- die Ressourcen, die für bestimmte Prüfungsgebiete eingesetzt werden müssen, z.B. Einsatz von Teammitgliedern mit angemessener Erfahrung in Gebieten mit hohem Risiko oder Hinzuziehung von Sachverständigen bei komplexen Sachverhalten;
- die Menge an Ressourcen, die in bestimmten Prüfungsgebieten eingesetzt werden müssen, z.B. Anzahl der zur Beobachtung der Inventur an wesentlichen Standorten abgestellten Teammitglieder, Umfang der notwendigen Durchsicht der Arbeit anderer Prüfer bei Konzernabschlussprüfungen oder für Gebiete mit hohem Risiko benötigtes Prüfungsbudget in Stunden;
- die Frage, wann diese Ressourcen eingesetzt werden müssen, z.B. im Laufe der Vorprüfung oder zu besonders wichtigen Abgrenzungszeitpunkten;
- die Frage, wie diese Ressourcen einzusetzen, anzuleiten und zu überwachen sind, z.B. erwartete Zeitpunkte für Einweisungen und Nachbesprechungen im Team, erwartete Vorgehensweise bei Durchsicht durch den Auftragsverantwortlichen und den Manager (bspw. vor Ort oder nicht) sowie die Notwendigkeit, eine auftragsbegleitende Qualitätssicherung durchzuführen.

A9. Die Anlage enthält Beispiele für Überlegungen bei der Entwicklung der Prüfungsstrategie.

A10. Sobald die Prüfungsstrategie festgelegt ist, kann ein Prüfungsprogramm entwickelt werden, das auf die verschiedenen in der Prüfungsstrategie genannten Sachverhalte ausgerichtet ist und dabei die Notwendigkeit berücksichtigt, die Prüfungsziele durch effizienten Einsatz der dem Abschlussprüfer zur Verfügung stehenden Ressourcen zu erreichen. Die Entwicklung der Prüfungsstrategie und des detaillierten Prüfungsprogramms sind nicht notwendigerweise separate oder aufeinander folgende Prozesse; vielmehr sind sie eng miteinander verbunden, da Änderungen an dem einen Folgeänderungen an dem anderen nach sich ziehen können.

Spezifische Überlegungen zu kleineren Einheiten

A11. Bei kleinen Einheiten kann die gesamte Prüfung von einem sehr kleinen Prüfungsteam durchgeführt werden. Bei vielen Prüfungen von kleinen Einheiten arbeitet der Auftragsverantwortliche (bei dem es sich um einen einzelnen Berufsangehörigen handeln kann) zusammen mit einem (oder gar keinem) Teammitglied. Bei einem kleineren Team sind Koordination und Kommunikation zwischen den Teammitgliedern einfacher. Die Entwicklung der Prüfungsstrategie für Prüfungen von kleinen Einheiten muss kein komplexer oder zeitaufwendiger Vorgang sein; dies hängt von der Größe der Einheit, der Komplexität der Prüfung und der Größe des Prüfungsteams ab. Beispielsweise kann ein kurzes Memorandum, das bei Beendigung der vorherigen Prüfung anhand einer Durchsicht der Arbeitspapiere erstellt wurde und das die bei der soeben beendeten Prüfung identifizierten Fragen aufzeigt sowie im laufenden Berichtszeitraum anhand von Besprechungen mit dem Gesellschafter-Geschäftsführer aktualisiert wird, als dokumentierte Prüfungsstrategie für den laufenden Prüfungsauftrag dienen, wenn es die in Textziffer 8 genannten Aspekte abdeckt.

Das Prüfungsprogramm (vgl. Tz. 9)

A12. Das Prüfungsprogramm ist insofern detaillierter als die Prüfungsstrategie, als es Art, zeitliche Einteilung und Umfang der von den Mitgliedern des Prüfungsteams durchzuführenden Prüfungshandlungen enthält. Die Planung dieser Prüfungshandlungen erfolgt während der Prüfung, entsprechend der Abwicklung des Prüfungsprogramms für den konkreten Auftrag. Die Prüfungshandlungen des Abschlussprüfers zur Risikobeurteilung werden bspw. in einem frühen Stadium des Prüfungsprozesses geplant. Die Planung von Art, zeitlicher Einteilung und Umfang bestimmter weiterer Prüfungshandlungen hängt jedoch vom Ergebnis der Prüfungshandlungen zur Risikobeurteilung ab. Darüber hinaus kann der Abschlussprüfer mit der Durchführung weiterer Prüfungshandlungen für einige Arten von Geschäftsvorfällen, Kontensalden und Abschlussangaben vor der Planung aller verbleibenden weiteren Prüfungshandlungen beginnen.

Änderungen von Planungsentscheidungen im Laufe der Prüfung (vgl. Tz. 10)

A13. Aufgrund von unerwarteten Ereignissen, veränderten Gegebenheiten oder Prüfungsnachweisen, die aus den Ergebnissen von Prüfungshandlungen erlangt wurden, muss der Abschlussprüfer möglicherweise die Prüfungsstrategie und das Prüfungsprogramm und damit die sich daraus ergebende Planung von Art, zeitlicher Einteilung und Umfang weiterer Prüfungshandlungen auf der Grundlage einer Neueinschätzung von beurteilten Risiken ändern. Dieser Fall kann eintreten, wenn dem Abschlussprüfer Informationen

audit evidence obtained through the performance of substantive procedures may contradict the audit evidence obtained through tests of controls.

Direction, Supervision and Review (Ref: Para. 11)

A14. The nature, timing and extent of the direction and supervision of engagement team members and review of their work vary depending on many factors, including:
- The size and complexity of the entity.
- The area of the audit.
- The assessed risks of material misstatement (for example, an increase in the assessed risk of material misstatement for a given area of the audit ordinarily requires a corresponding increase in the extent and timeliness of direction and supervision of engagement team members, and a more detailed review of their work).
- The capabilities and competence of the individual team members performing the audit work.

ISA 220 contains further guidance on the direction, supervision and review of audit work.[9]

Considerations Specific to Smaller Entities

A15. If an audit is carried out entirely by the engagement partner, questions of direction and supervision of engagement team members and review of their work do not arise. In such cases, the engagement partner, having personally conducted all aspects of the work, will be aware of all material issues. Forming an objective view on the appropriateness of the judgments made in the course of the audit can present practical problems when the same individual also performs the entire audit. If particularly complex or unusual issues are involved, and the audit is performed by a sole practitioner, it may be desirable to consult with other suitably-experienced auditors or the auditor's professional body.

Documentation (Ref: Para. 12)

A16. The documentation of the overall audit strategy is a record of the key decisions considered necessary to properly plan the audit and to communicate significant matters to the engagement team. For example, the auditor may summarize the overall audit strategy in the form of a memorandum that contains key decisions regarding the overall scope, timing and conduct of the audit.

A17. The documentation of the audit plan is a record of the planned nature, timing and extent of risk assessment procedures and further audit procedures at the assertion level in response to the assessed risks. It also serves as a record of the proper planning of the audit procedures that can be reviewed and approved prior to their performance. The auditor may use standard audit programs or audit completion checklists, tailored as needed to reflect the particular engagement circumstances.

A18. A record of the significant changes to the overall audit strategy and the audit plan, and resulting changes to the planned nature, timing and extent of audit procedures, explains why the significant changes were made, and the overall strategy and audit plan finally adopted for the audit. It also reflects the appropriate response to the significant changes occurring during the audit.

Considerations Specific to Smaller Entities

A19. As discussed in paragraph A11, a suitable, brief memorandum may serve as the documented strategy for the audit of a smaller entity. For the audit plan, standard audit programs or checklists (see paragraph A17) drawn up on the assumption of few relevant control activities, as is likely to be the case in a smaller entity, may be used provided that they are tailored to the circumstances of the engagement, including the auditor's risk assessments.

---

9) ISA 220, paragraphs 15–17.

bekannt werden, die erheblich von denjenigen abweichen, die ihm zum Zeitpunkt der Planung der Prüfungshandlungen zur Verfügung standen. Beispielsweise können durch aussagebezogene Prüfungshandlungen erlangte Prüfungsnachweise den durch Funktionsprüfungen erlangten Prüfungsnachweisen widersprechen.

Anleitung, Überwachung und Durchsicht (vgl. Tz. 11)

A14. Art, zeitliche Einteilung und Umfang der Anleitung und Überwachung der Mitglieder des Prüfungsteams sowie die Durchsicht ihrer Arbeit hängen von vielen Faktoren ab, u.a. von

- der Größe und Komplexität der Einheit,
- dem Prüfungsgebiet,
- den beurteilten Risiken wesentlicher falscher Darstellungen (z.B. erfordert ein höheres beurteiltes Risiko wesentlicher falscher Darstellungen für ein gegebenes Prüfungsgebiet normalerweise eine entsprechend umfangreichere und zeitnähere Anleitung und Überwachung der Mitglieder des Prüfungsteams sowie eine detailliertere Durchsicht ihrer Arbeit),
- den Fähigkeiten und der Kompetenz der einzelnen Teammitglieder, welche die Prüfungsarbeiten durchführen.

ISA 220 enthält weitere Hinweise zur Anleitung, Überwachung und Durchsicht von Prüfungsarbeiten.[9]

Spezifische Überlegungen zu kleineren Einheiten

A15. Falls eine Prüfung vollständig vom Auftragsverantwortlichen allein durchgeführt wird, stellt sich die Frage nach Anleitung und Überwachung der Mitglieder des Prüfungsteams sowie Durchsicht ihrer Arbeit nicht. In solchen Fällen werden dem Auftragsverantwortlichen, der alle Arbeitsschritte persönlich durchgeführt hat, alle wesentlichen Sachverhalte bekannt sein. Die Bildung einer objektiven Meinung zur Angemessenheit der im Laufe der Prüfung getroffenen Beurteilungen kann praktische Probleme aufwerfen, wenn dieselbe Person auch die gesamte Prüfung durchführt. Falls besonders komplexe oder ungewöhnliche Sachverhalte vorliegen und die Prüfung von einem einzelnen Berufsangehörigen durchgeführt wird, kann es vorteilhaft sein, bei anderen über angemessene Erfahrungen verfügenden Prüfern oder bei der Berufsorganisation des Abschlussprüfers fachlichen Rat einzuholen.

Dokumentation (vgl. Tz. 12)

A16. Die Dokumentation der Prüfungsstrategie ist eine Aufzeichnung der besonders wichtigen Entscheidungen, die für notwendig erachtet werden, um die Prüfung ordnungsgemäß planen und dem Prüfungsteam bedeutsame Sachverhalte mitteilen zu können. Der Abschlussprüfer kann bspw. die Prüfungsstrategie in Form eines Memorandums zusammenfassen, das die besonders wichtigen Entscheidungen zu Art und Umfang sowie zeitlicher Einteilung und Durchführung der Prüfung enthält.

A17. Die Dokumentation des Prüfungsprogramms ist eine Aufzeichnung der Planung von Art, zeitlicher Einteilung und Umfang der Prüfungshandlungen zur Risikobeurteilung sowie von weiteren Prüfungshandlungen auf Aussageebene als Reaktion auf die beurteilten Risiken. Außerdem dient sie als Aufzeichnung über die ordnungsgemäße Planung der Prüfungshandlungen, die vor deren Durchführung durchgesehen und genehmigt werden kann. Der Abschlussprüfer kann standardisierte Prüfungsprogramme oder Prüfungschecklisten verwenden, die nach Bedarf auf die Umstände des jeweiligen Auftrages zugeschnitten werden.

A18. Eine Aufzeichnung der bedeutsamen Änderungen der Prüfungsstrategie und des Prüfungsprogramms sowie der daraus resultierenden Änderungen der Planung von Art, zeitlicher Einteilung und Umfang von Prüfungshandlungen liefert Erklärungen dafür, warum die bedeutsamen Änderungen vorgenommen wurden sowie welche Prüfungsstrategie und welches Prüfungsprogramm für die Prüfung schließlich übernommen wurden. Außerdem spiegelt sie die angemessene Reaktion auf die im Laufe der Prüfung eintretenden bedeutsamen Änderungen wider.

Spezifische Überlegungen zu kleineren Einheiten

A19. Wie in Textziffer A11 erörtert, kann ein geeignetes kurzes Memorandum als dokumentierte Prüfungsstrategie für die Abschlussprüfung einer kleineren Einheit dienen. Für das Prüfungsprogramm können standardisierte Prüfungsprogramme oder Checklisten (siehe Textziffer A17) verwendet werden, die unter der Annahme erstellt wurden, dass wenige relevante Kontrollaktivitäten vorliegen, wie dies bei kleineren Einheiten häufig der Fall ist, vorausgesetzt diese sind zugeschnitten auf die Umstände des Auftrages, einschließlich der vom Abschlussprüfer getroffenen Risikobeurteilungen.

---

[9] ISA 220, Textziffern 15-17.

Additional Considerations in Initial Audit Engagements (Ref: Para. 13)

A20. The purpose and objective of planning the audit are the same whether the audit is an initial or recurring engagement. However, for an initial audit, the auditor may need to expand the planning activities because the auditor does not ordinarily have the previous experience with the entity that is considered when planning recurring engagements. For an initial audit engagement, additional matters the auditor may consider in establishing the overall audit strategy and audit plan include the following:

- Unless prohibited by law or regulation, arrangements to be made with the predecessor auditor, for example, to review the predecessor auditor's working papers.

- Any major issues (including the application of accounting principles or of auditing and reporting standards) discussed with management in connection with the initial selection as auditor, the communication of these matters to those charged with governance and how these matters affect the overall audit strategy and audit plan.

- The audit procedures necessary to obtain sufficient appropriate audit evidence regarding opening balances.[10]

- Other procedures required by the firm's system of quality control for initial audit engagements (for example, the firm's system of quality control may require the involvement of another partner or senior individual to review the overall audit strategy prior to commencing significant audit procedures or to review reports prior to their issuance).

---

10) ISA 510, "Initial Audit Engagements – Opening Balances."

Zusätzliche Überlegungen bei Erstprüfungen (vgl. Tz. 13)

A20. Zweck und Ziel der Prüfungsplanung sind gleich, unabhängig davon, ob es sich um eine Erstprüfung oder um eine Folgeprüfung handelt. Jedoch muss bei einer Erstprüfung der Abschlussprüfer möglicherweise die Planungsaktivitäten ausweiten, da der Abschlussprüfer normalerweise nicht über Erfahrungen mit der Einheit verfügt, die bei der Planung von Folgeprüfungen berücksichtigt werden. Für einen Erstprüfungsauftrag kann der Abschlussprüfer bei der Entwicklung von Prüfungsstrategie und Prüfungsprogramm u.a. die folgenden zusätzlichen Punkte berücksichtigen:

- mit dem vorherigen Abschlussprüfer zu treffende Vereinbarungen (z.B. Durchsicht der Arbeitspapiere des vorherigen Abschlussprüfers), sofern dies nicht durch Gesetze oder andere Rechtsvorschriften verboten ist;
- jedwede erhebliche Sachverhalte (einschließlich der Anwendung von Rechnungslegungsgrundsätzen oder Prüfungs- und Berichterstattungsstandards), die im Zusammenhang mit der erstmaligen Bestellung zum Abschlussprüfer mit dem Management erörtert wurden, Mitteilung dieser Sachverhalte an die für die Überwachung Verantwortlichen und Auswirkungen dieser Sachverhalte auf Prüfungsstrategie und Prüfungsprogramm;
- die notwendigen Prüfungshandlungen, um ausreichende geeignete Prüfungsnachweise im Hinblick auf Eröffnungssalden zu erhalten[10];
- sonstige Verfahren, die das Qualitätssicherungssystem der Praxis bei Erstprüfungen verlangt (beispielsweise kann das Qualitätssicherungssystem der Praxis verlangen, dass ein weiterer Partner oder leitender Mitarbeiter hinzugezogen wird, um die Prüfungsstrategie vor dem Beginn bedeutsamer Prüfungshandlungen oder Berichte vor ihrer Herausgabe durchzusehen).

---

10) ISA 510 „Eröffnungsbilanzwerte bei Erstprüfungsaufträgen".

Appendix
(Ref: Para. 7–8, A8–A11)

Considerations in Establishing the Overall Audit Strategy

This appendix provides examples of matters the auditor may consider in establishing the overall audit strategy. Many of these matters will also influence the auditor's detailed audit plan. The examples provided cover a broad range of matters applicable to many engagements. While some of the matters referred to below may be required by other ISAs, not all matters are relevant to every audit engagement and the list is not necessarily complete.

Characteristics of the Engagement

- The financial reporting framework on which the financial information to be audited has been prepared, including any need for reconciliations to another financial reporting framework.

- Industry-specific reporting requirements such as reports mandated by industry regulators.

- The expected audit coverage, including the number and locations of components to be included.
- The nature of the control relationships between a parent and its components that determine how the group is to be consolidated.
- The extent to which components are audited by other auditors.
- The nature of the business segments to be audited, including the need for specialized knowledge.
- The reporting currency to be used, including any need for currency translation for the financial information audited.
- The need for a statutory audit of standalone financial statements in addition to an audit for consolidation purposes.
- The availability of the work of internal auditors and the extent of the auditor's potential reliance on such work.
- The entity's use of service organizations and how the auditor may obtain evidence concerning the design or operation of controls performed by them.

- The expected use of audit evidence obtained in previous audits, for example, audit evidence related to risk assessment procedures and tests of controls.
- The effect of information technology on the audit procedures, including the availability of data and the expected use of computer-assisted audit techniques.
- The coordination of the expected coverage and timing of the audit work with any reviews of interim financial information and the effect on the audit of the information obtained during such reviews.

- The availability of client personnel and data.

Reporting Objectives, Timing of the Audit, and Nature of Communications

- The entity's timetable for reporting, such as at interim and final stages.
- The organization of meetings with management and those charged with governance to discuss the nature, timing and extent of the audit work.
- The discussion with management and those charged with governance regarding the expected type and timing of reports to be issued and other communications, both written and oral, including the auditor's report, management letters and communications to those charged with governance.

- The discussion with management regarding the expected communications on the status of audit work throughout the engagement.
- Communication with auditors of components regarding the expected types and timing of reports to be issued and other communications in connection with the audit of components.

Planung einer Abschlussprüfung ISA 300

Anlage
(Vgl. Tz. 7-8 und A8-A11)

Überlegungen bei der Entwicklung der Prüfungsstrategie

Diese Anlage enthält Beispiele für Sachverhalte, die der Abschlussprüfer bei der Entwicklung der Prüfungsstrategie berücksichtigen kann. Viele dieser Sachverhalte werden auch das detaillierte Prüfungsprogramm des Abschlussprüfers beeinflussen. Die unten genannten Beispiele decken eine Vielzahl von Sachverhalten ab, die auf viele Aufträge zutreffen. Obwohl einige der unten genannten Sachverhalte in anderen ISA gefordert werden, sind nicht alle Sachverhalte für jeden Auftrag zur Abschlussprüfung relevant, und die Aufzählung ist nicht notwendigerweise erschöpfend.

Merkmale des Auftrags

- Regelwerk der Rechnungslegung, auf dessen Grundlage die zu prüfenden Finanzinformationen erstellt wurden, ggf. einschließlich erforderlicher Überleitungen zu einem anderen Regelwerk der Rechnungslegung.
- Branchenspezifische Berichterstattungserfordernisse, z.B. Berichte, die von den zuständigen Aufsichtsbehörden gefordert werden.
- Der erwartete Prüfungsumfang, einschließlich Anzahl und Standorte der einzubeziehenden Teilbereiche.
- Die Art der Beherrschungsverhältnisse zwischen Muttergesellschaft und dazugehörigen Teilbereichen, durch die festgelegt wird, wie der Konsolidierungskreis abzugrenzen ist.
- Der Umfang, in dem Teilbereiche von anderen Abschlussprüfern geprüft werden.
- Die Art der zu prüfenden Geschäftssegmente, einschließlich benötigter Fachkenntnisse.
- Die zu verwendende Berichtswährung, einschließlich eventuell erforderlicher Währungsumrechnungen für die geprüften Finanzinformationen.
- Die Notwendigkeit einer gesetzlich geforderten Prüfung von eigenständigen Abschlüssen, zusätzlich zu einer Prüfung für Konsolidierungszwecke.
- Die Verfügbarkeit der Arbeit der internen Revision und der Umfang, in dem sich der Abschlussprüfer möglicherweise auf diese Arbeit verlassen kann.
- Die Nutzung von Dienstleistungsorganisationen durch die Einheit sowie Art und Weise, in welcher der Abschlussprüfer Prüfungsnachweise zur Ausgestaltung oder Funktion der von diesen durchgeführten Kontrollen erhalten kann.
- Die erwartete Verwendung von bei früheren Prüfungen erlangten Prüfungsnachweisen, bspw. im Zusammenhang mit Prüfungshandlungen zur Risikobeurteilung und mit Funktionsprüfungen.
- Die Auswirkungen der IT auf die Prüfungshandlungen, einschließlich Verfügbarkeit von Daten und erwarteter Einsatz IT-gestützter Prüfungstechniken.
- Die Koordinierung des erwarteten Prüfungsumfangs und der erwarteten zeitlichen Einteilung der Prüfungsarbeit mit eventuellen Durchsichten von unterjährigen Finanzinformationen sowie Auswirkungen der bei solchen Durchsichten erlangten Informationen auf die Prüfung.
- Die Verfügbarkeit von Mitarbeitern und Daten des Mandanten.

Berichterstattungsziele, zeitliche Einteilung der Prüfung und Art der Kommunikation

- Der Zeitplan der Einheit für die Berichterstattung, z.B. unterjährig und am Jahresende.
- Die Organisation von Besprechungen mit dem Management und den für die Überwachung Verantwortlichen, bei denen Art, zeitliche Einteilung und Umfang der Prüfungsarbeiten erörtert werden.
- Die Besprechung mit dem Management und den für die Überwachung Verantwortlichen über die erwartete Form und Terminierung der zu erstattenden Berichte und sonstiger Kommunikation sowohl in schriftlicher als auch in mündlicher Form, einschließlich Vermerk des Abschlussprüfers, Management Letters und Mitteilungen an die für die Überwachung Verantwortlichen.
- Die Besprechung mit dem Management über die erwarteten Mitteilungen zum Stand der Prüfungsarbeiten während des gesamten Auftrages.
- Kommunikation mit für Teilbereiche zuständigen Abschlussprüfern zur erwarteten Form und Terminierung der zu erstattenden Berichte und sonstiger Kommunikation im Zusammenhang mit der Prüfung von Teilbereichen.

- The expected nature and timing of communications among engagement team members, including the nature and timing of team meetings and timing of the review of work performed.

- Whether there are any other expected communications with third parties, including any statutory or contractual reporting responsibilities arising from the audit.

Significant Factors, Preliminary Engagement Activities, and Knowledge Gained on Other Engagements

- The determination of materiality in accordance with ISA 320[1] and, where applicable:
  - The determination of materiality for components and communication thereof to component auditors in accordance with ISA 600.[2]
  - The preliminary identification of significant components and material classes of transactions, account balances and disclosures.
- Preliminary identification of areas where there may be a higher risk of material misstatement.
- The impact of the assessed risk of material misstatement at the overall financial statement level on direction, supervision and review.
- The manner in which the auditor emphasizes to engagement team members the need to maintain a questioning mind and to exercise professional skepticism in gathering and evaluating audit evidence.
- Results of previous audits that involved evaluating the operating effectiveness of internal control, including the nature of identified deficiencies and action taken to address them.
- The discussion of matters that may affect the audit with firm personnel responsible for performing other services to the entity.
- Evidence of management's commitment to the design, implementation and maintenance of sound internal control, including evidence of appropriate documentation of such internal control.
- Volume of transactions, which may determine whether it is more efficient for the auditor to rely on internal control.
- Importance attached to internal control throughout the entity to the successful operation of the business.
- Significant business developments affecting the entity, including changes in information technology and business processes, changes in key management, and acquisitions, mergers and divestments.
- Significant industry developments such as changes in industry regulations and new reporting requirements.
- Significant changes in the financial reporting framework, such as changes in accounting standards.
- Other significant relevant developments, such as changes in the legal environment affecting the entity.

Nature, Timing and Extent of Resources

- The selection of the engagement team (including, where necessary, the engagement quality control reviewer) and the assignment of audit work to the team members, including the assignment of appropriately experienced team members to areas where there may be higher risks of material misstatement.
- Engagement budgeting, including considering the appropriate amount of time to set aside for areas where there may be higher risks of material misstatement.

---

1) ISA 320, "Materiality in Planning and Performing an Audit."
2) ISA 600, "Special Considerations – Audits of Group Financial Statements (Including the Work of Component Auditors)", paragraphs 21–23 and 40(c).

Planung einer Abschlussprüfung ISA 300

- Die erwartete Art und Terminierung der Kommunikation zwischen den Mitgliedern des Prüfungsteams, einschließlich Art und Terminierung von Teambesprechungen sowie der Terminierung der Durchsicht ihrer Arbeit.
- Ob weitere zu erwartende Kommunikation mit Dritten besteht, einschließlich aus der Prüfung resultierender gesetzlich oder vertraglich vorgeschriebener Berichtspflichten.

Bedeutsame Faktoren, vorbereitende Maßnahmen und im Rahmen anderer Aufträge gewonnene Kenntnisse

- Die Festlegung der Wesentlichkeit in Übereinstimmung mit ISA 320[1] und sofern anwendbar:
  - die Festlegung der Wesentlichkeit für Teilbereiche und die Mitteilung hierüber an Abschlussprüfer von Teilbereichen in Übereinstimmung mit ISA 600,[2]
  - die vorläufige Bestimmung von bedeutsamen Teilbereichen und wesentlichen Arten von Geschäftsvorfällen, Kontensalden sowie Abschlussangaben.
- Vorläufige Bestimmung von Prüfungsgebieten mit möglicherweise höherem Risiko wesentlicher falscher Darstellungen.
- Die Auswirkung des beurteilten Risikos wesentlicher falscher Darstellungen auf Gesamtabschlussebene auf Anleitung, Überwachung und Durchsicht.
- Die Art und Weise, in der der Abschlussprüfer gegenüber den Mitgliedern des Prüfungsteams die Notwendigkeit betont, eine hinterfragende Denkweise beizubehalten sowie Prüfungsnachweise mit einer kritischen Grundhaltung zu erlangen und zu beurteilen.
- Ergebnisse früherer Abschlussprüfungen, bei denen auch die Wirksamkeit des internen Kontrollsystems (IKS) beurteilt wurde, einschließlich der Art festgestellter Mängel und durchgeführter Abhilfemaßnahmen.
- Besprechung von Sachverhalten, die sich auf die Prüfung auswirken können, mit Fachpersonal der Praxis, das andere Dienstleistungen für die Einheit erbringt.
- Nachweise für die Selbstverpflichtung des Managements im Hinblick auf die Ausgestaltung, Einrichtung und Aufrechterhaltung eines zuverlässigen IKS, einschließlich Nachweise für eine angemessene Dokumentation dieses IKS.
- Volumen der Geschäftsvorfälle, durch das ggf. bestimmt wird, ob es für den Abschlussprüfer effizienter ist, sich auf das IKS zu verlassen.
- Bedeutung, die dem IKS in der gesamten Einheit im Hinblick auf eine erfolgreiche Geschäftstätigkeit beigemessen wird.
- Bedeutsame geschäftliche Entwicklungen mit Auswirkungen auf die Einheit, einschließlich Veränderungen in IT und Geschäftsprozessen, Personalwechsel in Schlüsselpositionen des Managements sowie Akquisitionen, Fusionen und Veräußerungen.
- Bedeutsame Entwicklungen innerhalb der Branche, z.B. Veränderungen in den rechtlichen Vorschriften für die Branche und neue Berichterstattungspflichten.
- Bedeutsame Veränderungen des Regelwerks der Rechnungslegung, z.B. Änderungen von Rechnungslegungsstandards.
- Sonstige bedeutsame relevante Entwicklungen, z.B. die Einheit betreffende Veränderungen im rechtlichen Umfeld.

Art, zeitliche Einteilung und Umfang der Ressourcen

- Die Auswahl des Prüfungsteams (ggf. einschließlich des auftragsbegleitenden Qualitätssicherers) und Zuordnung von Prüfungsarbeiten zu den Teammitgliedern, einschließlich Einsatz von Teammitgliedern mit angemessener Erfahrung in Gebieten mit möglicherweise höheren Risiken wesentlicher falscher Darstellungen.
- Auftragsbudget, einschließlich Überlegungen zu dem angemessenen einzukalkulierenden Zeitaufwand für Gebiete mit möglicherweise höheren Risiken wesentlicher falscher Darstellungen.

---

1) ISA 320 „Die Wesentlichkeit bei der Planung und Durchführung einer Abschlussprüfung".
2) ISA 600 „Besondere Überlegungen zu Konzernabschlussprüfungen (einschließlich der Tätigkeit von Teilbereichsprüfern)", Textziffern 21-23 und 40(c).

INTERNATIONAL STANDARD ON AUDITING 315

IDENTIFYING AND ASSESSING THE RISKS OF MATERIAL MISSTATEMENT THROUGH UNDERSTANDING THE ENTITY AND ITS ENVIRONMENT

(Effective for audits of financial statements for periods beginning on or after December 15, 2009)

CONTENTS

	Paragraph
Introduction	
Scope of this ISA	1
Effective Date	2
Objective	3
Definitions	4
Requirements	
Risk Assessment Procedures and Related Activities	5–10
The Required Understanding of the Entity and Its Environment, Including the Entity's Internal Control	11–24
Identifying and Assessing the Risks of Material Misstatement	25–31
Documentation	32
Application and Other Explanatory Material	
Risk Assessment Procedures and Related Activities	A1–A16
The Required Understanding of the Entity and Its Environment, Including the Entity's Internal Control	A17–A104
Identifying and Assessing the Risks of Material Misstatement	A105–A130
Documentation	A131–A134
Appendix 1: Internal Control Components	
Appendix 2: Conditions and Events That May Indicate Risks of Material Misstatement	

International Standard on Auditing (ISA) 315, "Identifying and Assessing the Risks of Material Misstatement through Understanding the Entity and Its Environment" should be read in conjunction with ISA 200, "Overall Objectives of the Independent Auditor and the Conduct of an Audit in Accordance with International Standards on Auditing."

INTERNATIONAL STANDARD ON AUDITING 315

IDENTIFIZIERUNG UND BEURTEILUNG DER RISIKEN WESENTLICHER FALSCHER DARSTELLUNGEN AUS DEM VERSTEHEN DER EINHEIT UND IHRES UMFELDS

(gilt für die Prüfung von Abschlüssen für Zeiträume, die am oder nach dem 15.12.2009 beginnen)

INHALTSVERZEICHNIS

	Textziffer
Einleitung	
Anwendungsbereich	1
Anwendungszeitpunkt	2
Ziel	3
Definitionen	4
Anforderungen	
Prüfungshandlungen zur Risikobeurteilung und damit zusammenhängende Tätigkeiten	5-10
Das erforderliche Verständnis von der Einheit und ihrem Umfeld, einschließlich ihres IKS	11-24
Identifizierung und Beurteilung der Risiken wesentlicher falscher Darstellungen	25-31
Dokumentation	32
Anwendungshinweise und sonstige Erläuterungen	
Prüfungshandlungen zur Risikobeurteilung und damit zusammenhängende Tätigkeiten	A1-A16
Das erforderliche Verständnis von der Einheit und ihrem Umfeld, einschließlich ihres IKS	A17-A104
Identifizierung und Beurteilung der Risiken wesentlicher falscher Darstellungen	A105-A130
Dokumentation	A131-A134
Anlage 1: Komponenten des IKS	
Anlage 2: Umstände und Ereignisse, die auf Risiken wesentlicher falscher Darstellungen hindeuten können	

International Standard on Auditing (ISA) 315 „Identifizierung und Beurteilung der Risiken wesentlicher falscher Darstellungen aus dem Verstehen der Einheit und ihres Umfelds" ist im Zusammenhang mit ISA 200 „Übergreifende Zielsetzungen des unabhängigen Prüfers und Grundsätze einer Prüfung in Übereinstimmung mit den International Standards on Auditing" zu lesen.

ISA 315

Identifying and Assessing the Risks of Material Misstatement through Understanding the Entity and Its Environment

Introduction

Scope of this ISA

1. This International Standard on Auditing (ISA) deals with the auditor's responsibility to identify and assess the risks of material misstatement in the financial statements, through understanding the entity and its environment, including the entity's internal control.

Effective Date

2. This ISA is effective for audits of financial statements for periods beginning on or after December 15, 2009.

Objective

3. The objective of the auditor is to identify and assess the risks of material misstatement, whether due to fraud or error, at the financial statement and assertion levels, through understanding the entity and its environment, including the entity's internal control, thereby providing a basis for designing and implementing responses to the assessed risks of material misstatement.

Definitions

4. For purposes of the ISAs, the following terms have the meanings attributed below:

    (a) Assertions – Representations by management, explicit or otherwise, that are embodied in the financial statements, as used by the auditor to consider the different types of potential misstatements that may occur.

    (b) Business risk – A risk resulting from significant conditions, events, circumstances, actions or inactions that could adversely affect an entity's ability to achieve its objectives and execute its strategies, or from the setting of inappropriate objectives and strategies.

    (c) Internal control – The process designed, implemented and maintained by those charged with governance, management and other personnel to provide reasonable assurance about the achievement of an entity's objectives with regard to reliability of financial reporting, effectiveness and efficiency of operations, and compliance with applicable laws and regulations. The term "controls" refers to any aspects of one or more of the components of internal control.

    (d) Risk assessment procedures – The audit procedures performed to obtain an understanding of the entity and its environment, including the entity's internal control, to identify and assess the risks of material misstatement, whether due to fraud or error, at the financial statement and assertion levels.

    (e) Significant risk – An identified and assessed risk of material misstatement that, in the auditor's judgment, requires special audit consideration.

Requirements

Risk Assessment Procedures and Related Activities

5. The auditor shall perform risk assessment procedures to provide a basis for the identification and assessment of risks of material misstatement at the financial statement and assertion levels. Risk assessment procedures by themselves, however, do not provide sufficient appropriate audit evidence on which to base the audit opinion. (Ref: Para. A1–A5)

6. The risk assessment procedures shall include the following:

Identifizierung und Beurteilung der Risiken wesentlicher falscher Darstellungen aus dem Verstehen der Einheit und ihres Umfelds — ISA 315

Einleitung

Anwendungsbereich

1. Dieser International Standard on Auditing (ISA) behandelt die Pflicht des Abschlussprüfers, die Risiken wesentlicher falscher Darstellungen im Abschluss aus dem Verstehen der Einheit*) und ihres Umfelds, einschließlich ihres internen Kontrollsystems (IKS), zu identifizieren und zu beurteilen.

Anwendungszeitpunkt

2. Dieser ISA gilt für die Prüfung von Abschlüssen für Zeiträume, die am oder nach dem 15.12.2009 beginnen.

Ziel

3. Das Ziel des Abschlussprüfers besteht darin, aus dem Verstehen der Einheit und ihres Umfelds, einschließlich ihres IKS, die Risiken wesentlicher - beabsichtigter oder unbeabsichtigter - falscher Darstellungen auf Abschluss- und Aussageebene zu identifizieren und zu beurteilen, um dadurch eine Grundlage für das Planen und Umsetzen von Reaktionen auf die beurteilten Risiken wesentlicher falscher Darstellungen zu schaffen.

Definitionen

4. Für die Zwecke der ISA gelten die nachstehenden Begriffsbestimmungen:

   (a) Aussagen – Im Abschluss explizit oder auf andere Weise enthaltene Erklärungen des Managements, wie sie vom Abschlussprüfer bei der Betrachtung möglicherweise auftretender verschiedener Arten von falschen Darstellungen verwendet werden.

   (b) Geschäftsrisiko – Ein Risiko, das sich aus bedeutsamen Gegebenheiten, Ereignissen, Umständen, Maßnahmen oder Unterlassungen ergibt, die sich auf die Fähigkeit der Einheit, ihre Ziele zu erreichen und ihre Strategien umzusetzen, nachteilig auswirken könnten oder das aus der Festlegung unangemessener Ziele und Strategien resultiert.

   (c) IKS – Der Prozess, der von den für die Überwachung Verantwortlichen, vom Management und von anderen Mitarbeitern konzipiert, eingerichtet und aufrechterhalten wird, um mit hinreichender Sicherheit die Ziele der Einheit im Hinblick auf die Verlässlichkeit der Rechnungslegung, die Wirksamkeit und Wirtschaftlichkeit der Geschäftstätigkeit sowie die Einhaltung der maßgebenden gesetzlichen und anderen rechtlichen Bestimmungen zu erreichen. Der Begriff „Kontrollen" bezieht sich auf jegliche Aspekte einer oder mehrerer Komponenten des IKS.

   (d) Prüfungshandlungen zur Risikobeurteilung – Die Prüfungshandlungen, die durchgeführt werden, um ein Verständnis von der Einheit und ihrem Umfeld, einschließlich ihres IKS, zu gewinnen, mit dem Ziel, die Risiken wesentlicher - beabsichtigter oder unbeabsichtigter - falscher Darstellungen auf Abschluss- und Aussageebene zu identifizieren und zu beurteilen.

   (e) Bedeutsames Risiko – Ein identifiziertes und beurteiltes Risiko wesentlicher falscher Darstellungen, das nach der Beurteilung des Abschlussprüfers eine besondere Berücksichtigung bei der Abschlussprüfung erfordert.

Anforderungen

Prüfungshandlungen zur Risikobeurteilung und damit zusammenhängende Tätigkeiten

5. Der Abschlussprüfer muss Prüfungshandlungen zur Risikobeurteilung durchführen, um eine Grundlage für die Identifizierung und Beurteilung von Risiken wesentlicher falscher Darstellungen auf Abschluss- und Aussageebene zu schaffen. Prüfungshandlungen zur Risikobeurteilung liefern jedoch für sich allein keine ausreichenden geeigneten Prüfungsnachweise als Grundlage für das Prüfungsurteil. (Vgl. Tz. A1-A5)

6. Die Prüfungshandlungen zur Risikobeurteilung müssen umfassen:

---

*) Der Begriff „Einheit" wird für *entity* neu eingeführt. Bei der zu prüfenden Einheit kann es sich um ein Unternehmen, einen Einzelkaufmann, eine Gesellschaft bürgerlichen Rechts (Schweiz: einfache Gesellschaft), eine Gebietskörperschaft, eine Anstalt des öffentlichen Rechts, einen Konzern oder eine nicht rechtlich abgegrenzte wirtschaftliche Einheit handeln. Eine Übersetzung mit „Unternehmen" oder „Gesellschaft" wäre deshalb unzureichend. So kann sich *entity* sogar auf eine nicht selbständige Niederlassung oder Sparte beziehen, für die eigenständig Rechnung gelegt wird.

(a) Inquiries of management, and of others within the entity who in the auditor's judgment may have information that is likely to assist in identifying risks of material misstatement due to fraud or error. (Ref: Para. A6)

(b) Analytical procedures. (Ref: Para. A7–A10)

(c) Observation and inspection. (Ref: Para. A11)

7. The auditor shall consider whether information obtained from the auditor's client acceptance or continuance process is relevant to identifying risks of material misstatement.

8. If the engagement partner has performed other engagements for the entity, the engagement partner shall consider whether information obtained is relevant to identifying risks of material misstatement.

9. Where the auditor intends to use information obtained from the auditor's previous experience with the entity and from audit procedures performed in previous audits, the auditor shall determine whether changes have occurred since the previous audit that may affect its relevance to the current audit. (Ref: Para. A12–A13)

10. The engagement partner and other key engagement team members shall discuss the susceptibility of the entity's financial statements to material misstatement, and the application of the applicable financial reporting framework to the entity's facts and circumstances. The engagement partner shall determine which matters are to be communicated to engagement team members not involved in the discussion. (Ref: Para. A14–A16)

The Required Understanding of the Entity and Its Environment, Including the Entity's Internal Control

The Entity and Its Environment

11. The auditor shall obtain an understanding of the following:

(a) Relevant industry, regulatory, and other external factors including the applicable financial reporting framework. (Ref: Para. A17–A22)

(b) The nature of the entity, including:

(i) its operations;

(ii) its ownership and governance structures;

(iii) the types of investments that the entity is making and plans to make, including investments in special-purpose entities; and

(iv) the way that the entity is structured and how it is financed,

to enable the auditor to understand the classes of transactions, account balances, and disclosures to be expected in the financial statements. (Ref: Para. A23–A27)

(c) The entity's selection and application of accounting policies, including the reasons for changes thereto. The auditor shall evaluate whether the entity's accounting policies are appropriate for its business and consistent with the applicable financial reporting framework and accounting policies used in the relevant industry. (Ref: Para. A28)

(d) The entity's objectives and strategies, and those related business risks that may result in risks of material misstatement. (Ref: Para. A29–A35)

(e) The measurement and review of the entity's financial performance. (Ref: Para. A36–A41)

The Entity's Internal Control

12. The auditor shall obtain an understanding of internal control relevant to the audit. Although most controls relevant to the audit are likely to relate to financial reporting, not all controls that relate to financial reporting are relevant to the audit. It is a matter of the auditor's professional judgment whether a control, individually or in combination with others, is relevant to the audit. (Ref: Para. A42–A65)

Nature and Extent of the Understanding of Relevant Controls

13. When obtaining an understanding of controls that are relevant to the audit, the auditor shall evaluate the design of those controls and determine whether they have been implemented, by performing procedures in addition to inquiry of the entity's personnel. (Ref: Para. A66–A68)

(a) Befragungen des Managements sowie weiterer Personen innerhalb der Einheit, die nach der Beurteilung des Abschlussprüfers möglicherweise über Informationen verfügen, die wahrscheinlich bei der Identifizierung von Risiken wesentlicher - beabsichtigter oder unbeabsichtigter - falscher Darstellungen hilfreich sein können, (Vgl. Tz. A6)

(b) analytische Prüfungshandlungen, (Vgl. Tz. A7-A10)

(c) Beobachtung und Inaugenschein-/Einsichtnahme. (Vgl. Tz. A11)

7. Der Abschlussprüfer muss abwägen, ob Informationen, die durch den Prozess des Eingehens oder der Fortführung der Mandantenbeziehung erlangt wurden, für die Identifizierung von Risiken wesentlicher falscher Darstellungen relevant sind.

8. Falls der für den Auftrag Verantwortliche andere Aufträge für die Einheit durchgeführt hat, muss der Verantwortliche abwägen, ob dabei erlangte Informationen für die Identifizierung von Risiken wesentlicher falscher Darstellungen relevant sind.

9. Beabsichtigt der Abschlussprüfer, Informationen zu verwenden, die er aus bisherigen Erfahrungen mit der Einheit und aus Prüfungshandlungen früherer Abschlussprüfungen erlangt hat, muss er feststellen, ob sich seit der vorherigen Prüfung Veränderungen ergeben haben, die sich auf die Relevanz der Informationen für die laufende Abschlussprüfung auswirken könnten. (Vgl. Tz. A12-A13)

10. Der Auftragsverantwortliche und die Mitglieder des Prüfungsteams mit Schlüsselfunktionen müssen die Anfälligkeit des Abschlusses der Einheit für wesentliche falsche Darstellungen sowie die Anwendung des maßgebenden Regelwerks der Rechnungslegung auf Tatsachen und Umstände der Einheit erörtern. Der Auftragsverantwortliche muss festlegen, welche Sachverhalte den an der Besprechung nicht beteiligten Mitgliedern des Prüfungsteams mitzuteilen sind. (Vgl. Tz. A14-A16)

Das erforderliche Verständnis von der Einheit und ihrem Umfeld, einschließlich ihres IKS

Die Einheit und ihr Umfeld

11. Der Abschlussprüfer muss ein Verständnis gewinnen von

(a) relevanten branchenbezogenen, rechtlichen und anderen externen Faktoren, einschließlich des maßgebenden Regelwerks der Rechnungslegung; (Vgl. Tz. A17-A22)

(b) Merkmalen der Einheit, einschließlich

(i) ihrer Geschäftstätigkeit,

(ii) ihrer Eigentümer-, Führungs- und Überwachungsstruktur,

(iii) der Arten derzeitiger und geplanter Investitionen einschließlich von Beteiligungen an Zweckgesellschaften sowie

(iv) der Art, in der die Einheit organisiert und finanziert ist,

um den Abschlussprüfer in die Lage zu versetzen, die Arten von Geschäftsvorfällen, Kontensalden sowie Angaben zu verstehen, die im Abschluss zu erwarten sind; (Vgl. Tz. A23-A27)

(c) den von der Einheit ausgewählten und angewendeten Rechnungslegungsmethoden, einschließlich der Gründe für vorgenommene Änderungen. Der Abschlussprüfer muss beurteilen, ob die Rechnungslegungsmethoden der Einheit ihrer Geschäftstätigkeit angemessen sowie mit dem maßgebenden Regelwerk der Rechnungslegung und mit den in der Branche angewendeten Rechnungslegungsmethoden vereinbar sind; (Vgl. Tz. A28)

(d) Zielen und Strategien der Einheit sowie den damit verbundenen Geschäftsrisiken, die Risiken wesentlicher falscher Darstellungen zur Folge haben können; (Vgl. Tz. A29-A35)

(e) der Messung und Überwachung des wirtschaftlichen Erfolgs der Einheit. (Vgl. Tz. A36-A41)

Das Interne Kontrollsystem der Einheit

12. Der Abschlussprüfer muss das für die Abschlussprüfung relevante IKS verstehen. Obwohl die meisten für die Abschlussprüfung relevanten Kontrollen wahrscheinlich mit der Rechnungslegung zusammenhängen, sind nicht alle Kontrollen, die mit der Rechnungslegung zusammenhängen, für die Abschlussprüfung relevant. Die Beurteilung, ob eine Kontrolle einzeln oder in Kombination mit anderen für die Abschlussprüfung relevant ist, liegt im pflichtgemäßen Ermessen des Abschlussprüfers (Vgl. Tz. A42-A65)

Art und Umfang des Verständnisses von den relevanten Kontrollen

13. Bei der Gewinnung eines Verständnisses von den für die Abschlussprüfung relevanten Kontrollen muss der Abschlussprüfer die Ausgestaltung dieser Kontrollen beurteilen und feststellen, ob sie eingerichtet wurden, indem der Abschlussprüfer sonstige Prüfungshandlungen zusätzlich zur Befragung von Mitarbeitern der Einheit durchführt. (Vgl. Tz. A62-A64)

Components of Internal Control

Control environment

14. The auditor shall obtain an understanding of the control environment. As part of obtaining this understanding, the auditor shall evaluate whether:

    (a) Management, with the oversight of those charged with governance, has created and maintained a culture of honesty and ethical behavior; and

    (b) The strengths in the control environment elements collectively provide an appropriate foundation for the other components of internal control, and whether those other components are not undermined by deficiencies in the control environment. (Ref: Para. A69–A78)

The entity's risk assessment process

15. The auditor shall obtain an understanding of whether the entity has a process for:

    (a) Identifying business risks relevant to financial reporting objectives;

    (b) Estimating the significance of the risks;

    (c) Assessing the likelihood of their occurrence; and

    (d) Deciding about actions to address those risks. (Ref: Para. A79)

16. If the entity has established such a process (referred to hereafter as the "entity's risk assessment process"), the auditor shall obtain an understanding of it, and the results thereof. If the auditor identifies risks of material misstatement that management failed to identify, the auditor shall evaluate whether there was an underlying risk of a kind that the auditor expects would have been identified by the entity's risk assessment process. If there is such a risk, the auditor shall obtain an understanding of why that process failed to identify it, and evaluate whether the process is appropriate to its circumstances or determine if there is a significant deficiency in internal control with regard to the entity's risk assessment process.

17. If the entity has not established such a process or has an ad hoc process, the auditor shall discuss with management whether business risks relevant to financial reporting objectives have been identified and how they have been addressed. The auditor shall evaluate whether the absence of a documented risk assessment process is appropriate in the circumstances, or determine whether it represents a significant deficiency in internal control. (Ref: Para. A80)

The information system, including the related business processes, relevant to financial reporting, and communication

18. The auditor shall obtain an understanding of the information system, including the related business processes, relevant to financial reporting, including the following areas:

    (a) The classes of transactions in the entity's operations that are significant to the financial statements;

    (b) The procedures, within both information technology (IT) and manual systems, by which those transactions are initiated, recorded, processed, corrected as necessary, transferred to the general ledger and reported in the financial statements;

    (c) The related accounting records, supporting information and specific accounts in the financial statements that are used to initiate, record, process and report transactions; this includes the correction of incorrect information and how information is transferred to the general ledger. The records may be in either manual or electronic form;

    (d) How the information system captures events and conditions, other than transactions, that are significant to the financial statements;

    (e) The financial reporting process used to prepare the entity's financial statements, including significant accounting estimates and disclosures; and

    (f) Controls surrounding journal entries, including non-standard journal entries used to record non-recurring, unusual transactions or adjustments. (Ref: Para. A81–A85)

Komponenten des IKS

Kontrollumfeld

14. Der Abschlussprüfer muss ein Verständnis von dem Kontrollumfeld gewinnen. Als Teil dieses Prozesses muss er beurteilen, ob

    (a) das Management, unter der Aufsicht der für die Überwachung Verantwortlichen, eine Kultur von Ehrlichkeit und ethischem Verhalten geschaffen und aufrechterhalten hat und

    (b) die Stärken in den Bestandteilen des Kontrollumfeldes insgesamt eine angemessene Grundlage für die anderen Komponenten des IKS darstellen und ob diese anderen Komponenten nicht durch Mängel im Kontrollumfeld beeinträchtigt werden. (Vgl. Tz. A69-A78)

Der Risikobeurteilungsprozess der Einheit

15. Der Abschlussprüfer muss ein Verständnis davon gewinnen, ob die Einheit über einen Prozess verfügt zur

    (a) Identifizierung von Geschäftsrisiken, die für Rechnungslegungsziele relevant sind,

    (b) Einschätzung der Bedeutsamkeit dieser Risiken,

    (c) Beurteilung ihrer Eintrittswahrscheinlichkeit und

    (d) Entscheidung über Maßnahmen, um diesen Risiken zu begegnen. (Vgl. Tz. A79)

16. Hat die Einheit einen derartigen Prozess (nachfolgend „Risikobeurteilungsprozess der Einheit" genannt) eingerichtet, muss der Abschlussprüfer ein Verständnis von diesem Prozess und von dessen Ergebnissen gewinnen. Falls der Abschlussprüfer Risiken wesentlicher falscher Darstellungen identifiziert, die das Management nicht identifiziert hat, hat er zu beurteilen, ob ein derartiges zugrunde liegendes Risiko vorliegt, das es seiner Erwartung nach durch den Risikobeurteilungsprozess der Einheit identifiziert worden wäre. Falls ein solches Risiko besteht, muss der Abschlussprüfer ein Verständnis davon gewinnen, warum es durch diesen Prozess nicht identifiziert wurde, und beurteilen, ob der Prozess den Umständen angemessen ist oder feststellen, ob ein bedeutsamer Mangel in Bezug auf den Risikobeurteilungsprozess der Einheit besteht.

17. Wenn die Einheit keinen derartigen Prozess eingerichtet hat oder über einen Ad-hoc-Prozess verfügt, muss der Abschlussprüfer mit dem Management erörtern, ob für Rechnungslegungsziele relevante Geschäftsrisiken identifiziert wurden und wie ihnen begegnet wurde. Der Abschlussprüfer muss beurteilen, ob das Fehlen eines dokumentierten Risikobeurteilungsprozesses den Umständen angemessen ist oder feststellen, ob es einen bedeutsamen Mangel im IKS der Einheit darstellt. (Vgl. Tz. A80)

Rechnungslegungsbezogenes Informationssystem, einschließlich der damit verbundenen Geschäftsprozesse, sowie Kommunikation

18. Der Abschlussprüfer muss ein Verständnis vom rechnungslegungsbezogenen Informationssystem gewinnen, einschließlich der damit verbundenen Geschäftsprozesse sowie der folgenden Bereiche:

    (a) Art der Geschäftsvorfälle in den Geschäftsprozessen der Einheit, die für den Abschluss bedeutsam sind;

    (b) Verfahren, in Form manueller und IT-gestützter Systeme, durch die diese Geschäftsvorfälle ausgelöst, aufgezeichnet, verarbeitet, erforderlichenfalls korrigiert, in das Hauptbuch übertragen und im Abschluss abgebildet werden;

    (c) damit verbundene Rechnungslegungsaufzeichnungen, unterstützende Informationen sowie bestimmte Konten im Abschluss, die verwendet werden, um Geschäftsvorfälle auszulösen, aufzuzeichnen, zu verarbeiten sowie darüber zu berichten; dies beinhaltet die Korrektur falscher Informationen und die Art und Weise, in der die Informationen in das Hauptbuch übertragen werden. Die Aufzeichnungen können entweder in manueller oder in elektronischer Form vorliegen;

    (d) Art und Weise der Erfassung von für den Abschluss bedeutsamen Ereignissen und Umständen, die nicht Geschäftsvorfälle sind, durch das Informationssystem;

    (e) der angewandte Rechnungslegungsprozess zur Aufstellung des Abschlusses der Einheit, einschließlich bedeutsamer geschätzter Werte in der Rechnungslegung sowie Abschlussangaben;

    (f) Kontrollen im Zusammenhang mit Journaleinträgen, einschließlich nicht standardisierter Journaleinträge zur Aufzeichnung von nicht wiederkehrenden, ungewöhnlichen Geschäftsvorfällen oder Anpassungen. (Vgl. Tz. A81-A85)

19. The auditor shall obtain an understanding of how the entity communicates financial reporting roles and responsibilities and significant matters relating to financial reporting, including: (Ref: Para. A86–A87)

    (a) Communications between management and those charged with governance; and

    (b) External communications, such as those with regulatory authorities.

Control activities relevant to the audit

20. The auditor shall obtain an understanding of control activities relevant to the audit, being those the auditor judges it necessary to understand in order to assess the risks of material misstatement at the assertion level and design further audit procedures responsive to assessed risks. An audit does not require an understanding of all the control activities related to each significant class of transactions, account balance, and disclosure in the financial statements or to every assertion relevant to them. (Ref: Para. A88–A94)

21. In understanding the entity's control activities, the auditor shall obtain an understanding of how the entity has responded to risks arising from IT. (Ref: Para. A95–A97)

Monitoring of controls

22. The auditor shall obtain an understanding of the major activities that the entity uses to monitor internal control over financial reporting, including those related to those control activities relevant to the audit, and how the entity initiates remedial actions to deficiencies in its controls. (Ref: Para. A98–A100)

23. If the entity has an internal audit function,[1] the auditor shall obtain an understanding of the following in order to determine whether the internal audit function is likely to be relevant to the audit:

    (a) The nature of the internal audit function's responsibilities and how the internal audit function fits in the entity's organizational structure; and

    (b) The activities performed, or to be performed, by the internal audit function. (Ref: Para. A101–A103)

24. The auditor shall obtain an understanding of the sources of the information used in the entity's monitoring activities, and the basis upon which management considers the information to be sufficiently reliable for the purpose. (Ref: Para. A104)

Identifying and Assessing the Risks of Material Misstatement

25. The auditor shall identify and assess the risks of material misstatement at:

    (a) the financial statement level; and (Ref: Para. A105–A108)

    (b) the assertion level for classes of transactions, account balances, and disclosures, (Ref: Para. A109–A113)

    to provide a basis for designing and performing further audit procedures.

26. For this purpose, the auditor shall:

    (a) Identify risks throughout the process of obtaining an understanding of the entity and its environment, including relevant controls that relate to the risks, and by considering the classes of transactions, account balances, and disclosures in the financial statements; (Ref: Para. A114–A115)

    (b) Assess the identified risks, and evaluate whether they relate more pervasively to the financial statements as a whole and potentially affect many assertions;

    (c) Relate the identified risks to what can go wrong at the assertion level, taking account of relevant controls that the auditor intends to test; and (Ref: Para. A116–A118)

---

[1] The term "internal audit function" is defined in ISA 610, "Using the Work of Internal Auditors," paragraph 7(a), as: "An appraisal activity established or provided as a service to the entity. Its functions include, amongst other things, examining, evaluating and monitoring the adequacy and effectiveness of internal control."

19. Der Abschlussprüfer muss ein Verständnis davon gewinnen, wie die Einheit Funktionen und Verantwortlichkeiten bezüglich der Rechnungslegung sowie bedeutsame Sachverhalte im Zusammenhang mit der Rechnungslegung kommuniziert, einschließlich (Vgl. Tz. A86-A87)
    (a) der Kommunikation zwischen dem Management und den für die Überwachung Verantwortlichen sowie
    (b) externer Kommunikation, z. B. mit Aufsichtsbehörden.

Für die Abschlussprüfung relevante Kontrollaktivitäten

20. Der Abschlussprüfer muss ein Verständnis von den für die Abschlussprüfung relevanten Kontrollaktivitäten gewinnen, d. h. von denjenigen, deren Verstehen der Abschlussprüfer für notwendig erachtet, um die Risiken wesentlicher falscher Darstellungen auf Aussageebene zu beurteilen und um weitere Prüfungshandlungen als Reaktion auf beurteilte Risiken zu planen. Eine Abschlussprüfung erfordert nicht das Verstehen sämtlicher Kontrollaktivitäten für alle bedeutsamen Arten von Geschäftsvorfällen, Kontensalden sowie Abschlussangaben oder für jede dafür relevante Aussage. (Vgl. Tz. A88-A94)

21. Durch das Verständnis von den Kontrollaktivitäten der Einheit muss der Abschlussprüfer verstehen, wie die Einheit auf die Risiken reagiert hat, die sich aus dem Einsatz von IT ergeben. (Vgl. Tz. A95-A97)

Überwachung von Kontrollen

22. Der Abschlussprüfer muss ein Verständnis von den wichtigsten Aktivitäten gewinnen, die von der Einheit zur Überwachung des rechnungslegungsbezogenen IKS eingesetzt werden, einschließlich derjenigen, die sich auf für die Abschlussprüfung relevante Kontrollaktivitäten beziehen, und der Art und Weise, in der die Einheit abhelfende Maßnahmen zu den Mängeln in den Kontrollen der Einheit initiiert. (Vgl. Tz. A98-A100)

23. Falls die Einheit über die Funktion der internen Revision[1] verfügt, muss der Abschlussprüfer ein Verständnis der folgenden Punkte erlangen, um festzustellen, ob es wahrscheinlich ist, dass die Funktion der internen Revision für die Abschlussprüfung relevant ist:
    (a) die Art der Verpflichtungen der Funktion der internen Revision und die Frage, wie die interne Revision in die organisatorische Struktur der Einheit passt sowie
    (b) die durch die Funktion der internen Revision durchgeführten oder durchzuführenden Tätigkeiten. (Vgl. Tz. A101-A103)

24. Der Abschlussprüfer muss ein Verständnis von den Informationsquellen erlangen, die bei den Überwachungsaktivitäten der Einheit verwendet wurden und von der Grundlage, auf der das Management die Informationen als für diesen Zweck ausreichend verlässlich erachtet. (Vgl. Tz. A104)

Identifizierung und Beurteilung der Risiken wesentlicher falscher Darstellungen

25. Der Abschlussprüfer muss die Risiken wesentlicher falscher Darstellungen identifizieren und beurteilen und zwar
    (a) auf Abschlussebene (vgl. Tz. A105-A108) sowie
    (b) auf Aussageebene für Arten von Geschäftsvorfällen, für Kontensalden und für Abschlussangaben, (vgl. Tz. A109-A113)

    um eine Grundlage für die Gestaltung und Durchführung weiterer Prüfungshandlungen zu schaffen.

26. Zu diesem Zweck muss der Abschlussprüfer:
    (a) während des gesamten Prozesses, in dem er ein Verständnis von der Einheit und ihrem Umfeld, einschließlich der relevanten Kontrollen, die sich auf diese Risiken beziehen, gewinnt, sowie bei der Betrachtung der Arten von Geschäftsvorfällen, der Kontensalden und der Angaben im Abschluss Risiken identifizieren (vgl. Tz. A114-A115).
    (b) die identifizierten Risiken beurteilen und einschätzen, ob sich diese umfassend auf den Abschluss als Ganzes auswirken und möglicherweise viele Aussagen betreffen.
    (c) einen Bezug zwischen den identifizierten Risiken und den Fehlermöglichkeiten auf Aussageebene herstellen, unter Berücksichtigung relevanter Kontrollen, für die der Abschlussprüfer eine Funktionsprüfung beabsichtigt, (vgl. Tz. A116-A118) und

---

[1] Der Begriff „Funktion der internen Revision" wird in ISA 610 „Verwertung der Arbeit interner Prüfer", Textziffer 7(a), definiert als „eine Beratungstätigkeit, die als Dienstleistung für die Einheit eingerichtet ist oder durchgeführt wird. Zu ihren Funktionen gehören unter anderem die Untersuchung, Beurteilung und Überwachung der Angemessenheit und Wirksamkeit des internen Kontrollsystems (IKS)".

(d) Consider the likelihood of misstatement, including the possibility of multiple misstatements, and whether the potential misstatement is of a magnitude that could result in a material misstatement.

Risks That Require Special Audit Consideration

27. As part of the risk assessment as described in paragraph 25, the auditor shall determine whether any of the risks identified are, in the auditor's judgment, a significant risk. In exercising this judgment, the auditor shall exclude the effects of identified controls related to the risk.

28. In exercising judgment as to which risks are significant risks, the auditor shall consider at least the following:
    (a) Whether the risk is a risk of fraud;
    (b) Whether the risk is related to recent significant economic, accounting or other developments and, therefore, requires specific attention;
    (c) The complexity of transactions;
    (d) Whether the risk involves significant transactions with related parties;
    (e) The degree of subjectivity in the measurement of financial information related to the risk, especially those measurements involving a wide range of measurement uncertainty; and
    (f) Whether the risk involves significant transactions that are outside the normal course of business for the entity, or that otherwise appear to be unusual. (Ref: Para. A119–A123)

29. If the auditor has determined that a significant risk exists, the auditor shall obtain an understanding of the entity's controls, including control activities, relevant to that risk. (Ref: Para. A124–A126)

Risks for Which Substantive Procedures Alone Do Not Provide Sufficient Appropriate Audit Evidence

30. In respect of some risks, the auditor may judge that it is not possible or practicable to obtain sufficient appropriate audit evidence only from substantive procedures. Such risks may relate to the inaccurate or incomplete recording of routine and significant classes of transactions or account balances, the characteristics of which often permit highly automated processing with little or no manual intervention. In such cases, the entity's controls over such risks are relevant to the audit and the auditor shall obtain an understanding of them. (Ref: Para. A127–A129)

Revision of Risk Assessment

31. The auditor's assessment of the risks of material misstatement at the assertion level may change during the course of the audit as additional audit evidence is obtained. In circumstances where the auditor obtains audit evidence from performing further audit procedures, or if new information is obtained, either of which is inconsistent with the audit evidence on which the auditor originally based the assessment, the auditor shall revise the assessment and modify the further planned audit procedures accordingly. (Ref: Para. A130)

Documentation

32. The auditor shall include in the audit documentation:[2]
    (a) The discussion among the engagement team where required by paragraph 10, and the significant decisions reached;
    (b) Key elements of the understanding obtained regarding each of the aspects of the entity and its environment specified in paragraph 11 and of each of the internal control components specified in paragraphs 14–24; the sources of information from which the understanding was obtained; and the risk assessment procedures performed;
    (c) The identified and assessed risks of material misstatement at the financial statement level and at the assertion level as required by paragraph 25; and

---

[2] ISA 230, "Audit Documentation," paragraphs 8–11, and A6.

Identifizierung und Beurteilung der Risiken wesentlicher falscher Darstellungen aus dem Verstehen der Einheit und ihres Umfelds — ISA 315

(d) die Wahrscheinlichkeit von falschen Darstellungen einschätzen, einschließlich der Möglichkeit mehrfacher falscher Darstellungen und der Abschätzung, ob die möglichen falschen Darstellungen ein Ausmaß haben, das zu einer wesentlichen falschen Darstellung führen könnte.

Risiken, die eine besondere Berücksichtigung in der Abschlussprüfung erfordern

27. Als Teil der in Textziffer 25 beschriebenen Risikobeurteilung hat der Abschlussprüfer bei jedem identifizierten Risiko festzustellen, ob es sich seiner Beurteilung nach um ein bedeutsames Risiko handelt. Bei der Urteilsbildung muss der Abschlussprüfer die Wirkungen von identifizierten Kontrollen, die mit diesem Risiko in Verbindung stehen, außer Betracht lassen.

28. Bei der Beurteilung, welche Risiken bedeutsame Risiken sind, muss der Abschlussprüfer mindestens Folgendes berücksichtigen:
    (a) ob es sich um ein Risiko von dolosen Handlungen handelt;
    (b) ob das Risiko mit jüngeren bedeutsamen wirtschaftlichen, rechnungslegungsbezogenen oder anderen Entwicklungen zusammenhängt und deshalb besondere Aufmerksamkeit erfordert;
    (c) die Komplexität der Geschäftsvorfälle;
    (d) ob das Risiko bedeutsame Geschäftsvorfälle mit nahe stehenden Personen betrifft;
    (e) der Grad der Subjektivität der Bewertung der den Risiken zugrundeliegenden finanziellen Informationen, besonders bei solchen Bewertungen, die mit einer großen Bandbreite von Bewertungsunsicherheit verbunden sind;
    (f) ob das Risiko bedeutsame Geschäftsvorfälle betrifft, die sich außerhalb der gewöhnlichen Geschäftstätigkeit der Einheit ereignen oder in anderer Hinsicht ungewöhnlich erscheinen (Vgl. Tz. A119-A123).

29. Falls der Abschlussprüfer festgestellt hat, dass ein bedeutsames Risiko vorliegt, muss er ein Verständnis von den für dieses Risiko relevanten Kontrollen der Einheit gewinnen, einschließlich der dazugehörigen Kontrollaktivitäten. (Vgl. Tz. A124-A126)

Risiken, bei denen aussagebezogene Prüfungshandlungen alleine keine ausreichenden geeigneten Prüfungsnachweise erbringen

30. Bei einigen Risiken kann der Abschlussprüfer zu dem Urteil gelangen, dass es nicht möglich oder praktisch nicht durchführbar ist, ausreichende geeignete Prüfungsnachweise ausschließlich durch aussagebezogene Prüfungshandlungen einzuholen. Solche Risiken können sich auf die fehlerhafte oder unvollständige Aufzeichnung von routinemäßigen und bedeutsamen Arten von Geschäftsvorfällen oder Kontensalden beziehen, deren Charakteristika häufig eine hoch automatisierte Verarbeitung mit wenigen oder gar keinen manuellen Eingriffen ermöglichen. In solchen Fällen sind die auf diese Risiken bezogenen Kontrollen der Einheit für die Abschlussprüfung relevant und der Abschlussprüfer muss ein Verständnis von ihnen gewinnen. (Vgl. Tz. A127-A129)

Berichtigung der Risikobeurteilung

31. Die Beurteilung der Risiken wesentlicher falscher Darstellungen auf Aussageebene durch den Abschlussprüfer kann sich während der Durchführung der Abschlussprüfung im Rahmen der Einholung weiterer Prüfungsnachweise ändern. In Fällen, in denen der Abschlussprüfer aus der Durchführung weiterer Prüfungshandlungen Prüfungsnachweise erlangt oder neue Informationen erhält, die jeweils mit den Prüfungsnachweisen nicht in Einklang stehen, auf die er die Beurteilung ursprünglich gestützt hat, muss er die Beurteilung berichtigen und die weiteren geplanten Prüfungshandlungen entsprechend modifizieren. (Vgl. Tz. A130)

Dokumentation

32. Der Abschlussprüfer hat in die Prüfungsdokumentation Folgendes aufzunehmen[2]:
    (a) die Besprechung im Prüfungsteam (wie nach Textziffer 10 erforderlich) sowie die daraus resultierenden bedeutsamen Entscheidungen,
    (b) besonders wichtige Elemente des gewonnenen Verständnisses für jeden der in Textziffer 11 angegebenen Aspekte der Einheit und ihres Umfeldes und jede der in den Textziffern 14-24 angegebenen Komponenten des IKS, die Informationsquellen, aus denen das Verständnis gewonnen wurde, sowie die durchgeführten Prüfungshandlungen zur Risikobeurteilung,
    (c) die identifizierten und beurteilten Risiken wesentlicher falscher Darstellungen auf Abschluss- und Aussageebene (wie nach Textziffer 25 erforderlich) sowie

---

[2] ISA 230 „Prüfungsdokumentation", Textziffern 8-11 und A6.

(d) The risks identified, and related controls about which the auditor has obtained an understanding, as a result of the requirements in paragraphs 27–30. (Ref: Para. A131–A134)

***

Application and Other Explanatory Material
Risk Assessment Procedures and Related Activities (Ref: Para. 5)

A1. Obtaining an understanding of the entity and its environment, including the entity's internal control (referred to hereafter as an "understanding of the entity"), is a continuous, dynamic process of gathering, updating and analyzing information throughout the audit. The understanding establishes a frame of reference within which the auditor plans the audit and exercises professional judgment throughout the audit, for example, when:

- Assessing risks of material misstatement of the financial statements;
- Determining materiality in accordance with ISA 320;[3]
- Considering the appropriateness of the selection and application of accounting policies, and the adequacy of financial statement disclosures;
- Identifying areas where special audit consideration may be necessary, for example, related party transactions, the appropriateness of management's use of the going concern assumption, or considering the business purpose of transactions;
- Developing expectations for use when performing analytical procedures;
- Responding to the assessed risks of material misstatement, including designing and performing further audit procedures to obtain sufficient appropriate audit evidence; and
- Evaluating the sufficiency and appropriateness of audit evidence obtained, such as the appropriateness of assumptions and of management's oral and written representations.

A2. Information obtained by performing risk assessment procedures and related activities may be used by the auditor as audit evidence to support assessments of the risks of material misstatement. In addition, the auditor may obtain audit evidence about classes of transactions, account balances, or disclosures, and related assertions, and about the operating effectiveness of controls, even though such procedures were not specifically planned as substantive procedures or as tests of controls. The auditor also may choose to perform substantive procedures or tests of controls concurrently with risk assessment procedures because it is efficient to do so.

A3. The auditor uses professional judgment to determine the extent of the understanding required. The auditor's primary consideration is whether the understanding that has been obtained is sufficient to meet the objective stated in this ISA. The depth of the overall understanding that is required by the auditor is less than that possessed by management in managing the entity.

A4. The risks to be assessed include both those due to error and those due to fraud, and both are covered by this ISA. However, the significance of fraud is such that further requirements and guidance are included in ISA 240 in relation to risk assessment procedures and related activities to obtain information that is used to identify the risks of material misstatement due to fraud.[4]

A5. Although the auditor is required to perform all the risk assessment procedures described in paragraph 6 in the course of obtaining the required understanding of the entity (see paragraphs 11–24), the auditor is not required to perform all of them for each aspect of that understanding. Other procedures may be performed

---

[3] ISA 320, "Materiality in Planning and Performing an Audit."
[4] ISA 240, "The Auditor's Responsibilities Relating to Fraud in an Audit of Financial Statements," paragraphs 12–24.

(d) die identifizierten Risiken und damit verbundenen Kontrollen, von denen der Abschlussprüfer als Ergebnis der Anforderungen in den Textziffern 27-30 ein Verständnis gewonnen hat. (Vgl. Tz. A131-A134)

* * *

Anwendungshinweise und sonstige Erläuterungen

Prüfungshandlungen zur Risikobeurteilung und damit zusammenhängende Tätigkeiten (vgl. Tz. 5)

A1. Ein Verständnis von der Einheit zu gewinnen unter Einschluss ihres IKS und ihres Umfelds (nachfolgend „Verständnis von der Einheit" genannt) ist ein kontinuierlicher dynamischer Prozess der Einholung, Aktualisierung und Analyse von Informationen, der sich über die gesamte Abschlussprüfung erstreckt. Das Verständnis bildet einen Bezugsrahmen, innerhalb dessen der Abschlussprüfer die Abschlussprüfung plant und das pflichtgemäße Ermessen in der Prüfung ausübt, bspw. wenn

- Risiken wesentlicher falscher Darstellungen im Abschluss beurteilt werden,
- die Wesentlichkeit in Übereinstimmung mit ISA 320 festgelegt wird,[3]
- die Angemessenheit der Auswahl und Anwendung der Rechnungslegungsmethoden sowie die Angemessenheit der Abschlussangaben eingeschätzt wird,
- Gebiete identifiziert werden, die eine besondere Berücksichtigung bei der Abschlussprüfung erfordern können (z. B. Transaktionen mit nahe stehenden Personen, die Angemessenheit der Annahme der Fortführung der Unternehmenstätigkeit durch das Management oder die Berücksichtigung des geschäftlichen Zwecks von Transaktionen),
- Erwartungen entwickelt werden, um sie bei der Durchführung analytischer Prüfungshandlungen zu verwenden,
- auf die beurteilten Risiken wesentlicher falscher Darstellungen reagiert wird (einschließlich der Planung und Durchführung weiterer Prüfungshandlungen, um ausreichende geeignete Prüfungsnachweise zu erhalten), sowie
- beurteilt wird, inwieweit ausreichende geeignete Prüfungsnachweise erlangt wurden (z. B. die Angemessenheit von Annahmen sowie von mündlichen und schriftlichen Erklärungen des Managements).

A2. Informationen aus der Durchführung von Prüfungshandlungen zur Risikobeurteilung und damit zusammenhängenden Tätigkeiten können vom Abschlussprüfer als Prüfungsnachweise verwendet werden, um die Beurteilung der Risiken wesentlicher falscher Darstellungen zu stützen. Darüber hinaus kann der Abschlussprüfer bei der Durchführung solcher Prüfungshandlungen Prüfungsnachweise zu Arten von Geschäftsvorfällen, Kontensalden oder Abschlussangaben und zu damit verbundenen Aussagen sowie zur Wirksamkeit von Kontrollen erhalten, auch wenn die Prüfungshandlungen nicht ausdrücklich als aussagebezogene Prüfungshandlungen oder als Funktionsprüfungen geplant waren. Der Abschlussprüfer kann sich auch dafür entscheiden, aussagebezogene Prüfungshandlungen oder Funktionsprüfungen gleichzeitig mit Prüfungshandlungen zur Risikobeurteilung durchzuführen, weil dies wirtschaftlich ist.

A3. Der Abschlussprüfer legt den Umfang des erforderlichen Verständnisses nach pflichtgemäßem Ermessen fest. Die vorrangige Überlegung des Abschlussprüfers ist es, ob das gewonnene Verständnis ausreicht, um das in diesem ISA angegebene Ziel zu erreichen. Die Tiefe des Gesamtverständnisses, das vom Abschlussprüfer verlangt wird, ist geringer als dasjenige, welches das Management zum Führen der Einheit besitzt.

A4. Die zu beurteilenden Risiken umfassen sowohl Risiken aufgrund von Irrtümern als auch Risiken aufgrund von dolosen Handlungen; beide fallen unter diesen ISA. Dolose Handlungen sind jedoch ein so bedeutsamer Aspekt, dass in ISA 240 weitere Anforderungen und erläuternde Hinweise in Bezug auf Prüfungshandlungen zur Risikobeurteilung und auf damit zusammenhängende Tätigkeiten enthalten sind, um Informationen zu erhalten, die der Identifizierung der Risiken wesentlicher falscher Darstellungen aufgrund von dolosen Handlungen dienen.[4]

A5. Obwohl der Abschlussprüfer verpflichtet ist, im Zuge der Erlangung des erforderlichen Verständnisses von der Einheit (siehe Textziffern 11-24) alle in Textziffer 6 beschriebenen Prüfungshandlungen zur Risikobeurteilung durchzuführen, ist er nicht verpflichtet, alle diese Prüfungshandlungen für jeden

---
[3] ISA 320 „Die Wesentlichkeit bei der Planung und Durchführung einer Abschlussprüfung".
[4] ISA 240 „Die Verantwortung des Abschussprüfers bei dolosen Handlungen", Textziffern 12-24.

ISA 315 — Identifying and Assessing the Risks of Material Misstatement through Understanding the Entity and Its Environment

where the information to be obtained therefrom may be helpful in identifying risks of material misstatement. Examples of such procedures include:

- Reviewing information obtained from external sources such as trade and economic journals; reports by analysts, banks, or rating agencies; or regulatory or financial publications.

- Making inquiries of the entity's external legal counsel or of valuation experts that the entity has used.

Inquiries of Management and Others within the Entity (Ref: Para. 6(a))

A6. Much of the information obtained by the auditor's inquiries is obtained from management and those responsible for financial reporting. However, the auditor may also obtain information, or a different perspective in identifying risks of material misstatement, through inquiries of others within the entity and other employees with different levels of authority. For example:

- Inquiries directed towards those charged with governance may help the auditor understand the environment in which the financial statements are prepared.

- Inquiries directed toward internal audit personnel may provide information about internal audit procedures performed during the year relating to the design and effectiveness of the entity's internal control and whether management has satisfactorily responded to findings from those procedures.

- Inquiries of employees involved in initiating, processing or recording complex or unusual transactions may help the auditor to evaluate the appropriateness of the selection and application of certain accounting policies.

- Inquiries directed toward in-house legal counsel may provide information about such matters as litigation, compliance with laws and regulations, knowledge of fraud or suspected fraud affecting the entity, warranties, post-sales obligations, arrangements (such as joint ventures) with business partners and the meaning of contract terms.

- Inquiries directed towards marketing or sales personnel may provide information about changes in the entity's marketing strategies, sales trends, or contractual arrangements with its customers.

Analytical Procedures (Ref: Para. 6(b))

A7. Analytical procedures performed as risk assessment procedures may identify aspects of the entity of which the auditor was unaware and may assist in assessing the risks of material misstatement in order to provide a basis for designing and implementing responses to the assessed risks. Analytical procedures performed as risk assessment procedures may include both financial and non-financial information, for example, the relationship between sales and square footage of selling space or volume of goods sold.

A8. Analytical procedures may help identify the existence of unusual transactions or events, and amounts, ratios, and trends that might indicate matters that have audit implications. Unusual or unexpected relationships that are identified may assist the auditor in identifying risks of material misstatement, especially risks of material misstatement due to fraud.

A9. However, when such analytical procedures use data aggregated at a high level (which may be the situation with analytical procedures performed as risk assessment procedures), the results of those analytical procedures only provide a broad initial indication about whether a material misstatement may exist. Accordingly, in such cases, consideration of other information that has been gathered when identifying the risks of material misstatement together with the results of such analytical procedures may assist the auditor in understanding and evaluating the results of the analytical procedures.

Identifizierung und Beurteilung der Risiken wesentlicher falscher Darstellungen aus dem Verstehen der Einheit und ihres Umfelds

ISA 315

einzelnen Aspekt dieses Verständnisses durchzuführen. Andere Prüfungshandlungen können durchgeführt werden, wenn die dadurch einzuholenden Informationen zur Identifizierung von Risiken wesentlicher falscher Darstellungen hilfreich sein können. Beispiele für solche Prüfungshandlungen sind:

- Durchsicht von Informationen aus externen Quellen (z. B. aus Fachzeitschriften und Wirtschaftszeitungen, aus Berichten von Analysten, Banken oder Rating-Agenturen sowie aus aufsichtsrechtlichen oder finanzwirtschaftlichen Veröffentlichungen)
- Befragungen von externen Rechtsberatern oder Bewertungssachverständigen, die von der Einheit hinzugezogen wurden.

Befragungen des Managements sowie weiterer Personen innerhalb der Einheit (vgl. Tz. 6(a))

A6. Viele der Informationen, die der Abschlussprüfer durch Befragungen erlangt, stammen vom Management und von den für die Rechnungslegung Verantwortlichen. Der Abschlussprüfer kann jedoch auch durch Befragungen weiterer Personen innerhalb der Einheit und anderer Mitarbeiter auf unterschiedlichen Hierarchieebenen Informationen oder eine andere Sichtweise zur Identifizierung von Risiken wesentlicher falscher Darstellungen erlangen. Beispiele sind:

- Befragungen der für die Überwachung Verantwortlichen können dem Abschlussprüfer dabei helfen, das Umfeld zu verstehen, in dem der Abschluss aufgestellt wird.
- Befragungen von Mitarbeitern der internen Revision können Informationen zu Prüfungshandlungen, die von der internen Revision im Laufe des Jahres im Zusammenhang mit Ausgestaltung und Wirksamkeit des IKS der Einheit durchgeführt wurden, und dazu, ob das Management zufrieden stellend auf Erkenntnisse dieser Prüfungshandlungen reagiert hat, liefern.
- Befragungen von Mitarbeitern, die sich damit befassen, komplexe oder ungewöhnliche Geschäftsvorfälle auszulösen, zu verarbeiten oder aufzuzeichnen, können dem Abschlussprüfer dabei helfen, die Angemessenheit der Auswahl und Anwendung von bestimmten Rechnungslegungsmethoden zu beurteilen.
- Befragungen von Mitarbeitern der hausinternen Rechtsabteilung können Informationen zu Sachverhalten liefern (wie Rechtsstreitigkeiten, Einhaltung von Gesetzen und anderen Rechtsvorschriften, bekannte oder vermutete dolose Handlungen mit Auswirkungen auf die Einheit, Garantien, nachvertragliche Pflichten aus Verkaufsgeschäften, Vereinbarungen (z. B. Joint Ventures) mit Geschäftspartnern und die Bedeutung von Vertragsbestimmungen).
- Befragungen von Marketing- oder Verkaufsmitarbeitern können Informationen zu Veränderungen in den Marketingstrategien der Einheit, zu Entwicklungen der Umsätze oder zu vertraglichen Vereinbarungen mit Kunden liefern.

Analytische Prüfungshandlungen (vgl. Tz. 6(b))

A7. Analytische Prüfungshandlungen zur Risikobeurteilung können Aspekte der Einheit aufdecken, die dem Abschlussprüfer unbekannt waren und können dazu beitragen, die Risiken wesentlicher falscher Darstellungen zu beurteilen, um eine Grundlage für die Planung und Umsetzung von Reaktionen auf beurteilte Risiken zu schaffen. Analytische Prüfungshandlungen, die als Maßnahmen zur Risikobeurteilung durchgeführt wurden, können sowohl finanzielle als auch nicht finanzielle Informationen betreffen (z.B. das Verhältnis zwischen Umsatzerlösen und Quadratmeter Verkaufsfläche oder das Volumen verkaufter Güter).

A8. Analytische Prüfungshandlungen können dem Abschlussprüfer dabei helfen, ungewöhnliche Geschäftsvorfälle oder Ereignisse sowie Beträge, Kennzahlen und Entwicklungen festzustellen, die möglicherweise auf Sachverhalte hindeuten, die Auswirkungen auf die Prüfung haben. Identifizierte ungewöhnliche oder unerwartete Verhältnisse können den Abschlussprüfer beim Identifizieren von Risiken wesentlicher falscher Darstellungen unterstützen, insbesondere von Risiken wesentlicher falscher Darstellungen aufgrund von dolosen Handlungen.

A9. Werden jedoch bei derartigen analytischen Prüfungshandlungen hoch aggregierte Daten verwendet (was bei analytischen Prüfungshandlungen, die zur Risikobeurteilung durchgeführt werden, der Fall sein kann), geben die Ergebnisse dieser analytischen Prüfungshandlungen lediglich einen allgemeinen ersten Hinweis auf möglicherweise vorhandene wesentliche falsche Darstellungen. Entsprechend kann in solchen Fällen die Berücksichtigung weiterer Informationen, die bei der Identifizierung der Risiken wesentlicher falscher Darstellungen gesammelt wurden, zusammen mit den Ergebnissen damit zusammenhängender analytischer Prüfungshandlungen den Abschlussprüfer im Verständnis und in der Beurteilung von den Ergebnissen der analytischen Prüfungshandlungen unterstützen.

Considerations Specific to Smaller Entities

A10. Some smaller entities may not have interim or monthly financial information that can be used for purposes of analytical procedures. In these circumstances, although the auditor may be able to perform limited analytical procedures for purposes of planning the audit or obtain some information through inquiry, the auditor may need to plan to perform analytical procedures to identify and assess the risks of material misstatement when an early draft of the entity's financial statements is available.

Observation and Inspection (Ref: Para. 6(c))

A11. Observation and inspection may support inquiries of management and others, and may also provide information about the entity and its environment. Examples of such audit procedures include observation or inspection of the following:

- The entity's operations.
- Documents (such as business plans and strategies), records, and internal control manuals.
- Reports prepared by management (such as quarterly management reports and interim financial statements) and those charged with governance (such as minutes of board of directors' meetings).
- The entity's premises and plant facilities.

Information Obtained in Prior Periods (Ref: Para. 9)

A12. The auditor's previous experience with the entity and audit procedures performed in previous audits may provide the auditor with information about such matters as:

- Past misstatements and whether they were corrected on a timely basis.
- The nature of the entity and its environment, and the entity's internal control (including deficiencies in internal control).
- Significant changes that the entity or its operations may have undergone since the prior financial period, which may assist the auditor in gaining a sufficient understanding of the entity to identify and assess risks of material misstatement.

A13. The auditor is required to determine whether information obtained in prior periods remains relevant, if the auditor intends to use that information for the purposes of the current audit. This is because changes in the control environment, for example, may affect the relevance of information obtained in the prior year. To determine whether changes have occurred that may affect the relevance of such information, the auditor may make inquiries and perform other appropriate audit procedures, such as walk-throughs of relevant systems.

Discussion among the Engagement Team (Ref: Para. 10)

A14. The discussion among the engagement team about the susceptibility of the entity's financial statements to material misstatement:

- Provides an opportunity for more experienced engagement team members, including the engagement partner, to share their insights based on their knowledge of the entity.
- Allows the engagement team members to exchange information about the business risks to which the entity is subject and about how and where the financial statements might be susceptible to material misstatement due to fraud or error.
- Assists the engagement team members to gain a better understanding of the potential for material misstatement of the financial statements in the specific areas assigned to them, and to understand how the results of the audit procedures that they perform may affect other aspects of the audit including the decisions about the nature, timing and extent of further audit procedures.
- Provides a basis upon which engagement team members communicate and share new information obtained throughout the audit that may affect the assessment of risks of material misstatement or the audit procedures performed to address these risks.

Spezifische Überlegungen zu kleineren Einheiten

A10. Manche kleineren Einheiten haben möglicherweise keine unterjährige oder monatliche Finanzinformation, die für die Zwecke der analytischen Prüfungshandlungen verwendet werden kann. Obwohl der Abschlussprüfer in diesen Fällen möglicherweise in der Lage ist, für die Zwecke der Planung der Prüfung begrenzte analytische Prüfungshandlungen durchzuführen, oder einige Informationen durch Befragung zu erlangen, muss er möglicherweise zu einem Zeitpunkt, zu dem ein früher Entwurf des Abschlusses der Einheit verfügbar ist, die Durchführung von analytischen Prüfungshandlungen planen, um Risiken wesentlicher falscher Darstellungen zu erkennen und zu beurteilen.

Beobachtung und Inaugenschein-/Einsichtnahme (vgl. Tz. 6(c))

A11. Beobachtung und Inaugenschein-/Einsichtnahme können die Befragungen des Managements sowie weiterer Personen unterstützen und auch Informationen über die Einheit und ihr Umfeld liefern. Beispiele für solche Prüfungshandlungen sind Beobachtung und Inaugenschein-/Einsichtnahme von

- Geschäften der Einheit,
- Dokumenten (z. B. Geschäftsplänen und -strategien), Aufzeichnungen und Handbüchern zum IKS,
- Berichten, die vom Management (z. B. Quartalsberichte und Zwischenabschlüsse) und von den für die Überwachung Verantwortlichen (z. B. Protokolle über Aufsichtsratssitzungen) erstellt wurden, sowie
- Geschäftsräumen und Fabrikationsanlagen der Einheit.

In früheren Berichtszeiträumen erlangte Informationen (vgl. Tz. 9)

A12. Aus der bisherigen Erfahrungen mit der Einheit und aus Prüfungshandlungen früherer Abschlussprüfungen kann der Abschlussprüfer bspw. Informationen über folgende Sachverhalte erlangen:

- falsche Darstellungen in der Vergangenheit und ob diese in angemessener Zeit korrigiert wurden.
- Art der Einheit, ihr Umfeld sowie IKS der Einheit (einschließlich Mängel im IKS).

- bedeutsame Veränderungen in der Einheit oder in ihrer Geschäftstätigkeit seit dem letzten Berichtszeitraum, die den Abschlussprüfer dabei unterstützen können, ein ausreichendes Verständnis von der Einheit zu gewinnen, um die Risiken wesentlicher falscher Darstellungen identifizieren und beurteilen zu können.

A13. Der Abschlussprüfer ist verpflichtet festzustellen, ob in früheren Berichtszeiträumen erlangte Informationen weiterhin relevant sind, wenn beabsichtigt ist, diese Informationen für die laufende Abschlussprüfung zu verwenden. Dies liegt daran, dass sich bspw. Veränderungen im Kontrollumfeld auf die Relevanz von im Vorjahr erlangten Informationen auswirken können. Um festzustellen, ob sich Veränderungen ergeben haben, die sich auf die Relevanz solcher Informationen auswirken können, kann der Abschlussprüfer Befragungen und andere geeignete Prüfungshandlungen durchführen, z. B. Nachvollzug relevanter Systeme.

Besprechung im Prüfungsteam (vgl. Tz. 10)

A14. Die Besprechung im Prüfungsteam über die Anfälligkeit des Abschlusses der Einheit für wesentliche falsche Darstellungen

- gibt erfahreneren Mitgliedern des Prüfungsteams, einschließlich des für den Auftrag Verantwortlichen, die Gelegenheit, ihre Erkenntnisse auf der Grundlage ihres Wissens über die Einheit auszutauschen.
- gibt den Mitgliedern des Prüfungsteams die Möglichkeit zum Austausch von Informationen über die Geschäftsrisiken, denen die Einheit ausgesetzt ist, und darüber, in welcher Weise und an welchen Stellen der Abschluss für wesentliche - beabsichtigte oder unbeabsichtigte - falsche Darstellungen anfällig sein könnte.
- hilft den Mitgliedern des Prüfungsteams dabei, ein besseres Verständnis von der Möglichkeit wesentlicher falscher Darstellungen im Abschluss für die ihnen jeweils zugeteilten Prüfungsgebiete zu gewinnen und zu verstehen, welche Auswirkungen die Ergebnisse der von ihnen durchgeführten Prüfungshandlungen auf andere Aspekte der Abschlussprüfung, einschließlich der Entscheidungen über Art, zeitliche Einteilung und Umfang weiterer Prüfungshandlungen, haben können.
- bildet eine Grundlage, auf der die Mitglieder des Prüfungsteams während der gesamten Abschlussprüfung kommunizieren und erlangte neue Informationen austauschen, die sich auf die Beurteilung von Risiken wesentlicher falscher Darstellungen auswirken können oder auf die Prüfungshandlungen, die durchgeführt werden, um diesen Risiken zu begegnen.

ISA 240 provides further requirements and guidance in relation to the discussion among the engagement team about the risks of fraud.[5)]

A15. It is not always necessary or practical for the discussion to include all members in a single discussion (as, for example, in a multi-location audit), nor is it necessary for all of the members of the engagement team to be informed of all of the decisions reached in the discussion. The engagement partner may discuss matters with key members of the engagement team including, if considered appropriate, those with specific skills or knowledge, and those responsible for the audits of components, while delegating discussion with others, taking account of the extent of communication considered necessary throughout the engagement team. A communications plan, agreed by the engagement partner, may be useful.

Considerations Specific to Smaller Entities

A16. Many small audits are carried out entirely by the engagement partner (who may be a sole practitioner). In such situations, it is the engagement partner who, having personally conducted the planning of the audit, would be responsible for considering the susceptibility of the entity's financial statements to material misstatement due to fraud or error.

The Required Understanding of the Entity and Its Environment, Including the Entity's Internal Control

The Entity and Its Environment

Industry, Regulatory and Other External Factors (Ref: Para. 11(a))

Industry Factors

A17. Relevant industry factors include industry conditions such as the competitive environment, supplier and customer relationships, and technological developments. Examples of matters the auditor may consider include:

- The market and competition, including demand, capacity, and price competition.
- Cyclical or seasonal activity.
- Product technology relating to the entity's products.
- Energy supply and cost.

A18. The industry in which the entity operates may give rise to specific risks of material misstatement arising from the nature of the business or the degree of regulation. For example, long-term contracts may involve significant estimates of revenues and expenses that give rise to risks of material misstatement. In such cases, it is important that the engagement team include members with sufficient relevant knowledge and experience.[6)]

Regulatory Factors

A19. Relevant regulatory factors include the regulatory environment. The regulatory environment encompasses, among other matters, the applicable financial reporting framework and the legal and political environment. Examples of matters the auditor may consider include:

- Accounting principles and industry-specific practices.
- Regulatory framework for a regulated industry.
- Legislation and regulation that significantly affect the entity's operations, including direct supervisory activities.
- Taxation (corporate and other).
- Government policies currently affecting the conduct of the entity's business, such as monetary, including foreign exchange controls, fiscal, financial incentives (for example, government aid programs), and tariffs or trade restrictions policies.
- Environmental requirements affecting the industry and the entity's business.

---

5) ISA 240, paragraph 15.
6) ISA 220, "Quality Control for an Audit of Financial Statements," paragraph 14.

Identifizierung und Beurteilung der Risiken wesentlicher falscher Darstellungen aus dem Verstehen der Einheit und ihres Umfelds — ISA 315

A15. ISA 240 enthält weitere Anforderungen und erläuternde Hinweise zur Besprechung im Prüfungsteam über die Risiken von dolosen Handlungen.[5]

A15. Es ist nicht immer notwendig oder praktisch durchführbar, alle Mitglieder des Prüfungsteams in eine einzige Besprechung einzubeziehen (z. B. bei einer Abschlussprüfung an mehreren Standorten); ebenso ist es nicht notwendig, alle Mitglieder des Prüfungsteams über alle während der Besprechung getroffenen Entscheidungen zu informieren. Der für den Auftrag Verantwortliche kann Sachverhalte mit Mitgliedern des Prüfungsteams in Schlüsselfunktionen erörtern, darunter - wenn dies als angemessen erachtet wird - mit denjenigen mit spezifischen Fähigkeiten oder Kenntnissen und den für die Prüfungen von Teilbereichen Verantwortlichen, und Besprechungen mit anderen Beteiligten delegieren, wobei der Abschlussprüfer den für notwendig erachteten Umfang der Kommunikation innerhalb des gesamten Prüfungsteams berücksichtigen muss. Ein Kommunikationsplan, abgestimmt mit dem für den Auftrag Verantwortlichen, kann hilfreich sein.

Spezifische Überlegungen zu kleineren Einheiten

A16. Viele kleine Abschlussprüfungen werden vollständig von dem Auftragsverantwortlichen durchgeführt (bei dem es sich um einen einzelnen Berufsangehörigen handeln kann). In einer solchen Situation wäre der Auftragsverantwortliche, der die Abschlussprüfung persönlich geplant hat, auch selbst dafür verantwortlich, die Anfälligkeit des Abschlusses der Einheit für wesentliche - beabsichtigte oder unbeabsichtigte - falsche Darstellungen einzuschätzen.

Das erforderliche Verständnis von der Einheit und ihrem Umfeld einschließlich ihres IKS

Die Einheit und ihr Umfeld

Branchenbezogene, rechtliche und andere externe Faktoren (vgl. Tz. 11(a))

Branchenbezogene Faktoren

A17. Zu den relevanten branchenbezogenen Faktoren gehören Branchengegebenheiten wie das Wettbewerbsumfeld, Lieferanten- und Kundenbeziehungen sowie technologische Entwicklungen. Beispiele für Sachverhalte, die der Abschlussprüfer möglicherweise berücksichtigt:
- Markt- und Wettbewerbssituation, einschließlich Nachfrage, Kapazität und Preiswettbewerb
- zyklische oder saisonale Tätigkeit
- Produkttechnologie für die Produkte der Einheit
- Energieversorgung und Energiekosten.

A18. Die Branche, in der die Einheit tätig ist, kann bestimmte Risiken wesentlicher falscher Darstellungen zur Folge haben, die sich aus der Art der Geschäftstätigkeit oder dem Grad der Regulierung in der Branche ergeben. Beispielsweise können langfristige Verträge bedeutsame Schätzungen von Erlösen und Aufwendungen beinhalten, aus denen Risiken wesentlicher falscher Darstellungen resultieren. In solchen Fällen ist es wichtig, dass in das Prüfungsteam Mitglieder mit ausreichenden einschlägigen Kenntnissen und Erfahrungen einbezogen werden.[6]

Rechtliche Faktoren

A19. Zu den relevanten rechtlichen Faktoren gehört das regulatorische Umfeld. Das regulatorische Umfeld umfasst u.a. das maßgebende Regelwerk der Rechnungslegung sowie das rechtliche und das politische Umfeld. Beispiele für Sachverhalte, die der Abschlussprüfer möglicherweise berücksichtigt:
- Rechnungslegungsgrundsätze und branchenspezifische Gepflogenheiten
- rechtliche Rahmenbedingungen in einer regulierten Branche
- gesetzliche und andere rechtliche Bestimmungen, die sich erheblich auf die Geschäftstätigkeit der Einheit auswirken, einschließlich direkter Überwachungsmaßnahmen
- Besteuerung (Unternehmenssteuern und sonstige Steuern)
- Regierungspolitik, die sich gegenwärtig auf den Geschäftsbetrieb der Einheit auswirkt, wie bspw. Geldpolitik, einschließlich Devisenkontrollen, Fiskalpolitik, finanzielle Anreize (z. B. staatliche Förderprogramme) sowie Zolltarife oder Handelsbeschränkungen
- Umweltauflagen, die sich auf die Branche und auf die Geschäftstätigkeit der Einheit auswirken.

---

5) ISA 240, Textziffer 15.
6) ISA 220 „Qualitätssicherung bei einer Abschlussprüfung", Textziffer 14.

ISA 315   Identifying and Assessing the Risks of Material Misstatement through Understanding the Entity and Its Environment

A20. ISA 250 includes some specific requirements related to the legal and regulatory framework applicable to the entity and the industry or sector in which the entity operates.[7]

Considerations specific to public sector entities

A21. For the audits of public sector entities, law, regulation or other authority may affect the entity's operations. Such elements are essential to consider when obtaining an understanding of the entity and its environment.

Other External Factors

A22. Examples of other external factors affecting the entity that the auditor may consider include the general economic conditions, interest rates and availability of financing, and inflation or currency revaluation.

Nature of the Entity (Ref: Para. 11(b))

A23. An understanding of the nature of an entity enables the auditor to understand such matters as:

- Whether the entity has a complex structure, for example, with subsidiaries or other components in multiple locations. Complex structures often introduce issues that may give rise to risks of material misstatement. Such issues may include whether goodwill, joint ventures, investments, or special-purpose entities are accounted for appropriately.

- The ownership, and relations between owners and other people or entities. This understanding assists in determining whether related party transactions have been identified and accounted for appropriately. ISA 550[8] establishes requirements and provides guidance on the auditor's considerations relevant to related parties.

A24. Examples of matters that the auditor may consider when obtaining an understanding of the nature of the entity include:

- Business operations such as:
    - Nature of revenue sources, products or services, and markets, including involvement in electronic commerce such as Internet sales and marketing activities.
    - Conduct of operations (for example, stages and methods of production, or activities exposed to environmental risks).
    - Alliances, joint ventures, and outsourcing activities.
    - Geographic dispersion and industry segmentation.
    - Location of production facilities, warehouses, and offices, and location and quantities of inventories.
    - Key customers and important suppliers of goods and services, employment arrangements (including the existence of union contracts, pension and other post employment benefits, stock option or incentive bonus arrangements, and government regulation related to employment matters).
    - Research and development activities and expenditures.
    - Transactions with related parties.
- Investments and investment activities such as:
    - Planned or recently executed acquisitions or divestitures.
    - Investments and dispositions of securities and loans.
    - Capital investment activities.
    - Investments in non-consolidated entities, including partnerships, joint ventures and special-purpose entities.

---

[7] ISA 250, "Consideration of Laws and Regulations in an Audit of Financial Statements," paragraph 12.

[8] ISA 550, "Related Parties."

A20. ISA 250 enthält einige spezifische Anforderungen bezüglich des Rechtsrahmens, der für die Einheit und die Branche oder den Bereich, in dem die Einheit tätig ist, maßgebend ist.[7]

Spezifische Überlegungen zu Einheiten des öffentlichen Sektors

A21. Für die Abschlussprüfungen bei Einheiten des öffentlichen Sektors gilt, dass Gesetze, andere Rechtsvorschriften oder sonstige amtliche Vorgaben sich auf die Geschäftstätigkeit der Einheit auswirken. Solche Bestandteile sind von entscheidender Bedeutung, wenn ein Verständnis von der Einheit und ihrem Umfeld erlangt wird.

Andere externe Faktoren

A22. Zu den anderen externen Faktoren mit Auswirkungen auf die Einheit, die der Abschlussprüfer möglicherweise abwägt, gehören die gesamtwirtschaftlichen Rahmenbedingungen, das Zinsniveau und die Verfügbarkeit von Finanzierungsmitteln sowie Inflation oder Währungsanpassungen.

Merkmale der zu prüfenden Einheit (vgl. Tz. 11(b))

A23. Ein Verständnis von den Merkmalen einer zu prüfenden Einheit versetzt den Abschlussprüfer in die Lage, u. a. Folgendes zu verstehen:

- ob die Einheit eine komplexe Struktur aufweist, z. B. mit Tochtergesellschaften oder anderen Teilbereichen an mehreren Standorten. Komplexe Strukturen bringen häufig Probleme mit sich, aus denen Risiken wesentlicher falscher Darstellungen resultieren können. Zu diesen Problemen kann es gehören, ob Geschäfts- oder Firmenwert[*], Joint Ventures, Beteiligungen oder Zweckgesellschaften in der Rechnungslegung zutreffend abgebildet sind.
- die Eigentümerstruktur und welche Beziehungen zwischen den Eigentümern und anderen natürlichen oder juristischen Personen bestehen. Dieses Verständnis hilft dabei festzustellen, ob Transaktionen mit nahe stehenden Personen identifiziert und in der Rechnungslegung zutreffend abgebildet wurden. ISA 550[8] enthält Anforderungen und erläuternde Hinweise für die Überlegungen des Abschlussprüfers zu nahe stehenden Personen.

A24. Zu den Beispielen für Sachverhalte, die der Abschlussprüfer berücksichtigen kann, um ein Verständnis von den Merkmalen der zu prüfenden Einheit zu gewinnen, gehören:

- Geschäftstätigkeit, u.a.:
  - Art der Erlösquellen, Produkte oder Dienstleistungen und Märkte, einschließlich der Nutzung von E-Commerce, wie z. B. Verkaufs- und Marketingaktivitäten im Internet,
  - Betriebsabläufe (z. B. Produktionsstufen und -verfahren oder mit Umweltrisiken verbundene Tätigkeiten),
  - Allianzen[**], Joint Ventures und Outsourcing-Aktivitäten,
  - Geographische Verteilung und Branchensegmentierung,
  - Standorte von Produktion, Lager und Verwaltung sowie Lagerort und Menge der Vorräte,
  - besonders wichtige Kunden sowie wichtige Zulieferer für Güter und Dienstleistungen, Beschäftigungsverhältnisse (einschließlich des Vorhandenseins von Tarifverträgen, Pensionen und anderen Leistungen nach Beendigung des Arbeitsverhältnisses, Aktienoptionsplänen oder anderen Anreizsystemen sowie arbeitsrechtlichen Bestimmungen),
  - Forschungs- und Entwicklungstätigkeit und damit verbundene Aufwendungen,
  - Transaktionen mit nahe stehenden Personen.
- Investitionen und damit verbundene Aktivitäten, u.a.:
  - geplante oder vor kurzem durchgeführte Akquisitionen bzw. Veräußerungen,
  - Erwerb und Veräußerung von Wertpapieren sowie Aufnahme und Rückzahlung von Darlehen,
  - Investitionen ins Anlagevermögen,
  - Beteiligungen an nicht konsolidierten Einheiten, einschließlich Personengesellschaften, Joint Ventures und Zweckgesellschaften.

---

7) ISA 250 „Berücksichtigung der Auswirkungen von Gesetzen und anderen Rechtsvorschriften auf den Abschluss bei einer Abschlussprüfung", Textziffer 12.
8) ISA 550 „Nahe stehende Personen".
*) In der Schweiz: Goodwill.
**) Zusammenarbeit von Unternehmen.

- Financing and financing activities such as:
    - Major subsidiaries and associated entities, including consolidated and non-consolidated structures.
    - Debt structure and related terms, including off-balance-sheet financing arrangements and leasing arrangements.
    - Beneficial owners (local, foreign, business reputation and experience) and related parties.
    - Use of derivative financial instruments.
- Financial reporting such as:
    - Accounting principles and industry-specific practices, including industry-specific significant categories (for example, loans and investments for banks, or research and development for pharmaceuticals).
    - Revenue recognition practices.
    - Accounting for fair values.
    - Foreign currency assets, liabilities and transactions.
    - Accounting for unusual or complex transactions including those in controversial or emerging areas (for example, accounting for stock-based compensation).

A25. Significant changes in the entity from prior periods may give rise to, or change, risks of material misstatement.

Nature of Special-Purpose Entities

A26. A special-purpose entity (sometimes referred to as a special-purpose vehicle) is an entity that is generally established for a narrow and well-defined purpose, such as to effect a lease or a securitization of financial assets, or to carry out research and development activities. It may take the form of a corporation, trust, partnership or unincorporated entity. The entity on behalf of which the special-purpose entity has been created may often transfer assets to the latter (for example, as part of a derecognition transaction involving financial assets), obtain the right to use the latter's assets, or perform services for the latter, while other parties may provide the funding to the latter. As ISA 550 indicates, in some circumstances, a special-purpose entity may be a related party of the entity.[9]

A27. Financial reporting frameworks often specify detailed conditions that are deemed to amount to control, or circumstances under which the special-purpose entity should be considered for consolidation. The interpretation of the requirements of such frameworks often demands a detailed knowledge of the relevant agreements involving the special-purpose entity.

The Entity's Selection and Application of Accounting Policies (Ref: Para. 11(c))

A28. An understanding of the entity's selection and application of accounting policies may encompass such matters as:
- The methods the entity uses to account for significant and unusual transactions.
- The effect of significant accounting policies in controversial or emerging areas for which there is a lack of authoritative guidance or consensus.
- Changes in the entity's accounting policies.
- Financial reporting standards and laws and regulations that are new to the entity and when and how the entity will adopt such requirements.

Objectives and Strategies and Related Business Risks (Ref: Para. 11(d))

A29. The entity conducts its business in the context of industry, regulatory and other internal and external factors. To respond to these factors, the entity's management or those charged with governance define

---

9) ISA 550, paragraph A7.

- Finanzierung und damit verbundene Aktivitäten, u.a.:
  - wichtigste Tochtergesellschaften und assoziierte Unternehmen, einschließlich konsolidierter und nicht konsolidierter Strukturen,
  - Fremdkapitalstruktur und damit verbundene Bestimmungen, einschließlich nicht bilanzwirksamer Finanzierungsvereinbarungen und Leasing-Vereinbarungen,
  - wirtschaftliche Eigentümer (In- oder Ausländer, geschäftlicher Ruf und Erfahrung) und nahe stehende Personen,
  - Einsatz von derivativen Finanzinstrumenten.
- Rechnungslegung, u.a.:
  - Rechnungslegungsgrundsätze und branchenspezifische Gepflogenheiten, einschließlich Aspekten, die branchenspezifisch von besonderer Bedeutung sind (z. B. Darlehen und Anlagen für Banken oder Forschung und Entwicklung für Pharmaunternehmen),
  - Gepflogenheiten bei der Erlöserfassung,
  - Abbildung von Zeitwerten,
  - auf fremde Währung lautende Vermögenswerte, Schulden und Geschäftsvorfälle,
  - Abbildung von ungewöhnlichen oder komplexen Geschäftsvorfällen, einschließlich derjenigen in umstrittenen oder neu aufkommenden Bereichen (z. B. Bilanzierung aktienbasierter Vergütungsformen).

A25. Bedeutsame Veränderungen in der Einheit im Vergleich zu früheren Berichtszeiträumen können dazu führen, dass sich Risiken wesentlicher falscher Darstellungen ergeben oder verändern.

Eigenschaften der Zweckgesellschaften

A26. Eine Zweckgesellschaft[*] (manchmal als „special-purpose vehicle" bezeichnet) ist eine Einheit, die im Allgemeinen mit einem engen und genau definierten Ziel gegründet wird (z. B. um ein Leasinggeschäft oder eine Verbriefung von Finanzinstrumenten oder Forschungs- und Entwicklungsaktivitäten durchzuführen). Sie kann die Rechtsform einer Körperschaft, eines Treuhandverhältnisses, einer Personengesellschaft oder einer anderen Einheit haben, die nicht eine Körperschaft ist. Die Einheit, für die die Zweckgesellschaft gegründet wurde, kann häufig Vermögenswerte zur Zweckgesellschaft transferieren (z.B. als Teil einer Ausbuchungstransaktion für finanzielle Vermögenswerte), das Recht zur Nutzung von deren Vermögenswerten erhalten oder Dienstleistungen für diese erbringen, während andere Parteien die Finanzierung der Zweckgesellschaft bereitstellen können. ISA 550 weist darauf hin, dass eine Zweckgesellschaft in manchen Fällen eine nahe stehende Person der Einheit sein kann.[9]

A27. Oft legen Regelwerke der Rechnungslegung detaillierte Bedingungen, bei denen von einer Kontrolle auszugehen ist, oder die Umstände, unter denen eine Konsolidierung der Zweckgesellschaft in Betracht gezogen werden soll, fest. Die Auslegung der Anforderungen solcher Regelwerke erfordert häufig detaillierte Kenntnisse über die relevanten, die Zweckgesellschaft betreffenden Vereinbarungen.

Die von der Einheit ausgewählten und angewendeten Rechnungslegungsmethoden (vgl. Tz. 11(c))

A28. Ein Verständnis der von der Einheit ausgewählten und angewendeten Rechnungslegungsmethoden kann u.a. umfassen:
- Methoden, welche die Einheit zur Abbildung von bedeutsamen und ungewöhnlichen Geschäftsvorfällen in der Rechnungslegung anwendet,
- Auswirkungen von bedeutsamen Rechnungslegungsmethoden in umstrittenen oder neu aufkommenden Bereichen, für die es keine verbindliche Anweisung oder herrschende Meinung gibt,
- Veränderungen in den Rechnungslegungsmethoden der Einheit,
- Rechnungslegungsstandards sowie gesetzliche und andere rechtliche Bestimmungen, die für die Einheit neu sind, einschließlich der Frage, wann und wie die Einheit diese Regelungen übernehmen wird.

Ziele und Strategien sowie damit verbundene Geschäftsrisiken (vgl. Tz. 11(d))

A29. Die Geschäftstätigkeit der Einheit findet im Kontext von branchenbezogenen, rechtlichen und anderen internen und externen Faktoren statt. Um auf diese Faktoren zu reagieren, definieren das Management der

---

9) ISA 550, Textziffer 7.
*) Special-purpose entity (SPE).

objectives, which are the overall plans for the entity. Strategies are the approaches by which management intends to achieve its objectives. The entity's objectives and strategies may change over time.

A30. Business risk is broader than the risk of material misstatement of the financial statements, though it includes the latter. Business risk may arise from change or complexity. A failure to recognize the need for change may also give rise to business risk. Business risk may arise, for example, from:

- The development of new products or services that may fail;
- A market which, even if successfully developed, is inadequate to support a product or service; or
- Flaws in a product or service that may result in liabilities and reputational risk.

A31. An understanding of the business risks facing the entity increases the likelihood of identifying risks of material misstatement, since most business risks will eventually have financial consequences and, therefore, an effect on the financial statements. However, the auditor does not have a responsibility to identify or assess all business risks because not all business risks give rise to risks of material misstatement.

A32. Examples of matters that the auditor may consider when obtaining an understanding of the entity's objectives, strategies and related business risks that may result in a risk of material misstatement of the financial statements include:

- Industry developments (a potential related business risk might be, for example, that the entity does not have the personnel or expertise to deal with the changes in the industry).
- New products and services (a potential related business risk might be, for example, that there is increased product liability).
- Expansion of the business (a potential related business risk might be, for example, that the demand has not been accurately estimated).
- New accounting requirements (a potential related business risk might be, for example, incomplete or improper implementation, or increased costs).
- Regulatory requirements (a potential related business risk might be, for example, that there is increased legal exposure).
- Current and prospective financing requirements (a potential related business risk might be, for example, the loss of financing due to the entity's inability to meet requirements).
- Use of IT (a potential related business risk might be, for example, that systems and processes are incompatible).
- The effects of implementing a strategy, particularly any effects that will lead to new accounting requirements (a potential related business risk might be, for example, incomplete or improper implementation).

A33. A business risk may have an immediate consequence for the risk of material misstatement for classes of transactions, account balances, and disclosures at the assertion level or the financial statement level. For example, the business risk arising from a contracting customer base may increase the risk of material misstatement associated with the valuation of receivables. However, the same risk, particularly in combination with a contracting economy, may also have a longer-term consequence, which the auditor considers when assessing the appropriateness of the going concern assumption. Whether a business risk may result in a risk of material misstatement is, therefore, considered in light of the entity's circumstances. Examples of conditions and events that may indicate risks of material misstatement are indicated in Appendix 2.

A34. Usually, management identifies business risks and develops approaches to address them. Such a risk assessment process is part of internal control and is discussed in paragraph 15 and paragraphs A79–A80.

Considerations Specific to Public Sector Entities

A35. For the audits of public sector entities, "management objectives" may be influenced by concerns regarding public accountability and may include objectives which have their source in law, regulation or other authority.

Identifizierung und Beurteilung der Risiken wesentlicher falscher Darstellungen aus dem Verstehen der Einheit und ihres Umfelds — ISA 315

Einheit oder die für die Überwachung Verantwortlichen Ziele als allgemeine Pläne für die Einheit. Strategien sind die Ansätze, mit deren Hilfe das Management seine Ziele erreichen will. Die Ziele und Strategien der Einheit können sich im Zeitablauf verändern.

A30. Der Begriff „Geschäftsrisiko" ist weiter gefasst als der Begriff „Risiko wesentlicher falscher Darstellungen im Abschluss", schließt diesen jedoch mit ein. Geschäftsrisiken können sich aus Veränderungen oder aus komplexen Verhältnissen ergeben. Das Nichterkennen der Notwendigkeit für eine Veränderung kann ebenfalls zu Geschäftsrisiken führen. Geschäftsrisiken können sich bspw. ergeben aus

- der Entwicklung neuer Produkte oder Dienstleistungen, die möglicherweise erfolglos bleiben,
- einem Markt, der auch bei einer erfolgreichen Entwicklung eines Produkts oder einer Dienstleistung nicht aufnahmefähig ist, oder
- Mängeln in Produkten oder Dienstleistungen, die Haftungen oder Rufschädigungen nach sich ziehen können.

A31. Das Verstehen von für die Einheit bestehenden Geschäftsrisiken erhöht die Wahrscheinlichkeit, Risiken wesentlicher falscher Darstellungen zu identifizieren, da die meisten Geschäftsrisiken irgendwann einmal mit finanziellen Konsequenzen verbunden sind und sich deshalb auf den Abschluss auswirken. Es liegt jedoch nicht in der Verantwortlichkeit des Abschlussprüfers, sämtliche Geschäftsrisiken zu identifizieren oder zu beurteilen, da nicht alle Geschäftsrisiken zu Risiken wesentlicher falscher Darstellungen führen.

A32. Im Folgenden sind Beispiele für Sachverhalte aufgeführt, die der Abschlussprüfer berücksichtigen kann, wenn er ein Verständnis von den Zielen, Strategien und den damit verbundenen Geschäftsrisiken, die Risiken wesentlicher falscher Darstellungen im Abschluss zur Folge haben können, erlangt:

- Entwicklungen innerhalb der Branche (ein potenziell damit verbundenes Geschäftsrisiko könnte bspw. darin liegen, dass die Einheit nicht über die Mitarbeiter oder die Fachkenntnisse verfügt, die erforderlich sind, um den Veränderungen innerhalb der Branche Rechnung zu tragen),
- neue Produkte und Dienstleistungen (ein potenziell damit verbundenes Geschäftsrisiko könnte bspw. in einer erhöhten Produkthaftung liegen),
- Ausweitung der Geschäftstätigkeit (ein potenziell damit verbundenes Geschäftsrisiko könnte bspw. in einer unzutreffenden Einschätzung der Nachfrage liegen),
- neue Rechnungslegungspflichten (ein potenziell damit verbundenes Geschäftsrisiko könnte bspw. in einer unvollständigen oder fehlerhaften Anwendung oder in erhöhten Kosten liegen),
- regulatorische Anforderungen (ein potenziell damit verbundenes Geschäftsrisiko könnte bspw. in einer Zunahme der rechtlichen Risiken liegen),
- gegenwärtige und zukünftige Finanzierungsanforderungen (ein potenziell damit verbundenes Geschäftsrisiko könnte bspw. im Verlust von Finanzierungsmitteln liegen, wenn die Einheit nicht in der Lage ist, bestimmte Anforderungen zu erfüllen),
- Einsatz von Informationstechnologie (ein potenziell damit verbundenes Geschäftsrisiko könnte bspw. in Inkompatibilitäten zwischen Systemen und Prozessen liegen),
- Auswirkungen der Umsetzung einer Strategie, besonders solche Auswirkungen, die zu neuen Rechnungslegungspflichten führen werden (ein potenziell damit verbundenes Geschäftsrisiko könnte bspw. in einer unvollständigen oder fehlerhaften Umsetzung liegen).

A33. Ein Geschäftsrisiko kann sich unmittelbar auf das Risiko wesentlicher falscher Darstellungen von Arten von Geschäftsvorfällen, Kontensalden sowie Abschlussangaben auf Aussage- oder Abschlussebene auswirken. Beispielsweise kann das aus einem schrumpfenden Kundenstamm resultierende Geschäftsrisiko das Risiko wesentlicher falscher Darstellungen bei der Bewertung von Forderungen vergrößern. Besonders in Kombination mit einer rückläufigen Wirtschaftstätigkeit kann dasselbe Risiko auch längerfristige Folgen haben, die der Abschlussprüfer bei der Beurteilung der Angemessenheit der Annahme der Fortführung der Unternehmenstätigkeit berücksichtigt. Daher müssen die Überlegungen des Abschlussprüfers, ob ein Geschäftsrisiko ein Risiko wesentlicher falscher Darstellungen zur Folge haben kann, vor dem Hintergrund der jeweiligen Einheit angestellt werden. Beispiele für Umstände und Ereignisse, die möglicherweise auf Risiken wesentlicher falscher Darstellungen hindeuten, finden sich in Anlage 2.

A34. Normalerweise identifiziert das Management Geschäftsrisiken und entwickelt Ansätze, um ihnen zu begegnen. Ein solcher Risikobeurteilungsprozess ist Teil des IKS und wird in Textziffer 15 und in den Textziffern A79-A80 erläutert.

Spezielle Überlegungen zu Einheiten des öffentlichen Sektors

A35. Für die Abschlussprüfungen bei Einheiten des öffentlichen Sektors gilt, dass „Management-Ziele" möglicherweise durch die besondere Verantwortung gegenüber der Öffentlichkeit beeinflusst werden und

Measurement and Review of the Entity's Financial Performance (Ref: Para.11(e))

A36. Management and others will measure and review those things they regard as important. Performance measures, whether external or internal, create pressures on the entity. These pressures, in turn, may motivate management to take action to improve the business performance or to misstate the financial statements. Accordingly, an understanding of the entity's performance measures assists the auditor in considering whether pressures to achieve performance targets may result in management actions that increase the risks of material misstatement, including those due to fraud. See ISA 240 for requirements and guidance in relation to the risks of fraud.

A37. The measurement and review of financial performance is not the same as the monitoring of controls (discussed as a component of internal control in paragraphs A98–A104), though their purposes may overlap:

- The measurement and review of performance is directed at whether business performance is meeting the objectives set by management (or third parties).
- Monitoring of controls is specifically concerned with the effective operation of internal control.

In some cases, however, performance indicators also provide information that enables management to identify deficiencies in internal control.

A38. Examples of internally-generated information used by management for measuring and reviewing financial performance, and which the auditor may consider, include:

- Key performance indicators (financial and non-financial) and key ratios, trends and operating statistics.
- Period-on-period financial performance analyses.
- Budgets, forecasts, variance analyses, segment information and divisional, departmental or other level performance reports.
- Employee performance measures and incentive compensation policies.
- Comparisons of an entity's performance with that of competitors.

A39. External parties may also measure and review the entity's financial performance. For example, external information such as analysts' reports and credit rating agency reports may represent useful information for the auditor. Such reports can often be obtained from the entity being audited.

A40. Internal measures may highlight unexpected results or trends requiring management to determine their cause and take corrective action (including, in some cases, the detection and correction of misstatements on a timely basis). Performance measures may also indicate to the auditor that risks of misstatement of related financial statement information do exist. For example, performance measures may indicate that the entity has unusually rapid growth or profitability when compared to that of other entities in the same industry. Such information, particularly if combined with other factors such as performance-based bonus or incentive remuneration, may indicate the potential risk of management bias in the preparation of the financial statements.

Considerations Specific to Smaller Entities

A41. Smaller entities often do not have processes to measure and review financial performance. Inquiry of management may reveal that it relies on certain key indicators for evaluating financial performance and taking appropriate action. If such inquiry indicates an absence of performance measurement or review, there may be an increased risk of misstatements not being detected and corrected.

The Entity's Internal Control (Ref: Para. 12)

A42. An understanding of internal control assists the auditor in identifying types of potential misstatements and factors that affect the risks of material misstatement, and in designing the nature, timing and extent of further audit procedures.

Identifizierung und Beurteilung der Risiken wesentlicher falscher Darstellungen aus dem Verstehen der Einheit und ihres Umfelds ISA 315

Ziele umfassen können, deren Ursprung in Gesetzen, anderen Rechtsvorschriften oder sonstigen amtlichen Vorgaben liegt.

Messung und Überwachung des wirtschaftlichen Erfolgs der Einheit (vgl. Tz. 11(e))

A36. Das Management und andere messen und überwachen die Aspekte, die sie für wichtig erachten. Interne oder externe Leistungskennzahlen erzeugen Druck auf die Einheit. Dieser Druck kann wiederum das Management dazu veranlassen, Maßnahmen zur Verbesserung der Unternehmensleistung zu ergreifen oder im Abschluss falsche Darstellungen zu machen. Entsprechend hilft ein Verständnis von den Leistungskennzahlen der Einheit dem Abschlussprüfer bei der Einschätzung, ob das Management aufgrund von Leistungsdruck möglicherweise Maßnahmen ergriffen hat, die das Risiko wesentlicher falscher Darstellungen erhöhen, einschließlich wesentlicher falscher Darstellungen aufgrund von dolosen Handlungen. ISA 240 enthält Anforderungen und erläuternde Hinweise zu den Risiken von dolosen Handlungen.

A37. Die Messung und Überwachung des wirtschaftlichen Erfolgs der Einheit ist von der Überwachung von Kontrollen (die als Komponente des IKS in den Textziffern A98-A104 erläutert wird) zu unterscheiden, auch wenn sich deren Zwecke überschneiden können:

- Die Messung und Überwachung des Erfolgs ist auf die Frage gerichtet, ob der Unternehmenserfolg den vom Management (oder von Dritten) gesetzten Zielen entspricht.
- Die Überwachung von Kontrollen befasst sich speziell mit der Wirksamkeit des IKS.

In einigen Fällen liefern Leistungsindikatoren jedoch auch Informationen, die es dem Management ermöglichen, Mängel im IKS festzustellen.

A38. Beispiele für von der Einheit intern erzeugte Informationen, die vom Management für die Messung und Überwachung des wirtschaftlichen Erfolgs verwendet werden und die der Abschlussprüfer berücksichtigen kann, sind:

- besonders wichtige leistungsbezogene Schlüsselgrößen (finanziell und nicht finanziell) und Kennzahlen sowie die Trends und statistische Angaben zur Geschäftstätigkeit,
- Analysen des wirtschaftlichen Erfolgs im Periodenvergleich,
- Budgets, Prognosen, Abweichungsanalysen, Segment- und Geschäftsbereichsinformationen sowie Leistungsberichte nach Geschäftsbereichen, Abteilungen oder anderen Teilbereichen,
- Leistungskennzahlen für Mitarbeiter und Regelungen zur leistungsbezogenen Vergütung,
- Vergleiche des Erfolgs einer Einheit mit dem von Wettbewerbern.

A39. Der wirtschaftliche Erfolg der Einheit kann auch durch externe Personen gemessen und überwacht werden. Beispielsweise können externe Informationen wie Berichte von Analysten und Rating-Agenturen dem Abschlussprüfer nützlich sein. Solche Berichte können häufig von der geprüften Einheit bezogen werden.

A40. Interne Kennzahlen können unerwartete Ergebnisse oder eine unerwartete Entwicklung im Zeitablauf aufzeigen, die das Management zwingen, deren Ursache festzustellen und Korrekturmaßnahmen zu ergreifen (in einigen Fällen einschließlich einer Aufdeckung und Korrektur von falschen Darstellungen in angemessener Zeit). Leistungskennzahlen können dem Abschlussprüfer außerdem Anhaltspunkte dafür liefern, dass Risiken falscher Darstellungen in den damit verbundenen Abschlussinformationen bestehen. Beispielsweise können Leistungskennzahlen zeigen, dass die Einheit im Vergleich zu anderen Einheiten derselben Branche ein ungewöhnlich schnelles Wachstum oder eine ungewöhnlich hohe Rentabilität aufweist. Solche Informationen können, besonders in Kombination mit anderen Faktoren wie Erfolgsboni oder leistungsbezogener Vergütung, auf das potentielle Risiko einer interessengerichteten Aufstellung des Abschlusses durch das Management hindeuten.

Spezielle Überlegungen zu kleineren Einheiten

A41. Kleinere Einheiten haben häufig keine Prozesse zur Messung und Überwachung ihres wirtschaftlichen Erfolgs. Befragungen des Managements zeigen möglicherweise, dass es sich für die Beurteilung des wirtschaftlichen Erfolgs und für die Ergreifung angemessener Maßnahmen auf bestimmte Schlüsselgrößen stützt. Wenn solche Befragungen darauf hindeuten, dass der Erfolg nicht gemessen oder überwacht wird, besteht möglicherweise ein höheres Risiko, dass falsche Darstellungen nicht aufgedeckt und korrigiert werden.

Das IKS der Einheit (vgl. Tz. 12)

A42. Ein Verständnis vom IKS hilft dem Abschlussprüfer dabei, Arten möglicher falscher Darstellungen und Faktoren, die sich auf die Risiken wesentlicher falscher Darstellungen auswirken, zu identifizieren sowie Art, zeitliche Einteilung und Umfang weiterer Prüfungshandlungen zu planen.

A43. The following application material on internal control is presented in four sections, as follows:
- General Nature and Characteristics of Internal Control.
- Controls Relevant to the Audit.
- Nature and Extent of the Understanding of Relevant Controls.
- Components of Internal Control.

General Nature and Characteristics of Internal Control

Purpose of Internal Control

A44. Internal control is designed, implemented and maintained to address identified business risks that threaten the achievement of any of the entity's objectives that concern:

- The reliability of the entity's financial reporting;
- The effectiveness and efficiency of its operations; and
- Its compliance with applicable laws and regulations.

The way in which internal control is designed, implemented and maintained varies with an entity's size and complexity.

Considerations specific to smaller entities

A45. Smaller entities may use less structured means and simpler processes and procedures to achieve their objectives.

Limitations of Internal Control

A46. Internal control, no matter how effective, can provide an entity with only reasonable assurance about achieving the entity's financial reporting objectives. The likelihood of their achievement is affected by the inherent limitations of internal control. These include the realities that human judgment in decision-making can be faulty and that breakdowns in internal control can occur because of human error. For example, there may be an error in the design of, or in the change to, a control. Equally, the operation of a control may not be effective, such as where information produced for the purposes of internal control (for example, an exception report) is not effectively used because the individual responsible for reviewing the information does not understand its purpose or fails to take appropriate action.

A47. Additionally, controls can be circumvented by the collusion of two or more people or inappropriate management override of internal control. For example, management may enter into side agreements with customers that alter the terms and conditions of the entity's standard sales contracts, which may result in improper revenue recognition. Also, edit checks in a software program that are designed to identify and report transactions that exceed specified credit limits may be overridden or disabled.

A48. Further, in designing and implementing controls, management may make judgments on the nature and extent of the controls it chooses to implement, and the nature and extent of the risks it chooses to assume.

Considerations specific to smaller entities

A49. Smaller entities often have fewer employees which may limit the extent to which segregation of duties is practicable. However, in a small owner-managed entity, the owner-manager may be able to exercise more effective oversight than in a larger entity. This oversight may compensate for the generally more limited opportunities for segregation of duties.

A50. On the other hand, the owner-manager may be more able to override controls because the system of internal control is less structured. This is taken into account by the auditor when identifying the risks of material misstatement due to fraud.

A43. Die folgenden Anwendungshinweise zum IKS sind in vier Abschnitte aufgeteilt:
- allgemeine Merkmale des IKS,
- für die Abschlussprüfung relevante Kontrollen,
- Art und Umfang des Verständnisses von den relevanten Kontrollen,
- Komponenten des IKS.

Allgemeine Merkmale des IKS

Zweck des IKS

A44. Das IKS wird so konzipiert, eingerichtet und aufrechterhalten, dass identifizierten Geschäftsrisiken begegnet werden kann, welche die Erreichung jeglicher Ziele der Einheit in den folgenden Bereichen bedrohen:
- Verlässlichkeit der Rechnungslegung der Einheit,
- Wirksamkeit und Wirtschaftlichkeit der Geschäftsprozesse,
- Einhaltung der maßgebenden gesetzlichen und anderen rechtlichen Bestimmungen.

Konzeption, Einrichtung und Aufrechterhaltung des IKS hängen von der Größe und Komplexität der Einheit ab.

Spezielle Überlegungen zu kleineren Einheiten

A45. Kleinere Einheiten setzen möglicherweise weniger strukturierte Hilfsmittel sowie einfachere Prozesse und Verfahren ein, um ihre Ziele zu erreichen.

Grenzen des IKS

A46. Unabhängig von seiner Wirksamkeit kann das IKS einer Einheit nur mit hinreichender Sicherheit die Erreichung ihrer Rechnungslegungsziele ermöglichen. Die Wahrscheinlichkeit der Zielerreichung wird durch inhärente Grenzen des IKS beeinträchtigt. Dazu gehören die Tatsachen, dass das menschliche Urteilsvermögen bei Ermessensentscheidungen fehlerhaft sein kann und dass Störungen im IKS aufgrund menschlichen Versagens auftreten können. Beispielsweise kann in der Ausgestaltung oder in der Veränderung einer Kontrolle ein Fehler bestehen. Ebenso funktioniert eine Kontrolle möglicherweise nicht wirksam, u.a. wenn Informationen, die für die Zwecke des IKS zur Verfügung gestellt werden (z. B. ein Ausnahmebericht), aufgrund der Tatsache, dass der für die Überprüfung Verantwortliche ihren Zweck nicht versteht oder nicht angemessen auf sie reagiert, nicht wirksam verwendet werden.

A47. Außerdem können Kontrollen durch betrügerisches Zusammenwirken zweier oder mehrerer Personen umgangen oder durch das Management in unangemessener Weise außer Kraft gesetzt werden. Das Management kann bspw. Nebenvereinbarungen mit Kunden treffen und dadurch die standardisierten Vertragsbedingungen der Einheit ändern, was zu einer unzulässigen Erlöserfassung führen kann. Eingabekontrollen eines Softwareprogramms, die so konzipiert sind, dass Geschäftsvorfälle oberhalb festgelegter Kreditgrenzen identifiziert werden und darüber berichtet wird, können ebenfalls umgangen oder außer Kraft gesetzt werden.

A48. Darüber hinaus kann das Management bei Konzeption und Einrichtung des IKS Beurteilungen treffen zu Art und Umfang der Kontrollen, die es für die Einrichtung vorsieht, sowie zu Art und Ausmaß der Risiken, die es bereit ist einzugehen.

Spezielle Überlegungen zu kleineren Einheiten

A49. Kleinere Einheiten haben häufig weniger Mitarbeiter, mit der möglichen Folge, dass eine Funktionstrennung praktisch nur begrenzt durchführbar ist. Bei einer kleinen Einheit mit Gesellschafter-Geschäftsführer*⁾ kann dieser jedoch in der Lage sein, eine wirksamere Überwachung auszuüben als in einer größeren Einheit. Diese Überwachung kann ausreichen, um die im Allgemeinen eher begrenzten Möglichkeiten einer Funktionstrennung zu kompensieren.

A50. Andererseits kann der Gesellschafter-Geschäftsführer aufgrund des weniger stark strukturierten IKS leichter in der Lage sein, Kontrollen außer Kraft zu setzen. Dies wird vom Abschlussprüfer bei der Identifizierung der Risiken wesentlicher falscher Darstellungen aufgrund von dolosen Handlungen berücksichtigt.

---

*⁾ Der Begriff „Gesellschafter-Geschäftsführer" bezieht sich auf den Eigentümer einer Einheit, der in das Tagesgeschäft der Einheit eingebunden ist.

Division of Internal Control into Components

A51. The division of internal control into the following five components, for purposes of the ISAs, provides a useful framework for auditors to consider how different aspects of an entity's internal control may affect the audit:

(a) The control environment;

(b) The entity's risk assessment process;

(c) The information system, including the related business processes, relevant to financial reporting, and communication;

(d) Control activities; and

(e) Monitoring of controls.

The division does not necessarily reflect how an entity designs, implements and maintains internal control, or how it may classify any particular component. Auditors may use different terminology or frameworks to describe the various aspects of internal control, and their effect on the audit than those used in this ISA, provided all the components described in this ISA are addressed.

A52. Application material relating to the five components of internal control as they relate to a financial statement audit is set out in paragraphs A69–A104 below. Appendix 1 provides further explanation of these components of internal control.

Characteristics of Manual and Automated Elements of Internal Control Relevant to the Auditor's Risk Assessment

A53. An entity's system of internal control contains manual elements and often contains automated elements. The characteristics of manual or automated elements are relevant to the auditor's risk assessment and further audit procedures based thereon.

A54. The use of manual or automated elements in internal control also affects the manner in which transactions are initiated, recorded, processed, and reported:

- Controls in a manual system may include such procedures as approvals and reviews of transactions, and reconciliations and follow-up of reconciling items. Alternatively, an entity may use automated procedures to initiate, record, process, and report transactions, in which case records in electronic format replace paper documents.

- Controls in IT systems consist of a combination of automated controls (for example, controls embedded in computer programs) and manual controls. Further, manual controls may be independent of IT, may use information produced by IT, or may be limited to monitoring the effective functioning of IT and of automated controls, and to handling exceptions. When IT is used to initiate, record, process or report transactions, or other financial data for inclusion in financial statements, the systems and programs may include controls related to the corresponding assertions for material accounts or may be critical to the effective functioning of manual controls that depend on IT.

An entity's mix of manual and automated elements in internal control varies with the nature and complexity of the entity's use of IT.

A55. Generally, IT benefits an entity's internal control by enabling an entity to:

- Consistently apply predefined business rules and perform complex calculations in processing large volumes of transactions or data;

- Enhance the timeliness, availability, and accuracy of information;

- Facilitate the additional analysis of information;

- Enhance the ability to monitor the performance of the entity's activities and its policies and procedures;

- Reduce the risk that controls will be circumvented; and

- Enhance the ability to achieve effective segregation of duties by implementing security controls in applications, databases, and operating systems.

A56. IT also poses specific risks to an entity's internal control, including, for example:

- Reliance on systems or programs that are inaccurately processing data, processing inaccurate data, or both.

Identifizierung und Beurteilung der Risiken wesentlicher falscher Darstellungen aus dem Verstehen der Einheit und ihres Umfelds — ISA 315

Unterteilung des IKS in Komponenten

A51. Die Unterteilung des IKS in die folgenden fünf Komponenten stellt für Zwecke der ISA einen nützlichen Bezugsrahmen für die Überlegung des Abschlussprüfers dar, wie sich unterschiedliche Aspekte des IKS einer Einheit auf die Abschlussprüfung auswirken können:

(a) das Kontrollumfeld,
(b) der Risikobeurteilungsprozess der Einheit,
(c) das rechnungslegungsbezogene Informationssystem, einschließlich der damit verbundenen Geschäftsprozesse, sowie Kommunikation,
(d) Kontrollaktivitäten sowie
(e) Überwachung von Kontrollen.

Die Unterteilung spiegelt nicht notwendigerweise wider, wie eine Einheit das IKS konzipiert, einrichtet und aufrechterhält oder wie sie einzelne Komponenten möglicherweise klassifiziert. Abschlussprüfer können eine andere Terminologie oder andere Bezugsrahmen verwenden als in diesem ISA, um die verschiedenen Aspekte des IKS sowie deren Auswirkungen auf die Abschlussprüfung zu beschreiben, müssen sich jedoch mit allen in diesem ISA beschriebenen Komponenten befassen.

A52. Anwendungshinweise zu den fünf für eine Abschlussprüfung relevanten Komponenten des IKS sind in den Textziffern A69-A104 enthalten. Anlage 1 enthält weitere Erläuterungen zu diesen Komponenten des IKS.

Merkmale, die für die Risikobeurteilung des Abschlussprüfers von manuellen und automatisierten Bestandteilen des IKS relevant sind

A53. Das IKS einer Einheit enthält manuelle Bestandteile und häufig auch automatisierte Bestandteile. Die Merkmale manueller oder automatisierter Bestandteile sind für die Risikobeurteilung des Abschlussprüfers sowie für die darauf basierenden weiteren Prüfungshandlungen relevant.

A54. Die Nutzung manueller oder automatisierter Bestandteile im IKS beeinflusst auch die Art und Weise, wie Geschäftsvorfälle ausgelöst, aufgezeichnet und verarbeitet werden und wie darüber berichtet wird:

- Kontrollen in einem manuellen System können Genehmigungen und Überprüfungen von Geschäftsvorfällen sowie Abstimmungen von Posten und deren Nachbearbeitung beinhalten. Alternativ kann eine Einheit automatisierte Verfahren einsetzen, um Geschäftsvorfälle auszulösen, aufzuzeichnen, zu verarbeiten und darüber zu berichten; in diesem Fall ersetzen Aufzeichnungen in elektronischer Form gedruckte Dokumente.
- Bei IT-Systemen besteht das IKS aus einer Kombination von automatisierten Kontrollen (z. B. in Computerprogramme eingebetteten Kontrollen) und manuellen Kontrollen. Darüber hinaus können manuelle Kontrollen von der IT unabhängig sein, IT-generierte Informationen nutzen oder darauf beschränkt sein, die Wirksamkeit von IT und automatisierten Kontrollen zu überwachen sowie Ausnahmefälle zu bearbeiten. Wenn die IT dazu eingesetzt wird, Geschäftsvorfälle oder andere in den Abschluss einzubeziehende Finanzdaten auszulösen, aufzuzeichnen, zu verarbeiten oder darüber zu berichten, können die Systeme und Programme Kontrollen zu den entsprechenden Aussagen für wesentliche Konten beinhalten, oder sie können entscheidend sein für die Wirksamkeit manueller Kontrollen, die auf der IT beruhen.

Die Zusammensetzung manueller und automatisierter Bestandteile im IKS einer Einheit hängt von der Art und Komplexität der IT-Nutzung ab.

A55. Im Allgemeinen ergeben sich aus der IT Vorteile für das IKS einer Einheit, da sie eine Einheit in die Lage versetzt,

- vordefinierte Regeln für die Geschäftstätigkeit konsequent anzuwenden und bei der Verarbeitung großer Volumina an Geschäftsvorfällen oder Daten komplexe Berechnungen durchzuführen,
- die Aktualität, Verfügbarkeit und Genauigkeit von Informationen zu erhöhen,
- zusätzliche Datenanalysen zu ermöglichen,
- die Fähigkeit zur Überwachung der Leistung der Einheit und der Einhaltung ihrer Regelungen und Maßnahmen zu verbessern,
- das Risiko einer Umgehung von Kontrollen zu reduzieren sowie
- die Fähigkeit zu wirksamer Funktionstrennung zu verbessern, indem Sicherheitskontrollen in Anwendungen, Datenbanken und Betriebssystemen eingerichtet werden.

A56. Von der IT gehen auch bestimmte Risiken für das IKS einer Einheit aus, z.B.:

- das Sich-Verlassen auf Systeme oder Programme, die Daten fehlerhaft verarbeiten, fehlerhafte Daten verarbeiten oder beides;

- Unauthorized access to data that may result in destruction of data or improper changes to data, including the recording of unauthorized or non-existent transactions, or inaccurate recording of transactions. Particular risks may arise where multiple users access a common database.

- The possibility of IT personnel gaining access privileges beyond those necessary to perform their assigned duties thereby breaking down segregation of duties.

- Unauthorized changes to data in master files.
- Unauthorized changes to systems or programs.
- Failure to make necessary changes to systems or programs.
- Inappropriate manual intervention.
- Potential loss of data or inability to access data as required.

A57. Manual elements in internal control may be more suitable where judgment and discretion are required such as for the following circumstances:
- Large, unusual or non-recurring transactions.
- Circumstances where errors are difficult to define, anticipate or predict.
- In changing circumstances that require a control response outside the scope of an existing automated control.
- In monitoring the effectiveness of automated controls.

A58. Manual elements in internal control may be less reliable than automated elements because they can be more easily bypassed, ignored, or overridden and they are also more prone to simple errors and mistakes. Consistency of application of a manual control element cannot therefore be assumed. Manual control elements may be less suitable for the following circumstances:

- High volume or recurring transactions, or in situations where errors that can be anticipated or predicted can be prevented, or detected and corrected, by control parameters that are automated.
- Control activities where the specific ways to perform the control can be adequately designed and automated.

A59. The extent and nature of the risks to internal control vary depending on the nature and characteristics of the entity's information system. The entity responds to the risks arising from the use of IT or from use of manual elements in internal control by establishing effective controls in light of the characteristics of the entity's information system.

Controls Relevant to the Audit

A60. There is a direct relationship between an entity's objectives and the controls it implements to provide reasonable assurance about their achievement. The entity's objectives, and therefore controls, relate to financial reporting, operations and compliance; however, not all of these objectives and controls are relevant to the auditor's risk assessment.

A61. Factors relevant to the auditor's judgment about whether a control, individually or in combination with others, is relevant to the audit may include such matters as the following:
- Materiality.
- The significance of the related risk.
- The size of the entity.
- The nature of the entity's business, including its organization and ownership characteristics.
- The diversity and complexity of the entity's operations.
- Applicable legal and regulatory requirements.
- The circumstances and the applicable component of internal control.
- The nature and complexity of the systems that are part of the entity's internal control, including the use of service organizations.
- Whether, and how, a specific control, individually or in combination with others, prevents, or detects and corrects, material misstatement.

Identifizierung und Beurteilung der Risiken wesentlicher falscher Darstellungen aus dem Verstehen der Einheit und ihres Umfelds

ISA 315

- unautorisierter Datenzugriff, der zur Zerstörung von Daten oder zu unzulässigen Änderungen an Daten führen kann, einschließlich der Aufzeichnung unautorisierter oder nicht vorhandener Geschäftsvorfälle oder der fehlerhaften Aufzeichnung von Geschäftsvorfällen. Besondere Risiken können auftreten, wenn mehrere Benutzer Zugriff auf eine gemeinsame Datenbank haben;
- die Möglichkeit für IT-Mitarbeiter, Zugriffsberechtigungen zu erhalten, die über die zur Erfüllung der ihnen zugeteilten Aufgaben erforderlichen hinausgehen, so dass der Grundsatz der Funktionstrennung verletzt wird.
- unautorisierte Änderungen an Stammdaten;
- unautorisierte Änderungen an Systemen oder Programmen;
- Versäumnis, notwendige Änderungen an Systemen oder Programmen vorzunehmen;
- unangemessene manuelle Eingriffe;
- möglicher Datenverlust oder fehlende Möglichkeit, in erforderlichem Maße auf Daten zuzugreifen.

A57. Manuelle Bestandteile im IKS können geeigneter sein, wenn Beurteilungen und Ermessensentscheidungen erforderlich sind, z. B. in den folgenden Fällen:
- bei umfangreichen, ungewöhnlichen oder nicht wiederkehrenden Geschäftsvorfällen
- bei Vorliegen von Umständen, unter denen es schwierig ist, Fehler zu definieren, zu antizipieren oder vorherzusagen
- unter sich verändernden Umständen, die eine Reaktion durch Kontrollen über eine vorhandene automatisierte Kontrolle hinaus erfordern
- bei der Überwachung der Wirksamkeit von automatisierten Kontrollen.

A58. Manuelle Bestandteile im IKS können weniger verlässlich als automatisierte Bestandteile sein, da sie leichter umgangen, ignoriert oder außer Kraft gesetzt werden können und außerdem für einfache Fehler und Irrtümer anfälliger sind. Daher kann nicht von der konsequenten Anwendung einer manuellen Kontrolle ausgegangen werden. Manuelle Kontrollen können in den folgenden Fällen weniger geeignet sein:
- bei Geschäftsvorfällen, die in großer Zahl oder wiederkehrend auftreten, oder in Situationen, in denen zu antizipierende bzw. vorhersehbare Fehler durch automatisierte Kontrollparameter verhindert bzw. aufgedeckt und korrigiert werden können
- bei Kontrollaktivitäten, bei denen die spezifische Art der Durchführung der Kontrolle in angemessener Weise gestaltet und automatisiert werden kann.

A59. Art und Ausmaß der Risiken für das IKS hängen von der Art und den Merkmalen des Informationssystems der Einheit ab. Die Einheit reagiert auf die Risiken, die sich aus dem Einsatz von IT-Systemen oder von manuellen Bestandteilen im IKS ergeben, indem sie vor dem Hintergrund der Eigenarten ihres Informationssystems wirksame Kontrollen einrichtet.

Für die Abschlussprüfung relevante Kontrollen

A60. Es gibt eine unmittelbare Beziehung zwischen den Zielen einer Einheit und den Kontrollen, die diese einrichtet, um mit hinreichender Sicherheit ihre Ziele zu erreichen. Die Ziele der Einheit, und deshalb auch die Kontrollen, beziehen sich auf die Rechnungslegung, die Geschäftstätigkeit und die Einhaltung von Vorschriften, jedoch sind nicht alle diese Ziele und Kontrollen für die Risikobeurteilung des Abschlussprüfers relevant.

A61. Bei der Beurteilung, ob eine Kontrolle einzeln oder in Kombination mit anderen für die Abschlussprüfung relevant ist, kann der Abschlussprüfer u.a. berücksichtigen
- die Wesentlichkeit,
- die Bedeutsamkeit des mit der Kontrolle verbundenen Risikos,
- die Größe der Einheit,
- die Merkmale des Geschäfts der Einheit, einschließlich ihrer Organisation und Eigentümerstruktur,
- Vielfalt und Komplexität der Geschäftstätigkeit,
- maßgebende gesetzliche und andere rechtliche Anforderungen,
- die Umstände und die maßgebende Komponente des IKS,
- Art und Komplexität der Systeme, die Teil des IKS der Einheit sind, einschließlich der Nutzung von Dienstleistungsorganisationen,
- die Frage, ob und wie eine bestimmte Kontrolle einzeln oder in Kombination mit anderen dazu geeignet ist, wesentliche falsche Darstellungen zu verhindern oder aufzudecken und zu korrigieren.

A62. Controls over the completeness and accuracy of information produced by the entity may be relevant to the audit if the auditor intends to make use of the information in designing and performing further procedures. Controls relating to operations and compliance objectives may also be relevant to an audit if they relate to data the auditor evaluates or uses in applying audit procedures.

A63. Internal control over safeguarding of assets against unauthorized acquisition, use, or disposition may include controls relating to both financial reporting and operations objectives. The auditor's consideration of such controls is generally limited to those relevant to the reliability of financial reporting.

A64. An entity generally has controls relating to objectives that are not relevant to an audit and therefore need not be considered. For example, an entity may rely on a sophisticated system of automated controls to provide efficient and effective operations (such as an airline's system of automated controls to maintain flight schedules), but these controls ordinarily would not be relevant to the audit. Further, although internal control applies to the entire entity or to any of its operating units or business processes, an understanding of internal control relating to each of the entity's operating units and business processes may not be relevant to the audit.

Considerations Specific to Public Sector Entities

A65. Public sector auditors often have additional responsibilities with respect to internal control, for example, to report on compliance with an established code of practice. Public sector auditors can also have responsibilities to report on compliance with law, regulation or other authority. As a result, their review of internal control may be broader and more detailed.

Nature and Extent of the Understanding of Relevant Controls (Ref: Para. 13)

A66. Evaluating the design of a control involves considering whether the control, individually or in combination with other controls, is capable of effectively preventing, or detecting and correcting, material misstatements. Implementation of a control means that the control exists and that the entity is using it. There is little point in assessing the implementation of a control that is not effective, and so the design of a control is considered first. An improperly designed control may represent a significant deficiency in internal control.

A67. Risk assessment procedures to obtain audit evidence about the design and implementation of relevant controls may include:
- Inquiring of entity personnel.
- Observing the application of specific controls.
- Inspecting documents and reports.
- Tracing transactions through the information system relevant to financial reporting.

Inquiry alone, however, is not sufficient for such purposes.

A68. Obtaining an understanding of an entity's controls is not sufficient to test their operating effectiveness, unless there is some automation that provides for the consistent operation of the controls. For example, obtaining audit evidence about the implementation of a manual control at a point in time does not provide audit evidence about the operating effectiveness of the control at other times during the period under audit. However, because of the inherent consistency of IT processing (see paragraph A55), performing audit procedures to determine whether an automated control has been implemented may serve as a test of that control's operating effectiveness, depending on the auditor's assessment and testing of controls such as those over program changes. Tests of the operating effectiveness of controls are further described in ISA 330.[10]

Components of Internal Control—Control Environment (Ref: Para. 14)

A69. The control environment includes the governance and management functions and the attitudes, awareness, and actions of those charged with governance and management concerning the entity's internal control

---

10) ISA 330, "The Auditor's Responses to Assessed Risks."

Identifizierung und Beurteilung der Risiken wesentlicher falscher Darstellungen aus dem Verstehen der Einheit und ihres Umfelds ISA 315

A62. Kontrollen für die Vollständigkeit und Richtigkeit von internen Informationen der Einheit können für die Abschlussprüfung relevant sein, wenn der Abschlussprüfer beabsichtigt, diese Informationen bei der Planung und Durchführung weiterer Prüfungshandlungen zu verwenden. Kontrollen, die sich auf mit der Geschäftstätigkeit und mit der Einhaltung von Vorschriften verbundene Ziele beziehen, können ebenfalls für die Abschlussprüfung relevant sein, wenn sie Daten betreffen, die der Abschlussprüfer beurteilt oder bei der Durchführung von Prüfungshandlungen verwendet.

A63. Das IKS zum Schutz des Vermögens gegen Erwerb, Gebrauch oder Veräußerung von Vermögenswerten ohne Autorisierung kann sowohl Kontrollen bezogen auf die Rechnungslegung als auch Kontrollen bezogen auf Geschäftsziele enthalten. In diesem Bereich berücksichtigt der Abschlussprüfer im Allgemeinen nur die Kontrollen, die für die Verlässlichkeit der Rechnungslegung relevant sind.

A64. Eine Einheit verfügt im Allgemeinen über Kontrollen, die sich auf nicht prüfungsrelevante Ziele beziehen und deshalb vom Abschlussprüfer nicht berücksichtigt werden müssen. Eine Einheit kann sich bspw. auf ein hoch entwickeltes System automatisierter Kontrollen stützen, um einen wirtschaftlichen und wirksamen Geschäftsablauf zu gewährleisten (z. B. das System automatisierter Kontrollen bei einer Fluglinie zur Einhaltung der Flugpläne); diese Kontrollen sind jedoch für die Abschlussprüfung normalerweise nicht relevant. Darüber hinaus gilt: Obwohl sich das IKS auf die gesamte Einheit oder auf einzelne Betriebseinheiten oder Geschäftsprozesse beziehen kann, ist es für die Abschlussprüfung möglicherweise nicht erforderlich, das IKS für jede Geschäftseinheit und jeden Geschäftsprozess zu verstehen.

Spezielle Überlegungen zu Einheiten des öffentlichen Sektors

A65. Abschlussprüfer im öffentlichen Sektor haben häufig zusätzliche Pflichten im Hinblick auf das IKS, z. B. Berichterstattung über die Einhaltung von Gesetzen, anderen Rechtsvorschriften oder sonstigen amtlichen Vorgaben. Außerdem können für Abschlussprüfer im öffentlichen Sektor Pflichten bestehen, über die Beachtung von Amtsbefugnissen zu berichten. Deshalb kann die Prüfung des IKS hier weitreichender und detaillierter sein.

Art und Umfang des Verständnisses von den relevanten Kontrollen (vgl. Tz. 13)

A66. Zur Beurteilung der Ausgestaltung einer Kontrolle gehört die Einschätzung, ob diese einzeln oder in Kombination mit anderen dazu in der Lage ist, wesentliche falsche Darstellungen wirksam zu verhindern bzw. aufzudecken und zu korrigieren. Unter der Einrichtung einer Kontrolle wird verstanden, dass diese tatsächlich besteht und von der Einheit angewendet wird. Es ist wenig sinnvoll, die Einrichtung einer Kontrolle zu beurteilen, die nicht wirksam ist; daher wird zuerst die Ausgestaltung der Kontrolle geprüft. Eine unzureichende Ausgestaltung von Kontrollen kann einen bedeutsamen Mangel im IKS der Einheit darstellen.

A67. Prüfungshandlungen zur Risikobeurteilung, die der Einholung von Prüfungsnachweisen über Konzeption und Einrichtung relevanter Kontrollen dienen, können umfassen:
- Befragung von Mitarbeitern der Einheit,
- Beobachtung der Anwendung von bestimmten Kontrollen,
- Einsichtnahme in Dokumente und Berichte,
- Nachverfolgung von Geschäftsvorfällen im rechnungslegungsbezogenen Informationssystem.

Eine Befragung alleine reicht jedoch für diese Zwecke nicht aus.

A68. Ein Verständnis von den Kontrollen einer Einheit zu gewinnen, genügt nicht zur Prüfung von deren Wirksamkeit, es sei denn, eine automatisierte Routine stellt eine konsequente Funktion der Kontrollen sicher. Ein Prüfungsnachweis über die Einrichtung einer manuellen Kontrolle zu einem bestimmten Zeitpunkt stellt bspw. keinen Prüfungsnachweis für die Wirksamkeit der Kontrolle zu anderen Zeitpunkten während des zu prüfenden Zeitraums dar. Aufgrund der inhärenten Beständigkeit der IT-Verarbeitung (siehe Textziffer A55) können jedoch Prüfungshandlungen zur Feststellung der Einrichtung von automatisierten Kontrollen als Prüfung von deren Wirksamkeit dienen; dies ist abhängig von der Beurteilung des Abschlussprüfers und von der Durchführung von Funktionsprüfungen, z. B. für Kontrollen zu Programmänderungen. Die Prüfung der Wirksamkeit von Kontrollen wird in ISA 330 ausführlich beschrieben.[10]

Komponenten des IKS - Das Kontrollumfeld (vgl. Tz. 14)

A69. Das Kontrollumfeld umfasst die Überwachungs- und Leitungsfunktionen sowie die Einstellung, das Bewusstsein und die Maßnahmen der für die Überwachung Verantwortlichen und des Managements im

---
10) ISA 330 „Die Reaktionen des Abschlussprüfers auf beurteilte Risiken".

and its importance in the entity. The control environment sets the tone of an organization, influencing the control consciousness of its people.

A70. Elements of the control environment that may be relevant when obtaining an understanding of the control environment include the following:

(a) *Communication and enforcement of integrity and ethical values* – These are essential elements that influence the effectiveness of the design, administration and monitoring of controls.

(b) *Commitment to competence* – Matters such as management's consideration of the competence levels for particular jobs and how those levels translate into requisite skills and knowledge.

(c) *Participation by those charged with governance* – Attributes of those charged with governance such as:

- Their independence from management.
- Their experience and stature.
- The extent of their involvement and the information they receive, and the scrutiny of activities.

- The appropriateness of their actions, including the degree to which difficult questions are raised and pursued with management, and their interaction with internal and external auditors.

(d) *Management's philosophy and operating style* – Characteristics such as management's:

- Approach to taking and managing business risks.
- Attitudes and actions toward financial reporting.
- Attitudes toward information processing and accounting functions and personnel.

(e) *Organizational structure* – The framework within which an entity's activities for achieving its objectives are planned, executed, controlled, and reviewed.

(f) *Assignment of authority and responsibility* – Matters such as how authority and responsibility for operating activities are assigned and how reporting relationships and authorization hierarchies are established.

(g) *Human resource policies and practices* – Policies and practices that relate to, for example, recruitment, orientation, training, evaluation, counselling, promotion, compensation, and remedial actions.

Audit Evidence for Elements of the Control Environment

A71. Relevant audit evidence may be obtained through a combination of inquiries and other risk assessment procedures such as corroborating inquiries through observation or inspection of documents. For example, through inquiries of management and employees, the auditor may obtain an understanding of how management communicates to employees its views on business practices and ethical behavior. The auditor may then determine whether relevant controls have been implemented by considering, for example, whether management has a written code of conduct and whether it acts in a manner that supports the code.

Effect of the Control Environment on the Assessment of the Risks of Material Misstatement

A72. Some elements of an entity's control environment have a pervasive effect on assessing the risks of material misstatement. For example, an entity's control consciousness is influenced significantly by those charged with governance, because one of their roles is to counterbalance pressures on management in relation to financial reporting that may arise from market demands or remuneration schemes. The effectiveness of the design of the control environment in relation to participation by those charged with governance is therefore influenced by such matters as:

- Their independence from management and their ability to evaluate the actions of management.

- Whether they understand the entity's business transactions.

- The extent to which they evaluate whether the financial statements are prepared in accordance with the applicable financial reporting framework.

Hinblick auf das IKS und dessen Bedeutung innerhalb der Einheit. Das Kontrollumfeld prägt die Grundhaltung einer Organisation, indem es das Kontrollbewusstsein der Mitarbeiter beeinflusst.

A70. Zu den Bestandteilen des Kontrollumfeldes, die bei der Gewinnung eines Verständnisses vom Kontrollumfeld relevant sein können, gehören die Folgenden:

(a) *Kommunikation und Durchsetzung von Integrität und ethischen Werten:* Diese sind notwendige Bestandteile mit Einfluss auf die Wirksamkeit der Konzeption, Durchführung und Überwachung von Kontrollen.

(b) *Selbstverpflichtung zur Kompetenz:* Fragen wie die Beurteilung des Managements, welche Kompetenz für bestimmte Stellen benötigt wird und welche Fähigkeiten und Kenntnisse daher erforderlich sind.

(c) *Mitwirkung der für die Überwachung Verantwortlichen:* Eigenschaften der für die Überwachung Verantwortlichen, u.a.:
    - ihre Unabhängigkeit vom Management,
    - Erfahrung und Status,
    - das Ausmaß ihrer Einbindung und der ihnen bereitgestellten Informationen sowie die Überwachung von Tätigkeiten durch sie,
    - die Angemessenheit ihrer Maßnahmen, einschließlich des Ausmaßes, in dem kritische Fragen dem Management gestellt und verfolgt werden, sowie ihrer Zusammenarbeit mit Innenrevisoren und externen Prüfern.

(d) *Philosophie und Führungsstil des Managements:* Merkmale des Managements, wie
    - die Art und Weise, in der Geschäftsrisiken eingegangen und gehandhabt werden,
    - Einstellung und Maßnahmen zur Rechnungslegung,
    - Einstellung zur Funktion der Informationsverarbeitung und des Rechnungswesens sowie gegenüber den dafür verantwortlichen Mitarbeitern.

(e) *Organisationsstruktur:* der Rahmen, innerhalb dessen die Maßnahmen einer Einheit zur Erreichung ihrer Ziele geplant, durchgeführt, kontrolliert und überprüft werden.

(f) *Zuordnung von Weisungsbefugnis und Verantwortlichkeit:* Fragen wie die Art und Weise, in der Weisungsbefugnis und Verantwortlichkeit für Geschäftstätigkeiten zugeordnet sowie Berichtswege und Genehmigungshierarchien eingerichtet werden.

(g) *Regelungen und Gepflogenheiten im Bereich Personalwesen:* Regelungen und Gepflogenheiten bspw. im Zusammenhang mit Einstellung, Einarbeitung, Fortbildung, Beurteilung, Beratung, Beförderung, Vergütung und ggf. Abhilfemaßnahmen.

Prüfungsnachweise für Bestandteile des Kontrollumfeldes

A71. Relevante Prüfungsnachweise können durch eine Kombination von Befragungen und anderen Prüfungshandlungen zur Risikobeurteilung eingeholt werden, z. B. indem Befragungen durch Beobachtung oder durch Einsichtnahme in Dokumente untermauert werden. Zum Beispiel kann der Abschlussprüfer durch Befragungen von Management und Mitarbeitern ein Verständnis davon gewinnen, wie das Management seine Ansichten zu Geschäftsgebaren und ethischem Verhalten gegenüber den Mitarbeitern kommuniziert. Anschließend kann der Abschlussprüfer feststellen, ob relevante Kontrollen eingerichtet wurden, indem er bspw. abwägt, ob das Management einen schriftlich niedergelegten Verhaltenskodex festgelegt hat und ob es diesen Kodex durch sein Verhalten stützt.

Auswirkungen des Kontrollumfeldes auf die Beurteilung der Risiken wesentlicher falscher Darstellungen

A72. Einige Bestandteile des Kontrollumfeldes einer Einheit haben umfassenden Einfluss auf die Beurteilung der Risiken wesentlicher falscher Darstellungen. Das Kontrollbewusstsein einer Einheit wird bspw. maßgeblich durch die für die Überwachung Verantwortlichen beeinflusst, da deren Funktion u.a. darin besteht, als ein Gegengewicht zu den Zwängen zu wirken, denen das Management im Zusammenhang mit der Rechnungslegung ausgesetzt ist und die sich aus Anforderungen des Marktes oder aus Vergütungssystemen ergeben können. Wie wirksam die Ausgestaltung des Kontrollumfeldes für die Mitwirkung der für die Überwachung Verantwortlichen ist, hängt deshalb u.a. von Folgendem ab:

- ihre Unabhängigkeit vom Management und ihre Fähigkeit, Maßnahmen des Managements zu beurteilen
- ob sie die Geschäftsvorfälle der Einheit verstehen
- inwieweit sie beurteilen, ob der Abschluss in Übereinstimmung mit dem maßgebenden Regelwerk der Rechnungslegung aufgestellt wird.

A73. An active and independent board of directors may influence the philosophy and operating style of senior management. However, other elements may be more limited in their effect. For example, although human resource policies and practices directed toward hiring competent financial, accounting, and IT personnel may reduce the risk of errors in processing financial information, they may not mitigate a strong bias by top management to overstate earnings.

A74. The existence of a satisfactory control environment can be a positive factor when the auditor assesses the risks of material misstatement. However, although it may help reduce the risk of fraud, a satisfactory control environment is not an absolute deterrent to fraud. Conversely, deficiencies in the control environment may undermine the effectiveness of controls, in particular in relation to fraud. For example, management's failure to commit sufficient resources to address IT security risks may adversely affect internal control by allowing improper changes to be made to computer programs or to data, or unauthorized transactions to be processed. As explained in ISA 330, the control environment also influences the nature, timing and extent of the auditor's further procedures.[11]

A75. The control environment in itself does not prevent, or detect and correct, a material misstatement. It may, however, influence the auditor's evaluation of the effectiveness of other controls (for example, the monitoring of controls and the operation of specific control activities) and thereby, the auditor's assessment of the risks of material misstatement.

Considerations Specific to Smaller Entities

A76. The control environment within small entities is likely to differ from larger entities. For example, those charged with governance in small entities may not include an independent or outside member, and the role of governance may be undertaken directly by the owner-manager where there are no other owners. The nature of the control environment may also influence the significance of other controls, or their absence. For example, the active involvement of an owner-manager may mitigate certain of the risks arising from a lack of segregation of duties in a small entity; it may, however, increase other risks, for example, the risk of override of controls.

A77. In addition, audit evidence for elements of the control environment in smaller entities may not be available in documentary form, in particular where communication between management and other personnel may be informal, yet effective. For example, small entities might not have a written code of conduct but, instead, develop a culture that emphasizes the importance of integrity and ethical behavior through oral communication and by management example.

A78. Consequently, the attitudes, awareness and actions of management or the owner-manager are of particular importance to the auditor's understanding of a smaller entity's control environment.

Components of Internal Control—The Entity's Risk Assessment Process (Ref: Para. 15)

A79. The entity's risk assessment process forms the basis for how management determines the risks to be managed. If that process is appropriate to the circumstances, including the nature, size and complexity of the entity, it assists the auditor in identifying risks of material misstatement. Whether the entity's risk assessment process is appropriate to the circumstances is a matter of judgment.

Considerations Specific to Smaller Entities (Ref: Para. 17)

A80. There is unlikely to be an established risk assessment process in a small entity. In such cases, it is likely that management will identify risks through direct personal involvement in the business. Irrespective of the circumstances, however, inquiry about identified risks and how they are addressed by management is still necessary.

---

11) ISA 330, paragraphs A2–A3.

Identifizierung und Beurteilung der Risiken wesentlicher falscher Darstellungen aus dem Verstehen der Einheit und ihres Umfelds — ISA 315

A73. Ein aktives und unabhängiges Aufsichtsorgan kann Philosophie und Führungsstil des oberen Managements beeinflussen. Die Auswirkungen anderer Bestandteile sind jedoch möglicherweise eher begrenzt. Regelungen und Gepflogenheiten im Personalwesen, die darauf ausgerichtet sind, in den Bereichen Finanzen, Rechnungswesen und IT kompetente Mitarbeiter einzustellen, können bspw. das Fehlerrisiko bei der Verarbeitung von Finanzinformationen reduzieren, jedoch möglicherweise eine starke Neigung der Unternehmensleitung nicht vermindern, überhöhte Ergebnisse auszuweisen.

A74. Das Vorhandensein eines zufriedenstellenden Kontrollumfeldes kann sich positiv auf die Beurteilung des Abschlussprüfers über die Risiken wesentlicher falscher Darstellungen auswirken. Obwohl es dazu beitragen kann, das Risiko von dolosen Handlungen zu reduzieren, kann jedoch auch ein zufriedenstellendes Kontrollumfeld dolose Handlungen nicht absolut verhindern. Umgekehrt können Mängel im Kontrollumfeld die Wirksamkeit von Kontrollen untergraben, besonders im Zusammenhang mit dolosen Handlungen. Ein Versäumnis des Managements, ausreichende Ressourcen für die Bekämpfung von IT-Sicherheitsrisiken bereitzustellen, kann sich bspw. nachteilig auf das IKS auswirken, indem es ermöglicht wird, dass unzulässige Änderungen an Computerprogrammen oder Daten vorgenommen oder unautorisierte Geschäftsvorfälle verarbeitet werden. Wie in ISA 330 erläutert, werden auch Art, zeitliche Einteilung und Umfang weiterer Prüfungshandlungen des Abschlussprüfers durch das Kontrollumfeld beeinflusst.[11]

A75. Das Kontrollumfeld an sich kann wesentliche falsche Darstellungen nicht verhindern bzw. aufdecken und korrigieren. Es kann jedoch beeinflussen, wie der Abschlussprüfer die Wirksamkeit anderer Kontrollen (z. B. Überwachung von Kontrollen und Funktion bestimmter Kontrollaktivitäten) beurteilt, und damit die Risikobeurteilung des Abschlussprüfers im Hinblick auf wesentliche falsche Darstellungen beeinflussen.

Spezielle Überlegungen zu kleineren Einheiten

A76. Das Kontrollumfeld in kleinen Einheiten unterscheidet sich in der Regel von dem in größeren Einheiten. Zum Beispiel gibt es in kleinen Einheiten möglicherweise keine unabhängigen oder externen für die Überwachung Verantwortlichen und die Überwachungsfunktion wird möglicherweise direkt durch den Gesellschafter-Geschäftsführer wahrgenommen, wenn keine anderen Eigentümer vorhanden sind. Die Ausgestaltung des Kontrollumfeldes kann auch Einfluss darauf haben, wie bedeutsam andere Kontrollen sind bzw. deren Fehlen ist. Beispielsweise kann die aktive Einbindung eines Gesellschafter-Geschäftsführers bestimmte Risiken mildern, die sich aus einer fehlenden Funktionstrennung in kleinen Einheiten ergeben; sie kann jedoch andere Risiken erhöhen, z. B. das Risiko einer Außerkraftsetzung von Kontrollen.

A77. Darüber hinaus sind Prüfungsnachweise für Bestandteile des Kontrollumfeldes in kleineren Einheiten möglicherweise nicht in Form von Dokumenten verfügbar, insbesondere bei Vorhandensein von informellen, aber dennoch wirksamen Kommunikationswegen zwischen dem Management und anderen Mitarbeitern. Zum Beispiel verfügen kleine Einheiten möglicherweise nicht über einen schriftlich niedergelegten Verhaltenskodex, sondern entwickeln stattdessen eine Kultur, welche die Bedeutung von Integrität und ethischem Verhalten durch mündliche Kommunikation und durch die Vorbildfunktion des Managements betont.

A78. Folglich sind die Einstellung, das Bewusstsein und die Maßnahmen des Managements oder des Gesellschafter-Geschäftsführers für das Verständnis des Abschlussprüfers vom Kontrollumfeld einer kleineren Einheit von besonderer Bedeutung.

Komponenten des IKS - Der Risikobeurteilungsprozess der Einheit (vgl. Tz. 15)

A79. Der Risikobeurteilungsprozess der Einheit bildet die Grundlage für die Feststellung der Risiken, die vom Management gehandhabt werden müssen. Wenn dieser Prozess unter Berücksichtigung der Merkmale, Größe und Komplexität der Einheit den Umständen entsprechend angemessen ist, hilft er dem Abschlussprüfer bei der Identifizierung von Risiken wesentlicher falscher Darstellungen. Ob der Risikobeurteilungsprozess den Umständen entsprechend angemessen ist, ist eine Frage des Ermessens.

Spezielle Überlegungen zu kleineren Einheiten (vgl. Tz. 17)

A80. In einer kleinen Einheit gibt es in der Regel keinen festgelegten Risikobeurteilungsprozess. In solchen Fällen ist es wahrscheinlich, dass das Management Risiken durch direkte persönliche Einbindung in das Geschäft identifiziert. Ungeachtet der Umstände sind jedoch Befragungen nach identifizierten Risiken und nach deren Handhabung durch das Management trotzdem notwendig.

---

11) ISA 330, Textziffern A2-A3.

Components of Internal Control – The Information System, Including Related Business Processes, Relevant to Financial Reporting, and Communication

The Information System, Including Related Business Processes, Relevant to Financial Reporting (Ref: Para. 18)

A81. The information system relevant to financial reporting objectives, which includes the accounting system, consists of the procedures and records designed and established to:

- Initiate, record, process, and report entity transactions (as well as events and conditions) and to maintain accountability for the related assets, liabilities, and equity;

- Resolve incorrect processing of transactions, for example, automated suspense files and procedures followed to clear suspense items out on a timely basis;

- Process and account for system overrides or bypasses to controls;

- Transfer information from transaction processing systems to the general ledger;

- Capture information relevant to financial reporting for events and conditions other than transactions, such as the depreciation and amortization of assets and changes in the recoverability of accounts receivables; and

- Ensure information required to be disclosed by the applicable financial reporting framework is accumulated, recorded, processed, summarized and appropriately reported in the financial statements.

Journal entries

A82. An entity's information system typically includes the use of standard journal entries that are required on a recurring basis to record transactions. Examples might be journal entries to record sales, purchases, and cash disbursements in the general ledger, or to record accounting estimates that are periodically made by management, such as changes in the estimate of uncollectible accounts receivable.

A83. An entity's financial reporting process also includes the use of non-standard journal entries to record non-recurring, unusual transactions or adjustments. Examples of such entries include consolidating adjustments and entries for a business combination or disposal or non-recurring estimates such as the impairment of an asset. In manual general ledger systems, non-standard journal entries may be identified through inspection of ledgers, journals, and supporting documentation. When automated procedures are used to maintain the general ledger and prepare financial statements, such entries may exist only in electronic form and may therefore be more easily identified through the use of computer-assisted audit techniques.

Related business processes

A84. An entity's business processes are the activities designed to:

- Develop, purchase, produce, sell and distribute an entity's products and services;

- Ensure compliance with laws and regulations; and
- Record information, including accounting and financial reporting information.

Business processes result in the transactions that are recorded, processed and reported by the information system. Obtaining an understanding of the entity's business processes, which include how transactions are originated, assists the auditor obtain an understanding of the entity's information system relevant to financial reporting in a manner that is appropriate to the entity's circumstances.

Considerations specific to smaller entities

A85. Information systems and related business processes relevant to financial reporting in small entities are likely to be less sophisticated than in larger entities, but their role is just as significant. Small entities with active management involvement may not need extensive descriptions of accounting procedures, sophisticated accounting records, or written policies. Understanding the entity's systems and processes may therefore be easier in an audit of smaller entities, and may be more dependent on inquiry than on review of documentation. The need to obtain an understanding, however, remains important.

Komponenten des IKS - Das rechnungslegungsbezogene Informationssystem, einschließlich der damit verbundenen Geschäftsprozesse und der Kommunikation

Das rechnungslegungsbezogene Informationssystem, unter Einschluss der damit verbundenen Geschäftsprozesse (vgl. Tz. 18)

A81. Das für Rechnungslegungsziele relevante Informationssystem, das auch das Buchführungssystem einschließt, besteht aus den Verfahren und Aufzeichnungen, die konzipiert und eingerichtet wurden, um

- Geschäftsvorfälle der Einheit (sowie Ereignisse und Umstände) auszulösen, aufzuzeichnen, zu verarbeiten und darüber zu berichten sowie Rechenschaft über die damit verbundenen Vermögenswerte und Schulden sowie das Eigenkapital ablegen zu können,
- die fehlerhafte Verarbeitung von Geschäftsvorfällen zu beheben, z. B. mit Hilfe von automatisierten Zwischendateien und Verfahren, nach denen die Posten in Zwischendateien in angemessener Zeit abgearbeitet werden,
- die bewusste Außerkraftsetzung von Systemen oder Umgehung von Kontrollen zu erfassen und dieser Möglichkeit Rechnung zu tragen,
- Informationen aus den Systemen zur Verarbeitung von Geschäftsvorfällen in das Hauptbuch zu übertragen,
- rechnungslegungsbezogene Informationen für Ereignisse und Umstände zu erfassen, die keine Transaktionen sind, z. B. planmäßige Abschreibung von Vermögenswerten und Veränderungen in der Einbringlichkeit von Forderungen, sowie
- sicherzustellen, dass die Informationen, die nach dem maßgebenden Regelwerk der Rechnungslegung im Abschluss anzugeben sind, gesammelt, aufgezeichnet, verarbeitet, zusammengefasst und im Abschluss angemessen dargestellt werden.

Buchungen

A82. Das Informationssystem einer Einheit umfasst typischerweise die Verwendung von wiederkehrenden Standard-Buchungen zur Erfassung von Geschäftsvorfällen. Mögliche Beispiele sind Buchungen zur Erfassung von Verkäufen, Anschaffungen und Auszahlungen im Hauptbuch oder zur Aufzeichnung von Werten in der Rechnungslegung, die periodisch vom Management geschätzt werden, z. B. Veränderungen in der Schätzung uneinbringlicher Forderungen.

A83. Der Rechnungslegungsprozess einer Einheit umfasst auch die Verwendung von nicht standardisierten Buchungen zur Aufzeichnung von nicht wiederkehrenden ungewöhnlichen Geschäftsvorfällen oder Anpassungen. Dabei kann es sich bspw. um Konsolidierungsbuchungen, Buchungen für einen Unternehmenszusammenschluss oder um eine Veräußerung oder nicht wiederkehrende Schätzungen handeln, z. B. bei außerplanmäßigen Abschreibungen von Vermögenswerten. Bei manueller Hauptbuchführung können nicht standardisierte Buchungen durch die Einsichtnahme in Bücher, Journale und unterstützende Dokumentation identifiziert werden. Wenn automatisierte Verfahren für Hauptbuchführung und Abschlussaufstellung eingesetzt werden, liegen solche Einträge möglicherweise ausschließlich in elektronischer Form vor und können daher mit Hilfe IT-gestützter Prüfungstechniken leichter identifiziert werden.

Zusammenhängende Geschäftsprozesse

A84. Als Geschäftsprozesse einer Einheit gelten Aktivitäten, die darauf ausgerichtet sind,

- die Produkte und Dienstleistungen der Einheit zu entwickeln, zu beschaffen, herzustellen, zu verkaufen und zu vertreiben ,
- die Einhaltung von gesetzlichen und anderen rechtlichen Bestimmungen sicherzustellen wird sowie
- Informationen, einschließlich Buchführungs- und Rechnungslegungsinformationen, aufzuzeichnen.

Aus Geschäftsprozessen ergeben sich die Geschäftsvorfälle, die vom Informationssystem aufgezeichnet und verarbeitet werden und über die berichtet wird. Die Gewinnung eines Verständnisses von den Geschäftsprozessen der Einheit, einschließlich der Entstehung von Geschäftsvorfällen, hilft dem Abschlussprüfer dabei, ein den Umständen der Einheit angemessenes Verständnis von deren rechnungslegungsbezogenem Informationssystem zu gewinnen.

Spezielle Überlegungen zu kleineren Einheiten

A85. Die rechnungslegungsbezogenen Informationssysteme und die damit verbundenen Geschäftsprozesse sind in kleinen Einheiten in der Regel weniger hoch entwickelt als in größeren Einheiten, erfüllen jedoch eine ebenso bedeutsame Funktion. Kleine Einheiten, bei denen das Management aktiv in die betrieblichen Abläufe eingebunden ist, benötigen nicht notwendigerweise umfassende Beschreibungen von Abläufen im Rechnungswesen, eine differenzierte Buchführung oder schriftlich festgelegte Regelungen. Das Verständnis der Systeme und Prozesse der Einheit ist daher bei Abschlussprüfungen von kleineren

Communication (Ref: Para. 19)

A86. Communication by the entity of the financial reporting roles and responsibilities and of significant matters relating to financial reporting involves providing an understanding of individual roles and responsibilities pertaining to internal control over financial reporting. It includes such matters as the extent to which personnel understand how their activities in the financial reporting information system relate to the work of others and the means of reporting exceptions to an appropriate higher level within the entity. Communication may take such forms as policy manuals and financial reporting manuals. Open communication channels help ensure that exceptions are reported and acted on.

Considerations specific to smaller entities

A87. Communication may be less structured and easier to achieve in a small entity than in a larger entity due to fewer levels of responsibility and management's greater visibility and availability.

Components of Internal Control – Control Activities (Ref: Para. 20)

A88. Control activities are the policies and procedures that help ensure that management directives are carried out. Control activities, whether within IT or manual systems, have various objectives and are applied at various organizational and functional levels. Examples of specific control activities include those relating to the following:

- Authorization.
- Performance reviews.
- Information processing.
- Physical controls.
- Segregation of duties.

A89. Control activities that are relevant to the audit are:

- Those that are required to be treated as such, being control activities that relate to significant risks and those that relate to risks for which substantive procedures alone do not provide sufficient appropriate audit evidence, as required by paragraphs 29 and 30, respectively; or

- Those that are considered to be relevant in the judgment of the auditor.

A90. The auditor's judgment about whether a control activity is relevant to the audit is influenced by the risk that the auditor has identified that may give rise to a material misstatement and whether the auditor thinks it is likely to be appropriate to test the operating effectiveness of the control in determining the extent of substantive testing.

A91. The auditor's emphasis may be on identifying and obtaining an understanding of control activities that address the areas where the auditor considers that risks of material misstatement are likely to be higher. When multiple control activities each achieve the same objective, it is unnecessary to obtain an understanding of each of the control activities related to such objective.

A92. The auditor's knowledge about the presence or absence of control activities obtained from the understanding of the other components of internal control assists the auditor in determining whether it is necessary to devote additional attention to obtaining an understanding of control activities.

Considerations Specific to Smaller Entities

A93. The concepts underlying control activities in small entities are likely to be similar to those in larger entities, but the formality with which they operate may vary. Further, small entities may find that certain types of control activities are not relevant because of controls applied by management. For example, management's sole authority for granting credit to customers and approving significant purchases can provide strong control over important account balances and transactions, lessening or removing the need for more detailed control activities.

Einheiten möglicherweise unkomplizierter und hängt möglicherweise stärker von Befragungen ab als von einer Durchsicht der Dokumentation. Die Notwendigkeit, ein Verständnis zu gewinnen, bleibt jedoch wichtig.

Kommunikation (vgl. Tz. 19)

A86. Zur Kommunikation der Funktionen und Verantwortlichkeiten in der Rechnungslegung sowie bedeutsamer Sachverhalte mit Bezug zur Rechnungslegung durch die Einheit gehört die Vermittlung eines Verständnisses von den einzelnen Funktionen und Verantwortlichkeiten des rechnungslegungsbezogenen IKS. Dies umfasst u.a., inwieweit die Mitarbeiter verstehen, wie ihre Aktivitäten im Rechnungslegungsinformationssystem mit der Arbeit anderer Mitarbeiter zusammenhängen, und die Mittel und Wege, wie Ausnahmefälle an eine angemessene höhere Hierarchieebene innerhalb der Einheit berichtet werden. Die Kommunikation kann in Form von Unternehmensleitlinien und Rechnungslegungshandbüchern stattfinden. Offene Kommunikationswege tragen dazu bei sicherzustellen, dass über Ausnahmefälle berichtet wird und angemessene Maßnahmen ergriffen werden.

Spezielle Überlegungen zu kleineren Einheiten

A87. Die Kommunikation kann in kleinen Einheiten aufgrund der geringeren Anzahl von Zuständigkeitsebenen sowie aufgrund der größeren Sichtbarkeit und Verfügbarkeit des Managements weniger stark strukturiert und unkomplizierter sein als in größeren Einheiten.

Komponenten des IKS - Kontrollaktivitäten (vgl. Tz. 20)

A88. Kontrollaktivitäten sind die Regelungen und Maßnahmen, die dazu beitragen sicherzustellen, dass Anweisungen des Managements ausgeführt werden. Unabhängig davon, ob Kontrollaktivitäten in IT-Systeme oder in manuelle Systeme eingebunden sind, haben sie verschiedene Ziele und werden auf unterschiedlichen organisatorischen und funktionalen Ebenen angewendet. Beispielsweise stehen bestimmte Kontrollaktivitäten im Zusammenhang mit den folgenden Aspekten:

- Genehmigung
- Ergebniskontrollen
- Informationsverarbeitung
- physische Kontrollen
- Funktionstrennung.

A89. Für die Abschlussprüfung relevante Kontrollaktivitäten sind

- diejenigen, die als solche behandelt werden müssen, da sich diese Kontrollaktivitäten auf bedeutsame Risiken beziehen, und diejenigen, die sich auf Risiken beziehen, bei denen aussagebezogene Prüfungshandlungen allein keine ausreichenden geeigneten Prüfungsnachweise erbringen, wie nach Textziffer 29 bzw. 30 erforderlich, oder
- diejenigen, die nach der Beurteilung des Abschlussprüfers als relevant eingeschätzt werden.

A90. Die Beurteilung des Abschlussprüfers, ob eine Kontrollaktivität für die Abschlussprüfung relevant ist, wird durch das von ihm identifizierte Risiko, das zu wesentlichen falschen Darstellungen führen kann und durch die Frage beeinflusst, ob er es wahrscheinlich für angemessen hält, bei der Festlegung des Umfangs der aussagebezogenen Prüfungshandlungen die Wirksamkeit der Kontrolle zu prüfen.

A91. Das Hauptaugenmerk des Abschlussprüfers kann auf der Identifizierung und dem Gewinnen eines Verständnisses von Kontrollaktivitäten liegen, die sich auf die Gebiete beziehen, in denen nach seiner Einschätzung die Risiken wesentlicher falscher Darstellungen wahrscheinlich höher sind. Wenn durch mehrfache Kontrollaktivitäten dasselbe Ziel erreicht wird, ist es nicht notwendig, ein Verständnis von jeder einzelnen Kontrollaktivität zu gewinnen, die mit diesem Ziel verbunden ist.

A92. Die Kenntnisse des Abschlussprüfers vom Vorhandensein oder Fehlen von Kontrollaktivitäten, die er erlangt, wenn er ein Verständnis der anderen Komponenten des IKS gewinnt, helfen ihm zu entscheiden, ob es notwendig ist, dem Verständnis von den Kontrollaktivitäten weitere Aufmerksamkeit zu widmen.

Spezielle Überlegungen zu kleineren Einheiten

A93. Die Konzepte, die den Kontrollaktivitäten zugrunde liegen, sind in kleinen und größeren Einheiten normalerweise ähnlich, jedoch kann der Formalisierungsgrad unterschiedlich sein. Darüber hinaus können kleine Einheiten feststellen, dass bestimmte Arten von Kontrollaktivitäten wegen vom Management angewendeter Kontrollen für sie nicht relevant sind. Beispielsweise kann dadurch, dass sich das Management die Genehmigung von Krediten für Kunden und von bedeutsamen Anschaffungen allein vorbehält, eine starke Kontrolle über wichtige Kontensalden und Geschäftsvorfälle ausgeübt werden, wodurch die Notwendigkeit weitergehender Kontrollaktivitäten sich verringert oder ganz entfällt.

A94. Control activities relevant to the audit of a smaller entity are likely to relate to the main transaction cycles such as revenues, purchases and employment expenses.

Risks Arising from IT (Ref: Para. 21)

A95. The use of IT affects the way that control activities are implemented. From the auditor's perspective, controls over IT systems are effective when they maintain the integrity of information and the security of the data such systems process, and include effective general IT controls and application controls.

A96. General IT controls are policies and procedures that relate to many applications and support the effective functioning of application controls. They apply to mainframe, miniframe, and end-user environments. General IT controls that maintain the integrity of information and security of data commonly include controls over the following:

- Data center and network operations.
- System software acquisition, change and maintenance.
- Program change.
- Access security.
- Application system acquisition, development, and maintenance.

They are generally implemented to deal with the risks referred to in paragraph A56 above.

A97. Application controls are manual or automated procedures that typically operate at a business process level and apply to the processing of transactions by individual applications. Application controls can be preventive or detective in nature and are designed to ensure the integrity of the accounting records. Accordingly, application controls relate to procedures used to initiate, record, process and report transactions or other financial data. These controls help ensure that transactions occurred, are authorized, and are completely and accurately recorded and processed. Examples include edit checks of input data, and numerical sequence checks with manual follow-up of exception reports or correction at the point of data entry.

Components of Internal Control—Monitoring of Controls (Ref: Para. 22)

A98. Monitoring of controls is a process to assess the effectiveness of internal control performance over time. It involves assessing the effectiveness of controls on a timely basis and taking necessary remedial actions. Management accomplishes monitoring of controls through ongoing activities, separate evaluations, or a combination of the two. Ongoing monitoring activities are often built into the normal recurring activities of an entity and include regular management and supervisory activities.

A99. Management's monitoring activities may include using information from communications from external parties such as customer complaints and regulator comments that may indicate problems or highlight areas in need of improvement.

Considerations Specific to Smaller Entities

A100. Management's monitoring of control is often accomplished by management's or the owner-manager's close involvement in operations. This involvement often will identify significant variances from expectations and inaccuracies in financial data leading to remedial action to the control.

Internal Audit Functions (Ref: Para. 23)

A101. The entity's internal audit function is likely to be relevant to the audit if the nature of the internal audit function's responsibilities and activities are related to the entity's financial reporting, and the auditor expects to use the work of the internal auditors to modify the nature or timing, or reduce the extent, of audit procedures to be performed. If the auditor determines that the internal audit function is likely to be relevant to the audit, ISA 610 applies.

A102. The objectives of an internal audit function, and therefore the nature of its responsibilities and its status within the organization, vary widely and depend on the size and structure of the entity and the

A94. In kleineren Einheiten beziehen sich die für die Abschlussprüfung einschlägigen Kontrollaktivitäten in der Regel auf die Haupttransaktionszyklen, z. B. Erlöse, Anschaffungen und Personalaufwendungen.

Aus der IT resultierende Risiken (vgl. Tz. 21)

A95. Der Einsatz von IT beeinflusst die Art der Einrichtung von Kontrollaktivitäten. Aus der Sicht des Abschlussprüfers sind Kontrollen für IT-Systeme wirksam, wenn sie die Integrität von Informationen und die Sicherheit der in solchen Systemen verarbeiteten Daten aufrechterhalten sowie wirksame generelle IT-Kontrollen und Anwendungskontrollen umfassen.

A96. Generelle IT-Kontrollen sind Regelungen und Maßnahmen, die sich auf eine Vielzahl von Anwendungen beziehen und die das wirksame Funktionieren von Anwendungskontrollen unterstützen. Diese Kontrollen erstrecken sich auf Mainframe-, Miniframe- und Endbenutzerumgebungen. Generelle IT-Kontrollen, mit deren Hilfe die Integrität von Informationen sowie die Datensicherheit aufrechterhalten werden, umfassen üblicherweise Kontrollen in den folgenden Bereichen:

- Rechenzentrum und Netzwerkbetrieb
- Erwerb, Änderung und Pflege von Systemsoftware
- Programmänderung
- Zugriffssicherheit
- Erwerb, Entwicklung und Pflege von Anwendungssystemen.

Diese Kontrollen werden im Allgemeinen mit Blick auf die in Textziffer A56 genannten Risiken eingerichtet.

A97. Anwendungskontrollen sind manuelle oder automatisierte Verfahren, die typischerweise auf der Ebene eines Geschäftsprozesses durchgeführt werden und sich auf die Verarbeitung von Geschäftsvorfällen durch einzelne Anwendungen beziehen. Anwendungskontrollen können präventiver Natur sein oder zur Aufdeckung von Fehlern dienen. Sie sind darauf ausgerichtet, die Integrität der Rechnungslegungsunterlagen sicherzustellen. Entsprechend beziehen sich Anwendungskontrollen auf Verfahren zur Auslösung, Aufzeichnung und Verarbeitung von Geschäftsvorfällen oder anderen Finanzdaten und auf die Berichterstattung darüber. Diese Kontrollen tragen dazu bei sicherzustellen, dass sich erfasste Geschäftsvorfälle tatsächlich ereignet haben, autorisiert sind sowie vollständig und richtig aufgezeichnet und verarbeitet werden. Beispiele dafür sind Eingabekontrollen von in das System eingegebenen Daten sowie Kontrollen anhand der numerischen Reihenfolge mit manueller Nachbearbeitung von Ausnahmeberichten oder Korrektur bei der Dateneingabe.

Komponenten des IKS - Überwachung von Kontrollen (vgl. Tz. 22)

A98. Die Überwachung von Kontrollen ist ein Prozess, mit dem die Wirksamkeit des IKS im Zeitablauf beurteilt wird. Dazu gehören die Beurteilung der Wirksamkeit von Kontrollen in angemessener Zeit sowie das Ergreifen der erforderlichen Abhilfemaßnahmen. Das Management überwacht Kontrollen durch fortlaufende Aktivitäten, Einzelbeurteilungen oder eine Kombination aus beidem. Fortlaufende Überwachungsaktivitäten sind häufig in die üblichen wiederkehrenden Tätigkeiten einer Einheit integriert und umfassen regelmäßige Führungs- und Überwachungsmaßnahmen.

A99. Zu den Überwachungsaktivitäten des Managements kann auch die Verwendung von Informationen aus der Kommunikation mit Dritten gehören, z. B. Kundenbeschwerden sowie Stellungnahmen von Aufsichtsbehörden, die möglicherweise auf Probleme hindeuten oder verbesserungsbedürftige Bereiche aufzeigen.

Spezielle Überlegungen zu kleineren Einheiten

A100. Die Überwachung von Kontrollen durch das Management ist häufig durch eine enge Einbindung des Managements oder des Gesellschafter-Geschäftsführers in die Geschäftstätigkeit gewährleistet. Durch diese Einbindung werden häufig bedeutsame Abweichungen von den Erwartungen und Unrichtigkeiten in den Finanzdaten identifiziert, die zu nachbessernden Maßnahmen bei der Kontrolle führen.

Interne Revision (vgl. Tz. 23)

A101. Es ist wahrscheinlich, dass die interne Revision der Einheit für die Abschlussprüfung relevant ist, wenn die Art der Pflichten und Tätigkeiten der internen Revision mit der Rechnungslegung der Einheit zusammenhängt und der Abschlussprüfer die Arbeit der internen Revision zu verwerten beabsichtigt, um Art oder zeitliche Einteilung der durchzuführenden Prüfungshandlungen zu modifizieren oder deren Umfang zu reduzieren. Wenn der Abschlussprüfer feststellt, dass es wahrscheinlich ist, dass die interne Revision für die Abschlussprüfung relevant ist, findet ISA 610 Anwendung.

A102. Die Ziele einer internen Revision und somit die Art ihrer Pflichten und ihr Status innerhalb der Organisation sind sehr unterschiedlich. Sie hängen von der Größe und Struktur der Einheit sowie von den

requirements of management and, where applicable, those charged with governance. The responsibilities of an internal audit function may include, for example, monitoring of internal control, risk management, and review of compliance with laws and regulations. On the other hand, the responsibilities of the internal audit function may be limited to the review of the economy, efficiency and effectiveness of operations, for example, and accordingly, may not relate to the entity's financial reporting.

A103. If the nature of the internal audit function's responsibilities are related to the entity's financial reporting, the external auditor's consideration of the activities performed, or to be performed, by the internal audit function may include review of the internal audit function's audit plan for the period, if any, and discussion of that plan with the internal auditors.

Sources of Information (Ref: Para. 24)

A104. Much of the information used in monitoring may be produced by the entity's information system. If management assumes that data used for monitoring are accurate without having a basis for that assumption, errors that may exist in the information could potentially lead management to incorrect conclusions from its monitoring activities. Accordingly, an understanding of:

- the sources of the information related to the entity's monitoring activities; and
- the basis upon which management considers the information to be sufficiently reliable for the purpose,

is required as part of the auditor's understanding of the entity's monitoring activities as a component of internal control.

Identifying and Assessing the Risks of Material Misstatement

Assessment of Risks of Material Misstatement at the Financial Statement Level (Ref: Para. 25(a))

A105. Risks of material misstatement at the financial statement level refer to risks that relate pervasively to the financial statements as a whole and potentially affect many assertions. Risks of this nature are not necessarily risks identifiable with specific assertions at the class of transactions, account balance, or disclosure level. Rather, they represent circumstances that may increase the risks of material misstatement at the assertion level, for example, through management override of internal control. Financial statement level risks may be especially relevant to the auditor's consideration of the risks of material misstatement arising from fraud.

A106. Risks at the financial statement level may derive in particular from a deficient control environment (although these risks may also relate to other factors, such as declining economic conditions). For example, deficiencies such as management's lack of competence may have a more pervasive effect on the financial statements and may require an overall response by the auditor.

A107. The auditor's understanding of internal control may raise doubts about the auditability of an entity's financial statements. For example:

- Concerns about the integrity of the entity's management may be so serious as to cause the auditor to conclude that the risk of management misrepresentation in the financial statements is such that an audit cannot be conducted.

- Concerns about the condition and reliability of an entity's records may cause the auditor to conclude that it is unlikely that sufficient appropriate audit evidence will be available to support an unmodified opinion on the financial statements.

A108. ISA 705[12] establishes requirements and provides guidance in determining whether there is a need for the auditor to express a qualified opinion or disclaim an opinion or, as may be required in some cases, to withdraw from the engagement where withdrawal is possible under applicable law or regulation.

---

12) ISA 705, "Modifications to the Opinion in the Independent Auditor's Report."

Identifizierung und Beurteilung der Risiken wesentlicher falscher Darstellungen aus dem Verstehen der Einheit und ihres Umfelds ISA 315

Anforderungen des Managements und ggf. der für die Überwachung Verantwortlichen ab. Zu den Pflichten einer internen Revision können bspw. die Überwachung des IKS, das Risikomanagement und die Überprüfung der Einhaltung von Gesetzen und anderen Rechtsvorschriften gehören. Andererseits können die Pflichten der internen Revision bspw. auf die Überprüfung der Wirtschaftlichkeit, Effizienz und Wirksamkeit der Geschäftstätigkeit beschränkt sein und dementsprechend nicht mit der Rechnungslegung der Einheit zusammenhängen.

A103. Hängt die Art der Pflichten der internen Revision mit der Rechnungslegung der Einheit zusammen, können die Überlegungen des Abschlussprüfers zu den von der internen Revision durchgeführten oder durchzuführenden Tätigkeiten eine Durchsicht eines vorhandenen Prüfungsprogramms der internen Revision für den betreffenden Zeitraum und eine Erörterung dieses Programms mit den internen Prüfern umfassen.

Quellen der Information (Vgl. Tz. 24)

A104. Viele der zur Überwachung verwendeten Informationen können aus dem Informationssystem der Einheit stammen. Wenn das Management von der Richtigkeit der für die Überwachung verwendeten Daten ausgeht, ohne eine Grundlage für diese Annahme zu haben, könnten in den Informationen enthaltene Fehler das Management möglicherweise zu falschen Schlussfolgerungen aus seinen Überwachungsaktivitäten verleiten. Entsprechend ist ein Verständnis von

- der Herkunft der mit den Überwachungsaktivitäten der Einheit verbundenen Informationen und
- der Grundlage, auf der das Management die Informationen als für diesen Zweck ausreichend verlässlich erachtet,

für den Abschlussprüfer ein erforderlicher Bestandteil des Verständnisses von den Überwachungsaktivitäten der Einheit als Komponente des IKS.

Identifizierung und Beurteilung der Risiken wesentlicher falscher Darstellungen

Beurteilung von Risiken wesentlicher falscher Darstellungen auf Abschlussebene (vgl. Tz. 25(a))

A105. Der Begriff „Risiken wesentlicher falscher Darstellungen auf Abschlussebene" bezieht sich auf Risiken, die sich auf den Abschluss als Ganzes auswirken und möglicherweise viele Aussagen betreffen. Risiken dieser Art sind nicht notwendigerweise Risiken, die sich bezogen auf bestimmte Aussagen auf der Ebene von Arten von Geschäftsvorfällen, Kontensalden sowie Abschlussangaben identifizieren lassen. Vielmehr stellen sie Umstände dar, durch die sich die Risiken wesentlicher falscher Darstellungen auf Aussageebene vergrößern können, bspw. durch Außerkraftsetzung des IKS durch das Management. Risiken auf Abschlussebene sind möglicherweise in besonderem Maße relevant, wenn der Abschlussprüfer die Risiken wesentlicher falscher Aussagen aufgrund von dolosen Handlungen abwägt.

A106. Risiken auf Abschlussebene können insbesondere von einem mangelhaften Kontrollumfeld herrühren, obwohl sich diese Risiken auch auf andere Faktoren beziehen können (z. B. auf eine Verschlechterung der wirtschaftlichen Bedingungen). Mängel (z. B. ein Mangel an Kompetenz des Managements) können sich bspw. umfassender auf den Abschluss auswirken und allgemeine Reaktionen des Abschlussprüfers erfordern.

A107. Aus dem Verständnis des Abschlussprüfers vom IKS können sich Zweifel zur Prüfbarkeit des Abschlusses einer Einheit ergeben. Zum Beispiel:

- Bedenken hinsichtlich der Integrität des Managements der Einheit können so schwerwiegend sein, dass sie den Abschlussprüfer zu dem Schluss veranlassen, dass das Risiko von falschen Darstellungen im Abschluss durch das Management so groß ist, dass eine Abschlussprüfung nicht durchgeführt werden kann.
- Bedenken über den Zustand und die Verlässlichkeit der Aufzeichnungen einer Einheit können den Abschlussprüfer zu der Schlussfolgerung veranlassen, dass ausreichende geeignete Prüfungsnachweise, die ein nicht modifiziertes Prüfungsurteil zu dem Abschluss stützen könnten, wahrscheinlich nicht verfügbar sein werden.

A108. ISA 705[12] enthält Anforderungen und erläuternde Hinweise zu der Feststellung, ob der Abschlussprüfer ein eingeschränktes Prüfungsurteil abgeben oder die Nichterteilung eines Prüfungsurteils erklären muss. In einigen Fällen kann sogar eine Mandatsniederlegung erforderlich sein, sofern eine Niederlegung nach den einschlägigen Gesetzen oder anderen Rechtsvorschriften zulässig ist.

---

12) ISA 705 „Modifizierungen des Prüfungsurteils im Vermerk des unabhängigen Abschlussprüfers".

Assessment of Risks of Material Misstatement at the Assertion Level (Ref: Para. 25(b))

A109. Risks of material misstatement at the assertion level for classes of transactions, account balances, and disclosures need to be considered because such consideration directly assists in determining the nature, timing and extent of further audit procedures at the assertion level necessary to obtain sufficient appropriate audit evidence. In identifying and assessing risks of material misstatement at the assertion level, the auditor may conclude that the identified risks relate more pervasively to the financial statements as a whole and potentially affect many assertions.

The Use of Assertions

A110. In representing that the financial statements are in accordance with the applicable financial reporting framework, management implicitly or explicitly makes assertions regarding the recognition, measurement, presentation and disclosure of the various elements of financial statements and related disclosures.

A111. Assertions used by the auditor to consider the different types of potential misstatements that may occur fall into the following three categories and may take the following forms:

(a) Assertions about classes of transactions and events for the period under audit:
　(i) Occurrence – transactions and events that have been recorded have occurred and pertain to the entity.
　(ii) Completeness – all transactions and events that should have been recorded have been recorded.
　(iii) Accuracy – amounts and other data relating to recorded transactions and events have been recorded appropriately.
　(iv) Cutoff – transactions and events have been recorded in the correct accounting period.
　(v) Classification – transactions and events have been recorded in the proper accounts.

(b) Assertions about account balances at the period end:
　(i) Existence – assets, liabilities, and equity interests exist.
　(ii) Rights and obligations – the entity holds or controls the rights to assets, and liabilities are the obligations of the entity.
　(iii) Completeness – all assets, liabilities and equity interests that should have been recorded have been recorded.
　(iv) Valuation and allocation – assets, liabilities, and equity interests are included in the financial statements at appropriate amounts and any resulting valuation or allocation adjustments are appropriately recorded.

(c) Assertions about presentation and disclosure:
　(i) Occurrence and rights and obligations – disclosed events, transactions, and other matters have occurred and pertain to the entity.
　(ii) Completeness – all disclosures that should have been included in the financial statements have been included.
　(iii) Classification and understandability – financial information is appropriately presented and described, and disclosures are clearly expressed.
　(iv) Accuracy and valuation – financial and other information are disclosed fairly and at appropriate amounts.

A112. The auditor may use the assertions as described above or may express them differently provided all aspects described above have been covered. For example, the auditor may choose to combine the assertions about transactions and events with the assertions about account balances.

Considerations specific to public sector entities

A113. When making assertions about the financial statements of public sector entities, in addition to those assertions set out in paragraph A111, management may often assert that transactions and events have been carried out in accordance with law, regulation or other authority. Such assertions may fall within the scope of the financial statement audit.

Identifizierung und Beurteilung der Risiken wesentlicher falscher Darstellungen aus dem Verstehen der Einheit und ihres Umfelds — ISA 315

Beurteilung von Risiken wesentlicher falscher Darstellungen auf Aussageebene (vgl. Tz. 25(b))

A109. Risiken wesentlicher falscher Darstellungen auf Aussageebene bei Arten von Geschäftsvorfällen, Kontensalden sowie Abschlussangaben müssen berücksichtigt werden, da dies dem Abschlussprüfer direkt dabei hilft, Art, zeitliche Einteilung und Umfang weiterer Prüfungshandlungen auf Aussageebene festzulegen, die notwendig sind, um ausreichende geeignete Prüfungsnachweise zu erhalten. Bei der Identifizierung und Beurteilung von Risiken wesentlicher falscher Darstellungen auf Aussageebene kann der Abschlussprüfer zu dem Schluss kommen, dass die identifizierten Risiken sich mehr auf den Abschluss als Ganzes auswirken und möglicherweise viele Aussagen betreffen.

Die Verwendung von Aussagen

A110. Durch die Erklärung, dass der Abschluss dem maßgebenden Regelwerk der Rechnungslegung entspricht, trifft das Management implizit oder explizit Aussagen zu Ansatz, Bewertung und Darstellung der verschiedenen Bestandteile des Abschlusses sowie der dazugehörigen Angaben.

A111. Aussagen, die vom Abschlussprüfer verwendet werden, um die möglicherweise auftretenden verschiedenen Arten von eventuellen falschen Darstellungen abzuwägen, fallen in die folgenden drei Kategorien und können in den folgenden Formen vorliegen:

(a) Aussagen zu Arten von Geschäftsvorfällen und Ereignissen für den zu prüfenden Zeitraum:
  (i) Eintritt – erfasste Geschäftsvorfälle und Ereignisse haben stattgefunden und sind der Einheit zuzurechnen.
  (ii) Vollständigkeit – alle Geschäftsvorfälle und Ereignisse, die erfasst werden mussten, wurden aufgezeichnet.
  (iii) Genauigkeit – Beträge und andere Daten zu aufgezeichneten Geschäftsvorfällen und Ereignissen wurden angemessen erfasst.
  (iv) Periodenabgrenzung – Geschäftsvorfälle und Ereignisse wurden in der richtigen Berichtsperiode erfasst.
  (v) Kontenzuordnung – Geschäftsvorfälle und Ereignisse wurden auf den richtigen Konten erfasst.

(b) Aussagen zu Kontensalden am Abschlussstichtag:
  (i) Vorhandensein – Vermögenswerte und Schulden sowie das Eigenkapital sind vorhanden.
  (ii) Rechte und Verpflichtungen – Die Einheit hält die Rechte an Vermögenswerten bzw. hat die Kontrolle darüber, Schulden stellen Verpflichtungen der Einheit dar.
  (iii) Vollständigkeit – Alle Vermögenswerte, Schulden und Eigenkapitalposten, die zu erfassen sind, wurden erfasst.
  (iv) Bewertung und Zuordnung – Vermögenswerte, Schulden und Eigenkapitalpositionen sind mit angemessenen Beträgen im Abschluss enthalten, Anpassungen bei Bewertung oder Zuordnung wurden in angemessener Weise erfasst.

(c) Aussagen zur Darstellung im Abschluss und zu den Abschlussangaben:
  (i) Eintritt sowie Rechte und Verpflichtungen – Im Abschluss angegebene Ereignisse, Geschäftsvorfälle und andere Sachverhalte haben stattgefunden und sind der Einheit zuzurechnen.
  (ii) Vollständigkeit – Alle Angaben, die im Abschluss enthalten sein müssen, sind enthalten.
  (iii) Ausweis und Verständlichkeit – Finanzinformationen sind in angemessener Weise dargestellt und erläutert, die Angaben sind deutlich formuliert.
  (iv) Genauigkeit und Bewertung – Finanzinformationen und andere Informationen sind angemessen und mit zutreffenden Beträgen angegeben.

A112. Der Abschlussprüfer kann die oben beschriebenen Aussagen verwenden oder andere Formulierungen wählen, vorausgesetzt dass alle oben beschriebenen Aspekte abgedeckt sind. Beispielsweise kann der Abschlussprüfer sich dafür entscheiden, die Aussagen zu Geschäftsvorfällen und Ereignissen mit den Aussagen zu Kontensalden zu kombinieren.

Spezielle Überlegungen zu Einheiten des öffentlichen Sektors

A113. Im Zusammenhang mit Abschlüssen von Einheiten des öffentlichen Sektors verwendet das Management zusätzlich zu den in Textziffer A111 genannten Aussagen möglicherweise häufig die Aussage, dass Geschäftsvorfälle und Ereignisse in Übereinstimmung mit den Gesetzen, anderen Rechtsvorschriften oder sonstigen amtlichen Vorgaben ausgeführt wurden. Solche Aussagen können im Umfang der Abschlussprüfung enthalten sein.

Process of Identifying Risks of Material Misstatement (Ref: Para. 26(a))

A114. Information gathered by performing risk assessment procedures, including the audit evidence obtained in evaluating the design of controls and determining whether they have been implemented, is used as audit evidence to support the risk assessment. The risk assessment determines the nature, timing and extent of further audit procedures to be performed.

A115. Appendix 2 provides examples of conditions and events that may indicate the existence of risks of material misstatement.

Relating Controls to Assertions (Ref: Para. 26(c))

A116. In making risk assessments, the auditor may identify the controls that are likely to prevent, or detect and correct, material misstatement in specific assertions. Generally, it is useful to obtain an understanding of controls and relate them to assertions in the context of processes and systems in which they exist because individual control activities often do not in themselves address a risk. Often, only multiple control activities, together with other components of internal control, will be sufficient to address a risk.

A117. Conversely, some control activities may have a specific effect on an individual assertion embodied in a particular class of transactions or account balance. For example, the control activities that an entity established to ensure that its personnel are properly counting and recording the annual physical inventory relate directly to the existence and completeness assertions for the inventory account balance.

A118. Controls can be either directly or indirectly related to an assertion. The more indirect the relationship, the less effective that control may be in preventing, or detecting and correcting, misstatements in that assertion. For example, a sales manager's review of a summary of sales activity for specific stores by region ordinarily is only indirectly related to the completeness assertion for sales revenue. Accordingly, it may be less effective in reducing risk for that assertion than controls more directly related to that assertion, such as matching shipping documents with billing documents.

Significant Risks

Identifying Significant Risks (Ref: Para. 28)

A119. Significant risks often relate to significant non-routine transactions or judgmental matters. Non-routine transactions are transactions that are unusual, due to either size or nature, and that therefore occur infrequently. Judgmental matters may include the development of accounting estimates for which there is significant measurement uncertainty. Routine, non-complex transactions that are subject to systematic processing are less likely to give rise to significant risks.

A120. Risks of material misstatement may be greater for significant non-routine transactions arising from matters such as the following:

- Greater management intervention to specify the accounting treatment.
- Greater manual intervention for data collection and processing.
- Complex calculations or accounting principles.
- The nature of non-routine transactions, which may make it difficult for the entity to implement effective controls over the risks.

A121. Risks of material misstatement may be greater for significant judgmental matters that require the development of accounting estimates, arising from matters such as the following:

- Accounting principles for accounting estimates or revenue recognition may be subject to differing interpretation.
- Required judgment may be subjective or complex, or require assumptions about the effects of future events, for example, judgment about fair value.

Prozess zum Identifizieren von Risiken wesentlicher falscher Darstellungen (vgl. Tz. 26(a))

A114. Informationen, die bei der Durchführung von Prüfungshandlungen zur Risikobeurteilung eingeholt wurden, einschließlich der Prüfungsnachweise, die bei der Beurteilung der Ausgestaltung der Kontrollen sowie bei der Feststellung ihrer Einrichtung erlangt wurden, werden als Prüfungsnachweise zur Unterstützung der Risikobeurteilung verwendet. Anhand der Risikobeurteilung werden Art, zeitliche Einteilung und Umfang weiterer durchzuführender Prüfungshandlungen festgelegt.

A115. Anlage 2 enthält Beispiele für Umstände und Ereignisse, die möglicherweise auf das Bestehen von Risiken wesentlicher falscher Darstellungen hindeuten.

Herstellung von Beziehungen zwischen Kontrollen und Aussagen (vgl. Tz. 26(c))

A116. Im Rahmen von Risikobeurteilungen kann der Abschlussprüfer die Kontrollen identifizieren, mit denen sich wesentliche falsche Darstellungen in bestimmten Aussagen wahrscheinlich verhindern bzw. aufdecken und korrigieren lassen. Im Allgemeinen ist es hilfreich, ein Verständnis der Kontrollen zu gewinnen und diese im Kontext der Prozesse und Systeme, in denen sie bestehen, zu Aussagen in Beziehung zu setzen, da einzelne Kontrollaktivitäten nicht aus sich heraus einem Risiko begegnen. Häufig sind mehrere Kontrollaktivitäten zusammen mit anderen Komponenten des IKS erforderlich, um einem Risiko zu begegnen.

A117. Umgekehrt können einige Kontrollaktivitäten eine spezifische Auswirkung auf eine einzelne Aussage haben, die in bestimmten Arten von Geschäftsvorfällen oder Kontensalden enthalten ist. Die Kontrollaktivitäten, die eine Einheit eingerichtet hat, um sicherzustellen, dass ihre Mitarbeiter bei der jährlichen Inventur richtig zählen und die Ergebnisse richtig aufzeichnen, beziehen sich bspw. unmittelbar auf die Aussagen „Vorhandensein" und „Vollständigkeit" des Postens „Vorräte".

A118. Kontrollen können sich entweder unmittelbar oder mittelbar auf eine Aussage beziehen. Je mittelbarer die Beziehung ist, desto weniger wirksam kann diese Kontrolle bei der Verhinderung bzw. Aufdeckung und Korrektur von falschen Darstellungen in dieser Aussage sein. Zum Beispiel hat die Durchsicht einer nach Regionen geordneten Verkaufsstatistik für bestimmte Geschäfte durch einen Verkaufsleiter normalerweise nur eine mittelbare Beziehung zu der Aussage „Vollständigkeit der Umsatzerlöse". Entsprechend trägt diese Kontrolle möglicherweise weniger dazu bei, das Risiko für diese Aussage zu reduzieren, als Kontrollen, die sich unmittelbarer auf diese Aussage beziehen (z. B. das Abgleichen von Versandpapieren mit Rechnungen).

Bedeutsame Risiken

Identifizierung bedeutsamer Risiken (vgl. Tz. 28)

A119. Bedeutsame Risiken beziehen sich häufig auf bedeutsame Transaktionen, die keine Routine sind, oder Sachverhalte mit einem Ermessensspielraum. Bei Nichtroutinetransaktionen handelt es sich um Geschäftsvorfälle, die entweder aufgrund ihrer Größe oder aufgrund ihrer Art ungewöhnlich sind und deshalb selten auftreten. Zu den Sachverhalten mit Ermessensspielraum kann die Entwicklung von geschätzten Werten in der Rechnungslegung gehören, bei denen es eine erhebliche Bewertungsunsicherheit gibt. Einfache routinemäßige Geschäftsvorfälle, die einer Verarbeitung durch das System unterliegen, führen mit einer geringeren Wahrscheinlichkeit zu bedeutsamen Risiken.

A120. Risiken wesentlicher falscher Darstellungen können bei bedeutsamen Nichtroutinetransaktionen größer sein und sich bspw. ergeben aus

- verstärktem Eingreifen des Managements, um die Behandlung in der Rechnungslegung festzulegen,
- verstärkten manuellen Eingriffen zur Erhebung und Verarbeitung von Daten,
- komplexen Berechnungen oder Rechnungslegungsgrundsätzen,
- Merkmalen von Nichtroutinetransaktionen, aufgrund derer es für die Einheit schwierig sein kann, wirksame risikobezogene Kontrollen einzurichten.

A121. Risiken wesentlicher falscher Darstellungen können bei bedeutsamen Sachverhalten mit Ermessensspielraum, für die geschätzte Werte in der Rechnungslegung entwickelt werden müssen, größer sein und bspw. folgende Ursachen haben:

- Rechnungslegungsgrundsätze für geschätzte Werte in der Rechnungslegung oder für die Erlöserfassung können unterschiedlich ausgelegt werden.
- Die erforderliche Beurteilung kann subjektiv oder komplex sein oder Annahmen über die Auswirkungen zukünftiger Ereignisse erfordern, z. B. bei Zeitwerten.

A122. ISA 330 describes the consequences for further audit procedures of identifying a risk as significant.[13]

Significant risks relating to the risks of material misstatement due to fraud

A123. ISA 240 provides further requirements and guidance in relation to the identification and assessment of the risks of material misstatement due to fraud.[14]

Understanding Controls Related to Significant Risks (Ref: Para. 29)

A124. Although risks relating to significant non-routine or judgmental matters are often less likely to be subject to routine controls, management may have other responses intended to deal with such risks. Accordingly, the auditor's understanding of whether the entity has designed and implemented controls for significant risks arising from non-routine or judgmental matters includes whether and how management responds to the risks. Such responses might include:

- Control activities such as a review of assumptions by senior management or experts.
- Documented processes for estimations.
- Approval by those charged with governance.

A125. For example, where there are one-off events such as the receipt of notice of a significant lawsuit, consideration of the entity's response may include such matters as whether it has been referred to appropriate experts (such as internal or external legal counsel), whether an assessment has been made of the potential effect, and how it is proposed that the circumstances are to be disclosed in the financial statements.

A126. In some cases, management may not have appropriately responded to significant risks of material misstatement by implementing controls over these significant risks. Failure by management to implement such controls is an indicator of a significant deficiency in internal control.[15]

Risks for Which Substantive Procedures Alone Do Not Provide Sufficient Appropriate Audit Evidence (Ref: Para. 30)

A127. Risks of material misstatement may relate directly to the recording of routine classes of transactions or account balances, and the preparation of reliable financial statements. Such risks may include risks of inaccurate or incomplete processing for routine and significant classes of transactions such as an entity's revenue, purchases, and cash receipts or cash payments.

A128. Where such routine business transactions are subject to highly automated processing with little or no manual intervention, it may not be possible to perform only substantive procedures in relation to the risk. For example, the auditor may consider this to be the case in circumstances where a significant amount of an entity's information is initiated, recorded, processed, or reported only in electronic form such as in an integrated system. In such cases:

- Audit evidence may be available only in electronic form, and its sufficiency and appropriateness usually depend on the effectiveness of controls over its accuracy and completeness.
- The potential for improper initiation or alteration of information to occur and not be detected may be greater if appropriate controls are not operating effectively.

A129. The consequences for further audit procedures of identifying such risks are described in ISA 330.[16]

---

13) ISA 330, paragraphs 15 and 21.
14) ISA 240, paragraphs 25–27.
15) ISA 265, "Communicating Deficiencies in Internal Control to Those Charged with Governance and Management," paragraph A7.
16) ISA 330, paragraph 8.

Identifizierung und Beurteilung der Risiken wesentlicher falscher Darstellungen aus dem Verstehen der Einheit und ihres Umfelds ISA 315

A122. Die Konsequenzen für weitere Prüfungshandlungen für den Fall, dass Risiken als bedeutsam identifiziert wurden, werden in ISA 330 beschrieben.[13]

Bedeutsame Risiken im Zusammenhang mit den Risiken wesentlicher falscher Darstellungen aufgrund von dolosen Handlungen

A123. ISA 240 enthält weitere Anforderungen und erläuternde Hinweise zur Identifizierung und Beurteilung der Risiken wesentlicher falscher Darstellungen aufgrund von dolosen Handlungen.[14]

Verstehen der Kontrollen hinsichtlich bedeutsamer Risiken (vgl. Tz. 29)

A124. Obwohl Risiken im Zusammenhang mit bedeutsamen, nicht routinemäßigen Sachverhalten oder Sachverhalten mit Ermessensspielraum seltener Routinekontrollen unterliegen, verfügt das Management möglicherweise über andere Reaktionsmöglichkeiten, um solchen Risiken zu begegnen. Entsprechend umfasst das Verständnis des Abschlussprüfers davon, ob die Einheit Kontrollen für bedeutsame Risiken ausgestaltet und eingerichtet hat, die sich aus nicht routinemäßigen Sachverhalten oder Sachverhalten mit Ermessensspielraum ergeben, auch die Frage, ob und wie das Management auf die Risiken reagiert. Beispiele für mögliche Reaktionen:
- Kontrollaktivitäten, z. B. Prüfung der Annahmen durch das obere Management oder durch Sachverständige
- dokumentierte Prozesse für Schätzungen
- Genehmigung durch die für die Überwachung Verantwortlichen.

A125. Beispielsweise können bei einmaligen Ereignissen, wie etwa der Eingang einer gerichtlichen Notifizierung zu einem bedeutsamen Rechtsstreit, im Zusammenhang mit der Reaktion der Einheit u. a. Überlegungen dahingehend angestellt werden, ob geeignete Sachverständige (z. B. interne oder externe Juristen) hinzugezogen wurden, ob eine Beurteilung der möglichen Auswirkungen erfolgt ist und wie die Umstände im Abschluss dargestellt werden sollen.

A126. In einigen Fällen hat das Management möglicherweise nicht angemessen auf bedeutsame Risiken wesentlicher falscher Darstellungen reagiert, d. h. keine Kontrollen für diese bedeutsamen Risiken eingerichtet. Das Versäumnis des Managements, solche Kontrollen einzuführen, deutet möglicherweise auf einen bedeutsamen Mangel im IKS der Einheit hin.[15]

Risiken, bei denen aussagebezogene Prüfungshandlungen alleine keine ausreichenden geeigneten Prüfungsnachweise erbringen (vgl. Tz. 30)

A127. Risiken wesentlicher falscher Darstellungen können sich unmittelbar auf die Aufzeichnung von routinemäßigen Arten von Geschäftsvorfällen oder Kontensalden sowie auf die Aufstellung eines verlässlichen Abschlusses beziehen. Hierunter können z. B. Risiken fehlerhafter oder unvollständiger Verarbeitung von routinemäßigen und bedeutsamen Arten von Geschäftsvorfällen fallen (z. B. von Erlösen, Anschaffungen sowie Barzahlungen an bzw. durch die Einheit).

A128. Wenn solche routinemäßigen Geschäftsvorfälle einer hoch automatisierten Verarbeitung mit wenigen bis gar keinen manuellen Eingriffen unterliegen, kann es unmöglich sein, ausschließlich aussagebezogene Prüfungshandlungen für das Risiko durchzuführen. Diesen Fall kann der Abschlussprüfer bspw. dann als gegeben ansehen, wenn eine bedeutsame Menge von Informationen der Einheit ausschließlich in elektronischer Form ausgelöst, aufgezeichnet oder verarbeitet oder darüber berichtet wird (z. B. in einem integrierten System). In solchen Fällen gilt:
- Prüfungsnachweise sind möglicherweise ausschließlich in elektronischer Form verfügbar. Ob diese dann ausreichend und geeignet sind, hängt normalerweise von der Wirksamkeit der Kontrollen für ihre Richtigkeit und Vollständigkeit ab.
- Die Möglichkeit, dass eine unzulässige Auslösung oder Änderung von Informationen auftritt und nicht aufgedeckt wird, kann größer sein, wenn angemessene Kontrollen nicht wirksam funktionieren.

A129. Die Konsequenzen für weitere Prüfungshandlungen bei Identifizierung solcher Risiken werden in ISA 330 beschrieben.[16]

---

13) ISA 330, Textziffern 15 und 21.
14) ISA 240, Textziffern 25-27.
15) ISA 265 „Mitteilung über Mängel im internen Kontrollsystem an die für die Überwachung Verantwortlichen und das Management", Textziffer A7.
16) ISA 330, Textziffer 8.

Revision of Risk Assessment (Ref: Para. 31)

A130. During the audit, information may come to the auditor's attention that differs significantly from the information on which the risk assessment was based. For example, the risk assessment may be based on an expectation that certain controls are operating effectively. In performing tests of those controls, the auditor may obtain audit evidence that they were not operating effectively at relevant times during the audit. Similarly, in performing substantive procedures the auditor may detect misstatements in amounts or frequency greater than is consistent with the auditor's risk assessments. In such circumstances, the risk assessment may not appropriately reflect the true circumstances of the entity and the further planned audit procedures may not be effective in detecting material misstatements. See ISA 330 for further guidance.

Documentation (Ref: Para. 32)

A131. The manner in which the requirements of paragraph 32 are documented is for the auditor to determine using professional judgment. For example, in audits of small entities the documentation may be incorporated in the auditor's documentation of the overall strategy and audit plan.[17] Similarly, for example, the results of the risk assessment may be documented separately, or may be documented as part of the auditor's documentation of further procedures.[18] The form and extent of the documentation is influenced by the nature, size and complexity of the entity and its internal control, availability of information from the entity and the audit methodology and technology used in the course of the audit.

A132. For entities that have uncomplicated businesses and processes relevant to financial reporting, the documentation may be simple in form and relatively brief. It is not necessary to document the entirety of the auditor's understanding of the entity and matters related to it. Key elements of understanding documented by the auditor include those on which the auditor based the assessment of the risks of material misstatement.

A133. The extent of documentation may also reflect the experience and capabilities of the members of the audit engagement team. Provided the requirements of ISA 230 are always met, an audit undertaken by an engagement team comprising less experienced individuals may require more detailed documentation to assist them to obtain an appropriate understanding of the entity than one that includes experienced individuals.

A134. For recurring audits, certain documentation may be carried forward, updated as necessary to reflect changes in the entity's business or processes.

---

17) ISA 300, "Planning an Audit of Financial Statements," paragraphs 7 and 9.
18) ISA 330, paragraph 28.

Identifizierung und Beurteilung der Risiken wesentlicher falscher Darstellungen aus dem Verstehen der Einheit und ihres Umfelds — ISA 315

Berichtigung der Risikobeurteilung (vgl. Tz. 31)

A130. Während der Abschlussprüfung können dem Abschlussprüfer Informationen bekannt werden, die deutlich von denjenigen abweichen, auf die sich die Risikobeurteilung gestützt hat. Die Risikobeurteilung kann bspw. auf der Erwartung basieren, dass bestimmte Kontrollen wirksam funktionieren. Durch Funktionsprüfungen dieser Kontrollen kann der Abschlussprüfer Prüfungsnachweise dafür erhalten, dass sie zu relevanten Zeitpunkten während der Abschlussprüfung nicht wirksam funktioniert haben. Ebenso kann der Abschlussprüfer bei der Durchführung aussagebezogener Prüfungshandlungen falsche Darstellungen aufdecken, die vom Betrag oder von der Häufigkeit des Auftretens her nicht mit der ursprünglichen Risikobeurteilung des Abschlussprüfers vereinbar sind. Unter solchen Umständen spiegelt die Risikobeurteilung die tatsächliche Situation der Einheit möglicherweise nicht angemessen wider, und die weiteren geplanten Prüfungshandlungen können wesentliche falsche Darstellungen nicht unbedingt aufdecken. ISA 330 enthält weitere Hinweise.

Dokumentation (vgl. Tz. 32)

A131. Die Festlegung, wie die unter Textziffer 32 aufgeführten Anforderungen dokumentiert werden, liegt im pflichtgemäßen Ermessen des Abschlussprüfers. Bspw. kann der Abschlussprüfer die Dokumentation bei Abschlussprüfungen von kleinen Einheiten in die Dokumentation der Prüfungsstrategie und des Prüfungsprogramms integrieren.[17] Ebenso können bspw. die Ergebnisse der Risikobeurteilung entweder separat oder als Teil der Dokumentation weiterer Prüfungshandlungen durch den Abschlussprüfer dokumentiert werden.[18] Form und Umfang der Dokumentation werden beeinflusst durch Art, Größe und Komplexität der Einheit und ihres IKS, durch die Verfügbarkeit von Informationen aus der Einheit sowie durch die im Rahmen der Abschlussprüfung verwendeten Prüfungsmethoden und -technologien.

A132. Bei Einheiten, die unkomplizierte Geschäfte und rechnungslegungsbezogene Prozesse aufweisen, kann die Dokumentation einfach und relativ kurz ausgestaltet werden. Es ist nicht notwendig, das Verständnis des Abschlussprüfers von der Einheit und den hiermit zusammenhängenden Sachverhalten in Gänze zu dokumentieren. Zu den besonders wichtigen Bestandteilen des Verständnisses, die vom Abschlussprüfer dokumentiert werden, gehören solche, auf die dieser die Beurteilung der Risiken wesentlicher falscher Darstellungen gestützt hat.

A133. Der Umfang der Dokumentation kann auch die Erfahrung und die Fähigkeiten der Mitglieder des Prüfungsteams widerspiegeln. Unter der Voraussetzung, dass die Anforderungen von ISA 230 immer erfüllt werden, kann eine Prüfung, bei der das Prüfungsteam aus weniger erfahrenen Mitarbeitern besteht, eine detailliertere Dokumentation erfordern, damit diese ein angemessenes Verständnis von der Einheit gewinnen können, als dies bei erfahrenen Mitarbeitern der Fall wäre.

A134. Bei Folgeprüfungen können bestimmte Teile der Dokumentation übernommen werden, ggf. mit Aktualisierungen, die Veränderungen im Geschäft oder in Prozessen der Einheit widerspiegeln.

---

17) ISA 300 „Planung einer Abschlussprüfung", Textziffern 7 und 9.
18) ISA 330, Textziffer 28.

Appendix 1
(Ref: 4(c), 14–24, A69–A104)

Internal Control Components

1. This appendix further explains the components of internal control, as set out in paragraphs 4(c), 14–24 and A69–A104, as they relate to a financial statement audit.

Control Environment

2. The control environment encompasses the following elements:

   (a) *Communication and enforcement of integrity and ethical values.* The effectiveness of controls cannot rise above the integrity and ethical values of the people who create, administer, and monitor them. Integrity and ethical behavior are the product of the entity's ethical and behavioral standards, how they are communicated, and how they are reinforced in practice. The enforcement of integrity and ethical values includes, for example, management actions to eliminate or mitigate incentives or temptations that might prompt personnel to engage in dishonest, illegal, or unethical acts. The communication of entity policies on integrity and ethical values may include the communication of behavioral standards to personnel through policy statements and codes of conduct and by example.

   (b) *Commitment to competence.* Competence is the knowledge and skills necessary to accomplish tasks that define the individual's job.

   (c) *Participation by those charged with governance.* An entity's control consciousness is influenced significantly by those charged with governance. The importance of the responsibilities of those charged with governance is recognized in codes of practice and other laws and regulations or guidance produced for the benefit of those charged with governance. Other responsibilities of those charged with governance include oversight of the design and effective operation of whistle blower procedures and the process for reviewing the effectiveness of the entity's internal control.

   (d) *Management's philosophy and operating style.* Management's philosophy and operating style encompass a broad range of characteristics. For example, management's attitudes and actions toward financial reporting may manifest themselves through conservative or aggressive selection from available alternative accounting principles, or conscientiousness and conservatism with which accounting estimates are developed.

   (e) *Organizational structure.* Establishing a relevant organizational structure includes considering key areas of authority and responsibility and appropriate lines of reporting. The appropriateness of an entity's organizational structure depends, in part, on its size and the nature of its activities.

   (f) *Assignment of authority and responsibility.* The assignment of authority and responsibility may include policies relating to appropriate business practices, knowledge and experience of key personnel, and resources provided for carrying out duties. In addition, it may include policies and communications directed at ensuring that all personnel understand the entity's objectives, know how their individual actions interrelate and contribute to those objectives, and recognize how and for what they will be held accountable.

   (g) *Human resource policies and practices.* Human resource policies and practices often demonstrate important matters in relation to the control consciousness of an entity. For example, standards for recruiting the most qualified individuals – with emphasis on educational background, prior work experience, past accomplishments, and evidence of integrity and ethical behavior – demonstrate an entity's commitment to competent and trustworthy people. Training policies that communicate prospective roles and responsibilities and include practices such as training schools and seminars illustrate expected levels of performance and behavior. Promotions driven by periodic performance appraisals demonstrate the entity's commitment to the advancement of qualified personnel to higher levels of responsibility.

Anlage 1

(Vgl. Tz. 4(c), 14-24 und A69-A104)

Komponenten des IKS

1. Diese Anlage enthält weitere Erläuterungen zu den in den Textziffern 4(c), 14-24 und A69-A104 beschriebenen Komponenten des IKS im Zusammenhang mit einer Abschlussprüfung.

Kontrollumfeld

2. Das Kontrollumfeld umfasst die folgenden Bestandteile:

   (a) *Kommunikation und Durchsetzung von Integrität und ethischen Werten:* Die Wirksamkeit von Kontrollen kann nicht über die Integrität und die ethischen Werte der Personen hinausgehen, die sie konzipieren, verwalten und überwachen. Integrität und ethisches Verhalten ergeben sich aus den Richtlinien der Einheit zu Ethik und Verhaltensnormen sowie aus der Art der Kommunikation und der Durchsetzung in der Praxis. Die Durchsetzung von Integrität und ethischen Werten umfasst bspw. Maßnahmen des Managements zur Beseitigung oder Reduzierung von Anreizen oder Gelegenheiten, die Mitarbeiter zu unlauteren, gesetzeswidrigen oder unethischen Handlungen verleiten könnten. Die Kommunikation von Regelungen der Einheit zu Integrität und ethischen Werten kann die Kommunikation von Verhaltensnormen an Mitarbeiter durch Vorgabe von Richtlinien und Verhaltensregeln sowie durch das Vorleben einer solchen Grundhaltung einschließen.

   (b) *Selbstverpflichtung zur Kompetenz:* Der Begriff „Kompetenz" steht für die Kenntnisse und Fähigkeiten, die zur Erfüllung der Aufgaben erforderlich sind, welche die Tätigkeit eines Mitarbeiters ausmachen.

   (c) *Mitwirkung der für die Überwachung Verantwortlichen:* Das Kontrollbewusstsein einer Einheit wird maßgeblich durch die für die Überwachung Verantwortlichen beeinflusst. Der Bedeutung der Pflichten der für die Überwachung Verantwortlichen wird in der Geschäftsordnung sowie sonstigen für diesen Personenkreis bestimmten gesetzlichen und anderen rechtlichen Bestimmungen oder Hinweisen Rechnung getragen. Zu den weiteren Pflichten der für die Überwachung Verantwortlichen gehören die Überwachung der Ausgestaltung und Wirksamkeit von „Whistleblower"-Verfahren und der Prozess zur Prüfung der Wirksamkeit des IKS der Einheit.

   (d) *Philosophie und Führungsstil des Managements:* Philosophie und Führungsstil des Managements umfassen ein breites Spektrum von Merkmalen. Einstellung und Maßnahmen des Managements zur Rechnungslegung können sich bspw. in einer konservativen oder aggressiven Auswahl aus verfügbaren alternativen Rechnungslegungsgrundsätzen sowie in Gewissenhaftigkeit und Vorsicht bei der Entwicklung von geschätzten Werten in der Rechnungslegung manifestieren.

   (e) *Organisationsstruktur:* Die Einrichtung einer zweckdienlichen Organisationsstruktur beinhaltet Überlegungen zu besonders wichtigen Kompetenz- und Verantwortungsbereichen sowie zu geeigneten Berichtswegen. Die Angemessenheit der Organisationsstruktur einer Einheit hängt teilweise von deren Größe und von der Art ihrer Tätigkeit ab.

   (f) *Zuordnung von Weisungsbefugnis und Verantwortlichkeit:* Die Zuordnung von Weisungsbefugnis und Verantwortlichkeit kann Regelungen beinhalten, die sich auf ein angemessenes Geschäftsgebaren, auf Kenntnisse und die Erfahrung von besonders wichtigen Mitarbeitern sowie auf die zur Ausführung von Aufgaben zur Verfügung gestellten Ressourcen beziehen. Darüber hinaus kann sie Regelungen und Mitteilungen beinhalten, durch die sichergestellt werden soll, dass alle Mitarbeiter die Ziele der Einheit verstehen und wissen, wie ihre jeweiligen Handlungen zusammenwirken und zur Erreichung dieser Ziele beitragen, und erkennen, auf welche Weise und wofür sie zur Rechenschaft gezogen werden.

   (g) *Regelungen und Gepflogenheiten im Bereich Personalwesen:* Regelungen und Gepflogenheiten im Bereich Personalwesen machen häufig wichtige Sachverhalte im Zusammenhang mit dem Kontrollbewusstsein einer Einheit deutlich. Standards für die Einstellung der am besten qualifizierten Bewerber - mit Betonung von Ausbildung, bisheriger Berufserfahrung, in der Vergangenheit erbrachten Leistungen sowie Nachweisen für Integrität und ethisches Verhalten - sind bspw. ein Zeichen dafür, dass sich die Einheit zur Auswahl kompetenter und vertrauenswürdiger Mitarbeiter verpflichtet hat. Fortbildungsregelungen, die zukünftige Funktionen und Verantwortlichkeiten vermitteln und die u.a. entsprechende Schulungen und Seminare vorsehen, verdeutlichen Erwartungen im Hinblick auf Leistung und Verhalten. Beförderungen auf der Grundlage periodischer Leistungsbeurteilungen belegen, dass sich die Einheit dazu verpflichtet hat, qualifizierte Mitarbeiter durch die Übertragung von mehr Verantwortung weiterzuentwickeln.

Entity's Risk Assessment Process

3. For financial reporting purposes, the entity's risk assessment process includes how management identifies business risks relevant to the preparation of financial statements in accordance with the entity's applicable financial reporting framework, estimates their significance, assesses the likelihood of their occurrence, and decides upon actions to respond to and manage them and the results thereof. For example, the entity's risk assessment process may address how the entity considers the possibility of unrecorded transactions or identifies and analyzes significant estimates recorded in the financial statements.

4. Risks relevant to reliable financial reporting include external and internal events, transactions or circumstances that may occur and adversely affect an entity's ability to initiate, record, process, and report financial data consistent with the assertions of management in the financial statements. Management may initiate plans, programs, or actions to address specific risks or it may decide to accept a risk because of cost or other considerations. Risks can arise or change due to circumstances such as the following:

- *Changes in operating environment.* Changes in the regulatory or operating environment can result in changes in competitive pressures and significantly different risks.
- *New personnel.* New personnel may have a different focus on or understanding of internal control.
- *New or revamped information systems.* Significant and rapid changes in information systems can change the risk relating to internal control.
- *Rapid growth.* Significant and rapid expansion of operations can strain controls and increase the risk of a breakdown in controls.
- *New technology.* Incorporating new technologies into production processes or information systems may change the risk associated with internal control.
- *New business models, products, or activities.* Entering into business areas or transactions with which an entity has little experience may introduce new risks associated with internal control.
- *Corporate restructurings.* Restructurings may be accompanied by staff reductions and changes in supervision and segregation of duties that may change the risk associated with internal control.
- *Expanded foreign operations.* The expansion or acquisition of foreign operations carries new and often unique risks that may affect internal control, for example, additional or changed risks from foreign currency transactions.
- *New accounting pronouncements.* Adoption of new accounting principles or changing accounting principles may affect risks in preparing financial statements.

Information System, Including the Related Business Processes, Relevant to Financial Reporting, and Communication

5. An information system consists of infrastructure (physical and hardware components), software, people, procedures, and data. Many information systems make extensive use of information technology (IT).

6. The information system relevant to financial reporting objectives, which includes the financial reporting system, encompasses methods and records that:
   - Identify and record all valid transactions.
   - Describe on a timely basis the transactions in sufficient detail to permit proper classification of transactions for financial reporting.
   - Measure the value of transactions in a manner that permits recording their proper monetary value in the financial statements.
   - Determine the time period in which transactions occurred to permit recording of transactions in the proper accounting period.

Identifizierung und Beurteilung der Risiken wesentlicher falscher Darstellungen aus dem Verstehen der Einheit und ihres Umfelds — **ISA 315**

Der Risikobeurteilungsprozess der Einheit

3. Für Zwecke der Rechnungslegung beinhaltet der Risikobeurteilungsprozess der Einheit, wie das Management bei der Identifizierung von Geschäftsrisiken, die für die Aufstellung eines Abschlusses in Übereinstimmung mit dem für die Einheit maßgebenden Regelwerk der Rechnungslegung relevant sind, vorgeht, wie es die Bedeutsamkeit dieser Risiken einschätzt, wie es die Wahrscheinlichkeit ihres Eintritts beurteilt und wie es über Maßnahmen als Reaktion darauf und das Management der Risiken entscheidet sowie die Ergebnisse dieser Prozesse. Der Risikobeurteilungsprozess der Einheit kann sich bspw. damit befassen, welche Überlegungen die Einheit zu der Möglichkeit anstellt, dass Geschäftsvorfälle nicht aufgezeichnet werden, oder wie sie bedeutsame geschätzte Werte, die im Abschluss enthalten sind, identifiziert und analysiert.

4. Zu den für eine verlässliche Rechnungslegung relevanten Risiken gehören externe und interne Ereignisse, Geschäftsvorfälle oder Umstände, die eintreten können und einen negativen Einfluss auf die Fähigkeit einer Einheit haben können, Finanzdaten so auszulösen, aufzuzeichnen, zu verarbeiten und darüber zu berichten, dass sie mit den Aussagen des Managements im Abschluss vereinbar sind. Das Management kann Pläne, Programme oder Maßnahmen einleiten, um bestimmten Risiken zu begegnen, oder beschließen, ein Risiko aus Kostengründen oder aufgrund anderer Erwägungen hinzunehmen. Risiken können sich bspw. aufgrund der folgenden Umstände ergeben oder verändern:

   - *Veränderungen im Geschäftsumfeld:* Veränderungen im regulatorischen Umfeld oder im Geschäftsumfeld können Veränderungen des Wettbewerbsdrucks nach sich ziehen sowie die Entstehung von Risiken, die sich erheblich von den bisherigen unterscheiden.
   - *Neue Mitarbeiter:* Neue Mitarbeiter können dem IKS einen anderen Stellenwert geben oder ein anderes Verständnis vom IKS haben.
   - *Neue oder umgestaltete Informationssysteme:* Bedeutsame und schnelle Änderungen an Informationssystemen können zu einer Veränderung des mit dem IKS verbundenen Risikos führen.
   - *Schnelles Wachstum:* Eine bedeutsame und schnelle Ausweitung der Geschäftstätigkeit kann Kontrollen belasten und das Risiko eines Zusammenbruchs der Kontrollen erhöhen.
   - *Neue Technologien:* Die Integration neuer Technologien in Produktionsprozesse oder Informationssysteme kann zu einer Veränderung des mit dem IKS verbundenen Risikos führen.
   - *Neue Geschäftsmodelle, Produkte oder Tätigkeiten:* Der Vorstoß in Geschäftsfelder oder die Abwicklung von Geschäftsvorfällen, mit denen die Einheit wenig vertraut ist, kann zur Entstehung neuer Risiken in Verbindung mit dem IKS führen.
   - *Umstrukturierungen:* Umstrukturierungen gehen möglicherweise mit der Entlassung von Mitarbeitern und mit Änderungen in der Überwachung und Funktionstrennung einher, wodurch sich das mit dem IKS verbundene Risiko verändern kann.
   - *Ausweitung der Geschäftstätigkeit im Ausland:* Die Erweiterung oder Akquisition ausländischer Geschäftseinheiten birgt neue und häufig einmalige Risiken, die sich auf das IKS auswirken können, z. B. zusätzliche oder veränderte Risiken aus Fremdwährungsgeschäften.
   - *Neue Verlautbarungen zur Rechnungslegung:* Die erstmalige Anwendung neuer Rechnungslegungsgrundsätze sowie Änderungen an vorliegenden Rechnungslegungsgrundsätzen können sich auf die mit der Abschlussaufstellung verbundenen Risiken auswirken.

Das rechnungslegungsbezogene Informationssystem, einschließlich der damit verbundenen Geschäftsprozesse, sowie die Kommunikation

5. Ein Informationssystem besteht aus der Infrastruktur (physische Komponenten und Hardwarekomponenten) sowie aus Software, Personen, Verfahren und Daten. Viele Informationssysteme stützen sich in großem Umfang auf Informationstechnologie (IT).

6. Das für Rechnungslegungsziele relevante Informationssystem, das auch das Rechnungslegungssystem einschließt, umfasst Methoden und Aufzeichnungen für die

   - Identifizierung und Aufzeichnung aller gültigen Geschäftsvorfälle,
   - Darstellung der Geschäftsvorfälle in angemessener Zeit, mit ausreichenden Detailinformationen, um einen ordnungsgemäßen Ausweis für Rechnungslegungszwecke zu ermöglichen,
   - Bewertung von Geschäftsvorfällen in einer Art und Weise, die einen zutreffenden Wertansatz im Abschluss ermöglicht,
   - Feststellung des Zeitraums, in dem Geschäftsvorfälle stattgefunden haben, damit diese im richtigen Berichtszeitraum aufgezeichnet werden können,

- Present properly the transactions and related disclosures in the financial statements.

7. The quality of system-generated information affects management's ability to make appropriate decisions in managing and controlling the entity's activities and to prepare reliable financial reports.

8. Communication, which involves providing an understanding of individual roles and responsibilities pertaining to internal control over financial reporting, may take such forms as policy manuals, accounting and financial reporting manuals, and memoranda. Communication also can be made electronically, orally, and through the actions of management.

Control Activities

9. Generally, control activities that may be relevant to an audit may be categorized as policies and procedures that pertain to the following:

- *Performance reviews.* These control activities include reviews and analyses of actual performance versus budgets, forecasts, and prior period performance; relating different sets of data – operating or financial – to one another, together with analyses of the relationships and investigative and corrective actions; comparing internal data with external sources of information; and review of functional or activity performance.

- *Information processing.* The two broad groupings of information systems control activities are application controls, which apply to the processing of individual applications, and general IT controls, which are policies and procedures that relate to many applications and support the effective functioning of application controls by helping to ensure the continued proper operation of information systems. Examples of application controls include checking the arithmetical accuracy of records, maintaining and reviewing accounts and trial balances, automated controls such as edit checks of input data and numerical sequence checks, and manual follow-up of exception reports. Examples of general IT controls are program change controls, controls that restrict access to programs or data, controls over the implementation of new releases of packaged software applications, and controls over system software that restrict access to or monitor the use of system utilities that could change financial data or records without leaving an audit trail.

- *Physical controls.* Controls that encompass:
    o The physical security of assets, including adequate safeguards such as secured facilities over access to assets and records.
    o The authorization for access to computer programs and data files.
    o The periodic counting and comparison with amounts shown on control records (for example, comparing the results of cash, security and inventory counts with accounting records).

    The extent to which physical controls intended to prevent theft of assets are relevant to the reliability of financial statement preparation, and therefore the audit, depends on circumstances such as when assets are highly susceptible to misappropriation.

- *Segregation of duties.* Assigning different people the responsibilities of authorizing transactions, recording transactions, and maintaining custody of assets. Segregation of duties is intended to reduce the opportunities to allow any person to be in a position to both perpetrate and conceal errors or fraud in the normal course of the person's duties.

10. Certain control activities may depend on the existence of appropriate higher level policies established by management or those charged with governance. For example, authorization controls may be delegated under established guidelines, such as investment criteria set by those charged with governance; alternatively, non-routine transactions such as major acquisitions or divestments may require specific high level approval, including in some cases that of shareholders.

- ordnungsgemäße Darstellung der Geschäftsvorfälle und der damit verbundenen Angaben im Abschluss.

7. Die Qualität der vom System generierten Informationen beeinflusst die Fähigkeit des Managements, im Rahmen von Management und Überwachung der Tätigkeiten der Einheit sachgerechte Entscheidungen zu fällen sowie eine verlässliche Rechnungslegung sicherzustellen.

8. Die Kommunikation, welche die Vermittlung eines Verständnisses von einzelnen Funktionen und Verantwortlichkeiten in Verbindung mit dem rechnungslegungsbezogenen IKS beinhaltet, kann in Form von Unternehmensleitlinien, Rechnungslegungshandbüchern sowie Memoranden stattfinden. Außerdem kann Kommunikation in elektronischer und mündlicher Form sowie durch die Maßnahmen des Managements erfolgen.

Kontrollaktivitäten

9. Im Allgemeinen können die für eine Abschlussprüfung relevanten Kontrollaktivitäten in Regelungen und Verfahren untergliedert werden, welche die folgenden Bereiche betreffen:

    - *Leistungskontrollen:* Diese Kontrollaktivitäten umfassen die Überwachung und Analyse der Ist-Leistung im Vergleich zu Budgets und Prognosen sowie zur Leistung in früheren Berichtszeiträumen; dabei werden verschiedene Datensätze, bestehend aus betrieblichen Daten oder Finanzdaten, zueinander in Beziehung gesetzt, Analysen dieser Beziehungen vorgenommen sowie Untersuchungs- und Korrekturmaßnahmen durchgeführt, interne Daten werden mit Informationen aus externen Quellen verglichen, und die Leistung wird auf Funktions- oder Tätigkeitsebene kontrolliert.

    - *Informationsverarbeitung:* Die zwei Hauptgruppen von Kontrollaktivitäten im Bereich der Informationssysteme sind Anwendungskontrollen, die sich auf die Verarbeitung einzelner Anwendungen beziehen, und generelle IT-Kontrollen, d. h. Regelungen und Verfahren, die sich auf viele Anwendungen beziehen und die Wirksamkeit von Anwendungskontrollen unterstützen, indem sie den fortgesetzten ordnungsgemäßen Betrieb von Informationssystemen mit gewährleisten. Zu den Anwendungskontrollen gehören z.B. die Überprüfung der rechnerischen Richtigkeit von Aufzeichnungen, die Führung und Überprüfung von Konten sowie Summen- und Saldenlisten, automatisierte Kontrollen, z. B. Eingabekontrollen von eingegebenen Daten und Kontrollen anhand der numerischen Reihenfolge, sowie die manuelle Nachbearbeitung von Ausnahmeberichten. Zu den generellen IT-Kontrollen gehören z.B. Programmänderungskontrollen, Kontrollen, die den Zugriff auf Programme oder Daten beschränken, Kontrollen für die Einrichtung neuer Versionen von Softwarepaketen sowie Kontrollen für die Systemsoftware, die den Zugriff auf systemseitige Hilfsprogramme beschränken oder die Nutzung solcher Hilfsprogramme überwachen, mit denen Änderungen an Finanzdaten oder -aufzeichnungen möglich sind, ohne dass diese bei einer Abschlussprüfung nachvollzogen werden können.

    - *Physische Kontrollen:* Diese Kontrollen umfassen
        - die physische Sicherung von Vermögenswerten, einschließlich adäquater Vorsichtsmaßnahmen wie Sicherheitsvorrichtungen, die den Zugang zu Vermögenswerten und Aufzeichnungen beschränken;
        - Zugriffsberechtigungen für Computerprogramme und Dateien;
        - periodische Zählungen und Vergleiche mit Beträgen in Kontrollaufzeichnungen (z. B. Vergleich der Ergebnisse von Bestandsaufnahmen bei Barmitteln, Wertpapieren und Vorräten mit Rechnungslegungsunterlagen).

        Inwieweit physische Kontrollen, welche die Entwendung von Vermögenswerten verhindern sollen, für die Verlässlichkeit der Abschlussaufstellung und damit für die Abschlussprüfung relevant sind, hängt von den Umständen ab, z. B. davon, ob bei den betreffenden Gegenständen ein starker Anreiz für Vermögensschädigungen besteht.

    - *Funktionstrennung:* Unterschiedliche Personen werden mit der Autorisierung von Geschäftsvorfällen, mit deren Aufzeichnung und mit der Verwahrung von Vermögenswerten betraut. Durch Funktionstrennung sollen die sich einer Person im Rahmen ihrer regulären Aufgaben bietenden Gelegenheiten reduziert werden, Fehler oder dolose Handlungen zu begehen und gleichzeitig zu verschleiern.

10. Bestimmte Kontrollaktivitäten können vom Bestehen angemessener, vom Management oder von den für die Überwachung Verantwortlichen aufgestellter übergeordneter Regelungen abhängen. Beispielsweise können Autorisierungskontrollen nach festgelegten Richtlinien delegiert werden (z. B. nach von den für die Überwachung Verantwortlichen aufgestellten Kriterien für die Durchführung von Investitionen), oder Nichtroutinetransaktionen (z. B. größere Akquisitionen oder Veräußerungen) können der Genehmigung durch eine bestimmte hohe Hierarchieebene bedürfen, in einigen Fällen auch durch die Anteilseigner.

Monitoring of Controls

11. An important management responsibility is to establish and maintain internal control on an ongoing basis. Management's monitoring of controls includes considering whether they are operating as intended and that they are modified as appropriate for changes in conditions. Monitoring of controls may include activities such as management's review of whether bank reconciliations are being prepared on a timely basis, internal auditors' evaluation of sales personnel's compliance with the entity's policies on terms of sales contracts, and a legal department's oversight of compliance with the entity's ethical or business practice policies. Monitoring is done also to ensure that controls continue to operate effectively over time. For example, if the timeliness and accuracy of bank reconciliations are not monitored, personnel are likely to stop preparing them.

12. Internal auditors or personnel performing similar functions may contribute to the monitoring of an entity's controls through separate evaluations. Ordinarily, they regularly provide information about the functioning of internal control, focusing considerable attention on evaluating the effectiveness of internal control, and communicate information about strengths and deficiencies in internal control and recommendations for improving internal control.

13. Monitoring activities may include using information from communications from external parties that may indicate problems or highlight areas in need of improvement. Customers implicitly corroborate billing data by paying their invoices or complaining about their charges. In addition, regulators may communicate with the entity concerning matters that affect the functioning of internal control, for example, communications concerning examinations by bank regulatory agencies. Also, management may consider communications relating to internal control from external auditors in performing monitoring activities.

Identifizierung und Beurteilung der Risiken wesentlicher falscher Darstellungen aus dem Verstehen der Einheit und ihres Umfelds

ISA 315

Überwachung von Kontrollen

11. Eine wichtige Verantwortlichkeit des Managements besteht darin, ein IKS einzurichten und laufend aufrechtzuerhalten. Die Überwachung von Kontrollen durch das Management beinhaltet die Abwägung, ob diese wie beabsichtigt funktionieren, und die Sicherstellung, dass sie in angemessener Weise an veränderte Umstände angepasst werden. Zu den möglichen Aktivitäten im Rahmen der Überwachung von Kontrollen gehören die Überprüfung der Durchführung von Bankkontoabstimmungen durch das Management in angemessener Zeit, die Beurteilung durch Innenrevisoren, ob Verkaufsmitarbeiter die internen Regelungen über die Vertragsbedingungen einhalten, und die Überwachung der Einhaltung der ethischen Grundsätze oder Geschäftsgepflogenheiten der Einheit durch die Rechtsabteilung. Die Überwachung dient auch dazu sicherzustellen, dass Kontrollen im Zeitablauf weiterhin wirksam funktionieren. Es besteht bspw. die Gefahr, dass Mitarbeiter ihrer Pflicht zur Durchführung von Bankkontoabstimmungen nicht mehr nachkommen, wenn die zeitnahe und korrekte Durchführung nicht überwacht wird.

12. Innenrevisoren oder in ähnlichen Funktionen tätige Mitarbeiter können durch separate Beurteilungen zur Überwachung von Kontrollen einer Einheit beitragen. Normalerweise liefern diese Mitarbeiter regelmäßig Informationen zum Funktionieren des IKS, wobei sie ihr Augenmerk in beträchtlichem Umfang auf die Beurteilung von dessen Wirksamkeit richten, sowie Informationen zu Stärken und Mängeln im IKS und Verbesserungsvorschlägen zum IKS.

13. Zu den Überwachungsaktivitäten kann auch die Verwendung von Informationen aus der Kommunikation mit Dritten gehören, die auf Probleme hindeuten oder verbesserungsbedürftige Bereiche aufzeigen können. Rechnungsdaten werden bspw. implizit von Kunden bestätigt, indem diese entweder ihre Rechnungen bezahlen oder deren Höhe reklamieren. Darüber hinaus kann es vorkommen, dass Aufsichtsbehörden mit der Einheit über Sachverhalte kommunizieren, die sich auf das Funktionieren des IKS auswirken, z. B. Mitteilungen zu Untersuchungen durch Bankaufsichtsbehörden. Außerdem kann das Management Mitteilungen von externen Prüfern, die sich auf das IKS beziehen, bei der Durchführung von Überwachungsaktivitäten berücksichtigen.

Appendix 2
(Ref: Para. A33, A115)

Conditions and Events That May Indicate Risks of Material Misstatement

The following are examples of conditions and events that may indicate the existence of risks of material misstatement. The examples provided cover a broad range of conditions and events; however, not all conditions and events are relevant to every audit engagement and the list of examples is not necessarily complete.

- Operations in regions that are economically unstable, for example, countries with significant currency devaluation or highly inflationary economies.
- Operations exposed to volatile markets, for example, futures trading.
- Operations that are subject to a high degree of complex regulation.
- Going concern and liquidity issues including loss of significant customers.
- Constraints on the availability of capital and credit.
- Changes in the industry in which the entity operates.
- Changes in the supply chain.
- Developing or offering new products or services, or moving into new lines of business.
- Expanding into new locations.
- Changes in the entity such as large acquisitions or reorganizations or other unusual events.
- Entities or business segments likely to be sold.
- The existence of complex alliances and joint ventures.
- Use of off balance sheet finance, special-purpose entities, and other complex financing arrangements.
- Significant transactions with related parties.
- Lack of personnel with appropriate accounting and financial reporting skills.
- Changes in key personnel including departure of key executives.
- Deficiencies in internal control, especially those not addressed by management.
- Inconsistencies between the entity's IT strategy and its business strategies.
- Changes in the IT environment.
- Installation of significant new IT systems related to financial reporting.
- Inquiries into the entity's operations or financial results by regulatory or government bodies.
- Past misstatements, history of errors or a significant amount of adjustments at period end.
- Significant amount of non-routine or non-systematic transactions including intercompany transactions and large revenue transactions at period end.
- Transactions that are recorded based on management's intent, for example, debt refinancing, assets to be sold and classification of marketable securities.
- Application of new accounting pronouncements.
- Accounting measurements that involve complex processes.
- Events or transactions that involve significant measurement uncertainty, including accounting estimates.
- Pending litigation and contingent liabilities, for example, sales warranties, financial guarantees and environmental remediation.

Anlage 2
(Vgl. Tz. A33 und A115)

Umstände und Ereignisse, die auf Risiken wesentlicher falscher Darstellungen hindeuten können

Im Folgenden sind Beispiele für Umstände und Ereignisse aufgeführt, die möglicherweise auf das Bestehen von Risiken wesentlicher falscher Darstellungen hindeuten. Die genannten Beispiele decken eine Vielzahl von Umständen und Ereignissen ab, jedoch sind nicht alle Umstände und Ereignisse für jeden Auftrag zur Abschlussprüfung relevant, und die Aufzählung ist nicht notwendigerweise abschließend.

- Geschäftstätigkeit in wirtschaftlich instabilen Regionen, z. B. in Ländern, deren Währungen deutlich abgewertet wurden oder die hohe Inflationsraten aufweisen.
- Geschäftstätigkeit auf volatilen Märkten, z. B. Terminhandel.
- Geschäftstätigkeit in Bereichen mit hohem Grad an komplexer Regulierung.
- Probleme bei Fortführung der Unternehmenstätigkeit und Liquiditätsprobleme, einschließlich des Verlustes bedeutender Kunden.
- Eingeschränkte Verfügbarkeit von Eigenkapital und Fremdmitteln.
- Veränderungen in der Branche, in der die Einheit tätig ist.
- Veränderungen in der Lieferkette.
- Entwicklung oder Angebot neuer Produkte oder Dienstleistungen oder Eintritt in neue Geschäftszweige.
- Ausweitung der Geschäftstätigkeit auf neue Standorte.
- Veränderungen innerhalb der Einheit, z. B. große Akquisitionen oder Umstrukturierungen sowie andere ungewöhnliche Ereignisse.
- Wahrscheinlicher Verkauf von Einheiten oder Geschäftssegmenten.
- Vorhandensein von komplexen Allianzen und Joint Ventures.
- Nutzung von nicht bilanzwirksamer Finanzierung, Zweckgesellschaften und anderen komplexen Finanzierungsvereinbarungen.
- Bedeutsame Transaktionen mit nahe stehenden Personen.
- Mangel an Mitarbeitern mit angemessenen Kenntnissen in Buchführung und Rechnungslegung.
- Fluktuation bei besonders wichtigen Mitarbeitern, einschließlich des Ausscheidens von besonders wichtigen Führungskräften.
- Mängel im IKS, besonders wenn vom Management keine Maßnahmen zu ihrer Behebung getroffen werden.
- Inkonsistenzen zwischen der IT-Strategie und den Geschäftsstrategien der Einheit.
- Veränderungen im IT-Umfeld.
- Installation umfangreicher neuer IT-Systeme für die Rechnungslegung.
- Untersuchungen von Geschäftstätigkeit oder Finanzergebnissen der Einheit durch Aufsichts- oder Regierungsbehörden.
- Falsche Darstellungen oder Fehler in der Vergangenheit oder Anpassungen in bedeutsamer Höhe zum Abschlussstichtag.
- Bedeutsamer Umfang von nicht routinemäßigen oder nicht systematischen Geschäftsvorfällen, einschließlich konzerninterner Geschäftsvorfälle, sowie Geschäftsvorfälle mit erheblichen Erlösauswirkungen zum Periodenende.
- Geschäftsvorfälle, für deren Aufzeichnung die Absicht des Managements maßgeblich ist, z. B. Refinanzierung von Schulden, zur Veräußerung vorgesehene Vermögenswerte und Ausweis marktgängiger Wertpapiere.
- Anwendung neuer Verlautbarungen zur Rechnungslegung.
- Bewertungsvorgänge in der Rechnungslegung, die mit komplexen Prozessen verbunden sind.
- Ereignisse oder Geschäftsvorfälle, die mit einer erheblichen Bewertungsunsicherheit verbunden sind, einschließlich geschätzter Werte in der Rechnungslegung.
- Anhängige Rechtsstreitigkeiten und Eventualschulden, z. B. Produktgarantien, Finanzgarantien und Sanierungsmaßnahmen im Umweltbereich.

ISA 320

INTERNATIONAL STANDARD ON AUDITING 320
MATERIALITY IN PLANNING AND PERFORMING AN AUDIT

(Effective for audits of financial statements for periods beginning on or after December 15, 2009)

CONTENTS

	Paragraph
Introduction	
Scope of this ISA	1
Materiality in the Context of an Audit	2–6
Effective Date	7
Objective	8
Definition	9
Requirements	
Determining Materiality and Performance Materiality When Planning the Audit	10–11
Revision as the Audit Progresses	12–13
Documentation	14
Application and Other Explanatory Material	
Materiality and Audit Risk	A1
Determining Materiality and Performance Materiality When Planning the Audit	A2–A12
Revision as the Audit Progresses	A13

International Standard on Auditing (ISA) 320, "Materiality in Planning and Performing an Audit" should be read in the context of ISA 200, "Overall Objectives of the Independent Auditor and the Conduct of an Audit in Accordance with International Standards on Auditing."

INTERNATIONAL STANDARD ON AUDITING 320
DIE WESENTLICHKEIT BEI DER PLANUNG UND DURCHFÜHRUNG EINER ABSCHLUSSPRÜFUNG

(gilt für die Prüfung von Abschlüssen für Zeiträume, die am oder nach dem 15.12.2009 beginnen)

INHALTSVERZEICHNIS

	Textziffer
Einleitung	
Anwendungsbereich	1
Wesentlichkeit im Zusammenhang mit einer Abschlussprüfung	2–6
Anwendungszeitpunkt	7
Ziel	8
Definition	9
Anforderungen	
Festlegung der Wesentlichkeit und Toleranzwesentlichkeit bei der Prüfungsplanung	10–11
Anpassungen im Verlauf der Abschlussprüfung	12–13
Dokumentation	14
Anwendungshinweise und sonstige Erläuterungen	
Wesentlichkeit und Prüfungsrisiko	A1
Festlegung der Wesentlichkeit und Tolerenzwesentlichkeit bei der Prüfungsplanung	A2–A12
Anpassungen im Verlauf der Abschlussprüfung	A13

International Standard on Auditing (ISA) 320 „Die Wesentlichkeit bei der Planung und Durchführung einer Abschlussprüfung" ist im Zusammenhang mit ISA 200 „Übergreifende Zielsetzungen des unabhängigen Prüfers und Grundsätze einer Prüfung in Übereinstimmung mit den International Standards on Auditing" zu lesen.

Introduction

Scope of this ISA

1. This International Standard on Auditing (ISA) deals with the auditor's responsibility to apply the concept of materiality in planning and performing an audit of financial statements. ISA 450[1] explains how materiality is applied in evaluating the effect of identified misstatements on the audit and of uncorrected misstatements, if any, on the financial statements.

Materiality in the Context of an Audit

2. Financial reporting frameworks often discuss the concept of materiality in the context of the preparation and presentation of financial statements. Although financial reporting frameworks may discuss materiality in different terms, they generally explain that:

    - Misstatements, including omissions, are considered to be material if they, individually or in the aggregate, could reasonably be expected to influence the economic decisions of users taken on the basis of the financial statements;

    - Judgments about materiality are made in light of surrounding circumstances, and are affected by the size or nature of a misstatement, or a combination of both; and

    - Judgments about matters that are material to users of the financial statements are based on a consideration of the common financial information needs of users as a group.[2] The possible effect of misstatements on specific individual users, whose needs may vary widely, is not considered.

3. Such a discussion, if present in the applicable financial reporting framework, provides a frame of reference to the auditor in determining materiality for the audit. If the applicable financial reporting framework does not include a discussion of the concept of materiality, the characteristics referred to in paragraph 2 provide the auditor with such a frame of reference.

4. The auditor's determination of materiality is a matter of professional judgment, and is affected by the auditor's perception of the financial information needs of users of the financial statements. In this context, it is reasonable for the auditor to assume that users:

    (a) Have a reasonable knowledge of business and economic activities and accounting and a willingness to study the information in the financial statements with reasonable diligence;

    (b) Understand that financial statements are prepared, presented and audited to levels of materiality;

    (c) Recognize the uncertainties inherent in the measurement of amounts based on the use of estimates, judgment and the consideration of future events; and

    (d) Make reasonable economic decisions on the basis of the information in the financial statements.

5. The concept of materiality is applied by the auditor both in planning and performing the audit, and in evaluating the effect of identified misstatements on the audit and of uncorrected misstatements, if any, on the financial statements and in forming the opinion in the auditor's report. (Ref: Para. A1)

6. In planning the audit, the auditor makes judgments about the size of misstatements that will be considered material. These judgments provide a basis for:

    (a) Determining the nature, timing and extent of risk assessment procedures;

    (b) Identifying and assessing the risks of material misstatement; and

---

[1] ISA 450, "Evaluation of Misstatements Identified during the Audit."
[2] For example, the "Framework for the Preparation and Presentation of Financial Statements," adopted by the International Accounting Standards Board in April 2001, indicates that, for a profit-oriented entity, as investors are providers of risk capital to the enterprise, the provision of financial statements that meet their needs will also meet most of the needs of other users that financial statements can satisfy.

Einleitung

Anwendungsbereich

1. Dieser International Standard on Auditing (ISA) behandelt die Pflicht des Abschlussprüfers zur Anwendung des Konzepts der Wesentlichkeit bei der Planung und Durchführung einer Abschlussprüfung. In ISA 450[1)] wird erläutert, wie die Wesentlichkeit bei der Beurteilung der Auswirkungen von festgestellten falschen Darstellungen auf die Abschlussprüfung und von vorhandenen, nicht korrigierten falschen Darstellungen auf den Abschluss angewendet wird.

Wesentlichkeit im Zusammenhang mit einer Abschlussprüfung

2. In Regelwerken der Rechnungslegung wird häufig das Konzept der Wesentlichkeit im Zusammenhang mit der Aufstellung und Darstellung von Abschlüssen erörtert. Obwohl die Regelwerke der Rechnungslegung möglicherweise die Wesentlichkeit mit unterschiedlichen Bezeichnungen erörtern, erläutern diese im Allgemeinen, dass

   - falsche Darstellungen, einschließlich fehlender Darstellungen, als wesentlich angesehen werden, wenn vernünftigerweise erwartet werden kann, dass sie einzeln oder in der Summe die auf der Grundlage des Abschlusses getroffenen wirtschaftlichen Entscheidungen von Nutzern beeinflussen können,
   - Beurteilungen im Zusammenhang mit der Wesentlichkeit vor dem Hintergrund der Begleitumstände getroffen werden und durch das Ausmaß oder die Art einer falschen Darstellung oder durch eine Kombination von beidem beeinflusst werden und
   - Beurteilungen von Sachverhalten, die für Nutzer des Abschlusses wesentlich sind, auf einer Einschätzung der gemeinsamen Finanzinformationsbedürfnisse der Nutzer als Gruppe basieren.[2)] Die mögliche Auswirkung von falschen Darstellungen auf bestimmte einzelne Nutzer, deren Bedürfnisse sich stark unterscheiden können, wird nicht berücksichtigt.

3. Wenn das maßgebende Regelwerk der Rechnungslegung eine solche Erörterung enthält, liefert diese dem Abschlussprüfer einen Bezugsrahmen bei der Festlegung der Wesentlichkeit für die Abschlussprüfung. Wenn das Konzept der Wesentlichkeit in dem maßgebenden Regelwerk der Rechnungslegung nicht erörtert wird, liefern die in Textziffer 2 genannten Merkmale dem Abschlussprüfer diesen Bezugsrahmen.

4. Die Festlegung der Wesentlichkeit durch den Abschlussprüfer liegt in dessen pflichtgemäßem Ermessen und wird von dessen Wahrnehmung der Finanzinformationsbedürfnisse der Nutzer des Abschlusses beeinflusst. In diesem Zusammenhang ist es vertretbar, wenn der Abschlussprüfer annimmt, dass Nutzer

   (a) hinreichende Kenntnisse von geschäftlichen und wirtschaftlichen Aktivitäten sowie der Rechnungslegung haben und bereit sind, sich mit den Informationen im Abschluss mit dem erforderlichen Maß an Sorgfalt zu befassen,

   (b) verstehen, dass der Abschluss unter Berücksichtigung von Wesentlichkeitsgrenzen aufgestellt, dargestellt und geprüft wird,

   (c) die Unsicherheiten anerkennen, die der Bemessung von Beträgen auf der Grundlage von Schätzungen, Beurteilungen und der Einschätzung zukünftiger Ereignisse eigen sind, und

   (d) auf der Grundlage der Informationen im Abschluss vertretbare wirtschaftliche Entscheidungen treffen.

5. Das Konzept der Wesentlichkeit wird vom Abschlussprüfer sowohl bei der Planung und Durchführung der Abschlussprüfung angewendet als auch bei der Beurteilung der Auswirkung von festgestellten falschen Darstellungen auf die Abschlussprüfung und von vorhandenen, nicht korrigierten falschen Darstellungen auf den Abschluss sowie bei der Bildung des Prüfungsurteils im Vermerk des Abschlussprüfers. (Vgl. Tz. A1)

6. Bei der Planung der Abschlussprüfung trifft der Abschlussprüfer Beurteilungen über das Ausmaß der falschen Darstellungen, das als wesentlich angesehen wird. Diese Beurteilungen bilden eine Grundlage für

   (a) die Festlegung von Art, zeitlicher Einteilung und Umfang von Prüfungshandlungen zur Risikobeurteilung,

   (b) die Feststellung und Beurteilung der Risiken wesentlicher falscher Darstellungen und

---

1) ISA 450 „Die Beurteilung der während der Abschlussprüfung festgestellten falschen Darstellungen".
2) Beispielsweise wird in dem im April 2001 vom International Accounting Standards Board übernommenen „Rahmenkonzept für die Aufstellung und Darstellung des Abschlusses" ausgeführt, dass bei gewinnorientierten Einheit aufgrund der Tatsache, dass Investoren dem Unternehmen Risikokapital zur Verfügung stellen, Abschlüsse, die deren Informationsbedürfnissen entsprechen, auch den Informationsbedürfnissen der meisten anderen Adressaten entsprechen werden, die ein Abschluss erfüllen kann.

(c) Determining the nature, timing and extent of further audit procedures.

The materiality determined when planning the audit does not necessarily establish an amount below which uncorrected misstatements, individually or in the aggregate, will always be evaluated as immaterial. The circumstances related to some misstatements may cause the auditor to evaluate them as material even if they are below materiality. Although it is not practicable to design audit procedures to detect misstatements that could be material solely because of their nature, the auditor considers not only the size but also the nature of uncorrected misstatements, and the particular circumstances of their occurrence, when evaluating their effect on the financial statements.[3]

Effective Date

7. This ISA is effective for audits of financial statements for periods beginning on or after December 15, 2009.

Objective

8. The objective of the auditor is to apply the concept of materiality appropriately in planning and performing the audit.

Definition

9. For purposes of the ISAs, performance materiality means the amount or amounts set by the auditor at less than materiality for the financial statements as a whole to reduce to an appropriately low level the probability that the aggregate of uncorrected and undetected misstatements exceeds materiality for the financial statements as a whole. If applicable, performance materiality also refers to the amount or amounts set by the auditor at less than the materiality level or levels for particular classes of transactions, account balances or disclosures.

Requirements

Determining Materiality and Performance Materiality When Planning the Audit

10. When establishing the overall audit strategy, the auditor shall determine materiality for the financial statements as a whole. If, in the specific circumstances of the entity, there is one or more particular classes of transactions, account balances or disclosures for which misstatements of lesser amounts than materiality for the financial statements as a whole could reasonably be expected to influence the economic decisions of users taken on the basis of the financial statements, the auditor shall also determine the materiality level or levels to be applied to those particular classes of transactions, account balances or disclosures. (Ref: Para. A2–A11)

11. The auditor shall determine performance materiality for purposes of assessing the risks of material misstatement and determining the nature, timing and extent of further audit procedures. (Ref: Para. A12)

---

3) ISA 450, paragraph A16.

Die Wesentlichkeit bei der Planung und Durchführung einer Abschlussprüfung — ISA 320

(c) die Festlegung von Art, zeitlicher Einteilung und Umfang weiterer Prüfungshandlungen.

Die bei der Prüfungsplanung festgelegte Wesentlichkeit entspricht nicht notwendigerweise einem Betrag, unterhalb dessen nicht korrigierte falsche Darstellungen einzeln oder in der Summe stets als unwesentlich beurteilt werden. Die mit manchen falschen Darstellungen verbundenen Umstände können den Abschlussprüfer dazu veranlassen, die falschen Darstellungen als wesentlich zu beurteilen, selbst wenn sie unterhalb der Wesentlichkeit liegen. Obwohl es nicht zweckmäßig ist, Prüfungshandlungen zu planen, um falsche Darstellungen aufzudecken, die nur aufgrund ihrer Art wesentlich sein könnten, berücksichtigt der Abschlussprüfer nicht nur das Ausmaß, sondern auch die Art von nicht korrigierten falschen Darstellungen sowie die besonderen Umstände ihres Eintretens, wenn er ihre Auswirkungen auf den Abschluss beurteilt.[3]

Anwendungszeitpunkt

7. Dieser ISA gilt für die Prüfung von Abschlüssen für Zeiträume, die am oder nach dem 15.12.2009 beginnen.

Ziel

8. Das Ziel des Abschlussprüfers besteht in der angemessenen Anwendung des Konzepts der Wesentlichkeit bei der Planung und Durchführung einer Abschlussprüfung.

Definition

9. Für die Zwecke der ISA bedeutet „Toleranzwesentlichkeit" der Betrag, der vom Abschlussprüfer unterhalb der Wesentlichkeit für den Abschluss als Ganzes festgelegt wird oder die Beträge, die vom Abschlussprüfer unterhalb der Wesentlichkeit festgelegt werden, um die Wahrscheinlichkeit dafür auf ein angemessen niedriges Maß zu reduzieren, dass die Summe aus den nicht korrigierten und den nicht aufgedeckten falschen Darstellungen die Wesentlichkeit für den Abschluss als Ganzes überschreitet. Sofern einschlägig, bezieht sich der Begriff „Toleranzwesentlichkeit" auch auf den Betrag oder die Beträge, der oder die vom Abschlussprüfer unterhalb der Wesentlichkeitsgrenze oder -grenzen für bestimmte Arten von Geschäftsvorfällen, Kontensalden oder Abschlussangaben[*] festgelegt wird oder werden.[**]

Anforderungen

Festlegung der Wesentlichkeit und Toleranzwesentlichkeit bei der Prüfungsplanung

10. Bei der Festlegung der Prüfungsstrategie muss der Abschlussprüfer die Wesentlichkeit für den Abschluss als Ganzes festlegen. Wenn es unter den für die Einheit typischen Umständen eine oder mehrere bestimmte Arten von Geschäftsvorfällen, Kontensalden oder Abschlussangaben gibt, von denen vernünftigerweise erwartet werden kann, dass falsche Darstellungen von Beträgen unterhalb der Wesentlichkeit für den Abschluss als Ganzes die auf der Grundlage des Abschlusses getroffenen wirtschaftlichen Entscheidungen von Nutzern beeinflussen, muss der Abschlussprüfer auch die Wesentlichkeitsgrenze oder -grenzen festlegen, die auf diese bestimmten Arten von Geschäftsvorfällen, Kontensalden oder Abschlussangaben anzuwenden sind. (Vgl. Tz. A2-A11)

11. Der Abschlussprüfer muss die Toleranzwesentlichkeit zur Beurteilung der Risiken wesentlicher falscher Darstellungen sowie zur Bestimmung von Art, zeitlicher Einteilung und Umfang weiterer Prüfungshandlungen festlegen. (Vgl. Tz. A12)

---

3) ISA 450, Textziffer A16.
*) Abschlussposten und andere Angaben im Abschluss.
**) Während die *Wesentlichkeit* als das Maß an Abweichung definiert ist, ab der die Nutzer des Abschlusses ihre ökonomischen Kalküle möglicherweise verändern werden, stellt die *Toleranzwesentlichkeit* jenes Maß an Abweichung dar, mit welcher der Abschlussprüfer auf die Wesentlichkeit reagiert: Der Abschlussprüfer legt die Toleranzwesentlichkeit so niedrig fest, dass die Summe aus erkannten, nicht korrigierten Abweichungen und geschätzten, nicht erkannten Abweichungen die Wesentlichkeit nicht überschreiten wird. Die Begriffe „Wesentlichkeit" und „Toleranzwesentlichkeit" werden sowohl auf der Ebene des Abschlusses als Ganzes als auch bei Bedarf auf der Ebene der einzelnen Posten, Postenbestandteile oder sonstigen Angaben angewendet. Im Gegensatz dazu wird mit *zweifelsfrei unbeachtlich* eine im Vergleich zur Toleranzwesentlichkeit so geringe Größenordnung einer Abweichung bezeichnet, dass diese Abweichung voraussichtlich in der gegenwärtigen Periode und in künftigen Perioden keine Auswirkungen auf das Kalkül der Nutzer haben wird. Zweifelsfrei unbeachtliche Abweichungen sind deshalb auch nicht als „nicht korrigierte" falsche Darstellungen festzuhalten.

Revision as the Audit Progresses

12. The auditor shall revise materiality for the financial statements as a whole (and, if applicable, the materiality level or levels for particular classes of transactions, account balances or disclosures) in the event of becoming aware of information during the audit that would have caused the auditor to have determined a different amount (or amounts) initially. (Ref: Para. A13)

13. If the auditor concludes that a lower materiality for the financial statements as a whole (and, if applicable, materiality level or levels for particular classes of transactions, account balances or disclosures) than that initially determined is appropriate, the auditor shall determine whether it is necessary to revise performance materiality, and whether the nature, timing and extent of the further audit procedures remain appropriate.

Documentation

14. The auditor shall include in the audit documentation the following amounts and the factors considered in their determination:[4]

    (a) Materiality for the financial statements as a whole (see paragraph 10);

    (b) If applicable, the materiality level or levels for particular classes of transactions, account balances or disclosures (see paragraph 10);

    (c) Performance materiality (see paragraph 11); and

    (d) Any revision of (a)–(c) as the audit progressed (see paragraphs 12–13).

***

Application and Other Explanatory Material

Materiality and Audit Risk (Ref: Para. 5)

A1. In conducting an audit of financial statements, the overall objectives of the auditor are to obtain reasonable assurance about whether the financial statements as a whole are free from material misstatement, whether due to fraud or error, thereby enabling the auditor to express an opinion on whether the financial statements are prepared, in all material respects, in accordance with an applicable financial reporting framework; and to report on the financial statements, and communicate as required by the ISAs, in accordance with the auditor's findings.[5] The auditor obtains reasonable assurance by obtaining sufficient appropriate audit evidence to reduce audit risk to an acceptably low level.[6] Audit risk is the risk that the auditor expresses an inappropriate audit opinion when the financial statements are materially misstated. Audit risk is a function of the risks of material misstatement and detection risk.[7] Materiality and audit risk are considered throughout the audit, in particular, when:

    (a) Identifying and assessing the risks of material misstatement;[8]

    (b) Determining the nature, timing and extent of further audit procedures;[9] and

    (c) Evaluating the effect of uncorrected misstatements, if any, on the financial statements[10] and in forming the opinion in the auditor's report.[11]

---

[4] ISA 230, "Audit Documentation," paragraphs 8–11, and A6.
[5] ISA 200, "Overall Objectives of the Independent Auditor and the Conduct of an Audit in Accordance with International Standards on Auditing," paragraph 11.
[6] ISA 200, paragraph 17.
[7] ISA 200, paragraph 13(c).
[8] ISA 315, "Identifying and Assessing the Risks of Material Misstatement through Understanding the Entity and Its Environment."
[9] ISA 330, "The Auditor's Responses to Assessed Risks."
[10] ISA 450.
[11] ISA 700, "Forming an Opinion and Reporting on Financial Statements."

Anpassungen im Verlauf der Abschlussprüfung

12. Der Abschlussprüfer muss die Wesentlichkeit für den Abschluss als Ganzes (und ggf. die Wesentlichkeitsgrenze oder -grenzen für bestimmte Arten von Geschäftsvorfällen, Kontensalden oder Abschlussangaben) anpassen, wenn während der Abschlussprüfung Informationen bekannt werden, die dazu geführt hätten, dass der Abschlussprüfer ursprünglich einen oder mehrere andere Beträge festgelegt hätte. (Vgl. Tz. A13)

13. Wenn der Abschlussprüfer zu dem Schluss gelangt, dass eine niedrigere als die ursprünglich festgelegte Wesentlichkeit für den Abschluss als Ganzes (und ggf. eine oder mehrere Wesentlichkeitsgrenzen für bestimmte Arten von Geschäftsvorfällen, Kontensalden oder Abschlussangaben) angemessen ist, muss der Abschlussprüfer entscheiden, ob es notwendig ist, die Toleranzwesentlichkeit anzupassen, und ob Art, zeitliche Einteilung und Umfang der weiteren Prüfungshandlungen weiterhin angemessen bleiben.

Dokumentation

14. Der Abschlussprüfer muss in die Prüfungsdokumentation die folgenden Beträge und die bei deren Festlegung berücksichtigten Faktoren aufnehmen:[4]

    (a) Wesentlichkeit für den Abschluss als Ganzes (siehe Textziffer 10),

    (b) ggf. die Wesentlichkeitsgrenze oder -grenzen für bestimmte Arten von Geschäftsvorfällen, Kontensalden oder Abschlussangaben (siehe Textziffer 10),

    (c) Toleranzwesentlichkeit (siehe Textziffer 11) und

    (d) jede Anpassung der Punkte (a)-(c) im Verlauf der Abschlussprüfung (siehe Textziffern 12-13).

***

Anwendungshinweise und sonstige Erläuterungen

Wesentlichkeit und Prüfungsrisiko (Vgl. Tz. 5)

A1. Bei der Durchführung einer Abschlussprüfung bestehen die übergreifenden Zielsetzungen des Abschlussprüfers darin, hinreichende Sicherheit darüber zu erlangen, ob der Abschluss als Ganzes frei von wesentlichen - beabsichtigten oder unbeabsichtigten - falschen Darstellungen ist, so dass ein Prüfungsurteil darüber abgegeben werden kann, ob der Abschluss in allen wesentlichen Belangen in Übereinstimmung mit einem maßgebenden Regelwerk der Rechnungslegung aufgestellt wurde, sowie darin, in Übereinstimmung mit seinen Feststellungen über den Abschluss Bericht zu erstatten und - wie in den ISA gefordert - zu kommunizieren.[5] Der Abschlussprüfer erlangt hinreichende Sicherheit, indem er ausreichende geeignete Prüfungsnachweise einholt, um das Prüfungsrisiko auf ein vertretbar niedriges Maß zu reduzieren.[6] Das Prüfungsrisiko ist das Risiko, dass der Abschlussprüfer ein unangemessenes Prüfungsurteil abgibt, wenn der Abschluss wesentliche falsche Darstellungen enthält. Das Prüfungsrisiko ist eine Funktion der Risiken wesentlicher falscher Darstellungen und des Entdeckungsrisikos.[7] Wesentlichkeit und Prüfungsrisiko werden während der gesamten Abschlussprüfung beachtet, insbesondere bei

    (a) der Feststellung und Beurteilung der Risiken wesentlicher falscher Darstellungen,[8]

    (b) der Festlegung von Art, zeitlicher Einteilung und Umfang weiterer Prüfungshandlungen[9] und

    (c) der Beurteilung der Auswirkung von etwaigen nicht korrigierten falschen Darstellungen auf den Abschluss[10] sowie bei der Bildung des Prüfungsurteils im Vermerk des Abschlussprüfers.[11]

---

4) ISA 230 „Prüfungsdokumentation", Textziffern 8-11 und A6.
5) ISA 200 „Übergreifende Zielsetzungen des unabhängigen Prüfers und Grundsätze einer Prüfung in Übereinstimmung mit den International Standards on Auditing", Textziffer 11.
6) ISA 200, Textziffer 17.
7) ISA 200, Textziffer 13(c).
8) ISA 315 „Identifizierung und Beurteilung der Risiken wesentlicher falscher Darstellungen aus dem Verstehen der Einheit und ihres Umfelds".
9) ISA 330 „Die Reaktionen des Abschlussprüfers auf beurteilte Risiken".
10) ISA 450.
11) ISA 700 „Bildung eines Prüfungsurteils und Erteilung eines Vermerks zum Abschluss".

Determining Materiality and Performance Materiality When Planning the Audit

Considerations Specific to Public Sector Entities (Ref: Para. 10)

A2. In the case of a public sector entity, legislators and regulators are often the primary users of its financial statements. Furthermore, the financial statements may be used to make decisions other than economic decisions. The determination of materiality for the financial statements as a whole (and, if applicable, materiality level or levels for particular classes of transactions, account balances or disclosures) in an audit of the financial statements of a public sector entity is therefore influenced by law, regulation or other authority, and by the financial information needs of legislators and the public in relation to public sector programs.

Use of Benchmarks in Determining Materiality for the Financial Statements as a Whole (Ref: Para. 10)

A3. Determining materiality involves the exercise of professional judgment. A percentage is often applied to a chosen benchmark as a starting point in determining materiality for the financial statements as a whole. Factors that may affect the identification of an appropriate benchmark include the following:

- The elements of the financial statements (for example, assets, liabilities, equity, revenue, expenses);
- Whether there are items on which the attention of the users of the particular entity's financial statements tends to be focused (for example, for the purpose of evaluating financial performance users may tend to focus on profit, revenue or net assets);
- The nature of the entity, where the entity is in its life cycle, and the industry and economic environment in which the entity operates;
- The entity's ownership structure and the way it is financed (for example, if an entity is financed solely by debt rather than equity, users may put more emphasis on assets, and claims on them, than on the entity's earnings); and
- The relative volatility of the benchmark.

A4. Examples of benchmarks that may be appropriate, depending on the circumstances of the entity, include categories of reported income such as profit before tax, total revenue, gross profit and total expenses, total equity or net asset value. Profit before tax from continuing operations is often used for profit-oriented entities. When profit before tax from continuing operations is volatile, other benchmarks may be more appropriate, such as gross profit or total revenues.

A5. In relation to the chosen benchmark, relevant financial data ordinarily includes prior periods' financial results and financial positions, the period-to-date financial results and financial position, and budgets or forecasts for the current period, adjusted for significant changes in the circumstances of the entity (for example, a significant business acquisition) and relevant changes of conditions in the industry or economic environment in which the entity operates. For example, when, as a starting point, materiality for the financial statements as a whole is determined for a particular entity based on a percentage of profit before tax from continuing operations, circumstances that give rise to an exceptional decrease or increase in such profit may lead the auditor to conclude that materiality for the financial statements as a whole is more appropriately determined using a normalized profit before tax from continuing operations figure based on past results.

A6. Materiality relates to the financial statements on which the auditor is reporting. Where the financial statements are prepared for a financial reporting period of more or less than twelve months, such as may be the case for a new entity or a change in the financial reporting period, materiality relates to the financial statements prepared for that financial reporting period.

A7. Determining a percentage to be applied to a chosen benchmark involves the exercise of professional judgment. There is a relationship between the percentage and the chosen benchmark, such that a percentage applied to profit before tax from continuing operations will normally be higher than a percentage applied to total revenue. For example, the auditor may consider five percent of profit before tax from continuing operations to be appropriate for a profit-oriented entity in a manufacturing industry, while the auditor may consider one percent of total revenue or total expenses to be appropriate for a not-for-profit entity. Higher or lower percentages, however, may be deemed appropriate in the circumstances.

Festlegung der Wesentlichkeit und Toleranzwesentlichkeit bei der Prüfungsplanung

Spezifische Überlegungen zu Einheiten des öffentlichen Sektors (Vgl. Tz. 10)

A2. Bei Einheiten des öffentlichen Sektors sind Gesetzgebungsorgane und Aufsichtsbehörden häufig die Hauptnutzer des Abschlusses. Darüber hinaus kann der Abschluss dazu verwendet werden, andere als wirtschaftlich begründete Entscheidungen zu treffen. Daher wird die Festlegung der Wesentlichkeit für den Abschluss als Ganzes (und ggf. der Wesentlichkeitsgrenze oder -grenzen für bestimmte Arten von Geschäftsvorfällen, Kontensalden oder Abschlussangaben) bei der Prüfung des Abschlusses einer Einheit des öffentlichen Sektors beeinflusst durch Gesetze, andere Rechtsvorschriften oder sonstige amtliche Vorgaben sowie durch die Finanzinformationsbedürfnisse von Gesetzgebungsorganen und der Öffentlichkeit in Bezug auf Programme im öffentlichen Sektor.

Verwendung von Bezugsgrößen bei der Festlegung der Wesentlichkeit für den Abschluss als Ganzes (Vgl. Tz. 10)

A3. Die Festlegung der Wesentlichkeit beinhaltet das Ausüben pflichtgemäßen Ermessens durch den Abschlussprüfer. Häufig wird als Ausgangspunkt für die Festlegung der Wesentlichkeit für den Abschluss als Ganzes ein Prozentsatz auf eine gewählte Bezugsgröße angewendet. Zu Faktoren, die sich auf die Bestimmung einer geeigneten Bezugsgröße auswirken können, gehören die folgenden:

- die Bestandteile des Abschlusses (z. B. Vermögenswerte, Schulden, Eigenkapital, Erlöse, Aufwendungen),
- die Frage, ob es Posten gibt, auf die sich tendenziell die Aufmerksamkeit der Nutzer des Abschlusses der bestimmten Einheit richtet (bspw. kann es sein, dass sich Nutzer zur Beurteilung der Ertragslage tendenziell auf den Gewinn, die Erlöse oder das Nettovermögen konzentrieren),
- die Art der Einheit, die derzeitige Phase in ihrem Lebenszyklus sowie Branche und wirtschaftliches Umfeld, in denen die Einheit tätig ist,
- die Eigentumsverhältnisse an der Einheit sowie die Art und Weise ihrer Finanzierung (bspw. können Nutzer bei einer Einheit, die ausschließlich mit Fremdkapital finanziert wird, mehr Wert auf die Vermögenswerte und darauf bestehende Ansprüche legen als auf die Ergebnisse der Einheit), und
- die relative Volatilität der Bezugsgröße.

A4. Beispiele für Bezugsgrößen, die je nach den Gegebenheiten der Einheit geeignet sein können, sind Kategorien von ausgewiesenen Erträgen, z. B. Gewinn vor Steuern, Gesamterlös, Bruttogewinn und Gesamtaufwendungen, des Weiteren das Eigenkapital oder der Nettovermögenswert. Bei gewinnorientierten Einheiten wird häufig der Gewinn vor Steuern aus der laufenden Geschäftstätigkeit verwendet. Wenn der Gewinn vor Steuern aus der laufenden Geschäftstätigkeit starken Schwankungen unterworfen ist, können andere Bezugsgrößen geeigneter sein (z. B. Bruttogewinn oder Gesamterlöse).

A5. In Abhängigkeit von der gewählten Bezugsgröße umfassen relevante Finanzdaten normalerweise die Ergebnisse und die Vermögens- und Finanzlage vorhergehender Zeiträume, die Ergebnisse und die Vermögens- und Finanzlage des bis dahin abgelaufenen Teils der Berichtsperiode sowie die Budgets oder die Prognosen für den laufenden Zeitraum, korrigiert um bedeutsame Änderungen in den Gegebenheiten der Einheit (z. B. ein bedeutsamer Unternehmenserwerb) und relevante Änderungen der Bedingungen in der Branche oder in dem wirtschaftlichen Umfeld, in dem die Einheit tätig ist. Wenn bspw. als Ausgangspunkt die Wesentlichkeit für den Abschluss als Ganzes für eine bestimmte Einheit auf der Grundlage eines Prozentsatzes des Gewinns vor Steuern aus der laufenden Geschäftstätigkeit festgelegt wird, können Umstände, die zu einer außergewöhnlichen Ab- oder Zunahme dieses Gewinns führen, den Abschlussprüfer zu dem Schluss veranlassen, dass die Wesentlichkeit für den Abschluss als Ganzes aus einem bereinigten Gewinn vor Steuern für die laufende Geschäftstätigkeit zutreffender aus dem Betrag der Ergebnisse der Vergangenheit abgeleitet werden kann.

A6. Die Wesentlichkeit bezieht sich auf den Abschluss, zu dem der Abschlussprüfer einen Vermerk erteilt. Wenn der Abschluss für einen Rechnungslegungszeitraum von mehr oder weniger als zwölf Monaten aufgestellt wird (wie es z. B. bei einer neuen Einheit oder bei einer Änderung des Rechnungslegungszeitraums der Fall sein kann), bezieht sich die Wesentlichkeit auf den Abschluss, der für den betreffenden Rechnungslegungszeitraum aufgestellt wird.

A7. Die Festlegung eines Prozentsatzes, der auf eine gewählte Bezugsgröße anzuwenden ist, liegt im pflichtgemäßen Ermessen des Abschlussprüfers. Zwischen dem Prozentsatz und der gewählten Bezugsgröße besteht die Beziehung, nach der ein Prozentsatz, der auf den Gewinn vor Steuern aus der laufenden Geschäftstätigkeit angewendet wird, normalerweise höher ist als ein auf den Gesamterlös angewendeter Prozentsatz. Beispielsweise kann der Abschlussprüfer für eine gewinnorientierte Einheit in einer verarbeitenden Branche fünf Prozent des Gewinns vor Steuern aus der laufenden Geschäftstätigkeit für angemessen halten, während für eine nicht gewinnorientierte Einheit ein Prozent des Gesamterlöses

Considerations Specific to Small Entities

A8. When an entity's profit before tax from continuing operations is consistently nominal, as might be the case for an owner-managed business where the owner takes much of the profit before tax in the form of remuneration, a benchmark such as profit before remuneration and tax may be more relevant.

Considerations Specific to Public Sector Entities

A9. In an audit of a public sector entity, total cost or net cost (expenses less revenues or expenditure less receipts) may be appropriate benchmarks for program activities. Where a public sector entity has custody of public assets, assets may be an appropriate benchmark.

Materiality Level or Levels for Particular Classes of Transactions, Account Balances or Disclosures (Ref: Para. 10)

A10. Factors that may indicate the existence of one or more particular classes of transactions, account balances or disclosures for which misstatements of lesser amounts than materiality for the financial statements as a whole could reasonably be expected to influence the economic decisions of users taken on the basis of the financial statements include the following:

- Whether law, regulation or the applicable financial reporting framework affect users' expectations regarding the measurement or disclosure of certain items (for example, related party transactions, and the remuneration of management and those charged with governance).

- The key disclosures in relation to the industry in which the entity operates (for example, research and development costs for a pharmaceutical company).

- Whether attention is focused on a particular aspect of the entity's business that is separately disclosed in the financial statements (for example, a newly acquired business).

A11. In considering whether, in the specific circumstances of the entity, such classes of transactions, account balances or disclosures exist, the auditor may find it useful to obtain an understanding of the views and expectations of those charged with governance and management.

Performance Materiality (Ref: Para. 11)

A12. Planning the audit solely to detect individually material misstatements overlooks the fact that the aggregate of individually immaterial misstatements may cause the financial statements to be materially misstated, and leaves no margin for possible undetected misstatements. Performance materiality (which, as defined, is one or more amounts) is set to reduce to an appropriately low level the probability that the aggregate of uncorrected and undetected misstatements in the financial statements exceeds materiality for the financial statements as a whole. Similarly, performance materiality relating to a materiality level determined for a particular class of transactions, account balance or disclosure is set to reduce to an appropriately low level the probability that the aggregate of uncorrected and undetected misstatements in that particular class of transactions, account balance or disclosure exceeds the materiality level for that particular class of transactions, account balance or disclosure. The determination of performance materiality is not a simple mechanical calculation and involves the exercise of professional judgment. It is affected by the auditor's understanding of the entity, updated during the performance of the risk assessment procedures; and the nature and extent of misstatements identified in previous audits and thereby the auditor's expectations in relation to misstatements in the current period.

Revision as the Audit Progresses (Ref: Para. 12)

A13. Materiality for the financial statements as a whole (and, if applicable, the materiality level or levels for particular classes of transactions, account balances or disclosures) may need to be revised as a result of a

Die Wesentlichkeit bei der Planung und Durchführung einer Abschlussprüfung ISA 320

oder der Gesamtaufwendungen vom Abschlussprüfer für angemessen gehalten wird. Je nach den gegebenen Umständen können jedoch höhere oder niedrigere Prozentsätze für angemessen erachtet werden.

Spezifische Überlegungen zu kleinen Einheiten

A8. Wenn der Gewinn vor Steuern aus der laufenden Geschäftstätigkeit einer Einheit gleichbleibend ist, wie es bei einem Unternehmen mit einem Gesellschafter-Geschäftsführer der Fall sein kann, bei dem der Eigentümer einen großen Teil des Gewinns vor Steuern als Vergütung entnimmt, kann eine Bezugsgröße wie der Gewinn vor Vergütung und Steuern relevanter sein.

Spezifische Überlegungen zu Einheiten des öffentlichen Sektors

A9. Bei der Abschlussprüfung einer Einheit des öffentlichen Sektors können die Gesamtaufwendungen oder die Nettoaufwendungen (Aufwendungen abzüglich Erlösen oder Ausgaben abzüglich Zahlungseingängen) geeignete Bezugsgrößen für zweckbezogene Aufgaben sein. Wenn eine Einheit des öffentlichen Sektors mit der Verwahrung öffentlicher Vermögenswerte betraut ist, können die Vermögenswerte eine geeignete Bezugsgröße sein.

Wesentlichkeitsgrenze oder -grenzen für bestimmte Arten von Geschäftsvorfällen, Kontensalden oder Abschlussangaben (Vgl. Tz. 10)

A10. Zu Faktoren, die auf das Vorhandensein einer oder mehrerer bestimmter Arten von Geschäftsvorfällen, Kontensalden oder Abschlussangaben hindeuten können, bei denen vernünftigerweise erwartet werden kann, dass falsche Darstellungen von Beträgen unterhalb der Wesentlichkeit für den Abschluss als Ganzes die auf der Grundlage des Abschlusses getroffenen wirtschaftlichen Entscheidungen von Nutzern beeinflussen, gehören die folgenden:

- die Frage, ob Gesetze, andere Rechtsvorschriften oder das maßgebende Regelwerk der Rechnungslegung die Erwartungen von Nutzern über die Bewertung oder die Angabe bestimmter Posten beeinflussen (z. B. Transaktionen mit nahe stehenden Personen sowie die Vergütung des Managements und der für die Überwachung Verantwortlichen)
- die besonders wichtigen Abschlussangaben für die Branche, in der die Einheit tätig ist (z. B. Forschungs- und Entwicklungskosten bei einem Pharmaunternehmen)
- die Frage, ob sich die Aufmerksamkeit auf einen bestimmten Aspekt der Geschäftstätigkeit der Einheit richtet, der im Abschluss gesondert angegeben wird (z. B. ein neu erworbenes Unternehmen).

A11. Bei der Einschätzung, ob unter den spezifischen Umständen der Einheit solche Arten von Geschäftsvorfällen, Kontensalden oder Abschlussangaben vorhanden sind, kann es der Abschlussprüfer als hilfreich ansehen, sich ein Verständnis von den Ansichten und Erwartungen der für die Überwachung Verantwortlichen und des Managements zu verschaffen.

Toleranzwesentlichkeit (Vgl. Tz. 11)

A12. Wenn die Abschlussprüfung nur zu dem Zweck geplant wird, einzelne wesentliche falsche Darstellungen aufzudecken, wird die Tatsache außer Acht gelassen, dass die Summe von einzeln unwesentlichen falschen Darstellungen dazu führen kann, dass der Abschluss unrichtig dargestellt ist, und bleibt kein Spielraum für mögliche nicht aufgedeckte falsche Darstellungen. Die Toleranzwesentlichkeit (die - je nach Definition - einen oder mehrere Beträge enthalten kann) wird festgelegt, um die Wahrscheinlichkeit, dass die Summe der nicht korrigierten und nicht aufgedeckten falschen Darstellungen im Abschluss die Wesentlichkeit für den Abschluss als Ganzes überschreitet, auf ein angemessen niedriges Maß zu reduzieren. In ähnlicher Weise wird die Toleranzwesentlichkeit im Zusammenhang mit einer für eine bestimmte Art von Geschäftsvorfällen, Kontensalden oder Abschlussangaben festgelegten Wesentlichkeitsgrenze festgelegt, um die Wahrscheinlichkeit, dass die Summe der nicht korrigierten und nicht aufgedeckten falschen Darstellungen bei der bestimmten Art von Geschäftsvorfällen, Kontensalden oder Abschlussangaben die jeweilige Wesentlichkeitsgrenze überschreitet, auf ein angemessen niedriges Maß zu reduzieren. Die Festlegung der Toleranzwesentlichkeit ist keine einfache mechanische Berechnung und beinhaltet pflichtgemäßes Ermessen des Abschlussprüfers. Sie wird beeinflusst von dem Verständnis des Abschlussprüfers von der Einheit, das während der Durchführung der Prüfungshandlungen zur Risikobeurteilung aktualisiert wird, sowie von Art und Umfang der bei vorhergehenden Abschlussprüfungen festgestellten falschen Darstellungen und somit von den Erwartungen des Abschlussprüfers über falsche Darstellungen im laufenden Zeitraum.

Anpassungen im Verlauf der Abschlussprüfung (Vgl. Tz. 12)

A13. Die Wesentlichkeit für den Abschluss als Ganzes (und ggf. die Wesentlichkeitsgrenze oder -grenzen für bestimmte Arten von Geschäftsvorfällen, Kontensalden oder Abschlussangaben) kann aufgrund einer

change in circumstances that occurred during the audit (for example, a decision to dispose of a major part of the entity's business), new information, or a change in the auditor's understanding of the entity and its operations as a result of performing further audit procedures. For example, if during the audit it appears as though actual financial results are likely to be substantially different from the anticipated period-end financial results that were used initially to determine materiality for the financial statements as a whole, the auditor revises that materiality.

während der Abschlussprüfung eingetretenen Änderung der Umstände (z. B. die Entscheidung, einen größeren Teil des Geschäfts der Einheit zu veräußern), neuer Informationen oder eines veränderten Verständnisses des Abschlussprüfers von der Einheit und von deren Geschäftstätigkeit aus der Durchführung weiterer Prüfungshandlungen angepasst werden müssen. Wenn bspw. während der Abschlussprüfung sichtbar wird, dass sich die tatsächlichen Ergebnisse wahrscheinlich erheblich von den erwarteten Ergebnissen zum Abschlussstichtag unterscheiden, die ursprünglich zur Festlegung der Wesentlichkeit für den Abschluss als Ganzes verwendet wurden, passt der Abschlussprüfer diese Wesentlichkeit an.

INTERNATIONAL STANDARD ON AUDITING 330

THE AUDITOR'S RESPONSES TO ASSESSED RISKS

(Effective for audits of financial statements for periods beginning on or after December 15, 2009)

CONTENTS

	Paragraph
Introduction	
Scope of this ISA	1
Effective Date	2
Objective	3
Definitions	4
Requirements	
Overall Responses	5
Audit Procedures Responsive to the Assessed Risks of Material Misstatement at the Assertion Level	6–23
Adequacy of Presentation and Disclosure	24
Evaluating the Sufficiency and Appropriateness of Audit Evidence	25–27
Documentation	28–30
Application and Other Explanatory Material	
Overall Responses	A1–A3
Audit Procedures Responsive to the Assessed Risks of Material Misstatement at the Assertion Level	A4–A58
Adequacy of Presentation and Disclosure	A59
Evaluating the Sufficiency and Appropriateness of Audit Evidence	A60–A62
Documentation	A63

International Standard on Auditing (ISA) 330, "The Auditor's Responses to Assessed Risks" should be read in conjunction with ISA 200, "Overall Objectives of the Independent Auditor and the Conduct of an Audit in Accordance with International Standards on Auditing."

INTERNATIONAL STANDARD ON AUDITING 330
DIE REAKTIONEN DES ABSCHLUSSPRÜFERS AUF BEURTEILTE RISIKEN

(gilt für die Prüfung von Abschlüssen für Zeiträume, die am oder nach dem 15.12.2009 beginnen)

INHALTSVERZEICHNIS

	Textziffer
Einleitung	
Anwendungsbereich	1
Anwendungszeitpunkt	2
Ziel	3
Definitionen	4
Anforderungen	
Allgemeine Reaktionen	5
Prüfungshandlungen als Reaktion auf die beurteilten Risiken wesentlicher falscher Darstellungen auf Aussageebene	6-23
Angemessenheit der Darstellung im Abschluss und der Abschlussangaben	24
Beurteilung, ob die erlangten Prüfungsnachweise ausreichend und geeignet sind	25-27
Dokumentation	28-30
Anwendungshinweise und sonstige Erläuterungen	
Allgemeine Reaktionen	A1-A3
Prüfungshandlungen als Reaktion auf die beurteilten Risiken wesentlicher falscher Darstellungen auf Aussageebene	A4-A58
Angemessenheit der Darstellung im Abschluss und der Abschlussangaben	A59
Beurteilung, ob die erlangten Prüfungsnachweise ausreichend und geeignet sind	A60-A62
Dokumentation	A63

International Standard on Auditing (ISA) 330 „Die Reaktionen des Abschlussprüfers auf beurteilte Risiken" ist im Zusammenhang mit ISA 200 „Übergreifende Zielsetzungen des unabhängigen Prüfers und Grundsätze einer Prüfung in Übereinstimmung mit den International Standards on Auditing" zu lesen.

Introduction

Scope of this ISA

1. This International Standard on Auditing (ISA) deals with the auditor's responsibility to design and implement responses to the risks of material misstatement identified and assessed by the auditor in accordance with ISA 315[1] in an audit of financial statements.

Effective Date

2. This ISA is effective for audits of financial statements for periods beginning on or after December 15, 2009.

Objective

3. The objective of the auditor is to obtain sufficient appropriate audit evidence regarding the assessed risks of material misstatement, through designing and implementing appropriate responses to those risks.

Definitions

4. For purposes of the ISAs, the following terms have the meanings attributed below:

   (a) Substantive procedure – An audit procedure designed to detect material misstatements at the assertion level. Substantive procedures comprise:

      (i) Tests of details (of classes of transactions, account balances, and disclosures); and

      (ii) Substantive analytical procedures.

   (b) Test of controls – An audit procedure designed to evaluate the operating effectiveness of controls in preventing, or detecting and correcting, material misstatements at the assertion level.

Requirements

Overall Responses

5. The auditor shall design and implement overall responses to address the assessed risks of material misstatement at the financial statement level. (Ref: Para. A1–A3)

Audit Procedures Responsive to the Assessed Risks of Material Misstatement at the Assertion Level

6. The auditor shall design and perform further audit procedures whose nature, timing and extent are based on and are responsive to the assessed risks of material misstatement at the assertion level. (Ref: Para. A4–A8)

7. In designing the further audit procedures to be performed, the auditor shall:

   (a) Consider the reasons for the assessment given to the risk of material misstatement at the assertion level for each class of transactions, account balance, and disclosure, including:

      (i) The likelihood of material misstatement due to the particular characteristics of the relevant class of transactions, account balance, or disclosure (that is, the inherent risk); and

      (ii) Whether the risk assessment takes account of relevant controls (that is, the control risk), thereby requiring the auditor to obtain audit evidence to determine whether the controls are operating effectively (that is, the auditor intends to rely on the operating effectiveness of controls in determining the nature, timing and extent of substantive procedures); and (Ref: Para. A9–A18)

---

[1] ISA 315, "Identifying and Assessing the Risks of Material Misstatement through Understanding the Entity and Its Environment."

Einleitung

Anwendungsbereich

1. Dieser International Standard on Auditing (ISA) behandelt die Pflicht des Abschlussprüfers, Vorgehen angesichts von Risiken wesentlicher falscher Darstellungen zu planen und umzusetzen, die der Abschlussprüfer in Übereinstimmung mit ISA 315[1)] im Rahmen einer Abschlussprüfung identifiziert und beurteilt hat.

Anwendungszeitpunkt

2. Dieser ISA gilt für die Prüfung von Abschlüssen für Zeiträume, die am oder nach dem 15.12.2009 beginnen.

Ziel

3. Das Ziel des Abschlussprüfers besteht darin, ausreichende geeignete Prüfungsnachweise zu den beurteilten Risiken wesentlicher falscher Darstellungen zu erhalten, indem der Abschlussprüfer ein angemessenes Vorgehen auf diese Risiken plant und umsetzt.

Definitionen

4. Für die Zwecke der ISA gelten die nachstehenden Begriffsbestimmungen:

   (a) Aussagebezogene Prüfungshandlung – Eine Prüfungshandlung, die darauf angelegt ist, wesentliche falsche Darstellungen auf Aussageebene aufzudecken. Zu den aussagebezogenen Prüfungshandlungen gehören

   (i) Einzelfallprüfungen (für Arten von Geschäftsvorfällen, Kontensalden und Abschlussangaben) sowie

   (ii) aussagebezogene analytische Prüfungshandlungen.

   (b) Funktionsprüfung – Eine Prüfungshandlung, die darauf angelegt ist, die Wirksamkeit von Kontrollen zur Verhinderung bzw. Aufdeckung und Korrektur wesentlicher falscher Darstellungen auf Aussageebene zu beurteilen.

Anforderungen

Allgemeine Reaktionen

5. Der Abschlussprüfer hat allgemeine Reaktionen zu planen und umzusetzen, um den beurteilten Risiken wesentlicher falscher Darstellungen auf Abschlussebene zu begegnen. (Vgl. Tz. A1-A3)

Prüfungshandlungen als Reaktion auf die beurteilten Risiken wesentlicher falscher Darstellungen auf Aussageebene

6. Der Abschlussprüfer hat weitere Prüfungshandlungen zu planen und durchzuführen, deren Art, zeitliche Einteilung und Umfang auf den beurteilten Risiken wesentlicher falscher Darstellungen auf Aussageebene basieren und auf diese ausgerichtet sind. (Vgl. Tz. A4-A8)

7. Beim Planen der weiteren Prüfungshandlungen, die durchzuführen sind, muss der Abschlussprüfer

   (a) die Gründe für die Beurteilung berücksichtigen, die den Risiken wesentlicher falscher Darstellungen auf Aussageebene bei allen Arten von Geschäftsvorfällen, Kontensalden sowie Abschlussangaben beigemessen wurden, einschließlich

   (i) der Wahrscheinlichkeit des Auftretens wesentlicher falscher Darstellungen aufgrund der besonderen Merkmale der relevanten Arten von Geschäftsvorfällen, Kontensalden sowie Abschlussangaben (d. h. des inhärenten Risikos) und

   (ii) der Frage, ob relevante Kontrollen bei der Risikobeurteilung berücksichtigt wurden (d. h. Kontrollrisiko). Dadurch wird der Abschlussprüfer verpflichtet, Prüfungsnachweise einzuholen, um festzustellen, ob die Kontrollen wirksam funktionieren (so etwa im Falle, dass der Abschlussprüfer beabsichtigt, sich bei der Festlegung von Art, zeitlicher Einteilung und Umfang aussagebezogener Prüfungshandlungen auf die Wirksamkeit von Kontrollen zu verlassen); (Vgl. Tz. A9-A18) sowie

---

[1)] ISA 315 „Identifizierung und Beurteilung der Risiken wesentlicher falscher Darstellungen aus dem Verstehen der Einheit und ihres Umfelds".

(b) Obtain more persuasive audit evidence the higher the auditor's assessment of risk. (Ref: Para. A19)

Tests of Controls

8. The auditor shall design and perform tests of controls to obtain sufficient appropriate audit evidence as to the operating effectiveness of relevant controls if:
   (a) The auditor's assessment of risks of material misstatement at the assertion level includes an expectation that the controls are operating effectively (that is, the auditor intends to rely on the operating effectiveness of controls in determining the nature, timing and extent of substantive procedures); or
   (b) Substantive procedures alone cannot provide sufficient appropriate audit evidence at the assertion level. (Ref: Para. A20–A24)
9. In designing and performing tests of controls, the auditor shall obtain more persuasive audit evidence the greater the reliance the auditor places on the effectiveness of a control. (Ref: Para. A25)

Nature and Extent of Tests of Controls

10. In designing and performing tests of controls, the auditor shall:
    (a) Perform other audit procedures in combination with inquiry to obtain audit evidence about the operating effectiveness of the controls, including:
        (i) How the controls were applied at relevant times during the period under audit;
        (ii) The consistency with which they were applied; and
        (iii) By whom or by what means they were applied. (Ref: Para. A26–A29)
    (b) Determine whether the controls to be tested depend upon other controls (indirect controls), and, if so, whether it is necessary to obtain audit evidence supporting the effective operation of those indirect controls. (Ref: Para. A30–A31)

Timing of Tests of Controls

11. The auditor shall test controls for the particular time, or throughout the period, for which the auditor intends to rely on those controls, subject to paragraphs 12 and 15 below, in order to provide an appropriate basis for the auditor's intended reliance. (Ref: Para. A32)

Using audit evidence obtained during an interim period

12. If the auditor obtains audit evidence about the operating effectiveness of controls during an interim period, the auditor shall:
    (a) Obtain audit evidence about significant changes to those controls subsequent to the interim period; and
    (b) Determine the additional audit evidence to be obtained for the remaining period. (Ref: Para. A33–A34)

Using audit evidence obtained in previous audits

13. In determining whether it is appropriate to use audit evidence about the operating effectiveness of controls obtained in previous audits, and, if so, the length of the time period that may elapse before retesting a control, the auditor shall consider the following:

    (a) The effectiveness of other elements of internal control, including the control environment, the entity's monitoring of controls, and the entity's risk assessment process;

    (b) The risks arising from the characteristics of the control, including whether it is manual or automated;

    (c) The effectiveness of general IT controls;

(b) umso überzeugendere Prüfungsnachweise einholen, je höher das vom Abschlussprüfer eingeschätzte Risiko ist. (Vgl. Tz. A19)

Funktionsprüfungen

8. Der Abschlussprüfer muss Funktionsprüfungen planen und durchführen, um ausreichende geeignete Prüfungsnachweise für die Wirksamkeit der relevanten Kontrollen zu erhalten, falls

 (a) die Risikobeurteilung des Abschlussprüfers über wesentliche falsche Darstellungen auf Aussageebene von der Erwartung ausgeht, dass die Kontrollen wirksam funktionieren (d. h. der Abschlussprüfer beabsichtigt, sich bei der Festlegung von Art, zeitlicher Einteilung und Umfang aussagebezogener Prüfungshandlungen auf die Wirksamkeit von Kontrollen zu verlassen), oder

 (b) aussagebezogene Prüfungshandlungen alleine keine ausreichenden geeigneten Prüfungsnachweise auf Aussageebene erbringen können. (Vgl. Tz. A20-A24)

9. Beim Planen und Durchführen von Funktionsprüfungen muss der Abschlussprüfer umso überzeugendere Prüfungsnachweise erhalten, je mehr der Abschlussprüfer sich auf die Wirksamkeit einer Kontrolle verlässt. (Vgl. Tz. A25)

Art und Umfang von Funktionsprüfungen

10. Beim Planen und Durchführen von Funktionsprüfungen muss der Abschlussprüfer

 (a) andere Prüfungshandlungen in Kombination mit Befragungen durchführen, um Prüfungsnachweise über die Wirksamkeit der Kontrollen zu erhalten. Dies schließt die Aspekte ein,

 (i) wie die Kontrollen zu relevanten Zeiten während des zu prüfenden Zeitraums angewandt wurden,

 (ii) die Stetigkeit ihrer Anwendung sowie

 (iii) von wem oder auf welche Weise sie angewandt wurden. (Vgl. Tz. A26-A29)

 (b) feststellen, ob die zu prüfenden Kontrollen von anderen Kontrollen abhängen (mittelbare Kontrollen) und – sofern dies der Fall ist – ob es notwendig ist, Prüfungsnachweise über die Wirksamkeit dieser mittelbaren Kontrollen einzuholen. (Vgl. Tz. A30-A31)

Zeitliche Einteilung von Funktionsprüfungen

11. Vorbehaltlich der Tz. 12 und 15 hat der Abschlussprüfer Funktionsprüfungen für die bestimmte Zeit oder für den gesamten Zeitraum durchzuführen, für die/den der Abschlussprüfer beabsichtigt, sich auf die betreffenden Kontrollen zu verlassen, um eine angemessene Grundlage für das beabsichtigte Vertrauen des Abschlussprüfers zu schaffen. (Vgl. Tz. A32)

Verwendung von innerhalb eines unterjährigen Zeitraums erlangten Prüfungsnachweisen

12. Falls der Abschlussprüfer Prüfungsnachweise über die Wirksamkeit von Kontrollen innerhalb eines unterjährigen Zeitraums erlangt, muss der Abschlussprüfer

 (a) Prüfungsnachweise über nach Ende des unterjährigen Zeitraums eingetretene bedeutsame Änderungen an diesen Kontrollen einholen und

 (b) festlegen, welche weiteren Prüfungsnachweise für den verbleibenden Zeitraum einzuholen sind. (Vgl. Tz. A33-A34)

Verwendung von bei vorhergehenden Abschlussprüfungen erlangten Prüfungsnachweisen

13. Bei der Festlegung, ob die Verwendung von im Rahmen vorhergehender Abschlussprüfungen erlangten Prüfungsnachweisen über die Wirksamkeit von Kontrollen angemessen ist und - sofern dies der Fall ist - wie lange der Zeitraum sein darf, der bis zu einer erneuten Funktionsprüfung einer Kontrolle vergehen darf, muss der Abschlussprüfer Folgendes in Betracht ziehen:

 (a) die Wirksamkeit anderer Bestandteile des internen Kontrollsystems (IKS), einschließlich des Kontrollumfeldes, der Überwachung von Kontrollen durch die Einheit[*)] und ihres Risikobeurteilungsprozesses,

 (b) die Risiken, die sich aus den Eigenarten der Kontrolle ergeben, einschließlich der Unterscheidung, ob es sich um eine manuelle oder automatisierte Kontrolle handelt,

 (c) die Wirksamkeit der allgemeinen IT-Kontrollen,

[*)] Der Begriff „Einheit" wird für *entity* neu eingeführt. Bei der zu prüfenden Einheit kann es sich um ein Unternehmen, einen Einzelkaufmann, eine Gesellschaft bürgerlichen Rechts (Schweiz: einfache Gesellschaft), eine Gebietskörperschaft, eine Anstalt des öffentlichen Rechts, einen Konzern oder eine nicht rechtlich abgegrenzte wirtschaftliche Einheit handeln. Eine Übersetzung mit „Unternehmen" oder „Gesellschaft" wäre deshalb unzureichend. So kann sich *entity* sogar auf eine nicht selbständige Niederlassung oder Sparte beziehen, für die eigenständig Rechnung gelegt wird.

(d) The effectiveness of the control and its application by the entity, including the nature and extent of deviations in the application of the control noted in previous audits, and whether there have been personnel changes that significantly affect the application of the control;

(e) Whether the lack of a change in a particular control poses a risk due to changing circumstances; and

(f) The risks of material misstatement and the extent of reliance on the control. (Ref: Para. A35)

14. If the auditor plans to use audit evidence from a previous audit about the operating effectiveness of specific controls, the auditor shall establish the continuing relevance of that evidence by obtaining audit evidence about whether significant changes in those controls have occurred subsequent to the previous audit. The auditor shall obtain this evidence by performing inquiry combined with observation or inspection, to confirm the understanding of those specific controls, and:

(a) If there have been changes that affect the continuing relevance of the audit evidence from the previous audit, the auditor shall test the controls in the current audit. (Ref: Para. A36)

(b) If there have not been such changes, the auditor shall test the controls at least once in every third audit, and shall test some controls each audit to avoid the possibility of testing all the controls on which the auditor intends to rely in a single audit period with no testing of controls in the subsequent two audit periods. (Ref: Para. A37–A39)

Controls over significant risks

15. If the auditor plans to rely on controls over a risk the auditor has determined to be a significant risk, the auditor shall test those controls in the current period.

Evaluating the Operating Effectiveness of Controls

16. When evaluating the operating effectiveness of relevant controls, the auditor shall evaluate whether misstatements that have been detected by substantive procedures indicate that controls are not operating effectively. The absence of misstatements detected by substantive procedures, however, does not provide audit evidence that controls related to the assertion being tested are effective. (Ref: Para. A40)

17. If deviations from controls upon which the auditor intends to rely are detected, the auditor shall make specific inquiries to understand these matters and their potential consequences, and shall determine whether: (Ref: Para. A41)

(a) The tests of controls that have been performed provide an appropriate basis for reliance on the controls;

(b) Additional tests of controls are necessary; or

(c) The potential risks of misstatement need to be addressed using substantive procedures.

Substantive Procedures

18. Irrespective of the assessed risks of material misstatement, the auditor shall design and perform substantive procedures for each material class of transactions, account balance, and disclosure. (Ref: Para. A42–A47)

19. The auditor shall consider whether external confirmation procedures are to be performed as substantive audit procedures. (Ref: Para. A48–A51)

Substantive Procedures Related to the Financial Statement Closing Process

20. The auditor's substantive procedures shall include the following audit procedures related to the financial statement closing process:

(a) Agreeing or reconciling the financial statements with the underlying accounting records; and

(b) Examining material journal entries and other adjustments made during the course of preparing the financial statements. (Ref: Para. A52)

(d) die Wirksamkeit der Kontrolle und ihrer Anwendung durch die Einheit, einschließlich von Art und Ausmaß der im Rahmen vorhergehender Abschlussprüfungen festgestellten Abweichungen bei der Anwendung der Kontrolle sowie eventuelle Personalwechsel, die sich deutlich auf die Anwendung der Kontrolle auswirken,

(e) die Frage, ob es bei sich verändernden Umständen ein Risiko darstellt, wenn Änderungen an einer bestimmten Kontrolle unterlassen werden, sowie

(f) die Risiken wesentlicher falscher Darstellungen und den Umfang, in dem man sich auf die Kontrolle verlässt. (Vgl. Tz. A35)

14. Wenn der Abschlussprüfer plant, Prüfungsnachweise über die Wirksamkeit bestimmter Kontrollen aus einer vorhergehenden Abschlussprüfung zu verwenden, sind Prüfungsnachweise darüber einzuholen, ob nach der vorhergehenden Abschlussprüfung bedeutsame Änderungen bei diesen Kontrollen eingetreten sind, um festzustellen, ob die zu verwendenden Prüfungsnachweise weiterhin relevant sind. Der Abschlussprüfer hat solche Prüfungsnachweise durch Befragungen einzuholen, die mit Beobachtungen oder Einsichtnahmen verbunden sind, um das Verständnis dieser speziellen Kontrollen zu bestätigen, und

(a) wenn Änderungen eingetreten sind, die sich auf die fortdauernde Relevanz der Prüfungsnachweise aus der vorhergehenden Abschlussprüfung auswirken, muss der Abschlussprüfer die Kontrollen in der laufenden Abschlussprüfung erneut prüfen. (Vgl. Tz. A36)

(b) wenn keine solchen Änderungen eingetreten sind, muss der Abschlussprüfer die Funktionsprüfung für die Kontrollen mindestens einmal in jeder dritten Abschlussprüfung durchführen. Gleichwohl sind bei jeder Abschlussprüfung einige Funktionsprüfungen durchzuführen, um zu vermeiden, dass sämtliche Kontrollen, auf die sich der Abschlussprüfer verlassen möchte, in einer Periode einer Funktionsprüfung zu unterziehen sind und dass in den beiden Folgeperioden keine derartigen Prüfungen durchgeführt werden. (Vgl. Tz. A37-A39)

Kontrollen für bedeutsame Risiken

15. Falls der Abschlussprüfer plant, sich auf Kontrollen für ein von ihm als bedeutsam eingestuftes Risiko zu verlassen, muss er diese Kontrollen im laufenden Berichtszeitraum prüfen.

Beurteilung der Wirksamkeit von Kontrollen

16. Bei der Beurteilung der Wirksamkeit von relevanten Kontrollen muss der Abschlussprüfer abwägen, ob falsche Darstellungen durch aussagebezogene Prüfungshandlungen aufgedeckt wurden, die darauf hindeuten, dass Kontrollen nicht wirksam funktionieren. Falls durch aussagebezogene Prüfungshandlungen keine falschen Darstellungen aufgedeckt wurden, ist dies jedoch kein Prüfungsnachweis für die Wirksamkeit der auf die geprüfte Aussage bezogenen Kontrollen. (Vgl. Tz. A40)

17. Falls Abweichungen bei Kontrollen festgestellt werden, auf die sich der Abschlussprüfer zu verlassen beabsichtigt, hat der Abschlussprüfer spezifische Befragungen durchzuführen, um diese Sachverhalte und ihre möglichen Konsequenzen zu verstehen und festzustellen, ob (Vgl. Tz. A41)

(a) die durchgeführten Funktionsprüfungen eine angemessene Grundlage darstellen, um sich auf diese Kontrollen zu verlassen,

(b) zusätzliche Funktionsprüfungen notwendig sind oder

(c) den potentiellen Risiken falscher Darstellungen mit Hilfe von aussagebezogenen Prüfungshandlungen begegnet werden muss.

Aussagebezogene Prüfungshandlungen

18. Ungeachtet der beurteilten Risiken wesentlicher falscher Darstellungen muss der Abschlussprüfer für alle wesentlichen Arten von Geschäftsvorfällen, Kontensalden sowie Abschlussangaben aussagebezogene Prüfungshandlungen planen und durchführen. (Vgl. Tz. A42-A47)

19. Der Abschlussprüfer hat abzuwägen, ob Verfahren der externen Bestätigung als aussagebezogene Prüfungshandlungen durchzuführen sind. (Vgl. Tz. A48-A51)

Aussagebezogene Prüfungshandlungen, die sich auf den Prozess der Abschlussbuchungen beziehen

20. Die aussagebezogenen Prüfungshandlungen des Abschlussprüfers müssen die folgenden, auf den Prozess der Abschlussbuchungen bezogenen Prüfungshandlungen umfassen:

(a) Abgleich oder Abstimmung des Abschlusses mit den zugrunde liegenden Rechnungslegungsunterlagen sowie

(b) Untersuchung wesentlicher Journaleinträge und anderer im Laufe der Abschlussaufstellung vorgenommener Anpassungen. (Vgl. Tz. A52)

Substantive Procedures Responsive to Significant Risks

21. If the auditor has determined that an assessed risk of material misstatement at the assertion level is a significant risk, the auditor shall perform substantive procedures that are specifically responsive to that risk. When the approach to a significant risk consists only of substantive procedures, those procedures shall include tests of details. (Ref: Para. A53)

Timing of Substantive Procedures

22. If substantive procedures are performed at an interim date, the auditor shall cover the remaining period by performing:

    (a) substantive procedures, combined with tests of controls for the intervening period; or

    (b) if the auditor determines that it is sufficient, further substantive procedures only,

    that provide a reasonable basis for extending the audit conclusions from the interim date to the period end. (Ref: Para. A54–A57)

23. If misstatements that the auditor did not expect when assessing the risks of material misstatement are detected at an interim date, the auditor shall evaluate whether the related assessment of risk and the planned nature, timing or extent of substantive procedures covering the remaining period need to be modified. (Ref: Para. A58)

Adequacy of Presentation and Disclosure

24. The auditor shall perform audit procedures to evaluate whether the overall presentation of the financial statements, including the related disclosures, is in accordance with the applicable financial reporting framework. (Ref: Para. A59)

Evaluating the Sufficiency and Appropriateness of Audit Evidence

25. Based on the audit procedures performed and the audit evidence obtained, the auditor shall evaluate before the conclusion of the audit whether the assessments of the risks of material misstatement at the assertion level remain appropriate. (Ref: Para. A60–A61)

26. The auditor shall conclude whether sufficient appropriate audit evidence has been obtained. In forming an opinion, the auditor shall consider all relevant audit evidence, regardless of whether it appears to corroborate or to contradict the assertions in the financial statements. (Ref: Para. A62)

27. If the auditor has not obtained sufficient appropriate audit evidence as to a material financial statement assertion, the auditor shall attempt to obtain further audit evidence. If the auditor is unable to obtain sufficient appropriate audit evidence, the auditor shall express a qualified opinion or disclaim an opinion on the financial statements.

Documentation

28. The auditor shall include in the audit documentation:[2]

    (a) The overall responses to address the assessed risks of material misstatement at the financial statement level, and the nature, timing and extent of the further audit procedures performed;

    (b) The linkage of those procedures with the assessed risks at the assertion level; and

    (c) The results of the audit procedures, including the conclusions where these are not otherwise clear. (Ref: Para. A63)

29. If the auditor plans to use audit evidence about the operating effectiveness of controls obtained in previous audits, the auditor shall include in the audit documentation the conclusions reached about relying on such controls that were tested in a previous audit.

---

[2] ISA 230, "Audit Documentation," paragraphs 8–11, and A6.

Aussagebezogene Prüfungshandlungen als Reaktion auf bedeutsame Risiken

21. Falls der Abschlussprüfer festgestellt hat, dass ein beurteiltes Risiko wesentlicher falscher Darstellungen auf Aussageebene ein bedeutsames Risiko darstellt, sind aussagebezogene Prüfungshandlungen durchzuführen, die speziell auf dieses Risiko ausgerichtet sind. Wenn der Ansatz, mit dem einem bedeutsamen Risiko begegnet werden soll, ausschließlich aus aussagebezogenen Prüfungshandlungen besteht, müssen diese Prüfungshandlungen auch Einzelfallprüfungen umfassen. (Vgl. Tz. A53)

Zeitliche Einteilung von aussagebezogenen Prüfungshandlungen

22. Werden aussagebezogene Prüfungshandlungen unterjährig durchgeführt, muss der Abschlussprüfer den verbleibenden Zeitraum abdecken

    (a) durch aussagebezogene Prüfungshandlungen in Kombination mit Funktionsprüfungen für den dazwischen liegenden Zeitraum oder

    (b) durch weitere aussagebezogene Prüfungshandlungen allein, wenn der Abschlussprüfer entscheidet, dass dies ausreicht,

    die eine hinreichende Grundlage für die Ausdehnung der Prüfungsschlussfolgerungen von dem unterjährigen Zeitpunkt bis zum Ende des Zeitraums bilden. (Vgl. Tz. A54-A57)

23. Falls unterjährig falsche Darstellungen aufgedeckt werden, die der Abschlussprüfer bei der Beurteilung der Risiken wesentlicher falscher Darstellungen nicht erwartet hatte, muss der Abschlussprüfer beurteilen, ob die damit verbundene Risikobeurteilung sowie die Planung von Art, zeitlicher Einteilung oder Umfang der zur Abdeckung des verbleibenden Zeitraums durchzuführenden, aussagebezogenen Prüfungshandlungen geändert werden müssen. (Vgl. Tz. A58)

Angemessenheit der Darstellung im Abschluss und der Abschlussangaben

24. Der Abschlussprüfer muss Prüfungshandlungen durchführen, um zu beurteilen, ob die Gesamtdarstellung des Abschlusses, einschließlich der dazugehörigen Abschlussangaben, in Übereinstimmung mit dem maßgebenden Regelwerk der Rechnungslegung steht. (Vgl. Tz. A59)

Beurteilung, ob die erlangten Prüfungsnachweise ausreichend und geeignet sind

25. Auf der Grundlage der durchgeführten Prüfungshandlungen und der erlangten Prüfungsnachweise muss der Abschlussprüfer vor Beendigung der Prüfung beurteilen, ob die Einschätzungen der Risiken wesentlicher falscher Darstellungen auf Aussageebene weiterhin angemessen sind. (Vgl. Tz. A60-A61)

26. Der Abschlussprüfer muss abschließend beurteilen, ob ausreichende geeignete Prüfungsnachweise erlangt wurden. Bei der Bildung eines Prüfungsurteils muss der Abschlussprüfer alle relevanten Prüfungsnachweise berücksichtigen, unabhängig davon, ob sie dem Anschein nach die Aussagen im Abschluss bestätigen oder ihnen widersprechen. (Vgl. Tz. A62)

27. Wenn der Abschlussprüfer für eine wesentliche Aussage im Abschluss keine ausreichenden geeigneten Prüfungsnachweise erlangt hat, muss der Abschlussprüfer versuchen, weitere Prüfungsnachweise zu erhalten. Falls es nicht möglich ist, ausreichende geeignete Prüfungsnachweise zu erhalten, muss der Abschlussprüfer entweder ein eingeschränktes Prüfungsurteil abgeben oder die Nichtabgabe eines Prüfungsurteils erklären.

Dokumentation

28. Der Abschlussprüfer hat in die Prüfungsdokumentation aufzunehmen[2]

    (a) die allgemeinen Reaktionen, um den beurteilten Risiken wesentlicher falscher Darstellungen auf Abschlussebene zu begegnen, sowie Art, zeitliche Einteilung und Umfang der weiteren durchgeführten Prüfungshandlungen,

    (b) die Verbindung zwischen diesen Prüfungshandlungen und den beurteilten Risiken auf Aussageebene sowie

    (c) die Ergebnisse der Prüfungshandlungen, einschließlich der Schlussfolgerungen daraus, soweit diese nicht anderweitig klar erkennbar sind. (Vgl. Tz. A63)

29. Wenn der Abschlussprüfer plant, bei vorhergehenden Abschlussprüfungen erlangte Prüfungsnachweise über die Wirksamkeit von Kontrollen zu verwenden, sind in die Prüfungsdokumentation die gezogenen Schlussfolgerungen aufzunehmen, die dazu geführt haben, dass der Abschlussprüfer sich auf die betreffenden in einer vorhergehenden Abschlussprüfung geprüften Kontrollen verlässt.

---

[2] ISA 230 „Prüfungsdokumentation", Textziffern 8-11 und A6.

30. The auditor's documentation shall demonstrate that the financial statements agree or reconcile with the underlying accounting records.

***

Application and Other Explanatory Material

Overall Responses (Ref: Para. 5)

A1. Overall responses to address the assessed risks of material misstatement at the financial statement level may include:

- Emphasizing to the audit team the need to maintain professional skepticism.
- Assigning more experienced staff or those with special skills or using experts.
- Providing more supervision.
- Incorporating additional elements of unpredictability in the selection of further audit procedures to be performed.
- Making general changes to the nature, timing or extent of audit procedures, for example: performing substantive procedures at the period end instead of at an interim date; or modifying the nature of audit procedures to obtain more persuasive audit evidence.

A2. The assessment of the risks of material misstatement at the financial statement level, and thereby the auditor's overall responses, is affected by the auditor's understanding of the control environment. An effective control environment may allow the auditor to have more confidence in internal control and the reliability of audit evidence generated internally within the entity and thus, for example, allow the auditor to conduct some audit procedures at an interim date rather than at the period end. Deficiencies in the control environment, however, have the opposite effect; for example, the auditor may respond to an ineffective control environment by:

- Conducting more audit procedures as of the period end rather than at an interim date.
- Obtaining more extensive audit evidence from substantive procedures.
- Increasing the number of locations to be included in the audit scope.

A3. Such considerations, therefore, have a significant bearing on the auditor's general approach, for example, an emphasis on substantive procedures (substantive approach), or an approach that uses tests of controls as well as substantive procedures (combined approach).

Audit Procedures Responsive to the Assessed Risks of Material Misstatement at the Assertion Level

The Nature, Timing and Extent of Further Audit Procedures (Ref: Para. 6)

A4. The auditor's assessment of the identified risks at the assertion level provides a basis for considering the appropriate audit approach for designing and performing further audit procedures. For example, the auditor may determine that:

(a) Only by performing tests of controls may the auditor achieve an effective response to the assessed risk of material misstatement for a particular assertion;

(b) Performing only substantive procedures is appropriate for particular assertions and, therefore, the auditor excludes the effect of controls from the relevant risk assessment. This may be because the auditor's risk assessment procedures have not identified any effective controls relevant to the assertion, or because testing controls would be inefficient and therefore the auditor does not intend to rely on the operating effectiveness of controls in determining the nature, timing and extent of substantive procedures; or

(c) A combined approach using both tests of controls and substantive procedures is an effective approach.

However, as required by paragraph 18, irrespective of the approach selected, the auditor designs and performs substantive procedures for each material class of transactions, account balance, and disclosure.

30. Die Dokumentation des Abschlussprüfers muss darlegen, dass der Abschluss mit den zugrunde liegenden Rechnungslegungsunterlagen übereinstimmt oder mit diesen abstimmbar ist.

* * *

Anwendungshinweise und sonstige Erläuterungen

Allgemeine Reaktionen (vgl. Tz. 5)

A1. Die allgemeinen Reaktionen, um den beurteilten Risiken wesentlicher falscher Darstellungen auf Abschlussebene zu begegnen, können umfassen:
- Betonung gegenüber dem Prüfungsteam, dass die Beibehaltung einer kritischen Grundhaltung notwendig ist
- Einsatz von erfahreneren Mitarbeitern oder von solchen mit speziellen Fähigkeiten bzw. Hinzuziehung von Sachverständigen
- stärkere Überwachung der Auftragsabwicklung
- Einbau von zusätzlichen Überraschungsmomenten bei der Auswahl der weiteren durchzuführenden Prüfungshandlungen
- allgemeine Änderungen der Art, der zeitlichen Einteilung oder des Umfangs von Prüfungshandlungen (z. B. Durchführung von aussagebezogenen Prüfungshandlungen zum Abschlussstichtag statt zu einem unterjährigen Zeitpunkt oder Veränderungen der Art der Prüfungshandlungen, um überzeugendere Prüfungsnachweise zu erlangen).

A2. Die Beurteilung der Risiken wesentlicher falscher Darstellungen auf Abschlussebene, und damit auch das allgemeine Vorgehen des Abschlussprüfers, wird durch das Verständnis des Abschlussprüfers vom Kontrollumfeld beeinflusst. Ein wirksames Kontrollumfeld kann das Vertrauen des Abschlussprüfers in das IKS und in die Verlässlichkeit der von der Einheit intern erzeugten Prüfungsnachweise stärken und es dem Abschlussprüfer so bspw. ermöglichen, einige Prüfungshandlungen nicht zum Abschlussstichtag, sondern unterjährig durchzuführen. Mängel im Kontrollumfeld haben jedoch die gegenteilige Wirkung: Bspw. kann der Abschlussprüfer als Reaktion auf ein unwirksames Kontrollumfeld die folgenden Maßnahmen ergreifen:
- vermehrte Durchführung von Prüfungshandlungen zum Abschlussstichtag anstatt unterjährig
- Einholung umfassenderer Prüfungsnachweise durch aussagebezogene Prüfungshandlungen
- Erhöhung der Anzahl der in die Prüfung einzubeziehenden Standorte.

A3. Solche Überlegungen haben folglich einen bedeutenden Einfluss auf den allgemeinen Prüfungsansatz des Abschlussprüfers: beispielsweise eine Schwerpunktsetzung auf aussagebezogene Prüfungshandlungen (aussagebezogener Ansatz) oder Verwendung sowohl von Funktionsprüfungen als auch von aussagebezogenen Prüfungshandlungen (kombinierter Ansatz).

Prüfungshandlungen als Reaktion auf die beurteilten Risiken wesentlicher falscher Darstellungen auf Aussageebene

Art, zeitliche Einteilung und Umfang weiterer Prüfungshandlungen (vgl. Tz. 6)

A4. Die Beurteilung der identifizierten Risiken auf Aussageebene durch den Abschlussprüfer bildet eine Grundlage für die Überlegungen zu einem angemessenen Prüfungsansatz für die Planung und Durchführung weiterer Prüfungshandlungen. Beispielsweise kann der Abschlussprüfer festlegen, dass

(a) bei einer bestimmten Aussage nur durch Funktionsprüfungen wirksam auf das beurteilte Risiko wesentlicher falscher Aussagen reagiert werden kann;

(b) es bei bestimmten Aussagen angemessen ist, ausschließlich aussagebezogene Prüfungshandlungen durchzuführen und der Abschlussprüfer daher die Auswirkungen von Kontrollen bei der Beurteilung der relevanten Risiken außer Betracht lässt. Dies kann darin begründet sein, dass die Risikobeurteilung des Abschlussprüfers keine wirksamen Kontrollen identifiziert hat, die für die Aussage relevant sind, oder dass eine Funktionsprüfung ineffizient wäre und der Abschlussprüfer daher nicht beabsichtigt, sich bei der Festlegung von Art, zeitlicher Einteilung und Umfang von aussagebezogenen Prüfungshandlungen auf die Wirksamkeit von Kontrollen zu verlassen;

(c) ein kombinierter Ansatz, bei dem sowohl Funktionsprüfungen als auch aussagebezogene Prüfungshandlungen durchgeführt werden, zielführend ist.

Unabhängig von dem gewählten Ansatz plant und führt der Abschlussprüfer jedoch - wie nach Textziffer 18 erforderlich - aussagebezogene Prüfungshandlungen für jede wesentliche Art von Geschäftsvorfällen, Kontensalden und Abschlussangaben durch.

A5. The nature of an audit procedure refers to its purpose (that is, test of controls or substantive procedure) and its type (that is, inspection, observation, inquiry, confirmation, recalculation, reperformance, or analytical procedure). The nature of the audit procedures is of most importance in responding to the assessed risks.

A6. Timing of an audit procedure refers to when it is performed, or the period or date to which the audit evidence applies.

A7. Extent of an audit procedure refers to the quantity to be performed, for example, a sample size or the number of observations of a control activity.

A8. Designing and performing further audit procedures whose nature, timing and extent are based on and are responsive to the assessed risks of material misstatement at the assertion level provides a clear linkage between the auditor's further audit procedures and the risk assessment.

Responding to the Assessed Risks at the Assertion Level (Ref: Para. 7(a))

Nature

A9. The auditor's assessed risks may affect both the types of audit procedures to be performed and their combination. For example, when an assessed risk is high, the auditor may confirm the completeness of the terms of a contract with the counterparty, in addition to inspecting the document. Further, certain audit procedures may be more appropriate for some assertions than others. For example, in relation to revenue, tests of controls may be most responsive to the assessed risk of misstatement of the completeness assertion, whereas substantive procedures may be most responsive to the assessed risk of misstatement of the occurrence assertion.

A10. The reasons for the assessment given to a risk are relevant in determining the nature of audit procedures. For example, if an assessed risk is lower because of the particular characteristics of a class of transactions without consideration of the related controls, then the auditor may determine that substantive analytical procedures alone provide sufficient appropriate audit evidence. On the other hand, if the assessed risk is lower because of internal controls, and the auditor intends to base the substantive procedures on that low assessment, then the auditor performs tests of those controls, as required by paragraph 8(a). This may be the case, for example, for a class of transactions of reasonably uniform, non-complex characteristics that are routinely processed and controlled by the entity's information system.

Timing

A11. The auditor may perform tests of controls or substantive procedures at an interim date or at the period end. The higher the risk of material misstatement, the more likely it is that the auditor may decide it is more effective to perform substantive procedures nearer to, or at, the period end rather than at an earlier date, or to perform audit procedures unannounced or at unpredictable times (for example, performing audit procedures at selected locations on an unannounced basis). This is particularly relevant when considering the response to the risks of fraud. For example, the auditor may conclude that, when the risks of intentional misstatement or manipulation have been identified, audit procedures to extend audit conclusions from interim date to the period end would not be effective.

A12. On the other hand, performing audit procedures before the period end may assist the auditor in identifying significant matters at an early stage of the audit, and consequently resolving them with the assistance of management or developing an effective audit approach to address such matters.

A13. In addition, certain audit procedures can be performed only at or after the period end, for example:

- Agreeing the financial statements to the accounting records;
- Examining adjustments made during the course of preparing the financial statements; and
- Procedures to respond to a risk that, at the period end, the entity may have entered into improper sales contracts, or transactions may not have been finalized.

A5. Die Art einer Prüfungshandlung ist bezogen auf deren Zweck (d. h. Funktionsprüfung oder aussagebezogene Prüfungshandlung) und deren Kategorie (d. h. Inaugenschein-/ Einsichtnahme, Beobachtung, Befragung, Bestätigung, Nachrechnen, Nachvollzug oder analytische Prüfungshandlung). Die Art der Prüfungshandlungen ist bei der Reaktion auf die beurteilten Risiken von höchster Wichtigkeit.

A6. Die zeitliche Einteilung einer Prüfungshandlung ist entweder darauf bezogen, wann die Prüfungshandlung durchgeführt wird, oder darauf, für welchen Zeitraum bzw. Zeitpunkt die Prüfungsnachweise gelten.

A7. Der Umfang einer Prüfungshandlung ist bezogen auf die Quantität der Durchführung, z. B. die Größe einer Stichprobe oder die Anzahl der Beobachtungen einer Kontrollaktivität.

A8. Die Planung und Durchführung weiterer Prüfungshandlungen, deren Art, zeitliche Einteilung und Umfang auf den beurteilten Risiken wesentlicher falscher Darstellungen auf Aussageebene basieren und auf diese reagieren, schaffen eine deutliche Verbindung zwischen den weiteren Prüfungshandlungen des Abschlussprüfers und der Risikobeurteilung.

Reaktionen auf die beurteilten Risiken auf Aussageebene (vgl. Tz. 7(a))

Art

A9. Die Risikobeurteilung des Abschlussprüfers kann sowohl die Kategorien als auch die Kombination der durchzuführenden Prüfungshandlungen beeinflussen. Beispielsweise kann bei einem als hoch beurteilten Risiko der Abschlussprüfer in Ergänzung zur Einsichtnahme in ein Dokument die Vollständigkeit von Vertragsbedingungen durch die Gegenpartei bestätigen lassen. Darüber hinaus können bestimmte Prüfungshandlungen für einige Aussagen besser geeignet sein als andere. Beispielsweise können bei den Erlösen Funktionsprüfungen die geeignetste Reaktion auf das beurteilte Risiko einer falschen Darstellung in Bezug auf die Aussage „Vollständigkeit" sein, wohingegen aussagebezogene Prüfungshandlungen die geeignetste Reaktion auf das beurteilte Risiko einer falschen Darstellung bei der Aussage „Eintritt" sein kann.

A10. Die Beurteilungsgründe für ein Risiko sind für die Festlegung der Art von Prüfungshandlungen relevant. Wenn bspw. ein beurteiltes Risiko aufgrund der besonderen Merkmale einer Art bestimmter Geschäftsvorfälle ohne Berücksichtigung der damit verbundenen Kontrollen gering ist, kann der Abschlussprüfer festlegen, dass aussagebezogene analytische Prüfungshandlungen alleine ausreichende geeignete Prüfungsnachweise erbringen. Wenn andererseits das beurteilte Risiko aufgrund interner Kontrollen gering ist und der Abschlussprüfer beabsichtigt, die aussagebezogenen Prüfungshandlungen auf der Grundlage dieser niedrigen Risikobeurteilung durchzuführen, führt der Abschlussprüfer gemäß Textziffer 8(a) Funktionsprüfungen für die betreffenden Kontrollen durch. Dieser Fall kann bspw. bei Geschäftsvorfällen derselben Art auftreten, die hinreichend einheitliche und einfache Merkmale aufweisen und die routinemäßig vom Informationssystem der Einheit verarbeitet und kontrolliert werden.

Zeitliche Einteilung

A11. Der Abschlussprüfer kann Funktionsprüfungen oder aussagebezogene Prüfungshandlungen unterjährig oder zum Abschlussstichtag durchführen. Je höher das Risiko wesentlicher falscher Darstellungen ist, desto eher wird der Abschlussprüfer es als wirksamer erachten, aussagebezogene Prüfungshandlungen am oder in zeitlicher Nähe zum Abschlussstichtag als zu einem früheren Zeitpunkt durchzuführen bzw. Prüfungshandlungen unangemeldet oder zu unvorhersehbaren Zeiten durchzuführen (z. B. unangemeldete Durchführung von Prüfungshandlungen an ausgewählten Standorten). Dies ist besonders dann von Bedeutung, wenn es um die Reaktion auf die Risiken von dolosen Handlungen geht. Beispielsweise kann der Abschlussprüfer nach der Feststellung von Risiken bewusst falscher Darstellungen oder einer Manipulation zu der Schlussfolgerung kommen, dass Prüfungshandlungen zur Übertragung von Prüfungsfeststellungen von einem unterjährigen Zeitpunkt auf den Abschlussstichtag nicht wirksam sind.

A12. Andererseits kann die Durchführung von Prüfungshandlungen vor dem Abschlussstichtag dem Abschlussprüfer dabei helfen, bedeutsame Sachverhalte in einem frühen Prüfungsstadium zu identifizieren, so dass diese mit Unterstützung des Managements geklärt werden können oder ein wirksamer Prüfungsansatz für sie entwickelt werden kann.

A13. Darüber hinaus können bestimmte Prüfungshandlungen ausschließlich zum oder nach dem Abschlussstichtag durchgeführt werden, z. B.

- der Abgleich des Abschlusses mit den zugrunde liegenden Rechnungslegungsunterlagen,
- die Untersuchung von während der Abschlussaufstellung vorgenommenen Anpassungen und
- auf ein Risiko gerichtete Prüfungshandlungen, dass die Einheit zum Abschlussstichtag unzulässige Kaufverträge geschlossen haben könnte oder Geschäftsvorfälle möglicherweise nicht abgeschlossen sind.

A14. Further relevant factors that influence the auditor's consideration of when to perform audit procedures include the following:
- The control environment.
- When relevant information is available (for example, electronic files may subsequently be overwritten, or procedures to be observed may occur only at certain times).
- The nature of the risk (for example, if there is a risk of inflated revenues to meet earnings expectations by subsequent creation of false sales agreements, the auditor may wish to examine contracts available on the date of the period end).
- The period or date to which the audit evidence relates.

Extent

A15. The extent of an audit procedure judged necessary is determined after considering the materiality, the assessed risk, and the degree of assurance the auditor plans to obtain. When a single purpose is met by a combination of procedures, the extent of each procedure is considered separately. In general, the extent of audit procedures increases as the risk of material misstatement increases. For example, in response to the assessed risk of material misstatement due to fraud, increasing sample sizes or performing substantive analytical procedures at a more detailed level may be appropriate. However, increasing the extent of an audit procedure is effective only if the audit procedure itself is relevant to the specific risk.

A16. The use of computer-assisted audit techniques (CAATs) may enable more extensive testing of electronic transactions and account files, which may be useful when the auditor decides to modify the extent of testing, for example, in responding to the risks of material misstatement due to fraud. Such techniques can be used to select sample transactions from key electronic files, to sort transactions with specific characteristics, or to test an entire population instead of a sample.

Considerations specific to public sector entities

A17. For the audits of public sector entities, the audit mandate and any other special auditing requirements may affect the auditor's consideration of the nature, timing and extent of further audit procedures.

Considerations specific to smaller entities

A18. In the case of very small entities, there may not be many control activities that could be identified by the auditor, or the extent to which their existence or operation have been documented by the entity may be limited. In such cases, it may be more efficient for the auditor to perform further audit procedures that are primarily substantive procedures. In some rare cases, however, the absence of control activities or of other components of control may make it impossible to obtain sufficient appropriate audit evidence.

Higher Assessments of Risk (Ref: Para 7(b))

A19. When obtaining more persuasive audit evidence because of a higher assessment of risk, the auditor may increase the quantity of the evidence, or obtain evidence that is more relevant or reliable, for example, by placing more emphasis on obtaining third party evidence or by obtaining corroborating evidence from a number of independent sources.

Tests of Controls

Designing and Performing Tests of Controls (Ref: Para. 8)

A20. Tests of controls are performed only on those controls that the auditor has determined are suitably designed to prevent, or detect and correct, a material misstatement in an assertion. If substantially different controls were used at different times during the period under audit, each is considered separately.

A21. Testing the operating effectiveness of controls is different from obtaining an understanding of and evaluating the design and implementation of controls. However, the same types of audit procedures are used. The auditor may, therefore, decide it is efficient to test the operating effectiveness of controls at the

A14. Zu den weiteren relevanten Faktoren, welche die Überlegungen des Abschlussprüfers zum Zeitpunkt der Durchführung von Prüfungshandlungen beeinflussen, gehören
- das Kontrollumfeld,
- der Zeitpunkt, zu dem relevante Informationen verfügbar sind (mögliche Beispiele hierzu: elektronische Dateien werden nachträglich überschrieben, oder zu beobachtende Verfahren finden nur zu bestimmten Zeiten statt),
- die Art des Risikos (wenn z. B. das Risiko besteht, dass Erlöse durch nachträgliche Fälschung von Kaufverträgen aufgebläht werden, um bestimmte Ergebniserwartungen zu erfüllen, wird der Abschlussprüfer möglicherweise am Abschlussstichtag verfügbare Verträge prüfen wollen) sowie
- der Zeitraum oder Zeitpunkt, auf den sich die Prüfungsnachweise beziehen.

Umfang

A15. Der als für notwendig erachtete Umfang einer Prüfungshandlung wird unter Berücksichtigung der Wesentlichkeit, des beurteilten Risikos und des vom Abschlussprüfer angestrebten Grades an Prüfungssicherheit festgelegt. Wenn ein einziger Zweck durch eine Kombination von Prüfungshandlungen erfüllt wird, ist der Umfang jeder Prüfungshandlung gesondert zu betrachten. Im Allgemeinen nimmt der Umfang der Prüfungshandlungen mit zunehmendem Risiko wesentlicher falscher Darstellungen zu. Als Reaktion auf das beurteilte Risiko wesentlicher falscher Darstellungen aufgrund von dolosen Handlungen kann es bspw. angebracht sein, Stichproben auszuweiten oder aussagebezogene analytische Prüfungshandlungen mit größerer Detailgenauigkeit durchzuführen. Wirksam ist eine Erweiterung des Umfangs einer Prüfungshandlung jedoch nur, wenn die Prüfungshandlung an sich passend für das spezifische Risiko ist.

A16. Der Einsatz IT-gestützter Prüfungstechniken kann eine umfassendere Prüfung von elektronischen Geschäftsvorfällen und Kontendateien ermöglichen. Dies kann hilfreich sein, wenn der Abschlussprüfer eine Änderung des Prüfungsumfangs beschließt, um z. B. auf Risiken wesentlicher falscher Darstellungen aufgrund von dolosen Handlungen zu reagieren. Solche Techniken können zur Auswahl von Geschäftsvorfällen auf der Basis von Stichproben aus besonders wichtigen elektronischen Dateien, zur Sortierung von Geschäftsvorfällen mit bestimmten Merkmalen oder zur Prüfung einer ganzen Grundgesamtheit statt einer Stichprobe verwendet werden.

Spezifische Überlegungen zu Einheiten des öffentlichen Sektors

A17. Bei Abschlussprüfungen von Einheiten des öffentlichen Sektors können sich das Prüfungsmandat und sonstige besondere Prüfungserfordernisse auf die Überlegungen des Abschlussprüfers zu Art, zeitlicher Einteilung und Umfang weiterer Prüfungshandlungen auswirken.

Spezifische Überlegungen zu kleineren Einheiten

A18. Bei sehr kleinen Einheiten besteht die Möglichkeit, dass es nicht viele Kontrollaktivitäten gibt, die vom Abschlussprüfer identifiziert werden könnten, oder dass deren Vorhandensein bzw. Funktion von der Einheit nur in begrenztem Umfang dokumentiert wurde. In solchen Fällen kann es für den Abschlussprüfer wirksamer sein, weitere Prüfungshandlungen hauptsächlich aussagebezogen durchzuführen. In einigen seltenen Fällen kann jedoch das Fehlen von Kontrollaktivitäten oder anderen Komponenten des IKS es unmöglich machen, ausreichende geeignete Prüfungsnachweise zu erhalten.

Höhere Risikobeurteilungen (vgl. Tz. 7(b))

A19. Wenn aufgrund einer höheren Risikobeurteilung überzeugendere Prüfungsnachweise eingeholt werden, kann der Abschlussprüfer entweder die Anzahl der Nachweise erhöhen oder relevantere bzw. verlässlichere Nachweise sammeln, indem der Abschlussprüfer z. B. das Augenmerk mehr darauf richtet, Nachweise von Dritten zu erhalten oder bestätigende Nachweise aus einer Reihe von unabhängigen Quellen einzuholen.

Funktionsprüfungen

Planen und Durchführen von Funktionsprüfungen (vgl. Tz. 8)

A20. Funktionsprüfungen werden nur bei den Kontrollen durchgeführt, die nach Feststellung des Abschlussprüfers in geeigneter Weise darauf angelegt sind, eine wesentliche falsche Darstellung in einer Aussage zu verhindern oder aufzudecken und zu korrigieren. Wenn innerhalb des zu prüfenden Zeitraums zu unterschiedlichen Zeiten grundlegend verschiedene Kontrollen verwendet wurden, wird jede separat berücksichtigt.

A21. Die Prüfung der Wirksamkeit von Kontrollen ist etwas anderes als die Entwicklung eines Verständnisses von Kontrollen sowie die Beurteilung deren Konzeption und Einrichtung. In beiden Fällen werden jedoch dieselben Kategorien von Prüfungshandlungen durchgeführt. Der Abschlussprüfer kann es deshalb als

same time as evaluating their design and determining that they have been implemented.

A22. Further, although some risk assessment procedures may not have been specifically designed as tests of controls, they may nevertheless provide audit evidence about the operating effectiveness of the controls and, consequently, serve as tests of controls. For example, the auditor's risk assessment procedures may have included:

- Inquiring about management's use of budgets.
- Observing management's comparison of monthly budgeted and actual expenses.
- Inspecting reports pertaining to the investigation of variances between budgeted and actual amounts.

These audit procedures provide knowledge about the design of the entity's budgeting policies and whether they have been implemented, but may also provide audit evidence about the effectiveness of the operation of budgeting policies in preventing or detecting material misstatements in the classification of expenses.

A23. In addition, the auditor may design a test of controls to be performed concurrently with a test of details on the same transaction. Although the purpose of a test of controls is different from the purpose of a test of details, both may be accomplished concurrently by performing a test of controls and a test of details on the same transaction, also known as a dual-purpose test. For example, the auditor may design, and evaluate the results of, a test to examine an invoice to determine whether it has been approved and to provide substantive audit evidence of a transaction. A dual-purpose test is designed and evaluated by considering each purpose of the test separately.

A24. In some cases, the auditor may find it impossible to design effective substantive procedures that by themselves provide sufficient appropriate audit evidence at the assertion level.[3] This may occur when an entity conducts its business using IT and no documentation of transactions is produced or maintained, other than through the IT system. In such cases, paragraph 8(b) requires the auditor to perform tests of relevant controls.

Audit Evidence and Intended Reliance (Ref: Para. 9)

A25. A higher level of assurance may be sought about the operating effectiveness of controls when the approach adopted consists primarily of tests of controls, in particular where it is not possible or practicable to obtain sufficient appropriate audit evidence only from substantive procedures.

Nature and Extent of Tests of Controls

Other audit procedures in combination with inquiry (Ref: Para. 10(a))

A26. Inquiry alone is not sufficient to test the operating effectiveness of controls. Accordingly, other audit procedures are performed in combination with inquiry. In this regard, inquiry combined with inspection or reperformance may provide more assurance than inquiry and observation, since an observation is pertinent only at the point in time at which it is made.

A27. The nature of the particular control influences the type of procedure required to obtain audit evidence about whether the control was operating effectively. For example, if operating effectiveness is evidenced by documentation, the auditor may decide to inspect it to obtain audit evidence about operating effectiveness. For other controls, however, documentation may not be available or relevant. For example, documentation of operation may not exist for some factors in the control environment, such as assignment of authority and responsibility, or for some types of control activities, such as control activities performed by a computer. In such circumstances, audit evidence about operating effectiveness may be obtained through inquiry in combination with other audit procedures such as observation or the use of CAATs.

---

3) ISA 315, paragraph 30.

A22. Darüber hinaus gilt: Obwohl manche Prüfungshandlungen zur Risikobeurteilung nicht speziell als Funktionsprüfungen geplant wurden, können sie dennoch Prüfungsnachweise über die Wirksamkeit der Kontrollen liefern und folglich als Funktionsprüfungen dienen. Beispielsweise kann zu den Prüfungshandlungen des Abschlussprüfers zur Risikobeurteilung Folgendes gehört haben:

- Befragungen zur Verwendung von Budgets durch das Management,
- Beobachten des vom Management durchgeführten Vergleichs der monatlichen Soll- und Ist-Aufwendungen,
- Einsichtnahme in Berichte, die sich auf die Untersuchung von Abweichungen zwischen budgetierten und tatsächlichen Beträgen beziehen.

Diese Prüfungshandlungen erbringen Kenntnisse über die Ausgestaltung der Budgetierungsrichtlinien der Einheit und darüber, ob diese umgesetzt wurden. Sie können jedoch auch Prüfungsnachweise über die Wirksamkeit der Budgetierungsrichtlinien bei der Verhinderung oder Aufdeckung wesentlicher falscher Darstellungen beim Ausweis von Aufwendungen liefern.

A23. Darüber hinaus kann der Abschlussprüfer eine Funktionsprüfung so planen, dass mit ihr gleichzeitig eine auf denselben Geschäftsvorfall bezogene Einzelfallprüfung durchgeführt wird. Obwohl mit einer Funktionsprüfung ein anderer Zweck verfolgt wird als mit einer Einzelfallprüfung, können beide Zwecke mit der Durchführung einer Funktionsprüfung und einer Einzelfallprüfung für denselben Geschäftsvorfall gleichzeitig erreicht werden (sog. „Dual-Purpose-Test"). Der Abschlussprüfer kann bspw. eine Prüfung zur Untersuchung einer Rechnung so planen und auswerten, dass sich einerseits feststellen lässt, ob sie genehmigt wurde, und sich andererseits ein aussagebezogener Nachweis für einen Geschäftsvorfall ergibt. Ein Dual-Purpose-Test wird so geplant und ausgewertet, dass jeder der Prüfungszwecke separat betrachtet wird.

A24. In einigen Fällen kann der Abschlussprüfer zu dem Ergebnis gelangen, dass es unmöglich ist, wirksame aussagebezogene Prüfungshandlungen zu planen, die für sich alleine ausreichende geeignete Prüfungsnachweise auf Aussageebene erbringen.[3] Dies kann vorkommen, wenn eine Einheit im Rahmen ihrer Geschäftstätigkeit IT einsetzt und außerhalb des IT-Systems keine Dokumentation über Geschäftsvorfälle erstellt oder aufbewahrt wird. In solchen Fällen ist der Abschlussprüfer gemäß Textziffer 8(b) verpflichtet, Funktionsprüfungen der relevanten Kontrollen durchzuführen.

Prüfungsnachweise und beabsichtigtes Abstützen auf Kontrollen (vgl. Tz. 9)

A25. Ein höherer Grad an Prüfungssicherheit zur Wirksamkeit von Kontrollen kann angestrebt werden, wenn der Prüfungsansatz hauptsächlich aus Funktionsprüfungen besteht, insbesondere wenn es nicht möglich oder praktisch nicht durchführbar ist, ausreichende geeignete Prüfungsnachweise ausschließlich durch aussagebezogene Prüfungshandlungen zu erhalten.

Art und Umfang von Funktionsprüfungen

Andere Prüfungshandlungen in Kombination mit Befragungen (vgl. Tz. 10(a))

A26. Befragungen alleine reichen nicht aus, um die Wirksamkeit von Kontrollen zu prüfen. Entsprechend werden andere Prüfungshandlungen in Kombination mit Befragungen durchgeführt. In dieser Hinsicht kann die Prüfungssicherheit bei Befragungen in Kombination mit Inaugenschein-/Einsichtnahme oder Nachvollzug höher sein als bei Befragungen in Kombination mit Beobachtungen, da eine Beobachtung nur für den Zeitpunkt aussagefähig ist, zu dem sie stattfindet.

A27. Die Art der jeweiligen Kontrolle hat Einfluss darauf, welche Vorgehensweise bei der Prüfungshandlung erforderlich ist, um Prüfungsnachweise für die Wirksamkeit der Kontrolle zu erhalten. Wenn sich bspw. die Wirksamkeit einer Kontrolle in einer Dokumentation niederschlägt, kann der Abschlussprüfer sich dafür entscheiden, Prüfungsnachweise über die Wirksamkeit der Kontrolle durch Einsichtnahme in diese Dokumentation einzuholen. Für andere Kontrollen kann jedoch eine Dokumentation nicht verfügbar oder relevant sein. Beispielsweise kann es sein, dass für einige Faktoren im Kontrollumfeld (z. B. Zuordnung von Weisungsbefugnis und Pflichten) oder für einige Arten von Kontrollaktivitäten (z. B. computergestützte Kontrollaktivitäten) keine Dokumentation ihrer Funktion vorliegt. Unter solchen Umständen können Prüfungsnachweise über die Wirksamkeit der Kontrollen durch Befragungen in Kombination mit anderen Prüfungshandlungen wie Beobachtung oder Einsatz IT-gestützter Prüfungstechniken erlangt werden.

---

[3] ISA 315, Textziffer 30.

Extent of tests of controls

A28. When more persuasive audit evidence is needed regarding the effectiveness of a control, it may be appropriate to increase the extent of testing of the control. As well as the degree of reliance on controls, matters the auditor may consider in determining the extent of tests of controls include the following:

- The frequency of the performance of the control by the entity during the period.
- The length of time during the audit period that the auditor is relying on the operating effectiveness of the control.
- The expected rate of deviation from a control.
- The relevance and reliability of the audit evidence to be obtained regarding the operating effectiveness of the control at the assertion level.
- The extent to which audit evidence is obtained from tests of other controls related to the assertion.

ISA 530[4] contains further guidance on the extent of testing.

A29. Because of the inherent consistency of IT processing, it may not be necessary to increase the extent of testing of an automated control. An automated control can be expected to function consistently unless the program (including the tables, files, or other permanent data used by the program) is changed. Once the auditor determines that an automated control is functioning as intended (which could be done at the time the control is initially implemented or at some other date), the auditor may consider performing tests to determine that the control continues to function effectively. Such tests might include determining that:

- Changes to the program are not made without being subject to the appropriate program change controls;
- The authorized version of the program is used for processing transactions; and
- Other relevant general controls are effective.

Such tests also might include determining that changes to the programs have not been made, as may be the case when the entity uses packaged software applications without modifying or maintaining them. For example, the auditor may inspect the record of the administration of IT security to obtain audit evidence that unauthorized access has not occurred during the period.

Testing of indirect controls (Ref: Para. 10(b))

A30. In some circumstances, it may be necessary to obtain audit evidence supporting the effective operation of indirect controls. For example, when the auditor decides to test the effectiveness of a user review of exception reports detailing sales in excess of authorized credit limits, the user review and related follow up is the control that is directly of relevance to the auditor. Controls over the accuracy of the information in the reports (for example, the general IT controls) are described as "indirect" controls.

A31. Because of the inherent consistency of IT processing, audit evidence about the implementation of an automated application control, when considered in combination with audit evidence about the operating effectiveness of the entity's general controls (in particular, change controls), may also provide substantial audit evidence about its operating effectiveness.

Timing of Tests of Controls

Intended period of reliance (Ref: Para. 11)

A32. Audit evidence pertaining only to a point in time may be sufficient for the auditor's purpose, for example, when testing controls over the entity's physical inventory counting at the period end. If, on the other hand, the auditor intends to rely on a control over a period, tests that are capable of providing audit evidence that the control operated effectively at relevant times during that period are appropriate. Such tests may include tests of the entity's monitoring of controls.

---

4) ISA 530, "Audit Sampling."

Umfang von Funktionsprüfungen

A28. Wenn überzeugendere Prüfungsnachweise für die Wirksamkeit einer Kontrolle benötigt werden, kann es angebracht sein, den Umfang der Funktionsprüfung für diese Kontrolle zu erhöhen. Ebenso wie auf das Ausmaß, in dem auf die Verlässlichkeit von Kontrollen abgestellt wird, kann der Abschlussprüfer bei der Festlegung des Umfangs von Funktionsprüfungen Sachverhalte wie die folgenden berücksichtigen:

- die Häufigkeit, mit der die Kontrolle während des Berichtszeitraums von der Einheit durchgeführt wurde
- die Länge des Zeitraums innerhalb des Prüfungszeitraums, für den sich der Abschlussprüfer auf die Wirksamkeit der Kontrolle verlässt
- den erwarteten Grad der Abweichung von einer Kontrolle
- die Relevanz und Verlässlichkeit der zu erhaltenden Prüfungsnachweise über die Wirksamkeit der Kontrolle auf Aussageebene
- der Umfang, in dem Prüfungsnachweise aus Funktionsprüfungen anderer Kontrollen für die Aussage erlangt werden.

ISA 530[4] enthält weitere Hinweise zum Prüfungsumfang.

A29. Aufgrund der inhärenten Stetigkeit der IT-Verarbeitung ist es möglicherweise nicht notwendig, den Prüfungsumfang für eine automatisierte Kontrolle zu erhöhen. Es kann davon ausgegangen werden, dass eine automatisierte Kontrolle durchweg funktioniert, sofern nicht das Programm (einschließlich der von diesem verwendeten Tabellen, Dateien oder sonstigen permanenten Daten) geändert wird. Wenn der Abschlussprüfer festgestellt hat, dass eine automatisierte Kontrolle wie vorgesehen funktioniert (dies könnte zum Zeitpunkt der erstmaligen Einrichtung der Kontrolle oder zu einem anderen Zeitpunkt erfolgen), kann er anschließend erwägen, Prüfungen durchzuführen, um festzustellen, dass die Kontrolle auch weiterhin wirksam funktioniert. Zu diesen Prüfungen können die Feststellungen gehören, dass

- Änderungen am Programm nicht ohne angemessene Programmänderungskontrollen vorgenommen werden,
- für die Verarbeitung von Geschäftsvorfällen die autorisierte Version des Programms verwendet wird und
- andere relevante generelle Kontrollen wirksam sind.

Solche Prüfungen können auch darauf gerichtet sein festzustellen, dass keine Änderungen an Programmen vorgenommen wurden, z. B. wenn die Einheit Softwarepakete einsetzt, ohne sie zu modifizieren oder zu pflegen. Der Abschlussprüfer kann bspw. Einsicht in die Aufzeichnungen der IT-Sicherheitsadministration nehmen, um Prüfungsnachweise darüber einzuholen, dass während des Berichtszeitraums kein unautorisierter Zugriff stattgefunden hat.

Prüfung von mittelbaren Kontrollen (vgl. Tz. 10(b))

A30. In manchen Fällen kann es erforderlich sein, Prüfungsnachweise über die Wirksamkeit von mittelbaren Kontrollen einzuholen. Beispielsweise kann der Abschlussprüfer beschließen, die Wirksamkeit einer von den Anwendern vorgenommenen Durchsicht von Ausnahmeprotokollen zu prüfen, in denen Verkäufe oberhalb autorisierter Kreditgrenzen aufgeführt sind; somit stellt die von den Nutzern vorgenommene Durchsicht und die dazugehörige Nachbearbeitung die für den Abschlussprüfer unmittelbar relevante Kontrolle dar. Kontrollen der Richtigkeit der in den Protokollen enthaltenen Informationen (z. B. die allgemeinen IT-Kontrollen) werden als „mittelbare Kontrollen" bezeichnet.

A31. Aufgrund der inhärenten Stetigkeit der IT-Verarbeitung können Prüfungsnachweise über die Einrichtung einer automatisierten Anwendungskontrolle in Kombination mit Prüfungsnachweisen zur Wirksamkeit der allgemeinen Kontrollen der Einheit (insbesondere der Änderungskontrollen) auch wesentliche Prüfungsnachweise über die Wirksamkeit der Anwendungskontrolle liefern.

Zeitliche Einteilung von Funktionsprüfungen

Beabsichtigter Zeitraum für das Abstützen auf Kontrollen (vgl. Tz. 11)

A32. Prüfungsnachweise, die sich nur auf einen bestimmten Zeitpunkt beziehen, können für den vom Abschlussprüfer verfolgten Zweck ausreichend sein, z. B. im Falle einer Funktionsprüfung zu Kontrollen bei der von der Einheit zum Abschlussstichtag durchgeführten Inventur. Wenn der Abschlussprüfer andererseits beabsichtigt, sich für einen Zeitraum auf eine Kontrolle zu verlassen, sind Funktionstests angemessen, die in der Lage sind, Prüfungsnachweise dafür zu liefern, dass die Kontrollen zu den

---

[4] ISA 530 „Stichprobenprüfungen".

Using audit evidence obtained during an interim period (Ref: Para. 12(b))

A33. Relevant factors in determining what additional audit evidence to obtain about controls that were operating during the period remaining after an interim period, include:

- The significance of the assessed risks of material misstatement at the assertion level.
- The specific controls that were tested during the interim period, and significant changes to them since they were tested, including changes in the information system, processes, and personnel.
- The degree to which audit evidence about the operating effectiveness of those controls was obtained.
- The length of the remaining period.
- The extent to which the auditor intends to reduce further substantive procedures based on the reliance of controls.
- The control environment.

A34. Additional audit evidence may be obtained, for example, by extending tests of controls over the remaining period or testing the entity's monitoring of controls.

Using audit evidence obtained in previous audits (Ref: Para. 13)

A35. In certain circumstances, audit evidence obtained from previous audits may provide audit evidence where the auditor performs audit procedures to establish its continuing relevance. For example, in performing a previous audit, the auditor may have determined that an automated control was functioning as intended. The auditor may obtain audit evidence to determine whether changes to the automated control have been made that affect its continued effective functioning through, for example, inquiries of management and the inspection of logs to indicate what controls have been changed. Consideration of audit evidence about these changes may support either increasing or decreasing the expected audit evidence to be obtained in the current period about the operating effectiveness of the controls.

Controls that have changed from previous audits (Ref: Para. 14(a))

A36. Changes may affect the relevance of the audit evidence obtained in previous audits such that there may no longer be a basis for continued reliance. For example, changes in a system that enable an entity to receive a new report from the system probably do not affect the relevance of audit evidence from a previous audit; however, a change that causes data to be accumulated or calculated differently does affect it.

Controls that have not changed from previous audits (Ref: Para. 14(b))

A37. The auditor's decision on whether to rely on audit evidence obtained in previous audits for controls that:

(a) have not changed since they were last tested; and
(b) are not controls that mitigate a significant risk,

is a matter of professional judgment. In addition, the length of time between retesting such controls is also a matter of professional judgment, but is required by paragraph 14 (b) to be at least once in every third year.

A38. In general, the higher the risk of material misstatement, or the greater the reliance on controls, the shorter the time period elapsed, if any, is likely to be. Factors that may decrease the period for retesting a control, or result in not relying on audit evidence obtained in previous audits at all, include the following:

- A deficient control environment.
- Deficient monitoring of controls.

relevanten Zeitpunkten dieser Periode wirksam waren. Diese Funktionsprüfungen können die Überwachung von Kontrollen durch die Einheit umfassen.

Verwendung von innerhalb eines unterjährigen Zeitraums erlangten Prüfungsnachweisen (vgl. Tz. 12(b))

A33. Bei der Festlegung, welche zusätzlichen Prüfungsnachweise über Kontrollen einzuholen sind, die während des nach einer unterjährigen Prüfung verbleibenden Berichtszeitraums angewendet wurden, sind u.a. die folgenden Faktoren relevant:
- die Bedeutsamkeit der beurteilten Risiken wesentlicher falscher Darstellungen auf Aussageebene
- die einzelnen in dem unterjährigen Zeitraum geprüften Kontrollen sowie bedeutsame Änderungen dieser Kontrollen seit der Funktionsprüfung. Dies schließt auch Veränderungen im Informationssystem, an den Prozessen und im Personal ein.
- das Ausmaß, in dem Prüfungsnachweise über die Wirksamkeit dieser Kontrollen erlangt wurden
- die Länge des verbleibenden Berichtszeitraums
- der Umfang der von dem Abschlussprüfer beabsichtigten Reduzierung der weiteren aussagebezogenen Prüfungshandlungen, indem der Abschlussprüfer sich auf Kontrollen verlässt
- das Kontrollumfeld.

A34. Zusätzliche Prüfungsnachweise können bspw. durch Ausdehnung der Funktionsprüfungen auf den verbleibenden Berichtszeitraum oder durch eine Prüfung der Überwachung von Kontrollen durch die Einheit erlangt werden.

Verwendung von bei vorhergehenden Abschlussprüfungen erlangten Prüfungsnachweisen (vgl. Tz. 13)

A35. Unter bestimmten Umständen können bei vorhergehenden Abschlussprüfungen erlangte Prüfungsnachweise als Prüfungsnachweise dienen, wenn der Abschlussprüfer Prüfungshandlungen zur Feststellung ihrer fortdauernden Relevanz durchführt. Es ist bspw. möglich, dass der Abschlussprüfer bei einer vorhergehenden Abschlussprüfung festgestellt hat, dass eine automatisierte Kontrolle wie vorgesehen funktionierte. Der Abschlussprüfer kann nun Prüfungsnachweise einholen, um festzustellen, ob an der automatisierten Kontrolle Änderungen vorgenommen wurden, die sich auf deren fortgesetzte Wirksamkeit auswirken, z. B. durch Befragungen des Managements und durch Einsichtnahme in Protokolle, aus denen hervorgeht, welche Kontrollen verändert wurden. Die Berücksichtigung von Prüfungsnachweisen über diese Änderungen kann dazu führen, dass sich der erwartete Umfang der im laufenden Berichtszeitraum einzuholenden Prüfungsnachweise über die Wirksamkeit der Kontrollen entweder erhöht oder verringert.

Gegenüber vorhergehenden Abschlussprüfungen veränderte Kontrollen (vgl. Tz. 14(a))

A36. Veränderungen können die Relevanz der bei vorhergehenden Abschlussprüfungen erlangten Prüfungsnachweise so weit beeinträchtigen, dass möglicherweise keine Grundlage mehr besteht, sich auf die Kontrollen zu verlassen. Beispielsweise wird die Relevanz von Prüfungsnachweisen aus einer vorhergehenden Abschlussprüfung durch Systemänderungen, dank derer die Einheit einen neuen Bericht aus dem System erhält, wahrscheinlich nicht beeinträchtigt, während eine Änderung, die zu einer anderen Art der Sammlung oder Berechnung von Daten führt, die Relevanz dieser Prüfungsnachweise beeinträchtigt.

Gegenüber vorhergehenden Abschlussprüfungen unveränderte Kontrollen (vgl. Tz. 14(b))

A37. Die Entscheidung des Abschlussprüfers, sich auf bei vorhergehenden Abschlussprüfungen erlangte Prüfungsnachweise für Kontrollen zu verlassen, die
  (a) seit ihrer letzten Prüfung unverändert sind und
  (b) keine Kontrollen zur Minderung eines bedeutsamen Risikos darstellen,

liegt im pflichtgemäßen Ermessen des Abschlussprüfers. Darüber hinaus liegt der zeitliche Abstand bis zu erneuten Funktionsprüfungen solcher Kontrollen ebenfalls im pflichtgemäßen Ermessen des Abschlussprüfers, jedoch müssen diese gemäß Textziffer 14(b) mindestens einmal in jedem dritten Jahr durchgeführt werden.

A38. Im Allgemeinen gilt: Je höher das Risiko wesentlicher falscher Darstellungen ist oder je mehr man sich auf die Kontrolle verlässt, desto kürzer wird in der Regel der zeitliche Abstand zwischen zwei Funktionsprüfungen sein. Zu den Faktoren, die entweder zu einer Verkürzung des Zeitraums bis zur erneuten Funktionsprüfung einer Kontrolle oder zur vollständigen Nichtberücksichtigung von bei vorhergehenden Abschlussprüfungen erlangten Prüfungsnachweisen führen, gehören
- ein mangelhaftes Kontrollumfeld,
- eine mangelhafte Überwachung von Kontrollen,

- A significant manual element to the relevant controls.
- Personnel changes that significantly affect the application of the control.
- Changing circumstances that indicate the need for changes in the control.
- Deficient general IT controls.

A39. When there are a number of controls for which the auditor intends to rely on audit evidence obtained in previous audits, testing some of those controls in each audit provides corroborating information about the continuing effectiveness of the control environment. This contributes to the auditor's decision about whether it is appropriate to rely on audit evidence obtained in previous audits.

Evaluating the Operating Effectiveness of Controls (Ref: Para. 16–17)

A40. A material misstatement detected by the auditor's procedures is a strong indicator of the existence of a significant deficiency in internal control.

A41. The concept of effectiveness of the operation of controls recognizes that some deviations in the way controls are applied by the entity may occur. Deviations from prescribed controls may be caused by such factors as changes in key personnel, significant seasonal fluctuations in volume of transactions and human error. The detected rate of deviation, in particular in comparison with the expected rate, may indicate that the control cannot be relied on to reduce risk at the assertion level to that assessed by the auditor.

Substantive Procedures (Ref: Para. 18)

A42. Paragraph 18 requires the auditor to design and perform substantive procedures for each material class of transactions, account balance, and disclosure, irrespective of the assessed risks of material misstatement. This requirement reflects the facts that: (a) the auditor's assessment of risk is judgmental and so may not identify all risks of material misstatement; and (b) there are inherent limitations to internal control, including management override.

Nature and Extent of Substantive Procedures

A43. Depending on the circumstances, the auditor may determine that:
- Performing only substantive analytical procedures will be sufficient to reduce audit risk to an acceptably low level. For example, where the auditor's assessment of risk is supported by audit evidence from tests of controls.
- Only tests of details are appropriate.
- A combination of substantive analytical procedures and tests of details are most responsive to the assessed risks.

A44. Substantive analytical procedures are generally more applicable to large volumes of transactions that tend to be predictable over time. ISA 520[5] establishes requirements and provides guidance on the application of analytical procedures during an audit.

A45. The nature of the risk and assertion is relevant to the design of tests of details. For example, tests of details related to the existence or occurrence assertion may involve selecting from items contained in a financial statement amount and obtaining the relevant audit evidence. On the other hand, tests of details related to the completeness assertion may involve selecting from items that are expected to be included in the relevant financial statement amount and investigating whether they are included.

A46. Because the assessment of the risk of material misstatement takes account of internal control, the extent of substantive procedures may need to be increased when the results from tests of controls are unsatisfactory. However, increasing the extent of an audit procedure is appropriate only if the audit procedure itself is relevant to the specific risk.

---

[5] ISA 520, "Analytical Procedures."

- ein bedeutsamer Anteil manueller Tätigkeiten in den relevanten Kontrollen,
- Personalwechsel, die sich erheblich auf die Anwendung der Kontrolle auswirken,
- Veränderungen der Umstände, die auf die Notwendigkeit von Änderungen an der Kontrolle hindeuten und
- mangelhafte allgemeine IT-Kontrollen.

A39. Wenn es eine Reihe von Kontrollen gibt, für die der Abschlussprüfer beabsichtigt, sich auf bei vorhergehenden Abschlussprüfungen erlangte Prüfungsnachweise zu verlassen, verschafft das Testen einiger dieser Kontrollen bei jeder Prüfung bestätigende Informationen zur fortdauernden Wirksamkeit des Kontrollumfeldes. Dies hilft dem Abschlussprüfer bei der Entscheidung, ob es angemessen ist, sich auf die bei vorhergehenden Abschlussprüfungen erlangte Prüfungsnachweise zu verlassen.

Beurteilung der Wirksamkeit von Kontrollen (vgl. Tz. 16-17)

A40. Eine durch die Prüfungshandlungen des Abschlussprüfers aufgedeckte wesentliche falsche Darstellung ist ein starkes Indiz für einen bedeutsamen Mangel im IKS.

A41. Das Konzept der Wirksamkeit von Kontrollen trägt der Tatsache Rechnung, dass einige Abweichungen in der Anwendung der Kontrollen durch die Einheit auftreten können. Abweichungen von vorgesehenen Kontrollen können durch Faktoren wie Fluktuation bei wichtigen Mitarbeitern, bedeutsame saisonale Schwankungen des Geschäftsvolumens und menschliches Versagen verursacht werden. Der ermittelte Grad der Abweichung kann - besonders im Vergleich zum erwarteten Grad - darauf hindeuten, dass die Kontrolle nicht ausreichend verlässlich ist, um das Risiko auf Aussageebene auf das vom Abschlussprüfer eingeschätzte Maß zu reduzieren.

Aussagebezogene Prüfungshandlungen (vgl. Tz. 18)

A42. Textziffer 18 verpflichtet den Abschlussprüfer, ungeachtet der Einschätzung des Risikos wesentlicher falscher Darstellungen, für alle wesentlichen Arten von Geschäftsvorfällen, Kontensalden sowie Abschlussangaben aussagebezogene Prüfungshandlungen zu planen und durchzuführen. Diese Anforderung trägt der Tatsache Rechnung, dass (a) die Risikobeurteilung einem Ermessensspielraum des Abschlussprüfers unterliegt und deshalb möglicherweise nicht alle Risiken wesentlicher falscher Darstellungen identifiziert werden und (b) das IKS inhärenten Grenzen unterliegt, einschließlich einer möglichen Außerkraftsetzung durch das Management.

Art und Umfang aussagebezogener Prüfungshandlungen

A43. Je nach den Umständen kann der Abschlussprüfer sich dafür entscheiden, dass
- die Durchführung ausschließlich aussagebezogener analytischer Prüfungshandlungen ausreicht, um das Prüfungsrisiko auf ein vertretbar niedriges Maß zu reduzieren. Dies ist bspw. der Fall, wenn sich die Risikobeurteilung des Abschlussprüfers auf Prüfungsnachweise aus Funktionsprüfungen stützt;
- ausschließlich Einzelfallprüfungen geeignet sind;
- eine Kombination von aussagebezogenen analytischen Prüfungshandlungen und Einzelfallprüfungen als Reaktion auf die beurteilten Risiken am besten geeignet ist.

A44. Aussagebezogene analytische Prüfungshandlungen eignen sich im Allgemeinen besser für große Volumina an Geschäftsvorfällen, die im Zeitablauf eher vorhersehbar sind. ISA 520[5] enthält Anforderungen und erläuternde Hinweise zur Anwendung von analytischen Prüfungshandlungen im Rahmen einer Abschlussprüfung.

A45. Die Art des Risikos und der Aussage in der Rechnungslegung ist für die Gestaltung von Einzelfallprüfungen maßgebend. Zum Beispiel können Einzelfallprüfungen im Zusammenhang mit der Aussage „Vorhandensein" oder „Eintritt" die Auswahl eines in einem Jahresabschlussposten enthaltenen Einzelpostens und die Beschaffung der relevanten Prüfungsnachweise erfordern. Andererseits können Einzelfallprüfungen betreffend die Aussage „Vollständigkeit" die Auswahl von Einzelposten erfordern, die erwartungsgemäß in dem betreffenden Jahresabschlussposten enthalten sein sollten und die Nachforschung, ob dies tatsächlich der Fall ist.

A46. Da bei der Beurteilung des Risikos wesentlicher falscher Darstellungen das IKS berücksichtigt wird, kann es erforderlich sein, den Umfang aussagebezogener Prüfungshandlungen zu erweitern, wenn die Ergebnisse von Funktionsprüfungen unbefriedigend ausfallen. Sinnvoll ist eine Erweiterung des Umfangs einer Prüfungshandlung jedoch nur, wenn die Prüfungshandlung selbst für das spezifische Risiko einschlägig ist.

---

5) ISA 520 „Analytische Prüfungshandlungen".

A47. In designing tests of details, the extent of testing is ordinarily thought of in terms of the sample size. However, other matters are also relevant, including whether it is more effective to use other selective means of testing. See ISA 500.[6]

Considering Whether External Confirmation Procedures Are to Be Performed (Ref: Para. 19)

A48. External confirmation procedures frequently are relevant when addressing assertions associated with account balances and their elements, but need not be restricted to these items. For example, the auditor may request external confirmation of the terms of agreements, contracts, or transactions between an entity and other parties. External confirmation procedures also may be performed to obtain audit evidence about the absence of certain conditions. For example, a request may specifically seek confirmation that no "side agreement" exists that may be relevant to an entity's revenue cutoff assertion. Other situations where external confirmation procedures may provide relevant audit evidence in responding to assessed risks of material misstatement include:

- Bank balances and other information relevant to banking relationships.
- Accounts receivable balances and terms.
- Inventories held by third parties at bonded warehouses for processing or on consignment.
- Property title deeds held by lawyers or financiers for safe custody or as security.
- Investments held for safekeeping by third parties, or purchased from stockbrokers but not delivered at the balance sheet date.
- Amounts due to lenders, including relevant terms of repayment and restrictive covenants.
- Accounts payable balances and terms.

A49. Although external confirmations may provide relevant audit evidence relating to certain assertions, there are some assertions for which external confirmations provide less relevant audit evidence. For example, external confirmations provide less relevant audit evidence relating to the recoverability of accounts receivable balances, than they do of their existence.

A50. The auditor may determine that external confirmation procedures performed for one purpose provide an opportunity to obtain audit evidence about other matters. For example, confirmation requests for bank balances often include requests for information relevant to other financial statement assertions. Such considerations may influence the auditor's decision about whether to perform external confirmation procedures.

A51. Factors that may assist the auditor in determining whether external confirmation procedures are to be performed as substantive audit procedures include:
- The confirming party's knowledge of the subject matter – responses may be more reliable if provided by a person at the confirming party who has the requisite knowledge about the information being confirmed.
- The ability or willingness of the intended confirming party to respond – for example, the confirming party:
    ○ May not accept responsibility for responding to a confirmation request;
    ○ May consider responding too costly or time consuming;
    ○ May have concerns about the potential legal liability resulting from responding;

    ○ May account for transactions in different currencies; or
    ○ May operate in an environment where responding to confirmation requests is not a significant aspect of day-to-day operations.

  In such situations, confirming parties may not respond, may respond in a casual manner or may attempt to restrict the reliance placed on the response.

---

6) ISA 500, "Audit Evidence," paragraph 10.

A47. Bei der Gestaltung von Einzelfallprüfungen wird der Umfang der Prüfung normalerweise in der Größe der Stichprobe ausgedrückt. Andere Fragen sind jedoch ebenfalls relevant; hierzu gehört, ob es wirksamer ist, andere Auswahlverfahren für die Prüfung einzusetzen. Weitere Hinweise sind in ISA 500 enthalten.[6]

Entscheidung, ob Verfahren der externen Bestätigung durchzuführen sind (vgl. Tz. 19)

A48. Verfahren der externen Bestätigung sind häufig bei Aussagen im Zusammenhang mit Kontensalden und deren Bestandteilen relevant, brauchen jedoch nicht notwendigerweise auf diese Elemente beschränkt zu sein. Beispielsweise kann der Abschlussprüfer externe Bestätigungen zu den Bedingungen von Vereinbarungen, Verträgen oder Geschäftsvorgängen zwischen einer Einheit und anderen Parteien anfordern. Verfahren der externen Bestätigung können auch durchgeführt werden, um Prüfungsnachweise über das Nicht-Vorhandensein bestimmter Bedingungen zu erlangen. Bspw. kann durch eine Anfrage gezielt eine Bestätigung darüber eingeholt werden, dass keine Nebenabrede vorhanden ist, die möglicherweise für die Periodenabgrenzung der Erlöse einer Einheit relevant ist. Andere Situationen, in denen Verfahren der externen Bestätigung relevante Prüfungsnachweise als Reaktion auf beurteilte Risiken wesentlicher falscher Darstellungen liefern können, können sein:

- Banksalden und sonstige für die Geschäftsbeziehungen zu Banken relevante Informationen
- Forderungssalden und -bedingungen
- Vorräte, die von Dritten in verpfändeten Lagern zur Verarbeitung oder in Kommission gehalten werden
- Eigentumsurkunden für Immobilien[*], die von Rechtsanwälten oder Kreditgebern verwahrt oder als Sicherheit gehalten werden
- Wertpapiere, die von Dritten verwahrt werden oder die bei Wertpapierhändlern gekauft, jedoch bis zum Abschlussstichtag nicht geliefert wurden
- Verbindlichkeiten gegenüber Kreditgebern, einschließlich relevanter Rückzahlungsbedingungen und einschränkender vertraglicher Verpflichtungen
- Verbindlichkeitssalden und -bedingungen.

A49. Obwohl externe Bestätigungen relevante Prüfungsnachweise zu bestimmten Aussagen liefern können, gibt es einige Aussagen, für die externe Bestätigungen weniger relevante Prüfungsnachweise liefern. Beispielsweise liefern externe Bestätigungen weniger relevante Prüfungsnachweise über die Einbringlichkeit von Forderungssalden als über deren Vorhandensein.

A50. Der Abschlussprüfer kann festlegen, dass zu einem bestimmten Zweck durchgeführte Verfahren der externen Bestätigung die Gelegenheit bieten, Prüfungsnachweise zu anderen Sachverhalten zu erlangen. Beispielsweise enthalten Bestätigungsanfragen zu Banksalden häufig Anfragen zu Informationen, die für andere Abschlussaussagen relevant sind. Solche Überlegungen können die Entscheidung des Abschlussprüfers darüber beeinflussen, ob Verfahren der externen Bestätigung durchzuführen sind.

A51. Zu Faktoren, die dem Abschlussprüfer bei der Festlegung helfen können, ob Verfahren der externen Bestätigung als aussagebezogene Prüfungshandlungen durchzuführen sind, gehören:
- die Kenntnisse der bestätigenden Partei über den Sachverhalt – Antworten können verlässlicher sein, wenn sie von einer Person bei der bestätigenden Partei gegeben werden, welche die erforderlichen Kenntnisse über die zu bestätigenden Informationen besitzt;
- das Vermögen oder die Bereitschaft der vorgesehenen bestätigenden Partei, zu antworten – bspw. kann sie sein, dass die bestätigende Partei
    - nicht die Verantwortung für die Beantwortung einer Bestätigungsanfrage übernimmt,
    - die Beantwortung für zu teuer oder zeitaufwendig hält,
    - Bedenken hinsichtlich der möglichen gesetzlichen Haftung hat, die sich aus der Beantwortung ergibt,
    - ihre Geschäftsvorfälle in unterschiedlichen Währungen erfasst oder
    - in einem Umfeld tätig ist, in dem die Beantwortung von Bestätigungsanfragen kein bedeutender Aspekt des Tagesgeschäfts ist.

  In solchen Situationen können die bestätigenden Parteien nicht oder nur in einer informellen Weise antworten oder versuchen, das in die Antwort gelegte Vertrauen zu begrenzen;

---

6) ISA 500 „Prüfungsnachweise", Textziffer 10.
*) Gilt für Rechtsräume, in denen es kein Grundbuch gibt oder in denen dieses nicht vollständig geführt wird.

- The objectivity of the intended confirming party – if the confirming party is a related party of the entity, responses to confirmation requests may be less reliable.

Substantive Procedures Related to the Financial Statement Closing Process (Ref: Para. 20(b))

A52.   The nature, and also the extent, of the auditor's examination of journal entries and other adjustments depends on the nature and complexity of the entity's financial reporting process and the related risks of material misstatement.

Substantive Procedures Responsive to Significant Risks (Ref: Para. 21)

A53.   Paragraph 21 of this ISA requires the auditor to perform substantive procedures that are specifically responsive to risks the auditor has determined to be significant risks. Audit evidence in the form of external confirmations received directly by the auditor from appropriate confirming parties may assist the auditor in obtaining audit evidence with the high level of reliability that the auditor requires to respond to significant risks of material misstatement, whether due to fraud or error. For example, if the auditor identifies that management is under pressure to meet earnings expectations, there may be a risk that management is inflating sales by improperly recognizing revenue related to sales agreements with terms that preclude revenue recognition or by invoicing sales before shipment. In these circumstances, the auditor may, for example, design external confirmation procedures not only to confirm outstanding amounts, but also to confirm the details of the sales agreements, including date, any rights of return and delivery terms. In addition, the auditor may find it effective to supplement such external confirmation procedures with inquiries of non-financial personnel in the entity regarding any changes in sales agreements and delivery terms.

Timing of Substantive Procedures (Ref: Para. 22–23)

A54.   In most cases, audit evidence from a previous audit's substantive procedures provides little or no audit evidence for the current period. There are, however, exceptions, for example, a legal opinion obtained in a previous audit related to the structure of a securitization to which no changes have occurred, may be relevant in the current period. In such cases, it may be appropriate to use audit evidence from a previous audit's substantive procedures if that evidence and the related subject matter have not fundamentally changed, and audit procedures have been performed during the current period to establish its continuing relevance.

Using audit evidence obtained during an interim period (Ref: Para. 22)

A55.   In some circumstances, the auditor may determine that it is effective to perform substantive procedures at an interim date, and to compare and reconcile information concerning the balance at the period end with the comparable information at the interim date to:

    (a)   Identify amounts that appear unusual;

    (b)   Investigate any such amounts; and

    (c)   Perform substantive analytical procedures or tests of details to test the intervening period.

A56.   Performing substantive procedures at an interim date without undertaking additional procedures at a later date increases the risk that the auditor will not detect misstatements that may exist at the period end. This risk increases as the remaining period is lengthened. Factors such as the following may influence whether to perform substantive procedures at an interim date:

- The control environment and other relevant controls.
- The availability at a later date of information necessary for the auditor's procedures.
- The purpose of the substantive procedure.

- die Objektivität der vorgesehenen bestätigenden Partei – wenn die bestätigende Partei eine nahe stehende Person der Einheit ist, sind Antworten auf Bestätigungsanfragen möglicherweise weniger verlässlich.

Aussagebezogene Prüfungshandlungen, die sich auf den Prozess der Abschlussbuchungen beziehen (vgl. Tz. 20(b))

A52. Die Art und auch der Umfang der vom Abschlussprüfer durchzuführenden Untersuchung von Journaleinträgen und anderer Anpassungen im Abschluss sind von Art und Komplexität des Rechnungslegungsprozesses der Einheit und von den damit verbundenen Risiken wesentlicher falscher Darstellungen abhängig.

Aussagebezogene Prüfungshandlungen, die auf bedeutsame Risiken ausgerichtet sind (vgl. Tz. 21)

A53. Gemäß Textziffer 21 dieses ISA ist der Abschlussprüfer verpflichtet, aussagebezogene Prüfungshandlungen durchzuführen, die speziell auf vom Abschlussprüfer als bedeutsam eingestufte Risiken ausgerichtet sind. Prüfungsnachweise in Form von externen Bestätigungen, die der Abschlussprüfer direkt von geeigneten bestätigenden Parteien erhält, können den Abschlussprüfer dabei unterstützen, Prüfungsnachweise mit dem hohen Verlässlichkeitsgrad zu erlangen, den der Abschlussprüfer benötigt, um auf bedeutsame Risiken wesentlicher - beabsichtigter und unbeabsichtigter - falscher Darstellungen zu reagieren. Wenn der Abschlussprüfer bspw. erkennt, dass das Management unter Druck steht, Ergebniserwartungen zu erfüllen, kann das Risiko darin bestehen, dass das Management den Umsatz aufbläht, indem es in unangemessener Weise Erlöse aus Kaufverträgen ansetzt, deren Bedingungen eine Erlöserfassung ausschließen, oder Verkäufe vor der Lieferung in Rechnung stellt. Unter diesen Umständen kann der Abschlussprüfer bspw. Verfahren der externen Bestätigung planen, die sich nicht nur auf offene Beträge beziehen, sondern auch auf Einzelheiten der Kaufverträge wie Datum, Rückgaberechte und Lieferbedingungen. Darüber hinaus kann es der Abschlussprüfer für wirksam halten, neben solchen Verfahren der externen Bestätigungen auch Befragungen von nicht im Finanzwesen tätigen Mitarbeitern der Einheit zu etwaigen Änderungen von Kaufverträgen und Lieferbedingungen durchzuführen.

Zeitliche Einteilung von aussagebezogenen Prüfungshandlungen (vgl. Tz. 22-23)

A54. In den meisten Fällen liefern Prüfungsnachweise aus aussagebezogenen Prüfungshandlungen einer vorhergehenden Abschlussprüfung nur wenige oder keine Prüfungsnachweise für den laufenden Berichtszeitraum. Es gibt jedoch Ausnahmen: Beispielsweise kann ein bei einer vorhergehenden Abschlussprüfung eingeholtes Rechtsgutachten zur Struktur einer Verbriefung von Forderungen oder Schulden, die sich nicht verändert hat, im laufenden Berichtszeitraum relevant sein. In solchen Fällen kann es angemessen sein, Prüfungsnachweise aus aussagebezogenen Prüfungshandlungen einer vorhergehenden Abschlussprüfung zu verwenden, wenn sich diese Prüfungsnachweise und der entsprechende Prüfungsgegenstand nicht grundlegend verändert haben und wenn im laufenden Berichtszeitraum Prüfungshandlungen durchgeführt wurden, um deren fortdauernde Relevanz festzustellen.

Verwendung von innerhalb eines unterjährigen Zeitraums erlangten Prüfungsnachweisen (vgl. Tz. 22)

A55. In einigen Fällen kann der Abschlussprüfer festlegen, dass es wirksam ist, aussagebezogene Prüfungshandlungen unterjährig durchzuführen sowie Informationen über den Saldo zum Abschlussstichtag mit den vergleichbaren Informationen zu dem unterjährigen Prüfungszeitpunkt zu vergleichen und abzustimmen, um

(a) ungewöhnlich erscheinende Beträge zu identifizieren,

(b) solche Beträge zu untersuchen und

(c) aussagebezogene analytische Prüfungshandlungen oder Einzelfallprüfungen für den dazwischen liegenden Zeitraum durchzuführen.

A56. Wenn aussagebezogene Prüfungshandlungen unterjährig durchgeführt werden, ohne dass zu einem späteren Zeitpunkt zusätzliche Prüfungshandlungen durchgeführt werden, erhöht dies das Risiko, dass der Abschlussprüfer zum Abschlussstichtag möglicherweise vorliegende falsche Darstellungen nicht aufdeckt. Dieses Risiko nimmt mit zunehmender Länge des verbleibenden Berichtszeitraums zu. Faktoren wie die folgenden können die Entscheidung beeinflussen, ob aussagebezogene Prüfungshandlungen unterjährig durchgeführt werden:

- Kontrollumfeld und andere relevante Kontrollen,
- Verfügbarkeit von Informationen, die für die Prüfungshandlungen des Abschlussprüfers benötigt werden, zu einem späteren Zeitpunkt,
- Zweck der aussagebezogenen Prüfungshandlung,

- The assessed risk of material misstatement.
- The nature of the class of transactions or account balance and related assertions.
- The ability of the auditor to perform appropriate substantive procedures or substantive procedures combined with tests of controls to cover the remaining period in order to reduce the risk that misstatements that may exist at the period end will not be detected.

A57. Factors such as the following may influence whether to perform substantive analytical procedures with respect to the period between the interim date and the period end:

- Whether the period-end balances of the particular classes of transactions or account balances are reasonably predictable with respect to amount, relative significance, and composition.

- Whether the entity's procedures for analyzing and adjusting such classes of transactions or account balances at interim dates and for establishing proper accounting cutoffs are appropriate.

- Whether the information system relevant to financial reporting will provide information concerning the balances at the period end and the transactions in the remaining period that is sufficient to permit investigation of:

    (a) Significant unusual transactions or entries (including those at or near the period end);

    (b) Other causes of significant fluctuations, or expected fluctuations that did not occur; and

    (c) Changes in the composition of the classes of transactions or account balances.

Misstatements detected at an interim date (Ref: Para. 23)

A58. When the auditor concludes that the planned nature, timing or extent of substantive procedures covering the remaining period need to be modified as a result of unexpected misstatements detected at an interim date, such modification may include extending or repeating the procedures performed at the interim date at the period end.

Adequacy of Presentation and Disclosure (Ref: Para. 24)

A59. Evaluating the overall presentation of the financial statements, including the related disclosures, relates to whether the individual financial statements are presented in a manner that reflects the appropriate classification and description of financial information, and the form, arrangement, and content of the financial statements and their appended notes. This includes, for example, the terminology used, the amount of detail given, the classification of items in the statements, and the bases of amounts set forth.

Evaluating the Sufficiency and Appropriateness of Audit Evidence (Ref: Para. 25–27)

A60. An audit of financial statements is a cumulative and iterative process. As the auditor performs planned audit procedures, the audit evidence obtained may cause the auditor to modify the nature, timing or extent of other planned audit procedures. Information may come to the auditor's attention that differs significantly from the information on which the risk assessment was based. For example:

- The extent of misstatements that the auditor detects by performing substantive procedures may alter the auditor's judgment about the risk assessments and may indicate a significant deficiency in internal control.

- The auditor may become aware of discrepancies in accounting records, or conflicting or missing evidence.

- Analytical procedures performed at the overall review stage of the audit may indicate a previously unrecognized risk of material misstatement.

In such circumstances, the auditor may need to reevaluate the planned audit procedures, based on the revised consideration of assessed risks for all or some of the classes of transactions, account balances, or

- beurteiltes Risiko wesentlicher falscher Darstellungen,
- Merkmale der Art von Geschäftsvorfällen oder des Kontensaldos sowie der damit verbundenen Aussagen,
- Möglichkeit für den Abschlussprüfer, zur Abdeckung des verbleibenden Berichtszeitraums geeignete aussagebezogene Prüfungshandlungen oder eine Kombination von aussagebezogenen Prüfungshandlungen und Funktionsprüfungen durchzuführen, um das Risiko zu reduzieren, dass zum Abschlussstichtag möglicherweise vorliegende falsche Darstellungen nicht aufgedeckt werden.

A57. Folgende Faktoren können die Entscheidung beeinflussen, ob für den Zeitraum zwischen dem unterjährigen Prüfungszeitpunkt und dem Abschlussstichtag aussagebezogene analytische Prüfungshandlungen durchgeführt werden müssen:

- Sind die Salden der relevanten Arten von Geschäftsvorfällen oder Kontensalden zum Abschlussstichtag in ihrer Höhe, ihrer relativen Bedeutsamkeit und ihrer Zusammensetzung hinreichend vorhersehbar?
- Sind die von der Einheit angewendeten Verfahren zur unterjährigen Analyse und Anpassung solcher Arten von Geschäftsvorfällen oder Kontensalden sowie zur ordnungsgemäßen Periodenabgrenzung angemessen?
- Liefert das rechnungslegungsbezogene Informationssystem ausreichend Informationen über die Salden zum Abschlussstichtag und die Geschäftsvorfälle im verbleibenden Berichtszeitraum, um eine Untersuchung der folgenden Sachverhalte zu ermöglichen?
    (a) Bedeutsame ungewöhnliche Geschäftsvorfälle oder Buchungen, einschließlich derjenigen am oder in zeitlicher Nähe zum Abschlussstichtag,
    (b) sonstige Ursachen bedeutsamer Schwankungen oder erwartete Schwankungen, die nicht eingetreten sind, sowie
    (c) Veränderungen in der Zusammensetzung der Arten von Geschäftsvorfällen oder der Kontensalden.

Unterjährig aufgedeckte falsche Darstellungen (vgl. Tz. 23)

A58. Wenn der Abschlussprüfer beschließt, dass die Planung in ihrer Art, zeitlichen Einteilung oder ihrem Umfang der zur Abdeckung des verbleibenden Berichtszeitraums durchzuführenden aussagebezogenen Prüfungshandlungen geändert werden muss, weil unterjährig unerwartete falsche Darstellungen aufgedeckt wurden, kann diese Veränderung auch eine Ausweitung oder Wiederholung unterjähriger Prüfungshandlungen zum Abschlussstichtag einschließen.

Angemessenheit der Darstellung im Abschluss und der Abschlussangaben (vgl. Tz. 24)

A59. Die Beurteilung der Gesamtdarstellung des Abschlusses, einschließlich der dazugehörigen Abschlussangaben, bezieht sich darauf, ob die einzelnen Bestandteile des Abschlusses in einer Weise dargestellt werden, die den zutreffenden Ausweis und die Beschreibung der Finanzinformationen, die Form, die Gliederung und den Inhalt der Bestandteile des Abschlusses und der Erläuterungen dazu wiedergibt. Dies umfasst bspw. die verwendete Terminologie, den Detaillierungsgrad, die Kontenzuordnung der Posten im Abschluss und die Berechnungsgrundlagen der ausgewiesenen Beträge.

Beurteilung, ob die erlangten Prüfungsnachweise ausreichend und geeignet sind (vgl. Tz. 25-27)

A60. Eine Abschlussprüfung ist ein kumulativer und iterativer Prozess. Im Laufe der Durchführung geplanter Prüfungshandlungen können die erlangten Prüfungsnachweise den Abschlussprüfer dazu veranlassen, Art, zeitliche Einteilung oder Umfang anderer geplanter Prüfungshandlungen zu modifizieren. Dem Abschlussprüfer können Informationen bekannt werden, die erheblich von denjenigen abweichen, auf die sich die Risikobeurteilung gestützt hat. Zum Beispiel

- kann das Ausmaß der falschen Darstellungen, die der Abschlussprüfer bei der Durchführung aussagebezogener Prüfungshandlungen aufdeckt, dazu führen, dass der Abschlussprüfer die getroffene Einschätzung der Risikobeurteilungen revidiert, und auf einen bedeutsamen Mangel im IKS hindeuten;
- können dem Abschlussprüfer Unstimmigkeiten in Rechnungslegungsunterlagen sowie widersprüchliche oder fehlende Nachweise auffallen;
- können in der Phase der Gesamtdurchsicht der Abschlussprüfung durchgeführte analytische Prüfungshandlungen ein bisher nicht erkanntes Risiko wesentlicher falscher Darstellungen aufzeigen.

Unter solchen Umständen kann es notwendig sein, dass der Abschlussprüfer die geplanten Prüfungshandlungen auf der Grundlage einer Neueinschätzung der beurteilten Risiken für alle oder einige

disclosures and related assertions. ISA 315 contains further guidance on revising the auditor's risk assessment.[7]

A61. The auditor cannot assume that an instance of fraud or error is an isolated occurrence. Therefore, the consideration of how the detection of a misstatement affects the assessed risks of material misstatement is important in determining whether the assessment remains appropriate.

A62. The auditor's judgment as to what constitutes sufficient appropriate audit evidence is influenced by such factors as the following:
- Significance of the potential misstatement in the assertion and the likelihood of its having a material effect, individually or aggregated with other potential misstatements, on the financial statements.
- Effectiveness of management's responses and controls to address the risks.
- Experience gained during previous audits with respect to similar potential misstatements.
- Results of audit procedures performed, including whether such audit procedures identified specific instances of fraud or error.
- Source and reliability of the available information.
- Persuasiveness of the audit evidence.
- Understanding of the entity and its environment, including the entity's internal control.

Documentation (Ref: Para. 28)

A63. The form and extent of audit documentation is a matter of professional judgment, and is influenced by the nature, size and complexity of the entity and its internal control, availability of information from the entity and the audit methodology and technology used in the audit.

---

7) ISA 315, paragraph 31.

A61. Arten von Geschäftsvorfällen, Kontensalden oder Abschlussangaben und damit verbundene Aussagen neu beurteilt. ISA 315 enthält weitere Hinweise zur Berichtigung der Risikobeurteilung des Abschlussprüfers.[7)]

A61. Der Abschlussprüfer kann nicht davon ausgehen, dass eine festgestellte dolose Handlung oder ein Irrtum ein isoliertes Ereignis ist. Daher ist die Überlegung, wie sich die Aufdeckung einer falschen Darstellung auf die Beurteilung von Risiken wesentlicher falscher Darstellungen auswirkt, wichtig um festzulegen, ob die Beurteilung weiterhin angemessen ist.

A62. Die Beurteilung des Abschlussprüfers über die Beschaffenheit ausreichender geeigneter Prüfungsnachweise wird u.a. durch die folgenden Faktoren beeinflusst:

- die Bedeutsamkeit der möglichen falschen Darstellung in der Aussage und die Wahrscheinlichkeit, dass diese einzeln oder zusammen mit anderen möglichen falschen Darstellungen wesentliche Auswirkungen auf den Abschluss hat,
- die Wirksamkeit der Reaktionen und Kontrollen des Managements, mit denen den Risiken begegnet werden soll,
- bei vorhergehenden Abschlussprüfungen gesammelte Erfahrungen über ähnliche mögliche falsche Darstellungen,
- die Ergebnisse der durchgeführten Prüfungshandlungen, einschließlich der Frage, ob durch solche Prüfungshandlungen bestimmte dolose Handlungen oder Irrtümer aufgedeckt wurden,
- Herkunft und Verlässlichkeit der verfügbaren Informationen,
- die Aussagekraft der Prüfungsnachweise,
- das Verständnis von der Einheit und ihrem Umfeld, einschließlich ihres IKS.

Dokumentation (vgl. Tz. 28)

A63. Form und Umfang der Prüfungsdokumentation liegen im pflichtgemäßen Ermessen des Abschlussprüfers und werden beeinflusst durch Art, Größe und Komplexität der Einheit und ihres IKS, durch die Verfügbarkeit von Informationen aus der Einheit sowie durch die im Rahmen der Abschlussprüfung verwendeten Prüfungsmethoden und -technologien.

---

7) ISA 315, Textziffer 31.

INTERNATIONAL STANDARD ON AUDITING 402

AUDIT CONSIDERATIONS RELATING TO AN ENTITY USING A SERVICE ORGANIZATION

(Effective for audits of financial statements for periods beginning on or after December 15, 2009)

CONTENTS

	Paragraph
Introduction	
Scope of this ISA	1–5
Effective Date	6
Objectives	7
Definitions	8
Requirements	
Obtaining an Understanding of the Services Provided by a Service Organization, Including Internal Control	9–14
Responding to the Assessed Risks of Material Misstatement	15–17
Type 1 and Type 2 Reports that Exclude the Services of a Subservice Organization	18
Fraud, Non-Compliance with Laws and Regulations and Uncorrected Misstatements in Relation to Activities at the Service Organization	19
Reporting by the User Auditor	20–22
Application and Other Explanatory Material	
Obtaining an Understanding of the Services Provided by a Service Organization, Including Internal Control	A1–A23
Responding to the Assessed Risks of Material Misstatement	A24–A39
Type 1 and Type 2 Reports that Exclude the Services of a Subservice Organization	A40
Fraud, Non-Compliance with Laws and Regulations and Uncorrected Misstatements in Relation to Activities at the Service Organization	A41
Reporting by the User Auditor	A42–A44

International Standard on Auditing (ISA) 402, "Audit Considerations Relating to an Entity Using a Service Organization" should be read in conjunction with ISA 200, "Overall Objectives of the Independent Auditor and the Conduct of an Audit in Accordance with International Standards on Auditing."

INTERNATIONAL STANDARD ON AUDITING 402
ÜBERLEGUNGEN BEI DER ABSCHLUSSPRÜFUNG VON EINHEITEN, DIE DIENSTLEISTER IN ANSPRUCH NEHMEN

(gilt für die Prüfung von Abschlüssen für Zeiträume, die am oder nach dem 15.12.2009 beginnen)

INHALTSVERZEICHNIS

	Textziffer
Einleitung	
Anwendungsbereich	1-5
Anwendungszeitpunkt	6
Ziele	7
Definitionen	8
Anforderungen	
Gewinnen eines Verständnisses der durch einen Dienstleister erbrachten Dienstleistungen, einschließlich des IKS	9-14
Reaktion auf die beurteilten Risiken wesentlicher falscher Darstellungen	15-17
Berichte der Typen 1 und 2 unter Ausschluss der Dienstleistungen eines Subdienstleisters	18
Dolose Handlungen, Verstöße gegen Gesetze und andere Rechtsvorschriften sowie nicht korrigierte falsche Darstellungen im Zusammenhang mit Tätigkeiten beim Dienstleister	19
Erteilung des Vermerks durch den Abschlussprüfer des Auslagernden	20-22
Anwendungshinweise und sonstige Erläuterungen	
Gewinnen eines Verständnisses der durch einen Dienstleister erbrachten Dienstleistungen, einschließlich des IKS	A1-A23
Reaktion auf die beurteilten Risiken wesentlicher falscher Darstellungen	A24-A39
Berichte der Typen 1 und 2 unter Ausschluss der Dienstleistungen eines Subdienstleisters	A40
Dolose Handlungen, Verstöße gegen Gesetze und andere Rechtsvorschriften sowie nicht korrigierte falsche Darstellungen im Zusammenhang mit Tätigkeiten beim Dienstleister	A41
Erteilung des Vermerks durch den Abschlussprüfer des Auslagernden	A42-A44

International Standard on Auditing (ISA) 402 „Überlegungen bei der Abschlussprüfung von Einheiten, die Dienstleister in Anspruch nehmen" ist im Zusammenhang mit ISA 200 „Übergreifende Zielsetzungen des unabhängigen Prüfers und Grundsätze einer Prüfung in Übereinstimmung mit den International Standards on Auditing" zu lesen.

ISA 402 — Audit Considerations Relating to an Entity Using a Service Organization

Introduction

Scope of this ISA

1. This International Standard on Auditing (ISA) deals with the user auditor's responsibility to obtain sufficient appropriate audit evidence when a user entity uses the services of one or more service organizations. Specifically, it expands on how the user auditor applies ISA 315[1] and ISA 330[2] in obtaining an understanding of the user entity, including internal control relevant to the audit, sufficient to identify and assess the risks of material misstatement and in designing and performing further audit procedures responsive to those risks.

2. Many entities outsource aspects of their business to organizations that provide services ranging from performing a specific task under the direction of an entity to replacing an entity's entire business units or functions, such as the tax compliance function. Many of the services provided by such organizations are integral to the entity's business operations; however, not all those services are relevant to the audit.

3. Services provided by a service organization are relevant to the audit of a user entity's financial statements when those services, and the controls over them, are part of the user entity's information system, including related business processes, relevant to financial reporting. Although most controls at the service organization are likely to relate to financial reporting, there may be other controls that may also be relevant to the audit, such as controls over the safeguarding of assets. A service organization's services are part of a user entity's information system, including related business processes, relevant to financial reporting if these services affect any of the following:

    (a) The classes of transactions in the user entity's operations that are significant to the user entity's financial statements;

    (b) The procedures, within both information technology (IT) and manual systems, by which the user entity's transactions are initiated, recorded, processed, corrected as necessary, transferred to the general ledger and reported in the financial statements;

    (c) The related accounting records, either in electronic or manual form, supporting information and specific accounts in the user entity's financial statements that are used to initiate, record, process and report the user entity's transactions; this includes the correction of incorrect information and how information is transferred to the general ledger;

    (d) How the user entity's information system captures events and conditions, other than transactions, that are significant to the financial statements;

    (e) The financial reporting process used to prepare the user entity's financial statements, including significant accounting estimates and disclosures; and

    (f) Controls surrounding journal entries, including non-standard journal entries used to record non-recurring, unusual transactions or adjustments.

4. The nature and extent of work to be performed by the user auditor regarding the services provided by a service organization depend on the nature and significance of those services to the user entity and the relevance of those services to the audit.

---

1) ISA 315, "Identifying and Assessing the Risks of Material Misstatement through Understanding the Entity and Its Environment."
2) ISA 330, "The Auditor's Responses to Assessed Risks."

Einleitung

Anwendungsbereich

1. Dieser International Standard on Auditing (ISA) behandelt die Pflicht des Abschlussprüfers des Auslagernden, ausreichende geeignete Prüfungsnachweise in Fällen zu erlangen, in denen eine auslagernde Einheit die Dienstleistungen eines oder mehrerer Dienstleister in Anspruch nimmt. Insbesondere wird ausgeführt, wie der Abschlussprüfer des Auslagernden ISA 315[1] und ISA 330[2] anwendet, um ein Verständnis von der auslagernden Einheit einschließlich des für die Abschlussprüfung relevanten internen Kontrollsystems (IKS) zu erlangen, das ausreicht, um die Risiken wesentlicher falscher Darstellungen festzustellen und zu beurteilen, sowie weitere Prüfungshandlungen zu planen und durchzuführen, um diesen Risiken zu begegnen.

2. Viele Einheiten[*] lagern Bereiche ihrer Geschäftstätigkeit an Unternehmen aus, deren Dienstleistungen von der Durchführung bestimmter Aufgaben unter der Führung einer Einheit bis hin zum Ersatz ganzer Geschäftseinheiten oder -funktionen einer Einheit wie der Steuer-Compliance-Funktion reichen. Viele der von solchen Unternehmen erbrachten Dienstleistungen sind ein integraler Bestandteil der Geschäftstätigkeit der Einheit, jedoch sind nicht alle dieser Dienstleistungen für die Abschlussprüfung relevant.

3. Von einem Dienstleister erbrachte Dienstleistungen sind für die Prüfung des Abschlusses einer auslagernden Einheit relevant, wenn diese Dienstleistungen sowie die zugehörigen Kontrollen Teil des rechnungslegungsbezogenen Informationssystems der auslagernden Einheit einschließlich der damit verbundenen Geschäftsprozesse sind. Obwohl sich die meisten Kontrollen beim Dienstleister wahrscheinlich auf die Rechnungslegung beziehen, können andere Kontrollen bestehen, die ebenfalls für die Abschlussprüfung relevant sind, z. B. Kontrollen über den Schutz des Vermögens. Die Dienstleistungen eines Dienstleisters sind Teil des rechnungslegungsbezogenen Informationssystems einer auslagernden Einheit, einschließlich der damit verbundenen Geschäftsprozesse, wenn sie sich auf einen der folgenden Bereiche auswirken:

    (a) die Arten von Geschäftsvorfällen im Betrieb der auslagernden Einheit, die für den Abschluss der auslagernden Einheit bedeutsam sind;

    (b) die Verfahren in Form IT-gestützter und manueller Systeme, durch die die Geschäftsvorfälle der auslagernden Einheit ausgelöst, aufgezeichnet, verarbeitet, erforderlichenfalls korrigiert, in das Hauptbuch übertragen und im Abschluss abgebildet werden;

    (c) die damit verbundenen Unterlagen der Rechnungslegung in elektronischer oder manueller Form, unterstützende Informationen sowie bestimmte Konten im Abschluss der auslagernden Einheit, die verwendet werden, um die Geschäftsvorfälle der auslagernden Einheit auszulösen, aufzuzeichnen, zu verarbeiten sowie abzubilden; dies umfasst die Korrektur falscher Informationen und die Art und Weise, wie die Informationen in das Hauptbuch übertragen werden;

    (d) die Art und Weise, wie das Informationssystem der auslagernden Einheit für den Abschluss bedeutsame Ereignisse und Umstände erfasst, die keine Geschäftsvorfälle sind;

    (e) den angewandten Rechnungslegungsprozess zur Aufstellung des Abschlusses der auslagernden Einheit, einschließlich bedeutsamer geschätzter Werte in der Rechnungslegung sowie Abschlussangaben[**];

    (f) Kontrollen im Zusammenhang mit Journaleinträgen einschließlich Nicht-Standard-Journaleinträgen zur Aufzeichnung von nicht wiederkehrenden, ungewöhnlichen Geschäftsvorfällen oder Anpassungen.

4. Art und Umfang der vom Abschlussprüfer des Auslagernden durchzuführenden Tätigkeiten im Zusammenhang mit den Dienstleistungen eines Dienstleisters hängen von Art und Bedeutsamkeit dieser Dienstleistungen für die auslagernde Einheit und von ihrer Relevanz für die Abschlussprüfung ab.

---

1) ISA 315 „Identifizierung und Beurteilung der Risiken wesentlicher falscher Darstellungen aus dem Verstehen der Einheit und ihres Umfelds".

2) ISA 330 „Die Reaktionen des Abschlussprüfers auf beurteilte Risiken".

*) Der Begriff „Einheit" wird für *entity* neu eingeführt. Bei der zu prüfenden Einheit kann es sich um ein Unternehmen, einen Einzelkaufmann, eine Gesellschaft bürgerlichen Rechts (Schweiz: einfache Gesellschaft), eine Gebietskörperschaft, eine Anstalt des öffentlichen Rechts, einen Konzern oder eine nicht rechtlich abgegrenzte wirtschaftliche Einheit handeln. Eine Übersetzung mit „Unternehmen" oder „Gesellschaft" wäre deshalb unzureichend. So kann sich *entity* sogar auf eine nicht selbständige Niederlassung oder Sparte beziehen, für die eigenständig Rechnung gelegt wird.

**) Abschlussposten und andere Angaben im Abschluss.

5. This ISA does not apply to services provided by financial institutions that are limited to processing, for an entity's account held at the financial institution, transactions that are specifically authorized by the entity, such as the processing of checking account transactions by a bank or the processing of securities transactions by a broker.

In addition, this ISA does not apply to the audit of transactions arising from proprietary financial interests in other entities, such as partnerships, corporations and joint ventures, when proprietary interests are accounted for and reported to interest holders.

Effective Date

6. This ISA is effective for audits of financial statements for periods beginning on or after December 15, 2009.

Objectives

7. The objectives of the user auditor, when the user entity uses the services of a service organization, are:

   (a) To obtain an understanding of the nature and significance of the services provided by the service organization and their effect on the user entity's internal control relevant to the audit, sufficient to identify and assess the risks of material misstatement; and

   (b) To design and perform audit procedures responsive to those risks.

Definitions

8. For purposes of the ISAs, the following terms have the meanings attributed below:

   (a) Complementary user entity controls – Controls that the service organization assumes, in the design of its service, will be implemented by user entities, and which, if necessary to achieve control objectives, are identified in the description of its system.

   (b) Report on the description and design of controls at a service organization (referred to in this ISA as a type 1 report) – A report that comprises:

   (i) A description, prepared by management of the service organization, of the service organization's system, control objectives and related controls that have been designed and implemented as at a specified date; and

   (ii) A report by the service auditor with the objective of conveying reasonable assurance that includes the service auditor's opinion on the description of the service organization's system, control objectives and related controls and the suitability of the design of the controls to achieve the specified control objectives.

   (c) Report on the description, design, and operating effectiveness of controls at a service organization (referred to in this ISA as a type 2 report) – A report that comprises:

   (i) A description, prepared by management of the service organization, of the service organization's system, control objectives and related controls, their design and implementation as at a specified date or throughout a specified period and, in some cases, their operating effectiveness throughout a specified period; and

   (ii) A report by the service auditor with the objective of conveying reasonable assurance that includes:

   a. The service auditor's opinion on the description of the service organization's system, control objectives and related controls, the suitability of the design of the controls to achieve the specified control objectives, and the operating effectiveness of the controls; and

   b. A description of the service auditor's tests of the controls and the results thereof.

   (d) Service auditor – An auditor who, at the request of the service organization, provides an assurance report on the controls of a service organization.

   (e) Service organization – A third-party organization (or segment of a third-party organization) that provides services to user entities that are part of those entities' information systems relevant to financial reporting.

Überlegungen bei der Abschlussprüfung von Einheiten, die Dienstleister in Anspruch nehmen   ISA 402

5. Dieser ISA gilt nicht für Dienstleistungen von Finanzinstituten, die beschränkt sind auf die Verarbeitung eines Kontos einer Einheit bei dem betreffenden Finanzinstitut und von der Einheit ausdrücklich genehmigter Geschäftsvorfälle (z. B. die Verarbeitung von Girokontotransaktionen durch eine Bank oder die Verarbeitung von Wertpapiertransaktionen durch einen Makler).

Außerdem gilt dieser ISA nicht für die Prüfung von Geschäftsvorfällen, die sich aus Eigenkapitalrechten an anderen Einheiten wie Personengesellschaften, Kapitalgesellschaften und Joint Ventures ergeben, wenn Eigenkapitalbeteiligungen bilanziert und an die Anteilseigner berichtet werden.

Anwendungszeitpunkt

6. Dieser ISA gilt für die Prüfung von Abschlüssen für Zeiträume, die am oder nach dem 15.12.2009 beginnen.

Ziele

7. Wenn die auslagernde Einheit die Dienstleistungen eines Dienstleisters in Anspruch nimmt, bestehen die Ziele des Abschlussprüfers des Auslagernden darin,

(a) ein Verständnis von Art und Bedeutsamkeit der von dem Dienstleister erbrachten Dienstleistungen und von deren Auswirkungen auf das für die Abschlussprüfung relevante IKS der auslagernden Einheit zu gewinnen, das ausreicht, um die Risiken wesentlicher falscher Darstellungen festzustellen und zu beurteilen, und

(b) Prüfungshandlungen zu planen und durchzuführen, um diesen Risiken zu begegnen.

Definitionen

8. Für die Zwecke der ISA gelten die nachstehenden Begriffsbestimmungen:

(a) Komplementäre Kontrollen der auslagernden Einheit – Kontrollen, bei denen der Dienstleister im Rahmen der Ausgestaltung seiner Dienstleistung annimmt, dass sie von den auslagernden Einheiten eingerichtet werden, und die in der Beschreibung des Systems des Dienstleisters genannt werden, wenn dies für das Erreichen der Kontrollziele notwendig ist.

(b) Bericht über die Beschreibung und Ausgestaltung der Kontrollen bei einem Dienstleister (in diesem ISA als Bericht Typ 1 bezeichnet) – Ein Bericht, der Folgendes umfasst:

(i) eine vom Management des Dienstleisters erstellte Beschreibung des Systems des Dienstleisters, seiner Kontrollziele und der damit verbundenen Kontrollen, die zu einem bestimmten Zeitpunkt ausgestaltet und eingerichtet sind;

(ii) einen Bericht des Prüfers des Dienstleisters mit dem Ziel, hinreichende Sicherheit zu vermitteln. Dieser Bericht enthält das Urteil des Prüfers des Dienstleisters über die Beschreibung des Systems des Dienstleisters, seiner Kontrollziele und der damit verbundenen Kontrollen sowie über die Eignung der Ausgestaltung der Kontrollen für das Erreichen der festgelegten Kontrollziele.

(c) Bericht über die Beschreibung, Ausgestaltung und Wirksamkeit von Kontrollen bei einem Dienstleister (in diesem ISA als Bericht Typ 2 bezeichnet) – Ein Bericht, der Folgendes umfasst:

(i) eine vom Management des Dienstleisters erstellte Beschreibung des Systems des Dienstleisters, seiner Kontrollziele und der damit verbundenen Kontrollen sowie von deren Ausgestaltung und Einrichtung zu einem bestimmten Zeitpunkt oder während eines bestimmten Zeitraums und, in manchen Fällen, ihrer Wirksamkeit während eines bestimmten Zeitraums;

(ii) einen Bericht des Prüfers des Dienstleisters mit dem Ziel, hinreichende Sicherheit zu vermitteln. Dieser Bericht enthält Folgendes:

a. das Urteil des Prüfers des Dienstleisters über die Beschreibung des Systems des Dienstleisters, seiner Kontrollziele und der damit verbundenen Kontrollen sowie über die Eignung der Ausgestaltung der Kontrollen für das Erreichen der festgelegten Kontrollziele und die Wirksamkeit der Kontrollen;

b. eine Beschreibung der vom Prüfer des Dienstleisters durchgeführten Funktionsprüfungen und deren Ergebnisse.

(d) Prüfer des Dienstleisters – Ein Prüfer, der auf Aufforderung des Dienstleisters einen Bericht über die Prüfung der Kontrollen des Dienstleisters erstellt.

(e) Dienstleister – Ein Dritter (oder ein Segment davon), der für auslagernde Einheiten Dienstleistungen erbringt, die Teil der rechnungslegungsbezogenen Informationssysteme dieser Einheiten sind.

(f) Service organization's system – The policies and procedures designed, implemented and maintained by the service organization to provide user entities with the services covered by the service auditor's report.

(g) Subservice organization – A service organization used by another service organization to perform some of the services provided to user entities that are part of those user entities' information systems relevant to financial reporting.

(h) User auditor – An auditor who audits and reports on the financial statements of a user entity.

(i) User entity – An entity that uses a service organization and whose financial statements are being audited.

Requirements

Obtaining an Understanding of the Services Provided by a Service Organization, Including Internal Control

9. When obtaining an understanding of the user entity in accordance with ISA 315,[3] the user auditor shall obtain an understanding of how a user entity uses the services of a service organization in the user entity's operations, including: (Ref: Para. A1–A2)

    (a) The nature of the services provided by the service organization and the significance of those services to the user entity, including the effect thereof on the user entity's internal control; (Ref: Para. A3–A5)

    (b) The nature and materiality of the transactions processed or accounts or financial reporting processes affected by the service organization; (Ref: Para. A6)

    (c) The degree of interaction between the activities of the service organization and those of the user entity; and (Ref: Para. A7)

    (d) The nature of the relationship between the user entity and the service organization, including the relevant contractual terms for the activities undertaken by the service organization. (Ref: Para. A8–A11)

10. When obtaining an understanding of internal control relevant to the audit in accordance with ISA 315,[4] the user auditor shall evaluate the design and implementation of relevant controls at the user entity that relate to the services provided by the service organization, including those that are applied to the transactions processed by the service organization. (Ref: Para. A12–A14)

11. The user auditor shall determine whether a sufficient understanding of the nature and significance of the services provided by the service organization and their effect on the user entity's internal control relevant to the audit has been obtained to provide a basis for the identification and assessment of risks of material misstatement.

12. If the user auditor is unable to obtain a sufficient understanding from the user entity, the user auditor shall obtain that understanding from one or more of the following procedures:

    (a) Obtaining a type 1 or type 2 report, if available;

    (b) Contacting the service organization, through the user entity, to obtain specific information;

    (c) Visiting the service organization and performing procedures that will provide the necessary information about the relevant controls at the service organization; or

    (d) Using another auditor to perform procedures that will provide the necessary information about the relevant controls at the service organization. (Ref: Para. A15–A20)

Using a Type 1 or Type 2 Report to Support the User Auditor's Understanding of the Service Organization

13. In determining the sufficiency and appropriateness of the audit evidence provided by a type 1 or type 2 report, the user auditor shall be satisfied as to:

---

3) ISA 315, paragraph 11.
4) ISA 315, paragraph 12.

(f) System des Dienstleisters – Die Regelungen und Verfahren, die von dem Dienstleister ausgestaltet, eingerichtet und aufrechterhalten werden, um für auslagernde Einheiten die Dienstleistungen zu erbringen, die unter den Bericht des Prüfers des Dienstleisters fallen.

(g) Subdienstleister – Ein Dienstleister, der von einem anderen Dienstleister in Anspruch genommen wird, um einige für auslagernde Einheiten erbrachte Dienstleistungen durchzuführen, die Teil der rechnungslegungsbezogenen Informationssysteme dieser auslagernden Einheiten sind.

(h) Abschlussprüfer des Auslagernden – Ein Abschlussprüfer, der den Abschluss einer auslagernden Einheit prüft und dazu einen Vermerk erteilt.

(i) Auslagernde Einheit – Eine Einheit, die einen Dienstleister in Anspruch nimmt und deren Abschluss geprüft wird.

Anforderungen

Gewinnen eines Verständnisses der durch einen Dienstleister erbrachten Dienstleistungen, einschließlich des IKS

9. Beim Gewinnen eines Verständnisses von der auslagernden Einheit in Übereinstimmung mit ISA 315[3] muss der Abschlussprüfer der auslagernden Einheit ein Verständnis davon gewinnen, wie die auslagernde Einheit bei ihrer Geschäftstätigkeit die Dienstleistungen eines Dienstleisters in Anspruch nimmt. Dies schließt Folgendes ein: (Vgl. Tz. A1–A2)

   (a) die Art der von dem Dienstleister erbrachten Dienstleistungen und deren Bedeutung für die auslagernde Einheit, einschließlich der Auswirkungen auf das IKS der auslagernden Einheit; (Vgl. Tz. A3–A5)

   (b) die Art und Wesentlichkeit der von dem Dienstleister verarbeiteten Geschäftsvorfälle oder der von ihm beeinflussten Konten oder Rechnungslegungsprozesse; (Vgl. Tz. A6)

   (c) den Grad der Wechselwirkung zwischen den Tätigkeiten des Dienstleisters und denjenigen der auslagernden Einheit; (Vgl. Tz. A7)

   (d) die Art der Beziehung zwischen der auslagernden Einheit und dem Dienstleister, einschließlich der relevanten vertraglichen Bestimmungen für die von dem Dienstleister durchgeführten Tätigkeiten. (Vgl. Tz. A8–A11)

10. Beim Gewinnen eines Verständnisses des für die Abschlussprüfung relevanten IKS in Übereinstimmung mit ISA 315[4] muss der Abschlussprüfer des Auslagernden die Ausgestaltung und Einrichtung der relevanten Kontrollen in der auslagernden Einheit beurteilen, die mit den Dienstleistungen des Dienstleisters verbunden sind, einschließlich der Kontrollen, die auf die von dem Dienstleister verarbeiteten Geschäftsvorfälle angewandt werden. (Vgl. Tz. A12–A14)

11. Der Abschlussprüfer des Auslagernden muss entscheiden, ob ein ausreichendes Verständnis von Art und Bedeutung der von dem Dienstleister erbrachten Dienstleistungen und von deren Auswirkungen auf das für die Abschlussprüfung relevante IKS der auslagernden Einheit erlangt wurde, um als Grundlage für die Feststellung und Beurteilung der Risiken wesentlicher falscher Darstellungen zu dienen.

12. Wenn der Abschlussprüfer des Auslagernden nicht in der Lage ist, ein ausreichendes Verständnis durch die auslagernde Einheit zu gewinnen, muss dieses Verständnis durch eine oder mehrere der folgenden Prüfungshandlungen erlangt werden:

   (a) Einholen eines Berichts vom Typ 1 oder Typ 2, falls erhältlich;

   (b) Kontaktaufnahme über die auslagernde Einheit zu dem Dienstleister, um bestimmte Informationen zu erlangen;

   (c) Besuch des Dienstleisters und Durchführung von Prüfungshandlungen, die die notwendigen Informationen über die relevanten Kontrollen bei dem Dienstleister liefern, oder

   (d) Hinzuziehen eines anderen Prüfers zur Durchführung von Prüfungshandlungen, die die notwendigen Informationen über die relevanten Kontrollen bei dem Dienstleister liefern. (Vgl. Tz. A15–A20)

Verwendung eines Berichts vom Typ 1 oder Typ 2 zur Bekräftigung des Verständnisses des Abschlussprüfers des Auslagernden von dem Dienstleister

13. Bei der Bestimmung des ausreichenden Umfangs und der Eignung der durch einen Bericht vom Typ 1 oder Typ 2 gelieferten Prüfungsnachweise muss der Abschlussprüfer des Auslagernden überzeugt sein von

---

[3] ISA 315, Textziffer 11.
[4] ISA 315, Textziffer 12.

(a) The service auditor's professional competence and independence from the service organization; and

(b) The adequacy of the standards under which the type 1 or type 2 report was issued. (Ref: Para. A 21)

14. If the user auditor plans to use a type 1 or type 2 report as audit evidence to support the user auditor's understanding about the design and implementation of controls at the service organization, the user auditor shall:

(a) Evaluate whether the description and design of controls at the service organization is at a date or for a period that is appropriate for the user auditor's purposes;

(b) Evaluate the sufficiency and appropriateness of the evidence provided by the report for the understanding of the user entity's internal control relevant to the audit; and

(c) Determine whether complementary user entity controls identified by the service organization are relevant to the user entity and, if so, obtain an understanding of whether the user entity has designed and implemented such controls. (Ref: Para. A22–A23)

Responding to the Assessed Risks of Material Misstatement

15. In responding to assessed risks in accordance with ISA 330, the user auditor shall:

(a) Determine whether sufficient appropriate audit evidence concerning the relevant financial statement assertions is available from records held at the user entity; and, if not,

(b) Perform further audit procedures to obtain sufficient appropriate audit evidence or use another auditor to perform those procedures at the service organization on the user auditor's behalf. (Ref: Para. A24–A28)

Tests of Controls

16. When the user auditor's risk assessment includes an expectation that controls at the service organization are operating effectively, the user auditor shall obtain audit evidence about the operating effectiveness of those controls from one or more of the following procedures:

(a) Obtaining a type 2 report, if available;

(b) Performing appropriate tests of controls at the service organization; or

(c) Using another auditor to perform tests of controls at the service organization on behalf of the user auditor. (Ref: Para. A29–A30)

Using a Type 2 Report as Audit Evidence that Controls at the Service Organization Are Operating Effectively

17. If, in accordance with paragraph 16(a), the user auditor plans to use a type 2 report as audit evidence that controls at the service organization are operating effectively, the user auditor shall determine whether the service auditor's report provides sufficient appropriate audit evidence about the effectiveness of the controls to support the user auditor's risk assessment by:

(a) Evaluating whether the description, design and operating effectiveness of controls at the service organization is at a date or for a period that is appropriate for the user auditor's purposes;

(b) Determining whether complementary user entity controls identified by the service organization are relevant to the user entity and, if so, obtaining an understanding of whether the user entity has designed and implemented such controls and, if so, testing their operating effectiveness;

(c) Evaluating the adequacy of the time period covered by the tests of controls and the time elapsed since the performance of the tests of controls; and

(d) Evaluating whether the tests of controls performed by the service auditor and the results thereof, as described in the service auditor's report, are relevant to the assertions in the user entity's financial statements and provide sufficient appropriate audit evidence to support the user auditor's risk assessment. (Ref: Para. A31–A39)

(a) der beruflichen Kompetenz des Prüfers des Dienstleisters und dessen Unabhängigkeit von dem Dienstleister sowie

(b) der Angemessenheit der Standards, nach denen der Bericht vom Typ 1 oder Typ 2 erstellt wurde. (Vgl. Tz. A21)

14. Falls der Abschlussprüfer des Auslagernden plant, einen Bericht vom Typ 1 oder Typ 2 als Prüfungsnachweis zu verwenden, um das Verständnis des Abschlussprüfers über die Ausgestaltung und Einrichtung von Kontrollen beim Dienstleister zu bekräftigen, muss der Abschlussprüfer

(a) beurteilen, ob sich die Beschreibung und die Ausgestaltung der Kontrollen beim Dienstleister auf einen Zeitpunkt oder einen Zeitraum beziehen, der für die Zwecke des Abschlussprüfers des Auslagernden angemessen ist

(b) den ausreichenden Umfang und die Eignung der durch den Bericht gelieferten Nachweise für das Verständnis von dem für die Abschlussprüfung relevanten IKS der auslagernden Einheit beurteilen und

(c) entscheiden, ob von dem Dienstleister identifizierte komplementäre Kontrollen der auslagernden Einheit für diese relevant sind und, wenn dies der Fall ist, ein Verständnis davon gewinnen, ob die auslagernde Einheit solche Kontrollen ausgestaltet und eingerichtet hat. (Vgl. Tz. A22–A23)

Reaktion auf die beurteilten Risiken wesentlicher falscher Darstellungen

15. Bei der Reaktion auf beurteilte Risiken in Übereinstimmung mit ISA 330 muss der Abschlussprüfer des Auslagernden

(a) feststellen, ob ausreichende geeignete Prüfungsnachweise zu den relevanten Aussagen auf Abschlussebene aus bei der auslagernden Einheit vorhandenen Aufzeichnungen verfügbar sind und – wenn dies nicht der Fall ist –

(b) weitere Prüfungshandlungen durchführen, um ausreichende geeignete Prüfungsnachweise zu erlangen, oder einen anderen Prüfer hinzuziehen, der diese Prüfungshandlungen für den Abschlussprüfer des Auslagernden bei dem Dienstleister durchführt. (Vgl. Tz. A24–A28)

Funktionsprüfungen

16. Wenn die Risikoeinschätzung des Abschlussprüfers des Auslagernden von der Erwartung ausgeht, dass Kontrollen bei dem Dienstleister wirksam funktionieren, muss der Abschlussprüfer des Auslagernden durch eine oder mehrere der folgenden Prüfungshandlungen Prüfungsnachweise über die Wirksamkeit dieser Kontrollen erlangen:

(a) Einholen eines Berichts vom Typ 2, sofern verfügbar;

(b) Durchführung von geeigneten Funktionsprüfungen bei dem Dienstleister oder

(c) Hinzuziehen eines anderen Prüfers, der für den Abschlussprüfer des Auslagernden Funktionsprüfungen bei dem Dienstleister durchführt. (Vgl. Tz. A29–A30)

Verwendung eines Berichts vom Typ 2 als Prüfungsnachweis dafür, dass die Kontrollen bei dem Dienstleister wirksam sind

17. Falls der Abschlussprüfer des Auslagernden in Übereinstimmung mit Textziffer 16(a) plant, einen Bericht vom Typ 2 als Prüfungsnachweis dafür zu verwenden, dass die Kontrollen bei dem Dienstleister wirksam sind, muss der Abschlussprüfer feststellen, ob der Bericht des Prüfers des Dienstleisters ausreichende geeignete Prüfungsnachweise über die Wirksamkeit der Kontrollen zur Bekräftigung der Risikobeurteilung des Abschlussprüfers liefert, indem der Abschlussprüfer

(a) beurteilt, ob sich die Beschreibung, die Ausgestaltung und die Wirksamkeit von Kontrollen bei dem Dienstleister auf einen Zeitpunkt oder einen Zeitraum beziehen, der für die Zwecke des Abschlussprüfers des Auslagernden angemessen ist;

(b) entscheidet, ob von dem Dienstleister identifizierte komplementäre Kontrollen der auslagernden Einheit für diese relevant sind, und - wenn dies der Fall ist - ein Verständnis davon gewinnt, ob die auslagernde Einheit solche Kontrollen ausgestaltet und eingerichtet hat, und - wenn dies der Fall ist - deren Wirksamkeit prüft;

(c) die Angemessenheit des von den Funktionsprüfungen abgedeckten Zeitraums sowie der seit der Durchführung der Funktionsprüfungen vergangenen Zeit beurteilt und

(d) beurteilt, ob die vom Prüfer des Dienstleisters durchgeführten Funktionsprüfungen und deren Ergebnisse, wie sie in dem Bericht des Prüfers des Dienstleisters beschrieben sind, für die Aussagen im Abschluss der auslagernden Einheit relevant sind und ausreichende geeignete Prüfungsnachweise zur Bekräftigung der Risikobeurteilung des Abschlussprüfers des Auslagernden liefern. (Vgl. Tz. A31–A39)

Type 1 and Type 2 Reports that Exclude the Services of a Subservice Organization

18. If the user auditor plans to use a type 1 or a type 2 report that excludes the services provided by a subservice organization and those services are relevant to the audit of the user entity's financial statements, the user auditor shall apply the requirements of this ISA with respect to the services provided by the subservice organization. (Ref: Para. A40)

Fraud, Non-Compliance with Laws and Regulations, and Uncorrected Misstatements in Relation to Activities at the Service Organization

19. The user auditor shall inquire of management of the user entity whether the service organization has reported to the user entity, or whether the user entity is otherwise aware of, any fraud, non-compliance with laws and regulations or uncorrected misstatements affecting the financial statements of the user entity. The user auditor shall evaluate how such matters affect the nature, timing and extent of the user auditor's further audit procedures, including the effect on the user auditor's conclusions and user auditor's report. (Ref: Para. A41)

Reporting by the User Auditor

20. The user auditor shall modify the opinion in the user auditor's report in accordance with ISA 705[5] if the user auditor is unable to obtain sufficient appropriate audit evidence regarding the services provided by the service organization relevant to the audit of the user entity's financial statements. (Ref: Para. A42)

21. The user auditor shall not refer to the work of a service auditor in the user auditor's report containing an unmodified opinion unless required by law or regulation to do so. If such reference is required by law or regulation, the user auditor's report shall indicate that the reference does not diminish the user auditor's responsibility for the audit opinion. (Ref: Para. A43)

22. If reference to the work of a service auditor is relevant to an understanding of a modification to the user auditor's opinion, the user auditor's report shall indicate that such reference does not diminish the user auditor's responsibility for that opinion. (Ref: Para. A44)

***

Application and Other Explanatory Material

Obtaining an Understanding of the Services Provided by a Service Organization, Including Internal Control

Sources of Information (Ref: Para. 9)

A1. Information on the nature of the services provided by a service organization may be available from a wide variety of sources, such as:
- User manuals.
- System overviews.
- Technical manuals.
- The contract or service level agreement between the user entity and the service organization.
- Reports by service organizations, internal auditors or regulatory authorities on controls at the service organization.
- Reports by the service auditor, including management letters, if available.

A2. Knowledge obtained through the user auditor's experience with the service organization, for example, through experience with other audit engagements, may also be helpful in obtaining an understanding of the nature of the services provided by the service organization. This may be particularly helpful if the services and controls at the service organization over those services are highly standardized.

---

5) ISA 705, "Modifications to the Opinion in the Independent Auditor's Report," paragraph 6.

Berichte der Typen 1 und 2 unter Ausschluss der Dienstleistungen eines Subdienstleisters

18. Falls der Abschlussprüfer des Auslagernden plant, einen Bericht vom Typ 1 oder Typ 2 zu verwenden, in dem die von einem Subdienstleister erbrachten Dienstleistungen ausgeschlossen sind und diese Dienstleistungen für die Prüfung des Abschlusses der auslagernden Einheit relevant sind, muss der Abschlussprüfer die Anforderungen dieses ISA im Hinblick auf die von dem Subdienstleister erbrachten Dienstleistungen einhalten. (Vgl. Tz. A40)

Dolose Handlungen, Verstöße gegen Gesetze und andere Rechtsvorschriften sowie nicht korrigierte falsche Darstellungen im Zusammenhang mit Tätigkeiten beim Dienstleister

19. Der Abschlussprüfer des Auslagernden muss das Management der auslagernden Einheit befragen, ob der Dienstleister an die auslagernde Einheit über dolose Handlungen, Verstöße gegen Gesetze und andere Rechtsvorschriften oder nicht korrigierte falsche Darstellungen, die sich auf den Abschluss der auslagernden Einheit auswirken, berichtet hat oder ob die auslagernde Einheit sich anderweitig darüber bewusst ist. Der Abschlussprüfer des Auslagernden muss beurteilen, wie sich diese Sachverhalte auf Art, zeitliche Einteilung und Umfang der weiteren Prüfungshandlungen des Abschlussprüfers auswirken, einschließlich der Auswirkung auf die Schlussfolgerungen und den Vermerk des Abschlussprüfers. (Vgl. Tz. A41)

Erteilung des Vermerks durch den Abschlussprüfer des Auslagernden

20. Der Abschlussprüfer des Auslagernden muss das Prüfungsurteil im Vermerk des Abschlussprüfers in Übereinstimmung mit ISA 705[5)] modifizieren, wenn der Abschlussprüfer nicht in der Lage ist, ausreichende geeignete Prüfungsnachweise zu den von dem Dienstleister erbrachten Dienstleistungen zu erlangen, die für die Prüfung des Abschlusses der auslagernden Einheit relevant sind. (Vgl. Tz A42)

21. Der Abschlussprüfer des Auslagernden darf im Vermerk des Abschlussprüfers, der ein nicht modifiziertes Prüfungsurteil enthält, nicht auf die Tätigkeit eines Prüfers des Dienstleisters Bezug nehmen, es sei denn, dies ist aufgrund von Gesetzen oder anderen Rechtsvorschriften erforderlich. Wenn eine solche Bezugnahme aufgrund von Gesetzen oder anderen Rechtsvorschriften erforderlich ist, muss der Abschlussprüfer des Auslagernden im Vermerk darauf hinweisen, dass die Verantwortung des Abschlussprüfers für das Prüfungsurteil durch die Bezugnahme nicht verringert wird. (Vgl. Tz. A43)

22. Wenn eine Bezugnahme auf die Tätigkeit eines Prüfers des Dienstleisters für das Verständnis einer Modifizierung des Prüfungsurteils des Abschlussprüfers des Auslagernden relevant ist, muss der Abschlussprüfer des Auslagernden im Vermerk darauf hinweisen, dass die Verantwortung des Abschlussprüfers für dieses Prüfungsurteil durch diese Bezugnahme nicht verringert wird. (Vgl. Tz. A44)

***

Anwendungshinweise und sonstige Erläuterungen

Gewinnen eines Verständnisses der durch einen Dienstleister erbrachten Dienstleistungen, einschließlich des IKS

Informationsquellen (Vgl. Tz. 9)

A1. Informationen über die Art der von einem Dienstleister erbrachten Dienstleistungen können aus einem breiten Spektrum von Quellen verfügbar sein, z. B.:
  - Benutzerhandbücher;
  - Systemübersichten;
  - fachliche Handbücher;
  - Vertrag oder Vereinbarung über den Dienstleistungsumfang zwischen der auslagernden Einheit und dem Dienstleister;
  - Berichte von Dienstleistern, internen Prüfern oder Aufsichtsbehörden über Kontrollen beim Dienstleister;
  - Berichte des Prüfers des Dienstleisters, einschließlich Management Letter, falls verfügbar.

A2. Kenntnisse, die durch die Erfahrung des Abschlussprüfers des Auslagernden mit dem Dienstleister erlangt wurden (bspw. durch Erfahrungen aus anderen Prüfungsaufträgen), können ebenfalls dabei hilfreich sein, ein Verständnis von der Art der von dem Dienstleister erbrachten Dienstleistungen zu gewinnen. Dies kann insbesondere dann hilfreich sein, wenn die Dienstleistungen und die zugehörigen Kontrollen bei dem Dienstleister hoch standardisiert sind.

---

5) ISA 705 „Modifizierungen des Prüfungsurteils im Vermerk des unabhängigen Abschlussprüfers", Textziffer 6.

Nature of the Services Provided by the Service Organization (Ref: Para. 9(a))

A3. A user entity may use a service organization such as one that processes transactions and maintains related accountability, or records transactions and processes related data. Service organizations that provide such services include, for example, bank trust departments that invest and service assets for employee benefit plans or for others; mortgage bankers that service mortgages for others; and application service providers that provide packaged software applications and a technology environment that enables customers to process financial and operational transactions.

A4. Examples of service organization services that are relevant to the audit include:

- Maintenance of the user entity's accounting records.
- Management of assets.
- Initiating, recording or processing transactions as agent of the user entity.

Considerations Specific to Smaller Entities

A5. Smaller entities may use external bookkeeping services ranging from the processing of certain transactions (for example, payment of payroll taxes) and maintenance of their accounting records to the preparation of their financial statements. The use of such a service organization for the preparation of its financial statements does not relieve management of the smaller entity and, where appropriate, those charged with governance of their responsibilities for the financial statements.[6]

Nature and Materiality of Transactions Processed by the Service Organization (Ref: Para. 9(b))

A6. A service organization may establish policies and procedures that affect the user entity's internal control. These policies and procedures are at least in part physically and operationally separate from the user entity. The significance of the controls of the service organization to those of the user entity depends on the nature of the services provided by the service organization, including the nature and materiality of the transactions it processes for the user entity. In certain situations, the transactions processed and the accounts affected by the service organization may not appear to be material to the user entity's financial statements, but the nature of the transactions processed may be significant and the user auditor may determine that an understanding of those controls is necessary in the circumstances.

The Degree of Interaction between the Activities of the Service Organization and the User Entity (Ref: Para. 9(c))

A7. The significance of the controls of the service organization to those of the user entity also depends on the degree of interaction between its activities and those of the user entity. The degree of interaction refers to the extent to which a user entity is able to and elects to implement effective controls over the processing performed by the service organization. For example, a high degree of interaction exists between the activities of the user entity and those at the service organization when the user entity authorizes transactions and the service organization processes and does the accounting for those transactions. In these circumstances, it may be practicable for the user entity to implement effective controls over those transactions. On the other hand, when the service organization initiates or initially records, processes, and does the accounting for the user entity's transactions, there is a lower degree of interaction between the two organizations. In these circumstances, the user entity may be unable to, or may elect not to, implement effective controls over these transactions at the user entity and may rely on controls at the service organization.

Nature of the Relationship between the User Entity and the Service Organization (Ref: Para. 9(d))

A8. The contract or service level agreement between the user entity and the service organization may provide for matters such as:

- The information to be provided to the user entity and responsibilities for initiating transactions relating to the activities undertaken by the service organization;
- The application of requirements of regulatory bodies concerning the form of records to be maintained, or access to them;

---

6) ISA 200, "Overall Objectives of the Independent Auditor and the Conduct of an Audit in Accordance with International Standards on Auditing," paragraphs 4 and A2–A3.

Art der Dienstleistungen des Dienstleisters (Vgl. Tz. 9(a))

A3. Eine auslagernde Einheit kann einen Dienstleister in Anspruch nehmen, der z. B. Geschäftsvorfälle verarbeitet und Rechenschaft darüber ablegt oder Geschäftsvorfälle aufzeichnet und damit verbundene Daten verarbeitet. Zu Dienstleistern, die solche Dienstleistungen erbringen, gehören z. B. Treuhandabteilungen von Banken, die Vermögen für Mitarbeiterpensionspläne oder für andere Kunden anlegen und betreuen, Hypothekenbanken, die Hypotheken für Dritte betreuen, sowie Anbieter von Anwendungsdienstleistungen, die Software-Paketanwendungen und das technische Umfeld zur Verfügung stellen, die es Kunden ermöglichen, finanzielle und betriebliche Geschäftsvorfälle zu verarbeiten.

A4. Zu Beispielen für Dienstleistungen von Dienstleistern, die für die Abschlussprüfung relevant sind, gehören:
- Führen der Rechnungslegungsunterlagen der auslagernden Einheit;
- Vermögensverwaltung;
- Auslösung, Aufzeichnung oder Verarbeitung von Geschäftsvorfällen als Vertreter der auslagernden Einheit.

Spezifische Überlegungen zu kleineren Einheiten

A5. Kleinere Einheiten können externe Buchführungsdienstleistungen in Anspruch nehmen, die von der Verarbeitung einzelner Geschäftsvorfälle (z. B. Zahlung von Lohnsteuern) und dem Führen ihrer Rechnungslegungsunterlagen bis hin zur Erstellung ihres Abschlusses reichen. Die Inanspruchnahme eines solchen Dienstleisters für die Erstellung des Abschlusses befreit das Management der kleineren Einheit und – sofern einschlägig – die für die Überwachung Verantwortlichen nicht von ihrer Verantwortung für den Abschluss.[6]

Art und Wesentlichkeit der von dem Dienstleister verarbeiteten Geschäftsvorfälle (Vgl. Tz. 9(b))

A6. Ein Dienstleister kann Regelungen und Verfahren festlegen, die sich auf das IKS der auslagernden Einheit auswirken. Diese Regelungen und Verfahren sind zumindest teilweise physisch und betrieblich von der auslagernden Einheit getrennt. Die Bedeutung der Kontrollen des Dienstleisters für diejenigen der auslagernden Einheit hängt von der Art der von dem Dienstleister erbrachten Dienstleistungen ab, einschließlich Art und Wesentlichkeit der Geschäftsvorfälle, welche der Dienstleister für die auslagernde Einheit verarbeitet. In bestimmten Situationen können die von dem Dienstleister verarbeiteten Geschäftsvorfälle und beeinflussten Konten als nicht wesentlich für den Abschluss der auslagernden Einheit erscheinen, jedoch kann die Art der verarbeiteten Geschäftsvorfälle bedeutsam sein, und der Abschlussprüfer kann entscheiden, dass ein Verständnis dieser Kontrollen unter den gegebenen Umständen notwendig ist.

Grad der Wechselwirkung zwischen den Tätigkeiten des Dienstleisters und der auslagernden Einheit (Vgl. Tz. 9(c))

A7. Die Bedeutung der Kontrollen des Dienstleisters für diejenigen der auslagernden Einheit hängt auch vom Grad der Wechselwirkung zwischen den Tätigkeiten des Dienstleisters und denjenigen der auslagernden Einheit ab. Der Grad der Wechselwirkung bezieht sich auf das Ausmaß, in dem eine auslagernde Einheit in der Lage ist und sich dafür entscheidet, wirksame Kontrollen über die von dem Dienstleister durchgeführte Verarbeitung einzurichten. So besteht bspw. ein hoher Grad an Wechselwirkung zwischen den Tätigkeiten der auslagernden Einheit und denjenigen beim Dienstleister, wenn die auslagernde Einheit Geschäftsvorfälle genehmigt und der Dienstleister diese Geschäftsvorfälle verarbeitet und verbucht. In diesen Fällen kann es für die auslagernde Einheit praktikabel sein, wirksame Kontrollen über diese Geschäftsvorfälle einzurichten. Dagegen besteht ein geringerer Grad der Wechselwirkung zwischen den beiden Parteien, wenn der Dienstleister die Geschäftsvorfälle der auslagernden Einheit auslöst oder erstmalig aufzeichnet, verarbeitet und verbucht. In diesen Fällen kann es sein, dass die auslagernde Einheit nicht in der Lage ist oder sich nicht dafür entscheidet, in der auslagernden Einheit wirksame Kontrollen über diese Geschäftsvorfälle einzurichten, und sich auf Kontrollen beim Dienstleister verlässt.

Art der Beziehung zwischen der auslagernden Einheit und dem Dienstleister (Vgl. Tz. 9(d))

A8. Der Vertrag oder die Vereinbarung über den Dienstleistungsumfang zwischen der auslagernden Einheit und dem Dienstleister kann u. a. folgende Punkte vorsehen:
- die an die auslagernde Einheit zu liefernden Informationen und die Pflichten zur Auslösung von Geschäftsvorfällen im Zusammenhang mit den von dem Dienstleister durchgeführten Tätigkeiten;
- die Umsetzung der Anforderungen von Aufsichtsbehörden in Bezug auf die Form der zu führenden Aufzeichnungen oder den Zugriff darauf;

---

6) ISA 200 „Übergreifende Zielsetzungen des unabhängigen Prüfers und Grundsätze einer Prüfung in Übereinstimmung mit den International Standards on Auditing", Textziffern 4 und A2–A3.

ISA 402

- The indemnification, if any, to be provided to the user entity in the event of a performance failure;
- Whether the service organization will provide a report on its controls and, if so, whether such report would be a type 1 or type 2 report;
- Whether the user auditor has rights of access to the accounting records of the user entity maintained by the service organization and other information necessary for the conduct of the audit; and
- Whether the agreement allows for direct communication between the user auditor and the service auditor.

A9. There is a direct relationship between the service organization and the user entity and between the service organization and the service auditor. These relationships do not necessarily create a direct relationship between the user auditor and the service auditor. When there is no direct relationship between the user auditor and the service auditor, communications between the user auditor and the service auditor are usually conducted through the user entity and the service organization. A direct relationship may also be created between a user auditor and a service auditor, taking into account the relevant ethical and confidentiality considerations. A user auditor, for example, may use a service auditor to perform procedures on the user auditor's behalf, such as:

(a) Tests of controls at the service organization; or
(b) Substantive procedures on the user entity's financial statement transactions and balances maintained by a service organization.

Considerations Specific to Public Sector Entities

A10. Public sector auditors generally have broad rights of access established by legislation. However, there may be situations where such rights of access are not available, for example, when the service organization is located in a different jurisdiction. In such cases, a public sector auditor may need to obtain an understanding of the legislation applicable in the different jurisdiction to determine whether appropriate access rights can be obtained. A public sector auditor may also obtain or ask the user entity to incorporate rights of access in any contractual arrangements between the user entity and the service organization.

A11. Public sector auditors may also use another auditor to perform tests of controls or substantive procedures in relation to compliance with law, regulation or other authority.

Understanding the Controls Relating to Services Provided by the Service Organization (Ref: Para. 10)

A12. The user entity may establish controls over the service organization's services that may be tested by the user auditor and that may enable the user auditor to conclude that the user entity's controls are operating effectively for some or all of the related assertions, regardless of the controls in place at the service organization. If a user entity, for example, uses a service organization to process its payroll transactions, the user entity may establish controls over the submission and receipt of payroll information that could prevent or detect material misstatements. These controls may include:

- Comparing the data submitted to the service organization with reports of information received from the service organization after the data has been processed.
- Recomputing a sample of the payroll amounts for clerical accuracy and reviewing the total amount of the payroll for reasonableness.

A13. In this situation, the user auditor may perform tests of the user entity's controls over payroll processing that would provide a basis for the user auditor to conclude that the user entity's controls are operating effectively for the assertions related to payroll transactions.

A14. As noted in ISA 315,[7] in respect of some risks, the user auditor may judge that it is not possible or practicable to obtain sufficient appropriate audit evidence only from substantive procedures. Such risks

---
7) ISA 315, paragraph 30.

Überlegungen bei der Abschlussprüfung von Einheiten, die Dienstleister in Anspruch nehmen — ISA 402

- die ggf. an die auslagernde Einheit zu leistende Entschädigung im Falle des Misslingens einer Leistung;
- ob der Dienstleister einen Bericht über seine Kontrollen zur Verfügung stellt und - wenn dies der Fall ist - ob es sich dabei um einen Bericht vom Typ 1 oder vom Typ 2 handelt;
- ob der Abschlussprüfer des Auslagernden Zugriffsrechte auf die von dem Dienstleister geführten Rechnungslegungsunterlagen der auslagernden Einheit und auf sonstige für die Durchführung der Abschlussprüfung notwendigen Informationen besitzt;
- ob die Vereinbarung die direkte Kommunikation zwischen dem Abschlussprüfer des Auslagernden und dem Prüfer des Dienstleisters ermöglicht.

A9. Es besteht eine direkte Beziehung zwischen dem Dienstleister und der auslagernden Einheit sowie zwischen dem Dienstleister und dem Prüfer des Dienstleisters. Durch diese Beziehungen entsteht nicht notwendigerweise eine direkte Beziehung zwischen dem Abschlussprüfer des Auslagernden und dem Prüfer des Dienstleisters. Wenn keine direkte Beziehung zwischen dem Abschlussprüfer des Auslagernden und dem Prüfer des Dienstleisters besteht, erfolgt die Kommunikation zwischen den beiden Prüfern in der Regel über die auslagernde Einheit und den Dienstleister. Eine direkte Beziehung zwischen dem Abschlussprüfer des Auslagernden und dem Prüfer des Dienstleisters kann auch unter Berücksichtigung der relevanten beruflichen Verhaltens- und Verschwiegenheitsaspekte entstehen. Beispielsweise kann der Abschlussprüfer eines Auslagernden den Prüfer des Dienstleisters hinzuziehen, um Prüfungshandlungen für ihn durchzuführen wie z. B.

(a) Funktionsprüfungen beim Dienstleister oder

(b) aussagebezogene Prüfungshandlungen[*] zu den von einem Dienstleister verwalteten abschlussrelevanten Geschäftsvorfällen und Konten.

Spezifische Überlegungen zu Einheiten des öffentlichen Sektors

A10. Abschlussprüfer im öffentlichen Sektor besitzen im Allgemeinen weit reichende gesetzlich festgelegte Zugriffsrechte. Es kann jedoch Situationen geben, in denen diese Zugriffsrechte nicht bestehen, bspw. wenn der Dienstleister in einem anderen Rechtsraum ansässig ist. In solchen Fällen kann es notwendig sein, dass ein Abschlussprüfer im öffentlichen Sektor ein Verständnis von den maßgebenden Gesetzen in dem anderen Rechtsraum gewinnt, um feststellen zu können, ob geeignete Zugriffsrechte erlangt werden können. Ein Abschlussprüfer im öffentlichen Sektor kann auch Zugriffsrechte in vertraglichen Vereinbarungen zwischen auslagernder Einheit und Dienstleister erlangen oder die auslagernde Einheit auffordern, diese Zugriffsrechte in die Vereinbarungen einzubeziehen.

A11. Abschlussprüfer im öffentlichen Sektor können auch einen anderen Prüfer hinzuziehen, um Funktionsprüfungen oder aussagebezogene Prüfungshandlungen im Zusammenhang mit der Einhaltung von Gesetzen, anderen Rechtsvorschriften oder sonstigen amtlichen Vorgaben durchzuführen.

Verstehen der Kontrollen im Zusammenhang mit den Dienstleistungen des Dienstleisters (Vgl. Tz. 10)

A12. Die auslagernde Einheit kann Kontrollen über die Dienstleistungen des Dienstleisters einrichten, die vom Abschlussprüfer des Auslagernden geprüft werden können und ihm die Schlussfolgerung ermöglichen können, dass die Kontrollen der auslagernden Einheit unabhängig von den beim Dienstleister vorhandenen Kontrollen für einige oder alle der damit zusammenhängenden Aussagen wirksam funktionieren. Falls eine auslagernde Einheit bspw. einen Dienstleister in Anspruch nimmt, um ihre Lohn- und Gehaltsabrechnungen zu verarbeiten, kann die auslagernde Einheit Kontrollen über die Zusendung und den Erhalt von Lohn- und Gehaltsinformationen einrichten, durch die wesentliche falsche Darstellungen verhindert oder aufgedeckt werden könnten. Diese Kontrollen können Folgendes einschließen:

- einen Vergleich der an den Dienstleister übermittelten Daten mit Berichten über Informationen, die nach der Verarbeitung der Daten vom Dienstleister erhalten wurden;
- Nachrechnen einer Stichprobe der Lohn- und Gehaltsbeträge im Hinblick auf rechnerische Richtigkeit und Durchsicht der Lohn- und Gehaltssumme im Hinblick auf Plausibilität.

A13. In dieser Situation kann der Abschlussprüfer des Auslagernden Prüfungen der Kontrollen der auslagernden Einheit über die Lohn- und Gehaltsverarbeitung durchführen, die eine Grundlage für die Schlussfolgerung des Abschlussprüfers bilden würden, dass die Kontrollen der auslagernden Einheit für die auf Lohn- und Gehaltstransaktionen bezogenen Aussagen wirksam funktionieren.

A14. Wie in ISA 315[7] erläutert, kann der Abschlussprüfer des Auslagernden bei einigen Risiken zu dem Urteil gelangen, dass es nicht möglich oder praktisch nicht durchführbar ist, ausreichende geeignete

---

[7] ISA 315, Textziffer 30.

[*] In Österreich: materielle Prüfungshandlungen.

may relate to the inaccurate or incomplete recording of routine and significant classes of transactions and account balances, the characteristics of which often permit highly automated processing with little or no manual intervention. Such automated processing characteristics may be particularly present when the user entity uses service organizations. In such cases, the user entity's controls over such risks are relevant to the audit and the user auditor is required to obtain an understanding of, and to evaluate, such controls in accordance with paragraphs 9 and 10 of this ISA.

Further Procedures when a Sufficient Understanding Cannot Be Obtained from the User Entity (Ref: Para. 12)

A15. The user auditor's decision as to which procedure, individually or in combination, in paragraph 12 to undertake, in order to obtain the information necessary to provide a basis for the identification and assessment of the risks of material misstatement in relation to the user entity's use of the service organization, may be influenced by such matters as:

- The size of both the user entity and the service organization;
- The complexity of the transactions at the user entity and the complexity of the services provided by the service organization;
- The location of the service organization (for example, the user auditor may decide to use another auditor to perform procedures at the service organization on the user auditor's behalf if the service organization is in a remote location);
- Whether the procedure(s) is expected to effectively provide the user auditor with sufficient appropriate audit evidence; and
- The nature of the relationship between the user entity and the service organization.

A16. A service organization may engage a service auditor to report on the description and design of its controls (type 1 report) or on the description and design of its controls and their operating effectiveness (type 2 report). Type 1 or type 2 reports may be issued under International Standard on Assurance Engagements (ISAE) 3402[8] or under standards established by an authorized or recognized standards setting organization (which may identify them by different names, such as Type A or Type B reports).

A17. The availability of a type 1 or type 2 report will generally depend on whether the contract between a service organization and a user entity includes the provision of such a report by the service organization. A service organization may also elect, for practical reasons, to make a type 1 or type 2 report available to the user entities. However, in some cases, a type 1 or type 2 report may not be available to user entities.

A18. In some circumstances, a user entity may outsource one or more significant business units or functions, such as its entire tax planning and compliance functions, or finance and accounting or the controllership function to one or more service organizations. As a report on controls at the service organization may not be available in these circumstances, visiting the service organization may be the most effective procedure for the user auditor to gain an understanding of controls at the service organization, as there is likely to be direct interaction of management of the user entity with management at the service organization.

A19. Another auditor may be used to perform procedures that will provide the necessary information about the relevant controls at the service organization. If a type 1 or type 2 report has been issued, the user auditor may use the service auditor to perform these procedures as the service auditor has an existing relationship with the service organization. The user auditor using the work of another auditor may find the guidance in

---

8) ISAE 3402, "Assurance Reports on Controls at a Service Organization."

Prüfungsnachweise ausschließlich durch aussagebezogene Prüfungshandlungen einzuholen. Solche Risiken können sich auf die fehlerhafte oder unvollständige Aufzeichnung von routinemäßigen und bedeutsamen Arten von Geschäftsvorfällen und Kontensalden beziehen, deren Merkmale häufig eine hoch automatisierte Verarbeitung mit wenigen oder gar keinen manuellen Eingriffen ermöglichen. Solche Merkmale einer automatisierten Verarbeitung können insbesondere vorliegen, wenn die auslagernde Einheit Dienstleister in Anspruch nimmt. In solchen Fällen sind die Kontrollen der auslagernden Einheit über diese Risiken für die Abschlussprüfung relevant, und der Abschlussprüfer des Auslagernden muss in Übereinstimmung mit den Textziffern 9 und 10 dieses ISA ein Verständnis dieser Kontrollen gewinnen und diese beurteilen.

Weitere Prüfungshandlungen, wenn durch die auslagernde Einheit kein ausreichendes Verständnis gewonnen werden kann (Vgl. Tz. 12)

A15. Die Entscheidung des Abschlussprüfers des Auslagernden, welche der in Textziffer 12 genannten Prüfungshandlungen einzeln oder in Kombination durchzuführen sind, um die notwendigen Informationen als Grundlage für die Feststellung und Beurteilung der Risiken wesentlicher falscher Darstellungen im Zusammenhang mit der Inanspruchnahme des Dienstleisters durch die auslagernde Einheit zu erlangen, kann u. a. beeinflusst werden durch

- die Größe der auslagernden Einheit und des Dienstleisters;
- die Komplexität der Geschäftsvorfälle der auslagernden Einheit und die Komplexität der von dem Dienstleister erbrachten Dienstleistungen;
- den Standort des Dienstleisters (bspw. kann der Abschlussprüfer des Auslagernden beschließen, einen anderen Prüfer hinzuzuziehen, der für den Abschlussprüfer des Auslagernden Prüfungshandlungen bei dem Dienstleister durchführt, wenn dieser sich an einem entfernten Standort befindet);
- die Frage, ob und erwartet werden kann, dass die Prüfungshandlungen dem Abschlussprüfer des Auslagernden tatsächlich ausreichende geeignete Prüfungsnachweise verschaffen, und
- die Art der Beziehung zwischen der auslagernden Einheit und dem Dienstleister.

A16. Ein Dienstleister kann einen Prüfer des Dienstleisters damit beauftragen, einen Bericht zu erstellen über die Beschreibung und Ausgestaltung seiner Kontrollen (Bericht Typ 1) oder über die Beschreibung und Ausgestaltung seiner Kontrollen sowie über deren Wirksamkeit (Bericht Typ 2). Berichte vom Typ 1 oder Typ 2 können erstellt werden nach dem International Standard on Assurance Engagements (ISAE) 3402[8] oder nach Standards, die von einer autorisierten oder anerkannten standardsetzenden Organisation festgelegt werden (welche die Berichte möglicherweise anders bezeichnet, z. B. Berichte vom Typ A oder Typ B).

A17. Die Verfügbarkeit eines Berichts vom Typ 1 oder Typ 2 hängt im Allgemeinen davon ab, ob der Vertrag zwischen einem Dienstleister und einer auslagernden Einheit die Zurverfügungstellung eines solchen Berichts durch den Dienstleister beinhaltet. Ein Dienstleister kann sich auch aus praktischen Gründen dafür entscheiden, den auslagernden Einheiten einen Bericht vom Typ 1 oder Typ 2 zur Verfügung zu stellen. In manchen Fällen kann es jedoch sein, dass für auslagernde Einheiten kein Bericht vom Typ 1 oder Typ 2 verfügbar ist.

A18. In einigen Fällen kann es sein, dass eine auslagernde Einheit eine oder mehrere bedeutsame Geschäftseinheiten oder -funktionen (z. B. ihre gesamte Steuerplanungs- und -Compliance-Funktion, Finanzen und Rechnungslegung oder die Controlling-Funktion) an einen oder mehrere Dienstleister ausgliedert. Da in diesen Fällen möglicherweise kein Bericht über Kontrollen bei dem Dienstleister verfügbar ist, kann ein Besuch des Dienstleisters für den Abschlussprüfer des Auslagernden die wirksamste Prüfungshandlung sein, um ein Verständnis der Kontrollen beim Dienstleister zu gewinnen, da wahrscheinlich eine direkte Zusammenarbeit zwischen dem Management der auslagernden Einheit und dem Management des Dienstleisters besteht.

A19. Ein anderer Prüfer kann hinzugezogen werden, um Prüfungshandlungen durchzuführen, welche die notwendigen Informationen über die relevanten Kontrollen beim Dienstleister liefern. Wenn ein Bericht vom Typ 1 oder Typ 2 erstellt wurde, kann der Abschlussprüfer des Auslagernden den Prüfer des Dienstleisters hinzuziehen, um diese Prüfungshandlungen durchzuführen, da bereits eine Beziehung

---

8) ISAE 3402 „Berichte über die Prüfung von Kontrollen bei Dienstleistern".

ISA 600[9]) useful as it relates to understanding another auditor (including that auditor's independence and professional competence), involvement in the work of another auditor in planning the nature, timing and extent of such work, and in evaluating the sufficiency and appropriateness of the audit evidence obtained.

A20. A user entity may use a service organization that in turn uses a subservice organization to provide some of the services provided to a user entity that are part of the user entity's information system relevant to financial reporting. The subservice organization may be a separate entity from the service organization or may be related to the service organization. A user auditor may need to consider controls at the subservice organization. In situations where one or more subservice organizations are used, the interaction between the activities of the user entity and those of the service organization is expanded to include the interaction between the user entity, the service organization and the subservice organizations. The degree of this interaction, as well as the nature and materiality of the transactions processed by the service organization and the subservice organizations are the most important factors for the user auditor to consider in determining the significance of the service organization's and subservice organization's controls to the user entity's controls.

Using a Type 1 or Type 2 Report to Support the User Auditor's Understanding of the Service Organization (Ref: Para. 13–14)

A21. The user auditor may make inquiries about the service auditor to the service auditor's professional organization or other practitioners and inquire whether the service auditor is subject to regulatory oversight. The service auditor may be practicing in a jurisdiction where different standards are followed in respect of reports on controls at a service organization, and the user auditor may obtain information about the standards used by the service auditor from the standard setting organization.

A22. A type 1 or type 2 report, along with information about the user entity, may assist the user auditor in obtaining an understanding of:

(a) The aspects of controls at the service organization that may affect the processing of the user entity's transactions, including the use of subservice organizations;

(b) The flow of significant transactions through the service organization to determine the points in the transaction flow where material misstatements in the user entity's financial statements could occur;

(c) The control objectives at the service organization that are relevant to the user entity's financial statement assertions; and

(d) Whether controls at the service organization are suitably designed and implemented to prevent, or detect and correct processing errors that could result in material misstatements in the user entity's financial statements.

A type 1 or type 2 report may assist the user auditor in obtaining a sufficient understanding to identify and assess the risks of material misstatement. A type 1 report, however, does not provide any evidence of the operating effectiveness of the relevant controls.

A23. A type 1 or type 2 report that is as of a date or for a period that is outside of the reporting period of a user entity may assist the user auditor in obtaining a preliminary understanding of the controls implemented at the service organization if the report is supplemented by additional current information from other sources. If the service organization's description of controls is as of a date or for a period that precedes the beginning of the period under audit, the user auditor may perform procedures to update the information in a type 1 or type 2 report, such as:

- Discussing the changes at the service organization with user entity personnel who would be in a position to know of such changes;

---

9) ISA 600, "Special Considerations–Audits of Group Financial Statements (Including the Work of Component Auditors)," paragraph 2, states: "An auditor may find this ISA, adapted as necessary in the circumstances, useful when that auditor involves other auditors in the audit of financial statements that are not group financial statements …" See also paragraph 19 of ISA 600.

zwischen dem Prüfer des Dienstleisters und dem Dienstleister besteht. Ein Abschlussprüfer des Auslagernden, der die Tätigkeit eines anderen Prüfers verwertet, kann die erläuternden Hinweise in ISA 600[9)] als hilfreich erachten, da sich diese auf das Verstehen eines anderen Abschlussprüfers (einschließlich dessen Unabhängigkeit und beruflicher Kompetenz), die Einbindung in die Tätigkeit eines anderen Prüfers bei der Planung von Art, zeitlicher Einteilung und Umfang dieser Tätigkeit sowie bei der Beurteilung von ausreichendem Umfang und Eignung der erlangten Prüfungsnachweise beziehen.

A20. Eine auslagernde Einheit kann einen Dienstleister in Anspruch nehmen, der wiederum einen Subdienstleister in Anspruch nimmt, um einige der Dienstleistungen für eine auslagernde Einheit zu erbringen, die Teil des rechnungslegungsbezogenen Informationssystems der auslagernden Einheit sind. Der Subdienstleister kann eine von dem Dienstleister getrennte Einheit oder mit dem Dienstleister verbunden sein. Es kann notwendig sein, dass der Abschlussprüfer eines Auslagernden Kontrollen bei einem Subdienstleister berücksichtigt. In Situationen, in denen ein oder mehrere Subdienstleister in Anspruch genommen werden, wird die Wechselwirkung zwischen den Tätigkeiten der auslagernden Einheit und denjenigen des Dienstleisters auf die Zusammenarbeit zwischen auslagernder Einheit, Dienstleister und Subdienstleister ausgedehnt. Der Grad dieser Zusammenarbeit sowie Art und Wesentlichkeit der von dem Dienstleister und den Subdienstleistern verarbeiteten Geschäftsvorfälle sind für den Abschlussprüfer des Auslagernden die wichtigsten zu berücksichtigenden Faktoren bei der Bestimmung der Bedeutung der Kontrollen des Dienstleisters und des Subdienstleisters für die Kontrollen der auslagernden Einheit.

Verwendung eines Berichts vom Typ 1 oder Typ 2 zur Bekräftigung des Verständnisses des Abschlussprüfers des Auslagernden von dem Dienstleister (Vgl. Tz. 13–14)

A21. Der Abschlussprüfer des Auslagernden kann die Berufsorganisation des Prüfers des Dienstleisters oder andere Berufsangehörige über den Prüfer des Dienstleisters befragen sowie dazu, ob dieser einer behördlichen Aufsicht unterliegt. Der Prüfer des Dienstleisters kann in einem Rechtsraum tätig sein, in dem andere Standards im Hinblick auf Berichte über Kontrollen bei einem Dienstleister befolgt werden, und der Abschlussprüfer des Auslagernden kann von der standardsetzenden Organisation Informationen über die vom Prüfer des Dienstleisters angewandten Standards erlangen.

A22. Ein Bericht vom Typ 1 oder Typ 2 kann dem Abschlussprüfer des Auslagernden zusammen mit Informationen über die auslagernde Einheit dabei helfen, ein Verständnis folgender Punkte zu gewinnen:

(a) Aspekte der Kontrollen bei dem Dienstleister, die sich auf die Verarbeitung der Geschäftsvorfälle der auslagernden Einheit auswirken können, einschließlich der Inanspruchnahme von Subdienstleistern;

(b) Ablauf von bedeutsamen Geschäftsvorfällen bei dem Dienstleister, um die Punkte im Ablauf von Geschäftsvorfällen zu bestimmen, bei denen wesentliche falsche Darstellungen im Abschluss der auslagernden Einheit auftreten könnten;

(c) Kontrollziele des Dienstleisters, die für die Aussagen der auslagernden Einheit auf Abschlussebene relevant sind, und

(d) Frage, ob die Kontrollen bei dem Dienstleister in geeigneter Weise ausgestaltet und eingerichtet sind, um Verarbeitungsfehler zu verhindern oder aufzudecken, die zu wesentlichen falschen Darstellungen im Abschluss der auslagernden Einheit führen könnten.

Ein Bericht vom Typ 1 oder Typ 2 kann dem Abschlussprüfer des Auslagernden beim Erlangen eines Verständnisses helfen, das ausreicht, um die Risiken wesentlicher falscher Darstellungen festzustellen und zu beurteilen. Ein Bericht vom Typ 1 liefert jedoch keine Nachweise über die Wirksamkeit der relevanten Kontrollen.

A23. Ein Bericht vom Typ 1 oder Typ 2, der sich auf einen Zeitpunkt oder einen Zeitraum bezieht, der außerhalb des Berichtszeitraums der auslagernden Einheit liegt, kann dem Abschlussprüfer des Auslagernden beim Erlangen eines vorläufigen Verständnisses der beim Dienstleister eingerichteten Kontrollen helfen, wenn der Bericht durch zusätzliche aktuelle Informationen aus anderen Quellen ergänzt wird. Wenn sich die von dem Dienstleister vorgenommene Beschreibung von Kontrollen auf einen Zeitpunkt oder einen Zeitraum bezieht, der vor dem Beginn des zu prüfenden Zeitraums liegt, kann der Abschlussprüfer des Auslagernden Prüfungshandlungen durchführen, um die Informationen in einem Bericht vom Typ 1 oder Typ 2 zu aktualisieren, z. B.

- Besprechung der Veränderungen beim Dienstleister mit Mitarbeitern der auslagernden Einheit, die Kenntnis davon haben sollten,

---

9) In ISA 600 „Besondere Überlegungen zu Konzernabschlussprüfungen (einschließlich der Tätigkeit von Teilbereichsprüfern)", Textziffer 2, heißt es: „Ein Abschlussprüfer kann diesen ISA, erforderlichenfalls unter Anpassung an die gegebenen Umstände, als hilfreich erachten, wenn der Abschlussprüfer andere Abschlussprüfer in die Prüfung eines Abschlusses einbezieht, bei dem es sich nicht um einen Konzernabschluss handelt ..." Siehe auch Textziffer 19 von ISA 600.

- Reviewing current documentation and correspondence issued by the service organization; or
- Discussing the changes with service organization personnel.

Responding to the Assessed Risks of Material Misstatement (Ref: Para. 15)

A24. Whether the use of a service organization increases a user entity's risk of material misstatement depends on the nature of the services provided and the controls over these services; in some cases, the use of a service organization may decrease a user entity's risk of material misstatement, particularly if the user entity itself does not possess the expertise necessary to undertake particular activities, such as initiating, processing, and recording transactions, or does not have adequate resources (for example, an IT system).

A25. When the service organization maintains material elements of the accounting records of the user entity, direct access to those records may be necessary in order for the user auditor to obtain sufficient appropriate audit evidence relating to the operations of controls over those records or to substantiate transactions and balances recorded in them, or both. Such access may involve either physical inspection of records at the service organization's premises or interrogation of records maintained electronically from the user entity or another location, or both. Where direct access is achieved electronically, the user auditor may thereby obtain evidence as to the adequacy of controls operated by the service organization over the completeness and integrity of the user entity's data for which the service organization is responsible.

A26. In determining the nature and extent of audit evidence to be obtained in relation to balances representing assets held or transactions undertaken by a service organization on behalf of the user entity, the following procedures may be considered by the user auditor:

(a) Inspecting records and documents held by the user entity: the reliability of this source of evidence is determined by the nature and extent of the accounting records and supporting documentation retained by the user entity. In some cases, the user entity may not maintain independent detailed records or documentation of specific transactions undertaken on its behalf.

(b) Inspecting records and documents held by the service organization: the user auditor's access to the records of the service organization may be established as part of the contractual arrangements between the user entity and the service organization. The user auditor may also use another auditor, on its behalf, to gain access to the user entity's records maintained by the service organization.

(c) Obtaining confirmations of balances and transactions from the service organization: where the user entity maintains independent records of balances and transactions, confirmation from the service organization corroborating the user entity's records may constitute reliable audit evidence concerning the existence of the transactions and assets concerned. For example, when multiple service organizations are used, such as an investment manager and a custodian, and these service organizations maintain independent records, the user auditor may confirm balances with these organizations in order to compare this information with the independent records of the user entity.

If the user entity does not maintain independent records, information obtained in confirmations from the service organization is merely a statement of what is reflected in the records maintained by the service organization. Therefore, such confirmations do not, taken alone, constitute reliable audit evidence. In these circumstances, the user auditor may consider whether an alternative source of independent evidence can be identified.

(d) Performing analytical procedures on the records maintained by the user entity or on the reports received from the service organization: the effectiveness of analytical procedures is likely to vary by assertion and will be affected by the extent and detail of information available.

- Durchsicht aktueller Dokumentation und Korrespondenz, die von dem Dienstleister herausgegeben wurde, oder
- Besprechung der Veränderungen mit Mitarbeitern des Dienstleisters.

Reaktion auf die beurteilten Risiken wesentlicher falscher Darstellungen (Vgl. Tz. 15)

A24. Ob die Inanspruchnahme eines Dienstleisters das Risiko wesentlicher falscher Darstellungen bei einer auslagernden Einheit erhöht, hängt von der Art der erbrachten Dienstleistungen und von den zu diesen Dienstleistungen gehörigen Kontrollen ab. In manchen Fällen kann die Inanspruchnahme eines Dienstleisters das Risiko wesentlicher falscher Darstellungen bei einer auslagernden Einheit verringern, insbesondere wenn die auslagernde Einheit selbst nicht die notwendigen Fachkenntnisse besitzt, um bestimmte Tätigkeiten wie Auslösen, Verarbeiten und Aufzeichnen von Geschäftsvorfällen durchzuführen oder nicht über geeignete Ressourcen (z. B. ein IT-System) verfügt.

A25. Wenn der Dienstleister wesentliche Elemente der Unterlagen der Rechnungslegung der auslagernden Einheit verwaltet, kann ein direkter Zugriff auf diese Unterlagen notwendig sein, damit der Abschlussprüfer des Auslagernden ausreichende geeignete Prüfungsnachweise zu der Funktion der Kontrollen über diese Unterlagen erlangen oder darin aufgezeichnete Geschäftsvorfälle und Salden untermauern kann oder beides. Dieser Zugriff kann entweder eine physische Einsichtnahme in Aufzeichnungen in den Räumlichkeiten des Dienstleisters oder das Abfragen von elektronisch geführten Aufzeichnungen von der auslagernden Einheit oder von einem anderen Standort oder beides einschließen. Wenn ein direkter Zugriff auf elektronischem Wege erreicht wird, kann der Abschlussprüfer des Auslagernden dadurch Nachweise zu der Eignung der von dem Dienstleister durchgeführten Kontrollen über die Vollständigkeit und Integrität der Daten der auslagernden Einheit erlangen, für welche der Dienstleister verantwortlich ist.

A26. Bei der Bestimmung von Art und Umfang der zu erlangenden Prüfungsnachweise im Zusammenhang mit Salden, welche für Vermögenswerte oder Geschäftsvorfälle stehen, die von einem Dienstleister im Auftrag der auslagernden Einheit gehalten bzw. durchgeführt werden, kann der Abschlussprüfer des Auslagernden die folgenden Prüfungshandlungen erwägen:

(a) Einsichtnahme in Aufzeichnungen und Dokumente, die von der auslagernden Einheit geführt werden: Die Verlässlichkeit dieser Quelle von Nachweisen wird durch Art und Umfang der von der auslagernden Einheit aufbewahrten Unterlagen der Rechnungslegung und unterstützenden Dokumentation bestimmt. In manchen Fällen führt die auslagernde Einheit möglicherweise keine unabhängigen detaillierten Aufzeichnungen oder Dokumentationen zu bestimmten Geschäftsvorfällen, die in ihrem Auftrag durchgeführt wurden.

(b) Einsichtnahme in Aufzeichnungen und Dokumente, die von dem Dienstleister geführt werden: Der Zugriff des Abschlussprüfers des Auslagernden auf die Aufzeichnungen des Dienstleisters kann als Teil der vertraglichen Vereinbarungen zwischen auslagernder Einheit und Dienstleister festgelegt sein. Der Abschlussprüfer des Auslagernden kann auch einen anderen Prüfer in seinem Namen hinzuziehen, um Zugriff auf die von dem Dienstleister geführten Aufzeichnungen der auslagernden Einheit zu erlangen.

(c) Einholen von Bestätigungen über Salden und Geschäftsvorfälle von dem Dienstleister: Wenn die auslagernde Einheit unabhängige Aufzeichnungen über Salden und Geschäftsvorfälle führt, können Bestätigungen von dem Dienstleister, welche die Aufzeichnungen der auslagernden Einheit bekräftigen, verlässliche Prüfungsnachweise für das Vorliegen der betreffenden Geschäftsvorfälle und Vermögenswerte darstellen. Wenn bspw. mehrere Dienstleister in Anspruch genommen werden (z. B. ein Vermögensverwalter und ein Treuhänder) und diese Dienstleister unabhängige Aufzeichnungen führen, kann der Abschlussprüfer des Auslagernden Bestätigungen über Salden bei diesen Dienstleistern einholen, um diese Informationen mit den unabhängigen Aufzeichnungen der auslagernden Einheit zu vergleichen.

Wenn die auslagernde Einheit keine unabhängigen Aufzeichnungen führt, stellen Informationen, die in Bestätigungen von dem Dienstleister erlangt wurden, lediglich eine Aussage darüber dar, was in den von dem Dienstleister geführten Aufzeichnungen widergespiegelt wird. Daher stellen solche Bestätigungen für sich alleine keine verlässlichen Prüfungsnachweise dar. In diesen Fällen kann der Abschlussprüfer des Auslagernden überlegen, ob eine andere Quelle unabhängiger Nachweise ermittelt werden kann.

(d) Durchführung analytischer Prüfungshandlungen zu den von der auslagernden Einheit geführten Aufzeichnungen oder zu den von dem Dienstleister erhaltenen Berichten: Die Wirksamkeit analytischer Prüfungshandlungen unterscheidet sich wahrscheinlich je nach Aussage und wird durch Umfang und Detaillierungsgrad der verfügbaren Informationen beeinflusst.

ISA 402 Audit Considerations Relating to an Entity Using a Service Organization

A27. Another auditor may perform procedures that are substantive in nature for the benefit of user auditors. Such an engagement may involve the performance, by another auditor, of procedures agreed upon by the user entity and its user auditor and by the service organization and its service auditor. The findings resulting from the procedures performed by another auditor are reviewed by the user auditor to determine whether they constitute sufficient appropriate audit evidence. In addition, there may be requirements imposed by governmental authorities or through contractual arrangements whereby a service auditor performs designated procedures that are substantive in nature. The results of the application of the required procedures to balances and transactions processed by the service organization may be used by user auditors as part of the evidence necessary to support their audit opinions. In these circumstances, it may be useful for the user auditor and the service auditor to agree, prior to the performance of the procedures, to the audit documentation or access to audit documentation that will be provided to the user auditor.

A28. In certain circumstances, in particular when a user entity outsources some or all of its finance function to a service organization, the user auditor may face a situation where a significant portion of the audit evidence resides at the service organization. Substantive procedures may need to be performed at the service organization by the user auditor or another auditor on its behalf. A service auditor may provide a type 2 report and, in addition, may perform substantive procedures on behalf of the user auditor. The involvement of another auditor does not alter the user auditor's responsibility to obtain sufficient appropriate audit evidence to afford a reasonable basis to support the user auditor's opinion. Accordingly, the user auditor's consideration of whether sufficient appropriate audit evidence has been obtained and whether the user auditor needs to perform further substantive procedures includes the user auditor's involvement with, or evidence of, the direction, supervision and performance of the substantive procedures performed by another auditor.

Tests of Controls (Ref: Para. 16)

A29. The user auditor is required by ISA 330[10] to design and perform tests of controls to obtain sufficient appropriate audit evidence as to the operating effectiveness of relevant controls in certain circumstances. In the context of a service organization, this requirement applies when:

   (a) The user auditor's assessment of risks of material misstatement includes an expectation that the controls at the service organization are operating effectively (that is, the user auditor intends to rely on the operating effectiveness of controls at the service organization in determining the nature, timing and extent of substantive procedures); or

   (b) Substantive procedures alone, or in combination with tests of the operating effectiveness of controls at the user entity, cannot provide sufficient appropriate audit evidence at the assertion level.

A30. If a type 2 report is not available, a user auditor may contact the service organization, through the user entity, to request that a service auditor be engaged to provide a type 2 report that includes tests of the operating effectiveness of the relevant controls or the user auditor may use another auditor to perform procedures at the service organization that test the operating effectiveness of those controls. A user auditor may also visit the service organization and perform tests of relevant controls if the service organization agrees to it. The user auditor's risk assessments are based on the combined evidence provided by the work of another auditor and the user auditor's own procedures.

---

10) ISA 330, paragraph 8.

A27. Ein anderer Prüfer kann ihrem Wesen nach aussagebezogene Prüfungshandlungen für Zwecke des Abschlussprüfers des Auslagernden durchführen. Ein solcher Auftrag kann die Durchführung von Prüfungshandlungen durch einen anderen Prüfer einschließen, die von der auslagernden Einheit und deren Abschlussprüfer sowie von dem Dienstleister und dessen Prüfer vereinbart werden. Die Feststellungen, die sich aus den von einem anderen Prüfer durchgeführten Prüfungshandlungen ergeben, werden vom Abschlussprüfer des Auslagernden einer Durchsicht unterzogen, um festzustellen, ob sie ausreichende geeignete Prüfungsnachweise darstellen. Darüber hinaus können von staatlichen Behörden oder durch vertragliche Vereinbarungen auferlegte Anforderungen bestehen, nach denen ein Prüfer des Dienstleisters festgelegte Prüfungshandlungen durchführt, die ihrem Wesen nach aussagebezogen sind. Die Ergebnisse der Anwendung der erforderlichen Prüfungshandlungen auf von dem Dienstleister verarbeitete Salden und Geschäftsvorfälle können von den Abschlussprüfern der Auslagernden als Teil der Nachweise verwertet werden, die zur Abstützung ihrer Prüfungsurteile notwendig sind. In diesen Fällen kann es für den Abschlussprüfer des Auslagernden und den Prüfer des Dienstleisters hilfreich sein, vor der Durchführung der Prüfungshandlungen Einvernehmen zu erzielen über die Prüfungsdokumentation, die dem Abschlussprüfer des Auslagernden zur Verfügung gestellt wird bzw. über den Zugriff auf Prüfungsdokumentation, der ihm gewährt wird.

A28. In bestimmten Fällen, insbesondere wenn eine auslagernde Einheit ihre Finanzfunktion ganz oder teilweise an einen Dienstleister auslagert, kann der Abschlussprüfer des Auslagernden einer Situation gegenüberstehen, in der sich ein bedeutsamer Teil der Prüfungsnachweise bei dem Dienstleister befindet. In solchen Fällen kann es notwendig sein, dass aussagebezogene Prüfungshandlungen bei dem Dienstleister vom Abschlussprüfer des Auslagernden oder für diesen von einem anderen Prüfer durchgeführt werden. Möglicherweise liefert ein Prüfer des Dienstleisters einen Bericht vom Typ 2 und führt zusätzlich aussagebezogene Prüfungshandlungen für den Abschlussprüfer des Auslagernden durch. Die Einbindung eines anderen Prüfers ändert nichts an der Pflicht des Abschlussprüfers des Auslagernden, ausreichende geeignete Prüfungsnachweise als vertretbare Grundlage zur Abstützung des Prüfungsurteils zu erlangen. Dementsprechend schließt die Einschätzung des Abschlussprüfers des Auslagernden, ob ausreichende geeignete Prüfungsnachweise erlangt wurden und ob der Abschlussprüfer des Auslagernden weitere aussagebezogene Prüfungshandlungen durchführen muss, die Einbindung des Abschlussprüfers in die Anleitung, Überwachung und Durchführung der von einem anderen Prüfer durchgeführten aussagebezogenen Prüfungshandlungen oder Nachweise darüber ein.

Funktionsprüfungen (Vgl. Tz. 16)

A29. Nach ISA 330[10] muss der Abschlussprüfer des Auslagernden Funktionsprüfungen planen und durchführen, um ausreichende geeignete Prüfungsnachweise für die Wirksamkeit der relevanten Kontrollen unter bestimmten Umständen zu erlangen. Im Zusammenhang mit einem Dienstleister gilt diese Anforderung, wenn

(a) die Risikoeinschätzung des Abschlussprüfers des Auslagernden im Hinblick auf wesentliche falsche Darstellungen von der Erwartung ausgeht, dass die Kontrollen bei dem Dienstleister wirksam funktionieren (d. h. der Abschlussprüfer des Auslagernden beabsichtigt, sich bei der Festlegung von Art, zeitlicher Einteilung und Umfang aussagebezogener Prüfungshandlungen auf die Wirksamkeit der Kontrollen bei dem Dienstleister zu verlassen), oder

(b) aussagebezogene Prüfungshandlungen alleine oder in Kombination mit Prüfungen der Wirksamkeit der Kontrollen in der auslagernden Einheit keine ausreichenden geeigneten Prüfungsnachweise auf Aussageebene erbringen können.

A30. Wenn ein Bericht vom Typ 2 nicht erhältlich ist, kann sich der Abschlussprüfer des Auslagernden über die auslagernde Einheit an den Dienstleister wenden, um zu verlangen, dass ein Prüfer des Dienstleisters damit beauftragt wird, einen Bericht vom Typ 2 zu erstellen, der Prüfungen der Wirksamkeit der relevanten Kontrollen einschließt, oder der Abschlussprüfer des Auslagernden kann einen anderen Prüfer hinzuziehen, um Prüfungshandlungen bei dem Dienstleister durchzuführen, mit denen die Wirksamkeit dieser Kontrollen geprüft wird. Der Abschlussprüfer einer Auslagernden kann auch den Dienstleister besuchen und Prüfungen relevanter Kontrollen durchführen, wenn der Dienstleister dem zustimmt. Die Risikobeurteilungen des Abschlussprüfers des Auslagernden basieren auf den kombinierten Nachweisen durch die Tätigkeit eines anderen Prüfers und die eigenen Prüfungshandlungen des Abschlussprüfers des Auslagernden.

---

10) ISA 330, Textziffer 8.

Using a Type 2 Report as Audit Evidence that Controls at the Service Organization Are Operating Effectively (Ref: Para. 17)

A31. A type 2 report may be intended to satisfy the needs of several different user auditors; therefore tests of controls and results described in the service auditor's report may not be relevant to assertions that are significant in the user entity's financial statements. The relevant tests of controls and results are evaluated to determine that the service auditor's report provides sufficient appropriate audit evidence about the effectiveness of the controls to support the user auditor's risk assessment. In doing so, the user auditor may consider the following factors:

(a) The time period covered by the tests of controls and the time elapsed since the performance of the tests of controls;

(b) The scope of the service auditor's work and the services and processes covered, the controls tested and tests that were performed, and the way in which tested controls relate to the user entity's controls; and

(c) The results of those tests of controls and the service auditor's opinion on the operating effectiveness of the controls.

A32. For certain assertions, the shorter the period covered by a specific test and the longer the time elapsed since the performance of the test, the less audit evidence the test may provide. In comparing the period covered by the type 2 report to the user entity's financial reporting period, the user auditor may conclude that the type 2 report offers less audit evidence if there is little overlap between the period covered by the type 2 report and the period for which the user auditor intends to rely on the report. When this is the case, a type 2 report covering a preceding or subsequent period may provide additional audit evidence. In other cases, the user auditor may determine it is necessary to perform, or use another auditor to perform, tests of controls at the service organization in order to obtain sufficient appropriate audit evidence about the operating effectiveness of those controls.

A33. It may also be necessary for the user auditor to obtain additional evidence about significant changes to the relevant controls at the service organization outside of the period covered by the type 2 report or determine additional audit procedures to be performed. Relevant factors in determining what additional audit evidence to obtain about controls at the service organization that were operating outside of the period covered by the service auditor's report may include:

- The significance of the assessed risks of material misstatement at the assertion level;
- The specific controls that were tested during the interim period, and significant changes to them since they were tested, including changes in the information system, processes, and personnel;
- The degree to which audit evidence about the operating effectiveness of those controls was obtained;
- The length of the remaining period;
- The extent to which the user auditor intends to reduce further substantive procedures based on the reliance on controls; and
- The effectiveness of the control environment and monitoring of controls at the user entity.

A34. Additional audit evidence may be obtained, for example, by extending tests of controls over the remaining period or testing the user entity's monitoring of controls.

A35. If the service auditor's testing period is completely outside the user entity's financial reporting period, the user auditor will be unable to rely on such tests for the user auditor to conclude that the user entity's controls are operating effectively because they do not provide current audit period evidence of the effectiveness of the controls, unless other procedures are performed.

Verwendung eines Berichts vom Typ 2 als Prüfungsnachweis für die Wirksamkeit von Kontrollen bei dem Dienstleister (Vgl. Tz. 17)

A31. Ein Bericht vom Typ 2 kann dazu bestimmt sein, den Bedürfnissen verschiedener Abschlussprüfer von Auslagernden gerecht zu werden. Daher sind in dem Bericht des Prüfers des Dienstleisters beschriebene Funktionsprüfungen und Ergebnisse möglicherweise nicht für Aussagen relevant, die im Abschluss der auslagernden Einheit bedeutsam sind. Die relevanten Funktionsprüfungen und Ergebnisse werden beurteilt, um festzustellen, dass der Bericht des Prüfers des Dienstleisters ausreichende geeignete Prüfungsnachweise über die Wirksamkeit der Kontrollen zur Abstützung der Risikobeurteilung des Abschlussprüfers des Auslagernden liefert. Dabei kann der Abschlussprüfer des Auslagernden die folgenden Faktoren berücksichtigen:

(a) den von den Funktionsprüfungen abgedeckten Zeitraum sowie die seit der Durchführung der Funktionsprüfungen vergangene Zeit;

(b) den Umfang der Tätigkeit des Prüfers des Dienstleisters sowie die abgedeckten Dienstleistungen und Prozesse, die geprüften Kontrollen sowie durchgeführte Prüfungen und die Art und Weise, in der die geprüften Kontrollen mit den Kontrollen der auslagernden Einheit zusammenhängen, und

(c) die Ergebnisse dieser Funktionsprüfungen und das Urteil des Prüfers des Dienstleisters zur Wirksamkeit der Kontrollen.

A32. Für bestimmte Aussagen gilt: Je kürzer der durch eine bestimmte Prüfung abgedeckte Zeitraum und je länger die seit der Durchführung der Prüfung vergangene Zeit ist, desto weniger Prüfungsnachweise liefert möglicherweise die Prüfung. Beim Vergleich des durch den Bericht vom Typ 2 abgedeckten Zeitraums mit dem Rechnungslegungszeitraum der auslagernden Einheit kann der Abschlussprüfer des Auslagernden zu dem Schluss kommen, dass der Bericht vom Typ 2 weniger Prüfungsnachweise ergibt, wenn eine geringe Überschneidung zwischen dem durch den Bericht vom Typ 2 abgedeckten Zeitraum und dem Zeitraum besteht, für den der Abschlussprüfer des Auslagernden sich auf den Bericht verlassen will. Wenn dies der Fall ist, kann ein Bericht vom Typ 2, der einen vorhergehenden oder einen nachfolgenden Zeitraum abdeckt, zusätzliche Prüfungsnachweise liefern. In anderen Fällen kann der Abschlussprüfer des Auslagernden feststellen, dass es notwendig ist, Funktionsprüfungen beim Dienstleister durchzuführen oder dafür einen anderen Prüfer hinzuzuziehen, um ausreichende geeignete Prüfungsnachweise über die Wirksamkeit dieser Kontrollen zu erlangen.

A33. Es kann auch notwendig sein, dass der Abschlussprüfer des Auslagernden zusätzliche Nachweise über bedeutsame Änderungen der relevanten Kontrollen bei dem Dienstleister einholt, die außerhalb des durch den Bericht vom Typ 2 abgedeckten Zeitraums vorgenommen wurden, oder entscheidet, dass zusätzliche Prüfungshandlungen durchzuführen sind. Relevante Faktoren bei der Entscheidung, welche zusätzlichen Prüfungsnachweise über Kontrollen bei dem Dienstleister einzuholen sind, die außerhalb des durch den Bericht des Prüfers des Dienstleisters abgedeckten Zeitraums wirksam waren, können Folgendes einschließen:

- die Bedeutsamkeit der beurteilten Risiken wesentlicher falscher Darstellungen auf Aussageebene;
- die einzelnen in dem unterjährigen Zeitraum geprüften Kontrollen sowie bedeutsame Änderungen dieser Kontrollen seit der Funktionsprüfung, einschließlich Veränderungen im Informationssystem, an den Prozessen und im Personal;
- das Ausmaß, in dem Prüfungsnachweise über die Wirksamkeit dieser Kontrollen erlangt wurden;
- die Länge des verbleibenden Berichtszeitraums;
- den Umfang der vom Abschlussprüfer des Auslagernden beabsichtigten Reduzierung der weiteren aussagebezogenen Prüfungshandlungen, indem der Abschlussprüfer sich auf Kontrollen verlässt, sowie
- die Wirksamkeit des Kontrollumfelds und die Überwachung von Kontrollen in der auslagernden Einheit.

A34. Zusätzliche Prüfungsnachweise können bspw. durch Ausdehnung der Funktionsprüfungen über den verbleibenden Zeitraum oder durch Prüfung der von der auslagernden Einheit vorgenommenen Überwachung von Kontrollen erlangt werden.

A35. Wenn der Prüfungszeitraum des Prüfers des Dienstleisters vollständig außerhalb des Rechnungslegungszeitraums der auslagernden Einheit liegt, wird der Abschlussprüfer des Auslagernden nicht in der Lage sein, sich auf diese Prüfungen zu verlassen, um zu dem Schluss zu kommen, dass die Kontrollen der auslagernden Einheit wirksam funktionieren, weil die Prüfungen keine Nachweise des laufenden Prüfungszeitraums für die Wirksamkeit der Kontrollen liefern, sofern keine anderen Prüfungshandlungen durchgeführt werden.

A36. In certain circumstances, a service provided by the service organization may be designed with the assumption that certain controls will be implemented by the user entity. For example, the service may be designed with the assumption that the user entity will have controls in place for authorizing transactions before they are sent to the service organization for processing. In such a situation, the service organization's description of controls may include a description of those complementary user entity controls. The user auditor considers whether those complementary user entity controls are relevant to the service provided to the user entity.

A37. If the user auditor believes that the service auditor's report may not provide sufficient appropriate audit evidence, for example, if a service auditor's report does not contain a description of the service auditor's tests of controls and results thereon, the user auditor may supplement the understanding of the service auditor's procedures and conclusions by contacting the service organization, through the user entity, to request a discussion with the service auditor about the scope and results of the service auditor's work. Also, if the user auditor believes it is necessary, the user auditor may contact the service organization, through the user entity, to request that the service auditor perform procedures at the service organization. Alternatively, the user auditor, or another auditor at the request of the user auditor, may perform such procedures.

A38. The service auditor's type 2 report identifies results of tests, including exceptions and other information that could affect the user auditor's conclusions. Exceptions noted by the service auditor or a modified opinion in the service auditor's type 2 report do not automatically mean that the service auditor's type 2 report will not be useful for the audit of the user entity's financial statements in assessing the risks of material misstatement. Rather, the exceptions and the matter giving rise to a modified opinion in the service auditor's type 2 report are considered in the user auditor's assessment of the testing of controls performed by the service auditor. In considering the exceptions and matters giving rise to a modified opinion, the user auditor may discuss such matters with the service auditor. Such communication is dependent upon the user entity contacting the service organization, and obtaining the service organization's approval for the communication to take place.

Communication of deficiencies in internal control identified during the audit

A39. The user auditor is required to communicate in writing significant deficiencies identified during the audit to both management and those charged with governance on a timely basis.[11] The user auditor is also required to communicate to management at an appropriate level of responsibility on a timely basis other deficiencies in internal control identified during the audit that, in the user auditor's professional judgment, are of sufficient importance to merit management's attention.[12] Matters that the user auditor may identify during the audit and may communicate to management and those charged with governance of the user entity include:

- Any monitoring of controls that could be implemented by the user entity, including those identified as a result of obtaining a type 1 or type 2 report;

- Instances where complementary user entity controls are noted in the type 1 or type 2 report and are not implemented at the user entity; and

- Controls that may be needed at the service organization that do not appear to have been implemented or that are not specifically covered by a type 2 report.

---

11) ISA 265, "Communicating Deficiencies in Internal Control to Those Charged with Governance and Management," paragraphs 9–10.
12) ISA 265, paragraph 10.

A36. In bestimmten Fällen kann eine von dem Dienstleister erbrachte Dienstleistung unter der Annahme geplant werden, dass von der auslagernden Einheit bestimmte Kontrollen eingerichtet werden. Beispielsweise kann die Dienstleistung unter der Annahme geplant werden, dass in der auslagernden Einheit Kontrollen für die Genehmigung von Geschäftsvorfällen vorhanden sind, bevor diese zur Verarbeitung an den Dienstleister gesendet werden. In einer solchen Situation kann die von dem Dienstleister vorgenommene Beschreibung von Kontrollen eine Beschreibung dieser komplementären Kontrollen der auslagernden Einheit einschließen. Der Abschlussprüfer des Auslagernden stellt Überlegungen dazu an, ob diese komplementären Kontrollen der auslagernden Einheit für die Dienstleistung relevant sind, die für die auslagernde Einheit erbracht wird.

A37. Falls der Abschlussprüfer des Auslagernden der Ansicht ist, dass der Bericht des Prüfers des Dienstleisters möglicherweise keine ausreichenden geeigneten Prüfungsnachweise liefert (bspw. wenn ein Bericht eines Prüfers des Dienstleisters keine Beschreibung der Funktionsprüfungen des Prüfers des Dienstleisters und der dazugehörigen Ergebnisse enthält), kann der Abschlussprüfer des Auslagernden das Verständnis von den Prüfungshandlungen und Schlussfolgerungen des Prüfers des Dienstleisters ergänzen, indem der Abschlussprüfer sich über die auslagernde Einheit an den Dienstleister wendet, um ein Gespräch mit dem Prüfer des Dienstleisters über Umfang und Ergebnisse von dessen Tätigkeit zu verlangen. Außerdem kann sich der Abschlussprüfer des Auslagernden über die auslagernde Einheit an den Dienstleister wenden, um zu verlangen, dass der Prüfer des Dienstleisters Prüfungshandlungen beim Dienstleister durchführt, wenn der Abschlussprüfer des Auslagernden dies für notwendig hält. Alternativ dazu kann der Abschlussprüfer des Auslagernden oder ein anderer Prüfer auf Aufforderung des Abschlussprüfers des Auslagernden diese Prüfungshandlungen durchführen.

A38. In dem Bericht des Prüfers des Dienstleisters vom Typ 2 sind die Ergebnisse von Prüfungen aufgeführt, einschließlich Abweichungen und sonstiger Informationen, die sich auf die Schlussfolgerungen des Abschlussprüfers des Auslagernden auswirken könnten. Vom Prüfer des Dienstleisters genannte Abweichungen oder ein modifiziertes Prüfungsurteil in dem Bericht des Prüfers des Dienstleisters vom Typ 2 bedeuten nicht automatisch, dass dieser Bericht für die Prüfung des Abschlusses der auslagernden Einheit bei der Beurteilung der Risiken wesentlicher falscher Darstellungen nicht hilfreich ist. Vielmehr werden die Abweichungen und die Sachverhalte, die zu einem modifizierten Prüfungsurteil in dem Bericht des Prüfers des Dienstleisters vom Typ 2 führen, bei der vom Abschlussprüfer des Auslagernden vorgenommenen Beurteilung der vom Prüfer des Dienstleisters durchgeführten Funktionsprüfungen berücksichtigt. Bei der Beurteilung der Abweichungen und der Sachverhalte, die zu einem modifizierten Prüfungsurteil führen, kann der Abschlussprüfer des Auslagernden diese Sachverhalte mit dem Prüfer des Dienstleisters besprechen. Diese Kommunikation hängt von der Kontaktaufnahme der auslagernden Einheit mit dem Dienstleister und von dem Einholen der Genehmigung des Dienstleisters für die Kommunikation ab.

Mitteilung von während der Prüfung festgestellten Mängeln im IKS

A39. Der Abschlussprüfer des Auslagernden muss während der Prüfung festgestellte bedeutsame Mängel sowohl dem Management als auch den für die Überwachung Verantwortlichen in angemessener Zeit schriftlich mitteilen.[11] Außerdem muss der Abschlussprüfer des Auslagernden dem Management auf geeigneter Verantwortungsebene in angemessener Zeit während der Prüfung festgestellte sonstige Mängel im IKS mitteilen, die nach pflichtgemäßem Ermessen des Abschlussprüfers des Auslagernden bedeutsam genug sind, um die Aufmerksamkeit des Managements zu verdienen.[12] Zu Sachverhalten, die der Abschlussprüfer des Auslagernden während der Prüfung feststellen und dem Management sowie den für die Überwachung Verantwortlichen der auslagernden Einheit mitteilen kann, gehören:

- jegliche Überwachung von Kontrollen, die von der auslagernden Einheit eingerichtet werden könnten, einschließlich derjenigen, die als Ergebnis eines erhaltenen Berichts vom Typ 1 oder Typ 2 identifiziert wurden;
- Fälle, in denen komplementäre Kontrollen der auslagernden Einheit in dem Bericht vom Typ 1 oder Typ 2 genannt und nicht in der auslagernden Einheit eingerichtet sind, und
- möglicherweise bei dem Dienstleister erforderliche Kontrollen, die anscheinend nicht eingerichtet wurden oder die nicht ausdrücklich durch einen Bericht vom Typ 2 abgedeckt sind.

---

11) ISA 265 „Mitteilung über Mängel im internen Kontrollsystem an die für die Überwachung Verantwortlichen und das Management", Textziffern 9–10.
12) ISA 265, Textziffer 10.

Type 1 and Type 2 Reports that Exclude the Services of a Subservice Organization (Ref: Para. 18)

A40. If a service organization uses a subservice organization, the service auditor's report may either include or exclude the subservice organization's relevant control objectives and related controls in the service organization's description of its system and in the scope of the service auditor's engagement. These two methods of reporting are known as the inclusive method and the carve-out method, respectively. If the type 1 or type 2 report excludes the controls at a subservice organization, and the services provided by the subservice organization are relevant to the audit of the user entity's financial statements, the user auditor is required to apply the requirements of this ISA in respect of the subservice organization. The nature and extent of work to be performed by the user auditor regarding the services provided by a subservice organization depend on the nature and significance of those services to the user entity and the relevance of those services to the audit. The application of the requirement in paragraph 9 assists the user auditor in determining the effect of the subservice organization and the nature and extent of work to be performed.

Fraud, Non-Compliance with Laws and Regulations, and Uncorrected Misstatements in Relation to Activities at the Service Organization (Ref: Para. 19)

A41. A service organization may be required under the terms of the contract with user entities to disclose to affected user entities any fraud, non-compliance with laws and regulations or uncorrected misstatements attributable to the service organization's management or employees. As required by paragraph 19, the user auditor makes inquiries of the user entity management regarding whether the service organization has reported any such matters and evaluates whether any matters reported by the service organization affect the nature, timing and extent of the user auditor's further audit procedures. In certain circumstances, the user auditor may require additional information to perform this evaluation, and may request the user entity to contact the service organization to obtain the necessary information.

Reporting by the User Auditor (Ref: Para. 20)

A42. When a user auditor is unable to obtain sufficient appropriate audit evidence regarding the services provided by the service organization relevant to the audit of the user entity's financial statements, a limitation on the scope of the audit exists. This may be the case when:

- The user auditor is unable to obtain a sufficient understanding of the services provided by the service organization and does not have a basis for the identification and assessment of the risks of material misstatement;

- A user auditor's risk assessment includes an expectation that controls at the service organization are operating effectively and the user auditor is unable to obtain sufficient appropriate audit evidence about the operating effectiveness of these controls; or

- Sufficient appropriate audit evidence is only available from records held at the service organization, and the user auditor is unable to obtain direct access to these records.

Whether the user auditor expresses a qualified opinion or disclaims an opinion depends on the user auditor's conclusion as to whether the possible effects on the financial statements are material or pervasive.

Reference to the Work of a Service Auditor (Ref: Para. 21–22)

A43. In some cases, law or regulation may require a reference to the work of a service auditor in the user auditor's report, for example, for the purposes of transparency in the public sector. In such circumstances, the user auditor may need the consent of the service auditor before making such a reference.

Berichte der Typen 1 und 2 unter Ausschluss der Dienstleistungen eines Subdienstleisters
(Vgl. Tz. 18)

A40. Wenn ein Dienstleister einen Subdienstleister in Anspruch nimmt, kann der Bericht des Prüfers des Dienstleisters die relevanten Kontrollziele des Subdienstleisters sowie die damit verbundenen Kontrollen in der von dem Dienstleister vorgenommenen Beschreibung seines Systems und im Umfang des Auftrags des Prüfers des Dienstleisters entweder einschließen oder ausklammern. Diese beiden Methoden der Berichterstattung sind als die „inclusive method" bzw. die „carve-out method" bekannt. Wenn der Bericht vom Typ 1 oder Typ 2 die Kontrollen beim Subdienstleister ausklammert und die von dem Subdienstleister erbrachten Dienstleistungen für die Prüfung des Abschlusses der auslagernden Einheit relevant sind, muss der Abschlussprüfer des Auslagernden die Anforderungen dieses ISA im Hinblick auf den Subdienstleister anwenden. Art und Umfang der vom Abschlussprüfer des Auslagernden durchzuführenden Tätigkeiten im Zusammenhang mit den von einem Subdienstleister erbrachten Dienstleistungen hängen von der Art dieser Dienstleistungen und ihrer Bedeutsamkeit für die auslagernde Einheit sowie von ihrer Relevanz für die Abschlussprüfung ab. Die Anwendung der Anforderung in Textziffer 9 hilft dem Abschlussprüfer des Auslagernden dabei, die Auswirkung des Subdienstleisters sowie Art und Umfang der durchzuführenden Tätigkeiten zu bestimmen.

Dolose Handlungen, Verstöße gegen Gesetze und andere Rechtsvorschriften sowie nicht korrigierte falsche Darstellungen im Zusammenhang mit Tätigkeiten beim Dienstleister
(Vgl. Tz. 19)

A41. Es kann notwendig sein, dass ein Dienstleister gemäß den Bestimmungen des Vertrags mit auslagernden Einheiten alle dolosen Handlungen, Verstöße gegen Gesetze und andere Rechtsvorschriften oder nicht korrigierten falschen Darstellungen, die dem Management oder den Mitarbeitern des Dienstleisters zuzuschreiben sind, gegenüber den betroffenen auslagernden Einheiten bekannt gibt. Wie nach Textziffer 19 erforderlich, führt der Abschlussprüfer des Auslagernden Befragungen des Managements der auslagernden Einheit dazu durch, ob der Dienstleister solche Sachverhalte berichtet hat, und beurteilt, ob von dem Dienstleister berichtete Sachverhalte sich auf Art, zeitliche Einteilung und Umfang der weiteren Prüfungshandlungen des Abschlussprüfers des Auslagernden auswirken. In bestimmten Fällen kann es sein, dass der Abschlussprüfer des Auslagernden zusätzliche Informationen benötigt, um diese Beurteilung durchzuführen, und die auslagernde Einheit auffordert, Kontakt zu dem Dienstleister aufzunehmen, um die notwendigen Informationen einzuholen.

Erteilung des Vermerks durch den Abschlussprüfer des Auslagernden (Vgl. Tz. 20)

A42. Wenn der Abschlussprüfer des Auslagernden keine ausreichenden geeigneten Prüfungsnachweise zu den von dem Dienstleister erbrachten Dienstleistungen erlangen kann, die für die Prüfung des Abschlusses der auslagernden Einheit relevant sind, liegt ein Prüfungshemmnis[*)] vor. Dies kann der Fall sein, wenn

- der Abschlussprüfer des Auslagernden kein ausreichendes Verständnis der von dem Dienstleister erbrachten Dienstleistungen gewinnen kann und keine Grundlage für die Feststellung und Beurteilung der Risiken wesentlicher falscher Darstellungen besitzt;
- die Risikobeurteilung des Abschlussprüfers des Auslagernden von der Erwartung ausgeht, dass Kontrollen bei dem Dienstleister wirksam funktionieren und der Abschlussprüfer des Auslagernden keine ausreichenden geeigneten Prüfungsnachweise über die Wirksamkeit dieser Kontrollen erlangen kann, oder
- ausreichende geeignete Prüfungsnachweise nur aus bei dem Dienstleister aufbewahrten Aufzeichnungen verfügbar sind und der Abschlussprüfer des Auslagernden keinen direkten Zugriff auf diese Aufzeichnungen erlangen kann.

Ob der Abschlussprüfer des Auslagernden ein eingeschränktes Prüfungsurteil abgibt oder die Nichtabgabe eines Prüfungsurteils erklärt, hängt von der Schlussfolgerung des Abschlussprüfers darüber ab, ob die möglichen Auswirkungen auf den Abschluss wesentlich oder umfassend sind.

Bezugnahme auf die Tätigkeit eines Prüfers des Dienstleisters (Vgl. Tz. 21–22)

A43. In manchen Fällen kann aufgrund von Gesetzen oder anderen Rechtsvorschriften eine Bezugnahme auf die Tätigkeit eines Prüfers des Dienstleisters im Vermerk des Abschlussprüfers des Auslagernden erforderlich sein, bspw. für Zwecke der Transparenz im öffentlichen Sektor. In solchen Fällen benötigt der Abschlussprüfer des Auslagernden möglicherweise vor einer solchen Bezugnahme die Zustimmung des Prüfers des Dienstleisters.

[*)] In der Schweiz: Beschränkung des Prüfungsumfangs.

A44. The fact that a user entity uses a service organization does not alter the user auditor's responsibility under ISAs to obtain sufficient appropriate audit evidence to afford a reasonable basis to support the user auditor's opinion. Therefore, the user auditor does not make reference to the service auditor's report as a basis, in part, for the user auditor's opinion on the user entity's financial statements. However, when the user auditor expresses a modified opinion because of a modified opinion in a service auditor's report, the user auditor is not precluded from referring to the service auditor's report if such reference assists in explaining the reason for the user auditor's modified opinion. In such circumstances, the user auditor may need the consent of the service auditor before making such a reference.

A44. Die Tatsache, dass eine auslagernde Einheit einen Dienstleister in Anspruch nimmt, ändert nichts an der nach den ISA bestehenden Pflicht des Abschlussprüfers des Auslagernden zur Erlangung ausreichender geeigneter Prüfungsnachweise als hinreichende Grundlage zur Abstützung des Prüfungsurteils. Daher nimmt der Abschlussprüfer des Auslagernden nicht Bezug auf den Bericht des Prüfers des Dienstleisters als teilweise Grundlage für das Prüfungsurteil des Abschlussprüfers über den Abschluss der auslagernden Einheit. Wenn der Abschlussprüfer des Auslagernden jedoch aufgrund eines modifizierten Prüfungsurteils in dem Bericht des Prüfers des Dienstleisters ein modifiziertes Prüfungsurteil abgibt, wird der Abschlussprüfer nicht daran gehindert, auf den Bericht des Prüfers des Dienstleisters Bezug zu nehmen, wenn diese Bezugnahme die Erläuterung des Grunds für das modifizierte Prüfungsurteil des Abschlussprüfers des Auslagernden unterstützt. In solchen Fällen benötigt der Abschlussprüfer des Auslagernden möglicherweise vor einer solchen Bezugnahme die Zustimmung des Prüfers des Dienstleisters.

INTERNATIONAL STANDARD ON AUDITING 450
EVALUATION OF MISSTATEMENTS IDENTIFIED DURING THE AUDIT

(Effective for audits of financial statements for periods beginning on or after December 15, 2009)

CONTENTS

	Paragraph
Introduction	
Scope of this ISA	1
Effective Date	2
Objective	3
Definitions	4
Requirements	
Accumulation of Identified Misstatements	5
Consideration of Identified Misstatements as the Audit Progresses	6–7
Communication and Correction of Misstatements	8–9
Evaluating the Effect of Uncorrected Misstatements	10–13
Written Representations	14
Documentation	15
Application and Other Explanatory Material	
Definition of Misstatement	A1
Accumulation of Identified Misstatements	A2–A3
Consideration of Identified Misstatements as the Audit Progresses	A4–A6
Communication and Correction of Misstatements	A7–A10
Evaluating the Effect of Uncorrected Misstatements	A11–A23
Written Representations	A24
Documentation	A25

International Standard on Auditing (ISA) 450, "Evaluation of Misstatements Identified during the Audit" should be read in the context of ISA 200, "Overall Objectives of the Independent Auditor and the Conduct of an Audit in Accordance with International Standards on Auditing."

INTERNATIONAL STANDARD ON AUDITING 450
DIE BEURTEILUNG DER WÄHREND DER ABSCHLUSSPRÜFUNG FESTGESTELLTEN FALSCHEN DARSTELLUNGEN

(gilt für die Prüfung von Abschlüssen für Zeiträume, die am oder nach dem 15.12.2009 beginnen)

INHALTSVERZEICHNIS

	Textziffer
Einleitung	
Anwendungsbereich	1
Anwendungszeitpunkt	2
Ziel	3
Definitionen	4
Anforderungen	
Kumulierung festgestellter falscher Darstellungen	5
Berücksichtigung der festgestellten falschen Darstellungen im weiteren Verlauf der Abschlussprüfung	6–7
Kommunikation und Korrektur falscher Darstellungen	8–9
Beurteilung der Auswirkungen nicht korrigierter falscher Darstellungen	10–13
Schriftliche Erklärungen	14
Dokumentation	15
Anwendungshinweise und sonstige Erläuterungen	
Definition einer falschen Darstellung	A1
Kumulierung festgestellter falscher Darstellungen	A2–A3
Berücksichtigung der festgestellten falschen Darstellungen im weiteren Verlauf der Abschlussprüfung	A4–A6
Kommunikation und Korrektur falscher Darstellungen	A7–A10
Beurteilung der Auswirkungen nicht korrigierter falscher Darstellungen	A11–A23
Schriftliche Erklärungen	A24
Dokumentation	A25

International Standard on Auditing (ISA) 450 „Die Beurteilung der während der Abschlussprüfung festgestellten falschen Darstellungen" ist im Zusammenhang mit ISA 200 „Übergreifende Zielsetzungen des unabhängigen Prüfers und Grundsätze einer Prüfung in Übereinstimmung mit den International Standards on Auditing" zu lesen.

Introduction

Scope of this ISA

1. This International Standard on Auditing (ISA) deals with the auditor's responsibility to evaluate the effect of identified misstatements on the audit and of uncorrected misstatements, if any, on the financial statements. ISA 700 deals with the auditor's responsibility, in forming an opinion on the financial statements, to conclude whether reasonable assurance has been obtained about whether the financial statements as a whole are free from material misstatement. The auditor's conclusion required by ISA 700 takes into account the auditor's evaluation of uncorrected misstatements, if any, on the financial statements, in accordance with this ISA.[1] ISA 320[2] deals with the auditor's responsibility to apply the concept of materiality appropriately in planning and performing an audit of financial statements.

Effective Date

2. This ISA is effective for audits of financial statements for periods beginning on or after December 15, 2009.

Objective

3. The objective of the auditor is to evaluate:
   (a) The effect of identified misstatements on the audit; and
   (b) The effect of uncorrected misstatements, if any, on the financial statements.

Definitions

4. For purposes of the ISAs, the following terms have the meanings attributed below:

   (a) Misstatement – A difference between the amount, classification, presentation, or disclosure of a reported financial statement item and the amount, classification, presentation, or disclosure that is required for the item to be in accordance with the applicable financial reporting framework. Misstatements can arise from error or fraud. (Ref: Para. A1)

   When the auditor expresses an opinion on whether the financial statements are presented fairly, in all material respects, or give a true and fair view, misstatements also include those adjustments of amounts, classifications, presentation, or disclosures that, in the auditor's judgment, are necessary for the financial statements to be presented fairly, in all material respects, or to give a true and fair view.

   (b) Uncorrected misstatements – Misstatements that the auditor has accumulated during the audit and that have not been corrected.

Requirements

Accumulation of Identified Misstatements

5. The auditor shall accumulate misstatements identified during the audit, other than those that are clearly trivial. (Ref: Para. A2–A3)

Consideration of Identified Misstatements as the Audit Progresses

6. The auditor shall determine whether the overall audit strategy and audit plan need to be revised if:

   (a) The nature of identified misstatements and the circumstances of their occurrence indicate that other misstatements may exist that, when aggregated with misstatements accumulated during the audit, could be material; or (Ref: Para. A4)

---

1) ISA 700, "Forming an Opinion and Reporting on Financial Statements," paragraphs 10–11.
2) ISA 320, "Materiality in Planning and Performing an Audit."

Einleitung

Anwendungsbereich

1. Dieser International Standard on Auditing (ISA) behandelt die Pflicht des Abschlussprüfers zur Beurteilung der Auswirkungen festgestellter falscher Darstellungen auf die Abschlussprüfung und etwaiger nicht korrigierter falscher Darstellungen auf den Abschluss. ISA 700 behandelt die Pflicht des Abschlussprüfers, bei der Bildung eines Prüfungsurteils über den Abschluss den Schluss zu ziehen, ob hinreichende Sicherheit darüber erlangt wurde, ob der Abschluss als Ganzes frei von einer wesentlichen falschen Darstellung ist. Diese in ISA 700 geforderte Schlussfolgerung trägt der vom Abschlussprüfer vorgenommenen Beurteilung der Auswirkungen etwaiger nicht korrigierter falscher Darstellungen auf den Abschluss in Übereinstimmung mit diesem ISA Rechnung.[1] ISA 320[2] behandelt die Pflicht des Abschlussprüfers, bei der Planung und Durchführung einer Abschlussprüfung das Konzept der Wesentlichkeit angemessen anzuwenden.

Anwendungszeitpunkt

2. Dieser ISA gilt für die Prüfung von Abschlüssen für Zeiträume, die am oder nach dem 15.12.2009 beginnen.

Ziel

3. Ziel des Abschlussprüfers ist es, die Auswirkungen
   (a) festgestellter falscher Darstellungen auf die Abschlussprüfung und
   (b) etwaiger nicht korrigierter falscher Darstellungen auf den Abschluss zu beurteilen.

Definitionen

4. Für die Zwecke der ISA gelten die nachstehenden Begriffsbestimmungen:

   (a) Falsche Darstellung – Eine Abweichung zwischen dem Betrag, dem Ausweis, der Darstellung oder der Angabe eines im Abschluss abgebildeten Sachverhalts und dem Betrag, dem Ausweis, der Darstellung oder der Angabe, der/die in Übereinstimmung mit dem maßgebenden Regelwerk der Rechnungslegung für den Sachverhalt erforderlich wäre. Falsche Darstellungen können aus Irrtümern oder aus dolosen Handlungen resultieren. (Vgl. Tz. A1)

   Wenn der Abschlussprüfer ein Prüfungsurteil darüber abgibt, ob der Abschluss in allen wesentlichen Belangen insgesamt sachgerecht dargestellt ist oder ein den tatsächlichen Verhältnissen entsprechendes Bild vermittelt, umfassen falsche Darstellungen auch solche Angleichungen von Beträgen, Ausweisen, Darstellungen oder Angaben, die nach der Beurteilung des Abschlussprüfers notwendig sind, damit der Abschluss in allen wesentlichen Belangen insgesamt sachgerecht dargestellt ist oder ein den tatsächlichen Verhältnissen entsprechendes Bild vermittelt.

   (b) Nicht korrigierte falsche Darstellungen – Falsche Darstellungen, die der Abschlussprüfer während der Abschlussprüfung kumuliert hat und die nicht korrigiert wurden.

Anforderungen

Kumulierung festgestellter falscher Darstellungen

5. Der Abschlussprüfer muss die während der Prüfung festgestellten falschen Darstellungen kumulieren, soweit diese nicht zweifelsfrei unbeachtlich sind. (Vgl. Tz. A2-A3)

Berücksichtigung der festgestellten falschen Darstellungen im weiteren Verlauf der Abschlussprüfung

6. Der Abschlussprüfer muss bestimmen, ob die Prüfungsstrategie und das Prüfungsprogramm überarbeitet werden müssen, wenn

   (a) die Art der festgestellten falschen Darstellungen und die Umstände, unter denen sie aufgetreten sind, darauf hindeuten, dass weitere falsche Darstellungen vorhanden sein können, die zusammen mit den während der Prüfung kumulierten falschen Darstellungen wesentlich sein könnten, oder (Vgl. Tz. A4)

---

[1] ISA 700 „Bildung eines Prüfungsurteils und Erteilung eines Vermerks zum Abschluss", Textziffern 10-11.
[2] ISA 320 „Die Wesentlichkeit bei der Planung und Durchführung einer Abschlussprüfung".

(b) The aggregate of misstatements accumulated during the audit approaches materiality determined in accordance with ISA 320. (Ref: Para. A5)

7. If, at the auditor's request, management has examined a class of transactions, account balance or disclosure and corrected misstatements that were detected, the auditor shall perform additional audit procedures to determine whether misstatements remain. (Ref: Para. A6)

Communication and Correction of Misstatements

8. The auditor shall communicate on a timely basis all misstatements accumulated during the audit with the appropriate level of management, unless prohibited by law or regulation.[3] The auditor shall request management to correct those misstatements. (Ref: Para. A7–A9)

9. If management refuses to correct some or all of the misstatements communicated by the auditor, the auditor shall obtain an understanding of management's reasons for not making the corrections and shall take that understanding into account when evaluating whether the financial statements as a whole are free from material misstatement. (Ref: Para. A10)

Evaluating the Effect of Uncorrected Misstatements

10. Prior to evaluating the effect of uncorrected misstatements, the auditor shall reassess materiality determined in accordance with ISA 320 to confirm whether it remains appropriate in the context of the entity's actual financial results. (Ref: Para. A11–A12)

11. The auditor shall determine whether uncorrected misstatements are material, individually or in aggregate. In making this determination, the auditor shall consider:
    (a) The size and nature of the misstatements, both in relation to particular classes of transactions, account balances or disclosures and the financial statements as a whole, and the particular circumstances of their occurrence; and (Ref: Para. A13–A17, A19–A20)
    (b) The effect of uncorrected misstatements related to prior periods on the relevant classes of transactions, account balances or disclosures, and the financial statements as a whole. (Ref: Para. A18)

Communication with Those Charged with Governance

12. The auditor shall communicate with those charged with governance uncorrected misstatements and the effect that they, individually or in aggregate, may have on the opinion in the auditor's report, unless prohibited by law or regulation.[4] The auditor's communication shall identify material uncorrected misstatements individually. The auditor shall request that uncorrected misstatements be corrected. (Ref: Para. A21–A23)

13. The auditor shall also communicate with those charged with governance the effect of uncorrected misstatements related to prior periods on the relevant classes of transactions, account balances or disclosures, and the financial statements as a whole.

Written Representations

14. The auditor shall request a written representation from management and, where appropriate, those charged with governance whether they believe the effects of uncorrected misstatements are immaterial, individually and in aggregate, to the financial statements as a whole. A summary of such items shall be included in or attached to the written representation. (Ref: Para. A24)

---

3) ISA 260, "Communication with Those Charged with Governance," paragraph 7.
4) See footnote 3.

(b) sich die Summe der während der Prüfung kumulierten falschen Darstellungen der in Übereinstimmung mit ISA 320 festgelegten Wesentlichkeit annähert. (Vgl. Tz. A5)

7. Hat das Management auf Aufforderung des Abschlussprüfers eine bestimmte Art von Geschäftsvorfällen, Kontensalden oder Abschlussangaben[*)] untersucht und aufgedeckte falsche Darstellungen korrigiert, muss der Abschlussprüfer zusätzliche Prüfungshandlungen durchführen, um festzustellen, ob falsche Darstellungen verbleiben. (Vgl. Tz. A6)

Kommunikation und Korrektur falscher Darstellungen

8. Der Abschlussprüfer muss sich über alle während der Prüfung kumulierten falschen Darstellungen in angemessener Zeit mit der geeigneten Managementebene austauschen, soweit dies nicht durch Gesetze oder andere Rechtsvorschriften untersagt ist,[3)] und das Management auffordern, diese falschen Darstellungen zu korrigieren. (Vgl. Tz. A7-A9)

9. Verweigert das Management die Korrektur einiger oder aller vom Abschlussprüfer mitgeteilten falschen Darstellungen, muss der Abschlussprüfer ein Verständnis der Gründe gewinnen, aus denen das Management die Korrekturen unterlässt, und dieses in die Beurteilung der Frage einbeziehen, ob der Abschluss als Ganzes frei von einer wesentlichen falschen Darstellung ist. (Vgl. Tz. A10)

Beurteilung der Auswirkungen nicht korrigierter falscher Darstellungen

10. Bevor die Auswirkungen nicht korrigierter falscher Darstellungen beurteilt werden, muss der Abschlussprüfer die in Übereinstimmung mit ISA 320 festgelegte Wesentlichkeit erneut beurteilen, um zu bekräftigen, dass diese im Zusammenhang mit den tatsächlichen finanziellen Ergebnissen der Einheit[**)] weiterhin angemessen ist. (Vgl. Tz. A11-A12)

11. Der Abschlussprüfer muss feststellen, ob nicht korrigierte falsche Darstellungen einzeln oder in der Summe wesentlich sind. Bei dieser Feststellung muss der Abschlussprüfer Folgendes berücksichtigen

(a) den Umfang und die Art der falschen Darstellungen, sowohl für bestimmte Arten von Geschäftsvorfällen, Kontensalden oder Abschlussangaben als auch für den Abschluss als Ganzes, und die besonderen Umstände, unter denen diese auftreten, sowie (Vgl. Tz. A13-A17, A19-A20)

(b) die Auswirkungen nicht korrigierter falscher Darstellungen aus vorhergehenden Zeiträumen auf die relevanten Arten von Geschäftsvorfällen, Kontensalden oder Abschlussangaben sowie auf den Abschluss als Ganzes. (Vgl. Tz. A18)

Kommunikation mit den für die Überwachung Verantwortlichen

12. Sofern dies nicht aufgrund von Gesetzen oder anderen Rechtsvorschriften untersagt ist, muss sich der Abschlussprüfer mit den für die Überwachung Verantwortlichen über nicht korrigierte falsche Darstellungen und die Auswirkungen austauschen, die sie einzeln oder in der Summe auf das Prüfungsurteil im Vermerk des Abschlussprüfers haben können.[4)] Wesentliche nicht korrigierte falsche Darstellungen müssen in der Mitteilung des Abschlussprüfers einzeln bezeichnet sein. Der Abschlussprüfer muss die Korrektur nicht korrigierter falscher Darstellungen verlangen. (Vgl. Tz. A21-A23)

13. Außerdem muss der Abschlussprüfer sich mit den für die Überwachung Verantwortlichen über die Auswirkungen austauschen, die nicht korrigierte falsche Darstellungen aus vorhergehenden Zeiträumen auf die relevanten Arten von Geschäftsvorfällen, Kontensalden oder Abschlussangaben und auf den Abschluss als Ganzes haben.

Schriftliche Erklärungen

14. Der Abschlussprüfer muss vom Management und - soweit angebracht - von den für die Überwachung Verantwortlichen eine schriftliche Erklärung darüber verlangen, ob ihrer Meinung nach die Auswirkungen nicht korrigierter falscher Darstellungen auf den Abschluss als Ganzes einzeln und in der Summe unwesentlich sind. Eine Aufstellung solcher Posten muss in der schriftlichen Erklärung enthalten oder ihr beigefügt sein. (Vgl. Tz. A24)

---

3) ISA 260 „Kommunikation mit den für die Überwachung Verantwortlichen", Textziffer 7.
4) Siehe Fußnote 3.
*) Abschlussposten und andere Angaben im Abschluss.
**) Der Begriff „Einheit" wird für *entity* neu eingeführt. Bei der zu prüfenden Einheit kann es sich um ein Unternehmen, einen Einzelkaufmann, eine Gesellschaft bürgerlichen Rechts (Schweiz: einfache Gesellschaft), eine Gebietskörperschaft, eine Anstalt des öffentlichen Rechts, einen Konzern oder eine nicht rechtlich abgegrenzte wirtschaftliche Einheit handeln. Eine Übersetzung mit „Unternehmen" oder „Gesellschaft" wäre deshalb unzureichend. So kann sich *entity* sogar auf eine nicht selbständige Niederlassung oder Sparte beziehen, für die eigenständig Rechnung gelegt wird.

Documentation

15. The auditor shall include in the audit documentation:[5] (Ref: Para. A25)
    (a) The amount below which misstatements would be regarded as clearly trivial (paragraph 5);

    (b) All misstatements accumulated during the audit and whether they have been corrected (paragraphs 5, 8 and 12); and

    (c) The auditor's conclusion as to whether uncorrected misstatements are material, individually or in aggregate, and the basis for that conclusion (paragraph 11).

***

Application and Other Explanatory Material

Definition of Misstatement (Ref: Para. 4(a))

A1. Misstatements may result from:
   (a) An inaccuracy in gathering or processing data from which the financial statements are prepared;

   (b) An omission of an amount or disclosure;

   (c) An incorrect accounting estimate arising from overlooking, or clear misinterpretation of, facts; and

   (d) Judgments of management concerning accounting estimates that the auditor considers unreasonable or the selection and application of accounting policies that the auditor considers inappropriate.

Examples of misstatements arising from fraud are provided in ISA 240.[6]

Accumulation of Identified Misstatements (Ref: Para. 5)

A2. The auditor may designate an amount below which misstatements would be clearly trivial and would not need to be accumulated because the auditor expects that the accumulation of such amounts clearly would not have a material effect on the financial statements. "Clearly trivial" is not another expression for "not material." Matters that are clearly trivial will be of a wholly different (smaller) order of magnitude than materiality determined in accordance with ISA 320, and will be matters that are clearly inconsequential, whether taken individually or in aggregate and whether judged by any criteria of size, nature or circumstances. When there is any uncertainty about whether one or more items are clearly trivial, the matter is considered not to be clearly trivial.

A3. To assist the auditor in evaluating the effect of misstatements accumulated during the audit and in communicating misstatements to management and those charged with governance, it may be useful to distinguish between factual misstatements, judgmental misstatements and projected misstatements.

- Factual misstatements are misstatements about which there is no doubt.
- Judgmental misstatements are differences arising from the judgments of management concerning accounting estimates that the auditor considers unreasonable, or the selection or application of accounting policies that the auditor considers inappropriate.
- Projected misstatements are the auditor's best estimate of misstatements in populations, involving the projection of misstatements identified in audit samples to the entire populations from which the samples were drawn. Guidance on the determination of projected misstatements and evaluation of the results is set out in ISA 530.[7]

---

5) ISA 230, "Audit Documentation," paragraphs 8–11, and A6.
6) ISA 240, "The Auditor's Responsibilities Relating to Fraud in an Audit of Financial Statements," paragraphs A1–A6.
7) ISA 530, "Audit Sampling," paragraphs 14–15.

Dokumentation

15. Der Abschlussprüfer hat in die Prüfungsdokumentation Folgendes aufzunehmen[5] (Vgl. Tz. A25)
    (a) den Betrag, unterhalb dessen falsche Darstellungen als zweifelsfrei unbeachtlich angesehen werden (Textziffer 5),
    (b) alle während der Prüfung kumulierten falschen Darstellungen und ob sie korrigiert wurden (Textziffern 5, 8 und 12) sowie
    (c) die Schlussfolgerung des Abschlussprüfers darüber, ob nicht korrigierte falsche Darstellungen einzeln oder in der Summe wesentlich sind, einschließlich der Grundlage für diese Schlussfolgerung (Textziffer 11).

***

Anwendungshinweise und sonstige Erläuterungen

Definition einer falschen Darstellung (Vgl. Tz. 4(a))

A1. Falsche Darstellungen können entstehen aus
   (a) einer Ungenauigkeit beim Zusammenstellen oder Verarbeiten von Daten, aus denen der Abschluss aufgestellt wird,
   (b) dem Weglassen einer Betragsangabe oder sonstiger Abschlussangaben,
   (c) einem unrichtigen geschätzten Wert in der Rechnungslegung, der sich daraus ergibt, dass Tatsachen übersehen oder eindeutig falsch interpretiert werden, und
   (d) Beurteilungen des Managements zu geschätzten Werten in der Rechnungslegung, die der Abschlussprüfer für nicht vertretbar hält, oder der Auswahl und Anwendung von Rechnungslegungsmethoden, die der Abschlussprüfer für unangemessen hält.

Beispiele für falsche Darstellungen, die aus dolosen Handlungen resultieren, sind in ISA 240[6] enthalten.

Kumulierung festgestellter falscher Darstellungen (Vgl. Tz. 5)

A2. Der Abschlussprüfer kann einen Betrag bestimmen, unterhalb dessen falsche Darstellungen zweifelsfrei unbeachtlich sind und nicht kumuliert werden müssen, weil der Abschlussprüfer erwartet, dass die Sammlung solcher Beträge zweifelsfrei keine wesentlichen Auswirkungen auf den Abschluss hätte. „Zweifelsfrei unbeachtlich" ist kein anderer Ausdruck für „nicht wesentlich". Sachverhalte, die zweifelsfrei unbeachtlich sind, werden eine völlig andere (kleinere) Größenordnung haben als die in Übereinstimmung mit ISA 320 festgelegte Wesentlichkeit und stellen Sachverhalte dar, die zweifelsfrei unbedeutend sind, unabhängig davon, ob sie einzeln oder in der Summe betrachtet werden und nach welchem Kriterium von Größe, Art oder Umständen sie beurteilt werden. Besteht irgendeine Unsicherheit darüber, ob eines oder mehrere Elemente zweifelsfrei unbeachtlich sind, wird der Sachverhalt als nicht zweifelsfrei unbeachtlich angesehen.

A3. Zur Unterstützung des Abschlussprüfers bei der Beurteilung der Auswirkungen von während der Prüfung angesammelten falschen Darstellungen sowie bei der Mitteilung von falschen Darstellungen an das Management und an die für die Überwachung Verantwortlichen kann es hilfreich sein, zwischen tatsächlichen, beurteilungsbedingten und hochgerechneten falschen Darstellungen zu unterscheiden.

- Tatsächliche falsche Darstellungen sind falsche Darstellungen, über die kein Zweifel besteht.
- Beurteilungsbedingte falsche Darstellungen sind Unterschiede, die aus Beurteilungen des Managements über geschätzte Werte in der Rechnungslegung, der der Abschlussprüfer für nicht vertretbar hält, oder aus der Auswahl oder Anwendung von Rechnungslegungsmethoden, die der Abschlussprüfer für unangemessen hält, resultieren.
- Hochgerechnete falsche Darstellungen sind die bestmögliche Schätzung des Abschlussprüfers von falschen Darstellungen in den Grundgesamtheiten durch Hochrechnung der in den Stichproben festgestellten falschen Darstellungen auf die Grundgesamtheiten, aus denen die Stichproben gezogen wurden. Erläuternde Hinweise zur Bestimmung hochgerechneter falscher Darstellungen und zur Beurteilung der Ergebnisse enthält ISA 530[7].

---

[5] ISA 230 "Prüfungsdokumentation", Textziffern 8-11 und A6.
[6] ISA 240 „Die Verantwortung des Abschlussprüfers bei dolosen Handlungen", Textziffern A1-A6.
[7] ISA 530 „Stichprobenprüfungen", Textziffern 14-15.

Consideration of Identified Misstatements as the Audit Progresses (Ref: Para. 6–7)

A4. A misstatement may not be an isolated occurrence. Evidence that other misstatements may exist include, for example, where the auditor identifies that a misstatement arose from a breakdown in internal control or from inappropriate assumptions or valuation methods that have been widely applied by the entity.

A5. If the aggregate of misstatements accumulated during the audit approaches materiality determined in accordance with ISA 320, there may be a greater than acceptably low level of risk that possible undetected misstatements, when taken with the aggregate of misstatements accumulated during the audit, could exceed materiality. Undetected misstatements could exist because of the presence of sampling risk and non-sampling risk.[8]

A6. The auditor may request management to examine a class of transactions, account balance or disclosure in order for management to understand the cause of a misstatement identified by the auditor, perform procedures to determine the amount of the actual misstatement in the class of transactions, account balance or disclosure, and to make appropriate adjustments to the financial statements. Such a request may be made, for example, based on the auditor's projection of misstatements identified in an audit sample to the entire population from which it was drawn.

Communication and Correction of Misstatements (Ref: Para. 8–9)

A7. Timely communication of misstatements to the appropriate level of management is important as it enables management to evaluate whether the items are misstatements, inform the auditor if it disagrees, and take action as necessary. Ordinarily, the appropriate level of management is the one that has responsibility and authority to evaluate the misstatements and to take the necessary action.

A8. Law or regulation may restrict the auditor's communication of certain misstatements to management, or others, within the entity. For example, laws or regulations may specifically prohibit a communication, or other action, that might prejudice an investigation by an appropriate authority into an actual, or suspected, illegal act. In some circumstances, potential conflicts between the auditor's obligations of confidentiality and obligations to communicate may be complex. In such cases, the auditor may consider seeking legal advice.

A9. The correction by management of all misstatements, including those communicated by the auditor, enables management to maintain accurate accounting books and records and reduces the risks of material misstatement of future financial statements because of the cumulative effect of immaterial uncorrected misstatements related to prior periods.

A10. ISA 700 requires the auditor to evaluate whether the financial statements are prepared and presented, in all material respects, in accordance with the requirements of the applicable financial reporting framework. This evaluation includes consideration of the qualitative aspects of the entity's accounting practices, including indicators of possible bias in management's judgments,[9] which may be affected by the auditor's understanding of management's reasons for not making the corrections.

Evaluating the Effect of Uncorrected Misstatements (Ref: Para. 10–11)

A11. The auditor's determination of materiality in accordance with ISA 320 is often based on estimates of the entity's financial results, because the actual financial results may not yet be known. Therefore, prior to the auditor's evaluation of the effect of uncorrected misstatements, it may be necessary to revise materiality determined in accordance with ISA 320 based on the actual financial results.

---

8) ISA 530, paragraph 5(c)–(d).
9) ISA 700, paragraph 12.

Berücksichtigung der festgestellten falschen Darstellungen im weiteren Verlauf der Abschlussprüfung (Vgl. Tz. 6-7)

A4. Eine falsche Darstellung ist möglicherweise kein isoliertes Ereignis. Zu den Anhaltspunkten, dass noch andere falsche Darstellungen vorhanden sein könnten, gehört bspw. die Feststellung des Abschlussprüfers, dass eine falsche Darstellung aus einer Störung im internen Kontrollsystem (IKS) oder aus unangemessenen Annahmen oder Bewertungsmethoden resultieren könnte, die von der Einheit weitgehend angewendet wurden.

A5. Wenn sich die Summe der während der Prüfung kumulierten falschen Darstellungen der in Übereinstimmung mit ISA 320 festgelegten Wesentlichkeit annähert, kann ein höheres als das vertretbar niedrige Maß an Risiko dafür bestehen, dass mögliche nicht aufgedeckte falsche Darstellungen zusammen mit der Summe der während der Prüfung angesammelten falschen Darstellungen die Wesentlichkeit überschreiten könnten. Nicht aufgedeckte falsche Darstellungen können aufgrund bestehender Stichprobenrisiken und Nicht-Stichprobenrisiken gegeben sein.[8]

A6. Der Abschlussprüfer kann das Management auffordern, eine bestimmte Art von Geschäftsvorfällen, Kontensalden oder Abschlussangaben zu untersuchen, damit das Management die Ursache für eine vom Abschlussprüfer festgestellte falsche Darstellung versteht, und Handlungen durchzuführen, um den Betrag der tatsächlichen falschen Darstellung in der Art von Geschäftsvorfällen, Kontensalden oder Abschlussangaben zu ermitteln sowie angemessene Anpassungen im Abschluss vorzunehmen. Eine solche Aufforderung kann bspw. darauf basieren, dass der Abschlussprüfer in einer Stichprobe festgestellten falschen Darstellungen auf die Grundgesamtheit hochrechnet, aus der die Stichprobe gezogen wurde.

Kommunikation und Korrektur falscher Darstellungen (Vgl. Tz. 8-9)

A7. Die rechtzeitige Mitteilung falscher Darstellungen an die angemessene Managementebene ist wichtig, da sie es dem Management ermöglicht zu beurteilen, ob es sich bei den Elementen um falsche Darstellungen handelt, den Abschlussprüfer zu informieren, wenn es anderer Ansicht ist, und erforderliche Maßnahmen zu ergreifen. Üblicherweise ist die geeignete Managementebene diejenige, welche die Verantwortung und Befugnis hat, die falschen Darstellungen zu beurteilen und die notwendigen Maßnahmen zu ergreifen.

A8. Gesetze oder andere Rechtsvorschriften können die Kommunikation des Abschlussprüfers mit dem Management oder mit anderen Personen innerhalb der Einheit über bestimmte falsche Darstellungen beschränken. So können Gesetze oder andere Rechtsvorschriften bspw. eine bestimmte Kommunikation oder andere Maßnahmen ausdrücklich untersagen, welche die Untersuchung einer vorliegenden oder vermuteten gesetzwidrigen Handlung durch eine zuständige Behörde beeinflussen könnten. In manchen Fällen können mögliche Konflikte zwischen den Verschwiegenheits- und den Kommunikationsverpflichtungen des Abschlussprüfers komplex sein. In solchen Fällen kann der Abschlussprüfer die Einholung von rechtlichem Rat erwägen.

A9. Die Korrektur aller falschen Darstellungen durch das Management, einschließlich der vom Abschlussprüfer mitgeteilten, ermöglicht es dem Management, korrekte Bücher und Unterlagen der Rechnungslegung zu führen, und reduziert die Risiken wesentlicher falscher Darstellungen in künftigen Abschlüssen aufgrund der kumulativen Auswirkungen unwesentlicher nicht korrigierter falscher Darstellungen aus vorhergehenden Zeiträumen.

A10. Nach ISA 700 muss der Abschlussprüfer beurteilen, ob der Abschluss in allen wesentlichen Belangen in Übereinstimmung mit den Anforderungen des maßgebenden Regelwerks der Rechnungslegung aufgestellt wurde. Diese Beurteilung umfasst die Betrachtung der qualitativen Aspekte des Vorgehens der Einheit bei der Rechnungslegung, einschließlich der Anzeichen für eine mögliche Einseitigkeit in den Beurteilungen des Managements.[9] Diese Beurteilung kann dadurch beeinflusst werden, dass der Abschlussprüfer versteht, aus welchen Gründen das Management Korrekturen nicht vorgenommen hat.

Beurteilung der Auswirkungen nicht korrigierter falscher Darstellungen (Vgl. Tz. 10-11)

A11. Die Festlegung der Wesentlichkeit durch den Abschlussprüfer in Übereinstimmung mit ISA 320 beruht häufig auf Schätzungen der Ergebnisse im Abschluss der Einheit, weil die tatsächlichen Ergebnisse im Abschluss möglicherweise noch nicht bekannt sind. Daher kann es vor der Beurteilung der Auswirkungen nicht korrigierter falscher Darstellungen durch den Abschlussprüfer notwendig sein, die in Übereinstimmung mit ISA 320 festgelegte Wesentlichkeit auf der Grundlage der tatsächlichen Ergebnisse im Abschluss anzupassen.

---

[8] ISA 530, Textziffer 5(c)-(d).
[9] ISA 700, Textziffer 12.

A12. ISA 320 explains that, as the audit progresses, materiality for the financial statements as a whole (and, if applicable, the materiality level or levels for particular classes of transactions, account balances or disclosures) is revised in the event of the auditor becoming aware of information during the audit that would have caused the auditor to have determined a different amount (or amounts) initially.[10] Thus, any significant revision is likely to have been made before the auditor evaluates the effect of uncorrected misstatements. However, if the auditor's reassessment of materiality determined in accordance with ISA 320 (see paragraph 10 of this ISA) gives rise to a lower amount (or amounts), then performance materiality and the appropriateness of the nature, timing and extent of the further audit procedures are reconsidered so as to obtain sufficient appropriate audit evidence on which to base the audit opinion.

A13. Each individual misstatement is considered to evaluate its effect on the relevant classes of transactions, account balances or disclosures, including whether the materiality level for that particular class of transactions, account balance or disclosure, if any, has been exceeded.

A14. If an individual misstatement is judged to be material, it is unlikely that it can be offset by other misstatements. For example, if revenue has been materially overstated, the financial statements as a whole will be materially misstated, even if the effect of the misstatement on earnings is completely offset by an equivalent overstatement of expenses. It may be appropriate to offset misstatements within the same account balance or class of transactions; however, the risk that further undetected misstatements may exist is considered before concluding that offsetting even immaterial misstatements is appropriate.[11]

A15. Determining whether a classification misstatement is material involves the evaluation of qualitative considerations, such as the effect of the classification misstatement on debt or other contractual covenants, the effect on individual line items or sub-totals, or the effect on key ratios. There may be circumstances where the auditor concludes that a classification misstatement is not material in the context of the financial statements as a whole, even though it may exceed the materiality level or levels applied in evaluating other misstatements. For example, a misclassification between balance sheet line items may not be considered material in the context of the financial statements as a whole when the amount of the misclassification is small in relation to the size of the related balance sheet line items and the misclassification does not affect the income statement or any key ratios.

A16. The circumstances related to some misstatements may cause the auditor to evaluate them as material, individually or when considered together with other misstatements accumulated during the audit, even if they are lower than materiality for the financial statements as a whole. Circumstances that may affect the evaluation include the extent to which the misstatement:

- Affects compliance with regulatory requirements;
- Affects compliance with debt covenants or other contractual requirements;
- Relates to the incorrect selection or application of an accounting policy that has an immaterial effect on the current period's financial statements but is likely to have a material effect on future periods' financial statements;
- Masks a change in earnings or other trends, especially in the context of general economic and industry conditions;
- Affects ratios used to evaluate the entity's financial position, results of operations or cash flows;

---

10) ISA 320, paragraph 12.
11) The identification of a number of immaterial misstatements within the same account balance or class of transactions may require the auditor to reassess the risk of material misstatement for that account balance or class of transactions.

A12. In ISA 320 wird erläutert, dass im weiteren Verlauf der Abschlussprüfung die Wesentlichkeit für den Abschluss als Ganzes (und ggf. die Wesentlichkeitsgrenze oder -grenzen für bestimmte Arten von Geschäftsvorfällen, Kontensalden oder Abschlussangaben) angepasst wird, wenn dem Abschlussprüfer während der Prüfung Informationen zur Kenntnis gelangen, die ihn dazu veranlasst hätten, ursprünglich einen oder mehrere andere Beträge festzulegen.[10] Deshalb wird der Abschlussprüfer wahrscheinlich alle bedeutsamen Anpassungen vorgenommen haben, bevor er die Auswirkungen nicht korrigierter falscher Darstellungen beurteilt. Führt die vom Abschlussprüfer vorgenommene Neubeurteilung der in Übereinstimmung mit ISA 320 festgelegten Wesentlichkeit (siehe Textziffer 10 dieses ISA) jedoch zu einem oder mehreren niedrigeren Beträgen, werden die Toleranzwesentlichkeit[*] und die Angemessenheit von Art, zeitlicher Einteilung und Umfang der weiteren Prüfungshandlungen neu beurteilt, um ausreichende geeignete Prüfungsnachweise als Grundlage für das Prüfungsurteil zu erlangen.

A13. Jede einzelne falsche Darstellung wird berücksichtigt, um ihre Auswirkungen auf die relevanten Arten von Geschäftsvorfällen, Kontensalden oder Abschlussangaben zu beurteilen. Dies schließt die Frage ein, ob die Wesentlichkeitsgrenze für diese bestimmte Art von Geschäftsvorfällen, Kontensalden oder Abschlussangaben überschritten wurde.

A14. Wenn eine einzelne falsche Darstellung als wesentlich beurteilt wird, ist es unwahrscheinlich, dass sie durch andere falsche Darstellungen ausgeglichen werden kann. Wenn bspw. die Umsatzerlöse wesentlich zu hoch ausgewiesen wurden, enthält der Abschluss als Ganzes eine wesentliche falsche Darstellung, selbst wenn die Auswirkung der falschen Darstellung auf die Ertragslage durch entsprechende zu hoch ausgewiesene Aufwendungen vollständig ausgeglichen wird. Es kann sachgerecht sein, falsche Darstellungen innerhalb derselben Kontensalden oder Arten von Geschäftsvorfällen auszugleichen. Dabei zieht der Abschlussprüfer jedoch das Risiko in Betracht, dass weitere nicht aufgedeckte falsche Darstellungen vorhanden sein können, bevor er zu dem Schluss gelangt, dass es sachgerecht ist, selbst unwesentliche falsche Darstellungen zu saldieren.[11]

A15. Die Entscheidung, ob ein falscher Ausweis als wesentlich eingestuft wird, beinhaltet die Beurteilung qualitativer Aspekte, z. B. die Auswirkung des falschen Ausweises von Verpflichtungen oder anderer vertraglicher Beschränkungen, die Auswirkung auf einzelne Posten oder Zwischensummen oder die Auswirkung auf Schlüsselkennzahlen. Es können Umstände vorliegen, unter denen der Abschlussprüfer zu dem Schluss kommt, dass ein falscher Ausweis im Kontext des Abschlusses als Ganzes nicht wesentlich ist, obwohl er möglicherweise die Wesentlichkeitsgrenze oder -grenzen überschreitet, die bei der Beurteilung anderer falscher Darstellungen angewendet werden. So wird bspw. eine falsche Zuordnung zu Bilanzposten möglicherweise im Kontext des Abschlusses als Ganzes nicht als wesentlich angesehen, wenn der falsch zugeordnete Betrag im Verhältnis zur Größe der betreffenden Bilanzposten klein ist und sich die falsche Zuordnung nicht auf die Gewinn- und Verlustrechnung[**] oder auf Schlüsselkennzahlen auswirkt.

A16. Die mit manchen falschen Darstellungen verbundenen Umstände können dazu führen, dass der Abschlussprüfer die falschen Darstellungen einzeln oder zusammen mit anderen falschen Darstellungen, die er während der Prüfung kumuliert hat, als wesentlich beurteilt, selbst wenn sie niedriger sind als die Wesentlichkeit für den Abschluss als Ganzes. Zu Umständen, die sich auf die Beurteilung auswirken können, gehört das Ausmaß, in dem die falsche Darstellung

- sich auf die Einhaltung rechtlicher Anforderungen auswirkt,
- sich auf die Einhaltung vertraglicher Beschränkungen im Zusammenhang mit Schulden oder anderer vertraglicher Pflichten auswirkt,
- die unrichtige Auswahl oder Anwendung einer Rechnungslegungsmethode betrifft, die sich auf den Abschluss des laufenden Zeitraums nur unwesentlich auswirkt, wahrscheinlich aber wesentliche Auswirkungen auf die Abschlüsse zukünftiger Zeiträume hat,
- eine Änderung der Ertragslage oder anderer Trends verschleiert, insbesondere im Zusammenhang mit der allgemeinen Wirtschafts- und Branchenlage,
- sich auf Kennzahlen auswirkt, die zur Beurteilung der Vermögens-, Finanz- und Ertragslage oder der Cashflows[***] der Einheit verwendet werden,

---

10) ISA 320, Textziffer 12.
11) Um eine Reihe unwesentlicher falscher Darstellungen innerhalb derselben Kontensalden oder Arten von Geschäftsvorfällen festzustellen, kann es erforderlich sein, dass der Abschlussprüfer das Risiko wesentlicher falscher Darstellungen für die betreffenden Kontensalden oder Arten von Geschäftsvorfällen neu beurteilen muss.
*) Vgl. ISA 320, Textziffer 9.
**) In der Schweiz: Erfolgsrechnung.
***) In der Schweiz: Geldflüsse.

- Affects segment information presented in the financial statements (for example, the significance of the matter to a segment or other portion of the entity's business that has been identified as playing a significant role in the entity's operations or profitability);
- Has the effect of increasing management compensation, for example, by ensuring that the requirements for the award of bonuses or other incentives are satisfied;
- Is significant having regard to the auditor's understanding of known previous communications to users, for example, in relation to forecast earnings;
- Relates to items involving particular parties (for example, whether external parties to the transaction are related to members of the entity's management);
- Is an omission of information not specifically required by the applicable financial reporting framework but which, in the judgment of the auditor, is important to the users' understanding of the financial position, financial performance or cash flows of the entity; or
- Affects other information that will be communicated in documents containing the audited financial statements (for example, information to be included in a "Management Discussion and Analysis" or an "Operating and Financial Review") that may reasonably be expected to influence the economic decisions of the users of the financial statements. ISA 720[12] deals with the auditor's consideration of other information, on which the auditor has no obligation to report, in documents containing audited financial statements.

These circumstances are only examples; not all are likely to be present in all audits nor is the list necessarily complete. The existence of any circumstances such as these does not necessarily lead to a conclusion that the misstatement is material.

A17. ISA 240[13] explains how the implications of a misstatement that is, or may be, the result of fraud ought to be considered in relation to other aspects of the audit, even if the size of the misstatement is not material in relation to the financial statements.

A18. The cumulative effect of immaterial uncorrected misstatements related to prior periods may have a material effect on the current period's financial statements. There are different acceptable approaches to the auditor's evaluation of such uncorrected misstatements on the current period's financial statements. Using the same evaluation approach provides consistency from period to period.

Considerations Specific to Public Sector Entities

A19. In the case of an audit of a public sector entity, the evaluation whether a misstatement is material may also be affected by the auditor's responsibilities established by law, regulation or other authority to report specific matters, including, for example, fraud.

A20. Furthermore, issues such as public interest, accountability, probity and ensuring effective legislative oversight, in particular, may affect the assessment whether an item is material by virtue of its nature. This is particularly so for items that relate to compliance with law, regulation or other authority.

Communication with Those Charged with Governance (Ref: Para. 12)

A21. If uncorrected misstatements have been communicated with person(s) with management responsibilities, and those person(s) also have governance responsibilities, they need not be communicated again with those same person(s) in their governance role. The auditor nonetheless has to be satisfied that communication with person(s) with management responsibilities adequately informs all of those with whom the auditor would otherwise communicate in their governance capacity.[14]

---

12) ISA 720, "The Auditor's Responsibilities Relating to Other Information in Documents Containing Audited Financial Statements."
13) ISA 240, paragraph 35.
14) ISA 260, paragraph 13.

- sich auf im Abschluss dargestellte Segmentinformationen auswirkt (bspw. die Bedeutung des Sachverhalts für ein Segment oder einen anderen Teil des Geschäfts der Einheit, der als bedeutsam für die Geschäftstätigkeit oder die Rentabilität der Einheit erkannt wurde),
- zu einem Anstieg der Managementvergütung führt, indem sie bspw. bewirkt, dass die Anforderungen für die Gewährung von Boni oder anderen Anreizen erfüllt werden,
- nach dem Verständnis des Abschlussprüfers von bekannten vorherigen Mitteilungen an Nutzer bedeutsam ist (bspw. im Zusammenhang mit prognostizierten Ergebnissen),
- sich auf Elemente bezieht, die mit bestimmten Personen verbunden sind (bspw. ob externe Beteiligte des Geschäftsvorfalls zu Mitgliedern des Managements der Einheit in Beziehung stehen),
- in einem Auslassen von Informationen besteht, die zwar im maßgebenden Regelwerk der Rechnungslegung nicht ausdrücklich gefordert werden, jedoch nach der Beurteilung des Abschlussprüfers wichtig für das Verständnis der Nutzer von der Vermögens-, Finanz- und Ertragslage oder der Cashflows der Einheit sind, oder
- sich auf sonstige Informationen auswirkt, die in Dokumenten kommuniziert werden, die den geprüften Abschluss enthalten (z. B. Informationen, die in einen Lagebericht oder einen Geschäftsbericht einzubeziehen sind), und von denen vernünftigerweise erwartet werden kann, dass sie die wirtschaftlichen Entscheidungen der Nutzer des Abschlusses beeinflussen. ISA 720[12] behandelt die Erwägungen des Abschlussprüfers zu sonstigen Informationen, zu denen keine Pflicht zur Erteilung eines Vermerks des Abschlussprüfers besteht, in Dokumenten, die den geprüften Abschluss enthalten.

Bei diesen Umständen handelt es sich lediglich um Beispiele, die wahrscheinlich nicht alle bei jeder Abschlussprüfung gegeben sind. Außerdem ist die Auflistung nicht notwendigerweise vollständig. Das Vorliegen von Umständen wie diesen führt nicht notwendigerweise zu dem Schluss, dass die falsche Darstellung wesentlich ist.

A17. In ISA 240[13] wird erläutert, wie die Auswirkungen einer falschen Darstellung, die tatsächlich oder möglicherweise das Ergebnis doloser Handlungen ist, im Zusammenhang mit anderen Aspekten der Prüfung zu berücksichtigen sind, selbst wenn die Größenordnung der falschen Darstellung für den Abschluss nicht wesentlich ist.

A18. Die kumulativen Auswirkungen unwesentlicher nicht korrigierter falscher Darstellungen aus vorhergehenden Zeiträumen können für den Abschluss des laufenden Zeitraums wesentlich sein. Für die Beurteilung solcher nicht korrigierter falscher Darstellungen durch den Abschlussprüfer für den Abschluss des laufenden Zeitraums gibt es verschiedene vertretbare Ansätze. Die Anwendung desselben Beurteilungsansatzes vermittelt Stetigkeit im Zeitablauf.

Spezifische Überlegungen zu Einheiten des öffentlichen Sektors

A19. Bei der Prüfung einer Einheit des öffentlichen Sektors kann die Beurteilung, ob eine falsche Darstellung wesentlich ist, auch beeinflusst werden durch die Pflichten des Abschlussprüfers, wie sie in Gesetzen, anderen Rechtsvorschriften oder sonstigen amtlichen Vorgaben zur Berichterstattung über bestimmte Sachverhalte (z. B. dolose Handlungen) festgelegt sind.

A20. Darüber hinaus können Themen wie insbesondere öffentliches Interesse, Rechenschaftslegung, Redlichkeit und Sicherstellung einer wirksamen gesetzlichen Aufsicht die Beurteilung beeinflussen, ob ein Element aufgrund seiner Art wesentlich ist. Dies gilt insbesondere für Elemente, die mit der Einhaltung von Gesetzen und anderen Rechtsvorschriften oder sonstigen amtlichen Vorgaben zusammenhängen.

Kommunikation mit den für die Überwachung Verantwortlichen (Vgl. Tz. 12)

A21. Wenn nicht korrigierte falsche Darstellungen einer oder mehreren Personen mit Managementverantwortung mitgeteilt wurden und diese Personen auch Überwachungsverantwortung tragen, müssen die falschen Darstellungen nicht erneut mit denselben Personen in ihrer Überwachungsfunktion erörtert werden. Dennoch muss sich der Abschlussprüfer davon überzeugen, dass durch die Kommunikation mit einer oder mehreren Personen mit Managementverantwortung all diejenigen Personen angemessen informiert werden, mit denen er sonst in ihrer Überwachungseigenschaft kommunizieren würde.[14]

---

12) ISA 720 „Die Pflichten des Abschlussprüfers im Zusammenhang mit sonstigen Informationen in Dokumenten, die den geprüften Abschluss enthalten".
13) ISA 240, Textziffer 35.
14) ISA 260, Textziffer 13.

A22. Where there is a large number of individual immaterial uncorrected misstatements, the auditor may communicate the number and overall monetary effect of the uncorrected misstatements, rather than the details of each individual uncorrected misstatement.

A23. ISA 260 requires the auditor to communicate with those charged with governance the written representations the auditor is requesting (see paragraph 14 of this ISA).[15] The auditor may discuss with those charged with governance the reasons for, and the implications of, a failure to correct misstatements, having regard to the size and nature of the misstatement judged in the surrounding circumstances, and possible implications in relation to future financial statements.

Written Representations (Ref: Para. 14)

A24. Because the preparation of the financial statements requires management and, where appropriate, those charged with governance to adjust the financial statements to correct material misstatements, the auditor is required to request them to provide a written representation about uncorrected misstatements. In some circumstances, management and, where appropriate, those charged with governance may not believe that certain uncorrected misstatements are misstatements. For that reason, they may want to add to their written representation words such as: "We do not agree that items ... and ... constitute misstatements because [description of reasons]." Obtaining this representation does not, however, relieve the auditor of the need to form a conclusion on the effect of uncorrected misstatements.

Documentation (Ref: Para. 15)

A25. The auditor's documentation of uncorrected misstatements may take into account:

(a) The consideration of the aggregate effect of uncorrected misstatements;

(b) The evaluation of whether the materiality level or levels for particular classes of transactions, account balances or disclosures, if any, have been exceeded; and

(c) The evaluation of the effect of uncorrected misstatements on key ratios or trends, and compliance with legal, regulatory and contractual requirements (for example, debt covenants).

---

15) ISA 260, paragraph 16(c)(ii).

Die Beurteilung der während der Abschlussprüfung festgestellten falschen Darstellungen	ISA 450

A22. Bei einer großen Anzahl von einzelnen unwesentlichen nicht korrigierten falschen Darstellungen kann der Abschlussprüfer statt der Details jeder einzelnen nicht korrigierten falschen Darstellung die Anzahl und die betragsmäßigen Gesamtauswirkungen der nicht korrigierten falschen Darstellungen mitteilen.

A23. Nach ISA 260 muss der Abschlussprüfer mit den für die Überwachung Verantwortlichen über die von ihm angeforderten schriftlichen Erklärungen kommunizieren (siehe Textziffer 14 dieses ISA).[15] Der Abschlussprüfer kann mit den für die Überwachung Verantwortlichen die Gründe und Auswirkungen eines Unterlassens der Korrektur falscher Darstellungen erörtern unter Berücksichtigung der unter den gegebenen Umständen beurteilten Größenordnung und Art der falschen Darstellungen sowie möglicher Auswirkungen auf zukünftige Abschlüsse.

Schriftliche Erklärungen (Vgl. Tz. 14)

A24. Da die Aufstellung des Abschlusses vom Management und ggf. von den für die Überwachung Verantwortlichen die Anpassung des Abschlusses zur Korrektur wesentlicher falscher Darstellungen verlangt, muss der Abschlussprüfer sie auffordern, eine schriftliche Erklärung über nicht korrigierte falsche Darstellungen abzugeben. In manchen Fällen sind das Management und ggf. die für die Überwachung Verantwortlichen möglicherweise nicht der Ansicht, dass es sich bei bestimmten nicht korrigierten falschen Darstellungen um falsche Darstellungen handelt. Aus diesem Grund kann es sein, dass sie ihrer schriftlichen Erklärung Formulierungen wie die folgenden hinzufügen wollen: „Wir teilen nicht die Auffassung, dass die Sachverhalte … und … falsche Darstellungen sind, weil [Darlegung der Gründe]." Der Erhalt dieser Erklärung befreit den Abschlussprüfer jedoch nicht von der Notwendigkeit, eine Schlussfolgerung zu den Auswirkungen nicht korrigierter falscher Darstellungen zu ziehen.

Dokumentation (Vgl. Tz. 15)

A25. Die Dokumentation des Abschlussprüfers zu nicht korrigierten falschen Darstellungen kann berücksichtigen:

(a) die Beurteilung der Gesamtauswirkung nicht korrigierter falscher Darstellungen,

(b) die Beurteilung, ob die Wesentlichkeitsgrenze oder -grenzen für bestimmte Arten von Geschäftsvorfällen, Kontensalden oder Abschlussangaben überschritten wurden, und

(c) die Beurteilung der Auswirkung nicht korrigierter falscher Darstellungen auf Schlüsselkennzahlen oder besonders wichtige Trends und auf die Einhaltung gesetzlicher und anderer rechtlicher sowie vertraglicher Anforderungen (z. B. vertragliche Beschränkungen im Zusammenhang mit Schulden).

---

15) ISA 260, Textziffer 16(c)(ii).

INTERNATIONAL STANDARD ON AUDITING 500

AUDIT EVIDENCE

(Effective for audits of financial statements for periods beginning on or after December 15, 2009)

CONTENTS

	Paragraph
Introduction	
Scope of this ISA	1–2
Effective Date	3
Objective	4
Definitions	5
Requirements	
Sufficient Appropriate Audit Evidence	6
Information to Be Used as Audit Evidence	7–9
Selecting Items for Testing to Obtain Audit Evidence	10
Inconsistency in, or Doubts over Reliability of, Audit Evidence	11
Application and Other Explanatory Material	
Sufficient Appropriate Audit Evidence	A1–A25
Information to Be Used as Audit Evidence	A26–A51
Selecting Items for Testing to Obtain Audit Evidence	A52–A56
Inconsistency in, or Doubts over Reliability of, Audit Evidence	A57

International Standard on Auditing (ISA) 500, "Audit Evidence" should be read in conjunction with ISA 200, "Overall Objectives of the Independent Auditor and the Conduct of an Audit in Accordance with International Standards on Auditing."

INTERNATIONAL STANDARD ON AUDITING 500
PRÜFUNGSNACHWEISE
(gilt für die Prüfung von Abschlüssen für Zeiträume, die am oder nach dem 15.12.2009 beginnen)

INHALTSVERZEICHNIS

	Textziffer
Einleitung	
Anwendungsbereich	1-2
Anwendungszeitpunkt	3
Ziel	4
Definitionen	5
Anforderungen	
Ausreichende geeignete Prüfungsnachweise	6
Informationen, die als Prüfungsnachweise verwendet werden	7-9
Auswahl der zu prüfenden Elemente, um Prüfungsnachweise zu erlangen	10
Unstimmigkeit in Prüfungsnachweisen oder Zweifel an deren Verlässlichkeit	11
Anwendungshinweise und sonstige Erläuterungen	
Ausreichende geeignete Prüfungsnachweise	A1-A25
Informationen, die als Prüfungsnachweise verwendet werden	A26-A51
Auswahl der zu prüfenden Elemente, um Prüfungsnachweise zu erlangen	A52-A56
Unstimmigkeit in Prüfungsnachweisen oder Zweifel an deren Verlässlichkeit	A57

International Standard on Auditing (ISA) 500 „Prüfungsnachweise" ist im Zusammenhang mit ISA 200 „Übergreifende Zielsetzungen des unabhängigen Prüfers und Grundsätze einer Prüfung in Übereinstimmung mit den International Standards on Auditing" zu lesen.

Introduction

Scope of this ISA

1. This International Standard on Auditing (ISA) explains what constitutes audit evidence in an audit of financial statements, and deals with the auditor's responsibility to design and perform audit procedures to obtain sufficient appropriate audit evidence to be able to draw reasonable conclusions on which to base the auditor's opinion.

2. This ISA is applicable to all the audit evidence obtained during the course of the audit. Other ISAs deal with specific aspects of the audit (for example, ISA 315[1]), the audit evidence to be obtained in relation to a particular topic (for example, ISA 570[2]), specific procedures to obtain audit evidence (for example, ISA 520[3]), and the evaluation of whether sufficient appropriate audit evidence has been obtained (ISA 200[4] and ISA 330[5]).

Effective Date

3. This ISA is effective for audits of financial statements for periods beginning on or after December 15, 2009.

Objective

4. The objective of the auditor is to design and perform audit procedures in such a way as to enable the auditor to obtain sufficient appropriate audit evidence to be able to draw reasonable conclusions on which to base the auditor's opinion.

Definitions

5. For purposes of the ISAs, the following terms have the meanings attributed below:

    (a) Accounting records – The records of initial accounting entries and supporting records, such as checks and records of electronic fund transfers; invoices; contracts; the general and subsidiary ledgers, journal entries and other adjustments to the financial statements that are not reflected in journal entries; and records such as work sheets and spreadsheets supporting cost allocations, computations, reconciliations and disclosures.

    (b) Appropriateness (of audit evidence) – The measure of the quality of audit evidence; that is, its relevance and its reliability in providing support for the conclusions on which the auditor's opinion is based.

    (c) Audit evidence – Information used by the auditor in arriving at the conclusions on which the auditor's opinion is based. Audit evidence includes both information contained in the accounting records underlying the financial statements and other information.

    (d) Management's expert – An individual or organization possessing expertise in a field other than accounting or auditing, whose work in that field is used by the entity to assist the entity in preparing the financial statements.

    (e) Sufficiency (of audit evidence) – The measure of the quantity of audit evidence. The quantity of the audit evidence needed is affected by the auditor's assessment of the risks of material misstatement and also by the quality of such audit evidence.

---

1) ISA 315, "Identifying and Assessing the Risks of Material Misstatement through Understanding the Entity and Its Environment."
2) ISA 570, "Going Concern."
3) ISA 520, "Analytical Procedures."
4) ISA 200, "Overall Objectives of the Independent Auditor and the Conduct of an Audit in Accordance with International Standards on Auditing."
5) ISA 330, "The Auditor's Responses to Assessed Risks."

Prüfungsnachweise	ISA 500

Einleitung

Anwendungsbereich

1. Dieser International Standard on Auditing (ISA) erläutert, was einen Prüfungsnachweis bei einer Abschlussprüfung ausmacht, und behandelt die Pflicht des Abschlussprüfers, Prüfungshandlungen so zu planen und durchzuführen, dass ausreichende geeignete Prüfungsnachweise erlangt werden, um begründete Schlussfolgerungen als Grundlage für das Prüfungsurteil ziehen zu können.

2. Dieser ISA ist anwendbar auf alle im Laufe der Abschlussprüfung erlangten Prüfungsnachweise. Andere ISA behandeln bestimmte Aspekte der Abschlussprüfung (bspw. ISA 315[1]), die zu einem bestimmten Thema zu erlangenden Prüfungsnachweise (bspw. ISA 570[2]), bestimmte Prüfungshandlungen zum Erlangen von Prüfungsnachweisen (bspw. ISA 520[3]) sowie die Beurteilung, ob ausreichende geeignete Prüfungsnachweise erlangt wurden (ISA 200[4] und ISA 330[5]).

Anwendungszeitpunkt

3. Dieser ISA gilt für die Prüfung von Abschlüssen für Zeiträume, die am oder nach dem 15.12.2009 beginnen.

Ziel

4. Das Ziel des Abschlussprüfers besteht darin, Prüfungshandlungen so zu planen und durchzuführen, dass es dem Abschlussprüfer möglich ist, ausreichende geeignete Prüfungsnachweise zu erlangen, um begründete Schlussfolgerungen als Grundlage für das Prüfungsurteil zu ziehen.

Definitionen

5. Für die Zwecke der ISA gelten die nachstehenden Begriffsbestimmungen:

   (a) Unterlagen der Rechnungslegung – Die Unterlagen der erstmaligen buchmäßigen Erfassung und ergänzende Unterlagen (z. B. Schecks und Unterlagen über elektronische Überweisungen, Rechnungen, Verträge, Haupt- und Nebenbücher, Journaleinträge und andere am Abschluss vorgenommene Anpassungen, die sich nicht in Journaleinträgen widerspiegeln, sowie Unterlagen wie Arbeitspapiere und Tabellenkalkulationen, die Kostenverteilungen, Berechnungen, Abstimmungen und Abschlussangaben[*] belegen).

   (b) Eignung (von Prüfungsnachweisen) – Das Maß für die Qualität von Prüfungsnachweisen, d. h. ihre Relevanz und Verlässlichkeit, die Schlussfolgerungen zu untermauern, auf denen das Prüfungsurteil basiert.

   (c) Prüfungsnachweise – Informationen, die vom Abschlussprüfer zur Ableitung der Schlussfolgerungen verwendet werden, auf denen das Prüfungsurteil basiert. Prüfungsnachweise umfassen sowohl Informationen, die in den dem Abschluss zugrundeliegenden Unterlagen der Rechnungslegung enthalten sind, als auch weitere Informationen.

   (d) Sachverständiger des Managements – Eine Person oder Organisation mit Fachkenntnissen auf einem anderen Gebiet als dem der Rechnungslegung oder Prüfung, deren Tätigkeit auf diesem Gebiet von der Einheit[**] zur Unterstützung bei der Aufstellung des Abschlusses verwendet wird.

   (e) Ausreichender Umfang (von Prüfungsnachweisen) – Das Maß für die Quantität der Prüfungsnachweise. Die Quantität der benötigten Prüfungsnachweise wird sowohl durch die vom Abschlussprüfer vorgenommene Beurteilung der Risiken wesentlicher falscher Darstellungen als auch durch die Qualität dieser Prüfungsnachweise beeinflusst.

---

1) ISA 315 „Identifizierung und Beurteilung der Risiken wesentlicher falscher Darstellungen aus dem Verstehen der Einheit und ihres Umfelds".
2) ISA 570 „Fortführung der Unternehmenstätigkeit".
3) ISA 520 „Analytische Prüfungshandlungen".
4) ISA 200 „Übergreifende Zielsetzungen des unabhängigen Prüfers und Grundsätze einer Prüfung in Übereinstimmung mit den International Standards on Auditing".
5) ISA 330 „Die Reaktionen des Abschlussprüfers auf beurteilte Risiken".
*) Abschlussposten und andere Angaben im Abschluss.
**) Der Begriff „Einheit" wird für *entity* neu eingeführt. Bei der zu prüfenden Einheit kann es sich um ein Unternehmen, einen Einzelkaufmann, eine Gesellschaft bürgerlichen Rechts (Schweiz: einfache Gesellschaft), eine Gebietskörperschaft, eine Anstalt des öffentlichen Rechts, einen Konzern oder eine nicht rechtlich abgegrenzte wirtschaftliche Einheit handeln. Eine Übersetzung mit „Unternehmen" oder „Gesellschaft" wäre deshalb unzureichend. So kann sich *entity* sogar auf eine nicht selbständige Niederlassung oder Sparte beziehen, für die eigenständig Rechnung gelegt wird.

Requirements

Sufficient Appropriate Audit Evidence

6. The auditor shall design and perform audit procedures that are appropriate in the circumstances for the purpose of obtaining sufficient appropriate audit evidence. (Ref: Para. A1–A25)

Information to Be Used as Audit Evidence

7. When designing and performing audit procedures, the auditor shall consider the relevance and reliability of the information to be used as audit evidence. (Ref: Para. A26–A33)

8. If information to be used as audit evidence has been prepared using the work of a management's expert, the auditor shall, to the extent necessary, having regard to the significance of that expert's work for the auditor's purposes: (Ref: Para. A34–A36)

    (a) Evaluate the competence, capabilities and objectivity of that expert; (Ref: Para. A37–A43)
    (b) Obtain an understanding of the work of that expert; and (Ref: Para. A44–A47)
    (c) Evaluate the appropriateness of that expert's work as audit evidence for the relevant assertion. (Ref: Para. A48)

9. When using information produced by the entity, the auditor shall evaluate whether the information is sufficiently reliable for the auditor's purposes, including, as necessary in the circumstances:

    (a) Obtaining audit evidence about the accuracy and completeness of the information; and (Ref: Para. A49–A50)
    (b) Evaluating whether the information is sufficiently precise and detailed for the auditor's purposes. (Ref: Para. A51)

Selecting Items for Testing to Obtain Audit Evidence

10. When designing tests of controls and tests of details, the auditor shall determine means of selecting items for testing that are effective in meeting the purpose of the audit procedure. (Ref: Para. A52–A56)

Inconsistency in, or Doubts over Reliability of, Audit Evidence

11. If:

    (a) audit evidence obtained from one source is inconsistent with that obtained from another; or

    (b) the auditor has doubts over the reliability of information to be used as audit evidence,

    the auditor shall determine what modifications or additions to audit procedures are necessary to resolve the matter, and shall consider the effect of the matter, if any, on other aspects of the audit. (Ref: Para. A57)

***

Application and Other Explanatory Material

Sufficient Appropriate Audit Evidence (Ref: Para. 6)

A1. Audit evidence is necessary to support the auditor's opinion and report. It is cumulative in nature and is primarily obtained from audit procedures performed during the course of the audit. It may, however, also include information obtained from other sources such as previous audits (provided the auditor has determined whether changes have occurred since the previous audit that may affect its relevance to the current audit[6]) or a firm's quality control procedures for client acceptance and continuance. In addition to other sources inside and outside the entity, the entity's accounting records are an important source of audit evidence. Also, information that may be used as audit evidence may have been prepared using the work of a management's expert. Audit evidence comprises both information that supports and corroborates

---
[6] ISA 315, paragraph 9.

Anforderungen

Ausreichende geeignete Prüfungsnachweise

6. Der Abschlussprüfer hat die Prüfungshandlungen zu planen und durchzuführen, die unter den gegebenen Umständen angemessen sind, um ausreichende geeignete Prüfungsnachweise zu erlangen. (Vgl. Tz. A1-A25)

Informationen, die als Prüfungsnachweise verwendet werden

7. Bei der Planung und Durchführung der Prüfungshandlungen muss der Abschlussprüfer die Relevanz und Verlässlichkeit der Informationen berücksichtigen, die als Prüfungsnachweise verwendet werden. (Vgl. Tz. A26-A33)

8. Falls Informationen, die als Prüfungsnachweise verwendet werden, unter Verwendung der Tätigkeit eines Sachverständigen des Managements erstellt wurden, muss der Abschlussprüfer, soweit notwendig, unter Berücksichtigung der Bedeutung der Tätigkeit dieses Sachverständigen für die Ziele des Abschlussprüfers (Vgl. Tz. A34-A36)

    (a) Kompetenz, Fähigkeiten und Objektivität dieses Sachverständigen beurteilen, (Vgl. Tz. A37-A43)

    (b) ein Verständnis von der Tätigkeit dieses Sachverständigen gewinnen und (Vgl. Tz. A44-A47)

    (c) die Eignung der Tätigkeit dieses Sachverständigen als Prüfungsnachweis für die relevante Aussage beurteilen. (Vgl. Tz. A48)

9. Bei der Verwertung von Informationen, die durch die Einheit erstellt wurden, hat der Abschlussprüfer zu beurteilen, ob die Informationen für die Ziele des Abschlussprüfers ausreichend verlässlich sind. Je nach den Umständen schließt dies erforderlichenfalls ein

    (a) das Einholen von Prüfungsnachweisen über die Richtigkeit und Vollständigkeit der Informationen und (Vgl. Tz. A49-A50)

    (b) die Beurteilung, ob die Informationen für die Ziele des Abschlussprüfers ausreichend genau und detailliert sind. (Vgl. Tz. A51)

Auswahl der zu prüfenden Elemente, um Prüfungsnachweise zu erlangen

10. Bei der Gestaltung von Funktions- und Einzelfallprüfungen muss der Abschlussprüfer Verfahren zur Auswahl von zu prüfenden Elementen festlegen, die wirksam sind, um den Zweck der Prüfungshandlung zu erreichen. (Vgl. Tz. A52-A56)

Unstimmigkeit in Prüfungsnachweisen oder Zweifel an deren Verlässlichkeit

11. Wenn

    (a) Prüfungsnachweise aus einer Quelle nicht mit Prüfungsnachweisen aus einer anderen Quelle in Einklang stehen oder

    (b) der Abschlussprüfer Zweifel an der Verlässlichkeit der Informationen hat, die als Prüfungsnachweise verwendet werden,

    muss der Abschlussprüfer festlegen, wie die Prüfungshandlungen angepasst oder ergänzt werden müssen, um den Sachverhalt zu klären, und die etwaigen Auswirkungen des Sachverhalts auf andere Aspekte der Prüfung abwägen. (Vgl. Tz. A57)

***

Anwendungshinweise und sonstige Erläuterungen

Ausreichende geeignete Prüfungsnachweise (Vgl. Tz. 6)

A1. Prüfungsnachweise sind erforderlich, um das Prüfungsurteil und den Vermerk des Abschlussprüfers zu stützen. Sie sind ihrem Wesen nach kumulativ und werden hauptsächlich aus im Laufe der Abschlussprüfung durchgeführten Prüfungshandlungen erlangt. Sie können jedoch auch Informationen einschließen, die aus anderen Quellen stammen, beispielsweise aus vorherigen Abschlussprüfungen (vorausgesetzt, dass der Abschlussprüfer festgestellt hat, ob seit der vorherigen Abschlussprüfung Änderungen eingetreten sind, die sich möglicherweise auf deren Relevanz für die laufende Abschlussprüfung auswirken)[6] oder aus den Qualitätssicherungsmaßnahmen einer Prüfungspraxis[*] im Zusammenhang mit der Annahme und der Fortführung der Mandantenbeziehung. Neben anderen Quellen

---

6) ISA 315, Textziffer 9.
*) In der Schweiz: Prüfungsunternehmen.

management's assertions, and any information that contradicts such assertions. In addition, in some cases the absence of information (for example, management's refusal to provide a requested representation) is used by the auditor, and therefore, also constitutes audit evidence.

A2. Most of the auditor's work in forming the auditor's opinion consists of obtaining and evaluating audit evidence. Audit procedures to obtain audit evidence can include inspection, observation, confirmation, recalculation, reperformance, and analytical procedures, often in some combination, in addition to inquiry. Although inquiry may provide important audit evidence, and may even produce evidence of a misstatement, inquiry alone ordinarily does not provide sufficient audit evidence of the absence of a material misstatement at the assertion level, nor of the operating effectiveness of controls.

A3. As explained in ISA 200,[7] reasonable assurance is obtained when the auditor has obtained sufficient appropriate audit evidence to reduce audit risk (that is, the risk that the auditor expresses an inappropriate opinion when the financial statements are materially misstated) to an acceptably low level.

A4. The sufficiency and appropriateness of audit evidence are interrelated. Sufficiency is the measure of the quantity of audit evidence. The quantity of audit evidence needed is affected by the auditor's assessment of the risks of misstatement (the higher the assessed risks, the more audit evidence is likely to be required) and also by the quality of such audit evidence (the higher the quality, the less may be required). Obtaining more audit evidence, however, may not compensate for its poor quality.

A5. Appropriateness is the measure of the quality of audit evidence; that is, its relevance and its reliability in providing support for the conclusions on which the auditor's opinion is based. The reliability of evidence is influenced by its source and by its nature, and is dependent on the individual circumstances under which it is obtained.

A6. ISA 330 requires the auditor to conclude whether sufficient appropriate audit evidence has been obtained.[8] Whether sufficient appropriate audit evidence has been obtained to reduce audit risk to an acceptably low level, and thereby enable the auditor to draw reasonable conclusions on which to base the auditor's opinion, is a matter of professional judgment. ISA 200 contains discussion of such matters as the nature of audit procedures, the timeliness of financial reporting, and the balance between benefit and cost, which are relevant factors when the auditor exercises professional judgment regarding whether sufficient appropriate audit evidence has been obtained.

Sources of Audit Evidence

A7. Some audit evidence is obtained by performing audit procedures to test the accounting records, for example, through analysis and review, reperforming procedures followed in the financial reporting process, and reconciling related types and applications of the same information. Through the performance of such audit procedures, the auditor may determine that the accounting records are internally consistent and agree to the financial statements.

A8. More assurance is ordinarily obtained from consistent audit evidence obtained from different sources or of a different nature than from items of audit evidence considered individually. For example, corroborating information obtained from a source independent of the entity may increase the assurance the auditor obtains from audit evidence that is generated internally, such as evidence existing within the accounting records, minutes of meetings, or a management representation.

---

7) ISA 200, paragraph 5.
8) ISA 330, paragraph 26.

innerhalb und außerhalb der Einheit sind die Unterlagen zur Rechnungslegung der Einheit eine wichtige Quelle für Prüfungsnachweise. Informationen, die als Prüfungsnachweise verwendet werden können, können auch unter Verwertung der Tätigkeit eines Sachverständigen des Managements erstellt worden sein. Prüfungsnachweise umfassen sowohl Informationen, welche die Aussagen des Managements stützen und untermauern, als auch Informationen, die im Widerspruch zu diesen Aussagen stehen. In manchen Fällen wird zudem das Fehlen von Informationen (zum Beispiel die Weigerung des Managements, eine verlangte Erklärung abzugeben) vom Abschlussprüfer verwendet und stellt daher ebenfalls einen Prüfungsnachweis dar.

A2. Der größte Teil der Tätigkeit des Abschlussprüfers bei der Bildung des Prüfungsurteils besteht aus dem Einholen und Beurteilen von Prüfungsnachweisen. Prüfungshandlungen zum Erlangen von Prüfungsnachweisen können zusätzlich zu einer Befragung eine Einsichtnahme/Inaugenscheinnahme, eine Beobachtung, eine Bestätigung, ein Nachrechnen, ein Nachvollziehen und analytische Prüfungshandlungen - oft in einer Kombination - umfassen. Obwohl Befragungen wichtige Prüfungsnachweise liefern können und sogar Nachweise für falsche Darstellungen erbringen können, liefern Befragungen alleine normalerweise weder ausreichende Prüfungsnachweise dafür, dass keine wesentlichen falschen Darstellungen auf Aussageebene vorhanden sind, noch für die Wirksamkeit von Kontrollen.

A3. Wie in ISA 200[7] erläutert, wird hinreichende Sicherheit erreicht, wenn der Abschlussprüfer ausreichende geeignete Prüfungsnachweise erlangt hat, um das Prüfungsrisiko (d. h. das Risiko, dass der Abschlussprüfer ein unangemessenes Prüfungsurteil abgibt, wenn der Abschluss wesentliche falsche Darstellungen enthält) auf ein vertretbar niedriges Maß zu reduzieren.

A4. Ausreichender Umfang und Eignung von Prüfungsnachweisen stehen in einer Wechselbeziehung. Ausreichender Umfang ist das Maß für die Quantität der Prüfungsnachweise. Die Quantität der benötigten Prüfungsnachweise hängt ab von der durch den Abschlussprüfer vorgenommenen Beurteilung der Risiken falscher Darstellungen (je höher die beurteilten Risiken, desto mehr Prüfungsnachweise sind voraussichtlich erforderlich) und von der Qualität dieser Prüfungsnachweise (je höher die Qualität, desto weniger Nachweise sind möglicherweise erforderlich). Das Einholen von mehr Prüfungsnachweisen ist jedoch möglicherweise kein Ausgleich für deren schlechte Qualität.

A5. Eignung ist das Maß für die Qualität von Prüfungsnachweisen, d. h. ihre Relevanz und Verlässlichkeit, die Schlussfolgerungen zu stützen, auf denen das Prüfungsurteil basiert. Die Verlässlichkeit von Nachweisen wird durch ihre Quelle und ihre Art beeinflusst und hängt von den individuellen Umständen ab, unter denen sie erlangt werden.

A6. Nach ISA 330 muss der Abschlussprüfer schlussfolgern, ob ausreichende geeignete Prüfungsnachweise erlangt wurden.[8] Ob ausreichende geeignete Prüfungsnachweise erlangt wurden, um das Prüfungsrisiko auf ein vertretbar niedriges Maß zu reduzieren, und es dem Abschlussprüfer dadurch möglich ist, begründete Schlussfolgerungen als Grundlage für das Prüfungsurteil zu ziehen, liegt im pflichtgemäßen Ermessen des Abschlussprüfers. In ISA 200 werden u. a. die Art der Prüfungshandlungen, die Zeitgerechtigkeit der Rechnungslegung und die Ausgewogenheit von Nutzen und Kosten erörtert, die relevante Faktoren für die nach pflichtgemäßem Ermessen vorgenommene Beurteilung des Abschlussprüfers sind, ob ausreichende geeignete Prüfungsnachweise erlangt wurden.

Quellen von Prüfungsnachweisen

A7. Manche Prüfungsnachweise werden erlangt aus der Durchführung von Prüfungshandlungen zur Prüfung der Unterlagen der Rechnungslegung (bspw. durch Analyse und Durchsicht, durch Nachvollziehen von im Rechnungslegungsprozess durchgeführten Verfahren sowie durch die Abstimmung mit verwandten Informationen und Verwendungen derselben Informationen). Mittels der Durchführung derartiger Prüfungshandlungen kann der Abschlussprüfer feststellen, dass die Unterlagen der Rechnungslegung in sich stimmig sind und mit dem Abschluss übereinstimmen.

A8. Mehr Sicherheit wird üblicherweise erreicht aus übereinstimmenden Prüfungsnachweisen aus einer anderen Quelle oder von anderer Beschaffenheit als durch isoliert betrachtete Prüfungsnachweise. So können bspw. bestätigende Informationen, die aus einer von der Einheit unabhängigen Quelle stammen, die Sicherheit erhöhen, die der Abschlussprüfer aus intern erzeugten Prüfungsnachweisen erlangt (z. B. aus Nachweisen in den Unterlagen der Rechnungslegung, Sitzungsprotokollen oder einer Erklärung des Managements).

---

7) ISA 200, Textziffer 5.
8) ISA 330, Textziffer 26.

Audit Procedures for Obtaining Audit Evidence

A9. Information from sources independent of the entity that the auditor may use as audit evidence may include confirmations from third parties, analysts' reports, and comparable data about competitors (benchmarking data).

Audit Procedures for Obtaining Audit Evidence

A10. As required by, and explained further in, ISA 315 and ISA 330, audit evidence to draw reasonable conclusions on which to base the auditor's opinion is obtained by performing:

    (a) Risk assessment procedures; and

    (b) Further audit procedures, which comprise:

        (i) Tests of controls, when required by the ISAs or when the auditor has chosen to do so; and

        (ii) Substantive procedures, including tests of details and substantive analytical procedures.

A11. The audit procedures described in paragraphs A14–A25 below may be used as risk assessment procedures, tests of controls or substantive procedures, depending on the context in which they are applied by the auditor. As explained in ISA 330, audit evidence obtained from previous audits may, in certain circumstances, provide appropriate audit evidence where the auditor performs audit procedures to establish its continuing relevance.[9]

A12. The nature and timing of the audit procedures to be used may be affected by the fact that some of the accounting data and other information may be available only in electronic form or only at certain points or periods in time. For example, source documents, such as purchase orders and invoices, may exist only in electronic form when an entity uses electronic commerce, or may be discarded after scanning when an entity uses image processing systems to facilitate storage and reference.

A13. Certain electronic information may not be retrievable after a specified period of time, for example, if files are changed and if backup files do not exist. Accordingly, the auditor may find it necessary as a result of an entity's data retention policies to request retention of some information for the auditor's review or to perform audit procedures at a time when the information is available.

Inspection

A14. Inspection involves examining records or documents, whether internal or external, in paper form, electronic form, or other media, or a physical examination of an asset. Inspection of records and documents provides audit evidence of varying degrees of reliability, depending on their nature and source and, in the case of internal records and documents, on the effectiveness of the controls over their production. An example of inspection used as a test of controls is inspection of records for evidence of authorization.

A15. Some documents represent direct audit evidence of the existence of an asset, for example, a document constituting a financial instrument such as a stock or bond. Inspection of such documents may not necessarily provide audit evidence about ownership or value. In addition, inspecting an executed contract may provide audit evidence relevant to the entity's application of accounting policies, such as revenue recognition.

A16. Inspection of tangible assets may provide reliable audit evidence with respect to their existence, but not necessarily about the entity's rights and obligations or the valuation of the assets. Inspection of individual inventory items may accompany the observation of inventory counting.

Observation

A17. Observation consists of looking at a process or procedure being performed by others, for example, the auditor's observation of inventory counting by the entity's personnel, or of the performance of control

---

9) ISA 330, paragraph A35.

A9. Informationen aus von der Einheit unabhängigen Quellen, die der Abschlussprüfer als Prüfungsnachweise verwenden kann, können externe Bestätigungen, Berichte von Analysten und Vergleichsdaten über Wettbewerber (Benchmark-Daten) einschließen.

Prüfungshandlungen zum Erlangen von Prüfungsnachweisen

A10. Gemäß den Anforderungen und weiteren Erläuterungen in ISA 315 und ISA 330 werden Prüfungsnachweise, um begründete Schlussfolgerungen als Grundlage des Prüfungsurteils zu ziehen, erlangt aus der Durchführung von

(a) Prüfungshandlungen zur Risikobeurteilung und

(b) weiteren Prüfungshandlungen, die umfassen

(i) Funktionsprüfungen, wenn diese nach den ISA erforderlich sind oder wenn der Abschlussprüfer sich hierfür entschieden hat, und

(ii) aussagebezogenen Prüfungshandlungen*), die Einzelfallprüfungen und aussagebezogene analytische Prüfungshandlungen umfassen.

A11. Die in den nachstehenden Textziffern A14-A25 beschriebenen Prüfungshandlungen können je nach dem Kontext, in dem sie vom Abschlussprüfer angewendet werden, als Prüfungshandlungen zur Risikobeurteilung, Funktionsprüfungen oder aussagebezogene Prüfungshandlungen dienen. Wie in ISA 330 erläutert, können bei vorhergehenden Abschlussprüfungen erlangte Prüfungsnachweise unter bestimmten Umständen geeignete Prüfungsnachweise bieten, wenn der Abschlussprüfer Prüfungshandlungen durchführt, um deren fortdauernde Relevanz festzustellen.[9]

A12. Art und zeitliche Einteilung der anzuwendenden Prüfungshandlungen können durch die Tatsache beeinflusst werden, dass manche Daten des Rechnungswesens und sonstige Informationen möglicherweise nur in elektronischer Form oder nur zu bestimmten Zeitpunkten oder in bestimmten Zeiträumen verfügbar sind. Beispielsweise können originäre Unterlagen (wie Bestellungen und Rechnungen) nur in elektronischer Form vorliegen, wenn eine Einheit am elektronischen Geschäftsverkehr teilnimmt, oder werden nach dem Scannen weggeworfen, wenn eine Einheit Bildverarbeitungssysteme einsetzt, um Speicherung und Referenzierung zu erleichtern.

A13. Bestimmte elektronische Informationen sind möglicherweise nach einem festgelegten Zeitraum nicht rückholbar, bspw. wenn Dateien geändert werden und keine Sicherungsdateien vorhanden sind. Entsprechend kann der Abschlussprüfer es aufgrund der Regelungen zur Datenspeicherung einer Einheit für notwendig halten, die Speicherung einiger Informationen für eine Durchsicht durch den Abschlussprüfer zu verlangen oder um Prüfungshandlungen zu einem Zeitpunkt durchzuführen, zu dem die Informationen verfügbar sind.

Einsichtnahme/Inaugenscheinnahme

A14. Einsichtnahme/Inaugenscheinnahme umfasst die Untersuchung von internen oder externen Aufzeichnungen oder Dokumenten in Papier- oder elektronischer Form oder auf anderen Medien oder die physische Untersuchung eines Vermögenswerts. Die Einsichtnahme in Aufzeichnungen und Dokumente liefert je nach deren Art und Quelle Prüfungsnachweise von unterschiedlichem Verlässlichkeitsgrad und - bei internen Aufzeichnungen und Dokumenten - Prüfungsnachweise über die Wirksamkeit der Kontrollen über ihre Erstellung. Ein Beispiel für eine Einsichtnahme, die als Funktionsprüfung dient, ist die Einsichtnahme in Aufzeichnungen im Hinblick auf Genehmigungsnachweise.

A15. Manche Dokumente stellen direkte Prüfungsnachweise für das Vorhandensein eines Vermögenswerts dar (bspw. ein Dokument, das ein Finanzinstrument wie etwa eine Aktie oder Anleihe darstellt). Die Einsichtnahme in solche Dokumente liefert möglicherweise nicht zwingend Prüfungsnachweise über Eigentum oder Wert. Darüber hinaus kann die Einsichtnahme in einen erfüllten Vertrag Prüfungsnachweise liefern, die relevant sind für die Anwendung von Rechnungslegungsmethoden durch die Einheit (z. B. die Erfassung von Erlösen).

A16. Die Inaugenscheinnahme von materiellen Vermögenswerten kann zwar verlässliche Prüfungsnachweise über deren Vorhandensein liefern, jedoch nicht zwingend über die Rechte und Pflichten der Einheit oder über die Bewertung der Vermögenswerte. Die Inaugenscheinnahme einzelner Vorräte kann mit der Beobachtung der Inventur einhergehen.

Beobachtung

A17. Beobachtung besteht darin, sich von anderen Personen durchgeführte Prozesse oder Verfahren anzusehen (bspw. die vom Abschlussprüfer vorgenommene Beobachtung der Inventur durch die Mitarbeiter der

---

9) ISA 330, Textziffer A35.
*) In Österreich: materielle Prüfungshandlungen.

activities. Observation provides audit evidence about the performance of a process or procedure, but is limited to the point in time at which the observation takes place, and by the fact that the act of being observed may affect how the process or procedure is performed. See ISA 501 for further guidance on observation of the counting of inventory.[10]

External Confirmation

A18. An external confirmation represents audit evidence obtained by the auditor as a direct written response to the auditor from a third party (the confirming party), in paper form, or by electronic or other medium. External confirmation procedures frequently are relevant when addressing assertions associated with certain account balances and their elements. However, external confirmations need not be restricted to account balances only. For example, the auditor may request confirmation of the terms of agreements or transactions an entity has with third parties; the confirmation request may be designed to ask if any modifications have been made to the agreement and, if so, what the relevant details are. External confirmation procedures also are used to obtain audit evidence about the absence of certain conditions, for example, the absence of a "side agreement" that may influence revenue recognition. See ISA 505 for further guidance.[11]

Recalculation

A19. Recalculation consists of checking the mathematical accuracy of documents or records. Recalculation may be performed manually or electronically.

Reperformance

A20. Reperformance involves the auditor's independent execution of procedures or controls that were originally performed as part of the entity's internal control.

Analytical Procedures

A21. Analytical procedures consist of evaluations of financial information through analysis of plausible relationships among both financial and non-financial data. Analytical procedures also encompass such investigation as is necessary of identified fluctuations or relationships that are inconsistent with other relevant information or that differ from expected values by a significant amount. See ISA 520 for further guidance.

Inquiry

A22. Inquiry consists of seeking information of knowledgeable persons, both financial and non-financial, within the entity or outside the entity. Inquiry is used extensively throughout the audit in addition to other audit procedures. Inquiries may range from formal written inquiries to informal oral inquiries. Evaluating responses to inquiries is an integral part of the inquiry process.

A23. Responses to inquiries may provide the auditor with information not previously possessed or with corroborative audit evidence. Alternatively, responses might provide information that differs significantly from other information that the auditor has obtained, for example, information regarding the possibility of management override of controls. In some cases, responses to inquiries provide a basis for the auditor to modify or perform additional audit procedures.

A24. Although corroboration of evidence obtained through inquiry is often of particular importance, in the case of inquiries about management intent, the information available to support management's intent may be limited. In these cases, understanding management's past history of carrying out its stated intentions, management's stated reasons for choosing a particular course of action, and management's ability to pursue a specific course of action may provide relevant information to corroborate the evidence obtained through inquiry.

---

10) ISA 501, "Audit Evidence – Specific Considerations for Selected Items."
11) ISA 505, "External Confirmations."

Einheit oder der Durchführung von Kontrollaktivitäten). Die Beobachtung liefert Prüfungsnachweise über die Durchführung eines Prozesses oder Verfahrens, ist jedoch beschränkt auf den Zeitpunkt, an dem sie stattfindet, und durch die Tatsache, dass der Vorgang des Beobachtetwerdens die Art und Weise der Durchführung des Prozesses oder Verfahrens beeinflussen kann. ISA 501 enthält weitere Hinweise zur Beobachtung der Inventur.[10]

Externe Bestätigungen

A18. Externe Bestätigungen stellen Prüfungsnachweise dar, die der Abschlussprüfer als direkte schriftliche Antwort eines Dritten (der bestätigenden Partei) an den Abschlussprüfer in Papierform oder durch ein elektronisches oder anderes Medium erlangt. Verfahren der externen Bestätigung sind häufig bei Aussagen relevant, die mit bestimmten Kontensalden und deren Elementen zusammenhängen. Externe Bestätigungen müssen jedoch nicht nur auf Kontensalden beschränkt sein. Beispielsweise kann der Abschlussprüfer Bestätigungen über die Bedingungen von Vereinbarungen oder über Geschäftsvorfälle einer Einheit mit Dritten anfordern. Die Bestätigungsanfrage kann dazu dienen, zu fragen, ob Modifikationen an der Vereinbarung vorgenommen wurden, und wenn dies der Fall ist, welches die relevanten Details sind. Verfahren der externen Bestätigung dienen auch dazu, Prüfungsnachweise über das Fehlen bestimmter Bedingungen zu erlangen (bspw. das Fehlen einer „Nebenvereinbarung", welche die Erlöserfassung beeinflussen kann). ISA 505 enthält weitere Hinweise.[11]

Nachrechnen

A19. Nachrechnen besteht aus der Prüfung der rechnerischen Richtigkeit von Dokumenten oder Aufzeichnungen. Das Nachrechnen kann manuell oder elektronisch durchgeführt werden.

Nachvollziehen

A20. Nachvollziehen bedeutet die unabhängige Durchführung von Verfahren oder Kontrollen durch den Abschlussprüfer, die ursprünglich als Teil des internen Kontrollsystems (IKS) der Einheit durchgeführt wurden.

Analytische Prüfungshandlungen

A21. Analytische Prüfungshandlungen bestehen in Beurteilungen von Finanzinformationen durch die Analyse plausibler Beziehungen zwischen sowohl finanziellen als auch nicht-finanziellen Daten. Außerdem umfassen analytische Prüfungshandlungen die jeweils notwendigen Untersuchungen von festgestellten Schwankungen oder Beziehungen, die nicht mit anderen relevanten Informationen in Einklang stehen oder die um einen erheblichen Betrag von den erwarteten Werten abweichen. ISA 520 enthält weitere Hinweise.

Befragungen

A22. Befragungen bestehen in dem Einholen von sowohl finanziellen als auch nicht-finanziellen Informationen bei sachverständigen Personen innerhalb oder außerhalb der Einheit. Befragungen werden während der gesamten Abschlussprüfung neben anderen Prüfungshandlungen umfassend eingesetzt und reichen von formellen schriftlichen Befragungen bis zu informellen mündlichen Befragungen. Die Auswertung der Antworten auf Befragungen ist ein integraler Bestandteil des Befragungsprozesses.

A23. Antworten auf Befragungen können Informationen oder bestätigende Prüfungsnachweise liefern, die der Abschlussprüfer zuvor nicht hatte. Andererseits können Antworten auch Informationen liefern, die sich erheblich von anderen Informationen unterscheiden, die der Abschlussprüfer erlangt hat (bspw. Informationen über die Möglichkeit des Managements, Kontrollen außer Kraft zu setzen). In manchen Fällen bilden Antworten auf Befragungen eine Grundlage für die Abänderung von Prüfungshandlungen oder die Durchführung zusätzlicher Prüfungshandlungen durch den Abschlussprüfer.

A24. Obwohl es häufig besonders wichtig ist, durch Befragungen erlangte Nachweise abzusichern, können bei Befragungen über Absichten des Managements die zur Bestätigung dieser Absichten verfügbaren Informationen begrenzt sein. In diesen Fällen kann das Verständnis von der Umsetzung der erklärten Absichten des Managements in der Vergangenheit, von den vom Management genannten Gründen für die Wahl einer bestimmten Vorgehensweise und von der Fähigkeit des Managements zur Befolgung einer bestimmten Vorgehensweise relevante Informationen liefern, um die durch Befragungen erlangten Nachweise zu bekräftigen.

---

10) ISA 501 „Prüfungsnachweise – Besondere Überlegungen zu ausgewählten Sachverhalten".
11) ISA 505 „Externe Bestätigungen".

A25. In respect of some matters, the auditor may consider it necessary to obtain written representations from management and, where appropriate, those charged with governance to confirm responses to oral inquiries. See ISA 580 for further guidance.[12]

Information to Be Used as Audit Evidence

Relevance and Reliability (Ref: Para. 7)

A26. As noted in paragraph A1, while audit evidence is primarily obtained from audit procedures performed during the course of the audit, it may also include information obtained from other sources such as, for example, previous audits, in certain circumstances, and a firm's quality control procedures for client acceptance and continuance. The quality of all audit evidence is affected by the relevance and reliability of the information upon which it is based.

Relevance

A27. Relevance deals with the logical connection with, or bearing upon, the purpose of the audit procedure and, where appropriate, the assertion under consideration. The relevance of information to be used as audit evidence may be affected by the direction of testing. For example, if the purpose of an audit procedure is to test for overstatement in the existence or valuation of accounts payable, testing the recorded accounts payable may be a relevant audit procedure. On the other hand, when testing for understatement in the existence or valuation of accounts payable, testing the recorded accounts payable would not be relevant, but testing such information as subsequent disbursements, unpaid invoices, suppliers' statements, and unmatched receiving reports may be relevant.

A28. A given set of audit procedures may provide audit evidence that is relevant to certain assertions, but not others. For example, inspection of documents related to the collection of receivables after the period end may provide audit evidence regarding existence and valuation, but not necessarily cutoff. Similarly, obtaining audit evidence regarding a particular assertion, for example, the existence of inventory, is not a substitute for obtaining audit evidence regarding another assertion, for example, the valuation of that inventory. On the other hand, audit evidence from different sources or of a different nature may often be relevant to the same assertion.

A29. Tests of controls are designed to evaluate the operating effectiveness of controls in preventing, or detecting and correcting, material misstatements at the assertion level. Designing tests of controls to obtain relevant audit evidence includes identifying conditions (characteristics or attributes) that indicate performance of a control, and deviation conditions which indicate departures from adequate performance. The presence or absence of those conditions can then be tested by the auditor.

A30. Substantive procedures are designed to detect material misstatements at the assertion level. They comprise tests of details and substantive analytical procedures. Designing substantive procedures includes identifying conditions relevant to the purpose of the test that constitute a misstatement in the relevant assertion.

Reliability

A31. The reliability of information to be used as audit evidence, and therefore of the audit evidence itself, is influenced by its source and its nature, and the circumstances under which it is obtained, including the controls over its preparation and maintenance where relevant. Therefore, generalizations about the reliability of various kinds of audit evidence are subject to important exceptions. Even when information to be used as audit evidence is obtained from sources external to the entity, circumstances may exist that could affect its reliability. For example, information obtained from an independent external source may not be reliable if the source is not knowledgeable, or a management's expert may lack objectivity. While recognizing that exceptions may exist, the following generalizations about the reliability of audit evidence may be useful:

---

12) ISA 580, "Written Representations."

A25. Bei manchen Sachverhalten kann es der Abschlussprüfer für notwendig halten, schriftliche Erklärungen vom Management und – soweit angebracht – von den für die Überwachung Verantwortlichen einzuholen, um sich Antworten auf mündliche Befragungen bestätigen zu lassen. ISA 580 enthält weitere Hinweise.[12]

Informationen, die als Prüfungsnachweise verwendet werden

Relevanz und Verlässlichkeit (Vgl. Tz. 7)

A26. Obwohl Prüfungsnachweise hauptsächlich aus im Laufe der Abschlussprüfung durchgeführten Prüfungshandlungen erlangt werden, wie in Textziffer A1 erwähnt, können sie in bestimmten Fällen auch Informationen einschließen, die aus anderen Quellen stammen, beispielsweise aus vorherigen Abschlussprüfungen und aus den Qualitätssicherungsmaßnahmen einer Prüfungspraxis zur Annahme und Fortführung der Mandantenbeziehung. Die Qualität sämtlicher Prüfungsnachweise wird durch die Relevanz und Verlässlichkeit der Informationen beeinflusst, auf denen sie basieren.

Relevanz

A27. Relevanz bedeutet die logische Verknüpfung oder den Zusammenhang mit dem Zweck der Prüfungshandlung und – soweit angemessen – der betrachteten Aussage. Die Relevanz der Informationen, die als Prüfungsnachweise verwendet werden sollen, kann durch die Prüfungsrichtung beeinflusst werden. Wenn bspw. der Zweck einer Prüfungshandlung darin besteht, Verbindlichkeiten aus Lieferungen und Leistungen daraufhin zu prüfen, ob ihr Ansatz oder ihre Bewertung zu hoch ist, kann die Prüfung der erfassten Verbindlichkeiten eine relevante Prüfungshandlung sein. Dagegen wäre bei der Prüfung, ob der Ansatz oder die Bewertung von Verbindlichkeiten zu niedrig ist, die Prüfung der erfassten Verbindlichkeiten nicht relevant, während die Prüfung von Informationen wie Auszahlungen nach dem Abschlussstichtag, nicht bezahlten Rechnungen, Aufstellungen von Lieferanten und nicht abgeglichenen Eingangsmeldungen relevant sein kann.

A28. Eine bestimmte Zusammenstellung von Prüfungshandlungen kann Prüfungsnachweise liefern, die für bestimmte Aussagen relevant sind, für andere jedoch nicht. So kann bspw. die Einsichtnahme in Dokumente im Zusammenhang mit dem Einzug von Forderungen nach dem Abschlussstichtag Prüfungsnachweise für deren Vorhandensein und Bewertung liefern, jedoch nicht zwingend für die Periodenabgrenzung. Ebenso ist das Erlangen von Prüfungsnachweisen zu einer bestimmten Aussage (z. B. das Vorhandensein von Vorräten) kein Ersatz für das Erlangen von Prüfungsnachweisen zu einer anderen Aussage (z. B. die Bewertung dieser Vorräte). Andererseits können Prüfungsnachweise aus unterschiedlichen Quellen oder unterschiedlicher Art häufig für dieselbe Aussage relevant sein.

A29. Funktionsprüfungen sind darauf angelegt, die Wirksamkeit von Kontrollen zur Verhinderung bzw. Aufdeckung und Korrektur wesentlicher falscher Darstellungen auf Aussageebene zu beurteilen. Bei der Gestaltung von Funktionsprüfungen, um relevante Prüfungsnachweise zu erlangen, werden Bedingungen (Merkmale oder Eigenschaften) bestimmt, die auf die Durchführung einer Kontrolle hinweisen, und Bedingungen für Abweichungen, die auf Abweichungen von einer angemessenen Durchführung hinweisen. Der Abschlussprüfer kann dann prüfen, ob diese Bedingungen vorhanden sind oder nicht.

A30. Aussagebezogene Prüfungshandlungen sind darauf angelegt, wesentliche falsche Darstellungen auf Aussageebene aufzudecken. Sie umfassen Einzelfallprüfungen und aussagebezogene analytische Prüfungshandlungen. Die Gestaltung von aussagebezogenen Prüfungshandlungen umfasst die Bestimmung für den Zweck der Prüfung relevanter Bedingungen, die eine falsche Darstellung in der relevanten Aussage darstellen.

Verlässlichkeit

A31. Die Verlässlichkeit der Informationen, die als Prüfungsnachweise verwendet werden sollen, und somit der Prüfungsnachweise selbst, wird durch Quelle und Art der Informationen sowie durch die Umstände beeinflusst, unter denen sie erlangt werden. Sofern relevant, schließt dies die Kontrollen über die Erstellung und Aufrechterhaltung der Informationen ein. Daher unterliegen Verallgemeinerungen über die Verlässlichkeit verschiedener Arten von Prüfungsnachweisen wichtigen Ausnahmen. Auch wenn Informationen, die als Prüfungsnachweise verwendet werden, aus Quellen außerhalb der Einheit stammen, können Umstände bestehen, die ihre Verlässlichkeit beeinflussen könnten. So kann bspw. die aus einer unabhängigen externen Quelle stammende Information nicht verlässlich sein, wenn die Quelle nicht sachkundig ist oder es einem Sachverständigen des Managements an Objektivität mangelt. Unter Berücksichtigung der Möglichkeit, dass Ausnahmen bestehen können, können die folgenden Verallgemeinerungen über die Verlässlichkeit von Prüfungsnachweisen hilfreich sein:

---

12) ISA 580 „Schriftliche Erklärungen".

- The reliability of audit evidence is increased when it is obtained from independent sources outside the entity.
- The reliability of audit evidence that is generated internally is increased when the related controls, including those over its preparation and maintenance, imposed by the entity are effective.

- Audit evidence obtained directly by the auditor (for example, observation of the application of a control) is more reliable than audit evidence obtained indirectly or by inference (for example, inquiry about the application of a control).
- Audit evidence in documentary form, whether paper, electronic, or other medium, is more reliable than evidence obtained orally (for example, a contemporaneously written record of a meeting is more reliable than a subsequent oral representation of the matters discussed).

- Audit evidence provided by original documents is more reliable than audit evidence provided by photocopies or facsimiles, or documents that have been filmed, digitized or otherwise transformed into electronic form, the reliability of which may depend on the controls over their preparation and maintenance.

A32. ISA 520 provides further guidance regarding the reliability of data used for purposes of designing analytical procedures as substantive procedures.[13]

A33. ISA 240 deals with circumstances where the auditor has reason to believe that a document may not be authentic, or may have been modified without that modification having been disclosed to the auditor.[14]

Reliability of Information Produced by a Management's Expert (Ref: Para. 8)

A34. The preparation of an entity's financial statements may require expertise in a field other than accounting or auditing, such as actuarial calculations, valuations, or engineering data. The entity may employ or engage experts in these fields to obtain the needed expertise to prepare the financial statements. Failure to do so when such expertise is necessary increases the risks of material misstatement.

A35. When information to be used as audit evidence has been prepared using the work of a management's expert, the requirement in paragraph 8 of this ISA applies. For example, an individual or organization may possess expertise in the application of models to estimate the fair value of securities for which there is no observable market. If the individual or organization applies that expertise in making an estimate which the entity uses in preparing its financial statements, the individual or organization is a management's expert and paragraph 8 applies. If, on the other hand, that individual or organization merely provides price data regarding private transactions not otherwise available to the entity which the entity uses in its own estimation methods, such information, if used as audit evidence, is subject to paragraph 7 of this ISA, but is not the use of a management's expert by the entity.

A36. The nature, timing and extent of audit procedures in relation to the requirement in paragraph 8 of this ISA, may be affected by such matters as:
- The nature and complexity of the matter to which the management's expert relates.
- The risks of material misstatement in the matter.
- The availability of alternative sources of audit evidence.
- The nature, scope and objectives of the management's expert's work.
- Whether the management's expert is employed by the entity, or is a party engaged by it to provide relevant services.
- The extent to which management can exercise control or influence over the work of the management's expert.
- Whether the management's expert is subject to technical performance standards or other professional or industry requirements.

---

13) ISA 520, paragraph 5(a).
14) ISA 240, "The Auditor's Responsibilities Relating to Fraud in an Audit of Financial Statements," paragraph 13.

- Die Verlässlichkeit von Prüfungsnachweisen nimmt zu, wenn diese aus unabhängigen Quellen außerhalb der Einheit stammen.
- Die Verlässlichkeit von intern erzeugten Prüfungsnachweisen nimmt zu, wenn die damit verbundenen, von der Einheit eingerichteten Kontrollen, einschließlich derjenigen über die Erstellung und Aufrechterhaltung der Prüfungsnachweise, wirksam sind.
- Direkt vom Abschlussprüfer erlangte Prüfungsnachweise (z. B. durch Beobachtung der Durchführung einer Kontrolle) sind verlässlicher als Prüfungsnachweise, die indirekt oder durch Rückschluss (z. B. Befragungen über die Durchführung einer Kontrolle) erlangt werden.
- Prüfungsnachweise in einer durch Dokumente belegten Form, ob auf Papier, einem elektronischen oder anderen Medium, sind verlässlicher als mündlich erlangte Nachweise (bspw. ist ein zeitgleich verfasstes Protokoll einer Sitzung verlässlicher als eine spätere mündliche Schilderung der besprochenen Sachverhalte).
- Als Originaldokumente vorgelegte Prüfungsnachweise sind verlässlicher als Prüfungsnachweise, die als Fotokopien, Faxe oder gefilmte, digitalisierte oder anderweitig in eine elektronische Form umgewandelte Dokumente vorgelegt werden, deren Verlässlichkeit von den Kontrollen über ihre Erstellung und Aufrechterhaltung abhängen kann.

A32. ISA 520 enthält weitere Hinweise zur Verlässlichkeit von Daten, die zur Gestaltung von analytischen Prüfungshandlungen als aussagebezogene Prüfungshandlungen verwendet werden.[13]

A33. ISA 240 behandelt Fälle, in denen der Abschlussprüfer Grund zu der Annahme hat, dass ein Dokument möglicherweise nicht echt ist oder verändert wurde, ohne dass diese Veränderung dem Abschlussprüfer mitgeteilt wurde.[14]

Verlässlichkeit der Informationen eines Sachverständigen des Managements (Vgl. Tz. 8)

A34. Die Aufstellung des Abschlusses einer Einheit kann Fachkenntnisse auf einem anderen Gebiet als dem der Rechnungslegung oder der Prüfung voraussetzen (z. B. versicherungsmathematische Berechnungen, Bewertungen oder technische Daten). Die Einheit kann Sachverständige auf diesen Gebieten beschäftigen oder beauftragen, um die zur Aufstellung des Abschlusses benötigten Fachkenntnisse zu erlangen. Die Unterlassung, dieses zu tun, wenn solche Fachkenntnisse erforderlich sind, erhöht die Risiken wesentlicher falscher Darstellungen.

A35. Wenn als Prüfungsnachweise zu verwendende Informationen unter Verwendung der Tätigkeit eines Sachverständigen des Managements erstellt wurden, gilt die in Textziffer 8 dieses ISA enthaltene Anforderung. Beispielsweise kann eine Person oder Organisation Fachkenntnisse in der Anwendung von Modellen zur Schätzung des Zeitwerts von Wertpapieren besitzen, für die kein beobachtbarer Markt vorhanden ist. Wenn die Person oder Organisation diese Fachkenntnisse für eine Schätzung anwendet, welche die Einheit bei der Aufstellung ihres Abschlusses verwendet, handelt es sich bei der Person oder Organisation um einen Sachverständigen des Managements und Textziffer 8 findet Anwendung. Wenn diese Person oder Organisation dagegen lediglich Preisdaten über nicht öffentliche Transaktionen zur Verfügung stellt, die für die Einheit nicht anderweitig erhältlich sind und von der Einheit bei ihren eigenen Schätzmethoden verwendet werden, unterliegen diese Informationen Textziffer 7 dieses ISA, wenn sie als Prüfungsnachweise verwendet werden, doch stellt dies nicht eine Verwendung eines Sachverständigen des Managements durch die Einheit dar.

A36. Art, zeitliche Einteilung und Umfang der Prüfungshandlungen im Zusammenhang mit der Anforderung in Textziffer 8 dieses ISA können durch Sachverhalte wie die folgenden beeinflusst werden:
- Art und Komplexität des Sachverhalts, über den der Sachverständige des Managements berichtet
- Risiken wesentlicher falscher Darstellungen bei dem Sachverhalt
- Verfügbarkeit alternativer Quellen von Prüfungsnachweisen
- Art, Umfang und Ziele der Tätigkeit des Sachverständigen des Managements
- ob der Sachverständige des Managements bei der Einheit angestellt ist oder ein von dieser zur Erbringung relevanter Dienstleistungen beauftragter Dritter ist
- inwieweit das Management Kontrolle über oder Einfluss auf die Tätigkeit des Sachverständigen des Managements ausüben kann
- ob der Sachverständige des Managements fachlichen Standards oder sonstigen beruflichen oder branchenspezifischen Anforderungen unterliegt

---

13) ISA 520, Textziffer 5(a).
14) ISA 240 „Die Verantwortung des Abschlussprüfers bei dolosen Handlungen", Textziffer 13.

- The nature and extent of any controls within the entity over the management's expert's work.

- The auditor's knowledge and experience of the management's expert's field of expertise.

- The auditor's previous experience of the work of that expert.

The Competence, Capabilities, and Objectivity of a Management's Expert (Ref: Para. 8(a))

A37. Competence relates to the nature and level of expertise of the management's expert. Capability relates the ability of the management's expert to exercise that competence in the circumstances. Factors that influence capability may include, for example, geographic location, and the availability of time and resources. Objectivity relates to the possible effects that bias, conflict of interest or the influence of others may have on the professional or business judgment of the management's expert. The competence, capabilities and objectivity of a management's expert, and any controls within the entity over that expert's work, are important factors in relation to the reliability of any information produced by a management's expert.

A38. Information regarding the competence, capabilities and objectivity of a management's expert may come from a variety of sources, such as:
- Personal experience with previous work of that expert.
- Discussions with that expert.
- Discussions with others who are familiar with that expert's work.
- Knowledge of that expert's qualifications, membership of a professional body or industry association, license to practice, or other forms of external recognition.
- Published papers or books written by that expert.
- An auditor's expert, if any, who assists the auditor in obtaining sufficient appropriate audit evidence with respect to information produced by the management's expert.

A39. Matters relevant to evaluating the competence, capabilities and objectivity of a management's expert include whether that expert's work is subject to technical performance standards or other professional or industry requirements, for example, ethical standards and other membership requirements of a professional body or industry association, accreditation standards of a licensing body, or requirements imposed by law or regulation.

A40. Other matters that may be relevant include:
- The relevance of the management's expert's competence to the matter for which that expert's work will be used, including any areas of specialty within that expert's field. For example, a particular actuary may specialize in property and casualty insurance, but have limited expertise regarding pension calculations.

- The management's expert's competence with respect to relevant accounting requirements, for example, knowledge of assumptions and methods, including models where applicable, that are consistent with the applicable financial reporting framework.

- Whether unexpected events, changes in conditions, or the audit evidence obtained from the results of audit procedures indicate that it may be necessary to reconsider the initial evaluation of the competence, capabilities and objectivity of the management's expert as the audit progresses.

A41. A broad range of circumstances may threaten objectivity, for example, self-interest threats, advocacy threats, familiarity threats, self-review threats and intimidation threats. Safeguards may reduce such threats, and may be created either by external structures (for example, the management's expert's profession, legislation or regulation), or by the management's expert's work environment (for example, quality control policies and procedures).

A42. Although safeguards cannot eliminate all threats to a management's expert's objectivity, threats such as intimidation threats may be of less significance to an expert engaged by the entity than to an expert employed by the entity, and the effectiveness of safeguards such as quality control policies and procedures may be greater. Because the threat to objectivity created by being an employee of the entity will always be

- Art und Umfang von Kontrollen innerhalb der Einheit über die Tätigkeit des Sachverständigen des Managements
- Kenntnisse und Erfahrung des Abschlussprüfers über das Fachgebiet des Sachverständigen des Managements
- bisherige Erfahrung des Abschlussprüfers mit der Tätigkeit dieses Sachverständigen.

Kompetenz, Fähigkeiten und Objektivität eines Sachverständigen des Managements (Vgl. Tz. 8(a))

A37. Kompetenz bezieht sich auf Art und Grad der Fachkenntnisse des Sachverständigen des Managements, während sich Fähigkeit auf das Können dieses Sachverständigen bezieht, diese Kompetenz unter den gegebenen Umständen auszuüben. Zu den Faktoren, welche die Fähigkeit beeinflussen, können bspw. der geographische Ort und die Verfügbarkeit von Zeit und Ressourcen gehören. Objektivität bezieht sich auf die möglichen Auswirkungen, die Einseitigkeit, Interessenkonflikte oder der Einfluss anderer Personen auf das berufliche oder geschäftliche Urteilsvermögen des Sachverständigen des Managements haben können. Kompetenz, Fähigkeiten und Objektivität eines Sachverständigen des Managements sowie Kontrollen innerhalb der Einheit über die Tätigkeit dieses Sachverständigen sind wichtige Faktoren im Zusammenhang mit der Verlässlichkeit von Informationen eines Sachverständigen des Managements.

A38. Informationen zu Kompetenz, Fähigkeiten und Objektivität eines Sachverständigen des Managements können aus unterschiedlichen Quellen stammen, z. B.:
- persönlicher Erfahrung mit der bisherigen Tätigkeit dieses Sachverständigen
- Gesprächen mit diesem Sachverständigen
- Gesprächen mit anderen Personen, die mit der Tätigkeit dieses Sachverständigen vertraut sind
- Kenntnissen über diesen Sachverständigen, die Qualifikationen, Mitgliedschaft in einer Berufs- oder Branchenorganisation, Zulassung oder andere Formen von Anerkennung durch Dritte betreffen
- veröffentlichten Abhandlungen oder Büchern dieses Sachverständigen
- ggf. einem Sachverständigen des Abschlussprüfers, der den Abschlussprüfer darin unterstützt, ausreichende geeignete Prüfungsnachweise zu Informationen des Sachverständigen des Managements zu erlangen.

A39. Zu den Sachverhalten, die für die Beurteilung von Kompetenz, Fähigkeiten und Objektivität eines Sachverständigen des Managements relevant sind, gehört die Frage, ob die Tätigkeit dieses Sachverständigen fachlichen Leistungsstandards oder anderen beruflichen oder branchenspezifischen Anforderungen unterliegt (bspw. beruflichen Verhaltensstandards und sonstigen Mitgliedschaftsanforderungen einer Berufs- oder Branchenorganisation, Zulassungsstandards einer Zulassungsbehörde oder durch Gesetze oder andere Rechtsvorschriften auferlegten Anforderungen).

A40. Zu den weiteren Sachverhalten, die relevant sein können, gehören:
- die Bedeutung der Kompetenz des Sachverständigen des Managements für den Sachverhalt, für den die Tätigkeit dieses Sachverständigen verwendet wird, unter Berücksichtigung von etwaigen Spezialgebieten innerhalb des Fachgebiets dieses Sachverständigen. Beispielsweise kann sich ein bestimmter Versicherungsmathematiker auf Sach- und Unfallversicherungen spezialisiert haben, jedoch ein begrenztes Fachwissen über Pensionsberechnungen besitzen;
- die Kompetenz des Sachverständigen des Managements im Hinblick auf relevante Rechnungslegungspflichten (z. B. die Kenntnis von Annahmen und Methoden, ggf. einschließlich Modellen, die mit dem maßgebenden Regelwerk der Rechnungslegung in Einklang stehen);
- die Frage, ob unerwartete Ereignisse, sich ändernde Gegebenheiten oder die aus den Ergebnissen von Prüfungshandlungen erlangten Prüfungsnachweise darauf hindeuten, dass es möglicherweise notwendig ist, die anfängliche Beurteilung von Kompetenz, Fähigkeiten und Objektivität des Sachverständigen des Managements im Laufe der Abschlussprüfung zu überdenken.

A41. Eine große Zahl von Gegebenheiten kann die Objektivität gefährden (bspw. Gefährdungen durch Eigeninteresse, Gefährdungen durch Interessenvertretung, Gefährdungen durch zu große Vertrautheit, Gefährdungen durch Selbstprüfung und Gefährdungen durch Einschüchterung). Diese Gefährdungen können durch Schutzmaßnahmen verringert werden, die entweder durch externe Strukturen (z. B. den Berufsstand des Sachverständigen des Managements oder Gesetze oder andere Rechtsvorschriften) oder durch das Tätigkeitsumfeld des Sachverständigen des Managements (z. B. Regelungen und Maßnahmen zur Qualitätssicherung) geschaffen werden können.

A42. Obwohl Schutzmaßnahmen nicht alle Gefährdungen der Objektivität eines Sachverständigen des Managements beseitigen können, sind Gefährdungen wie solche durch Einschüchterung möglicherweise für einen von der Einheit beauftragten Sachverständigen weniger bedeutsam als für einen bei der Einheit angestellten Sachverständigen, und die Wirksamkeit von Schutzmaßnahmen wie Regelungen und

present, an expert employed by the entity cannot ordinarily be regarded as being more likely to be objective than other employees of the entity.

A43. When evaluating the objectivity of an expert engaged by the entity, it may be relevant to discuss with management and that expert any interests and relationships that may create threats to the expert's objectivity, and any applicable safeguards, including any professional requirements that apply to the expert; and to evaluate whether the safeguards are adequate. Interests and relationships creating threats may include:

- Financial interests.
- Business and personal relationships.
- Provision of other services.

Obtaining an Understanding of the Work of the Management's Expert (Ref: Para. 8(b))

A44. An understanding of the work of the management's expert includes an understanding of the relevant field of expertise. An understanding of the relevant field of expertise may be obtained in conjunction with the auditor's determination of whether the auditor has the expertise to evaluate the work of the management's expert, or whether the auditor needs an auditor's expert for this purpose.[15]

A45. Aspects of the management's expert's field relevant to the auditor's understanding may include:

- Whether that expert's field has areas of specialty within it that are relevant to the audit.

- Whether any professional or other standards, and regulatory or legal requirements apply.

- What assumptions and methods are used by the management's expert, and whether they are generally accepted within that expert's field and appropriate for financial reporting purposes.

- The nature of internal and external data or information the management's expert uses.

A46. In the case of a management's expert engaged by the entity, there will ordinarily be an engagement letter or other written form of agreement between the entity and that expert. Evaluating that agreement when obtaining an understanding of the work of the management's expert may assist the auditor in determining the appropriateness of the following for the auditor's purposes:

- The nature, scope and objectives of that expert's work;
- The respective roles and responsibilities of management and that expert; and

- The nature, timing and extent of communication between management and that expert, including the form of any report to be provided by that expert.

A47. In the case of a management's expert employed by the entity, it is less likely there will be a written agreement of this kind. Inquiry of the expert and other members of management may be the most appropriate way for the auditor to obtain the necessary understanding.

Evaluating the Appropriateness of the Management's Expert's Work (Ref: Para. 8(c))

A48. Considerations when evaluating the appropriateness of the management's expert's work as audit evidence for the relevant assertion may include:
- The relevance and reasonableness of that expert's findings or conclusions, their consistency with other audit evidence, and whether they have been appropriately reflected in the financial statements;

- If that expert's work involves use of significant assumptions and methods, the relevance and reasonableness of those assumptions and methods; and

---

15) ISA 620, "Using the Work of an Auditor's Expert," paragraph 7.

Maßnahmen zur Qualitätssicherung ist möglicherweise höher. Da die Gefährdung der Objektivität, die durch das Anstellungsverhältnis eines Mitarbeiters bei der Einheit entsteht, stets vorhanden sein wird, kann ein bei der Einheit angestellter Sachverständiger normalerweise nicht als mit höherer Wahrscheinlichkeit objektiv angesehen werden als andere Mitarbeiter der Einheit.

A43. Bei einem von der Einheit beauftragten Sachverständigen kann es relevant sein, zur Beurteilung der Objektivität mit dem Management und diesem Sachverständigen die Interessen und Beziehungen, welche Gefährdungen der Objektivität des Sachverständigen hervorrufen können, sowie die maßgebenden Schutzmaßnahmen, einschließlich für den Sachverständigen geltende berufliche Anforderungen, zu erörtern und zu beurteilen, ob die Schutzmaßnahmen angemessen sind. Interessen und Beziehungen, die Gefährdungen hervorrufen, können sein:
- finanzielle Interessen
- geschäftliche und persönliche Beziehungen
- Erbringung anderer Dienstleistungen.

Gewinnung eines Verständnisses von der Tätigkeit des Sachverständigen des Managements (Vgl. Tz. 8(b))

A44. Ein Verständnis von der Tätigkeit des Sachverständigen des Managements schließt ein Verständnis von dem relevanten Fachgebiet ein. Dieses Verständnis kann im Zusammenhang mit der Feststellung des Abschlussprüfers erlangt werden, ob der Abschlussprüfer die Fachkenntnis besitzt, die Tätigkeit des Sachverständigen des Managements zu beurteilen, oder ob zu diesem Zweck ein Sachverständiger des Abschlussprüfers benötigt wird.[15]

A45. Zu den Aspekten des Fachgebiets des Sachverständigen des Managements, die für das Verständnis des Abschlussprüfers relevant sind, können gehören:
- die Frage, ob das Fachgebiet dieses Sachverständigen Spezialgebiete umfasst, die für die Abschlussprüfung relevant sind
- die Frage, ob berufliche oder andere Standards und gesetzliche oder andere rechtliche Anforderungen gelten
- die vom Sachverständigen des Managements getroffenen Annahmen und angewendeten Methoden und ob diese innerhalb des Fachgebiets dieses Sachverständigen allgemein anerkannt und für Zwecke der Rechnungslegung geeignet sind
- die Art der internen und externen Daten oder Informationen, die der Sachverständige des Managements verwendet.

A46. Bei einem von der Einheit beauftragten Sachverständigen des Managements besteht normalerweise ein Auftragsbestätigungsschreiben oder eine andere schriftliche Form der Vereinbarung zwischen der Einheit und diesem Sachverständigen. Die Beurteilung dieser Vereinbarung kann dem Abschlussprüfer dabei helfen, ein Verständnis von der Tätigkeit des Sachverständigen des Managements zu gewinnen und die Angemessenheit der folgenden Punkte für die Ziele des Abschlussprüfers festzustellen:
- Art, Umfang und Ziele der Tätigkeit dieses Sachverständigen,
- jeweilige Funktionen und Verantwortlichkeiten des Managements und dieses Sachverständigen sowie
- Art, zeitliche Einteilung und Umfang der Kommunikation zwischen dem Management und diesem Sachverständigen, einschließlich der Form eines von diesem Sachverständigen zu liefernden Berichts.

A47. Bei einem bei der Einheit angestellten Sachverständigen des Managements ist es weniger wahrscheinlich, dass eine schriftliche Vereinbarung dieser Art besteht. In diesem Fall können Befragungen des Sachverständigen und anderer Mitglieder des Managements für den Abschlussprüfer die geeignetste Möglichkeit sein, das notwendige Verständnis zu gewinnen.

Beurteilung der Eignung der Tätigkeit des Sachverständigen des Managements (Vgl. Tz. 8(c))

A48. Zu den Abwägungen, wenn die Eignung der Tätigkeit des Sachverständigen des Managements als Prüfungsnachweis für relevante Aussagen beurteilt werden soll, gehören:
- die Relevanz und Vertretbarkeit der Feststellungen oder Schlussfolgerungen dieses Sachverständigen, deren Übereinstimmung mit anderen Prüfungsnachweisen und ob sie im Abschluss angemessen widergespiegelt sind,
- wenn die Tätigkeit dieses Sachverständigen die Verwendung bedeutsamer Annahmen und Methoden beinhaltet, die Relevanz und Vertretbarkeit dieser Annahmen und Methoden, und

---

15) ISA 620 „Verwertung der Arbeit eines Sachverständigen des Abschlussprüfers", Textziffer 7.

- If that expert's work involves significant use of source data, the relevance, completeness, and accuracy of that source data.

Information Produced by the Entity and Used for the Auditor's Purposes (Ref: Para. 9(a)–(b))

A49. In order for the auditor to obtain reliable audit evidence, information produced by the entity that is used for performing audit procedures needs to be sufficiently complete and accurate. For example, the effectiveness of auditing revenue by applying standard prices to records of sales volume is affected by the accuracy of the price information and the completeness and accuracy of the sales volume data. Similarly, if the auditor intends to test a population (for example, payments) for a certain characteristic (for example, authorization), the results of the test will be less reliable if the population from which items are selected for testing is not complete.

A50. Obtaining audit evidence about the accuracy and completeness of such information may be performed concurrently with the actual audit procedure applied to the information when obtaining such audit evidence is an integral part of the audit procedure itself. In other situations, the auditor may have obtained audit evidence of the accuracy and completeness of such information by testing controls over the preparation and maintenance of the information. In some situations, however, the auditor may determine that additional audit procedures are needed.

A51. In some cases, the auditor may intend to use information produced by the entity for other audit purposes. For example, the auditor may intend to make use of the entity's performance measures for the purpose of analytical procedures, or to make use of the entity's information produced for monitoring activities, such as internal auditor's reports. In such cases, the appropriateness of the audit evidence obtained is affected by whether the information is sufficiently precise or detailed for the auditor's purposes. For example, performance measures used by management may not be precise enough to detect material misstatements.

Selecting Items for Testing to Obtain Audit Evidence (Ref: Para. 10)

A52. An effective test provides appropriate audit evidence to an extent that, taken with other audit evidence obtained or to be obtained, will be sufficient for the auditor's purposes. In selecting items for testing, the auditor is required by paragraph 7 to determine the relevance and reliability of information to be used as audit evidence; the other aspect of effectiveness (sufficiency) is an important consideration in selecting items to test. The means available to the auditor for selecting items for testing are:

(a) Selecting all items (100% examination);
(b) Selecting specific items; and
(c) Audit sampling.

The application of any one or combination of these means may be appropriate depending on the particular circumstances, for example, the risks of material misstatement related to the assertion being tested, and the practicality and efficiency of the different means.

Selecting All Items

A53. The auditor may decide that it will be most appropriate to examine the entire population of items that make up a class of transactions or account balance (or a stratum within that population). 100% examination is unlikely in the case of tests of controls; however, it is more common for tests of details. 100% examination may be appropriate when, for example:

- The population constitutes a small number of large value items;
- There is a significant risk and other means do not provide sufficient appropriate audit evidence; or
- The repetitive nature of a calculation or other process performed automatically by an information system makes a 100% examination cost effective.

Prüfungsnachweise ISA 500

- wenn die Tätigkeit dieses Sachverständigen eine bedeutsame Verwendung von originären Daten beinhaltet, die Relevanz, Vollständigkeit und Richtigkeit dieser originären Daten.

Von der Einheit erstellte und für Zwecke des Abschlussprüfers verwendete Informationen (Vgl. Tz. 9(a)-(b))

A49. Informationen der Einheit, die für die Durchführung von Prüfungshandlungen verwendet werden, müssen ausreichend vollständig und richtig sein, damit der Abschlussprüfer verlässliche Prüfungsnachweise erlangt. So wird bspw. die Wirksamkeit der Prüfung der Umsatzerlöse durch die Anwendung von Standardpreisen auf der Grundlage von Aufzeichnungen über das Umsatzvolumen beeinflusst durch die Richtigkeit der Preisinformationen sowie durch die Vollständigkeit und Richtigkeit der Daten über das Umsatzvolumen. Entsprechend sind für den Fall, dass der Abschlussprüfer eine Grundgesamtheit (z. B. Zahlungen) auf ein bestimmtes Merkmal (z. B. Genehmigung) prüfen will, die Ergebnisse der Prüfung weniger verlässlich, wenn die Grundgesamtheit, aus der Elemente zur Prüfung ausgewählt werden, nicht vollständig ist.

A50. Prüfungsnachweise über die Richtigkeit und Vollständigkeit solcher Informationen können zugleich mit der eigentlichen auf die Informationen angewendeten Prüfungshandlung erfolgen, wenn das Einholen dieser Prüfungsnachweise ein integraler Bestandteil der Prüfungshandlung selbst ist. In anderen Situationen kann der Abschlussprüfer Prüfungsnachweise über die Richtigkeit und Vollständigkeit solcher Informationen durch die Prüfung von Kontrollen über die Erstellung und Aufrechterhaltung der Informationen erlangt haben. In manchen Situationen kann der Abschlussprüfer jedoch festlegen, dass zusätzliche Prüfungshandlungen notwendig sind.

A51. In manchen Fällen kann der Abschlussprüfer beabsichtigen, von der Einheit für andere Prüfungszwecke erarbeitete Informationen zu verwenden. Beispielsweise kann der Abschlussprüfer beabsichtigen, die Leistungskennzahlen der Einheit zum Zwecke analytischer Prüfungshandlungen zu verwenden oder die für Überwachungsaktivitäten erstellten Informationen der Einheit (z. B. Berichte der internen Revision) zu verwenden. In solchen Fällen wird die Eignung der erlangten Prüfungsnachweise dadurch beeinflusst, ob die Informationen für die Ziele des Abschlussprüfers ausreichend genau oder detailliert sind. Beispielsweise sind vom Management verwendete Leistungskennzahlen möglicherweise nicht genau genug, um wesentliche falsche Darstellungen aufzudecken.

Auswahl der zu prüfenden Elemente, um Prüfungsnachweise zu erlangen (Vgl. Tz. 10)

A52. Eine wirksame Prüfung liefert geeignete Prüfungsnachweise in einem Umfang, der zusammen mit anderen erlangten oder zu erlangenden Prüfungsnachweisen für die Ziele des Abschlussprüfers ausreicht. Bei der Auswahl der zu prüfenden Elemente muss der Abschlussprüfer nach Textziffer 7 die Relevanz und Verlässlichkeit der Informationen feststellen, die als Prüfungsnachweise verwendet werden. Der andere Aspekt der Wirksamkeit (ausreichender Umfang) ist eine wichtige Überlegung bei der Auswahl der zu prüfenden Elemente. Zur Auswahl der Prüfelemente hat der Abschlussprüfer die folgenden Möglichkeiten:

(a) Auswahl aller Elemente (Vollerhebung)
(b) Auswahl bestimmter Elemente
(c) Stichprobenprüfungen.

Die Anwendung einer dieser Möglichkeiten oder einer Kombination von diesen kann in Abhängigkeit von den jeweiligen Umständen (z. B. den Risiken wesentlicher falscher Darstellungen in Bezug auf die geprüfte Aussage sowie der praktischen Durchführbarkeit und Effizienz der verschiedenen Möglichkeiten) angemessen sein.

Auswahl aller Elemente

A53. Der Abschlussprüfer kann sich dafür entscheiden, dass es am angemessensten ist, die ganze Grundgesamtheit der Elemente zu untersuchen, die eine Art von Geschäftsvorfällen oder Kontensalden bilden (oder eine Schicht innerhalb dieser Grundgesamtheit). Eine Vollerhebung ist bei Funktionsprüfungen unwahrscheinlich, bei Einzelfallprüfungen jedoch üblicher. Eine Vollerhebung kann bspw. angemessen sein, wenn

- die Grundgesamtheit aus einer kleinen Anzahl von Elementen mit hohem Wert besteht,
- ein bedeutsames Risiko besteht und andere Verfahren keine ausreichenden geeigneten Prüfungsnachweise liefern oder
- die sich wiederholende Art einer Berechnung oder eines anderen automatisch von einem Informationssystem durchgeführten Prozesses eine Vollerhebung kostengünstig macht.

Selecting Specific Items

A54. The auditor may decide to select specific items from a population. In making this decision, factors that may be relevant include the auditor's understanding of the entity, the assessed risks of material misstatement, and the characteristics of the population being tested. The judgmental selection of specific items is subject to non-sampling risk. Specific items selected may include:

- *High value or key items.* The auditor may decide to select specific items within a population because they are of high value, or exhibit some other characteristic, for example, items that are suspicious, unusual, particularly risk-prone or that have a history of error.

- *All items over a certain amount.* The auditor may decide to examine items whose recorded values exceed a certain amount so as to verify a large proportion of the total amount of a class of transactions or account balance.

- *Items to obtain information.* The auditor may examine items to obtain information about matters such as the nature of the entity or the nature of transactions.

A55. While selective examination of specific items from a class of transactions or account balance will often be an efficient means of obtaining audit evidence, it does not constitute audit sampling. The results of audit procedures applied to items selected in this way cannot be projected to the entire population; accordingly, selective examination of specific items does not provide audit evidence concerning the remainder of the population.

Audit Sampling

A56. Audit sampling is designed to enable conclusions to be drawn about an entire population on the basis of testing a sample drawn from it. Audit sampling is discussed in ISA 530.[16]

Inconsistency in, or Doubts over Reliability of, Audit Evidence (Ref: Para. 11)

A57. Obtaining audit evidence from different sources or of a different nature may indicate that an individual item of audit evidence is not reliable, such as when audit evidence obtained from one source is inconsistent with that obtained from another. This may be the case when, for example, responses to inquiries of management, internal audit, and others are inconsistent, or when responses to inquiries of those charged with governance made to corroborate the responses to inquiries of management are inconsistent with the response by management. ISA 230 includes a specific documentation requirement if the auditor identified information that is inconsistent with the auditor's final conclusion regarding a significant matter.[17]

---

16) ISA 530, "Audit Sampling."
17) ISA 230, "Audit Documentation," paragraph 11.

Auswahl bestimmter Elemente

A54. Der Abschlussprüfer kann entscheiden, bestimmte Elemente aus einer Grundgesamtheit auszuwählen. Zu den Faktoren, die bei dieser Entscheidung relevant sein können, gehören das Verständnis des Abschlussprüfers von der Einheit, die beurteilten Risiken wesentlicher falscher Darstellungen und die Merkmale der geprüften Grundgesamtheit. Die bewusste Auswahl bestimmter Elemente unterliegt einem Nicht-Stichprobenrisiko. Die Auswahl bestimmter Elemente kann einschließen:

- *Elemente mit hohem Wert oder Schlüsselelemente.* Der Abschlussprüfer kann sich dafür entscheiden, bestimmte Elemente innerhalb einer Grundgesamtheit auszuwählen, weil sie einen hohen Wert besitzen oder andere Merkmale aufweisen (bspw. Elemente, die verdächtig, ungewöhnlich oder besonders risikoanfällig sind oder die in der Vergangenheit fehlerhaft waren).
- *Alle Elemente, die einen bestimmten Betrag überschreiten.* Der Abschlussprüfer kann beschließen, Elemente zu untersuchen, deren aufgezeichnete Werte einen bestimmten Betrag überschreiten, um einen großen Anteil des Gesamtbetrags einer Art von Geschäftsvorfällen oder Kontensalden zu überprüfen.
- *Elemente zum Erlangen von Informationen.* Der Abschlussprüfer kann Elemente untersuchen, um Informationen über Sachverhalte wie die Merkmale der Einheit oder die Art von Geschäftsvorfällen zu erlangen.

A55. Obwohl die selektive Untersuchung bestimmter Elemente einer Art von Geschäftsvorfällen oder Kontensalden häufig ein wirtschaftliches Mittel ist, Prüfungsnachweise zu erlangen, stellt sie keine Stichprobenprüfung dar. Die Ergebnisse von Prüfungshandlungen, die auf in dieser Weise ausgewählte Elemente angewendet werden, können nicht auf die gesamte Grundgesamtheit hochgerechnet werden. Folglich liefert die selektive Untersuchung bestimmter Elemente keine Prüfungsnachweise über die restliche Grundgesamtheit.

Stichprobenprüfungen

A56. Stichprobenprüfungen sind darauf ausgerichtet, Schlussfolgerungen über eine Grundgesamtheit auf der Grundlage der Prüfung einer daraus gezogenen Stichprobe zu ermöglichen. Stichprobenprüfungen werden in ISA 530[16] erläutert.

Unstimmigkeit in Prüfungsnachweisen oder Zweifel an deren Verlässlichkeit (Vgl. Tz. 11)

A57. Das Erlangen von Prüfungsnachweisen aus unterschiedlichen Quellen oder unterschiedlicher Art kann darauf hindeuten, dass ein einzelner Prüfungsnachweis nicht verlässlich ist, bspw. wenn der aus einer Quelle stammende Prüfungsnachweis nicht mit aus einer anderen Quelle stammenden Prüfungsnachweisen in Einklang steht. Dies kann der Fall sein, wenn beispielsweise Antworten auf Befragungen des Managements, der internen Revision und anderer Personen nicht miteinander in Einklang stehen oder wenn Antworten auf Befragungen der für die Überwachung Verantwortlichen, die durchgeführt wurden, um die Antworten auf Befragungen des Managements zu bekräftigen, nicht mit den Antworten des Managements in Einklang stehen. ISA 230 enthält eine spezifische Dokumentationsanforderung für den Fall, dass der Abschlussprüfer Informationen erkannt hat, die nicht mit seiner endgültigen Schlussfolgerung zu einem bedeutsamen Sachverhalt in Einklang stehen.[17]

---

16) ISA 530 „Stichprobenprüfungen".
17) ISA 230 „Prüfungsdokumentation", Textziffer 11.

INTERNATIONAL STANDARD ON AUDITING 501

AUDIT EVIDENCE – SPECIFIC CONSIDERATIONS FOR SELECTED ITEMS

(Effective for audits of financial statements for periods beginning on or after December 15, 2009)

CONTENTS

	Paragraph
Introduction	
Scope of this ISA	1
Effective Date	2
Objective	3
Requirements	
Inventory	4–8
Litigation and Claims	9–12
Segment Information	13
Application and Other Explanatory Material	
Inventory	A1–A16
Litigation and Claims	A17–A25
Segment Information	A26–A27

International Standard on Auditing (ISA) 501, "Audit Evidence—Specific Considerations for Selected Items" should be read in conjunction with ISA 200, "Overall Objectives of the Independent Auditor and the Conduct of an Audit in Accordance with International Standards on Auditing."

INTERNATIONAL STANDARD ON AUDITING 501
PRÜFUNGSNACHWEISE – BESONDERE ÜBERLEGUNGEN ZU AUSGEWÄHLTEN SACHVERHALTEN

(gilt für die Prüfung von Abschlüssen für Zeiträume, die am oder nach dem 15.12.2009 beginnen)

INHALTSVERZEICHNIS

	Textziffer
Einleitung	
Anwendungsbereich	1
Anwendungszeitpunkt	2
Ziel	3
Anforderungen	
Vorräte	4-8
Rechtsstreitigkeiten und Ansprüche	9-12
Segmentinformationen	13
Anwendungshinweise und sonstige Erläuterungen	
Vorräte	A1-A16
Rechtsstreitigkeiten und Ansprüche	A17-A25
Segmentinformationen	A26-A27

International Standard on Auditing (ISA) 501 „Prüfungsnachweise – Besondere Überlegungen zu ausgewählten Sachverhalten" ist im Zusammenhang mit ISA 200 „Übergreifende Zielsetzungen des unabhängigen Prüfers und Grundsätze einer Prüfung in Übereinstimmung mit den International Standards on Auditing" zu lesen.

ISA 501

Audit Evidence – Specific Considerations for Selected Items

Introduction

Scope of this ISA

1. This International Standard on Auditing (ISA) deals with specific considerations by the auditor in obtaining sufficient appropriate audit evidence in accordance with ISA 330,[1] ISA 500[2] and other relevant ISAs, with respect to certain aspects of inventory, litigation and claims involving the entity, and segment information in an audit of financial statements.

Effective Date

2. This ISA is effective for audits of financial statements for periods beginning on or after December 15, 2009.

Objective

3. The objective of the auditor is to obtain sufficient appropriate audit evidence regarding the:

    (a) Existence and condition of inventory;

    (b) Completeness of litigation and claims involving the entity; and

    (c) Presentation and disclosure of segment information in accordance with the applicable financial reporting framework.

Requirements

Inventory

4. If inventory is material to the financial statements, the auditor shall obtain sufficient appropriate audit evidence regarding the existence and condition of inventory by:

    (a) Attendance at physical inventory counting, unless impracticable, to: (Ref: Para. A1–A3)

        (i) Evaluate management's instructions and procedures for recording and controlling the results of the entity's physical inventory counting; (Ref: Para. A4)

        (ii) Observe the performance of management's count procedures; (Ref: Para. A5)

        (iii) Inspect the inventory; and (Ref: Para. A6)

        (iv) Perform test counts; and (Ref: Para. A7–A8)

    (b) Performing audit procedures over the entity's final inventory records to determine whether they accurately reflect actual inventory count results.

5. If physical inventory counting is conducted at a date other than the date of the financial statements, the auditor shall, in addition to the procedures required by paragraph 4, perform audit procedures to obtain audit evidence about whether changes in inventory between the count date and the date of the financial statements are properly recorded. (Ref: Para. A9–A11)

6. If the auditor is unable to attend physical inventory counting due to unforeseen circumstances, the auditor shall make or observe some physical counts on an alternative date, and perform audit procedures on intervening transactions.

7. If attendance at physical inventory counting is impracticable, the auditor shall perform alternative audit procedures to obtain sufficient appropriate audit evidence regarding the existence and condition of inventory. If it is not possible to do so, the auditor shall modify the opinion in the auditor's report in accordance with ISA 705.[3] (Ref: Para. A12–A14)

---

[1] ISA 330, "The Auditor's Responses to Assessed Risks."
[2] ISA 500, "Audit Evidence."
[3] ISA 705, "Modifications to the Opinion in the Independent Auditor's Report."

Einleitung

Anwendungsbereich

1. Dieser International Standard on Auditing (ISA) behandelt die besonderen Überlegungen des Abschlussprüfers in Übereinstimmung mit ISA 330[1], ISA 500[2] und anderen relevanten ISA, um ausreichende geeignete Prüfungsnachweise in Bezug auf bestimmte Aspekte der Vorräte, Rechtsstreitigkeiten und Ansprüche, die die Einheit[*] betreffen, sowie Segmentinformationen bei einer Abschlussprüfung zu erlangen.

Anwendungszeitpunkt

2. Dieser ISA gilt für die Prüfung von Abschlüssen für Zeiträume, die am oder nach dem 15.12.2009 beginnen.

Ziel

3. Das Ziel des Abschlussprüfers besteht darin, ausreichende geeignete Prüfungsnachweise zu Folgendem zu erlangen:
   (a) zum Vorhandensein und zur Beschaffenheit der Vorräte;
   (b) zur Vollständigkeit der die Einheit betreffenden Rechtsstreitigkeiten und Ansprüche sowie
   (c) zur Angabe und Darstellung von Segmentinformationen in Übereinstimmung mit dem maßgebenden Regelwerk der Rechnungslegung.

Anforderungen

Vorräte

4. Falls die Vorräte für den Abschluss wesentlich sind, muss der Abschlussprüfer ausreichende geeignete Prüfungsnachweise zu Vorhandensein und Beschaffenheit der Vorräte erlangen durch
   (a) die Teilnahme an der Inventur, es sei denn, dass dies nicht praktisch durchführbar ist, um (Vgl. Tz. A1–A3)
       (i) Anweisungen und Verfahren des Managements zur Aufzeichnung und Kontrolle der Ergebnisse der Inventur der Einheit zu beurteilen, (Vgl. Tz. A4);
       (ii) die Durchführung der Zählverfahren des Managements zu beobachten, (Vgl. Tz. A5);
       (iii) die Vorräte in Augenschein zu nehmen und (Vgl. Tz. A6)
       (iv) Testzählungen durchzuführen sowie (Vgl. Tz. A7–A8)
   (b) die Durchführung von Prüfungshandlungen zu den endgültigen Inventuraufzeichnungen der Einheit, um festzustellen, ob sie die tatsächlichen Inventurergebnisse zutreffend widerspiegeln.

5. Falls die Inventur an einem vom Abschlussstichtag abweichenden Stichtag durchgeführt wird, muss der Abschlussprüfer zusätzlich zu den nach Textziffer 4 erforderlichen Handlungen Prüfungshandlungen durchführen, um Prüfungsnachweise darüber zu erlangen, ob Veränderungen der Vorräte zwischen dem Zählstichtag und dem Abschlussstichtag ordnungsgemäß erfasst sind. (Vgl. Tz. A9–A11)

6. Falls es dem Abschlussprüfer aufgrund von unvorhergesehenen Umständen nicht möglich ist, an der Inventur teilzunehmen, muss der Abschlussprüfer zu einem anderen Zeitpunkt einige körperliche Zählungen vornehmen oder beobachten und Prüfungshandlungen zu zwischenzeitlichen Geschäftsvorfällen durchführen.

7. Falls die Teilnahme an der Inventur nicht praktisch durchführbar ist, muss der Abschlussprüfer alternative Prüfungshandlungen durchführen, um ausreichende geeignete Prüfungsnachweise zu Vorhandensein und Beschaffenheit der Vorräte zu erlangen. Wenn dies nicht möglich ist, muss der Abschlussprüfer in Übereinstimmung mit ISA 705[3] das Prüfungsurteil im Vermerk des Abschlussprüfers modifizieren. (Vgl. Tz. A12–A14)

---

1) ISA 330 „Die Reaktionen des Abschlussprüfers auf beurteilte Risiken".
2) ISA 500 „Prüfungsnachweise".
3) ISA 705 „Modifizierungen des Prüfungsurteils im Vermerk des unabhängigen Abschlussprüfers".
*) Der Begriff „Einheit" wird für *entity* neu eingeführt. Bei der zu prüfenden Einheit kann es sich um ein Unternehmen, einen Einzelkaufmann, eine Gesellschaft bürgerlichen Rechts (Schweiz: einfache Gesellschaft), eine Gebietskörperschaft, eine Anstalt des öffentlichen Rechts, einen Konzern oder eine nicht rechtlich abgegrenzte wirtschaftliche Einheit handeln. Eine Übersetzung mit „Unternehmen" oder „Gesellschaft" wäre deshalb unzureichend. So kann sich *entity* sogar auf eine nicht selbständige Niederlassung oder Sparte beziehen, für die eigenständig Rechnung gelegt wird.

8. If inventory under the custody and control of a third party is material to the financial statements, the auditor shall obtain sufficient appropriate audit evidence regarding the existence and condition of that inventory by performing one or both of the following:

   (a) Request confirmation from the third party as to the quantities and condition of inventory held on behalf of the entity. (Ref: Para. A15)
   (b) Perform inspection or other audit procedures appropriate in the circumstances. (Ref: Para. A16)

Litigation and Claims

9. The auditor shall design and perform audit procedures in order to identify litigation and claims involving the entity which may give rise to a risk of material misstatement, including: (Ref: Para. A17–A19)

   (a) Inquiry of management and, where applicable, others within the entity, including in-house legal counsel;
   (b) Reviewing minutes of meetings of those charged with governance and correspondence between the entity and its external legal counsel; and
   (c) Reviewing legal expense accounts. (Ref: Para. A20)

10. If the auditor assesses a risk of material misstatement regarding litigation or claims that have been identified, or when audit procedures performed indicate that other material litigation or claims may exist, the auditor shall, in addition to the procedures required by other ISAs, seek direct communication with the entity's external legal counsel. The auditor shall do so through a letter of inquiry, prepared by management and sent by the auditor, requesting the entity's external legal counsel to communicate directly with the auditor. If law, regulation or the respective legal professional body prohibits the entity's external legal counsel from communicating directly with the auditor, the auditor shall perform alternative audit procedures. (Ref: Para. A21–A25)

11. If:

    (a) management refuses to give the auditor permission to communicate or meet with the entity's external legal counsel, or the entity's external legal counsel refuses to respond appropriately to the letter of inquiry, or is prohibited from responding; and

    (b) the auditor is unable to obtain sufficient appropriate audit evidence by performing alternative audit procedures,

    the auditor shall modify the opinion in the auditor's report in accordance with ISA 705.

Written Representations

12. The auditor shall request management and, where appropriate, those charged with governance to provide written representations that all known actual or possible litigation and claims whose effects should be considered when preparing the financial statements have been disclosed to the auditor and accounted for and disclosed in accordance with the applicable financial reporting framework.

Segment Information

13. The auditor shall obtain sufficient appropriate audit evidence regarding the presentation and disclosure of segment information in accordance with the applicable financial reporting framework by: (Ref: Para. A26)

    (a) Obtaining an understanding of the methods used by management in determining segment information, and: (Ref: Para. A27)
       (i) Evaluating whether such methods are likely to result in disclosure in accordance with the applicable financial reporting framework; and

8. Falls Vorräte, die von einem Dritten aufbewahrt und kontrolliert werden, für den Abschluss wesentlich sind, muss der Abschlussprüfer ausreichende geeignete Prüfungsnachweise zu Vorhandensein und Beschaffenheit dieser Vorräte erlangen, indem eine oder beide der folgenden Maßnahmen durchgeführt werden:

    (a) Anforderung einer Bestätigung von dem Dritten über Mengen und Beschaffenheit der im Auftrag der Einheit gehaltenen Vorräte; (Vgl. Tz. A15)

    (b) Durchführung einer Inaugenscheinnahme oder anderer Prüfungshandlungen, die unter den gegebenen Umständen angemessen sind. (Vgl. Tz. A16)

Rechtsstreitigkeiten und Ansprüche

9. Der Abschlussprüfer muss Prüfungshandlungen planen und durchführen, um Rechtsstreitigkeiten und Ansprüche festzustellen, welche die Einheit betreffen und ein Risiko wesentlicher falscher Darstellungen zur Folge haben können. Dazu gehören: (Vgl. Tz. A17–A19)

    (a) Befragungen des Managements und ggf. anderer Personen innerhalb der Einheit, einschließlich hausinterner Rechtsberater;

    (b) Durchsicht der Protokolle von Sitzungen der für die Überwachung Verantwortlichen und des Schriftverkehrs zwischen der Einheit und ihren externen Rechtsberatern sowie

    (c) Durchsicht von Aufwandskonten für Rechtsberatung. (Vgl. Tz. A20)

10. Falls der Abschlussprüfer ein Risiko wesentlicher falscher Darstellungen im Zusammenhang mit festgestellten Rechtsstreitigkeiten oder Ansprüchen beurteilt oder wenn durchgeführte Prüfungshandlungen darauf hindeuten, dass möglicherweise andere wesentliche Rechtsstreitigkeiten oder Ansprüche bestehen, muss der Abschlussprüfer zusätzlich zu den nach anderen ISA erforderlichen Prüfungshandlungen die direkte Kommunikation mit den externen Rechtsberatern der Einheit suchen. Der Abschlussprüfer hat dies durch eine vom Management erstellte und vom Abschlussprüfer versandte Anfrage vorzunehmen, in der die externen Rechtsberater der Einheit aufgefordert werden, direkt mit dem Abschlussprüfer zu kommunizieren*). Wenn Gesetze, andere Rechtsvorschriften oder die jeweilige juristische Berufsorganisation eine direkte Kommunikation der externen Rechtsberater der Einheit mit dem Abschlussprüfer untersagen, muss der Abschlussprüfer alternative Prüfungshandlungen durchführen. (Vgl. Tz. A21–A25)

11. Falls

    (a) das Management sich weigert, dem Abschlussprüfer zu gestatten, mit den externen Rechtsberatern der Einheit zu kommunizieren oder sich mit diesen zu treffen, oder die externen Rechtsberater der Einheit sich weigern, auf die Anfrage in angemessener Weise zu antworten oder ihnen die Antwort untersagt ist, und

    (b) es dem Abschlussprüfer nicht möglich ist, ausreichende geeignete Prüfungsnachweise aus der Durchführung alternativer Prüfungshandlungen zu erlangen,

    muss der Abschlussprüfer in Übereinstimmung mit ISA 705 das Prüfungsurteil im Vermerk des Abschlussprüfers modifizieren.

Schriftliche Erklärungen

12. Der Abschlussprüfer muss das Management und - soweit angemessen - die für die Überwachung Verantwortlichen auffordern, schriftliche Erklärungen darüber abzugeben, dass alle bekannten tatsächlichen oder möglichen Rechtsstreitigkeiten und Ansprüche, deren Auswirkungen bei der Aufstellung des Abschlusses zu berücksichtigen sind, dem Abschlussprüfer mitgeteilt und in Übereinstimmung mit dem maßgebenden Regelwerk der Rechnungslegung bilanziert und angegeben wurden.

Segmentinformationen

13. Der Abschlussprüfer muss ausreichende geeignete Prüfungsnachweise zur Angabe und Darstellung von Segmentinformationen in Übereinstimmung mit dem maßgebenden Regelwerk der Rechnungslegung erlangen durch: (Vgl. Tz. A26)

    (a) Gewinnung eines Verständnisses der vom Management bei der Bestimmung der Segmentinformationen angewandten Methoden und (Vgl. Tz. A27)

        (i) Beurteilung, ob diese Methoden voraussichtlich zu Angaben in Übereinstimmung mit dem maßgebenden Regelwerk der Rechnungslegung führen, sowie

---

*) Der Begriff „kommunizieren" wird verwendet, um erkennbar zu machen, dass ein Informationsaustausch zwischen den beiden beteiligten Partnern in beide Richtungen gehen und schriftlich oder mündlich erfolgen kann.

(ii) Where appropriate, testing the application of such methods; and
(b) Performing analytical procedures or other audit procedures appropriate in the circumstances.

***

Application and Other Explanatory Material

Inventory

Attendance at Physical Inventory Counting (Ref: Para. 4(a))

A1. Management ordinarily establishes procedures under which inventory is physically counted at least once a year to serve as a basis for the preparation of the financial statements and, if applicable, to ascertain the reliability of the entity's perpetual inventory system.

A2. Attendance at physical inventory counting involves:
- Inspecting the inventory to ascertain its existence and evaluate its condition, and performing test counts;
- Observing compliance with management's instructions and the performance of procedures for recording and controlling the results of the physical inventory count; and
- Obtaining audit evidence as to the reliability of management's count procedures.

These procedures may serve as test of controls or substantive procedures depending on the auditor's risk assessment, planned approach and the specific procedures carried out.

A3. Matters relevant in planning attendance at physical inventory counting (or in designing and performing audit procedures pursuant to paragraphs 4–8 of this ISA) include, for example:
- The risks of material misstatement related to inventory.
- The nature of the internal control related to inventory.
- Whether adequate procedures are expected to be established and proper instructions issued for physical inventory counting.
- The timing of physical inventory counting.
- Whether the entity maintains a perpetual inventory system.
- The locations at which inventory is held, including the materiality of the inventory and the risks of material misstatement at different locations, in deciding at which locations attendance is appropriate. ISA 600[4] deals with the involvement of other auditors and accordingly may be relevant if such involvement is with regard to attendance of physical inventory counting at a remote location.
- Whether the assistance of an auditor's expert is needed. ISA 620[5] deals with the use of an auditor's expert to assist the auditor to obtain sufficient appropriate audit evidence.

Evaluate Management's Instructions and Procedures (Ref: Para. 4(a)(i))

A4. Matters relevant in evaluating management's instructions and procedures for recording and controlling the physical inventory counting include whether they address, for example:
- The application of appropriate control activities, for example, collection of used physical inventory count records, accounting for unused physical inventory count records, and count and re-count procedures.
- The accurate identification of the stage of completion of work in progress, of slow moving, obsolete or damaged items and of inventory owned by a third party, for example, on consignment.

---

4) ISA 600, "Special Considerations—Audits of Group Financial Statements (Including the Work of Component Auditors)."
5) ISA 620, "Using the Work of an Auditor's Expert."

(ii) - soweit angebracht - Prüfung der Anwendung dieser Methoden und
(b) Durchführung von analytischen oder anderen unter den gegebenen Umständen angemessenen Prüfungshandlungen.

***

Anwendungshinweise und sonstige Erläuterungen

Vorräte

Teilnahme an der Inventur (Vgl. Tz. 4(a))

A1. Das Management richtet normalerweise Verfahren ein, nach denen die Vorräte mindestens einmal jährlich körperlich aufgenommen werden. Diese Verfahren sollen als Grundlage für die Aufstellung des Abschlusses dienen und - soweit zutreffend - die Verlässlichkeit des permanenten Inventursystems der Einheit bestätigen.

A2. Die Teilnahme an der Inventur beinhaltet
- die Inaugenscheinnahme der Vorräte, um deren Vorhandensein nachzuprüfen und deren Beschaffenheit zu beurteilen, sowie die Durchführung von Testzählungen;
- die Beobachtung der Einhaltung der Anweisungen des Managements und der Durchführung von Verfahren zur Aufzeichnung und Kontrolle der Inventurergebnisse sowie
- die Erlangung von Prüfungsnachweisen zur Verlässlichkeit der Zählverfahren des Managements.

Diese Prüfungshandlungen können je nach der Risikoeinschätzung des Abschlussprüfers und dem geplanten Ansatz der Prüfung sowie den spezifischen durchgeführten Prüfungshandlungen als Funktionsprüfungen oder als aussagebezogene Prüfungshandlungen*) dienen.

A3. Zu den Sachverhalten, die bei der Planung der Teilnahme an der Inventur (bzw. bei der Planung und Durchführung von Prüfungshandlungen nach den Textziffern 4–8 dieses ISA) relevant sind, gehören bspw.:
- die Risiken wesentlicher falscher Darstellungen im Zusammenhang mit den Vorräten;
- die Art des mit den Vorräten verbundenen internen Kontrollsystems (IKS);
- ob erwartet werden kann, dass für die Inventur geeignete Verfahren eingerichtet und korrekte Anweisungen erteilt werden;
- die zeitliche Einteilung der Inventur;
- ob die Einheit ein permanentes Inventursystem unterhält;
- die Standorte, an denen die Vorräte gehalten werden, einschließlich der Wesentlichkeit der Vorräte und der Risiken wesentlicher falscher Darstellungen an den verschiedenen Standorten, im Zusammenhang mit der Entscheidung, an welchen Standorten eine Teilnahme angebracht ist. ISA 600[4]) behandelt die Einbindung anderer Abschlussprüfer und kann folglich relevant sein, wenn sich diese Einbindung auf die Teilnahme an der Inventur an einem entfernten Standort bezieht;
- ob die Unterstützung eines Sachverständigen des Abschlussprüfers notwendig ist. ISA 620[5]) behandelt die Einbindung eines Sachverständigen des Abschlussprüfers zur Unterstützung des Abschlussprüfers, um ausreichende geeignete Prüfungsnachweise zu erlangen.

Beurteilung der Anweisungen und Verfahren des Managements (Vgl. Tz. 4(a)(i))

A4. Zu den Sachverhalten, die bei der Beurteilung der Anweisungen und Verfahren des Managements für die Aufzeichnung und Kontrolle der Inventur relevant sind, gehören, ob die Anweisungen und Verfahren bspw. ausgerichtet sind auf
- die Anwendung angemessener Kontrollaktivitäten (z. B. Sammeln der verwendeten Inventuraufzeichnungen, Erfassen von nicht verwendeten Inventuraufzeichnungen sowie Verfahren der Zählung und Nachzählung);
- die genaue Feststellung des Grads der Fertigstellung unfertiger Erzeugnisse sowie von langsam umschlagenden, veralteten oder beschädigten Posten und von Vorräten im Eigentum Dritter (z. B. solchen in Konsignation);

---

[4]) ISA 600 „Besondere Überlegungen zu Konzernabschlussprüfungen (einschließlich der Tätigkeit von Teilbereichsprüfern)".
[5]) ISA 620 „Verwertung der Arbeit eines Sachverständigen des Abschlussprüfers".
*) In Österreich: materielle Prüfungshandlungen.

- The procedures used to estimate physical quantities, where applicable, such as may be needed in estimating the physical quantity of a coal pile.
- Control over the movement of inventory between areas and the shipping and receipt of inventory before and after the cutoff date.

Observe the Performance of Management's Count Procedures (Ref: Para. 4(a)(ii))

A5. Observing the performance of management's count procedures, for example, those relating to control over the movement of inventory before, during and after the count, assists the auditor in obtaining audit evidence that management's instructions and count procedures are adequately designed and implemented. In addition, the auditor may obtain copies of cutoff information, such as details of the movement of inventory, to assist the auditor in performing audit procedures over the accounting for such movements at a later date.

Inspect the Inventory (Ref: Para. 4(a)(iii))

A6. Inspecting inventory when attending physical inventory counting assists the auditor in ascertaining the existence of the inventory (though not necessarily its ownership), and in identifying, for example, obsolete, damaged or aging inventory.

Perform Test Counts (Ref: Para. 4(a)(iv))

A7. Performing test counts, for example, by tracing items selected from management's count records to the physical inventory and tracing items selected from the physical inventory to management's count records, provides audit evidence about the completeness and the accuracy of those records.

A8. In addition to recording the auditor's test counts, obtaining copies of management's completed physical inventory count records assists the auditor in performing subsequent audit procedures to determine whether the entity's final inventory records accurately reflect actual inventory count results.

Physical Inventory Counting Conducted Other than at the Date of the Financial Statements (Ref: Para. 5)

A9. For practical reasons, the physical inventory counting may be conducted at a date, or dates, other than the date of the financial statements. This may be done irrespective of whether management determines inventory quantities by an annual physical inventory counting or maintains a perpetual inventory system. In either case, the effectiveness of the design, implementation and maintenance of controls over changes in inventory determines whether the conduct of physical inventory counting at a date, or dates, other than the date of the financial statements is appropriate for audit purposes. ISA 330 establishes requirements and provides guidance on substantive procedures performed at an interim date.[6]

A10. Where a perpetual inventory system is maintained, management may perform physical counts or other tests to ascertain the reliability of inventory quantity information included in the entity's perpetual inventory records. In some cases, management or the auditor may identify differences between the perpetual inventory records and actual physical inventory quantities on hand; this may indicate that the controls over changes in inventory are not operating effectively.

A11. Relevant matters for consideration when designing audit procedures to obtain audit evidence about whether changes in inventory amounts between the count date, or dates, and the final inventory records are properly recorded include:

- Whether the perpetual inventory records are properly adjusted.
- Reliability of the entity's perpetual inventory records.
- Reasons for significant differences between the information obtained during the physical count and the perpetual inventory records.

Attendance at Physical Inventory Counting Is Impracticable (Ref: Para. 7)

A12. In some cases, attendance at physical inventory counting may be impracticable. This may be due to factors such as the nature and location of the inventory, for example, where inventory is held in a location that may pose threats to the safety of the auditor. The matter of general inconvenience to the auditor, however, is not sufficient to support a decision by the auditor that attendance is impracticable. Further, as

---

[6] ISA 330, paragraphs 22–23.

- die ggf. auf die Schätzung physischer Mengen angewandten Verfahren, wie sie etwa bei der Schätzung der physischen Menge einer Kohlehalde notwendig sein können;
- die Kontrolle über die Vorratsbewegungen zwischen verschiedenen Lagerorten sowie über Zu- und Abgänge von Vorräten vor und nach dem Stichtag der Periodenabgrenzung.

Beobachtung der Durchführung der Zählverfahren des Managements (Vgl. Tz. 4(a)(ii))

A5. Die Beobachtung, wie das Management die Zählverfahren durchführt (bspw. derjenigen im Zusammenhang mit der Kontrolle über die Vorratsbewegungen vor, während und nach der Zählung), hilft dem Abschlussprüfer, Prüfungsnachweise darüber zu erlangen, dass die Anweisungen und Zählverfahren des Managements angemessen ausgestaltet und eingerichtet sind. Darüber hinaus kann der Abschlussprüfer Kopien von Informationen zur Periodenabgrenzung (z. B. Details über Vorratsbewegungen) einholen, um die spätere Durchführung von Prüfungshandlungen zu der Erfassung dieser Bewegungen zu unterstützen.

Inaugenscheinnahme der Vorräte (Vgl. Tz. 4(a)(iii))

A6. Die Inaugenscheinnahme der Vorräte bei der Teilnahme an der Inventur hilft dem Abschlussprüfer, sich über das Vorhandensein der Vorräte (wenngleich nicht zwingend über ihr Eigentum) zu vergewissern und bspw. veraltete, beschädigte oder alternde Vorräte zu ermitteln.

Durchführung von Testzählungen (Vgl. Tz. 4(a)(iv))

A7. Die Durchführung von Testzählungen (bspw. durch Verfolgung von aus den Zählaufzeichnungen des Managements ausgewählten Posten bis zum physischen Bestand und Verfolgung von aus dem physischen Bestand ausgewählten Posten in die Zählaufzeichnungen des Managements) liefert Prüfungsnachweise über die Vollständigkeit und Richtigkeit dieser Aufzeichnungen.

A8. Neben der Aufzeichnung der Testzählungen des Abschlussprüfers hilft das Einholen von Kopien der fertig gestellten Inventuraufzeichnungen des Managements dem Abschlussprüfer bei der Durchführung anschließender Prüfungshandlungen, um festzustellen, ob die endgültigen Inventuraufzeichnungen der Einheit die tatsächlichen Inventurergebnisse korrekt widerspiegeln.

Nicht am Abschlussstichtag durchgeführte Inventur (Vgl. Tz. 5)

A9. Aus praktischen Gründen kann die Inventur an einem oder mehreren vom Abschlussstichtag abweichenden Stichtagen durchgeführt werden, unabhängig davon, ob das Management die Vorratsmengen durch eine jährliche Inventur ermittelt oder ein permanentes Inventursystem unterhält. In beiden Fällen wird durch die Wirksamkeit der Ausgestaltung, Einrichtung und Aufrechterhaltung von Kontrollen über Änderungen in den Vorräten bestimmt, ob die Durchführung der Inventur an einem oder mehreren vom Abschlussstichtag abweichenden Stichtagen für Zwecke der Abschlussprüfung angemessen ist. ISA 330 enthält Anforderungen und erläuternde Hinweise zu unterjährig durchgeführten aussagebezogenen Prüfungshandlungen.[6)]

A10. Wenn ein permanentes Inventursystem unterhalten wird, kann das Management körperliche Zählungen oder andere Prüfungen durchführen, um die Verlässlichkeit der Informationen über Vorratsmengen zu ermitteln, die in den permanenten Inventuraufzeichnungen der Einheit enthalten sind. In manchen Fällen kann das Management oder der Abschlussprüfer Unterschiede zwischen den permanenten Inventuraufzeichnungen und den vorliegenden tatsächlichen physischen Vorratsmengen feststellen. Dies kann darauf hindeuten, dass die Kontrollen über Änderungen in den Vorräten nicht wirksam funktionieren.

A11. Zu den wesentlichen Sachverhalten, die bei der Planung von Prüfungshandlungen zu berücksichtigen sind, um Prüfungsnachweise darüber zu erlangen, ob Veränderungen der Vorratsmengen zwischen dem Zählstichtag bzw. den Zählstichtagen und den endgültigen Inventuraufzeichnungen ordnungsgemäß erfasst sind, gehören:

- die Frage, ob die permanenten Inventuraufzeichnungen ordnungsgemäß angepasst sind;
- die Verlässlichkeit der permanenten Inventuraufzeichnungen der Einheit;
- Gründe für bedeutsame Unterschiede zwischen den bei der körperlichen Zählung erlangten Informationen und den permanenten Inventuraufzeichnungen.

Die Teilnahme an der Inventur ist praktisch nicht durchführbar (Vgl. Tz. 7)

A12. In manchen Fällen kann die Teilnahme an der Inventur praktisch nicht durchführbar sein. Dies kann an Faktoren wie der Art und dem Standort der Vorräte liegen (bspw. wenn die Vorräte an einem Standort gehalten werden, der Gefährdungen der Sicherheit des Abschlussprüfers darstellen kann). Das Bestehen von allgemeinen Unannehmlichkeiten für den Abschlussprüfer reicht jedoch nicht aus, um die

---

6) ISA 330, Textziffern 22–23.

explained in ISA 200,[7] the matter of difficulty, time, or cost involved is not in itself a valid basis for the auditor to omit an audit procedure for which there is no alternative or to be satisfied with audit evidence that is less than persuasive.

A13. In some cases where attendance is impracticable, alternative audit procedures, for example, inspection of documentation of the subsequent sale of specific inventory items acquired or purchased prior to the physical inventory counting, may provide sufficient appropriate audit evidence about the existence and condition of inventory.

A14. In other cases, however, it may not be possible to obtain sufficient appropriate audit evidence regarding the existence and condition of inventory by performing alternative audit procedures. In such cases, ISA 705 requires the auditor to modify the opinion in the auditor's report as a result of the scope limitation.[8]

Inventory under the Custody and Control of a Third Party

Confirmation (Ref: Para. 8(a))

A15. ISA 505[9] establishes requirements and provides guidance for performing external confirmation procedures.

Other Audit Procedures (Ref: Para. 8(b))

A16. Depending on the circumstances, for example, where information is obtained that raises doubt about the integrity and objectivity of the third party, the auditor may consider it appropriate to perform other audit procedures instead of, or in addition to, confirmation with the third party. Examples of other audit procedures include:

- Attending, or arranging for another auditor to attend, the third party's physical counting of inventory, if practicable.
- Obtaining another auditor's report, or a service auditor's report, on the adequacy of the third party's internal control for ensuring that inventory is properly counted and adequately safeguarded.
- Inspecting documentation regarding inventory held by third parties, for example, warehouse receipts.
- Requesting confirmation from other parties when inventory has been pledged as collateral.

Litigation and Claims

Completeness of Litigations and Claims (Ref: Para. 9)

A17. Litigation and claims involving the entity may have a material effect on the financial statements and thus may be required to be disclosed or accounted for in the financial statements.

A18. In addition to the procedures identified in paragraph 9, other relevant procedures include, for example, using information obtained through risk assessment procedures carried out as part of obtaining an understanding of the entity and its environment to assist the auditor to become aware of litigation and claims involving the entity.

A19. Audit evidence obtained for purposes of identifying litigation and claims that may give rise to a risk of material misstatement also may provide audit evidence regarding other relevant considerations, such as valuation or measurement, regarding litigation and claims. ISA 540[10] establishes requirements and provides guidance relevant to the auditor's consideration of litigation and claims requiring accounting estimates or related disclosures in the financial statements.

---

7) ISA 200, "Overall Objectives of the Independent Auditor and the Conduct of an Audit in Accordance with International Standards on Auditing," paragraph A48.
8) ISA 705, paragraph 13.
9) ISA 505, "External Confirmations."
10) ISA 540, "Auditing Accounting Estimates, Including Fair Value Accounting Estimates, and Related Disclosures."

Prüfungsnachweise – besondere Überlegungen zu ausgewählten Sachverhalten ISA 501

Entscheidung des Abschlussprüfers zu stützen, dass die Teilnahme praktisch nicht durchführbar ist. Wie in ISA 200[7)] erläutert, sind ferner Schwierigkeitsgrad, Zeit oder damit verbundene Kosten an sich kein berechtigter Grund dafür, dass der Abschlussprüfer eine Prüfungshandlung unterlässt, für die es keine Alternative gibt, oder sich mit Prüfungsnachweisen zufrieden gibt, die weniger als überzeugend sind.

A13. In manchen Fällen, in denen eine Teilnahme praktisch nicht durchführbar ist, können alternative Prüfungshandlungen (bspw. die Einsichtnahme in die Dokumentation über den späteren Verkauf bestimmter Vorratsposten, die vor der Inventur erworben wurden) ausreichende geeignete Prüfungsnachweise über Vorhandensein und Beschaffenheit der Vorräte liefern.

A14. In anderen Fällen kann es jedoch nicht möglich sein, aus der Durchführung alternativer Prüfungshandlungen ausreichende geeignete Prüfungsnachweise über Vorhandensein und Beschaffenheit der Vorräte zu erlangen. In solchen Fällen muss der Abschlussprüfer nach ISA 705 aufgrund des Prüfungshemmnisses[*)] das Prüfungsurteil im Vermerk des Abschlussprüfers modifizieren.[8)]

Von Dritten aufbewahrte und kontrollierte Vorräte

Bestätigung (Vgl. Tz. 8(a))

A15. ISA 505[9)] enthält Anforderungen und erläuternde Hinweise zum Vorgehen bei externen Bestätigungen.

Andere Prüfungshandlungen (Vgl. Tz. 8(b))

A16. Je nach den Umständen (bspw. wenn Informationen erlangt werden, die Zweifel an der Integrität und Objektivität des Dritten aufwerfen) kann der Abschlussprüfer es für angemessen halten, statt oder zusätzlich zu der Einholung von Bestätigungen bei dem Dritten andere Prüfungshandlungen durchzuführen. Beispiele für andere Prüfungshandlungen können sein:

- Teilnahme oder Veranlassung der Teilnahme eines anderen Prüfers an der Inventur des Dritten, sofern dies praktisch durchführbar ist;
- Einholen eines Vermerks eines anderen Prüfers oder eines Vermerks eines Prüfers des Dienstleisters über die Eignung des IKS des Dritten, um sicherzustellen, dass die Vorräte ordnungsgemäß gezählt und angemessen geschützt werden;
- Einsichtnahme in die Dokumentation über von Dritten gehaltene Vorräte (z. B. Lagerscheine);
- Anfordern von Bestätigungen von anderen Parteien, wenn Vorräte als Sicherheit verpfändet wurden.

Rechtsstreitigkeiten und Ansprüche

Vollständigkeit der Rechtsstreitigkeiten und Ansprüche (Vgl. Tz. 9)

A17. Die Einheit betreffende Rechtsstreitigkeiten und Ansprüche können eine wesentliche Auswirkung auf den Abschluss haben und es kann daher erforderlich sein, diese im Abschluss anzugeben oder zu bilanzieren.

A18. Andere relevante Prüfungshandlungen zusätzlich zu den in Textziffer 9 genannten Prüfungshandlungen schließen bspw. die Verwendung von Informationen ein, die durch Prüfungshandlungen zur Risikobeurteilung erlangt wurden, die im Rahmen der Gewinnung eines Verständnisses der Einheit und ihres Umfelds durchgeführt wurden, um den Abschlussprüfer dabei zu unterstützen, auf die Rechtsstreitigkeiten und Ansprüche aufmerksam zu werden, die die Einheit betreffen.

A19. Prüfungsnachweise, die zur Feststellung von Rechtsstreitigkeiten und Ansprüchen erlangt wurden, die ein Risiko wesentlicher falscher Darstellungen zur Folge haben können, stellen möglicherweise auch Prüfungsnachweise zu anderen relevanten Überlegungen dar (z. B. Bewertungen im Zusammenhang mit Rechtsstreitigkeiten und Ansprüchen). ISA 540[10)] enthält Anforderungen und erläuternde Hinweise, die für die Überlegungen des Abschlussprüfers im Zusammenhang mit der Berücksichtigung von Rechtsstreitigkeiten und Ansprüchen, für die geschätzte Werte in der Rechnungslegung oder damit zusammenhängende Angaben im Abschluss erforderlich sind, relevant sind.

---

7) ISA 200 „Übergreifende Zielsetzungen des unabhängigen Prüfers und Grundsätze einer Prüfung in Übereinstimmung mit den International Standards on Auditing", Textziffer A48.
8) ISA 705, Textziffer 13.
9) ISA 505 „Externe Bestätigungen".
10) ISA 540 „Die Prüfung geschätzter Werte in der Rechnungslegung, einschließlich geschätzter Zeitwerte, und der damit zusammenhängenden Abschlussangaben".
*) In der Schweiz: Beschränkung des Prüfungsumfangs.

Reviewing Legal Expense Accounts (Ref: Para. 9(c))

A20. Depending on the circumstances, the auditor may judge it appropriate to examine related source documents, such as invoices for legal expenses, as part of the auditor's review of legal expense accounts.

Communication with the Entity's External Legal Counsel (Ref: Para. 10–11)

A21. Direct communication with the entity's external legal counsel assists the auditor in obtaining sufficient appropriate audit evidence as to whether potentially material litigation and claims are known and management's estimates of the financial implications, including costs, are reasonable.

A22. In some cases, the auditor may seek direct communication with the entity's external legal counsel through a letter of general inquiry. For this purpose, a letter of general inquiry requests the entity's external legal counsel to inform the auditor of any litigation and claims that the counsel is aware of, together with an assessment of the outcome of the litigation and claims, and an estimate of the financial implications, including costs involved.

A23. If it is considered unlikely that the entity's external legal counsel will respond appropriately to a letter of general inquiry, for example, if the professional body to which the external legal counsel belongs prohibits response to such a letter, the auditor may seek direct communication through a letter of specific inquiry. For this purpose, a letter of specific inquiry includes:

(a) A list of litigation and claims;

(b) Where available, management's assessment of the outcome of each of the identified litigation and claims and its estimate of the financial implications, including costs involved; and

(c) A request that the entity's external legal counsel confirm the reasonableness of management's assessments and provide the auditor with further information if the list is considered by the entity's external legal counsel to be incomplete or incorrect.

A24. In certain circumstances, the auditor also may judge it necessary to meet with the entity's external legal counsel to discuss the likely outcome of the litigation or claims. This may be the case, for example, where:

- The auditor determines that the matter is a significant risk.
- The matter is complex.
- There is disagreement between management and the entity's external legal counsel.

Ordinarily, such meetings require management's permission and are held with a representative of management in attendance.

A25. In accordance with ISA 700,[11] the auditor is required to date the auditor's report no earlier than the date on which the auditor has obtained sufficient appropriate audit evidence on which to base the auditor's opinion on the financial statements. Audit evidence about the status of litigation and claims up to the date of the auditor's report may be obtained by inquiry of management, including in-house legal counsel, responsible for dealing with the relevant matters. In some instances, the auditor may need to obtain updated information from the entity's external legal counsel.

Segment Information (Ref: Para. 13)

A26. Depending on the applicable financial reporting framework, the entity may be required or permitted to disclose segment information in the financial statements. The auditor's responsibility regarding the presentation and disclosure of segment information is in relation to the financial statements taken as a whole. Accordingly, the auditor is not required to perform audit procedures that would be necessary to express an opinion on the segment information presented on a standalone basis.

---

11) ISA 700, "Forming an Opinion and Reporting on Financial Statements," paragraph 41.

Prüfungsnachweise – besondere Überlegungen zu ausgewählten Sachverhalten ISA 501

Durchsicht von Aufwandskonten für Rechtsberatung (Vgl. Tz. 9(c))

A20. Je nach den Umständen kann der Abschlussprüfer es für angemessen halten, im Rahmen seiner Durchsicht von Aufwandskonten für Rechtsberatung damit zusammenhängende Ursprungsbelege (z. B. Rechnungen über Aufwendungen für Rechtsberatung) zu untersuchen.

Kommunikation mit externen Rechtsberatern der Einheit (Vgl. Tz. 10–11)

A21. Die direkte Kommunikation mit externen Rechtsberatern der Einheit hilft dem Abschlussprüfer, ausreichende geeignete Prüfungsnachweise darüber zu erlangen, ob potenziell wesentliche Rechtsstreitigkeiten und Ansprüche bekannt sind und ob die Schätzungen des Managements zu den finanziellen Auswirkungen (einschließlich der Kosten) angemessen sind.

A22. In manchen Fällen kann der Abschlussprüfer die direkte Kommunikation mit den externen Rechtsberatern der Einheit durch ein Schreiben mit einer allgemeinen Anfrage suchen. Zu diesem Zweck werden die externen Rechtsberater der Einheit in einer allgemeinen Anfrage aufgefordert, den Abschlussprüfer über alle Rechtsstreitigkeiten und Ansprüche zu informieren, die ihnen bekannt sind, zusammen mit einer Einschätzung des Ausgangs der Rechtsstreitigkeiten und Ansprüche sowie einer Schätzung der finanziellen Auswirkungen, einschließlich der damit verbundenen Kosten.

A23. Wenn der Abschlussprüfer es für unwahrscheinlich hält, dass die externen Rechtsberater der Einheit in angemessener Weise auf eine allgemeine Anfrage antworten (bspw. wenn die Berufsorganisation, der die externen Rechtsberater angehören, die Beantwortung eines solchen Schreibens untersagt), kann der Abschlussprüfer die direkte Kommunikation durch eine spezifische Anfrage suchen. Zu diesem Zweck enthält eine spezifische Anfrage

(a) eine Liste der Rechtsstreitigkeiten und Ansprüche;

(b) sofern verfügbar, eine Einschätzung des Managements zu dem Ausgang der einzelnen festgestellten Rechtsstreitigkeiten und Ansprüche sowie seine Schätzung der finanziellen Auswirkungen, einschließlich der damit verbunden Kosten, und

(c) die Aufforderung, dass die externen Rechtsberater der Einheit bestätigen, dass die Einschätzungen des Managements begründet sind, und dem Abschlussprüfer weitere Informationen liefern, wenn sie die Liste für unvollständig oder unrichtig halten.

A24. In bestimmten Fällen kann der Abschlussprüfer es auch für notwendig halten, sich mit den externen Rechtsberatern der Einheit zu treffen, um den voraussichtlichen Ausgang der Rechtsstreitigkeiten oder Ansprüche zu erörtern. Dies kann bspw. der Fall sein, wenn

- der Abschlussprüfer feststellt, dass der Sachverhalt ein bedeutsames Risiko darstellt;
- der Sachverhalt komplex ist;
- Meinungsverschiedenheiten zwischen dem Management und den externen Rechtsberatern der Einheit bestehen.

Normalerweise erfordern solche Treffen die Genehmigung des Managements und werden in Anwesenheit eines Vertreters des Managements abgehalten.

A25. In Übereinstimmung mit ISA 700[11] darf das Datum des Vermerks des Abschlussprüfers nicht vor dem Datum liegen, an dem der Abschlussprüfer ausreichende geeignete Prüfungsnachweise als Grundlage für das Prüfungsurteil zum Abschluss erlangt hat. Prüfungsnachweise über den Stand von Rechtsstreitigkeiten und Ansprüchen bis zum Datum des Vermerks des Abschlussprüfers können erlangt werden durch Befragungen des Managements, einschließlich der hausinternen Rechtsberater, die dafür verantwortlich sind, sich mit den relevanten Sachverhalten zu befassen. In manchen Fällen kann es erforderlich sein, dass der Abschlussprüfer aktualisierte Informationen von den externen Rechtsberatern der Einheit einholen muss.

Segmentinformationen (Vgl. Tz. 13)

A26. Je nach dem maßgebenden Regelwerk der Rechnungslegung kann es erforderlich bzw. erlaubt sein, dass die Einheit Segmentinformationen im Abschluss angibt. Die Pflicht des Abschlussprüfers im Zusammenhang mit der Angabe und Darstellung von Segmentinformationen bezieht sich auf den Abschluss als Ganzes. Folglich muss der Abschlussprüfer keine Prüfungshandlungen durchführen, die notwendig wären, um ein Prüfungsurteil über die dargestellten Segmentinformationen für sich allein abzugeben.

---

[11] ISA 700 „Bildung eines Prüfungsurteils und Erteilung eines Vermerks zum Abschluss", Textziffer 41.

Understanding of the Methods Used by Management (Ref: Para. 13(a))

A27. Depending on the circumstances, example of matters that may be relevant when obtaining an understanding of the methods used by management in determining segment information and whether such methods are likely to result in disclosure in accordance with the applicable financial reporting framework include:

- Sales, transfers and charges between segments, and elimination of inter-segment amounts.
- Comparisons with budgets and other expected results, for example, operating profits as a percentage of sales.
- The allocation of assets and costs among segments.
- Consistency with prior periods, and the adequacy of the disclosures with respect to inconsistencies.

Verstehen der vom Management angewandten Methoden (Vgl. Tz. 13(a))

A27. Je nach den Umständen gehören zu den Beispielen für Sachverhalte, die relevant sein können, um ein Verständnis der vom Management bei der Ermittlung der Segmentinformationen angewandten Methoden sowie davon zu gewinnen, ob diese Methoden voraussichtlich zur Angabe der Segmentinformationen in Übereinstimmung mit dem maßgebenden Regelwerk der Rechnungslegung führen:

- Umsätze, Transfers und Belastungen zwischen den Segmenten sowie die Eliminierung von Zwischensegmentbeträgen;
- Vergleiche mit Budgets und anderen erwarteten Ergebnissen (z. B. Betriebsergebnis als Prozentsatz der Umsätze);
- Zuordnung von Vermögenswerten und Kosten zu den Segmenten;
- Stetigkeit gegenüber vorhergehenden Zeiträumen und Angemessenheit der Abschlussangaben[*] im Hinblick auf Unstimmigkeiten.

---

[*] Abschlussposten und andere Angaben im Abschluss.

INTERNATIONAL STANDARD ON AUDITING 505

EXTERNAL CONFIRMATIONS

(Effective for audits of financial statements for periods beginning on or after December 15, 2009)

CONTENTS

	Paragraph
Introduction	
Scope of this ISA	1
External Confirmation Procedures to Obtain Audit Evidence	2–3
Effective Date	4
Objective	5
Definitions	6
Requirements	
External Confirmation Procedures	7
Management's Refusal to Allow the Auditor to Send a Confirmation Request	8–9
Results of the External Confirmation Procedures	10–14
Negative Confirmations	15
Evaluating the Evidence Obtained	16
Application and Other Explanatory Material	
External Confirmation Procedures	A1–A7
Management's Refusal to Allow the Auditor to Send a Confirmation Request	A8–A10
Results of the External Confirmation Procedures	A11–A22
Negative Confirmations	A23
Evaluating the Evidence Obtained	A24–A25

International Standard on Auditing (ISA) 505, "External Confirmations" should be read in conjunction with ISA 200, "Overall Objectives of the Independent Auditor and the Conduct of an Audit in Accordance with International Standards on Auditing."

INTERNATIONAL STANDARD ON AUDITING 505
EXTERNE BESTÄTIGUNGEN

(gilt für die Prüfung von Abschlüssen für Zeiträume, die am oder nach dem 15.12.2009 beginnen)

INHALTSVERZEICHNIS

	Textziffer
Einleitung	
Anwendungsbereich	1
Verfahren der externen Bestätigung, um Prüfungsnachweise zu erlangen	2-3
Anwendungszeitpunkt	4
Ziel	5
Definitionen	6
Anforderungen	
Verfahren der externen Bestätigung	7
Weigerung des Managements, dem Abschlussprüfer die Versendung einer Bestätigungsanfrage zu gestatten	8-9
Ergebnisse der Verfahren der externen Bestätigung	10-14
Negative Bestätigungen	15
Beurteilung der erlangten Nachweise	16
Anwendungshinweise und sonstige Erläuterungen	
Verfahren der externen Bestätigung	A1-A7
Weigerung des Managements, dem Abschlussprüfer die Versendung einer Bestätigungsanfrage zu gestatten	A8-A10
Ergebnisse der Verfahren der externen Bestätigung	A11-A22
Negative Bestätigungen	A23
Beurteilung der erlangten Nachweise	A24-A25

International Standard on Auditing (ISA) 505 „Externe Bestätigungen" ist im Zusammenhang mit ISA 200 „Übergreifende Zielsetzungen des unabhängigen Prüfers und Grundsätze einer Prüfung in Übereinstimmung mit den International Standards on Auditing" zu lesen.

Introduction

Scope of this ISA

1. This International Standard on Auditing (ISA) deals with the auditor's use of external confirmation procedures to obtain audit evidence in accordance with the requirements of ISA 330[1] and ISA 500.[2] It does not address inquiries regarding litigation and claims, which are dealt with in ISA 501.[3]

External Confirmation Procedures to Obtain Audit Evidence

2. ISA 500 indicates that the reliability of audit evidence is influenced by its source and by its nature, and is dependent on the individual circumstances under which it is obtained.[4] That ISA also includes the following generalizations applicable to audit evidence:[5]

 - Audit evidence is more reliable when it is obtained from independent sources outside the entity.

 - Audit evidence obtained directly by the auditor is more reliable than audit evidence obtained indirectly or by inference.

 - Audit evidence is more reliable when it exists in documentary form, whether paper, electronic or other medium.

 Accordingly, depending on the circumstances of the audit, audit evidence in the form of external confirmations received directly by the auditor from confirming parties may be more reliable than evidence generated internally by the entity. This ISA is intended to assist the auditor in designing and performing external confirmation procedures to obtain relevant and reliable audit evidence.

3. Other ISAs recognize the importance of external confirmations as audit evidence, for example:

 - ISA 330 discusses the auditor's responsibility to design and implement overall responses to address the assessed risks of material misstatement at the financial statement level, and to design and perform further audit procedures whose nature, timing and extent are based on, and are responsive to, the assessed risks of material misstatement at the assertion level.[6] In addition, ISA 330 requires that, irrespective of the assessed risks of material misstatement, the auditor designs and performs substantive procedures for each material class of transactions, account balance, and disclosure. The auditor is also required to consider whether external confirmation procedures are to be performed as substantive audit procedures.[7]

 - ISA 330 requires that the auditor obtain more persuasive audit evidence the higher the auditor's assessment of risk.[8] To do this, the auditor may increase the quantity of the evidence or obtain evidence that is more relevant or reliable, or both. For example, the auditor may place more emphasis on obtaining evidence directly from third parties or obtaining corroborating evidence from a number of independent sources. ISA 330 also indicates that external confirmation procedures may

---

1) ISA 330, "The Auditor's Responses to Assessed Risks."
2) ISA 500, "Audit Evidence."
3) ISA 501, "Audit Evidence—Specific Considerations for Selected Items."
4) ISA 500, paragraph A5.
5) ISA 500, paragraph A31.
6) ISA 330, paragraphs 5–6.
7) ISA 330, paragraphs 18–19.
8) ISA 330, paragraph 7(b).

Einleitung

Anwendungsbereich

1. Dieser International Standard on Auditing (ISA) behandelt die Anwendung von Verfahren der externen Bestätigung durch den Abschlussprüfer, um Prüfungsnachweise in Übereinstimmung mit den Anforderungen von ISA 330[1] und ISA 500[2] zu erlangen. Dieser ISA spricht nicht Befragungen zu Rechtsstreitigkeiten und Ansprüchen an, die in ISA 501 behandelt werden.[3]

Verfahren der externen Bestätigung, um Prüfungsnachweise zu erlangen

2. In ISA 500 ist dargelegt, dass die Verlässlichkeit von Prüfungsnachweisen durch deren Quelle und Art beeinflusst wird und von den individuellen Umständen abhängt, unter denen die Prüfungsnachweise erlangt werden.[4] Dieser ISA enthält auch die folgenden für Prüfungsnachweise geltenden allgemeinen Aussagen:[5]
    - Prüfungsnachweise sind verlässlicher, wenn sie aus unabhängigen Quellen außerhalb der Einheit[*] stammen.
    - Direkt vom Abschlussprüfer erlangte Prüfungsnachweise sind verlässlicher als Prüfungsnachweise, die indirekt oder durch Rückschluss erlangt werden.
    - Prüfungsnachweise sind verlässlicher, wenn sie in einer dokumentierten Form vorliegen, ob auf Papier, einem elektronischen oder anderen Medium.

    Folglich können je nach den Umständen der Abschlussprüfung Prüfungsnachweise in Form von externen Bestätigungen, die der Abschlussprüfer direkt von den Bestätigenden erhält, verlässlicher als intern von der Einheit erzeugte Nachweise sein. Dieser ISA soll den Abschlussprüfer dabei unterstützen, Verfahren der externen Bestätigung zu planen und durchzuführen, um relevante und verlässliche Prüfungsnachweise zu erlangen.

3. Andere ISA tragen der Bedeutung von externen Bestätigungen als Prüfungsnachweise Rechnung. Zum Beispiel:
    - In ISA 330 wird die Pflicht des Abschlussprüfers erörtert, allgemeine Reaktionen zu planen und umzusetzen, um den beurteilten Risiken wesentlicher falscher Darstellungen auf Abschlussebene zu begegnen, sowie weitere Prüfungshandlungen zu planen und durchzuführen, deren Art, zeitliche Einteilung und Umfang auf den beurteilten Risiken wesentlicher falscher Darstellungen auf Aussageebene basieren und auf diese ausgerichtet sind.[6] Außerdem muss der Abschlussprüfer nach ISA 330 ungeachtet der beurteilten Risiken wesentlicher falscher Darstellungen für alle wesentlichen Arten von Geschäftsvorfällen, Kontensalden sowie Abschlussangaben[**] aussagebezogene Prüfungshandlungen[***] planen und durchführen. Darüber hinaus muss der Abschlussprüfer Überlegungen darüber anstellen, ob Verfahren der externen Bestätigung als aussagebezogene Prüfungshandlungen durchzuführen sind.[7]
    - Nach ISA 330 muss der Abschlussprüfer umso überzeugendere Prüfungsnachweise erlangen, je höher das vom Abschlussprüfer beurteilte Risiko ist.[8] Dazu kann der Abschlussprüfer entweder die Anzahl der Nachweise erhöhen oder relevantere bzw. verlässlichere Nachweise erlangen oder beides. Bspw. kann der Abschlussprüfer ein stärkeres Gewicht darauf legen, Nachweise direkt von Dritten zu erhalten oder bekräftigende Nachweise aus einer Reihe von unabhängigen Quellen zu

---

1) ISA 330 „Die Reaktionen des Abschlussprüfers auf beurteilte Risiken".
2) ISA 500 „Prüfungsnachweise".
3) ISA 501 „Prüfungsnachweise – Besondere Überlegungen zu ausgewählten Sachverhalten".
4) ISA 500, Textziffer A5.
5) ISA 500, Textziffer A31.
6) ISA 330, Textziffern 5-6.
7) ISA 330, Textziffern 18-19.
8) ISA 330, Textziffer 7(b).
*) Der Begriff „Einheit" wird für *entity* neu eingeführt. Bei der zu prüfenden Einheit kann es sich um ein Unternehmen, einen Einzelkaufmann, eine Gesellschaft bürgerlichen Rechts (Schweiz: einfache Gesellschaft), eine Gebietskörperschaft, eine Anstalt des öffentlichen Rechts, einen Konzern oder eine nicht rechtlich abgegrenzte wirtschaftliche Einheit handeln. Eine Übersetzung mit „Unternehmen" oder „Gesellschaft" wäre deshalb unzureichend. So kann sich *entity* sogar auf eine nicht selbständige Niederlassung oder Sparte beziehen, für die eigenständig Rechnung gelegt wird.
**) Abschlussposten und andere Angaben im Abschluss.
***) In Österreich: materielle Prüfungshandlungen.

assist the auditor in obtaining audit evidence with the high level of reliability that the auditor requires to respond to significant risks of material misstatement, whether due to fraud or error.[9]

- ISA 240 indicates that the auditor may design confirmation requests to obtain additional corroborative information as a response to address the assessed risks of material misstatement due to fraud at the assertion level.[10]
- ISA 500 indicates that corroborating information obtained from a source independent of the entity, such as external confirmations, may increase the assurance the auditor obtains from evidence existing within the accounting records or from representations made by management.[11]

Effective Date

4. This ISA is effective for audits of financial statements for periods beginning on or after December 15, 2009.

Objective

5. The objective of the auditor, when using external confirmation procedures, is to design and perform such procedures to obtain relevant and reliable audit evidence.

Definitions

6. For purposes of the ISAs, the following terms have the meanings attributed below:

   (a) External confirmation – Audit evidence obtained as a direct written response to the auditor from a third party (the confirming party), in paper form, or by electronic or other medium.

   (b) Positive confirmation request – A request that the confirming party respond directly to the auditor indicating whether the confirming party agrees or disagrees with the information in the request, or providing the requested information.

   (c) Negative confirmation request – A request that the confirming party respond directly to the auditor only if the confirming party disagrees with the information provided in the request.

   (d) Non-response – A failure of the confirming party to respond, or fully respond, to a positive confirmation request, or a confirmation request returned undelivered.

   (e) Exception – A response that indicates a difference between information requested to be confirmed, or contained in the entity's records, and information provided by the confirming party.

Requirements

External Confirmation Procedures

7. When using external confirmation procedures, the auditor shall maintain control over external confirmation requests, including:

   (a) Determining the information to be confirmed or requested; (Ref: Para. A1)
   (b) Selecting the appropriate confirming party; (Ref: Para. A2)
   (c) Designing the confirmation requests, including determining that requests are properly addressed and contain return information for responses to be sent directly to the auditor; and (Ref: Para. A3–A6)
   (d) Sending the requests, including follow-up requests when applicable, to the confirming party. (Ref: Para. A7)

---

9) ISA 330, paragraph A53.
10) ISA 240, "The Auditor's Responsibilities Relating to Fraud in an Audit of Financial Statements," paragraph A37.
11) ISA 500, paragraphs A8–A9.

erlangen. In ISA 330 wird auch dargelegt, dass Verfahren der externen Bestätigung den Abschlussprüfer dabei unterstützen können, Prüfungsnachweise mit dem hohen Verlässlichkeitsgrad zu erlangen, den der Abschlussprüfer benötigt, um auf bedeutsame Risiken wesentlicher – beabsichtigter oder unbeabsichtigter – falscher Darstellungen zu reagieren.[9]

- In ISA 240 ist dargelegt, dass der Abschlussprüfer Bestätigungsanfragen entwerfen kann, um als Reaktion auf die beurteilten Risiken wesentlicher beabsichtigter falscher Darstellungen auf Aussageebene zusätzliche bekräftigende Informationen zu erlangen.[10]
- In ISA 500 ist dargelegt, dass bekräftigende Informationen, die aus einer von der Einheit unabhängigen Quelle stammen (z. B. externe Bestätigungen), die Sicherheit erhöhen können, die der Abschlussprüfer aus Nachweisen in den Unterlagen der Rechnungslegung oder aus Erklärungen des Managements erlangt.[11]

Anwendungszeitpunkt

4. Dieser ISA gilt für die Prüfung von Abschlüssen für Zeiträume, die am oder nach dem 15.12.2009 beginnen.

Ziel

5. Das Ziel des Abschlussprüfers bei der Anwendung von Verfahren der externen Bestätigung besteht darin, diese Verfahren zu planen und durchzuführen, um relevante und verlässliche Prüfungsnachweise zu erlangen.

Definitionen

6. Für die Zwecke der ISA gelten die nachstehenden Begriffsbestimmungen:

    (a) Externe Bestätigung – Prüfungsnachweis, der als direkte schriftliche Antwort eines Dritten (der bestätigenden Partei) an den Abschlussprüfer in Papierform oder auf einem elektronischen oder anderen Medium erlangt wird.

    (b) Positive Bestätigungsanfrage – Eine Anfrage mit der die bestätigende Partei aufgefordert wird, dem Abschlussprüfer direkt zu antworten, womit zum Ausdruck gebracht wird, ob die bestätigende Partei den Informationen in der Anfrage zustimmt oder nicht oder die angeforderten Informationen liefert.

    (c) Negative Bestätigungsanfrage – Eine Anfrage mit der die bestätigende Partei aufgefordert wird, dem Abschlussprüfer nur dann direkt zu antworten, wenn diese den in der Anfrage enthaltenen Informationen nicht zustimmt.

    (d) Nichtbeantwortung – Eine Unterlassung der bestätigenden Partei, die darin besteht, eine positive Bestätigungsanfrage nicht oder nicht vollständig zu beantworten, oder eine als nicht zugestellt zurückgesandte Bestätigungsanfrage.

    (e) Abweichung – Eine Antwort, aus der ein Unterschied hervorgeht zwischen den Informationen, zu deren Bestätigung aufgefordert wird oder die in den Aufzeichnungen der Einheit enthalten sind, und den von der bestätigenden Partei gelieferten Informationen.

Anforderungen

Verfahren der externen Bestätigung

7. Bei der Anwendung von Verfahren der externen Bestätigung muss der Abschlussprüfer die Kontrolle über externe Bestätigungsanfragen bewahren. Dies schließt Folgendes ein:

    (a) Festlegung der zu bestätigenden bzw. anzufordernden Informationen; (Vgl. Tz. A1)
    (b) Auswahl der geeigneten bestätigenden Partei; (Vgl. Tz. A2)
    (c) Ausgestaltung der Bestätigungsanfragen, einschließlich der Feststellung, dass die Anfragen richtig adressiert sind und Informationen für die Rücksendung der Antworten direkt an den Abschlussprüfer enthalten; (Vgl. Tz. A3-A6)
    (d) Versendung der Anfragen sowie eventueller Folgeanfragen an die bestätigende Partei. (Vgl. Tz. A7)

---

9) ISA 330, Textziffer A53.
10) ISA 240 „Die Verantwortung des Abschlussprüfers bei dolosen Handlungen", Textziffer A37.
11) ISA 500, Textziffer A8-A9.

Management's Refusal to Allow the Auditor to Send a Confirmation Request

8. If management refuses to allow the auditor to send a confirmation request, the auditor shall:

    (a) Inquire as to management's reasons for the refusal, and seek audit evidence as to their validity and reasonableness; (Ref: Para. A8)

    (b) Evaluate the implications of management's refusal on the auditor's assessment of the relevant risks of material misstatement, including the risk of fraud, and on the nature, timing and extent of other audit procedures; and (Ref: Para. A9)

    (c) Perform alternative audit procedures designed to obtain relevant and reliable audit evidence. (Ref: Para. A10)

9. If the auditor concludes that management's refusal to allow the auditor to send a confirmation request is unreasonable, or the auditor is unable to obtain relevant and reliable audit evidence from alternative audit procedures, the auditor shall communicate with those charged with governance in accordance with ISA 260.[12] The auditor also shall determine the implications for the audit and the auditor's opinion in accordance with ISA 705.[13]

Results of the External Confirmation Procedures

Reliability of Responses to Confirmation Requests

10. If the auditor identifies factors that give rise to doubts about the reliability of the response to a confirmation request, the auditor shall obtain further audit evidence to resolve those doubts. (Ref: Para. A11–A16)

11. If the auditor determines that a response to a confirmation request is not reliable, the auditor shall evaluate the implications on the assessment of the relevant risks of material misstatement, including the risk of fraud, and on the related nature, timing and extent of other audit procedures. (Ref: Para. A17)

Non-Responses

12. In the case of each non-response, the auditor shall perform alternative audit procedures to obtain relevant and reliable audit evidence. (Ref: Para A18–A19)

When a Response to a Positive Confirmation Request Is Necessary to Obtain Sufficient Appropriate Audit Evidence

13. If the auditor has determined that a response to a positive confirmation request is necessary to obtain sufficient appropriate audit evidence, alternative audit procedures will not provide the audit evidence the auditor requires. If the auditor does not obtain such confirmation, the auditor shall determine the implications for the audit and the auditor's opinion in accordance with ISA 705. (Ref: Para A20)

Exceptions

14. The auditor shall investigate exceptions to determine whether or not they are indicative of misstatements. (Ref: Para. A21–A22)

Negative Confirmations

15. Negative confirmations provide less persuasive audit evidence than positive confirmations. Accordingly, the auditor shall not use negative confirmation requests as the sole substantive audit procedure to address an assessed risk of material misstatement at the assertion level unless all of the following are present: (Ref: Para. A23)

    (a) The auditor has assessed the risk of material misstatement as low and has obtained sufficient appropriate audit evidence regarding the operating effectiveness of controls relevant to the assertion;

---

[12] ISA 260, "Communication with Those Charged with Governance," paragraph 16.
[13] ISA 705, "Modifications to the Opinion in the Independent Auditor's Report."

Weigerung des Managements, dem Abschlussprüfer die Versendung einer Bestätigungsanfrage zu gestatten

8. Wenn sich das Management weigert, dem Abschlussprüfer das Versenden einer Bestätigungsanfrage zu gestatten, muss der Abschlussprüfer

    (a) das Management zu den Gründen für die Weigerung befragen und Prüfungsnachweise zu deren Stichhaltigkeit und Vertretbarkeit einholen; (Vgl. Tz. A8)

    (b) die Auswirkungen der Weigerung des Managements auf die vom Abschlussprüfer vorgenommene Beurteilung der relevanten Risiken wesentlicher falscher Darstellungen, einschließlich der Risiken doloser Handlungen, sowie auf Art, zeitliche Einteilung und Umfang anderer Prüfungshandlungen beurteilen und (Vgl. Tz. A9)

    (c) alternative Prüfungshandlungen durchführen, die darauf ausgerichtet sind, relevante und verlässliche Prüfungsnachweise zu erlangen. (Vgl. Tz. A10)

9. Wenn der Abschlussprüfer zu dem Schluss kommt, dass die Weigerung des Managements, dem Abschlussprüfer das Versenden einer Bestätigungsanfrage zu gestatten, unangemessen ist, oder es dem Abschlussprüfer nicht möglich ist, aus alternativen Prüfungshandlungen relevante und verlässliche Prüfungsnachweise zu erlangen, muss der Abschlussprüfer in Übereinstimmung mit ISA 260[12] mit den für die Überwachung Verantwortlichen kommunizieren[*]. Außerdem muss der Abschlussprüfer in Übereinstimmung mit ISA 705[13] über die Auswirkungen auf die Abschlussprüfung und das Prüfungsurteil entscheiden.

Ergebnisse der Verfahren der externen Bestätigung

Verlässlichkeit der Antworten auf Bestätigungsanfragen

10. Wenn der Abschlussprüfer Faktoren erkennt, die Zweifel an der Verlässlichkeit der Antwort auf eine Bestätigungsanfrage aufwerfen, muss der Abschlussprüfer weitere Prüfungsnachweise einholen, um diese Zweifel zu beseitigen. (Vgl. Tz. A11-A16)

11. Wenn der Abschlussprüfer feststellt, dass eine Antwort auf eine Bestätigungsanfrage nicht verlässlich ist, muss der Abschlussprüfer die Konsequenzen für die Beurteilung der relevanten Risiken wesentlicher falscher Darstellungen, einschließlich des Risikos doloser Handlungen, sowie für Art, zeitliche Einteilung und Umfang anderer Prüfungshandlungen, die damit zusammenhängen, beurteilen. (Vgl. Tz. A17)

Nichtbeantwortung

12. Bei jeder Nichtbeantwortung muss der Abschlussprüfer alternative Prüfungshandlungen durchführen, um relevante und verlässliche Prüfungsnachweise zu erlangen. (Vgl. Tz. A18-A19)

Notwendigkeit der Beantwortung einer positiven Bestätigungsanfrage, um ausreichende geeignete Prüfungsnachweise zu erlangen

13. Wenn der Abschlussprüfer bestimmt hat, dass die Beantwortung einer positiven Bestätigungsanfrage notwendig ist, um ausreichende geeignete Prüfungsnachweise zu erlangen, werden alternative Prüfungshandlungen nicht die vom Abschlussprüfer benötigten Prüfungsnachweise liefern. Wenn eine solche Bestätigung nicht erlangt wird, muss der Abschlussprüfer in Übereinstimmung mit ISA 705 über die Auswirkungen auf die Abschlussprüfung und das Prüfungsurteil entscheiden. (Vgl. Tz. A20)

Abweichungen

14. Der Abschlussprüfer muss Abweichungen untersuchen, um festzustellen, ob sie auf falsche Darstellungen hindeuten oder nicht. (Vgl. Tz. A21-A22)

Negative Bestätigungen

15. Negative Bestätigungen liefern weniger überzeugende Prüfungsnachweise als positive Bestätigungen. Folglich darf der Abschlussprüfer negative Bestätigungsanfragen nicht als alleinige aussagebezogene Prüfungshandlung anwenden, um einem beurteilten Risiko wesentlicher falscher Darstellungen auf Aussageebene zu begegnen, sofern nicht die folgenden Punkte insgesamt gegeben sind: (Vgl. Tz. A23)

    (a) Der Abschlussprüfer hat das Risiko wesentlicher falscher Darstellungen als gering beurteilt und ausreichende geeignete Prüfungsnachweise zur Wirksamkeit der für die Aussage relevanten Kontrollen erlangt;

---

12) ISA 260 „Kommunikation mit den für die Überwachung Verantwortlichen", Textziffer 16.
13) ISA 705 „Modifizierungen des Prüfungsurteils im Vermerk des unabhängigen Abschlussprüfers".
*) Der Begriff „kommunizieren" wird verwendet, um erkennbar zu machen, dass ein Informationsaustausch zwischen den beiden beteiligten Partnern in beide Richtungen gehen und schriftlich oder mündlich erfolgen kann.

(b) The population of items subject to negative confirmation procedures comprises a large number of small, homogeneous account balances, transactions or conditions;
(c) A very low exception rate is expected; and
(d) The auditor is not aware of circumstances or conditions that would cause recipients of negative confirmation requests to disregard such requests.

Evaluating the Evidence Obtained

16. The auditor shall evaluate whether the results of the external confirmation procedures provide relevant and reliable audit evidence, or whether further audit evidence is necessary. (Ref: Para A24–A25)

***

Application and Other Explanatory Material
External Confirmation Procedures

Determining the Information to Be Confirmed or Requested (Ref: Para. 7(a))

A1. External confirmation procedures frequently are performed to confirm or request information regarding account balances and their elements. They may also be used to confirm terms of agreements, contracts, or transactions between an entity and other parties, or to confirm the absence of certain conditions, such as a "side agreement."

Selecting the Appropriate Confirming Party (Ref: Para. 7(b))

A2. Responses to confirmation requests provide more relevant and reliable audit evidence when confirmation requests are sent to a confirming party the auditor believes is knowledgeable about the information to be confirmed. For example, a financial institution official who is knowledgeable about the transactions or arrangements for which confirmation is requested may be the most appropriate person at the financial institution from whom to request confirmation.

Designing Confirmation Requests (Ref: Para. 7(c))

A3. The design of a confirmation request may directly affect the confirmation response rate, and the reliability and the nature of the audit evidence obtained from responses.

A4. Factors to consider when designing confirmation requests include:
- The assertions being addressed.
- Specific identified risks of material misstatement, including fraud risks.

- The layout and presentation of the confirmation request.
- Prior experience on the audit or similar engagements.
- The method of communication (for example, in paper form, or by electronic or other medium).

- Management's authorization or encouragement to the confirming parties to respond to the auditor. Confirming parties may only be willing to respond to a confirmation request containing management's authorization.
- The ability of the intended confirming party to confirm or provide the requested information (for example, individual invoice amount versus total balance).

A5. A positive external confirmation request asks the confirming party to reply to the auditor in all cases, either by indicating the confirming party's agreement with the given information, or by asking the confirming party to provide information. A response to a positive confirmation request ordinarily is expected to provide reliable audit evidence. There is a risk, however, that a confirming party may reply to the confirmation request without verifying that the information is correct. The auditor may reduce this risk by using positive confirmation requests that do not state the amount (or other information) on the confirmation request, and ask the confirming party to fill in the amount or furnish other information. On the other hand, use of this type of "blank" confirmation request may result in lower response rates because additional effort is required of the confirming parties.

(b) die Grundgesamtheit der Elemente, die negativen Bestätigungsanfragen unterzogen wird, umfasst eine große Anzahl von kleinen, homogenen Kontensalden, Geschäftsvorfällen oder Gegebenheiten;
(c) es wird eine sehr geringe Anzahl von Abweichungen erwartet, und
(d) dem Abschlussprüfer sind keine Umstände oder Gegebenheiten bekannt, welche die Empfänger von negativen Bestätigungsanfragen dazu veranlassen könnten, diese Anfragen nicht zu beachten.

Beurteilung der erlangten Nachweise

16. Der Abschlussprüfer muss beurteilen, ob die Ergebnisse der Verfahren der externen Bestätigung relevante und verlässliche Prüfungsnachweise liefern oder ob weitere Prüfungsnachweise notwendig sind. (Vgl. Tz. A24-A25)

***

Anwendungshinweise und sonstige Erläuterungen

Verfahren der externen Bestätigung

Festlegung der zu bestätigenden bzw. anzufordernden Informationen (Vgl. Tz. 7(a))

A1. Verfahren der externen Bestätigung werden häufig durchgeführt, um Informationen zu Kontensalden und deren Bestandteilen zu bestätigen oder anzufordern. Sie können auch angewandt werden, um die Bedingungen von Vereinbarungen, Verträgen oder Geschäftsvorfällen zwischen einer Einheit und anderen Parteien zu bestätigen oder um das Nicht-Vorhandensein bestimmter Bedingungen (z. B. einer Nebenabrede) zu bestätigen.

Auswahl der geeigneten bestätigenden Partei (Vgl. Tz. 7(b))

A2. Antworten auf Bestätigungsanfragen liefern relevantere und verlässlichere Prüfungsnachweise, wenn diese an eine bestätigende Partei gesandt werden, die der Abschlussprüfer in Bezug auf die zu bestätigenden Informationen für sachkundig hält. Bspw. kann ein Vertreter eines Finanzinstituts, der in Bezug auf Geschäftsvorfälle oder Vereinbarungen sachkundig ist, für die eine Bestätigung angefordert wird, in dem Finanzinstitut die am Besten geeignete Person zur Anforderung der Bestätigung sein.

Ausgestaltung von Bestätigungsanfragen (Vgl. Tz. 7(c))

A3. Die Ausgestaltung einer Bestätigungsanfrage kann sich unmittelbar auf die Beantwortungsquote sowie auf die Verlässlichkeit und die Art der aus den Antworten erlangten Prüfungsnachweise auswirken.

A4. Zu den Faktoren, die bei der Ausgestaltung von Bestätigungsanfragen zu berücksichtigen sind, gehören:
- die angesprochenen Aussagen;
- bestimmte festgestellte Risiken wesentlicher falscher Darstellungen, einschließlich Risiken doloser Handlungen;
- Aufbau und Gestaltung der Bestätigungsanfrage;
- bisherige Erfahrung aus dem Prüfungsauftrag oder aus ähnlichen Aufträgen;
- die Methode der Kommunikation (z. B. in Papierform oder auf einem elektronischen oder anderen Medium);
- Genehmigung oder Unterstützung des Managements gegenüber den bestätigenden Parteien, dem Abschlussprüfer zu antworten. Möglicherweise sind die bestätigenden Parteien nur zur Beantwortung einer Bestätigungsanfrage bereit, die eine Genehmigung des Managements enthält;
- ob die vorgesehene bestätigende Partei, in der Lage ist, die angeforderten Informationen zu bestätigen oder bereitzustellen (z. B. Einzelrechnungsbetrag im Vergleich zum Gesamtsaldo).

A5. Durch eine positive externe Bestätigungsanfrage wird die bestätigende Partei aufgefordert, dem Abschlussprüfer in jedem Fall zu antworten, indem diese entweder ihre Zustimmung zu den vorliegenden Informationen zum Ausdruck bringt oder aufgefordert wird, Informationen bereitzustellen. Von einer Antwort auf eine positive Bestätigungsanfrage wird gewöhnlich erwartet, dass sie verlässliche Prüfungsnachweise liefert. Es besteht jedoch das Risiko, dass eine bestätigende Partei möglicherweise auf die Bestätigungsanfrage antwortet, ohne zu überprüfen, ob die Informationen korrekt sind. Der Abschlussprüfer kann dieses Risiko reduzieren, indem er positive Bestätigungsanfragen verwendet, in denen kein Betrag (oder sonstige Informationen) angegeben ist und die bestätigende Partei aufgefordert wird, den Betrag einzutragen oder sonstige Informationen bereitzustellen. Andererseits kann die Verwendung dieser Art von „Blanko"-Bestätigungsanfrage zu einer geringeren Beantwortungsquote führen, da für die bestätigenden Parteien ein zusätzlicher Aufwand erforderlich ist.

A6. Determining that requests are properly addressed includes testing the validity of some or all of the addresses on confirmation requests before they are sent out.

Follow-Up on Confirmation Requests (Ref: Para. 7(d))

A7. The auditor may send an additional confirmation request when a reply to a previous request has not been received within a reasonable time. For example, the auditor may, having re-verified the accuracy of the original address, send an additional or follow-up request.

Management's Refusal to Allow the Auditor to Send a Confirmation Request

Reasonableness of Management's Refusal (Ref: Para. 8(a))

A8. A refusal by management to allow the auditor to send a confirmation request is a limitation on the audit evidence the auditor may wish to obtain. The auditor is therefore required to inquire as to the reasons for the limitation. A common reason advanced is the existence of a legal dispute or ongoing negotiation with the intended confirming party, the resolution of which may be affected by an untimely confirmation request. The auditor is required to seek audit evidence as to the validity and reasonableness of the reasons because of the risk that management may be attempting to deny the auditor access to audit evidence that may reveal fraud or error.

Implications for the Assessment of Risks of Material Misstatement (Ref: Para. 8(b))

A9. The auditor may conclude from the evaluation in paragraph 8(b) that it would be appropriate to revise the assessment of the risks of material misstatement at the assertion level and modify planned audit procedures in accordance with ISA 315.[14] For example, if management's request to not confirm is unreasonable, this may indicate a fraud risk factor that requires evaluation in accordance with ISA 240.[15]

Alternative Audit Procedures (Ref: Para. 8(c))

A10. The alternative audit procedures performed may be similar to those appropriate for a non-response as set out in paragraphs A18–A19 of this ISA. Such procedures also would take account of the results of the auditor's evaluation in paragraph 8(b) of this ISA.

Results of the External Confirmation Procedures

Reliability of Responses to Confirmation Requests (Ref: Para. 10)

A11. ISA 500 indicates that even when audit evidence is obtained from sources external to the entity, circumstances may exist that affect its reliability.[16] All responses carry some risk of interception, alteration or fraud. Such risk exists regardless of whether a response is obtained in paper form, or by electronic or other medium. Factors that may indicate doubts about the reliability of a response include that it:

- Was received by the auditor indirectly; or
- Appeared not to come from the originally intended confirming party.

A12. Responses received electronically, for example, by facsimile or electronic mail, involve risks as to reliability because proof of origin and authority of the respondent may be difficult to establish, and alterations may be difficult to detect. A process used by the auditor and the respondent that creates a secure environment for responses received electronically may mitigate these risks. If the auditor is satisfied that such a process is secure and properly controlled, the reliability of the related responses is enhanced. An electronic confirmation process might incorporate various techniques for validating the identity of a sender of information in electronic form, for example, through the use of encryption, electronic digital signatures, and procedures to verify web site authenticity.

---

14) ISA 315, "Identifying and Assessing the Risks of Material Misstatement through Understanding the Entity and Its Environment," paragraph 31.
15) ISA 240, paragraph 24.
16) ISA 500, paragraph A31.

A6. Die Feststellung, dass Anfragen richtig adressiert sind, schließt die Prüfung der Gültigkeit einiger oder aller Adressen auf Bestätigungsanfragen vor deren Versand ein.

Nachverfolgung von Bestätigungsanfragen (Vgl. Tz. 7(d))

A7. Der Abschlussprüfer kann eine zusätzliche Bestätigungsanfrage versenden, wenn die Antwort auf eine vorhergehende Anfrage nicht innerhalb einer angemessenen Zeit eingegangen ist. Beispielsweise kann der Abschlussprüfer nach erneuter Überprüfung der Richtigkeit der ursprünglichen Adresse eine zusätzliche Anfrage oder eine Folgeanfrage versenden.

Weigerung des Managements, dem Abschlussprüfer die Versendung einer Bestätigungsanfrage zu gestatten

Vertretbarkeit der Weigerung des Managements (Vgl. Tz. 8(a))

A8. Eine Weigerung des Managements, dem Abschlussprüfer das Versenden einer Bestätigungsanfrage zu gestatten, stellt eine Beschränkung der Prüfungsnachweise dar, die der Abschlussprüfer möglicherweise erlangen will. Daher muss der Abschlussprüfer das Management zu den Gründen für die Beschränkung befragen. Ein häufig vorgebrachter Grund ist eine bestehende Rechtsstreitigkeit oder eine laufende Verhandlung mit der vorgesehenen bestätigenden Partei, deren Abschluss durch eine zeitlich unpassende Bestätigungsanfrage beeinflusst werden kann. Der Abschlussprüfer muss sich um Prüfungsnachweise zu der Stichhaltigkeit und Vertretbarkeit der Gründe bemühen, da das Risiko besteht, dass das Management möglicherweise versucht, dem Abschlussprüfer den Zugang zu Prüfungsnachweisen zu verweigern, die dolose Handlungen oder Irrtümer aufdecken können.

Konsequenzen für die Beurteilung der Risiken wesentlicher falscher Darstellungen (Vgl. Tz. 8(b))

A9. Der Abschlussprüfer kann aus der in Textziffer 8(b) erwähnten Beurteilung die Schlussfolgerung ziehen, dass es angemessen wäre, in Übereinstimmung mit ISA 315[14] die Beurteilung der Risiken wesentlicher falscher Darstellungen auf Aussageebene zu ändern und geplante Prüfungshandlungen anzupassen. Wenn bspw. die Aufforderung des Managements, eine Bestätigung nicht anzufordern, unangemessen ist, kann dies auf einen Risikofaktor für dolose Handlungen hindeuten, der eine Beurteilung in Übereinstimmung mit ISA 240[15] erfordert.

Alternative Prüfungshandlungen (Vgl. Tz. 8(c))

A10. Die durchgeführten alternativen Prüfungshandlungen können denen ähnlich sein, die bei einer Nichtbeantwortung angemessen sind, wie sie in den Textziffern A18-A19 dieses ISA erläutert sind. Diese Prüfungshandlungen trügen auch den Ergebnissen der in Textziffer 8(b) dieses ISA erwähnten Beurteilung des Abschlussprüfers Rechnung.

Ergebnisse der Verfahren der externen Bestätigung

Verlässlichkeit der Antworten auf Bestätigungsanfragen (Vgl. Tz. 10)

A11. In ISA 500 wird dargelegt, dass auch dann, wenn Prüfungsnachweise aus Quellen außerhalb der Einheit stammen, Umstände bestehen können, die die Verlässlichkeit der Prüfungsnachweise beeinflussen.[16] Alle Antworten bergen ein gewisses Risiko, abgefangen oder geändert zu werden oder dolosen Handlungen zu unterliegen. Dieses Risiko besteht unabhängig davon, ob eine Antwort in Papierform oder auf einem elektronischen oder anderen Medium erlangt wird. Zu den Faktoren, die auf Zweifel an der Verlässlichkeit einer Antwort hindeuten können, gehört, dass die Antwort

- indirekt vom Abschlussprüfer erhalten wurde oder
- anscheinend nicht von der ursprünglich vorgesehenen bestätigenden Partei stammte.

A12. Antworten, die in elektronischer Form eingehen (z. B. per Fax oder E-Mail), sind mit Verlässlichkeitsrisiken verbunden, weil der Nachweis der Herkunft und der Berechtigung des Antwortenden schwer zu erbringen und Änderungen schwer zu erkennen sein können. Diese Risiken können durch ein vom Abschlussprüfer und vom Antwortenden angewandtes Verfahren abgeschwächt werden, das ein sicheres Umfeld für in elektronischer Form erhaltene Antworten schafft. Wenn der Abschlussprüfer davon überzeugt ist, dass ein solches Verfahren sicher ist und ordnungsgemäß kontrolliert wird, wird die Verlässlichkeit der zugehörigen Antworten erhöht. Ein elektronisches Bestätigungsverfahren kann verschiedene Methoden zur Bestätigung der Identität eines Absenders von

---

14) ISA 315 „Identifizierung und Beurteilung der Risiken wesentlicher falscher Darstellungen aus dem Verstehen der Einheit und ihres Umfelds", Textziffer 31.
15) ISA 240, Textziffer 24.
16) ISA 500, Textziffer A31.

A13. If a confirming party uses a third party to coordinate and provide responses to confirmation requests, the auditor may perform procedures to address the risks that:

(a) The response may not be from the proper source;
(b) A respondent may not be authorized to respond; and
(c) The integrity of the transmission may have been compromised.

A14. The auditor is required by ISA 500 to determine whether to modify or add procedures to resolve doubts over the reliability of information to be used as audit evidence.[17] The auditor may choose to verify the source and contents of a response to a confirmation request by contacting the confirming party. For example, when a confirming party responds by electronic mail, the auditor may telephone the confirming party to determine whether the confirming party did, in fact, send the response. When a response has been returned to the auditor indirectly (for example, because the confirming party incorrectly addressed it to the entity rather than to the auditor), the auditor may request the confirming party to respond in writing directly to the auditor.

A15. On its own, an oral response to a confirmation request does not meet the definition of an external confirmation because it is not a direct written response to the auditor. However, upon obtaining an oral response to a confirmation request, the auditor may, depending on the circumstances, request the confirming party to respond in writing directly to the auditor. If no such response is received, in accordance with paragraph 12, the auditor seeks other audit evidence to support the information in the oral response.

A16. A response to a confirmation request may contain restrictive language regarding its use. Such restrictions do not necessarily invalidate the reliability of the response as audit evidence.

Unreliable Responses (Ref: Para. 11)

A17. When the auditor concludes that a response is unreliable, the auditor may need to revise the assessment of the risks of material misstatement at the assertion level and modify planned audit procedures accordingly, in accordance with ISA 315.[18] For example, an unreliable response may indicate a fraud risk factor that requires evaluation in accordance with ISA 240.[19]

Non-Responses (Ref: Para. 12)

A18. Examples of alternative audit procedures the auditor may perform include:

- For accounts receivable balances – examining specific subsequent cash receipts, shipping documentation, and sales near the period end.
- For accounts payable balances – examining subsequent cash disbursements or correspondence from third parties, and other records, such as goods received notes.

A19. The nature and extent of alternative audit procedures are affected by the account and assertion in question. A non-response to a confirmation request may indicate a previously unidentified risk of material misstatement. In such situations, the auditor may need to revise the assessed risk of material misstatement at the assertion level, and modify planned audit procedures, in accordance with ISA 315.[20] For example, fewer responses to confirmation requests than anticipated, or a greater number of responses than anticipated, may indicate a previously unidentified fraud risk factor that requires evaluation in accordance with ISA 240.[21]

---

17) ISA 500, paragraph 11.
18) ISA 315, paragraph 31.
19) ISA 240, paragraph 24.
20) ISA 315, paragraph 31.
21) ISA 240, paragraph 24.

Externe Bestätigungen ISA 505

Informationen in elektronischer Form umfassen (bspw. durch den Einsatz von Verschlüsselung, elektronischen digitalen Signaturen und Verfahren zur Überprüfung der Echtheit von Websites).

A13. Wenn eine bestätigende Partei einen Dritten hinzuzieht, um Antworten auf Bestätigungsanfragen zu koordinieren und bereitzustellen, kann der Abschlussprüfer Prüfungshandlungen durchführen, um den Risiken zu begegnen, dass

(a) die Antwort möglicherweise nicht aus der richtigen Quelle stammt;
(b) ein Antwortender möglicherweise nicht zur Antwort befugt ist und
(c) möglicherweise die Integrität der Übertragung beeinträchtigt wurde.

A14. Nach ISA 500 muss der Abschlussprüfer festlegen, ob Prüfungshandlungen angepasst oder ergänzt werden müssen, um Zweifel an der Verlässlichkeit von Informationen zu beseitigen, die als Prüfungsnachweise verwendet werden.[17] Der Abschlussprüfer kann sich dafür entscheiden, Quelle und Inhalt einer Antwort auf eine Bestätigungsanfrage durch Kontaktaufnahme mit der bestätigenden Partei zu überprüfen. Wenn bspw. eine bestätigende Partei per E-Mail antwortet, kann der Abschlussprüfer die bestätigende Partei anrufen, um festzustellen, ob diese Antwort tatsächlich gesendet hat. Wenn eine Antwort indirekt an den Abschlussprüfer zurückgesandt wurde (z. B. weil die bestätigende Partei sie fälschlicherweise an die Einheit statt an den Abschlussprüfer adressiert hat), kann der Abschlussprüfer die bestätigende Partei auffordern, ihm direkt schriftlich zu antworten.

A15. Eine mündliche Antwort auf eine Bestätigungsanfrage erfüllt allein genommen nicht die Definition einer externen Bestätigung, weil es sich dabei nicht um eine direkte schriftliche Antwort an den Abschlussprüfer handelt. Je nach den Umständen kann der Abschlussprüfer jedoch nach Erhalt einer mündlichen Antwort auf eine Bestätigungsanfrage die bestätigende Partei auffordern, ihm direkt schriftlich zu antworten. Wenn diese Antwort nicht eingeht, holt der Abschlussprüfer in Übereinstimmung mit Textziffer 12 andere Prüfungsnachweise ein, um die in der mündlichen Antwort enthaltenen Informationen zu stützen.

A16. Eine Antwort auf eine Bestätigungsanfrage kann einschränkende Formulierungen zu ihrer Verwendung enthalten. Durch solche Einschränkungen wird nicht notwendigerweise die Verlässlichkeit der Antwort als Prüfungsnachweis entkräftet.

Nicht verlässliche Antworten (Vgl. Tz. 11)

A17. Wenn der Abschlussprüfer zu dem Schluss kommt, dass eine Antwort nicht verlässlich ist, kann es erforderlich sein, dass der Abschlussprüfer in Übereinstimmung mit ISA 315[18] die Beurteilung der Risiken wesentlicher falscher Darstellungen auf Aussageebene ändern und geplante Prüfungshandlungen entsprechend anpassen muss. Beispielsweise kann eine nicht verlässliche Antwort auf einen Risikofaktor für dolose Handlungen hindeuten, der eine Beurteilung in Übereinstimmung mit ISA 240[19] erfordert.

Nichtbeantwortung (Vgl. Tz. 12)

A18. Zu Beispielen für alternative Prüfungshandlungen, die der Abschlussprüfer durchführen kann, gehören
- bei Forderungssalden: Untersuchung von bestimmten nachträglichen Barzahlungen an die Einheit, Versanddokumenten und Verkäufen nahe dem Abschlussstichtag;
- bei Verbindlichkeitssalden: Untersuchung nachträglicher Auszahlungen oder des Schriftverkehrs von Dritten und anderer Aufzeichnungen (z. B. Lieferscheine).

A19. Art und Umfang alternativer Prüfungshandlungen werden durch das betreffende Konto und die betreffende Aussage beeinflusst. Die Nichtbeantwortung einer Bestätigungsanfrage kann auf ein zuvor nicht festgestelltes Risiko wesentlicher falscher Darstellungen hindeuten. In solchen Situationen kann es erforderlich sein, dass der Abschlussprüfer in Übereinstimmung mit ISA 315[20] die Beurteilung des Risikos wesentlicher falscher Darstellungen auf Aussageebene ändern und geplante Prüfungshandlungen anpassen muss. Beispielsweise kann eine geringere oder eine größere Anzahl von Antworten auf Bestätigungsanfragen als erwartet auf einen zuvor nicht festgestellten Risikofaktor für dolose Handlungen hindeuten, der eine Beurteilung in Übereinstimmung mit ISA 240[21] erfordert.

---

17) ISA 500, Textziffer 11.
18) ISA 315, Textziffer 31.
19) ISA 240, Textziffer 24.
20) ISA 315, Textziffer 31.
21) ISA 240, Textziffer 24.

When a Response to a Positive Confirmation Request Is Necessary to Obtain Sufficient Appropriate Audit Evidence (Ref: Para. 13)

A20. In certain circumstances, the auditor may identify an assessed risk of material misstatement at the assertion level for which a response to a positive confirmation request is necessary to obtain sufficient appropriate audit evidence. Such circumstances may include where:

- The information available to corroborate management's assertion(s) is only available outside the entity.
- Specific fraud risk factors, such as the risk of management override of controls, or the risk of collusion which can involve employee(s) and/or management, prevent the auditor from relying on evidence from the entity.

Exceptions (Ref: Para. 14)

A21. Exceptions noted in responses to confirmation requests may indicate misstatements or potential misstatements in the financial statements. When a misstatement is identified, the auditor is required by ISA 240 to evaluate whether such misstatement is indicative of fraud.[22] Exceptions may provide a guide to the quality of responses from similar confirming parties or for similar accounts. Exceptions also may indicate a deficiency, or deficiencies, in the entity's internal control over financial reporting.

A22. Some exceptions do not represent misstatements. For example, the auditor may conclude that differences in responses to confirmation requests are due to timing, measurement, or clerical errors in the external confirmation procedures.

Negative Confirmations (Ref: Para. 15)

A23. The failure to receive a response to a negative confirmation request does not explicitly indicate receipt by the intended confirming party of the confirmation request or verification of the accuracy of the information contained in the request. Accordingly, a failure of a confirming party to respond to a negative confirmation request provides significantly less persuasive audit evidence than does a response to a positive confirmation request. Confirming parties also may be more likely to respond indicating their disagreement with a confirmation request when the information in the request is not in their favor, and less likely to respond otherwise. For example, holders of bank deposit accounts may be more likely to respond if they believe that the balance in their account is understated in the confirmation request, but may be less likely to respond when they believe the balance is overstated. Therefore, sending negative confirmation requests to holders of bank deposit accounts may be a useful procedure in considering whether such balances may be understated, but is unlikely to be effective if the auditor is seeking evidence regarding overstatement.

Evaluating the Evidence Obtained (Ref: Para. 16)

A24. When evaluating the results of individual external confirmation requests, the auditor may categorize such results as follows:

(a) A response by the appropriate confirming party indicating agreement with the information provided in the confirmation request, or providing requested information without exception;

(b) A response deemed unreliable;

(c) A non-response; or

(d) A response indicating an exception.

A25. The auditor's evaluation, when taken into account with other audit procedures the auditor may have performed, may assist the auditor in concluding whether sufficient appropriate audit evidence has been obtained or whether further audit evidence is necessary, as required by ISA 330.[23]

---

22) ISA 240, paragraph 35.
23) ISA 330, paragraphs 26–27.

Externe Bestätigungen ISA 505

Notwendigkeit der Beantwortung einer positiven Bestätigungsanfrage, um ausreichende geeignete Prüfungsnachweise zu erlangen (Vgl. Tz. 13)

A20. Unter bestimmten Umständen kann der Abschlussprüfer ein beurteiltes Risiko wesentlicher falscher Darstellungen auf Aussageebene feststellen, für das die Beantwortung einer positiven Bestätigungsanfrage notwendig ist, um ausreichende geeignete Prüfungsnachweise zu erlangen. Zu solchen Umständen können Fälle gehören, in denen

- die zur Bestätigung der Aussagen des Managements verfügbaren Informationen nur außerhalb der Einheit verfügbar sind;
- bestimmte Risikofaktoren für dolose Handlungen (z. B. das Risiko der Außerkraftsetzung von Kontrollen durch das Management oder das Risiko betrügerischen Zusammenwirkens, das Mitarbeiter und/oder das Management einschließen kann) den Abschlussprüfer daran hindern, sich auf Nachweise zu verlassen, die von der Einheit erlangt werden.

Abweichungen (Vgl. Tz. 14)

A21. In Antworten auf Bestätigungsanfragen genannte Abweichungen können auf tatsächliche oder mögliche falsche Darstellungen im Abschluss hindeuten. Wenn eine falsche Darstellung festgestellt wird, hat der Abschlussprüfer nach ISA 240 zu beurteilen, ob diese falsche Darstellung auf dolose Handlungen hindeutet.[22] Abweichungen können ein Anhaltspunkt für die Qualität der Antworten von ähnlichen bestätigenden Parteien oder für ähnliche Konten sein. Außerdem können Abweichungen auf einen oder mehrere Mängel im rechnungslegungsbezogenen IKS der Einheit hindeuten.

A22. Manche Abweichungen bedeuten keine falschen Darstellungen. Beispielsweise kann der Abschlussprüfer zu dem Schluss kommen, dass Unterschiede in den Antworten auf Bestätigungsanfragen auf die zeitliche Abgrenzung oder die Bewertung oder auf Büroversehen in den Verfahren der externen Bestätigung zurückzuführen sind.

Negative Bestätigungen (Vgl. Tz. 15)

A23. Das Ausbleiben einer Antwort auf eine negative Bestätigungsanfrage deutet nicht notwendigerweise darauf hin, dass die vorgesehene bestätigende Partei die Bestätigungsanfrage erhalten hat oder die Richtigkeit der in der Anfrage enthaltenen Informationen bestätigt. Folglich liefert die Unterlassung einer bestätigenden Partei, eine negative Bestätigungsanfrage zu beantworten, deutlich geringere Prüfungsnachweise als eine Antwort auf eine positive Bestätigungsanfrage. Außerdem werden möglicherweise die bestätigenden Parteien eher antworten, um ihre Nichtübereinstimmung zum Ausdruck zu bringen, wenn die Bestätigungsanfrage nicht zu ihren Gunsten ausfällt, und es ist weniger wahrscheinlich, dass sie antworten, wenn es umgekehrt ist. Beispielsweise antworten Inhaber von Bankguthaben möglicherweise mit höherer Wahrscheinlichkeit, wenn sie der Ansicht sind, dass ihr Kontosaldo in der Bestätigungsanfrage zu niedrig angegeben ist, jedoch mit geringerer Wahrscheinlichkeit, wenn sie der Ansicht sind, dass der Saldo zu hoch angegeben ist. Daher kann das Versenden negativer Bestätigungsanfragen an Inhaber von Bankguthaben eine nützliche Prüfungshandlung im Rahmen der Überlegung sein, ob diese Salden möglicherweise unterbewertet sind; es ist jedoch unwahrscheinlich, dass sie wirksam sind, wenn der Abschlussprüfer Nachweise für eine Überbewertung einholen möchte.

Beurteilung der erlangten Nachweise (Vgl. Tz. 16)

A24. Bei der Beurteilung der Ergebnisse der einzelnen Anfragen nach externen Bestätigungen kann der Abschlussprüfer deren Ergebnisse folgendermaßen kategorisieren:

(a) eine Antwort durch die zuständige, bestätigende Partei, in der die Zustimmung zu den in der Bestätigungsanfrage enthaltenen Informationen zum Ausdruck gebracht wird oder welche die angeforderten Informationen ohne Abweichung liefert;

(b) eine nicht für verlässlich gehaltene Antwort;

(c) eine Nichtbeantwortung oder

(d) eine Antwort, in der auf eine Abweichung hingewiesen wird.

A25. Die Beurteilung des Abschlussprüfers kann – unter Berücksichtigung anderer Prüfungshandlungen, die der Abschlussprüfer durchgeführt haben kann – dem Abschlussprüfer bei dem Schluss helfen, ob ausreichende geeignete Prüfungsnachweise erlangt wurden oder ob – wie von ISA 330[23] gefordert – weitere Prüfungsnachweise erforderlich sind.

---

22) ISA 240, Textziffer 35.
23) ISA 330, Textziffern 26-27.

INTERNATIONAL STANDARD ON AUDITING 510
INITIAL AUDIT ENGAGEMENTS – OPENING BALANCES

(Effective for audits of financial statements for periods beginning on or after December 15, 2009)

CONTENTS

	Paragraph
Introduction	
Scope of this ISA	1
Effective Date	2
Objective	3
Definitions	4
Requirements	
Audit Procedures	5–9
Audit Conclusions and Reporting	10–13
Application and Other Explanatory Material	
Audit Procedures	A1–A7
Audit Conclusions and Reporting	A8–A9
Appendix: Illustrations of Auditors' Reports with Modified Opinions	

International Standard on Auditing (ISA) 510, "Initial Audit Engagements – Opening Balances" should be read in conjunction with ISA 200, "Overall Objectives of the Independent Auditor and the Conduct of an Audit in Accordance with International Standards on Auditing."

INTERNATIONAL STANDARD ON AUDITING 510
ERÖFFNUNGSBILANZWERTE BEI ERSTPRÜFUNGSAUFTRÄGEN

(gilt für die Prüfung von Abschlüssen für Zeiträume, die am oder nach dem 15.12.2009 beginnen)

INHALTSVERZEICHNIS

	Textziffer
Einleitung	
Anwendungsbereich	1
Anwendungszeitpunkt	2
Ziel	3
Definitionen	4
Anforderungen	
Prüfungshandlungen	5-9
Prüfungsfeststellungen und Erteilung des Vermerks	10-13
Anwendungshinweise und sonstige Erläuterungen	
Prüfungshandlungen	A1-A7
Prüfungsfeststellungen und Erteilung des Vermerks	A8-A9
Anlage: Formulierungsbeispiele für Vermerke des Abschlussprüfers mit modifizierten Prüfungsurteilen	

International Standard on Auditing (ISA) 510 „Eröffnungsbilanzwerte bei Erstprüfungsaufträgen" ist im Zusammenhang mit ISA 200 „Übergreifende Zielsetzungen des unabhängigen Prüfers und Grundsätze einer Prüfung in Übereinstimmung mit den International Standards on Auditing" zu lesen.

Introduction

Scope of this ISA

1. This International Standard on Auditing (ISA) deals with the auditor's responsibilities relating to opening balances in an initial audit engagement. In addition to financial statement amounts, opening balances include matters requiring disclosure that existed at the beginning of the period, such as contingencies and commitments. When the financial statements include comparative financial information, the requirements and guidance in ISA 710[1)] also apply. ISA 300[2)] includes additional requirements and guidance regarding activities prior to starting an initial audit.

Effective Date

2. This ISA is effective for audits of financial statements for periods beginning on or after December 15, 2009.

Objective

3. In conducting an initial audit engagement, the objective of the auditor with respect to opening balances is to obtain sufficient appropriate audit evidence about whether:
   (a) Opening balances contain misstatements that materially affect the current period's financial statements; and
   (b) Appropriate accounting policies reflected in the opening balances have been consistently applied in the current period's financial statements, or changes thereto are appropriately accounted for and adequately presented and disclosed in accordance with the applicable financial reporting framework.

Definitions

4. For the purposes of the ISAs, the following terms have the meanings attributed below:
   (a) Initial audit engagement – An engagement in which either:
       (i) The financial statements for the prior period were not audited; or
       (ii) The financial statements for the prior period were audited by a predecessor auditor.

   (b) Opening balances – Those account balances that exist at the beginning of the period. Opening balances are based upon the closing balances of the prior period and reflect the effects of transactions and events of prior periods and accounting policies applied in the prior period. Opening balances also include matters requiring disclosure that existed at the beginning of the period, such as contingencies and commitments.

   (c) Predecessor auditor – The auditor from a different audit firm, who audited the financial statements of an entity in the prior period and who has been replaced by the current auditor.

Requirements

Audit Procedures

Opening Balances

5. The auditor shall read the most recent financial statements, if any, and the predecessor auditor's report thereon, if any, for information relevant to opening balances, including disclosures.

---

1) ISA 710, "Comparative Information—Corresponding Figures and Comparative Financial Statements."
2) ISA 300, "Planning an Audit of Financial Statements."

Einleitung

Anwendungsbereich

1. Dieser International Standard on Auditing (ISA) behandelt die Pflichten des Abschlussprüfers im Zusammenhang mit Eröffnungsbilanzwerten bei einem Erstprüfungsauftrag. Neben den Posten des Abschlusses umfassen Eröffnungsbilanzwerte im Abschluss anzugebende Sachverhalte, die zu Beginn des Berichtszeitraums vorlagen, wie Eventualschulden und -forderungen sowie sonstige Verpflichtungen. Wenn der Abschluss vergleichende Finanzinformationen enthält, gelten außerdem die Anforderungen und erläuternden Hinweise in ISA 710[1]. ISA 300[2] enthält zusätzliche Anforderungen und erläuternde Hinweise zu Tätigkeiten vor Beginn einer Erstprüfung.

Anwendungszeitpunkt

2. Dieser ISA gilt für die Prüfung von Abschlüssen für Zeiträume, die am oder nach dem 15.12.2009 beginnen.

Ziel

3. Bei der Durchführung eines Erstprüfungsauftrags besteht das auf Eröffnungsbilanzwerte bezogene Ziel des Abschlussprüfers darin, ausreichende geeignete Prüfungsnachweise darüber zu erlangen,

   (a) ob Eröffnungsbilanzwerte falsche Darstellungen enthalten, die wesentliche Auswirkungen auf den Abschluss des laufenden Zeitraums haben, und

   (b) ob die sich in den Eröffnungsbilanzwerten widerspiegelnden angemessenen Rechnungslegungsmethoden stetig im Abschluss des laufenden Zeitraums angewendet wurden oder hierzu vorgenommene Änderungen in Übereinstimmung mit dem maßgebenden Regelwerk der Rechnungslegung sachgerecht in der Rechnungslegung berücksichtigt und angemessen im Abschluss angegeben und dargestellt sind.

Definitionen

4. Für die Zwecke der ISA gelten die nachstehenden Begriffsbestimmungen:

   (a) Erstprüfungsauftrag – Ein Auftrag, bei dem entweder

   (i) der Abschluss für den vorhergehenden Zeitraum nicht geprüft wurde oder

   (ii) der Abschluss für den vorhergehenden Zeitraum von einem vorherigen Abschlussprüfer geprüft wurde.

   (b) Eröffnungsbilanzwerte – Die zu Beginn des Zeitraums bestehenden Kontensalden. Eröffnungsbilanzwerte ergeben sich aus den Schlussbilanzwerten des vorhergehenden Zeitraums und spiegeln die Auswirkungen von Geschäftsvorfällen und Ereignissen aus vorhergehenden Zeiträumen sowie die im vorhergehenden Zeitraum angewendeten Rechnungslegungsmethoden wider. Darüber hinaus gehören zu den Eröffnungsbilanzwerten die im Abschluss anzugebenden Sachverhalte, die zu Beginn des Zeitraums vorlagen (wie Eventualschulden und -forderungen sowie sonstige Verpflichtungen).

   (c) Vorheriger Abschlussprüfer – Der Abschlussprüfer aus einer anderen Prüfungspraxis[*], der den Abschluss einer Einheit im vorhergehenden Zeitraum geprüft hat und durch den derzeitigen Abschlussprüfer ersetzt wurde.

Anforderungen

Prüfungshandlungen

Eröffnungsbilanzwerte

5. Der Abschlussprüfer muss – sofern vorhanden – den letzten Abschluss und den dazugehörigen Vermerk des vorherigen Abschlussprüfers im Hinblick auf die für die Eröffnungsbilanzwerte und Abschlussangaben[**] relevanten Informationen lesen.

---

1) ISA 710 „Vergleichsinformationen – Vergleichszahlen und Vergleichsabschlüsse".
2) ISA 300 „Planung einer Abschlussprüfung".
*) In Österreich und in der Schweiz wird auch der Begriff „Prüfungsunternehmen" verwendet.
**) Abschlussposten und andere Angaben im Abschluss.

ISA 510 — Initial Audit Engagements – Opening Balances

6. The auditor shall obtain sufficient appropriate audit evidence about whether the opening balances contain misstatements that materially affect the current period's financial statements by: (Ref: Para. A1–A2)

   (a) Determining whether the prior period's closing balances have been correctly brought forward to the current period or, when appropriate, have been restated;

   (b) Determining whether the opening balances reflect the application of appropriate accounting policies; and

   (c) Performing one or more of the following: (Ref: Para. A3–A7)

   (i) Where the prior year financial statements were audited, reviewing the predecessor auditor's working papers to obtain evidence regarding the opening balances;

   (ii) Evaluating whether audit procedures performed in the current period provide evidence relevant to the opening balances; or

   (iii) Performing specific audit procedures to obtain evidence regarding the opening balances.

7. If the auditor obtains audit evidence that the opening balances contain misstatements that could materially affect the current period's financial statements, the auditor shall perform such additional audit procedures as are appropriate in the circumstances to determine the effect on the current period's financial statements. If the auditor concludes that such misstatements exist in the current period's financial statements, the auditor shall communicate the misstatements with the appropriate level of management and those charged with governance in accordance with ISA 450.[3]

Consistency of Accounting Policies

8. The auditor shall obtain sufficient appropriate audit evidence about whether the accounting policies reflected in the opening balances have been consistently applied in the current period's financial statements, and whether changes in the accounting policies have been appropriately accounted for and adequately presented and disclosed in accordance with the applicable financial reporting framework.

Relevant Information in the Predecessor Auditor's Report

9. If the prior period's financial statements were audited by a predecessor auditor and there was a modification to the opinion, the auditor shall evaluate the effect of the matter giving rise to the modification in assessing the risks of material misstatement in the current period's financial statements in accordance with ISA 315.[4]

Audit Conclusions and Reporting

Opening Balances

10. If the auditor is unable to obtain sufficient appropriate audit evidence regarding the opening balances, the auditor shall express a qualified opinion or disclaim an opinion on the financial statements, as appropriate, in accordance with ISA 705.[5] (Ref: Para. A8)

11. If the auditor concludes that the opening balances contain a misstatement that materially affects the current period's financial statements, and the effect of the misstatement is not appropriately accounted for or not adequately presented or disclosed, the auditor shall express a qualified opinion or an adverse opinion, as appropriate, in accordance with ISA 705.

Consistency of Accounting Policies

12. If the auditor concludes that:

   (a) the current period's accounting policies are not consistently applied in relation to opening balances in accordance with the applicable financial reporting framework; or

---

3) ISA 450, "Evaluation of Misstatements Identified during the Audit," paragraphs 8 and 12.
4) ISA 315, "Identifying and Assessing the Risks of Material Misstatement through Understanding the Entity and Its Environment."
5) ISA 705, "Modifications to the Opinion in the Independent Auditor's Report."

Eröffnungsbilanzwerte bei Erstprüfungsaufträgen ISA 510

6. Der Abschlussprüfer muss ausreichende geeignete Prüfungsnachweise darüber erlangen, ob die Eröffnungsbilanzwerte falsche Darstellungen mit wesentlichen Auswirkungen auf den Abschluss des laufenden Zeitraums enthalten, durch (Vgl. Tz. A1-A2)

    (a) Feststellung, ob die Schlussbilanzwerte des vorhergehenden Zeitraums richtig auf den laufenden Zeitraum vorgetragen oder erforderlichenfalls angepasst wurden;

    (b) Feststellung, ob die Eröffnungsbilanzwerte die Anwendung sachgerechter Rechnungslegungsmethoden widerspiegeln;

    (c) Durchführung einer oder mehrerer der folgenden Prüfungshandlungen: (Vgl. Tz. A3-A7)

        (i) Durchsicht der Arbeitspapiere des vorherigen Abschlussprüfers – sofern der Abschluss des vorhergehenden Zeitraums geprüft wurde – um Nachweise zu den Eröffnungsbilanzwerten zu erlangen

        (ii) Beurteilung, ob die im laufenden Zeitraum durchgeführten Prüfungshandlungen auch für die Eröffnungsbilanzwerte relevante Nachweise liefern

        (iii) Durchführung bestimmter Prüfungshandlungen, um Nachweise zu den Eröffnungsbilanzwerten zu erlangen.

7. Wenn der Abschlussprüfer Prüfungsnachweise darüber erhält, dass die Eröffnungsbilanzwerte falsche Darstellungen enthalten, die wesentliche Auswirkungen auf den Abschluss des laufenden Zeitraums haben könnten, muss er solche zusätzlichen Prüfungshandlungen durchführen, die unter den gegebenen Umständen geeignet sind, die Auswirkungen auf den Abschluss des laufenden Zeitraums festzustellen. Wenn der Abschlussprüfer zu dem Schluss gelangt, dass solche falschen Darstellungen im Abschluss des laufenden Zeitraums enthalten sind, muss er sich in Übereinstimmung mit ISA 450[3] mit der angemessenen Managementebene und den für die Überwachung Verantwortlichen über die falschen Darstellungen austauschen.

Stetigkeit der Rechnungslegungsmethoden

8. Der Abschlussprüfer muss ausreichende geeignete Prüfungsnachweise darüber erlangen, ob die in den Eröffnungsbilanzwerten widergespiegelten Rechnungslegungsmethoden im Abschluss des laufenden Zeitraums stetig angewendet wurden und ob Änderungen der Rechnungslegungsmethoden in Übereinstimmung mit dem maßgebenden Regelwerk der Rechnungslegung sachgerecht in der Rechnungslegung berücksichtigt und angemessen im Abschluss angegeben und dargestellt sind.

Relevante Informationen im Vermerk des vorherigen Abschlussprüfers

9. Wenn der Abschluss des vorhergehenden Zeitraums von einem vorherigen Abschlussprüfer geprüft wurde und das Prüfungsurteil modifiziert wurde, muss der Abschlussprüfer bei der Beurteilung der Risiken wesentlicher falscher Darstellungen im Abschluss des laufenden Zeitraums in Übereinstimmung mit ISA 315[4] die Auswirkungen des Sachverhalts einschätzen, der zu der Modifizierung geführt hat.

Prüfungsfeststellungen und Erteilung des Vermerks

Eröffnungsbilanzwerte

10. Wenn es dem Abschlussprüfer nicht möglich ist, ausreichende geeignete Prüfungsnachweise zu den Eröffnungsbilanzwerten zu erlangen, muss er in Übereinstimmung mit ISA 705[5] wie jeweils angebracht ein eingeschränktes Prüfungsurteil abgeben oder die Nichtabgabe eines Prüfungsurteils erklären. (Vgl. Tz. A8)

11. Wenn der Abschlussprüfer zu dem Schluss gelangt, dass die Eröffnungsbilanzwerte eine falsche Darstellung mit wesentlichen Auswirkungen auf den Abschluss des laufenden Zeitraums enthalten und die Auswirkungen der falschen Darstellung nicht sachgerecht in der Rechnungslegung berücksichtigt oder nicht angemessen im Abschluss angegeben oder dargestellt sind, muss er in Übereinstimmung mit ISA 705 wie jeweils angebracht ein eingeschränktes oder versagtes[*] Prüfungsurteil abgeben.

Stetigkeit der Rechnungslegungsmethoden

12. Wenn der Abschlussprüfer zu dem Schluss gelangt, dass

    (a) die Rechnungslegungsmethoden des laufenden Zeitraums nicht in Übereinstimmung mit dem maßgebenden Regelwerk der Rechnungslegung gegenüber den Eröffnungsbilanzwerten stetig angewendet werden oder

---

3) ISA 450 „Die Beurteilung der während der Abschlussprüfung festgestellten falschen Darstellungen", Textziffern 8 und 12.
4) ISA 315 „Identifizierung und Beurteilung der Risiken wesentlicher falscher Darstellungen aus dem Verstehen der Einheit und ihres Umfelds".
5) ISA 705 „Modifizierungen des Prüfungsurteils im Vermerk des unabhängigen Abschlussprüfers".
*) In Österreich: negatives Prüfungsurteil; in der Schweiz: verneinendes Prüfungsurteil.

(b) a change in accounting policies is not appropriately accounted for or not adequately presented or disclosed in accordance with the applicable financial reporting framework,

the auditor shall express a qualified opinion or an adverse opinion as appropriate in accordance with ISA 705.

Modification to the Opinion in the Predecessor Auditor's Report

13. If the predecessor auditor's opinion regarding the prior period's financial statements included a modification to the auditor's opinion that remains relevant and material to the current period's financial statements, the auditor shall modify the auditor's opinion on the current period's financial statements in accordance with ISA 705 and ISA 710. (Ref: Para. A9)

***

Application and Other Explanatory Material

Audit Procedures

Considerations Specific to Public Sector Entities (Ref: Para. 6)

A1. In the public sector, there may be legal or regulatory limitations on the information that the current auditor can obtain from a predecessor auditor. For example, if a public sector entity that has previously been audited by a statutorily appointed auditor (for example, an Auditor General, or other suitably qualified person appointed on behalf of the Auditor General) is privatized, the amount of access to working papers or other information that the statutorily appointed auditor can provide a newly-appointed auditor that is in the private sector may be constrained by privacy or secrecy laws or regulations. In situations where such communications are constrained, audit evidence may need to be obtained through other means and, if sufficient appropriate audit evidence cannot be obtained, consideration given to the effect on the auditor's opinion.

A2. If the statutorily appointed auditor outsources an audit of a public sector entity to a private sector audit firm, and the statutorily appointed auditor appoints an audit firm other than the firm that audited the financial statements of the public sector entity in the prior period, this is not usually regarded as a change in auditors for the statutorily appointed auditor. Depending on the nature of the outsourcing arrangement, however, the audit engagement may be considered an initial audit engagement from the perspective of the private sector auditor in fulfilling the auditor's responsibilities, and therefore this ISA applies.

Opening Balances (Ref: Para. 6(c))

A3. The nature and extent of audit procedures necessary to obtain sufficient appropriate audit evidence regarding opening balances depend on such matters as:
- The accounting policies followed by the entity.
- The nature of the account balances, classes of transactions and disclosures and the risks of material misstatement in the current period's financial statements.
- The significance of the opening balances relative to the current period's financial statements.
- Whether the prior period's financial statements were audited and, if so, whether the predecessor auditor's opinion was modified.

A4. If the prior period's financial statements were audited by a predecessor auditor, the auditor may be able to obtain sufficient appropriate audit evidence regarding the opening balances by reviewing the predecessor auditor's working papers. Whether such a review provides sufficient appropriate audit evidence is influenced by the professional competence and independence of the predecessor auditor.

A5. Relevant ethical and professional requirements guide the current auditor's communications with the predecessor auditor.

A6. For current assets and liabilities, some audit evidence about opening balances may be obtained as part of the current period's audit procedures. For example, the collection (payment) of opening accounts

(b) eine Änderung der Rechnungslegungsmethoden nicht in Übereinstimmung mit dem maßgebenden Regelwerk der Rechnungslegung sachgerecht in der Rechnungslegung berücksichtigt oder nicht angemessen im Abschluss angegeben oder dargestellt ist,

muss er in Übereinstimmung mit ISA 705 wie jeweils angebracht ein eingeschränktes oder ein versagtes Prüfungsurteil abgeben.

Modifizierung des Prüfungsurteils im Vermerk des vorherigen Abschlussprüfers

13. Wenn das Prüfungsurteil des vorherigen Abschlussprüfers zum Abschluss des vorhergehenden Zeitraums eine Modifizierung aufwies, die für den Abschluss des laufenden Zeitraums relevant und wesentlich bleibt, muss der Abschlussprüfer in Übereinstimmung mit ISA 705 und ISA 710 das Prüfungsurteil zum Abschluss des laufenden Zeitraums modifizieren. (Vgl. Tz. A9)

***

Anwendungshinweise und sonstige Erläuterungen

Prüfungshandlungen

Spezifische Überlegungen zu Einheiten des öffentlichen Sektors (Vgl. Tz. 6)

A1. Im öffentlichen Sektor können die Informationen, die der derzeitige Abschlussprüfer von einem vorherigen Abschlussprüfer erlangen kann, gesetzlich oder aus anderen Gründen beschränkt sein. Wenn bspw. eine Einheit im öffentlichen Sektor, die zuvor von einem gesetzlich festgelegten Abschlussprüfer geprüft wurde (z. B. von einem staatlichen Prüfer*⁾ oder von einer anderen, im Namen des staatlichen Prüfers bestellten Person mit geeigneter Qualifikation), privatisiert wird, kann der Zugang zu Arbeitspapieren oder sonstigen Informationen, die der gesetzlich festgelegte Abschlussprüfer einem neu bestellten Abschlussprüfer aus dem privaten Sektor zur Verfügung stellen kann, durch Gesetze oder andere Rechtsvorschriften zur Verschwiegenheit oder Geheimhaltung im Umfang beschränkt sein. Unter Umständen, in denen diese Kommunikation beschränkt ist, müssen Prüfungsnachweise möglicherweise auf anderem Wege erlangt werden. Falls keine ausreichenden geeigneten Prüfungsnachweise erlangt werden können, sind die Auswirkungen auf das Prüfungsurteil abzuwägen.

A2. Wenn ein gesetzlich festgelegter Abschlussprüfer die Prüfung einer Einheit im öffentlichen Sektor an eine Prüfungspraxis aus dem privaten Sektor ausgliedert und dabei eine andere Praxis beauftragt als diejenige, die im vorhergehenden Zeitraum den Abschluss der Einheit im öffentlichen Sektor geprüft hat, wird dies von dem gesetzlich festgelegten Abschlussprüfer üblicherweise nicht als Wechsel des Abschlussprüfers angesehen. Je nach der Art der Ausgliederungsvereinbarung kann der Auftrag jedoch aus der Sicht eines Abschlussprüfers aus dem privaten Sektor im Hinblick auf die Erfüllung seiner Pflichten als Erstprüfungsauftrag angesehen werden, so dass dieser ISA Anwendung findet.

Eröffnungsbilanzwerte (Vgl. Tz. 6(c))

A3. Art und Umfang der Prüfungshandlungen, die notwendig sind, um ausreichende geeignete Prüfungsnachweise zu Eröffnungsbilanzwerten zu erlangen, sind abhängig von Sachverhalten wie

- den von der Einheit angewendeten Rechnungslegungsmethoden;
- der Art der Kontensalden, der Geschäftsvorfälle und der Abschlussangaben sowie der Risiken wesentlicher falscher Darstellungen im Abschluss des laufenden Zeitraums;
- der Bedeutung der Eröffnungsbilanzwerte für den Abschluss des laufenden Zeitraums;
- der Frage, ob der Abschluss des vorhergehenden Zeitraums geprüft wurde, und, wenn dies der Fall ist, ob das Prüfungsurteil des vorherigen Abschlussprüfers modifiziert wurde.

A4. Wenn der Abschluss des vorhergehenden Zeitraums von einem vorherigen Abschlussprüfer geprüft wurde, kann der Abschlussprüfer in der Lage sein, ausreichende geeignete Prüfungsnachweise zu den Eröffnungsbilanzwerten zu erlangen, indem er die Arbeitspapiere des vorherigen Abschlussprüfers durchsieht. Ob eine solche Durchsicht ausreichende geeignete Prüfungsnachweise liefert, wird von der beruflichen Kompetenz und von der Unabhängigkeit des vorherigen Abschlussprüfers beeinflusst.

A5. Die Kommunikation des derzeitigen Abschlussprüfers mit dem vorherigen Abschlussprüfer wird durch ethische und berufliche Anforderungen bestimmt.

A6. Für kurzfristige Vermögenswerte und Schulden können einige Prüfungsnachweise über Eröffnungsbilanzwerte möglicherweise als Teil der Prüfungshandlungen zum laufenden Zeitraum erlangt

---

*) Hierbei kann es sich bspw. um einen Rechnungshof, ein Prüfungsamt (in Deutschland) oder eine Finanzkontrolle (in der Schweiz) handeln.

receivable (accounts payable) during the current period will provide some audit evidence of their existence, rights and obligations, completeness and valuation at the beginning of the period. In the case of inventories, however, the current period's audit procedures on the closing inventory balance provide little audit evidence regarding inventory on hand at the beginning of the period. Therefore, additional audit procedures may be necessary, and one or more of the following may provide sufficient appropriate audit evidence:

- Observing a current physical inventory count and reconciling it to the opening inventory quantities.
- Performing audit procedures on the valuation of the opening inventory items.
- Performing audit procedures on gross profit and cutoff.

A7. For non-current assets and liabilities, such as property, plant and equipment, investments and long-term debt, some audit evidence may be obtained by examining the accounting records and other information underlying the opening balances. In certain cases, the auditor may be able to obtain some audit evidence regarding opening balances through confirmation with third parties, for example, for long-term debt and investments. In other cases, the auditor may need to carry out additional audit procedures.

Audit Conclusions and Reporting

Opening Balances (Ref: Para. 10)

A8. ISA 705 establishes requirements and provides guidance on circumstances that may result in a modification to the auditor's opinion on the financial statements, the type of opinion appropriate in the circumstances, and the content of the auditor's report when the auditor's opinion is modified. The inability of the auditor to obtain sufficient appropriate audit evidence regarding opening balances may result in one of the following modifications to the opinion in the auditor's report:

(a) A qualified opinion or a disclaimer of opinion, as is appropriate in the circumstances; or

(b) Unless prohibited by law or regulation, an opinion which is qualified or disclaimed, as appropriate, regarding the results of operations, and cash flows, where relevant, and unmodified regarding financial position.

The Appendix includes illustrative auditors' reports.

Modification to the Opinion in the Predecessor Auditor's Report (Ref: Para. 13)

A9. In some situations, a modification to the predecessor auditor's opinion may not be relevant and material to the opinion on the current period's financial statements. This may be the case where, for example, there was a scope limitation in the prior period, but the matter giving rise to the scope limitation has been resolved in the current period.

Eröffnungsbilanzwerte bei Erstprüfungsaufträgen — ISA 510

werden. So liefert bspw. der Zahlungseingang aus zu Beginn der Periode bestehenden Forderungen (bzw. die Begleichung von zu Beginn der Periode bestehenden Verbindlichkeiten) während des laufenden Zeitraums Prüfungsnachweise über deren Vorhandensein, über damit verbundene Rechte und Verpflichtungen sowie über ihre Vollständigkeit und Bewertung zu Beginn der Periode. Im Fall von Vorräten liefern jedoch die für den laufenden Zeitraum zum Vorratsvermögen am Ende der Periode durchgeführten Prüfungshandlungen kaum Prüfungsnachweise für die vorhandenen Vorräte zu Beginn der Periode. Daher sind möglicherweise zusätzliche Prüfungshandlungen notwendig. Eine oder mehrere der folgenden Prüfungshandlungen können ausreichende geeignete Prüfungsnachweise liefern:

- Beobachtung einer aktuellen Inventuraufnahme und Rückrechnung zu den Vorratsmengen zu Beginn der Periode
- Durchführung von Prüfungshandlungen zur Bewertung der Vorratsposten zu Beginn der Periode
- Durchführung von Prüfungshandlungen zur Rohgewinnverprobung[*)] und Periodenabgrenzung.

A7. Für langfristige Vermögenswerte und Schulden (wie Sachanlagen, Finanzanlagen und langfristige Verbindlichkeiten) können einige Prüfungsnachweise durch die Untersuchung der Unterlagen zur Rechnungslegung und sonstiger den Eröffnungsbilanzwerten zugrunde liegender Informationen erlangt werden. In bestimmten Fällen kann der Abschlussprüfer in der Lage sein, Prüfungsnachweise zu Eröffnungsbilanzwerten durch Einholung von externen Bestätigungen zu erlangen (bspw. zu langfristigen Verbindlichkeiten und Finanzanlagen). In anderen Fällen muss der Abschlussprüfer möglicherweise zusätzliche Prüfungshandlungen durchführen.

Prüfungsfeststellungen und Erteilung des Vermerks

Eröffnungsbilanzwerte (Vgl. Tz. 10)

A8. ISA 705 legt Anforderungen fest und enthält Anleitungen zu Umständen, die zu einer Modifizierung des Prüfungsurteils zum Abschluss führen können, zu der Art des unter den jeweiligen Umständen angemessen Prüfungsurteils und zum Inhalt des Vermerks des Abschlussprüfers im Fall der Modifizierung des Prüfungsurteils. Ist es dem Abschlussprüfer nicht möglich, ausreichende geeignete Prüfungsnachweise zu Eröffnungsbilanzwerten zu erlangen, kann dies zu einer der nachstehenden Modifizierungen des Prüfungsurteils im Vermerk des Abschlussprüfers führen:

(a) wie jeweils angebracht zu einem eingeschränkten Prüfungsurteil oder zur Nichtabgabe eines Prüfungsurteils

(b) sofern dem nicht Gesetze oder andere Rechtsvorschriften entgegenstehen, zu einem Prüfungsurteil, das bezogen auf die Ergebnisse der Geschäftstätigkeit und - sofern relevant - auf die Cashflows[**)] wie jeweils angebracht eingeschränkt ist oder nicht abgegeben wird und das bezogen auf die Vermögens- und Finanzlage nicht modifiziert ist[***)].

Die Anlage enthält veranschaulichende Vermerke des Abschlussprüfers.

Modifizierung des Prüfungsurteils im Vermerk des vorherigen Abschlussprüfers (Vgl. Tz. 13)

A9. In manchen Situationen ist eine Modifizierung des Prüfungsurteils des vorherigen Abschlussprüfers möglicherweise für das Prüfungsurteil zum Abschluss des laufenden Zeitraums nicht relevant und wesentlich. Dies kann bspw. der Fall sein, wenn im vorhergehenden Zeitraum ein Prüfungshemmnis[****)] vorlag, jedoch der Sachverhalt, der zu dem Prüfungshemmnis geführt hat, im laufenden Zeitraum behoben wurde.

---

*) In der Schweiz: Plausibilisierung.
**) In der Schweiz: Geldflüsse.
***) Dies gilt für den in Deutschland, Österreich und der Schweiz nicht gegebenen Fall, dass einzelne Prüfungsurteile zum Abschluss abgegeben werden.
****) In der Schweiz: Beschränkung des Prüfungsumfangs.

Appendix
(Ref: Para. A8)

Illustrations of Auditors' Reports with Modified Opinions

Illustration 1:
Circumstances described in paragraph A8(a) include the following:
- The auditor did not observe the counting of the physical inventory at the beginning of the current period and was unable to obtain sufficient appropriate audit evidence regarding the opening balances of inventory.
- The possible effects of the inability to obtain sufficient appropriate audit evidence regarding opening balances of inventory are deemed to be material but not pervasive to the entity's financial performance and cash flows.[1]
- The financial position at year end is fairly presented.
- In this particular jurisdiction, law and regulation prohibit the auditor from giving an opinion which is qualified regarding the financial performance and cash flows and unmodified regarding financial position.

INDEPENDENT AUDITOR'S REPORT

[Appropriate Addressee]

Report on the Financial Statements[2]

We have audited the accompanying financial statements of ABC Company, which comprise the statement of financial position as at December 31, 20X1, and the statement of comprehensive income, statement of changes in equity and statement of cash flows for the year then ended, and a summary of significant accounting policies and other explanatory information.

Management's[3] *Responsibility for the Financial Statements*

Management is responsible for the preparation and fair presentation of these financial statements in accordance with International Financial Reporting Standards,[4] and for such internal control as management determines is necessary to enable the preparation of financial statements that are free from material misstatement, whether due to fraud or error.

Auditor's Responsibility

Our responsibility is to express an opinion on these financial statements based on our audit. We conducted our audit in accordance with International Standards on Auditing. Those standards require that we comply with ethical requirements and plan and perform the audit to obtain reasonable assurance about whether the financial statements are free from material misstatement.

An audit involves performing procedures to obtain audit evidence about the amounts and disclosures in the financial statements. The procedures selected depend on the auditor's judgment, including the assessment of the risks of material misstatement of the financial statements, whether due to fraud or error. In making those risk

---

1) If the possible effects, in the auditor's judgment, are considered to be material and pervasive to the entity's financial performance and cash flows, the auditor would disclaim an opinion on the financial performance and cash flows.
2) The sub-title "Report on the Financial Statements" is unnecessary in circumstances when the second sub-title "Report on Other Legal and Regulatory Requirements" is not applicable.
3) Or other term that is appropriate in the context of the legal framework in the particular jurisdiction.
4) Where management's responsibility is to prepare financial statements that give a true and fair view, this may read: "Management is responsible for the preparation of financial statements that give a true and fair view in accordance with International Financial Reporting Standards, and for such ..."

Anlage
(Vgl. Tz. A8)

Formulierungsbeispiele für Vermerke des Abschlussprüfers mit modifizierten Prüfungsurteilen

> **Beispiel 1:**
> Zu den in Textziffer A8(a) beschriebenen Umständen gehören:
> - Der Abschlussprüfer hat die Inventur zu Beginn des laufenden Zeitraums nicht beobachtet und war nicht in der Lage, ausreichende geeignete Prüfungsnachweise zu den Eröffnungsbilanzwerten der Vorräte zu erlangen.
> - Die möglichen Auswirkungen des Umstands, nicht in der Lage zu sein, ausreichende geeignete Prüfungsnachweise für die Eröffnungsbilanzwerte der Vorräte zu erlangen, werden als wesentlich, jedoch nicht als umfassend für die Ertragslage und die Cashflows der Einheit erachtet.[1)]
> - Die Vermögens- und Finanzlage am Jahresende wird sachgerecht dargestellt.
> - In diesem speziellen Rechtsraum ist der Abschlussprüfer durch Gesetze und andere Rechtsvorschriften daran gehindert, ein Prüfungsurteil abzugeben, das bezogen auf die Ertragslage und die Cashflows eingeschränkt und bezogen auf die Vermögens- und Finanzlage nicht modifiziert ist.

VERMERK DES UNABHÄNGIGEN ABSCHLUSSPRÜFERS[*)]
[Empfänger]

Vermerk zum Abschluss[2)]

Wir haben den beigefügten Abschluss der ABC Gesellschaft – bestehend aus der Bilanz zum 31.12.20X1, der Gesamtergebnisrechnung, Eigenkapitalveränderungsrechnung und Kapitalflussrechnung[**)] für das an diesem Stichtag endende Geschäftsjahr sowie aus einer Zusammenfassung bedeutsamer Rechnungslegungsmethoden und anderen erläuternden Informationen – geprüft.

Verantwortung des Managements[3)] für den Abschluss

Das Management ist verantwortlich für die Aufstellung und sachgerechte Gesamtdarstellung dieses Abschlusses in Übereinstimmung mit den International Financial Reporting Standards[4)] und für die internen Kontrollen, die das Management als notwendig erachtet, um die Aufstellung eines Abschlusses zu ermöglichen, der frei von wesentlichen – beabsichtigten oder unbeabsichtigten – falschen Darstellungen ist.

Verantwortung des Abschlussprüfers

Unsere Aufgabe ist es, auf der Grundlage unserer Prüfung ein Urteil zu diesem Abschluss abzugeben. Wir haben unsere Abschlussprüfung in Übereinstimmung mit den International Standards on Auditing durchgeführt. Nach diesen Standards haben wir die beruflichen Verhaltensanforderungen einzuhalten und die Abschlussprüfung so zu planen und durchzuführen, dass hinreichende Sicherheit darüber erlangt wird, ob der Abschluss frei von wesentlichen falschen Darstellungen ist.

Eine Abschlussprüfung beinhaltet die Durchführung von Prüfungshandlungen, um Prüfungsnachweise für die im Abschluss enthaltenen Wertansätze und sonstigen Angaben zu erlangen. Die Auswahl der Prüfungshandlungen liegt im pflichtgemäßen Ermessen des Abschlussprüfers. Dies schließt die Beurteilung der Risiken wesentlicher -

---

1) Wenn der Abschlussprüfer die möglichen Auswirkungen auf die Ertragslage und die Cashflows der Einheit als wesentlich und umfassend beurteilt, würde er zur Ertragslage und zu den Cashflows kein Prüfungsurteil abgeben.
2) Die Unterüberschrift „Vermerk zum Abschluss" ist nicht erforderlich, wenn die zweite Unterüberschrift, „Vermerk zu sonstigen gesetzlichen und anderen rechtlichen Anforderungen", nicht anzuwenden ist.
3) Oder ein anderer Begriff, der im Kontext des Rechtsrahmens in dem betreffenden Rechtsraum zutreffend ist.
4) Falls das Management die Verantwortung hat, einen Abschluss aufzustellen, der ein den tatsächlichen Verhältnissen entsprechendes Bild vermittelt, kann dies lauten: „Das Management ist verantwortlich für die Aufstellung eines Abschlusses, der in Übereinstimmung mit den International Financial Reporting Standards ein den tatsächlichen Verhältnissen entsprechendes Bild vermittelt, und für die ..."
*) In Deutschland und in Österreich wird die Bezeichnung „Bestätigungsvermerk des Abschlussprüfers", in der Schweiz „Bericht des Abschlussprüfers" verwendet.
**) In der Schweiz: Geldflussrechnung.

assessments, the auditor considers internal control relevant to the entity's preparation and fair presentation[5] of the financial statements in order to design audit procedures that are appropriate in the circumstances, but not for the purpose of expressing an opinion on the effectiveness of the entity's internal control.[6] An audit also includes evaluating the appropriateness of accounting policies used and the reasonableness of accounting estimates made by management, as well as evaluating the overall presentation of the financial statements.

We believe that the audit evidence we have obtained is sufficient and appropriate to provide a basis for our qualified audit opinion.

Basis for Qualified Opinion

We were appointed as auditors of the company on June 30, 20X1 and thus did not observe the counting of the physical inventories at the beginning of the year. We were unable to satisfy ourselves by alternative means concerning inventory quantities held at December 31, 20X0. Since opening inventories enter into the determination of the financial performance and cash flows, we were unable to determine whether adjustments might have been necessary in respect of the profit for the year reported in the statement of comprehensive income and the net cash flows from operating activities reported in the statement of cash flows.

Qualified Opinion

In our opinion, except for the possible effects of the matter described in the Basis for Qualified Opinion paragraph, the financial statements present fairly, in all material respects, (or *give a true and fair view of*) the financial position of ABC Company as at December 31, 20X1, and (*of*) its financial performance and its cash flows for the year then ended in accordance with International Financial Reporting Standards.

Other Matter

The financial statements of ABC Company for the year ended December 31, 20X0 were audited by another auditor who expressed an unmodified opinion on those statements on March 31, 20X1.

Report on Other Legal and Regulatory Requirements

[Form and content of this section of the auditor's report will vary depending on the nature of the auditor's other reporting responsibilities.]

[Auditor's signature]

[Date of the auditor's report]

[Auditor's address]

---

5) In the case of footnote 9, this may read: "In making those risk assessments, the auditor considers internal control relevant to the entity's preparation of financial statements that give a true and fair view in order to design audit procedures that are appropriate in the circumstances, but not for the purpose of expressing an opinion on the effectiveness of the entity's internal control."

6) In circumstances when the auditor also has responsibility to express an opinion on the effectiveness of internal control in conjunction with the audit of the financial statements, this sentence would be worded as follows: "In making those risk assessments, the auditor considers internal control relevant to the entity's preparation and fair presentation of the financial statements in order to design audit procedures that are appropriate in the circumstances." In the case of footnote 9, this may read: "In making those risk assessments, the auditor considers internal control relevant to the entity's preparation of financial statements that give a true and fair view in order to design audit procedures that are appropriate in the circumstances."

beabsichtigter oder unbeabsichtigter - falscher Darstellungen im Abschluss ein. Bei der Beurteilung dieser Risiken berücksichtigt der Abschlussprüfer das für die Aufstellung und sachgerechte Gesamtdarstellung[5] des Abschlusses durch die Einheit relevante interne Kontrollsystem, um Prüfungshandlungen zu planen, die unter den gegebenen Umständen angemessen sind, jedoch nicht mit dem Ziel, ein Prüfungsurteil zur Wirksamkeit des internen Kontrollsystems der Einheit abzugeben.[6] Eine Abschlussprüfung umfasst auch die Beurteilung der Angemessenheit der angewandten Rechnungslegungsmethoden und der Vertretbarkeit der vom Management ermittelten geschätzten Werte in der Rechnungslegung sowie die Beurteilung der Gesamtdarstellung des Abschlusses.

Wir sind der Auffassung, dass die von uns erlangten Prüfungsnachweise ausreichend und geeignet sind, um als Grundlage für unser eingeschränktes Prüfungsurteil zu dienen.

Grundlage für das eingeschränkte Prüfungsurteil

Wir wurden am 30.06.20X1 als Abschlussprüfer der Gesellschaft bestellt und haben daher die Inventur zu Beginn des Geschäftsjahres nicht beobachtet. Wir waren nicht in der Lage, uns auf andere Weise von den am 31.12.20X0 gehaltenen Vorratsmengen zu überzeugen. Da die Vorräte zu Beginn der Periode in die Bestimmung der Ertragslage und der Cashflows eingehen, waren wir nicht in der Lage festzustellen, ob Anpassungen des in der Gesamtergebnisrechnung des Geschäftsjahrs ausgewiesenen Gewinns und der in der Kapitalflussrechnung ausgewiesenen Netto-Cashflows aus der Geschäftstätigkeit notwendig gewesen sein könnten.

Eingeschränktes Prüfungsurteil

Nach unserer Beurteilung stellt der Abschluss mit Ausnahme der möglichen Auswirkungen des im Absatz „Grundlage für das eingeschränkte Prüfungsurteil" beschriebenen Sachverhalts die Vermögens- und Finanzlage der ABC Gesellschaft zum 31.12.20X1 sowie die Ertragslage und die Cashflows für das an diesem Stichtag endende Geschäftsjahr in Übereinstimmung mit den International Financial Reporting Standards in allen wesentlichen Belangen insgesamt sachgerecht dar (... vermittelt der Abschluss mit Ausnahme ... ein den tatsächlichen Verhältnissen entsprechendes Bild der ...).

Hinweis auf einen sonstigen Sachverhalt

Der Abschluss der ABC Gesellschaft für das am 31.12.20X0 endende Geschäftsjahr wurde von einem anderen Abschlussprüfer geprüft, der ein nicht modifiziertes Prüfungsurteil zu diesem Abschluss am 31.03.20X1 abgegeben hat.

Vermerk zu sonstigen gesetzlichen und anderen rechtlichen Anforderungen

[Form und Inhalt dieses Abschnitts des Vermerks des Abschlussprüfers unterscheiden sich in Abhängigkeit von der Art der sonstigen Angabepflichten des Abschlussprüfers im Vermerk.]

[Unterschrift des Abschlussprüfers]

[Datum des Vermerks des Abschlussprüfers]

[Ort des Abschlussprüfers]

---

5) Im Fall von Fußnote 9 kann dies lauten: „Bei der Beurteilung dieser Risiken berücksichtigt der Abschlussprüfer das interne Kontrollsystem, das relevant ist für die Aufstellung eines Abschlusses durch die Einheit, der ein den tatsächlichen Verhältnissen entsprechendes Bild vermittelt, um Prüfungshandlungen zu planen, die unter den gegebenen Umständen angemessen sind, jedoch nicht mit dem Ziel, ein Prüfungsurteil zur Wirksamkeit des internen Kontrollsystems der Einheit abzugeben."

6) In Fällen, in denen der Abschlussprüfer auch die Pflicht hat, im Zusammenhang mit der Prüfung des Abschlusses ein Prüfungsurteil zur Wirksamkeit des internen Kontrollsystems abzugeben, würde dieser Satz folgendermaßen lauten: „Bei der Beurteilung dieser Risiken berücksichtigt der Abschlussprüfer das für die Aufstellung und sachgerechte Gesamtdarstellung des Abschlusses durch die Einheit relevante interne Kontrollsystem, um Prüfungshandlungen zu planen, die unter den gegebenen Umständen angemessen sind." Im Fall von Fußnote 9 kann dies lauten: „Bei der Beurteilung dieser Risiken berücksichtigt der Abschlussprüfer das interne Kontrollsystem, das relevant ist für die Aufstellung eines Abschlusses durch die Einheit, der ein den tatsächlichen Verhältnissen entsprechendes Bild vermittelt, um Prüfungshandlungen zu planen, die unter den gegebenen Umständen angemessen sind."

ISA 510   Initial Audit Engagements – Opening Balances

Illustration 2:

Circumstances described in paragraph A8(b) include the following:

- The auditor did not observe the counting of the physical inventory at the beginning of the current period and was unable to obtain sufficient appropriate audit evidence regarding the opening balances of inventory.
- The possible effects of the inability to obtain sufficient appropriate audit evidence regarding opening balances of inventory are deemed to be material but not pervasive to the entity's financial performance and cash flows.[7]
- The financial position at year end is fairly presented.
- An opinion that is qualified regarding the financial performance and cash flows and unmodified regarding financial position is considered appropriate in the circumstances.

INDEPENDENT AUDITOR'S REPORT

[Appropriate Addressee]

Report on the Financial Statements[8]

We have audited the accompanying financial statements of ABC Company, which comprise the statement of financial position as at December 31, 20X1, and the statement of comprehensive income, statement of changes in equity and statement of cash flows for the year then ended, and a summary of significant accounting policies and other explanatory information.

Management's[9] Responsibility for the Financial Statements

Management is responsible for the preparation and fair presentation of these financial statements in accordance with International Financial Reporting Standards,[10] and for such internal control as management determines is necessary to enable the preparation of financial statements that are free from material misstatement, whether due to fraud or error.

Auditor's Responsibility

Our responsibility is to express an opinion on these financial statements based on our audit. We conducted our audit in accordance with International Standards on Auditing. Those standards require that we comply with ethical requirements and plan and perform the audit to obtain reasonable assurance about whether the financial statements are free from material misstatement.

An audit involves performing procedures to obtain audit evidence about the amounts and disclosures in the financial statements. The procedures selected depend on the auditor's judgment, including the assessment of the risks of material misstatement of the financial statements, whether due to fraud or error. In making those risk assessments, the auditor considers internal control relevant to the entity's preparation and fair presentation[11] of the financial statements in order to design audit procedures that are appropriate in the circumstances, but not for the

---

7) If the possible effects, in the auditor's judgment, are considered to be material and pervasive to the entity's financial performance and cash flows, the auditor would disclaim the opinion on the financial performance and cash flows.

8) The sub-title "Report on the Financial Statements" is unnecessary in circumstances when the second sub-title "Report on Other Legal and Regulatory Requirements" is not applicable.

9) Or other term that is appropriate in the context of the legal framework in the particular jurisdiction.

10) Where management's responsibility is to prepare financial statements that give a true and fair view, this may read: "Management is responsible for the preparation of financial statements that give a true and fair view in accordance with International Financial Reporting Standards, and for such ..."

11) In the case of footnote 15, this may read: "In making those risk assessments, the auditor considers internal control relevant to the entity's preparation of financial statements that give a true and fair view in order to design audit procedures that are appropriate in the circumstances, but not for the purpose of expressing an opinion on the effectiveness of the entity's internal control."

Beispiel 2:
Zu den in Textziffer A8(b) beschriebenen Umständen gehören:
- Der Abschlussprüfer hat die Inventur zu Beginn des laufenden Zeitraums nicht beobachtet und war nicht in der Lage, ausreichende geeignete Prüfungsnachweise zu den Eröffnungsbilanzwerten der Vorräte zu erlangen.
- Die möglichen Auswirkungen des Umstands, nicht in der Lage zu sein, ausreichende geeignete Prüfungsnachweise für die Eröffnungsbilanzwerte der Vorräte zu erlangen, werden als wesentlich, jedoch nicht als umfassend für die Ertragslage und die Cashflows der Einheit erachtet.[7]
- Die Vermögens- und Finanzlage am Jahresende wird sachgerecht dargestellt.
- Unter den gegebenen Umständen wird ein Prüfungsurteil als angemessen erachtet, das bezogen auf die Ertragslage und die Cashflows eingeschränkt und bezogen auf die Vermögens- und Finanzlage nicht modifiziert ist.

VERMERK DES UNABHÄNGIGEN ABSCHLUSSPRÜFERS

[Empfänger]

Vermerk zum Abschluss[8]

Wir haben den beigefügten Abschluss der ABC Gesellschaft – bestehend aus der Bilanz zum 31.12.20X1, der Gesamtergebnisrechnung, Eigenkapitalveränderungsrechnung und Kapitalflussrechnung für das an diesem Stichtag endende Geschäftsjahr sowie aus einer Zusammenfassung bedeutsamer Rechnungslegungsmethoden und anderen erläuternden Informationen – geprüft.

Verantwortung des Managements[9] für den Abschluss

Das Management ist verantwortlich für die Aufstellung und sachgerechte Gesamtdarstellung dieses Abschlusses in Übereinstimmung mit den International Financial Reporting Standards[10] und für die internen Kontrollen, die das Management als notwendig erachtet, um die Aufstellung eines Abschlusses zu ermöglichen, der frei von wesentlichen - beabsichtigten oder unbeabsichtigten - falschen Darstellungen ist.

Verantwortung des Abschlussprüfers

Unsere Aufgabe ist es, auf der Grundlage unserer Prüfung ein Urteil zu diesem Abschluss abzugeben. Wir haben unsere Abschlussprüfung in Übereinstimmung mit den International Standards on Auditing durchgeführt. Nach diesen Standards haben wir die beruflichen Verhaltensanforderungen einzuhalten und die Abschlussprüfung so zu planen und durchzuführen, dass hinreichende Sicherheit darüber erlangt wird, ob der Abschluss frei von wesentlichen falschen Darstellungen ist.

Eine Abschlussprüfung beinhaltet die Durchführung von Prüfungshandlungen, um Prüfungsnachweise für die im Abschluss enthaltenen Wertansätze und sonstigen Angaben zu erlangen. Die Auswahl der Prüfungshandlungen liegt im pflichtgemäßen Ermessen des Abschlussprüfers. Dies schließt die Beurteilung der Risiken wesentlicher - beabsichtigter oder unbeabsichtigter - falscher Darstellungen im Abschluss ein. Bei der Beurteilung dieser Risiken berücksichtigt der Abschlussprüfer das für die Aufstellung und sachgerechte Gesamtdarstellung[11] des Abschlusses

---

7) Wenn der Abschlussprüfer die möglichen Auswirkungen auf die Ertragslage und die Cashflows der Einheit als wesentlich und umfassend beurteilt, würde er es vorziehen, zur Ertragslage und zu den Cashflows kein Prüfungsurteil abgeben.
8) Die Unterüberschrift „Vermerk zum Abschluss" ist nicht erforderlich, wenn die zweite Unterüberschrift, „Vermerk zu sonstigen gesetzlichen und anderen rechtlichen Anforderungen", nicht anzuwenden ist.
9) Oder ein anderer Begriff, der im Kontext des Rechtsrahmens in dem betreffenden Rechtsraum zutreffend ist.
10) Falls das Management die Verantwortung hat, einen Abschluss aufzustellen, der ein den tatsächlichen Verhältnissen entsprechendes Bild vermittelt, kann dies lauten: „Das Management ist verantwortlich für die Aufstellung eines Abschlusses, der in Übereinstimmung mit den International Financial Reporting Standards ein den tatsächlichen Verhältnissen entsprechendes Bild vermittelt, und für die ..."
11) Im Fall von Fußnote 15 kann dies lauten: „Bei der Beurteilung dieser Risiken berücksichtigt der Abschlussprüfer das interne Kontrollsystem, das relevant ist für die Aufstellung eines Abschlusses durch die Einheit, der ein den tatsächlichen Verhältnissen entsprechendes Bild vermittelt, um Prüfungshandlungen zu planen, die unter den gegebenen Umständen angemessen sind, jedoch nicht mit dem Ziel, ein Prüfungsurteil zur Wirksamkeit des internen Kontrollsystems der Einheit abzugeben."

purpose of expressing an opinion on the effectiveness of the entity's internal control.⁽¹²⁾ An audit also includes evaluating the appropriateness of accounting policies used and the reasonableness of accounting estimates made by management, as well as evaluating the overall presentation of the financial statements.

We believe that the audit evidence we have obtained is sufficient and appropriate to provide a basis for our unmodified opinion on the financial position and our qualified audit opinion on the financial performance and cash flows.

Basis for Qualified Opinion on the Financial Performance and Cash Flows
We were appointed as auditors of the company on June 30, 20X1 and thus did not observe the counting of the physical inventories at the beginning of the year. We were unable to satisfy ourselves by alternative means concerning inventory quantities held at December 31, 20X0. Since opening inventories enter into the determination of the financial performance and cash flows, we were unable to determine whether adjustments might have been necessary in respect of the profit for the year reported in the statement of comprehensive income and the net cash flows from operating activities reported in the statement of cash flows.

Qualified Opinion on the Financial Performance and Cash Flows
In our opinion, except for the possible effects of the matter described in the Basis for Qualified Opinion paragraph, the Statement of Comprehensive Income and Statement of Cash Flows present fairly, in all material respects (or *give a true and fair view of*), the financial performance and cash flows of ABC Company for the year ended December 31, 20X1 in accordance with International Financial Reporting Standards.

Opinion on the Financial Position
In our opinion, the statement of financial position presents fairly, in all material respects (or *gives a true and fair view of*), the financial position of ABC Company as at December 31, 20X1 in accordance with International Financial Reporting Standards.

Other Matter
The financial statements of ABC Company for the year ended December 31, 20X0 were audited by another auditor who expressed an unmodified opinion on those statements on March 31, 20X1.

Report on Other Legal and Regulatory Requirements
[Form and content of this section of the auditor's report will vary depending on the nature of the auditor's other reporting responsibilities.]
[Auditor's signature]
[Date of the auditor's report]
[Auditor's address]

---

12) In circumstances when the auditor also has responsibility to express an opinion on the effectiveness of internal control in conjunction with the audit of the financial statements, this sentence would be worded as follows: "In making those risk assessments, the auditor considers internal control relevant to the entity's preparation and fair presentation of the financial statements in order to design audit procedures that are appropriate in the circumstances." In the case of footnote 15, this may read: "In making those risk assessments, the auditor considers internal control relevant to the entity's preparation of financial statements that give a true and fair view in order to design audit procedures that are appropriate in the circumstances."

durch die Einheit relevante interne Kontrollsystem, um Prüfungshandlungen zu planen, die unter den gegebenen Umständen angemessen sind, jedoch nicht mit dem Ziel, ein Prüfungsurteil zur Wirksamkeit des internen Kontrollsystems der Einheit abzugeben.[12] Eine Abschlussprüfung umfasst auch die Beurteilung der Angemessenheit der angewandten Rechnungslegungsmethoden und der Vertretbarkeit der vom Management ermittelten geschätzten Werte in der Rechnungslegung sowie die Beurteilung der Gesamtdarstellung des Abschlusses.

Wir sind der Auffassung, dass die von uns erlangten Prüfungsnachweise ausreichend und geeignet sind, um als Grundlage für unser nicht modifiziertes Prüfungsurteil zur Vermögens- und Finanzlage und für unser eingeschränktes Prüfungsurteil zur Ertragslage sowie zu den Cashflows zu dienen.

Grundlage für das eingeschränkte Prüfungsurteil zur Ertragslage und zu den Cashflows
Wir wurden am 30.06.20X1 als Abschlussprüfer der Gesellschaft bestellt und haben daher die Inventur zu Beginn des Geschäftsjahres nicht beobachtet. Wir waren nicht in der Lage, uns auf andere Weise von den am 31.12.20X0 gehaltenen Vorratsmengen zu überzeugen. Da die Vorräte zu Beginn der Periode in die Bestimmung der Ertragslage und der Cashflows eingehen, waren wir nicht in der Lage festzustellen, ob Anpassungen des in der Gesamtergebnisrechnung des Geschäftsjahrs ausgewiesenen Gewinns und der in der Kapitalflussrechnung ausgewiesenen Netto-Cashflows aus der Geschäftstätigkeit notwendig gewesen sein könnten.

Eingeschränktes Prüfungsurteil zur Ertragslage und zu den Cashflows
Nach unserer Beurteilung stellen die Gesamtergebnisrechnung sowie die Kapitalflussrechnung mit Ausnahme der möglichen Auswirkungen des im Absatz „Grundlage für das eingeschränkte Prüfungsurteil" beschriebenen Sachverhalts die Ertragslage und die Cashflows der ABC Gesellschaft für das am 31.12.20X1 endende Geschäftsjahr in Übereinstimmung mit den International Financial Reporting Standards in allen wesentlichen Belangen insgesamt sachgerecht dar (... vermittelt der Abschluss mit Ausnahme ... ein den tatsächlichen Verhältnissen entsprechendes Bild der ...).

Prüfungsurteil zur Vermögens- und Finanzlage
Nach unserer Beurteilung stellt die Bilanz die Vermögens- und Finanzlage der ABC Gesellschaft zum 31.12.20X1 in Übereinstimmung mit den International Financial Reporting Standards in allen wesentlichen Belangen insgesamt sachgerecht dar (... vermittelt die Bilanz mit Ausnahme ... ein den tatsächlichen Verhältnissen entsprechendes Bild der ...).

Hinweis auf einen sonstigen Sachverhalt
Der Abschluss der ABC Gesellschaft für das am 31.12.20X0 endende Geschäftsjahr wurde von einem anderen Abschlussprüfer geprüft, der ein nicht modifiziertes Prüfungsurteil zu diesem Abschluss am 31.03.20X1 abgegeben hat.

Vermerk zu sonstigen gesetzlichen und anderen rechtlichen Anforderungen

[Form und Inhalt dieses Abschnitts des Vermerks des Abschlussprüfers unterscheiden sich in Abhängigkeit von der Art der sonstigen Angabepflichten des Abschlussprüfers im Vermerk.]

[Unterschrift des Abschlussprüfers]

[Datum des Vermerks des Abschlussprüfers]

[Ort des Abschlussprüfers]

---

12) In Fällen, in denen der Abschlussprüfer auch die Pflicht hat, im Zusammenhang mit der Prüfung des Abschlusses ein Prüfungsurteil zur Wirksamkeit des internen Kontrollsystems abzugeben, würde dieser Satz folgendermaßen lauten: „Bei der Beurteilung dieser Risiken berücksichtigt der Abschlussprüfer das für die Aufstellung und sachgerechte Gesamtdarstellung des Abschlusses durch die Einheit relevante interne Kontrollsystem, um Prüfungshandlungen zu planen, die unter den gegebenen Umständen angemessen sind." Im Fall von Fußnote 15 kann dies lauten: „Bei der Beurteilung dieser Risiken berücksichtigt der Abschlussprüfer das interne Kontrollsystem, das relevant ist für die Aufstellung eines Abschlusses durch die Einheit, der ein den tatsächlichen Verhältnissen entsprechendes Bild vermittelt, um Prüfungshandlungen zu planen, die unter den gegebenen Umständen angemessen sind."

INTERNATIONAL STANDARD ON AUDITING 520

ANALYTICAL PROCEDURES

(Effective for audits of financial statements for periods beginning on or after December 15, 2009)

CONTENTS

	Paragraph
Introduction	
Scope of this ISA	1
Effective Date	2
Objectives	3
Definition	4
Requirements	
Substantive Analytical Procedures	5
Analytical Procedures that Assist When Forming an Overall Conclusion	6
Investigating Results of Analytical Procedures	7
Application and Other Explanatory Material	
Definition of Analytical Procedures	A1–A3
Substantive Analytical Procedures	A4–A16
Analytical Procedures that Assist When Forming an Overall Conclusion	A17–A19
Investigating Results of Analytical Procedures	A20–A21

International Standard on Auditing (ISA) 520, "Analytical Procedures" should be read in conjunction with ISA 200, "Overall Objectives of the Independent Auditor and the Conduct of an Audit in Accordance with International Standards on Auditing."

INTERNATIONAL STANDARD ON AUDITING 520
ANALYTISCHE PRÜFUNGSHANDLUNGEN

(gilt für die Prüfung von Abschlüssen für Zeiträume, die am oder nach dem 15.12.2009 beginnen)

INHALTSVERZEICHNIS

	Textziffer
Einleitung	
Anwendungsbereich	1
Anwendungszeitpunkt	2
Ziele	3
Definition	4
Anforderungen	
Aussagebezogene analytische Prüfungshandlungen	5
Analytische Prüfungshandlungen, die bei der Bildung einer Gesamtbeurteilung helfen	6
Untersuchung der Ergebnisse analytischer Prüfungshandlungen	7
Anwendungshinweise und sonstige Erläuterungen	
Definition analytischer Prüfungshandlungen	A1-A3
Aussagebezogene analytische Prüfungshandlungen	A4-A16
Analytische Prüfungshandlungen, die bei der Bildung einer Gesamtbeurteilung helfen	A17-A19
Untersuchung der Ergebnisse analytischer Prüfungshandlungen	A20-A21

International Standard on Auditing (ISA) 520 „Analytische Prüfungshandlungen" ist im Zusammenhang mit ISA 200 „Übergreifende Zielsetzungen des unabhängigen Prüfers und Grundsätze einer Prüfung in Übereinstimmung mit den International Standards on Auditing" zu lesen.

Introduction

Scope of this ISA

1. This International Standard on Auditing (ISA) deals with the auditor's use of analytical procedures as substantive procedures ("substantive analytical procedures"). It also deals with the auditor's responsibility to perform analytical procedures near the end of the audit that assist the auditor when forming an overall conclusion on the financial statements. ISA 315[1] deals with the use of analytical procedures as risk assessment procedures. ISA 330 includes requirements and guidance regarding the nature, timing and extent of audit procedures in response to assessed risks; these audit procedures may include substantive analytical procedures.[2]

Effective Date

2. This ISA is effective for audits of financial statements for periods beginning on or after December 15, 2009.

Objectives

3. The objectives of the auditor are:

    (a) To obtain relevant and reliable audit evidence when using substantive analytical procedures; and

    (b) To design and perform analytical procedures near the end of the audit that assist the auditor when forming an overall conclusion as to whether the financial statements are consistent with the auditor's understanding of the entity.

Definition

4. For the purposes of the ISAs, the term "analytical procedures" means evaluations of financial information through analysis of plausible relationships among both financial and non-financial data. Analytical procedures also encompass such investigation as is necessary of identified fluctuations or relationships that are inconsistent with other relevant information or that differ from expected values by a significant amount. (Ref: Para. A1–A3)

Requirements

Substantive Analytical Procedures

5. When designing and performing substantive analytical procedures, either alone or in combination with tests of details, as substantive procedures in accordance with ISA 330,[3] the auditor shall: (Ref: Para. A4–A5)

    (a) Determine the suitability of particular substantive analytical procedures for given assertions, taking account of the assessed risks of material misstatement and tests of details, if any, for these assertions; (Ref: Para. A6–A11)

    (b) Evaluate the reliability of data from which the auditor's expectation of recorded amounts or ratios is developed, taking account of source, comparability, and nature and relevance of information available, and controls over preparation; (Ref: Para. A12–A14)

---

1) ISA 315, "Identifying and Assessing the Risks of Material Misstatement through Understanding the Entity and Its Environment," paragraph 6(b).
2) ISA 330, "The Auditor's Reponses to Assessed Risks," paragraphs 6 and 18.
3) ISA 330, paragraph 18.

Einleitung

Anwendungsbereich

1. Dieser International Standard on Auditing (ISA) behandelt die Anwendung analytischer Prüfungshandlungen durch den Abschlussprüfer als aussagebezogene Prüfungshandlungen*) („aussagebezogene analytische Prüfungshandlungen"). Er behandelt auch die Verpflichtung des Abschlussprüfers, in zeitlicher Nähe zum Ende der Abschlussprüfung analytische Prüfungshandlungen durchzuführen, die dem Abschlussprüfer bei der Bildung einer Gesamtbeurteilung des Abschlusses helfen. ISA 315[1)] behandelt die Anwendung analytischer Prüfungshandlungen als Verfahren zur Risikobeurteilung. ISA 330 enthält Anforderungen und erläuternde Hinweise zu Art, zeitlicher Einteilung und Umfang von Prüfungshandlungen als Reaktion auf beurteilte Risiken. Zu diesen Prüfungshandlungen können aussagebezogene analytische Prüfungshandlungen gehören.[2)]

Anwendungszeitpunkt

2. Dieser ISA gilt für die Prüfung von Abschlüssen für Zeiträume, die am oder nach dem 15.12.2009 beginnen.

Ziele

3. Die Ziele des Abschlussprüfers sind:
   (a) relevante und verlässliche Prüfungsnachweise bei der Anwendung aussagebezogener analytischer Prüfungshandlungen zu erlangen und
   (b) analytische Prüfungshandlungen in zeitlicher Nähe zum Ende der Abschlussprüfung zu planen und durchzuführen, die dem Abschlussprüfer bei der Bildung einer Gesamtbeurteilung helfen, ob der Abschluss mit dem Verständnis des Abschlussprüfers von der Einheit**) in Einklang steht.

Definition

4. Für die Zwecke der ISA gelten die nachstehenden Begriffsbestimmungen: „analytische Prüfungshandlungen" sind Beurteilungen von Finanzinformationen durch die Analyse plausibler Beziehungen zwischen sowohl finanziellen als auch nicht-finanziellen Daten. Außerdem umfassen analytische Prüfungshandlungen die jeweils notwendigen Untersuchungen von festgestellten Schwankungen oder Beziehungen, die nicht mit anderen relevanten Informationen in Einklang stehen oder die um einen erheblichen Betrag von den erwarteten Werten abweichen. (Vgl. Tz. A1-A3)

Anforderungen

Aussagebezogene analytische Prüfungshandlungen

5. Bei der Planung und Durchführung aussagebezogener analytischer Prüfungshandlungen, entweder für sich alleine oder in Kombination mit Einzelfallprüfungen, als aussagebezogene Prüfungshandlungen in Übereinstimmung mit ISA 330[3)] muss der Abschlussprüfer (Vgl. Tz. A4-A5)
   (a) die Eignung bestimmter aussagebezogener analytischer Prüfungshandlungen für gegebene Aussagen festlegen, unter Berücksichtigung der beurteilten Risiken wesentlicher falscher Darstellungen und ggf. von Einzelfallprüfungen für diese Aussagen; (Vgl. Tz. A6-A11)
   (b) die Verlässlichkeit der Daten beurteilen, aus denen der Abschlussprüfer die Erwartung zu erfassten Beträgen oder Kennzahlen entwickelt, unter Berücksichtigung von Quelle, Vergleichbarkeit, Art und Relevanz der verfügbaren Informationen sowie der Kontrollen über deren Erstellung; (Vgl. Tz. A12-A14)

---

1) ISA 315 „Identifizierung und Beurteilung der Risiken wesentlicher falscher Darstellungen aus dem Verstehen der Einheit und ihres Umfelds", Textziffer 6b.
2) ISA 330 „Die Reaktionen des Abschlussprüfers auf beurteilte Risiken", Textziffern 6 und 18.
3) ISA 330, Textziffer 18.
*) In Österreich: materielle Prüfungshandlungen.
**) Der Begriff „Einheit" wird für *entity* neu eingeführt. Bei der zu prüfenden Einheit kann es sich um ein Unternehmen, einen Einzelkaufmann, eine Gesellschaft bürgerlichen Rechts (Schweiz: einfache Gesellschaft), eine Gebietskörperschaft, eine Anstalt des öffentlichen Rechts, einen Konzern oder eine nicht rechtlich abgegrenzte wirtschaftliche Einheit handeln. Eine Übersetzung mit „Unternehmen" oder „Gesellschaft" wäre deshalb unzureichend. So kann sich *entity* sogar auf eine nicht selbständige Niederlassung oder Sparte beziehen, für die eigenständig Rechnung gelegt wird.

(c) Develop an expectation of recorded amounts or ratios and evaluate whether the expectation is sufficiently precise to identify a misstatement that, individually or when aggregated with other misstatements, may cause the financial statements to be materially misstated; and (Ref: Para. A15)

(d) Determine the amount of any difference of recorded amounts from expected values that is acceptable without further investigation as required by paragraph 7. (Ref: Para. A16)

Analytical Procedures that Assist When Forming an Overall Conclusion

6. The auditor shall design and perform analytical procedures near the end of the audit that assist the auditor when forming an overall conclusion as to whether the financial statements are consistent with the auditor's understanding of the entity. (Ref: Para. A17–A19)

Investigating Results of Analytical Procedures

7. If analytical procedures performed in accordance with this ISA identify fluctuations or relationships that are inconsistent with other relevant information or that differ from expected values by a significant amount, the auditor shall investigate such differences by:

(a) Inquiring of management and obtaining appropriate audit evidence relevant to management's responses; and

(b) Performing other audit procedures as necessary in the circumstances. (Ref: Para. A20–A21)

***

Application and Other Explanatory Material

Definition of Analytical Procedures (Ref: Para. 4)

A1. Analytical procedures include the consideration of comparisons of the entity's financial information with, for example:

- Comparable information for prior periods.
- Anticipated results of the entity, such as budgets or forecasts, or expectations of the auditor, such as an estimation of depreciation.
- Similar industry information, such as a comparison of the entity's ratio of sales to accounts receivable with industry averages or with other entities of comparable size in the same industry.

A2. Analytical procedures also include consideration of relationships, for example:

- Among elements of financial information that would be expected to conform to a predictable pattern based on the entity's experience, such as gross margin percentages.
- Between financial information and relevant non-financial information, such as payroll costs to number of employees.

A3. Various methods may be used to perform analytical procedures. These methods range from performing simple comparisons to performing complex analyses using advanced statistical techniques. Analytical procedures may be applied to consolidated financial statements, components and individual elements of information.

Substantive Analytical Procedures (Ref: Para. 5)

A4. The auditor's substantive procedures at the assertion level may be tests of details, substantive analytical procedures, or a combination of both. The decision about which audit procedures to perform, including whether to use substantive analytical procedures, is based on the auditor's judgment about the expected effectiveness and efficiency of the available audit procedures to reduce audit risk at the assertion level to an acceptably low level.

A5. The auditor may inquire of management as to the availability and reliability of information needed to apply substantive analytical procedures, and the results of any such analytical procedures performed by

Analytische Prüfungshandlungen	ISA 520

(c) eine Erwartung zu erfassten Beträgen oder Kennzahlen entwickeln und beurteilen, ob die Erwartung ausreichend genau für die Feststellung einer falschen Darstellung ist, die einzeln oder in der Summe mit anderen falschen Darstellungen dazu führen kann, dass der Abschluss wesentlich falsch dargestellt ist, sowie (Vgl. Tz. A15)

(d) den Betrag etwaiger Unterschiede zwischen den erfassten Beträgen und den erwarteten Werten festlegen, der ohne weitere Untersuchung vertretbar ist, so wie in Textziffer 7 gefordert. (Vgl. Tz. A16)

Analytische Prüfungshandlungen, die bei der Bildung einer Gesamtbeurteilung helfen

6. Der Abschlussprüfer hat analytische Prüfungshandlungen in zeitlicher Nähe zum Ende der Abschlussprüfung zu planen und durchzuführen, die dem Abschlussprüfer bei der Bildung einer Gesamtbeurteilung, ob der Abschluss mit dem Verständnis des Abschlussprüfers von der Einheit in Einklang steht, helfen. (Vgl. Tz. A17-A19)

Untersuchung der Ergebnisse analytischer Prüfungshandlungen

7. Wenn der Abschlussprüfer bei analytischen Prüfungshandlungen, die in Übereinstimmung mit diesem ISA durchgeführt wurden, Schwankungen oder Beziehungen feststellt, die nicht mit anderen relevanten Informationen in Einklang stehen oder die um einen erheblichen Betrag von den erwarteten Werten abweichen, muss der Abschlussprüfer diese Abweichungen untersuchen, indem

(a) Befragungen des Managements durchgeführt und geeignete, für die Antworten des Managements relevante Prüfungsnachweise eingeholt werden sowie

(b) andere Prüfungshandlungen durchgeführt werden, die unter den gegebenen Umständen notwendig sind. (Vgl. Tz. A20-A21)

***

Anwendungshinweise und sonstige Erläuterungen

Definition analytischer Prüfungshandlungen (Vgl. Tz. 4)

A1. Zu den analytischen Prüfungshandlungen gehört die Berücksichtigung von Vergleichen der Finanzinformationen der Einheit bspw. mit

- vergleichbaren Informationen für vorhergehende Zeiträume;
- erwarteten Ergebnissen der Einheit (z. B. Budgets oder Prognosen) oder Erwartungen des Abschlussprüfers (z. B. einer Schätzung von Abschreibungen) und
- ähnlichen Informationen aus der Branche (z. B. ein Vergleich zwischen dem Verhältnis von Umsatz zu Forderungen der Einheit mit Branchendurchschnitten oder mit anderen Einheiten vergleichbarer Größe in derselben Branche).

A2. Zu den analytischen Prüfungshandlungen gehört auch die Berücksichtigung von Beziehungen, bspw.

- zwischen Bestandteilen von Finanzinformationen, die erwartungsgemäß einer vorhersehbaren Struktur auf der Grundlage von Erfahrungen der Einheit entsprechen (z. B. Bruttogewinnspanne) oder
- zwischen finanziellen und relevanten nicht-finanziellen Informationen (z. B. Personalkosten im Verhältnis zur Anzahl der Mitarbeiter).

A3. Zur Durchführung analytischer Prüfungshandlungen können verschiedene Methoden angewandt werden, die von einfachen Vergleichen bis hin zu komplexen Analysen mittels hoch entwickelter statistischer Verfahren reichen. Analytische Prüfungshandlungen können auf Konzernabschlüsse, Teilbereiche und einzelne Bestandteile von Informationen angewandt werden.

Aussagebezogene analytische Prüfungshandlungen (Vgl. Tz. 5)

A4. Bei den aussagebezogenen Prüfungshandlungen des Abschlussprüfers auf Aussageebene kann es sich um Einzelfallprüfungen, aussagebezogene analytische Prüfungshandlungen oder eine Kombination von beiden handeln. Die Entscheidung, welche Prüfungshandlungen durchzuführen sind, einschließlich der Frage, ob aussagebezogene analytische Prüfungshandlungen anzuwenden sind, basiert auf der Beurteilung des Abschlussprüfers über die erwartete Wirksamkeit und Wirtschaftlichkeit der verfügbaren Prüfungshandlungen, um das Prüfungsrisiko auf Aussageebene auf ein vertretbar niedriges Maß zu reduzieren.

A5. Der Abschlussprüfer kann das Management über die Verfügbarkeit und Verlässlichkeit von Informationen befragen, die zur Anwendung aussagebezogener analytischer Prüfungshandlungen benötigt werden, sowie

the entity. It may be effective to use analytical data prepared by management, provided the auditor is satisfied that such data is properly prepared.

Suitability of Particular Analytical Procedures for Given Assertions (Ref: Para. 5(a))

A6. Substantive analytical procedures are generally more applicable to large volumes of transactions that tend to be predictable over time. The application of planned analytical procedures is based on the expectation that relationships among data exist and continue in the absence of known conditions to the contrary. However, the suitability of a particular analytical procedure will depend upon the auditor's assessment of how effective it will be in detecting a misstatement that, individually or when aggregated with other misstatements, may cause the financial statements to be materially misstated.

A7. In some cases, even an unsophisticated predictive model may be effective as an analytical procedure. For example, where an entity has a known number of employees at fixed rates of pay throughout the period, it may be possible for the auditor to use this data to estimate the total payroll costs for the period with a high degree of accuracy, thereby providing audit evidence for a significant item in the financial statements and reducing the need to perform tests of details on the payroll. The use of widely recognized trade ratios (such as profit margins for different types of retail entities) can often be used effectively in substantive analytical procedures to provide evidence to support the reasonableness of recorded amounts.

A8. Different types of analytical procedures provide different levels of assurance. Analytical procedures involving, for example, the prediction of total rental income on a building divided into apartments, taking the rental rates, the number of apartments and vacancy rates into consideration, can provide persuasive evidence and may eliminate the need for further verification by means of tests of details, provided the elements are appropriately verified. In contrast, calculation and comparison of gross margin percentages as a means of confirming a revenue figure may provide less persuasive evidence, but may provide useful corroboration if used in combination with other audit procedures.

A9. The determination of the suitability of particular substantive analytical procedures is influenced by the nature of the assertion and the auditor's assessment of the risk of material misstatement. For example, if controls over sales order processing are deficient, the auditor may place more reliance on tests of details rather than on substantive analytical procedures for assertions related to receivables.

A10. Particular substantive analytical procedures may also be considered suitable when tests of details are performed on the same assertion. For example, when obtaining audit evidence regarding the valuation assertion for accounts receivable balances, the auditor may apply analytical procedures to an aging of customers' accounts in addition to performing tests of details on subsequent cash receipts to determine the collectability of the receivables.

Considerations Specific to Public Sector Entities

A11. The relationships between individual financial statement items traditionally considered in the audit of business entities may not always be relevant in the audit of governments or other non-business public sector entities; for example, in many public sector entities there may be little direct relationship between revenue and expenditure. In addition, because expenditure on the acquisition of assets may not be capitalized, there may be no relationship between expenditures on, for example, inventories and fixed assets and the amount of those assets reported in the financial statements. Also, industry data or statistics for comparative purposes may not be available in the public sector. However, other relationships may be relevant, for example, variations in the cost per kilometer of road construction or the number of vehicles acquired compared with vehicles retired.

The Reliability of the Data (Ref: Para. 5(b))

A12. The reliability of data is influenced by its source and nature and is dependent on the circumstances under which it is obtained. Accordingly, the following are relevant when determining whether data is reliable for purposes of designing substantive analytical procedures:

Analytische Prüfungshandlungen ISA 520

über die Ergebnisse solcher von der Einheit durchgeführter analytischer Prüfungshandlungen. Unter der Voraussetzung, dass der Abschlussprüfer davon überzeugt ist, dass diese Daten ordnungsgemäß erstellt wurden, kann es wirksam sein, vom Management erstellte analytische Daten zu verwenden.

Eignung bestimmter analytischer Prüfungshandlungen für gegebene Aussagen (Vgl. Tz. 5(a))

A6. Aussagebezogene analytische Prüfungshandlungen eignen sich im Allgemeinen besser für große Volumen von Geschäftsvorfällen, die im Zeitablauf dazu tendieren, vorhersehbar zu sein. Die Anwendung geplanter analytischer Prüfungshandlungen basiert auf der Erwartung, dass Beziehungen zwischen Daten bestehen und fortdauern, sofern keine gegenteiligen Bedingungen bekannt sind. Die Eignung einer bestimmten analytischen Prüfungshandlung hängt jedoch davon ab, wie wirksam die Prüfungshandlung nach der Beurteilung des Abschlussprüfers zur Aufdeckung einer falschen Darstellung sein wird, die einzeln oder in der Summe mit anderen falschen Darstellungen dazu führen kann, dass der Abschluss wesentlich falsch dargestellt ist.

A7. In manchen Fällen kann sogar ein einfaches Prognosemodell als analytische Prüfungshandlung wirksam sein. Wenn bspw. eine Einheit während des gesamten Berichtszeitraums eine bekannte Anzahl von Mitarbeitern zu festen Lohnsätzen beschäftigt, kann der Abschlussprüfer möglicherweise anhand dieser Daten die gesamten Personalkosten für den Zeitraum mit einem hohen Genauigkeitsgrad schätzen und dadurch Prüfungsnachweise für ein bedeutsames Element des Abschlusses beschaffen und die Notwendigkeit für Einzelfallprüfungen zur Lohnabrechnung reduzieren. Die Verwendung allgemein anerkannter Kennzahlen zum Handel (z. B. Gewinnspannen für verschiedene Arten von Einzelhandelseinheiten) kann häufig bei aussagebezogenen analytischen Prüfungshandlungen wirksam sein, um Nachweise zu liefern, die Vertretbarkeit von erfassten Beträgen zu untermauern.

A8. Verschiedene Arten von analytischen Prüfungshandlungen liefern unterschiedliche Grade an Prüfungssicherheit. Analytische Prüfungshandlungen, die bspw. die Prognose der Gesamtmieteinnahmen für ein in Appartments aufgeteiltes Gebäude unter Berücksichtigung der Mietpreise, der Anzahl von Appartments und der Leerstandsraten beinhalten, können überzeugende Nachweise liefern und die Notwendigkeit einer weiteren Überprüfung durch Einzelfallprüfungen beseitigen, vorausgesetzt, die Bestandteile der Rechnung werden in geeigneter Weise überprüft. Dagegen können die Errechnung und der Vergleich von Bruttogewinnspannen als ein Mittel zur Bestätigung von Ertragszahlen weniger überzeugende Nachweise liefern; sie können jedoch im Zusammenhang mit anderen Prüfungshandlungen eine nützliche Bestätigung sein.

A9. Die Festlegung der Eignung bestimmter aussagebezogener analytischer Prüfungshandlungen wird beeinflusst durch die Art der Aussage und die Beurteilung des Risikos wesentlicher falscher Darstellungen durch den Abschlussprüfer. Wenn bspw. die Kontrollen über die Abwicklung von Verkäufen mangelhaft sind, kann der Abschlussprüfer für Aussagen zu Forderungen mehr Vertrauen in Einzelfallprüfungen als in aussagebezogene analytische Prüfungshandlungen setzen.

A10. Bestimmte aussagebezogene analytische Prüfungshandlungen können auch als geeignet angesehen werden, wenn Einzelfallprüfungen zu derselben Aussage durchgeführt werden. Beispielsweise kann der Abschlussprüfer beim Einholen von Prüfungsnachweisen zur Bewertung von Forderungssalden zusätzlich zu den Einzelfallprüfungen zu nachträglichen Zahlungseingängen an die Einheit analytische Prüfungshandlungen zu den Fälligkeiten auf den Kundenkonten anwenden, um die Einbringlichkeit der Forderungen festzustellen.

Spezifische Überlegungen zu Einheiten des öffentlichen Sektors

A11. Die Beziehungen zwischen einzelnen im Abschluss abgebildeten Posten, die üblicherweise bei der Prüfung von gewerblichen Einheiten berücksichtigt werden, können bei der Prüfung von staatlichen oder anderen nicht-gewerblichen Einheiten des öffentlichen Sektors nicht immer relevant sein. Bspw. kann bei vielen Einheiten des öffentlichen Sektors kaum eine direkte Beziehung zwischen Einnahmen und Ausgaben bestehen. Darüber hinaus besteht möglicherweise keine Beziehung zwischen Ausgaben für bspw. Vorräte und Werte des Anlagevermögens und dem im Abschluss ausgewiesenen Posten dieser Vermögenswerte, weil Ausgaben für den Erwerb von Vermögenswerten möglicherweise nicht aktiviert werden. Außerdem können Branchendaten oder Statistiken für Vergleichszwecke im öffentlichen Sektor nicht verfügbar sein. Es können jedoch andere Beziehungen relevant sein (z. B. Abweichungen in den Kosten pro Kilometer für einen Straßenbau oder in der Anzahl von angeschafften Fahrzeugen im Vergleich zu ausgeschiedenen Fahrzeugen).

Verlässlichkeit der Daten (Vgl. Tz. 5(b))

A12. Die Verlässlichkeit von Daten wird durch ihre Quelle und ihre Art beeinflusst und hängt von den Umständen ab, unter denen sie erlangt werden. Entsprechend ist Folgendes relevant bei der Feststellung, ob Daten für Zwecke der Planung aussagebezogener analytischer Prüfungshandlungen verlässlich sind:

(a) Source of the information available. For example, information may be more reliable when it is obtained from independent sources outside the entity;[4]

(b) Comparability of the information available. For example, broad industry data may need to be supplemented to be comparable to that of an entity that produces and sells specialized products;

(c) Nature and relevance of the information available. For example, whether budgets have been established as results to be expected rather than as goals to be achieved; and

(d) Controls over the preparation of the information that are designed to ensure its completeness, accuracy and validity. For example, controls over the preparation, review and maintenance of budgets.

A13. The auditor may consider testing the operating effectiveness of controls, if any, over the entity's preparation of information used by the auditor in performing substantive analytical procedures in response to assessed risks. When such controls are effective, the auditor generally has greater confidence in the reliability of the information and, therefore, in the results of analytical procedures. The operating effectiveness of controls over non-financial information may often be tested in conjunction with other tests of controls. For example, in establishing controls over the processing of sales invoices, an entity may include controls over the recording of unit sales. In these circumstances, the auditor may test the operating effectiveness of controls over the recording of unit sales in conjunction with tests of the operating effectiveness of controls over the processing of sales invoices. Alternatively, the auditor may consider whether the information was subjected to audit testing. ISA 500 establishes requirements and provides guidance in determining the audit procedures to be performed on the information to be used for substantive analytical procedures.[5]

A14. The matters discussed in paragraphs A12(a)–A12(d) are relevant irrespective of whether the auditor performs substantive analytical procedures on the entity's period-end financial statements, or at an interim date and plans to perform substantive analytical procedures for the remaining period. ISA 330 establishes requirements and provides guidance on substantive procedures performed at an interim date.[6]

Evaluation Whether the Expectation Is Sufficiently Precise (Ref: Para. 5(c))

A15. Matters relevant to the auditor's evaluation of whether the expectation can be developed sufficiently precisely to identify a misstatement that, when aggregated with other misstatements, may cause the financial statements to be materially misstated, include:

- The accuracy with which the expected results of substantive analytical procedures can be predicted. For example, the auditor may expect greater consistency in comparing gross profit margins from one period to another than in comparing discretionary expenses, such as research or advertising.

- The degree to which information can be disaggregated. For example, substantive analytical procedures may be more effective when applied to financial information on individual sections of an operation or to financial statements of components of a diversified entity, than when applied to the financial statements of the entity as a whole.

- The availability of the information, both financial and non-financial. For example, the auditor may consider whether financial information, such as budgets or forecasts, and non-financial information, such as the number of units produced or sold, is available to design substantive analytical procedures. If the information is available, the auditor may also consider the reliability of the information as discussed in paragraphs A12–A13 above.

Amount of Difference of Recorded Amounts from Expected Values that Is Acceptable (Ref: Para. 5(d))

A16. The auditor's determination of the amount of difference from the expectation that can be accepted without further investigation is influenced by materiality[7] and the consistency with the desired level of assurance,

---

4) ISA 500, "Audit Evidence," paragraph A31.
5) ISA 500, paragraph 10.
6) ISA 330, paragraphs 22–23.
7) ISA 320, "Materiality in Planning and Performing an Audit," paragraph A13.

(a) Quelle der verfügbaren Informationen (bspw. können Informationen verlässlicher sein, wenn sie aus unabhängigen Quellen außerhalb der Einheit erlangt werden[4]);
(b) Vergleichbarkeit der verfügbaren Informationen (bspw. müssen allgemeine Branchendaten möglicherweise ergänzt werden, damit sie mit den Daten einer Einheit vergleichbar sind, die spezielle Produkte herstellt und verkauft);
(c) Art und Relevanz der verfügbaren Informationen (bspw. ob Budgets in Form zu erwartender Ergebnisse und nicht als Zielvorgaben erstellt wurden);
(d) Kontrollen über die Erstellung der Informationen, die darauf ausgerichtet sind, dass die Vollständigkeit, Richtigkeit und Gültigkeit der Informationen sichergestellt wird (bspw. Kontrollen über die Erstellung, Überwachung und Pflege von Budgets).

A13. Der Abschlussprüfer kann erwägen, die Wirksamkeit etwaiger Kontrollen über von der Einheit erstellte Informationen zu prüfen, die vom Abschlussprüfer bei der Durchführung aussagebezogener analytischer Prüfungshandlungen als Reaktion auf beurteilte Risiken verwendet werden. Wenn diese Kontrollen wirksam sind, hat der Abschlussprüfer im Allgemeinen mehr Vertrauen in die Verlässlichkeit der Informationen und somit in die Ergebnisse analytischer Prüfungshandlungen. Die Wirksamkeit von Kontrollen über nicht-finanzielle Informationen kann häufig in Verbindung mit anderen Funktionsprüfungen geprüft werden. Beispielsweise kann eine Einheit bei der Einrichtung von Kontrollen über die Verarbeitung von Verkaufsrechnungen Kontrollen über die Aufzeichnung verkaufter Stückzahlen einbeziehen. In diesem Fall kann der Abschlussprüfer die Wirksamkeit der Kontrollen über die Aufzeichnung verkaufter Stückzahlen in Verbindung mit Prüfungen der Wirksamkeit der Kontrollen über die Verarbeitung von Verkaufsrechnungen prüfen. Alternativ dazu kann der Abschlussprüfer abwägen, ob die Informationen anderen Prüfungshandlungen unterlegen haben. ISA 500 enthält Anforderungen und erläuternde Hinweise zur Festlegung von Prüfungshandlungen, die zu den Informationen durchzuführen sind, die für aussagebezogene analytische Prüfungshandlungen zu verwenden sind.[5]

A14. Die in den Textziffern A12(a)–A12(d) erörterten Sachverhalte sind unabhängig davon relevant, ob der Abschlussprüfer aussagebezogene analytische Prüfungshandlungen zu dem Abschluss der Einheit zum Abschlussstichtag durchführt oder ob der Abschlussprüfer diese unterjährig vornimmt und die Durchführung solcher Prüfungshandlungen für den restlichen Zeitraum plant. ISA 330 enthält Anforderungen und erläuternde Hinweise zu unterjährig durchgeführten aussagebezogenen Prüfungshandlungen.[6]

Beurteilung, ob die Erwartung ausreichend genau ist (Vgl. Tz. 5(c))

A15. Zu den Sachverhalten, die für die Beurteilung des Abschlussprüfers relevant sind, ob die Erwartung ausreichend genau entwickelt werden kann, um eine falsche Darstellung festzustellen, die in der Summe mit anderen falschen Darstellungen dazu führen kann, dass der Abschluss wesentlich falsch dargestellt ist, gehören:

- die Genauigkeit, mit der sich die erwarteten Ergebnisse aussagebezogener analytischer Prüfungshandlungen vorhersagen lassen. Beispielsweise kann der Abschlussprüfer beim Vergleich der Bruttogewinnspannen eine größere Stetigkeit im Zeitablauf erwarten als beim Vergleich beeinflussbarer Aufwendungen (wie etwa für Forschung oder Werbung);
- der Grad, in dem Informationen aufgegliedert werden können. Beispielsweise können aussagebezogene analytische Prüfungshandlungen wirksamer sein, wenn sie auf Finanzinformationen zu einzelnen Teilen eines Betriebs oder auf Abschlüsse von Teilbereichen einer diversifizierten Einheit angewandt werden als auf den Abschluss der Einheit als Ganzes;
- die Verfügbarkeit von sowohl finanziellen als auch nicht-finanziellen Informationen. Beispielsweise kann der Abschlussprüfer abwägen, ob finanzielle Informationen (z. B. Budgets oder Prognosen) und nicht-finanzielle Informationen (z. B. die Anzahl hergestellter oder verkaufter Einheiten) für die Ausgestaltung aussagebezogener analytischer Prüfungshandlungen verfügbar sind. Wenn die Informationen verfügbar sind, kann der Abschlussprüfer auch die Verlässlichkeit der Informationen abwägen, wie dies in den Textziffern A12-A13 erörtert ist.

Vertretbarer Differenzbetrag zwischen den erfassten Beträgen und den erwarteten Werten (Vgl. Tz. 5(d))

A16. Die vom Abschlussprüfer vorgenommene Bestimmung des ohne weitere Untersuchung vertretbaren Differenzbetrags gegenüber der Erwartung wird beeinflusst durch die Wesentlichkeit[7] und die

---
4) ISA 500 „Prüfungsnachweise", Textziffer A31.
5) ISA 500, Textziffer 10.
6) ISA 330, Textziffern 22-23.
7) ISA 320 „Die Wesentlichkeit bei der Planung und Durchführung einer Abschlussprüfung", Textziffer A13.

taking account of the possibility that a misstatement, individually or when aggregated with other misstatements, may cause the financial statements to be materially misstated. ISA 330 requires the auditor to obtain more persuasive audit evidence the higher the auditor's assessment of risk.[8] Accordingly, as the assessed risk increases, the amount of difference considered acceptable without investigation decreases in order to achieve the desired level of persuasive evidence.[9]

Analytical Procedures that Assist When Forming an Overall Conclusion (Ref: Para. 6)

A17. The conclusions drawn from the results of analytical procedures designed and performed in accordance with paragraph 6 are intended to corroborate conclusions formed during the audit of individual components or elements of the financial statements. This assists the auditor to draw reasonable conclusions on which to base the auditor's opinion.

A18. The results of such analytical procedures may identify a previously unrecognized risk of material misstatement. In such circumstances, ISA 315 requires the auditor to revise the auditor's assessment of the risks of material misstatement and modify the further planned audit procedures accordingly.[10]

A19. The analytical procedures performed in accordance with paragraph 6 may be similar to those that would be used as risk assessment procedures.

Investigating Results of Analytical Procedures (Ref: Para. 7)

A20. Audit evidence relevant to management's responses may be obtained by evaluating those responses taking into account the auditor's understanding of the entity and its environment, and with other audit evidence obtained during the course of the audit.

A21. The need to perform other audit procedures may arise when, for example, management is unable to provide an explanation, or the explanation, together with the audit evidence obtained relevant to management's response, is not considered adequate.

---

8) ISA 330, paragraph 7(b).
9) ISA 330, paragraph A19.
10) ISA 315, paragraph 31.

Analytische Prüfungshandlungen ISA 520

Übereinstimmung mit dem gewünschten Grad an Prüfungssicherheit, unter Berücksichtigung der Möglichkeit, dass eine falsche Darstellung einzeln oder in der Summe mit anderen falschen Darstellungen dazu führen kann, dass der Abschluss wesentlich falsch dargestellt ist. Nach ISA 330 muss der Abschlussprüfer umso überzeugendere Prüfungsnachweise erlangen, je höher das vom Abschlussprüfer beurteilte Risiko ist.[8] Folglich nimmt mit zunehmendem beurteiltem Risiko der ohne Untersuchung für vertretbar gehaltene Differenzbetrag ab, um das gewünschte Maß an überzeugenden Nachweisen zu erreichen.[9]

Analytische Prüfungshandlungen, die bei der Bildung einer Gesamtbeurteilung helfen
(Vgl. Tz. 6)

A17. Die Folgerungen aus den Ergebnissen analytischer Prüfungshandlungen, die in Übereinstimmung mit Textziffer 6 geplant und durchgeführt wurden, sollen Schlussfolgerungen untermauern, die bei der Prüfung einzelner Teilbereiche oder Bestandteile des Abschlusses gezogen wurden. Dies hilft dem Abschlussprüfer dabei, vertretbare Schlussfolgerungen zu ziehen, auf denen das Prüfungsurteil beruhen kann.

A18. Die Ergebnisse dieser analytischen Prüfungshandlungen können ein bisher nicht erkanntes Risiko wesentlicher falscher Darstellungen aufzeigen. In solchen Fällen muss der Abschlussprüfer nach ISA 315 seine Beurteilung der Risiken wesentlicher falscher Darstellungen ändern und die weiteren geplanten Prüfungshandlungen entsprechend anpassen.[10]

A19. Die in Übereinstimmung mit Textziffer 6 durchgeführten analytischen Prüfungshandlungen können denjenigen ähneln, die als Prüfungshandlungen zur Risikobeurteilung angewandt werden könnten.

Untersuchung der Ergebnisse analytischer Prüfungshandlungen (Vgl. Tz. 7)

A20. Prüfungsnachweise, die für Antworten des Managements relevant sind, können erlangt werden, indem diese Antworten unter Berücksichtigung des Verständnisses des Abschlussprüfers von der Einheit und von ihrem Umfeld sowie zusammen mit anderen im Laufe der Prüfung erlangten Prüfungsnachweisen beurteilt werden.

A21. Die Notwendigkeit zur Durchführung anderer Prüfungshandlungen kann bspw. entstehen, wenn das Management nicht in der Lage ist, eine Erläuterung abzugeben, oder wenn die Erläuterung zusammen mit den erlangten Prüfungsnachweisen, die für die Antwort des Managements relevant sind, nicht als ausreichend angesehen wird.

---

8) ISA 330, Textziffer 7(b).
9) ISA 330, Textziffer A19.
10) ISA 315, Textziffer 31.

INTERNATIONAL STANDARD ON AUDITING 530

AUDIT SAMPLING

(Effective for audits of financial statements for periods beginning on or after December 15, 2009)

CONTENTS

	Paragraph
Introduction	
Scope of this ISA	1–2
Effective Date	3
Objective	4
Definitions	5
Requirements	
Sample Design, Size and Selection of Items for Testing	6–8
Performing Audit Procedures	9–11
Nature and Cause of Deviations and Misstatements	12–13
Projecting Misstatements	14
Evaluating Results of Audit Sampling	15
Application and Other Explanatory Material	
Definitions	A1–A3
Sample Design, Size and Selection of Items for Testing	A4–A13
Performing Audit Procedures	A14–A16
Nature and Cause of Deviations and Misstatements	A17
Projecting Misstatements	A18–A20
Evaluating Results of Audit Sampling	A21–A23

Appendix 1: Stratification and Value-Weighted Selection

Appendix 2: Examples of Factors Influencing Sample Size for Tests of Controls

Appendix 3: Examples of Factors Influencing Sample Size for Tests of Details

Appendix 4: Sample Selection Methods

International Standard on Auditing (ISA) 530, "Audit Sampling" should be read in conjunction with ISA 200, "Overall Objectives of the Independent Auditor and the Conduct of an Audit in Accordance with International Standards on Auditing."

INTERNATIONAL STANDARD ON AUDITING 530
STICHPROBENPRÜFUNGEN
(gilt für die Prüfung von Abschlüssen für Zeiträume, die am oder nach dem 15.12.2009 beginnen)

INHALTSVERZEICHNIS

	Textziffer
Einleitung	
Anwendungsbereich	1–2
Anwendungszeitpunkt	3
Ziel	4
Definitionen	5
Anforderungen	
Konzeption und Umfang der Stichprobe sowie Auswahl der Prüfungselemente	6–8
Durchführung von Prüfungshandlungen	9–11
Art und Ursache von Abweichungen und falschen Darstellungen	12–13
Hochrechnung falscher Darstellungen	14
Auswertung der Ergebnisse der Stichprobenprüfung	15
Anwendungshinweise und sonstige Erläuterungen	
Definitionen	A1–A3
Konzeption und Umfang der Stichprobe sowie Auswahl der Prüfungselemente	A4–A13
Durchführung von Prüfungshandlungen	A14–A16
Art und Ursache von Abweichungen und falschen Darstellungen	A17
Hochrechnung falscher Darstellungen	A18–A20
Auswertung der Ergebnisse der Stichprobenprüfung	A21–A23
Anlage 1: Schichtung und wertproportionale Auswahl	
Anlage 2: Beispiele für Faktoren, die den Stichprobenumfang für Funktionsprüfungen beeinflussen	
Anlage 3: Beispiele für Faktoren, die den Stichprobenumfang für Einzelfallprüfungen beeinflussen	
Anlage 4: Methoden der Stichprobenauswahl	

International Standard on Auditing (ISA) 530 „Stichprobenprüfungen" ist im Zusammenhang mit ISA 200 „Übergreifende Zielsetzungen des unabhängigen Prüfers und Grundsätze einer Prüfung in Übereinstimmung mit den International Standards on Auditing" zu lesen.

Introduction

Scope of this ISA

1. This International Standard on Auditing (ISA) applies when the auditor has decided to use audit sampling in performing audit procedures. It deals with the auditor's use of statistical and non-statistical sampling when designing and selecting the audit sample, performing tests of controls and tests of details, and evaluating the results from the sample.

2. This ISA complements ISA 500,[1] which deals with the auditor's responsibility to design and perform audit procedures to obtain sufficient appropriate audit evidence to be able to draw reasonable conclusions on which to base the auditor's opinion. ISA 500 provides guidance on the means available to the auditor for selecting items for testing, of which audit sampling is one means.

Effective Date

3. This ISA is effective for audits of financial statements for periods beginning on or after December 15, 2009.

Objective

4. The objective of the auditor, when using audit sampling, is to provide a reasonable basis for the auditor to draw conclusions about the population from which the sample is selected.

Definitions

5. For purposes of the ISAs, the following terms have the meanings attributed below:

    (a) Audit sampling (sampling) – The application of audit procedures to less than 100% of items within a population of audit relevance such that all sampling units have a chance of selection in order to provide the auditor with a reasonable basis on which to draw conclusions about the entire population.

    (b) Population – The entire set of data from which a sample is selected and about which the auditor wishes to draw conclusions.

    (c) Sampling risk – The risk that the auditor's conclusion based on a sample may be different from the conclusion if the entire population were subjected to the same audit procedure. Sampling risk can lead to two types of erroneous conclusions:

    (i) In the case of a test of controls, that controls are more effective than they actually are, or in the case of a test of details, that a material misstatement does not exist when in fact it does. The auditor is primarily concerned with this type of erroneous conclusion because it affects audit effectiveness and is more likely to lead to an inappropriate audit opinion.

    (ii) In the case of a test of controls, that controls are less effective than they actually are, or in the case of a test of details, that a material misstatement exists when in fact it does not. This type of erroneous conclusion affects audit efficiency as it would usually lead to additional work to establish that initial conclusions were incorrect.

    (d) Non-sampling risk – The risk that the auditor reaches an erroneous conclusion for any reason not related to sampling risk. (Ref: Para. A1)

    (e) Anomaly – A misstatement or deviation that is demonstrably not representative of misstatements or deviations in a population.

    (f) Sampling unit – The individual items constituting a population. (Ref: Para. A2)

    (g) Statistical sampling – An approach to sampling that has the following characteristics:
        (i) Random selection of the sample items; and

---

[1] ISA 500, "Audit Evidence."

Einleitung

Anwendungsbereich

1. Dieser International Standard on Auditing (ISA) findet Anwendung, wenn sich der Abschlussprüfer dazu entschieden hat, bei der Durchführung von Prüfungshandlungen Stichprobenprüfungen anzuwenden. Er behandelt die Anwendung statistischer und nichtstatistischer Stichprobenverfahren durch den Abschlussprüfer bei der Konzeption und Auswahl der Prüfungsstichprobe, die Durchführung von Funktions- und Einzelfallprüfungen sowie die Auswertung der Stichprobenergebnisse.

2. Dieser ISA ergänzt ISA 500[1], der die Pflicht des Abschlussprüfers behandelt, Prüfungshandlungen zur Erlangung ausreichender geeigneter Prüfungsnachweise zu planen und durchzuführen, um begründete Schlussfolgerungen als Grundlage für das Prüfungsurteil ziehen zu können. ISA 500 enthält erläuternde Hinweise zu den Verfahren, die dem Abschlussprüfer zur Auswahl der Prüfungselemente zur Verfügung stehen, von denen die Stichprobenprüfung ein Verfahren darstellt.

Anwendungszeitpunkt

3. Dieser ISA gilt für die Prüfung von Abschlüssen für Zeiträume, die am oder nach dem 15.12.2009 beginnen.

Ziel

4. Ziel des Abschlussprüfers bei der Anwendung von Stichprobenprüfungen ist es, eine hinreichende Grundlage zu schaffen, um Schlussfolgerungen über die Grundgesamtheit zu ziehen, aus der die Stichprobe ausgewählt wurde.

Definitionen

5. Für die Zwecke der ISA gelten die nachstehenden Begriffsbestimmungen:

    (a) Stichprobenprüfung – Die Anwendung von Prüfungshandlungen auf weniger als 100 % der Elemente einer prüfungsrelevanten Grundgesamtheit, so dass alle Stichprobenelemente eine Chance haben, ausgewählt zu werden, um dem Abschlussprüfer eine hinreichende Grundlage für Schlussfolgerungen über die Grundgesamtheit zu verschaffen.

    (b) Grundgesamtheit – Die Gesamtmenge an Daten, aus der eine Stichprobe ausgewählt wird und über die der Abschlussprüfer Schlussfolgerungen zu ziehen beabsichtigt.

    (c) Stichprobenrisiko – Das Risiko, dass die stichprobenbasierte Schlussfolgerung des Abschlussprüfers von der Schlussfolgerung abweicht, wenn die vollständige Grundgesamtheit Gegenstand derselben Prüfungshandlung wäre. Das Stichprobenrisiko kann zu zwei Arten von falschen Schlussfolgerungen führen:

    (i) Bei Funktionsprüfungen die Schlussfolgerung, Kontrollen seien wirksamer, als sie tatsächlich sind, oder bei Einzelfallprüfungen die Schlussfolgerung, es liege keine wesentliche falsche Darstellung vor, obwohl dies tatsächlich der Fall ist. Der Abschlussprüfer legt sein Hauptaugenmerk auf diese Art der falschen Schlussfolgerung, da sie sich auf die Wirksamkeit der Abschlussprüfung auswirkt und mit höherer Wahrscheinlichkeit zu einem unangemessenen Prüfungsurteil führt.

    (ii) Bei Funktionsprüfungen die Schlussfolgerung, Kontrollen seien weniger wirksam, als sie tatsächlich sind, oder bei Einzelfallprüfungen die Schlussfolgerung, es liege eine wesentliche falsche Darstellung vor, obwohl dies tatsächlich nicht der Fall ist. Diese Art von falscher Schlussfolgerung wirkt sich auf die Wirtschaftlichkeit der Abschlussprüfung aus, da sie in der Regel zusätzliche Arbeit nach sich zieht, um die ursprünglichen Schlussfolgerungen zu widerlegen.

    (d) Nicht-Stichprobenrisiko – Das Risiko, dass der Abschlussprüfer aus einem Grund, der nicht mit dem Stichprobenrisiko zusammenhängt, zu einer falschen Schlussfolgerung gelangt. (Vgl. Tz. A1)

    (e) Anomalie – Eine falsche Darstellung oder eine Abweichung, die nachweisbar nicht repräsentativ für falsche Darstellungen oder Abweichungen in einer Grundgesamtheit ist.

    (f) Stichprobenelement – Die einzelnen Elemente, die eine Grundgesamtheit bilden. (Vgl. Tz. A2)

    (g) Statistisches Stichprobenverfahren – Ein Stichprobenansatz mit den folgenden Merkmalen:

    (i) zufallsgesteuerte Auswahl der Stichprobenelemente und

---

[1] ISA 500 „Prüfungsnachweise".

(ii) The use of probability theory to evaluate sample results, including measurement of sampling risk.

A sampling approach that does not have characteristics (i) and (ii) is considered non-statistical sampling.

(h) Stratification – The process of dividing a population into sub-populations, each of which is a group of sampling units which have similar characteristics (often monetary value).

(i) Tolerable misstatement – A monetary amount set by the auditor in respect of which the auditor seeks to obtain an appropriate level of assurance that the monetary amount set by the auditor is not exceeded by the actual misstatement in the population. (Ref: Para. A3)

(j) Tolerable rate of deviation – A rate of deviation from prescribed internal control procedures set by the auditor in respect of which the auditor seeks to obtain an appropriate level of assurance that the rate of deviation set by the auditor is not exceeded by the actual rate of deviation in the population.

Requirements

Sample Design, Size, and Selection of Items for Testing

6. When designing an audit sample, the auditor shall consider the purpose of the audit procedure and the characteristics of the population from which the sample will be drawn. (Ref: Para. A4–A9)

7. The auditor shall determine a sample size sufficient to reduce sampling risk to an acceptably low level. (Ref: Para. A10–A11)

8. The auditor shall select items for the sample in such a way that each sampling unit in the population has a chance of selection. (Ref: Para. A12–A13)

Performing Audit Procedures

9. The auditor shall perform audit procedures, appropriate to the purpose, on each item selected.

10. If the audit procedure is not applicable to the selected item, the auditor shall perform the procedure on a replacement item. (Ref: Para. A14)

11. If the auditor is unable to apply the designed audit procedures, or suitable alternative procedures, to a selected item, the auditor shall treat that item as a deviation from the prescribed control, in the case of tests of controls, or a misstatement, in the case of tests of details. (Ref: Para. A15–A16)

Nature and Cause of Deviations and Misstatements

12. The auditor shall investigate the nature and cause of any deviations or misstatements identified, and evaluate their possible effect on the purpose of the audit procedure and on other areas of the audit. (Ref: Para. A17)

13. In the extremely rare circumstances when the auditor considers a misstatement or deviation discovered in a sample to be an anomaly, the auditor shall obtain a high degree of certainty that such misstatement or deviation is not representative of the population. The auditor shall obtain this degree of certainty by performing additional audit procedures to obtain sufficient appropriate audit evidence that the misstatement or deviation does not affect the remainder of the population.

Projecting Misstatements

14. For tests of details, the auditor shall project misstatements found in the sample to the population. (Ref: Para. A18–A20)

Evaluating Results of Audit Sampling

15. The auditor shall evaluate:

    (a) The results of the sample; and (Ref: Para. A21–A22)

    (b) Whether the use of audit sampling has provided a reasonable basis for conclusions about the population that has been tested. (Ref: Para. A23)

Stichprobenprüfungen ISA 530

(ii) Anwendung der Wahrscheinlichkeitstheorie zur Auswertung der Stichprobenergebnisse, einschließlich der Bewertung des Stichprobenrisikos.

Ein Stichprobenansatz, der nicht die Merkmale (i) und (ii) aufweist, wird als nichtstatistisches Stichprobenverfahren angesehen.

(h) Schichtung – Der Prozess der Unterteilung einer Grundgesamtheit in Teilgrundgesamtheiten, die jeweils eine Gruppe von Stichprobenelementen mit ähnlichen Eigenschaften (häufig Geldbetrag) darstellen.

(i) Tolerierbare falsche Darstellung – Ein vom Abschlussprüfer festgelegter Geldbetrag, für den der Abschlussprüfer anstrebt, einen angemessenen Grad an Prüfungssicherheit darüber zu erreichen, dass er nicht durch die tatsächliche falsche Darstellung in der Grundgesamtheit überschritten wird. (Vgl. Tz. A3)

(j) Tolerierbarer Abweichungsgrad – Ein vom Abschlussprüfer festgelegter Grad der Abweichung von vorgesehenen internen Kontrollverfahren, für den der Abschlussprüfer anstrebt, einen angemessenen Grad an Prüfungssicherheit darüber zu erreichen, dass er nicht durch den tatsächlichen Abweichungsgrad in der Grundgesamtheit überschritten wird.

Anforderungen

Konzeption und Umfang der Stichprobe sowie Auswahl der Prüfungselemente

6. Bei der Konzeption einer Prüfungsstichprobe muss der Abschlussprüfer den Zweck der Prüfungshandlung und die Merkmale der Grundgesamtheit berücksichtigen, aus der die Stichprobe gezogen wird. (Vgl. Tz. A4-A9)

7. Der Abschlussprüfer muss einen Stichprobenumfang festlegen, der ausreicht, um das Stichprobenrisiko auf ein vertretbar niedriges Maß zu reduzieren. (Vgl. Tz. A10-A11)

8. Der Abschlussprüfer muss Elemente für die Stichprobe so auswählen, dass für jedes Stichprobenelement in der Grundgesamtheit eine Chance besteht, ausgewählt zu werden. (Vgl. Tz. A12-A13)

Durchführung von Prüfungshandlungen

9. Der Abschlussprüfer muss Prüfungshandlungen für die einzelnen ausgewählten Elemente durchführen, die für den jeweiligen Zweck geeignet sind.

10. Wenn die Prüfungshandlung nicht auf das ausgewählte Element anwendbar ist, muss der Abschlussprüfer die Handlung an einem Ersatzelement durchführen. (Vgl. Tz. A14)

11. Wenn es dem Abschlussprüfer nicht möglich ist, die geplanten Prüfungshandlungen oder geeignete alternative Handlungen auf ein ausgewähltes Element anzuwenden, muss dieses Element bei Funktionsprüfungen als Abweichung von der vorgesehenen Kontrolle bzw. bei Einzelfallprüfungen als falsche Darstellung behandelt werden. (Vgl. Tz. A15-A16)

Art und Ursache von Abweichungen und falschen Darstellungen

12. Der Abschlussprüfer muss Art und Ursache von festgestellten Abweichungen oder falschen Darstellungen untersuchen und ihre möglichen Auswirkungen auf den Zweck der betreffenden Prüfungshandlung sowie auf andere Gebiete der Prüfung beurteilen. (Vgl. Tz. A17)

13. In den äußerst seltenen Fällen, in denen der Abschlussprüfer eine in einer Stichprobe entdeckte falsche Darstellung oder Abweichung als Anomalie ansieht, muss der Abschlussprüfer ein hohes Maß an Sicherheit darüber erlangen, dass diese falsche Darstellung oder Abweichung nicht repräsentativ für die Grundgesamtheit ist. Um dieses Maß an Sicherheit zu erlangen, muss der Abschlussprüfer zusätzliche Prüfungshandlungen durchführen, um ausreichende geeignete Prüfungsnachweise darüber zu erlangen, dass sich die falsche Darstellung oder Abweichung nicht auf die restliche Grundgesamtheit auswirkt.

Hochrechnung falscher Darstellungen

14. Bei Einzelfallprüfungen muss der Abschlussprüfer in der Stichprobe festgestellte falsche Darstellungen auf die Grundgesamtheit hochrechnen. (Vgl. Tz. A18-A20)

Auswertung der Ergebnisse der Stichprobenprüfung

15. Der Abschlussprüfer muss Folgendes beurteilen:
    (a) die Stichprobenergebnisse und (Vgl. Tz. A21-A22)
    (b) ob die Anwendung von Stichprobenprüfungen eine hinreichende Grundlage für Schlussfolgerungen über die geprüfte Grundgesamtheit geliefert hat. (Vgl. Tz. A23)

***

Application and Other Explanatory Material

Definitions

Non-Sampling Risk (Ref: Para. 5(d))

A1. Examples of non-sampling risk include use of inappropriate audit procedures, or misinterpretation of audit evidence and failure to recognize a misstatement or deviation.

Sampling Unit (Ref: Para. 5(f))

A2. The sampling units might be physical items (for example, checks listed on deposit slips, credit entries on bank statements, sales invoices or debtors' balances) or monetary units.

Tolerable Misstatement (Ref: Para. 5(i))

A3. When designing a sample, the auditor determines tolerable misstatement in order to address the risk that the aggregate of individually immaterial misstatements may cause the financial statements to be materially misstated and provide a margin for possible undetected misstatements. Tolerable misstatement is the application of performance materiality, as defined in ISA 320,[2] to a particular sampling procedure. Tolerable misstatement may be the same amount or an amount lower than performance materiality.

Sample Design, Size, and Selection of Items for Testing

Sample Design (Ref: Para. 6)

A4. Audit sampling enables the auditor to obtain and evaluate audit evidence about some characteristic of the items selected in order to form or assist in forming a conclusion concerning the population from which the sample is drawn. Audit sampling can be applied using either non-statistical or statistical sampling approaches.

A5. When designing an audit sample, the auditor's consideration includes the specific purpose to be achieved and the combination of audit procedures that is likely to best achieve that purpose. Consideration of the nature of the audit evidence sought and possible deviation or misstatement conditions or other characteristics relating to that audit evidence will assist the auditor in defining what constitutes a deviation or misstatement and what population to use for sampling. In fulfilling the requirement of paragraph 10 of ISA 500, when performing audit sampling, the auditor performs audit procedures to obtain evidence that the population from which the audit sample is drawn is complete.

A6. The auditor's consideration of the purpose of the audit procedure, as required by paragraph 6, includes a clear understanding of what constitutes a deviation or misstatement so that all, and only those, conditions that are relevant to the purpose of the audit procedure are included in the evaluation of deviations or projection of misstatements. For example, in a test of details relating to the existence of accounts receivable, such as confirmation, payments made by the customer before the confirmation date but received shortly after that date by the client, are not considered a misstatement. Also, a misposting between customer accounts does not affect the total accounts receivable balance. Therefore, it may not be appropriate to consider this a misstatement in evaluating the sample results of this particular audit procedure, even though it may have an important effect on other areas of the audit, such as the assessment of the risk of fraud or the adequacy of the allowance for doubtful accounts.

A7. In considering the characteristics of a population, for tests of controls, the auditor makes an assessment of the expected rate of deviation based on the auditor's understanding of the relevant controls or on the examination of a small number of items from the population. This assessment is made in order to design

---

2) ISA 320, "Materiality in Planning and Performing an Audit," paragraph 9.

***

Anwendungshinweise und sonstige Erläuterungen

Definitionen

Nicht-Stichprobenrisiko (Vgl. Tz. 5(d))

A1. Zu Beispielen für das Nicht-Stichprobenrisiko gehören die Anwendung ungeeigneter Prüfungshandlungen oder die falsche Auslegung von Prüfungsnachweisen sowie das Nichterkennen von falschen Darstellungen oder Abweichungen.

Stichprobenelement (Vgl. Tz. 5(f))

A2. Die Stichprobenelemente können physische Elemente (bspw. auf Scheckeinreichern verzeichnete Schecks, Gutschriften auf Bankkontoauszügen, Verkaufsrechnungen oder Debitorensalden) oder Geldeinheiten sein.

Tolerierbare falsche Darstellung (Vgl. Tz. 5(i))

A3. Bei der Konzeption einer Stichprobe legt der Abschlussprüfer eine tolerierbare falsche Darstellung fest, um dem Risiko zu begegnen, dass die Summe falscher Darstellungen, die einzeln betrachtet unwesentlich sind, dazu führen kann, dass der Abschluss wesentliche falsche Darstellungen enthält, und um einen Spielraum für mögliche nicht aufgedeckte falsche Darstellungen zu schaffen. Eine tolerierbare falsche Darstellung ist die Anwendung der Toleranzwesentlichkeit, wie in ISA 320[2)] definiert, auf ein bestimmtes Stichprobenverfahren. Der Betrag der tolerierbaren falschen Darstellung kann der Toleranzwesentlichkeit entsprechen oder niedriger sein.

Konzeption und Umfang der Stichprobe sowie Auswahl der Prüfungselemente

Konzeption der Stichprobe (Vgl. Tz. 6)

A4. Stichprobenprüfungen ermöglichen es dem Abschlussprüfer, Prüfungsnachweise über gewisse Merkmale der ausgewählten Elemente zu erlangen und zu beurteilen, um eine Schlussfolgerung über die Grundgesamtheit, aus der die Stichprobe gezogen wird, zu ermöglichen oder eine solche zu unterstützen. Bei einer Stichprobenprüfung können nichtstatistische oder statistische Stichprobenansätze zugrunde gelegt werden.

A5. Bei der Konzeption einer Prüfungsstichprobe wägt der Abschlussprüfer auch den spezifischen zu erreichenden Zweck ab und die Kombination von Prüfungshandlungen, mit der dieser Zweck wahrscheinlich am besten erreicht wird. Die Berücksichtigung der Art der angestrebten Prüfungsnachweise sowie möglicher Bedingungen für Abweichungen oder falsche Darstellungen im Zusammenhang mit den betreffenden Prüfungsnachweisen unterstützt den Abschlussprüfer bei der Bestimmung, was eine Abweichung oder eine falsche Darstellung darstellt und welche Grundgesamtheit für die Stichprobenprüfung zu verwenden ist. Um der Anforderung in Textziffer 10 von ISA 500 gerecht zu werden, führt der Abschlussprüfer bei Stichprobenprüfungen Prüfungshandlungen durch, um Nachweise darüber zu erlangen, dass die Grundgesamtheit, aus der die Prüfungsstichprobe gezogen wurde, vollständig ist.

A6. Die Berücksichtigung des Zwecks der Prüfungshandlung durch den Abschlussprüfer, wie in Textziffer 6 gefordert, schließt ein klares Verständnis davon ein, was eine Abweichung oder eine falsche Darstellung darstellt, so dass nur die Bedingungen, die für den Zweck der Prüfungshandlung relevant sind, in die Beurteilung von Abweichungen oder in die Hochrechnung von falschen Darstellungen einbezogen werden. Beispielsweise gelten bei einer auf das Vorhandensein von Forderungen ausgerichteten Einzelfallprüfung (z. B. bei einer Saldenbestätigung) Zahlungen des Kunden vor dem Datum dieser Bestätigung, die der Mandant erst kurz nach diesem Datum erhalten hat, nicht als falsche Darstellung. Ebenso beeinflusst eine falsche Zuordnung zwischen Kundenkonten nicht den Gesamtsaldo der Forderungen. Daher ist es möglicherweise nicht angemessen, dies bei der Auswertung der Stichprobenergebnisse für diese betreffende Prüfungshandlung als falsche Darstellung anzusehen, auch wenn es möglicherweise bedeutende Auswirkungen auf andere Bereiche der Prüfung hat (z. B. die Beurteilung des Risikos von dolosen Handlungen oder der Angemessenheit der Wertberichtigung zu zweifelhaften Forderungen).

A7. Bei der Einschätzung der Merkmale einer Grundgesamtheit beurteilt der Abschlussprüfer bei Funktionsprüfungen den erwarteten Abweichungsgrad auf der Grundlage des Verständnisses des Abschlussprüfers der relevanten Kontrollen oder aufgrund der Untersuchung einer kleinen Anzahl von

---

[2)] ISA 320 „Die Wesentlichkeit bei der Planung und Durchführung einer Abschlussprüfung", Textziffer 9.

an audit sample and to determine sample size. For example, if the expected rate of deviation is unacceptably high, the auditor will normally decide not to perform tests of controls. Similarly, for tests of details, the auditor makes an assessment of the expected misstatement in the population. If the expected misstatement is high, 100% examination or use of a large sample size may be appropriate when performing tests of details.

A8. In considering the characteristics of the population from which the sample will be drawn, the auditor may determine that stratification or value-weighted selection is appropriate. Appendix 1 provides further discussion on stratification and value-weighted selection.

A9. The decision whether to use a statistical or non-statistical sampling approach is a matter for the auditor's judgment; however, sample size is not a valid criterion to distinguish between statistical and non-statistical approaches.

Sample Size (Ref: Para. 7)

A10. The level of sampling risk that the auditor is willing to accept affects the sample size required. The lower the risk the auditor is willing to accept, the greater the sample size will need to be.

A11. The sample size can be determined by the application of a statistically-based formula or through the exercise of professional judgment. Appendices 2 and 3 indicate the influences that various factors typically have on the determination of sample size. When circumstances are similar, the effect on sample size of factors such as those identified in Appendices 2 and 3 will be similar regardless of whether a statistical or non-statistical approach is chosen.

Selection of Items for Testing (Ref: Para. 8)

A12. With statistical sampling, sample items are selected in a way that each sampling unit has a known probability of being selected. With non-statistical sampling, judgment is used to select sample items. Because the purpose of sampling is to provide a reasonable basis for the auditor to draw conclusions about the population from which the sample is selected, it is important that the auditor selects a representative sample, so that bias is avoided, by choosing sample items which have characteristics typical of the population.

A13. The principal methods of selecting samples are the use of random selection, systematic selection and haphazard selection. Each of these methods is discussed in Appendix 4.

Performing Audit Procedures (Ref: Para. 10–11)

A14. An example of when it is necessary to perform the procedure on a replacement item is when a voided check is selected while testing for evidence of payment authorization. If the auditor is satisfied that the check has been properly voided such that it does not constitute a deviation, an appropriately chosen replacement is examined.

A15. An example of when the auditor is unable to apply the designed audit procedures to a selected item is when documentation relating to that item has been lost.

A16. An example of a suitable alternative procedure might be the examination of subsequent cash receipts together with evidence of their source and the items they are intended to settle when no reply has been received in response to a positive confirmation request.

Nature and Cause of Deviations and Misstatements (Ref: Para. 12)

A17. In analyzing the deviations and misstatements identified, the auditor may observe that many have a common feature, for example, type of transaction, location, product line or period of time. In such

Elementen aus der Grundgesamtheit. Diese Beurteilung dient dazu, eine Prüfungsstichprobe zu konzipieren und den Stichprobenumfang festzulegen. Wenn bspw. der erwartete Abweichungsgrad unvertretbar hoch ist, wird sich der Abschlussprüfer normalerweise dafür entscheiden, keine Funktionsprüfungen durchzuführen. In gleicher Weise beurteilt der Abschlussprüfer bei Einzelfallprüfungen die erwartete falsche Darstellung in der Grundgesamtheit. Wenn die erwartete falsche Darstellung hoch ist, kann eine vollständige Untersuchung oder die Verwendung eines großen Stichprobenumfangs bei Einzelfallprüfungen angemessen sein.

A8. Bei der Einschätzung der Merkmale der Grundgesamtheit, aus der die Stichprobe gezogen wird, kann der Abschlussprüfer festlegen, dass eine Schichtung oder eine wertproportionale Auswahl angemessen ist. In Anlage 1 werden Schichtung und wertproportionale Auswahl ausführlicher behandelt.

A9. Die Entscheidung, ob ein statistischer oder ein nichtstatistischer Stichprobenansatz angewendet werden soll, liegt im pflichtgemäßen Ermessen des Abschlussprüfers. Der Stichprobenumfang ist jedoch kein zulässiges Kriterium für die Unterscheidung zwischen statistischen und nichtstatistischen Ansätzen.

Stichprobenumfang (Vgl. Tz. 7)

A10. Das Maß des Stichprobenrisikos, das der Abschlussprüfer zu akzeptieren bereit ist, wirkt sich auf den erforderlichen Stichprobenumfang aus. Je geringer das Risiko ist, das der Abschlussprüfer zu akzeptieren bereit ist, desto größer muss der Stichprobenumfang sein.

A11. Der Stichprobenumfang kann durch Anwendung einer statistikbasierten Formel oder durch die Ausübung pflichtgemäßen Ermessens festgelegt werden. In den Anlagen 2 und 3 sind die typischen Einflüsse verschiedener Faktoren auf die Festlegung des Stichprobenumfangs dargelegt. Unter gleichartigen Umständen haben Faktoren wie die in den Anlagen 2 und 3 bestimmten gleichartige Auswirkungen auf den Stichprobenumfang, unabhängig davon, ob ein statistischer oder ein nichtstatistischer Ansatz gewählt wird.

Auswahl der Prüfungselemente (Vgl. Tz. 8)

A12. Bei statistischen Stichprobenverfahren werden die Stichprobenelemente so ausgewählt, dass für jedes Stichprobenelement eine bekannte Auswahlwahrscheinlichkeit besteht. Bei nichtstatistischen Stichprobenverfahren basiert die Auswahl der Stichprobenelemente auf pflichtgemäßem Ermessen. Da der Zweck einer Stichprobenprüfung darin besteht, eine hinreichende Grundlage für Schlussfolgerungen des Abschlussprüfers über die Grundgesamtheit zu schaffen, aus der die Stichprobe ausgewählt wird, ist es wichtig, dass der Abschlussprüfer eine repräsentative Stichprobe auswählt, so dass eine systematische Verzerrung vermieden wird, indem Stichprobenelemente ausgewählt werden, die typische Merkmale der Grundgesamtheit aufweisen.

A13. Die wichtigsten Methoden der Stichprobenauswahl sind die Anwendung der zufallsgesteuerten Auswahl, der systematischen Auswahl und der Auswahl aufs Geratewohl. Jede dieser Methoden wird in Anlage 4 besprochen.

Durchführung von Prüfungshandlungen (Vgl. Tz. 10–11)

A14. Ein Beispiel für die Notwendigkeit, die Prüfungshandlung an einem Ersatzelement durchzuführen, ist die Auswahl eines ungültigen Schecks bei der Prüfung des Nachweises einer genehmigten Auszahlung. Wenn sich der Abschlussprüfer vergewissert hat, dass der Scheck ordnungsgemäß für ungültig erklärt wurde und daher keine Abweichung darstellt, untersucht er einen angemessen gewählten Ersatz.

A15. Eine Situation, in der es dem Abschlussprüfer nicht möglich ist, die geplanten Prüfungshandlungen auf ein ausgewähltes Element anzuwenden, liegt bspw. vor, wenn die Dokumentation über das betreffende Element verloren gegangen ist.

A16. Wenn auf eine positive Bestätigungsanfrage keine Antwort erhalten wird, kann eine geeignete alternative Prüfungshandlung bspw. die Untersuchung von Zahlungseingängen bei der Einheit[*)] nach dem Abschlussstichtag sein zusammen mit Nachweisen über ihre Quelle und die Posten, die dadurch ausgeglichen werden sollen.

Art und Ursache von Abweichungen und falschen Darstellungen (Vgl. Tz. 12)

A17. Bei der Analyse der festgestellten Abweichungen und falschen Darstellungen kann der Abschlussprüfer die Beobachtung machen, dass viele ein gemeinsames Merkmal aufweisen (bspw. Art des

---

[*)] Der Begriff „Einheit" wird für *entity* neu eingeführt. Bei der zu prüfenden Einheit kann es sich um ein Unternehmen, einen Einzelkaufmann, eine Gesellschaft bürgerlichen Rechts (Schweiz: einfache Gesellschaft), eine Gebietskörperschaft, eine Anstalt des öffentlichen Rechts, einen Konzern oder eine nicht rechtlich abgegrenzte wirtschaftliche Einheit handeln. Eine Übersetzung mit „Unternehmen" oder „Gesellschaft" wäre deshalb unzureichend. So kann sich *entity* sogar auf eine nicht selbständige Niederlassung oder Sparte beziehen, für die eigenständig Rechnung gelegt wird.

Projecting Misstatements (Ref: Para. 14)

A18. The auditor is required to project misstatements for the population to obtain a broad view of the scale of misstatement but this projection may not be sufficient to determine an amount to be recorded.

A19. When a misstatement has been established as an anomaly, it may be excluded when projecting misstatements to the population. However, the effect of any such misstatement, if uncorrected, still needs to be considered in addition to the projection of the non-anomalous misstatements.

A20. For tests of controls, no explicit projection of deviations is necessary since the sample deviation rate is also the projected deviation rate for the population as a whole. ISA 330[3] provides guidance when deviations from controls upon which the auditor intends to rely are detected.

Evaluating Results of Audit Sampling (Ref: Para. 15)

A21. For tests of controls, an unexpectedly high sample deviation rate may lead to an increase in the assessed risk of material misstatement, unless further audit evidence substantiating the initial assessment is obtained. For tests of details, an unexpectedly high misstatement amount in a sample may cause the auditor to believe that a class of transactions or account balance is materially misstated, in the absence of further audit evidence that no material misstatement exists.

A22. In the case of tests of details, the projected misstatement plus anomalous misstatement, if any, is the auditor's best estimate of misstatement in the population. When the projected misstatement plus anomalous misstatement, if any, exceeds tolerable misstatement, the sample does not provide a reasonable basis for conclusions about the population that has been tested. The closer the projected misstatement plus anomalous misstatement is to tolerable misstatement, the more likely that actual misstatement in the population may exceed tolerable misstatement. Also if the projected misstatement is greater than the auditor's expectations of misstatement used to determine the sample size, the auditor may conclude that there is an unacceptable sampling risk that the actual misstatement in the population exceeds the tolerable misstatement. Considering the results of other audit procedures helps the auditor to assess the risk that actual misstatement in the population exceeds tolerable misstatement, and the risk may be reduced if additional audit evidence is obtained.

A23. If the auditor concludes that audit sampling has not provided a reasonable basis for conclusions about the population that has been tested, the auditor may:
- Request management to investigate misstatements that have been identified and the potential for further misstatements and to make any necessary adjustments; or
- Tailor the nature, timing and extent of those further audit procedures to best achieve the required assurance. For example, in the case of tests of controls, the auditor might extend the sample size, test an alternative control or modify related substantive procedures.

---

3) ISA 330, "The Auditor's Responses to Assessed Risks," paragraph 17.

Geschäftsvorfalls, Ort, Produktlinie oder Zeitraum). In solchen Fällen kann der Abschlussprüfer sich dafür entscheiden, alle Elemente in der Grundgesamtheit, die das gemeinsame Merkmal besitzen, zu identifizieren und die Prüfungshandlungen auf diese Elemente auszudehnen. Solche Abweichungen oder falschen Darstellungen können zudem absichtlich sein und auf mögliche dolose Handlungen hindeuten.

Hochrechnung falscher Darstellungen (Vgl. Tz. 14)

A18. Der Abschlussprüfer muss falsche Darstellungen auf die Grundgesamtheit hochrechnen, um einen umfassenden Überblick über das Ausmaß der falschen Darstellungen zu erhalten. Diese Hochrechnung reicht jedoch möglicherweise nicht aus, um einen zu verbuchenden Betrag festzulegen.

A19. Wenn eine falsche Darstellung als Anomalie ermittelt wurde, kann diese bei der Hochrechnung falscher Darstellungen auf die Grundgesamtheit ausgeschlossen werden. Die Auswirkungen solcher falschen Darstellungen, sofern sie nicht korrigiert wurden, müssen jedoch weiterhin zusätzlich zu der Hochrechnung der nicht anomalen falschen Darstellungen berücksichtigt werden.

A20. Bei Funktionsprüfungen ist keine explizite Hochrechnung von Abweichungen notwendig, da der Abweichungsgrad in der Stichprobe auch der hochgerechnete Abweichungsgrad für die Grundgesamtheit als Ganzes ist. ISA 330[3] enthält erläuternde Hinweise für den Fall, dass Abweichungen von Kontrollen aufgedeckt werden, auf die sich der Abschlussprüfer verlassen will.

Auswertung der Ergebnisse der Stichprobenprüfung (Vgl. Tz. 15)

A21. Bei Funktionsprüfungen kann ein unerwartet hoher Abweichungsgrad in der Stichprobe zu einem Anstieg des beurteilten Risikos wesentlicher falscher Darstellungen führen, sofern nicht weitere Prüfungsnachweise erlangt werden, welche die ursprüngliche Beurteilung untermauern. Bei Einzelfallprüfungen kann ein unerwartet hoher Betrag falscher Darstellungen in einer Stichprobe den Abschlussprüfer zu der Annahme führen, eine Art von Geschäftsvorfällen oder ein Kontensaldo enthalte eine wesentliche falsche Darstellung, solange keine weiteren Prüfungsnachweise dafür vorliegen, dass keine wesentliche falsche Darstellung vorhanden ist.

A22. Bei Einzelfallprüfungen stellt die hochgerechnete falsche Darstellung zuzüglich etwaiger anomaler falscher Darstellungen die beste Schätzung des Abschlussprüfers zu falschen Darstellungen in der Grundgesamtheit dar. Wenn die hochgerechnete falsche Darstellung zuzüglich etwaiger anomaler falscher Darstellungen die tolerierbare falsche Darstellung überschreitet, bildet die Stichprobe keine hinreichende Grundlage für Schlussfolgerungen über die geprüfte Grundgesamtheit. Je näher die hochgerechnete falsche Darstellung zuzüglich etwaiger anomaler falscher Darstellungen an der tolerierbaren falschen Darstellung liegt, desto wahrscheinlicher ist es, dass die tatsächliche falsche Darstellung in der Grundgesamtheit die tolerierbare falsche Darstellung überschreiten kann. Außerdem kann der Abschlussprüfer für den Fall, dass die hochgerechnete falsche Darstellung größer ist als die Erwartungen des Abschlussprüfers über falsche Darstellungen, anhand derer er den Stichprobenumfang festgelegt hat, zu der Schlussfolgerung gelangen, dass ein unvertretbares Stichprobenrisiko, dass die tatsächliche falsche Darstellung in der Grundgesamtheit die tolerierbare falsche Darstellung überschreitet, besteht. Die Berücksichtigung der Ergebnisse anderer Prüfungshandlungen unterstützt den Abschlussprüfer bei der Beurteilung des Risikos, dass die tatsächliche falsche Darstellung in der Grundgesamtheit die tolerierbare falsche Darstellung überschreitet. Dieses Risiko kann durch Einholung zusätzlicher Prüfungsnachweise verringert werden.

A23. Wenn der Abschlussprüfer zu dem Schluss gelangt, dass die Stichprobenprüfung keine hinreichende Grundlage für Schlussfolgerungen über die geprüfte Grundgesamtheit geliefert hat, kann er

- das Management auffordern, festgestellte falsche Darstellungen sowie die Möglichkeit weiterer falscher Darstellungen zu untersuchen und alle notwendigen Anpassungen vorzunehmen, oder
- Art, zeitliche Einteilung und Umfang dieser weiteren Prüfungshandlungen so konzipieren, dass die benötigte Prüfungssicherheit am besten erreicht wird. So könnte der Abschlussprüfer bspw. bei Funktionsprüfungen den Stichprobenumfang ausdehnen, eine alternative Kontrolle prüfen oder diesbezügliche aussagebezogene Prüfungshandlungen[*] anpassen.

---

3) ISA 330 „Die Reaktionen des Abschlussprüfers auf beurteilte Risiken", Textziffer 17.
*) In Österreich: materielle Prüfungshandlungen.

Appendix 1
(Ref: Para. A8)

Stratification and Value-Weighted Selection

In considering the characteristics of the population from which the sample will be drawn, the auditor may determine that stratification or value-weighted selection is appropriate. This Appendix provides guidance to the auditor on the use of stratification and value-weighted sampling techniques.

Stratification

1. Audit efficiency may be improved if the auditor stratifies a population by dividing it into discrete sub-populations which have an identifying characteristic. The objective of stratification is to reduce the variability of items within each stratum and therefore allow sample size to be reduced without increasing sampling risk.

2. When performing tests of details, the population is often stratified by monetary value. This allows greater audit effort to be directed to the larger value items, as these items may contain the greatest potential misstatement in terms of overstatement. Similarly, a population may be stratified according to a particular characteristic that indicates a higher risk of misstatement, for example, when testing the allowance for doubtful accounts in the valuation of accounts receivable, balances may be stratified by age.

3. The results of audit procedures applied to a sample of items within a stratum can only be projected to the items that make up that stratum. To draw a conclusion on the entire population, the auditor will need to consider the risk of material misstatement in relation to whatever other strata make up the entire population. For example, 20% of the items in a population may make up 90% of the value of an account balance. The auditor may decide to examine a sample of these items. The auditor evaluates the results of this sample and reaches a conclusion on the 90% of value separately from the remaining 10% (on which a further sample or other means of gathering audit evidence will be used, or which may be considered immaterial).

4. If a class of transactions or account balance has been divided into strata, the misstatement is projected for each stratum separately. Projected misstatements for each stratum are then combined when considering the possible effect of misstatements on the total class of transactions or account balance.

Value-Weighted Selection

5. When performing tests of details it may be efficient to identify the sampling unit as the individual monetary units that make up the population. Having selected specific monetary units from within the population, for example, the accounts receivable balance, the auditor may then examine the particular items, for example, individual balances, that contain those monetary units. One benefit of this approach to defining the sampling unit is that audit effort is directed to the larger value items because they have a greater chance of selection, and can result in smaller sample sizes. This approach may be used in conjunction with the systematic method of sample selection (described in Appendix 4) and is most efficient when selecting items using random selection.

Anlage 1
(Vgl. Tz. A8)

Schichtung und wertproportionale Auswahl

Bei der Einschätzung der Merkmale der Grundgesamtheit, aus der die Stichprobe gezogen wird, kann der Abschlussprüfer festlegen, dass eine Schichtung oder eine wertproportionale Auswahl angemessen ist. Diese Anlage enthält erläuternde Hinweise für den Abschlussprüfer zur Anwendung von Schichtung und wertproportionaler Auswahl bei Stichprobenverfahren.

Schichtung

1. Die Wirtschaftlichkeit der Abschlussprüfung kann verbessert werden, wenn der Abschlussprüfer eine Grundgesamtheit durch Unterteilung in einzelne Teilgrundgesamtheiten schichtet, die kennzeichnende Merkmale aufweisen. Ziel der Schichtung ist es, die Variabilität der Elemente innerhalb jeder Schicht zu verringern und daher eine Verringerung des Stichprobenumfangs ohne Anstieg des Stichprobenrisikos zu ermöglichen.

2. Bei Einzelfallprüfungen wird die Grundgesamtheit häufig nach dem Geldwert geschichtet. Dies erlaubt es, die Prüfungsarbeiten stärker auf die höherwertigen Elemente auszurichten, da diese das größte Potenzial für falsche Darstellungen im Sinne einer Überbewertung enthalten können. In gleicher Weise kann eine Grundgesamtheit nach einem bestimmten Merkmal geschichtet werden, das auf ein höheres Risiko falscher Darstellungen hindeutet. Wenn bspw. bei der Bewertung von Forderungen die Wertberichtigung zu zweifelhaften Forderungen geprüft wird, können Salden nach Alter geschichtet werden.

3. Die Ergebnisse von Prüfungshandlungen, die auf eine Stichprobe von Elementen innerhalb einer Schicht angewandt werden, können nur auf die Elemente hochgerechnet werden, welche die Schicht bilden. Um eine Schlussfolgerung über die Grundgesamtheit zu ziehen, muss der Abschlussprüfer das Risiko wesentlicher falscher Darstellungen im Zusammenhang mit allen anderen Schichten berücksichtigen, welche die Grundgesamtheit ausmachen. Beispielsweise können 20 % der Elemente in einer Grundgesamtheit 90 % des Werts eines Kontensaldos ausmachen. Der Abschlussprüfer kann sich dafür entscheiden, eine Stichprobe aus diesen Elementen zu untersuchen. Dazu wertet der Abschlussprüfer die Ergebnisse dieser Stichprobe aus und zieht eine Schlussfolgerung für die 90 % des Werts gesondert von den restlichen 10 % (für die eine weitere Stichprobe gezogen oder ein anderes Verfahren zum Erlangen von Prüfungsnachweisen angewandt wird oder die möglicherweise als unwesentlich angesehen werden).

4. Wenn eine Art von Geschäftsvorfällen oder ein Kontensaldo in Schichten unterteilt wurde, wird die falsche Darstellung für jede Schicht separat hochgerechnet. Anschließend werden die hochgerechneten falschen Darstellungen für die einzelnen Schichten zusammengerechnet, wenn die möglichen Auswirkungen der falschen Darstellungen auf die gesamte Art von Geschäftsvorfällen oder den Kontensaldo eingeschätzt werden.

Wertproportionale Auswahl

5. Bei Einzelfallprüfungen kann es effizient sein, als Stichprobenelemente die einzelnen Geldeinheiten festzulegen, welche die Grundgesamtheit bilden. Nachdem der Abschlussprüfer bestimmte Geldeinheiten aus der Grundgesamtheit ausgewählt hat (bspw. den Saldo der Forderungen), kann er die betreffenden Elemente (bspw. Einzelsalden) untersuchen, die diese Geldeinheiten enthalten. Ein Vorteil dieses Ansatzes zur Definition der Stichprobenelemente ist, dass die Prüfungsarbeiten auf die höherwertigen Elemente ausgerichtet werden, da für diese eine höhere Auswahlwahrscheinlichkeit besteht und der Ansatz kann zu kleineren Stichprobenumfängen führen. Dieser Ansatz kann in Verbindung mit der (in Anlage 4 beschriebenen) systematischen Methode der Stichprobenauswahl angewandt werden und ist am effizientesten, wenn die Elemente mittels zufallsgesteuerter Auswahl ausgewählt werden.[*]

---

[*] Gemeint ist, dass bei dem in Anlage 4(b) beschriebenen Verfahren der Ausgangspunkt zufallsgesteuert ausgewählt wird, wodurch die weiteren Stichprobenelemente bestimmt sind (systematisches Verfahren mit Zufallsstart).

Appendix 2
(Ref: Para. A11)

Examples of Factors Influencing Sample Size for Tests of Controls

The following are factors that the auditor may consider when determining the sample size for tests of controls. These factors, which need to be considered together, assume the auditor does not modify the nature or timing of tests of controls or otherwise modify the approach to substantive procedures in response to assessed risks.

FACTOR	EFFECT ON SAMPLE SIZE	
1. An increase in the extent to which the auditor's risk assessment takes into account relevant controls	Increase	The more assurance the auditor intends to obtain from the operating effectiveness of controls, the lower the auditor's assessment of the risk of material misstatement will be, and the larger the sample size will need to be. When the auditor's assessment of the risk of material misstatement at the assertion level includes an expectation of the operating effectiveness of controls, the auditor is required to perform tests of controls. Other things being equal, the greater the reliance the auditor places on the operating effectiveness of controls in the risk assessment, the greater is the extent of the auditor's tests of controls (and therefore, the sample size is increased).
2. An increase in the tolerable rate of deviation	Decrease	The lower the tolerable rate of deviation, the larger the sample size needs to be.
3. An increase in the expected rate of deviation of the population to be tested	Increase	The higher the expected rate of deviation, the larger the sample size needs to be so that the auditor is in a position to make a reasonable estimate of the actual rate of deviation. Factors relevant to the auditor's consideration of the expected rate of deviation include the auditor's understanding of the business (in particular, risk assessment procedures undertaken to obtain an understanding of internal control), changes in personnel or in internal control, the results of audit procedures applied in prior periods and the results of other audit procedures. High expected control deviation rates ordinarily warrant little, if any, reduction of the assessed risk of material misstatement.

Anlage 2
(Vgl. Tz. A11)

Beispiele für Faktoren, die den Stichprobenumfang für Funktionsprüfungen beeinflussen

Die nachstehenden Faktoren kann der Abschlussprüfer bei der Festlegung des Stichprobenumfangs für Funktionsprüfungen berücksichtigen. Bei diesen Faktoren, die zusammen betrachtet werden müssen, wird vorausgesetzt, dass der Abschlussprüfer nicht die Art oder die zeitliche Einteilung von Funktionsprüfungen modifiziert oder anderweitig den Ansatz für aussagebezogene Prüfungshandlungen als Reaktion auf beurteilte Risiken modifiziert.

FAKTOR	AUSWIRKUNG AUF DEN STICHPROBEN-UMFANG	
1. Zunahme des Umfangs, in dem der Abschlussprüfer bei seiner Risikobeurteilung relevante Kontrollen berücksichtigt	Zunahme	Je mehr Prüfungssicherheit der Abschlussprüfer aus der Wirksamkeit von Kontrollen zu erlangen beabsichtigt, desto niedriger wird seine Beurteilung des Risikos wesentlicher falscher Darstellungen sein und desto größer muss der Stichprobenumfang sein. Wenn die Beurteilung des Risikos wesentlicher falscher Darstellungen auf Aussageebene durch den Abschlussprüfer eine Erwartung über die Wirksamkeit von Kontrollen beinhaltet, muss der Abschlussprüfer Funktionsprüfungen durchführen. Unter sonst gleichen Bedingungen gilt: Je mehr Vertrauen der Abschlussprüfer bei der Risikobeurteilung in die Wirksamkeit von Kontrollen setzt, desto größer ist der Umfang der Funktionsprüfungen des Abschlussprüfers (weshalb der Stichprobenumfang zunimmt).
2. Zunahme des tolerierbaren Abweichungsgrads	Abnahme	Je niedriger der tolerierbare Abweichungsgrad ist, desto größer muss der Stichprobenumfang sein.
3. Zunahme des erwarteten Abweichungsgrads für die zu prüfende Grundgesamtheit	Zunahme	Je höher der erwartete Abweichungsgrad ist, desto größer muss der Stichprobenumfang sein, damit der Abschlussprüfer in der Lage ist, den tatsächlichen Abweichungsgrad angemessen zu schätzen. Zu den relevanten Faktoren für die Abwägung des erwarteten Abweichungsgrads durch den Abschlussprüfer gehören das Verständnis von der Geschäftstätigkeit (insbesondere Prüfungshandlungen zur Risikobeurteilung, die unternommen werden, um ein Verständnis vom internen Kontrollsystem (IKS) zu erhalten), Änderungen im Personal oder im IKS, die Ergebnisse von Prüfungshandlungen in vorhergehenden Zeiträumen sowie die Ergebnisse anderer Prüfungshandlungen. Üblicherweise rechtfertigen hohe erwartete Kontrollabweichungsgrade allenfalls eine geringfügige Verringerung des beurteilten Risikos wesentlicher falscher Darstellungen.

FACTOR	EFFECT ON SAMPLE SIZE	
4. An increase in the auditor's desired level of assurance that the tolerable rate of deviation is not exceeded by the actual rate of deviation in the population	Increase	The greater the level of assurance that the auditor desires that the results of the sample are in fact indicative of the actual incidence of deviation in the population, the larger the sample size needs to be.
5. An increase in the number of sampling units in the population	Negligible effect	For large populations, the actual size of the population has little, if any, effect on sample size. For small populations however, audit sampling may not be as efficient as alternative means of obtaining sufficient appropriate audit evidence.

FAKTOR	AUSWIRKUNG AUF DEN STICHPROBEN-UMFANG	
4. Zunahme des vom Abschlussprüfer gewünschten Grades an Prüfungssicherheit dahingehend, dass der tatsächliche Abweichungsgrad in der Grundgesamtheit den tolerierbaren Abweichungsgrad nicht überschreitet	Zunahme	Je höher der vom Abschlussprüfer gewünschte Grad an Prüfungssicherheit darüber ist, dass die Stichprobenergebnisse eine tatsächlich vorliegende Abweichung in der Grundgesamtheit anzeigen, desto größer muss der Stichprobenumfang sein.
5. Zunahme der Anzahl von Stichprobenelementen in der Grundgesamtheit	Vernachlässigbar	Bei großen Grundgesamtheiten hat deren tatsächliche Größe allenfalls eine geringe Auswirkung auf den Stichprobenumfang. Bei kleinen Grundgesamtheiten sind Stichprobenprüfungen jedoch möglicherweise weniger effizient als alternative Verfahren zur Erlangung ausreichender geeigneter Prüfungsnachweise.

ISA 530

Appendix 3
(Ref: Para. A11)

Examples of Factors Influencing Sample Size for Tests of Details

The following are factors that the auditor may consider when determining the sample size for tests of details. These factors, which need to be considered together, assume the auditor does not modify the approach to tests of controls or otherwise modify the nature or timing of substantive procedures in response to the assessed risks.

FACTOR	EFFECT ON SAMPLE SIZE	
1. An increase in the auditor's assessment of the risk of material misstatement	Increase	The higher the auditor's assessment of the risk of material misstatement, the larger the sample size needs to be. The auditor's assessment of the risk of material misstatement is affected by inherent risk and control risk. For example, if the auditor does not perform tests of controls, the auditor's risk assessment cannot be reduced for the effective operation of internal controls with respect to the particular assertion. Therefore, in order to reduce audit risk to an acceptably low level, the auditor needs a low detection risk and will rely more on substantive procedures. The more audit evidence that is obtained from tests of details (that is, the lower the detection risk), the larger the sample size will need to be.
2. An increase in the use of other substantive procedures directed at the same assertion	Decrease	The more the auditor is relying on other substantive procedures (tests of details or substantive analytical procedures) to reduce to an acceptable level the detection risk regarding a particular population, the less assurance the auditor will require from sampling and, therefore, the smaller the sample size can be.
3. An increase in the auditor's desired level of assurance that tolerable misstatement is not exceeded by actual misstatement in the population	Increase	The greater the level of assurance that the auditor requires that the results of the sample are in fact indicative of the actual amount of misstatement in the population, the larger the sample size needs to be.
4. An increase in tolerable misstatement	Decrease	The lower the tolerable misstatement, the larger the sample size needs to be.

Anlage 3
(Vgl. Tz. A11)

Beispiele für Faktoren, die den Stichprobenumfang für Einzelfallprüfungen beeinflussen

Die nachstehenden Faktoren kann der Abschlussprüfer bei der Festlegung des Stichprobenumfangs für Einzelfallprüfungen berücksichtigen. Bei diesen Faktoren, die zusammen betrachtet werden müssen, wird vorausgesetzt, dass der Abschlussprüfer nicht den Ansatz für Funktionsprüfungen modifiziert oder anderweitig Art oder zeitliche Einteilung von aussagebezogenen Prüfungshandlungen als Reaktion auf die beurteilten Risiken modifiziert.

FAKTOR	AUSWIRKUNG AUF DEN STICHPROBEN-UMFANG	
1. Erhöhung des durch den Abschlussprüfer eingeschätzten Risikos wesentlicher falscher Darstellungen	Zunahme	Je höher der Abschlussprüfer das Risiko wesentlicher falscher Darstellungen einschätzt, desto größer muss der Stichprobenumfang sein. Die Beurteilung des Risikos wesentlicher falscher Darstellungen durch den Abschlussprüfer wird durch das inhärente Risiko und das Kontrollrisiko beeinflusst. Wenn der Abschlussprüfer bspw. keine Funktionsprüfungen durchführt, kann seine Risikobeurteilung zur Wirksamkeit interner Kontrollen in Bezug auf die betreffende Aussage nicht verringert werden. Um das Prüfungsrisiko auf ein vertretbar niedriges Maß zu verringern, benötigt der Abschlussprüfer daher ein niedriges Entdeckungsrisiko und wird sich mehr auf aussagebezogene Prüfungshandlungen verlassen. Je mehr Prüfungsnachweise aus Einzelfallprüfungen erlangt werden (d. h., je niedriger das Entdeckungsrisiko ist), desto größer muss der Stichprobenumfang sein.
2. Zunahme der Anwendung anderer aussagebezogener Prüfungshandlungen, die auf dieselbe Aussage ausgerichtet sind	Abnahme	Je mehr sich der Abschlussprüfer auf andere aussagebezogene Prüfungshandlungen (Einzelfallprüfungen oder aussagebezogene analytische Prüfungshandlungen) verlässt, um das Entdeckungsrisiko für eine bestimmte Grundgesamtheit auf ein vertretbares Maß zu verringern, desto weniger Prüfungssicherheit wird aus der Stichprobenprüfung benötigt und desto kleiner kann demzufolge der Stichprobenumfang sein.
3. Zunahme des vom Abschlussprüfer gewünschten Grades an Prüfungssicherheit, dass die tolerierbare falsche Darstellung nicht durch die tatsächliche falsche Darstellung in der Grundgesamtheit überschritten wird	Zunahme	Je höher der vom Abschlussprüfer verlangte Grad an Prüfungssicherheit darüber ist, dass die Stichprobenergebnisse den tatsächlich vorliegenden Betrag falscher Darstellungen in der Grundgesamtheit anzeigen, desto größer muss der Stichprobenumfang sein.
4. Zunahme der tolerierbaren falschen Darstellung	Abnahme	Je niedriger die tolerierbare falsche Darstellung ist, desto größer muss der Stichprobenumfang sein.

FACTOR	EFFECT ON SAMPLE SIZE	
5. An increase in the amount of misstatement the auditor expects to find in the population	Increase	The greater the amount of misstatement the auditor expects to find in the population, the larger the sample size needs to be in order to make a reasonable estimate of the actual amount of misstatement in the population. Factors relevant to the auditor's consideration of the expected misstatement amount include the extent to which item values are determined subjectively, the results of risk assessment procedures, the results of tests of control, the results of audit procedures applied in prior periods, and the results of other substantive procedures.
6. Stratification of the population when appropriate	Decrease	When there is a wide range (variability) in the monetary size of items in the population, it may be useful to stratify the population. When a population can be appropriately stratified, the aggregate of the sample sizes from the strata generally will be less than the sample size that would have been required to attain a given level of sampling risk, had one sample been drawn from the whole population.
7. The number of sampling units in the population	Negligible effect	For large populations, the actual size of the population has little, if any, effect on sample size. Thus, for small populations, audit sampling is often not as efficient as alternative means of obtaining sufficient appropriate audit evidence. (However, when using monetary unit sampling, an increase in the monetary value of the population increases sample size, unless this is offset by a proportional increase in materiality for the financial statements as a whole [and, if applicable, materiality level or levels for particular classes of transactions, account balances or disclosures].)

FAKTOR	AUSWIRKUNG AUF DEN STICHPROBEN-UMFANG	
5. Zunahme des Betrags falscher Darstellungen, den der Abschlussprüfer in der Grundgesamtheit zu finden erwartet	Zunahme	Je höher der Betrag falscher Darstellungen ist, den der Abschlussprüfer in der Grundgesamtheit zu finden erwartet, desto größer muss der Stichprobenumfang sein, damit der tatsächliche Betrag falscher Darstellungen in der Grundgesamtheit angemessen geschätzt werden kann. Relevante Faktoren für die Überlegungen des Abschlussprüfers zu dem erwarteten Betrag falscher Darstellungen beinhalten das Ausmaß, in dem die Werte der Elemente subjektiv festgelegt werden, die Ergebnisse von Prüfungshandlungen zur Risikobeurteilung, die Ergebnisse von Funktionsprüfungen, die Ergebnisse von Prüfungshandlungen in vorhergehenden Zeiträumen und die Ergebnisse anderer aussagebezogener Prüfungshandlungen.
6. Schichtung der Grundgesamtheit, soweit angemessen	Abnahme	Bei einer großen Bandbreite (Variabilität) der monetären Größe der Elemente in der Grundgesamtheit kann es nützlich sein, die Grundgesamtheit zu schichten. Wenn eine Grundgesamtheit in angemessener Weise geschichtet werden kann, ist die Summe der Stichprobenumfänge der einzelnen Schichten im Allgemeinen geringer als der Stichprobenumfang, der zur Erreichung eines festgelegten Maßes an Stichprobenrisiko erforderlich gewesen wäre, wenn nur eine Stichprobe aus der vollständigen Grundgesamtheit gezogen worden wäre.
7. Anzahl der Stichprobenelemente in der Grundgesamtheit	Vernachlässigbar	Bei großen Grundgesamtheiten hat deren tatsächliche Größe allenfalls eine geringe Auswirkung auf den Stichprobenumfang. Folglich ist bei kleinen Grundgesamtheiten die Stichprobenprüfung häufig nicht so effizient wie alternative Verfahren zur Erlangung ausreichender geeigneter Prüfungsnachweise. (Bei einer Stichprobenprüfung anhand von Geldeinheiten erhöht sich jedoch mit dem Geldwert der Grundgesamtheit auch der Stichprobenumfang, sofern dies nicht durch eine proportionale Erhöhung der Wesentlichkeit für den Abschluss als Ganzes (und ggf. der Wesentlichkeitsgrenze oder -grenzen für bestimmte Arten von Geschäftsvorfällen, Kontensalden oder Abschlussangaben[*]) ausgeglichen wird.)

---

[*] Abschlussposten und andere Angaben im Abschluss.

Appendix 4
(Ref: Para. A13)

Sample Selection Methods

There are many methods of selecting samples. The principal methods are as follows:

(a) Random selection (applied through random number generators, for example, random number tables).

(b) Systematic selection, in which the number of sampling units in the population is divided by the sample size to give a sampling interval, for example 50, and having determined a starting point within the first 50, each 50th sampling unit thereafter is selected. Although the starting point may be determined haphazardly, the sample is more likely to be truly random if it is determined by use of a computerized random number generator or random number tables. When using systematic selection, the auditor would need to determine that sampling units within the population are not structured in such a way that the sampling interval corresponds with a particular pattern in the population.

(c) Monetary Unit Sampling is a type of value-weighted selection (as described in Appendix 1) in which sample size, selection and evaluation results in a conclusion in monetary amounts.

(d) Haphazard selection, in which the auditor selects the sample without following a structured technique. Although no structured technique is used, the auditor would nonetheless avoid any conscious bias or predictability (for example, avoiding difficult to locate items, or always choosing or avoiding the first or last entries on a page) and thus attempt to ensure that all items in the population have a chance of selection. Haphazard selection is not appropriate when using statistical sampling.

(e) Block selection involves selection of a block(s) of contiguous items from within the population. Block selection cannot ordinarily be used in audit sampling because most populations are structured such that items in a sequence can be expected to have similar characteristics to each other, but different characteristics from items elsewhere in the population. Although in some circumstances it may be an appropriate audit procedure to examine a block of items, it would rarely be an appropriate sample selection technique when the auditor intends to draw valid inferences about the entire population based on the sample.

Anlage 4
(Vgl. Tz. A13)

Methoden der Stichprobenauswahl

Es gibt zahlreiche Methoden der Stichprobenauswahl. Die wichtigsten sind folgende:

(a) Zufallsgesteuerte Auswahl (durch Zufallszahlengeneratoren, z. B. Zufallszahlentabellen)

(b) Systematische Auswahl: Die Anzahl der Stichprobenelemente in der Grundgesamtheit wird durch den Stichprobenumfang geteilt, so dass sich ein Stichprobenintervall (bspw. von 50) ergibt. Nachdem ein Ausgangspunkt innerhalb der ersten 50 Stichprobenelemente festgelegt wurde, wird jedes 50. Element ausgewählt. Obwohl der Ausgangspunkt aufs Geratewohl festgelegt werden kann, ist die Stichprobe eher tatsächlich zufällig, wenn dieser mittels eines computergestützten Zufallszahlengenerators oder Zufallszahlentabellen festgelegt wird. Bei Anwendung der systematischen Auswahl hat der Abschlussprüfer festzustellen, dass die Stichprobenelemente innerhalb der Grundgesamtheit nicht so strukturiert sind, dass das Stichprobenintervall mit einem bestimmten Muster in der Grundgesamtheit übereinstimmt.

(c) Das Stichprobenauswahlverfahren anhand von Geldeinheiten ist eine Art von wertproportionaler Auswahl (wie in Anlage 1 beschrieben), bei der Stichprobenumfang, -auswahl und -auswertung zu einer in Geldbeträgen ausgedrückten Schlussfolgerung führen.

(d) Auswahl aufs Geratewohl: Der Abschlussprüfer wählt die Stichprobe aus, ohne dabei ein strukturiertes Verfahren zu befolgen. Dennoch vermeidet er jede bewusste systematische Verzerrung oder Vorhersehbarkeit (bspw. indem schwer zu ermittelnde Elemente ausgelassen werden oder indem stets der erste oder der letzte Eintrag auf einer Seite ausgewählt oder ausgelassen wird) und versucht auf diese Weise sicherzustellen, dass für alle Elemente in der Grundgesamtheit eine Chance besteht, ausgewählt zu werden. Bei Anwendung eines statistischen Stichprobenverfahrens ist die Auswahl aufs Geratewohl nicht geeignet.

(e) Die Blockauswahl beinhaltet die Auswahl eines oder mehrerer Blöcke von aufeinander folgenden Elementen innerhalb der Grundgesamtheit. Sie kann bei Stichprobenprüfungen normalerweise nicht angewandt werden, weil die meisten Grundgesamtheiten so strukturiert sind, dass aufeinander folgende Elemente erwartungsgemäß ähnliche Eigenschaften aufweisen, während sie sich von Elementen an anderen Stellen in der Grundgesamtheit unterscheiden. Obwohl die Untersuchung eines Blocks von Elementen in manchen Fällen eine angemessene Prüfungshandlung darstellen kann, ist sie kaum eine angemessene Methode der Stichprobenauswahl, wenn der Abschlussprüfer auf der Grundlage der Stichprobe gültige Schlussfolgerungen über die Grundgesamtheit ziehen will.

INTERNATIONAL STANDARD ON AUDITING 540

AUDITING ACCOUNTING ESTIMATES, INCLUDING FAIR VALUE ACCOUNTING ESTIMATES, AND RELATED DISCLOSURES

(Effective for audits of financial statements for periods beginning on or after December 15, 2009)

CONTENTS

	Paragraph
Introduction	
Scope of this ISA	1
Nature of Accounting Estimates	2–4
Effective Date	5
Objective	6
Definitions	7
Requirements	
Risk Assessment Procedures and Related Activities	8–9
Identifying and Assessing the Risks of Material Misstatement	10–11
Responses to the Assessed Risks of Material Misstatement	12–14
Further Substantive Procedures to Respond to Significant Risks	15–17
Evaluating the Reasonableness of the Accounting Estimates, and Determining Misstatements	18
Disclosures Related to Accounting Estimates	19–20
Indicators of Possible Management Bias	21
Written Representations	22
Documentation	23
Application and Other Explanatory Material	
Nature of Accounting Estimates	A1–A11
Risk Assessment Procedures and Related Activities	A12–A44
Identifying and Assessing the Risks of Material Misstatement	A45–A51
Responses to the Assessed Risks of Material Misstatement	A52–A101
Further Substantive Procedures to Respond to Significant Risks	A102–A115
Evaluating the Reasonableness of the Accounting Estimates, and Determining Misstatements	A116–A119
Disclosures Related to Accounting Estimates	A120–A123
Indicators of Possible Management Bias	A124–A125
Written Representations	A126–A127
Documentation	A128
Appendix: Fair Value Measurements and Disclosures under Different Financial Reporting Frameworks	

International Standard on Auditing (ISA) 540, "Auditing Accounting Estimates, Including Fair Value Accounting Estimates, and Related Disclosures" should be read in conjunction with ISA 200, "Overall Objectives of the Independent Auditor and the Conduct of an Audit in Accordance with International Standards on Auditing."

Die Prüfung geschätzter Werte in der Rechnungslegung, einschließlich
geschätzter Zeitwerte, und der damit zusammenhängenden Abschlussangaben — ISA 540

INTERNATIONAL STANDARD ON AUDITING 540

DIE PRÜFUNG GESCHÄTZTER WERTE IN DER RECHNUNGSLEGUNG, EINSCHLIESSLICH GESCHÄTZTER ZEITWERTE, UND DER DAMIT ZUSAMMENHÄNGENDEN ABSCHLUSSANGABEN

(gilt für die Prüfung von Abschlüssen für Zeiträume, die am oder nach dem 15.12.2009 beginnen)

INHALTSVERZEICHNIS

	Textziffer
Einleitung	
Anwendungsbereich	1
Eigenschaften der geschätzten Werte in der Rechnungslegung	2-4
Anwendungszeitpunkt	5
Ziel	6
Definitionen	7
Anforderungen	
Prüfungshandlungen zur Risikobeurteilung und damit zusammenhängende Tätigkeiten	8-9
Feststellung und Beurteilung der Risiken wesentlicher falscher Darstellungen	10-11
Reaktionen auf die beurteilten Risiken wesentlicher falscher Darstellungen	12-14
Weitere aussagebezogene Prüfungshandlungen als Reaktion auf bedeutsame Risiken	15-17
Beurteilung der Vertretbarkeit der geschätzten Werte in der Rechnungslegung und Feststellung von falschen Darstellungen	18
Abschlussangaben zu geschätzten Werten	19-20
Anzeichen für eine mögliche Einseitigkeit des Managements	21
Schriftliche Erklärungen	22
Dokumentation	23
Anwendungshinweise und sonstige Erläuterungen	
Merkmale geschätzter Werte in der Rechnungslegung	A1-A11
Prüfungshandlungen zur Risikobeurteilung und damit zusammenhängende Tätigkeiten	A12-A44
Feststellung und Beurteilung der Risiken wesentlicher falscher Darstellungen	A45-A51
Reaktionen auf die beurteilten Risiken wesentlicher falscher Darstellungen	A52-A101
Weitere aussagebezogene Prüfungshandlungen als Reaktion auf bedeutsame Risiken	A102-A115
Beurteilung der Vertretbarkeit der geschätzten Werte in der Rechnungslegung und Feststellung von falschen Darstellungen	A116-A119
Abschlussangaben zu geschätzten Werten	A120-A123
Anzeichen für eine mögliche Einseitigkeit des Managements	A124-A125
Schriftliche Erklärungen	A126-A127
Dokumentation	A128
Anlage: Bewertungen und Angaben zu Zeitwerten nach verschiedenen Regelwerken der Rechnungslegung	

International Standard on Auditing (ISA) 540 „Die Prüfung geschätzter Werte in der Rechnungslegung, einschließlich geschätzter Zeitwerte, und der damit zusammenhängenden Abschlussangaben" ist im Zusammenhang mit ISA 200 „Übergreifende Zielsetzungen des unabhängigen Prüfers und Grundsätze einer Prüfung in Übereinstimmung mit den International Standards on Auditing" zu lesen.

Introduction

Scope of this ISA

1. This International Standard on Auditing (ISA) deals with the auditor's responsibilities relating to accounting estimates, including fair value accounting estimates, and related disclosures in an audit of financial statements. Specifically, it expands on how ISA 315[1] and ISA 330[2] and other relevant ISAs are to be applied in relation to accounting estimates. It also includes requirements and guidance on misstatements of individual accounting estimates, and indicators of possible management bias.

Nature of Accounting Estimates

2. Some financial statement items cannot be measured precisely, but can only be estimated. For purposes of this ISA, such financial statement items are referred to as accounting estimates. The nature and reliability of information available to management to support the making of an accounting estimate varies widely, which thereby affects the degree of estimation uncertainty associated with accounting estimates. The degree of estimation uncertainty affects, in turn, the risks of material misstatement of accounting estimates, including their susceptibility to unintentional or intentional management bias. (Ref: Para. A1–A11)

3. The measurement objective of accounting estimates can vary depending on the applicable financial reporting framework and the financial item being reported. The measurement objective for some accounting estimates is to forecast the outcome of one or more transactions, events or conditions giving rise to the need for the accounting estimate. For other accounting estimates, including many fair value accounting estimates, the measurement objective is different, and is expressed in terms of the value of a current transaction or financial statement item based on conditions prevalent at the measurement date, such as estimated market price for a particular type of asset or liability. For example, the applicable financial reporting framework may require fair value measurement based on an assumed hypothetical current transaction between knowledgeable, willing parties (sometimes referred to as "marketplace participants" or equivalent) in an arm's length transaction, rather than the settlement of a transaction at some past or future date.[3]

4. A difference between the outcome of an accounting estimate and the amount originally recognized or disclosed in the financial statements does not necessarily represent a misstatement of the financial statements. This is particularly the case for fair value accounting estimates, as any observed outcome is invariably affected by events or conditions subsequent to the date at which the measurement is estimated for purposes of the financial statements.

Effective Date

5. This ISA is effective for audits of financial statements for periods beginning on or after December 15, 2009.

Objective

6. The objective of the auditor is to obtain sufficient appropriate audit evidence about whether:

   (a) accounting estimates, including fair value accounting estimates, in the financial statements, whether recognized or disclosed, are reasonable; and

   (b) related disclosures in the financial statements are adequate,

   in the context of the applicable financial reporting framework.

---

[1] ISA 315, "Identifying and Assessing the Risks of Material Misstatement through Understanding the Entity and Its Environment."
[2] ISA 330, "The Auditor's Responses to Assessed Risks."
[3] Different definitions of fair value may exist among financial reporting frameworks.

Einleitung

Anwendungsbereich

1. Dieser International Standard on Auditing (ISA) behandelt die Pflichten des Abschlussprüfers in Bezug auf geschätzte Werte in der Rechnungslegung, einschließlich Schätzungen in der Zeitwertbilanzierung, und die damit zusammenhängenden Abschlussangaben[*)] im Rahmen einer Abschlussprüfung. Insbesondere wird ausgeführt, wie ISA 315[1)] und ISA 330[2)] sowie andere relevante ISA auf geschätzte Werte in der Rechnungslegung (geschätzte Werte) anzuwenden sind. Außerdem enthält dieser ISA Anforderungen und erläuternde Hinweise zu falschen Darstellungen bei einzelnen geschätzten Werten sowie zu Anzeichen für eine mögliche Einseitigkeit des Managements.

Merkmale geschätzter Werte in der Rechnungslegung

2. Einige Abschlussposten können nicht genau bewertet, sondern nur geschätzt werden. Für Zwecke dieses ISA werden solche Abschlussposten als geschätzte Werte in der Rechnungslegung bezeichnet. Die Art und Verlässlichkeit der verfügbaren Informationen, die das Management bei der Ermittlung eines geschätzten Werts in der Rechnungslegung unterstützen, sind sehr unterschiedlich. Dies hat Einfluss auf den Grad der Schätzunsicherheit im Zusammenhang mit geschätzten Werten in der Rechnungslegung. Der Grad der Schätzunsicherheit wiederum beeinflusst die Risiken wesentlicher falscher Darstellungen bei geschätzten Werten in der Rechnungslegung, was deren Anfälligkeit für eine unbeabsichtigte oder beabsichtigte Einseitigkeit des Managements einschließt. (Vgl. Tz. A1-A11)

3. Das Ziel der Bewertung kann für geschätzte Werte je nach dem anzuwendenden Regelwerk der Rechnungslegung und dem abzubildenden Gegenstand unterschiedlich sein. Für manche geschätzten Werte besteht das Bewertungsziel darin, die Realisierung eines oder mehrerer Geschäftsvorfälle, Ereignisse oder Gegebenheiten vorherzusagen, aus denen sich die Notwendigkeit für den geschätzten Wert ergibt. Bei anderen geschätzten Werten, einschließlich vieler Schätzungen bei einer Zeitwertbilanzierung, wird ein abweichendes Bewertungsziel verfolgt. Dieses wird durch den Wert eines laufenden Geschäftsvorfalls oder Abschlusspostens auf der Grundlage von Gegebenheiten ausgedrückt, die zum Bewertungszeitpunkt vorherrschen (z. B. der geschätzte Marktpreis für eine bestimmte Art von Vermögenswerten oder Schulden). So kann bspw. nach dem maßgebenden Regelwerk der Rechnungslegung eine Bewertung zum Zeitwert auf der Grundlage eines angenommenen, hypothetischen Geschäftsvorfalls zum gegenwärtigen Zeitpunkt zwischen sachverständigen, vertragswilligen und voneinander unabhängigen Geschäftspartnern (mitunter als „Marktteilnehmer" oder ähnlich bezeichnet) erforderlich sein und nicht auf der Grundlage eines Geschäftsvorfalls zu einem vergangenen oder zukünftigen Zeitpunkt.[3)]

4. Ein Unterschied zwischen der Realisierung eines geschätzten Werts in der Rechnungslegung und dem ursprünglich im Abschluss angesetzten bzw. angegebenen Wert stellt nicht notwendigerweise eine falsche Darstellung im Abschluss dar. Dies gilt insbesondere bei geschätzten Zeitwerten, da eine beobachtete Realisierung stets durch Ereignisse oder Gegebenheiten nach dem Zeitpunkt beeinflusst wird, zu dem der Wertansatz für Zwecke des Abschlusses geschätzt wird.

Anwendungszeitpunkt

5. Dieser ISA gilt für die Prüfung von Abschlüssen für Zeiträume, die am oder nach dem 15.12.2009 beginnen.

Ziel

6. Ziel des Abschlussprüfers ist es, ausreichende geeignete Prüfungsnachweise darüber zu erlangen, ob
   (a) geschätzte Werte in der Rechnungslegung, einschließlich Schätzungen im Rahmen der Zeitwertbilanzierung, sei es als Posten oder als Angabe im Abschluss, und
   (b) damit zusammenhängende Angaben im Abschluss
   im Rahmen des maßgebenden Regelwerks der Rechnungslegung vertretbar sind.

---

1) ISA 315 „Identifizierung und Beurteilung der Risiken wesentlicher falscher Darstellungen aus dem Verstehen der Einheit und ihres Umfelds".
2) ISA 330 „Die Reaktionen des Abschlussprüfers auf beurteilte Risiken".
3) Die Definition des Begriffs „Zeitwert" kann sich zwischen verschiedenen Regelwerken der Rechnungslegung unterscheiden.
*) Abschlussposten und andere Angaben im Abschluss.

Definitions

7. For purposes of the ISAs, the following terms have the meanings attributed below:

    (a) Accounting estimate – An approximation of a monetary amount in the absence of a precise means of measurement. This term is used for an amount measured at fair value where there is estimation uncertainty, as well as for other amounts that require estimation. Where this ISA addresses only accounting estimates involving measurement at fair value, the term "fair value accounting estimates" is used.

    (b) Auditor's point estimate or auditor's range – The amount, or range of amounts, respectively, derived from audit evidence for use in evaluating management's point estimate.

    (c) Estimation uncertainty – The susceptibility of an accounting estimate and related disclosures to an inherent lack of precision in its measurement.

    (d) Management bias – A lack of neutrality by management in the preparation of information.

    (e) Management's point estimate – The amount selected by management for recognition or disclosure in the financial statements as an accounting estimate.

    (f) Outcome of an accounting estimate – The actual monetary amount which results from the resolution of the underlying transaction(s), event(s) or condition(s) addressed by the accounting estimate.

Requirements

Risk Assessment Procedures and Related Activities

8. When performing risk assessment procedures and related activities to obtain an understanding of the entity and its environment, including the entity's internal control, as required by ISA 315,[4] the auditor shall obtain an understanding of the following in order to provide a basis for the identification and assessment of the risks of material misstatement for accounting estimates: (Ref: Para. A12)

    (a) The requirements of the applicable financial reporting framework relevant to accounting estimates, including related disclosures. (Ref: Para. A13–A15)

    (b) How management identifies those transactions, events and conditions that may give rise to the need for accounting estimates to be recognized or disclosed in the financial statements. In obtaining this understanding, the auditor shall make inquiries of management about changes in circumstances that may give rise to new, or the need to revise existing, accounting estimates. (Ref: Para. A16–A21)

    (c) How management makes the accounting estimates, and an understanding of the data on which they are based, including: (Ref: Para. A22–A23)

        (i) The method, including where applicable the model, used in making the accounting estimate; (Ref: Para. A24–A26)

        (ii) Relevant controls; (Ref: Para. A27–A28)

        (iii) Whether management has used an expert; (Ref: Para. A29–A30)

        (iv) The assumptions underlying the accounting estimates; (Ref: Para. A31–A36)

---

4) ISA 315, paragraphs 5–6 and 11–12.

Definitionen

7. Für die Zwecke der ISA gelten die nachstehenden Begriffsbestimmungen:

   (a) Geschätzter Wert in der Rechnungslegung – Eine annähernde Schätzung eines Geldbetrags mangels einer genauen Bewertungsmöglichkeit. Dieser Begriff wird für Beträge verwendet, die bei einer bestehenden Schätzunsicherheit zum Zeitwert bewertet werden, sowie für andere Beträge, die eine Schätzung erfordern. Wenn in diesem ISA nur geschätzte Werte in der Rechnungslegung angesprochen sind, deren Bewertung zum Zeitwert erfolgt, wird der Begriff „geschätzte Zeitwerte in der Rechnungslegung" verwendet.

   (b) Punktschätzung oder Bandbreite des Abschlussprüfers – Der anhand von Prüfungsnachweisen ermittelte Betrag bzw. die Bandbreite von Beträgen zur Beurteilung der Punktschätzung des Managements.

   (c) Schätzunsicherheit – Die Anfälligkeit eines geschätzten Werts in der Rechnungslegung und damit zusammenhängender Abschlussangaben für einen innewohnenden Mangel an Genauigkeit bei seiner Bewertung.

   (d) Einseitigkeit des Managements – Ein Mangel an Neutralität des Managements bei der Aufstellung von Informationen.

   (e) Punktschätzung des Managements – Der vom Management gewählte Betrag für den Ansatz[*] oder die Angabe als geschätzter Wert im Abschluss.

   (f) Realisierung eines geschätzten Werts in der Rechnungslegung – Der tatsächliche Geldbetrag, der sich aus dem Abschluss der zugrunde liegenden Geschäftsvorfälle, Ereignisse oder Gegebenheiten ergibt, auf die sich der geschätzte Wert in der Rechnungslegung bezieht

Anforderungen

Prüfungshandlungen zur Risikobeurteilung und damit zusammenhängende Tätigkeiten

8. Wenn der Abschlussprüfer, wie von ISA 315[4] gefordert, Prüfungshandlungen zur Risikobeurteilung und damit zusammenhängende Tätigkeiten durchführt, um ein Verständnis von der Einheit[**] und ihrem Umfeld (einschließlich des internen Kontrollsystems der Einheit) zu gewinnen, muss der Abschlussprüfer sich ein Verständnis von Folgendem verschaffen, um eine Grundlage für die Feststellung und Beurteilung der Risiken wesentlicher falscher Darstellungen bei geschätzten Werten in der Rechnungslegung zu haben: (Vgl. Tz. A12)

   (a) den Anforderungen des anzuwendenden Regelwerks der Rechnungslegung, die relevant sind für geschätzte Werte, einschließlich der damit zusammenhängenden Abschlussangaben; (Vgl. Tz. A13-A15)

   (b) der Art und Weise, in der das Management solche Geschäftsvorfälle, Ereignisse und Gegebenheiten feststellt, aus denen sich die Notwendigkeit ergeben kann, geschätzte Werte im Abschluss anzusetzen bzw. anzugeben. Bei der Beschaffung dieses Verständnisses muss der Abschlussprüfer Befragungen des Managements zu Änderungen in den Umständen durchführen, die zu neuen geschätzten Werten führen oder die Änderungen von bestehenden geschätzten Werten erforderlich machen können; (Vgl. Tz. A16-A21)

   (c) der Art und Weise, in der das Management die geschätzten Werte ermittelt, und ein Verständnis von den Daten, auf denen diese basieren, einschließlich (Vgl. Tz. A22-A23)

      (i) der bei der Ermittlung von geschätzten Werten angewandten Methode einschließlich, soweit vorhanden, des dabei angewandten Modells; (Vgl. Tz. A24-A26)

      (ii) relevanter Kontrollen; (Vgl. Tz. A27-A28)

      (iii) der Frage, ob das Management einen Sachverständigen hinzugezogen hat; (Vgl. Tz. A29-A30)

      (iv) der Annahmen, die den geschätzten Werten zugrunde liegen; (Vgl. Tz. A31-A36)

---

4) ISA 315, Textziffern 5-6 und 11-12.
*) In der Schweiz: Erfassung.
**) Der Begriff „Einheit" wird für *entity* neu eingeführt. Bei der zu prüfenden Einheit kann es sich um ein Unternehmen, einen Einzelkaufmann, eine Gesellschaft bürgerlichen Rechts (Schweiz: einfache Gesellschaft), eine Gebietskörperschaft, eine Anstalt des öffentlichen Rechts, einen Konzern oder eine nicht rechtlich abgegrenzte wirtschaftliche Einheit handeln. Eine Übersetzung mit „Unternehmen" oder „Gesellschaft" wäre deshalb unzureichend. So kann sich *entity* sogar auf eine nicht selbständige Niederlassung oder Sparte beziehen, für die eigenständig Rechnung gelegt wird.

(v) Whether there has been or ought to have been a change from the prior period in the methods for making the accounting estimates, and if so, why; and (Ref: Para. A37)

(vi) Whether and, if so, how management has assessed the effect of estimation uncertainty. (Ref: Para. A38)

9. The auditor shall review the outcome of accounting estimates included in the prior period financial statements, or, where applicable, their subsequent re-estimation for the purpose of the current period. The nature and extent of the auditor's review takes account of the nature of the accounting estimates, and whether the information obtained from the review would be relevant to identifying and assessing risks of material misstatement of accounting estimates made in the current period financial statements. However, the review is not intended to call into question the judgments made in the prior periods that were based on information available at the time. (Ref: Para. A39–A44)

Identifying and Assessing the Risks of Material Misstatement

10. In identifying and assessing the risks of material misstatement, as required by ISA 315,[5] the auditor shall evaluate the degree of estimation uncertainty associated with an accounting estimate. (Ref: Para. A45–A46)

11. The auditor shall determine whether, in the auditor's judgment, any of those accounting estimates that have been identified as having high estimation uncertainty give rise to significant risks. (Ref: Para. A47–A51)

Responses to the Assessed Risks of Material Misstatement

12. Based on the assessed risks of material misstatement, the auditor shall determine: (Ref: Para. A52)

　(a) Whether management has appropriately applied the requirements of the applicable financial reporting framework relevant to the accounting estimate; and (Ref: Para. A53–A56)

　(b) Whether the methods for making the accounting estimates are appropriate and have been applied consistently, and whether changes, if any, in accounting estimates or in the method for making them from the prior period are appropriate in the circumstances. (Ref: Para. A57–A58)

13. In responding to the assessed risks of material misstatement, as required by ISA 330,[6] the auditor shall undertake one or more of the following, taking account of the nature of the accounting estimate: (Ref: Para. A59–A61)

　(a) Determine whether events occurring up to the date of the auditor's report provide audit evidence regarding the accounting estimate. (Ref: Para. A62–A67)

　(b) Test how management made the accounting estimate and the data on which it is based. In doing so, the auditor shall evaluate whether: (Ref: Para. A68–A70)

　　(i) The method of measurement used is appropriate in the circumstances; and (Ref: Para. A71–A76)

　　(ii) The assumptions used by management are reasonable in light of the measurement objectives of the applicable financial reporting framework. (Ref: Para. A77–A83)

　(c) Test the operating effectiveness of the controls over how management made the accounting estimate, together with appropriate substantive procedures. (Ref: Para. A84–A86)

　(d) Develop a point estimate or a range to evaluate management's point estimate. For this purpose: (Ref: Para. A87–A91)

　　(i) If the auditor uses assumptions or methods that differ from management's, the auditor shall obtain an understanding of management's assumptions or methods sufficient to establish that the auditor's point estimate or range takes into account relevant variables and to evaluate any significant differences from management's point estimate. (Ref: Para. A92)

---

5) ISA 315, paragraph 25.
6) ISA 330, paragraph 5.

Die Prüfung geschätzter Werte in der Rechnungslegung, einschließlich geschätzter Zeitwerte, und der damit zusammenhängenden Abschlussangaben ISA 540

(v) der Frage, ob gegenüber dem vorhergehenden Zeitraum die Methoden zur Ermittlung der geschätzten Werte geändert wurden oder hätten geändert werden sollen und – sofern dies der Fall ist – die Begründung dafür; (Vgl. Tz. A37)

(vi) der Frage, ob und soweit zutreffend wie das Management die Auswirkung einer Schätzunsicherheit beurteilt hat. (Vgl. Tz. A38)

9. Der Abschlussprüfer muss die Realisierung von geschätzten Werten, die im Abschluss des vorhergehenden Zeitraums enthalten sind, oder soweit zutreffend deren nachträgliche Neueinschätzung für Zwecke des laufenden Zeitraums durchsehen. Art und Umfang der Durchsicht durch den Abschlussprüfer tragen der Art der geschätzten Werte sowie der Frage Rechnung, ob die bei der Durchsicht gewonnenen Informationen relevant sein können für die Feststellung und Beurteilung der Risiken wesentlicher falscher Darstellungen bei geschätzten Werten, die für den Abschluss des laufenden Zeitraums ermittelt wurden. Die Durchsicht soll jedoch nicht dazu dienen, die Beurteilungen in Frage zu stellen, die in den vorhergehenden Zeiträumen auf der Grundlage der zu den jeweiligen Zeitpunkten verfügbaren Informationen getroffen wurden. (Vgl. Tz. A39-A44)

Feststellung und Beurteilung der Risiken wesentlicher falscher Darstellungen

10. Bei der nach ISA 315[5)] erforderlichen Feststellung und Beurteilung der Risiken wesentlicher falscher Darstellungen muss der Abschlussprüfer den Grad der Schätzunsicherheit beurteilen, der mit einem geschätzten Wert in der Rechnungslegung verbunden ist. (Vgl. Tz. A45-A46)

11. Der Abschlussprüfer muss feststellen, ob die geschätzten Werte in der Rechnungslegung, für die eine hohe Schätzunsicherheit erkannt wurde, nach der Beurteilung des Abschlussprüfers bedeutsame Risiken zur Folge haben. (Vgl. Tz. A47-A51)

Reaktionen auf die beurteilten Risiken wesentlicher falscher Darstellungen

12. Auf der Grundlage der beurteilten Risiken wesentlicher falscher Darstellungen muss der Abschlussprüfer feststellen, ob (Vgl. Tz. A52)

(a) das Management den für die geschätzten Werte relevanten Anforderungen des maßgebenden Regelwerks der Rechnungslegung angemessen entsprochen hat und (Vgl. Tz. A53-A56)

(b) die Methoden zur Ermittlung der geschätzten Werte geeignet sind und stetig angewandt wurden sowie ob gegenüber dem vorhergehenden Zeitraum ggf. vorgenommene Änderungen von geschätzten Werten oder der Methode der Ermittlung unter den gegebenen Umständen angemessen sind. (Vgl. Tz. A57-A58)

13. Bei der nach ISA 330[6)] erforderlichen Reaktion auf die beurteilten Risiken wesentlicher falscher Darstellungen muss der Abschlussprüfer unter Berücksichtigung der Art des geschätzten Werts einen oder mehrere der folgenden Schritte durchführen: (Vgl. Tz. A59-A61)

(a) Feststellen, ob bis zum Datum des Vermerks des Abschlussprüfers eintretende Ereignisse Prüfungsnachweise für den geschätzten Wert liefern; (Vgl. Tz. A62-A67)

(b) Prüfen der Art und Weise, in der das Management den geschätzten Wert ermittelt hat, sowie der Daten, auf denen dieser basiert. Dabei muss der Abschlussprüfer beurteilen, ob (Vgl. Tz. A68-A70)

(i) die angewandte Bewertungsmethode unter den gegebenen Umständen geeignet ist und (Vgl. Tz. A71-A76)

(ii) die vom Management getroffenen Annahmen angesichts der Bewertungsziele des maßgebenden Regelwerks der Rechnungslegung vertretbar sind; (Vgl. Tz. A77-A83)

(c) Prüfen der Wirksamkeit der Kontrollen über die Vorgehensweise, mit der das Management den geschätzten Wert ermittelt hat, verbunden mit der Durchführung geeigneter aussagebezogener Prüfungshandlungen*); (Vgl. Tz. A84-A86)

(d) Entwickeln einer Punktschätzung oder Bandbreite zur Beurteilung der Punktschätzung des Managements. Zu diesem Zweck muss der Abschlussprüfer, (Vgl. Tz. A87-A91)

(i) falls der Abschlussprüfer andere Annahmen trifft oder Methoden anwendet als das Management, sich ein Verständnis von den vom Management getroffenen Annahmen oder angewandten Methoden verschaffen, das ausreicht, um nachzuweisen, dass bei der Punktschätzung oder Bandbreite des Abschlussprüfers die relevanten Variablen berücksichtigt werden und um bedeutsame Unterschiede zu der Punktschätzung des Managements zu beurteilen; (Vgl. Tz. A92)

---

5) ISA 315, Textziffer 25.
6) ISA 330, Textziffer 5.
*) In Österreich: materielle Prüfungshandlungen.

(ii) If the auditor concludes that it is appropriate to use a range, the auditor shall narrow the range, based on audit evidence available, until all outcomes within the range are considered reasonable. (Ref: Para. A93–A95)

14. In determining the matters identified in paragraph 12 or in responding to the assessed risks of material misstatement in accordance with paragraph 13, the auditor shall consider whether specialized skills or knowledge in relation to one or more aspects of the accounting estimates are required in order to obtain sufficient appropriate audit evidence. (Ref: Para. A96–A101)

Further Substantive Procedures to Respond to Significant Risks

Estimation Uncertainty

15. For accounting estimates that give rise to significant risks, in addition to other substantive procedures performed to meet the requirements of ISA 330,[7] the auditor shall evaluate the following: (Ref: Para. A102)
    (a) How management has considered alternative assumptions or outcomes, and why it has rejected them, or how management has otherwise addressed estimation uncertainty in making the accounting estimate. (Ref: Para. A103–A106)
    (b) Whether the significant assumptions used by management are reasonable. (Ref: Para. A107–A109)
    (c) Where relevant to the reasonableness of the significant assumptions used by management or the appropriate application of the applicable financial reporting framework, management's intent to carry out specific courses of action and its ability to do so. (Ref: Para. A110)

16. If, in the auditor's judgment, management has not adequately addressed the effects of estimation uncertainty on the accounting estimates that give rise to significant risks, the auditor shall, if considered necessary, develop a range with which to evaluate the reasonableness of the accounting estimate. (Ref: Para. A111–A112)

Recognition and Measurement Criteria

17. For accounting estimates that give rise to significant risks, the auditor shall obtain sufficient appropriate audit evidence about whether:
    (a) Management's decision to recognize, or to not recognize, the accounting estimates in the financial statements; and (Ref: Para. A113–A114)
    (b) The selected measurement basis for the accounting estimates, (Ref: Para. A115)
    are in accordance with the requirements of the applicable financial reporting framework.

Evaluating the Reasonableness of the Accounting Estimates, and Determining Misstatements

18. The auditor shall evaluate, based on the audit evidence, whether the accounting estimates in the financial statements are either reasonable in the context of the applicable financial reporting framework, or are misstated. (Ref: Para. A116–A119)

Disclosures Related to Accounting Estimates

19. The auditor shall obtain sufficient appropriate audit evidence about whether the disclosures in the financial statements related to accounting estimates are in accordance with the requirements of the applicable financial reporting framework. (Ref: Para. A120–A121)

20. For accounting estimates that give rise to significant risks, the auditor shall also evaluate the adequacy of the disclosure of their estimation uncertainty in the financial statements in the context of the applicable financial reporting framework. (Ref: Para. A122–A123)

Indicators of Possible Management Bias

21. The auditor shall review the judgments and decisions made by management in the making of accounting estimates to identify whether there are indicators of possible management bias. Indicators of possible

---

7) ISA 330, paragraph 18.

(ii) falls der Abschlussprüfer zu der Schlussfolgerung gelangt, dass die Verwendung einer Bandbreite angemessen ist, diese auf der Grundlage der verfügbaren Prüfungsnachweise soweit eingrenzen, dass alle innerhalb der Bandbreite liegenden Ergebnisse als vertretbar angesehen werden. (Vgl. Tz. A93-A95)

14. Bei der Feststellung der in Textziffer 12 genannten Sachverhalte oder bei der Reaktion auf die beurteilten Risiken wesentlicher falscher Darstellungen in Übereinstimmung mit Textziffer 13 muss der Abschlussprüfer einschätzen, ob besondere Fähigkeiten oder Fachkenntnisse für einen oder mehrere Aspekte der geschätzten Werte erforderlich sind, um ausreichende geeignete Prüfungsnachweise zu erlangen. (Vgl. Tz. A96-A101)

Weitere aussagebezogene Prüfungshandlungen als Reaktion auf bedeutsame Risiken

Schätzunsicherheit

15. Bei geschätzten Werten in der Rechnungslegung, die bedeutsame Risiken zur Folge haben, muss der Abschlussprüfer zusätzlich zu anderen aussagebezogenen Prüfungshandlungen, die zur Erfüllung der Anforderungen von ISA 330[7)] durchgeführt werden, beurteilen, (Vgl. Tz. A102)

    (a) wie das Management alternative Annahmen oder Ergebnisse berücksichtigt hat und warum es diese verworfen hat, oder wie das Management anderweitig mit einer Schätzunsicherheit bei der Ermittlung des geschätzten Werts umgegangen ist; (Vgl. Tz. A103-A106)

    (b) ob die vom Management getroffenen bedeutsamen Annahmen vertretbar sind. (Vgl. Tz. A107-A109)

    (c) soweit dies für die Vertretbarkeit der vom Management getroffenen bedeutsamen Annahmen oder für die angemessene Anwendung des maßgebenden Regelwerks der Rechnungslegung relevant ist, die Absicht des Managements, bestimmte Vorgehensweisen zu verfolgen und dessen Fähigkeit, diese umzusetzen. (Vgl. Tz. A110)

16. Wenn nach Beurteilung des Abschlussprüfers das Management den Auswirkungen einer Schätzunsicherheit auf die geschätzten Werte in der Rechnungslegung, die bedeutsame Risiken zur Folge haben, nicht angemessen Rechnung getragen hat, muss der Abschlussprüfer eine Bandbreite entwickeln, mit der die Angemessenheit der geschätzten Werte beurteilt werden kann, wenn dies als notwendig erachtet wird. (Vgl. Tz. A111-A112)

Ansatz- und Bewertungskriterien

17. Für geschätzte Werte in der Rechnungslegung, die bedeutsame Risiken zur Folge haben, muss der Abschlussprüfer ausreichende geeignete Prüfungsnachweise darüber erlangen, ob

    (a) die Entscheidung des Managements, die geschätzten Werte im Abschluss anzusetzen bzw. nicht anzusetzen und (Vgl. Tz. A113-A114)

    (b) die gewählte Bewertungsgrundlage für die geschätzten Werte (Vgl. Tz. A115)

    mit den Anforderungen des maßgebenden Regelwerks der Rechnungslegung übereinstimmen.

Beurteilung der Vertretbarkeit der geschätzten Werte in der Rechnungslegung und Feststellung von falschen Darstellungen

18. Der Abschlussprüfer muss auf der Grundlage der Prüfungsnachweise beurteilen, ob die im Abschluss enthaltenen geschätzten Werte im Rahmen des maßgebenden Regelwerks der Rechnungslegung vertretbar oder falsche Darstellungen sind. (Vgl. Tz. A116-A119)

Abschlussangaben zu geschätzten Werten in der Rechnungslegung

19. Der Abschlussprüfer muss ausreichende geeignete Prüfungsnachweise darüber erlangen, ob die im Abschluss enthaltenen Angaben zu geschätzten Werten mit den Anforderungen des maßgebenden Regelwerks der Rechnungslegung übereinstimmen. (Vgl. Tz. A120-A121)

20. Für geschätzte Werte in der Rechnungslegung, die bedeutsame Risiken zur Folge haben, muss der Abschlussprüfer außerdem die Angemessenheit der Angabe der damit verbundenen Schätzunsicherheit im Abschluss im Rahmen des maßgebenden Regelwerks der Rechnungslegung beurteilen. (Vgl. Tz. A122-A123)

Anzeichen für eine mögliche Einseitigkeit des Managements

21. Der Abschlussprüfer muss die Beurteilungen und Entscheidungen durchsehen, die das Management bei der Ermittlung von geschätzten Werten getroffen hat, um festzustellen, ob Anzeichen für eine mögliche

---

7) ISA 330, Textziffer 18.

management bias do not themselves constitute misstatements for the purposes of drawing conclusions on the reasonableness of individual accounting estimates. (Ref: Para. A124–A125)

Written Representations

22. The auditor shall obtain written representations from management and, where appropriate, those charged with governance whether they believe significant assumptions used in making accounting estimates are reasonable. (Ref: Para. A126–A127)

Documentation

23. The auditor shall include in the audit documentation:[8)]

   (a) The basis for the auditor's conclusions about the reasonableness of accounting estimates and their disclosure that give rise to significant risks; and

   (b) Indicators of possible management bias, if any. (Ref: Para. A128)

***

Application and Other Explanatory Material

Nature of Accounting Estimates (Ref: Para. 2)

A1. Because of the uncertainties inherent in business activities, some financial statement items can only be estimated. Further, the specific characteristics of an asset, liability or component of equity, or the basis of or method of measurement prescribed by the financial reporting framework, may give rise to the need to estimate a financial statement item. Some financial reporting frameworks prescribe specific methods of measurement and the disclosures that are required to be made in the financial statements, while other financial reporting frameworks are less specific. The Appendix to this ISA discusses fair value measurements and disclosures under different financial reporting frameworks.

A2. Some accounting estimates involve relatively low estimation uncertainty and may give rise to lower risks of material misstatements, for example:

   - Accounting estimates arising in entities that engage in business activities that are not complex.
   - Accounting estimates that are frequently made and updated because they relate to routine transactions.
   - Accounting estimates derived from data that is readily available, such as published interest rate data or exchange-traded prices of securities. Such data may be referred to as "observable" in the context of a fair value accounting estimate.
   - Fair value accounting estimates where the method of measurement prescribed by the applicable financial reporting framework is simple and applied easily to the asset or liability requiring measurement at fair value.
   - Fair value accounting estimates where the model used to measure the accounting estimate is well-known or generally accepted, provided that the assumptions or inputs to the model are observable.

A3. For some accounting estimates, however, there may be relatively high estimation uncertainty, particularly where they are based on significant assumptions, for example:

   - Accounting estimates relating to the outcome of litigation.
   - Fair value accounting estimates for derivative financial instruments not publicly traded.
   - Fair value accounting estimates for which a highly specialized entity-developed model is used or for which there are assumptions or inputs that cannot be observed in the marketplace.

A4. The degree of estimation uncertainty varies based on the nature of the accounting estimate, the extent to which there is a generally accepted method or model used to make the accounting estimate, and the subjectivity of the assumptions used to make the accounting estimate. In some cases, estimation uncertainty associated with an accounting estimate may be so great that the recognition criteria in the applicable financial reporting framework are not met and the accounting estimate cannot be made.

---

8) ISA 230, "Audit Documentation," paragraphs 8–11, and A6.

Einseitigkeit des Managements vorliegen. Für die Zielsetzung, die Vertretbarkeit von einzelnen geschätzten Werten zu beurteilen, stellen Anzeichen für eine mögliche Einseitigkeit des Managements für sich genommen noch keine falschen Darstellungen dar. (Vgl. Tz. A124-A125)

Schriftliche Erklärungen

22. Der Abschlussprüfer muss vom Management und – sofern angebracht – von den für die Überwachung Verantwortlichen schriftliche Erklärungen dazu einholen, ob die bedeutsamen Annahmen, die zur Ermittlung von geschätzten Werten in der Rechnungslegung getroffen wurden, ihrer Auffassung nach vertretbar sind. (Vgl. Tz. A126-A127)

Dokumentation

23. Der Abschlussprüfer muss Folgendes in die Prüfungsdokumentation aufnehmen[8]:
    (a) die Grundlage für die Schlussfolgerungen des Abschlussprüfers zur Vertretbarkeit von geschätzten Werten in der Rechnungslegung und deren Angabe im Abschluss, die bedeutsame Risiken zur Folge haben, und
    (b) ggf. Anzeichen für eine mögliche Einseitigkeit des Managements. (Vgl. Tz. A128)

***

Anwendungshinweise und sonstige Erläuterungen

Merkmale geschätzter Werte in der Rechnungslegung (Vgl. Tz. 2)

A1. Aufgrund der wirtschaftlichen Aktivitäten innewohnenden Unsicherheiten können manche Abschlussposten nur geschätzt werden. Außerdem können die spezifischen Merkmale von Vermögenswerten, Schulden oder Komponenten des Eigenkapitals oder die in dem Regelwerk der Rechnungslegung vorgeschriebene Bewertungsgrundlage oder -methode die Notwendigkeit zur Schätzung eines Abschlusspostens zur Folge haben. Manche Regelwerke der Rechnungslegung schreiben die auf den Abschluss anzuwendenden vorzunehmenden spezifischen Bewertungsmethoden sowie auszuweisenden Angaben vor, während andere weniger konkret sind. In der Anlage zu diesem ISA werden Bewertungen und Angaben zu Zeitwerten nach verschiedenen Regelwerken der Rechnungslegung dargestellt.

A2. Manche geschätzten Werte in der Rechnungslegung haben eine relativ geringe Schätzunsicherheit und können geringere Risiken wesentlicher falscher Darstellungen zur Folge haben, z. B.:
- geschätzte Werte bei Einheiten, die keine komplexe Geschäftstätigkeit betreiben;
- geschätzte Werte, die häufig ermittelt und geändert werden, weil sie mit routinemäßigen Geschäftsvorfällen zusammenhängen;
- geschätzte Werte, die aus leicht verfügbaren Daten abgeleitet werden (z. B. veröffentlichte Zinsdaten oder börsengehandelte Wertpapierkurse); im Zusammenhang mit geschätzten Zeitwerten in der Rechnungslegung können solche Daten als „beobachtbar" bezeichnet werden;
- geschätzte Zeitwerte, bei denen die im maßgebenden Regelwerk der Rechnungslegung vorgeschriebene Bewertungsmethode einfach und leicht auf die Vermögenswerte oder Schulden anzuwenden ist, die eine Bewertung zum Zeitwert erfordern;
- geschätzte Zeitwerte, bei denen das zur Bewertung des geschätzten Zeitwerts angewandte Modell allgemein bekannt oder anerkannt ist, vorausgesetzt, dass die Annahmen oder Eingabedaten für das Modell beobachtbar sind.

A3. Bei manchen geschätzten Werten in der Rechnungslegung kann jedoch eine relativ hohe Schätzunsicherheit bestehen, insbesondere wenn sie auf bedeutsamen Annahmen basieren, z. B.:
- geschätzte Werte im Zusammenhang mit dem Ausgang von Rechtsstreitigkeiten
- geschätzte Zeitwerte für derivative Finanzinstrumente, die nicht öffentlich gehandelt werden
- geschätzte Zeitwerte, für die ein hoch spezialisiertes, von der jeweiligen Einheit entwickeltes Modell angewendet wird oder denen Annahmen oder Eingabedaten zugrunde liegen, die nicht auf einem Markt beobachtet werden können.

A4. Der Grad der Schätzunsicherheit unterscheidet sich in Abhängigkeit von den Merkmalen des geschätzten Werts in der Rechnungslegung; dem Maß, in dem eine allgemein anerkannte, zur Ermittlung des geschätzten Werts in der Rechnungslegung angewandte Methode oder ein entsprechendes Modell vorhanden ist, und der Subjektivität der der Ermittlung des geschätzten Werts in der Rechnungslegung zugrunde liegenden Annahmen. In manchen Fällen kann die mit einem geschätzten Wert in der

---

[8] ISA 230 „Prüfungsdokumentation", Textziffern 8-11 und A6.

A5. Not all financial statement items requiring measurement at fair value involve estimation uncertainty. For example, this may be the case for some financial statement items where there is an active and open market that provides readily available and reliable information on the prices at which actual exchanges occur, in which case the existence of published price quotations ordinarily is the best audit evidence of fair value. However, estimation uncertainty may exist even when the valuation method and data are well defined. For example, valuation of securities quoted on an active and open market at the listed market price may require adjustment if the holding is significant in relation to the market or is subject to restrictions in marketability. In addition, general economic circumstances prevailing at the time, for example, illiquidity in a particular market, may impact estimation uncertainty.

A6. Additional examples of situations where accounting estimates, other than fair value accounting estimates, may be required include:
- Allowance for doubtful accounts.
- Inventory obsolescence.
- Warranty obligations.
- Depreciation method or asset useful life.
- Provision against the carrying amount of an investment where there is uncertainty regarding its recoverability.
- Outcome of long term contracts.
- Costs arising from litigation settlements and judgments.

A7. Additional examples of situations where fair value accounting estimates may be required include:
- Complex financial instruments, which are not traded in an active and open market.
- Share-based payments.
- Property or equipment held for disposal.
- Certain assets or liabilities acquired in a business combination, including goodwill and intangible assets.
- Transactions involving the exchange of assets or liabilities between independent parties without monetary consideration, for example, a non-monetary exchange of plant facilities in different lines of business.

A8. Estimation involves judgments based on information available when the financial statements are prepared. For many accounting estimates, these include making assumptions about matters that are uncertain at the time of estimation. The auditor is not responsible for predicting future conditions, transactions or events that, if known at the time of the audit, might have significantly affected management's actions or the assumptions used by management.

Management Bias

A9. Financial reporting frameworks often call for neutrality, that is, freedom from bias. Accounting estimates are imprecise, however, and can be influenced by management judgment. Such judgment may involve unintentional or intentional management bias (for example, as a result of motivation to achieve a desired result). The susceptibility of an accounting estimate to management bias increases with the subjectivity involved in making it. Unintentional management bias and the potential for intentional management bias are inherent in subjective decisions that are often required in making an accounting estimate. For continuing audits, indicators of possible management bias identified during the audit of the preceding periods influence the planning and risk identification and assessment activities of the auditor in the current period.

Rechnungslegung verbundene Schätzunsicherheit so groß sein, dass die Ansatzkriterien des maßgebenden Regelwerks der Rechnungslegung nicht erfüllt werden und die Schätzung nicht vorgenommen werden kann.

A5. Nicht alle Abschlussposten, die eine Bewertung zum Zeitwert erfordern, beinhalten eine Schätzunsicherheit. Dies kann bspw. für einige Abschlussposten gelten, für die es einen aktiven und frei zugänglichen Markt gibt, auf dem leicht erhältliche und verlässliche Informationen über die Preise zur Verfügung gestellt werden, zu denen tatsächliche Transaktionen stattfinden. In diesem Fall ist das Vorliegen von veröffentlichten Preisnotierungen in der Regel der beste Prüfungsnachweis für den Zeitwert. Es kann jedoch auch eine Schätzunsicherheit bestehen, selbst wenn die Bewertungsmethode und die Bewertungsdaten klar definiert sind. So kann bspw. die Bewertung von Wertpapieren, die auf einem aktiven und frei zugänglichen Markt zum Börsenkurs notiert werden, eine Anpassung erfordern, wenn der betreffende Bestand im Verhältnis zum Markt bedeutsam ist oder Beschränkungen in der Marktgängigkeit unterliegt. Darüber hinaus können allgemeine wirtschaftliche Umstände, die zu dem jeweiligen Zeitpunkt vorherrschen (bspw. die Illiquidität in einem bestimmten Markt) die Schätzunsicherheit beeinflussen.

A6. Zu den weiteren Beispielen für Situationen, in denen geschätzte Werte in der Rechnungslegung erforderlich sein können, die keine geschätzten Zeitwerte sind, gehören:
- Wertberichtigung zu zweifelhaften Forderungen;
- Überalterung von Vorräten;
- Garantieverpflichtungen;
- Abschreibungsmethode oder Nutzungsdauer von Vermögenswerten;
- Wertberichtigung des Buchwerts einer Investition, wenn Unsicherheit über deren Einbringlichkeit besteht;
- Realisierung langfristiger Kontrakte;
- Kosten, die aus der Beilegung von Rechtsstreitigkeiten und aus Urteilen entstehen.

A7. Zu den Beispielen für Situationen, in denen geschätzte Zeitwerte in der Rechnungslegung erforderlich sein können, gehören weiter:
- komplexe Finanzinstrumente, die nicht auf einem aktiven und frei zugänglichen Markt gehandelt werden;
- aktienbasierte Vergütungen;
- Grundstücke oder Anlagen, die zur Veräußerung gehalten werden;
- bestimmte bei einem Unternehmenszusammenschluss übernommene Vermögenswerte oder Schulden, einschließlich des Geschäfts- oder Firmenwerts*) sowie immaterieller Vermögenswerte;
- Geschäftsvorfälle, die den Austausch von Vermögenswerten oder Schulden zwischen unabhängigen Parteien ohne monetäre Gegenleistung umfassen (bspw. ein nicht-monetärer Austausch von Betriebsanlagen in verschiedenen Geschäftszweigen).

A8. Eine Schätzung ist mit Beurteilungen auf der Grundlage von Informationen verbunden, die zum Zeitpunkt der Aufstellung des Abschlusses verfügbar sind. Bei vielen Schätzungen in der Rechnungslegung gehört dazu, Annahmen über Sachverhalte zu treffen, die zum Zeitpunkt der Schätzung unsicher sind. Der Abschlussprüfer ist nicht dafür verantwortlich, zukünftige Gegebenheiten, Geschäftsvorfälle oder Ereignisse vorherzusagen, die möglicherweise einen bedeutsamen Einfluss auf die Handlungen des Managements oder auf die vom Management getroffenen Annahmen gehabt hätten, wenn sie zum Zeitpunkt der Abschlussprüfung bekannt gewesen wären.

Einseitigkeit des Managements

A9. Die Regelwerke der Rechnungslegung verlangen häufig Neutralität, d. h. Freiheit von Einseitigkeit. Geschätzte Werte in der Rechnungslegung sind jedoch ungenau und können durch Beurteilungen des Managements beeinflusst werden. Solche Beurteilungen können mit einer unbeabsichtigten oder beabsichtigten Einseitigkeit des Managements verbunden sein (z. B. aus dem Beweggrund, ein gewünschtes Ergebnis zu erzielen). Die Anfälligkeit eines geschätzten Werts für eine Einseitigkeit des Managements nimmt mit der Subjektivität zu, die mit dessen Ermittlung verbunden ist. Eine unbeabsichtigte Einseitigkeit und die Möglichkeit einer beabsichtigten Einseitigkeit des Managements sind subjektiven Entscheidungen eigen, die häufig bei der Ermittlung von geschätzten Werten in der Rechnungslegung erforderlich sind. Bei Folgeprüfungen beeinflussen Anzeichen für eine mögliche Einseitigkeit des Managements, die während der Prüfung vorhergehender Zeiträume festgestellt wurden,

---

*) In der Schweiz: Goodwill.

A10. Management bias can be difficult to detect at an account level. It may only be identified when considered in the aggregate of groups of accounting estimates or all accounting estimates, or when observed over a number of accounting periods. Although some form of management bias is inherent in subjective decisions, in making such judgments there may be no intention by management to mislead the users of financial statements. Where, however, there is intention to mislead, management bias is fraudulent in nature.

Considerations Specific to Public Sector Entities

A11. Public sector entities may have significant holdings of specialized assets for which there are no readily available and reliable sources of information for purposes of measurement at fair value or other current value bases, or a combination of both. Often specialized assets held do not generate cash flows and do not have an active market. Measurement at fair value therefore ordinarily requires estimation and may be complex, and in some rare cases may not be possible at all.

Risk Assessment Procedures and Related Activities (Ref: Para. 8)

A12. The risk assessment procedures and related activities required by paragraph 8 of this ISA assist the auditor in developing an expectation of the nature and type of accounting estimates that an entity may have. The auditor's primary consideration is whether the understanding that has been obtained is sufficient to identify and assess the risks of material misstatement in relation to accounting estimates, and to plan the nature, timing and extent of further audit procedures.

Obtaining an Understanding of the Requirements of the Applicable Financial Reporting Framework (Ref: Para. 8(a))

A13. Obtaining an understanding of the requirements of the applicable financial reporting framework assists the auditor in determining whether it, for example:

- Prescribes certain conditions for the recognition,[9] or methods for the measurement, of accounting estimates.
- Specifies certain conditions that permit or require measurement at a fair value, for example, by referring to management's intentions to carry out certain courses of action with respect to an asset or liability.
- Specifies required or permitted disclosures.

Obtaining this understanding also provides the auditor with a basis for discussion with management about how management has applied those requirements relevant to the accounting estimate, and the auditor's determination of whether they have been applied appropriately.

A14. Financial reporting frameworks may provide guidance for management on determining point estimates where alternatives exist. Some financial reporting frameworks, for example, require that the point estimate selected be the alternative that reflects management's judgment of the most likely outcome.[10] Others may require, for example, use of a discounted probability-weighted expected value. In some cases, management may be able to make a point estimate directly. In other cases, management may be able to make a reliable point estimate only after considering alternative assumptions or outcomes from which it is able to determine a point estimate.

---

9) Most financial reporting frameworks require incorporation in the balance sheet or income statement of items that satisfy their criteria for recognition. Disclosure of accounting policies or adding notes to the financial statements does not rectify a failure to recognize such items, including accounting estimates.

10) Different financial reporting frameworks may use different terminology to describe point estimates determined in this way.

die Planung, die Risikofeststellungen und die Maßnahmen des Abschlussprüfers zur Beurteilung im Berichtszeitraum.

A10. Eine Einseitigkeit des Managements kann bei einer Kontenbetrachtung schwierig festzustellen sein. Sie wird möglicherweise nur festgestellt, wenn sie für Gruppen von geschätzten Werten insgesamt oder für alle geschätzten Werte betrachtet oder über mehrere Berichtszeiträume beobachtet wird. Wenngleich eine gewisse Form von Einseitigkeit des Managements subjektiven Entscheidungen eigen ist, hat das Management bei solchen Beurteilungen möglicherweise nicht die Absicht, die Nutzer des Abschlusses zu täuschen. Wenn jedoch die Absicht zur Täuschung besteht, ist eine Einseitigkeit des Managements betrügerischer Art.

Spezifische Überlegungen zu Einheiten des öffentlichen Sektors

A11. Einheiten des öffentlichen Sektors können über bedeutsame Bestände an spezialisierten Vermögenswerten verfügen, für die es keine leicht verfügbaren und zuverlässigen Informationsquellen für die Bewertung zum Zeitwert, für andere Grundlagen des aktuellen Werts oder für eine Kombination von beidem gibt. Häufig generieren im Bestand gehaltene spezialisierte Vermögenswerte keine Cashflows*) und haben keinen aktiven Markt. Daher erfordert eine Bewertung zum Zeitwert in der Regel eine Schätzung und kann komplex und in einigen seltenen Fällen überhaupt nicht möglich sein.

Prüfungshandlungen zur Risikobeurteilung und damit zusammenhängende Tätigkeiten
(Vgl. Tz. 8)

A12. Die Prüfungshandlungen zur Risikobeurteilung und damit zusammenhängende Tätigkeiten, die nach Textziffer 8 dieses ISA erforderlich sind, helfen dem Abschlussprüfer, eine Erwartung von der Art und Ausprägung der geschätzten Werte in der Rechnungslegung zu entwickeln, die in einer Einheit vorhanden sein können. Die entscheidende Überlegung des Abschlussprüfers ist dabei, ob das gewonnene Verständnis ausreicht, um die Risiken wesentlicher falscher Darstellungen bei geschätzten Werten festzustellen und zu beurteilen sowie Art, zeitliche Einteilung und Umfang von weiteren Prüfungshandlungen zu planen.

Erzielung eines Verständnisses von den Anforderungen des maßgebenden Regelwerks der Rechnungslegung (Vgl. Tz. 8(a))

A13. Ein Verständnis der Anforderungen des maßgebenden Regelwerks der Rechnungslegung hilft dem Abschlussprüfer bei der Feststellung, ob in dem Regelwerk bspw.

- bestimmte Bedingungen für den Ansatz[9] oder für Methoden der Bewertung von geschätzten Werten in der Rechnungslegung vorgeschrieben sind;
- bestimmte Bedingungen festgelegt sind, die eine Bewertung zum Zeitwert erlauben bzw. verlangen, wie etwa durch eine Bezugnahme auf die Absicht des Managements, mit Vermögenswerten oder Schulden in einer bestimmten Weise zu verfahren;
- erforderliche bzw. zulässige Abschlussangaben festgelegt sind.

Dieses Verständnis zu erlangen, verschafft dem Abschlussprüfer außerdem eine Grundlage für Besprechungen mit dem Management darüber, wie das Management die für den geschätzten Wert relevanten Anforderungen angewandt hat, sowie für die Feststellung des Abschlussprüfers, ob diese zutreffend angewandt wurden.

A14. Regelwerke der Rechnungslegung können dem Management Hinweise zur Festlegung von Punktschätzungen liefern, bei denen Alternativen bestehen. Manche Regelwerke der Rechnungslegung verlangen bspw., dass die gewählte Punktschätzung diejenige Alternative sein muss, die in der Beurteilung des Managements das wahrscheinlichste Ergebnis widerspiegelt.[10] Andere Regelwerke der Rechnungslegung können bspw. die Verwendung eines diskontierten, nach Wahrscheinlichkeit gewichteten Erwartungswerts verlangen. In manchen Fällen kann das Management in der Lage sein, eine Punktschätzung direkt vorzunehmen. In anderen Fällen ist dem Management eine verlässliche Punktschätzung erst nach Abwägung alternativer Annahmen oder Ergebnisse möglich, anhand derer es eine Punktschätzung festlegen kann.

---

9) Nach den meisten Regelwerken der Rechnungslegung müssen Posten, welche die jeweiligen Ansatzkriterien erfüllen, in der Bilanz bzw. Gewinn- und Verlustrechnung ausgewiesen werden. Durch die Angabe von Rechnungslegungsmethoden oder die Aufnahme von zusätzlichen Anhangangaben wird der Nichtansatz solcher Posten, einschließlich geschätzter Werte, nicht korrigiert.

10) In verschiedenen Regelwerken der Rechnungslegung können unterschiedliche Fachbegriffe für die Beschreibung von Punktschätzungen verwendet werden, die auf diese Weise festgelegt werden.

*) In der Schweiz: Geldflüsse.

A15. Financial reporting frameworks may require the disclosure of information concerning the significant assumptions to which the accounting estimate is particularly sensitive. Furthermore, where there is a high degree of estimation uncertainty, some financial reporting frameworks do not permit an accounting estimate to be recognized in the financial statements, but certain disclosures may be required in the notes to the financial statements.

Obtaining an Understanding of How Management Identifies the Need for Accounting Estimates (Ref: Para. 8(b))

A16. The preparation of the financial statements requires management to determine whether a transaction, event or condition gives rise to the need to make an accounting estimate, and that all necessary accounting estimates have been recognized, measured and disclosed in the financial statements in accordance with the applicable financial reporting framework.

A17. Management's identification of transactions, events and conditions that give rise to the need for accounting estimates is likely to be based on:

- Management's knowledge of the entity's business and the industry in which it operates.

- Management's knowledge of the implementation of business strategies in the current period.

- Where applicable, management's cumulative experience of preparing the entity's financial statements in prior periods.

In such cases, the auditor may obtain an understanding of how management identifies the need for accounting estimates primarily through inquiry of management. In other cases, where management's process is more structured, for example, when management has a formal risk management function, the auditor may perform risk assessment procedures directed at the methods and practices followed by management for periodically reviewing the circumstances that give rise to the accounting estimates and re-estimating the accounting estimates as necessary. The completeness of accounting estimates is often an important consideration of the auditor, particularly accounting estimates relating to liabilities.

A18. The auditor's understanding of the entity and its environment obtained during the performance of risk assessment procedures, together with other audit evidence obtained during the course of the audit, assist the auditor in identifying circumstances, or changes in circumstances, that may give rise to the need for an accounting estimate.

A19. Inquiries of management about changes in circumstances may include, for example, inquiries about whether:

- The entity has engaged in new types of transactions that may give rise to accounting estimates.

- Terms of transactions that gave rise to accounting estimates have changed.

- Accounting policies relating to accounting estimates have changed, as a result of changes to the requirements of the applicable financial reporting framework or otherwise.

- Regulatory or other changes outside the control of management have occurred that may require management to revise, or make new, accounting estimates.

- New conditions or events have occurred that may give rise to the need for new or revised accounting estimates.

A20. During the audit, the auditor may identify transactions, events and conditions that give rise to the need for accounting estimates that management failed to identify. ISA 315 deals with circumstances where the auditor identifies risks of material misstatement that management failed to identify, including determining whether there is a significant deficiency in internal control with regard to the entity's risk assessment processes.[11]

---

11) ISA 315, paragraph 16.

A15. Regelwerke der Rechnungslegung können die Angabe von Informationen zu den bedeutsamen Annahmen im Abschluss erfordern, denen gegenüber der geschätzte Wert besonders empfindlich ist. Weiterhin erlauben einige Regelwerke bei einem hohen Maß an Schätzunsicherheit nicht den Ansatz von geschätzten Werten im Abschluss, aber verlangen möglicherweise bestimmte Angaben im Anhang des Abschlusses.

Erzielung eines Verständnisses darüber, wie das Management die Notwendigkeit für Schätzungen in der Rechnungslegung feststellt (Vgl. Tz. 8(b))

A16. Die Aufstellung des Abschlusses verlangt vom Management festzustellen, ob Geschäftsvorfälle, Ereignisse oder Gegebenheiten eine Schätzung notwendig machen, und dass alle notwendigen Schätzungen in Übereinstimmung mit dem maßgebenden Regelwerk der Rechnungslegung im Abschluss angesetzt, bewertet und angegeben wurden.

A17. Die Feststellung des Managements von Geschäftsvorfällen, Ereignissen und Gegebenheiten, die Schätzungen notwendig machen, beruht wahrscheinlich auf

- den Kenntnissen des Managements über die Geschäftstätigkeit der Einheit und die Branche, in der sie tätig ist;
- den Kenntnissen des Managements über die Umsetzung von Geschäftsstrategien im laufenden Zeitraum;
- wo dies der Fall ist, der gesamten Erfahrung des Managements aus der Aufstellung der Abschlüsse der Einheit in früheren Zeiträumen.

In solchen Fällen kann sich der Abschlussprüfer hauptsächlich durch Befragungen des Managements ein Verständnis darüber verschaffen, wie das Management die Notwendigkeit für Schätzungen in der Rechnungslegung feststellt. In anderen Fällen, in denen der vom Management angewandte Prozess stärker strukturiert ist (bspw. in Fällen, in denen das Management über eine institutionalisierte Risikomanagement-Funktion verfügt), kann der Abschlussprüfer Prüfungshandlungen zur Risikobeurteilung durchführen, die auf die Methoden und Vorgehensweisen ausgerichtet sind, die vom Management verfolgt werden, um regelmäßig die Umstände zu überprüfen, die zu den Schätzungen in der Rechnungslegung und zu Neuschätzungen führen, wo dies notwendig ist. Die Vollständigkeit von Schätzungen in der Rechnungslegung ist häufig ein wichtiger Gesichtspunkt des Abschlussprüfers. Dies gilt insbesondere bei Schätzungen von Schulden.

A18. Das Verständnis des Abschlussprüfers von der Einheit und ihrem Umfeld, das bei der Durchführung von Prüfungshandlungen zur Risikobeurteilung gewonnen wurde, unterstützt den Abschlussprüfer zusammen mit anderen im Laufe der Abschlussprüfung erlangten Prüfungsnachweisen dabei, Umstände oder Änderungen von Umständen festzustellen, welche die Notwendigkeit eines geschätzten Werts in der Rechnungslegung zur Folge haben können.

A19. Befragungen des Managements über Änderungen in den Umständen können bspw. Befragungen darüber einschließen, ob

- die Einheit neue Arten von Geschäftsvorfällen getätigt hat, die geschätzte Werte in der Rechnungslegung zur Folge haben können;
- die Bedingungen der Geschäfte sich geändert haben, die geschätzte Werte in der Rechnungslegung bedingen;
- Rechnungslegungsmethoden, die mit Schätzungen zusammenhängen, sich aufgrund geänderter Anforderungen des maßgebenden Regelwerks der Rechnungslegung oder aus anderweitigen Gründen geändert haben;
- rechtliche oder sonstige Änderungen außerhalb der Kontrolle des Managements eingetreten sind, die es erfordern können, dass das Management geschätzte Werte in der Rechnungslegung ändert oder neu ermittelt;
- neue Gegebenheiten oder Ereignisse eingetreten sind, welche die Notwendigkeit für neue oder geänderte geschätzte Werte in der Rechnungslegung zur Folge haben können.

A20. Während der Abschlussprüfung kann der Abschlussprüfer Geschäftsvorfälle, Ereignisse und Gegebenheiten feststellen, welche die Notwendigkeit geschätzter Werte in der Rechnungslegung zur Folge haben, die vom Management nicht erkannt wurden. ISA 315 behandelt Fälle, in denen der Abschlussprüfer Risiken wesentlicher falscher Darstellungen erkennt, die das Management nicht erkannt hat, einschließlich der Feststellung, ob ein bedeutsamer Mangel im Zusammenhang mit dem Risikobeurteilungsprozess der Einheit besteht.[11]

---

11) ISA 315, Textziffer 16.

Considerations Specific to Smaller Entities

A21. Obtaining this understanding for smaller entities is often less complex as their business activities are often limited and transactions are less complex. Further, often a single person, for example the owner-manager, identifies the need to make an accounting estimate and the auditor may focus inquiries accordingly.

Obtaining an Understanding of How Management Makes the Accounting Estimates (Ref: Para. 8(c))

A22. The preparation of the financial statements also requires management to establish financial reporting processes for making accounting estimates, including adequate internal control. Such processes include the following:

- Selecting appropriate accounting policies and prescribing estimation processes, including appropriate estimation or valuation methods, including, where applicable, models.

- Developing or identifying relevant data and assumptions that affect accounting estimates.

- Periodically reviewing the circumstances that give rise to the accounting estimates and re-estimating the accounting estimates as necessary.

A23. Matters that the auditor may consider in obtaining an understanding of how management makes the accounting estimates include, for example:

- The types of accounts or transactions to which the accounting estimates relate (for example, whether the accounting estimates arise from the recording of routine and recurring transactions or whether they arise from non-recurring or unusual transactions).

- Whether and, if so, how management has used recognized measurement techniques for making particular accounting estimates.

- Whether the accounting estimates were made based on data available at an interim date and, if so, whether and how management has taken into account the effect of events, transactions and changes in circumstances occurring between that date and the period end.

Method of Measurement, Including the Use of Models (Ref: Para. 8(c)(i))

A24. In some cases, the applicable financial reporting framework may prescribe the method of measurement for an accounting estimate, for example, a particular model that is to be used in measuring a fair value estimate. In many cases, however, the applicable financial reporting framework does not prescribe the method of measurement, or may specify alternative methods for measurement.

A25. When the applicable financial reporting framework does not prescribe a particular method to be used in the circumstances, matters that the auditor may consider in obtaining an understanding of the method or, where applicable the model, used to make accounting estimates include, for example:

- How management considered the nature of the asset or liability being estimated when selecting a particular method.

- Whether the entity operates in a particular business, industry or environment in which there are methods commonly used to make the particular type of accounting estimate.

A26. There may be greater risks of material misstatement, for example, in cases when management has internally developed a model to be used to make the accounting estimate or is departing from a method commonly used in a particular industry or environment.

Relevant Controls (Ref: Para. 8(c)(ii))

A27. Matters that the auditor may consider in obtaining an understanding of relevant controls include, for example, the experience and competence of those who make the accounting estimates, and controls related to:

- How management determines the completeness, relevance and accuracy of the data used to develop accounting estimates.

Spezifische Überlegungen zu kleineren Einheiten

A21. Ein Verständnis von der Einheit und ihrem Umfeld zu gewinnen, ist bei kleineren Einheiten häufig weniger komplex, weil deren Geschäftstätigkeiten häufig beschränkt und die Geschäfte weniger komplex sind. Außerdem stellt häufig eine einzige Person (bspw. der Gesellschafter-Geschäftsführer) fest, dass es notwendig ist, eine Schätzung in der Rechnungslegung vorzunehmen. In diesem Fall kann der Abschlussprüfer die Befragungen entsprechend ausrichten.

Erzielung eines Verständnisses darüber, wie das Management die geschätzten Werte in der Rechnungslegung ermittelt (Vgl. Tz. 8(c))

A22. Die Aufstellung des Abschlusses verlangt vom Management auch die Einrichtung von Rechnungslegungsprozessen zur Ermittlung von geschätzten Werten einschließlich eines geeigneten internen Kontrollsystems. Solche Prozesse schließen ein:

- Auswahl geeigneter Rechnungslegungsmethoden und Festlegung von Schätzungsprozessen, einschließlich geeigneter Schätzungs- oder Bewertungsmethoden, ggf. unter Einschluss von Modellen;
- Entwicklung oder Feststellung von relevanten Daten und Annahmen, die sich auf geschätzte Werte auswirken;
- regelmäßige Überprüfung der Gegebenheiten, die zu den geschätzten Werten und erforderlichenfalls zur Neuermittlung der geschätzten Werte führen.

A23. Die Sachverhalte, die der Abschlussprüfer berücksichtigen kann bei der Erzielung eines Verständnisses darüber, wie das Management die geschätzten Werte in der Rechnungslegung ermittelt, schließen bspw. ein:

- die Arten von Konten oder Geschäftsvorfällen, auf die sich die geschätzten Werte beziehen (z. B. ob die geschätzten Werte aus der Erfassung von routinemäßigen und wiederkehrenden Geschäftsvorfällen oder aus nicht wiederkehrenden oder unüblichen Geschäftsvorfällen resultieren);
- die Frage, ob und wie das Management im gegebenen Fall anerkannte Bewertungsverfahren angewandt hat, um bestimmte geschätzte Werte zu ermitteln;
- die Frage, ob die geschätzten Werte auf der Grundlage von unterjährig verfügbaren Daten ermittelt wurden und wie das Management im gegebenen Fall die Auswirkungen von Ereignissen, Geschäftsvorfällen und Änderungen der gegebenen Umstände berücksichtigt hat, die zwischen dem betreffenden Zeitpunkt und dem Abschlussstichtag eingetreten sind.

Bewertungsmethode, einschließlich der Anwendung von Modellen (Vgl. Tz. 8(c)(i))

A24. In manchen Fällen kann das maßgebende Regelwerk der Rechnungslegung die Bewertungsmethode für geschätzte Werte vorschreiben (bspw. ein bestimmtes Modell, das bei der Bewertung von geschätzten Zeitwerten anzuwenden ist). In vielen Fällen schreibt das maßgebende Regelwerk der Rechnungslegung die Bewertungsmethode jedoch nicht vor oder kann alternative Bewertungsmethoden festlegen.

A25. Wenn das maßgebende Regelwerk der Rechnungslegung keine bestimmte Methode vorschreibt, die unter den gegebenen Umständen anzuwenden ist, kann der Abschlussprüfer in die Überlegungen bspw. die folgenden Fragen einbeziehen, um die zur Ermittlung von geschätzten Werten in der Rechnungslegung angewandte Methode oder ggf. das entsprechende Modell zu verstehen:

- Wie hat das Management bei der Auswahl einer bestimmten Methode die Eigenschaften der geschätzten Vermögenswerte oder Schulden berücksichtigt?
- Ist die Einheit in einem bestimmten Geschäftsfeld, einer bestimmten Branche oder einem Umfeld tätig, wo Methoden bestehen, die üblicherweise angewandt werden, um eine bestimmte Art von geschätzten Werten zu ermitteln?

A26. Größere Risiken wesentlicher falscher Darstellungen können bestehen bspw. in den Fällen, in denen das Management intern ein Modell entwickelt hat, das zur Ermittlung von geschätzten Werten anzuwenden ist, oder von einer Methode abweicht, die in einer bestimmten Branche oder in einem bestimmten Umfeld üblicherweise angewandt wird.

Relevante Kontrollen (Vgl. Tz. 8(c)(ii))

A27. Zu den Sachverhalten, die der Abschlussprüfer berücksichtigen kann, wenn er sich ein Verständnis über relevante Kontrollen verschafft, gehören bspw. die Erfahrungen und Kompetenzen der Personen, welche die geschätzten Werte in der Rechnungslegung ermitteln, sowie Kontrollen in Bezug auf

- die Frage, wie das Management die Vollständigkeit, Relevanz und Genauigkeit der Daten festlegt, die es zur Entwicklung von geschätzten Werten verwendet;

- The review and approval of accounting estimates, including the assumptions or inputs used in their development, by appropriate levels of management and, where appropriate, those charged with governance.
- The segregation of duties between those committing the entity to the underlying transactions and those responsible for making the accounting estimates, including whether the assignment of responsibilities appropriately takes account of the nature of the entity and its products or services (for example, in the case of a large financial institution, relevant segregation of duties may include an independent function responsible for estimation and validation of fair value pricing of the entity's proprietary financial products staffed by individuals whose remuneration is not tied to such products).

A28. Other controls may be relevant to making the accounting estimates depending on the circumstances. For example, if the entity uses specific models for making accounting estimates, management may put into place specific policies and procedures around such models. Relevant controls may include, for example, those established over:

- The design and development, or selection, of a particular model for a particular purpose.
- The use of the model.
- The maintenance and periodic validation of the integrity of the model.

Management's Use of Experts (Ref: Para. 8(c)(iii))

A29. Management may have, or the entity may employ individuals with, the experience and competence necessary to make the required point estimates. In some cases, however, management may need to engage an expert to make, or assist in making, them. This need may arise because of, for example:

- The specialized nature of the matter requiring estimation, for example, the measurement of mineral or hydrocarbon reserves in extractive industries.
- The technical nature of the models required to meet the relevant requirements of the applicable financial reporting framework, as may be the case in certain measurements at fair value.
- The unusual or infrequent nature of the condition, transaction or event requiring an accounting estimate.

Considerations specific to smaller entities

A30. In smaller entities, the circumstances requiring an accounting estimate often are such that the owner-manager is capable of making the required point estimate. In some cases, however, an expert will be needed. Discussion with the owner-manager early in the audit process about the nature of any accounting estimates, the completeness of the required accounting estimates, and the adequacy of the estimating process may assist the owner-manager in determining the need to use an expert.

Assumptions (Ref: Para. 8(c)(iv))

A31. Assumptions are integral components of accounting estimates. Matters that the auditor may consider in obtaining an understanding of the assumptions underlying the accounting estimates include, for example:

- The nature of the assumptions, including which of the assumptions are likely to be significant assumptions.
- How management assesses whether the assumptions are relevant and complete (that is, that all relevant variables have been taken into account).
- Where applicable, how management determines that the assumptions used are internally consistent.
- Whether the assumptions relate to matters within the control of management (for example, assumptions about the maintenance programs that may affect the estimation of an asset's useful life),

- die Überprüfung und Genehmigung von geschätzten Werten durch geeignete Managementebenen und, wo dies angebracht ist, durch die für die Überwachung Verantwortlichen. Dies schließt die bei der Entwicklung der geschätzten Werte getroffenen Annahmen oder Eingabedaten mit ein;
- die Funktionstrennung zwischen den Personen, welche die Einheit zu den zugrunde liegenden Geschäftsvorfällen verpflichten, und den Personen, die für die Ermittlung der geschätzten Werte in der Rechnungslegung verantwortlich sind. Dies schließt die Frage ein, ob die Zuordnung der Verantwortungsbereiche den Merkmalen der Einheit sowie der Art ihrer Produkte oder Dienstleistungen angemessen Rechnung trägt (z. B. kann bei einem großen Finanzinstitut die relevante Funktionstrennung eine unabhängige Funktion einschließen, in deren Verantwortung die Schätzung und Bestätigung von auf Zeitwerten beruhenden Preisen für die der Einheit gehörenden Finanzprodukte liegt, für die Mitarbeiter zuständig sind, deren Vergütung nicht an diese Produkte gebunden ist).

A28. Je nach den gegebenen Umständen können andere Kontrollen für die Ermittlung der geschätzten Werte in der Rechnungslegung relevant sein. Wenn bspw. in der Einheit bestimmte Modelle für die Vornahme von Schätzungen angewandt werden, kann das Management spezifische Regelungen und Verfahren für solche Modelle einrichten. Relevante Kontrollen können bspw. solche einschließen, die eingerichtet wurden in Bezug auf

- die Ausgestaltung und Entwicklung oder die Auswahl eines bestimmten Modells für einen bestimmten Zweck;
- die Anwendung des Modells;
- die Aufrechterhaltung und die regelmäßige Überprüfung der Integrität des Modells.

Hinzuziehung von Sachverständigen durch das Management (Vgl. Tz. 8(c)(iii))

A29. Im Management oder unter den Mitarbeitern der Einheit kann es Personen geben, die über die notwendige Erfahrung und Kompetenz für die Vornahme der erforderlichen Punktschätzungen verfügen. In manchen Fällen ist es jedoch erforderlich, dass das Management einen Sachverständigen beauftragen muss, die Schätzungen vorzunehmen oder dabei behilflich zu sein. Diese Notwendigkeit kann bspw. hervorgehen aus

- der besonderen Art des Sachverhalts, der eine Schätzung erfordert (bspw. die Bewertung von Mineral- oder Kohlenwasserstoffreserven in rohstoffgewinnenden Industriezweigen);
- den fachlichen Merkmalen der Modelle, die zur Erfüllung der relevanten Anforderungen des maßgebenden Regelwerks der Rechnungslegung erforderlich sind, wie dies bspw. bei bestimmten Bewertungen zum Zeitwert der Fall sein kann;
- der ungewöhnlichen oder seltenen Art der Gegebenheiten, Geschäftsvorfälle oder Ereignisse, die einen geschätzten Wert in der Rechnungslegung erfordern.

Spezifische Überlegungen zu kleineren Einheiten

A30. In kleineren Einheiten sind die Umstände, die einen geschätzten Wert in der Rechnungslegung erfordern, häufig so, dass der Gesellschafter-Geschäftsführer in der Lage ist, die erforderliche Punktschätzung vorzunehmen. In manchen Fällen wird jedoch ein Sachverständiger hinzugezogen werden müssen. Eine frühzeitige Besprechung mit dem Gesellschafter-Geschäftsführer während des Abschlussprüfungsprozesses über die Art der Schätzungen in der Rechnungslegung, die Vollständigkeit der erforderlichen Schätzungen und die Angemessenheit des Schätzungsprozesses kann den Gesellschafter-Geschäftsführer dabei unterstützen festzustellen, ob es notwendig ist, einen Sachverständigen hinzuzuziehen.

Annahmen (Vgl. Tz. 8(c)(iv))

A31. Annahmen sind grundlegende Bestandteile der Schätzungen in der Rechnungslegung. Wenn sich der Abschlussprüfer ein Verständnis von den Annahmen verschafft, die den geschätzten Werten in der Rechnungslegung zugrunde liegen, können bspw. folgende Sachverhalte berücksichtigt werden:

- die Art der Annahmen, einschließlich der Frage, bei welchen der Annahmen es sich wahrscheinlich um bedeutsame Annahmen handelt;
- wie das Management beurteilt, ob die Annahmen relevant und vollständig sind (d. h., ob alle relevanten Variablen berücksichtigt wurden);
- wie das Management im gegebenen Fall feststellt, dass die angewendeten Annahmen in sich stimmig sind;
- ob sich die Annahmen auf Sachverhalte beziehen, die in der Kontrolle des Managements liegen (z. B. Annahmen über die Programme zur Instandhaltung, die Einfluss auf die Schätzung der

and how they conform to the entity's business plans and the external environment, or to matters that are outside its control (for example, assumptions about interest rates, mortality rates, potential judicial or regulatory actions, or the variability and the timing of future cash flows).

- The nature and extent of documentation, if any, supporting the assumptions.

Assumptions may be made or identified by an expert to assist management in making the accounting estimates. Such assumptions, when used by management, become management's assumptions.

A32. In some cases, assumptions may be referred to as inputs, for example, where management uses a model to make an accounting estimate, though the term inputs may also be used to refer to the underlying data to which specific assumptions are applied.

A33. Management may support assumptions with different types of information drawn from internal and external sources, the relevance and reliability of which will vary. In some cases, an assumption may be reliably based on applicable information from either external sources (for example, published interest rate or other statistical data) or internal sources (for example, historical information or previous conditions experienced by the entity). In other cases, an assumption may be more subjective, for example, where the entity has no experience or external sources from which to draw.

A34. In the case of fair value accounting estimates, assumptions reflect, or are consistent with, what knowledgeable, willing arm's length parties (sometimes referred to as "marketplace participants" or equivalent) would use in determining fair value when exchanging an asset or settling a liability. Specific assumptions will also vary with the characteristics of the asset or liability being valued, the valuation method used (for example, a market approach, or an income approach) and the requirements of the applicable financial reporting framework.

A35. With respect to fair value accounting estimates, assumptions or inputs vary in terms of their source and bases, as follows:

(a) Those that reflect what marketplace participants would use in pricing an asset or liability developed based on market data obtained from sources independent of the reporting entity (sometimes referred to as "observable inputs" or equivalent).

(b) Those that reflect the entity's own judgments about what assumptions marketplace participants would use in pricing the asset or liability developed based on the best information available in the circumstances (sometimes referred to as "unobservable inputs" or equivalent).

In practice, however, the distinction between (a) and (b) is not always apparent. Further, it may be necessary for management to select from a number of different assumptions used by different marketplace participants.

A36. The extent of subjectivity, such as whether an assumption or input is observable, influences the degree of estimation uncertainty and thereby the auditor's assessment of the risks of material misstatement for a particular accounting estimate.

Changes in Methods for Making Accounting Estimates (Ref: Para. 8(c)(v))

A37. In evaluating how management makes the accounting estimates, the auditor is required to understand whether there has been or ought to have been a change from the prior period in the methods for making the accounting estimates. A specific estimation method may need to be changed in response to changes in the environment or circumstances affecting the entity or in the requirements of the applicable financial reporting framework. If management has changed the method for making an accounting estimate, it is important that management can demonstrate that the new method is more appropriate, or is itself a response to such changes. For example, if management changes the basis of making an accounting estimate from a mark-to-market approach to using a model, the auditor challenges whether management's assumptions about the marketplace are reasonable in light of economic circumstances.

Nutzungsdauer eines Vermögenswerts haben können) und wie diese mit den Geschäftsplänen und dem externen Umfeld der Einheit oder mit Sachverhalten, die außerhalb dessen Kontrolle liegen, übereinstimmen (z. B. Annahmen über Zinssätze, Sterblichkeitsraten, mögliche gerichtliche oder rechtliche Maßnahmen oder über die Schwankung und den zeitlichen Anfall von zukünftigen Cashflows);

- ggf. Art und Umfang einer Dokumentation, welche die Annahmen unterstützt.

Annahmen können von einem Sachverständigen getroffen oder festgelegt werden, um das Management bei der Ermittlung der geschätzten Werte in der Rechnungslegung zu unterstützen. Wenn solche Annahmen vom Management verwendet werden, werden sie zu Annahmen des Managements.

A32. In manchen Fällen können Annahmen als Eingabedaten bezeichnet werden, bspw. wenn das Management für die Ermittlung eines geschätzten Werts in der Rechnungslegung ein Modell anwendet. Der Begriff „Eingabedaten" kann jedoch auch in Bezug auf die zugrunde liegenden Daten verwendet werden, auf die bestimmte Annahmen angewandt werden.

A33. Das Management kann Annahmen auf Informationen verschiedener Art stützen, die es aus internen und externen Quellen gewinnt, deren Relevanz und Verlässlichkeit unterschiedlich sind. In manchen Fällen kann eine Annahme in zuverlässiger Weise auf geeigneten Informationen basieren, die entweder aus externen Quellen stammen (z. B. veröffentlichte Zinsdaten oder andere statistische Daten) oder aus internen Quellen hervorgehen (z. B. vergangenheitsorientierte Informationen oder frühere Gegebenheiten, denen die Einheit begegnet ist). In anderen Fällen kann eine Annahme dagegen subjektiver sein, bspw. wenn die Einheit nicht auf Erfahrung oder auf externe Quellen zurückgreifen kann.

A34. Bei geschätzten Zeitwerten in der Rechnungslegung spiegeln Annahmen wider oder stimmen mit dem überein, was sachverständige, vertragswillige und voneinander unabhängige Parteien (mitunter als „Marktteilnehmer" oder ähnlich bezeichnet) beim Tausch eines Vermögenswerts oder bei der Begleichung einer Schuld zur Bestimmung des Zeitwerts anwenden würden. Bestimmte Annahmen hängen auch ab von den Merkmalen der bewerteten Vermögenswerte oder Schulden, der angewendeten Bewertungsmethode (z. B. ein Markt- oder ein Ertragsansatz) sowie den Anforderungen des maßgebenden Regelwerks der Rechnungslegung.

A35. Was geschätzte Zeitwerte in der Rechnungslegung betrifft, unterscheiden sich Annahmen oder Eingabedaten in ihrer Quelle und in ihren Grundlagen wie folgt:

(a) solche, die widerspiegeln, was die Marktteilnehmer bei der Festsetzung des Preises von Vermögenswerten oder Schulden berücksichtigen würden und die auf der Grundlage von Marktdaten aus Quellen abgeleitet werden, die von der berichtenden Einheit unabhängig sind (mitunter als „beobachtbare Eingabedaten" oder entsprechend bezeichnet);

(b) solche, welche die eigenen Beurteilungen der Einheit über die Annahmen widerspiegeln, die Marktteilnehmer bei der Bestimmung des Preises der Vermögenswerte oder Schulden treffen und die auf der Grundlage der besten Informationen entwickelt werden, die unter den gegebenen Umständen verfügbar sind (mitunter als „nicht beobachtbare Eingabedaten" oder entsprechend bezeichnet).

In der Praxis ist die Unterscheidung zwischen (a) und (b) jedoch nicht immer erkennbar. Darüber hinaus kann es notwendig sein, dass das Management unter mehreren verschiedenen Annahmen auswählt, die von verschiedenen Marktteilnehmern angewandt werden.

A36. Das Ausmaß der Subjektivität, z. B. die Frage, ob eine Annahme oder Eingabedaten beobachtbar sind, beeinflusst den Grad der Schätzunsicherheit und somit die Einschätzung des Abschlussprüfers über die Risiken wesentlicher falscher Darstellungen für einen bestimmten geschätzten Wert in der Rechnungslegung.

Änderungen der Methoden zur Ermittlung von geschätzten Werten in der Rechnungslegung (Vgl. Tz. 8(c)(v))

A37. Bei der Beurteilung der Frage, wie das Management die geschätzten Werte ermittelt, muss sich der Abschlussprüfer ein Verständnis darüber verschaffen, ob gegenüber dem vorhergehenden Zeitraum die Methoden zur Ermittlung der geschätzten Werte geändert wurden oder hätten geändert werden sollen. Eine bestimmte Schätzmethode muss möglicherweise geändert werden als Reaktion auf Änderungen des Umfelds, der die Einheit betreffenden Umstände oder der Anforderungen des maßgebenden Regelwerks der Rechnungslegung. Wenn das Management die Methode zur Ermittlung von geschätzten Werten geändert hat, ist es wichtig, dass es nachweisen kann, dass die neue Methode geeigneter ist oder selbst eine Reaktion auf solche Änderungen darstellt. Wenn bspw. das Management die Grundlage für die Ermittlung von geschätzten Werten dahingehend ändert, dass statt eines Marktwertansatzes ein Modell angewandt wird, hinterfragt der Abschlussprüfer kritisch, ob die Annahmen des Managements über den Markt angesichts der wirtschaftlichen Umstände angemessen sind.

Estimation Uncertainty (Ref: Para. 8(c)(vi))

A38. Matters that the auditor may consider in obtaining an understanding of whether and, if so, how management has assessed the effect of estimation uncertainty include, for example:

- Whether and, if so, how management has considered alternative assumptions or outcomes by, for example, performing a sensitivity analysis to determine the effect of changes in the assumptions on an accounting estimate.
- How management determines the accounting estimate when analysis indicates a number of outcome scenarios.
- Whether management monitors the outcome of accounting estimates made in the prior period, and whether management has appropriately responded to the outcome of that monitoring procedure.

Reviewing Prior Period Accounting Estimates (Ref: Para. 9)

A39. The outcome of an accounting estimate will often differ from the accounting estimate recognized in the prior period financial statements. By performing risk assessment procedures to identify and understand the reasons for such differences, the auditor may obtain:

- Information regarding the effectiveness of management's prior period estimation process, from which the auditor can judge the likely effectiveness of management's current process.
- Audit evidence that is pertinent to the re-estimation, in the current period, of prior period accounting estimates.
- Audit evidence of matters, such as estimation uncertainty, that may be required to be disclosed in the financial statements.

A40. The review of prior period accounting estimates may also assist the auditor, in the current period, in identifying circumstances or conditions that increase the susceptibility of accounting estimates to, or indicate the presence of, possible management bias. The auditor's professional skepticism assists in identifying such circumstances or conditions and in determining the nature, timing and extent of further audit procedures.

A41. A retrospective review of management judgments and assumptions related to significant accounting estimates is also required by ISA 240.[12] That review is conducted as part of the requirement for the auditor to design and perform procedures to review accounting estimates for biases that could represent a risk of material misstatement due to fraud, in response to the risks of management override of controls. As a practical matter, the auditor's review of prior period accounting estimates as a risk assessment procedure in accordance with this ISA may be carried out in conjunction with the review required by ISA 240.

A42. The auditor may judge that a more detailed review is required for those accounting estimates that were identified during the prior period audit as having high estimation uncertainty, or for those accounting estimates that have changed significantly from the prior period. On the other hand, for example, for accounting estimates that arise from the recording of routine and recurring transactions, the auditor may judge that the application of analytical procedures as risk assessment procedures is sufficient for purposes of the review.

A43. For fair value accounting estimates and other accounting estimates based on current conditions at the measurement date, more variation may exist between the fair value amount recognized in the prior period financial statements and the outcome or the amount re-estimated for the purpose of the current period. This is because the measurement objective for such accounting estimates deals with perceptions about value at a point in time, which may change significantly and rapidly as the environment in which the entity operates changes. The auditor may therefore focus the review on obtaining information that would be relevant to identifying and assessing risks of material misstatement. For example, in some cases,

---

[12] ISA 240, "The Auditor's Responsibilities Relating to Fraud in an Audit of Financial Statements," paragraph 32(b)(ii).

Schätzunsicherheit (Vgl. Tz. 8(c)(vi))

A38. Zu den Sachverhalten, die der Abschlussprüfer möglicherweise bei der Gewinnung eines Verständnisses darüber berücksichtigt, ob und wie das Management im gegebenen Fall die Auswirkungen einer Schätzunsicherheit beurteilt hat, gehören:

- ob und wie das Management im gegebenen Fall alternative Annahmen oder Ergebnisse berücksichtigt hat, indem es bspw. eine Sensitivitätsanalyse durchgeführt hat, um die Auswirkungen von geänderten Annahmen auf einen geschätzten Wert in der Rechnungslegung festzustellen;
- wie das Management den geschätzten Wert in der Rechnungslegung festlegt, wenn eine Analyse auf mehrere Realisierungsszenarien hindeutet;
- ob das Management die Realisierung geschätzter Werte in der Rechnungslegung überwacht, die im vorhergehenden Zeitraum festgelegt wurden, und ob es angemessen auf das Ergebnis dieser Überwachungsmaßnahme reagiert hat.

Durchsicht von geschätzten Werten in der Rechnungslegung des vorhergehenden Zeitraums (Vgl. Tz. 9)

A39. Die Realisierung eines geschätzten Werts unterscheidet sich häufig von dem geschätzten Wert, der im Abschluss des vorhergehenden Zeitraums angesetzt wurde. Aus der Durchführung von Prüfungshandlungen zur Risikobeurteilung mit dem Ziel, die Gründe für solche Unterschiede festzustellen und zu verstehen, kann der Abschlussprüfer Folgendes erlangen:

- Informationen zu der Wirksamkeit des vom Management im vorhergehenden Zeitraum angewandten Schätzungsprozesses, anhand derer der Abschlussprüfer die wahrscheinliche Wirksamkeit des gegenwärtig vom Management angewandten Prozesses beurteilen kann;
- Prüfungsnachweise, die für die erneute Ermittlung von geschätzten Werten in der Rechnungslegung des vorhergehenden Zeitraums im laufenden Zeitraum relevant sind;
- Prüfungsnachweise zu Sachverhalten (z. B. einer Schätzunsicherheit), bei denen es erforderlich sein kann, sie im Abschluss anzugeben.

A40. Die Durchsicht von geschätzten Werten des vorhergehenden Zeitraums kann den Abschlussprüfer im laufenden Zeitraum auch dabei unterstützen, Umstände oder Gegebenheiten festzustellen, welche die Anfälligkeit von geschätzten Werten für eine mögliche Einseitigkeit des Managements erhöhen oder auf eine solche Einseitigkeit hindeuten. Eine kritische Grundhaltung des Abschlussprüfers ist bei der Feststellung solcher Umstände oder Gegebenheiten sowie bei der Festlegung von Art, zeitlicher Einteilung und Umfang von weiteren Prüfungshandlungen hilfreich.

A41. Eine Durchsicht der Beurteilungen und Annahmen des Managements zu bedeutsamen geschätzten Werten in der Rechnungslegung im Nachhinein ist ebenfalls nach ISA 240[12] gefordert. Diese Durchsicht wird als Teil der Anforderung durchgeführt, dass der Abschlussprüfer als Reaktion auf die Risiken einer Außerkraftsetzung von Kontrollen durch das Management Prüfungshandlungen plant und durchführt, um geschätzte Werte in der Rechnungslegung einer Durchsicht im Hinblick auf eine Einseitigkeit des Managements zu unterziehen, die ein Risiko wesentlicher falscher Darstellungen aufgrund von dolosen Handlungen darstellen kann. In praktischer Hinsicht kann die Durchsicht von geschätzten Werten aus dem vorhergehenden Zeitraum durch den Abschlussprüfer als eine in Übereinstimmung mit diesem ISA vorgenommene Prüfungshandlung zur Risikobeurteilung zusammen mit der Durchsicht durchgeführt werden, die nach ISA 240 erforderlich ist.

A42. Der Abschlussprüfer kann zu dem Schluss gelangen, dass eine detailliertere Durchsicht der geschätzten Werte in der Rechnungslegung erforderlich ist, bei denen im Rahmen der Abschlussprüfung des vorhergehenden Zeitraums festgestellt wurde, dass sie mit einer hohen Schätzunsicherheit verbunden sind, oder bei den geschätzten Werten, die sich gegenüber dem vorhergehenden Zeitraum erheblich verändert haben. Andererseits kann der Abschlussprüfer bspw. bei geschätzten Werten, die aus der Erfassung von routinemäßigen und wiederkehrenden Geschäftsvorfällen resultieren, zu dem Schluss gelangen, dass die Durchführung von analytischen Prüfungshandlungen als Prüfungshandlungen zur Risikobeurteilung für die Zwecke der Durchsicht ausreicht.

A43. Bei geschätzten Zeitwerten und anderen geschätzten Werten in der Rechnungslegung, die auf aktuellen Gegebenheiten zum Bewertungszeitpunkt basieren, kann eine stärkere Abweichung zwischen dem im Abschluss des vorhergehenden Zeitraums angesetzten Zeitwertbetrag und der für Zwecke des laufenden Zeitraums neu geschätzten Realisierung oder dem neu geschätzten Betrag bestehen. Dies liegt daran, dass das Bewertungsziel für solche geschätzten Werte mit der Sichtweise eines Werts zu einem bestimmten Zeitpunkt zusammenhängt, die sich im Zuge von Änderungen des Umfelds, in dem die Einheit tätig ist, erheblich und schnell ändern kann. Daher kann der Abschlussprüfer das Hauptaugenmerk der Durchsicht

---

12) ISA 240 „Die Verantwortung des Abschlussprüfers bei dolosen Handlungen", Textziffer 32(b)(ii).

obtaining an understanding of changes in marketplace participant assumptions which affected the outcome of a prior period fair value accounting estimate may be unlikely to provide relevant information for audit purposes. If so, then the auditor's consideration of the outcome of prior period fair value accounting estimates may be directed more towards understanding the effectiveness of management's prior estimation process, that is, management's track record, from which the auditor can judge the likely effectiveness of management's current process.

A44. A difference between the outcome of an accounting estimate and the amount recognized in the prior period financial statements does not necessarily represent a misstatement of the prior period financial statements. However, it may do so if, for example, the difference arises from information that was available to management when the prior period's financial statements were finalized, or that could reasonably be expected to have been obtained and taken into account in the preparation of those financial statements. Many financial reporting frameworks contain guidance on distinguishing between changes in accounting estimates that constitute misstatements and changes that do not, and the accounting treatment required to be followed.

Identifying and Assessing the Risks of Material Misstatement

Estimation Uncertainty (Ref: Para. 10)

A45. The degree of estimation uncertainty associated with an accounting estimate may be influenced by factors such as:
- The extent to which the accounting estimate depends on judgment.
- The sensitivity of the accounting estimate to changes in assumptions.
- The existence of recognized measurement techniques that may mitigate the estimation uncertainty (though the subjectivity of the assumptions used as inputs may nevertheless give rise to estimation uncertainty).
- The length of the forecast period, and the relevance of data drawn from past events to forecast future events.
- The availability of reliable data from external sources.
- The extent to which the accounting estimate is based on observable or unobservable inputs.

The degree of estimation uncertainty associated with an accounting estimate may influence the estimate's susceptibility to bias.

A46. Matters that the auditor considers in assessing the risks of material misstatement may also include:
- The actual or expected magnitude of an accounting estimate.
- The recorded amount of the accounting estimate (that is, management's point estimate) in relation to the amount expected by the auditor to be recorded.
- Whether management has used an expert in making the accounting estimate.
- The outcome of the review of prior period accounting estimates.

High Estimation Uncertainty and Significant Risks (Ref: Para. 11)

A47. Examples of accounting estimates that may have high estimation uncertainty include the following:
- Accounting estimates that are highly dependent upon judgment, for example, judgments about the outcome of pending litigation or the amount and timing of future cash flows dependent on uncertain events many years in the future.
- Accounting estimates that are not calculated using recognized measurement techniques.

darauf richten, Informationen zu erlangen, die für die Feststellung und Beurteilung von Risiken wesentlicher falscher Darstellungen relevant sind. So kann es bspw. in manchen Fällen unwahrscheinlich sein, dass das Erlangen eines Verständnisses über die Änderungen der Annahmen von Marktteilnehmern, die sich auf die Realisierung der Schätzung eines Zeitwerts des vorhergehenden Zeitraums ausgewirkt haben, relevante Informationen für Zwecke der Abschlussprüfung liefert. Wenn dies der Fall ist, kann der Abschlussprüfer die Berücksichtigung der Realisierung einer Schätzung im vorhergehenden Zeitraum stärker auf das Verstehen der Wirksamkeit des vorherigen vom Management angewandten Schätzungsprozesses ausrichten, d. h. auf die Erfahrungshistorie des Managements, anhand derer der Abschlussprüfer die wahrscheinliche Wirksamkeit des gegenwärtig vom Management angewandten Prozesses beurteilen kann.

A44. Ein Unterschied zwischen der Realisierung eines geschätzten Werts und dem im Abschluss des vorhergehenden Zeitraums angesetzten Betrag stellt nicht notwendigerweise eine falsche Darstellung im Vorperiodenabschluss dar. Dies kann jedoch der Fall sein, wenn sich bspw. der Unterschied aus Informationen ergibt, die für das Management bei der Fertigstellung des Abschlusses des vorhergehenden Zeitraums verfügbar waren oder von denen vernünftigerweise erwartet werden konnte, dass sie erhalten und bei der Aufstellung dieses Abschlusses berücksichtigt wurden. Viele Regelwerke der Rechnungslegung enthalten erläuternde Hinweise zu der Unterscheidung zwischen Änderungen der geschätzten Werte, die falsche Darstellungen darstellen, und Änderungen, bei denen dies nicht der Fall ist, sowie zu der erforderlichen Behandlung in der Rechnungslegung.

Feststellung und Beurteilung der Risiken wesentlicher falscher Darstellungen

Schätzunsicherheit (Vgl. Tz. 10)

A45. Der Grad der Schätzunsicherheit im Zusammenhang mit einem geschätzten Wert in der Rechnungslegung kann durch Faktoren wie die folgenden beeinflusst werden:
- das Ausmaß, in dem der geschätzte Wert von Beurteilungsspielräumen abhängt;
- die Sensitivität des geschätzten Werts für Änderungen in den Annahmen;
- das Vorhandensein von anerkannten Bewertungsverfahren, mit denen die Schätzunsicherheit vermindert werden kann (gleichwohl kann die Subjektivität der als Eingabedaten verwendeten Annahmen zu einer Schätzunsicherheit führen);
- die Länge des Prognosezeitraums und die Relevanz der aus vergangenen Ereignissen gewonnenen Daten für die Prognose von zukünftigen Ereignissen;
- die Verfügbarkeit von verlässlichen Daten aus externen Quellen;
- das Ausmaß, zu dem der geschätzte Wert auf beobachtbaren oder nicht beobachtbaren Eingabedaten basiert.

Der Grad der Schätzunsicherheit im Zusammenhang mit einem geschätzten Wert in der Rechnungslegung kann die Anfälligkeit des geschätzten Werts für eine Einseitigkeit des Managements beeinflussen.

A46. Sachverhalte, die der Abschlussprüfer bei der Beurteilung der Risiken wesentlicher falscher Darstellungen berücksichtigt, können außerdem einschließen:
- die tatsächliche oder erwartete Höhe eines geschätzten Werts in der Rechnungslegung;
- den angesetzten Betrag des geschätzten Werts in der Rechnungslegung (d. h. die Punktschätzung des Managements) im Verhältnis zu dem nach der Erwartung des Abschlussprüfers anzusetzenden Betrag;
- ob das Management bei der Ermittlung des geschätzten Werts in der Rechnungslegung einen Sachverständigen hinzugezogen hat;
- das Ergebnis der Durchsicht der geschätzten Werte in der Rechnungslegung des vorhergehenden Zeitraums.

Hohe Schätzunsicherheit und bedeutsame Risiken (Vgl. Tz. 11)

A47. Zu Beispielen für geschätzte Werte in der Rechnungslegung, die mit einer hohen Schätzunsicherheit verbunden sein können, gehören:
- geschätzte Werte, die in hohem Maße einen Beurteilungsspielraum beinhalten, bspw. Beurteilungen über den Ausgang von anhängigen Rechtsstreitigkeiten oder über die Höhe und den zeitlichen Anfall von zukünftigen Cashflows, die von unsicheren, viele Jahre in der Zukunft liegenden Ereignissen abhängen;
- geschätzte Werte, die nicht unter Anwendung anerkannter Bewertungsverfahren ermittelt werden;

- Accounting estimates where the results of the auditor's review of similar accounting estimates made in the prior period financial statements indicate a substantial difference between the original accounting estimate and the actual outcome.
- Fair value accounting estimates for which a highly specialized entity-developed model is used or for which there are no observable inputs.

A48. A seemingly immaterial accounting estimate may have the potential to result in a material misstatement due to the estimation uncertainty associated with the estimation; that is, the size of the amount recognized or disclosed in the financial statements for an accounting estimate may not be an indicator of its estimation uncertainty.

A49. In some circumstances, the estimation uncertainty is so high that a reasonable accounting estimate cannot be made. The applicable financial reporting framework may, therefore, preclude recognition of the item in the financial statements, or its measurement at fair value. In such cases, the significant risks relate not only to whether an accounting estimate should be recognized, or whether it should be measured at fair value, but also to the adequacy of the disclosures. With respect to such accounting estimates, the applicable financial reporting framework may require disclosure of the accounting estimates and the high estimation uncertainty associated with them (see paragraphs A120-A123).

A50. If the auditor determines that an accounting estimate gives rise to a significant risk, the auditor is required to obtain an understanding of the entity's controls, including control activities.[13]

A51. In some cases, the estimation uncertainty of an accounting estimate may cast significant doubt about the entity's ability to continue as a going concern. ISA 570[14] establishes requirements and provides guidance in such circumstances.

Responses to the Assessed Risks of Material Misstatement (Ref: Para. 12)

A52. ISA 330 requires the auditor to design and perform audit procedures whose nature, timing and extent are responsive to the assessed risks of material misstatement in relation to accounting estimates at both the financial statement and assertion levels.[15] Paragraphs A53–A115 focus on specific responses at the assertion level only.

Application of the Requirements of the Applicable Financial Reporting Framework (Ref: Para. 12(a))

A53. Many financial reporting frameworks prescribe certain conditions for the recognition of accounting estimates and specify the methods for making them and required disclosures. Such requirements may be complex and require the application of judgment. Based on the understanding obtained in performing risk assessment procedures, the requirements of the applicable financial reporting framework that may be susceptible to misapplication or differing interpretations become the focus of the auditor's attention.

A54. Determining whether management has appropriately applied the requirements of the applicable financial reporting framework is based, in part, on the auditor's understanding of the entity and its environment. For example, the measurement of the fair value of some items, such as intangible assets acquired in a business combination, may involve special considerations that are affected by the nature of the entity and its operations.

A55. In some situations, additional audit procedures, such as the inspection by the auditor of the current physical condition of an asset, may be necessary to determine whether management has appropriately applied the requirements of the applicable financial reporting framework.

A56. The application of the requirements of the applicable financial reporting framework requires management to consider changes in the environment or circumstances that affect the entity. For example, the introduction of an active market for a particular class of asset or liability may indicate that the use of discounted cash flows to estimate the fair value of such asset or liability is no longer appropriate.

---

13) ISA 315, paragraph 29.
14) ISA 570, "Going Concern."
15) ISA 330, paragraphs 5–6.

- geschätzte Werte, bei denen die Ergebnisse der vom Abschlussprüfer vorgenommenen Durchsicht ähnlicher geschätzter Werte im Abschluss des vorhergehenden Zeitraums eine wesentliche Differenz zwischen dem ursprünglichen geschätzten Wert und der tatsächlichen Realisierung aufzeigen;
- geschätzte Zeitwerte, für die ein hoch spezialisiertes, von der jeweiligen Einheit entwickeltes Modell angewandt wird oder für die keine beobachtbaren Eingabedaten vorhanden sind.

A48. Einem anscheinend unwesentlichen geschätzten Wert kann die Möglichkeit innewohnen, dass dieser aufgrund der mit ihm verbundenen Schätzunsicherheit zu einer wesentlichen falschen Darstellung führt, d. h. die Höhe des im Abschluss für einen geschätzten Wert angesetzten bzw. angegebenen Betrags braucht kein Anzeichen für die mit ihm verbundene Schätzunsicherheit zu sein.

A49. In manchen Fällen ist die Schätzunsicherheit so hoch, dass ein vertretbarer geschätzter Wert nicht ermittelt werden kann. Daher kann das maßgebende Regelwerk der Rechnungslegung den Ansatz des betreffenden Postens im Abschluss oder seine Bewertung zum Zeitwert ausschließen. In solchen Fällen beziehen sich die bedeutsamen Risiken nicht nur darauf, ob ein geschätzter Wert anzusetzen oder zum Zeitwert zu bewerten ist, sondern auch auf die Angemessenheit der Abschlussangaben überhaupt. Für solche geschätzten Werte kann es nach dem maßgebenden Regelwerk der Rechnungslegung erforderlich sein, die geschätzten Werte und die damit verbundene hohe Schätzunsicherheit im Abschluss anzugeben (siehe Textziffer A120-A123).

A50. Falls der Abschlussprüfer feststellt, dass ein geschätzter Wert in der Rechnungslegung ein bedeutsames Risiko zur Folge hat, muss der Abschlussprüfer sich ein Verständnis von den Kontrollen der Einheit, einschließlich der Kontrollaktivitäten, verschaffen.[13]

A51. In manchen Fällen kann die mit einem geschätzten Wert in der Rechnungslegung verbundene Schätzunsicherheit erhebliche Zweifel über die Fähigkeit der Einheit zur Fortführung der Unternehmenstätigkeit aufwerfen. ISA 570[14] enthält Anforderungen und erläuternde Hinweise für solche Fälle.

Reaktionen auf die beurteilten Risiken wesentlicher falscher Darstellungen (Vgl. Tz. 12)

A52. Nach ISA 330 muss der Abschlussprüfer Prüfungshandlungen planen und durchführen, deren Art, zeitliche Einteilung und Umfang auf die beurteilten Risiken wesentlicher falscher Darstellungen bezogen auf geschätzte Werte sowohl auf Abschluss- als auch auf Aussageebene ausgerichtet sind.[15] In den Textziffern A53-A115 liegt das Hauptaugenmerk lediglich auf spezifischen Reaktionen auf Aussageebene.

Erfüllung der Anforderungen des maßgebenden Regelwerks der Rechnungslegung (Vgl. Tz. 12(a))

A53. In vielen Regelwerken der Rechnungslegung werden bestimmte Bedingungen für den Ansatz von geschätzten Werten in der Rechnungslegung vorgeschrieben und die Methoden für deren Ermittlung sowie erforderliche Abschlussangaben festgelegt. Solche Anforderungen können komplex sein und Beurteilungen erfordern. Auf der Grundlage des im Rahmen der Prüfungshandlungen zur Risikobeurteilung gewonnenen Verständnisses legt der Abschlussprüfer das Hauptaugenmerk auf die Anforderungen des maßgebenden Regelwerks der Rechnungslegung, die für eine falsche Anwendung oder für unterschiedliche Auslegungen anfällig sein können.

A54. Die Feststellung, ob das Management die Anforderungen des maßgebenden Regelwerks der Rechnungslegung zutreffend angewandt hat, basiert zum Teil auf dem Verständnis des Abschlussprüfers von der Einheit und ihrem Umfeld. So kann bspw. die Bestimmung des Zeitwerts von manchen Posten (z. B. von immateriellen Vermögenswerten, die bei einem Unternehmenszusammenschluss erworben wurden) besondere Überlegungen beinhalten, die von der Art der Einheit und ihrer Geschäfte beeinflusst werden.

A55. In manchen Situationen können zusätzliche Prüfungshandlungen (z. B. die Inaugenscheinnahme des gegenwärtigen physischen Zustands eines Vermögenswerts durch den Abschlussprüfer) notwendig sein, um festzustellen, ob das Management die Anforderungen des maßgebenden Regelwerks der Rechnungslegung zutreffend angewandt hat.

A56. Bei der Anwendung der Anforderungen des maßgebenden Regelwerks der Rechnungslegung muss das Management Änderungen des Umfelds oder der Umstände berücksichtigen, die sich auf die Einheit auswirken. Beispielsweise kann die Einführung eines aktiven Markts für eine bestimmte Art von Vermögenswerten oder Schulden darauf hindeuten, dass die Anwendung von diskontierten Cashflows zur Schätzung des Zeitwerts dieser Vermögenswerte oder Schulden nicht mehr angemessen ist.

---

13) ISA 315, Textziffer 29.
14) ISA 570 „Fortführung der Unternehmenstätigkeit".
15) ISA 330, Textziffer 5-6.

Consistency in Methods and Basis for Changes (Ref: Para. 12(b))

A57. The auditor's consideration of a change in an accounting estimate, or in the method for making it from the prior period, is important because a change that is not based on a change in circumstances or new information is considered arbitrary. Arbitrary changes in an accounting estimate result in inconsistent financial statements over time and may give rise to a financial statement misstatement or be an indicator of possible management bias.

A58. Management often is able to demonstrate good reason for a change in an accounting estimate or the method for making an accounting estimate from one period to another based on a change in circumstances. What constitutes a good reason, and the adequacy of support for management's contention that there has been a change in circumstances that warrants a change in an accounting estimate or the method for making an accounting estimate, are matters of judgment.

Responses to the Assessed Risks of Material Misstatements (Ref: Para. 13)

A59. The auditor's decision as to which response, individually or in combination, in paragraph 13 to undertake to respond to the risks of material misstatement may be influenced by such matters as:

- The nature of the accounting estimate, including whether it arises from routine or non routine transactions.
- Whether the procedure(s) is expected to effectively provide the auditor with sufficient appropriate audit evidence.
- The assessed risk of material misstatement, including whether the assessed risk is a significant risk.

A60. For example, when evaluating the reasonableness of the allowance for doubtful accounts, an effective procedure for the auditor may be to review subsequent cash collections in combination with other procedures. Where the estimation uncertainty associated with an accounting estimate is high, for example, an accounting estimate based on a proprietary model for which there are unobservable inputs, it may be that a combination of the responses to assessed risks in paragraph 13 is necessary in order to obtain sufficient appropriate audit evidence.

A61. Additional guidance explaining the circumstances in which each of the responses may be appropriate is provided in paragraphs A62–A95.

Events Occurring Up to the Date of the Auditor's Report (Ref: Para. 13(a))

A62. Determining whether events occurring up to the date of the auditor's report provide audit evidence regarding the accounting estimate may be an appropriate response when such events are expected to:

- Occur; and
- Provide audit evidence that confirms or contradicts the accounting estimate.

A63. Events occurring up to the date of the auditor's report may sometimes provide sufficient appropriate audit evidence about an accounting estimate. For example, sale of the complete inventory of a superseded product shortly after the period end may provide audit evidence relating to the estimate of its net realizable value. In such cases, there may be no need to perform additional audit procedures on the accounting estimate, provided that sufficient appropriate evidence about the events is obtained.

A64. For some accounting estimates, events occurring up to the date of the auditor's report are unlikely to provide audit evidence regarding the accounting estimate. For example, the conditions or events relating to some accounting estimates develop only over an extended period. Also, because of the measurement objective of fair value accounting estimates, information after the period-end may not reflect the events or conditions existing at the balance sheet date and therefore may not be relevant to the measurement of the fair value accounting estimate. Paragraph 13 identifies other responses to the risks of material misstatement that the auditor may undertake.

Stetigkeit der Methoden und Grundlage für Änderungen (Vgl. Tz. 12(b))

A57. Die Überlegungen des Abschlussprüfers zu einer Änderung eines geschätzten Werts oder der Methode für dessen Ermittlung gegenüber dem vorhergehenden Zeitraum sind insofern wichtig, als eine Änderung, die nicht auf einer Änderung der Umstände oder auf neuen Informationen beruht, als willkürlich angesehen wird. Willkürliche Änderungen von geschätzten Werten führen im Zeitablauf zu zueinander unstimmigen Abschlüssen und können falsche Darstellungen im Abschluss zur Folge haben oder ein Anzeichen für eine mögliche Einseitigkeit des Managements sein.

A58. Das Management ist häufig in der Lage, einen triftigen Grund für die Änderung eines geschätzten Werts in der Rechnungslegung oder der Methode für dessen Ermittlung von einem Zeitraum zum anderen auf der Grundlage von geänderten Umständen vorzubringen. Es liegt im Ermessen des Abschlussprüfers einzuschätzen, was einen triftigen Grund darstellt und ob das Vorbringen des Managements, es sei eine Änderung der Umstände eingetreten, welche die Änderung eines geschätzten Werts oder der Methode für dessen Ermittlung rechtfertige, angemessen gestützt werden kann.

Reaktionen auf die beurteilten Risiken wesentlicher falscher Darstellungen (Vgl. Tz. 13)

A59. Die Entscheidung des Abschlussprüfers, mit welchen der in Textziffer 13 genannten Reaktionen, allein oder in Kombination, auf die Risiken wesentlicher falscher Darstellungen zu reagieren ist, kann u.a. durch folgende Sachverhalte beeinflusst werden:
- die Art des geschätzten Werts, einschließlich der Frage, ob er aus routinemäßigen oder nicht routinemäßigen Geschäftsvorfällen resultiert;
- ob erwartet werden kann, dass die Prüfungshandlungen dem Abschlussprüfer tatsächlich ausreichende geeignete Prüfungsnachweise verschaffen;
- das beurteilte Risiko wesentlicher falscher Darstellungen, einschließlich der Frage, ob es sich bei dem beurteilten Risiko um ein bedeutsames Risiko handelt.

A60. Wenn der Abschlussprüfer bspw. die Angemessenheit der Wertberichtigung zu zweifelhaften Forderungen beurteilt, kann eine zusammen mit anderen Prüfungshandlungen wirksame Prüfungshandlung darin bestehen, nachträgliche Zahlungseingänge durchzusehen. Wenn die Schätzunsicherheit im Zusammenhang mit einem geschätzten Wert hoch ist (bspw. bei einem geschätzten Wert, der auf einem eigenen Modell mit nicht beobachtbaren Eingabedaten basiert), ist möglicherweise eine Kombination der in Textziffer 13 genannten Reaktionen auf beurteilte Risiken notwendig, um ausreichende geeignete Prüfungsnachweise zu erlangen.

A61. Zusätzliche erläuternde Hinweise, durch welche die Umstände erläutert werden, unter denen die einzelnen Reaktionen angemessen sein können, werden in den Textziffern A62-A95 gegeben.

Ereignisse, die bis zum Datum des Vermerks des Abschlussprüfers eintreten (Vgl. Tz. 13(a))

A62. Die Feststellung, ob Ereignisse, die bis zum Datum des Vermerks des Abschlussprüfers eintreten, Prüfungsnachweise zu einem geschätzten Wert in der Rechnungslegung liefern, kann eine angemessene Reaktion sein, wenn von solchen Ereignissen erwartet wird, dass sie
- eintreten und
- Prüfungsnachweise liefern, die den geschätzten Wert in der Rechnungslegung bestätigen oder im Widerspruch zu diesem stehen.

A63. Ereignisse, die bis zum Datum des Vermerks des Abschlussprüfers eintreten, können mitunter ausreichende geeignete Prüfungsnachweise zu einem geschätzten Wert liefern. So kann bspw. der Verkauf des gesamten Bestands eines überholten Produkts kurz nach dem Abschlussstichtag Prüfungsnachweise zur Schätzung seines Nettoveräußerungswerts am Abschlussstichtag liefern. In solchen Fällen ist es möglicherweise nicht notwendig, zusätzliche Prüfungshandlungen zu dem geschätzten Wert durchzuführen, vorausgesetzt, der Abschlussprüfer erlangt ausreichende geeignete Nachweise zu den betreffenden Ereignissen.

A64. Bei manchen geschätzten Werten in der Rechnungslegung ist es unwahrscheinlich, dass die bis zum Datum des Vermerks des Abschlussprüfers eintretenden Ereignisse Prüfungsnachweise zu dem betreffenden geschätzten Wert liefern. Beispielsweise entwickeln sich die Gegebenheiten oder Ereignisse im Zusammenhang mit manchen geschätzten Werten erst über einen längeren Zeitraum. Des Weiteren spiegeln für das Bewertungsziel von geschätzten Zeitwerten Informationen nach dem Abschlussstichtag möglicherweise nicht die zum Abschlussstichtag bestehenden Ereignisse oder Gegebenheiten wider und können daher für die Bewertung des betreffenden geschätzten Zeitwerts nicht relevant sein. In Textziffer 13 sind weitere Reaktionen auf die Risiken wesentlicher falscher Darstellungen genannt, die der Abschlussprüfer vornehmen kann.

A65. In some cases, events that contradict the accounting estimate may indicate that management has ineffective processes for making accounting estimates, or that there is management bias in the making of accounting estimates.

A66. Even though the auditor may decide not to undertake this approach in respect of specific accounting estimates, the auditor is required to comply with ISA 560.[16] The auditor is required to perform audit procedures designed to obtain sufficient appropriate audit evidence that all events occurring between the date of the financial statements and the date of the auditor's report that require adjustment of, or disclosure in, the financial statements have been identified[17] and appropriately reflected in the financial statements.[18] Because the measurement of many accounting estimates, other than fair value accounting estimates, usually depends on the outcome of future conditions, transactions or events, the auditor's work under ISA 560 is particularly relevant.

Considerations specific to smaller entities

A67. When there is a longer period between the balance sheet date and the date of the auditor's report, the auditor's review of events in this period may be an effective response for accounting estimates other than fair value accounting estimates. This may particularly be the case in some smaller owner-managed entities, especially when management does not have formalized control procedures over accounting estimates.

Testing How Management Made the Accounting Estimate (Ref: Para. 13(b))

A68. Testing how management made the accounting estimate and the data on which it is based may be an appropriate response when the accounting estimate is a fair value accounting estimate developed on a model that uses observable and unobservable inputs. It may also be appropriate when, for example:

- The accounting estimate is derived from the routine processing of data by the entity's accounting system.
- The auditor's review of similar accounting estimates made in the prior period financial statements suggests that management's current period process is likely to be effective.
- The accounting estimate is based on a large population of items of a similar nature that individually are not significant.

A69. Testing how management made the accounting estimate may involve, for example:

- Testing the extent to which data on which the accounting estimate is based is accurate, complete and relevant, and whether the accounting estimate has been properly determined using such data and management assumptions.
- Considering the source, relevance and reliability of external data or information, including that received from external experts engaged by management to assist in making an accounting estimate.
- Recalculating the accounting estimate, and reviewing information about an accounting estimate for internal consistency.
- Considering management's review and approval processes.

Considerations specific to smaller entities

A70. In smaller entities, the process for making accounting estimates is likely to be less structured than in larger entities. Smaller entities with active management involvement may not have extensive descriptions of accounting procedures, sophisticated accounting records, or written policies. Even if the entity has no formal established process, it does not mean that management is not able to provide a basis upon which the auditor can test the accounting estimate.

---

16) ISA 560, "Subsequent Events."
17) ISA 560, paragraph 6.
18) ISA 560, paragraph 8.

A65. In manchen Fällen können Ereignisse, die in Widerspruch zu dem geschätzten Wert in der Rechnungslegung stehen, darauf hindeuten, dass das Management unwirksame Prozesse zur Ermittlung von geschätzten Werten eingerichtet hat oder dass bei der Ermittlung der geschätzten Werte eine Einseitigkeit des Managements vorliegt.

A66. Der Abschlussprüfer muss ISA 560[16] einhalten, auch wenn der Abschlussprüfer möglicherweise beschließt, diese Vorgehensweise für bestimmte geschätzte Werte in der Rechnungslegung nicht anzuwenden. Der Abschlussprüfer muss Prüfungshandlungen durchführen, die darauf ausgerichtet sind, ausreichende geeignete Prüfungsnachweise darüber zu erlangen, dass alle Ereignisse zwischen dem Abschlussstichtag und dem Datum des Vermerks des Abschlussprüfers, die eine Anpassung des Abschlusses oder eine Angabe im Abschluss erfordern, festgestellt wurden[17] und im Abschluss zutreffend widergespiegelt werden.[18] Da die Bewertung vieler geschätzter Werte in der Rechnungslegung, mit Ausnahme von geschätzten Zeitwerten, in der Regel von der Realisierung zukünftiger Gegebenheiten, Geschäftsvorfälle oder Ereignisse abhängt, ist die Tätigkeit des Abschlussprüfers nach ISA 560 besonders relevant.

Spezifische Überlegungen zu kleineren Einheiten

A67. Wenn zwischen dem Abschlussstichtag und dem Datum des Vermerks des Abschlussprüfers ein längerer Zeitraum liegt, kann die Durchsicht des Abschlussprüfers von Ereignissen aus diesem Zeitraum für geschätzte Werte in der Rechnungslegung, die nicht geschätzte Zeitwerte sind, eine wirksame Reaktion darstellen. Dies kann besonders bei manchen kleineren Einheiten mit Gesellschafter-Geschäftsführer zutreffen, insbesondere wenn das Management nicht über formalisierte Kontrollverfahren für geschätzte Werte in der Rechnungslegung verfügt.

Prüfung der Art und Weise, in der das Management den geschätzten Wert in der Rechnungslegung ermittelt hat (Vgl. Tz. 13(b))

A68. Die Prüfung, wie das Management den geschätzten Wert ermittelt hat, und der Daten, auf denen dieser basiert, kann eine angemessene Reaktion darstellen, wenn es sich bei dem geschätzten Wert um einen geschätzten Zeitwert handelt, der anhand eines Modells entwickelt wurde, bei dem beobachtbare und nicht beobachtbare Eingabedaten verwendet werden. Außerdem kann diese Prüfung bspw. angemessen sein, wenn

- der geschätzte Wert aus der routinemäßigen Verarbeitung von Daten durch das Rechnungslegungssystem der Einheit gewonnen wird;
- die Durchsicht von ähnlichen geschätzten Werten durch den Abschlussprüfer, die im Abschluss des vorhergehenden Zeitraums ermittelt wurden, nahe legt, dass der vom Management im laufenden Zeitraum angewandte Prozess voraussichtlich wirksam ist;
- der geschätzte Wert auf einer großen Anzahl von Posten ähnlicher Art basiert, die einzeln nicht bedeutsam sind.

A69. Die Prüfung, wie das Management den geschätzten Wert in der Rechnungslegung ermittelt hat, kann bspw. einschließen:

- Prüfung des Umfangs, in dem Daten, auf denen der geschätzte Wert basiert, richtig, vollständig und relevant sind, sowie der Frage, ob der geschätzte Wert unter Verwendung dieser Daten und der Annahmen des Managements zutreffend ermittelt wurde;
- Einschätzung der Quelle, Relevanz und Verlässlichkeit von externen Daten oder Informationen, einschließlich derjenigen, die von externen Sachverständigen erhalten wurden, das das Management damit beauftragt hat, es bei der Ermittlung eines geschätzten Werts zu unterstützen;
- Neuberechnung des geschätzten Werts und Durchsicht der Informationen über einen geschätzten Wert darauf, ob sie in sich stimmig sind;
- Einschätzung der vom Management angewandten Überprüfungs- und Genehmigungsprozesse.

Spezifische Überlegungen zu kleineren Einheiten

A70. In kleineren Einheiten ist der Prozess zur Ermittlung von geschätzten Werten in der Rechnungslegung wahrscheinlich weniger strukturiert als in größeren Einheiten. Kleinere Einheiten, bei denen das Management aktiv eingebunden ist, verfügen möglicherweise nicht über umfassende Beschreibungen von Rechnungslegungsverfahren, ausgeklügelte Rechnungslegungsunterlagen oder schriftliche Regelungen. Selbst wenn die Einheit nicht über einen formellen eingerichteten Prozess verfügt, bedeutet dies nicht,

---

16) ISA 560 „Ereignisse nach dem Abschlussstichtag".
17) ISA 560, Textziffer 6.
18) ISA 560, Textziffer 8.

Evaluating the method of measurement (Ref: Para. 13(b)(i))

A71. When the applicable financial reporting framework does not prescribe the method of measurement, evaluating whether the method used, including any applicable model, is appropriate in the circumstances is a matter of professional judgment.

A72. For this purpose, matters that the auditor may consider include, for example, whether:

- Management's rationale for the method selected is reasonable.
- Management has sufficiently evaluated and appropriately applied the criteria, if any, provided in the applicable financial reporting framework to support the selected method.
- The method is appropriate in the circumstances given the nature of the asset or liability being estimated and the requirements of the applicable financial reporting framework relevant to accounting estimates.
- The method is appropriate in relation to the business, industry and environment in which the entity operates.

A73. In some cases, management may have determined that different methods result in a range of significantly different estimates. In such cases, obtaining an understanding of how the entity has investigated the reasons for these differences may assist the auditor in evaluating the appropriateness of the method selected.

Evaluating the use of models

A74. In some cases, particularly when making fair value accounting estimates, management may use a model. Whether the model used is appropriate in the circumstances may depend on a number of factors, such as the nature of the entity and its environment, including the industry in which it operates, and the specific asset or liability being measured.

A75. The extent to which the following considerations are relevant depends on the circumstances, including whether the model is one that is commercially available for use in a particular sector or industry, or a proprietary model. In some cases, an entity may use an expert to develop and test a model.

A76. Depending on the circumstances, matters that the auditor may also consider in testing the model include, for example, whether:

- The model is validated prior to usage, with periodic reviews to ensure it is still suitable for its intended use. The entity's validation process may include evaluation of:
    - The model's theoretical soundness and mathematical integrity, including the appropriateness of model parameters.
    - The consistency and completeness of the model's inputs with market practices.
    - The model's output as compared to actual transactions.
- Appropriate change control policies and procedures exist.
- The model is periodically calibrated and tested for validity, particularly when inputs are subjective.
- Adjustments are made to the output of the model, including in the case of fair value accounting estimates, whether such adjustments reflect the assumptions marketplace participants would use in similar circumstances.
- The model is adequately documented, including the model's intended applications and limitations and its key parameters, required inputs, and results of any validation analysis performed.

Assumptions used by management (Ref: Para. 13(b)(ii))

A77. The auditor's evaluation of the assumptions used by management is based only on information available to the auditor at the time of the audit. Audit procedures dealing with management assumptions are

dass das Management nicht in der Lage ist, eine Grundlage zu schaffen, auf der der Abschlussprüfer den geschätzten Wert prüfen kann.

Beurteilung der Bewertungsmethode (Vgl. Tz. 13(b)(i))

A71. Wenn das maßgebende Regelwerk der Rechnungslegung keine Bewertungsmethode vorschreibt, liegt die Beurteilung der Frage, ob die angewandte Methode, einschließlich eines geeigneten Modells, unter den gegebenen Umständen vertretbar ist, im pflichtgemäßen Ermessen des Abschlussprüfers.

A72. Sachverhalte, die der Abschlussprüfer zu diesem Zweck berücksichtigen kann, schließen bspw. die Frage ein, ob
- die Begründung des Managements für die ausgewählte Methode vertretbar ist;
- das Management die im maßgebenden Regelwerk der Rechnungslegung ggf. enthaltenen Kriterien hinreichend beurteilt und zutreffend angewandt hat, um die ausgewählte Methode zu stützen;
- die Methode unter den gegebenen Umständen vertretbar ist, angesichts der Art der geschätzten Vermögenswerte oder Schulden sowie der für geschätzte Werte relevanten Anforderungen des maßgebenden Regelwerks der Rechnungslegung;
- die Methode dem Geschäftsfeld, der Branche und dem Umfeld, in dem die Einheit tätig ist, angemessen ist.

A73. In manchen Fällen kann das Management festgestellt haben, dass verschiedene Methoden zu einer Bandbreite erheblich unterschiedlicher Schätzungen führen. In solchen Fällen kann es dem Abschlussprüfer helfen, ein Verständnis darüber zu gewinnen, wie die Einheit die Gründe für diese Unterschiede untersucht hat, um die Vertretbarkeit der ausgewählten Methode zu beurteilen.

Beurteilung der Anwendung von Modellen

A74. In manchen Fällen, insbesondere bei der Ermittlung von geschätzten Zeitwerten in der Rechnungslegung, kann das Management ein Modell anwenden. Die Frage, ob das angewandte Modell unter den gegebenen Umständen vertretbar ist, kann von einer Vielzahl von Faktoren abhängen (z. B. von der Art der Einheit und ihres Umfelds, einschließlich der Branche, in der sie tätig ist, sowie von den Besonderheiten der bewerteten Vermögenswerte oder Schulden).

A75. Das Maß, in dem die folgenden Überlegungen relevant sind, hängt ab von den gegebenen Umständen, einschließlich der Frage, ob es sich um ein Modell handelt, das zur Anwendung in einem bestimmten Bereich oder in bestimmten Branchen im Handel verfügbar ist, oder um ein selbst entwickeltes Modell. In manchen Fällen kann eine Einheit einen Sachverständigen hinzuziehen, um ein Modell zu entwickeln und zu testen.

A76. Je nach den gegebenen Umständen gehören zu den vom Abschlussprüfer ebenfalls bei der Prüfung eines Modells zu berücksichtigenden Fragen bspw. auch, ob
- das Modell vor der Anwendung zugelassen ist und durch regelmäßige Überprüfungen sichergestellt wird, dass es weiterhin für den Anwendungszweck geeignet ist. Der Zulassungsprozess der Einheit kann die Beurteilung einschließen:
  - der theoretischen Stichhaltigkeit und der mathematischen Integrität des Modells, einschließlich der Eignung der Modellparameter;
  - der Vollständigkeit der Eingabedaten des Modells und ihre Übereinstimmung mit Marktgepflogenheiten;
  - der Ausgabedaten des Modells im Vergleich zu tatsächlichen Geschäftsvorfällen.
- geeignete Regelungen und Verfahren zur Kontrolle von Änderungen vorhanden sind;
- das Modell regelmäßig abgestimmt und auf seine Gültigkeit überprüft wird, insbesondere wenn die Eingabedaten subjektiv sind;
- Anpassungen der Ausgabedaten des Modells vorgenommen wurden (einschließlich bei geschätzten Zeitwerten in der Rechnungslegung) und ob solche Anpassungen die Annahmen widerspiegeln, die Marktteilnehmer unter ähnlichen Umständen anwenden;
- das Modell angemessen dokumentiert ist, einschließlich der Anwendungszwecke und Beschränkungen des Modells sowie seiner Hauptparameter, erforderlicher Eingabedaten und Ergebnisse von durchgeführten Gültigkeitsanalysen.

Vom Management getroffene Annahmen (Vgl. Tz. 13(b)(ii))

A77. Die Beurteilung der vom Management getroffenen Annahmen durch den Abschlussprüfer basiert ausschließlich auf Informationen, die dem Abschlussprüfer zum Zeitpunkt der Abschlussprüfung zur

performed in the context of the audit of the entity's financial statements, and not for the purpose of providing an opinion on assumptions themselves.

A78. Matters that the auditor may consider in evaluating the reasonableness of the assumptions used by management include, for example:
- Whether individual assumptions appear reasonable.
- Whether the assumptions are interdependent and internally consistent.
- Whether the assumptions appear reasonable when considered collectively or in conjunction with other assumptions, either for that accounting estimate or for other accounting estimates.
- In the case of fair value accounting estimates, whether the assumptions appropriately reflect observable marketplace assumptions.

A79. The assumptions on which accounting estimates are based may reflect what management expects will be the outcome of specific objectives and strategies. In such cases, the auditor may perform audit procedures to evaluate the reasonableness of such assumptions by considering, for example, whether the assumptions are consistent with:
- The general economic environment and the entity's economic circumstances.
- The plans of the entity.
- Assumptions made in prior periods, if relevant.
- Experience of, or previous conditions experienced by, the entity, to the extent this historical information may be considered representative of future conditions or events.
- Other assumptions used by management relating to the financial statements.

A80. The reasonableness of the assumptions used may depend on management's intent and ability to carry out certain courses of action. Management often documents plans and intentions relevant to specific assets or liabilities and the financial reporting framework may require it to do so. Although the extent of audit evidence to be obtained about management's intent and ability is a matter of professional judgment, the auditor's procedures may include the following:

- Review of management's history of carrying out its stated intentions.
- Review of written plans and other documentation, including, where applicable, formally approved budgets, authorizations or minutes.
- Inquiry of management about its reasons for a particular course of action.
- Review of events occurring subsequent to the date of the financial statements and up to the date of the auditor's report.
- Evaluation of the entity's ability to carry out a particular course of action given the entity's economic circumstances, including the implications of its existing commitments.

Certain financial reporting frameworks, however, may not permit management's intentions or plans to be taken into account when making an accounting estimate. This is often the case for fair value accounting estimates because their measurement objective requires that assumptions reflect those used by marketplace participants.

A81. Matters that the auditor may consider in evaluating the reasonableness of assumptions used by management underlying fair value accounting estimates, in addition to those discussed above, where applicable, may include, for example:
- Where relevant, whether and, if so, how management has incorporated market-specific inputs into the development of assumptions.
- Whether the assumptions are consistent with observable market conditions, and the characteristics of the asset or liability being measured at fair value.
- Whether the sources of market-participant assumptions are relevant and reliable, and how management has selected the assumptions to use when a number of different market participant assumptions exist.
- Where appropriate, whether and, if so, how management considered assumptions used in, or information about, comparable transactions, assets or liabilities.

Verfügung stehen. Prüfungshandlungen zu Annahmen des Managements werden im Zusammenhang mit der Prüfung des Abschlusses der Einheit durchgeführt und nicht zu dem Zweck, ein Urteil über die Annahmen selbst abzugeben.

A78. Sachverhalte, die der Abschlussprüfer bei der Beurteilung der Vertretbarkeit der vom Management getroffenen Annahmen berücksichtigen kann, schließen bspw. ein:
- ob einzelne Annahmen vertretbar erscheinen;
- ob die Annahmen voneinander abhängig und in sich stimmig sind;
- ob die Annahmen vertretbar erscheinen, wenn sie gemeinsam oder in Verbindung mit anderen Annahmen betrachtet werden, sei es für den betreffenden geschätzten Wert oder für andere geschätzte Werte in der Rechnungslegung;
- bei geschätzten Zeitwerten in der Rechnungslegung, ob die Annahmen beobachtbare Annahmen des Marktes zutreffend widerspiegeln.

A79. Die Annahmen, auf denen geschätzte Werte in der Rechnungslegung basieren, können widerspiegeln, was das Management über das Ergebnis bestimmter Ziele und Strategien erwartet. In solchen Fällen kann der Abschlussprüfer Prüfungshandlungen durchführen, um die Angemessenheit solcher Annahmen zu beurteilen, indem der Abschlussprüfer bspw. einschätzt, ob die Annahmen in Einklang stehen mit:
- dem allgemeinen wirtschaftlichen Umfeld und den wirtschaftlichen Umständen der Einheit;
- den Plänen der Einheit;
- in vorhergehenden Zeiträumen getroffenen Annahmen, sofern diese relevant sind;
- der Erfahrung der Einheit oder früheren Gegebenheiten, denen die Einheit begegnet ist, soweit diese vergangenheitsorientierten Informationen als repräsentativ für zukünftige Gegebenheiten und Ereignisse angesehen werden können;
- anderen vom Management auf den Abschluss angewandten Annahmen.

A80. Die Vertretbarkeit der getroffenen Annahmen kann von der Absicht und der Fähigkeit des Managements abhängen, eine bestimmte Vorgehensweise zu verfolgen. Das Management dokumentiert häufig Pläne und Absichten, die für bestimmte Vermögenswerte oder Schulden relevant sind, und kann auch nach dem Regelwerk der Rechnungslegung dazu verpflichtet sein. Wenngleich der Umfang der zu erlangenden Prüfungsnachweise über die Absichten und Fähigkeiten des Managements im pflichtgemäßen Ermessen des Abschlussprüfers liegt, können die vom Abschlussprüfer durchgeführten Prüfungshandlungen einschließen:
- Durchsicht, wie das Management in der Vergangenheit seine erklärten Absichten umgesetzt hat;
- Durchsicht von schriftlichen Plänen und sonstiger Dokumentation, ggf. einschließlich formal genehmigter Budgets, Genehmigungen oder Protokollen;
- Befragung des Managements über die Gründe für eine bestimmte Vorgehensweise;
- Durchsicht von Ereignissen, die zwischen dem Abschlussstichtag und dem Datum des Vermerks des Abschlussprüfers eintreten;
- Beurteilung der Fähigkeit der Einheit, eine bestimmte Vorgehensweise zu verfolgen, angesichts der wirtschaftlichen Umstände und unter Einbezug der Auswirkungen ihrer bestehenden Verpflichtungen.

Nach bestimmten Regelwerken der Rechnungslegung ist es jedoch möglicherweise nicht zulässig, die Absichten oder Pläne des Managements bei der Ermittlung eines geschätzten Werts zu berücksichtigen. Dies trifft häufig bei geschätzten Zeitwerten zu, da deren Bewertungsziel erfordert, dass Annahmen die von Marktteilnehmern getroffenen Annahmen widerspiegeln.

A81. Zu den Sachverhalten, die der Abschlussprüfer im gegebenen Fall zusätzlich zu den oben behandelten berücksichtigen kann bei der Beurteilung der Angemessenheit der vom Management getroffenen, den geschätzten Zeitwerten zugrunde liegenden Annahmen, gehören bspw.:
- sofern relevant, ob und wie das Management im gegebenen Fall marktspezifische Eingabedaten bei der Entwicklung der Annahmen einbezogen hat;
- ob die Annahmen mit beobachtbaren Marktgegebenheiten und mit den Merkmalen der zum Zeitwert bewerteten Vermögenswerte oder Schulden in Einklang stehen;
- ob die Quellen der Annahmen von Marktteilnehmern relevant und verlässlich sind und wie das Management die anzuwendenden Annahmen ausgewählt hat, wenn mehrere verschiedene Annahmen von Marktteilnehmern vorhanden sind;
- sofern angebracht, ob und wie das Management Annahmen, die bei vergleichbaren Geschäftsvorfällen, Vermögenswerten oder Schulden getroffen wurden, oder Informationen über diese berücksichtigt hat.

A82. Further, fair value accounting estimates may comprise observable inputs as well as unobservable inputs. Where fair value accounting estimates are based on unobservable inputs, matters that the auditor may consider include, for example, how management supports the following:

- The identification of the characteristics of marketplace participants relevant to the accounting estimate.
- Modifications it has made to its own assumptions to reflect its view of assumptions marketplace participants would use.
- Whether it has incorporated the best information available in the circumstances.
- Where applicable, how its assumptions take account of comparable transactions, assets or liabilities.

If there are unobservable inputs, it is more likely that the auditor's evaluation of the assumptions will need to be combined with other responses to assessed risks in paragraph 13 in order to obtain sufficient appropriate audit evidence. In such cases, it may be necessary for the auditor to perform other audit procedures, for example, examining documentation supporting the review and approval of the accounting estimate by appropriate levels of management and, where appropriate, by those charged with governance.

A83. In evaluating the reasonableness of the assumptions supporting an accounting estimate, the auditor may identify one or more significant assumptions. If so, it may indicate that the accounting estimate has high estimation uncertainty and may, therefore, give rise to a significant risk. Additional responses to significant risks are described in paragraphs A102–A115.

Testing the Operating Effectiveness of Controls (Ref: Para. 13(c))

A84. Testing the operating effectiveness of the controls over how management made the accounting estimate may be an appropriate response when management's process has been well-designed, implemented and maintained, for example:

- Controls exist for the review and approval of the accounting estimates by appropriate levels of management and, where appropriate, by those charged with governance.
- The accounting estimate is derived from the routine processing of data by the entity's accounting system.

A85. Testing the operating effectiveness of the controls is required when:

(a) The auditor's assessment of risks of material misstatement at the assertion level includes an expectation that controls over the process are operating effectively; or

(b) Substantive procedures alone do not provide sufficient appropriate audit evidence at the assertion level.[19]

Considerations specific to smaller entities

A86. Controls over the process to make an accounting estimate may exist in smaller entities, but the formality with which they operate varies. Further, smaller entities may determine that certain types of controls are not necessary because of active management involvement in the financial reporting process. In the case of very small entities, however, there may not be many controls that the auditor can identify. For this reason, the auditor's response to the assessed risks is likely to be substantive in nature, with the auditor performing one or more of the other responses in paragraph 13.

Developing a Point Estimate or Range (Ref: Para. 13(d))

A87. Developing a point estimate or a range to evaluate management's point estimate may be an appropriate response where, for example:

- An accounting estimate is not derived from the routine processing of data by the accounting system.

---

[19] ISA 330, paragraph 8.

A82. Darüber hinaus können geschätzte Zeitwerte aus beobachtbaren Eingabedaten sowie nicht beobachtbaren Eingabedaten bestehen. Wenn geschätzte Zeitwerte auf nicht beobachtbaren Eingabedaten basieren, kann der Abschlussprüfer u.a. bspw. Überlegungen darüber anstellen, wie sich das Management verhält zu

- der Feststellung der Marktteilnehmer zu den für den geschätzten Wert relevanten Merkmalen;
- Änderungen, die es an seinen eigenen Annahmen vorgenommen hat, um die Annahmen widerzuspiegeln, die seiner Ansicht nach die Marktteilnehmer treffen würden;
- der Frage, ob es die besten unter den gegebenen Umständen verfügbaren Informationen einbezogen hat;
- ggf. der Frage, wie vergleichbare Geschäftsvorfälle, Vermögenswerte oder Schulden in seinen Annahmen berücksichtigt werden.

Wenn nicht beobachtbare Eingabedaten vorliegen, ist es wahrscheinlicher, dass die Beurteilung der Annahmen durch den Abschlussprüfer mit anderen in Textziffer 13 genannten Reaktionen auf beurteilte Risiken kombiniert werden muss, um ausreichende geeignete Prüfungsnachweise zu erlangen. In solchen Fällen kann es notwendig sein, dass der Abschlussprüfer weitere Prüfungshandlungen durchführt (bspw. die Untersuchung der Dokumentation, welche die Überprüfung und Genehmigung des geschätzten Werts durch die entsprechenden Managementebenen und ggf. durch die für die Überwachung Verantwortlichen stützt).

A83. Bei der Beurteilung der Angemessenheit der Annahmen, die einen geschätzten Wert stützen, stellt der Abschlussprüfer möglicherweise eine oder mehrere bedeutsame Annahmen fest. Wenn dies der Fall ist, kann dies darauf hindeuten, dass der geschätzte Wert mit einer hohen Schätzunsicherheit verbunden ist und daher ein bedeutsames Risiko zur Folge haben kann. Weitere Reaktionen auf bedeutsame Risiken sind in den Textziffern A102-A115 beschrieben.

Prüfung der Wirksamkeit von Kontrollen (Vgl. Tz. 13(c))

A84. Die Prüfung der Wirksamkeit der Kontrollen darüber, wie das Management den geschätzten Wert in der Rechnungslegung ermittelt hat, kann eine angemessene Maßnahme sein, wenn der vom Management angewandte Prozess gut ausgestaltet, eingerichtet und aufrechterhalten wurde. Beispiele:

- Es bestehen Kontrollen für die Überprüfung und Genehmigung der geschätzten Werte auf den entsprechenden Managementebenen und, wo dies angebracht ist, durch die für die Überwachung Verantwortlichen.
- Der geschätzte Wert wird aus der routinemäßigen Verarbeitung von Daten durch das Rechnungslegungssystem der Einheit gewonnen.

A85. Die Prüfung der Wirksamkeit der Kontrollen[*] ist erforderlich, wenn

(a) die Beurteilung des Abschlussprüfers zu den Risiken wesentlicher falscher Darstellungen auf Aussageebene auf der Erwartung beruht, dass die Kontrollen über den Prozess wirksam funktionieren, oder

(b) aussagebezogene Prüfungshandlungen allein keine ausreichenden geeigneten Prüfungsnachweise auf Aussageebene liefern.[19]

Spezifische Überlegungen zu kleineren Einheiten

A86. In kleineren Einheiten können Kontrollen des Prozesses zur Ermittlung von geschätzten Werten in der Rechnungslegung bestehen, jedoch ist der Grad an Formalisierung, mit dem sie ausgestaltet sind, unterschiedlich. Weiterhin können kleinere Einheiten sich dafür entscheiden, dass bestimmte Arten von Kontrollen nicht notwendig sind, weil das Management aktiv in den Rechnungslegungsprozess eingebunden ist. Bei sehr kleinen Einheiten sind jedoch möglicherweise nicht viele vom Abschlussprüfer feststellbare Kontrollen vorhanden. Aus diesem Grund besteht die Reaktion des Abschlussprüfers auf die beurteilten Risiken wahrscheinlich in aussagebezogenen Prüfungshandlungen und der Abschlussprüfer führt eine oder mehrere der in Textziffer 13 genannten anderen Maßnahmen durch.

Entwicklung einer Punktschätzung oder Bandbreite (Vgl. Tz. 13(d))

A87. Die Entwicklung einer Punktschätzung oder einer Bandbreite zur Beurteilung der Punktschätzung des Managements kann eine angemessene Reaktion sein, wenn bspw.

- ein geschätzter Wert in der Rechnungslegung nicht aus der routinemäßigen Verarbeitung von Daten durch das Rechnungslegungssystem gewonnen wird;

---

19) ISA 330, Textziffer 8.
[*] Diese Prüfung wird auch als Funktionsprüfung bezeichnet.

- The auditor's review of similar accounting estimates made in the prior period financial statements suggests that management's current period process is unlikely to be effective.

- The entity's controls within and over management's processes for determining accounting estimates are not well designed or properly implemented.

- Events or transactions between the period end and the date of the auditor's report contradict management's point estimate.

- There are alternative sources of relevant data available to the auditor which can be used in developing a point estimate or a range.

A88. Even where the entity's controls are well designed and properly implemented, developing a point estimate or a range may be an effective or efficient response to the assessed risks. In other situations, the auditor may consider this approach as part of determining whether further procedures are necessary and, if so, their nature and extent.

A89. The approach taken by the auditor in developing either a point estimate or a range may vary based on what is considered most effective in the circumstances. For example, the auditor may initially develop a preliminary point estimate, and then assess its sensitivity to changes in assumptions to ascertain a range with which to evaluate management's point estimate. Alternatively, the auditor may begin by developing a range for purposes of determining, where possible, a point estimate.

A90. The ability of the auditor to develop a point estimate, as opposed to a range, depends on several factors, including the model used, the nature and extent of data available and the estimation uncertainty involved with the accounting estimate. Further, the decision to develop a point estimate or range may be influenced by the applicable financial reporting framework, which may prescribe the point estimate that is to be used after consideration of the alternative outcomes and assumptions, or prescribe a specific measurement method (for example, the use of a discounted probability-weighted expected value).

A91. The auditor may develop a point estimate or a range in a number of ways, for example, by:

- Using a model, for example, one that is commercially available for use in a particular sector or industry, or a proprietary or auditor-developed model.

- Further developing management's consideration of alternative assumptions or outcomes, for example, by introducing a different set of assumptions.

- Employing or engaging a person with specialized expertise to develop or execute the model, or to provide relevant assumptions.

- Making reference to other comparable conditions, transactions or events, or, where relevant, markets for comparable assets or liabilities.

Understanding Management's Assumptions or Method (Ref: Para. 13(d)(i))

A92. When the auditor develops a point estimate or a range and uses assumptions or a method different from those used by management, paragraph 13(d)(i) requires the auditor to obtain a sufficient understanding of the assumptions or method used by management in making the accounting estimate. This understanding provides the auditor with information that may be relevant to the auditor's development of an appropriate point estimate or range. Further, it assists the auditor to understand and evaluate any significant differences from management's point estimate. For example, a difference may arise because the auditor used different, but equally valid, assumptions as compared with those used by management. This may reveal that the accounting estimate is highly sensitive to certain assumptions and therefore subject to high estimation uncertainty, indicating that the accounting estimate may be a significant risk. Alternatively, a difference may arise as a result of a factual error made by management. Depending on the circumstances, the auditor may find it helpful in drawing conclusions to discuss with management the basis for the assumptions used and their validity, and the difference, if any, in the approach taken to making the accounting estimate.

- die Durchsicht des Abschlussprüfers von ähnlichen geschätzten Werten, die im Abschluss des vorhergehenden Zeitraums ermittelt wurden, nahe legt, dass der vom Management im laufenden Zeitraum angewandte Prozess wahrscheinlich nicht wirksam ist;
- die Kontrollen der Einheit in dem und über den vom Management eingerichteten Prozess zur Festlegung von geschätzten Werten nicht gut ausgestaltet oder nicht ordnungsgemäß eingerichtet sind;
- Ereignisse oder Geschäftsvorfälle zwischen dem Abschlussstichtag und dem Datum des Vermerks des Abschlussprüfers im Widerspruch zu der Punktschätzung des Managements stehen;
- dem Abschlussprüfer alternative Quellen relevanter Daten zur Verfügung stehen, die bei der Ermittlung einer Punktschätzung oder einer Bandbreite verwendet werden können.

A88. Selbst wenn die Kontrollen der Einheit gut ausgestaltet und ordnungsgemäß eingerichtet sind, kann die Entwicklung einer Punktschätzung oder Bandbreite eine wirksame oder wirtschaftliche Reaktion auf die beurteilten Risiken darstellen. In anderen Situationen kann der Abschlussprüfer diesen Ansatz berücksichtigen, wenn der Abschlussprüfer entscheidet, ob weitere Prüfungshandlungen notwendig sind, und – sofern dies der Fall ist – deren Art und Umfang festlegt.

A89. Der Ansatz, den der Abschlussprüfer bei der Entwicklung einer Punktschätzung oder einer Bandbreite wählt, kann sich je nach dem unterscheiden, was der Abschlussprüfer unter den gegebenen Umständen als am wirksamsten erachtet. So kann der Abschlussprüfer bspw. zunächst eine vorläufige Punktschätzung entwickeln und dann deren Sensitivität für geänderte Annahmen beurteilen, um eine Bandbreite zu ermitteln, mit der die Punktschätzung des Managements beurteilt werden kann. Alternativ kann der Abschlussprüfer zunächst damit beginnen, eine Bandbreite zu entwickeln, um zu entscheiden, ob möglicherweise eine Punktschätzung vorgenommen werden kann.

A90. Die Fähigkeit des Abschlussprüfers zur Ermittlung einer Punktschätzung im Gegensatz zu einer Bandbreite hängt von mehreren Faktoren ab, wie bspw. von dem angewandten Modell, von Art und Umfang der verfügbaren Daten sowie von der Schätzunsicherheit, die mit dem geschätzten Wert verbunden ist. Weiterhin kann die Entscheidung, eine Punktschätzung oder eine Bandbreite zu entwickeln, durch das maßgebende Regelwerk der Rechnungslegung beeinflusst werden, das möglicherweise die Punktschätzung, die nach Berücksichtigung der alternativen Ergebnisse und Annahmen zu verwenden ist, oder eine bestimmte Bewertungsmethode (z. B. die Verwendung eines diskontierten, nach Wahrscheinlichkeit gewichteten Erwartungswerts) vorschreibt.

A91. Der Abschlussprüfer hat mehrere Möglichkeiten, eine Punktschätzung oder eine Bandbreite zu entwickeln, bspw. durch
- Anwendung eines Modells, das bspw. zur Anwendung in bestimmten Bereichen oder Branchen im Handel verfügbar ist oder das vom Unternehmen oder vom Abschlussprüfer entwickelt wurde;
- Weiterentwicklung der Überlegungen des Managements zu alternativen Annahmen oder Ergebnissen, bspw. durch Einführung eines abweichenden Satzes von Annahmen;
- Anstellung oder Beauftragung einer Person mit speziellen Fachkenntnissen, um das Modell zu entwickeln, umzusetzen oder um relevante Annahmen für dieses zu liefern;
- Bezugnahme auf andere vergleichbare Gegebenheiten, Geschäftsvorfälle oder Ereignisse oder, sofern relevant, auf Märkte für vergleichbare Vermögenswerte oder Schulden.

Verstehen der Annahmen oder Methoden des Managements (Vgl. Tz. 13(d)(i))

A92. Wenn der Abschlussprüfer bei der Ermittlung einer Punktschätzung oder einer Bandbreite Annahmen oder Methoden anwendet, die sich von den vom Management angewandten unterscheiden, muss der Abschlussprüfer sich nach Textziffer 13(d)(i) ein ausreichendes Verständnis von den Annahmen oder Methoden verschaffen, die das Management bei der Ermittlung des geschätzten Werts angewandt hat. Dieses Verständnis liefert dem Abschlussprüfer Informationen, die für die Entwicklung einer geeigneten Punktschätzung oder Bandbreite durch den Abschlussprüfer relevant sein können. Darüber hinaus hilft es dem Abschlussprüfer, bedeutsame Unterschiede gegenüber der Punktschätzung des Managements zu verstehen und zu beurteilen. Ein Unterschied kann sich bspw. daraus ergeben, dass der Abschlussprüfer im Vergleich zu den vom Management angewandten Annahmen andere, jedoch gleichermaßen gültige Annahmen angewandt hat. Dies kann zeigen, dass der geschätzte Wert in der Rechnungslegung äußerst empfindlich in Bezug auf bestimmte Annahmen ist und daher einer hohen Schätzunsicherheit unterliegt, was darauf hindeutet, dass der geschätzte Wert ein bedeutsames Risiko darstellen kann. Alternativ kann ein Unterschied aus einem sachlichen Fehler des Managements resultieren. Je nach den gegebenen Umständen kann der Abschlussprüfer es beim Ziehen von Schlussfolgerungen als hilfreich ansehen, mit dem Management die Grundlage für die angewandten Annahmen und deren Gültigkeit sowie ggf. den Unterschied bei dem gewählten Ansatz zur Ermittlung der geschätzten Werte zu erörtern.

Narrowing a Range (Ref: Para. 13(d)(ii))

A93. When the auditor concludes that it is appropriate to use a range to evaluate the reasonableness of management's point estimate (the auditor's range), paragraph 13(d)(ii) requires that range to encompass all "reasonable outcomes" rather than all possible outcomes. The range cannot be one that comprises all possible outcomes if it is to be useful, as such a range would be too wide to be effective for purposes of the audit. The auditor's range is useful and effective when it is sufficiently narrow to enable the auditor to conclude whether the accounting estimate is misstated.

A94. Ordinarily, a range that has been narrowed to be equal to or less than performance materiality is adequate for the purposes of evaluating the reasonableness of management's point estimate. However, particularly in certain industries, it may not be possible to narrow the range to below such an amount. This does not necessarily preclude recognition of the accounting estimate. It may indicate, however, that the estimation uncertainty associated with the accounting estimate is such that it gives rise to a significant risk. Additional responses to significant risks are described in paragraphs A102–A115.

A95. Narrowing the range to a position where all outcomes within the range are considered reasonable may be achieved by:
 (a) Eliminating from the range those outcomes at the extremities of the range judged by the auditor to be unlikely to occur; and
 (b) Continuing to narrow the range, based on audit evidence available, until the auditor concludes that all outcomes within the range are considered reasonable. In some rare cases, the auditor may be able to narrow the range until the audit evidence indicates a point estimate.

Considering Whether Specialized Skills or Knowledge Are Required (Ref: Para. 14)

A96. In planning the audit, the auditor is required to ascertain the nature, timing and extent of resources necessary to perform the audit engagement.[20] This may include, as necessary, the involvement of those with specialized skills or knowledge. In addition, ISA 220 requires the engagement partner to be satisfied that the engagement team, and any auditor's external experts who are not part of the engagement team, collectively have the appropriate competence and capabilities to perform the audit engagement.[21] During the course of the audit of accounting estimates the auditor may identify, in light of the experience of the auditor and the circumstances of the engagement, the need for specialized skills or knowledge to be applied in relation to one or more aspects of the accounting estimates.

A97. Matters that may affect the auditor's consideration of whether specialized skills or knowledge is required include, for example:
- The nature of the underlying asset, liability or component of equity in a particular business or industry (for example, mineral deposits, agricultural assets, complex financial instruments).

- A high degree of estimation uncertainty.
- Complex calculations or specialized models are involved, for example, when estimating fair values when there is no observable market.
- The complexity of the requirements of the applicable financial reporting framework relevant to accounting estimates, including whether there are areas known to be subject to differing interpretation or practice is inconsistent or developing.

- The procedures the auditor intends to undertake in responding to assessed risks.

---

20) ISA 300, "Planning an Audit of Financial Statements," paragraph 8(e).
21) ISA 220, "Quality Control for an Audit of Financial Statements," paragraph 14.

Eingrenzung einer Bandbreite (Vgl. Tz. 13(d)(ii))

A93. Wenn der Abschlussprüfer es als angemessen erachtet, eine Bandbreite (die Bandbreite des Abschlussprüfers) zu verwenden, um die Angemessenheit der Punktschätzung des Managements zu beurteilen, muss diese Bandbreite nach Textziffer 13(d)(ii) alle „angemessenen Ergebnisse" und nicht alle möglichen Ergebnisse einschließen. Wenn die Bandbreite hilfreich sein soll, kann sie nicht alle möglichen Ergebnisse umfassen, weil eine solche Bandbreite zu groß wäre, um für Zwecke der Abschlussprüfung wirksam zu sein. Die Bandbreite des Abschlussprüfers ist hilfreich und wirksam, wenn sie klein genug ist, um dem Abschlussprüfer die Schlussfolgerung zu ermöglichen, ob es sich bei dem geschätzten Wert um eine falsche Darstellung handelt.

A94. Normalerweise ist eine Bandbreite, die so eingegrenzt wurde, dass sie höchstens einem Betrag unterhalb der Toleranzwesentlichkeit entspricht, dazu geeignet, die Angemessenheit der Punktschätzung des Managements zu beurteilen. Insbesondere in bestimmten Branchen mag es jedoch nicht möglich sein, die Bandbreite so einzugrenzen, dass sie unterhalb eines solchen Betrags liegt. Dies schließt zwar nicht notwendigerweise den Ansatz des geschätzten Werts in der Rechnungslegung aus, kann jedoch darauf hindeuten, dass die Schätzunsicherheit im Zusammenhang mit dem geschätzten Wert so hoch ist, dass sie ein bedeutsames Risiko zur Folge hat. Weitere Reaktionen auf bedeutsame Risiken sind in den Textziffern A102-A115 beschrieben.

A95. Die Eingrenzung der Bandbreite soweit, dass alle Ergebnisse innerhalb dieser Bandbreite als vertretbar angesehen werden, kann erreicht werden durch

(a) den Ausschluss der Ergebnisse an den Endpunkten der Bandbreite, deren Eintreten vom Abschlussprüfer als unwahrscheinlich beurteilt wird, und durch

(b) weitere Eingrenzung der Bandbreite auf der Grundlage von verfügbaren Prüfungsnachweisen, bis der Abschlussprüfer den Schluss zieht, dass alle Ergebnisse innerhalb der Bandbreite für vertretbar gehalten werden können. In einigen seltenen Fällen ist der Abschlussprüfer möglicherweise in der Lage, die Bandbreite so weit einzugrenzen, bis die Prüfungsnachweise auf eine Punktschätzung hindeuten.

Einschätzung der Frage, ob spezielle Fähigkeiten oder Kenntnisse erforderlich sind (Vgl. Tz. 14)

A96. Bei der Planung der Abschlussprüfung muss der Abschlussprüfer Art, zeitliche Einteilung und Umfang der Ressourcen bestimmen, die zur Durchführung des Auftrags zur Abschlussprüfung notwendig sind.[20] Sofern erforderlich kann dies die Einbeziehung von Personen mit speziellen Fähigkeiten oder Kenntnissen einschließen. Außerdem muss nach ISA 220 der für den Prüfungsauftrag Verantwortliche davon überzeugt sein, dass das Prüfungsteam und vom Abschlussprüfer beauftragte externe Sachverständige, die nicht Mitglieder des Prüfungsteams sind, gemeinsam über die angemessenen Kompetenzen und Fähigkeiten verfügen, um den Auftrag zur Abschlussprüfung durchzuführen.[21] Der Abschlussprüfer kann im Laufe der Prüfung von geschätzten Werten in der Rechnungslegung angesichts der Erfahrung des Abschlussprüfers und der Umstände des Auftrags die Notwendigkeit feststellen, spezielle Fähigkeiten oder Kenntnisse zu einem oder mehreren Aspekten des geschätzten Werte anzuwenden.

A97. Sachverhalte, welche die Einschätzung des Abschlussprüfers beeinflussen können, ob spezielle Fähigkeiten oder Kenntnisse erforderlich sind, schließen bspw. ein:

- die Art der zugrunde liegenden Vermögenswerte, Schulden oder Komponenten des Eigenkapitals in bestimmten Geschäftszweigen oder Branchen (z. B. Mineralvorkommen, landwirtschaftliche Vermögenswerte, komplexe Finanzinstrumente)
- einen hohen Grad an Schätzunsicherheit
- Einbezug von komplexen Berechnungen oder speziellen Modellen, bspw. bei der Schätzung von Zeitwerten, wenn kein beobachtbarer Markt vorhanden ist
- die Komplexität der für geschätzte Werte relevanten Anforderungen des maßgebenden Regelwerks der Rechnungslegung, einschließlich der Frage, ob es Bereiche gibt, die dafür bekannt sind, dass sie unterschiedlich interpretiert oder in der Praxis uneinheitlich gehandhabt werden oder sich in Entwicklung befinden
- das Vorgehen, das der Abschlussprüfer als Reaktion auf beurteilte Risiken durchzuführen beabsichtigt.

---

20) ISA 300 „Planung einer Abschlussprüfung", Textziffer 8(e).
21) ISA 220 „Qualitätssicherung bei einer Abschlussprüfung", Textziffer 14.

A98. For the majority of accounting estimates, even when there is estimation uncertainty, it is unlikely that specialized skills or knowledge will be required. For example, it is unlikely that specialized skills or knowledge would be necessary for an auditor to evaluate an allowance for doubtful accounts.

A99. However, the auditor may not possess the specialized skills or knowledge required when the matter involved is in a field other than accounting or auditing and may need to obtain it from an auditor's expert. ISA 620[22] establishes requirements and provides guidance in determining the need to employ or engage an auditor's expert and the auditor's responsibilities when using the work of an auditor's expert.

A100. Further, in some cases, the auditor may conclude that it is necessary to obtain specialized skills or knowledge related to specific areas of accounting or auditing. Individuals with such skills or knowledge may be employed by the auditor's firm or engaged from an external organization outside of the auditor's firm. Where such individuals perform audit procedures on the engagement, they are part of the engagement team and accordingly, they are subject to the requirements in ISA 220.

A101. Depending on the auditor's understanding and experience of working with the auditor's expert or those other individuals with specialized skills or knowledge, the auditor may consider it appropriate to discuss matters such as the requirements of the applicable financial reporting framework with the individuals involved to establish that their work is relevant for audit purposes.

Further Substantive Procedures to Respond to Significant Risks (Ref: Para. 15)

A102. In auditing accounting estimates that give rise to significant risks, the auditor's further substantive procedures are focused on the evaluation of:

(a) How management has assessed the effect of estimation uncertainty on the accounting estimate, and the effect such uncertainty may have on the appropriateness of the recognition of the accounting estimate in the financial statements; and

(b) The adequacy of related disclosures.

Estimation Uncertainty

Management's Consideration of Estimation Uncertainty (Ref: Para. 15(a))

A103. Management may evaluate alternative assumptions or outcomes of the accounting estimates through a number of methods, depending on the circumstances. One possible method used by management is to undertake a sensitivity analysis. This might involve determining how the monetary amount of an accounting estimate varies with different assumptions. Even for accounting estimates measured at fair value there can be variation because different market participants will use different assumptions. A sensitivity analysis could lead to the development of a number of outcome scenarios, sometimes characterized as a range of outcomes by management, such as "pessimistic" and "optimistic" scenarios.

A104. A sensitivity analysis may demonstrate that an accounting estimate is not sensitive to changes in particular assumptions. Alternatively, it may demonstrate that the accounting estimate is sensitive to one or more assumptions that then become the focus of the auditor's attention.

A105. This is not intended to suggest that one particular method of addressing estimation uncertainty (such as sensitivity analysis) is more suitable than another, or that management's consideration of alternative assumptions or outcomes needs to be conducted through a detailed process supported by extensive documentation. Rather, it is whether management has assessed how estimation uncertainty may affect the accounting estimate that is important, not the specific manner in which it is done. Accordingly, where management has not considered alternative assumptions or outcomes, it may be necessary for the auditor to discuss with management, and request support for, how it has addressed the effects of estimation uncertainty on the accounting estimate.

---

22) ISA 620, "Using the Work of an Auditor's Expert."

A98. Bei den meisten geschätzten Werten in der Rechnungslegung ist es selbst bei einer vorhandenen Schätzunsicherheit unwahrscheinlich, dass spezielle Fähigkeiten oder Kenntnisse erforderlich sind. So ist es bspw. unwahrscheinlich, dass spezielle Fähigkeiten oder Kenntnisse erforderlich sind, damit ein Abschlussprüfer eine Wertberichtigung auf zweifelhafte Forderungen beurteilen kann.

A99. Jedoch besitzt der Abschlussprüfer möglicherweise nicht die notwendigen speziellen Fähigkeiten oder Kenntnisse, wenn der betreffende Sachverhalt auf einem anderen Gebiet als dem der Rechnungslegung oder der Abschlussprüfung liegt und muss diese von einem Sachverständigen erlangen. ISA 620[22] setzt Anforderungen und gibt erläuternde Hinweise dazu, ob es notwendig ist, einen Sachverständigen des Abschlussprüfers anzustellen oder zu beauftragen, und zu den Pflichten des Abschlussprüfers bei der Verwertung der Arbeit eines solchen Sachverständigen.

A100. Außerdem kann der Abschlussprüfer in manchen Fällen den Schluss ziehen, dass es notwendig ist, spezielle Fähigkeiten oder Kenntnisse in bestimmten Bereichen der Rechnungslegung oder Abschlussprüfung zu erlangen. Personen mit solchen Fähigkeiten oder Kenntnissen können von der Praxis[*] angestellt werden, für die der Abschlussprüfer tätig ist, oder aus einer Einheit außerhalb der Praxis beauftragt werden. Wenn solche Personen Prüfungshandlungen im Rahmen des Auftrags durchführen, gehören sie zum Prüfungsteam und unterliegen folglich den Anforderungen in ISA 220.

A101. Je nach dem Verständnis und der Erfahrung des Abschlussprüfers aus der Zusammenarbeit mit einem Sachverständigen des Abschlussprüfers oder jenen anderen Personen mit speziellen Fähigkeiten oder Kenntnissen kann es der Abschlussprüfer als dienlich erachten, Sachverhalte wie etwa die Anforderungen des maßgebenden Regelwerks der Rechnungslegung mit den beteiligten Personen zu erörtern, um sicherzustellen, dass deren Arbeit für Zwecke der Abschlussprüfung relevant ist.

Weitere aussagebezogene Prüfungshandlungen als Reaktion auf bedeutsame Risiken (Vgl. Tz. 15)

A102. Bei der Prüfung von geschätzten Werten in der Rechnungslegung, die bedeutsame Risiken zur Folge haben, liegt das Hauptaugenmerk des Abschlussprüfers bei den weiteren aussagebezogenen Prüfungshandlungen darauf, zu beurteilen,

(a) wie das Management die Auswirkungen einer Schätzunsicherheit auf den geschätzten Wert beurteilt hat sowie die Auswirkungen, die eine solche Unsicherheit darauf haben kann, ob der Ansatz des geschätzten Werts im Abschluss vertretbar ist und

(b) die Angemessenheit der damit zusammenhängenden Abschlussangaben.

Schätzunsicherheit

Berücksichtigung der Schätzunsicherheit durch das Management (Vgl. Tz. 15(a))

A103. Das Management kann die alternativen Annahmen oder die Realisierung der geschätzten Werte in der Rechnungslegung in Abhängigkeit von den gegebenen Umständen mittels einer Vielzahl von Methoden abschätzen. Eine mögliche vom Management angewandte Methode besteht darin, eine Sensitivitätsanalyse durchzuführen. Dies kann eine Feststellung einschließen, wie sich der Geldbetrag eines geschätzten Werts bei verschiedenen Annahmen unterscheidet. Sogar zum Zeitwert bewertete geschätzte Werte können sich unterscheiden, weil verschiedene Marktteilnehmer unterschiedliche Annahmen verwenden. Eine Sensitivitätsanalyse kann zur Entwicklung mehrerer Realisierungsszenarien führen, die mitunter vom Management als eine Bandbreite von Ergebnissen charakterisiert werden, z. B. „pessimistische" und „optimistische" Szenarien.

A104. Eine Sensitivitätsanalyse kann belegen, dass ein geschätzter Wert in der Rechnungslegung nicht auf Änderungen bestimmter Annahmen reagiert. Alternativ kann sie belegen, dass der geschätzte Wert sensitiv in Bezug auf eine oder mehrere Annahmen ist, auf die der Abschlussprüfer daraufhin das Hauptaugenmerk legt.

A105. Dies soll nicht nahe legen, dass eine bestimmte Methode, einer Schätzunsicherheit zu begegnen (z. B. die Sensitivitätsanalyse) geeigneter ist als eine andere oder dass die Berücksichtigung alternativer Annahmen oder Ergebnisse durch das Management unter Anwendung eines detaillierten Prozesses durchgeführt werden muss, der durch eine umfangreiche Dokumentation gestützt wird. Wichtig ist vielmehr, ob das Management beurteilt hat, wie sich die Schätzunsicherheit auf den geschätzten Wert in der Rechnungslegung auswirken kann, nicht die genaue Art und Weise, in der dies geschieht. Dementsprechend kann es für den Fall, dass das Management keine alternativen Annahmen oder Ergebnisse berücksichtigt hat, notwendig sein, dass der Abschlussprüfer mit dem Management erörtert und es auffordert, zu belegen, wie den Auswirkungen der Schätzunsicherheit in Bezug auf den geschätzten Wert begegnet ist.

---

22) ISA 620 „Verwertung der Arbeit eines Sachverständigen des Abschlussprüfers".
*) In der Schweiz: Unternehmen.

Considerations specific to smaller entities

A106. Smaller entities may use simple means to assess the estimation uncertainty. In addition to the auditor's review of available documentation, the auditor may obtain other audit evidence of management consideration of alternative assumptions or outcomes by inquiry of management. In addition, management may not have the expertise to consider alternative outcomes or otherwise address the estimation uncertainty of the accounting estimate. In such cases, the auditor may explain to management the process or the different methods available for doing so, and the documentation thereof. This would not, however, change the responsibilities of management for the preparation of the financial statements.

Significant Assumptions (Ref: Para. 15(b))

A107. An assumption used in making an accounting estimate may be deemed to be significant if a reasonable variation in the assumption would materially affect the measurement of the accounting estimate.

A108. Support for significant assumptions derived from management's knowledge may be obtained from management's continuing processes of strategic analysis and risk management. Even without formal established processes, such as may be the case in smaller entities, the auditor may be able to evaluate the assumptions through inquiries of and discussions with management, along with other audit procedures in order to obtain sufficient appropriate audit evidence.

A109. The auditor's considerations in evaluating assumptions made by management are described in paragraphs A77–A83.

Management Intent and Ability (Ref: Para. 15(c))

A110. The auditor's considerations in relation to assumptions made by management and management's intent and ability are described in paragraphs A13 and A80.

Development of a Range (Ref: Para. 16)

A111. In preparing the financial statements, management may be satisfied that it has adequately addressed the effects of estimation uncertainty on the accounting estimates that give rise to significant risks. In some circumstances, however, the auditor may view the efforts of management as inadequate. This may be the case, for example, where, in the auditor's judgment:

- Sufficient appropriate audit evidence could not be obtained through the auditor's evaluation of how management has addressed the effects of estimation uncertainty.

- It is necessary to explore further the degree of estimation uncertainty associated with an accounting estimate, for example, where the auditor is aware of wide variation in outcomes for similar accounting estimates in similar circumstances.

- It is unlikely that other audit evidence can be obtained, for example, through the review of events occurring up to the date of the auditor's report.

- Indicators of management bias in the making of accounting estimates may exist.

A112. The auditor's considerations in determining a range for this purpose are described in paragraphs A87–A95.

Recognition and Measurement Criteria

Recognition of the Accounting Estimates in the Financial Statements (Ref: Para. 17(a))

A113. Where management has recognized an accounting estimate in the financial statements, the focus of the auditor's evaluation is on whether the measurement of the accounting estimate is sufficiently reliable to meet the recognition criteria of the applicable financial reporting framework.

A114. With respect to accounting estimates that have not been recognized, the focus of the auditor's evaluation is on whether the recognition criteria of the applicable financial reporting framework have in fact been met. Even where an accounting estimate has not been recognized, and the auditor concludes that this treatment

Spezifische Überlegungen zu kleineren Einheiten

A106. Kleinere Einheiten wenden möglicherweise einfache Methoden an, um die Schätzunsicherheit zu beurteilen. Zusätzlich zur Durchsicht einer verfügbaren Dokumentation kann der Abschlussprüfer durch Befragung des Managements weitere Prüfungsnachweise über die Berücksichtigung alternativer Annahmen oder Ergebnisse durch das Management erlangen. Außerdem verfügt das Management möglicherweise nicht über die Fachkenntnisse, um alternative Ergebnisse zu berücksichtigen oder um der Schätzunsicherheit im Zusammenhang mit dem geschätzten Wert in der Rechnungslegung anderweitig zu begegnen. In solchen Fällen kann der Abschlussprüfer dem Management den Prozess oder die verschiedenen Methoden, die dafür zur Verfügung stehen, sowie die damit zusammenhängende Dokumentation erläutern. Dies ändert jedoch nichts an der Verantwortung des Managements für die Aufstellung des Abschlusses.

Bedeutsame Annahmen (Vgl. Tz. 15(b))

A107. Eine Annahme, die bei der Ermittlung eines geschätzten Werts in der Rechnungslegung getroffen wird, kann als bedeutsam erachtet werden, wenn eine plausible Änderung in der Annahme einen wesentlichen Einfluss auf die Bewertung des geschätzten Werts hat.

A108. Durch die vom Management eingerichteten kontinuierlichen Prozesse der strategischen Analyse und des Risikomanagements kann eine Abstützung bedeutsamer Annahmen erlangt werden, die aus den Kenntnissen des Managements abgeleitet werden. Der Abschlussprüfer kann auch ohne formal eingerichtete Prozesse, wie es z. B. bei kleineren Einheiten der Fall sein kann, in der Lage sein, die Annahmen zu beurteilen, indem der Abschlussprüfer Befragungen des Managements und Erörterungen mit dem Management zusammen mit anderen Prüfungshandlungen durchführt, um ausreichende geeignete Prüfungsnachweise zu erlangen.

A109. Die Überlegungen des Abschlussprüfers bei der Beurteilung der vom Management getroffenen Annahmen sind in den Textziffern A77-A83 beschrieben.

Absichten und Fähigkeiten des Managements (Vgl. Tz. 15(c))

A110. Die Überlegungen des Abschlussprüfers zu den vom Management getroffenen Annahmen sowie zu den Absichten und Fähigkeiten des Managements[*] sind in den Textziffern A13 und A80 beschrieben.

Entwicklung einer Bandbreite (Vgl. Tz. 16)

A111. Bei der Aufstellung des Abschlusses kann das Management davon überzeugt sein, dass es den Auswirkungen einer Schätzunsicherheit in den geschätzten Werten angemessen begegnet ist, die bedeutsame Risiken zur Folge haben. In manchen Fällen kann der Abschlussprüfer die Tätigkeiten des Managements jedoch als unzureichend ansehen. Dies kann bspw. der Fall sein, wenn nach dem Urteil des Abschlussprüfers

- durch die Beurteilung der Art und Weise, in der das Management den Auswirkungen der Schätzunsicherheit begegnet ist, keine ausreichenden geeigneten Prüfungsnachweise erlangt werden konnten;
- die Notwendigkeit besteht, den Grad der Schätzunsicherheit im Zusammenhang mit einem geschätzten Wert weiter zu untersuchen, bspw. wenn dem Abschlussprüfer eine große Schwankung der Realisierung für ähnliche geschätzte Werte unter ähnlichen Umständen bekannt ist.;
- es unwahrscheinlich ist, dass andere Prüfungsnachweise erlangt werden können, bspw. durch die Durchsicht von Ereignissen, die bis zum Datum des Vermerks des Abschlussprüfers eintreten;
- möglicherweise Anzeichen für eine Einseitigkeit des Managements bei der Ermittlung von geschätzten Werten bestehen.

A112. Die Überlegungen des Abschlussprüfers bei der Festlegung einer Bandbreite zu diesem Zweck sind in den Textziffern A87-A95 beschrieben.

Ansatz- und Bewertungskriterien

Ansatz der geschätzten Werte im Abschluss (Vgl. Tz. 17(a))

A113. Wenn das Management einen geschätzten Wert im Abschluss angesetzt hat, liegt das Hauptaugenmerk der Beurteilung des Abschlussprüfers auf der Frage, ob die Wertfindung für den geschätzten Wert so verlässlich ist, dass sie die Ansatzkriterien des maßgebenden Regelwerks der Rechnungslegung erfüllt.

A114. Bei nicht angesetzten geschätzten Werten liegt das Hauptaugenmerk der Beurteilung des Abschlussprüfers auf der Frage, ob die Ansatzkriterien des maßgebenden Regelwerks der Rechnungslegung tatsächlich erfüllt wurden. Auch wenn ein geschätzter Wert nicht angesetzt wurde und der Abschlussprüfer

---

[*] Gemeint ist die Fähigkeit, bestimmte Vorgehensweisen zu verfolgen.

is appropriate, there may be a need for disclosure of the circumstances in the notes to the financial statements. The auditor may also determine that there is a need to draw the reader's attention to a significant uncertainty by adding an Emphasis of Matter paragraph to the auditor's report. ISA 706[23] establishes requirements and provides guidance concerning such paragraphs.

Measurement Basis for the Accounting Estimates (Ref: Para. 17(b))

A115. With respect to fair value accounting estimates, some financial reporting frameworks presume that fair value can be measured reliably as a prerequisite to either requiring or permitting fair value measurements and disclosures. In some cases, this presumption may be overcome when, for example, there is no appropriate method or basis for measurement. In such cases, the focus of the auditor's evaluation is on whether management's basis for overcoming the presumption relating to the use of fair value set forth under the applicable financial reporting framework is appropriate.

Evaluating the Reasonableness of the Accounting Estimates, and Determining Misstatements
(Ref: Para. 18)

A116. Based on the audit evidence obtained, the auditor may conclude that the evidence points to an accounting estimate that differs from management's point estimate. Where the audit evidence supports a point estimate, the difference between the auditor's point estimate and management's point estimate constitutes a misstatement. Where the auditor has concluded that using the auditor's range provides sufficient appropriate audit evidence, a management point estimate that lies outside the auditor's range would not be supported by audit evidence. In such cases, the misstatement is no less than the difference between management's point estimate and the nearest point of the auditor's range.

A117. Where management has changed an accounting estimate, or the method in making it, from the prior period based on a subjective assessment that there has been a change in circumstances, the auditor may conclude based on the audit evidence that the accounting estimate is misstated as a result of an arbitrary change by management, or may regard it as an indicator of possible management bias (see paragraphs A124–A125).

A118. ISA 450[24] provides guidance on distinguishing misstatements for purposes of the auditor's evaluation of the effect of uncorrected misstatements on the financial statements. In relation to accounting estimates, a misstatement, whether caused by fraud or error, may arise as a result of:

- Misstatements about which there is no doubt (factual misstatements).
- Differences arising from management's judgments concerning accounting estimates that the auditor considers unreasonable, or the selection or application of accounting policies that the auditor considers inappropriate (judgmental misstatements).
- The auditor's best estimate of misstatements in populations, involving the projection of misstatements identified in audit samples to the entire populations from which the samples were drawn (projected misstatements).

In some cases involving accounting estimates, a misstatement could arise as a result of a combination of these circumstances, making separate identification difficult or impossible.

A119. Evaluating the reasonableness of accounting estimates and related disclosures included in the notes to the financial statements, whether required by the applicable financial reporting framework or disclosed voluntarily, involves essentially the same types of considerations applied when auditing an accounting estimate recognized in the financial statements.

---

23) ISA 706, "Emphasis of Matter Paragraphs and Other Matter Paragraphs in the Independent Auditor's Report."

24) ISA 450, "Evaluation of Misstatements Identified during the Audit."

einschätzt, dass diese Behandlung vertretbar ist, kann es notwendig sein, die Umstände im Anhang des Abschlusses anzugeben. Außerdem kann der Abschlussprüfer die Notwendigkeit feststellen, die Aufmerksamkeit des Lesers auf eine bedeutsame Unsicherheit zu lenken, indem der Abschlussprüfer einen Absatz zur Hervorhebung eines Sachverhalts*) in den Vermerk des Abschlussprüfers aufnimmt. ISA 706[23] legt Anforderungen fest und gibt erläuternde Hinweise zu diesem Absatz.

Bewertungsgrundlage für die geschätzten Werte in der Rechnungslegung (Vgl. Tz. 17(b))

A115. Für Zeitwertschätzungen setzen manche Regelwerke der Rechnungslegung als Voraussetzung für eine Bewertungspflicht, ein Bewertungswahlrecht oder eine Anhangangabe fest, dass der Zeitwert zuverlässig geschätzt werden kann. In manchen Fällen kann diese Annahme widerlegt werden, bspw. wenn keine geeignete Bewertungsmethode oder -grundlage vorhanden ist. In solchen Fällen liegt das Hauptaugenmerk der Beurteilung des Abschlussprüfers auf der Frage, ob die Grundlage des Managements für die Widerlegung der im maßgebenden Regelwerk der Rechnungslegung dargelegten Annahme zur Verwendung des Zeitwerts vertretbar ist.

Beurteilung der Vertretbarkeit der geschätzten Werte in der Rechnungslegung und Feststellung von falschen Darstellungen (Vgl. Tz. 18)

A116. Auf der Grundlage der erlangten Prüfungsnachweise kann der Abschlussprüfer zu dem Schluss kommen, dass die Nachweise auf einen geschätzten Wert in der Rechnungslegung hindeuten, der von der Punktschätzung des Managements abweicht. Wenn die Prüfungsnachweise eine Punktschätzung stützen, stellt die Differenz zwischen der Punktschätzung des Abschlussprüfers und der Punktschätzung des Managements eine falsche Darstellung dar. Wenn der Abschlussprüfer den Schluss gezogen hat, dass die Verwendung einer Abschlussprüferbandbreite ausreichende geeignete Prüfungsnachweise liefert, wird eine Punktschätzung des Managements, die außerhalb dieser Bandbreite liegt, nicht durch Prüfungsnachweise gestützt. In solchen Fällen entspricht die falsche Darstellung mindestens der Differenz zwischen der Punktschätzung des Managements und dem nächstliegenden Punkt der Bandbreite des Abschlussprüfers.

A117. Wenn das Management auf der Grundlage der subjektiven Beurteilung, dass eine Änderung der Umstände eingetreten sei, einen geschätzten Wert oder die Methode für dessen Ermittlung gegenüber dem vorhergehenden Zeitraum geändert hat, kann der Abschlussprüfer auf der Grundlage der Prüfungsnachweise zu dem Schluss kommen, dass der geschätzte Wert infolge einer vom Management vorgenommenen willkürlichen Änderung eine falsche Darstellung ist oder ihn als ein Anzeichen für eine mögliche Einseitigkeit des Managements ansehen (siehe Textziffer A124-A125).

A118. ISA 450[24] enthält erläuternde Hinweise zur Abgrenzung von falschen Darstellungen für Zwecke der Beurteilung der Auswirkungen von nicht korrigierten falschen Darstellungen im Abschluss durch den Abschlussprüfer. Im Zusammenhang mit geschätzten Werten in der Rechnungslegung können sich falsche Darstellungen, ob durch dolose Handlungen oder Irrtümer hervorgerufen, ergeben aus:

- falschen Darstellungen, über die kein Zweifel besteht (tatsächliche falsche Darstellungen);
- Unterschieden als Folge von Beurteilungen des Managements zu geschätzten Werten, die der Abschlussprüfer für nicht vertretbar hält, oder als Folge der Auswahl oder der Anwendung von Rechnungslegungsmethoden, die der Abschlussprüfer für unangemessen hält (beurteilungsabhängige falsche Darstellungen);
- der bestmöglichen Schätzung des Abschlussprüfers der falschen Darstellungen in den Grundgesamtheiten durch Hochrechnung der in den Stichproben festgestellten falschen Darstellungen auf die Grundgesamtheiten, aus denen die Stichproben gezogen wurden (hochgerechnete falsche Darstellungen).

In manchen Fällen von geschätzten Werten in der Rechnungslegung kann sich eine falsche Darstellung aus einer Kombination dieser Umstände ergeben, was eine isolierte Erfassung erschwert oder unmöglich macht.

A119. Die Beurteilung der Vertretbarkeit von geschätzten Werten und damit zusammenhängenden Abschlussangaben im Anhang umfasst – unabhängig davon, ob sie nach dem maßgebenden Regelwerk der Rechnungslegung erforderlich sind oder freiwillig angegeben werden – im Wesentlichen dieselben Arten von Überlegungen, die bei der Prüfung von im Abschluss angesetzten geschätzten Werten angewandt werden.

---

23) ISA 706 „Hervorhebung eines Sachverhalts und Hinweis auf sonstige Sachverhalte durch Absätze im Vermerk des unabhängigen Abschlussprüfers".
24) ISA 450 „Die Beurteilung der während der Abschlussprüfung festgestellten falschen Darstellungen".
*) In der Schweiz: Zusatz.

Disclosures Related to Accounting Estimates

Disclosures in Accordance with the Applicable Financial Reporting Framework (Ref: Para. 19)

A120. The presentation of financial statements in accordance with the applicable financial reporting framework includes adequate disclosure of material matters. The applicable financial reporting framework may permit, or prescribe, disclosures related to accounting estimates, and some entities may disclose voluntarily additional information in the notes to the financial statements. These disclosures may include, for example:

- The assumptions used.
- The method of estimation used, including any applicable model.
- The basis for the selection of the method of estimation.
- The effect of any changes to the method of estimation from the prior period.
- The sources and implications of estimation uncertainty.

Such disclosures are relevant to users in understanding the accounting estimates recognized or disclosed in the financial statements, and sufficient appropriate audit evidence needs to be obtained about whether the disclosures are in accordance with the requirements of the applicable financial reporting framework.

A121. In some cases, the applicable financial reporting framework may require specific disclosures regarding uncertainties. For example, some financial reporting frameworks prescribe:

- The disclosure of key assumptions and other sources of estimation uncertainty that have a significant risk of causing a material adjustment to the carrying amounts of assets and liabilities. Such requirements may be described using terms such as "Key Sources of Estimation Uncertainty" or "Critical Accounting Estimates."
- The disclosure of the range of possible outcomes, and the assumptions used in determining the range.
- The disclosure of information regarding the significance of fair value accounting estimates to the entity's financial position and performance.
- Qualitative disclosures such as the exposures to risk and how they arise, the entity's objectives, policies and procedures for managing the risk and the methods used to measure the risk and any changes from the previous period of these qualitative concepts.
- Quantitative disclosures such as the extent to which the entity is exposed to risk, based on information provided internally to the entity's key management personnel, including credit risk, liquidity risk and market risk.

Disclosures of Estimation Uncertainty for Accounting Estimates that Give Rise to Significant Risks (Ref: Para. 20)

A122. In relation to accounting estimates having significant risk, even where the disclosures are in accordance with the applicable financial reporting framework, the auditor may conclude that the disclosure of estimation uncertainty is inadequate in light of the circumstances and facts involved. The auditor's evaluation of the adequacy of disclosure of estimation uncertainty increases in importance the greater the range of possible outcomes of the accounting estimate is in relation to materiality (see related discussion in paragraph A94).

A123. In some cases, the auditor may consider it appropriate to encourage management to describe, in the notes to the financial statements, the circumstances relating to the estimation uncertainty. ISA 705[25] provides guidance on the implications for the auditor's opinion when the auditor believes that management's disclosure of estimation uncertainty in the financial statements is inadequate or misleading.

---

25) ISA 705, "Modifications to the Opinion in the Independent Auditor's Report."

Abschlussangaben zu geschätzten Werten in der Rechnungslegung

Abschlussangaben in Übereinstimmung mit dem maßgebenden Regelwerk der Rechnungslegung (Vgl. Tz. 19)

A120. Die Darstellung des Abschlusses in Übereinstimmung mit dem maßgebenden Regelwerk der Rechnungslegung schließt die angemessene Angabe von wesentlichen Sachverhalten ein. Das maßgebende Regelwerk der Rechnungslegung kann Abschlussangaben zu geschätzten Werten in der Rechnungslegung erlauben bzw. vorschreiben. Darüber hinaus werden von manchen Einheiten möglicherweise freiwillig zusätzliche Informationen im Anhang des Abschlusses angegeben. Diese Abschlussangaben können bspw. einschließen

- die getroffenen Annahmen;
- die angewandte Schätzmethode, einschließlich eines geeigneten Modells;
- die Grundlage für die Wahl der Schätzmethode;
- die Auswirkungen von Änderungen der Schätzmethode gegenüber dem vorhergehenden Zeitraum und
- die Ursachen und Auswirkungen einer Schätzunsicherheit.

Solche Abschlussangaben sind für Nutzer zum Verstehen der im Abschluss angesetzten bzw. angegebenen geschätzten Werte relevant. Der Abschlussprüfer muss ausreichende geeignete Prüfungsnachweise darüber erlangen, ob die Abschlussangaben mit den Anforderungen des maßgebenden Regelwerks der Rechnungslegung in Einklang stehen.

A121. In manchen Fällen können nach dem maßgebenden Regelwerk der Rechnungslegung bestimmte Abschlussangaben zu Unsicherheiten erforderlich sein. So schreiben manche Regelwerke der Rechnungslegung bspw. vor

- die Angabe von besonders wichtigen Annahmen und anderen Ursachen von Schätzunsicherheiten, die mit einem bedeutsamen Risiko verbunden sind und zu einer wesentlichen Anpassung der Buchwerte von Vermögenswerten und Schulden führen. Solche Anforderungen können mit Begriffen wie „besonders wichtige Ursachen von Schätzunsicherheit" oder „kritische geschätzte Werte in der Rechnungslegung" beschrieben werden;
- die Angabe der Bandbreite von möglichen Realisierungen sowie der Annahmen, die bei der Festlegung der Bandbreite angewandt wurden;
- die Angabe von Informationen zur Bedeutsamkeit von geschätzten Zeitwerten für die Vermögens-, Finanz- und Ertragslage der Einheit;
- qualitative Abschlussangaben (z. B. die Gefährdung durch Risiken und wie diese entstehen, die Ziele, Verfahren und Maßnahmen der Einheit zum Risikomanagement und die angewandten Methoden zur Bewertung der Risiken sowie alle Änderungen dieser qualitativen Konzepte gegenüber dem vorhergehenden Zeitraum);
- quantitative Abschlussangaben (z. B. der Umfang, in dem die Einheit Risiken ausgesetzt ist, auf der Grundlage von Informationen, die den Mitgliedern des Managements der Einheit in Schlüsselfunktionen intern zur Verfügung gestellt werden, einschließlich Kredit-, Liquiditäts- und Marktrisiko).

Abschlussangaben zur Schätzunsicherheit bei geschätzten Werten in der Rechnungslegung, die bedeutsame Risiken zur Folge haben (Vgl. Tz. 20)

A122. Bei geschätzten Werten in der Rechnungslegung, die mit einem bedeutsamen Risiko verbunden sind, kann der Abschlussprüfer auch dann, wenn die Abschlussangaben mit dem maßgebenden Regelwerk der Rechnungslegung in Einklang stehen, zu dem Schluss kommen, dass die Angabe der Schätzunsicherheit im Abschluss angesichts der gegebenen Umstände und Tatsachen unangemessen ist. Die Beurteilung der Angemessenheit der im Abschluss angegebenen Schätzunsicherheit durch den Abschlussprüfer ist umso wichtiger, je größer die Bandbreite an möglichen Realisierungen des geschätzten Werts im Verhältnis zur Wesentlichkeit ist (siehe die diesbezügliche Erörterung in Textziffer A94).

A123. In manchen Fällen kann es der Abschlussprüfer für angemessen halten, das Management zu ermutigen, im Anhang des Abschlusses die im Zusammenhang mit der Schätzunsicherheit stehenden Gegebenheiten zu beschreiben. ISA 705[25] enthält erläuternde Hinweise zu den Konsequenzen für das Urteil des Abschlussprüfers, wenn der Abschlussprüfer der Ansicht ist, dass die Angabe der Schätzunsicherheit im Abschluss durch das Management unangemessen oder irreführend ist.

---

25) ISA 705 „Modifizierungen des Prüfungsurteils im Vermerk des unabhängigen Abschlussprüfers".

Indicators of Possible Management Bias (Ref: Para. 21)

A124. During the audit, the auditor may become aware of judgments and decisions made by management which give rise to indicators of possible management bias. Such indicators may affect the auditor's conclusion as to whether the auditor's risk assessment and related responses remain appropriate, and the auditor may need to consider the implications for the rest of the audit. Further, they may affect the auditor's evaluation of whether the financial statements as a whole are free from material misstatement, as discussed in ISA 700.[26]

A125. Examples of indicators of possible management bias with respect to accounting estimates include:

- Changes in an accounting estimate, or the method for making it, where management has made a subjective assessment that there has been a change in circumstances.
- Use of an entity's own assumptions for fair value accounting estimates when they are inconsistent with observable marketplace assumptions.
- Selection or construction of significant assumptions that yield a point estimate favorable for management objectives.
- Selection of a point estimate that may indicate a pattern of optimism or pessimism.

Written Representations (Ref: Para. 22)

A126. ISA 580[27] discusses the use of written representations. Depending on the nature, materiality and extent of estimation uncertainty, written representations about accounting estimates recognized or disclosed in the financial statements may include representations:

- About the appropriateness of the measurement processes, including related assumptions and models, used by management in determining accounting estimates in the context of the applicable financial reporting framework, and the consistency in application of the processes.
- That the assumptions appropriately reflect management's intent and ability to carry out specific courses of action on behalf of the entity, where relevant to the accounting estimates and disclosures.
- That disclosures related to accounting estimates are complete and appropriate under the applicable financial reporting framework.
- That no subsequent event requires adjustment to the accounting estimates and disclosures included in the financial statements.

A127. For those accounting estimates not recognized or disclosed in the financial statements, written representations may also include representations about:

- The appropriateness of the basis used by management for determining that the recognition or disclosure criteria of the applicable financial reporting framework have not been met (see paragraph A114).
- The appropriateness of the basis used by management to overcome the presumption relating to the use of fair value set forth under the entity's applicable financial reporting framework, for those accounting estimates not measured or disclosed at fair value (see paragraph A115).

Documentation (Ref: Para. 23)

A128. Documentation of indicators of possible management bias identified during the audit assists the auditor in concluding whether the auditor's risk assessment and related responses remain appropriate, and in evaluating whether the financial statements as a whole are free from material misstatement. See paragraph A125 for examples of indicators of possible management bias.

---

26) ISA 700, "Forming an Opinion and Reporting on Financial Statements."
27) ISA 580, "Written Representations."

Anzeichen für eine mögliche Einseitigkeit des Managements (Vgl. Tz. 21)

A124. Während der Abschlussprüfung kann der Abschlussprüfer solcher Beurteilungen und Entscheidungen des Managements gewahr werden, aus denen sich Anzeichen für eine mögliche Einseitigkeit des Managements ergeben. Solche Anzeichen können sich auf die Feststellung des Abschlussprüfers zu der Frage auswirken, ob die getroffene Risikobeurteilung und die damit zusammenhängenden Reaktionen weiterhin angemessen sind. Darüber hinaus muss der Abschlussprüfer möglicherweise die Konsequenzen für die restliche Abschlussprüfung einschätzen. Ferner können sich diese Anzeichen auf die Beurteilung des Abschlussprüfers zu der Frage auswirken, ob der Abschluss als Ganzes frei von einer wesentlichen falschen Darstellung ist, wie in ISA 700[26] behandelt.

A125. Anzeichen für eine mögliche Einseitigkeit des Managements bei geschätzten Werten in der Rechnungslegung können bspw. sein:
- Änderungen von geschätzten Werten oder der Methode für deren Ermittlung, bei denen das Management subjektiv beurteilt hat, dass eine Änderung der Umstände eingetreten ist;
- Anwendung eigener Annahmen einer Einheit zu geschätzten Zeitwerten, wenn diese Annahmen nicht mit beobachtbaren Annahmen des Marktes übereinstimmen;
- Auswahl oder Entwicklung von bedeutsamen Annahmen, die eine Punktschätzung ergeben, die für die Ziele des Managements vorteilhaft ist;
- Auswahl einer Punktschätzung, die auf ein optimistisches oder pessimistisches Verhaltensmuster hindeuten kann.

Schriftliche Erklärungen (Vgl. Tz. 22)

A126. In ISA 580[27] wird die Verwendung von schriftlichen Erklärungen behandelt. Je nach Art, Wesentlichkeit und Umfang der Schätzunsicherheit können schriftliche Erklärungen zu geschätzten Werten, die im Abschluss angesetzt bzw. angegeben sind, Erklärungen darüber umfassen, dass
- die vom Management bei der Bestimmung von geschätzten Werten in der Rechnungslegung angewandten Bewertungsprozesse (einschließlich der damit zusammenhängenden Annahmen und Modelle) unter Berücksichtigung des maßgebenden Regelwerks der Rechnungslegung geeignet sind und stetig angewandt wurden;
- die Annahmen die Absicht und die Fähigkeit des Managements zutreffend widerspiegeln, bestimmte Vorgehensweisen im Namen der Einheit zu verfolgen, sofern dies für die geschätzten Werte in der Rechnungslegung und die Abschlussangaben relevant ist;
- Abschlussangaben zu geschätzten Werten in der Rechnungslegung nach dem maßgebenden Regelwerk der Rechnungslegung vollständig und angemessen sind;
- kein Ereignis nach dem Abschlussstichtag eine Anpassung der im Abschluss enthaltenen geschätzten Werte und Angaben erfordert.

A127. Für die geschätzten Werte, die nicht im Abschluss angesetzt bzw. angegeben sind, können schriftliche Erklärungen auch Erklärungen einschließen über
- die Angemessenheit der vom Management angewandten Grundlage für die Feststellung, dass die Ansatz- bzw. Angabekriterien des maßgebenden Regelwerks der Rechnungslegung nicht erfüllt wurden (siehe Textziffer A114).
- die Angemessenheit der vom Management angewandten Grundlage für die Widerlegung der in dem für die Einheit maßgebenden Regelwerk der Rechnungslegung enthaltenen grundsätzlichen Pflicht zur Verwendung von Zeitwerten bei solchen geschätzten Werten, die nicht zum Zeitwert bewertet bzw. angegeben werden (siehe Textziffer A115).

Dokumentation (Vgl. Tz. 23)

A128. Die Dokumentation von Anzeichen für eine während der Abschlussprüfung festgestellte mögliche Einseitigkeit des Managements unterstützt den Abschlussprüfer bei der Schlussfolgerung, ob die getroffene Risikobeurteilung und die damit zusammenhängenden Reaktionen weiterhin angemessen sind, sowie bei der Beurteilung, ob der Abschluss als Ganzes frei von einer wesentlichen falschen Darstellung ist. Textziffer A125 enthält Beispiele für Anzeichen für eine mögliche Einseitigkeit des Managements.

---

26) ISA 700 „Bildung eines Prüfungsurteils und Erteilung eines Vermerks zum Abschluss".
27) ISA 580 „Schriftliche Erklärungen".

Appendix
(Ref: Para. A1)

Fair Value Measurements and Disclosures under Different Financial Reporting Frameworks

The purpose of this appendix is only to provide a general discussion of fair value measurements and disclosures under different financial reporting frameworks, for background and context.

1. Different financial reporting frameworks require or permit a variety of fair value measurements and disclosures in financial statements. They also vary in the level of guidance that they provide on the basis for measuring assets and liabilities or the related disclosures. Some financial reporting frameworks give prescriptive guidance, others give general guidance, and some give no guidance at all. In addition, certain industry-specific measurement and disclosure practices for fair values also exist.

2. Definitions of fair value may differ among financial reporting frameworks, or for different assets, liabilities or disclosures within a particular framework. For example, International Accounting Standard (IAS) 39[1] defines fair value as "the amount for which an asset could be exchanged, or a liability settled, between knowledgeable, willing parties in an arm's length transaction." The concept of fair value ordinarily assumes a current transaction, rather than settlement at some past or future date. Accordingly, the process of measuring fair value would be a search for the estimated price at which that transaction would occur. Additionally, different financial reporting frameworks may use such terms as "entity-specific value," "value in use," or similar terms, but may still fall within the concept of fair value in this ISA.

3. Financial reporting frameworks may treat changes in fair value measurements that occur over time in different ways. For example, a particular financial reporting framework may require that changes in fair value measurements of certain assets or liabilities be reflected directly in equity, while such changes might be reflected in income under another framework. In some frameworks, the determination of whether to use fair value accounting or how it is applied is influenced by management's intent to carry out certain courses of action with respect to the specific asset or liability.

4. Different financial reporting frameworks may require certain specific fair value measurements and disclosures in financial statements and prescribe or permit them in varying degrees. The financial reporting frameworks may:

    - Prescribe measurement, presentation and disclosure requirements for certain information included in the financial statements or for information disclosed in notes to financial statements or presented as supplementary information;
    - Permit certain measurements using fair values at the option of an entity or only when certain criteria have been met;
    - Prescribe a specific method for determining fair value, for example, through the use of an independent appraisal or specified ways of using discounted cash flows;
    - Permit a choice of method for determining fair value from among several alternative methods (the criteria for selection may or may not be provided by the financial reporting framework); or
    - Provide no guidance on the fair value measurements or disclosures of fair value other than their use being evident through custom or practice, for example, an industry practice.

5. Some financial reporting frameworks presume that fair value can be measured reliably for assets or liabilities as a prerequisite to either requiring or permitting fair value measurements or disclosures. In some cases, this presumption may be overcome when an asset or liability does not have a quoted market price in an active market and for which other methods of reasonably estimating fair value are clearly inappropriate or unworkable. Some financial reporting frameworks may specify a fair value hierarchy that distinguishes inputs for use in arriving at fair values ranging from those that involve clearly "observable

---

1) IAS 39, "Financial Instruments: Recognition and Measurement."

Die Prüfung geschätzter Werte in der Rechnungslegung, einschließlich geschätzter Zeitwerte, und der damit zusammenhängenden Abschlussangaben	ISA 540

Anlage
(Vgl. Tz. A1)

Bewertungen und Angaben zu Zeitwerten nach verschiedenen Regelwerken der Rechnungslegung

Zweck dieser Anlage ist lediglich eine allgemeine Erörterung von Bewertungen und Angaben zu Zeitwerten nach verschiedenen Regelwerken der Rechnungslegung, um Hintergrund- und Kontextinformationen zu bieten.

1. Nach verschiedenen Regelwerken sind unterschiedliche Bewertungen und Angaben zu Zeitwerten im Abschluss erforderlich bzw. zulässig. Außerdem unterscheiden sich die Regelwerke in dem Umfang der darin enthaltenen erläuternden Hinweise zu der Grundlage für die Bewertung von Vermögenswerten und Schulden oder zu den damit zusammenhängenden Abschlussangaben. Manche Regelwerke enthalten erläuternde Hinweise mit Vorschriftscharakter, während andere allgemeine erläuternde Hinweise und manche überhaupt keine erläuternden Hinweise enthalten. Darüber hinaus bestehen auch bestimmte branchenspezifische Gepflogenheiten für die Bewertung von Zeitwerten und deren Angabe im Abschluss.

2. Die Definition des Begriffs „Zeitwert" kann sich zwischen Regelwerken oder für verschiedene Vermögenswerte, Schulden oder Abschlussangaben innerhalb eines bestimmten Regelwerks unterscheiden. So wird bspw. in dem International Accounting Standard (IAS) 39[1)] beizulegender Zeitwert definiert als „der Betrag, zu dem zwischen sachverständigen, vertragswilligen und voneinander unabhängigen Geschäftspartnern ein Vermögenswert getauscht oder eine Schuld beglichen werden könnte". Für das Zeitwertkonzept wird normalerweise ein Geschäftsvorfall zum gegenwärtigen Zeitpunkt ohne Abweichung zu einem früheren oder zukünftigen Zeitpunkt unterstellt. Dementsprechend handelt es sich bei dem Prozess der Bewertung zum Zeitwert um die Suche nach dem geschätzten Preis, zu dem der betreffende Geschäftsvorfall durchgeführt werden könnte. Außerdem können in verschiedenen Regelwerken der Rechnungslegung Begriffe wie „einheitsspezifischer Wert", „Gebrauchswert" oder ähnliche Begriffe verwendet werden, die jedoch gleichwohl unter das Zeitwertkonzept dieses ISA fallen können.

3. In den Regelwerken können Änderungen von Zeitwertbewertungen, die im Zeitablauf erfolgen, auf verschiedene Weise behandelt werden. So kann es bspw. nach einem bestimmten Regelwerk erforderlich sein, dass Änderungen in den Zeitwertbewertungen für bestimmte Vermögenswerte oder Schulden direkt im Eigenkapital erfasst werden, während solche Änderungen nach einem anderen Regelwerk im Gewinn erfasst werden. In manchen Regelwerken wird die Festlegung, ob bzw. wie eine Rechnungslegung zum Zeitwert anzuwenden ist, von der Absicht des Managements beeinflusst, bestimmte Vorgehensweisen in Bezug auf die spezifischen Vermögenswerte oder Schulden zu verfolgen.

4. In verschiedenen Regelwerken können bestimmte spezifische Bewertungen und Angaben zu Zeitwerten im Abschluss verlangt werden und in unterschiedlichem Umfang vorgeschrieben bzw. erlaubt werden. Die Regelwerke können

   - Bewertungs-, Darstellungs- und Angabeanforderungen zu bestimmten im Abschluss enthaltenen Informationen oder zu Informationen vorschreiben, die im Anhang des Abschlusses angegeben oder als ergänzende Informationen dargestellt werden,
   - bestimmte Bewertungen zu Zeitwerten nach Wahl einer Einheit oder nur bei Erfüllung bestimmter Kriterien erlauben;
   - eine bestimmte Methode zur Festlegung von Zeitwerten vorschreiben, bspw. im Sinne einer unabhängigen Bewertung oder bestimmter Methoden der Verwendung von diskontierten Cashflows;
   - die Auswahl einer Methode zur Festlegung von Zeitwerten unter mehreren alternativen Methoden erlauben (die Auswahlkriterien können im Regelwerk vorgeschrieben sein oder nicht) oder
   - keine anderen erläuternden Hinweise zu den Bewertungen oder Angaben zu Zeitwerten enthalten als solche, wonach die Verwendung der Bewertungen oder Angaben aufgrund von Gewohnheiten oder Gepflogenheiten, bspw. Branchengepflogenheiten, offensichtlich ist.

5. In manchen Regelwerken der Rechnungslegung wird als Voraussetzung dafür, dass Bewertungen oder Angaben zu Zeitwerten entweder verlangt oder erlaubt werden, vorgesehen, dass der Zeitwert für Vermögenswerte oder Schulden verlässlich bewertet werden kann. In manchen Fällen kann diese Vorgabe widerlegt werden, wenn es für Vermögenswerte oder Schulden keinen börsennotierten Marktpreis auf einem aktiven Markt gibt und andere Methoden der plausiblen Schätzung des Zeitwerts zweifelsfrei unangemessen oder nicht durchführbar sind. In manchen Regelwerken kann eine Zeitwerthierarchie

---

1) IAS 39 „Finanzinstrumente: Ansatz und Bewertung".

inputs" based on quoted prices and active markets and those "unobservable inputs" that involve an entity's own judgments about assumptions that marketplace participants would use.

6. Some financial reporting frameworks require certain specified adjustments or modifications to valuation information, or other considerations unique to a particular asset or liability. For example, accounting for investment properties may require adjustments to be made to an appraised market value, such as adjustments for estimated closing costs on sale, adjustments related to the property's condition and location, and other matters. Similarly, if the market for a particular asset is not an active market, published price quotations may have to be adjusted or modified to arrive at a more suitable measure of fair value. For example, quoted market prices may not be indicative of fair value if there is infrequent activity in the market, the market is not well established, or small volumes of units are traded relative to the aggregate number of trading units in existence. Accordingly, such market prices may have to be adjusted or modified. Alternative sources of market information may be needed to make such adjustments or modifications. Further, in some cases, collateral assigned (for example, when collateral is assigned for certain types of investment in debt) may need to be considered in determining the fair value or possible impairment of an asset or liability.

7. In most financial reporting frameworks, underlying the concept of fair value measurements is a presumption that the entity is a going concern without any intention or need to liquidate, curtail materially the scale of its operations, or undertake a transaction on adverse terms. Therefore, in this case, fair value would not be the amount that an entity would receive or pay in a forced transaction, involuntary liquidation, or distress sale. On the other hand, general economic conditions or economic conditions specific to certain industries may cause illiquidity in the marketplace and require fair values to be predicated upon depressed prices, potentially significantly depressed prices. An entity, however, may need to take its current economic or operating situation into account in determining the fair values of its assets and liabilities if prescribed or permitted to do so by its financial reporting framework and such framework may or may not specify how that is done. For example, management's plan to dispose of an asset on an accelerated basis to meet specific business objectives may be relevant to the determination of the fair value of that asset.

Prevalence of Fair Value Measurements

8. Measurements and disclosures based on fair value are becoming increasingly prevalent in financial reporting frameworks. Fair values may occur in, and affect the determination of, financial statements in a number of ways, including the measurement at fair value of the following:

- Specific assets or liabilities, such as marketable securities or liabilities to settle an obligation under a financial instrument, routinely or periodically "marked-to-market."

- Specific components of equity, for example when accounting for the recognition, measurement and presentation of certain financial instruments with equity features, such as a bond convertible by the holder into common shares of the issuer.

- Specific assets or liabilities acquired in a business combination. For example, the initial determination of goodwill arising on the purchase of an entity in a business combination usually is based on the fair value measurement of the identifiable assets and liabilities acquired and the fair value of the consideration given.

- Specific assets or liabilities adjusted to fair value on a one-time basis. Some financial reporting frameworks may require the use of a fair value measurement to quantify an adjustment to an asset or a group of assets as part of an asset impairment determination, for example, a test of impairment of goodwill acquired in a business combination based on the fair value of a defined operating entity or reporting unit, the value of which is then allocated among the entity's or unit's group of assets and liabilities in order to derive an implied goodwill for comparison to the recorded goodwill.

festgelegt sein, bei der unter den Eingabedaten zur Ermittlung von Zeitwerten zwischen solchen unterschieden wird, die zweifelsfrei „beobachtbare Eingabedaten" auf der Grundlage von börsennotierten Preisen und aktiven Märkten umfassen, und solchen „nicht beobachtbaren Eingabedaten", welche mit eigenen Beurteilungen einer Einheit verbunden sind über die Annahmen, die Marktteilnehmer anwenden würden.

6. Nach manchen Regelwerken sind bestimmte spezifische Anpassungen oder Modifikationen an den Informationen zur Bewertung oder andere spezifische Überlegungen erforderlich, die ausschließlich für bestimmte Vermögenswerte oder Schulden gelten. So kann bspw. die Bilanzierung von als Finanzinvestitionen gehaltenen Immobilien die Vornahme von Anpassungen an einem ermittelten Marktwert erfordern (z. B. Anpassungen aufgrund von geschätzten Grundstücksübertragungskosten bei der Veräußerung der Immobilien, Anpassungen im Zusammenhang mit Zustand und Lage der Immobilien und für andere Sachverhalte). In ähnlicher Weise kann es erforderlich sein, veröffentlichte Preisnotierungen anzupassen oder zu modifizieren, um eine geeignetere Bemessung des Zeitwerts zu erhalten, wenn es sich bei dem Markt für einen bestimmten Vermögenswert nicht um einen aktiven Markt handelt. Beispielsweise müssen börsennotierte Marktpreise möglicherweise nicht bezeichnend für den Zeitwert sein, wenn der Markt nur selten aktiv oder nicht gut etabliert ist oder wenn im Verhältnis zu der Gesamtzahl an vorhandenen Handelseinheiten nur geringe Volumina an Einheiten gehandelt werden. Folglich müssen solche Marktpreise angepasst oder modifiziert werden. Um solche Anpassungen oder Modifikationen vorzunehmen, werden möglicherweise alternative Quellen von Marktinformationen benötigt. Ferner kann in manchen Fällen möglicherweise eine abgetretene Sicherheit (z. B. bei Abtretung einer Sicherheit für bestimmte Arten von Investitionen in Schuldtitel) bei der Festlegung des Zeitwerts oder bei der möglichen Wertminderung von Vermögenswerten oder Schulden auch berücksichtigt werden.

7. In den meisten Regelwerken liegt dem Konzept von Zeitwertbewertungen die Annahme einer Fortführung der Unternehmenstätigkeit der Einheit zugrunde ohne die Absicht oder Notwendigkeit, die Einheit zu liquidieren, den Umfang ihrer Geschäftstätigkeit wesentlich einzuschränken oder einen Geschäftsvorfall zu ungünstigen Bedingungen durchzuführen. Daher ist in diesem Fall der Zeitwert nicht der Betrag, den eine Einheit bei einem erzwungenen Geschäftsvorfall, einer unfreiwilligen Liquidation oder einem Notverkauf erhalten bzw. zahlen würde. Andererseits können allgemeine oder branchenspezifische wirtschaftliche Bedingungen oder Situationen zu einer Illiquidität im Markt führen und erfordern, dass die Zeitwerte auf Werten basieren, die unter Preisdruck – teilweise unter erheblichem Preisdruck – stehen. Möglicherweise muss jedoch die Einheit ihre gegenwärtige wirtschaftliche oder betriebliche Lage bei der Festlegung der Zeitwerte ihrer Vermögenswerte und Schulden berücksichtigen, wenn dies nach dem jeweiligen Regelwerk vorgeschrieben bzw. erlaubt ist, wobei die Art und Weise, in der dies erfolgt, in dem Regelwerk festgelegt sein kann oder nicht. So kann bspw. der Plan des Managements, einen Vermögenswert beschleunigt zu veräußern, um bestimmte Geschäftsziele zu erfüllen, für die Festlegung des Zeitwerts dieses Vermögenswerts relevant sein.

Verbreitung von Bewertungen zu Zeitwerten

8. Bewertungen und Angaben auf der Grundlage des Zeitwerts sind in Regelwerken der Rechnungslegung zunehmend verbreitet. Zeitwerte können in mehrfacher Weise in Abschlüssen vorkommen und deren Aufstellung beeinflussen. Dies schließt die Zeitwertbewertung ein von

- bestimmten Vermögenswerten oder Schulden, z. B. marktgängigen Wertpapieren oder Verpflichtungen, die eine Verpflichtung aus einem Finanzinstrument entweder fortlaufend oder periodisch zum Marktwert ausgleichen („marked-to-market");
- bestimmten Komponenten des Eigenkapitals, bspw. im Rahmen des Ansatzes, der Bewertung und des Ausweises bestimmter Finanzinstrumente, die Merkmale von Eigenkapital aufweisen (z. B. Anleihen, die der Inhaber in Stammaktien des Emittenten wandeln kann);
- bestimmten Vermögenswerten oder Schulden, die im Rahmen eines Unternehmenszusammenschlusses erworben wurden. So basiert bspw. die Erstbewertung des Geschäfts- oder Firmenwerts, der aus dem Erwerb einer Einheit im Rahmen eines Unternehmenszusammenschlusses resultiert, üblicherweise auf der Zeitwertbewertung der identifizierbaren erworbenen Vermögenswerte und Schulden sowie auf dem Zeitwert der Gegenleistung.
- bestimmten Vermögenswerten oder Schulden, die außerplanmäßig an den Zeitwert angepasst werden. Nach manchen Regelwerken kann eine Bewertung zum Zeitwert vorgeschrieben sein, um die Wertberichtigung eines Vermögenswerts oder einer Gruppe von Vermögenswerten im Rahmen der Ermittlung einer Wertminderung zu quantifizieren. Beispielsweise basiert die Prüfung der Minderung eines Geschäfts- oder Firmenwerts, der im Rahmen eines Unternehmenszusammenschlusses erworben wurde, auf dem Zeitwert einer bestimmten operativen

- Aggregations of assets and liabilities. In some circumstances, the measurement of a class or group of assets or liabilities calls for an aggregation of fair values of some of the individual assets or liabilities in such class or group. For example, under an entity's applicable financial reporting framework, the measurement of a diversified loan portfolio might be determined based on the fair value of some categories of loans comprising the portfolio.

- Information disclosed in notes to financial statements or presented as supplementary information, but not recognized in the financial statements.

Einheit oder Berichtseinheit, welcher anschließend der Gruppe von Vermögenswerten und Schulden der Einheit zugeordnet wird, um einen impliziten Geschäfts- oder Firmenwert zu erhalten, der dem erfassten Geschäfts- oder Firmenwert gegenübergestellt wird;

- Zusammenfassungen von Vermögenswerten und Schulden. In manchen Fällen erfordert die Bewertung einer Kategorie oder einer Gruppe von Vermögenswerten oder Schulden die Zusammenfassung der Zeitwerte einiger der einzelnen Vermögenswerte oder Schulden innerhalb der betreffenden Kategorie oder Gruppe. Beispielsweise kann nach dem für eine Einheit maßgebenden Regelwerk die Bewertung eines diversifizierten Darlehensportfolios auf der Grundlage des Zeitwerts einiger Kategorien von Darlehen ermittelt werden, aus denen das Portfolio besteht;
- Informationen, die im Anhang des Abschlusses angegeben oder als ergänzende Informationen aufgeführt, jedoch nicht im Abschluss angesetzt werden.

INTERNATIONAL STANDARD ON AUDITING 550

RELATED PARTIES

(Effective for audits of financial statements for periods beginning on or after December 15, 2009)

CONTENTS

	Paragraph
Introduction	
Scope of this ISA	1
Nature of Related Party Relationships and Transactions	2
Responsibilities of the Auditor	3–7
Effective Date	8
Objectives	9
Definitions	10
Requirements	
Risk Assessment Procedures and Related Activities	11–17
Identification and Assessment of the Risks of Material Misstatement Associated with Related Party Relationships and Transactions	18–19
Responses to the Risks of Material Misstatement Associated with Related Party Relationships and Transactions	20–24
Evaluation of the Accounting for and Disclosure of Identified Related Party Relationships and Transactions	25
Written Representations	26
Communication with Those Charged with Governance	27
Documentation	28
Application and Other Explanatory Material	
Responsibilities of the Auditor	A1–A3
Definition of a Related Party	A4–A7
Risk Assessment Procedures and Related Activities	A8–A28
Identification and Assessment of the Risks of Material Misstatement Associated with Related Party Relationships and Transactions	A29–A30
Responses to the Risks of Material Misstatement Associated with Related Party Relationships and Transactions	A31–A45
Evaluation of the Accounting for and Disclosure of Identified Related Party Relationships and Transactions	A46–A47
Written Representations	A48–A49
Communication with Those Charged with Governance	A50

International Standard on Auditing (ISA) 550, "Related Parties" should be read in conjunction with ISA 200, "Overall Objectives of the Independent Auditor and the Conduct of an Audit in Accordance with International Standards on Auditing."

INTERNATIONAL STANDARD ON AUDITING 550

NAHE STEHENDE PERSONEN

(gilt für die Prüfung von Abschlüssen für Zeiträume, die am oder nach dem 15.12.2009 beginnen)

INHALTSVERZEICHNIS

	Textziffer
Einleitung	
Anwendungsbereich	1
Art der Beziehungen zu und Transaktionen mit nahe stehenden Personen	2
Pflichten des Abschlussprüfers	3-7
Anwendungszeitpunkt	8
Ziele	9
Definitionen	10
Anforderungen	
Prüfungshandlungen zur Risikobeurteilung und damit zusammenhängende Tätigkeiten	11-17
Identifizierung und Beurteilung der Risiken wesentlicher falscher Darstellungen im Zusammenhang mit Beziehungen zu und Transaktionen mit nahe stehenden Personen	18-19
Reaktionen auf die Risiken wesentlicher falscher Darstellungen im Zusammenhang mit Beziehungen zu und Transaktionen mit nahe stehenden Personen	20-24
Beurteilung des Ausweises und der Angabe von identifizierten Beziehungen zu und Transaktionen mit nahe stehenden Personen	25
Schriftliche Erklärungen	26
Kommunikation mit den für die Überwachung Verantwortlichen	27
Dokumentation	28
Anwendungshinweise und sonstige Erläuterungen	
Pflichten des Abschlussprüfers	A1-A3
Definition einer nahe stehenden Person	A4-A7
Prüfungshandlungen zur Risikobeurteilung und damit zusammenhängende Tätigkeiten	A8-A28
Identifizierung und Beurteilung der Risiken wesentlicher falscher Darstellungen im Zusammenhang mit Beziehungen zu und Transaktionen mit nahe stehenden Personen	A29-A30
Reaktionen auf die Risiken wesentlicher falscher Darstellungen im Zusammenhang mit Beziehungen zu und Transaktionen mit nahe stehenden Personen	A31-A45
Beurteilung des Ausweises und der Angabe von identifizierten Beziehungen zu und Transaktionen mit nahe stehenden Personen	A46-A47
Schriftliche Erklärungen	A48-A49
Kommunikation mit den für die Überwachung Verantwortlichen	A50

International Standard on Auditing (ISA) 550 „Nahe stehende Personen" ist im Zusammenhang mit ISA 200 „Übergreifende Zielsetzungen des unabhängigen Prüfers und Grundsätze einer Prüfung in Übereinstimmung mit den International Standards on Auditing" zu lesen.

Introduction

Scope of this ISA

1. This International Standard on Auditing (ISA) deals with the auditor's responsibilities relating to related party relationships and transactions in an audit of financial statements. Specifically, it expands on how ISA 315,[1)] ISA 330,[2)] and ISA 240[3)] are to be applied in relation to risks of material misstatement associated with related party relationships and transactions.

Nature of Related Party Relationships and Transactions

2. Many related party transactions are in the normal course of business. In such circumstances, they may carry no higher risk of material misstatement of the financial statements than similar transactions with unrelated parties. However, the nature of related party relationships and transactions may, in some circumstances, give rise to higher risks of material misstatement of the financial statements than transactions with unrelated parties. For example:

   - Related parties may operate through an extensive and complex range of relationships and structures, with a corresponding increase in the complexity of related party transactions.

   - Information systems may be ineffective at identifying or summarizing transactions and outstanding balances between an entity and its related parties.

   - Related party transactions may not be conducted under normal market terms and conditions; for example, some related party transactions may be conducted with no exchange of consideration.

Responsibilities of the Auditor

3. Because related parties are not independent of each other, many financial reporting frameworks establish specific accounting and disclosure requirements for related party relationships, transactions and balances to enable users of the financial statements to understand their nature and actual or potential effects on the financial statements. Where the applicable financial reporting framework establishes such requirements, the auditor has a responsibility to perform audit procedures to identify, assess and respond to the risks of material misstatement arising from the entity's failure to appropriately account for or disclose related party relationships, transactions or balances in accordance with the requirements of the framework.

4. Even if the applicable financial reporting framework establishes minimal or no related party requirements, the auditor nevertheless needs to obtain an understanding of the entity's related party relationships and transactions sufficient to be able to conclude whether the financial statements, insofar as they are affected by those relationships and transactions: (Ref: Para. A1)

   (a) Achieve fair presentation (for fair presentation frameworks); or (Ref: Para. A2)

   (b) Are not misleading (for compliance frameworks). (Ref: Para. A3)

5. In addition, an understanding of the entity's related party relationships and transactions is relevant to the auditor's evaluation of whether one or more fraud risk factors are present as required by ISA 240,[4)] because fraud may be more easily committed through related parties.

---

1) ISA 315, "Identifying and Assessing the Risks of Material Misstatement through Understanding the Entity and Its Environment."
2) ISA 330, "The Auditor's Responses to Assessed Risks."
3) ISA 240, "The Auditor's Responsibilities Relating to Fraud in an Audit of Financial Statements."
4) ISA 240, paragraph 24.

Einleitung

Anwendungsbereich

1. Dieser International Standard on Auditing (ISA) behandelt die Pflichten des Abschlussprüfers im Zusammenhang mit Beziehungen zu und Transaktionen mit nahe stehenden Personen bei der Durchführung einer Abschlussprüfung. Insbesondere wird eingehender ausgeführt, wie ISA 315,[1] ISA 330[2] und ISA 240[3] im Hinblick auf Risiken wesentlicher falscher Darstellungen im Zusammenhang mit Beziehungen zu und Transaktionen mit nahe stehenden Personen anzuwenden sind.

Art der Beziehungen zu und Transaktionen mit nahe stehenden Personen

2. Viele Transaktionen mit nahe stehenden Personen gehören zum gewöhnlichen Geschäftsverlauf. Unter diesen Umständen ist mit ihnen möglicherweise kein höheres Risiko wesentlicher falscher Darstellungen im Abschluss verbunden als mit ähnlichen Transaktionen mit nicht nahe stehenden Personen. In manchen Fällen können jedoch die Art der Beziehungen zu und Transaktionen mit nahe stehenden Personen höhere Risiken wesentlicher falscher Darstellungen im Abschluss zur Folge haben als Transaktionen mit nicht nahe stehenden Personen. Beispielsweise können:
   - nahe stehende Personen ihre Tätigkeiten durch ein umfangreiches und komplexes Spektrum von Beziehungen und Strukturen ausüben - bei entsprechender Zunahme der Komplexität von Transaktionen mit nahe stehenden Personen.
   - Informationssysteme bei der Identifizierung oder Zusammenfassung von Transaktionen und ausstehenden Salden zwischen einer Einheit[*] und deren nahe stehenden Personen nicht wirksam sein.
   - Transaktionen mit nahe stehenden Personen möglicherweise nicht unter üblichen Marktbedingungen abgewickelt werden. So können bspw. manche Transaktionen mit nahe stehenden Personen ohne Gegenleistungen abgewickelt werden.

Pflichten des Abschlussprüfers

3. Da nahe stehende Personen nicht voneinander unabhängig sind, legen viele Regelwerke der Rechnungslegung besondere Anforderungen an den Ausweis und an die Angabe von Beziehungen zu, Transaktionen mit und Salden gegenüber nahe stehenden Personen fest, damit Nutzer des Abschlusses deren Art sowie deren tatsächliche oder mögliche Auswirkungen auf den Abschluss verstehen können. Legt das maßgebende Regelwerk der Rechnungslegung solche Anforderungen fest, ist der Abschlussprüfer verpflichtet, Prüfungshandlungen durchzuführen, um die Risiken wesentlicher falscher Darstellungen, die sich daraus ergeben, dass die Einheit Beziehungen zu, Transaktionen mit oder Salden gegenüber nahe stehenden Personen nicht in Übereinstimmung mit den Anforderungen des Regelwerks angemessen ausgewiesen oder angegeben hat, festzustellen, einzuschätzen und darauf zu reagieren.

4. Selbst wenn das maßgebende Regelwerk der Rechnungslegung minimale oder keine Anforderungen zu nahe stehenden Personen enthält, muss sich der Abschlussprüfer gleichwohl ein ausreichendes Verständnis von den Beziehungen zu und Transaktionen mit nahe stehenden Personen verschaffen, das eine Schlussfolgerung darüber ermöglicht, ob der Abschluss, soweit er von diesen Beziehungen und Transaktionen beeinflusst wird (Vgl. Tz. A1),
   (a) eine sachgerechte Gesamtdarstellung vermittelt (bei Regelwerken zur sachgerechten Gesamtdarstellung) oder (Vgl. Tz. A2)
   (b) nicht irreführend ist (bei Regelwerken zur Normentsprechung). (Vgl. Tz. A3).

5. Darüber hinaus ist ein Verständnis von den Beziehungen und Transaktionen der Einheit mit nahe stehenden Personen relevant für die nach ISA 240[4] erforderliche Beurteilung des Abschlussprüfers, ob ein oder mehrere Risikofaktoren für dolose Handlungen vorliegen, da dolose Handlungen durch nahe stehende Personen leichter begangen werden können.

---

[1] ISA 315 „Identifizierung und Beurteilung der Risiken wesentlicher falscher Darstellungen aus dem Verstehen der Einheit und ihres Umfelds".
[2] ISA 330 „Die Reaktionen des Abschlussprüfers auf beurteilte Risiken".
[3] ISA 240 „Die Verantwortung des Abschlussprüfers bei dolosen Handlungen".
[4] ISA 240, Textziffer 24.
[*] Der Begriff „Einheit" wird für *entity* neu eingeführt. Bei der zu prüfenden Einheit kann es sich um ein Unternehmen, einen Einzelkaufmann, eine Gesellschaft bürgerlichen Rechts (Schweiz: einfache Gesellschaft), eine Gebietskörperschaft, eine Anstalt des öffentlichen Rechts, einen Konzern oder eine nicht rechtlich abgegrenzte wirtschaftliche Einheit handeln. Eine Übersetzung mit „Unternehmen" oder „Gesellschaft" wäre deshalb unzureichend. So kann sich *entity* sogar auf eine nicht selbständige Niederlassung oder Sparte beziehen, für die eigenständig Rechnung gelegt wird.

6. Owing to the inherent limitations of an audit, there is an unavoidable risk that some material misstatements of the financial statements may not be detected, even though the audit is properly planned and performed in accordance with the ISAs.[5] In the context of related parties, the potential effects of inherent limitations on the auditor's ability to detect material misstatements are greater for such reasons as the following:

- Management may be unaware of the existence of all related party relationships and transactions, particularly if the applicable financial reporting framework does not establish related party requirements.
- Related party relationships may present a greater opportunity for collusion, concealment or manipulation by management.

7. Planning and performing the audit with professional skepticism as required by ISA 200[6] is therefore particularly important in this context, given the potential for undisclosed related party relationships and transactions. The requirements in this ISA are designed to assist the auditor in identifying and assessing the risks of material misstatement associated with related party relationships and transactions, and in designing audit procedures to respond to the assessed risks.

Effective Date

8. This ISA is effective for audits of financial statements for periods beginning on or after December 15, 2009.

Objectives

9. The objectives of the auditor are:
   (a) Irrespective of whether the applicable financial reporting framework establishes related party requirements, to obtain an understanding of related party relationships and transactions sufficient to be able:
      (i) To recognize fraud risk factors, if any, arising from related party relationships and transactions that are relevant to the identification and assessment of the risks of material misstatement due to fraud; and
      (ii) To conclude, based on the audit evidence obtained, whether the financial statements, insofar as they are affected by those relationships and transactions:
         a. Achieve fair presentation (for fair presentation frameworks); or
         b. Are not misleading (for compliance frameworks); and
   (b) In addition, where the applicable financial reporting framework establishes related party requirements, to obtain sufficient appropriate audit evidence about whether related party relationships and transactions have been appropriately identified, accounted for and disclosed in the financial statements in accordance with the framework.

Definitions

10. For purposes of the ISAs, the following terms have the meanings attributed below:
    (a) Arm's length transaction – A transaction conducted on such terms and conditions as between a willing buyer and a willing seller who are unrelated and are acting independently of each other and pursuing their own best interests.
    (b) Related party – A party that is either: (Ref: Para. A4–A7)
       (i) A related party as defined in the applicable financial reporting framework; or
       (ii) Where the applicable financial reporting framework establishes minimal or no related party requirements:

---

5) ISA 200, "Overall Objectives of the Independent Auditor and the Conduct of an Audit in Accordance with International Standards on Auditing," paragraph A52.
6) ISA 200, paragraph 15.

6. Aufgrund der inhärenten Grenzen einer Abschlussprüfung besteht ein unvermeidbares Risiko, dass einige wesentliche falsche Darstellungen im Abschluss möglicherweise nicht aufgedeckt werden, obwohl die Prüfung in Übereinstimmung mit den ISAs ordnungsgemäß geplant und durchgeführt worden ist.[5] Im Zusammenhang mit nahe stehenden Personen wirken sich die inhärenten Grenzen der Fähigkeit des Abschlussprüfers, wesentliche falsche Darstellungen aufzudecken, etwa aus folgenden Gründen möglicherweise stärker aus:

- Dem Management brauchen nicht alle vorhandenen Beziehungen zu und Transaktionen mit nahe stehenden Personen bekannt zu sein, insbesondere wenn das maßgebende Regelwerk der Rechnungslegung keine Anforderungen zu nahe stehenden Personen festlegt.
- Beziehungen zu nahe stehenden Personen können eine größere Gelegenheit für betrügerische Absprachen, Verschleierungen oder Manipulationen für das Management bieten.

7. Die Planung und Durchführung der Prüfung mit der nach ISA 200[6] erforderlichen kritischen Grundhaltung ist daher in diesem Zusammenhang angesichts der Möglichkeit nicht im Abschluss angegebener Beziehungen zu und Transaktionen mit nahe stehenden Personen besonders wichtig. Die Anforderungen dieses ISA sollen den Abschlussprüfer unterstützen bei der Identifizierung und Beurteilung der Risiken wesentlicher falscher Darstellungen im Zusammenhang mit Beziehungen zu und Transaktionen mit nahe stehenden Personen sowie bei der Planung von Prüfungshandlungen als Reaktion auf die beurteilten Risiken.

Anwendungszeitpunkt

8. Dieser ISA gilt für die Prüfung von Abschlüssen für Zeiträume, die am oder nach dem 15.12.2009 beginnen.

Ziele

9. Die Ziele des Abschlussprüfers sind:
   (a) unabhängig davon, ob das maßgebende Regelwerk der Rechnungslegung Anforderungen zu nahe stehenden Personen festlegt, ein ausreichendes Verständnis von Beziehungen zu und Transaktionen mit nahe stehenden Personen zu gewinnen, um in der Lage zu sein,
      (i) gegebene Risikofaktoren für dolose Handlungen zu erkennen, die aus Beziehungen zu und Transaktionen mit nahe stehenden Personen resultieren und die für die Feststellung und Beurteilung der Risiken wesentlicher falscher Darstellungen relevant sind, und
      (ii) auf der Grundlage der erlangten Prüfungsnachweise den Schluss zu ziehen, ob der Abschluss, soweit er von diesen Beziehungen und Transaktionen beeinflusst wird,
         a. eine sachgerechte Gesamtdarstellung vermittelt (bei Regelwerken zur sachgerechten Gesamtdarstellung) oder
         b. nicht irreführend ist (bei Regelwerken zur Normentsprechung) und
   (b) wenn das maßgebende Regelwerk der Rechnungslegung Anforderungen zu nahe stehenden Personen festlegt, darüber hinaus ausreichende geeignete Prüfungsnachweise darüber zu erlangen, ob Beziehungen zu und Transaktionen mit nahe stehenden Personen in Übereinstimmung mit dem Regelwerk zutreffend identifiziert und im Abschluss ausgewiesen sowie angegeben wurden.

Definitionen

10. Für die Zwecke der ISA gelten die nachstehenden Begriffsbestimmungen:
    (a) Transaktion unter marktüblichen Bedingungen – Eine Transaktion, die zu solchen Bedingungen durchgeführt wird wie zwischen einem vertragswilligen Käufer und einem vertragswilligen Verkäufer, die einander nicht nahe stehen, unabhängig voneinander handeln und ihre eigenen besten Interessen verfolgen.
    (b) Nahe stehende Person – Eine Person, die entweder (Vgl. Tz. A4-A7)
       (i) eine nahe stehende Person ist, wie sie in dem maßgebenden Regelwerk der Rechnungslegung definiert ist,
       (ii) oder wenn das maßgebende Regelwerk der Rechnungslegung minimale oder keine Anforderungen an die nahe stehenden Personen festlegt,

---

[5] ISA 200 „Übergreifende Zielsetzungen des unabhängigen Prüfers und Grundsätze einer Prüfung in Übereinstimmung mit den International Standards on Auditing", Textziffern A51-A52.
[6] ISA 200, Textziffer 15.

a. A person or other entity that has control or significant influence, directly or indirectly through one or more intermediaries, over the reporting entity;

b. Another entity over which the reporting entity has control or significant influence, directly or indirectly through one or more intermediaries; or

c. Another entity that is under common control with the reporting entity through having:

   i. Common controlling ownership;
   ii. Owners who are close family members; or
   iii. Common key management.

However, entities that are under common control by a state (that is, a national, regional or local government) are not considered related unless they engage in significant transactions or share resources to a significant extent with one another.

Requirements

Risk Assessment Procedures and Related Activities

11. As part of the risk assessment procedures and related activities that ISA 315 and ISA 240 require the auditor to perform during the audit,[7] the auditor shall perform the audit procedures and related activities set out in paragraphs 12–17 to obtain information relevant to identifying the risks of material misstatement associated with related party relationships and transactions. (Ref: Para. A8)

Understanding the Entity's Related Party Relationships and Transactions

12. The engagement team discussion that ISA 315 and ISA 240 require[8] shall include specific consideration of the susceptibility of the financial statements to material misstatement due to fraud or error that could result from the entity's related party relationships and transactions. (Ref: Para. A9–A10)

13. The auditor shall inquire of management regarding:

    (a) The identity of the entity's related parties, including changes from the prior period; (Ref: Para. A11–A14)

    (b) The nature of the relationships between the entity and these related parties; and

    (c) Whether the entity entered into any transactions with these related parties during the period and, if so, the type and purpose of the transactions.

14. The auditor shall inquire of management and others within the entity, and perform other risk assessment procedures considered appropriate, to obtain an understanding of the controls, if any, that management has established to: (Ref: Para. A15–A20)

    (a) Identify, account for, and disclose related party relationships and transactions in accordance with the applicable financial reporting framework;

    (b) Authorize and approve significant transactions and arrangements with related parties; and (Ref: Para. A21)

    (c) Authorize and approve significant transactions and arrangements outside the normal course of business.

Maintaining Alertness for Related Party Information When Reviewing Records or Documents

15. During the audit, the auditor shall remain alert, when inspecting records or documents, for arrangements or other information that may indicate the existence of related party relationships or transactions that management has not previously identified or disclosed to the auditor. (Ref: Para. A22–A23)

---

7) ISA 315, paragraph 5; ISA 240, paragraph 16.
8) ISA 315, paragraph 10; ISA 240, paragraph 15.

a. eine Person oder eine andere Einheit ist, die direkt oder indirekt über eine oder mehrere Zwischeneinheiten Kontrolle oder maßgeblichen Einfluss auf die berichterstattende Einheit ausübt,
b. eine andere Einheit ist, auf welche die berichterstattende Einheit direkt oder indirekt über eine oder mehrere Zwischeneinheiten Kontrolle oder maßgeblichen Einfluss ausübt, oder
c. eine andere Einheit ist, die sich mit der berichterstattenden Einheit unter gemeinsamer Kontrolle befindet durch
    i. gemeinsame beherrschende Anteilseigner,
    ii. Anteilseigner, die enge Familienmitglieder sind, oder
    iii. ein gemeinsames Management in Schlüsselfunktionen.

Einheiten, die unter gemeinsamer Kontrolle durch einen Staat (d. h. eine nationale, regionale oder lokale Regierung) stehen, werden jedoch nicht als nahe stehend angesehen, sofern sie nicht bedeutende Transaktionen miteinander durchführen oder in erheblichem Ausmaße Ressourcen gemeinsam nutzen.

Anforderungen

Prüfungshandlungen zur Risikobeurteilung und damit zusammenhängende Tätigkeiten

11. Als Teil der Prüfungshandlungen zur Risikobeurteilung und damit zusammenhängender Tätigkeiten, die der Abschlussprüfer nach ISA 315 und ISA 240 im Rahmen der Prüfung durchzuführen hat,[7] muss er die in den Textziffern 12-17 beschriebenen Prüfungshandlungen und damit zusammenhängenden Tätigkeiten durchführen, um Informationen zu erlangen, die für die Identifizierung der Risiken wesentlicher falscher Darstellungen im Zusammenhang mit Beziehungen zu und Transaktionen mit nahe stehenden Personen relevant sind. (Vgl. Tz. A8)

Verstehen der Beziehungen und Transaktionen der Einheit mit nahe stehenden Personen

12. Die nach ISA 315 und ISA 240 erforderlichen Besprechungen im Prüfungsteam[8] müssen besondere Überlegungen zur Anfälligkeit des Abschlusses für wesentliche - beabsichtigte oder unbeabsichtigte - falsche Darstellungen einschließen, die aus den Beziehungen und Transaktionen der Einheit mit nahe stehenden Personen resultieren können. (Vgl. Tz. A9-A10)

13. Der Abschlussprüfer muss das Management befragen zu
    (a) der Identität der nahe stehenden Personen der Einheit, einschließlich der Veränderungen gegenüber dem vorherigen Berichtszeitraum, (Vgl. Tz. A11-A14)
    (b) der Art der Beziehungen zwischen der Einheit und diesen nahe stehenden Personen sowie
    (c) der Frage, ob die Einheit während des Berichtszeitraums Transaktionen mit diesen nahe stehenden Personen eingegangen ist, und wenn dies der Fall ist, zu Art und Zweck der Transaktionen.

14. Der Abschlussprüfer muss das Management und andere Personen innerhalb der Einheit befragen sowie andere Prüfungshandlungen zur Risikobeurteilung durchführen, die seines Erachtens geeignet sind, um ein Verständnis von den ggf. vorhandenen Kontrollen zu gewinnen, die das Management eingerichtet hat, um (Vgl. Tz. A15-A20)
    (a) Beziehungen zu und Transaktionen mit nahe stehenden Personen in Übereinstimmung mit dem maßgebenden Regelwerk der Rechnungslegung zu identifizieren, auszuweisen und anzugeben,
    (b) bedeutsame Transaktionen und Vereinbarungen mit nahe stehenden Personen zu autorisieren und zu genehmigen sowie (Vgl. Tz. A21)
    (c) bedeutsame Transaktionen und Vereinbarungen außerhalb des gewöhnlichen Geschäftsverlaufs zu autorisieren und zu genehmigen.

Kontinuierliche Wachsamkeit in Bezug auf Informationen zu nahe stehenden Personen bei der Durchsicht von Aufzeichnungen oder Dokumenten

15. Der Abschlussprüfer muss während der Abschlussprüfung bei der Einsichtnahme in Aufzeichnungen oder Dokumente wachsam für Vereinbarungen oder sonstige Informationen bleiben, die auf das Vorhandensein von Beziehungen zu oder Transaktionen mit nahe stehenden Personen hindeuten können, die das Management bislang nicht erkannt oder gegenüber dem Abschlussprüfer nicht angegeben hat. (Vgl. Tz. A22-A23)

---

[7] ISA 315, Textziffer 5, und ISA 240, Textziffer 16.
[8] ISA 315, Textziffer 10, und ISA 240, Textziffer 15.

In particular, the auditor shall inspect the following for indications of the existence of related party relationships or transactions that management has not previously identified or disclosed to the auditor:

(a) Bank and legal confirmations obtained as part of the auditor's procedures;

(b) Minutes of meetings of shareholders and of those charged with governance; and

(c) Such other records or documents as the auditor considers necessary in the circumstances of the entity.

16. If the auditor identifies significant transactions outside the entity's normal course of business when performing the audit procedures required by paragraph 15 or through other audit procedures, the auditor shall inquire of management about: (Ref: Para. A24–A25)

(a) The nature of these transactions; and (Ref: Para. A26)

(b) Whether related parties could be involved. (Ref: Para. A27)

Sharing Related Party Information with the Engagement Team

17. The auditor shall share relevant information obtained about the entity's related parties with the other members of the engagement team. (Ref: Para. A28)

Identification and Assessment of the Risks of Material Misstatement Associated with Related Party Relationships and Transactions

18. In meeting the ISA 315 requirement to identify and assess the risks of material misstatement,[9] the auditor shall identify and assess the risks of material misstatement associated with related party relationships and transactions and determine whether any of those risks are significant risks. In making this determination, the auditor shall treat identified significant related party transactions outside the entity's normal course of business as giving rise to significant risks.

19. If the auditor identifies fraud risk factors (including circumstances relating to the existence of a related party with dominant influence) when performing the risk assessment procedures and related activities in connection with related parties, the auditor shall consider such information when identifying and assessing the risks of material misstatement due to fraud in accordance with ISA 240. (Ref: Para. A6, A29–A30)

Responses to the Risks of Material Misstatement Associated with Related Party Relationships and Transactions

20. As part of the ISA 330 requirement that the auditor respond to assessed risks,[10] the auditor designs and performs further audit procedures to obtain sufficient appropriate audit evidence about the assessed risks of material misstatement associated with related party relationships and transactions. These audit procedures shall include those required by paragraphs 21–24. (Ref: Para. A31–A34)

Identification of Previously Unidentified or Undisclosed Related Parties or Significant Related Party Transactions

21. If the auditor identifies arrangements or information that suggests the existence of related party relationships or transactions that management has not previously identified or disclosed to the auditor, the auditor shall determine whether the underlying circumstances confirm the existence of those relationships or transactions.

22. If the auditor identifies related parties or significant related party transactions that management has not previously identified or disclosed to the auditor, the auditor shall:

(a) Promptly communicate the relevant information to the other members of the engagement team; (Ref: Para. A35)

---

9) ISA 315, paragraph 25.
10) ISA 330, paragraphs 5–6.

Insbesondere muss der Abschlussprüfer folgende Unterlagen auf Anzeichen für das Vorhandensein von Beziehungen zu oder Transaktionen mit nahe stehenden Personen untersuchen, die das Management bislang nicht erkannt oder gegenüber dem Abschlussprüfer nicht angegeben hat:

(a) Bank- und rechtliche Bestätigungen, die der Abschlussprüfer als Teil der Prüfungshandlungen eingeholt hat,

(b) Protokolle von Sitzungen der Anteilseigner und der für die Überwachung Verantwortlichen sowie

(c) sonstige Aufzeichnungen oder Dokumente, die der Abschlussprüfer nach den Gegebenheiten der Einheit als notwendig erachtet.

16. Stellt der Abschlussprüfer bei der Durchführung der nach Textziffer 15 erforderlichen Prüfungshandlungen oder durch andere Prüfungshandlungen bedeutsame Transaktionen außerhalb des gewöhnlichen Geschäftsverlaufs der Einheit fest, muss er das Management (Vgl. Tz. A24-A25)

(a) zur Art dieser Transaktionen und (Vgl. Tz. A26)

(b) dazu befragen, ob nahe stehende Personen daran beteiligt sein könnten. (Vgl. Tz. A27)

Austausch von Informationen über nahe stehende Personen mit dem Prüfungsteam

17. Der Abschlussprüfer muss relevante Informationen, die er über nahe stehende Personen der Einheit erlangt hat, mit den anderen Mitgliedern des Prüfungsteams austauschen. (Vgl. Tz. A28)

Identifizierung und Beurteilung der Risiken wesentlicher falscher Darstellungen im Zusammenhang mit Beziehungen zu und Transaktionen mit nahe stehenden Personen

18. Im Rahmen der Erfüllung der Anforderung in ISA 315 zur Identifizierung und Beurteilung der Risiken wesentlicher falscher Darstellungen[9] muss der Abschlussprüfer die Risiken wesentlicher falscher Darstellungen im Zusammenhang mit Beziehungen zu und Transaktionen mit nahe stehenden Personen identifizieren und beurteilen sowie feststellen, ob irgendwelche dieser Risiken bedeutsame Risiken sind. Bei dieser Feststellung muss der Abschlussprüfer identifizierte bedeutsame Transaktionen mit nahe stehenden Personen außerhalb der gewöhnlichen Geschäftstätigkeit der Einheit als Geschäftsvorfälle behandeln, die bedeutsame Risiken zur Folge haben.

19. Stellt der Abschlussprüfer bei der Durchführung von Prüfungshandlungen zur Risikobeurteilung und damit zusammenhängender Tätigkeiten im Zusammenhang mit nahe stehenden Personen Risikofaktoren für dolose Handlungen fest (einschließlich Umständen, die sich auf das Vorhandensein einer nahe stehenden Person mit dominantem Einfluss beziehen), muss er diese Informationen bei der Identifizierung und Beurteilung der Risiken wesentlicher beabsichtigter falscher Darstellungen in Übereinstimmung mit ISA 240 berücksichtigen. (Vgl. Tz. A6, A29-A30)

Reaktionen auf die Risiken wesentlicher falscher Darstellungen im Zusammenhang mit Beziehungen zu und Transaktionen mit nahe stehenden Personen

20. Als Teil der Anforderung an den Abschlussprüfer in ISA 330, auf die beurteilten Risiken zu reagieren,[10] plant und führt der Abschlussprüfer weitere Prüfungshandlungen durch, um ausreichende geeignete Prüfungsnachweise über die beurteilten Risiken wesentlicher falscher Darstellungen im Zusammenhang mit Beziehungen zu und Transaktionen mit nahe stehenden Personen zu erlangen. Diese Prüfungshandlungen müssen die nach den Textziffern 21-24 erforderlichen einschließen. (Vgl. Tz. A31-A34)

Feststellung von bislang nicht erkannten oder nicht angegebenen nahe stehenden Personen oder von bedeutsamen Transaktionen mit nahe stehenden Personen

21. Erkennt der Abschlussprüfer Vereinbarungen oder Informationen, die auf das Vorhandensein von Beziehungen zu oder Transaktionen mit nahe stehenden Personen hindeuten, die das Management zuvor nicht erkannt oder gegenüber dem Abschlussprüfer nicht angegeben hat, muss dieser feststellen, ob die zugrunde liegenden Umstände das Vorhandensein dieser Beziehungen oder Transaktionen bestätigen.

22. Identifiziert der Abschlussprüfer nahe stehende Personen oder bedeutsame Transaktionen mit nahe stehenden Personen, die das Management bislang nicht erkannt oder gegenüber dem Abschlussprüfer nicht angegeben hat, muss er

(a) die relevanten Informationen unverzüglich den anderen Mitgliedern des Prüfungsteams mitteilen. (Vgl. Tz. A35)

---

[9] ISA 315, Textziffer 25.
[10] ISA 330, Textziffern 5-6.

(b) Where the applicable financial reporting framework establishes related party requirements:

    (i) Request management to identify all transactions with the newly identified related parties for the auditor's further evaluation; and

    (ii) Inquire as to why the entity's controls over related party relationships and transactions failed to enable the identification or disclosure of the related party relationships or transactions;

(c) Perform appropriate substantive audit procedures relating to such newly identified related parties or significant related party transactions; (Ref: Para. A36)

(d) Reconsider the risk that other related parties or significant related party transactions may exist that management has not previously identified or disclosed to the auditor, and perform additional audit procedures as necessary; and

(e) If the non-disclosure by management appears intentional (and therefore indicative of a risk of material misstatement due to fraud), evaluate the implications for the audit. (Ref: Para. A37)

Identified Significant Related Party Transactions outside the Entity's Normal Course of Business

23. For identified significant related party transactions outside the entity's normal course of business, the auditor shall:

    (a) Inspect the underlying contracts or agreements, if any, and evaluate whether:

        (i) The business rationale (or lack thereof) of the transactions suggests that they may have been entered into to engage in fraudulent financial reporting or to conceal misappropriation of assets;[11] (Ref: Para. A38–A39)

        (ii) The terms of the transactions are consistent with management's explanations; and

        (iii) The transactions have been appropriately accounted for and disclosed in accordance with the applicable financial reporting framework; and

    (b) Obtain audit evidence that the transactions have been appropriately authorized and approved. (Ref: Para. A40–A41)

Assertions That Related Party Transactions Were Conducted on Terms Equivalent to Those Prevailing in an Arm's Length Transaction

24. If management has made an assertion in the financial statements to the effect that a related party transaction was conducted on terms equivalent to those prevailing in an arm's length transaction, the auditor shall obtain sufficient appropriate audit evidence about the assertion. (Ref: Para. A42–A45)

Evaluation of the Accounting for and Disclosure of Identified Related Party Relationships and Transactions

25. In forming an opinion on the financial statements in accordance with ISA 700,[12] the auditor shall evaluate: (Ref: Para. A46)

    (a) Whether the identified related party relationships and transactions have been appropriately accounted for and disclosed in accordance with the applicable financial reporting framework; and (Ref: Para. A47)

    (b) Whether the effects of the related party relationships and transactions:

        (i) Prevent the financial statements from achieving fair presentation (for fair presentation frameworks); or

        (ii) Cause the financial statements to be misleading (for compliance frameworks).

Written Representations

26. Where the applicable financial reporting framework establishes related party requirements, the auditor shall obtain written representations from management and, where appropriate, those charged with governance that: (Ref: Para. A48–A49)

---

11) ISA 240, paragraph 32(c).

12) ISA 700, "Forming an Opinion and Reporting on Financial Statements," paragraphs 10–15.

(b) wenn das maßgebende Regelwerk der Rechnungslegung Anforderungen zu nahe stehenden Personen festlegt,
  (i) das Management auffordern, alle Transaktionen mit den neu identifizierten nahe stehenden Personen für die weitere Beurteilung des Abschlussprüfers zu identifizieren und
  (ii) erfragen, warum die Kontrollen der Einheit über die Beziehungen zu und Transaktionen mit nahe stehenden Personen das Erkennen oder die Angabe der Beziehungen zu oder Transaktionen mit nahe stehenden Personen nicht ermöglicht haben.
(c) geeignete aussagebezogene Prüfungshandlungen*) zu jenen neu identifizierten nahe stehenden Personen oder bedeutsamen Transaktionen mit nahe stehenden Personen durchführen. (Vgl. Tz. A36)
(d) erneut das Risiko in Betracht ziehen, dass andere nahe stehende Personen oder bedeutsame Transaktionen mit nahe stehenden Personen vorhanden sein können, die das Management bislang nicht erkannt oder gegenüber dem Abschlussprüfer nicht angegeben hat, und erforderliche zusätzliche Prüfungshandlungen durchführen.
(e) wenn die Nichtangabe durch das Management absichtlich erscheint (und daher auf ein Risiko wesentlicher beabsichtigter falscher Darstellungen hinzudeuten scheint), die Folgen für die Prüfung abwägen. (Vgl. Tz. A37)

Identifizierte bedeutsame Transaktionen mit nahe stehenden Personen außerhalb des gewöhnlichen Geschäftsverlaufs der Einheit

23. Bei identifizierten bedeutsamen Transaktionen mit nahe stehenden Personen außerhalb des gewöhnlichen Geschäftsverlaufs der Einheit muss der Abschlussprüfer
  (a) Einsicht in die ggf. zugrunde liegenden Verträge oder Vereinbarungen nehmen und beurteilen, ob
    (i) der wirtschaftliche Hintergrund der Transaktionen (bzw. das Fehlen desselben) die Vermutung nahe legt, dass diese möglicherweise eingegangen worden sind, um die Rechnungslegung zu manipulieren oder Vermögensschädigungen zu verschleiern.[11] (Vgl. Tz. A38-A39)
    (ii) die Bedingungen der Transaktionen mit den Erklärungen des Managements in Einklang stehen.
    (iii) die Transaktionen in Übereinstimmung mit dem maßgebenden Regelwerk der Rechnungslegung zutreffend ausgewiesen und angegeben wurden.
  (b) Prüfungsnachweise darüber erlangen, dass die Transaktionen in angemessener Weise autorisiert und genehmigt wurden. (Vgl. Tz. A40-A41)

Aussagen, dass Transaktionen mit nahe stehenden Personen unter marktüblichen Bedingungen durchgeführt wurden

24. Falls das Management im Abschluss eine Aussage dahingehend getroffen hat, dass eine Transaktion mit nahe stehenden Personen unter marktüblichen Bedingungen durchgeführt wurde, muss der Abschlussprüfer ausreichende geeignete Prüfungsnachweise zu dieser Aussage erlangen. (Vgl. Tz. A42-A45)

Beurteilung des Ausweises und der Angabe von identifizierten Beziehungen zu und Transaktionen mit nahe stehenden Personen

25. Bei der Bildung seines Prüfungsurteils über den Abschluss in Übereinstimmung mit ISA 700 (Redrafted)[12] muss der Abschlussprüfer beurteilen, (Vgl. Tz. A46)
  (a) ob die identifizierten Beziehungen zu und Transaktionen mit nahe stehenden Personen in Übereinstimmung mit dem maßgebenden Regelwerk der Rechnungslegung zutreffend ausgewiesen und angegeben wurden und (Vgl. Tz. A47)
  (b) ob die Auswirkungen der Beziehungen zu und Transaktionen mit nahe stehenden Personen
    (i) verhindern, dass der Abschluss eine sachgerechte Gesamtdarstellung vermittelt (bei Regelwerken zur sachgerechten Gesamtdarstellung) oder
    (ii) dazu führen, dass der Abschluss irreführend ist (bei Regelwerken zur Normentsprechung).

Schriftliche Erklärungen

26. Legt das maßgebende Regelwerk der Rechnungslegung Anforderungen zu nahe stehenden Personen fest, muss der Abschlussprüfer schriftliche Erklärungen vom Management und – soweit angemessen – von den für die Überwachung Verantwortlichen darüber einholen, dass sie (Vgl. Tz. A48-A49)

---
11) ISA 240, Textziffer 32(c).
12) ISA 700 „Bildung eines Prüfungsurteils und Erteilung eines Vermerks zum Abschluss", Textziffern 10-15.
*) In Österreich: materielle Prüfungshandlungen.

(a) They have disclosed to the auditor the identity of the entity's related parties and all the related party relationships and transactions of which they are aware; and

(b) They have appropriately accounted for and disclosed such relationships and transactions in accordance with the requirements of the framework.

Communication with Those Charged with Governance

27. Unless all of those charged with governance are involved in managing the entity,[13] the auditor shall communicate with those charged with governance significant matters arising during the audit in connection with the entity's related parties. (Ref: Para. A50)

Documentation

28. The auditor shall include in the audit documentation the names of the identified related parties and the nature of the related party relationships.[14]

***

Application and Other Explanatory Material

Responsibilities of the Auditor

Financial Reporting Frameworks That Establish Minimal Related Party Requirements (Ref: Para. 4)

A1. An applicable financial reporting framework that establishes minimal related party requirements is one that defines the meaning of a related party but that definition has a substantially narrower scope than the definition set out in paragraph 10(b)(ii) of this ISA, so that a requirement in the framework to disclose related party relationships and transactions would apply to substantially fewer related party relationships and transactions.

Fair Presentation Frameworks (Ref: Para. 4(a))

A2. In the context of a fair presentation framework,[15] related party relationships and transactions may cause the financial statements to fail to achieve fair presentation if, for example, the economic reality of such relationships and transactions is not appropriately reflected in the financial statements. For instance, fair presentation may not be achieved if the sale of a property by the entity to a controlling shareholder at a price above or below fair market value has been accounted for as a transaction involving a profit or loss for the entity when it may constitute a contribution or return of capital or the payment of a dividend.

Compliance Frameworks (Ref: Para. 4(b))

A3. In the context of a compliance framework, whether related party relationships and transactions cause the financial statements to be misleading as discussed in ISA 700 depends upon the particular circumstances of the engagement. For example, even if non-disclosure of related party transactions in the financial statements is in compliance with the framework and applicable law or regulation, the financial statements could be misleading if the entity derives a very substantial portion of its revenue from transactions with related parties, and that fact is not disclosed. However, it will be extremely rare for the auditor to consider financial statements that are prepared and presented in accordance with a compliance framework to be misleading if in accordance with ISA 210[16] the auditor determined that the framework is acceptable.[17]

---

13) ISA 260, "Communication with Those Charged with Governance," paragraph 13.
14) ISA 230, "Audit Documentation," paragraphs 8–11, and paragraph A6.
15) ISA 200, paragraph 13(a), defines the meaning of fair presentation and compliance frameworks.
16) ISA 210, "Agreeing the Terms of Audit Engagements," paragraph 6(a).
17) ISA 700, paragraph A12.

(a) die Identität der nahe stehenden Personen der Einheit sowie alle ihnen bekannten Beziehungen zu und Transaktionen mit nahe stehenden Personen gegenüber dem Abschlussprüfer angegeben haben und

(b) diese Beziehungen und Transaktionen in Übereinstimmung mit den Anforderungen des Regelwerks zutreffend ausgewiesen und angegeben haben.

Kommunikation mit den für die Überwachung Verantwortlichen

27. Sofern nicht alle für die Überwachung Verantwortlichen in die Leitung der Einheit eingebunden sind,[13] muss sich der Abschlussprüfer mit den für die Überwachung Verantwortlichen über bedeutsame Sachverhalte im Zusammenhang mit nahe stehenden Personen der Einheit, die sich während der Prüfung ergeben, austauschen. (Vgl. Tz. A50)

Dokumentation

28. Der Abschlussprüfer muss in der Prüfungsdokumentation die Namen der identifizierten nahe stehenden Personen und die Art der Beziehungen mit nahe stehenden Personen festhalten.[14]

***

Anwendungshinweise und sonstige Erläuterungen

Pflichten des Abschlussprüfers

Regelwerke der Rechnungslegung, die minimale Anforderungen zu nahe stehenden Personen festlegen (Vgl. Tz. 4)

A1. Ein maßgebendes Regelwerk der Rechnungslegung, das minimale Anforderungen zu nahe stehenden Personen festlegt, gilt als solches, wenn es den Begriffsinhalt einer nahe stehenden Person definiert, aber diese Definition einen erheblich engeren Umfang hat als die Definition in Textziffer 10(b)(ii) dieses ISA, so dass eine in dem Regelwerk enthaltene Anforderung zur Angabe von Beziehungen zu und Transaktionen mit nahe stehenden Personen auf erheblich weniger solcher Beziehungen und Transaktionen anzuwenden wäre.

Regelwerke zur sachgerechten Gesamtdarstellung (Vgl. Tz. 4(a))

A2. Im Zusammenhang mit einem Regelwerk zur sachgerechten Gesamtdarstellung[15] können Beziehungen zu und Transaktionen mit nahe stehenden Personen dazu führen, dass der Abschluss keine sachgerechte Gesamtdarstellung vermittelt, bspw. wenn die wirtschaftliche Realität solcher Beziehungen und Transaktionen im Abschluss nicht zutreffend widergespiegelt wird. So wird etwa eine sachgerechte Gesamtdarstellung möglicherweise nicht erreicht, wenn die Veräußerung einer Immobilie durch die Einheit an einen beherrschenden Anteilseigner zu einem Preis ober- oder unterhalb des Marktwerts als eine mit einem Gewinn oder Verlust für die Einheit verbundene Transaktion bilanziert wurde, obwohl diese möglicherweise eine Kapitaleinlage oder -rückgewähr oder eine Gewinnausschüttung darstellt.

Regelwerke zur Normentsprechung (Vgl. Tz. 4(b))

A3. Im Zusammenhang mit einem Regelwerk zur Normentsprechung hängt die Frage, ob Beziehungen zu und Transaktionen mit nahe stehenden Personen dazu führen, dass der Abschluss irreführend ist, wie in ISA 700 erörtert, von den besonderen Umständen des Auftrags ab. So könnte bspw. selbst dann, wenn die Nichtangabe von Transaktionen mit nahe stehenden Personen im Abschluss in Übereinstimmung mit dem Regelwerk sowie mit den maßgebenden Gesetzen oder anderen Rechtsvorschriften erfolgt, der Abschluss irreführend sein, wenn die Einheit einen sehr erheblichen Teil ihrer Erlöse aus Transaktionen mit nahe stehenden Personen erzielt und diese Tatsache nicht angegeben wird. Es wird jedoch nur äußerst selten vorkommen, dass der Abschlussprüfer Abschlüsse, die in Übereinstimmung mit einem Regelwerk zur Normentsprechung aufgestellt und dargestellt wurden, für irreführend hält, wenn in Übereinstimmung mit ISA 210[16] festgestellt wurde, dass das Regelwerk vertretbar ist.[17]

---

[13] ISA 260 „Kommunikation mit den für die Überwachung Verantwortlichen", Textziffer 13.
[14] ISA 230 „Prüfungsdokumentation", Textziffern 8-11 und A6.
[15] In ISA 200, Textziffer 13(a), wird die Bedeutung von Regelwerken zur sachgerechten Gesamtdarstellung und Regelwerken zur Normentsprechung definiert.
[16] ISA 210 Vereinbarung der Auftragsbedingungen für Prüfungsaufträge", Textziffer 6.
[17] ISA 700, Textziffer A12.

Definition of a Related Party (Ref: Para. 10(b))

A4. Many financial reporting frameworks discuss the concepts of control and significant influence. Although they may discuss these concepts using different terms, they generally explain that:

(a) Control is the power to govern the financial and operating policies of an entity so as to obtain benefits from its activities; and

(b) Significant influence (which may be gained by share ownership, statute or agreement) is the power to participate in the financial and operating policy decisions of an entity, but is not control over those policies.

A5. The existence of the following relationships may indicate the presence of control or significant influence:

(a) Direct or indirect equity holdings or other financial interests in the entity.

(b) The entity's holdings of direct or indirect equity or other financial interests in other entities.

(c) Being part of those charged with governance or key management (that is, those members of management who have the authority and responsibility for planning, directing and controlling the activities of the entity).

(d) Being a close family member of any person referred to in subparagraph (c).

(e) Having a significant business relationship with any person referred to in subparagraph (c).

Related Parties with Dominant Influence

A6. Related parties, by virtue of their ability to exert control or significant influence, may be in a position to exert dominant influence over the entity or its management. Consideration of such behavior is relevant when identifying and assessing the risks of material misstatement due to fraud, as further explained in paragraphs A29–A30.

Special-Purpose Entities as Related Parties

A7. In some circumstances, a special-purpose entity[18] may be a related party of the entity because the entity may in substance control it, even if the entity owns little or none of the special-purpose entity's equity.

Risk Assessment Procedures and Related Activities

Risks of Material Misstatement Associated with Related Party Relationships and Transactions (Ref: Para. 11)

Considerations Specific to Public Sector Entities

A8. The public sector auditor's responsibilities regarding related party relationships and transactions may be affected by the audit mandate, or by obligations on public sector entities arising from law, regulation or other authority. Consequently, the public sector auditor's responsibilities may not be limited to addressing the risks of material misstatement associated with related party relationships and transactions, but may also include a broader responsibility to address the risks of non-compliance with law, regulation and other authority governing public sector bodies that lay down specific requirements in the conduct of business with related parties. Further, the public sector auditor may need to have regard to public sector financial reporting requirements for related party relationships and transactions that may differ from those in the private sector.

Understanding the Entity's Related Party Relationships and Transactions

Discussion among the Engagement Team (Ref: Para. 12)

A9. Matters that may be addressed in the discussion among the engagement team include:

- The nature and extent of the entity's relationships and transactions with related parties (using, for example, the auditor's record of identified related parties updated after each audit).

---

[18] ISA 315, paragraphs A26–A27, provides guidance regarding the nature of a special-purpose entity.

Definition einer nahe stehenden Person (Vgl. Tz. 10(b))

A4. In vielen Regelwerken der Rechnungslegung werden die Konzepte der Beherrschung und des maßgeblichen Einflusses erörtert. Obwohl diese Konzepte in den Regelwerken möglicherweise unter Verwendung unterschiedlicher Begriffe erörtert werden, umschreiben diese im Allgemeinen, dass

   (a) Beherrschung die Möglichkeit ist, die Finanz- und Geschäftspolitik einer Einheit zu bestimmen, um aus deren Tätigkeit Nutzen zu ziehen, und

   (b) maßgeblicher Einfluss (der durch Kapitalbeteiligung, Gesetz oder Vereinbarung erreicht werden kann) die Möglichkeit ist, an den finanz- und geschäftspolitischen Entscheidungen einer Einheit mitzuwirken, jedoch keine Beherrschung der Entscheidungsprozesse umfasst.

A5. Das Vorhandensein der folgenden Beziehungen kann auf das Vorliegen von Beherrschung oder maßgeblichem Einfluss hindeuten:

   (a) direkte oder indirekte Kapitalbeteiligungen oder andere finanzielle Beteiligungen an der Einheit

   (b) direkte oder indirekte Kapitalbeteiligungen oder andere finanzielle Beteiligungen der Einheit an anderen Einheiten

   (c) Mitgliedschaft im Kreis der für die Überwachung Verantwortlichen oder des Managements in Schlüsselfunktionen (d. h. Mitglieder des Managements, die Weisungsbefugnis und Verantwortung für die Planung, Lenkung und Kontrolle der Tätigkeiten der Einheit haben)

   (d) enges familiäres Verhältnis zu einer der in Untertextziffer (c) genannten Personen

   (e) bedeutsame Geschäftsbeziehung mit einer der in Untertextziffer (c) genannten Personen.

Nahe stehende Personen mit dominantem Einfluss

A6. Nahe stehende Personen können aufgrund ihrer Möglichkeit zur Ausübung von Kontrolle oder maßgeblichem Einfluss in der Lage sein, dominanten Einfluss auf die Einheit oder auf deren Management auszuüben. Die Berücksichtigung eines solchen Verhaltens ist bei der Identifizierung und Beurteilung der Risiken wesentlicher beabsichtigter falscher Darstellungen relevant, wie in den Textziffern A29-A30 weiter erläutert wird.

Zweckgesellschaften als nahe stehende Personen

A7. In manchen Fällen kann eine Zweckgesellschaft[18] eine nahe stehende Person der Einheit sein, weil die Einheit sie faktisch beherrschen kann, selbst wenn diese kaum oder kein Eigenkapital an der Zweckgesellschaft hält.

Prüfungshandlungen zur Risikobeurteilung und damit zusammenhängende Tätigkeiten

Risiken wesentlicher falscher Darstellungen im Zusammenhang mit Beziehungen zu und Transaktionen mit nahe stehenden Personen (Vgl. Tz. 11)

Spezifische Überlegungen zu Einheiten des öffentlichen Sektors

A8. Die Pflichten des Abschlussprüfers im öffentlichen Sektor im Zusammenhang mit Beziehungen zu und Transaktionen mit nahe stehenden Personen können beeinflusst sein von dem Prüfungsmandat oder von Verpflichtungen der Einheiten des öffentlichen Sektors, die sich aus Gesetzen, anderen Rechtsvorschriften oder sonstigen amtlichen Vorgaben ergeben. Folglich sind die Pflichten des Abschlussprüfers im öffentlichen Sektor möglicherweise nicht darauf beschränkt, sich mit den Risiken wesentlicher falscher Darstellungen im Zusammenhang mit Beziehungen zu und Transaktionen mit nahe stehenden Personen zu befassen, sondern können auch eine erweiterte Verantwortung umfassen, sich mit den Risiken zu befassen, die sich aus Verstößen gegen Gesetze, andere Rechtsvorschriften oder sonstige amtliche Vorgaben für Körperschaften des öffentlichen Sektors, in denen besondere Anforderungen an Geschäfte mit nahe stehenden Personen festgelegt sind, ergeben. Darüber hinaus muss der Abschlussprüfer im öffentlichen Sektor bei Beziehungen zu und Transaktionen mit nahe stehenden Personen möglicherweise Rechnungslegungspflichten für den öffentlichen Sektor berücksichtigen, die sich von denjenigen im privaten Sektor unterscheiden können.

Verstehen der Beziehungen zu und Transaktionen der Einheit mit nahe stehenden Personen

Besprechung im Prüfungsteam (Vgl. Tz. 12)

A9. Zu Sachverhalten, die bei der Besprechung im Prüfungsteam erörtert werden können, gehören:

   • Art und Umfang der Beziehungen zu und Transaktionen der Einheit mit nahe stehenden Personen (bspw. unter Verwendung von Aufzeichnungen des Abschlussprüfers über identifizierte nahe stehende Personen, die nach jeder Prüfung aktualisiert werden)

---

18) ISA 315, Textziffern A26-A27, enthält erläuternde Hinweise zu den Merkmalen einer Zweckgesellschaft.

- An emphasis on the importance of maintaining professional skepticism throughout the audit regarding the potential for material misstatement associated with related party relationships and transactions.
- The circumstances or conditions of the entity that may indicate the existence of related party relationships or transactions that management has not identified or disclosed to the auditor (for example, a complex organizational structure, use of special-purpose entities for off-balance sheet transactions, or an inadequate information system).
- The records or documents that may indicate the existence of related party relationships or transactions.
- The importance that management and those charged with governance attach to the identification, appropriate accounting for, and disclosure of related party relationships and transactions (if the applicable financial reporting framework establishes related party requirements), and the related risk of management override of relevant controls.

A10. In addition, the discussion in the context of fraud may include specific consideration of how related parties may be involved in fraud. For example:

- How special-purpose entities controlled by management might be used to facilitate earnings management.
- How transactions between the entity and a known business partner of a key member of management could be arranged to facilitate misappropriation of the entity's assets.

The Identity of the Entity's Related Parties (Ref: Para. 13(a))

A11. Where the applicable financial reporting framework establishes related party requirements, information regarding the identity of the entity's related parties is likely to be readily available to management because the entity's information systems will need to record, process and summarize related party relationships and transactions to enable the entity to meet the accounting and disclosure requirements of the framework. Management is therefore likely to have a comprehensive list of related parties and changes from the prior period. For recurring engagements, making the inquiries provides a basis for comparing the information supplied by management with the auditor's record of related parties noted in previous audits.

A12. However, where the framework does not establish related party requirements, the entity may not have such information systems in place. Under such circumstances, it is possible that management may not be aware of the existence of all related parties. Nevertheless, the requirement to make the inquiries specified by paragraph 13 still applies because management may be aware of parties that meet the related party definition set out in this ISA. In such a case, however, the auditor's inquiries regarding the identity of the entity's related parties are likely to form part of the auditor's risk assessment procedures and related activities performed in accordance with ISA 315 to obtain information regarding:

- The entity's ownership and governance structures;
- The types of investments that the entity is making and plans to make; and
- The way the entity is structured and how it is financed.

In the particular case of common control relationships, as management is more likely to be aware of such relationships if they have economic significance to the entity, the auditor's inquiries are likely to be more effective if they are focused on whether parties with which the entity engages in significant transactions, or shares resources to a significant degree, are related parties.

A13. In the context of a group audit, ISA 600 requires the group engagement team to provide each component auditor with a list of related parties prepared by group management and any other related parties of which the group engagement team is aware.[19] Where the entity is a component within a group, this information provides a useful basis for the auditor's inquiries of management regarding the identity of the entity's related parties.

---

19) ISA 600, "Special Considerations—Audits of Group Financial Statements (Including the Work of Component Auditors)," paragraph 40(e).

- Betonung, wie wichtig es ist, während der gesamten Prüfung eine kritische Grundhaltung gegenüber der Möglichkeit wesentlicher falscher Darstellungen im Zusammenhang mit Beziehungen zu und Transaktionen mit nahe stehenden Personen beizubehalten
- Gegebenheiten oder Bedingungen in der Einheit, die auf das Vorhandensein von Beziehungen zu oder Transaktionen mit nahe stehenden Personen hindeuten können, die das Management nicht erkannt oder gegenüber dem Abschlussprüfer nicht angegeben hat (z. B. eine komplexe organisatorische Struktur, der Einsatz von Zweckgesellschaften für außerbilanzielle Transaktionen oder ein unzureichendes Informationssystem)
- die Aufzeichnungen oder Dokumente, die auf das Vorhandensein von Beziehungen zu oder Transaktionen mit nahe stehenden Personen hindeuten können
- die Bedeutung, die das Management und die für die Überwachung Verantwortlichen der Identifizierung von Beziehungen zu und Transaktionen mit nahe stehenden Personen sowie deren zutreffendem Ausweis und zutreffenden Angabe beimessen (wenn das maßgebende Regelwerk der Rechnungslegung Anforderungen zu nahe stehenden Personen festlegt) sowie das damit verbundene Risiko der Außerkraftsetzung relevanter Kontrollen durch das Management.

A10. Darüber hinaus kann die Besprechung im Zusammenhang mit dolosen Handlungen besondere Überlegungen zu der Frage einschließen, wie nahe stehende Personen in dolose Handlungen verwickelt sein können. So zum Beispiel die Fragen,
- wie vom Management kontrollierte Zweckgesellschaften eingesetzt werden könnten, um eine Ergebnisbeeinflussung zu erleichtern
- wie Transaktionen zwischen der Einheit und einem bekannten Geschäftspartner eines Mitglieds des Managements in Schlüsselfunktion gestaltet werden könnten, um eine Schädigung des Vermögens der Einheit zu erleichtern.

Identität der der Einheit nahe stehenden Personen (Vgl. Tz. 13(a))

A11. Wenn das maßgebende Regelwerk der Rechnungslegung Anforderungen zu nahe stehenden Personen festlegt, sind Informationen zur Identität der der Einheit nahe stehenden Personen für das Management wahrscheinlich leicht verfügbar, da Beziehungen zu und Transaktionen mit nahe stehenden Personen in den Informationssystemen der Einheit aufgezeichnet, verarbeitet und zusammengefasst werden müssen, damit die Einheit die Ausweis- und Angabeanforderungen des Regelwerks erfüllen kann. Daher verfügt das Management wahrscheinlich über eine umfassende Liste von nahe stehenden Personen und Veränderungen gegenüber dem vorherigen Zeitraum. Bei Folgeprüfungen dient die Durchführung von Befragungen als Grundlage für den Vergleich der vom Management gelieferten Informationen mit den Aufzeichnungen des Abschlussprüfers über nahe stehende Personen aus vorherigen Prüfungen.

A12. Wenn das Regelwerk jedoch keine Anforderungen zu nahe stehenden Personen festlegt, verfügt die Einheit möglicherweise nicht über derartige Informationssysteme. In solchen Fällen ist es möglich, dass dem Management nicht alle vorhandenen nahe stehenden Personen bekannt sind. Gleichwohl gilt die Anforderung in Textziffer 13 zur Durchführung der Befragungen, da dem Management möglicherweise Personen bekannt sind, welche die in diesem ISA festgelegte Definition einer nahe stehenden Person erfüllen. In einem solchen Fall bilden die Befragungen des Abschlussprüfers zur Identität der der Einheit nahe stehenden Personen jedoch wahrscheinlich einen Teil der Prüfungshandlungen zur Risikobeurteilung und der damit zusammenhängenden Tätigkeiten, die in Übereinstimmung mit ISA 315 durchgeführt werden, um Informationen zu erlangen zu
- der Eigentümer-, Führungs- und Überwachungsstruktur der Einheit,
- den Arten derzeitiger und geplanter Investitionen sowie
- der Organisation und Finanzierung der Einheit.

In dem besonderen Fall von Beziehungen mit gemeinsamer Kontrolle sind die Befragungen des Abschlussprüfers eher wirksam, wenn sie darauf ausgerichtet sind, ob es sich bei Personen, mit denen die Einheit bedeutsame Transaktionen durchführt oder in bedeutsamem Maße Ressourcen gemeinsam nutzt, um nahe stehende Personen handelt, da dem Management solche Beziehungen wahrscheinlich eher bekannt sind, wenn sie für die Einheit wirtschaftlich bedeutsam sind.

A13. Im Zusammenhang mit einer Konzernabschlussprüfung muss das Konzernprüfungsteam nach ISA 600 jedem Teilbereichsprüfer eine vom Konzernmanagement aufgestellte Liste nahe stehender Personen liefern und alle anderen nahe stehenden Personen mitteilen, die dem Konzernprüfungsteam bekannt sind.[19] Wenn die Einheit ein Teilbereich eines Konzerns ist, stellen diese Informationen eine nützliche

---

19) ISA 600 „Besondere Überlegungen zu Konzernabschlussprüfungen (einschließlich der Tätigkeit von Teilbereichsprüfern)", Textziffer 40(e).

A14. The auditor may also obtain some information regarding the identity of the entity's related parties through inquiries of management during the engagement acceptance or continuance process.

The Entity's Controls over Related Party Relationships and Transactions (Ref: Para. 14)

A15. Others within the entity are those considered likely to have knowledge of the entity's related party relationships and transactions, and the entity's controls over such relationships and transactions. These may include, to the extent that they do not form part of management:

- Those charged with governance;
- Personnel in a position to initiate, process, or record transactions that are both significant and outside the entity's normal course of business, and those who supervise or monitor such personnel;
- Internal auditors;
- In-house legal counsel; and
- The chief ethics officer or equivalent person.

A16. The audit is conducted on the premise that management and, where appropriate, those charged with governance have acknowledged and understand that they have responsibility for the preparation of the financial statements in accordance with the applicable financial reporting framework, including where relevant their fair presentation, and for such internal control as management and, where appropriate, those charged with governance determine is necessary to enable the preparation of financial statements that are free from material misstatement, whether due to fraud or error.[20] Accordingly, where the framework establishes related party requirements, the preparation of the financial statements requires management, with oversight from those charged with governance, to design, implement and maintain adequate controls over related party relationships and transactions so that these are identified and appropriately accounted for and disclosed in accordance with the framework. In their oversight role, those charged with governance monitor how management is discharging its responsibility for such controls. Regardless of any related party requirements the framework may establish, those charged with governance may, in their oversight role, obtain information from management to enable them to understand the nature and business rationale of the entity's related party relationships and transactions.

A17. In meeting the ISA 315 requirement to obtain an understanding of the control environment,[21] the auditor may consider features of the control environment relevant to mitigating the risks of material misstatement associated with related party relationships and transactions, such as:

- Internal ethical codes, appropriately communicated to the entity's personnel and enforced, governing the circumstances in which the entity may enter into specific types of related party transactions.
- Policies and procedures for open and timely disclosure of the interests that management and those charged with governance have in related party transactions.
- The assignment of responsibilities within the entity for identifying, recording, summarizing, and disclosing related party transactions.
- Timely disclosure and discussion between management and those charged with governance of significant related party transactions outside the entity's normal course of business, including whether those charged with governance have appropriately challenged the business rationale of such transactions (for example, by seeking advice from external professional advisors).

---

20) ISA 200, paragraph A2.
21) ISA 315, paragraph 14.

Nahe stehende Personen ISA 550

Grundlage für die Befragungen des Managements durch den Abschlussprüfer zur Identität der der Einheit nahe stehenden Personen dar.

A14. Der Abschlussprüfer kann einige Informationen zur Identität der der Einheit nahe stehenden Personen auch durch Befragungen des Managements während des Prozesses der Auftragsannahme oder -fortführung erlangen.

Kontrollen der Einheit über Beziehungen zu und Transaktionen mit nahe stehenden Personen (Vgl. Tz. 14)

A15. Andere Personen innerhalb der Einheit[*)] sind solche, bei denen es für wahrscheinlich gehalten wird, dass sie Kenntnisse über die Beziehungen zu und Transaktionen der Einheit mit nahe stehenden Personen sowie über die Kontrollen der Einheit über solche Beziehungen und Transaktionen besitzen. Dazu können die folgenden Personen gehören, soweit sie nicht dem Management angehören:
- die für die Überwachung Verantwortlichen,
- Mitarbeiter, die in der Lage sind, Transaktionen auszulösen, zu verarbeiten oder aufzuzeichnen, die bedeutsam sind und gleichzeitig außerhalb des gewöhnlichen Geschäftsverlaufs der Einheit erfolgen, sowie diejenigen, die diese Mitarbeiter beaufsichtigen und überwachen,
- Mitarbeiter der internen Revision,
- hausinterne Rechtsberater und
- der Ethik-Beauftragte (Chief Ethics Officer) oder Personen mit entsprechender Funktion.

A16. Die Abschlussprüfung wird unter der Voraussetzung durchgeführt, dass das Management und ggf. die für die Überwachung Verantwortlichen ihre Verantwortung für die Aufstellung des Abschlusses in Übereinstimmung mit dem maßgebenden Regelwerk der Rechnungslegung anerkannt und verstanden haben. Sofern relevant umfasst dies die sachgerechte Gesamtdarstellung des Abschlusses und die internen Kontrollen, die das Management und – sofern einschlägig – die für die Überwachung Verantwortlichen als notwendig erachten, um einen Abschluss aufzustellen, der frei von wesentlichen – beabsichtigten oder unbeabsichtigten – falschen Darstellungen ist.[20)] Folglich hat das Management, sofern das Regelwerk Anforderungen zu nahe stehenden Personen festlegt, bei der Aufstellung des Abschlusses unter Aufsicht der für die Überwachung Verantwortlichen angemessene Kontrollen für Beziehungen zu und Transaktionen mit nahe stehenden Personen auszugestalten, einzurichten und aufrechtzuerhalten, damit diese in Übereinstimmung mit dem Regelwerk identifiziert, zutreffend ausgewiesen und angegeben werden. Im Rahmen ihrer Aufsichtsfunktion überwachen die für die Überwachung Verantwortlichen, wie das Management seiner Verantwortung für diese Kontrollen gerecht wird. Unabhängig von möglicherweise im Regelwerk enthaltenen Anforderungen zu nahe stehenden Personen können die für die Überwachung Verantwortlichen im Rahmen ihrer Aufsichtspflichten Informationen vom Management erlangen, um die Art und den wirtschaftlichen Hintergrund der Beziehungen zu und Transaktionen der Einheit mit nahe stehenden Personen verstehen zu können.

A17. In Erfüllung der Anforderung in ISA 315, nach der ein Verständnis von dem Kontrollumfeld zu gewinnen ist,[21)] kann der Abschlussprüfer Merkmale des Kontrollumfelds berücksichtigen, die relevant sind für die Reduzierung der Risiken wesentlicher falscher Darstellungen im Zusammenhang mit Beziehungen zu und Transaktionen mit nahe stehenden Personen, unter anderem:
- interne ethische Verhaltensanweisungen, die in angemessener Weise den Mitarbeitern der Einheit mitgeteilt und durchgesetzt werden, zur Regelung der Fälle, in denen die Einheit bestimmte Arten von Transaktionen mit nahe stehenden Personen eingehen darf
- Regelungen und Verfahren zur offenen und zeitgerechten Angabe der vom Management und den für die Überwachung Verantwortlichen bei Transaktionen mit nahe stehenden Personen verfolgten Interessen
- Zuordnung von Pflichten innerhalb der Einheit zur Feststellung, Aufzeichnung, Zusammenfassung und Angabe von Transaktionen mit nahe stehenden Personen
- zeitgerechte Bekanntgabe und Erörterung bedeutsamer Transaktionen mit nahe stehenden Personen außerhalb des gewöhnlichen Geschäftsverlaufs der Einheit zwischen dem Management und den für die Überwachung Verantwortlichen, einschließlich der Frage, ob die für die Überwachung Verantwortlichen den wirtschaftlichen Hintergrund solcher Transaktionen zutreffend hinterfragt haben (bspw. durch Einholung von Rat bei externen Beratern)

---

20) ISA 200, Textziffer A2.
21) ISA 315, Textziffer 14.
*) I.S.v. Textziffer 14.

- Clear guidelines for the approval of related party transactions involving actual or perceived conflicts of interest, such as approval by a subcommittee of those charged with governance comprising individuals independent of management.

- Periodic reviews by internal auditors, where applicable.
- Proactive action taken by management to resolve related party disclosure issues, such as by seeking advice from the auditor or external legal counsel.

- The existence of whistle-blowing policies and procedures, where applicable.

A18. Controls over related party relationships and transactions within some entities may be deficient or non-existent for a number of reasons, such as:
- The low importance attached by management to identifying and disclosing related party relationships and transactions.
- The lack of appropriate oversight by those charged with governance.
- An intentional disregard for such controls because related party disclosures may reveal information that management considers sensitive, for example, the existence of transactions involving family members of management.
- An insufficient understanding by management of the related party requirements of the applicable financial reporting framework.
- The absence of disclosure requirements under the applicable financial reporting framework.

Where such controls are ineffective or non-existent, the auditor may be unable to obtain sufficient appropriate audit evidence about related party relationships and transactions. If this were the case, the auditor would, in accordance with ISA 705,[22] consider the implications for the audit, including the opinion in the auditor's report.

A19. Fraudulent financial reporting often involves management override of controls that otherwise may appear to be operating effectively.[23] The risk of management override of controls is higher if management has relationships that involve control or significant influence with parties with which the entity does business because these relationships may present management with greater incentives and opportunities to perpetrate fraud. For example, management's financial interests in certain related parties may provide incentives for management to override controls by (a) directing the entity, against its interests, to conclude transactions for the benefit of these parties, or (b) colluding with such parties or controlling their actions. Examples of possible fraud include:

- Creating fictitious terms of transactions with related parties designed to misrepresent the business rationale of these transactions.
- Fraudulently organizing the transfer of assets from or to management or others at amounts significantly above or below market value.
- Engaging in complex transactions with related parties, such as special-purpose entities, that are structured to misrepresent the financial position or financial performance of the entity.

Considerations specific to smaller entities

A20. Control activities in smaller entities are likely to be less formal and smaller entities may have no documented processes for dealing with related party relationships and transactions. An owner-manager may mitigate some of the risks arising from related party transactions, or potentially increase those risks, through active involvement in all the main aspects of the transactions. For such entities, the auditor may obtain an understanding of the related party relationships and transactions, and any controls that may exist

---

22) ISA 705, "Modifications to the Opinion in the Independent Auditor's Report."
23) ISA 240, paragraphs 31 and A4.

- klare Richtlinien für die Genehmigung von Transaktionen mit nahe stehenden Personen, die tatsächliche oder befürchtete Interessenkonflikte einbeziehen (z. B. Genehmigung durch ein Untergremium der für die Überwachung Verantwortlichen, das aus Personen besteht, die vom Management unabhängig sind)
- regelmäßige Überprüfungen durch die interne Revision, wo dies möglich ist
- proaktive Maßnahmen, die vom Management ergriffen werden, um Fragen bei der Angabe nahe stehender Personen zu lösen (z. B. durch Einholung von Rat beim Abschlussprüfer oder bei externen Rechtsberatern)
- das Vorhandensein von Regelungen und Verfahren zu anonymen Hinweisen (Whistleblower), wo dies möglich ist.

A18. Die Kontrollen über Beziehungen zu und Transaktionen mit nahe stehenden Personen können in manchen Einheiten aus einer Vielzahl von Gründen mangelhaft oder nicht vorhanden sein, so zum Beispiel bei:
- geringer Bedeutung, die das Management der Identifizierung und Angabe von Beziehungen zu und Transaktionen mit nahe stehenden Personen beimisst.
- Fehlen einer angemessenen Aufsicht durch die für die Überwachung Verantwortlichen.
- absichtlicher Missachtung solcher Kontrollen, weil die Angaben zu nahe stehenden Personen Informationen enthüllen können, die das Management als sensibel erachtet (bspw. das Vorhandensein von Transaktionen, an denen Familienmitglieder des Managements beteiligt sind).
- unzureichendem Verständnis des Managements von den im maßgebenden Regelwerk der Rechnungslegung enthaltenen Anforderungen zu nahe stehenden Personen.
- Fehlen von Anforderungen zu Abschlussangaben in dem maßgebenden Regelwerk der Rechnungslegung.

Wenn diese Kontrollen nicht wirksam oder nicht vorhanden sind, ist der Abschlussprüfer möglicherweise nicht in der Lage, ausreichende geeignete Prüfungsnachweise über Beziehungen zu und Transaktionen mit nahe stehenden Personen zu erlangen. In diesem Fall wird der Abschlussprüfer in Übereinstimmung mit ISA 705[22)] die Folgen für die Prüfung einschließlich für das Prüfungsurteil im Vermerk des Abschlussprüfers einschätzen.

A19. Mit Manipulationen der Rechnungslegung geht häufig eine Außerkraftsetzung von Kontrollen durch das Management einher, die ansonsten möglicherweise wirksam zu funktionieren scheinen.[23)] Das Risiko der Außerkraftsetzung von Kontrollen durch das Management ist höher, wenn das Management Beziehungen, die mit einer Beherrschung oder einem maßgeblichen Einfluss einhergehen, zu Personen hat, mit denen die Einheit Geschäfte tätigt, da diese Beziehungen dem Management größere Anreize und Gelegenheiten bieten können, dolose Handlungen zu begehen. Beispielsweise können finanzielle Interessen des Managements an bestimmten nahe stehenden Personen dem Management Anreize zur Außerkraftsetzung von Kontrollen bieten, indem es (a) die Einheit entgegen deren Interessen veranlasst, Transaktionen zum Nutzen dieser Personen abzuschließen, oder (b) betrügerisch mit diesen Personen zusammenwirkt oder deren Tätigkeiten beherrscht. Beispiele für mögliche dolose Handlungen können u.a. sein:
- Schaffen von fingierten Bedingungen für Transaktionen mit nahe stehenden Personen zu dem Zweck, den wirtschaftlichen Hintergrund dieser Transaktionen falsch darzustellen
- dolose Gestaltung der Übertragung von Vermögenswerten vom Management oder anderen Personen bzw. auf das Management oder andere Personen zu Preisen, die erheblich ober- oder unterhalb des Marktwerts liegen
- Durchführung von komplexen Transaktionen mit nahe stehenden Personen, z. B. Zweckgesellschaften, die so strukturiert sind, dass die Vermögens-, Finanz- oder Ertragslage der Einheit falsch dargestellt wird.

Spezifische Überlegungen zu kleineren Einheiten

A20. Kontrollaktivitäten in kleineren Einheiten sind wahrscheinlich weniger formalisiert. In kleineren Einheiten gibt es möglicherweise keine dokumentierten Prozesse, die sich mit Beziehungen zu und Transaktionen mit nahe stehenden Personen befassen. Ein Gesellschafter-Geschäftsführer kann einige der aus Transaktionen mit nahe stehenden Personen resultierenden Risiken abschwächen oder diese Risiken durch aktive Einbindung in alle Hauptaspekte der Transaktionen erhöhen. Bei solchen Einheiten kann sich der

---

22) ISA 705 „Modifizierungen des Prüfungsurteils im Vermerk des unabhängigen Abschlussprüfers".
23) ISA 240, Textziffern 31 und A4.

over these, through inquiry of management combined with other procedures, such as observation of management's oversight and review activities, and inspection of available relevant documentation.

Authorization and approval of significant transactions and arrangements (Ref: Para. 14(b))

A21. Authorization involves the granting of permission by a party or parties with the appropriate authority (whether management, those charged with governance or the entity's shareholders) for the entity to enter into specific transactions in accordance with pre-determined criteria, whether judgmental or not. Approval involves those parties' acceptance of the transactions the entity has entered into as having satisfied the criteria on which authorization was granted. Examples of controls the entity may have established to authorize and approve significant transactions and arrangements with related parties or significant transactions and arrangements outside the normal course of business include:

- Monitoring controls to identify such transactions and arrangements for authorization and approval.

- Approval of the terms and conditions of the transactions and arrangements by management, those charged with governance or, where applicable, shareholders.

Maintaining Alertness for Related Party Information When Reviewing Records or Documents

Records or Documents That the Auditor May Inspect (Ref: Para. 15)

A22. During the audit, the auditor may inspect records or documents that may provide information about related party relationships and transactions, for example:

- Third-party confirmations obtained by the auditor (in addition to bank and legal confirmations).

- Entity income tax returns.
- Information supplied by the entity to regulatory authorities.
- Shareholder registers to identify the entity's principal shareholders.
- Statements of conflicts of interest from management and those charged with governance.
- Records of the entity's investments and those of its pension plans.
- Contracts and agreements with key management or those charged with governance.
- Significant contracts and agreements not in the entity's ordinary course of business.
- Specific invoices and correspondence from the entity's professional advisors.
- Life insurance policies acquired by the entity.
- Significant contracts re-negotiated by the entity during the period.
- Internal auditors' reports.
- Documents associated with the entity's filings with a securities regulator (for example, prospectuses).

Arrangements that may indicate the existence of previously unidentified or undisclosed related party relationships or transactions (Ref: Para. 15)

A23. An arrangement involves a formal or informal agreement between the entity and one or more other parties for such purposes as:
- The establishment of a business relationship through appropriate vehicles or structures.
- The conduct of certain types of transactions under specific terms and conditions.
- The provision of designated services or financial support.

Abschlussprüfer durch Befragungen des Managements in Kombination mit anderen Prüfungshandlungen (z. B. Beobachtung der Tätigkeiten des Managements zur Überwachung und Nachprüfung sowie Einsichtnahme in verfügbare relevante Dokumentation) ein Verständnis von den Beziehungen zu und Transaktionen mit nahe stehenden Personen sowie von hierzu möglicherweise vorhandenen Kontrollen verschaffen.

Autorisierung und Genehmigung von bedeutsamen Transaktionen und Vereinbarungen (Vgl. Tz. 14(b))

A21. Autorisierung umfasst die Erteilung einer Erlaubnis durch eine oder mehrere Personen mit entsprechender Weisungsbefugnis (entweder durch das Management, die für die Überwachung Verantwortlichen oder die Anteilseigner der Einheit) für das Eingehen von bestimmten Transaktionen durch die Einheit in Übereinstimmung mit vorher festgelegten Kriterien, unabhängig davon, ob diese einem Ermessensspielraum unterliegen oder nicht. Genehmigung umfasst die Anerkennung durch diese Personen, dass die von der Einheit eingegangenen Transaktionen die Kriterien erfüllt haben, auf denen die Autorisierung beruhte. Beispiele für Kontrollen, welche die Einheit eingerichtet haben kann, um bedeutsame Transaktionen und Vereinbarungen mit nahe stehenden Personen oder bedeutsame Transaktionen und Vereinbarungen außerhalb des gewöhnlichen Geschäftsverlaufs zu autorisieren und zu genehmigen, schließen Folgendes ein:

- Überwachung der Kontrollen, um solche Transaktionen und Vereinbarungen zu erkennen, die zu autorisieren und zu genehmigen sind
- Genehmigung der Bedingungen der Transaktionen und Vereinbarungen durch das Management, die für die Überwachung Verantwortlichen oder ggf. durch Anteilseigner.

Kontinuierliche Wachsamkeit in Bezug auf Informationen zu nahe stehenden Personen über die gesamte Dauer der Durchsicht von Aufzeichnungen oder Dokumenten

Aufzeichnungen oder Dokumente, in die der Abschlussprüfer Einsicht nehmen kann (Vgl. Tz. 15)

A22. Während der Abschlussprüfung kann der Abschlussprüfer Einsicht in Aufzeichnungen oder Dokumente nehmen, die Informationen über Beziehungen zu und Transaktionen mit nahe stehenden Personen liefern können, z. B.:

- vom Abschlussprüfer eingeholte externe Bestätigungen (zusätzlich zu Bank- und rechtlichen Bestätigungen)
- Ertragsteuererklärungen der Einheit
- Informationen, welche die Einheit an Aufsichtsbehörden geliefert hat
- Anteilseignerverzeichnisse zur Feststellung der Hauptanteilseigner der Einheit
- Erklärungen zu Interessenkonflikten des Managements und der für die Überwachung Verantwortlichen
- Aufzeichnungen über die Finanzinvestitionen der Einheit sowie über deren Pensionspläne
- Verträge und Vereinbarungen mit Mitgliedern des Managements in Schlüsselfunktionen oder mit den für die Überwachung Verantwortlichen
- bedeutsame Verträge und Vereinbarungen außerhalb der gewöhnlichen Geschäftstätigkeit der Einheit
- spezifische Rechnungen und Schriftverkehr von den Beratern der Einheit
- von der Einheit erworbene Lebensversicherungspolicen
- bedeutsame Verträge, die von der Einheit während des betreffenden Zeitraums erneut ausgehandelt wurden
- Berichte der internen Revision
- Dokumente im Zusammenhang mit den bei einer Wertpapieraufsichtsbehörde eingereichten Unterlagen der Einheit (z. B. Prospekte).

Vereinbarungen, die auf das Vorhandensein von bislang nicht erkannten oder nicht angegebenen Beziehungen zu oder Transaktionen mit nahe stehenden Personen hindeuten können (Vgl. Tz. 15)

A23. Eine Vereinbarung umfasst eine formelle oder informelle Übereinkunft zwischen der Einheit und einer oder mehreren anderen Personen für Zwecke wie:

- Aufbau einer Geschäftsbeziehung durch geeignete Mittel oder Strukturen
- Durchführung bestimmter Arten von Transaktionen unter bestimmten Bedingungen
- Erbringung bestimmter Dienstleistungen oder Leistung finanzieller Unterstützung.

Examples of arrangements that may indicate the existence of related party relationships or transactions that management has not previously identified or disclosed to the auditor include:

- Participation in unincorporated partnerships with other parties.
- Agreements for the provision of services to certain parties under terms and conditions that are outside the entity's normal course of business.
- Guarantees and guarantor relationships.

Identification of Significant Transactions outside the Normal Course of Business (Ref: Para. 16)

A24. Obtaining further information on significant transactions outside the entity's normal course of business enables the auditor to evaluate whether fraud risk factors, if any, are present and, where the applicable financial reporting framework establishes related party requirements, to identify the risks of material misstatement.

A25. Examples of transactions outside the entity's normal course of business may include:

- Complex equity transactions, such as corporate restructurings or acquisitions.
- Transactions with offshore entities in jurisdictions with weak corporate laws.
- The leasing of premises or the rendering of management services by the entity to another party if no consideration is exchanged.
- Sales transactions with unusually large discounts or returns.
- Transactions with circular arrangements, for example, sales with a commitment to repurchase.
- Transactions under contracts whose terms are changed before expiry.

Understanding the nature of significant transactions outside the normal course of business (Ref: Para. 16(a))

A26. Inquiring into the nature of the significant transactions outside the entity's normal course of business involves obtaining an understanding of the business rationale of the transactions, and the terms and conditions under which these have been entered into.

Inquiring into whether related parties could be involved (Ref: Para. 16(b))

A27. A related party could be involved in a significant transaction outside the entity's normal course of business not only by directly influencing the transaction through being a party to the transaction, but also by indirectly influencing it through an intermediary. Such influence may indicate the presence of a fraud risk factor.

Sharing Related Party Information with the Engagement Team (Ref: Para. 17)

A28. Relevant related party information that may be shared among the engagement team members includes, for example:
- The identity of the entity's related parties.
- The nature of the related party relationships and transactions.
- Significant or complex related party relationships or transactions that may require special audit consideration, in particular transactions in which management or those charged with governance are financially involved.

Identification and Assessment of the Risks of Material Misstatement Associated with Related Party Relationships and Transactions

Fraud Risk Factors Associated with a Related Party with Dominant Influence (Ref: Para. 19)

A29. Domination of management by a single person or small group of persons without compensating controls is a fraud risk factor.[24] Indicators of dominant influence exerted by a related party include:

- The related party has vetoed significant business decisions taken by management or those charged with governance.

---

[24] ISA 240, Appendix 1.

Beispiele für Vereinbarungen, die auf das Vorhandensein von Beziehungen zu oder Transaktionen mit nahe stehenden Personen hindeuten können, die das Management bislang nicht erkannt oder gegenüber dem Abschlussprüfer angegeben hat, schließen ein:
- Beteiligung an Personengesellschaften mit anderen Personen
- Vereinbarungen über das Erbringen von Dienstleistungen für bestimmte Personen zu Bedingungen, die außerhalb der gewöhnlichen Geschäftstätigkeit der Einheit liegen
- Bürgschaften und bürgschaftsähnliche Beziehungen

Identifizierung bedeutsamer Transaktionen außerhalb des gewöhnlichen Geschäftsverlaufs (Vgl. Tz. 16)

A24. Das Einholen von weiteren Informationen zu bedeutsamen Transaktionen außerhalb des gewöhnlichen Geschäftsverlaufs der Einheit ermöglicht es dem Abschlussprüfer zu beurteilen, ob etwaige Risikofaktoren für dolose Handlungen vorhanden sind, und – für den Fall, dass das maßgebende Regelwerk der Rechnungslegung Anforderungen zu nahe stehenden Personen festlegt – die Risiken wesentlicher falscher Darstellungen zu identifizieren.

A25. Beispiele für Transaktionen außerhalb der gewöhnlichen Geschäftstätigkeit der Einheit können einschließen:
- komplexe Eigenkapitaltransaktionen, z. B. Unternehmensumstrukturierungen oder -erwerbe
- Transaktionen mit im Ausland ansässigen (offshore) Einheiten in Rechtsräumen mit schwach ausgebildetem Gesellschaftsrecht
- Vermietung von Immobilien an eine andere Person oder Erbringung von Managementleistungen für eine andere Person durch die Einheit ohne Gegenleistung
- Verkaufstransaktionen mit ungewöhnlich hohen Preisnachlässen oder Gutschriften
- Transaktionen mit umlaufenden Vereinbarungen, bspw. Verkäufe mit Rückkaufverpflichtung
- Transaktionen aufgrund von Verträgen, deren Bedingungen vor ihrem Ablauf geändert werden.

Verstehen des Wesens bedeutsamer Transaktionen außerhalb des gewöhnlichen Geschäftsverlaufs (Vgl. Tz. 16(a))

A26. Befragungen zum Wesen bedeutsamer Transaktionen außerhalb des gewöhnlichen Geschäftsverlaufs der Einheit beinhalten die Gewinnung eines Verständnisses von dem wirtschaftlichen Hintergrund der Transaktionen sowie von den Bedingungen, unter denen diese eingegangen wurden.

Befragung, ob nahe stehende Personen beteiligt sein könnten (Vgl. Tz. 16(b))

A27. Eine nahe stehende Person könnte an einer bedeutsamen Transaktion außerhalb des gewöhnlichen Geschäftsverlaufs der Einheit nicht nur durch direkte Einflussnahme auf die Transaktion beteiligt sein, indem sie eine Partei der Transaktion ist, sondern auch durch indirekte Einflussnahme auf die Transaktion über einen Mittelsmann. Ein solcher Einfluss kann darauf hindeuten, dass ein Risikofaktor für dolose Handlungen vorliegt.

Austausch von Informationen zu nahe stehenden Personen mit dem Prüfungsteam (Vgl. Tz. 17)

A28. Zu den relevanten Informationen über nahe stehenden Personen, die möglicherweise unter den Mitgliedern des Prüfungsteams ausgetauscht werden, gehören bspw.:
- die Identität der Personen, die der Einheit nahe stehen
- die Art der Beziehungen zu und Transaktionen mit nahe stehenden Personen
- bedeutsame oder komplexe Beziehungen zu oder Transaktionen mit nahe stehenden Personen, die möglicherweise bei der Abschlussprüfung besonders zu berücksichtigen sind, insbesondere Transaktionen, an denen das Management oder die für die Überwachung Verantwortlichen finanziell beteiligt sind.

Identifizierung und Beurteilung der Risiken wesentlicher falscher Darstellungen im Zusammenhang mit Beziehungen zu und Transaktionen mit nahe stehenden Personen

Risikofaktoren für dolose Handlungen im Zusammenhang mit einer nahe stehenden Person mit dominantem Einfluss (Vgl. Tz. 19)

A29. Die Beherrschung des Managements durch eine einzelne Person oder eine kleine Gruppe von Personen ohne ausgleichende Kontrollen stellt einen Risikofaktor für dolose Handlungen dar.[24] Zu den Anzeichen für die Ausübung eines dominanten Einflusses durch eine nahe stehende Person gehören:
- Die nahe stehende Person hat bedeutsame geschäftliche Entscheidungen des Managements oder der für die Überwachung Verantwortlichen abgelehnt.

---
24) ISA 240, Anlage 1.

- Significant transactions are referred to the related party for final approval.

- There is little or no debate among management and those charged with governance regarding business proposals initiated by the related party.

- Transactions involving the related party (or a close family member of the related party) are rarely independently reviewed and approved.

Dominant influence may also exist in some cases if the related party has played a leading role in founding the entity and continues to play a leading role in managing the entity.

A30. In the presence of other risk factors, the existence of a related party with dominant influence may indicate significant risks of material misstatement due to fraud. For example:

- An unusually high turnover of senior management or professional advisors may suggest unethical or fraudulent business practices that serve the related party's purposes.

- The use of business intermediaries for significant transactions for which there appears to be no clear business justification may suggest that the related party could have an interest in such transactions through control of such intermediaries for fraudulent purposes.

- Evidence of the related party's excessive participation in or preoccupation with the selection of accounting policies or the determination of significant estimates may suggest the possibility of fraudulent financial reporting.

Responses to the Risks of Material Misstatement Associated with Related Party Relationships and Transactions (Ref: Para. 20)

A31. The nature, timing and extent of the further audit procedures that the auditor may select to respond to the assessed risks of material misstatement associated with related party relationships and transactions depend upon the nature of those risks and the circumstances of the entity.[25]

A32. Examples of substantive audit procedures that the auditor may perform when the auditor has assessed a significant risk that management has not appropriately accounted for or disclosed specific related party transactions in accordance with the applicable financial reporting framework (whether due to fraud or error) include:

- Confirming or discussing specific aspects of the transactions with intermediaries such as banks, law firms, guarantors, or agents, where practicable and not prohibited by law, regulation or ethical rules.

- Confirming the purposes, specific terms or amounts of the transactions with the related parties (this audit procedure may be less effective where the auditor judges that the entity is likely to influence the related parties in their responses to the auditor).

- Where applicable, reading the financial statements or other relevant financial information, if available, of the related parties for evidence of the accounting of the transactions in the related parties' accounting records.

A33. If the auditor has assessed a significant risk of material misstatement due to fraud as a result of the presence of a related party with dominant influence, the auditor may, in addition to the general requirements of ISA 240, perform audit procedures such as the following to obtain an understanding of the business relationships that such a related party may have established directly or indirectly with the entity and to determine the need for further appropriate substantive audit procedures:

- Inquiries of, and discussion with, management and those charged with governance.

---

[25] ISA 330 provides further guidance on considering the nature, timing and extent of further audit procedures. ISA 240 establishes requirements and provides guidance on appropriate responses to assessed risks of material misstatement due to fraud.

- Bedeutsame Transaktionen werden zur endgültigen Genehmigung an die nahe stehende Person verwiesen.
- Von der nahe stehenden Person initiierte geschäftliche Vorschläge werden innerhalb des Managements und der für die Überwachung Verantwortlichen nur in geringem Maße oder gar nicht erörtert.
- Transaktionen, an denen die nahe stehende Person (oder ein enges Familienmitglied der nahe stehenden Person) beteiligt ist, werden nur selten unabhängig überprüft und genehmigt.

Ein dominanter Einfluss kann in manchen Fällen auch vorliegen, wenn die nahe stehende Person eine führende Rolle bei der Gründung der Einheit gespielt hat und weiterhin eine führende Rolle im Management der Einheit spielt.

A30. Wenn andere Risikofaktoren vorliegen, kann das Vorhandensein einer nahe stehenden Person mit dominantem Einfluss auf bedeutsame Risiken wesentlicher beabsichtigter falscher Darstellungen hindeuten. Beispiele hierfür sind:
- Eine ungewöhnlich hohe Fluktuation im oberen Management oder bei fachlichen Beratern kann unethische oder dolose Geschäftsgebaren nahe legen, die den Absichten der nahe stehenden Person dienen.
- Die Hinzuziehung von Mittelsmännern für bedeutsame Transaktionen ohne ersichtlichen wirtschaftlichen Grund kann nahe legen, dass die nahe stehende Person an solchen Transaktionen durch die Beherrschung dieser Mittelsmänner zu dolosen Zwecken beteiligt sein könnte.
- Nachweise dafür, dass nahe stehende Personen übermäßig an der Auswahl von Rechnungslegungsmethoden oder an der Festlegung von bedeutsamen geschätzten Werten beteiligt sind oder sich übermäßig damit befassen, können die Möglichkeit von Manipulationen der Rechnungslegung nahe legen.

Reaktionen auf die Risiken wesentlicher falscher Darstellungen im Zusammenhang mit Beziehungen zu und Transaktionen mit nahe stehenden Personen (Vgl. Tz. 20)

A31. Art, zeitliche Einteilung und Umfang der weiteren Prüfungshandlungen, die der Abschlussprüfer als Reaktion auf die beurteilten Risiken wesentlicher falscher Darstellungen im Zusammenhang mit Beziehungen zu und Transaktionen mit nahe stehenden Personen auswählen kann, hängen von der Art dieser Risiken und von den gegebenen Umständen der Einheit ab.[25]

A32. Hat der Abschlussprüfer ein Risiko als bedeutsam eingeschätzt, dass das Management bestimmte Transaktionen mit nahe stehenden Personen nicht in Übereinstimmung mit dem maßgebenden Regelwerk der Rechnungslegung zutreffend ausgewiesen oder angegeben hat (sei es aufgrund von dolosen Handlungen oder irrtümlich), können bspw. folgende aussagebezogene Prüfungshandlungen durchgeführt werden:
- Bestätigungen von oder Erörterungen mit eingeschalteten Personen (z. B. Banken, Rechtsanwaltskanzleien, Bürgen oder Vertretern) zu bestimmten Aspekten der Transaktionen, soweit dies praktisch durchführbar und nicht aufgrund von Gesetzen, anderen Rechtsvorschriften oder aus ethischen Gründen untersagt ist
- Einholung von Bestätigungen nahe stehender Personen über Ziele, spezifische Bedingungen oder Beträge der Transaktionen (diese Prüfungshandlung kann weniger wirksam sein, wenn der Abschlussprüfer einschätzt, dass die Einheit wahrscheinlich die Antworten der nahe stehenden Personen gegenüber dem Abschlussprüfer beeinflusst)
- soweit anwendbar, Lesen des Abschlusses oder anderer erhältlicher relevanter Finanzinformationen der nahe stehenden Personen, um Nachweise der Erfassung der Transaktionen in den Unterlagen der Rechnungslegung der nahe stehenden Personen zu erlangen.

A33. Stellt der Abschlussprüfer ein bedeutsames Risiko falscher Darstellungen aufgrund von dolosen Handlungen fest, weil eine nahe stehende Person mit dominantem Einfluss vorhanden ist, können zusätzlich zu den in ISA 240 enthaltenen allgemeinen Anforderungen Prüfungshandlungen wie etwa die folgenden durchgeführt werden, um ein Verständnis von den Geschäftsbeziehungen zu erlangen, die eine solche nahe stehende Person direkt oder indirekt mit der Einheit aufgebaut haben kann, und um festzustellen, ob die Notwendigkeit für weitere geeignete aussagebezogene Prüfungshandlungen besteht:
- Befragungen des Managements und der für die Überwachung Verantwortlichen sowie Erörterung mit diesen

---

25) ISA 330 enthält weitere Hinweise zur Berücksichtigung von Art, zeitlicher Einteilung und Umfang weiterer Prüfungshandlungen. ISA 240 enthält Anforderungen und erläuternde Hinweise zu angemessenen Reaktionen auf beurteilte Risiken wesentlicher beabsichtigter falscher Darstellungen.

- Inquiries of the related party.
- Inspection of significant contracts with the related party.
- Appropriate background research, such as through the Internet or specific external business information databases.
- Review of employee whistle-blowing reports where these are retained.

A34. Depending upon the results of the auditor's risk assessment procedures, the auditor may consider it appropriate to obtain audit evidence without testing the entity's controls over related party relationships and transactions. In some circumstances, however, it may not be possible to obtain sufficient appropriate audit evidence from substantive audit procedures alone in relation to the risks of material misstatement associated with related party relationships and transactions. For example, where intra-group transactions between the entity and its components are numerous and a significant amount of information regarding these transactions is initiated, recorded, processed or reported electronically in an integrated system, the auditor may determine that it is not possible to design effective substantive audit procedures that by themselves would reduce the risks of material misstatement associated with these transactions to an acceptably low level. In such a case, in meeting the ISA 330 requirement to obtain sufficient appropriate audit evidence as to the operating effectiveness of relevant controls,[26] the auditor is required to test the entity's controls over the completeness and accuracy of the recording of the related party relationships and transactions.

Identification of Previously Unidentified or Undisclosed Related Parties or Significant Related Party Transactions

Communicating Newly Identified Related Party Information to the Engagement Team (Ref: Para. 22(a))

A35. Communicating promptly any newly identified related parties to the other members of the engagement team assists them in determining whether this information affects the results of, and conclusions drawn from, risk assessment procedures already performed, including whether the risks of material misstatement need to be reassessed.

Substantive Procedures Relating to Newly Identified Related Parties or Significant Related Party Transactions (Ref: Para. 22(c))

A36. Examples of substantive audit procedures that the auditor may perform relating to newly identified related parties or significant related party transactions include:

- Making inquiries regarding the nature of the entity's relationships with the newly identified related parties, including (where appropriate and not prohibited by law, regulation or ethical rules) inquiring of parties outside the entity who are presumed to have significant knowledge of the entity and its business, such as legal counsel, principal agents, major representatives, consultants, guarantors, or other close business partners.

- Conducting an analysis of accounting records for transactions with the newly identified related parties. Such an analysis may be facilitated using computer-assisted audit techniques.

- Verifying the terms and conditions of the newly identified related party transactions, and evaluating whether the transactions have been appropriately accounted for and disclosed in accordance with the applicable financial reporting framework.

Intentional Non-Disclosure by Management (Ref: Para. 22(e))

A37. The requirements and guidance in ISA 240 regarding the auditor's responsibilities relating to fraud in an audit of financial statements are relevant where management appears to have intentionally failed to disclose related parties or significant related party transactions to the auditor. The auditor may also consider whether it is necessary to re-evaluate the reliability of management's responses to the auditor's inquiries and management's representations to the auditor.

---

26) ISA 330, paragraph 8(b).

- Befragungen der nahe stehenden Person
- Einsichtnahme in bedeutsame Verträge mit der nahe stehenden Person
- geeignete Hintergrundrecherche, z. B. über das Internet oder spezielle externe Datenbanken mit Geschäftsinformationen
- Durchsicht der Whistleblower-Berichte von Mitarbeitern, sofern diese aufbewahrt werden.

A34. Je nach den Ergebnissen der Prüfungshandlungen zur Risikobeurteilung kann der Abschlussprüfer es für angemessen halten, Prüfungsnachweise einzuholen, ohne die Kontrollen der Einheit über Beziehungen zu und Transaktionen mit nahe stehenden Personen zu prüfen. Unter manchen Umständen kann es jedoch nicht möglich sein, allein aus aussagebezogenen Prüfungshandlungen ausreichende geeignete Prüfungsnachweise zu den Risiken wesentlicher falscher Darstellungen im Zusammenhang mit Beziehungen zu und Transaktionen mit nahe stehenden Personen zu erlangen. Wenn bspw. häufige konzerninterne Geschäftsvorfälle zwischen der Einheit und ihren Teilbereichen stattfinden und eine bedeutsame Menge an Informationen zu diesen Geschäftsvorfällen in elektronischer Form in einem integrierten System ausgelöst, aufgezeichnet, verarbeitet oder berichtet wird, kann der Abschlussprüfer zu dem Schluss kommen, dass es nicht möglich ist, wirksame aussagebezogene Prüfungshandlungen zu planen, die für sich alleine die Risiken wesentlicher falscher Darstellungen im Zusammenhang mit diesen Geschäftsvorfällen auf ein vertretbar niedriges Maß reduzieren könnten. In einem solchen Fall hat der Abschlussprüfer, um die Anforderung in ISA 330 zu erfüllen, nach der ausreichende geeignete Prüfungsnachweise zu der Wirksamkeit der relevanten Kontrollen zu erlangen sind,[26] die Kontrollen der Einheit über die Vollständigkeit und Richtigkeit der Aufzeichnung der Beziehungen zu und Transaktionen mit nahe stehenden Personen zu prüfen.

Feststellung von bislang nicht erkannten oder nicht angegebenen nahe stehenden Personen oder bedeutsamen Transaktionen mit nahe stehenden Personen

Mitteilung von Informationen zu neu erkannten nahe stehenden Personen an das Prüfungsteam (Vgl. Tz. 22(a))

A35. Die umgehende Mitteilung von neu erkannten nahe stehenden Personen an die anderen Mitglieder des Prüfungsteams hilft diesen bei der Feststellung, ob sich diese Informationen auf die Ergebnisse der bereits durchgeführten Prüfungshandlungen zur Risikobeurteilung und auf die daraus gezogenen Schlussfolgerungen auswirken, einschließlich der Frage, ob die Risiken wesentlicher falscher Darstellungen neu zu beurteilen sind.

Aussagebezogene Prüfungshandlungen im Zusammenhang mit neu erkannten nahe stehenden Personen oder bedeutsamen Transaktionen mit nahe stehenden Personen (Vgl. Tz. 22(c))

A36. Zu den Beispielen für aussagebezogene Prüfungshandlungen, die der Abschlussprüfer zu neu erkannten nahe stehenden Personen oder bedeutsamen Transaktionen mit nahe stehenden Personen durchführen kann, gehören:
- Durchführung von Befragungen zur Art der Beziehungen der Einheit zu den neu erkannten nahe stehenden Personen, einschließlich (soweit angemessen und nicht aufgrund von Gesetzen, anderen Rechtsvorschriften oder aus ethischen Gründen untersagt) Befragungen von Personen außerhalb der Einheit, von denen angenommen wird, dass sie bedeutsame Kenntnisse über die Einheit und ihre Geschäftstätigkeit besitzen, z. B. Rechtsberater, Generalvertreter, wichtige Repräsentanten, Berater, Bürgen oder andere enge Geschäftspartner
- Durchführung einer Analyse der Unterlagen der Rechnungslegung zu Transaktionen mit den neu erkannten nahe stehenden Personen. Eine solche Analyse kann durch den Einsatz von IT-gestützten Prüfungstechniken erleichtert werden.
- Überprüfung der Bedingungen der Transaktionen mit den neu erkannten nahe stehenden Personen und Beurteilung, ob die Transaktionen in Übereinstimmung mit dem maßgebenden Regelwerk der Rechnungslegung zutreffend ausgewiesen und angegeben wurden.

Absichtliche Unterlassung einer Angabe durch das Management (Vgl. Tz. 22(e))

A37. Die Anforderungen und erläuternden Hinweise zu den Pflichten des Abschlussprüfers bei dolosen Handlungen in ISA 240 sind relevant, wenn es den Anschein hat, dass das Management absichtlich nahe stehende Personen oder bedeutsame Transaktionen mit nahe stehenden Personen gegenüber dem Abschlussprüfer nicht angegeben hat. Der Abschlussprüfer kann auch in Erwägung ziehen, ob es notwendig ist, die Verlässlichkeit der Antworten des Managements auf die Befragungen und die Erklärungen des Managements gegenüber dem Abschlussprüfer neu zu beurteilen.

---

[26] ISA 330, Textziffer 8(b).

Identified Significant Related Party Transactions outside the Entity's Normal Course of Business

Evaluating the Business Rationale of Significant Related Party Transactions (Ref: Para. 23)

A38. In evaluating the business rationale of a significant related party transaction outside the entity's normal course of business, the auditor may consider the following:

- Whether the transaction:
    - Is overly complex (for example, it may involve multiple related parties within a consolidated group).
    - Has unusual terms of trade, such as unusual prices, interest rates, guarantees and repayment terms.
    - Lacks an apparent logical business reason for its occurrence.
    - Involves previously unidentified related parties.
    - Is processed in an unusual manner.
- Whether management has discussed the nature of, and accounting for, such a transaction with those charged with governance.
- Whether management is placing more emphasis on a particular accounting treatment rather than giving due regard to the underlying economics of the transaction.

If management's explanations are materially inconsistent with the terms of the related party transaction, the auditor is required, in accordance with ISA 500,[27] to consider the reliability of management's explanations and representations on other significant matters.

A39. The auditor may also seek to understand the business rationale of such a transaction from the related party's perspective, as this may help the auditor to better understand the economic reality of the transaction and why it was carried out. A business rationale from the related party's perspective that appears inconsistent with the nature of its business may represent a fraud risk factor.

Authorization and Approval of Significant Related Party Transactions (Ref: Para. 23(b))

A40. Authorization and approval by management, those charged with governance, or, where applicable, the shareholders of significant related party transactions outside the entity's normal course of business may provide audit evidence that these have been duly considered at the appropriate levels within the entity and that their terms and conditions have been appropriately reflected in the financial statements. The existence of transactions of this nature that were not subject to such authorization and approval, in the absence of rational explanations based on discussion with management or those charged with governance, may indicate risks of material misstatement due to fraud or error. In these circumstances, the auditor may need to be alert for other transactions of a similar nature. Authorization and approval alone, however, may not be sufficient in concluding whether risks of material misstatement due to fraud are absent because authorization and approval may be ineffective if there has been collusion between the related parties or if the entity is subject to the dominant influence of a related party.

Considerations specific to smaller entities

A41. A smaller entity may not have the same controls provided by different levels of authority and approval that may exist in a larger entity. Accordingly, when auditing a smaller entity, the auditor may rely to a lesser degree on authorization and approval for audit evidence regarding the validity of significant related party transactions outside the entity's normal course of business. Instead, the auditor may consider performing other audit procedures such as inspecting relevant documents, confirming specific aspects of the transactions with relevant parties, or observing the owner-manager's involvement with the transactions.

---

27) ISA 500, "Audit Evidence," paragraph 11.

Identifizierte bedeutsame Transaktionen mit nahe stehenden Personen außerhalb der gewöhnlichen Geschäftstätigkeit der Einheit

Beurteilung des wirtschaftlichen Hintergrunds bedeutsamer Transaktionen mit nahe stehenden Personen (Vgl. Tz. 23)

A38. Bei der Beurteilung des wirtschaftlichen Hintergrunds einer bedeutsamen Transaktion mit nahe stehenden Personen außerhalb des gewöhnlichen Geschäftsverlaufs der Einheit kann der Abschlussprüfer berücksichtigen, ob

- die Transaktion
  - übermäßig komplex ist (z. B. können mehrere nahe stehende Personen innerhalb eines Konsolidierungskreises daran beteiligt sein).
  - unter ungewöhnlichen Geschäftsbedingungen erfolgt (z. B. ungewöhnliche Preise, Zinssätze, Bürgschaften und Rückzahlungsbedingungen).
  - ohne ersichtlichen logischen geschäftlichen Grund erfolgt.
  - unter Beteiligung von bislang nicht erkannten nahe stehenden Personen erfolgt.
  - in ungewöhnlicher Weise abgewickelt wird.
- das Management die Art und den Ausweis einer solchen Transaktion mit den für die Überwachung Verantwortlichen erörtert hat.
- das Management sein Augenmerk stärker auf eine bestimmte buchmäßige Behandlung der Transaktion richtet als darauf, deren wirtschaftlichen Gehalt angemessen zu berücksichtigen.

Wenn die Erklärungen des Managements in wesentlichen Belangen nicht mit den Bedingungen der Transaktion mit nahe stehenden Personen in Einklang stehen, muss der Abschlussprüfer in Übereinstimmung mit ISA 500[27]) die Verlässlichkeit der Erklärungen des Managements zu anderen bedeutsamen Sachverhalten einschätzen.

A39. Der Abschlussprüfer kann auch versuchen, den wirtschaftlichen Hintergrund einer solchen Transaktion aus der Sicht der nahe stehenden Person zu verstehen, da ihm dies dabei helfen kann, den wirtschaftlichen Gehalt der Transaktion und den Grund für deren Durchführung besser zu verstehen. Ein wirtschaftlicher Hintergrund aus der Sicht der nahe stehenden Person, der den Anschein hat, nicht mit der Art ihrer Geschäftstätigkeit in Einklang zu stehen, kann einen Risikofaktor für dolose Handlungen darstellen.

Autorisierung und Genehmigung von bedeutsamen Transaktionen mit nahe stehenden Personen (Vgl. Tz. 23(b))

A40. Die Autorisierung und Genehmigung von bedeutsamen Transaktionen mit nahe stehenden Personen außerhalb der gewöhnlichen Geschäftstätigkeit der Einheit durch das Management, die für die Überwachung Verantwortlichen oder ggf. durch die Anteilseigner kann Prüfungsnachweise dafür liefern, dass sich die geeigneten Hierarchieebenen innerhalb der Einheit angemessen mit diesen Transaktionen befasst haben und dass deren Bedingungen zutreffend im Abschluss abgebildet werden. Das Vorhandensein von Transaktionen dieser Art, die keiner solchen Autorisierung und Genehmigung unterlagen, ohne dass dies auf der Grundlage von Erörterungen mit dem Management oder den für die Überwachung Verantwortlichen rational erklärt wird, kann auf Risiken wesentlicher - beabsichtigter oder unbeabsichtigter - falscher Darstellungen hindeuten. In diesen Fällen muss der Abschlussprüfer möglicherweise auf andere Transaktionen ähnlicher Art achten. Autorisierung und Genehmigung alleine müssen jedoch nicht zwingend für die Schlussfolgerung genügen, dass keine Risiken wesentlicher beabsichtigter falscher Darstellungen vorliegen, da Autorisierung und Genehmigung unwirksam sein können, wenn nahe stehende Personen betrügerisch zusammengewirkt haben oder wenn die Einheit dem dominanten Einfluss einer nahe stehenden Person unterliegt.

Spezifische Überlegungen zu kleineren Einheiten

A41. Eine kleinere Einheit verfügt möglicherweise nicht über die gleichen Kontrollen auf verschiedenen Weisungs- und Genehmigungsebenen, die in einer größeren Einheit vorhanden sein können. Entsprechend kann sich der Abschlussprüfer bei der Prüfung einer kleineren Einheit zur Gültigkeit bedeutsamer Transaktionen mit nahe stehenden Personen außerhalb der gewöhnlichen Geschäftstätigkeit der Einheit möglicherweise weniger auf eine Autorisierung und Genehmigung verlassen. Stattdessen kann der Abschlussprüfer erwägen, andere Prüfungshandlungen durchzuführen, z. B. Einsichtnahme in relevante Dokumente, Einholung von Bestätigungen zu bestimmten Aspekten der Transaktionen mit relevanten Personen oder Beobachtung der Beteiligung des Gesellschafter-Geschäftsführers an den Transaktionen.

---

27) ISA 500 „Prüfungsnachweise", Textziffer 11.

Assertions That Related Party Transactions Were Conducted on Terms Equivalent to Those Prevailing in an Arm's Length Transaction (Ref: Para. 24)

A42. Although audit evidence may be readily available regarding how the price of a related party transaction compares to that of a similar arm's length transaction, there are ordinarily practical difficulties that limit the auditor's ability to obtain audit evidence that all other aspects of the transaction are equivalent to those of the arm's length transaction. For example, although the auditor may be able to confirm that a related party transaction has been conducted at a market price, it may be impracticable to confirm whether other terms and conditions of the transaction (such as credit terms, contingencies and specific charges) are equivalent to those that would ordinarily be agreed between independent parties. Accordingly, there may be a risk that management's assertion that a related party transaction was conducted on terms equivalent to those prevailing in an arm's length transaction may be materially misstated.

A43. The preparation of the financial statements requires management to substantiate an assertion that a related party transaction was conducted on terms equivalent to those prevailing in an arm's length transaction. Management's support for the assertion may include:
- Comparing the terms of the related party transaction to those of an identical or similar transaction with one or more unrelated parties.
- Engaging an external expert to determine a market value and to confirm market terms and conditions for the transaction.
- Comparing the terms of the transaction to known market terms for broadly similar transactions on an open market.

A44. Evaluating management's support for this assertion may involve one or more of the following:
- Considering the appropriateness of management's process for supporting the assertion.
- Verifying the source of the internal or external data supporting the assertion, and testing the data to determine their accuracy, completeness and relevance.
- Evaluating the reasonableness of any significant assumptions on which the assertion is based.

A45. Some financial reporting frameworks require the disclosure of related party transactions not conducted on terms equivalent to those prevailing in arm's length transactions. In these circumstances, if management has not disclosed a related party transaction in the financial statements, there may be an implicit assertion that the transaction was conducted on terms equivalent to those prevailing in an arm's length transaction.

Evaluation of the Accounting for and Disclosure of Identified Related Party Relationships and Transactions

Materiality Considerations in Evaluating Misstatements (Ref: Para. 25)

A46. ISA 450 requires the auditor to consider both the size and the nature of a misstatement, and the particular circumstances of its occurrence, when evaluating whether the misstatement is material.[28] The significance of the transaction to the financial statement users may not depend solely on the recorded amount of the transaction but also on other specific relevant factors, such as the nature of the related party relationship.

Evaluation of Related Party Disclosures (Ref: Para. 25(a))

A47. Evaluating the related party disclosures in the context of the disclosure requirements of the applicable financial reporting framework means considering whether the facts and circumstances of the entity's related party relationships and transactions have been appropriately summarized and presented so that the disclosures are understandable. Disclosures of related party transactions may not be understandable if:

(a) The business rationale and the effects of the transactions on the financial statements are unclear or misstated; or

---

[28] ISA 450, "Evaluation of Misstatements Identified during the Audit," paragraph 11(a). Paragraph A16 of ISA 450 provides guidance on the circumstances that may affect the evaluation of a misstatement.

Aussagen, dass Transaktionen mit nahe stehenden Personen unter marktüblichen Bedingungen durchgeführt wurden (Vgl. Tz. 24)

A42. Wenngleich Prüfungsnachweise zum Vergleich des Preises einer Transaktion mit nahe stehenden Personen zu dem bei einem ähnlichen Geschäft unter marktüblichen Bedingungen möglicherweise leicht verfügbar sind, bestehen normalerweise praktische Schwierigkeiten, welche die Möglichkeit des Abschlussprüfers einschränken, Prüfungsnachweise darüber zu erlangen, dass alle anderen Aspekte der Transaktion denjenigen eines Geschäfts unter marktüblichen Bedingungen entsprechen. Obwohl der Abschlussprüfer möglicherweise in der Lage ist zu bestätigen, dass eine Transaktion mit nahe stehenden Personen zu einem Marktpreis durchgeführt wurde, kann es bspw. praktisch nicht durchführbar sein zu bestätigen, ob andere Bedingungen der Transaktion (z. B. Kreditbedingungen, Eventualverbindlichkeiten und bestimmte Gebühren) denjenigen entsprechen, die normalerweise zwischen unabhängigen Parteien vereinbart würden. Entsprechend kann das Risiko bestehen, dass die Aussage des Managements, nach der eine Transaktion mit nahe stehenden Personen unter marktüblichen Bedingungen durchgeführt wurde, eine wesentliche falsche Darstellung ist.

A43. Die Aufstellung des Abschlusses verlangt vom Management, die Aussage zu belegen, dass eine Transaktion mit nahe stehenden Personen unter marktüblichen Bedingungen durchgeführt wurde. Zu den Belegen des Managements für die Aussage können gehören:
- Vergleich der Bedingungen der Transaktion mit nahe stehenden Personen mit denjenigen einer identischen oder ähnlichen Transaktion mit einer oder mehreren nicht nahe stehenden Personen
- Hinzuziehung eines externen Sachverständigen zur Festlegung eines Marktwerts und zur Bestätigung der Marktbedingungen für die Transaktion
- Vergleich der Bedingungen der Transaktion mit bekannten Marktbedingungen für weitgehend ähnliche Transaktionen auf einem freien Markt.

A44. Zur Beurteilung der Belege des Managements für diese Aussage kann eine oder können mehrere der folgenden Prüfungshandlungen gehören:
- Einschätzung der Angemessenheit des Prozesses, mit dem das Management die Aussage abstützt
- Überprüfung der Quelle der internen oder externen Daten, welche die Aussage stützen, sowie Prüfung der Daten, um deren Richtigkeit, Vollständigkeit und Relevanz festzustellen
- Beurteilung der Vertretbarkeit der bedeutsamen Annahmen, auf denen die Aussage beruht.

A45. Nach manchen Regelwerken der Rechnungslegung müssen Transaktionen mit nahe stehenden Personen, die nicht zu marktüblichen Bedingungen durchgeführt wurden, im Abschluss angegeben werden. In diesen Fällen kann eine implizite Aussage darin bestehen, dass die Transaktion zu marktüblichen Bedingungen durchgeführt wurde, wenn das Management im Abschluss keine Transaktionen mit nahe stehenden Personen angegeben hat.

Beurteilung des Ausweises und der Angabe von identifizierten Beziehungen zu und Transaktionen mit nahe stehenden Personen

Überlegungen zur Wesentlichkeit bei der Beurteilung von falschen Darstellungen (Vgl. Tz. 25)

A46. Bei der Beurteilung, ob die falsche Darstellung wesentlich ist, muss der Abschlussprüfer nach ISA 450 sowohl Umfang als auch Art einer falschen Darstellung sowie die besonderen Umstände ihres Auftretens berücksichtigen.[28] Die Bedeutsamkeit der Transaktion für die Leser des Abschlusses hängt möglicherweise nicht nur von dem für die Transaktion erfassten Betrag ab, sondern auch von bestimmten anderen relevanten Faktoren, z. B. von der Art der Beziehung mit nahe stehenden Personen.

Beurteilung von Abschlussangaben zu nahe stehenden Personen (Vgl. Tz. 25(a))

A47. Die Abschlussangaben zu nahe stehenden Personen im Zusammenhang mit den im maßgebenden Regelwerk der Rechnungslegung enthaltenen Anforderungen zu Abschlussangaben zu beurteilen bedeutet, dass der Abschlussprüfer einschätzen muss, ob die Tatsachen und Gegebenheiten der Beziehungen zu und Transaktionen der Einheit mit nahe stehenden Personen zutreffend so zusammengefasst und dargestellt wurden, dass die Abschlussangaben verständlich sind. Angaben zu Transaktionen mit nahe stehenden Personen können unverständlich sein, wenn
  (a) der wirtschaftliche Hintergrund und die Auswirkungen der Transaktionen auf den Abschluss unklar oder falsch dargestellt sind oder

---

28) ISA 450 „Die Beurteilung der während der Abschlussprüfung festgestellten falschen Darstellungen", Textziffer 11(a). Textziffer A16 von ISA 450 enthält erläuternde Hinweise zu den Umständen, die sich auf die Beurteilung einer falschen Darstellung auswirken können.

(b) Key terms, conditions, or other important elements of the transactions necessary for understanding them are not appropriately disclosed.

Written Representations (Ref: Para. 26)

A48. Circumstances in which it may be appropriate to obtain written representations from those charged with governance include:

- When they have approved specific related party transactions that (a) materially affect the financial statements, or (b) involve management.
- When they have made specific oral representations to the auditor on details of certain related party transactions.
- When they have financial or other interests in the related parties or the related party transactions.

A49. The auditor may also decide to obtain written representations regarding specific assertions that management may have made, such as a representation that specific related party transactions do not involve undisclosed side agreements.

Communication with Those Charged with Governance (Ref: Para. 27)

A50. Communicating significant matters arising during the audit[29] in connection with the entity's related parties helps the auditor to establish a common understanding with those charged with governance of the nature and resolution of these matters. Examples of significant related party matters include:

- Non-disclosure (whether intentional or not) by management to the auditor of related parties or significant related party transactions, which may alert those charged with governance to significant related party relationships and transactions of which they may not have been previously aware.

- The identification of significant related party transactions that have not been appropriately authorized and approved, which may give rise to suspected fraud.

- Disagreement with management regarding the accounting for and disclosure of significant related party transactions in accordance with the applicable financial reporting framework.

- Non-compliance with applicable law or regulations prohibiting or restricting specific types of related party transactions.
- Difficulties in identifying the party that ultimately controls the entity.

---

[29] ISA 230, paragraph A8, provides further guidance on the nature of significant matters arising during the audit.

(b) besonders wichtige Bedingungen oder andere wichtige Bestandteile der Transaktionen, die zu ihrem Verständnis notwendig sind, nicht angemessen angegeben sind.

Schriftliche Erklärungen (Vgl. Tz. 26)

A48. Umstände, in denen es angebracht sein kann, schriftliche Erklärungen von den für die Überwachung Verantwortlichen einzuholen, können sein:
- wenn diese bestimmte Transaktionen mit nahe stehenden Personen genehmigt haben, die (a) sich wesentlich auf den Abschluss auswirken oder (b) unter Beteiligung des Managements erfolgen.
- wenn diese bestimmte mündliche Erklärungen gegenüber dem Abschlussprüfer zu Details bestimmter Transaktionen mit nahe stehenden Personen gemacht haben.
- wenn diese finanzielle oder sonstige Interessen an den nahe stehenden Personen oder an den Transaktionen mit nahe stehenden Personen haben.

A49. Der Abschlussprüfer kann auch beschließen, schriftliche Erklärungen zu bestimmten Aussagen einzuholen, die das Management gemacht haben kann, z. B. eine Erklärung darüber, dass bestimmte Transaktionen mit nahe stehenden Personen keine Nebenvereinbarungen umfassen, die nicht im Abschluss angegeben sind.

Kommunikation mit den für die Überwachung Verantwortlichen (Vgl. Tz. 27)

A50. Die Kommunikation über bedeutsame, sich während der Prüfung ergebende[29] Sachverhalte im Zusammenhang mit der Einheit nahe stehenden Personen hilft dem Abschlussprüfer dabei, ein gemeinsames Verständnis mit den für die Überwachung Verantwortlichen über Art und Lösung dieser Sachverhalte herzustellen. Zu den Beispielen für bedeutsame Sachverhalte im Zusammenhang mit nahe stehenden Personen gehören:
- nicht vom Management gemachte Angaben (ob absichtlich oder unabsichtlich) zu nahe stehenden Personen oder bedeutsamen Transaktionen mit nahe stehenden Personen gegenüber dem Abschlussprüfer, wodurch die für die Überwachung Verantwortlichen möglicherweise auf bedeutsame Beziehungen zu und Transaktionen mit nahe stehenden Personen aufmerksam werden, von denen sie zuvor möglicherweise keine Kenntnis hatten
- Identifizierung von bedeutsamen Transaktionen mit nahe stehenden Personen, die nicht in angemessener Weise autorisiert und genehmigt wurden, was Anlass zu vermuteten dolosen Handlungen geben kann
- Meinungsverschiedenheiten mit dem Management über den Ausweis und die Angabe von bedeutsamen Transaktionen mit nahe stehenden Personen im Abschluss in Übereinstimmung mit dem maßgebenden Regelwerk der Rechnungslegung
- Verstöße gegen maßgebende Gesetze oder andere Rechtsvorschriften, die bestimmte Arten von Transaktionen mit nahe stehenden Personen verbieten oder beschränken
- Schwierigkeiten, die Person zu erkennen, die letztlich die Einheit kontrolliert.

---

29) ISA 230, Textziffer A8, enthält weitere Hinweise zu der Art von bedeutsamen Sachverhalten, die sich während der Prüfung ergeben.

INTERNATIONAL STANDARD ON AUDITING 560

SUBSEQUENT EVENTS

(Effective for audits of financial statements for periods beginning on or after December 15, 2009)

CONTENTS

	Paragraph
Introduction	
Scope of this ISA	1
Subsequent Events	2
Effective Date	3
Objectives	4
Definitions	5
Requirements	
Events Occurring between the Date of the Financial Statements and the Date of the Auditor's Report	6–9
Facts Which Become Known to the Auditor after the Date of the Auditor's Report but before the Date the Financial Statements are Issued	10–13
Facts Which Become Known to the Auditor after the Financial Statements Have Been Issued	14–17
Application and Other Explanatory Material	
Scope of this ISA	A1
Definitions	A2–A5
Events Occurring between the Date of the Financial Statements and the Date of the Auditor's Report	A6–A10
Facts Which Become Known to the Auditor after the Date of the Auditor's Report but before the Date the Financial Statements are Issued	A11–A16
Facts Which Become Known to the Auditor after the Financial Statements Have Been Issued	A17–A18

International Standard on Auditing (ISA) 560, "Subsequent Events" should be read in conjunction with ISA 200, "Overall Objectives of the Independent Auditor and the Conduct of an Audit in Accordance with International Standards on Auditing."

INTERNATIONAL STANDARD ON AUDITING 560
EREIGNISSE NACH DEM ABSCHLUSSSTICHTAG
(gilt für die Prüfung von Abschlüssen für Zeiträume, die am oder nach dem 15.12.2009 beginnen)

INHALTSVERZEICHNIS

	Textziffer
Einleitung	
Anwendungsbereich	1
Ereignisse nach dem Abschlussstichtag	2
Anwendungszeitpunkt	3
Ziele	4
Definitionen	5
Anforderungen	
Ereignisse, die zwischen dem Abschlussstichtag und dem Datum des Vermerks des Abschlussprüfers eintreten	6-9
Tatsachen, die dem Abschlussprüfer nach dem Datum des Vermerks des Abschlussprüfers, jedoch vor dem Datum der Herausgabe des Abschlusses bekannt werden	10-13
Tatsachen, die dem Abschlussprüfer nach der Herausgabe des Abschlusses bekannt werden	14-17
Anwendungshinweise und sonstige Erläuterungen	
Anwendungsbereich	A1
Definitionen	A2-A5
Ereignisse, die zwischen dem Abschlussstichtag und dem Datum des Vermerks des Abschlussprüfers eintreten	A6-A10
Tatsachen, die dem Abschlussprüfer nach dem Datum des Vermerks des Abschlussprüfers, jedoch vor dem Datum der Herausgabe des Abschlusses bekannt werden	A11-A16
Tatsachen, die dem Abschlussprüfer nach der Herausgabe des Abschlusses bekannt werden	A17-A18

International Standard on Auditing (ISA) 560 „Ereignisse nach dem Abschlussstichtag" ist im Zusammenhang mit ISA 200 „Übergreifende Zielsetzungen des unabhängigen Prüfers und Grundsätze einer Prüfung in Übereinstimmung mit den International Standards on Auditing" zu lesen.

Introduction

Scope of this ISA

1. This International Standard on Auditing (ISA) deals with the auditor's responsibilities relating to subsequent events in an audit of financial statements. (Ref: Para. A1)

Subsequent Events

2. Financial statements may be affected by certain events that occur after the date of the financial statements. Many financial reporting frameworks specifically refer to such events.[1] Such financial reporting frameworks ordinarily identify two types of events:

    (a) Those that provide evidence of conditions that existed at the date of the financial statements; and

    (b) Those that provide evidence of conditions that arose after the date of the financial statements.

    ISA 700 explains that the date of the auditor's report informs the reader that the auditor has considered the effect of events and transactions of which the auditor becomes aware and that occurred up to that date.[2]

Effective Date

3. This ISA is effective for audits of financial statements for periods beginning on or after December 15, 2009.

Objectives

4. The objectives of the auditor are:

    (a) To obtain sufficient appropriate audit evidence about whether events occurring between the date of the financial statements and the date of the auditor's report that require adjustment of, or disclosure in, the financial statements are appropriately reflected in those financial statements in accordance with the applicable financial reporting framework; and

    (b) To respond appropriately to facts that become known to the auditor after the date of the auditor's report, that, had they been known to the auditor at that date, may have caused the auditor to amend the auditor's report.

Definitions

5. For purposes of the ISAs, the following terms have the meanings attributed below:

    (a) Date of the financial statements – The date of the end of the latest period covered by the financial statements.

    (b) Date of approval of the financial statements – The date on which all the statements that comprise the financial statements, including the related notes, have been prepared and those with the recognized authority have asserted that they have taken responsibility for those financial statements. (Ref: Para. A2)

    (c) Date of the auditor's report – The date the auditor dates the report on the financial statements in accordance with ISA 700. (Ref: Para. A3)

    (d) Date the financial statements are issued – The date that the auditor's report and audited financial statements are made available to third parties. (Ref: Para. A4–A5)

    (e) Subsequent events – Events occurring between the date of the financial statements and the date of the auditor's report, and facts that become known to the auditor after the date of the auditor's report.

---

1) For example, International Accounting Standard (IAS) 10, "Events After the Reporting Period" deals with the treatment in financial statements of events, both favorable and unfavorable, that occur between the date of the financial statements (referred to as the "end of the reporting period" in the IAS) and the date when the financial statements are authorized for issue.

2) ISA 700, "Forming an Opinion and Reporting on Financial Statements," paragraph A38.

Einleitung

Anwendungsbereich

1. Dieser International Standard on Auditing (ISA) behandelt die Pflichten des Abschlussprüfers im Rahmen einer Abschlussprüfung im Zusammenhang mit Ereignissen nach dem Abschlussstichtag. (Vgl. Tz. A1)

Ereignisse nach dem Abschlussstichtag

2. Der Abschluss kann durch bestimmte nach dem Abschlussstichtag eintretende Ereignisse beeinflusst werden. Viele Regelwerke der Rechnungslegung nehmen auf solche Ereignisse besonders Bezug.[1] Solche Regelwerke unterscheiden i.d.R. zwei Arten von Ereignissen:

    (a) solche, die Nachweise für Umstände liefern, die am Abschlussstichtag vorlagen, und

    (b) solche, die Nachweise für Umstände liefern, die sich nach dem Abschlussstichtag ergeben haben.

    In ISA 700 wird dargelegt, dass das Datum des Vermerks des Abschlussprüfers den Leser darüber informiert, dass der Abschlussprüfer die Auswirkungen der Ereignisse und Geschäftsvorfälle berücksichtigt hat, die ihm bekannt geworden und die bis zu diesem Datum eingetreten sind.[2]

Anwendungszeitpunkt

3. Dieser ISA gilt für die Prüfung von Abschlüssen für Zeiträume, die am oder nach dem 15.12.2009 beginnen.

Ziele

4. Die Ziele des Abschlussprüfers sind,

    (a) ausreichende geeignete Prüfungsnachweise darüber zu erlangen, ob Ereignisse, die zwischen dem Abschlussstichtag und dem Datum des Vermerks des Abschlussprüfers eingetreten sind und Anpassungen des Abschlusses oder Angaben im Abschluss erfordern, in Übereinstimmung mit dem maßgebenden Regelwerk der Rechnungslegung im Abschluss angemessen berücksichtigt sind, und

    (b) angemessen auf Tatsachen zu reagieren, die dem Abschlussprüfer nach dem Datum des Vermerks des Abschlussprüfers bekannt werden und die ihn – wären sie ihm zu diesem Datum bekannt gewesen – zu einer Änderung des Vermerks des Abschlussprüfers veranlasst haben könnten.

Definitionen

5. Für die Zwecke der ISA gelten die nachstehenden Begriffsbestimmungen:

    (a) Abschlussstichtag – Das Datum des Endes des letzten im Abschluss dargestellten Zeitraums.

    (b) Datum der Genehmigung des Abschlusses – Das Datum, an dem alle Bestandteile des Abschlusses einschließlich der dazugehörigen Abschlussangaben[*] erstellt sind und die dafür Verantwortlichen versichert haben, dass sie die Verantwortung für diesen Abschluss übernehmen. (Vgl. Tz. A2)

    (c) Datum des Vermerks des Abschlussprüfers – Das Datum, mit dem der Abschlussprüfer den Vermerk zum Abschluss in Übereinstimmung mit ISA 700 datiert. (Vgl. Tz. A3).

    (d) Datum der Herausgabe des Abschlusses – Das Datum, an dem der Vermerk des Abschlussprüfers und der geprüfte Abschluss Dritten zur Verfügung gestellt werden. (Vgl. Tz. A4–A5)

    (e) Ereignisse nach dem Abschlussstichtag – Ereignisse, die zwischen dem Abschlussstichtag und dem Datum des Vermerks des Abschlussprüfers eintreten sowie Tatsachen, die dem Abschlussprüfer nach dem Datum des Vermerks des Abschlussprüfers bekannt werden.

---

1) International Accounting Standard (IAS) 10 „Ereignisse nach der Berichtsperiode" befasst sich zum Beispiel mit der Behandlung von Ereignissen mit positiver oder negativer Auswirkung auf den Abschluss, die zwischen dem Abschlussstichtag und dem Datum der Freigabe des Abschlusses zur Veröffentlichung eintreten.

2) ISA 700 „Bildung eines Prüfungsurteils und Erteilung eines Vermerks zum Abschluss", Textziffer A38.

*) In Deutschland, Österreich und der Schweiz: Anhang.

Requirements

Events Occurring between the Date of the Financial Statements and the Date of the Auditor's Report

6. The auditor shall perform audit procedures designed to obtain sufficient appropriate audit evidence that all events occurring between the date of the financial statements and the date of the auditor's report that require adjustment of, or disclosure in, the financial statements have been identified. The auditor is not, however, expected to perform additional audit procedures on matters to which previously applied audit procedures have provided satisfactory conclusions. (Ref: Para. A6)

7. The auditor shall perform the procedures required by paragraph 6 so that they cover the period from the date of the financial statements to the date of the auditor's report, or as near as practicable thereto. The auditor shall take into account the auditor's risk assessment in determining the nature and extent of such audit procedures, which shall include the following: (Ref: Para. A7–A8)

   (a) Obtaining an understanding of any procedures management has established to ensure that subsequent events are identified.

   (b) Inquiring of management and, where appropriate, those charged with governance as to whether any subsequent events have occurred which might affect the financial statements. (Ref: Para. A9)

   (c) Reading minutes, if any, of the meetings of the entity's owners, management and those charged with governance that have been held after the date of the financial statements and inquiring about matters discussed at any such meetings for which minutes are not yet available. (Ref: Para. A10)

   (d) Reading the entity's latest subsequent interim financial statements, if any.

8. If, as a result of the procedures performed as required by paragraphs 6 and 7, the auditor identifies events that require adjustment of, or disclosure in, the financial statements, the auditor shall determine whether each such event is appropriately reflected in those financial statements in accordance with the applicable financial reporting framework.

Written Representations

9. The auditor shall request management and, where appropriate, those charged with governance, to provide a written representation in accordance with ISA 580[3] that all events occurring subsequent to the date of the financial statements and for which the applicable financial reporting framework requires adjustment or disclosure have been adjusted or disclosed.

Facts Which Become Known to the Auditor after the Date of the Auditor's Report but before the Date the Financial Statements Are Issued

10. The auditor has no obligation to perform any audit procedures regarding the financial statements after the date of the auditor's report. However, if, after the date of the auditor's report but before the date the financial statements are issued, a fact becomes known to the auditor that, had it been known to the auditor at the date of the auditor's report, may have caused the auditor to amend the auditor's report, the auditor shall: (Ref: Para. A11)

    (a) Discuss the matter with management and, where appropriate, those charged with governance;

    (b) Determine whether the financial statements need amendment and, if so,

    (c) Inquire how management intends to address the matter in the financial statements.

11. If management amends the financial statements, the auditor shall:

    (a) Carry out the audit procedures necessary in the circumstances on the amendment.

    (b) Unless the circumstances in paragraph 12 apply:

---

3) ISA 580, "Written Representations."

Anforderungen

Ereignisse, die zwischen dem Abschlussstichtag und dem Datum des Vermerks des Abschlussprüfers eintreten

6. Der Abschlussprüfer muss Prüfungshandlungen mit dem Ziel durchführen, ausreichende geeignete Prüfungsnachweise darüber zu erlangen, dass alle zwischen dem Abschlussstichtag und dem Datum des Vermerks des Abschlussprüfers eintretenden Ereignisse festgestellt werden, die Anpassungen des Abschlusses oder Angaben im Abschluss erfordern. Es wird jedoch nicht vom Abschlussprüfer erwartet, zusätzliche Prüfungshandlungen zu Sachverhalten vorzunehmen, bei denen die bereits angewandten Prüfungshandlungen zu zufrieden stellenden Schlussfolgerungen geführt haben. (Vgl. Tz. A6)

7. Der Abschlussprüfer hat die nach Textziffer 6 erforderlichen Prüfungshandlungen so durchzuführen, dass sie den Zeitraum vom Abschlussstichtag bis zum Datum des Vermerks des Abschlussprüfers abdecken oder diesem so nahe wie praktisch möglich kommen. Bei der Festlegung von Art und Umfang dieser Prüfungshandlungen muss der Abschlussprüfer seine Risikobeurteilung berücksichtigen. Die Prüfungshandlungen müssen Folgendes umfassen: (Vgl. Tz. A7–A8)

   (a) Erzielung eines Verständnisses der Verfahren, die das Management eingerichtet hat, um sicherzustellen, dass nach dem Abschlussstichtag eintretende Ereignisse festgestellt werden

   (b) Befragungen des Managements und - soweit angebracht - der für die Überwachung Verantwortlichen, ob Ereignisse nach dem Abschlussstichtag eingetreten sind, die sich auf den Abschluss auswirken könnten (Vgl. Tz. A9)

   (c) Lesen ggf. vorhandener Protokolle von Besprechungen der Eigentümer der Einheit[*], des Managements und der für die Überwachung Verantwortlichen, die nach dem Abschlussstichtag stattgefunden haben, und für Besprechungen, zu denen noch keine Protokolle vorliegen, Befragungen zu den erörterten Sachverhalten (Vgl. Tz. A10)

   (d) Lesen des ggf. vorhandenen jüngsten nachfolgenden Zwischenabschlusses der Einheit.

8. Falls der Abschlussprüfer als Ergebnis der nach den Textziffern 6 und 7 durchgeführten Prüfungshandlungen Ereignisse feststellt, die eine Anpassung des Abschlusses oder Angaben im Abschluss erfordern, hat er festzustellen, ob jedes dieser Ereignisse in Übereinstimmung mit dem maßgebenden Regelwerk der Rechnungslegung im Abschluss angemessen berücksichtigt ist.

Schriftliche Erklärungen

9. Der Abschlussprüfer muss vom Management und, soweit angebracht, von den für die Überwachung Verantwortlichen eine schriftliche Erklärung in Übereinstimmung mit ISA 580[3] darüber einfordern, dass bei allen nach dem Abschlussstichtag eingetretenen Ereignissen, die nach dem maßgebenden Regelwerk der Rechnungslegung Anpassungen oder Angaben im Abschluss erfordern, diese Anpassungen bzw. Angaben vorgenommen worden sind.

Tatsachen, die dem Abschlussprüfer nach dem Datum des Vermerks des Abschlussprüfers, jedoch vor dem Datum der Herausgabe des Abschlusses bekannt werden

10. Der Abschlussprüfer ist nicht verpflichtet, nach dem Datum des Vermerks des Abschlussprüfers Prüfungshandlungen zu dem Abschluss durchzuführen. Falls ihm aber nach dem Datum des Vermerks des Abschlussprüfers, jedoch vor dem Datum der Herausgabe des Abschlusses eine Tatsache bekannt wird, die ihn - wäre sie ihm zum Datum des Vermerks des Abschlussprüfers bekannt gewesen - zur Änderung dieses Vermerks veranlasst haben könnte, so muss der Abschlussprüfer (Vgl. Tz. A11)

    (a) den Sachverhalt mit dem Management und - soweit angebracht - mit den für die Überwachung Verantwortlichen erörtern,

    (b) festlegen, ob der Abschluss geändert werden muss und, falls dies zutrifft,

    (c) erfragen, wie das Management mit dem Sachverhalt im Abschluss umzugehen beabsichtigt.

11. Wenn das Management den Abschluss ändert, muss der Abschlussprüfer

    (a) Prüfungshandlungen durchführen, soweit es die Änderung erfordert,

    (b) vorbehaltlich der Gegebenheiten aus Textziffer 12

---

[3] ISA 580 „Schriftliche Erklärungen".

[*] Der Begriff „Einheit" wird für *entity* neu eingeführt. Bei der zu prüfenden Einheit kann es sich um ein Unternehmen, einen Einzelkaufmann, eine Gesellschaft bürgerlichen Rechts (Schweiz: einfache Gesellschaft), eine Gebietskörperschaft, eine Anstalt des öffentlichen Rechts, einen Konzern oder eine nicht rechtlich abgegrenzte wirtschaftliche Einheit handeln. Eine Übersetzung mit „Unternehmen" oder „Gesellschaft" wäre deshalb unzureichend. So kann sich *entity* sogar auf eine nicht selbständige Niederlassung oder Sparte beziehen, für die eigenständig Rechnung gelegt wird.

(i) Extend the audit procedures referred to in paragraphs 6 and 7 to the date of the new auditor's report; and

(ii) Provide a new auditor's report on the amended financial statements. The new auditor's report shall not be dated earlier than the date of approval of the amended financial statements.

12. Where law, regulation or the financial reporting framework does not prohibit management from restricting the amendment of the financial statements to the effects of the subsequent event or events causing that amendment and those responsible for approving the financial statements are not prohibited from restricting their approval to that amendment, the auditor is permitted to restrict the audit procedures on subsequent events required in paragraph 11(b)(i) to that amendment. In such cases, the auditor shall either:

(a) Amend the auditor's report to include an additional date restricted to that amendment that thereby indicates that the auditor's procedures on subsequent events are restricted solely to the amendment of the financial statements described in the relevant note to the financial statements; or (Ref: Para. A12)

(b) Provide a new or amended auditor's report that includes a statement in an Emphasis of Matter paragraph[4] or Other Matter paragraph that conveys that the auditor's procedures on subsequent events are restricted solely to the amendment of the financial statements as described in the relevant note to the financial statements.

13. In some jurisdictions, management may not be required by law, regulation or the financial reporting framework to issue amended financial statements and, accordingly, the auditor need not provide an amended or new auditor's report. However, if management does not amend the financial statements in circumstances where the auditor believes they need to be amended, then: (Ref: Para. A13–A14)

(a) If the auditor's report has not yet been provided to the entity, the auditor shall modify the opinion as required by ISA 705[5] and then provide the auditor's report; or

(b) If the auditor's report has already been provided to the entity, the auditor shall notify management and, unless all of those charged with governance are involved in managing the entity, those charged with governance, not to issue the financial statements to third parties before the necessary amendments have been made. If the financial statements are nevertheless subsequently issued without the necessary amendments, the auditor shall take appropriate action to seek to prevent reliance on the auditor's report. (Ref. Para: A15–A16)

Facts Which Become Known to the Auditor after the Financial Statements Have Been Issued

14. After the financial statements have been issued, the auditor has no obligation to perform any audit procedures regarding such financial statements. However, if, after the financial statements have been issued, a fact becomes known to the auditor that, had it been known to the auditor at the date of the auditor's report, may have caused the auditor to amend the auditor's report, the auditor shall:

(a) Discuss the matter with management and, where appropriate, those charged with governance;

(b) Determine whether the financial statements need amendment; and, if so,

(c) Inquire how management intends to address the matter in the financial statements.

15. If management amends the financial statements, the auditor shall: (Ref: Para. A17)

(a) Carry out the audit procedures necessary in the circumstances on the amendment.

(b) Review the steps taken by management to ensure that anyone in receipt of the previously issued financial statements together with the auditor's report thereon is informed of the situation.

(c) Unless the circumstances in paragraph 12 apply:

---

4) See ISA 706, "Emphasis of Matter Paragraphs and Other Matter Paragraphs in the Independent Auditor's Report."

5) ISA 705, "Modifications to the Opinion in the Independent Auditor's Report."

(i) die in den Textziffern 6 und 7 genannten Prüfungshandlungen auf das Datum des neuen Vermerks des Abschlussprüfers ausdehnen und

(ii) zu dem geänderten Abschluss einen neuen Vermerk des Abschlussprüfers ausliefern. Der neue Vermerk des Abschlussprüfers darf nicht vor dem Datum der Genehmigung des geänderten Abschlusses datiert werden.

12. Sofern Gesetze, andere Rechtsvorschriften oder das Regelwerk der Rechnungslegung es dem Management nicht untersagen, eine Änderung des Abschlusses auf die Auswirkungen eines oder mehrerer nach dem Abschlussstichtag eingetretener, die Änderung verursachender Ereignisse zu beschränken, und die für die Genehmigung des Abschlusses Verantwortlichen keinem Verbot unterliegen, ihre Genehmigung auf diese Änderung zu beschränken, darf der Abschlussprüfer die nach Textziffer 11 (b)(i) erforderlichen Prüfungshandlungen zu nach dem Abschlussstichtag eingetretenen Ereignissen auf diese Änderung beschränken. In diesen Fällen muss er entweder

(a) den Vermerk des Abschlussprüfers durch die Angabe eines zusätzlichen auf diese Änderung bezogenen Datums ändern, das damit anzeigt, dass sich die Prüfungshandlungen zu nach dem Abschlussstichtag eingetretenen Ereignissen nur auf die Änderung des Abschlusses beziehen, die in der entsprechenden Anhangangabe des Abschlusses dargestellt ist, oder (Vgl. Tz. A12)

(b) einen neuen oder geänderten Vermerk des Abschlussprüfers ausliefern, der einen Absatz zur Hervorhebung eines Sachverhalts oder einen Absatz zum Hinweis auf sonstige Sachverhalte[4] enthält, mit dem ausgesagt wird, dass sich die Prüfungshandlungen zu nach dem Abschlussstichtag eingetretenen Ereignissen nur auf die Änderung des Abschlusses beziehen, die in der entsprechenden Anhangangabe des Abschlusses dargestellt ist.

13. In einigen Rechtsräumen ist das Management durch Gesetz, andere Rechtsvorschriften oder das Regelwerk der Rechnungslegung möglicherweise nicht verpflichtet, einen geänderten Abschluss herauszugeben, so dass der Abschlussprüfer keinen geänderten oder neuen Vermerk des Abschlussprüfers ausliefern muss. Ändert das Management jedoch den Abschluss nicht bei Gegebenheiten, die nach Auffassung des Abschlussprüfers eine Änderung erfordern, muss der Abschlussprüfer (Vgl. Tz. A13–A14)

(a) falls der Vermerk des Abschlussprüfers noch nicht an die Einheit ausgeliefert wurde, das Prüfungsurteil nach ISA 705[5] modifizieren und dann den Vermerk des Abschlussprüfers ausliefern oder

(b) falls der Vermerk des Abschlussprüfers bereits an die Einheit ausgeliefert wurde, das Management und - sofern nicht alle für die Überwachung Verantwortlichen in die Leitung der Einheit eingebunden sind - die für die Überwachung Verantwortlichen darüber informieren, dass der Abschluss nicht an Dritte herausgegeben werden darf, bevor die erforderlichen Änderungen vorgenommen wurden. Wird der Abschluss trotzdem anschließend ohne die erforderlichen Änderungen herausgegeben, muss der Abschlussprüfer angemessene Maßnahmen ergreifen mit dem Ziel, Vertrauen in diesen Vermerk des Abschlussprüfers zu verhindern. (Vgl. Tz. A15–A16)

Tatsachen, die dem Abschlussprüfer nach der Herausgabe des Abschlusses bekannt werden

14. Der Abschlussprüfer ist nicht verpflichtet, nach der Herausgabe des Abschlusses Prüfungshandlungen zu diesem Abschluss durchzuführen. Wird ihm jedoch nach Herausgabe des Abschlusses eine Tatsache bekannt, die ihn – wäre sie ihm zum Datum des Vermerks des Abschlussprüfers bekannt gewesen - zur Änderung dieses Vermerks veranlasst haben könnte, so muss er

(a) den Sachverhalt mit dem Management und - soweit angebracht - mit den für die Überwachung Verantwortlichen erörtern,

(b) festlegen, ob der Abschluss geändert werden muss und, falls dies zutrifft,

(c) erfragen, wie das Management mit dem Sachverhalt im Abschluss umzugehen beabsichtigt.

15. Wenn das Management den Abschluss ändert, muss der Abschlussprüfer (Vgl. Tz. A17)

(a) Prüfungshandlungen durchführen, soweit es die Änderung erfordert,

(b) die Schritte einer Durchsicht unterziehen, die das Management unternommen hat, um sicherzustellen, dass jeder, der den zuvor herausgegebenen Abschluss zusammen mit dem dazu erteilten Vermerk des Abschlussprüfers erhalten hat, über die Situation informiert ist,

(c) vorbehaltlich der Gegebenheiten aus Textziffer 12

---

[4] Siehe ISA 706 „Hervorhebung eines Sachverhalts und Hinweis auf sonstige Sachverhalte durch Absätze im Vermerk des unabhängigen Abschlussprüfers".
[5] ISA 705 „Modifizierungen des Prüfungsurteils im Vermerk des unabhängigen Abschlussprüfers".

(i) Extend the audit procedures referred to in paragraphs 6 and 7 to the date of the new auditor's report, and date the new auditor's report no earlier than the date of approval of the amended financial statements; and

(ii) Provide a new auditor's report on the amended financial statements.

(d) When the circumstances in paragraph 12 apply, amend the auditor's report, or provide a new auditor's report as required by paragraph 12.

16. The auditor shall include in the new or amended auditor's report an Emphasis of Matter paragraph or Other Matter paragraph referring to a note to the financial statements that more extensively discusses the reason for the amendment of the previously issued financial statements and to the earlier report provided by the auditor.

17. If management does not take the necessary steps to ensure that anyone in receipt of the previously issued financial statements is informed of the situation and does not amend the financial statements in circumstances where the auditor believes they need to be amended, the auditor shall notify management and, unless all of those charged with governance are involved in managing the entity,[6] those charged with governance, that the auditor will seek to prevent future reliance on the auditor's report. If, despite such notification, management or those charged with governance do not take these necessary steps, the auditor shall take appropriate action to seek to prevent reliance on the auditor's report. (Ref: Para. A18)

***

Application and Other Explanatory Material

Scope of this ISA (Ref: Para. 1)

A1. When the audited financial statements are included in other documents subsequent to the issuance of the financial statements, the auditor may have additional responsibilities relating to subsequent events that the auditor may need to consider, such as legal or regulatory requirements involving the offering of securities to the public in jurisdictions in which the securities are being offered. For example, the auditor may be required to perform additional audit procedures to the date of the final offering document. These procedures may include those referred to in paragraphs 6 and 7 performed up to a date at or near the effective date of the final offering document, and reading the offering document to assess whether the other information in the offering document is consistent with the financial information with which the auditor is associated.[7]

Definitions

Date of Approval of the Financial Statements (Ref: Para. 5(b))

A2. In some jurisdictions, law or regulation identifies the individuals or bodies (for example, management or those charged with governance) that are responsible for concluding that all the statements that comprise the financial statements, including the related notes, have been prepared, and specifies the necessary approval process. In other jurisdictions, the approval process is not prescribed in law or regulation and the entity follows its own procedures in preparing and finalizing its financial statements in view of its management and governance structures. In some jurisdictions, final approval of the financial statements by shareholders is required. In these jurisdictions, final approval by shareholders is not necessary for the auditor to conclude that sufficient appropriate audit evidence on which to base the auditor's opinion on the financial statements has been obtained. The date of approval of the financial statements for purposes of the ISAs is the earlier date on which those with the recognized authority determine that all the statements that comprise the financial statements, including the related notes, have been prepared and that those with the recognized authority have asserted that they have taken responsibility for those financial statements.

---

6) ISA 260, "Communication with Those Charged with Governance," paragraph 13.
7) See ISA 200, "Overall Objectives of the Independent Auditor and the Conduct of an Audit in Accordance with International Standards on Auditing," paragraph 2.

(i) die in den Textziffern 6 und 7 genannten Prüfungshandlungen auf das Datum des neuen Vermerks des Abschlussprüfers ausdehnen und den neuen Vermerk des Abschlussprüfers nicht vor dem Datum der Genehmigung des geänderten Abschlusses datieren sowie

(ii) zu dem geänderten Abschluss einen neuen Vermerk des Abschlussprüfers ausliefern,

(d) sofern die Gegebenheiten aus Textziffer 12 zutreffen, den Vermerk des Abschlussprüfers, wie in Textziffer 12 verlangt, ändern oder einen neuen Vermerk des Abschlussprüfers ausliefern.

16. Der Abschlussprüfer muss in den neuen oder geänderten Vermerk des Abschlussprüfers einen Absatz zur Hervorhebung eines Sachverhalts oder einen Absatz zum Hinweis auf sonstige Sachverhalte aufnehmen, der auf eine Angabe im Abschluss verweist, die den Grund für die Änderung des zuvor herausgegebenen Abschlusses ausführlicher erläutert und auf den früheren, vom Abschlussprüfer ausgelieferten Vermerk Bezug nimmt.

17. Unternimmt das Management nicht die erforderlichen Schritte, um sicherzustellen, dass jeder, der den zuvor herausgegebenen Abschluss erhalten hat, über die Situation informiert wird, und ändert es den Abschluss nicht bei Gegebenheiten, bei denen der Abschlussprüfer annimmt, dass eine Änderung erforderlich ist, muss der Abschlussprüfer das Management und - sofern nicht alle für die Überwachung Verantwortlichen in die Leitung der Einheit eingebunden sind[6] - die für die Überwachung Verantwortlichen darüber informieren, dass er Maßnahmen ergreifen wird mit dem Ziel, Vertrauen in diesen Vermerk des Abschlussprüfers zu verhindern. Falls das Management oder die für die Überwachung Verantwortlichen trotz dieser Information nicht die erforderlichen Schritte unternehmen, hat der Abschlussprüfer angemessene Maßnahmen zu ergreifen mit dem Ziel, Vertrauen in diesen Vermerk des Abschlussprüfers zu verhindern. (Vgl. Tz. A18)

***

Anwendungshinweise und sonstige Erläuterungen

Anwendungsbereich (Vgl. Tz. 1)

A1. Sind die geprüften Abschlüsse nach ihrer Herausgabe in anderen Dokumenten enthalten, kann der Abschlussprüfer zusätzliche Pflichten im Zusammenhang mit Ereignissen nach dem Abschlussstichtag abzuwägen haben, wie etwa gesetzliche oder andere rechtliche Anforderungen bei öffentlichen Angeboten von Wertpapieren in Rechtsräumen, in denen diese Wertpapiere angeboten werden sollen. So kann der Abschlussprüfer beispielsweise dazu verpflichtet sein, zum Datum der endgültigen Angebotsunterlagen zusätzliche Prüfungshandlungen durchzuführen. Diese können die in den Textziffern 6 und 7 genannten bis zum Datum oder nahe dem Datum der endgültigen Angebotsunterlagen durchgeführten Prüfungshandlungen umfassen sowie das Lesen der Angebotsunterlagen, um einzuschätzen, ob die sonstigen in diesen Angebotsunterlagen enthaltenen Informationen mit den Finanzinformationen in Einklang stehen, mit denen der Abschlussprüfer in Verbindung gebracht wird.[7]

Definitionen

Datum der Genehmigung des Abschlusses (Vgl. Tz. 5(b))

A2. In einigen Rechtsräumen legen Gesetze oder andere Rechtsvorschriften fest, welche Personen oder Organe (beispielsweise das Management oder die für die Überwachung Verantwortlichen) dafür verantwortlich sind festzustellen, dass alle Aufstellungen, die den Abschluss ausmachen (einschließlich der dazugehörigen Abschlussangaben), erstellt wurden, und bestimmen den erforderlichen Genehmigungsprozess. In anderen Rechtsräumen ist der Genehmigungsprozess nicht in Gesetzen oder anderen Rechtsvorschriften geregelt und die Einheit verfährt bei der Erstellung und Aufstellung des Abschlusses nach ihren eigenen Regeln unter Berücksichtigung ihrer Leitungs- und Überwachungsstruktur. In einigen Rechtsräumen muss der Abschluss von den Aktionären abschließend genehmigt werden. In diesen Rechtsräumen ist die abschließende Genehmigung durch die Aktionäre keine Voraussetzung dafür, dass der Abschlussprüfer zu dem Schluss kommen kann, dass ausreichende geeignete Prüfungsnachweise erlangt wurden, auf die das Prüfungsurteil über den Abschluss gestützt werden kann. Im Sinne der ISA ist das Datum der Genehmigung des Abschlusses das frühere Datum, an dem die dafür Verantwortlichen festgestellt haben, dass alle Aufstellungen, die den Abschluss ausmachen (einschließlich der dazugehörigen Abschlussangaben) erstellt wurden und diese versichert haben, die Verantwortung für den Abschluss übernommen zu haben.

---

[6] ISA 260 „Kommunikation mit den für die Überwachung Verantwortlichen", Textziffer 13.
[7] Vgl. ISA 200 „Übergreifende Zielsetzungen des unabhängigen Prüfers und Grundsätze einer Prüfung in Übereinstimmung mit den International Standards on Auditing", Textziffer 2.

Date of the Auditor's Report (Ref: Para. 5(c))

A3. The auditor's report cannot be dated earlier than the date on which the auditor has obtained sufficient appropriate audit evidence on which to base the opinion on the financial statements, including evidence that all the statements that comprise the financial statements, including the related notes, have been prepared and that those with the recognized authority have asserted that they have taken responsibility for those financial statements.[8] Consequently, the date of the auditor's report cannot be earlier than the date of approval of the financial statements as defined in paragraph 5(b). A time period may elapse due to administrative issues between the date of the auditor's report as defined in paragraph 5(c) and the date the auditor's report is provided to the entity.

Date the Financial Statements Are Issued (Ref: Para. 5(d))

A4. The date the financial statements are issued generally depends on the regulatory environment of the entity. In some circumstances, the date the financial statements are issued may be the date that they are filed with a regulatory authority. Since audited financial statements cannot be issued without an auditor's report, the date that the audited financial statements are issued must not only be at or later than the date of the auditor's report, but must also be at or later than the date the auditor's report is provided to the entity.

Considerations Specific to Public Sector Entities

A5. In the case of the public sector, the date the financial statements are issued may be the date the audited financial statements and the auditor's report thereon are presented to the legislature or otherwise made public.

Events Occurring between the Date of the Financial Statements and the Date of the Auditor's Report (Ref: Para. 6–9)

A6. Depending on the auditor's risk assessment, the audit procedures required by paragraph 6 may include procedures, necessary to obtain sufficient appropriate audit evidence, involving the review or testing of accounting records or transactions occurring between the date of the financial statements and the date of the auditor's report. The audit procedures required by paragraphs 6 and 7 are in addition to procedures that the auditor may perform for other purposes that, nevertheless, may provide evidence about subsequent events (for example, to obtain audit evidence for account balances as at the date of the financial statements, such as cutoff procedures or procedures in relation to subsequent receipts of accounts receivable).

A7. Paragraph 7 stipulates certain audit procedures in this context that the auditor is required to perform pursuant to paragraph 6. The subsequent events procedures that the auditor performs may, however, depend on the information that is available and, in particular, the extent to which the accounting records have been prepared since the date of the financial statements. Where the accounting records are not up-to-date, and accordingly no interim financial statements (whether for internal or external purposes) have been prepared, or minutes of meetings of management or those charged with governance have not been prepared, relevant audit procedures may take the form of inspection of available books and records, including bank statements. Paragraph A8 gives examples of some of the additional matters that the auditor may consider in the course of these inquiries.

A8. In addition to the audit procedures required by paragraph 7, the auditor may consider it necessary and appropriate to:

- Read the entity's latest available budgets, cash flow forecasts and other related management reports for periods after the date of the financial statements;

- Inquire, or extend previous oral or written inquiries, of the entity's legal counsel concerning litigation and claims; or

- Consider whether written representations covering particular subsequent events may be necessary to support other audit evidence and thereby obtain sufficient appropriate audit evidence.

---

[8] ISA 700, paragraph 41. In some cases, law or regulation also identifies the point in the financial statement reporting process at which the audit is expected to be complete.

Datum des Vermerks des Abschlussprüfers (Vgl. Tz. 5(c))

A3. Der Vermerk des Abschlussprüfers kann nicht vor dem Datum datiert werden, an dem der Abschlussprüfer ausreichende geeignete Prüfungsnachweise erlangt hat, auf die das Prüfungsurteil über den Abschluss gestützt werden kann. Dies schließt Nachweise dafür ein, dass alle Aufstellungen, die den Abschluss ausmachen (einschließlich der dazugehörigen Abschlussangaben), erstellt wurden und dass die dafür Verantwortlichen versichert haben, dass sie die Verantwortung für diesen Abschluss übernommen haben.[8] Folglich kann das Datum des Vermerks des Abschlussprüfers nicht vor dem in Textziffer 5 (b) definierten Datum der Genehmigung des Abschlusses liegen. Aus administrativen Gründen kann zwischen dem Datum des Vermerks des Abschlussprüfers nach Textziffer 5 (c) und dem Datum der Auslieferung des Vermerks des Abschlussprüfers an die Einheit eine gewisse Zeit liegen.

Datum der Herausgabe des Abschlusses (Vgl. Tz. 5(d))

A4. Das Datum der Herausgabe des Abschlusses hängt i.d.R. vom rechtlichen Umfeld der Einheit ab. In einigen Fällen kann das Datum der Herausgabe des Abschlusses das Datum der Versendung an eine Aufsichtsbehörde sein. Da geprüfte Abschlüsse nicht ohne Vermerk des Abschlussprüfers herausgegeben werden können, muss das Datum der Herausgabe eines geprüften Abschlusses nicht nur am oder nach dem Datum des Vermerks des Abschlussprüfers liegen, sondern auch am oder nach dem Datum der Auslieferung des Vermerks des Abschlussprüfers an die Einheit.

Spezifische Überlegungen zu Einheiten des öffentlichen Sektors

A5. Handelt es sich um den öffentlichen Sektor, kann das Datum der Herausgabe des Abschlusses das Datum sein, an dem der geprüfte Abschluss und der dazu erteilte Vermerk des Abschlussprüfers der gesetzgebenden Körperschaft vorgelegt oder anderweitig veröffentlicht wird.

Ereignisse, die zwischen dem Abschlussstichtag und dem Datum des Vermerks des Abschlussprüfers eintreten (Vgl. Tz. 6–9)

A6. Je nach Risikobeurteilung des Abschlussprüfers können die nach Textziffer 6 erforderlichen Prüfungshandlungen, um ausreichende geeignete Prüfungsnachweise zu erlangen, Handlungen wie die Durchsicht oder Überprüfung von Rechnungslegungsunterlagen oder Geschäftsvorfällen zwischen Abschlussstichtag und Datum des Vermerks des Abschlussprüfers beinhalten. Die nach den Textziffern 6 und 7 erforderlichen Prüfungshandlungen sind zusätzlich zu den Handlungen durchzuführen, die der Abschlussprüfer möglicherweise aus anderen Gründen vornimmt, die aber gleichwohl einen Nachweis über Ereignisse nach dem Abschlussstichtag liefern können (z.B. Prüfungsnachweise zu erlangen zu Kontensalden am Abschlussstichtag wie etwa Handlungen zur Periodenabgrenzung oder zu nachträglichen Zahlungseingängen bei Forderungen).

A7. Textziffer 7 sieht in diesem Zusammenhang bestimmte Prüfungshandlungen vor, die der Abschlussprüfer nach Textziffer 6 durchführen muss. Die Handlungen, die der Abschlussprüfer zu Ereignissen nach dem Abschlussstichtag durchführt, können jedoch von der Verfügbarkeit der Informationen und insbesondere davon abhängen, in welchem Umfang seit dem Abschlussstichtag Rechnungslegungsunterlagen erstellt wurden. Sind die Rechnungslegungsunterlagen nicht auf dem neuesten Stand und wurden dementsprechend keine Zwischenabschlüsse (für interne oder externe Zwecke) erstellt oder keine Protokolle über Sitzungen des Managements oder der für die Überwachung Verantwortlichen angefertigt, können die relevanten Prüfungshandlungen in einer Einsichtnahme in verfügbare Bücher und Aufzeichnungen einschließlich Bankauszüge bestehen. Textziffer A8 gibt Beispiele für einige zusätzliche Sachverhalte, die der Abschlussprüfer bei diesen Befragungen in Betracht ziehen kann.

A8. Zusätzlich zu den nach Textziffer 7 erforderlichen Prüfungshandlungen kann der Abschlussprüfer es für erforderlich und angemessen erachten,

- die aktuellsten verfügbaren Budgets der Einheit, Cashflow-Prognosen und andere damit zusammenhängende Berichte des Managements über Zeiträume nach dem Abschlussstichtag zu lesen,
- den Rechtsberater der Einheit zu Rechtsstreitigkeiten und Rechtsansprüchen zu befragen bzw. frühere mündliche oder schriftliche Befragungen auszudehnen oder
- in Erwägung zu ziehen, ob schriftliche Erklärungen zu bestimmten, nach dem Abschlussstichtag eingetretenen Ereignissen erforderlich sein können, um andere Prüfungsnachweise zu untermauern und damit ausreichende geeignete Prüfungsnachweise zu erlangen.

---

8) ISA 700, Textziffer 41. In einigen Fällen legen Gesetze oder andere Rechtsvorschriften auch den Zeitpunkt im Rechnungslegungsprozess fest, zu dem erwartet wird, dass die Prüfung abgeschlossen ist.

Inquiry (Ref: Para. 7(b))

A9. In inquiring of management and, where appropriate, those charged with governance, as to whether any subsequent events have occurred that might affect the financial statements, the auditor may inquire as to the current status of items that were accounted for on the basis of preliminary or inconclusive data and may make specific inquiries about the following matters:

- Whether new commitments, borrowings or guarantees have been entered into.
- Whether sales or acquisitions of assets have occurred or are planned.
- Whether there have been increases in capital or issuance of debt instruments, such as the issue of new shares or debentures, or an agreement to merge or liquidate has been made or is planned.
- Whether any assets have been appropriated by government or destroyed, for example, by fire or flood.
- Whether there have been any developments regarding contingencies.
- Whether any unusual accounting adjustments have been made or are contemplated.
- Whether any events have occurred or are likely to occur that will bring into question the appropriateness of accounting policies used in the financial statements, as would be the case, for example, if such events call into question the validity of the going concern assumption.
- Whether any events have occurred that are relevant to the measurement of estimates or provisions made in the financial statements.
- Whether any events have occurred that are relevant to the recoverability of assets.

Reading Minutes (Ref: Para. 7(c))

Considerations Specific to Public Sector Entities

A10. In the public sector, the auditor may read the official records of relevant proceedings of the legislature and inquire about matters addressed in proceedings for which official records are not yet available.

Facts Which Become Known to the Auditor after the Date of the Auditor's Report but before the Date the Financial Statements Are Issued

Management Responsibility towards Auditor (Ref: Para. 10)

A11. As explained in ISA 210, the terms of the audit engagement include the agreement of management to inform the auditor of facts that may affect the financial statements, of which management may become aware during the period from the date of the auditor's report to the date the financial statements are issued.[9]

Dual Dating (Ref: Para. 12(a))

A12. When, in the circumstances described in paragraph 12(a), the auditor amends the auditor's report to include an additional date restricted to that amendment, the date of the auditor's report on the financial statements prior to their subsequent amendment by management remains unchanged because this date informs the reader as to when the audit work on those financial statements was completed. However, an additional date is included in the auditor's report to inform users that the auditor's procedures subsequent to that date were restricted to the subsequent amendment of the financial statements. The following is an illustration of such an additional date:

> (Date of auditor's report), except as to Note Y, which is as of (date of completion of audit procedures restricted to amendment described in Note Y).

---

[9] ISA 210, "Agreeing the Terms of Audit Engagements," paragraph A23.

Befragung (Vgl. Tz. 7(b))

A9. Durch Befragung des Managements und - soweit angebracht - der für die Überwachung Verantwortlichen, ob irgendwelche Ereignisse nach dem Abschlussstichtag eingetreten sind, die sich auf den Abschluss auswirken könnten, kann der Abschlussprüfer den aktuellen Stand von Buchungsposten erfragen, die auf der Grundlage vorläufiger oder nicht beweiskräftiger Daten in der Rechnungslegung abgebildet wurden, und gezielte Befragungen zu folgenden Sachverhalten vornehmen:

- ob neue Verpflichtungen, Kreditaufnahmen oder Garantien eingegangen wurden
- ob Vermögensverkäufe oder -käufe stattgefunden haben oder geplant sind
- ob Kapitalerhöhungen durchgeführt oder Fremdkapitaltitel ausgegeben wurden, etwa die Ausgabe neuer Aktien oder Schuldverschreibungen, oder eine Vereinbarung über einen Zusammenschluss oder eine Auflösung getroffen wurde oder geplant ist
- ob Vermögenswerte durch die Regierung angeeignet oder z.B. durch Feuer oder Überschwemmung vernichtet wurden
- ob es Entwicklungen bei den Eventualverbindlichkeiten gegeben hat
- ob ungewöhnliche Anpassungen in der Rechnungslegung vorgenommen wurden oder in Erwägung gezogen werden
- ob Ereignisse eingetreten sind oder wahrscheinlich eintreten werden, welche die Angemessenheit der im Abschluss angewandten Rechnungslegungsmethoden in Frage stellen. Dies könnte beispielsweise der Fall sein, wenn solche Ereignisse die Gültigkeit der Annahme der Unternehmensfortführung in Frage stellen
- ob Ereignisse eingetreten sind, die für die Ermittlung von geschätzten Werten oder Rückstellungen im Abschluss relevant sind
- ob Ereignisse eingetreten sind, die für die Einbringlichkeit von Vermögenswerten relevant sind.

Lesen von Protokollen (Vgl. Tz. 7(c))

Spezifische Überlegungen zu Einheiten des öffentlichen Sektors

A10. Im öffentlichen Sektor kann der Abschlussprüfer amtliche Unterlagen zu relevanten Verfahren der gesetzgebenden Körperschaft lesen und Befragungen zu Sachverhalten in Verfahren vornehmen, zu denen noch keine amtlichen Unterlagen erhältlich sind.

Tatsachen, die dem Abschlussprüfer nach dem Datum des Vermerks des Abschlussprüfers, jedoch vor dem Datum der Herausgabe des Abschlusses bekannt werden

Verantwortung des Managements gegenüber dem Abschlussprüfer (Vgl. Tz. 10)

A11. Wie in ISA 210 ausgeführt, enthalten die Auftragsbedingungen das Einverständnis des Managements, den Abschlussprüfer über Tatsachen zu informieren, die Auswirkungen auf den Abschluss haben können und dem Management im Zeitraum zwischen dem Datum des Vermerks des Abschlussprüfers und dem Datum der Herausgabe des Abschlusses bekannt werden.[9]

Doppeldatierung (Vgl. Tz. 12(a))

A12. Wenn der Abschlussprüfer unter den in Textziffer 12(a) beschriebenen Umständen den Vermerk des Abschlussprüfers durch Einfügung eines zusätzlichen Datums ändert und die Änderung hierauf begrenzt ist, bleibt das Datum des Vermerks des Abschlussprüfers zu dem Abschluss vor der nachträglichen Änderung durch das Management unverändert, weil dieses Datum den Leser darüber informiert, wann die Prüfungsarbeiten zu diesem Abschluss abgeschlossen wurden. Um Nutzer des Abschlusses darüber zu informieren, dass die nach diesem Datum vorgenommenen Prüfungshandlungen nur auf die nachträgliche Änderung des Abschlusses bezogen wurden, wird jedoch ein zusätzliches Datum in den Vermerk des Abschlussprüfers aufgenommen. Nachfolgend wird ein Beispiel für ein solches zusätzliches Datum gegeben:

"(Datum des Vermerks des Abschlussprüfers) mit der Ausnahme von Anhangangabe Y nach dem Stand vom (Datum des Abschlusses der Prüfungshandlungen zu der in Anhangangabe Y dargestellten Ergänzung)"[*]

---

[9] ISA 210 „Vereinbarung der Auftragsbedingungen für Prüfungsaufträge", Textziffer A23.

[*] Eine Doppeldatierung des Vermerks des Abschlussprüfers, bei der auf nachträgliche Prüfungshandlungen durch eine bloße Wiedergabe eines zweiten Datums hingewiesen wird, ist hiernach nicht zulässig; erforderlich ist immer die Angabe, worauf sich das zweite Datum bezieht.

No Amendment of Financial Statements by Management (Ref: Para. 13)

A13. In some jurisdictions, management may not be required by law, regulation or the financial reporting framework to issue amended financial statements. This is often the case when issuance of the financial statements for the following period is imminent, provided appropriate disclosures are made in such statements.

Considerations Specific to Public Sector Entities

A14. In the public sector, the actions taken in accordance with paragraph 13 when management does not amend the financial statements may also include reporting separately to the legislature, or other relevant body in the reporting hierarchy, on the implications of the subsequent event for the financial statements and the auditor's report.

Auditor Action to Seek to Prevent Reliance on Auditor's Report (Ref: Para. 13(b))

A15. The auditor may need to fulfill additional legal obligations even when the auditor has notified management not to issue the financial statements and management has agreed to this request.

A16. Where management has issued the financial statements despite the auditor's notification not to issue the financial statements to third parties, the auditor's course of action to prevent reliance on the auditor's report on the financial statements depends upon the auditor's legal rights and obligations. Consequently, the auditor may consider it appropriate to seek legal advice.

Facts Which Become Known to the Auditor after the Financial Statements Have Been Issued

No Amendment of Financial Statements by Management (Ref: Para. 15)

Considerations Specific to Public Sector Entities

A17. In some jurisdictions, entities in the public sector may be prohibited from issuing amended financial statements by law or regulation. In such circumstances, the appropriate course of action for the auditor may be to report to the appropriate statutory body.

Auditor Action to Seek to Prevent Reliance on Auditor's Report (Ref: Para. 17)

A18. Where the auditor believes that management, or those charged with governance, have failed to take the necessary steps to prevent reliance on the auditor's report on financial statements previously issued by the entity despite the auditor's prior notification that the auditor will take action to seek to prevent such reliance, the auditor's course of action depends upon the auditor's legal rights and obligations. Consequently, the auditor may consider it appropriate to seek legal advice.

Keine Änderung des Abschlusses durch das Management (Vgl. Tz. 13)

A13. In einigen Rechtsräumen ist das Management durch Gesetz, andere Rechtsvorschriften oder das Regelwerk der Rechnungslegung möglicherweise nicht verpflichtet, einen geänderten Abschluss herauszugeben. Dies ist häufig der Fall, wenn die Herausgabe des Abschlusses für den folgenden Zeitraum unmittelbar bevorsteht unter der Voraussetzung, dass in diesem Abschluss angemessene Angaben gemacht werden.

Spezifische Überlegungen zu Einheiten des öffentlichen Sektors

A14. Im öffentlichen Sektor können die in Übereinstimmung mit Textziffer 13 durchgeführten Maßnahmen für den Fall, dass das Management den Abschluss nicht ändert, auch eine gesonderte Berichterstattung über die Bedeutung der Ereignisse nach dem Abschlussstichtag für den Abschluss und den Vermerk des Abschlussprüfers an die gesetzgebende Körperschaft oder ein anderes in der Hierarchie des Berichtsempfängers zuständiges Organ beinhalten.

Maßnahmen des Abschlussprüfers mit dem Ziel zu verhindern, dass dem Vermerk des Abschlussprüfers vertraut wird (Vgl. Tz. 13(b))

A15. Der Abschlussprüfer kann zusätzliche gesetzliche Verpflichtungen zu erfüllen haben, selbst wenn er dem Management mitgeteilt hat, den Abschluss nicht herauszugeben und das Management dieser Aufforderung zugestimmt hat.

A16. Hat das Management den Abschluss entgegen der Mitteilung des Abschlussprüfers, ihn nicht an Dritte herauszugeben, herausgegeben, hängen die Maßnahmen des Abschlussprüfers zur Verhinderung eines Vertrauens in den zu dem Abschluss erteilten Vermerk des Abschlussprüfers von den gesetzlichen Rechten und Pflichten des Abschlussprüfers ab. Daher kann der Abschlussprüfer es für angebracht halten, rechtlichen Rat einzuholen.

Tatsachen, die dem Abschlussprüfer nach der Herausgabe des Abschlusses bekannt werden

Keine Änderung des Abschlusses durch das Management (Vgl. Tz. 15)

Spezifische Überlegungen zu Einheiten des öffentlichen Sektors

A17. In einigen Rechtsräumen können Gesetze oder andere Rechtsvorschriften Einheiten des öffentlichen Sektors die Herausgabe eines geänderten Abschlusses untersagen. Unter diesen Umständen kann die angemessene Maßnahme des Abschlussprüfers darin bestehen, der gesetzlich zuständigen Körperschaft über den Sachverhalt zu berichten.

Maßnahmen des Abschlussprüfers mit dem Ziel zu verhindern, dass dem Vermerk des Abschlussprüfers vertraut wird (Vgl. Tz. 17)

A18. Haben das Management oder die für die Überwachung Verantwortlichen nach Auffassung des Abschlussprüfers nicht die erforderlichen Schritte unternommen, um Vertrauen in den zu einem vorher herausgegebenen Abschluss erteilten Vermerk des Abschlussprüfers zu verhindern - obwohl der Abschlussprüfer zuvor mitgeteilt hat, dass er Maßnahmen ergreifen wird, um ein solches Vertrauen zu verhindern - hängen die Maßnahmen des Abschlussprüfers von den gesetzlichen Rechten und Pflichten ab. Daher kann der Abschlussprüfer es für angebracht halten, rechtlichen Rat einzuholen.

INTERNATIONAL STANDARD ON AUDITING 570
GOING CONCERN
(Effective for audits of financial statements for periods beginning on or after December 15, 2009)

CONTENTS

	Paragraph
Introduction	
Scope of this ISA	1
Going Concern Assumption	2
Responsibility for Assessment of the Entity's Ability to Continue as a Going Concern	3–7
Effective Date	8
Objectives	9
Requirements	
Risk Assessment Procedures and Related Activities	10–11
Evaluating Management's Assessment	12–14
Period beyond Management's Assessment	15
Additional Audit Procedures When Events or Conditions Are Identified	16
Audit Conclusions and Reporting	17
Use of Going Concern Assumption Appropriate but a Material Uncertainty Exists	18–20
Use of Going Concern Assumption Inappropriate	21
Management Unwilling to Make or Extend Its Assessment	22
Communication with Those Charged with Governance	23
Significant Delay in the Approval of Financial Statements	24
Application and Other Explanatory Material	
Going Concern Assumption	A1
Risk Assessment Procedures and Related Activities	A2–A6
Evaluating Management's Assessment	A7–A12
Period beyond Management's Assessment	A13–A14
Additional Audit Procedures When Events or Conditions Are Identified	A15–A18
Audit Conclusions and Reporting	A19
Use of Going Concern Assumption Appropriate but a Material Uncertainty Exists	A20–A24
Use of Going Concern Assumption Inappropriate	A25–A26
Management Unwilling to Make or Extend Its Assessment	A27

International Standard on Auditing (ISA) 570, "Going Concern" should be read in conjunction with ISA 200, "Overall Objectives of the Independent Auditor and the Conduct of an Audit in Accordance with International Standards on Auditing."

INTERNATIONAL STANDARD ON AUDITING 570
FORTFÜHRUNG DER UNTERNEHMENSTÄTIGKEIT

(gilt für die Prüfung von Abschlüssen für Zeiträume, die am oder nach dem 15.12.2009 beginnen)

INHALTSVERZEICHNIS

	Textziffer
Einleitung	
Anwendungsbereich	1
Annahme der Fortführung der Unternehmenstätigkeit	2
Verantwortung, die Fähigkeit der Einheit zur Unternehmensfortführung einzuschätzen	3-7
Anwendungszeitpunkt	8
Ziele	9
Anforderungen	
Prüfungshandlungen zur Risikobeurteilung und damit zusammenhängende Tätigkeiten	10-11
Beurteilung der Einschätzung des Managements	12-14
Zeitraum jenseits dem der Einschätzung des Managements	15
Zusätzliche Prüfungshandlungen bei Feststellung von Ereignissen oder Gegebenheiten	16
Prüfungsfeststellungen und Berichterstattung	17
Angemessenheit der Annahme der Fortführung der Unternehmenstätigkeit trotz einer bestehenden wesentlichen Unsicherheit	18-20
Unangemessenheit der Annahme der Fortführung der Unternehmenstätigkeit	21
Fehlende Bereitschaft des Managements zur Vornahme oder Erweiterung seiner Einschätzung	22
Kommunikation mit den für die Überwachung Verantwortlichen	23
Erhebliche Verzögerung der Genehmigung des Abschlusses	24
Anwendungshinweise und sonstige Erläuterungen	
Annahme der Fortführung der Unternehmenstätigkeit	A1
Prüfungshandlungen zur Risikobeurteilung und damit zusammenhängende Tätigkeiten	A2-A6
Beurteilung der Einschätzung des Managements	A7-A12
Zeitraum jenseits dem der Einschätzung des Managements	A13-A14
Zusätzliche Prüfungshandlungen bei Feststellung von Ereignissen oder Gegebenheiten	A15-A18
Prüfungsfeststellungen und Berichterstattung	A19
Angemessenheit der Annahme der Fortführung der Unternehmenstätigkeit trotz einer bestehenden wesentlichen Unsicherheit	A20-A24
Unangemessenheit der Annahme der Fortführung der Unternehmenstätigkeit	A25-A26
Fehlende Bereitschaft des Managements zur Vornahme oder Erweiterung seiner Einschätzung	A27

International Standard on Auditing (ISA) 570 „Fortführung der Unternehmenstätigkeit" ist im Zusammenhang mit ISA 200 „Übergreifende Zielsetzungen des unabhängigen Prüfers und Grundsätze einer Prüfung in Übereinstimmung mit den International Standards on Auditing" zu lesen.

Introduction

Scope of this ISA

1. This International Standard on Auditing (ISA) deals with the auditor's responsibilities in the audit of financial statements relating to management's use of the going concern assumption in the preparation of the financial statements.

Going Concern Assumption

2. Under the going concern assumption, an entity is viewed as continuing in business for the foreseeable future. General purpose financial statements are prepared on a going concern basis, unless management either intends to liquidate the entity or to cease operations, or has no realistic alternative but to do so. Special purpose financial statements may or may not be prepared in accordance with a financial reporting framework for which the going concern basis is relevant (for example, the going concern basis is not relevant for some financial statements prepared on a tax basis in particular jurisdictions). When the use of the going concern assumption is appropriate, assets and liabilities are recorded on the basis that the entity will be able to realize its assets and discharge its liabilities in the normal course of business. (Ref: Para. A1)

Responsibility for Assessment of the Entity's Ability to Continue as a Going Concern

3. Some financial reporting frameworks contain an explicit requirement for management to make a specific assessment of the entity's ability to continue as a going concern, and standards regarding matters to be considered and disclosures to be made in connection with going concern. For example, International Accounting Standard (IAS) 1 requires management to make an assessment of an entity's ability to continue as a going concern.[1] The detailed requirements regarding management's responsibility to assess the entity's ability to continue as a going concern and related financial statement disclosures may also be set out in law or regulation.

4. In other financial reporting frameworks, there may be no explicit requirement for management to make a specific assessment of the entity's ability to continue as a going concern. Nevertheless, since the going concern assumption is a fundamental principle in the preparation of financial statements as discussed in paragraph 2, the preparation of the financial statements requires management to assess the entity's ability to continue as a going concern even if the financial reporting framework does not include an explicit requirement to do so.

5. Management's assessment of the entity's ability to continue as a going concern involves making a judgment, at a particular point in time, about inherently uncertain future outcomes of events or conditions. The following factors are relevant to that judgment:

    - The degree of uncertainty associated with the outcome of an event or condition increases significantly the further into the future an event or condition or the outcome occurs. For that reason, most financial reporting frameworks that require an explicit management assessment specify the period for which management is required to take into account all available information.

    - The size and complexity of the entity, the nature and condition of its business and the degree to which it is affected by external factors affect the judgment regarding the outcome of events or conditions.

    - Any judgment about the future is based on information available at the time at which the judgment is made. Subsequent events may result in outcomes that are inconsistent with judgments that were reasonable at the time they were made.

---

1) IAS 1, "Presentation of Financial Statements" as at 1 January 2009, paragraphs 25–26.

Einleitung

Anwendungsbereich

1. Dieser International Standard on Auditing (ISA) behandelt die Pflichten des Abschlussprüfers im Zusammenhang mit der Anwendung der Annahme der Fortführung der Unternehmenstätigkeit durch das Management bei der Aufstellung des Abschlusses.

Annahme der Fortführung der Unternehmenstätigkeit

2. Bei der Annahme der Fortführung der Unternehmenstätigkeit wird davon ausgegangen, dass eine Einheit[*] ihre Geschäftstätigkeit für die absehbare Zukunft fortführt. Abschlüsse für allgemeine Zwecke werden auf der Grundlage der Fortführung der Unternehmenstätigkeit aufgestellt, es sei denn, das Management beabsichtigt, die Einheit zu liquidieren oder den Geschäftsbetrieb einzustellen, oder hat keine realistische Alternative dazu. Abschlüsse für spezielle Zwecke können entweder in Übereinstimmung mit einem Regelwerk der Rechnungslegung aufgestellt sein, für das die Grundlage der Fortführung der Unternehmenstätigkeit relevant ist, oder auch nicht (z. B. ist die Grundlage der Fortführung der Unternehmenstätigkeit nicht relevant für manche Abschlüsse, die in bestimmten Rechtsräumen als Besteuerungsgrundlage aufgestellt werden). Ist die Anwendung der Annahme der Fortführung der Unternehmenstätigkeit angemessen, werden Vermögenswerte und Schulden auf der Grundlage erfasst, dass die Einheit in der Lage sein wird, im gewöhnlichen Geschäftsverlauf ihre Vermögenswerte zu realisieren und ihre Schulden zu begleichen. (Vgl. Tz. A1)

Verantwortung, die Fähigkeit der Einheit zur Unternehmensfortführung einzuschätzen

3. Manche Regelwerke der Rechnungslegung enthalten eine explizite Anforderung an das Management, eine spezifische Einschätzung der Fähigkeit der Einheit zur Fortführung der Unternehmenstätigkeit vorzunehmen sowie Standards zu Sachverhalten und zu Abschlussangaben[**], die im Zusammenhang mit der Fortführung der Unternehmenstätigkeit zu berücksichtigen bzw. vorzunehmen sind. So muss das Management bspw. nach dem International Accounting Standard (IAS) 1 eine Einschätzung der Fähigkeit einer Einheit zur Fortführung der Unternehmenstätigkeit vornehmen.[1] Die genauen Anforderungen an die Verpflichtung des Managements zur Vornahme dieser Einschätzung und damit zusammenhängende Angaben im Abschluss können auch in Gesetzen oder anderen Rechtsvorschriften geregelt sein.

4. Andere Regelwerke der Rechnungslegung enthalten möglicherweise keine ausdrückliche Anforderung, dass das Management eine spezifische Einschätzung der Fähigkeit der Einheit zur Fortführung der Unternehmenstätigkeit vorzunehmen hat. Gleichwohl verlangt - wie in Textziffer 2 erörtert - die Aufstellung des Abschlusses vom Management, die Fähigkeit der Einheit zur Unternehmensfortführung einzuschätzen, selbst wenn das Regelwerk der Rechnungslegung hierzu keine entsprechende ausdrückliche Anforderung enthält.

5. Die Einschätzung des Managements der Fähigkeit der Einheit zur Fortführung der Unternehmenstätigkeit umfasst eine Beurteilung der ihrem Wesen nach unsicheren künftigen Folgen von Ereignissen oder Gegebenheiten zu einem bestimmten Zeitpunkt. Für diese Beurteilung sind die folgenden Faktoren relevant:

    - Der Grad der mit der Folge eines Ereignisses oder einer Gegebenheit verbundenen Unsicherheit nimmt erheblich zu, je weiter in der Zukunft ein Ereignis, eine Gegebenheit oder deren Folgen eintreten. Daher ist in den meisten Regelwerken der Rechnungslegung, die eine explizite Einschätzung des Managements verlangen, der Zeitraum festgelegt, für den das Management alle verfügbaren Informationen berücksichtigen muss.

    - Die Größe und Komplexität der Einheit, die Art und Bedingungen ihrer Geschäftstätigkeit sowie das Ausmaß, in dem sie durch externe Faktoren beeinflusst wird, wirken sich auf die Beurteilung der Folgen von Ereignissen oder Gegebenheiten aus.

    - Jede auf die Zukunft gerichtete Beurteilung basiert auf Informationen, die zum Zeitpunkt der Beurteilung verfügbar sind. Spätere Ereignisse können Folgen haben, die mit den Beurteilungen, die zum Zeitpunkt deren Vornahme vertretbar waren, nicht in Einklang stehen.

---

1) IAS 1 „Darstellung des Abschlusses" vom 1. Januar 2009, Textziffern 25-26.
*) Der Begriff „Einheit" wird für *entity* neu eingeführt. Bei der zu prüfenden Einheit kann es sich um ein Unternehmen, einen Einzelkaufmann, eine Gesellschaft bürgerlichen Rechts (Schweiz: einfache Gesellschaft), eine Gebietskörperschaft, eine Anstalt des öffentlichen Rechts, einen Konzern oder eine nicht rechtlich abgegrenzte wirtschaftliche Einheit handeln. Eine Übersetzung mit „Unternehmen" oder „Gesellschaft" wäre deshalb unzureichend. So kann sich *entity* sogar auf eine nicht selbständige Niederlassung oder Sparte beziehen, für die eigenständig Rechnung gelegt wird.
**) Abschlussposten und andere Angaben im Abschluss.

Responsibilities of the Auditor

6. The auditor's responsibility is to obtain sufficient appropriate audit evidence about the appropriateness of management's use of the going concern assumption in the preparation of the financial statements and to conclude whether there is a material uncertainty about the entity's ability to continue as a going concern. This responsibility exists even if the financial reporting framework used in the preparation of the financial statements does not include an explicit requirement for management to make a specific assessment of the entity's ability to continue as a going concern.

7. However, as described in ISA 200,[2] the potential effects of inherent limitations on the auditor's ability to detect material misstatements are greater for future events or conditions that may cause an entity to cease to continue as a going concern. The auditor cannot predict such future events or conditions. Accordingly, the absence of any reference to going concern uncertainty in an auditor's report cannot be viewed as a guarantee as to the entity's ability to continue as a going concern.

Effective Date

8. This ISA is effective for audits of financial statements for periods beginning on or after December 15, 2009.

Objectives

9. The objectives of the auditor are:

   (a) To obtain sufficient appropriate audit evidence regarding the appropriateness of management's use of the going concern assumption in the preparation of the financial statements;

   (b) To conclude, based on the audit evidence obtained, whether a material uncertainty exists related to events or conditions that may cast significant doubt on the entity's ability to continue as a going concern; and

   (c) To determine the implications for the auditor's report.

Requirements

Risk Assessment Procedures and Related Activities

10. When performing risk assessment procedures as required by ISA 315,[3] the auditor shall consider whether there are events or conditions that may cast significant doubt on the entity's ability to continue as a going concern. In so doing, the auditor shall determine whether management has already performed a preliminary assessment of the entity's ability to continue as a going concern, and: (Ref: Para. A2–A5)

    (a) If such an assessment has been performed, the auditor shall discuss the assessment with management and determine whether management has identified events or conditions that, individually or collectively, may cast significant doubt on the entity's ability to continue as a going concern and, if so, management's plans to address them; or

    (b) If such an assessment has not yet been performed, the auditor shall discuss with management the basis for the intended use of the going concern assumption, and inquire of management whether events or conditions exist that, individually or collectively, may cast significant doubt on the entity's ability to continue as a going concern.

11. The auditor shall remain alert throughout the audit for audit evidence of events or conditions that may cast significant doubt on the entity's ability to continue as a going concern. (Ref: Para. A6)

---

[2] ISA 200, "Overall Objectives of the Independent Auditor and the Conduct of an Audit in Accordance with International Standards on Auditing," paragraphs A51-A52.

[3] ISA 315, "Identifying and Assessing the Risks of Material Misstatement through Understanding the Entity and Its Environment," paragraph 5.

Pflichten des Abschlussprüfers

6. Es ist die Pflicht des Abschlussprüfers, ausreichende geeignete Prüfungsnachweise über die Angemessenheit der Annahme der Fortführung der Unternehmenstätigkeit, die das Management bei der Aufstellung des Abschlusses zugrunde gelegt hat, zu erlangen und zu einem Schluss darüber zu kommen, ob eine wesentliche Unsicherheit über die Fähigkeit der Einheit zur Fortführung der Unternehmenstätigkeit besteht. Diese Pflicht besteht auch dann, wenn das bei der Aufstellung des Abschlusses angewendete Regelwerk der Rechnungslegung nicht die ausdrückliche Anforderung enthält, dass das Management eine besondere Einschätzung der Fähigkeit der Einheit zur Fortführung der Unternehmenstätigkeit vorzunehmen hat.

7. Wie in ISA 200 beschrieben,[2] wirken sich jedoch mögliche inhärente Grenzen auf die Fähigkeit des Abschlussprüfers, wesentliche falsche Darstellungen aufzudecken, bei zukünftigen Ereignissen oder Gegebenheiten, die eine Einheit zur Einstellung der Unternehmenstätigkeit veranlassen können, stärker aus. Der Abschlussprüfer kann solche zukünftigen Ereignisse oder Gegebenheiten nicht vorhersagen. Folglich kann ein nicht gegebener Hinweis auf Unsicherheiten über die Fortführung der Unternehmenstätigkeit im Vermerk des Abschlussprüfers nicht als Garantie für die Fähigkeit der Einheit zur Fortführung der Unternehmenstätigkeit angesehen werden.

Anwendungszeitpunkt

8. Dieser ISA gilt für die Prüfung von Abschlüssen für Zeiträume, die am oder nach dem 15.12.2009 beginnen.

Ziele

9. Die Ziele des Abschlussprüfers sind:

   (a) ausreichende geeignete Prüfungsnachweise darüber zu erlangen, ob es angemessen ist, dass das Management bei der Aufstellung des Abschlusses die Annahme der Fortführung der Unternehmenstätigkeit zugrunde legt,

   (b) auf der Grundlage der erlangten Prüfungsnachweise einen Schluss darüber zu ziehen, ob eine wesentliche Unsicherheit im Zusammenhang mit Ereignissen oder Gegebenheiten besteht, die erhebliche Zweifel an der Fähigkeit der Einheit zur Fortführung der Unternehmenstätigkeit aufwerfen kann, und

   (c) die Konsequenzen für den Vermerk des Abschlussprüfers festzustellen.

Anforderungen

Prüfungshandlungen zur Risikobeurteilung und damit zusammenhängende Tätigkeiten

10. Bei der Durchführung der nach ISA 315 erforderlichen Prüfungshandlungen zur Risikobeurteilung[3] muss der Abschlussprüfer einschätzen, ob Ereignisse oder Gegebenheiten vorliegen, die erhebliche Zweifel an der Fähigkeit der Einheit zur Fortführung der Unternehmenstätigkeit aufwerfen können. Dabei muss der Abschlussprüfer feststellen, ob das Management bereits eine vorläufige Einschätzung der Fähigkeit der Einheit zur Fortführung der Unternehmenstätigkeit vorgenommen hat: (Vgl. Tz. A2-A5)

    (a) Wurde eine solche Einschätzung vorgenommen, muss der Abschlussprüfer die Einschätzung mit dem Management erörtern und feststellen, ob das Management Ereignisse oder Gegebenheiten erkannt hat, die einzeln oder zusammen erhebliche Zweifel an der Fähigkeit der Einheit zur Fortführung der Unternehmenstätigkeit aufwerfen können, und wenn ja, welche Pläne das Management verfolgt, um diesen Ereignissen oder Gegebenheiten zu begegnen.

    (b) Wurde eine solche Einschätzung noch nicht vorgenommen, muss der Abschlussprüfer mit dem Management die Grundlage für die beabsichtigte Anwendung der Annahme der Fortführung der Unternehmenstätigkeit erörtern und das Management befragen, ob Ereignisse oder Gegebenheiten vorliegen, die einzeln oder zusammen erhebliche Zweifel an der Fähigkeit der Einheit zur Fortführung der Unternehmenstätigkeit aufwerfen können.

11. Der Abschlussprüfer muss während der gesamten Prüfung auf Prüfungsnachweise zu Ereignissen oder Gegebenheiten achten, die erhebliche Zweifel an der Fähigkeit der Einheit zur Fortführung der Unternehmenstätigkeit aufwerfen können. (Vgl. Tz. A6)

---

2) ISA 200 „Übergreifende Zielsetzungen des unabhängigen Prüfers und Grundsätze einer Prüfung in Übereinstimmung mit den International Standards on Auditing", Textziffern A51-A52.

3) ISA 315 „Identifizierung und Beurteilung der Risiken wesentlicher falscher Darstellungen aus dem Verstehen der Einheit und ihres Umfelds", Textziffer 5.

Evaluating Management's Assessment

12. The auditor shall evaluate management's assessment of the entity's ability to continue as a going concern. (Ref: Para. A7–A9, A11–A12)

13. In evaluating management's assessment of the entity's ability to continue as a going concern, the auditor shall cover the same period as that used by management to make its assessment as required by the applicable financial reporting framework, or by law or regulation if it specifies a longer period. If management's assessment of the entity's ability to continue as a going concern covers less than twelve months from the date of the financial statements as defined in ISA 560,[4] the auditor shall request management to extend its assessment period to at least twelve months from that date. (Ref: Para. A10–A12)

14. In evaluating management's assessment, the auditor shall consider whether management's assessment includes all relevant information of which the auditor is aware as a result of the audit.

Period beyond Management's Assessment

15. The auditor shall inquire of management as to its knowledge of events or conditions beyond the period of management's assessment that may cast significant doubt on the entity's ability to continue as a going concern. (Ref: Para. A13–A14)

Additional Audit Procedures When Events or Conditions Are Identified

16. If events or conditions have been identified that may cast significant doubt on the entity's ability to continue as a going concern, the auditor shall obtain sufficient appropriate audit evidence to determine whether or not a material uncertainty exists through performing additional audit procedures, including consideration of mitigating factors. These procedures shall include: (Ref: Para. A15)

    (a) Where management has not yet performed an assessment of the entity's ability to continue as a going concern, requesting management to make its assessment.

    (b) Evaluating management's plans for future actions in relation to its going concern assessment, whether the outcome of these plans is likely to improve the situation and whether management's plans are feasible in the circumstances. (Ref: Para. A16)

    (c) Where the entity has prepared a cash flow forecast, and analysis of the forecast is a significant factor in considering the future outcome of events or conditions in the evaluation of management's plans for future action: (Ref: Para. A17–A18)

        (i) Evaluating the reliability of the underlying data generated to prepare the forecast; and

        (ii) Determining whether there is adequate support for the assumptions underlying the forecast.

    (d) Considering whether any additional facts or information have become available since the date on which management made its assessment.

    (e) Requesting written representations from management and, where appropriate, those charged with governance, regarding their plans for future action and the feasibility of these plans.

Audit Conclusions and Reporting

17. Based on the audit evidence obtained, the auditor shall conclude whether, in the auditor's judgment, a material uncertainty exists related to events or conditions that, individually or collectively, may cast significant doubt on the entity's ability to continue as a going concern. A material uncertainty exists when the magnitude of its potential impact and likelihood of occurrence is such that, in the auditor's judgment, appropriate disclosure of the nature and implications of the uncertainty is necessary for: (Ref: Para. A19)

---

[4] ISA 560, "Subsequent Events," paragraph 5(a).

Beurteilung der Einschätzung des Managements

12. Der Abschlussprüfer muss die vom Management vorgenommene Einschätzung der Fähigkeit der Einheit zur Fortführung der Unternehmenstätigkeit beurteilen. (Vgl. Tz. A7-A9; A11-A12)

13. Bei der Beurteilung der vom Management vorgenommenen Einschätzung der Fähigkeit der Einheit zur Fortführung der Unternehmenstätigkeit muss der Abschlussprüfer denselben Zeitraum abdecken, den das Management seiner Einschätzung zugrunde gelegt hat in Übereinstimmung mit dem maßgebenden Regelwerk der Rechnungslegung oder mit dem Gesetz oder anderen Rechtsvorschriften, falls diese einen längeren Zeitraum festlegen. Wenn die vom Management vorgenommene Einschätzung der Fähigkeit der Einheit zur Fortführung der Unternehmenstätigkeit weniger als zwölf Monate ab dem Abschlussstichtag abdeckt, wie dieser in ISA 560[4)] definiert ist, muss der Abschlussprüfer das Management auffordern, seinen Einschätzungszeitraum auf mindestens zwölf Monate ab diesem Stichtag auszudehnen. (Vgl. Tz. A10-A12)

14. Bei der Beurteilung der Einschätzung des Managements muss der Abschlussprüfer abwägen, ob diese Einschätzung alle relevanten Informationen beinhaltet, die dem Abschlussprüfer aufgrund der Prüfung bekannt geworden sind.

Zeitraum jenseits dem der Einschätzung des Managements

15. Der Abschlussprüfer muss das Management befragen, ob diesem Ereignisse oder Gegebenheiten bekannt sind, die nach dem Zeitraum eintreten werden, auf den sich die Einschätzung des Managements bezieht, und die erhebliche Zweifel an der Fähigkeit der Einheit zur Fortführung der Unternehmenstätigkeit aufwerfen können. (Vgl. Tz. A13-A14)

Zusätzliche Prüfungshandlungen bei Feststellung von Ereignissen oder Gegebenheiten

16. Falls Ereignisse oder Gegebenheiten festgestellt wurden, die erhebliche Zweifel an der Fähigkeit der Einheit zur Fortführung der Unternehmenstätigkeit aufwerfen können, muss der Abschlussprüfer durch zusätzliche Prüfungshandlungen ausreichende geeignete Prüfungsnachweise erlangen, um festzustellen, ob eine wesentliche Unsicherheit besteht; dabei sind auch positive Faktoren zu berücksichtigen. Diese Prüfungshandlungen müssen Folgendes einschließen: (Vgl. Tz. A15)

    (a) Aufforderung an das Management, seine Einschätzung vorzunehmen, sofern das Management noch keine Einschätzung der Fähigkeit der Einheit zur Fortführung der Unternehmenstätigkeit vorgenommen hat

    (b) Beurteilung der Pläne des Managements zu zukünftigen Maßnahmen im Zusammenhang mit dessen Einschätzung hinsichtlich der Fortführung der Unternehmenstätigkeit sowie mit der Frage, ob die Folgen dieser Pläne wahrscheinlich die Situation verbessern und ob die Pläne des Managements unter den gegebenen Umständen durchführbar sind (Vgl. Tz. A16)

    (c) Hat die Einheit eine Cashflow-Prognose aufgestellt und ist die Analyse der Prognose ein bedeutsamer Faktor bei der Einschätzung der zukünftigen Folgen von Ereignissen oder Gegebenheiten im Rahmen der Beurteilung der Pläne des Managements für zukünftige Maßnahmen, (Vgl. Tz. A17-A18)

        (i) Beurteilung der Verlässlichkeit der zugrunde liegenden Daten, die zur Aufstellung der Prognose ermittelt wurden, und

        (ii) Feststellung, ob die der Prognose zugrunde liegenden Annahmen ausreichend unterlegt sind

    (d) Abwägung, ob zusätzliche Tatsachen oder Informationen seit dem Datum verfügbar geworden sind, an dem das Management seine Einschätzung vorgenommen hat

    (e) Anforderung schriftlicher Erklärungen vom Management und soweit angebracht von den für die Überwachung Verantwortlichen zu deren Plänen für zukünftige Maßnahmen und zu der Durchführbarkeit dieser Pläne.

Prüfungsfeststellungen und Berichterstattung

17. Auf der Grundlage der erlangten Prüfungsnachweise muss der Abschlussprüfer entscheiden, ob nach seinem Ermessen eine wesentliche Unsicherheit im Zusammenhang mit Ereignissen oder Gegebenheiten besteht, die einzeln oder zusammen erhebliche Zweifel an der Fähigkeit der Einheit zur Fortführung der Unternehmenstätigkeit aufwerfen können. Eine wesentliche Unsicherheit besteht, wenn ihre möglichen Auswirkungen und die Wahrscheinlichkeit ihres Eintretens so groß sind, dass nach der Beurteilung des Abschlussprüfers eine angemessene Angabe von Art und Auswirkungen der Unsicherheit im Abschluss notwendig ist, um (Vgl. Tz. A19)

---

4) ISA 560 „Ereignisse nach dem Abschlussstichtag", Textziffer 5(a).

(a) In the case of a fair presentation financial reporting framework, the fair presentation of the financial statements, or

(b) In the case of a compliance framework, the financial statements not to be misleading.

Use of Going Concern Assumption Appropriate but a Material Uncertainty Exists

18. If the auditor concludes that the use of the going concern assumption is appropriate in the circumstances but a material uncertainty exists, the auditor shall determine whether the financial statements:

    (a) Adequately describe the principal events or conditions that may cast significant doubt on the entity's ability to continue as a going concern and management's plans to deal with these events or conditions; and

    (b) Disclose clearly that there is a material uncertainty related to events or conditions that may cast significant doubt on the entity's ability to continue as a going concern and, therefore, that it may be unable to realize its assets and discharge its liabilities in the normal course of business. (Ref: Para. A20)

19. If adequate disclosure is made in the financial statements, the auditor shall express an unmodified opinion and include an Emphasis of Matter paragraph in the auditor's report to:

    (a) Highlight the existence of a material uncertainty relating to the event or condition that may cast significant doubt on the entity's ability to continue as a going concern; and

    (b) Draw attention to the note in the financial statements that discloses the matters set out in paragraph 18.[5] (Ref: Para. A21–A22)

20. If adequate disclosure is not made in the financial statements, the auditor shall express a qualified opinion or adverse opinion, as appropriate, in accordance with ISA 705.[6] The auditor shall state in the auditor's report that there is a material uncertainty that may cast significant doubt about the entity's ability to continue as a going concern. (Ref: Para. A23–A24)

Use of Going Concern Assumption Inappropriate

21. If the financial statements have been prepared on a going concern basis but, in the auditor's judgment, management's use of the going concern assumption in the financial statements is inappropriate, the auditor shall express an adverse opinion. (Ref: Para. A25–A26)

Management Unwilling to Make or Extend Its Assessment

22. If management is unwilling to make or extend its assessment when requested to do so by the auditor, the auditor shall consider the implications for the auditor's report. (Ref: Para. A27)

Communication with Those Charged with Governance

23. Unless all those charged with governance are involved in managing the entity,[7] the auditor shall communicate with those charged with governance events or conditions identified that may cast significant doubt on the entity's ability to continue as a going concern. Such communication with those charged with governance shall include the following:

    (a) Whether the events or conditions constitute a material uncertainty;

---

5) See ISA 706, "Emphasis of Matter Paragraphs and Other Matter Paragraphs in the Independent Auditor's Report."

6) ISA 705, "Modifications to the Opinion in the Independent Auditor's Report."

7) ISA 260, "Communication with Those Charged with Governance," paragraph 13.

(a) im Falle eines Regelwerks der Rechnungslegung zur sachgerechten Gesamtdarstellung eine sachgerechte Gesamtdarstellung des Abschlusses oder

(b) im Falle eines Regelwerks der Rechnungslegung zur Normentsprechung einen Abschluss, der nicht irreführend ist,

zu gewährleisten.

Angemessenheit der Annahme der Fortführung der Unternehmenstätigkeit trotz einer bestehenden wesentlichen Unsicherheit

18. Falls der Abschlussprüfer zu dem Schluss kommt, dass die Anwendung der Annahme der Fortführung der Unternehmenstätigkeit unter den gegebenen Umständen angemessen ist, jedoch eine wesentliche Unsicherheit besteht, muss der Abschlussprüfer entscheiden, ob im Abschluss

    (a) die hauptsächlichen Ereignisse oder Gegebenheiten, die erhebliche Zweifel an der Fähigkeit der Einheit zur Fortführung der Unternehmenstätigkeit und an den Plänen des Managements zur Behandlung dieser Ereignisse oder Gegebenheiten aufwerfen können, angemessen dargestellt sind und

    (b) zweifelsfrei angegeben ist, dass eine wesentliche Unsicherheit im Zusammenhang mit Ereignissen oder Gegebenheiten besteht, die erhebliche Zweifel an der Fähigkeit der Einheit zur Fortführung der Unternehmenstätigkeit aufwerfen kann, und die Einheit daher möglicherweise nicht in der Lage ist, im gewöhnlichen Geschäftsverlauf ihre Vermögenswerte zu realisieren und ihre Schulden zu begleichen. (Vgl. Tz. A20)

19. Wenn angemessene Angaben im Abschluss gemacht sind, muss der Abschlussprüfer ein nicht modifiziertes Prüfungsurteil abgeben und einen Absatz zur Hervorhebung eines Sachverhalts in den Vermerk des Abschlussprüfers aufnehmen,

    (a) um das Bestehen einer wesentlichen Unsicherheit im Zusammenhang mit den Ereignissen oder Gegebenheiten hervorzuheben, die erhebliche Zweifel an der Fähigkeit der Einheit zur Fortführung der Unternehmenstätigkeit aufwerfen kann, und

    (b) um auf die Angabe im Abschluss aufmerksam zu machen, in der die in Textziffer 18 beschriebenen Sachverhalte genannt sind.[5] (Vgl. Tz. A21-A22)

20. Wenn keine angemessene Angabe gemacht ist, muss der Abschlussprüfer je nachdem, wie dies angebracht ist, ein eingeschränktes oder ein versagtes Prüfungsurteil[*] in Übereinstimmung mit ISA 705[6] abgeben. Der Abschlussprüfer muss in seinem Vermerk angeben, dass eine wesentliche Unsicherheit besteht, die erhebliche Zweifel an der Fähigkeit der Einheit zur Fortführung der Unternehmenstätigkeit aufwerfen kann. (Vgl. Tz. A23-A24)

Unangemessenheit der Annahme der Fortführung der Unternehmenstätigkeit

21. Wenn der Abschluss auf der Grundlage der Fortführung der Unternehmenstätigkeit aufgestellt wurde, die Anwendung der Annahme der Fortführung der Unternehmenstätigkeit durch das Management nach der Beurteilung des Abschlussprüfers jedoch unangemessen ist, muss der Abschlussprüfer ein versagtes Prüfungsurteil abgeben. (Vgl. Tz. A25-A26)

Fehlende Bereitschaft des Managements zur Vornahme oder Erweiterung seiner Einschätzung

22. Wenn das Management nicht bereit ist, nach entsprechender Aufforderung durch den Abschlussprüfer seine Einschätzung vorzunehmen oder zu erweitern, muss der Abschlussprüfer die hieraus folgenden Auswirkungen auf seinen Vermerk abwägen. (Vgl. Tz. A27)

Kommunikation mit den für die Überwachung Verantwortlichen

23. Sofern nicht alle für die Überwachung Verantwortlichen in das Management der Einheit eingebunden sind,[7] muss sich der Abschlussprüfer mit den für die Überwachung Verantwortlichen über festgestellte Ereignisse oder Gegebenheiten austauschen, die erhebliche Zweifel an der Fähigkeit der Einheit zur Fortführung der Unternehmenstätigkeit aufwerfen können. Diese Kommunikation mit den für die Überwachung Verantwortlichen muss einschließen:

    (a) ob die Ereignisse oder Gegebenheiten eine wesentliche Unsicherheit darstellen

---

5) Siehe ISA 706 „Hervorhebung eines Sachverhalts und Hinweis auf sonstige Sachverhalte durch Absätze im Vermerk des unabhängigen Abschlussprüfers".
6) ISA 705 „Modifizierungen des Prüfungsurteils im Vermerk des unabhängigen Abschlussprüfers".
7) ISA 260 „Kommunikation mit den für die Überwachung Verantwortlichen", Textziffer 13.
*) In Österreich: negatives Prüfungsurteil; in der Schweiz: verneinendes Prüfungsurteil.

(b) Whether the use of the going concern assumption is appropriate in the preparation of the financial statements; and
(c) The adequacy of related disclosures in the financial statements.

Significant Delay in the Approval of Financial Statements

24. If there is significant delay in the approval of the financial statements by management or those charged with governance after the date of the financial statements, the auditor shall inquire as to the reasons for the delay. If the auditor believes that the delay could be related to events or conditions relating to the going concern assessment, the auditor shall perform those additional audit procedures necessary, as described in paragraph 16, as well as consider the effect on the auditor's conclusion regarding the existence of a material uncertainty, as described in paragraph 17.

***

Application and Other Explanatory Material

Going Concern Assumption (Ref: Para. 2)

Considerations Specific to Public Sector Entities

A1. Management's use of the going concern assumption is also relevant to public sector entities. For example, International Public Sector Accounting Standard (IPSAS) 1 addresses the issue of the ability of public sector entities to continue as going concerns.[8] Going concern risks may arise, but are not limited to, situations where public sector entities operate on a for-profit basis, where government support may be reduced or withdrawn, or in the case of privatization. Events or conditions that may cast significant doubt on an entity's ability to continue as a going concern in the public sector may include situations where the public sector entity lacks funding for its continued existence or when policy decisions are made that affect the services provided by the public sector entity.

Risk Assessment Procedures and Related Activities

Events or Conditions That May Cast Doubt about Going Concern Assumption (Ref: Para. 10)

A2. The following are examples of events or conditions that, individually or collectively, may cast significant doubt about the going concern assumption. This listing is not all-inclusive nor does the existence of one or more of the items always signify that a material uncertainty exists.

Financial
- Net liability or net current liability position.
- Fixed-term borrowings approaching maturity without realistic prospects of renewal or repayment; or excessive reliance on short-term borrowings to finance long-term assets.
- Indications of withdrawal of financial support by creditors.
- Negative operating cash flows indicated by historical or prospective financial statements.
- Adverse key financial ratios.
- Substantial operating losses or significant deterioration in the value of assets used to generate cash flows.
- Arrears or discontinuance of dividends.
- Inability to pay creditors on due dates.
- Inability to comply with the terms of loan agreements.

---

8) IPSAS 1, "Presentation of Financial Statements" as at January 1, 2009, paragraphs 38–41.

(b) ob die Anwendung der Annahme der Fortführung der Unternehmenstätigkeit bei der Aufstellung des Abschlusses angemessen ist

(c) die Angemessenheit der dazugehörigen Angaben im Abschluss.

Erhebliche Verzögerung der Genehmigung des Abschlusses

24. Falls bei der Genehmigung des Abschlusses durch das Management oder durch die für die Überwachung Verantwortlichen nach dem Abschlussstichtag eine erhebliche Verzögerung eintritt, muss der Abschlussprüfer die Gründe für die Verzögerung erfragen. Falls der Abschlussprüfer der Auffassung ist, dass die Verzögerung mit Ereignissen oder Gegebenheiten zusammenhängen könnte, welche die Einschätzung der Fortführung der Unternehmenstätigkeit betreffen, muss der Abschlussprüfer die in Textziffer 16 beschriebenen notwendigen zusätzlichen Prüfungshandlungen durchführen und die Auswirkungen auf seine Schlussfolgerung zum Bestehen einer wesentlichen Unsicherheit abwägen, wie in Textziffer 17 beschrieben.

***

Anwendungshinweise und sonstige Erläuterungen

Annahme der Fortführung der Unternehmenstätigkeit (Vgl. Tz. 2)

Spezifische Überlegungen zu Einheiten des öffentlichen Sektors

A1. Die Anwendung der Annahme der Fortführung der Unternehmenstätigkeit durch das Management ist auch für Einheiten des öffentlichen Sektors relevant. So behandelt bspw. der International Public Sector Accounting Standard (IPSAS) 1 die Fähigkeit von Einheiten im öffentlichen Sektor zur Fortführung der Unternehmenstätigkeit.[8] Risiken im Zusammenhang mit der Fortführung der Unternehmenstätigkeit können u.a. entstehen, wenn Einheiten des öffentlichen Sektors gewinnorientiert tätig sind, wenn staatliche Unterstützung möglicherweise reduziert oder gestrichen wird oder im Falle der Privatisierung. Ereignisse oder Gegebenheiten, die erhebliche Zweifel an der Fähigkeit einer Einheit zur Fortführung der Unternehmenstätigkeit im öffentlichen Sektor aufwerfen können, schließen möglicherweise Situationen ein, in denen der Einheit im öffentlichen Sektor Finanzmittel für ihren Fortbestand fehlen oder in denen politische Entscheidungen gefällt werden, die sich auf die von der Einheit erbrachten Dienstleistungen auswirken.

Prüfungshandlungen zur Risikobeurteilung und damit zusammenhängende Tätigkeiten

Ereignisse oder Gegebenheiten, die Zweifel an der Annahme der Fortführung der Unternehmenstätigkeit aufwerfen können (Vgl. Tz. 10)

A2. Im Folgenden sind Beispiele für Ereignisse oder Gegebenheiten aufgeführt, die einzeln oder zusammen erhebliche Zweifel an der Annahme der Fortführung der Unternehmenstätigkeit aufwerfen können. Die Auflistung ist weder erschöpfend, noch weist das Vorliegen eines oder mehrerer der Punkte immer darauf hin, dass eine wesentliche Unsicherheit besteht.

Finanzwirtschaftlich

- Überhang an Schulden oder kurzfristigen Verbindlichkeiten
- Fälligwerden von Darlehensverbindlichkeiten mit fester Laufzeit ohne realistische Aussicht auf Verlängerung oder auf Rückzahlung sowie übermäßiger Verlass auf kurzfristige Darlehen zur Finanzierung langfristiger Vermögenswerte
- Anzeichen für den Entzug finanzieller Unterstützung durch Gläubiger
- vergangenheits- oder zukunftsorientierte Finanzrechnungen deuten auf negative betriebliche Cashflows[*] hin
- ungünstige Schlüsselfinanzkennzahlen
- erhebliche betriebliche Verluste oder erhebliche Wertbeeinträchtigung bei Vermögenswerten, die zur Generierung von Cashflows dienen
- ausstehende oder ausgesetzte Gewinnausschüttungen
- Unfähigkeit zur Zahlung an Gläubiger bei Fälligkeit
- Unfähigkeit zur Erfüllung der Bedingungen von Darlehensvereinbarungen

---

8) IPSAS 1 „Darstellung des Abschlusses" vom 1. Januar 2009, Textziffern 38-41.
*) In der Schweiz: Geldflüsse.

- Change from credit to cash-on-delivery transactions with suppliers.
- Inability to obtain financing for essential new product development or other essential investments.

Operating
- Management intentions to liquidate the entity or to cease operations.
- Loss of key management without replacement.
- Loss of a major market, key customer(s), franchise, license, or principal supplier(s).
- Labor difficulties.
- Shortages of important supplies.
- Emergence of a highly successful competitor.

Other
- Non-compliance with capital or other statutory requirements.
- Pending legal or regulatory proceedings against the entity that may, if successful, result in claims that the entity is unlikely to be able to satisfy.
- Changes in law or regulation or government policy expected to adversely affect the entity.
- Uninsured or underinsured catastrophes when they occur.

The significance of such events or conditions often can be mitigated by other factors. For example, the effect of an entity being unable to make its normal debt repayments may be counter-balanced by management's plans to maintain adequate cash flows by alternative means, such as by disposing of assets, rescheduling loan repayments, or obtaining additional capital. Similarly, the loss of a principal supplier may be mitigated by the availability of a suitable alternative source of supply.

A3. The risk assessment procedures required by paragraph 10 help the auditor to determine whether management's use of the going concern assumption is likely to be an important issue and its impact on planning the audit. These procedures also allow for more timely discussions with management, including a discussion of management's plans and resolution of any identified going concern issues.

Considerations Specific to Smaller Entities

A4. The size of an entity may affect its ability to withstand adverse conditions. Small entities may be able to respond quickly to exploit opportunities, but may lack reserves to sustain operations.

A5. Conditions of particular relevance to small entities include the risk that banks and other lenders may cease to support the entity, as well as the possible loss of a principal supplier, major customer, key employee, or the right to operate under a license, franchise or other legal agreement.

Remaining Alert throughout the Audit for Audit Evidence about Events or Conditions (Ref: Para. 11)

A6. ISA 315 requires the auditor to revise the auditor's risk assessment and modify the further planned audit procedures accordingly when additional audit evidence is obtained during the course of the audit that affects the auditor's assessment of risk.[9] If events or conditions that may cast significant doubt on the entity's ability to continue as a going concern are identified after the auditor's risk assessments are made, in addition to performing the procedures in paragraph 16, the auditor's assessment of the risks of material misstatement may need to be revised. The existence of such events or conditions may also affect the

---

9) ISA 315, paragraph 31.

- Änderung der Zahlungsbedingungen durch Lieferanten von einer Kreditgewährung zu einer Zahlung bei Lieferung
- Unfähigkeit zur Beschaffung von Finanzmitteln für wichtige neue Produktentwicklungen oder für andere wichtige Investitionen

Betrieblich
- Absicht des Managements zur Liquidierung der Einheit oder zur Einstellung der Geschäftstätigkeit
- Verlust von Mitgliedern des Managements in Schlüsselfunktionen ohne Ersatz
- Verlust von besonders wichtigen Märkten, Schlüsselkunden, Franchiseverträgen, Lizenzen oder Hauptlieferanten
- Schwierigkeiten mit dem Personal
- Engpässe bei wichtigen Zulieferungen
- Aufkommen eines äußerst erfolgreichen Konkurrenten

Sonstiges
- Verstoß gegen eigenkapitalbezogene oder sonstige gesetzliche Anforderungen
- schwebende gerichtliche oder behördliche Verfahren gegen die Einheit, die im Erfolgsfall zu Forderungen führen, welche die Einheit wahrscheinlich nicht erfüllen kann
- Änderungen von Gesetzen oder anderen Rechtsvorschriften oder regierungspolitische Änderungen, die voraussichtlich nachteilige Auswirkungen für die Einheit haben
- Eintreten nicht versicherter oder unterversicherter Katastrophen

Die Bedeutung solcher Ereignisse oder Gegebenheiten kann oft durch andere Faktoren abgemildert werden. So kann bspw. den Auswirkungen der Unfähigkeit einer Einheit, ihren regulären Schuldenrückzahlungen nachzukommen, durch Pläne des Managements entgegengewirkt werden, angemessene Cashflows durch alternative Maßnahmen aufrechtzuerhalten, z. B. durch Veräußerung von Vermögenswerten, Neufestlegung von Darlehensrückzahlungen oder Beschaffung von zusätzlichem Kapital. Entsprechend kann der Verlust eines Hauptlieferanten durch die Verfügbarkeit einer geeigneten alternativen Bezugsquelle abgemildert werden.

A3. Die nach Textziffer 10 geforderten Prüfungshandlungen zur Risikobeurteilung helfen dem Abschlussprüfer festzustellen, ob die Anwendung der Annahme der Fortführung der Unternehmenstätigkeit durch das Management wahrscheinlich ein entscheidender Sachverhalt ist und welche Auswirkungen sie auf die Planung der Prüfung hat. Diese Prüfungshandlungen ermöglichen auch zeitnähere Besprechungen mit dem Management und schließen auch ein, Pläne des Managements und die Lösung von festgestellten Problemen im Zusammenhang mit der Fortführung der Unternehmenstätigkeit zu erörtern.

Spezifische Überlegungen zu kleineren Einheiten

A4. Die Größe einer Einheit kann sich auf deren Fähigkeit auswirken, nachteiligen Gegebenheiten entgegenzutreten. Kleine Einheiten können in der Lage sein, schnell auf sich bietende Gelegenheiten zu reagieren, besitzen jedoch möglicherweise keine ausreichenden Reserven zur Aufrechterhaltung des Geschäftsbetriebs.

A5. Zu Gegebenheiten von besonderer Relevanz für kleine Einheiten gehört sowohl das Risiko, dass Banken und andere Kreditgeber möglicherweise ihre Unterstützung der Einheit einstellen, als auch der mögliche Verlust eines Hauptlieferanten, -kunden oder besonders wichtigen Mitarbeitern oder des Rechts zur Ausübung der Geschäftstätigkeit aufgrund einer Lizenz, eines Franchisevertrags oder einer anderen rechtlichen Vereinbarung.

Achten auf Prüfungsnachweise zu Ereignissen oder Gegebenheiten während der gesamten Prüfung (Vgl. Tz. 11)

A6. Nach ISA 315 muss der Abschlussprüfer die getroffene Risikobeurteilung berichtigen und die weiteren geplanten Prüfungshandlungen entsprechend anpassen, wenn im Laufe der Prüfung zusätzliche Prüfungsnachweise erlangt werden, die sich auf die Risikobeurteilung des Abschlussprüfers auswirken.[9] Wenn Ereignisse oder Gegebenheiten, die erhebliche Zweifel an der Fähigkeit der Einheit zur Fortführung der Unternehmenstätigkeit aufwerfen können, festgestellt werden, nachdem der Abschlussprüfer seine Risikobeurteilungen vorgenommen hat, muss die Beurteilung der Risiken wesentlicher falscher

---

9) ISA 315, Textziffer 31.

nature, timing and extent of the auditor's further procedures in response to the assessed risks. ISA 330[10] establishes requirements and provides guidance on this issue.

Evaluating Management's Assessment

Management's Assessment and Supporting Analysis and the Auditor's Evaluation (Ref: Para. 12)

A7. Management's assessment of the entity's ability to continue as a going concern is a key part of the auditor's consideration of management's use of the going concern assumption.

A8. It is not the auditor's responsibility to rectify the lack of analysis by management. In some circumstances, however, the lack of detailed analysis by management to support its assessment may not prevent the auditor from concluding whether management's use of the going concern assumption is appropriate in the circumstances. For example, when there is a history of profitable operations and a ready access to financial resources, management may make its assessment without detailed analysis. In this case, the auditor's evaluation of the appropriateness of management's assessment may be made without performing detailed evaluation procedures if the auditor's other audit procedures are sufficient to enable the auditor to conclude whether management's use of the going concern assumption in the preparation of the financial statements is appropriate in the circumstances.

A9. In other circumstances, evaluating management's assessment of the entity's ability to continue as a going concern, as required by paragraph 12, may include an evaluation of the process management followed to make its assessment, the assumptions on which the assessment is based and management's plans for future action and whether management's plans are feasible in the circumstances.

The Period of Management's Assessment (Ref: Para. 13)

A10. Most financial reporting frameworks requiring an explicit management assessment specify the period for which management is required to take into account all available information.[11]

Considerations Specific to Smaller Entities (Ref: Para. 12–13)

A11. In many cases, the management of smaller entities may not have prepared a detailed assessment of the entity's ability to continue as a going concern, but instead may rely on in-depth knowledge of the business and anticipated future prospects. Nevertheless, in accordance with the requirements of this ISA, the auditor needs to evaluate management's assessment of the entity's ability to continue as a going concern. For smaller entities, it may be appropriate to discuss the medium and long-term financing of the entity with management, provided that management's contentions can be corroborated by sufficient documentary evidence and are not inconsistent with the auditor's understanding of the entity. Therefore, the requirement in paragraph 13 for the auditor to request management to extend its assessment may, for example, be satisfied by discussion, inquiry and inspection of supporting documentation, for example, orders received for future supply, evaluated as to their feasibility or otherwise substantiated.

A12. Continued support by owner-managers is often important to smaller entities' ability to continue as a going concern. Where a small entity is largely financed by a loan from the owner-manager, it may be important that these funds are not withdrawn. For example, the continuance of a small entity in financial difficulty may be dependent on the owner-manager subordinating a loan to the entity in favor of banks or other creditors, or the owner-manager supporting a loan for the entity by providing a guarantee with his or her personal assets as collateral. In such circumstances, the auditor may obtain appropriate documentary evidence of the subordination of the owner-manager's loan or of the guarantee. Where an entity is dependent on additional support from the owner-manager, the auditor may evaluate the owner-manager's

---

10) ISA 330, "The Auditor's Responses to Assessed Risks."
11) For example, IAS 1 defines this as a period that should be at least, but is not limited to, twelve months from the end of the reporting period.

Darstellungen durch den Abschlussprüfer möglicherweise zusätzlich zur Durchführung der in Textziffer 16 genannten Prüfungshandlungen berichtigt werden. Das Bestehen solcher Ereignisse oder Gegebenheiten kann auch Auswirkungen auf Art, zeitliche Einteilung und Umfang der weiteren Prüfungshandlungen des Abschlussprüfers in Reaktion auf die beurteilten Risiken haben. ISA 330[10] enthält Anforderungen und erläuternde Hinweise zu diesem Sachverhalt.

Beurteilung der Einschätzung des Managements

Einschätzung und bestätigende Analyse des Managements sowie deren Beurteilung durch den Abschlussprüfer (Vgl. Tz. 12)

A7. Die Einschätzung des Managements, ob die Einheit fähig ist, ihre Unternehmenstätigkeit fortzuführen, ist ein besonders wichtiger Teil der Überlegungen des Abschlussprüfers zur Anwendung der Annahme der Fortführung der Unternehmenstätigkeit durch das Management.

A8. Der Abschlussprüfer ist nicht dafür verantwortlich, fehlende Analysen des Managements zu beheben. In manchen Fällen hindert das Fehlen einer detaillierten Analyse des Managements zur Abstützung von dessen Einschätzung den Abschlussprüfer jedoch möglicherweise nicht daran, zu einem Schluss darüber zu kommen, ob das Management in angemessener Weise unter den gegebenen Umständen die Annahme der Unternehmensfortführung zugrunde gelegt hat. Wenn bspw. die Geschäftstätigkeit in der Vergangenheit rentabel war und finanzielle Ressourcen leicht zugänglich sind, kann das Management seine Einschätzung ohne eine detaillierte Analyse vornehmen. In diesem Fall kann der Abschlussprüfer die Angemessenheit der Einschätzung des Managements beurteilen, ohne detaillierte Beurteilungen durchzuführen, falls die anderen Prüfungshandlungen ausreichen, um dem Abschlussprüfer den Schluss zu ermöglichen, ob das Management in angemessener Weise unter den gegebenen Umständen die Annahme der Fortführung der Unternehmenstätigkeit bei der Aufstellung des Abschlusses zugrunde gelegt hat.

A9. In anderen Fällen kann die nach Textziffer 12 erforderliche Beurteilung der vom Management vorgenommenen Einschätzung, ob die Einheit zur Fortführung der Unternehmenstätigkeit fähig ist, sich u. a. darauf erstrecken, den vom Management bei der Vornahme seiner Einschätzung verfolgten Prozess, die der Einschätzung zugrunde liegenden Annahmen, die Pläne des Managements für zukünftige Maßnahmen sowie die Frage zu beurteilen, ob diese Pläne unter den gegebenen Umständen durchführbar sind.

Zeitraum der Einschätzung des Managements (Vgl. Tz. 13)

A10. In den meisten Regelwerken der Rechnungslegung, die eine explizite Einschätzung des Managements verlangen, ist der Zeitraum festgelegt, für den das Management alle verfügbaren Informationen berücksichtigen muss.[11]

Spezifische Überlegungen zu kleineren Einheiten (Vgl. Tz. 12-13)

A11. In vielen Fällen kann es sein, dass das Management kleinerer Einheiten keine detaillierte Einschätzung der Fähigkeit der Einheit zur Fortführung der Unternehmenstätigkeit vorgenommen hat, sondern sich stattdessen auf eingehende Kenntnisse über die Geschäftstätigkeit und auf erwartete Zukunftsaussichten verlässt. Gleichwohl muss der Abschlussprüfer in Übereinstimmung mit den Anforderungen dieses ISA die vom Management vorgenommene Einschätzung der Fähigkeit der Einheit zur Fortführung der Unternehmenstätigkeit beurteilen. Bei kleineren Einheiten kann es angemessen sein, die mittel- und langfristige Finanzierung der Einheit mit dem Management zu erörtern, vorausgesetzt, die Behauptungen des Managements können durch ausreichende schriftliche Nachweise unterstützt werden und stehen nicht in Widerspruch zu dem Verständnis des Abschlussprüfers von der Einheit. Daher kann die in Textziffer 13 enthaltene Anforderung an den Abschlussprüfer, das Management aufzufordern, dessen Einschätzung zu erweitern, bspw. durch Gespräche und Befragungen sowie durch Einsichtnahme in eine unterstützende Dokumentation erfüllt werden (z.B. eingegangene Aufträge für zukünftige Lieferungen, die auf ihre Durchführbarkeit beurteilt oder anderweitig untermauert werden).

A12. Die laufende Unterstützung durch Gesellschafter-Geschäftsführer ist häufig wichtig für die Fähigkeit kleinerer Einheiten zur Fortführung der Unternehmenstätigkeit. Wenn eine kleine Einheit größtenteils durch ein Darlehen des Gesellschafter-Geschäftsführers finanziert wird, kann es von Bedeutung sein, dass diese Mittel nicht entzogen werden. So kann bspw. der Fortbestand einer kleinen Einheit, die in finanziellen Schwierigkeiten ist, davon abhängen, dass der Gesellschafter-Geschäftsführer der Einheit ein Darlehen für nachrangig erklärt zugunsten von Banken oder anderen Gläubigern oder die Einheit bei einem Darlehen unterstützt, indem er oder sie mit seinem / ihrem persönlichen Vermögen als Sicherheit bürgt. In solchen Fällen kann der Abschlussprüfer geeignete, durch Dokumente belegte Nachweise über

---

10) ISA 330 „Die Reaktionen des Abschlussprüfers auf beurteilte Risiken".
11) Beispielsweise muss dieser Zeitraum nach der Definition in IAS 1 mindestens zwölf Monate ab dem Abschlussstichtag betragen.

ability to meet the obligation under the support arrangement. In addition, the auditor may request written confirmation of the terms and conditions attaching to such support and the owner-manager's intention or understanding.

Period beyond Management's Assessment (Ref: Para. 15)

A13. As required by paragraph 11, the auditor remains alert to the possibility that there may be known events, scheduled or otherwise, or conditions that will occur beyond the period of assessment used by management that may bring into question the appropriateness of management's use of the going concern assumption in preparing the financial statements. Since the degree of uncertainty associated with the outcome of an event or condition increases as the event or condition is further into the future, in considering events or conditions further in the future, the indications of going concern issues need to be significant before the auditor needs to consider taking further action. If such events or conditions are identified, the auditor may need to request management to evaluate the potential significance of the event or condition on its assessment of the entity's ability to continue as a going concern. In these circumstances the procedures in paragraph 16 apply.

A14. Other than inquiry of management, the auditor does not have a responsibility to perform any other audit procedures to identify events or conditions that may cast significant doubt on the entity's ability to continue as a going concern beyond the period assessed by management, which, as discussed in paragraph 13, would be at least twelve months from the date of the financial statements.

Additional Audit Procedures When Events or Conditions Are Identified (Ref: Para. 16)

A15. Audit procedures that are relevant to the requirement in paragraph 16 may include the following:

- Analyzing and discussing cash flow, profit and other relevant forecasts with management.

- Analyzing and discussing the entity's latest available interim financial statements.
- Reading the terms of debentures and loan agreements and determining whether any have been breached.
- Reading minutes of the meetings of shareholders, those charged with governance and relevant committees for reference to financing difficulties.
- Inquiring of the entity's legal counsel regarding the existence of litigation and claims and the reasonableness of management's assessments of their outcome and the estimate of their financial implications.
- Confirming the existence, legality and enforceability of arrangements to provide or maintain financial support with related and third parties and assessing the financial ability of such parties to provide additional funds.
- Evaluating the entity's plans to deal with unfilled customer orders.
- Performing audit procedures regarding subsequent events to identify those that either mitigate or otherwise affect the entity's ability to continue as a going concern.
- Confirming the existence, terms and adequacy of borrowing facilities.
- Obtaining and reviewing reports of regulatory actions.
- Determining the adequacy of support for any planned disposals of assets.

Evaluating Management's Plans for Future Actions (Ref: Para. 16(b))

A16. Evaluating management's plans for future actions may include inquiries of management as to its plans for future action, including, for example, its plans to liquidate assets, borrow money or restructure debt, reduce or delay expenditures, or increase capital.

die Nachrangigkeit des vom Gesellschafter-Geschäftsführer gewährten Darlehens oder die Bürgschaft erlangen. Wenn eine Einheit von zusätzlicher Unterstützung durch den Gesellschafter-Geschäftsführer abhängig ist, beurteilt der Abschlussprüfer möglicherweise dessen Fähigkeit, seine Verpflichtung aus der Unterstützungsvereinbarung zu erfüllen. Darüber hinaus kann der Abschlussprüfer eine schriftliche Bestätigung der Bedingungen, die mit einer solchen Unterstützung verbunden sind, sowie der Absicht oder des Verständnisses des Gesellschafter-Geschäftsführers anfordern.

Zeitraum jenseits dem der Einschätzung des Managements (Vgl. Tz. 15)

A13. Wie nach Textziffer 11 erforderlich, achtet der Abschlussprüfer auf die Möglichkeit, dass bekannte (geplante oder anderweitige) Ereignisse oder Gegebenheiten bestehen können, die nach dem vom Management zugrunde gelegten Einschätzungszeitraum eintreten werden und die Angemessenheit der Anwendung der Annahme der Fortführung der Unternehmenstätigkeit durch das Management bei der Aufstellung des Abschlusses in Zweifel ziehen können. Da der mit der Folge eines Ereignisses oder einer Gegebenheit verbundene Grad der Unsicherheit zunimmt, je weiter das Ereignis oder die Gegebenheit in der Zukunft liegt, müssen bei der Berücksichtigung von weiter in der Zukunft liegenden Ereignissen oder Gegebenheiten die Anzeichen für Probleme bei der Fortführung der Unternehmenstätigkeit bedeutsam sein, bevor der Abschlussprüfer zu erwägen hat, weitere Maßnahmen zu ergreifen. Wenn solche Ereignisse oder Gegebenheiten festgestellt werden, wird der Abschlussprüfer möglicherweise das Management auffordern müssen, die mögliche Bedeutung des Ereignisses oder der Gegebenheit im Hinblick auf dessen Einschätzung der Fähigkeit der Einheit zur Fortführung der Unternehmenstätigkeit zu beurteilen. Unter diesen Umständen gelten die in Textziffer 16 genannten Prüfungshandlungen.

A14. Der Abschlussprüfer hat nicht die Pflicht, andere Prüfungshandlungen als Befragungen des Managements durchzuführen, um Ereignisse oder Gegebenheiten festzustellen, die erhebliche Zweifel an der Fähigkeit der Einheit zur Fortführung der Unternehmenstätigkeit jenseits des vom Management eingeschätzten Zeitraums aufwerfen können. Wie in Textziffer 13 beschrieben, beträgt dieser Zeitraum mindestens zwölf Monate ab dem Abschlussstichtag.

Zusätzliche Prüfungshandlungen bei Feststellung von Ereignissen oder Gegebenheiten
(Vgl. Tz. 16)

A15. Relevante Prüfungshandlungen für die in Textziffer 16 enthaltene Anforderung können einschließen:

- Analyse und Besprechung von Cash Flow-, Gewinn- und sonstigen relevanten Prognosen mit dem Management
- Analyse und Besprechung des letzten verfügbaren Zwischenabschlusses der Einheit
- Lesen der Bedingungen von Schuldverschreibungen und Darlehensvereinbarungen und Feststellung, ob hiergegen verstoßen wurde
- Lesen von Protokollen der Sitzungen von Anteilseignern, den für die Überwachung Verantwortlichen und relevanten Ausschüssen auf Hinweise zu Finanzierungsschwierigkeiten
- Befragung der Rechtsberater der Einheit zu bestehenden Rechtsstreitigkeiten und Ansprüchen und zur Vertretbarkeit der Einschätzungen über deren Ausgang und deren finanzielle Auswirkungen durch das Management
- Bestätigung des Vorhandenseins, der rechtlichen Zulässigkeit und der Durchsetzbarkeit von Vereinbarungen mit nahe stehenden Personen und Dritten über die Bereitstellung oder Aufrechterhaltung finanzieller Unterstützung sowie Beurteilung der finanziellen Fähigkeit dieser Personen, zusätzliche Mittel bereitzustellen
- Beurteilung der Pläne der Einheit zur Abwicklung unerledigter Kundenaufträge
- Durchführung von Prüfungshandlungen zu Ereignissen nach dem Abschlussstichtag, um die Ereignisse festzustellen, welche die Fähigkeit der Einheit zur Fortführung der Unternehmenstätigkeit mindern oder anderweitig beeinflussen
- Bestätigung des Vorhandenseins, der Bedingungen und der Angemessenheit von Kreditrahmen
- Einholung und Durchsicht von Berichten über behördliche Maßnahmen
- Feststellung, ob die geplanten Veräußerungen von Vermögenswerten angemessen belegt sind

Beurteilung der Pläne des Managements für zukünftige Maßnahmen (Vgl. Tz. 16(b))

A16. Die Beurteilung der Pläne des Managements für zukünftige Maßnahmen kann Befragungen des Managements zu seinen Plänen für zukünftige Maßnahmen einschließen (bspw. zu seinen Plänen, Vermögenswerte zu verwerten, Darlehen aufzunehmen oder Schulden umzustrukturieren, Ausgaben zu reduzieren oder aufzuschieben oder das Eigenkapital zu erhöhen).

The Period of Management's Assessment (Ref: Para. 16(c))

A17. In addition to the procedures required in paragraph 16(c), the auditor may compare:

- The prospective financial information for recent prior periods with historical results; and

- The prospective financial information for the current period with results achieved to date.

A18. Where management's assumptions include continued support by third parties, whether through the subordination of loans, commitments to maintain or provide additional funding, or guarantees, and such support is important to an entity's ability to continue as a going concern, the auditor may need to consider requesting written confirmation (including of terms and conditions) from those third parties and to obtain evidence of their ability to provide such support.

Audit Conclusions and Reporting (Ref: Para. 17)

A19. The phrase "material uncertainty" is used in IAS 1 in discussing the uncertainties related to events or conditions which may cast significant doubt on the entity's ability to continue as a going concern that should be disclosed in the financial statements. In some other financial reporting frameworks the phrase "significant uncertainty" is used in similar circumstances.

Use of Going Concern Assumption Appropriate but a Material Uncertainty Exists

Adequacy of Disclosure of Material Uncertainty (Ref: Para. 18)

A20. The determination of the adequacy of the financial statement disclosure may involve determining whether the information explicitly draws the reader's attention to the possibility that the entity may be unable to continue realizing its assets and discharging its liabilities in the normal course of business.

Audit Reporting When Disclosure of Material Uncertainty Is Adequate (Ref: Para. 19)

A21. The following is an illustration of an Emphasis of Matter paragraph when the auditor is satisfied as to the adequacy of the note disclosure:

> *Emphasis of Matter*
>
> Without qualifying our opinion, we draw attention to Note X in the financial statements which indicates that the Company incurred a net loss of ZZZ during the year ended December 31, 20X1 and, as of that date, the Company's current liabilities exceeded its total assets by YYY. These conditions, along with other matters as set forth in Note X, indicate the existence of a material uncertainty that may cast significant doubt about the Company's ability to continue as a going concern.

A22. In situations involving multiple material uncertainties that are significant to the financial statements as a whole, the auditor may consider it appropriate in extremely rare cases to express a disclaimer of opinion instead of adding an Emphasis of Matter paragraph. ISA 705 provides guidance on this issue.

Audit Reporting When Disclosure of Material Uncertainty Is Inadequate (Ref: Para. 20)

A23. The following is an illustration of the relevant paragraphs when a qualified opinion is to be expressed:

> *Basis for Qualified Opinion*
>
> The Company's financing arrangements expire and amounts outstanding are payable on March 19, 20X1. The Company has been unable to re-negotiate or obtain replacement financing. This situation indicates the existence of a material uncertainty that may cast significant doubt on the Company's ability to continue as a going concern and therefore the Company may be unable to realize its assets and discharge its liabilities in the normal course of business. The financial statements (and notes thereto) do not fully disclose this fact.

Zeitraum der Einschätzung des Managements (Vgl. Tz. 16(c))

A17. Zusätzlich zu den nach Textziffer 16(c) erforderlichen Prüfungshandlungen kann der Abschlussprüfer vergleichen

- die zukunftsorientierten Finanzinformationen für die letzten vorhergehenden Berichtszeiträume mit den jeweiligen tatsächlich erwirtschafteten Ergebnissen und
- die zukunftsorientierten Finanzinformationen für den laufenden Berichtszeitraum mit den bislang erzielten Ergebnissen.

A18. Wenn die Annahmen des Managements eine laufende Unterstützung durch Dritte einschließen (sei es durch Einräumung der Nachrangigkeit von Darlehen, Verpflichtung zur Aufrechterhaltung oder Bereitstellung zusätzlicher Finanzmittel oder durch Bürgschaften) und eine solche Unterstützung für die Fähigkeit einer Einheit zur Fortführung der Unternehmenstätigkeit wichtig ist, muss der Abschlussprüfer möglicherweise erwägen, schriftliche Bestätigungen (unter anderem zu Bedingungen) von diesen Dritten anzufordern sowie Nachweise über deren Fähigkeit zu erlangen, eine solche Unterstützung zu leisten.

Prüfungsfeststellungen und Berichterstattung (Vgl. Tz. 17)

A19. Der Begriff „wesentliche Unsicherheit" wird in IAS 1 bei der Behandlung der Unsicherheiten im Zusammenhang mit Ereignissen oder Gegebenheiten verwendet, die erhebliche Zweifel an der Fähigkeit der Einheit zur Fortführung der Unternehmenstätigkeit aufwerfen können und im Abschluss anzugeben sind. In manchen anderen Regelwerken der Rechnungslegung wird für ähnliche Sachverhalte der Begriff „bedeutsame Unsicherheit" verwendet.

Angemessenheit der Annahme der Fortführung der Unternehmenstätigkeit trotz einer bestehenden wesentlichen Unsicherheit

Angemessenheit der Angabe einer wesentlichen Unsicherheit im Abschluss (Vgl. Tz. 18)

A20. Die Entscheidung, ob die Angabe einer wesentlichen Unsicherheit im Abschluss angemessen ist, kann die Entscheidung einschließen, ob die im Abschluss anzugebenden Informationen die Aufmerksamkeit des Lesers ausdrücklich auf die Möglichkeit lenken, dass die Einheit möglicherweise nicht in der Lage ist, im gewöhnlichen Geschäftsverlauf weiterhin ihre Vermögenswerte zu realisieren und ihre Schulden zu begleichen.

Erteilung des Vermerks bei angemessener Angabe einer wesentlichen Unsicherheit im Abschluss (Vgl. Tz. 19)

A21. Im Folgenden wird ein Beispiel für einen Absatz zur Hervorhebung eines Sachverhalts gegeben für den Fall, dass der Abschlussprüfer mit der Angemessenheit der im Abschluss gegebenen Erläuterung einverstanden ist:

Hinweis

Ohne unser Prüfungsurteil einzuschränken, weisen wir auf Angabe X im Abschluss hin, in der dargelegt ist, dass die Gesellschaft in dem am 31.12.20X1 endenden Geschäftsjahr einen Bilanzverlust von ZZZ erlitten hat und dass die kurzfristigen Schulden der Gesellschaft zu diesem Stichtag ihre gesamten Vermögenswerte um YYY überstiegen. Diese Umstände deuten zusammen mit anderen in Angabe X dargelegten Sachverhalten auf das Bestehen einer wesentlichen Unsicherheit hin, die erhebliche Zweifel an der Fähigkeit der Gesellschaft zur Fortführung der Unternehmenstätigkeit aufwerfen kann.

A22. In Situationen mit mehreren wesentlichen Unsicherheiten, die für den Abschluss als Ganzes bedeutsam sind, kann der Abschlussprüfer es in äußerst seltenen Fällen für angemessen halten, die Nichtabgabe eines Prüfungsurteils zu erklären, anstatt einen Absatz zur Hervorhebung eines Sachverhalts einzufügen. ISA 705 enthält erläuternde Hinweise zu diesem Sachverhalt.

Erteilung des Vermerks bei unangemessener Angabe einer wesentlichen Unsicherheit im Abschluss (Vgl. Tz. 20)

A23. Im Folgenden wird ein Beispiel für die relevanten Absätze gegeben für den Fall, dass ein eingeschränktes Prüfungsurteil abzugeben ist:

Grundlage für das eingeschränkte Prüfungsurteil

Die Finanzierungsvereinbarungen der Gesellschaft laufen ab und ausstehende Beträge sind am 19.03.20X1 fällig. Die Gesellschaft war nicht in der Lage, die Finanzierung neu auszuhandeln oder eine Ersatzfinanzierung zu erhalten. Diese Situation deutet auf das Bestehen einer wesentlichen Unsicherheit hin, die erhebliche Zweifel an der Fähigkeit der Gesellschaft zur Fortführung der Unternehmenstätigkeit aufwerfen kann. Daher ist die Gesellschaft möglicherweise nicht in der Lage, im gewöhnlichen Geschäftsverlauf ihre Vermögenswerte zu realisieren und ihre Schulden zu begleichen. Im Abschluss (und in den dazugehörigen Angaben) ist diese Tatsache nicht vollständig angegeben.

Qualified Opinion

In our opinion, except for the incomplete disclosure of the information referred to in the Basis for Qualified Opinion paragraph, the financial statements present fairly, in all material respects (or "give a true and fair view of"), the financial position of the Company as at December 31, 20X0, and of its financial performance and its cash flows for the year then ended in accordance with …

A24. The following is an illustration of the relevant paragraphs when an adverse opinion is to be expressed:

Basis for Adverse Opinion

The Company's financing arrangements expired and the amount outstanding was payable on December 31, 20X0. The Company has been unable to re-negotiate or obtain replacement financing and is considering filing for bankruptcy. These events indicate a material uncertainty that may cast significant doubt on the Company's ability to continue as a going concern and therefore the Company may be unable to realize its assets and discharge its liabilities in the normal course of business. The financial statements (and notes thereto) do not disclose this fact.

Adverse Opinion

In our opinion, because of the omission of the information mentioned in the Basis for Adverse Opinion paragraph, the financial statements do not present fairly (or "give a true and fair view of") the financial position of the Company as at December 31, 20X0, and of its financial performance and its cash flows for the year then ended in accordance with …

Use of Going Concern Assumption Inappropriate (Ref: Para. 21)

A25. If the financial statements have been prepared on a going concern basis but, in the auditor's judgment, management's use of the going concern assumption in the financial statements is inappropriate, the requirement of paragraph 21 for the auditor to express an adverse opinion applies regardless of whether or not the financial statements include disclosure of the inappropriateness of management's use of the going concern assumption.

A26. If the entity's management is required, or elects, to prepare financial statements when the use of the going concern assumption is not appropriate in the circumstances, the financial statements are prepared on an alternative basis (for example, liquidation basis). The auditor may be able to perform an audit of those financial statements provided that the auditor determines that the alternative basis is an acceptable financial reporting framework in the circumstances. The auditor may be able to express an unmodified opinion on those financial statements, provided there is adequate disclosure therein but may consider it appropriate or necessary to include an Emphasis of Matter paragraph in the auditor's report to draw the user's attention to that alternative basis and the reasons for its use.

Management Unwilling to Make or Extend Its Assessment (Ref: Para. 22)

A27. In certain circumstances, the auditor may believe it necessary to request management to make or extend its assessment. If management is unwilling to do so, a qualified opinion or a disclaimer of opinion in the auditor's report may be appropriate, because it may not be possible for the auditor to obtain sufficient appropriate audit evidence regarding the use of the going concern assumption in the preparation of the financial statements, such as audit evidence regarding the existence of plans management has put in place or the existence of other mitigating factors.

Eingeschränktes Prüfungsurteil

Nach unserer Beurteilung stellt der Abschluss mit Ausnahme der unvollständigen Angabe der im Absatz „Grundlage für das eingeschränkte Prüfungsurteil" erwähnten Informationen die Vermögens- und Finanzlage der Gesellschaft zum 31.12.20X0 sowie die Ertragslage und die Cashflows für das an diesem Stichtag endende Geschäftsjahr in Übereinstimmung mit ... in allen wesentlichen Belangen insgesamt sachgerecht dar (... vermittelt der Abschluss mit Ausnahme ... ein den tatsächlichen Verhältnissen entsprechendes Bild der ...).

A24. Im Folgenden wird ein Beispiel für die relevanten Absätze gegeben für den Fall, dass ein versagtes Prüfungsurteil abzugeben ist:

Grundlage für das versagte Prüfungsurteil

Die Finanzierungsvereinbarungen der Gesellschaft sind abgelaufen und der ausstehende Betrag war am 31.12.20X0 fällig. Die Gesellschaft war nicht in der Lage, die Finanzierung neu auszuhandeln oder eine Ersatzfinanzierung zu erhalten und erwägt, einen Insolvenzantrag zu stellen. Diese Ereignisse deuten auf eine wesentliche Unsicherheit hin, die erhebliche Zweifel an der Fähigkeit der Gesellschaft zur Fortführung der Unternehmenstätigkeit aufwerfen kann. Daher ist die Gesellschaft möglicherweise nicht in der Lage, im gewöhnlichen Geschäftsverlauf ihre Vermögenswerte zu realisieren und ihre Schulden zu begleichen. Im Abschluss (und in den dazugehörigen Angaben) ist diese Tatsache nicht angegeben.

Versagtes Prüfungsurteil

Nach unserer Beurteilung stellt der Abschluss aufgrund der Unterlassung der im Absatz „Grundlage für das versagte Prüfungsurteil" erwähnten Informationen die Vermögens- und Finanzlage der Gesellschaft zum 31.12.20X0 sowie die Ertragslage und die Cashflows für das an diesem Stichtag endende Geschäftsjahr in Übereinstimmung mit ... insgesamt in wesentlichen Belangen nicht sachgerecht dar (... vermittelt der Abschluss aufgrund der ... nicht ein den tatsächlichen Verhältnissen entsprechendes Bild der ...).

Unangemessenheit der Annahme der Fortführung der Unternehmenstätigkeit (Vgl. Tz. 21)

A25. Wenn der Abschluss auf der Grundlage der Fortführung der Unternehmenstätigkeit aufgestellt wurde, jedoch nach der Beurteilung des Abschlussprüfers die Anwendung der Annahme der Fortführung der Unternehmenstätigkeit durch das Management im Abschluss unangemessen ist, gilt die in Textziffer 21 enthaltene Anforderung, dass der Abschlussprüfer ein versagtes Prüfungsurteil abgeben muss, unabhängig davon, ob der Abschluss Angaben zu der Unangemessenheit der Anwendung der Annahme der Fortführung der Unternehmenstätigkeit durch das Management enthält.

A26. Wenn die Anwendung der Annahme der Fortführung der Unternehmenstätigkeit unter den gegebenen Umständen nicht angemessen ist, wird der Abschluss auf einer alternativen Grundlage (z. B. auf Liquidationsbasis) aufgestellt, falls das Management der Einheit verpflichtet ist oder sich dafür entscheidet, einen Abschluss aufzustellen. Der Abschlussprüfer ist möglicherweise in der Lage, eine Prüfung dieses Abschlusses vorzunehmen, sofern er feststellt, dass die alternative Grundlage unter den gegebenen Umständen ein angemessenes Regelwerk der Rechnungslegung darstellt. Der Abschlussprüfer kann in der Lage sein, ein nicht modifiziertes Prüfungsurteil zu diesem Abschluss abzugeben, sofern dieser angemessene Angaben enthält, es jedoch für sachgerecht oder notwendig halten, einen Absatz zur Hervorhebung eines Sachverhalts in den Vermerk des Abschlussprüfers aufzunehmen, um die Aufmerksamkeit des Nutzers auf diese alternative Grundlage und auf die Gründe für deren Anwendung zu lenken.

Fehlende Bereitschaft des Managements zur Vornahme oder Erweiterung seiner Einschätzung (Vgl. Tz. 22)

A27. Unter bestimmten Umständen kann der Abschlussprüfer es für notwendig halten, das Management aufzufordern, seine Einschätzung vorzunehmen oder zu erweitern. Wenn das Management dazu nicht bereit ist, kann ein eingeschränktes Prüfungsurteil oder die Nichtabgabe eines Prüfungsurteils im Vermerk des Abschlussprüfers sachgerecht sein, da es dem Abschlussprüfer möglicherweise nicht möglich ist, ausreichende geeignete Prüfungsnachweise zur Anwendung der Annahme der Fortführung der Unternehmenstätigkeit bei der Aufstellung des Abschlusses zu erlangen (z.B. Prüfungsnachweise zum Vorhandensein von vom Management implementierten Plänen oder zum Vorhandensein anderer begünstigender Faktoren).

INTERNATIONAL STANDARD ON AUDITING 580
WRITTEN REPRESENTATIONS

(Effective for audits of financial statements for periods beginning on or after December 15, 2009)

CONTENTS

	Paragraph
Introduction	
Scope of this ISA	1–2
Written Representations as Audit Evidence	3–4
Effective Date	5
Objectives	6
Definitions	7–8
Requirements	
Management from whom Written Representations Requested	9
Written Representations about Management's Responsibilities	10–12
Other Written Representations	13
Date of and Period(s) Covered by Written Representations	14
Form of Written Representations	15
Doubt as to the Reliability of Written Representations and Requested Written Representations Not Provided	16–20
Application and Other Explanatory Material	
Written Representations as Audit Evidence	A1
Management from whom Written Representations Requested	A2–A6
Written Representations about Management's Responsibilities	A7–A9
Other Written Representations	A10–A13
Communicating a Threshold Amount	A14
Date of and Period(s) Covered by Written Representations	A15–A18
Form of Written Representations	A19–A21
Communication with Those Charged with Governance	A22
Doubt as to the Reliability of Written Representations and Requested Written Representations Not Provided	A23–A27
Appendix 1: List of ISAs Containing Requirements for Written Representations	
Appendix 2: Illustrative Representation Letter	

International Standard on Auditing (ISA) 580, "Written Representations" should be read in conjunction with ISA 200, "Overall Objectives of the Independent Auditor and the Conduct of an Audit in Accordance with International Standards on Auditing."

INTERNATIONAL STANDARD ON AUDITING 580
SCHRIFTLICHE ERKLÄRUNGEN

(gilt für die Prüfung von Abschlüssen für Zeiträume, die am oder nach dem 15.12.2009 beginnen)

INHALTSVERZEICHNIS

	Textziffer
Einleitung	
Anwendungsbereich	1-2
Schriftliche Erklärungen als Prüfungsnachweis	3-4
Anwendungszeitpunkt	5
Ziele	6
Definitionen	7-8
Anforderungen	
Mitglieder des Managements, von denen schriftliche Erklärungen angefordert werden	9
Schriftliche Erklärungen zur Verantwortung des Managements	10-12
Weitere schriftliche Erklärungen	13
Datum und abgedeckte Zeiträume schriftlicher Erklärungen	14
Form von schriftlichen Erklärungen	15
Zweifel an der Verlässlichkeit schriftlicher Erklärungen und Nichtabgabe angeforderter schriftlicher Erklärungen	16-20
Anwendungshinweise und sonstige Erläuterungen	
Schriftliche Erklärungen als Prüfungsnachweis	A1
Mitglieder des Managements, von denen schriftliche Erklärungen angefordert werden	A2-A6
Schriftliche Erklärungen zur Verantwortung des Managements	A7-A9
Weitere schriftliche Erklärungen	A10-A13
Mitteilung eines Schwellenwerts	A14
Datum und abgedeckte Zeiträume schriftlicher Erklärungen	A15-A18
Form von schriftlichen Erklärungen	A19-A21
Kommunikation mit den für die Überwachung Verantwortlichen	A22
Zweifel an der Verlässlichkeit schriftlicher Erklärungen und Nichtabgabe angeforderter schriftlicher Erklärungen	A23-A27
Anlage 1: Liste von ISA, die Anforderungen zu schriftlichen Erklärungen enthalten	
Anlage 2: Beispiel einer Vollständigkeitserklärung	

International Standard on Auditing (ISA) 580 „Schriftliche Erklärungen" ist im Zusammenhang mit ISA 200 „Übergreifende Zielsetzungen des unabhängigen Prüfers und Grundsätze einer Prüfung in Übereinstimmung mit den International Standards on Auditing" zu lesen.

Introduction

Scope of this ISA

1. This International Standard on Auditing (ISA) deals with the auditor's responsibility to obtain written representations from management and, where appropriate, those charged with governance in an audit of financial statements.

2. Appendix 1 lists other ISAs containing subject-matter specific requirements for written representations. The specific requirements for written representations of other ISAs do not limit the application of this ISA.

Written Representations as Audit Evidence

3. Audit evidence is the information used by the auditor in arriving at the conclusions on which the auditor's opinion is based.[1] Written representations are necessary information that the auditor requires in connection with the audit of the entity's financial statements. Accordingly, similar to responses to inquiries, written representations are audit evidence. (Ref: Para. A1)

4. Although written representations provide necessary audit evidence, they do not provide sufficient appropriate audit evidence on their own about any of the matters with which they deal. Furthermore, the fact that management has provided reliable written representations does not affect the nature or extent of other audit evidence that the auditor obtains about the fulfillment of management's responsibilities, or about specific assertions.

Effective Date

5. This ISA is effective for audits of financial statements for periods beginning on or after December 15, 2009.

Objectives

6. The objectives of the auditor are:
   (a) To obtain written representations from management and, where appropriate, those charged with governance that they believe that they have fulfilled their responsibility for the preparation of the financial statements and for the completeness of the information provided to the auditor;
   (b) To support other audit evidence relevant to the financial statements or specific assertions in the financial statements by means of written representations if determined necessary by the auditor or required by other ISAs; and
   (c) To respond appropriately to written representations provided by management and, where appropriate, those charged with governance, or if management or, where appropriate, those charged with governance do not provide the written representations requested by the auditor.

Definitions

7. For purposes of the ISAs, the following term has the meaning attributed below:
   Written representation – A written statement by management provided to the auditor to confirm certain matters or to support other audit evidence. Written representations in this context do not include financial statements, the assertions therein, or supporting books and records.

8. For purposes of this ISA, references to "management" should be read as "management and, where appropriate, those charged with governance." Furthermore, in the case of a fair presentation framework,

---

1) ISA 500, "Audit Evidence," paragraph 5(c).

Einleitung

Anwendungsbereich

1. Dieser International Standard on Auditing (ISA) behandelt die Pflicht des Abschlussprüfers zur Einholung schriftlicher Erklärungen vom Management und – soweit angebracht – von den für die Überwachung Verantwortlichen bei einer Abschlussprüfung.

2. In Anlage 1 sind weitere ISA aufgeführt, die besondere sachverhaltsbezogene Anforderungen zu schriftlichen Erklärungen enthalten. Die besonderen Anforderungen anderer ISA zu schriftlichen Erklärungen schränken die Anwendung dieses ISA nicht ein.

Schriftliche Erklärungen als Prüfungsnachweis

3. Prüfungsnachweise sind alle Informationen, die vom Abschlussprüfer verwendet werden, um zu den Schlussfolgerungen zu gelangen, auf denen das Prüfungsurteil basiert.[1] Schriftliche Erklärungen sind erforderliche Informationen, die der Abschlussprüfer im Zusammenhang mit der Prüfung des Abschlusses einer Einheit[*] benötigt. Demnach sind schriftliche Erklärungen Prüfungsnachweise, ähnlich wie die Antworten auf Befragungen. (Vgl. Tz. A1)

4. Obwohl schriftliche Erklärungen erforderliche Prüfungsnachweise liefern, bieten sie für sich allein keine ausreichenden geeigneten Prüfungsnachweise zu den sie betreffenden Sachverhalten. Darüber hinaus wirkt sich die Tatsache, dass das Management verlässliche schriftliche Erklärungen abgegeben hat, nicht auf Art oder Umfang von sonstigen Prüfungsnachweisen aus, die der Abschlussprüfer über die Erfüllung der Verantwortung des Managements oder zu besonderen Aussagen erlangt.

Anwendungszeitpunkt

5. Dieser ISA gilt für die Prüfung von Abschlüssen für Zeiträume, die am oder nach dem 15.12.2009 beginnen.

Ziele

6. Die Ziele des Abschlussprüfers sind,

   (a) schriftliche Erklärungen des Managements und – soweit angebracht – von den für die Überwachung Verantwortlichen zu erlangen, dass diese ihrer Ansicht nach ihrer Verantwortung für die Aufstellung des Abschlusses und für die Vollständigkeit der dem Abschlussprüfer zur Verfügung gestellten Informationen nachgekommen sind,

   (b) sonstige für den Abschluss oder spezifische Abschlussaussagen relevante Prüfungsnachweise durch schriftliche Erklärungen zu unterstützen, sofern der Abschlussprüfer dies für notwendig erachtet oder dies aufgrund anderer ISA erforderlich ist, und

   (c) angemessen zu reagieren auf schriftliche Erklärungen, die vom Management und – soweit angebracht – von den für die Überwachung Verantwortlichen zur Verfügung gestellt wurden, oder falls das Management und – soweit angebracht – die für die Überwachung Verantwortlichen vom Abschlussprüfer angeforderte schriftliche Erklärungen nicht zur Verfügung gestellt haben.

Definitionen

7. Für die Zwecke der ISA gelten die nachstehenden Begriffsbestimmungen:

   Schriftliche Erklärung – Eine schriftliche Äußerung des Managements gegenüber dem Abschlussprüfer zur Bestätigung bestimmter Sachverhalte oder zur Unterstützung sonstiger Prüfungsnachweise. Schriftliche Erklärungen schließen in diesem Zusammenhang weder den Abschluss, noch die darin enthaltenen Aussagen, noch unterstützende Bücher und Aufzeichnungen mit ein.[**]

8. Wird in diesem ISA auf das „Management" Bezug genommen, sind das „Management und, soweit angebracht, die für die Überwachung Verantwortlichen" gemeint. Darüber hinaus ist das Management bei

---

1) ISA 500 „Prüfungsnachweise", Textziffer 5(c).

*) Der Begriff „Einheit" wird für *entity* neu eingeführt. Bei der zu prüfenden Einheit kann es sich um ein Unternehmen, einen Einzelkaufmann, eine Gesellschaft bürgerlichen Rechts (Schweiz: einfache Gesellschaft), eine Gebietskörperschaft, eine Anstalt des öffentlichen Rechts, einen Konzern oder eine nicht rechtlich abgegrenzte wirtschaftliche Einheit handeln. Eine Übersetzung mit „Unternehmen" oder „Gesellschaft" wäre deshalb unzureichend. So kann sich *entity* sogar auf eine nicht selbständige Niederlassung oder Sparte beziehen, für die eigenständig Rechnung gelegt wird.

**) In Deutschland, Österreich und der Schweiz wird der Begriff „Vollständigkeitserklärung" verwendet. Die Vollständigkeitserklärung ist eine umfassende Versicherung über die Verantwortung für und die Vollständigkeit und Richtigkeit des Abschlusses sowie der erteilten Erklärungen und Nachweise.

management is responsible for the preparation and *fair* presentation of the financial statements in accordance with the applicable financial reporting framework; or the preparation of financial statements *that give a true and fair view* in accordance with the applicable financial reporting framework.

Requirements

Management from whom Written Representations Requested

9. The auditor shall request written representations from management with appropriate responsibilities for the financial statements and knowledge of the matters concerned. (Ref: Para. A2–A6)

Written Representations about Management's Responsibilities

Preparation of the Financial Statements

10. The auditor shall request management to provide a written representation that it has fulfilled its responsibility for the preparation of the financial statements in accordance with the applicable financial reporting framework, including, where relevant, their fair presentation, as set out in the terms of the audit engagement.[2] (Ref: Para. A7–A9, A14, A22)

Information Provided and Completeness of Transactions

11. The auditor shall request management to provide a written representation that:

    (a) It has provided the auditor with all relevant information and access as agreed in the terms of the audit engagement;[3] and

    (b) All transactions have been recorded and are reflected in the financial statements. (Ref: Para. A7–A9, A14, A22)

Description of Management's Responsibilities in the Written Representations

12. Management's responsibilities shall be described in the written representations required by paragraphs 10 and 11 in the manner in which these responsibilities are described in the terms of the audit engagement.

Other Written Representations

13. Other ISAs require the auditor to request written representations. If, in addition to such required representations, the auditor determines that it is necessary to obtain one or more written representations to support other audit evidence relevant to the financial statements or one or more specific assertions in the financial statements, the auditor shall request such other written representations. (Ref: Para. A10–A13, A14, A22)

Date of and Period(s) Covered by Written Representations

14. The date of the written representations shall be as near as practicable to, but not after, the date of the auditor's report on the financial statements. The written representations shall be for all financial statements and period(s) referred to in the auditor's report. (Ref: Para. A15–A18)

Form of Written Representations

15. The written representations shall be in the form of a representation letter addressed to the auditor. If law or regulation requires management to make written public statements about its responsibilities, and the auditor determines that such statements provide some or all of the representations required by paragraphs 10 or 11, the relevant matters covered by such statements need not be included in the representation letter. (Ref: Para. A19–A21)

---

[2] ISA 210, "Agreeing the Terms of Audit Engagements," paragraph 6(b)(i).
[3] ISA 210, paragraph 6(b)(iii).

einem Regelwerk zur sachgerechten Gesamtdarstellung verantwortlich für die Aufstellung und *sachgerechte* Gesamtdarstellung des Abschlusses in Übereinstimmung mit dem anzuwendenden Regelwerk der Rechnungslegung bzw. für die Aufstellung eines Abschlusses, *der ein den tatsächlichen Verhältnissen entsprechendes Bild* in Übereinstimmung mit dem anzuwendenden Regelwerk der Rechnungslegung vermittelt.

Anforderungen

Mitglieder des Managements, von denen schriftliche Erklärungen angefordert werden

9. Der Abschlussprüfer muss schriftliche Erklärungen von den Mitgliedern des Managements anfordern, welche die entsprechende Verantwortlichkeit für den Abschluss und die Kenntnisse der betreffenden Sachverhalte haben. (Vgl. Tz. A2–A6)

Schriftliche Erklärungen zur Verantwortung des Managements

Aufstellung des Abschlusses

10. Der Abschlussprüfer hat vom Management eine schriftliche Erklärung anzufordern, wonach dieses bestätigt, seiner Verantwortung für die Aufstellung des Abschlusses - sofern relevant einschließlich dessen sachgerechter Gesamtdarstellung - in Übereinstimmung mit dem anzuwendenden Regelwerk der Rechnungslegung nachgekommen zu sein, wie dies in den Auftragsbedingungen für die Abschlussprüfung[2] vorgesehen ist. (Vgl. Tz. A7–A9, A14 und A22)

Dem Abschlussprüfer zur Verfügung gestellte Informationen und Vollständigkeit der Geschäftsvorfälle

11. Der Abschlussprüfer hat das Management aufzufordern, eine schriftliche Erklärung abzugeben,
    (a) dass es dem Abschlussprüfer alle relevanten Informationen und Zugangsberechtigungen zur Verfügung gestellt hat, wie dies in den Auftragsbedingungen für die Abschlussprüfung[3] vereinbart ist, und
    (b) dass alle Geschäftsvorfälle erfasst und im Abschluss wiedergegeben sind. (Vgl. Tz. A7–A9, A14 und A22)

Beschreibung der Verantwortung des Managements in den schriftlichen Erklärungen

12. Die Verantwortung des Managements ist in den gemäß den Textziffern 10 und 11 erforderlichen schriftlichen Erklärungen in der Weise zu beschreiben, wie diese Verantwortlichkeit in den Auftragsbedingungen für die Abschlussprüfung festgehalten ist.

Weitere schriftliche Erklärungen

13. Weitere ISA verlangen vom Abschlussprüfer, schriftliche Erklärungen anzufordern. Wenn der Abschlussprüfer feststellt, dass es notwendig ist, über diese schriftlichen Erklärungen hinaus eine oder mehrere weitere schriftliche Erklärungen zu erlangen, um andere für den Abschluss relevante Prüfungsnachweise oder eine oder mehrere spezifische Aussagen im Abschluss zu unterstützen, hat der Abschlussprüfer diese weiteren schriftlichen Erklärungen anzufordern. (Vgl. Tz. A10–A13, A14 und A22)

Datum und abgedeckte Zeiträume schriftlicher Erklärungen

14. Das Datum der schriftlichen Erklärungen muss so nahe wie praktisch durchführbar am Datum des Vermerks des Abschlussprüfers[*] zum Abschluss liegen, darf jedoch nicht nach diesem Datum liegen. Die schriftlichen Erklärungen müssen für alle Abschlüsse und Zeiträume gelten, auf die im Vermerk des Abschlussprüfers Bezug genommen wird. (Vgl. Tz. A15–A18)

Form von schriftlichen Erklärungen

15. Die schriftlichen Erklärungen müssen in Form einer an den Abschlussprüfer adressierten Vollständigkeitserklärung erfolgen. Sofern Gesetze oder andere Rechtsvorschriften verlangen, dass das Management eine öffentliche schriftliche Erklärung zu seiner Verantwortung abgibt, und der Abschlussprüfer feststellt, dass diese Stellungnahme einige oder alle nach den Textziffern 10 oder 11 erforderlichen Erklärungen enthält, müssen die von dieser Stellungnahme abgedeckten relevanten Sachverhalte nicht in der Vollständigkeitserklärung enthalten sein. (Vgl. Tz. A19–A21)

---

2) ISA 210 „Vereinbarung der Auftragsbedingungen für Prüfungsaufträge", Textziffer 6(b)(i).
3) ISA 210, Textziffer 6(b)(iii).
*) In Deutschland und Österreich wird die Bezeichnung „Bestätigungsvermerk des Abschlussprüfers", in der Schweiz „Bericht des Abschlussprüfers" verwendet.

Doubt as to the Reliability of Written Representations and Requested Written Representations Not Provided

Doubt as to the Reliability of Written Representations

16. If the auditor has concerns about the competence, integrity, ethical values or diligence of management, or about its commitment to or enforcement of these, the auditor shall determine the effect that such concerns may have on the reliability of representations (oral or written) and audit evidence in general. (Ref: Para. A24–A25)

17. In particular, if written representations are inconsistent with other audit evidence, the auditor shall perform audit procedures to attempt to resolve the matter. If the matter remains unresolved, the auditor shall reconsider the assessment of the competence, integrity, ethical values or diligence of management, or of its commitment to or enforcement of these, and shall determine the effect that this may have on the reliability of representations (oral or written) and audit evidence in general. (Ref: Para. A23)

18. If the auditor concludes that the written representations are not reliable, the auditor shall take appropriate actions, including determining the possible effect on the opinion in the auditor's report in accordance with ISA 705,[4] having regard to the requirement in paragraph 20 of this ISA.

Requested Written Representations Not Provided

19. If management does not provide one or more of the requested written representations, the auditor shall:

    (a) Discuss the matter with management;

    (b) Reevaluate the integrity of management and evaluate the effect that this may have on the reliability of representations (oral or written) and audit evidence in general; and

    (c) Take appropriate actions, including determining the possible effect on the opinion in the auditor's report in accordance with ISA 705, having regard to the requirement in paragraph 20 of this ISA.

Written Representations about Management's Responsibilities

20. The auditor shall disclaim an opinion on the financial statements in accordance with ISA 705 if:

    (a) The auditor concludes that there is sufficient doubt about the integrity of management such that the written representations required by paragraphs 10 and 11 are not reliable; or

    (b) Management does not provide the written representations required by paragraphs 10 and 11. (Ref: Para. A26–A27)

***

Application and Other Explanatory Material

Written Representations as Audit Evidence (Ref: Para. 3)

A1. Written representations are an important source of audit evidence. If management modifies or does not provide the requested written representations, it may alert the auditor to the possibility that one or more significant issues may exist. Further, a request for written, rather than oral, representations in many cases may prompt management to consider such matters more rigorously, thereby enhancing the quality of the representations.

Management from whom Written Representations Requested (Ref: Para. 9)

A2. Written representations are requested from those responsible for the preparation of the financial statements. Those individuals may vary depending on the governance structure of the entity, and relevant

---

4) ISA 705, "Modifications to the Opinion in the Independent Auditor's Report."

Schriftliche Erklärungen   ISA 580

Zweifel an der Verlässlichkeit schriftlicher Erklärungen und Nichtabgabe angeforderter schriftlicher Erklärungen

Zweifel an der Verlässlichkeit schriftlicher Erklärungen

16. Hat der Abschlussprüfer Bedenken in Bezug auf die Kompetenz, die Integrität, die ethischen Wertvorstellungen oder die Sorgfalt des Managements oder in Bezug auf dessen Selbstverpflichtung darauf oder deren Durchsetzung, hat er festzustellen, welche Auswirkungen diese Bedenken auf die Verlässlichkeit der (mündlichen oder schriftlichen) Erklärungen und Prüfungsnachweise im Allgemeinen haben können. (Vgl. Tz. A24–A25)

17. Insbesondere wenn schriftliche Erklärungen nicht mit anderen Prüfungsnachweisen in Einklang stehen, muss der Abschlussprüfer Prüfungshandlungen zur Klärung des Sachverhalts durchführen. Wenn der Sachverhalt ungeklärt bleibt, muss der Abschlussprüfer die Beurteilung von Kompetenz, Integrität, ethischen Wertvorstellungen oder Sorgfalt des Managements oder seiner Selbstverpflichtung darauf oder deren Durchsetzung überdenken und feststellen, welche Auswirkungen dies auf die Verlässlichkeit der (mündlichen oder schriftlichen) Erklärungen und Prüfungsnachweise im Allgemeinen haben kann. (Vgl. Tz. A23)

18. Gelangt der Abschlussprüfer zu dem Schluss, dass die schriftlichen Erklärungen nicht verlässlich sind, muss er angemessene Maßnahmen ergreifen. Hierzu zählt auch die Bestimmung einer möglichen Auswirkung auf das Prüfungsurteil im Vermerk des Abschlussprüfers in Übereinstimmung mit ISA 705[4)] unter Berücksichtigung der Anforderung in Tz. 20 dieses ISA.

Nichtabgabe angeforderter schriftlicher Erklärungen

19. Gibt das Management eine oder mehrere der angeforderten schriftlichen Erklärungen nicht ab, muss der Abschlussprüfer

    (a) den Sachverhalt mit dem Management erörtern,

    (b) die Integrität des Managements erneut beurteilen und abwägen, welche Auswirkung dies auf die Verlässlichkeit von (mündlichen oder schriftlichen) Erklärungen und Prüfungsnachweisen im Allgemeinen haben kann, und

    (c) angemessene Maßnahmen ergreifen. Dazu gehört auch die Ermittlung der möglichen Auswirkung auf das Prüfungsurteil im Vermerk des Abschlussprüfers in Übereinstimmung mit ISA 705 unter Berücksichtigung der Anforderungen gemäß Textziffer 20 dieses ISA.

Schriftliche Erklärungen zur Verantwortung des Managements

20. Der Abschlussprüfer muss die Abgabe eines Prüfungsurteils zum Abschluss in Übereinstimmung mit ISA 705 verweigern, wenn

    (a) der Abschlussprüfer zu dem Schluss gelangt, dass genug Zweifel an der Integrität des Managements bestehen, so dass die nach den Textziffern 10 und 11 erforderlichen schriftlichen Erklärungen nicht verlässlich sind, oder

    (b) das Management die nach den Textziffern 10 und 11 erforderlichen schriftlichen Erklärungen nicht abgibt. (Vgl. Tz. A26–A27)

***

Anwendungshinweise und sonstige Erläuterungen

Schriftliche Erklärungen als Prüfungsnachweis (Vgl. Tz. 3)

A1. Schriftliche Erklärungen sind eine wichtige Quelle für Prüfungsnachweise. Wenn das Management die angeforderten schriftlichen Erklärungen modifiziert oder nicht abgibt, kann dies den Abschlussprüfer darauf aufmerksam machen, dass möglicherweise ein oder mehrere bedeutsame Probleme bestehen können. Außerdem kann eine Aufforderung zur Abgabe einer schriftlichen anstelle einer mündlichen Erklärung das Management in vielen Fällen veranlassen, diese Sachverhalte strenger zu betrachten, so dass sich die Qualität der Erklärungen verbessert.

Mitglieder des Managements, von denen schriftliche Erklärungen angefordert werden (Vgl. Tz. 9)

A2. Schriftliche Erklärungen werden von den für die Aufstellung des Abschlusses Verantwortlichen verlangt. Diese Personen können in Abhängigkeit von der Leitungs- und Überwachungsstruktur der Einheit und

---

4) ISA 705 „Modifizierungen des Prüfungsurteils im Vermerk des unabhängigen Abschlussprüfers".

law or regulation; however, management (rather than those charged with governance) is often the responsible party. Written representations may therefore be requested from the entity's chief executive officer and chief financial officer, or other equivalent persons in entities that do not use such titles. In some circumstances, however, other parties, such as those charged with governance, are also responsible for the preparation of the financial statements.

A3. Due to its responsibility for the preparation of the financial statements, and its responsibilities for the conduct of the entity's business, management would be expected to have sufficient knowledge of the process followed by the entity in preparing the financial statements and the assertions therein on which to base the written representations.

A4. In some cases, however, management may decide to make inquiries of others who participate in preparing and presenting the financial statements and assertions therein, including individuals who have specialized knowledge relating to the matters about which written representations are requested. Such individuals may include:

- An actuary responsible for actuarially determined accounting measurements.
- Staff engineers who may have responsibility for and specialized knowledge about environmental liability measurements.
- Internal counsel who may provide information essential to provisions for legal claims.

A5. In some cases, management may include in the written representations qualifying language to the effect that representations are made to the best of its knowledge and belief. It is reasonable for the auditor to accept such wording if the auditor is satisfied that the representations are being made by those with appropriate responsibilities and knowledge of the matters included in the representations.

A6. To reinforce the need for management to make informed representations, the auditor may request that management include in the written representations confirmation that it has made such inquiries as it considered appropriate to place it in the position to be able to make the requested written representations. It is not expected that such inquiries would usually require a formal internal process beyond those already established by the entity.

Written Representations about Management's Responsibilities (Ref: Para. 10–11)

A7. Audit evidence obtained during the audit that management has fulfilled the responsibilities referred to in paragraphs 10 and 11 is not sufficient without obtaining confirmation from management that it believes that it has fulfilled those responsibilities. This is because the auditor is not able to judge solely on other audit evidence whether management has prepared and presented the financial statements and provided information to the auditor on the basis of the agreed acknowledgement and understanding of its responsibilities. For example, the auditor could not conclude that management has provided the auditor with all relevant information agreed in the terms of the audit engagement without asking it whether, and receiving confirmation that, such information has been provided.

A8. The written representations required by paragraphs 10 and 11 draw on the agreed acknowledgement and understanding of management of its responsibilities in the terms of the audit engagement by requesting confirmation that it has fulfilled them. The auditor may also ask management to reconfirm its acknowledgement and understanding of those responsibilities in written representations. This is common in certain jurisdictions, but in any event may be particularly appropriate when:

- Those who signed the terms of the audit engagement on behalf of the entity no longer have the relevant responsibilities;
- The terms of the audit engagement were prepared in a previous year;
- There is any indication that management misunderstands those responsibilities; or
- Changes in circumstances make it appropriate to do so.

relevanten Gesetzen oder anderen Rechtsvorschriften variieren. Häufig ist jedoch das Management (anstelle der für die Überwachung Verantwortlichen) das verantwortliche Organ. Deshalb werden möglicherweise schriftliche Erklärungen verlangt vom Geschäftsführenden der Einheit und dem Leiter des Finanzbereichs oder anderen entsprechenden Personen in Einheiten, die nicht diese Titel verwenden. In manchen Fällen können jedoch andere Organe (wie die für die Überwachung Verantwortlichen) auch für die Aufstellung des Abschlusses verantwortlich sein.

A3. Aufgrund seiner Verantwortung für die Aufstellung des Abschlusses und für die Führung der Geschäfte der Einheit kann vom Management erwartet werden, dass es über ausreichende Kenntnisse über den von der Einheit verfolgten Prozess zur Aufstellung des Abschlusses und der darin enthaltenen Aussagen verfügt, auf welche die schriftlichen Erklärungen gründen.

A4. In einigen Fällen kann das Management jedoch beschließen, andere an der Erstellung und Darstellung des Abschlusses und der darin enthaltenen Aussagen Beteiligte zu befragen, einschließlich von Personen, die besondere Kenntnisse zu den Sachverhalten haben, zu denen schriftliche Erklärungen angefordert werden. Zu diesen Personen können zählen:

- ein für versicherungsmathematisch ermittelte Bewertungen in der Rechnungslegung verantwortlicher Aktuar
- angestellte Ingenieure, die für die Bewertung von Umweltverpflichtungen verantwortlich sein und über entsprechende Fachkenntnisse verfügen können
- firmeninterne Stellen, die notwendige Informationen zu Rückstellungen für Rechtsansprüche geben können.

A5. In einigen Fällen kann das Management in die schriftlichen Erklärungen einschränkende Formulierungen dahingehend einfügen, dass die Erklärungen nach bestem Wissen und Gewissen gemacht wurden. Für den Abschlussprüfer ist die Akzeptanz einer solchen Formulierung vertretbar, wenn er überzeugt ist, dass die Erklärungen von den Personen abgegeben worden, die über entsprechende Zuständigkeit und Kenntnisse der Sachverhalte verfügen, die Gegenstand der Erklärung sind.

A6. Um die Notwendigkeit zu verstärken, dass das Management fundierte Erklärungen abgibt, kann der Abschlussprüfer verlangen, dass die schriftlichen Erklärungen des Managements eine Bestätigung enthalten, wonach es nach eigenem Ermessen entsprechende Befragungen angestellt hat, die es in die Lage versetzen, die angeforderte schriftliche Erklärung abzugeben. Es wird nicht erwartet, dass diese Befragungen gewöhnlich einen formalen internen Prozess erfordern, der über die von der Einheit bereits festgelegten Prozesse hinausgeht.

Schriftliche Erklärungen zur Verantwortung des Managements (Vgl. Tz. 10–11)

A7. Während der Prüfung erlangte Prüfungsnachweise darüber, dass das Management den in den Textziffern 10 und 11 angesprochenen Verpflichtungen nachgekommen ist, reichen nicht aus ohne eine Bestätigung des Managements, dass es nach seiner Auffassung diesen Verpflichtungen nachgekommen ist. Dies liegt darin begründet, dass der Abschlussprüfer anhand anderer Prüfungsnachweise allein nicht in der Lage ist zu beurteilen, ob das Management den Abschluss auf der Grundlage der vereinbarten Anerkennung und des vereinbarten Verständnisses dieses Verantwortungsbereichs aufgestellt und dargestellt und dem Abschlussprüfer Informationen geliefert hat. Beispielsweise kann der Abschlussprüfer nicht zu dem Schluss kommen, dass ihm das Management sämtliche relevanten Informationen zur Verfügung gestellt hat, ohne es zu befragen, ob diese Informationen zur Verfügung gestellt wurden, und ohne Erhalt einer Bestätigung, dass diese Informationen zur Verfügung gestellt wurden.

A8. Die in den Textziffern 10 und 11 verlangten schriftlichen Erklärungen basieren auf der in den Auftragsbedingungen für die Abschlussprüfung vereinbarten Anerkennung und dem vereinbarten Verständnis der Verpflichtungen des Managements, indem eine Bestätigung angefordert wird, dass es diesen nachgekommen ist. Der Abschlussprüfer kann ebenso das Management bitten, seine Anerkennung und sein Verständnis dieser Verpflichtungen in schriftlichen Erklärungen erneut zu bestätigen. Dies ist in bestimmten Rechtsräumen üblich, kann aber in jenen Fällen besonders angebracht sein, wenn

- die Personen, welche die Auftragsbedingungen für die Abschlussprüfung im Namen der Einheit unterzeichnet haben, nicht mehr die entsprechende Verantwortung haben,
- die Auftragsbedingungen für die Abschlussprüfung in einem früheren Jahr erstellt wurden,
- es Anzeichen dafür gibt, dass das Management diese Verpflichtungen missversteht, oder
- Veränderungen in den Umständen dies angebracht sein lassen.

Consistent with the requirement of ISA 210,[5] such reconfirmation of management's acknowledgement and understanding of its responsibilities is not made subject to the best of management's knowledge and belief (as discussed in paragraph A5 of this ISA).

Considerations Specific to Public Sector Entities

A9. The mandates for audits of the financial statements of public sector entities may be broader than those of other entities. As a result, the premise, relating to management's responsibilities, on which an audit of the financial statements of a public sector entity is conducted may give rise to additional written representations. These may include written representations confirming that transactions and events have been carried out in accordance with law, regulation or other authority.

Other Written Representations (Ref: Para. 13)

Additional Written Representations about the Financial Statements

A10. In addition to the written representation required by paragraph 10, the auditor may consider it necessary to request other written representations about the financial statements. Such written representations may supplement, but do not form part of, the written representation required by paragraph 10. They may include representations about the following:

- Whether the selection and application of accounting policies are appropriate; and
- Whether matters such as the following, where relevant under the applicable financial reporting framework, have been recognized, measured, presented or disclosed in accordance with that framework:
    - Plans or intentions that may affect the carrying value or classification of assets and liabilities;
    - Liabilities, both actual and contingent;
    - Title to, or control over, assets, the liens or encumbrances on assets, and assets pledged as collateral; and
    - Aspects of laws, regulations and contractual agreements that may affect the financial statements, including non-compliance.

Additional Written Representations about Information Provided to the Auditor

A11. In addition to the written representation required by paragraph 11, the auditor may consider it necessary to request management to provide a written representation that it has communicated to the auditor all deficiencies in internal control of which management is aware.

Written Representations about Specific Assertions

A12. When obtaining evidence about, or evaluating, judgments and intentions, the auditor may consider one or more of the following:

- The entity's past history in carrying out its stated intentions.
- The entity's reasons for choosing a particular course of action.
- The entity's ability to pursue a specific course of action.
- The existence or lack of any other information that might have been obtained during the course of the audit that may be inconsistent with management's judgment or intent.

A13. In addition, the auditor may consider it necessary to request management to provide written representations about specific assertions in the financial statements; in particular, to support an understanding that the auditor has obtained from other audit evidence of management's judgment or intent in relation to, or the completeness of, a specific assertion. For example, if the intent of management is important to the valuation basis for investments, it may not be possible to obtain sufficient appropriate audit evidence without a written representation from management about its intentions. Although such written representations provide necessary audit evidence, they do not provide sufficient appropriate audit evidence on their own for that assertion.

---

5) ISA 210, paragraph 6(b).

Entsprechend den Anforderungen von ISA 210[5] wird eine solche erneute Bestätigung der Anerkennung und des Verständnisses der Verpflichtungen des Managements nicht mit dem Vorbehalt des besten Wissens und Gewissens des Managements gegeben (wie in Textziffer A5 dieses ISA erörtert).

Spezifische Überlegungen zu Einheiten des öffentlichen Sektors

A9. Die Beauftragung zur Prüfung von Abschlüssen von Einheiten des öffentlichen Sektors kann umfassender sein als die bei anderen Einheiten. Demzufolge kann die auf die Verpflichtungen des Managements bezogene Voraussetzung, auf deren Grundlage eine Abschlussprüfung bei Einheiten im öffentlichen Bereich durchgeführt wird, Anlass für zusätzliche schriftliche Erklärungen sein. Hierzu können schriftliche Erklärungen gehören, mit denen bestätigt wird, dass Geschäftsvorfälle und Ereignisse in Übereinstimmung mit dem Gesetz, anderen Rechtsvorschriften oder sonstigen amtlichen Vorgaben vorgenommen wurden.

Weitere schriftliche Erklärungen (Vgl. Tz. 13)

Zusätzliche schriftliche Erklärungen zum Abschluss

A10. Zusätzlich zu der in Textziffer 10 geforderten schriftlichen Erklärung kann der Abschlussprüfer es für notwendig erachten, weitere schriftliche Erklärungen zum Abschluss anzufordern. Diese schriftlichen Erklärungen können die in Textziffer 10 geforderte schriftliche Erklärung ergänzen, ohne deren Bestandteil zu sein. Sie können Erklärungen zu Folgendem beinhalten:

- ob die Auswahl und Anwendung der Rechnungslegungsmethoden angemessen sind
- ob Sachverhalte wie die folgenden, sofern nach dem maßgebenden Regelwerk der Rechnungslegung relevant, in Übereinstimmung mit diesem Regelwerk angesetzt, bewertet, dargestellt oder angegeben wurden:
  - Pläne oder Absichten, die den Buchwert oder den Ausweis von Vermögenswerten und Schulden berühren
  - Schulden und Eventualschulden
  - Ansprüche auf Vermögenswerte oder Kontrolle über diese und Pfandrechte an oder Belastungen von Vermögenswerten sowie Vermögenswerte, die als Sicherheit verpfändet sind
  - gesetzliche oder andere rechtliche Aspekte und vertragliche Vereinbarungen, die sich auf den Abschluss auswirken können, einschließlich Verstöße dagegen.

Zusätzliche schriftliche Erklärungen zu den dem Abschlussprüfer zur Verfügung gestellten Informationen

A11. Zusätzlich zu der nach Textziffer 11 erforderlichen schriftlichen Erklärung kann der Abschlussprüfer es für notwendig erachten, vom Management eine schriftliche Erklärung darüber zu verlangen, dass es alle ihm bekannten Mängel im internen Kontrollsystem dem Abschlussprüfer mitgeteilt hat.

Schriftliche Erklärungen zu spezifischen Aussagen

A12. Wenn über Beurteilungen und Absichten Nachweise erlangt oder Einschätzungen angestellt werden, kann der Abschlussprüfer einen oder mehrere der folgenden Aspekte in Erwägung ziehen:

- die Umsetzung der in der Vergangenheit geäußerten Absichten durch die Einheit
- die Gründe der Einheit für die Wahl einer bestimmten Handlungsweise
- die Fähigkeit der Einheit, eine bestimmte Handlungsweise zu verfolgen
- das Vorliegen oder Fehlen weiterer im Laufe der Abschlussprüfung möglicherweise erlangten Informationen, die nicht mit der Beurteilung oder Absicht des Managements in Einklang stehen könnten.

A13. Darüber hinaus kann der Abschlussprüfer es für notwendig erachten, das Management zur Abgabe von schriftlichen Erklärungen zu spezifischen Aussagen im Abschluss aufzufordern, insbesondere um das Verständnis zu unterstützen, das der Abschlussprüfer aus anderen Prüfungsnachweisen über die Beurteilung, die Absicht des Managements oder die Vollständigkeit einer spezifischen Aussage gewonnen hat. Wenn beispielsweise die Absicht des Managements als Bewertungsgrundlage von Investitionen von Bedeutung ist, kann es nicht möglich sein, ausreichende geeignete Prüfungsnachweise ohne eine schriftliche Erklärung vom Management über dessen Absichten zu erlangen. Obwohl solche schriftlichen Erklärungen einen notwendigen Prüfungsnachweis liefern, liefern sie für sich allein keine ausreichenden geeigneten Prüfungsnachweise für diese Aussage.

---

[5] ISA 210, Textziffer 6(b).

Communicating a Threshold Amount (Ref: Para. 10–11, 13)

A14. ISA 450 requires the auditor to accumulate misstatements identified during the audit, other than those that are clearly trivial.[6] The auditor may determine a threshold above which misstatements cannot be regarded as clearly trivial. In the same way, the auditor may consider communicating to management a threshold for purposes of the requested written representations.

Date of and Period(s) Covered by Written Representations (Ref: Para. 14)

A15. Because written representations are necessary audit evidence, the auditor's opinion cannot be expressed, and the auditor's report cannot be dated, before the date of the written representations. Furthermore, because the auditor is concerned with events occurring up to the date of the auditor's report that may require adjustment to or disclosure in the financial statements, the written representations are dated as near as practicable to, but not after, the date of the auditor's report on the financial statements.

A16. In some circumstances, it may be appropriate for the auditor to obtain a written representation about a specific assertion in the financial statements during the course of the audit. Where this is the case, it may be necessary to request an updated written representation.

A17. The written representations are for all periods referred to in the auditor's report because management needs to reaffirm that the written representations it previously made with respect to the prior periods remain appropriate. The auditor and management may agree to a form of written representation that updates written representations relating to the prior periods by addressing whether there are any changes to such written representations and, if so, what they are.

A18. Situations may arise where current management were not present during all periods referred to in the auditor's report. Such persons may assert that they are not in a position to provide some or all of the written representations because they were not in place during the period. This fact, however, does not diminish such persons' responsibilities for the financial statements as a whole. Accordingly, the requirement for the auditor to request from them written representations that cover the whole of the relevant period(s) still applies.

Form of Written Representations (Ref: Para. 15)

A19. Written representations are required to be included in a representation letter addressed to the auditor. In some jurisdictions, however, management may be required by law or regulation to make a written public statement about its responsibilities. Although such statement is a representation to the users of the financial statements, or to relevant authorities, the auditor may determine that it is an appropriate form of written representation in respect of some or all of the representations required by paragraph 10 or 11. Consequently, the relevant matters covered by such statement need not be included in the representation letter. Factors that may affect the auditor's determination include:

- Whether the statement includes confirmation of the fulfillment of the responsibilities referred to in paragraphs 10 and 11.
- Whether the statement has been given or approved by those from whom the auditor requests the relevant written representations.
- Whether a copy of the statement is provided to the auditor as near as practicable to, but not after, the date of the auditor's report on the financial statements (see paragraph 14).

A20. A formal statement of compliance with law or regulation, or of approval of the financial statements, would not contain sufficient information for the auditor to be satisfied that all necessary representations have been consciously made. The expression of management's responsibilities in law or regulation is also not a substitute for the requested written representations.

---

6) ISA 450, "Evaluation of Misstatements Identified during the Audit," paragraph 5.

Schriftliche Erklärungen   ISA 580

Mitteilung eines Schwellenwerts (Vgl. Tz. 10–11, 13)

A14. Nach ISA 450 muss der Abschlussprüfer während der Prüfung festgestellte falsche Darstellungen sammeln, es sei denn, sie sind eindeutig unbedeutend.[6] Der Abschlussprüfer kann eine Schwelle festlegen, bei deren Überschreiten eine falsche Darstellung nicht mehr als eindeutig unbedeutend angesehen werden kann. Ebenso kann der Abschlussprüfer erwägen, dem Management für die angeforderten schriftlichen Erklärungen einen Schwellenwert mitzuteilen.

Datum und abgedeckte Zeiträume schriftlicher Erklärungen (Vgl. Tz. 14)

A15. Da es sich bei den schriftlichen Erklärungen um notwendige Prüfungsnachweise handelt, kann das Prüfungsurteil nicht vor dem Datum der schriftlichen Erklärungen abgegeben werden und das Datum des Vermerks des Abschlussprüfers nicht vor deren Datum liegen. Da sich der Abschlussprüfer außerdem mit Ereignissen befasst, die bis zum Datum des Vermerks des Abschlussprüfers eintreten und eine Anpassung des Abschlusses oder Abschlussangaben erforderlich machen können, liegt das Datum der schriftlichen Erklärungen so nahe wie praktisch durchführbar am Datum des Vermerks des Abschlussprüfers zum Abschluss, jedoch nicht nach diesem Datum.

A16. In manchen Fällen kann es für den Abschlussprüfer angemessen sein, im Laufe der Prüfung eine schriftliche Erklärung zu einer spezifischen Aussage im Abschluss einzuholen. Wenn dies der Fall ist, kann es notwendig sein, eine aktualisierte schriftliche Erklärung einzuholen.

A17. Die schriftlichen Erklärungen gelten für alle Zeiträume, auf die im Vermerk des Abschlussprüfers Bezug genommen wird,[*] denn das Management muss erneut bestätigen, dass die zu früheren Zeiträumen abgegebenen schriftlichen Erklärungen weiter zutreffen. Der Abschlussprüfer und das Management können sich auf eine Form der schriftlichen Erklärung verständigen, bei der schriftliche Erklärungen zu früheren Zeiträumen aktualisiert werden, indem angegeben wird, ob es Änderungen dieser schriftlichen Erklärungen gibt und falls ja, welcher Art sie sind.

A18. Es können Situationen entstehen, in denen das derzeitige Management nicht während des gesamten Zeitraums bestand, auf den im Vermerk des Abschlussprüfers Bezug genommen wird. Diese Personen können sich darauf berufen, dass sie nicht in der Lage sind, einen Teil der oder die gesamten schriftlichen Erklärungen abzugeben, weil sie in dem Zeitraum noch nicht ihre Position innehatten. Diese Tatsache schmälert jedoch nicht die Verantwortung dieser Personen für den Abschluss insgesamt. Demzufolge bleibt das Erfordernis bestehen, dass der Abschlussprüfer von diesen schriftliche Erklärungen einzuholen hat, die den gesamten relevanten Zeitraum betreffen.

Form von schriftlichen Erklärungen (Vgl. Tz. 15)

A19. Schriftliche Erklärungen müssen in einer an den Abschlussprüfer adressierten Vollständigkeitserklärung enthalten sein. In einigen Rechtsräumen kann das Management jedoch aufgrund von Gesetzen oder anderen Rechtsvorschriften verpflichtet sein, eine öffentliche schriftliche Erklärung zu seiner Verantwortung abzugeben. Obwohl eine solche Stellungnahme eine Erklärung gegenüber den Nutzern des Abschlusses oder den zuständigen Behörden ist, kann der Abschlussprüfer beschließen, dass sie eine angemessene Form einer schriftlichen Erklärung über einige oder alle nach den Textziffern 10 oder 11 erforderlichen Erklärungen darstellt. Folglich müssen die durch eine solche Stellungnahme abgedeckten relevanten Sachverhalte nicht in der Vollständigkeitserklärung enthalten sein. Faktoren, die sich auf die Entscheidung des Abschlussprüfers auswirken, können sein:

- ob die Stellungnahme eine Bestätigung der Erfüllung der Verpflichtungen enthält, wie sie in den Textziffern 10 und 11 angesprochen sind
- ob die Stellungnahme von denen abgegeben oder genehmigt wurde, die der Abschlussprüfer zur Abgabe entsprechender schriftlicher Erklärungen auffordert
- ob eine Kopie der Stellungnahme dem Abschlussprüfer so nah wie praktisch durchführbar am Datum des Vermerks des Abschlussprüfers zum Abschluss gegeben wurde, jedoch nicht nach diesem Datum (siehe Textziffer 14).

A20. Eine formale Stellungnahme über die Einhaltung von Gesetzen und anderen Rechtsvorschriften oder über die Genehmigung des Abschlusses stellt für den Abschlussprüfer keine ausreichende Information dar, die ihn überzeugt, dass alle notwendigen Erklärungen bewusst abgegeben wurden. Die Tatsache, dass die

---

6) ISA 450 „Die Beurteilung der während der Abschlussprüfung festgestellten falschen Darstellungen", Textziffer 5.

*) Diese Textziffer gilt für den in manchen Rechtsräumen vorgesehenen Fall, in dem sich beispielsweise bei Börsengängen ein Vermerk des Abschlussprüfers auf die in einem Dokument (z.B. sog. Drei-Spalten-Bilanz) zusammengefasste Abschlüsse mehrerer Geschäftsjahre bezieht. In diesen Fällen ist auch durch Erklärungen des Managements festzustellen, ob die Zahlenangaben für wiedergegebene, frühere Geschäftsjahre noch aktuell sind.

A21. Appendix 2 provides an illustrative example of a representation letter.

Communication with Those Charged with Governance (Ref: Para. 10–11, 13)

A22. ISA 260 requires the auditor to communicate with those charged with governance the written representations which the auditor has requested from management.[7]

Doubt as to the Reliability of Written Representations and Requested Written Representations Not Provided

Doubt as to the Reliability of Written Representations (Ref: Para. 16–17)

A23. In the case of identified inconsistencies between one or more written representations and audit evidence obtained from another source, the auditor may consider whether the risk assessment remains appropriate and, if not, revise the risk assessment and determine the nature, timing and extent of further audit procedures to respond to the assessed risks.

A24. Concerns about the competence, integrity, ethical values or diligence of management, or about its commitment to or enforcement of these, may cause the auditor to conclude that the risk of management misrepresentation in the financial statements is such that an audit cannot be conducted. In such a case, the auditor may consider withdrawing from the engagement, where withdrawal is possible under applicable law or regulation, unless those charged with governance put in place appropriate corrective measures. Such measures, however, may not be sufficient to enable the auditor to issue an unmodified audit opinion.

A25. ISA 230 requires the auditor to document significant matters arising during the audit, the conclusions reached thereon, and significant professional judgments made in reaching those conclusions.[8] The auditor may have identified significant issues relating to the competence, integrity, ethical values or diligence of management, or about its commitment to or enforcement of these, but concluded that the written representations are nevertheless reliable. In such a case, this significant matter is documented in accordance with ISA 230.

Written Representations about Management's Responsibilities (Ref: Para. 20)

A26. As explained in paragraph A7, the auditor is not able to judge solely on other audit evidence whether management has fulfilled the responsibilities referred to in paragraphs 10 and 11. Therefore, if, as described in paragraph 20(a), the auditor concludes that the written representations about these matters are unreliable, or if management does not provide those written representations, the auditor is unable to obtain sufficient appropriate audit evidence. The possible effects on the financial statements of such inability are not confined to specific elements, accounts or items of the financial statements and are hence pervasive. ISA 705 requires the auditor to disclaim an opinion on the financial statements in such circumstances.[9]

A27. A written representation that has been modified from that requested by the auditor does not necessarily mean that management did not provide the written representation. However, the underlying reason for such modification may affect the opinion in the auditor's report. For example:

- The written representation about management's fulfillment of its responsibility for the preparation of the financial statements may state that management believes that, except for material non-compliance with a particular requirement of the applicable financial reporting framework, the financial statements are prepared in accordance with that framework. The requirement in paragraph 20 does not apply because the auditor concluded that management has provided reliable written representations. However, the auditor is required to consider the effect of the non-compliance on the opinion in the auditor's report in accordance with ISA 705.

---

7) ISA 260, "Communication with Those Charged with Governance," paragraph 16(c)(ii).
8) ISA 230, "Audit Documentation," paragraphs 8(c) and 10.
9) ISA 705, paragraph 9.

Verantwortung des Managements in Gesetzen oder anderen Rechtsvorschriften geregelt ist, ersetzt ebenfalls nicht die angeforderten schriftlichen Erklärungen.

A21. Anlage 2 gibt ein Beispiel einer Vollständigkeitserklärung.

Kommunikation mit den für die Überwachung Verantwortlichen (Vgl. Tz. 10–11, 13)

A22. Nach ISA 260 muss sich der Abschlussprüfer mit den für die Überwachung Verantwortlichen über die vom Management angeforderten schriftlichen Erklärungen austauschen.[7]

Zweifel an der Verlässlichkeit schriftlicher Erklärungen und Nichtabgabe angeforderter schriftlicher Erklärungen

Zweifel an der Verlässlichkeit schriftlicher Erklärungen (Vgl. Tz. 16–17)

A23. Werden Unstimmigkeiten zwischen einer oder mehreren schriftlichen Erklärungen und aus einer anderen Quelle erlangten Prüfungsnachweisen festgestellt, kann der Abschlussprüfer abwägen, ob die Risikobeurteilung noch angemessen ist, und, falls dies nicht der Fall ist, die Risikobeurteilung ändern sowie Art, zeitliche Einteilung und Umfang weiterer Prüfungshandlungen als Reaktion auf die beurteilten Risiken festlegen.

A24. Bedenken in Bezug auf die Kompetenz, Integrität, ethischen Wertvorstellungen oder Sorgfalt des Managements oder dessen Selbstverpflichtung darauf oder deren Durchsetzung können den Abschlussprüfer zu dem Schluss führen, dass das Risiko falscher Darstellungen des Managements im Abschluss so groß ist, dass eine Abschlussprüfung nicht durchgeführt werden kann. Falls die für die Überwachung Verantwortlichen nicht angemessene Korrekturmaßnahmen ergreifen, kann der Abschlussprüfer in diesem Fall erwägen, den Auftrag niederzulegen, sofern eine Niederlegung nach den einschlägigen Gesetzen oder anderen Rechtsvorschriften möglich ist. Diese Maßnahmen können jedoch möglicherweise nicht ausreichen, um dem Abschlussprüfer ein nicht modifiziertes Prüfungsurteil zu ermöglichen.

A25. Nach ISA 230 hat der Abschlussprüfer bedeutsame Sachverhalte, die sich während der Abschlussprüfung ergeben, die dazu gezogenen Schlussfolgerungen und bedeutsame pflichtgemäße Beurteilungen, die im Zusammenhang mit diesen Schlussfolgerungen getroffen wurden, zu dokumentieren.[8] Der Abschlussprüfer kann zwar bedeutsame Punkte in Bezug auf die Kompetenz, Integrität, ethischen Wertvorstellungen oder Sorgfalt des Managements oder in Bezug auf dessen Selbstverpflichtung darauf oder deren Durchsetzung festgestellt haben, aber zu dem Schluss gekommen sein, dass die schriftlichen Erklärungen dennoch verlässlich sind. In diesem Fall wird dieser bedeutsame Sachverhalt in Übereinstimmung mit ISA 230 dokumentiert.

Schriftliche Erklärungen zur Verantwortung des Management (Vgl. Tz. 20)

A26. Wie in Textziffer A7 erläutert, ist der Abschlussprüfer nicht in der Lage, nur anhand anderer Prüfungsnachweise zu beurteilen, ob das Management die Verpflichtungen erfüllt hat, die in den Textziffern 10 und 11 angesprochen sind. Deshalb ist der Abschlussprüfer, wenn er wie in Textziffer 20(a) beschrieben folgert, dass die schriftlichen Erklärungen zu diesen Sachverhalten nicht verlässlich sind, oder wenn das Management diese schriftlichen Erklärungen nicht abgibt, nicht in der Lage, ausreichende geeignete Prüfungsnachweise zu erlangen. Die daraus möglicherweise resultierenden Auswirkungen auf den Abschluss sind nicht auf spezifische Elemente, Konten oder Posten des Abschlusses begrenzt und damit umfassend. Nach ISA 705 muss der Abschlussprüfer die Abgabe eines Prüfungsurteils unter diesen Umständen verweigern.[9]

A27. Eine schriftliche Erklärung, die gegenüber der vom Abschlussprüfer angeforderten modifiziert wurde, bedeutet nicht unbedingt, dass das Management die schriftliche Erklärung nicht abgegeben hat. Der Beweggrund für diese Modifizierung kann sich jedoch auf das Prüfungsurteil im Vermerk des Abschlussprüfers auswirken, z.B.:

- Die schriftliche Erklärung, dass das Management seiner Verantwortung zur Aufstellung des Abschlusses nachgekommen ist, kann aussagen, dass das Management nach seiner Auffassung den Abschluss mit Ausnahme eines wesentlichen Verstoßes gegen eine bestimmte Anforderung des maßgebenden Regelwerks der Rechnungslegung in Übereinstimmung mit diesem Regelwerk aufgestellt hat. Die Anforderung in Textziffer 20 ist nicht anzuwenden, da der Abschlussprüfer zu dem Schluss gekommen ist, dass das Management verlässliche schriftliche Erklärungen abgegeben

---

7) ISA 260 „Kommunikation mit den für die Überwachung Verantwortlichen", Textziffer 16(c)(ii).
8) ISA 230 „Prüfungsdokumentation", Textziffern 8(c) und 10.
9) ISA 705, Textziffer 9.

- The written representation about the responsibility of management to provide the auditor with all relevant information agreed in the terms of the audit engagement may state that management believes that, except for information destroyed in a fire, it has provided the auditor with such information. The requirement in paragraph 20 does not apply because the auditor concluded that management has provided reliable written representations. However, the auditor is required to consider the effects of the pervasiveness of the information destroyed in the fire on the financial statements and the effect thereof on the opinion in the auditor's report in accordance with ISA 705.

Schriftliche Erklärungen ISA 580

hat. Der Abschlussprüfer muss jedoch in Übereinstimmung mit ISA 705 die Auswirkung des Verstoßes auf das Prüfungsurteil im Vermerk des Abschlussprüfers abwägen.

- Die schriftliche Erklärung zur Verantwortung des Managements, dem Abschlussprüfer gemäß den vereinbarten Auftragsbedingungen für die Abschlussprüfung alle relevanten Informationen zur Verfügung zu stellen, kann aussagen, dass das Management nach seiner Auffassung dem Abschlussprüfer mit Ausnahme der durch Feuer vernichteten diese Informationen zur Verfügung gestellt hat. Die Anforderung in Textziffer 20 ist nicht anzuwenden, da der Abschlussprüfer zu dem Schluss gekommen ist, dass das Management verlässliche schriftliche Erklärungen abgegeben hat. Der Abschlussprüfer muss jedoch in Übereinstimmung mit ISA 705 die Auswirkungen des Umfangs der durch Feuer vernichteten Informationen auf den Abschluss sowie die Auswirkung dessen auf das Prüfungsurteil im Vermerk des Abschlussprüfers abwägen.

Appendix 1
(Ref: Para. 2)

List of ISAs Containing Requirements for Written Representations

This appendix identifies paragraphs in other ISAs in effect for audits of financial statements for periods beginning on or after December 15, 2009 that require subject-matter specific written representations. The list is not a substitute for considering the requirements and related application and other explanatory material in ISAs.

- ISA 240, "The Auditor's Responsibilities Relating to Fraud in an Audit of Financial Statements" – paragraph 39
- ISA 250, "Consideration of Laws and Regulations in an Audit of Financial Statements" – paragraph 16
- ISA 450, "Evaluation of Misstatements Identified during the Audit" – paragraph 14
- ISA 501, "Audit Evidence—Specific Considerations for Selected Items" – paragraph 12
- ISA 540, "Auditing Accounting Estimates, Including Fair Value Accounting Estimates, and Related Disclosures" – paragraph 22
- ISA 550, "Related Parties" – paragraph 26
- ISA 560, "Subsequent Events" – paragraph 9
- ISA 570, "Going Concern" – paragraph 16(e)
- ISA 710, "Comparative Information—Corresponding Figures and Comparative Financial Statements" – paragraph 9

Anlage 1
(Vgl. Tz. 2)

Liste von ISA, die Anforderungen zu schriftlichen Erklärungen enthalten

In dieser Anlage sind Textziffern in anderen ISA aufgeführt, die für Prüfungen von Abschlüssen für Zeiträume gelten, die am oder nach dem 15.12.2009 beginnen, und besondere sachverhaltsbezogene schriftliche Erklärungen verlangen. Die Liste ist kein Ersatz für die Berücksichtigung der Anforderungen und der damit zusammenhängenden Anwendungshinweise sowie sonstigen Erläuterungen in ISA.

- ISA 240 „Die Verantwortung des Abschlussprüfers bei dolosen Handlungen" – Textziffer 39
- ISA 250 „Berücksichtigung der Auswirkungen von Gesetzen und anderen Rechtsvorschriften auf den Abschluss bei einer Abschlussprüfung" – Textziffer 16
- ISA 450 „Die Beurteilung der während der Abschlussprüfung festgestellten falschen Darstellungen" – Textziffer 14
- ISA 501 „Prüfungsnachweise - Besondere Überlegungen zu ausgewählten Sachverhalten" – Textziffer 12
- ISA 540 „Die Prüfung geschätzter Werte in der Rechnungslegung, einschließlich geschätzter Zeitwerte, und der damit zusammenhängenden Abschlussangaben" – Textziffer 22
- ISA 550 „Nahe stehende Personen" – Textziffer 26
- ISA 560 „Ereignisse nach dem Abschlussstichtag" – Textziffer 9
- ISA 570 „Fortführung der Unternehmenstätigkeit" – Textziffer 16(e)
- ISA 710 „Vergleichsinformationen – Vergleichszahlen und Vergleichsabschlüsse" – Textziffer 9

Appendix 2
(Ref: Para. A21)

Illustrative Representation Letter

The following illustrative letter includes written representations that are required by this and other ISAs in effect for audits of financial statements for periods beginning on or after December 15, 2009. It is assumed in this illustration that the applicable financial reporting framework is International Financial Reporting Standards; the requirement of ISA 570[1] to obtain a written representation is not relevant; and that there are no exceptions to the requested written representations. If there were exceptions, the representations would need to be modified to reflect the exceptions.

(Entity Letterhead)

(To Auditor) (Date)

This representation letter is provided in connection with your audit of the financial statements of ABC Company for the year ended December 31, 20XX[2] for the purpose of expressing an opinion as to whether the financial statements are presented fairly, in all material respects, (or *give a true and fair view*) in accordance with International Financial Reporting Standards.

We confirm that (*, to the best of our knowledge and belief, having made such inquiries as we considered necessary for the purpose of appropriately informing ourselves*):

Financial Statements

- We have fulfilled our responsibilities, as set out in the terms of the audit engagement dated [insert date], for the preparation of the financial statements in accordance with International Financial Reporting Standards; in particular the financial statements are fairly presented (or *give a true and fair view*) in accordance therewith.
- Significant assumptions used by us in making accounting estimates, including those measured at fair value, are reasonable. (ISA 540)
- Related party relationships and transactions have been appropriately accounted for and disclosed in accordance with the requirements of International Financial Reporting Standards. (ISA 550)
- All events subsequent to the date of the financial statements and for which International Financial Reporting Standards require adjustment or disclosure have been adjusted or disclosed. (ISA 560)
- The effects of uncorrected misstatements are immaterial, both individually and in the aggregate, to the financial statements as a whole. A list of the uncorrected misstatements is attached to the representation letter. (ISA 450)
- [Any other matters that the auditor may consider appropriate (see paragraph A10 of this ISA).]

Information Provided

- We have provided you with:
    - Access to all information of which we are aware that is relevant to the preparation of the financial statements, such as records, documentation and other matters;
    - Additional information that you have requested from us for the purpose of the audit; and
    - Unrestricted access to persons within the entity from whom you determined it necessary to obtain audit evidence.
- All transactions have been recorded in the accounting records and are reflected in the financial statements.
- We have disclosed to you the results of our assessment of the risk that the financial statements may be materially misstated as a result of fraud. (ISA 240)
- We have disclosed to you all information in relation to fraud or suspected fraud that we are aware of and that affects the entity and involves:
    - Management;

---

1) ISA 570, "Going Concern."
2) Where the auditor reports on more than one period, the auditor adjusts the date so that the letter pertains to all periods covered by the auditor's report.

Schriftliche Erklärungen   ISA 580

Anlage 2
(Vgl. Tz. A21)
Beispiel einer Vollständigkeitserklärung

Das folgende beispielhafte Schreiben enthält die schriftlichen Erklärungen, die nach diesem und anderen ISA erforderlich sind und für Prüfungen von Abschlüssen für Zeiträume gelten, die am oder nach dem 15.12.2009 beginnen. In diesem Beispiel wird davon ausgegangen, dass das maßgebende Regelwerk der Rechnungslegung die International Financial Reporting Standards sind, dass die Anforderung, nach ISA 570[1)] eine schriftliche Erklärung einzuholen, nicht relevant ist und dass es keine Ausnahmen zu den angeforderten schriftlichen Erklärungen gibt. Wenn es Ausnahmen gäbe, müssten die Erklärungen modifiziert werden, um die Ausnahmen zu berücksichtigen.

(Briefkopf der Einheit)

(An den Abschlussprüfer)   (Datum)

Diese Vollständigkeitserklärung wird ausgestellt im Zusammenhang mit Ihrer Prüfung des Abschlusses der ABC Gesellschaft für das am 31.12.20XX endende Geschäftsjahr[2)], die das Ziel hat zu beurteilen, ob der Abschluss in Übereinstimmung mit den International Financial Reporting Standards in allen wesentlichen Belangen insgesamt sachgerecht dargestellt ist (oder *ein den tatsächlichen Verhältnissen entsprechendes Bild vermittelt*).

Wir bestätigen *(nach bestem Wissen und Gewissen sowie nach Durchführung von Befragungen, die wir für unsere angemessene Information für notwendig hielten,)* Folgendes:

Abschluss
- Wir sind unserer Verantwortung zur Aufstellung des Abschlusses gemäß den Auftragsbedingungen für die Abschlussprüfung mit Datum vom [Datum einfügen] nachgekommen. Insbesondere ist der Abschluss in Übereinstimmung mit den International Financial Reporting Standards insgesamt sachgerecht dargestellt (oder *vermittelt ein den tatsächlichen Verhältnissen entsprechendes Bild*).
- Die bedeutsamen Annahmen, die wir bei der Ermittlung geschätzter Werte in der Rechnungslegung, einschließlich geschätzter Zeitwerte, zugrundegelegt haben, sind plausibel. (ISA 540)
- Beziehungen zu und Geschäftsvorfälle mit nahestehenden Personen wurden in Übereinstimmung mit den Anforderungen der International Financial Reporting Standards angemessen im Abschluss berücksichtigt und angegeben. (ISA 550)
- Für alle Ereignisse nach dem Abschlussstichtag, bei denen nach den International Financial Reporting Standards Abschlussanpassungen oder -angaben erforderlich sind, wurden die entsprechenden Anpassungen vorgenommen bzw. die entsprechenden Angaben gemacht. (ISA 560)
- Die Auswirkungen von nicht korrigierten falschen Darstellungen sind sowohl einzeln als auch in der Summe für den Abschluss insgesamt unwesentlich. Eine Liste nicht korrigierter falscher Darstellungen liegt dieser Vollständigkeitserklärung bei. (ISA 450)
- [Sonstige Sachverhalte, die der Abschlussprüfer für angemessen erachtet (siehe Textziffer A10 dieses ISA).]

Zur Verfügung gestellte Informationen
- Wir haben Ihnen zur Verfügung gestellt:
    - Zugang zu allen Informationen (wie Aufzeichnungen, Dokumentationen und Sonstiges), die uns bekannt sind und die für die Aufstellung des Abschlusses relevant sind
    - zusätzliche Informationen, die Sie von uns für die Zwecke der Abschlussprüfung angefordert haben
    - unbeschränkten Zugang zu Personen innerhalb der Einheit, für die Sie festgestellt haben, dass es notwendig ist, von diesen Prüfungsnachweise zu erlangen.
- Alle Geschäftsvorfälle wurden in den Rechnungslegungsunterlagen aufgezeichnet und sind im Abschluss berücksichtigt.
- Wir haben Ihnen die Ergebnisse unserer Beurteilung des Risikos offengelegt, ob der Abschluss wesentliche falsche Darstellungen aufgrund doloser Handlungen enthalten könnte. (ISA 240)
- Wir haben Ihnen alle uns bekannten Informationen gegeben über die Einheit betreffende dolose Handlungen oder vermutete dolose Handlungen von:
    - Mitgliedern des Managements

---

1) ISA 570 „Fortführung der Unternehmenstätigkeit".
2) Wenn der Abschlussprüfer mehrere Zeiträume prüft, passt er das Datum an, so dass das Schreiben alle Zeiträume erfasst, auf die sich der Vermerk des Abschlussprüfers bezieht.

- ○ Employees who have significant roles in internal control; or
- ○ Others where the fraud could have a material effect on the financial statements. (ISA 240)

- We have disclosed to you all information in relation to allegations of fraud, or suspected fraud, affecting the entity's financial statements communicated by employees, former employees, analysts, regulators or others. (ISA 240)
- We have disclosed to you all known instances of non-compliance or suspected non-compliance with laws and regulations whose effects should be considered when preparing financial statements. (ISA 250)
- We have disclosed to you the identity of the entity's related parties and all the related party relationships and transactions of which we are aware. (ISA 550)
- [Any other matters that the auditor may consider necessary (see paragraph A11 of this ISA).]

Management	Management

- Mitarbeitern mit bedeutsamen Funktionen im Rahmen des IKS
- anderen Personen, deren dolose Handlungen wesentliche Auswirkungen auf den Abschluss haben könnten. (ISA 240)
- Wir haben Ihnen alle Informationen über Anschuldigungen oder Vermutungen von dolosen Handlungen mitgeteilt, die den Abschluss der Einheit betreffen und uns von Mitarbeitern, ehemaligen Mitarbeitern, Analysten, Aufsichtsbehörden oder anderen mitgeteilt worden sind. (ISA 240)
- Wir haben Ihnen alle uns bekannten tatsächlichen oder möglichen Verstöße gegen Gesetze und andere Rechtsvorschriften mitgeteilt, deren Auswirkungen bei der Aufstellung des Abschlusses zu berücksichtigen sind. (ISA 250)
- Wir haben Ihnen die Identität der der Einheit nahestehenden Personen und alle uns bekannten Beziehungen zu und Transaktionen mit nahestehenden Personen mitgeteilt. (ISA 550)
- [Sonstige Sachverhalte, die der Abschlussprüfer für notwendig erachtet (siehe Textziffer A11 dieses ISA).]

Management   Management

INTERNATIONAL STANDARD ON AUDITING 600

SPECIAL CONSIDERATIONS–AUDITS OF GROUP FINANCIAL STATEMENTS (INCLUDING THE WORK OF COMPONENT AUDITORS)

(Effective for audits of group financial statements for periods beginning on or after December 15, 2009)

CONTENTS

	Paragraph
Introduction	
Scope of this ISA	1–6
Effective Date	7
Objectives	8
Definitions	9–10
Requirements	
Responsibility	11
Acceptance and Continuance	12–14
Overall Audit Strategy and Audit Plan	15–16
Understanding the Group, Its Components and Their Environments	17–18
Understanding the Component Auditor	19–20
Materiality	21–23
Responding to Assessed Risks	24–31
Consolidation Process	32–37
Subsequent Events	38–39
Communication with the Component Auditor	40–41
Evaluating the Sufficiency and Appropriateness of Audit Evidence Obtained	42–45
Communication with Group Management and Those Charged with Governance of the Group	46–49
Documentation	50
Application and Other Explanatory Material	
Components Subject to Audit by Statute, Regulation or Other Reason	A1
Definitions	A2–A7
Responsibility	A8–A9
Acceptance and Continuance	A10–A21
Overall Audit Strategy and Audit Plan	A22
Understanding the Group, Its Components and Their Environments	A23–A31
Understanding the Component Auditor	A32–A41
Materiality	A42–A46
Responding to Assessed Risks	A47–A55
Consolidation Process	A56
Communication with the Component Auditor	A57–A60
Evaluating the Sufficiency and Appropriateness of Audit Evidence Obtained	A61–A63
Communication with Group Management and Those Charged with Governance of the Group	A64–A66

Appendix 1: Example of a Qualified Opinion Where the Group Engagement Team Is Not Able to Obtain Sufficient Appropriate Audit Evidence on Which to Base the Group Audit Opinion

Appendix 2: Examples of Matters about Which the Group Engagement Team Obtains an Understanding

Appendix 3: Examples of Conditions or Events that May Indicate Risks of Material Misstatement of the Group Financial Statements

Appendix 4: Examples of a Component Auditor's Confirmations

Appendix 5: Required and Additional Matters Included in the Group Engagement Team's Letter of Instruction

INTERNATIONAL STANDARD ON AUDITING 600

BESONDERE ÜBERLEGUNGEN ZU KONZERNABSCHLUSSPRÜFUNGEN (EINSCHLIESSLICH DER TÄTIGKEIT VON TEILBEREICHSPRÜFERN)

(gilt für die Prüfung von Konzernabschlüssen für Zeiträume, die am oder nach dem 15.12.2009 beginnen)

INHALTSVERZEICHNIS

	Textziffer
Einleitung	
Anwendungsbereich	1-6
Anwendungszeitpunkt	7
Ziele	8
Definitionen	9-10
Anforderungen	
Verantwortlichkeit	11
Auftragsannahme und -fortführung	12-14
Prüfungsstrategie und Prüfungsprogramm	15-16
Verstehen des Konzerns, seiner Teilbereiche und des jeweiligen Umfelds	17-18
Verstehen der Teilbereichsprüfer	19-20
Wesentlichkeit	21-23
Reaktion auf beurteilte Risiken	24-31
Konsolidierungsprozess	32-37
Ereignisse nach dem Abschlussstichtag	38-39
Kommunikation mit dem Teilbereichsprüfer	40-41
Beurteilung von erlangten Prüfungsnachweisen auf ausreichenden Umfang und Eignung	42-45
Kommunikation mit dem Konzernmanagement und den für die Konzernüberwachung Verantwortlichen	46-49
Dokumentation	50
Anwendungshinweise und sonstige Erläuterungen	
Teilbereiche, die aufgrund von Gesetzen oder anderen Rechtsvorschriften oder aus anderen Gründen einer Prüfung unterliegen	A1
Definitionen	A2-A7
Verantwortlichkeit	A8-A9
Auftragsannahme und -fortführung	A10-A21
Prüfungsstrategie und Prüfungsprogramm	A22
Verstehen des Konzerns, seiner Teilbereiche und des jeweiligen Umfelds	A23-A31
Verstehen der Teilbereichsprüfer	A32-A41
Wesentlichkeit	A42-A46
Reaktion auf beurteilte Risiken	A47-A55
Konsolidierungsprozess	A56
Kommunikation mit dem Teilbereichsprüfer	A57-A60
Beurteilung von erlangten Prüfungsnachweisen auf ausreichenden Umfang und Eignung	A61-A63
Kommunikation mit dem Konzernmanagement und den für die Konzernüberwachung Verantwortlichen	A64-A66
Anlage 1: Beispiel für ein eingeschränktes Prüfungsurteil, bei dem das Konzernprüfungsteam keine ausreichenden geeigneten Prüfungsnachweise als Grundlage für das Konzernprüfungsurteil erlangen kann	
Anlage 2: Beispiele für Sachverhalte, von denen das Konzernprüfungsteam ein Verständnis gewinnt	
Anlage 3: Beispiele für Gegebenheiten oder Ereignisse, die auf Risiken wesentlicher falscher Darstellungen im Konzernabschluss hindeuten können	
Anlage 4: Beispiele für Bestätigungen eines Teilbereichsprüfers	
Anlage 5: Erforderliche und zusätzliche Sachverhalte im Anweisungsschreiben des Konzernprüfungsteams	

ISA 600 — Special Considerations–Audits of Group Financial Statements (Including the Work of Component Auditors)

> International Standard on Auditing (ISA) 600, "Special Considerations—Audits of Group Financial Statements (Including the Work of Component Auditors)" should be read in conjunction with ISA 200, "Overall Objectives of the Independent Auditor and the Conduct of an Audit in Accordance with International Standards on Auditing."

Besondere Überlegungen zu Konzernabschlussprüfungen
(einschließlich der Tätigkeit von Teilbereichsprüfern)　　ISA 600

> International Standard on Auditing (ISA) 600 „Besondere Überlegungen zu Konzernabschlussprüfungen (einschließlich der Tätigkeit von Teilbereichsprüfern)" ist im Zusammenhang mit ISA 200 „Übergreifende Zielsetzungen des unabhängigen Prüfers und Grundsätze einer Prüfung in Übereinstimmung mit den International Standards on Auditing" zu lesen.

Introduction

Scope of this ISA

1. The International Standards on Auditing (ISAs) apply to group audits. This ISA deals with special considerations that apply to group audits, in particular those that involve component auditors.

2. An auditor may find this ISA, adapted as necessary in the circumstances, useful when that auditor involves other auditors in the audit of financial statements that are not group financial statements. For example, an auditor may involve another auditor to observe the inventory count or inspect physical fixed assets at a remote location.

3. A component auditor may be required by statute, regulation or for another reason, to express an audit opinion on the financial statements of a component. The group engagement team may decide to use the audit evidence on which the audit opinion on the financial statements of the component is based to provide audit evidence for the group audit, but the requirements of this ISA nevertheless apply. (Ref: Para. A1)

4. In accordance with ISA 220,[1] the group engagement partner is required to be satisfied that those performing the group audit engagement, including component auditors, collectively have the appropriate competence and capabilities. The group engagement partner is also responsible for the direction, supervision and performance of the group audit engagement.

5. The group engagement partner applies the requirements of ISA 220 regardless of whether the group engagement team or a component auditor performs the work on the financial information of a component. This ISA assists the group engagement partner to meet the requirements of ISA 220 where component auditors perform work on the financial information of components.

6. Audit risk is a function of the risk of material misstatement of the financial statements and the risk that the auditor will not detect such misstatements.[2] In a group audit, this includes the risk that the component auditor may not detect a misstatement in the financial information of the component that could cause a

---

[1] ISA 220, "Quality Control for an Audit of Financial Statements," paragraphs 14 and 15.
[2] ISA 200, "Overall Objectives of the Independent Auditor and the Conduct of an Audit in Accordance with International Standards on Auditing," paragraph A32.

Besondere Überlegungen zu Konzernabschlussprüfungen
(einschließlich der Tätigkeit von Teilbereichsprüfern)   ISA 600

Einleitung

Anwendungsbereich

1. Die International Standards on Auditing (ISA) gelten für Konzernabschlussprüfungen*). Gegenstand dieses ISA sind besondere Überlegungen zu Konzernabschlussprüfungen, insbesondere zu denjenigen, an denen Teilbereichsprüfer beteiligt sind.

2. Ein Abschlussprüfer kann diesen ISA, erforderlichenfalls unter Anpassung an die gegebenen Umstände, als hilfreich erachten, wenn der Abschlussprüfer andere Abschlussprüfer in die Prüfung eines Abschlusses einbezieht, bei dem es sich nicht um einen Konzernabschluss handelt. Beispielsweise kann ein Abschlussprüfer einen anderen Abschlussprüfer einbeziehen, um an einem entfernten Standort die Inventurdurchführung zu beobachten oder Gegenstände des Sachanlagevermögens in Augenschein zu nehmen.

3. Ein Teilbereichsprüfer muss ggf. aufgrund von Gesetzen oder anderen Rechtsvorschriften oder aus anderen Gründen ein Prüfungsurteil über den Abschluss eines Teilbereichs abgeben. Das Konzernabschlussprüfungsteam kann beschließen, die Prüfungsnachweise, auf denen das Prüfungsurteil über den Teilbereichsabschluss basiert, als Prüfungsnachweise für die Konzernabschlussprüfung zu verwerten. Gleichwohl gelten die Anforderungen dieses ISA. (Vgl. Tz. A1)

4. In Übereinstimmung mit ISA 220[1] muss der für den Konzernprüfungsauftrag Verantwortliche davon überzeugt sein, dass die mit der Durchführung des Auftrags zur Konzernabschlussprüfung betrauten Personen, einschließlich Teilbereichsprüfern, gemeinsam über angemessene Kompetenzen und Fähigkeiten verfügen. Außerdem ist der für den Konzernprüfungsauftrag Verantwortliche für die Anleitung, Überwachung und Durchführung des Auftrags zur Konzernabschlussprüfung verantwortlich.

5. Der für den Konzernprüfungsauftrag Verantwortliche wendet die Anforderungen von ISA 220 unabhängig davon an, ob das Konzernprüfungsteam oder ein Teilbereichsprüfer Untersuchungen zu den Finanzinformationen eines Teilbereichs durchführt. Dieser ISA unterstützt den für den Konzernprüfungsauftrag Verantwortlichen dabei, die Anforderungen von ISA 220 zu erfüllen, wenn Teilbereichsprüfer solche Untersuchungen durchführen.

6. Das Prüfungsrisiko ist eine Funktion des Risikos wesentlicher falscher Darstellungen im Abschluss und des Risikos, dass der Abschlussprüfer derartige falsche Darstellungen nicht aufdeckt.[2] Bei einer Konzernabschlussprüfung umfasst dies das Risiko, dass der Teilbereichsprüfer möglicherweise eine

---

1) ISA 220 „Qualitätssicherung bei einer Abschlussprüfung", Textziffern 14 und 15.
2) ISA 200 „Übergreifende Zielsetzungen des unabhängigen Prüfers und Grundsätze einer Prüfung in Übereinstimmung mit den International Standards on Auditing", Textziffer A32.
*) Für das Verständnis dieses ISA und der ISA insgesamt ist es wichtig zu verstehen, dass der „Konzernabschluss" nach diesem ISA nicht mit dem im HGB festgelegten Konzernabschluss übereinstimmt und dass damit dieser ISA inhaltlich für mehr Situationen als nur für die Prüfung von Konzernabschlüssen nach HGB gilt. Dieser ISA bezieht sich auf sämtliche Situationen, in denen sich ein Prüfungsteam bei der Prüfung eines Abschlusses auf die Arbeiten eines anderen Prüfungsteams (ob außerhalb oder innerhalb einer Prüfungsgesellschaft bzw. eines Netzwerks) zu in dem Abschluss zusammengeführten Finanzinformationen von Teilbereichen stützt.
Ein „Konzernabschluss" nach diesem ISA besteht daher aus einer Zusammenführung von Finanzinformationen der einbezogenen Teilbereiche. Für die Festlegung der Pflichten und der Zusammenarbeit des Abschlussprüfers eines solchen „Konzerns" („Konzernabschlussprüfer") und der Prüfer der Finanzinformationen der Teilbereiche („Teilbereichsprüfer") ist es unbeachtlich,
- auf Grundlage welcher Regeln diese Zusammenführung geschieht. Der Konzernabschluss nach diesem ISA kann mit dem in Deutschland gesetzlich umschriebenen Konzernabschluss identisch sein, kann aber auch einen anderen Begriffsinhalt haben, indem er neben bzw. statt einem konsolidierten Abschluss auch quotenkonsolidierte Abschlüsse, Abschlüsse bei Einbeziehung von Beteiligungen auf Equity- oder Anschaffungskostenbasis oder kombinierte Abschlüsse umfasst;
- wie die Teilbereiche definiert sind. Die im Konzernabschluss nach diesem ISA zusammengeführten Teilbereiche können - wie bei dem in Deutschland gesetzlich umschriebenen Konzernabschluss - aus rechtlich selbständigen Einheiten (Tochterunternehmen) und/oder aus rechtlich unselbständigen Teilbereichen bestehen, die nach Sparten, geografischer Lage o.a. Kriterien definiert sein können. So würde z.B. dieser ISA auch zum Tragen kommen im Falle einer Abschlussprüfung des Einzelabschlusses einer Handelsgesellschaft mit einer Hauptniederlassung und einer Zweigniederlassung mit gesonderten Buchungskreisen innerhalb Deutschlands (ob an unterschiedlichen Orten oder aufgrund von Spartentrennung innerhalb desselben Ortes), die von zwei gesonderten Prüfungsteams einer Prüfungsgesellschaft geprüft werden;
- ob diese in einem Gleich- oder einem Unterordnungsverhältnis stehen. Es ist für den Konzernabschluss nach diesem ISA nicht erforderlich, dass - wie bei dem in Deutschland gesetzlich umschriebenen Mutterunternehmen - Teilbereiche unter der einheitlichen Leitung des Mutterunternehmens stehen, das an den einbezogenen Teilbereichen (derzeit noch) beteiligt sein muss.
Ein Konzernabschluss nach diesem ISA kann seinerseits wiederum Teilbereich eines umfassenderen Konzernabschlusses nach diesem ISA sein.

material misstatement of the group financial statements, and the risk that the group engagement team may not detect this misstatement. This ISA explains the matters that the group engagement team considers when determining the nature, timing and extent of its involvement in the risk assessment procedures and further audit procedures performed by the component auditors on the financial information of the components. The purpose of this involvement is to obtain sufficient appropriate audit evidence on which to base the audit opinion on the group financial statements.

Effective Date

7. This ISA is effective for audits of group financial statements for periods beginning on or after December 15, 2009.

Objectives

8. The objectives of the auditor are:
   (a) To determine whether to act as the auditor of the group financial statements; and
   (b) If acting as the auditor of the group financial statements:
      (i) To communicate clearly with component auditors about the scope and timing of their work on financial information related to components and their findings; and
      (ii) To obtain sufficient appropriate audit evidence regarding the financial information of the components and the consolidation process to express an opinion on whether the group financial statements are prepared, in all material respects, in accordance with the applicable financial reporting framework.

Definitions

9. For purposes of the ISAs, the following terms have the meanings attributed below:
   (a) Component – An entity or business activity for which group or component management prepares financial information that should be included in the group financial statements. (Ref: Para. A2–A4)

   (b) Component auditor – An auditor who, at the request of the group engagement team, performs work on financial information related to a component for the group audit. (Ref: Para. A7)

   (c) Component management – Management responsible for the preparation of the financial information of a component.

   (d) Component materiality – The materiality for a component determined by the group engagement team.

   (e) Group – All the components whose financial information is included in the group financial statements. A group always has more than one component.

   (f) Group audit – The audit of group financial statements.

   (g) Group audit opinion – The audit opinion on the group financial statements.

   (h) Group engagement partner – The partner or other person in the firm who is responsible for the group audit engagement and its performance, and for the auditor's report on the group financial statements that is issued on behalf of the firm. Where joint auditors conduct the group audit, the joint engagement partners and their engagement teams collectively constitute the group engagement partner and the group engagement team. This ISA does not, however, deal with the relationship between joint auditors or the work that one joint auditor performs in relation to the work of the other joint auditor.

   (i) Group engagement team – Partners, including the group engagement partner, and staff who establish the overall group audit strategy, communicate with component auditors, perform work on the consolidation process, and evaluate the conclusions drawn from the audit evidence as the basis for forming an opinion on the group financial statements.

Besondere Überlegungen zu Konzernabschlussprüfungen (einschließlich der Tätigkeit von Teilbereichsprüfern) — ISA 600

falsche Darstellung in den Finanzinformationen des Teilbereichs, die zu einer wesentlichen falschen Darstellung im Konzernabschluss führen könnte, nicht aufdeckt, sowie das Risiko, dass das Konzernprüfungsteam diese falsche Darstellung möglicherweise nicht aufdeckt. Dieser ISA erläutert die Sachverhalte, die das Konzernprüfungsteam berücksichtigt, wenn es Art, zeitliche Einteilung und Umfang seiner Befassung mit den Prüfungshandlungen zur Risikobeurteilung sowie mit weiteren, von den Teilbereichsprüfern zu den Finanzinformationen der Teilbereiche durchgeführten Prüfungshandlungen festlegt. Es ist Zweck dieser Befassung, ausreichende geeignete Prüfungsnachweise als Grundlage für das Prüfungsurteil über den Konzernabschluss zu erlangen.

Anwendungszeitpunkt

7. Dieser ISA gilt für die Prüfung von Konzernabschlüssen für Zeiträume, die am oder nach dem 15.12.2009 beginnen.

Ziele

8. Die Ziele des Abschlussprüfers sind,
    (a) darüber zu entscheiden, ob er als Abschlussprüfer des Konzernabschlusses tätig wird und
    (b) falls in der Funktion des Konzernabschlussprüfers:
        (i) sich mit Teilbereichsprüfern eindeutig über Umfang und zeitliche Einteilung ihrer Untersuchungen der Finanzinformationen zu Teilbereichen sowie über ihre Feststellungen auszutauschen und
        (ii) ausreichende geeignete Prüfungsnachweise über die Finanzinformationen der Teilbereiche sowie über den Konsolidierungsprozess zu erlangen, um ein Prüfungsurteil darüber abzugeben, ob der Konzernabschluss in allen wesentlichen Belangen in Übereinstimmung mit dem maßgebenden Regelwerk der Rechnungslegung aufgestellt wurde.

Definitionen

9. Für die Zwecke der ISA gelten die nachfolgenden Begriffsbestimmungen:
    (a) Teilbereich – Eine Einheit oder Geschäftstätigkeit, für die das Konzern- oder Teilbereichsmanagement Finanzinformationen erstellt, die in den Konzernabschluss einzubeziehen sind. (Vgl. Tz. A2-A4)
    (b) Teilbereichsprüfer – Ein Prüfer, der nach Aufforderung des Konzernprüfungsteams Untersuchungen der Finanzinformationen zu einem Teilbereich für die Konzernabschlussprüfung durchführt. (Vgl. Tz. A7)
    (c) Teilbereichsmanagement – Das für die Erstellung der Finanzinformationen eines Teilbereichs verantwortliche Management.
    (d) Teilbereichswesentlichkeit – Die vom Konzernprüfungsteam festgelegte Wesentlichkeit für einen Teilbereich.
    (e) Konzern – Alle Teilbereiche, deren Finanzinformationen in den Konzernabschluss einbezogen werden. Ein Konzern besteht immer aus mehr als einem Teilbereich. (Vgl. Tz. A4)
    (f) Konzernabschlussprüfung – Die Prüfung des Konzernabschlusses.
    (g) Konzernprüfungsurteil – Das Prüfungsurteil über den Konzernabschluss.
    (h) Der für den Konzernprüfungsauftrag Verantwortliche – Der Partner oder sonstige Mitarbeiter der Praxis[*], der für den Auftrag zur Konzernabschlussprüfung und dessen Durchführung sowie für den im Namen der Praxis erteilten Vermerk des Abschlussprüfers zum Konzernabschluss verantwortlich ist. Wenn Gemeinschaftsprüfer die Konzernabschlussprüfung durchführen, stellen die gemeinschaftlich für den Auftrag Verantwortlichen und deren Prüfungsteams gemeinsam den für den Konzernprüfungsauftrag Verantwortlichen und das Konzernprüfungsteam dar. Nicht Gegenstand dieses ISA ist jedoch das Verhältnis zwischen Gemeinschaftsprüfern oder die Tätigkeit, die ein Gemeinschaftsprüfer im Verhältnis zu der Tätigkeit des anderen Gemeinschaftsprüfers vornimmt.
    (i) Konzernprüfungsteam – Partner, einschließlich des für den Konzernprüfungsauftrag Verantwortlichen, und fachliche Mitarbeiter, welche die Konzernprüfungsstrategie festlegen, mit Teilbereichsprüfern kommunizieren, Untersuchungen zum Konsolidierungsprozess durchführen und die aus den Prüfungsnachweisen gezogenen Schlussfolgerungen als Grundlage für die Bildung eines Prüfungsurteils über den Konzernabschluss beurteilen.

---

[*] In der Schweiz: Unternehmen.

(j) Group financial statements – Financial statements that include the financial information of more than one component. The term "group financial statements" also refers to combined financial statements aggregating the financial information prepared by components that have no parent but are under common control.

(k) Group management – Management responsible for the preparation of the group financial statements.

(l) Group-wide controls – Controls designed, implemented and maintained by group management over group financial reporting.

(m) Significant component – A component identified by the group engagement team (i) that is of individual financial significance to the group, or (ii) that, due to its specific nature or circumstances, is likely to include significant risks of material misstatement of the group financial statements. (Ref: Para. A5–A6)

10. Reference to "the applicable financial reporting framework" means the financial reporting framework that applies to the group financial statements. Reference to "the consolidation process" includes:

(a) The recognition, measurement, presentation, and disclosure of the financial information of the components in the group financial statements by way of consolidation, proportionate consolidation, or the equity or cost methods of accounting; and

(b) The aggregation in combined financial statements of the financial information of components that have no parent but are under common control.

Requirements

Responsibility

11. The group engagement partner is responsible for the direction, supervision and performance of the group audit engagement in compliance with professional standards and applicable legal and regulatory requirements, and whether the auditor's report that is issued is appropriate in the circumstances.[3] As a result, the auditor's report on the group financial statements shall not refer to a component auditor, unless required by law or regulation to include such reference. If such reference is required by law or regulation, the auditor's report shall indicate that the reference does not diminish the group engagement partner's or the group engagement partner's firm's responsibility for the group audit opinion. (Ref: Para. A8–A9)

Acceptance and Continuance

12. In applying ISA 220, the group engagement partner shall determine whether sufficient appropriate audit evidence can reasonably be expected to be obtained in relation to the consolidation process and the financial information of the components on which to base the group audit opinion. For this purpose, the group engagement team shall obtain an understanding of the group, its components, and their environments that is sufficient to identify components that are likely to be significant components. Where component auditors will perform work on the financial information of such components, the group engagement partner shall evaluate whether the group engagement team will be able to be involved in the work of those component auditors to the extent necessary to obtain sufficient appropriate audit evidence. (Ref: Para. A10–A12)

13. If the group engagement partner concludes that:

(a) it will not be possible for the group engagement team to obtain sufficient appropriate audit evidence due to restrictions imposed by group management; and

(b) the possible effect of this inability will result in a disclaimer of opinion on the group financial statements,[4]

the group engagement partner shall either:

---

[3] ISA 220, paragraph 15.
[4] ISA 705, "Modifications to the Opinion in the Independent Auditor's Report."

Besondere Überlegungen zu Konzernabschlussprüfungen
(einschließlich der Tätigkeit von Teilbereichsprüfern) ISA 600

(j) Konzernabschluss – Abschluss, der die Finanzinformationen mehr als eines Teilbereichs enthält. Der Begriff „Konzernabschluss" bezieht sich auch auf einen kombinierten Abschluss, in dem die Finanzinformationen aggregiert sind, die von Teilbereichen erstellt wurden, die keine Muttergesellschaft haben, jedoch unter gemeinsamer Kontrolle stehen.

(k) Konzernmanagement – Das für die Aufstellung des Konzernabschlusses verantwortliche Management.

(l) Konzernweite Kontrollen – Vom Konzernmanagement geplante, eingerichtete und aufrechterhaltene Kontrollen über die Rechnungslegung des Konzerns.

(m) Bedeutsamer Teilbereich – Ein vom Konzernprüfungsteam festgestellter Teilbereich, der (i) für sich genommen von wirtschaftlicher Bedeutung für den Konzern ist oder (ii) aufgrund seiner spezifischen Merkmale oder Umstände wahrscheinlich bedeutsame Risiken wesentlicher falscher Darstellungen im Konzernabschluss beinhaltet. (Vgl. Tz. A5-A6)

10. Die Bezugnahme auf das „maßgebende Regelwerk der Rechnungslegung" bedeutet das für den Konzernabschluss geltende Regelwerk der Rechnungslegung. Die Bezugnahme auf den „Konsolidierungsprozess" umfasst:

(a) Ansatz[*], Bewertung, Ausweis und Angabe der Finanzinformationen der Teilbereiche im Konzernabschluss im Rahmen der Vollkonsolidierung, der Quotenkonsolidierung, der Equity-Methode oder der Anschaffungskostenmethode und

(b) die Aggregation der Finanzinformationen von Teilbereichen, die keine Muttergesellschaft haben, jedoch unter gemeinsamer Kontrolle stehen, in einem kombinierten Abschluss.

Anforderungen

Verantwortlichkeit

11. Der für den Konzernprüfungsauftrag Verantwortliche ist zuständig für die Anleitung, Überwachung und Durchführung des Auftrags zur Konzernabschlussprüfung in Übereinstimmung mit beruflichen Standards und maßgebenden gesetzlichen und anderen rechtlichen Anforderungen sowie für die Beurteilung, ob der erteilte Vermerk des Abschlussprüfers unter den gegebenen Umständen angemessen ist.[3] Folglich darf der Vermerk des Abschlussprüfers zum Konzernabschluss nicht auf einen Teilbereichsprüfer Bezug nehmen, es sei denn, diese Bezugnahme wird durch Gesetze oder andere Rechtsvorschriften verlangt. Wenn eine solche Bezugnahme verlangt wird, ist im Vermerk des Abschlussprüfers darauf hinzuweisen, dass durch die Bezugnahme die Verantwortung des für den Konzernprüfungsauftrag Verantwortlichen oder der Praxis, für die dieser tätig ist, für das Konzernprüfungsurteil nicht verringert wird. (Vgl. Tz. A8-A9)

Auftragsannahme und -fortführung

12. Im Rahmen der Anwendung von ISA 220 muss der für den Konzernprüfungsauftrag Verantwortliche entscheiden, ob vernünftigerweise erwartet werden kann, dass ausreichende geeignete Prüfungsnachweise zum Konsolidierungsprozess und zu den Finanzinformationen der Teilbereiche als Grundlage für das Konzernprüfungsurteil gewonnen werden können. Zu diesem Zweck muss das Konzernprüfungsteam ein Verständnis vom Konzern, von seinen Teilbereichen und dem jeweiligen Umfeld gewinnen, das ausreicht, um Teilbereiche festzustellen, bei denen es sich wahrscheinlich um bedeutsame Teilbereiche handelt. Wenn Teilbereichsprüfer Untersuchungen zu den Finanzinformationen solcher Teilbereiche durchführen, muss der für den Konzernprüfungsauftrag Verantwortliche beurteilen, ob das Konzernprüfungsteam in dem Umfang in die Tätigkeit dieser Teilbereichsprüfer einbezogen werden kann, der zum Erlangen ausreichender geeigneter Prüfungsnachweise erforderlich ist. (Vgl. Tz. A10-A12)

13. Wenn der für den Konzernprüfungsauftrag Verantwortliche zu der Schlussfolgerung gelangt, dass

(a) es dem Konzernprüfungsteam aufgrund von durch das Konzernmanagement auferlegten Beschränkungen nicht möglich sein wird, ausreichende geeignete Prüfungsnachweise zu erlangen, und

(b) dies möglicherweise dazu führen wird, dass die Abgabe eines Prüfungsurteils zum Konzernabschluss verweigert wird,[4]

muss er entweder

---

[3] ISA 220, Textziffer 15.
[4] ISA 705 „Modifizierungen des Prüfungsurteils im Vermerk des unabhängigen Abschlussprüfers".
[*] In der Schweiz: Erfassung.

(a) in the case of a new engagement, not accept the engagement, or, in the case of a continuing engagement, withdraw from the engagement, where withdrawal is possible under applicable law or regulation; or

(b) where law or regulation prohibits an auditor from declining an engagement or where withdrawal from an engagement is not otherwise possible, having performed the audit of the group financial statements to the extent possible, disclaim an opinion on the group financial statements. (Ref: Para. A13–A19)

Terms of Engagement

14. The group engagement partner shall agree on the terms of the group audit engagement in accordance with ISA 210.[5] (Ref: Para. A20–A21)

Overall Audit Strategy and Audit Plan

15. The group engagement team shall establish an overall group audit strategy and shall develop a group audit plan in accordance with ISA 300.[6]

16. The group engagement partner shall review the overall group audit strategy and group audit plan. (Ref: Para. A22)

Understanding the Group, Its Components, and Their Environments

17. The auditor is required to identify and assess the risks of material misstatement through obtaining an understanding of the entity and its environment.[7] The group engagement team shall:

(a) Enhance its understanding of the group, its components, and their environments, including group-wide controls, obtained during the acceptance or continuance stage; and

(b) Obtain an understanding of the consolidation process, including the instructions issued by group management to components. (Ref: Para. A23–A29)

18. The group engagement team shall obtain an understanding that is sufficient to:

(a) Confirm or revise its initial identification of components that are likely to be significant; and

(b) Assess the risks of material misstatement of the group financial statements, whether due to fraud or error.[8] (Ref: Para. A30–A31)

Understanding the Component Auditor

19. If the group engagement team plans to request a component auditor to perform work on the financial information of a component, the group engagement team shall obtain an understanding of the following: (Ref: Para. A32–A35)

(a) Whether the component auditor understands and will comply with the ethical requirements that are relevant to the group audit and, in particular, is independent. (Ref: Para. A37)

(b) The component auditor's professional competence. (Ref: Para. A38)

(c) Whether the group engagement team will be able to be involved in the work of the component auditor to the extent necessary to obtain sufficient appropriate audit evidence.

(d) Whether the component auditor operates in a regulatory environment that actively oversees auditors. (Ref: Para. A36)

20. If a component auditor does not meet the independence requirements that are relevant to the group audit, or the group engagement team has serious concerns about the other matters listed in paragraph 19(a)–(c), the group engagement team shall obtain sufficient appropriate audit evidence relating to the financial information of the component without requesting that component auditor to perform work on the financial information of that component. (Ref: Para. A39–A41)

---

[5] ISA 210, "Agreeing the Terms of Audit Engagements."
[6] ISA 300, "Planning an Audit of Financial Statements," paragraphs 7-12.
[7] ISA 315, "Identifying and Assessing the Risks of Material Misstatement through Understanding the Entity and Its Environment."
[8] ISA 315.

Besondere Überlegungen zu Konzernabschlussprüfungen (einschließlich der Tätigkeit von Teilbereichsprüfern)

ISA 600

(a) bei einem neuen Auftrag diesen ablehnen oder bei einem Folgeauftrag das Mandat niederlegen, sofern eine Niederlegung nach den einschlägigen Gesetzen oder anderen Rechtsvorschriften möglich ist oder

(b) für den Fall, dass Gesetze oder andere Rechtsvorschriften die Ablehnung des Mandates durch den Abschlussprüfer verbieten oder die Niederlegung anderweitig nicht möglich ist, die Abgabe eines Prüfungsurteils zum Konzernabschluss verweigern, nachdem die Prüfung des Konzernabschlusses so weit wie möglich durchgeführt wurde. (Vgl. Tz. A13-A19)

Auftragsbedingungen

14. Der für den Konzernprüfungsauftrag Verantwortliche muss in Übereinstimmung mit ISA 210 bei den Bedingungen des Auftrags zur Konzernabschlussprüfung Einvernehmen erreichen.[5] (Vgl. Tz. A20-A21)

Prüfungsstrategie und Prüfungsprogramm

15. Das Konzernprüfungsteam muss in Übereinstimmung mit ISA 300 eine Konzernprüfungsstrategie festlegen und ein Konzernprüfungsprogramm entwickeln.[6]

16. Der für den Konzernprüfungsauftrag Verantwortliche muss die Konzernprüfungsstrategie und das Konzernprüfungsprogramm einer Durchsicht unterziehen. (Vgl. Tz. A22)

Verstehen des Konzerns, seiner Teilbereiche und des jeweiligen Umfelds

17. Der Abschlussprüfer muss die Risiken wesentlicher falscher Darstellungen feststellen und beurteilen, indem er sich ein Verständnis von der Einheit und von ihrem Umfeld verschafft.[7] Das Konzernprüfungsteam muss

(a) sein während der Auftragsannahme oder -fortführung gewonnenes Verständnis von dem Konzern, seinen Teilbereichen und von dem jeweiligen Umfeld, einschließlich der konzernweiten Kontrollen, vertiefen und

(b) ein Verständnis vom Konsolidierungsprozess gewinnen, das die Anweisungen des Konzernmanagements an die Teilbereiche einschließt. (Vgl. Tz. A23-A29)

18. Das Konzernprüfungsteam muss ein Verständnis gewinnen, das ausreicht, um

(a) die anfängliche Feststellung von Teilbereichen, die wahrscheinlich bedeutsam sind, zu bestätigen oder zu revidieren und

(b) die Risiken wesentlicher - beabsichtigter oder unbeabsichtigter - falscher Darstellungen im Konzernabschluss zu beurteilen.[8] (Vgl. Tz. A30-A31)

Verstehen der Teilbereichsprüfer

19. Falls das Konzernprüfungsteam plant, einen Teilbereichsprüfer zur Durchführung von Untersuchungen zu den Finanzinformationen eines Teilbereichs aufzufordern, muss es sich ein Bild von Folgendem machen: (Vgl. Tz. A32-A35)

(a) ob der Teilbereichsprüfer die für die Konzernabschlussprüfung relevanten beruflichen Verhaltensanforderungen versteht und einhalten wird und insbesondere unabhängig ist; (Vgl. Tz. A37)

(b) der beruflichen Kompetenz des Teilbereichsprüfers; (Vgl. Tz. A38)

(c) ob das Konzernprüfungsteam in dem Umfang in die Tätigkeit des Teilbereichsprüfers einbezogen werden kann, der zum Erlangen ausreichender geeigneter Prüfungsnachweise erforderlich ist;

(d) ob der Teilbereichsprüfer in einem regulatorischen Umfeld tätig ist, in dem Abschlussprüfer aktiv beaufsichtigt werden. (Vgl. Tz. A36)

20. Falls ein Teilbereichsprüfer nicht die für die Konzernabschlussprüfung relevanten Unabhängigkeitsanforderungen erfüllt oder wenn das Konzernprüfungsteam schwerwiegende Bedenken zu den anderen, in Textziffer 19(a)-(c) genannten Sachverhalten hat, muss sich das Konzernprüfungsteam ausreichende geeignete Prüfungsnachweise zu den Finanzinformationen des Teilbereichs beschaffen, ohne den betreffenden Teilbereichsprüfer zur Durchführung von Untersuchungen der Finanzinformationen dieses Teilbereichs aufzufordern. (Vgl. Tz. A39-A41)

---

5) ISA 210 „Vereinbarung der Auftragsbedingungen für Prüfungsaufträge".
6) ISA 300 „Planung einer Abschlussprüfung", Textziffern 7-12.
7) ISA 315 „Identifizierung und Beurteilung der Risiken wesentlicher falscher Darstellungen aus dem Verstehen der Einheit und ihres Umfelds".
8) ISA 315.

Materiality

21. The group engagement team shall determine the following: (Ref: Para. A42)

    (a) Materiality for the group financial statements as a whole when establishing the overall group audit strategy.

    (b) If, in the specific circumstances of the group, there are particular classes of transactions, account balances or disclosures in the group financial statements for which misstatements of lesser amounts than materiality for the group financial statements as a whole could reasonably be expected to influence the economic decisions of users taken on the basis of the group financial statements, the materiality level or levels to be applied to those particular classes of transactions, account balances or disclosures.

    (c) Component materiality for those components where component auditors will perform an audit or a review for purposes of the group audit. To reduce to an appropriately low level the probability that the aggregate of uncorrected and undetected misstatements in the group financial statements exceeds materiality for the group financial statements as a whole, component materiality shall be lower than materiality for the group financial statements as a whole. (Ref: Para. A43–A44)

    (d) The threshold above which misstatements cannot be regarded as clearly trivial to the group financial statements. (Ref: Para. A45)

22. Where component auditors will perform an audit for purposes of the group audit, the group engagement team shall evaluate the appropriateness of performance materiality determined at the component level. (Ref: Para. A46)

23. If a component is subject to audit by statute, regulation or other reason, and the group engagement team decides to use that audit to provide audit evidence for the group audit, the group engagement team shall determine whether:

    (a) materiality for the component financial statements as a whole; and

    (b) performance materiality at the component level

    meet the requirements of this ISA.

Responding to Assessed Risks

24. The auditor is required to design and implement appropriate responses to address the assessed risks of material misstatement of the financial statements.[9] The group engagement team shall determine the type of work to be performed by the group engagement team, or the component auditors on its behalf, on the financial information of the components (see paragraphs 26–29). The group engagement team shall also determine the nature, timing and extent of its involvement in the work of the component auditors (see paragraphs 30–31).

25. If the nature, timing and extent of the work to be performed on the consolidation process or the financial information of the components are based on an expectation that group-wide controls are operating effectively, or if substantive procedures alone cannot provide sufficient appropriate audit evidence at the assertion level, the group engagement team shall test, or request a component auditor to test, the operating effectiveness of those controls.

Determining the Type of Work to Be Performed on the Financial Information of Components (Ref: Para. A47)

Significant Components

26. For a component that is significant due to its individual financial significance to the group, the group engagement team, or a component auditor on its behalf, shall perform an audit of the financial information of the component using component materiality.

27. For a component that is significant because it is likely to include significant risks of material misstatement of the group financial statements due to its specific nature or circumstances, the group engagement team, or a component auditor on its behalf, shall perform one or more of the following:

---

9) ISA 330, "The Auditor's Responses to Assessed Risks."

Besondere Überlegungen zu Konzernabschlussprüfungen (einschließlich der Tätigkeit von Teilbereichsprüfern)

ISA 600

Wesentlichkeit

21. Das Konzernprüfungsteam muss Folgendes festlegen: (Vgl. Tz. A42)
    (a) die Wesentlichkeit für den Konzernabschluss als Ganzes bei der Festlegung der Konzernprüfungsstrategie;
    (b) die Wesentlichkeitsgrenze oder -grenzen, die auf die bestimmten Arten von Geschäftsvorfällen, Kontensalden oder Abschlussangaben*) anzuwenden sind, falls es unter den für die Einheit typischen Umständen eine oder mehrere bestimmte Arten von Geschäftsvorfällen, Kontensalden oder Abschlussangaben gibt, von denen vernünftigerweise erwartet werden kann, dass falsche Darstellungen von Beträgen unterhalb der Wesentlichkeit für den Abschluss als Ganzes die auf der Grundlage des Abschlusses getroffenen wirtschaftlichen Entscheidungen von Nutzern beeinflussen;
    (c) die Teilbereichswesentlichkeiten bei solchen Teilbereichen, für die Teilbereichsprüfer für die Konzernabschlussprüfung eine Prüfung oder prüferische Durchsicht durchführen. Um die Wahrscheinlichkeit dafür auf ein angemessen niedriges Maß zu reduzieren, dass die Summe der nicht korrigierten und nicht aufgedeckten falschen Darstellungen im Konzernabschluss die Wesentlichkeit für den Konzernabschluss als Ganzes überschreitet, muss die Teilbereichswesentlichkeit niedriger sein als die Wesentlichkeit für den Konzernabschluss als Ganzes; (Vgl. Tz. A43-A44)
    (d) die Schwelle, oberhalb derer falsche Darstellungen nicht als zweifelsfrei unbeachtlich für den Konzernabschluss angesehen werden können. (Vgl. Tz. A45)

22. Wenn Teilbereichsprüfer eine Prüfung zum Zwecke der Konzernabschlussprüfung durchführen werden, muss das Konzernprüfungsteam die Angemessenheit der Toleranzwesentlichkeit**) beurteilen. (Vgl. Tz. A46)

23. Falls ein Teilbereich aufgrund von Gesetzen, anderen Rechtsvorschriften oder aus anderen Gründen einer Prüfung unterliegt und das Konzernprüfungsteam beschließt, anhand dieser Prüfung Prüfungsnachweise für die Konzernabschlussprüfung zu gewinnen, muss das Konzernprüfungsteam feststellen, ob
    (a) die Wesentlichkeit für den Teilbereichsabschluss als Ganzes und
    (b) die Toleranzwesentlichkeit auf Teilbereichsebene
    die Anforderungen dieses ISA erfüllen.

Reaktion auf beurteilte Risiken

24. Der Abschlussprüfer muss ein angemessenes Vorgehen planen und umsetzen, um auf die beurteilten Risiken wesentlicher falscher Darstellungen im Abschluss zu reagieren.[9] Das Konzernprüfungsteam muss die Art der Tätigkeit festlegen, die vom Konzernprüfungsteam oder zu dessen Gunsten von den Teilbereichsprüfern zu den Finanzinformationen der Teilbereiche durchzuführen ist (siehe Textziffern 26-29). Darüber hinaus muss das Konzernprüfungsteam Art, zeitliche Einteilung und Umfang seiner Einbindung in die Tätigkeit der Teilbereichsprüfer festlegen (siehe Textziffern 30-31).

25. Wenn Art, zeitliche Einteilung und Umfang der zum Konsolidierungsprozess oder zu den Finanzinformationen der Teilbereiche durchzuführenden Tätigkeiten auf der Erwartung basieren, dass konzernweite Kontrollen wirksam funktionieren, oder falls aussagebezogene Prüfungshandlungen***) allein keine ausreichenden geeigneten Prüfungsnachweise auf Aussageebene liefern können, muss das Konzernprüfungsteam die Wirksamkeit dieser Kontrollen prüfen oder einen Teilbereichsprüfer auffordern, diese Prüfung durchzuführen.

Festlegung der Art der Untersuchungen, die zu den Finanzinformationen von Teilbereichen durchzuführen sind (Vgl. Tz. A47)

Bedeutsame Teilbereiche

26. Für einen Teilbereich, der aufgrund seines wirtschaftlichen Gewichts bedeutsam für den Konzern ist, muss das Konzernprüfungsteam oder zu dessen Gunsten ein Teilbereichsprüfer eine Prüfung der Finanzinformationen des Teilbereichs unter Berücksichtigung der Teilbereichswesentlichkeit durchführen.

27. Für einen Teilbereich, der bedeutsam ist, weil er aufgrund seiner besonderen Merkmale oder der gegebenen Umstände wahrscheinlich bedeutsame Risiken wesentlicher falscher Darstellungen im Konzernabschluss beinhaltet, muss das Konzernprüfungsteam oder zu dessen Gunsten ein Teilbereichsprüfer eine oder mehrere der folgenden Maßnahmen durchführen:

---

[9] ISA 330 „Die Reaktionen des Abschlussprüfers auf beurteilte Risiken".
*) Abschlussposten und andere Angaben im Abschluss.
**) Vgl. ISA 320, Textziffer 9.
***) In Österreich: materielle Prüfungshandlungen.

(a) An audit of the financial information of the component using component materiality.

(b) An audit of one or more account balances, classes of transactions or disclosures relating to the likely significant risks of material misstatement of the group financial statements. (Ref: Para. A48)

(c) Specified audit procedures relating to the likely significant risks of material misstatement of the group financial statements. (Ref: Para. A49)

Components that Are Not Significant Components

28. For components that are not significant components, the group engagement team shall perform analytical procedures at group level. (Ref: Para. A50)

29. If the group engagement team does not consider that sufficient appropriate audit evidence on which to base the group audit opinion will be obtained from:

(a) the work performed on the financial information of significant components;

(b) the work performed on group-wide controls and the consolidation process; and

(c) the analytical procedures performed at group level,

the group engagement team shall select components that are not significant components and shall perform, or request a component auditor to perform, one or more of the following on the financial information of the individual components selected: (Ref: Para. A51–A53)

- An audit of the financial information of the component using component materiality.
- An audit of one or more account balances, classes of transactions or disclosures.
- A review of the financial information of the component using component materiality.
- Specified procedures.

The group engagement team shall vary the selection of components over a period of time.

Involvement in the Work Performed by Component Auditors (Ref: Para. A54–A55)

Significant Components – Risk Assessment

30. If a component auditor performs an audit of the financial information of a significant component, the group engagement team shall be involved in the component auditor's risk assessment to identify significant risks of material misstatement of the group financial statements. The nature, timing and extent of this involvement are affected by the group engagement team's understanding of the component auditor, but at a minimum shall include:

(a) Discussing with the component auditor or component management those of the component's business activities that are significant to the group;

(b) Discussing with the component auditor the susceptibility of the component to material misstatement of the financial information due to fraud or error; and

(c) Reviewing the component auditor's documentation of identified significant risks of material misstatement of the group financial statements. Such documentation may take the form of a memorandum that reflects the component auditor's conclusion with regard to the identified significant risks.

Identified Significant Risks of Material Misstatement of the Group Financial Statements – Further Audit Procedures

31. If significant risks of material misstatement of the group financial statements have been identified in a component on which a component auditor performs the work, the group engagement team shall evaluate the appropriateness of the further audit procedures to be performed to respond to the identified significant risks of material misstatement of the group financial statements. Based on its understanding of the component auditor, the group engagement team shall determine whether it is necessary to be involved in the further audit procedures.

Besondere Überlegungen zu Konzernabschlussprüfungen (einschließlich der Tätigkeit von Teilbereichsprüfern) — ISA 600

(a) Prüfung der Finanzinformationen des Teilbereichs unter Berücksichtigung der Teilbereichswesentlichkeit;

(b) Prüfung von Kontensalden, Arten von Geschäftsvorfällen oder Abschlussangaben, die im Zusammenhang mit den wahrscheinlich bedeutsamen Risiken wesentlicher falscher Darstellungen im Konzernabschluss stehen; (Vgl. Tz. A48)

(c) festgelegte Prüfungshandlungen, die im Zusammenhang mit den wahrscheinlich bedeutsamen Risiken wesentlicher falscher Darstellungen im Konzernabschluss stehen. (Vgl. Tz. A49)

Teilbereiche, die nicht als bedeutsame Teilbereiche festgelegt sind

28. Für nicht bedeutsame Teilbereiche muss das Konzernprüfungsteam analytische Prüfungshandlungen auf Konzernebene durchführen. (Vgl. Tz. A50)

29. Wenn das Konzernprüfungsteam der Ansicht ist, dass keine ausreichenden geeigneten Prüfungsnachweise als Grundlage für das Konzernprüfungsurteil aus

(a) den Tätigkeiten im Zusammenhang mit Finanzinformationen bedeutsamer Teilbereiche,

(b) den Tätigkeiten im Zusammenhang mit konzernweiten Kontrollen und zum Konsolidierungsprozess und

(c) den analytischen Prüfungshandlungen auf Konzernebene

gewonnen werden, muss es Teilbereiche auswählen, die keine bedeutsamen Teilbereiche sind, und eine oder mehrere der folgenden Maßnahmen zu den Finanzinformationen der einzelnen ausgewählten Teilbereiche durchführen oder einen Teilbereichsprüfer zur Durchführung dieser Maßnahmen auffordern: (Vgl. Tz. A51-A53)

- Prüfung der Finanzinformationen des Teilbereichs unter Anwendung der Teilbereichswesentlichkeit;
- Prüfung von Kontensalden, Arten von Geschäftsvorfällen oder Abschlussangaben;
- prüferische Durchsicht der Finanzinformationen des Teilbereichs unter Anwendung der Teilbereichswesentlichkeit;
- festgelegte Untersuchungshandlungen.

Das Konzernprüfungsteam muss die Auswahl der Teilbereiche im Zeitablauf verändern.

Einbezug in die Tätigkeit von Teilbereichsprüfern (Vgl. Tz. A54-A55)

Bedeutsame Teilbereiche – Risikobeurteilung

30. Falls ein Teilbereichsprüfer eine Prüfung der Finanzinformationen eines bedeutsamen Teilbereichs durchführt, muss das Konzernprüfungsteam in die Risikobeurteilung des Teilbereichsprüfers einbezogen sein, um bedeutsame Risiken wesentlicher falscher Darstellungen im Konzernabschluss festzustellen. Art, zeitliche Einteilung und Umfang dieser Einbindung werden durch das Verständnis des Konzernprüfungsteams von dem Teilbereichsprüfer beeinflusst, jedoch muss die Einbindung mindestens Folgendes umfassen:

(a) Erörterung der für den Konzern bedeutsamen Geschäftstätigkeiten des Teilbereichs mit dem Teilbereichsprüfer oder dem Teilbereichsmanagement;

(b) Erörterung der Anfälligkeit des Teilbereichs für wesentliche - beabsichtigte oder unbeabsichtigte - falsche Darstellungen in den Finanzinformationen mit dem Teilbereichsprüfer;

(c) Durchsicht der Dokumentation des Teilbereichsprüfers über festgestellte bedeutsame Risiken wesentlicher falscher Darstellungen im Konzernabschluss. Diese Dokumentation kann in Form eines Memorandums vorliegen, das die Schlussfolgerung des Teilbereichsprüfers zu den festgestellten bedeutsamen Risiken widerspiegelt.

Festgestellte bedeutsame Risiken wesentlicher falscher Darstellungen im Konzernabschluss – Weitere Prüfungshandlungen

31. Falls bedeutsame Risiken wesentlicher falscher Darstellungen im Konzernabschluss in einem Teilbereich festgestellt wurden, bei dem ein Teilbereichsprüfer die Tätigkeit durchführt, muss das Konzernprüfungsteam die Angemessenheit der weiteren Prüfungshandlungen beurteilen, die als Reaktion auf die festgestellten bedeutsamen Risiken wesentlicher falscher Darstellungen im Konzernabschluss durchzuführen sind. Auf der Grundlage seines Verständnisses von dem Teilbereichsprüfer muss das Konzernprüfungsteam festlegen, ob es notwendig ist, in die weiteren Prüfungshandlungen eingebunden zu werden.

Consolidation Process

32. In accordance with paragraph 17, the group engagement team obtains an understanding of group-wide controls and the consolidation process, including the instructions issued by group management to components. In accordance with paragraph 25, the group engagement team, or component auditor at the request of the group engagement team, tests the operating effectiveness of group-wide controls if the nature, timing and extent of the work to be performed on the consolidation process are based on an expectation that group-wide controls are operating effectively, or if substantive procedures alone cannot provide sufficient appropriate audit evidence at the assertion level.

33. The group engagement team shall design and perform further audit procedures on the consolidation process to respond to the assessed risks of material misstatement of the group financial statements arising from the consolidation process. This shall include evaluating whether all components have been included in the group financial statements.

34. The group engagement team shall evaluate the appropriateness, completeness and accuracy of consolidation adjustments and reclassifications, and shall evaluate whether any fraud risk factors or indicators of possible management bias exist. (Ref: Para. A56)

35. If the financial information of a component has not been prepared in accordance with the same accounting policies applied to the group financial statements, the group engagement team shall evaluate whether the financial information of that component has been appropriately adjusted for purposes of preparing and presenting the group financial statements.

36. The group engagement team shall determine whether the financial information identified in the component auditor's communication (see paragraph 41(c)) is the financial information that is incorporated in the group financial statements.

37. If the group financial statements include the financial statements of a component with a financial reporting period-end that differs from that of the group, the group engagement team shall evaluate whether appropriate adjustments have been made to those financial statements in accordance with the applicable financial reporting framework.

Subsequent Events

38. Where the group engagement team or component auditors perform audits on the financial information of components, the group engagement team or the component auditors shall perform procedures designed to identify events at those components that occur between the dates of the financial information of the components and the date of the auditor's report on the group financial statements, and that may require adjustment to or disclosure in the group financial statements.

39. Where component auditors perform work other than audits of the financial information of components, the group engagement team shall request the component auditors to notify the group engagement team if they become aware of subsequent events that may require an adjustment to or disclosure in the group financial statements.

Communication with the Component Auditor

40. The group engagement team shall communicate its requirements to the component auditor on a timely basis. This communication shall set out the work to be performed, the use to be made of that work, and the form and content of the component auditor's communication with the group engagement team. It shall also include the following: (Ref: Para. A57, A58, A60)

    (a) A request that the component auditor, knowing the context in which the group engagement team will use the work of the component auditor, confirms that the component auditor will cooperate with the group engagement team. (Ref: Para. A59)
    (b) The ethical requirements that are relevant to the group audit and, in particular, the independence requirements.
    (c) In the case of an audit or review of the financial information of the component, component materiality (and, if applicable, the materiality level or levels for particular classes of transactions, account balances or disclosures) and the threshold above which misstatements cannot be regarded as clearly trivial to the group financial statements.

Konsolidierungsprozess

32. In Übereinstimmung mit Textziffer 17 gewinnt das Konzernprüfungsteam ein Verständnis von konzernweiten Kontrollen und vom Konsolidierungsprozess, das die Anweisungen des Konzernmanagements an die Teilbereiche einschließt. In Übereinstimmung mit Textziffer 25 prüft das Konzernprüfungsteam oder der Teilbereichsprüfer auf Aufforderung des Konzernprüfungsteams die Wirksamkeit von konzernweiten Kontrollen, wenn Art, zeitliche Einteilung und Umfang der zum Konsolidierungsprozess durchzuführenden Tätigkeiten auf der Erwartung basieren, dass konzernweite Kontrollen wirksam funktionieren, oder falls aussagebezogene Prüfungshandlungen allein keine ausreichenden geeigneten Prüfungsnachweise auf Aussageebene liefern können.

33. Das Konzernprüfungsteam muss weitere Prüfungshandlungen zum Konsolidierungsprozess planen und durchführen, um auf die aus dem Konsolidierungsprozess resultierenden beurteilten Risiken wesentlicher falscher Darstellungen im Konzernabschluss zu reagieren. Dies muss eine Beurteilung darüber einschließen, ob alle Teilbereiche in den Konzernabschluss einbezogen wurden.

34. Das Konzernprüfungsteam muss die Angemessenheit, Vollständigkeit und Richtigkeit von Konsolidierungsbuchungen und Umgliederungen beurteilen und muss einschätzen, ob Risikofaktoren für dolose Handlungen oder Anzeichen für eine mögliche Einseitigkeit des Managements vorliegen. (Vgl. Tz. A56)

35. Wenn die Finanzinformationen eines Teilbereichs nicht in Übereinstimmung mit denselben Rechnungslegungsmethoden erstellt wurden, die auf den Konzernabschluss angewandt wurden, muss das Konzernprüfungsteam beurteilen, ob die Finanzinformationen dieses Teilbereichs zum Zwecke der Auf- und Darstellung des Konzernabschlusses zutreffend angepasst wurden.

36. Das Konzernprüfungsteam muss feststellen, ob es sich bei den in der Berichterstattung des Teilbereichsprüfers (siehe Textziffer 41(c)) enthaltenen Finanzinformationen um die in den Konzernabschluss einbezogenen Finanzinformationen handelt.

37. Wenn der Konzernabschluss den Abschluss eines Teilbereichs enthält, dessen Rechnungslegungszeitraum nicht gleichzeitig mit dem Rechnungslegungszeitraum des Konzerns endet, muss das Konzernprüfungsteam beurteilen, ob dieser Abschluss in Übereinstimmung mit dem maßgebenden Regelwerk der Rechnungslegung zutreffend angepasst wurde.

Ereignisse nach dem Abschlussstichtag

38. Wenn das Konzernprüfungsteam oder Teilbereichsprüfer Finanzinformationen von Teilbereichen prüfen, müssen das Konzernprüfungsteam oder die Teilbereichsprüfer Prüfungshandlungen durchführen, die darauf angelegt sind, in den betreffenden Teilbereichen Ereignisse festzustellen, die zwischen dem jeweiligen Datum der Finanzinformationen der Teilbereiche und dem Datum des Vermerks des Abschlussprüfers zum Konzernabschluss eintreten und die ggf. eine Korrektur oder eine zusätzliche Angabe im Konzernabschluss erfordern.

39. Wenn Teilbereichsprüfer andere Tätigkeiten als Prüfungen der Finanzinformationen von Teilbereichen durchführen, muss das Konzernprüfungsteam die Teilbereichsprüfer auffordern, es zu benachrichtigen, wenn ihnen Ereignisse nach dem Abschlussstichtag bekannt werden, die ggf. eine Korrektur oder zusätzliche Angabe im Konzernabschluss erfordern.

Kommunikation mit dem Teilbereichsprüfer

40. Das Konzernprüfungsteam muss dem Teilbereichsprüfer seine Anforderungen in angemessener Zeit mitteilen. In dieser Mitteilung müssen die durchzuführenden Tätigkeiten, die Verwertung dieser Tätigkeiten sowie Form und Inhalt der Kommunikation des Teilbereichsprüfers mit dem Konzernprüfungsteam festgelegt werden. Außerdem muss die Mitteilung Folgendes enthalten: (Vgl. Tz. A57, A58, A60)

    (a) die Aufforderung, dass der Teilbereichsprüfer in Kenntnis des Zusammenhangs, in dem das Konzernprüfungsteam die Arbeit des Teilbereichsprüfers verwerten wird, bestätigt, dass er mit dem Konzernprüfungsteam zusammenarbeiten wird; (Vgl. Tz. A59)

    (b) die für die Konzernabschlussprüfung relevanten beruflichen Verhaltensanforderungen, insbesondere die Unabhängigkeitsanforderungen;

    (c) im Falle einer Prüfung oder prüferischen Durchsicht der Finanzinformationen des Teilbereichs die Teilbereichswesentlichkeit (und sofern angebracht die Wesentlichkeitsgrenze oder die Wesentlichkeitsgrenzen für bestimmte Arten von Geschäftsvorfällen, Kontensalden oder Abschlussangaben) sowie die Schwelle, oberhalb derer falsche Darstellungen nicht als zweifelsfrei unbeachtlich für den Konzernabschluss angesehen werden können;

(d) Identified significant risks of material misstatement of the group financial statements, due to fraud or error, that are relevant to the work of the component auditor. The group engagement team shall request the component auditor to communicate on a timely basis any other identified significant risks of material misstatement of the group financial statements, due to fraud or error, in the component, and the component auditor's responses to such risks.

(e) A list of related parties prepared by group management, and any other related parties of which the group engagement team is aware. The group engagement team shall request the component auditor to communicate on a timely basis related parties not previously identified by group management or the group engagement team. The group engagement team shall determine whether to identify such additional related parties to other component auditors.

41. The group engagement team shall request the component auditor to communicate matters relevant to the group engagement team's conclusion with regard to the group audit. Such communication shall include: (Ref: Para. A60)

   (a) Whether the component auditor has complied with ethical requirements that are relevant to the group audit, including independence and professional competence;

   (b) Whether the component auditor has complied with the group engagement team's requirements;

   (c) Identification of the financial information of the component on which the component auditor is reporting;

   (d) Information on instances of non-compliance with laws or regulations that could give rise to a material misstatement of the group financial statements;

   (e) A list of uncorrected misstatements of the financial information of the component (the list need not include misstatements that are below the threshold for clearly trivial misstatements communicated by the group engagement team (see paragraph 40(c));

   (f) Indicators of possible management bias;

   (g) Description of any identified significant deficiencies in internal control at the component level;

   (h) Other significant matters that the component auditor communicated or expects to communicate to those charged with governance of the component, including fraud or suspected fraud involving component management, employees who have significant roles in internal control at the component level or others where the fraud resulted in a material misstatement of the financial information of the component;

   (i) Any other matters that may be relevant to the group audit, or that the component auditor wishes to draw to the attention of the group engagement team, including exceptions noted in the written representations that the component auditor requested from component management; and

   (j) The component auditor's overall findings, conclusions or opinion.

Evaluating the Sufficiency and Appropriateness of Audit Evidence Obtained

Evaluating the Component Auditor's Communication and Adequacy of their Work

42. The group engagement team shall evaluate the component auditor's communication (see paragraph 41). The group engagement team shall:

    (a) Discuss significant matters arising from that evaluation with the component auditor, component management or group management, as appropriate; and

    (b) Determine whether it is necessary to review other relevant parts of the component auditor's audit documentation. (Ref: Para. A61)

43. If the group engagement team concludes that the work of the component auditor is insufficient, the group engagement team shall determine what additional procedures are to be performed, and whether they are to be performed by the component auditor or by the group engagement team.

**Besondere Überlegungen zu Konzernabschlussprüfungen
(einschließlich der Tätigkeit von Teilbereichsprüfern)** ISA 600

(d) festgestellte bedeutsame Risiken wesentlicher - beabsichtigter oder unbeabsichtigter - falscher Darstellungen im Konzernabschluss, die für die Tätigkeit des Teilbereichsprüfers relevant sind. Das Konzernprüfungsteam muss den Teilbereichsprüfer auffordern, ihm zeitgerecht andere in dem Teilbereich festgestellte bedeutsame Risiken wesentlicher - beabsichtigter oder unbeabsichtigter - falscher Darstellungen im Konzernabschluss sowie die Reaktionen des Teilbereichsprüfers auf diese Risiken mitzuteilen;

(e) eine vom Konzernmanagement erstellte Liste von nahe stehenden Personen und alle anderen nahe stehenden Personen, die dem Konzernprüfungsteam bekannt sind. Das Konzernprüfungsteam muss den Teilbereichsprüfer auffordern, ihm zeitgerecht nahe stehende Personen mitzuteilen, die zuvor noch nicht vom Konzernmanagement oder vom Konzernprüfungsteam festgestellt wurden. Das Konzernprüfungsteam muss entscheiden, ob diese zusätzlichen nahe stehenden Personen anderen Teilbereichsprüfern bekannt gegeben werden müssen.

41. Das Konzernprüfungsteam muss den Teilbereichsprüfer auffordern, ihm Sachverhalte mitzuteilen, die für die Schlussfolgerung des Konzernprüfungsteams im Hinblick auf die Konzernabschlussprüfung relevant sind. Diese Berichterstattung muss Folgendes umfassen: (Vgl. Tz. A60)

(a) Feststellung, ob der Teilbereichsprüfer die für die Konzernabschlussprüfung relevanten beruflichen Verhaltensanforderungen, einschließlich Unabhängigkeit und beruflicher Kompetenz, eingehalten hat;

(b) Feststellung, ob der Teilbereichsprüfer die Anforderungen des Konzernprüfungsteams eingehalten hat;

(c) Identifizierung der Finanzinformationen des Teilbereichs, über den der Teilbereichsprüfer Bericht erstattet;

(d) Informationen zu Fällen von Verstößen gegen Gesetze oder andere Rechtsvorschriften, die eine wesentliche falsche Darstellung im Konzernabschluss zur Folge haben könnten;

(e) eine Liste der nicht korrigierten falschen Darstellungen zu den Finanzinformationen des Teilbereichs (die Liste muss keine falschen Darstellungen enthalten, die unterhalb der vom Konzernprüfungsteam mitgeteilten Schwelle für zweifelsfrei unbeachtliche falsche Darstellungen liegen (siehe Textziffer 40(c));

(f) Anzeichen für eine mögliche Einseitigkeit des Managements;

(g) Beschreibung von festgestellten bedeutsamen Mängeln im internen Kontrollsystem (IKS) auf Teilbereichsebene;

(h) andere bedeutsame Sachverhalte, die der Teilbereichsprüfer den für die Überwachung des Teilbereichs Verantwortlichen mitgeteilt hat oder noch mitteilen will, einschließlich doloser Handlungen oder vermuteter doloser Handlungen, an denen das Teilbereichsmanagement, Mitarbeiter mit bedeutsamen Funktionen im Rahmen des IKS auf Teilbereichsebene oder andere beteiligt sind und die eine wesentliche falsche Darstellung in den Finanzinformationen des Teilbereichs nach sich gezogen haben;

(i) alle anderen Sachverhalte, die für die Konzernabschlussprüfung relevant sein können oder auf die der Teilbereichsprüfer das Konzernprüfungsteam aufmerksam machen möchte. Dies schließt Besonderheiten ein, die in den schriftlichen Erklärungen genannt werden, die der Teilbereichsprüfer vom Teilbereichsmanagement angefordert hat;

(j) zusammenfassende Feststellungen des Teilbereichsprüfers, seine Schlussfolgerungen oder das Prüfungsurteil.

Beurteilung von erlangten Prüfungsnachweisen auf ausreichenden Umfang und Eignung

Beurteilung der Berichterstattung der Teilbereichsprüfer und der Angemessenheit ihrer Tätigkeit

42. Das Konzernprüfungsteam muss die Berichterstattung der Teilbereichsprüfer beurteilen (siehe Textziffer 41). Es muss

(a) bedeutsame Sachverhalte, die sich aus dieser Beurteilung ergeben, je nach den Umständen mit dem Teilbereichsprüfer, dem Teilbereichsmanagement oder dem Konzernmanagement erörtern, und

(b) feststellen, ob eine Durchsicht anderer relevanter Teile der Prüfungsdokumentation des Teilbereichsprüfers erforderlich ist. (Vgl. Tz. A61)

43. Wenn das Konzernprüfungsteam zu der Schlussfolgerung gelangt, dass die Tätigkeit des Teilbereichsprüfers unzureichend ist, muss es festlegen, welche zusätzlichen Prüfungshandlungen durchzuführen sind und ob diese vom Teilbereichsprüfer oder vom Konzernprüfungsteam durchzuführen sind.

Sufficiency and Appropriateness of Audit Evidence

44. The auditor is required to obtain sufficient appropriate audit evidence to reduce audit risk to an acceptably low level and thereby enable the auditor to draw reasonable conclusions on which to base the auditor's opinion.[10] The group engagement team shall evaluate whether sufficient appropriate audit evidence has been obtained from the audit procedures performed on the consolidation process and the work performed by the group engagement team and the component auditors on the financial information of the components, on which to base the group audit opinion. (Ref: Para. A62)

45. The group engagement partner shall evaluate the effect on the group audit opinion of any uncorrected misstatements (either identified by the group engagement team or communicated by component auditors) and any instances where there has been an inability to obtain sufficient appropriate audit evidence. (Ref: Para. A63)

Communication with Group Management and Those Charged with Governance of the Group

Communication with Group Management

46. The group engagement team shall determine which identified deficiencies in internal control to communicate to those charged with governance and group management in accordance with ISA 265.[11] In making this determination, the group engagement team shall consider:

    (a) Deficiencies in group-wide internal control that the group engagement team has identified;

    (b) Deficiencies in internal control that the group engagement team has identified in internal controls at components; and

    (c) Deficiencies in internal control that component auditors have brought to the attention of the group engagement team.

47. If fraud has been identified by the group engagement team or brought to its attention by a component auditor (see paragraph 41(h)), or information indicates that a fraud may exist, the group engagement team shall communicate this on a timely basis to the appropriate level of group management in order to inform those with primary responsibility for the prevention and detection of fraud of matters relevant to their responsibilities. (Ref: Para. A64)

48. A component auditor may be required by statute, regulation or for another reason, to express an audit opinion on the financial statements of a component. In that case, the group engagement team shall request group management to inform component management of any matter of which the group engagement team becomes aware that may be significant to the financial statements of the component, but of which component management may be unaware. If group management refuses to communicate the matter to component management, the group engagement team shall discuss the matter with those charged with governance of the group. If the matter remains unresolved, the group engagement team, subject to legal and professional confidentiality considerations, shall consider whether to advise the component auditor not to issue the auditor's report on the financial statements of the component until the matter is resolved. (Ref: Para. A65)

Communication with Those Charged with Governance of the Group

49. The group engagement team shall communicate the following matters with those charged with governance of the group, in addition to those required by ISA 260[12] and other ISAs: (Ref: Para. A66)

    (a) An overview of the type of work to be performed on the financial information of the components.

    (b) An overview of the nature of the group engagement team's planned involvement in the work to be performed by the component auditors on the financial information of significant components.

---

10) ISA 200, paragraph 17.

11) ISA 265, "Communicating Deficiencies in Internal Control to Those Charged with Governance and Management."

12) ISA 260, "Communication with Those Charged with Governance."

Besondere Überlegungen zu Konzernabschlussprüfungen (einschließlich der Tätigkeit von Teilbereichsprüfern) ISA 600

Ausreichender Umfang und Eignung von Prüfungsnachweisen

44. Um hinreichende Sicherheit zu erlangen, muss der Abschlussprüfer ausreichende geeignete Prüfungsnachweise einholen, um das Prüfungsrisiko auf ein vertretbar niedriges Maß zu reduzieren und es dem Abschlussprüfer dadurch zu ermöglichen, vertretbare Schlussfolgerungen als Grundlage für das Prüfungsurteil zu ziehen.[10] Das Konzernprüfungsteam muss beurteilen, ob aus den zum Konsolidierungsprozess durchgeführten Prüfungshandlungen sowie aus den Tätigkeiten des Konzernprüfungsteams und der Teilbereichsprüfer zu den Finanzinformationen der Teilbereiche ausreichende geeignete Prüfungsnachweise als Grundlage für das Konzernprüfungsurteil erlangt wurden. (Vgl. Tz. A62)

45. Der für den Konzernprüfungsauftrag Verantwortliche muss die Auswirkung von nicht korrigierten falschen Darstellungen (die entweder vom Konzernprüfungsteam festgestellt oder von Teilbereichsprüfern mitgeteilt wurden) sowie von Fällen, in denen keine ausreichenden geeigneten Prüfungsnachweise erlangt werden konnten, auf das Konzernprüfungsurteil beurteilen. (Vgl. Tz. A63)

Kommunikation mit dem Konzernmanagement und den für die Konzernüberwachung Verantwortlichen

Kommunikation mit dem Konzernmanagement

46. Das Konzernprüfungsteam muss festlegen, welche erkannten Mängel im IKS an die für die Überwachung Verantwortlichen und das Konzernmanagement in Übereinstimmung mit ISA 265 mitgeteilt werden.[11] Bei der Entscheidung über diese Festlegung muss das Konzernprüfungsteam Folgendes berücksichtigen:
   (a) Mängel in den konzernweiten internen Kontrollen, die das Konzernprüfungsteam festgestellt hat;
   (b) Mängel in den internen Kontrollen, die das Konzernprüfungsteam im IKS von Teilbereichen festgestellt hat und
   (c) Mängel in den internen Kontrollen, die Teilbereichsprüfer dem Konzernprüfungsteam mitgeteilt haben.

47. Wenn dolose Handlungen vom Konzernprüfungsteam festgestellt oder ihm von einem Teilbereichsprüfer mitgeteilt wurden (siehe Textziffer 41(h)) oder Informationen darauf hindeuten, dass möglicherweise eine dolose Handlung vorliegt, hat das Konzernprüfungsteam dies in angemessener Zeit auf der angemessenen Ebene des Konzernmanagements mitzuteilen, um die Personen, welche die Hauptverantwortung für die Verhinderung und Aufdeckung von dolosen Handlungen tragen, über Sachverhalte zu informieren, die für ihren Verantwortungsbereich relevant sind. (Vgl. Tz. A64)

48. Ein Teilbereichsprüfer muss ggf. aufgrund von Gesetzen oder anderen Rechtsvorschriften oder aus anderen Gründen ein Prüfungsurteil über den Abschluss eines Teilbereichs abgeben. In diesem Fall muss das Konzernprüfungsteam das Konzernmanagement auffordern, das Teilbereichsmanagement über jeden dem Konzernprüfungsteam bekannt werdenden Sachverhalt zu informieren, der für den Teilbereichsabschluss bedeutsam sein kann, jedoch dem Teilbereichsmanagement möglicherweise nicht bekannt ist. Wenn das Konzernmanagement es ablehnt, den Sachverhalt dem Teilbereichsmanagement mitzuteilen, muss das Konzernprüfungsteam den Sachverhalt mit den für die Konzernüberwachung Verantwortlichen erörtern. Wenn der Sachverhalt ungeklärt bleibt, muss das Konzernprüfungsteam unter Berücksichtigung von Überlegungen zur gesetzlichen und beruflichen Verschwiegenheit abwägen, ob es dem Teilbereichsprüfer mitteilen soll, den Vermerk des Abschlussprüfers zum Teilbereichsabschluss nicht herauszugeben, bis der Sachverhalt geklärt ist. (Vgl. Tz. A65)

Kommunikation mit den für die Konzernüberwachung Verantwortlichen

49. Das Konzernprüfungsteam muss die folgenden Sachverhalte zusätzlich zu den in ISA 260[12] und anderen ISA geforderten Sachverhalten den für die Konzernüberwachung Verantwortlichen kommunizieren: (Vgl. Tz. A66)
   (a) eine Übersicht über die Art der Tätigkeiten, die zu den Finanzinformationen der Teilbereiche durchzuführen sind;
   (b) eine Übersicht über die Art der geplanten Einbindung des Konzernprüfungsteams in die Tätigkeit, die von den Teilbereichsprüfern zu den Finanzinformationen von bedeutsamen Teilbereichen durchzuführen ist;

---

10) ISA 200, Textziffer 17.
11) ISA 265 „Mitteilung über Mängel im internen Kontrollsystem an die für die Überwachung Verantwortlichen und das Management".
12) ISA 260 „Kommunikation mit den für die Überwachung Verantwortlichen".

ISA 600 — Special Considerations–Audits of Group Financial Statements (Including the Work of Component Auditors)

(c) Instances where the group engagement team's evaluation of the work of a component auditor gave rise to a concern about the quality of that auditor's work.

(d) Any limitations on the group audit, for example, where the group engagement team's access to information may have been restricted.

(e) Fraud or suspected fraud involving group management, component management, employees who have significant roles in group-wide controls or others where the fraud resulted in a material misstatement of the group financial statements.

Documentation

50. The group engagement team shall include in the audit documentation the following matters:[13]

   (a) An analysis of components, indicating those that are significant, and the type of work performed on the financial information of the components.

   (b) The nature, timing and extent of the group engagement team's involvement in the work performed by the component auditors on significant components including, where applicable, the group engagement team's review of relevant parts of the component auditors' audit documentation and conclusions thereon.

   (c) Written communications between the group engagement team and the component auditors about the group engagement team's requirements.

***

Application and Other Explanatory Material

Components Subject to Audit by Statute, Regulation or Other Reason (Ref: Para. 3)

A1. Factors that may affect the group engagement team's decision whether to use an audit required by statute, regulation or for another reason to provide audit evidence for the group audit include the following:

- Differences in the financial reporting framework applied in preparing the financial statements of the component and that applied in preparing the group financial statements.
- Differences in the auditing and other standards applied by the component auditor and those applied in the audit of the group financial statements.
- Whether the audit of the financial statements of the component will be completed in time to meet the group reporting timetable.

Definitions

Component (Ref: Para. 9(a))

A2. The structure of a group affects how components are identified. For example, the group financial reporting system may be based on an organizational structure that provides for financial information to be prepared by a parent and one or more subsidiaries, joint ventures, or investees accounted for by the equity or cost methods of accounting; by a head office and one or more divisions or branches; or by a combination of both. Some groups, however, may organize their financial reporting system by function, process, product or service (or by groups of products or services), or geographic locations. In these cases, the entity or business activity for which group or component management prepares financial information that is included in the group financial statements may be a function, process, product or service (or group of products or services), or geographic location.

A3. Various levels of components may exist within the group financial reporting system, in which case it may be more appropriate to identify components at certain levels of aggregation rather than individually.

A4. Components aggregated at a certain level may constitute a component for purposes of the group audit; however, such a component may also prepare group financial statements that incorporate the financial

---

13) ISA 230, "Audit Documentation," paragraphs 8-11, and A6.

(c) Fälle, in denen sich aus der Beurteilung der Arbeitsergebnisse eines Teilbereichsprüfers durch das Konzernprüfungsteam Bedenken zur Qualität der Tätigkeit dieses Prüfers ergeben haben;

(d) jegliche Beschränkungen der Konzernabschlussprüfung, bspw. Fälle, in denen der Zugang des Konzernprüfungsteams zu Informationen möglicherweise beschränkt wurde;

(e) dolose Handlungen oder vermutete dolose Handlungen, an denen das Konzernmanagement, das Teilbereichsmanagement, Mitarbeiter mit bedeutsamen Funktionen im Rahmen konzernweiter Kontrollen oder andere beteiligt sind und die eine wesentliche falsche Darstellung im Konzernabschluss nach sich gezogen haben.

Dokumentation

50. Das Konzernprüfungsteam muss folgende Sachverhalte in die Prüfungsdokumentation aufnehmen:[13]

    (a) eine Analyse von Teilbereichen, in der die bedeutsamen Teilbereiche aufgezeigt werden, sowie die Art der zu den Finanzinformationen der Teilbereiche durchgeführten Tätigkeiten;

    (b) Art, zeitliche Einteilung und Umfang der Einbindung des Konzernprüfungsteams in die Tätigkeit der Teilbereichsprüfer zu bedeutsamen Teilbereichen, ggf. einschließlich der Durchsicht von relevanten Teilen der Prüfungsdokumentation der Teilbereichsprüfer durch das Konzernprüfungsteam sowie diesbezüglicher Schlussfolgerungen;

    (c) schriftliche Mitteilungen zwischen dem Konzernprüfungsteam und den Teilbereichsprüfern zu den Anforderungen des Konzernprüfungsteams.

***

Anwendungshinweise und sonstige Erläuterungen

Teilbereiche, die aufgrund von Gesetzen oder anderen Rechtsvorschriften oder aus anderen Gründen einer Prüfung unterliegen (Vgl. Tz. 3)

A1. Faktoren, die sich auf die Entscheidung des Konzernprüfungsteams auswirken können, ob eine aufgrund von Gesetzen oder anderen Rechtsvorschriften oder aus anderen Gründen erforderliche Prüfung verwertet werden soll, um Prüfungsnachweise für die Konzernprüfung zu liefern, schließen Folgendes ein:

- Unterschiede in den maßgebenden Regelwerken der Rechnungslegung bei der Erstellung des Teilbereichsabschlusses und bei der Erstellung des Konzernabschlusses;
- Unterschiede in den vom Teilbereichsprüfer angewandten Prüfungs- und anderen Standards sowie den bei der Prüfung des Konzernabschlusses angewandten Standards;
- ob die Prüfung des Teilbereichsabschlusses so rechtzeitig abgeschlossen wird, um den Berichterstattungszeitplan des Konzerns einzuhalten.

Definitionen

Teilbereich (Vgl. Tz. 9(a))

A2. Die Struktur eines Konzerns hat Einfluss darauf, wie die Teilbereiche festgelegt werden. Beispielsweise kann das Konzernrechnungslegungssystem auf einer Organisationsstruktur beruhen, nach der die Finanzinformationen von einer Muttergesellschaft und von einer oder mehreren Tochtergesellschaften, Joint Ventures oder Beteiligungsgesellschaften, die nach der Equity- oder Anschaffungskostenmethode bilanziert werden, von einer Zentrale und von einer oder mehreren Niederlassungen oder Sparten oder von einer Kombination der beiden erstellt werden. Manche Konzerne organisieren ihr Rechnungslegungssystem jedoch möglicherweise nach Funktion, Prozess, Produkt oder Dienstleistung (bzw. Produkt- oder Dienstleistungsgruppen) oder nach geografischen Standorten. In diesen Fällen kann es sich bei der Einheit oder Geschäftstätigkeit, für die das Konzern- oder Teilbereichsmanagement Finanzinformationen erstellt, die in den Konzernabschluss einbezogen werden, um eine Funktion, einen Prozess, ein Produkt oder eine Dienstleistung (bzw. eine Produkt- oder Dienstleistungsgruppe) oder um einen geografischen Standort handeln.

A3. Innerhalb des Rechnungslegungssystems des Konzerns können verschiedene Ebenen von Teilbereichen bestehen. In diesem Fall kann es angemessener sein, Teilbereiche nicht einzeln, sondern auf bestimmten Aggregationsebenen zu erfassen.

A4. Teilbereiche, die auf einer bestimmten Ebene aggregiert sind, können für die Zwecke der Konzernabschlussprüfung einen Teilbereich darstellen. Ein solcher Teilbereich kann auch einen

---

[13] ISA 230 „Prüfungsdokumentation", Textziffern 8-11 und A6.

information of the components it encompasses (that is, a subgroup). This ISA may therefore be applied by different group engagement partners and teams for different subgroups within a larger group.

Significant Component (Ref: Para. 9(m))

A5. As the individual financial significance of a component increases, the risks of material misstatement of the group financial statements ordinarily increase. The group engagement team may apply a percentage to a chosen benchmark as an aid to identify components that are of individual financial significance. Identifying a benchmark and determining a percentage to be applied to it involve the exercise of professional judgment. Depending on the nature and circumstances of the group, appropriate benchmarks might include group assets, liabilities, cash flows, profit or turnover. For example, the group engagement team may consider that components exceeding 15% of the chosen benchmark are significant components. A higher or lower percentage may, however, be deemed appropriate in the circumstances.

A6. The group engagement team may also identify a component as likely to include significant risks of material misstatement of the group financial statements due to its specific nature or circumstances (that is, risks that require special audit consideration[14]). For example, a component could be responsible for foreign exchange trading and thus expose the group to a significant risk of material misstatement, even though the component is not otherwise of individual financial significance to the group.

Component Auditor (Ref: Para. 9(b))

A7. A member of the group engagement team may perform work on the financial information of a component for the group audit at the request of the group engagement team. Where this is the case, such a member of the engagement team is also a component auditor.

Responsibility (Ref: Para. 11)

A8. Although component auditors may perform work on the financial information of the components for the group audit and as such are responsible for their overall findings, conclusions or opinions, the group engagement partner or the group engagement partner's firm is responsible for the group audit opinion.

A9. When the group audit opinion is modified because the group engagement team was unable to obtain sufficient appropriate audit evidence in relation to the financial information of one or more components, the Basis for Modification paragraph in the auditor's report on the group financial statements describes the reasons for that inability without referring to the component auditor, unless such a reference is necessary for an adequate explanation of the circumstances.[15]

Acceptance and Continuance

Obtaining an Understanding at the Acceptance or Continuance Stage (Ref: Para. 12)

A10. In the case of a new engagement, the group engagement team's understanding of the group, its components, and their environments may be obtained from:
- Information provided by group management;
- Communication with group management; and
- Where applicable, communication with the previous group engagement team, component management, or component auditors.

A11. The group engagement team's understanding may include matters such as the following:
- The group structure, including both the legal and organizational structure (that is, how the group financial reporting system is organized).
- Components' business activities that are significant to the group, including the industry and regulatory, economic and political environments in which those activities take place.

---

14) ISA 315, paragraphs 27-29.
15) ISA 705, paragraph 20.

Besondere Überlegungen zu Konzernabschlussprüfungen (einschließlich der Tätigkeit von Teilbereichsprüfern)

ISA 600

Konzernabschluss aufstellen, in den die Finanzinformationen der Teilbereiche einbezogen werden, die er umfasst (d. h. ein Teilkonzern). Daher kann dieser ISA von verschiedenen für Konzernprüfungsaufträge Verantwortlichen und Konzernprüfungsteams für verschiedene Teilkonzerne innerhalb eines größeren Konzerns angewandt werden.

Bedeutsamer Teilbereich (Vgl. Tz. 9(m))

A5. Mit wachsender wirtschaftlicher Bedeutung eines einzelnen Teilbereichs nehmen normalerweise auch die Risiken wesentlicher falscher Darstellungen im Konzernabschluss zu. Zur leichteren Feststellung von Teilbereichen mit besonderer wirtschaftlicher Bedeutung kann das Konzernprüfungsteam einen Prozentsatz auf eine gewählte Bezugsgröße anwenden. Die Bestimmung einer Bezugsgröße und die Festlegung eines darauf anzuwendenden Prozentsatzes erfolgen unter Anwendung von pflichtgemäßem Ermessen. Je nach den Merkmalen und Umständen des Konzerns könnten geeignete Bezugsgrößen Vermögenswerte, Verbindlichkeiten, Cashflows[*], Gewinn oder Umsatz des Konzerns sein. Beispielsweise kann das Konzernprüfungsteam Teilbereiche, die 15 % der gewählten Bezugsgröße überschreiten, als bedeutsame Teilbereiche ansehen. Ein höherer oder niedriger Prozentsatz kann jedoch unter den gegebenen Umständen als angemessen erachtet werden.

A6. Das Konzernprüfungsteam kann auch einen Teilbereich festlegen, der aufgrund seiner spezifischen Merkmale oder Umstände wahrscheinlich bedeutsame Risiken wesentlicher falscher Darstellungen im Konzernabschluss beinhaltet (d. h. Risiken, die eine besondere Berücksichtigung bei der Abschlussprüfung erfordern[14]). Beispielsweise könnte ein Teilbereich für Devisenhandel verantwortlich sein und somit den Konzern einem bedeutsamen Risiko wesentlicher falscher Darstellungen aussetzen, auch wenn der Teilbereich ansonsten keine besondere wirtschaftliche Bedeutung für den Konzern hat.

Teilbereichsprüfer (Vgl. Tz. 9(b))

A7. Auf Aufforderung des Konzernprüfungsteams kann eines seiner Mitglieder Untersuchungen zu den Finanzinformationen eines Teilbereichs für die Konzernabschlussprüfung durchführen. In diesem Fall ist dieses Mitglied des Prüfungsteams auch Teilbereichsprüfer.

Verantwortlichkeit (Vgl. Tz. 11)

A8. Wenngleich Teilbereichsprüfer Untersuchungen zu den Finanzinformationen der Teilbereiche für die Konzernabschlussprüfung durchführen und damit für ihre übergeordneten Feststellungen, Schlussfolgerungen oder ihre Urteile verantwortlich sind, ist der für den Konzernauftrag Verantwortliche oder die Praxis, für die dieser tätig ist, für das Konzernprüfungsurteil verantwortlich.

A9. Wenn das Konzernprüfungsurteil modifiziert wird, weil es dem Konzernprüfungsteam nicht möglich war, ausreichende geeignete Prüfungsnachweise zu den Finanzinformationen eines oder mehrerer Teilbereiche zu erlangen, werden die Gründe für diese fehlende Möglichkeit im Vermerk des Abschlussprüfers zum Konzernabschluss im Absatz über die Grundlage der Modifizierung ohne Bezugnahme auf den Teilbereichsprüfer beschrieben, es sei denn, diese Bezugnahme ist für eine angemessene Erläuterung der Umstände erforderlich.[15]

Auftragsannahme und -fortführung

Gewinnen eines Verständnisses auf der Stufe der Auftragsannahme oder -fortführung (Vgl. Tz. 12)

A10. Bei einer Erstprüfung kann das Konzernprüfungsteam ein Verständnis vom Konzern sowie von seinen Teilbereichen und dem jeweiligen Umfeld gewinnen aus:
- vom Konzernmanagement gelieferten Informationen;
- Kommunikation mit dem Konzernmanagement;
- ggf. Kommunikation mit dem vorherigen Konzernprüfungsteam, dem Teilbereichsmanagement oder den Teilbereichsprüfern.

A11. Das Verständnis des Konzernprüfungsteams kann u.a. folgende Sachverhalte umfassen:
- die Konzernstruktur, einschließlich sowohl der rechtlichen als auch der organisatorischen Struktur (d. h. wie das Rechnungslegungssystem des Konzerns organisiert ist);
- für den Konzern bedeutsame Geschäftstätigkeiten von Teilbereichen, einschließlich des Branchenumfelds sowie des regulatorischen, wirtschaftlichen und politischen Umfelds, in denen diese Aktivitäten stattfinden;

---

14) ISA 315, Textziffern 27-29.
15) ISA 705, Textziffer 20.
*) In der Schweiz: Geldflüsse.

- The use of service organizations, including shared service centers.
- A description of group-wide controls.
- The complexity of the consolidation process.
- Whether component auditors that are not from the group engagement partner's firm or network will perform work on the financial information of any of the components, and group management's rationale for appointing more than one auditor.
- Whether the group engagement team:
  - Will have unrestricted access to those charged with governance of the group, group management, those charged with governance of the component, component management, component information, and the component auditors (including relevant audit documentation sought by the group engagement team); and
  - Will be able to perform necessary work on the financial information of the components.

A12. In the case of a continuing engagement, the group engagement team's ability to obtain sufficient appropriate audit evidence may be affected by significant changes, for example:
- Changes in the group structure (for example, acquisitions, disposals, reorganizations, or changes in how the group financial reporting system is organized).
- Changes in components' business activities that are significant to the group.
- Changes in the composition of those charged with governance of the group, group management, or key management of significant components.
- Concerns the group engagement team has with regard to the integrity and competence of group or component management.
- Changes in group-wide controls.
- Changes in the applicable financial reporting framework.

Expectation to Obtain Sufficient Appropriate Audit Evidence (Ref: Para. 13)

A13. A group may consist only of components not considered significant components. In these circumstances, the group engagement partner can reasonably expect to obtain sufficient appropriate audit evidence on which to base the group audit opinion if the group engagement team will be able to:

(a) Perform the work on the financial information of some of these components; and
(b) Be involved in the work performed by component auditors on the financial information of other components to the extent necessary to obtain sufficient appropriate audit evidence.

Access to Information (Ref: Para. 13)

A14. The group engagement team's access to information may be restricted by circumstances that cannot be overcome by group management, for example, laws relating to confidentiality and data privacy, or denial by the component auditor of access to relevant audit documentation sought by the group engagement team. It may also be restricted by group management.

A15. Where access to information is restricted by circumstances, the group engagement team may still be able to obtain sufficient appropriate audit evidence; however, this is less likely as the significance of the component increases. For example, the group engagement team may not have access to those charged with governance, management, or the auditor (including relevant audit documentation sought by the group engagement team) of a component that is accounted for by the equity method of accounting. If the component is not a significant component, and the group engagement team has a complete set of financial statements of the component, including the auditor's report thereon, and has access to information kept by group management in relation to that component, the group engagement team may conclude that this information constitutes sufficient appropriate audit evidence in relation to that component. If the component is a significant component, however, the group engagement team will not be able to comply with the requirements of this ISA relevant in the circumstances of the group audit. For example, the group engagement team will not be able to comply with the requirement in paragraphs 30–31 to be involved in

Besondere Überlegungen zu Konzernabschlussprüfungen
(einschließlich der Tätigkeit von Teilbereichsprüfern)   ISA 600

- die Nutzung von Dienstleistungsorganisationen, einschließlich gemeinsam genutzter Dienstleistungszentren;
- eine Beschreibung von konzernweiten Kontrollen;
- die Komplexität des Konsolidierungsprozesses;
- ob Teilbereichsprüfer, die nicht der Praxis oder dem Netzwerk des für den Konzernprüfungsauftrag Verantwortlichen angehören, Untersuchungen zu den Finanzinformationen eines der Teilbereiche durchführen, sowie die Begründung des Konzernmanagements für die Bestellung von mehr als einem Abschlussprüfer;
- ob das Konzernprüfungsteam
  - unbeschränkten Zugang zu den für die Konzernüberwachung Verantwortlichen, dem Konzernmanagement, den für die Überwachung des Teilbereichs Verantwortlichen, dem Teilbereichsmanagement, den Informationen des Teilbereichs sowie zu den Teilbereichsprüfern (einschließlich relevanter Prüfungsdokumentation, die vom Konzernprüfungsteam nachgefragt wird) hat und
  - in der Lage sein wird, notwendige Tätigkeiten zu den Finanzinformationen der Teilbereiche durchzuführen.

A12. Bei einem Folgeauftrag kann die Möglichkeit des Konzernprüfungsteams, ausreichende geeignete Prüfungsnachweise zu erlangen, durch bedeutsame Änderungen beeinflusst werden, z. B.:
- Änderungen in der Konzernstruktur (z. B. Übernahmen, Veräußerungen, Umstrukturierungen oder Änderungen in der Organisation des Rechnungslegungssystems des Konzerns);
- Änderungen bei für den Konzern bedeutsamen Geschäftstätigkeiten von Teilbereichen;
- Änderungen in der Zusammensetzung der für die Konzernüberwachung Verantwortlichen, des Konzernmanagements oder des Managements mit Schlüsselfunktionen in bedeutsamen Teilbereichen;
- Bedenken des Konzernprüfungsteams im Hinblick auf die Integrität und Kompetenz des Konzern- oder Teilbereichsmanagements;
- Änderungen bei konzernweiten Kontrollen;
- Änderungen in dem maßgebenden Regelwerk der Rechnungslegung.

Erwartung, ausreichende geeignete Prüfungsnachweise zu erlangen (Vgl. Tz. 13)

A13. Ein Konzern kann auch nur aus Teilbereichen bestehen, die nicht als bedeutsam angesehen werden. Unter diesen Umständen wird der für den Konzernprüfungsauftrag Verantwortliche vernünftigerweise erwarten können, ausreichende geeignete Prüfungsnachweise als Grundlage für das Konzernprüfungsurteil zu erlangen, wenn das Konzernprüfungsteam in der Lage ist,
(a) die Tätigkeiten zu den Finanzinformationen einiger dieser Teilbereiche durchzuführen und
(b) in die Tätigkeit von Teilbereichsprüfern zu den Finanzinformationen anderer Teilbereiche in dem Umfang eingebunden zu werden, der für die Erlangung ausreichender geeigneter Prüfungsnachweise erforderlich ist.

Zugang zu Informationen (Vgl. Tz. 13)

A14. Der Zugang des Konzernprüfungsteams zu Informationen kann durch Umstände beschränkt sein, die nicht vom Konzernmanagement beseitigt werden können, z. B. durch gesetzliche Vorschriften zu Vertraulichkeit und Datenschutz oder durch die Weigerung des Teilbereichsprüfers, vom Konzernprüfungsteam angeforderte relevante Prüfungsdokumentation zugänglich zu machen. Auch durch das Konzernmanagement kann dieser Zugang beschränkt sein.

A15. Auch wenn der Zugang zu Informationen durch bestimmte Umstände beschränkt wird, kann das Konzernprüfungsteam gleichwohl in der Lage sein, ausreichende geeignete Prüfungsnachweise zu erlangen. Dies wird jedoch mit zunehmender Bedeutung des Teilbereichs unwahrscheinlicher. Bspw. kann es sein, dass das Konzernprüfungsteam keinen Zugang zu den für die Überwachung Verantwortlichen, zum Management oder zum Abschlussprüfer (einschließlich relevanter Prüfungsdokumentation, die vom Konzernprüfungsteam nachgefragt wird) eines Teilbereichs hat, der nach der Equity-Methode bilanziert wird. Wenn es sich bei dem Teilbereich nicht um einen bedeutsamen Teilbereich handelt und das Konzernprüfungsteam einen vollständigen Abschluss des Teilbereichs einschließlich des dazu erteilten Vermerks des Abschlussprüfers vorliegen und Zugang zu Informationen hat, die vom Konzernmanagement zu diesem Teilbereich geführt werden, kann das Konzernprüfungsteam feststellen, dass diese Informationen ausreichende geeignete Prüfungsnachweise zu diesem Teilbereich darstellen. Wenn es sich jedoch bei dem Teilbereich um einen bedeutsamen Teilbereich handelt, wird das

the work of the component auditor. The group engagement team will not, therefore, be able to obtain sufficient appropriate audit evidence in relation to that component. The effect of the group engagement team's inability to obtain sufficient appropriate audit evidence is considered in terms of ISA 705.

A16. The group engagement team will not be able to obtain sufficient appropriate audit evidence if group management restricts the access of the group engagement team or a component auditor to the information of a significant component.

A17. Although the group engagement team may be able to obtain sufficient appropriate audit evidence if such restriction relates to a component considered not a significant component, the reason for the restriction may affect the group audit opinion. For example, it may affect the reliability of group management's responses to the group engagement team's inquiries and group management's representations to the group engagement team.

A18. Law or regulation may prohibit the group engagement partner from declining or withdrawing from an engagement. For example, in some jurisdictions the auditor is appointed for a specified period of time and is prohibited from withdrawing before the end of that period. Also, in the public sector, the option of declining or withdrawing from an engagement may not be available to the auditor due to the nature of the mandate or public interest considerations. In these circumstances, this ISA still applies to the group audit, and the effect of the group engagement team's inability to obtain sufficient appropriate audit evidence is considered in terms of ISA 705.

A19. Appendix 1 contains an example of an auditor's report containing a qualified opinion based on the group engagement team's inability to obtain sufficient appropriate audit evidence in relation to a significant component accounted for by the equity method of accounting, but where, in the group engagement team's judgment, the effect is material but not pervasive.

Terms of Engagement (Ref: Para. 14)

A20. The terms of engagement identify the applicable financial reporting framework.[16] Additional matters may be included in the terms of a group audit engagement, such as the fact that:

- The communication between the group engagement team and the component auditors should be unrestricted to the extent possible under law or regulation;
- Important communications between the component auditors, those charged with governance of the component, and component management, including communications on significant deficiencies in internal control, should be communicated as well to the group engagement team;
- Important communications between regulatory authorities and components related to financial reporting matters should be communicated to the group engagement team; and
- To the extent the group engagement team considers necessary, it should be permitted:
    ○ Access to component information, those charged with governance of components, component management, and the component auditors (including relevant audit documentation sought by the group engagement team); and
    ○ To perform work or request a component auditor to perform work on the financial information of the components.

A21. Restrictions imposed on:
- the group engagement team's access to component information, those charged with governance of components, component management, or the component auditors (including relevant audit documentation sought by the group engagement team); or
- the work to be performed on the financial information of the components,

after the group engagement partner's acceptance of the group audit engagement, constitute an inability to obtain sufficient appropriate audit evidence that may affect the group audit opinion. In exceptional

---

16) ISA 210, paragraph 8.

Besondere Überlegungen zu Konzernabschlussprüfungen   **ISA 600**
(einschließlich der Tätigkeit von Teilbereichsprüfern)

Konzernprüfungsteam die unter diesen Umständen der Konzernprüfung relevanten Anforderungen dieses ISA nicht erfüllen können. Beispielsweise wird es nicht die in den Textziffern 30-31 enthaltene Anforderung erfüllen können, in die Tätigkeit des Teilbereichsprüfers eingebunden zu werden, und wird daher keine ausreichenden geeigneten Prüfungsnachweise zu diesem Teilbereich erlangen können. Die Auswirkung der Unmöglichkeit für das Konzernprüfungsteam, ausreichende angemessene Prüfungsnachweise zu erlangen, ist nach ISA 705 zu würdigen.

A16. Das Konzernprüfungsteam wird keine ausreichenden geeigneten Prüfungsnachweise erlangen können, wenn das Konzernmanagement den Zugang des Konzernprüfungsteams oder eines Teilbereichsprüfers zu den Informationen eines bedeutsamen Teilbereichs beschränkt.

A17. Auch wenn das Konzernprüfungsteam möglicherweise ausreichende geeignete Prüfungsnachweise erlangen kann, wenn sich eine solche Beschränkung auf einen Teilbereich bezieht, der nicht als bedeutsam angesehen wird, kann sich die Tatsache einer Beschränkung auf das Konzernprüfungsurteil auswirken, bspw. auf die Verlässlichkeit der Antworten des Konzernmanagements auf die Befragungen des Konzernprüfungsteams und auf die Erklärungen des Konzernmanagements gegenüber dem Konzernprüfungsteam.

A18. Gesetze oder andere Rechtsvorschriften können die Ablehnung oder Niederlegung eines Auftrags durch den für den Konzernauftrag Verantwortlichen verbieten. So wird bspw. in einigen Rechtsräumen der Abschlussprüfer für einen bestimmten Zeitraum bestellt und darf den Auftrag vor Ablauf dieses Zeitraums nicht niederlegen. Ebenso hat ein Abschlussprüfer im öffentlichen Sektor aufgrund der Art des Mandates oder aufgrund von Abwägungen des öffentlichen Interesses u. U. nicht die Möglichkeit, einen Auftrag abzulehnen oder niederzulegen. Auch unter diesen Umständen gilt dieser ISA für die Konzernabschlussprüfung, und die Auswirkung der fehlenden Möglichkeit des Konzernprüfungsteams, ausreichende geeignete Prüfungsnachweise zu erlangen, ist nach ISA 705 zu würdigen.

A19. Anlage 1 enthält ein Beispiel für einen Vermerk des Abschlussprüfers, der ein eingeschränktes Prüfungsurteil beinhaltet, das auf der fehlenden Möglichkeit des Konzernprüfungsteams basiert, ausreichende geeignete Prüfungsnachweise in Bezug auf einen bedeutsamen Teilbereich zu erlangen, der nach der Equity-Methode bilanziert wird, wobei die Auswirkung jedoch nach Beurteilung des Konzernprüfungsteams zwar wesentlich, aber nicht umfassend ist.

Auftragsbedingungen (Vgl. Tz. 14)

A20. Die Auftragsbedingungen zeigen das maßgebende Regelwerk der Rechnungslegung auf.[16] Zusätzliche Sachverhalte können in die Bedingungen eines Auftrags zur Konzernabschlussprüfung einbezogen werden, wie z. B. Folgende:

- Die Kommunikation zwischen dem Konzernprüfungsteam und den Teilbereichsprüfern muss unbeschränkt sein, soweit dies nach Gesetzen oder anderen Rechtsvorschriften möglich ist.
- Wichtige Mitteilungen zwischen den Teilbereichsprüfern, den für die Überwachung des Teilbereichs Verantwortlichen und dem Teilbereichsmanagement, einschließlich Mitteilungen zu bedeutsamen Mängeln im IKS, sind auch dem Konzernprüfungsteam mitzuteilen.
- Wichtige Mitteilungen zwischen Aufsichtsbehörden und Teilbereichen zu rechnungslegungsbezogenen Sachverhalten sind dem Konzernprüfungsteam mitzuteilen.
- Soweit vom Konzernprüfungsteam als notwendig erachtet, muss ihm gestattet sein,
  - Zugang zu Informationen von Teilbereichen sowie zu den für die Überwachung von Teilbereichen Verantwortlichen, dem Teilbereichsmanagement und den Teilbereichsprüfern (einschließlich relevanter Prüfungsdokumentation, die vom Konzernprüfungsteam nachgefragt wird) zu erhalten und
  - Untersuchungen zu den Finanzinformationen der Teilbereiche durchzuführen oder einen Teilbereichsprüfer zur Durchführung dieser Untersuchungen aufzufordern.

A21. Beschränkungen
- des Zugangs des Konzernprüfungsteams zu Informationen von Teilbereichen sowie zu den für die Überwachung von Teilbereichen Verantwortlichen, dem Teilbereichsmanagement oder den Teilbereichsprüfern (einschließlich relevanter Prüfungsdokumentation, die vom Konzernprüfungsteam nachgefragt wird) oder
- der zu den Finanzinformationen der Teilbereiche durchzuführenden Untersuchungen,

die auferlegt werden, nachdem der Auftrag zur Konzernabschlussprüfung durch den für den Konzernprüfungsauftrag Verantwortlichen angenommen wurde, stellen eine fehlende Möglichkeit dar,

---

16) ISA 210, Textziffer 8.

circumstances it may even lead to withdrawal from the engagement where withdrawal is possible under applicable law or regulation.

Overall Audit Strategy and Audit Plan (Ref: Para. 16)

A22. The group engagement partner's review of the overall group audit strategy and group audit plan is an important part of fulfilling the group engagement partner's responsibility for the direction of the group audit engagement.

Understanding the Group, Its Components, and Their Environments

Matters about Which the Group Engagement Team Obtains an Understanding (Ref: Para. 17)

A23. ISA 315 contains guidance on matters the auditor may consider when obtaining an understanding of the industry, regulatory, and other external factors that affect the entity, including the applicable financial reporting framework; the nature of the entity; objectives and strategies and related business risks; and measurement and review of the entity's financial performance.[17] Appendix 2 of this ISA contains guidance on matters specific to a group, including the consolidation process.

Instructions Issued by Group Management to Components (Ref: Para. 17)

A24. To achieve uniformity and comparability of financial information, group management ordinarily issues instructions to components. Such instructions specify the requirements for financial information of the components to be included in the group financial statements and often include financial reporting procedures manuals and a reporting package. A reporting package ordinarily consists of standard formats for providing financial information for incorporation in the group financial statements. Reporting packages generally do not, however, take the form of complete financial statements prepared and presented in accordance with the applicable financial reporting framework.

A25. The instructions ordinarily cover:
- The accounting policies to be applied;
- Statutory and other disclosure requirements applicable to the group financial statements, including:
    - The identification and reporting of segments;
    - Related party relationships and transactions;
    - Intra-group transactions and unrealized profits;
    - Intra-group account balances; and
- A reporting timetable.

A26. The group engagement team's understanding of the instructions may include the following:
- The clarity and practicality of the instructions for completing the reporting package.

- Whether the instructions:
    - Adequately describe the characteristics of the applicable financial reporting framework;
    - Provide for disclosures that are sufficient to comply with the requirements of the applicable financial reporting framework, for example, disclosure of related party relationships and transactions, and segment information;
    - Provide for the identification of consolidation adjustments, for example, intra-group transactions and unrealized profits, and intra-group account balances; and
    - Provide for the approval of the financial information by component management.

---

[17] ISA 315, paragraphs A17-A41.

Prüfungsstrategie und Prüfungsprogramm (Vgl. Tz. 16)

A22. Die Durchsicht der Konzernprüfungsstrategie und des Konzernprüfungsprogramms durch den für den Konzernprüfungsauftrag Verantwortlichen ist ein wichtiger Teil der Erfüllung seiner Verantwortung zur Anleitung des Auftrags zur Konzernabschlussprüfung.

Verstehen des Konzerns, seiner Teilbereiche und des jeweiligen Umfelds

Sachverhalte, über die sich das Konzernprüfungsteam ein Verständnis verschafft (Vgl. Tz. 17)

A23. ISA 315[17] enthält erläuternde Hinweise zu Sachverhalten, die der Abschlussprüfer berücksichtigen kann, wenn er ein Verständnis von den branchenbezogenen, regulatorischen und sonstigen externen Faktoren gewinnt, die sich auf die Einheit auswirken. Dazu gehören das maßgebende Regelwerk der Rechnungslegung, die Art der zu prüfenden Einheit, Ziele und Strategien und damit zusammenhängende Geschäftsrisiken sowie Messung und Überwachung des wirtschaftlichen Erfolgs der Einheit. Anlage 2 dieses ISA enthält erläuternde Hinweise zu konzernspezifischen Sachverhalten, einschließlich des Konsolidierungsprozesses.

Anweisungen des Konzernmanagements an die Teilbereiche (Vgl. Tz. 17)

A24. Um eine Einheitlichkeit und Vergleichbarkeit von Finanzinformationen zu erreichen, erteilt das Konzernmanagement üblicherweise Anweisungen an die Teilbereiche. In diesen Anweisungen werden die Anforderungen an die in den Konzernabschluss einzubeziehenden Finanzinformationen der Teilbereiche festgelegt. Darüber hinaus umfassen die Anweisungen häufig Handbücher über Rechnungslegungsmethoden und ein Berichterstattungspaket. Ein Berichterstattungspaket besteht normalerweise aus Standardformaten zur Meldung von Finanzinformationen für die Einbeziehung in den Konzernabschluss. Im Allgemeinen nehmen Berichterstattungspakete jedoch nicht die Form von vollständigen, in Übereinstimmung mit dem maßgebenden Regelwerk der Rechnungslegung aufgestellten Abschlüssen an.

A25. Die Anweisungen decken normalerweise Folgendes ab:
- die anzuwendenden Rechnungslegungsmethoden;
- gesetzliche und andere Anforderungen zu Abschlussangaben, die für den Konzernabschluss maßgebend sind, einschließlich
  - der Festlegung von Segmenten und Berichterstattung über Segmente;
  - Beziehungen und Transaktionen mit nahe stehenden Personen;
  - konzerninterner Geschäftsvorfälle und nicht realisierter Gewinne;
  - konzerninterner Kontensalden und
- einen Zeitplan für die Berichterstattung.

A26. Das Verständnis des Konzernprüfungsteams von den Anweisungen kann Folgendes umfassen:
- die Eindeutigkeit und die praktische Anwendbarkeit der Anweisungen zur Durchführung des Berichterstattungspakets;
- die Frage, ob die Anweisungen
  - die Merkmale des maßgebenden Regelwerks der Rechnungslegung angemessen beschreiben;
  - Abschlussangaben vorsehen, die ausreichen, um die Anforderungen des maßgebenden Regelwerks der Rechnungslegung zu erfüllen, bspw. Abschlussangaben zu Beziehungen und Transaktionen mit nahe stehenden Personen sowie zur Segmentberichterstattung;
  - die Festlegung von Konsolidierungsbuchungen vorsehen, bspw. für konzerninterne Geschäftsvorfälle und nicht realisierte Gewinne sowie konzerninterne Kontensalden, und
  - die Billigung der Finanzinformationen durch das Teilbereichsmanagement vorsehen.

---

17) ISA 315, Textziffern A17-A41.

Fraud (Ref: Para. 17)

A27. The auditor is required to identify and assess the risks of material misstatement of the financial statements due to fraud, and to design and implement appropriate responses to the assessed risks.[18] Information used to identify the risks of material misstatement of the group financial statements due to fraud may include the following:

- Group management's assessment of the risks that the group financial statements may be materially misstated as a result of fraud.

- Group management's process for identifying and responding to the risks of fraud in the group, including any specific fraud risks identified by group management, or account balances, classes of transactions, or disclosures for which a risk of fraud is likely.

- Whether there are particular components for which a risk of fraud is likely.

- How those charged with governance of the group monitor group management's processes for identifying and responding to the risks of fraud in the group, and the controls group management has established to mitigate these risks.

- Responses of those charged with governance of the group, group management, internal audit (and if considered appropriate, component management, the component auditors, and others) to the group engagement team's inquiry whether they have knowledge of any actual, suspected, or alleged fraud affecting a component or the group.

Discussion among Group Engagement Team Members and Component Auditors Regarding the Risks of Material Misstatement of the Group Financial Statements, Including Risks of Fraud (Ref: Para. 17)

A28. The key members of the engagement team are required to discuss the susceptibility of an entity to material misstatement of the financial statements due to fraud or error, specifically emphasizing the risks due to fraud. In a group audit, these discussions may also include the component auditors.[19] The group engagement partner's determination of who to include in the discussions, how and when they occur, and their extent, is affected by factors such as prior experience with the group.

A29. The discussions provide an opportunity to:

- Share knowledge of the components and their environments, including group-wide controls.

- Exchange information about the business risks of the components or the group.

- Exchange ideas about how and where the group financial statements may be susceptible to material misstatement due to fraud or error, how group management and component management could perpetrate and conceal fraudulent financial reporting, and how assets of the components could be misappropriated.

- Identify practices followed by group or component management that may be biased or designed to manage earnings that could lead to fraudulent financial reporting, for example, revenue recognition practices that do not comply with the applicable financial reporting framework.

- Consider known external and internal factors affecting the group that may create an incentive or pressure for group management, component management, or others to commit fraud, provide the opportunity for fraud to be perpetrated, or indicate a culture or environment that enables group management, component management, or others to rationalize committing fraud.

---

18) ISA 240, "The Auditor's Responsibilities Relating to Fraud in an Audit of Financial Statements."
19) ISA 240, paragraph 15; ISA 315, paragraph 10.

Dolose Handlungen (Vgl. Tz. 17)

A27. Der Abschlussprüfer muss die Risiken wesentlicher falscher Darstellungen im Abschluss aufgrund von dolosen Handlungen feststellen und beurteilen sowie angemessene Reaktionen auf die beurteilten Risiken planen und umsetzen.[18] Zu den Informationen, anhand derer die Risiken wesentlicher falscher Darstellungen im Konzernabschluss aufgrund von dolosen Handlungen festgestellt werden, können gehören:

- Beurteilung der Risiken durch das Konzernmanagement, dass der Konzernabschluss infolge von dolosen Handlungen wesentliche falsche Darstellungen enthält;
- Prozess des Konzernmanagements zur Feststellung der Risiken von dolosen Handlungen im Konzern und zur Reaktion auf diese. Dies schließt vom Konzernmanagement festgestellte spezifische Risiken von dolosen Handlungen oder Kontensalden, Arten von Geschäftsvorfällen oder Abschlussangaben ein, bei denen ein Risiko von dolosen Handlungen wahrscheinlich ist;
- die Frage, ob bestimmte Teilbereiche vorhanden sind, bei denen ein Risiko von dolosen Handlungen wahrscheinlich ist;
- die Art und Weise, in der die für die Konzernüberwachung Verantwortlichen die Prozesse des Konzernmanagements zur Feststellung der Risiken von dolosen Handlungen im Konzern und zur Reaktion auf diese überwachen sowie die Kontrollen, die das Konzernmanagement zur Abschwächung dieser Risiken eingerichtet hat;
- Antworten der für die Konzernüberwachung Verantwortlichen, des Konzernmanagements, der Internen Revision (sowie des Teilbereichsmanagements, der Teilbereichsprüfer und weiterer Personen, wenn dies als angemessen erachtet wird) auf die Befragung durch das Konzernprüfungsteam dahingehend, ob die jeweiligen Personen Kenntnis von vorliegenden, vermuteten oder behaupteten dolosen Handlungen haben, die sich auf einen Teilbereich oder auf den Konzern auswirken.

Besprechung zwischen den Mitgliedern des Konzernprüfungsteams und Teilbereichsprüfern zu den Risiken wesentlicher falscher Darstellungen im Konzernabschluss, einschließlich der Risiken von dolosen Handlungen (Vgl. Tz. 17)

A28. Die Prüfungsteammitglieder mit Schlüsselfunktionen müssen die Anfälligkeit einer Einheit für wesentliche - beabsichtigte oder unbeabsichtigte - falsche Darstellungen im Abschluss besprechen, wobei besonders die Risiken aufgrund von dolosen Handlungen zu betonen sind. Bei einer Konzernabschlussprüfung können in diese Besprechungen auch die Teilbereichsprüfer einbezogen werden.[19] Die Festlegung durch den für den Konzernprüfungsauftrag Verantwortlichen, welche Personen in die Besprechungen einzubeziehen sind und wie, wann und in welchem Umfang diese stattfinden, wird durch Faktoren wie die bisherige Erfahrung mit dem Konzern beeinflusst.

A29. Die Besprechungen bieten eine Gelegenheit

- zum Austausch von Kenntnissen über die Teilbereiche und das jeweilige Umfeld, einschließlich konzernweiter Kontrollen;
- zum Austausch von Informationen zu den Geschäftsrisiken der Teilbereiche oder des Konzerns;
- zum Gedankenaustausch zu der Frage, in welcher Weise und an welchen Stellen der Konzernabschluss für wesentliche - beabsichtigte oder unbeabsichtigte - falsche Darstellungen anfällig sein könnte, wie das Konzern- und das Teilbereichsmanagement Manipulationen der Rechnungslegung begehen und verschleiern könnten und in welcher Weise den Teilbereichen Vermögensschädigungen zugefügt werden könnten;
- zur Identifizierung von Praktiken des Konzern- oder Teilbereichsmanagements, die möglicherweise einseitig beeinflusst oder auf die Steuerung von Ergebnissen angelegt sind, die zu Manipulationen der Rechnungslegung führen könnten, bspw. Vorgehensweisen der Erlöserfassung, die nicht mit dem maßgebenden Regelwerk der Rechnungslegung übereinstimmen;
- zur Abwägung von bekannten externen und internen Faktoren mit Auswirkung auf den Konzern, aus denen sich möglicherweise für das Konzern- oder Teilbereichsmanagement oder für andere ein Anreiz oder Druck zum Begehen von dolosen Handlungen ergibt oder die eine Gelegenheit zum Begehen von dolosen Handlungen bieten oder auf eine Kultur bzw. ein Umfeld hindeuten, die es dem Konzern- oder Teilbereichsmanagement oder anderen ermöglichen, das Begehen von dolosen Handlungen innerlich zu rechtfertigen;

---

18) ISA 240 „Die Verantwortung des Abschlussprüfers bei dolosen Handlungen".
19) ISA 240, Textziffer 15, und ISA 315, Textziffer 10.

- Consider the risk that group or component management may override controls.
- Consider whether uniform accounting policies are used to prepare the financial information of the components for the group financial statements and, where not, how differences in accounting policies are identified and adjusted (where required by the applicable financial reporting framework).
- Discuss fraud that has been identified in components, or information that indicates existence of a fraud in a component.
- Share information that may indicate non-compliance with national laws or regulations, for example, payments of bribes and improper transfer pricing practices.

Risk Factors (Ref: Para. 18)

A30. Appendix 3 sets out examples of conditions or events that, individually or together, may indicate risks of material misstatement of the group financial statements, including risks due to fraud.

Risk Assessment (Ref: Para. 18)

A31. The group engagement team's assessment at group level of the risks of material misstatement of the group financial statements is based on information such as the following:

- Information obtained from the understanding of the group, its components, and their environments, and of the consolidation process, including audit evidence obtained in evaluating the design and implementation of group-wide controls and controls that are relevant to the consolidation.
- Information obtained from the component auditors.

Understanding the Component Auditor (Ref: Para. 19)

A32. The group engagement team obtains an understanding of a component auditor only when it plans to request the component auditor to perform work on the financial information of a component for the group audit. For example, it will not be necessary to obtain an understanding of the auditors of those components for which the group engagement team plans to perform analytical procedures at group level only.

Group Engagement Team's Procedures to Obtain an Understanding of the Component Auditor and Sources of Audit Evidence (Ref: Para. 19)

A33. The nature, timing and extent of the group engagement team's procedures to obtain an understanding of the component auditor are affected by factors such as previous experience with or knowledge of the component auditor, and the degree to which the group engagement team and the component auditor are subject to common policies and procedures, for example:

- Whether the group engagement team and a component auditor share:
  - Common policies and procedures for performing the work (for example, audit methodologies);
  - Common quality control policies and procedures; or
  - Common monitoring policies and procedures.
- The consistency or similarity of:
  - Laws and regulations or legal system;
  - Professional oversight, discipline, and external quality assurance;
  - Education and training;
  - Professional organizations and standards; or
  - Language and culture.

A34. These factors interact and are not mutually exclusive. For example, the extent of the group engagement team's procedures to obtain an understanding of Component Auditor A, who consistently applies common quality control and monitoring policies and procedures and a common audit methodology or operates in the same jurisdiction as the group engagement partner, may be less than the extent of the group engagement team's procedures to obtain an understanding of Component Auditor B, who is not consistently applying common quality control and monitoring policies and procedures and a common

Besondere Überlegungen zu Konzernabschlussprüfungen
(einschließlich der Tätigkeit von Teilbereichsprüfern)   ISA 600

- zur Abwägung des Risikos, dass das Konzern- oder Teilbereichsmanagement Kontrollen außer Kraft setzt;
- zur Abwägung, ob einheitliche Rechnungslegungsmethoden zur Erstellung der Finanzinformationen der Teilbereiche für den Konzernabschluss verwendet werden und wie in Fällen, in denen dies nicht geschieht, Unterschiede in den Rechnungslegungsmethoden festgestellt und angepasst werden (soweit nach dem maßgebenden Regelwerk der Rechnungslegung erforderlich);
- zur Erörterung von dolosen Handlungen, die in Teilbereichen festgestellt wurden, oder Informationen, die auf das Vorliegen einer dolosen Handlung in einem Teilbereich hindeuten;
- zum Austausch von Informationen, die möglicherweise auf Verstöße gegen nationale Gesetze oder andere Rechtsvorschriften hindeuten, bspw. Bestechungsgeldzahlungen und unzulässige Verrechnungspreismethoden.

Risikofaktoren (Vgl. Tz. 18)

A30. In Anlage 3 werden Beispiele für Gegebenheiten oder Ereignisse erläutert, die einzeln oder zusammen auf Risiken wesentlicher falscher Darstellungen im Konzernabschluss hindeuten können, einschließlich der Risiken aufgrund von dolosen Handlungen.

Risikobeurteilung (Vgl. Tz. 18)

A31. Die Beurteilung der Risiken wesentlicher falscher Darstellungen im Konzernabschluss durch das Konzernprüfungsteam auf Konzernebene basiert z. B. auf folgenden Informationen:
- Informationen, die gewonnen wurden aus dem Verstehen des Konzerns, seiner Teilbereiche und des jeweiligen Umfelds sowie des Konsolidierungsprozesses, einschließlich von Prüfungsnachweisen, die bei der Beurteilung der Ausgestaltung und Einrichtung von konzernweiten Kontrollen und für die Konsolidierung relevanten Kontrollen erlangt wurden;
- von den Teilbereichsprüfern erhaltene Informationen.

Verstehen der Teilbereichsprüfer (Vgl. Tz. 19)

A32. Das Konzernprüfungsteam macht sich nur dann ein Bild von einem Teilbereichsprüfer, wenn es plant, den Teilbereichsprüfer zur Durchführung von Untersuchungen zu den Finanzinformationen eines Teilbereichs für die Konzernabschlussprüfung aufzufordern. So ist es bspw. nicht erforderlich, sich ein Bild von den Abschlussprüfern derjenigen Teilbereiche zu machen, für die das Konzernprüfungsteam lediglich die Durchführung von analytischen Prüfungshandlungen auf Konzernebene plant.

Prüfungshandlungen des Konzernprüfungsteams, um ein Verständnis zu gewinnen von dem Teilbereichsprüfer und von den Quellen der Prüfungsnachweise (Vgl. Tz. 19)

A33. Art, zeitliche Einteilung und Umfang der Prüfungshandlungen des Konzernprüfungsteams, um ein Verständnis vom Teilbereichsprüfer zu gewinnen, werden beeinflusst durch Faktoren wie die bisherige Erfahrung mit dem Teilbereichsprüfer oder die bisherigen Kenntnisse über ihn sowie durch den Grad, zu dem das Konzernprüfungsteam und der Teilbereichsprüfer gemeinsamen Regelungen und Maßnahmen unterliegen, wie bspw.:
- ob das Konzernprüfungsteam und ein Teilbereichsprüfer gemeinsame Regelungen und Maßnahmen anwenden zur
  - Durchführung der Tätigkeit (z.B. Prüfungsmethoden);
  - Qualitätssicherung oder
  - Überwachung;
- die Übereinstimmung oder Ähnlichkeit von
  - Gesetzen und anderen Rechtsvorschriften oder des Rechtssystems;
  - beruflicher Aufsicht, berufsrechtlichen Regelungen und externer Qualitätskontrolle;
  - Aus- und Weiterbildung;
  - Berufsorganisationen und beruflichen Standards;
  - Sprache und Kultur.

A34. Diese Faktoren beeinflussen sich und schließen sich nicht gegenseitig aus. So kann bspw. der Umfang der Prüfungshandlungen des Konzernprüfungsteams, um ein Verständnis von Teilbereichsprüfer A zu gewinnen, der durchgehend gemeinsame Regelungen und Maßnahmen zur Qualitätssicherung und Nachschau sowie eine gemeinsame Prüfungsmethode anwendet oder in demselben Rechtsraum tätig ist wie der für den Konzernauftrag Verantwortliche, geringer sein als der Umfang der Prüfungshandlungen des Konzernprüfungsteams, um ein Verständnis von Teilbereichsprüfer B zu gewinnen, der nicht

audit methodology or operates in a foreign jurisdiction. The nature of the procedures performed in relation to Component Auditors A and B may also be different.

A35. The group engagement team may obtain an understanding of the component auditor in a number of ways. In the first year of involving a component auditor, the group engagement team may, for example:

- Evaluate the results of the quality control monitoring system where the group engagement team and component auditor are from a firm or network that operates under and complies with common monitoring policies and procedures;[20]
- Visit the component auditor to discuss the matters in paragraph 19(a)–(c);
- Request the component auditor to confirm the matters referred to in paragraph 19(a)–(c) in writing. Appendix 4 contains an example of written confirmations by a component auditor;
- Request the component auditor to complete questionnaires about the matters in paragraph 19(a)–(c);
- Discuss the component auditor with colleagues in the group engagement partner's firm, or with a reputable third party that has knowledge of the component auditor; or
- Obtain confirmations from the professional body or bodies to which the component auditor belongs, the authorities by which the component auditor is licensed, or other third parties.

In subsequent years, the understanding of the component auditor may be based on the group engagement team's previous experience with the component auditor. The group engagement team may request the component auditor to confirm whether anything in relation to the matters listed in paragraph 19(a)–(c) has changed since the previous year.

A36. Where independent oversight bodies have been established to oversee the auditing profession and monitor the quality of audits, awareness of the regulatory environment may assist the group engagement team in evaluating the independence and competence of the component auditor. Information about the regulatory environment may be obtained from the component auditor or information provided by the independent oversight bodies.

Ethical Requirements that Are Relevant to the Group Audit (Ref: Para. 19(a))

A37. When performing work on the financial information of a component for a group audit, the component auditor is subject to ethical requirements that are relevant to the group audit. Such requirements may be different or in addition to those applying to the component auditor when performing a statutory audit in the component auditor's jurisdiction. The group engagement team therefore obtains an understanding whether the component auditor understands and will comply with the ethical requirements that are relevant to the group audit, sufficient to fulfill the component auditor's responsibilities in the group audit.

The Component Auditor's Professional Competence (Ref: Para. 19(b))

A38. The group engagement team's understanding of the component auditor's professional competence may include whether the component auditor:
- Possesses an understanding of auditing and other standards applicable to the group audit that is sufficient to fulfill the component auditor's responsibilities in the group audit;
- Possesses the special skills (for example, industry specific knowledge) necessary to perform the work on the financial information of the particular component; and
- Where relevant, possesses an understanding of the applicable financial reporting framework that is sufficient to fulfill the component auditor's responsibilities in the group audit (instructions issued by group management to components often describe the characteristics of the applicable financial reporting framework).

---

[20] As required by ISQC 1, "Quality Control for Firms that Perform Audits and Reviews of Financial Statements, and Other Assurance and Related Services Engagements," paragraph 54, or national requirements that are at least as demanding.

Besondere Überlegungen zu Konzernabschlussprüfungen
(einschließlich der Tätigkeit von Teilbereichsprüfern) ISA 600

durchgehend gemeinsame Regelungen und Maßnahmen zur Qualitätssicherung und Nachschau sowie eine gemeinsame Prüfungsmethode anwendet oder in einem ausländischen Rechtsraum tätig ist. Die Art der im Verhältnis zu dem Teilbereichsprüfer A und dem Teilbereichsprüfer B durchgeführten Prüfungshandlungen kann ebenfalls unterschiedlich sein.

A35. Das Konzernprüfungsteam hat mehrere Möglichkeiten, sich ein Verständnis von dem Teilbereichsprüfer zu verschaffen. Im ersten Jahr der Einbindung eines Teilbereichsprüfers kann das Konzernprüfungsteam bspw.

- die Ergebnisse des Systems zur Qualitätssicherung beurteilen, wenn das Konzernprüfungsteam und der Teilbereichsprüfer einer Praxis oder einem Netzwerk angehören, deren Betrieb gemeinsamen Überwachungsregelungen und -maßnahmen unterliegt und mit diesen übereinstimmt;[20]
- den Teilbereichsprüfer besuchen, um die in Textziffer 19(a)-(c) genannten Sachverhalte zu erörtern;
- den Teilbereichsprüfer zur schriftlichen Bestätigung der in Textziffer 19(a)-(c) genannten Sachverhalte auffordern (Anlage 4 enthält ein Beispiel für schriftliche Bestätigungen durch einen Teilbereichsprüfer);
- den Teilbereichsprüfer zur Beantwortung von Fragebögen zu den in Textziffer 19(a)-(c) genannten Sachverhalten auffordern;
- Gespräche über den Teilbereichsprüfer mit Kollegen in der Praxis, für die der für den Konzernprüfungsauftrag Verantwortliche tätig ist, oder mit einer angesehenen dritten Partei führen, die Kenntnisse über den Teilbereichsprüfer besitzt, oder
- Bestätigungen bei der Berufsorganisation bzw. den Berufsorganisationen, denen der Teilbereichsprüfer angehört, den Behörden, von denen der Teilbereichsprüfer zugelassen ist, oder bei sonstigen dritten Parteien einholen.

In darauffolgenden Jahren kann das Verständnis von dem Teilbereichsprüfer auf der bisherigen Erfahrung des Konzernprüfungsteams mit dem Teilbereichsprüfer basieren. Das Konzernprüfungsteam kann den Teilbereichsprüfer auffordern, zu bestätigen, ob sich seit dem Vorjahr Änderungen bei den in Textziffer 19(a)-(c) genannten Sachverhalten ergeben haben.

A36. Wenn unabhängige Aufsichtsbehörden eingerichtet wurden, um den Berufsstand der Abschlussprüfer zu beaufsichtigen und die Qualität von Prüfungen zu überwachen, kann das Bewusstsein über das regulatorische Umfeld dem Konzernprüfungsteam helfen, die Unabhängigkeit und Kompetenz des Teilbereichsprüfers einzuschätzen. Informationen zum regulatorischen Umfeld können vom Teilbereichsprüfer oder aus Informationen der unabhängigen Aufsichtsbehörden erlangt werden.

Für die Konzernprüfung relevante berufliche Verhaltensanforderungen (Vgl. Tz. 19(a))

A37. Bei der Durchführung von Tätigkeiten zu den Finanzinformationen eines Teilbereichs für eine Konzernabschlussprüfung unterliegt der Teilbereichsprüfer den für die Konzernabschlussprüfung relevanten beruflichen Verhaltensanforderungen. Diese Anforderungen können sich von denjenigen unterscheiden oder zusätzlich zu denjenigen bestehen, denen der Teilbereichsprüfer bei der Durchführung einer gesetzlichen Prüfung in dem für ihn geltenden Rechtsraum unterliegt. Daher muss das Konzernprüfungsteam ein Verständnis darüber gewinnen, ob der Teilbereichsprüfer die für die Konzernabschlussprüfung relevanten beruflichen Verhaltensanforderungen in einem Maße versteht und einhält, das ausreicht, um seine Pflichten bei der Konzernabschlussprüfung zu erfüllen.

Die berufliche Kompetenz des Teilbereichsprüfers (Vgl. Tz. 19(b))

A38. Das Verständnis des Konzernprüfungsteams von der beruflichen Kompetenz des Teilbereichsprüfers kann die Frage einschließen, ob der Teilbereichsprüfer

- ein Verständnis der für die Konzernabschlussprüfung maßgebenden Prüfungsstandards und anderer Standards besitzt, das ausreicht, um seine Pflichten bei der Konzernabschlussprüfung zu erfüllen;
- die speziellen Fähigkeiten (z. B. branchenspezifische Kenntnisse) besitzt, die zur Durchführung der Tätigkeiten zu den Finanzinformationen des betreffenden Teilbereichs erforderlich sind;
- soweit relevant, ein Verständnis von dem maßgebenden Regelwerk der Rechnungslegung besitzt, das ausreicht, um seine Pflichten bei der Konzernabschlussprüfung zu erfüllen (in Anweisungen des Konzernmanagements an die Teilbereiche werden häufig die Merkmale des maßgebenden Regelwerks der Rechnungslegung beschrieben).

---

20) Wie von ISQC 1 „Qualitätssicherung für Praxen, die Abschlussprüfungen und prüferische Durchsichten von Abschlüssen sowie andere betriebswirtschaftliche Prüfungen und Aufträge zu verwandten Dienstleistungen durchführen", Textziffer 54, oder durch nationale Anforderungen gefordert, die zumindest so anspruchsvoll sind.

ISA 600

Application of the Group Engagement Team's Understanding of a Component Auditor (Ref: Para. 20)

A39. The group engagement team cannot overcome the fact that a component auditor is not independent by being involved in the work of the component auditor or by performing additional risk assessment or further audit procedures on the financial information of the component.

A40. However, the group engagement team may be able to overcome less than serious concerns about the component auditor's professional competency (for example, lack of industry specific knowledge), or the fact that the component auditor does not operate in an environment that actively oversees auditors, by being involved in the work of the component auditor or by performing additional risk assessment or further audit procedures on the financial information of the component.

A41. Where law or regulation prohibits access to relevant parts of the audit documentation of the component auditor, the group engagement team may request the component auditor to overcome this by preparing a memorandum that covers the relevant information.

Materiality (Ref: Para. 21–23)

A42. The auditor is required:[21]
  (a) When establishing the overall audit strategy, to determine:
    (i) Materiality for the financial statements as a whole; and
    (ii) If, in the specific circumstances of the entity, there are particular classes of transactions, account balances or disclosures for which misstatements of lesser amounts than materiality for the financial statements as a whole could reasonably be expected to influence the economic decisions of users taken on the basis of the financial statements, the materiality level or levels to be applied to those particular classes of transactions, account balances or disclosures; and

  (b) To determine performance materiality.

In the context of a group audit, materiality is established for both the group financial statements as a whole, and for the financial information of the components. Materiality for the group financial statements as a whole is used when establishing the overall group audit strategy.

A43. To reduce to an appropriately low level the probability that the aggregate of uncorrected and undetected misstatements in the group financial statements exceeds materiality for the group financial statements as a whole, component materiality is set lower than materiality for the group financial statements as a whole. Different component materiality may be established for different components. Component materiality need not be an arithmetical portion of the materiality for the group financial statements as a whole and, consequently, the aggregate of component materiality for the different components may exceed the materiality for the group financial statements as a whole. Component materiality is used when establishing the overall audit strategy for a component.

A44. Component materiality is determined for those components whose financial information will be audited or reviewed as part of the group audit in accordance with paragraphs 26, 27(a) and 29. Component materiality is used by the component auditor to evaluate whether uncorrected detected misstatements are material, individually or in the aggregate.

A45. A threshold for misstatements is determined in addition to component materiality. Misstatements identified in the financial information of the component that are above the threshold for misstatements are communicated to the group engagement team.

A46. In the case of an audit of the financial information of a component, the component auditor (or group engagement team) determines performance materiality at the component level. This is necessary to reduce to an appropriately low level the probability that the aggregate of uncorrected and undetected misstatements in the financial information of the component exceeds component materiality. In practice, the group engagement team may set component materiality at this lower level. Where this is the case, the

---

[21] ISA 320, "Materiality in Planning and Performing an Audit," paragraphs 10-11.

Besondere Überlegungen zu Konzernabschlussprüfungen (einschließlich der Tätigkeit von Teilbereichsprüfern) — ISA 600

Anwendung des Verständnisses des Konzernprüfungsteams über einen Teilbereichsprüfer (Vgl. Tz. 20)

A39. Das Konzernprüfungsteam kann die Tatsache, dass ein Teilbereichsprüfer nicht unabhängig ist, nicht dadurch ausgleichen, dass es sich in die Tätigkeit des Teilbereichsprüfers einbindet oder eine zusätzliche Risikobeurteilung oder weitere Prüfungshandlungen zu den Finanzinformationen des Teilbereichs durchführt.

A40. Das Konzernprüfungsteam kann jedoch nicht ganz gewichtige Bedenken zur beruflichen Kompetenz des Teilbereichsprüfers (z. B. fehlende branchenspezifische Kenntnisse) oder zu der Tatsache, dass der Teilbereichsprüfer nicht in einem Umfeld tätig ist, in dem Abschlussprüfer aktiv beaufsichtigt werden, dadurch ausgleichen, dass es sich in die Tätigkeit des Teilbereichsprüfers einbindet oder eine zusätzliche Risikobeurteilung oder weitere Prüfungshandlungen zu den Finanzinformationen des Teilbereichs durchführt.

A41. Wenn der Zugang zu relevanten Teilen der Prüfungsdokumentation des Teilbereichsprüfers durch Gesetze oder andere Rechtsvorschriften untersagt ist, kann das Konzernprüfungsteam den Teilbereichsprüfer auffordern, diesen Umstand auszugleichen, indem er ein Memorandum erstellt, das die relevanten Informationen umfasst.

Wesentlichkeit (Vgl. Tz. 21-23)

A42. Der Abschlussprüfer ist verpflichtet,[21]
  (a) bei der Festlegung der Prüfungsstrategie:
   (i) eine Wesentlichkeit für den Abschluss als Ganzes festzulegen und
   (ii) die Wesentlichkeitsgrenze oder -grenzen festzulegen, die auf die bestimmten Arten von Geschäftsvorfällen, Kontensalden oder Abschlussangaben anzuwenden sind, falls es unter den für die Einheit typischen Umständen eine oder mehrere bestimmte Arten von Geschäftsvorfällen, Kontensalden oder Abschlussangaben gibt, von denen vernünftigerweise erwartet werden kann, dass falsche Darstellungen von Beträgen unterhalb der Wesentlichkeit für den Abschluss als Ganzes die auf der Grundlage des Abschlusses getroffenen wirtschaftlichen Entscheidungen von Nutzern beeinflussen, und
  (b) die Toleranzwesentlichkeit festzulegen.
  Im Zusammenhang mit einer Konzernabschlussprüfung wird die Wesentlichkeit sowohl für den Konzernabschluss als Ganzes als auch für die Finanzinformationen der Teilbereiche festgelegt. Die Wesentlichkeit für den Konzernabschluss als Ganzes wird bei der Festlegung der Konzernprüfungsstrategie verwendet.

A43. Um die Wahrscheinlichkeit dafür auf ein angemessen niedriges Maß zu reduzieren, dass die Summe der nicht korrigierten und nicht aufgedeckten falschen Darstellungen im Konzernabschluss die Wesentlichkeit für den Konzernabschluss als Ganzes überschreitet, wird die Teilbereichswesentlichkeit niedriger sein als die Wesentlichkeit für den Konzernabschluss als Ganzes. Für verschiedene Teilbereiche können unterschiedliche Wesentlichkeiten festgelegt werden. Die Wesentlichkeit für einen Teilbereich muss nicht in einem rechnerischen Verhältnis zur Wesentlichkeit für den Konzernabschluss stehen. Daher kann die Summe der Wesentlichkeit für Teilbereiche die Wesentlichkeit für den Konzernabschluss überschreiten. Die Wesentlichkeit für einen Teilbereich wird zur Festlegung der Prüfungsstrategie für einen Teilbereich verwendet.

A44. Wesentlichkeit für Teilbereiche wird für solche Teilbereiche festgelegt, deren Finanzinformationen als Teil der Konzernabschlussprüfung in Übereinstimmung mit den Textziffern 26, 27(a) und 29 geprüft oder prüferisch durchgesehen werden. Anhand der Teilbereichswesentlichkeit beurteilt der Teilbereichsprüfer, ob nicht korrigierte aufgedeckte falsche Darstellungen einzeln oder in der Summe wesentlich sind.

A45. Zusätzlich zur Wesentlichkeit für Teilbereiche wird eine Schwelle für falsche Darstellungen festgelegt.[*] In den Finanzinformationen des Teilbereichs festgestellte falsche Darstellungen, die über der Schwelle für falsche Darstellungen liegen, werden dem Konzernprüfungsteam mitgeteilt.

A46. Bei der Prüfung von Finanzinformationen eines Teilbereichs legt der Teilbereichsprüfer (oder das Konzernprüfungsteam) die Toleranzwesentlichkeit auf Teilbereichsebene fest. Dies ist notwendig, um die Wahrscheinlichkeit dafür auf ein angemessen niedriges Maß zu reduzieren, dass die Summe der aufgedeckten und nicht aufgedeckten falschen Darstellungen in den Finanzinformationen des Teilbereichs die Wesentlichkeit für den Teilbereich überschreitet. In der Praxis kann das Konzernprüfungsteam die

---

[21] ISA 320 „Die Wesentlichkeit bei der Planung und Durchführung einer Abschlussprüfung", Textziffern 10-11.
[*] Dies entspricht auf der Konzernebene der Festlegung der zweifelsfrei unbeachtlichen falschen Darstellungen auf Abschlussebene.

component auditor uses component materiality for purposes of assessing the risks of material misstatement of the financial information of the component and to design further audit procedures in response to assessed risks as well as for evaluating whether detected misstatements are material individually or in the aggregate.

Responding to Assessed Risks

Determining the Type of Work to Be Performed on the Financial Information of Components (Ref: Para. 26–27)

A47. The group engagement team's determination of the type of work to be performed on the financial information of a component and its involvement in the work of the component auditor is affected by:

    (a) The significance of the component;

    (b) The identified significant risks of material misstatement of the group financial statements;

    (c) The group engagement team's evaluation of the design of group-wide controls and determination whether they have been implemented; and

    (d) The group engagement team's understanding of the component auditor.

The diagram shows how the significance of the component affects the group engagement team's determination of the type of work to be performed on the financial information of the component.

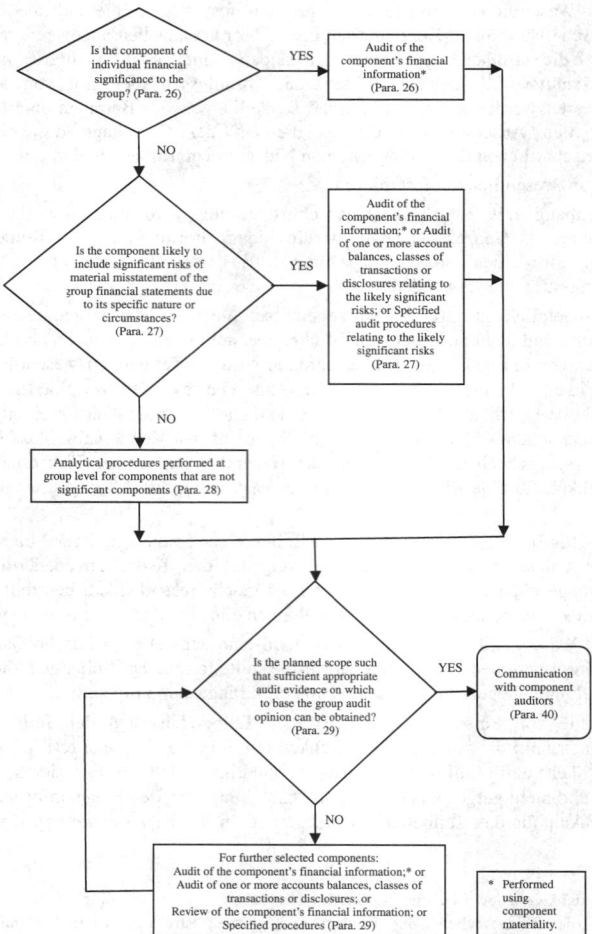

Besondere Überlegungen zu Konzernabschlussprüfungen
(einschließlich der Tätigkeit von Teilbereichsprüfern)   ISA 600

Teilbereichswesentlichkeit auf diesen niedrigeren Wert festlegen. In diesem Fall verwendet der Teilbereichsprüfer die Teilbereichswesentlichkeit zu dem Zweck, die Risiken wesentlicher falscher Darstellungen in den Finanzinformationen des Teilbereichs zu beurteilen und weitere Prüfungshandlungen als Reaktion auf beurteilte Risiken zu planen sowie zu beurteilen, ob aufgedeckte falsche Darstellungen einzeln oder in der Summe wesentlich sind.

Reaktion auf beurteilte Risiken

Festlegung der Art der Tätigkeiten, die zu den Finanzinformationen von Teilbereichen durchzuführen sind (Vgl. Tz. 26-27)

A47. Die vom Konzernprüfungsteam getroffene Festlegung zu der Art von Tätigkeiten, die zu den Finanzinformationen eines Teilbereichs durchzuführen sind, sowie zur Einbindung des Konzernprüfungsteams in die Tätigkeit des Teilbereichsprüfers wird beeinflusst durch

(a) die Bedeutung des Teilbereichs;

(b) die festgestellten bedeutsamen Risiken wesentlicher falscher Darstellungen im Konzernabschluss;

(c) die Beurteilung der Ausgestaltung von konzernweiten Kontrollen durch das Konzernprüfungsteam und die Feststellung, ob diese eingerichtet wurden sowie

(d) das Verständnis des Konzernprüfungsteams vom Teilbereichsprüfer.

In dem nachfolgenden Diagramm ist dargestellt, wie sich die Bedeutung des Teilbereichs auf die vom Konzernprüfungsteam getroffene Festlegung auswirkt, welche Art von Tätigkeiten zu den Finanzinformationen des Teilbereichs durchzuführen ist.

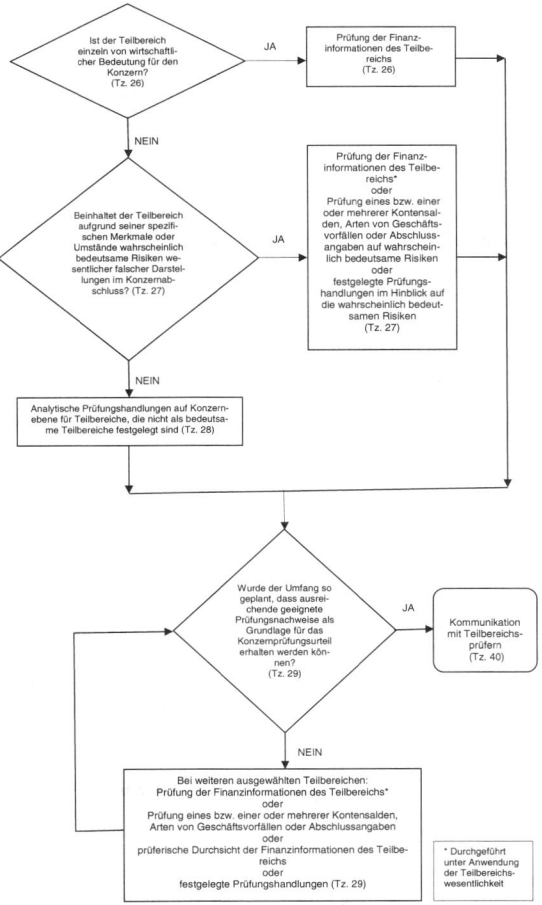

Significant Components (Ref: Para. 27(b)–(c))

A48. The group engagement team may identify a component as a significant component because that component is likely to include significant risks of material misstatement of the group financial statements due to its specific nature or circumstances. In that case, the group engagement team may be able to identify the account balances, classes of transactions or disclosures affected by the likely significant risks. Where this is the case, the group engagement team may decide to perform, or request a component auditor to perform, an audit of only those account balances, classes of transactions or disclosures. For example, in the situation described in paragraph A6, the work on the financial information of the component may be limited to an audit of the account balances, classes of transactions and disclosures affected by the foreign exchange trading of that component. Where the group engagement team requests a component auditor to perform an audit of one or more specific account balances, classes of transactions or disclosures, the communication of the group engagement team (see paragraph 40) takes account of the fact that many financial statement items are interrelated.

A49. The group engagement team may design audit procedures that respond to a likely significant risk of material misstatement of the group financial statements. For example, in the case of a likely significant risk of inventory obsolescence, the group engagement team may perform, or request a component auditor to perform, specified audit procedures on the valuation of inventory at a component that holds a large volume of potentially obsolete inventory, but that is not otherwise significant.

Components that Are Not Significant Components (Ref: Para. 28–29)

A50. Depending on the circumstances of the engagement, the financial information of the components may be aggregated at various levels for purposes of the analytical procedures. The results of the analytical procedures corroborate the group engagement team's conclusions that there are no significant risks of material misstatement of the aggregated financial information of components that are not significant components.

A51. The group engagement team's decision as to how many components to select in accordance with paragraph 29, which components to select, and the type of work to be performed on the financial information of the individual components selected may be affected by factors such as the following:

- The extent of audit evidence expected to be obtained on the financial information of the significant components.
- Whether the component has been newly formed or acquired.
- Whether significant changes have taken place in the component.
- Whether internal audit has performed work at the component and any effect of that work on the group audit.
- Whether the components apply common systems and processes.
- The operating effectiveness of group-wide controls.
- Abnormal fluctuations identified by analytical procedures performed at group level.
- The individual financial significance of, or the risk posed by, the component in comparison with other components within this category.
- Whether the component is subject to audit required by statute, regulation or for another reason.

Including an element of unpredictability in selecting components in this category may increase the likelihood of identifying material misstatement of the components' financial information. The selection of components is often varied on a cyclical basis.

A52. A review of the financial information of a component may be performed in accordance with International Standard on Review Engagements (ISRE) 2400[22] or ISRE 2410,[23] adapted as necessary in the

---

[22] ISRE 2400, "Engagements to Review Financial Statements."
[23] ISRE 2410, "Review of Interim Financial Information Performed by the Independent Auditor of the Entity."

Bedeutsame Teilbereiche (Vgl. Tz. 27(b)-(c))

A48. Das Konzernprüfungsteam kann einen Teilbereich als einen bedeutsamen Teilbereich bestimmen, weil dieser Teilbereich aufgrund seiner spezifischen Merkmale oder Umstände wahrscheinlich bedeutsame Risiken wesentlicher falscher Darstellungen im Konzernabschluss beinhaltet. In diesem Fall wird das Konzernprüfungsteam möglicherweise in der Lage sein, die Kontensalden, Arten von Geschäftsvorfällen oder Abschlussangaben festzustellen, die durch die wahrscheinlich bedeutsamen Risiken beeinflusst werden. Wenn dies der Fall ist, kann das Konzernprüfungsteam beschließen, eine Prüfung nur dieser Kontensalden, Arten von Geschäftsvorfällen oder Abschlussangaben durchzuführen, oder einen Teilbereichsprüfer zur Durchführung dieser Prüfung auffordern. So können bspw. in der in Textziffer A6 beschriebenen Situation die Tätigkeiten zu den Finanzinformationen des Teilbereichs auf eine Prüfung der Kontensalden, Arten von Geschäftsvorfällen sowie Abschlussangaben beschränkt sein, die durch den Devisenhandel dieses Teilbereichs beeinflusst werden. Wenn das Konzernprüfungsteam einen Teilbereichsprüfer auffordert, eine Prüfung eines bzw. einer oder mehrerer spezifischer Kontensalden, Arten von Geschäftsvorfällen oder Abschlussangaben durchzuführen, wird bei der Mitteilung des Konzernprüfungsteams (siehe Textziffer 40) die Tatsache berücksichtigt, dass viele Abschlussposten in gegenseitiger Wechselbeziehung stehen.

A49. Das Konzernprüfungsteam kann Prüfungshandlungen planen, mit denen auf ein wahrscheinlich bedeutsames Risiko wesentlicher falscher Darstellungen im Konzernabschluss reagiert wird. Beispielsweise kann das Konzernprüfungsteam bei einem wahrscheinlich bedeutsamen Risiko der Überalterung von Vorräten festgelegte Prüfungshandlungen zu der Bewertung von Vorräten in einem Teilbereich durchführen, der eine große Menge an möglicherweise veralteten Vorräten enthält, jedoch ansonsten nicht bedeutsam ist, oder einen Teilbereichsprüfer zur Durchführung dieser Prüfungshandlungen auffordern.

Teilbereiche, die nicht als bedeutsame Teilbereiche festgelegt sind (Vgl. Tz. 28-29)

A50. Je nach den Umständen des Auftrags können die Finanzinformationen der Teilbereiche für Zwecke der analytischen Prüfungshandlungen auf verschiedenen Ebenen aggregiert werden. Die Ergebnisse der analytischen Prüfungshandlungen dienen dazu, die Schlussfolgerungen des Konzernprüfungsteams zu untermauern, dass keine bedeutsamen Risiken wesentlicher falscher Darstellungen in den aggregierten Finanzinformationen jener Teilbereiche bestehen, die nicht als bedeutsame Teilbereiche festgelegt sind.

A51. Die Entscheidung des Konzernprüfungsteams zu der Frage, wie viele Teilbereiche in Übereinstimmung mit Textziffer 29 auszuwählen sind, welche Teilbereiche auszuwählen sind und welche Art von Tätigkeiten zu den Finanzinformationen der einzelnen Teilbereiche durchzuführen ist, kann z. B. durch folgende Faktoren beeinflusst werden:

- den erwarteten Umfang der zu erlangenden Prüfungsnachweise über die Finanzinformationen der bedeutsamen Teilbereiche;
- ob der Teilbereich neu gegründet oder übernommen wurde;
- ob in dem Teilbereich bedeutsame Änderungen stattgefunden haben;
- ob die Interne Revision Tätigkeiten in dem Teilbereich durchgeführt hat sowie jegliche Auswirkung dieser Tätigkeiten auf die Konzernabschlussprüfung;
- ob in den Teilbereichen gemeinsame Systeme und Prozesse angewandt werden;
- die Wirksamkeit von konzernweiten Kontrollen;
- ungewöhnliche Schwankungen, die durch analytische Prüfungshandlungen auf Konzernebene festgestellt wurden;
- die wirtschaftliche Bedeutung des einzelnen Teilbereichs oder das von dem einzelnen Teilbereich ausgehende Risiko im Vergleich zu anderen Teilbereichen innerhalb dieser Kategorie;
- ob der Teilbereich aufgrund von Gesetzen oder anderen Rechtsvorschriften oder aus anderen Gründen einer Prüfung unterliegt.

Durch das Einbauen eines Überraschungsmoments bei der Auswahl von Teilbereichen in dieser Kategorie kann die Wahrscheinlichkeit der Feststellung von wesentlichen falschen Darstellungen in den Finanzinformationen der Teilbereiche steigen. Die Auswahl von Teilbereichen wird häufig wiederkehrend variiert.

A52. Eine prüferische Durchsicht der Finanzinformationen eines Teilbereichs kann in Übereinstimmung mit International Standard on Review Engagements (ISRE) 2400[22] oder ISRE 2410[23], ggf. unter Anpassung

---

[22] ISRE 2400 „Aufträge zur prüferischen Durchsicht von Abschlüssen".
[23] ISRE 2410 „Prüferische Durchsicht von unterjährigen Finanzinformationen durch den unabhängigen Abschlussprüfer der Einheit".

circumstances. The group engagement team may also specify additional procedures to supplement this work.

A53. As explained in paragraph A13, a group may consist only of components that are not significant components. In these circumstances, the group engagement team can obtain sufficient appropriate audit evidence on which to base the group audit opinion by determining the type of work to be performed on the financial information of the components in accordance with paragraph 29. It is unlikely that the group engagement team will obtain sufficient appropriate audit evidence on which to base the group audit opinion if the group engagement team, or a component auditor, only tests group-wide controls and performs analytical procedures on the financial information of the components.

Involvement in the Work Performed by Component Auditors (Ref: Para. 30–31)

A54. Factors that may affect the group engagement team's involvement in the work of the component auditor include:

(a) The significance of the component;

(b) The identified significant risks of material misstatement of the group financial statements; and

(c) The group engagement team's understanding of the component auditor.

In the case of a significant component or identified significant risks, the group engagement team performs the procedures described in paragraphs 30–31. In the case of a component that is not a significant component, the nature, timing and extent of the group engagement team's involvement in the work of the component auditor will vary based on the group engagement team's understanding of that component auditor. The fact that the component is not a significant component becomes secondary. For example, even though a component is not considered a significant component, the group engagement team nevertheless may decide to be involved in the component auditor's risk assessment, because it has less than serious concerns about the component auditor's professional competency (for example, lack of industry specific knowledge), or the component auditor does not operate in an environment that actively oversees auditors.

A55. Forms of involvement in the work of a component auditor other than those described in paragraphs 30–31 and 42 may, based on the group engagement team's understanding of the component auditor, include one or more of the following:

(a) Meeting with component management or the component auditors to obtain an understanding of the component and its environment.

(b) Reviewing the component auditors' overall audit strategy and audit plan.

(c) Performing risk assessment procedures to identify and assess the risks of material misstatement at the component level. These may be performed with the component auditors, or by the group engagement team.

(d) Designing and performing further audit procedures. These may be designed and performed with the component auditors, or by the group engagement team.

(e) Participating in the closing and other key meetings between the component auditors and component management.

(f) Reviewing other relevant parts of the component auditors' audit documentation.

Consolidation Process

Consolidation Adjustments and Reclassifications (Ref: Para. 34)

A56. The consolidation process may require adjustments to amounts reported in the group financial statements that do not pass through the usual transaction processing systems, and may not be subject to the same internal controls to which other financial information is subject. The group engagement team's evaluation of the appropriateness, completeness and accuracy of the adjustments may include:

- Evaluating whether significant adjustments appropriately reflect the events and transactions underlying them;

- Determining whether significant adjustments have been correctly calculated, processed and authorized by group management and, where applicable, by component management;

an die gegebenen Umstände, durchgeführt werden. Darüber hinaus kann das Konzernprüfungsteam zusätzliche Prüfungshandlungen zur Ergänzung dieser Tätigkeit festlegen.

A53. Wie in Textziffer A13 erläutert, kann ein Konzern auch nur aus Teilbereichen bestehen, die keine bedeutsamen Teilbereiche sind. Unter diesen Umständen kann das Konzernprüfungsteam ausreichende geeignete Prüfungsnachweise als Grundlage für das Konzernprüfungsurteil erlangen, indem es in Übereinstimmung mit Textziffer 29 die Art der zu den Finanzinformationen der Teilbereiche durchzuführenden Tätigkeiten festlegt. Es ist unwahrscheinlich, dass das Konzernprüfungsteam ausreichende geeignete Prüfungsnachweise als Grundlage für das Konzernprüfungsurteil erlangt, wenn das Konzernprüfungsteam oder ein Teilbereichsprüfer lediglich konzernweite Kontrollen prüft und analytische Prüfungshandlungen zu den Finanzinformationen der Teilbereiche durchführt.

Einbindung in die Tätigkeit von Teilbereichsprüfern (Vgl. Tz. 30-31)

A54. Zu den Faktoren, die sich auf die Einbindung des Konzernprüfungsteams in die Tätigkeit des Teilbereichsprüfers auswirken können, gehören

(a) die Bedeutung des Teilbereichs;

(b) die festgestellten bedeutsamen Risiken wesentlicher falscher Darstellungen im Konzernabschluss und

(c) das Verständnis des Konzernprüfungsteams vom Teilbereichsprüfer.

Im Falle eines bedeutsamen Teilbereichs oder festgestellter bedeutsamer Risiken führt das Konzernprüfungsteam die in den Textziffern 30-31 beschriebenen Prüfungshandlungen durch. Im Falle eines Teilbereichs, der kein bedeutsamer Teilbereich ist, unterscheiden sich Art, zeitliche Einteilung und Umfang der Einbindung des Konzernprüfungsteams in die Tätigkeit des Teilbereichsprüfers auf der Grundlage des Verständnisses des Konzernprüfungsteams vom betreffenden Teilbereichsprüfer. Die Tatsache, dass der Teilbereich kein bedeutsamer Teilbereich ist, wird dabei zweitrangig. Beispielsweise kann das Konzernprüfungsteam auch bei einem nicht als bedeutsam angesehenen Teilbereich beschließen, in die Risikobeurteilung des Teilbereichsprüfers eingebunden zu werden, weil es gewisse Bedenken zur beruflichen Kompetenz des Teilbereichsprüfers (z. B. fehlende branchenspezifische Kenntnisse) hat oder weil der Teilbereichsprüfer nicht in einem Umfeld tätig ist, in dem Abschlussprüfer aktiv beaufsichtigt werden.

A55. Andere Formen der Einbindung in die Tätigkeit eines Teilbereichsprüfers als die in den Textziffern 30-31 und 42 beschriebenen können auf der Grundlage des Verständnisses des Konzernprüfungsteams vom Teilbereichsprüfer eine oder mehrere der folgenden Möglichkeiten einschließen:

(a) Sitzungen mit dem Teilbereichsmanagement oder den Teilbereichsprüfern, um ein Verständnis von dem Teilbereich und seinem Umfeld zu gewinnen;

(b) Durchsicht der Prüfungsstrategie und des Prüfungsprogramms der Teilbereichsprüfer;

(c) Durchführung von Prüfungshandlungen zur Risikobeurteilung, um die Risiken wesentlicher falscher Darstellungen auf Teilbereichsebene festzustellen und zu beurteilen. Diese Prüfungshandlungen können zusammen mit den Teilbereichsprüfern oder vom Konzernprüfungsteam geplant und durchgeführt werden;

(d) Planung und Durchführung von weiteren Prüfungshandlungen. Diese können zusammen mit den Teilbereichsprüfern oder vom Konzernprüfungsteam geplant und durchgeführt werden;

(e) Teilnahme an den Abschlusssitzungen und anderen besonders wichtigen Sitzungen zwischen den Teilbereichsprüfern und dem Teilbereichsmanagement;

(f) Durchsicht anderer relevanter Teile der Prüfungsdokumentation der Teilbereichsprüfer.

Konsolidierungsprozess

Konsolidierungsbuchungen und Umgliederungen (Vgl. Tz. 34)

A56. Der Konsolidierungsprozess kann Anpassungen an im Konzernabschluss ausgewiesenen Beträgen erfordern, die nicht die üblichen Systeme zur Verarbeitung von Geschäftsvorfällen durchlaufen und möglicherweise nicht denselben internen Kontrollen unterliegen wie andere Finanzinformationen. Die Beurteilung der Angemessenheit, Vollständigkeit und Richtigkeit der Anpassungen durch das Konzernprüfungsteam kann Folgendes einschließen:

- Beurteilung, ob bedeutsame Anpassungen die ihnen zugrunde liegenden Ereignisse und Geschäftsvorfälle angemessen widerspiegeln;
- Feststellung, ob bedeutsame Anpassungen korrekt berechnet, verarbeitet und vom Konzernmanagement sowie ggf. vom Teilbereichsmanagement autorisiert wurden;

- Determining whether significant adjustments are properly supported and sufficiently documented; and
- Checking the reconciliation and elimination of intra-group transactions and unrealized profits, and intra-group account balances.

Communication with the Component Auditor (Ref: Para. 40–41)

A57. If effective two-way communication between the group engagement team and the component auditors does not exist, there is a risk that the group engagement team may not obtain sufficient appropriate audit evidence on which to base the group audit opinion. Clear and timely communication of the group engagement team's requirements forms the basis of effective two-way communication between the group engagement team and the component auditor.

A58. The group engagement team's requirements are often communicated in a letter of instruction. Appendix 5 contains guidance on required and additional matters that may be included in such a letter of instruction. The component auditor's communication with the group engagement team often takes the form of a memorandum or report of work performed. Communication between the group engagement team and the component auditor, however, may not necessarily be in writing. For example, the group engagement team may visit the component auditor to discuss identified significant risks or review relevant parts of the component auditor's audit documentation. Nevertheless, the documentation requirements of this and other ISAs apply.

A59. In cooperating with the group engagement team, the component auditor, for example, would provide the group engagement team with access to relevant audit documentation if not prohibited by law or regulation.

A60. Where a member of the group engagement team is also a component auditor, the objective for the group engagement team to communicate clearly with the component auditor can often be achieved by means other than specific written communication. For example:

- Access by the component auditor to the overall audit strategy and audit plan may be sufficient to communicate the group engagement team's requirements set out in paragraph 40; and

- A review of the component auditor's audit documentation by the group engagement team may be sufficient to communicate matters relevant to the group engagement team's conclusion set out in paragraph 41.

Evaluating the Sufficiency and Appropriateness of Audit Evidence Obtained

Reviewing the Component Auditor's Audit Documentation (Ref: Para. 42(b))

A61. What parts of the audit documentation of the component auditor will be relevant to the group audit may vary depending on the circumstances. Often the focus is on audit documentation that is relevant to the significant risks of material misstatement of the group financial statements. The extent of the review may be affected by the fact that the component auditor's audit documentation has been subjected to the component auditor's firm's review procedures.

Sufficiency and Appropriateness of Audit Evidence (Ref: Para. 44–45)

A62. If the group engagement team concludes that sufficient appropriate audit evidence on which to base the group audit opinion has not been obtained, the group engagement team may request the component auditor to perform additional procedures. If this is not feasible, the group engagement team may perform its own procedures on the financial information of the component.

A63. The group engagement partner's evaluation of the aggregate effect of any misstatements (either identified by the group engagement team or communicated by component auditors) allows the group engagement partner to determine whether the group financial statements as a whole are materially misstated.

- Feststellung, ob bedeutsame Anpassungen hinreichend begründet und ausreichend dokumentiert sind;
- Überprüfung der Abstimmung und Eliminierung von konzerninternen Geschäftsvorfällen und nicht realisierten Gewinnen sowie von konzerninternen Kontensalden.

Kommunikation mit dem Teilbereichsprüfer (Vgl. Tz. 40-41)

A57. Wenn zwischen dem Konzernprüfungsteam und den Teilbereichsprüfern keine wirksame wechselseitige Kommunikation vorhanden ist, besteht die Gefahr, dass das Konzernprüfungsteam möglicherweise keine ausreichenden geeigneten Prüfungsnachweise als Grundlage für das Konzernprüfungsurteil erlangt. Eine klare und zeitgerechte Mitteilung der Anforderungen des Konzernprüfungsteams bildet die Grundlage für eine wirksame wechselseitige Kommunikation zwischen Konzernprüfungsteam und Teilbereichsprüfer.

A58. Die Anforderungen des Konzernprüfungsteams werden häufig in einer schriftlichen Prüfungsanweisung mitgeteilt. Anlage 5 enthält erläuternde Hinweise zu erforderlichen und zusätzlichen Sachverhalten, die in eine solche Anweisung einbezogen werden können. Die Kommunikation des Teilbereichsprüfers mit dem Konzernprüfungsteam erfolgt häufig in Form eines Memorandums oder Berichts über die durchgeführte Tätigkeit. Die Kommunikation zwischen dem Konzernprüfungsteam und dem Teilbereichsprüfer muss hingegen nicht notwendigerweise schriftlich erfolgen. Beispielsweise kann das Konzernprüfungsteam den Teilbereichsprüfer aufsuchen, um festgestellte bedeutsame Risiken zu erörtern oder relevante Teile der Prüfungsdokumentation des Teilbereichsprüfers durchzusehen. Dennoch gelten dabei die Dokumentationsanforderungen dieses und anderer ISA.

A59. Im Rahmen der Zusammenarbeit mit dem Konzernprüfungsteam kann der Teilbereichsprüfer bspw. dem Konzernprüfungsteam Zugang zu relevanter Prüfungsdokumentation ermöglichen, sofern dies nicht aufgrund von Gesetzen oder anderen Rechtsvorschriften verboten ist.

A60. Wenn ein Mitglied des Konzernprüfungsteams auch Teilbereichsprüfer ist, kann das Ziel des Konzernprüfungsteams, mit dem Teilbereichsprüfer klar zu kommunizieren, häufig auf anderem Wege als durch eine spezifische schriftliche Kommunikation erreicht werden. Beispiele:
- Der Zugang des Teilbereichsprüfers zur Prüfungsstrategie und zum Prüfungsprogramm kann ausreichen, um die in Textziffer 40 erläuterten Anforderungen des Konzernprüfungsteams mitzuteilen.
- Eine Durchsicht der Prüfungsdokumentation des Teilbereichsprüfers durch das Konzernprüfungsteam kann ausreichen, um Sachverhalte mitzuteilen, die für die in Textziffer 41 erläuterte Schlussfolgerung des Konzernprüfungsteams relevant sind.

Beurteilung von erlangten Prüfungsnachweisen auf ausreichenden Umfang und Eignung

Durchsicht der Prüfungsdokumentation des Teilbereichsprüfers (Vgl. Tz. 42(b))

A61. Die für die Konzernabschlussprüfung relevanten Teile der Prüfungsdokumentation des Teilbereichsprüfers können sich je nach den gegebenen Umständen unterscheiden. Häufig liegt der Schwerpunkt auf der Prüfungsdokumentation, die für die bedeutsamen Risiken wesentlicher falscher Darstellungen im Konzernabschluss relevant ist. Der Umfang der Durchsicht kann durch die Tatsache beeinflusst werden, dass die Prüfungsdokumentation des Teilbereichsprüfers den Durchsichtsmaßnahmen der Prüfungspraxis unterlegen hat, für die der Teilbereichsprüfer tätig ist.

Ausreichender Umfang und Eignung von Prüfungsnachweisen (Vgl. Tz. 44-45)

A62. Wenn das Konzernprüfungsteam zu der Schlussfolgerung gelangt, dass keine ausreichenden geeigneten Prüfungsnachweise als Grundlage für das Konzernprüfungsurteil erlangt wurden, kann es den Teilbereichsprüfer auffordern, zusätzliche Prüfungshandlungen durchzuführen. Wenn dies nicht möglich ist, kann das Konzernprüfungsteam eigene Prüfungshandlungen zu den Finanzinformationen des Teilbereichs durchführen.

A63. Die Beurteilung der Gesamtauswirkung von falschen Darstellungen (die entweder vom Konzernprüfungsteam festgestellt oder von Teilbereichsprüfern mitgeteilt wurden) durch den für den Konzernprüfungsauftrag Verantwortlichen ermöglicht diesem die Feststellung, ob der Konzernabschluss als Ganzes wesentlich falsch dargestellt ist.

Communication with Group Management and Those Charged with Governance of the Group

Communication with Group Management (Ref: Para. 46–48)

A64. ISA 240 contains requirements and guidance on communication of fraud to management and, where management may be involved in the fraud, to those charged with governance.[24]

A65. Group management may need to keep certain material sensitive information confidential. Examples of matters that may be significant to the financial statements of the component of which component management may be unaware include the following:
- Potential litigation.
- Plans for abandonment of material operating assets.
- Subsequent events.
- Significant legal agreements.

Communication with Those Charged with Governance of the Group (Ref: Para. 49)

A66. The matters the group engagement team communicates to those charged with governance of the group may include those brought to the attention of the group engagement team by component auditors that the group engagement team judges to be significant to the responsibilities of those charged with governance of the group. Communication with those charged with governance of the group takes place at various times during the group audit. For example, the matters referred to in paragraph 49(a)–(b) may be communicated after the group engagement team has determined the work to be performed on the financial information of the components. On the other hand, the matter referred to in paragraph 49(c) may be communicated at the end of the audit, and the matters referred to in paragraph 49(d)–(e) may be communicated when they occur.

---

[24] ISA 240, paragraphs 40-42.

Kommunikation mit dem Konzernmanagement und den für die Konzernüberwachung Verantwortlichen

Kommunikation mit dem Konzernmanagement (Vgl. Tz. 46-48)

A64. ISA 240[24] enthält Anforderungen und erläuternde Hinweise zur Mitteilung von dolosen Handlungen an das Management und, wenn das Management möglicherweise an den dolosen Handlungen beteiligt ist, an die für die Überwachung Verantwortlichen.

A65. Das Konzernmanagement kann bestimmte wesentliche sensible Informationen vertraulich halten müssen. Zu den Beispielen für Sachverhalte, die für den Abschluss des Teilbereichs bedeutsam sein können, jedoch möglicherweise dem Teilbereichsmanagement nicht bekannt sind, gehören Folgende:

- mögliche Rechtsstreitigkeiten;
- Pläne zur Außerbetriebnahme wesentlicher betrieblicher Vermögenswerte;
- Ereignisse nach dem Abschlussstichtag;
- bedeutsame rechtliche Vereinbarungen.

Kommunikation mit den für die Konzernüberwachung Verantwortlichen (Vgl. Tz. 49)

A66. Die Sachverhalte, die das Konzernprüfungsteam den für die Konzernüberwachung Verantwortlichen mitteilt, können solche einschließen, die dem Konzernprüfungsteam von Teilbereichsprüfern mitgeteilt wurden und die das Konzernprüfungsteam als bedeutsam für die Verantwortung der für die Konzernüberwachung Verantwortlichen erachtet. Die Kommunikation mit den für die Konzernüberwachung Verantwortlichen findet zu verschiedenen Zeitpunkten während der Konzernabschlussprüfung statt. So können bspw. die in Textziffer 49(a)-(b) genannten Sachverhalte mitgeteilt werden, nachdem das Konzernprüfungsteam die zu den Finanzinformationen der Teilbereiche durchzuführenden Untersuchungen festgelegt hat. Dagegen können der in Textziffer 49(c) genannte Sachverhalt am Ende der Prüfung und die in Textziffer 49(d)-(e) genannten Sachverhalte bei ihrem Anfall mitgeteilt werden.

---

24) ISA 240, Textziffern 40-42.

Appendix 1
(Ref: Para. A19)

Example of a Qualified Opinion Where the Group Engagement Team Is Not Able to Obtain Sufficient Appropriate Audit Evidence on Which to Base the Group Audit Opinion

In this example, the group engagement team is unable to obtain sufficient appropriate audit evidence relating to a significant component accounted for by the equity method (recognized at $15 million in the statement of financial position, which reflects total assets of $60 million) because the group engagement team did not have access to the accounting records, management, or auditor of the component.

The group engagement team has read the audited financial statements of the component as at December 31, 20X1, including the auditor's report thereon, and considered related financial information kept by group management in relation to the component.

In the group engagement partner's judgment, the effect on the group financial statements of this inability to obtain sufficient appropriate audit evidence is material but not pervasive.

INDEPENDENT AUDITOR'S REPORT

[Appropriate Addressee]

Report on the Consolidated Financial Statements[1]

We have audited the accompanying consolidated financial statements of ABC Company and its subsidiaries, which comprise the consolidated statement of financial position as at December 31, 20X1, and the consolidated statement of comprehensive income, statement of changes in equity and statement of cash flows for the year then ended, and a summary of significant accounting policies and other explanatory information.

Management's[2] *Responsibility for the Consolidated Financial Statements*

Management is responsible for the preparation and fair presentation of these consolidated financial statements in accordance with International Financial Reporting Standards,[3] and for such internal control as management determines is necessary to enable the preparation of consolidated financial statements that are free from material misstatement, whether due to fraud or error.

Auditor's Responsibility

Our responsibility is to express an opinion on these consolidated financial statements based on our audit. We conducted our audit in accordance with International Standards on Auditing. Those standards require that we comply with ethical requirements and plan and perform the audit to obtain reasonable assurance about whether the consolidated financial statements are free from material misstatement.

An audit involves performing procedures to obtain audit evidence about the amounts and disclosures in the consolidated financial statements. The procedures selected depend on the auditor's judgment, including the assessment of the risks of material misstatement of the consolidated financial statements, whether due to fraud or error. In making those risk assessments, the auditor considers internal control

---

1) The sub-title, "Report on the Consolidated Financial Statements" is unnecessary in circumstances when the second sub-title, "Report on Other Legal and Regulatory Requirements" is not applicable.
2) Or other term that is appropriate in the context of the legal framework in the particular jurisdiction.
3) Where management's responsibility is to prepare consolidated financial statements that give a true and fair view, this may read: "Management is responsible for the preparation of consolidated financial statements that give a true and fair view in accordance with International Financial Reporting Standards, and for such ..."

Anlage 1
(Vgl. Tz. A19)

Beispiel für ein eingeschränktes Prüfungsurteil, bei dem das Konzernprüfungsteam keine ausreichenden geeigneten Prüfungsnachweise als Grundlage für das Konzernprüfungsurteil erlangen kann

In diesem Beispiel ist es dem Konzernprüfungsteam nicht möglich, ausreichende geeignete Prüfungsnachweise zu einem bedeutsamen Teilbereich zu erlangen, der nach der Equity-Methode bilanziert wird (mit 15 Millionen US-Dollar in der Bilanz ausgewiesen, die insgesamt Vermögenswerte in Höhe von 60 Millionen US-Dollar ausweist), weil es keinen Zugang zu den Unterlagen der Rechnungslegung, zum Management oder zum Abschlussprüfer des Teilbereichs hatte.

Das Konzernprüfungsteam hat den geprüften Abschluss des Teilbereichs zum 31.12.20X1, einschließlich des dazu erteilten Vermerks des Abschlussprüfers, gelesen und damit zusammenhängende, vom Konzernmanagement zu dem Teilbereich aufbewahrte Finanzinformationen berücksichtigt.

Nach Beurteilung des für den Konzernprüfungsauftrag Verantwortlichen ist die Auswirkung dieser fehlenden Möglichkeit zum Erlangen ausreichender geeigneter Prüfungsnachweise auf den Konzernabschluss zwar wesentlich, jedoch nicht umfassend[*)].

VERMERK DES ABSCHLUSSPRÜFERS[**)]

[Empfänger]

Vermerk zum Konzernabschluss[1)]

Wir haben den beigefügten Konzernabschluss der ABC Gesellschaft und deren Tochtergesellschaften – bestehend aus der Konzernbilanz zum 31.12.20X1, der Konzerngesamtergebnisrechnung, Konzerneigenkapitalveränderungsrechnung und Konzernkapitalflussrechnung[***)] für das an diesem Stichtag endende Geschäftsjahr sowie aus einer Zusammenfassung bedeutsamer Rechnungslegungsmethoden und anderen erläuternden Informationen – geprüft.

Verantwortung des Managements[2)] *für den Konzernabschluss*

Das Management ist verantwortlich für die Aufstellung und sachgerechte Gesamtdarstellung dieses Konzernabschlusses in Übereinstimmung mit den International Financial Reporting Standards[3)] und für die internen Kontrollen, die das Management als notwendig erachtet, um die Aufstellung eines Konzernabschlusses zu ermöglichen, der frei von wesentlichen - beabsichtigten oder unbeabsichtigten - falschen Darstellungen ist.

Verantwortung des Abschlussprüfers

Unsere Aufgabe ist es, auf der Grundlage unserer Prüfung ein Urteil zu diesem Konzernabschluss abzugeben. Wir haben unsere Abschlussprüfung in Übereinstimmung mit den International Standards on Auditing durchgeführt. Nach diesen Standards haben wir die beruflichen Verhaltensanforderungen einzuhalten und die Abschlussprüfung so zu planen und durchzuführen, dass hinreichende Sicherheit darüber erlangt wird, ob der Konzernabschluss frei von wesentlichen falschen Darstellungen ist.

Eine Abschlussprüfung beinhaltet die Durchführung von Prüfungshandlungen, um Prüfungsnachweise für die im Konzernabschluss enthaltenen Wertansätze und sonstigen Angaben zu erlangen. Die Auswahl der Prüfungshandlungen liegt im pflichtgemäßen Ermessen des Abschlussprüfers. Dies schließt die Beurteilung der Risiken wesentlicher - beabsichtigter oder unbeabsichtigter - falscher Darstellungen im

---

1) Die Unterüberschrift „Vermerk zum Konzernabschluss" ist nicht erforderlich, wenn die zweite Unterüberschrift, „Vermerk zu sonstigen gesetzlichen und anderen rechtlichen Anforderungen", nicht anzuwenden ist.
2) Oder ein anderer Begriff, der im Kontext des Rechtsrahmens in dem betreffenden Rechtsraum zutreffend ist.
3) Falls das Management die Verantwortung hat, einen Konzernabschluss aufzustellen, der ein den tatsächlichen Verhältnissen entsprechendes Bild vermittelt, kann dies lauten: „Das Management ist verantwortlich für die Aufstellung eines Konzernabschlusses, der in Übereinstimmung mit den International Financial Reporting Standards ein den tatsächlichen Verhältnissen entsprechendes Bild vermittelt, und für die ..."
*) „Umfassend" wird verwendet in dem Sinne, dass die fehlende Beurteilbarkeit sich auf den Konzernabschluss als Ganzes auswirkt.
**) In Deutschland und Österreich wird die Bezeichnung „Bestätigungsvermerk des Abschlussprüfers", in der Schweiz „Bericht des Abschlussprüfers" verwendet.
***) In Österreich und in der Schweiz: Geldflussrechnung.

relevant to the entity's preparation and fair presentation[4] of the consolidated financial statements in order to design audit procedures that are appropriate in the circumstances, but not for the purpose of expressing an opinion on the effectiveness of the entity's internal control.[5] An audit also includes evaluating the appropriateness of accounting policies used and the reasonableness of accounting estimates made by management, as well as evaluating the overall presentation of the consolidated financial statements.

We believe that the audit evidence we have obtained is sufficient and appropriate to provide a basis for our qualified audit opinion.

Basis for Qualified Opinion

ABC Company's investment in XYZ Company, a foreign associate acquired during the year and accounted for by the equity method, is carried at $15 million on the consolidated statement of financial position as at December 31, 20X1, and ABC's share of XYZ's net income of $1 million is included in the consolidated statement of comprehensive income for the year then ended. We were unable to obtain sufficient appropriate audit evidence about the carrying amount of ABC's investment in XYZ as at December 31, 20X1 and ABC's share of XYZ's net income for the year because we were denied access to the financial information, management, and the auditors of XYZ. Consequently, we were unable to determine whether any adjustments to these amounts were necessary.

Qualified Opinion

In our opinion, except for the possible effects of the matter described in the Basis for Qualified Opinion paragraph, the consolidated financial statements present fairly, in all material respects (or *give a true and fair view of*), the financial position of ABC Company and its subsidiaries as at December 31, 20X1, and (*of*) their financial performance and cash flows for the year then ended in accordance with International Financial Reporting Standards.

Report on Other Legal and Regulatory Requirements

[Form and content of this section of the auditor's report will vary depending on the nature of the auditor's other reporting responsibilities.]

[Auditor's signature]

[Date of the auditor's report]

[Auditor's address]

If, in the group engagement partner's judgment, the effect on the group financial statements of the inability to obtain sufficient appropriate audit evidence is material and pervasive, the group engagement partner would disclaim an opinion in accordance with ISA 705.

---

4) In the case of footnote 27, this may read: "In making those risk assessments, the auditor considers internal control relevant to the entity's preparation of consolidated financial statements that give a true and fair view in order to design audit procedures that are appropriate in the circumstances, but not for the purpose of expressing an opinion on the effectiveness of the entity's internal control."

5) In circumstances when the auditor also has responsibility to express an opinion on the effectiveness of internal control in conjunction with the audit of the consolidated financial statements, this sentence would be worded as follows: "In making those risk assessments, the auditor considers internal control relevant to the entity's preparation and fair presentation of the consolidated financial statements in order to design audit procedures that are appropriate in the circumstances." In the case of footnote 27, this may read: "In making those risk assessments, the auditor considers internal control relevant to the entity's preparation of consolidated financial statements that give a true and fair view in order to design audit procedures that are appropriate in the circumstances."

Besondere Überlegungen zu Konzernabschlussprüfungen
(einschließlich der Tätigkeit von Teilbereichsprüfern)   ISA 600

Konzernabschluss ein. Bei der Beurteilung dieser Risiken berücksichtigt der Abschlussprüfer das für die Aufstellung und sachgerechte Gesamtdarstellung[4] des Konzernabschlusses durch die Einheit relevante interne Kontrollsystem, um Prüfungshandlungen zu planen, die unter den gegebenen Umständen angemessen sind, jedoch nicht mit dem Ziel, ein Prüfungsurteil zur Wirksamkeit des internen Kontrollsystems der Einheit abzugeben.[5] Eine Abschlussprüfung umfasst auch die Beurteilung der Angemessenheit der angewandten Rechnungslegungsmethoden und der Vertretbarkeit der vom Management ermittelten geschätzten Werte in der Rechnungslegung sowie die Beurteilung der Gesamtdarstellung des Konzernabschlusses.

Wir sind der Auffassung, dass die von uns erlangten Prüfungsnachweise ausreichend und geeignet sind, um als Grundlage für unser eingeschränktes Prüfungsurteil zu dienen.

Grundlage für das eingeschränkte Prüfungsurteil

Die Beteiligung der ABC Gesellschaft an der XYZ Gesellschaft, einem ausländischen assoziierten Unternehmen, das im Laufe des Jahres erworben wurde und nach der Equity-Methode bilanziert wird, wird in der Konzernbilanz zum 31.12.20X1 mit 15 Millionen US-Dollar ausgewiesen. Der Anteil von ABC am Reingewinn von XYZ in Höhe von 1 Million US-Dollar ist in der Konzern-Gewinn- und Verlustrechnung für das zu diesem Stichtag abgelaufene Geschäftsjahr enthalten. Wir waren nicht in der Lage, ausreichende geeignete Prüfungsnachweise über den Buchwert der Beteiligung von ABC an XYZ zum 31.12.20X1 sowie über den Anteil von ABC am Reingewinn von XYZ für das Jahr zu erlangen, da uns der Zugang zu den Finanzinformationen, zum Management und zu den Abschlussprüfern von XYZ verweigert wurde. Folglich war es uns nicht möglich festzustellen, ob an diesen Beträgen Anpassungen erforderlich waren.

Eingeschränktes Prüfungsurteil

Nach unserer Beurteilung stellt der Konzernabschluss mit Ausnahme der möglichen Auswirkungen des im Absatz „Grundlage für das eingeschränkte Prüfungsurteil" beschriebenen Sachverhalts die Vermögens- und Finanzlage der ABC Gesellschaft und deren Tochtergesellschaften zum 31.12.20X1 sowie die Ertragslage und die Cashflows für das an diesem Stichtag endende Geschäftsjahr in Übereinstimmung mit den International Financial Reporting Standards in allen wesentlichen Belangen insgesamt sachgerecht dar (... vermittelt der Konzernabschluss mit Ausnahme ... ein den tatsächlichen Verhältnissen entsprechendes Bild der ...).

Vermerk zu sonstigen gesetzlichen und anderen rechtlichen Anforderungen

[Form und Inhalt dieses Abschnitts des Vermerks des Abschlussprüfers unterscheiden sich in Abhängigkeit von der Art der sonstigen Angabepflichten des Abschlussprüfers im Vermerk.]

[Unterschrift des Abschlussprüfers]

[Datum des Vermerks des Abschlussprüfers]

[Ort des Abschlussprüfers]

Wenn nach Beurteilung des für den Konzernprüfungsauftrag Verantwortlichen die Auswirkung der fehlenden Möglichkeit, ausreichende geeignete Prüfungsnachweise zu erlangen, auf den Konzernabschluss wesentlich und umfassend wäre, würde der für den Konzernprüfungsauftrag Verantwortliche in Übereinstimmung mit ISA 705 die Abgabe eines Prüfungsurteils verweigern.

---

4) Im Fall von Fußnote 27 kann dies lauten: „Bei der Beurteilung dieser Risiken berücksichtigt der Abschlussprüfer das interne Kontrollsystem, das relevant ist für die Aufstellung eines Konzernabschlusses durch die Einheit, der ein den tatsächlichen Verhältnissen entsprechendes Bild vermittelt, um Prüfungshandlungen zu planen, die unter den gegebenen Umständen angemessen sind, jedoch nicht mit dem Ziel, ein Prüfungsurteil zur Wirksamkeit des internen Kontrollsystems der Einheit abzugeben."

5) In Fällen, in denen der Abschlussprüfer auch die Pflicht hat, im Zusammenhang mit der Prüfung des Konzernabschlusses ein Prüfungsurteil zur Wirksamkeit des internen Kontrollsystems abzugeben, würde dieser Satz folgendermaßen lauten: „Bei der Beurteilung dieser Risiken berücksichtigt der Abschlussprüfer das für die Aufstellung und sachgerechte Gesamtdarstellung des Konzernabschlusses durch die Einheit relevante interne Kontrollsystem, um Prüfungshandlungen zu planen, die unter den gegebenen Umständen angemessen sind." Im Fall von Fußnote 27 kann dies lauten: „Bei der Beurteilung dieser Risiken berücksichtigt der Abschlussprüfer das interne Kontrollsystem, das relevant ist für die Aufstellung eines Konzernabschlusses durch die Einheit, der ein den tatsächlichen Verhältnissen entsprechendes Bild vermittelt, um Prüfungshandlungen zu planen, die unter den gegebenen Umständen angemessen sind."

Appendix 2
(Ref: Para. A23)

Examples of Matters about Which the Group Engagement Team Obtains an Understanding

The examples provided cover a broad range of matters; however, not all matters are relevant to every group audit engagement and the list of examples is not necessarily complete.

Group-Wide Controls

1. Group-wide controls may include a combination of the following:
   - Regular meetings between group and component management to discuss business developments and to review performance.
   - Monitoring of components' operations and their financial results, including regular reporting routines, which enables group management to monitor components' performance against budgets, and to take appropriate action.
   - Group management's risk assessment process, that is, the process for identifying, analyzing and managing business risks, including the risk of fraud, that may result in material misstatement of the group financial statements.
   - Monitoring, controlling, reconciling, and eliminating intra-group transactions and unrealized profits, and intra-group account balances at group level.
   - A process for monitoring the timeliness and assessing the accuracy and completeness of financial information received from components.
   - A central IT system controlled by the same general IT controls for all or part of the group.
   - Control activities within an IT system that is common for all or some components.
   - Monitoring of controls, including activities of internal audit and self-assessment programs.
   - Consistent policies and procedures, including a group financial reporting procedures manual.
   - Group-wide programs, such as codes of conduct and fraud prevention programs.
   - Arrangements for assigning authority and responsibility to component management.

2. Internal audit may be regarded as part of group-wide controls, for example, when the internal audit function is centralized. ISA 610[1]) deals with the group engagement team's evaluation of the competence and objectivity of the internal auditors where it plans to use their work.

Consolidation Process

3. The group engagement team's understanding of the consolidation process may include matters such as the following:

   Matters relating to the applicable financial reporting framework:
   - The extent to which component management has an understanding of the applicable financial reporting framework.
   - The process for identifying and accounting for components in accordance with the applicable financial reporting framework.
   - The process for identifying reportable segments for segment reporting in accordance with the applicable financial reporting framework.
   - The process for identifying related party relationships and related party transactions for reporting in accordance with the applicable financial reporting framework.
   - The accounting policies applied to the group financial statements, changes from those of the previous financial year, and changes resulting from new or revised standards under the applicable financial reporting framework.

---

1) ISA 610, "Using the Work of Internal Auditors," paragraph 9.

Anlage 2
(Vgl. Tz. A23)

Beispiele für Sachverhalte, von denen sich das Konzernprüfungsteam ein Verständnis verschafft

Die genannten Beispiele decken eine Vielzahl von Sachverhalten ab, jedoch sind nicht alle Sachverhalte für jeden Auftrag zur Konzernabschlussprüfung relevant, und die Aufzählung ist nicht notwendigerweise erschöpfend.

Konzernweite Kontrollen

1. Konzernweite Kontrollen können eine Kombination von Folgendem umfassen:
   - regelmäßige Sitzungen zwischen Konzern- und Teilbereichsmanagement zur Erörterung von Geschäftsentwicklungen und zur Leistungsüberwachung;
   - Überwachung der Geschäftstätigkeit der Teilbereiche und der daraus resultierenden Finanzergebnisse, einschließlich regelmäßiger Berichterstattungsroutinen, wodurch es dem Konzernmanagement ermöglicht wird, die Leistung der Teilbereiche anhand der Budgets zu überwachen und geeignete Maßnahmen zu ergreifen;
   - Risikobeurteilungsprozess des Konzernmanagements, d. h. der Prozess zur Feststellung, Analyse und Bewältigung von Geschäftsrisiken, einschließlich des Risikos von dolosen Handlungen, die wesentliche falsche Darstellungen im Konzernabschluss nach sich ziehen können;
   - Überwachung, Kontrolle, Abstimmung und Eliminierung von konzerninternen Geschäftsvorfällen und nicht realisierten Gewinnen sowie von konzerninternen Kontensalden auf Konzernebene;
   - ein Prozess zur Überwachung der Aktualität und zur Beurteilung der Richtigkeit und Vollständigkeit der von Teilbereichen erhaltenen Finanzinformationen;
   - ein zentrales IT-System, das im gesamten Konzern oder in Teilen des Konzerns denselben generellen IT-Kontrollen unterliegt;
   - Kontrollaktivitäten innerhalb eines gemeinsamen IT-Systems in allen oder einigen Teilbereichen;
   - Überwachung von Kontrollen, einschließlich Aktivitäten der internen Revision und von Selbstbeurteilungsprogrammen;
   - einheitliche Regelungen und Verfahren, einschließlich eines Handbuchs über Rechnungslegungsmethoden des Konzerns;
   - konzernweite Programme, wie z. B. Verhaltensregeln und Programme zur Verhinderung von dolosen Handlungen;
   - Regelungen zur Zuordnung von Weisungsbefugnis und Verantwortung an das Teilbereichsmanagement.

2. Die interne Revision kann als Teil von konzernweiten Kontrollen angesehen werden, z. B. im Falle einer zentralen internen Revision. Gegenstand von ISA 610[1]) ist die Beurteilung der Kompetenz und der Objektivität der internen Prüfer durch das Konzernprüfungsteam, wenn dieses plant, deren Tätigkeit zu verwerten.

Konsolidierungsprozess

3. Das Verständnis des Konzernprüfungsteams vom Konsolidierungsprozess kann z. B. folgende Sachverhalte umfassen:

   Sachverhalte im Zusammenhang mit dem maßgebenden Regelwerk der Rechnungslegung:
   - der Umfang des Verständnisses, welches das Teilbereichsmanagement von dem maßgebenden Regelwerk der Rechnungslegung besitzt;
   - der Prozess zur Feststellung und Abbildung von Teilbereichen in Übereinstimmung mit dem maßgebenden Regelwerk der Rechnungslegung;
   - der Prozess zur Feststellung von ausweispflichtigen Segmenten für die Segmentberichterstattung in Übereinstimmung mit dem maßgebenden Regelwerk der Rechnungslegung;
   - der Prozess zur Feststellung von Beziehungen und Transaktionen mit nahe stehenden Personen für die Berichterstattung in Übereinstimmung mit dem maßgebenden Regelwerk der Rechnungslegung;
   - die auf den Konzernabschluss angewandten Rechnungslegungsmethoden, Änderungen gegenüber den im vorherigen Geschäftsjahr angewandten Methoden sowie Änderungen, die aus neuen oder überarbeiteten Standards im Rahmen des maßgebenden Regelwerks der Rechnungslegung resultieren;

---

1) ISA 610 „Verwertung der Arbeit interner Prüfer", Textziffer 9.

- The procedures for dealing with components with financial year-ends different from the group's year-end.

Matters relating to the consolidation process:
- Group management's process for obtaining an understanding of the accounting policies used by components, and, where applicable, ensuring that uniform accounting policies are used to prepare the financial information of the components for the group financial statements, and that differences in accounting policies are identified, and adjusted where required in terms of the applicable financial reporting framework. Uniform accounting policies are the specific principles, bases, conventions, rules, and practices adopted by the group, based on the applicable financial reporting framework, that the components use to report similar transactions consistently. These policies are ordinarily described in the financial reporting procedures manual and reporting package issued by group management.

- Group management's process for ensuring complete, accurate and timely financial reporting by the components for the consolidation.
- The process for translating the financial information of foreign components into the currency of the group financial statements.
- How IT is organized for the consolidation, including the manual and automated stages of the process, and the manual and programmed controls in place at various stages of the consolidation process.
- Group management's process for obtaining information on subsequent events.

Matters relating to consolidation adjustments:
- The process for recording consolidation adjustments, including the preparation, authorization and processing of related journal entries, and the experience of personnel responsible for the consolidation.
- The consolidation adjustments required by the applicable financial reporting framework.
- Business rationale for the events and transactions that gave rise to the consolidation adjustments.
- Frequency, nature and size of transactions between components.
- Procedures for monitoring, controlling, reconciling and eliminating intra-group transactions and unrealized profits, and intra-group account balances.
- Steps taken to arrive at the fair value of acquired assets and liabilities, procedures for amortizing goodwill (where applicable), and impairment testing of goodwill, in accordance with the applicable financial reporting framework.

- Arrangements with a majority owner or minority interests regarding losses incurred by a component (for example, an obligation of the minority interest to make good such losses).

- die Verfahren zur Behandlung von Teilbereichen, deren Geschäftsjahresende sich von dem Geschäftsjahresende des Konzerns unterscheidet.

Sachverhalte im Zusammenhang mit dem Konsolidierungsprozess:

- der vom Konzernmanagement angewandte Prozess, um ein Verständnis von den in den Teilbereichen angewandten Rechnungslegungsmethoden zu gewinnen und ggf. zur Sicherstellung, dass zur Erstellung der Finanzinformationen der Teilbereiche für den Konzernabschluss einheitliche Rechnungslegungsmethoden angewandt werden und dass Unterschiede in den Rechnungslegungsmethoden festgestellt und, soweit nach dem maßgebenden Regelwerk der Rechnungslegung erforderlich, angepasst werden. Einheitliche Rechnungslegungsmethoden sind die spezifischen Grundsätze, Grundlagen, Konventionen, Regelungen und Gepflogenheiten, die vom Konzern auf der Grundlage des maßgebenden Regelwerks der Rechnungslegung übernommen wurden und die von den Teilbereichen für eine einheitliche Berichterstattung über ähnliche Geschäftsvorfälle angewandt werden. Diese Methoden werden normalerweise in dem Handbuch über die Rechnungslegungsmethoden sowie in dem Berichterstattungspaket beschrieben, die vom Konzernmanagement herausgegeben werden;
- der vom Konzernmanagement angewandte Prozess zur Sicherstellung einer vollständigen, richtigen und zeitgerechten Rechnungslegung durch die Teilbereiche für die Konsolidierung;
- der Prozess zur Umrechnung der Finanzinformationen ausländischer Teilbereiche in die Währung des Konzernabschlusses;
- die IT-Organisation für die Konsolidierung, einschließlich der manuellen und automatisierten Stufen des Prozesses sowie der vorhandenen manuellen und programmierten Kontrollen auf verschiedenen Stufen des Konsolidierungsprozesses;
- der vom Konzernmanagement angewandte Prozess zum Erhalt von Informationen zu Ereignissen nach dem Abschlussstichtag.

Sachverhalte im Zusammenhang mit Konsolidierungsbuchungen:

- der Prozess zum Erfassen von Konsolidierungsbuchungen, einschließlich der Vorbereitung, Autorisierung und Verarbeitung von damit zusammenhängenden Journaleinträgen, sowie die Erfahrung der für die Konsolidierung verantwortlichen Mitarbeiter;
- die nach dem maßgebenden Regelwerk der Rechnungslegung erforderlichen Konsolidierungsbuchungen;
- der wirtschaftliche Hintergrund der Ereignisse und Geschäftsvorfälle, welche die Konsolidierungsbuchungen nach sich gezogen haben;
- Häufigkeit, Art und Umfang von Geschäftsvorfällen zwischen den Teilbereichen;
- Verfahren zur Überwachung, Kontrolle, Abstimmung und Eliminierung von konzerninternen Geschäftsvorfällen und nicht realisierten Gewinnen sowie von konzerninternen Kontensalden;
- Maßnahmen zur Ermittlung des Zeitwerts von übernommenen Vermögenswerten und Schulden, ggf. Verfahren zur Abschreibung des Geschäfts- oder Firmenwerts[*] sowie Wertminderungstest des Geschäfts- oder Firmenwerts in Übereinstimmung mit dem maßgebenden Regelwerk der Rechnungslegung;
- Vereinbarungen mit einem Mehrheits- oder Minderheitseigner in Bezug auf von einem Teilbereich erlittene Verluste (z. B. eine Verpflichtung des Minderheitseigners, solche Verluste auszugleichen).

---

[*] In der Schweiz: Goodwill.

Appendix 3
(Ref: Para. A30)

Examples of Conditions or Events that May Indicate Risks of Material Misstatement of the Group Financial Statements

The examples provided cover a broad range of conditions or events; however, not all conditions or events are relevant to every group audit engagement and the list of examples is not necessarily complete.

- A complex group structure, especially where there are frequent acquisitions, disposals or reorganizations.

- Poor corporate governance structures, including decision-making processes, that are not transparent.

- Non-existent or ineffective group-wide controls, including inadequate group management information on monitoring of components' operations and their results.

- Components operating in foreign jurisdictions that may be exposed to factors such as unusual government intervention in areas such as trade and fiscal policy, and restrictions on currency and dividend movements; and fluctuations in exchange rates.
- Business activities of components that involve high risk, such as long-term contracts or trading in innovative or complex financial instruments.
- Uncertainties regarding which components' financial information require incorporation in the group financial statements in accordance with the applicable financial reporting framework, for example, whether any special-purpose entities or non-trading entities exist and require incorporation.
- Unusual related party relationships and transactions.
- Prior occurrences of intra-group account balances that did not balance or reconcile on consolidation.
- The existence of complex transactions that are accounted for in more than one component.

- Components' application of accounting policies that differ from those applied to the group financial statements.
- Components with different financial year-ends, which may be utilized to manipulate the timing of transactions.
- Prior occurrences of unauthorized or incomplete consolidation adjustments.
- Aggressive tax planning within the group, or large cash transactions with entities in tax havens.

- Frequent changes of auditors engaged to audit the financial statements of components.

Besondere Überlegungen zu Konzernabschlussprüfungen
(einschließlich der Tätigkeit von Teilbereichsprüfern)   ISA 600

Anlage 3
(Vgl. Tz. A30)

Beispiele für Gegebenheiten oder Ereignisse, die auf Risiken wesentlicher falscher Darstellungen im Konzernabschluss hindeuten können

Die genannten Beispiele decken eine Vielzahl von Gegebenheiten oder Ereignissen ab, jedoch sind nicht alle Gegebenheiten oder Ereignisse für jeden Auftrag zur Konzernabschlussprüfung relevant, und die Aufzählung ist nicht notwendigerweise erschöpfend:

- eine komplexe Konzernstruktur, besonders bei häufigen Übernahmen, Veräußerungen oder Umstrukturierungen;
- schlechte Strukturen im Bereich Führung und Überwachung einer Einheit, einschließlich nicht transparenter Entscheidungsprozesse;
- nicht vorhandene oder unwirksame konzernweite Kontrollen, einschließlich unzureichender Informationen des Konzernmanagements zur Überwachung der Geschäftstätigkeit der Teilbereiche und der daraus resultierenden Ergebnisse;
- Teilbereiche, die in ausländischen Rechtsräumen tätig sind, die Faktoren wie unübliche staatliche Intervention in Bereichen wie Wirtschafts- und Steuerpolitik, Beschränkungen von Währungs- und Dividendenbewegungen sowie Wechselkursschwankungen ausgesetzt sein können;
- Geschäftstätigkeiten von Teilbereichen, die mit einem hohen Risiko verbunden sind, wie langfristige Kontrakte oder Handel mit innovativen oder komplexen Finanzinstrumenten;
- Unsicherheiten über die Teilbereiche, deren Finanzinformationen in Übereinstimmung mit dem maßgebenden Regelwerk der Rechnungslegung in den Konzernabschluss einzubeziehen sind, z. B. ob Zweckgesellschaften oder Nichthandelseinheiten bestehen und einzubeziehen sind;
- ungewöhnliche Beziehungen und Transaktionen mit nahe stehenden Personen;
- frühere Fälle von konzerninternen Kontensalden, die im Rahmen der Konsolidierung nicht ausgeglichen oder abgestimmt wurden;
- vorhandene komplexe Geschäftsvorfälle, die in mehreren Teilbereichen in der Rechnungslegung abgebildet werden;
- von Teilbereichen angewandte Rechnungslegungsmethoden, die sich von den auf den Konzernabschluss angewandten Methoden unterscheiden;
- Teilbereiche mit unterschiedlichen Geschäftsjahresenden, auf deren Grundlage der zeitliche Ablauf von Geschäftsvorfällen manipuliert werden könnte;
- frühere Fälle von unautorisierten oder unvollständigen Konsolidierungsbuchungen;
- aggressive Steuerplanung innerhalb des Konzerns oder umfangreiche liquiditätswirksame Geschäftsvorfälle mit Einheiten in Steueroasen;
- häufiger Wechsel der mit der Prüfung von Teilbereichsabschlüssen beauftragten Abschlussprüfer.

Appendix 4
(Ref: Para. A35)

Examples of a Component Auditor's Confirmations

The following is not intended to be a standard letter. Confirmations may vary from one component auditor to another and from one period to the next.

Confirmations often are obtained before work on the financial information of the component commences.

[Component Auditor Letterhead]

[Date]

[To Group Engagement Partner]

This letter is provided in connection with your audit of the group financial statements of [name of parent] for the year ended [date] for the purpose of expressing an opinion on whether the group financial statements present fairly, in all material respects (give a true and fair view of) the financial position of the group as at [date] and (of) its financial performance and cash flows for the year then ended in accordance with [indicate applicable financial reporting framework].

We acknowledge receipt of your instructions dated [date], requesting us to perform the specified work on the financial information of [name of component] for the year ended [date].

We confirm that:

1. We will be able to comply with the instructions. / We advise you that we will not be able to comply with the following instructions [specify instructions] for the following reasons [specify reasons].

2. The instructions are clear and we understand them. / We would appreciate it if you could clarify the following instructions [specify instructions].

3. We will cooperate with you and provide you with access to relevant audit documentation.

We acknowledge that:

1. The financial information of [name of component] will be included in the group financial statements of [name of parent].

2. You may consider it necessary to be involved in the work you have requested us to perform on the financial information of [name of component] for the year ended [date].

3. You intend to evaluate and, if considered appropriate, use our work for the audit of the group financial statements of [name of parent].

In connection with the work that we will perform on the financial information of [name of component], a [describe component, for example, wholly-owned subsidiary, subsidiary, joint venture, investee accounted for by the equity or cost methods of accounting] of [name of parent], we confirm the following:

1. We have an understanding of [indicate relevant ethical requirements] that is sufficient to fulfill our responsibilities in the audit of the group financial statements, and will comply therewith. In particular, and with respect to [name of parent] and the other components in the group, we are independent within the meaning of [indicate relevant ethical requirements] and comply with the applicable requirements of [refer to rules] promulgated by [name of regulatory agency].

2. We have an understanding of International Standards on Auditing and [indicate other national standards applicable to the audit of the group financial statements] that is sufficient to fulfill our responsibilities in the audit of the group financial statements and will conduct our work on the financial information of [name of component] for the year ended [date] in accordance with those standards.

3. We possess the special skills (for example, industry specific knowledge) necessary to perform the work on the financial information of the particular component.

4. We have an understanding of [indicate applicable financial reporting framework or group financial reporting procedures manual] that is sufficient to fulfill our responsibilities in the audit of the group financial statements.

Besondere Überlegungen zu Konzernabschlussprüfungen
(einschließlich der Tätigkeit von Teilbereichsprüfern)   ISA 600

Anlage 4
(Vgl. Tz. A35)

Beispiele für Erklärungen eines Teilbereichsprüfers

Das folgende Schreiben ist nicht als Standardschreiben anzusehen. Die Erklärungen können sich von Teilbereichsprüfer zu Teilbereichsprüfer und von Zeitraum zu Zeitraum unterscheiden.

Häufig werden Erklärungen erhalten, bevor die Tätigkeiten zu den Finanzinformationen des Teilbereichs beginnen.

[Briefkopf des Teilbereichsprüfers]

[Datum]

[An den für den Konzernprüfungsauftrag Verantwortlichen]

Dieses Schreiben steht im Zusammenhang mit der von Ihnen durchgeführten Prüfung des Konzernabschlusses von [Name der Muttergesellschaft] für das am [Datum] abgelaufene Geschäftsjahr, um ein Prüfungsurteil darüber abzugeben, ob der Konzernabschluss die Vermögens- und Finanzlage des Konzerns zum [Datum] sowie die Ertragslage und die Cashflows für das an diesem Stichtag endende Geschäftsjahr in Übereinstimmung mit [maßgebendes Regelwerk der Rechnungslegung angeben] in allen wesentlichen Belangen insgesamt sachgerecht darstellt (ein den tatsächlichen Verhältnissen entsprechendes Bild vermittelt).

Wir bestätigen den Erhalt Ihrer Anweisungen vom [Datum], in denen Sie uns zur Durchführung der festgelegten Tätigkeiten zu den Finanzinformationen von [Name des Teilbereichs] für das am [Datum] abgelaufene Geschäftsjahr auffordern.

Wir erklären, dass

1. wir in der Lage sein werden, die Anweisungen zu befolgen. / Wir möchten Ihnen mitteilen, dass wir die folgenden Anweisungen [Anweisungen angeben] aus den folgenden Gründen [Gründe angeben] nicht befolgen können.

2. die Anweisungen klar sind und wir sie verstehen. / Wir möchten Sie auffordern, die folgenden Anweisungen [Anweisungen angeben] zu verdeutlichen.

3. wir mit Ihnen zusammenarbeiten werden und Ihnen Zugang zu relevanter Prüfungsdokumentation ermöglichen werden.

Wir erkennen an, dass

1. die Finanzinformationen von [Name des Teilbereichs] in den Konzernabschluss von [Name der Muttergesellschaft] einbezogen werden.

2. Sie es möglicherweise als notwendig erachten, in die Tätigkeiten zu den Finanzinformationen von [Name des Teilbereichs] für das am [Datum] abgelaufene Jahr, um die Sie uns gebeten haben, eingebunden zu werden.

3. Sie beabsichtigen, unsere Tätigkeit zu beurteilen und, wenn diese als geeignet erachtet wird, für die Prüfung des Konzernabschlusses von [Name der Muttergesellschaft] zu verwerten.

Im Zusammenhang mit den Untersuchungen, die wir zu den Finanzinformationen von [Name des Teilbereichs], einer/einem [Teilbereich beschreiben, z. B. 100 %ige Tochtergesellschaft, Tochtergesellschaft, Joint Venture oder Beteiligungsgesellschaft, die nach der Equity- oder Anschaffungskostenmethode bilanziert wird] von [Name der Muttergesellschaft], durchführen, bestätigen wir Folgendes:

1. Wir besitzen ein Verständnis von [relevante berufliche Verhaltensanforderungen angeben], das ausreicht, um unsere Pflichten bei der Prüfung des Konzernabschlusses zu erfüllen, und werden diese Anforderungen einhalten. Insbesondere sind wir gegenüber [Name der Muttergesellschaft] und den anderen Teilbereichen innerhalb des Konzerns unabhängig im Sinne von [relevante berufliche Verhaltensanforderungen angeben] und halten die von [Name der Aufsichtsbehörde] veröffentlichten maßgebenden Anforderungen von [Vorschriften angeben] ein.

2. Wir besitzen ein Verständnis der International Standards on Auditing sowie [sonstige nationale Standards angeben, die für die Prüfung des Konzernabschlusses maßgebend sind], das ausreicht, um unsere Pflichten bei der Prüfung des Konzernabschlusses zu erfüllen, und werden unsere Tätigkeiten zu den Finanzinformationen von [Name des Teilbereichs] für das am [Datum] abgelaufene Jahr in Übereinstimmung mit diesen Standards durchführen.

3. Wir besitzen die speziellen Fähigkeiten (z. B. branchenspezifische Kenntnisse), die zur Durchführung der Tätigkeiten zu den Finanzinformationen des betreffenden Teilbereichs erforderlich sind.

4. Wir besitzen ein Verständnis von [maßgebendes Regelwerk der Rechnungslegung oder Handbuch über Rechnungslegungsmethoden des Konzerns angeben], das ausreicht, um unsere Pflichten bei der Prüfung des Konzernabschlusses zu erfüllen.

ISA 600 — Special Considerations–Audits of Group Financial Statements (Including the Work of Component Auditors)

We will inform you of any changes in the above representations during the course of our work on the financial information of [name of component].

[Auditor's signature]
[Date]
[Auditor's address]

**Besondere Überlegungen zu Konzernabschlussprüfungen
(einschließlich der Tätigkeit von Teilbereichsprüfern)**

Wir werden Sie im Laufe unserer Tätigkeiten zu den Finanzinformationen von [Name des Teilbereichs] über jegliche Änderungen der vorstehenden Erklärungen informieren.

[Unterschrift des Abschlussprüfers]

[Datum]

[Adresse des Abschlussprüfers]

Appendix 5
(Ref: Para. A58)

Required and Additional Matters Included in the Group Engagement Team's Letter of Instruction

Matters required by this ISA to be communicated to the component auditor are shown in italicized text.

Matters that are relevant to the planning of the work of the component auditor:

- *A request for the component auditor, knowing the context in which the group engagement team will use the work of the component auditor, to confirm that the component auditor will cooperate with the group engagement team.*
- The timetable for completing the audit.
- Dates of planned visits by group management and the group engagement team, and dates of planned meetings with component management and the component auditor.
- A list of key contacts.
- *The work to be performed by the component auditor, the use to be made of that work*, and arrangements for coordinating efforts at the initial stage of and during the audit, including the group engagement team's planned involvement in the work of the component auditor.
- *The ethical requirements that are relevant to the group audit and, in particular, the independence requirements.*
- *In the case of an audit or review of the financial information of the component, component materiality (and, if applicable, the materiality level or levels for particular classes of transactions, account balances or disclosures), and the threshold above which misstatements cannot be regarded as clearly trivial to the group financial statements.*
- *A list of related parties prepared by group management, and any other related parties that the group engagement team is aware of, and a request that the component auditor communicates on a timely basis to the group engagement team related parties not previously identified by group management or the group engagement team.*
- Work to be performed on intra-group transactions and unrealized profits and intra-group account balances.
- Guidance on other statutory reporting responsibilities, for example, reporting on group management's assertion on the effectiveness of internal control.
- Where time lag between completion of the work on the financial information of the components and the group engagement team's conclusion on the group financial statements is likely, specific instructions for a subsequent events review.

Matters that are relevant to the conduct of the work of the component auditor:

- The findings of the group engagement team's tests of control activities of a processing system that is common for all or some components, and tests of controls to be performed by the component auditor.
- *Identified significant risks of material misstatement of the group financial statements, due to fraud or error, that are relevant to the work of the component auditor, and a request that the component auditor communicates on a timely basis any other significant risks of material misstatement of the group financial statements, due to fraud or error, identified in the component and the component auditor's response to such risks.*
- The findings of internal audit, based on work performed on controls at or relevant to components.
- A request for timely communication of audit evidence obtained from performing work on the financial information of the components that contradicts the audit evidence on which the group engagement team originally based the risk assessment performed at group level.
- A request for a written representation on component management's compliance with the applicable financial reporting framework, or a statement that differences between the accounting policies applied to the financial information of the component and those applied to the group financial statements have been disclosed.

Anlage 5
(Vgl. Tz. A58)

Erforderliche und zusätzliche Sachverhalte in den schriftlichen Prüfungsanweisungen des Konzernprüfungsteams

Sachverhalte, die nach diesem ISA dem Teilbereichsprüfer mitzuteilen sind, sind in Kursivschrift aufgeführt.

Sachverhalte, die für die Planung der Tätigkeit des Teilbereichsprüfers relevant sind:

- *die Aufforderung an den Teilbereichsprüfer, in Kenntnis des Zusammenhangs, in dem das Konzernprüfungsteam die Tätigkeit des Teilbereichsprüfers verwerten wird, zu erklären, dass er mit dem Konzernprüfungsteam zusammenarbeiten wird;*
- der Zeitplan für die Durchführung der Prüfung;
- Termine von geplanten Besuchen durch das Konzernmanagement und das Konzernprüfungsteam sowie Termine von geplanten Sitzungen mit dem Teilbereichsmanagement und dem Teilbereichsprüfer;
- eine Liste von besonders wichtigen Kontaktpersonen;
- *die vom Teilbereichsprüfer durchzuführende Tätigkeit, die geplante Verwertung dieser Tätigkeit* sowie Regelungen zur Koordinierung der Anstrengungen in der Anfangsphase der Prüfung und während der Prüfung, einschließlich der geplanten Einbindung des Konzernprüfungsteams in die Tätigkeit des Teilbereichsprüfers;
- *die für die Konzernabschlussprüfung relevanten beruflichen Verhaltensanforderungen, insbesondere die Unabhängigkeitsanforderungen;*
- *bei einer Prüfung oder prüferischen Durchsicht der Finanzinformationen des Teilbereichs die Teilbereichswesentlichkeit (und, sofern anzuwenden, die Wesentlichkeitsgrenze oder die Wesentlichkeitsgrenzen für bestimmte Arten von Geschäftsvorfällen, Kontensalden oder Abschlussangaben) und die Schwelle, oberhalb derer falsche Darstellungen nicht als zweifelsfrei unbeachtlich für den Konzernabschluss angesehen werden können;*
- *eine vom Konzernmanagement erstellte Liste von nahe stehenden Personen und alle anderen nahe stehenden Personen, die dem Konzernprüfungsteam bekannt sind, sowie die Aufforderung, dass der Teilbereichsprüfer dem Konzernprüfungsteam zeitgerecht nahe stehende Personen mitteilt, die zuvor nicht vom Konzernmanagement oder vom Konzernprüfungsteam festgestellt wurden;*
- Tätigkeiten, die zu konzerninternen Geschäftsvorfällen und nicht realisierten Gewinnen sowie zu konzerninternen Kontensalden durchzuführen sind;
- erläuternde Hinweise zu anderen gesetzlichen Berichtspflichten, z. B. Berichterstattung über die Aussage des Konzernmanagements zur Wirksamkeit des IKS;
- spezifische Anweisungen für eine Durchsicht von Ereignissen nach dem Abschlussstichtag, wenn eine Verzögerung zwischen dem Abschluss der Tätigkeiten zu den Finanzinformationen der Teilbereiche und der Schlussfolgerung des Konzernprüfungsteams zum Konzernabschluss wahrscheinlich ist.

Sachverhalte, die für die Durchführung der Tätigkeit des Teilbereichsprüfers relevant sind:

- die Ergebnisse der vom Konzernprüfungsteam durchgeführten Prüfungen der Kontrollaktivitäten eines gemeinsamen Verarbeitungssystems in allen oder einigen Teilbereichen sowie die Funktionsprüfungen, die vom Teilbereichsprüfer durchzuführen sind;
- *festgestellte bedeutsame Risiken wesentlicher - beabsichtigter oder unbeabsichtigter - falscher Darstellungen im Konzernabschluss, die für die Tätigkeit des Teilbereichsprüfers relevant sind, sowie die Aufforderung an den Teilbereichsprüfer, zeitgerecht alle anderen in dem Teilbereich festgestellten bedeutsamen Risiken wesentlicher - beabsichtigter oder unbeabsichtigter - falscher Darstellungen im Konzernabschluss sowie seine Reaktion auf diese Risiken mitzuteilen;*
- die Ergebnisse der internen Revision auf der Grundlage der Tätigkeiten zu Kontrollen, die in den Teilbereichen vorhanden sind oder für diese relevant sind;
- Aufforderung zur zeitgerechten Mitteilung von Prüfungsnachweisen, die durch die Tätigkeiten zu den Finanzinformationen der Teilbereiche erlangt werden und die im Widerspruch zu den Prüfungsnachweisen stehen, auf denen das Konzernprüfungsteam ursprünglich die Risikobeurteilung auf Konzernebene gestützt hat;
- Aufforderung zu einer schriftlichen Erklärung über die Einhaltung des maßgebenden Regelwerks der Rechnungslegung durch das Teilbereichsmanagement oder eine Erklärung darüber, dass Unterschiede zwischen den auf die Finanzinformationen des Teilbereichs und den auf den Konzernabschluss angewandten Rechnungslegungsmethoden offen gelegt wurden;

- Matters to be documented by the component auditor.

Other information
- A request that the following be reported to the group engagement team on a timely basis:

    ○ Significant accounting, financial reporting and auditing matters, including accounting estimates and related judgments.

    ○ Matters relating to the going concern status of the component.
    ○ Matters relating to litigation and claims.
    ○ Significant deficiencies in internal control that the component auditor has identified during the performance of the work on the financial information of the component, and information that indicates the existence of fraud.

- A request that the group engagement team be notified of any significant or unusual events as early as possible.
- *A request that the matters listed in paragraph 41 be communicated to the group engagement team when the work on the financial information of the component is completed.*

Besondere Überlegungen zu Konzernabschlussprüfungen
(einschließlich der Tätigkeit von Teilbereichsprüfern) ISA 600

- vom Teilbereichsprüfer zu dokumentierende Sachverhalte.

Andere Informationen

- Aufforderung zur Meldung der folgenden Sachverhalte an das Konzernprüfungsteam in angemessener Zeit:
    - bedeutsame Sachverhalte im Zusammenhang mit Rechnungswesen, Rechnungslegung und Abschlussprüfung, einschließlich geschätzter Werte in der Rechnungslegung und damit zusammenhängender Beurteilungen;
    - Sachverhalte im Zusammenhang mit der Fortführung der Unternehmenstätigkeit für den Teilbereich;
    - Sachverhalte im Zusammenhang mit Rechtsstreitigkeiten und Rechtsansprüchen;
    - bedeutsame Mängel bei Kontrollen, die der Teilbereichsprüfer bei der Durchführung der Tätigkeiten zu den Finanzinformationen des Teilbereichs festgestellt hat, sowie Informationen, die auf das Vorhandensein von dolosen Handlungen hindeuten;
- Aufforderung zur frühestmöglichen Mitteilung bedeutsamer oder ungewöhnlicher Ereignisse an das Konzernprüfungsteam;
- *Aufforderung zur Mitteilung der in Textziffer 41 genannten Sachverhalte an das Konzernprüfungsteam, wenn die Tätigkeiten zu den Finanzinformationen des Teilbereichs abgeschlossen sind.*

INTERNATIONAL STANDARD ON AUDITING 610
USING THE WORK OF INTERNAL AUDITORS

(Effective for audits of financial statements for periods beginning on or after December 15, 2009)

CONTENTS

	Paragraph
Introduction	
Scope of this ISA	1–2
Relationship between the Internal Audit Function and the External Auditor	3–4
Effective Date	5
Objectives	6
Definitions	7
Requirements	
Determining Whether and to What Extent to Use the Work of the Internal Auditors	8–10
Using Specific Work of the Internal Auditors	11–12
Documentation	13
Application and Other Explanatory Material	
Scope of this ISA	A1–A2
Objectives of the Internal Audit Function	A3
Determining Whether and to What Extent to Use the Work of the Internal Auditors	A4–A5
Using Specific Work of the Internal Auditors	A6

International Standard on Auditing (ISA) 610, "Using the Work of Internal Auditors" should be read in conjunction with ISA 200, "Overall Objectives of the Independent Auditor and the Conduct of an Audit in Accordance with International Standards on Auditing."

INTERNATIONAL STANDARD ON AUDITING 610
VERWERTUNG DER ARBEIT INTERNER PRÜFER
(gilt für die Prüfung von Abschlüssen für Zeiträume, die am oder nach dem 15.12.2009 beginnen)

INHALTSVERZEICHNIS

	Textziffer
Einleitung	
Anwendungsbereich	1–2
Verhältnis zwischen der internen Revision und dem Abschlussprüfer	3-4
Anwendungszeitpunkt	5
Ziele	6
Definitionen	7
Anforderungen	
Festlegung, ob und in welchem Umfang die Arbeit interner Prüfer verwertet werden soll	8–10
Verwertung bestimmter Arbeiten interner Prüfer	11–12
Dokumentation	13
Anwendungshinweise und sonstige Erläuterungen	
Anwendungsbereich	A1–A2
Ziele der internen Revision	A3
Festlegung, ob und in welchem Umfang die Arbeit interner Prüfer verwertet werden soll	A4–A5
Verwertung bestimmter Arbeiten interner Prüfer	A6

International Standard on Auditing (ISA) 610 „Verwertung der Arbeit interner Prüfer" ist im Zusammenhang mit ISA 200 „Übergreifende Zielsetzungen des unabhängigen Prüfers und Grundsätze einer Prüfung in Übereinstimmung mit den International Standards on Auditing" zu lesen.

ISA 610

Introduction

Scope of this ISA

1. This International Standard on Auditing (ISA) deals with the external auditor's responsibilities relating to the work of internal auditors when the external auditor has determined, in accordance with ISA 315,[1] that the internal audit function is likely to be relevant to the audit. (Ref: Para. A1–A2)

2. This ISA does not deal with instances when individual internal auditors provide direct assistance to the external auditor in carrying out audit procedures.

Relationship between the Internal Audit Function and the External Auditor

3. The objectives of the internal audit function are determined by management and, where applicable, those charged with governance. While the objectives of the internal audit function and the external auditor are different, some of the ways in which the internal audit function and the external auditor achieve their respective objectives may be similar. (Ref: Para. A3)

4. Irrespective of the degree of autonomy and objectivity of the internal audit function, such function is not independent of the entity as is required of the external auditor when expressing an opinion on financial statements. The external auditor has sole responsibility for the audit opinion expressed, and that responsibility is not reduced by the external auditor's use of the work of the internal auditors.

Effective Date

5. This ISA is effective for audits of financial statements for periods beginning on or after December 15, 2009.

Objectives

6. The objectives of the external auditor, where the entity has an internal audit function that the external auditor has determined is likely to be relevant to the audit, are:

   (a) To determine whether, and to what extent, to use specific work of the internal auditors; and

   (b) If using the specific work of the internal auditors, to determine whether that work is adequate for the purposes of the audit.

Definitions

7. For purposes of the ISAs, the following terms have the meanings attributed below:

   (a) Internal audit function – An appraisal activity established or provided as a service to the entity. Its functions include, amongst other things, examining, evaluating and monitoring the adequacy and effectiveness of internal control.

   (b) Internal auditors – Those individuals who perform the activities of the internal audit function. Internal auditors may belong to an internal audit department or equivalent function.

Requirements

Determining Whether and to What Extent to Use the Work of the Internal Auditors

8. The external auditor shall determine:

   (a) Whether the work of the internal auditors is likely to be adequate for purposes of the audit; and

---

[1] ISA 315, "Identifying and Assessing the Risks of Material Misstatement through Understanding the Entity and Its Environment," paragraph 23.

Einleitung

Anwendungsbereich

1. Dieser International Standard on Auditing (ISA) behandelt die Pflichten des Abschlussprüfers im Zusammenhang mit der Arbeit interner Prüfer, wenn der Abschlussprüfer in Übereinstimmung mit ISA 315[1)] festgelegt hat, dass die interne Revision[*)] voraussichtlich relevant für die Abschlussprüfung ist. (Vgl. Tz. A1–A2)
2. Dieser ISA behandelt nicht die Fälle, in denen einzelne interne Prüfer den Abschlussprüfer direkt bei der Durchführung von Prüfungshandlungen unterstützen.

Verhältnis zwischen der internen Revision und dem Abschlussprüfer

3. Die Ziele der internen Revision werden vom Management und ggf. von den für die Überwachung Verantwortlichen festgelegt. Obwohl die Ziele der internen Revision und des Abschlussprüfers unterschiedlich sind, können einige Vorgehensweisen, mit der die interne Revision und der Abschlussprüfer ihre jeweiligen Ziele erreichen, ähnlich sein. (Vgl. Tz. A3)
4. Ungeachtet des Grades ihrer Eigenständigkeit und Objektivität ist die interne Revision nicht von der Einheit[**)] unabhängig, wie es von dem Abschlussprüfer bei der Abgabe eines Prüfungsurteils über den Abschluss verlangt wird. Der Abschlussprüfer trägt die alleinige Verantwortung für das abgegebene Prüfungsurteil. Diese Verantwortung wird durch die Verwertung der Arbeit interner Prüfer durch den Abschlussprüfer nicht verringert.

Anwendungszeitpunkt

5. Dieser ISA gilt für die Prüfung von Abschlüssen für Zeiträume, die am oder nach dem 15.12.2009 beginnen.

Ziele

6. Wenn die Einheit über eine interne Revision verfügt, die der Abschlussprüfer als voraussichtlich relevant für die Abschlussprüfung eingestuft hat, bestehen die Ziele des Abschlussprüfers darin,
   (a) festzulegen, ob und in welchem Umfang bestimmte Arbeiten der internen Prüfer verwertet werden sollen, und
   (b) falls bestimmte Arbeiten der internen Prüfer verwertet werden, festzulegen, ob diese Arbeiten für die Zwecke der Abschlussprüfung angemessen sind.

Definitionen

7. Für die Zwecke der ISA gelten die nachstehenden Begriffsbestimmungen:
   (a) Interne Revision – Eine Beratungstätigkeit, die als Dienstleistung für die Einheit eingerichtet ist oder durchgeführt wird. Zu ihren Funktionen gehören unter anderem die Untersuchung, Beurteilung und Überwachung der Angemessenheit und Wirksamkeit des internen Kontrollsystems (IKS).
   (b) Interne Prüfer – Die Personen, welche die Tätigkeiten der internen Revision durchführen. Interne Prüfer können einer Abteilung „Interne Revision" oder einer gleichwertigen Funktion angehören.

Anforderungen

Festlegung, ob und in welchem Umfang die Arbeit interner Prüfer verwertet werden soll

8. Der Abschlussprüfer muss
   (a) festlegen, ob die Arbeit der internen Prüfer voraussichtlich für die Zwecke der Abschlussprüfung angemessen ist, und

---

1) ISA 315 „Identifizierung und Beurteilung der Risiken wesentlicher falscher Darstellungen aus dem Verstehen der Einheit und ihres Umfelds", Textziffer 23.

*) Die Funktion der internen Revision wird mit „interne Revision" bezeichnet. Diese Funktion wird regelmäßig durch eine eigenständige organisatorische Einheit ausgeübt, die mit „Interne Revision" bezeichnet wird.

**) Der Begriff „Einheit" wird für *entity* neu eingeführt. Bei der zu prüfenden Einheit kann es sich um ein Unternehmen, einen Einzelkaufmann, eine Gesellschaft bürgerlichen Rechts (Schweiz: einfache Gesellschaft), eine Gebietskörperschaft, eine Anstalt des öffentlichen Rechts, einen Konzern oder eine nicht rechtlich abgegrenzte wirtschaftliche Einheit handeln. Eine Übersetzung mit „Unternehmen" oder „Gesellschaft" wäre deshalb unzureichend. So kann sich *entity* sogar auf eine nicht selbständige Niederlassung oder Sparte beziehen, für die eigenständig Rechnung gelegt wird.

(b) If so, the planned effect of the work of the internal auditors on the nature, timing or extent of the external auditor's procedures.

9. In determining whether the work of the internal auditors is likely to be adequate for purposes of the audit, the external auditor shall evaluate:

   (a) The objectivity of the internal audit function;

   (b) The technical competence of the internal auditors;

   (c) Whether the work of the internal auditors is likely to be carried out with due professional care; and

   (d) Whether there is likely to be effective communication between the internal auditors and the external auditor. (Ref: Para. A4)

10. In determining the planned effect of the work of the internal auditors on the nature, timing or extent of the external auditor's procedures, the external auditor shall consider:

    (a) The nature and scope of specific work performed, or to be performed, by the internal auditors;

    (b) The assessed risks of material misstatement at the assertion level for particular classes of transactions, account balances, and disclosures; and

    (c) The degree of subjectivity involved in the evaluation of the audit evidence gathered by the internal auditors in support of the relevant assertions. (Ref: Para. A5)

Using Specific Work of the Internal Auditors

11. In order for the external auditor to use specific work of the internal auditors, the external auditor shall evaluate and perform audit procedures on that work to determine its adequacy for the external auditor's purposes. (Ref: Para. A6)

12. To determine the adequacy of specific work performed by the internal auditors for the external auditor's purposes, the external auditor shall evaluate whether:

    (a) The work was performed by internal auditors having adequate technical training and proficiency;

    (b) The work was properly supervised, reviewed and documented;

    (c) Adequate audit evidence has been obtained to enable the internal auditors to draw reasonable conclusions;

    (d) Conclusions reached are appropriate in the circumstances and any reports prepared by the internal auditors are consistent with the results of the work performed; and

    (e) Any exceptions or unusual matters disclosed by the internal auditors are properly resolved.

Documentation

13. If the external auditor uses specific work of the internal auditors, the external auditor shall include in the audit documentation the conclusions reached regarding the evaluation of the adequacy of the work of the internal auditors, and the audit procedures performed by the external auditor on that work, in accordance with paragraph 11.[2]

***

Application and Other Explanatory Material

Scope of this ISA (Ref: Para. 1)

A1. As described in ISA 315,[3] the entity's internal audit function is likely to be relevant to the audit if the nature of the internal audit function's responsibilities and activities are related to the entity's financial reporting, and the auditor expects to use the work of the internal auditors to modify the nature or timing, or reduce the extent, of audit procedures to be performed.

---

2) ISA 230, "Audit Documentation," paragraphs 8–11, and A6.
3) ISA 315, paragraph A101.

(b) wenn dies der Fall ist, die geplanten Auswirkungen der Arbeit der internen Prüfer auf Art, zeitliche Einteilung oder Umfang der Prüfungshandlungen des Abschlussprüfers ermitteln.

9. Bei der Festlegung, ob die Arbeit der internen Prüfer voraussichtlich für die Zwecke der Abschlussprüfung angemessen ist, muss der Abschlussprüfer beurteilen:
   (a) die Objektivität der internen Revision,
   (b) die fachliche Kompetenz der internen Prüfer,
   (c) ob die Arbeit der internen Prüfer voraussichtlich mit dem erforderlichen Maß an beruflicher Sorgfalt durchgeführt wird und
   (d) ob voraussichtlich eine wirksame Kommunikation zwischen den internen Prüfern und dem Abschlussprüfer bestehen wird. (Vgl. Tz. A4)

10. Bei der Ermittlung der geplanten Auswirkungen der Arbeit der internen Prüfer auf Art, zeitliche Einteilung oder Umfang der Prüfungshandlungen des Abschlussprüfers sind zu berücksichtigen:
    (a) Art und Umfang bestimmter von den internen Prüfern durchgeführter oder durchzuführender Arbeiten,
    (b) die beurteilten Risiken wesentlicher falscher Darstellungen auf Aussageebene für bestimmte Arten von Geschäftsvorfällen, Kontensalden sowie Abschlussangaben[*)] und
    (c) der Grad der Subjektivität, der mit der Beurteilung der Prüfungsnachweise verbunden ist, die von den internen Prüfern zur Abstützung von relevanten Aussagen eingeholt wurden. (Vgl. Tz. A5)

Verwertung bestimmter Arbeiten der internen Prüfer

11. Um bestimmte Arbeiten der internen Prüfer verwerten zu können, muss der Abschlussprüfer diese Arbeiten beurteilen und Prüfungshandlungen zu diesen durchführen, um deren Angemessenheit für die Zwecke des Abschlussprüfers festzustellen. (Vgl. Tz. A6)

12. Um festzulegen, inwieweit von den internen Prüfern durchgeführte bestimmte Arbeiten für die Zwecke des Abschlussprüfers angemessen sind, muss der Abschlussprüfer beurteilen, ob
    (a) die Arbeit von internen Prüfern mit angemessener fachlicher Ausbildung und Befähigung durchgeführt wurde,
    (b) die Arbeit ordnungsgemäß überwacht, überprüft und dokumentiert wurde,
    (c) angemessene Prüfungsnachweise erlangt wurden, um die internen Prüfer in die Lage zu versetzen, begründete Schlussfolgerungen zu ziehen,
    (d) die getroffenen Schlussfolgerungen unter den gegebenen Umständen angemessen sind und von den internen Prüfern erstellte Berichte mit den Ergebnissen der durchgeführten Arbeit in Einklang stehen und
    (e) von den internen Prüfern mitgeteilte Abweichungen oder ungewöhnliche Sachverhalte ordnungsgemäß behoben wurden.

Dokumentation

13. Falls der Abschlussprüfer bestimmte Arbeiten der internen Prüfer verwertet, muss der Abschlussprüfer die gezogenen Schlussfolgerungen über die Beurteilung der Angemessenheit der Arbeit der internen Prüfer und die hierzu in Übereinstimmung mit Textziffer 11 durchgeführten Prüfungshandlungen in die Prüfungsdokumentation aufnehmen.[2)]

***

Anwendungshinweise und sonstige Erläuterungen

Anwendungsbereich (Vgl. Tz. 1)

A1. Wie in ISA 315[3)] beschrieben, ist die interne Revision der Einheit voraussichtlich dann für die Abschlussprüfung relevant, wenn die Art der Pflichten und Tätigkeiten der internen Revision mit der Rechnungslegung der Einheit zusammenhängt und der Abschlussprüfer die Arbeit der internen Prüfer zu verwerten beabsichtigt, um Art oder zeitliche Einteilung der durchzuführenden Prüfungshandlungen abzuändern oder deren Umfang zu reduzieren.

---

2) ISA 230 „Prüfungsdokumentation", Textziffern 8-11 und A6.
3) ISA 315, Textziffer A101.
*) Abschlussposten und andere Angaben im Abschluss.

A2. Carrying out procedures in accordance with this ISA may cause the external auditor to re-evaluate the external auditor's assessment of the risks of material misstatement. Consequently, this may affect the external auditor's determination of the relevance of the internal audit function to the audit. Similarly, the external auditor may decide not to otherwise use the work of the internal auditors to affect the nature, timing or extent of the external auditor's procedures. In such circumstances, the external auditor's further application of this ISA may not be necessary.

Objectives of the Internal Audit Function (Ref: Para. 3)

A3. The objectives of internal audit functions vary widely and depend on the size and structure of the entity and the requirements of management and, where applicable, those charged with governance. The activities of the internal audit function may include one or more of the following:

- Monitoring of internal control. The internal audit function may be assigned specific responsibility for reviewing controls, monitoring their operation and recommending improvements thereto.

- Examination of financial and operating information. The internal audit function may be assigned to review the means used to identify, measure, classify and report financial and operating information, and to make specific inquiry into individual items, including detailed testing of transactions, balances and procedures.

- Review of operating activities. The internal audit function may be assigned to review the economy, efficiency and effectiveness of operating activities, including non-financial activities of an entity.

- Review of compliance with laws and regulations. The internal audit function may be assigned to review compliance with laws, regulations and other external requirements, and with management policies and directives and other internal requirements.

- Risk management. The internal audit function may assist the organization by identifying and evaluating significant exposures to risk and contributing to the improvement of risk management and control systems.

- Governance. The internal audit function may assess the governance process in its accomplishment of objectives on ethics and values, performance management and accountability, communicating risk and control information to appropriate areas of the organization and effectiveness of communication among those charged with governance, external and internal auditors, and management.

Determining Whether and to What Extent to Use the Work of the Internal Auditors

Whether the Work of the Internal Auditors Is Likely to Be Adequate for Purposes of the Audit (Ref: Para. 9)

A4. Factors that may affect the external auditor's determination of whether the work of the internal auditors is likely to be adequate for the purposes of the audit include:

Objectivity

- The status of the internal audit function within the entity and the effect such status has on the ability of the internal auditors to be objective.
- Whether the internal audit function reports to those charged with governance or an officer with appropriate authority, and whether the internal auditors have direct access to those charged with governance.
- Whether the internal auditors are free of any conflicting responsibilities.
- Whether those charged with governance oversee employment decisions related to the internal audit function.
- Whether there are any constraints or restrictions placed on the internal audit function by management or those charged with governance.
- Whether, and to what extent, management acts on the recommendations of the internal audit function, and how such action is evidenced.

Technical competence

- Whether the internal auditors are members of relevant professional bodies.

Verwertung der Arbeit interner Prüfer ISA 610

A2. Die Durchführung von Prüfungshandlungen in Übereinstimmung mit diesem ISA veranlasst den Abschlussprüfer möglicherweise dazu, die Beurteilung der Risiken wesentlicher falscher Darstellungen zu überdenken. Folglich kann sich dies auf die Feststellung der Relevanz der internen Revision für die Abschlussprüfung durch den Abschlussprüfer auswirken. Ebenso kann sich der Abschlussprüfer dafür entscheiden, die Arbeit der internen Prüfer nicht weitergehend zu verwerten, um Art, zeitliche Einteilung oder Umfang der Prüfungshandlungen zu beeinflussen. In solchen Fällen ist es möglicherweise nicht notwendig, dass der Abschlussprüfer diesen ISA weiter anwendet.

Ziele der internen Revision (Vgl. Tz. 3)

A3. Die Ziele von internen Revisionen sind sehr unterschiedlich und hängen von Größe und Struktur der Einheit sowie von den Anforderungen des Managements und ggf. der für die Überwachung Verantwortlichen ab. Zur Tätigkeit der internen Revision können eine oder mehrere der folgenden Tätigkeiten gehören:

- Überwachung des IKS: Der internen Revision kann eine bestimmte Verantwortung für die Überprüfung von Kontrollen, die Überwachung ihrer Funktion und die Empfehlung von Verbesserungen dazu übertragen sein.
- Untersuchung von Finanz- und Betriebsinformationen: Der internen Revision können die Überprüfung der Verfahren zur Erkennung, Bewertung und Klassifizierung von Finanz- und Betriebsinformationen und zur Berichterstattung darüber übertragen sein sowie besondere Untersuchungen einzelner Sachverhalte (einschließlich der Detailprüfung von Geschäftsvorfällen, Salden und Verfahren).
- Überprüfung der Geschäftstätigkeit: Der internen Revision kann die Überprüfung der Wirtschaftlichkeit, Effizienz und Wirksamkeit der Geschäftstätigkeit (einschließlich der nichtfinanziellen Tätigkeiten einer Einheit) übertragen sein.
- Überprüfung der Einhaltung von Gesetzen und anderen Rechtsvorschriften: Der internen Revision kann die Überprüfung der Einhaltung von Gesetzen, anderen Rechtsvorschriften und sonstigen externen Anforderungen sowie der Einhaltung von Regelungen und Anweisungen des Managements und sonstigen internen Anforderungen übertragen sein.
- Risikomanagement: Die interne Revision kann die Organisation unterstützen, indem sie bedeutsame Risikogefährdungen feststellt und beurteilt und zur Verbesserung von Risikomanagement- und Kontrollsystemen beiträgt.
- Überwachung: Die interne Revision kann den Überwachungsprozess bezüglich seiner Erreichung ethischer und wertbezogener Ziele sowie in Bezug auf Leistungsmanagement und Rechenschaft, Mitteilung von Risiko- und Kontrollinformationen an geeignete Bereiche der Organisation und Wirksamkeit der Kommunikation zwischen den für die Überwachung Verantwortlichen, Abschlussprüfer, internen Prüfern und Management beurteilen.

Festlegung, ob und in welchem Umfang die Arbeit interner Prüfer verwertet werden soll

Ist die Arbeit der internen Prüfer voraussichtlich für Zwecke der Abschlussprüfung angemessen? (Vgl. Tz. 9)

A4. Faktoren, welche die Festlegung des Abschlussprüfers darüber beeinflussen können, ob die Arbeit der internen Prüfer voraussichtlich für Zwecke der Abschlussprüfung angemessen ist, können sein:

Objektivität:

- der Status der internen Revision innerhalb der Einheit und dessen Auswirkungen auf die Fähigkeit der internen Prüfer, objektiv zu sein
- ob die interne Revision an die für die Überwachung Verantwortlichen oder an eine Führungskraft mit angemessener Weisungsbefugnis berichtet und ob die internen Prüfer direkten Zugang zu den für die Überwachung Verantwortlichen haben
- ob die interne Revision frei von sich widersprechenden Verantwortlichkeiten ist
- ob die für die Überwachung Verantwortlichen Personalentscheidungen im Zusammenhang mit der internen Revision überwachen
- ob der internen Revision durch das Management oder die für die Überwachung Verantwortlichen Bedingungen oder Beschränkungen auferlegt werden
- ob und in welchem Umfang das Management nach den Empfehlungen der internen Revision handelt und wie dies belegt ist

Fachliche Kompetenz:

- ob die internen Prüfer relevanten Berufsorganisationen angehören

- Whether the internal auditors have adequate technical training and proficiency as internal auditors.
- Whether there are established policies for hiring and training internal auditors.

Due professional care
- Whether activities of the internal audit function are properly planned, supervised, reviewed and documented.
- The existence and adequacy of audit manuals or other similar documents, work programs and internal audit documentation.

Communication

Communication between the external auditor and the internal auditors may be most effective when the internal auditors are free to communicate openly with the external auditors, and:
- Meetings are held at appropriate intervals throughout the period;
- The external auditor is advised of and has access to relevant internal audit reports and is informed of any significant matters that come to the attention of the internal auditors when such matters may affect the work of the external auditor; and
- The external auditor informs the internal auditors of any significant matters that may affect the internal audit function.

Planned Effect of the Work of the Internal Auditors on the Nature, Timing or Extent of the External Auditor's Procedures (Ref: Para. 10)

A5. Where the work of the internal auditors is to be a factor in determining the nature, timing or extent of the external auditor's procedures, it may be useful to agree in advance the following matters with the internal auditors:
- The timing of such work;
- The extent of audit coverage;
- Materiality for the financial statements as a whole (and, if applicable, materiality level or levels for particular classes of transactions, account balances or disclosures), and performance materiality;
- Proposed methods of item selection;
- Documentation of the work performed; and
- Review and reporting procedures.

Using Specific Work of the Internal Auditors (Ref: Para. 11)

A6. The nature, timing and extent of the audit procedures performed on specific work of the internal auditors will depend on the external auditor's assessment of the risk of material misstatement, the evaluation of the internal audit function, and the evaluation of the specific work of the internal auditors. Such audit procedures may include:
- Examination of items already examined by the internal auditors;
- Examination of other similar items; and
- Observation of procedures performed by the internal auditors.

- ob die internen Prüfer über eine angemessene fachliche Ausbildung und Befähigung als interne Prüfer verfügen
- ob festgeschriebene Regelungen zur Einstellung und Schulung von internen Prüfern bestehen

Erforderliches Maß an beruflicher Sorgfalt:
- ob Tätigkeiten der internen Revision ordnungsgemäß geplant, überwacht, überprüft und dokumentiert werden
- Vorhandensein und Angemessenheit von Prüfungshandbüchern oder anderen ähnlichen Dokumenten, Arbeitsprogrammen und interner Prüfungsdokumentation

Kommunikation:

Die Kommunikation zwischen dem Abschlussprüfer und den internen Prüfern kann am wirksamsten sein, wenn die internen Prüfer die Möglichkeit haben, offen mit dem Abschlussprüfer zu kommunizieren, und
- Besprechungen in angemessenen Intervallen während des gesamten Zeitraums abgehalten werden,
- der Abschlussprüfer über relevante interne Prüfberichte in Kenntnis gesetzt wird und Zugang zu ihnen hat und über bedeutsame Sachverhalte informiert wird, die den internen Prüfern bekannt werden, wenn solche Sachverhalte möglicherweise die Arbeit des Abschlussprüfers beeinflussen, und
- der Abschlussprüfer die internen Prüfer über bedeutsame Sachverhalte informiert, welche die interne Revision berühren können.

Geplante Auswirkungen der Arbeit der internen Prüfer auf Art, zeitliche Einteilung oder Umfang der Prüfungshandlungen des Abschlussprüfers (Vgl. Tz. 10)

A5. Wenn die Arbeit der internen Prüfer als Faktor bei der Festlegung von Art, zeitlicher Einteilung oder Umfang der Prüfungshandlungen des Abschlussprüfers dienen soll, kann es nützlich sein, sich im Vorfeld über die folgenden Fragen mit den internen Prüfern abzustimmen:
- zeitliche Einteilung dieser Arbeit,
- Umfang der Abdeckung durch die Abschlussprüfung,
- Wesentlichkeit für den Abschluss als Ganzes (und falls anwendbar die Wesentlichkeitsgrenze oder -grenzen für bestimmte Arten von Geschäftsvorfällen, Kontensalden oder Abschlussangaben) sowie die Toleranzwesentlichkeit,
- vorgeschlagene Methoden zur Auswahl von Elementen,
- Dokumentation der durchgeführten Arbeit und
- Überprüfungs- und Berichterstattungsverfahren.

Verwertung bestimmter Arbeiten der internen Prüfer (Vgl. Tz. 11)

A6. Art, zeitliche Einteilung und Umfang der Prüfungshandlungen, die zu bestimmten Arbeiten der internen Prüfer durchgeführt werden, hängen davon ab, wie der Abschlussprüfer das Risiko für wesentliche falsche Darstellungen, die interne Revision und die bestimmten Arbeiten der internen Prüfer beurteilt. Solche Prüfungshandlungen können einschließen:
- Untersuchung von Sachverhalten, die bereits von den internen Prüfern untersucht wurden,
- Untersuchung anderer ähnlicher Sachverhalte und
- Beobachtung der von den internen Prüfern durchgeführten Handlungen.

INTERNATIONAL STANDARD ON AUDITING 620
USING THE WORK OF AN AUDITOR'S EXPERT
(Effective for audits of financial statements for periods beginning on or after December 15, 2009)

CONTENTS

	Paragraph
Introduction	
Scope of this ISA	1–2
The Auditor's Responsibility for the Audit Opinion	3
Effective Date	4
Objectives	5
Definitions	6
Requirements	
Determining the Need for an Auditor's Expert	7
Nature, Timing and Extent of Audit Procedures	8
The Competence, Capabilities and Objectivity of the Auditor's Expert	9
Obtaining an Understanding of the Field of Expertise of the Auditor's Expert	10
Agreement with the Auditor's Expert	11
Evaluating the Adequacy of the Auditor's Expert's Work	12–13
Reference to the Auditor's Expert in the Auditor's Report	14–15
Application and Other Explanatory Material	
Definition of an Auditor's Expert	A1–A3
Determining the Need for an Auditor's Expert	A4–A9
Nature, Timing and Extent of Audit Procedures	A10–A13
The Competence, Capabilities and Objectivity of the Auditor's Expert	A14–A20
Obtaining an Understanding of the Field of Expertise of the Auditor's Expert	A21–A22
Agreement with the Auditor's Expert	A23–A31
Evaluating the Adequacy of the Auditor's Expert's Work	A32–A40
Reference to the Auditor's Expert in the Auditor's Report	A41–A42
Appendix: Considerations for Agreement between the Auditor and an Auditor's External Expert	

International Standard on Auditing (ISA) 620, "Using the Work of an Auditor's Expert" should be read in conjunction with ISA 200, "Overall Objectives of the Independent Auditor and the Conduct of an Audit in Accordance with International Standards on Auditing."

INTERNATIONAL STANDARD ON AUDITING 620
VERWERTUNG DER ARBEIT EINES SACHVERSTÄNDIGEN DES ABSCHLUSSPRÜFERS

(gilt für die Prüfung von Abschlüssen für Zeiträume, die am oder nach dem 15.12.2009 beginnen)

INHALTSVERZEICHNIS

	Textziffer
Einleitung	
Anwendungsbereich	1-2
Verantwortung des Abschlussprüfers für das Prüfungsurteil	3
Anwendungszeitpunkt	4
Ziele	5
Definitionen	6
Anforderungen	
Entscheidung über die Notwendigkeit, einen Sachverständigen des Abschlussprüfers einzubeziehen	7
Art, zeitliche Einteilung und Umfang der Prüfungshandlungen	8
Kompetenz, Fähigkeiten und Objektivität des Sachverständigen des Abschlussprüfers	9
Erlangen eines Verständnisses von dem Fachgebiet des Sachverständigen des Abschlussprüfers	10
Vereinbarung mit dem Sachverständigen des Abschlussprüfers	11
Beurteilung der Angemessenheit der Arbeit des Sachverständigen des Abschlussprüfers	12-13
Bezugnahme auf den Sachverständigen des Abschlussprüfers im Vermerk des Abschlussprüfers	14-15
Anwendungshinweise und sonstige Erläuterungen	
Definition eines Sachverständigen des Abschlussprüfers	A1-A3
Entscheidung über die Notwendigkeit, einen Sachverständigen des Abschlussprüfers einzubeziehen	A4-A9
Art, zeitliche Einteilung und Umfang der Prüfungshandlungen	A10-A13
Kompetenz, Fähigkeiten und Objektivität des Sachverständigen des Abschlussprüfers	A14-A20
Erlangen eines Verständnisses von dem Fachgebiet des Sachverständigen des Abschlussprüfers	A21-A22
Vereinbarung mit dem Sachverständigen des Abschlussprüfers	A23-A31
Beurteilung der Angemessenheit der Arbeit des Sachverständigen des Abschlussprüfers	A32-A40
Bezugnahme auf den Sachverständigen des Abschlussprüfers im Vermerk des Abschlussprüfers	A41-A42
Anlage: Überlegungen zur Vereinbarung zwischen dem Abschlussprüfer und einem externen Sachverständigen des Abschlussprüfers	

International Standard on Auditing (ISA) 620 „Verwertung der Arbeit eines Sachverständigen des Abschlussprüfers" ist im Zusammenhang mit ISA 200 „Übergreifende Zielsetzungen des unabhängigen Prüfers und Grundsätze einer Prüfung in Übereinstimmung mit den International Standards on Auditing" zu lesen.

ISA 620

Introduction

Scope of this ISA

1. This International Standard on Auditing (ISA) deals with the auditor's responsibilities relating to the work of an individual or organization in a field of expertise other than accounting or auditing, when that work is used to assist the auditor in obtaining sufficient appropriate audit evidence.

2. This ISA does not deal with:

    (a) Situations where the engagement team includes a member, or consults an individual or organization, with expertise in a specialized area of accounting or auditing, which are dealt with in ISA 220;[1] or

    (b) The auditor's use of the work of an individual or organization possessing expertise in a field other than accounting or auditing, whose work in that field is used by the entity to assist the entity in preparing the financial statements (a management's expert), which is dealt with in ISA 500.[2]

    The Auditor's Responsibility for the Audit Opinion

3. The auditor has sole responsibility for the audit opinion expressed, and that responsibility is not reduced by the auditor's use of the work of an auditor's expert. Nonetheless, if the auditor using the work of an auditor's expert, having followed this ISA, concludes that the work of that expert is adequate for the auditor's purposes, the auditor may accept that expert's findings or conclusions in the expert's field as appropriate audit evidence.

Effective Date

4. This ISA is effective for audits of financial statements for periods beginning on or after December 15, 2009.

Objectives

5. The objectives of the auditor are:

    (a) To determine whether to use the work of an auditor's expert; and

    (b) If using the work of an auditor's expert, to determine whether that work is adequate for the auditor's purposes.

Definitions

6. For purposes of the ISAs, the following terms have the meanings attributed below:

    (a) Auditor's expert – An individual or organization possessing expertise in a field other than accounting or auditing, whose work in that field is used by the auditor to assist the auditor in obtaining sufficient appropriate audit evidence. An auditor's expert may be either an auditor's internal expert (who is a partner[3] or staff, including temporary staff, of the auditor's firm or a network firm), or an auditor's external expert. (Ref: Para. A1–A3)

    (b) Expertise – Skills, knowledge and experience in a particular field.

---

1) ISA 220, "Quality Control for an Audit of Financial Statements," paragraphs A10, A20–A22.
2) ISA 500, "Audit Evidence," paragraphs A34–A48.
3) "Partner" and "firm" should be read as referring to their public sector equivalents where relevant.

Einleitung

Anwendungsbereich

1. Dieser International Standard on Auditing (ISA) behandelt die Pflichten des Abschlussprüfers im Zusammenhang mit der Arbeit einer Person oder Organisation auf einem anderen Fachgebiet als dem der Rechnungslegung oder Prüfung, wenn diese Arbeit dazu dient, den Abschlussprüfer darin zu unterstützen, ausreichende geeignete Prüfungsnachweise zu erlangen.

2. Dieser ISA behandelt nicht
   (a) Fälle, in denen das Prüfungsteam ein Mitglied einbezieht oder eine Person oder Organisation zu Rate zieht mit Fachkenntnissen auf einem Spezialgebiet der Rechnungslegung oder Prüfung, wie dies in ISA 220 behandelt wird,[1)] oder
   (b) die Verwertung der Arbeit einer Person oder Organisation mit Fachkenntnissen auf einem anderen Gebiet als dem der Rechnungslegung oder Prüfung, deren Arbeit auf diesem Gebiet von der Einheit[*)] zur Unterstützung bei der Aufstellung des Abschlusses verwendet wird (ein Sachverständiger des Managements), durch den Abschlussprüfer, was in ISA 500 behandelt wird.[2)]

Verantwortung des Abschlussprüfers für das Prüfungsurteil

3. Der Abschlussprüfer trägt die alleinige Verantwortung für das abgegebene Prüfungsurteil. Diese Verantwortung wird durch die Verwertung der Arbeit eines Sachverständigen des Abschlussprüfers nicht verringert. Gleichwohl kann der Abschlussprüfer die Feststellungen oder Schlussfolgerungen eines Sachverständigen auf dessen Fachgebiet als geeignete Prüfungsnachweise akzeptieren, sofern der Abschlussprüfer bei der Verwertung der Arbeit dieses Sachverständigen des Abschlussprüfers unter Beachtung dieses ISA zu dem Schluss kommt, dass die Arbeit dieses Sachverständigen für die Zwecke des Abschlussprüfers angemessen ist.

Anwendungszeitpunkt

4. Dieser ISA gilt für die Prüfung von Abschlüssen für Zeiträume, die am oder nach dem 15.12.2009 beginnen.

Ziele

5. Die Ziele des Abschlussprüfers sind,
   (a) zu entscheiden, ob die Arbeit eines Sachverständigen des Abschlussprüfers verwertet werden soll, und
   (b) falls die Arbeit eines Sachverständigen des Abschlussprüfers verwertet wird, zu entscheiden, ob diese Arbeit für die Zwecke des Abschlussprüfers angemessen ist.

Definitionen

6. Für die Zwecke der ISA gelten die nachfolgenden Begriffsbestimmungen:
   (a) Sachverständiger des Abschlussprüfers – Eine Person oder Organisation mit Fachkenntnissen auf einem anderen Gebiet als dem der Rechnungslegung oder Prüfung, deren Arbeit auf diesem Gebiet verwertet wird, um den Abschlussprüfer dabei zu unterstützen, ausreichende geeignete Prüfungsnachweise zu erlangen. Bei einem Sachverständigen des Abschlussprüfers kann es sich entweder um einen internen Sachverständigen des Abschlussprüfers handeln (d. h. einen Partner[3)] oder einen fachlichen Mitarbeiter – einschließlich eines befristeten Mitarbeiters – der Prüfungspraxis[**)] des Abschlussprüfers oder eines Mitglieds des Netzwerks) oder um einen externen Sachverständigen des Abschlussprüfers. (Vgl. Tz. A1–A3).
   (b) Fachkenntnisse – Fähigkeiten, Kenntnisse und Erfahrungen auf einem bestimmten Gebiet.

---

1) ISA 220 „Qualitätssicherung bei einer Abschlussprüfung", Textziffern A10, A20-A22.
2) ISA 500 „Prüfungsnachweise", Textziffern A34-A48.
3) Sofern relevant, sind die Begriffe „Partner" und „Praxis" so zu lesen, dass sie sich auf ihr Pendant im öffentlichen Sektor beziehen.
*) Der Begriff „Einheit" wird für *entity* neu eingeführt. Bei der zu prüfenden Einheit kann es sich um ein Unternehmen, einen Einzelkaufmann, eine Gesellschaft bürgerlichen Rechts (Schweiz: einfache Gesellschaft), eine Gebietskörperschaft, eine Anstalt des öffentlichen Rechts, einen Konzern oder eine nicht rechtlich abgegrenzte wirtschaftliche Einheit handeln. Eine Übersetzung mit „Unternehmen" oder „Gesellschaft" wäre deshalb unzureichend. So kann sich *entity* sogar auf eine nicht selbständige Niederlassung oder Sparte beziehen, für die eigenständig Rechnung gelegt wird.
**) In der Schweiz: Prüfungsunternehmen.

(c) Management's expert – An individual or organization possessing expertise in a field other than accounting or auditing, whose work in that field is used by the entity to assist the entity in preparing the financial statements.

Requirements
Determining the Need for an Auditor's Expert

7. If expertise in a field other than accounting or auditing is necessary to obtain sufficient appropriate audit evidence, the auditor shall determine whether to use the work of an auditor's expert. (Ref: Para. A4–A9)

Nature, Timing and Extent of Audit Procedures

8. The nature, timing and extent of the auditor's procedures with respect to the requirements in paragraphs 9–13 of this ISA will vary depending on the circumstances. In determining the nature, timing and extent of those procedures, the auditor shall consider matters including: (Ref: Para. A10)

    (a) The nature of the matter to which that expert's work relates;
    (b) The risks of material misstatement in the matter to which that expert's work relates;
    (c) The significance of that expert's work in the context of the audit;
    (d) The auditor's knowledge of and experience with previous work performed by that expert; and
    (e) Whether that expert is subject to the auditor's firm's quality control policies and procedures. (Ref: Para. A11–A13)

The Competence, Capabilities and Objectivity of the Auditor's Expert

9. The auditor shall evaluate whether the auditor's expert has the necessary competence, capabilities and objectivity for the auditor's purposes. In the case of an auditor's external expert, the evaluation of objectivity shall include inquiry regarding interests and relationships that may create a threat to that expert's objectivity. (Ref: Para. A14–A20)

Obtaining an Understanding of the Field of Expertise of the Auditor's Expert

10. The auditor shall obtain a sufficient understanding of the field of expertise of the auditor's expert to enable the auditor to: (Ref: Para. A21–A22)

    (a) Determine the nature, scope and objectives of that expert's work for the auditor's purposes; and
    (b) Evaluate the adequacy of that work for the auditor's purposes.

Agreement with the Auditor's Expert

11. The auditor shall agree, in writing when appropriate, on the following matters with the auditor's expert: (Ref: Para. A23–A26)

    (a) The nature, scope and objectives of that expert's work; (Ref: Para. A27)
    (b) The respective roles and responsibilities of the auditor and that expert; (Ref: Para. A28–A29)
    (c) The nature, timing and extent of communication between the auditor and that expert, including the form of any report to be provided by that expert; and (Ref: Para. A30)
    (d) The need for the auditor's expert to observe confidentiality requirements. (Ref: Para. A31)

Evaluating the Adequacy of the Auditor's Expert's Work

12. The auditor shall evaluate the adequacy of the auditor's expert's work for the auditor's purposes, including: (Ref: Para. A32)

    (a) The relevance and reasonableness of that expert's findings or conclusions, and their consistency with other audit evidence; (Ref: Para. A33–A34)

(c) Sachverständiger des Managements – Eine Person oder Organisation mit Fachkenntnissen auf einem anderen Gebiet als dem der Rechnungslegung oder Prüfung, deren Arbeit auf diesem Gebiet von der Einheit zur Unterstützung bei der Aufstellung des Abschlusses verwendet wird.

Anforderungen

Entscheidung über die Notwendigkeit, einen Sachverständigen des Abschlussprüfers einzubeziehen

7. Wenn Fachkenntnisse auf einem anderen Gebiet als dem der Rechnungslegung oder Prüfung notwendig sind, um ausreichende geeignete Prüfungsnachweise zu erlangen, muss der Abschlussprüfer bestimmen, ob die Arbeit eines Sachverständigen des Abschlussprüfers zu verwerten ist. (Vgl. Tz. A4–A9)

Art, zeitliche Einteilung und Umfang der Prüfungshandlungen

8. Art, zeitliche Einteilung und Umfang der Prüfungshandlungen des Abschlussprüfers im Hinblick auf die Anforderungen in den Textziffern 9-13 dieses ISA sind je nach den Umständen unterschiedlich. Bei der Festlegung von Art, zeitlicher Einteilung und Umfang dieser Prüfungshandlungen hat der Abschlussprüfer u. a. die folgenden Sachverhalte zu berücksichtigen: (Vgl. Tz. A10)

   (a) die Art des Sachverhalts, auf den sich die Arbeit dieses Sachverständigen bezieht;

   (b) die Risiken wesentlicher falscher Darstellungen im Zusammenhang mit dem Sachverhalt, auf den sich die Arbeit dieses Sachverständigen bezieht;

   (c) die Bedeutung der Arbeit dieses Sachverständigen im Zusammenhang mit der Abschlussprüfung;

   (d) Kenntnisse und Erfahrungen des Abschlussprüfers über die bisher durchgeführte Arbeit dieses Sachverständigen und

   (e) ob dieser Sachverständige den Regelungen und Maßnahmen zur Qualitätssicherung der Prüfungspraxis des Abschlussprüfers unterliegt. (Vgl. Tz. A11–A13)

Kompetenz, Fähigkeiten und Objektivität des Sachverständigen des Abschlussprüfers

9. Der Abschlussprüfer muss beurteilen, ob der Sachverständige des Abschlussprüfers über die Kompetenz, die Fähigkeiten und die Objektivität verfügt, die für die Zwecke des Abschlussprüfers notwendig sind. Im Falle eines externen Sachverständigen des Abschlussprüfers muss die Beurteilung der Objektivität eine Befragung zu den Interessen und den Beziehungen einschließen, die eine Gefährdung der Objektivität dieses Sachverständigen hervorrufen können. (Vgl. Tz. A14–A20)

Erlangen eines Verständnisses von dem Fachgebiet des Sachverständigen des Abschlussprüfers

10. Der Abschlussprüfer muss ein ausreichendes Verständnis von dem Fachgebiet des Sachverständigen des Abschlussprüfers erlangen, um in der Lage zu sein, (Vgl. Tz. A21–A22)

    (a) Art, Umfang und Ziele der Arbeit dieses Sachverständigen für die Zwecke des Abschlussprüfers festzulegen und

    (b) die Eignung dieser Arbeit für die Zwecke des Abschlussprüfers zu beurteilen.

Vereinbarung mit dem Sachverständigen des Abschlussprüfers

11. Der Abschlussprüfer muss – falls sachgerecht schriftlich – mit dem Sachverständigen des Abschlussprüfers die folgenden Sachverhalte vereinbaren: (Vgl. Tz. A23–A26)

    (a) Art, Umfang und Ziele der Arbeit dieses Sachverständigen; (Vgl. Tz. A27)

    (b) die jeweiligen Rollen und Verantwortlichkeiten des Abschlussprüfers und dieses Sachverständigen; (Vgl. Tz. A28–A29)

    (c) Art, Zeitpunkte und Umfang der Kommunikation zwischen dem Abschlussprüfer und diesem Sachverständigen, einschließlich der Art eines von diesem Sachverständigen zu liefernden Berichts, sowie (Vgl. Tz. A30)

    (d) die Notwendigkeit, dass der Sachverständige des Abschlussprüfers Verschwiegenheitsverpflichtungen einhält. (Vgl. Tz. A31)

Beurteilung der Angemessenheit der Arbeit des Sachverständigen des Abschlussprüfers

12. Der Abschlussprüfer muss die Angemessenheit der Arbeit des Sachverständigen des Abschlussprüfers für die Zwecke des Abschlussprüfers beurteilen. Dies schließt ein (Vgl. Tz. A32)

    (a) die Relevanz und Vertretbarkeit der Feststellungen oder Schlussfolgerungen dieses Sachverständigen sowie deren Übereinstimmung mit anderen Prüfungsnachweisen; (Vgl. Tz. A33–A34)

(b) If that expert's work involves use of significant assumptions and methods, the relevance and reasonableness of those assumptions and methods in the circumstances; and (Ref: Para. A35–A37)

(c) If that expert's work involves the use of source data that is significant to that expert's work, the relevance, completeness, and accuracy of that source data. (Ref: Para. A38–A39)

13. If the auditor determines that the work of the auditor's expert is not adequate for the auditor's purposes, the auditor shall: (Ref: Para. A40)

(a) Agree with that expert on the nature and extent of further work to be performed by that expert; or

(b) Perform additional audit procedures appropriate to the circumstances.

Reference to the Auditor's Expert in the Auditor's Report

14. The auditor shall not refer to the work of an auditor's expert in an auditor's report containing an unmodified opinion unless required by law or regulation to do so. If such reference is required by law or regulation, the auditor shall indicate in the auditor's report that the reference does not reduce the auditor's responsibility for the auditor's opinion. (Ref: Para. A41)

15. If the auditor makes reference to the work of an auditor's expert in the auditor's report because such reference is relevant to an understanding of a modification to the auditor's opinion, the auditor shall indicate in the auditor's report that such reference does not reduce the auditor's responsibility for that opinion. (Ref: Para. A42)

***

Application and Other Explanatory Material

Definition of an Auditor's Expert (Ref: Para. 6(a))

A1. Expertise in a field other than accounting or auditing may include expertise in relation to such matters as:

- The valuation of complex financial instruments, land and buildings, plant and machinery, jewelry, works of art, antiques, intangible assets, assets acquired and liabilities assumed in business combinations and assets that may have been impaired.

- The actuarial calculation of liabilities associated with insurance contracts or employee benefit plans.

- The estimation of oil and gas reserves.
- The valuation of environmental liabilities, and site clean-up costs.
- The interpretation of contracts, laws and regulations.
- The analysis of complex or unusual tax compliance issues.

A2. In many cases, distinguishing between expertise in accounting or auditing, and expertise in another field, will be straightforward, even where this involves a specialized area of accounting or auditing. For example, an individual with expertise in applying methods of accounting for deferred income tax can often be easily distinguished from an expert in taxation law. The former is not an expert for the purposes of this ISA as this constitutes accounting expertise; the latter is an expert for the purposes of this ISA as this constitutes legal expertise. Similar distinctions may also be able to be made in other areas, for example, between expertise in methods of accounting for financial instruments, and expertise in complex modeling for the purpose of valuing financial instruments. In some cases, however, particularly those involving an emerging area of accounting or auditing expertise, distinguishing between specialized areas of accounting or auditing, and expertise in another field, will be a matter of professional judgment. Applicable professional rules and standards regarding education

(b) wenn die Arbeit dieses Sachverständigen die Verwendung bedeutsamer Annahmen und Methoden umfasst, die Relevanz und Vertretbarkeit dieser Annahmen und Methoden unter den gegebenen Umständen, sowie (Vgl. Tz. A35–A37)

(c) wenn die Arbeit dieses Sachverständigen die Verwendung von Ausgangsdaten umfasst, die für die Arbeit dieses Sachverständigen bedeutsam sind, die Relevanz, Vollständigkeit und Richtigkeit dieser Ausgangsdaten. (Vgl. Tz. A38–A39)

13. Wenn der Abschlussprüfer zu dem Schluss kommt, dass die Arbeit des Sachverständigen des Abschlussprüfers für die Zwecke des Abschlussprüfers nicht ausreichend ist, muss der Abschlussprüfer (Vgl. Tz. A40)

(a) mit diesem Sachverständigen Art und Umfang weiterer von dem Sachverständigen durchzuführender Arbeiten vereinbaren oder

(b) zusätzliche Prüfungshandlungen durchführen, die unter den gegebenen Umständen geeignet sind.

Bezugnahme auf den Sachverständigen des Abschlussprüfers im Vermerk des Abschlussprüfers

14. Der Abschlussprüfer darf in einem Vermerk des Abschlussprüfers, der ein nicht modifiziertes Prüfungsurteil enthält, nicht auf die Arbeit eines Sachverständigen des Abschlussprüfers Bezug nehmen, es sei denn, dies ist aufgrund von Gesetzen oder anderen Rechtsvorschriften erforderlich. Wenn eine solche Bezugnahme aufgrund von Gesetzen oder anderen Rechtsvorschriften erforderlich ist, muss im Vermerk des Abschlussprüfers darauf hingewiesen werden, dass die Verantwortung des Abschlussprüfers für das Prüfungsurteil durch die Bezugnahme nicht verringert wird. (Vgl. Tz. A41)

15. Wenn der Abschlussprüfer im Vermerk des Abschlussprüfers auf die Arbeit eines Sachverständigen des Abschlussprüfers Bezug nimmt, weil diese Bezugnahme für das Verständnis einer Modifizierung des Prüfungsurteils relevant ist, muss im Vermerk des Abschlussprüfers darauf hingewiesen werden, dass die Verantwortung des Abschlussprüfers für dieses Prüfungsurteil durch die Bezugnahme nicht verringert wird. (Vgl. Tz. A42)

***

Anwendungshinweise und sonstige Erläuterungen

Definition eines Sachverständigen des Abschlussprüfers (Vgl. Tz. 6(a))

A1. Zu den Fachkenntnissen auf einem anderen Gebiet als dem der Rechnungslegung oder Prüfung können Fachkenntnisse zu folgenden Sachverhalten gehören:

- Bewertung von komplexen Finanzinstrumenten, Grundstücken und Gebäuden, technischen Anlagen und Maschinen, Schmuck, Kunstwerken, Antiquitäten, immateriellen Vermögenswerten, erworbenen Vermögenswerten und übernommenen Schulden bei Unternehmenszusammenschlüssen sowie Vermögenswerten, die eine Wertminderung erfahren haben können;
- versicherungsmathematische Berechnung von Verpflichtungen im Zusammenhang mit Versicherungsverträgen oder Leistungszusagen an Mitarbeiter;
- Schätzung von Öl- und Gasreserven;
- Bewertung von Umweltverpflichtungen und Kosten für Aufräumarbeiten;
- Auslegung von Verträgen sowie von Gesetzen und anderen Rechtsvorschriften;
- Analyse komplexer oder außergewöhnlicher Fragen zur Einhaltung von Steuervorschriften.

A2. In vielen Fällen ist die Unterscheidung zwischen Fachkenntnissen in der Rechnungslegung oder Prüfung und Fachkenntnissen auf einem anderen Gebiet einfach, sogar wenn es um ein Spezialgebiet der Rechnungslegung oder Prüfung geht. Bspw. kann eine Person mit Fachkenntnissen in der Anwendung von Methoden zur Bilanzierung von latenten Ertragsteuern häufig sein von einem Sachverständigen für Steuerrecht unterschieden werden. Während Ersterer für die Zwecke dieses ISA kein Sachverständiger ist, weil es sich hierbei um Fachkenntnisse der Rechnungslegung handelt, ist Letzterer für die Zwecke dieses ISA ein Sachverständiger, weil es sich um juristische Fachkenntnisse handelt. Ähnliche Unterscheidungen können möglicherweise auch auf anderen Gebieten getroffen werden (bspw. zwischen Fachkenntnissen in Methoden zur Bilanzierung von Finanzinstrumenten und Fachkenntnissen über komplexe Modelle zum Zwecke der Bewertung von Finanzinstrumenten). In manchen Fällen jedoch, insbesondere in solchen, bei denen es um ein neu entstehendes Fachgebiet der Rechnungslegung oder Prüfung geht, liegt die

ISA 620

and competency requirements for accountants and auditors may assist the auditor in exercising that judgment.[4]

A3. It is necessary to apply judgment when considering how the requirements of this ISA are affected by the fact that an auditor's expert may be either an individual or an organization. For example, when evaluating the competence, capabilities and objectivity of an auditor's expert, it may be that the expert is an organization the auditor has previously used, but the auditor has no prior experience of the individual expert assigned by the organization for the particular engagement; or it may be the reverse, that is, the auditor may be familiar with the work of an individual expert but not with the organization that expert has joined. In either case, both the personal attributes of the individual and the managerial attributes of the organization (such as systems of quality control the organization implements) may be relevant to the auditor's evaluation.

Determining the Need for an Auditor's Expert (Ref: Para. 7)

A4. An auditor's expert may be needed to assist the auditor in one or more of the following:

- Obtaining an understanding of the entity and its environment, including its internal control.
- Identifying and assessing the risks of material misstatement.
- Determining and implementing overall responses to assessed risks at the financial statement level.
- Designing and performing further audit procedures to respond to assessed risks at the assertion level, comprising tests of controls or substantive procedures.
- Evaluating the sufficiency and appropriateness of audit evidence obtained in forming an opinion on the financial statements.

A5. The risks of material misstatement may increase when expertise in a field other than accounting is needed for management to prepare the financial statements, for example, because this may indicate some complexity, or because management may not possess knowledge of the field of expertise. If in preparing the financial statements management does not possess the necessary expertise, a management's expert may be used in addressing those risks. Relevant controls, including controls that relate to the work of a management's expert, if any, may also reduce the risks of material misstatement.

A6. If the preparation of the financial statements involves the use of expertise in a field other than accounting, the auditor, who is skilled in accounting and auditing, may not possess the necessary expertise to audit those financial statements. The engagement partner is required to be satisfied that the engagement team, and any auditor's experts who are not part of the engagement team, collectively have the appropriate competence and capabilities to perform the audit engagement.[5] Further, the auditor is required to ascertain the nature, timing and extent of resources necessary to perform the engagement.[6] The auditor's determination of whether to use the work of an auditor's expert, and if so when and to what extent, assists the auditor in meeting these requirements. As the audit progresses, or as circumstances change, the auditor may need to revise earlier decisions about using the work of an auditor's expert.

---

4) For example, International Education Standard 8, "Competence Requirements for Audit Professionals" may be of assistance.

5) ISA 220, paragraph 14.

6) ISA 300, "Planning an Audit of Financial Statements," paragraph 8(e).

Unterscheidung zwischen Spezialgebieten der Rechnungslegung oder Prüfung und Fachkenntnissen auf einem anderen Gebiet im pflichtgemäßen Ermessen des Abschlussprüfers. Bei dieser Beurteilung können dem Abschlussprüfer maßgebende berufliche Regelungen und Standards zu Ausbildungs- und Kompetenzanforderungen für Rechnungsleger und Abschlussprüfer helfen.[4)]

A3. Der Abschlussprüfer muss Ermessen ausüben bei der Abwägung, inwieweit die Anforderungen dieses ISA dadurch berührt werden, dass es sich bei einem Sachverständigen des Abschlussprüfers um eine Person oder um eine Organisation handeln kann. Wenn der Abschlussprüfer bspw. Kompetenz, Fähigkeiten und Objektivität eines Sachverständigen des Abschlussprüfers beurteilt, kann es sein, dass es sich bei dem Sachverständigen um eine Organisation handelt, die der Abschlussprüfer zwar zuvor beauftragt hat, der Abschlussprüfer jedoch bislang keine Erfahrung über den einzelnen Sachverständigen besitzt, der von der Organisation für den bestimmten Auftrag abgestellt wurde. Umgekehrt kann es sein, dass der Abschlussprüfer mit der Tätigkeit eines einzelnen Sachverständigen vertraut ist, jedoch nicht mit der Organisation, der dieser Sachverständige angehört. In beiden Fällen können sowohl die persönlichen Eigenschaften des Einzelnen als auch die Managementeigenschaften der Organisation (z. B. die von der Organisation eingesetzten Qualitätssicherungssysteme) für die Beurteilung des Abschlussprüfers relevant sein.

Entscheidung über die Notwendigkeit, einen Sachverständigen des Abschlussprüfers einzubeziehen (Vgl. Tz. 7)

A4. Ein Sachverständiger des Abschlussprüfers kann benötigt werden, um den Abschlussprüfer bei einem oder mehreren der folgenden Punkte zu unterstützen:
- Erlangen eines Verständnisses von der Einheit und ihrem Umfeld, einschließlich ihres internen Kontrollsystems (IKS);
- Feststellung und Beurteilung der Risiken wesentlicher falscher Darstellungen;
- Festlegung und Umsetzung allgemeiner Reaktionen auf beurteilte Risiken auf Abschlussebene;
- Planung und Durchführung weiterer Prüfungshandlungen als Reaktion auf beurteilte Risiken auf Aussageebene, bestehend aus Funktionsprüfungen oder aussagebezogenen Prüfungshandlungen[*)];
- Beurteilung, ob die erlangten Prüfungsnachweise ausreichend und geeignet sind für die Bildung eines Prüfungsurteils zum Abschluss.

A5. Die Risiken wesentlicher falscher Darstellungen können zunehmen, wenn Fachkenntnisse auf einem anderen Gebiet als dem der Rechnungslegung vom Management für die Aufstellung des Abschlusses benötigt werden (bspw. weil dieses Gebiet eine gewisse Komplexität aufweist oder weil das Management möglicherweise keine Kenntnisse auf dem Fachgebiet besitzt). Wenn das Management bei der Aufstellung des Abschlusses nicht die notwendigen Fachkenntnisse besitzt, kann ein Sachverständiger des Managements eingebunden werden, um sich mit diesen Risiken zu befassen. Relevante Kontrollen, ggf. einschließlich von Kontrollen, die sich auf die Arbeit eines Sachverständigen des Managements beziehen, können die Risiken wesentlicher falscher Darstellungen ebenfalls reduzieren.

A6. Wenn die Aufstellung des Abschlusses die Anwendung von Fachkenntnissen auf einem anderen Gebiet als dem der Rechnungslegung einschließt, besitzt der Abschlussprüfer, der Fachkenntnisse auf dem Gebiet der Rechnungslegung und Prüfung hat, möglicherweise nicht die notwendigen Fachkenntnisse, um diesen Abschluss zu prüfen. Der für den Auftrag Verantwortliche muss davon überzeugt sein, dass das Prüfungsteam und Sachverständige des Abschlussprüfers, die nicht dem Prüfungsteam angehören, gemeinsam über die entsprechenden Kompetenzen und Fähigkeiten verfügen, um den Prüfungsauftrag durchzuführen.[5)] Außerdem muss der Abschlussprüfer Art, zeitliche Einteilung und Umfang der Ressourcen festlegen, die zur Durchführung des Auftrags notwendig sind.[6)] Die Entscheidung des Abschlussprüfers, ob die Arbeit eines Sachverständigen des Abschlussprüfers verwertet wird, und wenn ja, wann und in welchem Umfang, hilft dem Abschlussprüfer, diese Anforderungen zu erfüllen. Im weiteren Verlauf der Abschlussprüfung oder bei sich ändernden Umständen kann es erforderlich sein, dass der Abschlussprüfer frühere Entscheidungen über die Verwertung der Arbeit eines Sachverständigen des Abschlussprüfers berichtigen muss.

---

4) Bspw. kann der International Education Standard 8 „Kompetenzanforderungen für Fachleute auf dem Gebiet der Abschlussprüfung" hilfreich sein.
5) ISA 220, Textziffer 14.
6) ISA 300 „Planung einer Abschlussprüfung", Textziffer 8(e).
*) In Österreich: materielle Prüfungshandlungen.

A7. An auditor who is not an expert in a relevant field other than accounting or auditing may nevertheless be able to obtain a sufficient understanding of that field to perform the audit without an auditor's expert. This understanding may be obtained through, for example:

- Experience in auditing entities that require such expertise in the preparation of their financial statements.
- Education or professional development in the particular field. This may include formal courses, or discussion with individuals possessing expertise in the relevant field for the purpose of enhancing the auditor's own capacity to deal with matters in that field. Such discussion differs from consultation with an auditor's expert regarding a specific set of circumstances encountered on the engagement where that expert is given all the relevant facts that will enable the expert to provide informed advice about the particular matter.[7]
- Discussion with auditors who have performed similar engagements.

A8. In other cases, however, the auditor may determine that it is necessary, or may choose, to use an auditor's expert to assist in obtaining sufficient appropriate audit evidence. Considerations when deciding whether to use an auditor's expert may include:

- Whether management has used a management's expert in preparing the financial statements (see paragraph A9).
- The nature and significance of the matter, including its complexity.
- The risks of material misstatement in the matter.
- The expected nature of procedures to respond to identified risks, including: the auditor's knowledge of and experience with the work of experts in relation to such matters; and the availability of alternative sources of audit evidence.

A9. When management has used a management's expert in preparing the financial statements, the auditor's decision on whether to use an auditor's expert may also be influenced by such factors as:

- The nature, scope and objectives of the management's expert's work.
- Whether the management's expert is employed by the entity, or is a party engaged by it to provide relevant services.
- The extent to which management can exercise control or influence over the work of the management's expert.
- The management's expert's competence and capabilities.
- Whether the management's expert is subject to technical performance standards or other professional or industry requirements
- Any controls within the entity over the management's expert's work.

ISA 500[8] includes requirements and guidance regarding the effect of the competence, capabilities and objectivity of management's experts on the reliability of audit evidence.

Nature, Timing and Extent of Audit Procedures (Ref: Para. 8)

A10. The nature, timing and extent of audit procedures with respect to the requirements in paragraphs 9–13 of this ISA will vary depending on the circumstances. For example, the following factors may suggest the need for different or more extensive procedures than would otherwise be the case:

- The work of the auditor's expert relates to a significant matter that involves subjective and complex judgments.
- The auditor has not previously used the work of the auditor's expert, and has no prior knowledge of that expert's competence, capabilities and objectivity.

---

7) ISA 220, paragraph A21.
8) ISA 500, paragraph 8.

A7. Ein Abschlussprüfer, der kein Sachverständiger auf einem anderen relevanten Gebiet als dem der Rechnungslegung oder Prüfung ist, kann gleichwohl in der Lage sein, ein ausreichendes Verständnis von diesem Fachgebiet zu gewinnen, um die Abschlussprüfung ohne einen Sachverständigen des Abschlussprüfers durchzuführen. Dieses Verständnis kann bspw. gewonnen werden durch:
- Erfahrung in der Abschlussprüfung von Einheiten, die solche Fachkenntnisse bei der Aufstellung ihres Abschlusses benötigen;
- Ausbildung oder berufliche Fortbildung auf dem betreffenden Gebiet. Dazu können der Besuch von Fortbildungsveranstaltungen gehören oder Gespräche mit Personen, die Fachkenntnisse auf dem relevanten Gebiet besitzen, um die eigene Fähigkeit des Abschlussprüfers zur Behandlung von Sachverhalten auf diesem Gebiet zu verbessern. Solche Gespräche unterscheiden sich von der Einholung fachlichen Rats bei einem Sachverständigen des Abschlussprüfers zu bestimmten Gegebenheiten eines Auftrags, bei der dieser Sachverständige über alle relevanten Tatsachen informiert wird, die es ermöglichen werden, fundierten Rat zu dem betreffenden Sachverhalt zu geben.[7];
- Gespräche mit Abschlussprüfern, die ähnliche Aufträge durchgeführt haben.

A8. In anderen Fällen kann der Abschlussprüfer es jedoch für notwendig halten oder sich freiwillig dafür entscheiden, einen Sachverständigen des Abschlussprüfers zur Unterstützung hinzuzuziehen, um ausreichende geeignete Prüfungsnachweise zu erlangen. Die Überlegungen zur Entscheidung über die Hinzuziehung eines Sachverständigen des Abschlussprüfers können Folgendes einschließen:
- ob das Management bei der Aufstellung des Abschlusses einen Sachverständigen des Managements eingebunden hat (siehe Textziffer A9);
- Art und Bedeutung des Sachverhalts, einschließlich seiner Komplexität;
- die Risiken wesentlicher falscher Darstellungen bei dem Sachverhalt;
- die erwartete Art von Prüfungshandlungen als Reaktion auf festgestellte Risiken. Dies schließt die Kenntnisse und Erfahrungen des Abschlussprüfers über die Arbeit von Sachverständigen im Zusammenhang mit solchen Sachverhalten ein sowie die Verfügbarkeit alternativer Quellen für Prüfungsnachweise.

A9. Wenn das Management bei der Aufstellung des Abschlusses einen Sachverständigen des Managements hinzugezogen hat, kann die Entscheidung des Abschlussprüfers über die Hinzuziehung eines Sachverständigen des Abschlussprüfers auch durch Faktoren wie die folgenden beeinflusst werden:
- Art, Umfang und Ziele der Arbeit des Sachverständigen des Managements;
- ob der Sachverständige des Managements bei der Einheit angestellt oder ein von ihr beauftragter Dritter ist, der die relevanten Dienstleistungen zu erbringen hat;
- inwieweit das Management Kontrolle über oder Einfluss auf die Arbeit des Sachverständigen des Managements ausüben kann;
- Kompetenz und Fähigkeiten des Sachverständigen des Managements;
- ob der Sachverständige des Managements fachlichen Standards oder sonstigen beruflichen oder branchenspezifischen Anforderungen unterliegt;
- Kontrollen innerhalb der Einheit über die Arbeit des Sachverständigen des Managements.

ISA 500[8] enthält Anforderungen und erläuternde Hinweise dazu, wie sich Kompetenz, Fähigkeiten und Objektivität von Sachverständigen des Managements auf die Verlässlichkeit von Prüfungsnachweisen auswirken.

Art, zeitliche Einteilung und Umfang der Prüfungshandlungen (Vgl. Tz. 8)

A10. Art, zeitliche Einteilung und Umfang der Prüfungshandlungen im Zusammenhang mit den Anforderungen in den Textziffern 9-13 dieses ISA unterscheiden sich je nach den gegebenen Umständen. Beispielsweise können die folgenden Faktoren die Notwendigkeit für andere oder umfangreichere Prüfungshandlungen nahe legen, als es ansonsten der Fall wäre:
- Die Tätigkeit des Sachverständigen des Abschlussprüfers bezieht sich auf einen bedeutsamen Sachverhalt, der mit subjektiven und komplexen Beurteilungen verbunden ist.
- Der Abschlussprüfer hat die Arbeit des Sachverständigen des Abschlussprüfers nicht zuvor verwertet und besitzt keine vorherigen Kenntnisse über Kompetenz, Fähigkeiten und Objektivität dieses Sachverständigen.

---

7) ISA 220, Textziffer A21.
8) ISA 500, Textziffer 8.

- The auditor's expert is performing procedures that are integral to the audit, rather than being consulted to provide advice on an individual matter.

- The expert is an auditor's external expert and is not, therefore, subject to the firm's quality control policies and procedures.

The Auditor's Firm's Quality Control Policies and Procedures (Ref: Para. 8(e))

A11. An auditor's internal expert may be a partner or staff, including temporary staff, of the auditor's firm, and therefore subject to the quality control policies and procedures of that firm in accordance with ISQC 1[9)] or national requirements that are at least as demanding.[10)] Alternatively, an auditor's internal expert may be a partner or staff, including temporary staff, of a network firm, which may share common quality control policies and procedures with the auditor's firm.

A12. An auditor's external expert is not a member of the engagement team and is not subject to quality control policies and procedures in accordance with ISQC 1.[11)] In some jurisdictions, however, law or regulation may require that an auditor's external expert be treated as a member of the engagement team, and may therefore be subject to relevant ethical requirements, including those pertaining to independence, and other professional requirements, as determined by that law or regulation.

A13. Engagement teams are entitled to rely on the firm's system of quality control, unless information provided by the firm or other parties suggests otherwise.[12)] The extent of that reliance will vary with the circumstances, and may affect the nature, timing and extent of the auditor's procedures with respect to such matters as:

- Competence and capabilities, through recruitment and training programs.
- Objectivity. Auditor's internal experts are subject to relevant ethical requirements, including those pertaining to independence.
- The auditor's evaluation of the adequacy of the auditor's expert's work. For example, the firm's training programs may provide auditor's internal experts with an appropriate understanding of the interrelationship of their expertise with the audit process. Reliance on such training and other firm processes, such as protocols for scoping the work of auditor's internal experts, may affect the nature, timing and extent of the auditor's procedures to evaluate the adequacy of the auditor's expert's work.

- Adherence to regulatory and legal requirements, through monitoring processes.
- Agreement with the auditor's expert.

Such reliance does not reduce the auditor's responsibility to meet the requirements of this ISA.

The Competence, Capabilities and Objectivity of the Auditor's Expert (Ref: Para. 9)

A14. The competence, capabilities and objectivity of an auditor's expert are factors that significantly affect whether the work of the auditor's expert will be adequate for the auditor's purposes. Competence relates to the nature and level of expertise of the auditor's expert. Capability relates to the ability of the auditor's expert to exercise that competence in the circumstances of the engagement. Factors that influence capability may include, for example, geographic location, and the availability of time and resources. Objectivity relates to the possible effects that bias, conflict of interest, or the influence of others may have on the professional or business judgment of the auditor's expert.

---

9) ISQC 1, "Quality Control for Firms that Perform Audits and Reviews of Financial Statements, and Other Assurance and Related Services Engagements," paragraph 12(f).
10) ISA 220, paragraph 2.
11) ISQC 1, paragraph 12(f).
12) ISA 220, paragraph 4.

Verwertung der Arbeit eines Sachverständigen des Abschlussprüfers ISA 620

- Der Sachverständige des Abschlussprüfers führt Maßnahmen durch, die für die Abschlussprüfung insgesamt von Bedeutung sind, anstatt hinzugezogen zu werden, um Rat zu einem einzelnen Sachverhalt zu erteilen.
- Der Sachverständige ist ein externer Sachverständiger des Abschlussprüfers und unterliegt daher nicht den Regelungen und Maßnahmen der Prüfungspraxis zur Qualitätssicherung.

Regelungen und Maßnahmen der Prüfungspraxis zur Qualitätssicherung (Vgl. Tz. 8(e))

A11. Ein interner Sachverständiger des Abschlussprüfers kann ein Partner oder ein fachlicher Mitarbeiter (einschließlich eines befristeten Mitarbeiters) der Prüfungspraxis des Abschlussprüfers sein und daher den Regelungen und Maßnahmen dieser Prüfungspraxis zur Qualitätssicherung in Übereinstimmung mit ISQC 1[9] unterliegen oder nationalen Anforderungen, die mindestens so anspruchsvoll sind.[10] Alternativ dazu kann ein interner Sachverständiger des Abschlussprüfers ein Partner oder ein fachlicher Mitarbeiter (einschließlich eines befristeten Mitarbeiters) eines Mitglieds eines Netzwerks sein, das möglicherweise mit der Prüfungspraxis des Abschlussprüfers gemeinsame Regelungen und Maßnahmen zur Qualitätssicherung teilt.

A12. Ein externer Sachverständiger des Abschlussprüfers ist kein Mitglied des Prüfungsteams und unterliegt nicht den Regelungen und Maßnahmen zur Qualitätssicherung in Übereinstimmung mit ISQC 1.[11] In manchen Rechtsräumen kann es jedoch sein, dass ein externer Sachverständiger des Abschlussprüfers aufgrund von Gesetzen oder anderen Rechtsvorschriften als Mitglied des Prüfungsteams zu behandeln ist und daher relevanten beruflichen Verhaltensanforderungen (einschließlich jener, die sich auf die Unabhängigkeit beziehen) und anderen beruflichen Anforderungen unterliegt, die in diesen Gesetzen oder anderen Rechtsvorschriften festgelegt sind.

A13. Prüfungsteams sind berechtigt, sich auf die Qualitätssicherungssysteme der Praxis zu verlassen, sofern nicht von der Praxis oder von Dritten erhaltene Informationen etwas anderes nahe legen.[12] Der Umfang dieses Vertrauens ist je nach den Umständen unterschiedlich und kann sich etwa bei den folgenden Sachverhalten auf Art, zeitliche Einteilung und Umfang der Prüfungshandlungen des Abschlussprüfers auswirken:

- Kompetenz und Fähigkeiten durch Rekrutierungs- und Schulungsprogramme;
- Objektivität: Interne Sachverständige des Abschlussprüfers unterliegen relevanten beruflichen Verhaltensanforderungen (einschließlich solcher zur Unabhängigkeit);
- Beurteilung der Eignung der Arbeit des Sachverständigen des Abschlussprüfers durch den Abschlussprüfer: Beispielsweise können Schulungsprogramme der Prüfungspraxis internen Sachverständigen des Abschlussprüfers ein angemessenes Verständnis des Zusammenhangs zwischen ihren Fachkenntnissen und dem Prüfungsprozess vermitteln. Das Vertrauen auf diese Schulung und auf andere Prozesse der Prüfungspraxis (z. B. Protokolle zur Festlegung des Umfangs der Arbeit von internen Sachverständigen des Abschlussprüfers) kann sich auf Art, zeitliche Einteilung und Umfang der Prüfungshandlungen des Abschlussprüfers zur Beurteilung der Angemessenheit der Arbeit des Sachverständigen des Abschlussprüfers auswirken;
- Einhaltung von gesetzlichen und anderen rechtlichen Anforderungen durch Überwachungsprozesse;
- Vereinbarung mit dem Sachverständigen des Abschlussprüfers.

Durch dieses Vertrauen wird die Pflicht des Abschlussprüfers zur Erfüllung der Anforderungen dieses ISA nicht verringert.

Kompetenz, Fähigkeiten und Objektivität des Sachverständigen des Abschlussprüfers
(Vgl. Tz. 9)

A14. Kompetenz, Fähigkeiten und Objektivität eines Sachverständigen des Abschlussprüfers sind Faktoren, die sich erheblich darauf auswirken, ob die Arbeit des Sachverständigen des Abschlussprüfers für die Zwecke des Abschlussprüfers angemessen ist. Kompetenz bezieht sich auf die Art und den Grad der Fachkenntnisse des Sachverständigen des Abschlussprüfers. Fähigkeit bezieht sich auf das Vermögen dieses Sachverständigen, diese Kompetenz unter den Umständen des Auftrags auszuüben. Zu den Faktoren, welche die Fähigkeit beeinflussen, können bspw. der geografische Ort und die Verfügbarkeit von Zeit und Ressourcen gehören. Objektivität bezieht sich auf die möglichen Auswirkungen, die

---

9) ISQC 1 „Qualitätssicherung für Praxen, die Abschlussprüfungen und prüferische Durchsichten von Abschlüssen sowie andere betriebswirtschaftliche Prüfungen und Aufträge zu verwandten Dienstleistungen durchführen", Textziffer 12(f).
10) ISA 220, Textziffer 2.
11) ISQC 1, Textziffer 12(f).
12) ISA 220, Textziffer 4.

A15. Information regarding the competence, capabilities and objectivity of an auditor's expert may come from a variety of sources, such as:
- Personal experience with previous work of that expert.
- Discussions with that expert.
- Discussions with other auditors or others who are familiar with that expert's work.

- Knowledge of that expert's qualifications, membership of a professional body or industry association, license to practice, or other forms of external recognition.
- Published papers or books written by that expert.
- The auditor's firm's quality control policies and procedures (see paragraphs A11–A13).

A16. Matters relevant to evaluating the competence, capabilities and objectivity of the auditor's expert include whether that expert's work is subject to technical performance standards or other professional or industry requirements, for example, ethical standards and other membership requirements of a professional body or industry association, accreditation standards of a licensing body, or requirements imposed by law or regulation.

A17. Other matters that may be relevant include:
- The relevance of the auditor's expert's competence to the matter for which that expert's work will be used, including any areas of specialty within that expert's field. For example, a particular actuary may specialize in property and casualty insurance, but have limited expertise regarding pension calculations.

- The auditor's expert's competence with respect to relevant accounting and auditing requirements, for example, knowledge of assumptions and methods, including models where applicable, that are consistent with the applicable financial reporting framework.

- Whether unexpected events, changes in conditions, or the audit evidence obtained from the results of audit procedures indicate that it may be necessary to reconsider the initial evaluation of the competence, capabilities and objectivity of the auditor's expert as the audit progresses.

A18. A broad range of circumstances may threaten objectivity, for example, self-interest threats, advocacy threats, familiarity threats, self-review threats, and intimidation threats. Safeguards may eliminate or reduce such threats, and may be created by external structures (for example, the auditor's expert's profession, legislation or regulation), or by the auditor's expert's work environment (for example, quality control policies and procedures). There may also be safeguards specific to the audit engagement.

A19. The evaluation of the significance of threats to objectivity and of whether there is a need for safeguards may depend upon the role of the auditor's expert and the significance of the expert's work in the context of the audit. There may be some circumstances in which safeguards cannot reduce threats to an acceptable level, for example, if a proposed auditor's expert is an individual who has played a significant role in preparing the information that is being audited, that is, if the auditor's expert is a management's expert.

A20. When evaluating the objectivity of an auditor's external expert, it may be relevant to:

(a) Inquire of the entity about any known interests or relationships that the entity has with the auditor's external expert that may affect that expert's objectivity.

(b) Discuss with that expert any applicable safeguards, including any professional requirements that apply to that expert; and evaluate whether the safeguards are adequate to reduce threats to an

Einseitigkeit, Interessenkonflikte oder der Einfluss anderer Personen auf das berufliche oder geschäftliche Urteilsvermögen des Sachverständigen des Abschlussprüfers haben können.

A15. Informationen zu Kompetenz, Fähigkeiten und Objektivität eines Sachverständigen des Abschlussprüfers können aus unterschiedlichen Quellen stammen, z. B.:
- persönlicher Erfahrung mit der bisherigen Tätigkeit dieses Sachverständigen;
- Gesprächen mit diesem Sachverständigen;
- Gesprächen mit anderen Abschlussprüfern oder anderen Personen, die mit der Arbeit dieses Sachverständigen vertraut sind;
- Kenntnissen über die Qualifikationen dieses Sachverständigen (Mitgliedschaft in einer Berufs- oder Branchenorganisation, Zulassung der Tätigkeit oder andere Formen von Anerkennung durch Dritte);
- veröffentlichten Abhandlungen oder Büchern dieses Sachverständigen;
- den Regelungen und Maßnahmen der Prüfungspraxis des Abschlussprüfers zur Qualitätssicherung (siehe Textziffern A11-A13).

A16. Zu Sachverhalten, die für die Beurteilung von Kompetenz, Fähigkeiten und Objektivität des Sachverständigen des Abschlussprüfers relevant sind, gehört die Frage, ob die Arbeit dieses Sachverständigen fachlichen Standards oder anderen beruflichen oder branchenspezifischen Anforderungen unterliegt (bspw. beruflichen Verhaltensstandards und sonstigen Mitgliedschaftsanforderungen einer Berufs- oder Branchenorganisation, Zulassungsstandards einer Zulassungsbehörde oder durch Gesetze oder andere Rechtsvorschriften auferlegten Anforderungen).

A17. Zu weiteren Sachverhalten, die relevant sein können, gehören
- die Bedeutung der Kompetenz des Sachverständigen des Abschlussprüfers für den Sachverhalt, für den die Arbeit dieses Sachverständigen verwertet werden wird (einschließlich von Spezialgebieten innerhalb des Fachgebiets dieses Sachverständigen). Beispielsweise kann sich ein bestimmter Versicherungsmathematiker auf Sach- und Unfallversicherungen spezialisiert haben, jedoch ein begrenztes Fachwissen über Pensionsberechnungen besitzen;
- die Kompetenz des Sachverständigen des Abschlussprüfers im Hinblick auf relevante Rechnungslegungs- und Prüfungsanforderungen (z. B. dessen Kenntnisse von Annahmen und Methoden, ggf. einschließlich Modellen, die mit dem maßgebenden Regelwerk der Rechnungslegung in Einklang stehen);
- ob unerwartete Ereignisse, sich ändernde Gegebenheiten oder die aus den Ergebnissen von Prüfungshandlungen erlangten Prüfungsnachweise darauf hindeuten, dass es notwendig sein kann, die ursprüngliche Beurteilung von Kompetenz, Fähigkeiten und Objektivität des Sachverständigen des Abschlussprüfers im Laufe der Prüfung zu überdenken.

A18. Ein breites Spektrum von Umständen kann die Objektivität gefährden (bspw. Gefährdungen durch Eigeninteresse, Interessenvertretung, zu große Vertrautheit, Selbstprüfung und Einschüchterung). Diese Gefährdungen können durch Schutzmaßnahmen beseitigt oder reduziert werden, die durch externe Strukturen (z. B. den Berufsstand des Sachverständigen des Abschlussprüfers oder Gesetze oder andere Rechtsvorschriften) oder durch das Tätigkeitsumfeld des Sachverständigen des Abschlussprüfers (z. B. Regelungen und Maßnahmen zur Qualitätssicherung) geschaffen werden können. Es können auch spezifische Schutzmaßnahmen für den Prüfungsauftrag vorhanden sein.

A19. Die Beurteilung der Bedeutung von Gefährdungen der Objektivität und der Frage, ob eine Notwendigkeit für Schutzmaßnahmen besteht, kann von der Rolle des Sachverständigen des Abschlussprüfers und von der Bedeutung der Arbeit des Sachverständigen im Kontext der Abschlussprüfung abhängen. Es kann einige Fälle geben, in denen Gefährdungen durch Schutzmaßnahmen nicht auf ein vertretbares Maß reduziert werden können (bspw. wenn es sich bei einem vorgeschlagenen Sachverständigen des Abschlussprüfers um eine Person handelt, die eine bedeutende Rolle bei der Erstellung der zu prüfenden Informationen gespielt hat, d. h., wenn der Sachverständige des Abschlussprüfers ein Sachverständiger des Managements ist).

A20. Bei der Beurteilung der Objektivität eines externen Sachverständigen des Abschlussprüfers kann es relevant sein,
(a) die Einheit zu bekannten Interessen oder Beziehungen zwischen der Einheit und dem externen Sachverständigen des Abschlussprüfers zu befragen, die sich auf die Objektivität dieses Sachverständigen auswirken können.
(b) mit diesem Sachverständigen anzuwendende Schutzmaßnahmen zu besprechen (einschließlich der für diesen Sachverständigen geltenden beruflichen Anforderungen) und zu beurteilen, ob die

acceptable level. Interests and relationships that it may be relevant to discuss with the auditor's expert include:

- Financial interests.
- Business and personal relationships.
- Provision of other services by the expert, including by the organization in the case of an external expert that is an organization.

In some cases, it may also be appropriate for the auditor to obtain a written representation from the auditor's external expert about any interests or relationships with the entity of which that expert is aware.

Obtaining an Understanding of the Field of Expertise of the Auditor's Expert (Ref: Para. 10)

A21. The auditor may obtain an understanding of the auditor's expert's field of expertise through the means described in paragraph A7, or through discussion with that expert.

A22. Aspects of the auditor's expert's field relevant to the auditor's understanding may include:

- Whether that expert's field has areas of specialty within it that are relevant to the audit (see paragraph A17).
- Whether any professional or other standards, and regulatory or legal requirements apply.
- What assumptions and methods, including models where applicable, are used by the auditor's expert, and whether they are generally accepted within that expert's field and appropriate for financial reporting purposes.
- The nature of internal and external data or information the auditor's expert uses.

Agreement with the Auditor's Expert (Ref: Para. 11)

A23. The nature, scope and objectives of the auditor's expert's work may vary considerably with the circumstances, as may the respective roles and responsibilities of the auditor and the auditor's expert, and the nature, timing and extent of communication between the auditor and the auditor's expert. It is therefore required that these matters are agreed between the auditor and the auditor's expert regardless of whether the expert is an auditor's external expert or an auditor's internal expert.

A24. The matters noted in paragraph 8 may affect the level of detail and formality of the agreement between the auditor and the auditor's expert, including whether it is appropriate that the agreement be in writing. For example, the following factors may suggest the need for more a detailed agreement than would otherwise be the case, or for the agreement to be set out in writing:

- The auditor's expert will have access to sensitive or confidential entity information.
- The respective roles or responsibilities of the auditor and the auditor's expert are different from those normally expected.
- Multi-jurisdictional legal or regulatory requirements apply.
- The matter to which the auditor's expert's work relates is highly complex.
- The auditor has not previously used work performed by that expert.
- The greater the extent of the auditor's expert's work, and its significance in the context of the audit.

A25. The agreement between the auditor and an auditor's external expert is often in the form of an engagement letter. The Appendix lists matters that the auditor may consider for inclusion in such an engagement letter, or in any other form of agreement with an auditor's external expert.

Schutzmaßnahmen angemessen sind, um Gefährdungen auf ein vertretbares Maß zu reduzieren. Zu den Interessen und Beziehungen, die für eine Besprechung mit dem Sachverständigen des Abschlussprüfers relevant sein können, gehören:
- finanzielle Interessen;
- geschäftliche und persönliche Beziehungen;
- Erbringung anderer Dienstleistungen durch den Sachverständigen (einschließlich erbrachter Dienstleistungen der Organisation, wenn es sich bei dem externen Sachverständigen um eine Organisation handelt).

In manchen Fällen kann es auch angemessen sein, dass der Abschlussprüfer eine schriftliche Erklärung von dem externen Sachverständigen des Abschlussprüfers über zu der Einheit bestehende Interessen oder Beziehungen einholt, die diesem Sachverständigen bekannt sind.

Erlangen eines Verständnisses von dem Fachgebiet des Sachverständigen des Abschlussprüfers (Vgl. Tz. 10)

A21. Der Abschlussprüfer kann ein Verständnis von dem Fachgebiet des Sachverständigen des Abschlussprüfers durch die in Textziffer A7 beschriebenen Möglichkeiten oder durch Gespräche mit diesem Sachverständigen gewinnen.

A22. Zu den Aspekten des Fachgebiets des Sachverständigen des Abschlussprüfers, die für das Verständnis des Abschlussprüfers relevant sind, können gehören:
- ob das Fachgebiet dieses Sachverständigen Spezialgebiete umfasst, die für die Abschlussprüfung relevant sind; (siehe Textziffer A17)
- ob berufliche oder andere Standards und gesetzliche oder andere rechtliche Anforderungen gelten;
- die vom Sachverständigen des Abschlussprüfers verwendeten Annahmen und Methoden (ggf. einschließlich Modellen) und ob diese innerhalb des Fachgebiets dieses Sachverständigen allgemein anerkannt und für Zwecke der Rechnungslegung geeignet sind;
- die Art von internen und externen Daten oder Informationen, die der Sachverständige des Abschlussprüfers verwendet.

Vereinbarung mit dem Sachverständigen des Abschlussprüfers (Vgl. Tz. 11)

A23. Art, Umfang und Ziele der Arbeit des Sachverständigen des Abschlussprüfers können sich je nach den Umständen erheblich unterscheiden. Dies gilt ebenso für die jeweiligen Rollen und Verantwortlichkeiten des Abschlussprüfers und des Sachverständigen des Abschlussprüfers sowie für die Art, die Zeitpunkte und den Umfang der Kommunikation zwischen dem Abschlussprüfer und dem Sachverständigen des Abschlussprüfers. Daher müssen diese Punkte zwischen dem Abschlussprüfer und dem Sachverständigen des Abschlussprüfers unabhängig davon vereinbart werden, ob es sich bei dem Sachverständigen um einen externen oder einen internen Sachverständigen des Abschlussprüfers handelt.

A24. Die in Textziffer 8 genannten Sachverhalte können sich auf den Detaillierungs- und Formalisierungsgrad der Vereinbarung zwischen dem Abschlussprüfer und dem Sachverständigen des Abschlussprüfers auswirken. Dies gilt auch für die Frage, ob es angebracht ist, dass die Vereinbarung schriftlich erfolgt. Bspw. können die folgenden Faktoren eher die Notwendigkeit einer detaillierteren Vereinbarung, als es ansonsten der Fall wäre, oder einer schriftlich festgelegten Vereinbarung nahe legen:
- Der Sachverständige des Abschlussprüfers wird Zugang zu sensitiven oder vertraulichen Informationen der Einheit haben.
- Die jeweiligen Rollen oder Verantwortlichkeiten des Abschlussprüfers und des Sachverständigen des Abschlussprüfers unterscheiden sich von denjenigen, die normalerweise erwartet werden.
- Es gelten gesetzliche oder andere rechtliche Anforderungen mehrerer Rechtsräume.
- Der Sachverhalt, auf den sich die Arbeit des Sachverständigen des Abschlussprüfers bezieht, ist hoch komplex.
- Der Abschlussprüfer hat zuvor keine Arbeiten dieses Sachverständigen verwertet.
- Je umfangreicher die Arbeit des Sachverständigen des Abschlussprüfers und deren Bedeutung im Kontext der Abschlussprüfung ist.

A25. Die Vereinbarung zwischen dem Abschlussprüfer und einem externen Sachverständigen des Abschlussprüfers erfolgt häufig in Form eines Auftragsschreibens. In der Anlage sind Sachverhalte aufgeführt, die der Abschlussprüfer erwägen kann, in ein solches Auftragsschreiben oder in eine andere Form von Vereinbarung mit einem externen Sachverständigen des Abschlussprüfers aufzunehmen.

A26. When there is no written agreement between the auditor and the auditor's expert, evidence of the agreement may be included in, for example:

- Planning memoranda, or related working papers such as the audit program.

- The policies and procedures of the auditor's firm. In the case of an auditor's internal expert, the established policies and procedures to which that expert is subject may include particular policies and procedures in relation to that expert's work. The extent of documentation in the auditor's working papers depends on the nature of such policies and procedures. For example, no documentation may be required in the auditor's working papers if the auditor's firm has detailed protocols covering the circumstances in which the work of such an expert is used.

Nature, Scope and Objectives of Work (Ref: Para. 11(a))

A27. It may often be relevant when agreeing on the nature, scope and objectives of the auditor's expert's work to include discussion of any relevant technical performance standards or other professional or industry requirements that the expert will follow.

Respective Roles and Responsibilities (Ref: Para. 11(b))

A28. Agreement on the respective roles and responsibilities of the auditor and the auditor's expert may include:

- Whether the auditor or the auditor's expert will perform detailed testing of source data.

- Consent for the auditor to discuss the auditor's expert's findings or conclusions with the entity and others, and to include details of that expert's findings or conclusions in the basis for a modified opinion in the auditor's report, if necessary (see paragraph A42).

- Any agreement to inform the auditor's expert of the auditor's conclusions concerning that expert's work.

Working Papers

A29. Agreement on the respective roles and responsibilities of the auditor and the auditor's expert may also include agreement about access to, and retention of, each other's working papers. When the auditor's expert is a member of the engagement team, that expert's working papers form part of the audit documentation. Subject to any agreement to the contrary, auditor's external experts' working papers are their own and do not form part of the audit documentation.

Communication (Ref: Para. 11(c))

A30. Effective two-way communication facilitates the proper integration of the nature, timing and extent of the auditor's expert's procedures with other work on the audit, and appropriate modification of the auditor's expert's objectives during the course of the audit. For example, when the work of the auditor's expert relates to the auditor's conclusions regarding a significant risk, both a formal written report at the conclusion of that expert's work, and oral reports as the work progresses, may be appropriate. Identification of specific partners or staff who will liaise with the auditor's expert, and procedures for communication between that expert and the entity, assists timely and effective communication, particularly on larger engagements.

Confidentiality (Ref: Para. 11(d))

A31. It is necessary for the confidentiality provisions of relevant ethical requirements that apply to the auditor also to apply to the auditor's expert. Additional requirements may be imposed by law or regulation. The entity may also have requested that specific confidentiality provisions be agreed with auditor's external experts.

A26. Wenn keine schriftliche Vereinbarung zwischen dem Abschlussprüfer und dem Sachverständigen des Abschlussprüfers besteht, können Nachweise für die Vereinbarung bspw. enthalten sein in
- Planungsmemoranden oder damit zusammenhängenden Arbeitspapieren (z. B. dem Prüfungsprogramm);
- den Regelungen und Maßnahmen der Prüfungspraxis des Abschlussprüfers. Im Falle eines internen Sachverständigen des Abschlussprüfers können die etablierten Regelungen und Maßnahmen, denen dieser Sachverständige unterliegt, besondere Regelungen und Maßnahmen zur Arbeit dieses Sachverständigen einschließen. Der Umfang der Dokumentation in den Arbeitspapieren des Abschlussprüfers hängt von der Art dieser Regelungen und Maßnahmen ab. Beispielsweise kann eine Dokumentation in den Arbeitspapieren des Abschlussprüfers entbehrlich sein, wenn die Prüfungspraxis des Abschlussprüfers über detaillierte Protokolle verfügt, welche die Umstände abdecken, unter denen die Arbeit eines solchen Sachverständigen verwertet wird.

Art, Umfang und Ziele der Arbeit (Vgl. Tz. 11(a))

A27. Es kann häufig relevant sein, bei der Vereinbarung von Art, Umfang und Zielen der Arbeit des Sachverständigen des Abschlussprüfers einschlägige fachliche Standards oder andere berufliche oder branchenspezifische Anforderungen zu erörtern, die der Sachverständige befolgen wird.

Jeweilige Rollen und Verantwortlichkeiten (Vgl. Tz. 11(b))

A28. Die Vereinbarung der jeweiligen Rollen und Verantwortlichkeiten des Abschlussprüfers und des Sachverständigen des Abschlussprüfers kann einschließen,
- ob der Abschlussprüfer oder der Sachverständige des Abschlussprüfers eine detaillierte Prüfung von Ausgangsdaten durchführen wird;
- das Einverständnis dafür, dass der Abschlussprüfer die Feststellungen oder Schlussfolgerungen des Sachverständigen des Abschlussprüfers mit der Einheit und mit anderen erörtert und erforderlichenfalls Einzelheiten der Feststellungen oder Schlussfolgerungen dieses Sachverständigen als Grundlage für ein modifiziertes Prüfungsurteil im Vermerk des Abschlussprüfers aufnimmt; (siehe Textziffer A42)
- eine Vereinbarung, den Sachverständigen des Abschlussprüfers über die Schlussfolgerungen des Abschlussprüfers zu der Arbeit dieses Sachverständigen zu informieren.

Arbeitspapiere

A29. Die Vereinbarung der jeweiligen Rollen und Verantwortlichkeiten des Abschlussprüfers und des Sachverständigen des Abschlussprüfers kann auch eine Vereinbarung über den gegenseitigen Zugang zu den Arbeitspapieren und über deren Zurückbehaltung beinhalten. Wenn der Sachverständige des Abschlussprüfers ein Mitglied des Prüfungsteams ist, gehören die Arbeitspapiere dieses Sachverständigen zur Prüfungsdokumentation. Vorbehaltlich einer gegenteiligen Vereinbarung sind die Arbeitspapiere von externen Sachverständigen des Abschlussprüfers deren Eigentum und gehören nicht zur Prüfungsdokumentation.

Kommunikation (Vgl. Tz. 11(c))

A30. Eine wirksame wechselseitige Kommunikation erleichtert die sachgerechte Einbindung von Art, zeitlicher Einteilung und Umfang der Handlungen des Sachverständigen des Abschlussprüfers in andere Tätigkeiten bei der Abschlussprüfung sowie die angemessene Veränderung der Ziele des Sachverständigen des Abschlussprüfers im Laufe der Prüfung. Wenn bspw. die Arbeit des Sachverständigen des Abschlussprüfers im Zusammenhang steht mit Schlussfolgerungen des Abschlussprüfers zu einem bedeutsamen Risiko, können sowohl ein formeller schriftlicher Bericht bei Abschluss der Tätigkeit dieses Sachverständigen als auch mündliche Berichte im Laufe der Tätigkeit angemessen sein. Die Bestimmung einzelner Partner oder fachlicher Mitarbeiter als Ansprechpartner des Sachverständigen des Abschlussprüfers sowie von Verfahren zur Kommunikation zwischen diesem Sachverständigen und der Einheit ist hilfreich für eine rechtzeitige und wirksame Kommunikation, insbesondere bei größeren Aufträgen.

Vertraulichkeit (Vgl. Tz. 11(d))

A31. Die für den Abschlussprüfer geltenden Verschwiegenheitsbestimmungen relevanter beruflicher Verhaltensanforderungen müssen notwendigerweise auch für den Sachverständigen des Abschlussprüfers gelten. Zusätzliche Anforderungen können durch Gesetze oder andere Rechtsvorschriften auferlegt werden. Darüber hinaus kann die Einheit darauf gedrungen haben, dass mit externen Sachverständigen des Abschlussprüfers spezifische Verschwiegenheitsbestimmungen vereinbart werden.

Evaluating the Adequacy of the Auditor's Expert's Work (Ref: Para. 12)

A32. The auditor's evaluation of the auditor's expert's competence, capabilities and objectivity, the auditor's familiarity with the auditor's expert's field of expertise, and the nature of the work performed by the auditor's expert affect the nature, timing and extent of audit procedures to evaluate the adequacy of that expert's work for the auditor's purposes.

The Findings and Conclusions of the Auditor's Expert (Ref: Para. 12(a))

A33. Specific procedures to evaluate the adequacy of the auditor's expert's work for the auditor's purposes may include:
- Inquiries of the auditor's expert.
- Reviewing the auditor's expert's working papers and reports.
- Corroborative procedures, such as:
    - Observing the auditor's expert's work;
    - Examining published data, such as statistical reports from reputable, authoritative sources;
    - Confirming relevant matters with third parties;
    - Performing detailed analytical procedures; and
    - Reperforming calculations.
- Discussion with another expert with relevant expertise when, for example, the findings or conclusions of the auditor's expert are not consistent with other audit evidence.
- Discussing the auditor's expert's report with management.

A34. Relevant factors when evaluating the relevance and reasonableness of the findings or conclusions of the auditor's expert, whether in a report or other form, may include whether they are:

- Presented in a manner that is consistent with any standards of the auditor's expert's profession or industry;
- Clearly expressed, including reference to the objectives agreed with the auditor, the scope of the work performed and standards applied;
- Based on an appropriate period and take into account subsequent events, where relevant;
- Subject to any reservation, limitation or restriction on use, and if so, whether this has implications for the auditor; and
- Based on appropriate consideration of errors or deviations encountered by the auditor's expert.

Assumptions, Methods and Source Data

Assumptions and Methods (Ref: Para. 12(b))

A35. When the auditor's expert's work is to evaluate underlying assumptions and methods, including models where applicable, used by management in developing an accounting estimate, the auditor's procedures are likely to be primarily directed to evaluating whether the auditor's expert has adequately reviewed those assumptions and methods. When the auditor's expert's work is to develop an auditor's point estimate or an auditor's range for comparison with management's point estimate, the auditor's procedures may be primarily directed to evaluating the assumptions and methods, including models where appropriate, used by the auditor's expert.

A36. ISA 540[13] discusses the assumptions and methods used by management in making accounting estimates, including the use in some cases of highly specialized, entity-developed models. Although that discussion is written in the context of the auditor obtaining sufficient appropriate audit evidence regarding

---

[13] ISA 540, "Auditing Accounting Estimates, Including Fair Value Accounting Estimates, and Related Disclosures," paragraphs 8, 13 and 15.

Beurteilung der Angemessenheit der Arbeit des Sachverständigen des Abschlussprüfers (Vgl. Tz. 12)

A32. Die vom Abschlussprüfer vorgenommene Beurteilung von Kompetenz, Fähigkeiten und Objektivität des Sachverständigen des Abschlussprüfers, die Vertrautheit des Abschlussprüfers mit dem Fachgebiet des Sachverständigen des Abschlussprüfers und die Art der von diesem durchgeführten Tätigkeit wirken sich auf Art, zeitliche Einteilung und Umfang der Prüfungshandlungen zur Beurteilung der Angemessenheit der Arbeit dieses Sachverständigen für die Zwecke des Abschlussprüfers aus.

Feststellungen und Schlussfolgerungen des Sachverständigen des Abschlussprüfers (Vgl. Tz. 12(a))

A33. Zu den spezifischen Prüfungshandlungen zur Beurteilung der Angemessenheit der Arbeit des Sachverständigen des Abschlussprüfers für die Zwecke des Abschlussprüfers können gehören:
- Befragungen des Sachverständigen des Abschlussprüfers;
- Durchsicht der Arbeitspapiere und Berichte des Sachverständigen des Abschlussprüfers;
- Unterstützende Prüfungshandlungen, z. B.:
  - Beobachten der Tätigkeit des Sachverständigen des Abschlussprüfers;
  - Untersuchen veröffentlichter Daten (z. B. statistischer Berichte aus angesehenen, zuverlässigen Quellen);
  - Einholen von externen Bestätigungen zu relevanten Sachverhalten;
  - Durchführen detaillierter analytischer Prüfungshandlungen;
  - Nachvollziehen von Berechnungen;
- Besprechung mit einem anderen Sachverständigen mit relevanten Fachkenntnissen (bspw. wenn die Feststellungen oder Schlussfolgerungen des Sachverständigen des Abschlussprüfers nicht mit anderen Prüfungsnachweisen in Einklang stehen);
- Besprechung des Berichts des Sachverständigen des Abschlussprüfers mit dem Management.

A34. Maßgebliche Faktoren bei der Beurteilung der Relevanz und Vertretbarkeit der Feststellungen oder Schlussfolgerungen des Sachverständigen des Abschlussprüfers, ob in einem Bericht oder in anderer Form, können die Frage einschließen, ob die Feststellungen oder Schlussfolgerungen
- in einer Weise dargelegt sind, die mit Standards des Berufsstands oder der Branche des Sachverständigen des Abschlussprüfers in Einklang steht;
- klar ausgedrückt sind und eine Bezugnahme auf die mit dem Abschlussprüfer vereinbarten Ziele, den Umfang der durchgeführten Tätigkeit sowie die angewandten Standards enthält;
- auf einem angemessenen Zeitraum basieren und, sofern relevant, nachträglichen Ereignissen Rechnung tragen;
- Vorbehalten, Einschränkungen oder Verwendungsbeschränkungen unterliegen, und wenn ja, ob dies Konsequenzen für den Abschlussprüfer hat, und
- auf einer angemessenen Berücksichtigung von Irrtümern oder Abweichungen basieren, auf die der Sachverständige des Abschlussprüfers gestoßen ist.

Annahmen, Methoden und Ausgangsdaten

Annahmen und Methoden (Vgl. Tz. 12(b))

A35. Wenn die Arbeit des Sachverständigen des Abschlussprüfers darin besteht, zugrunde liegende Annahmen und Methoden (ggf. einschließlich von Modellen) zu beurteilen, die vom Management bei der Entwicklung eines geschätzten Werts in der Rechnungslegung verwendet wurden, sind die Maßnahmen des Abschlussprüfers wahrscheinlich hauptsächlich auf die Beurteilung ausgerichtet, ob der Sachverständige des Abschlussprüfers diese Annahmen und Methoden in angemessener Weise einer Durchsicht unterzogen hat. Wenn die Tätigkeit des Sachverständigen des Abschlussprüfers darin besteht, eine Punktschätzung oder Bandbreite des Abschlussprüfers zum Vergleich mit der Punktschätzung des Managements zu entwickeln, können die Prüfungshandlungen des Abschlussprüfers hauptsächlich darauf ausgerichtet sein, die vom Sachverständigen des Abschlussprüfers verwendeten Annahmen und Methoden (ggf. einschließlich der Modelle) zu beurteilen.

A36. In ISA 540[13)] werden die Annahmen und Methoden erörtert, die vom Management bei der Ermittlung von geschätzten Werten in der Rechnungslegung verwendet werden. In manchen Fällen schließt dies die Anwendung hoch spezialisierter, von der Einheit entwickelter Modelle ein. Obwohl diese Erörterung im

---

13) ISA 540 „Die Prüfung geschätzter Werte in der Rechnungslegung, einschließlich geschätzter Zeitwerte, und der damit zusammenhängenden Abschlussangaben", Textziffern 8, 13 und 15.

management's assumptions and methods, it may also assist the auditor when evaluating an auditor's expert's assumptions and methods.

A37. When an auditor's expert's work involves the use of significant assumptions and methods, factors relevant to the auditor's evaluation of those assumptions and methods include whether they are:

- Generally accepted within the auditor's expert's field;
- Consistent with the requirements of the applicable financial reporting framework;
- Dependent on the use of specialized models; and
- Consistent with those of management, and if not, the reason for, and effects of, the differences.

Source Data Used by the Auditor's Expert (Ref: Para. 12(c))

A38. When an auditor's expert's work involves the use of source data that is significant to that expert's work, procedures such as the following may be used to test that data:

- Verifying the origin of the data, including obtaining an understanding of, and where applicable testing, the internal controls over the data and, where relevant, its transmission to the expert.

- Reviewing the data for completeness and internal consistency.

A39. In many cases, the auditor may test source data. However, in other cases, when the nature of the source data used by an auditor's expert is highly technical in relation to the expert's field, that expert may test the source data. If the auditor's expert has tested the source data, inquiry of that expert by the auditor, or supervision or review of that expert's tests may be an appropriate way for the auditor to evaluate that data's relevance, completeness, and accuracy.

Inadequate Work (Ref: Para. 13)

A40. If the auditor concludes that the work of the auditor's expert is not adequate for the auditor's purposes and the auditor cannot resolve the matter through the additional audit procedures required by paragraph 13, which may involve further work being performed by both the expert and the auditor, or include employing or engaging another expert, it may be necessary to express a modified opinion in the auditor's report in accordance with ISA 705 because the auditor has not obtained sufficient appropriate audit evidence.[14]

Reference to the Auditor's Expert in the Auditor's Report (Ref: Para. 14–15)

A41. In some cases, law or regulation may require a reference to the work of an auditor's expert, for example, for the purposes of transparency in the public sector.

A42. It may be appropriate in some circumstances to refer to the auditor's expert in an auditor's report containing a modified opinion, to explain the nature of the modification. In such circumstances, the auditor may need the permission of the auditor's expert before making such a reference.

---

14) ISA 705, "Modifications to the Opinion in the Independent Auditor's Report," paragraph 6(b).

Zusammenhang damit verfasst ist, dass der Abschlussprüfer ausreichende geeignete Prüfungsnachweise zu den Annahmen und Methoden des Managements erlangt, kann sie den Abschlussprüfer auch bei der Beurteilung der Annahmen und Methoden eines Sachverständigen des Abschlussprüfers unterstützen.

A37. Wenn die Tätigkeit eines Sachverständigen des Abschlussprüfers in der Verwendung bedeutsamer Annahmen und Methoden besteht, gehören zu den Faktoren, die für die Beurteilung dieser Annahmen und Methoden durch den Abschlussprüfer relevant sind, ob die Annahmen und Methoden

- innerhalb des Fachgebiets des Sachverständigen des Abschlussprüfers allgemein anerkannt sind;
- mit den Anforderungen des maßgebenden Regelwerks der Rechnungslegung in Einklang stehen;
- von der Anwendung spezialisierter Modelle abhängen und
- mit denjenigen des Managements in Einklang stehen, und wenn nicht, die Gründe und Auswirkungen der Unterschiede.

Vom Sachverständigen des Abschlussprüfers verwendete Ausgangsdaten (Vgl. Tz. 12(c))

A38. Wenn die Tätigkeit eines Sachverständigen des Abschlussprüfers in der Verwendung von Ausgangsdaten besteht, die für die Tätigkeit dieses Sachverständigen bedeutsam sind, können die folgenden Prüfungshandlungen angewandt werden, um diese Daten zu prüfen:

- Überprüfung der Herkunft der Daten. Hierzu gehört es auch, ein Verständnis zu erlangen von den internen Kontrollen über die Daten und ggf. eine Prüfung dieser Kontrollen sowie – sofern relevant – eine Prüfung der Übertragung der Daten an den Sachverständigen;
- Durchsicht der Daten auf Vollständigkeit und Stimmigkeit.

A39. In vielen Fällen kann der Abschlussprüfer Ausgangsdaten prüfen. In anderen Fällen dagegen, wenn die Art der von einem Sachverständigen des Abschlussprüfers verwendeten Ausgangsdaten in Bezug auf das Fachgebiet des Sachverständigen sehr fachspezifisch ist, kann dieser Sachverständige die Ausgangsdaten prüfen. Wenn der Sachverständige des Abschlussprüfers die Ausgangsdaten geprüft hat, können Befragungen dieses Sachverständigen durch den Abschlussprüfer oder die Überwachung oder Überprüfung der Tests dieses Sachverständigen eine geeignete Möglichkeit für den Abschlussprüfer sein, die Relevanz, Vollständigkeit und Richtigkeit dieser Daten zu beurteilen.

Nicht ausreichende Arbeit (Vgl. Tz. 13)

A40. Wenn der Abschlussprüfer zu dem Schluss kommt, dass die Arbeit des Sachverständigen des Abschlussprüfers für die Zwecke des Abschlussprüfers nicht ausreichend ist und der Abschlussprüfer diese Tatsache nicht durch die nach Textziffer 13 erforderlichen zusätzlichen Prüfungshandlungen beseitigen kann, welche die Durchführung weiterer Tätigkeiten sowohl durch den Sachverständigen als auch den Abschlussprüfer oder die Beschäftigung oder Beauftragung eines anderen Sachverständigen einschließen können, kann es erforderlich sein, dass der Abschlussprüfer in Übereinstimmung mit ISA 705 ein modifiziertes Prüfungsurteil im Vermerk des Abschlussprüfers abgeben muss, weil keine ausreichenden geeigneten Prüfungsnachweise erlangt wurden.[14]

Bezugnahme auf den Sachverständigen des Abschlussprüfers im Vermerk des Abschlussprüfers
(Vgl. Tz. 14–15)

A41. In manchen Fällen kann aufgrund von Gesetzen oder anderen Rechtsvorschriften eine Bezugnahme auf die Arbeit eines Sachverständigen des Abschlussprüfers erforderlich sein, bspw. für Zwecke der Transparenz im öffentlichen Sektor.

A42. In manchen Fällen kann es angemessen sein, in einem Vermerk des Abschlussprüfers, der ein modifiziertes Prüfungsurteil enthält, auf den Sachverständigen des Abschlussprüfers Bezug zu nehmen, um die Art der Modifizierung zu erläutern. In solchen Fällen kann es erforderlich sein, dass der Abschlussprüfer vor einer solchen Bezugnahme die Genehmigung des Sachverständigen des Abschlussprüfers benötigt.

---

14) ISA 705 „Modifizierungen des Prüfungsurteils im Vermerk des unabhängigen Abschlussprüfers", Textziffer 6(b).

Appendix
(Ref: Para. A25)

Considerations for Agreement between the Auditor and an Auditor's External Expert

This Appendix lists matters that the auditor may consider for inclusion in any agreement with an auditor's external expert. The following list is illustrative and is not exhaustive; it is intended only to be a guide that may be used in conjunction with the considerations outlined in this ISA. Whether to include particular matters in the agreement depends on the circumstances of the engagement. The list may also be of assistance in considering the matters to be included in an agreement with an auditor's internal expert.

Nature, Scope and Objectives of the Auditor's External Expert's Work

- The nature and scope of the procedures to be performed by the auditor's external expert.
- The objectives of the auditor's external expert's work in the context of materiality and risk considerations concerning the matter to which the auditor's external expert's work relates, and, when relevant, the applicable financial reporting framework.
- Any relevant technical performance standards or other professional or industry requirements the auditor's external expert will follow.
- The assumptions and methods, including models where applicable, the auditor's external expert will use, and their authority.
- The effective date of, or when applicable the testing period for, the subject matter of the auditor's external expert's work, and requirements regarding subsequent events.

The Respective Roles and Responsibilities of the Auditor and the Auditor's External Expert

- Relevant auditing and accounting standards, and relevant regulatory or legal requirements.
- The auditor's external expert's consent to the auditor's intended use of that expert's report, including any reference to it, or disclosure of it, to others, for example, reference to it in the basis for a modified opinion in the auditor's report, if necessary, or disclosure of it to management or an audit committee.
- The nature and extent of the auditor's review of the auditor's external expert's work.
- Whether the auditor or the auditor's external expert will test source data.
- The auditor's external expert's access to the entity's records, files, personnel and to experts engaged by the entity.
- Procedures for communication between the auditor's external expert and the entity.
- The auditor's and the auditor's external expert's access to each other's working papers.
- Ownership and control of working papers during and after the engagement, including any file retention requirements.
- The auditor's external expert's responsibility to perform work with due skill and care.
- The auditor's external expert's competence and capability to perform the work.
- The expectation that the auditor's external expert will use all knowledge that expert has that is relevant to the audit or, if not, will inform the auditor.
- Any restriction on the auditor's external expert's association with the auditor's report.

Anlage
(Vgl. Tz. A25)

Überlegungen zur Vereinbarung zwischen dem Abschlussprüfer und einem externen Sachverständigen des Abschlussprüfers

In dieser Anlage sind Sachverhalte aufgeführt, deren Aufnahme der Abschlussprüfer in eine Vereinbarung mit einem externen Sachverständigen erwägen kann. Die nachfolgende Auflistung dient zur Veranschaulichung und ist nicht erschöpfend. Sie soll lediglich als Leitfaden dienen, der im Zusammenhang mit den in diesem ISA dargelegten Überlegungen verwendet werden kann. Ob bestimmte Sachverhalte in die Vereinbarung aufzunehmen sind, hängt von den Umständen des Auftrags ab. Die Auflistung kann auch für die Überlegung hilfreich sein, welche Sachverhalte in eine Vereinbarung mit einem internen Sachverständigen des Abschlussprüfers aufzunehmen sind.

Art, Umfang und Ziele der Tätigkeit des externen Sachverständigen des Abschlussprüfers

- Art und Umfang der von dem externen Sachverständigen des Abschlussprüfers durchzuführenden Maßnahmen;
- die Ziele der Tätigkeit des externen Sachverständigen des Abschlussprüfers im Zusammenhang mit Wesentlichkeits- und Risikoüberlegungen zu dem Sachverhalt, auf den sich die Tätigkeit des externen Sachverständigen des Abschlussprüfers bezieht, und – sofern relevant – dem maßgebenden Regelwerk der Rechnungslegung;
- relevante fachliche Standards oder andere berufliche oder branchenspezifische Anforderungen, die der externe Sachverständige des Abschlussprüfers befolgen wird;
- die Annahmen und Methoden (ggf. einschließlich von Modellen), die der externe Sachverständige des Abschlussprüfers verwendet, und deren Verbindlichkeitsgrad;
- der Anwendungszeitpunkt oder ggf. der Prüfungszeitraum für den Gegenstand der Tätigkeit des externen Sachverständigen des Abschlussprüfers sowie Anforderungen zu nachträglichen Ereignissen.

Jeweilige Rollen und Verantwortlichkeiten des Abschlussprüfers und des externen Sachverständigen des Abschlussprüfers

- Relevante Prüfungs- und Rechnungslegungsstandards sowie relevante gesetzliche oder andere rechtliche Anforderungen;
- die Zustimmung des externen Sachverständigen des Abschlussprüfers zu der vom Abschlussprüfer vorgesehenen Verwertung des Berichts dieses Sachverständigen, einschließlich einer Bezugnahme auf diesen oder eine Bekanntgabe des Berichts gegenüber anderen (bspw. erforderlichenfalls die Bezugnahme auf den Bericht in der Grundlage für ein modifiziertes Prüfungsurteil im Vermerk des Abschlussprüfers oder dessen Bekanntgabe gegenüber dem Management oder einem Prüfungsausschuss);
- Art und Umfang der vom Abschlussprüfer vorzunehmenden Durchsicht der Arbeit des externen Sachverständigen des Abschlussprüfers;
- ob der Abschlussprüfer oder der externe Sachverständige des Abschlussprüfers Ausgangsdaten prüfen;
- Zugang des externen Sachverständigen des Abschlussprüfers zu den Aufzeichnungen, Akten und Mitarbeitern der Einheit sowie zu von der Einheit beauftragten Sachverständigen;
- Verfahren zur Kommunikation zwischen dem externen Sachverständigen des Abschlussprüfers und der Einheit;
- gegenseitiger Zugang des Abschlussprüfers und des externen Sachverständigen des Abschlussprüfers zu den Arbeitspapieren;
- Eigentum an und Kontrolle von Arbeitspapieren während des Auftrags und danach (einschließlich Anforderungen zur Aufbewahrung von Akten);
- Pflicht des externen Sachverständigen des Abschlussprüfers zur Durchführung der Tätigkeit mit der erforderlichen Fachkenntnis und Sorgfalt;
- Kompetenz und Fähigkeit des externen Sachverständigen des Abschlussprüfers zur Durchführung der Tätigkeit;
- die Erwartung, dass der externe Sachverständige des Abschlussprüfers seine gesamten für die Prüfung relevanten Kenntnisse anwendet oder andernfalls den Abschlussprüfer informiert;
- jegliche Beschränkung dahingehend, dass der externe Sachverständige des Abschlussprüfers mit dem Vermerk des Abschlussprüfers in Verbindung gebracht wird;

- Any agreement to inform the auditor's external expert of the auditor's conclusions concerning that expert's work.

Communications and Reporting
- Methods and frequency of communications, including:
  - How the auditor's external expert's findings or conclusions will be reported (for example, written report, oral report, ongoing input to the engagement team).
  - Identification of specific persons within the engagement team who will liaise with the auditor's external expert.
- When the auditor's external expert will complete the work and report findings or conclusions to the auditor.
- The auditor's external expert's responsibility to communicate promptly any potential delay in completing the work, and any potential reservation or limitation on that expert's findings or conclusions.
- The auditor's external expert's responsibility to communicate promptly instances in which the entity restricts that expert's access to records, files, personnel or experts engaged by the entity.
- The auditor's external expert's responsibility to communicate to the auditor all information that expert believes may be relevant to the audit, including any changes in circumstances previously communicated.
- The auditor's external expert's responsibility to communicate circumstances that may create threats to that expert's objectivity, and any relevant safeguards that may eliminate or reduce such threats to an acceptable level.

Confidentiality
- The need for the auditor's expert to observe confidentiality requirements, including:
  - The confidentiality provisions of relevant ethical requirements that apply to the auditor.
  - Additional requirements that may be imposed by law or regulation, if any.
  - Specific confidentiality provisions requested by the entity, if any.

- jegliche Vereinbarung, den externen Sachverständigen des Abschlussprüfers über die Schlussfolgerungen des Abschlussprüfers zu der Arbeit dieses Sachverständigen zu informieren.

Kommunikation und Berichterstattung
- Methoden und Häufigkeit der Kommunikation, einschließlich:
  - Art und Weise der Berichterstattung über die Feststellungen oder Schlussfolgerungen des externen Sachverständigen des Abschlussprüfers (z.B. schriftlicher Bericht, mündlicher Bericht, laufender Beitrag zum Prüfungsteam);
  - Festlegung bestimmter Personen innerhalb des Prüfungsteams als Ansprechpartner des externen Sachverständigen des Abschlussprüfers;
- Zeitpunkt, zu dem der externe Sachverständige des Abschlussprüfers die Arbeit abschließt und dem Abschlussprüfer die getroffenen Feststellungen oder Schlussfolgerungen mitteilt;
- Pflicht des externen Sachverständigen des Abschlussprüfers, mögliche Verzögerungen des Abschlusses der Arbeit sowie mögliche Vorbehalte oder Beschränkungen zu den Feststellungen oder Schlussfolgerungen dieses Sachverständigen umgehend mitzuteilen;
- Pflicht des externen Sachverständigen des Abschlussprüfers, umgehend Fälle mitzuteilen, in denen die Einheit den Zugang dieses Sachverständigen zu Aufzeichnungen, Akten, Mitarbeitern oder von der Einheit beauftragten Sachverständigen beschränkt;
- Pflicht des externen Sachverständigen des Abschlussprüfers, dem Abschlussprüfer alle Informationen mitzuteilen, die nach Ansicht dieses Sachverständigen für die Abschlussprüfung relevant sein können (einschließlich Änderungen von bereits mitgeteilten Umständen);
- Pflicht des externen Sachverständigen des Abschlussprüfers zur Mitteilung von Umständen, die Gefährdungen der Objektivität dieses Sachverständigen hervorrufen können, sowie relevanter Schutzmaßnahmen, die diese Gefährdungen beseitigen oder auf ein vertretbares Maß reduzieren können.

Vertraulichkeit
- Die Notwendigkeit, dass der Sachverständige des Abschlussprüfers Verschwiegenheitsverpflichtungen einhält, einschließlich
  - der Verschwiegenheitsbestimmungen relevanter beruflicher Verhaltensanforderungen, die für den Abschlussprüfer gelten;
  - ggf. zusätzlicher Anforderungen, die durch Gesetze oder andere Rechtsvorschriften auferlegt sein können;
  - ggf. bestimmter von der Einheit verlangter Verschwiegenheitsbestimmungen.

ISA 700

INTERNATIONAL STANDARD ON AUDITING 700
FORMING AN OPINION AND REPORTING ON FINANCIAL STATEMENTS

(Effective for audits of financial statements for periods beginning on or after December 15, 2009)

CONTENTS

	Paragraph
Introduction	
Scope of this ISA	1–4
Effective Date	5
Objectives	6
Definitions	7–9
Requirements	
Forming an Opinion on the Financial Statements	10–15
Form of Opinion	16–19
Auditor's Report	20–45
Supplementary Information Presented with the Financial Statements	46–47
Application and Other Explanatory Material	
Qualitative Aspects of the Entity's Accounting Practices	A1–A3
Disclosure of the Effect of Material Transactions and Events on the Information Conveyed in the Financial Statements	A4
Description of the Applicable Financial Reporting Framework	A5–A10
Form of Opinion	A11–A12
Auditor's Report	A13–A44
Supplementary Information Presented with the Financial Statements	A45–A51
Appendix: Illustrations of Auditors' Reports on Financial Statements	

International Standard on Auditing (ISA) 700, "Forming an Opinion and Reporting on Financial Statements," should be read in conjunction with ISA 200, "Overall Objectives of the Independent Auditor and the Conduct of an Audit in Accordance with International Standards on Auditing."

INTERNATIONAL STANDARD ON AUDITING 700
BILDUNG EINES PRÜFUNGSURTEILS UND ERTEILUNG EINES VERMERKS ZUM ABSCHLUSS

(gilt für die Prüfung von Abschlüssen für Zeiträume, die am oder nach dem 15.12.2009 beginnen)

INHALTSVERZEICHNIS

	Textziffern
Einleitung	
Anwendungsbereich	1-4
Anwendungszeitpunkt	5
Ziele	6
Definitionen	7-9
Anforderungen	
Bildung eines Prüfungsurteils zum Abschluss	10-15
Art des Prüfungsurteils	16-19
Vermerk des Abschlussprüfers	20-45
Zusätzlich zum Abschluss dargestellte Informationen	46-47
Anwendungshinweise und sonstige Erläuterungen	
Qualitative Aspekte des Vorgehens der Einheit bei der Rechnungslegung	A1-A3
Angabe der Auswirkung wesentlicher Geschäftsvorfälle und Ereignisse auf die im Abschluss vermittelten Informationen	A4
Beschreibung des maßgebenden Regelwerks der Rechnungslegung	A5-A10
Art des Prüfungsurteils	A11-A12
Vermerk des Abschlussprüfers	A13-A44
Zusätzlich zum Abschluss dargestellte Informationen	A45-A51
Anlage: Formulierungsbeispiele für Vermerke des Abschlussprüfers zum Abschluss	

International Standard on Auditing (ISA) 700 „Bildung eines Prüfungsurteils und Erteilung eines Vermerks zum Abschluss" ist im Zusammenhang mit ISA 200 „Übergreifende Zielsetzungen des unabhängigen Prüfers und Grundsätze einer Prüfung in Übereinstimmung mit den International Standards on Auditing" zu lesen.

Introduction

Scope of this ISA

1. This International Standard on Auditing (ISA) deals with the auditor's responsibility to form an opinion on the financial statements. It also deals with the form and content of the auditor's report issued as a result of an audit of financial statements.

2. ISA 705[1] and ISA 706[2] deal with how the form and content of the auditor's report are affected when the auditor expresses a modified opinion or includes an Emphasis of Matter paragraph or an Other Matter paragraph in the auditor's report.

3. This ISA is written in the context of a complete set of general purpose financial statements. ISA 800[3] deals with special considerations when financial statements are prepared in accordance with a special purpose framework. ISA 805[4] deals with special considerations relevant to an audit of a single financial statement or of a specific element, account or item of a financial statement.

4. This ISA promotes consistency in the auditor's report. Consistency in the auditor's report, when the audit has been conducted in accordance with ISAs, promotes credibility in the global marketplace by making more readily identifiable those audits that have been conducted in accordance with globally recognized standards. It also helps to promote the user's understanding and to identify unusual circumstances when they occur.

Effective Date

5. This ISA is effective for audits of financial statements for periods beginning on or after December 15, 2009.

Objectives

6. The objectives of the auditor are:
   (a) To form an opinion on the financial statements based on an evaluation of the conclusions drawn from the audit evidence obtained; and
   (b) To express clearly that opinion through a written report that also describes the basis for that opinion.

Definitions

7. For purposes of the ISAs, the following terms have the meanings attributed below:
   (a) General purpose financial statements – Financial statements prepared in accordance with a general purpose framework.
   (b) General purpose framework – A financial reporting framework designed to meet the common financial information needs of a wide range of users. The financial reporting framework may be a fair presentation framework or a compliance framework.

   The term "fair presentation framework" is used to refer to a financial reporting framework that requires compliance with the requirements of the framework and:

---

[1] ISA 705, "Modifications to the Opinion in the Independent Auditor's Report."
[2] ISA 706, "Emphasis of Matter Paragraphs and Other Matter Paragraphs in the Independent Auditor's Report."
[3] ISA 800, "Special Considerations—Audits of Financial Statements Prepared in Accordance with Special Purpose Frameworks."
[4] ISA 805, "Special Considerations—Audits of Single Financial Statements and Specific Elements, Accounts or Items of a Financial Statement."

ISA 700

Einleitung

Anwendungsbereich

1. Dieser International Standard on Auditing (ISA) behandelt die Pflicht des Abschlussprüfers zur Bildung eines Prüfungsurteils zum Abschluss. Außerdem behandelt er Form und Inhalt des Vermerks des Abschlussprüfers, der als Ergebnis einer Abschlussprüfung erteilt wird.

2. ISA 705[1] und ISA 706[2] behandeln die Auswirkungen auf Form und Inhalt des Vermerks des Abschlussprüfers, wenn der Abschlussprüfer ein modifiziertes Prüfungsurteil abgibt oder einen Absatz zur Hervorhebung eines Sachverhalts oder einen Absatz zum Hinweis auf sonstige Sachverhalte in den Vermerk aufnimmt.

3. Dieser ISA ist im Kontext eines vollständigen Abschlusses für allgemeine Zwecke verfasst. ISA 800[3] behandelt besondere Überlegungen, wenn der Abschluss in Übereinstimmung mit einem Regelwerk für einen speziellen Zweck aufgestellt wurde. ISA 805[4] behandelt besondere Überlegungen, die für die Prüfung einer einzelnen Finanzaufstellung[*] oder eines bestimmten Bestandteils, Kontos oder Postens einer Finanzaufstellung relevant sind.

4. Dieser ISA fördert die Einheitlichkeit der Vermerke der Abschlussprüfer. Die Einheitlichkeit der Vermerke der Abschlussprüfer bei in Übereinstimmung mit den ISA durchgeführten Abschlussprüfungen fördert die Glaubwürdigkeit auf dem globalen Markt, indem die in Übereinstimmung mit weltweit anerkannten Standards durchgeführten Abschlussprüfungen leichter erkennbar werden. Außerdem trägt sie dazu bei, das Verständnis der Nutzer zu fördern und ungewöhnliche Gegebenheiten zu erkennen, wenn solche auftreten.

Anwendungszeitpunkt

5. Dieser ISA gilt für die Prüfung von Abschlüssen für Zeiträume, die am oder nach dem 15.12.2009 beginnen.

Ziele

6. Die Ziele des Abschlussprüfers sind,
   (a) auf der Grundlage der Beurteilung der aus den erlangten Prüfungsnachweisen gezogenen Schlussfolgerungen ein Prüfungsurteil zum Abschluss zu bilden und
   (b) dieses Prüfungsurteil durch einen schriftlichen Vermerk klar zum Ausdruck zu bringen, der auch die Grundlage für dieses Prüfungsurteil beschreibt.

Definitionen

7. Für die Zwecke der ISA gelten die nachstehenden Begriffsbestimmungen:
   (a) Abschluss für allgemeine Zwecke – Ein in Übereinstimmung mit einem Regelwerk für allgemeine Zwecke aufgestellter Abschluss.
   (b) Regelwerk für allgemeine Zwecke – Ein Regelwerk der Rechnungslegung, das darauf ausgerichtet ist, die gemeinsamen Bedürfnisse eines breiten Spektrums von Nutzern an Finanzinformationen zu erfüllen. Bei dem Regelwerk der Rechnungslegung kann es sich um ein Regelwerk zur sachgerechten Gesamtdarstellung[**] oder um ein Regelwerk zur Normentsprechung[***] handeln.

   Der Begriff „Regelwerk zur sachgerechten Gesamtdarstellung" wird für ein Regelwerk der Rechnungslegung verwendet, das die Einhaltung der Anforderungen des Regelwerks verlangt und

---

[1] ISA 705 „Modifizierungen des Prüfungsurteils im Vermerk des unabhängigen Abschlussprüfers".
[2] ISA 706 „Hervorhebung eines Sachverhalts und Hinweis auf sonstige Sachverhalte durch Absätze im Vermerk des unabhängigen Abschlussprüfers".
[3] ISA 800 „Besondere Überlegungen bei Prüfungen von Abschlüssen, die aufgestellt sind in Übereinstimmung mit einem Regelwerk für einen speziellen Zweck".
[4] ISA 805 „Besondere Überlegungen bei Prüfungen von einzelnen Finanzaufstellungen und bestimmten Bestandteilen, Konten oder Posten einer Finanzaufstellung".
[*] Zu den Finanzaufstellungen gehören Abschlüsse (Jahres-, Konzern-, Zwischenabschlüsse) sowie sonstige Finanzaufstellungen (z.B. Bilanz, Gewinn- und Verlustrechnung, Kapitalflussrechnung, Einnahmen-Überschuss-Rechnung, Vermögensaufstellung).
[**] In den ISA als „fair presentation framework" bezeichnet.
[***] In den ISA als „compliance framework" bezeichnet.

(i) Acknowledges explicitly or implicitly that, to achieve fair presentation of the financial statements, it may be necessary for management to provide disclosures beyond those specifically required by the framework; or

(ii) Acknowledges explicitly that it may be necessary for management to depart from a requirement of the framework to achieve fair presentation of the financial statements. Such departures are expected to be necessary only in extremely rare circumstances.

The term "compliance framework" is used to refer to a financial reporting framework that requires compliance with the requirements of the framework, but does not contain the acknowledgements in (i) or (ii) above.[5]

(c) Unmodified opinion – The opinion expressed by the auditor when the auditor concludes that the financial statements are prepared, in all material respects, in accordance with the applicable financial reporting framework.[6]

8. Reference to "financial statements" in this ISA means "a complete set of general purpose financial statements, including the related notes." The related notes ordinarily comprise a summary of significant accounting policies and other explanatory information. The requirements of the applicable financial reporting framework determine the form and content of the financial statements, and what constitutes a complete set of financial statements.

9. Reference to "International Financial Reporting Standards" in this ISA means the International Financial Reporting Standards issued by the International Accounting Standards Board, and reference to "International Public Sector Accounting Standards" means the International Public Sector Accounting Standards issued by the International Public Sector Accounting Standards Board.

Requirements
Forming an Opinion on the Financial Statements

10. The auditor shall form an opinion on whether the financial statements are prepared, in all material respects, in accordance with the applicable financial reporting framework.[7],[8]

11. In order to form that opinion, the auditor shall conclude as to whether the auditor has obtained reasonable assurance about whether the financial statements as a whole are free from material misstatement, whether due to fraud or error. That conclusion shall take into account:

(a) The auditor's conclusion, in accordance with ISA 330, whether sufficient appropriate audit evidence has been obtained;[9]

(b) The auditor's conclusion, in accordance with ISA 450, whether uncorrected misstatements are material, individually or in aggregate;[10] and

(c) The evaluations required by paragraphs 12–15.

12. The auditor shall evaluate whether the financial statements are prepared, in all material respects, in accordance with the requirements of the applicable financial reporting framework. This evaluation shall include consideration of the qualitative aspects of the entity's accounting practices, including indicators of possible bias in management's judgments. (Ref: Para. A1–A3)

---

5) ISA 200, "Overall Objectives of the Independent Auditor and the Conduct of an Audit in Accordance with International Standards on Auditing," paragraph 13(a).
6) Paragraphs 35–36 deal with the phrases used to express this opinion in the case of a fair presentation framework and a compliance framework respectively.
7) ISA 200, paragraph 11.
8) Paragraphs 35–36 deal with the phrases used to express this opinion in the case of a fair presentation framework and a compliance framework respectively.
9) ISA 330, "The Auditor's Responses to Assessed Risks," paragraph 26.
10) ISA 450, "Evaluation of Misstatements Identified during the Audit," paragraph 11.

(i) explizit oder implizit anerkennt, dass es, um eine sachgerechte Gesamtdarstellung des Abschlusses zu erreichen, erforderlich sein kann, dass das Management Abschlussangaben macht, die über die ausdrücklich von dem Regelwerk geforderten hinausgehen, oder

(ii) explizit anerkennt, dass es für das Management erforderlich sein kann, von einer Anforderung des Regelwerks abzuweichen, um eine sachgerechte Gesamtdarstellung des Abschlusses zu erreichen. Solche Abweichungen sind erwartungsgemäß nur in äußerst seltenen Fällen erforderlich.

Der Begriff „Regelwerk zur Normentsprechung" wird für ein Regelwerk der Rechnungslegung verwendet, das die Einhaltung der Anforderungen des Regelwerks verlangt, jedoch nicht die oben in (i) oder (ii) genannten Aspekte beinhaltet.[5]

(c) Nicht modifiziertes Prüfungsurteil – Das Prüfungsurteil, das der Abschlussprüfer abgibt, wenn er zu dem Schluss gelangt, dass der Abschluss in allen wesentlichen Belangen in Übereinstimmung mit dem maßgebenden Regelwerk der Rechnungslegung aufgestellt wurde.[6]

8. Mit dem Begriff „Abschluss" ist in diesem ISA ein „vollständiger Abschluss für allgemeine Zwecke einschließlich der damit zusammenhängenden Angaben" gemeint. Die damit zusammenhängenden Angaben umfassen normalerweise eine Zusammenfassung von bedeutsamen Rechnungslegungsmethoden und andere erläuternde Informationen.[*] Die Anforderungen des maßgebenden Regelwerks der Rechnungslegung legen Form und Inhalt des Abschlusses sowie die Bestandteile eines vollständigen Abschlusses fest.

9. Mit dem Begriff „International Financial Reporting Standards" sind in diesem ISA die vom International Accounting Standards Board herausgegebenen International Financial Reporting Standards gemeint. Mit dem Begriff „International Public Sector Accounting Standards" sind die vom International Public Sector Accounting Standards Board herausgegebenen International Public Sector Accounting Standards gemeint.

Anforderungen

Bildung eines Prüfungsurteils zum Abschluss

10. Der Abschlussprüfer muss sich ein Prüfungsurteil darüber bilden, ob der Abschluss in allen wesentlichen Belangen in Übereinstimmung mit dem maßgebenden Regelwerk der Rechnungslegung aufgestellt wurde.[7),8)]

11. Um dieses Prüfungsurteil zu bilden, muss der Abschlussprüfer zu dem Schluss kommen, ob hinreichende Sicherheit darüber erlangt wurde, ob der Abschluss insgesamt im Wesentlichen keine beabsichtigte oder unbeabsichtigte falsche Darstellung enthält. Diese Schlussfolgerung muss Folgendes berücksichtigen:

(a) den vom Abschlussprüfer in Übereinstimmung mit ISA 330 gezogenen Schluss darüber, ob ausreichende geeignete Prüfungsnachweise erlangt wurden[9];

(b) den vom Abschlussprüfer in Übereinstimmung mit ISA 450 gezogenen Schluss darüber, ob nicht korrigierte falsche Darstellungen einzeln oder insgesamt wesentlich sind,[10)] und

(c) die nach den Textziffern 12–15 erforderlichen Beurteilungen.

12. Der Abschlussprüfer muss beurteilen, ob der Abschluss in allen wesentlichen Belangen in Übereinstimmung mit den Anforderungen des maßgebenden Regelwerks der Rechnungslegung aufgestellt wurde. Diese Beurteilung muss die qualitativen Aspekte des Vorgehens der Einheit[**] bei der

---

5) ISA 200 „Übergreifende Zielsetzungen des unabhängigen Prüfers und Grundsätze einer Prüfung in Übereinstimmung mit den International Standards on Auditing", Textziffer 13(a).

6) In den Textziffern 35-36 werden die Formulierungen behandelt, die bei einem Regelwerk zur sachgerechten Gesamtdarstellung bzw. bei einem Regelwerk zur Normentsprechung verwendet werden, um dieses Prüfungsurteil auszudrücken.

7) ISA 200, Textziffer 11.

8) Die Textziffern 35-36 behandeln die Formulierungen, die bei einem Regelwerk zur sachgerechten Gesamtdarstellung bzw. bei einem Regelwerk zur Normentsprechung verwendet werden, um dieses Prüfungsurteil auszudrücken.

9) ISA 330 „Die Reaktionen des Abschlussprüfers auf beurteilte Risiken", Textziffer 26.

10) ISA 450 „Die Beurteilung der während der Abschlussprüfung festgestellten falschen Darstellungen", Textziffer 11.

*) In Deutschland, Österreich und der Schweiz: Anhang.

**) Der Begriff „Einheit" wird für *entity* neu eingeführt. Bei der zu prüfenden Einheit kann es sich um ein Unternehmen, einen Einzelkaufmann, eine Gesellschaft des bürgerlichen Rechts (Schweiz: einfache Gesellschaft), eine Gebietskörperschaft, eine Anstalt des öffentlichen Rechts, einen Konzern oder eine nicht rechtlich abgegrenzte wirtschaftliche Einheit handeln. Eine Übersetzung mit „Unternehmen" oder „Gesellschaft" wäre deshalb unzureichend. So kann sich *entity* sogar auf eine nicht selbständige Niederlassung oder Sparte beziehen, für die eigenständig Rechnung gelegt wird.

13. In particular, the auditor shall evaluate whether, in view of the requirements of the applicable financial reporting framework:
    (a) The financial statements adequately disclose the significant accounting policies selected and applied;
    (b) The accounting policies selected and applied are consistent with the applicable financial reporting framework and are appropriate;
    (c) The accounting estimates made by management are reasonable;
    (d) The information presented in the financial statements is relevant, reliable, comparable, and understandable;
    (e) The financial statements provide adequate disclosures to enable the intended users to understand the effect of material transactions and events on the information conveyed in the financial statements; and (Ref: Para. A4)
    (f) The terminology used in the financial statements, including the title of each financial statement, is appropriate.
14. When the financial statements are prepared in accordance with a fair presentation framework, the evaluation required by paragraphs 12–13 shall also include whether the financial statements achieve fair presentation. The auditor's evaluation as to whether the financial statements achieve fair presentation shall include consideration of:

    (a) The overall presentation, structure and content of the financial statements; and
    (b) Whether the financial statements, including the related notes, represent the underlying transactions and events in a manner that achieves fair presentation.

15. The auditor shall evaluate whether the financial statements adequately refer to or describe the applicable financial reporting framework. (Ref: Para. A5–A10)

Form of Opinion

16. The auditor shall express an unmodified opinion when the auditor concludes that the financial statements are prepared, in all material respects, in accordance with the applicable financial reporting framework.

17. If the auditor:
    (a) concludes that, based on the audit evidence obtained, the financial statements as a whole are not free from material misstatement; or
    (b) is unable to obtain sufficient appropriate audit evidence to conclude that the financial statements as a whole are free from material misstatement,

    the auditor shall modify the opinion in the auditor's report in accordance with ISA 705.

18. If financial statements prepared in accordance with the requirements of a fair presentation framework do not achieve fair presentation, the auditor shall discuss the matter with management and, depending on the requirements of the applicable financial reporting framework and how the matter is resolved, shall determine whether it is necessary to modify the opinion in the auditor's report in accordance with ISA 705. (Ref: Para. A11)

19. When the financial statements are prepared in accordance with a compliance framework, the auditor is not required to evaluate whether the financial statements achieve fair presentation. However, if in extremely rare circumstances the auditor concludes that such financial statements are misleading, the auditor shall discuss the matter with management and, depending on how it is resolved, shall determine whether, and how, to communicate it in the auditor's report. (Ref: Para. A12)

Auditor's Report

20. The auditor's report shall be in writing. (Ref: Para. A13–A14)

Bildung eines Prüfungsurteils und Erteilung eines Vermerks zum Abschluss — ISA 700

Rechnungslegung berücksichtigen, einschließlich von Anzeichen für eine mögliche Einseitigkeit in den Beurteilungen des Managements. (Vgl. Tz. A1–A3)

13. Insbesondere muss der Abschlussprüfer beurteilen, ob angesichts der Anforderungen des maßgebenden Regelwerks der Rechnungslegung
    (a) die ausgewählten und angewandten bedeutsamen Rechnungslegungsmethoden im Abschluss angemessen angegeben sind;
    (b) die ausgewählten und angewandten Rechnungslegungsmethoden mit dem maßgebenden Regelwerk der Rechnungslegung in Einklang stehen und angemessen sind;
    (c) die vom Management ermittelten geschätzten Werte in der Rechnungslegung vertretbar sind;
    (d) die im Abschluss dargestellten Informationen relevant, verlässlich, vergleichbar und verständlich sind;
    (e) der Abschluss angemessene Angaben liefert, damit die vorgesehenen Nutzer die Auswirkungen von wesentlichen Geschäftsvorfällen und Ereignissen auf die mit dem Abschluss vermittelten Informationen verstehen können, und (Vgl. Tz. A4)
    (f) die im Abschluss verwendete Terminologie, einschließlich der Bezeichnung der einzelnen Finanzaufstellungen, angemessen ist.

14. Wenn der Abschluss in Übereinstimmung mit einem Regelwerk zur sachgerechten Gesamtdarstellung aufgestellt wurde, muss die nach den Textziffern 12–13 erforderliche Beurteilung auch die Frage einschließen, ob der Abschluss eine sachgerechte Gesamtdarstellung erreicht. Die Beurteilung des Abschlussprüfers, ob der Abschluss eine sachgerechte Gesamtdarstellung erreicht, muss Überlegungen enthalten
    (a) zur Darstellung insgesamt, zum Aufbau und zum Inhalt des Abschlusses sowie
    (b) dazu, ob der Abschluss, einschließlich der damit zusammenhängenden Angaben, die zugrunde liegenden Geschäftsvorfälle und Ereignisse in einer Weise wiedergibt, die eine sachgerechte Gesamtdarstellung erreicht.

15. Der Abschlussprüfer muss beurteilen, ob der Abschluss das maßgebende Regelwerk der Rechnungslegung angemessen benennt oder beschreibt. (Vgl. Tz. A5–A10)

Art des Prüfungsurteils

16. Ein nicht modifiziertes Prüfungsurteil ist abzugeben, wenn der Abschlussprüfer zu der Schlussfolgerung gelangt, dass der Abschluss in allen wesentlichen Belangen in Übereinstimmung mit dem maßgebenden Regelwerk der Rechnungslegung aufgestellt ist.

17. Wenn der Abschlussprüfer
    (a) auf der Grundlage der erhaltenen Prüfungsnachweise zu der Schlussfolgerung gelangt, dass der Abschluss insgesamt nicht frei von wesentlichen falschen Darstellungen ist, oder
    (b) nicht in der Lage ist, ausreichende geeignete Prüfungsnachweise zu erhalten, um zu der Schlussfolgerung zu gelangen, dass der Abschluss insgesamt im Wesentlichen keine falsche Darstellung enthält,
    ist das Prüfungsurteil im Vermerk des Abschlussprüfers in Übereinstimmung mit ISA 705 zu modifizieren.

18. Wenn ein Abschluss, der in Übereinstimmung mit den Anforderungen eines Regelwerks zur sachgerechten Gesamtdarstellung aufgestellt wurde, keine sachgerechte Gesamtdarstellung erreicht, muss der Abschlussprüfer den Sachverhalt mit dem Management erörtern und je nach den Anforderungen des maßgebenden Regelwerks der Rechnungslegung und je nachdem, wie der Sachverhalt geklärt wird, festlegen, ob es erforderlich ist, das Prüfungsurteil im Vermerk des Abschlussprüfers in Übereinstimmung mit ISA 705 zu modifizieren. (Vgl. Tz. A11)

19. Wenn der Abschluss in Übereinstimmung mit einem Regelwerk zur Normentsprechung aufgestellt ist, muss der Abschlussprüfer nicht beurteilen, ob der Abschluss eine sachgerechte Gesamtdarstellung erreicht. Wenn der Abschlussprüfer jedoch in äußerst seltenen Fällen zu dem Schluss gelangt, dass der Abschluss irreführend ist, muss der Abschlussprüfer den Sachverhalt mit dem Management erörtern und je nach Klärung des Sachverhalts festlegen, ob und wie dies im Vermerk des Abschlussprüfers mitzuteilen ist. (Vgl. Tz. A12)

Vermerk des Abschlussprüfers

20. Der Vermerk des Abschlussprüfers bedarf der Schriftform. (Vgl. Tz. A13–A14)

Auditor's Report for Audits Conducted in Accordance with International Standards on Auditing

Title

21. The auditor's report shall have a title that clearly indicates that it is the report of an independent auditor. (Ref: Para. A15)

Addressee

22. The auditor's report shall be addressed as required by the circumstances of the engagement. (Ref: Para. A16)

Introductory Paragraph

23. The introductory paragraph in the auditor's report shall: (Ref: Para. A17–A19)

   (a) Identify the entity whose financial statements have been audited;

   (b) State that the financial statements have been audited;

   (c) Identify the title of each statement that comprises the financial statements;

   (d) Refer to the summary of significant accounting policies and other explanatory information; and

   (e) Specify the date or period covered by each financial statement comprising the financial statements.

Management's Responsibility for the Financial Statements

24. This section of the auditor's report describes the responsibilities of those in the organization that are responsible for the preparation of the financial statements. The auditor's report need not refer specifically to "management," but shall use the term that is appropriate in the context of the legal framework in the particular jurisdiction. In some jurisdictions, the appropriate reference may be to those charged with governance.

25. The auditor's report shall include a section with the heading "Management's [or other appropriate term] Responsibility for the Financial Statements."

26. The auditor's report shall describe management's responsibility for the preparation of the financial statements. The description shall include an explanation that management is responsible for the preparation of the financial statements in accordance with the applicable financial reporting framework, and for such internal control as it determines is necessary to enable the preparation of financial statements that are free from material misstatement, whether due to fraud or error. (Ref: Para. A20–A23)

27. Where the financial statements are prepared in accordance with a fair presentation framework, the explanation of management's responsibility for the financial statements in the auditor's report shall refer to "the preparation and fair presentation of these financial statements" or "the preparation of financial statements that give a true and fair view," as appropriate in the circumstances.

Auditor's Responsibility

28. The auditor's report shall include a section with the heading "Auditor's Responsibility."

29. The auditor's report shall state that the responsibility of the auditor is to express an opinion on the financial statements based on the audit. (Ref: Para. A24)

30. The auditor's report shall state that the audit was conducted in accordance with International Standards on Auditing. The auditor's report shall also explain that those standards require that the auditor comply with ethical requirements and that the auditor plan and perform the audit to obtain reasonable assurance about whether the financial statements are free from material misstatement. (Ref: Para. A25–A26)

31. The auditor's report shall describe an audit by stating that:

   (a) An audit involves performing procedures to obtain audit evidence about the amounts and disclosures in the financial statements;

Vermerk des Abschlussprüfers für Abschlussprüfungen, die in Übereinstimmung mit den International Standards on Auditing durchgeführt wurden

Überschrift

21. Der Vermerk des Abschlussprüfers muss eine Überschrift tragen, die klar zum Ausdruck bringt, dass es sich um den Vermerk eines unabhängigen Abschlussprüfers handelt. (Vgl. Tz. A15)

Empfänger

22. Der Vermerk des Abschlussprüfers ist in Abhängigkeit von den Umständen des Auftrags zu adressieren. (Vgl. Tz. A16)

Einleitender Absatz

23. Im einleitenden Absatz des Vermerks muss der Abschlussprüfer (Vgl. Tz. A17–A19)
    (a) die Einheit bezeichnen, deren Abschluss geprüft wurde,
    (b) erklären, dass der Abschluss geprüft wurde,
    (c) die Bezeichnungen der einzelnen Finanzaufstellungen nennen, aus denen der Abschluss besteht,
    (d) auf die Zusammenfassung der bedeutsamen Rechnungslegungsmethoden und andere erläuternde Informationen hinweisen und
    (e) das Datum oder den Zeitraum angeben, das bzw. den die einzelnen Finanzaufstellungen abdecken, aus denen der Abschluss besteht.

Verantwortung des Managements für den Abschluss

24. Dieser Abschnitt des Vermerks des Abschlussprüfers beschreibt die Pflichten derjenigen in der Organisation, die für die Aufstellung des Abschlusses verantwortlich sind. Der Vermerk des Abschlussprüfers muss sich nicht ausdrücklich auf das „Management" beziehen, sondern es ist der Begriff zu verwenden, der im Kontext des Rechtsrahmens in dem betreffenden Rechtsraum zutreffend ist. In manchen Rechtsräumen kann die Bezugnahme auf die für die Überwachung Verantwortlichen verweisen.

25. Der Vermerk des Abschlussprüfers muss einen Abschnitt mit der Überschrift „Verantwortung des Managements [oder ein anderer zutreffender Begriff] für den Abschluss" enthalten.

26. Der Vermerk des Abschlussprüfers muss die Verantwortung des Managements für die Aufstellung des Abschlusses beschreiben. Die Beschreibung muss eine Erklärung enthalten, dass das Management verantwortlich ist für die Aufstellung des Abschlusses in Übereinstimmung mit dem maßgebenden Regelwerk der Rechnungslegung und für solche internen Kontrollen, die es als notwendig erachtet, um die Aufstellung eines Abschlusses zu ermöglichen, der frei von wesentlichen - beabsichtigten oder unbeabsichtigten - falschen Darstellungen ist. (Vgl. Tz. A20–A23)

27. Wenn der Abschluss in Übereinstimmung mit einem Regelwerk zur sachgerechten Gesamtdarstellung aufgestellt ist, muss sich die im Vermerk des Abschlussprüfers enthaltene Erklärung zur Verantwortung des Managements für den Abschluss je nach den gegebenen Umständen auf „die Aufstellung und sachgerechte Gesamtdarstellung dieses Abschlusses" oder auf „die Aufstellung eines Abschlusses, der ein den tatsächlichen Verhältnissen entsprechendes Bild vermittelt" beziehen.[*)]

Verantwortung des Abschlussprüfers

28. Der Vermerk des Abschlussprüfers muss einen Abschnitt mit der Überschrift „Verantwortung des Abschlussprüfers" enthalten.

29. Im Vermerk des Abschlussprüfers ist zu erklären, dass die Aufgabe des Abschlussprüfers darin besteht, auf der Grundlage der Abschlussprüfung ein Urteil über den Abschluss abzugeben. (Vgl. Tz. A24)

30. Im Vermerk des Abschlussprüfers ist zu erklären, dass die Abschlussprüfung in Übereinstimmung mit den International Standards on Auditing durchgeführt wurde. Außerdem ist im Vermerk des Abschlussprüfers zu erläutern, dass der Abschlussprüfer nach diesen Standards die beruflichen Verhaltensanforderungen einzuhalten und die Abschlussprüfung so zu planen und durchzuführen hat, dass hinreichende Sicherheit darüber erlangt wird, ob der Abschluss im Wesentlichen keine falsche Darstellung enthält. (Vgl. Tz. A25–A26)

31. Der Vermerk des Abschlussprüfers hat eine Abschlussprüfung folgendermaßen zu beschreiben:
    (a) Eine Abschlussprüfung beinhaltet die Durchführung von Prüfungshandlungen, um Prüfungsnachweise für die im Abschluss enthaltenen Wertansätze und sonstigen Angaben zu erlangen.

---

*) In bestimmten Rechtsräumen ist nur eine dieser Alternativen oder eine andere angemessen.

(b) The procedures selected depend on the auditor's judgment, including the assessment of the risks of material misstatement of the financial statements, whether due to fraud or error. In making those risk assessments, the auditor considers internal control relevant to the entity's preparation of the financial statements in order to design audit procedures that are appropriate in the circumstances, but not for the purpose of expressing an opinion on the effectiveness of the entity's internal control. In circumstances when the auditor also has a responsibility to express an opinion on the effectiveness of internal control in conjunction with the audit of the financial statements, the auditor shall omit the phrase that the auditor's consideration of internal control is not for the purpose of expressing an opinion on the effectiveness of internal control; and

(c) An audit also includes evaluating the appropriateness of the accounting policies used and the reasonableness of accounting estimates made by management, as well as the overall presentation of the financial statements.

32. Where the financial statements are prepared in accordance with a fair presentation framework, the description of the audit in the auditor's report shall refer to "the entity's preparation and fair presentation of the financial statements" or "the entity's preparation of financial statements that give a true and fair view," as appropriate in the circumstances.

33. The auditor's report shall state whether the auditor believes that the audit evidence the auditor has obtained is sufficient and appropriate to provide a basis for the auditor's opinion.

Auditor's Opinion

34. The auditor's report shall include a section with the heading "Opinion."

35. When expressing an unmodified opinion on financial statements prepared in accordance with a fair presentation framework, the auditor's opinion shall, unless otherwise required by law or regulation, use one of the following phrases, which are regarded as being equivalent:

(a) The financial statements present fairly, in all material respects, ... in accordance with [the applicable financial reporting framework]; or

(b) The financial statements give a true and fair view of ... in accordance with [the applicable financial reporting framework]. (Ref: Para. A27–A33)

36. When expressing an unmodified opinion on financial statements prepared in accordance with a compliance framework, the auditor's opinion shall be that the financial statements are prepared, in all material respects, in accordance with [the applicable financial reporting framework]. (Ref: Para. A27, A29–A33)

37. If the reference to the applicable financial reporting framework in the auditor's opinion is not to International Financial Reporting Standards issued by the International Accounting Standards Board or International Public Sector Accounting Standards issued by the International Public Sector Accounting Standards Board, the auditor's opinion shall identify the jurisdiction of origin of the framework.

Other Reporting Responsibilities

38. If the auditor addresses other reporting responsibilities in the auditor's report on the financial statements that are in addition to the auditor's responsibility under the ISAs to report on the financial statements, these other reporting responsibilities shall be addressed in a separate section in the auditor's report that shall be sub-titled "Report on Other Legal and Regulatory Requirements," or otherwise as appropriate to the content of the section. (Ref: Para. A34–A35)

39. If the auditor's report contains a separate section on other reporting responsibilities, the headings, statements and explanations referred to in paragraphs 23–37 shall be under the sub-title "Report on the Financial Statements." The "Report on Other Legal and Regulatory Requirements" shall follow the "Report on the Financial Statements." (Ref: Para. A36)

Bildung eines Prüfungsurteils und Erteilung eines Vermerks zum Abschluss — ISA 700

(b) Die Auswahl der Prüfungshandlungen liegt im pflichtgemäßen Ermessen des Abschlussprüfers. Dies schließt die Beurteilung der Risiken wesentlicher - beabsichtigter oder unbeabsichtigter - falscher Darstellungen im Abschluss ein. Bei der Beurteilung dieser Risiken berücksichtigt der Abschlussprüfer das für die Aufstellung des Abschlusses durch die Einheit relevante interne Kontrollsystem, um Prüfungshandlungen zu planen, die unter den gegebenen Umständen angemessen sind, jedoch nicht mit dem Ziel, ein Prüfungsurteil zur Wirksamkeit des internen Kontrollsystems der Einheit abzugeben. In den Fällen, in denen der Abschlussprüfer auch die Pflicht hat, im Zusammenhang mit der Prüfung des Abschlusses ein Prüfungsurteil zur Wirksamkeit des internen Kontrollsystems abzugeben, ist der Satzteil wegzulassen, dass der Abschlussprüfer das interne Kontrollsystem nicht berücksichtigt mit dem Ziel, ein Prüfungsurteil zur Wirksamkeit des internen Kontrollsystems abzugeben.

(c) Eine Abschlussprüfung umfasst auch die Beurteilung der Angemessenheit der angewandten Rechnungslegungsmethoden und der Vertretbarkeit der vom Management ermittelten geschätzten Werte in der Rechnungslegung sowie die Beurteilung der Gesamtdarstellung des Abschlusses.

32. Wenn der Abschluss in Übereinstimmung mit einem Regelwerk zur sachgerechten Gesamtdarstellung aufgestellt ist, muss sich die im Vermerk des Abschlussprüfers enthaltene Beschreibung der Abschlussprüfung in Abhängigkeit von den gegebenen Umständen auf „die Aufstellung und sachgerechte Gesamtdarstellung des Abschlusses durch die Einheit" oder auf „die Aufstellung eines Abschlusses durch die Einheit, der ein den tatsächlichen Verhältnissen entsprechendes Bild vermittelt" beziehen.

33. Im Vermerk des Abschlussprüfers ist anzugeben, ob der Abschlussprüfer der Auffassung ist, dass die erlangten Prüfungsnachweise ausreichend und geeignet sind, um als Grundlage für das Prüfungsurteil zu dienen.

Prüfungsurteil

34. Der Vermerk des Abschlussprüfers muss einen Abschnitt mit der Überschrift „Prüfungsurteil" enthalten.

35. Wenn der Abschlussprüfer ein nicht modifiziertes Prüfungsurteil zu einem Abschluss abgibt, der in Übereinstimmung mit einem Regelwerk zur sachgerechten Gesamtdarstellung aufgestellt ist, muss der Abschlussprüfer im Prüfungsurteil eine der folgenden als gleichbedeutend angesehenen Formulierungen verwenden, sofern nicht aufgrund von Gesetzen oder anderen Rechtsvorschriften andere Anforderungen bestehen:[*)]

(a) Der Abschluss stellt ... in Übereinstimmung mit [dem maßgebenden Regelwerk der Rechnungslegung] in allen wesentlichen Belangen insgesamt sachgerecht dar.

(b) Der Abschluss vermittelt in Übereinstimmung mit [dem maßgebenden Regelwerk der Rechnungslegung] ein den tatsächlichen Verhältnissen entsprechendes Bild der ... (Vgl. Tz. A27–A33)

36. Wenn der Abschlussprüfer ein nicht modifiziertes Prüfungsurteil zu einem Abschluss abgibt, der in Übereinstimmung mit einem Regelwerk zur Normentsprechung aufgestellt ist, muss das Prüfungsurteil lauten, dass der Abschluss in allen wesentlichen Belangen in Übereinstimmung mit [dem maßgebenden Regelwerk der Rechnungslegung] aufgestellt ist. (Vgl. Tz. A27, A29–A33)

37. Wenn es sich bei dem maßgebenden Regelwerk der Rechnungslegung, auf das im Prüfungsurteil Bezug genommen wird, nicht um die vom International Accounting Standards Board herausgegebenen International Financial Reporting Standards oder die vom International Public Sector Accounting Standards Board herausgegebenen International Public Sector Accounting Standards handelt, ist im Prüfungsurteil der Rechtsraum zu nennen, aus dem das Regelwerk stammt.

Sonstige Angabepflichten im Vermerk

38. Wenn der Abschlussprüfer im Vermerk des Abschlussprüfers sonstigen über die ISA-Angabepflichten zum Abschluss hinausgehenden Angabepflichten nachkommt, müssen diese sonstigen Angabepflichten in einem gesonderten Abschnitt im Vermerk des Abschlussprüfers mit der Unterüberschrift „Vermerk zu sonstigen gesetzlichen und anderen rechtlichen Anforderungen" oder mit einem anderen, dem Inhalt des Abschnitts angemessenen Titel behandelt werden. (Vgl. Tz. A34–A35)

39. Wenn der Vermerk des Abschlussprüfers einen gesonderten Abschnitt zu sonstigen Angabepflichten im Vermerk enthält, müssen die in den Textziffern 23–37 genannten Überschriften, Angaben und Erläuterungen unter der Unterüberschrift „Vermerk zum Abschluss" aufgeführt sein. Der Abschnitt „Vermerk zu sonstigen gesetzlichen und anderen rechtlichen Anforderungen" muss auf den Abschnitt „Vermerk zum Abschluss" folgen. (Vgl. Tz. A36)

[*)] In Deutschland, Österreich und der Schweiz ersetzen gesetzlich vorgeschriebene Formulierungen die nachstehenden Vorgaben.

Signature of the Auditor

40. The auditor's report shall be signed. (Ref: Para. A37)

Date of the Auditor's Report

41. The auditor's report shall be dated no earlier than the date on which the auditor has obtained sufficient appropriate audit evidence on which to base the auditor's opinion on the financial statements, including evidence that: (Ref: Para. A38–A41)

    (a) All the statements that comprise the financial statements, including the related notes, have been prepared; and

    (b) Those with the recognized authority have asserted that they have taken responsibility for those financial statements.

Auditor's Address

42. The auditor's report shall name the location in the jurisdiction where the auditor practices.

Auditor's Report Prescribed by Law or Regulation

43. If the auditor is required by law or regulation of a specific jurisdiction to use a specific layout or wording of the auditor's report, the auditor's report shall refer to International Standards on Auditing only if the auditor's report includes, at a minimum, each of the following elements: (Ref: Para. A42)

    (a) A title;

    (b) An addressee, as required by the circumstances of the engagement;

    (c) An introductory paragraph that identifies the financial statements audited;

    (d) A description of the responsibility of management (or other appropriate term, see paragraph 24) for the preparation of the financial statements;

    (e) A description of the auditor's responsibility to express an opinion on the financial statements and the scope of the audit, that includes:

    ○ A reference to International Standards on Auditing and the law or regulation; and

    ○ A description of an audit in accordance with those standards;

    (f) An opinion paragraph containing an expression of opinion on the financial statements and a reference to the applicable financial reporting framework used to prepare the financial statements (including identifying the jurisdiction of origin of the financial reporting framework that is not International Financial Reporting Standards or International Public Sector Accounting Standards, see paragraph 37);

    (g) The auditor's signature;

    (h) The date of the auditor's report; and

    (i) The auditor's address.

Auditor's Report for Audits Conducted in Accordance with Both Auditing Standards of a Specific Jurisdiction and International Standards on Auditing

44. An auditor may be required to conduct an audit in accordance with the auditing standards of a specific jurisdiction (the "national auditing standards"), but may additionally have complied with the ISAs in the conduct of the audit. If this is the case, the auditor's report may refer to International Standards on Auditing in addition to the national auditing standards, but the auditor shall do so only if: (Ref: Para. A43–A44)

    (a) There is no conflict between the requirements in the national auditing standards and those in ISAs that would lead the auditor (i) to form a different opinion, or (ii) not to include an Emphasis of Matter paragraph that, in the particular circumstances, is required by ISAs; and

    (b) The auditor's report includes, at a minimum, each of the elements set out in paragraph 43(a)–(i) when the auditor uses the layout or wording specified by the national auditing standards. Reference to law or regulation in paragraph 43(e) shall be read as reference to the national auditing standards. The auditor's report shall thereby identify such national auditing standards.

45. When the auditor's report refers to both the national auditing standards and International Standards on Auditing, the auditor's report shall identify the jurisdiction of origin of the national auditing standards.

Unterschrift des Abschlussprüfers

40. Der Vermerk des Abschlussprüfers ist zu unterzeichnen. (Vgl. Tz. A37)

Datum des Vermerks des Abschlussprüfers

41. Das Datum des Vermerks des Abschlussprüfers darf nicht vor dem Datum liegen, an dem der Abschlussprüfer ausreichende geeignete Prüfungsnachweise als Grundlage für das Prüfungsurteil zum Abschluss erlangt hat, einschließlich von Nachweisen darüber, dass (Vgl. Tz. A38–A41)

    (a) alle Finanzaufstellungen, aus denen der Abschluss besteht, einschließlich der damit zusammenhängenden Angaben, aufgestellt worden sind und

    (b) die dazu anerkanntermaßen berechtigten Personen erklärt haben, dass sie die Verantwortung für diesen Abschluss übernommen haben.

Ort des Abschlussprüfers

42. Im Vermerk des Abschlussprüfers ist der Ort in dem Staat zu nennen, an dem der Abschlussprüfer tätig ist.

In Gesetzen oder anderen Rechtsvorschriften vorgeschriebener Vermerk des Abschlussprüfers

43. Wenn der Abschlussprüfer aufgrund von Gesetzen oder anderen Rechtsvorschriften eines bestimmten Rechtsraums einen bestimmten Aufbau oder Wortlaut des Vermerks des Abschlussprüfers verwenden muss, darf der Vermerk des Abschlussprüfers nur dann auf die International Standards on Auditing Bezug nehmen, wenn er mindestens jeden der folgenden Bestandteile beinhaltet: (Vgl. Tz. A42)

    (a) eine Überschrift;

    (b) einen Empfänger, wie nach den Umständen des Auftrags erforderlich;

    (c) einen einleitenden Absatz, in dem der geprüfte Abschluss bezeichnet ist;

    (d) eine Beschreibung der Verantwortung des Managements (oder ein anderer zutreffender Begriff, siehe Textziffer 24) für die Aufstellung des Abschlusses;

    (e) eine Beschreibung der Verantwortung des Abschlussprüfers zur Abgabe eines Prüfungsurteils zum Abschluss sowie des Prüfungsumfangs, einschließlich

        ○ einer Bezugnahme auf die International Standards on Auditing sowie auf die Gesetze oder andere Rechtsvorschriften und

        ○ einer Beschreibung einer mit diesen Standards übereinstimmenden Abschlussprüfung;

    (f) einen Absatz, in dem das Prüfungsurteil zum Abschluss abgegeben und auf das zur Aufstellung des Abschlusses angewandte maßgebende Regelwerk der Rechnungslegung Bezug genommen wird (einschließlich Nennung des Rechtsraums, aus dem das Regelwerk der Rechnungslegung stammt, wenn es sich nicht um die International Financial Reporting Standards oder die International Public Sector Accounting Standards handelt, siehe Textziffer 37);

    (g) Unterschrift des Abschlussprüfers;

    (h) Datum des Vermerks des Abschlussprüfers und

    (i) Ort des Abschlussprüfers.

Vermerk des Abschlussprüfers für Abschlussprüfungen, die in Übereinstimmung mit den Prüfungsstandards eines bestimmten Rechtsraums und den International Standards on Auditing durchgeführt wurden

44. Ein Abschlussprüfer kann verpflichtet sein, eine Abschlussprüfung in Übereinstimmung mit den Prüfungsstandards eines bestimmten Rechtsraums (den „nationalen Prüfungsstandards") durchzuführen, jedoch zusätzlich bei der Durchführung der Prüfung die ISA eingehalten haben. In diesem Fall kann der Vermerk des Abschlussprüfers zusätzlich zu den nationalen Prüfungsstandards auf die International Standards on Auditing Bezug nehmen. Dies ist jedoch nur zulässig, wenn (Vgl. Tz. A43–A44)

    (a) kein Widerspruch zwischen den Anforderungen der nationalen Prüfungsstandards und denjenigen der ISA besteht, der den Abschlussprüfer dazu veranlassen würde, (i) ein anderes Prüfungsurteil abzugeben oder (ii) keinen Absatz zur Hervorhebung eines Sachverhalts aufzunehmen, der nach den ISA unter den jeweiligen Umständen erforderlich ist, und

    (b) der Vermerk des Abschlussprüfers mindestens jeden der in Textziffer 43(a)-(i) genannten Bestandteile beinhaltet, wenn der Abschlussprüfer den durch die nationalen Prüfungsstandards festgelegten Aufbau oder Wortlaut verwendet. Die Bezugnahme auf Gesetze oder andere Rechtsvorschriften in Textziffer 43(e) ist als Bezugnahme auf die nationalen Prüfungsstandards zu verstehen. Dabei sind diese nationalen Prüfungsstandards im Vermerk des Abschlussprüfers zu nennen.

45. Wenn sich der Vermerk des Abschlussprüfers sowohl auf die nationalen Prüfungsstandards als auch auf die International Standards on Auditing bezieht, muss im Vermerk des Abschlussprüfers der Rechtsraum genannt sein, aus dem die nationalen Prüfungsstandards stammen.

Supplementary Information Presented with the Financial Statements (Ref: Para. A45–A51)

46. If supplementary information that is not required by the applicable financial reporting framework is presented with the audited financial statements, the auditor shall evaluate whether such supplementary information is clearly differentiated from the audited financial statements. If such supplementary information is not clearly differentiated from the audited financial statements, the auditor shall ask management to change how the unaudited supplementary information is presented. If management refuses to do so, the auditor shall explain in the auditor's report that such supplementary information has not been audited.

47. Supplementary information that is not required by the applicable financial reporting framework but is nevertheless an integral part of the financial statements because it cannot be clearly differentiated from the audited financial statements due to its nature and how it is presented shall be covered by the auditor's opinion.

***

Application and Other Explanatory Material

Qualitative Aspects of the Entity's Accounting Practices (Ref: Para. 12)

A1. Management makes a number of judgments about the amounts and disclosures in the financial statements.

A2. ISA 260 contains a discussion of the qualitative aspects of accounting practices.[11] In considering the qualitative aspects of the entity's accounting practices, the auditor may become aware of possible bias in management's judgments. The auditor may conclude that the cumulative effect of a lack of neutrality, together with the effect of uncorrected misstatements, causes the financial statements as a whole to be materially misstated. Indicators of a lack of neutrality that may affect the auditor's evaluation of whether the financial statements as a whole are materially misstated include the following:

- The selective correction of misstatements brought to management's attention during the audit (for example, correcting misstatements with the effect of increasing reported earnings, but not correcting misstatements that have the effect of decreasing reported earnings).

- Possible management bias in the making of accounting estimates.

A3. ISA 540 addresses possible management bias in making accounting estimates.[12] Indicators of possible management bias do not constitute misstatements for purposes of drawing conclusions on the reasonableness of individual accounting estimates. They may, however, affect the auditor's evaluation of whether the financial statements as a whole are free from material misstatement.

Disclosure of the Effect of Material Transactions and Events on the Information Conveyed in the Financial Statements (Ref: Para. 13(e))

A4. It is common for financial statements prepared in accordance with a general purpose framework to present an entity's financial position, financial performance and cash flows. In such circumstances, the auditor evaluates whether the financial statements provide adequate disclosures to enable the intended users to understand the effect of material transactions and events on the entity's financial position, financial performance and cash flows.

Description of the Applicable Financial Reporting Framework (Ref: Para. 15)

A5. As explained in ISA 200, the preparation of the financial statements by management and, where appropriate, those charged with governance requires the inclusion of an adequate description of the

---

11) ISA 260, "Communication with Those Charged with Governance," Appendix 2.
12) ISA 540, "Auditing Accounting Estimates, Including Fair Value Accounting Estimates, and Related Disclosures," paragraph 21.

Bildung eines Prüfungsurteils und Erteilung eines Vermerks zum Abschluss	ISA 700

Zusätzlich zum Abschluss dargestellte Informationen (Vgl. Tz. A45–A51)

46. Wenn zusätzliche Informationen, die nach dem maßgebenden Regelwerk der Rechnungslegung nicht erforderlich sind, zusammen mit dem geprüften Abschluss dargestellt sind, muss der Abschlussprüfer beurteilen, ob diese zusätzlichen Informationen eindeutig von dem geprüften Abschluss abgegrenzt sind. Wenn dies nicht der Fall ist, muss der Abschlussprüfer das Management auffordern, die nicht geprüften zusätzlichen Informationen in anderer Weise darzustellen. Wenn das Management dies ablehnt, muss der Abschlussprüfer im Vermerk des Abschlussprüfers erläutern, dass diese zusätzlichen Informationen nicht geprüft wurden.

47. Zusätzliche Informationen, die zwar nach dem maßgebenden Regelwerk der Rechnungslegung nicht erforderlich, jedoch trotzdem integraler Bestandteil des Abschlusses sind, weil sie aufgrund ihrer Art und Darstellungsweise nicht eindeutig von dem geprüften Abschluss abgegrenzt werden können, müssen durch das Prüfungsurteil abgedeckt sein.

***

Anwendungshinweise und sonstige Erläuterungen

Qualitative Aspekte des Vorgehens der Einheit bei der Rechnungslegung (Vgl. Tz. 12)

A1. Das Management nimmt eine Reihe von Beurteilungen zu den Wertansätzen und sonstigen Angaben im Abschluss vor.

A2. In ISA 260 werden die qualitativen Aspekte des Vorgehens einer Einheit bei der Rechnungslegung erörtert.[11] Bei der Befassung mit den qualitativen Aspekten des Vorgehens kann der Abschlussprüfer auf eine mögliche Einseitigkeit in den Beurteilungen des Managements aufmerksam werden und zu dem Schluss kommen, dass die kumulativen Auswirkungen eines Mangels an Neutralität zusammen mit den Auswirkungen von nicht korrigierten falschen Darstellungen dazu führen, dass der Abschluss insgesamt in wesentlichem Ausmaß falsch dargestellt ist. Zu den Anzeichen für einen Mangel an Neutralität, die sich auf die vom Abschlussprüfer vorgenommene Beurteilung der Frage auswirken können, ob der Abschluss insgesamt in wesentlichem Ausmaß falsch dargestellt ist, gehören:

- die selektive Korrektur falscher Darstellungen, auf die das Management während der Abschlussprüfung aufmerksam gemacht wurde (z. B. die Korrektur falscher Darstellungen, die sich in Form einer Erhöhung der ausgewiesenen Ergebnisse auswirken, jedoch nicht derjenigen, die sich in Form einer Verringerung der ausgewiesenen Ergebnisse auswirken);
- mögliche Einseitigkeit des Managements bei der Ermittlung von geschätzten Werten in der Rechnungslegung.

A3. In ISA 540 wird eine mögliche Einseitigkeit des Managements bei der Ermittlung von geschätzten Werten in der Rechnungslegung angesprochen.[12] Anzeichen für eine mögliche Einseitigkeit des Managements stellen zwar für das Ziehen von Schlussfolgerungen über die Vertretbarkeit einzelner geschätzter Werte in der Rechnungslegung keine falschen Darstellungen dar, können sich jedoch auf die Einschätzung des Abschlussprüfers auswirken, ob der Abschluss insgesamt im Wesentlichen keine falsche Darstellung enthält.

Angabe der Auswirkung wesentlicher Geschäftsvorfälle und Ereignisse auf die im Abschluss vermittelten Informationen (Vgl. Tz. 13(e))

A4. Üblicherweise werden in Abschlüssen, die in Übereinstimmung mit einem Regelwerk für allgemeine Zwecke aufgestellt sind, die Vermögens-, Finanz- und Ertragslage sowie die Cashflows[*] einer Einheit dargestellt. In diesen Fällen schätzt der Abschlussprüfer ein, ob der Abschluss angemessene Angaben enthält, die es den vorgesehenen Nutzern ermöglichen, die Auswirkung wesentlicher Geschäftsvorfälle und Ereignisse auf die Vermögens-, Finanz- und Ertragslage sowie die Cashflows der Einheit zu verstehen.

Beschreibung des maßgebenden Regelwerks der Rechnungslegung (Vgl. Tz. 15)

A5. Wie in ISA 200 erläutert, erfordert die Aufstellung des Abschlusses durch das Management und ggf. durch die für die Überwachung Verantwortlichen die Einfügung einer angemessenen Beschreibung des

---

11) ISA 260 „Kommunikation mit den für die Überwachung Verantwortlichen", Anlage 2.
12) ISA 540 „Die Prüfung geschätzter Werte in der Rechnungslegung, einschließlich geschätzter Zeitwerte, und der damit zusammenhängenden Abschlussangaben", Textziffer 21.
*) In der Schweiz: Geldflüsse.

applicable financial reporting framework in the financial statements.[13] That description is important because it advises users of the financial statements of the framework on which the financial statements are based.

A6. A description that the financial statements are prepared in accordance with a particular applicable financial reporting framework is appropriate only if the financial statements comply with all the requirements of that framework that are effective during the period covered by the financial statements.

A7. A description of the applicable financial reporting framework that contains imprecise qualifying or limiting language (for example, "the financial statements are in substantial compliance with International Financial Reporting Standards") is not an adequate description of that framework as it may mislead users of the financial statements.

Reference to More than One Financial Reporting Framework

A8. In some cases, the financial statements may represent that they are prepared in accordance with two financial reporting frameworks (for example, the national framework and International Financial Reporting Standards). This may be because management is required, or has chosen, to prepare the financial statements in accordance with both frameworks, in which case both are applicable financial reporting frameworks. Such description is appropriate only if the financial statements comply with each of the frameworks individually. To be regarded as being prepared in accordance with both frameworks, the financial statements need to comply with both frameworks simultaneously and without any need for reconciling statements. In practice, simultaneous compliance is unlikely unless the jurisdiction has adopted the other framework (for example, International Financial Reporting Standards) as its own national framework, or has eliminated all barriers to compliance with it.

A9. Financial statements that are prepared in accordance with one financial reporting framework and that contain a note or supplementary statement reconciling the results to those that would be shown under another framework, are not prepared in accordance with that other framework. This is because the financial statements do not include all the information in the manner required by that other framework.

A10. The financial statements may, however, be prepared in accordance with one applicable financial reporting framework and, in addition, describe in the notes to the financial statements the extent to which the financial statements comply with another framework (for example, financial statements prepared in accordance with the national framework that also describe the extent to which they comply with International Financial Reporting Standards). Such description is supplementary financial information and, as discussed in paragraph 47, is considered an integral part of the financial statements and, accordingly, is covered by the auditor's opinion.

Form of Opinion (Ref: Para. 18–19)

A11. There may be cases where the financial statements, although prepared in accordance with the requirements of a fair presentation framework, do not achieve fair presentation. Where this is the case, it may be possible for management to include additional disclosures in the financial statements beyond those specifically required by the framework or, in extremely rare circumstances, to depart from a requirement in the framework in order to achieve fair presentation of the financial statements.

A12. It will be extremely rare for the auditor to consider financial statements that are prepared in accordance with a compliance framework to be misleading if, in accordance with ISA 210, the auditor determined that the framework is acceptable.[14]

Auditor's Report (Ref: Para. 20)

A13. A written report encompasses reports issued in hard copy format and those using an electronic medium.

A14. The Appendix contains illustrations of auditors' reports on financial statements, incorporating the elements set forth in paragraphs 21–42.

---

13) ISA 200, paragraphs A2–A3.
14) ISA 210, "Agreeing the Terms of Audit Engagements," paragraph 6(a).

	maßgebenden Regelwerks der Rechnungslegung im Abschluss.[13] Diese Beschreibung ist wichtig, weil sie die Nutzer des Abschlusses über das Regelwerk in Kenntnis setzt, auf dem der Abschluss basiert.
A6.	Eine Beschreibung, dass der Abschluss in Übereinstimmung mit einem bestimmten maßgebenden Regelwerk der Rechnungslegung aufgestellt wurde, ist nur dann angemessen, wenn in dem Abschluss alle Anforderungen dieses Regelwerks eingehalten sind, die während des durch den Abschluss abgedeckten Zeitraums gelten.
A7.	Eine Beschreibung des maßgebenden Regelwerks der Rechnungslegung, die ungenau relativierende oder einschränkende Formulierungen enthält (z. B. „der Abschluss stimmt im Wesentlichen mit den International Financial Reporting Standards überein"), ist keine angemessene Beschreibung dieses Regelwerks, da sie für die Nutzer des Abschlusses irreführend sein kann.

Bezugnahme auf mehrere Regelwerke der Rechnungslegung

A8.	In manchen Fällen kann im Abschluss angegeben sein, dass der Abschluss in Übereinstimmung mit zwei Regelwerken der Rechnungslegung (z. B. dem nationalen Regelwerk und den International Financial Reporting Standards) aufgestellt ist. Dies kann sein, weil das Management verpflichtet ist oder sich dafür entschieden hat, den Abschluss in Übereinstimmung mit beiden Regelwerken aufzustellen. In diesem Fall sind beide Regelwerke maßgebende Regelwerke der Rechnungslegung. Eine solche Beschreibung ist nur dann angemessen, wenn der Abschluss mit jedem der Regelwerke einzeln übereinstimmt. Damit der Abschluss als in Übereinstimmung mit beiden Regelwerken aufgestellt angesehen wird, muss er mit beiden Regelwerken gleichzeitig übereinstimmen, ohne dass eine Überleitungsrechnung notwendig ist. In der Praxis ist eine gleichzeitige Übereinstimmung unwahrscheinlich, es sei denn, in dem betreffenden Rechtsraum wurde das andere Regelwerk (z. B. die International Financial Reporting Standards) als eigenes nationales Regelwerk übernommen oder alle Beschränkungen für die Übereinstimmung mit diesem Regelwerk wurden beseitigt.
A9.	Ein Abschluss, der in Übereinstimmung mit einem Regelwerk der Rechnungslegung aufgestellt wurde und der eine Angabe oder eine zusätzliche Aufstellung enthält, durch welche die Ergebnisse auf diejenigen übergeleitet werden, die nach einem anderen Regelwerk gezeigt würden, wurde nicht in Übereinstimmung mit diesem anderen Regelwerk aufgestellt, weil der Abschluss nicht alle Informationen in der nach diesem anderen Regelwerk erforderlichen Weise enthält.
A10.	Der Abschluss kann jedoch in Übereinstimmung mit einem maßgebenden Regelwerk der Rechnungslegung aufgestellt sein und zusätzlich im Anhang zum Abschluss eine Beschreibung darüber enthalten, inwieweit der Abschluss mit einem anderen Regelwerk übereinstimmt (z. B. ein in Übereinstimmung mit dem nationalen Regelwerk aufgestellter Abschluss, in dem auch beschrieben ist, inwieweit der Abschluss mit den International Financial Reporting Standards übereinstimmt). Bei einer solchen Beschreibung handelt es sich um zusätzliche Finanzinformationen, die als integraler Bestandteil des Abschlusses angesehen werden und folglich - wie in Textziffer 47 erörtert - durch das Prüfungsurteil abgedeckt sind.

Art des Prüfungsurteils (Vgl. Tz. 18–19)

A11.	Es kann Fälle geben, in denen der Abschluss keine sachgerechte Gesamtdarstellung vermittelt, obwohl er in Übereinstimmung mit den Anforderungen eines Regelwerks zur sachgerechten Gesamtdarstellung aufgestellt wurde. In diesem Fall kann es dem Management möglich sein, durch Aufnahme zusätzlicher Abschlussangaben, die über die nach dem Regelwerk ausdrücklich erforderlichen hinausgehen oder in äußerst seltenen Fällen von einer Anforderung in dem Regelwerk abzuweichen, um eine sachgerechte Gesamtdarstellung des Abschlusses zu erreichen.
A12.	Es wird nur äußerst selten vorkommen, dass der Abschlussprüfer Abschlüsse, die in Übereinstimmung mit einem Regelwerk zur Normentsprechung aufgestellt wurden, für irreführend hält, wenn der Abschlussprüfer in Übereinstimmung mit ISA 210 festgestellt hat, dass das Regelwerk vertretbar ist.[14]

Vermerk des Abschlussprüfers (Vgl. Tz. 20)

A13.	Ein schriftlicher Vermerk umfasst Vermerke, die in Papierform oder auf einem elektronischen Medium herausgegeben wurden.
A14.	Die Anlage enthält Formulierungsbeispiele für Vermerke des Abschlussprüfers zum Abschluss, welche die in den Textziffern 21-42 dargelegten Bestandteile umfassen.

---

13) ISA 200, Textziffern A2-A3.
14) ISA 210 „Vereinbarung der Auftragsbedingungen für Prüfungsaufträge", Textziffer 6(a).

Auditor's Report for Audits Conducted in Accordance with International Standards on Auditing

Title (Ref: Para. 21)

A15. A title indicating the report is the report of an independent auditor, for example, "Independent Auditor's Report," affirms that the auditor has met all of the relevant ethical requirements regarding independence and, therefore, distinguishes the independent auditor's report from reports issued by others.

Addressee (Ref: Para. 22)

A16. Law or regulation often specifies to whom the auditor's report is to be addressed in that particular jurisdiction. The auditor's report is normally addressed to those for whom the report is prepared, often either to the shareholders or to those charged with governance of the entity whose financial statements are being audited.

Introductory Paragraph (Ref: Para. 23)

A17. The introductory paragraph states, for example, that the auditor has audited the accompanying financial statements of the entity, which comprise [state the title of each financial statement comprising the complete set of financial statements required by the applicable financial reporting framework, specifying the date or period covered by each financial statement] and the summary of significant accounting policies and other explanatory information.

A18. When the auditor is aware that the audited financial statements will be included in a document that contains other information, such as an annual report, the auditor may consider, if the form of presentation allows, identifying the page numbers on which the audited financial statements are presented. This helps users to identify the financial statements to which the auditor's report relates.

A19. The auditor's opinion covers the complete set of financial statements as defined by the applicable financial reporting framework. For example, in the case of many general purpose frameworks, the financial statements include: a balance sheet, an income statement, a statement of changes in equity, a cash flow statement, and a summary of significant accounting policies and other explanatory information. In some jurisdictions additional information might also be considered to be an integral part of the financial statements.

Management's Responsibility for the Financial Statements (Ref: Para. 26)

A20. ISA 200 explains the premise, relating to the responsibilities of management and, where appropriate, those charged with governance, on which an audit in accordance with ISAs is conducted.[15] Management and, where appropriate, those charged with governance accept responsibility for the preparation of the financial statements in accordance with the applicable financial reporting framework, including, where relevant, their fair presentation. Management also accepts responsibility for such internal control as it determines is necessary to enable the preparation of financial statements that are free from material misstatement, whether due to fraud or error. The description of management's responsibilities in the auditor's report includes reference to both responsibilities as it helps to explain to users the premise on which an audit is conducted.

A21. There may be circumstances when it is appropriate for the auditor to add to the description of management's responsibility in paragraph 26 to reflect additional responsibilities that are relevant to the preparation of the financial statements in the context of the particular jurisdiction or the nature of the entity.

A22. Paragraph 26 is consistent with the form in which the responsibilities are agreed in the engagement letter or other suitable form of written agreement, as required by ISA 210.[16] ISA 210 provides some flexibility by explaining that, if law or regulation prescribes the responsibilities of management and, where appropriate, those charged with governance in relation to financial reporting, the auditor may determine

---

15) ISA 200, paragraph 13(j).
16) ISA 210, paragraph 6(b)(i)–(ii).

| Bildung eines Prüfungsurteils und Erteilung eines Vermerks zum Abschluss | ISA 700 |

Vermerk des Abschlussprüfers für Abschlussprüfungen, die in Übereinstimmung mit den International Standards on Auditing durchgeführt wurden

Überschrift (Vgl. Tz. 21)

A15. Eine Überschrift, die darauf hinweist, dass es sich bei dem Vermerk um den Vermerk eines unabhängigen Abschlussprüfers handelt, bspw. „Vermerk des unabhängigen Abschlussprüfers", bringt zum Ausdruck, dass der Abschlussprüfer alle relevanten beruflichen Unabhängigkeitsanforderungen erfüllt hat, und unterscheidet daher den Vermerk des unabhängigen Abschlussprüfers von Vermerken, die von anderen Personen herausgegeben werden.

Empfänger (Vgl. Tz. 22)

A16. Gesetze oder andere Rechtsvorschriften legen häufig fest, an wen der Vermerk des Abschlussprüfers in dem betreffenden Rechtsraum zu richten ist. Normalerweise ist der Vermerk des Abschlussprüfers an die Personen gerichtet, für die er erstellt wird, häufig entweder an die Anteilseigner oder an die für die Überwachung Verantwortlichen der Einheit, deren Abschluss geprüft wird.

Einleitender Absatz (Vgl. Tz. 23)

A17. Der einleitende Absatz legt bspw. dar, dass der Abschlussprüfer den beigefügten Abschluss der Einheit geprüft hat, der die einzelnen Finanzaufstellungen, aus denen der nach dem maßgebenden Regelwerk der Rechnungslegung erforderliche vollständige Abschluss besteht, umfasst [anzugeben ist der Titel der einzelnen Finanzaufstellungen zusammen mit dem durch die jeweilige Finanzaufstellung abgedeckten Datum oder Zeitraum] sowie die Zusammenfassung der bedeutsamen Rechnungslegungsmethoden und andere erläuternde Informationen.

A18. Wenn dem Abschlussprüfer bekannt ist, dass der geprüfte Abschluss in einem Dokument enthalten sein wird, das sonstige Informationen enthält, z. B. in einem Geschäftsbericht, kann der Abschlussprüfer abwägen, ob die Form der Darstellung die Nennung der Seitenzahlen erlaubt, auf denen der geprüfte Abschluss dargestellt ist. Dies erleichtert den Nutzern die Abgrenzung des Abschlusses, auf den sich der Vermerk des Abschlussprüfers bezieht.

A19. Das Prüfungsurteil bezieht sich auf den vollständigen Abschluss, wie in dem maßgebenden Regelwerk der Rechnungslegung definiert. In vielen Regelwerken für allgemeine Zwecke umfasst der Abschluss bspw. eine Bilanz, eine Gewinn- und Verlustrechnung[*], eine Eigenkapitalveränderungsrechnung, eine Kapitalflussrechnung[**] sowie eine Zusammenfassung der bedeutsamen Rechnungslegungsmethoden und andere erläuternde Informationen. In manchen Rechtsräumen werden möglicherweise zusätzliche Informationen ebenfalls als integraler Bestandteil des Abschlusses angesehen.

Verantwortung des Managements für den Abschluss (Vgl. Tz. 26)

A20. ISA 200 erläutert die Voraussetzung, die sich auf die Pflichten des Managements und ggf. der für die Überwachung Verantwortlichen bezieht, unter der eine Abschlussprüfung in Übereinstimmung mit den ISA durchgeführt wird.[15] Das Management und sofern einschlägig die für die Überwachung Verantwortlichen übernehmen die Verantwortung für die Aufstellung des Abschlusses in Übereinstimmung mit dem maßgebenden Regelwerk der Rechnungslegung einschließlich - wenn relevant - für die sachgerechte Gesamtdarstellung des Abschlusses. Das Management übernimmt auch die Verantwortung für solche internen Kontrollen, die es als notwendig erachtet, um die Aufstellung eines Abschlusses zu ermöglichen, der frei von wesentlichen - beabsichtigten oder unbeabsichtigten - falschen Darstellungen ist. Indem es dazu beiträgt, den Nutzern die Voraussetzung zu erklären, unter der eine Abschlussprüfung durchgeführt wird, enthält die Beschreibung der Verantwortung des Managements im Vermerk des Abschlussprüfers einen Hinweis auf beide Verpflichtungen.

A21. Es können Umstände vorliegen, unter denen es angebracht ist, dass der Abschlussprüfer die in Textziffer 26 enthaltene Beschreibung der Verantwortung des Managements ergänzt, um zusätzlichen Pflichten Rechnung zu tragen, die im Kontext des betreffenden Rechtsraums oder der Art der Einheit für die Aufstellung des Abschlusses relevant sind.

A22. Textziffer 26 ist in Einklang mit den in ISA 210[16] enthaltenen Anforderungen über die Form, in der die Pflichten in dem Auftragsbestätigungsschreiben oder in einer anderen geeigneten Form von schriftlicher Vereinbarung zu verabreden sind. ISA 210 räumt eine gewisse Flexibilität ein, indem erklärt wird, dass in dem Fall, in dem Gesetze oder andere Rechtsvorschriften Pflichten des Managements - und soweit

---

15) ISA 200, Textziffer 13(j).
16) ISA 210, Textziffer 6(b)(i)-(ii).
*) In der Schweiz: Erfolgsrechnung.
**) In Österreich und in der Schweiz: Geldflussrechnung.

that the law or regulation includes responsibilities that, in the auditor's judgment, are equivalent in effect to those set out in ISA 210. For such responsibilities that are equivalent, the auditor may use the wording of the law or regulation to describe them in the engagement letter or other suitable form of written agreement. In such cases, this wording may also be used in the auditor's report to describe management's responsibilities as required by paragraph 26. In other circumstances, including where the auditor decides not to use the wording of law or regulation as incorporated in the engagement letter, the wording of paragraph 26 is used.

A23. In some jurisdictions, law or regulation prescribing management's responsibilities may specifically refer to a responsibility for the adequacy of accounting books and records, or accounting system. As books, records and systems are an integral part of internal control (as defined in ISA 315[17]), the descriptions in ISA 210 and in paragraph 26 do not make specific reference to them.

Auditor's Responsibility (Ref: Para. 29–30)

A24. The auditor's report states that the auditor's responsibility is to express an opinion on the financial statements based on the audit in order to contrast it to management's responsibility for the preparation of the financial statements.

A25. The reference to the standards used conveys to the users of the auditor's report that the audit has been conducted in accordance with established standards.

A26. In accordance with ISA 200, the auditor does not represent compliance with ISAs in the auditor's report unless the auditor has complied with the requirements of ISA 200 and all other ISAs relevant to the audit.[18]

Auditor's Opinion (Ref: Para. 35–37)

Wording of the auditor's opinion prescribed by law or regulation

A27. ISA 210 explains that, in some cases, law or regulation of the relevant jurisdiction prescribes the wording of the auditor's report (which in particular includes the auditor's opinion) in terms that are significantly different from the requirements of ISAs. In these circumstances, ISA 210 requires the auditor to evaluate:

(a) Whether users might misunderstand the assurance obtained from the audit of the financial statements and, if so,

(b) Whether additional explanation in the auditor's report can mitigate possible misunderstanding.

If the auditor concludes that additional explanation in the auditor's report cannot mitigate possible misunderstanding, ISA 210 requires the auditor not to accept the audit engagement, unless required by law or regulation to do so. In accordance with ISA 210, an audit conducted in accordance with such law or regulation does not comply with ISAs. Accordingly, the auditor does not include any reference in the auditor's report to the audit having been conducted in accordance with International Standards on Auditing.[19]

"Present fairly, in all material respects" or "give a true and fair view"

A28. Whether the phrase "present fairly, in all material respects," or the phrase "give a true and fair view" is used in any particular jurisdiction is determined by the law or regulation governing the audit of financial statements in that jurisdiction, or by generally accepted practice in that jurisdiction. Where law or regulation requires the use of different wording, this does not affect the requirement in paragraph 14 of

---

17) ISA 315, "Identifying and Assessing the Risks of Material Misstatement through Understanding the Entity and Its Environment," paragraph 4(c).
18) ISA 200, paragraph 20.
19) ISA 210, paragraph 21.

Bildung eines Prüfungsurteils und Erteilung eines Vermerks zum Abschluss — ISA 700

einschlägig der für die Überwachung Verantwortlichen - zur Rechnungslegung vorschreiben, der Abschlussprüfer im pflichtgemäßem Ermessen feststellen kann, dass die Gesetze oder anderen Rechtsvorschriften solche Pflichten einschließen, die im Ergebnis den in ISA 210 genannten Pflichten entsprechen. Für solche entsprechenden Pflichten kann der Abschlussprüfer den Wortlaut der Gesetze oder anderen Rechtsvorschriften verwenden, um sie im Auftragsbestätigungsschreiben oder in einer anderen geeigneten Form von schriftlicher Vereinbarung zu beschreiben. In diesen Fällen darf dieser Wortlaut auch in dem Vermerk des Abschlussprüfers verwendet werden, um die Pflichten des Managements zu beschreiben, wie nach Textziffer 26 erforderlich. In anderen Fällen wird der Wortlaut der Textziffer 26 verwendet. Dies gilt auch, wenn der Abschlussprüfer sich gegen die Verwendung des Wortlauts der Gesetze und anderen Rechtsvorschriften entscheidet, wie dieser im Auftragsbestätigungsschreiben aufgenommen ist.

A23. In einigen Rechtsräumen können Gesetze oder andere Rechtsvorschriften, welche die Pflichten des Managements vorschreiben, einen besonderen Bezug auf die Verantwortung für die Angemessenheit der Bücher und Aufzeichnungen der Rechnungslegung oder des Buchführungssystems nehmen. Da die Bücher, Aufzeichnungen und Systeme ein integraler Bestandteil der internen Kontrollen (wie in ISA 315[17] definiert) sind, nehmen die Beschreibungen in ISA 210 und in Textziffer 26 keinen gesonderten Bezug auf diese.

Verantwortung des Abschlussprüfers (Vgl. Tz. 29–30)

A24. Im Vermerk des Abschlussprüfers wird dargelegt, dass die Aufgabe des Abschlussprüfers darin besteht, auf der Grundlage der Abschlussprüfung ein Prüfungsurteil zu dem Abschluss abzugeben, um diese Aufgabe von der Verantwortung des Managements für die Aufstellung des Abschlusses abzugrenzen.

A25. Die Bezugnahme auf die angewandten Standards teilt den Nutzern des Vermerks des Abschlussprüfers mit, dass die Abschlussprüfung in Übereinstimmung mit etablierten Standards durchgeführt wurde.

A26. Nach ISA 200 erklärt der Abschlussprüfer im Vermerk des Abschlussprüfers nicht die Einhaltung der ISA, ohne die in ISA 200 und allen anderen für die Abschlussprüfung relevanten ISA enthaltenen Anforderungen eingehalten zu haben.[18]

Prüfungsurteil (Vgl. Tz. 35–37)

In Gesetzen oder anderen Rechtsvorschriften vorgeschriebener Wortlaut des Prüfungsurteils

A27. In ISA 210 wird erläutert, dass in manchen Fällen Gesetze oder andere Rechtsvorschriften des relevanten Rechtsraums den Wortlaut des Vermerks des Abschlussprüfers (der insbesondere das Prüfungsurteil umfasst) in einer Form vorschreiben, die sich erheblich von den Anforderungen der ISA unterscheidet. In diesen Fällen muss der Abschlussprüfer nach ISA 210 beurteilen,

(a) ob die Nutzer die aus der Abschlussprüfung erlangte Sicherheit missverstehen könnten und, wenn dies der Fall ist,

(b) ob ein mögliches Missverständnis durch zusätzliche Erläuterung im Vermerk des Abschlussprüfers reduziert werden kann.

Wenn der Abschlussprüfer zu dem Schluss kommt, dass ein mögliches Missverständnis nicht durch zusätzliche Erläuterung im Vermerk des Abschlussprüfers reduziert werden kann, darf der Prüfungsauftrag nach ISA 210 nicht angenommen werden, sofern dies nicht aufgrund von Gesetzen oder anderen Rechtsvorschriften gefordert ist. Nach ISA 210 werden durch eine in Übereinstimmung mit solchen Gesetzen oder anderen Rechtsvorschriften durchgeführte Abschlussprüfung die ISA nicht eingehalten. Folglich nimmt der Abschlussprüfer im Vermerk des Abschlussprüfers keinen Bezug darauf, dass die Abschlussprüfung in Übereinstimmung mit den International Standards on Auditing durchgeführt wurde.[19]

„Stellt in allen wesentlichen Belangen insgesamt sachgerecht dar" oder „vermittelt ein den tatsächlichen Verhältnissen entsprechendes Bild"

A28. Ob die Formulierung „stellt in allen wesentlichen Belangen insgesamt sachgerecht dar" oder die Formulierung „vermittelt ein den tatsächlichen Verhältnissen entsprechendes Bild" in einem bestimmten Rechtsraum verwendet wird, wird durch die Gesetze oder anderen Rechtsvorschriften, welche die Abschlussprüfung in dem betreffenden Rechtsraum regeln, oder durch allgemein anerkannte

---

17) ISA 315 „Identifizierung und Beurteilung der Risiken wesentlicher falscher Darstellungen aus dem Verstehen der Einheit und ihres Umfelds", Textziffer 4(c).
18) ISA 200, Textziffer 20.
19) ISA 210, Textziffer 21.

this ISA for the auditor to evaluate the fair presentation of financial statements prepared in accordance with a fair presentation framework.

Description of information that the financial statements present

A29. In the case of financial statements prepared in accordance with a fair presentation framework, the auditor's opinion states that the financial statements present fairly, in all material respects, or give a true and fair view of the information that the financial statements are designed to present, for example, in the case of many general purpose frameworks, the financial position of the entity as at the end of the period and the entity's financial performance and cash flows for the period then ended.

Description of the applicable financial reporting framework and how it may affect the auditor's opinion

A30. The identification of the applicable financial reporting framework in the auditor's opinion is intended to advise users of the auditor's report of the context in which the auditor's opinion is expressed; it is not intended to limit the evaluation required in paragraph 14. The applicable financial reporting framework is identified in such terms as:

"... in accordance with International Financial Reporting Standards" or

"... in accordance with accounting principles generally accepted in Jurisdiction X ..."

A31. When the applicable financial reporting framework encompasses financial reporting standards and legal or regulatory requirements, the framework is identified in such terms as "... in accordance with International Financial Reporting Standards and the requirements of Jurisdiction X Corporations Act." ISA 210 deals with circumstances where there are conflicts between the financial reporting standards and the legislative or regulatory requirements.[20]

A32. As indicated in paragraph A8, the financial statements may be prepared in accordance with two financial reporting frameworks, which are therefore both applicable financial reporting frameworks. Accordingly, each framework is considered separately when forming the auditor's opinion on the financial statements, and the auditor's opinion in accordance with paragraphs 35–36 refers to both frameworks as follows:

(a) If the financial statements comply with each of the frameworks individually, two opinions are expressed: that is, that the financial statements are prepared in accordance with one of the applicable financial reporting frameworks (for example, the national framework) and an opinion that the financial statements are prepared in accordance with the other applicable financial reporting framework (for example, International Financial Reporting Standards). These opinions may be expressed separately or in a single sentence (for example, the financial statements are presented fairly, in all material respects, in accordance with accounting principles generally accepted in Jurisdiction X and with International Financial Reporting Standards).

(b) If the financial statements comply with one of the frameworks but fail to comply with the other framework, an unmodified opinion can be given that the financial statements are prepared in accordance with the one framework (for example, the national framework) but a modified opinion given with regard to the other framework (for example, International Financial Reporting Standards) in accordance with ISA 705.

A33. As indicated in paragraph A10, the financial statements may represent compliance with the applicable financial reporting framework and, in addition, disclose the extent of compliance with another financial reporting framework. As explained in paragraph A46, such supplementary information is covered by the auditor's opinion as it cannot be clearly differentiated from the financial statements.

(a) If the disclosure as to the compliance with the other framework is misleading, a modified opinion is expressed in accordance with ISA 705.

---

20) ISA 210, paragraph 18.

Bildung eines Prüfungsurteils und Erteilung eines Vermerks zum Abschluss — ISA 700

Vorgehensweisen in diesem Rechtsraum festgelegt.*⁾ Wenn aufgrund von Gesetzen oder anderen Rechtsvorschriften ein anderer Wortlaut zu verwenden ist, hat dies keinen Einfluss auf die in Textziffer 14 dieses ISA enthaltene Anforderung, dass der Abschlussprüfer die sachgerechte Gesamtdarstellung eines in Übereinstimmung mit einem Regelwerk zur sachgerechten Gesamtdarstellung aufgestellten Abschlusses zu beurteilen hat.

Beschreibung der im Abschluss dargestellten Informationen

A29. Bei einem in Übereinstimmung mit einem Regelwerk zur sachgerechten Gesamtdarstellung aufgestellten Abschluss wird im Prüfungsurteil ausgesagt, dass der Abschluss in allen wesentlichen Belangen insgesamt sachgerecht darstellt oder ein den tatsächlichen Verhältnissen entsprechendes Bild der Informationen vermittelt, die in dem Abschluss dargestellt werden sollen. Dazu gehören bspw. bei vielen Regelwerken für allgemeine Zwecke die Vermögens- und Finanzlage der Einheit zum Ende des Geschäftsjahres sowie die Ertragslage und die Cashflows der Einheit für das zu dem betreffenden Stichtag endende Geschäftsjahr.

Beschreibung des maßgebenden Regelwerks der Rechnungslegung und seine mögliche Auswirkung auf das Prüfungsurteil

A30. Die Benennung des maßgebenden Regelwerks der Rechnungslegung im Prüfungsurteil soll die Nutzer des Vermerks des Abschlussprüfers über den Kontext in Kenntnis setzen, in dem das Prüfungsurteil abgegeben wird; sie soll nicht dazu dienen, die nach Textziffer 14 erforderliche Beurteilung einzuschränken. Das maßgebende Regelwerk der Rechnungslegung wird in Formulierungen wie etwa den folgenden genannt:

„... in Übereinstimmung mit den International Financial Reporting Standards" oder

„... in Übereinstimmung mit in Rechtsraum X allgemein anerkannten Rechnungslegungsgrundsätzen ..."

A31. Wenn das maßgebende Regelwerk der Rechnungslegung Rechnungslegungsstandards und gesetzliche oder andere rechtliche Anforderungen umfasst, wird das Regelwerk in einer Formulierung wie „... in Übereinstimmung mit den International Financial Reporting Standards und den Anforderungen des Gesellschaftsrechts des Rechtsraumes X" bezeichnet. ISA 210 behandelt Fälle, in denen Konflikte zwischen den Rechnungslegungsstandards und den gesetzlichen oder anderen rechtlichen Anforderungen bestehen.[20]

A32. Wie in Textziffer A8 angegeben, kann der Abschluss in Übereinstimmung mit zwei Regelwerken der Rechnungslegung aufgestellt werden, die daher beide maßgebende Regelwerke der Rechnungslegung sind. Entsprechend wird jedes Regelwerk bei der Formulierung des Prüfungsurteils zum Abschluss gesondert berücksichtigt, und das in Übereinstimmung mit den Textziffern 35-36 abgegebene Prüfungsurteil bezieht sich folgendermaßen auf beide Regelwerke:

(a) Wenn der Abschluss mit jedem der Regelwerke einzeln übereinstimmt, werden zwei Prüfungsurteile abgegeben, d. h. ein Prüfungsurteil darüber, dass der Abschluss in Übereinstimmung mit einem der maßgebenden Regelwerke der Rechnungslegung (z. B. dem nationalen Regelwerk) aufgestellt ist, und ein Prüfungsurteil darüber, dass der Abschluss in Übereinstimmung mit dem anderen maßgebenden Regelwerk der Rechnungslegung (z. B. den International Financial Reporting Standards) aufgestellt ist. Diese Prüfungsurteile können gesondert oder in einem einzigen Satz abgegeben werden (z. B. „der Abschluss ist in Übereinstimmung mit den in dem Rechtsraum X allgemein anerkannten Rechnungslegungsgrundsätzen und den International Financial Reporting Standards in allen wesentlichen Belangen insgesamt sachgerecht dargestellt").

(b) Wenn der Abschluss mit einem der Regelwerke übereinstimmt, jedoch nicht mit dem anderen Regelwerk, kann ein nicht modifiziertes Prüfungsurteil darüber abgegeben werden, dass der Abschluss in Übereinstimmung mit dem einen Regelwerk (z. B. dem nationalen Regelwerk) aufgestellt ist, während in Übereinstimmung mit ISA 705 ein modifiziertes Prüfungsurteil zu dem anderen Regelwerk (z. B. den International Financial Reporting Standards) abgegeben wird.

A33. Wie in Textziffer A10 erwähnt, kann der Abschluss mit dem maßgebenden Regelwerk der Rechnungslegung übereinstimmen und zusätzlich der Grad der Übereinstimmung mit einem anderen Regelwerk der Rechnungslegung angegeben sein. Wie in Textziffer A46 erläutert, sind solche zusätzlichen Informationen durch das Prüfungsurteil abgedeckt, da sie nicht eindeutig vom Abschluss abgegrenzt werden können.

(a) Wenn die Angabe zu der Übereinstimmung mit dem anderen Regelwerk irreführend ist, wird in Übereinstimmung mit ISA 705 ein modifiziertes Prüfungsurteil abgegeben.

---

[20] ISA 210, Textziffer 18.
*⁾ In Deutschland, Österreich und der Schweiz ersetzen in gesetzlich geregelten Fällen vorgeschriebene Formulierungen die hier und im Folgenden genannten Angaben.

(b) If the disclosure is not misleading, but the auditor judges it to be of such importance that it is fundamental to the users' understanding of the financial statements, an Emphasis of Matter paragraph is added in accordance with ISA 706, drawing attention to the disclosure.

Other Reporting Responsibilities (Ref: Para. 38–39)

A34. In some jurisdictions, the auditor may have additional responsibilities to report on other matters that are supplementary to the auditor's responsibility under the ISAs to report on the financial statements. For example, the auditor may be asked to report certain matters if they come to the auditor's attention during the course of the audit of the financial statements. Alternatively, the auditor may be asked to perform and report on additional specified procedures, or to express an opinion on specific matters, such as the adequacy of accounting books and records. Auditing standards in the specific jurisdiction often provide guidance on the auditor's responsibilities with respect to specific additional reporting responsibilities in that jurisdiction.

A35. In some cases, the relevant law or regulation may require or permit the auditor to report on these other responsibilities within the auditor's report on the financial statements. In other cases, the auditor may be required or permitted to report on them in a separate report.

A36. These other reporting responsibilities are addressed in a separate section of the auditor's report in order to clearly distinguish them from the auditor's responsibility under the ISAs to report on the financial statements. Where relevant, this section may contain sub-heading(s) that describe(s) the content of the other reporting responsibility paragraph(s).

Signature of the Auditor (Ref: Para. 40)

A37. The auditor's signature is either in the name of the audit firm, the personal name of the auditor or both, as appropriate for the particular jurisdiction. In addition to the auditor's signature, in certain jurisdictions, the auditor may be required to declare in the auditor's report the auditor's professional accountancy designation or the fact that the auditor or firm, as appropriate, has been recognized by the appropriate licensing authority in that jurisdiction.

Date of the Auditor's Report (Ref: Para. 41)

A38. The date of the auditor's report informs the user of the auditor's report that the auditor has considered the effect of events and transactions of which the auditor became aware and that occurred up to that date. The auditor's responsibility for events and transactions after the date of the auditor's report is addressed in ISA 560.[21]

A39. Since the auditor's opinion is provided on the financial statements and the financial statements are the responsibility of management, the auditor is not in a position to conclude that sufficient appropriate audit evidence has been obtained until evidence is obtained that all the statements that comprise the financial statements, including the related notes, have been prepared and management has accepted responsibility for them.

A40. In some jurisdictions, the law or regulation identifies the individuals or bodies (for example, the directors) that are responsible for concluding that all the statements that comprise the financial statements, including the related notes, have been prepared, and specifies the necessary approval process. In such cases, evidence is obtained of that approval before dating the report on the financial statements. In other jurisdictions, however, the approval process is not prescribed in law or regulation. In such cases, the procedures the entity follows in preparing and finalizing its financial statements in view of its management and governance structures are considered in order to identify the individuals or body with the authority to conclude that all the statements that comprise the financial statements, including the related notes, have been prepared. In some cases, law or regulation identifies the point in the financial statement reporting process at which the audit is expected to be complete.

---

21) ISA 560, "Subsequent Events," paragraphs 10–17.

(b) Wenn die Angabe nicht irreführend ist, jedoch nach der Beurteilung des Abschlussprüfers so wichtig ist, dass sie grundlegend für das Verständnis des Abschlusses durch die Nutzer ist, wird in Übereinstimmung mit ISA 706 ein Absatz zur Hervorhebung eines Sachverhalts hinzugefügt, in dem auf die Angabe aufmerksam gemacht wird.

Sonstige Angabepflichten im Vermerk (Vgl. Tz. 38–39)

A34. In manchen Rechtsräumen kann der Abschlussprüfer ergänzend zu seiner nach den ISA bestehenden Pflicht zur Erteilung eines Vermerks zum Abschluss zusätzliche Angabepflichten zu sonstigen Sachverhalten haben. So können bspw. bestimmte Sachverhalte darzustellen sein, wenn diese dem Abschlussprüfer im Laufe der Abschlussprüfung bekannt werden. Alternativ kann der Abschlussprüfer zusätzliche festgelegte Prüfungshandlungen durchzuführen und darüber zu berichten haben (z. B. über die Angemessenheit der Bücher und Unterlagen der Rechnungslegung). Prüfungsstandards in dem bestimmten Rechtsraum enthalten häufig erläuternde Hinweise zu den Pflichten des Abschlussprüfers bei den spezifischen zusätzlichen Angabepflichten im Vermerk für diesen Rechtsraum.

A35. In manchen Fällen kann es nach den relevanten Gesetzen oder anderen Rechtsvorschriften erforderlich bzw. zulässig sein, dass der Abschlussprüfer im Vermerk des Abschlussprüfers zum Abschluss über diese sonstigen Pflichten berichtet. In anderen Fällen kann es verlangt oder zulässig sein, dass der Abschlussprüfer diese in einem gesonderten Vermerk darstellt.[*)]

A36. Diese sonstigen Angabepflichten werden[**)] in einem gesonderten Abschnitt des Vermerks des Abschlussprüfers angesprochen, um sie eindeutig von der nach den ISA bestehenden Pflicht des Abschlussprüfers zur Erteilung eines Vermerks zum Abschluss zu unterscheiden. Sofern relevant, kann dieser Abschnitt eine oder mehrere Unterüberschriften enthalten, die den Inhalt des Absatzes bzw. der Absätze zu den sonstigen Angabepflichten im Vermerk umschreiben.

Unterschrift des Abschlussprüfers (Vgl. Tz. 40)

A37. Die Unterschrift des Abschlussprüfers besteht je nachdem, wie es in dem betreffenden Rechtsraum angebracht ist, entweder aus dem Namen der Prüfungspraxis[***)], aus dem eigenen Namen des Abschlussprüfers oder aus beidem. Zusätzlich zu der Unterschrift des Abschlussprüfers kann es in bestimmten Rechtsräumen erforderlich sein, dass der Abschlussprüfer im Vermerk des Abschlussprüfers die Berufsbezeichnung oder die Tatsache angibt, dass - je nachdem - der Abschlussprüfer oder die Prüfungspraxis von der zuständigen Zulassungsbehörde in dem betreffenden Rechtsraum anerkannt wurde.

Datum des Vermerks des Abschlussprüfers (Vgl. Tz. 41)

A38. Das Datum des Vermerks des Abschlussprüfers informiert den Nutzer des Vermerks darüber, dass der Abschlussprüfer die Auswirkungen von Ereignissen und Geschäftsvorfällen berücksichtigt hat, die dem Abschlussprüfer bekannt geworden und bis zu diesem Datum eingetreten sind. Die Verantwortung des Abschlussprüfers im Zusammenhang mit Ereignissen und Geschäftsvorfällen nach dem Datum des Vermerks des Abschlussprüfers wird in ISA 560 behandelt.[21)]

A39. Da das Prüfungsurteil über den Abschluss abgegeben wird und das Management die Verantwortung für den Abschluss trägt, ist der Abschlussprüfer erst in der Lage, den Schluss zu ziehen, dass ausreichende geeignete Prüfungsnachweise erlangt wurden, wenn die Nachweise darüber eingeholt worden sind, dass alle Finanzaufstellungen, aus denen der Abschluss besteht, einschließlich der damit zusammenhängenden Angaben, aufgestellt worden sind und das Management die Verantwortung für diese übernommen hat.

A40. In manchen Rechtsräumen bestimmen Gesetze oder andere Rechtsvorschriften die Personen oder Gremien (z. B. die Geschäftsführer), die für die Feststellung zuständig sind, dass alle Finanzaufstellungen, aus denen der Abschluss besteht, einschließlich der damit zusammenhängenden Angaben, aufgestellt worden sind, und legen den notwendigen Genehmigungsprozess fest. In solchen Fällen werden vor der Datierung des Vermerks zum Abschluss Nachweise über diese Genehmigung eingeholt. In anderen Rechtsräumen ist der Genehmigungsprozess jedoch nicht in Gesetzen oder anderen Rechtsvorschriften vorgeschrieben. In solchen Fällen werden die Verfahren, nach denen die Einheit bei der Aufstellung und Fertigstellung ihres Abschlusses verfährt, angesichts deren Leitungs- und Überwachungsstruktur berücksichtigt, um die Personen oder das Gremium zu bestimmen, welche die Berechtigung zu der Feststellung haben, dass alle Finanzaufstellungen, aus denen der Abschluss besteht, einschließlich der damit zusammenhängenden

---

21) ISA 560 „Ereignisse nach dem Abschlussstichtag", Textziffern 10-17.
*) Es kann auch eine Berichterstattung in einem Prüfungsbericht gefordert sein.
**) Im erstgenannten Fall.
***) In Österreich und in der Schweiz wird auch der Begriff „Prüfungsunternehmen" verwendet.

A41. In some jurisdictions, final approval of the financial statements by shareholders is required before the financial statements are issued publicly. In these jurisdictions, final approval by shareholders is not necessary for the auditor to conclude that sufficient appropriate audit evidence has been obtained. The date of approval of the financial statements for purposes of ISAs is the earlier date on which those with the recognized authority determine that all the statements that comprise the financial statements, including the related notes, have been prepared and that those with the recognized authority have asserted that they have taken responsibility for them.

Auditor's Report Prescribed by Law or Regulation (Ref: Para. 43)

A42. ISA 200 explains that the auditor may be required to comply with legal or regulatory requirements in addition to ISAs.[22] Where this is the case, the auditor may be obliged to use a layout or wording in the auditor's report that differs from that described in this ISA. As explained in paragraph 4, consistency in the auditor's report, when the audit has been conducted in accordance with ISAs, promotes credibility in the global marketplace by making more readily identifiable those audits that have been conducted in accordance with globally recognized standards. When the differences between the legal or regulatory requirements and ISAs relate only to the layout and wording of the auditor's report and, at a minimum, each of the elements identified in paragraph 43(a)–(i) are included in the auditor's report, the auditor's report may refer to International Standards on Auditing. Accordingly, in such circumstances the auditor is considered to have complied with the requirements of ISAs, even when the layout and wording used in the auditor's report are specified by legal or regulatory reporting requirements. Where specific requirements in a particular jurisdiction do not conflict with ISAs, adoption of the layout and wording used in this ISA assists users of the auditor's report more readily to recognize the auditor's report as a report on an audit conducted in accordance with ISAs. (ISA 210 deals with circumstances where law or regulation prescribes the layout or wording of the auditor's report in terms that are significantly different from the requirements of ISAs.)

Auditor's Report for Audits Conducted in Accordance with Both Auditing Standards of a Specific Jurisdiction and International Standards on Auditing (Ref: Para. 44)

A43. The auditor may refer in the auditor's report to the audit having been conducted in accordance with both International Standards on Auditing as well as the national auditing standards when, in addition to complying with the relevant national auditing standards, the auditor complies with each of the ISAs relevant to the audit.[23]

A44. A reference to both International Standards on Auditing and the national auditing standards is not appropriate if there is a conflict between the requirements in ISAs and those in the national auditing standards that would lead the auditor to form a different opinion or not to include an Emphasis of Matter paragraph that, in the particular circumstances, is required by ISAs. For example, some national auditing standards prohibit the auditor from including an Emphasis of Matter paragraph to highlight a going concern problem, whereas ISA 570 requires the auditor to add an Emphasis of Matter paragraph in such circumstances.[24] In such a case, the auditor's report refers only to the auditing standards (either International Standards on Auditing or the national auditing standards) in accordance with which the auditor's report has been prepared.

Supplementary Information Presented with the Financial Statements (Ref: Para. 46–47)

A45. In some circumstances, the entity may be required by law, regulation or standards, or may voluntarily choose, to present together with the financial statements supplementary information that is not required by

---

22) ISA 200, paragraph A55.
23) ISA 200, paragraph A56.
24) ISA 570, "Going Concern," paragraph 19.

Angaben, aufgestellt worden sind. In manchen Fällen wird in Gesetzen oder anderen Rechtsvorschriften der Punkt im Prozess der Finanzberichterstattung genannt, an dem die Abschlussprüfung abgeschlossen sein soll.

A41. In manchen Rechtsräumen muss der Abschluss von den Anteilseignern genehmigt*⁾ werden, bevor er offengelegt wird. In diesen Rechtsräumen ist die Genehmigung durch die Anteilseigner nicht für den Schluss des Abschlussprüfers, ausreichende geeignete Prüfungsnachweise erlangt zu haben, erforderlich. Für Zwecke der ISA gilt als Datum des Aufstellungsbeschlusses das frühere Datum, zu dem die Personen mit anerkannter Berechtigung feststellen, dass alle Finanzaufstellungen, aus denen der Abschluss besteht, einschließlich der damit zusammenhängenden Angaben, aufgestellt worden sind und an dem diese Personen erklärt haben, dass sie die Verantwortung dafür übernommen haben.

In Gesetzen oder anderen Rechtsvorschriften vorgeschriebener Vermerk des Abschlussprüfers (Vgl. Tz. 43)

A42. In ISA 200 wird erläutert, dass der Abschlussprüfer möglicherweise zusätzlich zu den ISA gesetzliche oder andere rechtliche Anforderungen einhalten muss.[22] In diesem Fall muss der Abschlussprüfer möglicherweise im Vermerk des Abschlussprüfers einen Aufbau oder Wortlaut verwenden, der von dem in diesem ISA beschriebenen abweicht. Wie in Textziffer 4 erläutert, fördert bei Abschlussprüfungen, die in Übereinstimmung mit den ISA durchgeführt wurden, die Einheitlichkeit der Vermerke der Abschlussprüfer die Glaubwürdigkeit auf dem globalen Markt dadurch, dass die in Übereinstimmung mit weltweit anerkannten Standards durchgeführten Abschlussprüfungen besser erkennbar werden. Wenn sich die Unterschiede zwischen den gesetzlichen oder anderen rechtlichen Anforderungen und den ISA nur auf den Aufbau und Wortlaut des Vermerks des Abschlussprüfers beziehen und mindestens jeder der in Textziffer 43 (a)-(i) genannten Bestandteile im Vermerk des Abschlussprüfers enthalten ist, darf im Vermerk des Abschlussprüfers auf die International Standards on Auditing Bezug genommen werden. Folglich werden in solchen Fällen die Anforderungen der ISA selbst dann als vom Abschlussprüfer eingehalten betrachtet, wenn der im Vermerk des Abschlussprüfers verwendete Aufbau und Wortlaut durch gesetzliche oder andere rechtliche Vermerksanforderungen festgelegt werden. Wenn spezifische Anforderungen in einem bestimmten Rechtsraum nicht in Widerspruch zu den ISA stehen, hilft die Anwendung des in diesem ISA verwendeten Aufbaus und Wortlauts den Nutzern des Vermerks des Abschlussprüfers, diesen besser als einen Vermerk über eine in Übereinstimmung mit den ISA durchgeführte Abschlussprüfung zu erkennen. (ISA 210 behandelt Fälle, in denen Gesetze oder andere Rechtsvorschriften den Aufbau oder Wortlaut des Vermerks des Abschlussprüfers in einer Form vorschreiben, die sich erheblich von den Anforderungen der ISA unterscheidet.)

Vermerk des Abschlussprüfers für Abschlussprüfungen, die sowohl in Übereinstimmung mit den Prüfungsstandards eines bestimmten Rechtsraumes als auch den International Standards on Auditing durchgeführt wurden (Vgl. Tz. 44)

A43. Der Abschlussprüfer kann im Vermerk des Abschlussprüfers auf eine Abschlussprüfung Bezug nehmen, die in Übereinstimmung mit sowohl den International Standards on Auditing als auch den nationalen Prüfungsstandards durchgeführt wurde, wenn der Abschlussprüfer zusätzlich zu den relevanten nationalen Prüfungsstandards jeden für die Prüfung relevanten ISA einhält.[23]

A44. Eine Bezugnahme auf sowohl die International Standards on Auditing als auch die nationalen Prüfungsstandards ist nicht sachgerecht, wenn ein Widerspruch zwischen den Anforderungen der ISA und denjenigen der nationalen Prüfungsstandards besteht, der den Abschlussprüfer dazu veranlassen würde, ein anderes Prüfungsurteil abzugeben oder keinen Absatz zur Hervorhebung eines Sachverhalts aufzunehmen, der nach den ISA unter den jeweiligen Umständen erforderlich ist. So ist es bspw. nach manchen nationalen Prüfungsstandards verboten, dass der Abschlussprüfer einen Absatz zur Hervorhebung eines Sachverhalts aufnimmt, um auf ein Problem im Zusammenhang mit der Fortführung der Unternehmenstätigkeit aufmerksam zu machen, während nach ISA 570 in solchen Fällen ein Absatz zur Hervorhebung eines Sachverhalts hinzuzufügen ist.[24] In einem solchen Fall bezieht sich der Vermerk des Abschlussprüfers nur auf jene Prüfungsstandards (entweder die International Standards on Auditing oder die nationalen Prüfungsstandards), nach denen der Vermerk des Abschlussprüfers erstellt wurde.

Zusätzlich zum Abschluss dargestellte Informationen (Vgl. Tz. 46-47)

A45. In manchen Fällen ist die Einheit möglicherweise aufgrund von Gesetzen, anderen Rechtsvorschriften oder Standards verpflichtet oder entscheidet sich freiwillig dafür, zusammen mit dem Abschluss

---

22) ISA 200, Textziffer A55.
23) ISA 200, Textziffer A56.
24) ISA 570 „Fortführung der Unternehmenstätigkeit", Textziffer 19.
*) In Deutschland: „festgestellt".

the applicable financial reporting framework. For example, supplementary information might be presented to enhance a user's understanding of the applicable financial reporting framework or to provide further explanation of specific financial statement items. Such information is normally presented in either supplementary schedules or as additional notes.

A46. The auditor's opinion covers supplementary information that cannot be clearly differentiated from the financial statements because of its nature and how it is presented. For example, this would be the case when the notes to the financial statements include an explanation of the extent to which the financial statements comply with another financial reporting framework. The auditor's opinion would also cover notes or supplementary schedules that are cross-referenced from the financial statements.

A47. Supplementary information that is covered by the auditor's opinion does not need to be specifically referred to in the introductory paragraph of the auditor's report when the reference to the notes in the description of the statements that comprise the financial statements in the introductory paragraph is sufficient.

A48. Law or regulation may not require that the supplementary information be audited, and management may decide not to ask the auditor to include the supplementary information within the scope of the audit of the financial statements.

A49. The auditor's evaluation whether unaudited supplementary information is presented in a manner that could be construed as being covered by the auditor's opinion includes, for example, where that information is presented in relation to the financial statements and any audited supplementary information, and whether it is clearly labeled as "unaudited."

A50. Management could change the presentation of unaudited supplementary information that could be construed as being covered by the auditor's opinion, for example, by:

- Removing any cross-references from the financial statements to unaudited supplementary schedules or unaudited notes so that the demarcation between the audited and unaudited information is sufficiently clear.

- Placing the unaudited supplementary information outside of the financial statements or, if that is not possible in the circumstances, at a minimum place the unaudited notes together at the end of the required notes to the financial statements and clearly label them as unaudited. Unaudited notes that are intermingled with the audited notes can be misinterpreted as being audited.

A51. The fact that supplementary information is unaudited does not relieve the auditor of the responsibility to read that information to identify material inconsistencies with the audited financial statements. The auditor's responsibilities with respect to unaudited supplementary information are consistent with those described in ISA 720.[25]

---

25) ISA 720, "The Auditor's Responsibilities Relating to Other Information in Documents Containing Audited Financial Statements."

	zusätzliche Informationen darzustellen, die nach dem maßgebenden Regelwerk der Rechnungslegung nicht erforderlich sind. So könnten bspw. zusätzliche Informationen gegeben werden, um das Verständnis eines Nutzers von dem maßgebenden Regelwerk der Rechnungslegung zu verbessern oder um bestimmte Abschlussposten weiter zu erläutern. Solche Informationen werden normalerweise entweder in zusätzlichen Aufstellungen oder als zusätzliche Angaben dargestellt.
A46.	Das Prüfungsurteil deckt zusätzliche Informationen ab, die aufgrund ihrer Art und Darstellungsweise nicht eindeutig vom Abschluss abgegrenzt werden können. Dies wäre z. B. der Fall, wenn im Anhang zum Abschluss erläutert wird, inwieweit der Abschluss mit einem anderen Regelwerk der Rechnungslegung übereinstimmt. Darüber hinaus würde das Prüfungsurteil Angaben oder zusätzliche Aufstellungen abdecken, auf die im Abschluss verwiesen wird.
A47.	Durch das Prüfungsurteil abgedeckte zusätzliche Informationen müssen im einleitenden Absatz des Vermerks des Abschlussprüfers nicht besonders erwähnt werden, wenn der Verweis in dem einleitenden Absatz auf die Angaben zur Beschreibung der Finanzaufstellungen, aus denen der Abschluss besteht, ausreichend ist.
A48.	Möglicherweise verlangen Gesetze oder andere Rechtsvorschriften keine Prüfung der zusätzlichen Informationen und das Management kann beschließen, den Abschlussprüfer nicht damit zu beauftragen, die zusätzlichen Informationen in den Umfang der Abschlussprüfung einzubeziehen.
A49.	Die Beurteilung des Abschlussprüfers, ob ungeprüfte zusätzliche Informationen in einer Weise dargestellt sind, die so ausgelegt werden könnte, als seien diese durch das Prüfungsurteil abgedeckt, umfasst bspw. die Frage, wo diese Informationen im Verhältnis zum Abschluss und zu geprüften zusätzlichen Informationen dargestellt sind und ob sie eindeutig als „ungeprüft" gekennzeichnet sind.
A50.	Das Management könnte die Darstellung von ungeprüften zusätzlichen Informationen, die als durch das Prüfungsurteil abgedeckt ausgelegt werden könnten, dadurch ändern, dass bspw.

- alle im Abschluss enthaltenen Verweise auf ungeprüfte zusätzliche Aufstellungen oder ungeprüfte Angaben entfernt werden, so dass die Abgrenzung zwischen den geprüften und den ungeprüften Informationen ausreichend eindeutig ist;
- die ungeprüften zusätzlichen Informationen außerhalb des Abschlusses platziert werden oder, wenn dies unter den gegebenen Umständen nicht möglich ist, zumindest die ungeprüften Angaben zusammen am Ende des zugehörigen Anhangs zum Abschluss platziert und eindeutig als ungeprüft gekennzeichnet werden. Ungeprüfte Angaben, die mit den geprüften Angaben vermischt werden, können als geprüft fehlinterpretiert werden.

A51.	Die Tatsache, dass zusätzliche Informationen nicht geprüft werden, befreit den Abschlussprüfer nicht von der Pflicht, diese Informationen zu lesen, um wesentliche Unstimmigkeiten gegenüber dem geprüften Abschluss festzustellen. Die Pflichten des Abschlussprüfers im Zusammenhang mit ungeprüften zusätzlichen Informationen stimmen mit den in ISA 720 beschriebenen Pflichten überein.[25]

---

25) ISA 720 „Die Pflichten des Abschlussprüfers im Zusammenhang mit sonstigen Informationen in Dokumenten, die den geprüften Abschluss enthalten".

Appendix
(Ref: Para. A14)

Illustrations of Auditors' Reports on Financial Statements

- Illustration 1: An auditor's report on financial statements prepared in accordance with a fair presentation framework designed to meet the common financial information needs of a wide range of users (for example, International Financial Reporting Standards).

- Illustration 2: An auditor's report on financial statements prepared in accordance with a compliance framework designed to meet the common financial information needs of a wide range of users.

- Illustration 3: An auditor's report on consolidated financial statements prepared in accordance with a fair presentation framework designed to meet the common financial information needs of a wide range of users (for example, International Financial Reporting Standards).

Illustration 1:
Circumstances include the following:
- Audit of a complete set of financial statements.
- **The financial statements are prepared for a general purpose by management of the entity in accordance with International Financial Reporting Standards.**
- **The terms of the audit engagement reflect the description of management's responsibility for the financial statements in ISA 210.**
- **In addition to the audit of the financial statements, the auditor has other reporting responsibilities required under local law.**

INDEPENDENT AUDITOR'S REPORT

[Appropriate Addressee]

Report on the Financial Statements[1)]

We have audited the accompanying financial statements of ABC Company, which comprise the statement of financial position as at December 31, 20X1, and the statement of comprehensive income, statement of changes in equity and statement of cash flows for the year then ended, and a summary of significant accounting policies and other explanatory information.

Management's[2)] Responsibility for the Financial Statements

Management is responsible for the preparation and fair presentation of these financial statements in accordance with International Financial Reporting Standards,[3)] and for such internal control as management determines is necessary to enable the preparation of financial statements that are free from material misstatement, whether due to fraud or error.

Auditor's Responsibility

Our responsibility is to express an opinion on these financial statements based on our audit. We conducted our audit in accordance with International Standards on Auditing. Those standards require that we comply with ethical requirements and plan and perform the audit to obtain reasonable assurance about whether the financial statements are free from material misstatement.

An audit involves performing procedures to obtain audit evidence about the amounts and disclosures in the financial statements. The procedures selected depend on the auditor's judgment, including the assessment of the risks of material misstatement of the financial statements, whether due to fraud or error. In making those risk

---

1) The sub-title "Report on the Financial Statements" is unnecessary in circumstances when the second sub-title "Report on Other Legal and Regulatory Requirements" is not applicable.
2) Or other term that is appropriate in the context of the legal framework in the particular jurisdiction.
3) Where management's responsibility is to prepare financial statements that give a true and fair view, this may read: "Management is responsible for the preparation of financial statements that give a true and fair view in accordance with International Financial Reporting Standards, and for such …"

Anlage
(Vgl. Tz. A14)

Formulierungsbeispiele für Vermerke des Abschlussprüfers zum Abschluss

- Beispiel 1: Ein Vermerk des Abschlussprüfers zu einem Abschluss, der in Übereinstimmung mit einem Regelwerk zur sachgerechten Gesamtdarstellung aufgestellt ist, das darauf ausgerichtet ist, den gemeinsamen Bedarf eines breiten Spektrums von Nutzern an Finanzinformationen zu erfüllen (z. B. die International Financial Reporting Standards).

- Beispiel 2: Ein Vermerk des Abschlussprüfers zu einem Abschluss, der in Übereinstimmung mit einem Regelwerk zur Normentsprechung aufgestellt ist, das darauf ausgerichtet ist, den gemeinsamen Bedarf eines breiten Spektrums von Nutzern an Finanzinformationen zu erfüllen.

- Beispiel 3: Ein Vermerk des Abschlussprüfers zu einem Konzernabschluss, der in Übereinstimmung mit einem Regelwerk zur sachgerechten Gesamtdarstellung aufgestellt ist, das darauf ausgerichtet ist, den gemeinsamen Bedarf eines breiten Spektrums von Nutzern an Finanzinformationen zu erfüllen (z. B. die International Financial Reporting Standards).

Beispiel 1:
Folgende Gegebenheiten:
- Prüfung eines vollständigen Abschlusses.
- Der Abschluss ist vom Management der Einheit zu einem allgemeinen Zweck in Übereinstimmung mit den International Financial Reporting Standards aufgestellt.
- Die Bedingungen des Prüfungsauftrags spiegeln die Beschreibung der Verantwortung des Managements für den Abschluss nach ISA 210 wider.
- Zusätzlich zur Prüfung des Abschlusses hat der Abschlussprüfer sonstige Angabepflichten im Vermerk, die nach lokalem Recht erforderlich sind.

VERMERK DES UNABHÄNGIGEN ABSCHLUSSPRÜFERS
[Empfänger]

Vermerk zum Abschluss[1]

Wir haben den beigefügten Abschluss der ABC Gesellschaft – bestehend aus der Bilanz zum 31.12.20X1, der Gesamtergebnisrechnung, Eigenkapitalveränderungsrechnung und Kapitalflussrechnung für das an diesem Stichtag endende Geschäftsjahr sowie aus einer Zusammenfassung bedeutsamer Rechnungslegungsmethoden und anderen erläuternden Informationen – geprüft.

Verantwortung des Managements[2] für den Abschluss

Das Management ist verantwortlich für die Aufstellung und sachgerechte Gesamtdarstellung dieses Abschlusses in Übereinstimmung mit den International Financial Reporting Standards[3] und für die internen Kontrollen, die das Management als notwendig erachtet, um die Aufstellung eines Abschlusses zu ermöglichen, der frei von wesentlichen - beabsichtigten oder unbeabsichtigten - falschen Darstellungen ist.

Verantwortung des Abschlussprüfers

Unsere Aufgabe ist es, auf der Grundlage unserer Prüfung ein Urteil zu diesem Abschluss abzugeben. Wir haben unsere Abschlussprüfung in Übereinstimmung mit den International Standards on Auditing durchgeführt. Nach diesen Standards haben wir die beruflichen Verhaltensanforderungen einzuhalten und die Abschlussprüfung so zu planen und durchzuführen, dass hinreichende Sicherheit darüber erlangt wird, ob der Abschluss frei von wesentlichen falschen Darstellungen ist.

Eine Abschlussprüfung beinhaltet die Durchführung von Prüfungshandlungen, um Prüfungsnachweise für die im Abschluss enthaltenen Wertansätze und sonstigen Angaben zu erlangen. Die Auswahl der Prüfungshandlungen liegt im pflichtgemäßen Ermessen des Abschlussprüfers. Dies schließt die Beurteilung der Risiken wesentlicher -

---

1) Die Unterüberschrift „Vermerk zum Abschluss" ist nicht erforderlich, wenn die zweite Unterüberschrift, „Vermerk zu sonstigen gesetzlichen und anderen rechtlichen Anforderungen", nicht anzuwenden ist.
2) Oder ein anderer Begriff, der im Kontext des Rechtsrahmens in dem betreffenden Rechtsraum zutreffend ist.
3) Falls das Management die Verantwortung hat, einen Abschluss aufzustellen, der ein den tatsächlichen Verhältnissen entsprechendes Bild vermittelt, kann dies lauten: „Das Management ist verantwortlich für die Aufstellung eines Abschlusses, der in Übereinstimmung mit den International Financial Reporting Standards ein den tatsächlichen Verhältnissen entsprechendes Bild vermittelt, und für die ..."

assessments, the auditor considers internal control relevant to the entity's preparation and fair presentation[4] of the financial statements in order to design audit procedures that are appropriate in the circumstances, but not for the purpose of expressing an opinion on the effectiveness of the entity's internal control.[5] An audit also includes evaluating the appropriateness of accounting policies used and the reasonableness of accounting estimates made by management, as well as evaluating the overall presentation of the financial statements.

We believe that the audit evidence we have obtained is sufficient and appropriate to provide a basis for our audit opinion.

Opinion

In our opinion, the financial statements present fairly, in all material respects, (or *give a true and fair view of*) the financial position of ABC Company as at December 31, 20X1, and (*of*) its financial performance and its cash flows for the year then ended in accordance with International Financial Reporting Standards.

Report on Other Legal and Regulatory Requirements

[Form and content of this section of the auditor's report will vary depending on the nature of the auditor's other reporting responsibilities.]

[Auditor's signature]
[Date of the auditor's report]
[Auditor's address]

---

4) In the case of footnote 28, this may read: "In making those risk assessments, the auditor considers internal control relevant to the entity's preparation of financial statements that give a true and fair view in order to design audit procedures that are appropriate in the circumstances, but not for the purpose of expressing an opinion on the effectiveness of the entity's internal control."

5) In circumstances when the auditor also has responsibility to express an opinion on the effectiveness of internal control in conjunction with the audit of the financial statements, this sentence would be worded as follows: "In making those risk assessments, the auditor considers internal control relevant to the entity's preparation and fair presentation of the financial statements in order to design audit procedures that are appropriate in the circumstances." In the case of footnote 28, this may read: "In making those risk assessments, the auditor considers internal control relevant to the entity's preparation of financial statements that give a true and fair view in order to design audit procedures that are appropriate in the circumstances."

Bildung eines Prüfungsurteils und Erteilung eines Vermerks zum Abschluss ISA 700

beabsichtigter oder unbeabsichtigter - falscher Darstellungen im Abschluss ein. Bei der Beurteilung dieser Risiken berücksichtigt der Abschlussprüfer das für die Aufstellung und sachgerechte Gesamtdarstellung[4] des Abschlusses durch die Einheit relevante interne Kontrollsystem, um Prüfungshandlungen zu planen, die unter den gegebenen Umständen angemessen sind, jedoch nicht mit dem Ziel, ein Prüfungsurteil zur Wirksamkeit des internen Kontrollsystems der Einheit abzugeben.[5] Eine Abschlussprüfung umfasst auch die Beurteilung der Angemessenheit der angewandten Rechnungslegungsmethoden und der Vertretbarkeit der vom Management ermittelten geschätzten Werte in der Rechnungslegung sowie die Beurteilung der Gesamtdarstellung des Abschlusses.

Wir sind der Auffassung, dass die von uns erlangten Prüfungsnachweise ausreichend und geeignet sind, um als Grundlage für unser Prüfungsurteil zu dienen.

Prüfungsurteil

Nach unserer Beurteilung stellt der Abschluss die Vermögens- und Finanzlage der ABC Gesellschaft zum 31.12.20X1 sowie die Ertragslage und die Cashflows für das an diesem Stichtag endende Geschäftsjahr in Übereinstimmung mit den International Financial Reporting Standards in allen wesentlichen Belangen insgesamt sachgerecht dar (... vermittelt der Abschluss ein den tatsächlichen Verhältnissen entsprechendes Bild der ...).

Vermerk zu sonstigen gesetzlichen und anderen rechtlichen Anforderungen

[Form und Inhalt dieses Abschnitts des Vermerks des Abschlussprüfers unterscheiden sich in Abhängigkeit von der Art der sonstigen Angabepflichten des Abschlussprüfers im Vermerk.]

[Unterschrift des Abschlussprüfers]

[Datum des Vermerks des Abschlussprüfers]

[Ort des Abschlussprüfers[*]]

---

4) Im Fall von Fußnote 28 kann dies lauten: „Bei der Beurteilung dieser Risiken berücksichtigt der Abschlussprüfer das interne Kontrollsystem, das relevant ist für die Aufstellung eines Abschlusses durch die Einheit, der ein den tatsächlichen Verhältnissen entsprechendes Bild vermittelt, um Prüfungshandlungen zu planen, die unter den gegebenen Umständen angemessen sind, jedoch nicht mit dem Ziel, ein Prüfungsurteil zur Wirksamkeit des internen Kontrollsystems der Einheit abzugeben."

5) In Fällen, in denen der Abschlussprüfer auch die Pflicht hat, im Zusammenhang mit der Prüfung des Abschlusses ein Prüfungsurteil zur Wirksamkeit des internen Kontrollsystems abzugeben, würde dieser Satz folgendermaßen lauten: „Bei der Beurteilung dieser Risiken berücksichtigt der Abschlussprüfer das für die Aufstellung und sachgerechte Gesamtdarstellung des Abschlusses durch die Einheit relevante interne Kontrollsystem, um Prüfungshandlungen zu planen, die unter den gegebenen Umständen angemessen sind." Im Fall von Fußnote 28 kann dies lauten: „Bei der Beurteilung dieser Risiken berücksichtigt der Abschlussprüfer das interne Kontrollsystem, das relevant ist für die Aufstellung eines Abschlusses durch die Einheit, der ein den tatsächlichen Verhältnissen entsprechendes Bild vermittelt, um Prüfungshandlungen zu planen, die unter den gegebenen Umständen angemessen sind."

*) Üblicherweise sollte dies der Ort der beruflichen Niederlassung des Abschlussprüfers sein bzw. der Sitz der Niederlassung der Prüfungsgesellschaft, die die Verantwortung für den Prüfungsauftrag hat.

> **Illustration 2:**
> Circumstances include the following:
> - Audit of a complete set of financial statements required by law or regulation.
>
> - The financial statements are prepared for a general purpose by management of the entity in accordance with the Financial Reporting Framework (XYZ Law) of Jurisdiction X (that is, a financial reporting framework, encompassing law or regulation, designed to meet the common financial information needs of a wide range of users, but which is not a fair presentation framework).
>
> - The terms of the audit engagement reflect the description of management's responsibility for the financial statements in ISA 210.

INDEPENDENT AUDITOR'S REPORT

[Appropriate Addressee]

We have audited the accompanying financial statements of ABC Company, which comprise the balance sheet as at December 31, 20X1, and the income statement, statement of changes in equity and cash flow statement for the year then ended, and a summary of significant accounting policies and other explanatory information.

Management's[6] Responsibility for the Financial Statements

Management is responsible for the preparation of these financial statements in accordance with XYZ Law of Jurisdiction X, and for such internal control as management determines is necessary to enable the preparation of financial statements that are free from material misstatement, whether due to fraud or error.

Auditor's Responsibility

Our responsibility is to express an opinion on these financial statements based on our audit. We conducted our audit in accordance with International Standards on Auditing. Those standards require that we comply with ethical requirements and plan and perform the audit to obtain reasonable assurance about whether the financial statements are free from material misstatement.

An audit involves performing procedures to obtain audit evidence about the amounts and disclosures in the financial statements. The procedures selected depend on the auditor's judgment, including the assessment of the risks of material misstatement of the financial statements, whether due to fraud or error. In making those risk assessments, the auditor considers internal control relevant to the entity's preparation of the financial statements in order to design audit procedures that are appropriate in the circumstances, but not for the purpose of expressing an opinion on the effectiveness of the entity's internal control.[7] An audit also includes evaluating the appropriateness of accounting policies used and the reasonableness of accounting estimates made by management, as well as evaluating the presentation of the financial statements.

We believe that the audit evidence we have obtained is sufficient and appropriate to provide a basis for our audit opinion.

Opinion

In our opinion, the financial statements of ABC Company for the year ended December 31, 20X1 are prepared, in all material respects, in accordance with XYZ Law of Jurisdiction X.

[Auditor's signature]

[Date of the auditor's report]

[Auditor's address]

---

6) Or other term that is appropriate in the context of the legal framework in the particular jurisdiction.
7) In circumstances when the auditor also has responsibility to express an opinion on the effectiveness of internal control in conjunction with the audit of the financial statements, this sentence would be worded as follows: "In making those risk assessments, the auditor considers internal control relevant to the entity's preparation of the financial statements in order to design audit procedures that are appropriate in the circumstances."

| Bildung eines Prüfungsurteils und Erteilung eines Vermerks zum Abschluss | ISA 700 |

> **Beispiel 2:**
> Folgende Gegebenheiten:
> - Prüfung eines aufgrund von Gesetzen oder anderen Rechtsvorschriften vorgesehenen vollständigen Abschlusses.
> - Der Abschluss ist vom Management der Einheit zu einem allgemeinen Zweck in Übereinstimmung mit dem Regelwerk der Rechnungslegung (Gesetze XYZ) des Rechtsraums X aufgestellt (d. h. einem Regelwerk der Rechnungslegung, das Gesetze oder andere Rechtsvorschriften umfasst und darauf ausgerichtet ist, die gemeinsamen Bedürfnisse eines breiten Spektrums von Nutzern an Finanzinformationen zu erfüllen, jedoch kein Regelwerk zur sachgerechten Gesamtdarstellung ist).
> - Die Bedingungen des Prüfungsauftrags spiegeln die Beschreibung der Verantwortung des Managements für den Abschluss nach ISA 210 wider.

VERMERK DES UNABHÄNGIGEN ABSCHLUSSPRÜFERS

[Empfänger]

Wir haben den beigefügten Abschluss der ABC Gesellschaft – bestehend aus der Bilanz zum 31.12.20X1, der Gesamtergebnisrechnung, Eigenkapitalveränderungsrechnung und Kapitalflussrechnung für das an diesem Stichtag endende Geschäftsjahr sowie aus einer Zusammenfassung bedeutsamer Rechnungslegungsmethoden und anderen erläuternden Informationen – geprüft.

Verantwortung des Managements[6] für den Abschluss

Das Management ist verantwortlich für die Aufstellung dieses Abschlusses in Übereinstimmung mit den Gesetzen XYZ des Rechtsraumes X und für die internen Kontrollen, die das Management als notwendig erachtet, um die Aufstellung eines Abschlusses zu ermöglichen, der frei von wesentlichen - beabsichtigten oder unbeabsichtigten - falschen Darstellungen ist.

Verantwortung des Abschlussprüfers

Unsere Aufgabe ist es, auf der Grundlage unserer Prüfung ein Urteil zu diesem Abschluss abzugeben. Wir haben unsere Abschlussprüfung in Übereinstimmung mit den International Standards on Auditing durchgeführt. Nach diesen Standards haben wir die beruflichen Verhaltensanforderungen einzuhalten und die Abschlussprüfung so zu planen und durchzuführen, dass hinreichende Sicherheit darüber erlangt wird, ob der Abschluss frei von wesentlichen falschen Darstellungen ist.

Eine Abschlussprüfung beinhaltet die Durchführung von Prüfungshandlungen, um Prüfungsnachweise für die im Abschluss enthaltenen Wertansätze und sonstigen Angaben zu erlangen. Die Auswahl der Prüfungshandlungen liegt im pflichtgemäßen Ermessen des Abschlussprüfers. Dies schließt die Beurteilung der Risiken wesentlicher - beabsichtigter oder unbeabsichtigter - falscher Darstellungen im Abschluss ein. Bei der Beurteilung dieser Risiken berücksichtigt der Abschlussprüfer das für die Aufstellung des Abschlusses durch die Einheit relevante interne Kontrollsystem, um Prüfungshandlungen zu planen, die unter den gegebenen Umständen angemessen sind, jedoch nicht mit dem Ziel, ein Prüfungsurteil zur Wirksamkeit des internen Kontrollsystems der Einheit abzugeben.[7] Eine Abschlussprüfung umfasst auch die Beurteilung der Angemessenheit der angewandten Rechnungslegungsmethoden und der Vertretbarkeit der vom Management ermittelten geschätzten Werte in der Rechnungslegung sowie die Beurteilung der Darstellung des Abschlusses.

Wir sind der Auffassung, dass die von uns erlangten Prüfungsnachweise ausreichend und geeignet sind, um als Grundlage für unser Prüfungsurteil zu dienen.

Prüfungsurteil

Nach unserer Beurteilung ist der Abschluss der ABC Gesellschaft für das am 31.12.20X1 endende Geschäftsjahr in allen wesentlichen Belangen in Übereinstimmung mit den Gesetzen XYZ des Rechtsraumes X aufgestellt.

[Unterschrift des Abschlussprüfers]
[Datum des Vermerks des Abschlussprüfers]
[Ort des Abschlussprüfers]

---

6) Oder ein anderer Begriff, der im Kontext des Rechtsrahmens in dem betreffenden Rechtsraum zutreffend ist.
7) Wenn der Abschlussprüfer auch die Pflicht hat, im Zusammenhang mit der Prüfung des Abschlusses ein Prüfungsurteil zur Wirksamkeit des internen Kontrollsystems abzugeben, würde dieser Satz folgendermaßen lauten: „Bei der Beurteilung dieser Risiken berücksichtigt der Abschlussprüfer das für die Aufstellung des Abschlusses durch die Einheit relevante interne Kontrollsystem, um Prüfungshandlungen zu planen, die unter den gegebenen Umständen angemessen sind."

> **Illustration 3:**
> Circumstances include the following:
> - Audit of consolidated financial statements prepared for a general purpose by management of the parent in accordance with International Financial Reporting Standards.
> - The terms of the group audit engagement reflect the description of management's responsibility for the financial statements in ISA 210.
> - In addition to the audit of the group financial statements, the auditor has other reporting responsibilities required under local law.

INDEPENDENT AUDITOR'S REPORT

[Appropriate Addressee]

Report on the Consolidated Financial Statements[8]

We have audited the accompanying consolidated financial statements of ABC Company and its subsidiaries, which comprise the consolidated statement of financial position as at December 31, 20X1, and the consolidated statement of comprehensive income, statement of changes in equity and statement of cash flows for the year then ended, and a summary of significant accounting policies and other explanatory information.

Management's[9] Responsibility for the Consolidated Financial Statements

Management is responsible for the preparation and fair presentation of these consolidated financial statements in accordance with International Financial Reporting Standards,[10] and for such internal control as management determines is necessary to enable the preparation of consolidated financial statements that are free from material misstatement, whether due to fraud or error.

Auditor's Responsibility

Our responsibility is to express an opinion on these consolidated financial statements based on our audit. We conducted our audit in accordance with International Standards on Auditing. Those standards require that we comply with ethical requirements and plan and perform the audit to obtain reasonable assurance about whether the consolidated financial statements are free from material misstatement.

An audit involves performing procedures to obtain audit evidence about the amounts and disclosures in the consolidated financial statements. The procedures selected depend on the auditor's judgment, including the assessment of the risks of material misstatement of the consolidated financial statements, whether due to fraud or error. In making those risk assessments, the auditor considers internal control relevant to the entity's preparation and fair presentation[11] of the consolidated financial statements in order to design audit procedures that are appropriate in the circumstances, but not for the purpose of expressing an opinion on the effectiveness of the

---

8) The sub-title "Report on the Consolidated Financial Statements" is unnecessary in circumstances when the second sub-title "Report on Other Legal and Regulatory Requirements" is not applicable.
9) Or other term that is appropriate in the context of the legal framework in the particular jurisdiction.
10) Where management's responsibility is to prepare financial statements that give a true and fair view, this may read: "Management is responsible for the preparation of consolidated financial statements that give a true and fair view in accordance with International Financial Reporting Standards, and for such ..."
11) In the case of footnote 35, this may read: "In making those risk assessments, the auditor considers internal control relevant to the entity's preparation of consolidated financial statements that give a true and fair view in order to design audit procedures that are appropriate in the circumstances, but not for the purpose of expressing an opinion on the effectiveness of the entity's internal control."

Bildung eines Prüfungsurteils und Erteilung eines Vermerks zum Abschluss ISA 700

> **Beispiel 3:**
> Folgende Gegebenheiten:
> - Prüfung eines Konzernabschlusses, der vom Management der Muttergesellschaft zu einem allgemeinen Zweck in Übereinstimmung mit den International Financial Reporting Standards aufgestellt ist.
> - Die Bedingungen des Konzernprüfungsauftrags spiegeln die Beschreibung der Verantwortung des Managements für den Abschluss in ISA 210 wider.
> - Zusätzlich zur Prüfung des Konzernabschlusses hat der Abschlussprüfer sonstige Angabepflichten im Vermerk, die durch lokales Recht erforderlich sind.

VERMERK DES UNABHÄNGIGEN ABSCHLUSSPRÜFERS

[Empfänger]

Vermerk zum Konzernabschluss[8]

Wir haben den beigefügten Konzernabschluss der ABC Gesellschaft und ihrer Tochtergesellschaften – bestehend aus der Konzernbilanz zum 31.12.20X1, der Konzerngesamtergebnisrechnung, Konzerneigenkapitalveränderungsrechnung und Konzernkapitalflussrechnung für das an diesem Stichtag endende Geschäftsjahr sowie aus einer Zusammenfassung bedeutsamer Rechnungslegungsmethoden und anderen erläuternden Informationen – geprüft.

Verantwortung des Managements[9] für den Konzernabschluss

Das Management ist verantwortlich für die Aufstellung und sachgerechte Gesamtdarstellung dieses Konzernabschlusses in Übereinstimmung mit den International Financial Reporting Standards[10] und für die internen Kontrollen, die das Management als notwendig erachtet, um die Aufstellung eines Konzernabschlusses zu ermöglichen, der frei von wesentlichen - beabsichtigten oder unbeabsichtigten - falschen Darstellungen ist.

Verantwortung des Abschlussprüfers

Unsere Aufgabe ist es, auf der Grundlage unserer Prüfung ein Urteil zu diesem Konzernabschluss abzugeben. Wir haben unsere Abschlussprüfung in Übereinstimmung mit den International Standards on Auditing durchgeführt. Nach diesen Standards haben wir die beruflichen Verhaltensanforderungen einzuhalten und die Abschlussprüfung so zu planen und durchzuführen, dass hinreichende Sicherheit darüber erlangt wird, ob der Konzernabschluss frei von wesentlichen falschen Darstellungen ist.

Eine Abschlussprüfung beinhaltet die Durchführung von Prüfungshandlungen, um Prüfungsnachweise für die im Konzernabschluss enthaltenen Wertansätze und sonstigen Angaben zu erlangen. Die Auswahl der Prüfungshandlungen liegt im pflichtgemäßen Ermessen des Abschlussprüfers. Dies schließt die Beurteilung der Risiken wesentlicher - beabsichtigter oder unbeabsichtigter - falscher Darstellungen im Konzernabschluss ein. Bei der Beurteilung dieser Risiken berücksichtigt der Abschlussprüfer das für die Aufstellung und sachgerechte Gesamtdarstellung[11] des Konzernabschlusses durch die Einheit relevante interne Kontrollsystem, um

---

[8] Die Unterüberschrift „Vermerk zum Konzernabschluss" ist nicht erforderlich, wenn die zweite Unterüberschrift „Vermerk zu sonstigen gesetzlichen und anderen rechtlichen Anforderungen", nicht anzuwenden ist.
[9] Oder ein anderer Begriff, der im Kontext des Rechtsrahmens in dem betreffenden Rechtsraum zutreffend ist.
[10] Falls das Management die Verantwortung hat, einen Abschluss aufzustellen, der ein den tatsächlichen Verhältnissen entsprechendes Bild vermittelt, kann dies lauten: „Das Management ist verantwortlich für die Aufstellung eines Konzernabschlusses, der in Übereinstimmung mit den International Financial Reporting Standards ein den tatsächlichen Verhältnissen entsprechendes Bild vermittelt, und für die ..."
[11] Im Fall von Fußnote 35 kann dies lauten: „Bei der Beurteilung dieser Risiken berücksichtigt der Abschlussprüfer das interne Kontrollsystem, das relevant ist für die Aufstellung eines Konzernabschlusses durch die Einheit, der ein den tatsächlichen Verhältnissen entsprechendes Bild vermittelt, um Prüfungshandlungen zu planen, die unter den gegebenen Umständen angemessen sind, jedoch nicht mit dem Ziel, ein Prüfungsurteil zur Wirksamkeit des internen Kontrollsystems der Einheit abzugeben."

entity's internal control.[12] An audit also includes evaluating the appropriateness of accounting policies used and the reasonableness of accounting estimates made by management, as well as evaluating the overall presentation of the consolidated financial statements.

We believe that the audit evidence we have obtained is sufficient and appropriate to provide a basis for our audit opinion.

Opinion

In our opinion, the consolidated financial statements present fairly, in all material respects, (or *give a true and fair view of*) the financial position of ABC Company and its subsidiaries as at December 31, 20X1, and (*of*) their financial performance and cash flows for the year then ended in accordance with International Financial Reporting Standards.

Report on Other Legal and Regulatory Requirements

[Form and content of this section of the auditor's report will vary depending on the nature of the auditor's other reporting responsibilities.]

[Auditor's signature]
[Date of the auditor's report]
[Auditor's address]

---

12) In circumstances when the auditor also has responsibility to express an opinion on the effectiveness of internal control in conjunction with the audit of the consolidated financial statements, this sentence would be worded as follows: "In making those risk assessments, the auditor considers internal control relevant to the entity's preparation and fair presentation of the consolidated financial statements in order to design audit procedures that are appropriate in the circumstances." In the case of footnote 35, this may read: "In making those risk assessments, the auditor considers internal control relevant to the entity's preparation of consolidated financial statements that give a true and fair view in order to design audit procedures that are appropriate in the circumstances."

Bildung eines Prüfungsurteils und Erteilung eines Vermerks zum Abschluss — ISA 700

Prüfungshandlungen zu planen, die unter den gegebenen Umständen angemessen sind, jedoch nicht mit dem Ziel, ein Prüfungsurteil zur Wirksamkeit des internen Kontrollsystems der Einheit abzugeben.[12] Eine Abschlussprüfung umfasst auch die Beurteilung der Angemessenheit der angewandten Rechnungslegungsmethoden und der Vertretbarkeit der vom Management ermittelten geschätzten Werte in der Rechnungslegung sowie die Beurteilung der Gesamtdarstellung des Konzernabschlusses.

Wir sind der Auffassung, dass die von uns erlangten Prüfungsnachweise ausreichend und geeignet sind, um als Grundlage für unser Prüfungsurteil zu dienen.

Prüfungsurteil

Nach unserer Beurteilung stellt der Konzernabschluss die Vermögens- und Finanzlage der ABC Gesellschaft und ihrer Tochtergesellschaften zum 31.12.20X1 sowie die Ertragslage und die Cashflows für das an diesem Stichtag endende Geschäftsjahr in Übereinstimmung mit den International Financial Reporting Standards in allen wesentlichen Belangen insgesamt sachgerecht dar (... vermittelt der Konzernabschluss ein den tatsächlichen Verhältnissen entsprechendes Bild der ...).

Vermerk zu sonstigen gesetzlichen und anderen rechtlichen Anforderungen

[Form und Inhalt dieses Abschnitts des Vermerks des Abschlussprüfers unterscheiden sich in Abhängigkeit von der Art der sonstigen Angabepflichten des Abschlussprüfers im Vermerk.]

[Unterschrift des Abschlussprüfers]

[Datum des Vermerks des Abschlussprüfers]

[Ort des Abschlussprüfers]

---

12) In Fällen, in denen der Abschlussprüfer auch die Pflicht hat, im Zusammenhang mit der Prüfung des Konzernabschlusses ein Prüfungsurteil zur Wirksamkeit des internen Kontrollsystems abzugeben, würde dieser Satz folgendermaßen lauten: „Bei der Beurteilung dieser Risiken berücksichtigt der Abschlussprüfer das für die Aufstellung und sachgerechte Gesamtdarstellung des Konzernabschlusses durch die Einheit relevante interne Kontrollsystem, um Prüfungshandlungen zu planen, die unter den gegebenen Umständen angemessen sind." Im Fall von Fußnote 35 kann dies lauten: „Bei der Beurteilung dieser Risiken berücksichtigt der Abschlussprüfer das interne Kontrollsystem, das relevant ist für die Aufstellung eines Konzernabschlusses durch die Einheit, der ein den tatsächlichen Verhältnissen entsprechendes Bild vermittelt, um Prüfungshandlungen zu planen, die unter den gegebenen Umständen angemessen sind."

INTERNATIONAL STANDARD ON AUDITING 705
MODIFICATIONS TO THE OPINION IN THE INDEPENDENT AUDITOR'S REPORT

(Effective for audits of financial statements for periods beginning on or after December 15, 2009)

CONTENTS

	Paragraphs
Introduction	
Scope of this ISA	1
Types of Modified Opinions	2
Effective Date	3
Objective	4
Definitions	5
Requirements	
Circumstances When a Modification to the Auditor's Opinion is Required	6
Determining the Type of Modification to the Auditor's Opinion	7–15
Form and Content of the Auditor's Report When the Opinion is Modified	16–27
Communication with Those Charged with Governance	28
Application and Other Explanatory Material	
Types of Modified Opinions	A1
Nature of Material Misstatements	A2–A7
Nature of an Inability to Obtain Sufficient Appropriate Audit Evidence	A8–A12
Consequence of an Inability to Obtain Sufficient Appropriate Audit Evidence Due to a Management-Imposed Limitation after the Auditor Has Accepted the Engagement	A13–A15
Other Considerations Relating to an Adverse Opinion or Disclaimer of Opinion	A16
Form and Content of the Auditor's Report When the Opinion is Modified	A17–A24
Communication with Those Charged with Governance	A25
Appendix: Illustrations of Auditors' Reports with Modifications to the Opinion	

International Standard on Auditing (ISA) 705 "Modifications to the Opinion in the Independent Auditor's Report" should be read in conjunction with ISA 200 "Overall Objectives of the Independent Auditor and the Conduct of an Audit in Accordance with International Standards on Auditing."

INTERNATIONAL STANDARD ON AUDITING 705
MODIFIZIERUNGEN DES PRÜFUNGSURTEILS IM VERMERK DES UNABHÄNGIGEN ABSCHLUSSPRÜFERS

(gilt für die Prüfung von Abschlüssen für Zeiträume, die am oder nach dem 15.12.2009 beginnen)

INHALTSVERZEICHNIS

	Textziffern
Einleitung	
Anwendungsbereich	1
Arten von modifizierten Prüfungsurteilen	2
Anwendungszeitpunkt	3
Ziel	4
Definitionen	5
Anforderungen	
Fälle, in denen eine Modifizierung des Prüfungsurteils erforderlich ist	6
Festlegung der Art der Modifizierung des Prüfungsurteils	7–15
Form und Inhalt des Vermerks des Abschlussprüfers bei modifiziertem Prüfungsurteil	16–27
Kommunikation mit den für die Überwachung Verantwortlichen	28
Anwendungshinweise und sonstige Erläuterungen	
Arten von modifizierten Prüfungsurteilen	A1
Arten wesentlicher falscher Darstellungen	A2–A7
Arten der fehlenden Möglichkeit, ausreichende geeignete Prüfungsnachweise zu erlangen	A8–A12
Konsequenz der fehlenden Möglichkeit, ausreichende geeignete Prüfungsnachweise zu erlangen aufgrund einer vom Management auferlegten Beschränkung nach Auftragsannahme	A13–A15
Sonstige Überlegungen, die mit einem versagten oder nicht abgegebenen Prüfungsurteil zusammenhängen	A16
Form und Inhalt des Vermerks des Abschlussprüfers bei modifiziertem Prüfungsurteil	A17–A24
Kommunikation mit den für die Überwachung Verantwortlichen	A25
Anlage: Formulierungsbeispiele für Vermerke des Abschlussprüfers mit modifiziertem Prüfungsurteil	

International Standard on Auditing (ISA) 705 „Modifizierungen des Prüfungsurteils im Vermerk des unabhängigen Abschlussprüfers" ist im Zusammenhang mit ISA 200 „Übergreifende Zielsetzungen des unabhängigen Prüfers und Grundsätze einer Prüfung in Übereinstimmung mit den International Standards on Auditing" zu lesen.

Introduction

Scope of this ISA

1. This International Standard on Auditing (ISA) deals with the auditor's responsibility to issue an appropriate report in circumstances when, in forming an opinion in accordance with ISA 700,[1] the auditor concludes that a modification to the auditor's opinion on the financial statements is necessary.

Types of Modified Opinions

2. This ISA establishes three types of modified opinions, namely, a qualified opinion, an adverse opinion, and a disclaimer of opinion. The decision regarding which type of modified opinion is appropriate depends upon:

    (a) The nature of the matter giving rise to the modification, that is, whether the financial statements are materially misstated or, in the case of an inability to obtain sufficient appropriate audit evidence, may be materially misstated; and

    (b) The auditor's judgment about the pervasiveness of the effects or possible effects of the matter on the financial statements. (Ref: Para. A1)

Effective Date

3. This ISA is effective for audits of financial statements for periods beginning on or after December 15, 2009.

Objective

4. The objective of the auditor is to express clearly an appropriately modified opinion on the financial statements that is necessary when:

    (a) The auditor concludes, based on the audit evidence obtained, that the financial statements as a whole are not free from material misstatement; or

    (b) The auditor is unable to obtain sufficient appropriate audit evidence to conclude that the financial statements as a whole are free from material misstatement.

Definitions

5. For purposes of the ISAs, the following terms have the meanings attributed below:

    (a) Pervasive – A term used, in the context of misstatements, to describe the effects on the financial statements of misstatements or the possible effects on the financial statements of misstatements, if any, that are undetected due to an inability to obtain sufficient appropriate audit evidence. Pervasive effects on the financial statements are those that, in the auditor's judgment:

    (i) Are not confined to specific elements, accounts or items of the financial statements;

    (ii) If so confined, represent or could represent a substantial proportion of the financial statements; or

    (iii) In relation to disclosures, are fundamental to users' understanding of the financial statements.

    (b) Modified opinion – A qualified opinion, an adverse opinion or a disclaimer of opinion.

Requirements

Circumstances When a Modification to the Auditor's Opinion Is Required

6. The auditor shall modify the opinion in the auditor's report when:

    (a) The auditor concludes that, based on the audit evidence obtained, the financial statements as a whole are not free from material misstatement; or (Ref: Para. A2–A7)

---

1) ISA 700, "Forming an Opinion and Reporting on Financial Statements."

Einleitung

Anwendungsbereich

1. Dieser International Standard on Auditing (ISA) behandelt die Pflicht des Abschlussprüfers zur Erteilung eines angemessenen Vermerks in Fällen, in denen der Abschlussprüfer bei der Bildung eines Prüfungsurteils in Übereinstimmung mit ISA 700[1)] zu der Schlussfolgerung gelangt, dass eine Modifizierung des Prüfungsurteils zum Abschluss notwendig ist.

Arten von modifizierten Prüfungsurteilen

2. Dieser ISA sieht drei Arten von modifizierten Prüfungsurteilen vor, nämlich das eingeschränkte, das versagte[*)] und das nicht abgegebene Prüfungsurteil. Die Entscheidung, welche Art von modifiziertem Prüfungsurteil angemessen ist, ist abhängig von

    (a) der Art des Sachverhalts, der zu der Modifizierung führt, d. h. ob der Abschluss wesentlich falsch dargestellt ist oder - bei fehlender Möglichkeit, ausreichende geeignete Prüfungsnachweise zu erlangen - wesentlich falsch dargestellt sein kann, und

    (b) der vom Abschlussprüfer vorgenommenen Beurteilung, ob die tatsächlichen oder möglichen Auswirkungen des Sachverhalts auf den Abschluss umfassend sind. (Vgl. Tz. A1)

Anwendungszeitpunkt

3. Dieser ISA gilt für die Prüfung von Abschlüssen für Zeiträume, die am oder nach dem 15.12.2009 beginnen.

Ziel

4. Ziel des Abschlussprüfers ist es, ein angemessen modifiziertes Prüfungsurteil zum Abschluss klar zum Ausdruck zu bringen, das erforderlich ist, wenn der Abschlussprüfer

    (a) auf der Grundlage der erlangten Prüfungsnachweise zu der Schlussfolgerung gelangt, dass der Abschluss insgesamt nicht frei von wesentlichen falschen Darstellungen ist, oder

    (b) nicht in der Lage ist, ausreichende geeignete Prüfungsnachweise zu erhalten, um zu der Schlussfolgerung zu gelangen, dass der Abschluss insgesamt frei von wesentlichen falschen Darstellungen ist.

Definitionen

5. Für die Zwecke der ISA gelten die nachstehenden Begriffsbestimmungen:

    (a) Umfassend – Ein Begriff, der im Zusammenhang mit falschen Darstellungen verwendet wird, um die Auswirkungen von falschen Darstellungen auf den Abschluss zu beschreiben oder die möglichen Auswirkungen von etwaigen falschen Darstellungen auf den Abschluss zu beschreiben, die aufgrund der fehlenden Möglichkeit, ausreichende geeignete Prüfungsnachweise zu erlangen, nicht aufgedeckt werden. Umfassende Auswirkungen auf den Abschluss sind solche, die nach der Beurteilung des Abschlussprüfers

        (i) nicht auf bestimmte Bestandteile, Konten oder Posten des Abschlusses beschränkt sind;

        (ii) bei derartiger Beschränkung einen erheblichen Teil des Abschlusses betreffen oder betreffen könnten oder

        (iii) im Zusammenhang mit Abschlussangaben[**)] grundlegend für das Verständnis des Abschlusses durch die Nutzer sind.

    (b) Modifiziertes Prüfungsurteil – Ein eingeschränktes, versagtes oder nicht abgegebenes Prüfungsurteil.

Anforderungen

Fälle, in denen eine Modifizierung des Prüfungsurteils erforderlich ist

6. Der Abschlussprüfer muss das Prüfungsurteil im Vermerk des Abschlussprüfers modifizieren, wenn

    (a) er auf der Grundlage der erlangten Prüfungsnachweise zu der Schlussfolgerung gelangt, dass der Abschluss insgesamt nicht frei von wesentlichen falschen Darstellungen ist, oder (Vgl. Tz. A2-A7)

---

1) ISA 700 „Bildung eines Prüfungsurteils und Erteilung eines Vermerks zum Abschluss".
*) In der Schweiz: verneinendes Prüfungsurteil.
**) Abschlussposten und andere Angaben im Abschluss.

(b) The auditor is unable to obtain sufficient appropriate audit evidence to conclude that the financial statements as a whole are free from material misstatement. (Ref: Para. A8–A12)

Determining the Type of Modification to the Auditor's Opinion

Qualified Opinion

7. The auditor shall express a qualified opinion when:

(a) The auditor, having obtained sufficient appropriate audit evidence, concludes that misstatements, individually or in the aggregate, are material, but not pervasive, to the financial statements; or

(b) The auditor is unable to obtain sufficient appropriate audit evidence on which to base the opinion, but the auditor concludes that the possible effects on the financial statements of undetected misstatements, if any, could be material but not pervasive.

Adverse Opinion

8. The auditor shall express an adverse opinion when the auditor, having obtained sufficient appropriate audit evidence, concludes that misstatements, individually or in the aggregate, are both material and pervasive to the financial statements.

Disclaimer of Opinion

9. The auditor shall disclaim an opinion when the auditor is unable to obtain sufficient appropriate audit evidence on which to base the opinion, and the auditor concludes that the possible effects on the financial statements of undetected misstatements, if any, could be both material and pervasive.

10. The auditor shall disclaim an opinion when, in extremely rare circumstances involving multiple uncertainties, the auditor concludes that, notwithstanding having obtained sufficient appropriate audit evidence regarding each of the individual uncertainties, it is not possible to form an opinion on the financial statements due to the potential interaction of the uncertainties and their possible cumulative effect on the financial statements.

Consequence of an Inability to Obtain Sufficient Appropriate Audit Evidence Due to a Management-Imposed Limitation after the Auditor Has Accepted the Engagement

11. If, after accepting the engagement, the auditor becomes aware that management has imposed a limitation on the scope of the audit that the auditor considers likely to result in the need to express a qualified opinion or to disclaim an opinion on the financial statements, the auditor shall request that management remove the limitation.

12. If management refuses to remove the limitation referred to in paragraph 11, the auditor shall communicate the matter to those charged with governance, unless all of those charged with governance are involved in managing the entity,[2] and determine whether it is possible to perform alternative procedures to obtain sufficient appropriate audit evidence.

13. If the auditor is unable to obtain sufficient appropriate audit evidence, the auditor shall determine the implications as follows:

(a) If the auditor concludes that the possible effects on the financial statements of undetected misstatements, if any, could be material but not pervasive, the auditor shall qualify the opinion; or

(b) If the auditor concludes that the possible effects on the financial statements of undetected misstatements, if any, could be both material and pervasive so that a qualification of the opinion would be inadequate to communicate the gravity of the situation, the auditor shall:

(i) Withdraw from the audit, where practicable and possible under applicable law or regulation; or (Ref: Para. A13–A14)

(ii) If withdrawal from the audit before issuing the auditor's report is not practicable or possible, disclaim an opinion on the financial statements.

---

[2] ISA 260, "Communication with Those Charged with Governance," paragraph 13.

(b) er nicht in der Lage ist, ausreichende geeignete Prüfungsnachweise zu erlangen, die den Schluss erlauben, dass der Abschluss insgesamt frei von wesentlichen falschen Darstellungen ist. (Vgl. Tz. A8-A12)

Festlegung der Art der Modifizierung des Prüfungsurteils

Eingeschränktes Prüfungsurteil

7. Der Abschlussprüfer muss ein eingeschränktes Prüfungsurteil abgeben, wenn

   (a) er nach Erlangung ausreichender geeigneter Prüfungsnachweise zu der Schlussfolgerung kommt, dass falsche Darstellungen einzeln oder insgesamt für den Abschluss wesentlich, jedoch nicht umfassend sind, oder

   (b) er nicht in der Lage ist, ausreichende geeignete Prüfungsnachweise als Grundlage für das Prüfungsurteil zu erlangen, jedoch zu der Schlussfolgerung gelangt, dass die möglichen Auswirkungen von etwaigen nicht aufgedeckten falschen Darstellungen auf den Abschluss wesentlich, jedoch nicht umfassend sein könnten.

Versagtes Prüfungsurteil

8. Der Abschlussprüfer muss ein versagtes Prüfungsurteil abgeben, wenn er nach Erlangung ausreichender geeigneter Prüfungsnachweise zu der Schlussfolgerung gelangt, dass falsche Darstellungen einzeln oder insgesamt für den Abschluss sowohl wesentlich als auch umfassend sind.

Nichtabgabe eines Prüfungsurteils

9. Der Abschlussprüfer muss die Nichtabgabe eines Prüfungsurteils erklären, wenn er nicht in der Lage ist, ausreichende geeignete Prüfungsnachweise als Grundlage für das Prüfungsurteil zu erlangen und zu der Schlussfolgerung gelangt, dass die möglichen Auswirkungen von etwaigen nicht aufgedeckten falschen Darstellungen auf den Abschluss sowohl wesentlich als auch umfassend sein könnten.

10. In sehr seltenen, mit mehreren Unsicherheiten verbundenen Fällen muss der Abschlussprüfer die Nichtabgabe eines Prüfungsurteils erklären, wenn er zu der Schlussfolgerung gelangt, dass – obwohl ausreichende geeignete Prüfungsnachweise zu jeder einzelnen Unsicherheit erlangt wurden – aufgrund der möglichen Wechselwirkung zwischen den Unsicherheiten und deren möglichen kumulativen Auswirkung auf den Abschluss es nicht möglich ist, ein Prüfungsurteil zum Abschluss zu bilden.

Konsequenz einer fehlenden Möglichkeit, ausreichende geeignete Prüfungsnachweise zu erlangen aufgrund einer vom Management auferlegten Beschränkung nach Auftragsannahme

11. Wenn dem Abschlussprüfer nach der Auftragsannahme bekannt wird, dass das Management eine Beschränkung des Prüfungsumfangs auferlegt hat, die nach Einschätzung des Abschlussprüfers wahrscheinlich zu der Notwendigkeit führt, zu dem Abschluss ein eingeschränktes Prüfungsurteil abzugeben oder die Abgabe eines Prüfungsurteils zu verweigern, muss der Abschlussprüfer das Management auffordern, die Beschränkung zu beseitigen.

12. Wenn sich das Management weigert, die in Textziffer 11 genannte Beschränkung zu beseitigen, muss der Abschlussprüfer den Sachverhalt den für die Überwachung Verantwortlichen - sofern nicht alle für die Überwachung Verantwortlichen in das Management der Einheit eingebunden sind[2) - mitteilen und feststellen, ob es möglich ist, alternative Prüfungshandlungen durchzuführen, um ausreichende geeignete Prüfungsnachweise zu erlangen.

13. Wenn es dem Abschlussprüfer nicht möglich ist, ausreichende geeignete Prüfungsnachweise zu erlangen, sind die Konsequenzen wie folgt festzulegen:

    (a) Wenn der Abschlussprüfer zu der Schlussfolgerung gelangt, dass die möglichen Auswirkungen von etwaigen nicht aufgedeckten falschen Darstellungen auf den Abschluss wesentlich, jedoch nicht umfassend sein könnten, muss der Abschlussprüfer das Prüfungsurteil einschränken.

    (b) Wenn der Abschlussprüfer zu der Schlussfolgerung gelangt, dass die möglichen Auswirkungen von etwaigen nicht aufgedeckten falschen Darstellungen auf den Abschluss sowohl wesentlich als auch umfassend sein könnten, so dass zur Vermittlung der Ernsthaftigkeit der Situation eine Einschränkung des Prüfungsurteils unangemessen wäre, ist

        (i) das Mandat niederzulegen, sofern dies praktisch durchführbar und nach den einschlägigen Gesetzen oder anderen Rechtsvorschriften möglich ist, oder (Vgl. Tz. A13-A14)

        (ii) wenn eine Mandatsniederlegung vor der Erteilung des Vermerks des Abschlussprüfers praktisch nicht durchführbar oder nicht möglich ist, die Nichtabgabe eines Prüfungsurteils zum Abschluss zu erklären.

---

2) ISA 260 „Kommunikation mit den für die Überwachung Verantwortlichen", Textziffer 13.

14. If the auditor withdraws as contemplated by paragraph 13(b)(i), before withdrawing, the auditor shall communicate to those charged with governance any matters regarding misstatements identified during the audit that would have given rise to a modification of the opinion. (Ref: Para. A15)

Other Considerations Relating to an Adverse Opinion or Disclaimer of Opinion

15. When the auditor considers it necessary to express an adverse opinion or disclaim an opinion on the financial statements as a whole, the auditor's report shall not also include an unmodified opinion with respect to the same financial reporting framework on a single financial statement or one or more specific elements, accounts or items of a financial statement. To include such an unmodified opinion in the same report[3] in these circumstances would contradict the auditor's adverse opinion or disclaimer of opinion on the financial statements as a whole. (Ref: Para. A16)

Form and Content of the Auditor's Report When the Opinion Is Modified

Basis for Modification Paragraph

16. When the auditor modifies the opinion on the financial statements, the auditor shall, in addition to the specific elements required by ISA 700, include a paragraph in the auditor's report that provides a description of the matter giving rise to the modification. The auditor shall place this paragraph immediately before the opinion paragraph in the auditor's report and use the heading "Basis for Qualified Opinion," "Basis for Adverse Opinion," or "Basis for Disclaimer of Opinion," as appropriate. (Ref: Para. A17)

17. If there is a material misstatement of the financial statements that relates to specific amounts in the financial statements (including quantitative disclosures), the auditor shall include in the basis for modification paragraph a description and quantification of the financial effects of the misstatement, unless impracticable. If it is not practicable to quantify the financial effects, the auditor shall so state in the basis for modification paragraph. (Ref: Para. A18)

18. If there is a material misstatement of the financial statements that relates to narrative disclosures, the auditor shall include in the basis for modification paragraph an explanation of how the disclosures are misstated.

19. If there is a material misstatement of the financial statements that relates to the non-disclosure of information required to be disclosed, the auditor shall:

    (a) Discuss the non-disclosure with those charged with governance;

    (b) Describe in the basis for modification paragraph the nature of the omitted information; and

    (c) Unless prohibited by law or regulation, include the omitted disclosures, provided it is practicable to do so and the auditor has obtained sufficient appropriate audit evidence about the omitted information. (Ref: Para. A19)

20. If the modification results from an inability to obtain sufficient appropriate audit evidence, the auditor shall include in the basis for modification paragraph the reasons for that inability.

21. Even if the auditor has expressed an adverse opinion or disclaimed an opinion on the financial statements, the auditor shall describe in the basis for modification paragraph the reasons for any other matters of which the auditor is aware that would have required a modification to the opinion, and the effects thereof. (Ref: Para. A20)

Opinion Paragraph

22. When the auditor modifies the audit opinion, the auditor shall use the heading "Qualified Opinion," "Adverse Opinion," or "Disclaimer of Opinion," as appropriate, for the opinion paragraph. (Ref: Para. A21, A23–A24)

---

3) ISA 805, "Special Considerations–Audits of Single Financial Statements and Specific Elements, Accounts or Items of a Financial Statement," deals with circumstances where the auditor is engaged to express a separate opinion on one or more specific elements, accounts or items of a financial statement.

14. Bei einer Mandatsniederlegung, wie sie in Textziffer 13(b)(i) vorgesehen ist, muss der Abschlussprüfer zuvor den für die Überwachung Verantwortlichen sämtliche Sachverhalte im Zusammenhang mit während der Abschlussprüfung feststellten falschen Darstellungen mitteilen, die zu einer Modifizierung des Prüfungsurteils geführt hätten. (Vgl. Tz. A15)

Sonstige Überlegungen, die mit einem versagten oder nicht abgegebenen Prüfungsurteil zusammenhängen

15. Wenn der Abschlussprüfer es für notwendig hält, das Prüfungsurteil zu dem Abschluss als Ganzes zu versagen oder dessen Nichtabgabe zu erklären, darf der Vermerk des Abschlussprüfers nicht mit Bezug auf dasselbe Regelwerk der Rechnungslegung auch ein nicht modifiziertes Prüfungsurteil zu einer einzelnen Finanzaufstellung oder zu einzelnen oder mehreren bestimmten Bestandteilen, Konten oder Posten einer Finanzaufstellung enthalten. Die Einbeziehung eines solchen nicht modifizierten Prüfungsurteils in denselben Vermerk des Abschlussprüfers[3] unter diesen Umständen würde dem versagten oder nicht abgegebenen Prüfungsurteil zu dem Abschluss als Ganzes widersprechen. (Vgl. Tz. A16)

Form und Inhalt des Vermerks des Abschlussprüfers bei modifiziertem Prüfungsurteil

Absatz zur Grundlage der Modifizierung

16. Wenn der Abschlussprüfer das Prüfungsurteil zum Abschluss modifiziert, ist zusätzlich zu den in ISA 700 geforderten spezifischen Bestandteilen ein Absatz in den Vermerk des Abschlussprüfers aufzunehmen, in dem der Sachverhalt beschrieben wird, der zu der Modifizierung führt. Diesen Absatz hat der Abschlussprüfer im Vermerk unmittelbar vor dem Absatz mit dem Prüfungsurteil zu platzieren und je nach den Gegebenheiten mit der Überschrift „Grundlage für das eingeschränkte Prüfungsurteil", „Grundlage für das versagte Prüfungsurteil" bzw. „Grundlage für die Nichtabgabe eines Prüfungsurteils" zu versehen. (Vgl. Tz. A17)

17. Wenn der Abschluss wesentliche falsche Darstellungen enthält, die sich auf bestimmte Beträge im Abschluss beziehen (einschließlich quantitativer Abschlussangaben), muss der Abschlussprüfer in den Absatz zur Grundlage der Modifizierung eine Beschreibung und Quantifizierung der finanziellen Auswirkungen der falschen Darstellungen aufnehmen, es sei denn, dies ist praktisch nicht durchführbar. Wenn eine Quantifizierung der finanziellen Auswirkungen praktisch nicht durchführbar ist, muss der Abschlussprüfer dies in dem Absatz zur Grundlage der Modifizierung darlegen. (Vgl. Tz. A18)

18. Wenn der Abschluss eine wesentliche falsche Darstellung enthält, die sich auf verbale Abschlussangaben bezieht, muss der Abschlussprüfer in dem Absatz zur Grundlage der Modifizierung erläutern, wie die Angaben im Abschluss falsch dargestellt sind.

19. Wenn der Abschluss eine wesentliche falsche Darstellung enthält, die in der Nichtangabe von anzugebenden Informationen besteht, muss der Abschlussprüfer
    (a) die Nichtangabe mit den für die Überwachung Verantwortlichen erörtern,
    (b) in dem Absatz zur Grundlage der Modifizierung die Art der unterlassenen Informationen beschreiben und
    (c) sofern nicht durch Gesetze oder andere Rechtsvorschriften untersagt, die unterlassenen Abschlussangaben aufnehmen, sofern dies praktisch durchführbar ist und der Abschlussprüfer ausreichende geeignete Prüfungsnachweise zu den unterlassenen Informationen erlangt hat. (Vgl. Tz. A19)

20. Wenn die Modifizierung aus der fehlenden Möglichkeit resultiert, ausreichende geeignete Prüfungsnachweise zu erlangen, muss der Abschlussprüfer die Gründe für diese fehlende Möglichkeit in den Absatz zur Grundlage der Modifizierung aufnehmen.

21. Auch wenn der Abschlussprüfer das Prüfungsurteil zu dem Abschluss versagt oder dessen Nichtabgabe erklärt hat, muss der Abschlussprüfer in dem Absatz zur Grundlage der Modifizierung die Gründe für alle anderen bekannt gewordenen Sachverhalte, die andernfalls eine Modifizierung des Prüfungsurteils erfordert hätten, und deren Auswirkungen beschreiben. (Vgl. Tz. A20)

Absatz mit dem Prüfungsurteil

22. Wenn der Abschlussprüfer das Prüfungsurteil modifiziert, muss er für den Absatz mit dem Prüfungsurteil die entsprechende Überschrift „Eingeschränktes Prüfungsurteil", „Versagtes Prüfungsurteil" bzw. „Nichtabgabe eines Prüfungsurteils" verwenden. (Vgl. Tz. A21, A23–A24)

---

[3] ISA 805 „Besondere Überlegungen bei Prüfungen von einzelnen Finanzaufstellungen und bestimmten Bestandteilen, Konten oder Posten einer Finanzaufstellung" behandelt Fälle, in denen der Abschlussprüfer damit beauftragt wird, ein gesondertes Prüfungsurteil zu einzelnen oder mehreren bestimmten Bestandteilen, Konten oder Posten einer Finanzaufstellung abzugeben.

23. When the auditor expresses a qualified opinion due to a material misstatement in the financial statements, the auditor shall state in the opinion paragraph that, in the auditor's opinion, except for the effects of the matter(s) described in the Basis for Qualified Opinion paragraph:

   (a) The financial statements present fairly, in all material respects (or give a true and fair view) in accordance with the applicable financial reporting framework when reporting in accordance with a fair presentation framework; or

   (b) The financial statements have been prepared, in all material respects, in accordance with the applicable financial reporting framework when reporting in accordance with a compliance framework.

   When the modification arises from an inability to obtain sufficient appropriate audit evidence, the auditor shall use the corresponding phrase "except for the possible effects of the matter(s) ..." for the modified opinion. (Ref: Para. A22)

24. When the auditor expresses an adverse opinion, the auditor shall state in the opinion paragraph that, in the auditor's opinion, because of the significance of the matter(s) described in the Basis for Adverse Opinion paragraph:

   (a) The financial statements do not present fairly (or give a true and fair view) in accordance with the applicable financial reporting framework when reporting in accordance with a fair presentation framework; or

   (b) The financial statements have not been prepared, in all material respects, in accordance with the applicable financial reporting framework when reporting in accordance with a compliance framework.

25. When the auditor disclaims an opinion due to an inability to obtain sufficient appropriate audit evidence, the auditor shall state in the opinion paragraph that:

   (a) Because of the significance of the matter(s) described in the Basis for Disclaimer of Opinion paragraph, the auditor has not been able to obtain sufficient appropriate audit evidence to provide a basis for an audit opinion; and, accordingly,

   (b) The auditor does not express an opinion on the financial statements.

Description of Auditor's Responsibility When the Auditor Expresses a Qualified or Adverse Opinion

26. When the auditor expresses a qualified or adverse opinion, the auditor shall amend the description of the auditor's responsibility to state that the auditor believes that the audit evidence the auditor has obtained is sufficient and appropriate to provide a basis for the auditor's modified audit opinion.

Description of Auditor's Responsibility When the Auditor Disclaims an Opinion

27. When the auditor disclaims an opinion due to an inability to obtain sufficient appropriate audit evidence, the auditor shall amend the introductory paragraph of the auditor's report to state that the auditor was engaged to audit the financial statements. The auditor shall also amend the description of the auditor's responsibility and the description of the scope of the audit to state only the following: "Our responsibility is to express an opinion on the financial statements based on conducting the audit in accordance with International Standards on Auditing. Because of the matter(s) described in the Basis for Disclaimer of Opinion paragraph, however, we were not able to obtain sufficient appropriate audit evidence to provide a basis for an audit opinion."

Communication with Those Charged with Governance

28. When the auditor expects to modify the opinion in the auditor's report, the auditor shall communicate with those charged with governance the circumstances that led to the expected modification and the proposed wording of the modification. (Ref: Para. A25)

***

23. Wenn der Abschlussprüfer aufgrund von wesentlichen falschen Darstellungen im Abschluss ein eingeschränktes Prüfungsurteil erteilt, ist in dem Absatz mit dem Prüfungsurteil auszusagen, dass nach Beurteilung des Abschlussprüfers mit Ausnahme der Auswirkungen der im Absatz „Grundlage für das eingeschränkte Prüfungsurteil" beschriebenen Sachverhalte

   (a) der Abschluss in allen wesentlichen Belangen in Übereinstimmung mit dem maßgebenden Regelwerk der Rechnungslegung insgesamt sachgerecht dargestellt ist (oder ein den tatsächlichen Verhältnissen entsprechendes Bild vermittelt), wenn im Prüfungsurteil die Übereinstimmung mit einem Regelwerk zur sachgerechten Gesamtdarstellung zum Ausdruck gebracht wird, oder

   (b) der Abschluss in allen wesentlichen Belangen in Übereinstimmung mit dem maßgebenden Regelwerk der Rechnungslegung aufgestellt wurde, wenn im Prüfungsurteil die Übereinstimmung mit einem Regelwerk zur Normentsprechung zum Ausdruck gebracht wird.

   Wenn die Modifizierung aus der fehlenden Möglichkeit resultiert, ausreichende geeignete Prüfungsnachweise zu erlangen, muss der Abschlussprüfer für das modifizierte Prüfungsurteil die dazu passende Formulierung „mit Ausnahme der möglichen Auswirkungen des Sachverhalts ..." verwenden. (Vgl. Tz. A22)

24. Wenn das Prüfungsurteil versagt wird, muss der Abschlussprüfer in dem Absatz mit dem Prüfungsurteil aussagen, dass nach Auffassung des Abschlussprüfers aufgrund der Bedeutung der im Absatz „Grundlage für das versagte Prüfungsurteil" beschriebenen Sachverhalte

   (a) der Abschluss nicht in Übereinstimmung mit dem maßgebenden Regelwerk der Rechnungslegung insgesamt sachgerecht dargestellt ist (oder ein den tatsächlichen Verhältnissen entsprechendes Bild vermittelt), wenn im Prüfungsurteil die Übereinstimmung mit einem Regelwerk zur sachgerechten Gesamtdarstellung zum Ausdruck gebracht wird, oder

   (b) der Abschluss nicht in allen wesentlichen Belangen in Übereinstimmung mit dem maßgebenden Regelwerk der Rechnungslegung aufgestellt wurde, wenn im Prüfungsurteil die Übereinstimmung mit einem Regelwerk zur Normentsprechung zum Ausdruck gebracht wird.

25. Wenn der Abschlussprüfer aufgrund der fehlenden Möglichkeit, ausreichende geeignete Prüfungsnachweise zu erlangen, kein Prüfungsurteil abgibt, ist in dem Absatz für das Prüfungsurteil auszusagen, dass der Abschlussprüfer

   (a) aufgrund der Bedeutung der im Absatz „Grundlage für die Nichtabgabe eines Prüfungsurteils" beschriebenen Sachverhalte nicht in der Lage war, ausreichende geeignete Prüfungsnachweise als Grundlage für ein Prüfungsurteil zu erlangen, und folglich

   (b) kein Prüfungsurteil zu dem Abschluss abgibt.

Beschreibung der Verantwortung des Abschlussprüfers bei der Abgabe eines eingeschränkten oder versagten Prüfungsurteils

26. Wenn der Abschlussprüfer ein eingeschränktes oder ein versagtes Prüfungsurteil abgibt, ist die Beschreibung der Verantwortung des Abschlussprüfers anzupassen, um auszusagen, dass nach Auffassung des Abschlussprüfers die erlangten Prüfungsnachweise als Grundlage für das modifizierte Prüfungsurteil ausreichend und geeignet sind.

Beschreibung der Verantwortung des Abschlussprüfers bei Nichtabgabe eines Prüfungsurteils

27. Wenn der Abschlussprüfer aufgrund einer fehlenden Möglichkeit, ausreichende geeignete Prüfungsnachweise zu erlangen, ein Prüfungsurteil nicht abgibt, ist in einem angepassten einleitenden Absatz des Vermerks des Abschlussprüfers auszusagen, dass der Abschlussprüfer mit der Prüfung des Abschlusses beauftragt wurde. Außerdem muss der Abschlussprüfer die Beschreibung der Verantwortung des Abschlussprüfers und des Prüfungsumfangs anpassen, um lediglich Folgendes auszusagen: „Unsere Aufgabe ist es, auf der Grundlage der Durchführung der Prüfung in Übereinstimmung mit den International Standards on Auditing ein Urteil zu dem Abschluss abzugeben. Aufgrund der im Absatz „Grundlage für die Nichtabgabe eines Prüfungsurteils" beschriebenen Sachverhalte waren wir jedoch nicht in der Lage, ausreichende geeignete Prüfungsnachweise als Grundlage für ein Prüfungsurteil zu erlangen."

Kommunikation mit den für die Überwachung Verantwortlichen

28. Wenn der Abschlussprüfer erwartet, das Prüfungsurteil im Vermerk des Abschlussprüfers zu modifizieren, muss der Abschlussprüfer sich mit den für die Überwachung Verantwortlichen über die Umstände, die zu der erwarteten Modifizierung geführt haben, und über den vorgeschlagenen Wortlaut der Modifizierung austauschen. (Vgl. Tz. A25)

***

Application and Other Explanatory Material

Types of Modified Opinions (Ref: Para. 2)

A1. The table below illustrates how the auditor's judgment about the nature of the matter giving rise to the modification, and the pervasiveness of its effects or possible effects on the financial statements, affects the type of opinion to be expressed.

Nature of Matter Giving Rise to the Modification	Auditor's Judgment about the Pervasiveness of the Effects or Possible Effects on the Financial Statements	
	Material but Not Pervasive	Material and Pervasive
Financial statements are materially misstated	Qualified opinion	Adverse opinion
Inability to obtain sufficient appropriate audit evidence	Qualified opinion	Disclaimer of opinion

Nature of Material Misstatements (Ref: Para. 6(a))

A2. ISA 700 requires the auditor, in order to form an opinion on the financial statements, to conclude as to whether reasonable assurance has been obtained about whether the financial statements as a whole are free from material misstatement.[4] This conclusion takes into account the auditor's evaluation of uncorrected misstatements, if any, on the financial statements in accordance with ISA 450.[5]

A3. ISA 450 defines a misstatement as a difference between the amount, classification, presentation, or disclosure of a reported financial statement item and the amount, classification, presentation, or disclosure that is required for the item to be in accordance with the applicable financial reporting framework. Accordingly, a material misstatement of the financial statements may arise in relation to:

(a) The appropriateness of the selected accounting policies;

(b) The application of the selected accounting policies; or

(c) The appropriateness or adequacy of disclosures in the financial statements.

Appropriateness of the Selected Accounting Policies

A4. In relation to the appropriateness of the accounting policies management has selected, material misstatements of the financial statements may arise when:

(a) The selected accounting policies are not consistent with the applicable financial reporting framework; or

(b) The financial statements, including the related notes, do not represent the underlying transactions and events in a manner that achieves fair presentation.

A5. Financial reporting frameworks often contain requirements for the accounting for, and disclosure of, changes in accounting policies. Where the entity has changed its selection of significant accounting policies, a material misstatement of the financial statements may arise when the entity has not complied with these requirements.

Application of the Selected Accounting Policies

A6. In relation to the application of the selected accounting policies, material misstatements of the financial statements may arise:

(a) When management has not applied the selected accounting policies consistently with the financial reporting framework, including when management has not applied the selected accounting policies consistently between periods or to similar transactions and events (consistency in application); or

(b) Due to the method of application of the selected accounting policies (such as an unintentional error in application).

Appropriateness or Adequacy of Disclosures in the Financial Statements

A7. In relation to the appropriateness or adequacy of disclosures in the financial statements, material misstatements of the financial statements may arise when:

---

4) ISA 700, paragraph 11.
5) ISA 450, "Evaluation of Misstatements Identified during the Audit," paragraph 11.

Anwendungshinweise und sonstige Erläuterungen

Arten von modifizierten Prüfungsurteilen (Vgl. Tz. 2)

A1. Die folgende Tabelle zeigt, wie die Beurteilung des Abschlussprüfers über die Art des Sachverhalts, der zu der Modifizierung führt, und den Umfang der tatsächlichen oder möglichen Auswirkungen auf den Abschluss die Art des abzugebenden Prüfungsurteils beeinflusst.

Art des Sachverhalts, der zu der Modifizierung führt	Beurteilung des Abschlussprüfers über den Umfang der tatsächlichen oder möglichen Auswirkungen auf den Abschluss	
	Wesentlich, jedoch nicht umfassend	Wesentlich und umfassend
Abschluss ist wesentlich falsch dargestellt	Eingeschränktes Prüfungsurteil	Versagtes Prüfungsurteil
Fehlende Möglichkeit, ausreichende geeignete Prüfungsnachweise zu erlangen	Eingeschränktes Prüfungsurteil	Nichtabgabe eines Prüfungsurteils

Art von wesentlichen falschen Darstellungen (Vgl. Tz. 6(a))

A2. Nach ISA 700 muss der Abschlussprüfer zur Bildung eines Prüfungsurteils zum Abschluss zu dem Schluss kommen, ob hinreichende Sicherheit darüber erlangt wurde, ob der Abschluss insgesamt keine wesentliche falsche Darstellung enthält.[4] Dabei berücksichtigt der Abschlussprüfer die Beurteilung von etwaigen nicht korrigierten falschen Darstellungen im Abschluss in Übereinstimmung mit ISA 450.[5]

A3. In ISA 450 wird eine falsche Darstellung definiert als eine Abweichung zwischen dem Betrag, dem Ausweis, der Darstellung oder der Angabe eines im Abschluss abgebildeten Sachverhalts und dem Betrag, dem Ausweis, der Darstellung oder der Angabe, der/die in Übereinstimmung mit dem maßgebenden Regelwerk der Rechnungslegung für den Sachverhalt erforderlich wäre. Folglich können sich wesentliche falsche Darstellungen im Abschluss im Zusammenhang ergeben mit:

(a) der Eignung der ausgewählten Rechnungslegungsmethoden,

(b) der Anwendung der ausgewählten Rechnungslegungsmethoden oder

(c) der Eignung oder Angemessenheit von Angaben im Abschluss.

Eignung der ausgewählten Rechnungslegungsmethoden

A4. Im Zusammenhang mit der Eignung der vom Management ausgewählten Rechnungslegungsmethoden können sich wesentliche falsche Darstellungen im Abschluss ergeben, wenn

(a) die ausgewählten Rechnungslegungsmethoden nicht mit dem maßgebenden Regelwerk der Rechnungslegung in Einklang stehen oder

(b) im Abschluss, einschließlich der dazugehörigen Angaben, die zugrunde liegenden Geschäftsvorfälle und Ereignisse nicht so dargestellt werden, dass eine sachgerechte Gesamtdarstellung erreicht wird.

A5. Regelwerke der Rechnungslegung enthalten häufig Anforderungen zur Abbildung von Änderungen der Rechnungslegungsmethoden und zu deren Angabe im Abschluss. Wenn die Einheit ihre ausgewählten bedeutsamen Rechnungslegungsmethoden geändert hat, kann sich eine wesentliche falsche Darstellung im Abschluss ergeben, wenn die Einheit diese Anforderungen nicht eingehalten hat.

Anwendung der ausgewählten Rechnungslegungsmethoden

A6. Im Zusammenhang mit der Anwendung der ausgewählten Rechnungslegungsmethoden können sich wesentliche falsche Darstellungen im Abschluss ergeben,

(a) wenn das Management die ausgewählten Rechnungslegungsmethoden nicht im Einklang mit dem Regelwerk der Rechnungslegung stetig angewandt hat. Dies schließt ein, dass das Management die ausgewählten Rechnungslegungsmethoden nicht stetig im Zeitablauf oder auf ähnliche Geschäftsvorfälle und Ereignisse angewandt hat (Stetigkeit in der Anwendung) oder

(b) aufgrund der Art und Weise, in der die ausgewählten Rechnungslegungsmethoden angewandt wurden (z.B. ein unbeabsichtigter Anwendungsfehler).

Eignung oder Angemessenheit von Angaben im Abschluss

A7. Im Zusammenhang mit der Eignung oder Angemessenheit von Angaben im Abschluss können sich wesentliche falsche Darstellungen im Abschluss ergeben, wenn

---

[4] ISA 700, Textziffer 11.
[5] ISA 450 „Die Beurteilung der während der Abschlussprüfung festgestellten falschen Darstellungen", Textziffer 11.

(a) The financial statements do not include all of the disclosures required by the applicable financial reporting framework;
(b) The disclosures in the financial statements are not presented in accordance with the applicable financial reporting framework; or
(c) The financial statements do not provide the disclosures necessary to achieve fair presentation.

Nature of an Inability to Obtain Sufficient Appropriate Audit Evidence (Ref: Para. 6(b))

A8. The auditor's inability to obtain sufficient appropriate audit evidence (also referred to as a limitation on the scope of the audit) may arise from:
(a) Circumstances beyond the control of the entity;
(b) Circumstances relating to the nature or timing of the auditor's work; or
(c) Limitations imposed by management.

A9. An inability to perform a specific procedure does not constitute a limitation on the scope of the audit if the auditor is able to obtain sufficient appropriate audit evidence by performing alternative procedures. If this is not possible, the requirements of paragraphs 7(b) and 10 apply as appropriate. Limitations imposed by management may have other implications for the audit, such as for the auditor's assessment of fraud risks and consideration of engagement continuance.

A10. Examples of circumstances beyond the control of the entity include when:
- The entity's accounting records have been destroyed.
- The accounting records of a significant component have been seized indefinitely by governmental authorities.

A11. Examples of circumstances relating to the nature or timing of the auditor's work include when:

- The entity is required to use the equity method of accounting for an associated entity, and the auditor is unable to obtain sufficient appropriate audit evidence about the latter's financial information to evaluate whether the equity method has been appropriately applied.

- The timing of the auditor's appointment is such that the auditor is unable to observe the counting of the physical inventories.

- The auditor determines that performing substantive procedures alone is not sufficient, but the entity's controls are not effective.

A12. Examples of an inability to obtain sufficient appropriate audit evidence arising from a limitation on the scope of the audit imposed by management include when:
- Management prevents the auditor from observing the counting of the physical inventory.
- Management prevents the auditor from requesting external confirmation of specific account balances.

Consequence of an Inability to Obtain Sufficient Appropriate Audit Evidence Due to a Management-Imposed Limitation after the Auditor Has Accepted the Engagement (Ref: Para. 13(b)–14)

A13. The practicality of withdrawing from the audit may depend on the stage of completion of the engagement at the time that management imposes the scope limitation. If the auditor has substantially completed the audit, the auditor may decide to complete the audit to the extent possible, disclaim an opinion and explain the scope limitation in the Basis for Disclaimer of Opinion paragraph prior to withdrawing.

A14. In certain circumstances, withdrawal from the audit may not be possible if the auditor is required by law or regulation to continue the audit engagement. This may be the case for an auditor that is appointed to audit the financial statements of public sector entities. It may also be the case in jurisdictions where the

	(a)	der Abschluss nicht alle Angaben enthält, die nach dem maßgebenden Regelwerk der Rechnungslegung verlangt werden;
	(b)	die Angaben im Abschluss nicht in Übereinstimmung mit dem maßgebenden Regelwerk der Rechnungslegung dargestellt werden oder
	(c)	der Abschluss nicht die Angaben enthält, die notwendig sind, um eine sachgerechte Gesamtdarstellung zu erreichen.

Arten der fehlenden Möglichkeit, ausreichende geeignete Prüfungsnachweise zu erlangen (Vgl. Tz. 6(b))

A8. Die fehlende Möglichkeit des Abschlussprüfers, ausreichende geeignete Prüfungsnachweise zu erlangen (auch als Prüfungshemmnis*⁾ bezeichnet) kann sich ergeben aus

(a) Umständen, die außerhalb der Kontrolle der Einheit liegen;

(b) Umständen im Zusammenhang mit der Art oder der zeitlichen Einteilung der Tätigkeit des Abschlussprüfers oder

(c) vom Management auferlegten Beschränkungen.

A9. Die fehlende Möglichkeit, eine bestimmte Prüfungshandlung durchzuführen, stellt kein Prüfungshemmnis dar, wenn der Abschlussprüfer in der Lage ist, durch alternative Prüfungshandlungen ausreichende geeignete Prüfungsnachweise zu erlangen. Wenn dies nicht möglich ist, gelten die Anforderungen der Textziffern 7(b) bzw. 10 entsprechend. Vom Management auferlegte Beschränkungen können auch andere Auswirkungen auf die Abschlussprüfung haben (bspw. für die Beurteilung des Abschlussprüfers zu Risiken von dolosen Handlungen und für Überlegungen zur Fortführung des Mandats).

A10. Beispiele für Gegebenheiten, die außerhalb der Kontrolle der Einheit liegen, schließen folgende Fälle ein:

- wenn die Unterlagen zur Rechnungslegung der Einheit zerstört wurden
- wenn die Unterlagen zur Rechnungslegung eines bedeutsamen Teilbereichs durch staatliche Stellen auf unbestimmte Zeit beschlagnahmt wurden.

A11. Beispiele für Gegebenheiten im Zusammenhang mit der Art oder der zeitlichen Einteilung der Tätigkeit des Abschlussprüfers schließen folgende Fälle ein:

- wenn die Einheit auf eine assoziierte Einheit die Equity-Methode anwenden muss und der Abschlussprüfer nicht in der Lage ist, ausreichende geeignete Prüfungsnachweise zu deren Finanzinformationen zu erlangen, um zu beurteilen, ob die Equity-Methode zutreffend angewandt wurde;
- wenn die Bestellung zu einem Zeitpunkt erfolgt, so dass der Abschlussprüfer nicht in der Lage ist, die Inventur zu beobachten
- wenn der Abschlussprüfer feststellt, dass die Durchführung von nur aussagebezogenen Prüfungshandlungen**⁾ nicht ausreicht, aber die Kontrollen der Einheit nicht wirksam sind.

A12. Zu den Beispielen für die fehlende Möglichkeit, ausreichende geeignete Prüfungsnachweise zu erlangen aufgrund einer vom Management auferlegten Beschränkung, gehören folgende Fälle:

- das Management hindert den Abschlussprüfer daran, die Inventur zu beobachten;
- das Management hindert den Abschlussprüfer daran, externe Bestätigungen über bestimmte Kontensalden anzufordern.

Konsequenz der fehlenden Möglichkeit, ausreichende geeignete Prüfungsnachweise zu erlangen aufgrund einer vom Management nach Auftragsannahme auferlegten Beschränkung (Vgl. Tz. 13(b)–14)

A13. Die praktische Anwendbarkeit einer Mandatsniederlegung kann von dem Stadium der Fertigstellung des Prüfungsauftrags zum Zeitpunkt der Auferlegung der Prüfungsbeschränkung durch das Management abhängen. Wenn der Abschlussprüfer die Abschlussprüfung im Wesentlichen abgeschlossen hat, kann der Abschlussprüfer sich dafür entscheiden, vor der Mandatsniederlegung die Abschlussprüfung so weit wie möglich abzuschließen, die Nichtabgabe eines Prüfungsurteils zu erklären und die Prüfungsbeschränkung im Absatz „Grundlage für die Nichtabgabe eines Prüfungsurteils" zu erläutern.

A14. In bestimmten Fällen kann eine Mandatsniederlegung nicht möglich sein, wenn der Abschlussprüfer den Prüfungsauftrag aufgrund von Gesetzen oder anderen Rechtsvorschriften fortführen muss. Dies kann bei einem Abschlussprüfer der Fall sein, der zur Prüfung des Abschlusses von Einheiten des öffentlichen

---

*) In der Schweiz: Beschränkung des Prüfungsumfangs.
**) In Österreich: materielle Prüfungshandlungen.

auditor is appointed to audit the financial statements covering a specific period, or appointed for a specific period and is prohibited from withdrawing before the completion of the audit of those financial statements or before the end of that period, respectively. The auditor may also consider it necessary to include an Other Matter paragraph in the auditor's report.[6]

A15. When the auditor concludes that withdrawal from the audit is necessary because of a scope limitation, there may be a professional, legal or regulatory requirement for the auditor to communicate matters relating to the withdrawal from the engagement to regulators or the entity's owners.

Other Considerations Relating to an Adverse Opinion or Disclaimer of Opinion (Ref: Para. 15)

A16. The following are examples of reporting circumstances that would not contradict the auditor's adverse opinion or disclaimer of opinion:

- The expression of an unmodified opinion on financial statements prepared under a given financial reporting framework and, within the same report, the expression of an adverse opinion on the same financial statements under a different financial reporting framework.[7]

- The expression of a disclaimer of opinion regarding the results of operations, and cash flows, where relevant, and an unmodified opinion regarding the financial position (see ISA 510[8]). In this case, the auditor has not expressed a disclaimer of opinion on the financial statements as a whole.

Form and Content of the Auditor's Report When the Opinion Is Modified

Basis for Modification Paragraph (Ref: Para. 16–17, 19, 21)

A17. Consistency in the auditor's report helps to promote users' understanding and to identify unusual circumstances when they occur. Accordingly, although uniformity in the wording of a modified opinion and in the description of the basis for the modification may not be possible, consistency in both the form and content of the auditor's report is desirable.

A18. An example of the financial effects of material misstatements that the auditor may describe in the basis for modification paragraph in the auditor's report is the quantification of the effects on income tax, income before taxes, net income and equity if inventory is overstated.

A19. Disclosing the omitted information in the basis for modification paragraph would not be practicable if:

(a) The disclosures have not been prepared by management or the disclosures are otherwise not readily available to the auditor; or

(b) In the auditor's judgment, the disclosures would be unduly voluminous in relation to the auditor's report.

A20. An adverse opinion or a disclaimer of opinion relating to a specific matter described in the basis for qualification paragraph does not justify the omission of a description of other identified matters that would have otherwise required a modification of the auditor's opinion. In such cases, the disclosure of such other matters of which the auditor is aware may be relevant to users of the financial statements.

Opinion Paragraph (Ref: Para. 22–23)

A21. Inclusion of this paragraph heading makes it clear to the user that the auditor's opinion is modified and indicates the type of modification.

---

6) ISA 706, "Emphasis of Matter Paragraphs and Other Matter Paragraphs in the Independent Auditor's Report," paragraph A5.

7) See paragraph A32 of ISA 700 for a description of this circumstance.
8) ISA 510, "Initial Audit Engagements – Opening Balances," paragraph 10.

	Sektors bestellt ist. Ebenso kann dies in Rechtsräumen der Fall sein, in denen der Abschlussprüfer zur Prüfung eines Abschlusses bestellt ist, der einen bestimmten Zeitraum abdeckt, oder für einen bestimmten Zeitraum bestellt ist und das Mandat vor Abschluss der Prüfung dieses Abschlusses bzw. vor Ablauf dieses Zeitraums nicht niederlegen darf. Der Abschlussprüfer kann es auch für notwendig halten, einen Absatz in den Vermerk des Abschlussprüfers zum Hinweis auf sonstige Sachverhalte aufzunehmen.[6]
A15.	Wenn der Abschlussprüfer zu der Schlussfolgerung gelangt, dass eine Mandatsniederlegung aufgrund eines Prüfungshemmnisses notwendig ist, muss der Abschlussprüfer möglicherweise aufgrund einer bestehenden beruflichen, gesetzlichen oder anderen rechtlichen Anforderung Sachverhalte im Zusammenhang mit der Mandatsniederlegung den Aufsichtsbehörden oder den Eigentümern der Einheit mitteilen.

Sonstige Überlegungen, die mit einem versagten oder nicht abgegebenen Prüfungsurteil zusammenhängen (Vgl. Tz. 15)

A16.	Im Folgenden sind beispielhaft Angaben im Vermerk aufgeführt, die nicht im Widerspruch zu einem versagten oder nicht abgegebenen Prüfungsurteil stehen:

- Erteilung eines nicht modifizierten Prüfungsurteils zu einem Abschluss, der nach einem bestimmten Regelwerk der Rechnungslegung aufgestellt wurde, und Erteilung eines versagten Prüfungsurteils zu demselben Abschluss nach einem anderen Regelwerk der Rechnungslegung in demselben Vermerk des Abschlussprüfers[7] ;
- Nichtabgabe eines Prüfungsurteils zur Ertragslage und zu den Cashflows[*], soweit relevant, und Erteilung eines nicht modifizierten Prüfungsurteils zur Vermögens- und Finanzlage (siehe ISA 510[8]). In diesem Fall hat der Abschlussprüfer nicht die Nichtabgabe eines Prüfungsurteils zu dem Abschluss als Ganzes erklärt.[**]

Form und Inhalt des Vermerks des Abschlussprüfers bei modifiziertem Prüfungsurteil

Absatz über die Grundlage der Modifizierung (Vgl. Tz. 16–17, 19, 21)

A17.	Einheitlichkeit der Vermerke der Abschlussprüfer trägt zur Förderung des Verständnisses der Nutzer und zum Erkennen von ungewöhnlichen Gegebenheiten bei, wenn solche auftreten. Daher ist Einheitlichkeit sowohl in der Form als auch im Inhalt der Vermerke der Abschlussprüfer wünschenswert, obwohl Einheitlichkeit im Wortlaut eines modifizierten Prüfungsurteils und in der Beschreibung der Grundlage für die Modifizierung nicht möglich sein mag.
A18.	Ein Beispiel für die finanziellen Auswirkungen wesentlicher falscher Darstellungen, die der Abschlussprüfer im Vermerk des Abschlussprüfers in dem Absatz über die Grundlage der Modifizierung beschreiben kann, ist die Quantifizierung der Auswirkungen von überhöht ausgewiesenen Vorräten auf die Ertragsteuern, auf den Gewinn vor Steuern, auf den Reingewinn und auf das Eigenkapital.
A19.	Die Angabe der unterlassenen Informationen im Absatz über die Grundlage der Modifizierung ist nicht praktisch durchführbar in dem Fall, dass
	(a) die Abschlussangaben vom Management nicht aufgestellt wurden oder anderweitig für den Abschlussprüfer nicht leicht verfügbar sind oder
	(b) die Abschlussangaben nach der Beurteilung des Abschlussprüfers im Verhältnis zum Vermerk des Abschlussprüfers zu umfangreich wären.
A20.	Ein versagtes oder nicht abgegebenes Prüfungsurteil zu einem bestimmten Sachverhalt, der im Absatz über die Grundlage der Einschränkung[***] beschrieben ist, rechtfertigt nicht die Unterlassung der Beschreibung anderer festgestellter Sachverhalte, die andernfalls eine Modifizierung des Prüfungsurteils erfordert hätten. In solchen Fällen kann die Angabe solcher anderen Sachverhalte, die dem Abschlussprüfer bekannt sind, für Nutzer des Abschlusses relevant sein.

Absatz mit dem Prüfungsurteil (Vgl. Tz. 22–23)

A21.	Die Einbeziehung dieser Absatzüberschrift verdeutlicht dem Nutzer, dass das Prüfungsurteil modifiziert ist, und weist auf die Art der Modifizierung hin.

---

6) ISA 706 „Hervorhebung eines Sachverhalts und Hinweis auf sonstige Sachverhalte durch Absätze im Vermerk des unabhängigen Abschlussprüfers", Textziffer A5.
7) Dieser Fall wird in Textziffer A32 von ISA 700 beschrieben.
8) ISA 510 „Eröffnungsbilanzwerte bei Erstprüfungsaufträgen", Textziffer 10.
*) In der Schweiz: Geldflüsse.
**) In Deutschland, Österreich und der Schweiz bei gesetzlichen Prüfungen nicht zulässig, da eine solche Bestätigung keinen Vermerk des Abschlussprüfers zum Abschluss darstellt.
***) Gemeint ist: Grundlage für das versagte oder das nicht abgegebene Prüfungsurteil.

A22. When the auditor expresses a qualified opinion, it would not be appropriate to use phrases such as "with the foregoing explanation" or "subject to" in the opinion paragraph as these are not sufficiently clear or forceful.

Illustrative Auditors' Reports

A23. Illustrations 1 and 2 in the Appendix contain auditors' reports with qualified and adverse opinions, respectively, as the financial statements are materially misstated.

A24. Illustration 3 in the Appendix contains an auditor's report with a qualified opinion as the auditor is unable to obtain sufficient appropriate audit evidence. Illustration 4 contains a disclaimer of opinion due to an inability to obtain sufficient appropriate audit evidence about a single element of the financial statements. Illustration 5 contains a disclaimer of opinion due to an inability to obtain sufficient appropriate audit evidence about multiple elements of the financial statements. In each of the latter two cases, the possible effects on the financial statements of the inability are both material and pervasive.

Communication with Those Charged with Governance (Ref: Para. 28)

A25. Communicating with those charged with governance the circumstances that lead to an expected modification to the auditor's opinion and the proposed wording of the modification enables:

(a) The auditor to give notice to those charged with governance of the intended modification(s) and the reasons (or circumstances) for the modification(s);

(b) The auditor to seek the concurrence of those charged with governance regarding the facts of the matter(s) giving rise to the expected modification(s), or to confirm matters of disagreement with management as such; and

(c) Those charged with governance to have an opportunity, where appropriate, to provide the auditor with further information and explanations in respect of the matter(s) giving rise to the expected modification(s).

A22. Wenn der Abschlussprüfer ein eingeschränktes Prüfungsurteil erteilt, wäre es nicht angemessen, im Absatz mit dem Prüfungsurteil Formulierungen wie „angesichts der vorstehenden Erläuterung" oder „vorbehaltlich" zu verwenden, da diese nicht ausreichend klar oder aussagekräftig sind.

Formulierungsbeispiele für Vermerke des Abschlussprüfers

A23. Die Formulierungsbeispiele 1 und 2 in der Anlage enthalten Vermerke des Abschlussprüfers mit eingeschränktem bzw. versagtem Prüfungsurteil, da der Abschluss wesentlich falsch dargestellt ist.

A24. Formulierungsbeispiel 3 in der Anlage enthält einen Vermerk des Abschlussprüfers mit eingeschränktem Prüfungsurteil, da der Abschlussprüfer nicht in der Lage ist, ausreichende geeignete Prüfungsnachweise zu erlangen. Formulierungsbeispiel 4 enthält ein nicht abgegebenes Prüfungsurteil aufgrund der fehlenden Möglichkeit, ausreichende geeignete Prüfungsnachweise über einen einzelnen Bestandteil des Abschlusses zu erlangen. Formulierungsbeispiel 5 enthält ein nicht abgegebenes Prüfungsurteil aufgrund der fehlenden Möglichkeit, ausreichende geeignete Prüfungsnachweise über mehrere Bestandteile des Abschlusses zu erlangen. In jedem der beiden letzten Fälle sind die möglichen Auswirkungen der fehlenden Möglichkeit auf den Abschluss sowohl wesentlich als auch umfassend.

Kommunikation mit den für die Überwachung Verantwortlichen (Vgl. Tz. 28)

A25. Die Kommunikation mit den für die Überwachung Verantwortlichen über die Umstände, die zu einer erwarteten Modifizierung des Prüfungsurteils führen, und über den vorgeschlagenen Wortlaut der Modifizierung ermöglicht es

(a) dem Abschlussprüfer, den für die Überwachung Verantwortlichen die geplante(n) Modifizierung(en) und deren Gründe (oder Umstände) mitzuteilen;

(b) dem Abschlussprüfer, auf eine Übereinstimmung mit den für die Überwachung Verantwortlichen zu den Tatsachen hinzuwirken, die dem Sachverhalt zugrunde liegen, der zu der erwarteten Modifizierung führt, oder zu solchen Sachverhalten, die mit dem Management als solche strittig sind, und

(c) den für die Überwachung Verantwortlichen - wo dies angebracht ist - dem Abschlussprüfer weitere Informationen und Erläuterungen zu dem Sachverhalt zu geben, der Anlass für die erwartete Modifizierung ist.

Appendix
(Ref: Para. A23–24)

Illustrations of Auditors' Reports with Modifications to the Opinion

- Illustration 1: An auditor's report containing a qualified opinion due to a material misstatement of the financial statements.
- Illustration 2: An auditor's report containing an adverse opinion due to a material misstatement of the financial statements.
- Illustration 3: An auditor's report containing a qualified opinion due to the auditor's inability to obtain sufficient appropriate audit evidence.
- Illustration 4: An auditor's report containing a disclaimer of opinion due to the auditor's inability to obtain sufficient appropriate audit evidence about a single element of the financial statements.
- Illustration 5: An auditor's report containing a disclaimer of opinion due to the auditor's inability to obtain sufficient appropriate audit evidence about multiple elements of the financial statements.

Anlage
(Vgl. Tz. A23–24)

Formulierungsbeispiele für Vermerke des Abschlussprüfers mit modifiziertem Prüfungsurteil

- Beispiel 1: Vermerk des Abschlussprüfers mit eingeschränktem Prüfungsurteil aufgrund einer wesentlichen Falschdarstellung im Abschluss
- Beispiel 2: Vermerk des Abschlussprüfers mit versagtem Prüfungsurteil aufgrund einer wesentlichen Falschdarstellung im Abschluss
- Beispiel 3: Vermerk des Abschlussprüfers mit eingeschränktem Prüfungsurteil aufgrund der fehlenden Möglichkeit des Abschlussprüfers, ausreichende geeignete Prüfungsnachweise zu erlangen
- Beispiel 4: Vermerk des Abschlussprüfers mit nicht abgegebenem Prüfungsurteil aufgrund der fehlenden Möglichkeit des Abschlussprüfers, ausreichende geeignete Prüfungsnachweise über einen einzelnen Bestandteil des Abschlusses zu erlangen
- Beispiel 5: Vermerk des Abschlussprüfers mit nicht abgegebenem Prüfungsurteil aufgrund der fehlenden Möglichkeit des Abschlussprüfers, ausreichende geeignete Prüfungsnachweise über mehrere Bestandteile des Abschlusses zu erlangen

Illustration 1:

Circumstances include the following:

- Audit of a complete set of general purpose financial statements prepared by management of the entity in accordance with International Financial Reporting Standards.

- The terms of the audit engagement reflect the description of management's responsibility for the financial statements in ISA 210.[1)]

- Inventories are misstated. The misstatement is deemed to be material but not pervasive to the financial statements.

- In addition to the audit of the financial statements, the auditor has other reporting responsibilities required under local law.

INDEPENDENT AUDITOR'S REPORT

[Appropriate Addressee]

Report on the Financial Statements[2)]

We have audited the accompanying financial statements of ABC Company, which comprise the statement of financial position as at December 31, 20X1, and the statement of comprehensive income, statement of changes in equity and statement of cash flows for the year then ended, and a summary of significant accounting policies and other explanatory information.

Management's[3)] Responsibility for the Financial Statements

Management is responsible for the preparation and fair presentation of these financial statements in accordance with International Financial Reporting Standards,[4)] and for such internal control as management determines is necessary to enable the preparation of financial statements that are free from material misstatement, whether due to fraud or error.

Auditor's Responsibility

Our responsibility is to express an opinion on these financial statements based on our audit. We conducted our audit in accordance with International Standards on Auditing. Those standards require that we comply with ethical requirements and plan and perform the audit to obtain reasonable assurance about whether the financial statements are free from material misstatement.

An audit involves performing procedures to obtain audit evidence about the amounts and disclosures in the financial statements. The procedures selected depend on the auditor's judgment, including the assessment of the risks of material misstatement of the financial statements, whether due to fraud or error. In making those risk assessments, the auditor considers internal control relevant to the entity's preparation and fair presentation[5)] of the financial statements in order to design audit procedures that are appropriate in the circumstances, but not for the

---

1) ISA 210, "Agreeing the Terms of Audit Engagements."
2) The sub-title "Report on the Financial Statements" is unnecessary in circumstances when the second sub-title "Report on Other Legal and Regulatory Requirements" is not applicable.
3) Or other term that is appropriate in the context of the legal framework in the particular jurisdiction.
4) Where management's responsibility is to prepare financial statements that give a true and fair view, this may read: "Management is responsible for the preparation of financial statements that give a true and fair view in accordance with International Financial Reporting Standards, and for such ..."
5) In the case of footnote 12, this may read: "In making those risk assessments, the auditor considers internal control relevant to the entity's preparation of financial statements that give a true and fair view in order to design audit procedures that are appropriate in the circumstances, but not for the purpose of expressing an opinion on the effectiveness of the entity's internal control."

> **Beispiel 1:**
> **Folgende Gegebenheiten:**
> - Prüfung eines vollständigen Abschlusses für allgemeine Zwecke, der vom Management der Einheit in Übereinstimmung mit den International Financial Reporting Standards aufgestellt wurde.
> - Die Bedingungen des Prüfungsauftrags spiegeln die Beschreibung der Verantwortung des Managements für den Abschluss in ISA 210[1] wider.
> - Die Vorräte sind falsch dargestellt. Die falsche Darstellung wird für den Abschluss als wesentlich, jedoch nicht als umfassend angesehen.
> - Zusätzlich zur Prüfung des Abschlusses hat der Abschlussprüfer sonstige Angabepflichten im Vermerk, die durch lokales Recht erforderlich sind.

VERMERK DES UNABHÄNGIGEN ABSCHLUSSPRÜFERS[*]

[Empfänger]

Vermerk zum Abschluss[2]

Wir haben den beigefügten Abschluss der ABC Gesellschaft – bestehend aus der Bilanz zum 31.12.20X1, der Gesamtergebnisrechnung, Eigenkapitalveränderungsrechnung und Kapitalflussrechnung[**] für das an diesem Stichtag endende Geschäftsjahr sowie aus einer Zusammenfassung bedeutsamer Rechnungslegungsmethoden und anderen erläuternden Informationen – geprüft.

Verantwortung des Managements[3] für den Abschluss

Das Management ist verantwortlich für die Aufstellung und sachgerechte Gesamtdarstellung dieses Abschlusses in Übereinstimmung mit den International Financial Reporting Standards[4] und für die internen Kontrollen, die das Management als notwendig erachtet, um die Aufstellung eines Abschlusses zu ermöglichen, der frei von wesentlichen - beabsichtigten oder unbeabsichtigten - falschen Darstellungen ist.

Verantwortung des Abschlussprüfers

Unsere Aufgabe ist es, auf der Grundlage unserer Prüfung ein Urteil zu diesem Abschluss abzugeben. Wir haben unsere Abschlussprüfung in Übereinstimmung mit den International Standards on Auditing durchgeführt. Nach diesen Standards haben wir die beruflichen Verhaltensanforderungen einzuhalten und die Abschlussprüfung so zu planen und durchzuführen, dass hinreichende Sicherheit darüber erlangt wird, ob der Abschluss frei von wesentlichen falschen Darstellungen ist.

Eine Abschlussprüfung beinhaltet die Durchführung von Prüfungshandlungen, um Prüfungsnachweise für die im Abschluss enthaltenen Wertansätze und sonstigen Angaben zu erlangen. Die Auswahl der Prüfungshandlungen liegt im pflichtgemäßen Ermessen des Abschlussprüfers. Dies schließt die Beurteilung der Risiken wesentlicher - beabsichtigter oder unbeabsichtigter - falscher Darstellungen im Abschluss ein. Bei der Beurteilung dieser Risiken berücksichtigt der Abschlussprüfer das für die Aufstellung und sachgerechte Gesamtdarstellung[5] des Abschlusses

---

1) ISA 210 „Vereinbarung der Auftragsbedingungen für Prüfungsaufträge".
2) Die Unterüberschrift „Vermerk zum Abschluss" ist nicht erforderlich, wenn die zweite Unterüberschrift, „Vermerk zu sonstigen gesetzlichen und anderen rechtlichen Anforderungen", nicht anzuwenden ist.
3) Oder ein anderer Begriff, der im Kontext des Rechtsrahmens in dem betreffenden Rechtsraum zutreffend ist.
4) Falls das Management die Verantwortung hat, einen Abschluss aufzustellen, der ein den tatsächlichen Verhältnissen entsprechendes Bild vermittelt, kann dies lauten: „Das Management ist verantwortlich für die Aufstellung eines Abschlusses, der in Übereinstimmung mit den International Financial Reporting Standards ein den tatsächlichen Verhältnissen entsprechendes Bild vermittelt, für die ..."
5) Im Fall von Fußnote 12 kann dies lauten: „Bei der Beurteilung dieser Risiken berücksichtigt der Abschlussprüfer das interne Kontrollsystem, das relevant ist für die Aufstellung eines Abschlusses durch die Einheit, der ein den tatsächlichen Verhältnissen entsprechendes Bild vermittelt, um Prüfungshandlungen zu planen, die unter den gegebenen Umständen angemessen sind, jedoch nicht mit dem Ziel, ein Prüfungsurteil zur Wirksamkeit des internen Kontrollsystems der Einheit abzugeben."
*) In Deutschland und in Österreich wird die Bezeichnung „Bestätigungsvermerk des Abschlussprüfers", in der Schweiz „Bericht des Abschlussprüfers" verwendet.
**) In der Schweiz: Geldflussrechnung.

purpose of expressing an opinion on the effectiveness of the entity's internal control.[6] An audit also includes evaluating the appropriateness of accounting policies used and the reasonableness of accounting estimates made by management, as well as evaluating the overall presentation of the financial statements.

We believe that the audit evidence we have obtained is sufficient and appropriate to provide a basis for our qualified audit opinion.

Basis for Qualified Opinion

The company's inventories are carried in the statement of financial position at xxx. Management has not stated the inventories at the lower of cost and net realizable value but has stated them solely at cost, which constitutes a departure from International Financial Reporting Standards. The company's records indicate that had management stated the inventories at the lower of cost and net realizable value, an amount of xxx would have been required to write the inventories down to their net realizable value. Accordingly, cost of sales would have been increased by xxx, and income tax, net income and shareholders' equity would have been reduced by xxx, xxx and xxx, respectively.

Qualified Opinion

In our opinion, except for the effects of the matter described in the Basis for Qualified Opinion paragraph, the financial statements present fairly, in all material respects, (or *give a true and fair view of*) the financial position of ABC Company as at December 31, 20X1, and (*of*) its financial performance and its cash flows for the year then ended in accordance with International Financial Reporting Standards.

Report on Other Legal and Regulatory Requirements

[Form and content of this section of the auditor's report will vary depending on the nature of the auditor's other reporting responsibilities.]

[Auditor's signature]
[Date of the auditor's report]
[Auditor's address]

---

[6] In circumstances when the auditor also has responsibility to express an opinion on the effectiveness of internal control in conjunction with the audit of the financial statements, this sentence would be worded as follows: "In making those risk assessments, the auditor considers internal control relevant to the entity's preparation and fair presentation of the financial statements in order to design audit procedures that are appropriate in the circumstances." In the case of footnote 12, this may read: "In making those risk assessments, the auditor considers internal control relevant to the entity's preparation of financial statements that give a true and fair view in order to design audit procedures that are appropriate in the circumstances."

durch die Einheit relevante interne Kontrollsystem, um Prüfungshandlungen zu planen, die unter den gegebenen Umständen angemessen sind, jedoch nicht mit dem Ziel, ein Prüfungsurteil zur Wirksamkeit des internen Kontrollsystems der Einheit abzugeben.[6)] Eine Abschlussprüfung umfasst auch die Beurteilung der Angemessenheit der angewandten Rechnungslegungsmethoden und der Vertretbarkeit der vom Management ermittelten geschätzten Werte in der Rechnungslegung sowie die Beurteilung der Gesamtdarstellung des Abschlusses.

Wir sind der Auffassung, dass die von uns erlangten Prüfungsnachweise ausreichend und geeignet sind, um als Grundlage für unser eingeschränktes Prüfungsurteil zu dienen.

Grundlage für das eingeschränkte Prüfungsurteil

Die Vorräte der Gesellschaft werden in der Bilanz mit xxx ausgewiesen. Das Management hat die Vorräte nicht mit dem niedrigeren Wert aus Anschaffungs- oder Herstellungskosten und Nettoveräußerungswert angesetzt, sondern ausschließlich mit den Anschaffungs- oder Herstellungskosten. Dies stellt eine Abweichung von den International Financial Reporting Standards dar. Die Unterlagen der Gesellschaft besagen, dass ein Betrag von xxx erforderlich gewesen wäre, um die Vorräte auf ihren Nettoveräußerungswert abzuschreiben, wenn das Management die Vorräte mit dem niedrigeren Wert aus Anschaffungs- oder Herstellungskosten und Nettoveräußerungswert bewertet hätte. Folglich hätten sich die Umsatzkosten um xxx erhöht, während sich Ertragsteuern, Reingewinn und Eigenkapital um xxx, xxx bzw. xxx verringert hätten.

Eingeschränktes Prüfungsurteil

Nach unserer Beurteilung stellt der Abschluss mit Ausnahme der Auswirkungen des im Absatz „Grundlage für das eingeschränkte Prüfungsurteil" beschriebenen Sachverhalts die Vermögens- und Finanzlage der ABC Gesellschaft zum 31.12.20X1 sowie die Ertragslage und die Cashflows für das an diesem Stichtag endende Geschäftsjahr in Übereinstimmung mit den International Financial Reporting Standards insgesamt sachgerecht dar (... vermittelt der Abschluss mit Ausnahme ... ein den tatsächlichen Verhältnissen entsprechendes Bild der ...).

Vermerk zu sonstigen gesetzlichen und anderen rechtlichen Anforderungen

[Form und Inhalt dieses Abschnitts des Vermerks des Abschlussprüfers unterscheiden sich in Abhängigkeit von der Art der sonstigen Angabepflichten des Abschlussprüfers im Vermerk.]

[Unterschrift des Abschlussprüfers]

[Datum des Vermerks des Abschlussprüfers]

[Ort des Abschlussprüfers*)]

---

6) In Fällen, in denen der Abschlussprüfer auch die Pflicht hat, im Zusammenhang mit der Prüfung des Abschlusses ein Prüfungsurteil zur Wirksamkeit des internen Kontrollsystems abzugeben, würde dieser Satz folgendermaßen lauten: „Bei der Beurteilung dieser Risiken berücksichtigt der Abschlussprüfer das für die Aufstellung und sachgerechte Gesamtdarstellung des Abschlusses durch die Einheit relevante interne Kontrollsystem, um Prüfungshandlungen zu planen, die unter den gegebenen Umständen angemessen sind." Im Fall von Fußnote 12 kann dies lauten: „Bei der Beurteilung dieser Risiken berücksichtigt der Abschlussprüfer das interne Kontrollsystem, das relevant ist für die Aufstellung eines Abschlusses durch die Einheit, der ein den tatsächlichen Verhältnissen entsprechendes Bild vermittelt, um Prüfungshandlungen zu planen, die unter den gegebenen Umständen angemessen sind."

*) Üblicherweise sollte dies der Ort der beruflichen Niederlassung des Abschlussprüfers sein bzw. der Sitz der Niederlassung der Prüfungsgesellschaft, die die Verantwortung für den Prüfungsauftrag hat.

ISA 705 — Modifications to the Opinion in the Independent Auditor's Report

---

Illustration 2:
Circumstances include the following:
- Audit of consolidated general purpose financial statements prepared by management of the parent in accordance with International Financial Reporting Standards.
- The terms of the audit engagement reflect the description of management's responsibility for the financial statements in ISA 210.
- The financial statements are materially misstated due to the non-consolidation of a subsidiary. The material misstatement is deemed to be pervasive to the financial statements. The effects of the misstatement on the financial statements have not been determined because it was not practicable to do so.
- In addition to the audit of the consolidated financial statements, the auditor has other reporting responsibilities required under local law.

INDEPENDENT AUDITOR'S REPORT
[Appropriate Addressee]

Report on the Consolidated Financial Statements[7]

We have audited the accompanying consolidated financial statements of ABC Company and its subsidiaries, which comprise the consolidated statement of financial position as at December 31, 20X1, and the consolidated statement of comprehensive income, statement of changes in equity and statement of cash flows for the year then ended, and a summary of significant accounting policies and other explanatory information.

Management's[8] Responsibility for the Consolidated Financial Statements
Management is responsible for the preparation and fair presentation of these consolidated financial statements in accordance with International Financial Reporting Standards,[9] and for such internal control as management determines is necessary to enable the preparation of consolidated financial statements that are free from material misstatement, whether due to fraud or error.

Auditor's Responsibility
Our responsibility is to express an opinion on these consolidated financial statements based on our audit. We conducted our audit in accordance with International Standards on Auditing. Those standards require that we comply with ethical requirements and plan and perform the audit to obtain reasonable assurance about whether the consolidated financial statements are free from material misstatement.

An audit involves performing procedures to obtain audit evidence about the amounts and disclosures in the consolidated financial statements. The procedures selected depend on the auditor's judgment, including the assessment of the risks of material misstatement of the consolidated financial statements, whether due to fraud or error. In making those risk assessments, the auditor considers internal control relevant to the entity's preparation and fair presentation[10] of the consolidated financial statements in order to design audit procedures that are appropriate in the circumstances, but not for the purpose of expressing an opinion on the effectiveness of the

---

[7] The sub-title "Report on the Consolidated Financial Statements" is unnecessary in circumstances when the second sub-title "Report on Other Legal and Regulatory Requirements" is not applicable.
[8] Or other term that is appropriate in the context of the legal framework in the particular jurisdiction.
[9] Where management's responsibility is to prepare consolidated financial statements that give a true and fair view, this may read: "Management is responsible for the preparation of consolidated financial statements that give a true and fair view in accordance with International Financial Reporting Standards, and for such ..."
[10] In the case of footnote 17, this may read: "In making those risk assessments, the auditor considers internal control relevant to the entity's preparation of consolidated financial statements that give a true and fair view in order to design audit procedures that are appropriate in the circumstances, but not for the purpose of expressing an opinion on the effectiveness of the entity's internal control."

> **Beispiel 2:**
> Folgende Gegebenheiten:
> - Prüfung eines Konzernabschlusses für allgemeine Zwecke, der vom Management der Muttergesellschaft in Übereinstimmung mit den International Financial Reporting Standards aufgestellt wurde.
> - Die Bedingungen des Prüfungsauftrags spiegeln die Beschreibung der Verantwortung des Managements für den Abschluss in ISA 210 wider.
> - Der Abschluss enthält aufgrund der Nicht-Konsolidierung einer Tochtergesellschaft eine wesentliche falsche Darstellung, die für den Abschluss als umfassend angesehen wird. Die Auswirkungen der falschen Darstellung auf den Abschluss wurden nicht bestimmt, da dies praktisch nicht durchführbar war.
> - Zusätzlich zur Prüfung des Konzernabschlusses hat der Abschlussprüfer sonstige Angabepflichten im Vermerk, die durch lokales Recht erforderlich sind.

VERMERK DES UNABHÄNGIGEN ABSCHLUSSPRÜFERS

[Empfänger]

Vermerk zum Konzernabschluss[7)]

Wir haben den beigefügten Konzernabschluss der ABC Gesellschaft und ihrer Tochtergesellschaften – bestehend aus der Konzernbilanz zum 31.12.20X1, der Konzerngesamtergebnisrechnung, Konzerneigenkapitalveränderungsrechnung und Konzernkapitalflussrechnung für das an diesem Stichtag endende Geschäftsjahr sowie aus einer Zusammenfassung bedeutsamer Rechnungslegungsmethoden und anderen erläuternden Informationen – geprüft.

Verantwortung des Managements[8)] für den Konzernabschluss

Das Management ist verantwortlich für die Aufstellung und sachgerechte Gesamtdarstellung dieses Konzernabschlusses in Übereinstimmung mit den International Financial Reporting Standards[9)] und für die internen Kontrollen, die das Management als notwendig erachtet, um die Aufstellung eines Konzernabschlusses zu ermöglichen, der frei von wesentlichen - beabsichtigten oder unbeabsichtigten - falschen Darstellungen ist.

Verantwortung des Abschlussprüfers

Unsere Aufgabe ist es, auf der Grundlage unserer Prüfung ein Urteil zu diesem Konzernabschluss abzugeben. Wir haben unsere Abschlussprüfung in Übereinstimmung mit den International Standards on Auditing durchgeführt. Nach diesen Standards haben wir die beruflichen Verhaltensanforderungen einzuhalten und die Abschlussprüfung so zu planen und durchzuführen, dass hinreichende Sicherheit darüber erlangt wird, ob der Konzernabschluss frei von wesentlichen falschen Darstellungen ist.

Eine Abschlussprüfung beinhaltet die Durchführung von Prüfungshandlungen, um Prüfungsnachweise für die im Konzernabschluss enthaltenen Wertansätze und sonstigen Angaben zu erlangen. Die Auswahl der Prüfungshandlungen liegt im pflichtgemäßen Ermessen des Abschlussprüfers. Dies schließt die Beurteilung der Risiken wesentlicher - beabsichtigter oder unbeabsichtigter - falscher Darstellungen im Konzernabschluss ein. Bei der Beurteilung dieser Risiken berücksichtigt der Abschlussprüfer das für die Aufstellung und sachgerechte Gesamtdarstellung[10)] des Konzernabschlusses durch die Einheit relevante interne Kontrollsystem, um

---

7) Die Unterüberschrift „Vermerk zum Konzernabschluss" ist nicht erforderlich, wenn die zweite Unterüberschrift „Vermerk zu sonstigen gesetzlichen und anderen rechtlichen Anforderungen", nicht anzuwenden ist.
8) Oder ein anderer Begriff, der im Kontext des Rechtsrahmens in dem betreffenden Rechtsraum zutreffend ist.
9) Falls das Management die Verantwortung hat, einen Konzernabschluss aufzustellen, der ein den tatsächlichen Verhältnissen entsprechendes Bild vermittelt, kann dies lauten: „Das Management ist verantwortlich für die Aufstellung eines Konzernabschlusses, der in Übereinstimmung mit den International Financial Reporting Standards ein den tatsächlichen Verhältnissen entsprechendes Bild vermittelt, und für die ..."
10) Im Fall von Fußnote 17 kann dies lauten: „Bei der Beurteilung dieser Risiken berücksichtigt der Abschlussprüfer das interne Kontrollsystem, das relevant ist für die Aufstellung eines Konzernabschlusses durch die Einheit, der ein den tatsächlichen Verhältnissen entsprechendes Bild vermittelt, um Prüfungshandlungen zu planen, die unter den gegebenen Umständen angemessen sind, jedoch nicht mit dem Ziel, ein Prüfungsurteil zur Wirksamkeit des internen Kontrollsystems der Einheit abzugeben."

entity's internal control.[11] An audit also includes evaluating the appropriateness of accounting policies used and the reasonableness of accounting estimates made by management, as well as evaluating the overall presentation of the consolidated financial statements.

We believe that the audit evidence we have obtained is sufficient and appropriate to provide a basis for our adverse audit opinion.

Basis for Adverse Opinion
As explained in Note X, the company has not consolidated the financial statements of subsidiary XYZ Company it acquired during 20X1 because it has not yet been able to ascertain the fair values of certain of the subsidiary's material assets and liabilities at the acquisition date. This investment is therefore accounted for on a cost basis. Under International Financial Reporting Standards, the subsidiary should have been consolidated because it is controlled by the company. Had XYZ been consolidated, many elements in the accompanying financial statements would have been materially affected. The effects on the consolidated financial statements of the failure to consolidate have not been determined.

Adverse Opinion
In our opinion, because of the significance of the matter discussed in the Basis for Adverse Opinion paragraph, the consolidated financial statements do not present fairly (or *do not give a true and fair view of*) the financial position of ABC Company and its subsidiaries as at December 31, 20X1, and (*of*) their financial performance and their cash flows for the year then ended in accordance with International Financial Reporting Standards.

Report on Other Legal and Regulatory Requirements
[Form and content of this section of the auditor's report will vary depending on the nature of the auditor's other reporting responsibilities.]

[Auditor's signature]
[Date of the auditor's report]
[Auditor's address]

---

11) In circumstances when the auditor also has responsibility to express an opinion on the effectiveness of internal control in conjunction with the audit of the consolidated financial statements, this sentence would be worded as follows: "In making those risk assessments, the auditor considers internal control relevant to the entity's preparation and fair presentation of the consolidated financial statements in order to design audit procedures that are appropriate in the circumstances." In the case of footnote 17, this may read: "In making those risk assessments, the auditor considers internal control relevant to the entity's preparation of consolidated financial statements that give a true and fair view in order to design audit procedures that are appropriate in the circumstances."

Modifizierungen des Prüfungsurteils im Vermerk des unabhängigen Abschlussprüfers ISA 705

Prüfungshandlungen zu planen, die unter den gegebenen Umständen angemessen sind, jedoch nicht mit dem Ziel, ein Prüfungsurteil zur Wirksamkeit des internen Kontrollsystems der Einheit abzugeben.[11] Eine Abschlussprüfung umfasst auch die Beurteilung der Angemessenheit der angewandten Rechnungslegungsmethoden und der Vertretbarkeit der vom Management ermittelten geschätzten Werte in der Rechnungslegung sowie die Beurteilung der Gesamtdarstellung des Konzernabschlusses.

Wir sind der Auffassung, dass die von uns erlangten Prüfungsnachweise ausreichend und geeignet sind, um als Grundlage für unser versagtes Prüfungsurteil zu dienen.

Grundlage für das versagte Prüfungsurteil

Wie in Angabe X dargelegt, hat die Gesellschaft den Abschluss der im Laufe des Jahres 20X1 von ihr erworbenen Tochtergesellschaft XYZ nicht konsolidiert, da sie noch nicht in der Lage war, die Zeitwerte bestimmter wesentlicher Vermögenswerte und Schulden der Tochtergesellschaft zum Erwerbszeitpunkt zu ermitteln. Daher wird diese Beteiligung zu Anschaffungskosten bilanziert. Nach den International Financial Reporting Standards hätte die Tochtergesellschaft konsolidiert werden müssen, da sie von der Gesellschaft beherrscht wird. Wäre XYZ konsolidiert worden, hätte dies wesentliche Auswirkungen auf zahlreiche Posten und andere Angaben in dem beigefügten Abschluss gehabt. Die Auswirkungen der Nicht-Konsolidierung auf den Konzernabschluss wurden nicht bestimmt.

Versagtes Prüfungsurteil

Nach unserer Beurteilung stellt der Konzernabschluss aufgrund der Bedeutung des im Absatz „Grundlage für das versagte Prüfungsurteil" behandelten Sachverhalts die Vermögens- und Finanzlage der ABC Gesellschaft und ihrer Tochtergesellschaften zum 31.12.20X1 sowie die Ertragslage und die Cashflows für das an diesem Stichtag endende Geschäftsjahr in Übereinstimmung mit den International Financial Reporting Standards insgesamt in wesentlichen Belangen nicht sachgerecht dar (oder: „ ... vermittelt der Konzernabschluss kein den tatsächlichen Verhältnissen entsprechendes Bild ... ").

Vermerk zu sonstigen gesetzlichen und anderen rechtlichen Anforderungen

[Form und Inhalt dieses Abschnitts des Vermerks des Abschlussprüfers unterscheiden sich in Abhängigkeit von der Art der sonstigen Angabepflichten des Abschlussprüfers im Vermerk.]

[Unterschrift des Abschlussprüfers]

[Datum des Vermerks des Abschlussprüfers]

[Ort des Abschlussprüfers]

---

11) In Fällen, in denen der Abschlussprüfer auch die Pflicht hat, im Zusammenhang mit der Prüfung des Konzernabschlusses ein Prüfungsurteil zur Wirksamkeit des internen Kontrollsystems abzugeben, würde dieser Satz folgendermaßen lauten: „Bei der Beurteilung dieser Risiken berücksichtigt der Abschlussprüfer das für die Aufstellung und sachgerechte Gesamtdarstellung des Konzernabschlusses durch die Einheit relevante interne Kontrollsystem, um Prüfungshandlungen zu planen, die unter den gegebenen Umständen angemessen sind." Im Fall von Fußnote 17 kann dies lauten „Bei der Beurteilung dieser Risiken berücksichtigt der Abschlussprüfer das interne Kontrollsystem, das relevant ist für die Aufstellung eines Konzernabschlusses durch die Einheit, der ein den tatsächlichen Verhältnissen entsprechendes Bild vermittelt, um Prüfungshandlungen zu planen, die unter den gegebenen Umständen angemessen sind."

Illustration 3:

Circumstances include the following:

- Audit of a complete set of general purpose financial statements prepared by management of the entity in accordance with International Financial Reporting Standards.

- The terms of the audit engagement reflect the description of management's responsibility for the financial statements in ISA 210.

- The auditor was unable to obtain sufficient appropriate audit evidence regarding an investment in a foreign affiliate. The possible effects of the inability to obtain sufficient appropriate audit evidence are deemed to be material but not pervasive to the financial statements.

- In addition to the audit of the financial statements, the auditor has other reporting responsibilities required under local law.

INDEPENDENT AUDITOR'S REPORT

[Appropriate Addressee]

Report on the Financial Statements[12]

We have audited the accompanying financial statements of ABC Company, which comprise the statement of financial position as at December 31, 20X1, and the statement of comprehensive income, statement of changes in equity and statement of cash flows for the year then ended, and a summary of significant accounting policies and other explanatory information.

Management's[13] Responsibility for the Financial Statements

Management is responsible for the preparation and fair presentation of these financial statements in accordance with International Financial Reporting Standards,[14] and for such internal control as management determines is necessary to enable the preparation of financial statements that are free from material misstatement, whether due to fraud or error.

Auditor's Responsibility

Our responsibility is to express an opinion on these financial statements based on our audit. We conducted our audit in accordance with International Standards on Auditing. Those standards require that we comply with ethical requirements and plan and perform the audit to obtain reasonable assurance about whether the financial statements are free from material misstatement.

An audit involves performing procedures to obtain audit evidence about the amounts and disclosures in the financial statements. The procedures selected depend on the auditor's judgment, including the assessment of the risks of material misstatement of the financial statements, whether due to fraud or error. In making those risk assessments, the auditor considers internal control relevant to the entity's preparation and fair presentation[15] of the financial statements in order to design audit procedures that are appropriate in the circumstances, but not for the

---

12) The sub-title "Report on the Financial Statements" is unnecessary in circumstances when the second sub-title "Report on Other Legal and Regulatory Requirements" is not applicable.

13) Or other term that is appropriate in the context of the legal framework in the particular jurisdiction.

14) Where management's responsibility is to prepare financial statements that give a true and fair view, this may read: "Management is responsible for the preparation of financial statements that give a true and fair view in accordance with International Financial Reporting Standards, and for such ..."

15) In the case of footnote 22, this may read: "In making those risk assessments, the auditor considers internal control relevant to the entity's preparation of financial statements that give a true and fair view in order to design audit procedures that are appropriate in the circumstances, but not for the purpose of expressing an opinion on the effectiveness of the entity's internal control."

> **Beispiel 3:**
>
> **Folgende Gegebenheiten:**
>
> - Prüfung eines vollständigen Abschlusses für allgemeine Zwecke, der vom Management der Einheit in Übereinstimmung mit den International Financial Reporting Standards aufgestellt wurde.
> - Die Bedingungen des Prüfungsauftrags spiegeln die Beschreibung der Verantwortung des Managements für den Abschluss in ISA 210 wider.
> - Der Abschlussprüfer war nicht in der Lage, ausreichende geeignete Prüfungsnachweise zu einer Beteiligung an einem ausländischen assoziierten Unternehmen zu erlangen. Die möglichen Auswirkungen der fehlenden Möglichkeit, ausreichende geeignete Prüfungsnachweise zu erlangen, auf den Abschluss werden als wesentlich, jedoch nicht als umfassend angesehen.
> - Zusätzlich zur Prüfung des Abschlusses hat der Abschlussprüfer sonstige Angabepflichten im Vermerk, die durch lokales Recht erforderlich sind.

VERMERK DES UNABHÄNGIGEN ABSCHLUSSPRÜFERS

[Empfänger]

Vermerk zum Abschluss[12]

Wir haben den beigefügten Abschluss der ABC Gesellschaft – bestehend aus der Bilanz zum 31.12.20X1, der Gesamtergebnisrechnung, Eigenkapitalveränderungsrechnung und Kapitalflussrechnung für das an diesem Stichtag endende Geschäftsjahr sowie aus einer Zusammenfassung bedeutsamer Rechnungslegungsmethoden und anderen erläuternden Informationen – geprüft.

Verantwortung des Managements[13] für den Abschluss

Das Management ist verantwortlich für die Aufstellung und sachgerechte Gesamtdarstellung dieses Abschlusses in Übereinstimmung mit den International Financial Reporting Standards[14] und für die internen Kontrollen, die das Management als notwendig erachtet, um die Aufstellung eines Abschlusses zu ermöglichen, der frei von wesentlichen - beabsichtigten oder unbeabsichtigten - falschen Darstellungen ist.

Verantwortung des Abschlussprüfers

Unsere Aufgabe ist es, auf der Grundlage unserer Prüfung ein Urteil zu diesem Abschluss abzugeben. Wir haben unsere Abschlussprüfung in Übereinstimmung mit den International Standards on Auditing durchgeführt. Nach diesen Standards haben wir die beruflichen Verhaltensanforderungen einzuhalten und die Abschlussprüfung so zu planen und durchzuführen, dass hinreichende Sicherheit darüber erlangt wird, ob der Abschluss frei von wesentlichen falschen Darstellungen ist.

Eine Abschlussprüfung beinhaltet die Durchführung von Prüfungshandlungen, um Prüfungsnachweise für die im Abschluss enthaltenen Wertansätze und sonstigen Angaben zu erlangen. Die Auswahl der Prüfungshandlungen liegt im pflichtgemäßen Ermessen des Abschlussprüfers. Dies schließt die Beurteilung der Risiken wesentlicher - beabsichtigter oder unbeabsichtigter - falscher Darstellungen im Abschluss ein. Bei der Beurteilung dieser Risiken berücksichtigt der Abschlussprüfer das für die Aufstellung und sachgerechte Gesamtdarstellung[15] des Abschlusses

---

12) Die Unterüberschrift „Vermerk zum Abschluss" ist nicht erforderlich, wenn die zweite Unterüberschrift, „Vermerk zu sonstigen gesetzlichen und anderen rechtlichen Anforderungen", nicht anzuwenden ist.
13) Oder ein anderer Begriff, der im Kontext des Rechtsrahmens in dem betreffenden Rechtsraum zutreffend ist.
14) Falls das Management die Verantwortung hat, einen Abschluss aufzustellen, der ein den tatsächlichen Verhältnissen entsprechendes Bild vermittelt, kann dies lauten: „Das Management ist verantwortlich für die Aufstellung eines Abschlusses, der in Übereinstimmung mit den International Financial Reporting Standards ein den tatsächlichen Verhältnissen entsprechendes Bild vermittelt, und für die ..."
15) Im Fall von Fußnote 22 kann dies lauten: „Bei der Beurteilung dieser Risiken berücksichtigt der Abschlussprüfer das interne Kontrollsystem, das relevant ist für die Aufstellung eines Abschlusses durch die Einheit, der ein den tatsächlichen Verhältnissen entsprechendes Bild vermittelt, um Prüfungshandlungen zu planen, die unter den gegebenen Umständen angemessen sind, jedoch nicht mit dem Ziel, ein Prüfungsurteil zur Wirksamkeit des internen Kontrollsystems der Einheit abzugeben."

purpose of expressing an opinion on the effectiveness of the entity's internal control.[16] An audit also includes evaluating the appropriateness of accounting policies used and the reasonableness of accounting estimates made by management, as well as evaluating the overall presentation of the financial statements.

We believe that the audit evidence we have obtained is sufficient and appropriate to provide a basis for our qualified audit opinion.

Basis for Qualified Opinion

ABC Company's investment in XYZ Company, a foreign associate acquired during the year and accounted for by the equity method, is carried at xxx on the statement of financial position as at December 31, 20X1, and ABC's share of XYZ's net income of xxx is included in ABC's income for the year then ended. We were unable to obtain sufficient appropriate audit evidence about the carrying amount of ABC's investment in XYZ as at December 31, 20X1 and ABC's share of XYZ's net income for the year because we were denied access to the financial information, management, and the auditors of XYZ. Consequently, we were unable to determine whether any adjustments to these amounts were necessary.

Qualified Opinion

In our opinion, except for the possible effects of the matter described in the Basis for Qualified Opinion paragraph, the financial statements present fairly, in all material respects, (or *give a true and fair view of*) the financial position of ABC Company as at December 31, 20X1, and (*of*) its financial performance and its cash flows for the year then ended in accordance with International Financial Reporting Standards.

Report on Other Legal and Regulatory Requirements

[Form and content of this section of the auditor's report will vary depending on the nature of the auditor's other reporting responsibilities.]

[Auditor's signature]
[Date of the auditor's report]
[Auditor's address]

---

16) In circumstances when the auditor also has responsibility to express an opinion on the effectiveness of internal control in conjunction with the audit of the financial statements, this sentence would be worded as follows: "In making those risk assessments, the auditor considers internal control relevant to the entity's preparation and fair presentation of the financial statements in order to design audit procedures that are appropriate in the circumstances." In the case of footnote 22, this may read: "In making those risk assessments, the auditor considers internal control relevant to the entity's preparation of financial statements that give a true and fair view in order to design audit procedures that are appropriate in the circumstances."

Modifizierungen des Prüfungsurteils im Vermerk des unabhängigen Abschlussprüfers ISA 705

durch die Einheit relevante interne Kontrollsystem, um Prüfungshandlungen zu planen, die unter den gegebenen Umständen angemessen sind, jedoch nicht mit dem Ziel, ein Prüfungsurteil zur Wirksamkeit des internen Kontrollsystems der Einheit abzugeben.[16)] Eine Abschlussprüfung umfasst auch die Beurteilung der Angemessenheit der angewandten Rechnungslegungsmethoden und der Vertretbarkeit der vom Management ermittelten geschätzten Werte in der Rechnungslegung sowie die Beurteilung der Gesamtdarstellung des Abschlusses.

Wir sind der Auffassung, dass die von uns erlangten Prüfungsnachweise ausreichend und geeignet sind, um als Grundlage für unser eingeschränktes Prüfungsurteil zu dienen.

Grundlage für das eingeschränkte Prüfungsurteil

Die Beteiligung der ABC Gesellschaft an der XYZ Gesellschaft, einem ausländischen assoziierten Unternehmen, die im Laufe des Jahres erworben wurde und nach der Equity-Methode bilanziert wird, wird in der Bilanz zum 31.12.20X1 mit xxx ausgewiesen. Der Anteil von ABC am Reingewinn von XYZ in Höhe von xxx ist im Gewinn von ABC für das an diesem Stichtag endende Geschäftsjahr enthalten. Wir waren nicht in der Lage, ausreichende geeignete Prüfungsnachweise über den Buchwert der Beteiligung von ABC an XYZ zum 31.12.20X1 sowie über den Anteil von ABC am Reingewinn von XYZ für das Jahr zu erlangen, da uns der Zugang zu den Finanzinformationen, zum Management und zu den Abschlussprüfern von XYZ verweigert wurde. Folglich war es uns nicht möglich festzustellen, ob an diesen Beträgen Anpassungen erforderlich waren.

Eingeschränktes Prüfungsurteil

Nach unserer Beurteilung stellt der Abschluss mit Ausnahme der möglichen Auswirkungen des im Absatz „Grundlage für das eingeschränkte Prüfungsurteil" beschriebenen Sachverhalts die Vermögens- und Finanzlage der ABC Gesellschaft zum 31.12.20X1 sowie die Ertragslage und die Cashflows für das an diesem Stichtag endende Geschäftsjahr in Übereinstimmung mit den International Financial Reporting Standards in allen wesentlichen Belangen insgesamt sachgerecht dar (... vermittelt der Abschluss mit Ausnahme ... ein den tatsächlichen Verhältnissen entsprechendes Bild der ...).

Vermerk zu sonstigen gesetzlichen und anderen rechtlichen Anforderungen

[Form und Inhalt dieses Abschnitts des Vermerks des Abschlussprüfers unterscheiden sich in Abhängigkeit von der Art der sonstigen Angabepflichten des Abschlussprüfers im Vermerk.]

[Unterschrift des Abschlussprüfers]

[Datum des Vermerks des Abschlussprüfers]

[Ort des Abschlussprüfers]

---

16) In Fällen, in denen der Abschlussprüfer auch die Pflicht hat, im Zusammenhang mit der Prüfung des Abschlusses ein Prüfungsurteil zur Wirksamkeit des internen Kontrollsystems abzugeben, würde dieser Satz folgendermaßen lauten: „Bei der Beurteilung dieser Risiken berücksichtigt der Abschlussprüfer das für die Aufstellung und sachgerechte Gesamtdarstellung des Abschlusses durch die Einheit relevante interne Kontrollsystem, um Prüfungshandlungen zu planen, die unter den gegebenen Umständen angemessen sind." Im Fall von Fußnote 22 kann dies lauten: „Bei der Beurteilung dieser Risiken berücksichtigt der Abschlussprüfer das interne Kontrollsystem, das relevant ist für die Aufstellung eines Abschlusses durch die Einheit, der ein den tatsächlichen Verhältnissen entsprechendes Bild vermittelt, um Prüfungshandlungen zu planen, die unter den gegebenen Umständen angemessen sind."

> **Illustration 4:**
> Circumstances include the following:
> - Audit of a complete set of general purpose financial statements prepared by management of the entity in accordance with International Financial Reporting Standards.
> - The terms of the audit engagement reflect the description of management's responsibility for the financial statements in ISA 210.
> - The auditor was unable to obtain sufficient appropriate audit evidence about a single element of the financial statements. That is, the auditor was also unable to obtain audit evidence about the financial information of a joint venture investment that represents over 90% of the company's net assets. The possible effects of this inability to obtain sufficient appropriate audit evidence are deemed to be both material and pervasive to the financial statements.
> - In addition to the audit of the financial statements, the auditor has other reporting responsibilities required under local law.

INDEPENDENT AUDITOR'S REPORT

[Appropriate Addressee]

Report on the Financial Statements[17]

We were engaged to audit the accompanying financial statements of ABC Company, which comprise the statement of financial position as at December 31, 20X1, and the statement of comprehensive income, statement of changes in equity and statement of cash flows for the year then ended, and a summary of significant accounting policies and other explanatory information.

Management's[18] Responsibility for the Financial Statements

Management is responsible for the preparation and fair presentation of these financial statements in accordance with International Financial Reporting Standards,[19] and for such internal control as management determines is necessary to enable the preparation of financial statements that are free from material misstatement, whether due to fraud or error.

Auditor's Responsibility

Our responsibility is to express an opinion on these financial statements based on conducting the audit in accordance with International Standards on Auditing. Because of the matter described in the Basis for Disclaimer of Opinion paragraph, however, we were not able to obtain sufficient appropriate audit evidence to provide a basis for an audit opinion.

Basis for Disclaimer of Opinion

The company's investment in its joint venture XYZ (Country X) Company is carried at xxx on the company's statement of financial position, which represents over 90% of the company's net assets as at December 31, 20X1. We were not allowed access to the management and the auditors of XYZ, including XYZ's auditors' audit documentation. As a result, we were unable to determine whether any adjustments were necessary in respect of the company's proportional share of XYZ's assets that it controls jointly, its proportional share of XYZ's liabilities for which it is jointly responsible, its proportional share of XYZ's income and expenses for the year, and the elements making up the statement of changes in equity and cash flow statement.

---

17) The sub-title "Report on the Financial Statements" is unnecessary in circumstances when the second sub-title "Report on Other Legal and Regulatory Requirements" is not applicable.
18) Or other term that is appropriate in the context of the legal framework in the particular jurisdiction.
19) Where management's responsibility is to prepare financial statements that give a true and fair view, this may read: "Management is responsible for the preparation of financial statements that give a true and fair view in accordance with International Financial Reporting Standards, and for such ..."

> **Beispiel 4:**
> Folgende Gegebenheiten:
> - Prüfung eines vollständigen Abschlusses für allgemeine Zwecke, der vom Management der Einheit in Übereinstimmung mit den International Financial Reporting Standards aufgestellt wurde.
> - Die Bedingungen des Prüfungsauftrags spiegeln die Beschreibung der Verantwortung des Managements für den Abschluss in ISA 210 wider.
> - Der Abschlussprüfer war nicht in der Lage, ausreichende geeignete Prüfungsnachweise über einen einzelnen Posten des Abschlusses zu erlangen und zwar Prüfungsnachweise über die Finanzinformationen einer Joint-Venture-Beteiligung, die mehr als 90 % des Nettovermögens der Gesellschaft ausmacht. Die möglichen Auswirkungen dieser fehlenden Möglichkeit, ausreichende geeignete Prüfungsnachweise zu erlangen, auf den Abschluss werden als sowohl wesentlich als auch umfassend angesehen.
> - Zusätzlich zur Prüfung des Abschlusses hat der Abschlussprüfer sonstige Angabepflichten im Vermerk, die durch lokales Recht erforderlich sind.

VERMERK DES UNABHÄNGIGEN ABSCHLUSSPRÜFERS

[Empfänger]

Vermerk zum Abschluss[17]

Wir wurden beauftragt, den beigefügten Abschluss der ABC Gesellschaft – bestehend aus der Bilanz zum 31.12.20X1, der Gesamtergebnisrechnung, Eigenkapitalveränderungsrechnung und Kapitalflussrechnung für das an diesem Stichtag endende Geschäftsjahr sowie aus einer Zusammenfassung bedeutsamer Rechnungslegungsmethoden und anderen erläuternden Informationen – zu prüfen.

Verantwortung des Managements[18] für den Abschluss

Das Management ist verantwortlich für die Aufstellung und sachgerechte Gesamtdarstellung dieses Abschlusses in Übereinstimmung mit den International Financial Reporting Standards[19] und für die internen Kontrollen, die das Management als notwendig erachtet, um die Aufstellung eines Abschlusses zu ermöglichen, der frei von wesentlichen - beabsichtigten oder unbeabsichtigten - falschen Darstellungen ist.

Verantwortung des Abschlussprüfers

Unsere Aufgabe ist es, auf der Grundlage der Durchführung der Prüfung in Übereinstimmung mit den International Standards on Auditing ein Urteil zu diesem Abschluss abzugeben. Aufgrund des im Absatz „Grundlage für die Nichtabgabe eines Prüfungsurteils" beschriebenen Sachverhalts waren wir jedoch nicht in der Lage, ausreichende geeignete Prüfungsnachweise als Grundlage für ein Prüfungsurteil zu erlangen.

Grundlage für die Nichtabgabe eines Prüfungsurteils

Die Beteiligung der Gesellschaft an der Joint-Venture-Gesellschaft XYZ (Land X) wird in der Bilanz der Gesellschaft mit einem Betrag von xxx ausgewiesen, der mehr als 90 % des Nettovermögens der Gesellschaft zum 31.12.20X1 ausmacht. Uns wurde der Zugang zum Management und zu den Abschlussprüfern von XYZ, einschließlich zu der Prüfungsdokumentation der Abschlussprüfer von XYZ, verweigert. Folglich waren wir nicht in der Lage festzustellen, ob Anpassungen bei dem proportionalen Anteil der Gesellschaft an den Vermögenswerten von XYZ, die sie gemeinschaftlich beherrscht, ihrem proportionalen Anteil an den Schulden von XYZ, für die sie gemeinschaftlich verantwortlich ist, ihrem proportionalen Anteil an den Erträgen und Aufwendungen von XYZ für das Jahr sowie bei den Posten, welche die Eigenkapitalveränderungsrechnung und die Kapitalflussrechnung bilden, notwendig waren.

---

17) Die Unterüberschrift „Vermerk zum Abschluss" ist nicht erforderlich, wenn die zweite Unterüberschrift, „Vermerk zu sonstigen gesetzlichen und anderen rechtlichen Anforderungen", nicht anzuwenden ist.
18) Oder ein anderer Begriff, der im Kontext des Rechtsrahmens in dem betreffenden Rechtsraum zutreffend ist.
19) Falls das Management die Verantwortung hat, einen Abschluss aufzustellen, der ein den tatsächlichen Verhältnissen entsprechendes Bild vermittelt, kann dies lauten: „Das Management ist verantwortlich für die Aufstellung eines Abschlusses, der in Übereinstimmung mit den International Financial Reporting Standards ein den tatsächlichen Verhältnissen entsprechendes Bild vermittelt, und für die ..."

Disclaimer of Opinion

Because of the significance of the matter described in the Basis for Disclaimer of Opinion paragraph, we have not been able to obtain sufficient appropriate audit evidence to provide a basis for an audit opinion. Accordingly, we do not express an opinion on the financial statements.

Report on Other Legal and Regulatory Requirements

[Form and content of this section of the auditor's report will vary depending on the nature of the auditor's other reporting responsibilities.]

[Auditor's signature]
[Date of the auditor's report]
[Auditor's address]

Nichtabgabe eines Prüfungsurteils
Aufgrund der Bedeutung des im Absatz „Grundlage für die Nichtabgabe eines Prüfungsurteils" beschriebenen Sachverhalts waren wir nicht in der Lage, ausreichende geeignete Prüfungsnachweise als Grundlage für ein Prüfungsurteil zu erlangen. Folglich geben wir kein Prüfungsurteil zu dem Abschluss ab.

Vermerk zu sonstigen gesetzlichen und anderen rechtlichen Anforderungen
[Form und Inhalt dieses Abschnitts des Vermerks des Abschlussprüfers unterscheiden sich in Abhängigkeit von der Art der sonstigen Angabepflichten des Abschlussprüfers im Vermerk.]

[Unterschrift des Abschlussprüfers]
[Datum des Vermerks des Abschlussprüfers]
[Ort des Abschlussprüfers]

Illustration 5:
Circumstances include the following:
- Audit of a complete set of general purpose financial statements prepared by management of the entity in accordance with International Financial Reporting Standards.
- The terms of the audit engagement reflect the description of management's responsibility for the financial statements in ISA 210.
- The auditor was unable to obtain sufficient appropriate audit evidence about multiple elements of the financial statements. That is, the auditor was unable to obtain audit evidence about the entity's inventories and accounts receivable. The possible effects of this inability to obtain sufficient appropriate audit evidence are deemed to be both material and pervasive to the financial statements.
- In addition to the audit of the financial statements, the auditor has other reporting responsibilities required under local law.

INDEPENDENT AUDITOR'S REPORT

[Appropriate Addressee]

Report on the Financial Statements[20]

We were engaged to audit the accompanying financial statements of ABC Company, which comprise the statement of financial position as at December 31, 20X1, and the statement of comprehensive income, statement of changes in equity and statement of cash flows for the year then ended, and a summary of significant accounting policies and other explanatory information.

Management's[21] Responsibility for the Financial Statements

Management is responsible for the preparation and fair presentation of these financial statements in accordance with International Financial Reporting Standards,[22] and for such internal control as management determines is necessary to enable the preparation of financial statements that are free from material misstatement, whether due to fraud or error.

Auditor's Responsibility

Our responsibility is to express an opinion on these financial statements based on conducting the audit in accordance with International Standards on Auditing. Because of the matters described in the Basis for Disclaimer of Opinion paragraph, however, we were not able to obtain sufficient appropriate audit evidence to provide a basis for an audit opinion.

Basis for Disclaimer of Opinion

We were not appointed as auditors of the company until after December 31, 20X1 and thus did not observe the counting of physical inventories at the beginning and end of the year. We were unable to satisfy ourselves by alternative means concerning the inventory quantities held at December 31, 20X0 and 20X1 which are stated in the statement of financial position at xxx and xxx, respectively. In addition, the introduction of a new computerized accounts receivable system in September 20X1 resulted in numerous errors in accounts receivable. As of the date of our audit report, management was still in the process of rectifying the system deficiencies and correcting the errors. We were unable to confirm or verify by alternative means accounts receivable included in the statement of financial position at a total amount of xxx as at December 31, 20X1. As a result of these matters, we were unable to determine whether any adjustments might have been found necessary in respect of recorded or unrecorded inventories and accounts receivable, and the elements making up the statement of comprehensive income, statement of changes in equity and statement of cash flows.

---

20) The sub-title "Report on the Financial Statements" is unnecessary in circumstances when the second sub-title "Report on Other Legal and Regulatory Requirements" is not applicable.
21) Or other term that is appropriate in the context of the legal framework in the particular jurisdiction.
22) Where management's responsibility is to prepare financial statements that give a true and fair view, this may read: "Management is responsible for the preparation of financial statements that give a true and fair view in accordance with International Financial Reporting Standards, and for such ..."

> **Beispiel 5:**
> Folgende Gegebenheiten:
> - Prüfung eines vollständigen Abschlusses für allgemeine Zwecke, der vom Management der Einheit in Übereinstimmung mit den International Financial Reporting Standards aufgestellt wurde.
> - Die Bedingungen des Prüfungsauftrags spiegeln die Beschreibung der Verantwortung des Managements für den Abschluss in ISA 210 wider.
> - Der Abschlussprüfer war nicht in der Lage, ausreichende geeignete Prüfungsnachweise über mehrere Posten des Abschlusses zu erlangen und zwar Prüfungsnachweise über die Vorräte und die Forderungen der Einheit. Die möglichen Auswirkungen dieser fehlenden Möglichkeit, ausreichende geeignete Prüfungsnachweise zu erlangen, auf den Abschluss werden als sowohl wesentlich als auch umfassend angesehen.
> - Zusätzlich zur Prüfung des Abschlusses hat der Abschlussprüfer sonstige Angabepflichten im Vermerk, die durch lokales Recht erforderlich sind.

VERMERK DES UNABHÄNGIGEN ABSCHLUSSPRÜFERS

[Empfänger]

Vermerk zum Abschluss[20]

Wir wurden damit beauftragt, den beigefügten Abschluss der ABC Gesellschaft – bestehend aus der Bilanz zum 31.12.20X1, der Gesamtergebnisrechnung, Eigenkapitalveränderungsrechnung und Kapitalflussrechnung für das an diesem Stichtag endende Geschäftsjahr sowie aus einer Zusammenfassung bedeutsamer Rechnungslegungsmethoden und anderen erläuternden Informationen – zu prüfen.

Verantwortung des Managements[21] für den Abschluss

Das Management ist verantwortlich für die Aufstellung und sachgerechte Gesamtdarstellung dieses Abschlusses in Übereinstimmung mit den International Financial Reporting Standards[22] und für die internen Kontrollen, die das Management als notwendig erachtet, um die Aufstellung eines Abschlusses zu ermöglichen, der frei von wesentlichen - beabsichtigten oder unbeabsichtigten - falschen Darstellungen ist.

Verantwortung des Abschlussprüfers

Unsere Aufgabe ist es, auf der Grundlage der Durchführung der Prüfung in Übereinstimmung mit den International Standards on Auditing ein Urteil zu diesem Abschluss abzugeben. Aufgrund der im Absatz „Grundlage für die Nichtabgabe eines Prüfungsurteils" beschriebenen Sachverhalte waren wir jedoch nicht in der Lage, ausreichende geeignete Prüfungsnachweise als Grundlage für ein Prüfungsurteil zu erlangen.

Grundlage für die Nichtabgabe eines Prüfungsurteils

Wir wurden erst nach dem 31.12.20X1 als Abschlussprüfer der Gesellschaft bestellt und haben daher die Inventur zu Jahresbeginn und am Jahresende nicht beobachtet. Wir waren nicht in der Lage, uns auf alternativen Wegen von den zum 31.12.20X0 und 31.12.20X1 vorhandenen Vorratsbeständen zu überzeugen, die in der Bilanz mit xxx bzw. xxx ausgewiesen sind. Außerdem führte die Einführung eines neuen IT-gestützten Forderungsmanagementsystems im September 20X1 zu zahlreichen Fehlern bei den Forderungen. Zum Datum unseres Vermerks des Abschlussprüfers war das Management immer noch damit beschäftigt, die Mängel des Systems zu beheben und die Fehler zu korrigieren. Wir waren nicht in der Lage, die in der Bilanz zum 31.12.20X1 mit einem Gesamtbetrag von xxx enthaltenen Forderungen auf alternativen Wegen zu bestätigen oder zu prüfen. Infolge dieser Sachverhalte waren wir nicht in der Lage festzustellen, ob möglicherweise Anpassungen bei erfassten oder nicht erfassten Vorräten und Forderungen sowie bei den Posten, welche die Gesamtergebnisrechnung, die Eigenkapitalveränderungsrechnung und die Kapitalflussrechnung bilden, notwendig gewesen wären.

---

20) Die Unterüberschrift „Vermerk zum Abschluss" ist nicht erforderlich, wenn die zweite Unterüberschrift, „Vermerk zu sonstigen gesetzlichen und anderen rechtlichen Anforderungen", nicht anzuwenden ist.
21) Oder ein anderer Begriff, der im Kontext des Rechtsrahmens in dem betreffenden Rechtsraum zutreffend ist.
22) Falls das Management die Verantwortung hat, einen Abschluss aufzustellen, der ein den tatsächlichen Verhältnissen entsprechendes Bild vermittelt, kann dies lauten: „Das Management ist verantwortlich für die Aufstellung eines Abschlusses, der in Übereinstimmung mit den International Financial Reporting Standards ein den tatsächlichen Verhältnissen entsprechendes Bild vermittelt, und für die ..."

Disclaimer of Opinion

Because of the significance of the matters described in the Basis for Disclaimer of Opinion paragraph, we have not been able to obtain sufficient appropriate audit evidence to provide a basis for an audit opinion. Accordingly, we do not express an opinion on the financial statements.

Report on Other Legal and Regulatory Requirements

[Form and content of this section of the auditor's report will vary depending on the nature of the auditor's other reporting responsibilities.]

[Auditor's signature]
[Date of the auditor's report]
[Auditor's address]

Nichtabgabe eines Prüfungsurteils
Aufgrund der Bedeutung der im Absatz „Grundlage für die Nichtabgabe eines Prüfungsurteils" beschriebenen Sachverhalte waren wir nicht in der Lage, ausreichende geeignete Prüfungsnachweise als Grundlage für ein Prüfungsurteil zu erlangen. Folglich geben wir kein Prüfungsurteil zu dem Abschluss ab.

Vermerk zu sonstigen gesetzlichen und anderen rechtlichen Anforderungen
[Form und Inhalt dieses Abschnitts des Vermerks des Abschlussprüfers unterscheiden sich in Abhängigkeit von der Art der sonstigen Angabepflichten des Abschlussprüfers im Vermerk.]

[Unterschrift des Abschlussprüfers]
[Datum des Vermerks des Abschlussprüfers]
[Ort des Abschlussprüfers]

INTERNATIONAL STANDARD ON AUDITING 706

EMPHASIS OF MATTER PARAGRAPHS AND OTHER MATTER PARAGRAPHS IN THE INDEPENDENT AUDITOR'S REPORT

(Effective for audits of financial statements for periods beginning on or after December 15, 2009)

CONTENTS

	Paragraph
Introduction	
Scope of this ISA	1–2
Effective Date	3
Objective	4
Definitions	5
Requirements	
Emphasis of Matter Paragraphs in the Auditor's Report	6–7
Other Matter Paragraphs in the Auditor's Report	8
Communication with Those Charged with Governance	9
Application and Other Explanatory Material	
Emphasis of Matter Paragraphs in the Auditor's Report	A1–A4
Other Matter Paragraphs in the Auditor's Report	A5–A11
Communication with Those Charged with Governance	A12

Appendix 1: List of ISAs Containing Requirements for Emphasis of Matter Paragraphs

Appendix 2: List of ISAs Containing Requirements for Other Matter Paragraphs

Appendix 3: Illustration of an Auditor's Report that Includes an Emphasis of Matter Paragraph

---

International Standard on Auditing (ISA) 706, "Emphasis of Matter Paragraphs and Other Matter Paragraphs in the Independent Auditor's Report" should be read in conjunction with ISA 200, "Overall Objectives of the Independent Auditor and the Conduct of an Audit in Accordance with International Standards on Auditing."

INTERNATIONAL STANDARD ON AUDITING 706

HERVORHEBUNG EINES SACHVERHALTS UND HINWEIS AUF SONSTIGE SACHVERHALTE DURCH ABSÄTZE IM VERMERK DES UNABHÄNGIGEN ABSCHLUSSPRÜFERS

(gilt für die Prüfung von Abschlüssen für Zeiträume, die am oder nach dem 15.12.2009 beginnen)

INHALTSVERZEICHNIS

	Textziffer
Einleitung	
Anwendungsbereich	1-2
Anwendungszeitpunkt	3
Ziel	4
Definitionen	5
Anforderungen	
Absätze zur Hervorhebung eines Sachverhalts im Vermerk des Abschlussprüfers	6-7
Absätze zum Hinweis auf sonstige Sachverhalte im Vermerk des Abschlussprüfers	8
Kommunikation mit den für die Überwachung Verantwortlichen	9
Anwendungshinweise und sonstige Erläuterungen	
Absätze zur Hervorhebung eines Sachverhalts im Vermerk des Abschlussprüfers	A1-A4
Absätze zum Hinweis auf sonstige Sachverhalte im Vermerk des Abschlussprüfers	A5-A11
Kommunikation mit den für die Überwachung Verantwortlichen	A12
Anlage 1: Liste der ISA, die Anforderungen für Absätze zur Hervorhebung eines Sachverhalts enthalten	
Anlage 2: Liste der ISA, die Anforderungen für Absätze zum Hinweis auf sonstige Sachverhalte enthalten	
Anlage 3: Formulierungsbeispiel für einen Vermerk des Abschlussprüfers, der einen Absatz zur Hervorhebung eines Sachverhalts enthält	

International Standard on Auditing (ISA) 706 „Hervorhebung eines Sachverhalts und Hinweis auf sonstige Sachverhalte durch Absätze im Vermerk des unabhängigen Abschlussprüfers" ist im Zusammenhang mit ISA 200 „Übergreifende Zielsetzungen des unabhängigen Prüfers und Grundsätze einer Prüfung in Übereinstimmung mit den International Standards on Auditing" zu lesen.

ISA 706 — Emphasis of Matter Paragraphs and Other Matter Paragraphs in the Independent Auditor's Report

Introduction

Scope of this ISA

1. This International Standard on Auditing (ISA) deals with additional communication in the auditor's report when the auditor considers it necessary to:

    (a) Draw users' attention to a matter or matters presented or disclosed in the financial statements that are of such importance that they are fundamental to users' understanding of the financial statements; or

    (b) Draw users' attention to any matter or matters other than those presented or disclosed in the financial statements that are relevant to users' understanding of the audit, the auditor's responsibilities or the auditor's report.

2. Appendices 1 and 2 identify ISAs that contain specific requirements for the auditor to include Emphasis of Matter paragraphs or Other Matter paragraphs in the auditor's report. In those circumstances, the requirements in this ISA regarding the form and placement of such paragraphs apply.

Effective Date

3. This ISA is effective for audits of financial statements for periods beginning on or after December 15, 2009.

Objective

4. The objective of the auditor, having formed an opinion on the financial statements, is to draw users' attention, when in the auditor's judgment it is necessary to do so, by way of clear additional communication in the auditor's report, to:

    (a) A matter, although appropriately presented or disclosed in the financial statements, that is of such importance that it is fundamental to users' understanding of the financial statements; or

    (b) As appropriate, any other matter that is relevant to users' understanding of the audit, the auditor's responsibilities or the auditor's report.

Definitions

5. For purposes of the ISAs, the following terms have the meanings attributed below:

    (a) Emphasis of Matter paragraph – A paragraph included in the auditor's report that refers to a matter appropriately presented or disclosed in the financial statements that, in the auditor's judgment, is of such importance that it is fundamental to users' understanding of the financial statements.

    (b) Other Matter paragraph – A paragraph included in the auditor's report that refers to a matter other than those presented or disclosed in the financial statements that, in the auditor's judgment, is relevant to users' understanding of the audit, the auditor's responsibilities or the auditor's report.

Requirements

Emphasis of Matter Paragraphs in the Auditor's Report

6. If the auditor considers it necessary to draw users' attention to a matter presented or disclosed in the financial statements that, in the auditor's judgment, is of such importance that it is fundamental to users' understanding of the financial statements, the auditor shall include an Emphasis of Matter paragraph in the auditor's report provided the auditor has obtained sufficient appropriate audit evidence that the matter is not materially misstated in the financial statements. Such a paragraph shall refer only to information presented or disclosed in the financial statements. (Ref: Para. A1–A2)

7. When the auditor includes an Emphasis of Matter paragraph in the auditor's report, the auditor shall:

    (a) Include it immediately after the Opinion paragraph in the auditor's report;

    (b) Use the heading "Emphasis of Matter," or other appropriate heading;

Einleitung

Anwendungsbereich

1. Dieser International Standard on Auditing (ISA) behandelt zusätzliche Mitteilungen im Vermerk des Abschlussprüfers, wenn der Abschlussprüfer es für notwendig hält,
   (a) die Nutzer auf einen oder mehrere im Abschluss dargestellte oder angegebene Sachverhalte aufmerksam zu machen, die so wichtig sind, dass sie grundlegend für das Verständnis des Abschlusses durch die Nutzer sind, oder
   (b) die Nutzer auf einen oder mehrere nicht im Abschluss dargestellte oder angegebene andere Sachverhalte aufmerksam zu machen, die für das Verständnis der Nutzer von der Abschlussprüfung, den Pflichten des Abschlussprüfers oder dem Vermerk des Abschlussprüfers relevant sind.

2. In den Anlagen 1 und 2 sind ISA aufgeführt, die besondere Anforderungen für den Abschlussprüfer zur Aufnahme von Absätzen zur Hervorhebung eines Sachverhalts oder Absätzen zum Hinweis auf sonstige Sachverhalte in den Vermerk des Abschlussprüfers enthalten. In diesen Fällen gelten die Anforderungen dieses ISA zu Form und Platzierung solcher Absätze.

Anwendungszeitpunkt

3. Dieser ISA gilt für die Prüfung von Abschlüssen für Zeiträume, die am oder nach dem 15.12.2009 beginnen.

Ziel

4. Nachdem der Abschlussprüfer ein Prüfungsurteil zum Abschluss gebildet hat, ist es sein Ziel, durch klare zusätzliche Mitteilungen im Vermerk des Abschlussprüfers die Nutzer – sofern dies nach Beurteilung des Abschlussprüfers notwendig ist – aufmerksam zu machen auf
   (a) einen im Abschluss zwar angemessen dargestellten oder angegebenen Sachverhalt, der aber so wichtig ist, dass er grundlegend für das Verständnis des Abschlusses durch die Nutzer ist, oder
   (b) sonstige Sachverhalte, die für das Verständnis der Nutzer von der Abschlussprüfung, den Pflichten des Abschlussprüfers oder dem Vermerk des Abschlussprüfers relevant sind, sofern dies angebracht ist.

Definitionen

5. Für die Zwecke der ISA gelten die nachstehenden Begriffsbestimmungen:
   (a) Absatz zur Hervorhebung eines Sachverhalts – Ein im Vermerk des Abschlussprüfers enthaltener Absatz, der sich auf einen im Abschluss angemessen dargestellten oder angegebenen Sachverhalt bezieht, der nach der Beurteilung des Abschlussprüfers so wichtig ist, dass er grundlegend für das Verständnis des Abschlusses durch die Nutzer ist.
   (b) Absatz zum Hinweis auf einen sonstigen Sachverhalt – Ein im Vermerk des Abschlussprüfers enthaltener Absatz, der sich auf einen nicht im Abschluss dargestellten oder angegebenen Sachverhalt bezieht, der nach der Beurteilung des Abschlussprüfers für das Verständnis der Nutzer von der Abschlussprüfung, den Pflichten des Abschlussprüfers oder von dem Vermerk des Abschlussprüfers relevant ist.

Anforderungen

Absätze zur Hervorhebung eines Sachverhalts im Vermerk des Abschlussprüfers

6. Hält der Abschlussprüfer es für notwendig, die Nutzer auf einen im Abschluss dargestellten oder angegebenen Sachverhalt aufmerksam zu machen, der nach Beurteilung des Abschlussprüfers so wichtig ist, dass er grundlegend für das Verständnis des Abschlusses durch die Nutzer ist, muss der Abschlussprüfer einen Absatz zur Hervorhebung eines Sachverhalts in den Vermerk des Abschlussprüfers aufnehmen, sofern ausreichende geeignete Prüfungsnachweise darüber erlangt wurden, dass der Sachverhalt im Abschluss nicht wesentlich falsch dargestellt ist. Ein solcher Absatz darf sich nur auf im Abschluss dargestellte oder angegebene Informationen beziehen. (Vgl. Tz. A1-A2)

7. Nimmt der Abschlussprüfer einen Absatz zur Hervorhebung eines Sachverhalts in den Vermerk des Abschlussprüfers auf, so ist
   (a) dieser im Vermerk unmittelbar nach dem Absatz mit dem Prüfungsurteil aufzunehmen,
   (b) mit der Überschrift „Hervorhebung eines Sachverhalts" oder einer anderen angemessenen Überschrift zu versehen,

(c) Include in the paragraph a clear reference to the matter being emphasized and to where relevant disclosures that fully describe the matter can be found in the financial statements; and

(d) Indicate that the auditor's opinion is not modified in respect of the matter emphasized. (Ref: Para. A3–A4)

Other Matter Paragraphs in the Auditor's Report

8. If the auditor considers it necessary to communicate a matter other than those that are presented or disclosed in the financial statements that, in the auditor's judgment, is relevant to users' understanding of the audit, the auditor's responsibilities or the auditor's report and this is not prohibited by law or regulation, the auditor shall do so in a paragraph in the auditor's report, with the heading "Other Matter," or other appropriate heading. The auditor shall include this paragraph immediately after the Opinion paragraph and any Emphasis of Matter paragraph, or elsewhere in the auditor's report if the content of the Other Matter paragraph is relevant to the Other Reporting Responsibilities section. (Ref: Para. A5–A11)

Communication with Those Charged with Governance

9. If the auditor expects to include an Emphasis of Matter or an Other Matter paragraph in the auditor's report, the auditor shall communicate with those charged with governance regarding this expectation and the proposed wording of this paragraph. (Ref: Para. A12)

***

Application and Other Explanatory Material
Emphasis of Matter Paragraphs in the Auditor's Report

Circumstances in Which an Emphasis of Matter Paragraph May Be Necessary (Ref: Para. 6)

A1. Examples of circumstances where the auditor may consider it necessary to include an Emphasis of Matter paragraph are:

- An uncertainty relating to the future outcome of exceptional litigation or regulatory action.

- Early application (where permitted) of a new accounting standard (for example, a new International Financial Reporting Standard) that has a pervasive effect on the financial statements in advance of its effective date.

- A major catastrophe that has had, or continues to have, a significant effect on the entity's financial position.

A2. A widespread use of Emphasis of Matter paragraphs diminishes the effectiveness of the auditor's communication of such matters. Additionally, to include more information in an Emphasis of Matter paragraph than is presented or disclosed in the financial statements may imply that the matter has not been appropriately presented or disclosed; accordingly, paragraph 6 limits the use of an Emphasis of Matter paragraph to matters presented or disclosed in the financial statements.

Including an Emphasis of Matter Paragraph in the Auditor's Report (Ref: Para. 7)

A3. The inclusion of an Emphasis of Matter paragraph in the auditor's report does not affect the auditor's opinion. An Emphasis of Matter paragraph is not a substitute for either:

(a) The auditor expressing a qualified opinion or an adverse opinion, or disclaiming an opinion, when required by the circumstances of a specific audit engagement (see ISA 705[1]); or

---

1) ISA 705, "Modifications to the Opinion in the Independent Auditor's Report."

(c) in dem Absatz klar auf den hervorgehobenen Sachverhalt und auf die Stelle im Abschluss zu verweisen, an der relevante Abschlussangaben*⁾ zu finden sind, die den Sachverhalt vollständig beschreiben, und

(d) darauf hinzuweisen, dass das Prüfungsurteil im Hinblick auf den hervorgehobenen Sachverhalt nicht modifiziert wurde. (Vgl. Tz. A3-A4)

Absätze zum Hinweis auf sonstige Sachverhalte im Vermerk des Abschlussprüfers

8. Wenn der Abschlussprüfer es für notwendig hält, einen nicht im Abschluss dargestellten oder angegebenen Sachverhalt mitzuteilen, der nach seiner Beurteilung für das Verständnis der Nutzer von der Abschlussprüfung, den Pflichten des Abschlussprüfers oder von dem Vermerk des Abschlussprüfers relevant ist, und dies nicht durch Gesetze oder andere Rechtsvorschriften untersagt ist, muss der Abschlussprüfer diese Mitteilung in einem Absatz im Vermerk des Abschlussprüfers mit der Überschrift „Hinweis auf sonstige Sachverhalte" oder einer anderen angemessenen Überschrift vornehmen. Der Abschlussprüfer muss diesen Absatz unmittelbar nach dem Absatz mit dem Prüfungsurteil und einem eventuellen Absatz zur Hervorhebung eines Sachverhalts oder an einer anderen Stelle im Vermerk des Abschlussprüfers aufnehmen, wenn der Inhalt des Hinweises auf den sonstigen Sachverhalt für den Abschnitt zu sonstigen Angabepflichten im Vermerk relevant ist. (Vgl. Tz. A5-A11)

Kommunikation mit den für die Überwachung Verantwortlichen

9. Wenn der Abschlussprüfer damit rechnet, dass er einen Absatz zur Hervorhebung eines Sachverhalts oder zum Hinweis auf sonstige Sachverhalte in den Vermerk des Abschlussprüfers aufnehmen wird, muss er darüber und über den vorgeschlagenen Wortlaut dieses Absatzes mit den für die Überwachung Verantwortlichen kommunizieren. (Vgl. Tz. A12)

***

Anwendungshinweise und sonstige Erläuterungen

Absätze zur Hervorhebung eines Sachverhalts im Vermerk des Abschlussprüfers

Fälle, in denen ein Absatz zur Hervorhebung eines Sachverhalts notwendig sein kann (Vgl. Tz. 6)

A1. Beispiele für Fälle, in denen der Abschlussprüfer die Aufnahme eines Absatzes zur Hervorhebung eines Sachverhalts für notwendig halten kann, sind:
- eine Unsicherheit hinsichtlich des künftigen Ausgangs außergewöhnlicher Rechtsstreitigkeiten oder rechtlicher Maßnahmen
- eine vorzeitige Anwendung eines neuen Rechnungslegungsstandards (bspw. eines neuen International Financial Reporting Standard), der umfassende Auswirkungen auf den Abschluss hat, vor dem Zeitpunkt des Inkrafttretens (sofern zulässig)
- eine größere Katastrophe, die bedeutsame Auswirkungen auf die Vermögens- und Finanzlage der Einheit hatte oder weiterhin hat.

A2. Durch häufige Verwendung von Absätzen zur Hervorhebung eines Sachverhalts nimmt die Wirksamkeit der Mitteilungen des Abschlussprüfers über solche Sachverhalte ab. Außerdem kann die Einbeziehung von mehr als den im Abschluss dargestellten oder angegebenen Informationen in einen Absatz zur Hervorhebung eines Sachverhalts darauf schließen lassen, dass der Sachverhalt nicht angemessen dargestellt oder angegeben wurde. Entsprechend wird die Verwendung von Absätzen zur Hervorhebung eines Sachverhalts in Textziffer 6 auf im Abschluss dargestellte oder angegebene Sachverhalte beschränkt.

Aufnahme eines Absatzes zur Hervorhebung eines Sachverhalts in den Vermerk des Abschlussprüfers (Vgl. Tz. 7)

A3. Die Aufnahme eines Absatzes zur Hervorhebung eines Sachverhalts in den Vermerk des Abschlussprüfers wirkt sich nicht auf das Prüfungsurteil aus. Ein Absatz zur Hervorhebung eines Sachverhalts ist weder ein Ersatz für

(a) die Erteilung eines eingeschränkten oder versagten Prüfungsurteils**⁾ oder eines Vermerks ohne Prüfungsurteil durch den Abschlussprüfer, wenn dies aufgrund der Gegebenheiten eines bestimmten Prüfungsauftrags erforderlich ist (siehe ISA 705[1]), noch für

---

1) ISA 705 „Modifizierungen des Prüfungsurteils im Vermerk des unabhängigen Abschlussprüfers".
*) Abschlussposten und andere Angaben im Abschluss.
**) In der Schweiz: verneinendes Prüfungsurteil.

(b) Disclosures in the financial statements that the applicable financial reporting framework requires management to make.

A4. The illustrative report in Appendix 3 includes an Emphasis of Matter paragraph in an auditor's report that contains a qualified opinion.

Other Matter Paragraphs in the Auditor's Report (Ref: Para. 8)

Circumstances in Which an Other Matter Paragraph May Be Necessary

Relevant to Users' Understanding of the Audit

A5. In the rare circumstance where the auditor is unable to withdraw from an engagement even though the possible effect of an inability to obtain sufficient appropriate audit evidence due to a limitation on the scope of the audit imposed by management is pervasive,[2] the auditor may consider it necessary to include an Other Matter paragraph in the auditor's report to explain why it is not possible for the auditor to withdraw from the engagement.

Relevant to Users' Understanding of the Auditor's Responsibilities or the Auditor's Report

A6. Law, regulation or generally accepted practice in a jurisdiction may require or permit the auditor to elaborate on matters that provide further explanation of the auditor's responsibilities in the audit of the financial statements or of the auditor's report thereon. Where relevant, one or more sub-headings may be used that describe the content of the Other Matter paragraph.

A7. An Other Matter paragraph does not deal with circumstances where the auditor has other reporting responsibilities that are in addition to the auditor's responsibility under the ISAs to report on the financial statements (see "Other Reporting Responsibilities" section in ISA 700[3]), or where the auditor has been asked to perform and report on additional specified procedures, or to express an opinion on specific matters.

Reporting on more than one set of financial statements

A8. An entity may prepare one set of financial statements in accordance with a general purpose framework (for example, the national framework) and another set of financial statements in accordance with another general purpose framework (for example, International Financial Reporting Standards), and engage the auditor to report on both sets of financial statements. If the auditor has determined that the frameworks are acceptable in the respective circumstances, the auditor may include an Other Matter paragraph in the auditor's report, referring to the fact that another set of financial statements has been prepared by the same entity in accordance with another general purpose framework and that the auditor has issued a report on those financial statements.

Restriction on distribution or use of the auditor's report

A9. Financial statements prepared for a specific purpose may be prepared in accordance with a general purpose framework because the intended users have determined that such general purpose financial statements meet their financial information needs. Since the auditor's report is intended for specific users, the auditor may consider it necessary in the circumstances to include an Other Matter paragraph, stating that the auditor's report is intended solely for the intended users, and should not be distributed to or used by other parties.

Including an Other Matter Paragraph in the Auditor's Report

A10. The content of an Other Matter paragraph reflects clearly that such other matter is not required to be presented and disclosed in the financial statements. An Other Matter paragraph does not include information that the auditor is prohibited from providing by law, regulation or other professional

---

[2] See paragraph 13(b)(ii) of ISA 705 for a discussion of this circumstance.
[3] ISA 700, "Forming an Opinion and Reporting on Financial Statements," paragraphs 38–39.

	(b)	Angaben im Abschluss, die nach dem maßgebenden Regelwerk der Rechnungslegung vom Management vorzunehmen sind.
A4.		Der beispielhafte Vermerk in Anlage 3 enthält einen Absatz zur Hervorhebung eines Sachverhalts in einem Vermerk des Abschlussprüfers mit eingeschränktem Prüfungsurteil.

Absätze zum Hinweis auf sonstige Sachverhalte im Vermerk des Abschlussprüfers (Vgl. Tz. 8)

Fälle, in denen ein Absatz zum Hinweis auf sonstige Sachverhalte notwendig sein kann

Relevanz für das Verständnis der Abschlussprüfung durch die Nutzer

A5. In dem seltenen Fall, in dem es dem Abschlussprüfer nicht möglich ist, das Mandat niederzulegen, auch wenn die möglichen Auswirkungen der fehlenden Möglichkeit, ausreichende geeignete Prüfungsnachweise zu erlangen, aufgrund eines vom Management zu verantwortenden Prüfungshemmnisses*) umfassend sind,[2)] kann der Abschlussprüfer es für notwendig halten, einen Absatz zum Hinweis auf sonstige Sachverhalte in den Vermerk des Abschlussprüfers aufzunehmen, um zu erläutern, warum eine Mandatsniederlegung nicht möglich ist.

Relevanz für das Verständnis der Nutzer von den Pflichten des Abschlussprüfers oder dem Vermerk des Abschlussprüfers

A6. Aufgrund von Gesetzen, anderen Rechtsvorschriften oder allgemein anerkannten Vorgehensweisen in einem Rechtsraum kann es erforderlich bzw. erlaubt sein, dass der Abschlussprüfer näher auf Sachverhalte eingeht, welche seine Pflichten bei der Prüfung des Abschlusses oder den dazu erteilten Vermerk des Abschlussprüfers ausführlicher erläutern. Wo dies relevant ist, können eine oder mehrere Unterüberschriften eingefügt werden, die den Inhalt des Absatzes zum Hinweis auf sonstige Sachverhalte beschreiben.

A7. In einem Absatz zum Hinweis auf sonstige Sachverhalte werden keine Fälle behandelt, in denen der Abschlussprüfer zusätzlich zu der nach den ISA bestehenden Pflicht zur Erteilung eines Vermerks zum Abschluss sonstige Angabepflichten im Vermerk hat (siehe den Abschnitt „Sonstige Angabepflichten im Vermerk" in ISA 700[3)]) oder in denen vom Abschlussprüfer verlangt wird, bestimmte zusätzliche Prüfungshandlungen durchzuführen und darüber zu berichten oder ein Urteil zu spezifischen Sachverhalten abzugeben.

Erteilung eines Vermerks über mehrere Abschlüsse

A8. Eine Einheit kann einen Abschluss in Übereinstimmung mit einem Regelwerk für allgemeine Zwecke (z. B. dem nationalen Regelwerk) aufstellen und einen anderen Abschluss in Übereinstimmung mit einem anderen Regelwerk für allgemeine Zwecke (z. B. den International Financial Reporting Standards) und den Abschlussprüfer damit beauftragen, zu beiden Abschlüssen einen Vermerk zu erteilen. Wenn der Abschlussprüfer festgestellt hat, dass die Regelwerke unter den jeweiligen Umständen vertretbar sind, kann ein Absatz zum Hinweis auf einen sonstigen Sachverhalt in den Vermerk des Abschlussprüfers aufgenommen werden, der darauf hinweist, dass von derselben Einheit ein anderer Abschluss in Übereinstimmung mit einem anderen Regelwerk für allgemeine Zwecke aufgestellt wurde und dass der Abschlussprüfer zu diesem Abschluss einen Vermerk erteilt hat.

Einschränkung der Verteilung oder Verwendung des Vermerks des Abschlussprüfers

A9. Ein zu einem speziellen Zweck aufgestellter Abschluss kann in Übereinstimmung mit einem Regelwerk für allgemeine Zwecke aufgestellt sein, weil die vorgesehenen Nutzer festgestellt haben, dass ein solcher Abschluss für allgemeine Zwecke ihren Finanzinformationsbedürfnissen gerecht wird. Da der Vermerk des Abschlussprüfers für spezifische Nutzer bestimmt ist, kann der Abschlussprüfer es unter den gegebenen Umständen für erforderlich halten, einen Absatz zum Hinweis auf einen sonstigen Sachverhalt aufzunehmen, der aussagt, dass der Vermerk des Abschlussprüfers nur für die vorgesehenen Nutzer bestimmt ist und nicht an Dritte verteilt oder von Dritten verwendet werden darf.

Aufnahme eines Absatzes zum Hinweis auf sonstige Sachverhalte in den Vermerk des Abschlussprüfers

A10. Der Inhalt eines Absatzes zum Hinweis auf sonstige Sachverhalte lässt klar erkennen, dass der entsprechende Sachverhalt nicht im Abschluss dargestellt und angegeben werden muss. Ein Absatz zum Hinweis auf sonstige Sachverhalte enthält keine Informationen, die der Abschlussprüfer aufgrund von

---

2) Dieser Fall wird in Textziffer 13(b)(ii) von ISA 705 besprochen.
3) ISA 700 „Bildung eines Prüfungsurteils und Erteilung eines Vermerks zum Abschluss", Textziffern 38-39.
*) In der Schweiz: Beschränkung des Prüfungsumfangs.

standards, for example, ethical standards relating to confidentiality of information. An Other Matter paragraph also does not include information that is required to be provided by management.

A11. The placement of an Other Matter paragraph depends on the nature of the information to be communicated. When an Other Matter paragraph is included to draw users' attention to a matter relevant to their understanding of the audit of the financial statements, the paragraph is included immediately after the Opinion paragraph and any Emphasis of Matter paragraph. When an Other Matter paragraph is included to draw users' attention to a matter relating to Other Reporting Responsibilities addressed in the auditor's report, the paragraph may be included in the section sub-titled "Report on Other Legal and Regulatory Requirements." Alternatively, when relevant to all the auditor's responsibilities or users' understanding of the auditor's report, the Other Matter paragraph may be included as a separate section following the Report on the Financial Statements and the Report on Other Legal and Regulatory Requirements.

Communication with Those Charged with Governance (Ref. Para. 9)

A12. Such communication enables those charged with governance to be made aware of the nature of any specific matters that the auditor intends to highlight in the auditor's report, and provides them with an opportunity to obtain further clarification from the auditor where necessary. Where the inclusion of an Other Matter paragraph on a particular matter in the auditor's report recurs on each successive engagement, the auditor may determine that it is unnecessary to repeat the communication on each engagement.

	Gesetzen, anderen Rechtsvorschriften oder sonstigen beruflichen Standards, bspw. beruflichen Verhaltensstandards zur Vertraulichkeit von Informationen, nicht geben darf. Ebenso enthält ein Absatz zum Hinweis auf sonstige Sachverhalte keine Informationen, die vom Management zu liefern sind.
A11.	Die Platzierung eines Absatzes zum Hinweis auf sonstige Sachverhalte hängt von der Art der mitzuteilenden Informationen ab. Wenn ein Absatz zum Hinweis auf sonstige Sachverhalte aufgenommen wird, um die Nutzer auf einen Sachverhalt aufmerksam zu machen, der für deren Verständnis der Abschlussprüfung relevant ist, wird er unmittelbar nach dem Absatz mit dem Prüfungsurteil und einem eventuellen Absatz zur Hervorhebung eines Sachverhalts platziert. Wird ein Absatz zum Hinweis auf einen sonstigen Sachverhalt dagegen aufgenommen, um die Nutzer auf einen Sachverhalt im Zusammenhang mit sonstigen Angabepflichten aufmerksam zu machen, auf die im Vermerk des Abschlussprüfers eingegangen wird, kann er in den Abschnitt mit der Unterüberschrift „Vermerk zu sonstigen gesetzlichen und anderen rechtlichen Anforderungen" eingefügt werden. Wenn für alle Pflichten des Abschlussprüfers oder für das Verständnis des Vermerks des Abschlussprüfers durch die Nutzer relevant, kann der Absatz zum Hinweis auf einen sonstigen Sachverhalt alternativ als gesonderter Abschnitt nach dem Vermerk zum Abschluss und dem Vermerk zu sonstigen gesetzlichen und anderen rechtlichen Anforderungen aufgenommen werden.

Kommunikation mit den für die Überwachung Verantwortlichen (Vgl. Tz. 9)

A12.	Die Kommunikation mit den für die Überwachung Verantwortlichen ermöglicht es diesem Personenkreis, Kenntnis über die Art spezifischer Sachverhalte zu erhalten, die der Abschlussprüfer im Vermerk des Abschlussprüfers aufzuzeigen beabsichtigt, und gibt diesen Gelegenheit, erforderlichenfalls vom Abschlussprüfer weitere Erklärungen zu erhalten. Wenn sich ein Absatz zum Hinweis auf einen bestimmten Sachverhalt bei jedem Folgeauftrag wiederholt, kann der Abschlussprüfer beschließen, dass es nicht notwendig ist, die Mitteilung bei jedem Auftrag zu wiederholen.

Appendix 1
(Ref: Para. 2)

List of ISAs Containing Requirements for Emphasis of Matter Paragraphs

This appendix identifies paragraphs in other ISAs in effect for audits of financial statements for periods beginning on or after December 15, 2009 that require the auditor to include an Emphasis of Matter paragraph in the auditor's report in certain circumstances. The list is not a substitute for considering the requirements and related application and other explanatory material in ISAs.

- ISA 210, "Agreeing the Terms of Audit Engagements" – paragraph 19(b)
- ISA 560, "Subsequent Events" – paragraphs 12(b) and 16
- ISA 570, "Going Concern" – paragraph 19
- ISA 800, "Special Considerations—Audits of Financial Statements Prepared in Accordance with Special Purpose Frameworks" – paragraph 14

Anlage 1
(Vgl. Tz. 2)

Liste der ISA, die Anforderungen für Absätze zur Hervorhebung eines Sachverhalts enthalten

In dieser Anlage sind Textziffern anderer ISA aufgeführt, die für Prüfungen von Abschlüssen für Zeiträume gelten, die am oder nach dem 15.12.2009 beginnen, nach denen der Abschlussprüfer in bestimmten Fällen einen Absatz zur Hervorhebung eines Sachverhalts in den Vermerk des Abschlussprüfers aufzunehmen hat. Die Liste ersetzt nicht die Berücksichtigung der Anforderungen und der damit zusammenhängenden Anwendungshinweise und sonstigen Erläuterungen der ISA.

- ISA 210 „Vereinbarung der Auftragsbedingungen für Prüfungsaufträge", Textziffer 19(b)
- ISA 560 „Ereignisse nach dem Abschlussstichtag", Textziffern 12(b) und 16
- ISA 570 „Fortführung der Unternehmenstätigkeit", Textziffer 19
- ISA 800 „Besondere Überlegungen bei Prüfungen von Abschlüssen, die aufgestellt sind in Übereinstimmung mit einem Regelwerk für einen speziellen Zweck", Textziffer 14

Appendix 2
(Ref: Para. 2)

List of ISAs Containing Requirements for Other Matter Paragraphs

This appendix identifies paragraphs in other ISAs in effect for audits of financial statements for periods beginning on or after December 15, 2009 that require the auditor to include an Other Matter paragraph in the auditor's report in certain circumstances. The list is not a substitute for considering the requirements and related application and other explanatory material in ISAs.

- ISA 560, "Subsequent Events" – paragraphs 12(b) and 16
- ISA 710, "Comparative Information—Corresponding Figures and Comparative Financial Statements" – paragraphs 13–14, 16–17 and 19
- ISA 720, "The Auditor's Responsibilities Relating to Other Information in Documents Containing Audited Financial Statements" – paragraph 10(a)

Anlage 2
(Vgl. Tz. 2)

Liste der ISA, die Anforderungen für Absätze zum Hinweis auf sonstige Sachverhalte enthalten

In dieser Anlage sind Textziffern anderer ISA aufgeführt, die für Prüfungen von Abschlüssen für Zeiträume gelten, die am oder nach dem 15.12.2009 beginnen, nach denen der Abschlussprüfer in bestimmten Fällen einen Absatz zum Hinweis auf sonstige Sachverhalte in den Vermerk des Abschlussprüfers aufzunehmen hat. Die Liste ersetzt nicht die Berücksichtigung der Anforderungen und der damit zusammenhängenden Anwendungshinweise und sonstigen Erläuterungen der ISA.

- ISA 560 „Ereignisse nach dem Abschlussstichtag", Textziffern 12(b) und 16
- ISA 710 „Vergleichsinformationen – Vergleichszahlen und Vergleichsabschlüsse", Textziffern 13-14, 16-17 und 19
- ISA 720 „Die Pflichten des Abschlussprüfers im Zusammenhang mit sonstigen Informationen in Dokumenten, die den geprüften Abschluss enthalten", Textziffer 10(a)

Appendix 3
(Ref: Para. A4)

Illustration of an Auditor's Report that Includes an Emphasis of Matter Paragraph

Circumstances include the following:
- Audit of a complete set of general purpose financial statements prepared by management of the entity in accordance with International Financial Reporting Standards.
- The terms of the audit engagement reflect the description of management's responsibility for the financial statements in ISA 210.[1]
- There is uncertainty relating to a pending exceptional litigation matter.
- A departure from the applicable financial reporting framework resulted in a qualified opinion.
- In addition to the audit of the financial statements, the auditor has other reporting responsibilities required under local law.

INDEPENDENT AUDITOR'S REPORT

[Appropriate Addressee]

Report on the Financial Statements[2]

We have audited the accompanying financial statements of ABC Company, which comprise the statement of financial position as at December 31, 20X1, and the statement of comprehensive income, statement of changes in equity and statement of cash flows for the year then ended, and a summary of significant accounting policies and other explanatory information.

Management's[3] Responsibility for the Financial Statements

Management is responsible for the preparation and fair presentation of these financial statements in accordance with International Financial Reporting Standards,[4] and for such internal control as management determines is necessary to enable the preparation of financial statements that are free from material misstatement, whether due to fraud or error.

Auditor's Responsibility

Our responsibility is to express an opinion on these financial statements based on our audit. We conducted our audit in accordance with International Standards on Auditing. Those standards require that we comply with ethical requirements and plan and perform the audit to obtain reasonable assurance about whether the financial statements are free from material misstatement.

An audit involves performing procedures to obtain audit evidence about the amounts and disclosures in the financial statements. The procedures selected depend on the auditor's judgment, including the assessment of the risks of material misstatement of the financial statements, whether due to fraud or error. In making those risk

---

1) ISA 210, "Agreeing the Terms of Audit Engagements."
2) The sub-title "Report on the Financial Statements" is unnecessary in circumstances when the second sub-title "Report on Other Legal and Regulatory Requirements" is not applicable.
3) Or other term that is appropriate in the context of the legal framework in the particular jurisdiction.
4) Where management's responsibility is to prepare financial statements that give a true and fair view, this may read: "Management is responsible for the preparation of financial statements that give a true and fair view in accordance with International Financial Reporting Standards, and for such ..."

Anlage 3
(Vgl. Tz. A4)

Formulierungsbeispiel für einen Vermerk des Abschlussprüfers, der einen Absatz zur Hervorhebung eines Sachverhalts enthält

Folgende Umstände sind gegeben:
- Prüfung eines vollständigen Abschlusses für allgemeine Zwecke, der vom Management der Einheit in Übereinstimmung mit den International Financial Reporting Standards aufgestellt ist.
- Die Bedingungen des Prüfungsauftrags spiegeln die Beschreibung der Verantwortung des Managements für den Abschluss in ISA 210[1] wider.
- Es besteht Unsicherheit über eine anhängige außergewöhnliche Rechtsstreitigkeit.
- Eine Abweichung von dem maßgebenden Regelwerk der Rechnungslegung hat zu einem eingeschränkten Prüfungsurteil geführt.
- Zusätzlich zur Prüfung des Abschlusses hat der Abschlussprüfer sonstige Angabepflichten im Vermerk, die nach lokalem Recht erforderlich sind.

VERMERK DES UNABHÄNGIGEN ABSCHLUSSPRÜFERS[*]

[Empfänger]

Vermerk zum Abschluss[2]

Wir haben den beigefügten Abschluss der ABC Gesellschaft– bestehend aus der Bilanz zum 31.12.20X1, der Gesamtergebnisrechnung, Eigenkapitalveränderungsrechnung und Kapitalflussrechnung[**] für das an diesem Stichtag endende Geschäftsjahr sowie aus einer Zusammenfassung bedeutsamer Rechnungslegungsmethoden und anderen erläuternden Informationen[***] – geprüft.

Verantwortung des Managements[3] *für den Abschluss*

Das Management ist verantwortlich für die Aufstellung und sachgerechte Gesamtdarstellung dieses Abschlusses in Übereinstimmung mit den International Financial Reporting Standards[4] und für die internen Kontrollen, die das Management als notwendig erachtet, um die Aufstellung eines Abschlusses zu ermöglichen, der frei von wesentlichen – beabsichtigten oder unbeabsichtigten – falschen Darstellungen ist.

Verantwortung des Abschlussprüfers

Unsere Aufgabe ist es, auf der Grundlage unserer Prüfung ein Urteil zu diesem Abschluss abzugeben. Wir haben unsere Abschlussprüfung in Übereinstimmung mit den International Standards on Auditing durchgeführt. Nach diesen Standards haben wir die beruflichen Verhaltensanforderungen einzuhalten und die Abschlussprüfung so zu planen und durchzuführen, dass hinreichende Sicherheit darüber erlangt wird, ob der Abschluss frei von wesentlichen falschen Darstellungen ist.

Eine Abschlussprüfung beinhaltet die Durchführung von Prüfungshandlungen, um Prüfungsnachweise für die im Abschluss enthaltenen Wertansätze und sonstigen Angaben zu erlangen. Die Auswahl der Prüfungshandlungen liegt im pflichtgemäßen Ermessen des Abschlussprüfers. Dies schließt die Beurteilung der Risiken wesentlicher -

---

1) ISA 210 „Vereinbarung der Auftragsbedingungen für Prüfungsaufträge".
2) Die Unterüberschrift „Vermerk zum Abschluss" ist nicht erforderlich, wenn die zweite Unterüberschrift, „Vermerk zu sonstigen gesetzlichen und anderen rechtlichen Anforderungen", nicht anzuwenden ist.
3) Oder ein anderer Begriff, der im Kontext des Rechtsrahmens in dem betreffenden Rechtsraum zutreffend ist.
4) Falls das Management die Verantwortung hat, einen Abschluss aufzustellen, der ein den tatsächlichen Verhältnissen entsprechendes Bild vermittelt, kann dies lauten: „Das Managements ist verantwortlich für die Aufstellung eines Abschlusses, der in Übereinstimmung mit den International Financial Reporting Standards ein den tatsächlichen Verhältnissen entsprechendes Bild vermittelt, und für die ..."
*) In Deutschland und in Österreich wird die Bezeichnung „Bestätigungsvermerk des Abschlussprüfers", in der Schweiz „Bericht des Abschlussprüfers" verwendet.
**) In Österreich und in der Schweiz: Geldflussrechnung.
***) In Deutschland, Österreich und der Schweiz: Anhang.

assessments, the auditor considers internal control relevant to the entity's preparation and fair presentation[5] of the financial statements in order to design audit procedures that are appropriate in the circumstances, but not for the purpose of expressing an opinion on the effectiveness of the entity's internal control.[6] An audit also includes evaluating the appropriateness of accounting policies used and the reasonableness of accounting estimates made by management, as well as evaluating the overall presentation of the financial statements.

We believe that the audit evidence that we have obtained is sufficient and appropriate to provide a basis for our qualified audit opinion.

Basis for Qualified Opinion

The company's short-term marketable securities are carried in the statement of financial position at xxx. Management has not marked these securities to market but has instead stated them at cost, which constitutes a departure from International Financial Reporting Standards. The company's records indicate that had management marked the marketable securities to market, the company would have recognized an unrealized loss of xxx in the statement of comprehensive income for the year. The carrying amount of the securities in the statement of financial position would have been reduced by the same amount at December 31, 20X1, and income tax, net income and shareholders' equity would have been reduced by xxx, xxx and xxx, respectively.

Qualified Opinion

In our opinion, except for the effects of the matter described in the Basis for Qualified Opinion paragraph, the financial statements present fairly, in all material respects (or *give a true and fair view of*) the financial position of ABC Company as at December 31, 20X1, and (*of*) its financial performance and its cash flows for the year then ended in accordance with International Financial Reporting Standards.

Emphasis of Matter

We draw attention to Note X to the financial statements which describes the uncertainty[7] related to the outcome of the lawsuit filed against the company by XYZ Company. Our opinion is not qualified in respect of this matter.

Report on Other Legal and Regulatory Requirements

[Form and content of this section of the auditor's report will vary depending on the nature of the auditor's other reporting responsibilities.]

[Auditor's signature]

[Date of the auditor's report]

[Auditor's address]

---

5) In the case of footnote 7, this may read: "In making those risk assessments, the auditor considers internal control relevant to the entity's preparation of financial statements that give a true and fair view in order to design audit procedures that are appropriate in the circumstances, but not for the purpose of expressing an opinion on the effectiveness of the entity's internal control."

6) In circumstances when the auditor also has responsibility to express an opinion on the effectiveness of internal control in conjunction with the audit of the financial statements, this sentence would be worded as follows: "In making those risk assessments, the auditor considers internal control relevant to the entity's preparation and fair presentation of the financial statements in order to design audit procedures that are appropriate in the circumstances." In the case of footnote 7, this may read: "In making those risk assessments, the auditor considers internal control relevant to the entity's preparation of financial statements that give a true and fair view in order to design audit procedures that are appropriate in the circumstances."

7) In highlighting the uncertainty, the auditor uses the same terminology that is used in the note to the financial statements.

Hervorhebung eines Sachverhalts und Hinweis auf sonstige Sachverhalte durch Absätze im Vermerk des unabhängigen Abschlussprüfers

ISA 706

beabsichtigter oder unbeabsichtigter - falscher Darstellungen im Abschluss ein. Bei der Beurteilung dieser Risiken berücksichtigt der Abschlussprüfer das für die Aufstellung und sachgerechte Gesamtdarstellung[5] des Abschlusses durch die Einheit relevante interne Kontrollsystem, um Prüfungshandlungen zu planen, die unter den gegebenen Umständen angemessen sind, jedoch nicht mit dem Ziel, ein Prüfungsurteil zur Wirksamkeit des internen Kontrollsystems der Einheit abzugeben.[6] Eine Abschlussprüfung umfasst auch die Beurteilung der Angemessenheit der angewandten Rechnungslegungsmethoden und der Vertretbarkeit der vom Management ermittelten geschätzten Werte in der Rechnungslegung sowie die Beurteilung der Gesamtdarstellung des Abschlusses.

Wir sind der Auffassung, dass die von uns erlangten Prüfungsnachweise ausreichend und geeignet sind, um als Grundlage für unser eingeschränktes Prüfungsurteil zu dienen.

Grundlage für das eingeschränkte Prüfungsurteil

Die kurzfristigen marktgängigen Wertpapiere der Gesellschaft werden in der Bilanz mit xxx ausgewiesen. Das Management hat diese Wertpapiere nicht zum Marktwert, sondern zu den Anschaffungskosten bewertet. Dies stellt eine Abweichung von den International Financial Reporting Standards dar. Die Aufzeichnungen der Gesellschaft geben an, dass die Gesellschaft in der Gesamtergebnisrechnung für das Jahr einen nicht realisierten Verlust von xxx erfasst hätte, wenn das Management die marktgängigen Wertpapiere zum Marktwert bewertet hätte. Der Buchwert der Wertpapiere in der Bilanz hätte sich zum 31.12.20X1 um denselben Betrag verringert. Die Steuern vom Einkommen und vom Ertrag, das Jahresergebnis und das Eigenkapital hätten sich um xxx, xxx bzw. xxx verringert.

Eingeschränktes Prüfungsurteil

Nach unserer Beurteilung stellt der Abschluss mit Ausnahme der Auswirkungen des im Absatz „Grundlage für das eingeschränkte Prüfungsurteil" beschriebenen Sachverhalts die Vermögens- und Finanzlage der ABC Gesellschaft zum 31.12.20X1 sowie die Ertragslage und die Cashflows für das zu diesem Stichtag endende Geschäftsjahr in Übereinstimmung mit den International Financial Reporting Standards in allen wesentlichen Belangen insgesamt sachgerecht dar (... vermittelt der Abschluss mit Ausnahme ... ein den tatsächlichen Verhältnissen entsprechendes Bild der ...).

Hervorhebung eines Sachverhalts

Wir machen auf Angabe X im Abschluss aufmerksam, in der die Unsicherheit[7] über den Ausgang des Rechtsstreits beschrieben wird, den die XYZ Gesellschaft gegen die Gesellschaft angestrengt hat. Unser Prüfungsurteil ist im Hinblick auf diesen Sachverhalt nicht eingeschränkt.

Vermerk zu sonstigen gesetzlichen und anderen rechtlichen Anforderungen

[Form und Inhalt dieses Abschnitts des Vermerks des Abschlussprüfers unterscheiden sich in Abhängigkeit von der Art der sonstigen Angabepflichten des Abschlussprüfers im Vermerk.]

[Unterschrift des Abschlussprüfers]

[Datum des Vermerks des Abschlussprüfers]

[Ort des Abschlussprüfers[*]]

---

5) Im Fall von Fußnote 7 kann dies lauten: „Bei der Beurteilung dieser Risiken berücksichtigt der Abschlussprüfer das interne Kontrollsystem, das relevant ist für die Aufstellung eines Abschlusses durch die Einheit, der ein den tatsächlichen Verhältnissen entsprechendes Bild vermittelt, um Prüfungshandlungen zu planen, die unter den gegebenen Umständen angemessen sind, jedoch nicht mit dem Ziel, ein Prüfungsurteil zur Wirksamkeit des internen Kontrollsystems der Einheit abzugeben."

6) In Fällen, in denen der Abschlussprüfer auch die Pflicht hat, im Zusammenhang mit der Prüfung des Abschlusses ein Prüfungsurteil zur Wirksamkeit des internen Kontrollsystems abzugeben, würde dieser Satz folgendermaßen lauten: „Bei der Beurteilung dieser Risiken berücksichtigt der Abschlussprüfer das für die Aufstellung und sachgerechte Gesamtdarstellung des Abschlusses durch die Einheit relevante interne Kontrollsystem, um Prüfungshandlungen zu planen, die unter den gegebenen Umständen angemessen sind." Im Fall von Fußnote 7 kann dies lauten: „Bei der Beurteilung dieser Risiken berücksichtigt der Abschlussprüfer das interne Kontrollsystem, das relevant ist für die Aufstellung eines Abschlusses durch die Einheit, der ein den tatsächlichen Verhältnissen entsprechendes Bild vermittelt, um Prüfungshandlungen zu planen, die unter den gegebenen Umständen angemessen sind."

7) Zum Aufzeigen der Unsicherheit verwendet der Abschlussprüfer dieselbe Terminologie wie im Anhang des Abschlusses.

*) Üblicherweise sollte dies der Ort der beruflichen Niederlassung des Abschlussprüfers sein bzw. der Sitz der Niederlassung der Prüfungsgesellschaft, die die Verantwortung für den Prüfungsauftrag hat.

INTERNATIONAL STANDARD ON AUDITING 710
COMPARATIVE INFORMATION – CORRESPONDING FIGURES AND COMPARATIVE FINANCIAL STATEMENTS

(Effective for audits of financial statements for periods beginning on or after December 15, 2009)

CONTENTS

	Paragraphs
Introduction	
Scope of this ISA	1
The Nature of Comparative Information	2–3
Effective Date	4
Objectives	5
Definitions	6
Requirements	
Audit Procedures	7–9
Audit Reporting	10–19
Application and Other Explanatory Material	
Audit Procedures	A1
Audit Reporting	A2–A11
Appendix: Illustrations of Auditors' Reports	

International Standard on Auditing (ISA) 710, "Comparative Information – Corresponding Figures and Comparative Financial Statements" should be read in conjunction with ISA 200, "Overall Objectives of the Independent Auditor and the Conduct of an Audit in Accordance with International Standards on Auditing."

INTERNATIONAL STANDARD ON AUDITING 710

VERGLEICHSINFORMATIONEN – VERGLEICHSZAHLEN UND VERGLEICHSABSCHLÜSSE

(gilt für die Prüfung von Abschlüssen für Zeiträume, die am oder nach dem 15.12.2009 beginnen)

INHALTSVERZEICHNIS

	Textziffern
Einleitung	
Anwendungsbereich	1
Arten von Vergleichsinformationen	2-3
Anwendungszeitpunkt	4
Ziele	5
Definitionen	6
Anforderungen	
Prüfungshandlungen	7-9
Erteilung eines Vermerks zur Abschlussprüfung	10-19
Anwendungshinweise und sonstige Erläuterungen	
Prüfungshandlungen	A1
Erteilung eines Vermerks zur Abschlussprüfung	A2-A11
Anlage: Beispiele für Vermerke des Abschlussprüfers	

International Standard on Auditing (ISA) 710 „Vergleichsinformationen – Vergleichszahlen und Vergleichsabschlüsse" ist im Zusammenhang mit ISA 200 „Übergreifende Zielsetzungen des unabhängigen Prüfers und Grundsätze einer Prüfung in Übereinstimmung mit den International Standards on Auditing" zu lesen.

ISA 710 Comparative Information – Corresponding Figures and Comparative Financial Statements

Introduction

Scope of this ISA

1. This International Standard on Auditing (ISA) deals with the auditor's responsibilities relating to comparative information in an audit of financial statements. When the financial statements of the prior period have been audited by a predecessor auditor or were not audited, the requirements and guidance in ISA 510[1] regarding opening balances also apply.

The Nature of Comparative Information

2. The nature of the comparative information that is presented in an entity's financial statements depends on the requirements of the applicable financial reporting framework. There are two different broad approaches to the auditor's reporting responsibilities in respect of such comparative information: corresponding figures and comparative financial statements. The approach to be adopted is often specified by law or regulation but may also be specified in the terms of engagement.

3. The essential audit reporting differences between the approaches are:

    (a) For corresponding figures, the auditor's opinion on the financial statements refers to the current period only; whereas

    (b) For comparative financial statements, the auditor's opinion refers to each period for which financial statements are presented.

    This ISA addresses separately the auditor's reporting requirements for each approach.

Effective Date

4. This ISA is effective for audits of financial statements for periods beginning on or after December 15, 2009.

Objectives

5. The objectives of the auditor are:

    (a) To obtain sufficient appropriate audit evidence about whether the comparative information included in the financial statements has been presented, in all material respects, in accordance with the requirements for comparative information in the applicable financial reporting framework; and

    (b) To report in accordance with the auditor's reporting responsibilities.

Definitions

6. For purposes of the ISAs, the following terms have the meanings attributed below:

    (a) Comparative information – The amounts and disclosures included in the financial statements in respect of one or more prior periods in accordance with the applicable financial reporting framework.

    (b) Corresponding figures – Comparative information where amounts and other disclosures for the prior period are included as an integral part of the current period financial statements, and are intended to be read only in relation to the amounts and other disclosures relating to the current period (referred to as "current period figures"). The level of detail presented in the corresponding amounts and disclosures is dictated primarily by its relevance to the current period figures.

---

[1] ISA 510, "Initial Audit Engagements – Opening Balances."

Vergleichsinformationen – Vergleichszahlen und Vergleichsabschlüsse · ISA 710

Einleitung

Anwendungsbereich

1. Dieser International Standard on Auditing (ISA) behandelt die Pflichten des Abschlussprüfers im Zusammenhang mit Vergleichsinformationen im Rahmen einer Abschlussprüfung. Wenn der Abschluss des vorhergehenden Zeitraums von einem vorherigen Abschlussprüfer geprüft ist oder nicht geprüft wurde, gelten außerdem die Anforderungen und erläuternden Hinweise zu Eröffnungsbilanzwerten in ISA 510[1].

Arten von Vergleichsinformationen

2. Die Arten der im Abschluss einer Einheit[*] dargestellten Vergleichsinformationen hängen von den Anforderungen des maßgebenden Regelwerks der Rechnungslegung ab. Es gibt zwei verschiedene allgemeine Ansätze für die Pflichten des Abschlussprüfers zur Erteilung des Vermerks zu diesen Vergleichsinformationen: Vergleichszahlen und Vergleichsabschlüsse. Welcher Ansatz anzuwenden ist, ist häufig in Gesetzen oder anderen Rechtsvorschriften festgelegt, er kann jedoch auch in den Auftragsbedingungen festgelegt sein.

3. Der entscheidende Unterschied zwischen den Ansätzen über die Erteilung des Vermerks zur Abschlussprüfung ist:

   (a) Bei Vergleichszahlen bezieht sich das Prüfungsurteil zum Abschluss nur auf den laufenden Zeitraum.

   (b) Demgegenüber bezieht sich das Prüfungsurteil bei Vergleichsabschlüssen auf jeden Zeitraum, für den ein Abschluss dargestellt wird.

   Dieser ISA behandelt die Anforderungen bei der Erteilung des Vermerks des Abschlussprüfers gesondert für jeden Ansatz.

Anwendungszeitpunkt

4. Dieser ISA gilt für die Prüfung von Abschlüssen für Zeiträume, die am oder nach dem 15.12.2009 beginnen.

Ziele

5. Die Ziele des Abschlussprüfers sind,

   (a) ausreichende geeignete Prüfungsnachweise darüber zu erlangen, ob die im Abschluss enthaltenen Vergleichsinformationen in allen wesentlichen Belangen in Übereinstimmung mit den Anforderungen für Vergleichsinformationen im maßgebenden Regelwerk der Rechnungslegung dargestellt sind und

   (b) den Vermerk in Übereinstimmung mit den Pflichten des Abschlussprüfers bei der Erteilung von Vermerken zu erteilen.

Definitionen

6. Für die Zwecke der ISA gelten die nachstehenden Begriffsbestimmungen:[**]

   (a) Vergleichsinformationen – Die in Übereinstimmung mit dem maßgebenden Regelwerk der Rechnungslegung im Abschluss enthaltenen Beträge und Angaben zu einem oder mehreren vorhergehenden Zeiträumen.

   (b) Vergleichszahlen – Vergleichsinformationen in Form von Beträgen und anderen Angaben für den vorhergehenden Zeitraum, die als integraler Bestandteil im Abschluss des laufenden Zeitraums enthalten sind und nur im Zusammenhang mit den Beträgen und anderen Angaben für den laufenden Zeitraum (als „Zahlen des laufenden Zeitraums" bezeichnet) zu lesen sind. Der Detaillierungsgrad

---

1) ISA 510 „Eröffnungsbilanzwerte bei Erstprüfungsaufträgen".

*) Der Begriff „Einheit" wird für *entity* neu eingeführt. Bei der zu prüfenden Einheit kann es sich um ein Unternehmen, einen Einzelkaufmann, eine Gesellschaft bürgerlichen Rechts (Schweiz: einfache Gesellschaft), eine Gebietskörperschaft, eine Anstalt des öffentlichen Rechts, einen Konzern oder eine nicht rechtlich abgegrenzte wirtschaftliche Einheit handeln. Eine Übersetzung mit „Unternehmen" oder „Gesellschaft" wäre deshalb unzureichend. So kann sich *entity* sogar auf eine nicht selbständige Niederlassung oder Sparte beziehen, für die eigenständig Rechnung gelegt wird.

**) Die handelsrechtlichen Vorschriften in Deutschland, Österreich und der Schweiz sowie die IFRS sehen die Angabe von Vergleichsinformationen nur in Form von Vergleichszahlen vor. Vergleichsabschlüsse sind demgegenüber bspw. nach den US-GAAP aufzustellen.

(c) Comparative financial statements – Comparative information where amounts and other disclosures for the prior period are included for comparison with the financial statements of the current period but, if audited, are referred to in the auditor's opinion. The level of information included in those comparative financial statements is comparable with that of the financial statements of the current period.

For purposes of this ISA, references to "prior period" should be read as "prior periods" when the comparative information includes amounts and disclosures for more than one period.

Requirements

Audit Procedures

7. The auditor shall determine whether the financial statements include the comparative information required by the applicable financial reporting framework and whether such information is appropriately classified. For this purpose, the auditor shall evaluate whether:

    (a) The comparative information agrees with the amounts and other disclosures presented in the prior period or, when appropriate, have been restated; and

    (b) The accounting policies reflected in the comparative information are consistent with those applied in the current period or, if there have been changes in accounting policies, whether those changes have been properly accounted for and adequately presented and disclosed.

8. If the auditor becomes aware of a possible material misstatement in the comparative information while performing the current period audit, the auditor shall perform such additional audit procedures as are necessary in the circumstances to obtain sufficient appropriate audit evidence to determine whether a material misstatement exists. If the auditor had audited the prior period's financial statements, the auditor shall also follow the relevant requirements of ISA 560.[2] If the prior period financial statements are amended, the auditor shall determine that the comparative information agrees with the amended financial statements.

9. As required by ISA 580,[3] the auditor shall request written representations for all periods referred to in the auditor's opinion. The auditor shall also obtain a specific written representation regarding any restatement made to correct a material misstatement in prior period financial statements that affect the comparative information. (Ref: Para. A1)

Audit Reporting

Corresponding Figures

10. When corresponding figures are presented, the auditor's opinion shall not refer to the corresponding figures except in the circumstances described in paragraphs 11, 12, and 14. (Ref: Para. A2)

11. If the auditor's report on the prior period, as previously issued, included a qualified opinion, a disclaimer of opinion, or an adverse opinion and the matter which gave rise to the modification is unresolved, the auditor shall modify the auditor's opinion on the current period's financial statements. In the Basis for Modification paragraph in the auditor's report, the auditor shall either:

    (a) Refer to both the current period's figures and the corresponding figures in the description of the matter giving rise to the modification when the effects or possible effects of the matter on the current period's figures are material; or

    (b) In other cases, explain that the audit opinion has been modified because of the effects or possible effects of the unresolved matter on the comparability of the current period's figures and the corresponding figures. (Ref: Para. A3–A5)

---

[2] ISA 560, "Subsequent Events," paragraphs 14–17.
[3] ISA 580, "Written Representations," paragraph 14.

der Vergleichsbeträge und -angaben wird hauptsächlich durch deren Relevanz für die Zahlen des laufenden Zeitraums bestimmt.

(c) Vergleichsabschluss – Vergleichsinformationen, bei denen Beträge und andere Angaben für den vorhergehenden Zeitraum zum Vergleich mit dem Abschluss des laufenden Zeitraums eingefügt werden, aber auf die im Vermerk des Abschlussprüfers Bezug genommen wird, wenn sie geprüft wurden. Der Informationsgehalt dieses Vergleichsabschlusses ist vergleichbar mit dem des Abschlusses des laufenden Zeitraums.

Für die Zwecke dieses ISA werden unter „vorhergehendem Zeitraum" „vorhergehende Zeiträume" verstanden, wenn die Vergleichsinformationen Beträge und Angaben für mehr als einen Zeitraum umfassen.

Anforderungen

Prüfungshandlungen

7. Der Abschlussprüfer muss feststellen, ob der Abschluss die nach dem maßgebenden Regelwerk der Rechnungslegung erforderlichen Vergleichsinformationen enthält und ob diese Informationen zutreffend eingestuft sind. Zu diesem Zweck muss der Abschlussprüfer beurteilen, ob

    (a) die Vergleichsinformationen mit den im vorhergehenden Zeitraum dargestellten Beträgen und anderen Angaben übereinstimmen oder erforderlichenfalls angepasst wurden und

    (b) die in den Vergleichsinformationen widergespiegelten Rechnungslegungsmethoden mit den im laufenden Zeitraum angewendeten übereinstimmen oder ob im Falle von Änderungen in den Rechnungslegungsmethoden diese Änderungen sachgerecht in der Rechnungslegung berücksichtigt und angemessen im Abschluss angegeben und dargestellt sind.

8. Wenn der Abschlussprüfer bei der Durchführung der Abschlussprüfung des laufenden Zeitraums eine mögliche wesentliche falsche Darstellung in den Vergleichsinformationen erkennt, sind die zusätzlichen Prüfungshandlungen durchzuführen, die unter den gegebenen Umständen notwendig sind, um ausreichende geeignete Prüfungsnachweise für die Feststellung zu erlangen, ob eine wesentliche falsche Darstellung vorliegt. Wenn der Abschlussprüfer den Abschluss des vorhergehenden Zeitraums geprüft hat, sind außerdem die relevanten Anforderungen von ISA 560 zu beachten.[2)] Wenn der Abschluss des vorhergehenden Zeitraums geändert wurde, muss der Abschlussprüfer feststellen, ob die Vergleichsinformationen mit dem geänderten Abschluss übereinstimmen.

9. Wie in ISA 580[3)] bestimmt, muss der Abschlussprüfer schriftliche Erklärungen für alle Zeiträume anfordern, auf die sich das Prüfungsurteil bezieht. Außerdem muss der Abschlussprüfer eine spezifische schriftliche Erklärung zu allen Anpassungen einholen, die zur Korrektur wesentlicher falscher Darstellungen im Abschluss des vorhergehenden Zeitraums vorgenommen wurden und sich auf die Vergleichsinformationen auswirken. (Vgl. Tz. A1)

Erteilung eines Vermerks zur Abschlussprüfung

Vergleichszahlen

10. Wenn Vergleichszahlen ausgewiesen sind, darf sich das Prüfungsurteil mit Ausnahme der in den Textziffern 11, 12 und 14 beschriebenen Umstände nicht auf die Vergleichszahlen beziehen. (Vgl. Tz. A2)

11. Wenn der Vermerk des Abschlussprüfers zum vorhergehenden Zeitraum, wie er zuvor erteilt wurde, ein eingeschränktes, nicht abgegebenes oder versagtes Prüfungsurteil[*)] enthielt und der Sachverhalt, der zu der Modifizierung führte, nicht geklärt ist, muss der Abschlussprüfer das Prüfungsurteil zum Abschluss des laufenden Zeitraums modifizieren. Im Absatz über die Grundlage für die Modifizierung im Vermerk des Abschlussprüfers ist entweder

    (a) in der Beschreibung des Sachverhalts, der zu der Modifizierung geführt hat, sowohl auf die Zahlen des Berichtszeitraums als auch auf die Vergleichszahlen Bezug zu nehmen, wenn die tatsächlichen oder möglichen Auswirkungen des Sachverhalts auf die Zahlen des laufenden Zeitraums wesentlich sind, oder

    (b) in anderen Fällen zu erläutern, dass das Prüfungsurteil aufgrund der tatsächlichen oder möglichen Auswirkungen des nicht geklärten Sachverhalts auf die Vergleichbarkeit der Zahlen des laufenden Zeitraums und der Vergleichszahlen modifiziert wurde. (Vgl. Tz. A3-A5)

[2)] ISA 560 „Ereignisse nach dem Abschlussstichtag", Textziffern 14–17.
[3)] ISA 580 „Schriftliche Erklärungen", Textziffer 14.
[*)] In der Schweiz: verneinendes Prüfungsurteil.

12. If the auditor obtains audit evidence that a material misstatement exists in the prior period financial statements on which an unmodified opinion has been previously issued, and the corresponding figures have not been properly restated or appropriate disclosures have not been made, the auditor shall express a qualified opinion or an adverse opinion in the auditor's report on the current period financial statements, modified with respect to the corresponding figures included therein. (Ref: Para. A6)

Prior Period Financial Statements Audited by a Predecessor Auditor

13. If the financial statements of the prior period were audited by a predecessor auditor and the auditor is not prohibited by law or regulation from referring to the predecessor auditor's report on the corresponding figures and decides to do so, the auditor shall state in an Other Matter paragraph in the auditor's report:

  (a) That the financial statements of the prior period were audited by the predecessor auditor;

  (b) The type of opinion expressed by the predecessor auditor and, if the opinion was modified, the reasons therefore; and

  (c) The date of that report. (Ref: Para. A7)

Prior Period Financial Statements Not Audited

14. If the prior period financial statements were not audited, the auditor shall state in an Other Matter paragraph in the auditor's report that the corresponding figures are unaudited. Such a statement does not, however, relieve the auditor of the requirement to obtain sufficient appropriate audit evidence that the opening balances do not contain misstatements that materially affect the current period's financial statements.[4]

Comparative Financial Statements

15. When comparative financial statements are presented, the auditor's opinion shall refer to each period for which financial statements are presented and on which an audit opinion is expressed. (Ref: Para. A8–A9)

16. When reporting on prior period financial statements in connection with the current period's audit, if the auditor's opinion on such prior period financial statements differs from the opinion the auditor previously expressed, the auditor shall disclose the substantive reasons for the different opinion in an Other Matter paragraph in accordance with ISA 706.[5] (Ref: Para. A10)

Prior Period Financial Statements Audited by a Predecessor Auditor

17. If the financial statements of the prior period were audited by a predecessor auditor, in addition to expressing an opinion on the current period's financial statements, the auditor shall state in an Other Matter paragraph:

  (a) that the financial statements of the prior period were audited by a predecessor auditor;

  (b) the type of opinion expressed by the predecessor auditor and, if the opinion was modified, the reasons therefore; and

  (c) the date of that report,

  unless the predecessor auditor's report on the prior period's financial statements is reissued with the financial statements.

18. If the auditor concludes that a material misstatement exists that affects the prior period financial statements on which the predecessor auditor had previously reported without modification, the auditor shall communicate the misstatement with the appropriate level of management and, unless all of those

---

4) ISA 510, paragraph 6.
5) ISA 706, "Emphasis of Matter Paragraphs and Other Matter Paragraphs in the Independent Auditor's Report," paragraph 8.

12. Wenn der Abschlussprüfer Prüfungsnachweise darüber erlangt, dass eine wesentliche falsche Darstellung im Abschluss des vorhergehenden Zeitraums besteht, zu dem zuvor ein nicht modifiziertes Prüfungsurteil erteilt wurde, und die Vergleichszahlen nicht sachgerecht angepasst wurden oder keine angemessenen Angaben gemacht wurden, muss der Abschlussprüfer im Vermerk zum Abschluss des laufenden Zeitraums ein eingeschränktes oder versagtes Prüfungsurteil abgeben, das aufgrund der in dem Abschluss enthaltenen Vergleichszahlen modifiziert ist. (Vgl. Tz. A6)

Von einem vorherigen Abschlussprüfer geprüfter Abschluss des vorhergehenden Zeitraums

13. Wenn der Abschluss des vorhergehenden Zeitraums von einem vorherigen Abschlussprüfer geprüft wurde und es dem Abschlussprüfer durch Gesetze oder andere Rechtsvorschriften nicht untersagt ist, sich auf den Vermerk des vorherigen Abschlussprüfers zu den Vergleichszahlen zu beziehen und der Abschlussprüfer sich hierfür entscheidet, ist in einem Absatz zum Hinweis auf sonstige Sachverhalte im Vermerk des Abschlussprüfers Folgendes anzugeben:
    (a) die Tatsache, dass der Abschluss des vorhergehenden Zeitraums von dem vorherigen Abschlussprüfer geprüft wurde,
    (b) die Art des von dem vorherigen Abschlussprüfer abgegebenen Prüfungsurteils und, falls das Prüfungsurteil modifiziert war, die Gründe dafür, sowie
    (c) das Datum dieses Vermerks. (Vgl. Tz. A7)

Nicht geprüfter Abschluss des vorhergehenden Zeitraums

14. Wenn der Abschluss des vorhergehenden Zeitraums nicht geprüft wurde, muss der Abschlussprüfer in einem Absatz zum Hinweis auf sonstige Sachverhalte im Vermerk des Abschlussprüfers angeben, dass die Vergleichszahlen nicht geprüft sind. Eine solche Angabe befreit den Abschlussprüfer jedoch nicht von der Pflicht, ausreichende geeignete Prüfungsnachweise darüber zu erlangen, dass die Eröffnungsbilanzwerte keine falschen Darstellungen enthalten, die sich wesentlich auf den Abschluss des laufenden Zeitraums auswirken.[4]

Vergleichsabschlüsse

15. Wenn Vergleichsabschlüsse aufgestellt sind, muss das Prüfungsurteil auf jeden Zeitraum Bezug nehmen, für den ein Abschluss aufgestellt ist und zu dem ein Prüfungsurteil abgegeben wird. (Vgl. Tz. A8-A9)

16. Wenn der Abschlussprüfer im Zusammenhang mit der Abschlussprüfung des laufenden Zeitraums über den Abschluss des vorhergehenden Zeitraums einen Vermerk erteilt und das Prüfungsurteil zu diesem Abschluss des vorhergehenden Zeitraums von dem zuvor vom Abschlussprüfer abgegebenen Prüfungsurteil abweicht, muss der Abschlussprüfer in Übereinstimmung mit ISA 706[5] in einem Absatz zum Hinweis auf sonstige Sachverhalte die ausschlaggebenden Gründe für das abweichende Prüfungsurteil angeben. (Vgl. Tz. A10)

Von einem vorherigen Abschlussprüfer geprüfter Abschluss des vorhergehenden Zeitraums

17. Wenn der Abschluss des vorhergehenden Zeitraums von einem vorherigen Abschlussprüfer geprüft wurde, muss der Abschlussprüfer zusätzlich zur Abgabe eines Prüfungsurteils zum Abschluss des laufenden Zeitraums in einem Absatz zum Hinweis auf sonstige Sachverhalte Folgendes angeben:
    (a) die Tatsache, dass der Abschluss des vorhergehenden Zeitraums von einem vorherigen Abschlussprüfer geprüft wurde,
    (b) die Art des von dem vorherigen Abschlussprüfer abgegebenen Prüfungsurteils und, wenn das Prüfungsurteil modifiziert war, die Gründe dafür sowie
    (c) das Datum dieses Vermerks
    es sei denn, dass der Vermerk des vorherigen Abschlussprüfers zum Abschluss des vorhergehenden Zeitraums mit dem Abschluss erneut erteilt wird.

18. Wenn der Abschlussprüfer zu dem Schluss kommt, dass eine wesentliche falsche Darstellung vorliegt, die sich auf den Abschluss des vorhergehenden Zeitraums auswirkt, zu dem der vorherige Abschlussprüfer zuvor einen unveränderten Vermerk[*] erteilt hat, muss der Abschlussprüfer mit der geeigneten

---

4) ISA 510, Textziffer 6.
5) ISA 706 „Hervorhebung eines Sachverhalts und Hinweis auf sonstige Sachverhalte durch Absätze im Vermerk des unabhängigen Abschlussprüfers", Textziffer 8.
*) Die ISA differenzieren, ob sich eine *modification* auf den Vermerk des Abschlussprüfers oder auf das Prüfungsurteil selbst bezieht. Um diese Differenzierung zu verdeutlichen, werden in der deutschen Übersetzung die Begriffe „veränderter Vermerk des Abschlussprüfers" und „modifiziertes Prüfungsurteil" verwendet.

charged with governance are involved in managing the entity,[6] those charged with governance and request that the predecessor auditor be informed. If the prior period financial statements are amended, and the predecessor auditor agrees to issue a new auditor's report on the amended financial statements of the prior period, the auditor shall report only on the current period. (Ref: Para. A11)

Prior Period Financial Statements Not Audited

19. If the prior period financial statements were not audited, the auditor shall state in an Other Matter paragraph that the comparative financial statements are unaudited. Such a statement does not, however, relieve the auditor of the requirement to obtain sufficient appropriate audit evidence that the opening balances do not contain misstatements that materially affect the current period's financial statements.[7]

***

Application and Other Explanatory Material

Audit Procedures

Written Representations (Ref: Para. 9)

A1. In the case of comparative financial statements, the written representations are requested for all periods referred to in the auditor's opinion because management needs to reaffirm that the written representations it previously made with respect to the prior period remain appropriate. In the case of corresponding figures, the written representations are requested for the financial statements of the current period only because the auditor's opinion is on those financial statements, which include the corresponding figures. However, the auditor requests a specific written representation regarding any restatement made to correct a material misstatement in the prior period financial statements that affect the comparative information.

Audit Reporting

Corresponding Figures

No Reference in Auditor's Opinion (Ref: Para. 10)

A2. The auditor's opinion does not refer to the corresponding figures because the auditor's opinion is on the current period financial statements as a whole, including the corresponding figures.

Modification in Auditor's Report on the Prior Period Unresolved (Ref: Para. 11)

A3. When the auditor's report on the prior period, as previously issued, included a qualified opinion, a disclaimer of opinion, or an adverse opinion and the matter which gave rise to the modified opinion is resolved and properly accounted for or disclosed in the financial statements in accordance with the applicable financial reporting framework, the auditor's opinion on the current period need not refer to the previous modification.

A4. When the auditor's opinion on the prior period, as previously expressed, was modified, the unresolved matter that gave rise to the modification may not be relevant to the current period figures. Nevertheless, a qualified opinion, a disclaimer of opinion, or an adverse opinion (as applicable) may be required on the current period's financial statements because of the effects or possible effects of the unresolved matter on the comparability of the current and corresponding figures.

A5. Illustrative examples of the auditor's report if the auditor's report on the prior period included a modified opinion and the matter giving rise to the modification is unresolved are contained in Illustrations 1 and 2 of the Appendix.

---

6) ISA 260, "Communication with Those Charged with Governance," paragraph 13.
7) ISA 510, paragraph 6.

Managementebene und – sofern nicht alle für die Überwachung Verantwortlichen in das Management der Einheit eingebunden sind[6] – mit den für die Überwachung Verantwortlichen über die falsche Darstellung kommunizieren[*] und verlangen, dass der vorherige Abschlussprüfer informiert wird. Wenn der Abschluss des vorhergehenden Zeitraums geändert wird und sich der vorherige Abschlussprüfer damit einverstanden erklärt, einen neuen Vermerk des Abschlussprüfers zu dem geänderten Abschluss des vorhergehenden Zeitraums zu erteilen, hat der Abschlussprüfer nur über den laufenden Zeitraum zu berichten. (Vgl. Tz. A11)

Nicht geprüfter Abschluss des vorhergehenden Zeitraums

19. Wenn der Abschluss des vorhergehenden Zeitraums nicht geprüft wurde, muss der Abschlussprüfer in einem Absatz zum Hinweis auf sonstige Sachverhalte angeben, dass der Vergleichsabschluss nicht geprüft wurde. Eine solche Angabe befreit den Abschlussprüfer jedoch nicht von der Pflicht, ausreichende geeignete Prüfungsnachweise darüber zu erlangen, dass die Eröffnungsbilanzwerte keine falschen Darstellungen enthalten, die sich wesentlich auf den Abschluss des laufenden Zeitraums auswirken.[7]

***

Anwendungshinweise und sonstige Erläuterungen

Prüfungshandlungen

Schriftliche Erklärungen (Vgl. Tz. 9)

A1. Bei Vergleichsabschlüssen werden die schriftlichen Erklärungen für alle Zeiträume verlangt, auf die sich das Prüfungsurteil bezieht, weil das Management nochmals bestätigen muss, dass die schriftlichen Erklärungen, die es zuvor zu dem vorhergehenden Zeitraum abgegeben hat, weiterhin zutreffend sind. Bei Vergleichszahlen werden die schriftlichen Erklärungen nur für den Abschluss des laufenden Zeitraums verlangt, weil sich das Prüfungsurteil nur auf diesen Abschluss bezieht, der die Vergleichszahlen enthält. Der Abschlussprüfer verlangt jedoch eine spezifische schriftliche Erklärung zu allen Anpassungen, die zur Korrektur wesentlicher falscher Darstellungen im Abschluss des vorhergehenden Zeitraums vorgenommen wurden und die sich auf die Vergleichsinformationen auswirken.

Erteilung eines Vermerks zur Abschlussprüfung

Vergleichszahlen

Keine Bezugnahme im Prüfungsurteil (Vgl. Tz. 10)

A2. Das Prüfungsurteil bezieht sich nicht auf die Vergleichszahlen, weil es sich auf den Abschluss des laufenden Zeitraums als Ganzes, einschließlich der Vergleichszahlen, bezieht.

Änderung im Vermerk des Abschlussprüfers zum vorhergehenden Zeitraum nicht geklärt (Vgl. Tz. 11)

A3. Wenn der zuvor erteilte Vermerk des Abschlussprüfers zum vorhergehenden Zeitraum ein eingeschränktes, nicht abgegebenes oder versagtes Prüfungsurteil enthielt und der Sachverhalt, der zu dem modifizierten Prüfungsurteil geführt hat, geklärt ist und in Übereinstimmung mit dem maßgebenden Regelwerk der Rechnungslegung sachgerecht in der Rechnungslegung berücksichtigt oder im Abschluss angegeben ist, muss das Prüfungsurteil zum laufenden Zeitraum nicht auf die frühere Modifizierung Bezug nehmen.

A4. Wenn das zuvor abgegebene Prüfungsurteil zum vorhergehenden Zeitraum modifiziert wurde, braucht der nicht geklärte Sachverhalt, der zu der Modifizierung führte, für die Zahlen des laufenden Zeitraums möglicherweise nicht relevant zu sein. Gleichwohl kann ein eingeschränktes, nicht abgegebenes oder versagtes Prüfungsurteil (je nachdem, welches zutrifft) zum Abschluss des laufenden Zeitraums aufgrund der tatsächlichen oder möglichen Auswirkungen des nicht geklärten Sachverhalts auf die Vergleichbarkeit der Zahlen des laufenden Zeitraums und der Vergleichszahlen erforderlich sein.

A5. Formulierungsbeispiele für den Vermerk des Abschlussprüfers in dem Fall, dass der Vermerk des Abschlussprüfers zum vorhergehenden Zeitraum ein modifiziertes Prüfungsurteil enthielt und der Sachverhalt, der zu der Modifizierung geführt hat, nicht geklärt ist, sind in den Beispielen 1 und 2 der Anlage enthalten.

---

6) ISA 260 „Kommunikation mit den für die Überwachung Verantwortlichen", Textziffer 13.
7) ISA 510, Textziffer 6.
*) Der Begriff „kommunizieren" wird verwendet, um erkennbar zu machen, dass ein Informationsaustausch zwischen den beiden beteiligten Partnern in beide Richtungen gehen und schriftlich oder mündlich erfolgen kann.

Misstatement in Prior Period Financial Statements (Ref: Para. 12)

A6. When the prior period financial statements that are misstated have not been amended and an auditor's report has not been reissued, but the corresponding figures have been properly restated or appropriate disclosures have been made in the current period financial statements, the auditor's report may include an Emphasis of Matter paragraph describing the circumstances and referring to where relevant disclosures that fully describe the matter that can be found in the financial statements (see ISA 706).

Prior Period Financial Statements Audited by a Predecessor Auditor (Ref: Para. 13)

A7. An illustrative example of the auditor's report if the prior period financial statements were audited by a predecessor auditor and the auditor is not prohibited by law or regulation from referring to the predecessor auditor's report on the corresponding figures is contained in Illustration 3 of the Appendix.

Comparative Financial Statements

Reference in Auditor's Opinion (Ref: Para. 15)

A8. Because the auditor's report on comparative financial statements applies to the financial statements for each of the periods presented, the auditor may express a qualified opinion or an adverse opinion, disclaim an opinion, or include an Emphasis of Matter paragraph with respect to one or more periods, while expressing a different auditor's opinion on the financial statements of the other period.

A9. An illustrative example of the auditor's report if the auditor is required to report on both the current and the prior period financial statements in connection with the current year's audit and the prior period included a modified opinion and the matter giving rise to the modification is unresolved, is contained in Illustration 4 of the Appendix.

Opinion on Prior Period Financial Statements Different from Previous Opinion (Ref: Para. 16)

A10. When reporting on the prior period financial statements in connection with the current period's audit, the opinion expressed on the prior period financial statements may be different from the opinion previously expressed if the auditor becomes aware of circumstances or events that materially affect the financial statements of a prior period during the course of the audit of the current period. In some jurisdictions, the auditor may have additional reporting responsibilities designed to prevent future reliance on the auditor's previously issued report on the prior period financial statements.

Prior Period Financial Statements Audited by a Predecessor Auditor (Ref: Para. 18)

A11. The predecessor auditor may be unable or unwilling to reissue the auditor's report on the prior period financial statements. An Other Matter paragraph of the auditor's report may indicate that the predecessor auditor reported on the financial statements of the prior period before amendment. In addition, if the auditor is engaged to audit and obtains sufficient appropriate audit evidence to be satisfied as to the appropriateness of the amendment, the auditor's report may also include the following paragraph:

> As part of our audit of the 20X2 financial statements, we also audited the adjustments described in Note X that were applied to amend the 20X1 financial statements. In our opinion, such adjustments are appropriate and have been properly applied. We were not engaged to audit, review, or apply any procedures to the 20X1 financial statements of the company other than with respect to the adjustments and, accordingly, we do not express an opinion or any other form of assurance on the 20X1 financial statements taken as a whole.

Vergleichsinformationen – Vergleichszahlen und Vergleichsabschlüsse ISA 710

Falsche Darstellung im Abschluss des vorhergehenden Zeitraums (Vgl. Tz. 12)

A6. Wenn der Abschluss des vorhergehenden Zeitraums, der falsch dargestellt ist, nicht geändert und kein neuer Vermerk des Abschlussprüfers erteilt wurde, jedoch im Abschluss des laufenden Zeitraums die Vergleichszahlen sachgerecht angepasst oder angemessene Angaben gemacht wurden, kann der Vermerk des Abschlussprüfers einen Absatz zur Hervorhebung eines Sachverhalts enthalten, der die Umstände beschreibt und, sofern relevant, auf Abschlussangaben[*)] Bezug nimmt, die den im Abschluss abgebildeten Sachverhalt vollständig beschreiben (siehe ISA 706).

Von einem vorherigen Abschlussprüfer geprüfter Abschluss des vorhergehenden Zeitraums (Vgl. Tz. 13)

A7. Ein Formulierungsbeispiel für den Vermerk des Abschlussprüfers in dem Fall, dass der Abschluss des vorhergehenden Zeitraums von einem vorherigen Abschlussprüfer geprüft wurde und es dem Abschlussprüfer durch Gesetze oder andere Rechtsvorschriften nicht untersagt ist, auf den Vermerk des vorherigen Abschlussprüfers zu den Vergleichszahlen Bezug zu nehmen, ist in Beispiel 3 der Anlage enthalten.

Vergleichsabschlüsse

Bezugnahme im Prüfungsurteil (Vgl. Tz. 15)

A8. Da der Vermerk des Abschlussprüfers zu Vergleichsabschlüssen für den Abschluss jedes der dargestellten Zeiträume gilt, kann der Abschlussprüfer für einen oder mehrere Zeiträume ein eingeschränktes oder ein versagtes Prüfungsurteil abgeben, die Nichtabgabe eines Prüfungsurteils erklären oder einen Absatz zur Hervorhebung eines Sachverhalts einbeziehen und gleichzeitig ein anderes Prüfungsurteil zum Abschluss des anderen Zeitraums abgeben.

A9. Ein Formulierungsbeispiel für den Vermerk des Abschlussprüfers in dem Fall, dass der Abschlussprüfer im Zusammenhang mit der Abschlussprüfung des laufenden Jahres einen Vermerk über den Abschluss sowohl des laufenden als auch des vorhergehenden Zeitraums erteilen muss, dass für den vorhergehenden Zeitraum ein modifiziertes Prüfungsurteil abgegeben wurde und dass der Sachverhalt, der zu der Modifizierung geführt hat, nicht geklärt ist, ist in Beispiel 4 der Anlage enthalten.

Prüfungsurteil zum Abschluss des vorhergehenden Zeitraums weicht vom vorherigen Prüfungsurteil ab (Vgl. Tz. 16)

A10. Bei der Erteilung eines Vermerks zum Abschluss des vorhergehenden Zeitraums im Zusammenhang mit der Abschlussprüfung des laufenden Zeitraums kann das zum Abschluss des vorhergehenden Zeitraums abgegebene Prüfungsurteil von dem zuvor abgegebenen Prüfungsurteil abweichen, wenn dem Abschlussprüfer im Laufe der Prüfung des laufenden Zeitraums Umstände oder Ereignisse bekannt werden, die sich wesentlich auf den Abschluss des vorhergehenden Zeitraums auswirken. In manchen Rechtsräumen kann der Abschlussprüfer zusätzliche Angabepflichten im Vermerk haben, die darauf ausgerichtet sind, ein zukünftiges Vertrauen in den zuvor erteilten Vermerk des Abschlussprüfers zum Abschluss des vorhergehenden Zeitraums zu verhindern.

Von einem vorherigen Abschlussprüfer geprüfter Abschluss des vorhergehenden Zeitraums (Vgl. Tz. 18)

A11. Der vorherige Abschlussprüfer kann nicht in der Lage oder nicht bereit sein, den Vermerk des Abschlussprüfers zum Abschluss des vorhergehenden Zeitraums erneut zu erteilen. In einem Absatz zum Hinweis auf sonstige Sachverhalte im Vermerk des Abschlussprüfers kann darauf hingewiesen werden, dass der vorherige Abschlussprüfer zu dem Abschluss des vorhergehenden Zeitraums einen Vermerk erteilt hat, bevor dieser geändert wurde. Wenn der Abschlussprüfer mit der Abschlussprüfung beauftragt ist und ausreichende geeignete Prüfungsnachweise erlangt, um von der Angemessenheit der Änderung überzeugt zu sein, kann der Vermerk des Abschlussprüfers darüber hinaus auch den folgenden Absatz enthalten:

> Als Teil unserer Prüfung des Abschlusses 20X2 haben wir auch die in Angabe X beschriebenen Anpassungen geprüft, die vorgenommen wurden, um den Abschluss 20X1 zu ändern. Nach unserer Beurteilung sind diese Anpassungen angemessen und wurden sachgerecht vorgenommen. Wir waren nicht damit beauftragt, den Abschluss der Gesellschaft für das Jahr 20X1 zu prüfen, einer prüferischen Durchsicht zu unterziehen oder andere Prüfungshandlungen darauf anzuwenden als diejenigen zu den Anpassungen, und geben folglich zu dem Abschluss 20X1 als Ganzes kein Prüfungsurteil oder eine andere Form von Bestätigung ab.

---

*) Abschlussposten und andere Angaben im Abschluss.

Appendix

Illustrations of Auditors' Reports

Illustration 1 — Corresponding Figures (Ref: Para. A5)

> Report illustrative of the circumstances described in paragraph 11(a), as follows:
> - The auditor's report on the prior period, as previously issued, included a qualified opinion.
> - The matter giving rise to the modification is unresolved.
> - The effects or possible effects of the matter on the current period's figures are material and require a modification to the auditor's opinion regarding the current period figures.

INDEPENDENT AUDITOR'S REPORT

[Appropriate Addressee]

Report on the Financial Statements[1)]

We have audited the accompanying financial statements of ABC Company, which comprise the statement of financial position as at December 31, 20X1, and the statement of comprehensive income, statement of changes in equity and statement of cash flows for the year then ended, and a summary of significant accounting policies and other explanatory information.

Management's[2)] Responsibility for the Financial Statements

Management is responsible for the preparation and fair presentation of these financial statements in accordance with International Financial Reporting Standards,[3)] and for such internal control as management determines is necessary to enable the preparation of financial statements that are free from material misstatement, whether due to fraud or error.

Auditor's Responsibility

Our responsibility is to express an opinion on these financial statements based on our audit. We conducted our audit in accordance with International Standards on Auditing. Those standards require that we comply with ethical requirements and plan and perform the audit to obtain reasonable assurance about whether the financial statements are free from material misstatement.

An audit involves performing procedures to obtain audit evidence about the amounts and disclosures in the financial statements. The procedures selected depend on the auditor's judgment, including the assessment of the risks of material misstatement of the financial statements, whether due to fraud or error. In making those risk assessments, the auditor considers internal control relevant to the entity's preparation and fair presentation[4)] of the financial statements in order to design audit procedures that are appropriate in the circumstances, but not for the

---

1) The sub-title "Report on the Financial Statements" is unnecessary in circumstances when the second sub-title "Report on Other Legal and Regulatory Requirements" is not applicable.
2) Or other term that is appropriate in the context of the legal framework in the particular jurisdiction.
3) Where management's responsibility is to prepare financial statements that give a true and fair view, this may read: "Management is responsible for the preparation of financial statements that give a true and fair view in accordance with International Financial Reporting Standards, and for such ..."
4) In the case of footnote 10, this may read: "In making those risk assessments, the auditor considers internal control relevant to the entity's preparation of financial statements that give a true and fair view in order to design audit procedures that are appropriate in the circumstances, but not for the purpose of expressing an opinion on the effectiveness of the entity's internal control."

Anlage

Beispiele für Vermerke des Abschlussprüfers

Beispiel 1 – Vergleichszahlen (Vgl. Tz. A5)

> Musterformulierung für den Vermerk unter folgenden in Textziffer 11(a) beschriebenen Gegebenheiten:
> - Der Vermerk des Abschlussprüfers zum vorhergehenden Zeitraum, wie er zuvor erteilt wurde, enthielt ein eingeschränktes Prüfungsurteil.
> - Der Sachverhalt, der zu der Modifizierung geführt hat, ist nicht geklärt.
> - Die tatsächlichen oder möglichen Auswirkungen des Sachverhalts auf die Zahlen des laufenden Zeitraums sind wesentlich und erfordern eine Modifizierung des Prüfungsurteils zu diesen Zahlen.

VERMERK DES UNABHÄNGIGEN ABSCHLUSSPRÜFERS[*)]

[Empfänger]

Vermerk zum Abschluss[1)]

Wir haben den beigefügten Abschluss der ABC Gesellschaft – bestehend aus der Bilanz zum 31.12.20X1, der Gesamtergebnisrechnung, Eigenkapitalveränderungsrechnung und Kapitalflussrechnung[**)] für das an diesem Stichtag endende Geschäftsjahr sowie aus einer Zusammenfassung[***)] bedeutsamer Rechnungslegungsmethoden und anderen erläuternden Informationen – geprüft.

Verantwortung des Managements[2)] für den Abschluss

Das Management ist verantwortlich für die Aufstellung und sachgerechte Gesamtdarstellung dieses Abschlusses in Übereinstimmung mit den International Financial Reporting Standards[3)] und für die internen Kontrollen, die das Management als notwendig erachtet, um die Aufstellung eines Abschlusses zu ermöglichen, der frei von wesentlichen – beabsichtigten oder unbeabsichtigten – falschen Darstellungen ist.

Verantwortung des Abschlussprüfers

Unsere Aufgabe ist es, auf der Grundlage unserer Prüfung ein Urteil zu diesem Abschluss abzugeben. Wir haben unsere Abschlussprüfung in Übereinstimmung mit den International Standards on Auditing durchgeführt. Nach diesen Standards haben wir die beruflichen Verhaltensanforderungen einzuhalten und die Abschlussprüfung so zu planen und durchzuführen, dass hinreichende Sicherheit darüber erlangt wird, ob der Abschluss frei von wesentlichen falschen Darstellungen ist.

Eine Abschlussprüfung beinhaltet die Durchführung von Prüfungshandlungen, um Prüfungsnachweise für die im Abschluss enthaltenen Wertansätze und sonstigen Angaben zu erlangen. Die Auswahl der Prüfungshandlungen liegt im pflichtgemäßen Ermessen des Abschlussprüfers. Dies schließt die Beurteilung der Risiken wesentlicher – beabsichtigter oder unbeabsichtigter – falscher Darstellungen im Abschluss ein. Bei der Beurteilung dieser Risiken berücksichtigt der Abschlussprüfer das für die Aufstellung und sachgerechte Gesamtdarstellung[4)] des Abschlusses

---

1) Die Unterüberschrift „Vermerk zum Abschluss" ist nicht erforderlich, wenn die zweite Unterüberschrift, „Vermerk zu sonstigen gesetzlichen und anderen rechtlichen Anforderungen", nicht anzuwenden ist.
2) Oder ein anderer Begriff, der im Kontext des Rechtsrahmens in dem betreffenden Rechtsraum zutreffend ist.
3) Falls das Management die Verantwortung hat, einen Abschluss aufzustellen, der ein den tatsächlichen Verhältnissen entsprechendes Bild vermittelt, kann dies lauten: „Das Managements ist verantwortlich für die Aufstellung eines Abschlusses, der in Übereinstimmung mit den International Financial Reporting Standards ein den tatsächlichen Verhältnissen entsprechendes Bild vermittelt, und für die ..."
4) Im Fall von Fußnote 10 kann dies lauten: „Bei der Beurteilung dieser Risiken berücksichtigt der Abschlussprüfer das interne Kontrollsystem, das relevant ist für die Aufstellung eines Abschlusses durch die Einheit, der ein den tatsächlichen Verhältnissen entsprechendes Bild vermittelt, um Prüfungshandlungen zu planen, die unter den gegebenen Umständen angemessen sind, jedoch nicht mit dem Ziel, ein Prüfungsurteil zur Wirksamkeit des internen Kontrollsystems der Einheit abzugeben."

*) In Deutschland und in Österreich wird die Bezeichnung „Bestätigungsvermerk des Abschlussprüfers", in der Schweiz „Bericht des Abschlussprüfers" verwendet.
**) In Österreich und in der Schweiz: Geldflussrechnung.
***) In Deutschland, Österreich und der Schweiz: Anhang.

purpose of expressing an opinion on the effectiveness of the entity's internal control.[5] An audit also includes evaluating the appropriateness of accounting policies used and the reasonableness of accounting estimates made by management, as well as evaluating the overall presentation of the financial statements.

We believe that the audit evidence we have obtained is sufficient and appropriate to provide a basis for our qualified audit opinion.

Basis for Qualified Opinion

As discussed in Note X to the financial statements, no depreciation has been provided in the financial statements, which constitutes a departure from International Financial Reporting Standards. This is the result of a decision taken by management at the start of the preceding financial year and caused us to qualify our audit opinion on the financial statements relating to that year. Based on the straight-line method of depreciation and annual rates of 5% for the building and 20% for the equipment, the loss for the year should be increased by xxx in 20X1 and xxx in 20X0, property, plant and equipment should be reduced by accumulated depreciation of xxx in 20X1 and xxx in 20X0, and the accumulated loss should be increased by xxx in 20X1 and xxx in 20X0.

Qualified Opinion

In our opinion, except for the effects of the matter described in the Basis for Qualified Opinion paragraph, the financial statements present fairly, in all material respects, (or *give a true and fair view of*) the financial position of ABC Company as at December 31, 20X1, and (*of*) its financial performance and its cash flows for the year then ended in accordance with International Financial Reporting Standards.

Report on Other Legal and Regulatory Requirements

[Form and content of this section of the auditor's report will vary depending on the nature of the auditor's other reporting responsibilities.]

[Auditor's signature]

[Date of the auditor's report]

[Auditor's address]

---

[5] In circumstances when the auditor also has responsibility to express an opinion on the effectiveness of internal control in conjunction with the audit of the financial statements, this sentence would be worded as follows: "In making those risk assessments, the auditor considers internal control relevant to the entity's preparation and fair presentation of the financial statements in order to design audit procedures that are appropriate in the circumstances." In the case of footnote 10, this may read: "In making those risk assessments, the auditor considers internal control relevant to the entity's preparation of financial statements that give a true and fair view in order to design audit procedures that are appropriate in the circumstances."

durch die Einheit relevante interne Kontrollsystem, um Prüfungshandlungen zu planen, die unter den gegebenen Umständen angemessen sind, jedoch nicht mit dem Ziel, ein Prüfungsurteil zur Wirksamkeit des internen Kontrollsystems der Einheit abzugeben.[5)] Eine Abschlussprüfung umfasst auch die Beurteilung der Angemessenheit der angewandten Rechnungslegungsmethoden und der Vertretbarkeit der vom Management ermittelten geschätzten Werte in der Rechnungslegung sowie die Beurteilung der Gesamtdarstellung des Abschlusses.

Wir sind der Auffassung, dass die von uns erlangten Prüfungsnachweise ausreichend und geeignet sind, um als Grundlage für unser eingeschränktes Prüfungsurteil zu dienen.

Grundlage für das eingeschränkte Prüfungsurteil

Wie in Angabe X zum Abschluss erörtert, wurden im Abschluss keine Abschreibungen vorgenommen, was eine Abweichung von den International Financial Reporting Standards darstellt. Dies resultiert aus einer Entscheidung des Managements zu Beginn des vorhergehenden Geschäftsjahres und hat uns dazu veranlasst, unser Prüfungsurteil zu dem Abschluss dieses Jahres einzuschränken. Auf der Grundlage der linearen Abschreibung und Jahressätzen von 5 % für das Gebäude und 20 % für die Anlagen ist der Jahresfehlbetrag um xxx im Jahr 20X1 und um xxx im Jahr 20X0 zu erhöhen, der Wert der Sachanlagen ist um aufgelaufene Abschreibungen von xxx im Jahr 20X1 und xxx im Jahr 20X0 zu reduzieren, und der Bilanzverlust ist um xxx im Jahr 20X1 und um xxx im Jahr 20X0 zu erhöhen.

Eingeschränktes Prüfungsurteil

Nach unserer Beurteilung stellt der Abschluss mit Ausnahme der Auswirkungen des im Absatz „Grundlage für das eingeschränkte Prüfungsurteil" beschriebenen Sachverhalts die Vermögens- und Finanzlage der ABC Gesellschaft zum 31.12.20X1 sowie die Ertragslage und die Cashflows[*)] für das an diesem Stichtag endende Geschäftsjahr in Übereinstimmung mit den International Financial Reporting Standards in allen wesentlichen Belangen insgesamt sachgerecht dar (... vermittelt der Abschluss mit Ausnahme ... ein den tatsächlichen Verhältnissen entsprechendes Bild der ...).

Vermerk zu sonstigen gesetzlichen und anderen rechtlichen Anforderungen

[Form und Inhalt dieses Abschnitts des Vermerks des Abschlussprüfers unterscheiden sich in Abhängigkeit von der Art der sonstigen Angabepflichten des Abschlussprüfers im Vermerk.]

[Unterschrift des Abschlussprüfers]

[Datum des Vermerks des Abschlussprüfers]

[Ort des Abschlussprüfers]

---

5) In Fällen, in denen der Abschlussprüfer auch die Pflicht hat, im Zusammenhang mit der Prüfung des Abschlusses ein Prüfungsurteil zur Wirksamkeit des internen Kontrollsystems abzugeben, würde dieser Satz folgendermaßen lauten: „Bei der Beurteilung dieser Risiken berücksichtigt der Abschlussprüfer das für die Aufstellung und sachgerechte Gesamtdarstellung des Abschlusses durch die Einheit relevante interne Kontrollsystem, um Prüfungshandlungen zu planen, die unter den gegebenen Umständen angemessen sind." Im Fall von Fußnote 10 kann dies lauten: „Bei der Beurteilung dieser Risiken berücksichtigt der Abschlussprüfer das interne Kontrollsystem, das relevant ist für die Aufstellung eines Abschlusses durch die Einheit, der ein den tatsächlichen Verhältnissen entsprechendes Bild vermittelt, um Prüfungshandlungen zu planen, die unter den gegebenen Umständen angemessen sind."

*) In der Schweiz: Geldflüsse.

ISA 710   Comparative Information – Corresponding Figures and Comparative Financial Statements

Illustration 2 — Corresponding Figures (Ref: Para. A5)

> **Report illustrative of the circumstances described in paragraph 11(b), as follows:**
> - The auditor's report on the prior period, as previously issued, included a qualified opinion.
> - The matter giving rise to the modification is unresolved.
> - The effects or possible effects of the matter on the current period's figures are immaterial but require a modification to the auditor's opinion because of the effects or possible effects of the unresolved matter on the comparability of the current period's figures and the corresponding figures.

INDEPENDENT AUDITOR'S REPORT

[Appropriate Addressee]

Report on the Financial Statements[6]

We have audited the accompanying financial statements of ABC Company, which comprise the statement of financial position as at December 31, 20X1, and the statement of comprehensive income, statement of changes in equity and statement of cash flows for the year then ended, and a summary of significant accounting policies and other explanatory information.

Management's[7] Responsibility for the Financial Statements

Management is responsible for the preparation and fair presentation of these financial statements in accordance with International Financial Reporting Standards,[8] and for such internal control as management determines is necessary to enable the preparation of financial statements that are free from material misstatement, whether due to fraud or error.

Auditor's Responsibility

Our responsibility is to express an opinion on these financial statements based on our audit. We conducted our audit in accordance with International Standards on Auditing. Those standards require that we comply with ethical requirements and plan and perform the audit to obtain reasonable assurance about whether the financial statements are free from material misstatement.

An audit involves performing procedures to obtain audit evidence about the amounts and disclosures in the financial statements. The procedures selected depend on the auditor's judgment, including the assessment of the risks of material misstatement of the financial statements, whether due to fraud or error. In making those risk assessments, the auditor considers internal control relevant to the entity's preparation and fair presentation[9] of the financial statements in order to design audit procedures that are appropriate in the circumstances, but not for the

---

[6] The sub-title "Report on the Financial Statements" is unnecessary in circumstances when the second sub-title "Report on Other Legal and Regulatory Requirements" is not applicable.

[7] Or other term that is appropriate in the context of the legal framework in the particular jurisdiction.

[8] Where management's responsibility is to prepare financial statements that give a true and fair view, this may read: "Management is responsible for the preparation of financial statements that give a true and fair view in accordance with International Financial Reporting Standards, and for such ..."

[9] In the case of footnote 15, this may read: "In making those risk assessments, the auditor considers internal control relevant to the entity's preparation of financial statements that give a true and fair view in order to design audit procedures that are appropriate in the circumstances, but not for the purpose of expressing an opinion on the effectiveness of the entity's internal control."

Beispiel 2 – Vergleichszahlen (Vgl. Tz. A5)

> Musterformulierung für den Vermerk unter folgenden in Textziffer 11(b) beschriebenen Gegebenheiten:
> - Der Vermerk des Abschlussprüfers zum vorhergehenden Zeitraum, wie er zuvor erteilt wurde, enthielt ein eingeschränktes Prüfungsurteil.
> - Der Sachverhalt, der zu der Modifizierung geführt hat, ist nicht geklärt.
> - Die tatsächlichen oder möglichen Auswirkungen des Sachverhalts auf die Zahlen des laufenden Zeitraums sind zwar unwesentlich, jedoch ist aufgrund der tatsächlichen oder möglichen Auswirkungen des nicht geklärten Sachverhalts auf die Vergleichbarkeit der Zahlen des laufenden Zeitraums und der Vergleichszahlen eine Modifizierung des Prüfungsurteils erforderlich.

VERMERK DES UNABHÄNGIGEN ABSCHLUSSPRÜFERS

[Empfänger]

Vermerk zum Abschluss[6)]

Wir haben den beigefügten Abschluss der ABC Gesellschaft – bestehend aus der Bilanz zum 31.12.20X1, der Gesamtergebnisrechnung, Eigenkapitalveränderungsrechnung und Kapitalflussrechnung für das an diesem Stichtag endende Geschäftsjahr sowie aus einer Zusammenfassung[*)] bedeutsamer Rechnungslegungsmethoden und anderen erläuternden Informationen – geprüft.

Verantwortung des Managements[7)] für den Abschluss

Das Management ist verantwortlich für die Aufstellung und sachgerechte Gesamtdarstellung dieses Abschlusses in Übereinstimmung mit den International Financial Reporting Standards[8)] und für die internen Kontrollen, die das Management als notwendig erachtet, um die Aufstellung eines Abschlusses zu ermöglichen, der frei von wesentlichen – beabsichtigten oder unbeabsichtigten – falschen Darstellungen ist.

Verantwortung des Abschlussprüfers

Unsere Aufgabe ist es, auf der Grundlage unserer Prüfung ein Urteil zu diesem Abschluss abzugeben. Wir haben unsere Abschlussprüfung in Übereinstimmung mit den International Standards on Auditing durchgeführt. Nach diesen Standards haben wir die beruflichen Verhaltensanforderungen einzuhalten und die Abschlussprüfung so zu planen und durchzuführen, dass hinreichende Sicherheit darüber erlangt wird, ob der Abschluss frei von wesentlichen falschen Darstellungen ist.

Eine Abschlussprüfung beinhaltet die Durchführung von Prüfungshandlungen, um Prüfungsnachweise für die im Abschluss enthaltenen Wertansätze und sonstigen Angaben zu erlangen. Die Auswahl der Prüfungshandlungen liegt im pflichtgemäßen Ermessen des Abschlussprüfers. Dies schließt die Beurteilung der Risiken wesentlicher – beabsichtigter oder unbeabsichtigter – falscher Darstellungen im Abschluss ein. Bei der Beurteilung dieser Risiken berücksichtigt der Abschlussprüfer das für die Aufstellung und sachgerechte Gesamtdarstellung[9)] des Abschlusses

---

6) Die Unterüberschrift „Vermerk zum Abschluss" ist nicht erforderlich, wenn die zweite Unterüberschrift, „Vermerk zu sonstigen gesetzlichen und anderen rechtlichen Anforderungen", nicht anzuwenden ist.
7) Oder ein anderer Begriff, der im Kontext des Rechtsrahmens in dem betreffenden Rechtsraum zutreffend ist.
8) Falls das Management die Verantwortung hat, einen Abschluss aufzustellen, der ein den tatsächlichen Verhältnissen entsprechendes Bild vermittelt, kann dies lauten: „Das Managements ist verantwortlich für die Aufstellung eines Abschlusses, der in Übereinstimmung mit den International Financial Reporting Standards ein den tatsächlichen Verhältnissen entsprechendes Bild vermittelt, und für die ..."
9) Im Fall von Fußnote 15 kann dies lauten: „Bei der Beurteilung dieser Risiken berücksichtigt der Abschlussprüfer das interne Kontrollsystem, das relevant ist für die Aufstellung eines Abschlusses durch die Einheit, der ein den tatsächlichen Verhältnissen entsprechendes Bild vermittelt, um Prüfungshandlungen zu planen, die unter den gegebenen Umständen angemessen sind, jedoch nicht mit dem Ziel, ein Prüfungsurteil zur Wirksamkeit des internen Kontrollsystems der Einheit abzugeben."
*) In Deutschland, Österreich und der Schweiz: Anhang.

purpose of expressing an opinion on the effectiveness of the entity's internal control.[10] An audit also includes evaluating the appropriateness of accounting policies used and the reasonableness of accounting estimates made by management, as well as evaluating the overall presentation of the financial statements.

We believe that the audit evidence we have obtained is sufficient and appropriate to provide a basis for our qualified audit opinion.

Basis for Qualified Opinion

Because we were appointed auditors of ABC Company during 20X0, we were not able to observe the counting of the physical inventories at the beginning of that period or satisfy ourselves concerning those inventory quantities by alternative means. Since opening inventories affect the determination of the results of operations, we were unable to determine whether adjustments to the results of operations and opening retained earnings might be necessary for 20X0. Our audit opinion on the financial statements for the period ended December 31, 20X0 was modified accordingly. Our opinion on the current period's financial statements is also modified because of the possible effect of this matter on the comparability of the current period's figures and the corresponding figures.

Qualified Opinion

In our opinion, except for the possible effects on the corresponding figures of the matter described in the Basis for Qualified Opinion paragraph, the financial statements present fairly, in all material respects, (or *give a true and fair view of*) the financial position of ABC Company as at December 31, 20X1, and (*of*) its financial performance and its cash flows for the year then ended in accordance with International Financial Reporting Standards.

Report on Other Legal and Regulatory Requirements

[Form and content of this section of the auditor's report will vary depending on the nature of the auditor's other reporting responsibilities.]

[Auditor's signature]
[Date of the auditor's report]
[Auditor's address]

---

10) In circumstances when the auditor also has responsibility to express an opinion on the effectiveness of internal control in conjunction with the audit of the financial statements, this sentence would be worded as follows: "In making those risk assessments, the auditor considers internal control relevant to the entity's preparation and fair presentation of the financial statements in order to design audit procedures that are appropriate in the circumstances." In the case of footnote 15, this may read: "In making those risk assessments, the auditor considers internal control relevant to the entity's preparation of financial statements that give a true and fair view in order to design audit procedures that are appropriate in the circumstances."

Vergleichsinformationen – Vergleichszahlen und Vergleichsabschlüsse ISA 710

durch die Einheit relevante interne Kontrollsystem, um Prüfungshandlungen zu planen, die unter den gegebenen Umständen angemessen sind, jedoch nicht mit dem Ziel, ein Prüfungsurteil zur Wirksamkeit des internen Kontrollsystems der Einheit abzugeben.[10] Eine Abschlussprüfung umfasst auch die Beurteilung der Angemessenheit der angewandten Rechnungslegungsmethoden und der Vertretbarkeit der vom Management ermittelten geschätzten Werte in der Rechnungslegung sowie die Beurteilung der Gesamtdarstellung des Abschlusses.

Wir sind der Auffassung, dass die von uns erlangten Prüfungsnachweise ausreichend und geeignet sind, um als Grundlage für unser eingeschränktes Prüfungsurteil zu dienen.

Grundlage für das eingeschränkte Prüfungsurteil

Da wir im Laufe des Jahres 20X0 zu Abschlussprüfern der ABC Gesellschaft bestellt wurden, waren wir nicht in der Lage, die Inventur zu Beginn dieser Periode zu beobachten oder uns auf andere Weise von diesem Bestand an Vorräten zu überzeugen. Da sich die Vorräte zu Beginn der Periode auf die Bestimmung der Ergebnisse der Geschäftstätigkeit auswirken, waren wir nicht in der Lage festzustellen, ob für 20X0 Anpassungen der Ergebnisse der Geschäftstätigkeit sowie des Gewinnvortrags/Bilanzgewinns zu Beginn der Periode notwendig sein könnten. Unser Prüfungsurteil zum Abschluss für das am 31.12.20X0 endende Geschäftsjahr 20X0 wurde entsprechend modifiziert. Aufgrund der möglichen Auswirkung dieses Sachverhalts auf die Vergleichbarkeit der Zahlen des laufenden Zeitraums mit den Vergleichszahlen ist unser Prüfungsurteil zum Abschluss des laufenden Zeitraums ebenfalls modifiziert.

Eingeschränktes Prüfungsurteil

Nach unserer Beurteilung stellt der Abschluss mit Ausnahme der möglichen Auswirkungen des im Absatz „Grundlage für das eingeschränkte Prüfungsurteil" beschriebenen Sachverhalts auf die Vergleichszahlen die Vermögens- und Finanzlage der ABC Gesellschaft zum 31.12.20X1 sowie die Ertragslage und die Cashflows für das an diesem Stichtag endende Geschäftsjahr in Übereinstimmung mit den International Financial Reporting Standards in allen wesentlichen Belangen insgesamt sachgerecht dar (... vermittelt der Abschluss mit Ausnahme ... ein den tatsächlichen Verhältnissen entsprechendes Bild der ...).

Vermerk zu sonstigen gesetzlichen und anderen rechtlichen Anforderungen

[Form und Inhalt dieses Abschnitts des Vermerks des Abschlussprüfers unterscheiden sich in Abhängigkeit von der Art der sonstigen Angabepflichten des Abschlussprüfers im Vermerk.]

[Unterschrift des Abschlussprüfers]

[Datum des Vermerks des Abschlussprüfers]

[Ort des Abschlussprüfers]

---

10) In Fällen, in denen der Abschlussprüfer auch die Pflicht hat, im Zusammenhang mit der Prüfung des Abschlusses ein Prüfungsurteil zur Wirksamkeit des internen Kontrollsystems abzugeben, würde dieser Satz folgendermaßen lauten: „Bei der Beurteilung dieser Risiken berücksichtigt der Abschlussprüfer das für die Aufstellung und sachgerechte Gesamtdarstellung des Abschlusses durch die Einheit relevante interne Kontrollsystem, um Prüfungshandlungen zu planen, die unter den gegebenen Umständen angemessen sind." Im Fall von Fußnote 15 kann dies lauten: „Bei der Beurteilung dieser Risiken berücksichtigt der Abschlussprüfer das interne Kontrollsystem, das relevant ist für die Aufstellung eines Abschlusses durch die Einheit, der ein den tatsächlichen Verhältnissen entsprechendes Bild vermittelt, um Prüfungshandlungen zu planen, die unter den gegebenen Umständen angemessen sind."

ISA 710

Comparative Information – Corresponding Figures and Comparative Financial Statements

Illustration 3 — **Corresponding Figures** (Ref: Para. A7)

> Report illustrative of the circumstances described in paragraph 13, as follows:
> - The prior period's financial statements were audited by a predecessor auditor.
> - The auditor is not prohibited by law or regulation from referring to the predecessor auditor's report on the corresponding figures and decides to do so.

INDEPENDENT AUDITOR'S REPORT
[Appropriate Addressee]

Report on the Financial Statements[11]

We have audited the accompanying financial statements of ABC Company, which comprise the statement of financial position as at December 31, 20X1, and the statement of comprehensive income, statement of changes in equity and statement of cash flows for the year then ended, and a summary of significant accounting policies and other explanatory information.

Management's[12] *Responsibility for the Financial Statements*

Management is responsible for the preparation and fair presentation of these financial statements in accordance with International Financial Reporting Standards,[13] and for such internal control as management determines is necessary to enable the preparation of financial statements that are free from material misstatement, whether due to fraud or error.

Auditor's Responsibility

Our responsibility is to express an opinion on these financial statements based on our audit. We conducted our audit in accordance with International Standards on Auditing. Those standards require that we comply with ethical requirements and plan and perform the audit to obtain reasonable assurance about whether the financial statements are free from material misstatement.

An audit involves performing procedures to obtain audit evidence about the amounts and disclosures in the financial statements. The procedures selected depend on the auditor's judgment, including the assessment of the risks of material misstatement of the financial statements, whether due to fraud or error. In making those risk assessments, the auditor considers internal control relevant to the entity's preparation and fair presentation[14] of the financial statements in order to design audit procedures that are appropriate in the circumstances, but not for the purpose of expressing an opinion on the effectiveness of the entity's internal control.[15] An audit also includes evaluating the appropriateness of accounting policies used and the reasonableness of accounting estimates made by management, as well as evaluating the overall presentation of the financial statements.

---

11) The sub-title "Report on the Financial Statements" is unnecessary in circumstances when the second sub-title "Report on Other Legal and Regulatory Requirements" is not applicable.
12) Or other term that is appropriate in the context of the legal framework in the particular jurisdiction.
13) Where management's responsibility is to prepare financial statements that give a true and fair view, this may read: "Management is responsible for the preparation of financial statements that give a true and fair view in accordance with International Financial Reporting Standards, and for such ..."

14) In the case of footnote 20, this may read: "In making those risk assessments, the auditor considers internal control relevant to the entity's preparation of financial statements that give a true and fair view in order to design audit procedures that are appropriate in the circumstances, but not for the purpose of expressing an opinion on the effectiveness of the entity's internal control."

15) In circumstances when the auditor also has responsibility to express an opinion on the effectiveness of internal control in conjunction with the audit of the financial statements, this sentence would be worded as follows: "In making those risk assessments, the auditor considers internal control relevant to the entity's preparation and fair presentation of the financial statements in order to design audit procedures that are appropriate in the circumstances." In the case of footnote 20, this may read: "In making those risk assessments, the auditor considers internal control relevant to the entity's preparation of financial statements that give a true and fair view in order to design audit procedures that are appropriate in the circumstances."

Vergleichsinformationen – Vergleichszahlen und Vergleichsabschlüsse ISA 710

Beispiel 3 – Vergleichszahlen (Vgl. Tz. A7)

> Musterformulierung für den Vermerk unter folgenden in Textziffer 13 beschriebenen Gegebenheiten:
> - Der Abschluss des vorhergehenden Zeitraums wurde von einem vorherigen Abschlussprüfer geprüft.
> - Es ist dem Abschlussprüfer durch Gesetze oder andere Rechtsvorschriften nicht untersagt, sich auf den Vermerk des vorherigen Abschlussprüfers zu den Vergleichszahlen zu beziehen und der Abschlussprüfer entscheidet sich hierfür.

VERMERK DES UNABHÄNGIGEN ABSCHLUSSPRÜFERS
[Empfänger]

Vermerk zum Abschluss[11]

Wir haben den beigefügten Abschluss der ABC Gesellschaft – bestehend aus der Bilanz zum 31.12.20X1, der Gesamtergebnisrechnung, Eigenkapitalveränderungsrechnung und Kapitalflussrechnung für das an diesem Stichtag endende Geschäftsjahr sowie aus einer Zusammenfassung*[)]bedeutsamer Rechnungslegungsmethoden und anderen erläuternden Informationen – geprüft.

Verantwortung des Managements[12] für den Abschluss

Das Management ist verantwortlich für die Aufstellung und sachgerechte Gesamtdarstellung dieses Abschlusses in Übereinstimmung mit den International Financial Reporting Standards[13] und für die internen Kontrollen, die das Management als notwendig erachtet, um die Aufstellung eines Abschlusses zu ermöglichen, der frei von wesentlichen – beabsichtigten oder unbeabsichtigten – falschen Darstellungen ist.

Verantwortung des Abschlussprüfers

Unsere Aufgabe ist es, auf der Grundlage unserer Prüfung ein Urteil zu diesem Abschluss abzugeben. Wir haben unsere Abschlussprüfung in Übereinstimmung mit den International Standards on Auditing durchgeführt. Nach diesen Standards haben wir die beruflichen Verhaltensanforderungen einzuhalten und die Abschlussprüfung so zu planen und durchzuführen, dass hinreichende Sicherheit darüber erlangt wird, ob der Abschluss frei von wesentlichen falschen Darstellungen ist.

Eine Abschlussprüfung beinhaltet die Durchführung von Prüfungshandlungen, um Prüfungsnachweise für die im Abschluss enthaltenen Wertansätze und sonstigen Angaben zu erlangen. Die Auswahl der Prüfungshandlungen liegt im pflichtgemäßen Ermessen des Abschlussprüfers. Dies schließt die Beurteilung der Risiken wesentlicher – beabsichtigter oder unbeabsichtigter – falscher Darstellungen im Abschluss ein. Bei der Beurteilung dieser Risiken berücksichtigt der Abschlussprüfer das für die Aufstellung und sachgerechte Gesamtdarstellung[14] des Abschlusses durch die Einheit relevante interne Kontrollsystem, um Prüfungshandlungen zu planen, die unter den gegebenen Umständen angemessen sind, jedoch nicht mit dem Ziel, ein Prüfungsurteil zur Wirksamkeit des internen Kontrollsystems der Einheit abzugeben.[15] Eine Abschlussprüfung umfasst auch die Beurteilung der Angemessenheit der angewandten Rechnungslegungsmethoden und der Vertretbarkeit der vom Management

---

11) Die Unterüberschrift „Vermerk zum Abschluss" ist nicht erforderlich, wenn die zweite Unterüberschrift, „Vermerk zu sonstigen gesetzlichen und anderen Anforderungen", nicht anzuwenden ist.
12) Oder ein anderer Begriff, der im Kontext des Rechtsrahmens in dem betreffenden Rechtsraum zutreffend ist.
13) Falls das Management die Verantwortung hat, einen Abschluss aufzustellen, der ein den tatsächlichen Verhältnissen entsprechendes Bild vermittelt, kann dies lauten: „Das Managements ist verantwortlich für die Aufstellung eines Abschlusses, der in Übereinstimmung mit den International Financial Reporting Standards ein den tatsächlichen Verhältnissen entsprechendes Bild vermittelt, und für die ..."
14) Im Fall von Fußnote 20 kann dies lauten: „Bei der Beurteilung dieser Risiken berücksichtigt der Abschlussprüfer das interne Kontrollsystem, das relevant ist für die Aufstellung eines Abschlusses durch die Einheit, der ein den tatsächlichen Verhältnissen entsprechendes Bild vermittelt, um Prüfungshandlungen zu planen, die unter den gegebenen Umständen angemessen sind, jedoch nicht mit dem Ziel, ein Prüfungsurteil zur Wirksamkeit des internen Kontrollsystems der Einheit abzugeben."
15) In Fällen, in denen der Abschlussprüfer auch die Pflicht hat, im Zusammenhang mit der Prüfung des Abschlusses ein Prüfungsurteil zur Wirksamkeit des internen Kontrollsystems abzugeben, würde dieser Satz folgendermaßen lauten: „Bei der Beurteilung dieser Risiken berücksichtigt der Abschlussprüfer das für die Aufstellung und sachgerechte Gesamtdarstellung des Abschlusses durch die Einheit relevante interne Kontrollsystem, um Prüfungshandlungen zu planen, die unter den gegebenen Umständen angemessen sind." Im Fall von Fußnote 20 kann dies lauten: „Bei der Beurteilung dieser Risiken berücksichtigt der Abschlussprüfer das interne Kontrollsystem, das relevant ist für die Aufstellung eines Abschlusses durch die Einheit, der ein den tatsächlichen Verhältnissen entsprechendes Bild vermittelt, um Prüfungshandlungen zu planen, die unter den gegebenen Umständen angemessen sind."
*) In Deutschland, Österreich und der Schweiz: Anhang.

We believe that the audit evidence we have obtained is sufficient and appropriate to provide a basis for our audit opinion.

Opinion

In our opinion, the financial statements present fairly, in all material respects, (or *give a true and fair view of*) the financial position of ABC Company as at December 31, 20X1, and (*of*) its financial performance and its cash flows for the year then ended in accordance with International Financial Reporting Standards.

Other Matter

The financial statements of ABC Company for the year ended December 31, 20X0, were audited by another auditor who expressed an unmodified opinion on those statements on March 31, 20X1.

Report on Other Legal and Regulatory Requirements

[Form and content of this section of the auditor's report will vary depending on the nature of the auditor's other reporting responsibilities.]

[Auditor's signature]
[Date of the auditor's report]
[Auditor's address]

ermittelten geschätzten Werte in der Rechnungslegung sowie die Beurteilung der Gesamtdarstellung des Abschlusses.

Wir sind der Auffassung, dass die von uns erlangten Prüfungsnachweise ausreichend und geeignet sind, um als Grundlage für unser Prüfungsurteil zu dienen.

Prüfungsurteil

Nach unserer Beurteilung stellt der Abschluss die Vermögens- und Finanzlage der ABC Gesellschaft zum 31.12.20X1 sowie die Ertragslage und die Cashflows für das an diesem Stichtag endende Geschäftsjahr in Übereinstimmung mit den International Financial Reporting Standards in allen wesentlichen Belangen insgesamt sachgerecht dar (oder „ ... vermittelt ein den tatsächlichen Verhältnissen entsprechendes Bild ... ").

Sonstiger Sachverhalt

Der Abschluss der ABC Gesellschaft für das am 31.12.20X0 endende Geschäftsjahr wurde von einem anderen Abschlussprüfer geprüft, der am 31.03.20X1 ein nicht modifiziertes Prüfungsurteil zu diesem Abschluss abgegeben hat.

Vermerk zu sonstigen gesetzlichen und anderen rechtlichen Anforderungen

[Form und Inhalt dieses Abschnitts des Vermerks des Abschlussprüfers unterscheiden sich in Abhängigkeit von der Art der sonstigen Angabepflichten des Abschlussprüfers im Vermerk.]

[Unterschrift des Abschlussprüfers]
[Datum des Vermerks des Abschlussprüfers]
[Ort des Abschlussprüfers]

ISA 710   Comparative Information – Corresponding Figures and Comparative Financial Statements

Illustration 4 — Comparative Financial Statements (Ref: Para. A9)

> Report illustrative of the circumstances described in paragraph 15, as follows:
> - Auditor is required to report on both the current period financial statements and the prior period financial statements in connection with the current year's audit.
> - The auditor's report on the prior period, as previously issued, included a qualified opinion.
> - The matter giving rise to the modification is unresolved.
> - The effects or possible effects of the matter on the current period's figures are material to both the current period financial statements and prior period financial statements and require a modification to the auditor's opinion.

INDEPENDENT AUDITOR'S REPORT

[Appropriate Addressee]

Report on the Financial Statements[16]

We have audited the accompanying financial statements of ABC Company, which comprise the statements of financial position as at December 31, 20X1 and 20X0, and the statements of comprehensive income, statements of changes in equity and statements of cash flows for the years then ended, and a summary of significant accounting policies and other explanatory information.

Management's[17] Responsibility for the Financial Statements

Management is responsible for the preparation and fair presentation of these financial statements in accordance with International Financial Reporting Standards,[18] and for such internal control as management determines is necessary to enable the preparation of financial statements that are free from material misstatement, whether due to fraud or error.

Auditor's Responsibility

Our responsibility is to express an opinion on these financial statements based on our audits. We conducted our audits in accordance with International Standards on Auditing. Those standards require that we comply with ethical requirements and plan and perform the audit to obtain reasonable assurance about whether the financial statements are free from material misstatement.

An audit involves performing procedures to obtain audit evidence about the amounts and disclosures in the financial statements. The procedures selected depend on the auditor's judgment, including the assessment of the risks of material misstatement of the financial statements, whether due to fraud or error. In making those risk assessments, the auditor considers internal control relevant to the entity's preparation and fair presentation[19] of the financial statements in order to design audit procedures that are appropriate in the circumstances, but not for the

---

16) The sub-title "Report on the Financial Statements" is unnecessary in circumstances when the second sub-title "Report on Other Legal and Regulatory Requirements" is not applicable.
17) Or other term that is appropriate in the context of the legal framework in the particular jurisdiction.
18) Where management's responsibility is to prepare financial statements that give a true and fair view, this may read: "Management is responsible for the preparation of financial statements that give a true and fair view in accordance with International Financial Reporting Standards, and for such ..."

19) In the case of footnote 25, this may read: "In making those risk assessments, the auditor considers internal control relevant to the entity's preparation of financial statements that give a true and fair view in order to design audit procedures that are appropriate in the circumstances, but not for the purpose of expressing an opinion on the effectiveness of the entity's internal control."

Vergleichsinformationen – Vergleichszahlen und Vergleichsabschlüsse ISA 710

Beispiel 4 – Vergleichsabschluss (Vgl. Tz. A9)

> Musterformulierung für den Vermerk unter folgenden in Textziffer 15 beschriebenen Gegebenheiten:
> - Der Abschlussprüfer muss im Zusammenhang mit der Abschlussprüfung des laufenden Jahres einen Vermerk zum Abschluss sowohl des laufenden als auch des vorhergehenden Zeitraums erteilen.
> - Der Vermerk des Abschlussprüfers zum vorhergehenden Zeitraum, wie er zuvor erteilt wurde, enthielt ein eingeschränktes Prüfungsurteil.
> - Der Sachverhalt, der zu der Modifizierung geführt hat, ist nicht geklärt.
> - Die tatsächlichen oder möglichen Auswirkungen des Sachverhalts auf die Zahlen des laufenden Zeitraums sind für den Abschluss sowohl des laufenden als auch des vorhergehenden Zeitraums wesentlich und erfordern eine Modifizierung des Prüfungsurteils.

VERMERK DES UNABHÄNGIGEN ABSCHLUSSPRÜFERS

[Empfänger]

Vermerk zu den Abschlüssen[16]

Wir haben die beigefügten Abschlüsse der ABC Gesellschaft – bestehend aus den Bilanzen zum 31.12.20X1 und 20X0, den Gesamtergebnisrechnungen, Eigenkapitalveränderungsrechnungen und Kapitalflussrechnungen für die an diesen Stichtagen endenden Geschäftsjahre sowie aus einer Zusammenfassung bedeutsamer Rechnungslegungsmethoden und anderen erläuternden Informationen – geprüft.

Verantwortung des Managements[17] für die Abschlüsse

Das Management ist verantwortlich für die Aufstellung und sachgerechte Gesamtdarstellung dieser Abschlüsse in Übereinstimmung mit den International Financial Reporting Standards[18] und für die internen Kontrollen, die das Management als notwendig erachtet, um die Aufstellung von Abschlüssen zu ermöglichen, die frei von wesentlichen – beabsichtigten oder unbeabsichtigten – falschen Darstellungen sind.

Verantwortung des Abschlussprüfers

Unsere Aufgabe ist es, auf der Grundlage unserer Prüfungen ein Urteil zu diesen Abschlüssen abzugeben. Wir haben unsere Abschlussprüfungen in Übereinstimmung mit den International Standards on Auditing durchgeführt. Nach diesen Standards haben wir die beruflichen Verhaltensanforderungen einzuhalten und die Abschlussprüfung so zu planen und durchzuführen, dass hinreichende Sicherheit darüber erlangt wird, ob die Abschlüsse frei von wesentlichen falschen Darstellungen sind.

Eine Abschlussprüfung beinhaltet die Durchführung von Prüfungshandlungen, um Prüfungsnachweise für die im Abschluss enthaltenen Wertansätze und sonstigen Angaben zu erlangen. Die Auswahl der Prüfungshandlungen liegt im pflichtgemäßen Ermessen des Abschlussprüfers. Dies schließt die Beurteilung der Risiken wesentlicher – beabsichtigter oder unbeabsichtigter – falscher Darstellungen im Abschluss ein. Bei der Beurteilung dieser Risiken berücksichtigt der Abschlussprüfer das für die Aufstellung und sachgerechte Gesamtdarstellung[19] des Abschlusses

---

16) Die Unterüberschrift „Vermerk zu den Abschlüssen" ist nicht erforderlich, wenn die zweite Unterüberschrift „Vermerk zu sonstigen gesetzlichen und anderen rechtlichen Anforderungen", nicht anzuwenden ist.
17) Oder ein anderer Begriff, der im Kontext des Rechtsrahmens in dem betreffenden Rechtsraum zutreffend ist.
18) Falls das Management die Verantwortung hat, Abschlüsse aufzustellen, die ein den tatsächlichen Verhältnissen entsprechendes Bild vermitteln, kann dies lauten: „Das Management ist verantwortlich für die Aufstellung von Abschlüssen, die in Übereinstimmung mit den International Financial Reporting Standards ein den tatsächlichen Verhältnissen entsprechendes Bild vermitteln, und für die ..."
19) Im Fall von Fußnote 25 kann dies lauten: „Bei der Beurteilung dieser Risiken berücksichtigt der Abschlussprüfer das interne Kontrollsystem, das relevant ist für die Aufstellung eines Abschlusses durch die Einheit, der ein den tatsächlichen Verhältnissen entsprechendes Bild vermittelt, um Prüfungshandlungen zu planen, die unter den gegebenen Umständen angemessen sind, jedoch nicht mit dem Ziel, ein Prüfungsurteil zur Wirksamkeit des internen Kontrollsystems der Einheit abzugeben."

purpose of expressing an opinion on the effectiveness of the entity's internal control.[20] An audit also includes evaluating the appropriateness of accounting policies used and the reasonableness of accounting estimates made by management, as well as evaluating the overall presentation of the financial statements.

We believe that the audit evidence we have obtained in our audits is sufficient and appropriate to provide a basis for our qualified audit opinion.

Basis for Qualified Opinion

As discussed in Note X to the financial statements, no depreciation has been provided in the financial statements, which constitutes a departure from International Financial Reporting Standards. Based on the straight-line method of depreciation and annual rates of 5% for the building and 20% for the equipment, the loss for the year should be increased by xxx in 20X1 and xxx in 20X0, property, plant and equipment should be reduced by accumulated depreciation of xxx in 20X1 and xxx in 20X0, and the accumulated loss should be increased by xxx in 20X1 and xxx in 20X0.

Qualified Opinion

In our opinion, except for the effects of the matter described in the Basis for Qualified Opinion paragraph, the financial statements present fairly, in all material respects, (or *give a true and fair view of*) the financial position of ABC Company as at December 31, 20X1 and 20X0 and (*of*) its financial performance and its cash flows for the years then ended in accordance with International Financial Reporting Standards.

Report on Other Legal and Regulatory Requirements

[Form and content of this section of the auditor's report will vary depending on the nature of the auditor's other reporting responsibilities.]

[Auditor's signature]

[Date of the auditor's report]

[Auditor's address]

---

20) In circumstances when the auditor also has responsibility to express an opinion on the effectiveness of internal control in conjunction with the audit of the financial statements, this sentence would be worded as follows: "In making those risk assessments, the auditor considers internal control relevant to the entity's preparation and fair presentation of the financial statements in order to design audit procedures that are appropriate in the circumstances." In the case of footnote 25, this may read: "In making those risk assessments, the auditor considers internal control relevant to the entity's preparation of financial statements that give a true and fair view in order to design audit procedures that are appropriate in the circumstances."

durch die Einheit relevante interne Kontrollsystem, um Prüfungshandlungen zu planen, die unter den gegebenen Umständen angemessen sind, jedoch nicht mit dem Ziel, ein Prüfungsurteil zur Wirksamkeit des internen Kontrollsystems der Einheit abzugeben.[20] Eine Abschlussprüfung umfasst auch die Beurteilung der Angemessenheit der angewandten Rechnungslegungsmethoden und der Vertretbarkeit der vom Management ermittelten geschätzten Werte in der Rechnungslegung sowie die Beurteilung der Gesamtdarstellung des Abschlusses.

Wir sind der Auffassung, dass die Prüfungsnachweise, die wir bei unseren Abschlussprüfungen erlangt haben, ausreichend und geeignet sind, um als Grundlage für unser eingeschränktes Prüfungsurteil zu dienen.

Grundlage für das eingeschränkte Prüfungsurteil

Wie in Angabe X zu den Abschlüssen erörtert, wurden in den Abschlüssen keine Abschreibungen vorgenommen, was eine Abweichung von den International Financial Reporting Standards darstellt. Auf der Grundlage der linearen Abschreibung und Jahressätzen von 5 % für das Gebäude und 20 % für die Anlagen ist der Jahresfehlbetrag um xxx im Jahr 20X1 und um xxx im Jahr 20X0 zu erhöhen, der Wert der Sachanlagen ist um aufgelaufene Abschreibungen von xxx im Jahr 20X1 und xxx im Jahr 20X0 zu reduzieren, und der Bilanzverlust ist um xxx im Jahr 20X1 und um xxx im Jahr 20X0 zu erhöhen.

Eingeschränktes Prüfungsurteil

Nach unserer Beurteilung stellen die Abschlüsse mit Ausnahme der Auswirkungen des im Absatz „Grundlage für das eingeschränkte Prüfungsurteil" beschriebenen Sachverhalts die Vermögens- und Finanzlage der ABC Gesellschaft zum 31.12.20X1 und 20X0 sowie die Ertragslage und die Cashflows für die an diesen Stichtagen endenden Geschäftsjahre in Übereinstimmung mit den International Financial Reporting Standards in allen wesentlichen Belangen insgesamt sachgerecht dar (... vermitteln die Abschlüsse mit Ausnahme ... ein den tatsächlichen Verhältnissen entsprechendes Bild der ...).

Vermerk zu sonstigen gesetzlichen und anderen rechtlichen Anforderungen

[Form und Inhalt dieses Abschnitts des Vermerks des Abschlussprüfers unterscheiden sich in Abhängigkeit von der Art der sonstigen Angabepflichten des Abschlussprüfers im Vermerk.]

[Unterschrift des Abschlussprüfers]

[Datum des Vermerks des Abschlussprüfers]

[Ort des Abschlussprüfers]

---

20) In Fällen, in denen der Abschlussprüfer auch die Pflicht hat, im Zusammenhang mit der Prüfung des Abschlusses ein Prüfungsurteil zur Wirksamkeit des internen Kontrollsystems abzugeben, würde dieser Satz folgendermaßen lauten: „Bei der Beurteilung dieser Risiken berücksichtigt der Abschlussprüfer das für die Aufstellung und sachgerechte Gesamtdarstellung des Abschlusses durch die Einheit relevante interne Kontrollsystem, um Prüfungshandlungen zu planen, die unter den gegebenen Umständen angemessen sind." Im Fall von Fußnote 25 kann dies lauten: „Bei der Beurteilung dieser Risiken berücksichtigt der Abschlussprüfer das interne Kontrollsystem, das relevant ist für die Aufstellung eines Abschlusses durch die Einheit, der ein den tatsächlichen Verhältnissen entsprechendes Bild vermittelt, um Prüfungshandlungen zu planen, die unter den gegebenen Umständen angemessen sind."

INTERNATIONAL STANDARD ON AUDITING 720

THE AUDITOR'S RESPONSIBILITIES RELATING TO OTHER INFORMATION IN DOCUMENTS CONTAINING AUDITED FINANCIAL STATEMENTS

(Effective for audits of financial statements for periods beginning on or after December 15, 2009)

CONTENTS

	Paragraph
Introduction	
Scope of this ISA	1–2
Effective Date	3
Objective	4
Definitions	5
Requirements	
Reading Other Information	6–7
Material Inconsistencies	8–13
Material Misstatements of Fact	14–16
Application and Other Explanatory Material	
Scope of this ISA	A1–A2
Definition of Other Information	A3–A4
Reading Other Information	A5
Material Inconsistencies	A6–A9
Material Misstatements of Fact	A10–A11

International Standard on Auditing (ISA) 720, "The Auditor's Responsibilities Relating to Other Information in Documents Containing Audited Financial Statements" should be read in conjunction with ISA 200, "Overall Objectives of the Independent Auditor and the Conduct of an Audit in Accordance with International Standards on Auditing."

INTERNATIONAL STANDARD ON AUDITING 720

DIE PFLICHTEN DES ABSCHLUSSPRÜFERS IM ZUSAMMENHANG MIT SONSTIGEN INFORMATIONEN IN DOKUMENTEN, DIE DEN GEPRÜFTEN ABSCHLUSS ENTHALTEN

(gilt für die Prüfung von Abschlüssen für Zeiträume, die am oder nach dem 15.12.2009 beginnen)

INHALTSVERZEICHNIS

	Textziffer
Einleitung	
Anwendungsbereich	1-2
Anwendungszeitpunkt	3
Ziel	4
Definitionen	5
Anforderungen	
Lesen der sonstigen Informationen	6-7
Wesentliche Unstimmigkeiten	8-13
Wesentliche falsche Darstellung von Tatsachen	14-16
Anwendungshinweise und sonstige Erläuterungen	
Anwendungsbereich	A1-A2
Definition der sonstigen Informationen	A3-A4
Lesen der sonstigen Informationen	A5
Wesentliche Unstimmigkeiten	A6-A9
Wesentliche falsche Darstellung von Tatsachen	A10-A11

International Standard on Auditing (ISA) 720 „Die Pflichten des Abschlussprüfers im Zusammenhang mit sonstigen Informationen in Dokumenten, die den geprüften Abschluss enthalten" ist im Zusammenhang mit ISA 200 „Übergreifende Zielsetzungen des unabhängigen Prüfers und Grundsätze einer Prüfung in Übereinstimmung mit den International Standards on Auditing" zu lesen.

Introduction

Scope of this ISA

1. This International Standard on Auditing (ISA) deals with the auditor's responsibilities relating to other information in documents containing audited financial statements and the auditor's report thereon. In the absence of any separate requirement in the particular circumstances of the engagement, the auditor's opinion does not cover other information and the auditor has no specific responsibility for determining whether or not other information is properly stated. However, the auditor reads the other information because the credibility of the audited financial statements may be undermined by material inconsistencies between the audited financial statements and other information. (Ref: Para. A1)

2. In this ISA "documents containing audited financial statements" refers to annual reports (or similar documents), that are issued to owners (or similar stakeholders), containing audited financial statements and the auditor's report thereon. This ISA may also be applied, adapted as necessary in the circumstances, to other documents containing audited financial statements, such as those used in securities offerings.[1] (Ref: Para. A2)

Effective Date

3. This ISA is effective for audits of financial statements for periods beginning on or after December 15, 2009.

Objective

4. The objective of the auditor is to respond appropriately when documents containing audited financial statements and the auditor's report thereon include other information that could undermine the credibility of those financial statements and the auditor's report.

Definitions

5. For purposes of the ISAs the following terms have the meanings attributed below:

    (a) Other information – Financial and non-financial information (other than the financial statements and the auditor's report thereon) which is included, either by law, regulation or custom, in a document containing audited financial statements and the auditor's report thereon. (Ref: Para. A3–A4)

    (b) Inconsistency – Other information that contradicts information contained in the audited financial statements. A material inconsistency may raise doubt about the audit conclusions drawn from audit evidence previously obtained and, possibly, about the basis for the auditor's opinion on the financial statements.

    (c) Misstatement of fact – Other information that is unrelated to matters appearing in the audited financial statements that is incorrectly stated or presented. A material misstatement of fact may undermine the credibility of the document containing audited financial statements.

Requirements

Reading Other Information

6. The auditor shall read the other information to identify material inconsistencies, if any, with the audited financial statements.

7. The auditor shall make appropriate arrangements with management or those charged with governance to obtain the other information prior to the date of the auditor's report. If it is not possible to obtain all the other information prior to the date of the auditor's report, the auditor shall read such other information as soon as practicable. (Ref: Para. A5)

---

1) ISA 200, "Overall Objectives of the Independent Auditor and the Conduct of an Audit in Accordance with International Standards on Auditing," paragraph 2.

Einleitung

Anwendungsbereich

1. Dieser International Standard on Auditing (ISA) behandelt die Pflichten des Abschlussprüfers im Zusammenhang mit sonstigen Informationen in Dokumenten, die den geprüften Abschluss und den dazu erteilten Vermerk des Abschlussprüfers enthalten. Sofern unter den jeweiligen Umständen des Auftrags keine gesonderten Anforderungen bestehen, bezieht sich das Prüfungsurteil nicht auf sonstige Informationen. Der Abschlussprüfer hat keine ausdrücklichen Pflichten festzustellen, ob sonstige Informationen ordnungsgemäß angegeben sind. Der Abschlussprüfer liest die sonstigen Informationen jedoch, da die Glaubwürdigkeit des geprüften Abschlusses durch wesentliche Unstimmigkeiten zwischen dem geprüften Abschluss und den sonstigen Informationen leiden kann. (Vgl. Tz. A1)

2. Die Bezeichnung „Dokumente, die den geprüften Abschluss enthalten" in diesem ISA bezieht sich auf Geschäftsberichte (oder ähnliche Dokumente), die an Eigentümer (oder ähnliche Interessenten) ausgegeben werden und den geprüften Abschluss sowie den dazu erteilten Vermerk des Abschlussprüfers enthalten. Dieser ISA kann, erforderlichenfalls unter Anpassung an die gegebenen Umstände, auch auf andere Dokumente angewendet werden, die geprüfte Abschlüsse enthalten (z.B. solche, die bei der Emission von Wertpapieren verwendet werden).[1] (Vgl. Tz. A2-A4)

Anwendungszeitpunkt

3. Dieser ISA gilt für die Prüfung von Abschlüssen für Zeiträume, die am oder nach dem 15.12.2009 beginnen.

Ziel

4. Ziel des Abschlussprüfers ist es, angemessen darauf zu reagieren, falls in Dokumenten, die den geprüften Abschluss und den dazu erteilten Vermerk des Abschlussprüfers beinhalten, sonstige Informationen enthalten sind, welche die Glaubwürdigkeit des Abschlusses und des Vermerks des Abschlussprüfers beeinträchtigen könnten.

Definitionen

5. Für die Zwecke der ISA gelten die nachstehenden Begriffsbestimmungen:

    (a) Sonstige Informationen – finanzielle und nicht-finanzielle Informationen (mit Ausnahme des Abschlusses und des dazu erteilten Vermerks des Abschlussprüfers), die entweder aufgrund von Gesetzen oder anderen Rechtsvorschriften oder gewöhnlicherweise in einem Dokument enthalten sind, das den geprüften Abschluss und den dazu erteilten Vermerk des Abschlussprüfers enthält. (Vgl. Tz. A3-A4)

    (b) Unstimmigkeit – Sonstige Informationen, die im Widerspruch zu Informationen stehen, die im geprüften Abschluss enthalten sind. Eine wesentliche Unstimmigkeit kann Zweifel an den Prüfungsfeststellungen, die anhand der zuvor erhaltenen Prüfungsnachweise getroffen wurden, und möglicherweise auch an der Grundlage für das Prüfungsurteil zum Abschluss aufkommen lassen.

    (c) Falsche Darstellung von Tatsachen – Falsch angegebene oder dargestellte sonstige Informationen, die nicht mit Sachverhalten zusammenhängen, die im geprüften Abschluss enthalten sind. Eine wesentliche falsche Darstellung von Tatsachen kann die Glaubwürdigkeit von Dokumenten beeinträchtigen, die den geprüften Abschluss enthalten.

Anforderungen

Lesen der sonstigen Informationen

6. Der Abschlussprüfer hat die sonstigen Informationen zu lesen, um ggf. bestehende wesentliche Unstimmigkeiten gegenüber dem geprüften Abschluss festzustellen.

7. Der Abschlussprüfer hat geeignete Vereinbarungen mit dem Management oder den für die Überwachung Verantwortlichen zu treffen, um die sonstigen Informationen vor dem Datum des Vermerks des Abschlussprüfers zu erhalten. Kann der Abschlussprüfer nicht alle sonstigen Informationen vor dem Datum des Vermerks des Abschlussprüfers erhalten, hat er die sonstigen Informationen zu lesen, sobald dies machbar ist. (Vgl. Tz. A5)

---

[1] ISA 200 „Übergreifende Zielsetzungen des unabhängigen Prüfers und Grundsätze einer Prüfung in Übereinstimmung mit den International Standards on Auditing", Textziffer 2.

Material Inconsistencies

8. If, on reading the other information, the auditor identifies a material inconsistency, the auditor shall determine whether the audited financial statements or the other information needs to be revised.

Material Inconsistencies Identified in Other Information Obtained Prior to the Date of the Auditor's Report

9. If revision of the audited financial statements is necessary and management refuses to make the revision, the auditor shall modify the opinion in the auditor's report in accordance with ISA 705.[2]

10. If revision of the other information is necessary and management refuses to make the revision, the auditor shall communicate this matter to those charged with governance, unless all of those charged with governance are involved in managing the entity;[3] and

    (a) Include in the auditor's report an Other Matter paragraph describing the material inconsistency in accordance with ISA 706;[4]
    (b) Withhold the auditor's report; or
    (c) Withdraw from the engagement, where withdrawal is possible under applicable law or regulation. (Ref: Para. A6–A7)

Material Inconsistencies Identified in Other Information Obtained Subsequent to the Date of the Auditor's Report

11. If revision of the audited financial statements is necessary, the auditor shall follow the relevant requirements in ISA 560.[5]

12. If revision of the other information is necessary and management agrees to make the revision, the auditor shall carry out the procedures necessary under the circumstances. (Ref: Para. A8)

13. If revision of the other information is necessary, but management refuses to make the revision, the auditor shall notify those charged with governance, unless all of those charged with governance are involved in managing the entity, of the auditor's concern regarding the other information and take any further appropriate action. (Ref: Para. A9)

Material Misstatements of Fact

14. If, on reading the other information for the purpose of identifying material inconsistencies, the auditor becomes aware of an apparent material misstatement of fact, the auditor shall discuss the matter with management. (Ref: Para. A10)

15. If, following such discussions, the auditor still considers that there is an apparent material misstatement of fact, the auditor shall request management to consult with a qualified third party, such as the entity's legal counsel, and the auditor shall consider the advice received.

16. If the auditor concludes that there is a material misstatement of fact in the other information which management refuses to correct, the auditor shall notify those charged with governance, unless all of those charged with governance are involved in managing the entity, of the auditor's concern regarding the other information and take any further appropriate action. (Ref: Para. A11)

---

[2] ISA 705, "Modifications to the Opinion in the Independent Auditor's Report."
[3] ISA 260, "Communication with Those Charged with Governance," paragraph 13.
[4] ISA 706, "Emphasis of Matter Paragraphs and Other Matter Paragraphs in the Independent Auditor's Report," paragraph 8.
[5] ISA 560, "Subsequent Events," paragraphs 10–17.

Wesentliche Unstimmigkeiten

8. Falls der Abschlussprüfer beim Lesen der sonstigen Informationen eine wesentliche Unstimmigkeit feststellt, hat er festzulegen, ob der geprüfte Abschluss oder die sonstigen Informationen berichtigt werden müssen.

Wesentliche Unstimmigkeiten in sonstigen Informationen, die vor dem Datum des Vermerks des Abschlussprüfers festgestellt wurden

9. Falls der geprüfte Abschluss berichtigt werden muss und das Management die Vornahme der Berichtigung ablehnt, muss der Abschlussprüfer in Übereinstimmung mit ISA 705[2] das Prüfungsurteil im Vermerk des Abschlussprüfers modifizieren.

10. Falls die sonstigen Informationen berichtigt werden müssen und das Management die Vornahme der Berichtigung ablehnt, muss der Abschlussprüfer diesen Sachverhalt den für die Überwachung Verantwortlichen mitteilen, es sei denn, alle für die Überwachung Verantwortlichen sind in das Management der Einheit eingebunden,[3] und

    (a) in Übereinstimmung mit ISA 706[4] einen Absatz zum Hinweis auf sonstige Sachverhalte in den Vermerk des Abschlussprüfers aufnehmen, in dem die wesentliche Unstimmigkeit beschrieben wird,

    (b) den Vermerk des Abschlussprüfers zurückhalten oder

    (c) das Mandat niederlegen, sofern eine Niederlegung nach den anzuwendenden Gesetzen oder anderen Rechtsvorschriften möglich ist. (Vgl. Tz. A6-A7)

Wesentliche Unstimmigkeiten in sonstigen Informationen, die nach dem Datum des Vermerks des Abschlussprüfers festgestellt wurden

11. Falls der geprüfte Abschluss berichtigt werden muss, hat der Abschlussprüfer die relevanten Anforderungen des ISA 560[5] zu beachten.

12. Falls die sonstigen Informationen berichtigt werden müssen und das Management sich damit einverstanden erklärt, die Berichtigung vorzunehmen, hat der Abschlussprüfer die unter den gegebenen Umständen notwendigen Handlungen durchzuführen. (Vgl. Tz. A8)

13. Falls die sonstigen Informationen berichtigt werden müssen, das Management jedoch die Vornahme der Berichtigung ablehnt, hat der Abschlussprüfer den für die Überwachung Verantwortlichen seine Bedenken gegen die sonstigen Informationen mitzuteilen, es sei denn, alle für die Überwachung Verantwortlichen sind in das Management der Einheit eingebunden, und weitere geeignete Maßnahmen zu ergreifen. (Vgl. Tz. A9)

Wesentliche falsche Darstellung von Tatsachen

14. Falls dem Abschlussprüfer beim Lesen der sonstigen Informationen zum Zwecke der Feststellung wesentlicher Unstimmigkeiten eine möglicherweise wesentliche falsche Darstellung von Tatsachen bekannt wird, hat er den Sachverhalt mit dem Management zu erörtern. (Vgl. Tz. A10)

15. Falls der Abschlussprüfer nach diesen Erörterungen weiterhin der Ansicht ist, dass eine möglicherweise wesentliche falsche Darstellung von Tatsachen vorliegt, muss er das Management auffordern, rechtlichen Rat bei einem qualifizierten Dritten (z.B. dem Rechtsberater der Einheit) einzuholen und den erhaltenen Rat abwägen.

16. Falls der Abschlussprüfer zu der Schlussfolgerung kommt, dass in den sonstigen Informationen eine wesentliche falsche Darstellung von Tatsachen vorliegt, deren Korrektur das Management ablehnt, hat er den für die Überwachung Verantwortlichen seine Bedenken gegen die sonstigen Informationen mitzuteilen, es sei denn, alle für die Überwachung Verantwortlichen sind in das Management der Einheit eingebunden, und weitere geeignete Maßnahmen zu ergreifen. (Vgl. Tz. A11)

---

2) ISA 705 „Modifizierungen des Prüfungsurteils im Vermerk des unabhängigen Abschlussprüfers".
3) ISA 260 „Kommunikation mit den für die Überwachung Verantwortlichen", Textziffer 13.
4) ISA 706 „Hervorhebung eines Sachverhalts und Hinweis auf sonstige Sachverhalte durch Absätze im Vermerk des unabhängigen Abschlussprüfers", Textziffer 8.
5) ISA 560 „Ereignisse nach dem Abschlussstichtag", Textziffern 10-17.

***

Application and Other Explanatory Material

Scope of this ISA

Additional Responsibilities, through Statutory or Other Regulatory Requirements, in Relation to Other Information
(Ref: Para. 1)

A1. The auditor may have additional responsibilities, through statutory or other regulatory requirements, in relation to other information that are beyond the scope of this ISA. For example, some jurisdictions may require the auditor to apply specific procedures to certain of the other information such as required supplementary data or to express an opinion on the reliability of performance indicators described in the other information. Where there are such obligations, the auditor's additional responsibilities are determined by the nature of the engagement and by law, regulation and professional standards. If such other information is omitted or contains deficiencies, the auditor may be required by law or regulation to refer to the matter in the auditor's report.

Documents Containing Audited Financial Statements (Ref: Para. 2)

Considerations Specific to Smaller Entities

A2. Unless required by law or regulation, smaller entities are less likely to issue documents containing audited financial statements. However, an example of such a document would be where a legal requirement exists for an accompanying report by those charged with governance. Examples of other information that may be included in a document containing the audited financial statements of a smaller entity are a detailed income statement and a management report.

Definition of Other Information (Ref: Para. 5(a))

A3. Other information may comprise, for example:
- A report by management or those charged with governance on operations.

- Financial summaries or highlights.
- Employment data.
- Planned capital expenditures.
- Financial ratios.
- Names of officers and directors.
- Selected quarterly data.

A4. For purposes of the ISAs, other information does not encompass, for example:
- A press release or a transmittal memorandum, such as a covering letter, accompanying the document containing audited financial statements and the auditor's report thereon.
- Information contained in analyst briefings.
- Information contained on the entity's website.

Reading Other Information (Ref: Para. 7)

A5. Obtaining the other information prior to the date of the auditor's report enables the auditor to resolve possible material inconsistencies and apparent material misstatements of fact with management on a timely basis. An agreement with management as to when the other information will be available may be helpful.

***

Anwendungshinweise und sonstige Erläuterungen

Anwendungsbereich

Zusätzliche Pflichten aus Gesetzen oder anderen Rechtsvorschriften im Zusammenhang mit sonstigen Informationen (Vgl. Tz. 1)

A1. Der Abschlussprüfer kann aufgrund von gesetzlichen oder anderen rechtlichen Anforderungen zusätzliche, über den Umfang dieses ISA hinausgehende Pflichten in Bezug auf sonstige Informationen haben. So kann es bspw. in manchen Rechtsräumen erforderlich sein, dass der Abschlussprüfer spezifische Handlungen in Bezug auf bestimmte sonstige Informationen (z.B. erforderliche ergänzende Daten) durchführt oder eine Beurteilung zur Verlässlichkeit der in den sonstigen Informationen beschriebenen leistungsbezogenen Größen abgibt. Wenn solche Verpflichtungen bestehen, werden die zusätzlichen Pflichten des Abschlussprüfers durch die Art des Auftrags sowie durch Gesetze, andere Rechtsvorschriften und berufliche Standards festgelegt. Wenn solche sonstigen Informationen ausgelassen werden oder Mängel enthalten, kann der Abschlussprüfer aufgrund von Gesetzen oder anderen Rechtsvorschriften verpflichtet sein, im Vermerk des Abschlussprüfers auf den Sachverhalt hinzuweisen.

Dokumente, die den geprüften Abschluss enthalten (Vgl. Tz. 2)

Spezifische Überlegungen zu kleineren Einheiten

A2. Falls dies nicht aufgrund von Gesetzen oder anderen Rechtsvorschriften erforderlich ist, besteht bei kleineren Einheiten eine geringere Wahrscheinlichkeit, dass sie Dokumente herausgeben, die geprüfte Abschlüsse enthalten. Ein Beispiel für ein solches Dokument könnte jedoch ein aufgrund einer gesetzlichen Anforderung erforderlicher begleitender Bericht der für die Überwachung Verantwortlichen sein. Beispiele für sonstige Informationen, die in ein Dokument einbezogen werden können, das den geprüften Abschluss einer kleineren Einheit enthält, sind eine detaillierte Gewinn- und Verlustrechnung[*)] und ein Bericht des Managements.

Definition der sonstigen Informationen (Vgl. Tz. 5(a))

A3. Sonstige Informationen können bspw. umfassen
- einen Bericht des Managements oder der für die Überwachung Verantwortlichen über die Geschäftstätigkeit
- Finanzübersichten oder ausgewählte Finanzdaten
- Beschäftigungsdaten
- geplante Investitionsausgaben
- finanzwirtschaftliche Kennzahlen
- Namen von Führungs- und Leitungskräften
- ausgewählte Quartalsdaten.

A4. Für die Zwecke der ISA umfassen sonstige Informationen bspw. nicht
- Pressemitteilungen oder Begleitmemoranden, z.B. Begleitschreiben, die dem Dokument beiliegen, das den geprüften Abschluss und den dazu erteilten Vermerk des Abschlussprüfers enthält
- in Analystenmitteilungen enthaltene Informationen
- Informationen auf der Website der Einheit.

Lesen der sonstigen Informationen (Vgl. Tz. 7)

A5. Der Erhalt der sonstigen Informationen vor dem Datum des Vermerks des Abschlussprüfers ermöglicht es dem Abschlussprüfer, mögliche wesentliche Unstimmigkeiten und falsche Darstellungen von Tatsachen in angemessener Zeit zusammen mit dem Management auszuräumen. Zu diesem Zweck kann es hilfreich sein, mit dem Management den Zeitpunkt zu vereinbaren, zu dem die sonstigen Informationen zur Verfügung stehen.

[*)] In der Schweiz: Erfolgsrechnung.

Material Inconsistencies

Material Inconsistencies Identified in Other Information Obtained Prior to the Date of the Auditor's Report (Ref: Para. 10)

A6. When management refuses to revise the other information, the auditor may base any decision on what further action to take on advice from the auditor's legal counsel.

Considerations Specific to Public Sector Entities

A7. In the public sector, withdrawal from the engagement or withholding the auditor's report may not be options. In such cases, the auditor may issue a report to the appropriate statutory body giving details of the inconsistency.

Material Inconsistencies Identified in Other Information Obtained Subsequent to the Date of the Auditor's Report (Ref: Para. 12–13)

A8. When management agrees to revise the other information, the auditor's procedures may include reviewing the steps taken by management to ensure that individuals in receipt of the previously issued financial statements, the auditor's report thereon, and the other information are informed of the revision.

A9. When management refuses to make the revision of such other information that the auditor concludes is necessary, appropriate further actions by the auditor may include obtaining advice from the auditor's legal counsel.

Material Misstatements of Fact (Ref: Para. 14–16)

A10. When discussing an apparent material misstatement of fact with management, the auditor may not be able to evaluate the validity of some disclosures included within the other information and management's responses to the auditor's inquiries, and may conclude that valid differences of judgment or opinion exist.

A11. When the auditor concludes that there is a material misstatement of fact that management refuses to correct, appropriate further actions by the auditor may include obtaining advice from the auditor's legal counsel.

Wesentliche Unstimmigkeiten

Wesentliche Unstimmigkeiten in sonstigen Informationen, die vor dem Datum des Vermerks des Abschlussprüfers festgestellt wurden (Vgl. Tz. 10)

A6. Wenn das Management die Berichtigung der sonstigen Informationen verweigert, kann der Abschlussprüfer jegliche Entscheidung über sein künftiges Vorgehen von dem Anraten seines rechtlichen Beraters abhängig machen.

Spezielle Überlegungen zu Einheiten des öffentlichen Sektors

A7. Im öffentlichen Sektor ist es möglicherweise nicht zulässig, das Mandat niederzulegen oder den Vermerk des Abschlussprüfers zurückzuhalten. In solchen Fällen kann der Abschlussprüfer der zuständigen Behörde einen Bericht vorlegen, in dem Details der Unstimmigkeit dargelegt sind.

Wesentliche Unstimmigkeiten in sonstigen Informationen, die nach dem Datum des Vermerks des Abschlussprüfers festgestellt wurden (Vgl. Tz. 12-13)

A8. Wenn sich das Management damit einverstanden erklärt, die sonstigen Informationen zu berichtigen, können die Handlungen des Abschlussprüfers die Überprüfung der vom Management unternommenen Schritte einschließen, um sicherzustellen, dass Personen, die den zuvor herausgegebenen Abschluss, den dazu erteilten Vermerk des Abschlussprüfers und die sonstigen Informationen erhalten haben, über die Berichtigung informiert werden.

A9. Wenn das Management die Berichtigung solcher sonstigen Informationen verweigert, die nach Auffassung des Abschlussprüfers notwendig ist, kann zu den geeigneten weiteren Maßnahmen des Abschlussprüfers die Einholung einer Auskunft vom Rechtsberater des Abschlussprüfers gehören.

Wesentliche falsche Darstellung von Tatsachen (Vgl. Tz. 14-16)

A10. Bei der Erörterung einer möglicherweise wesentlichen falschen Darstellung von Tatsachen mit dem Management kann der Abschlussprüfer nicht in der Lage sein, die Gültigkeit einiger in den sonstigen Informationen enthaltenen Angaben und die Reaktionen des Managements auf seine Befragungen zu beurteilen und zu dem Schluss kommen, dass begründete Beurteilungs- oder Meinungsunterschiede bestehen.

A11. Wenn der Abschlussprüfer zu dem Schluss kommt, dass eine wesentliche falsche Darstellung von Tatsachen vorliegt, deren Korrektur das Management verweigert, kann zu den geeigneten weiteren Maßnahmen des Abschlussprüfers die Einholung einer Auskunft vom Rechtsberater des Abschlussprüfers gehören.

INTERNATIONAL STANDARD ON AUDITING 800

SPECIAL CONSIDERATIONS – AUDITS OF FINANCIAL STATEMENTS PREPARED IN ACCORDANCE WITH SPECIAL PURPOSE FRAMEWORKS

(Effective for audits of financial statements for periods beginning on or after December 15, 2009)

CONTENTS

	Paragraph
Introduction	
Scope of this ISA	1–3
Effective Date	4
Objective	5
Definitions	6–7
Requirements	
Considerations When Accepting the Engagement	8
Considerations When Planning and Performing the Audit	9–10
Forming an Opinion and Reporting Considerations	11–14
Application and Other Explanatory Material	
Definition of Special Purpose Framework	A1–A4
Considerations When Accepting the Engagement	A5–A8
Considerations When Planning and Performing the Audit	A9–A12
Forming an Opinion and Reporting Considerations	A13–A15
Appendix: Illustrations of Auditors' Reports on Special Purpose Financial Statements	

International Standard on Auditing (ISA) 800, "Special Considerations – Audits of Financial Statements Prepared in Accordance with Special Purpose Frameworks" should be read in conjunction with ISA 200, "Overall Objectives of the Independent Auditor and the Conduct of an Audit in Accordance with International Standards on Auditing."

INTERNATIONAL STANDARD ON AUDITING 800

BESONDERE ÜBERLEGUNGEN BEI PRÜFUNGEN VON ABSCHLÜSSEN, DIE AUFGESTELLT SIND IN ÜBEREINSTIMMUNG MIT EINEM REGELWERK FÜR EINEN SPEZIELLEN ZWECK

(gilt für die Prüfung von Abschlüssen für Zeiträume, die am oder nach dem 15.12.2009 beginnen)

INHALTSVERZEICHNIS

	Textziffer
Einleitung	
Anwendungsbereich	1-3
Anwendungszeitpunkt	4
Ziel	5
Definitionen	6-7
Anforderungen	
Überlegungen bei der Auftragsannahme	8
Überlegungen bei der Planung und Durchführung der Abschlussprüfung	9-10
Bildung eines Prüfungsurteils und Überlegungen zur Erteilung des Vermerks	11-14
Anwendungshinweise und sonstige Erläuterungen	
Definition eines Regelwerks für einen speziellen Zweck	A1-A4
Überlegungen bei der Auftragsannahme	A5-A8
Überlegungen bei der Planung und Durchführung der Abschlussprüfung	A9-A12
Bildung eines Prüfungsurteils und Überlegungen zur Erteilung des Vermerks	A13-A15
Anlage: Formulierungsbeispiele für Vermerke des Abschlussprüfers zu Abschlüssen für spezielle Zwecke	

International Standard on Auditing (ISA) 800 „Besondere Überlegungen bei Prüfungen von Abschlüssen, die aufgestellt sind in Übereinstimmung mit einem Regelwerk für einen speziellen Zweck" ist im Zusammenhang mit ISA 200 „Übergreifende Zielsetzungen des unabhängigen Prüfers und Grundsätze einer Prüfung in Übereinstimmung mit den International Standards on Auditing" zu lesen.

ISA 800

Special Considerations – Audits of Financial Statements Prepared in Accordance with Special Purpose Frameworks

Introduction

Scope of this ISA

1. The International Standards on Auditing (ISAs) in the 100–700 series apply to an audit of financial statements. This ISA deals with special considerations in the application of those ISAs to an audit of financial statements prepared in accordance with a special purpose framework.

2. This ISA is written in the context of a complete set of financial statements prepared in accordance with a special purpose framework. ISA 805[1] deals with special considerations relevant to an audit of a single financial statement or of a specific element, account or item of a financial statement.

3. This ISA does not override the requirements of the other ISAs; nor does it purport to deal with all special considerations that may be relevant in the circumstances of the engagement.

Effective Date

4. This ISA is effective for audits of financial statements for periods beginning on or after December 15, 2009.

Objective

5. The objective of the auditor, when applying ISAs in an audit of financial statements prepared in accordance with a special purpose framework, is to address appropriately the special considerations that are relevant to:
   (a) The acceptance of the engagement;
   (b) The planning and performance of that engagement; and
   (c) Forming an opinion and reporting on the financial statements.

Definitions

6. For purposes of the ISAs, the following terms have the meanings attributed below:
   (a) Special purpose financial statements – Financial statements prepared in accordance with a special purpose framework. (Ref: Para. A4)
   (b) Special purpose framework – A financial reporting framework designed to meet the financial information needs of specific users. The financial reporting framework may be a fair presentation framework or a compliance framework.[2] (Ref: Para. A1–A4)

7. Reference to "financial statements" in this ISA means "a complete set of special purpose financial statements, including the related notes." The related notes ordinarily comprise a summary of significant accounting policies and other explanatory information. The requirements of the applicable financial reporting framework determine the form and content of the financial statements, and what constitutes a complete set of financial statements.

---

[1] ISA 805, "Special Considerations – Audits of Single Financial Statements and Specific Elements, Accounts or Items of a Financial Statement."
[2] ISA 200, "Overall Objectives of the Independent Auditor and the Conduct of an Audit in Accordance with International Standards on Auditing," paragraph 13(a).

Besondere Überlegungen bei Prüfungen von Abschlüssen, die aufgestellt sind in Übereinstimmung mit einem Regelwerk für einen speziellen Zweck — ISA 800

Einleitung

Anwendungsbereich

1. Die International Standards on Auditing (ISA) der Reihen 100 bis 700 gelten für die Abschlussprüfung. Dieser ISA behandelt besondere Überlegungen bei der Anwendung jener ISA auf die Prüfung eines Abschlusses, der aufgestellt ist in Übereinstimmung mit einem Regelwerk für einen speziellen Zweck.

2. Dieser ISA ist im Kontext eines vollständigen Abschlusses verfasst, der aufgestellt ist in Übereinstimmung mit einem Regelwerk für einen speziellen Zweck. ISA 805[1)] behandelt besondere Überlegungen, die für die Prüfung einer einzelnen Finanzaufstellung[*)] oder eines bestimmten Bestandteils, Kontos oder Postens einer Finanzaufstellung relevant sind.

3. Dieser ISA hebt weder die Anforderungen der anderen ISA auf noch erhebt er Anspruch darauf, alle besonderen Überlegungen zu behandeln, die unter den Umständen des Auftrags relevant sein können.

Anwendungszeitpunkt

4. Dieser ISA gilt für die Prüfung von Abschlüssen für Zeiträume, die am oder nach dem 15.12.2009 beginnen.

Ziel

5. Das Ziel des Abschlussprüfers bei der Anwendung der ISA auf die Prüfung eines Abschlusses, der aufgestellt ist in Übereinstimmung mit einem Regelwerk für einen speziellen Zweck, besteht darin, in angemessener Weise die besonderen Überlegungen zu berücksichtigen, die relevant sind für

   (a) die Auftragsannahme,

   (b) die Planung und Durchführung dieses Auftrags und

   (c) die Bildung eines Prüfungsurteils und die Erteilung eines Vermerks zum Abschluss.

Definitionen

6. Für die Zwecke der ISA gelten die nachstehenden Begriffsbestimmungen:

   (a) Abschluss für einen speziellen Zweck – Ein Abschluss, der aufgestellt ist in Übereinstimmung mit einem Regelwerk für einen speziellen Zweck. (Vgl. Tz. A4)

   (b) Regelwerk für einen speziellen Zweck – Ein Regelwerk der Rechnungslegung, das darauf ausgerichtet ist, den Informationsbedürfnissen von bestimmten Nutzern von Finanzinformationen gerecht zu werden. Bei dem Regelwerk der Rechnungslegung kann es sich um ein Regelwerk zur sachgerechten Gesamtdarstellung[**)] oder um ein Regelwerk zur Normentsprechung[***)] handeln.[2)] (Vgl. Tz. A1-A4)

7. Mit dem Begriff „Abschluss" ist in diesem ISA ein „vollständiger Abschluss für einen speziellen Zweck einschließlich der damit zusammenhängenden Angaben" gemeint. Die damit zusammenhängenden Angaben umfassen normalerweise eine Zusammenfassung von bedeutsamen Rechnungslegungsmethoden und andere erläuternde Informationen.[****)] Die Anforderungen des maßgebenden Regelwerks der Rechnungslegung legen Form und Inhalt des Abschlusses sowie die Bestandteile eines vollständigen Abschlusses fest.

---

1) ISA 805 „Besondere Überlegungen bei Prüfungen von einzelnen Finanzaufstellungen und bestimmten Bestandteilen, Konten oder Posten einer Finanzaufstellung".

2) ISA 200 „Übergreifende Zielsetzungen des unabhängigen Prüfers und Grundsätze einer Prüfung in Übereinstimmung mit den International Standards on Auditing", Textziffer 13(a).

*) Zu den Finanzaufstellungen gehören Abschlüsse (Jahres-, Konzern-, Zwischenabschlüsse) sowie sonstige Finanzaufstellungen (z.B. Bilanz, Gewinn- und Verlustrechnung, Kapitalflussrechnung, Einnahmen-Überschuss-Rechnung, Vermögensaufstellung).

**) In den ISA als „fair presentation framework" bezeichnet.

***) In den ISA als „compliance framework" bezeichnet.

****) In Deutschland, Österreich und der Schweiz: Anhang.

Requirements

Considerations When Accepting the Engagement

Acceptability of the Financial Reporting Framework

8. ISA 210 requires the auditor to determine the acceptability of the financial reporting framework applied in the preparation of the financial statements.[3] In an audit of special purpose financial statements, the auditor shall obtain an understanding of: (Ref: Para. A5–A8)

    (a) The purpose for which the financial statements are prepared;

    (b) The intended users; and

    (c) The steps taken by management to determine that the applicable financial reporting framework is acceptable in the circumstances.

Considerations When Planning and Performing the Audit

9. ISA 200 requires the auditor to comply with all ISAs relevant to the audit.[4] In planning and performing an audit of special purpose financial statements, the auditor shall determine whether application of the ISAs requires special consideration in the circumstances of the engagement. (Ref: Para. A9–A12)

10. ISA 315 requires the auditor to obtain an understanding of the entity's selection and application of accounting policies.[5] In the case of financial statements prepared in accordance with the provisions of a contract, the auditor shall obtain an understanding of any significant interpretations of the contract that management made in the preparation of those financial statements. An interpretation is significant when adoption of another reasonable interpretation would have produced a material difference in the information presented in the financial statements.

Forming an Opinion and Reporting Considerations

11. When forming an opinion and reporting on special purpose financial statements, the auditor shall apply the requirements in ISA 700.[6] (Ref: Para. A13)

Description of the Applicable Financial Reporting Framework

12. ISA 700 requires the auditor to evaluate whether the financial statements adequately refer to or describe the applicable financial reporting framework.[7] In the case of financial statements prepared in accordance with the provisions of a contract, the auditor shall evaluate whether the financial statements adequately describe any significant interpretations of the contract on which the financial statements are based.

13. ISA 700 deals with the form and content of the auditor's report. In the case of an auditor's report on special purpose financial statements:

    (a) The auditor's report shall also describe the purpose for which the financial statements are prepared and, if necessary, the intended users, or refer to a note in the special purpose financial statements that contains that information; and

    (b) If management has a choice of financial reporting frameworks in the preparation of such financial statements, the explanation of management's[8] responsibility for the financial statements shall also make reference to its responsibility for determining that the applicable financial reporting framework is acceptable in the circumstances.

---

3) ISA 210, "Agreeing the Terms of Audit Engagements," paragraph 6(a).
4) ISA 200, paragraph 18.
5) ISA 315, "Identifying and Assessing the Risks of Material Misstatement through Understanding the Entity and Its Environment," paragraph 11(c).
6) ISA 700, "Forming an Opinion and Reporting on Financial Statements."
7) ISA 700, paragraph 15.
8) Or other term that is appropriate in the context of the legal framework in the particular jurisdiction.

Anforderungen

Überlegungen bei der Auftragsannahme

Akzeptabilität des Regelwerks der Rechnungslegung

8. ISA 210 verpflichtet den Abschlussprüfer, die Akzeptabilität des bei der Aufstellung des Abschlusses angewandten Regelwerks der Rechnungslegung festzustellen.[3] Bei der Prüfung eines Abschlusses für einen speziellen Zweck muss der Abschlussprüfer ein Verständnis gewinnen von (Vgl. Tz. A5-A8)
   (a) dem Zweck, zu dem der Abschluss aufgestellt ist,
   (b) den vorgesehenen Nutzern und
   (c) den Schritten, die vom Management unternommen wurden, um festzustellen, dass das maßgebende Regelwerk der Rechnungslegung unter den gegebenen Umständen akzeptabel ist.

Überlegungen bei der Planung und Durchführung der Abschlussprüfung

9. ISA 200 verpflichtet den Abschlussprüfer, alle für die Prüfung relevanten ISA einzuhalten.[4] Bei der Planung und Durchführung der Prüfung eines Abschlusses für einen speziellen Zweck muss der Abschlussprüfer feststellen, ob die Anwendung der ISA unter den Umständen des Auftrags besondere Überlegungen erfordert. (Vgl. Tz. A9-A12)

10. ISA 315 verpflichtet den Abschlussprüfer, ein Verständnis von den von der Einheit[*] ausgewählten und angewandten Rechnungslegungsmethoden zu gewinnen.[5] Bei einem Abschluss, der in Übereinstimmung mit den Bestimmungen eines Vertrags aufgestellt ist, muss der Abschlussprüfer ein Verständnis der bedeutsamen Auslegungen des Vertrags gewinnen, die das Management bei der Aufstellung dieses Abschlusses vorgenommen hat. Eine Auslegung ist bedeutsam, wenn die Anwendung einer anderen vertretbaren Auslegung zu einem wesentlichen Unterschied bei den im Abschluss dargestellten Informationen geführt hätte.

Bildung eines Prüfungsurteils und Überlegungen zur Erteilung des Vermerks

11. Bei der Bildung eines Prüfungsurteils und der Erteilung eines Vermerks zu einem Abschluss für einen speziellen Zweck muss der Abschlussprüfer die Anforderungen in ISA 700 erfüllen.[6] (Vgl. Tz. A13)

Beschreibung des maßgebenden Regelwerks der Rechnungslegung

12. ISA 700 verpflichtet den Abschlussprüfer zu beurteilen, ob der Abschluss das maßgebende Regelwerk der Rechnungslegung angemessen benennt oder beschreibt.[7] Bei einem Abschluss, der in Übereinstimmung mit den Bestimmungen eines Vertrags aufgestellt wurde, muss der Abschlussprüfer beurteilen, ob der Abschluss die bedeutsamen Auslegungen des Vertrags, auf denen der Abschluss beruht, angemessen beschreibt.

13. ISA 700 behandelt Form und Inhalt des Vermerks des Abschlussprüfers. Bei einem Vermerk des Abschlussprüfers zu einem Abschluss für einen speziellen Zweck gilt:
   (a) Der Vermerk des Abschlussprüfers muss auch den Zweck, zu dem der Abschluss aufgestellt wurde, und erforderlichenfalls die vorgesehenen Nutzer beschreiben oder auf eine Angabe in dem Abschluss für einen speziellen Zweck verweisen, die diese Informationen enthält.
   (b) Wenn das Management bei der Aufstellung dieses Abschlusses ein Regelwerk der Rechnungslegung auswählen kann, muss die Erläuterung der Verantwortung des Managements[8] für den Abschluss auch auf dessen Verantwortung für die Feststellung Bezug nehmen, dass das maßgebende Regelwerk der Rechnungslegung unter den gegebenen Umständen akzeptabel ist.

---

3) ISA 210 „Vereinbarung der Auftragsbedingungen für Prüfungsaufträge", Textziffer 6(a).
4) ISA 200, Textziffer 18.
5) ISA 315 „Identifizierung und Beurteilung der Risiken wesentlicher falscher Darstellungen aus dem Verstehen der Einheit und ihres Umfelds", Textziffer 11(c).
6) ISA 700 „Bildung eines Prüfungsurteils und Erteilung eines Vermerks zum Abschluss".
7) ISA 700, Textziffer 15.
8) Oder ein anderer Begriff, der im Kontext des Rechtsrahmens in dem betreffenden Rechtsraum zutreffend ist.
*) Der Begriff „Einheit" wird für entity neu eingeführt. Bei der zu prüfenden Einheit kann es sich um ein Unternehmen, einen Einzelkaufmann, eine Gesellschaft bürgerlichen Rechts (Schweiz: einfache Gesellschaft), eine Gebietskörperschaft, eine Anstalt des öffentlichen Rechts, einen Konzern oder eine nicht rechtlich abgegrenzte wirtschaftliche Einheit handeln. Eine Übersetzung mit „Unternehmen" oder „Gesellschaft" wäre deshalb unzureichend. So kann sich entity sogar auf eine nicht selbständige Niederlassung oder Sparte beziehen, für die eigenständig Rechnung gelegt wird.

ISA 800

Special Considerations – Audits of Financial Statements Prepared in Accordance with Special Purpose Frameworks

Alerting Readers that the Financial Statements Are Prepared in Accordance with a Special Purpose Framework

14. The auditor's report on special purpose financial statements shall include an Emphasis of Matter paragraph alerting users of the auditor's report that the financial statements are prepared in accordance with a special purpose framework and that, as a result, the financial statements may not be suitable for another purpose. The auditor shall include this paragraph under an appropriate heading. (Ref: Para. A14–A15)

***

Application and Other Explanatory Material

Definition of Special Purpose Framework (Ref: Para. 6)

A1. Examples of special purpose frameworks are:
- A tax basis of accounting for a set of financial statements that accompany an entity's tax return;
- The cash receipts and disbursements basis of accounting for cash flow information that an entity may be requested to prepare for creditors;
- The financial reporting provisions established by a regulator to meet the requirements of that regulator; or
- The financial reporting provisions of a contract, such as a bond indenture, a loan agreement, or a project grant.

A2. There may be circumstances where a special purpose framework is based on a financial reporting framework established by an authorized or recognized standards setting organization or by law or regulation, but does not comply with all the requirements of that framework. An example is a contract that requires financial statements to be prepared in accordance with most, but not all, of the Financial Reporting Standards of Jurisdiction X. When this is acceptable in the circumstances of the engagement, it is inappropriate for the description of the applicable financial reporting framework in the special purpose financial statements to imply full compliance with the financial reporting framework established by the authorized or recognized standards setting organization or by law or regulation. In the above example of the contract, the description of the applicable financial reporting framework may refer to the financial reporting provisions of the contract, rather than make any reference to the Financial Reporting Standards of Jurisdiction X.

A3. In the circumstances described in paragraph A2, the special purpose framework may not be a fair presentation framework even if the financial reporting framework on which it is based is a fair presentation framework. This is because the special purpose framework may not comply with all the requirements of the financial reporting framework established by the authorized or recognized standards setting organization or by law or regulation that are necessary to achieve fair presentation of the financial statements.

A4. Financial statements prepared in accordance with a special purpose framework may be the only financial statements an entity prepares. In such circumstances, those financial statements may be used by users other than those for whom the financial reporting framework is designed. Despite the broad distribution of the financial statements in those circumstances, the financial statements are still considered to be special purpose financial statements for purposes of the ISAs. The requirements in paragraphs 13–14 are designed to avoid misunderstandings about the purpose for which the financial statements are prepared.

Considerations When Accepting the Engagement

Acceptability of the Financial Reporting Framework (Ref: Para. 8)

A5. In the case of special purpose financial statements, the financial information needs of the intended users are a key factor in determining the acceptability of the financial reporting framework applied in the preparation of the financial statements.

Hinweis an die Leser, dass der Abschluss aufgestellt ist in Übereinstimmung mit einem Regelwerk für einen speziellen Zweck

14. Der Vermerk des Abschlussprüfers zu einem Abschluss für einen speziellen Zweck muss einen Absatz zur Hervorhebung eines Sachverhalts enthalten, durch den die Nutzer des Vermerks darauf aufmerksam gemacht werden, dass der Abschluss aufgestellt ist in Übereinstimmung mit einem Regelwerk für einen speziellen Zweck und dass der Abschluss folglich möglicherweise für einen anderen Zweck nicht geeignet ist. Der Abschlussprüfer muss diesen Absatz unter einer geeigneten Überschrift aufnehmen. (Vgl. Tz. A14-A15)

***

Anwendungshinweise und sonstige Erläuterungen

Definition eines Regelwerks für einen speziellen Zweck (Vgl. Tz. 6)

A1. Beispiele für Regelwerke für spezielle Zwecke sind:
- steuerliche Rechnungslegungsbestimmungen für einen Abschluss, welcher der Steuererklärung einer Einheit beigefügt ist
- Prinzipien zur Erfassung von Zahlungsein- und -ausgängen für Cashflow-Informationen, die eine Einheit möglicherweise für Gläubiger erstellen muss
- Rechnungslegungsbestimmungen, die von einer Aufsichtsbehörde zur Erfüllung der Anforderungen dieser Behörde festgelegt wurden
- Rechnungslegungsbestimmungen eines Vertrags, z. B. einer Schuldverschreibung, einer Darlehensvereinbarung oder einer Projektförderung.

A2. Es können Umstände vorliegen, unter denen ein Regelwerk für einen speziellen Zweck auf einem Regelwerk der Rechnungslegung beruht, das von einer autorisierten oder anerkannten standardsetzenden Organisation oder durch Gesetze oder andere Rechtsvorschriften festgelegt wurde, jedoch nicht alle Anforderungen dieses Regelwerks erfüllt. Ein Beispiel ist ein Vertrag, nach dem ein Abschluss in Übereinstimmung mit den meisten, jedoch nicht allen, Rechnungslegungsstandards des Rechtsraumes X aufzustellen ist. Sofern dies unter den Umständen des Auftrags vertretbar ist, ist es unangemessen, wenn die Beschreibung des maßgebenden Regelwerks der Rechnungslegung in dem Abschluss für einen speziellen Zweck den Eindruck der vollständigen Übereinstimmung mit dem Regelwerk der Rechnungslegung vermittelt, das von der autorisierten oder anerkannten standardsetzenden Organisation oder durch Gesetze oder andere Rechtsvorschriften festgelegt wurde. Im obigen Beispiel des Vertrags kann sich die Beschreibung des maßgebenden Regelwerks der Rechnungslegung auf die Rechnungslegungsbestimmungen des Vertrags statt auf die Rechnungslegungsstandards des Rechtsraumes X beziehen.

A3. Unter den in Textziffer A2 beschriebenen Umständen kann das Regelwerk für einen speziellen Zweck auch dann nicht ein Regelwerk zur sachgerechten Gesamtdarstellung sein, wenn das Regelwerk der Rechnungslegung, auf dem es beruht, ein Regelwerk zur sachgerechten Gesamtdarstellung ist. Dies liegt daran, dass das Regelwerk für einen speziellen Zweck möglicherweise nicht alle Anforderungen des von der autorisierten oder anerkannten standardsetzenden Organisation oder durch Gesetze oder andere Rechtsvorschriften festgelegten Regelwerks der Rechnungslegung erfüllt, die notwendig sind, um eine sachgerechte Gesamtdarstellung des Abschlusses zu erreichen.

A4. Ein Abschluss, der aufgestellt ist in Übereinstimmung mit einem Regelwerk für einen speziellen Zweck, kann der einzige Abschluss sein, den eine Einheit aufstellt. In solchen Fällen wird dieser Abschluss möglicherweise von anderen Nutzern verwendet als denjenigen, für die das Regelwerk der Rechnungslegung konzipiert ist. Trotz seiner weiten Verbreitung in diesen Fällen wird der Abschluss für Zwecke der ISA dennoch als Abschluss für einen speziellen Zweck betrachtet. Die Anforderungen in den Textziffern 13-14 dienen der Vermeidung von Missverständnissen über den Zweck, zu dem der Abschluss aufgestellt wurde.

Überlegungen bei der Auftragsannahme

Akzeptabilität des Regelwerks der Rechnungslegung (Vgl. Tz. 8)

A5. Bei einem Abschluss für einen speziellen Zweck sind die Informationsbedürfnisse der vorgesehenen Nutzer der Finanzinformationen ein Schlüsselfaktor bei der Bestimmung der Akzeptabilität des bei der Aufstellung des Abschlusses angewandten Regelwerks der Rechnungslegung.

A6. The applicable financial reporting framework may encompass the financial reporting standards established by an organization that is authorized or recognized to promulgate standards for special purpose financial statements. In that case, those standards will be presumed acceptable for that purpose if the organization follows an established and transparent process involving deliberation and consideration of the views of relevant stakeholders. In some jurisdictions, law or regulation may prescribe the financial reporting framework to be used by management in the preparation of special purpose financial statements for a certain type of entity. For example, a regulator may establish financial reporting provisions to meet the requirements of that regulator. In the absence of indications to the contrary, such a financial reporting framework is presumed acceptable for special purpose financial statements prepared by such entity.

A7. Where the financial reporting standards referred to in paragraph A6 are supplemented by legislative or regulatory requirements, ISA 210 requires the auditor to determine whether any conflicts between the financial reporting standards and the additional requirements exist, and prescribes actions to be taken by the auditor if such conflicts exist.[9]

A8. The applicable financial reporting framework may encompass the financial reporting provisions of a contract, or sources other than those described in paragraphs A6 and A7. In that case, the acceptability of the financial reporting framework in the circumstances of the engagement is determined by considering whether the framework exhibits attributes normally exhibited by acceptable financial reporting frameworks as described in Appendix 2 of ISA 210. In the case of a special purpose framework, the relative importance to a particular engagement of each of the attributes normally exhibited by acceptable financial reporting frameworks is a matter of professional judgment. For example, for purposes of establishing the value of net assets of an entity at the date of its sale, the vendor and the purchaser may have agreed that very prudent estimates of allowances for uncollectible accounts receivable are appropriate for their needs, even though such financial information is not neutral when compared with financial information prepared in accordance with a general purpose framework.

Considerations When Planning and Performing the Audit (Ref: Para. 9)

A9. ISA 200 requires the auditor to comply with (a) relevant ethical requirements, including those pertaining to independence, relating to financial statement audit engagements, and (b) all ISAs relevant to the audit. It also requires the auditor to comply with each requirement of an ISA unless, in the circumstances of the audit, the entire ISA is not relevant or the requirement is not relevant because it is conditional and the condition does not exist. In exceptional circumstances, the auditor may judge it necessary to depart from a relevant requirement in an ISA by performing alternative audit procedures to achieve the aim of that requirement.[10]

A10. Application of some of the requirements of the ISAs in an audit of special purpose financial statements may require special consideration by the auditor. For example, in ISA 320, judgments about matters that are material to users of the financial statements are based on a consideration of the common financial information needs of users as a group.[11] In the case of an audit of special purpose financial statements, however, those judgments are based on a consideration of the financial information needs of the intended users.

A11. In the case of special purpose financial statements, such as those prepared in accordance with the requirements of a contract, management may agree with the intended users on a threshold below which misstatements identified during the audit will not be corrected or otherwise adjusted. The existence of such a threshold does not relieve the auditor from the requirement to determine materiality in accordance with ISA 320 for purposes of planning and performing the audit of the special purpose financial statements.

A12. Communication with those charged with governance in accordance with ISAs is based on the relationship between those charged with governance and the financial statements subject to audit, in particular, whether those charged with governance are responsible for overseeing the preparation of those financial statements. In the case of special purpose financial statements, those charged with governance may not have such a responsibility; for example, when the financial information is prepared solely for

---

9) ISA 210, paragraph 18.
10) ISA 200, paragraphs 14, 18, and 22–23.
11) ISA 320, "Materiality in Planning and Performing an Audit," paragraph 2.

A6. Das maßgebende Regelwerk der Rechnungslegung kann die Rechnungslegungsstandards beinhalten, die von einer Organisation festgelegt wurden, die zur Veröffentlichung von Standards für Abschlüsse für einen speziellen Zweck autorisiert oder anerkannt ist. In diesem Fall gilt die Vermutung, dass diese Standards für diesen Zweck akzeptabel sind, wenn die Organisation ein eingeführtes und transparentes Verfahren befolgt, bei dem die Ansichten relevanter Interessenten bedacht und abgewogen werden. In manchen Rechtsräumen können Gesetze oder andere Rechtsvorschriften das Regelwerk der Rechnungslegung vorschreiben, das bei bestimmten Arten von Einheiten vom Management bei der Aufstellung eines Abschlusses für einen speziellen Zweck anzuwenden ist. Bspw. kann eine Aufsichtsbehörde Rechnungslegungsbestimmungen festlegen, damit die Anforderungen dieser Behörde erfüllt werden. Wenn keine gegenteiligen Anzeichen vorliegen, gilt ein solches Regelwerk der Rechnungslegung als akzeptabel für einen von derartigen Einheiten aufgestellten Abschluss für einen speziellen Zweck.

A7. Wenn die in Textziffer A6 erwähnten Rechnungslegungsstandards durch gesetzliche oder andere rechtliche Anforderungen ergänzt werden, verpflichtet ISA 210 den Abschlussprüfer festzustellen, ob Konflikte zwischen den Rechnungslegungsstandards und den zusätzlichen Anforderungen bestehen. Für diesen Fall schreibt ISA 210 Maßnahmen vor, die vom Abschlussprüfer zu ergreifen sind.[9]

A8. Das maßgebende Regelwerk der Rechnungslegung kann die Rechnungslegungsbestimmungen eines Vertrags oder anderer als der in den Textziffern A6 und A7 beschriebenen Quellen beinhalten. In diesem Fall wird die Akzeptabilität des Regelwerks der Rechnungslegung unter den Umständen des Auftrags festgestellt, indem beurteilt wird, ob das Regelwerk Eigenschaften aufweist, die akzeptable Regelwerke der Rechnungslegung üblicherweise aufweisen, wie in Anlage 2 von ISA 210 beschrieben. Bei einem Regelwerk für einen speziellen Zweck liegt die relative Bedeutung der einzelnen Eigenschaften, die akzeptable Regelwerke der Rechnungslegung üblicherweise aufweisen, für einen bestimmten Auftrag im pflichtgemäßen Ermessen des Abschlussprüfers. Bspw. können ein Verkäufer und ein Käufer zur Ermittlung des Werts des Nettovermögens einer Einheit zum Datum des Verkaufs vereinbart haben, dass sehr vorsichtige Schätzungen von Wertberichtigungen für uneinbringliche Forderungen für ihre Bedürfnisse geeignet sind, obwohl diese Finanzinformationen im Vergleich zu Finanzinformationen, die in Übereinstimmung mit einem Regelwerk für allgemeine Zwecke aufgestellt wurden, nicht neutral sind.

Überlegungen bei der Planung und Durchführung der Abschlussprüfung (Vgl. Tz. 9)

A9. ISA 200 verpflichtet den Abschlussprüfer zur Einhaltung (a) der bei Aufträgen zur Abschlussprüfung relevanten beruflichen Verhaltensanforderungen, einschließlich derjenigen zur Unabhängigkeit, und (b) aller für die Prüfung relevanten ISA. Außerdem muss der Abschlussprüfer jede Anforderung eines ISA einhalten, sofern nicht unter den Umständen der Prüfung der gesamte ISA nicht relevant ist oder die Anforderung nicht relevant ist, weil sie bedingt ist und diese Bedingung nicht erfüllt ist. In Ausnahmefällen kann der Abschlussprüfer es als notwendig erachten, von einer relevanten Anforderung in einem ISA abzuweichen, indem er alternative Prüfungshandlungen durchführt, um den Zweck dieser Anforderung zu erreichen.[10]

A10. Bei der Anwendung einiger der Anforderungen der ISA bei der Prüfung eines Abschlusses für einen speziellen Zweck kann der Abschlussprüfer verpflichtet sein, besondere Überlegungen anzustellen. Bspw. basieren in ISA 320 Beurteilungen von Sachverhalten, die für Nutzer des Abschlusses wesentlich sind, auf einer Einschätzung der gemeinsamen Finanzinformationsbedürfnisse der Nutzer als Gruppe.[11] Bei der Prüfung eines Abschlusses für einen speziellen Zweck basieren diese Beurteilungen dagegen auf einer Einschätzung der Informationsbedürfnisse der vorgesehenen Nutzer der Finanzinformationen.

A11. Bei einem Abschluss für einen speziellen Zweck, z. B. einem Abschluss, der in Übereinstimmung mit den Anforderungen eines Vertrags aufgestellt wurde, kann das Management mit den vorgesehenen Nutzern eine Schwelle vereinbaren, unterhalb derer während der Prüfung festgestellte falsche Darstellungen nicht korrigiert oder anderweitig angepasst werden. Das Vorhandensein einer solchen Schwelle befreit den Abschlussprüfer nicht von der Anforderung zur Festlegung der Wesentlichkeit in Übereinstimmung mit ISA 320 für Zwecke der Planung und Durchführung der Prüfung des Abschlusses für spezielle Zwecke.

A12. Die Kommunikation mit den für die Überwachung Verantwortlichen in Übereinstimmung mit den ISA basiert auf der Beziehung der für die Überwachung Verantwortlichen zu dem der Prüfung unterliegenden Abschluss, insbesondere auf der Frage, ob die für die Überwachung Verantwortlichen für die Aufsicht über die Aufstellung dieses Abschlusses verantwortlich sind. Bei einem Abschluss für einen speziellen Zweck obliegt den für die Überwachung Verantwortlichen möglicherweise diese Verantwortung nicht,

---

9) ISA 210, Textziffer 18.
10) ISA 200, Textziffern 14, 18 und 22-23.
11) ISA 320 „Die Wesentlichkeit bei der Planung und Durchführung einer Abschlussprüfung", Textziffer 2.

management's use. In such cases, the requirements of ISA 260[12] may not be relevant to the audit of the special purpose financial statements, except when the auditor is also responsible for the audit of the entity's general purpose financial statements or, for example, has agreed with those charged with governance of the entity to communicate to them relevant matters identified during the audit of the special purpose financial statements.

Forming an Opinion and Reporting Considerations (Ref: Para. 11)

A13. The Appendix to this ISA contains illustrations of auditors' reports on special purpose financial statements.

Alerting Readers that the Financial Statements Are Prepared in Accordance with a Special Purpose Framework (Ref: Para. 14)

A14. The special purpose financial statements may be used for purposes other than those for which they were intended. For example, a regulator may require certain entities to place the special purpose financial statements on public record. To avoid misunderstandings, the auditor alerts users of the auditor's report that the financial statements are prepared in accordance with a special purpose framework and, therefore, may not be suitable for another purpose.

Restriction on Distribution or Use (Ref: Para. 14)

A15. In addition to the alert required by paragraph 14, the auditor may consider it appropriate to indicate that the auditor's report is intended solely for the specific users. Depending on the law or regulation of the particular jurisdiction, this may be achieved by restricting the distribution or use of the auditor's report. In these circumstances, the paragraph referred to in paragraph 14 may be expanded to include these other matters, and the heading modified accordingly.

---

12) ISA 260, "Communication with Those Charged with Governance."

z. B. wenn die Finanzinformationen nur zur Verwendung durch das Management erstellt werden. In solchen Fällen sind die Anforderungen von ISA 260[12] möglicherweise nicht für die Prüfung des Abschlusses für einen speziellen Zweck relevant, außer wenn der Abschlussprüfer auch für die Prüfung des Abschlusses der Einheit für allgemeine Zwecke verantwortlich ist oder bspw. mit den für die Überwachung Verantwortlichen der Einheit vereinbart hat, ihnen relevante Sachverhalte mitzuteilen, die während der Prüfung des Abschlusses für einen speziellen Zweck festgestellt wurden.

Bildung eines Prüfungsurteils und Überlegungen zur Erteilung des Vermerks (Vgl. Tz. 11)

A13. Die Anlage zu diesem ISA enthält Formulierungsbeispiele für Vermerke des Abschlussprüfers zu Abschlüssen für spezielle Zwecke.

Hinweis an die Leser, dass der Abschluss aufgestellt ist in Übereinstimmung mit einem Regelwerk für einen speziellen Zweck (Vgl. Tz. 14)

A14. Der Abschluss für einen speziellen Zweck wird möglicherweise für andere Zwecke als diejenigen verwendet, für die er bestimmt war. Bspw. kann eine Aufsichtsbehörde von bestimmten Einheiten verlangen, den Abschluss für einen speziellen Zweck öffentlich zugänglich zu machen. Um Missverständnisse zu vermeiden, macht der Abschlussprüfer die Nutzer des Vermerks des Abschlussprüfers darauf aufmerksam, dass der Abschluss aufgestellt ist in Übereinstimmung mit einem Regelwerk für einen speziellen Zweck und daher möglicherweise für einen anderen Zweck nicht geeignet ist.

Beschränkung der Weitergabe oder Verwendung (Vgl. Tz. 14)

A15. Zusätzlich zu dem nach Textziffer 14 erforderlichen Hinweis kann der Abschlussprüfer es für angemessen halten, darauf hinzuweisen, dass der Vermerk des Abschlussprüfers ausschließlich für die spezifischen Nutzer bestimmt ist. Je nach den Gesetzen oder anderen Rechtsvorschriften des betreffenden Rechtsraumes kann dies durch eine Beschränkung der Weitergabe oder Verwendung des Vermerks des Abschlussprüfers erreicht werden. In diesen Fällen kann der in Textziffer 14 erwähnte Absatz um diese anderen Sachverhalte erweitert und die Überschrift entsprechend geändert werden.

---

12) ISA 260 „Kommunikation mit den für die Überwachung Verantwortlichen".

Appendix
(Ref: Para. A13)

Illustrations of Auditors' Reports on Special Purpose Financial Statements

- Illustration 1: An auditor's report on a complete set of financial statements prepared in accordance with the financial reporting provisions of a contract (for purposes of this illustration, a compliance framework).

- Illustration 2: An auditor's report on a complete set of financial statements prepared in accordance with the tax basis of accounting in Jurisdiction X (for purposes of this illustration, a compliance framework).

- Illustration 3: An auditor's report on a complete set of financial statements prepared in accordance with the financial reporting provisions established by a regulator (for purposes of this illustration, a fair presentation framework).

**Besondere Überlegungen bei Prüfungen von Abschlüssen, die aufgestellt
sind in Übereinstimmung mit einem Regelwerk für einen speziellen Zweck** ISA 800

Anlage
(Vgl. Tz. A13)

Formulierungsbeispiele für Vermerke des Abschlussprüfers zu Abschlüssen für spezielle Zwecke

- Beispiel 1: Ein Vermerk des Abschlussprüfers zu einem vollständigen Abschluss, der in Übereinstimmung mit den Rechnungslegungsbestimmungen eines Vertrags aufgestellt wurde (für die Zwecke dieses Beispiels ein Regelwerk zur Normentsprechung).
- Beispiel 2: Ein Vermerk des Abschlussprüfers zu einem vollständigen Abschluss, der in Übereinstimmung mit den steuerlichen Rechnungslegungsbestimmungen in Rechtsraum X aufgestellt wurde (für die Zwecke dieses Beispiels ein Regelwerk zur Normentsprechung).
- Beispiel 3: Ein Vermerk des Abschlussprüfers zu einem vollständigen Abschluss, der in Übereinstimmung mit den von einer Aufsichtsbehörde festgelegten Rechnungslegungsbestimmungen aufgestellt wurde (für die Zwecke dieses Beispiels ein Regelwerk zur sachgerechten Gesamtdarstellung).

ISA 800 — Special Considerations – Audits of Financial Statements Prepared in Accordance with Special Purpose Frameworks

---

Illustration 1:

Circumstances include the following:

- The financial statements have been prepared by management of the entity in accordance with the financial reporting provisions of a contract (that is, a special purpose framework) to comply with the provisions of that contract. Management does not have a choice of financial reporting frameworks.
- The applicable financial reporting framework is a compliance framework.
- The terms of the audit engagement reflect the description of management's responsibility for the financial statements in ISA 210.
- Distribution and use of the auditor's report are restricted.

INDEPENDENT AUDITOR'S REPORT

[Appropriate Addressee]

We have audited the accompanying financial statements of ABC Company, which comprise the balance sheet as at December 31, 20X1, and the income statement, statement of changes in equity and cash flow statement for the year then ended, and a summary of significant accounting policies and other explanatory information. The financial statements have been prepared by management of ABC Company based on the financial reporting provisions of Section Z of the contract dated January 1, 20X1 between ABC Company and DEF Company ("the contract").

Management's[1] Responsibility for the Financial Statements

Management is responsible for the preparation of these financial statements in accordance with the financial reporting provisions of Section Z of the contract, and for such internal control as management determines is necessary to enable the preparation of financial statements that are free from material misstatement, whether due to fraud or error.

Auditor's Responsibility

Our responsibility is to express an opinion on these financial statements based on our audit. We conducted our audit in accordance with International Standards on Auditing. Those standards require that we comply with ethical requirements and plan and perform the audit to obtain reasonable assurance about whether the financial statements are free from material misstatement.

An audit involves performing procedures to obtain audit evidence about the amounts and disclosures in the financial statements. The procedures selected depend on the auditor's judgment, including the assessment of the risks of material misstatement of the financial statements, whether due to fraud or error. In making those risk assessments, the auditor considers internal control relevant to the entity's preparation of the financial statements in order to design audit procedures that are appropriate in the circumstances, but not for the purpose of expressing an opinion on the effectiveness of the entity's internal control. An audit also includes evaluating the appropriateness of accounting policies used and the reasonableness of accounting estimates made by management, as well as evaluating the overall presentation of the financial statements.

We believe that the audit evidence we have obtained is sufficient and appropriate to provide a basis for our audit opinion.

Opinion

In our opinion, the financial statements of ABC Company for the year ended December 31, 20X1 are prepared, in all material respects, in accordance with the financial reporting provisions of Section Z of the contract.

---

1) Or other term that is appropriate in the context of the legal framework in the particular jurisdiction.

Besondere Überlegungen bei Prüfungen von Abschlüssen, die aufgestellt sind in Übereinstimmung mit einem Regelwerk für einen speziellen Zweck

ISA 800

Beispiel 1:

Folgende Gegebenheiten:

- Der Abschluss wurde vom Management der Einheit in Übereinstimmung mit den Rechnungslegungsbestimmungen eines Vertrags (d.h. einem Regelwerk für einen speziellen Zweck) aufgestellt, um die Bestimmungen dieses Vertrags einzuhalten. Das Management hat keine Wahlmöglichkeit zwischen verschiedenen Regelwerken der Rechnungslegung.
- Das maßgebende Regelwerk der Rechnungslegung ist ein Regelwerk zur Normentsprechung.
- Die Bedingungen des Prüfungsauftrags spiegeln die Beschreibung der Verantwortung des Managements für den Abschluss nach ISA 210 wider.
- Weitergabe und Verwendung des Vermerks des Abschlussprüfers sind beschränkt.

VERMERK DES UNABHÄNGIGEN ABSCHLUSSPRÜFERS

[Empfänger]

Wir haben den beigefügten Abschluss der ABC Gesellschaft – bestehend aus der Bilanz zum 31.12.20X1, der Gewinn- und Verlustrechnung[*], Eigenkapitalveränderungsrechnung und Kapitalflussrechnung[**] für das an diesem Stichtag endende Geschäftsjahr sowie aus einer Zusammenfassung bedeutsamer Rechnungslegungsmethoden und anderen erläuternden Informationen – geprüft. Der Abschluss wurde vom Management der ABC Gesellschaft auf der Grundlage der Rechnungslegungsbestimmungen in Abschnitt Z des Vertrags vom 01.01.20X1 zwischen ABC Gesellschaft und DEF Gesellschaft („der Vertrag") aufgestellt.

Verantwortung des Managements[1] für den Abschluss

Das Management ist verantwortlich für die Aufstellung dieses Abschlusses in Übereinstimmung mit den Rechnungslegungsbestimmungen in Abschnitt Z des Vertrags und für die internen Kontrollen, die das Management als notwendig erachtet, um die Aufstellung eines Abschlusses zu ermöglichen, der frei von wesentlichen – beabsichtigten oder unbeabsichtigten – falschen Darstellungen ist.

Verantwortung des Abschlussprüfers

Unsere Aufgabe ist es, auf der Grundlage unserer Prüfung ein Urteil zu diesem Abschluss abzugeben. Wir haben unsere Abschlussprüfung in Übereinstimmung mit den International Standards on Auditing durchgeführt. Nach diesen Standards haben wir die beruflichen Verhaltensanforderungen einzuhalten und die Abschlussprüfung so zu planen und durchzuführen, dass hinreichende Sicherheit darüber erlangt wird, ob der Abschluss frei von wesentlichen falschen Darstellungen ist.

Eine Abschlussprüfung beinhaltet die Durchführung von Prüfungshandlungen, um Prüfungsnachweise für die im Abschluss enthaltenen Wertansätze und sonstigen Angaben zu erlangen. Die Auswahl der Prüfungshandlungen liegt im pflichtgemäßen Ermessen des Abschlussprüfers. Dies schließt die Beurteilung der Risiken wesentlicher – beabsichtigter oder unbeabsichtigter – falscher Darstellungen im Abschluss ein. Bei der Beurteilung dieser Risiken berücksichtigt der Abschlussprüfer das für die Aufstellung des Abschlusses durch die Einheit relevante interne Kontrollsystem, um Prüfungshandlungen zu planen, die unter den gegebenen Umständen angemessen sind, jedoch nicht mit dem Ziel, ein Prüfungsurteil zur Wirksamkeit des internen Kontrollsystems der Einheit abzugeben. Eine Abschlussprüfung umfasst auch die Beurteilung der Angemessenheit der angewandten Rechnungslegungsmethoden und der Vertretbarkeit der vom Management ermittelten geschätzten Werte in der Rechnungslegung sowie die Beurteilung der Gesamtdarstellung des Abschlusses.

Wir sind der Auffassung, dass die von uns erlangten Prüfungsnachweise ausreichend und geeignet sind, um als Grundlage für unser Prüfungsurteil zu dienen.

Prüfungsurteil

Nach unserer Beurteilung ist der Abschluss der ABC Gesellschaft für das am 31.12.20X1 endende Geschäftsjahr in allen wesentlichen Belangen in Übereinstimmung mit den Rechnungslegungsbestimmungen in Abschnitt Z des Vertrags aufgestellt.

---

1) Oder ein anderer Begriff, der im Kontext des Rechtsrahmens in dem betreffenden Rechtsraum zutreffend ist.
*) In der Schweiz: Erfolgsrechnung.
**) In Österreich und in der Schweiz: Geldflussrechnung.

Basis of Accounting and Restriction on Distribution and Use

Without modifying our opinion, we draw attention to Note X to the financial statements, which describes the basis of accounting. The financial statements are prepared to assist ABC Company to comply with the financial reporting provisions of the contract referred to above. As a result, the financial statements may not be suitable for another purpose. Our report is intended solely for ABC Company and DEF Company and should not be distributed to or used by parties other than ABC Company or DEF Company.

[Auditor's signature]
[Date of the auditor's report]
[Auditor's address]

Besondere Überlegungen bei Prüfungen von Abschlüssen, die aufgestellt sind in Übereinstimmung mit einem Regelwerk für einen speziellen Zweck   **ISA 800**

Rechnungslegungsgrundlage und Beschränkung der Weitergabe und Verwendung

Ohne unser Prüfungsurteil zu modifizieren, machen wir auf Angabe X im Abschluss aufmerksam, in der die Rechnungslegungsgrundlage beschrieben wird. Der Abschluss wurde aufgestellt, um die ABC Gesellschaft bei der Einhaltung der Rechnungslegungsbestimmungen des oben erwähnten Vertrags zu unterstützen. Folglich ist der Abschluss möglicherweise für einen anderen Zweck nicht geeignet. Unser Vermerk ist ausschließlich für die ABC Gesellschaft und die DEF Gesellschaft bestimmt und darf nicht an Dritte weitergegeben oder von Dritten verwendet werden.

[Unterschrift des Abschlussprüfers]

[Datum des Vermerks des Abschlussprüfers]

[Ort des Abschlussprüfers[*)]]

[*)]   Üblicherweise sollte dies der Ort der beruflichen Niederlassung des Abschlussprüfers sein bzw. der Sitz der Niederlassung der Prüfungsgesellschaft, die die Verantwortung für den Prüfungsauftrag hat.

> **Illustration 2:**
> Circumstances include the following:
> - The financial statements have been prepared by management of a partnership in accordance with the tax basis of accounting in Jurisdiction X (that is, a special purpose framework) to assist the partners in preparing their individual income tax returns. Management does not have a choice of financial reporting frameworks.
> - The applicable financial reporting framework is a compliance framework.
> - The terms of the audit engagement reflect the description of management's responsibility for the financial statements in ISA 210.
> - Distribution of the auditor's report is restricted.

INDEPENDENT AUDITOR'S REPORT

[Appropriate Addressee]

We have audited the accompanying financial statements of ABC Partnership, which comprise the balance sheet as at December 31, 20X1 and the income statement for the year then ended, and a summary of significant accounting policies and other explanatory information. The financial statements have been prepared by management using the tax basis of accounting in Jurisdiction X.

Management's[2] Responsibility for the Financial Statements

Management is responsible for the preparation of these financial statements in accordance with the tax basis of accounting in Jurisdiction X, and for such internal control as management determines is necessary to enable the preparation of financial statements that are free from material misstatement, whether due to fraud or error.

Auditor's Responsibility

Our responsibility is to express an opinion on these financial statements based on our audit. We conducted our audit in accordance with International Standards on Auditing. Those standards require that we comply with ethical requirements and plan and perform the audit to obtain reasonable assurance about whether the financial statements are free from material misstatement.

An audit involves performing procedures to obtain audit evidence about the amounts and disclosures in the financial statements. The procedures selected depend on the auditor's judgment, including the assessment of the risks of material misstatement of the financial statements, whether due to fraud or error. In making those risk assessments, the auditor considers internal control relevant to the partnership's preparation of the financial statements in order to design audit procedures that are appropriate in the circumstances, but not for the purpose of expressing an opinion on the effectiveness of the partnership's internal control. An audit also includes evaluating the appropriateness of accounting policies used and the reasonableness of accounting estimates made by management, as well as evaluating the overall presentation of the financial statements.

We believe that the audit evidence we have obtained is sufficient and appropriate to provide a basis for our audit opinion.

Opinion

In our opinion, the financial statements of ABC Partnership for the year ended December 31, 20X1 are prepared, in all material respects, in accordance with [describe the applicable income tax law] of Jurisdiction X.

Basis of Accounting and Restriction on Distribution

Without modifying our opinion, we draw attention to Note X to the financial statements, which describes the basis of accounting. The financial statements are prepared to assist the partners of ABC Partnership in preparing their individual income tax returns. As a result, the financial statements may not be suitable for another purpose. Our

---

2) Or other term that is appropriate in the context of the legal framework in the particular jurisdiction.

Besondere Überlegungen bei Prüfungen von Abschlüssen, die aufgestellt sind in Übereinstimmung mit einem Regelwerk für einen speziellen Zweck ISA 800

> **Beispiel 2:**
> Folgende Gegebenheiten:
> - Der Abschluss wurde vom Management einer Personengesellschaft in Übereinstimmung mit den steuerlichen Rechnungslegungsbestimmungen in dem Rechtraum X (d. h. einem Regelwerk für einen speziellen Zweck) aufgestellt, um die Gesellschafter bei der Erstellung ihrer persönlichen Einkommensteuererklärungen zu unterstützen. Das Management hat keine Wahlmöglichkeit zwischen verschiedenen Regelwerken der Rechnungslegung.
> - **Das maßgebende Regelwerk der Rechnungslegung ist ein Regelwerk zur Normentsprechung.**
> - **Die Bedingungen des Prüfungsauftrags spiegeln die Beschreibung der Verantwortung des Managements für den Abschluss nach ISA 210 wider.**
> - **Die Weitergabe des Vermerks des Abschlussprüfers ist beschränkt.**

VERMERK DES UNABHÄNGIGEN ABSCHLUSSPRÜFERS

[Empfänger]

Wir haben den beigefügten Abschluss der ABC Personengesellschaft – bestehend aus der Bilanz zum 31.12.20X1 und der Gewinn- und Verlustrechnung für das an diesem Stichtag endende Geschäftsjahr sowie aus einer Zusammenfassung bedeutsamer Rechnungslegungsmethoden und anderen erläuternden Informationen – geprüft. Der Abschluss wurde vom Management nach den steuerlichen Rechnungslegungsbestimmungen in dem Rechtsraum X aufgestellt.

Verantwortung des Managements[2] für den Abschluss

Das Management ist verantwortlich für die Aufstellung dieses Abschlusses in Übereinstimmung mit den steuerlichen Rechnungslegungsbestimmungen in dem Rechtsraum X und für die internen Kontrollen, die das Management als notwendig erachtet, um die Aufstellung eines Abschlusses zu ermöglichen, der frei von wesentlichen – beabsichtigten oder unbeabsichtigten – falschen Darstellungen ist.

Verantwortung des Abschlussprüfers

Unsere Aufgabe ist es, auf der Grundlage unserer Prüfung ein Urteil zu diesem Abschluss abzugeben. Wir haben unsere Abschlussprüfung in Übereinstimmung mit den International Standards on Auditing durchgeführt. Nach diesen Standards haben wir die beruflichen Verhaltensanforderungen einzuhalten und die Abschlussprüfung so zu planen und durchzuführen, dass hinreichende Sicherheit darüber erlangt wird, ob der Abschluss frei von wesentlichen falschen Darstellungen ist.

Eine Abschlussprüfung beinhaltet die Durchführung von Prüfungshandlungen, um Prüfungsnachweise für die im Abschluss enthaltenen Wertansätze und sonstigen Angaben zu erlangen. Die Auswahl der Prüfungshandlungen liegt im pflichtgemäßen Ermessen des Abschlussprüfers. Dies schließt die Beurteilung der Risiken wesentlicher – beabsichtigter oder unbeabsichtigter – falscher Darstellungen im Abschluss ein. Bei der Beurteilung dieser Risiken berücksichtigt der Abschlussprüfer das für die Aufstellung des Abschlusses durch die Personengesellschaft relevante interne Kontrollsystem, um Prüfungshandlungen zu planen, die unter den gegebenen Umständen angemessen sind, jedoch nicht mit dem Ziel, ein Prüfungsurteil zur Wirksamkeit des internen Kontrollsystems der Personengesellschaft abzugeben. Eine Abschlussprüfung umfasst auch die Beurteilung der Angemessenheit der angewandten Rechnungslegungsmethoden und der Vertretbarkeit der vom Management ermittelten geschätzten Werte in der Rechnungslegung sowie die Beurteilung der Gesamtdarstellung des Abschlusses.

Wir sind der Auffassung, dass die von uns erlangten Prüfungsnachweise ausreichend und geeignet sind, um als Grundlage für unser Prüfungsurteil zu dienen.

Prüfungsurteil

Nach unserer Beurteilung ist der Abschluss der ABC Personengesellschaft für das am 31.12.20X1 endende Geschäftsjahr in allen wesentlichen Belangen in Übereinstimmung mit [maßgebendes Einkommensteuergesetz beschreiben] des Rechtsraumes X aufgestellt.

Rechnungslegungsgrundlage und Beschränkung der Weitergabe

Ohne unser Prüfungsurteil zu modifizieren, machen wir auf Angabe X im Abschluss aufmerksam, in der die Rechnungslegungsgrundlage beschrieben wird. Der Abschluss wurde aufgestellt, um die Gesellschafter der ABC Personengesellschaft bei der Erstellung ihrer persönlichen Einkommensteuererklärungen zu unterstützen.

---

[2] Oder ein anderer Begriff, der im Kontext des Rechtsrahmens in dem betreffenden Rechtsraum zutreffend ist.

report is intended solely for ABC Partnership and its partners and should not be distributed to parties other than ABC Partnership or its partners.

[Auditor's signature]
[Date of the auditor's report]
[Auditor's address]

Besondere Überlegungen bei Prüfungen von Abschlüssen, die aufgestellt sind in Übereinstimmung mit einem Regelwerk für einen speziellen Zweck

Folglich ist der Abschluss möglicherweise für einen anderen Zweck nicht geeignet. Unser Vermerk ist ausschließlich für die ABC Personengesellschaft und deren Gesellschafter bestimmt und darf nicht an Dritte weitergegeben werden.

[Unterschrift des Abschlussprüfers]

[Datum des Vermerks des Abschlussprüfers]

[Ort des Abschlussprüfers]

ISA 800
Special Considerations – Audits of Financial Statements Prepared in Accordance with Special Purpose Frameworks

---

Illustration 3:

Circumstances include the following:

- The financial statements have been prepared by management of the entity in accordance with the financial reporting provisions established by a regulator (that is, a special purpose framework) to meet the requirements of that regulator. Management does not have a choice of financial reporting frameworks.
- The applicable financial reporting framework is a fair presentation framework.
- The terms of the audit engagement reflect the description of management's responsibility for the financial statements in ISA 210.
- Distribution or use of the auditor's report is not restricted.
- The Other Matter paragraph refers to the fact that the auditor has also issued an auditor's report on financial statements prepared by ABC Company for the same period in accordance with a general purpose framework.

INDEPENDENT AUDITOR'S REPORT

[Appropriate Addressee]

We have audited the accompanying financial statements of ABC Company, which comprise the balance sheet as at December 31, 20X1, and the income statement, statement of changes in equity and cash flow statement for the year then ended, and a summary of significant accounting policies and other explanatory information. The financial statements have been prepared by management based on the financial reporting provisions of Section Y of Regulation Z.

Management's[3] Responsibility for the Financial Statements

Management is responsible for the preparation and fair presentation of these financial statements in accordance with the financial reporting provisions of Section Y of Regulation Z,[4] and for such internal control as management determines is necessary to enable the preparation of financial statements that are free from material misstatement, whether due to fraud or error.

Auditor's Responsibility

Our responsibility is to express an opinion on these financial statements based on our audit. We conducted our audit in accordance with International Standards on Auditing. Those standards require that we comply with ethical requirements and plan and perform the audit to obtain reasonable assurance about whether the financial statements are free from material misstatement.

An audit involves performing procedures to obtain audit evidence about the amounts and disclosures in the financial statements. The procedures selected depend on the auditor's judgment, including the assessment of the risks of material misstatement of the financial statements, whether due to fraud or error. In making those risk assessments, the auditor considers internal control relevant to the entity's preparation and fair presentation[5] of the financial statements in order to design audit procedures that are appropriate in the circumstances, but not for the

---

3) Or other term that is appropriate in the context of the legal framework in the particular jurisdiction.

4) Where management's responsibility is to prepare financial statements that give a true and fair view, this may read: "Management is responsible for the preparation of financial statements that give a true and fair view in accordance with the financial reporting provisions of section Y of Regulation Z, and for such ..."

5) In the case of footnote 16, this may read: "In making those risk assessments, the auditor considers internal control relevant to the entity's preparation of financial statements that give a true and fair view in order to design audit procedures that are appropriate in the circumstances, but not for the purpose of expressing an opinion on the effectiveness of the entity's internal control."

Besondere Überlegungen bei Prüfungen von Abschlüssen, die aufgestellt sind in Übereinstimmung mit einem Regelwerk für einen speziellen Zweck

ISA 800

> **Beispiel 3:**
> Folgende Gegebenheiten:
> - Der Abschluss wurde vom Management der Einheit in Übereinstimmung mit den von einer Aufsichtsbehörde festgelegten Rechnungslegungsbestimmungen (d. h. einem Regelwerk für einen speziellen Zweck) aufgestellt, um die Anforderungen dieser Behörde zu erfüllen. Das Management hat keine Wahlmöglichkeit zwischen verschiedenen Regelwerken der Rechnungslegung.
> - Das maßgebende Regelwerk der Rechnungslegung ist ein Regelwerk zur sachgerechten Gesamtdarstellung.
> - Die Bedingungen des Prüfungsauftrags spiegeln die Beschreibung der Verantwortung des Managements für den Abschluss nach ISA 210 wider.
> - Die Weitergabe oder Verwendung des Vermerks des Abschlussprüfers ist nicht beschränkt.
> - Der Absatz zum Hinweis auf sonstige Sachverhalte bezieht sich auf die Tatsache, dass der Abschlussprüfer auch einen Vermerk zu einem Abschluss erteilt hat, der von der ABC Gesellschaft für denselben Zeitraum aufgestellt wurde in Übereinstimmung mit einem Regelwerk für allgemeine Zwecke.

VERMERK DES UNABHÄNGIGEN ABSCHLUSSPRÜFERS
[Empfänger]

Wir haben den beigefügten Abschluss der ABC Gesellschaft – bestehend aus der Bilanz zum 31.12.20X1, der Gewinn- und Verlustrechnung, Eigenkapitalveränderungsrechnung und Kapitalflussrechnung für das an diesem Stichtag endende Geschäftsjahr sowie aus einer Zusammenfassung bedeutsamer Rechnungslegungsmethoden und anderen erläuternden Informationen – geprüft. Der Abschluss wurde vom Management auf der Grundlage der Rechnungslegungsbestimmungen in Abschnitt Y der Rechtsvorschrift Z aufgestellt.

Verantwortung des Managements[3] für den Abschluss

Das Management ist verantwortlich für die Aufstellung und sachgerechte Gesamtdarstellung dieses Abschlusses in Übereinstimmung mit den Rechnungslegungsbestimmungen in Abschnitt Y der Rechtsvorschrift Z[4] und für die internen Kontrollen, die das Management als notwendig erachtet, um die Aufstellung eines Abschlusses zu ermöglichen, der frei von wesentlichen – beabsichtigten oder unbeabsichtigten – falschen Darstellungen ist.

Verantwortung des Abschlussprüfers

Unsere Aufgabe ist es, auf der Grundlage unserer Prüfung ein Urteil zu diesem Abschluss abzugeben. Wir haben unsere Abschlussprüfung in Übereinstimmung mit den International Standards on Auditing durchgeführt. Nach diesen Standards haben wir die beruflichen Verhaltensanforderungen einzuhalten und die Abschlussprüfung so zu planen und durchzuführen, dass hinreichende Sicherheit darüber erlangt wird, ob der Abschluss frei von wesentlichen falschen Darstellungen ist.

Eine Abschlussprüfung beinhaltet die Durchführung von Prüfungshandlungen, um Prüfungsnachweise für die im Abschluss enthaltenen Wertansätze und sonstigen Angaben zu erlangen. Die Auswahl der Prüfungshandlungen liegt im pflichtgemäßen Ermessen des Abschlussprüfers. Dies schließt die Beurteilung der Risiken wesentlicher – beabsichtigter oder unbeabsichtigter – falscher Darstellungen im Abschluss ein. Bei der Beurteilung dieser Risiken berücksichtigt der Abschlussprüfer das für die Aufstellung und sachgerechte Gesamtdarstellung[5] des Abschlusses

---

[3] Oder ein anderer Begriff, der im Kontext des Rechtsrahmens in dem betreffenden Rechtsraum zutreffend ist.

[4] Falls das Management die Verantwortung hat, einen Abschluss aufzustellen, der ein den tatsächlichen Verhältnissen entsprechendes Bild vermittelt, kann dies lauten: „Das Management ist verantwortlich für die Aufstellung eines Abschlusses, der in Übereinstimmung mit den Rechnungslegungsbestimmungen in Abschnitt Y der Rechtsvorschrift Z ein den tatsächlichen Verhältnissen entsprechendes Bild vermittelt, und für die …"

[5] Im Fall von Fußnote 16 kann dies lauten: „Bei der Beurteilung dieser Risiken berücksichtigt der Abschlussprüfer das interne Kontrollsystem, das relevant ist für die Aufstellung eines Abschlusses durch die Einheit, der ein den tatsächlichen Verhältnissen entsprechendes Bild vermittelt, um Prüfungshandlungen zu planen, die unter den gegebenen Umständen angemessen sind, jedoch nicht mit dem Ziel, ein Prüfungsurteil zur Wirksamkeit des interen Kontrollsystems der Einheit abzugeben."

purpose of expressing an opinion on the effectiveness of the entity's internal control.[6] An audit also includes evaluating the appropriateness of accounting policies used and the reasonableness of accounting estimates made by management, as well as evaluating the overall presentation of the financial statements.

We believe that the audit evidence we have obtained is sufficient and appropriate to provide a basis for our audit opinion.

Opinion

In our opinion, the financial statements present fairly, in all material respects, (or *give a true and fair view of*) the financial position of ABC Company as at December 31, 20X1, and (*of*) its financial performance and its cash flows for the year then ended in accordance with the financial reporting provisions of Section Y of Regulation Z.

Basis of Accounting

Without modifying our opinion, we draw attention to Note X to the financial statements, which describes the basis of accounting. The financial statements are prepared to assist ABC Company to meet the requirements of Regulator DEF. As a result, the financial statements may not be suitable for another purpose.

Other Matter

ABC Company has prepared a separate set of financial statements for the year ended December 31, 20X1 in accordance with International Financial Reporting Standards on which we issued a separate auditor's report to the shareholders of ABC Company dated March 31, 20X2.

[Auditor's signature]
[Date of the auditor's report]
[Auditor's address]

---

[6] In circumstances when the auditor also has responsibility to express an opinion on the effectiveness of internal control in conjunction with the audit of the financial statements, this sentence would be worded as follows: "In making those risk assessments, the auditor considers internal control relevant to the entity's preparation and fair presentation of the financial statements in order to design audit procedures that are appropriate in the circumstances." In the case of footnote 16, this may read: "In making those risk assessments, the auditor considers internal control relevant to the entity's preparation of financial statements that give a true and fair view in order to design audit procedures that are appropriate in the circumstances."

durch die Einheit relevante interne Kontrollsystem, um Prüfungshandlungen zu planen, die unter den gegebenen Umständen angemessen sind, jedoch nicht mit dem Ziel, ein Prüfungsurteil zur Wirksamkeit des internen Kontrollsystems der Einheit abzugeben.[6)] Eine Abschlussprüfung umfasst auch die Beurteilung der Angemessenheit der angewandten Rechnungslegungsmethoden und der Vertretbarkeit der vom Management ermittelten geschätzten Werte in der Rechnungslegung sowie die Beurteilung der Gesamtdarstellung des Abschlusses.

Wir sind der Auffassung, dass die von uns erlangten Prüfungsnachweise ausreichend und geeignet sind, um als Grundlage für unser Prüfungsurteil zu dienen.

Prüfungsurteil

Nach unserer Beurteilung stellt der Abschluss die Vermögens- und Finanzlage der ABC Gesellschaft zum 31.12.20X1 sowie die Ertragslage und die Cashflows[*)] für das an diesem Stichtag endende Geschäftsjahr in Übereinstimmung mit den Rechnungslegungsbestimmungen in Abschnitt Y der Rechtsvorschrift Z in allen wesentlichen Belangen insgesamt sachgerecht dar (... *vermittelt der Abschluss ein den tatsächlichen Verhältnissen entsprechendes Bild der...*).

Rechnungslegungsgrundlage

Ohne unser Prüfungsurteil zu modifizieren, machen wir auf Angabe X im Abschluss aufmerksam, in der die Rechnungslegungsgrundlage beschrieben wird. Der Abschluss wurde aufgestellt, um die ABC Gesellschaft bei der Erfüllung der Anforderungen der Aufsichtsbehörde DEF zu unterstützen. Folglich ist der Abschluss möglicherweise für einen anderen Zweck nicht geeignet.

Sonstiger Sachverhalt

Die ABC Gesellschaft hat für das am 31.12.20X1 endende Geschäftsjahr einen separaten Abschluss in Übereinstimmung mit den International Financial Reporting Standards aufgestellt, zu dem wir einen an die Anteilseigner der ABC Gesellschaft gerichteten separaten Vermerk des Abschlussprüfers mit Datum vom 31.03.20X2 erteilt haben.

[Unterschrift des Abschlussprüfers]

[Datum des Vermerks des Abschlussprüfers]

[Ort des Abschlussprüfers]

---

6) In Fällen, in denen der Abschlussprüfer auch die Pflicht hat, im Zusammenhang mit der Prüfung des Abschlusses ein Prüfungsurteil zur Wirksamkeit des internen Kontrollsystems abzugeben, würde dieser Satz folgendermaßen lauten: „Bei der Beurteilung dieser Risiken berücksichtigt der Abschlussprüfer das für die Aufstellung und sachgerechte Gesamtdarstellung des Abschlusses durch die Einheit relevante interne Kontrollsystem, um Prüfungshandlungen zu planen, die unter den gegebenen Umständen angemessen sind." Im Fall von Fußnote 16 kann dies lauten: „Bei der Beurteilung dieser Risiken berücksichtigt der Abschlussprüfer das interne Kontrollsystem, das relevant ist für die Aufstellung eines Abschlusses durch die Einheit, der den tatsächlichen Verhältnissen entsprechendes Bild vermittelt, um Prüfungshandlungen zu planen, die unter den gegebenen Umständen angemessen sind."

*) In der Schweiz: Geldflüsse.

INTERNATIONAL STANDARD ON AUDITING 805

SPECIAL CONSIDERATIONS – AUDITS OF SINGLE FINANCIAL STATEMENTS AND SPECIFIC ELEMENTS, ACCOUNTS OR ITEMS OF A FINANCIAL STATEMENT

(Effective for audits for periods beginning on or after December 15, 2009)

CONTENTS

	Paragraph
Introduction	
Scope of this ISA	1–3
Effective Date	4
Objective	5
Definitions	6
Requirements	
Considerations When Accepting the Engagement	7–9
Considerations When Planning and Performing the Audit	10
Forming an Opinion and Reporting Considerations	11–17
Application and Other Explanatory Material	
Scope of this ISA	A1–A4
Considerations When Accepting the Engagement	A5–A9
Considerations When Planning and Performing the Audit	A10–A14
Forming an Opinion and Reporting Considerations	A15–A18
Appendix 1: Examples of Specific Elements, Accounts or Items of a Financial Statement	
Appendix 2: Illustrations of Auditors' Reports on a Single Financial Statement and on a Specific Element of a Financial Statement	

International Standard on Auditing (ISA) 805, "Special Considerations – Audits of Single Financial Statements and Specific Elements, Accounts or Items of a Financial Statement" should be read in conjunction with ISA 200, "Overall Objectives of the Independent Auditor and the Conduct of an Audit in Accordance with International Standards on Auditing."

Besondere Überlegungen bei Prüfungen von einzelnen Finanzaufstellungen und bestimmten Bestandteilen, Konten oder Posten einer Finanzaufstellung — ISA 805

INTERNATIONAL STANDARD ON AUDITING 805
BESONDERE ÜBERLEGUNGEN BEI PRÜFUNGEN VON EINZELNEN FINANZAUFSTELLUNGEN UND BESTIMMTEN BESTANDTEILEN, KONTEN ODER POSTEN EINER FINANZAUFSTELLUNG

(gilt für Prüfungen für Zeiträume, die am oder nach dem 15.12.2009 beginnen)

INHALTSVERZEICHNIS

	Textziffer
Einleitung	
Anwendungsbereich	1-3
Anwendungszeitpunkt	4
Ziel	5
Definitionen	6
Anforderungen	
Überlegungen bei der Auftragsannahme	7-9
Überlegungen bei der Planung und Durchführung der Prüfung	10
Bildung eines Prüfungsurteils und Überlegungen zur Erteilung des Vermerks	11-17
Anwendungshinweise und sonstige Erläuterungen	
Anwendungsbereich	A1-A4
Überlegungen bei der Auftragsannahme	A5-A9
Überlegungen bei der Planung und Durchführung der Prüfung	A10-A14
Bildung eines Prüfungsurteils und Überlegungen zur Erteilung des Vermerks	A15-A18
Anlage 1: Beispiele für bestimmte Bestandteile, Konten oder Posten einer Finanzaufstellung	
Anlage 2: Formulierungsbeispiele für Vermerke des Prüfers zu einer einzelnen Finanzaufstellung und zu einem bestimmten Bestandteil einer Finanzaufstellung	

International Standard on Auditing (ISA) 805 „Besondere Überlegungen bei Prüfungen von einzelnen Finanzaufstellungen und bestimmten Bestandteilen, Konten oder Posten einer Finanzaufstellung" ist im Zusammenhang mit ISA 200 „Übergreifende Zielsetzungen des unabhängigen Prüfers und Grundsätze einer Prüfung in Übereinstimmung mit den International Standards on Auditing" zu lesen.

# Introduction

Scope of this ISA

1. The International Standards on Auditing (ISAs) in the 100–700 series apply to an audit of financial statements and are to be adapted as necessary in the circumstances when applied to audits of other historical financial information. This ISA deals with special considerations in the application of those ISAs to an audit of a single financial statement or of a specific element, account or item of a financial statement. The single financial statement or the specific element, account or item of a financial statement may be prepared in accordance with a general or special purpose framework. If prepared in accordance with a special purpose framework, ISA 800[1] also applies to the audit. (Ref: Para. A1–A4)

2. This ISA does not apply to the report of a component auditor, issued as a result of work performed on the financial information of a component at the request of a group engagement team for purposes of an audit of group financial statements (see ISA 600[2]).

3. This ISA does not override the requirements of the other ISAs; nor does it purport to deal with all special considerations that may be relevant in the circumstances of the engagement.

Effective Date

4. This ISA is effective for audits of single financial statements or of specific elements, accounts or items for periods beginning on or after December 15, 2009. In the case of audits of single financial statements or of specific elements, accounts or items of a financial statement prepared as at a specific date, this ISA is effective for audits of such information prepared as at a date on or after December 14, 2010.

Objective

5. The objective of the auditor, when applying ISAs in an audit of a single financial statement or of a specific element, account or item of a financial statement, is to address appropriately the special considerations that are relevant to:

    (a) The acceptance of the engagement;

    (b) The planning and performance of that engagement; and

    (c) Forming an opinion and reporting on the single financial statement or on the specific element, account or item of a financial statement.

Definitions

6. For purposes of this ISA, reference to:

    (a) "Element of a financial statement" or "element" means an "element, account or item of a financial statement;"

    (b) "International Financial Reporting Standards" means the International Financial Reporting Standards issued by the International Accounting Standards Board; and

    (c) A single financial statement or to a specific element of a financial statement includes the related notes. The related notes ordinarily comprise a summary of significant accounting policies and other explanatory information relevant to the financial statement or to the element.

---

1) ISA 800, "Special Considerations – Audits of Financial Statements Prepared in Accordance with Special Purpose Frameworks."

2) ISA 600, "Special Considerations – Audits of Group Financial Statements (Including the Work of Component Auditors)."

Besondere Überlegungen bei Prüfungen von einzelnen Finanzaufstellungen und bestimmten Bestandteilen, Konten oder Posten einer Finanzaufstellung — **ISA 805**

Einleitung

Anwendungsbereich

1. Die International Standards on Auditing (ISA) der Reihen 100 bis 700 gelten für Abschlussprüfungen und sind erforderlichenfalls an die jeweiligen Umstände anzupassen, wenn sie auf die Prüfung anderer vergangenheitsorientierter Finanzinformationen[*] angewendet werden. Dieser ISA behandelt besondere Überlegungen bei der Anwendung jener ISA auf die Prüfung einer einzelnen Finanzaufstellung oder bestimmter Bestandteile, Konten oder Posten einer Finanzaufstellung. Die einzelne Finanzaufstellung oder die bestimmten Bestandteile, Konten oder Posten einer Finanzaufstellung können in Übereinstimmung mit einem Regelwerk für allgemeine Zwecke oder einem Regelwerk für einen speziellen Zweck aufgestellt sein. Wenn sie aufgestellt sind in Übereinstimmung mit einem Regelwerk für einen speziellen Zweck, gilt ISA 800[1] ebenfalls für die Prüfung. (Vgl. Tz. A1-A4)

2. Dieser ISA gilt nicht für den Vermerk eines Teilbereichsprüfers, der als Ergebnis der Tätigkeiten erteilt wird, die auf Aufforderung eines Konzernprüfungsteams für die Zwecke einer Konzernabschlussprüfung zu den Finanzinformationen eines Teilbereichs durchgeführt wurden (siehe ISA 600[2]).

3. Dieser ISA hebt weder die Anforderungen der anderen ISA auf noch erhebt er Anspruch darauf, alle besonderen Überlegungen zu behandeln, die unter den Umständen des Auftrags relevant sein können.

Anwendungszeitpunkt

4. Dieser ISA gilt für die Prüfung von einzelnen Finanzaufstellungen oder bestimmten Bestandteilen, Konten oder Posten für Zeiträume, die am oder nach dem 15.12.2009 beginnen. Bei Prüfungen von einzelnen Finanzaufstellungen oder bestimmten Bestandteilen, Konten oder Posten einer Finanzaufstellung, die zu einem bestimmten Zeitpunkt aufgestellt wurden, gilt dieser ISA für die Prüfung solcher Informationen, die zum 14.12.2010 oder später aufgestellt wurden.

Ziel

5. Das Ziel des Prüfers bei der Anwendung der ISA auf die Prüfung einer einzelnen Finanzaufstellung oder eines bestimmten Bestandteils, Kontos oder Postens einer Finanzaufstellung besteht darin, in angemessener Weise die besonderen Überlegungen zu berücksichtigen, die relevant sind für
   (a) die Auftragsannahme,
   (b) die Planung und Durchführung dieses Auftrags und
   (c) die Bildung eines Prüfungsurteils und die Erteilung eines Vermerks zu der einzelnen Finanzaufstellung oder zu dem bestimmten Bestandteil, Konto oder Posten einer Finanzaufstellung.

Definitionen

6. Für die Zwecke dieses ISA gilt:
   (a) Mit „Bestandteil einer Finanzaufstellung" oder „Bestandteil" ist ein „Bestandteil, Konto oder Posten einer Finanzaufstellung" gemeint,
   (b) mit „International Financial Reporting Standards" sind die vom International Accounting Standards Board herausgegebenen International Financial Reporting Standards gemeint und
   (c) eine einzelne Finanzaufstellung oder ein bestimmter Bestandteil einer Finanzaufstellung schließt die damit zusammenhängenden Angaben ein. Die damit zusammenhängenden Angaben umfassen normalerweise eine Zusammenfassung von bedeutsamen Rechnungslegungsmethoden und andere erläuternde Informationen, die für die Finanzaufstellung oder den Bestandteil relevant sind.

---

1) ISA 800 „Besondere Überlegungen bei Prüfungen von Abschlüssen, die aufgestellt sind in Übereinstimmung mit einem Regelwerk für einen speziellen Zweck".
2) ISA 600 „Besondere Überlegungen zu Konzernabschlussprüfungen (einschließlich der Tätigkeit von Teilbereichsprüfern)".
*) Zu den vergangenheitsorientierten Finanzinformationen gehören a) Finanzaufstellungen (Abschlüsse (Jahres-, Konzern-, Zwischenabschlüsse) und sonstige Finanzaufstellungen (z.B. Bilanz, Gewinn- und Verlustrechnung, Kapitalflussrechnung, Einnahmen-Überschuss-Rechnung, Vermögensaufstellung)), b) Posten einer Finanzaufstellung (z.B. Vorräte, Forderungen aus Lieferungen und Leistungen, Personalaufwand) sowie c) sonstige aus der Buchführung entnommene Finanzinformationen (z.B. ein bestimmter Geschäftsvorfall oder Vermögenswert oder eine bestimmte Schuld).

Requirements

Considerations When Accepting the Engagement

Application of ISAs

7. ISA 200 requires the auditor to comply with all ISAs relevant to the audit.[3] In the case of an audit of a single financial statement or of a specific element of a financial statement, this requirement applies irrespective of whether the auditor is also engaged to audit the entity's complete set of financial statements. If the auditor is not also engaged to audit the entity's complete set of financial statements, the auditor shall determine whether the audit of a single financial statement or of a specific element of those financial statements in accordance with ISAs is practicable. (Ref: Para. A5–A6)

Acceptability of the Financial Reporting Framework

8. ISA 210 requires the auditor to determine the acceptability of the financial reporting framework applied in the preparation of the financial statements.[4] In the case of an audit of a single financial statement or of a specific element of a financial statement, this shall include whether application of the financial reporting framework will result in a presentation that provides adequate disclosures to enable the intended users to understand the information conveyed in the financial statement or the element, and the effect of material transactions and events on the information conveyed in the financial statement or the element. (Ref: Para. A7)

Form of Opinion

9. ISA 210 requires that the agreed terms of the audit engagement include the expected form of any reports to be issued by the auditor.[5] In the case of an audit of a single financial statement or of a specific element of a financial statement, the auditor shall consider whether the expected form of opinion is appropriate in the circumstances. (Ref: Para. A8–A9)

Considerations When Planning and Performing the Audit

10. ISA 200 states that ISAs are written in the context of an audit of financial statements; they are to be adapted as necessary in the circumstances when applied to audits of other historical financial information.[6],[7] In planning and performing the audit of a single financial statement or of a specific element of a financial statement, the auditor shall adapt all ISAs relevant to the audit as necessary in the circumstances of the engagement. (Ref: Para. A10–A14)

Forming an Opinion and Reporting Considerations

11. When forming an opinion and reporting on a single financial statement or on a specific element of a financial statement, the auditor shall apply the requirements in ISA 700,[8] adapted as necessary in the circumstances of the engagement. (Ref: Para. A15–A16)

Reporting on the Entity's Complete Set of Financial Statements and on a Single Financial Statement or on a Specific Element of Those Financial Statements

12. If the auditor undertakes an engagement to report on a single financial statement or on a specific element of a financial statement in conjunction with an engagement to audit the entity's complete set of financial statements, the auditor shall express a separate opinion for each engagement.

---

3) ISA 200, "Overall Objectives of the Independent Auditor and the Conduct of an Audit in Accordance with International Standards on Auditing," paragraph 18.
4) ISA 210, "Agreeing the Terms of Audit Engagements," paragraph 6(a).
5) ISA 210, paragraph 10(e).
6) ISA 200, paragraph 2.
7) ISA 200, paragraph 13(f), explains that the term "financial statements" ordinarily refers to a complete set of financial statements as determined by the requirements of the applicable financial reporting framework.
8) ISA 700, "Forming an Opinion and Reporting on Financial Statements."

Anforderungen

Überlegungen bei der Auftragsannahme

Anwendung der ISA

7. ISA 200 verpflichtet den Abschlussprüfer, alle für die Prüfung relevanten ISA einzuhalten.[3] Bei der Prüfung einer einzelnen Finanzaufstellung oder eines bestimmten Bestandteils einer Finanzaufstellung gilt diese Anforderung ungeachtet dessen, ob der Prüfer auch mit der Prüfung des vollständigen Abschlusses der Einheit[*] beauftragt ist. Wenn der Prüfer nicht auch mit der Prüfung des vollständigen Abschlusses der Einheit beauftragt ist, muss er feststellen, ob die Prüfung einer einzelnen Finanzaufstellung oder eines bestimmten Bestandteils dieses Abschlusses in Übereinstimmung mit den ISA praktisch durchführbar ist. (Vgl. Tz. A5-A6)

Akzeptabilität des Regelwerks der Rechnungslegung

8. ISA 210 verpflichtet den Abschlussprüfer, die Akzeptabilität des bei der Aufstellung des Abschlusses angewandten Regelwerks der Rechnungslegung festzustellen.[4] Die Prüfung einer einzelnen Finanzaufstellung oder eines bestimmten Bestandteils einer Finanzaufstellung muss die Frage einschließen, ob die Anwendung des Regelwerks der Rechnungslegung zu einer Darstellung führen wird, die angemessene Angaben enthält, um es den vorgesehenen Nutzern zu ermöglichen, die in der Finanzaufstellung oder in dem Bestandteil vermittelten Informationen sowie die Auswirkung wesentlicher Geschäftsvorfälle und Ereignisse auf diese Informationen zu verstehen. (Vgl. Tz. A7)

Form des Prüfungsurteils

9. Nach ISA 210 ist es erforderlich, dass die vereinbarten Bedingungen des Prüfungsauftrags die erwartete Form von Vermerken einschließen, die vom Abschlussprüfer zu erteilen sind.[5] Bei der Prüfung einer einzelnen Finanzaufstellung oder eines bestimmten Bestandteils einer Finanzaufstellung muss der Prüfer einschätzen, ob die erwartete Form des Prüfungsurteils unter den gegebenen Umständen angemessen ist. (Vgl. Tz. A8-A9)

Überlegungen bei der Planung und Durchführung der Prüfung

10. ISA 200 legt dar, dass die ISA im Kontext einer Abschlussprüfung verfasst sind; sie sind erforderlichenfalls an die jeweiligen Umstände anzupassen, wenn sie auf die Prüfung anderer vergangenheitsorientierter Finanzinformationen angewandt werden.[6],[7] Bei der Planung und Durchführung der Prüfung einer einzelnen Finanzaufstellung oder eines bestimmten Bestandteils einer Finanzaufstellung muss der Prüfer alle für die Prüfung relevanten ISA erforderlichenfalls an die jeweiligen Umstände des Auftrags anpassen. (Vgl. Tz. A10-A14)

Bildung eines Prüfungsurteils und Überlegungen zur Erteilung des Vermerks

11. Bei der Bildung eines Prüfungsurteils und der Erteilung eines Vermerks zu einer einzelnen Finanzaufstellung oder zu einem bestimmten Bestandteil einer Finanzaufstellung muss der Prüfer die Anforderungen in ISA 700[8] erfüllen, erforderlichenfalls unter Anpassung an die jeweiligen Umstände des Auftrags. (Vgl. Tz. A15-A16)

Erteilung eines Vermerks zum vollständigen Abschluss einer Einheit und zu einer einzelnen Finanzaufstellung oder zu einem bestimmten Bestandteil dieses Abschlusses

12. Wenn der Abschlussprüfer einen Auftrag zur Erteilung eines Vermerks zu einer einzelnen Finanzaufstellung oder zu einem bestimmten Bestandteil einer Finanzaufstellung im Zusammenhang mit einem Auftrag zur Prüfung des vollständigen Abschlusses der Einheit durchführt, muss der Abschlussprüfer für jeden Auftrag ein gesondertes Prüfungsurteil abgeben.

---

3) ISA 200 „Übergreifende Zielsetzungen des unabhängigen Prüfers und Grundsätze einer Prüfung in Übereinstimmung mit den International Standards on Auditing", Textziffer 18.
4) ISA 210 „Vereinbarung der Auftragsbedingungen für Prüfungsaufträge", Textziffer 6(a).
5) ISA 210, Textziffer 10(e).
6) ISA 200, Textziffer 2.
7) In ISA 200, Textziffer 13(f), wird erläutert, dass sich der Begriff „Abschluss" normalerweise auf einen vollständigen Abschluss bezieht, wie durch die Anforderungen des maßgebenden Regelwerks der Rechnungslegung festgelegt.
8) ISA 700 „Bildung eines Prüfungsurteils und Erteilung eines Vermerks zum Abschluss".
*) Der Begriff „Einheit" wird für entity neu eingeführt. Bei der zu prüfenden Einheit kann es sich um ein Unternehmen, einen Einzelkaufmann, eine Gesellschaft bürgerlichen Rechts (Schweiz: einfache Gesellschaft), eine Gebietskörperschaft, eine Anstalt des öffentlichen Rechts, einen Konzern oder eine nicht rechtlich abgegrenzte wirtschaftliche Einheit handeln. Eine Übersetzung mit „Unternehmen" oder „Gesellschaft" wäre deshalb unzureichend. So kann sich entity sogar auf eine nicht selbständige Niederlassung oder Sparte beziehen, für die eigenständig Rechnung gelegt wird.

13. An audited single financial statement or an audited specific element of a financial statement may be published together with the entity's audited complete set of financial statements. If the auditor concludes that the presentation of the single financial statement or of the specific element of a financial statement does not differentiate it sufficiently from the complete set of financial statements, the auditor shall ask management to rectify the situation. Subject to paragraphs 15 and 16, the auditor shall also differentiate the opinion on the single financial statement or on the specific element of a financial statement from the opinion on the complete set of financial statements. The auditor shall not issue the auditor's report containing the opinion on the single financial statement or on the specific element of a financial statement until satisfied with the differentiation.

Modified Opinion, Emphasis of Matter Paragraph or Other Matter Paragraph in the Auditor's Report on the Entity's Complete Set of Financial Statements

14. If the opinion in the auditor's report on an entity's complete set of financial statements is modified, or that report includes an Emphasis of Matter paragraph or an Other Matter paragraph, the auditor shall determine the effect that this may have on the auditor's report on a single financial statement or on a specific element of those financial statements. When deemed appropriate, the auditor shall modify the opinion on the single financial statement or on the specific element of a financial statement, or include an Emphasis of Matter paragraph or an Other Matter paragraph in the auditor's report, accordingly. (Ref: Para. A17)

15. If the auditor concludes that it is necessary to express an adverse opinion or disclaim an opinion on the entity's complete set of financial statements as a whole, ISA 705 does not permit the auditor to include in the same auditor's report an unmodified opinion on a single financial statement that forms part of those financial statements or on a specific element that forms part of those financial statements.[9] This is because such an unmodified opinion would contradict the adverse opinion or disclaimer of opinion on the entity's complete set of financial statements as a whole. (Ref: Para. A18)

16. If the auditor concludes that it is necessary to express an adverse opinion or disclaim an opinion on the entity's complete set of financial statements as a whole but, in the context of a separate audit of a specific element that is included in those financial statements, the auditor nevertheless considers it appropriate to express an unmodified opinion on that element, the auditor shall only do so if:

    (a) The auditor is not prohibited by law or regulation from doing so;

    (b) That opinion is expressed in an auditor's report that is not published together with the auditor's report containing the adverse opinion or disclaimer of opinion; and

    (c) The specific element does not constitute a major portion of the entity's complete set of financial statements.

17. The auditor shall not express an unmodified opinion on a single financial statement of a complete set of financial statements if the auditor has expressed an adverse opinion or disclaimed an opinion on the complete set of financial statements as a whole. This is the case even if the auditor's report on the single financial statement is not published together with the auditor's report containing the adverse opinion or disclaimer of opinion. This is because a single financial statement is deemed to constitute a major portion of those financial statements.

***

---

9) ISA 705, "Modifications to the Opinion in the Independent Auditor's Report," paragraph 15.

13. Eine geprüfte einzelne Finanzaufstellung oder ein geprüfter bestimmter Bestandteil einer Finanzaufstellung kann zusammen mit dem geprüften vollständigen Abschluss der Einheit veröffentlicht sein. Wenn der Abschlussprüfer zu dem Schluss kommt, dass die Darstellung der einzelnen Finanzaufstellung oder des bestimmten Bestandteils einer Finanzaufstellung diese bzw. diesen nicht ausreichend von dem vollständigen Abschluss abgrenzt, muss der Abschlussprüfer das Management ersuchen, dies zu beheben. Außerdem muss der Abschlussprüfer vorbehaltlich der Textziffern 15 und 16 das Prüfungsurteil zu der einzelnen Finanzaufstellung oder zu dem bestimmten Bestandteil einer Finanzaufstellung von dem Prüfungsurteil zum vollständigen Abschluss abgrenzen. Der Abschlussprüfer darf seinen Vermerk mit dem Prüfungsurteil zu der einzelnen Finanzaufstellung oder zu dem bestimmten Bestandteil einer Finanzaufstellung nicht erteilen, bis er von der Abgrenzung überzeug ist.

Modifiziertes Prüfungsurteil, Absatz zur Hervorhebung eines Sachverhalts oder Absatz zum Hinweis auf sonstige Sachverhalte im Vermerk des Abschlussprüfers zum vollständigen Abschluss der Einheit

14. Wenn das Prüfungsurteil im Vermerk des Abschlussprüfers zum vollständigen Abschluss einer Einheit modifiziert ist oder dieser Vermerk einen Absatz zur Hervorhebung eines Sachverhalts oder einen Absatz zum Hinweis auf sonstige Sachverhalte beinhaltet, muss der Abschlussprüfer die Auswirkung feststellen, die dies auf den Vermerk des Abschlussprüfers zu einer einzelnen Finanzaufstellung oder zu einem bestimmten Bestandteil jenes Abschlusses haben kann. Wenn es als angemessen erachtet wird, muss der Abschlussprüfer dementsprechend das Prüfungsurteil zu der einzelnen Finanzaufstellung oder zu dem bestimmten Bestandteil einer Finanzaufstellung modifizieren oder einen Absatz zur Hervorhebung eines Sachverhalts oder einen Absatz zum Hinweis auf sonstige Sachverhalte in den Vermerk aufnehmen. (Vgl. Tz. A17)

15. Wenn der Abschlussprüfer zu dem Schluss kommt, dass es notwendig ist, zum vollständigen Abschluss der Einheit als Ganzes ein versagtes Prüfungsurteil[*)] abzugeben oder die Nichtabgabe eines Prüfungsurteils zu erklären, ist es nach ISA 705 nicht erlaubt, dass der Abschlussprüfer in denselben Vermerk des Abschlussprüfers ein nicht modifiziertes Prüfungsurteil zu einer einzelnen Finanzaufstellung oder zu einem bestimmten Bestandteil einbezieht, die Teil jenes Abschlusses sind.[9)] Dies liegt daran, dass ein solches nicht modifiziertes Prüfungsurteil im Widerspruch zu dem versagten Prüfungsurteil oder zu der Nichtabgabe eines Prüfungsurteils zum vollständigen Abschluss der Einheit als Ganzes stehen würde. (Vgl. Tz. A18)

16. Wenn der Abschlussprüfer zu dem Schluss kommt, dass es notwendig ist, zum vollständigen Abschluss der Einheit als Ganzes ein versagtes Prüfungsurteil abzugeben oder die Nichtabgabe eines Prüfungsurteils zu erklären, es jedoch im Zusammenhang mit einer gesonderten Prüfung eines bestimmten Bestandteils, der in jenem Abschluss enthalten ist, für angemessen hält, ein nicht modifiziertes Prüfungsurteil zu diesem Bestandteil abzugeben, darf der Abschlussprüfer dies nur unter der Voraussetzung, dass

    (a) dies dem Abschlussprüfer nicht durch Gesetze oder andere Rechtsvorschriften untersagt ist,

    (b) dieses Urteil in einem Vermerk des Abschlussprüfers abgegeben wird, der nicht zusammen mit dem Vermerk des Abschlussprüfers veröffentlicht wird, der das versagte Prüfungsurteil oder die Nichtabgabe eines Prüfungsurteils beinhaltet, und

    (c) der bestimmte Bestandteil keinen erheblichen Teil des vollständigen Abschlusses der Einheit darstellt.

17. Der Abschlussprüfer darf kein nicht modifiziertes Prüfungsurteil zu einer einzelnen Finanzaufstellung eines vollständigen Abschlusses abgeben, wenn er zu dem vollständigen Abschluss als Ganzes ein versagtes Prüfungsurteil abgegeben oder die Nichtabgabe eines Prüfungsurteils erklärt hat. Dies gilt auch dann, wenn der Vermerk des Abschlussprüfers zu der einzelnen Finanzaufstellung nicht zusammen mit dem Vermerk des Abschlussprüfers veröffentlicht wird, der das versagte Prüfungsurteil oder die Nichtabgabe eines Prüfungsurteils beinhaltet. Denn eine einzelne Finanzaufstellung ist als ein erheblicher Teil jenes Abschlusses anzusehen.

***

---

9) ISA 705 „Modifizierungen des Prüfungsurteils im Vermerk des unabhängigen Abschlussprüfers", Textziffer 15.

*) In Österreich: negatives Prüfungsurteil; in der Schweiz: verneinendes Prüfungsurteil.

ISA 805

Special Considerations – Audits of Single Financial Statements and Specific Elements, Accounts or Items of a Financial Statement

Application and Other Explanatory Material

Scope of this ISA (Ref: Para. 1)

A1. ISA 200 defines the term "historical financial information" as information expressed in financial terms in relation to a particular entity, derived primarily from that entity's accounting system, about economic events occurring in past time periods or about economic conditions or circumstances at points in time in the past.[10]

A2. ISA 200 defines the term "financial statements" as a structured representation of historical financial information, including related notes, intended to communicate an entity's economic resources or obligations at a point in time or the changes therein for a period of time in accordance with a financial reporting framework. The term ordinarily refers to a complete set of financial statements as determined by the requirements of the applicable financial reporting framework.[11]

A3. ISAs are written in the context of an audit of financial statements;[12] they are to be adapted as necessary in the circumstances when applied to an audit of other historical financial information, such as a single financial statement or a specific element of a financial statement. This ISA assists in this regard. (Appendix 1 lists examples of such other historical financial information.)

A4. A reasonable assurance engagement other than an audit of historical financial information is performed in accordance with International Standard on Assurance Engagements (ISAE) 3000.[13]

Considerations When Accepting the Engagement

Application of ISAs (Ref: Para. 7)

A5. ISA 200 requires the auditor to comply with (a) relevant ethical requirements, including those pertaining to independence, relating to financial statement audit engagements, and (b) all ISAs relevant to the audit. It also requires the auditor to comply with each requirement of an ISA unless, in the circumstances of the audit, the entire ISA is not relevant or the requirement is not relevant because it is conditional and the condition does not exist. In exceptional circumstances, the auditor may judge it necessary to depart from a relevant requirement in an ISA by performing alternative audit procedures to achieve the aim of that requirement.[14]

A6. Compliance with the requirements of ISAs relevant to the audit of a single financial statement or of a specific element of a financial statement may not be practicable when the auditor is not also engaged to audit the entity's complete set of financial statements. In such cases, the auditor often does not have the same understanding of the entity and its environment, including its internal control, as an auditor who also audits the entity's complete set of financial statements. The auditor also does not have the audit evidence about the general quality of the accounting records or other accounting information that would be acquired in an audit of the entity's complete set of financial statements. Accordingly, the auditor may need further evidence to corroborate audit evidence acquired from the accounting records. In the case of an audit of a specific element of a financial statement, certain ISAs require audit work that may be disproportionate to the element being audited. For example, although the requirements of ISA 570[15] are likely to be relevant in the circumstances of an audit of a schedule of accounts receivable, complying with those requirements may not be practicable because of the audit effort required. If the auditor concludes that an audit of a single financial statement or of a specific element of a financial statement in accordance with ISAs may not be practicable, the auditor may discuss with management whether another type of engagement might be more practicable.

---

10) ISA 200, paragraph 13(g).
11) ISA 200, paragraph 13(f).
12) ISA 200, paragraph 2.
13) ISAE 3000, "Assurance Engagements Other than Audits or Reviews of Historical Financial Information."
14) ISA 200, paragraphs 14, 18, and 22–23.
15) ISA 570, "Going Concern."

Anwendungshinweise und sonstige Erläuterungen

Anwendungsbereich (Vgl. Tz. 1)

A1. ISA 200 definiert den Begriff „vergangenheitsorientierte Finanzinformationen" als in Begriffen des Rechnungswesens ausgedrückte Informationen über eine bestimmte Einheit, die hauptsächlich aus dem Buchführungssystem der betreffenden Einheit abgeleitet werden, über wirtschaftliche Ereignisse in vergangenen Zeiträumen oder über wirtschaftliche Gegebenheiten oder Umstände zu bestimmten Zeitpunkten in der Vergangenheit.[10]

A2. ISA 200 definiert den Begriff „Abschluss" als eine strukturierte Darstellung von vergangenheitsorientierten Finanzinformationen unter Einschluss der damit zusammenhängenden Angaben, die dazu vorgesehen ist, in Übereinstimmung mit einem Regelwerk der Rechnungslegung die wirtschaftlichen Ressourcen oder Verpflichtungen einer Einheit zu einem bestimmten Zeitpunkt oder auch deren Veränderungen für einen bestimmten Zeitraum zu vermitteln. Der Begriff bezieht sich normalerweise auf einen vollständigen Abschluss, wie durch die Anforderungen des maßgebenden Regelwerks der Rechnungslegung festgelegt.[11]

A3. Die ISA sind im Kontext einer Abschlussprüfung verfasst;[12] sie sind erforderlichenfalls an die jeweiligen Umstände anzupassen, wenn sie auf die Prüfung anderer vergangenheitsorientierter Finanzinformationen angewandt werden, z. B. auf eine einzelne Finanzaufstellung oder auf einen bestimmten Bestandteil einer Finanzaufstellung. In dieser Hinsicht ist dieser ISA hilfreich. (In Anlage 1 sind Beispiele für solche anderen vergangenheitsorientierten Finanzinformationen aufgeführt.)

A4. Ein Prüfungsauftrag zur Erlangung hinreichender Sicherheit, mit Ausnahme einer Prüfung von vergangenheitsorientierten Finanzinformationen, wird in Übereinstimmung mit dem International Standard on Assurance Engagements (ISAE) 3000[13] durchgeführt.

Überlegungen bei der Auftragsannahme

Anwendung der ISA (Vgl. Tz. 7)

A5. ISA 200 verpflichtet den Abschlussprüfer zur Einhaltung (a) der bei Aufträgen zur Abschlussprüfung relevanten beruflichen Verhaltensanforderungen, einschließlich derjenigen zur Unabhängigkeit, und (b) aller für die Prüfung relevanten ISA. Außerdem muss der Abschlussprüfer jede Anforderung eines ISA einhalten, sofern nicht unter den Umständen der Prüfung der gesamte ISA nicht relevant ist oder die Anforderung nicht relevant ist, weil sie bedingt ist und diese Bedingung nicht erfüllt ist. In Ausnahmefällen kann der Abschlussprüfer es als notwendig erachten, von einer relevanten Anforderung in einem ISA abzuweichen, indem er alternative Prüfungshandlungen durchführt, um den Zweck dieser Anforderung zu erreichen.[14]

A6. Die Einhaltung der Anforderungen der ISA, die für die Prüfung einer einzelnen Finanzaufstellung oder eines bestimmten Bestandteils einer Finanzaufstellung relevant sind, ist möglicherweise praktisch nicht durchführbar, wenn der Prüfer nicht auch damit beauftragt ist, den vollständigen Abschluss der Einheit zu prüfen. In solchen Fällen besitzt der Prüfer häufig nicht dasselbe Verständnis von der Einheit und ihrem Umfeld, einschließlich ihres internen Kontrollsystems (IKS), wie ein Abschlussprüfer, der auch den vollständigen Abschluss der Einheit prüft. Außerdem verfügt der Prüfer nicht über die Prüfungsnachweise über die allgemeine Qualität der Unterlagen der Rechnungslegung oder anderer Rechnungslegungsinformationen, die bei der Prüfung des vollständigen Abschlusses der Einheit erlangt würden. Folglich benötigt der Prüfer möglicherweise weitere Nachweise, um aus den Unterlagen der Rechnungslegung erlangte Prüfungsnachweise zu bekräftigen. Bei der Prüfung eines bestimmten Bestandteils einer Finanzaufstellung sind nach bestimmten ISA Prüfungsarbeiten erforderlich, die möglicherweise für den geprüften Bestandteil unangemessen sind. Bspw. kann es sein, dass trotz der wahrscheinlichen Relevanz der Anforderungen von ISA 570[15] unter den Umständen der Prüfung eines Forderungsverzeichnisses die Einhaltung dieser Anforderungen aufgrund der notwendigen Prüfungsarbeiten praktisch nicht durchführbar ist. Wenn der Prüfer zu dem Schluss kommt, dass die Prüfung einer einzelnen Finanzaufstellung oder eines bestimmten Bestandteils einer Finanzaufstellung in

---

10) ISA 200, Textziffer 13(g).
11) ISA 200, Textziffer 13(f).
12) ISA 200, Textziffer 2.
13) ISAE 3000 „Andere Prüfungsaufträge als Prüfungen oder prüferische Durchsichten von vergangenheitsorientierten Finanzinformationen".
14) ISA 200, Textziffern 14, 18 und 22-23.
15) ISA 570 „Fortführung der Unternehmenstätigkeit".

Acceptability of the Financial Reporting Framework (Ref: Para. 8)

A7. A single financial statement or a specific element of a financial statement may be prepared in accordance with an applicable financial reporting framework that is based on a financial reporting framework established by an authorized or recognized standards setting organization for the preparation of a complete set of financial statements (for example, International Financial Reporting Standards). If this is the case, determination of the acceptability of the applicable framework may involve considering whether that framework includes all the requirements of the framework on which it is based that are relevant to the presentation of a single financial statement or of a specific element of a financial statement that provides adequate disclosures.

Form of Opinion (Ref: Para. 9)

A8. The form of opinion to be expressed by the auditor depends on the applicable financial reporting framework and any applicable laws or regulations.[16] In accordance with ISA 700:[17]

    (a) When expressing an unmodified opinion on a complete set of financial statements prepared in accordance with a fair presentation framework, the auditor's opinion, unless otherwise required by law or regulation, uses one of the following phrases:

        (i) the financial statements present fairly, in all material respects, in accordance with [the applicable financial reporting framework]; or

        (ii) the financial statements give a true and fair view in accordance with [the applicable financial reporting framework]; and

    (b) When expressing an unmodified opinion on a complete set of financial statements prepared in accordance with a compliance framework, the auditor's opinion states that the financial statements are prepared, in all material respects, in accordance with [the applicable financial reporting framework].

A9. In the case of a single financial statement or of a specific element of a financial statement, the applicable financial reporting framework may not explicitly address the presentation of the financial statement or of the element. This may be the case when the applicable financial reporting framework is based on a financial reporting framework established by an authorized or recognized standards setting organization for the preparation of a complete set of financial statements (for example, International Financial Reporting Standards). The auditor therefore considers whether the expected form of opinion is appropriate in the light of the applicable financial reporting framework. Factors that may affect the auditor's consideration as to whether to use the phrases "presents fairly, in all material respects," or "gives a true and fair view" in the auditor's opinion include:

- Whether the applicable financial reporting framework is explicitly or implicitly restricted to the preparation of a complete set of financial statements.
- Whether the single financial statement or the specific element of a financial statement will:
  - Comply fully with each of those requirements of the framework relevant to the particular financial statement or the particular element, and the presentation of the financial statement or the element include the related notes.
  - If necessary to achieve fair presentation, provide disclosures beyond those specifically required by the framework or, in exceptional circumstances, depart from a requirement of the framework.

The auditor's decision as to the expected form of opinion is a matter of professional judgment. It may be affected by whether use of the phrases "presents fairly, in all material respects," or "gives a true and fair

---

16) ISA 200, paragraph 8.
17) ISA 700, paragraphs 35–36.

Übereinstimmung mit den ISA möglicherweise praktisch nicht durchführbar ist, kann der Prüfer mit dem Management erörtern, ob eine andere Auftragsart eher praktisch durchführbar sein könnte.

Akzeptabilität des Regelwerks der Rechnungslegung (Vgl. Tz. 8)

A7. Eine einzelne Finanzaufstellung oder ein bestimmter Bestandteil einer Finanzaufstellung kann in Übereinstimmung mit einem maßgebenden Regelwerk der Rechnungslegung aufgestellt sein, das auf einem Regelwerk der Rechnungslegung basiert, das von einer autorisierten oder anerkannten standardsetzenden Organisation für die Aufstellung eines vollständigen Abschlusses festgelegt wurde (z. B. die International Financial Reporting Standards). Wenn dies der Fall ist, kann die Bestimmung der Akzeptabilität des maßgebenden Regelwerks die Überlegung einschließen, ob dieses Regelwerk alle Anforderungen des Regelwerks, auf dem es basiert, einschließt, die relevant sind für die Darstellung einer einzelnen Finanzaufstellung oder eines bestimmten Bestandteils einer Finanzaufstellung, die angemessene Angaben liefert.

Form des Prüfungsurteils (Vgl. Tz. 9)

A8. Die Form des vom Prüfer abzugebenden Prüfungsurteils hängt von dem maßgebenden Regelwerk der Rechnungslegung und von maßgebenden Gesetzen oder anderen Rechtsvorschriften ab.[16] In Übereinstimmung mit ISA 700[17] gilt:

(a) Wenn der Abschlussprüfer ein nicht modifiziertes Prüfungsurteil zu einem vollständigen Abschluss abgibt, der in Übereinstimmung mit einem Regelwerk zur sachgerechten Gesamtdarstellung*) aufgestellt wurde, verwendet der Abschlussprüfer im Prüfungsurteil eine der folgenden Formulierungen, sofern nicht aufgrund von Gesetzen oder anderen Rechtsvorschriften andere Anforderungen bestehen:

(i) „der Abschluss ist in Übereinstimmung mit [dem maßgebenden Regelwerk der Rechnungslegung] in allen wesentlichen Belangen insgesamt sachgerecht dargestellt" oder

(ii) „der Abschluss vermittelt in Übereinstimmung mit [dem maßgebenden Regelwerk der Rechnungslegung] ein den tatsächlichen Verhältnissen entsprechendes Bild".

(b) Wenn der Abschlussprüfer ein nicht modifiziertes Prüfungsurteil zu einem vollständigen Abschluss abgibt, der in Übereinstimmung mit einem Regelwerk zur Normentsprechung**) aufgestellt wurde, lautet das Prüfungsurteil, dass der Abschluss in allen wesentlichen Belangen in Übereinstimmung mit [dem maßgebenden Regelwerk der Rechnungslegung] aufgestellt ist.

A9. Bei einer einzelnen Finanzaufstellung oder einem bestimmten Bestandteil einer Finanzaufstellung wird möglicherweise im maßgebenden Regelwerk der Rechnungslegung die Darstellung der Finanzaufstellung oder des Bestandteils nicht ausdrücklich angesprochen. Dies kann der Fall sein, wenn das maßgebende Regelwerk der Rechnungslegung auf einem Regelwerk der Rechnungslegung basiert, das von einer autorisierten oder anerkannten standardsetzenden Organisation für die Aufstellung eines vollständigen Abschlusses festgelegt wurde (z. B. die International Financial Reporting Standards). Daher stellt der Prüfer Überlegungen darüber an, ob die erwartete Form des Prüfungsurteils vor dem Hintergrund des maßgebenden Regelwerks der Rechnungslegung angemessen ist. Zu den Faktoren, welche die Einschätzung des Prüfers beeinflussen können, ob im Prüfungsurteil die Formulierungen „ist in allen wesentlichen Belangen insgesamt sachgerecht dargestellt" oder „vermittelt ein den tatsächlichen Verhältnissen entsprechendes Bild" zu verwenden sind, gehören:

- die Frage, ob das maßgebende Regelwerk der Rechnungslegung explizit oder implizit auf die Aufstellung eines vollständigen Abschlusses beschränkt ist
- die Frage, ob die einzelne Finanzaufstellung oder der bestimmte Bestandteil einer Finanzaufstellung
  - vollständig mit jeder der Anforderungen des für die betreffende Finanzaufstellung oder für den betreffenden Bestandteil relevanten Regelwerks übereinstimmt und ob die Darstellung der Finanzaufstellung oder des Bestandteils die damit zusammenhängenden Angaben beinhaltet
  - Angaben über die ausdrücklich von dem Regelwerk geforderten Angaben hinaus liefert oder in Ausnahmefällen von einer Anforderung des Regelwerks abweicht, wenn dies für das Erreichen einer sachgerechten Gesamtdarstellung notwendig ist.

Die Entscheidung des Prüfers über die erwartete Form des Prüfungsurteils liegt in seinem pflichtgemäßen Ermessen. Sie kann durch die Frage beeinflusst werden, ob die Verwendung der Formulierungen „ist in

---

16) ISA 200, Textziffer 8.
17) ISA 700, Textziffern 35-36.
*) In den ISA als „fair presentation framework" bezeichnet.
**) In den ISA als „compliance framework" bezeichnet.

view" in the auditor's opinion on a single financial statement or on a specific element of a financial statement prepared in accordance with a fair presentation framework is generally accepted in the particular jurisdiction.

Considerations When Planning and Performing the Audit (Ref: Para. 10)

A10. The relevance of each of the ISAs requires careful consideration. Even when only a specific element of a financial statement is the subject of the audit, ISAs such as ISA 240,[18] ISA 550[19] and ISA 570 are, in principle, relevant. This is because the element could be misstated as a result of fraud, the effect of related party transactions, or the incorrect application of the going concern assumption under the applicable financial reporting framework.

A11. Furthermore, ISAs are written in the context of an audit of financial statements; they are to be adapted as necessary in the circumstances when applied to the audit of a single financial statement or of a specific element of a financial statement.[20] For example, written representations from management about the complete set of financial statements would be replaced by written representations about the presentation of the financial statement or the element in accordance with the applicable financial reporting framework.

A12. When auditing a single financial statement or a specific element of a financial statement in conjunction with the audit of the entity's complete set of financial statements, the auditor may be able to use audit evidence obtained as part of the audit of the entity's complete set of financial statements in the audit of the financial statement or the element. ISAs, however, require the auditor to plan and perform the audit of the financial statement or element to obtain sufficient appropriate audit evidence on which to base the opinion on the financial statement or on the element.

A13. The individual financial statements that comprise a complete set of financial statements, and many of the elements of those financial statements, including their related notes, are interrelated. Accordingly, when auditing a single financial statement or a specific element of a financial statement, the auditor may not be able to consider the financial statement or the element in isolation. Consequently, the auditor may need to perform procedures in relation to the interrelated items to meet the objective of the audit.

A14. Furthermore, the materiality determined for a single financial statement or for a specific element of a financial statement may be lower than the materiality determined for the entity's complete set of financial statements; this will affect the nature, timing and extent of the audit procedures and the evaluation of uncorrected misstatements.

Forming an Opinion and Reporting Considerations (Ref: Para. 11)

A15. ISA 700 requires the auditor, in forming an opinion, to evaluate whether the financial statements provide adequate disclosures to enable the intended users to understand the effect of material transactions and events on the information conveyed in the financial statements.[21] In the case of a single financial statement or of a specific element of a financial statement, it is important that the financial statement or the element, including the related notes, in view of the requirements of the applicable financial reporting framework, provides adequate disclosures to enable the intended users to understand the information conveyed in the financial statement or the element, and the effect of material transactions and events on the information conveyed in the financial statement or the element.

A16. Appendix 2 of this ISA contains illustrations of auditors' reports on a single financial statement and on a specific element of a financial statement.

---

18) ISA 240, "The Auditor's Responsibilities Relating to Fraud in an Audit of Financial Statements."
19) ISA 550, "Related Parties."
20) ISA 200, paragraph 2.
21) ISA 700, paragraph 13(e).

Überlegungen bei der Planung und Durchführung der Prüfung (Vgl. Tz. 10)

A10. Die Relevanz der einzelnen ISA erfordert sorgfältige Überlegungen. Selbst wenn nur ein bestimmter Bestandteil einer Finanzaufstellung Gegenstand der Prüfung ist, sind ISA wie ISA 240,[18] ISA 550[19] und ISA 570 grundsätzlich relevant. Denn der Bestandteil könnte als Folge von dolosen Handlungen, den Auswirkungen von Transaktionen mit nahe stehenden Personen oder der falschen Anwendung der Annahme der Fortführung der Unternehmenstätigkeit nach dem maßgebenden Regelwerk der Rechnungslegung falsche Darstellungen enthalten.

A11. Darüber hinaus sind die ISA im Kontext einer Abschlussprüfung verfasst; sie sind erforderlichenfalls an die jeweiligen Umstände anzupassen, wenn sie auf die Prüfung einer einzelnen Finanzaufstellung oder eines bestimmten Bestandteils einer Finanzaufstellung angewandt werden.[20] Bspw. würden schriftliche Erklärungen des Managements über den vollständigen Abschluss durch schriftliche Erklärungen über die Darstellung der Finanzaufstellung oder des Bestandteils in Übereinstimmung mit dem maßgebenden Regelwerk der Rechnungslegung ersetzt.

A12. Wenn der Abschlussprüfer im Zusammenhang mit der Prüfung des vollständigen Abschlusses der Einheit eine einzelne Finanzaufstellung oder einen bestimmten Bestandteil einer Finanzaufstellung prüft, kann er möglicherweise Prüfungsnachweise, die im Rahmen der Prüfung des vollständigen Abschlusses der Einheit erlangt wurden, bei der Prüfung der Finanzaufstellung oder des Bestandteils verwerten. Nach den ISA muss der Abschlussprüfer jedoch die Prüfung der Finanzaufstellung oder des Bestandteils so planen und durchführen, dass ausreichende geeignete Prüfungsnachweise als Grundlage für das Prüfungsurteil zu der Finanzaufstellung oder zu dem Bestandteil erlangt werden.

A13. Die einzelnen Finanzaufstellungen, aus denen ein vollständiger Abschluss besteht, und viele der Bestandteile jener Aufstellungen, einschließlich der damit zusammenhängenden Angaben, stehen in Wechselbeziehung zueinander. Folglich kann der Prüfer bei der Prüfung einer einzelnen Finanzaufstellung oder eines bestimmten Bestandteils einer Finanzaufstellung die Finanzaufstellung oder den Bestandteil möglicherweise nicht isoliert betrachten. Der Prüfer kann daher Prüfungshandlungen zu den in Wechselbeziehung stehenden Posten durchführen müssen, um das Ziel der Prüfung zu erreichen.

A14. Darüber hinaus kann die für eine einzelne Finanzaufstellung oder für einen bestimmten Bestandteil einer Finanzaufstellung festgelegte Wesentlichkeit niedriger sein als die für den vollständigen Abschluss der Einheit festgelegte Wesentlichkeit. Dies wirkt sich auf Art, zeitliche Einteilung und Umfang der Prüfungshandlungen sowie auf die Beurteilung von nicht korrigierten falschen Darstellungen aus.

Bildung eines Prüfungsurteils und Überlegungen zur Erteilung des Vermerks (Vgl. Tz. 11)

A15. ISA 700 verpflichtet den Abschlussprüfer, bei der Bildung eines Prüfungsurteils zu beurteilen, ob der Abschluss angemessene Angaben liefert, damit die vorgesehenen Nutzer die Auswirkungen von wesentlichen Geschäftsvorfällen und Ereignissen auf die mit dem Abschluss vermittelten Informationen verstehen können.[21] Bei einer einzelnen Finanzaufstellung oder einem bestimmten Bestandteil einer Finanzaufstellung ist es wichtig, dass die Finanzaufstellung oder der Bestandteil, einschließlich der damit zusammenhängenden Angaben, angesichts der Anforderungen des maßgebenden Regelwerks der Rechnungslegung angemessene Angaben liefert, damit die vorgesehenen Nutzer die mit der Finanzaufstellung oder dem Bestandteil vermittelten Informationen sowie die Auswirkungen von wesentlichen Geschäftsvorfällen und Ereignissen auf diese Informationen verstehen können.

A16. Anlage 2 dieses ISA enthält Formulierungsbeispiele für Vermerke des Prüfers zu einer einzelnen Finanzaufstellung und zu einem bestimmten Bestandteil einer Finanzaufstellung.

---

[18] ISA 240 „Die Verantwortung des Abschlussprüfers bei dolosen Handlungen".
[19] ISA 550 „Nahe stehende Personen".
[20] ISA 200, Textziffer 2.
[21] ISA 700, Textziffer 13(e).

Modified Opinion, Emphasis of Matter Paragraph or Other Matter Paragraph in the Auditor's Report on the Entity's Complete Set of Financial Statements (Ref: Para. 14–15)

A17. Even when the modified opinion on the entity's complete set of financial statements, Emphasis of Matter paragraph or Other Matter paragraph does not relate to the audited financial statement or the audited element, the auditor may still deem it appropriate to refer to the modification in an Other Matter paragraph in an auditor's report on the financial statement or on the element because the auditor judges it to be relevant to the users' understanding of the audited financial statement or the audited element or the related auditor's report (see ISA 706).[22]

A18. In the auditor's report on an entity's complete set of financial statements, the expression of a disclaimer of opinion regarding the results of operations and cash flows, where relevant, and an unmodified opinion regarding the financial position is permitted since the disclaimer of opinion is being issued in respect of the results of operations and cash flows only and not in respect of the financial statements as a whole.[23]

---

[22] ISA 706, "Emphasis of Matter Paragraphs and Other Matter Paragraphs in the Independent Auditor's Report," paragraph 6.

[23] ISA 510, "Initial Audit Engagements—Opening Balances," paragraph A8, and ISA 705, paragraph A16.

Modifiziertes Prüfungsurteil, Absatz zur Hervorhebung eines Sachverhalts oder Absatz zum Hinweis auf sonstige Sachverhalte im Vermerk des Abschlussprüfers zum vollständigen Abschluss der Einheit (Vgl. Tz. 14-15)

A17. Selbst wenn sich das modifizierte Prüfungsurteil zum vollständigen Abschluss der Einheit, der Absatz zur Hervorhebung eines Sachverhalts oder der Absatz zum Hinweis auf sonstige Sachverhalte nicht auf die geprüfte Finanzaufstellung oder auf den geprüften Bestandteil bezieht, kann es der Prüfer dennoch für angemessen erachten, in einem Absatz zum Hinweis auf sonstige Sachverhalte in seinem Vermerk zu der Finanzaufstellung oder zu dem Bestandteil auf die Modifizierung Bezug zu nehmen, weil er dies für das Verständnis der Nutzer von der geprüften Finanzaufstellung oder dem geprüften Bestandteil oder von dem damit zusammenhängenden Vermerk des Prüfers für relevant hält (siehe ISA 706).[22]

A18. Im Vermerk des Abschlussprüfers zum vollständigen Abschluss einer Einheit ist – sofern relevant – die Erklärung der Nichtabgabe eines Prüfungsurteils bezogen auf die Ergebnisse der Geschäftstätigkeit und auf die Cashflows[*] und die Erteilung eines nicht modifizierten Prüfungsurteils bezogen auf die Vermögens- und Finanzlage erlaubt, da die Nichtabgabe eines Prüfungsurteils nur für die Ergebnisse der Geschäftstätigkeit und die Cashflows und nicht für den Abschluss als Ganzes erklärt wird.[23]

---

22) ISA 706 „Hervorhebung eines Sachverhalts und Hinweis auf sonstige Sachverhalte durch Absätze im Vermerk des unabhängigen Abschlussprüfers", Textziffer 6.
23) ISA 510 „Eröffnungsbilanzwerte bei Erstprüfungsaufträgen", Textziffer A8, und ISA 705, Textziffer A16.
*) In der Schweiz: Geldflüsse.

Appendix 1
(Ref: Para. A3)

Examples of Specific Elements, Accounts or Items of a Financial Statement

- Accounts receivable, allowance for doubtful accounts receivable, inventory, the liability for accrued benefits of a private pension plan, the recorded value of identified intangible assets, or the liability for "incurred but not reported" claims in an insurance portfolio, including related notes.

- A schedule of externally managed assets and income of a private pension plan, including related notes.

- A schedule of net tangible assets, including related notes.

- A schedule of disbursements in relation to a lease property, including explanatory notes.

- A schedule of profit participation or employee bonuses, including explanatory notes.

Anlage 1
(Vgl. Tz. A3)

Beispiele für bestimmte Bestandteile, Konten oder Posten einer Finanzaufstellung

- Forderungen, Wertberichtigung zu zweifelhaften Forderungen, Vorräte, die Schuld aus Pensionsanwartschaften eines privaten Pensionsplans, der Buchwert von identifizierten immateriellen Vermögenswerten oder die Schuld aus „entstandenen, aber noch nicht geltend gemachten" Versicherungsansprüchen in einem Versicherungsportfolio, einschließlich damit zusammenhängender Angaben
- Eine Aufstellung von extern verwalteten Vermögenswerten und Einnahmen eines privaten Pensionsplans, einschließlich damit zusammenhängender Angaben
- Eine Aufstellung von materiellen Nettovermögenswerten, einschließlich damit zusammenhängender Angaben
- Eine Aufstellung von Auszahlungen im Zusammenhang mit einem Mietobjekt, einschließlich erläuternder Angaben
- Eine Aufstellung von Gewinnbeteiligungen oder Mitarbeiterboni, einschließlich erläuternder Angaben

Appendix 2
(Ref: Para. A16)

Illustrations of Auditors' Reports on a Single Financial Statement and on a Specific Element of a Financial Statement

- Illustration 1: An auditor's report on a single financial statement prepared in accordance with a general purpose framework (for purposes of this illustration, a fair presentation framework).

- Illustration 2: An auditor's report on a single financial statement prepared in accordance with a special purpose framework (for purposes of this illustration, a fair presentation framework).

- Illustration 3: An auditor's report on a specific element, account or item of a financial statement prepared in accordance with a special purpose framework (for purposes of this illustration, a compliance framework).

Anlage 2
(Vgl. Tz. A16)

Formulierungsbeispiele für Vermerke des Prüfers zu einer einzelnen Finanzaufstellung und zu einem bestimmten Bestandteil einer Finanzaufstellung

- Beispiel 1: Ein Vermerk des Prüfers zu einer einzelnen Finanzaufstellung, die aufgestellt wurde in Übereinstimmung mit einem Regelwerk für allgemeine Zwecke (für die Zwecke dieses Beispiels ein Regelwerk zur sachgerechten Gesamtdarstellung).
- Beispiel 2: Ein Vermerk des Prüfers zu einer einzelnen Finanzaufstellung, die aufgestellt wurde in Übereinstimmung mit einem Regelwerk für einen speziellen Zweck (für die Zwecke dieses Beispiels ein Regelwerk zur sachgerechten Gesamtdarstellung).
- Beispiel 3: Ein Vermerk des Prüfers zu einem bestimmten Bestandteil, Konto oder Posten einer Finanzaufstellung, die aufgestellt wurde in Übereinstimmung mit einem Regelwerk für einen speziellen Zweck (für die Zwecke dieses Beispiels ein Regelwerk zur Normentsprechung).

> **Illustration 1:**
> Circumstances include the following:
> - Audit of a balance sheet (that is, a single financial statement).
> - The balance sheet has been prepared by management of the entity in accordance with the requirements of the Financial Reporting Framework in Jurisdiction X relevant to preparing a balance sheet.
> - The applicable financial reporting framework is a fair presentation framework designed to meet the common financial information needs of a wide range of users.
> - The terms of the audit engagement reflect the description of management's responsibility for the financial statements in ISA 210.
> - The auditor has determined that it is appropriate to use the phrase "presents fairly, in all material respects," in the auditor's opinion.

INDEPENDENT AUDITOR'S REPORT

[Appropriate Addressee]

We have audited the accompanying balance sheet of ABC Company as at December 31, 20X1 and a summary of significant accounting policies and other explanatory information (together "the financial statement").

Management's[1] Responsibility for the Financial Statement

Management is responsible for the preparation and fair presentation of this financial statement in accordance with those requirements of the Financial Reporting Framework in Jurisdiction X relevant to preparing such a financial statement, and for such internal control as management determines is necessary to enable the preparation of the financial statement that is free from material misstatement, whether due to fraud or error.

Auditor's Responsibility

Our responsibility is to express an opinion on the financial statement based on our audit. We conducted our audit in accordance with International Standards on Auditing. Those standards require that we comply with ethical requirements and plan and perform the audit to obtain reasonable assurance about whether the financial statement is free from material misstatement.

An audit involves performing procedures to obtain audit evidence about the amounts and disclosures in the financial statement. The procedures selected depend on the auditor's judgment, including the assessment of the risks of material misstatement of the financial statement, whether due to fraud or error. In making those risk assessments, the auditor considers internal control relevant to the entity's preparation and fair presentation of the financial statement in order to design audit procedures that are appropriate in the circumstances, but not for the purpose of expressing an opinion on the effectiveness of the entity's internal control.[2] An audit also includes evaluating the appropriateness of accounting policies used and the reasonableness of accounting estimates, if any, made by management, as well as evaluating the overall presentation of the financial statement.

We believe that the audit evidence we have obtained is sufficient and appropriate to provide a basis for our audit opinion.

---

1) Or other term that is appropriate in the context of the legal framework in the particular jurisdiction.
2) In circumstances when the auditor also has responsibility to express an opinion on the effectiveness of internal control in conjunction with the audit of the financial statement, this sentence would be worded as follows: "In making those risk assessments, the auditor considers internal control relevant to the entity's preparation and fair presentation of the financial statement in order to design audit procedures that are appropriate in the circumstances."

> **Beispiel 1:**
> Folgende Gegebenheiten:
> - Prüfung einer Bilanz (d. h. einer einzelnen Finanzaufstellung).
> - Die Bilanz wurde vom Management der Einheit in Übereinstimmung mit den Anforderungen des Regelwerks der Rechnungslegung in dem Rechtsraum X aufgestellt, die für die Aufstellung einer Bilanz relevant sind.
> - Das maßgebende Regelwerk der Rechnungslegung ist ein Regelwerk zur sachgerechten Gesamtdarstellung, das darauf ausgerichtet ist, den gemeinsamen Informationsbedürfnissen eines breiten Spektrums von Nutzern von Finanzinformationen gerecht zu werden.
> - Die Bedingungen des Prüfungsauftrags spiegeln die Beschreibung der Verantwortung des Managements für den Abschluss nach ISA 210 wider.
> - Der Prüfer hat festgestellt, dass es angemessen ist, im Prüfungsurteil die Formulierung „ist in allen wesentlichen Belangen insgesamt sachgerecht dargestellt" zu verwenden.

VERMERK DES UNABHÄNGIGEN PRÜFERS

[Empfänger]

Wir haben die beigefügte Bilanz der ABC Gesellschaft zum 31.12.20X1 sowie eine Zusammenfassung bedeutsamer Rechnungslegungsmethoden und andere erläuternde Informationen (zusammen „die Finanzaufstellung") geprüft.

Verantwortung des Managements[1] für die Finanzaufstellung

Das Management ist verantwortlich für die Aufstellung und sachgerechte Gesamtdarstellung dieser Finanzaufstellung in Übereinstimmung mit den Anforderungen des Regelwerks der Rechnungslegung in dem Rechtsraum X, die für die Aufstellung einer solchen Finanzaufstellung relevant sind, und für die internen Kontrollen, die das Management als notwendig erachtet, um die Aufstellung einer Finanzaufstellung zu ermöglichen, die frei von wesentlichen – beabsichtigten oder unbeabsichtigten – falschen Darstellungen ist.

Verantwortung des Prüfers

Unsere Aufgabe ist es, auf der Grundlage unserer Prüfung ein Urteil zu der Finanzaufstellung abzugeben. Wir haben unsere Prüfung in Übereinstimmung mit den International Standards on Auditing durchgeführt. Nach diesen Standards haben wir die beruflichen Verhaltensanforderungen einzuhalten und die Prüfung so zu planen und durchzuführen, dass hinreichende Sicherheit darüber erlangt wird, ob die Finanzaufstellung frei von wesentlichen falschen Darstellungen ist.

Eine Prüfung beinhaltet die Durchführung von Prüfungshandlungen, um Prüfungsnachweise für die in der Finanzaufstellung enthaltenen Wertansätze und sonstigen Angaben zu erlangen. Die Auswahl der Prüfungshandlungen liegt im pflichtgemäßen Ermessen des Prüfers. Dies schließt die Beurteilung der Risiken wesentlicher – beabsichtigter oder unbeabsichtigter – falscher Darstellungen in der Finanzaufstellung ein. Bei der Beurteilung dieser Risiken berücksichtigt der Prüfer das für die Aufstellung und sachgerechte Gesamtdarstellung der Finanzaufstellung durch die Einheit relevante interne Kontrollsystem, um Prüfungshandlungen zu planen, die unter den gegebenen Umständen angemessen sind, jedoch nicht mit dem Ziel, ein Prüfungsurteil zur Wirksamkeit des internen Kontrollsystems der Einheit abzugeben.[2] Eine Prüfung umfasst auch die Beurteilung der Angemessenheit der angewandten Rechnungslegungsmethoden und der Vertretbarkeit der ggf. vom Management ermittelten geschätzten Werte in der Rechnungslegung sowie die Beurteilung der Gesamtdarstellung der Finanzaufstellung.

Wir sind der Auffassung, dass die von uns erlangten Prüfungsnachweise ausreichend und geeignet sind, um als Grundlage für unser Prüfungsurteil zu dienen.

---

1) Oder ein anderer Begriff, der im Kontext des Rechtsrahmens in dem betreffenden Rechtsraum zutreffend ist.
2) In Fällen, in denen der Prüfer auch die Pflicht hat, im Zusammenhang mit der Prüfung der Finanzaufstellung ein Prüfungsurteil zur Wirksamkeit des internen Kontrollsystems abzugeben, würde dieser Satz folgendermaßen lauten: „Bei der Beurteilung dieser Risiken berücksichtigt der Prüfer das für die Aufstellung und sachgerechte Gesamtdarstellung der Finanzaufstellung durch die Einheit relevante interne Kontrollsystem, um Prüfungshandlungen zu planen, die unter den gegebenen Umständen angemessen sind."

Opinion

In our opinion, the financial statement presents fairly, in all material respects, the financial position of ABC Company as at December 31, 20X1 in accordance with those requirements of the Financial Reporting Framework in Jurisdiction X relevant to preparing such a financial statement.

[Auditor's signature]
[Date of the auditor's report]
[Auditor's address]

Prüfungsurteil

Nach unserer Beurteilung stellt die Finanzaufstellung die Vermögens- und Finanzlage der ABC Gesellschaft zum 31.12.20X1 in Übereinstimmung mit den Anforderungen des Regelwerks der Rechnungslegung in dem Rechtsraum X, die für die Aufstellung einer solchen Finanzaufstellung relevant sind, in allen wesentlichen Belangen insgesamt sachgerecht dar.

[Unterschrift des Prüfers]
[Datum des Vermerks des Prüfers]
[Ort des Prüfers[*)]]

[*)] Üblicherweise sollte dies der Ort der beruflichen Niederlassung des Prüfers sein bzw. der Sitz der Niederlassung der Prüfungsgesellschaft, die die Verantwortung für den Prüfungsauftrag hat.

> **Illustration 2:**
> Circumstances include the following:
> - Audit of a statement of cash receipts and disbursements (that is, a single financial statement).
>
> - The financial statement has been prepared by management of the entity in accordance with the cash receipts and disbursements basis of accounting to respond to a request for cash flow information received from a creditor. Management has a choice of financial reporting frameworks.[3]
>
> - The applicable financial reporting framework is a fair presentation framework designed to meet the financial information needs of specific users.[3]
>
> - The auditor has determined that it is appropriate to use the phrase "presents fairly, in all material respects," in the auditor's opinion.
>
> - Distribution or use of the auditor's report is not restricted.

INDEPENDENT AUDITOR'S REPORT

[Appropriate Addressee]

We have audited the accompanying statement of cash receipts and disbursements of ABC Company for the year ended December 31, 20X1 and a summary of significant accounting policies and other explanatory information (together "the financial statement"). The financial statement has been prepared by management using the cash receipts and disbursements basis of accounting described in Note X.

Management's[4] Responsibility for the Financial Statement

Management is responsible for the preparation and fair presentation of this financial statement in accordance with the cash receipts and disbursements basis of accounting described in Note X; this includes determining that the cash receipts and disbursements basis of accounting is an acceptable basis for the preparation of the financial statement in the circumstances, and for such internal control as management determines is necessary to enable the preparation of the financial statement that is free from material misstatement, whether due to fraud or error.

Auditor's Responsibility

Our responsibility is to express an opinion on the financial statement based on our audit. We conducted our audit in accordance with International Standards on Auditing. Those standards require that we comply with ethical requirements and plan and perform the audit to obtain reasonable assurance about whether the financial statement is free from material misstatement.

An audit involves performing procedures to obtain audit evidence about the amounts and disclosures in the financial statement. The procedures selected depend on the auditor's judgment, including the assessment of the risks of material misstatement of the financial statement, whether due to fraud or error. In making those risk assessments, the auditor considers internal control relevant to the entity's preparation and fair presentation of the financial statement in order to design audit procedures that are appropriate in the circumstances, but not for the purpose of expressing an opinion on the effectiveness of the entity's internal control. An audit also includes evaluating the appropriateness of accounting policies used and the reasonableness of accounting estimates, if any, made by management, as well as evaluating the overall presentation of the financial statement.

We believe that the audit evidence we have obtained is sufficient and appropriate to provide a basis for our audit opinion.

---

3) ISA 800 contains requirements and guidance on the form and content of financial statements prepared in accordance with a special purpose framework.
4) Or other term that is appropriate in the context of the legal framework in the particular jurisdiction.

> **Beispiel 2:**
> **Folgende Gegebenheiten:**
> - Prüfung einer Aufstellung von Zahlungsein- und -ausgängen (d. h. einer einzelnen Finanzaufstellung).
> - Die Finanzaufstellung wurde vom Management der Einheit in Übereinstimmung mit den Prinzipien zur Erfassung von Zahlungsein- und -ausgängen aufgestellt, um der Aufforderung eines Gläubigers zur Übermittlung von Cashflow-Informationen nachzukommen. Das Management hat eine Wahlmöglichkeit zwischen verschiedenen Regelwerken der Rechnungslegung.
> - Das maßgebende Regelwerk der Rechnungslegung ist ein Regelwerk zur sachgerechten Gesamtdarstellung, das darauf ausgerichtet ist, den Informationsbedürfnissen von bestimmten Nutzern von Finanzinformationen gerecht zu werden.[3]
> - Der Prüfer hat festgestellt, dass es angemessen ist, im Prüfungsurteil die Formulierung „ist in allen wesentlichen Belangen insgesamt sachgerecht dargestellt" zu verwenden.
> - Die Weitergabe oder Verwendung des Vermerks des Prüfers ist nicht beschränkt.

VERMERK DES UNABHÄNGIGEN PRÜFERS

[Empfänger]

Wir haben die beigefügte Aufstellung von Zahlungsein- und -ausgängen der ABC Gesellschaft für das am 31.12.20X1 endende Geschäftsjahr sowie eine Zusammenfassung bedeutsamer Rechnungslegungsmethoden und andere erläuternde Informationen (zusammen „die Finanzaufstellung") geprüft. Die Finanzaufstellung wurde vom Management unter Anwendung der in Angabe X beschriebenen Prinzipien zur Erfassung von Zahlungsein- und -ausgängen aufgestellt.

Verantwortung des Managements[4] für die Finanzaufstellung

Das Management ist verantwortlich für die Aufstellung und sachgerechte Gesamtdarstellung dieser Finanzaufstellung in Übereinstimmung mit den in Angabe X beschriebenen Prinzipien zur Erfassung von Zahlungsein- und -ausgängen einschließlich der Feststellung, dass die Prinzipien zur Erfassung von Zahlungsein- und -ausgängen eine akzeptable Grundlage für die Aufstellung der Finanzaufstellung unter den gegebenen Umständen darstellen, und für die internen Kontrollen, die das Management als notwendig erachtet, um die Aufstellung einer Finanzaufstellung zu ermöglichen, die frei von wesentlichen – beabsichtigten oder unbeabsichtigten – falschen Darstellungen ist.

Verantwortung des Prüfers

Unsere Aufgabe ist es, auf der Grundlage unserer Prüfung ein Urteil zu der Finanzaufstellung abzugeben. Wir haben unsere Prüfung in Übereinstimmung mit den International Standards on Auditing durchgeführt. Nach diesen Standards haben wir die beruflichen Verhaltensanforderungen einzuhalten und die Prüfung so zu planen und durchzuführen, dass hinreichende Sicherheit darüber erlangt wird, ob die Finanzaufstellung frei von wesentlichen falschen Darstellungen ist.

Eine Prüfung beinhaltet die Durchführung von Prüfungshandlungen, um Prüfungsnachweise für die in der Finanzaufstellung enthaltenen Wertansätze und sonstigen Angaben zu erlangen. Die Auswahl der Prüfungshandlungen liegt im pflichtgemäßen Ermessen des Prüfers. Dies schließt die Beurteilung der Risiken wesentlicher – beabsichtigter oder unbeabsichtigter – falscher Darstellungen in der Finanzaufstellung ein. Bei der Beurteilung dieser Risiken berücksichtigt der Prüfer das für die Aufstellung und sachgerechte Gesamtdarstellung der Finanzaufstellung durch die Einheit relevante interne Kontrollsystem, um Prüfungshandlungen zu planen, die unter den gegebenen Umständen angemessen sind, jedoch nicht mit dem Ziel, ein Prüfungsurteil zur Wirksamkeit des internen Kontrollsystems der Einheit abzugeben. Eine Prüfung umfasst auch die Beurteilung der Angemessenheit der angewandten Rechnungslegungsmethoden und der Vertretbarkeit der ggf. vom Management ermittelten geschätzten Werte in der Rechnungslegung sowie die Beurteilung der Gesamtdarstellung der Finanzaufstellung.

Wir sind der Auffassung, dass die von uns erlangten Prüfungsnachweise ausreichend und geeignet sind, um als Grundlage für unser Prüfungsurteil zu dienen.

---

[3] ISA 800 enthält Anforderungen und erläuternde Hinweise zu Form und Inhalt eines Abschlusses, der aufgestellt wurde in Übereinstimmung mit einem Regelwerk für einen speziellen Zweck.

[4] Oder ein anderer Begriff, der im Kontext des Rechtsrahmens in dem betreffenden Rechtsraum zutreffend ist.

Opinion

In our opinion, the financial statement presents fairly, in all material respects, the cash receipts and disbursements of ABC Company for the year ended December 31, 20X1 in accordance with the cash receipts and disbursements basis of accounting described in Note X.

Basis of Accounting

Without modifying our opinion, we draw attention to Note X to the financial statement, which describes the basis of accounting. The financial statement is prepared to provide information to XYZ Creditor. As a result, the statement may not be suitable for another purpose.

[Auditor's signature]
[Date of the auditor's report]
[Auditor's address]

Besondere Überlegungen bei Prüfungen von einzelnen Finanzaufstellungen und bestimmten Bestandteilen, Konten oder Posten einer Finanzaufstellung ISA 805

Prüfungsurteil

Nach unserer Beurteilung stellt die Finanzaufstellung die Zahlungsein- und -ausgänge der ABC Gesellschaft für das am 31.12.20X1 endende Geschäftsjahr in Übereinstimmung mit den in Angabe X beschriebenen Prinzipien zur Erfassung von Zahlungsein- und -ausgängen in allen wesentlichen Belangen insgesamt sachgerecht dar.

Rechnungslegungsgrundlage

Ohne unser Prüfungsurteil zu modifizieren, machen wir auf Angabe X zu der Finanzaufstellung aufmerksam, in der die Rechnungslegungsgrundlage beschrieben wird. Die Finanzaufstellung wurde aufgestellt, um dem Gläubiger XYZ Informationen bereitzustellen. Folglich ist die Aufstellung möglicherweise für einen anderen Zweck nicht geeignet.

[Unterschrift des Prüfers]

[Datum des Vermerks des Prüfers]

[Ort des Prüfers]

Illustration 3:

Circumstances include the following:

- Audit of the liability for "incurred but not reported" claims in an insurance portfolio (that is, element, account or item of a financial statement).

- The financial information has been prepared by management of the entity in accordance with the financial reporting provisions established by a regulator to meet the requirements of that regulator. Management does not have a choice of financial reporting frameworks.

- The applicable financial reporting framework is a compliance framework designed to meet the financial information needs of specific users.[5]

- The terms of the audit engagement reflect the description of management's responsibility for the financial statements in ISA 210.

- Distribution of the auditor's report is restricted.

INDEPENDENT AUDITOR'S REPORT

[Appropriate Addressee]

We have audited the accompanying schedule of the liability for "incurred but not reported" claims of ABC Insurance Company as at December 31, 20X1 ("the schedule"). The schedule has been prepared by management based on [describe the financial reporting provisions established by the regulator].

Management's[6] Responsibility for the Schedule

Management is responsible for the preparation of the schedule in accordance with [describe the financial reporting provisions established by the regulator], and for such internal control as management determines is necessary to enable the preparation of the schedule that is free from material misstatement, whether due to fraud or error.

Auditor's Responsibility

Our responsibility is to express an opinion on the schedule based on our audit. We conducted our audit in accordance with International Standards on Auditing. Those standards require that we comply with ethical requirements and plan and perform the audit to obtain reasonable assurance about whether the schedule is free from material misstatement.

An audit involves performing procedures to obtain audit evidence about the amounts and disclosures in the schedule. The procedures selected depend on the auditor's judgment, including the assessment of the risks of material misstatement of the schedule, whether due to fraud or error. In making those risk assessments, the auditor considers internal control relevant to the entity's preparation of the schedule in order to design audit procedures that are appropriate in the circumstances, but not for the purpose of expressing an opinion on the effectiveness of the entity's internal control. An audit also includes evaluating the appropriateness of accounting policies used and the reasonableness of accounting estimates made by management, as well as evaluating the overall presentation of the schedule.

We believe that the audit evidence we have obtained is sufficient and appropriate to provide a basis for our audit opinion.

Opinion

In our opinion, the financial information in the schedule of the liability for "incurred but not reported" claims of ABC Insurance Company as at December 31, 20X1 is prepared, in all material respects, in accordance with [describe the financial reporting provisions established by the regulator].

---

5) ISA 800 contains requirements and guidance on the form and content of financial statements prepared in accordance with a special purpose framework.

6) Or other term that is appropriate in the context of the legal framework in the particular jurisdiction.

> **Beispiel 3:**
> **Folgende Gegebenheiten:**
> - Prüfung der Schuld aus „entstandenen, aber noch nicht geltend gemachten" Versicherungsansprüchen in einem Versicherungsportfolio (d. h. ein Bestandteil, Konto oder Posten einer Finanzaufstellung).
> - Die Finanzinformationen wurden vom Management der Einheit in Übereinstimmung mit den von einer Aufsichtsbehörde festgelegten Rechnungslegungsbestimmungen aufgestellt, um die Anforderungen dieser Behörde zu erfüllen. Das Management hat keine Wahlmöglichkeit zwischen verschiedenen Regelwerken der Rechnungslegung.
> - Das maßgebende Regelwerk der Rechnungslegung ist ein Regelwerk zur Normentsprechung, das darauf ausgerichtet ist, den Informationsbedürfnissen von bestimmten Nutzern von Finanzinformationen gerecht zu werden.[5]
> - Die Bedingungen des Prüfungsauftrags spiegeln die Beschreibung der Verantwortung des Managements für den Abschluss nach ISA 210 wider.
> - Die Weitergabe des Vermerks des Prüfers ist beschränkt.

VERMERK DES UNABHÄNGIGEN PRÜFERS

[Empfänger]

Wir haben die beigefügte Aufstellung der Schuld der ABC Versicherungsgesellschaft aus „entstandenen, aber noch nicht geltend gemachten" Versicherungsansprüchen zum 31.12.20X1 („die Aufstellung") geprüft. Die Aufstellung wurde vom Management auf der Grundlage der [Beschreibung der von der Aufsichtsbehörde festgelegten Rechnungslegungsbestimmungen] erstellt.

Verantwortung des Managements[6] für die Aufstellung

Das Management ist verantwortlich für die Erstellung der Aufstellung in Übereinstimmung mit [Beschreibung der von der Aufsichtsbehörde festgelegten Rechnungslegungsbestimmungen] und für die internen Kontrollen, die das Management als notwendig erachtet, um die Erstellung einer Aufstellung zu ermöglichen, die frei von wesentlichen – beabsichtigten oder unbeabsichtigten – falschen Darstellungen ist.

Verantwortung des Prüfers

Unsere Aufgabe ist es, auf der Grundlage unserer Prüfung ein Urteil zu der Aufstellung abzugeben. Wir haben unsere Prüfung in Übereinstimmung mit den International Standards on Auditing durchgeführt. Nach diesen Standards haben wir die beruflichen Verhaltensanforderungen einzuhalten und die Prüfung so zu planen und durchzuführen, dass hinreichende Sicherheit darüber erlangt wird, ob die Aufstellung frei von wesentlichen falschen Darstellungen ist.

Eine Prüfung beinhaltet die Durchführung von Prüfungshandlungen, um Prüfungsnachweise für die in der Aufstellung enthaltenen Wertansätze und sonstigen Angaben zu erlangen. Die Auswahl der Prüfungshandlungen liegt im pflichtgemäßen Ermessen des Prüfers. Dies schließt die Beurteilung der Risiken wesentlicher – beabsichtigter oder unbeabsichtigter – falscher Darstellungen in der Aufstellung ein. Bei der Beurteilung dieser Risiken berücksichtigt der Prüfer das für die Erstellung der Aufstellung durch die Einheit relevante interne Kontrollsystem, um Prüfungshandlungen zu planen, die unter den gegebenen Umständen angemessen sind, jedoch nicht mit dem Ziel, ein Prüfungsurteil zur Wirksamkeit des internen Kontrollsystems der Einheit abzugeben. Eine Prüfung umfasst auch die Beurteilung der Angemessenheit der angewandten Rechnungslegungsmethoden und der Vertretbarkeit der vom Management ermittelten geschätzten Werte in der Rechnungslegung sowie die Beurteilung der Gesamtdarstellung der Aufstellung.

Wir sind der Auffassung, dass die von uns erlangten Prüfungsnachweise ausreichend und geeignet sind, um als Grundlage für unser Prüfungsurteil zu dienen.

Prüfungsurteil

Nach unserer Beurteilung sind die Finanzinformationen in der Aufstellung der Schuld der ABC Versicherungsgesellschaft aus „entstandenen, aber noch nicht geltend gemachten" Versicherungsansprüchen zum 31.12.20X1 in allen wesentlichen Belangen in Übereinstimmung mit [Beschreibung der von der Aufsichtsbehörde festgelegten Rechnungslegungsbestimmungen] erstellt.

---

5) ISA 800 enthält Anforderungen und erläuternde Hinweise zu Form und Inhalt eines Abschlusses, der aufgestellt wurde in Übereinstimmung mit einem Regelwerk für einen speziellen Zweck.

6) Oder ein anderer Begriff, der im Kontext des Rechtsrahmens in dem betreffenden Rechtsraum zutreffend ist.

Basis of Accounting and Restriction on Distribution

Without modifying our opinion, we draw attention to Note X to the schedule, which describes the basis of accounting. The schedule is prepared to assist ABC Insurance Company to meet the requirements of Regulator DEF. As a result, the schedule may not be suitable for another purpose. Our report is intended solely for ABC Insurance Company and Regulator DEF and should not be distributed to parties other than ABC Insurance Company or Regulator DEF.

[Auditor's signature]
[Date of the auditor's report]
[Auditor's address]

Besondere Überlegungen bei Prüfungen von einzelnen Finanzaufstellungen und bestimmten Bestandteilen, Konten oder Posten einer Finanzaufstellung ISA 805

Rechnungslegungsgrundlage und Beschränkung der Weitergabe

Ohne unser Prüfungsurteil zu modifizieren, machen wir auf Angabe X zu der Aufstellung aufmerksam, in der die Rechnungslegungsgrundlage beschrieben wird. Die Aufstellung wurde erstellt, um die ABC Versicherungsgesellschaft bei der Erfüllung der Anforderungen der Aufsichtsbehörde DEF zu unterstützen. Folglich ist die Aufstellung möglicherweise für einen anderen Zweck nicht geeignet. Unser Vermerk ist ausschließlich für die ABC Versicherungsgesellschaft und die Aufsichtsbehörde DEF bestimmt und darf nicht an andere Dritte weitergegeben werden.

[Unterschrift des Prüfers]

[Datum des Vermerks des Prüfers]

[Ort des Prüfers]

INTERNATIONAL STANDARD ON AUDITING 810
ENGAGEMENTS TO REPORT ON SUMMARY FINANCIAL STATEMENTS

(Effective for engagements for periods beginning on or after December 15, 2009)

CONTENTS

	Paragraph
Introduction	
Scope of this ISA	1
Effective Date	2
Objectives	3
Definitions	4
Requirements	
Engagement Acceptance	5–7
Nature of Procedures	8
Form of Opinion	9–11
Timing of Work and Events Subsequent to the Date of the Auditor's Report on the Audited Financial Statements	12–13
Auditor's Report on Summary Financial Statements	14–19
Restriction on Distribution or Use or Alerting Readers to the Basis of Accounting	20
Comparatives	21–22
Unaudited Supplementary Information Presented with Summary Financial Statements	23
Other Information in Documents Containing Summary Financial Statements	24
Auditor Association	25–26
Application and Other Explanatory Material	
Engagement Acceptance	A1–A7
Evaluating the Availability of the Audited Financial Statements	A8
Form of Opinion	A9
Timing of Work and Events Subsequent to the Date of the Auditor's Report on the Audited Financial Statements	A10
Auditor's Report on Summary Financial Statements	A11–A15
Comparatives	A16–A17
Unaudited Supplementary Information Presented with Summary Financial Statements	A18
Other Information in Documents Containing Summary Financial Statements	A19
Auditor Association	A20
Appendix: Illustrations of Reports on Summary Financial Statements	

International Standard on Auditing (ISA) 810, "Engagements to Report on Summary Financial Statements" should be read in conjunction with ISA 200, "Overall Objectives of the Independent Auditor and the Conduct of an Audit in Accordance with International Standards on Auditing."

INTERNATIONAL STANDARD ON AUDITING 810
AUFTRAG ZUR ERTEILUNG EINES VERMERKS ZU EINEM VERDICHTETEN ABSCHLUSS

(gilt für Aufträge für Zeiträume, die am oder nach dem 15.12.2009 beginnen)

INHALTSVERZEICHNIS

	Textziffer
Einleitung	
Anwendungsbereich	1
Anwendungszeitpunkt	2
Ziele	3
Definitionen	4
Anforderungen	
Auftragsannahme	5-7
Art der Prüfungshandlungen	8
Form des Prüfungsurteils	9-11
Zeitliche Einteilung der Arbeit und Ereignisse nach dem Datum des Vermerks des Abschlussprüfers zum geprüften Abschluss	12-13
Vermerk des Abschlussprüfers zum verdichteten Abschluss	14-19
Beschränkung der Weitergabe oder Verwendung oder Hinweis an die Leser auf die Rechnungslegungsgrundlage	20
Vergleichsinformationen	21-22
Ungeprüfte zusätzlich zum verdichteten Abschluss dargestellte Informationen	23
Sonstige Informationen in Dokumenten, die den verdichteten Abschluss enthalten	24
Bezugnahme auf den Abschlussprüfer	25-26
Anwendungshinweise und sonstige Erläuterungen	
Auftragsannahme	A1-A7
Beurteilung der Verfügbarkeit des geprüften Abschlusses	A8
Form des Prüfungsurteils	A9
Zeitliche Einteilung der Arbeit und Ereignisse nach dem Datum des Vermerks des Abschlussprüfers zum geprüften Abschluss	A10
Vermerk des Abschlussprüfers zum verdichteten Abschluss	A11-A15
Vergleichsinformationen	A16-A17
Ungeprüfte zusätzlich zum verdichteten Abschluss dargestellte Informationen	A18
Sonstige Informationen in Dokumenten, die den verdichteten Abschluss enthalten	A19
Bezugnahme auf den Abschlussprüfer	A20
Anlage: Formulierungsbeispiele für Vermerke zu verdichteten Abschlüssen	

International Standard on Auditing (ISA) 810 „Auftrag zur Erteilung eines Vermerks zu einem verdichteten Abschluss" ist im Zusammenhang mit ISA 200 „Übergreifende Zielsetzungen des unabhängigen Prüfers und Grundsätze einer Prüfung in Übereinstimmung mit den International Standards on Auditing" zu lesen.

ISA 810   **Engagements to Report on Summary Financial Statements**

Introduction

Scope of this ISA

1. This International Standard on Auditing (ISA) deals with the auditor's responsibilities relating to an engagement to report on summary financial statements derived from financial statements audited in accordance with ISAs by that same auditor.

Effective Date

2. This ISA is effective for engagements for periods beginning on or after December 15, 2009.

Objectives

3. The objectives of the auditor are:

    (a) To determine whether it is appropriate to accept the engagement to report on summary financial statements; and

    (b) If engaged to report on summary financial statements:

        (i) To form an opinion on the summary financial statements based on an evaluation of the conclusions drawn from the evidence obtained; and

        (ii) To express clearly that opinion through a written report that also describes the basis for that opinion.

Definitions

4. For purposes of this ISA, the following terms have the meanings attributed below:

    (a) Applied criteria – The criteria applied by management in the preparation of the summary financial statements.

    (b) Audited financial statements – Financial statements[1] audited by the auditor in accordance with ISAs, and from which the summary financial statements are derived.

    (c) Summary financial statements – Historical financial information that is derived from financial statements but that contains less detail than the financial statements, while still providing a structured representation consistent with that provided by the financial statements of the entity's economic resources or obligations at a point in time or the changes therein for a period of time.[2] Different jurisdictions may use different terminology to describe such historical financial information.

Requirements

Engagement Acceptance

5. The auditor shall accept an engagement to report on summary financial statements in accordance with this ISA only when the auditor has been engaged to conduct an audit in accordance with ISAs of the financial statements from which the summary financial statements are derived. (Ref: Para. A1)

6. Before accepting an engagement to report on summary financial statements, the auditor shall: (Ref: Para. A2)

    (a) Determine whether the applied criteria are acceptable; (Ref: Para. A3–A7)

    (b) Obtain the agreement of management that it acknowledges and understands its responsibility:

---

[1] ISA 200, "Overall Objectives of the Independent Auditor and the Conduct of an Audit in Accordance with International Standards on Auditing," paragraph 13(f), defines the term "financial statements."

[2] ISA 200, paragraph 13(f).

Auftrag zur Erteilung eines Vermerks zu einem verdichteten Abschluss ISA 810

Einleitung

Anwendungsbereich

1. Dieser International Standard on Auditing (ISA) behandelt die Pflichten des Abschlussprüfers im Zusammenhang mit einem Auftrag zur Erteilung eines Vermerks zu einem verdichteten Abschluss, der von einem Abschluss abgeleitet ist, der von demselben Abschlussprüfer in Übereinstimmung mit den ISA geprüft wurde.

Anwendungszeitpunkt

2. Dieser ISA gilt für Aufträge für Zeiträume, die am oder nach dem 15.12.2009 beginnen.

Ziele

3. Die Ziele des Abschlussprüfers sind:
   (a) festzustellen, ob es angemessen ist, den Auftrag zur Erteilung eines Vermerks zu einem verdichteten Abschluss anzunehmen, und
   (b) falls der Abschlussprüfer mit der Erteilung eines Vermerks zu einem verdichteten Abschluss beauftragt ist,
       (i) ein Prüfungsurteil zum verdichteten Abschluss zu bilden gestützt auf der Beurteilung der aus den erlangten Nachweisen gezogenen Schlussfolgerungen und
       (ii) dieses Prüfungsurteil klar zum Ausdruck zu bringen durch einen schriftlichen Vermerk, der auch die Grundlage für dieses Prüfungsurteil beschreibt.

Definitionen

4. Für die Zwecke dieses ISA gelten die nachstehenden Begriffsbestimmungen:
   (a) Angewandte Kriterien – Die vom Management bei der Aufstellung des verdichteten Abschlusses angewandten Kriterien.
   (b) Geprüfter Abschluss – Der vom Abschlussprüfer in Übereinstimmung mit den ISA geprüfte Abschluss[1], von dem der verdichtete Abschluss abgeleitet ist.
   (c) Verdichteter Abschluss – Vergangenheitsorientierte Finanzinformationen, die von einem Abschluss abgeleitet sind, jedoch weniger Details enthalten als der Abschluss und dennoch eine mit der Darstellung im Abschluss in Einklang stehende strukturierte Darstellung der wirtschaftlichen Ressourcen oder Verpflichtungen der Einheit[*] zu einem bestimmten Zeitpunkt oder deren Veränderungen für einen bestimmten Zeitraum vermitteln.[2] In verschiedenen Rechtsräumen kann eine unterschiedliche Terminologie zur Beschreibung solcher vergangenheitsorientierter Finanzinformationen verwendet werden.

Anforderungen

Auftragsannahme

5. Der Abschlussprüfer darf einen Auftrag zur Erteilung eines Vermerks zu einem verdichteten Abschluss in Übereinstimmung mit diesem ISA nur annehmen, wenn der Abschlussprüfer damit beauftragt ist, eine Prüfung des Abschlusses, von dem der verdichtete Abschluss abgeleitet ist, in Übereinstimmung mit den ISA durchzuführen. (Vgl. Tz. A1)

6. Vor der Annahme eines Auftrags zur Erteilung eines Vermerks zu einem verdichteten Abschluss muss der Abschlussprüfer (Vgl. Tz. A2)
   (a) feststellen, ob die angewandten Kriterien akzeptabel sind. (Vgl. Tz. A3-A7)
   (b) Einvernehmen mit dem Management erzielen, dass dieses seine Verantwortung anerkennt und versteht

---

1) Der Begriff „Abschluss" ist definiert in ISA 200 „Übergreifende Zielsetzungen des unabhängigen Prüfers und Grundsätze einer Prüfung in Übereinstimmung mit den International Standards on Auditing", Textziffer 13(f).
2) ISA 200, Textziffer 13(f).
*) Der Begriff „Einheit" wird für entity neu eingeführt. Bei der zu prüfenden Einheit kann es sich um ein Unternehmen, einen Einzelkaufmann, eine Gesellschaft bürgerlichen Rechts (Schweiz: einfache Gesellschaft), eine Gebietskörperschaft, eine Anstalt des öffentlichen Rechts, einen Konzern oder eine nicht rechtlich abgegrenzte wirtschaftliche Einheit handeln. Eine Übersetzung mit „Unternehmen" oder „Gesellschaft" wäre deshalb unzureichend. So kann sich entity sogar auf eine nicht selbständige Niederlassung oder Sparte beziehen, für die eigenständig Rechnung gelegt wird.

- (i) For the preparation of the summary financial statements in accordance with the applied criteria;
- (ii) To make the audited financial statements available to the intended users of the summary financial statements without undue difficulty (or, if law or regulation provides that the audited financial statements need not be made available to the intended users of the summary financial statements and establishes the criteria for the preparation of the summary financial statements, to describe that law or regulation in the summary financial statements); and
- (iii) To include the auditor's report on the summary financial statements in any document that contains the summary financial statements and that indicates that the auditor has reported on them.
- (c) Agree with management the form of opinion to be expressed on the summary financial statements (see paragraphs 9–11).

7. If the auditor concludes that the applied criteria are unacceptable or is unable to obtain the agreement of management set out in paragraph 6(b), the auditor shall not accept the engagement to report on the summary financial statements, unless required by law or regulation to do so. An engagement conducted in accordance with such law or regulation does not comply with this ISA. Accordingly, the auditor's report on the summary financial statements shall not indicate that the engagement was conducted in accordance with this ISA. The auditor shall include appropriate reference to this fact in the terms of the engagement. The auditor shall also determine the effect that this may have on the engagement to audit the financial statements from which the summary financial statements are derived.

Nature of Procedures

8. The auditor shall perform the following procedures, and any other procedures that the auditor may consider necessary, as the basis for the auditor's opinion on the summary financial statements:

- (a) Evaluate whether the summary financial statements adequately disclose their summarized nature and identify the audited financial statements.
- (b) When summary financial statements are not accompanied by the audited financial statements, evaluate whether they describe clearly:
  - (i) From whom or where the audited financial statements are available; or
  - (ii) The law or regulation that specifies that the audited financial statements need not be made available to the intended users of the summary financial statements and establishes the criteria for the preparation of the summary financial statements.
- (c) Evaluate whether the summary financial statements adequately disclose the applied criteria.
- (d) Compare the summary financial statements with the related information in the audited financial statements to determine whether the summary financial statements agree with or can be recalculated from the related information in the audited financial statements.
- (e) Evaluate whether the summary financial statements are prepared in accordance with the applied criteria.
- (f) Evaluate, in view of the purpose of the summary financial statements, whether the summary financial statements contain the information necessary, and are at an appropriate level of aggregation, so as not to be misleading in the circumstances.
- (g) Evaluate whether the audited financial statements are available to the intended users of the summary financial statements without undue difficulty, unless law or regulation provides that they need not be made available and establishes the criteria for the preparation of the summary financial statements. (Ref: Para. A8)

Form of Opinion

9. When the auditor has concluded that an unmodified opinion on the summary financial statements is appropriate, the auditor's opinion shall, unless otherwise required by law or regulation, use one of the following phrases: (Ref: Para. A9)

Auftrag zur Erteilung eines Vermerks zu einem verdichteten Abschluss ISA 810

      (i) für die Aufstellung des verdichteten Abschlusses in Übereinstimmung mit den angewandten Kriterien,

      (ii) den geprüften Abschluss für die vorgesehenen Nutzer des verdichteten Abschlusses ohne unangemessene Schwierigkeiten verfügbar zu machen (oder – wenn Gesetze oder andere Rechtsvorschriften vorsehen, dass der geprüfte Abschluss den vorgesehenen Nutzern des verdichteten Abschlusses nicht zur Verfügung gestellt werden muss und die Kriterien für die Aufstellung des verdichteten Abschlusses festlegen – für die Beschreibung dieser Gesetze oder anderen Rechtsvorschriften im verdichteten Abschluss) und

      (iii) für die Einbeziehung des Vermerks des Abschlussprüfers zum verdichteten Abschluss in jegliches Dokument, das den verdichteten Abschluss enthält und darauf hinweist, dass der Abschlussprüfer dazu einen Vermerk erteilt hat.

  (c) mit dem Management die Form des Prüfungsurteils vereinbaren, das zum verdichteten Abschluss abzugeben ist (siehe Textziffern 9-11).

7. Wenn der Abschlussprüfer zu dem Schluss kommt, dass die angewandten Kriterien nicht akzeptabel sind, oder nicht in der Lage ist, das in Textziffer 6(b) genannte Einvernehmen mit dem Management zu erzielen, darf der Abschlussprüfer den Auftrag zur Erteilung eines Vermerks zum verdichteten Abschluss nicht annehmen, sofern dies nicht aufgrund von Gesetzen oder anderen Rechtsvorschriften erforderlich ist. Ein Auftrag, der in Übereinstimmung mit solchen Gesetzen oder anderen Rechtsvorschriften durchgeführt wird, stimmt nicht mit diesem ISA überein. Folglich darf der Vermerk des Abschlussprüfers zum verdichteten Abschluss nicht den Eindruck erwecken, dass der Auftrag in Übereinstimmung mit diesem ISA durchgeführt wurde. Der Abschlussprüfer muss in den Auftragsbedingungen in angemessener Weise auf diese Tatsache hinweisen. Außerdem muss der Abschlussprüfer die Auswirkungen feststellen, die dies auf den Auftrag zur Prüfung des Abschlusses haben kann, von dem der verdichtete Abschluss abgeleitet ist.

Art der Prüfungshandlungen

8. Der Abschlussprüfer muss die folgenden Prüfungshandlungen und andere Prüfungshandlungen, die er möglicherweise für notwendig hält, als Grundlage für das Prüfungsurteil zum verdichteten Abschluss durchführen:

  (a) Beurteilung, ob der verdichtete Abschluss seine verdichtete Art angemessen angibt und den geprüften Abschluss bezeichnet

  (b) Wenn der geprüfte Abschluss dem verdichteten Abschluss nicht beigefügt ist, Beurteilung, ob dieser klar beschreibt:

      (i) von wem oder wo der geprüfte Abschluss erhältlich ist oder

      (ii) die Gesetze oder anderen Rechtsvorschriften, die festlegen, dass der geprüfte Abschluss den vorgesehenen Nutzern des verdichteten Abschlusses nicht zur Verfügung gestellt werden muss, und die die Kriterien für die Aufstellung des verdichteten Abschlusses festlegen

  (c) Beurteilung, ob der verdichtete Abschluss die angewandten Kriterien angemessen angibt

  (d) Vergleich des verdichteten Abschlusses mit den damit zusammenhängenden Informationen im geprüften Abschluss, um festzustellen, ob der verdichtete Abschluss mit den damit zusammenhängenden Informationen im geprüften Abschluss übereinstimmt oder daraus rechnerisch abgeleitet werden kann

  (e) Beurteilung, ob der verdichtete Abschluss in Übereinstimmung mit den angewandten Kriterien aufgestellt wurde

  (f) Beurteilung im Hinblick auf den Zweck des verdichteten Abschlusses, ob dieser die notwendigen Informationen enthält und auf einer angemessenen Aggregationsebene liegt, so dass er unter den gegebenen Umständen nicht irreführend ist

  (g) Beurteilung, ob der geprüfte Abschluss für die vorgesehenen Nutzer des verdichteten Abschlusses ohne unangemessene Schwierigkeiten verfügbar ist, sofern nicht Gesetze oder andere Rechtsvorschriften vorsehen, dass der geprüfte Abschluss nicht zur Verfügung gestellt werden muss, und die Kriterien für die Aufstellung des verdichteten Abschlusses festlegen. (Vgl. Tz. A8)

Form des Prüfungsurteils

9. Falls der Abschlussprüfer zu dem Schluss gekommen ist, dass ein nicht modifiziertes Prüfungsurteil zum verdichteten Abschluss angemessen ist, muss im Prüfungsurteil eine der folgenden Formulierungen verwendet werden, sofern nicht von Gesetzen oder anderen Rechtsvorschriften anderweitig gefordert: (Vgl. Tz. A9)

(a) The summary financial statements are consistent, in all material respects, with the audited financial statements, in accordance with [the applied criteria]; or

(b) The summary financial statements are a fair summary of the audited financial statements, in accordance with [the applied criteria].

10. If law or regulation prescribes the wording of the opinion on summary financial statements in terms that are different from those described in paragraph 9, the auditor shall:

(a) Apply the procedures described in paragraph 8 and any further procedures necessary to enable the auditor to express the prescribed opinion; and

(b) Evaluate whether users of the summary financial statements might misunderstand the auditor's opinion on the summary financial statements and, if so, whether additional explanation in the auditor's report on the summary financial statements can mitigate possible misunderstanding.

11. If, in the case of paragraph 10(b), the auditor concludes that additional explanation in the auditor's report on the summary financial statements cannot mitigate possible misunderstanding, the auditor shall not accept the engagement, unless required by law or regulation to do so. An engagement conducted in accordance with such law or regulation does not comply with this ISA. Accordingly, the auditor's report on the summary financial statements shall not indicate that the engagement was conducted in accordance with this ISA.

Timing of Work and Events Subsequent to the Date of the Auditor's Report on the Audited Financial Statements

12. The auditor's report on the summary financial statements may be dated later than the date of the auditor's report on the audited financial statements. In such cases, the auditor's report on the summary financial statements shall state that the summary financial statements and audited financial statements do not reflect the effects of events that occurred subsequent to the date of the auditor's report on the audited financial statements that may require adjustment of, or disclosure in, the audited financial statements. (Ref: Para. A10)

13. The auditor may become aware of facts that existed at the date of the auditor's report on the audited financial statements, but of which the auditor previously was unaware. In such cases, the auditor shall not issue the auditor's report on the summary financial statements until the auditor's consideration of such facts in relation to the audited financial statements in accordance with ISA 560[3] has been completed.

Auditor's Report on Summary Financial Statements

Elements of the Auditor's Report

14. The auditor's report on summary financial statements shall include the following elements:[4] (Ref: Para. A15)

(a) A title clearly indicating it as the report of an independent auditor. (Ref: Para. A11)

(b) An addressee. (Ref: Para. A12)

(c) An introductory paragraph that:

(i) Identifies the summary financial statements on which the auditor is reporting, including the title of each statement included in the summary financial statements; (Ref: Para. A13)

(ii) Identifies the audited financial statements;

(iii) Refers to the auditor's report on the audited financial statements, the date of that report, and, subject to paragraphs 17–18, the fact that an unmodified opinion is expressed on the audited financial statements;

(iv) If the date of the auditor's report on the summary financial statements is later than the date of the auditor's report on the audited financial statements, states that the summary financial

---

3) ISA 560, "Subsequent Events."
4) Paragraphs 17–18, which deal with circumstances where the auditor's report on the audited financial statements has been modified, require additional elements to those listed in this paragraph.

Auftrag zur Erteilung eines Vermerks zu einem verdichteten Abschluss ISA 810

(a) „Der verdichtete Abschluss steht in Übereinstimmung mit [den angewandten Kriterien] in allen wesentlichen Belangen mit dem geprüften Abschluss in Einklang."

(b) „Der verdichtete Abschluss stellt in Übereinstimmung mit [den angewandten Kriterien] eine sachgerechte Verdichtung des geprüften Abschlusses dar."

10. Wenn Gesetze oder andere Rechtsvorschriften den Wortlaut des Prüfungsurteils zum verdichteten Abschluss in einer Form vorschreiben, die sich von der in Textziffer 9 beschriebenen Form unterscheidet, muss der Abschlussprüfer

   (a) die in Textziffer 8 beschriebenen Prüfungshandlungen sowie weitere Prüfungshandlungen anwenden, die notwendig sind, um dem Abschlussprüfer die Abgabe des vorgeschriebenen Prüfungsurteils zu ermöglichen, und

   (b) beurteilen, ob Nutzer des verdichteten Abschlusses das Prüfungsurteil zu diesem Abschluss missverstehen könnten und, wenn dies der Fall ist, ob ein mögliches Missverständnis durch zusätzliche Erläuterung im Vermerk des Abschlussprüfers zum verdichteten Abschluss abgemildert werden kann.

11. Wenn der Abschlussprüfer im Falle von Textziffer 10(b) zu dem Schluss kommt, dass ein mögliches Missverständnis nicht durch zusätzliche Erläuterung im Vermerk des Abschlussprüfers zum verdichteten Abschluss abgemildert werden kann, darf der Abschlussprüfer den Auftrag nicht annehmen, sofern dies nicht aufgrund von Gesetzen oder anderen Rechtsvorschriften verlangt ist. Ein Auftrag, der in Übereinstimmung mit solchen Gesetzen oder anderen Rechtsvorschriften durchgeführt wird, entspricht nicht diesem ISA. Folglich darf im Vermerk des Abschlussprüfers zum verdichteten Abschluss nicht darauf hingewiesen werden, dass der Auftrag in Übereinstimmung mit diesem ISA durchgeführt wurde.

Zeitliche Einteilung der Arbeit und Ereignisse nach dem Datum des Vermerks des Abschlussprüfers zum geprüften Abschluss

12. Der Vermerk des Abschlussprüfers zum verdichteten Abschluss kann ein späteres Datum besitzen als der Vermerk des Abschlussprüfers zum geprüften Abschluss. In solchen Fällen ist im Vermerk des Abschlussprüfers zum verdichteten Abschluss anzugeben, dass der verdichtete Abschluss und der geprüfte Abschluss nicht die Auswirkungen von Ereignissen nach dem Datum des Vermerks des Abschlussprüfers zum geprüften Abschluss widerspiegeln, die Anpassungen des geprüften Abschlusses oder Angaben im geprüften Abschluss erfordern können. (Vgl. Tz. A10)

13. Dem Abschlussprüfer können Tatsachen bekannt werden, die zwar zum Datum des Vermerks des Abschlussprüfers zum geprüften Abschluss bereits bestanden, dem Abschlussprüfer jedoch zuvor nicht bekannt waren. In solchen Fällen darf der Abschlussprüfer den Vermerk des Abschlussprüfers zum verdichteten Abschluss nicht erteilen, bevor seine Würdigung dieser Tatsachen im Zusammenhang mit dem geprüften Abschluss in Übereinstimmung mit ISA 560[3)] abgeschlossen ist.

Vermerk des Abschlussprüfers zum verdichteten Abschluss

Bestandteile des Vermerks des Abschlussprüfers

14. Der Vermerk des Abschlussprüfers zum verdichteten Abschluss muss die folgenden Bestandteile beinhalten:[4)] (Vgl. Tz. A15)

   (a) eine Überschrift, die klar zum Ausdruck bringt, dass es sich bei dem Vermerk um den Vermerk eines unabhängigen Abschlussprüfers handelt (Vgl. Tz. A11)

   (b) einen Empfänger (Vgl. Tz. A12)

   (c) einen einleitenden Absatz, in dem

      (i) der verdichtete Abschluss bezeichnet ist, zu dem der Abschlussprüfer einen Vermerk erteilt, einschließlich der Bezeichnung jeder einzelnen Aufstellung, die im verdichteten Abschluss enthalten ist, (Vgl. Tz. A13)

      (ii) der geprüfte Abschluss bezeichnet ist,

      (iii) hingewiesen wird auf den Vermerk des Abschlussprüfers zum geprüften Abschluss, auf das Datum dieses Vermerks und, vorbehaltlich der Textziffern 17-18, auf die Tatsache, dass ein nicht modifiziertes Prüfungsurteil zum geprüften Abschluss abgegeben wurde,

      (iv) für den Fall, dass der Vermerk des Abschlussprüfers zum verdichteten Abschluss ein späteres Datum besitzt als der Vermerk des Abschlussprüfers zum geprüften Abschluss, angegeben

---

3) ISA 560 „Ereignisse nach dem Abschlussstichtag".
4) Nach den Textziffern 17-18, in denen die Umstände behandelt werden, unter denen der Vermerk des Abschlussprüfers zum geprüften Abschluss modifiziert wurde, sind zusätzliche Bestandteile zu den in dieser Textziffer aufgeführten erforderlich.

statements and the audited financial statements do not reflect the effects of events that occurred subsequent to the date of the auditor's report on the audited financial statements; and

  (v) A statement indicating that the summary financial statements do not contain all the disclosures required by the financial reporting framework applied in the preparation of the audited financial statements, and that reading the summary financial statements is not a substitute for reading the audited financial statements.

 (d) A description of management's[5] responsibility for the summary financial statements, explaining that management[6] is responsible for the preparation of the summary financial statements in accordance with the applied criteria.

 (e) A statement that the auditor is responsible for expressing an opinion on the summary financial statements based on the procedures required by this ISA.

 (f) A paragraph clearly expressing an opinion (see paragraphs 9–11).

 (g) The auditor's signature.

 (h) The date of the auditor's report. (Ref: Para. A14)

 (i) The auditor's address.

15. If the addressee of the summary financial statements is not the same as the addressee of the auditor's report on the audited financial statements, the auditor shall evaluate the appropriateness of using a different addressee. (Ref: Para. A12)

16. The auditor shall date the auditor's report on the summary financial statements no earlier than: (Ref: Para. A14)

 (a) The date on which the auditor has obtained sufficient appropriate evidence on which to base the opinion, including evidence that the summary financial statements have been prepared and those with the recognized authority have asserted that they have taken responsibility for them; and

 (b) The date of the auditor's report on the audited financial statements.

Modifications to the Opinion, Emphasis of Matter Paragraph or Other Matter Paragraph in the Auditor's Report on the Audited Financial Statements (Ref: Para. A15)

17. When the auditor's report on the audited financial statements contains a qualified opinion, an Emphasis of Matter paragraph, or an Other Matter paragraph, but the auditor is satisfied that the summary financial statements are consistent, in all material respects, with or are a fair summary of the audited financial statements, in accordance with the applied criteria, the auditor's report on the summary financial statements shall, in addition to the elements in paragraph 14:

 (a) State that the auditor's report on the audited financial statements contains a qualified opinion, an Emphasis of Matter paragraph, or an Other Matter paragraph; and

 (b) Describe:

  (i) The basis for the qualified opinion on the audited financial statements, and that qualified opinion; or the Emphasis of Matter or the Other Matter paragraph in the auditor's report on the audited financial statements; and

  (ii) The effect thereof on the summary financial statements, if any.

18. When the auditor's report on the audited financial statements contains an adverse opinion or a disclaimer of opinion, the auditor's report on the summary financial statements shall, in addition to the elements in paragraph 14:

---

5) Or other term that is appropriate in the context of the legal framework in the particular jurisdiction.
6) Or other term that is appropriate in the context of the legal framework in the particular jurisdiction.

wird, dass der verdichtete Abschluss und der geprüfte Abschluss nicht die Auswirkungen von Ereignissen widerspiegeln, die nach dem Datum des Vermerks des Abschlussprüfers zum geprüften Abschluss eingetreten sind, und

(v) darauf hingewiesen wird, dass der verdichtete Abschluss nicht alle Abschlussangaben[*)] enthält, die nach dem bei der Aufstellung des geprüften Abschlusses angewandten Regelwerk der Rechnungslegung erforderlich sind, und dass das Lesen des verdichteten Abschlusses kein Ersatz für das Lesen des geprüften Abschlusses ist

(d) eine Beschreibung der Verantwortung des Managements[5)] für den verdichteten Abschluss, in der erläutert wird, dass das Management[6)] für die Aufstellung des verdichteten Abschlusses in Übereinstimmung mit den angewandten Kriterien verantwortlich ist

(e) einen Hinweis darauf, dass der Abschlussprüfer für die Abgabe eines Prüfungsurteils zum verdichteten Abschluss auf der Grundlage der nach diesem ISA erforderlichen Prüfungshandlungen verantwortlich ist

(f) einen Absatz, in dem klar ein Prüfungsurteil zum Ausdruck gebracht wird (siehe Textziffern 9-11)

(g) Unterschrift des Abschlussprüfers

(h) Datum des Vermerks des Abschlussprüfers (Vgl. Tz. A14)

(i) Ort des Abschlussprüfers[**)].

15. Wenn der Empfänger des verdichteten Abschlusses nicht mit dem Empfänger des Vermerks des Abschlussprüfers zum geprüften Abschluss identisch ist, muss der Abschlussprüfer beurteilen, ob es angemessen ist, einen abweichenden Empfänger zu wählen. (Vgl. Tz. A12)

16. Der Abschlussprüfer darf seinen Vermerk zum verdichteten Abschluss nicht früher datieren als (Vgl. Tz. A14)

(a) das Datum, an dem der Abschlussprüfer ausreichende geeignete Nachweise als Grundlage für das Prüfungsurteil erlangt hat, einschließlich Nachweise dafür, dass der verdichtete Abschluss aufgestellt worden ist und dass die dazu anerkanntermaßen berechtigten Personen erklärt haben, dass sie die Verantwortung dafür übernommen haben, und

(b) das Datum des Vermerks des Abschlussprüfers zum geprüften Abschluss.

Modifizierungen des Prüfungsurteils, Absatz zur Hervorhebung eines Sachverhalts oder Absatz zum Hinweis auf sonstige Sachverhalte im Vermerk des Abschlussprüfers zum geprüften Abschluss (Vgl. Tz. A15)

17. Wenn der Vermerk des Abschlussprüfers zum geprüften Abschluss ein eingeschränktes Prüfungsurteil, einen Absatz zur Hervorhebung eines Sachverhalts oder einen Absatz zum Hinweis auf sonstige Sachverhalte enthält, der Abschlussprüfer jedoch davon überzeugt ist, dass der verdichtete Abschluss in allen wesentlichen Belangen in Übereinstimmung mit den angewandten Kriterien mit dem geprüften Abschluss in Einklang steht oder eine sachgerechte Verdichtung des geprüften Abschlusses darstellt, muss im Vermerk des Abschlussprüfers zum verdichteten Abschluss zusätzlich zu den in Textziffer 14 enthaltenen Bestandteilen

(a) angegeben werden, dass der Vermerk des Abschlussprüfers zum geprüften Abschluss ein eingeschränktes Prüfungsurteil, einen Absatz zur Hervorhebung eines Sachverhalts oder einen Absatz zum Hinweis auf sonstige Sachverhalte enthält, und

(b) Folgendes beschrieben werden:

(i) die Grundlage für das eingeschränkte Prüfungsurteil zum geprüften Abschluss und dieses eingeschränkte Prüfungsurteil oder der Absatz zur Hervorhebung eines Sachverhalts bzw. der Absatz zum Hinweis auf sonstige Sachverhalte im Vermerk des Abschlussprüfers zum geprüften Abschluss und

(ii) deren eventuelle Auswirkungen auf den verdichteten Abschluss.

18. Wenn der Vermerk des Abschlussprüfers zum geprüften Abschluss ein versagtes Prüfungsurteil[***)] oder die Nichtabgabe eines Prüfungsurteils beinhaltet, muss im Vermerk des Abschlussprüfers zum verdichteten Abschluss zusätzlich zu den in Textziffer 14 genannten Bestandteilen

---

5) Oder ein anderer Begriff, der im Kontext des Rechtsrahmens in dem betreffenden Rechtsraum zutreffend ist.
6) Oder ein anderer Begriff, der im Kontext des Rechtsrahmens in dem betreffenden Rechtsraum zutreffend ist.
*) Abschlussposten und andere Angaben im Abschluss.
**) Üblicherweise sollte dies der Ort der beruflichen Niederlassung des Abschlussprüfers sein bzw. der Sitz der Niederlassung der Prüfungsgesellschaft, die die Verantwortung für den Prüfungsauftrag hat.
***) In Österreich: negatives Prüfungsurteil; in der Schweiz: verneinendes Prüfungsurteil.

(a) State that the auditor's report on the audited financial statements contains an adverse opinion or disclaimer of opinion;

(b) Describe the basis for that adverse opinion or disclaimer of opinion; and

(c) State that, as a result of the adverse opinion or disclaimer of opinion, it is inappropriate to express an opinion on the summary financial statements.

Modified Opinion on the Summary Financial Statements

19. If the summary financial statements are not consistent, in all material respects, with or are not a fair summary of the audited financial statements, in accordance with the applied criteria, and management does not agree to make the necessary changes, the auditor shall express an adverse opinion on the summary financial statements. (Ref: Para. A15)

Restriction on Distribution or Use or Alerting Readers to the Basis of Accounting

20. When distribution or use of the auditor's report on the audited financial statements is restricted, or the auditor's report on the audited financial statements alerts readers that the audited financial statements are prepared in accordance with a special purpose framework, the auditor shall include a similar restriction or alert in the auditor's report on the summary financial statements.

Comparatives

21. If the audited financial statements contain comparatives, but the summary financial statements do not, the auditor shall determine whether such omission is reasonable in the circumstances of the engagement. The auditor shall determine the effect of an unreasonable omission on the auditor's report on the summary financial statements. (Ref: Para. A16)

22. If the summary financial statements contain comparatives that were reported on by another auditor, the auditor's report on the summary financial statements shall also contain the matters that ISA 710 requires the auditor to include in the auditor's report on the audited financial statements.[7] (Ref: Para. A17)

Unaudited Supplementary Information Presented with Summary Financial Statements

23. The auditor shall evaluate whether any unaudited supplementary information presented with the summary financial statements is clearly differentiated from the summary financial statements. If the auditor concludes that the entity's presentation of the unaudited supplementary information is not clearly differentiated from the summary financial statements, the auditor shall ask management to change the presentation of the unaudited supplementary information. If management refuses to do so, the auditor shall explain in the auditor's report on the summary financial statements that such information is not covered by that report. (Ref: Para. A18)

Other Information in Documents Containing Summary Financial Statements

24. The auditor shall read other information included in a document containing the summary financial statements and related auditor's report to identify material inconsistencies, if any, with the summary financial statements. If, on reading the other information, the auditor identifies a material inconsistency, the auditor shall determine whether the summary financial statements or the other information needs to be revised. If, on reading the other information, the auditor becomes aware of an apparent material misstatement of fact, the auditor shall discuss the matter with management. (Ref: Para. A19)

Auditor Association

25. If the auditor becomes aware that the entity plans to state that the auditor has reported on summary financial statements in a document containing the summary financial statements, but does not plan to include the related auditor's report, the auditor shall request management to include the auditor's report in the document. If management does not do so, the auditor shall determine and carry out other appropriate actions designed to prevent management from inappropriately associating the auditor with the summary financial statements in that document. (Ref: Para. A20)

---

7) ISA 710, "Comparative Information – Corresponding Figures and Comparative Financial Statements."

(a) dargelegt werden, dass der Vermerk des Abschlussprüfers zum geprüften Abschluss ein versagtes Prüfungsurteil oder die Nichtabgabe eines Prüfungsurteils beinhaltet,
(b) die Grundlage für dieses versagte Prüfungsurteil oder für diese Nichtabgabe eines Prüfungsurteils beschrieben werden und
(c) dargelegt werden, dass es als Folge des versagten Prüfungsurteils oder der Nichtabgabe eines Prüfungsurteils unangemessen ist, ein Prüfungsurteil zum verdichteten Abschluss abzugeben.

Modifiziertes Prüfungsurteil zum verdichteten Abschluss

19. Wenn der verdichtete Abschluss nicht in Übereinstimmung mit den angewandten Kriterien in allen wesentlichen Belangen mit dem geprüften Abschluss in Einklang steht oder keine sachgerechte Verdichtung des geprüften Abschlusses darstellt und sich das Management nicht damit einverstanden erklärt, die notwendigen Änderungen vorzunehmen, muss der Abschlussprüfer ein versagtes Prüfungsurteil zum verdichteten Abschluss abgeben. (Vgl. Tz. A15)

Beschränkung der Weitergabe oder Verwendung oder Hinweis an die Leser auf die Rechnungslegungsgrundlage

20. Wenn die Weitergabe oder die Verwendung des Vermerks des Abschlussprüfers zum geprüften Abschluss beschränkt ist oder der Vermerk des Abschlussprüfers zum geprüften Abschluss die Leser darauf hinweist, dass der geprüfte Abschluss aufgestellt wurde in Übereinstimmung mit einem Regelwerk für einen speziellen Zweck, muss der Abschlussprüfer eine ähnliche Beschränkung bzw. einen ähnlichen Hinweis in den Vermerk des Abschlussprüfers zum verdichteten Abschluss einbeziehen.

Vergleichsinformationen

21. Wenn der geprüfte Abschluss Vergleichsinformationen enthält, der verdichtete Abschluss jedoch nicht, muss der Abschlussprüfer feststellen, ob ein solches Fehlen unter den Umständen des Auftrags vertretbar ist. Der Abschlussprüfer muss die Auswirkungen eines nicht vertretbaren Fehlens auf den Vermerk des Abschlussprüfers zum verdichteten Abschluss feststellen. (Vgl. Tz. A16)

22. Wenn der verdichtete Abschluss Vergleichsinformationen enthält, zu denen ein anderer Abschlussprüfer einen Vermerk erteilt hat, muss der Vermerk des Abschlussprüfers zum verdichteten Abschluss auch die Sachverhalte beinhalten, die der Abschlussprüfer nach ISA 710 in seinen Vermerk zum geprüften Abschluss einzubeziehen hat.[7] (Vgl. Tz. A17)

Ungeprüfte zusätzlich zum verdichteten Abschluss dargestellte Informationen

23. Der Abschlussprüfer muss beurteilen, ob zusätzlich zum verdichteten Abschluss dargestellte ungeprüfte Informationen klar vom verdichteten Abschluss abgegrenzt sind. Wenn der Abschlussprüfer zu dem Schluss gelangt, dass die Darstellung der ungeprüften zusätzlichen Informationen durch die Einheit nicht klar vom verdichteten Abschluss abgegrenzt ist, muss der Abschlussprüfer das Management auffordern, die Darstellung der ungeprüften zusätzlichen Informationen zu ändern. Wenn das Management dies ablehnt, muss der Abschlussprüfer im Vermerk des Abschlussprüfers zum verdichteten Abschluss erläutern, dass diese Informationen nicht durch diesen Vermerk abgedeckt sind. (Vgl. Tz. A18)

Sonstige Informationen in Dokumenten, die den verdichteten Abschluss enthalten

24. Der Abschlussprüfer hat sonstige Informationen, die in einem Dokument enthalten sind, das den verdichteten Abschluss und den damit zusammenhängenden Vermerk des Abschlussprüfers enthält, zu lesen, um ggf. bestehende wesentliche Unstimmigkeiten gegenüber dem verdichteten Abschluss festzustellen. Falls der Abschlussprüfer beim Lesen der sonstigen Informationen eine wesentliche Unstimmigkeit feststellt, hat der Abschlussprüfer festzulegen, ob der verdichtete Abschluss oder die sonstigen Informationen berichtigt werden müssen. Falls dem Abschlussprüfer beim Lesen der sonstigen Informationen eine möglicherweise wesentliche falsche Darstellung von Tatsachen bekannt wird, hat der Abschlussprüfer den Sachverhalt mit dem Management zu erörtern. (Vgl. Tz. A19)

Bezugnahme auf den Abschlussprüfer

25. Falls dem Abschlussprüfer bekannt wird, dass die Einheit plant, in einem Dokument, das den verdichteten Abschluss enthält, anzugeben, dass der Abschlussprüfer einen Vermerk zum verdichteten Abschluss erteilt hat, jedoch nicht plant, den entsprechenden Vermerk des Abschlussprüfers einzubeziehen, muss der Abschlussprüfer das Management auffordern, den Vermerk des Abschlussprüfers in das Dokument einzubeziehen. Wenn das Management dies unterlässt, muss der Abschlussprüfer andere geeignete Maßnahmen bestimmen und durchführen, die darauf ausgerichtet sind zu verhindern, dass das

---

[7] ISA 710 „Vergleichsinformationen – Vergleichszahlen und Vergleichsabschlüsse".

ISA 810   **Engagements to Report on Summary Financial Statements**

26. The auditor may be engaged to report on the financial statements of an entity, while not engaged to report on the summary financial statements. If, in this case, the auditor becomes aware that the entity plans to make a statement in a document that refers to the auditor and the fact that summary financial statements are derived from the financial statements audited by the auditor, the auditor shall be satisfied that:

    (a) The reference to the auditor is made in the context of the auditor's report on the audited financial statements; and

    (b) The statement does not give the impression that the auditor has reported on the summary financial statements.

If (a) or (b) are not met, the auditor shall request management to change the statement to meet them, or not to refer to the auditor in the document. Alternatively, the entity may engage the auditor to report on the summary financial statements and include the related auditor's report in the document. If management does not change the statement, delete the reference to the auditor, or include an auditor's report on the summary financial statements in the document containing the summary financial statements, the auditor shall advise management that the auditor disagrees with the reference to the auditor, and the auditor shall determine and carry out other appropriate actions designed to prevent management from inappropriately referring to the auditor. (Ref: Para. A20)

***

Application and Other Explanatory Material

Engagement Acceptance (Ref: Para. 5–6)

A1. The audit of the financial statements from which the summary financial statements are derived provides the auditor with the necessary knowledge to discharge the auditor's responsibilities in relation to the summary financial statements in accordance with this ISA. Application of this ISA will not provide sufficient appropriate evidence on which to base the opinion on the summary financial statements if the auditor has not also audited the financial statements from which the summary financial statements are derived.

A2. Management's agreement with the matters described in paragraph 6 may be evidenced by its written acceptance of the terms of the engagement.

Criteria (Ref: Para. 6(a))

A3. The preparation of summary financial statements requires management to determine the information that needs to be reflected in the summary financial statements so that they are consistent, in all material respects, with or represent a fair summary of the audited financial statements. Because summary financial statements by their nature contain aggregated information and limited disclosure, there is an increased risk that they may not contain the information necessary so as not to be misleading in the circumstances. This risk increases when established criteria for the preparation of summary financial statements do not exist.

A4. Factors that may affect the auditor's determination of the acceptability of the applied criteria include:

- The nature of the entity;
- The purpose of the summary financial statements;
- The information needs of the intended users of the summary financial statements; and
- Whether the applied criteria will result in summary financial statements that are not misleading in the circumstances.

A5. The criteria for the preparation of summary financial statements may be established by an authorized or recognized standards setting organization or by law or regulation. Similar to the case of financial

| **Auftrag zur Erteilung eines Vermerks zu einem verdichteten Abschluss** | **ISA 810** |

Management in diesem Dokument den Abschlussprüfer in unangemessener Weise mit dem verdichteten Abschluss in Verbindung bringt. (Vgl. Tz. A20)

26. Der Abschlussprüfer kann mit der Erteilung eines Vermerks zum Abschluss einer Einheit beauftragt sein, jedoch nicht mit der Erteilung eines Vermerks zum verdichteten Abschluss. Falls dem Abschlussprüfer in diesem Fall bekannt wird, dass die Einheit plant, in einem Dokument eine Erklärung abzugeben, die sich auf den Abschlussprüfer und auf die Tatsache bezieht, dass der verdichtete Abschluss von dem vom Abschlussprüfer geprüften Abschluss abgeleitet ist, muss sich der Abschlussprüfer davon überzeugen, dass

  (a) die Bezugnahme auf den Abschlussprüfer im Zusammenhang mit dem Vermerk des Abschlussprüfers zum geprüften Abschluss erfolgt und

  (b) die Erklärung nicht den Eindruck vermittelt, dass der Abschlussprüfer einen Vermerk zum verdichteten Abschluss erteilt hat.

  Wenn die Punkte (a) oder (b) nicht erfüllt sind, muss der Abschlussprüfer das Management auffordern, die Erklärung zu ändern, um die Punkte zu erfüllen, oder in dem Dokument nicht auf den Abschlussprüfer Bezug zu nehmen. Alternativ kann die Einheit den Abschlussprüfer beauftragen, einen Vermerk zum verdichteten Abschluss zu erteilen, und den entsprechenden Vermerk des Abschlussprüfers in das Dokument einbeziehen. Wenn das Management die Erklärung nicht ändert, die Bezugnahme auf den Abschlussprüfer nicht streicht oder keinen Vermerk des Abschlussprüfers zum verdichteten Abschluss in das Dokument aufnimmt, das den verdichteten Abschluss enthält, muss der Abschlussprüfer dem Management mitteilen, dass er mit der Bezugnahme auf den Abschlussprüfer nicht einverstanden ist, und andere geeignete Maßnahmen bestimmen und durchführen, die darauf ausgerichtet sind zu verhindern, dass das Management in unangemessener Weise auf den Abschlussprüfer Bezug nimmt. (Vgl. Tz. A20)

***

Anwendungshinweise und sonstige Erläuterungen

Auftragsannahme (Vgl. Tz. 5-6)

A1. Die Prüfung des Abschlusses, von dem der verdichtete Abschluss abgeleitet ist, liefert dem Abschlussprüfer die notwendigen Kenntnisse, um seine Verpflichtungen im Zusammenhang mit dem verdichteten Abschluss in Übereinstimmung mit diesem ISA zu erfüllen. Die Anwendung dieses ISA liefert keine ausreichenden geeigneten Nachweise als Grundlage für das Prüfungsurteil zum verdichteten Abschluss, wenn der Abschlussprüfer nicht auch den Abschluss geprüft hat, von dem der verdichtete Abschluss abgeleitet ist.

A2. Die Zustimmung des Managements zu den in Textziffer 6 beschriebenen Sachverhalten kann sich in seiner schriftlichen Annahme der Auftragsbedingungen zeigen.

Kriterien (Vgl. Tz. 6(a))

A3. Bei der Aufstellung des verdichteten Abschlusses muss das Management die Informationen festlegen, die im verdichteten Abschluss widergespiegelt werden müssen, so dass dieser in allen wesentlichen Belangen mit dem geprüften Abschluss in Einklang steht oder eine sachgerechte Verdichtung des geprüften Abschlusses darstellt. Da ein verdichteter Abschluss seinem Wesen nach aggregierte Informationen und begrenzte Angaben enthält, besteht ein erhöhtes Risiko, dass dieser Abschluss möglicherweise nicht die Informationen enthält, die notwendig sind, um unter den gegebenen Umständen nicht irreführend zu sein. Dieses Risiko nimmt zu, wenn keine festgelegten Kriterien für die Aufstellung des verdichteten Abschlusses vorhanden sind.

A4. Zu den Faktoren, die sich auf die Bestimmung der Akzeptabilität der angewandten Kriterien durch den Abschlussprüfer auswirken können, gehören:

- die Merkmale der zu prüfenden Einheit,
- der Zweck des verdichteten Abschlusses,
- die Informationsbedürfnisse der vorgesehenen Nutzer des verdichteten Abschlusses und
- ob die angewandten Kriterien zu einem verdichteten Abschluss führen, der unter den gegebenen Umständen nicht irreführend ist.

A5. Die Kriterien für die Aufstellung eines verdichteten Abschlusses können von einer autorisierten oder anerkannten standardsetzenden Organisation oder durch Gesetze oder andere Rechtsvorschriften

statements, as explained in ISA 210,[8] in many such cases, the auditor may presume that such criteria are acceptable.

A6. Where established criteria for the preparation of summary financial statements do not exist, criteria may be developed by management, for example, based on practice in a particular industry. Criteria that are acceptable in the circumstances will result in summary financial statements that:

(a) Adequately disclose their summarized nature and identify the audited financial statements;

(b) Clearly describe from whom or where the audited financial statements are available or, if law or regulation provides that the audited financial statements need not be made available to the intended users of the summary financial statements and establishes the criteria for the preparation of the summary financial statements, that law or regulation;

(c) Adequately disclose the applied criteria;

(d) Agree with or can be recalculated from the related information in the audited financial statements; and

(e) In view of the purpose of the summary financial statements, contain the information necessary, and are at an appropriate level of aggregation, so as not to be misleading in the circumstances.

A7. Adequate disclosure of the summarized nature of the summary financial statements and the identity of the audited financial statements, as referred to in paragraph A6(a), may, for example, be provided by a title such as "Summary Financial Statements Prepared from the Audited Financial Statements for the Year Ended December 31, 20X1."

Evaluating the Availability of the Audited Financial Statements (Ref: Para. 8(g))

A8. The auditor's evaluation whether the audited financial statements are available to the intended users of the summary financial statements without undue difficulty is affected by factors such as whether:

- The summary financial statements describe clearly from whom or where the audited financial statements are available;
- The audited financial statements are on public record; or
- Management has established a process by which the intended users of the summary financial statements can obtain ready access to the audited financial statements.

Form of Opinion (Ref: Para. 9)

A9. A conclusion, based on an evaluation of the evidence obtained by performing the procedures in paragraph 8, that an unmodified opinion on the summary financial statements is appropriate enables the auditor to express an opinion containing one of the phrases in paragraph 9. The auditor's decision as to which of the phrases to use may be affected by generally accepted practice in the particular jurisdiction.

Timing of Work and Events Subsequent to the Date of the Auditor's Report on the Audited Financial Statements (Ref: Para. 12)

A10. The procedures described in paragraph 8 are often performed during or immediately after the audit of the financial statements. When the auditor reports on the summary financial statements after the completion of the audit of the financial statements, the auditor is not required to obtain additional audit evidence on the audited financial statements, or report on the effects of events that occurred subsequent to the date of the auditor's report on the audited financial statements since the summary financial statements are derived from the audited financial statements and do not update them.

Auditor's Report on Summary Financial Statements

Elements of the Auditor's Report

Title (Ref: Para. 14(a))

A11. A title indicating the report is the report of an independent auditor, for example, "Report of the Independent Auditor," affirms that the auditor has met all of the relevant ethical requirements

---

[8] ISA 210, "Agreeing the Terms of Audit Engagements," paragraphs A3 and A8–A9.

Auftrag zur Erteilung eines Vermerks zu einem verdichteten Abschluss ISA 810

festgelegt sein. Ähnlich wie bei einem Abschluss, wie in ISA 210[8] erläutert, kann der Abschlussprüfer in vielen solchen Fällen voraussetzen, dass diese Kriterien akzeptabel sind.

A6. Wenn keine festgelegten Kriterien für die Aufstellung eines verdichteten Abschlusses vorhanden sind, können Kriterien vom Management bspw. auf der Grundlage der Praxis in einer bestimmten Branche entwickelt werden. Kriterien, die unter den gegebenen Umständen akzeptabel sind, führen zu einem verdichteten Abschluss,

(a) in dem seine verdichtete Art angemessen angegeben und der geprüfte Abschluss bezeichnet ist,

(b) in dem klar beschrieben ist, von wem oder wo der geprüfte Abschluss erhältlich ist, oder in dem die Gesetze oder andere Rechtsvorschriften klar beschrieben sind, die vorschreiben, dass der geprüfte Abschluss den vorgesehenen Nutzern des verdichteten Abschlusses nicht zur Verfügung gestellt werden muss, und die Kriterien für die Aufstellung des verdichteten Abschlusses festlegen,

(c) in dem die angewandten Kriterien angemessen angegeben werden,

(d) der mit den damit zusammenhängenden Informationen im geprüften Abschluss übereinstimmt oder daraus rechnerisch abgeleitet werden kann und

(e) der im Hinblick auf den Zweck des verdichteten Abschlusses die notwendigen Informationen enthält und auf einer angemessenen Aggregationsebene liegt, so dass er unter den gegebenen Umständen nicht irreführend ist.

A7. Die angemessene Angabe der verdichteten Art des verdichteten Abschlusses und die Bezeichnung des geprüften Abschlusses, wie in Textziffer A6(a) erwähnt, können z. B. erfolgen durch eine Überschrift wie „Verdichteter Abschluss, aufgestellt anhand des geprüften Abschlusses für das am 31.12.20X1 endende Geschäftsjahr".

Beurteilung der Verfügbarkeit des geprüften Abschlusses (Vgl. Tz. 8(g))

A8. Die Beurteilung des Abschlussprüfers, ob der geprüfte Abschluss für die vorgesehenen Nutzer des verdichteten Abschlusses ohne unangemessene Schwierigkeiten verfügbar ist, wird beeinflusst durch Faktoren wie die Frage, ob

- im verdichteten Abschluss klar beschrieben ist, von wem oder wo der geprüfte Abschluss erhältlich ist,
- der geprüfte Abschluss öffentlich bekannt ist oder
- das Management ein Verfahren eingerichtet hat, durch das der geprüfte Abschluss für die vorgesehenen Nutzer des verdichteten Abschlusses leicht zugänglich ist.

Form des Prüfungsurteils (Vgl. Tz. 9)

A9. Wenn der Abschlussprüfer auf der Grundlage der Beurteilung der Nachweise, die aus der Durchführung der in Textziffer 8 erwähnten Prüfungshandlungen erlangt wurden, zu dem Schluss kommt, dass ein nicht modifiziertes Prüfungsurteil zum verdichteten Abschluss angemessen ist, kann der Abschlussprüfer ein Prüfungsurteil abgeben, das eine der in Textziffer 9 enthaltenen Formulierungen beinhaltet. Die Entscheidung des Abschlussprüfers, welche der Formulierungen zu verwenden ist, kann durch die allgemein anerkannte Praxis in dem betreffenden Rechtsraum beeinflusst werden.

Zeitliche Einteilung der Arbeit und Ereignisse nach dem Datum des Vermerks des Abschlussprüfers zum geprüften Abschluss (Vgl. Tz. 12)

A10. Die in Textziffer 8 beschriebenen Prüfungshandlungen werden häufig während oder unmittelbar nach der Prüfung des Abschlusses durchgeführt. Wenn der Abschlussprüfer nach Abschluss der Prüfung des Abschlusses einen Vermerk zum verdichteten Abschluss erteilt, ist es nicht erforderlich, dass der Abschlussprüfer zusätzliche Prüfungsnachweise zum geprüften Abschluss einholt oder über die Auswirkungen von Ereignissen Bericht erstattet, die nach dem Datum des Vermerks des Abschlussprüfers zum geprüften Abschluss eingetreten sind, da der verdichtete Abschluss vom geprüften Abschluss abgeleitet ist und keine Aktualisierung des geprüften Abschlusses darstellt.

Vermerk des Abschlussprüfers zum verdichteten Abschluss

Bestandteile des Vermerks des Abschlussprüfers

Überschrift (Vgl. Tz. 14(a))

A11. Eine Überschrift, die darauf hinweist, dass es sich bei dem Vermerk um den Vermerk eines unabhängigen Abschlussprüfers handelt, bspw. „Vermerk des unabhängigen Abschlussprüfers", bringt zum Ausdruck,

---

[8] ISA 210 „Vereinbarung der Auftragsbedingungen für Prüfungsaufträge", Textziffern A3 und A8-A9.

Addressee (Ref: Para. 14(b), 15)

A12. Factors that may affect the auditor's evaluation of the appropriateness of the addressee of the summary financial statements include the terms of the engagement, the nature of the entity, and the purpose of the summary financial statements.

Introductory Paragraph (Ref: Para. 14(c)(i))

A13. When the auditor is aware that the summary financial statements will be included in a document that contains other information, the auditor may consider, if the form of presentation allows, identifying the page numbers on which the summary financial statements are presented. This helps readers to identify the summary financial statements to which the auditor's report relates.

Date of the Auditor's Report (Ref: Para. 14(h), 16)

A14. The person or persons with recognized authority to conclude that the summary financial statements have been prepared and take responsibility for them depend on the terms of the engagement, the nature of the entity, and the purpose of the summary financial statements.

Illustrations (Ref: Para.14, 17–18, 19)

A15. The Appendix to this ISA contains illustrations of auditors' reports on summary financial statements that:

(a) Contain unmodified opinions;

(b) Are derived from audited financial statements on which the auditor issued modified opinions; and

(c) Contain a modified opinion.

Comparatives (Ref: Para. 21–22)

A16. If the audited financial statements contain comparatives, there is a presumption that the summary financial statements also would contain comparatives. Comparatives in the audited financial statements may be regarded as corresponding figures or as comparative financial information. ISA 710 describes how this difference affects the auditor's report on the financial statements, including, in particular, reference to other auditors who audited the financial statements for the prior period.

A17. Circumstances that may affect the auditor's determination whether an omission of comparatives is reasonable include the nature and objective of the summary financial statements, the applied criteria, and the information needs of the intended users of the summary financial statements.

Unaudited Supplementary Information Presented with Summary Financial Statements (Ref: Para. 23)

A18. ISA 700[9] contains requirements and guidance to be applied when unaudited supplementary information is presented with audited financial statements that, adapted as necessary in the circumstances, may be helpful in applying the requirement in paragraph 23.

Other Information in Documents Containing Summary Financial Statements (Ref: Para. 24)

A19. ISA 720[10] contains requirements and guidance relating to reading other information included in a document containing the audited financial statements and related auditor's report, and responding to material inconsistencies and material misstatements of fact. Adapted as necessary in the circumstances, they may be helpful in applying the requirement in paragraph 24.

---

9) ISA 700, "Forming an Opinion and Reporting on Financial Statements," paragraphs 46–47.
10) ISA 720, "The Auditor's Responsibilities Relating to Other Information in Documents Containing Audited Financial Statements."

dass der Abschlussprüfer alle relevanten beruflichen Unabhängigkeitsanforderungen erfüllt hat. Dies unterscheidet den Vermerk des unabhängigen Abschlussprüfers von Vermerken, die von anderen Personen herausgegeben werden.

Empfänger (Vgl. Tz. 14(b), 15)

A12. Zu den Faktoren, die sich auf die Beurteilung des Abschlussprüfers auswirken können, ob der Empfänger des verdichteten Abschlusses angemessen ist, gehören die Auftragsbedingungen, die Merkmale der zu prüfenden Einheit und der Zweck des verdichteten Abschlusses.

Einleitender Absatz (Vgl. Tz. 14(c)(i))

A13. Wenn dem Abschlussprüfer bekannt ist, dass der verdichtete Abschluss in einem Dokument enthalten sein wird, das sonstige Informationen enthält, kann der Abschlussprüfer abwägen, ob die Form der Darstellung die Nennung der Seitenzahlen erlaubt, auf denen der verdichtete Abschluss dargestellt ist. Dies erleichtert den Lesern die Abgrenzung des verdichteten Abschlusses, auf den sich der Vermerk des Abschlussprüfers bezieht.

Datum des Vermerks des Abschlussprüfers (Vgl. Tz. 14(h), 16)

A14. Welche Personen anerkanntermaßen zu der Schlussfolgerung berechtigt sind, dass der verdichtete Abschluss aufgestellt wurde, und die Verantwortung dafür übernehmen, hängt von den Auftragsbedingungen, von den Merkmalen der zu prüfenden Einheit und vom Zweck des verdichteten Abschlusses ab.

Formulierungsbeispiele (Vgl. Tz. 14, 17-18, 19)

A15. Die Anlage zu diesem ISA enthält Formulierungsbeispiele für Vermerke des Abschlussprüfers zu verdichteten Abschlüssen, die

(a) nicht modifizierte Prüfungsurteile enthalten,

(b) von geprüften Abschlüssen abgeleitet sind, zu denen der Abschlussprüfer modifizierte Prüfungsurteile erteilt hat, und

(c) ein modifiziertes Prüfungsurteil enthalten.

Vergleichsinformationen (Vgl. Tz. 21-22)

A16. Wenn der geprüfte Abschluss Vergleichsinformationen enthält, ist anzunehmen, dass der verdichtete Abschluss ebenfalls Vergleichsinformationen enthält. Vergleichsinformationen im geprüften Abschluss können als Vergleichszahlen oder als Vergleichsfinanzinformationen angesehen werden. In ISA 710 wird beschrieben, wie sich dieser Unterschied auf den Vermerk des Abschlussprüfers zum Abschluss auswirkt, insbesondere unter Bezugnahme auf andere Abschlussprüfer, die den Abschluss des vorhergehenden Zeitraums geprüft haben.

A17. Zu den Umständen, die sich auf die Entscheidung des Abschlussprüfers auswirken können, ob das Fehlen von Vergleichsinformationen vertretbar ist, gehören Art und Zielsetzung des verdichteten Abschlusses, die angewandten Kriterien sowie die Informationsbedürfnisse der vorgesehenen Nutzer des verdichteten Abschlusses.

Ungeprüfte zusätzlich zum verdichteten Abschluss dargestellte Informationen (Vgl. Tz. 23)

A18. ISA 700[9] enthält Anforderungen und erläuternde Hinweise, die anzuwenden sind, wenn zusätzlich zum geprüften Abschluss ungeprüfte Informationen dargestellt werden, die – erforderlichenfalls unter Anpassung an die gegebenen Umstände – hilfreich bei der Anwendung der Anforderung in Textziffer 23 sein können.

Sonstige Informationen in Dokumenten, die den verdichteten Abschluss enthalten (Vgl. Tz. 24)

A19. ISA 720[10] enthält Anforderungen und erläuternde Hinweise zum Lesen der sonstigen Informationen in einem Dokument, das den geprüften Abschluss sowie den dazugehörigen Vermerk des Abschlussprüfers enthält, und zur Reaktion auf wesentliche Unstimmigkeiten und wesentliche falsche Darstellungen von Tatsachen. Erforderlichenfalls an die gegebenen Umstände angepasst, können sie bei der Anwendung der Anforderung in Textziffer 24 hilfreich sein.

---

9) ISA 700 „Bildung eines Prüfungsurteils und Erteilung eines Vermerks zum Abschluss", Textziffern 46-47.
10) ISA 720 „Die Pflichten des Abschlussprüfers im Zusammenhang mit sonstigen Informationen in Dokumenten, die den geprüften Abschluss enthalten".

Auditor Association (Ref: Para. 25–26)

A20. Other appropriate actions the auditor may take when management does not take the requested action may include informing the intended users and other known third-party users of the inappropriate reference to the auditor. The auditor's course of action depends on the auditor's legal rights and obligations. Consequently, the auditor may consider it appropriate to seek legal advice.

Bezugnahme auf den Abschlussprüfer (Vgl. Tz. 25-26)

A20. Zu anderen geeigneten Maßnahmen, die der Abschlussprüfer ergreifen kann, wenn das Management nicht die verlangten Maßnahmen ergreift, kann das Informieren der vorgesehenen Nutzer und anderer bekannter Drittnutzer über die unangemessene Bezugnahme auf den Abschlussprüfer gehören. Die Vorgehensweise des Abschlussprüfers hängt von den gesetzlichen Rechten und Pflichten des Abschlussprüfers ab. Folglich kann der Abschlussprüfer es für angemessen halten, rechtlichen Rat einzuholen.

Appendix
(Ref: Para. A15)

Illustrations of Reports on Summary Financial Statements

- Illustration 1: An auditor's report on summary financial statements prepared in accordance with established criteria. An unmodified opinion is expressed on the audited financial statements. The auditor's report on the summary financial statements is dated later than the date of the auditor's report on the financial statements from which summary financial statements are derived.

- Illustration 2: An auditor's report on summary financial statements prepared in accordance with criteria developed by management and adequately disclosed in the summary financial statements. The auditor has determined that the applied criteria are acceptable in the circumstances. An unmodified opinion is expressed on the audited financial statements.

- Illustration 3: An auditor's report on summary financial statements prepared in accordance with criteria developed by management and adequately disclosed in the summary financial statements. The auditor has determined that the applied criteria are acceptable in the circumstances. A qualified opinion is expressed on the audited financial statements.

- Illustration 4: An auditor's report on summary financial statements prepared in accordance with criteria developed by management and adequately disclosed in the summary financial statements. The auditor has determined that the applied criteria are acceptable in the circumstances. An adverse opinion is expressed on the audited financial statements.

- Illustration 5: An auditor's report on summary financial statements prepared in accordance with established criteria. An unmodified opinion is expressed on the audited financial statements. The auditor concludes that it is not possible to express an unmodified opinion on the summary financial statements.

Anlage
(Vgl. Tz. A15)

Formulierungsbeispiele für Vermerke zu verdichteten Abschlüssen

- Beispiel 1: Ein Vermerk des Abschlussprüfers zu einem verdichteten Abschluss, der in Übereinstimmung mit festgelegten Kriterien aufgestellt wurde. Zum geprüften Abschluss wurde ein nicht modifiziertes Prüfungsurteil abgegeben. Der Vermerk des Abschlussprüfers zum verdichteten Abschluss besitzt ein späteres Datum als der Vermerk des Abschlussprüfers zu dem Abschluss, von dem der verdichtete Abschluss abgeleitet ist.

- Beispiel 2: Ein Vermerk des Abschlussprüfers zu einem verdichteten Abschluss, der in Übereinstimmung mit Kriterien aufgestellt wurde, die vom Management entwickelt wurden und im verdichteten Abschluss angemessen angegeben sind. Der Abschlussprüfer hat festgestellt, dass die angewandten Kriterien unter den gegebenen Umständen akzeptabel sind. Zum geprüften Abschluss wurde ein nicht modifiziertes Prüfungsurteil abgegeben.

- Beispiel 3: Ein Vermerk des Abschlussprüfers zu einem verdichteten Abschluss, der in Übereinstimmung mit Kriterien aufgestellt wurde, die vom Management entwickelt wurden und im verdichteten Abschluss angemessen angegeben sind. Der Abschlussprüfer hat festgestellt, dass die angewandten Kriterien unter den gegebenen Umständen akzeptabel sind. Zum geprüften Abschluss wurde ein eingeschränktes Prüfungsurteil abgegeben.

- Beispiel 4: Ein Vermerk des Abschlussprüfers zu einem verdichteten Abschluss, der in Übereinstimmung mit Kriterien aufgestellt wurde, die vom Management entwickelt wurden und im verdichteten Abschluss angemessen angegeben sind. Der Abschlussprüfer hat festgestellt, dass die angewandten Kriterien unter den gegebenen Umständen akzeptabel sind. Zum geprüften Abschluss wurde ein versagtes Prüfungsurteil abgegeben.

- Beispiel 5: Ein Vermerk des Abschlussprüfers zu einem verdichteten Abschluss, der in Übereinstimmung mit festgelegten Kriterien aufgestellt wurde. Zum geprüften Abschluss wurde ein nicht modifiziertes Prüfungsurteil abgegeben. Der Abschlussprüfer gelangt zu der Schlussfolgerung, dass es nicht möglich ist, ein nicht modifiziertes Prüfungsurteil zum verdichteten Abschluss abzugeben.

ISA 810 — Engagements to Report on Summary Financial Statements

> **Illustration 1:**
> Circumstances include the following:
> - An unmodified opinion is expressed on the audited financial statements.
> - Established criteria for the preparation of summary financial statements exist.
> - The auditor's report on the summary financial statements is dated later than the date of the auditor's report on the financial statements from which the summary financial statements are derived.

REPORT OF THE INDEPENDENT AUDITOR ON THE SUMMARY FINANCIAL STATEMENTS

[Appropriate Addressee]

The accompanying summary financial statements, which comprise the summary balance sheet as at December 31, 20X1, the summary income statement, summary statement of changes in equity and summary cash flow statement for the year then ended, and related notes, are derived from the audited financial statements of ABC Company for the year ended December 31, 20X1. We expressed an unmodified audit opinion on those financial statements in our report dated February 15, 20X2. Those financial statements, and the summary financial statements, do not reflect the effects of events that occurred subsequent to the date of our report on those financial statements.

The summary financial statements do not contain all the disclosures required by [describe financial reporting framework applied in the preparation of the audited financial statements of ABC Company]. Reading the summary financial statements, therefore, is not a substitute for reading the audited financial statements of ABC Company.

Management's[1] Responsibility for the Summary Financial Statements

Management is responsible for the preparation of a summary of the audited financial statements in accordance with [describe established criteria].

Auditor's Responsibility

Our responsibility is to express an opinion on the summary financial statements based on our procedures, which were conducted in accordance with International Standard on Auditing (ISA) 810, "Engagements to Report on Summary Financial Statements."

Opinion

In our opinion, the summary financial statements derived from the audited financial statements of ABC Company for the year ended December 31, 20X1 are consistent, in all material respects, with (or *a fair summary of*) those financial statements, in accordance with [describe established criteria].

[Auditor's signature]
[Date of the auditor's report]
[Auditor's address]

---

1) Or other term that is appropriate in the context of the legal framework in the particular jurisdiction.

> **Beispiel 1:**
> Folgende Gegebenheiten:
> - Zum geprüften Abschluss wurde ein nicht modifiziertes Prüfungsurteil abgegeben.
> - Festgelegte Kriterien für die Aufstellung des verdichteten Abschlusses sind vorhanden.
> - Der Vermerk des Abschlussprüfers zum verdichteten Abschluss besitzt ein späteres Datum als der Vermerk des Abschlussprüfers zu dem Abschluss, von dem der verdichtete Abschluss abgeleitet ist.

VERMERK DES UNABHÄNGIGEN ABSCHLUSSPRÜFERS ZUM VERDICHTETEN ABSCHLUSS

[Empfänger]

Der beigefügte verdichtete Abschluss – bestehend aus der verdichteten Bilanz zum 31.12.20X1, der verdichteten Gewinn- und Verlustrechnung[*], verdichteten Eigenkapitalveränderungsrechnung und verdichteten Kapitalflussrechnung[**] für das an diesem Stichtag endende Geschäftsjahr sowie den damit zusammenhängenden Angaben – ist abgeleitet von dem geprüften Abschluss der ABC Gesellschaft für das am 31.12.20X1 endende Geschäftsjahr. Wir haben in unserem Vermerk vom 15.02.20X2 ein nicht modifiziertes Prüfungsurteil zu jenem Abschluss abgegeben. Jener Abschluss und der verdichtete Abschluss spiegeln nicht die Auswirkungen von Ereignissen wider, die nach dem Datum unseres Vermerks zu jenem Abschluss eingetreten sind.

Der verdichtete Abschluss enthält nicht alle Abschlussangaben, die nach [Beschreibung des bei der Aufstellung des geprüften Abschlusses der ABC Gesellschaft angewandten Regelwerks der Rechnungslegung] erforderlich sind. Daher ist das Lesen des verdichteten Abschlusses kein Ersatz für das Lesen des geprüften Abschlusses der ABC Gesellschaft.

Verantwortung des Managements[1] für den verdichteten Abschluss

Das Management ist verantwortlich für die Aufstellung einer Verdichtung des geprüften Abschlusses in Übereinstimmung mit [Beschreibung der festgelegten Kriterien].

Verantwortung des Abschlussprüfers

Unsere Aufgabe ist es, auf der Grundlage unserer Prüfungshandlungen, die in Übereinstimmung mit dem International Standard on Auditing (ISA) 810 „Auftrag zur Erteilung eines Vermerks zu einem verdichteten Abschluss" durchgeführt wurden, ein Prüfungsurteil zu dem verdichteten Abschluss abzugeben.

Prüfungsurteil

Nach unserer Beurteilung steht der verdichtete Abschluss, der von dem geprüften Abschluss der ABC Gesellschaft für das am 31.12.20X1 endende Geschäftsjahr abgeleitet ist, in Übereinstimmung mit [Beschreibung der festgelegten Kriterien] in allen wesentlichen Belangen mit jenem Abschluss in Einklang (stellt ... eine sachgerechte Verdichtung ... dar).

[Unterschrift des Abschlussprüfers]

[Datum des Vermerks des Abschlussprüfers]

[Ort des Abschlussprüfers]

---

1) Oder ein anderer Begriff, der im Kontext des Rechtsrahmens in dem betreffenden Rechtsraum zutreffend ist.
*) In der Schweiz: Erfolgsrechnung.
**) In Österreich und in der Schweiz: Geldflussrechnung.

> **Illustration 2:**
> Circumstances include the following:
> - An unmodified opinion is expressed on the audited financial statements.
> - Criteria are developed by management and adequately disclosed in Note X. The auditor has determined that the criteria are acceptable in the circumstances.

REPORT OF THE INDEPENDENT AUDITOR ON THE SUMMARY FINANCIAL STATEMENTS

[Appropriate Addressee]

The accompanying summary financial statements, which comprise the summary balance sheet as at December 31, 20X1, the summary income statement, summary statement of changes in equity and summary cash flow statement for the year then ended, and related notes, are derived from the audited financial statements of ABC Company for the year ended December 31, 20X1. We expressed an unmodified audit opinion on those financial statements in our report dated February 15, 20X2.[2)]

The summary financial statements do not contain all the disclosures required by [describe financial reporting framework applied in the preparation of the audited financial statements of ABC Company]. Reading the summary financial statements, therefore, is not a substitute for reading the audited financial statements of ABC Company.

Management's[3)] Responsibility for the Summary Financial Statements

Management is responsible for the preparation of a summary of the audited financial statements on the basis described in Note X.

Auditor's Responsibility

Our responsibility is to express an opinion on the summary financial statements based on our procedures, which were conducted in accordance with International Standard on Auditing (ISA) 810, "Engagements to Report on Summary Financial Statements."

Opinion

In our opinion, the summary financial statements derived from the audited financial statements of ABC Company for the year ended December 31, 20X1 are consistent, in all material respects, with (or *a fair summary of*) those financial statements, on the basis described in Note X.

[Auditor's signature]

[Date of the auditor's report]

[Auditor's address]

---

2) When the auditor's report on the summary financial statements is dated later than the date of the auditor's report on the audited financial statements from which it is derived, the following sentence is added to this paragraph: "Those financial statements, and the summary financial statements, do not reflect the effects of events that occurred subsequent to the date of our report on those financial statements."

3) Or other term that is appropriate in the context of the legal framework in the particular jurisdiction.

Auftrag zur Erteilung eines Vermerks zu einem verdichteten Abschluss — ISA 810

> **Beispiel 2:**
> Folgende Gegebenheiten:
> - Zum geprüften Abschluss wurde ein nicht modifiziertes Prüfungsurteil abgegeben.
> - Die Kriterien wurden vom Management entwickelt und sind in Angabe X angemessen angegeben. Der Abschlussprüfer hat festgestellt, dass die Kriterien unter den gegebenen Umständen akzeptabel sind.

VERMERK DES UNABHÄNGIGEN ABSCHLUSSPRÜFERS ZUM VERDICHTETEN ABSCHLUSS

[Empfänger]

Der beigefügte verdichtete Abschluss – bestehend aus der verdichteten Bilanz zum 31.12.20X1, der verdichteten Gewinn- und Verlustrechnung, verdichteten Eigenkapitalveränderungsrechnung und verdichteten Kapitalflussrechnung für das an diesem Stichtag endende Geschäftsjahr sowie den damit zusammenhängenden Angaben – ist abgeleitet von dem geprüften Abschluss der ABC Gesellschaft für das am 31.12.20X1 endende Geschäftsjahr. Wir haben in unserem Vermerk vom 15.02.20X2 ein nicht modifiziertes Prüfungsurteil zu jenem Abschluss abgegeben.[2)]

Der verdichtete Abschluss enthält nicht alle Abschlussangaben, die nach [Beschreibung des bei der Aufstellung des geprüften Abschlusses der ABC Gesellschaft angewandten Regelwerks der Rechnungslegung] erforderlich sind. Daher ist das Lesen des verdichteten Abschlusses kein Ersatz für das Lesen des geprüften Abschlusses der ABC Gesellschaft.

Verantwortung des Managements[3)] für den verdichteten Abschluss

Das Management ist verantwortlich für die Aufstellung einer Verdichtung des geprüften Abschlusses auf der in Angabe X beschriebenen Grundlage.

Verantwortung des Abschlussprüfers

Unsere Aufgabe ist es, auf der Grundlage unserer Prüfungshandlungen, die in Übereinstimmung mit dem International Standard on Auditing (ISA) 810 „Auftrag zur Erteilung eines Vermerks zu einem verdichteten Abschluss" durchgeführt wurden, ein Prüfungsurteil zu dem verdichteten Abschluss abzugeben.

Prüfungsurteil

Nach unserer Beurteilung steht der verdichtete Abschluss, der von dem geprüften Abschluss der ABC Gesellschaft für das am 31.12.20X1 endende Geschäftsjahr abgeleitet ist, auf der in Angabe X beschriebenen Grundlage in allen wesentlichen Belangen mit jenem Abschluss in Einklang (stellt ... eine sachgerechte Verdichtung ... dar).

[Unterschrift des Abschlussprüfers]
[Datum des Vermerks des Abschlussprüfers]
[Ort des Abschlussprüfers]

[2)] Wenn der Vermerk des Abschlussprüfers zum verdichteten Abschluss ein späteres Datum besitzt als der Vermerk des Abschlussprüfers zu dem geprüften Abschluss, von dem der verdichtete Abschluss abgeleitet ist, wird diesem Absatz der folgende Satz hinzugefügt: „Jener Abschluss und der verdichtete Abschluss spiegeln nicht die Auswirkungen von Ereignissen wider, die nach dem Datum unseres Vermerks zu jenem Abschluss eingetreten sind."

[3)] Oder ein anderer Begriff, der im Kontext des Rechtsrahmens in dem betreffenden Rechtsraum zutreffend ist.

> **Illustration 3:**
> Circumstances include the following:
> - A qualified opinion is expressed on the audited financial statements.
> - Criteria are developed by management and adequately disclosed in Note X. The auditor has determined that the criteria are acceptable in the circumstances.

REPORT OF THE INDEPENDENT AUDITOR ON THE SUMMARY FINANCIAL STATEMENTS

[Appropriate Addressee]

The accompanying summary financial statements, which comprise the summary statement of financial position as at December 31, 20X1, the summary statement of comprehensive income, summary statement of changes in equity and summary statement of cash flows for the year then ended, and related notes, are derived from the audited financial statements of ABC Company for the year ended December 31, 20X1.[4] We expressed a qualified audit opinion on those financial statements in our report dated February 15, 20X2 (see below).

The summary financial statements do not contain all the disclosures required by [describe financial reporting framework applied in the preparation of the audited financial statements of ABC Company]. Reading the summary financial statements, therefore, is not a substitute for reading the audited financial statements of ABC Company.

Management's[5] Responsibility for the Summary Financial Statements

Management is responsible for the preparation of a summary of the audited financial statements on the basis described in Note X.

Auditor's Responsibility

Our responsibility is to express an opinion on the summary financial statements based on our procedures, which were conducted in accordance with International Standard on Auditing (ISA) 810, "Engagements to Report on Summary Financial Statements."

Opinion

In our opinion, the summary financial statements derived from the audited financial statements of ABC Company for the year ended December 31, 20X1 are consistent, in all material respects, with (or *a fair summary of*) those financial statements, on the basis described in Note X. However, the summary financial statements are misstated to the equivalent extent as the audited financial statements of ABC Company for the year ended December 31, 20X1.

The misstatement of the audited financial statements is described in our qualified audit opinion in our report dated February 15, 20X2. Our qualified audit opinion is based on the fact that the company's inventories are carried in the statement of financial position in those financial statements at xxx. Management has not stated the inventories at the lower of cost and net realizable value but has stated them solely at cost, which constitutes a departure from International Financial Reporting Standards. The company's records indicate that had management stated the inventories at the lower of cost and net realizable value, an amount of xxx would have been required to write the inventories down to their net realizable value. Accordingly, cost of sales would have been increased by xxx, and income tax, net income and shareholders' equity would have been reduced by xxx, xxx and xxx, respectively. Our qualified audit opinion states that, except for the effects of the described matter, those financial statements present fairly, in all material respects, (or *give a true and fair view of*) the financial position of ABC Company as at December 31, 20X1, and (*of*) its financial performance and its cash flows for the year then ended in accordance with International Financial Reporting Standards.

---

4) When the auditor's report on the summary financial statements is dated later than the date of the auditor's report on the audited financial statements from which it is derived, the following sentence is added to this paragraph: "Those financial statements, and the summary financial statements, do not reflect the effects of events that occurred subsequent to the date of our report on those financial statements."

5) Or other term that is appropriate in the context of the legal framework in the particular jurisdiction.

> **Beispiel 3:**
> Folgende Gegebenheiten:
> - Zum geprüften Abschluss wurde ein eingeschränktes Prüfungsurteil abgegeben.
> - Die Kriterien wurden vom Management entwickelt und sind in Angabe X angemessen angegeben. Der Abschlussprüfer hat festgestellt, dass die Kriterien unter den gegebenen Umständen akzeptabel sind.

VERMERK DES UNABHÄNGIGEN ABSCHLUSSPRÜFERS ZUM VERDICHTETEN ABSCHLUSS

[Empfänger]

Der beigefügte verdichtete Abschluss – bestehend aus der verdichteten Bilanz zum 31.12.20X1, der verdichteten Gesamtergebnisrechnung, verdichteten Eigenkapitalveränderungsrechnung und verdichteten Kapitalflussrechnung für das an diesem Stichtag endende Geschäftsjahr sowie den damit zusammenhängenden Angaben – ist abgeleitet von dem geprüften Abschluss der ABC Gesellschaft für das am 31.12.20X1 endende Geschäftsjahr.[4] Wir haben in unserem Vermerk vom 15.02.20X2 ein eingeschränktes Prüfungsurteil zu jenem Abschluss abgegeben (siehe unten).

Der verdichtete Abschluss enthält nicht alle Abschlussangaben, die nach [Beschreibung des bei der Aufstellung des geprüften Abschlusses der ABC Gesellschaft angewandten Regelwerks der Rechnungslegung] erforderlich sind. Daher ist das Lesen des verdichteten Abschlusses kein Ersatz für das Lesen des geprüften Abschlusses der ABC Gesellschaft.

Verantwortung des Managements[5] für den verdichteten Abschluss

Das Management ist verantwortlich für die Aufstellung einer Verdichtung des geprüften Abschlusses auf der in Angabe X beschriebenen Grundlage.

Verantwortung des Abschlussprüfers

Unsere Aufgabe ist es, auf der Grundlage unserer Prüfungshandlungen, die in Übereinstimmung mit dem International Standard on Auditing (ISA) 810 „Auftrag zur Erteilung eines Vermerks zu einem verdichteten Abschluss" durchgeführt wurden, ein Prüfungsurteil zu dem verdichteten Abschluss abzugeben.

Prüfungsurteil

Nach unserer Beurteilung steht der verdichtete Abschluss, der von dem geprüften Abschluss der ABC Gesellschaft für das am 31.12.20X1 endende Geschäftsjahr abgeleitet ist, auf der in Angabe X beschriebenen Grundlage in allen wesentlichen Belangen mit jenem Abschluss in Einklang (stellt ... eine sachgerechte Verdichtung ... dar). Der verdichtete Abschluss enthält jedoch in dem gleichen Maße falsche Darstellungen wie der geprüfte Abschluss der ABC Gesellschaft für das am 31.12.20X1 endende Geschäftsjahr.

Die falschen Darstellungen im geprüften Abschluss sind in unserem eingeschränkten Prüfungsurteil in unserem Vermerk vom 15.02.20X2 beschrieben. Unser eingeschränktes Prüfungsurteil beruht auf der Tatsache, dass die Vorräte der Gesellschaft in der in diesem Abschluss enthaltenen Bilanz mit xxx ausgewiesen werden. Das Management hat die Vorräte nicht mit dem niedrigeren Wert aus Anschaffungs- oder Herstellungskosten und Nettoveräußerungswert angesetzt, sondern ausschließlich mit den Anschaffungs- oder Herstellungskosten. Dies stellt eine Abweichung von den International Financial Reporting Standards dar. Die Unterlagen der Gesellschaft besagen, dass ein Betrag von xxx erforderlich gewesen wäre, um die Vorräte auf ihren Nettoveräußerungswert abzuschreiben, wenn das Management die Vorräte mit dem niedrigeren Wert aus Anschaffungs- oder Herstellungskosten und Nettoveräußerungswert bewertet hätte. Folglich hätten sich die Umsatzkosten um xxx erhöht, während sich Ertragsteuern, Reingewinn und Eigenkapital um xxx, xxx bzw. xxx verringert hätten. In unserem eingeschränkten Prüfungsurteil wird ausgesagt, dass jener Abschluss mit Ausnahme der Auswirkungen des beschriebenen Sachverhalts die Vermögens- und Finanzlage der ABC Gesellschaft zum 31.12.20X1 sowie die Ertragslage und die Cashflows[*] für das an diesem Stichtag endende Geschäftsjahr in Übereinstimmung mit den International Financial Reporting Standards insgesamt sachgerecht darstellt (ein den tatsächlichen Verhältnissen entsprechendes Bild der ... vermittelt).

---

4) Wenn der Vermerk des Abschlussprüfers zum verdichteten Abschluss ein späteres Datum besitzt als der Vermerk des Abschlussprüfers zu dem geprüften Abschluss, von dem der verdichtete Abschluss abgeleitet ist, wird diesem Absatz der folgende Satz hinzugefügt: „Jener Abschluss und der verdichtete Abschluss spiegeln nicht die Auswirkungen von Ereignissen wider, die nach dem Datum unseres Vermerks zu jenem Abschluss eingetreten sind."

5) Oder ein anderer Begriff, der im Kontext des Rechtsrahmens in dem betreffenden Rechtsraum zutreffend ist.

*) In der Schweiz: Geldflüsse.

[Auditor's signature]
[Date of the auditor's report]
[Auditor's address]

Auftrag zur Erteilung eines Vermerks zu einem verdichteten Abschluss ISA 810

[Unterschrift des Abschlussprüfers]
[Datum des Vermerks des Abschlussprüfers]
[Ort des Abschlussprüfers]

> **Illustration 4:**
> Circumstances include the following:
> - An adverse opinion is expressed on the audited financial statements.
> - Criteria are developed by management and adequately disclosed in Note X. The auditor has determined that the criteria are acceptable in the circumstances.

REPORT OF THE INDEPENDENT AUDITOR ON THE SUMMARY FINANCIAL STATEMENTS

[Appropriate Addressee]

The accompanying summary financial statements, which comprise the summary balance sheet as at December 31, 20X1, the summary income statement, summary statement of changes in equity and summary cash flow statement for the year then ended, and related notes, are derived from the audited financial statements of ABC Company for the year ended December 31, 20X1.[6)]

The summary financial statements do not contain all the disclosures required by [describe financial reporting framework applied in the preparation of the audited financial statements of ABC Company]. Reading the summary financial statements, therefore, is not a substitute for reading the audited financial statements of ABC Company.

Management's[7)] Responsibility for the Summary Financial Statements

Management is responsible for the preparation of a summary of the audited financial statements on the basis described in Note X.

Auditor's Responsibility

Our responsibility is to express an opinion on the summary financial statements based on our procedures, which were conducted in accordance with International Standard on Auditing (ISA) 810, "Engagements to Report on Summary Financial Statements."

Denial of Opinion

In our report dated February 15, 20X2, we expressed an adverse audit opinion on the financial statements of ABC Company for the year ended December 31, 20X1. The basis for our adverse audit opinion was [describe basis for adverse audit opinion]. Our adverse audit opinion stated that [describe adverse audit opinion].

Because of the significance of the matter discussed above, it is inappropriate to express an opinion on the summary financial statements of ABC Company for the year ended December 31, 20X1.

[Auditor's signature]
[Date of the auditor's report]
[Auditor's address]

---

6) When the auditor's report on the summary financial statements is dated later than the date of the auditor's report on the audited financial statements from which it is derived, the following sentence is added to this paragraph: "Those financial statements, and the summary financial statements, do not reflect the effects of events that occurred subsequent to the date of our report on those financial statements."

7) Or other term that is appropriate in the context of the legal framework in the particular jurisdiction.

> **Beispiel 4:**
> Folgende Gegebenheiten:
> - Zum geprüften Abschluss wurde ein versagtes Prüfungsurteil abgegeben.
> - Die Kriterien wurden vom Management entwickelt und sind in Angabe X angemessen angegeben. Der Abschlussprüfer hat festgestellt, dass die Kriterien unter den gegebenen Umständen akzeptabel sind.

VERMERK DES UNABHÄNGIGEN ABSCHLUSSPRÜFERS ZUM VERDICHTETEN ABSCHLUSS

[Empfänger]

Der beigefügte verdichtete Abschluss – bestehend aus der verdichteten Bilanz zum 31.12.20X1, der verdichteten Gewinn- und Verlustrechnung, verdichteten Eigenkapitalveränderungsrechnung und verdichteten Kapitalflussrechnung für das an diesem Stichtag endende Geschäftsjahr sowie den damit zusammenhängenden Angaben – ist abgeleitet von dem geprüften Abschluss der ABC Gesellschaft für das am 31.12.20X1 endende Geschäftsjahr.[6)]

Der verdichtete Abschluss enthält nicht alle Abschlussangaben, die nach [Beschreibung des bei der Aufstellung des geprüften Abschlusses der ABC Gesellschaft angewandten Regelwerks der Rechnungslegung] erforderlich sind. Daher ist das Lesen des verdichteten Abschlusses kein Ersatz für das Lesen des geprüften Abschlusses der ABC Gesellschaft.

Verantwortung des Managements[7)] für den verdichteten Abschluss

Das Management ist verantwortlich für die Aufstellung einer Verdichtung des geprüften Abschlusses auf der in Angabe X beschriebenen Grundlage.

Verantwortung des Abschlussprüfers

Unsere Aufgabe ist es, auf der Grundlage unserer Prüfungshandlungen, die in Übereinstimmung mit dem International Standard on Auditing (ISA) 810 „Auftrag zur Erteilung eines Vermerks zu einem verdichteten Abschluss" durchgeführt wurden, ein Prüfungsurteil zu dem verdichteten Abschluss abzugeben.

Nichtabgabe eines Prüfungsurteils

In unserem Vermerk vom 15.02.20X2 haben wir zum Abschluss der ABC Gesellschaft für das am 31.12.20X1 endende Geschäftsjahr ein versagtes Prüfungsurteil abgegeben. Die Grundlage für unser versagtes Prüfungsurteil war [Beschreibung der Grundlage für das versagte Prüfungsurteil]. In unserem versagten Prüfungsurteil wurde ausgesagt, dass [Beschreibung des versagten Prüfungsurteils].

Aufgrund der Bedeutung des oben behandelten Sachverhalts ist es unangemessen, ein Prüfungsurteil zum verdichteten Abschluss der ABC Gesellschaft für das am 31.12.20X1 endende Geschäftsjahr abzugeben.

[Unterschrift des Abschlussprüfers]
[Datum des Vermerks des Abschlussprüfers]
[Ort des Abschlussprüfers]

---

6) Wenn der Vermerk des Abschlussprüfers zum verdichteten Abschluss ein späteres Datum besitzt als der Vermerk des Abschlussprüfers zu dem geprüften Abschluss, von dem der verdichtete Abschluss abgeleitet ist, wird diesem Absatz der folgende Satz hinzugefügt: „Jener Abschluss und der verdichtete Abschluss spiegeln nicht die Auswirkungen von Ereignissen wider, die nach dem Datum unseres Vermerks zu jenem Abschluss eingetreten sind."

7) Oder ein anderer Begriff, der im Kontext des Rechtsrahmens in dem betreffenden Rechtsraum zutreffend ist.

ISA 810   Engagements to Report on Summary Financial Statements

---

Illustration 5:
Circumstances include the following:
- An unmodified opinion is expressed on the audited financial statements.
- Established criteria for the preparation of summary financial statements exist.
- The auditor concludes that it is not possible to express an unmodified opinion on the summary financial statements.

REPORT OF THE INDEPENDENT AUDITOR ON THE SUMMARY FINANCIAL STATEMENTS

[Appropriate Addressee]

The accompanying summary financial statements, which comprise the summary balance sheet as at December 31, 20X1, the summary income statement, summary statement of changes in equity and summary cash flow statement for the year then ended, and related notes, are derived from the audited financial statements of ABC Company for the year ended December 31, 20X1. We expressed an unmodified audit opinion on those financial statements in our report dated February 15, 20X2.[8]

The summary financial statements do not contain all the disclosures required by [describe financial reporting framework applied in the preparation of the audited financial statements of ABC Company]. Reading the summary financial statements, therefore, is not a substitute for reading the audited financial statements of ABC Company.

Management's[9] Responsibility for the Summary Audited Financial Statements

Management is responsible for the preparation of a summary of the audited financial statements in accordance with [describe established criteria].

Auditor's Responsibility

Our responsibility is to express an opinion on the summary financial statements based on our procedures, which were conducted in accordance with International Standard on Auditing (ISA) 810, "Engagements to Report on Summary Financial Statements."

Basis for Adverse Opinion

[Describe matter that caused the summary financial statements not to be consistent, in all material respects, with (or *a fair summary of*) the audited financial statements, in accordance with the applied criteria.]

Adverse Opinion

In our opinion, because of the significance of the matter discussed in the Basis for Adverse Opinion paragraph, the summary financial statements referred to above are not consistent with (or *a fair summary of*) the audited financial statements of ABC Company for the year ended December 31, 20X1, in accordance with [describe established criteria].

[Auditor's signature]
[Date of the auditor's report]
[Auditor's address]

---

[8] When the auditor's report on the summary financial statements is dated later than the date of the auditor's report on the audited financial statements from which it is derived, the following sentence is added to this paragraph: "Those financial statements, and the summary financial statements, do not reflect the effects of events that occurred subsequent to the date of our report on those financial statements."

[9] Or other term that is appropriate in the context of the legal framework in the particular jurisdiction.

Auftrag zur Erteilung eines Vermerks zu einem verdichteten Abschluss ISA 810

> **Beispiel 5:**
> Folgende Gegebenheiten:
> - Zum geprüften Abschluss wurde ein nicht modifiziertes Prüfungsurteil abgegeben.
> - Festgelegte Kriterien für die Aufstellung des verdichteten Abschlusses sind vorhanden.
> - Der Abschlussprüfer gelangt zu der Schlussfolgerung, dass es nicht möglich ist, ein nicht modifiziertes Prüfungsurteil zum verdichteten Abschluss abzugeben.

VERMERK DES UNABHÄNGIGEN ABSCHLUSSPRÜFERS ZUM VERDICHTETEN ABSCHLUSS

[Empfänger]

Der beigefügte verdichtete Abschluss – bestehend aus der verdichteten Bilanz zum 31.12.20X1, der verdichteten Gewinn- und Verlustrechnung, verdichteten Eigenkapitalveränderungsrechnung und verdichteten Kapitalflussrechnung für das an diesem Stichtag endende Geschäftsjahr sowie den damit zusammenhängenden Angaben – ist abgeleitet von dem geprüften Abschluss der ABC Gesellschaft für das am 31.12.20X1 endende Geschäftsjahr. Wir haben in unserem Vermerk vom 15.02.20X2 ein nicht modifiziertes Prüfungsurteil zu jenem Abschluss abgegeben.[8)]

Der verdichtete Abschluss enthält nicht alle Abschlussangaben, die nach [Beschreibung des bei der Aufstellung des geprüften Abschlusses der ABC Gesellschaft angewandten Regelwerks der Rechnungslegung] erforderlich sind. Daher ist das Lesen des verdichteten Abschlusses kein Ersatz für das Lesen des geprüften Abschlusses der ABC Gesellschaft.

Verantwortung des Managements[9)] für den verdichteten geprüften Abschluss

Das Management ist verantwortlich für die Aufstellung einer Verdichtung des geprüften Abschlusses in Übereinstimmung mit [Beschreibung der festgelegten Kriterien].

Verantwortung des Abschlussprüfers

Unsere Aufgabe ist es, auf der Grundlage unserer Prüfungshandlungen, die in Übereinstimmung mit dem International Standard on Auditing (ISA) 810 „Auftrag zur Erteilung eines Vermerks zu einem verdichteten Abschluss" durchgeführt wurden, ein Prüfungsurteil zu dem verdichteten Abschluss abzugeben.

Grundlage für das versagte Prüfungsurteil

[Beschreibung des Sachverhalts, der dazu geführt hat, dass der verdichtete Abschluss nicht in Übereinstimmung mit den angewandten Kriterien in allen wesentlichen Belangen mit dem geprüften Abschluss in Einklang steht (keine sachgerechte Verdichtung ... darstellt).]

Versagtes Prüfungsurteil

Nach unserer Beurteilung steht der oben erwähnte verdichtete Abschluss aufgrund der Bedeutung des im Absatz „Grundlage für das versagte Prüfungsurteil" behandelten Sachverhalts nicht in Übereinstimmung mit [Beschreibung der festgelegten Kriterien] mit dem geprüften Abschluss der ABC Gesellschaft für das am 31.12.20X1 endende Geschäftsjahr in Einklang (stellt ... keine sachgerechte Verdichtung ... dar).

[Unterschrift des Abschlussprüfers]

[Datum des Vermerks des Abschlussprüfers]

[Ort des Abschlussprüfers]

---

8) Wenn der Vermerk des Abschlussprüfers zum verdichteten Abschluss ein späteres Datum besitzt als der Vermerk des Abschlussprüfers zu dem geprüften Abschluss, von dem der verdichtete Abschluss abgeleitet ist, wird diesem Absatz der folgende Satz hinzugefügt: „Jener Abschluss und der verdichtete Abschluss spiegeln nicht die Auswirkungen von Ereignissen wider, die nach dem Datum unseres Vermerks zu jenem Abschluss eingetreten sind."

9) Oder ein anderer Begriff, der im Kontext des Rechtsrahmens in dem betreffenden Rechtsraum zutreffend ist.

LIST OF TERMS DEFINED IN ISQC 1 AND THE ISAS WITH THEIR DEFINITIONS

This list of terms, with their definitions, defined in ISQC 1 and the ISAs, in alphabetical order in English, is included to help readers better understand the terms used. This list also indicates the standards in which these terms are defined to enable readers to refer to any application material to those definitions, and is provided in the same synoptic format (English on the left and German on the right) used to present the standards.

Term	Definition	Standard[*]
Accounting estimate	An approximation of a monetary amount in the absence of a precise means of measurement. This term is used for an amount measured at fair value where there is estimation uncertainty, as well as for other amounts that require estimation. Where this ISA addresses only accounting estimates involving measurement at fair value, the term "fair value accounting estimates" is used.	ISA 540
Accounting records	The records of initial accounting entries and supporting records, such as checks and records of electronic fund transfers; invoices; contracts; the general and subsidiary ledgers, journal entries and other adjustments to the financial statements that are not reflected in journal entries; and records such as work sheets and spreadsheets supporting cost allocations, computations, reconciliations and disclosures.	ISA 500
Analytical procedures	The term "analytical procedures" means evaluations of financial information through analysis of plausible relationships among both financial and non-financial data. Analytical procedures also encompass such investigation as is necessary of identified fluctuations or relationships that are inconsistent with other relevant information or that differ from expected values by a significant amount.	ISA 520
Anomaly	A misstatement or deviation that is demonstrably not representative of misstatements or deviations in a population.	ISA 530
Applicable financial reporting framework	Reference to "the applicable financial reporting framework" means the financial reporting framework that applies to the group financial statements. Reference to "the consolidation process" includes: (a) The recognition, measurement, presentation, and disclosure of the financial information of the components in the group financial statements by way of consolidation, proportionate consolidation, or the equity or cost methods of accounting; and (b) The aggregation in combined financial statements of the financial information of components that have no parent but are under common control.	ISA 600
Applicable financial reporting framework	The financial reporting framework adopted by management and, where appropriate, those charged with governance in the preparation of the financial statements that is acceptable in view of the nature of the entity and the objective of the financial statements, or that is required by law or regulation.	ISA 200

---

[*] Standard in which the term is defined. Definition applies to all ISAs, unless otherwise stated.

LISTE DER IM ISQC 1 UND IN DEN ISA DEFINIERTEN BEGRIFFE SAMT DEFINITIONEN

Diese Liste der im ISQC 1 und in den ISA definierten Begriffe samt Definitionen, in alphabetischer Reihenfolge auf Englisch, ist beigefügt, um den Leser bei der Gewinnung eines besseren Verständnisses der verwendeten Begriffe zu unterstützen. Die Liste weist auch auf die Standards hin, in denen die Definitionen zu finden sind, um den Lesern Rückgriff auf etwaige Anwendungshinweise zu diesen Definitionen zu ermöglichen, und verfügt über das gleiche synoptische Format (Englisch links und Deutsch rechts) wie es in der Darstellung der Standards verwendet wird.

Begriff	Definition	Standard*)
Geschätzter Wert in der Rechnungslegung	Eine annähernde Schätzung eines Geldbetrags mangels einer genauen Bewertungsmöglichkeit. Dieser Begriff wird für Beträge verwendet, die bei einer bestehenden Schätzunsicherheit zum Zeitwert bewertet werden, sowie für andere Beträge, die eine Schätzung erfordern. Wenn in diesem ISA nur geschätzte Werte in der Rechnungslegung angesprochen sind, deren Bewertung zum Zeitwert erfolgt, wird der Begriff „geschätzte Zeitwerte in der Rechnungslegung" verwendet.	ISA 540
Unterlagen der Rechnungslegung	Die Unterlagen der erstmaligen buchmäßigen Erfassung und ergänzende Unterlagen (z. B. Schecks und Unterlagen über elektronische Überweisungen, Rechnungen, Verträge, Haupt- und Nebenbücher, Journaleinträge und andere am Abschluss vorgenommene Anpassungen, die sich nicht in Journaleinträgen widerspiegeln, sowie Unterlagen wie Arbeitspapiere und Tabellenkalkulationen, die Kostenverteilungen, Berechnungen, Abstimmungen und Abschlussangaben belegen).	ISA 500
Analytische Prüfungshandlung	„Analytische Prüfungshandlungen" sind Beurteilungen von Finanzinformationen durch die Analyse plausibler Beziehungen zwischen sowohl finanziellen als auch nicht-finanziellen Daten. Außerdem umfassen analytische Prüfungshandlungen die jeweils notwendigen Untersuchungen von festgestellten Schwankungen oder Beziehungen, die nicht mit anderen relevanten Informationen in Einklang stehen oder die um einen erheblichen Betrag von den erwarteten Werten abweichen.	ISA 520
Anomalie	Eine falsche Darstellung oder eine Abweichung, die nachweisbar nicht repräsentativ für falsche Darstellungen oder Abweichungen in einer Grundgesamtheit ist.	ISA 530
Maßgebendes Regelwerk der Rechnungslegung	Die Bezugnahme auf das „maßgebende Regelwerk der Rechnungslegung" bedeutet das für den Konzernabschluss geltende Regelwerk der Rechnungslegung. Die Bezugnahme auf den „Konsolidierungsprozess" umfasst: (a) Ansatz, Bewertung, Ausweis und Angabe der Finanzinformationen der Teilbereiche im Konzernabschluss im Rahmen der Vollkonsolidierung, der Quotenkonsolidierung, der Equity-Methode oder der Anschaffungskostenmethode und (b) die Aggregation der Finanzinformationen von Teilbereichen, die keine Muttergesellschaft haben, jedoch unter gemeinsamer Kontrolle stehen, in einem kombinierten Abschluss.	ISA 600
Maßgebendes Regelwerk der Rechnungslegung	Das vom Management und ggf. von den für die Überwachung Verantwortlichen bei der Aufstellung des Abschlusses gewählte Regelwerk der Rechnungslegung, das angesichts der Art der Einheit und der Zielsetzung des Abschlusses akzeptabel ist oder durch Gesetze oder andere Rechtsvorschriften vorgegeben wird.	ISA 200

---

*) Standard in dem der Begriff definiert ist. Definition ist gültig für alle ISA, wenn nicht anders vermerkt.

Term	Definition	Standard*)
	The term "fair presentation framework" is used to refer to a financial reporting framework that requires compliance with the requirements of the framework and: (i) Acknowledges explicitly or implicitly that, to achieve fair presentation of the financial statements, it may be necessary for management to provide disclosures beyond those specifically required by the framework; or (ii) Acknowledges explicitly that it may be necessary for management to depart from a requirement of the framework to achieve fair presentation of the financial statements. Such departures are expected to be necessary only in extremely rare circumstances. The term "compliance framework" is used to refer to a financial reporting framework that requires compliance with the requirements of the framework, but does not contain the acknowledgements in (i) or (ii) above.	
Applied criteria	The criteria applied by management in the preparation of the summary financial statements.	Only applies to ISA 810
Appropriateness (of audit evidence)	The measure of the quality of audit evidence; that is, its relevance and its reliability in providing support for the conclusions on which the auditor's opinion is based.	ISA 500
Arm's length transaction	A transaction conducted on such terms and conditions as between a willing buyer and a willing seller who are unrelated and are acting independently of each other and pursuing their own best interests.	ISA 550
Assertions	Representations by management, explicit or otherwise, that are embodied in the financial statements, as used by the auditor to consider the different types of potential misstatements that may occur.	ISA 315
Audit documentation	The record of audit procedures performed, relevant audit evidence obtained, and conclusions the auditor reached (terms such as "working papers" or "workpapers" are also sometimes used).	ISA 230
Audit evidence	Information used by the auditor in arriving at the conclusions on which the auditor's opinion is based. Audit evidence includes both information contained in the accounting records underlying the financial statements and other information. For purposes of the ISAs: (i) Sufficiency of audit evidence is the measure of the quantity of audit evidence. The quantity of the audit evidence needed is affected by the auditor's assessment of the risks of material misstatement and also by the quality of such audit evidence. (ii) Appropriateness of audit evidence is the measure of the quality of audit evidence; that is, its relevance and its reliability in providing support for the conclusions on which the auditor's opinion is based.	ISA 200
Audit evidence	Information used by the auditor in arriving at the conclusions on which the auditor's opinion is based. Audit evidence includes both information contained in the accounting records underlying the financial statements and other information.	ISA 500

---

*) Standard in which the term is defined. Definition applies to all ISAs, unless otherwise stated.

Begriff	Definition	Standard*)
	Der Begriff „Regelwerk zur sachgerechten Gesamtdarstellung" wird für ein Regelwerk der Rechnungslegung verwendet, das die Einhaltung der Anforderungen des Regelwerks verlangt, und (i) explizit oder implizit anerkennt, dass es notwendig sein kann, dass das Management Abschlussangaben macht, die über die ausdrücklich von dem Regelwerk geforderten hinausgehen, um eine sachgerechte Gesamtdarstellung des Abschlusses zu erreichen, oder (ii) explizit anerkennt, dass es für das Management notwendig sein kann, von einer Anforderung des Regelwerks abzuweichen, um eine sachgerechte Gesamtdarstellung des Abschlusses zu erreichen. Solche Abweichungen sind erwartungsgemäß nur in äußerst seltenen Fällen notwendig. Der Begriff „Regelwerk zur Normentsprechung" wird für ein Regelwerk der Rechnungslegung verwendet, das die Einhaltung der Anforderungen des Regelwerks verlangt, jedoch nicht die in den vorstehenden Punkten (i) oder (ii) genannten Anerkennungen beinhaltet.	
Angewandte Kriterien	Die vom Management bei der Aufstellung des verdichteten Abschlusses angewandten Kriterien.	Gilt nur für ISA 810
Eignung (von Prüfungsnachweisen)	Das Maß für die Qualität von Prüfungsnachweisen, d. h. ihre Relevanz und Verlässlichkeit, die Schlussfolgerungen zu untermauern, auf denen das Prüfungsurteil basiert.	ISA 500
Transaktion unter marktüblichen Bedingungen	Eine Transaktion, die zu solchen Bedingungen durchgeführt wird wie zwischen einem vertragswilligen Käufer und einem vertragswilligen Verkäufer, die einander nicht nahe stehen, unabhängig voneinander handeln und ihre eigenen besten Interessen verfolgen.	ISA 550
Aussagen	Im Abschluss explizit oder auf andere Weise enthaltene Erklärungen des Managements, wie sie vom Abschlussprüfer bei der Betrachtung möglicherweise auftretender verschiedener Arten von falschen Darstellungen verwendet werden	ISA 315
Prüfungsdokumentation	Die Aufzeichnung der durchgeführten Prüfungshandlungen, der erlangten relevanten Prüfungsnachweise und der vom Abschlussprüfer gezogenen Schlussfolgerungen (mitunter werden auch Begriffe wie „Arbeitspapiere" verwendet).	ISA 230
Prüfungsnachweise	Informationen, die vom Abschlussprüfer zur Ableitung der Schlussfolgerungen verwendet werden, auf denen das Prüfungsurteil basiert. Prüfungsnachweise umfassen sowohl Informationen, die in den dem Abschluss zugrundeliegenden Unterlagen der Rechnungslegung enthalten sind, als auch sonstige Informationen. Für Zwecke der ISA gilt: (i) „Ausreichender Umfang von Prüfungsnachweisen" ist das Maß für die Quantität der Prüfungsnachweise. Die Quantität der benötigten Prüfungsnachweise wird sowohl durch die vom Abschlussprüfer vorgenommene Beurteilung der Risiken wesentlicher falscher Darstellungen als auch durch die Qualität dieser Prüfungsnachweise beeinflusst. (ii) „Eignung von Prüfungsnachweisen" ist das Maß für die Qualität der Prüfungsnachweise, d.h. ihre Relevanz und Verlässlichkeit zur Unterstützung der Schlussfolgerungen, auf denen das Prüfungsurteil basiert.	ISA 200
Prüfungsnachweise	Informationen, die vom Abschlussprüfer zur Ableitung der Schlussfolgerungen verwendet werden, auf denen das Prüfungsurteil basiert. Prüfungsnachweise umfassen sowohl Informationen, die in den dem Abschluss zugrundeliegenden Unterlagen der Rechnungslegung enthalten sind, als auch weitere Informationen.	ISA 500

*) Standard in dem der Begriff definiert ist. Definition ist gültig für alle ISA, wenn nicht anders vermerkt.

Defined Terms in ISQC 1 and the ISAs

Term	Definition	Standard*)
Audit file	One or more folders or other storage media, in physical or electronic form, containing the records that comprise the audit documentation for a specific engagement.	ISA 230
Audit risk	The risk that the auditor expresses an inappropriate audit opinion when the financial statements are materially misstated. Audit risk is a function of the risks of material misstatement and detection risk.	ISA 200
Audit sampling (sampling)	The application of audit procedures to less than 100% of items within a population of audit relevance such that all sampling units have a chance of selection in order to provide the auditor with a reasonable basis on which to draw conclusions about the entire population.	ISA 530
Audited financial statements	Financial statements audited by the auditor in accordance with ISAs, and from which the summary financial statements are derived.	Only applies to ISA 810
Auditor	The person or persons conducting the audit, usually the engagement partner or other members of the engagement team, or, as applicable, the firm. Where an ISA expressly intends that a requirement or responsibility be fulfilled by the engagement partner, the term "engagement partner" rather than "auditor" is used. "Engagement partner" and "firm" are to be read as referring to their public sector equivalents where relevant.	ISA 200
Auditor's expert	An individual or organization possessing expertise in a field other than accounting or auditing, whose work in that field is used by the auditor to assist the auditor in obtaining sufficient appropriate audit evidence. An auditor's expert may be either an auditor's internal expert (who is a partner or staff, including temporary staff, of the auditor's firm or a network firm), or an auditor's external expert.	ISA 620
Auditor's point estimate or auditor's range	The amount, or range of amounts, respectively, derived from audit evidence for use in evaluating management's point estimate.	ISA 540
Business risk	A risk resulting from significant conditions, events, circumstances, actions or inactions that could adversely affect an entity's ability to achieve its objectives and execute its strategies, or from the setting of inappropriate objectives and strategies	ISA 315
Comparative financial statements	Comparative information where amounts and other disclosures for the prior period are included for comparison with the financial statements of the current period but, if audited, are referred to in the auditor's opinion. The level of information included in those comparative financial statements is comparable with that of the financial statements of the current period.	ISA 710
Comparative information	The amounts and disclosures included in the financial statements in respect of one or more prior periods in accordance with the applicable financial reporting framework.	ISA 710

*) Standard in which the term is defined. Definition applies to all ISAs, unless otherwise stated.

Begriff	Definition	Standard*)
Prüfungsakte	Ein oder mehrere Ordner oder andere Aufbewahrungsmedien in physischer oder elektronischer Form, welche die Aufzeichnungen enthalten, aus denen die Prüfungsdokumentation für einen bestimmten Auftrag besteht.	ISA 230
Prüfungsrisiko	Das Risiko, dass der Abschlussprüfer ein unangemessenes Prüfungsurteil abgibt, wenn der Abschluss wesentliche falsche Darstellungen enthält. Das Prüfungsrisiko ist eine Funktion der Risiken wesentlicher falscher Darstellungen und des Entdeckungsrisikos.	ISA 200
Stichprobenprüfung	Die Anwendung von Prüfungshandlungen auf weniger als 100 % der Elemente einer prüfungsrelevanten Grundgesamtheit, so dass alle Stichprobenelemente eine Chance haben, ausgewählt zu werden, um dem Abschlussprüfer eine hinreichende Grundlage für Schlussfolgerungen über die Grundgesamtheit zu verschaffen.	ISA 530
Geprüfter Abschluss	Der vom Abschlussprüfer in Übereinstimmung mit den ISA geprüfte Abschluss, von dem der verdichtete Abschluss abgeleitet ist.	Gilt nur für ISA 810
Abschlussprüfer	Die Person(en), die die Prüfung durchführt/en. Üblicherweise handelt es sich dabei um den Auftragsverantwortlichen oder andere Mitglieder des Prüfungsteams oder ggf. die Prüfungspraxis. Wenn ein ISA ausdrücklich vorsieht, dass der Auftragsverantwortliche eine Anforderung oder eine Pflicht zu erfüllen hat, wird der Begriff „der Auftragsverantwortliche" anstelle des Begriffs „Abschlussprüfer" verwendet. Soweit einschlägig sind die Begriffe „der Auftragsverantwortliche" und „Prüfungspraxis" so zu verstehen, dass sie sich auf ihr Pendant im öffentlichen Sektor beziehen.	ISA 200
Sachverständiger des Abschlussprüfers	Eine Person oder Organisation mit Fachkenntnissen auf einem anderen Gebiet als dem der Rechnungslegung oder Prüfung, deren Arbeit auf diesem Gebiet verwertet wird, um den Abschlussprüfer dabei zu unterstützen, ausreichende geeignete Prüfungsnachweise zu erlangen. Bei einem Sachverständigen des Abschlussprüfers kann es sich entweder um einen internen Sachverständigen des Abschlussprüfers handeln (d. h. einen Partner oder einen fachlichen Mitarbeiter – einschließlich eines befristeten Mitarbeiters – der Prüfungspraxis des Abschlussprüfers oder eines Mitglieds des Netzwerks) oder um einen externen Sachverständigen des Abschlussprüfers.	ISA 620
Punktschätzung oder Bandbreite des Abschlussprüfers	Der anhand von Prüfungsnachweisen ermittelte Betrag bzw. die Bandbreite von Beträgen zur Beurteilung der Punktschätzung des Managements.	ISA 540
Geschäftsrisiko	Ein Risiko, das sich aus bedeutsamen Gegebenheiten, Ereignissen, Umständen, Maßnahmen oder Unterlassungen ergibt, die sich auf die Fähigkeit der Einheit, ihre Ziele zu erreichen und ihre Strategien umzusetzen, nachteilig auswirken könnten oder das aus der Festlegung unangemessener Ziele und Strategien resultiert.	ISA 315
Vergleichsabschluss	Vergleichsinformationen, bei denen Beträge und andere Angaben für den vorhergehenden Zeitraum zum Vergleich mit dem Abschluss des laufenden Zeitraums eingefügt werden, aber auf die im Vermerk des Abschlussprüfers Bezug genommen wird, wenn sie geprüft wurden. Der Informationsgehalt dieses Vergleichsabschlusses ist vergleichbar mit dem des Abschlusses des laufenden Zeitraums.	ISA 710
Vergleichsinformationen	Die in Übereinstimmung mit dem maßgebenden Regelwerk der Rechnungslegung im Abschluss enthaltenen Beträge und Angaben zu einem oder mehreren vorhergehenden Zeiträumen.	ISA 710

*) Standard in dem der Begriff definiert ist. Definition ist gültig für alle ISA, wenn nicht anders vermerkt.

Term	Definition	Standard*)
Complementary user entity controls	Controls that the service organization assumes, in the design of its service, will be implemented by user entities, and which, if necessary to achieve control objectives, are identified in the description of its system.	ISA 402
Component	An entity or business activity for which group or component management prepares financial information that should be included in the group financial statements.	ISA 600
Component auditor	An auditor who, at the request of the group engagement team, performs work on financial information related to a component for the group audit.	ISA 600
Component management	Management responsible for the preparation of the financial information of a component.	ISA 600
Component materiality	The materiality for a component determined by the group engagement team.	ISA 600
Corresponding figures	Comparative information where amounts and other disclosures for the prior period are included as an integral part of the current period financial statements, and are intended to be read only in relation to the amounts and other disclosures relating to the current period (referred to as "current period figures"). The level of detail presented in the corresponding amounts and disclosures is dictated primarily by its relevance to the current period figures.	ISA 710
Date of approval of the financial statements	The date on which all the statements that comprise the financial statements, including the related notes, have been prepared and those with the recognized authority have asserted that they have taken responsibility for those financial statements.	ISA 560
Date of report	The date selected by the practitioner to date the report.	Only applies to ISQC 1
Date of the auditor's report	The date the auditor dates the report on the financial statements in accordance with ISA 700.	ISA 560
Date of the financial statements	The date of the end of the latest period covered by the financial statements.	ISA 560
Date the financial statements are issued	The date that the auditor's report and audited financial statements are made available to third parties.	ISA 560
Deficiency in internal control	This exists when: (i) A control is designed, implemented or operated in such a way that it is unable to prevent, or detect and correct, misstatements in the financial statements on a timely basis; or (ii) A control necessary to prevent, or detect and correct, misstatements in the financial statements on a timely basis is missing.	ISA 265
Detection risk	The risk that the procedures performed by the auditor to reduce audit risk to an acceptably low level will not detect a misstatement that exists and that could be material, either individually or when aggregated with other misstatements.	ISA 200
Element of a financial statement (element)	For purposes of this ISA, reference to "Element of a financial statement" or "element" means an "element, account or item of a financial statement."	Only applies to ISA 805

---

*) Standard in which the term is defined. Definition applies to all ISAs, unless otherwise stated.

Begriffsdefinitionen in ISQC 1 und ISA

Begriff	Definition	Standard*)
Komplementäre Kontrollen der auslagernden Einheit	Kontrollen, bei denen der Dienstleister im Rahmen der Ausgestaltung seiner Dienstleistung annimmt, dass sie von den auslagernden Einheiten eingerichtet werden, und die in der Beschreibung des Systems des Dienstleisters genannt werden, wenn dies für das Erreichen der Kontrollziele notwendig ist.	ISA 402
Teilbereich	Eine Einheit oder Geschäftstätigkeit, für die das Konzern- oder Teilbereichsmanagement Finanzinformationen erstellt, die in den Konzernabschluss einzubeziehen sind.	ISA 600
Teilbereichsprüfer	Ein Prüfer, der nach Aufforderung des Konzernprüfungsteams Untersuchungen der Finanzinformationen zu einem Teilbereich für die Konzernabschlussprüfung durchführt.	ISA 600
Teilbereichsmanagement	Das für die Erstellung der Finanzinformationen eines Teilbereichs verantwortliche Management.	ISA 600
Teilbereichswesentlichkeit	Die vom Konzernprüfungsteam festgelegte Wesentlichkeit für einen Teilbereich.	ISA 600
Vergleichszahlen	Vergleichsinformationen in Form von Beträgen und anderen Angaben für den vorhergehenden Zeitraum, die als integraler Bestandteil im Abschluss des laufenden Zeitraums enthalten sind und nur im Zusammenhang mit den Beträgen und anderen Angaben für den laufenden Zeitraum (als „Zahlen des laufenden Zeitraums" bezeichnet) zu lesen sind. Der Detaillierungsgrad der Vergleichsbeträge und -angaben wird hauptsächlich durch deren Relevanz für die Zahlen des laufenden Zeitraums bestimmt.	ISA 710
Datum der Genehmigung des Abschlusses	Das Datum, an dem alle Bestandteile des Abschlusses einschließlich der dazugehörigen Abschlussangaben erstellt sind und die dafür Verantwortlichen versichert haben, dass sie die Verantwortung für diesen Abschluss übernehmen.	ISA 560
Datum des Vermerks	Das Datum, auf das der Berufsangehörige den Vermerk datiert.	Gilt nur für ISQC 1
Datum des Vermerks des Abschlussprüfers	Das Datum, mit dem der Abschlussprüfer den Vermerk zum Abschluss in Übereinstimmung mit ISA 700 datiert.	ISA 560
Abschlussstichtag	Das Datum des Endes des letzten im Abschluss dargestellten Zeitraums.	ISA 560
Datum der Herausgabe des Abschlusses	Das Datum, an dem der Vermerk des Abschlussprüfers und der geprüfte Abschluss Dritten zur Verfügung gestellt werden.	ISA 560
Mangel im IKS	Liegt vor, wenn (i) eine Kontrolle so ausgestaltet ist, eingerichtet ist oder angewendet wird, dass mit ihr falsche Darstellungen im Abschluss in angemessener Zeit nicht verhindert oder aufgedeckt und korrigiert werden können, oder (ii) eine Kontrolle fehlt, die notwendig ist, um falsche Darstellungen im Abschluss in angemessener Zeit zu verhindern oder aufzudecken und zu korrigieren.	ISA 265
Entdeckungsrisiko	Das Risiko, dass eine vorhandene falsche Darstellung, die entweder einzeln oder in der Summe mit anderen falschen Darstellungen wesentlich sein könnte, nicht durch die Handlungen aufgedeckt wird, die der Abschlussprüfer durchführt, um das Prüfungsrisiko auf ein vertretbar niedriges Maß zu reduzieren.	ISA 200
Bestandteil einer Finanzaufstellung	Mit „Bestandteil einer Finanzaufstellung" oder „Bestandteil" ist ein „Bestandteil, Konto oder Posten einer Finanzaufstellung" gemeint.	Gilt nur für ISA 805

---

*) Standard in dem der Begriff definiert ist. Definition ist gültig für alle ISA, wenn nicht anders vermerkt.

Term	Definition	Standard*)
Emphasis of Matter paragraph	A paragraph included in the auditor's report that refers to a matter appropriately presented or disclosed in the financial statements that, in the auditor's judgment, is of such importance that it is fundamental to users' understanding of the financial statements.	ISA 706
Engagement documentation	The record of work performed, results obtained, and conclusions the practitioner reached (terms such as "working papers" or "workpapers" are sometimes used).	Only applies to ISQC 1
Engagement partner	The partner or other person in the firm who is responsible for the audit engagement and its performance, and for the auditor's report that is issued on behalf of the firm, and who, where required, has the appropriate authority from a professional, legal or regulatory body.	ISA 220
Engagement partner	The partner or other person in the firm who is responsible for the engagement and its performance, and for the report that is issued on behalf of the firm, and who, where required, has the appropriate authority from a professional, legal or regulatory body.	Only applies to ISQC 1
Engagement quality control review	A process designed to provide an objective evaluation, on or before the date of the auditor's report, of the significant judgments the engagement team made and the conclusions it reached in formulating the auditor's report. The engagement quality control review process is for audits of financial statements of listed entities and those other audit engagements, if any, for which the firm has determined an engagement quality control review is required.	ISA 220
Engagement quality control review	A process designed to provide an objective evaluation, on or before the date of the report, of the significant judgments the engagement team made and the conclusions it reached in formulating the report. The engagement quality control review process is for audits of financial statements of listed entities, and those other engagements, if any, for which the firm has determined an engagement quality control review is required.	Only applies to ISQC 1
Engagement quality control reviewer	A partner, other person in the firm, suitably qualified external person, or a team made up of such individuals, none of whom is part of the engagement team, with sufficient and appropriate experience and authority to objectively evaluate the significant judgments the engagement team made and the conclusions it reached in formulating the auditor's report.	ISA 220
Engagement quality control reviewer	A partner, other person in the firm, suitably qualified external person, or a team made up of such individuals, none of whom is part of the engagement team, with sufficient and appropriate experience and authority to objectively evaluate the significant judgments the engagement team made and the conclusions it reached in formulating the report.	Only applies to ISQC 1

---

*) Standard in which the term is defined. Definition applies to all ISAs, unless otherwise stated.

Begriff	Definition	Standard*)
Absatz zur Hervorhebung eines Sachverhalts	Ein im Vermerk des Abschlussprüfers enthaltener Absatz, der sich auf einen im Abschluss angemessen dargestellten oder angegebenen Sachverhalt bezieht, der nach der Beurteilung des Abschlussprüfers so wichtig ist, dass er grundlegend für das Verständnis des Abschlusses durch die Nutzer ist.	ISA 706
Auftragsdokumentation	Die Aufzeichnungen über die durchgeführte Arbeit, erzielten Ergebnisse und vom Berufsangehörigen gezogenen Schlussfolgerungen (mitunter werden Begriffe wie „Arbeitspapiere" verwendet).	Gilt nur für ISQC 1
Der Auftragsverantwortliche	Der Partner oder eine andere Person in der Praxis, der/die für den Prüfungsauftrag und dessen Durchführung sowie für den im Namen der Praxis erteilten Vermerk des Abschlussprüfers verantwortlich ist und der/die, soweit erforderlich, durch eine Berufsorganisation, eine rechtlich zuständige Stelle oder eine Aufsichtsbehörde entsprechend ermächtigt ist.	ISA 220
Der Auftragsverantwortliche	Der Partner oder eine andere Person in der Praxis, der/die für den Auftrag und dessen Durchführung sowie für den im Namen der Praxis erteilten Vermerk verantwortlich ist und der/die, soweit erforderlich, durch eine Berufsorganisation, eine rechtlich zuständige Stelle oder eine Aufsichtsbehörde entsprechend ermächtigt ist.	Gilt nur für ISQC 1
Auftragsbegleitende Qualitätssicherung	Ein Prozess, der zum oder vor dem Datum des Vermerks des Abschlussprüfers eine objektive Einschätzung der bedeutsamen Beurteilungen des Prüfungsteams und der von diesem beim Abfassen des Vermerks des Abschlussprüfers gezogenen Schlussfolgerungen liefern soll. Der Prozess der auftragsbegleitenden Qualitätssicherung ist für die Prüfung von Abschlüssen kapitalmarktnotierter Einheiten und für diejenigen anderen Prüfungsaufträge vorgesehen, für welche die Praxis entschieden hat, dass eine auftragsbegleitende Qualitätssicherung erforderlich ist.	ISA 220
Auftragsbegleitende Qualitätssicherung	Ein Prozess, der zum oder vor dem Datum des Vermerks eine objektive Einschätzung der bedeutsamen Beurteilungen des Auftragsteams und der von diesem beim Abfassen des Vermerks gezogenen Schlussfolgerungen liefern soll. Der Prozess der auftragsbegleitenden Qualitätssicherung ist für die Prüfung von Abschlüssen kapitalmarktnotierter Einheiten und für diejenigen anderen Aufträge vorgesehen, für welche die Praxis entschieden hat, dass eine auftragsbegleitende Qualitätssicherung erforderlich ist.	Gilt nur für ISQC 1
Auftragsbegleitender Qualitätssicherer	Ein Partner oder eine andere Person in der Praxis, eine in geeigneter Weise qualifizierte externe natürliche Person oder ein aus solchen nicht zum Prüfungsteam gehörenden Personen bestehendes Team mit ausreichender und angemessener Erfahrung und Befugnis, um die bedeutsamen Beurteilungen des Prüfungsteams und die von diesem beim Abfassen des Vermerks des Abschlussprüfers gezogenen Schlussfolgerungen objektiv einzuschätzen.	ISA 220
Auftragsbegleitender Qualitätssicherer	Ein Partner oder eine andere Person in der Praxis, eine in geeigneter Weise qualifizierte externe natürliche Person oder ein aus solchen nicht zum Auftragsteam gehörenden Personen bestehendes Team mit ausreichender und angemessener Erfahrung und Befugnis, um die bedeutsamen Beurteilungen des Auftragsteams und die von diesem beim Abfassen des Vermerks gezogenen Schlussfolgerungen objektiv einzuschätzen.	Gilt nur für ISQC 1

*) Standard in dem der Begriff definiert ist. Definition ist gültig für alle ISA, wenn nicht anders vermerkt.

Term	Definition	Standard*)
Engagement team	All partners and staff performing the engagement, and any individuals engaged by the firm or a network firm who perform audit procedures on the engagement. This excludes an auditor's external expert engaged by the firm or a network firm.	ISA 220
Engagement team	All partners and staff performing the engagement, and any individuals engaged by the firm or a network firm who perform procedures on the engagement. This excludes external experts engaged by the firm or a network firm.	Only applies to ISQC 1
Estimation uncertainty	The susceptibility of an accounting estimate and related disclosures to an inherent lack of precision in its measurement.	ISA 540
Exception	A response that indicates a difference between information requested to be confirmed, or contained in the entity's records, and information provided by the confirming party.	ISA 505
Experienced auditor	An individual (whether internal or external to the firm) who has practical audit experience, and a reasonable understanding of: (i) Audit processes; (ii) ISAs and applicable legal and regulatory requirements; (iii) The business environment in which the entity operates; and (iv) Auditing and financial reporting issues relevant to the entity's industry.	ISA 230
Expertise	Skills, knowledge and experience in a particular field.	ISA 620
External confirmation	Audit evidence obtained as a direct written response to the auditor from a third party (the confirming party), in paper form, or by electronic or other medium.	ISA 505
Financial statements	A structured representation of historical financial information, including related notes, intended to communicate an entity's economic resources or obligations at a point in time or the changes therein for a period of time in accordance with a financial reporting framework. The related notes ordinarily comprise a summary of significant accounting policies and other explanatory information. The term "financial statements" ordinarily refers to a complete set of financial statements as determined by the requirements of the applicable financial reporting framework, but can also refer to a single financial statement.	ISA 200
Financial statements	Reference to "financial statements" in this ISA means "a complete set of general purpose financial statements, including the related notes." The related notes ordinarily comprise a summary of significant accounting policies and other explanatory information. The requirements of the applicable financial reporting framework determine the form and content of the financial statements, and what constitutes a complete set of financial statements.	Only applies to ISA 700

*) Standard in which the term is defined. Definition applies to all ISAs, unless otherwise stated.

Begriff	Definition	Standard*)
Prüfungsteam	Alle Partner und fachlichen Mitarbeiter, die den Auftrag durchführen, sowie alle von der Praxis oder von einem Mitglied des Netzwerks beauftragten natürlichen Personen, die Prüfungshandlungen im Rahmen des Auftrags durchführen, mit Ausnahme eines von der Praxis oder von einem Mitglied des Netzwerks beauftragten externen Sachverständigen des Abschlussprüfers.	ISA 220
Auftragsteam	Alle Partner und fachlichen Mitarbeiter, die den Auftrag durchführen, sowie alle von der Praxis oder von einem Mitglied des Netzwerks beauftragten natürlichen Personen, die auftragsbezogene Handlungen durchführen, mit Ausnahme der von der Praxis oder von einem Mitglied des Netzwerks beauftragter externer Sachverständiger.	Gilt nur für ISQC 1
Schätzunsicherheit	Die Anfälligkeit eines geschätzten Werts in der Rechnungslegung und damit zusammenhängender Abschlussangaben für einen innewohnenden Mangel an Genauigkeit bei seiner Bewertung.	ISA 540
Abweichung	Eine Antwort, aus der ein Unterschied hervorgeht zwischen den Informationen, zu deren Bestätigung aufgefordert wird oder die in den Aufzeichnungen der Einheit enthalten sind, und den von der bestätigenden Partei gelieferten Informationen.	ISA 505
Erfahrener Prüfer	Eine Person (innerhalb oder außerhalb der Prüfungspraxis), die über praktische Prüfungserfahrung verfügt und ein ausreichendes Verständnis besitzt von (i) Prüfungsprozessen, (ii) den ISA und den maßgebenden gesetzlichen und anderen rechtlichen Anforderungen, (iii) dem Geschäftsumfeld, in dem die Einheit tätig ist, und (iv) Prüfungs- und Rechnungslegungsfragen, die für die Branche relevant sind, der die Einheit angehört.	ISA 230
Fachkenntnisse	Fähigkeiten, Kenntnisse und Erfahrungen auf einem bestimmten Gebiet.	ISA 620
Externe Bestätigung	Prüfungsnachweis, der als direkte schriftliche Antwort eines Dritten (der bestätigenden Partei) an den Abschlussprüfer in Papierform oder auf einem elektronischen oder anderen Medium erlangt wird.	ISA 505
Abschluss	Eine strukturierte Darstellung vergangenheitsorientierter Finanzinformationen unter Einschluss der damit zusammenhängenden Angaben. mit der beabsichtigt wird, in Übereinstimmung mit einem Regelwerk der Rechnungslegung über die wirtschaftlichen Ressourcen oder Verpflichtungen einer Einheit zu einem bestimmten Zeitpunkt oder deren Veränderungen für einen bestimmten Zeitraum zu kommunizieren. Die damit zusammenhängenden Angaben enthalten in der Regel eine Zusammenfassung bedeutsamer Rechnungslegungsmethoden und andere erläuternde Informationen. Der Begriff „Abschluss" bezieht sich normalerweise auf einen vollständigen Abschluss, so wie durch die Anforderungen des maßgebenden Regelwerks der Rechnungslegung festgelegt, kann jedoch auch eine einzelne Finanzaufstellung betreffen.	ISA 200
Abschluss	Mit dem Begriff „Abschluss" ist in diesem ISA ein „vollständiger Abschluss für allgemeine Zwecke einschließlich der damit zusammenhängenden Angaben" gemeint. Die damit zusammenhängenden Angaben umfassen normalerweise eine Zusammenfassung von bedeutsamen Rechnungslegungsmethoden und andere erläuternde Informationen. Die Anforderungen des maßgebenden Regelwerks der Rechnungslegung legen Form und Inhalt des Abschlusses sowie die Bestandteile eines vollständigen Abschlusses fest.	Gilt nur für ISA 700

*) Standard in dem der Begriff definiert ist. Definition ist gültig für alle ISA, wenn nicht anders vermerkt.

Term	Definition	Standard*)
Financial statements	Reference to "financial statements" in this ISA means "a complete set of special purpose financial statements, including the related notes." The related notes ordinarily comprise a summary of significant accounting policies and other explanatory information. The requirements of the applicable financial reporting framework determine the form and content of the financial statements, and what constitutes a complete set of financial statements.	Only applies to ISA 800
Firm	A sole practitioner, partnership or corporation or other entity of professional accountants.	ISA 220 ISQC 1
Fraud	An intentional act by one or more individuals among management, those charged with governance, employees, or third parties, involving the use of deception to obtain an unjust or illegal advantage	ISA 240
Fraud risk factors	Events or conditions that indicate an incentive or pressure to commit fraud or provide an opportunity to commit fraud.	ISA 240
General purpose financial statements	Financial statements prepared in accordance with a general purpose framework.	ISA 700
General purpose framework	A financial reporting framework designed to meet the common financial information needs of a wide range of users. The financial reporting framework may be a fair presentation framework or a compliance framework. The term "fair presentation framework" is used to refer to a financial reporting framework that requires compliance with the requirements of the framework and: (i) Acknowledges explicitly or implicitly that, to achieve fair presentation of the financial statements, it may be necessary for management to provide disclosures beyond those specifically required by the framework; or (ii) Acknowledges explicitly that it may be necessary for management to depart from a requirement of the framework to achieve fair presentation of the financial statements. Such departures are expected to be necessary only in extremely rare circumstances. The term "compliance framework" is used to refer to a financial reporting framework that requires compliance with the requirements of the framework, but does not contain the acknowledgements in (i) or (ii) above.	ISA 700
Group	All the components whose financial information is included in the group financial statements. A group always has more than one component.	ISA 600
Group audit	The audit of group financial statements.	ISA 600
Group audit opinion	The audit opinion on the group financial statements.	ISA 600

---

*) Standard in which the term is defined. Definition applies to all ISAs, unless otherwise stated.

Begriff	Definition	Standard*)
Abschluss	Mit dem Begriff „Abschluss" ist in diesem ISA ein „vollständiger Abschluss für einen speziellen Zweck einschließlich der damit zusammenhängenden Angaben" gemeint. Die damit zusammenhängenden Angaben umfassen normalerweise eine Zusammenfassung von bedeutsamen Rechnungslegungsmethoden und andere erläuternde Informationen. Die Anforderungen des maßgebenden Regelwerks der Rechnungslegung legen Form und Inhalt des Abschlusses sowie die Bestandteile eines vollständigen Abschlusses fest.	Gilt nur für ISA 800
Praxis	Ein einzelner Berufsangehöriger, eine Personenvereinigung, eine Kapitalgesellschaft oder eine andere aus Berufsangehörigen bestehende Einheit.	ISA 220 ISQC 1
Dolose Handlung	Eine absichtliche Handlung einer oder mehrerer Personen aus dem Kreis des Managements, der für die Überwachung Verantwortlichen, der Mitarbeiter oder Dritter, wobei durch Täuschung ein ungerechtfertigter oder rechtswidriger Vorteil erlangt werden soll.	ISA 240
Risikofaktoren für dolose Handlungen	Ereignisse oder Gegebenheiten, die auf einen Anreiz oder Druck zum Begehen doloser Handlungen hindeuten oder eine Gelegenheit zum Begehen doloser Handlungen bieten.	ISA 240
Abschluss für allgemeine Zwecke	Ein in Übereinstimmung mit einem Regelwerk für allgemeine Zwecke aufgestellter Abschluss.	ISA 700
Regelwerk für allgemeine Zwecke	Ein Regelwerk der Rechnungslegung, das darauf ausgerichtet ist, die gemeinsamen Bedürfnisse eines breiten Spektrums von Nutzern an Finanzinformationen zu erfüllen. Bei dem Regelwerk der Rechnungslegung kann es sich um ein Regelwerk zur sachgerechten Gesamtdarstellung oder um ein Regelwerk zur Normentsprechung handeln. Der Begriff „Regelwerk zur sachgerechten Gesamtdarstellung" wird für ein Regelwerk der Rechnungslegung verwendet, das die Einhaltung der Anforderungen des Regelwerks verlangt und (i) explizit oder implizit anerkennt, dass es, um eine sachgerechte Gesamtdarstellung des Abschlusses zu erreichen, erforderlich sein kann, dass das Management Abschlussangaben macht, die über die ausdrücklich von dem Regelwerk geforderten hinausgehen, oder (ii) explizit anerkennt, dass es für das Management erforderlich sein kann, von einer Anforderung des Regelwerks abzuweichen, um eine sachgerechte Gesamtdarstellung des Abschlusses zu erreichen. Solche Abweichungen sind erwartungsgemäß nur in äußerst seltenen Fällen erforderlich. Der Begriff „Regelwerk zur Normentsprechung" wird für ein Regelwerk der Rechnungslegung verwendet, das die Einhaltung der Anforderungen des Regelwerks verlangt, jedoch nicht die oben in (i) oder (ii) genannten Aspekte beinhaltet.	ISA 700
Konzern	Alle Teilbereiche, deren Finanzinformationen in den Konzernabschluss einbezogen werden. Ein Konzern besteht immer aus mehr als einem Teilbereich.	ISA 600
Konzernabschlussprüfung	Die Prüfung des Konzernabschlusses.	ISA 600
Konzernprüfungsurteil	Das Prüfungsurteil über den Konzernabschluss.	ISA 600

---

*) Standard in dem der Begriff definiert ist. Definition ist gültig für alle ISA, wenn nicht anders vermerkt.

Term	Definition	Standard*)
Group engagement partner	The partner or other person in the firm who is responsible for the group audit engagement and its performance, and for the auditor's report on the group financial statements that is issued on behalf of the firm. Where joint auditors conduct the group audit, the joint engagement partners and their engagement teams collectively constitute the group engagement partner and the group engagement team. This ISA does not, however, deal with the relationship between joint auditors or the work that one joint auditor performs in relation to the work of the other joint auditor.	ISA 600
Group engagement team	Partners, including the group engagement partner, and staff who establish the overall group audit strategy, communicate with component auditors, perform work on the consolidation process, and evaluate the conclusions drawn from the audit evidence as the basis for forming an opinion on the group financial statements.	ISA 600
Group financial statements	Financial statements that include the financial information of more than one component. The term "group financial statements" also refers to combined financial statements aggregating the financial information prepared by components that have no parent but are under common control.	ISA 600
Group management	Management responsible for the preparation of the group financial statements.	ISA 600
Group-wide controls	Controls designed, implemented and maintained by group management over group financial reporting.	ISA 600
Historical financial information	Information expressed in financial terms in relation to a particular entity, derived primarily from that entity's accounting system, about economic events occurring in past time periods or about economic conditions or circumstances at points in time in the past.	ISA 200
Inconsistency	Other information that contradicts information contained in the audited financial statements. A material inconsistency may raise doubt about the audit conclusions drawn from audit evidence previously obtained and, possibly, about the basis for the auditor's opinion on the financial statements.	ISA 720
Initial audit engagement	An engagement in which either: (i) The financial statements for the prior period were not audited; or (ii) The financial statements for the prior period were audited by a predecessor auditor.	ISA 510
Inspection	In relation to completed audit engagements, procedures designed to provide evidence of compliance by engagement teams with the firm's quality control policies and procedures.	ISA 220
Inspection	In relation to completed engagements, procedures designed to provide evidence of compliance by engagement teams with the firm's quality control policies and procedures.	Only applies to ISQC 1

---

*) Standard in which the term is defined. Definition applies to all ISAs, unless otherwise stated.

Begriffsdefinitionen in ISQC 1 und ISA

Begriff	Definition	Standard*)
Der für den Konzernprüfungsauftrag Verantwortliche	Der Partner oder sonstige Mitarbeiter der Praxis, der für den Auftrag zur Konzernabschlussprüfung und dessen Durchführung sowie für den im Namen der Praxis erteilten Vermerk des Abschlussprüfers zum Konzernabschluss verantwortlich ist. Wenn Gemeinschaftsprüfer die Konzernabschlussprüfung durchführen, stellen die gemeinschaftlich für den Auftrag Verantwortlichen und deren Prüfungsteams gemeinsam den für den Konzernprüfungsauftrag Verantwortlichen und das Konzernprüfungsteam dar. Nicht Gegenstand dieses ISA ist jedoch das Verhältnis zwischen Gemeinschaftsprüfern oder der Tätigkeit, die ein Gemeinschaftsprüfer im Verhältnis zu der Tätigkeit des anderen Gemeinschaftsprüfers vornimmt.	ISA 600
Konzernprüfungsteam	Partner, einschließlich des für den Konzernprüfungsauftrag Verantwortlichen, und fachliche Mitarbeiter, welche die Konzernprüfungsstrategie festlegen, mit Teilbereichsprüfern kommunizieren, Untersuchungen zum Konsolidierungsprozess durchführen und die aus den Prüfungsnachweisen gezogenen Schlussfolgerungen als Grundlage für die Bildung eines Prüfungsurteils über den Konzernabschluss beurteilen.	ISA 600
Konzernabschluss	Abschluss, der die Finanzinformationen mehr als eines Teilbereichs enthält. Der Begriff „Konzernabschluss" bezieht sich auch auf einen kombinierten Abschluss, in dem die Finanzinformationen aggregiert sind, die von Teilbereichen erstellt wurden, die keine Muttergesellschaft haben, jedoch unter gemeinsamer Kontrolle stehen.	ISA 600
Konzernmanagement	Das für die Aufstellung des Konzernabschlusses verantwortliche Management.	ISA 600
Konzernweite Kontrollen	Vom Konzernmanagement geplante, eingerichtete und aufrechterhaltene Kontrollen über die Rechnungslegung des Konzerns.	ISA 600
Vergangenheitsorientierte Finanzinformationen	In Begriffen des Rechnungswesens ausgedrückte Informationen bezüglich einer bestimmten Einheit, die hauptsächlich aus dem Buchführungssystem der betreffenden Einheit abgeleitet werden, über wirtschaftliche Ereignisse in vergangenen Zeiträumen oder über wirtschaftliche Gegebenheiten oder Umstände zu bestimmten Zeitpunkten in der Vergangenheit.	ISA 200
Unstimmigkeit	Sonstige Informationen, die im Widerspruch zu Informationen stehen, die im geprüften Abschluss enthalten sind. Eine wesentliche Unstimmigkeit kann Zweifel an den Prüfungsfeststellungen, die anhand der zuvor erhaltenen Prüfungsnachweise getroffen wurden, und möglicherweise auch an der Grundlage für das Prüfungsurteil zum Abschluss aufkommen lassen.	ISA 720
Erstprüfungsauftrag	Ein Auftrag, bei dem entweder (i) der Abschluss für den vorhergehenden Zeitraum nicht geprüft wurde oder (ii) der Abschluss für den vorhergehenden Zeitraum von einem vorherigen Abschlussprüfer geprüft wurde.	ISA 510
Auftragsprüfung	Maßnahmen, die darauf ausgerichtet sind nachzuweisen, ob die Prüfungsteams im Zusammenhang mit abgeschlossenen Prüfungsaufträgen die Regelungen und Maßnahmen der Praxis zur Qualitätssicherung eingehalten haben.	ISA 220
Auftragsprüfung	Maßnahmen, die darauf ausgerichtet sind, nachzuweisen, ob die Auftragsteams im Zusammenhang mit abgeschlossenen Aufträgen die Regelungen und Maßnahmen der Praxis zur Qualitätssicherung eingehalten haben.	Gilt nur für ISQC 1

---

*) Standard in dem der Begriff definiert ist. Definition ist gültig für alle ISA, wenn nicht anders vermerkt.

Term	Definition	Standard*)
Internal audit function	An appraisal activity established or provided as a service to the entity. Its functions include, amongst other things, examining, evaluating and monitoring the adequacy and effectiveness of internal control.	ISA 610
Internal auditors	Those individuals who perform the activities of the internal audit function. Internal auditors may belong to an internal audit department or equivalent function.	ISA 610
Internal control	The process designed, implemented and maintained by those charged with governance, management and other personnel to provide reasonable assurance about the achievement of an entity's objectives with regard to reliability of financial reporting, effectiveness and efficiency of operations, and compliance with applicable laws and regulations. The term "controls" refers to any aspects of one or more of the components of internal control.	ISA 315
International Financial Reporting Standards	Reference to "International Financial Reporting Standards" in this ISA means the International Financial Reporting Standards issued by the International Accounting Standards Board, and reference to "International Public Sector Accounting Standards" means the International Public Sector Accounting Standards issued by the International Public Sector Accounting Standards Board.	Only applies to ISA 700
International Financial Reporting Standards	For pupases of this ISA, reference to "International Financial Reporting Standards" means the International Financial Reporting Standards issued by the International Accounting Standards Board.	Only applies to ISA 805
Listed entity	An entity whose shares, stock or debt are quoted or listed on a recognized stock exchange, or are marketed under the regulations of a recognized stock exchange or other equivalent body.	ISA 220 ISQC 1
Management	The person(s) with executive responsibility for the conduct of the entity's operations. For some entities in some jurisdictions, management includes some or all of those charged with governance, for example, executive members of a governance board, or an owner-manager.	ISA 200 ISA 260
Management	For the purposes of this ISA, references to "management" should be read hereafter as "management and, where appropriate, those charged with governance."	Only applies to ISA 210
Management	For purposes of this ISA, references to "management" should be read as "management and, where appropriate, those charged with governance." Furthermore, in the case of a fair presentation framework, management is responsible for the preparation and *fair* presentation of the financial statements in accordance with the applicable financial reporting framework; or the preparation of financial statements *that give a true and fair view* in accordance with the applicable financial reporting framework.	Only applies to ISA 580
Management bias	A lack of neutrality by management in the preparation of information.	ISA 540
Management's expert	An individual or organization possessing expertise in a field other than accounting or auditing, whose work in that field is used by the entity to assist the entity in preparing the financial statements.	ISA 500 ISA 620
Management's point estimate	The amount selected by management for recognition or disclosure in the financial statements as an accounting estimate.	ISA 540

*) Standard in which the term is defined. Definition applies to all ISAs, unless otherwise stated.

Begriffsdefinitionen in ISQC 1 und ISA

Begriff	Definition	Standard*)
Interne Revision	Eine Beratungstätigkeit, die als Dienstleistung für die Einheit eingerichtet ist oder durchgeführt wird. Zu ihren Funktionen gehören unter anderem die Untersuchung, Beurteilung und Überwachung der Angemessenheit und Wirksamkeit des internen Kontrollsystems (IKS).	ISA 610
Interne Prüfer	Die Personen, welche die Tätigkeiten der internen Revision durchführen. Interne Prüfer können einer Abteilung „Interne Revision" oder einer gleichwertigen Funktion angehören.	ISA 610
IKS	Der Prozess, der von den für die Überwachung Verantwortlichen, vom Management und von anderen Mitarbeitern konzipiert, eingerichtet und aufrechterhalten wird, um mit hinreichender Sicherheit die Ziele der Einheit im Hinblick auf die Verlässlichkeit der Rechnungslegung, die Wirksamkeit und Wirtschaftlichkeit der Geschäftstätigkeit sowie die Einhaltung der maßgebenden gesetzlichen und anderen rechtlichen Bestimmungen zu erreichen. Der Begriff „Kontrollen" bezieht sich auf jegliche Aspekte einer oder mehrerer Komponenten des IKS.	ISA 315
International Financial Reporting Standards	Mit dem Begriff „International Financial Reporting Standards" sind in diesem ISA die vom International Accounting Standards Board herausgegebenen International Financial Reporting Standards gemeint. Mit dem Begriff „International Public Sector Accounting Standards" sind die vom International Public Sector Accounting Standards Board herausgegebenen International Public Sector Accounting Standards gemeint.	Gilt nur für ISA 700
International Financial Reporting Standards	Mit „International Financial Reporting Standards" sind die vom International Accounting Standards Board herausgegebenen International Financial Reporting Standards gemeint.	Gilt nur für ISA 805
Kapitalmarktnotierte Einheit	Eine Einheit, deren Anteile, Aktien oder Schuldverschreibungen an einer anerkannten Wertpapierbörse notiert sind oder nach den Vorschriften einer anerkannten Wertpapierbörse oder einer vergleichbaren Einrichtung gehandelt werden.	ISA 220 ISQC 1
Management	Die Person(en) mit Verantwortung für die Geschäftstätigkeit der Einheit. Bei einigen Einheiten gehören in manchen Rechtsräumen einige oder alle für die Überwachung Verantwortlichen zum Management (bspw. geschäftsführende Mitglieder eines gemeinsamen Führungs- und -Überwachungsgremiums oder ein Gesellschafter-Geschäftsführer).	ISA 200 ISA 260
Management	Für die Zwecke dieses ISA ist der Begriff „Management" nachfolgend im Sinne von „Management und – soweit einschlägig – die für die Überwachung Verantwortlichen" zu verstehen.	Gilt nur für ISA 210
Management	Wird in diesem ISA auf das „Management" Bezug genommen, sind das „Management und, soweit angebracht, die für die Überwachung Verantwortlichen" gemeint. Darüber hinaus ist das Management bei einem Regelwerk zur sachgerechten Gesamtdarstellung verantwortlich für die Aufstellung und sachgerechte Gesamtdarstellung des Abschlusses in Übereinstimmung mit dem anzuwendenden Regelwerk der Rechnungslegung bzw. für die Aufstellung eines Abschlusses, der ein den tatsächlichen Verhältnissen entsprechendes Bild in Übereinstimmung mit dem anzuwendenden Regelwerk der Rechnungslegung vermittelt.	Gilt nur für ISA 580
Einseitigkeit des Managements	Ein Mangel an Neutralität des Managements bei der Aufstellung von Informationen.	ISA 540
Sachverständiger des Managements	Eine Person oder Organisation mit Fachkenntnissen auf einem anderen Gebiet als dem der Rechnungslegung oder Prüfung, deren Tätigkeit auf diesem Gebiet von der Einheit zur Unterstützung bei der Aufstellung des Abschlusses verwendet wird.	ISA 500 ISA 620
Punktschätzung des Managements	Der vom Management gewählte Betrag für den Ansatz oder die Angabe als geschätzter Wert im Abschluss.	ISA 540

---

*) Standard in dem der Begriff definiert ist. Definition ist gültig für alle ISA, wenn nicht anders vermerkt.

Term	Definition	Standard*)
Misstatement	A difference between the amount, classification, presentation, or disclosure of a reported financial statement item and the amount, classification, presentation, or disclosure that is required for the item to be in accordance with the applicable financial reporting framework. Misstatements can arise from error or fraud. Where the auditor expresses an opinion on whether the financial statements are presented fairly, in all material respects, or give a true and fair view, misstatements also include those adjustments of amounts, classifications, presentation, or disclosures that, in the auditor's judgment, are necessary for the financial statements to be presented fairly, in all material respects, or to give a true and fair view.	ISA 200 ISA 450
Misstatement of fact	Other information that is unrelated to matters appearing in the audited financial statements that is incorrectly stated or presented. A material misstatement of fact may undermine the credibility of the document containing audited financial statements.	ISA 720
Modified opinion	A qualified opinion, an adverse opinion or a disclaimer of opinion.	ISA 705
Monitoring	A process comprising an ongoing consideration and evaluation of the firm's system of quality control, including a periodic inspection of a selection of completed engagements, designed to provide the firm with reasonable assurance that its system of quality control is operating effectively.	ISA 220 ISQC 1
Negative confirmation request	A request that the confirming party respond directly to the auditor only if the confirming party disagrees with the information provided in the request.	ISA 505
Network	A larger structure: (i) That is aimed at cooperation, and (ii) That is clearly aimed at profit or cost-sharing or shares common ownership, control or management, common quality control policies and procedures, common business strategy, the use of a common brand name, or a significant part of professional resources.	ISA 220 ISQC 1
Network firm	A firm or entity that belongs to a network.	ISA 220 ISQC 1
Non-compliance	Acts of omission or commission by the entity, either intentional or unintentional, which are contrary to the prevailing laws or regulations. Such acts include transactions entered into by, or in the name of, the entity, or on its behalf, by those charged with governance, management or employees. Non-compliance does not include personal misconduct (unrelated to the business activities of the entity) by those charged with governance, management or employees of the entity.	Only applies to ISA 250

*) Standard in which the term is defined. Definition applies to all ISAs, unless otherwise stated.

Begriffsdefinitionen in ISQC 1 und ISA

Begriff	Definition	Standard*)
Falsche Darstellung	Eine Abweichung zwischen dem Betrag, dem Ausweis, der Darstellung oder der Angabe eines im Abschluss abgebildeten Sachverhalts und dem Betrag, dem Ausweis, der Darstellung oder der Angabe, der/die in Übereinstimmung mit dem maßgebenden Regelwerk der Rechnungslegung für den Sachverhalt erforderlich wäre. Falsche Darstellungen können aus Irrtümern oder aus dolosen Handlungen resultieren. Wenn der Abschlussprüfer ein Prüfungsurteil darüber abgibt, ob der Abschluss in allen wesentlichen Belangen insgesamt sachgerecht dargestellt ist oder ein den tatsächlichen Verhältnissen entsprechendes Bild vermittelt, umfassen falsche Darstellungen auch solche Angleichungen von Beträgen, Ausweisen, Darstellungen oder Angaben, die nach der Beurteilung des Abschlussprüfers notwendig sind, damit der Abschluss in allen wesentlichen Belangen insgesamt sachgerecht dargestellt ist oder ein den tatsächlichen Verhältnissen entsprechendes Bild vermittelt.	ISA 200 ISA 450
Falsche Darstellung von Tatsachen	Falsch angegebene oder dargestellte sonstige Informationen, die nicht mit Sachverhalten zusammenhängen, die im geprüften Abschluss enthalten sind. Eine wesentliche falsche Darstellung von Tatsachen kann die Glaubwürdigkeit von Dokumenten beeinträchtigen, die den geprüften Abschluss enthalten.	ISA 720
Modifiziertes Prüfungsurteil	Ein eingeschränktes, versagtes oder nicht abgegebenes Prüfungsurteil.	ISA 705
Nachschau	Ein Prozess, der eine laufende Abwägung und Beurteilung des Qualitätssicherungssystems der Praxis umfasst (einschließlich periodischer Prüfungen einer Auswahl von abgeschlossenen Aufträgen) und der darauf ausgerichtet ist, der Praxis hinreichende Sicherheit darüber zu verschaffen, dass ihr Qualitätssicherungssystem wirksam funktioniert.	ISA 220 ISQC 1
Negative Bestätigungsanfrage	Eine Anfrage mit der die bestätigende Partei aufgefordert wird, dem Abschlussprüfer nur dann direkt zu antworten, wenn diese den in der Anfrage enthaltenen Informationen nicht zustimmt.	ISA 505
Netzwerk	Eine breitere Struktur, die (i) auf Kooperation ausgerichtet ist und (ii) eindeutig auf Gewinn- oder Kostenteilung abzielt oder ein gemeinsames Eigentum, gemeinsame Kontrolle oder Führung, gemeinsame Regelungen und Maßnahmen zur Qualitätssicherung oder eine gemeinsame Geschäftsstrategie aufweist oder in der ein Markenname oder ein bedeutender Teil beruflicher Ressourcen gemeinsam genutzt werden.	ISA 220 ISQC 1
Mitglied eines Netzwerks	Eine Praxis oder Einheit, die einem Netzwerk angehört.	ISA 220 ISQC 1
Verstoß	Absichtliches oder unabsichtliches Tun oder Unterlassen durch die Einheit, das gegen die geltenden Gesetze oder anderen Rechtsvorschriften verstößt. Zu solchen Handlungen gehören Vorgänge, die durch die Einheit, in deren Namen oder auf deren Rechnung, durch die für die Überwachung Verantwortlichen, das Management oder Mitarbeiter getätigt werden. Verstöße umfassen kein persönliches Fehlverhalten (das nicht mit den Geschäftätigkeiten der Einheit im Zusammenhang steht) durch die für die Überwachung Verantwortlichen, das Management oder Mitarbeiter der Einheit.	Gilt nur für ISA 250

---

*) Standard in dem der Begriff definiert ist. Definition ist gültig für alle ISA, wenn nicht anders vermerkt.

Defined Terms in ISQC 1 and the ISAs

Term	Definition	Standard*)
Non-response	A failure of the confirming party to respond, or fully respond, to a positive confirmation request, or a confirmation request returned undelivered.	ISA 505
Non-sampling risk	The risk that the auditor reaches an erroneous conclusion for any reason not related to sampling risk.	ISA 530
Opening balances	Those account balances that exist at the beginning of the period. Opening balances are based upon the closing balances of the prior period and reflect the effects of transactions and events of prior periods and accounting policies applied in the prior period. Opening balances also include matters requiring disclosure that existed at the beginning of the period, such as contingencies and commitments.	ISA 510
Other information	Financial and non-financial information (other than the financial statements and the auditor's report thereon) which is included, either by law, regulation or custom, in a document containing audited financial statements and the auditor's report thereon.	ISA 720
Other Matter paragraph	A paragraph included in the auditor's report that refers to a matter other than those presented or disclosed in the financial statements that, in the auditor's judgment, is relevant to users' understanding of the audit, the auditor's responsibilities or the auditor's report.	ISA 706
Outcome of an accounting estimate	The actual monetary amount which results from the resolution of the underlying transaction(s), event(s) or condition(s) addressed by the accounting estimate.	ISA 540
Partner	Any individual with authority to bind the firm with respect to the performance of a professional services engagement.	ISA 220 ISQC 1
Performance materiality	Performance materiality means the amount or amounts set by the auditor at less than materiality for the financial statements as a whole to reduce to an appropriately low level the probability that the aggregate of uncorrected and undetected misstatements exceeds materiality for the financial statements as a whole. If applicable, performance materiality also refers to the amount or amounts set by the auditor at less than the materiality level or levels for particular classes of transactions, account balances or disclosures.	ISA 320
Personnel	Partners and staff.	ISA 220 ISQC 1
Pervasive	A term used, in the context of misstatements, to describe the effects on the financial statements of misstatements or the possible effects on the financial statements of misstatements, if any, that are undetected due to an inability to obtain sufficient appropriate audit evidence. Pervasive effects on the financial statements are those that, in the auditor's judgment:	ISA 705

*) Standard in which the term is defined. Definition applies to all ISAs, unless otherwise stated.

Begriff	Definition	Standard*)
Nichtbeantwortung	Eine Unterlassung der bestätigenden Partei, die darin besteht, eine positive Bestätigungsanfrage nicht oder nicht vollständig zu beantworten, oder eine als nicht zugestellt zurückgesandte Bestätigungsanfrage.	ISA 505
Nicht-Stichprobenrisiko	Das Risiko, dass der Abschlussprüfer aus einem Grund, der nicht mit dem Stichprobenrisiko zusammenhängt, zu einer falschen Schlussfolgerung gelangt.	ISA 530
Eröffnungsbilanzwerte	Die zu Beginn des Zeitraums bestehenden Kontensalden. Eröffnungsbilanzwerte ergeben sich aus den Schlussbilanzwerten des vorhergehenden Zeitraums und spiegeln die Auswirkungen von Geschäftsvorfällen und Ereignissen aus vorhergehenden Zeiträumen sowie die im vorhergehenden Zeitraum angewendeten Rechnungslegungsmethoden wider. Darüber hinaus gehören zu den Eröffnungsbilanzwerten die im Abschluss anzugebenden Sachverhalte, die zu Beginn des Zeitraums vorlagen (wie Eventualschulden und -forderungen sowie sonstige Verpflichtungen).	ISA 510
Sonstige Informationen	Finanzielle und nicht-finanzielle Informationen (mit Ausnahme des Abschlusses und des dazu erteilten Vermerks des Abschlussprüfers), die entweder aufgrund von Gesetzen oder anderen Rechtsvorschriften oder gewöhnlicherweise in einem Dokument enthalten sind, das den geprüften Abschluss und den dazu erteilten Vermerk des Abschlussprüfers enthält.	ISA 720
Absatz zum Hinweis auf einen sonstigen Sachverhalt	Ein im Vermerk des Abschlussprüfers enthaltener Absatz, der sich auf einen nicht im Abschluss dargestellten oder angegebenen Sachverhalt bezieht, der nach der Beurteilung des Abschlussprüfers für das Verständnis der Nutzer von der Abschlussprüfung, den Pflichten des Abschlussprüfers oder von dem Vermerk des Abschlussprüfers relevant ist.	ISA 706
Realisierung eines geschätzten Werts in der Rechnungslegung	Der tatsächliche Geldbetrag, der sich aus dem Abschluss der zugrunde liegenden Geschäftsvorfälle, Ereignisse oder Gegebenheiten ergibt, auf die sich der geschätzte Wert in der Rechnungslegung bezieht	ISA 540
Partner	Jede natürliche Person, die befugt ist, die Praxis bei der Durchführung eines Auftrags über berufliche Dienstleistungen zu binden.	ISA 220 ISQC 1
Toleranzwesentlichkeit	„Toleranzwesentlichkeit" bedeutet der Betrag, der vom Abschlussprüfer unterhalb der Wesentlichkeit für den Abschluss als Ganzes festgelegt wird oder die Beträge, die vom Abschlussprüfer unterhalb der Wesentlichkeit festgelegt werden, um die Wahrscheinlichkeit dafür auf ein angemessen niedriges Maß zu reduzieren, dass die Summe aus den nicht korrigierten und den nicht aufgedeckten falschen Darstellungen die Wesentlichkeit für den Abschluss als Ganzes überschreitet. Sofern einschlägig, bezieht sich der Begriff „Toleranzwesentlichkeit" auch auf den Betrag oder die Beträge, der oder die vom Abschlussprüfer unterhalb der Wesentlichkeitsgrenze oder -grenzen für bestimmte Arten von Geschäftsvorfällen, Kontensalden oder Abschlussangaben festgelegt wird oder werden.	ISA 320
Fachpersonal	Partner und fachliche Mitarbeiter.	ISA 220 ISQC 1
Umfassend	Ein Begriff, der im Zusammenhang mit falschen Darstellungen verwendet wird, um die Auswirkungen von falschen Darstellungen auf den Abschluss zu beschreiben oder die möglichen Auswirkungen von etwaigen falschen Darstellungen auf den Abschluss zu beschreiben, die aufgrund der fehlenden Möglichkeit, ausreichende geeignete Prüfungsnachweise zu erlangen, nicht aufgedeckt werden. Umfassende Auswirkungen auf den Abschluss sind solche, die nach der Beurteilung des Abschlussprüfers	ISA 705

---

*) Standard in dem der **Begriff** definiert ist. Definition ist gültig für **alle** ISA, wenn nicht anders vermerkt.

Term	Definition	Standard*)
	(i) Are not confined to specific elements, accounts or items of the financial statements; (ii) If so confined, represent or could represent a substantial proportion of the financial statements; or (iii) In relation to disclosures, are fundamental to users' understanding of the financial statements.	
Population	The entire set of data from which a sample is selected and about which the auditor wishes to draw conclusions.	ISA 530
Positive confirmation request	A request that the confirming party respond directly to the auditor indicating whether the confirming party agrees or disagrees with the information in the request, or providing the requested information.	ISA 505
Preconditions for an audit	The use by management of an acceptable financial reporting framework in the preparation of the financial statements and the agreement of management and, where appropriate, those charged with governance to the premise on which an audit is conducted.	ISA 210
Predecessor auditor	The auditor from a different audit firm, who audited the financial statements of an entity in the prior period and who has been replaced by the current auditor.	ISA 510

Premise, relating to the responsibilities of management and, where appropriate, those charged with governance, on which an audit is conducted	That management and, where appropriate, those charged with governance have acknowledged and understand that they have the following responsibilities that are fundamental to the conduct of an audit in accordance with ISAs. That is, responsibility:
	
	(i) For the preparation of the financial statements in accordance with the applicable financial reporting framework, including, where relevant, their fair presentation;
	
	(ii) For such internal control as management and, where appropriate, those charged with governance determine is necessary to enable the preparation of financial statements that are free from material misstatement, whether due to fraud or error; and
	
	(iii) To provide the auditor with:
	    a. Access to all information of which management and, where appropriate, those charged with governance are aware that is relevant to the preparation of the financial statements such as records, documentation and other matters;
	
	    b. Additional information that the auditor may request from management and, where appropriate, those charged with governance for the purpose of the audit; and
	
	    c. Unrestricted access to persons within the entity from whom the auditor determines it necessary to obtain audit evidence.
		ISA 200

*) Standard in which the term is defined. Definition applies to all ISAs, unless otherwise stated.

Begriff	Definition	Standard*)
	(i) nicht auf bestimmte Bestandteile, Konten oder Posten des Abschlusses beschränkt sind; (ii) bei derartiger Beschränkung einen erheblichen Teil des Abschlusses betreffen oder betreffen könnten oder (iii) im Zusammenhang mit Abschlussangaben grundlegend für das Verständnis des Abschlusses durch die Nutzer sind.	
Grundgesamtheit	Die Gesamtmenge an Daten, aus der eine Stichprobe ausgewählt wird und über die der Abschlussprüfer Schlussfolgerungen zu ziehen beabsichtigt.	ISA 530
Positive Bestätigungsanfrage	Eine Anfrage mit der die bestätigende Partei aufgefordert wird, dem Abschlussprüfer direkt zu antworten, womit zum Ausdruck gebracht wird, ob die bestätigende Partei den Informationen in der Anfrage zustimmt oder nicht oder die angeforderten Informationen liefert.	ISA 505
Vorbedingungen für eine Abschlussprüfung	Die Anwendung eines akzeptablen Regelwerks der Rechnungslegung durch das Management bei der Aufstellung des Abschlusses sowie das Einverständnis des Managements und – sofern einschlägig – der für die Überwachung Verantwortlichen mit der Voraussetzung, unter der eine Abschlussprüfung durchgeführt wird.	ISA 210
Vorheriger Abschlussprüfer	Der Abschlussprüfer aus einer anderen Prüfungspraxis, der den Abschluss einer Einheit im vorhergehenden Zeitraum geprüft hat und durch den derzeitigen Abschlussprüfer ersetzt wurde.	ISA 510

Voraussetzung, unter der eine Abschlussprüfung durchgeführt wird und die sich auf die Pflichten des Managements und - sofern angebracht - der für die Überwachung Verantwortlichen bezieht	Dass das Management und – sofern angebracht - die für die Überwachung Verantwortlichen anerkannt und verstanden haben, dass ihnen die nachfolgend genannten Pflichten obliegen, die für die Durchführung einer Prüfung in Übereinstimmung mit den ISA grundlegend sind. Das heißt, sie haben die Verantwortung
	(i) für die Aufstellung des Abschlusses in Übereinstimmung mit dem maßgebenden Regelwerk der Rechnungslegung, einschließlich einer sachgerechten Gesamtdarstellung des Abschlusses, sofern dies relevant ist;
	(ii) für ein internes Kontrollsystem, wie es das Management und – sofern angebracht - die für die Überwachung Verantwortlichen für notwendig befinden, um die Aufstellung eines Abschlusses zu ermöglichen, der frei von wesentlichen - beabsichtigten oder unbeabsichtigten - falschen Darstellungen ist;
	(iii) dafür, dem Abschlussprüfer Folgendes zu verschaffen
	  a. Zugang zu allen Informationen, die dem Management und – sofern angebracht - den für die Überwachung Verantwortlichen bekannt und die für die Aufstellung des Abschlusses relevant sind (z.B. Aufzeichnungen, Dokumentationen und Sonstiges);
	  b. zusätzliche Informationen, die der Abschlussprüfer zum Zwecke der Abschlussprüfung vom Management und - sofern angebracht - von den für die Überwachung Verantwortlichen verlangen kann und
	  c. uneingeschränkten Zugang zu Personen innerhalb der Einheit, von denen der Abschlussprüfer es für notwendig hält, Prüfungsnachweise einzufordern.
		ISA 200

---

*) Standard in dem der Begriff definiert ist. Definition ist gültig für alle ISA, wenn nicht anders vermerkt.

Term	Definition	Standard*)
	In the case of a fair presentation framework, (i) above may be restated as "for the preparation and *fair* presentation of the financial statements in accordance with the financial reporting framework," or "for the preparation of financial statements *that give a true and fair view* in accordance with the financial reporting framework."	
	The "premise, relating to the responsibilities of management and, where appropriate, those charged with governance, on which an audit is conducted" may also be referred to as the "premise."	
Prior period	For purposes of this ISA, references to "prior period" should be read as "prior periods" when the comparative information includes amounts and disclosures for more than one period.	Only applies to ISA 710
Professional judgment	The application of relevant training, knowledge and experience, within the context provided by auditing, accounting and ethical standards, in making informed decisions about the courses of action that are appropriate in the circumstances of the audit engagement.	ISA 200
Professional skepticism	An attitude that includes a questioning mind, being alert to conditions which may indicate possible misstatement due to error or fraud, and a critical assessment of audit evidence.	ISA 200
Professional standards	International Standards on Auditing (ISAs) and relevant ethical requirements.	ISA 220
Professional standards	IAASB Engagement Standards, as defined in the IAASB's *Preface to the International Standards on Quality Control, Auditing, Review, Other Assurance and Related Services*, and relevant ethical requirements.	Only applies to ISQC 1
Reasonable assurance	In the context of an audit of financial statements, a high, but not absolute, level of assurance.	ISA 200
Reasonable assurance	In the context of this ISQC, a high, but not absolute, level of assurance.	Only applies to ISQC 1

Related party	A party that is either:
	(i) A related party as defined in the applicable financial reporting framework; or
	(ii) Where the applicable financial reporting framework establishes minimal or no related party requirements:
	
	a. A person or other entity that has control or significant influence, directly or indirectly through one or more intermediaries, over the reporting entity;
	
	b. Another entity over which the reporting entity has control or significant influence, directly or indirectly through one or more intermediaries; or
	
	c. Another entity that is under common control with the reporting entity through having:
	   i. Common controlling ownership;
	   ii. Owners who are close family members; or
		ISA 550

---

*) Standard in which the term is defined. Definition applies to all ISAs, unless otherwise stated.

Begriff	Definition	Standard*)
	Bei einem Regelwerk zur sachgerechten Gesamtdarstellung kann (i) ersetzt werden durch „für die Aufstellung und sachgerechte Gesamtdarstellung des Abschlusses in Übereinstimmung mit dem Regelwerk der Rechnungslegung" oder „für die Aufstellung eines Abschlusses, der in Übereinstimmung mit dem Regelwerk der Rechnungslegung ein den tatsächlichen Verhältnissen entsprechendes Bild vermittelt". Die „Voraussetzung, unter der eine Abschlussprüfung durchgeführt wird und die sich auf die Pflichten des Managements und – sofern angebracht - der für die Überwachung Verantwortlichen bezieht " wird auch als die „Voraussetzung" bezeichnet.	
Vorhergehendem Zeitraum	Für die Zwecke dieses ISA werden unter „vorhergehendem Zeitraum" „vorhergehende Zeiträume" verstanden, wenn die Vergleichsinformationen Beträge und Angaben für mehr als einen Zeitraum umfassen.	Gilt nur für ISA 710
Pflichtgemäßes Ermessen	Das Anwenden von relevanter Aus- und Fortbildung, Kenntnis und Erfahrung im Zusammenhang mit Prüfungs-, Rechnungslegungs- und beruflichen Standards, um fundierte Entscheidungen über die Vorgehensweise zu treffen, die unter den Umständen des Prüfungsauftrags angemessen ist.	ISA 200
Kritische Grundhaltung	Eine Einstellung, zu der eine hinterfragende Haltung, eine Aufmerksamkeit für Umstände, die auf mögliche falsche Darstellungen aufgrund von Irrtümern oder dolosen Handlungen hindeuten können, und eine kritische Beurteilung von Prüfungsnachweisen gehören.	ISA 200
Berufliche Standards	International Standards on Auditing (ISA) und relevante berufliche Verhaltensanforderungen.	ISA 220
Berufliche Standards	Die IAASB Engagement Standards, wie im *Preface to the International Standards on Quality Control, Auditing, Review, Other Assurance and Related Services* des IAASB definiert, und relevante berufliche Verhaltensanforderungen.	Gilt nur für ISQC 1
Hinreichende Sicherheit	Im Kontext einer Abschlussprüfung ein hoher, jedoch kein absoluter Grad an Sicherheit.	ISA 200
Hinreichende Sicherheit	Im Kontext dieses ISQC ein hoher, jedoch kein absoluter Grad an Sicherheit.	Gilt nur für ISQC 1

Nahe stehende Person	Eine Person, die entweder
	(i) eine nahe stehende Person ist, wie sie in dem maßgebenden Regelwerk der Rechnungslegung definiert ist,
	(ii) oder wenn das maßgebende Regelwerk der Rechnungslegung minimale oder keine Anforderungen an die nahe stehenden Personen festlegt,
	   a. eine Person oder eine andere Einheit ist, die direkt oder indirekt über eine oder mehrere Zwischeneinheiten Kontrolle oder maßgeblichen Einfluss auf die berichterstattende Einheit ausübt,
	   b. eine andere Einheit ist, auf welche die berichterstattende Einheit direkt oder indirekt über eine oder mehrere Zwischeneinheiten Kontrolle oder maßgeblichen Einfluss ausübt, oder
	   c. eine andere Einheit ist, die sich mit der berichterstattenden Einheit unter gemeinsamer Kontrolle befindet durch
	      i. gemeinsame beherrschende Anteilseigner,
	      ii. Anteilseigner, die enge Familienmitglieder sind, oder
		ISA 550

---

*) Standard in dem der Begriff definiert ist. Definition ist gültig für alle ISA, wenn nicht anders vermerkt.

Term	Definition	Standard[*]
	iii. Common key management. However, entities that are under common control by a state (that is, a national, regional or local government) are not considered related unless they engage in significant transactions or share resources to a significant extent with one another.	
Relevant ethical requirements	Ethical requirements to which the engagement team and engagement quality control reviewer are subject, which ordinarily comprise Parts A and B of the International Ethics Standards Board for Accountants' *Code of Ethics for Professional Accountants* (IESBA Code) related to an audit of financial statements together with national requirements that are more restrictive.	ISA 220
Relevant ethical requirements	Ethical requirements to which the engagement team and engagement quality control reviewer are subject, which ordinarily comprise Parts A and B of the International Ethics Standards Board for Accountants' *Code of Ethics for Professional Accountants* (IESBA Code) together with national requirements that are more restrictive.	Only applies to ISQC 1
Report on the description and design of controls at a service organization (referred to in this ISA as a type 1 report)	A report that comprises: (i) A description, prepared by management of the service organization, of the service organization's system, control objectives and related controls that have been designed and implemented as at a specified date; and (ii) A report by the service auditor with the objective of conveying reasonable assurance that includes the service auditor's opinion on the description of the service organization's system, control objectives and related controls and the suitability of the design of the controls to achieve the specified control objectives.	ISA 402
Report on the description, design, and operating effectiveness of controls at a service organization (referred to in this ISA as a type 2 report)	A report that comprises: (i) A description, prepared by management of the service organization, of the service organization's system, control objectives and related controls, their design and implementation as at a specified date or throughout a specified period and, in some cases, their operating effectiveness throughout a specified period; and (ii) A report by the service auditor with the objective of conveying reasonable assurance that includes: a. The service auditor's opinion on the description of the service organization's system, control objectives and related controls, the suitability of the design of the controls to achieve the specified control objectives, and the operating effectiveness of the controls; and b. A description of the service auditor's tests of the controls and the results thereof.	ISA 402
Risk assessment procedures	The audit procedures performed to obtain an understanding of the entity and its environment, including the entity's internal control, to identify and assess the risks of material misstatement, whether due to fraud or error, at the financial statement and assertion levels.	ISA 315

---

[*] Standard in which the term is defined. Definition applies to all ISAs, unless otherwise stated.

Begriffsdefinitionen in ISQC 1 und ISA

Begriff	Definition	Standard*)
	iii. ein gemeinsames Management in Schlüsselfunktionen. Einheiten, die unter gemeinsamer Kontrolle durch einen Staat (d. h. eine nationale, regionale oder lokale Regierung) stehen, werden jedoch nicht als nahe stehend angesehen, sofern sie nicht bedeutende Transaktionen miteinander durchführen oder in erheblichem Ausmaße Ressourcen gemeinsam nutzen.	
Relevante berufliche Verhaltensanforderungen	Berufliche Verhaltensanforderungen, denen das Prüfungsteam und der auftragsbegleitende Qualitätssicherer unterliegen. Diese umfassen normalerweise die Teile A und B des *Code of Ethics for Professional Accountants* des International Ethics Standards Board for Accountants (IESBA-Kodex) für Abschlussprüfungen zusammen mit restriktiveren nationalen Anforderungen.	ISA 220
Relevante berufliche Verhaltensanforderungen	Berufliche Verhaltensanforderungen, denen das Auftragsteam und der auftragsbegleitende Qualitätssicherer unterliegen. Diese umfassen normalerweise die Teile A und B des *Code of Ethics for Professional Accountants* des International Ethics Standards Board for Accountants (IESBA-Kodex) zusammen mit restriktiveren nationalen Anforderungen.	Gilt nur für ISQC 1
Bericht über die Beschreibung und Ausgestaltung der Kontrollen bei einem Dienstleister (in diesem ISA als Bericht Typ 1 bezeichnet)	Ein Bericht, der Folgendes umfasst: (i) eine vom Management des Dienstleisters erstellte Beschreibung des Systems des Dienstleisters, seiner Kontrollziele und der damit verbundenen Kontrollen, die zu einem bestimmten Zeitpunkt ausgestaltet und eingerichtet sind; (ii) einen Bericht des Prüfers des Dienstleisters mit dem Ziel, hinreichende Sicherheit zu vermitteln. Dieser Bericht enthält das Urteil des Prüfers des Dienstleisters über die Beschreibung des Systems des Dienstleisters, seiner Kontrollziele und der damit verbundenen Kontrollen sowie über die Eignung der Ausgestaltung der Kontrollen für das Erreichen der festgelegten Kontrollziele.	ISA 402
Bericht über die Beschreibung, Ausgestaltung und Wirksamkeit von Kontrollen bei einem Dienstleister (in diesem ISA als Bericht Typ 2 bezeichnet)	Ein Bericht, der Folgendes umfasst: (i) eine vom Management des Dienstleisters erstellte Beschreibung des Systems des Dienstleisters, seiner Kontrollziele und der damit verbundenen Kontrollen sowie von deren Ausgestaltung und Einrichtung zu einem bestimmten Zeitpunkt oder während eines bestimmten Zeitraums und, in manchen Fällen, ihrer Wirksamkeit während eines bestimmten Zeitraums; (ii) einen Bericht des Prüfers des Dienstleisters mit dem Ziel, hinreichende Sicherheit zu vermitteln. Dieser Bericht enthält Folgendes: a. das Urteil des Prüfers des Dienstleisters über die Beschreibung des Systems des Dienstleisters, seiner Kontrollziele und der damit verbundenen Kontrollen sowie über die Eignung der Ausgestaltung der Kontrollen für das Erreichen der festgelegten Kontrollziele und die Wirksamkeit der Kontrollen; b. eine Beschreibung der vom Prüfer des Dienstleisters durchgeführten Funktionsprüfungen und deren Ergebnisse.	ISA 402
Prüfungshandlungen zur Risikobeurteilung	Die Prüfungshandlungen, die durchgeführt werden, um ein Verständnis von der Einheit und ihrem Umfeld, einschließlich ihres IKS, zu gewinnen, mit dem Ziel, die Risiken wesentlicher - beabsichtigter oder unbeabsichtigter - falscher Darstellungen auf Abschluss- und Aussageebene zu identifizieren und zu beurteilen.	ISA 315

---

*) Standard in dem der Begriff definiert ist. Definition ist gültig für alle ISA, wenn nicht anders vermerkt.

Term	Definition	Standard*)
Risk of material misstatement	The risk that the financial statements are materially misstated prior to audit. This consists of two components, described as follows at the assertion level: (i) Inherent risk – The susceptibility of an assertion about a class of transaction, account balance or disclosure to a misstatement that could be material, either individually or when aggregated with other misstatements, before consideration of any related controls. (ii) Control risk – The risk that a misstatement that could occur in an assertion about a class of transaction, account balance or disclosure and that could be material, either individually or when aggregated with other misstatements, will not be prevented, or detected and corrected, on a timely basis by the entity's internal control.	ISA 200
Sampling risk	The risk that the auditor's conclusion based on a sample may be different from the conclusion if the entire population were subjected to the same audit procedure. Sampling risk can lead to two types of erroneous conclusions: (i) In the case of a test of controls, that controls are more effective than they actually are, or in the case of a test of details, that a material misstatement does not exist when in fact it does. The auditor is primarily concerned with this type of erroneous conclusion because it affects audit effectiveness and is more likely to lead to an inappropriate audit opinion. (ii) In the case of a test of controls, that controls are less effective than they actually are, or in the case of a test of details, that a material misstatement exists when in fact it does not. This type of erroneous conclusion affects audit efficiency as it would usually lead to additional work to establish that initial conclusions were incorrect.	ISA 530
Sampling unit	The individual items constituting a population.	ISA 530
Service auditor	An auditor who, at the request of the service organization, provides an assurance report on the controls of a service organization.	ISA 402
Service organization	A third-party organization (or segment of a third-party organization) that provides services to user entities that are part of those entities' information systems relevant to financial reporting.	ISA 402
Service organization's system	The policies and procedures designed, implemented and maintained by the service organization to provide user entities with the services covered by the service auditor's report.	ISA 402
Significant component	A component identified by the group engagement team (i) that is of individual financial significance to the group, or (ii) that, due to its specific nature or circumstances, is likely to include significant risks of material misstatement of the group financial statements.	ISA 600
Significant deficiency in internal control	A deficiency or combination of deficiencies in internal control that, in the auditor's professional judgment, is of sufficient importance to merit the attention of those charged with governance.	ISA 265

*) Standard in which the term is defined. Definition applies to all ISAs, unless otherwise stated.

Begriff	Definition	Standard*)
Risiko wesentlicher falscher Darstellungen	Das Risiko, dass der Abschluss vor der Abschlussprüfung wesentliche falsche Darstellungen enthält. Dieses Risiko besteht aus zwei Komponenten, die auf Aussageebene folgendermaßen umschrieben sind: (i) Inhärentes Risiko – Die Anfälligkeit einer Aussage über eine Art von Geschäftsvorfällen, Kontensalden oder Abschlussangaben für eine falsche Darstellung, die entweder einzeln oder in der Summe mit anderen falschen Darstellungen wesentlich sein könnte, vor Berücksichtigung von damit zusammenhängenden Kontrollen. (ii) Kontrollrisiko – Das Risiko, dass eine falsche Darstellung, die bei einer Aussage über eine Art von Geschäftsvorfällen, Kontensalden oder Abschlussangaben auftreten könnte und die entweder einzeln oder in der Summe mit anderen falschen Darstellungen wesentlich sein könnte, vom IKS der Einheit nicht verhindert oder rechtzeitig aufgedeckt und korrigiert wird.	ISA 200
Stichprobenrisiko	Das Risiko, dass die stichprobenbasierte Schlussfolgerung des Abschlussprüfers von der Schlussfolgerung abweicht, wenn die vollständige Grundgesamtheit Gegenstand derselben Prüfungshandlung wäre. Das Stichprobenrisiko kann zu zwei Arten von falschen Schlussfolgerungen führen: (i) Bei Funktionsprüfungen die Schlussfolgerung, Kontrollen seien wirksamer, als sie tatsächlich sind, oder bei Einzelfallprüfungen die Schlussfolgerung, es liege keine wesentliche falsche Darstellung vor, obwohl dies tatsächlich der Fall ist. Der Abschlussprüfer legt sein Hauptaugenmerk auf diese Art der falschen Schlussfolgerung, da sie sich auf die Wirksamkeit der Abschlussprüfung auswirkt und mit höherer Wahrscheinlichkeit zu einem unangemessenen Prüfungsurteil führt. (ii) Bei Funktionsprüfungen die Schlussfolgerung, Kontrollen seien weniger wirksam, als sie tatsächlich sind, oder bei Einzelfallprüfungen die Schlussfolgerung, es liege eine wesentliche falsche Darstellung vor, obwohl dies tatsächlich nicht der Fall ist. Diese Art von falscher Schlussfolgerung wirkt sich auf die Wirtschaftlichkeit der Abschlussprüfung aus, da sie in der Regel zusätzliche Arbeit nach sich zieht, um die ursprünglichen Schlussfolgerungen zu widerlegen.	ISA 530
Stichprobenelement	Die einzelnen Elemente, die eine Grundgesamtheit bilden.	ISA 530
Prüfer des Dienstleisters	Ein Prüfer, der auf Aufforderung des Dienstleisters einen Bericht über die Prüfung der Kontrollen des Dienstleisters erstellt.	ISA 402
Dienstleister	Ein Dritter (oder ein Segment davon), der für auslagernde Einheiten Dienstleistungen erbringt, die Teil der rechnungslegungsbezogenen Informationssysteme dieser Einheiten sind.	ISA 402
System des Dienstleisters	Die Regelungen und Verfahren, die von dem Dienstleister ausgestaltet, eingerichtet und aufrechterhalten werden, um für auslagernde Einheiten die Dienstleistungen zu erbringen, die unter den Bericht des Prüfers des Dienstleisters fallen.	ISA 402
Bedeutsamer Teilbereich	Ein vom Konzernprüfungsteam festgestellter Teilbereich, der (i) für sich genommen von wirtschaftlicher Bedeutung für den Konzern ist oder (ii) aufgrund seiner spezifischen Merkmale oder Umstände wahrscheinlich bedeutsame Risiken wesentlicher falscher Darstellungen im Konzernabschluss beinhaltet.	ISA 600
Bedeutsamer Mangel im IKS	Ein Mangel oder eine Kombination von Mängeln im IKS, die nach pflichtgemäßem Ermessen des Abschlussprüfers bedeutsam genug ist, um die Aufmerksamkeit der für die Überwachung Verantwortlichen zu verdienen.	ISA 265

---

*) Standard in dem der Begriff definiert ist. Definition ist gültig für alle ISA, wenn nicht anders vermerkt.

Term	Definition	Standard*)
Significant risk	An identified and assessed risk of material misstatement that, in the auditor's judgment, requires special audit consideration.	ISA 315
Single Financial Statement (or a specific element of a financial statement)	For the purposes of this ISA, rerefence to a single financial statement or to a specific element of a financial statement includes the related notes. The related notes ordinarily comprise a summary of significant accounting policies and other explanatory information relevant to the financial statement or to the element.	Only applies to ISA 805
Special purpose financial statements	Financial statements prepared in accordance with a special purpose framework.	ISA 800
Special purpose framework	A financial reporting framework designed to meet the financial information needs of specific users. The financial reporting framework may be a fair presentation framework or a compliance framework.	ISA 800
Staff	Professionals, other than partners, including any experts the firm employs.	ISA 220 ISQC 1
Statistical sampling	An approach to sampling that has the following characteristics: (i) Random selection of the sample items; and (ii) The use of probability theory to evaluate sample results, including measurement of sampling risk. A sampling approach that does not have characteristics (i) and (ii) is considered non-statistical sampling.	ISA 530
Stratification	The process of dividing a population into sub-populations, each of which is a group of sampling units which have similar characteristics (often monetary value).	ISA 530
Subsequent events	Events occurring between the date of the financial statements and the date of the auditor's report, and facts that become known to the auditor after the date of the auditor's report.	ISA 560
Subservice organization	A service organization used by another service organization to perform some of the services provided to user entities that are part of those user entities' information systems relevant to financial reporting.	ISA 402
Substantive procedure	An audit procedure designed to detect material misstatements at the assertion level. Substantive procedures comprise: (i) Tests of details (of classes of transactions, account balances, and disclosures); and (ii) Substantive analytical procedures.	ISA 330
Sufficiency (of audit evidence)	The measure of the quantity of audit evidence. The quantity of the audit evidence needed is affected by the auditor's assessment of the risks of material misstatement and also by the quality of such audit evidence.	ISA 500

*) Standard in which the term is defined. Definition applies to all ISAs, unless otherwise stated.

Begriffsdefinitionen in ISQC 1 und ISA

Begriff	Definition	Standard*)
Bedeutsames Risiko	Ein identifiziertes und beurteiltes Risiko wesentlicher falscher Darstellungen, das nach der Beurteilung des Abschlussprüfers eine besondere Berücksichtigung bei der Abschlussprüfung erfordert.	ISA 315
Finanzaufstellung	Eine einzelne Finanzaufstellung oder ein bestimmter Bestandteil einer Finanzaufstellung schließt die damit zusammenhängenden Angaben ein. Die damit zusammenhängenden Angaben umfassen normalerweise eine Zusammenfassung von bedeutsamen Rechnungslegungsmethoden und andere erläuternde Informationen, die für die Finanzaufstellung oder den Bestandteil relevant sind.	Gilt nur für ISA 805
Abschluss für einen speziellen Zweck	Ein Abschluss, der aufgestellt ist in Übereinstimmung mit einem Regelwerk für einen speziellen Zweck.	ISA 800
Regelwerk für einen speziellen Zweck	Ein Regelwerk der Rechnungslegung, das darauf ausgerichtet ist, den Informationsbedürfnissen von bestimmten Nutzern von Finanzinformationen gerecht zu werden. Bei dem Regelwerk der Rechnungslegung kann es sich um ein Regelwerk zur sachgerechten Gesamtdarstellung oder um ein Regelwerk zur Normentsprechung handeln.	ISA 800
Fachliche Mitarbeiter	Fachkräfte, mit Ausnahme der Partner, einschließlich aller von der Praxis beschäftigten Sachverständigen.	ISA 220 ISQC 1
Statistisches Stichprobenverfahren	Ein Stichprobenansatz mit den folgenden Merkmalen: (i) zufallsgesteuerte Auswahl der Stichprobenelemente und (ii) Anwendung der Wahrscheinlichkeitstheorie zur Auswertung der Stichprobenergebnisse, einschließlich der Bewertung des Stichprobenrisikos. Ein Stichprobenansatz, der nicht die Merkmale (i) und (ii) aufweist, wird als nichtstatistisches Stichprobenverfahren angesehen.	ISA 530
Schichtung	Der Prozess der Unterteilung einer Grundgesamtheit in Teilgrundgesamtheiten, die jeweils eine Gruppe von Stichprobenelementen mit ähnlichen Eigenschaften (häufig Geldbetrag) darstellen.	ISA 530
Ereignisse nach dem Abschlussstichtag	Ereignisse, die zwischen dem Abschlussstichtag und dem Datum des Vermerks des Abschlussprüfers eintreten sowie Tatsachen, die dem Abschlussprüfer nach dem Datum des Vermerks des Abschlussprüfers bekannt werden.	ISA 560
Subdienstleister	Ein Dienstleister, der von einem anderen Dienstleister in Anspruch genommen wird, um einige für auslagernde Einheiten erbrachte Dienstleistungen durchzuführen, die Teil der rechnungslegungsbezogenen Informationssysteme dieser auslagernden Einheiten sind.	ISA 402
Aussagebezogene Prüfungshandlung	Eine Prüfungshandlung, die darauf angelegt ist, wesentliche falsche Darstellungen auf Aussageebene aufzudecken. Zu den aussagebezogenen Prüfungshandlungen gehören Einzelfallprüfungen (für Arten von Geschäftsvorfällen, Kontensalden und Abschlussangaben) sowie aussagebezogene analytische Prüfungshandlungen.	ISA 330
Ausreichender Umfang (von Prüfungsnachweisen)	Das Maß für die Quantität der Prüfungsnachweise. Die Quantität der benötigten Prüfungsnachweise wird sowohl durch die vom Abschlussprüfer vorgenommene Beurteilung der Risiken wesentlicher falscher Darstellungen als auch durch die Qualität dieser Prüfungsnachweise beeinflusst.	ISA 500

*) Standard in dem der Begriff definiert ist. Definition ist gültig für alle ISA, wenn nicht anders vermerkt.

Term	Definition	Standard*)
Suitably qualified external person	An individual outside the firm with the competence and capabilities to act as an engagement partner, for example, a partner of another firm, or an employee (with appropriate experience) of either a professional accountancy body whose members may perform audits of historical financial information or of an organization that provides relevant quality control services.	ISA 220
Suitably qualified external person	An individual outside the firm with the competence and capabilities to act as an engagement partner, for example, a partner of another firm, or an employee (with appropriate experience) of either a professional accountancy body whose members may perform audits and reviews of historical financial information, or other assurance or related services engagements, or of an organization that provides relevant quality control services.	Only applies to ISQC 1
Summary financial statements	Historical financial information that is derived from financial statements but that contains less detail than the financial statements, while still providing a structured representation consistent with that provided by the financial statements of the entity's economic resources or obligations at a point in time or the changes therein for a period of time Different jurisdictions may use different terminology to describe such historical financial information.	Only applies to ISA 810
Test of controls	An audit procedure designed to evaluate the operating effectiveness of controls in preventing, or detecting and correcting, material misstatements at the assertion level.	ISA 330
Those charged with governance	The person(s) or organization(s) (for example, a corporate trustee) with responsibility for overseeing the strategic direction of the entity and obligations related to the accountability of the entity. This includes overseeing the financial reporting process. For some entities in some jurisdictions, those charged with governance may include management personnel, for example, executive members of a governance board of a private or public sector entity, or an owner-manager.	ISA 200
Those charged with governance	The person(s) or organization(s) (for example, a corporate trustee) with responsibility for overseeing the strategic direction of the entity and obligations related to the accountability of the entity. This includes overseeing the financial reporting process. For some entities in some jurisdictions, those charged with governance may include management personnel, for example, executive members of a governance board of a private or public sector entity, or an owner-manager.	ISA 260
Tolerable misstatement	A monetary amount set by the auditor in respect of which the auditor seeks to obtain an appropriate level of assurance that the monetary amount set by the auditor is not exceeded by the actual misstatement in the population.	ISA 530

*) Standard in which the term is defined. Definition applies to all ISAs, unless otherwise stated.

Begriffsdefinitionen in ISQC 1 und ISA

Begriff	Definition	Standard*)
Angemessen qualifizierte externe Person	Eine natürliche Person außerhalb der Praxis, welche die Kompetenz und die Fähigkeiten besitzt, um als Auftragsverantwortlicher tätig zu sein, zum Beispiel ein Partner aus einer anderen Praxis oder ein Mitarbeiter (mit entsprechender Erfahrung) entweder einer Berufsorganisation, deren Mitglieder befugt sind, Prüfungen von vergangenheitsorientierten Finanzinformationen durchzuführen, oder einer Organisation, die relevante Dienstleistungen zur Qualitätssicherung erbringt.	ISA 220
Angemessen qualifizierte externe Person	Eine natürliche Person außerhalb der Praxis, welche die Kompetenz und die Fähigkeiten besitzt, um als Auftragsverantwortlicher tätig zu sein, zum Beispiel ein Partner aus einer anderen Praxis oder ein Mitarbeiter (mit entsprechender Erfahrung) entweder einer Berufsorganisation, deren Mitglieder befugt sind, Prüfungen und prüferische Durchsichten von vergangenheitsorientierten Finanzinformationen oder andere betriebswirtschaftliche Prüfungen oder Aufträge zu verwandten Dienstleistungen durchzuführen, oder einer Organisation, die relevante Dienstleistungen zur Qualitätssicherung erbringt.	Gilt nur für ISQC 1
Verdichteter Abschluss	Vergangenheitsorientierte Finanzinformationen, die von einem Abschluss abgeleitet sind, jedoch weniger Details enthalten als der Abschluss und dennoch eine mit der Darstellung im Abschluss in Einklang stehende strukturierte Darstellung der wirtschaftlichen Ressourcen oder Verpflichtungen der Einheit zu einem bestimmten Zeitpunkt oder deren Veränderungen für einen bestimmten Zeitraum vermitteln. In verschiedenen Rechtsräumen kann eine unterschiedliche Terminologie zur Beschreibung solcher vergangenheitsorientierter Finanzinformationen verwendet werden.	Gilt nur für ISA 810
Funktionsprüfung	Eine Prüfungshandlung, die darauf angelegt ist, die Wirksamkeit von Kontrollen zur Verhinderung bzw. Aufdeckung und Korrektur wesentlicher falscher Darstellungen auf Aussageebene zu beurteilen.	ISA 330
Die für die Überwachung Verantwortlichen	Die Person(en) oder Organisation(en) (z.B. eine als Treuhänder eingesetzte juristische Person), die verantwortlich ist/sind für die Aufsicht über die strategische Ausrichtung der Einheit und über die Verpflichtungen im Zusammenhang mit der Rechenschaft der Einheit. Dazu gehört die Aufsicht über den Rechnungslegungsprozess. Bei einigen Einheiten können in manchen Rechtsräumen Mitglieder des Managements zu den für die Überwachung Verantwortlichen gehören (bspw. geschäftsführende Mitglieder eines gemeinsamen Führungs- oder Überwachungsgremiums einer Einheit im privaten oder öffentlichen Sektor oder ein Gesellschafter-Geschäftsführer).	ISA 200
Die für die Überwachung Verantwortlichen	Die Person(en) oder Organisation(en) (z. B. ein eingesetzter Treuhänder), die verantwortlich sind für die Aufsicht über die strategische Ausrichtung der Einheit und über die Verpflichtungen im Zusammenhang mit der Rechenschaftslegung der Einheit. Dazu gehört die Aufsicht über den Rechnungslegungsprozess. Bei einigen Einheiten in manchen Rechtsräumen können Mitglieder des Managements zu den für die Überwachung Verantwortlichen gehören (bspw. geschäftsführende Mitglieder eines Überwachungsgremiums einer Einheit im privaten oder öffentlichen Sektor oder ein Gesellschafter-Geschäftsführer).	ISA 260
Tolerierbare falsche Darstellung	Ein vom Abschlussprüfer festgelegter Geldbetrag, für den der Abschlussprüfer anstrebt, einen angemessenen Grad an Prüfungssicherheit darüber zu erreichen, dass er nicht durch die tatsächliche falsche Darstellung in der Grundgesamtheit überschritten wird.	ISA 530

*) Standard in dem der Begriff definiert ist. Definition ist gültig für alle ISA, wenn nicht anders vermerkt.

Term	Definition	Standard[*]
Tolerable rate of deviation	A rate of deviation from prescribed internal control procedures set by the auditor in respect of which the auditor seeks to obtain an appropriate level of assurance that the rate of deviation set by the auditor is not exceeded by the actual rate of deviation in the population.	ISA 530
Uncorrected misstatements	Misstatements that the auditor has accumulated during the audit and that have not been corrected.	ISA 450
Unmodified opinion	The opinion expressed by the auditor when the auditor concludes that the financial statements are prepared, in all material respects, in accordance with the applicable financial reporting framework.	ISA 700
User auditor	An auditor who audits and reports on the financial statements of a user entity.	ISA 402
User entity	An entity that uses a service organization and whose financial statements are being audited.	ISA 402
Written representation	A written statement by management provided to the auditor to confirm certain matters or to support other audit evidence. Written representations in this context do not include financial statements, the assertions therein, or supporting books and records.	ISA 580

---

[*] Standard in which the term is defined. Definition applies to all ISAs, unless otherwise stated.

Begriff	Definition	Standard*)
Tolerierbarer Abweichungsgrad	Ein vom Abschlussprüfer festgelegter Grad der Abweichung von vorgesehenen internen Kontrollverfahren, für den der Abschlussprüfer anstrebt, einen angemessenen Grad an Prüfungssicherheit darüber zu erreichen, dass er nicht durch den tatsächlichen Abweichungsgrad in der Grundgesamtheit überschritten wird.	ISA 530
Nicht korrigierte falsche Darstellungen	Falsche Darstellungen, die der Abschlussprüfer während der Abschlussprüfung kumuliert hat und die nicht korrigiert wurden.	ISA 450
Nicht modifiziertes Prüfungsurteil	Das Prüfungsurteil, das der Abschlussprüfer abgibt, wenn er zu dem Schluss gelangt, dass der Abschluss in allen wesentlichen Belangen in Übereinstimmung mit dem maßgebenden Regelwerk der Rechnungslegung aufgestellt wurde.	ISA 700
Abschlussprüfer des Auslagernden	Ein Abschlussprüfer, der den Abschluss einer auslagernden Einheit prüft und dazu einen Vermerk erteilt.	ISA 402
Auslagernde Einheit	Eine Einheit, die einen Dienstleister in Anspruch nimmt und deren Abschluss geprüft wird.	ISA 402
Schriftliche Erklärung	Eine schriftliche Äußerung des Managements gegenüber dem Abschlussprüfer zur Bestätigung bestimmter Sachverhalte oder zur Unterstützung sonstiger Prüfungsnachweise. Schriftliche Erklärungen schließen in diesem Zusammenhang weder den Abschluss, noch die darin enthaltenen Aussagen, noch unterstützende Bücher und Aufzeichnungen mit ein.	ISA 580

*) Standard in dem der Begriff definiert ist. Definition ist gültig für alle ISA, wenn nicht anders vermerkt.

REGISTER DER BEGRIFFE IN ISQC 1 UND ISA DEUTSCH/ENGLISCH

Dieses Register der im ISQC 1 und in den ISA definierten Begriffe, in alphabetischer Reihenfolge auf Deutsch mit dem entsprechenden englischen Begriff, unterstützt den Leser bei der Suche der einschlägigen englischen Begriffe. Die Definitionen sind nicht aufgeführt, das Register enthält jedoch einen Hinweis auf den Standard, in dem der Begriff definiert wird.

[This register of terms defined in ISQC 1 and the ISAs, in alphabetical order in German with the equivalent English term, helps readers find the appropriate English term. The definitions are not included, but the register includes a reference to the standard in which the term is defined.]

Deutsch	Englisch	Standard*)
Absatz zum Hinweis auf einen sonstigen Sachverhalt	Other Matter paragraph	ISA 706
Absatz zur Hervorhebung eines Sachverhalts	Emphasis of Matter paragraph	ISA 706
Abschluss	Financial statements	ISA 200, ISA 700, ISA 800
Abschluss für allgemeine Zwecke	General purpose financial statements	ISA 700
Abschluss für einen speziellen Zweck	Special purpose financial statements	ISA 800
Abschlussprüfer	Auditor	ISA 200
Abschlussprüfer des Auslagernden	User auditor	ISA 402
Abschlussstichtag	Date of the financial statements	ISA 560
Abweichung	Exception	ISA 505
Analytische Prüfungshandlung	Analytical procedures	ISA 520
Angemessen qualifizierte externe Person	Suitably qualified external person	ISA 220, ISQC 1
Angewandte Kriterien	Applied criteria	ISA 810
Anomalie	Anomaly	ISA 530
Auftragsbegleitende Qualitätssicherung	Engagement quality control review	ISA 220, ISQC 1
Auftragsbegleitender Qualitätssicherer	Engagement quality control reviewer	ISA 220, ISQC 1
Auftragsdokumentation	Engagement documentation	ISQC 1
Auftragsprüfung	Inspection	ISA 220, ISQC 1
Auftragsteam	Engagement team	ISQC 1
Auslagernde Einheit	User entity	ISA 402
Ausreichender Umfang (von Prüfungsnachweisen)	Sufficiency (of audit evidence)	ISA 500
Aussagebezogene Prüfungshandlung	Substantive procedure	ISA 330
Aussagen	Assertions	ISA 315
Bedeutsamer Mangel im IKS	Significant deficiency in internal control	ISA 265
Bedeutsamer Teilbereich	Significant component	ISA 600
Bedeutsames Risiko	Significant risk	ISA 315
Bericht über die Beschreibung und Ausgestaltung der Kontrollen bei einem Dienstleister (in diesem ISA als Bericht Typ 1 bezeichnet)	Report on the description and design of controls at a service organization (referred to in this ISA as a type 1 report)	ISA 402
Bericht über die Beschreibung, Ausgestaltung und Wirksamkeit von Kontrollen bei einem Dienstleister (in diesem ISA als Bericht Typ 2 bezeichnet)	Report on the description, design, and operating effectiveness of controls at a service organization (referred to in this ISA as a type 2 report)	ISA 402
Berufliche Standards	Professional standards	ISA 220, ISQC 1
Bestandteil einer Finanzaufstellung	Element of a financial statement (element)	ISA 805
Datum der Genehmigung des Abschlusses	Date of approval of the financial statements	ISA 560
Datum der Herausgabe des Abschlusses	Date the financial statements are issued	ISA 560

*) Standard in dem der Begriff definiert ist.

Deutsch	Englisch	Standard*)
Datum des Vermerks	Date of report	ISQC 1
Datum des Vermerks des Abschlussprüfers	Date of the auditor's report	ISA 560
Der Auftragsverantwortliche	Engagement partner	ISA 220, ISQC 1
Der für den Konzernprüfungsauftrag Verantwortliche	Group engagement partner	ISA 600
Die für die Überwachung Verantwortlichen	Those charged with governance	ISA 200, ISA 260
Dienstleister	Service organization	ISA 402
Dolose Handlung	Fraud	ISA 240
Eignung (von Prüfungsnachweisen)	Appropriateness (of audit evidence)	ISA 500
Einseitigkeit des Managements	Management bias	ISA 540
Entdeckungsrisiko	Detection risk	ISA 200
Ereignisse nach dem Abschlussstichtag	Subsequent events	ISA 560
Erfahrener Prüfer	Experienced auditor	ISA 230
Eröffnungsbilanzwerte	Opening balances	ISA 510
Erstprüfungsauftrag	Initial audit engagement	ISA 510
Externe Bestätigung	External confirmation	ISA 505
Fachkenntnisse	Expertise	ISA 620
Fachliche Mitarbeiter	Staff	ISA 220, ISQC 1
Fachpersonal	Personnel	ISA 220, ISQC 1
Falsche Darstellung	Misstatement	ISA 200, ISA 450
Falsche Darstellung von Tatsachen	Misstatement of fact	ISA 720
Finanzaufstellung	Single Financial Statement (or a specific element of a financial statement)	ISA 805
Funktionsprüfung	Test of controls	ISA 330
Geprüfter Abschluss	Audited financial statements	ISA 810
Geschäftsrisiko	Business risk	ISA 315
Geschätzter Wert in der Rechnungslegung	Accounting estimate	ISA 540
Grundgesamtheit	Population	ISA 530
Hinreichende Sicherheit	Reasonable assurance	ISA 200, ISQC 1
IKS	Internal control	ISA 315
International Financial Reporting Standards	International Financial Reporting Standards	ISA 700, ISA 805
Interne Prüfer	Internal auditors	ISA 610
Interne Revision	Internal audit function	ISA 610
Kapitalmarktnotierte Einheit	Listed entity	ISA 220, ISQC 1
Komplementäre Kontrollen der auslagernden Einheit	Complementary user entity controls	ISA 402
Konzern	Group	ISA 600
Konzernabschluss	Group financial statements	ISA 600
Konzernabschlussprüfung	Group audit	ISA 600
Konzernmanagement	Group management	ISA 600
Konzernprüfungsteam	Group engagement team	ISA 600
Konzernprüfungsurteil	Group audit opinion	ISA 600
Konzernweite Kontrollen	Group-wide controls	ISA 600
Kritische Grundhaltung	Professional skepticism	ISA 200

*) Standard in dem der Begriff definiert ist.

Register der Begriffe in ISQC 1 und ISA deutsch/englisch

Deutsch	Englisch	Standard*)
Management	Management	ISA 200, ISA 210, ISA 260, ISA 580
Mangel im IKS	Deficiency in internal control	ISA 265
Maßgebendes Regelwerk der Rechnungslegung	Applicable financial reporting framework	ISA 200, ISA 600
Mitglied eines Netzwerks	Network firm	ISA 220, ISQC 1
Modifiziertes Prüfungsurteil	Modified opinion	ISA 705
Nachschau	Monitoring	ISA 220, ISQC 1
Nahe stehende Person	Related party	ISA 550
Negative Bestätigungsanfrage	Negative confirmation request	ISA 505
Netzwerk	Network	ISA 220, ISQC 1
Nicht korrigierte falsche Darstellungen	Uncorrected misstatements	ISA 450
Nicht modifiziertes Prüfungsurteil	Unmodified opinion	ISA 700
Nichtbeantwortung	Non-response	ISA 505
Nicht-Stichprobenrisiko	Non-sampling risk	ISA 530
Partner	Partner	ISA 220, ISQC 1
Pflichtgemäßes Ermessen	Professional judgment	ISA 200
Positive Bestätigungsanfrage	Positive confirmation request	ISA 505
Praxis	Firm	ISA 220, ISQC 1
Prüfer des Dienstleisters	Service auditor	ISA 402
Prüfungsakte	Audit file	ISA 230
Prüfungsdokumentation	Audit documentation	ISA 230
Prüfungshandlungen zur Risikobeurteilung	Risk assessment procedures	ISA 315
Prüfungsnachweise	Audit evidence	ISA 200, ISA 500
Prüfungsrisiko	Audit risk	ISA 200
Prüfungsteam	Engagement team	ISA 220
Punktschätzung des Managements	Management's point estimate	ISA 540
Punktschätzung oder Bandbreite des Abschlussprüfers	Auditor's point estimate or auditor's range	ISA 540
Realisierung eines geschätzten Werts in der Rechnungslegung	Outcome of an accounting estimate	ISA 540
Regelwerk für allgemeine Zwecke	General purpose framework	ISA 700
Regelwerk für einen speziellen Zweck	Special purpose framework	ISA 800
Relevante berufliche Verhaltensanforderungen	Relevant ethical requirements	ISA 220, ISQC 1
Risiko wesentlicher falscher Darstellungen	Risk of material misstatement	ISA 200
Risikofaktoren für dolose Handlungen	Fraud risk factors	ISA 240
Sachverständiger des Abschlussprüfers	Auditor's expert	ISA 620
Sachverständiger des Managements	Management's expert	ISA 500, ISA 620
Schätzunsicherheit	Estimation uncertainty	ISA 540
Schichtung	Stratification	ISA 530
Schriftliche Erklärung	Written representation	ISA 580
Sonstige Informationen	Other information	ISA 720
Statistisches Stichprobenverfahren	Statistical sampling	ISA 530
Stichprobenelement	Sampling unit	ISA 530
Stichprobenprüfung	Audit sampling (sampling)	ISA 530

*) Standard in dem der Begriff definiert ist.

Deutsch	Englisch	Standard*)
Stichprobenrisiko	Sampling risk	ISA 530
Subdienstleister	Subservice organization	ISA 402
System des Dienstleisters	Service organization's system	ISA 402
Teilbereich	Component	ISA 600
Teilbereichsmanagement	Component management	ISA 600
Teilbereichsprüfer	Component auditor	ISA 600
Teilbereichswesentlichkeit	Component materiality	ISA 600
Toleranzwesentlichkeit	Performance materiality	ISA 320
Tolerierbare falsche Darstellung	Tolerable misstatement	ISA 530
Tolerierbarer Abweichungsgrad	Tolerable rate of deviation	ISA 530
Transaktion unter marktüblichen Bedingungen	Arm's length transaction	ISA 550
Umfassend	Pervasive	ISA 705
Unstimmigkeit	Inconsistency	ISA 720
Unterlagen der Rechnungslegung	Accounting records	ISA 500
Verdichteter Abschluss	Summary financial statements	ISA 810
Vergangenheitsorientierte Finanzinformationen	Historical financial information	ISA 200
Vergleichsabschluss	Comparative financial statements	ISA 710
Vergleichsinformationen	Comparative information	ISA 710
Vergleichszahlen	Corresponding figures	ISA 710
Verstoß	Non-compliance	ISA 250
Voraussetzung, unter der eine Abschlussprüfung durchgeführt wird und die sich auf die Pflichten des Managements und - sofern angebracht - der für die Überwachung Verantwortlichen bezieht	Premise, relating to the responsibilities of management and, where appropriate, those charged with governance, on which an audit is conducted	ISA 200
Vorbedingungen für eine Abschlussprüfung	Preconditions for an audit	ISA 210
Vorhergehendem Zeitraum	Prior period	ISA 710
Vorheriger Abschlussprüfer	Predecessor auditor	ISA 510

*) Standard in dem der Begriff definiert ist.

International Standards on Auditing (ISAs), Nachtrag (Dezember 2015) zur IDW Textausgabe

International Standards on Auditing (ISAs)

Nachtrag (Dezember 2015) zur IDW Textausgabe

IDW Textausgabe Englisch – Deutsch

Englisch:
2010 International Standard on Quality Control (ISQC 1)
und International Standards on Auditing (ISAs) des IAASB

Deutsch:
Von der IFAC genehmigte Übersetzung
des Institut der Wirtschaftsprüfer in Deutschland e.V. (IDW)

Das Werk einschließlich aller seiner Teile ist urheberrechtlich geschützt. Jede Verwertung außerhalb der engen Grenzen des Urheberrechtsgesetzes ist ohne vorherige schriftliche Einwilligung des Verlages unzulässig und strafbar. Dies gilt insbesondere für Vervielfältigungen, Übersetzungen, Mikroverfilmungen und die Einspeicherung und Verbreitung in elektronischen Systemen. Es wird darauf hingewiesen, dass im Werk verwendete Markennamen und Produktbezeichnungen dem marken-, kennzeichen- oder urheberrechtlichen Schutz unterliegen.

© 2016 IDW Verlag GmbH, Tersteegenstraße 14, 40474 Düsseldorf
Die IDW Verlag GmbH ist ein Unternehmen des Institut der Wirtschaftsprüfer in Deutschland e.V. (IDW).

Satz: Griebsch & Rochol Druck GmbH, Hamm
Druck und Bindung: B.O.S.S Medien GmbH, Goch
PN 54803/0/0 KN 11688

Die Angaben in diesem Werk wurden sorgfältig erstellt und entsprechen dem Wissensstand bei Redaktionsschluss. Da Hinweise und Fakten jedoch dem Wandel der Rechtsprechung und der Gesetzgebung unterliegen, kann für die Richtigkeit und Vollständigkeit der Angaben in diesem Werk keine Haftung übernommen werden. Gleichfalls werden die in diesem Werk abgedruckten Texte und Abbildungen einer üblichen Kontrolle unterzogen; das Auftreten von Druckfehlern kann jedoch gleichwohl nicht völlig ausgeschlossen werden, so dass für aufgrund von Druckfehlern fehlerhafte Texte und Abbildungen ebenfalls keine Haftung übernommen werden kann.

ISBN 978-3-8021-2051-0

Bibliografische Information der Deutschen Bibliothek

Die Deutsche Bibliothek verzeichnet diese Publikation in der Deutschen Nationalbibliografie; detaillierte bibliografische Daten sind im Internet über http://www.d-nb.de abrufbar.

www.idw-verlag.de

Copyrights

Die vom International Auditing and Assurance Standards Board (IAASB) und von der International Federation of Accountants (IFAC) im März 2013 und Juli 2012 in englischer Sprache veröffentlichten International Standard on Auditing (ISA) 610 (Revised 2013), „Using the Work of Internal Auditors und International Standard on Auditing" (ISA) 315 (Revised), „Identifying and Assessing the Risks of Material Misstatement through Understanding the Entity and Its Environment" wurden vom Institut der Wirtschaftsprüfer in Deutschland e.V. (IDW) im Dezember 2015 ins Deutsche übersetzt und mit Genehmigung der IFAC verbreitet. Der Übersetzungsprozess von ISA 610 (Revised 2013) und ISA 315 (Revised) wurde von der IFAC geprüft und die Übersetzung wurde in Übereinstimmung mit dem „Policy Statement – Policy for Translating and Reproducing Standards Issued by IFAC" vorgenommen. Der gültige Text aller IFAC Veröffentlichungen ist ausschließlich der von der IFAC in englischer Sprache veröffentlichte Originaltext.

The *International Standard on Auditing (ISA) 610 (Revised 2013), Using the Work of Internal Auditors* and *International Standard on Auditing (ISA) 315 (Revised), Identifying and Assessing the Risks of Material Misstatement through Understanding the Entity and Its Environment* of the International Auditing and Assurance Standards Board published by the International Federation of Accountants (IFAC) in March, 2013 and July 2012 respectively in the English language, have been translated into German by Institut der Wirtschaftsprüfer in Deutschland e.V. in December 2015, and are reproduced with the permission of IFAC. The process for translating the *International Standard on Auditing (ISA) 610 (Revised 2013), Using the Work of Internal Auditors* and *International Standard on Auditing (ISA) 315 (Revised), Identifying and Assessing the Risks of Material Misstatement through Understanding the Entity and Its Environment* was considered by IFAC and the translation was conducted in accordance with "Policy Statement – Policy for Translating and Reproducing Standards Issued by IFAC". The approved text of the *International Standard on Auditing (ISA) 610 (Revised 2013), Using the Work of Internal Auditors* and *International Standard on Auditing (ISA) 315 (Revised), Identifying and Assessing the Risks of Material Misstatement through Understanding the Entity and Its Environment* is that published by IFAC in the English language.

English language text of the *International Standard on Auditing (ISA) 610 (Revised 2013), Using the Work of Internal Auditors* and *International Standard on Auditing (ISA) 315 (Revised), Identifying and Assessing the Risks of Material Misstatement through Understanding the Entity and Its Environment*
© 2013 by the International Federation of Accountants (IFAC). All rights reserved.

German language text of the *International Standard on Auditing (ISA) 610 (Revised 2013), Using the Work of Internal Auditors* and *International Standard on Auditing (ISA) 315 (Revised), Identifying and Assessing the Risks of Material Misstatement through Understanding the Entity and Its Environment*
© 2015 by the International Federation of Accountants (IFAC). All rights reserved.

Original title: International Standard on Auditing 610 (Revised 2013) Verwendung der Arbeit interner Prüfer, International Standard on Auditing 315 (Revised) Identifizierung und Beurteilung der Risiken wesentlicher falscher Darstellungen aus dem Verstehen der Einheit und ihres Umfelds": International Standard on Auditing (ISA) 610 (Revised 2012 and 2013), Using the Work of Internal Auditors and International Standard on Auditing (ISA) 315 (Revised), Identifying and Assessing the Risks of Material Misstatement through Understanding the Entity and Its Environment ISBN 978-1-60815-149-3 and ISBN 978-1-60815-122-6."

INTERNATIONAL STANDARD ON AUDITING 315 (REVISED)

IDENTIFYING AND ASSESSING THE RISKS OF MATERIAL MISSTATEMENT THROUGH UNDERSTANDING THE ENTITY AND ITS ENVIRONMENT

(Effective for audits of financial statements for periods ending on or after December 15, 2013)

CONTENTS

	Paragraph
Introduction	
Scope of this ISA	1
Effective Date	2
Objective	3
Definitions	4
Requirements	
Risk Assessment Procedures and Related Activities	5–10
The Required Understanding of the Entity and Its Environment, Including the Entity's Internal Control	11–24
Identifying and Assessing the Risks of Material Misstatement	25–31
Documentation	32
Application and Other Explanatory Material	
Risk Assessment Procedures and Related Activities	A1–A23
The Required Understanding of the Entity and Its Environment, Including the Entity's Internal Control	A24–A117
Identifying and Assessing the Risks of Material Misstatement	A118–A143
Documentation	A144–A147
Appendix 1: Internal Control Components	
Appendix 2: Conditions and Events That May Indicate Risks of Material Misstatement	

International Standard on Auditing (ISA) 315 (Revised), *Identifying and Assessing the Risks of Material Misstatement through Understanding the Entity and Its Environment*, should be read in conjunction with ISA 200, *Overall Objectives of the Independent Auditor and the Conduct of an Audit in Accordance with International Standards on Auditing*.

INTERNATIONAL STANDARD ON AUDITING 315 (REVISED)

IDENTIFIZIERUNG UND BEURTEILUNG DER RISIKEN WESENTLICHER FALSCHER DARSTELLUNGEN AUS DEM VERSTEHEN DER EINHEIT UND IHRES UMFELDS

(gilt für die Prüfung von Abschlüssen für Zeiträume, die am oder nach dem 15.12.2013 enden)

INHALTSVERZEICHNIS

	Textziffer
Einleitung	
Anwendungsbereich	1
Anwendungszeitpunkt	2
Ziel	3
Definitionen	4
Anforderungen	
Prüfungshandlungen zur Risikobeurteilung und damit zusammenhängende Tätigkeiten	5-10
Das erforderliche Verständnis von der Einheit und ihrem Umfeld, einschließlich ihres IKS	11-24
Identifizierung und Beurteilung der Risiken wesentlicher falscher Darstellungen	25-31
Dokumentation	32
Anwendungshinweise und sonstige Erläuterungen	
Prüfungshandlungen zur Risikobeurteilung und damit zusammenhängende Tätigkeiten	A1-A23
Das erforderliche Verständnis von der Einheit und ihrem Umfeld, einschließlich ihres IKS	A24-A117
Identifizierung und Beurteilung der Risiken wesentlicher falscher Darstellungen	A118-A143
Dokumentation	A144-A147
Anlage 1: Komponenten des IKS	
Anlage 2: Umstände und Ereignisse, die auf Risiken wesentlicher falscher Darstellungen hindeuten können	

International Standard on Auditing (ISA) 315 (Revised) „Identifizierung und Beurteilung der Risiken wesentlicher falscher Darstellungen aus dem Verstehen der Einheit und ihres Umfelds" ist im Zusammenhang mit ISA 200 „Übergreifende Zielsetzungen des unabhängigen Prüfers und Grundsätze einer Prüfung in Übereinstimmung mit den International Standards on Auditing" zu lesen.

Introduction

Scope of this ISA

1. This International Standard on Auditing (ISA) deals with the auditor's responsibility to identify and assess the risks of material misstatement in the financial statements, through understanding the entity and its environment, including the entity's internal control.

Effective Date

2. This ISA is effective for audits of financial statements for periods ending on or after December 15, 2013.

Objective

3. The objective of the auditor is to identify and assess the risks of material misstatement, whether due to fraud or error, at the financial statement and assertion levels, through understanding the entity and its environment, including the entity's internal control, thereby providing a basis for designing and implementing responses to the assessed risks of material misstatement.

Definitions

4. For purposes of the ISAs, the following terms have the meanings attributed below:

    (a) Assertions – Representations by management, explicit or otherwise, that are embodied in the financial statements, as used by the auditor to consider the different types of potential misstatements that may occur.

    (b) Business risk – A risk resulting from significant conditions, events, circumstances, actions or inactions that could adversely affect an entity's ability to achieve its objectives and execute its strategies, or from the setting of inappropriate objectives and strategies.

    (c) Internal control – The process designed, implemented and maintained by those charged with governance, management and other personnel to provide reasonable assurance about the achievement of an entity's objectives with regard to reliability of financial reporting, effectiveness and efficiency of operations, and compliance with applicable laws and regulations. The term "controls" refers to any aspects of one or more of the components of internal control.

    (d) Risk assessment procedures – The audit procedures performed to obtain an understanding of the entity and its environment, including the entity's internal control, to identify and assess the risks of material misstatement, whether due to fraud or error, at the financial statement and assertion levels.

    (e) Significant risk – An identified and assessed risk of material misstatement that, in the auditor's judgment, requires special audit consideration.

Requirements

Risk Assessment Procedures and Related Activities

5. The auditor shall perform risk assessment procedures to provide a basis for the identification and assessment of risks of material misstatement at the financial statement and assertion levels. Risk assessment procedures by themselves, however, do not provide sufficient appropriate audit evidence on which to base the audit opinion. (Ref: Para. A1–A5)

6. The risk assessment procedures shall include the following:

    (a) Inquiries of management, of appropriate individuals within the internal audit function (if the function exists), and of others within the entity who in the auditor's judgment may have information that is likely to assist in identifying risks of material misstatement due to fraud or error. (Ref: Para. A6–A13)

    (b) Analytical procedures. (Ref: Para. A14–A17)

    (c) Observation and inspection. (Ref: Para. A18)

Identifizierung und Beurteilung der Risiken wesentlicher falscher Darstellungen
aus dem Verstehen der Einheit und ihres Umfelds   ISA 315 (REVISED)

Einleitung

Anwendungsbereich

1. Dieser International Standard on Auditing (ISA) behandelt die Pflicht des Abschlussprüfers, die Risiken wesentlicher falscher Darstellungen im Abschluss aus dem Verstehen der Einheit und ihres Umfelds, einschließlich ihres internen Kontrollsystems (IKS), zu identifizieren und zu beurteilen.

Anwendungszeitpunkt

2. Dieser ISA gilt für die Prüfung von Abschlüssen für Zeiträume, die am oder nach dem 15.12.2013 enden.

Ziel

3. Das Ziel des Abschlussprüfers besteht darin, aus dem Verstehen der Einheit und ihres Umfelds, einschließlich ihres IKS, die Risiken wesentlicher - beabsichtigter oder unbeabsichtigter - falscher Darstellungen auf Abschluss- und Aussageebene zu identifizieren und zu beurteilen, um dadurch eine Grundlage für das Planen und Umsetzen von Reaktionen auf die beurteilten Risiken wesentlicher falscher Darstellungen zu schaffen.

Definitionen

4. Für die Zwecke der ISA gelten die nachstehenden Begriffsbestimmungen:

   (a) Aussagen – Im Abschluss explizit oder auf andere Weise enthaltene Erklärungen des Managements, wie sie vom Abschlussprüfer bei der Betrachtung möglicherweise auftretender verschiedener Arten von falschen Darstellungen verwendet werden.

   (b) Geschäftsrisiko – Ein Risiko, das sich aus bedeutsamen Gegebenheiten, Ereignissen, Umständen, Maßnahmen oder Unterlassungen ergibt, die sich auf die Fähigkeit der Einheit, ihre Ziele zu erreichen und ihre Strategien umzusetzen, nachteilig auswirken könnten oder das aus der Festlegung unangemessener Ziele und Strategien resultiert.

   (c) IKS – Der Prozess, der von den für die Überwachung Verantwortlichen, vom Management und von anderen Mitarbeitern konzipiert, eingerichtet und aufrechterhalten wird, um mit hinreichender Sicherheit die Ziele der Einheit im Hinblick auf die Verlässlichkeit der Rechnungslegung, die Wirksamkeit und Wirtschaftlichkeit der Geschäftstätigkeit sowie die Einhaltung der maßgebenden gesetzlichen und anderen rechtlichen Bestimmungen zu erreichen. Der Begriff „Kontrollen" bezieht sich auf jegliche Aspekte einer oder mehrerer Komponenten des IKS.

   (d) Prüfungshandlungen zur Risikobeurteilung – Die Prüfungshandlungen, die durchgeführt werden, um ein Verständnis von der Einheit und ihrem Umfeld, einschließlich ihres IKS, zu gewinnen, mit dem Ziel, die Risiken wesentlicher - beabsichtigter oder unbeabsichtigter - falscher Darstellungen auf Abschluss- und Aussageebene zu identifizieren und zu beurteilen.

   (e) Bedeutsames Risiko – Ein identifiziertes und beurteiltes Risiko wesentlicher falscher Darstellungen, das nach der Beurteilung des Abschlussprüfers eine besondere Berücksichtigung bei der Abschlussprüfung erfordert.

Anforderungen

Prüfungshandlungen zur Risikobeurteilung und damit zusammenhängende Tätigkeiten

5. Der Abschlussprüfer muss Prüfungshandlungen zur Risikobeurteilung durchführen, um eine Grundlage für die Identifizierung und Beurteilung von Risiken wesentlicher falscher Darstellungen auf Abschluss- und Aussageebene zu schaffen. Prüfungshandlungen zur Risikobeurteilung liefern jedoch für sich allein keine ausreichenden geeigneten Prüfungsnachweise als Grundlage für das Prüfungsurteil. (Vgl. Tz. A1-A5)

6. Die Prüfungshandlungen zur Risikobeurteilung müssen umfassen:

   (a) Befragungen des Managements, geeigneter Personen innerhalb der internen Revision (falls eine solche existiert) sowie weiterer Personen innerhalb der Einheit, die nach der Beurteilung des Abschlussprüfers möglicherweise über Informationen verfügen, die wahrscheinlich bei der Identifizierung von Risiken wesentlicher - beabsichtigter oder unbeabsichtigter - falscher Darstellungen hilfreich sein können, (Vgl. Tz. A6-A13)

   (b) analytische Prüfungshandlungen, (Vgl. Tz. A14-A17)

   (c) Beobachtung und Inaugenschein-/Einsichtnahme. (Vgl. Tz. A18)

7. The auditor shall consider whether information obtained from the auditor's client acceptance or continuance process is relevant to identifying risks of material misstatement.

8. If the engagement partner has performed other engagements for the entity, the engagement partner shall consider whether information obtained is relevant to identifying risks of material misstatement.

9. Where the auditor intends to use information obtained from the auditor's previous experience with the entity and from audit procedures performed in previous audits, the auditor shall determine whether changes have occurred since the previous audit that may affect its relevance to the current audit. (Ref: Para. A19–A20)

10. The engagement partner and other key engagement team members shall discuss the susceptibility of the entity's financial statements to material misstatement, and the application of the applicable financial reporting framework to the entity's facts and circumstances. The engagement partner shall determine which matters are to be communicated to engagement team members not involved in the discussion. (Ref: Para. A21–A23)

The Required Understanding of the Entity and Its Environment, Including the Entity's Internal Control

The Entity and Its Environment

11. The auditor shall obtain an understanding of the following:

    (a) Relevant industry, regulatory, and other external factors including the applicable financial reporting framework. (Ref: Para. A24–A29)

    (b) The nature of the entity, including:

    (i) its operations;

    (ii) its ownership and governance structures;

    (iii) the types of investments that the entity is making and plans to make, including investments in special-purpose entities; and

    (iv) the way that the entity is structured and how it is financed,

    to enable the auditor to understand the classes of transactions, account balances, and disclosures to be expected in the financial statements. (Ref: Para. A30–A34)

    (c) The entity's selection and application of accounting policies, including the reasons for changes thereto. The auditor shall evaluate whether the entity's accounting policies are appropriate for its business and consistent with the applicable financial reporting framework and accounting policies used in the relevant industry. (Ref: Para. A35)

    (d) The entity's objectives and strategies, and those related business risks that may result in risks of material misstatement. (Ref: Para. A36–A42)

    (e) The measurement and review of the entity's financial performance. (Ref: Para. A43–A48)

The Entity's Internal Control

12. The auditor shall obtain an understanding of internal control relevant to the audit. Although most controls relevant to the audit are likely to relate to financial reporting, not all controls that relate to financial reporting are relevant to the audit. It is a matter of the auditor's professional judgment whether a control, individually or in combination with others, is relevant to the audit. (Ref: Para. A49–A72)

Nature and Extent of the Understanding of Relevant Controls

13. When obtaining an understanding of controls that are relevant to the audit, the auditor shall evaluate the design of those controls and determine whether they have been implemented, by performing procedures in addition to inquiry of the entity's personnel. (Ref: Para. A73–A75)

7. Der Abschlussprüfer muss abwägen, ob Informationen, die durch den Prozess des Eingehens oder der Fortführung der Mandantenbeziehung erlangt wurden, für die Identifizierung von Risiken wesentlicher falscher Darstellungen relevant sind.

8. Falls der für den Auftrag Verantwortliche andere Aufträge für die Einheit durchgeführt hat, muss der Verantwortliche abwägen, ob dabei erlangte Informationen für die Identifizierung von Risiken wesentlicher falscher Darstellungen relevant sind.

9. Beabsichtigt der Abschlussprüfer, Informationen zu verwenden, die er aus bisherigen Erfahrungen mit der Einheit und aus Prüfungshandlungen früherer Abschlussprüfungen erlangt hat, muss er feststellen, ob sich seit der vorherigen Prüfung Veränderungen ergeben haben, die sich auf die Relevanz der Informationen für die laufende Abschlussprüfung auswirken könnten. (Vgl. Tz. A19-A20)

10. Der Auftragsverantwortliche und die Mitglieder des Prüfungsteams mit Schlüsselfunktionen müssen die Anfälligkeit des Abschlusses der Einheit für wesentliche falsche Darstellungen sowie die Anwendung des maßgebenden Regelwerks der Rechnungslegung auf Tatsachen und Umstände der Einheit erörtern. Der Auftragsverantwortliche muss festlegen, welche Sachverhalte den an der Besprechung nicht beteiligten Mitgliedern des Prüfungsteams mitzuteilen sind. (Vgl. Tz. A21-A23)

Das erforderliche Verständnis von der Einheit und ihrem Umfeld, einschließlich ihres IKS

Die Einheit und ihr Umfeld

11. Der Abschlussprüfer muss ein Verständnis gewinnen von

    (a) relevanten branchenbezogenen, rechtlichen und anderen externen Faktoren, einschließlich des maßgebenden Regelwerks der Rechnungslegung; (Vgl. Tz. A24-A29)

    (b) Merkmalen der Einheit, einschließlich

    (i) ihrer Geschäftstätigkeit,

    (ii) ihrer Eigentümer-, Führungs- und Überwachungsstruktur,

    (iii) der Arten derzeitiger und geplanter Investitionen einschließlich von Beteiligungen an Zweckgesellschaften sowie

    (iv) der Art, in der die Einheit organisiert und finanziert ist,

    um den Abschlussprüfer in die Lage zu versetzen, die Arten von Geschäftsvorfällen, Kontensalden sowie Angaben zu verstehen, die im Abschluss zu erwarten sind; (Vgl. Tz. A30-A34)

    (c) den von der Einheit ausgewählten und angewendeten Rechnungslegungsmethoden, einschließlich der Gründe für vorgenommene Änderungen. Der Abschlussprüfer muss beurteilen, ob die Rechnungslegungsmethoden der Einheit ihrer Geschäftstätigkeit angemessen sowie mit dem maßgebenden Regelwerk der Rechnungslegung und mit den in der Branche angewendeten Rechnungslegungsmethoden vereinbar sind; (Vgl. Tz. A35)

    (d) Zielen und Strategien der Einheit sowie den damit verbundenen Geschäftsrisiken, die Risiken wesentlicher falscher Darstellungen zur Folge haben können; (Vgl. Tz. A36-A42)

    (e) der Messung und Überwachung des wirtschaftlichen Erfolgs der Einheit. (Vgl. Tz. A43-A48)

Das Interne Kontrollsystem der Einheit

12. Der Abschlussprüfer muss das für die Abschlussprüfung relevante IKS verstehen. Obwohl die meisten für die Abschlussprüfung relevanten Kontrollen wahrscheinlich mit der Rechnungslegung zusammenhängen, sind nicht alle Kontrollen, die mit der Rechnungslegung zusammenhängen, für die Abschlussprüfung relevant. Die Beurteilung, ob eine Kontrolle einzeln oder in Kombination mit anderen für die Abschlussprüfung relevant ist, liegt im pflichtgemäßen Ermessen des Abschlussprüfers (Vgl. Tz. A49-A72)

Art und Umfang des Verständnisses von den relevanten Kontrollen

13. Bei der Gewinnung eines Verständnisses von den für die Abschlussprüfung relevanten Kontrollen muss der Abschlussprüfer die Ausgestaltung dieser Kontrollen beurteilen und feststellen, ob sie eingerichtet wurden, indem der Abschlussprüfer sonstige Prüfungshandlungen zusätzlich zur Befragung von Mitarbeitern der Einheit durchführt. (Vgl. Tz. A73-A75)

Components of Internal Control

Control environment

14. The auditor shall obtain an understanding of the control environment. As part of obtaining this understanding, the auditor shall evaluate whether:
    (a) Management, with the oversight of those charged with governance, has created and maintained a culture of honesty and ethical behavior; and
    (b) The strengths in the control environment elements collectively provide an appropriate foundation for the other components of internal control, and whether those other components are not undermined by deficiencies in the control environment. (Ref: Para. A76–A86)

The entity's risk assessment process

15. The auditor shall obtain an understanding of whether the entity has a process for:
    (a) Identifying business risks relevant to financial reporting objectives;
    (b) Estimating the significance of the risks;
    (c) Assessing the likelihood of their occurrence; and
    (d) Deciding about actions to address those risks. (Ref: Para. A87)

16. If the entity has established such a process (referred to hereafter as the "entity's risk assessment process"), the auditor shall obtain an understanding of it, and the results thereof. If the auditor identifies risks of material misstatement that management failed to identify, the auditor shall evaluate whether there was an underlying risk of a kind that the auditor expects would have been identified by the entity's risk assessment process. If there is such a risk, the auditor shall obtain an understanding of why that process failed to identify it, and evaluate whether the process is appropriate to its circumstances or determine if there is a significant deficiency in internal control with regard to the entity's risk assessment process.

17. If the entity has not established such a process or has an ad hoc process, the auditor shall discuss with management whether business risks relevant to financial reporting objectives have been identified and how they have been addressed. The auditor shall evaluate whether the absence of a documented risk assessment process is appropriate in the circumstances, or determine whether it represents a significant deficiency in internal control. (Ref: Para. A88)

The information system, including the related business processes, relevant to financial reporting, and communication

18. The auditor shall obtain an understanding of the information system, including the related business processes, relevant to financial reporting, including the following areas:
    (a) The classes of transactions in the entity's operations that are significant to the financial statements;
    (b) The procedures, within both information technology (IT) and manual systems, by which those transactions are initiated, recorded, processed, corrected as necessary, transferred to the general ledger and reported in the financial statements;
    (c) The related accounting records, supporting information and specific accounts in the financial statements that are used to initiate, record, process and report transactions; this includes the correction of incorrect information and how information is transferred to the general ledger. The records may be in either manual or electronic form;
    (d) How the information system captures events and conditions, other than transactions, that are significant to the financial statements;
    (e) The financial reporting process used to prepare the entity's financial statements, including significant accounting estimates and disclosures; and
    (f) Controls surrounding journal entries, including non-standard journal entries used to record non-recurring, unusual transactions or adjustments. (Ref: Para. A89–A93)

Komponenten des IKS

Kontrollumfeld

14. Der Abschlussprüfer muss ein Verständnis von dem Kontrollumfeld gewinnen. Als Teil dieses Prozesses muss er beurteilen, ob

   (a) das Management, unter der Aufsicht der für die Überwachung Verantwortlichen, eine Kultur von Ehrlichkeit und ethischem Verhalten geschaffen und aufrechterhalten hat und

   (b) die Stärken in den Bestandteilen des Kontrollumfeldes insgesamt eine angemessene Grundlage für die anderen Komponenten des IKS darstellen und ob diese anderen Komponenten nicht durch Mängel im Kontrollumfeld beeinträchtigt werden. (Vgl. Tz. A76-A86)

Der Risikobeurteilungsprozess der Einheit

15. Der Abschlussprüfer muss ein Verständnis davon gewinnen, ob die Einheit über einen Prozess verfügt zur

   (a) Identifizierung von Geschäftsrisiken, die für Rechnungslegungsziele relevant sind,

   (b) Einschätzung der Bedeutsamkeit dieser Risiken,

   (c) Beurteilung ihrer Eintrittswahrscheinlichkeit und

   (d) Entscheidung über Maßnahmen, um diesen Risiken zu begegnen. (Vgl. Tz. A87)

16. Hat die Einheit einen derartigen Prozess (nachfolgend „Risikobeurteilungsprozess der Einheit" genannt) eingerichtet, muss der Abschlussprüfer ein Verständnis von diesem Prozess und von dessen Ergebnissen gewinnen. Falls der Abschlussprüfer wesentliche Risiken falscher Darstellungen identifiziert, die das Management nicht identifiziert hat, hat er zu beurteilen, ob ein derartiges zugrunde liegendes Risiko vorliegt, das es seiner Erwartung nach durch den Risikobeurteilungsprozess der Einheit identifiziert worden wäre. Falls ein solches Risiko besteht, muss der Abschlussprüfer ein Verständnis davon gewinnen, warum es durch diesen Prozess nicht identifiziert wurde, und beurteilen, ob der Prozess den Umständen angemessen ist oder feststellen, ob ein bedeutsamer Mangel in Bezug auf den Risikobeurteilungsprozess der Einheit besteht.

17. Wenn die Einheit keinen derartigen Prozess eingerichtet hat oder über einen Ad-hoc-Prozess verfügt, muss der Abschlussprüfer mit dem Management erörtern, ob für Rechnungslegungsziele relevante Geschäftsrisiken identifiziert wurden und wie ihnen begegnet wurde. Der Abschlussprüfer muss beurteilen, ob das Fehlen eines dokumentierten Risikobeurteilungsprozesses den Umständen angemessen ist oder feststellen, ob es einen bedeutsamen Mangel im IKS der Einheit darstellt. (Vgl. Tz. A88)

Rechnungslegungsbezogenes Informationssystem, einschließlich der damit verbundenen Geschäftsprozesse, sowie Kommunikation

18. Der Abschlussprüfer muss ein Verständnis vom rechnungslegungsbezogenen Informationssystem gewinnen, einschließlich der damit verbundenen Geschäftsprozesse sowie der folgenden Bereiche:

   (a) Art der Geschäftsvorfälle in den Geschäftsprozessen der Einheit, die für den Abschluss bedeutsam sind;

   (b) Verfahren, in Form manueller und IT-gestützter Systeme, durch die diese Geschäftsvorfälle ausgelöst, aufgezeichnet, verarbeitet, erforderlichenfalls korrigiert, in das Hauptbuch übertragen und im Abschluss abgebildet werden;

   (c) damit verbundene Rechnungslegungsaufzeichnungen, unterstützende Informationen sowie bestimmte Konten im Abschluss, die verwendet werden, um Geschäftsvorfälle auszulösen, aufzuzeichnen, zu verarbeiten sowie darüber zu berichten; dies beinhaltet die Korrektur falscher Informationen und die Art und Weise, in der die Informationen in das Hauptbuch übertragen werden. Die Aufzeichnungen können entweder in manueller oder in elektronischer Form vorliegen;

   (d) Art und Weise der Erfassung von für den Abschluss bedeutsamen Ereignissen und Umständen, die nicht Geschäftsvorfälle sind, durch das Informationssystem;

   (e) der angewandte Rechnungslegungsprozess zur Aufstellung des Abschlusses der Einheit, einschließlich bedeutsamer geschätzter Werte in der Rechnungslegung sowie Abschlussangaben;

   (f) Kontrollen im Zusammenhang mit Journaleinträgen, einschließlich nicht standardisierter Journaleinträge zur Aufzeichnung von nicht wiederkehrenden, ungewöhnlichen Geschäftsvorfällen oder Anpassungen. (Vgl. Tz. A89-A93)

19. The auditor shall obtain an understanding of how the entity communicates financial reporting roles and responsibilities and significant matters relating to financial reporting, including: (Ref: Para. A94–A95)

    (a) Communications between management and those charged with governance; and

    (b) External communications, such as those with regulatory authorities.

Control activities relevant to the audit

20. The auditor shall obtain an understanding of control activities relevant to the audit, being those the auditor judges it necessary to understand in order to assess the risks of material misstatement at the assertion level and design further audit procedures responsive to assessed risks. An audit does not require an understanding of all the control activities related to each significant class of transactions, account balance, and disclosure in the financial statements or to every assertion relevant to them. (Ref: Para. A96–A102)

21. In understanding the entity's control activities, the auditor shall obtain an understanding of how the entity has responded to risks arising from IT. (Ref: Para. A103–A105)

Monitoring of controls

22. The auditor shall obtain an understanding of the major activities that the entity uses to monitor internal control relevant to financial reporting, including those related to those control activities relevant to the audit, and how the entity initiates remedial actions to deficiencies in its controls. (Ref: Para. A106–A108)

23. If the entity has an internal audit function,[1] the auditor shall obtain an understanding of the nature of the internal audit function's responsibilities, its organizational status, and the activities performed, or to be performed. (Ref: Para. A109–A116)

24. The auditor shall obtain an understanding of the sources of the information used in the entity's monitoring activities, and the basis upon which management considers the information to be sufficiently reliable for the purpose. (Ref: Para. A117)

Identifying and Assessing the Risks of Material Misstatement

25. The auditor shall identify and assess the risks of material misstatement at:

    (a) the financial statement level; and (Ref: Para. A118–A121)

    (b) the assertion level for classes of transactions, account balances, and disclosures, (Ref: Para. A122–A126)

    to provide a basis for designing and performing further audit procedures.

26. For this purpose, the auditor shall:

    (a) Identify risks throughout the process of obtaining an understanding of the entity and its environment, including relevant controls that relate to the risks, and by considering the classes of transactions, account balances, and disclosures in the financial statements; (Ref: Para. A127–A128)

    (b) Assess the identified risks, and evaluate whether they relate more pervasively to the financial statements as a whole and potentially affect many assertions;

    (c) Relate the identified risks to what can go wrong at the assertion level, taking account of relevant controls that the auditor intends to test; and (Ref: Para. A129–A131)

    (d) Consider the likelihood of misstatement, including the possibility of multiple misstatements, and whether the potential misstatement is of a magnitude that could result in a material misstatement.

---

1) ISA 610 (Revised 2013), *Using the Work of Internal Auditors*, paragraph 14(a), defines the term "internal audit function" for purposes of the ISAs.

Identifizierung und Beurteilung der Risiken wesentlicher falscher Darstellungen aus dem Verstehen der Einheit und ihres Umfelds

ISA 315 (REVISED)

19. Der Abschlussprüfer muss ein Verständnis davon gewinnen, wie die Einheit Funktionen und Verantwortlichkeiten bezüglich der Rechnungslegung sowie bedeutsame Sachverhalte im Zusammenhang mit der Rechnungslegung kommuniziert, einschließlich (Vgl. Tz. A94-A95)

    (a) der Kommunikation zwischen dem Management und den für die Überwachung Verantwortlichen sowie

    (b) externer Kommunikation, z. B. mit Aufsichtsbehörden.

Für die Abschlussprüfung relevante Kontrollaktivitäten

20. Der Abschlussprüfer muss ein Verständnis von den für die Abschlussprüfung relevanten Kontrollaktivitäten gewinnen, d. h. von denjenigen, deren Verstehen der Abschlussprüfer für notwendig erachtet, um die Risiken wesentlicher falscher Darstellungen auf Aussageebene zu beurteilen und um weitere Prüfungshandlungen als Reaktion auf beurteilte Risiken zu planen. Eine Abschlussprüfung erfordert nicht das Verstehen sämtlicher Kontrollaktivitäten für alle bedeutsamen Arten von Geschäftsvorfällen, Kontensalden sowie Abschlussangaben oder für jede dafür relevante Aussage. (Vgl. Tz. A96-A102)

21. Durch das Verständnis von den Kontrollaktivitäten der Einheit muss der Abschlussprüfer verstehen, wie die Einheit auf die Risiken reagiert hat, die sich aus dem Einsatz von IT ergeben. (Vgl. Tz. A103-A105)

Überwachung von Kontrollen

22. Der Abschlussprüfer muss ein Verständnis von den wichtigsten Aktivitäten gewinnen, die von der Einheit zur Überwachung des rechnungslegungsbezogenen IKS eingesetzt werden, einschließlich derjenigen, die sich auf für die Abschlussprüfung relevante Kontrollaktivitäten beziehen, und der Art und Weise, in der die Einheit abhelfende Maßnahmen zu den Mängeln in den Kontrollen der Einheit initiiert. (Vgl. Tz. A106-A108)

23. Falls die Einheit über eine interne Revision[1] verfügt, muss sich der Abschlussprüfer ein Verständnis von der Art der Verantwortlichkeiten der internen Revision, von ihrer Stellung innerhalb der Organisation sowie von den durchgeführten oder durchzuführenden Tätigkeiten verschaffen. (Vgl. Tz. A109-A116)

24. Der Abschlussprüfer muss ein Verständnis von den Informationsquellen erlangen, die bei den Überwachungsaktivitäten der Einheit verwendet wurden und von der Grundlage, auf der das Management die Informationen als für diesen Zweck ausreichend verlässlich erachtet. (Vgl. Tz. A117)

Identifizierung und Beurteilung der Risiken wesentlicher falscher Darstellungen

25. Der Abschlussprüfer muss die Risiken wesentlicher falscher Darstellungen identifizieren und beurteilen und zwar

    (a) auf Abschlussebene (vgl. Tz. A118-A121) sowie

    (b) auf Aussageebene für Arten von Geschäftsvorfällen, für Kontensalden und für Abschlussangaben, (vgl. Tz. A122-A126)

    um eine Grundlage für die Gestaltung und Durchführung weiterer Prüfungshandlungen zu schaffen.

26. Zu diesem Zweck muss der Abschlussprüfer:

    (a) während des gesamten Prozesses, in dem er ein Verständnis von der Einheit und ihrem Umfeld, einschließlich der relevanten Kontrollen, die sich auf diese Risiken beziehen, gewinnt, sowie bei der Betrachtung der Arten von Geschäftsvorfällen, der Kontensalden und der Angaben im Abschluss Risiken identifizieren (vgl. Tz. A127-A128)

    (b) die identifizierten Risiken beurteilen und einschätzen, ob sich diese umfassend auf den Abschluss als Ganzes auswirken und möglicherweise viele Aussagen betreffen,

    (c) einen Bezug zwischen den identifizierten Risiken und den Fehlermöglichkeiten auf Aussageebene herstellen, unter Berücksichtigung relevanter Kontrollen, für die der Abschlussprüfer eine Funktionsprüfung beabsichtigt, (vgl. Tz. A129-A131) und

    (d) die Wahrscheinlichkeit von falschen Darstellungen einschätzen, einschließlich der Möglichkeit mehrfacher falscher Darstellungen und der Abschätzung, ob die möglichen falschen Darstellungen ein Ausmaß haben, das zu einer wesentlichen falschen Darstellung führen könnte.

---

[1] ISA 610 (Revised 2013) „Verwendung der Arbeit interner Prüfer", Textziffer 14(a), definiert den Begriff „Interne Revision" für die Zwecke der ISA.

Risks that Require Special Audit Consideration

27. As part of the risk assessment as described in paragraph 25, the auditor shall determine whether any of the risks identified are, in the auditor's judgment, a significant risk. In exercising this judgment, the auditor shall exclude the effects of identified controls related to the risk.

28. In exercising judgment as to which risks are significant risks, the auditor shall consider at least the following:
    (a) Whether the risk is a risk of fraud;
    (b) Whether the risk is related to recent significant economic, accounting or other developments and, therefore, requires specific attention;
    (c) The complexity of transactions;
    (d) Whether the risk involves significant transactions with related parties;
    (e) The degree of subjectivity in the measurement of financial information related to the risk, especially those measurements involving a wide range of measurement uncertainty; and
    (f) Whether the risk involves significant transactions that are outside the normal course of business for the entity, or that otherwise appear to be unusual. (Ref: Para. A132–A136)

29. If the auditor has determined that a significant risk exists, the auditor shall obtain an understanding of the entity's controls, including control activities, relevant to that risk. (Ref: Para. A137–A139)

Risks for Which Substantive Procedures Alone Do Not Provide Sufficient Appropriate Audit Evidence

30. In respect of some risks, the auditor may judge that it is not possible or practicable to obtain sufficient appropriate audit evidence only from substantive procedures. Such risks may relate to the inaccurate or incomplete recording of routine and significant classes of transactions or account balances, the characteristics of which often permit highly automated processing with little or no manual intervention. In such cases, the entity's controls over such risks are relevant to the audit and the auditor shall obtain an understanding of them. (Ref: Para. A140–A142)

Revision of Risk Assessment

31. The auditor's assessment of the risks of material misstatement at the assertion level may change during the course of the audit as additional audit evidence is obtained. In circumstances where the auditor obtains audit evidence from performing further audit procedures, or if new information is obtained, either of which is inconsistent with the audit evidence on which the auditor originally based the assessment, the auditor shall revise the assessment and modify the further planned audit procedures accordingly. (Ref: Para. A143)

Documentation

32. The auditor shall include in the audit documentation:[2]
    (a) The discussion among the engagement team where required by paragraph 10, and the significant decisions reached;
    (b) Key elements of the understanding obtained regarding each of the aspects of the entity and its environment specified in paragraph 11 and of each of the internal control components specified in paragraphs 14–24; the sources of information from which the understanding was obtained; and the risk assessment procedures performed;
    (c) The identified and assessed risks of material misstatement at the financial statement level and at the assertion level as required by paragraph 25; and

---

[2] ISA 230, *Audit Documentation*, paragraphs 8–11, and A6

Risiken, die eine besondere Berücksichtigung in der Abschlussprüfung erfordern

27. Als Teil der in Textziffer 25 beschriebenen Risikobeurteilung hat der Abschlussprüfer bei jedem identifizierten Risiko festzustellen, ob es sich seiner Beurteilung nach um ein bedeutsames Risiko handelt. Bei der Urteilsbildung muss der Abschlussprüfer die Wirkungen von identifizierten Kontrollen, die mit diesem Risiko in Verbindung stehen, außer Betracht lassen.

28. Bei der Beurteilung, welche Risiken bedeutsame Risiken sind, muss der Abschlussprüfer mindestens Folgendes berücksichtigen:
    (a) ob es sich um ein Risiko von dolosen Handlungen handelt;
    (b) ob das Risiko mit jüngeren bedeutsamen wirtschaftlichen, rechnungslegungsbezogenen oder anderen Entwicklungen zusammenhängt und deshalb besondere Aufmerksamkeit erfordert;
    (c) die Komplexität der Geschäftsvorfälle;
    (d) ob das Risiko bedeutsame Geschäftsvorfälle mit nahe stehenden Personen betrifft;
    (e) der Grad der Subjektivität der Bewertung der den Risiken zugrundeliegenden finanziellen Informationen, besonders bei solchen Bewertungen, die mit einer großen Bandbreite von Bewertungsunsicherheit verbundenen sind;
    (f) ob das Risiko bedeutsame Geschäftsvorfälle betrifft, die sich außerhalb der gewöhnlichen Geschäftstätigkeit der Einheit ereignen oder in anderer Hinsicht ungewöhnlich erscheinen (Vgl. Tz. A132-A136).

29. Falls der Abschlussprüfer festgestellt hat, dass ein bedeutsames Risiko vorliegt, muss er ein Verständnis von den für dieses Risiko relevanten Kontrollen der Einheit gewinnen, einschließlich der dazugehörigen Kontrollaktivitäten. (Vgl. Tz. A137-A139)

Risiken, bei denen aussagebezogene Prüfungshandlungen alleine keine ausreichenden geeigneten Prüfungsnachweise erbringen

30. Bei einigen Risiken kann der Abschlussprüfer zu dem Urteil gelangen, dass es nicht möglich oder praktisch nicht durchführbar ist, ausreichende geeignete Prüfungsnachweise ausschließlich durch aussagebezogene Prüfungshandlungen einzuholen. Solche Risiken können sich auf die fehlerhafte oder unvollständige Aufzeichnung von routinemäßigen und bedeutsamen Arten von Geschäftsvorfällen oder Kontensalden beziehen, deren Charakteristika häufig eine hoch automatisierte Verarbeitung mit wenigen oder gar keinen manuellen Eingriffen ermöglichen. In solchen Fällen sind die auf diese Risiken bezogenen Kontrollen der Einheit für die Abschlussprüfung relevant und der Abschlussprüfer muss ein Verständnis von ihnen gewinnen. (Vgl. Tz. A140-A142)

Berichtigung der Risikobeurteilung

31. Die Beurteilung der Risiken wesentlicher falscher Darstellungen auf Aussageebene durch den Abschlussprüfer kann sich während der Durchführung der Abschlussprüfung im Rahmen der Einholung weiterer Prüfungsnachweise ändern. In Fällen, in denen der Abschlussprüfer aus der Durchführung weiterer Prüfungshandlungen Prüfungsnachweise erlangt oder neue Informationen erhält, die jeweils mit den Prüfungsnachweisen nicht in Einklang stehen, auf die er die Beurteilung ursprünglich gestützt hat, muss er die Beurteilung berichtigen und die weiteren geplanten Prüfungshandlungen entsprechend modifizieren. (Vgl. Tz. A143)

Dokumentation

32. Der Abschlussprüfer hat in die Prüfungsdokumentation Folgendes aufzunehmen[2]
    (a) die Besprechung im Prüfungsteam (wie nach Textziffer 10 erforderlich) sowie die daraus resultierenden bedeutsamen Entscheidungen,
    (b) besonders wichtige Elemente des gewonnenen Verständnisses für jeden der in Textziffer 11 angegebenen Aspekte der Einheit und ihres Umfeldes und jede der in den Textziffern 14-24 angegebenen Komponenten des IKS, die Informationsquellen, aus denen das Verständnis gewonnen wurde, sowie die durchgeführten Prüfungshandlungen zur Risikobeurteilung,
    (c) die identifizierten und beurteilten Risiken wesentlicher falscher Darstellungen auf Abschluss- und Aussageebene (wie nach Textziffer 25 erforderlich) sowie

---

[2] ISA 230 „Prüfungsdokumentation", Textziffern 8-11 und A6.

(d) The risks identified, and related controls about which the auditor has obtained an understanding, as a result of the requirements in paragraphs 27–30. (Ref: Para. A144–A147)

***

Application and Other Explanatory Material
Risk Assessment Procedures and Related Activities (Ref: Para. 5)

A1. Obtaining an understanding of the entity and its environment, including the entity's internal control (referred to hereafter as an "understanding of the entity"), is a continuous, dynamic process of gathering, updating and analyzing information throughout the audit. The understanding establishes a frame of reference within which the auditor plans the audit and exercises professional judgment throughout the audit, for example, when:

- Assessing risks of material misstatement of the financial statements;
- Determining materiality in accordance with ISA 320;[3]
- Considering the appropriateness of the selection and application of accounting policies, and the adequacy of financial statement disclosures;
- Identifying areas where special audit consideration may be necessary, for example, related party transactions, the appropriateness of management's use of the going concern assumption, or considering the business purpose of transactions;
- Developing expectations for use when performing analytical procedures;
- Responding to the assessed risks of material misstatement, including designing and performing further audit procedures to obtain sufficient appropriate audit evidence; and
- Evaluating the sufficiency and appropriateness of audit evidence obtained, such as the appropriateness of assumptions and of management's oral and written representations.

A2. Information obtained by performing risk assessment procedures and related activities may be used by the auditor as audit evidence to support assessments of the risks of material misstatement. In addition, the auditor may obtain audit evidence about classes of transactions, account balances, or disclosures, and related assertions, and about the operating effectiveness of controls, even though such procedures were not specifically planned as substantive procedures or as tests of controls. The auditor also may choose to perform substantive procedures or tests of controls concurrently with risk assessment procedures because it is efficient to do so.

A3. The auditor uses professional judgment to determine the extent of the understanding required. The auditor's primary consideration is whether the understanding that has been obtained is sufficient to meet the objective stated in this ISA. The depth of the overall understanding that is required by the auditor is less than that possessed by management in managing the entity.

A4. The risks to be assessed include both those due to error and those due to fraud, and both are covered by this ISA. However, the significance of fraud is such that further requirements and guidance are included in ISA 240 in relation to risk assessment procedures and related activities to obtain information that is used to identify the risks of material misstatement due to fraud. [4]

A5. Although the auditor is required to perform all the risk assessment procedures described in paragraph 6 in the course of obtaining the required understanding of the entity (see paragraphs 11–24), the auditor is not required to perform all of them for each aspect of that understanding. Other procedures may be performed

---
[3] ISA 320, *Materiality in Planning and Performing an Audit*
[4] ISA 240, *The Auditor's Responsibilities Relating to Fraud in an Audit of Financial Statements*, paragraphs 12–24

(d) die identifizierten Risiken und damit verbundenen Kontrollen, von denen der Abschlussprüfer als Ergebnis der Anforderungen in den Textziffern 27-30 ein Verständnis gewonnen hat. (Vgl. Tz. A144-A147)

* * *

Anwendungshinweise und sonstige Erläuterungen

Prüfungshandlungen zur Risikobeurteilung und damit zusammenhängende Tätigkeiten (vgl. Tz. 5)

A1. Ein Verständnis von der Einheit zu gewinnen unter Einschluss ihres IKS und ihres Umfelds (nachfolgend „Verständnis von der Einheit" genannt) ist ein kontinuierlicher dynamischer Prozess der Einholung, Aktualisierung und Analyse von Informationen, der sich über die gesamte Abschlussprüfung erstreckt. Das Verständnis bildet einen Bezugsrahmen, innerhalb dessen der Abschlussprüfer die Abschlussprüfung plant und das pflichtgemäße Ermessen in der Prüfung ausübt, bspw. wenn

- Risiken wesentlicher falscher Darstellungen im Abschluss beurteilt werden,
- die Wesentlichkeit in Übereinstimmung mit ISA 320 festgelegt wird,[3]
- die Angemessenheit der Auswahl und Anwendung der Rechnungslegungsmethoden sowie die Angemessenheit der Abschlussangaben eingeschätzt wird,
- Gebiete identifiziert werden, die eine besondere Berücksichtigung bei der Abschlussprüfung erfordern können (z. B. Transaktionen mit nahe stehenden Personen, die Angemessenheit der Annahme der Fortführung der Unternehmenstätigkeit durch das Management oder die Berücksichtigung des geschäftlichen Zwecks von Transaktionen),
- Erwartungen entwickelt werden, um sie bei der Durchführung analytischer Prüfungshandlungen zu verwenden,
- auf die beurteilten Risiken wesentlicher falscher Darstellungen reagiert wird (einschließlich der Planung und Durchführung weiterer Prüfungshandlungen, um ausreichende geeignete Prüfungsnachweise zu erhalten), sowie
- beurteilt wird, inwieweit ausreichende geeignete Prüfungsnachweise erlangt wurden (z. B. die Angemessenheit von Annahmen sowie von mündlichen und schriftlichen Erklärungen des Managements).

A2. Informationen aus der Durchführung von Prüfungshandlungen zur Risikobeurteilung und damit zusammenhängenden Tätigkeiten können vom Abschlussprüfer als Prüfungsnachweise verwendet werden, um die Beurteilung der Risiken wesentlicher falscher Darstellungen zu stützen. Darüber hinaus kann der Abschlussprüfer bei der Durchführung solcher Prüfungshandlungen Prüfungsnachweise zu Arten von Geschäftsvorfällen, Kontensalden oder Abschlussangaben und zu damit verbundenen Aussagen sowie zur Wirksamkeit von Kontrollen erhalten, auch wenn die Prüfungshandlungen nicht ausdrücklich als aussagebezogene Prüfungshandlungen oder als Funktionsprüfungen geplant waren. Der Abschlussprüfer kann sich auch dafür entscheiden, aussagebezogene Prüfungshandlungen oder Funktionsprüfungen gleichzeitig mit Prüfungshandlungen zur Risikobeurteilung durchzuführen, weil dies wirtschaftlich ist.

A3. Der Abschlussprüfer legt den Umfang des erforderlichen Verständnisses nach pflichtgemäßem Ermessen fest. Die vorrangige Überlegung des Abschlussprüfers ist es, ob das gewonnene Verständnis ausreicht, um das in diesem ISA angegebene Ziel zu erreichen. Die Tiefe des Gesamtverständnisses, das vom Abschlussprüfer verlangt wird, ist geringer als dasjenige, welches das Management zum Führen der Einheit besitzt.

A4. Die zu beurteilenden Risiken umfassen sowohl Risiken aufgrund von Irrtümern als auch Risiken aufgrund von dolosen Handlungen; beide fallen unter diesen ISA. Dolose Handlungen sind jedoch ein so bedeutsamer Aspekt, dass in ISA 240 weitere Anforderungen und erläuternde Hinweise in Bezug auf Prüfungshandlungen zur Risikobeurteilung und auf damit zusammenhängende Tätigkeiten enthalten sind, um Informationen zu erhalten, die der Identifizierung der Risiken wesentlicher falscher Darstellungen aufgrund von dolosen Handlungen dienen.[4]

A5. Obwohl der Abschlussprüfer verpflichtet ist, im Zuge der Erlangung des erforderlichen Verständnisses von der Einheit (siehe Textziffern 11-24) alle in Textziffer 6 beschriebenen Prüfungshandlungen zur Risikobeurteilung durchzuführen, ist er nicht verpflichtet, alle diese Prüfungshandlungen für jeden

---

[3] ISA 320 „Die Wesentlichkeit bei der Planung und Durchführung einer Abschlussprüfung".
[4] ISA 240 „Die Verantwortung des Abschlussprüfers bei dolosen Handlungen", Textziffern 12-24.

where the information to be obtained therefrom may be helpful in identifying risks of material misstatement. Examples of such procedures include:

- Reviewing information obtained from external sources such as trade and economic journals; reports by analysts, banks, or rating agencies; or regulatory or financial publications.

- Making inquiries of the entity's external legal counsel or of valuation experts that the entity has used.

Inquiries of Management, the Internal Audit Function and Others within the Entity (Ref: Para. 6(a))

A6. Much of the information obtained by the auditor's inquiries is obtained from management and those responsible for financial reporting. Information may also be obtained by the auditor through inquiries with the internal audit function, if the entity has such a function, and others within the entity.

A7. The auditor may also obtain information, or a different perspective in identifying risks of material misstatement, through inquiries of others within the entity and other employees with different levels of authority. For example:
- Inquiries directed towards those charged with governance may help the auditor understand the environment in which the financial statements are prepared. ISA 260[5] identifies the importance of effective two-way communication in assisting the auditor to obtain information from those charged with governance in this regard.

- Inquiries of employees involved in initiating, processing or recording complex or unusual transactions may help the auditor to evaluate the appropriateness of the selection and application of certain accounting policies.

- Inquiries directed toward in-house legal counsel may provide information about such matters as litigation, compliance with laws and regulations, knowledge of fraud or suspected fraud affecting the entity, warranties, post-sales obligations, arrangements (such as joint ventures) with business partners and the meaning of contract terms.

- Inquiries directed towards marketing or sales personnel may provide information about changes in the entity's marketing strategies, sales trends, or contractual arrangements with its customers.

- Inquiries directed to the risk management function (or those performing such roles) may provide information about operational and regulatory risks that may affect financial reporting.

- Inquiries directed to information systems personnel may provide information about system changes, system or control failures, or other information system-related risks.

A8. As obtaining an understanding of the entity and its environment is a continual, dynamic process, the auditor's inquiries may occur throughout the audit engagement.

Inquiries of the Internal Audit Function

A9. If an entity has an internal audit function, inquiries of the appropriate individuals within the function may provide information that is useful to the auditor in obtaining an understanding of the entity and its environment, and in identifying and assessing risks of material misstatement at the financial statement and assertion levels. In performing its work, the internal audit function is likely to have obtained insight into the entity's operations and business risks, and may have findings based on its work, such as identified control deficiencies or risks, that may provide valuable input into the auditor's understanding of the entity, the auditor's risk assessments or other aspects of the audit. The auditor's inquiries are therefore made whether or not the auditor expects to use the work of the internal audit function to modify the nature or timing, or reduce the extent, of audit procedures to be performed.[6] Inquiries of particular relevance may

---

5) ISA 260, *Communication with Those Charged with Governance*, paragraph 4(b)
6) The relevant requirements are contained in ISA 610 (Revised 2013).

Identifizierung und Beurteilung der Risiken wesentlicher falscher Darstellungen aus dem Verstehen der Einheit und ihres Umfelds
ISA 315 (REVISED)

einzelnen Aspekt dieses Verständnisses durchzuführen. Andere Prüfungshandlungen können durchgeführt werden, wenn die dadurch einzuholenden Informationen zur Identifizierung von Risiken wesentlicher falscher Darstellungen hilfreich sein können. Beispiele für solche Prüfungshandlungen sind:

- Durchsicht von Informationen aus externen Quellen (z. B. aus Fachzeitschriften und Wirtschaftszeitungen, aus Berichten von Analysten, Banken oder Rating-Agenturen sowie aus aufsichtsrechtlichen oder finanzwirtschaftlichen Veröffentlichungen)
- Befragungen von externen Rechtsberatern oder Bewertungssachverständigen, die von der Einheit hinzugezogen wurden.

Befragungen des Managements, der internen Revision sowie weiterer Personen innerhalb der Einheit (vgl. Tz. 6(a))

A6. Viele der Informationen, die der Abschlussprüfer durch Befragungen erlangt, stammen vom Management und von den für die Rechnungslegung Verantwortlichen. Informationen kann der Abschlussprüfer auch durch Befragungen der internen Revision, falls die Einheit über eine solche verfügt, sowie weiterer Personen innerhalb der Einheit erlangen.

A7. Der Abschlussprüfer kann auch durch Befragungen weiterer Personen innerhalb der Einheit und anderer Mitarbeiter auf unterschiedlichen Hierarchieebenen Informationen oder eine andere Sichtweise zur Identifizierung von Risiken wesentlicher falscher Darstellungen erlangen. Beispiele sind:

- Befragungen der für die Überwachung Verantwortlichen können dem Abschlussprüfer dabei helfen, das Umfeld zu verstehen, in dem der Abschluss aufgestellt wird. ISA 260[5] zeigt in diesem Zusammenhang, wie wichtig eine wirksame wechselseitige Kommunikation ist, um den Abschlussprüfer bei der Erlangung von Informationen von den für die Überwachung Verantwortlichen zu unterstützen.
- Befragungen von Mitarbeitern, die sich damit befassen, komplexe oder ungewöhnliche Geschäftsvorfälle auszulösen, zu verarbeiten oder aufzuzeichnen, können dem Abschlussprüfer dabei helfen, die Angemessenheit der Auswahl und Anwendung von bestimmten Rechnungslegungsmethoden zu beurteilen.
- Befragungen von Mitarbeitern der hausinternen Rechtsabteilung können Informationen zu Sachverhalten liefern (wie Rechtsstreitigkeiten, Einhaltung von Gesetzen und anderen Rechtsvorschriften, bekannte oder vermutete dolose Handlungen mit Auswirkungen auf die Einheit, Garantien, nachvertragliche Pflichten aus Verkaufsgeschäften, Vereinbarungen (z. B. Joint Ventures) mit Geschäftspartnern und die Bedeutung von Vertragsbestimmungen).
- Befragungen von Marketing- oder Verkaufsmitarbeitern können Informationen zu Veränderungen in den Marketingstrategien der Einheit, zu Entwicklungen der Umsätze oder zu vertraglichen Vereinbarungen mit Kunden liefern.
- Befragungen des Risikomanagements (bzw. derjenigen, die diese Funktion ausüben) können Informationen zu operativen und regulatorischen Risiken liefern, die Auswirkungen auf die Rechnungslegung haben können.
- Befragungen von Mitarbeitern der IT-Abteilung können Informationen zu Systemänderungen, System- oder Kontrollausfällen oder anderen Risiken im Zusammenhang mit dem Informationssystem liefern.

A8. Da die Erlangung eines Verständnisses von der Einheit und deren Umfeld ein kontinuierlicher, dynamischer Prozess ist, können Befragungen des Abschlussprüfers während der gesamten Prüfungsdurchführung stattfinden.

Befragungen der internen Revision

A9. Falls die Einheit über eine interne Revision verfügt, können Befragungen geeigneter Personen innerhalb der internen Revision Informationen liefern, die bei der Erlangung eines Verständnisses von der Einheit und deren Umfeld sowie bei der Identifizierung und Beurteilung von Risiken wesentlicher falscher Darstellungen auf Abschluss- und Aussageebene für den Abschlussprüfer nützlich sind. Bei der Ausübung ihrer Tätigkeit ist es wahrscheinlich, dass die interne Revision Einblick in das operative Geschäft und die Geschäftsrisiken der Einheit erlangt und möglicherweise auf Grundlage ihrer Tätigkeit Feststellungen getroffen hat (bspw. identifizierte Kontrollschwächen oder -risiken), die wertvollen Input für das Verständnis des Abschlussprüfers von der Einheit, die Risikobeurteilung des Abschlussprüfers oder andere Aspekte der Abschlussprüfung liefern können. Die Befragungen des Abschlussprüfers werden deshalb

---

5) ISA 260 „Kommunikation mit den für die Überwachung Verantwortlichen", Textziffer 4(b).
6) Die relevanten Anforderungen sind im ISA 610 (Revised 2013) enthalten.

be about matters the internal audit function has raised with those charged with governance and the outcomes of the function's own risk assessment process.

A10. If, based on responses to the auditor's inquiries, it appears that there are findings that may be relevant to the entity's financial reporting and the audit, the auditor may consider it appropriate to read related reports of the internal audit function. Examples of reports of the internal audit function that may be relevant include the function's strategy and planning documents and reports that have been prepared for management or those charged with governance describing the findings of the internal audit function's examinations.

A11. In addition, in accordance with ISA 240,[7] if the internal audit function provides information to the auditor regarding any actual, suspected or alleged fraud, the auditor takes this into account in the auditor's identification of risk of material misstatement due to fraud.

A12. Appropriate individuals within the internal audit function with whom inquiries are made are those who, in the auditor's judgment, have the appropriate knowledge, experience and authority, such as the chief internal audit executive or, depending on the circumstances, other personnel within the function. The auditor may also consider it appropriate to have periodic meetings with these individuals.

Considerations specific to public sector entities (Ref: Para 6(a))

A13. Auditors of public sector entities often have additional responsibilities with regard to internal control and compliance with applicable laws and regulations. Inquiries of appropriate individuals in the internal audit function can assist the auditors in identifying the risk of material noncompliance with applicable laws and regulations and the risk of deficiencies in internal control over financial reporting.

Analytical Procedures (Ref: Para. 6(b))

A14. Analytical procedures performed as risk assessment procedures may identify aspects of the entity of which the auditor was unaware and may assist in assessing the risks of material misstatement in order to provide a basis for designing and implementing responses to the assessed risks. Analytical procedures performed as risk assessment procedures may include both financial and non-financial information, for example, the relationship between sales and square footage of selling space or volume of goods sold.

A15. Analytical procedures may help identify the existence of unusual transactions or events, and amounts, ratios, and trends that might indicate matters that have audit implications. Unusual or unexpected relationships that are identified may assist the auditor in identifying risks of material misstatement, especially risks of material misstatement due to fraud.

A16. However, when such analytical procedures use data aggregated at a high level (which may be the situation with analytical procedures performed as risk assessment procedures), the results of those analytical procedures only provide a broad initial indication about whether a material misstatement may exist. Accordingly, in such cases, consideration of other information that has been gathered when identifying the risks of material misstatement together with the results of such analytical procedures may assist the auditor in understanding and evaluating the results of the analytical procedures.

---

7) ISA 240, paragraph 19

Identifizierung und Beurteilung der Risiken wesentlicher falscher Darstellungen aus dem Verstehen der Einheit und ihres Umfelds ISA 315 (REVISED)

unabhängig davon vorgenommen, ob der Abschlussprüfer davon ausgeht, dass er die Arbeit der internen Revision verwerten wird, um Art oder zeitliche Einteilung der durchzuführenden Prüfungshandlungen zu ändern oder deren Umfang zu verringern, oder nicht.[6] Befragungen von besonderer Relevanz können Sachverhalte betreffen, die die interne Revision den für die Überwachung Verantwortlichen mitgeteilt hat sowie die Ergebnisse des eigenen Risikobeurteilungsprozesses der internen Revision.

A10. Falls es auf Grundlage der Antworten auf die Befragungen des Abschlussprüfers erscheint, dass es Feststellungen gibt, die für die Rechnungslegung der Einheit und die Abschlussprüfung relevant sein können, kann der Abschlussprüfer es als angebracht erachten, damit zusammenhängende Berichte der internen Revision zu lesen. Beispiele für Berichte der internen Revision, die relevant sein können, sind Strategie- und Planungsunterlagen der internen Revision sowie für das Management oder die für die Überwachung Verantwortlichen erstellte Berichte, in denen die Feststellungen aus den Untersuchungen der internen Revision beschrieben werden.

A11. Falls die interne Revision dem Abschlussprüfer Informationen zu vorliegenden, vermuteten oder behaupteten dolosen Handlungen liefert, berücksichtigt der Abschlussprüfer diese in Übereinstimmung mit ISA 240[7] bei seiner Identifizierung des Risikos wesentlicher beabsichtigter falscher Darstellungen.

A12. Personen innerhalb der internen Revision sind zur Befragung geeignet, wenn sie nach Einschätzung des Abschlussprüfers über die entsprechenden Kenntnisse, Erfahrungen und Befugnisse verfügen, wie der Leiter der internen Revision oder in Abhängigkeit von den Gegebenheiten andere Mitarbeiter der internen Revision. Der Abschlussprüfer kann es auch als angemessen erachten, sich regelmäßig mit diesen Personen zu treffen.

Spezifische Überlegungen zu Einheiten des öffentlichen Sektors (vgl. Tz. 6(a))

A13. Abschlussprüfer von Einheiten des öffentlichen Sektors haben häufig zusätzliche Pflichten bezogen auf das IKS sowie die Einhaltung einschlägiger Gesetze und anderer Rechtsvorschriften. Befragungen geeigneter Personen in der internen Revision können zur Identifizierung des Risikos wesentlicher Verstöße gegen einschlägige Gesetze und andere Rechtsvorschriften sowie des Risikos von Mängeln im rechnungslegungsbezogenen IKS beitragen.

Analytische Prüfungshandlungen (vgl. Tz. 6(b))

A14. Analytische Prüfungshandlungen zur Risikobeurteilung können Aspekte der Einheit aufdecken, die dem Abschlussprüfer unbekannt waren und können dazu beitragen, die Risiken wesentlicher falscher Darstellungen zu beurteilen, um eine Grundlage für die Planung und Umsetzung von Reaktionen auf beurteilte Risiken zu schaffen. Analytische Prüfungshandlungen, die als Maßnahmen zur Risikobeurteilung durchgeführt wurden, können sowohl finanzielle als auch nicht finanzielle Informationen betreffen (z.B. das Verhältnis zwischen Umsatzerlösen und Quadratmeter Verkaufsfläche oder das Volumen verkaufter Güter).

A15. Analytische Prüfungshandlungen können dem Abschlussprüfer dabei helfen, ungewöhnliche Geschäftsvorfälle oder Ereignisse sowie Beträge, Kennzahlen und Entwicklungen festzustellen, die möglicherweise auf Sachverhalte hindeuten, die Auswirkungen auf die Prüfung haben. Identifizierte ungewöhnliche oder unerwartete Verhältnisse können den Abschlussprüfer beim Identifizieren von Risiken wesentlicher falscher Darstellungen unterstützen, insbesondere von Risiken wesentlicher falscher Darstellungen aufgrund von dolosen Handlungen.

A16. Werden jedoch bei derartigen analytischen Prüfungshandlungen hoch aggregierte Daten verwendet (was bei analytischen Prüfungshandlungen, die zur Risikobeurteilung durchgeführt werden, der Fall sein kann), geben die Ergebnisse dieser analytischen Prüfungshandlungen lediglich einen allgemeinen ersten Hinweis auf möglicherweise vorhandene wesentliche falsche Darstellungen. Entsprechend kann in solchen Fällen die Berücksichtigung weiterer Informationen, die bei der Identifizierung der Risiken wesentlicher falscher Darstellungen gesammelt wurden, zusammen mit den Ergebnissen damit zusammenhängender analytischer Prüfungshandlungen den Abschlussprüfer im Verständnis und in der Beurteilung von den Ergebnissen der analytischen Prüfungshandlungen unterstützen.

---

7) ISA 240, Textziffer 19.

Considerations Specific to Smaller Entities

A17. Some smaller entities may not have interim or monthly financial information that can be used for purposes of analytical procedures. In these circumstances, although the auditor may be able to perform limited analytical procedures for purposes of planning the audit or obtain some information through inquiry, the auditor may need to plan to perform analytical procedures to identify and assess the risks of material misstatement when an early draft of the entity's financial statements is available.

Observation and Inspection (Ref: Para. 6(c))

A18. Observation and inspection may support inquiries of management and others, and may also provide information about the entity and its environment. Examples of such audit procedures include observation or inspection of the following:

- The entity's operations.
- Documents (such as business plans and strategies), records, and internal control manuals.
- Reports prepared by management (such as quarterly management reports and interim financial statements) and those charged with governance (such as minutes of board of directors' meetings).
- The entity's premises and plant facilities.

Information Obtained in Prior Periods (Ref: Para. 9)

A19. The auditor's previous experience with the entity and audit procedures performed in previous audits may provide the auditor with information about such matters as:

- Past misstatements and whether they were corrected on a timely basis.
- The nature of the entity and its environment, and the entity's internal control (including deficiencies in internal control).
- Significant changes that the entity or its operations may have undergone since the prior financial period, which may assist the auditor in gaining a sufficient understanding of the entity to identify and assess risks of material misstatement.

A20. The auditor is required to determine whether information obtained in prior periods remains relevant, if the auditor intends to use that information for the purposes of the current audit. This is because changes in the control environment, for example, may affect the relevance of information obtained in the prior year. To determine whether changes have occurred that may affect the relevance of such information, the auditor may make inquiries and perform other appropriate audit procedures, such as walk-throughs of relevant systems.

Discussion among the Engagement Team (Ref: Para. 10)

A21. The discussion among the engagement team about the susceptibility of the entity's financial statements to material misstatement:

- Provides an opportunity for more experienced engagement team members, including the engagement partner, to share their insights based on their knowledge of the entity.

- Allows the engagement team members to exchange information about the business risks to which the entity is subject and about how and where the financial statements might be susceptible to material misstatement due to fraud or error.

- Assists the engagement team members to gain a better understanding of the potential for material misstatement of the financial statements in the specific areas assigned to them, and to understand how the results of the audit procedures that they perform may affect other aspects of the audit including the decisions about the nature, timing and extent of further audit procedures.

Spezifische Überlegungen zu kleineren Einheiten

A17. Manche kleineren Einheiten haben möglicherweise keine unterjährige oder monatliche Finanzinformation, die für die Zwecke der analytischen Prüfungshandlungen verwendet werden kann. Obwohl der Abschlussprüfer in diesen Fällen möglicherweise in der Lage ist, für die Zwecke der Planung der Prüfung begrenzte analytische Prüfungshandlungen durchzuführen, oder einige Informationen durch Befragung zu erlangen, muss er möglicherweise zu einem Zeitpunkt, zu dem ein früher Entwurf des Abschlusses der Einheit verfügbar ist, die Durchführung von analytischen Prüfungshandlungen planen, um Risiken wesentlicher falscher Darstellungen zu erkennen und zu beurteilen.

Beobachtung und Inaugenschein-/Einsichtnahme (vgl. Tz. 6(c))

A18. Beobachtung und Inaugenschein-/Einsichtnahme können die Befragungen des Managements sowie weiterer Personen unterstützen und auch Informationen über die Einheit und ihr Umfeld liefern. Beispiele für solche Prüfungshandlungen sind Beobachtung und Inaugenschein-/Einsichtnahme von

- Geschäften der Einheit,
- Dokumenten (z. B. Geschäftspläne und -strategien), Aufzeichnungen und Handbüchern zum IKS,
- Berichten, die vom Management (z. B. Quartalsberichte und Zwischenabschlüsse) und von den für die Überwachung Verantwortlichen (z. B. Protokolle über Aufsichtsratssitzungen) erstellt wurden, sowie
- Geschäftsräumen und Fabrikationsanlagen der Einheit.

In früheren Berichtszeiträumen erlangte Informationen (vgl. Tz. 9)

A19. Aus der bisherigen Erfahrungen mit der Einheit und aus Prüfungshandlungen früherer Abschlussprüfungen kann der Abschlussprüfer bspw. Informationen über folgende Sachverhalte erlangen:

- falsche Darstellungen in der Vergangenheit und ob diese in angemessener Zeit korrigiert wurden.
- Art der Einheit, ihr Umfeld sowie IKS der Einheit (einschließlich Mängel im IKS).

- bedeutsame Veränderungen in der Einheit oder in ihrer Geschäftstätigkeit seit dem letzten Berichtszeitraum, die den Abschlussprüfer dabei unterstützen können, ein ausreichendes Verständnis von der Einheit zu gewinnen, um die Risiken wesentlicher falscher Darstellungen identifizieren und beurteilen zu können.

A20. Der Abschlussprüfer ist verpflichtet festzustellen, ob in früheren Berichtszeiträumen erlangte Informationen weiterhin relevant sind, wenn beabsichtigt ist, diese Informationen für die laufende Abschlussprüfung zu verwenden. Dies liegt daran, dass sich bspw. Veränderungen im Kontrollumfeld auf die Relevanz von im Vorjahr erlangten Informationen auswirken können. Um festzustellen, ob sich Veränderungen ergeben haben, die sich auf die Relevanz solcher Informationen auswirken können, kann der Abschlussprüfer Befragungen und andere geeignete Prüfungshandlungen durchführen, z. B. Nachvollzug relevanter Systeme.

Besprechung im Prüfungsteam (vgl. Tz. 10)

A21. Die Besprechung im Prüfungsteam über die Anfälligkeit des Abschlusses der Einheit für wesentliche falsche Darstellungen

- gibt erfahreneren Mitgliedern des Prüfungsteams, einschließlich des für den Auftrag Verantwortlichen, die Gelegenheit, ihre Erkenntnisse auf der Grundlage ihres Wissens über die Einheit auszutauschen.
- gibt den Mitgliedern des Prüfungsteams die Möglichkeit zum Austausch von Informationen über die Geschäftsrisiken, denen die Einheit ausgesetzt ist, und darüber, in welcher Weise und an welchen Stellen der Abschluss für wesentliche - beabsichtigte oder unbeabsichtigte - falsche Darstellungen anfällig sein könnte.
- hilft den Mitgliedern des Prüfungsteams dabei, ein besseres Verständnis von der Möglichkeit wesentlicher falscher Darstellungen im Abschluss für die ihnen jeweils zugeteilten Prüfungsgebiete zu gewinnen und zu verstehen, welche Auswirkungen die Ergebnisse der von ihnen durchgeführten Prüfungshandlungen auf andere Aspekte der Abschlussprüfung, einschließlich der Entscheidungen über Art, zeitliche Einteilung und Umfang weiterer Prüfungshandlungen, haben können.

- Provides a basis upon which engagement team members communicate and share new information obtained throughout the audit that may affect the assessment of risks of material misstatement or the audit procedures performed to address these risks.

ISA 240 provides further requirements and guidance in relation to the discussion among the engagement team about the risks of fraud.[8]

A22. It is not always necessary or practical for the discussion to include all members in a single discussion (as, for example, in a multi-location audit), nor is it necessary for all of the members of the engagement team to be informed of all of the decisions reached in the discussion. The engagement partner may discuss matters with key members of the engagement team including, if considered appropriate, those with specific skills or knowledge, and those responsible for the audits of components, while delegating discussion with others, taking account of the extent of communication considered necessary throughout the engagement team. A communications plan, agreed by the engagement partner, may be useful.

Considerations Specific to Smaller Entities

A23. Many small audits are carried out entirely by the engagement partner (who may be a sole practitioner). In such situations, it is the engagement partner who, having personally conducted the planning of the audit, would be responsible for considering the susceptibility of the entity's financial statements to material misstatement due to fraud or error.

The Required Understanding of the Entity and Its Environment, Including the Entity's Internal Control

The Entity and Its Environment

Industry, Regulatory and Other External Factors (Ref: Para. 11(a))

Industry Factors

A24. Relevant industry factors include industry conditions such as the competitive environment, supplier and customer relationships, and technological developments. Examples of matters the auditor may consider include:
- The market and competition, including demand, capacity, and price competition.
- Cyclical or seasonal activity.
- Product technology relating to the entity's products.
- Energy supply and cost.

A25. The industry in which the entity operates may give rise to specific risks of material misstatement arising from the nature of the business or the degree of regulation. For example, long-term contracts may involve significant estimates of revenues and expenses that give rise to risks of material misstatement. In such cases, it is important that the engagement team include members with sufficient relevant knowledge and experience.[9]

Regulatory Factors

A26. Relevant regulatory factors include the regulatory environment. The regulatory environment encompasses, among other matters, the applicable financial reporting framework and the legal and political environment. Examples of matters the auditor may consider include:
- Accounting principles and industry-specific practices.
- Regulatory framework for a regulated industry.
- Legislation and regulation that significantly affect the entity's operations, including direct supervisory activities.
- Taxation (corporate and other).

---

8) ISA 240, paragraph 15
9) ISA 220, *Quality Control for an Audit of Financial Statements*, paragraph 14

- bildet eine Grundlage, auf der die Mitglieder des Prüfungsteams während der gesamten Abschlussprüfung kommunizieren und erlangte neue Informationen austauschen, die sich auf die Beurteilung von Risiken wesentlicher falscher Darstellungen auswirken können oder auf die Prüfungshandlungen, die durchgeführt werden, um diesen Risiken zu begegnen.

ISA 240 enthält weitere Anforderungen und erläuternde Hinweise zur Besprechung im Prüfungsteam über die Risiken von dolosen Handlungen.[8]

A22. Es ist nicht immer notwendig oder praktisch durchführbar, alle Mitglieder des Prüfungsteams in eine einzige Besprechung einzubeziehen (z. B. bei einer Abschlussprüfung an mehreren Standorten); ebenso ist es nicht notwendig, alle Mitglieder des Prüfungsteams über alle während der Besprechung getroffenen Entscheidungen zu informieren. Der für den Auftrag Verantwortliche kann Sachverhalte mit Mitgliedern des Prüfungsteams in Schlüsselfunktionen erörtern, darunter - wenn dies als angemessen erachtet wird - mit denjenigen mit spezifischen Fähigkeiten oder Kenntnissen und den für die Prüfungen von Teilbereichen Verantwortlichen, und Besprechungen mit anderen Beteiligten delegieren, wobei der Abschlussprüfer den für notwendig erachteten Umfang der Kommunikation innerhalb des gesamten Prüfungsteams berücksichtigen muss. Ein Kommunikationsplan, abgestimmt mit dem für den Auftrag Verantwortlichen, kann hilfreich sein.

Spezifische Überlegungen zu kleineren Einheiten

A23. Viele kleine Abschlussprüfungen werden vollständig von dem Auftragsverantwortlichen durchgeführt (bei dem es sich um einen einzelnen Berufsangehörigen handeln kann). In einer solchen Situation wäre der Auftragsverantwortliche, der die Abschlussprüfung persönlich geplant hat, auch selbst dafür verantwortlich, die Anfälligkeit des Abschlusses der Einheit für wesentliche - beabsichtigte oder unbeabsichtigte - falsche Darstellungen einzuschätzen.

Das erforderliche Verständnis von der Einheit und ihrem Umfeld einschließlich ihres IKS

Die Einheit und ihr Umfeld

Branchenbezogene, rechtliche und andere externe Faktoren (vgl. Tz. 11(a))

Branchenbezogene Faktoren

A24. Zu den relevanten branchenbezogenen Faktoren gehören Branchengegebenheiten wie das Wettbewerbsumfeld, Lieferanten- und Kundenbeziehungen sowie technologische Entwicklungen. Beispiele für Sachverhalte, die der Abschlussprüfer möglicherweise berücksichtigt:

- Markt- und Wettbewerbssituation, einschließlich Nachfrage, Kapazität und Preiswettbewerb
- zyklische oder saisonale Tätigkeit
- Produkttechnologie für die Produkte der Einheit
- Energieversorgung und Energiekosten.

A25. Die Branche, in der die Einheit tätig ist, kann bestimmte Risiken wesentlicher falscher Darstellungen zur Folge haben, die sich aus der Art der Geschäftstätigkeit oder dem Grad der Regulierung in der Branche ergeben. Beispielsweise können langfristige Verträge bedeutsame Schätzungen von Erlösen und Aufwendungen beinhalten, aus denen Risiken wesentlicher falscher Darstellungen resultieren. In solchen Fällen ist es wichtig, dass in das Prüfungsteam Mitglieder mit ausreichenden einschlägigen Kenntnissen und Erfahrungen einbezogen werden.[9]

Rechtliche Faktoren

A26. Zu den relevanten rechtlichen Faktoren gehört das regulatorische Umfeld. Das regulatorische Umfeld umfasst u.a. das maßgebende Regelwerk der Rechnungslegung sowie das rechtliche und das politische Umfeld. Beispiele für Sachverhalte, die der Abschlussprüfer möglicherweise berücksichtigt:

- Rechnungslegungsgrundsätze und branchenspezifische Gepflogenheiten
- rechtliche Rahmenbedingungen in einer regulierten Branche
- gesetzliche und andere rechtliche Bestimmungen, die sich erheblich auf die Geschäftstätigkeit der Einheit auswirken, einschließlich direkter Überwachungsmaßnahmen
- Besteuerung (Unternehmenssteuern und sonstige Steuern)

---

[8] ISA 240, Textziffer 15.
[9] ISA 220 „Qualitätssicherung bei einer Abschlussprüfung", Textziffer 14.

- Government policies currently affecting the conduct of the entity's business, such as monetary, including foreign exchange controls, fiscal, financial incentives (for example, government aid programs), and tariffs or trade restrictions policies.
- Environmental requirements affecting the industry and the entity's business.

A27. ISA 250 includes some specific requirements related to the legal and regulatory framework applicable to the entity and the industry or sector in which the entity operates.[10]

Considerations specific to public sector entities

A28. For the audits of public sector entities, law, regulation or other authority may affect the entity's operations. Such elements are essential to consider when obtaining an understanding of the entity and its environment.

Other External Factors

A29. Examples of other external factors affecting the entity that the auditor may consider include the general economic conditions, interest rates and availability of financing, and inflation or currency revaluation.

Nature of the Entity (Ref: Para. 11(b))

A30. An understanding of the nature of an entity enables the auditor to understand such matters as:

- Whether the entity has a complex structure, for example, with subsidiaries or other components in multiple locations. Complex structures often introduce issues that may give rise to risks of material misstatement. Such issues may include whether goodwill, joint ventures, investments, or special-purpose entities are accounted for appropriately.

- The ownership, and relations between owners and other people or entities. This understanding assists in determining whether related party transactions have been identified and accounted for appropriately. ISA 550[11] establishes requirements and provides guidance on the auditor's considerations relevant to related parties.

A31. Examples of matters that the auditor may consider when obtaining an understanding of the nature of the entity include:
- Business operations such as:
    - Nature of revenue sources, products or services, and markets, including involvement in electronic commerce such as Internet sales and marketing activities.
    - Conduct of operations (for example, stages and methods of production, or activities exposed to environmental risks).
    - Alliances, joint ventures, and outsourcing activities.
    - Geographic dispersion and industry segmentation.
    - Location of production facilities, warehouses, and offices, and location and quantities of inventories.
    - Key customers and important suppliers of goods and services, employment arrangements (including the existence of union contracts, pension and other post- employment benefits, stock option or incentive bonus arrangements, and government regulation related to employment matters).
    - Research and development activities and expenditures.
    - Transactions with related parties.
- Investments and investment activities such as:
    - Planned or recently executed acquisitions or divestitures.
    - Investments and dispositions of securities and loans.

---

10) ISA 250, *Consideration of Laws and Regulations in an Audit of Financial Statements*, paragraph 12

11) ISA 550, *Related Parties*

Identifizierung und Beurteilung der Risiken wesentlicher falscher Darstellungen aus dem Verstehen der Einheit und ihres Umfelds   ISA 315 (REVISED)

- Regierungspolitik, die sich gegenwärtig auf den Geschäftsbetrieb der Einheit auswirkt, wie bspw. Geldpolitik, einschließlich Devisenkontrollen, Fiskalpolitik, finanzielle Anreize (z. B. staatliche Förderprogramme) sowie Zolltarife oder Handelsbeschränkungen
- Umweltauflagen, die sich auf die Branche und auf die Geschäftstätigkeit der Einheit auswirken.

A27. ISA 250 enthält einige spezifische Anforderungen bezüglich des Rechtsrahmens, der für die Einheit und die Branche oder den Bereich, in dem die Einheit tätig ist, maßgebend ist.[10]

Spezifische Überlegungen zu Einheiten des öffentlichen Sektors

A28. Für die Abschlussprüfungen bei Einheiten des öffentlichen Sektors gilt, dass Gesetze, andere Rechtsvorschriften oder sonstige amtliche Vorgaben sich auf die Geschäftstätigkeit der Einheit auswirken. Solche Bestandteile sind von entscheidender Bedeutung, wenn ein Verständnis von der Einheit und ihrem Umfeld erlangt wird.

Andere externe Faktoren

A29. Zu den anderen externen Faktoren mit Auswirkungen auf die Einheit, die der Abschlussprüfer möglicherweise abwägt, gehören die gesamtwirtschaftlichen Rahmenbedingungen, das Zinsniveau und die Verfügbarkeit von Finanzierungsmitteln sowie Inflation oder Währungsanpassungen.

Merkmale der zu prüfenden Einheit (vgl. Tz. 11(b))

A30. Ein Verständnis von den Merkmalen einer zu prüfenden Einheit versetzt den Abschlussprüfer in die Lage, u. a. Folgendes zu verstehen:
- ob die Einheit eine komplexe Struktur aufweist, z. B. mit Tochtergesellschaften oder anderen Teilbereichen an mehreren Standorten. Komplexe Strukturen bringen häufig Probleme mit sich, aus denen Risiken wesentlicher falscher Darstellungen resultieren können. Zu diesen Problemen kann es gehören, ob Geschäfts- oder Firmenwert[*], Joint Ventures, Beteiligungen oder Zweckgesellschaften in der Rechnungslegung zutreffend abgebildet sind.
- die Eigentümerstruktur und welche Beziehungen zwischen den Eigentümern und anderen natürlichen oder juristischen Personen bestehen. Dieses Verständnis hilft dabei festzustellen, ob Transaktionen mit nahe stehenden Personen identifiziert und in der Rechnungslegung zutreffend abgebildet wurden. ISA 550[11] enthält Anforderungen und erläuternde Hinweise für die Überlegungen des Abschlussprüfers zu nahe stehenden Personen.

A31. Zu den Beispielen für Sachverhalte, die der Abschlussprüfer berücksichtigen kann, um ein Verständnis von den Merkmalen der zu prüfenden Einheit zu gewinnen, gehören:
- Geschäftstätigkeit, u.a.:
  - Art der Erlösquellen, Produkte oder Dienstleistungen und Märkte, einschließlich der Nutzung von E-Commerce, wie z. B. Verkaufs- und Marketingaktivitäten im Internet,
  - Betriebsabläufe (z. B. Produktionsstufen und -verfahren oder mit Umweltrisiken verbundene Tätigkeiten),
  - Allianzen[**], Joint Ventures und Outsourcing-Aktivitäten,
  - Geographische Verteilung und Branchensegmentierung,
  - Standorte von Produktion, Lager und Verwaltung sowie Lagerort und Menge der Vorräte,
  - besonders wichtige Kunden sowie wichtige Zulieferer für Güter und Dienstleistungen, Beschäftigungsverhältnisse (einschließlich des Vorhandenseins von Tarifverträgen, Pensionen und anderen Leistungen nach Beendigung des Arbeitsverhältnisses, Aktienoptionsplänen oder anderen Anreizsystemen sowie arbeitsrechtlichen Bestimmungen),
  - Forschungs- und Entwicklungstätigkeit und damit verbundene Aufwendungen,
  - Transaktionen mit nahe stehenden Personen.
- Investitionen und damit verbundene Aktivitäten, u.a.:
  - geplante oder vor kurzem durchgeführte Akquisitionen bzw. Veräußerungen,
  - Erwerb und Veräußerung von Wertpapieren sowie Aufnahme und Rückzahlung von Darlehen,

---

10) ISA 250 „Berücksichtigung der Auswirkungen von Gesetzen und anderen Rechtsvorschriften auf den Abschluss bei einer Abschlussprüfung", Textziffer 12.
11) ISA 550 „Nahe stehende Personen".
*) In der Schweiz: Goodwill.
**) Zusammenarbeit von Unternehmen.

- - Capital investment activities.
  - Investments in non-consolidated entities, including partnerships, joint ventures and special-purpose entities.
- Financing and financing activities such as:
  - Major subsidiaries and associated entities, including consolidated and non-consolidated structures.
  - Debt structure and related terms, including off-balance-sheet financing arrangements and leasing arrangements.
  - Beneficial owners (local, foreign, business reputation and experience) and related parties.
  - Use of derivative financial instruments.
- Financial reporting such as:
  - Accounting principles and industry-specific practices, including industry-specific significant categories (for example, loans and investments for banks, or research and development for pharmaceuticals).
  - Revenue recognition practices.
  - Accounting for fair values.
  - Foreign currency assets, liabilities and transactions.
  - Accounting for unusual or complex transactions including those in controversial or emerging areas (for example, accounting for stock-based compensation).

A32. Significant changes in the entity from prior periods may give rise to, or change, risks of material misstatement.

Nature of Special-Purpose Entities

A33. A special-purpose entity (sometimes referred to as a special-purpose vehicle) is an entity that is generally established for a narrow and well-defined purpose, such as to effect a lease or a securitization of financial assets, or to carry out research and development activities. It may take the form of a corporation, trust, partnership or unincorporated entity. The entity on behalf of which the special-purpose entity has been created may often transfer assets to the latter (for example, as part of a derecognition transaction involving financial assets), obtain the right to use the latter's assets, or perform services for the latter, while other parties may provide the funding to the latter. As ISA 550 indicates, in some circumstances, a special-purpose entity may be a related party of the entity.[12]

A34. Financial reporting frameworks often specify detailed conditions that are deemed to amount to control, or circumstances under which the special-purpose entity should be considered for consolidation. The interpretation of the requirements of such frameworks often demands a detailed knowledge of the relevant agreements involving the special-purpose entity.

The Entity's Selection and Application of Accounting Policies (Ref: Para. 11(c))

A35. An understanding of the entity's selection and application of accounting policies may encompass such matters as:
- The methods the entity uses to account for significant and unusual transactions.
- The effect of significant accounting policies in controversial or emerging areas for which there is a lack of authoritative guidance or consensus.
- Changes in the entity's accounting policies.
- Financial reporting standards and laws and regulations that are new to the entity and when and how the entity will adopt such requirements.

---

[12] ISA 550, paragraph A7

Identifizierung und Beurteilung der Risiken wesentlicher falscher Darstellungen aus dem Verstehen der Einheit und ihres Umfelds

ISA 315 (REVISED)

- ◦ Investitionen ins Anlagevermögen,
- ◦ Beteiligungen an nicht konsolidierten Einheiten, einschließlich Personengesellschaften, Joint Ventures und Zweckgesellschaften.
- Finanzierung und damit verbundene Aktivitäten, u.a.:
  - ◦ wichtigste Tochtergesellschaften und assoziierte Unternehmen, einschließlich konsolidierter und nicht konsolidierter Strukturen,
  - ◦ Fremdkapitalstruktur und damit verbundene Bestimmungen, einschließlich nicht bilanzwirksamer Finanzierungsvereinbarungen und Leasing-Vereinbarungen,
  - ◦ wirtschaftliche Eigentümer (In- oder Ausländer, geschäftlicher Ruf und Erfahrung) und nahe stehende Personen,
  - ◦ Einsatz von derivativen Finanzinstrumenten.
- Rechnungslegung, u.a.:
  - ◦ Rechnungslegungsgrundsätze und branchenspezifische Gepflogenheiten, einschließlich Aspekten, die branchenspezifisch von besonderer Bedeutung sind (z. B. Darlehen und Anlagen für Banken oder Forschung und Entwicklung für Pharmaunternehmen),
  - ◦ Gepflogenheiten bei der Erlöserfassung,
  - ◦ Abbildung von Zeitwerten,
  - ◦ auf fremde Währung lautende Vermögenswerte, Schulden und Geschäftsvorfälle,
  - ◦ Abbildung von ungewöhnlichen oder komplexen Geschäftsvorfällen, einschließlich derjenigen in umstrittenen oder neu aufkommenden Bereichen (z. B. Bilanzierung aktienbasierter Vergütungsformen).

A32. Bedeutsame Veränderungen in der Einheit im Vergleich zu früheren Berichtszeiträumen können dazu führen, dass sich Risiken wesentlicher falscher Darstellungen ergeben oder verändern.

Eigenschaften der Zweckgesellschaften

A33. Eine Zweckgesellschaft*⁾ (manchmal als „special-purpose vehicle" bezeichnet) ist eine Einheit, die im Allgemeinen mit einem engen und genau definierten Ziel gegründet wird (z. B. um ein Leasinggeschäft oder eine Verbriefung von Finanzinstrumenten oder Forschungs- und Entwicklungsaktivitäten durchzuführen). Sie kann die Rechtsform einer Körperschaft, eines Treuhandverhältnisses, einer Personengesellschaft oder einer anderen Einheit haben, die nicht eine Körperschaft ist. Die Einheit, für die die Zweckgesellschaft gegründet wurde, kann häufig Vermögenswerte zur Zweckgesellschaft transferieren (z.B. als Teil einer Ausbuchungstransaktion für finanzielle Vermögenswerte), das Recht zur Nutzung von deren Vermögenswerten erhalten oder Dienstleistungen für diese erbringen, während andere Parteien die Finanzierung der Zweckgesellschaft bereitstellen können. ISA 550 weist darauf hin, dass eine Zweckgesellschaft in manchen Fällen eine nahe stehende Person der Einheit sein kann.[12]

A34. Oft legen Regelwerke der Rechnungslegung detaillierte Bedingungen, bei denen von einer Kontrolle auszugehen ist, oder die Umstände, unter denen eine Konsolidierung der Zweckgesellschaft in Betracht gezogen werden soll, fest. Die Auslegung der Anforderungen solcher Regelwerke erfordert häufig detaillierte Kenntnisse über die relevanten, die Zweckgesellschaft betreffenden Vereinbarungen.

Die von der Einheit ausgewählten und angewendeten Rechnungslegungsmethoden (vgl. Tz. 11(c))

A35. Ein Verständnis der von der Einheit ausgewählten und angewendeten Rechnungslegungsmethoden kann u.a. umfassen:
- Methoden, welche die Einheit zur Abbildung von bedeutsamen und ungewöhnlichen Geschäftsvorfällen in der Rechnungslegung anwendet,
- Auswirkungen von bedeutsamen Rechnungslegungsmethoden in umstrittenen oder neu aufkommenden Bereichen, für die es keine verbindliche Anweisung oder herrschende Meinung gibt,
- Veränderungen in den Rechnungslegungsmethoden der Einheit,
- Rechnungslegungsstandards sowie gesetzliche und andere rechtliche Bestimmungen, die für die Einheit neu sind, einschließlich der Frage, wann und wie die Einheit diese Regelungen übernehmen wird.

---

12) ISA 550, Textziffer 7.
*) Special-purpose entity (SPE).

Objectives and Strategies and Related Business Risks (Ref: Para. 11(d))

A36. The entity conducts its business in the context of industry, regulatory and other internal and external factors. To respond to these factors, the entity's management or those charged with governance define objectives, which are the overall plans for the entity. Strategies are the approaches by which management intends to achieve its objectives. The entity's objectives and strategies may change over time.

A37. Business risk is broader than the risk of material misstatement of the financial statements, though it includes the latter. Business risk may arise from change or complexity. A failure to recognize the need for change may also give rise to business risk. Business risk may arise, for example, from:

- The development of new products or services that may fail;
- A market which, even if successfully developed, is inadequate to support a product or service; or
- Flaws in a product or service that may result in liabilities and reputational risk.

A38. An understanding of the business risks facing the entity increases the likelihood of identifying risks of material misstatement, since most business risks will eventually have financial consequences and, therefore, an effect on the financial statements. However, the auditor does not have a responsibility to identify or assess all business risks because not all business risks give rise to risks of material misstatement.

A39. Examples of matters that the auditor may consider when obtaining an understanding of the entity's objectives, strategies and related business risks that may result in a risk of material misstatement of the financial statements include:

- Industry developments (a potential related business risk might be, for example, that the entity does not have the personnel or expertise to deal with the changes in the industry).
- New products and services (a potential related business risk might be, for example, that there is increased product liability).
- Expansion of the business (a potential related business risk might be, for example, that the demand has not been accurately estimated).
- New accounting requirements (a potential related business risk might be, for example, incomplete or improper implementation, or increased costs).
- Regulatory requirements (a potential related business risk might be, for example, that there is increased legal exposure).
- Current and prospective financing requirements (a potential related business risk might be, for example, the loss of financing due to the entity's inability to meet requirements).
- Use of IT (a potential related business risk might be, for example, that systems and processes are incompatible).
- The effects of implementing a strategy, particularly any effects that will lead to new accounting requirements (a potential related business risk might be, for example, incomplete or improper implementation).

A40. A business risk may have an immediate consequence for the risk of material misstatement for classes of transactions, account balances, and disclosures at the assertion level or the financial statement level. For example, the business risk arising from a contracting customer base may increase the risk of material misstatement associated with the valuation of receivables. However, the same risk, particularly in combination with a contracting economy, may also have a longer-term consequence, which the auditor considers when assessing the appropriateness of the going concern assumption. Whether a business risk may result in a risk of material misstatement is, therefore, considered in light of the entity's circumstances. Examples of conditions and events that may indicate risks of material misstatement are indicated in Appendix 2.

A41. Usually, management identifies business risks and develops approaches to address them. Such a risk assessment process is part of internal control and is discussed in paragraph 15 and paragraphs A87–A88.

Ziele und Strategien sowie damit verbundene Geschäftsrisiken (vgl. Tz. 11(d))

A36. Die Geschäftstätigkeit der Einheit findet im Kontext von branchenbezogenen, rechtlichen und anderen internen und externen Faktoren statt. Um auf diese Faktoren zu reagieren, definieren das Management der Einheit oder die für die Überwachung Verantwortlichen Ziele als allgemeine Pläne für die Einheit. Strategien sind die Ansätze, mit deren Hilfe das Management seine Ziele erreichen will. Die Ziele und Strategien der Einheit können sich im Zeitablauf verändern.

A37. Der Begriff „Geschäftsrisiko" ist weiter gefasst als der Begriff „Risiko wesentlicher falscher Darstellungen im Abschluss", schließt diesen jedoch mit ein. Geschäftsrisiken können sich aus Veränderungen oder aus komplexen Verhältnissen ergeben. Das Nichterkennen der Notwendigkeit für eine Veränderung kann ebenfalls zu Geschäftsrisiken führen. Geschäftsrisiken können sich bspw. ergeben aus
- der Entwicklung neuer Produkte oder Dienstleistungen, die möglicherweise erfolglos bleiben,
- einem Markt, der auch bei einer erfolgreichen Entwicklung eines Produkts oder einer Dienstleistung nicht aufnahmefähig ist, oder
- Mängeln in Produkten oder Dienstleistungen, die Haftungen oder Rufschädigungen nach sich ziehen können.

A38. Das Verstehen von für die Einheit bestehenden Geschäftsrisiken erhöht die Wahrscheinlichkeit, Risiken wesentlicher falscher Darstellungen zu identifizieren, da die meisten Geschäftsrisiken irgendwann einmal mit finanziellen Konsequenzen verbunden sind und sich deshalb auf den Abschluss auswirken. Es liegt jedoch nicht in der Verantwortlichkeit des Abschlussprüfers, sämtliche Geschäftsrisiken zu identifizieren oder zu beurteilen, da nicht alle Geschäftsrisiken zu Risiken wesentlicher falscher Darstellungen führen.

A39. Im Folgenden sind Beispiele für Sachverhalte aufgeführt, die der Abschlussprüfer berücksichtigen kann, wenn er ein Verständnis von den Zielen, Strategien und den damit verbundenen Geschäftsrisiken, die Risiken wesentlicher falscher Darstellungen im Abschluss zur Folge haben können, erlangt:
- Entwicklungen innerhalb der Branche (ein potenziell damit verbundenes Geschäftsrisiko könnte bspw. darin liegen, dass die Einheit nicht über die Mitarbeiter oder die Fachkenntnisse verfügt, die erforderlich sind, um den Veränderungen innerhalb der Branche Rechnung zu tragen),
- neue Produkte und Dienstleistungen (ein potenziell damit verbundenes Geschäftsrisiko könnte bspw. in einer erhöhten Produkthaftung liegen),
- Ausweitung der Geschäftstätigkeit (ein potenziell damit verbundenes Geschäftsrisiko könnte bspw. in einer unzutreffenden Einschätzung der Nachfrage liegen),
- neue Rechnungslegungspflichten (ein potenziell damit verbundenes Geschäftsrisiko könnte bspw. in einer unvollständigen oder fehlerhaften Anwendung oder in erhöhten Kosten liegen),
- regulatorische Anforderungen (ein potenziell damit verbundenes Geschäftsrisiko könnte bspw. in einer Zunahme der rechtlichen Risiken liegen),
- gegenwärtige und zukünftige Finanzierungsanforderungen (ein potenziell damit verbundenes Geschäftsrisiko könnte bspw. im Verlust von Finanzierungsmitteln liegen, wenn die Einheit nicht in der Lage ist, bestimmte Anforderungen zu erfüllen),
- Einsatz von Informationstechnologie (ein potenziell damit verbundenes Geschäftsrisiko könnte bspw. in Inkompatibilitäten zwischen Systemen und Prozessen liegen),
- Auswirkungen der Umsetzung einer Strategie, besonders solche Auswirkungen, die zu neuen Rechnungslegungspflichten führen werden (ein potenziell damit verbundenes Geschäftsrisiko könnte bspw. in einer unvollständigen oder fehlerhaften Umsetzung liegen).

A40. Ein Geschäftsrisiko kann sich unmittelbar auf das Risiko wesentlicher falscher Darstellungen von Arten von Geschäftsvorfällen, Kontensalden sowie Abschlussangaben auf Aussage- oder Abschlussebene auswirken. Beispielsweise kann das aus einem schrumpfenden Kundenstamm resultierende Geschäftsrisiko das Risiko wesentlicher falscher Darstellungen bei der Bewertung von Forderungen vergrößern. Besonders in Kombination mit einer rückläufigen Wirtschaftstätigkeit kann dasselbe Risiko auch längerfristige Folgen haben, die der Abschlussprüfer bei der Beurteilung der Angemessenheit der Annahme der Fortführung der Unternehmenstätigkeit berücksichtigt. Daher müssen die Überlegungen des Abschlussprüfers, ob ein Geschäftsrisiko ein Risiko wesentlicher falscher Darstellungen zur Folge haben kann, vor dem Hintergrund der jeweiligen Einheit angestellt werden. Beispiele für Umstände und Ereignisse, die möglicherweise auf Risiken wesentlicher falscher Darstellungen hindeuten, finden sich in Anlage 2.

A41. Normalerweise identifiziert das Management Geschäftsrisiken und entwickelt Ansätze, um ihnen zu begegnen. Ein solcher Risikobeurteilungsprozess ist Teil des IKS und wird in Textziffer 15 und in den Textziffern A87-A88 erläutert.

Considerations Specific to Public Sector Entities

A42. For the audits of public sector entities, "management objectives" may be influenced by concerns regarding public accountability and may include objectives which have their source in law, regulation or other authority.

Measurement and Review of the Entity's Financial Performance (Ref: Para. 11(e))

A43. Management and others will measure and review those things they regard as important. Performance measures, whether external or internal, create pressures on the entity. These pressures, in turn, may motivate management to take action to improve the business performance or to misstate the financial statements. Accordingly, an understanding of the entity's performance measures assists the auditor in considering whether pressures to achieve performance targets may result in management actions that increase the risks of material misstatement, including those due to fraud. See ISA 240 for requirements and guidance in relation to the risks of fraud.

A44. The measurement and review of financial performance is not the same as the monitoring of controls (discussed as a component of internal control in paragraphs A106–A117), though their purposes may overlap:

- The measurement and review of performance is directed at whether business performance is meeting the objectives set by management (or third parties).
- Monitoring of controls is specifically concerned with the effective operation of internal control.

In some cases, however, performance indicators also provide information that enables management to identify deficiencies in internal control.

A45. Examples of internally-generated information used by management for measuring and reviewing financial performance, and which the auditor may consider, include:

- Key performance indicators (financial and non-financial) and key ratios, trends and operating statistics.
- Period-on-period financial performance analyses.
- Budgets, forecasts, variance analyses, segment information and divisional, departmental or other level performance reports.
- Employee performance measures and incentive compensation policies.
- Comparisons of an entity's performance with that of competitors.

A46. External parties may also measure and review the entity's financial performance. For example, external information such as analysts' reports and credit rating agency reports may represent useful information for the auditor. Such reports can often be obtained from the entity being audited.

A47. Internal measures may highlight unexpected results or trends requiring management to determine their cause and take corrective action (including, in some cases, the detection and correction of misstatements on a timely basis). Performance measures may also indicate to the auditor that risks of misstatement of related financial statement information do exist. For example, performance measures may indicate that the entity has unusually rapid growth or profitability when compared to that of other entities in the same industry. Such information, particularly if combined with other factors such as performance-based bonus or incentive remuneration, may indicate the potential risk of management bias in the preparation of the financial statements.

Considerations Specific to Smaller Entities

A48. Smaller entities often do not have processes to measure and review financial performance. Inquiry of management may reveal that it relies on certain key indicators for evaluating financial performance and taking appropriate action. If such inquiry indicates an absence of performance measurement or review, there may be an increased risk of misstatements not being detected and corrected.

Spezielle Überlegungen zu Einheiten des öffentlichen Sektors

A42. Für die Abschlussprüfungen bei Einheiten des öffentlichen Sektors gilt, dass „Management-Ziele" möglicherweise durch die besondere Verantwortung gegenüber der Öffentlichkeit beeinflusst werden und Ziele umfassen können, deren Ursprung in Gesetzen, anderen Rechtsvorschriften oder sonstigen amtlichen Vorgaben liegt.

Messung und Überwachung des wirtschaftlichen Erfolgs der Einheit (vgl. Tz. 11(e))

A43. Das Management und andere messen und überwachen die Aspekte, die sie für wichtig erachten. Interne oder externe Leistungskennzahlen erzeugen Druck auf die Einheit. Dieser Druck kann wiederum das Management dazu veranlassen, Maßnahmen zur Verbesserung der Unternehmensleistung zu ergreifen oder im Abschluss falsche Darstellungen zu machen. Entsprechend hilft ein Verständnis von den Leistungskennzahlen der Einheit dem Abschlussprüfer bei der Einschätzung, ob das Management aufgrund von Leistungsdruck möglicherweise Maßnahmen ergriffen hat, die das Risiko wesentlicher falscher Darstellungen erhöhen, einschließlich wesentlicher falscher Darstellungen aufgrund von dolosen Handlungen. ISA 240 enthält Anforderungen und erläuternde Hinweise zu den Risiken von dolosen Handlungen.

A44. Die Messung und Überwachung des wirtschaftlichen Erfolgs der Einheit ist von der Überwachung von Kontrollen (die als Komponente des IKS in den Textziffern A106-A117 erläutert wird) zu unterscheiden, auch wenn sich deren Zwecke überschneiden können:

- Die Messung und Überwachung des Erfolgs ist auf die Frage gerichtet, ob der Unternehmenserfolg den vom Management (oder von Dritten) gesetzten Zielen entspricht.
- Die Überwachung von Kontrollen befasst sich speziell mit der Wirksamkeit des IKS.

In einigen Fällen liefern Leistungsindikatoren jedoch auch Informationen, die es dem Management ermöglichen, Mängel im IKS festzustellen.

A45. Beispiele für von der Einheit intern erzeugte Informationen, die vom Management für die Messung und Überwachung des wirtschaftlichen Erfolgs verwendet werden und die der Abschlussprüfer berücksichtigen kann, sind:

- besonders wichtige leistungsbezogene Schlüsselgrößen (finanziell und nicht finanziell) und Kennzahlen sowie die Trends und statistische Angaben zur Geschäftstätigkeit,
- Analysen des wirtschaftlichen Erfolgs im Periodenvergleich,
- Budgets, Prognosen, Abweichungsanalysen, Segment- und Geschäftsbereichsinformationen sowie Leistungsberichte nach Geschäftsbereichen, Abteilungen oder anderen Teilbereichen,
- Leistungskennzahlen für Mitarbeiter und Regelungen zur leistungsbezogenen Vergütung,
- Vergleiche des Erfolgs einer Einheit mit dem von Wettbewerbern.

A46. Der wirtschaftliche Erfolg der Einheit kann auch durch externe Personen gemessen und überwacht werden. Beispielsweise können externe Informationen wie Berichte von Analysten und Rating-Agenturen dem Abschlussprüfer nützlich sein. Solche Berichte können häufig von der geprüften Einheit bezogen werden.

A47. Interne Kennzahlen können unerwartete Ergebnisse oder eine unerwartete Entwicklung im Zeitablauf aufzeigen, die das Management zwingen, deren Ursache festzustellen und Korrekturmaßnahmen zu ergreifen (in einigen Fällen einschließlich einer Aufdeckung und Korrektur von falschen Darstellungen in angemessener Zeit). Leistungskennzahlen können dem Abschlussprüfer außerdem Anhaltspunkte dafür liefern, dass Risiken falscher Darstellungen in den damit verbundenen Abschlussinformationen bestehen. Beispielsweise können Leistungskennzahlen zeigen, dass die Einheit im Vergleich zu anderen Einheiten derselben Branche ein ungewöhnlich schnelles Wachstum oder eine ungewöhnlich hohe Rentabilität aufweist. Solche Informationen können, besonders in Kombination mit anderen Faktoren wie Erfolgsboni oder leistungsbezogener Vergütung, auf das potentielle Risiko einer interessengerichteten Aufstellung des Abschlusses durch das Management hindeuten.

Spezielle Überlegungen zu kleineren Einheiten

A48. Kleinere Einheiten haben häufig keine Prozesse zur Messung und Überwachung ihres wirtschaftlichen Erfolgs. Befragungen des Managements zeigen möglicherweise, dass es sich für die Beurteilung des wirtschaftlichen Erfolgs und für die Ergreifung angemessener Maßnahmen auf bestimmte Schlüsselgrößen stützt. Wenn solche Befragungen darauf hindeuten, dass der Erfolg nicht gemessen oder überwacht wird, besteht möglicherweise ein höheres Risiko, dass falsche Darstellungen nicht aufgedeckt und korrigiert werden.

The Entity's Internal Control (Ref: Para. 12)

A49. An understanding of internal control assists the auditor in identifying types of potential misstatements and factors that affect the risks of material misstatement, and in designing the nature, timing and extent of further audit procedures.

A50. The following application material on internal control is presented in four sections, as follows:
- General Nature and Characteristics of Internal Control.
- Controls Relevant to the Audit.
- Nature and Extent of the Understanding of Relevant Controls.
- Components of Internal Control.

General Nature and Characteristics of Internal Control

Purpose of Internal Control

A51. Internal control is designed, implemented and maintained to address identified business risks that threaten the achievement of any of the entity's objectives that concern:

- The reliability of the entity's financial reporting;
- The effectiveness and efficiency of its operations; and
- Its compliance with applicable laws and regulations.

The way in which internal control is designed, implemented and maintained varies with an entity's size and complexity.

Considerations specific to smaller entities

A52. Smaller entities may use less structured means and simpler processes and procedures to achieve their objectives.

Limitations of Internal Control

A53. Internal control, no matter how effective, can provide an entity with only reasonable assurance about achieving the entity's financial reporting objectives. The likelihood of their achievement is affected by the inherent limitations of internal control. These include the realities that human judgment in decision-making can be faulty and that breakdowns in internal control can occur because of human error. For example, there may be an error in the design of, or in the change to, a control. Equally, the operation of a control may not be effective, such as where information produced for the purposes of internal control (for example, an exception report) is not effectively used because the individual responsible for reviewing the information does not understand its purpose or fails to take appropriate action.

A54. Additionally, controls can be circumvented by the collusion of two or more people or inappropriate management override of internal control. For example, management may enter into side agreements with customers that alter the terms and conditions of the entity's standard sales contracts, which may result in improper revenue recognition. Also, edit checks in a software program that are designed to identify and report transactions that exceed specified credit limits may be overridden or disabled.

A55. Further, in designing and implementing controls, management may make judgments on the nature and extent of the controls it chooses to implement, and the nature and extent of the risks it chooses to assume.

Considerations specific to smaller entities

A56. Smaller entities often have fewer employees which may limit the extent to which segregation of duties is practicable. However, in a small owner-managed entity, the owner-manager may be able to exercise more effective oversight than in a larger entity. This oversight may compensate for the generally more limited opportunities for segregation of duties.

Das IKS der Einheit (vgl. Tz. 12)

A49. Ein Verständnis vom IKS hilft dem Abschlussprüfer dabei, Arten möglicher falscher Darstellungen und Faktoren, die sich auf die Risiken wesentlicher falscher Darstellungen auswirken, zu identifizieren sowie Art, zeitliche Einteilung und Umfang weiterer Prüfungshandlungen zu planen.

A50. Die folgenden Anwendungshinweise zum IKS sind in vier Abschnitte aufgeteilt:
- allgemeine Merkmale des IKS,
- für die Abschlussprüfung relevante Kontrollen,
- Art und Umfang des Verständnisses von den relevanten Kontrollen,
- Komponenten des IKS.

Allgemeine Merkmale des IKS

Zweck des IKS

A51. Das IKS wird so konzipiert, eingerichtet und aufrechterhalten, dass identifizierten Geschäftsrisiken begegnet werden kann, welche die Erreichung jeglicher Ziele der Einheit in den folgenden Bereichen bedrohen:
- Verlässlichkeit der Rechnungslegung der Einheit,
- Wirksamkeit und Wirtschaftlichkeit der Geschäftsprozesse,
- Einhaltung der maßgebenden gesetzlichen und anderen rechtlichen Bestimmungen.

Konzeption, Einrichtung und Aufrechterhaltung des IKS hängen von der Größe und Komplexität der Einheit ab.

Spezielle Überlegungen zu kleineren Einheiten

A52. Kleinere Einheiten setzen möglicherweise weniger strukturierte Hilfsmittel sowie einfachere Prozesse und Verfahren ein, um ihre Ziele zu erreichen.

Grenzen des IKS

A53. Unabhängig von seiner Wirksamkeit kann das IKS einer Einheit nur mit hinreichender Sicherheit die Erreichung ihrer Rechnungslegungsziele ermöglichen. Die Wahrscheinlichkeit der Zielerreichung wird durch inhärente Grenzen des IKS beeinträchtigt. Dazu gehören die Tatsachen, dass das menschliche Urteilsvermögen bei Ermessensentscheidungen fehlerhaft sein kann und dass Störungen im IKS aufgrund menschlichen Versagens auftreten können. Beispielsweise kann in der Ausgestaltung oder in der Veränderung einer Kontrolle ein Fehler bestehen. Ebenso funktioniert eine Kontrolle möglicherweise nicht wirksam, u.a. wenn Informationen, die für die Zwecke des IKS zur Verfügung gestellt werden (z. B. ein Ausnahmebericht), aufgrund der Tatsache, dass der für die Überprüfung Verantwortliche ihren Zweck nicht versteht oder nicht angemessen auf sie reagiert, nicht wirksam verwendet werden.

A54. Außerdem können Kontrollen durch betrügerisches Zusammenwirken zweier oder mehrerer Personen umgangen oder durch das Management in unangemessener Weise außer Kraft gesetzt werden. Das Management kann bspw. Nebenvereinbarungen mit Kunden treffen und dadurch die standardisierten Vertragsbedingungen der Einheit ändern, was zu einer unzulässigen Erlöserfassung führen kann. Eingabekontrollen eines Softwareprogramms, die so konzipiert sind, dass Geschäftsvorfälle oberhalb festgelegter Kreditgrenzen identifiziert werden und darüber berichtet wird, können ebenfalls umgangen oder außer Kraft gesetzt werden.

A55. Darüber hinaus kann das Management bei Konzeption und Einrichtung des IKS Beurteilungen treffen zu Art und Umfang der Kontrollen, die es für die Einrichtung vorsieht, sowie zu Art und Ausmaß der Risiken, die es bereit ist einzugehen.

Spezielle Überlegungen zu kleineren Einheiten

A56. Kleinere Einheiten haben häufig weniger Mitarbeiter, mit der möglichen Folge, dass eine Funktionstrennung praktisch nur begrenzt durchführbar ist. Bei einer kleinen Einheit mit Gesellschafter-Geschäftsführer[*)] kann dieser jedoch in der Lage sein, eine wirksamere Überwachung auszuüben als in einer größeren Einheit. Diese Überwachung kann ausreichen, um die im Allgemeinen eher begrenzten Möglichkeiten einer Funktionstrennung zu kompensieren.

[*)] Der Begriff „Gesellschafter-Geschäftsführer" bezieht sich auf den Eigentümer einer Einheit, der in das Tagesgeschäft der Einheit eingebunden ist.

A57. On the other hand, the owner-manager may be more able to override controls because the system of internal control is less structured. This is taken into account by the auditor when identifying the risks of material misstatement due to fraud.

Division of Internal Control into Components

A58. The division of internal control into the following five components, for purposes of the ISAs, provides a useful framework for auditors to consider how different aspects of an entity's internal control may affect the audit:

(a) The control environment;

(b) The entity's risk assessment process;

(c) The information system, including the related business processes, relevant to financial reporting, and communication;

(d) Control activities; and

(e) Monitoring of controls.

The division does not necessarily reflect how an entity designs, implements and maintains internal control, or how it may classify any particular component. Auditors may use different terminology or frameworks to describe the various aspects of internal control, and their effect on the audit than those used in this ISA, provided all the components described in this ISA are addressed.

A59. Application material relating to the five components of internal control as they relate to a financial statement audit is set out in paragraphs A76–A117 below. Appendix 1 provides further explanation of these components of internal control.

Characteristics of Manual and Automated Elements of Internal Control Relevant to the Auditor's Risk Assessment

A60. An entity's system of internal control contains manual elements and often contains automated elements. The characteristics of manual or automated elements are relevant to the auditor's risk assessment and further audit procedures based thereon.

A61. The use of manual or automated elements in internal control also affects the manner in which transactions are initiated, recorded, processed, and reported:

- Controls in a manual system may include such procedures as approvals and reviews of transactions, and reconciliations and follow-up of reconciling items. Alternatively, an entity may use automated procedures to initiate, record, process, and report transactions, in which case records in electronic format replace paper documents.

- Controls in IT systems consist of a combination of automated controls (for example, controls embedded in computer programs) and manual controls. Further, manual controls may be independent of IT, may use information produced by IT, or may be limited to monitoring the effective functioning of IT and of automated controls, and to handling exceptions. When IT is used to initiate, record, process or report transactions, or other financial data for inclusion in financial statements, the systems and programs may include controls related to the corresponding assertions for material accounts or may be critical to the effective functioning of manual controls that depend on IT.

An entity's mix of manual and automated elements in internal control varies with the nature and complexity of the entity's use of IT.

A62. Generally, IT benefits an entity's internal control by enabling an entity to:

- Consistently apply predefined business rules and perform complex calculations in processing large volumes of transactions or data;

- Enhance the timeliness, availability, and accuracy of information;

- Facilitate the additional analysis of information;

- Enhance the ability to monitor the performance of the entity's activities and its policies and procedures;

Identifizierung und Beurteilung der Risiken wesentlicher falscher Darstellungen aus dem Verstehen der Einheit und ihres Umfelds ISA 315 (REVISED)

A57. Andererseits kann der Gesellschafter-Geschäftsführer aufgrund des weniger stark strukturierten IKS leichter in der Lage sein, Kontrollen außer Kraft zu setzen. Dies wird vom Abschlussprüfer bei der Identifizierung der Risiken wesentlicher falscher Darstellungen aufgrund von dolosen Handlungen berücksichtigt.

Unterteilung des IKS in Komponenten

A58. Die Unterteilung des IKS in die folgenden fünf Komponenten stellt für Zwecke der ISA einen nützlichen Bezugsrahmen für die Überlegung des Abschlussprüfers dar, wie sich unterschiedliche Aspekte des IKS einer Einheit auf die Abschlussprüfung auswirken können:

(a) das Kontrollumfeld,

(b) der Risikobeurteilungsprozess der Einheit,

(c) das rechnungslegungsbezogene Informationssystem, einschließlich der damit verbundenen Geschäftsprozesse, sowie Kommunikation,

(d) Kontrollaktivitäten sowie

(e) Überwachung von Kontrollen.

Die Unterteilung spiegelt nicht notwendigerweise wider, wie eine Einheit das IKS konzipiert, einrichtet und aufrechterhält oder wie sie einzelne Komponenten möglicherweise klassifiziert. Abschlussprüfer können eine andere Terminologie oder andere Bezugsrahmen verwenden als in diesem ISA, um die verschiedenen Aspekte des IKS sowie deren Auswirkungen auf die Abschlussprüfung zu beschreiben, müssen sich jedoch mit allen in diesem ISA beschriebenen Komponenten befassen.

A59. Anwendungshinweise zu den fünf für eine Abschlussprüfung relevanten Komponenten des IKS sind in den Textziffern A76-A117 enthalten. Anlage 1 enthält weitere Erläuterungen zu diesen Komponenten des IKS.

Merkmale, die für die Risikobeurteilung des Abschlussprüfers von manuellen und automatisierten Bestandteilen des IKS relevant sind

A60. Das IKS einer Einheit enthält manuelle Bestandteile und häufig auch automatisierte Bestandteile. Die Merkmale manueller oder automatisierter Bestandteile sind für die Risikobeurteilung des Abschlussprüfers sowie für die darauf basierenden weiteren Prüfungshandlungen relevant.

A61. Die Nutzung manueller oder automatisierter Bestandteile im IKS beeinflusst auch die Art und Weise, wie Geschäftsvorfälle ausgelöst, aufgezeichnet und verarbeitet werden und wie darüber berichtet wird:

- Kontrollen in einem manuellen System können Genehmigungen und Überprüfungen von Geschäftsvorfällen sowie Abstimmungen von Posten und deren Nachbearbeitung beinhalten. Alternativ kann eine Einheit automatisierte Verfahren einsetzen, um Geschäftsvorfälle auszulösen, aufzuzeichnen, zu verarbeiten und darüber zu berichten; in diesem Fall ersetzen Aufzeichnungen in elektronischer Form gedruckte Dokumente.

- Bei IT-Systemen besteht das IKS aus einer Kombination von automatisierten Kontrollen (z. B. in Computerprogramme eingebetteten Kontrollen) und manuellen Kontrollen. Darüber hinaus können manuelle Kontrollen von der IT unabhängig sein, IT-generierte Informationen nutzen oder darauf beschränkt sein, die Wirksamkeit von IT und automatisierten Kontrollen zu überwachen sowie Ausnahmefälle zu bearbeiten. Wenn die IT dazu eingesetzt wird, Geschäftsvorfälle oder andere in den Abschluss einzubeziehende Finanzdaten auszulösen, aufzuzeichnen, zu verarbeiten oder darüber zu berichten, können die Systeme und Programme Kontrollen zu den entsprechenden Aussagen für wesentliche Konten beinhalten, oder sie können entscheidend sein für die Wirksamkeit manueller Kontrollen, die auf der IT beruhen.

Die Zusammensetzung manueller und automatisierter Bestandteile im IKS einer Einheit hängt von der Art und Komplexität der IT-Nutzung ab.

A62. Im Allgemeinen ergeben sich aus der IT Vorteile für das IKS einer Einheit, da sie eine Einheit in die Lage versetzt,

- vordefinierte Regeln für die Geschäftstätigkeit konsequent anzuwenden und bei der Verarbeitung großer Volumina an Geschäftsvorfällen oder Daten komplexe Berechnungen durchzuführen,

- die Aktualität, Verfügbarkeit und Genauigkeit von Informationen zu erhöhen,

- zusätzliche Datenanalysen zu ermöglichen,

- die Fähigkeit zur Überwachung der Leistung der Einheit und der Einhaltung ihrer Regelungen und Maßnahmen zu verbessern,

- Reduce the risk that controls will be circumvented; and
- Enhance the ability to achieve effective segregation of duties by implementing security controls in applications, databases, and operating systems.

A63. IT also poses specific risks to an entity's internal control, including, for example:
- Reliance on systems or programs that are inaccurately processing data, processing inaccurate data, or both.
- Unauthorized access to data that may result in destruction of data or improper changes to data, including the recording of unauthorized or non-existent transactions, or inaccurate recording of transactions. Particular risks may arise where multiple users access a common database.
- The possibility of IT personnel gaining access privileges beyond those necessary to perform their assigned duties thereby breaking down segregation of duties.
- Unauthorized changes to data in master files.
- Unauthorized changes to systems or programs.
- Failure to make necessary changes to systems or programs.
- Inappropriate manual intervention.
- Potential loss of data or inability to access data as required.

A64. Manual elements in internal control may be more suitable where judgment and discretion are required such as for the following circumstances:
- Large, unusual or non-recurring transactions.
- Circumstances where errors are difficult to define, anticipate or predict.
- In changing circumstances that require a control response outside the scope of an existing automated control.
- In monitoring the effectiveness of automated controls.

A65. Manual elements in internal control may be less reliable than automated elements because they can be more easily bypassed, ignored, or overridden and they are also more prone to simple errors and mistakes. Consistency of application of a manual control element cannot therefore be assumed. Manual control elements may be less suitable for the following circumstances:
- High volume or recurring transactions, or in situations where errors that can be anticipated or predicted can be prevented, or detected and corrected, by control parameters that are automated.
- Control activities where the specific ways to perform the control can be adequately designed and automated.

A66. The extent and nature of the risks to internal control vary depending on the nature and characteristics of the entity's information system. The entity responds to the risks arising from the use of IT or from use of manual elements in internal control by establishing effective controls in light of the characteristics of the entity's information system.

Controls Relevant to the Audit

A67. There is a direct relationship between an entity's objectives and the controls it implements to provide reasonable assurance about their achievement. The entity's objectives, and therefore controls, relate to financial reporting, operations and compliance; however, not all of these objectives and controls are relevant to the auditor's risk assessment.

A68. Factors relevant to the auditor's judgment about whether a control, individually or in combination with others, is relevant to the audit may include such matters as the following:
- Materiality.
- The significance of the related risk.
- The size of the entity.
- The nature of the entity's business, including its organization and ownership characteristics.
- The diversity and complexity of the entity's operations.
- Applicable legal and regulatory requirements.

Identifizierung und Beurteilung der Risiken wesentlicher falscher Darstellungen aus dem Verstehen der Einheit und ihres Umfelds

- das Risiko einer Umgehung von Kontrollen zu reduzieren sowie
- die Fähigkeit zu wirksamer Funktionstrennung zu verbessern, indem Sicherheitskontrollen in Anwendungen, Datenbanken und Betriebssystemen eingerichtet werden.

A63. Von der IT gehen auch bestimmte Risiken für das IKS einer Einheit aus, z.B.:
- das Sich-Verlassen auf Systeme oder Programme, die Daten fehlerhaft verarbeiten, fehlerhafte Daten verarbeiten oder beides;
- unautorisierter Datenzugriff, der zur Zerstörung von Daten oder zu unzulässigen Änderungen an Daten führen kann, einschließlich der Aufzeichnung unautorisierter oder nicht vorhandener Geschäftsvorfälle oder der fehlerhaften Aufzeichnung von Geschäftsvorfällen. Besondere Risiken können auftreten, wenn mehrere Benutzer Zugriff auf eine gemeinsame Datenbank haben;
- die Möglichkeit für IT-Mitarbeiter, Zugriffsberechtigungen zu erhalten, die über die zur Erfüllung der ihnen zugeteilten Aufgaben erforderlichen hinausgehen, so dass der Grundsatz der Funktionstrennung verletzt wird.
- unautorisierte Änderungen an Stammdaten;
- unautorisierte Änderungen an Systemen oder Programmen;
- Versäumnis, notwendige Änderungen an Systemen oder Programmen vorzunehmen;
- unangemessene manuelle Eingriffe;
- möglicher Datenverlust oder fehlende Möglichkeit, in erforderlichem Maße auf Daten zuzugreifen.

A64. Manuelle Bestandteile im IKS können geeigneter sein, wenn Beurteilungen und Ermessensentscheidungen erforderlich sind, z. B. in den folgenden Fällen:
- bei umfangreichen, ungewöhnlichen oder nicht wiederkehrenden Geschäftsvorfällen
- bei Vorliegen von Umständen, unter denen es schwierig ist, Fehler zu definieren, zu antizipieren oder vorherzusagen
- unter sich verändernden Umständen, die eine Reaktion durch Kontrollen über eine vorhandene automatisierte Kontrolle hinaus erfordern
- bei der Überwachung der Wirksamkeit von automatisierten Kontrollen.

A65. Manuelle Bestandteile im IKS können weniger verlässlich als automatisierte Bestandteile sein, da sie leichter umgangen, ignoriert oder außer Kraft gesetzt werden können und außerdem für einfache Fehler und Irrtümer anfälliger sind. Daher kann nicht von der konsequenten Anwendung einer manuellen Kontrolle ausgegangen werden. Manuelle Kontrollen können in den folgenden Fällen weniger geeignet sein:
- bei Geschäftsvorfällen, die in großer Zahl oder wiederkehrend auftreten, oder in Situationen, in denen zu antizipierende bzw. vorhersehbare Fehler durch automatisierte Kontrollparameter verhindert bzw. aufgedeckt und korrigiert werden können
- bei Kontrollaktivitäten, bei denen die spezifische Art der Durchführung der Kontrolle in angemessener Weise gestaltet und automatisiert werden kann.

A66. Art und Ausmaß der Risiken für das IKS hängen von der Art und den Merkmalen des Informationssystems der Einheit ab. Die Einheit reagiert auf die Risiken, die sich aus dem Einsatz von IT-Systemen oder von manuellen Bestandteilen im IKS ergeben, indem sie vor dem Hintergrund der Eigenarten ihres Informationssystems wirksame Kontrollen einrichtet.

Für die Abschlussprüfung relevante Kontrollen

A67. Es gibt eine unmittelbare Beziehung zwischen den Zielen einer Einheit und den Kontrollen, die diese einrichtet, um mit hinreichender Sicherheit ihre Ziele zu erreichen. Die Ziele der Einheit, und deshalb auch die Kontrollen, beziehen sich auf die Rechnungslegung, die Geschäftstätigkeit und die Einhaltung von Vorschriften, jedoch sind nicht alle diese Ziele und Kontrollen für die Risikobeurteilung des Abschlussprüfers relevant.

A68. Bei der Beurteilung, ob eine Kontrolle einzeln oder in Kombination mit anderen für die Abschlussprüfung relevant ist, kann der Abschlussprüfer u.a. berücksichtigen
- die Wesentlichkeit,
- die Bedeutsamkeit des mit der Kontrolle verbundenen Risikos,
- die Größe der Einheit,
- die Merkmale des Geschäfts der Einheit, einschließlich ihrer Organisation und Eigentümerstruktur,
- Vielfalt und Komplexität der Geschäftstätigkeit,
- maßgebende gesetzliche und andere rechtliche Anforderungen,

- The circumstances and the applicable component of internal control.
- The nature and complexity of the systems that are part of the entity's internal control, including the use of service organizations.
- Whether, and how, a specific control, individually or in combination with others, prevents, or detects and corrects, material misstatement.

A69. Controls over the completeness and accuracy of information produced by the entity may be relevant to the audit if the auditor intends to make use of the information in designing and performing further procedures. Controls relating to operations and compliance objectives may also be relevant to an audit if they relate to data the auditor evaluates or uses in applying audit procedures.

A70. Internal control over safeguarding of assets against unauthorized acquisition, use, or disposition may include controls relating to both financial reporting and operations objectives. The auditor's consideration of such controls is generally limited to those relevant to the reliability of financial reporting.

A71. An entity generally has controls relating to objectives that are not relevant to an audit and therefore need not be considered. For example, an entity may rely on a sophisticated system of automated controls to provide efficient and effective operations (such as an airline's system of automated controls to maintain flight schedules), but these controls ordinarily would not be relevant to the audit. Further, although internal control applies to the entire entity or to any of its operating units or business processes, an understanding of internal control relating to each of the entity's operating units and business processes may not be relevant to the audit.

Considerations Specific to Public Sector Entities

A72. Public sector auditors often have additional responsibilities with respect to internal control, for example, to report on compliance with an established code of practice. Public sector auditors can also have responsibilities to report on compliance with law, regulation or other authority. As a result, their review of internal control may be broader and more detailed.

Nature and Extent of the Understanding of Relevant Controls (Ref: Para. 13)

A73. Evaluating the design of a control involves considering whether the control, individually or in combination with other controls, is capable of effectively preventing, or detecting and correcting, material misstatements. Implementation of a control means that the control exists and that the entity is using it. There is little point in assessing the implementation of a control that is not effective, and so the design of a control is considered first. An improperly designed control may represent a significant deficiency in internal control.

A74. Risk assessment procedures to obtain audit evidence about the design and implementation of relevant controls may include:
- Inquiring of entity personnel.
- Observing the application of specific controls.
- Inspecting documents and reports.
- Tracing transactions through the information system relevant to financial reporting.

Inquiry alone, however, is not sufficient for such purposes.

A75. Obtaining an understanding of an entity's controls is not sufficient to test their operating effectiveness, unless there is some automation that provides for the consistent operation of the controls. For example, obtaining audit evidence about the implementation of a manual control at a point in time does not provide audit evidence about the operating effectiveness of the control at other times during the period under audit. However, because of the inherent consistency of IT processing (see paragraph A62), performing audit procedures to determine whether an automated control has been implemented may serve as a test of that control's operating effectiveness, depending on the auditor's assessment and testing of controls such

Identifizierung und Beurteilung der Risiken wesentlicher falscher Darstellungen aus dem Verstehen der Einheit und ihres Umfelds
ISA 315 (REVISED)

- die Umstände und die maßgebende Komponente des IKS,
- Art und Komplexität der Systeme, die Teil des IKS der Einheit sind, einschließlich der Nutzung von Dienstleistungsorganisationen,
- die Frage, ob und wie eine bestimmte Kontrolle einzeln oder in Kombination mit anderen dazu geeignet ist, wesentliche falsche Darstellungen zu verhindern oder aufzudecken und zu korrigieren.

A69. Kontrollen für die Vollständigkeit und Richtigkeit von internen Informationen der Einheit können für die Abschlussprüfung relevant sein, wenn der Abschlussprüfer beabsichtigt, diese Informationen bei der Planung und Durchführung weiterer Prüfungshandlungen zu verwenden. Kontrollen, die sich auf mit der Geschäftstätigkeit und mit der Einhaltung von Vorschriften verbundene Ziele beziehen, können ebenfalls für die Abschlussprüfung relevant sein, wenn sie Daten betreffen, die der Abschlussprüfer beurteilt oder bei der Durchführung von Prüfungshandlungen verwendet.

A70. Das IKS zum Schutz des Vermögens gegen Erwerb, Gebrauch oder Veräußerung von Vermögenswerten ohne Autorisierung kann sowohl Kontrollen bezogen auf die Rechnungslegung als auch Kontrollen bezogen auf Geschäftsziele enthalten. In diesem Bereich berücksichtigt der Abschlussprüfer im Allgemeinen nur die Kontrollen, die für die Verlässlichkeit der Rechnungslegung relevant sind.

A71. Eine Einheit verfügt im Allgemeinen über Kontrollen, die sich auf nicht prüfungsrelevante Ziele beziehen und deshalb vom Abschlussprüfer nicht berücksichtigt werden müssen. Eine Einheit kann sich bspw. auf ein hoch entwickeltes System automatisierter Kontrollen stützen, um einen wirtschaftlichen und wirksamen Geschäftsablauf zu gewährleisten (z. B. das System automatisierter Kontrollen bei einer Fluglinie zur Einhaltung der Flugpläne); diese Kontrollen sind jedoch für die Abschlussprüfung normalerweise nicht relevant. Darüber hinaus gilt: Obwohl sich das IKS auf die gesamte Einheit oder auf einzelne Betriebseinheiten oder Geschäftsprozesse beziehen kann, ist es für die Abschlussprüfung möglicherweise nicht erforderlich, das IKS für jede Geschäftseinheit und jeden Geschäftsprozess zu verstehen.

Spezielle Überlegungen zu Einheiten des öffentlichen Sektors

A72. Abschlussprüfer im öffentlichen Sektor haben häufig zusätzliche Pflichten im Hinblick auf das IKS, z. B. Berichterstattung über die Einhaltung von Gesetzen, anderen Rechtsvorschriften oder sonstigen amtlichen Vorgaben. Außerdem können für Abschlussprüfer im öffentlichen Sektor Pflichten bestehen, über die Beachtung von Amtsbefugnissen zu berichten. Deshalb kann die Prüfung des IKS hier weitreichender und detaillierter sein.

Art und Umfang des Verständnisses von den relevanten Kontrollen (vgl. Tz. 13)

A73. Zur Beurteilung der Ausgestaltung einer Kontrolle gehört die Einschätzung, ob diese einzeln oder in Kombination mit anderen dazu in der Lage ist, wesentliche falsche Darstellungen wirksam zu verhindern bzw. aufzudecken und zu korrigieren. Unter der Einrichtung einer Kontrolle wird verstanden, dass diese tatsächlich besteht und von der Einheit angewendet wird. Es ist wenig sinnvoll, die Einrichtung einer Kontrolle zu beurteilen, die nicht wirksam ist; daher wird zuerst die Ausgestaltung der Kontrolle geprüft. Eine unzureichende Ausgestaltung von Kontrollen kann einen bedeutsamen Mangel im IKS der Einheit darstellen.

A74. Prüfungshandlungen zur Risikobeurteilung, die der Einholung von Prüfungsnachweisen über Konzeption und Einrichtung relevanter Kontrollen dienen, können umfassen:
- Befragung von Mitarbeitern der Einheit,
- Beobachtung der Anwendung von bestimmten Kontrollen,
- Einsichtnahme in Dokumente und Berichte,
- Nachverfolgung von Geschäftsvorfällen im rechnungslegungsbezogenen Informationssystem.

Eine Befragung alleine reicht jedoch für diese Zwecke nicht aus.

A75. Ein Verständnis von den Kontrollen einer Einheit zu gewinnen, genügt nicht zur Prüfung von deren Wirksamkeit, es sei denn, eine automatisierte Routine stellt eine konsequente Funktion der Kontrollen sicher. Ein Prüfungsnachweis für die Einrichtung einer manuellen Kontrolle zu einem bestimmten Zeitpunkt stellt bspw. keinen Prüfungsnachweis für die Wirksamkeit der Kontrolle zu anderen Zeitpunkten während des zu prüfenden Zeitraums dar. Aufgrund der inhärenten Beständigkeit der IT-Verarbeitung (siehe Textziffer A55) können jedoch Prüfungshandlungen zur Feststellung der Einrichtung von automatisierten Kontrollen als Prüfung von deren Wirksamkeit dienen; dies ist abhängig von der

as those over program changes. Tests of the operating effectiveness of controls are further described in ISA 330.[13]

Components of Internal Control–Control Environment (Ref: Para. 14)

A76. The control environment includes the governance and management functions and the attitudes, awareness, and actions of those charged with governance and management concerning the entity's internal control and its importance in the entity. The control environment sets the tone of an organization, influencing the control consciousness of its people.

A77. Elements of the control environment that may be relevant when obtaining an understanding of the control environment include the following:

(a) *Communication and enforcement of integrity and ethical values* – These are essential elements that influence the effectiveness of the design, administration and monitoring of controls.

(b) *Commitment to competence* – Matters such as management's consideration of the competence levels for particular jobs and how those levels translate into requisite skills and knowledge.

(c) *Participation by those charged with governance* – Attributes of those charged with governance such as:

- Their independence from management.
- Their experience and stature.
- The extent of their involvement and the information they receive, and the scrutiny of activities.
- The appropriateness of their actions, including the degree to which difficult questions are raised and pursued with management, and their interaction with internal and external auditors.

(d) *Management's philosophy and operating style* – Characteristics such as management's:

- Approach to taking and managing business risks.
- Attitudes and actions toward financial reporting.
- Attitudes toward information processing and accounting functions and personnel.

(e) *Organizational structure* – The framework within which an entity's activities for achieving its objectives are planned, executed, controlled, and reviewed.

(f) *Assignment of authority and responsibility* – Matters such as how authority and responsibility for operating activities are assigned and how reporting relationships and authorization hierarchies are established.

(g) *Human resource policies and practices* – Policies and practices that relate to, for example, recruitment, orientation, training, evaluation, counselling, promotion, compensation, and remedial actions.

Audit Evidence for Elements of the Control Environment

A78. Relevant audit evidence may be obtained through a combination of inquiries and other risk assessment procedures such as corroborating inquiries through observation or inspection of documents. For example, through inquiries of management and employees, the auditor may obtain an understanding of how management communicates to employees its views on business practices and ethical behavior. The auditor may then determine whether relevant controls have been implemented by considering, for example, whether management has a written code of conduct and whether it acts in a manner that supports the code.

A79. The auditor may also consider how management has responded to the findings and recommendations of the internal audit function regarding identified deficiencies in internal control relevant to the audit, including whether and how such responses have been implemented, and whether they have been subsequently evaluated by the internal audit function.

---

13) ISA 330, *The Auditor's Responses to Assessed Risks*

Beurteilung des Abschlussprüfers und von der Durchführung von Funktionsprüfungen, z. B. für Kontrollen zu Programmänderungen. Die Prüfung der Wirksamkeit von Kontrollen wird in ISA 330 ausführlich beschrieben.[13]

Komponenten des IKS - Das Kontrollumfeld (vgl. Tz. 14)

A76. Das Kontrollumfeld umfasst die Überwachungs- und Leitungsfunktionen sowie die Einstellung, das Bewusstsein und die Maßnahmen der für die Überwachung Verantwortlichen und des Managements im Hinblick auf das IKS und dessen Bedeutung innerhalb der Einheit. Das Kontrollumfeld prägt die Grundhaltung einer Organisation, indem es das Kontrollbewusstsein der Mitarbeiter beeinflusst.

A77. Zu den Bestandteilen des Kontrollumfeldes, die bei der Gewinnung eines Verständnisses vom Kontrollumfeld relevant sein können, gehören die Folgenden:

(a) *Kommunikation und Durchsetzung von Integrität und ethischen Werten:* Diese sind notwendige Bestandteile mit Einfluss auf die Wirksamkeit der Konzeption, Durchführung und Überwachung von Kontrollen.

(b) *Selbstverpflichtung zur Kompetenz:* Fragen wie die Beurteilung des Managements, welche Kompetenz für bestimmte Stellen benötigt wird und welche Fähigkeiten und Kenntnisse daher erforderlich sind.

(c) *Mitwirkung der für die Überwachung Verantwortlichen:* Eigenschaften der für die Überwachung Verantwortlichen, u.a.:
  ○ ihre Unabhängigkeit vom Management,
  ○ Erfahrung und Status,
  ○ das Ausmaß ihrer Einbindung und der ihnen bereitgestellten Informationen sowie die Überwachung von Tätigkeiten durch sie,
  ○ die Angemessenheit ihrer Maßnahmen, einschließlich des Ausmaßes, in dem kritische Fragen dem Management gestellt und verfolgt werden, sowie ihrer Zusammenarbeit mit Innenrevisoren und externen Prüfern.

(d) *Philosophie und Führungsstil des Managements:* Merkmale des Managements, wie
  ○ die Art und Weise, in der Geschäftsrisiken eingegangen und gehandhabt werden,
  ○ Einstellung und Maßnahmen zur Rechnungslegung,
  ○ Einstellung zur Funktion der Informationsverarbeitung und des Rechnungswesens sowie gegenüber den dafür verantwortlichen Mitarbeitern.

(e) *Organisationsstruktur:* der Rahmen, innerhalb dessen die Maßnahmen einer Einheit zur Erreichung ihrer Ziele geplant, durchgeführt, kontrolliert und überprüft werden.

(f) *Zuordnung von Weisungsbefugnis und Verantwortlichkeit:* Fragen wie die Art und Weise, in der Weisungsbefugnis und Verantwortlichkeit für Geschäftstätigkeiten zugeordnet sowie Berichtswege und Genehmigungshierarchien eingerichtet werden.

(g) *Regelungen und Gepflogenheiten im Bereich Personalwesen:* Regelungen und Gepflogenheiten bspw. im Zusammenhang mit Einstellung, Einarbeitung, Fortbildung, Beurteilung, Beratung, Beförderung, Vergütung und ggf. Abhilfemaßnahmen.

Prüfungsnachweise für Bestandteile des Kontrollumfeldes

A78. Relevante Prüfungsnachweise können durch eine Kombination von Befragungen und anderen Prüfungshandlungen zur Risikobeurteilung eingeholt werden, z. B. indem Befragungen durch Beobachtung oder durch Einsichtnahme in Dokumente untermauert werden. Zum Beispiel kann der Abschlussprüfer durch Befragungen von Management und Mitarbeitern ein Verständnis davon gewinnen, wie das Management seine Ansichten zu Geschäftsgebaren und ethischem Verhalten gegenüber den Mitarbeitern kommuniziert. Anschließend kann der Abschlussprüfer feststellen, ob relevante Kontrollen eingerichtet wurden, indem er bspw. abwägt, ob das Management einen schriftlich niedergelegten Verhaltenskodex festgelegt hat und ob es diesen Kodex durch sein Verhalten stützt.

A79. Der Abschlussprüfer kann auch in Betracht ziehen, wie das Management auf Feststellungen und Empfehlungen der internen Revision hinsichtlich identifizierter Mängel im für die Abschlussprüfung relevanten IKS reagiert – einschließlich, ob und wie diese Reaktionen umgesetzt und ob sie anschließend von der internen Revision beurteilt wurden.

---

13) ISA 330 „Die Reaktionen des Abschlussprüfers auf beurteilte Risiken".

Effect of the Control Environment on the Assessment of the Risks of Material Misstatement

A80. Some elements of an entity's control environment have a pervasive effect on assessing the risks of material misstatement. For example, an entity's control consciousness is influenced significantly by those charged with governance, because one of their roles is to counterbalance pressures on management in relation to financial reporting that may arise from market demands or remuneration schemes. The effectiveness of the design of the control environment in relation to participation by those charged with governance is therefore influenced by such matters as:

- Their independence from management and their ability to evaluate the actions of management.
- Whether they understand the entity's business transactions.
- The extent to which they evaluate whether the financial statements are prepared in accordance with the applicable financial reporting framework.

A81. An active and independent board of directors may influence the philosophy and operating style of senior management. However, other elements may be more limited in their effect. For example, although human resource policies and practices directed toward hiring competent financial, accounting, and IT personnel may reduce the risk of errors in processing financial information, they may not mitigate a strong bias by top management to overstate earnings.

A82. The existence of a satisfactory control environment can be a positive factor when the auditor assesses the risks of material misstatement. However, although it may help reduce the risk of fraud, a satisfactory control environment is not an absolute deterrent to fraud. Conversely, deficiencies in the control environment may undermine the effectiveness of controls, in particular in relation to fraud. For example, management's failure to commit sufficient resources to address IT security risks may adversely affect internal control by allowing improper changes to be made to computer programs or to data, or unauthorized transactions to be processed. As explained in ISA 330, the control environment also influences the nature, timing and extent of the auditor's further procedures.[14]

A83. The control environment in itself does not prevent, or detect and correct, a material misstatement. It may, however, influence the auditor's evaluation of the effectiveness of other controls (for example, the monitoring of controls and the operation of specific control activities) and thereby, the auditor's assessment of the risks of material misstatement.

Considerations Specific to Smaller Entities

A84. The control environment within small entities is likely to differ from larger entities. For example, those charged with governance in small entities may not include an independent or outside member, and the role of governance may be undertaken directly by the owner-manager where there are no other owners. The nature of the control environment may also influence the significance of other controls, or their absence. For example, the active involvement of an owner-manager may mitigate certain of the risks arising from a lack of segregation of duties in a small entity; it may, however, increase other risks, for example, the risk of override of controls.

A85. In addition, audit evidence for elements of the control environment in smaller entities may not be available in documentary form, in particular where communication between management and other personnel may be informal, yet effective. For example, small entities might not have a written code of conduct but, instead, develop a culture that emphasizes the importance of integrity and ethical behavior through oral communication and by management example.

A86. Consequently, the attitudes, awareness and actions of management or the owner-manager are of particular importance to the auditor's understanding of a smaller entity's control environment.

---

14) ISA 330, paragraphs A2–A3

Identifizierung und Beurteilung der Risiken wesentlicher falscher Darstellungen aus dem Verstehen der Einheit und ihres Umfelds

Auswirkungen des Kontrollumfeldes auf die Beurteilung der Risiken wesentlicher falscher Darstellungen

A80. Einige Bestandteile des Kontrollumfeldes einer Einheit haben umfassenden Einfluss auf die Beurteilung der Risiken wesentlicher falscher Darstellungen. Das Kontrollbewusstsein einer Einheit wird bspw. maßgeblich durch die für die Überwachung Verantwortlichen beeinflusst, da deren Funktion u.a. darin besteht, als ein Gegengewicht zu den Zwängen zu wirken, denen das Management im Zusammenhang mit der Rechnungslegung ausgesetzt ist und die sich aus Anforderungen des Marktes oder aus Vergütungssystemen ergeben können. Wie wirksam die Ausgestaltung des Kontrollumfeldes für die Mitwirkung der für die Überwachung Verantwortlichen ist, hängt deshalb u.a. von Folgendem ab:

- ihre Unabhängigkeit vom Management und ihre Fähigkeit, die Maßnahmen des Managements zu beurteilen
- ob sie die Geschäftsvorfälle der Einheit verstehen
- inwieweit sie beurteilen, ob der Abschluss in Übereinstimmung mit dem maßgebenden Regelwerk der Rechnungslegung aufgestellt wird.

A81. Ein aktives und unabhängiges Aufsichtsorgan kann Philosophie und Führungsstil des oberen Managements beeinflussen. Die Auswirkungen anderer Bestandteile sind jedoch möglicherweise eher begrenzt. Regelungen und Gepflogenheiten im Personalwesen, die darauf ausgerichtet sind, in den Bereichen Finanzen, Rechnungswesen und IT kompetente Mitarbeiter einzustellen, können bspw. das Fehlerrisiko bei der Verarbeitung von Finanzinformationen reduzieren, jedoch möglicherweise eine starke Neigung der Unternehmensleitung nicht vermindern, überhöhte Ergebnisse auszuweisen.

A82. Das Vorhandensein eines zufriedenstellenden Kontrollumfeldes kann sich positiv auf die Beurteilung des Abschlussprüfers über die Risiken wesentlicher falscher Darstellungen auswirken. Obwohl es dazu beitragen kann, das Risiko von dolosen Handlungen zu reduzieren, kann jedoch auch ein zufriedenstellendes Kontrollumfeld dolose Handlungen nicht absolut verhindern. Umgekehrt können Mängel im Kontrollumfeld die Wirksamkeit von Kontrollen untergraben, besonders im Zusammenhang mit dolosen Handlungen. Ein Versäumnis des Managements, ausreichende Ressourcen für die Bekämpfung von IT-Sicherheitsrisiken bereitzustellen, kann sich bspw. nachteilig auf das IKS auswirken, indem es ermöglicht wird, dass unzulässige Änderungen an Computerprogrammen oder Daten vorgenommen oder unautorisierte Geschäftsvorfälle verarbeitet werden. Wie in ISA 330 erläutert, werden auch Art, zeitliche Einteilung und Umfang weiterer Prüfungshandlungen des Abschlussprüfers durch das Kontrollumfeld beeinflusst.[14]

A83. Das Kontrollumfeld an sich kann wesentliche falsche Darstellungen nicht verhindern bzw. aufdecken und korrigieren. Es kann jedoch beeinflussen, wie der Abschlussprüfer die Wirksamkeit anderer Kontrollen (z. B. Überwachung von Kontrollen und Funktion bestimmter Kontrollaktivitäten) beurteilt, und damit die Risikobeurteilung des Abschlussprüfers im Hinblick auf wesentliche falsche Darstellungen beeinflussen.

Spezielle Überlegungen zu kleineren Einheiten

A84. Das Kontrollumfeld in kleinen Einheiten unterscheidet sich in der Regel von dem in größeren Einheiten. Zum Beispiel gibt es in kleinen Einheiten möglicherweise keine unabhängigen oder externen für die Überwachung Verantwortlichen und die Überwachungsfunktion wird möglicherweise direkt durch den Gesellschafter-Geschäftsführer wahrgenommen, wenn keine anderen Eigentümer vorhanden sind. Die Ausgestaltung des Kontrollumfeldes kann auch Einfluss darauf haben, wie bedeutsam andere Kontrollen sind bzw. deren Fehlen ist. Beispielsweise kann die aktive Einbindung eines Gesellschafter-Geschäftsführers bestimmte Risiken mildern, die sich aus einer fehlenden Funktionstrennung in kleinen Einheiten ergeben; sie kann jedoch andere Risiken erhöhen, z. B. das Risiko einer Außerkraftsetzung von Kontrollen.

A85. Darüber hinaus sind Prüfungsnachweise für Bestandteile des Kontrollumfeldes in kleineren Einheiten möglicherweise nicht in Form von Dokumenten verfügbar, insbesondere bei Vorhandensein von informellen, aber dennoch wirksamen Kommunikationswegen zwischen dem Management und anderen Mitarbeitern. Zum Beispiel verfügen kleine Einheiten möglicherweise nicht über einen schriftlich niedergelegten Verhaltenskodex, sondern entwickeln stattdessen eine Kultur, welche die Bedeutung von Integrität und ethischem Verhalten durch mündliche Kommunikation und durch die Vorbildfunktion des Managements betont.

A86. Folglich sind die Einstellung, das Bewusstsein und die Maßnahmen des Managements oder des Gesellschafter-Geschäftsführers für das Verständnis des Abschlussprüfers vom Kontrollumfeld einer kleineren Einheit von besonderer Bedeutung.

---

14) ISA 330, Textziffern A2-A3.

Components of Internal Control–The Entity's Risk Assessment Process (Ref: Para. 15)

A87. The entity's risk assessment process forms the basis for how management determines the risks to be managed. If that process is appropriate to the circumstances, including the nature, size and complexity of the entity, it assists the auditor in identifying risks of material misstatement. Whether the entity's risk assessment process is appropriate to the circumstances is a matter of judgment.

Considerations Specific to Smaller Entities (Ref: Para. 17)

A88. There is unlikely to be an established risk assessment process in a small entity. In such cases, it is likely that management will identify risks through direct personal involvement in the business. Irrespective of the circumstances, however, inquiry about identified risks and how they are addressed by management is still necessary.

Components of Internal Control–The Information System, Including Related Business Processes, Relevant to Financial Reporting, and Communication

The Information System, Including Related Business Processes, Relevant to Financial Reporting (Ref: Para. 18)

A89. The information system relevant to financial reporting objectives, which includes the accounting system, consists of the procedures and records designed and established to:

- Initiate, record, process, and report entity transactions (as well as events and conditions) and to maintain accountability for the related assets, liabilities, and equity;

- Resolve incorrect processing of transactions, for example, automated suspense files and procedures followed to clear suspense items out on a timely basis;

- Process and account for system overrides or bypasses to controls;

- Transfer information from transaction processing systems to the general ledger;

- Capture information relevant to financial reporting for events and conditions other than transactions, such as the depreciation and amortization of assets and changes in the recoverability of accounts receivables; and

- Ensure information required to be disclosed by the applicable financial reporting framework is accumulated, recorded, processed, summarized and appropriately reported in the financial statements.

Journal entries

A90. An entity's information system typically includes the use of standard journal entries that are required on a recurring basis to record transactions. Examples might be journal entries to record sales, purchases, and cash disbursements in the general ledger, or to record accounting estimates that are periodically made by management, such as changes in the estimate of uncollectible accounts receivable.

A91. An entity's financial reporting process also includes the use of non-standard journal entries to record non-recurring, unusual transactions or adjustments. Examples of such entries include consolidating adjustments and entries for a business combination or disposal or non-recurring estimates such as the impairment of an asset. In manual general ledger systems, non-standard journal entries may be identified through inspection of ledgers, journals, and supporting documentation. When automated procedures are used to maintain the general ledger and prepare financial statements, such entries may exist only in electronic form and may therefore be more easily identified through the use of computer-assisted audit techniques.

Komponenten des IKS - Der Risikobeurteilungsprozess der Einheit (vgl. Tz. 15)

A87. Der Risikobeurteilungsprozess der Einheit bildet die Grundlage für die Feststellung der Risiken, die vom Management gehandhabt werden müssen. Wenn dieser Prozess unter Berücksichtigung der Merkmale, Größe und Komplexität der Einheit den Umständen entsprechend angemessen ist, hilft er dem Abschlussprüfer bei der Identifizierung von Risiken wesentlicher falscher Darstellungen. Ob der Risikobeurteilungsprozess den Umständen entsprechend angemessen ist, ist eine Frage des Ermessens.

Spezielle Überlegungen zu kleineren Einheiten (vgl. Tz. 17)

A88. In einer kleinen Einheit gibt es in der Regel keinen festgelegten Risikobeurteilungsprozess. In solchen Fällen ist es wahrscheinlich, dass das Management Risiken durch direkte persönliche Einbindung in das Geschäft identifiziert. Ungeachtet der Umstände sind jedoch Befragungen nach identifizierten Risiken und nach deren Handhabung durch das Management trotzdem notwendig.

Komponenten des IKS - Das rechnungslegungsbezogene Informationssystem, einschließlich der damit verbundenen Geschäftsprozesse und der Kommunikation

Das rechnungslegungsbezogene Informationssystem, unter Einschluss der damit verbundenen Geschäftsprozesse (vgl. Tz. 18)

A89. Das für Rechnungslegungsziele relevante Informationssystem, das auch das Buchführungssystem einschließt, besteht aus den Verfahren und Aufzeichnungen, die konzipiert und eingerichtet wurden, um

- Geschäftsvorfälle der Einheit (sowie Ereignisse und Umstände) auszulösen, aufzuzeichnen, zu verarbeiten und darüber zu berichten sowie Rechenschaft über die damit verbundenen Vermögenswerte und Schulden sowie das Eigenkapital ablegen zu können,
- die fehlerhafte Verarbeitung von Geschäftsvorfällen zu beheben, z. B. mit Hilfe von automatisierten Zwischendateien und Verfahren, nach denen die Posten in Zwischendateien in angemessener Zeit abgearbeitet werden,
- die bewusste Außerkraftsetzung von Systemen oder Umgehung von Kontrollen zu erfassen und dieser Möglichkeit Rechnung zu tragen,
- Informationen aus den Systemen zur Verarbeitung von Geschäftsvorfällen in das Hauptbuch zu übertragen,
- rechnungslegungsbezogene Informationen für Ereignisse und Umstände zu erfassen, die keine Transaktionen sind, z. B. planmäßige Abschreibung von Vermögenswerten und Veränderungen in der Einbringlichkeit von Forderungen, sowie
- sicherzustellen, dass die Informationen, die nach dem maßgebenden Regelwerk der Rechnungslegung im Abschluss anzugeben sind, gesammelt, aufgezeichnet, verarbeitet, zusammengefasst und im Abschluss angemessen dargestellt werden.

Buchungen

A90. Das Informationssystem einer Einheit umfasst typischerweise die Verwendung von wiederkehrenden Standard-Buchungen zur Erfassung von Geschäftsvorfällen. Mögliche Beispiele sind Buchungen zur Erfassung von Verkäufen, Anschaffungen und Auszahlungen im Hauptbuch oder zur Aufzeichnung von Werten in der Rechnungslegung, die periodisch vom Management geschätzt werden, z. B. Veränderungen in der Schätzung uneinbringlicher Forderungen.

A91. Der Rechnungslegungsprozess einer Einheit umfasst auch die Verwendung von nicht standardisierten Buchungen zur Aufzeichnung von nicht wiederkehrenden ungewöhnlichen Geschäftsvorfällen oder Anpassungen. Dabei kann es sich bspw. um Konsolidierungsbuchungen, Buchungen für einen Unternehmenszusammenschluss oder um eine Veräußerung oder nicht wiederkehrende Schätzungen handeln, z. B. bei außerplanmäßigen Abschreibungen von Vermögenswerten. Bei manueller Hauptbuchführung können nicht standardisierte Buchungen durch die Einsichtnahme in Bücher, Journale und unterstützende Dokumentation identifiziert werden. Wenn automatisierte Verfahren für Hauptbuchführung und Abschlussaufstellung eingesetzt werden, liegen solche Einträge möglicherweise ausschließlich in elektronischer Form vor und können daher mit Hilfe IT-gestützter Prüfungstechniken leichter identifiziert werden.

Related business processes

A92. An entity's business processes are the activities designed to:
- Develop, purchase, produce, sell and distribute an entity's products and services;
- Ensure compliance with laws and regulations; and
- Record information, including accounting and financial reporting information.

Business processes result in the transactions that are recorded, processed and reported by the information system. Obtaining an understanding of the entity's business processes, which include how transactions are originated, assists the auditor obtain an understanding of the entity's information system relevant to financial reporting in a manner that is appropriate to the entity's circumstances.

Considerations specific to smaller entities

A93. Information systems and related business processes relevant to financial reporting in small entities are likely to be less sophisticated than in larger entities, but their role is just as significant. Small entities with active management involvement may not need extensive descriptions of accounting procedures, sophisticated accounting records, or written policies. Understanding the entity's systems and processes may therefore be easier in an audit of smaller entities, and may be more dependent on inquiry than on review of documentation. The need to obtain an understanding, however, remains important.

Communication (Ref: Para. 19)

A94. Communication by the entity of the financial reporting roles and responsibilities and of significant matters relating to financial reporting involves providing an understanding of individual roles and responsibilities pertaining to internal control over financial reporting. It includes such matters as the extent to which personnel understand how their activities in the financial reporting information system relate to the work of others and the means of reporting exceptions to an appropriate higher level within the entity. Communication may take such forms as policy manuals and financial reporting manuals. Open communication channels help ensure that exceptions are reported and acted on.

Considerations specific to smaller entities

A95. Communication may be less structured and easier to achieve in a small entity than in a larger entity due to fewer levels of responsibility and management's greater visibility and availability.

Components of Internal Control–Control Activities Relevant to the Audit (Ref: Para. 20)

A96. Control activities are the policies and procedures that help ensure that management directives are carried out. Control activities, whether within IT or manual systems, have various objectives and are applied at various organizational and functional levels. Examples of specific control activities include those relating to the following:

- Authorization.
- Performance reviews.
- Information processing.
- Physical controls.
- Segregation of duties.

A97. Control activities that are relevant to the audit are:
- Those that are required to be treated as such, being control activities that relate to significant risks and those that relate to risks for which substantive procedures alone do not provide sufficient appropriate audit evidence, as required by paragraphs 29 and 30, respectively; or
- Those that are considered to be relevant in the judgment of the auditor.

Zusammenhängende Geschäftsprozesse

A92. Als Geschäftsprozesse einer Einheit gelten Aktivitäten, die darauf ausgerichtet sind,
- die Produkte und Dienstleistungen der Einheit zu entwickeln, zu beschaffen, herzustellen, zu verkaufen und zu vertreiben ,
- die Einhaltung von gesetzlichen und anderen rechtlichen Bestimmungen sicherzustellen wird sowie
- Informationen, einschließlich Buchführungs- und Rechnungslegungsinformationen, aufzuzeichnen.

Aus Geschäftsprozessen ergeben sich die Geschäftsvorfälle, die vom Informationssystem aufgezeichnet und verarbeitet werden und über die berichtet wird. Die Gewinnung eines Verständnisses von den Geschäftsprozessen der Einheit, einschließlich der Entstehung von Geschäftsvorfällen, hilft dem Abschlussprüfer dabei, ein den Umständen der Einheit angemessenes Verständnis von deren rechnungslegungsbezogenem Informationssystem zu gewinnen.

Spezielle Überlegungen zu kleineren Einheiten

A93. Die rechnungslegungsbezogenen Informationssysteme und die damit verbundenen Geschäftsprozesse sind in kleinen Einheiten in der Regel weniger hoch entwickelt als in größeren Einheiten, erfüllen jedoch eine ebenso bedeutsame Funktion. Kleine Einheiten, bei denen das Management aktiv in die betrieblichen Abläufe eingebunden ist, benötigen nicht notwendigerweise umfassende Beschreibungen von Abläufen im Rechnungswesen, eine differenzierte Buchführung oder schriftlich festgelegte Regelungen. Das Verständnis der Systeme und Prozesse der Einheit ist daher bei Abschlussprüfungen von kleineren Einheiten möglicherweise unkomplizierter und hängt möglicherweise stärker von Befragungen ab als von einer Durchsicht der Dokumentation. Die Notwendigkeit, ein Verständnis zu gewinnen, bleibt jedoch wichtig.

Kommunikation (vgl. Tz. 19)

A94. Zur Kommunikation der Funktionen und Verantwortlichkeiten in der Rechnungslegung sowie bedeutsamer Sachverhalte mit Bezug zur Rechnungslegung durch die Einheit gehört die Vermittlung eines Verständnisses von den einzelnen Funktionen und Verantwortlichkeiten des rechnungslegungsbezogenen IKS. Dies umfasst u.a., inwieweit die Mitarbeiter verstehen, wie ihre Aktivitäten im Rechnungslegungsinformationssystem mit der Arbeit anderer Mitarbeiter zusammenhängen, und die Mittel und Wege, wie Ausnahmefälle an eine angemessene höhere Hierarchieebene innerhalb der Einheit berichtet werden. Die Kommunikation kann in Form von Unternehmensleitlinien und Rechnungslegungshandbüchern stattfinden. Offene Kommunikationswege tragen dazu bei sicherzustellen, dass über Ausnahmefälle berichtet wird und angemessene Maßnahmen ergriffen werden.

Spezielle Überlegungen zu kleineren Einheiten

A95. Die Kommunikation kann in kleinen Einheiten aufgrund der geringeren Anzahl von Zuständigkeitsebenen sowie aufgrund der größeren Sichtbarkeit und Verfügbarkeit des Managements weniger stark strukturiert und unkomplizierter sein als in größeren Einheiten.

Komponenten des IKS Für die Abschlussprüfung relevante Kontrollaktivitäten (vgl. Tz. 20)

A96. Kontrollaktivitäten sind die Regelungen und Maßnahmen, die dazu beitragen sicherzustellen, dass Anweisungen des Managements ausgeführt werden. Unabhängig davon, ob Kontrollaktivitäten in IT-Systeme oder in manuelle Systeme eingebunden sind, haben sie verschiedene Ziele und werden auf unterschiedlichen organisatorischen und funktionalen Ebenen angewendet. Beispielsweise stehen bestimmte Kontrollaktivitäten im Zusammenhang mit den folgenden Aspekten:
- Genehmigung
- Ergebniskontrollen
- Informationsverarbeitung
- physische Kontrollen
- Funktionstrennung.

A97. Für die Abschlussprüfung relevante Kontrollaktivitäten sind
- diejenigen, die als solche behandelt werden müssen, da sich diese Kontrollaktivitäten auf bedeutsame Risiken beziehen, und diejenigen, die sich auf Risiken beziehen, bei denen aussagebezogene Prüfungshandlungen allein keine ausreichenden geeigneten Prüfungsnachweise erbringen, wie nach Textziffer 29 bzw. 30 erforderlich, oder
- diejenigen, die nach der Beurteilung des Abschlussprüfers als relevant eingeschätzt werden.

A98. The auditor's judgment about whether a control activity is relevant to the audit is influenced by the risk that the auditor has identified that may give rise to a material misstatement and whether the auditor thinks it is likely to be appropriate to test the operating effectiveness of the control in determining the extent of substantive testing.

A99. The auditor's emphasis may be on identifying and obtaining an understanding of control activities that address the areas where the auditor considers that risks of material misstatement are likely to be higher. When multiple control activities each achieve the same objective, it is unnecessary to obtain an understanding of each of the control activities related to such objective.

A100. The auditor's knowledge about the presence or absence of control activities obtained from the understanding of the other components of internal control assists the auditor in determining whether it is necessary to devote additional attention to obtaining an understanding of control activities.

Considerations Specific to Smaller Entities

A101. The concepts underlying control activities in small entities are likely to be similar to those in larger entities, but the formality with which they operate may vary. Further, small entities may find that certain types of control activities are not relevant because of controls applied by management. For example, management's sole authority for granting credit to customers and approving significant purchases can provide strong control over important account balances and transactions, lessening or removing the need for more detailed control activities.

A102. Control activities relevant to the audit of a smaller entity are likely to relate to the main transaction cycles such as revenues, purchases and employment expenses.

Risks Arising from IT (Ref: Para. 21)

A103. The use of IT affects the way that control activities are implemented. From the auditor's perspective, controls over IT systems are effective when they maintain the integrity of information and the security of the data such systems process, and include effective general IT controls and application controls.

A104. General IT controls are policies and procedures that relate to many applications and support the effective functioning of application controls. They apply to mainframe, miniframe, and end-user environments. General IT controls that maintain the integrity of information and security of data commonly include controls over the following:

- Data center and network operations.
- System software acquisition, change and maintenance.
- Program change.
- Access security.
- Application system acquisition, development, and maintenance.

They are generally implemented to deal with the risks referred to in paragraph A63 above.

A105. Application controls are manual or automated procedures that typically operate at a business process level and apply to the processing of transactions by individual applications. Application controls can be preventive or detective in nature and are designed to ensure the integrity of the accounting records. Accordingly, application controls relate to procedures used to initiate, record, process and report transactions or other financial data. These controls help ensure that transactions occurred, are authorized, and are completely and accurately recorded and processed. Examples include edit checks of input data, and numerical sequence checks with manual follow-up of exception reports or correction at the point of data entry.

Components of Internal Control–Monitoring of Controls (Ref: Para. 22)

A106. Monitoring of controls is a process to assess the effectiveness of internal control performance over time. It involves assessing the effectiveness of controls on a timely basis and taking necessary remedial actions. Management accomplishes monitoring of controls through ongoing activities, separate evaluations, or a combination of the two. Ongoing monitoring activities are often built into the normal recurring activities of an entity and include regular management and supervisory activities.

A98.	Die Beurteilung des Abschlussprüfers, ob eine Kontrollaktivität für die Abschlussprüfung relevant ist, wird durch das von ihm identifizierte Risiko, das zu wesentlichen falschen Darstellungen führen kann und durch die Frage beeinflusst, ob er es wahrscheinlich für angemessen hält, bei der Festlegung des Umfangs der aussagebezogenen Prüfungshandlungen die Wirksamkeit der Kontrolle zu prüfen.
A99.	Das Hauptaugenmerk des Abschlussprüfers kann auf der Identifizierung und dem Gewinnen eines Verständnisses von Kontrollaktivitäten liegen, die sich auf die Gebiete beziehen, in denen nach seiner Einschätzung die Risiken wesentlicher falscher Darstellungen wahrscheinlich höher sind. Wenn durch mehrfache Kontrollaktivitäten dasselbe Ziel erreicht wird, ist es nicht notwendig, ein Verständnis von jeder einzelnen Kontrollaktivität zu gewinnen, die mit diesem Ziel verbunden ist.
A100.	Die Kenntnisse des Abschlussprüfers vom Vorhandensein oder Fehlen von Kontrollaktivitäten, die er erlangt, wenn er ein Verständnis der anderen Komponenten des IKS gewinnt, helfen ihm zu entscheiden, ob es notwendig ist, dem Verständnis von den Kontrollaktivitäten weitere Aufmerksamkeit zu widmen.

Spezielle Überlegungen zu kleineren Einheiten

A101.	Die Konzepte, die den Kontrollaktivitäten zugrunde liegen, sind in kleinen und größeren Einheiten normalerweise ähnlich, jedoch kann der Formalisierungsgrad unterschiedlich sein. Darüber hinaus können kleine Einheiten feststellen, dass bestimmte Arten von Kontrollaktivitäten wegen vom Management angewendeter Kontrollen für sie nicht relevant sind. Beispielsweise kann dadurch, dass sich das Management die Genehmigung von Krediten für Kunden und von bedeutsamen Anschaffungen allein vorbehält, eine starke Kontrolle über wichtige Kontensalden und Geschäftsvorfälle ausgeübt werden, wodurch die Notwendigkeit weitergehender Kontrollaktivitäten sich verringert oder ganz entfällt.
A102.	In kleineren Einheiten beziehen sich die für die Abschlussprüfung einschlägigen Kontrollaktivitäten in der Regel auf die Haupttransaktionszyklen, z. B. Erlöse, Anschaffungen und Personalaufwendungen.

Aus der IT resultierende Risiken (vgl. Tz. 21)

A103.	Der Einsatz von IT beeinflusst die Art der Einrichtung von Kontrollaktivitäten. Aus der Sicht des Abschlussprüfers sind Kontrollen für IT-Systeme wirksam, wenn sie die Integrität von Informationen und die Sicherheit der in solchen Systemen verarbeiteten Daten aufrechterhalten sowie wirksame generelle IT-Kontrollen und Anwendungskontrollen umfassen.
A104.	Generelle IT-Kontrollen sind Regelungen und Maßnahmen, die sich auf eine Vielzahl von Anwendungen beziehen und die das wirksame Funktionieren von Anwendungskontrollen unterstützen. Diese Kontrollen erstrecken sich auf Mainframe-, Miniframe- und Endbenutzerumgebungen. Generelle IT-Kontrollen, mit deren Hilfe die Integrität von Informationen sowie die Datensicherheit aufrechterhalten werden, umfassen üblicherweise Kontrollen in den folgenden Bereichen:

- Rechenzentrum und Netzwerkbetrieb
- Erwerb, Änderung und Pflege von Systemsoftware
- Programmänderung
- Zugriffssicherheit
- Erwerb, Entwicklung und Pflege von Anwendungssystemen.

Diese Kontrollen werden im Allgemeinen mit Blick auf die in Textziffer A63 genannten Risiken eingerichtet.

A105.	Anwendungskontrollen sind manuelle oder automatisierte Verfahren, die typischerweise auf der Ebene eines Geschäftsprozesses durchgeführt werden und sich auf die Verarbeitung von Geschäftsvorfällen durch einzelne Anwendungen beziehen. Anwendungskontrollen können präventiver Natur sein oder zur Aufdeckung von Fehlern dienen. Sie sind darauf ausgerichtet, die Integrität der Rechnungslegungsunterlagen sicherzustellen. Entsprechend beziehen sich Anwendungskontrollen auf Verfahren zur Auslösung, Aufzeichnung und Verarbeitung von Geschäftsvorfällen oder anderen Finanzdaten und auf die Berichterstattung darüber. Diese Kontrollen tragen dazu bei sicherzustellen, dass sich erfasste Geschäftsvorfälle tatsächlich ereignet haben, autorisiert sind sowie vollständig und richtig aufgezeichnet und verarbeitet werden. Beispiele dafür sind Eingabekontrollen von in das System eingegebenen Daten sowie Kontrollen anhand der numerischen Reihenfolge mit manueller Nachbearbeitung von Ausnahmeberichten oder Korrektur bei der Dateneingabe.

Komponenten des IKS - Überwachung von Kontrollen (vgl. Tz. 22)

A106.	Die Überwachung von Kontrollen ist ein Prozess, mit dem die Wirksamkeit des IKS im Zeitablauf beurteilt wird. Dazu gehören die Beurteilung der Wirksamkeit von Kontrollen in angemessener Zeit sowie das Ergreifen der erforderlichen Abhilfemaßnahmen. Das Management überwacht Kontrollen durch fortlaufende Aktivitäten, Einzelbeurteilungen oder eine Kombination aus beidem. Fortlaufende

A107. Management's monitoring activities may include using information from communications from external parties such as customer complaints and regulator comments that may indicate problems or highlight areas in need of improvement.

Considerations Specific to Smaller Entities

A108. Management's monitoring of control is often accomplished by management's or the owner-manager's close involvement in operations. This involvement often will identify significant variances from expectations and inaccuracies in financial data leading to remedial action to the control.

The Entity's Internal Audit Function (Ref: Para. 23)

A109. If the entity has an internal audit function, obtaining an understanding of that function contributes to the auditor's understanding of the entity and its environment, including internal control, in particular the role that the function plays in the entity's monitoring of internal control over financial reporting. This understanding, together with the information obtained from the auditor's inquiries in paragraph 6(a) of this ISA, may also provide information that is directly relevant to the auditor's identification and assessment of the risks of material misstatement.

A110. The objectives and scope of an internal audit function, the nature of its responsibilities and its status within the organization, including the function's authority and accountability, vary widely and depend on the size and structure of the entity and the requirements of management and, where applicable, those charged with governance. These matters may be set out in an internal audit charter or terms of reference.

A111. The responsibilities of an internal audit function may include performing procedures and evaluating the results to provide assurance to management and those charged with governance regarding the design and effectiveness of risk management, internal control and governance processes. If so, the internal audit function may play an important role in the entity's monitoring of internal control over financial reporting. However, the responsibilities of the internal audit function may be focused on evaluating the economy, efficiency and effectiveness of operations and, if so, the work of the function may not directly relate to the entity's financial reporting.

A112. The auditor's inquiries of appropriate individuals within the internal audit function in accordance with paragraph 6(a) of this ISA help the auditor obtain an understanding of the nature of the internal audit function's responsibilities. If the auditor determines that the function's responsibilities are related to the entity's financial reporting, the auditor may obtain further understanding of the activities performed, or to be performed, by the internal audit function by reviewing the internal audit function's audit plan for the period, if any, and discussing that plan with the appropriate individuals within the function.

A113. If the nature of the internal audit function's responsibilities and assurance activities are related to the entity's financial reporting, the auditor may also be able to use the work of the internal audit function to modify the nature or timing, or reduce the extent, of audit procedures to be performed directly by the auditor in obtaining audit evidence. Auditors may be more likely to be able to use the work of an entity's internal audit function when it appears, for example, based on experience in previous audits or the auditor's risk assessment procedures, that the entity has an internal audit function that is adequately and appropriately resourced relative to the size of the entity and the nature of its operations, and has a direct reporting relationship to those charged with governance.

A114. If, based on the auditor's preliminary understanding of the internal audit function, the auditor expects to use the work of the internal audit function to modify the nature or timing, or reduce the extent, of audit procedures to be performed, ISA 610 (Revised 2013) applies.

Überwachungsaktivitäten sind häufig in die üblichen wiederkehrenden Tätigkeiten einer Einheit integriert und umfassen regelmäßige Führungs- und Überwachungsmaßnahmen.

A107. Zu den Überwachungsaktivitäten des Managements kann auch die Verwendung von Informationen aus der Kommunikation mit Dritten gehören, z. B. Kundenbeschwerden sowie Stellungnahmen von Aufsichtsbehörden, die möglicherweise auf Probleme hindeuten oder verbesserungsbedürftige Bereiche aufzeigen.

Spezielle Überlegungen zu kleineren Einheiten

A108. Die Überwachung von Kontrollen durch das Management ist häufig durch eine enge Einbindung des Managements oder des Gesellschafter-Geschäftsführers in die Geschäftstätigkeit gewährleistet. Durch diese Einbindung werden häufig bedeutsame Abweichungen von den Erwartungen und Unrichtigkeiten in den Finanzdaten identifiziert, die zu nachbessernden Maßnahmen bei der Kontrolle führen.

Interne Revision der Einheit (vgl. Tz. 23)

A109. Falls die Einheit über eine interne Revision verfügt, wird die Erlangung eines Verständnisses von der internen Revision einen Beitrag zum Verständnis des Abschlussprüfers von der Einheit und deren Umfeld einschließlich IKS leisten, insbesondere von der Rolle, die die interne Revision bei der Überwachung des rechnungslegungsbezogenen IKS durch die Einheit einnimmt. Dieses Verständnis kann – zusammen mit den aus den Befragungen des Abschlussprüfers nach Textziffer 6(a) dieses ISA erlangten Informationen – auch Informationen mit unmittelbarer Relevanz für die Identifizierung und Beurteilung der Risiken wesentlicher falscher Darstellungen durch den Abschlussprüfer liefern.

A110. Ziele und Aufgabenbereich einer internen Revision, die Art ihrer Verantwortlichkeiten und ihre Stellung innerhalb der Organisation, einschließlich ihrer Befugnisse und Rechenschaftspflichten, sind sehr unterschiedlich und hängen von der Größe und Struktur der Einheit sowie von den Anforderungen des Managements und ggf. der für die Überwachung Verantwortlichen ab. Diese Themen können in einer Satzung oder Richtlinie der internen Revision festgelegt sein.

A111. Zu den Verantwortlichkeiten der internen Revision kann die Durchführung von Prüfungshandlungen und Beurteilung der Ergebnisse gehören, um dem Management und den für die Überwachung Verantwortlichen Sicherheit zu vermitteln hinsichtlich der Ausgestaltung und Wirksamkeit des Risikomanagements, des IKS und der Überwachungsprozesse. In diesem Fall kann die interne Revision eine wichtige Rolle bei der Überwachung des rechnungslegungsbezogenen IKS durch die Einheit spielen. Allerdings können die Verantwortlichkeiten der internen Revision auf die Beurteilung der Wirtschaftlichkeit, Effizienz und Effektivität des operativen Geschäfts fokussiert sein, sodass sich die Tätigkeit der internen Revision möglicherweise nicht unmittelbar auf die Rechnungslegung der Einheit bezieht.

A112. Befragungen geeigneter Personen aus der internen Revision in Übereinstimmung mit Textziffer 6(a) dieses ISA hilft dem Abschlussprüfer, ein Verständnis von der Art der Verantwortlichkeiten der internen Revision zu erlangen. Stellt der Abschlussprüfer fest, dass sich die Verantwortlichkeiten der internen Revision auf die Rechnungslegung der Einheit beziehen, kann er ein tieferes Verständnis von den von der internen Revision durchgeführten oder durchzuführenden Tätigkeiten erlangen, indem er einen ggf. vorhandenen Prüfungsplan der internen Revision für den Zeitraum durchsieht und diesen Plan mit geeigneten Personen aus der internen Revision erörtert.

A113. Bezieht sich die Art der Verantwortlichkeiten und Prüfungstätigkeiten der internen Revision auf die Rechnungslegung der Einheit, kann der Abschlussprüfer möglicherweise auch die Arbeit der internen Revision verwenden, um Art oder zeitliche Einteilung der von ihm selbst zur Erlangung von Prüfungsnachweisen durchzuführenden Prüfungshandlungen zu ändern oder deren Umfang zu verringern. Es ist wahrscheinlicher, dass der Abschlussprüfer die Arbeit der internen Revision einer Einheit verwenden kann, wenn dem Anschein nach bspw. aufgrund der Erfahrung aus früheren Abschlussprüfungen oder seiner Prüfungshandlungen zur Risikobeurteilung die interne Revision im Verhältnis zur Größe der Einheit und zur Art ihrer Tätigkeiten über angemessene und geeignete Ressourcen sowie über ein direktes Berichtsverhältnis an die für die Überwachung Verantwortlichen verfügt.

A114. Geht der Abschlussprüfer aufgrund seines vorläufigen Verständnisses von der internen Revision davon aus, dass er deren Arbeit verwenden wird, um Art oder zeitliche Einteilung der durchzuführenden Prüfungshandlungen zu ändern oder deren Umfang zu verringern, findet ISA 610 (Revised 2013) Anwendung.

A115. As is further discussed in ISA 610 (Revised 2013), the activities of an internal audit function are distinct from other monitoring controls that may be relevant to financial reporting, such as reviews of management accounting information that are designed to contribute to how the entity prevents or detects misstatements.

A116. Establishing communications with the appropriate individuals within an entity's internal audit function early in the engagement, and maintaining such communications throughout the engagement, can facilitate effective sharing of information. It creates an environment in which the auditor can be informed of significant matters that may come to the attention of the internal audit function when such matters may affect the work of the auditor. ISA 200 discusses the importance of the auditor planning and performing the audit with professional skepticism, including being alert to information that brings into question the reliability of documents and responses to inquiries to be used as audit evidence. Accordingly, communication with the internal audit function throughout the engagement may provide opportunities for internal auditors to bring such information to the auditor's attention. The auditor is then able to take such information into account in the auditor's identification and assessment of risks of material misstatement.

Sources of Information (Ref: Para. 24)

A117. Much of the information used in monitoring may be produced by the entity's information system. If management assumes that data used for monitoring are accurate without having a basis for that assumption, errors that may exist in the information could potentially lead management to incorrect conclusions from its monitoring activities. Accordingly, an understanding of:

- the sources of the information related to the entity's monitoring activities; and
- the basis upon which management considers the information to be sufficiently reliable for the purpose,

is required as part of the auditor's understanding of the entity's monitoring activities as a component of internal control.

Identifying and Assessing the Risks of Material Misstatement

Assessment of Risks of Material Misstatement at the Financial Statement Level (Ref: Para. 25(a))

A118. Risks of material misstatement at the financial statement level refer to risks that relate pervasively to the financial statements as a whole and potentially affect many assertions. Risks of this nature are not necessarily risks identifiable with specific assertions at the class of transactions, account balance, or disclosure level. Rather, they represent circumstances that may increase the risks of material misstatement at the assertion level, for example, through management override of internal control. Financial statement level risks may be especially relevant to the auditor's consideration of the risks of material misstatement arising from fraud.

A119. Risks at the financial statement level may derive in particular from a deficient control environment (although these risks may also relate to other factors, such as declining economic conditions). For example, deficiencies such as management's lack of competence may have a more pervasive effect on the financial statements and may require an overall response by the auditor.

A120. The auditor's understanding of internal control may raise doubts about the auditability of an entity's financial statements. For example:
- Concerns about the integrity of the entity's management may be so serious as to cause the auditor to conclude that the risk of management misrepresentation in the financial statements is such that an audit cannot be conducted.
- Concerns about the condition and reliability of an entity's records may cause the auditor to conclude that it is unlikely that sufficient appropriate audit evidence will be available to support an unmodified opinion on the financial statements.

A115. Wie in ISA 610 (Revised 2013) weiter erläutert, unterscheiden sich die Tätigkeiten einer internen Revision von anderen möglicherweise für die Rechnungslegung relevanten Überwachungskontrollen, wie der Durchsicht von Rechnungslegungsinformationen des Management, die darauf ausgerichtet ist, zur Verhinderung oder Aufdeckung falscher Darstellungen beizutragen.

A116. Die frühzeitige Aufnahme einer Kommunikation mit geeigneten Personen aus der internen Revision der Einheit während der Auftragsdurchführung sowie die Pflege dieser Kommunikation während der gesamten Auftragsdurchführung können einen wirksamen Informationsaustausch fördern. Dies schafft ein Umfeld, in dem der Abschlussprüfer Informationen über bedeutsame Sachverhalte erhalten kann, die der internen Revision möglicherweise bekannt werden, wenn sich diese Sachverhalte auf die Tätigkeit des Abschlussprüfers auswirken können. ISA 200 erläutert, wie wichtig es ist, dass der Abschlussprüfer die Abschlussprüfung mit einer kritischen Grundhaltung – einschließlich der Aufmerksamkeit für Informationen, welche die Verlässlichkeit von als Prüfungsnachweise dienenden Dokumenten und Antworten auf Befragungen in Frage stellen – plant und durchführt. Dementsprechend kann die Kommunikation mit der internen Revision während der gesamten Auftragsdurchführung den internen Prüfern Gelegenheiten bieten, den Abschlussprüfer auf solche Informationen aufmerksam zu machen. Der Abschlussprüfer ist dann in der Lage, diese Informationen bei seiner Identifizierung und Beurteilung der Risiken wesentlicher falscher Darstellungen zu berücksichtigen.

Quellen der Information (Vgl. Tz. 24)

A117. Viele der zur Überwachung verwendeten Informationen können aus dem Informationssystem der Einheit stammen. Wenn das Management von der Richtigkeit der für die Überwachung verwendeten Daten ausgeht, ohne eine Grundlage für diese Annahme zu haben, könnten in den Informationen enthaltene Fehler das Management möglicherweise zu falschen Schlussfolgerungen aus seinen Überwachungsaktivitäten verleiten. Entsprechend ist ein Verständnis von

- der Herkunft der mit den Überwachungsaktivitäten der Einheit verbundenen Informationen und
- der Grundlage, auf der das Management die Informationen als für diesen Zweck ausreichend verlässlich erachtet,

für den Abschlussprüfer ein erforderlicher Bestandteil des Verständnisses von den Überwachungsaktivitäten der Einheit als Komponente des IKS.

Identifizierung und Beurteilung der Risiken wesentlicher falscher Darstellungen

Beurteilung von Risiken wesentlicher falscher Darstellungen auf Abschlussebene (vgl. Tz. 25(a))

A118. Der Begriff „Risiken wesentlicher falscher Darstellungen auf Abschlussebene" bezieht sich auf Risiken, die sich auf den Abschluss als Ganzes auswirken und möglicherweise viele Aussagen betreffen. Risiken dieser Art sind nicht notwendigerweise Risiken, die sich bezogen auf bestimmte Aussagen auf der Ebene von Arten von Geschäftsvorfällen, Kontensalden sowie Abschlussangaben identifizieren lassen. Vielmehr stellen sie Umstände dar, durch die sich die Risiken wesentlicher falscher Darstellungen auf Aussageebene vergrößern können, bspw. durch Außerkraftsetzung des IKS durch das Management. Risiken auf Abschlussebene sind möglicherweise in besonderem Maße relevant, wenn der Abschlussprüfer die Risiken wesentlicher falscher Aussagen aufgrund von dolosen Handlungen abwägt.

A119. Risiken auf Abschlussebene können insbesondere von einem mangelhaften Kontrollumfeld herrühren, obwohl sich diese Risiken auch auf andere Faktoren beziehen können (z. B. auf eine Verschlechterung der wirtschaftlichen Bedingungen). Mängel (z. B. ein Mangel an Kompetenz des Managements) können sich bspw. umfassender auf den Abschluss auswirken und allgemeine Reaktionen des Abschlussprüfers erfordern.

A120. Aus dem Verständnis des Abschlussprüfers vom IKS können sich Zweifel zur Prüfbarkeit des Abschlusses einer Einheit ergeben. Zum Beispiel:

- Bedenken hinsichtlich der Integrität des Managements der Einheit können so schwerwiegend sein, dass sie den Abschlussprüfer zu dem Schluss veranlassen, dass das Risiko von falschen Darstellungen im Abschluss durch das Management so groß ist, dass eine Abschlussprüfung nicht durchgeführt werden kann.
- Bedenken über den Zustand und die Verlässlichkeit der Aufzeichnungen einer Einheit können den Abschlussprüfer zu der Schlussfolgerung veranlassen, dass ausreichende geeignete Prüfungsnachweise, die ein nicht modifiziertes Prüfungsurteil zu dem Abschluss stützen könnten, wahrscheinlich nicht verfügbar sein werden.

A121. ISA 705[15] establishes requirements and provides guidance in determining whether there is a need for the auditor to express a qualified opinion or disclaim an opinion or, as may be required in some cases, to withdraw from the engagement where withdrawal is possible under applicable law or regulation.

Assessment of Risks of Material Misstatement at the Assertion Level (Ref: Para. 25(b))

A122. Risks of material misstatement at the assertion level for classes of transactions, account balances, and disclosures need to be considered because such consideration directly assists in determining the nature, timing and extent of further audit procedures at the assertion level necessary to obtain sufficient appropriate audit evidence. In identifying and assessing risks of material misstatement at the assertion level, the auditor may conclude that the identified risks relate more pervasively to the financial statements as a whole and potentially affect many assertions.

The Use of Assertions

A123. In representing that the financial statements are in accordance with the applicable financial reporting framework, management implicitly or explicitly makes assertions regarding the recognition, measurement, presentation and disclosure of the various elements of financial statements and related disclosures.

A124. Assertions used by the auditor to consider the different types of potential misstatements that may occur fall into the following three categories and may take the following forms:

(a) Assertions about classes of transactions and events for the period under audit:
   (i) Occurrence – transactions and events that have been recorded have occurred and pertain to the entity.
   (ii) Completeness – all transactions and events that should have been recorded have been recorded.
   (iii) Accuracy – amounts and other data relating to recorded transactions and events have been recorded appropriately.
   (iv) Cutoff – transactions and events have been recorded in the correct accounting period.
   (v) Classification – transactions and events have been recorded in the proper accounts.

(b) Assertions about account balances at the period end:
   (i) Existence – assets, liabilities, and equity interests exist.
   (ii) Rights and obligations – the entity holds or controls the rights to assets, and liabilities are the obligations of the entity.
   (iii) Completeness – all assets, liabilities and equity interests that should have been recorded have been recorded.
   (iv) Valuation and allocation – assets, liabilities, and equity interests are included in the financial statements at appropriate amounts and any resulting valuation or allocation adjustments are appropriately recorded.

(c) Assertions about presentation and disclosure:
   (i) Occurrence and rights and obligations – disclosed events, transactions, and other matters have occurred and pertain to the entity.
   (ii) Completeness – all disclosures that should have been included in the financial statements have been included.
   (iii) Classification and understandability – financial information is appropriately presented and described, and disclosures are clearly expressed.
   (iv) Accuracy and valuation – financial and other information are disclosed fairly and at appropriate amounts.

A125. The auditor may use the assertions as described above or may express them differently provided all aspects described above have been covered. For example, the auditor may choose to combine the assertions about transactions and events with the assertions about account balances.

---

15) ISA 705, *Modifications to the Opinion in the Independent Auditor's Report*

Identifizierung und Beurteilung der Risiken wesentlicher falscher Darstellungen aus dem Verstehen der Einheit und ihres Umfelds

ISA 315 (REVISED)

A121. ISA 705[15] enthält Anforderungen und erläuternde Hinweise zu der Feststellung, ob der Abschlussprüfer ein eingeschränktes Prüfungsurteil abgeben oder die Nichterteilung eines Prüfungsurteils erklären muss. In einigen Fällen kann sogar eine Mandatsniederlegung erforderlich sein, sofern eine Niederlegung nach den einschlägigen Gesetzen oder anderen Rechtsvorschriften zulässig ist.

Beurteilung von Risiken wesentlicher falscher Darstellungen auf Aussageebene (vgl. Tz. 25(b))

A122. Risiken wesentlicher falscher Darstellungen auf Aussageebene bei Arten von Geschäftsvorfällen, Kontensalden sowie Abschlussangaben müssen berücksichtigt werden, da dies dem Abschlussprüfer direkt dabei hilft, Art, zeitliche Einteilung und Umfang weiterer Prüfungshandlungen auf Aussageebene festzulegen, die notwendig sind, um ausreichende geeignete Prüfungsnachweise zu erhalten. Bei der Identifizierung und Beurteilung von Risiken wesentlicher falscher Darstellungen auf Aussageebene kann der Abschlussprüfer zu dem Schluss kommen, dass die identifizierten Risiken sich mehr auf den Abschluss als Ganzes auswirken und möglicherweise viele Aussagen betreffen.

Die Verwendung von Aussagen

A123. Durch die Erklärung, dass der Abschluss dem maßgebenden Regelwerk der Rechnungslegung entspricht, trifft das Management implizit oder explizit Aussagen zu Ansatz, Bewertung und Darstellung der verschiedenen Bestandteile des Abschlusses sowie der dazugehörigen Angaben.

A124. Aussagen, die vom Abschlussprüfer verwendet werden, um die möglicherweise auftretenden verschiedenen Arten von eventuellen falschen Darstellungen abzuwägen, fallen in die folgenden drei Kategorien und können in den folgenden Formen vorliegen:

(a) Aussagen zu Arten von Geschäftsvorfällen und Ereignissen für den zu prüfenden Zeitraum:

 (i) Eintritt – erfasste Geschäftsvorfälle und Ereignisse haben stattgefunden und sind der Einheit zuzurechnen.

 (ii) Vollständigkeit – alle Geschäftsvorfälle und Ereignisse, die erfasst werden mussten, wurden aufgezeichnet.

 (iii) Genauigkeit – Beträge und andere Daten zu aufgezeichneten Geschäftsvorfällen und Ereignissen wurden angemessen erfasst.

 (iv) Periodenabgrenzung – Geschäftsvorfälle und Ereignisse wurden in der richtigen Berichtsperiode erfasst.

 (v) Kontenzuordnung – Geschäftsvorfälle und Ereignisse wurden auf den richtigen Konten erfasst.

(b) Aussagen zu Kontensalden am Abschlussstichtag:

 (i) Vorhandensein – Vermögenswerte und Schulden sowie das Eigenkapital sind vorhanden.

 (ii) Rechte und Verpflichtungen – Die Einheit hält die Rechte an Vermögenswerten bzw. hat die Kontrolle darüber, Schulden stellen Verpflichtungen der Einheit dar.

 (iii) Vollständigkeit – Alle Vermögenswerte, Schulden und Eigenkapitalposten, die zu erfassen sind, wurden erfasst.

 (iv) Bewertung und Zuordnung – Vermögenswerte, Schulden und Eigenkapitalpositionen sind mit angemessenen Beträgen im Abschluss enthalten, Anpassungen bei Bewertung oder Zuordnung wurden in angemessener Weise erfasst.

(c) Aussagen zur Darstellung im Abschluss und zu den Abschlussangaben:

 (i) Eintritt sowie Rechte und Verpflichtungen – Im Abschluss angegebene Ereignisse, Geschäftsvorfälle und andere Sachverhalte haben stattgefunden und sind der Einheit zuzurechnen.

 (ii) Vollständigkeit – Alle Angaben, die im Abschluss enthalten sein müssen, sind enthalten.

 (iii) Ausweis und Verständlichkeit – Finanzinformationen sind in angemessener Weise dargestellt und erläutert, die Angaben sind deutlich formuliert.

 (iv) Genauigkeit und Bewertung – Finanzinformationen und andere Informationen sind angemessen und mit zutreffenden Beträgen angegeben.

A125. Der Abschlussprüfer kann die oben beschriebenen Aussagen verwenden oder andere Formulierungen wählen, vorausgesetzt dass alle oben beschriebenen Aspekte abgedeckt sind. Beispielsweise kann der Abschlussprüfer sich dafür entscheiden, die Aussagen zu Geschäftsvorfällen und Ereignissen mit den Aussagen zu Kontensalden zu kombinieren.

---

15) ISA 705 „Modifizierungen des Prüfungsurteils im Vermerk des unabhängigen Abschlussprüfers".

Considerations specific to public sector entities

A126. When making assertions about the financial statements of public sector entities, in addition to those assertions set out in paragraph A124, management may often assert that transactions and events have been carried out in accordance with law, regulation or other authority. Such assertions may fall within the scope of the financial statement audit.

Process of Identifying Risks of Material Misstatement (Ref: Para. 26(a))

A127. Information gathered by performing risk assessment procedures, including the audit evidence obtained in evaluating the design of controls and determining whether they have been implemented, is used as audit evidence to support the risk assessment. The risk assessment determines the nature, timing and extent of further audit procedures to be performed.

A128. Appendix 2 provides examples of conditions and events that may indicate the existence of risks of material misstatement.

Relating Controls to Assertions (Ref: Para. 26(c))

A129. In making risk assessments, the auditor may identify the controls that are likely to prevent, or detect and correct, material misstatement in specific assertions. Generally, it is useful to obtain an understanding of controls and relate them to assertions in the context of processes and systems in which they exist because individual control activities often do not in themselves address a risk. Often, only multiple control activities, together with other components of internal control, will be sufficient to address a risk.

A130. Conversely, some control activities may have a specific effect on an individual assertion embodied in a particular class of transactions or account balance. For example, the control activities that an entity established to ensure that its personnel are properly counting and recording the annual physical inventory relate directly to the existence and completeness assertions for the inventory account balance.

A131. Controls can be either directly or indirectly related to an assertion. The more indirect the relationship, the less effective that control may be in preventing, or detecting and correcting, misstatements in that assertion. For example, a sales manager's review of a summary of sales activity for specific stores by region ordinarily is only indirectly related to the completeness assertion for sales revenue. Accordingly, it may be less effective in reducing risk for that assertion than controls more directly related to that assertion, such as matching shipping documents with billing documents.

Significant Risks

Identifying Significant Risks (Ref: Para. 28)

A132. Significant risks often relate to significant non-routine transactions or judgmental matters. Non-routine transactions are transactions that are unusual, due to either size or nature, and that therefore occur infrequently. Judgmental matters may include the development of accounting estimates for which there is significant measurement uncertainty. Routine, non-complex transactions that are subject to systematic processing are less likely to give rise to significant risks.

A133. Risks of material misstatement may be greater for significant non-routine transactions arising from matters such as the following:

- Greater management intervention to specify the accounting treatment.
- Greater manual intervention for data collection and processing.
- Complex calculations or accounting principles.
- The nature of non-routine transactions, which may make it difficult for the entity to implement effective controls over the risks.

A134. Risks of material misstatement may be greater for significant judgmental matters that require the development of accounting estimates, arising from matters such as the following:

- Accounting principles for accounting estimates or revenue recognition may be subject to differing interpretation.

Spezielle Überlegungen zu Einheiten des öffentlichen Sektors

A126. Im Zusammenhang mit Abschlüssen von Einheiten des öffentlichen Sektors verwendet das Management zusätzlich zu den in Textziffer A124 genannten Aussagen möglicherweise häufig die Aussage, dass Geschäftsvorfälle und Ereignisse in Übereinstimmung mit den Gesetzen, anderen Rechtsvorschriften oder sonstigen amtlichen Vorgaben ausgeführt wurden. Solche Aussagen können im Umfang der Abschlussprüfung enthalten sein.

Prozess zum Identifizieren von Risiken wesentlicher falscher Darstellungen (vgl. Tz. 26(a))

A127. Informationen, die bei der Durchführung von Prüfungshandlungen zur Risikobeurteilung eingeholt wurden, einschließlich der Prüfungsnachweise, die bei der Beurteilung der Ausgestaltung der Kontrollen sowie bei der Feststellung ihrer Einrichtung erlangt wurden, werden als Prüfungsnachweise zur Unterstützung der Risikobeurteilung verwendet. Anhand der Risikobeurteilung werden Art, zeitliche Einteilung und Umfang weiterer durchzuführender Prüfungshandlungen festgelegt.

A128. Anlage 2 enthält Beispiele für Umstände und Ereignisse, die möglicherweise auf das Bestehen von Risiken wesentlicher falscher Darstellungen hindeuten.

Herstellung von Beziehungen zwischen Kontrollen und Aussagen (vgl. Tz. 26(c))

A129. Im Rahmen von Risikobeurteilungen kann der Abschlussprüfer die Kontrollen identifizieren, mit denen sich wesentliche falsche Darstellungen in bestimmten Aussagen wahrscheinlich verhindern bzw. aufdecken und korrigieren lassen. Im Allgemeinen ist es hilfreich, ein Verständnis der Kontrollen zu gewinnen und diese im Kontext der Prozesse und Systeme, in denen sie bestehen, zu Aussagen in Beziehung zu setzen, da einzelne Kontrollaktivitäten nicht aus sich heraus einem Risiko begegnen. Häufig sind mehrere Kontrollaktivitäten zusammen mit anderen Komponenten des IKS erforderlich, um einem Risiko zu begegnen.

A130. Umgekehrt können einige Kontrollaktivitäten eine spezifische Auswirkung auf eine einzelne Aussage haben, die in bestimmten Arten von Geschäftsvorfällen oder Kontensalden enthalten ist. Die Kontrollaktivitäten, die eine Einheit eingerichtet hat, um sicherzustellen, dass ihre Mitarbeiter bei der jährlichen Inventur richtig zählen und die Ergebnisse richtig aufzeichnen, beziehen sich bspw. unmittelbar auf die Aussagen „Vorhandensein" und „Vollständigkeit" des Postens „Vorräte".

A131. Kontrollen können sich entweder unmittelbar oder mittelbar auf eine Aussage beziehen. Je mittelbarer die Beziehung ist, desto weniger wirksam kann diese Kontrolle bei der Verhinderung bzw. Aufdeckung und Korrektur von falschen Darstellungen in dieser Aussage sein. Zum Beispiel hat die Durchsicht einer nach Regionen geordneten Verkaufsstatistik für bestimmte Geschäfte durch einen Verkaufsleiter normalerweise nur eine mittelbare Beziehung zu der Aussage „Vollständigkeit der Umsatzerlöse". Entsprechend trägt diese Kontrolle möglicherweise weniger dazu bei, das Risiko für diese Aussage zu reduzieren, als Kontrollen, die sich unmittelbarer auf diese Aussage beziehen (z. B. das Abgleichen von Versandpapieren mit Rechnungen).

Bedeutsame Risiken

Identifizierung bedeutsamer Risiken (vgl. Tz. 28)

A132. Bedeutsame Risiken beziehen sich häufig auf bedeutsame Transaktionen, die keine Routine sind, oder Sachverhalte mit einem Ermessensspielraum. Bei Nichtroutinetransaktionen handelt es sich um Geschäftsvorfälle, die entweder aufgrund ihrer Größe oder aufgrund ihrer Art ungewöhnlich sind und deshalb selten auftreten. Zu den Sachverhalten mit Ermessensspielraum kann die Entwicklung von geschätzten Werten in der Rechnungslegung gehören, bei denen es eine erhebliche Bewertungsunsicherheit gibt. Einfache routinemäßige Geschäftsvorfälle, die einer Verarbeitung durch das System unterliegen, führen mit einer geringeren Wahrscheinlichkeit zu bedeutsamen Risiken.

A133. Risiken wesentlicher falscher Darstellungen können bei bedeutsamen Nichtroutinetransaktionen größer sein und sich bspw. ergeben aus
- verstärktem Eingreifen des Managements, um die Behandlung in der Rechnungslegung festzulegen,
- verstärkten manuellen Eingriffen zur Erhebung und Verarbeitung von Daten,
- komplexen Berechnungen oder Rechnungslegungsgrundsätzen,
- Merkmalen von Nichtroutinetransaktionen, aufgrund derer es für die Einheit schwierig sein kann, wirksame risikobezogene Kontrollen einzurichten.

A134. Risiken wesentlicher falscher Darstellungen können bei bedeutsamen Sachverhalten mit Ermessensspielraum, für die geschätzte Werte in der Rechnungslegung entwickelt werden müssen, größer sein und bspw. folgende Ursachen haben:
- Rechnungslegungsgrundsätze für geschätzte Werte in der Rechnungslegung oder für die Erlöserfassung können unterschiedlich ausgelegt werden.

- Required judgment may be subjective or complex, or require assumptions about the effects of future events, for example, judgment about fair value.

A135. ISA 330 describes the consequences for further audit procedures of identifying a risk as significant.[16]

Significant risks relating to the risks of material misstatement due to fraud

A136. ISA 240 provides further requirements and guidance in relation to the identification and assessment of the risks of material misstatement due to fraud.[17]

Understanding Controls Related to Significant Risks (Ref: Para. 29)

A137. Although risks relating to significant non-routine or judgmental matters are often less likely to be subject to routine controls, management may have other responses intended to deal with such risks. Accordingly, the auditor's understanding of whether the entity has designed and implemented controls for significant risks arising from non-routine or judgmental matters includes whether and how management responds to the risks. Such responses might include:

- Control activities such as a review of assumptions by senior management or experts.
- Documented processes for estimations.
- Approval by those charged with governance.

A138. For example, where there are one-off events such as the receipt of notice of a significant lawsuit, consideration of the entity's response may include such matters as whether it has been referred to appropriate experts (such as internal or external legal counsel), whether an assessment has been made of the potential effect, and how it is proposed that the circumstances are to be disclosed in the financial statements.

A139. In some cases, management may not have appropriately responded to significant risks of material misstatement by implementing controls over these significant risks. Failure by management to implement such controls is an indicator of a significant deficiency in internal control.[18]

Risks for Which Substantive Procedures Alone Do Not Provide Sufficient Appropriate Audit Evidence (Ref: Para. 30)

A140. Risks of material misstatement may relate directly to the recording of routine classes of transactions or account balances, and the preparation of reliable financial statements. Such risks may include risks of inaccurate or incomplete processing for routine and significant classes of transactions such as an entity's revenue, purchases, and cash receipts or cash payments.

A141. Where such routine business transactions are subject to highly automated processing with little or no manual intervention, it may not be possible to perform only substantive procedures in relation to the risk. For example, the auditor may consider this to be the case in circumstances where a significant amount of an entity's information is initiated, recorded, processed, or reported only in electronic form such as in an integrated system. In such cases:

- Audit evidence may be available only in electronic form, and its sufficiency and appropriateness usually depend on the effectiveness of controls over its accuracy and completeness.
- The potential for improper initiation or alteration of information to occur and not be detected may be greater if appropriate controls are not operating effectively.

A142. The consequences for further audit procedures of identifying such risks are described in ISA 330.[19]

---

16) ISA 330, paragraphs 15 and 21
17) ISA 240, paragraphs 25–27
18) ISA 265, *Communicating Deficiencies in Internal Control to Those Charged with Governance and Management*, paragraph A7
19) ISA 330, paragraph 8

Identifizierung und Beurteilung der Risiken wesentlicher falscher Darstellungen aus dem Verstehen der Einheit und ihres Umfelds
ISA 315 (REVISED)

- Die erforderliche Beurteilung kann subjektiv oder komplex sein oder Annahmen über die Auswirkungen zukünftiger Ereignisse erfordern, z. B. bei Zeitwerten.

A135. Die Konsequenzen für weitere Prüfungshandlungen für den Fall, dass Risiken als bedeutsam identifiziert wurden, werden in ISA 330 beschrieben.[16]

Bedeutsame Risiken im Zusammenhang mit den Risiken wesentlicher falscher Darstellungen aufgrund von dolosen Handlungen

A136. ISA 240 enthält weitere Anforderungen und erläuternde Hinweise zur Identifizierung und Beurteilung der Risiken wesentlicher falscher Darstellungen aufgrund von dolosen Handlungen.[17]

Verstehen der Kontrollen hinsichtlich bedeutsamer Risiken (vgl. Tz. 29)

A137. Obwohl Risiken im Zusammenhang mit bedeutsamen, nicht routinemäßigen Sachverhalten oder Sachverhalten mit Ermessensspielraum seltener Routinekontrollen unterliegen, verfügt das Management möglicherweise über andere Reaktionsmöglichkeiten, um solchen Risiken zu begegnen. Entsprechend umfasst das Verständnis des Abschlussprüfers davon, ob die Einheit Kontrollen für bedeutsame Risiken ausgestaltet und eingerichtet hat, die sich aus nicht routinemäßigen Sachverhalten oder Sachverhalten mit Ermessensspielraum ergeben, auch die Frage, ob und wie das Management auf die Risiken reagiert. Beispiele für mögliche Reaktionen:

- Kontrollaktivitäten, z. B. Prüfung der Annahmen durch das obere Management oder durch Sachverständige
- dokumentierte Prozesse für Schätzungen
- Genehmigung durch die für die Überwachung Verantwortlichen.

A138. Beispielsweise können bei einmaligen Ereignissen, wie etwa der Eingang einer gerichtlichen Notifizierung zu einem bedeutsamen Rechtsstreit, im Zusammenhang mit der Reaktion der Einheit u. a. Überlegungen dahingehend angestellt werden, ob geeignete Sachverständige (z. B. interne oder externe Juristen) hinzugezogen wurden, ob eine Beurteilung der möglichen Auswirkungen erfolgt ist und wie die Umstände im Abschluss dargestellt werden sollen.

A139. In einigen Fällen hat das Management möglicherweise nicht angemessen auf bedeutsame Risiken wesentlicher falscher Darstellungen reagiert, d. h. keine Kontrollen für diese bedeutsamen Risiken eingerichtet. Das Versäumnis des Managements, solche Kontrollen einzuführen, deutet möglicherweise auf einen bedeutsamen Mangel im IKS der Einheit hin.[18]

Risiken, bei denen aussagebezogene Prüfungshandlungen alleine keine ausreichenden geeigneten Prüfungsnachweise erbringen (vgl. Tz. 30)

A140. Risiken wesentlicher falscher Darstellungen können sich unmittelbar auf die Aufzeichnung von routinemäßigen Arten von Geschäftsvorfällen oder Kontensalden sowie auf die Aufstellung eines verlässlichen Abschlusses beziehen. Hierunter können z. B. Risiken fehlerhafter oder unvollständiger Verarbeitung von routinemäßigen und bedeutsamen Arten von Geschäftsvorfällen fallen (z. B. von Erlösen, Anschaffungen sowie Barzahlungen an bzw. durch die Einheit).

A141. Wenn solche routinemäßigen Geschäftsvorfälle einer hoch automatisierten Verarbeitung mit wenigen bis gar keinen manuellen Eingriffen unterliegen, kann es unmöglich sein, ausschließlich aussagebezogene Prüfungshandlungen für das Risiko durchzuführen. Diesen Fall kann der Abschlussprüfer bspw. dann als gegeben ansehen, wenn eine bedeutsame Menge von Informationen der Einheit ausschließlich in elektronischer Form ausgelöst, aufgezeichnet oder verarbeitet oder darüber berichtet wird (z. B. in einem integrierten System). In solchen Fällen gilt:

- Prüfungsnachweise sind möglicherweise ausschließlich in elektronischer Form verfügbar. Ob diese dann ausreichend und geeignet sind, hängt normalerweise von der Wirksamkeit der Kontrollen für ihre Richtigkeit und Vollständigkeit ab.
- Die Möglichkeit, dass eine unzulässige Auslösung oder Änderung von Informationen auftritt und nicht aufgedeckt wird, kann größer sein, wenn angemessene Kontrollen nicht wirksam funktionieren.

A142. Die Konsequenzen für weitere Prüfungshandlungen bei Identifizierung solcher Risiken werden in ISA 330 beschrieben.[19]

---

16) ISA 330, Textziffern 15 und 21.
17) ISA 240, Textziffern 25-27.
18) ISA 265 „Mitteilung über Mängel im internen Kontrollsystem an die für die Überwachung Verantwortlichen und das Management", Textziffer A7.
19) ISA 330, Textziffer 8.

Revision of Risk Assessment (Ref: Para. 31)

A143. During the audit, information may come to the auditor's attention that differs significantly from the information on which the risk assessment was based. For example, the risk assessment may be based on an expectation that certain controls are operating effectively. In performing tests of those controls, the auditor may obtain audit evidence that they were not operating effectively at relevant times during the audit. Similarly, in performing substantive procedures the auditor may detect misstatements in amounts or frequency greater than is consistent with the auditor's risk assessments. In such circumstances, the risk assessment may not appropriately reflect the true circumstances of the entity and the further planned audit procedures may not be effective in detecting material misstatements. See ISA 330 for further guidance.

Documentation (Ref: Para. 32)

A144. The manner in which the requirements of paragraph 32 are documented is for the auditor to determine using professional judgment. For example, in audits of small entities the documentation may be incorporated in the auditor's documentation of the overall strategy and audit plan.[20] Similarly, for example, the results of the risk assessment may be documented separately, or may be documented as part of the auditor's documentation of further procedures.[21] The form and extent of the documentation is influenced by the nature, size and complexity of the entity and its internal control, availability of information from the entity and the audit methodology and technology used in the course of the audit.

A145. For entities that have uncomplicated businesses and processes relevant to financial reporting, the documentation may be simple in form and relatively brief. It is not necessary to document the entirety of the auditor's understanding of the entity and matters related to it. Key elements of understanding documented by the auditor include those on which the auditor based the assessment of the risks of material misstatement.

A146. The extent of documentation may also reflect the experience and capabilities of the members of the audit engagement team. Provided the requirements of ISA 230 are always met, an audit undertaken by an engagement team comprising less experienced individuals may require more detailed documentation to assist them to obtain an appropriate understanding of the entity than one that includes experienced individuals.

A147. For recurring audits, certain documentation may be carried forward, updated as necessary to reflect changes in the entity's business or processes.

---

[20] ISA 300, *Planning an Audit of Financial Statements*, paragraphs 7 and 9
[21] ISA 330, paragraph 28

Berichtigung der Risikobeurteilung (vgl. Tz. 31)

A143. Während der Abschlussprüfung können dem Abschlussprüfer Informationen bekannt werden, die deutlich von denjenigen abweichen, auf die sich die Risikobeurteilung gestützt hat. Die Risikobeurteilung kann bspw. auf der Erwartung basieren, dass bestimmte Kontrollen wirksam funktionieren. Durch Funktionsprüfungen dieser Kontrollen kann der Abschlussprüfer Prüfungsnachweise dafür erhalten, dass sie zu relevanten Zeitpunkten während der Abschlussprüfung nicht wirksam funktioniert haben. Ebenso kann der Abschlussprüfer bei der Durchführung aussagebezogener Prüfungshandlungen falsche Darstellungen aufdecken, die vom Betrag oder von der Häufigkeit des Auftretens her nicht mit der ursprünglichen Risikobeurteilung des Abschlussprüfers vereinbar sind. Unter solchen Umständen spiegelt die Risikobeurteilung die tatsächliche Situation der Einheit möglicherweise nicht angemessen wider, und die weiteren geplanten Prüfungshandlungen können wesentliche falsche Darstellungen nicht unbedingt aufdecken. ISA 330 enthält weitere Hinweise.

Dokumentation (vgl. Tz. 32)

A144. Die Festlegung, wie die unter Textziffer 32 aufgeführten Anforderungen dokumentiert werden, liegt im pflichtgemäßen Ermessen des Abschlussprüfers. Bspw. kann der Abschlussprüfer die Dokumentation bei Abschlussprüfungen von kleinen Einheiten in die Dokumentation der Prüfungsstrategie und des Prüfungsprogramms integrieren.[20] Ebenso können bspw. die Ergebnisse der Risikobeurteilung entweder separat oder als Teil der Dokumentation weiterer Prüfungshandlungen durch den Abschlussprüfer dokumentiert werden.[21] Form und Umfang der Dokumentation werden beeinflusst durch Art, Größe und Komplexität der Einheit und ihres IKS, durch die Verfügbarkeit von Informationen aus der Einheit sowie durch die im Rahmen der Abschlussprüfung verwendeten Prüfungsmethoden und -technologien.

A145. Bei Einheiten, die unkomplizierte Geschäfte und rechnungslegungsbezogene Prozesse aufweisen, kann die Dokumentation einfach und relativ kurz ausgestaltet werden. Es ist nicht notwendig, das Verständnis des Abschlussprüfers von der Einheit und den hiermit zusammenhängenden Sachverhalten in Gänze zu dokumentieren. Zu den besonders wichtigen Bestandteilen des Verständnisses, die vom Abschlussprüfer dokumentiert werden, gehören solche, auf die dieser die Beurteilung der Risiken wesentlicher falscher Darstellungen gestützt hat.

A146. Der Umfang der Dokumentation kann auch die Erfahrung und die Fähigkeiten der Mitglieder des Prüfungsteams widerspiegeln. Unter der Voraussetzung, dass die Anforderungen von ISA 230 immer erfüllt werden, kann eine Prüfung, bei der das Prüfungsteam aus weniger erfahrenen Mitarbeitern besteht, eine detailliertere Dokumentation erfordern, damit diese ein angemessenes Verständnis von der Einheit gewinnen können, als dies bei erfahrenen Mitarbeitern der Fall wäre.

A147. Bei Folgeprüfungen können bestimmte Teile der Dokumentation übernommen werden, ggf. mit Aktualisierungen, die Veränderungen im Geschäft oder in Prozessen der Einheit widerspiegeln.

---

20) ISA 300 „Planung einer Abschlussprüfung", Textziffern 7 und 9.
21) ISA 330, Textziffer 28.

Appendix 1

(Ref: Para. 4(c), 14–24, A76–A117)

Internal Control Components

1. This appendix further explains the components of internal control, as set out in paragraphs 4(c), 14–24 and A76–A117, as they relate to a financial statement audit.

Control Environment

2. The control environment encompasses the following elements:

   (a) *Communication and enforcement of integrity and ethical values*. The effectiveness of controls cannot rise above the integrity and ethical values of the people who create, administer, and monitor them. Integrity and ethical behavior are the product of the entity's ethical and behavioral standards, how they are communicated, and how they are reinforced in practice. The enforcement of integrity and ethical values includes, for example, management actions to eliminate or mitigate incentives or temptations that might prompt personnel to engage in dishonest, illegal, or unethical acts. The communication of entity policies on integrity and ethical values may include the communication of behavioral standards to personnel through policy statements and codes of conduct and by example.

   (b) *Commitment to competence*. Competence is the knowledge and skills necessary to accomplish tasks that define the individual's job.

   (c) *Participation by those charged with governance*. An entity's control consciousness is influenced significantly by those charged with governance. The importance of the responsibilities of those charged with governance is recognized in codes of practice and other laws and regulations or guidance produced for the benefit of those charged with governance. Other responsibilities of those charged with governance include oversight of the design and effective operation of whistle blower procedures and the process for reviewing the effectiveness of the entity's internal control.

   (d) *Management's philosophy and operating style*. Management's philosophy and operating style encompass a broad range of characteristics. For example, management's attitudes and actions toward financial reporting may manifest themselves through conservative or aggressive selection from available alternative accounting principles, or conscientiousness and conservatism with which accounting estimates are developed.

   (e) *Organizational structure*. Establishing a relevant organizational structure includes considering key areas of authority and responsibility and appropriate lines of reporting. The appropriateness of an entity's organizational structure depends, in part, on its size and the nature of its activities.

   (f) *Assignment of authority and responsibility*. The assignment of authority and responsibility may include policies relating to appropriate business practices, knowledge and experience of key personnel, and resources provided for carrying out duties. In addition, it may include policies and communications directed at ensuring that all personnel understand the entity's objectives, know how their individual actions interrelate and contribute to those objectives, and recognize how and for what they will be held accountable.

   (g) *Human resource policies and practices*. Human resource policies and practices often demonstrate important matters in relation to the control consciousness of an entity. For example, standards for recruiting the most qualified individuals – with emphasis on educational background, prior work experience, past accomplishments, and evidence of integrity and ethical behavior – demonstrate an entity's commitment to competent and trustworthy people. Training policies that communicate prospective roles and responsibilities and include practices such as training schools and seminars illustrate expected levels of performance and behavior. Promotions driven by periodic performance appraisals demonstrate the entity's commitment to the advancement of qualified personnel to higher levels of responsibility.

Anlage 1
(Vgl. Tz. 4(c), 14-24 und A76-A117)

Komponenten des IKS

1. Diese Anlage enthält weitere Erläuterungen zu den in den Textziffern 4(c), 14-24 und A76-A117 beschriebenen Komponenten des IKS im Zusammenhang mit einer Abschlussprüfung.

Kontrollumfeld

2. Das Kontrollumfeld umfasst die folgenden Bestandteile:

   (a) *Kommunikation und Durchsetzung von Integrität und ethischen Werten:* Die Wirksamkeit von Kontrollen kann nicht über die Integrität und die ethischen Werte der Personen hinausgehen, die sie konzipieren, verwalten und überwachen. Integrität und ethisches Verhalten ergeben sich aus den Richtlinien der Einheit zu Ethik und Verhaltensnormen sowie aus der Art der Kommunikation und der Durchsetzung in der Praxis. Die Durchsetzung von Integrität und ethischen Werten umfasst bspw. Maßnahmen des Managements zur Beseitigung oder Reduzierung von Anreizen oder Gelegenheiten, die Mitarbeiter zu unlauteren, gesetzeswidrigen oder unethischen Handlungen verleiten könnten. Die Kommunikation von Regelungen der Einheit zu Integrität und ethischen Werten kann die Kommunikation von Verhaltensnormen an Mitarbeiter durch Vorgabe von Richtlinien und Verhaltensregeln sowie durch das Vorleben einer solchen Grundhaltung einschließen.

   (b) *Selbstverpflichtung zur Kompetenz:* Der Begriff „Kompetenz" steht für die Kenntnisse und Fähigkeiten, die zur Erfüllung der Aufgaben erforderlich sind, welche die Tätigkeit eines Mitarbeiters ausmachen.

   (c) *Mitwirkung der für die Überwachung Verantwortlichen:* Das Kontrollbewusstsein einer Einheit wird maßgeblich durch die für die Überwachung Verantwortlichen beeinflusst. Der Bedeutung der Pflichten der für die Überwachung Verantwortlichen wird in der Geschäftsordnung sowie sonstigen für diesen Personenkreis bestimmten gesetzlichen und anderen rechtlichen Bestimmungen oder Hinweisen Rechnung getragen. Zu den weiteren Pflichten der für die Überwachung Verantwortlichen gehören die Überwachung der Ausgestaltung und Wirksamkeit von „Whistleblower"-Verfahren und der Prozess zur Prüfung der Wirksamkeit des IKS der Einheit.

   (d) *Philosophie und Führungsstil des Managements:* Philosophie und Führungsstil des Managements umfassen ein breites Spektrum von Merkmalen. Einstellung und Maßnahmen des Managements zur Rechnungslegung können sich bspw. in einer konservativen oder aggressiven Auswahl aus verfügbaren alternativen Rechnungslegungsgrundsätzen sowie in Gewissenhaftigkeit und Vorsicht bei der Entwicklung von geschätzten Werten in der Rechnungslegung manifestieren.

   (e) *Organisationsstruktur:* Die Einrichtung einer zweckdienlichen Organisationsstruktur beinhaltet Überlegungen zu besonders wichtigen Kompetenz- und Verantwortungsbereichen sowie zu geeigneten Berichtswegen. Die Angemessenheit der Organisationsstruktur einer Einheit hängt teilweise von deren Größe und von der Art ihrer Tätigkeit ab.

   (f) *Zuordnung von Weisungsbefugnis und Verantwortlichkeit:* Die Zuordnung von Weisungsbefugnis und Verantwortlichkeit kann Regelungen beinhalten, die sich auf ein angemessenes Geschäftsgebaren, auf Kenntnisse und die Erfahrung von besonders wichtigen Mitarbeitern sowie auf die zur Ausführung von Aufgaben zur Verfügung gestellten Ressourcen beziehen. Darüber hinaus kann sie Regelungen und Mitteilungen beinhalten, durch die sichergestellt werden soll, dass alle Mitarbeiter die Ziele der Einheit verstehen und wissen, wie ihre jeweiligen Handlungen zusammenwirken und zur Erreichung dieser Ziele beitragen, und erkennen, auf welche Weise und wofür sie zur Rechenschaft gezogen werden.

   (g) *Regelungen und Gepflogenheiten im Bereich Personalwesen:* Regelungen und Gepflogenheiten im Bereich Personalwesen machen häufig wichtige Sachverhalte im Zusammenhang mit dem Kontrollbewusstsein einer Einheit deutlich. Standards für die Einstellung der am besten qualifizierten Bewerber - mit Betonung von Ausbildung, bisheriger Berufserfahrung, in der Vergangenheit erbrachten Leistungen sowie Nachweisen für Integrität und ethisches Verhalten - sind bspw. ein Zeichen dafür, dass sich die Einheit zur Auswahl kompetenter und vertrauenswürdiger Mitarbeiter verpflichtet hat. Fortbildungsregelungen, die zukünftige Funktionen und Verantwortlichkeiten vermitteln und die u.a. entsprechende Schulungen und Seminare vorsehen, verdeutlichen Erwartungen im Hinblick auf Leistung und Verhalten. Beförderungen auf der Grundlage periodischer Leistungsbeurteilungen belegen, dass sich die Einheit dazu verpflichtet hat, qualifizierte Mitarbeiter durch die Übertragung von mehr Verantwortung weiterzuentwickeln.

Entity's Risk Assessment Process

3. For financial reporting purposes, the entity's risk assessment process includes how management identifies business risks relevant to the preparation of financial statements in accordance with the entity's applicable financial reporting framework, estimates their significance, assesses the likelihood of their occurrence, and decides upon actions to respond to and manage them and the results thereof. For example, the entity's risk assessment process may address how the entity considers the possibility of unrecorded transactions or identifies and analyzes significant estimates recorded in the financial statements.

4. Risks relevant to reliable financial reporting include external and internal events, transactions or circumstances that may occur and adversely affect an entity's ability to initiate, record, process, and report financial data consistent with the assertions of management in the financial statements. Management may initiate plans, programs, or actions to address specific risks or it may decide to accept a risk because of cost or other considerations. Risks can arise or change due to circumstances such as the following:

- *Changes in operating environment*. Changes in the regulatory or operating environment can result in changes in competitive pressures and significantly different risks.
- *New personnel*. New personnel may have a different focus on or understanding of internal control.
- *New or revamped information systems*. Significant and rapid changes in information systems can change the risk relating to internal control.
- *Rapid growth*. Significant and rapid expansion of operations can strain controls and increase the risk of a breakdown in controls.
- *New technology*. Incorporating new technologies into production processes or information systems may change the risk associated with internal control.
- *New business models, products, or activities*. Entering into business areas or transactions with which an entity has little experience may introduce new risks associated with internal control.
- *Corporate restructurings*. Restructurings may be accompanied by staff reductions and changes in supervision and segregation of duties that may change the risk associated with internal control.
- *Expanded foreign operations*. The expansion or acquisition of foreign operations carries new and often unique risks that may affect internal control, for example, additional or changed risks from foreign currency transactions.
- *New accounting pronouncements*. Adoption of new accounting principles or changing accounting principles may affect risks in preparing financial statements.

Information System, Including the Related Business Processes, Relevant to Financial Reporting, and Communication

5. An information system consists of infrastructure (physical and hardware components), software, people, procedures, and data. Many information systems make extensive use of information technology (IT).

6. The information system relevant to financial reporting objectives, which includes the financial reporting system, encompasses methods and records that:
   - Identify and record all valid transactions.
   - Describe on a timely basis the transactions in sufficient detail to permit proper classification of transactions for financial reporting.
   - Measure the value of transactions in a manner that permits recording their proper monetary value in the financial statements.

Der Risikobeurteilungsprozess der Einheit

3. Für Zwecke der Rechnungslegung beinhaltet der Risikobeurteilungsprozess der Einheit, wie das Management bei der Identifizierung von Geschäftsrisiken, die für die Aufstellung eines Abschlusses in Übereinstimmung mit dem für die Einheit maßgebenden Regelwerk der Rechnungslegung relevant sind, vorgeht, wie es die Bedeutsamkeit dieser Risiken einschätzt, wie es die Wahrscheinlichkeit ihres Eintritts beurteilt und wie es über Maßnahmen als Reaktion darauf und das Management der Risiken entscheidet sowie die Ergebnisse dieser Prozesse. Der Risikobeurteilungsprozess der Einheit kann sich bspw. damit befassen, welche Überlegungen die Einheit zu der Möglichkeit anstellt, dass Geschäftsvorfälle nicht aufgezeichnet werden, oder wie sie bedeutsame geschätzte Werte, die im Abschluss enthalten sind, identifiziert und analysiert.

4. Zu den für eine verlässliche Rechnungslegung relevanten Risiken gehören externe und interne Ereignisse, Geschäftsvorfälle oder Umstände, die eintreten können und einen negativen Einfluss auf die Fähigkeit einer Einheit haben können, Finanzdaten so auszulösen, aufzuzeichnen, zu verarbeiten und darüber zu berichten, dass sie mit den Aussagen des Managements im Abschluss vereinbar sind. Das Management kann Pläne, Programme oder Maßnahmen einleiten, um bestimmten Risiken zu begegnen, oder beschließen, ein Risiko aus Kostengründen oder aufgrund anderer Erwägungen hinzunehmen. Risiken können sich bspw. aufgrund der folgenden Umstände ergeben oder verändern:

   - *Veränderungen im Geschäftsumfeld:* Veränderungen im regulatorischen Umfeld oder im Geschäftsumfeld können Veränderungen des Wettbewerbsdrucks nach sich ziehen sowie die Entstehung von Risiken, die sich erheblich von den bisherigen unterscheiden.
   - *Neue Mitarbeiter:* Neue Mitarbeiter können dem IKS einen anderen Stellenwert geben oder ein anderes Verständnis vom IKS haben.
   - *Neue oder umgestaltete Informationssysteme:* Bedeutsame und schnelle Änderungen an Informationssystemen können zu einer Veränderung des mit dem IKS verbundenen Risikos führen.
   - *Schnelles Wachstum:* Eine bedeutsame und schnelle Ausweitung der Geschäftstätigkeit kann Kontrollen belasten und das Risiko eines Zusammenbruchs der Kontrollen erhöhen.
   - *Neue Technologien:* Die Integration neuer Technologien in Produktionsprozesse oder Informationssysteme kann zu einer Veränderung des mit dem IKS verbundenen Risikos führen.
   - *Neue Geschäftsmodelle, Produkte oder Tätigkeiten:* Der Vorstoß in Geschäftsfelder oder die Abwicklung von Geschäftsvorfällen, mit denen die Einheit wenig vertraut ist, kann zur Entstehung neuer Risiken in Verbindung mit dem IKS führen.
   - *Umstrukturierungen:* Umstrukturierungen gehen möglicherweise mit der Entlassung von Mitarbeitern und mit Änderungen in der Überwachung und Funktionstrennung einher, wodurch sich das mit dem IKS verbundene Risiko verändern kann.
   - *Ausweitung der Geschäftstätigkeit im Ausland:* Die Erweiterung oder Akquisition ausländischer Geschäftseinheiten birgt neue und häufig einmalige Risiken, die sich auf das IKS auswirken können, z. B. zusätzliche oder veränderte Risiken aus Fremdwährungsgeschäften.
   - *Neue Verlautbarungen zur Rechnungslegung:* Die erstmalige Anwendung neuer Rechnungslegungsgrundsätze sowie Änderungen an vorliegenden Rechnungslegungsgrundsätzen können sich auf die mit der Abschlussaufstellung verbundenen Risiken auswirken.

Das rechnungslegungsbezogene Informationssystem, einschließlich der damit verbundenen Geschäftsprozesse, sowie die Kommunikation

5. Ein Informationssystem besteht aus der Infrastruktur (physische Komponenten und Hardwarekomponenten) sowie aus Software, Personen, Verfahren und Daten. Viele Informationssysteme stützen sich in großem Umfang auf Informationstechnologie (IT).

6. Das für Rechnungslegungsziele relevante Informationssystem, das auch das Rechnungslegungssystem einschließt, umfasst Methoden und Aufzeichnungen für die
   - Identifizierung und Aufzeichnung aller gültigen Geschäftsvorfälle,
   - Darstellung der Geschäftsvorfälle in angemessener Zeit, mit ausreichenden Detailinformationen, um einen ordnungsgemäßen Ausweis für Rechnungslegungszwecke zu ermöglichen,
   - Bewertung von Geschäftsvorfällen in einer Art und Weise, die einen zutreffenden Wertansatz im Abschluss ermöglicht,

- Determine the time period in which transactions occurred to permit recording of transactions in the proper accounting period.
- Present properly the transactions and related disclosures in the financial statements.

7. The quality of system-generated information affects management's ability to make appropriate decisions in managing and controlling the entity's activities and to prepare reliable financial reports.

8. Communication, which involves providing an understanding of individual roles and responsibilities pertaining to internal control over financial reporting, may take such forms as policy manuals, accounting and financial reporting manuals, and memoranda. Communication also can be made electronically, orally, and through the actions of management.

Control Activities

9. Generally, control activities that may be relevant to an audit may be categorized as policies and procedures that pertain to the following:

    - *Performance reviews.* These control activities include reviews and analyses of actual performance versus budgets, forecasts, and prior period performance; relating different sets of data – operating or financial – to one another, together with analyses of the relationships and investigative and corrective actions; comparing internal data with external sources of information; and review of functional or activity performance.

    - *Information processing.* The two broad groupings of information systems control activities are application controls, which apply to the processing of individual applications, and general IT controls, which are policies and procedures that relate to many applications and support the effective functioning of application controls by helping to ensure the continued proper operation of information systems. Examples of application controls include checking the arithmetical accuracy of records, maintaining and reviewing accounts and trial balances, automated controls such as edit checks of input data and numerical sequence checks, and manual follow-up of exception reports. Examples of general IT controls are program change controls, controls that restrict access to programs or data, controls over the implementation of new releases of packaged software applications, and controls over system software that restrict access to or monitor the use of system utilities that could change financial data or records without leaving an audit trail.

    - *Physical controls.* Controls that encompass:
        - The physical security of assets, including adequate safeguards such as secured facilities over access to assets and records.
        - The authorization for access to computer programs and data files.
        - The periodic counting and comparison with amounts shown on control records (for example, comparing the results of cash, security and inventory counts with accounting records).

        The extent to which physical controls intended to prevent theft of assets are relevant to the reliability of financial statement preparation, and therefore the audit, depends on circumstances such as when assets are highly susceptible to misappropriation.

    - *Segregation of duties.* Assigning different people the responsibilities of authorizing transactions, recording transactions, and maintaining custody of assets. Segregation of duties is intended to reduce the opportunities to allow any person to be in a position to both perpetrate and conceal errors or fraud in the normal course of the person's duties.

10. Certain control activities may depend on the existence of appropriate higher level policies established by management or those charged with governance. For example, authorization controls may be delegated under established guidelines, such as investment criteria set by those charged with governance;

Identifizierung und Beurteilung der Risiken wesentlicher falscher Darstellungen aus dem Verstehen der Einheit und ihres Umfelds   ISA 315 (REVISED)

- Feststellung des Zeitraums, in dem Geschäftsvorfälle stattgefunden haben, damit diese im richtigen Berichtszeitraum aufgezeichnet werden können,
- ordnungsgemäße Darstellung der Geschäftsvorfälle und der damit verbundenen Angaben im Abschluss.

7. Die Qualität der vom System generierten Informationen beeinflusst die Fähigkeit des Managements, im Rahmen von Management und Überwachung der Tätigkeiten der Einheit sachgerechte Entscheidungen zu fällen sowie eine verlässliche Rechnungslegung sicherzustellen.

8. Die Kommunikation, welche die Vermittlung eines Verständnisses von einzelnen Funktionen und Verantwortlichkeiten in Verbindung mit dem rechnungslegungsbezogenen IKS beinhaltet, kann in Form von Unternehmensleitlinien, Rechnungslegungshandbüchern sowie Memoranden stattfinden. Außerdem kann Kommunikation in elektronischer und mündlicher Form sowie durch die Maßnahmen des Managements erfolgen.

Kontrollaktivitäten

9. Im Allgemeinen können die für eine Abschlussprüfung relevanten Kontrollaktivitäten in Regelungen und Verfahren untergliedert werden, welche die folgenden Bereiche betreffen:

    - *Leistungskontrollen:* Diese Kontrollaktivitäten umfassen die Überwachung und Analyse der Ist-Leistung im Vergleich zu Budgets und Prognosen sowie zur Leistung in früheren Berichtszeiträumen; dabei werden verschiedene Datensätze, bestehend aus betrieblichen Daten oder Finanzdaten, zueinander in Beziehung gesetzt, Analysen dieser Beziehungen vorgenommen sowie Untersuchungs- und Korrekturmaßnahmen durchgeführt, interne Daten werden mit Informationen aus externen Quellen verglichen, und die Leistung wird auf Funktions- oder Tätigkeitsebene kontrolliert.
    - *Informationsverarbeitung:* Die zwei Hauptgruppen von Kontrollaktivitäten im Bereich der Informationssysteme sind Anwendungskontrollen, die sich auf die Verarbeitung einzelner Anwendungen beziehen, und generelle IT-Kontrollen, d. h. Regelungen und Verfahren, die sich auf viele Anwendungen beziehen und die Wirksamkeit von Anwendungskontrollen unterstützen, indem sie den fortgesetzten ordnungsgemäßen Betrieb von Informationssystemen mit gewährleisten. Zu den Anwendungskontrollen gehören z.B. die Überprüfung der rechnerischen Richtigkeit von Aufzeichnungen, die Führung und Überprüfung von Konten sowie Summen- und Saldenlisten, automatisierte Kontrollen, z. B. Eingabekontrollen von eingegebenen Daten und Kontrollen anhand der numerischen Reihenfolge, sowie die manuelle Nachbearbeitung von Ausnahmeberichten. Zu den generellen IT-Kontrollen gehören z.B. Programmänderungskontrollen, Kontrollen, die den Zugriff auf Programme oder Daten beschränken, Kontrollen für die Einrichtung neuer Versionen von Softwarepaketen sowie Kontrollen für die Systemsoftware, die den Zugriff auf systemseitige Hilfsprogramme beschränken oder die Nutzung solcher Hilfsprogramme überwachen, mit denen Änderungen an Finanzdaten oder -aufzeichnungen möglich sind, ohne dass diese bei einer Abschlussprüfung nachvollzogen werden können.
    - *Physische Kontrollen:* Diese Kontrollen umfassen
        - die physische Sicherung von Vermögenswerten, einschließlich adäquater Vorsichtsmaßnahmen wie Sicherheitsvorrichtungen, die den Zugang zu Vermögenswerten und Aufzeichnungen beschränken;
        - Zugriffsberechtigungen für Computerprogramme und Dateien;
        - periodische Zählungen und Vergleiche mit Beträgen in Kontrollaufzeichnungen (z. B. Vergleich der Ergebnisse von Bestandsaufnahmen bei Barmitteln, Wertpapieren und Vorräten mit Rechnungslegungsunterlagen).

        Inwieweit physische Kontrollen, welche die Entwendung von Vermögenswerten verhindern sollen, für die Verlässlichkeit der Abschlussaufstellung und damit für die Abschlussprüfung relevant sind, hängt von den Umständen ab, z. B. davon, ob bei den betreffenden Gegenständen ein starker Anreiz für Vermögensschädigungen besteht.
    - *Funktionstrennung:* Unterschiedliche Personen werden mit der Autorisierung von Geschäftsvorfällen, mit deren Aufzeichnung und mit der Verwahrung von Vermögenswerten betraut. Durch Funktionstrennung sollen die sich einer Person im Rahmen ihrer regulären Aufgaben bietenden Gelegenheiten reduziert werden, Fehler oder dolose Handlungen zu begehen und gleichzeitig zu verschleiern.

10. Bestimmte Kontrollaktivitäten können vom Bestehen angemessener, vom Management oder von den für die Überwachung Verantwortlichen aufgestellter übergeordneter Regelungen abhängen. Beispielsweise können Autorisierungskontrollen nach festgelegten Richtlinien delegiert werden (z. B. nach von den für

alternatively, non-routine transactions such as major acquisitions or divestments may require specific high level approval, including in some cases that of shareholders.

Monitoring of Controls

11. An important management responsibility is to establish and maintain internal control on an ongoing basis. Management's monitoring of controls includes considering whether they are operating as intended and that they are modified as appropriate for changes in conditions. Monitoring of controls may include activities such as management's review of whether bank reconciliations are being prepared on a timely basis, internal auditors' evaluation of sales personnel's compliance with the entity's policies on terms of sales contracts, and a legal department's oversight of compliance with the entity's ethical or business practice policies. Monitoring is done also to ensure that controls continue to operate effectively over time. For example, if the timeliness and accuracy of bank reconciliations are not monitored, personnel are likely to stop preparing them.

12. Internal auditors or personnel performing similar functions may contribute to the monitoring of an entity's controls through separate evaluations. Ordinarily, they regularly provide information about the functioning of internal control, focusing considerable attention on evaluating the effectiveness of internal control, and communicate information about strengths and deficiencies in internal control and recommendations for improving internal control.

13. Monitoring activities may include using information from communications from external parties that may indicate problems or highlight areas in need of improvement. Customers implicitly corroborate billing data by paying their invoices or complaining about their charges. In addition, regulators may communicate with the entity concerning matters that affect the functioning of internal control, for example, communications concerning examinations by bank regulatory agencies. Also, management may consider communications relating to internal control from external auditors in performing monitoring activities.

die Überwachung Verantwortlichen aufgestellten Kriterien für die Durchführung von Investitionen), oder Nichtroutinetransaktionen (z. B. größere Akquisitionen oder Veräußerungen) können der Genehmigung durch eine bestimmte hohe Hierarchieebene bedürfen, in einigen Fällen auch durch die Anteilseigner.

Überwachung von Kontrollen

11. Eine wichtige Verantwortlichkeit des Managements besteht darin, ein IKS einzurichten und laufend aufrechtzuerhalten. Die Überwachung von Kontrollen durch das Management beinhaltet die Abwägung, ob diese wie beabsichtigt funktionieren, und die Sicherstellung, dass sie in angemessener Weise an veränderte Umstände angepasst werden. Zu den möglichen Aktivitäten im Rahmen der Überwachung von Kontrollen gehören die Überprüfung der Durchführung von Bankkontoabstimmungen durch das Management in angemessener Zeit, die Beurteilung durch Innenrevisoren, ob Verkaufsmitarbeiter die internen Regelungen über die Vertragsbedingungen einhalten, und die Überwachung der Einhaltung der ethischen Grundsätze oder Geschäftsgepflogenheiten der Einheit durch die Rechtsabteilung. Die Überwachung dient auch dazu sicherzustellen, dass Kontrollen im Zeitablauf weiterhin wirksam funktionieren. Es besteht bspw. die Gefahr, dass Mitarbeiter ihrer Pflicht zur Durchführung von Bankkontoabstimmungen nicht mehr nachkommen, wenn die zeitnahe und korrekte Durchführung nicht überwacht wird.

12. Innenrevisoren oder in ähnlichen Funktionen tätige Mitarbeiter können durch separate Beurteilungen zur Überwachung von Kontrollen einer Einheit beitragen. Normalerweise liefern diese Mitarbeiter regelmäßig Informationen zum Funktionieren des IKS, wobei sie ihr Augenmerk in beträchtlichem Umfang auf die Beurteilung von dessen Wirksamkeit richten, sowie Informationen zu Stärken und Mängeln im IKS und Verbesserungsvorschlägen zum IKS.

13. Zu den Überwachungsaktivitäten kann auch die Verwendung von Informationen aus der Kommunikation mit Dritten gehören, die auf Probleme hindeuten oder verbesserungsbedürftige Bereiche aufzeigen können. Rechnungsdaten werden bspw. implizit von Kunden bestätigt, indem diese entweder ihre Rechnungen bezahlen oder deren Höhe reklamieren. Darüber hinaus kann es vorkommen, dass Aufsichtsbehörden mit der Einheit über Sachverhalte kommunizieren, die sich auf das Funktionieren des IKS auswirken, z. B. Mitteilungen zu Untersuchungen durch Bankaufsichtsbehörden. Außerdem kann das Management Mitteilungen von externen Prüfern, die sich auf das IKS beziehen, bei der Durchführung von Überwachungsaktivitäten berücksichtigen.

Appendix 2
(Ref: Para. A40, A128)

Conditions and Events That May Indicate Risks of Material Misstatement

The following are examples of conditions and events that may indicate the existence of risks of material misstatement. The examples provided cover a broad range of conditions and events; however, not all conditions and events are relevant to every audit engagement and the list of examples is not necessarily complete.

- Operations in regions that are economically unstable, for example, countries with significant currency devaluation or highly inflationary economies.
- Operations exposed to volatile markets, for example, futures trading.
- Operations that are subject to a high degree of complex regulation.
- Going concern and liquidity issues including loss of significant customers.
- Constraints on the availability of capital and credit.
- Changes in the industry in which the entity operates.
- Changes in the supply chain.
- Developing or offering new products or services, or moving into new lines of business.
- Expanding into new locations.
- Changes in the entity such as large acquisitions or reorganizations or other unusual events.
- Entities or business segments likely to be sold.
- The existence of complex alliances and joint ventures.
- Use of off balance sheet finance, special-purpose entities, and other complex financing arrangements.
- Significant transactions with related parties.
- Lack of personnel with appropriate accounting and financial reporting skills.
- Changes in key personnel including departure of key executives.
- Deficiencies in internal control, especially those not addressed by management.
- Inconsistencies between the entity's IT strategy and its business strategies.
- Changes in the IT environment.
- Installation of significant new IT systems related to financial reporting.
- Inquiries into the entity's operations or financial results by regulatory or government bodies.
- Past misstatements, history of errors or a significant amount of adjustments at period end.
- Significant amount of non-routine or non-systematic transactions including intercompany transactions and large revenue transactions at period end.
- Transactions that are recorded based on management's intent, for example, debt refinancing, assets to be sold and classification of marketable securities.
- Application of new accounting pronouncements.
- Accounting measurements that involve complex processes.
- Events or transactions that involve significant measurement uncertainty, including accounting estimates.
- Pending litigation and contingent liabilities, for example, sales warranties, financial guarantees and environmental remediation.

Anlage 2

(Vgl. Tz. A40 und A128)

Umstände und Ereignisse, die auf Risiken wesentlicher falscher Darstellungen hindeuten können

Im Folgenden sind Beispiele für Umstände und Ereignisse aufgeführt, die möglicherweise auf das Bestehen von Risiken wesentlicher falscher Darstellungen hindeuten. Die genannten Beispiele decken eine Vielzahl von Umständen und Ereignissen ab, jedoch sind nicht alle Umstände und Ereignisse für jeden Auftrag zur Abschlussprüfung relevant, und die Aufzählung ist nicht notwendigerweise abschließend.

- Geschäftstätigkeit in wirtschaftlich instabilen Regionen, z. B. in Ländern, deren Währungen deutlich abgewertet wurden oder die hohe Inflationsraten aufweisen.
- Geschäftstätigkeit auf volatilen Märkten, z. B. Terminhandel.
- Geschäftstätigkeit in Bereichen mit hohem Grad an komplexer Regulierung.
- Probleme bei Fortführung der Unternehmenstätigkeit und Liquiditätsprobleme, einschließlich des Verlustes bedeutender Kunden.
- Eingeschränkte Verfügbarkeit von Eigenkapital und Fremdmitteln.
- Veränderungen in der Branche, in der die Einheit tätig ist.
- Veränderungen in der Lieferkette.
- Entwicklung oder Angebot neuer Produkte oder Dienstleistungen oder Eintritt in neue Geschäftszweige.
- Ausweitung der Geschäftstätigkeit auf neue Standorte.
- Veränderungen innerhalb der Einheit, z. B. große Akquisitionen oder Umstrukturierungen sowie andere ungewöhnliche Ereignisse.
- Wahrscheinlicher Verkauf von Einheiten oder Geschäftssegmenten.
- Vorhandensein von komplexen Allianzen und Joint Ventures.
- Nutzung von nicht bilanzwirksamer Finanzierung, Zweckgesellschaften und anderen komplexen Finanzierungsvereinbarungen.
- Bedeutsame Transaktionen mit nahe stehenden Personen.
- Mangel an Mitarbeitern mit angemessenen Kenntnissen in Buchführung und Rechnungslegung.
- Fluktuation bei besonders wichtigen Mitarbeitern, einschließlich des Ausscheidens von besonders wichtigen Führungskräften.
- Mängel im IKS, besonders wenn vom Management keine Maßnahmen zu ihrer Behebung getroffen werden.
- Inkonsistenzen zwischen der IT-Strategie und den Geschäftsstrategien der Einheit.
- Veränderungen im IT-Umfeld.
- Installation umfangreicher neuer IT-Systeme für die Rechnungslegung.
- Untersuchungen von Geschäftstätigkeit oder Finanzergebnissen der Einheit durch Aufsichts- oder Regierungsbehörden.
- Falsche Darstellungen oder Fehler in der Vergangenheit oder Anpassungen in bedeutsamer Höhe zum Abschlussstichtag.
- Bedeutsamer Umfang von nicht routinemäßigen oder nicht systematischen Geschäftsvorfällen, einschließlich konzerninterner Geschäftsvorfälle, sowie Geschäftsvorfälle mit erheblichen Erlösauswirkungen zum Periodenende.
- Geschäftsvorfälle, für deren Aufzeichnung die Absicht des Managements maßgeblich ist, z. B. Refinanzierung von Schulden, zur Veräußerung vorgesehene Vermögenswerte und Ausweis marktgängiger Wertpapiere.
- Anwendung neuer Verlautbarungen zur Rechnungslegung.
- Bewertungsvorgänge in der Rechnungslegung, die mit komplexen Prozessen verbunden sind.
- Ereignisse oder Geschäftsvorfälle, die mit einer erheblichen Bewertungsunsicherheit verbunden sind, einschließlich geschätzter Werte in der Rechnungslegung.
- Anhängige Rechtsstreitigkeiten und Eventualschulden, z. B. Produktgarantien, Finanzgarantien und Sanierungsmaßnahmen im Umweltbereich.

INTERNATIONAL STANDARD ON AUDITING 610 (REVISED 2013)
USING THE WORK OF INTERNAL AUDITORS
(Effective for audits of financial statements for periods ending on or after December 15, 2014)

CONTENTS

	Paragraph
Introduction	
Scope of this ISA	1–5
Relationship between ISA 315 (Revised) and ISA 610 (Revised 2013)	6–10
The External Auditor's Responsibility for the Audit	11
Effective Date	12
Objectives	13
Definitions	14
Requirements	
Determining Whether, in Which Areas, and to What Extent the Work of the Internal Audit Function Can Be Used	15–20
Using the Work of the Internal Audit Function	21–25
Determining Whether, in Which Areas, and to What Extent Internal Auditors Can Be Used to Provide Direct Assistance	26–32
Using Internal Auditors to Provide Direct Assistance	33–35
Documentation	36–37
Application and Other Explanatory Material	
Definition of Internal Audit Function	A1–A4
Determining Whether, in Which Areas, and to What Extent the Work of the Internal Audit Function Can Be Used	A5–A23
Using the Work of the Internal Audit Function	A24–A30
Determining Whether, in Which Areas, and to What Extent Internal Auditors Can Be Used to Provide Direct Assistance	A31–A39
Using Internal Auditors to Provide Direct Assistance	A40–A41

International Standard on Auditing (ISA) 610 (Revised 2013), *Using the Work of Internal Auditors*, should be read in conjunction with ISA 200, *Overall Objectives of the Independent Auditor and the Conduct of an Audit in Accordance with International Standards on Auditing*.

INTERNATIONAL STANDARD ON AUDITING 610 (REVISED 2013)
VERWENDUNG DER ARBEIT INTERNER PRÜFER

(gilt für die Prüfung von Abschlüssen für Zeiträume, die am oder nach dem 15.12.2014 enden)

INHALTSVERZEICHNIS

	Textziffer
Einleitung	
Anwendungsbereich	1–5
Zusammenhang zwischen ISA 315 (Revised) und ISA 610 (Revised 2013)	6–10
Verantwortung des Abschlussprüfers für die Abschlussprüfung	11
Anwendungszeitpunkt	12
Ziele	13
Definitionen	14
Anforderungen	
Festlegung, ob, in welchen Bereichen und in welchem Umfang die Arbeit der internen Revision verwendet werden kann	15–20
Verwendung der Arbeit der internen Revision	21–25
Festlegung, ob, in welchen Bereichen und in welchem Umfang interne Prüfer zur direkten Unterstützung eingesetzt werden können	26–32
Einsatz interner Prüfer zur direkten Unterstützung	33–35
Dokumentation	36–37
Anwendungshinweise und sonstige Erläuterungen	
Definition der internen Revision	A1–A4
Festlegung, ob, in welchen Bereichen und in welchem Umfang die Arbeit der internen Revision verwendet werden kann	A5–A23
Verwendung der Arbeit der internen Revision	A24–A30
Festlegung, ob, in welchen Bereichen und in welchem Umfang interne Prüfer zur direkten Unterstützung eingesetzt werden können	A31–A39
Einsatz interner Prüfer zur direkten Unterstützung	A40–A41

International Standard on Auditing (ISA) 610 (Revised 2013) „Verwendung der Arbeit interner Prüfer" ist im Zusammenhang mit ISA 200 „Übergreifende Zielsetzungen des unabhängigen Prüfers und Grundsätze einer Prüfung in Übereinstimmung mit den International Standards on Auditing" zu lesen.

Introduction

Scope of this ISA

1. This International Standard on Auditing (ISA) deals with the external auditor's responsibilities if using the work of internal auditors. This includes (a) using the work of the internal audit function in obtaining audit evidence and (b) using internal auditors to provide direct assistance under the direction, supervision and review of the external auditor.

2. This ISA does not apply if the entity does not have an internal audit function. (Ref: Para. A2)

3. If the entity has an internal audit function, the requirements in this ISA relating to using the work of that function do not apply if:

    (a) The responsibilities and activities of the function are not relevant to the audit; or

    (b) Based on the auditor's preliminary understanding of the function obtained as a result of procedures performed under ISA 315 (Revised),[1] the external auditor does not expect to use the work of the function in obtaining audit evidence.

    Nothing in this ISA requires the external auditor to use the work of the internal audit function to modify the nature or timing, or reduce the extent, of audit procedures to be performed directly by the external auditor; it remains a decision of the external auditor in establishing the overall audit strategy.

4. Furthermore, the requirements in this ISA relating to direct assistance do not apply if the external auditor does not plan to use internal auditors to provide direct assistance.

5. In some jurisdictions, the external auditor may be prohibited, or restricted to some extent, by law or regulation from using the work of the internal audit function or using internal auditors to provide direct assistance. The ISAs do not override laws or regulations that govern an audit of financial statements.[2] Such prohibitions or restrictions will therefore not prevent the external auditor from complying with the ISAs. (Ref: Para. A31)

Relationship between ISA 315 (Revised) and ISA 610 (Revised 2013)

6. Many entities establish internal audit functions as part of their internal control and governance structures. The objectives and scope of an internal audit function, the nature of its responsibilities and its organizational status, including the function's authority and accountability, vary widely and depend on the size and structure of the entity and the requirements of management and, where applicable, those charged with governance.

7. ISA 315 (Revised) addresses how the knowledge and experience of the internal audit function can inform the external auditor's understanding of the entity and its environment and identification and assessment of risks of material misstatement. ISA 315 (Revised)[3] also explains how effective communication between the internal and external auditors also creates an environment in which the external auditor can be informed of significant matters that may affect the external auditor's work.

8. Depending on whether the internal audit function's organizational status and relevant policies and procedures adequately support the objectivity of the internal auditors, the level of competency of the internal audit function, and whether the function applies a systematic and disciplined approach, the external auditor may also be able to use the work of the internal audit function in a constructive and complementary manner. This ISA addresses the external auditor's responsibilities when, based on the external auditor's preliminary understanding of the internal audit function obtained as a result of procedures performed under ISA 315 (Revised), the external auditor expects to use the work of the

---

[1] ISA 315 (Revised), Identifying and Assessing the Risks of Material Misstatement through Understanding the Entity and Its Environment
[2] ISA 200, Overall Objectives of the Independent Auditor and the Conduct of an Audit in Accordance with International Standards on Auditing, paragraph A55
[3] ISA 315 (Revised), paragraph A116

Einleitung

Anwendungsbereich

1. Dieser International Standard on Auditing (ISA) behandelt die Pflichten des Abschlussprüfers bei der Verwendung der Arbeit interner Prüfer. Dies umfasst (a) die Verwendung der Arbeit der internen Revision[*] bei der Erlangung von Prüfungsnachweisen sowie (b) den Einsatz interner Prüfer zur direkten Unterstützung unter der Anleitung, Überwachung und Überprüfung durch den Abschlussprüfer.

2. Dieser ISA findet keine Anwendung, wenn die Einheit nicht über eine interne Revision verfügt. (Vgl. Tz. A2)

3. Verfügt die Einheit über eine interne Revision, finden die Anforderungen in diesem ISA bezüglich der Verwendung von deren Arbeit keine Anwendung, wenn

    (a) die Verantwortlichkeiten und Tätigkeiten der internen Revision für die Abschlussprüfung nicht relevant sind oder

    (b) auf der Grundlage des vorläufigen Verständnisses des Abschlussprüfers von der internen Revision, das er aus den nach ISA 315 (Revised)[1] durchgeführten Prüfungshandlungen gewonnen hat, der Abschlussprüfer nicht davon ausgeht, dass er die Arbeit der internen Revision bei der Erlangung von Prüfungsnachweisen verwenden wird.

    Keine Anforderung in diesem ISA verpflichtet den Abschlussprüfer dazu, die Arbeit der internen Revision zu verwenden, um Art oder zeitliche Einteilung von direkt vom Abschlussprüfer durchzuführenden Prüfungshandlungen zu ändern oder deren Umfang zu verringern; dies bleibt eine Entscheidung des Abschlussprüfers bei der Festlegung der Prüfungsstrategie.

4. Darüber hinaus finden die Anforderungen in diesem ISA bezüglich der direkten Unterstützung keine Anwendung, wenn der Abschlussprüfer nicht plant, interne Prüfer zur direkten Unterstützung einzusetzen.

5. In manchen Rechtsräumen kann es dem Abschlussprüfer aufgrund von Gesetzen oder anderen Rechtsvorschriften untersagt oder nur eingeschränkt erlaubt sein, die Arbeit der internen Revision zu verwenden oder interne Prüfer zur direkten Unterstützung einzusetzen. Die ISA haben keinen Vorrang vor Gesetzen oder anderen Rechtsvorschriften, die eine Abschlussprüfung regeln.[2] Dementsprechend hindern solche Verbote oder Einschränkungen den Abschlussprüfer nicht daran, die ISA einzuhalten. (Vgl. Tz. A31)

Zusammenhang zwischen ISA 315 (Revised) und ISA 610 (Revised 2013)

6. Viele Einheiten richten eine interne Revision als Bestandteil ihrer internen Kontrollsysteme und Überwachungsstrukturen ein. Ziele und Aufgabenbereich einer internen Revision, die Art ihrer Verantwortlichkeiten sowie ihre Stellung innerhalb der Organisation, einschließlich ihrer Befugnisse und Rechenschaftspflicht, sind sehr unterschiedlich und hängen von der Größe und Struktur der Einheit sowie von den Anforderungen des Managements und ggf. der für die Überwachung Verantwortlichen ab.

7. ISA 315 (Revised) behandelt die Frage, wie die Kenntnisse und Erfahrungen der internen Revision dem Verständnis des Abschlussprüfers von der Einheit und von ihrem Umfeld sowie der Identifizierung und Beurteilung der Risiken wesentlicher falscher Darstellungen dienen können. Darüber hinaus erläutert ISA 315 (Revised),[3] wie eine wirksame Kommunikation zwischen den internen Prüfern und dem Abschlussprüfer zudem ein Umfeld schafft, in dem der Abschlussprüfer Informationen über bedeutsame Sachverhalte, die sich auf seine Tätigkeit auswirken können, erhalten kann.

8. Je nachdem, ob die Stellung der internen Revision innerhalb der Organisation sowie relevante Regelungen und Maßnahmen die Objektivität der internen Prüfer angemessen unterstützen, wie kompetent die interne Revision ist und ob die interne Revision einer systematischen und geregelten Vorgehensweise folgt, kann es dem Abschlussprüfer auch möglich sein, die Arbeit der internen Revision in konstruktiver und ergänzender Weise zu verwenden. Dieser ISA behandelt die Pflichten des Abschlussprüfers, wenn er auf der Grundlage seines vorläufigen Verständnisses von der internen Revision, das er aus den nach ISA 315 (Revised) durchgeführten Prüfungshandlungen gewonnen hat, davon ausgeht, dass er die Arbeit der

---

1) ISA 315 (Revised) „Identifizierung und Beurteilung der Risiken wesentlicher falscher Darstellungen aus dem Verstehen der Einheit und ihres Umfelds".

2) ISA 200 „Übergreifende Zielsetzungen des unabhängigen Prüfers und Grundsätze einer Prüfung in Übereinstimmung mit den International Standards on Auditing", Textziffer A55.

3) ISA 315 (Revised), Textziffer A116.

[*] Die Funktion der internen Revision wird mit „interne Revision" bezeichnet. Diese Funktion wird regelmäßig durch eine eigenständige organisatorische Einheit ausgeübt, die mit „Interne Revision" bezeichnet wird.

internal audit function as part of the audit evidence obtained.[4] Such use of that work modifies the nature or timing, or reduces the extent, of audit procedures to be performed directly by the external auditor.

9. In addition, this ISA also addresses the external auditor's responsibilities if considering using internal auditors to provide direct assistance under the direction, supervision and review of the external auditor.

10. There may be individuals in an entity that perform procedures similar to those performed by an internal audit function. However, unless performed by an objective and competent function that applies a systematic and disciplined approach, including quality control, such procedures would be considered internal controls and obtaining evidence regarding the effectiveness of such controls would be part of the auditor's responses to assessed risks in accordance with ISA 330.[5]

The External Auditor's Responsibility for the Audit

11. The external auditor has sole responsibility for the audit opinion expressed, and that responsibility is not reduced by the external auditor's use of the work of the internal audit function or internal auditors to provide direct assistance on the engagement. Although they may perform audit procedures similar to those performed by the external auditor, neither the internal audit function nor the internal auditors are independent of the entity as is required of the external auditor in an audit of financial statements in accordance with ISA 200.[6] This ISA, therefore, defines the conditions that are necessary for the external auditor to be able to use the work of internal auditors. It also defines the necessary work effort to obtain sufficient appropriate evidence that the work of the internal audit function, or internal auditors providing direct assistance, is adequate for the purposes of the audit. The requirements are designed to provide a framework for the external auditor's judgments regarding the use of the work of internal auditors to prevent over or undue use of such work.

Effective Date

12. This ISA is effective for audits of financial statements for periods ending on or after December 15, 2014.

Objectives

13. The objectives of the external auditor, where the entity has an internal audit function and the external auditor expects to use the work of the function to modify the nature or timing, or reduce the extent, of audit procedures to be performed directly by the external auditor, or to use internal auditors to provide direct assistance, are:

 (a) To determine whether the work of the internal audit function or direct assistance from internal auditors can be used, and if so, in which areas and to what extent;

 and having made that determination:

 (b) If using the work of the internal audit function, to determine whether that work is adequate for purposes of the audit; and

 (c) If using internal auditors to provide direct assistance, to appropriately direct, supervise and review their work.

Definitions

14. For purposes of the ISAs, the following terms have the meanings attributed below:

 (a) Internal audit function – A function of an entity that performs assurance and consulting activities designed to evaluate and improve the effectiveness of the entity's governance, risk management and internal control processes. (Ref: Para. A1–A4)

 (b) Direct assistance – The use of internal auditors to perform audit procedures under the direction, supervision and review of the external auditor.

---

5) See paragraphs 15–25.
6) ISA 330, The Auditor's Responses to Assessed Risks
7) ISA 200, paragraph 14

internen Revision als Bestandteil der erlangten Prüfungsnachweise verwenden wird.[4] Durch eine solche Verwendung dieser Arbeit werden Art oder zeitliche Einteilung der direkt vom Abschlussprüfer durchzuführenden Prüfungshandlungen geändert oder deren Umfang verringert.

9. Darüber hinaus behandelt dieser ISA die Pflichten des Abschlussprüfers, wenn er den Einsatz interner Prüfer zur direkten Unterstützung unter seiner Anleitung, Überwachung und Überprüfung erwägt.

10. In einer Einheit gibt es möglicherweise Personen, die ähnliche Handlungen durchführen wie eine interne Revision. Solche Handlungen wären jedoch als interne Kontrollen zu betrachten, und die Einholung von Nachweisen zur Wirksamkeit solcher Kontrollen wäre Bestandteil der Reaktionen des Abschlussprüfers auf beurteilte Risiken in Übereinstimmung mit ISA 330,[5] es sei denn, die Handlungen werden von einer objektiven und kompetenten Instanz durchgeführt, die einer systematischen und geregelten Vorgehensweise, einschließlich Qualitätssicherung, folgt.

Verantwortung des Abschlussprüfers für die Abschlussprüfung

11. Der Abschlussprüfer trägt die alleinige Verantwortung für das abgegebene Prüfungsurteil, und diese Verantwortung wird durch die Verwendung der Arbeit der internen Revision durch den Abschlussprüfer oder die direkte Unterstützung interner Prüfer im Rahmen des Auftrags nicht verringert. Obwohl sie möglicherweise ähnliche Prüfungshandlungen durchführen wie der Abschlussprüfer, sind weder die interne Revision noch die internen Prüfer von der Einheit unabhängig, wie es bei einer Abschlussprüfung in Übereinstimmung mit ISA 200[6] vom Abschlussprüfer verlangt wird. Daher werden in diesem ISA die Bedingungen definiert, die erfüllt sein müssen, damit der Abschlussprüfer die Arbeit interner Prüfer verwenden kann. Außerdem werden die Tätigkeiten festgelegt, die notwendig sind, um ausreichende geeignete Nachweise dafür zu erlangen, dass die Arbeit der internen Revision oder die direkte Unterstützung durch interne Prüfer für die Zwecke der Abschlussprüfung angemessen ist. Die Anforderungen sollen einen Rahmen für die Beurteilungen des Abschlussprüfers bezüglich der Verwendung der Arbeit interner Prüfer darstellen, um eine unverhältnismäßige bzw. nicht sachgerechte Verwendung dieser Arbeit zu verhindern.

Anwendungszeitpunkt

12. Dieser ISA gilt für die Prüfung von Abschlüssen für Zeiträume, die am oder nach dem 15.12.2014 enden.

Ziele

13. Wenn die Einheit über eine interne Revision verfügt und der Abschlussprüfer davon ausgeht, dass er die Arbeit der internen Revision verwenden wird, um Art oder zeitliche Einteilung der direkt vom Abschlussprüfer durchzuführenden Prüfungshandlungen zu ändern oder deren Umfang zu verringern oder interne Prüfer einsetzen wird, die den Abschlussprüfer direkt unterstützen, bestehen die Ziele des Abschlussprüfers darin,

(a) festzulegen, ob und, wenn dies der Fall ist, in welchen Bereichen und in welchem Umfang die Arbeit der internen Revision verwendet werden kann oder interne Prüfer zur direkten Unterstützung eingesetzt werden können,

und nach dieser Festlegung:

(b) falls die Arbeit der internen Revision verwendet wird, festzulegen, ob diese Arbeit für Zwecke der Abschlussprüfung angemessen ist und

(c) falls interne Prüfer zur direkten Unterstützung eingesetzt werden, deren Arbeit angemessen anzuleiten, zu überwachen und zu überprüfen.

Definitionen

14. Für die Zwecke der ISA gelten die nachstehenden Begriffsbestimmungen:

(a) Interne Revision – Eine Funktion einer Einheit, die Prüfungs- und Beratungstätigkeiten ausübt, die darauf ausgerichtet sind, die Wirksamkeit der Überwachungs-, Risikomanagement- und internen Kontrollprozesse der Einheit zu beurteilen und zu verbessern. (Vgl. Tz. A1-A4)

(b) Direkte Unterstützung – Der Einsatz von internen Prüfern zur Durchführung von Prüfungshandlungen unter der Anleitung, Überwachung und Überprüfung des Abschlussprüfers.

---

5) Siehe Textziffern 15–25.
6) ISA 330 „Die Reaktionen des Abschlussprüfers auf beurteilte Risiken".
7) ISA 200, Textziffer 14.

Requirements

Determining Whether, in Which Areas, and to What Extent the Work of the Internal Audit Function Can Be Used

Evaluating the Internal Audit Function

15. The external auditor shall determine whether the work of the internal audit function can be used for purposes of the audit by evaluating the following:
    (a) The extent to which the internal audit function's organizational status and relevant policies and procedures support the objectivity of the internal auditors; (Ref: Para. A5–A9)
    (b) The level of competence of the internal audit function; and (Ref: Para. A5–A9)
    (c) Whether the internal audit function applies a systematic and disciplined approach, including quality control. (Ref: Para. A10–A11)

16. The external auditor shall not use the work of the internal audit function if the external auditor determines that:
    (a) The function's organizational status and relevant policies and procedures do not adequately support the objectivity of internal auditors;
    (b) The function lacks sufficient competence; or
    (c) The function does not apply a systematic and disciplined approach, including quality control. (Ref: Para. A12–A14)

Determining the Nature and Extent of Work of the Internal Audit Function that Can Be Used

17. As a basis for determining the areas and the extent to which the work of the internal audit function can be used, the external auditor shall consider the nature and scope of the work that has been performed, or is planned to be performed, by the internal audit function and its relevance to the external auditor's overall audit strategy and audit plan. (Ref: Para. A15–A17)

18. The external auditor shall make all significant judgments in the audit engagement and, to prevent undue use of the work of the internal audit function, shall plan to use less of the work of the function and perform more of the work directly: (Ref: Para. A15–A17)

    (a) The more judgment is involved in:
        (i) Planning and performing relevant audit procedures; and
        (ii) Evaluating the audit evidence gathered; (Ref: Para. A18–A19)
    (b) The higher the assessed risk of material misstatement at the assertion level, with special consideration given to risks identified as significant; (Ref: Para. A20–A22)
    (c) The less the internal audit function's organizational status and relevant policies and procedures adequately support the objectivity of the internal auditors; and
    (d) The lower the level of competence of the internal audit function.

19. The external auditor shall also evaluate whether, in aggregate, using the work of the internal audit function to the extent planned would still result in the external auditor being sufficiently involved in the audit, given the external auditor's sole responsibility for the audit opinion expressed. (Ref: Para. A15–A22)

20. The external auditor shall, in communicating with those charged with governance an overview of the planned scope and timing of the audit in accordance with ISA 260,[7] communicate how the external auditor has planned to use the work of the internal audit function. (Ref: Para. A23)

Using the Work of the Internal Audit Function

21. If the external auditor plans to use the work of the internal audit function, the external auditor shall discuss the planned use of its work with the function as a basis for coordinating their respective activities. (Ref: Para. A24–A26)

22. The external auditor shall read the reports of the internal audit function relating to the work of the function that the external auditor plans to use to obtain an understanding of the nature and extent of audit procedures it performed and the related findings.

---

7) ISA 260, *Communication with Those Charged with Governance*, paragraph 15

Anforderungen

Festlegung, ob, in welchen Bereichen und in welchem Umfang die Arbeit der internen Revision verwendet werden kann

Beurteilung der internen Revision

15. Der Abschlussprüfer muss festlegen, ob die Arbeit der internen Revision für Zwecke der Abschlussprüfung verwendet werden kann, indem er Folgendes beurteilt:
    (a) inwieweit die Stellung der internen Revision innerhalb der Organisation sowie relevante Regelungen und Maßnahmen die Objektivität der internen Prüfer unterstützen (Vgl. Tz. A5-A9)
    (b) wie kompetent die interne Revision ist und (Vgl. Tz. A5-A9)
    (c) ob die interne Revision einer systematischen und geregelten Vorgehensweise, einschließlich Qualitätssicherung, folgt. (Vgl. Tz. A10-A11)

16. Der Abschlussprüfer darf die Arbeit der internen Revision nicht verwenden, wenn er feststellt, dass
    (a) die Stellung der internen Revision innerhalb der Organisation sowie relevante Regelungen und Maßnahmen die Objektivität interner Prüfer nicht angemessen unterstützen,
    (b) die interne Revision nicht ausreichend kompetent ist oder
    (c) die interne Revision keiner systematischen und geregelten Vorgehensweise, einschließlich Qualitätssicherung, folgt. (Vgl. Tz. A12-A14)

Festlegung von Art und Umfang der Arbeit der internen Revision, die verwendet werden kann

17. Als Grundlage für die Festlegung, in welchen Bereichen und in welchem Umfang die Arbeit der internen Revision verwendet werden kann, muss der Abschlussprüfer Art und Umfang der Arbeit, die von der internen Revision durchgeführt wurde oder deren Durchführung geplant ist, sowie die Relevanz dieser Arbeit für die Prüfungsstrategie und das Prüfungsprogramm des Abschlussprüfers berücksichtigen. (Vgl. Tz. A15-A17)

18. Der Abschlussprüfer muss alle bedeutsamen Ermessensentscheidungen im Rahmen der Abschlussprüfung treffen und muss, um eine nicht sachgerechte Verwendung der Arbeit der internen Revision zu verhindern, planen, deren Arbeit in geringerem Umfang zu verwenden und einen größeren Teil der Arbeit selbst durchzuführen, (Vgl. Tz. A15-A17)
    (a) je mehr Ermessen verbunden ist mit:
        (i) der Planung und Durchführung relevanter Prüfungshandlungen sowie
        (ii) der Beurteilung der erlangten Prüfungsnachweise, (Vgl. Tz. A18-A19)
    (b) je höher das beurteilte Risiko wesentlicher falscher Darstellungen auf Aussageebene ist, unter besonderer Berücksichtigung der als bedeutsam identifizierten Risiken, (Vgl. Tz. A20-A22)
    (c) je weniger die Stellung der internen Revision innerhalb der Organisation sowie relevante Regelungen und Maßnahmen die Objektivität der internen Prüfer angemessen unterstützen, und
    (d) je weniger kompetent die interne Revision ist.

19. Außerdem muss der Abschlussprüfer beurteilen, ob die Verwendung der Arbeit der internen Revision in dem geplanten Umfang insgesamt dazu führt, dass der Abschlussprüfer angesichts seiner alleinigen Verantwortung für das abgegebene Prüfungsurteil noch ausreichend in die Abschlussprüfung eingebunden ist. (Vgl. Tz. A15-A22)

20. Der Abschlussprüfer muss, wenn er mit den für die Überwachung Verantwortlichen hinsichtlich eines Überblicks über den geplanten Umfang und die geplante zeitliche Einteilung der Abschlussprüfung in Übereinstimmung mit ISA 260[7] kommuniziert, mitteilen, wie er geplant hat, die Arbeit der internen Revision zu verwenden. (Vgl. Tz. A23)

Verwendung der Arbeit der internen Revision

21. Wenn der Abschlussprüfer plant, die Arbeit der internen Revision zu verwenden, muss der Abschlussprüfer die geplante Verwendung ihrer Arbeit mit der internen Revision erörtern, um die jeweiligen Tätigkeiten abzustimmen. (Vgl. Tz. A24-A26)

22. Der Abschlussprüfer muss die Berichte der internen Revision zu der Arbeit, die er zu verwenden plant, lesen, um ein Verständnis von Art und Umfang der von der internen Revision durchgeführten Prüfungshandlungen und von deren Feststellungen zu erlangen.

---

7) ISA 260 „Kommunikation mit den für die Überwachung Verantwortlichen", Textziffer 15.

23. The external auditor shall perform sufficient audit procedures on the body of work of the internal audit function as a whole that the external auditor plans to use to determine its adequacy for purposes of the audit, including evaluating whether:
    (a) The work of the function had been properly planned, performed, supervised, reviewed and documented;
    (b) Sufficient appropriate evidence had been obtained to enable the function to draw reasonable conclusions; and
    (c) Conclusions reached are appropriate in the circumstances and the reports prepared by the function are consistent with the results of the work performed. (Ref: Para. A27–A30)

24. The nature and extent of the external auditor's audit procedures shall be responsive to the external auditor's evaluation of:
    (a) The amount of judgment involved;
    (b) The assessed risk of material misstatement;
    (c) The extent to which the internal audit function's organizational status and relevant policies and procedures support the objectivity of the internal auditors; and
    (d) The level of competence of the function;[8] (Ref: Para. A27–A29)
    and shall include reperformance of some of the work. (Ref: Para. A30)

25. The external auditor shall also evaluate whether the external auditor's conclusions regarding the internal audit function in paragraph 15 of this ISA and the determination of the nature and extent of use of the work of the function for purposes of the audit in paragraphs 18–19 of this ISA remain appropriate.

Determining Whether, in Which Areas, and to What Extent Internal Auditors Can Be Used to Provide Direct Assistance

Determining Whether Internal Auditors Can Be Used to Provide Direct Assistance for Purposes of the Audit

26. The external auditor may be prohibited by law or regulation from obtaining direct assistance from internal auditors. If so, paragraphs 27–35 and 37 do not apply. (Ref: Para. A31)

27. If using internal auditors to provide direct assistance is not prohibited by law or regulation, and the external auditor plans to use internal auditors to provide direct assistance on the audit, the external auditor shall evaluate the existence and significance of threats to objectivity and the level of competence of the internal auditors who will be providing such assistance. The external auditor's evaluation of the existence and significance of threats to the internal auditors' objectivity shall include inquiry of the internal auditors regarding interests and relationships that may create a threat to their objectivity. (Ref: Para. A32–A34)

28. The external auditor shall not use an internal auditor to provide direct assistance if:
    (a) There are significant threats to the objectivity of the internal auditor; or
    (b) The internal auditor lacks sufficient competence to perform the proposed work. (Ref: Para. A32–A34)

Determining the Nature and Extent of Work that Can Be Assigned to Internal Auditors Providing Direct Assistance

29. In determining the nature and extent of work that may be assigned to internal auditors and the nature, timing and extent of direction, supervision and review that is appropriate in the circumstances, the external auditor shall consider:
    (a) The amount of judgment involved in:
        (i) Planning and performing relevant audit procedures; and
        (ii) Evaluating the audit evidence gathered;

---

8) See paragraph 18.

23. Der Abschlussprüfer muss ausreichende Prüfungshandlungen zu der Arbeit der internen Revision insgesamt, die der Abschlussprüfer zu verwenden plant, durchführen, um deren Angemessenheit für Zwecke der Abschlussprüfung festzustellen, und dabei auch beurteilen, ob
    (a) die Arbeit der internen Revision ordnungsgemäß geplant, durchgeführt, überwacht, überprüft und dokumentiert wurde,
    (b) ausreichende geeignete Nachweise erlangt wurden, um die interne Revision in die Lage zu versetzen, sachgerechte Schlussfolgerungen zu ziehen, und
    (c) die gezogenen Schlussfolgerungen unter den gegebenen Umständen angemessen sind und ob die von der internen Revision erstellten Berichte mit den Ergebnissen der durchgeführten Arbeit in Einklang stehen. (Vgl. Tz. A27-A30)
24. Art und Umfang der Prüfungshandlungen des Abschlussprüfers müssen sich richten nach dessen Beurteilung
    (a) des Maßes an auszuübendem Ermessen,
    (b) des beurteilten Risikos wesentlicher falscher Darstellungen,
    (c) der Frage, inwieweit die Stellung der internen Revision innerhalb der Organisation sowie relevante Regelungen und Maßnahmen die Objektivität der internen Prüfer unterstützen, und
    (d) der Frage, wie kompetent die interne Revision ist[8] (Vgl. Tz. A27-A29)
    und müssen den Nachvollzug von Teilen der Arbeit umfassen. (Vgl. Tz. A30)
25. Der Abschlussprüfer muss auch beurteilen, ob seine die interne Revision betreffenden Schlussfolgerungen gemäß Tz. 15 dieses ISA sowie die Festlegung von Art und Umfang der Verwendung der Arbeit der internen Revision für Zwecke der Abschlussprüfung gemäß den Tz. 18–19 dieses ISA angemessen bleiben.

Festlegung, ob, in welchen Bereichen und in welchem Umfang interne Prüfer zur direkten Unterstützung eingesetzt werden können

Festlegung, ob für Zwecke der Abschlussprüfung interne Prüfer zur direkten Unterstützung eingesetzt werden können

26. Aufgrund von Gesetzen oder anderen Rechtsvorschriften kann es dem Abschlussprüfer untersagt sein, auf die direkte Unterstützung interner Prüfer zurückzugreifen. In diesem Fall finden Tz. 27-35 und 37 keine Anwendung. (Vgl. Tz. A31)
27. Falls der Einsatz interner Prüfer zur direkten Unterstützung nicht durch Gesetze oder andere Rechtsvorschriften untersagt ist und der Abschlussprüfer plant, interne Prüfer zur direkten Unterstützung bei der Abschlussprüfung einzusetzen, muss der Abschlussprüfer beurteilen, ob Gefährdungen der Objektivität vorliegen und wie bedeutsam diese sind und wie kompetent die internen Prüfer sind, die diese direkte Unterstützung leisten werden. Die Beurteilung des Abschlussprüfers, ob Gefährdungen der Objektivität der internen Prüfer vorliegen und wie bedeutsam diese sind, muss eine Befragung der internen Prüfer in Bezug auf Interessen und Beziehungen umfassen, die eine Gefährdung ihrer Objektivität zur Folge haben können. (Vgl. Tz. A32–A34)
28. Der Abschlussprüfer darf einen internen Prüfer nicht zur direkten Unterstützung einsetzen, wenn
    (a) bedeutsame Gefährdungen der Objektivität des internen Prüfers vorliegen oder
    (b) der interne Prüfer zur Durchführung der vorgesehen Arbeit nicht ausreichend kompetent ist. (Vgl. Tz. A32–A34)

Festlegung von Art und Umfang der Arbeit, die internen Prüfern zur direkten Unterstützung übertragen werden kann

29. Bei der Festlegung von Art und Umfang der Arbeit, die internen Prüfern übertragen werden kann, sowie von Art, zeitlicher Einteilung und Umfang der Anleitung, Überwachung und Überprüfung, die unter den gegebenen Umständen angemessen ist, muss der Abschlussprüfer abwägen:
    (a) das Maß an auszuübendem Ermessen bei
        (i) der Planung und Durchführung der relevanten Prüfungshandlungen und
        (ii) der Beurteilung der erlangten Prüfungsnachweise,

---

[8] Siehe Textziffer 18.

(b) The assessed risk of material misstatement; and
(c) The external auditor's evaluation of the existence and significance of threats to the objectivity and level of competence of the internal auditors who will be providing such assistance. (Ref: Para. A35–A39)

30. The external auditor shall not use internal auditors to provide direct assistance to perform procedures that:

   (a) Involve making significant judgments in the audit; (Ref: Para. A19)
   (b) Relate to higher assessed risks of material misstatement where the judgment required in performing the relevant audit procedures or evaluating the audit evidence gathered is more than limited; (Ref: Para. A38)
   (c) Relate to work with which the internal auditors have been involved and which has already been, or will be, reported to management or those charged with governance by the internal audit function; or
   (d) Relate to decisions the external auditor makes in accordance with this ISA regarding the internal audit function and the use of its work or direct assistance. (Ref: Para. A35–A39)

31. Having appropriately evaluated whether and, if so, to what extent internal auditors can be used to provide direct assistance on the audit, the external auditor shall, in communicating with those charged with governance an overview of the planned scope and timing of the audit in accordance with ISA 260,[9] communicate the nature and extent of the planned use of internal auditors to provide direct assistance so as to reach a mutual understanding that such use is not excessive in the circumstances of the engagement. (Ref: Para. A39)

32. The external auditor shall evaluate whether, in aggregate, using internal auditors to provide direct assistance to the extent planned, together with the planned use of the work of the internal audit function, would still result in the external auditor being sufficiently involved in the audit, given the external auditor's sole responsibility for the audit opinion expressed.

Using Internal Auditors to Provide Direct Assistance

33. Prior to using internal auditors to provide direct assistance for purposes of the audit, the external auditor shall:

   (a) Obtain written agreement from an authorized representative of the entity that the internal auditors will be allowed to follow the external auditor's instructions, and that the entity will not intervene in the work the internal auditor performs for the external auditor; and
   (b) Obtain written agreement from the internal auditors that they will keep confidential specific matters as instructed by the external auditor and inform the external auditor of any threat to their objectivity.

34. The external auditor shall direct, supervise and review the work performed by internal auditors on the engagement in accordance with ISA 220.[10] In so doing:

   (a) The nature, timing and extent of direction, supervision, and review shall recognize that the internal auditors are not independent of the entity and be responsive to the outcome of the evaluation of the factors in paragraph 29 of this ISA; and
   (b) The review procedures shall include the external auditor checking back to the underlying audit evidence for some of the work performed by the internal auditors.

   The direction, supervision and review by the external auditor of the work performed by the internal auditors shall be sufficient in order for the external auditor to be satisfied that the internal auditors have obtained sufficient appropriate audit evidence to support the conclusions based on that work. (Ref: Para. A40–A41)

35. In directing, supervising and reviewing the work performed by internal auditors, the external auditor shall remain alert for indications that the external auditor's evaluations in paragraph 27 are no longer appropriate.

---

9) ISA 260, paragraph 15
10) ISA 220, Quality Control for an Audit of Financial Statements

(b) das beurteilte Risiko wesentlicher falscher Darstellungen und

(c) die Beurteilung des Abschlussprüfers, ob Gefährdungen der Objektivität vorliegen und wie bedeutsam diese sind, und wie kompetent die internen Prüfer sind, die diese direkte Unterstützung leisten werden. (Vgl. Tz. A35–A39)

30. Der Abschlussprüfer darf keine internen Prüfer zur direkten Unterstützung einsetzen bei der Durchführung von Prüfungshandlungen, die

(a) bedeutsame Ermessensentscheidungen im Rahmen der Abschlussprüfung beinhalten, (Vgl. Tz. A19)

(b) sich auf als höher beurteilte Risiken wesentlicher falscher Darstellungen beziehen, bei denen die Durchführung der relevanten Prüfungshandlungen oder die Würdigung der erlangten Prüfungsnachweise mehr als begrenztes Ermessen erfordert, (Vgl. Tz. A38)

(c) sich auf Arbeiten beziehen, an denen die internen Prüfer beteiligt waren und über die bereits von der internen Revision an das Management oder die für die Überwachung Verantwortlichen berichtet wurde oder wird oder

(d) sich auf Entscheidungen beziehen, die der Abschlussprüfer in Übereinstimmung mit diesem ISA hinsichtlich der internen Revision und der Verwendung ihrer Arbeit oder direkten Unterstützung trifft. (Vgl. Tz. A35–A39)

31. Hat der Abschlussprüfer sachgerecht beurteilt, ob und – wenn dies der Fall ist – in welchem Umfang interne Prüfer zur direkten Unterstützung im Rahmen der Abschlussprüfung eingesetzt werden können, muss der Abschlussprüfer, wenn er mit den für die Überwachung Verantwortlichen hinsichtlich eines Überblicks über den geplanten Umfang und die geplante zeitliche Einteilung der Abschlussprüfung in Übereinstimmung mit ISA 260[9]) kommuniziert, die Art und den Umfang des geplanten Einsatzes interner Prüfer zur direkten Unterstützung mitteilen, um gegenseitiges Einvernehmen darüber zu erlangen, dass diese direkte Unterstützung unter den Umständen des Auftrags nicht unverhältnismäßig ist. (Vgl. Tz. A39)

32. Der Abschlussprüfer hat angesichts seiner alleinigen Verantwortung für das abgegebene Prüfungsurteil zu beurteilen, ob er insgesamt bei dem geplanten Umfang des Einsatzes interner Prüfer zur direkten Unterstützung und der geplanten Verwendung der Arbeit der internen Revision selbst noch ausreichend in die Prüfung eingebunden ist.

Einsatz interner Prüfer zur direkten Unterstützung

33. Bevor der Abschlussprüfer interne Prüfer zur direkten Unterstützung für Zwecke der Abschlussprüfung einsetzt, muss er

(a) die schriftliche Zustimmung eines hierzu befugten Vertreters der Einheit einholen, dass es den internen Prüfern gestattet wird, die Anweisungen des Abschlussprüfers zu befolgen und dass die Einheit nicht in die Arbeit der internen Prüfer, die sie für den Abschlussprüfer durchführen, eingreifen wird und

(b) die schriftliche Zustimmung von den internen Prüfern einholen, dass sie spezifische Sachverhalte wie vom Abschlussprüfer vorgegeben verschwiegen behandeln werden und dass sie den Abschlussprüfer über jegliche Gefährdungen ihrer Objektivität informieren werden.

34. Der Abschlussprüfer muss die Arbeit der internen Prüfer für den Auftrag in Übereinstimmung mit ISA 220[10]) anleiten, überwachen und überprüfen. Dabei ist Folgendes zu berücksichtigen:

(a) Art, zeitliche Einteilung und Umfang der Anleitung, Überwachung und Überprüfung müssen berücksichtigen, dass die internen Prüfer nicht unabhängig von der Einheit sind und müssen auf das Ergebnis der Beurteilung der in Tz. 29 dieses ISA genannten Faktoren reagieren, und

(b) die Überprüfungshandlungen durch den Abschlussprüfer müssen den Nachvollzug der zugrundeliegenden Prüfungsnachweise für Teile der von den internen Prüfern durchgeführten Arbeit umfassen.

Die Anleitung, Überwachung und Überprüfung der von den internen Prüfern durchgeführten Arbeit durch den Abschlussprüfer muss ausreichend sein, um den Abschlussprüfer davon zu überzeugen, dass die internen Prüfer ausreichende geeignete Prüfungsnachweise zur Abstützung der auf dieser Arbeit basierenden Schlussfolgerungen erlangt haben. (Vgl. Tz. A40–A41)

35. Bei der Anleitung, Überwachung und Überprüfung der von den internen Prüfern durchgeführten Arbeit muss der Abschlussprüfer stets aufmerksam sein für Anzeichen, dass seine Beurteilungen gemäß Tz. 27 nicht mehr angemessen sind.

---

9) ISA 260, Textziffer 15.
10) ISA 220 „Qualitätssicherung bei einer Abschlussprüfung".

Documentation

36. If the external auditor uses the work of the internal audit function, the external auditor shall include in the audit documentation:

    (a) The evaluation of:

       (i) Whether the function's organizational status and relevant policies and procedures adequately support the objectivity of the internal auditors;

       (ii) The level of competence of the function; and

       (iii) Whether the function applies a systematic and disciplined approach, including quality control;

    (b) The nature and extent of the work used and the basis for that decision; and

    (c) The audit procedures performed by the external auditor to evaluate the adequacy of the work used.

37. If the external auditor uses internal auditors to provide direct assistance on the audit, the external auditor shall include in the audit documentation:

    (a) The evaluation of the existence and significance of threats to the objectivity of the internal auditors, and the level of competence of the internal auditors used to provide direct assistance;

    (b) The basis for the decision regarding the nature and extent of the work performed by the internal auditors;

    (c) Who reviewed the work performed and the date and extent of that review in accordance with ISA 230;[11]

    (d) The written agreements obtained from an authorized representative of the entity and the internal auditors under paragraph 33 of this ISA; and

    (e) The working papers prepared by the internal auditors who provided direct assistance on the audit engagement.

***

Application and Other Explanatory Material

Definition of Internal Audit Function (Ref: Para. 2, 14(a))

A1. The objectives and scope of internal audit functions typically include assurance and consulting activities designed to evaluate and improve the effectiveness of the entity's governance processes, risk management and internal control such as the following:

Activities Relating to Governance

- The internal audit function may assess the governance process in its accomplishment of objectives on ethics and values, performance management and accountability, communicating risk and control information to appropriate areas of the organization and effectiveness of communication among those charged with governance, external and internal auditors, and management.

Activities Relating to Risk Management

- The internal audit function may assist the entity by identifying and evaluating significant exposures to risk and contributing to the improvement of risk management and internal control (including effectiveness of the financial reporting process).

- The internal audit function may perform procedures to assist the entity in the detection of fraud.

Activities Relating to Internal Control

- Evaluation of internal control. The internal audit function may be assigned specific responsibility for reviewing controls, evaluating their operation and recommending improvements thereto. In doing so, the internal audit function provides assurance on the control. For example, the internal audit function might plan and perform tests or other procedures to provide assurance to management and

---

11) ISA 230, *Audit Documentation*

Dokumentation

36. Wenn der Abschlussprüfer die Arbeit der internen Revision verwendet, muss er in die Prüfungsdokumentation aufnehmen:
    (a) die Beurteilung:
        (i) ob die Stellung der internen Revision innerhalb der Organisation sowie relevante Regelungen und Maßnahmen die Objektivität der internen Prüfer angemessen unterstützen,
        (ii) wie kompetent die interne Revision ist und
        (iii) ob die interne Revision einer systematischen und geregelten Vorgehensweise, einschließlich Qualitätssicherung, folgt,
    (b) Art und Umfang der verwendeten Arbeit sowie die Grundlage für die entsprechende Entscheidung und
    (c) die vom Abschlussprüfer durchgeführten Prüfungshandlungen zur Beurteilung der Angemessenheit der verwendeten Arbeit.

37. Wenn der Abschlussprüfer interne Prüfer zur direkten Unterstützung bei der Abschlussprüfung einsetzt, muss er in die Prüfungsdokumentation aufnehmen:
    (a) die Beurteilung, ob Gefährdungen der Objektivität der internen Prüfer vorliegen und wie bedeutsam diese sind und wie kompetent die internen Prüfer sind, die zur direkten Unterstützung eingesetzt wurden,
    (b) die Grundlage für die Entscheidung hinsichtlich der Art und des Umfangs der von den internen Prüfern durchgeführten Arbeit,
    (c) wer die durchgeführte Arbeit überprüft hat sowie Datum und Umfang dieser Überprüfung in Übereinstimmung mit ISA 230[11],
    (d) die schriftlichen Zustimmungen eines hierzu befugten Vertreters der Einheit und der internen Prüfer gemäß Tz. 33 dieses ISA und
    (e) die Arbeitspapiere, die von den internen Prüfern erstellt wurden, die bei dem Prüfungsauftrag direkt unterstützt haben.

***

Anwendungshinweise und sonstige Erläuterungen

Definition der internen Revision (Vgl. Tz. 2, 14(a))

A1. Ziele und Aufgabenbereich der internen Revision umfassen in der Regel Prüfungs- und Beratungstätigkeiten, die darauf ausgerichtet sind, die Wirksamkeit der Überwachungsprozesse, des Risikomanagements und des internen Kontrollsystems (IKS) der Einheit zu beurteilen und zu verbessern. Beispiele dafür sind die folgenden Tätigkeiten:

Tätigkeiten im Zusammenhang mit der Überwachung

- Die interne Revision kann den Überwachungsprozess hinsichtlich der Erreichung seiner Ziele in Bezug auf Ethik und Werte sowie Zielerreichung und Verantwortlichkeiten, Mitteilung von Risiko- und Kontrollinformationen an zuständige Bereiche der Organisation und Wirksamkeit der Kommunikation zwischen den für die Überwachung Verantwortlichen, dem Abschlussprüfer, internen Prüfern und Management beurteilen.

Tätigkeiten im Zusammenhang mit dem Risikomanagement

- Die interne Revision kann die Einheit unterstützen, indem sie bedeutsame Risikopotenziale feststellt und beurteilt und zur Verbesserung des Risikomanagements und des IKS (einschließlich der Wirksamkeit des Rechnungslegungsprozesses) beiträgt.
- Die interne Revision kann Untersuchungshandlungen durchführen, um die Einheit bei der Aufdeckung von dolosen Handlungen zu unterstützen.

Tätigkeiten im Zusammenhang mit dem IKS

- Beurteilung des IKS: Der internen Revision kann eine spezielle Verantwortung für die Überprüfung von Kontrollen, die Beurteilung ihrer Wirksamkeit und die Empfehlung von diesbezüglichen Verbesserungen übertragen sein. Dadurch bietet die interne Revision ein Maß an Sicherheit in Bezug auf die Kontrollen. So kann die interne Revision bspw. Funktionsprüfungen oder andere

---

11) ISA 230 „Prüfungsdokumentation".

those charged with governance regarding the design, implementation and operating effectiveness of internal control, including those controls that are relevant to the audit.

- Examination of financial and operating information. The internal audit function may be assigned to review the means used to identify, recognize, measure, classify and report financial and operating information, and to make specific inquiry into individual items, including detailed testing of transactions, balances and procedures.

- Review of operating activities. The internal audit function may be assigned to review the economy, efficiency and effectiveness of operating activities, including non-financial activities of an entity.

- Review of compliance with laws and regulations. The internal audit function may be assigned to review compliance with laws, regulations and other external requirements, and with management policies and directives and other internal requirements.

A2. Activities similar to those performed by an internal audit function may be conducted by functions with other titles within an entity. Some or all of the activities of an internal audit function may also be outsourced to a third-party service provider. Neither the title of the function, nor whether it is performed by the entity or a third-party service provider, are sole determinants of whether or not the external auditor can use the work of the function. Rather, it is the nature of the activities; the extent to which the internal audit function's organizational status and relevant policies and procedures support the objectivity of the internal auditors; competence; and systematic and disciplined approach of the function that are relevant. References in this ISA to the work of the internal audit function include relevant activities of other functions or third-party providers that have these characteristics.

A3. In addition, those in the entity with operational and managerial duties and responsibilities outside of the internal audit function would ordinarily face threats to their objectivity that would preclude them from being treated as part of an internal audit function for the purpose of this ISA, although they may perform control activities that can be tested in accordance with ISA 330.[12] For this reason, monitoring controls performed by an owner-manager would not be considered equivalent to an internal audit function.

A4. While the objectives of an entity's internal audit function and the external auditor differ, the function may perform audit procedures similar to those performed by the external auditor in an audit of financial statements. If so, the external auditor may make use of the function for purposes of the audit in one or more of the following ways:

- To obtain information that is relevant to the external auditor's assessments of the risks of material misstatement due to error or fraud. In this regard, ISA 315 (Revised)[13] requires the external auditor to obtain an understanding of the nature of the internal audit function's responsibilities, its status within the organization, and the activities performed, or to be performed, and make inquiries of appropriate individuals within the internal audit function (if the entity has such a function); or

- Unless prohibited, or restricted to some extent, by law or regulation, the external auditor, after appropriate evaluation, may decide to use work that has been performed by the internal audit function during the period in partial substitution for audit evidence to be obtained directly by the external auditor.[14]

In addition, unless prohibited, or restricted to some extent, by law or regulation, the external auditor may use internal auditors to perform audit procedures under the direction, supervision and review of the external auditor (referred to as "direct assistance" in this ISA).[15]

---

12) See paragraph 10.
13) ISA 315 (Revised), paragraph 6(a)
14) See paragraphs 15–25.
15) See paragraphs 26–35.

Maßnahmen planen und durchführen, um dem Management und den für die Überwachung Verantwortlichen ein Maß an Sicherheit in Bezug auf Ausgestaltung, Einrichtung und Wirksamkeit des IKS, einschließlich der prüfungsrelevanten Kontrollen, zu bieten.

- Untersuchung von finanziellen und betrieblichen Informationen: Der internen Revision können die Überprüfung der Verfahren zur Erkennung, Erfassung, Bewertung und Klassifizierung von finanziellen und betrieblichen Informationen und zur Berichterstattung darüber sowie die Durchführung spezieller Befragungen zu einzelnen Sachverhalten (einschließlich der Detailprüfung von Geschäftsvorfällen, Salden und Verfahren) übertragen sein.
- Überprüfung der laufenden Geschäftstätigkeit: Der internen Revision kann die Überprüfung der Wirtschaftlichkeit, Effizienz und Wirksamkeit der laufenden Geschäftstätigkeit (einschließlich der nichtfinanziellen Tätigkeiten einer Einheit) übertragen sein.
- Überprüfung der Einhaltung von Gesetzen und anderen Rechtsvorschriften: Der internen Revision kann die Überprüfung der Einhaltung von Gesetzen, anderen Rechtsvorschriften und sonstigen externen Anforderungen sowie der Einhaltung von Regelungen und Anweisungen des Managements und sonstigen internen Anforderungen übertragen sein.

A2. Ähnliche Tätigkeiten wie die einer internen Revision können von Instanzen mit einer anderen Bezeichnung innerhalb einer Einheit ausgeführt werden. Einige oder alle Tätigkeiten einer internen Revision können auch an einen externen Dienstleister ausgegliedert werden. Weder die Bezeichnung der betreffende Instanz noch die Frage, ob die betreffende Funktion von der Einheit oder von einem externen Dienstleister ausgeübt wird, sind allein ausschlaggebend dafür, ob der Abschlussprüfer die Arbeit der Instanz verwenden kann oder nicht. Entscheidend sind vielmehr die Art der Tätigkeiten, das Ausmaß, in dem die Stellung der internen Revision innerhalb der Organisation sowie relevante Regelungen und Maßnahmen die Objektivität der internen Prüfer unterstützen, die Kompetenz sowie eine systematische und geregelte Vorgehensweise der Instanz. In diesem ISA enthaltene Verweise auf die Arbeit der internen Revision schließen entsprechende Tätigkeiten anderer Instanzen oder externer Dienstleister ein, die diese Merkmale aufweisen.

A3. Darüber hinaus sind nicht der internen Revision angehörende Personen innerhalb der Einheit, die operative und leitende Aufgaben und Verantwortlichkeiten haben, in der Regel Gefährdungen ihrer Objektivität ausgesetzt, die es ausschließen, dass diese Personen als Teil einer internen Revision im Sinne dieses ISA behandelt werden, auch wenn sie Kontrolltätigkeiten ausüben, die in Übereinstimmung mit ISA 330 geprüft werden können.[12] Aus diesem Grund können von einem Gesellschafter-Geschäftsführer durchgeführte Überwachungskontrollen nicht mit einer internen Revision gleichgesetzt werden.

A4. Obwohl sich die Ziele der internen Revision einer Einheit und die des Abschlussprüfers unterscheiden, kann die interne Revision Prüfungshandlungen durchführen ähnlich denjenigen, die der Abschlussprüfer bei einer Abschlussprüfung durchführt. In diesem Fall kann sich der Abschlussprüfer die interne Revision für Zwecke der Abschlussprüfung auf eine oder mehrere der folgenden Arten zunutze machen:

- zur Erlangung von Informationen, die für die vom Abschlussprüfer vorgenommenen Beurteilungen der Risiken wesentlicher – beabsichtigter oder unbeabsichtigter – falscher Darstellungen relevant sind. Im Hinblick darauf muss sich der Abschlussprüfer nach ISA 315 (Revised)[13] ein Verständnis von der Art der Verantwortlichkeiten der internen Revision, von ihrer Stellung innerhalb der Organisation sowie von den von ihr durchgeführten oder durchzuführenden Tätigkeiten verschaffen und geeignete Personen innerhalb der internen Revision befragen (falls die Einheit über eine solche verfügt) oder
- sofern nicht aufgrund von Gesetzen oder anderen Rechtsvorschriften untersagt oder nur eingeschränkt erlaubt, kann sich der Abschlussprüfer nach geeigneter Beurteilung dafür entscheiden, während des Berichtszeitraums von der internen Revision durchgeführte Arbeiten als teilweisen Ersatz für direkt vom Abschlussprüfer zu erlangende Prüfungsnachweise zu verwenden.[14]

Darüber hinaus kann der Abschlussprüfer interne Prüfer unter seiner Anleitung, Überwachung und Überprüfung zur Durchführung von Prüfungshandlungen einsetzen, sofern dies nicht aufgrund von Gesetzen oder anderen Rechtsvorschriften untersagt oder nur eingeschränkt erlaubt ist (in diesem ISA als „direkte Unterstützung" bezeichnet).[15]

---

12) Siehe Textziffer 10.
13) ISA 315 (Revised), Textziffer 6(a).
14) Siehe Textziffern 15–25.
15) Siehe Textziffern 26–35.

Determining Whether, in Which Areas, and to What Extent the Work of the Internal Audit Function Can Be Used

Evaluating the Internal Audit Function

Objectivity and Competence (Ref: Para. 15(a)–(b))

A5. The external auditor exercises professional judgment in determining whether the work of the internal audit function can be used for purposes of the audit, and the nature and extent to which the work of the internal audit function can be used in the circumstances.

A6. The extent to which the internal audit function's organizational status and relevant policies and procedures support the objectivity of the internal auditors and the level of competence of the function are particularly important in determining whether to use and, if so, the nature and extent of the use of the work of the function that is appropriate in the circumstances.

A7. Objectivity refers to the ability to perform those tasks without allowing bias, conflict of interest or undue influence of others to override professional judgments. Factors that may affect the external auditor's evaluation include the following:

- Whether the organizational status of the internal audit function, including the function's authority and accountability, supports the ability of the function to be free from bias, conflict of interest or undue influence of others to override professional judgments. For example, whether the internal audit function reports to those charged with governance or an officer with appropriate authority, or if the function reports to management, whether it has direct access to those charged with governance.

- Whether the internal audit function is free of any conflicting responsibilities, for example, having managerial or operational duties or responsibilities that are outside of the internal audit function.

- Whether those charged with governance oversee employment decisions related to the internal audit function, for example, determining the appropriate remuneration policy.

- Whether there are any constraints or restrictions placed on the internal audit function by management or those charged with governance, for example, in communicating the internal audit function's findings to the external auditor.

- Whether the internal auditors are members of relevant professional bodies and their memberships obligate their compliance with relevant professional standards relating to objectivity, or whether their internal policies achieve the same objectives.

A8. Competence of the internal audit function refers to the attainment and maintenance of knowledge and skills of the function as a whole at the level required to enable assigned tasks to be performed diligently and in accordance with applicable professional standards. Factors that may affect the external auditor's determination include the following:

- Whether the internal audit function is adequately and appropriately resourced relative to the size of the entity and the nature of its operations.

- Whether there are established policies for hiring, training and assigning internal auditors to internal audit engagements.

- Whether the internal auditors have adequate technical training and proficiency in auditing. Relevant criteria that may be considered by the external auditor in making the assessment may include, for example, the internal auditors' possession of a relevant professional designation and experience.

- Whether the internal auditors possess the required knowledge relating to the entity's financial reporting and the applicable financial reporting framework and whether the internal audit function possesses the necessary skills (for example, industry-specific knowledge) to perform work related to the entity's financial statements.

- Whether the internal auditors are members of relevant professional bodies that oblige them to comply with the relevant professional standards including continuing professional development requirements.

A9. Objectivity and competence may be viewed as a continuum. The more the internal audit function's organizational status and relevant policies and procedures adequately support the objectivity of the

Festlegung, ob, in welchen Bereichen und in welchem Umfang die Arbeit der internen Revision verwendet werden kann

Beurteilung der internen Revision

Objektivität und Kompetenz (Vgl. Tz. 15 (a)-(b))

A5. Der Abschlussprüfer übt bei der Festlegung, ob die Arbeit der internen Revision für Zwecke der Abschlussprüfung verwendet werden kann, sowie von Art und Umfang der unter den gegebenen Umständen verwendbaren Arbeit der internen Revision pflichtgemäßes Ermessen aus.

A6. Inwieweit die Stellung der internen Revision innerhalb der Organisation sowie relevante Regelungen und Maßnahmen die Objektivität der internen Prüfer unterstützen und wie kompetent die interne Revision ist, sind besonders wichtige Fragen bei der Festlegung, ob die Arbeit der internen Revision verwendet werden soll, sowie ggf. welche Art und welcher Umfang der Verwendung der Arbeit der internen Revision unter den gegebenen Umständen angemessen sind.

A7. Objektivität bezieht sich auf die Fähigkeit, diese Aufgaben auszuführen, ohne es zuzulassen, dass Einseitigkeit, Interessenkonflikte oder unzulässiger Einfluss anderer das pflichtgemäße Ermessen außer Kraft setzen. Unter anderem können folgende Faktoren die Beurteilung des Abschlussprüfers beeinflussen:

- ob die Stellung der internen Revision innerhalb der Organisation, einschließlich ihrer Befugnis und Rechenschaftspflicht, die Fähigkeit der internen Revision unterstützt, frei zu sein von Einseitigkeit, Interessenkonflikten oder unzulässigem Einfluss anderer, die geeignet sind, nach pflichtgemäßem Ermessen getroffene Beurteilungen außer Kraft zu setzen. Ein Beispiel dafür ist, ob die interne Revision an die für die Überwachung Verantwortlichen oder an eine Führungskraft mit angemessener Weisungsbefugnis berichtet oder, falls die interne Revision an das Management berichtet, ob sie direkten Zugang zu den für die Überwachung Verantwortlichen hat.
- ob die interne Revision frei von sich widersprechenden Verantwortlichkeiten ist, bspw. ob sie leitende oder operative Funktionen oder Verantwortlichkeiten wahrnimmt, die über die interne Revision hinausgehen.
- ob die für die Überwachung Verantwortlichen Personalentscheidungen im Zusammenhang mit der internen Revision überwachen, bspw. die Festlegung eines geeigneten Vergütungssystems.
- ob der internen Revision durch das Management oder die für die Überwachung Verantwortlichen Auflagen oder Beschränkungen auferlegt werden, bspw. hinsichtlich der Mitteilung der Feststellungen der internen Revision an den Abschlussprüfer.
- ob die internen Prüfer einschlägigen Berufsorganisationen angehören und ihre Mitgliedschaft sie zur Einhaltung der einschlägigen beruflichen Standards in Bezug auf Objektivität verpflichtet oder ob durch interne Regelungen, denen sie unterliegen, dieselben Ziele erreicht werden.

A8. Die Kompetenz der internen Revision bezieht sich auf die Erlangung und Aufrechterhaltung der Kenntnisse und Fähigkeiten der internen Revision insgesamt auf dem Niveau, das erforderlich ist, damit die ihr übertragenen Aufgaben sorgfältig und in Übereinstimmung mit den einschlägigen beruflichen Standards ausgeführt werden können. Unter anderem können folgende Faktoren die Festlegung des Abschlussprüfers beeinflussen:

- ob die interne Revision im Verhältnis zur Größe der Einheit und zur Art ihrer Tätigkeiten über angemessene und geeignete Ressourcen verfügt.
- ob Regelungen zur Einstellung und Schulung von internen Prüfern sowie zu deren Einteilung für interne Prüfungsaufträge festgelegt wurden.
- ob die internen Prüfer über eine angemessene fachliche Ausbildung und Kenntnisse im Bereich der Prüfung verfügen. Zu relevanten Kriterien, die vom Abschlussprüfer bei dieser Beurteilung berücksichtigt werden können, kann bspw. gehören, ob die internen Prüfer eine relevante Berufsbezeichnung und Erfahrungen besitzen.
- ob die internen Prüfer über die erforderlichen Kenntnisse in Bezug auf die Rechnungslegung der Einheit und das maßgebende Regelwerk der Rechnungslegung verfügen und ob die interne Revision über die notwendigen Fähigkeiten (bspw. branchenspezifische Kenntnisse) verfügt, um Arbeiten im Zusammenhang mit dem Abschluss der Einheit durchzuführen.
- ob die internen Prüfer einschlägigen Berufsorganisationen angehören, die sie dazu verpflichten, die einschlägigen beruflichen Standards, einschließlich Anforderungen zur laufenden beruflichen Fortbildung, einzuhalten.

A9. Objektivität und Kompetenz können im Zusammenhang betrachtet werden. Je mehr die Stellung der internen Revision innerhalb der Organisation sowie relevante Regelungen und Maßnahmen die

internal auditors and the higher the level of competence of the function, the more likely the external auditor may make use of the work of the function and in more areas. However, an organizational status and relevant policies and procedures that provide strong support for the objectivity of the internal auditors cannot compensate for the lack of sufficient competence of the internal audit function. Equally, a high level of competence of the internal audit function cannot compensate for an organizational status and policies and procedures that do not adequately support the objectivity of the internal auditors.

Application of a Systematic and Disciplined Approach (Ref: Para. 15(c))

A10. The application of a systematic and disciplined approach to planning, performing, supervising, reviewing and documenting its activities distinguishes the activities of the internal audit function from other monitoring control activities that may be performed within the entity.

A11. Factors that may affect the external auditor's determination of whether the internal audit function applies a systematic and disciplined approach include the following:

- The existence, adequacy and use of documented internal audit procedures or guidance covering such areas as risk assessments, work programs, documentation and reporting, the nature and extent of which is commensurate with the size and circumstances of an entity.

- Whether the internal audit function has appropriate quality control policies and procedures, for example, such as those policies and procedures in ISQC 1[16] that would be applicable to an internal audit function (such as those relating to leadership, human resources and engagement performance) or quality control requirements in standards set by the relevant professional bodies for internal auditors. Such bodies may also establish other appropriate requirements such as conducting periodic external quality assessments.

Circumstances When Work of the Internal Audit Function Cannot Be Used (Ref: Para. 16)

A12. The external auditor's evaluation of whether the internal audit function's organizational status and relevant policies and procedures adequately support the objectivity of the internal auditors, the level of competence of the internal audit function, and whether it applies a systematic and disciplined approach may indicate that the risks to the quality of the work of the function are too significant and therefore it is not appropriate to use any of the work of the function as audit evidence.

A13. Consideration of the factors in paragraphs A7, A8 and A11 of this ISA individually and in aggregate is important because an individual factor is often not sufficient to conclude that the work of the internal audit function cannot be used for purposes of the audit. For example, the internal audit function's organizational status is particularly important in evaluating threats to the objectivity of the internal auditors. If the internal audit function reports to management, this would be considered a significant threat to the function's objectivity unless other factors such as those described in paragraph A7 of this ISA collectively provide sufficient safeguards to reduce the threat to an acceptable level.

A14. In addition, the IESBA Code[17] states that a self-review threat is created when the external auditor accepts an engagement to provide internal audit services to an audit client, and the results of those services will be used in conducting the audit. This is because of the possibility that the engagement team will use the results of the internal audit service without properly evaluating those results or without exercising the same level of professional skepticism as would be exercised when the internal audit work is performed by individuals who are not members of the firm. The IESBA Code[18] discusses the prohibitions that apply in certain circumstances and the safeguards that can be applied to reduce the threats to an acceptable level in other circumstances.

---

16) International Standard on Quality Control (ISQC) 1, *Quality Control for Firms that Perform Audits and Reviews of Financial Statements, and Other Assurance and Related Services Engagements*

17) The International Ethics Standards Board for Accountants' *Code of Ethics for Professional Accountants* (IESBA Code), Section 290.199

18) IESBA Code, Section 290.195–290.200

Objektivität der internen Prüfer angemessen unterstützen und je kompetenter die interne Revision ist, umso wahrscheinlicher kann der Abschlussprüfer die Arbeit der internen Revision verwenden und in umso mehr Bereichen. Die Stellung innerhalb der Organisation sowie relevante Regelungen und Maßnahmen, welche die Objektivität der internen Prüfer in hohem Maße unterstützen, können jedoch das Fehlen ausreichender Kompetenz der internen Revision nicht ausgleichen. Ebensowenig können die Stellung innerhalb der Organisation sowie Regelungen und Maßnahmen, welche die Objektivität der internen Prüfer nicht angemessen unterstützen, durch eine hohe Kompetenz der internen Revision ausgeglichen werden.

Systematische und geregelte Vorgehensweise (Vgl. Tz. 15(c))

A10. Die systematische und geregelte Vorgehensweise bei der Planung, Durchführung, Überwachung, Überprüfung und Dokumentation ihrer Tätigkeiten unterscheidet die Tätigkeiten der internen Revision von anderen überwachenden Kontrolltätigkeiten, die möglicherweise innerhalb der Einheit ausgeübt werden.

A11. Zu den Faktoren, welche die Feststellung des Abschlussprüfers beeinflussen können, ob die interne Revision einer systematischen und geregelten Vorgehensweise folgt, gehören die folgenden:

- Vorhandensein, Angemessenheit und Anwendung von dokumentierten Untersuchungshandlungen der internen Revision oder von Hinweisen zu Bereichen wie Risikobeurteilungen, Arbeitsprogramme, Dokumentation und Berichterstattung, die nach Art und Umfang der Größe und den Gegebenheiten der Einheit angemessen sind.
- ob die interne Revision über geeignete Regelungen und Maßnahmen zur Qualitätssicherung verfügt, z. B. die auf die interne Revision zutreffenden Regelungen und Maßnahmen in ISQC 1[16] (z. B. diejenigen in Bezug auf Führung, Personalwesen und Auftragsdurchführung) oder über Anforderungen an die Qualitätssicherung in Standards, die von den einschlägigen Berufsorganisationen für interne Prüfer festgelegt sind. Solche Organisationen können auch andere geeignete Anforderungen wie die Durchführung regelmäßiger externer Qualitätsbeurteilungen festlegen.

Umstände, unter denen die Arbeit der internen Revision nicht verwendet werden kann (Vgl. Tz. 16)

A12. Die Beurteilung des Abschlussprüfers, ob die Stellung der internen Revision innerhalb der Organisation sowie relevante Regelungen und Maßnahmen die Objektivität der internen Prüfer angemessen unterstützen, wie kompetent die interne Revision ist und ob die interne Revision einer systematischen und geregelten Vorgehensweise folgt, kann darauf hindeuten, dass die Risiken hinsichtlich der Qualität der Arbeit der internen Revision zu bedeutsam sind und es daher nicht angemessen ist, jegliche Arbeiten der internen Revision als Prüfungsnachweise zu verwenden.

A13. Es ist wichtig, die in den Tz. A7, A8 und A11 dieses ISA beschriebenen Faktoren einzeln und in Summe zu berücksichtigen, weil ein einzelner Faktor häufig nicht für die Schlussfolgerung ausreicht, dass die Arbeit der internen Revision nicht für Zwecke der Abschlussprüfung verwendet werden kann. Beispielsweise ist die Stellung der internen Revision innerhalb der Organisation besonders wichtig für die Beurteilung von Gefährdungen der Objektivität der internen Prüfer. Wenn die interne Revision an das Management berichtet, würde dies als bedeutsame Gefährdung der Objektivität der internen Revision angesehen werden, es sei denn, andere Faktoren, wie die in Textziffer A7 dieses ISA beschriebenen, bieten zusammen ausreichende Schutzmaßnahmen, um die Gefährdung auf ein vertretbares Maß zu reduzieren.

A14. Darüber hinaus wird im IESBA Code[17] dargelegt, dass eine Gefährdung durch Selbstprüfung entsteht, wenn der Abschlussprüfer einen Auftrag zur Erbringung von Innenrevisionsleistungen gegenüber einem Abschlussprüfungsmandanten annimmt und die Ergebnisse dieser Leistungen bei der Durchführung der externen Abschlussprüfung verwendet werden. Dies liegt daran, dass die Möglichkeit besteht, dass das Prüfungsteam die Ergebnisse der Innenrevisionsleistung verwendet, ohne diese Ergebnisse in angemessener Weise zu beurteilen oder dasselbe Maß an kritischer Grundhaltung auszuüben, das ausgeübt würde, wenn die Innenrevisionstätigkeit von Personen durchgeführt würde, die nicht Mitglieder der Praxis sind. Der IESBA Code[18] erörtert die unter bestimmten Umständen geltenden Verbote sowie die Schutzmaßnahmen, die angewendet werden können, um die Gefährdungen unter anderen Umständen auf ein vertretbares Maß zu reduzieren.

---

[16] International Standard on Quality Control (ISQC) 1 „Qualitätssicherung für Praxen, die Abschlussprüfungen und prüferische Durchsichten von Abschlüssen sowie andere betriebswirtschaftliche Prüfungen und Aufträge zu verwandten Dienstleistungen durchführen".

[17] Code of Ethics for Professional Accountants des International Ethics Standards Board for Accountants (IESBA Code), Abschnitt 290.199.

[18] IESBA Code, Abschnitt 290.195–290.200.

Determining the Nature and Extent of Work of the Internal Audit Function that Can Be Used

Factors Affecting the Determination of the Nature and Extent of the Work of the Internal Audit Function that Can Be Used (Ref: Para. 17–19)

A15. Once the external auditor has determined that the work of the internal audit function can be used for purposes of the audit, a first consideration is whether the planned nature and scope of the work of the internal audit function that has been performed, or is planned to be performed, is relevant to the overall audit strategy and audit plan that the external auditor has established in accordance with ISA 300.[19]

A16. Examples of work of the internal audit function that can be used by the external auditor include the following:
- Testing of the operating effectiveness of controls.
- Substantive procedures involving limited judgment.
- Observations of inventory counts.
- Tracing transactions through the information system relevant to financial reporting.
- Testing of compliance with regulatory requirements.
- In some circumstances, audits or reviews of the financial information of subsidiaries that are not significant components to the group (where this does not conflict with the requirements of ISA 600).[20]

A17. The external auditor's determination of the planned nature and extent of use of the work of the internal audit function will be influenced by the external auditor's evaluation of the extent to which the internal audit function's organizational status and relevant policies and procedures adequately support the objectivity of the internal auditors and the level of competence of the internal audit function in paragraph 18 of this ISA. In addition, the amount of judgment needed in planning, performing and evaluating such work and the assessed risk of material misstatement at the assertion level are inputs to the external auditor's determination. Further, there are circumstances in which the external auditor cannot use the work of the internal audit function for purpose of the audit as described in paragraph 16 of this ISA.

Judgments in planning and performing audit procedures and evaluating results (Ref: Para. 18(a), 30(a))

A18. The greater the judgment needed to be exercised in planning and performing the audit procedures and evaluating the audit evidence, the external auditor will need to perform more procedures directly in accordance with paragraph 18 of this ISA, because using the work of the internal audit function alone will not provide the external auditor with sufficient appropriate audit evidence.

A19. Since the external auditor has sole responsibility for the audit opinion expressed, the external auditor needs to make the significant judgments in the audit engagement in accordance with paragraph 18. Significant judgments include the following:

Assessing the risks of material misstatement;
- Evaluating the sufficiency of tests performed;
- Evaluating the appropriateness of management's use of the going concern assumption;
- Evaluating significant accounting estimates; and
- Evaluating the adequacy of disclosures in the financial statements, and other matters affecting the auditor's report.

Assessed risk of material misstatement (Ref: Para. 18(b))

A20. For a particular account balance, class of transaction or disclosure, the higher an assessed risk of material misstatement at the assertion level, the more judgment is often involved in planning and performing the audit procedures and evaluating the results thereof. In such circumstances, the external auditor will need

---

19) ISA 300, *Planning an Audit of Financial Statements*
20) ISA 600, *Special Considerations–Audits of Group Financial Statements (Including the Work of Component Auditors)*

Festlegung von Art und Umfang der Arbeit der internen Revision, die verwendet werden kann

Faktoren, welche die Festlegung von Art und Umfang der verwendbaren Arbeit der internen Revision beeinflussen (Vgl. Tz. 17–19)

A15. Wenn der Abschlussprüfer festgelegt hat, dass die Arbeit der internen Revision für Zwecke der Abschlussprüfung verwendet werden kann, ist zunächst zu überlegen, ob die geplante Art und der geplante Umfang der Arbeit der internen Revision, die durchgeführt wurde oder deren Durchführung geplant ist, für die Prüfungsstrategie und das Prüfungsprogramm relevant sind, die der Abschlussprüfer in Übereinstimmung mit ISA 300[19)] entwickelt hat.

A16. Zu Beispielen für Arbeiten der internen Revision, die vom Abschlussprüfer verwendet werden können, gehören die folgenden:
- Prüfung der Wirksamkeit von Kontrollen
- aussagebezogene Prüfungshandlungen,*) die nur begrenztes Ermessen beinhalten
- Inventurbeobachtung
- Nachverfolgung von Geschäftsvorfällen im rechnungslegungsbezogenen Informationssystem
- Überprüfung der Einhaltung von rechtlichen Anforderungen
- in manchen Fällen Prüfungen oder prüferische Durchsichten der Finanzinformationen von Tochtergesellschaften, die keine bedeutsamen Teilbereiche des Konzerns sind (sofern dies nicht im Widerspruch zu den Anforderungen von ISA 600 steht).[20)]

A17. Die Festlegung des Abschlussprüfers hinsichtlich der geplanten Art und des geplanten Umfangs der Verwendung der Arbeit der internen Revision wird beeinflusst durch seine Beurteilung gemäß Tz. 18 dieses ISA, inwieweit die Stellung der internen Revision innerhalb der Organisation sowie relevante Regelungen und Maßnahmen die Objektivität der internen Prüfer angemessen unterstützen und wie kompetent die interne Revision ist. Außerdem haben das bei der Planung, Durchführung und Beurteilung dieser Arbeit erforderliche Maß an Ermessen sowie das beurteilte Risiko wesentlicher falscher Darstellungen auf Aussageebene Einfluss auf diese Festlegung des Abschlussprüfers. Darüber hinaus gibt es Umstände, unter denen der Abschlussprüfer die Arbeit der internen Revision nicht für Zwecke der Abschlussprüfung verwenden kann, wie in Tz. 16 dieses ISA beschrieben.

Ermessensentscheidungen bei der Planung und Durchführung von Prüfungshandlungen und bei der Beurteilung der Ergebnisse (Vgl. Tz. 18(a), 30(a))

A18. Je mehr Ermessen bei der Planung und Durchführung der Prüfungshandlungen sowie bei der Beurteilung der Prüfungsnachweise ausgeübt werden muss, desto mehr Prüfungshandlungen muss der Abschlussprüfer in Übereinstimmung mit Tz. 18 dieses ISA selbst durchführen, weil die Verwendung der Arbeit der internen Revision allein dem Abschlussprüfer keine ausreichenden geeigneten Prüfungsnachweise liefert.

A19. Da der Abschlussprüfer die alleinige Verantwortung für das abgegebene Prüfungsurteil trägt, muss er die bedeutsamen Ermessensentscheidungen im Rahmen der Abschlussprüfung in Übereinstimmung mit Tz. 18 vornehmen. Zu bedeutsamen Ermessensentscheidungen gehören die folgenden:

Beurteilung der Risiken wesentlicher falscher Darstellungen,
- Beurteilung, ob die durchgeführten Prüfungshandlungen ausreichen,
- Beurteilung der Angemessenheit der Anwendung der Annahme der Fortführung der Unternehmenstätigkeit durch das Management,
- Beurteilung bedeutsamer geschätzter Werte in der Rechnungslegung und
- Beurteilung der Angemessenheit von Angaben im Abschluss und anderer Sachverhalte, die den Vermerk des Abschlussprüfers**) beeinflussen.

Beurteiltes Risiko wesentlicher falscher Darstellungen (Vgl. Tz. 18(b))

A20. Je höher für einen bestimmten Kontensaldo, eine bestimmte Art von Geschäftsvorfällen oder Abschlussangaben***) das beurteilte Risiko wesentlicher falscher Darstellungen auf Aussageebene ist, desto mehr Ermessen ist häufig mit der Planung und Durchführung der Prüfungshandlungen und der

---

19) ISA 300 „Planung einer Abschlussprüfung".
20) ISA 600 „Besondere Überlegungen zu Konzernabschlussprüfungen" (einschließlich der Tätigkeit von Teilbereichsprüfern).

*) In Österreich: materielle Prüfungshandlungen.
**) In Deutschland und Österreich wird die Bezeichnung „Bestätigungsvermerk des Abschlussprüfers", in der Schweiz „Bericht der Revisionsstelle" verwendet.
***) Abschlussposten und andere Angaben im Abschluss.

to perform more procedures directly in accordance with paragraph 18 of this ISA, and accordingly, make less use of the work of the internal audit function in obtaining sufficient appropriate audit evidence. Furthermore, as explained in ISA 200,[21] the higher the assessed risks of material misstatement, the more persuasive the audit evidence required by the external auditor will need to be, and, therefore, the external auditor will need to perform more of the work directly.

A21. As explained in ISA 315 (Revised),[22] significant risks require special audit consideration and therefore the external auditor's ability to use the work of the internal audit function in relation to significant risks will be restricted to procedures that involve limited judgment. In addition, where the risks of material misstatement is other than low, the use of the work of the internal audit function alone is unlikely to reduce audit risk to an acceptably low level and eliminate the need for the external auditor to perform some tests directly.

A22. Carrying out procedures in accordance with this ISA may cause the external auditor to reevaluate the external auditor's assessment of the risks of material misstatement. Consequently, this may affect the external auditor's determination of whether to use the work of the internal audit function and whether further application of this ISA is necessary.

Communication with Those Charged with Governance (Ref: Para. 20)

A23. In accordance with ISA 260,[23] the external auditor is required to communicate with those charged with governance an overview of the planned scope and timing of the audit. The planned use of the work of the internal audit function is an integral part of the external auditor's overall audit strategy and is therefore relevant to those charged with governance for their understanding of the proposed audit approach.

Using the Work of the Internal Audit Function

Discussion and Coordination with the Internal Audit Function (Ref: Para. 21)

A24. In discussing the planned use of their work with the internal audit function as a basis for coordinating the respective activities, it may be useful to address the following:
- The timing of such work.
- The nature of the work performed.
- The extent of audit coverage.
- Materiality for the financial statements as a whole (and, if applicable, materiality level or levels for particular classes of transactions, account balances or disclosures), and performance materiality.
- Proposed methods of item selection and sample sizes.
- Documentation of the work performed.
- Review and reporting procedures.

A25. Coordination between the external auditor and the internal audit function is effective when, for example:
- Discussions take place at appropriate intervals throughout the period.
- The external auditor informs the internal audit function of significant matters that may affect the function.
- The external auditor is advised of and has access to relevant reports of the internal audit function and is informed of any significant matters that come to the attention of the function when such matters may affect the work of the external auditor so that the external auditor is able to consider the implications of such matters for the audit engagement.

---

22) ISA 200, paragraph A29
23) ISA 315 (Revised), paragraph 4(e)
24) ISA 260, paragraph 15

Beurteilung von deren Ergebnissen verbunden. Unter diesen Umständen wird es notwendig sein, dass der Abschlussprüfer in Übereinstimmung mit Tz. 18 dieses ISA mehr Prüfungshandlungen selbst durchführt und folglich bei der Einholung ausreichender geeigneter Prüfungsnachweise die Arbeit der internen Revision in geringerem Umfang verwendet. Wie in ISA 200[21] erläutert, gilt darüber hinaus: Je höher die beurteilten Risiken wesentlicher falscher Darstellungen sind, desto überzeugendere Prüfungsnachweise wird der Abschlussprüfer benötigen, so dass es für den Abschlussprüfer notwendig wird, einen größeren Teil der Arbeit selbst durchzuführen.

A21. Wie in ISA 315 (Revised)[22] erläutert, erfordern bedeutsame Risiken eine besondere Berücksichtigung bei der Abschlussprüfung, so dass die Möglichkeit des Abschlussprüfers, die Arbeit der internen Revision zu verwenden, im Zusammenhang mit bedeutsamen Risiken auf Prüfungshandlungen beschränkt ist, die begrenztes Ermessen beinhalten. Wenn die Risiken wesentlicher falscher Darstellungen nicht gering sind, ist es außerdem unwahrscheinlich, dass die Verwendung der Arbeit der internen Revision für sich alleine das Prüfungsrisiko auf ein vertretbar niedriges Maß reduziert und keine Notwendigkeit besteht, dass der Abschlussprüfer einige Prüfungshandlungen selbst durchführt.

A22. Die Durchführung von Prüfungshandlungen in Übereinstimmung mit diesem ISA kann den Abschlussprüfer dazu veranlassen, seine Beurteilung der Risiken wesentlicher falscher Darstellungen zu aktualisieren. Folglich kann dies die Festlegung des Abschlussprüfers beeinflussen, ob die Arbeit der internen Revision verwendet werden soll und ob die weitere Anwendung dieses ISA notwendig ist.

Kommunikation mit den für die Überwachung Verantwortlichen (Vgl. Tz. 20)

A23. In Übereinstimmung mit ISA 260[23] hat der Abschlussprüfer mit den für die Überwachung Verantwortlichen hinsichtlich eines Überblicks über den geplanten Umfang und die geplante zeitliche Einteilung der Abschlussprüfung zu kommunizieren. Die geplante Verwendung der Arbeit der internen Revision ist ein integraler Bestandteil der Prüfungsstrategie des Abschlussprüfers und ist daher für die für die Überwachung Verantwortlichen zu deren Verständnis des vorgeschlagenen Prüfungsansatzes relevant.

Verwendung der Arbeit der internen Revision

Besprechung und Abstimmung mit der internen Revision (Vgl. Tz. 21)

A24. Wenn der Abschlussprüfer mit der internen Revision die geplante Verwendung von deren Arbeit erörtert, um die jeweiligen Tätigkeiten abzustimmen, kann es nützlich sein, Folgendes anzusprechen:
- zeitliche Einteilung dieser Arbeit
- Art der durchgeführten Arbeit
- Abdeckungsgrad der Prüfung
- Wesentlichkeit für den Abschluss als Ganzes (und ggf. die Wesentlichkeitsgrenze oder -grenzen für bestimmte Arten von Geschäftsvorfällen, Kontensalden oder Abschlussangaben) sowie die Toleranzwesentlichkeit
- vorgeschlagene Methoden zur Auswahl von Elementen und Stichprobenumfänge
- Dokumentation der durchgeführten Arbeit
- Überprüfungs- und Berichterstattungsverfahren.

A25. Die Abstimmung zwischen dem Abschlussprüfer und der internen Revision ist wirksam, wenn bspw.:
- Besprechungen in angemessenen Zeitabständen während des gesamten Zeitraums stattfinden
- der Abschlussprüfer die interne Revision über bedeutsame Sachverhalte informiert, die sich auf die interne Revision auswirken können
- der Abschlussprüfer über relevante Berichte der internen Revision in Kenntnis gesetzt wird und Zugang zu ihnen hat und über alle bedeutsamen Sachverhalte informiert wird, die der internen Revision bekannt werden, wenn diese Sachverhalte die Arbeit des Abschlussprüfers beeinflussen können, so dass der Abschlussprüfer in der Lage ist, die Auswirkungen dieser Sachverhalte auf die Abschlussprüfung zu beurteilen.

---

22) ISA 200, Textziffer A29.
23) ISA 315 (Revised), Textziffer 4(e).
24) ISA 260, Textziffer 15.

A26. ISA 200[24] discusses the importance of the auditor planning and performing the audit with professional skepticism, including being alert to information that brings into question the reliability of documents and responses to inquiries to be used as audit evidence. Accordingly, communication with the internal audit function throughout the engagement may provide opportunities for internal auditors to bring matters that may affect the work of the external auditor to the external auditor's attention.[25] The external auditor is then able to take such information into account in the external auditor's identification and assessment of risks of material misstatement. In addition, if such information may be indicative of a heightened risk of a material misstatement of the financial statements or may be regarding any actual, suspected or alleged fraud, the external auditor can take this into account in the external auditor's identification of risk of material misstatement due to fraud in accordance with ISA 240.[26]

Procedures to Determine the Adequacy of Work of the Internal Audit Function (Ref: Para. 23–24)

A27. The external auditor's audit procedures on the body of work of the internal audit function as a whole that the external auditor plans to use provide a basis for evaluating the overall quality of the function's work and the objectivity with which it has been performed.

A28. The procedures the external auditor may perform to evaluate the quality of the work performed and the conclusions reached by the internal audit function, in addition to reperformance in accordance with paragraph 24, include the following:

- Making inquiries of appropriate individuals within the internal audit function.
- Observing procedures performed by the internal audit function.
- Reviewing the internal audit function's work program and working papers.

A29. The more judgment involved, the higher the assessed risk of material misstatement, the less the internal audit function's organizational status and relevant policies and procedures adequately support the objectivity of the internal auditors, or the lower the level of competence of the internal audit function, the more audit procedures are needed to be performed by the external auditor on the overall body of work of the function to support the decision to use the work of the function in obtaining sufficient appropriate audit evidence on which to base the audit opinion.

Reperformance (Ref: Para. 24)

A30. For purposes of this ISA, reperformance involves the external auditor's independent execution of procedures to validate the conclusions reached by the internal audit function. This objective may be accomplished by examining items already examined by the internal audit function or, where it is not possible to do so, the same objective may also be accomplished by examining sufficient other similar items not actually examined by the internal audit function. Reperformance provides more persuasive evidence regarding the adequacy of the work of the internal audit function compared to other procedures the external auditor may perform in paragraph A28. While it is not necessary for the external auditor to do reperformance in each area of work of the internal audit function that is being used, some reperformance is required on the body of work of the internal audit function as a whole that the external auditor plans to use in accordance with paragraph 24. The external auditor is more likely to focus reperformance in those areas where more judgment was exercised by the internal audit function in planning, performing and evaluating the results of the audit procedures and in areas of higher risk of material misstatement.

---

27) ISA 200, paragraphs 15 and A18
28) ISA 315 (Revised), paragraph A116
29) ISA 315 (Revised), paragraph A11 in relation to ISA 240, The Auditor's Responsibilities Relating to Fraud in an Audit of Financial Statements

A26. ISA 200[24] erörtert, wie wichtig es ist, dass der Abschlussprüfer die Abschlussprüfung mit einer kritischen Grundhaltung plant und durchführt und dabei für Informationen aufmerksam ist, welche die Verlässlichkeit von Dokumenten und Antworten auf Befragungen in Frage stellen, die als Prüfungsnachweise verwendet werden sollen. Folglich kann die Kommunikation mit der internen Revision während des gesamten Auftrags den internen Prüfern Gelegenheiten dazu bieten, den Abschlussprüfer auf Sachverhalte aufmerksam zu machen, die seine Arbeit beeinflussen können.[25] Der Abschlussprüfer ist dann in der Lage, diese Informationen bei der Feststellung und Beurteilung der Risiken wesentlicher falscher Darstellungen zu berücksichtigen. Wenn solche Informationen möglicherweise auf ein erhöhtes Risiko wesentlicher falscher Darstellungen im Abschluss oder auf vorliegende, vermutete oder behauptete dolose Handlungen hindeuten, kann der Abschlussprüfer dies außerdem bei der Identifizierung des Risikos wesentlicher falscher Darstellungen aufgrund von dolosen Handlungen in Übereinstimmung mit ISA 240[26] berücksichtigen.

Prüfungshandlungen zur Feststellung der Angemessenheit der Arbeit der internen Revision (Vgl. Tz. 23-24)

A27. Die Prüfungshandlungen des Abschlussprüfers zu der Arbeit der internen Revision insgesamt, deren Verwendung der Abschlussprüfer plant, bilden eine Grundlage für die Beurteilung der Qualität der Arbeit der internen Revision insgesamt und der Objektivität, mit der sie durchgeführt wurde.

A28. Zu den Prüfungshandlungen, die der Abschlussprüfer durchführen kann, um die Qualität der von der internen Revision durchgeführten Arbeit und die von der internen Revision gezogenen Schlussfolgerungen zu beurteilen, gehören neben dem Nachvollzug nach Tz. 24 die folgenden:
- Befragungen von geeigneten Personen innerhalb der internen Revision
- Beobachtung der von der internen Revision durchgeführten Prüfungshandlungen
- Durchsicht des Arbeitsprogramms und der Arbeitspapiere der internen Revision.

A29. Je mehr Ermessen ausgeübt wird, je höher das beurteilte Risiko wesentlicher falscher Darstellungen ist, je weniger die Stellung der internen Revision innerhalb der Organisation sowie relevante Regelungen und Maßnahmen die Objektivität der internen Prüfer angemessen unterstützen oder je weniger kompetent die interne Revision ist, desto mehr Prüfungshandlungen muss der Abschlussprüfer zu der gesamten Arbeit der internen Revision durchführen, um die Entscheidung zu stützen, die Arbeit der internen Revision zur Erlangung ausreichender geeigneter Prüfungsnachweise als Grundlage für das Prüfungsurteil zu verwenden.

Nachvollzug (Vgl. Tz. 24)

A30. Für Zwecke dieses ISA bedeutet Nachvollzug die unabhängige Durchführung von Prüfungshandlungen durch den Abschlussprüfer, um die Schlussfolgerungen der internen Revision zu validieren. Dieses Ziel kann erreicht werden durch die Untersuchung von Sachverhalten, die bereits von der internen Revision untersucht wurden, oder - wenn dies nicht möglich ist - durch Untersuchung einer ausreichenden Anzahl anderer, ähnlicher Sachverhalte, die von der internen Revision bisher nicht untersucht wurden. Der Nachvollzug liefert überzeugendere Nachweise über die Angemessenheit der Arbeit der internen Revision als andere Verfahren, die der Abschlussprüfer gemäß Tz. A28 durchführen kann. Obwohl es nicht notwendig ist, dass der Abschlussprüfer in jedem Bereich der Arbeit der internen Revision, der verwendet wird, einen Nachvollzug durchführt, ist in Übereinstimmung mit Tz. 24 ein Nachvollzug für Teile der Arbeit der internen Revision insgesamt erforderlich, deren Verwendung der Abschlussprüfer plant. Der Abschlussprüfer konzentriert den Nachvollzug wahrscheinlich eher auf die Bereiche, in denen die interne Revision mehr Ermessen bei der Planung und Durchführung der Prüfungshandlungen sowie bei der Beurteilung von deren Ergebnissen ausgeübt hat, und auf Bereiche mit einem höheren Risiko wesentlicher falscher Darstellungen.

---

27) ISA 200, Textziffern 15 und A18.
28) ISA 315 (Revised), Textziffer A116.
29) ISA 315 (Revised), Textziffer A11 in Verbindung mit ISA 240 „Die Verantwortung des Abschlussprüfers bei dolosen Handlungen".

Determining Whether, in Which Areas and to What Extent Internal Auditors Can Be Used to Provide Direct Assistance

Determining Whether Internal Auditors Can Be Used to Provide Direct Assistance for Purposes of the Audit (Ref: Para. 5, 26–28)

A31. In jurisdictions where the external auditor is prohibited by law or regulation from using internal auditors to provide direct assistance, it is relevant for the group auditors to consider whether the prohibition also extends to component auditors and, if so, to address this in the communication to the component auditors.[27]

A32. As stated in paragraph A7 of this ISA, objectivity refers to the ability to perform the proposed work without allowing bias, conflict of interest or undue influence of others to override professional judgments. In evaluating the existence and significance of threats to the objectivity of an internal auditor, the following factors may be relevant:

- The extent to which the internal audit function's organizational status and relevant policies and procedures support the objectivity of the internal auditors.[28]
- Family and personal relationships with an individual working in, or responsible for, the aspect of the entity to which the work relates.
- Association with the division or department in the entity to which the work relates.
- Significant financial interests in the entity other than remuneration on terms consistent with those applicable to other employees at a similar level of seniority.

Material issued by relevant professional bodies for internal auditors may provide additional useful guidance.

A33. There may also be some circumstances in which the significance of the threats to the objectivity of an internal auditor is such that there are no safeguards that could reduce them to an acceptable level. For example, because the adequacy of safeguards is influenced by the significance of the work in the context of the audit, paragraph 30 (a) and (b) prohibits the use of internal auditors to provide direct assistance in relation to performing procedures that involve making significant judgments in the audit or that relate to higher assessed risks of material misstatement where the judgment required in performing the relevant audit procedures or evaluating the audit evidence gathered is more than limited. This would also be the case where the work involved creates a self-review threat, which is why internal auditors are prohibited from performing procedures in the circumstances described in paragraph 30 (c) and (d).

A34. In evaluating the level of competence of an internal auditor, many of the factors in paragraph A8 of this ISA may also be relevant, applied in the context of individual internal auditors and the work to which they may be assigned.

Determining the Nature and Extent of Work that Can Be Assigned to Internal Auditors Providing Direct Assistance (Ref: Para. 29–31)

A35. Paragraphs A15–A22 of this ISA provide relevant guidance in determining the nature and extent of work that may be assigned to internal auditors.

A36. In determining the nature of work that may be assigned to internal auditors, the external auditor is careful to limit such work to those areas that would be appropriate to be assigned. Examples of activities and tasks that would not be appropriate to use internal auditors to provide direct assistance include the following:

- Discussion of fraud risks. However, the external auditors may make inquiries of internal auditors about fraud risks in the organization in accordance with ISA 315 (Revised).[29]
- Determination of unannounced audit procedures as addressed in ISA 240.

---

27) ISA 600, paragraph 40(b)
28) See paragraph A7.
29) ISA 315 (Revised), paragraph 6(a)

Festlegung, ob, in welchen Bereichen und in welchem Umfang interne Prüfer zur direkten Unterstützung eingesetzt werden können

Festlegung, ob für Zwecke der Abschlussprüfung interne Prüfer zur direkten Unterstützung eingesetzt werden können (Vgl. Tz. 5, 26–28)

A31. In Rechtsräumen, in denen es dem Abschlussprüfer aufgrund von Gesetzen oder anderen Rechtsvorschriften untersagt ist, interne Prüfer zur direkten Unterstützung einzusetzen, ist es für die Konzernabschlussprüfer relevant zu erwägen, ob sich das Verbot auch auf Teilbereichsprüfer erstreckt und, falls dies der Fall ist, darauf in der Kommunikation mit den Teilbereichsprüfern hinzuweisen.[27]

A32. Wie in Tz. A7 dieses ISA ausgeführt, bezieht sich Objektivität auf die Fähigkeit, die vorgesehene Arbeit auszuführen, ohne es zuzulassen, dass Einseitigkeit, Interessenkonflikte oder unzulässiger Einfluss anderer das pflichtgemäße Ermessen außer Kraft setzen. Bei der Beurteilung, ob Gefährdungen der Objektivität eines internen Prüfers vorliegen und wie bedeutsam diese sind, können die folgenden Faktoren relevant sein:
- inwieweit die Stellung der internen Revision innerhalb der Organisation sowie relevante Regelungen und Maßnahmen die Objektivität der internen Prüfer unterstützen[28]
- familiäre und persönliche Beziehungen zu Personen, die in dem Bereich der Einheit arbeiten oder hierfür verantwortlich sind, auf den sich die Arbeit bezieht
- Verbindung mit dem Geschäftsbereich oder der Abteilung der Einheit, auf den bzw. die sich die Arbeit bezieht
- erhebliche finanzielle Interessen an der Einheit abgesehen von Vergütungen, deren Konditionen mit denen übereinstimmen, die anderen Mitarbeitern in vergleichbarer Stellung gewährt werden.

Verlautbarungen von einschlägigen Berufsorganisationen für interne Prüfer können zusätzlich nützliche Hinweise geben.

A33. Es kann auch Umstände geben, in denen die Gefährdungen der Objektivität eines internen Prüfers so bedeutsam sind, dass sie durch Schutzmaßnahmen nicht auf ein vertretbares Maß reduziert werden können. Die Angemessenheit von Schutzmaßnahmen wird durch die Bedeutsamkeit der Arbeit für die Abschlussprüfung beeinflusst. Daher verbietet zum Beispiel Tz. 30 (a) und (b) den Einsatz interner Prüfer zur direkten Unterstützung bei der Durchführung von Prüfungshandlungen, die bedeutsame Ermessensentscheidungen im Rahmen der Abschlussprüfung beinhalten oder die sich auf als höher beurteilte Risiken wesentlicher falscher Darstellungen beziehen, bei denen die Durchführung der relevanten Prüfungshandlungen oder die Würdigung der erlangten Prüfungsnachweise mehr als begrenztes Ermessen erfordert. Dies wäre außerdem der Fall, wenn die Arbeit zur Gefahr der Selbstprüfung führt, weshalb es internen Prüfern unter den Umständen von Tz. 30 (c) und (d) untersagt ist, Prüfungshandlungen durchzuführen.

A34. Bei der Beurteilung der Kompetenz eines internen Prüfers können viele der in Tz. A8 dieses ISA genannten Faktoren ebenfalls relevant sein und zwar bezogen auf einzelne interne Prüfer und die Arbeit, die ihnen übertragen werden kann.

Festlegung von Art und Umfang der Arbeit, die internen Prüfern zur direkten Unterstützung übertragen werden kann (Vgl. Tz. 29-31)

A35. Tz. A15–A22 dieses ISA geben erläuternde Hinweise in Bezug auf die Festlegung von Art und Umfang der Arbeit, die internen Prüfern übertragen werden kann.

A36. Bei der Festlegung der Art der Arbeit, die internen Prüfern übertragen werden kann, achtet der Abschlussprüfer sorgfältig darauf, dass die Arbeit auf solche Bereiche begrenzt wird, die hierfür geeignet sind. Zu Beispielen für Aktivitäten und Aufgaben, die für den Einsatz interner Prüfer zur direkten Unterstützung nicht geeignet sind, gehören die folgenden:
- Erörterung von Risiken doloser Handlungen. Der Abschlussprüfer kann allerdings interne Prüfer zu Risiken für dolose Handlungen in der Organisation in Übereinstimmung mit ISA 315 (Revised) befragen.[29]
- Festlegung von unangemeldeten Prüfungshandlungen wie in ISA 240 vorgesehen.

---

[27] ISA 600, Textziffer 40(b).
[28] Siehe Textziffer A7.
[29] ISA 315 (Revised), Textziffer 6(a).

A37. Similarly, since in accordance with ISA 505[30] the external auditor is required to maintain control over external confirmation requests and evaluate the results of external confirmation procedures, it would not be appropriate to assign these responsibilities to internal auditors. However, internal auditors may assist in assembling information necessary for the external auditor to resolve exceptions in confirmation responses.

A38. The amount of judgment involved and the risk of material misstatement are also relevant in determining the work that may be assigned to internal auditors providing direct assistance. For example, in circumstances where the valuation of accounts receivable is assessed as an area of higher risk, the external auditor could assign the checking of the accuracy of the aging to an internal auditor providing direct assistance. However, because the evaluation of the adequacy of the provision based on the aging would involve more than limited judgment, it would not be appropriate to assign that latter procedure to an internal auditor providing direct assistance.

A39. Notwithstanding the direction, supervision and review by the external auditor, excessive use of internal auditors to provide direct assistance may affect perceptions regarding the independence of the external audit engagement.

Using Internal Auditors to Provide Direct Assistance (Ref: Para. 34)

A40. As individuals in the internal audit function are not independent of the entity as is required of the external auditor when expressing an opinion on financial statements, the external auditor's direction, supervision and review of the work performed by internal auditors providing direct assistance will generally be of a different nature and more extensive than if members of the engagement team perform the work.

A41. In directing the internal auditors, the external auditor may, for example, remind the internal auditors to bring accounting and auditing issues identified during the audit to the attention of the external auditor. In reviewing the work performed by the internal auditors, the external auditor's considerations include whether the evidence obtained is sufficient and appropriate in the circumstances, and that it supports the conclusions reached.

---

30) ISA 505, External Confirmations, paragraphs 7 and 16

A37. Da der Abschlussprüfer in Übereinstimmung mit ISA 505[30] verpflichtet ist, die Kontrolle über externe Bestätigungsanfragen zu bewahren und die Ergebnisse der Verfahren der externen Bestätigung zu beurteilen, sind diese Verantwortlichkeiten ebenfalls nicht geeignet, internen Prüfern zu übertragen. Interne Prüfer können den Abschlussprüfer aber bei der Zusammenstellung der erforderlichen Informationen für die Klärung von Abweichungen in Antworten auf Bestätigungsanfragen unterstützen.

A38. Das Ausmaß an ausgeübtem Ermessen und das Risiko wesentlicher falscher Darstellungen sind ebenfalls relevant für die Festlegung der Arbeiten, die internen Prüfern zur direkten Unterstützung übertragen werden können. Wenn zum Beispiel die Werthaltigkeit der Forderungen als Bereich mit einem höheren Risiko eingeschätzt wird, könnte der Abschlussprüfer die Prüfung der Richtigkeit der Altersstruktur einem internen Prüfer zur direkten Unterstützung übertragen. Weil die Beurteilung der Richtigkeit des auf Basis der Altersstruktur vorgenommenen Abschlags nicht nur begrenztes Ermessen erfordert, wäre es jedoch nicht angemessen, dieses einem internen Prüfer zur direkten Unterstützung zu übertragen.

A39. Trotz der Anleitung, Überwachung und Überprüfung durch den Abschlussprüfer kann ein unverhältnismäßiger Einsatz interner Prüfer zur direkten Unterstützung die Wahrnehmungen hinsichtlich der Unabhängigkeit der Abschlussprüfung beeinflussen.

Einsatz interner Prüfer zur direkten Unterstützung (Vgl. Tz. 34)

A40. Da Mitglieder der internen Revision nicht von der Einheit unabhängig sind, wie es vom Abschlussprüfer verlangt wird, wenn er ein Urteil zum Abschluss abgibt, wird die Anleitung, Überwachung und Überprüfung der von internen Prüfern durchgeführten Arbeit durch den Abschlussprüfer i.d.R. anderer Art und umfangreicher sein als wenn Mitglieder des Prüfungsteams die Arbeit durchführen.

A41. Bei der Anleitung der internen Prüfer kann der Abschlussprüfer diese zum Beispiel daran erinnern, dass sie den Abschlussprüfer auf während der Prüfung identifizierte Rechnungslegungs- und Prüfungssachverhalte hinweisen. Die Überprüfung der von den internen Prüfern durchgeführten Arbeit beinhaltet die Überlegung des Abschlussprüfers, ob die erlangten Nachweise unter den gegebenen Umständen ausreichend und geeignet sind und die gezogenen Schlussfolgerungen unterstützen.

---

30) ISA 505 „Externe Bestätigungen", Textziffern 7 und 16.

RELATED CONFORMING AMENDMENTS
(ISA 610 REVISED 2012 AND ISA 610 REVISED 2013)

CONTENTS

ISQC 1, Quality Control for Firms that Perform Audits and Reviews of Financial Statements, and Other Assurance and Related Services Engagements

ISA 200, Overall Objectives of the Independent Auditor and the Conduct of an Audit in Accordance with International Standards on Auditing

ISA 220, Quality Control for an Audit of Financial Statements

ISA 230, Audit Documentation

ISA 240, The Auditor's Responsibilities Relating to Fraud in an Audit of Financial Statements

ISA 260, Communication with Those Charged with Governance

ISA 265, Communicating Deficiencies in Internal Control to Those Charged with Governance and Management

ISA 300, Planning an Audit of Financial Statements

ISA 402, Audit Considerations Relating to an Entity Using a Service Organization

ISA 500, Audit Evidence

ISA 550, Related Parties

ISA 600, Special Considerations – Audits of Group Financial Statements (Including the Work of Component Auditors)

ISQC 1, Quality Control for Firms that Perform Audits and Reviews of Financial Statements, and Other Assurance and Related Services Engagements

12. (f) Engagement team – All partners and staff performing the engagement, and any individuals engaged by the firm or a network firm who perform procedures on the engagement. This excludes an auditor's external experts engaged by the firm or by a network firm. The term "engagement team" also excludes individuals within the client's internal audit function who provide direct assistance on an audit engagement when the external auditor complies with the requirements of ISA 610 (Revised 2013).[1)]

ISA 200, Overall Objectives of the Independent Auditor and the Conduct of an Audit in Accordance with International Standards on Auditing

A72. In some cases, an ISA (and therefore all of its requirements) may not be relevant in the circumstances. For example, if an entity does not have an internal audit function, nothing ISA 610 (Revised 2013)[2)] is relevant.

---

1) ISA 610 (Revised 2013), *Using the Work of Internal Auditors*, establishes limits on the use of direct assistance. It also acknowledges that the external auditor may be prohibited by law or regulation from obtaining direct assistance from internal auditors. Therefore, the use of direct assistance is restricted to situations where it is permitted.

2) ISA 610 (Revised 2013), paragraph 2

ZUSAMMENHÄNGENDE FOLGEÄNDERUNGEN (ISA 610 Revised 2012 und ISA 610 Revised 2013)

ZUSAMMENHÄNGENDE FOLGEÄNDERUNGEN (ISA 610 REVISED 2012 UND ISA 610 REVISED 2013)

INHALTSÜBERSICHT

ISQC 1 Qualitätssicherung für Praxen, die Abschlussprüfungen und prüferische Durchsichten von Abschlüssen sowie andere betriebswirtschaftliche Prüfungen und Aufträge zu verwandten Dienstleistungen durchführen

ISA 200 Übergreifende Zielsetzungen des unabhängigen Prüfers und Grundsätze einer Prüfung in Übereinstimmung mit den International Standards on Auditing

ISA 220 Qualitätssicherung bei einer Abschlussprüfung

ISA 230 Prüfungsdokumentation

ISA 240 Die Verantwortung des Abschlussprüfers bei dolosen Handlungen

ISA 260 Kommunikation mit den für die Überwachung Verantwortlichen

ISA 265 Mitteilung über Mängel im internen Kontrollsystem an die für die Überwachung Verantwortlichen und das Management

ISA 300 Planung einer Abschlussprüfung

ISA 402 Überlegungen bei der Abschlussprüfung von Einheiten, die Dienstleister in Anspruch nehmen

ISA 500 Prüfungsnachweise

ISA 550 Nahe stehende Personen

ISA 600 Besondere Überlegungen zu Konzernabschlussprüfungen (einschließlich der Tätigkeit von Teilbereichsprüfern)

ISQC 1 Qualitätssicherung für Praxen, die Abschlussprüfungen und prüferische Durchsichten von Abschlüssen sowie andere betriebswirtschaftliche Prüfungen und Aufträge zu verwandten Dienstleistungen durchführen

12. (f) Auftragsteam – Alle Partner und fachlichen Mitarbeiter, die den Auftrag durchführen, sowie alle von der Praxis oder von einem Mitglied des Netzwerks beauftragten natürlichen Personen, die auftragsbezogene Handlungen durchführen, mit Ausnahme eines von der Praxis oder von einem Mitglied des Netzwerks beauftragten externen Sachverständigen des Abschlussprüfers. Der Begriff „Auftragsteam" schließt zudem Personen innerhalb der internen Revision des Mandanten aus, die direkte Unterstützung bei einem Prüfungsauftrag leisten, wenn der Abschlussprüfer die Anforderungen des ISA 610 (Revised 2013) einhält.[1]

ISA 200 Übergreifende Zielsetzungen des unabhängigen Prüfers und Grundsätze einer Prüfung in Übereinstimmung mit den International Standards on Auditing

A72. In manchen Fällen kann ein ISA (und daher alle darin enthaltenen Anforderungen) unter den gegebenen Umständen nicht relevant sein. Verfügt eine Einheit bspw. über keine interne Revision, ist keine der Anforderungen aus ISA 610 (Revised 2013)[2] relevant.

---

1) ISA 610 (Revised 2013) „Verwendung der Arbeit interner Prüfer" sieht Grenzen für die Verwertung der direkten Unterstützung vor. Der Standard erkennt zudem an, dass es dem Abschlussprüfer aufgrund von Gesetzen oder anderen Rechtsvorschriften untersagt sein kann, die direkte Unterstützung interner Prüfer zu nutzen. Somit ist die Verwertung der direkten Unterstützung auf Situationen begrenzt, in denen sie erlaubt ist.

2) ISA 610 (Revised 2013), Textziffer 2.

ISA 220, Quality Control for an Audit of Financial Statements ISA

7. (d) Engagement team – All partners and staff performing the engagement, and any individuals engaged by the firm or a network firm who perform audit procedures on the engagement. This excludes an auditor's external expert engaged by the firm or <u>by</u> a network firm.[3] <u>The term "engagement team" also excludes individuals within the client's internal audit function who provide direct assistance on an audit engagement when the external auditor complies with the requirements of ISA 610 (Revised 2013).</u>[4]

ISA 230, Audit Documentation

A19. The documentation requirement applies only to requirements that are relevant in the circumstances. A requirement is not relevant[5] only in the cases where:
   (a) The entire ISA is not relevant (for example, if an entity does not have an internal audit function, nothing in ISA 610 <u>(Revised 2013)</u>[6] is relevant); or
   (b) The requirement is conditional and the condition does not exist (for example, the requirement to modify the auditor's opinion where there is an inability to obtain sufficient appropriate audit evidence, and there is no such inability).

ISA 240, The Auditor's Responsibilities Relating to Fraud in an Audit of Financial Statements

19. For those entities that have an internal audit function, the auditor shall make inquiries of <u>appropriate individuals within the function</u> ~~internal audit~~ to determine whether ~~it~~ <u>they</u> ha<u>ve</u>~~s~~ knowledge of any actual, suspected or alleged fraud affecting the entity, and to obtain its views about the risks of fraud. (Ref: Para. A18)

Inquirie<u>s</u>~~y~~ *of the Internal Audit Function* (Ref: Para. 19)

A18. ISA 315 <u>(Revised)</u> and ISA 610 <u>(Revised 2013)</u> establish requirements and provide guidance <u>relevant to</u> ~~in~~ audits of those entities that have an internal audit function.[7] In carrying out the requirements of those ISAs in the context of fraud, the auditor may inquire about specific activities of the function internal audit activities including, for example:

- The procedures performed, if any, by the internal auditors function during the year to detect fraud.

- Whether management has satisfactorily responded to any findings resulting from those procedures

Appendix 1

Internal control components are deficient as a result of the following:
- High turnover rates or employment of <u>staff in</u> accounting, ~~internal audit, or~~ information technology, <u>or the internal audit function</u> ~~staff~~ that are not effective.

ISA 260, Communication with Those Charged with Governance

A14. Other planning matters that it may be appropriate to discuss with those charged with governance include:

- Where the entity has an internal audit function, ~~the extent to which~~ <u>how</u> the external auditor ~~will use the work of internal audit, and how the external~~ and internal auditors can ~~best~~ work ~~together~~ in a constructive and complementary manner, <u>including any planned use of the work of the internal audit function</u>[8], <u>and the nature and extent of any planned use of internal auditors to provide direct assistance.</u>[9]

---

[3] ISA 620, *Using the Work of an Auditor's Expert*, paragraph 6(a), defines the term "auditor's expert"

[4] ISA 610 (Revised 2013), establishes limits on the use of direct assistance. It also acknowledges that the external auditor may be prohibited by law or regulation from obtaining direct assistance from internal auditors. Therefore, the use of direct assistance is restricted to situations where it is permitted.

[5] ISA 200, paragraph 22
[6] ISA 610 (Revised 2013), paragraph 2
[7] ISA 315 (Revised), paragraphs 6(a) and 23, and ISA 610 (Revised 2013)
[8] ISA 610 (Revised 2013), paragraph 18
[9] ISA 610 (Revised 2013), paragraphs 20 and 31

ZUSAMMENHÄNGENDE FOLGEÄNDERUNGEN   (ISA 610 Revised 2012 und ISA 610 Revised 2013)

ISA 220 Qualitätssicherung bei einer Abschlussprüfung

7.   (d) Prüfungsteam – Alle Partner und fachlichen Mitarbeiter, die den Auftrag durchführen, sowie alle von der Praxis oder von einem Mitglied des Netzwerks beauftragten natürlichen Personen, die Prüfungshandlungen im Rahmen des Auftrags durchführen, mit Ausnahme eines von der Praxis oder von einem Mitglied des Netzwerks beauftragten externen Sachverständigen des Abschlussprüfers.[3] <u>Der Begriff „Prüfungsteam" schließt zudem Personen innerhalb der internen Revision des Mandanten aus, die direkte Unterstützung bei einem Prüfungsauftrag leisten, wenn der Abschlussprüfer die Anforderungen des ISA 610 (Revised 2013) einhält.</u>[4]

ISA 230 Prüfungsdokumentation

A19.   Die Dokumentationsanforderung gilt nur für Anforderungen, die unter den gegebenen Umständen relevant sind. Eine Anforderung ist nur in den Fällen nicht relevant[5], in denen

(a)   der gesamte ISA nicht relevant ist (bspw. sind keine der Anforderungen in <u>ISA 610 (Revised 2013)</u>[6] relevant, wenn die Einheit über keine interne Revision verfügt) oder

(b)   die Anforderung an eine Bedingung geknüpft und diese nicht erfüllt ist (bspw. die Anforderung, das Prüfungsurteil zu modifizieren für den Fall, dass es unmöglich ist, ausreichende geeignete Prüfungsnachweise zu erlangen, und eine solche Unmöglichkeit nicht gegeben ist).

ISA 240 Die Verantwortung des Abschlussprüfers bei dolosen Handlungen

19.   Bei Einheiten mit interner Revision muss der Abschlussprüfer Befragungen ~~derjenigen durchführen, die mit~~<u>geeigneter Personen innerhalb</u> der internen Revision ~~befasst sind~~<u>durchführen</u>, um festzustellen, ob diese Kenntnis von vorliegenden, vermuteten oder behaupteten dolosen Handlungen mit Auswirkungen auf die Einheit haben, und um zu erfahren, wie deren Ansichten zu den Risiken doloser Handlungen sind. (Vgl. Tz. A18)

Befragun<u>gen</u> von Mitarbeitern ~~in~~ <u>der</u> ~~f~~internen Revision (Vgl. Tz. 19)

A18.   ISA 315 (Revised) und <u>ISA 610 (Revised 2013)</u> enthalten Anforderungen und erläuternde Hinweise, <u>die für</u>~~zu~~ Prüfungen in Einheiten mit interner Revision <u>relevant sind</u>.[7] Um den Anforderungen dieser ISA im Zusammenhang mit dolosen Handlungen gerecht zu werden, kann der Abschlussprüfer Befragungen zu bestimmten Tätigkeiten der internen Revision durchführen, zum Beispiel zu folgenden Aspekten:

- Prüfungshandlungen, welche die interne Revision ggf. im Laufe des Jahres durchgeführt hat, um dolose Handlungen aufzudecken
- ob das Management zufriedenstellend auf Ergebnisse dieser Prüfungshandlungen reagiert hat.

Anlage 1

Komponenten des IKS sind aufgrund der folgenden Faktoren unzulänglich:

- hohe Fluktuation oder unzulängliche Eignung der Mitarbeiter ~~in Rechnungswesen, interner Revision oder im Bereich IT~~<u>im Rechnungswesen, im Bereich IT oder in der internen Revision</u>

ISA 260 Kommunikation mit den für die Überwachung Verantwortlichen

A14.   Zu den weiteren Planungssachverhalten, deren Besprechung mit den für die Überwachung Verantwortlichen sinnvoll sein kann, gehören:

- falls die Einheit über eine interne Revision verfügt, ~~der Umfang, in dem~~<u>wie</u> der Abschlussprüfer ~~deren Arbeit nutzt und wie Abschlussprüfer~~ und interne Prüfer ~~am besten~~ in einer konstruktiven und sich ergänzenden Weise ~~zusammen~~arbeiten können, <u>einschließlich jeglicher geplanten Verwendung der Arbeit der internen Revision</u>[8] <u>und der Art und des Umfangs jeglichen geplanten Einsatzes interner Prüfer zur direkten Unterstützung.</u>[9]

---

3)   Der Begriff „Sachverständiger des Abschlussprüfers" ist in ISA 620 „Verwertung der Arbeit eines Sachverständigen des Abschlussprüfers", Textziffer 6(a), definiert.

4)   ISA 610 (Revised 2013) sieht Grenzen für die Verwertung der direkten Unterstützung vor. Der Standard erkennt zudem an, dass es dem Abschlussprüfer aufgrund von Gesetzen oder anderen Rechtsvorschriften untersagt sein kann, die direkte Unterstützung interner Prüfer zu nutzen. Somit ist die Verwertung der direkten Unterstützung auf Situationen begrenzt, in denen sie erlaubt ist.

5)   ISA 200, Textziffer 22.

6)   ISA 610 (Revised 2013), Textziffer 2.

7)   ISA 315 (Revised), Textziffern 6(a) und 23, und ISA 610 (Revised 2013).

8)   ISA 610 (Revised 2013), Textziffer 18.

9)   ISA 610 (Revised 2013), Textziffern 20 und 31.

(ISA 610 Revised 2012 und ISA 610 Revised 2013)   RELATED CONFORMING AMENDMENTS

A33. Before communicating matters with those charged with governance, the auditor may discuss them with management, unless that is inappropriate. For example, it may not be appropriate to discuss questions of management's competence or integrity with management. In addition to recognizing management's executive responsibility, these initial discussions may clarify facts and issues, and give management an opportunity to provide further information and explanations. Similarly, when the entity has an internal audit function, the auditor may discuss matters with ~~the~~ appropriate individuals within the function ~~internal auditor~~ before communicating with those charged with governance.

A43. As noted in paragraph 4, effective two-way communication assists both the auditor and those charged with governance. Further, ISA 315 (Revised) identifies participation by those charged with governance, including their interaction with the internal audit function, if any, and external auditors, as an element of the entity's control environment[10]. Inadequate two-way communication may indicate an unsatisfactory control environment and influence the auditor's assessment of the risks of material misstatements. There is also a risk that the auditor may not have obtained sufficient appropriate audit evidence to form an opinion on the financial statements.

ISA 265, Communicating Deficiencies in Internal Control to Those Charged with Governance and Management

A24. If the auditor has communicated deficiencies in internal control other than significant deficiencies to management in a prior period and management has chosen not to remedy them for cost or other reasons, the auditor need not repeat the communication in the current period. The auditor is also not required to repeat information about such deficiencies if it has been previously communicated to management by other parties, such as the internal ~~auditors~~ function or regulators. It may, however, be appropriate for the auditor to re-communicate these other deficiencies if there has been a change of management, or if new information has come to the auditor's attention that alters the prior understanding of the auditor and management regarding the deficiencies …

ISA 300, Planning an Audit of Financial Statements

Appendix
Characteristics of the Engagement

- ~~The availability of the work of internal auditors and the extent of the auditor's potential reliance on such work~~ Whether the entity has an internal audit function and if so, whether, in which areas and to what extent, the work of the function can be used for purposes of the audit or internal auditors can be used to provide direct assistance, for purposes of the audit.

ISA 402, Audit Considerations Relating to an Entity Using a Service Organization

A1. Information on the nature of the services provided by a service organization may be available from a wide variety of sources, such as:

- Reports by service organizations, the internal auditors function or regulatory authorities on controls at the service organization.

ISA 500, Audit Evidence

A51. In some cases, the auditor may intend to use information produced by the entity for other audit purposes. For example, the auditor may intend to make use of the entity's performance measures for the purpose of analytical procedures, or to make use of the entity's information produced for monitoring activities, such as ~~internal auditor's~~ reports of the internal audit function. In such cases, the appropriateness of the audit evidence obtained is affected by whether the information is sufficiently precise or detailed for the auditor's purposes. For example, performance measures used by management may not be precise enough to detect material misstatements.

---

10) ISA 315 (Revised), paragraph A77~~70~~

ZUSAMMENHÄNGENDE FOLGEÄNDERUNGEN   (ISA 610 Revised 2012 und ISA 610 Revised 2013)

A33. Bevor der Abschlussprüfer Sachverhalte mit den für die Überwachung Verantwortlichen erörtert, kann der Abschlussprüfer sie mit dem Management besprechen, sofern dies nicht unangemessen ist. Es kann bspw. unangemessen sein, Fragen der Kompetenz oder Integrität des Managements mit diesem zu besprechen. Ergänzend dazu, dass diese ersten Besprechungen die Führungsverantwortung des Managements anerkennen, können sie Tatsachen und Probleme verdeutlichen und dem Management die Gelegenheit geben, weitere Informationen und Erläuterungen bereitzustellen. In gleicher Weise kann der Abschlussprüfer vor der Kommunikation mit den für die Überwachung Verantwortlichen Sachverhalte ~~mit dem internen Prüfer~~geeigneten Personen innerhalb der internen Revision besprechen, wenn die Einheit über eine interne Revision verfügt.

A43. Wie in Tz. 4 erwähnt, ist eine wirksame wechselseitige Kommunikation sowohl für den Abschlussprüfer als auch für die für die Überwachung Verantwortlichen nützlich. Darüber hinaus wird in ISA 315 (Revised) die Mitwirkung der für die Überwachung Verantwortlichen einschließlich ihrer Zusammenarbeit mit der ggf. vorhandenen internen Revision und den externen Prüfern als ein Element des Kontrollumfelds der Einheit genannt.[10] Eine unzureichende wechselseitige Kommunikation kann auf ein unzulängliches Kontrollumfeld hindeuten und die Beurteilung der Risiken wesentlicher falscher Darstellungen durch den Abschlussprüfer beeinflussen. Außerdem besteht das Risiko, dass der Abschlussprüfer keine ausreichenden geeigneten Prüfungsnachweise für die Bildung eines Prüfungsurteils über den Abschluss erlangt.

ISA 265 Mitteilung über Mängel im internen Kontrollsystem an die für die Überwachung Verantwortlichen und das Management

A24. Wenn der Abschlussprüfer dem Management in einem vorhergehenden Zeitraum Mängel im IKS mitgeteilt hat, die keine bedeutsamen Mängel sind, und das Management beschlossen hat, diese aus Kosten- oder anderen Gründen nicht zu beheben, muss der Abschlussprüfer die Mitteilung im laufenden Zeitraum nicht wiederholen. Ebenso muss der Abschlussprüfer Informationen über solche Mängel nicht wiederholen, wenn diese dem Management bereits durch Dritte (z. B. durch die interne ~~Prüfer~~Revision oder durch Aufsichtsbehörden) mitgeteilt wurden. Es kann jedoch angemessen sein, dass der Abschlussprüfer diese anderen Mängel erneut mitteilt, wenn ein Wechsel des Managements stattgefunden hat oder wenn der Abschlussprüfer auf neue Informationen aufmerksam geworden ist, durch die sich das vorherige Verständnis des Abschlussprüfers und des Managements von den Mängeln ändert …

ISA 300 Planung einer Abschlussprüfung

Anlage
Merkmale des Auftrags

- ~~Die Verfügbarkeit der Arbeit der internen Revision und der Umfang, in dem sich der Abschlussprüfer möglicherweise auf diese Arbeit verlassen~~ kannOb die Einheit über eine interne Revision verfügt und - sofern dies der Fall ist - ob, in welchen Bereichen und in welchem Umfang die Arbeit der internen Revision für Zwecke der Abschlussprüfung verwendet werden kann oder interne Prüfer zur direkten Unterstützung für Zwecke der Abschlussprüfung eingesetzt werden können.

ISA 402 Überlegungen bei der Abschlussprüfung von Einheiten, die Dienstleister in Anspruch nehmen

A1. Informationen über die Art der von einem Dienstleister erbrachten Dienstleistungen können aus einem breiten Spektrum von Quellen verfügbar sein, z. B.:

- Berichte von Dienstleistern, der internen ~~Prüfern~~Revision oder Aufsichtsbehörden über Kontrollen beim Dienstleister;

ISA 500 Prüfungsnachweise

A51. In manchen Fällen kann der Abschlussprüfer beabsichtigen, von der Einheit für andere Prüfungszwecke erarbeitete Informationen zu verwenden. Beispielsweise kann der Abschlussprüfer beabsichtigen, die Leistungskennzahlen der Einheit zum Zwecke analytischer Prüfungshandlungen zu verwenden oder die für Überwachungsaktivitäten erstellten Informationen der Einheit (z. B. Berichte der internen Revision) zu verwenden. In solchen Fällen wird die Eignung der erlangten Prüfungsnachweise dadurch beeinflusst, ob die Informationen für die Ziele des Abschlussprüfers ausreichend genau oder detailliert sind. Beispielsweise sind vom Management verwendete Leistungskennzahlen möglicherweise nicht genau genug, um wesentliche falsche Darstellungen aufzudecken.

---

10) ISA 315 (Revised), Textziffer A77~~70~~.

A57. Obtaining audit evidence from different sources or of a different nature may indicate that an individual item of audit evidence is not reliable, such as when audit evidence obtained from one source is inconsistent with that obtained from another. This may be the case when, for example, responses to inquiries of management, internal auditors, and others are inconsistent, or when responses to inquiries of those charged with governance made to corroborate the responses to inquiries of management are inconsistent with the response by management. ISA 230 includes a specific documentation requirement if the auditor identified information that is inconsistent with the auditor's final conclusion regarding a significant matter.[11]

ISA 550, Related Parties

A15. Others within the entity are those considered likely to have knowledge of the entity's related party relationships and transactions, and the entity's controls over such relationships and transactions. These may include, to the extent that they do not form part of management:

- The ~~I~~internal audit~~ors~~ function;

A17. In meeting the ISA 315 (Revised) requirement to obtain an understanding of the control environment,[12] the auditor may consider features of the control environment relevant to mitigating the risks of material misstatement associated with related party relationships and transactions, such as:

- Periodic reviews by the internal audit~~ors~~ function, where applicable.

A22. During the audit, the auditor may inspect records or documents that may provide information about related party relationships and transactions, for example:

- ~~Internal auditors' r~~Reports of the internal audit function.

ISA 600, Special Considerations – Audits of Group Financial Statements (Including the Work of Component Auditors)

A27. The auditor is required to identify and assess the risks of material misstatement of the financial statements due to fraud, and to design and implement appropriate responses to the assessed risks.[13] Information used to identify the risks of material misstatement of the group financial statements due to fraud may include the following:

- Responses of those charged with governance of the group, group management, appropriate individuals within the internal audit function (and if considered appropriate, component management, the component auditors, and others) to the group engagement team's *inquiry* whether they have knowledge of any actual, suspected, or alleged fraud affecting a component or the group.

A51. The group engagement team's decision as to how many components to select in accordance with paragraph 29, which components to select, and the type of work to be performed on the financial information of the individual components selected may be affected by factors such as the following:

- Whether the internal audit function has performed work at the component and any effect of that work on the group audit.

Appendix 2

1. Group-wide controls may include a combination of the following:

   - Monitoring of controls, including activities of the internal audit function and self-assessment programs.

---

11) ISA 230, paragraph 11
12) ISA 315 (Revised), paragraph 14
13) ISA 240

A57. Das Erlangen von Prüfungsnachweisen aus unterschiedlichen Quellen oder unterschiedlicher Art kann darauf hindeuten, dass ein einzelner Prüfungsnachweis nicht verlässlich ist, bspw. wenn der aus einer Quelle stammende Prüfungsnachweis nicht mit aus einer anderen Quelle stammenden Prüfungsnachweisen in Einklang steht. Dies kann der Fall sein, wenn beispielsweise Antworten auf Befragungen des Managements, ~~der internen Revision~~ interner Prüfer und anderer Personen nicht miteinander in Einklang stehen oder wenn Antworten auf Befragungen der für die Überwachung Verantwortlichen, die durchgeführt wurden, um die Antworten auf Befragungen des Managements zu bekräftigen, nicht mit den Antworten des Managements in Einklang stehen. ISA 230 enthält eine spezifische Dokumentationsanforderung für den Fall, dass der Abschlussprüfer Informationen erkannt hat, die nicht mit seiner endgültigen Schlussfolgerung zu einem bedeutsamen Sachverhalt in Einklang stehen.[11]

ISA 550 Nahe stehende Personen

A15. Andere Personen innerhalb der Einheit sind solche, bei denen es für wahrscheinlich gehalten wird, dass sie Kenntnisse über die Beziehungen zu und Transaktionen der Einheit mit nahe stehenden Personen sowie über die Kontrollen der Einheit über solche Beziehungen und Transaktionen besitzen. Dazu können die folgenden Personen gehören, soweit sie nicht dem Management angehören:

- ~~Mitarbeiter der~~ die internen Revision,

A17. In Erfüllung der Anforderung in ISA 315 (Revised), nach der ein Verständnis von dem Kontrollumfeld zu gewinnen ist,[12] kann der Abschlussprüfer Merkmale des Kontrollumfelds berücksichtigen, die relevant sind für die Reduzierung der Risiken wesentlicher falscher Darstellungen im Zusammenhang mit Beziehungen zu und Transaktionen mit nahe stehenden Personen, unter anderem:

- regelmäßige Überprüfungen durch die interne Revision, wo dies möglich ist

A22. Während der Abschlussprüfung kann der Abschlussprüfer Einsicht in Aufzeichnungen oder Dokumente nehmen, die Informationen über Beziehungen zu und Transaktionen mit nahe stehenden Personen liefern können, z. B.:

- Berichte der internen Revision

ISA 600 Besondere Überlegungen zu Konzernabschlussprüfungen (einschließlich der Tätigkeit von Teilbereichsprüfern)

A27. Der Abschlussprüfer muss die Risiken wesentlicher falscher Darstellungen im Abschluss aufgrund von dolosen Handlungen feststellen und beurteilen sowie angemessene Reaktionen auf die beurteilten Risiken planen und umsetzen.[13] Zu den Informationen, anhand derer die Risiken wesentlicher falscher Darstellungen im Konzernabschluss aufgrund von dolosen Handlungen festgestellt werden, können gehören:

- Antworten der für die Konzernüberwachung Verantwortlichen, des Konzernmanagements, geeigneter Personen innerhalb der ~~internen~~ Revision (sowie des Teilbereichsmanagements, der Teilbereichsprüfer und weiterer Personen, wenn dies als angemessen erachtet wird) auf die Befragung durch das Konzernprüfungsteam dahingehend, ob die jeweiligen Personen Kenntnis von vorliegenden, vermuteten oder behaupteten dolosen Handlungen haben, die sich auf einen Teilbereich oder auf den Konzern auswirken.

A51. Die Entscheidung des Konzernprüfungsteams zu der Frage, wie viele Teilbereiche in Übereinstimmung mit Tz. 29 auszuwählen sind, welche Teilbereiche auszuwählen sind und welche Art von Tätigkeiten zu den Finanzinformationen der einzelnen Teilbereiche durchzuführen ist, kann z.B. durch folgende Faktoren beeinflusst werden:

- ob die ~~interne~~ Revision Tätigkeiten in dem Teilbereich durchgeführt hat sowie jegliche Auswirkung dieser Tätigkeiten auf die Konzernabschlussprüfung

Anlage 2

1. Konzernweite Kontrollen können eine Kombination von Folgendem umfassen:
    - Überwachung von Kontrollen, einschließlich Aktivitäten der internen Revision und Selbstbeurteilungsprogrammen;

---

11) ISA 230, Textziffer 11.
12) ISA 315 (Revised), Textziffer 14.
13) ISA 240.

2. The ~~i~~internal audit function may be regarded as part of group-wide controls, for example, when the ~~internal audit~~ function is centralized. ISA 610 (Revised 2013)[14] deals with the group engagement team's evaluation of ~~the~~ whether the internal audit function's organizational status and relevant policies and procedures adequately supports the ~~competence and~~objectivity of ~~the~~ internal auditors, the level of competence of the internal audit function, and whether the function applies a systematic and disciplined approach where the group engagement team expects ~~it plans~~ to use ~~their~~ the function's work.

Appendix 5

Matters that are relevant to the planning of the work of the component auditor:

- *The ethical requirements that are relevant to the group audit and, in particular, the independence requirements, for example, where the group auditor is prohibited by law or regulation from using internal auditors to provide direct assistance, it is relevant for the group auditor to consider whether the prohibition also extends to component auditors and, if so, to address this in the communication to the component auditors.*[15]

Matters that are relevant to the conduct of the work of the component auditor:

- The findings of the internal audit function, based on work performed on controls at or relevant to components.

---

[14] ISA 610 (Revised 2013), paragraphs 16-17~~19~~
[15] ISA 610 (Revised 2013), paragraph A31

ZUSAMMENHÄNGENDE FOLGEÄNDERUNGEN (ISA 610 Revised 2012 und ISA 610 Revised 2013)

2. Die interne Revision kann als Teil von konzernweiten Kontrollen angesehen werden, z. B. im Falle einer zentralen internen Revision. Gegenstand von ISA 610 (Revised 2013)[14] ist die vom <u>Konzernprüfungsteam vorgenommene Beurteilung, ob die Stellung der internen Revision innerhalb der Organisation sowie relevante Regelungen und Maßnahmen die Objektivität</u> der internen~~r~~ Prüfer <u>angemessen unterstützen, wie kompetent die interne Revision ist und, ob die interne Revision einer systematischen und geregelten Vorgehensweisen folgt,</u> ~~durch~~ <u>wenn</u> das Konzernprüfungsteam~~, wenn dieses plant,~~ <u>davon ausgeht, die Tätigkeit der internen Revision</u> zu verwenden.

Anlage 5

Sachverhalte, die für die Planung der Tätigkeit des Teilbereichsprüfers relevant sind:
- *die für die Konzernabschlussprüfung relevanten beruflichen Verhaltensanforderungen, insbesondere die Unabhängigkeitsanforderungen, <u>zum Beispiel, wenn es dem Konzernabschlussprüfer aufgrund von Gesetzen oder anderen Rechtsvorschriften untersagt ist, interne Prüfer zur direkten Unterstützung einzusetzen, ist es für den Konzernabschlussprüfer relevant zu erwägen, ob sich das Verbot auch auf Teilbereichsprüfer erstreckt und, falls dies der Fall ist, darauf in der Kommunikation mit den Teilbereichsprüfern hinzuweisen;</u>*[15]

Sachverhalte, die für die Durchführung der Tätigkeit des Teilbereichsprüfers relevant sind:
- die Ergebnisse der internen Revision auf der Grundlage der Tätigkeiten zu Kontrollen, die in den Teilbereichen vorhanden sind oder für diese relevant sind;

---

14) ISA 610 (Revised 2013), Textziffern <u>16-17</u>~~19~~.
15) ISA 610 (Revised 2013), Textziffer A31.